KODEX

DES ÖSTERREICHISCHEN RECHTS

Herausgeber: Univ-Prof. Dr. Werner Doralt

Redaktion: Dkfm. Dr. Anica Doralt

SOZIAL-VERSICHERUNG

BAND I

bearbeitet von

PD Dr. Elisabeth Brameshuber

Wirtschaftsuniversität Wien

Rubbeln Sie Ihren persönlichen Code frei und laden
Sie diesen Kodexband kostenlos in die Kodex App!

899556

HIER

RUBBELN!

Linde

Benützungsanleitung: Die Novellen sind nach dem Muster der Wiederverlautbarung in Kursivdruck jeweils am Ende eines Paragraphen, eines Absatzes oder einer Ziffer durch Angabe des Bundesgesetzblattes in Klammer ausgewiesen. Soweit nach Meinung des Bearbeiters ein Bedarf nach einem genauen Novellenausweis besteht, ist der geänderte Text zusätzlich durch Anführungszeichen hervorgehoben.

KODEX

DES ÖSTERREICHISCHEN RECHTS

VERFASSUNGSRECHT
EU-VERFASSUNGSRECHT
EINFÜHRUNGSGESETZE ABGB UND B-VG
BÜRGERLICHES RECHT
UNTERNEHMENSRECHT
ZIVILGERICHTLICHES VERFAHREN
STRAFRECHT
GERICHTSORGANISATION
ANWALTS- UND GERICHTSTARIFE
BERUFSRECHT FÜR RECHTSANWÄLTE UND NOTARE
WOHNUNGSGESETZE
GRUNDBUCHSRECHT
BANKEN- UND BÖRSERECHT BAND I: FINANZMARKTRECHT
BANKEN- UND BÖRSERECHT BAND II: EU-FINANZMARKTRECHT
VERSICHERUNGSRECHT
WIRTSCHAFTSGESETZE, Teil I
WIRTSCHAFTSGESETZE, Teil II
WIRTSCHAFTSGESETZE, Teil III – UWG
WIRTSCHAFTSGESETZE, Teil IV – TELEKOMMUNIKATION
WIRTSCHAFTSGESETZE, Teil V – KARTELLRECHT
VERGABEGESETZE
ARBEITSRECHT
EU-ARBEITSRECHT
AUSHANGPFLICHTIGE GESETZE
SOZIALVERSICHERUNG
SOZIALVERSICHERUNG DURCHFÜHRUNGSVORSCHRIFTEN
STEUERGESETZE
STEUER-ERLÄSSE
EU-STEUERRECHT
EStG-RICHTLINIENKOMMENTAR
LSt-RICHTLINIENKOMMENTAR
KStG-RICHTLINIENKOMMENTAR
UmgrStG-RICHTLINIENKOMMENTAR
UStG-RICHTLINIENKOMMENTAR
GebG-RICHTLINIENKOMMENTAR
DOPPELBESTEUERUNGSABKOMMEN
ZOLLRECHT UND VERBRAUCHSTEUERN
RECHNUNGSLEGUNG UND PRÜFUNG
INTERNATIONALE RECHNUNGSLEGUNG
VERKEHRSRECHT
WEHRRECHT
ÄRZTERECHT
KRANKENANSTALTENGESETZE
VETERINÄRRECHT
UMWELTRECHT
EU-UMWELTRECHT
WASSERRECHT
ABFALLRECHT UND ÖKO-AUDIT
CHEMIKALIENRECHT
EU-CHEMEIKALIENRECHT
SCHULGESETZE
UNIVERSITÄTSRECHT
BESONDERES VERWALTUNGSRECHT
VERWALTUNGSVERFAHRENSGESETZE
INNERE VERWALTUNG
LANDESRECHT TIROL
LANDESRECHT VORARLBERG
BAURECHT WIEN
BAURECHT NIEDERÖSTERREICH
BAURECHT OBERÖSTERREICH
BAURECHT STEIERMARK
BAURECHT TIROL
BAURECHT KÄRNTEN

ISBN: 978-3-7073-1979-8
LINDE VERLAG Ges. m. b. H., 1210 Wien, Scheydgasse 24
Telefon: 01/24 630 Serie, Telefax: 01/24 630-23 DW

Satz und Layout: psb, Rosenthaler Str. 9, 10119 Berlin

Druck: Czech Print Center a.s., Ostrava

Vorwort

In Band I der 57. Auflage des Kodex Sozialversicherungsrecht wurden BGBl I 41/2019 (Sozialhilfe-Grundsatzgesetz, das als NR-Beschluss auch bereits in der 56. Auflage abgedruckt ist), BGBl I 65/2019, BGBl I 75/2019, BGBl I 80/2019, BGBl I 84/2019 und BGBl II 97/2019 eingearbeitet. Zudem wurden die Mindestsicherungsgesetze der Bundesländer auf den aktuellen Stand gebracht. Damit befindet sich der Kodex Sozialversicherungsrecht Band I auf dem Stand 1.9.2019.

Wie schon in der 56. Auflage sind jene durch das Sozialversicherungs-Organisationsgesetz geänderten bzw neu erlassenen Bestimmungen, die erst mit 1.1.2020 in Kraft treten sollen, bereits jetzt neben den noch geltenden Vorschriften abgedruckt. Neu hinzugekommen ist die Verordnung der Bundesministerin für Arbeit, Soziales, Gesundheit und Konsumentenschutz, mit der eine Mustergeschäftsordnung für die Konferenz des Dachverbandes der Sozialversicherungsträger erlassen wird (BGBl II 97/2019), die bis 31.12.2019 auch für die Überleitungskonferenz gilt.

Neuerungen gibt es zudem im Bereich Pensionen – mit BGBl I 84/2019 wird ein Bonus zur Ausgleichszulage bzw zu kleinen Pensionen für langzeitversicherte Personen eingeführt; die entsprechenden Vorschriften im ASVG treten mit 1.1.2020 in Kraft. Ebenfalls novelliert wurde das BPGG: Ab 1.1.2020 gelten neue Pflegegeldsätze; zudem werden diese nunmehr jährlich valorisiert (BGBl I 80/2019). Weitere Neuerungen betreffen das ASVG (BGBl I 65/2019) und das KBGG (Anpassung des Grenzbetrages der Zuverdienstgrenze, BGBl I 75/2019); mit letzterem BGBl wurde auch das Jungfamilienfondsgesetz erlassen.

Die Reform der Mindestsicherung, wonach diese unter anderem künftig (wieder) Sozialhilfe heißt, bedingt auch den Erlass (neuer) Sozialhilfe-Ausführungsgesetze der Bundesländer. Da das Sozialhilfe-Grundsatzgesetz bereits mit 1.6.2019 in Kraft getreten ist, findet die geschätzte Leserin/der geschätzte Leser dieses bereits unter dem Reiter Nr 15 in diesem Band. Die Bundesländer haben allerdings sieben Monate, also bis Ende Dezember 2019, Zeit, die entsprechenden Ausführungsgesetze zu erlassen. Zum Zeitpunkt der Drucklegung dieser Auflage lag nur das niederösterreichische Sozialhilfe-Ausführungsgesetz vor; dieses ist im letzten Reiter abgedruckt; es tritt am 1.1.2020 in Kraft. Bis zu diesem Zeitpunkt bzw in den anderen Bundesländern bis zum Inkrafttreten der jeweiligen Ausführungsgesetze gelten weiterhin die in diesem Band abgedruckten Mindestsicherungsgesetze.

Wien, im August 2019 Elisabeth Brameshuber

INHALTSVERZEICHNIS

1. ALLGEMEINES SOZIALVERSICHERUNGSGESETZ

Inhaltsverzeichnis

Allgemeines Sozialversicherungsgesetz

Allgemeines Sozialversicherungsgesetz, BGBl 1955/189 idF

1	BGBl 1956/18	2	BGBl 1956/266	3	BGBl 1957/171
4	BGBl 1957/294	5	BGBl 1958/157	6	BGBl 1958/293
7	BGBl 1959/65	8	BGBl 1959/290	9	BGBl 1960/87
10	BGBl 1960/168	11	BGBl 1960/294	12	BGBl 1960/313 (VfGH)
13	BGBl 1962/13	14	BGBl 1963/4 (VfGH)	15	BGBl 1963/85
16	BGBl 1963/184	17	BGBl 1963/253	18	BGBl 1963/320
19	BGBl 1964/301	20	BGBl 1965/81	21	BGBl 1965/96
22	BGBl 1965/108 (VfGH)	23	BGBl 1965/220	24	BGBl 1965/260 (VfGH)
25	BGBl 1965/309	26	BGBl 1966/134 (VfGH)	27	BGBl 1966/168
28	BGBl 1967/5	29	BGBl 1967/28 (VfGH)	30	BGBl 1967/67
31	BGBl 1967/201 (DFB)	32	BGBl 1967/256	33	BGBl 1968/6
34	BGBl 1968/282	35	BGBl 1968/303	36	BGBl 1968/313 (VfGH)
37	BGBl 1969/17	38	BGBl 1969/353 (VfGH)	39	BGBl 1969/446
40	BGBl 1970/385	41	BGBl 1971/120 (VfGH)	42	BGBl 1971/373
43	BGBl 1971/473	44	BGBl 1972/162	45	BGBl 1973/31
46	BGBl 1974/23	47	BGBl 1974/178	48	BGBl 1974/399
49	BGBl 1974/775	50	BGBl 1975/303	51	BGBl 1976/139 (VfGH)
52	BGBl 1976/704	53	BGBl 1977/648	54	BGBl 1978/188
55	BGBl 1978/280	56	BGBl 1978/342	57	BGBl 1978/458
58	BGBl 1978/598 (VfGH)	59	BGBl 1978/663 (VfGH)	60	BGBl 1978/684
61	BGBl 1979/530	62	BGBl 1980/196	63	BGBl 1980/336 (VfGH)
64	BGBl 1980/585	65	BGBl 1981/282	66	BGBl 1981/588
67	BGBl 1982/544	68	BGBl 1982/647	69	BGBl 1983/121
70	BGBl 1983/135	71	BGBl 1983/384	72	BGBl 1983/590
73	BGBl 1983/656	74	BGBl 1984/438 (VfGH)	75	BGBl 1984/484
76	BGBl 1985/55	77	BGBl 1985/93	78	BGBl 1985/104
79	BGBl 1985/205	80	BGBl 1985/217	81	BGBl 1985/502 (VfGH)
82	BGBl 1986/71	83	BGBl 1986/111	84	BGBl 1986/253 (VfGH)
85	BGBl 1986/275 (VfGH)	86	BGBl 1986/388	87	BGBl 1986/564
88	BGBl 1987/158	89	BGBl 1987/314	90	BGBl 1987/605
91	BGBl 1987/609	92	BGBl 1987/616	93	BGBl 1988/196
94	BGBl 1988/283	95	BGBl 1988/526 (VfGH)	96	BGBl 1988/749
97	BGBl 1989/218 (VfGH)	98	BGBl 1989/282 (DFB)	99	BGBl 1989/364
100	BGBl 1989/465 (VfGH)	101	BGBl 1989/642	102	BGBl 1989/651
103	BGBl 1989/660	104	BGBl 1990/282	105	BGBl 1990/294
106	BGBl 1990/408	107	BGBl 1990/741	108	BGBl 1991/15 (VfGH)
109	BGBl 1991/24	110	BGBl 1991/32 (VfGH)	111	BGBl 1991/70
112	BGBl 1991/157	113	BGBl 1991/243 (VfGH)	114	BGBl 1991/627
115	BGBl 1991/628	116	BGBl 1991/676	117	BGBl 1991/681
118	BGBl 1991/702	119	BGBl 1992/474	120	BGBl 1992/833
121	BGBl 1993/17	122	BGBl 1993/59 (VfGH)	123	BGBl 1993/110
124	BGBl 1993/278	125	BGBl 1993/335	126	BGBl 1993/502
127	BGBl 1993/917	128	BGBl 1994/20	129	BGBl 1994/314
130	BGBl 1994/450	131	BGBl 1994/505	132	BGBl 1994/665
133	BGBl 1994/680	134	BGBl 1995/43	135	BGBl 1995/132
136	BGBl 1995/297	137	BGBl 1995/475	138	BGBl 1995/832
139	BGBl 1995/853	140	BGBl 1995/895	141	BGBl 1996/153
142	BGBl 1996/201	143	BGBl 1996/411	144	BGBl 1996/417
145	BGBl 1996/600	146	BGBl 1996/764	147	BGBl I 1997/39 (VfGH)

148 BGBl I 1997/47
149 BGBl I 1997/61
150 BGBl I 1997/64
151 BGBl I 1997/79
152 BGBl I 1997/139
153 BGBl I 1998/6
154 BGBl I 1998/30
155 BGBl I 1998/138
156 BGBl I 1999/10
157 BGBl I 1999/12
158 BGBl I 1999/15
159 BGBl I 1999/16
160 BGBl I 1999/64 (VfGH)
161 BGBl I 1999/68
162 BGBl I 1999/106
163 BGBl I 1999/121
164 BGBl I 1999/172
165 BGBl I 1999/173
166 BGBl I 1999/179
167 BGBl I 2000/1
168 BGBl I 2000/2
169 BGBl I 2000/26
170 BGBl I 2000/35
171 BGBl I 2000/43
172 BGBl I 2000/44
173 BGBl I 2000/67 (VfGH)
174 BGBl I 2000/92
175 BGBl I 2000/101
176 BGBl I 2000/113 (VfGH)
177 BGBl I 2000/142
178 BGBl I 2001/2
179 BGBl I 2001/5
180 BGBl I 2001/12
181 BGBl I 2001/28
182 BGBl I 2001/33 (VfGH)
183 BGBl I 2001/35
184 BGBl I 2001/36 (VfGH)
185 BGBl I 2001/37 (VfGH)
186 BGBl I 2001/67
187 BGBl I 2001/99
188 BGBl I 2001/103
189 BGBl I 2001/131
190 BGBl I 2002/1
191 BGBl I 2002/31
192 BGBl I 2002/41
193 BGBl I 2002/74 (VfGH)
194 BGBl I 2002/82
195 BGBl I 2002/100
196 BGBl I 2002/114 (DFB)
197 BGBl I 2002/132
198 BGBl I 2002/140
199 BGBl I 2002/151 (VfGH)
200 BGBl I 2002/155
201 BGBl I 2002/169
202 BGBl I 2003/8
203 BGBl I 2003/25 (VfGH)
204 BGBl I 2003/28
205 BGBl I 2003/45 (VfGH)
206 BGBl I 2003/71
207 BGBl I 2003/96
208 BGBl I 2003/145
209 BGBl I 2004/18
210 BGBl I 2004/20 (VfGH)
211 BGBl I 2004/78
212 BGBl I 2004/105
213 BGBl I 2004/106
214 BGBl I 2004/142
215 BGBl I 2004/152
216 BGBl I 2004/156
217 BGBl I 2004/171
218 BGBl I 2004/179
219 BGBl I 2005/36
220 BGBl I 2005/45
221 BGBl I 2005/71
222 BGBl I 2005/88
223 BGBl I 2005/108
224 BGBl I 2005/132
225 BGBl I 2005/138 (VfGH)
226 BGBl I 2005/155
227 BGBl I 2006/99
228 BGBl I 2006/130
229 BGBl I 2006/131
230 BGBl I 2006/133 (VfGH)
231 BGBl I 2006/165
232 BGBl I 2006/169
233 BGBl I 2007/31
234 BGBl I 2007/45
235 BGBl I 2007/76
236 BGBl I 2007/101
237 BGBl I 2008/2
238 BGBl I 2008/58 (VfGH)
239 BGBl I 2008/91
240 BGBl I 2008/92
241 BGBl I 2008/120
242 BGBl I 2008/129
243 BGBl I 2008/130
244 BGBl I 2008/146
245 BGBl I 2009/14
246 BGBl I 2009/33
247 BGBl I 2009/52
248 BGBl I 2009/83
249 BGBl I 2009/84
250 BGBl I 2009/116
251 BGBl I 2009/135
252 BGBl I 2009/147
253 BGBl I 2009/150
254 BGBl I 2010/29
255 BGBl I 2010/58
256 BGBl I 2010/61
257 BGBl I 2010/62
258 BGBl I 2010/63
259 BGBl I 2010/64
260 BGBl I 2010/85 (VfGH)
261 BGBl I 2010/92
262 BGBl I 2010/102
263 BGBl I 2010/111
264 BGBl I 2011/24
265 BGBl I 2011/52
266 BGBl I 2011/122
267 BGBl I 2012/17
268 BGBl I 2012/35
269 BGBl I 2012/76
270 BGBl I 2012/89
271 BGBl I 2012/107
272 BGBl I 2012/111
273 BGBl I 2012/123
274 BGBl I 2013/3
275 BGBl I 2013/4
276 BGBl I 2013/67
277 BGBl I 2013/81
278 BGBl I 2013/86
279 BGBl I 2013/87
280 BGBl I 2013/130
281 BGBl I 2013/137
282 BGBl I 2013/138
283 BGBl I 2013/139
284 BGBl I 2013/166 (VfGH)
285 BGBl I 2013/187
286 BGBl I 2014/28
287 BGBl I 2014/30
288 BGBl I 2014/32
289 BGBl I 2014/40
290 BGBl I 2014/46
291 BGBl I 2014/56
292 BGBl I 2014/68
293 BGBl I 2014/82
294 BGBl I 2015/2
295 BGBl I 2015/79
296 BGBl I 2015/113
297 BGBl I 2015/118
298 BGBl I 2015/144
299 BGBl I 2015/162
300 BGBl I 2016/18
301 BGBl I 2016/44
302 BGBl I 2016/53
303 BGBl I 2016/75
304 BGBl I 2016/120
305 BGBl I 2017/26
306 BGBl I 2017/29

307	BGBl I 2017/30	308	BGBl I 2017/32	309	BGBl I 2017/33
310	BGBl I 2017/38	311	BGBl I 2017/49	312	BGBl I 2017/53
313	BGBl I 2017/66	314	BGBl I 2017/105	315	BGBl I 2017/110 (VfGH)
316	BGBl I 2017/125	317	BGBl I 2017/126	318	BGBl I 2017/131
319	BGBl I 2017/151	320	BGBl I 2018/2 (VfGH)	321	BGBl I 2018/30
322	BGBl I 2018/37	323	BGBl I 2018/53	324	BGBl I 2018/54
325	BGBl I 2018/59	326	BGBl I 2018/98	327	BGBl I 2018/99
328	BGBl I 2018/100	329	BGBl I 2019/8	330	BGBl I 2019/20
331	BGBl I 2019/23	332	BGBl I 2019/65	333	BGBl I 2019/84

GLIEDERUNG

Anlage 3
Beitrag zur Höherversicherung im Sinne des § 248 Abs. 2 lit. a

Anlage 4
Beitrag zur Höherversicherung im Sinne des § 248 Abs. 2 lit. b

Anlage 5 (aufgehoben)

Anlage 6
Aufwertungsfaktoren im Sinne des § 522f

Anlage 7
Höchstbeträge der Renten für die Ermittlung des Erhöhungsbetrages nach § 522f

Anlage 8
Aufwertungsfaktoren im Sinne des § 522h

Anlage 9
Liste der Arbeiten, die als wesentlich bergmännische oder ihnen gleichgestellte Arbeiten anzusehen sind (§ 236 Abs. 3)

Anlage 10
Liste der Arbeiten, die als Gewinnungshauertätigkeit oder ihr gleichgestellte Tätigkeit anzusehen sind (§ 281 Abs. 3)

Anlage 11
Bei der Anwendung des § 529 einem öffentlichrechtlichen Dienstverhältnis gleichgestellte Dienstverhältnisse

Anlage 12
Bevölkerung – Referenzlebenserwartung

Anlage 13
Parameter für Langfristszenarien 2004

Anlage 14
Datenverwendung bei der Risiko- und Auffälligkeitsanalyse

STICHWORTVERZEICHNIS

R

Y

Z

Bundesgesetz vom 9. September 1955 über die Allgemeine Sozialversicherung (Allgemeines Sozialversicherungsgesetz – ASVG)

Der Nationalrat hat beschlossen:

Erster Teil
Allgemeine Bestimmungen

Abschnitt I
Geltungsbereich

Geltungsbereich im allgemeinen

§ 1. Dieses Bundesgesetz regelt die Allgemeine Sozialversicherung im Inland beschäftigter Personen einschließlich der den Dienstnehmern nach Maßgabe dieses Bundesgesetzes gleichgestellten selbständig Erwerbstätigen und die Krankenversicherung der Pensionisten aus der Allgemeinen Sozialversicherung.

Umfang der Allgemeinen Sozialversicherung

§ 2. (1) Die Allgemeine Sozialversicherung umfaßt die Krankenversicherung, die Unfallversicherung und die Pensionsversicherung mit Ausnahme der im Abs. 2 bezeichneten Sonderversicherungen. Die Pensionsversicherung gliedert sich in folgende Zweige: Pensionsversicherung der Arbeiter, Pensionsversicherung der Angestellten, knappschaftliche Pensionsversicherung.

(2) Für die nachstehend bezeichneten Sonderversicherungen gelten die Vorschriften dieses Bundesgesetzes nur so weit, als dies in den Vorschriften über diese Sonderversicherungen oder in diesem Bundesgesetz angeordnet ist:

1. Kranken- und Unfallversicherung öffentlich Bediensteter,
2. Kranken-, Unfall- und Pensionsversicherung der Bauern,
3. Gewerbliche Selbständigen-Kranken- und Pensionsversicherung,
4. Krankenversicherung der Bezieher von Leistungen aus der Arbeitslosenversicherung,
5. Krankenversicherung der Kriegshinterbliebenen,
6. Krankenversicherung der Hinterbliebenen nach dem Heeresversorgungsgesetz,
7. Kranken-, Unfall- und Pensionsversicherung der in beruflicher Ausbildung stehenden Beschädigten nach dem Kriegsopferversorgungsgesetz 1957,
8. Kranken-, Unfall- und Pensionsversicherung der in beruflicher Ausbildung stehenden Beschädigten nach dem Heeresversorgungsgesetz,
9. Krankenversicherung der Empfänger der Sonderunterstützung nach dem Mutterschutzgesetz 1979,
10. Krankenversicherung der Bezieher von Sonderunterstützung nach dem Bundesgesetz über die Gewährung einer Sonderunterstützung an Personen, die in bestimmten, von Betriebseinschränkung oder Betriebsstillegung betroffenen Betrieben beschäftigt waren (Sonderunterstützungsgesetz),
11. Krankenversicherung der Bezieher von Überbrückungshilfe, Karenzhilfe oder erweiterter Überbrückungshilfe nach dem Bundesgesetz über die Gewährung von Überbrückungshilfen an ehemalige Bundesbedienstete,

   (BGBl I 1997/47)
12. Kranken-, Unfall- und Pensionsversicherung der Beihilfenempfänger nach dem Arbeitsmarktservicegesetz, BGBl. Nr. 313/1994,

   (BGBl 1994/314)
13. (aufgehoben)
14. (aufgehoben)
15.[a)] Pensionsversicherung für das Notariat.

   (BGBl I 2018/100)

[a)] Tritt mit Ablauf des 31. Dezember 2019 außer Kraft.

Umfang des Leistungsrechtes der Pensionsversicherung

§ 2a. (1) Auf Personen, die erstmals nach dem 31. Dezember 2004 in der Pensionsversicherung nach diesem oder einem anderen Bundesgesetz pflichtversichert sind, ist der Vierte Teil nur so weit anzuwenden, als das Allgemeine Pensionsgesetz (APG), BGBl. I Nr. 142/2004, nichts anderes bestimmt.

(2) Auf Personen, die nach dem 31. Dezember 1954 geboren sind und bis zum Ablauf des 31. Dezember 2004 mindestens einen Versicherungsmonat nach diesem oder einem anderen Bundesgesetz erworben haben, sind die Bestimmungen des Vierten und Zehnten Teiles nur so weit anzuwenden, als das APG nichts anderes bestimmt.

(BGBl I 2004/142)

Beschäftigung im Inland

„Beschäftigung im Inland; Beschäftigungsort“[a)]

§ 3. (1) Als im Inland beschäftigt gelten unselbständig Erwerbstätige, deren Beschäftigungsort (§ 30 Abs. 2) im Inland gelegen ist, selbständig Erwerbstätige, wenn der Sitz ihres Betriebes im Inland gelegen ist.

(1)[a] Als im Inland beschäftigt gelten unselbständig Erwerbstätige, deren Beschäftigungsort (Abs. 4) im Inland gelegen ist, selbständig Erwerbstätige, wenn der Sitz ihres Betriebes im Inland gelegen ist.

(BGBl I 2018/100)

[a] Tritt mit 1. Jänner 2020 in Kraft.

(2) Als im Inland beschäftigt gelten auch

a) Dienstnehmer, die dem fahrenden Personal einer dem internationalen Verkehr auf Flüssen oder Seen dienenden Schiffahrtsunternehmung angehören, wenn sie ihren Wohnsitz im Inland haben oder – ohne im Ausland einen Wohnsitz zu haben – auf dem Schiffe, auf dem sie beschäftigt sind, wohnen und die Schifffahrtsunternehmung im Inland ihren Sitz oder eine Zweigniederlassung hat, ferner Dienstnehmer österreichischer Staatsangehörigkeit, die der Besatzung eines die österreichische Flagge führenden Seeschiffes angehören;
b) Dienstnehmer einer dem öffentlichen Verkehr dienenden Eisenbahn, ihrer Eigenbetriebe und ihrer Hilfsanstalten, die auf im Ausland liegenden Anschlußstrecken oder Grenzbahnhöfen tätig sind;
c) Dienstnehmer, die dem fliegenden Personal einer dem internationalen Verkehr dienenden Luftschiffahrtsunternehmung angehören, wenn sie ihren Wohnsitz im Inland haben und die Luftschiffahrtsunternehmung im Inland ihren Sitz hat;
d) Dienstnehmer, deren Dienstgeber den Sitz in Österreich haben und die ins Ausland entsendet werden, sofern ihre Beschäftigung im Ausland die Dauer von fünf Jahren nicht übersteigt; das Bundesministerium für soziale Verwaltung kann, wenn die Art der Beschäftigung es begründet, diese Frist entsprechend verlängern;

   (BGBl 1996/411)
e) die nach § 4 Abs. 1 Z 9 und 11 Versicherten für die Dauer ihrer Beschäftigung im Ausland;

   (BGBl 1996/411, BGBl I 1997/139, BGBl I 2015/144)
f) DienstnehmerInnen, die bei einer österreichischen Berufsvertretungsbehörde im Ausland oder bei Mitgliedern einer solchen Behörde im Ausland beschäftigt sind, sofern sie von den Vorschriften über soziale Sicherheit des Empfangsstaates befreit sind und nicht bereits der lit. d unterliegen.

   (BGBl I 2015/162)

(3) Als im Inland beschäftigt gelten unbeschadet und unvorgreiflich einer anderen zwischenstaatlichen Regelung insbesondere nicht die Dienstnehmer inländischer Betriebe für die Zeit ihrer dauernden Beschäftigung im Ausland, die ausschließlich für den Dienst im Ausland bestellten Reisenden, die ihren Wohnsitz im Ausland haben, und Dienstnehmer, die sich in Begleitung eines Dienstgebers, der im Inland keinen Wohnsitz hat, nur vorübergehend im Inland aufhalten. Die Dienstnehmer eines ausländischen Betriebes, der im Inland keine Betriebsstätte (Niederlassung, Geschäftsstelle, Niederlage) unterhält, gelten nur dann als im Inland beschäftigt, wenn sie ihre Beschäftigung (Tätigkeit) von einem im Inland gelegenen Wohnsitz aus ausüben und sie nicht auf Grund dieser Beschäftigung einem System der sozialen Sicherheit im Ausland unterliegen. Als im Inland beschäftigt gelten auch Personen, die gemäß § 16 des Arbeitskräfteüberlassungsgesetzes, BGBl. Nr. 196/1988, bei einem inländischen Betrieb beschäftigt werden. Personen gemäß § 4 Abs. 4, die für einen ausländischen Betrieb, der im Inland keine Betriebsstätte (Niederlassung, Geschäftsstelle, Niederlage) unterhält, tätig sind, gelten nur dann als im Inland beschäftigt, wenn sie ihre Beschäftigung (Tätigkeit) von einem im Inland gelegenen Wohnsitz oder einer im Inland gelegenen Arbeitsstätte (Kanzlei, Büro) aus ausüben.

(BGBl 1996/201, BGBl 1996/201, BGBl I 1997/139)

(4)[a] Beschäftigungsort ist der Ort, an dem die Beschäftigung ausgeübt wird. Wird eine Beschäftigung abwechselnd an verschiedenen Orten ausgeübt, aber von einer festen Arbeitsstätte aus, so gilt diese als Beschäftigungsort. Wird eine Beschäftigung ohne feste Arbeitsstätte ausgeübt, so gilt der Wohnsitz des/der Versicherten als Beschäftigungsort. Der Beschäftigungsort von Hausgehilf/inn/en, die beim Dienstgeber/bei der Dienstgeberin wohnen, ist der Wohnsitz des Dienstgebers/der Dienstgeberin. Hat der Dienstgeber/die Dienstgeberin mehrere Wohnsitze, so ist der Wohnsitz maßgebend, an dem der Dienstgeber/die Dienstgeberin den überwiegenden Teil des Jahres verbringt.

(BGBl I 2018/100)

[a] Tritt mit 1. Jänner 2020 in Kraft.

Sprachliche Gleichbehandlung

§ 3a. Soweit im folgenden personenbezogene Bezeichnungen nur in männlicher Form angeführt sind, beziehen sie sich auf Frauen und Männer in gleicher Weise. Bei der Anwendung auf bestimmte Personen ist die jeweils geschlechtsspezifische Form zu verwenden.

(BGBl 1994/20)

Umsetzung von Unionsrecht

§ 3b. Durch dieses Bundesgesetz werden umgesetzt:

1. die Richtlinie 89/105/EWG betreffend die Transparenz von Maßnahmen zur Regelung der Preisfestsetzung bei Arzneimitteln für den menschlichen Gebrauch und ihre Einbeziehung in die staatlichen Krankenversicherungssysteme, ABl. Nr. L 40 vom 11.02.1989 S. 8;

   (BGBl I 2015/162)

2. die Richtlinie 2005/36/EG über die Anerkennung von Berufsqualifikationen, ABl. Nr. L 255 vom 30.09.2005 S. 22, zuletzt geändert durch die Richtlinie 2013/25/EU, ABl. Nr. L 158 vom 10.06.2013 S. 368;

(BGBl I 2015/162)

3. die Richtlinie 2011/24/EU über die Ausübung der Patientenrechte in der grenzüberschreitenden Gesundheitsversorgung, ABl. Nr. L 88 vom 04.04.2011 S. 45;

(BGBl I 2015/162)

4. die Richtlinie 79/7/EWG zur schrittweisen Verwirklichung des Grundsatzes der Gleichbehandlung von Männern und Frauen im Bereich der sozialen Sicherheit, ABl. Nr. L 6 vom 10.01.1979 S. 24;

(BGBl I 2015/162)

5. die Richtlinie 96/34/EG zu der von UNICE, CEEP und EGB geschlossenen Rahmenvereinbarung über Elternurlaub, ABl. Nr. L 145 vom 19.06.1996 S. 4, aufgehoben durch die Richtlinie 2010/18/EU, ABl. Nr. L 68 vom 18.03.2010 S. 13;

(BGBl I 2015/162)

6. die Richtlinie 2000/43/EG zur Anwendung des Gleichbehandlungsgrundsatzes ohne Unterschied der Rasse oder der ethnischen Herkunft, ABl. Nr. L 180 vom 19.07.2000 S. 22;

(BGBl I 2015/162)

7. die Richtlinie 2003/109/EG betreffend die Rechtsstellung der langfristig aufenthaltsberechtigten Drittstaatsangehörigen, ABl. Nr. L 16 vom 23.01.2004 S. 44, in der Fassung der Richtlinie 2011/51/EU, ABl. Nr. L 132 vom 19.05.2011 S. 1;

(BGBl I 2015/162)

8. die Richtlinie 2004/38/EG über das Recht der Unionsbürger und ihrer Familienangehörigen, sich im Hoheitsgebiet der Mitgliedstaaten frei zu bewegen und aufzuhalten, zur Änderung der Verordnung (EWG) Nr. 1612/68 und zur Aufhebung der Richtlinien 64/221/EWG, 68/360/EWG, 72/194/EWG, 73/148/EWG, 75/34/EWG, 75/35/EWG, 90/364/EWG, 90/365/EWG und 93/96/EWG, ABl. Nr. L 158 vom 30.04.2004 S. 77, zuletzt berichtigt durch ABl. Nr. L 204 vom 04.08.2007 S. 28;

(BGBl I 2015/162)

9. die Richtlinie 2005/71/EG über ein besonderes Zulassungsverfahren für Drittstaatsangehörige zum Zwecke der wissenschaftlichen Forschung, ABl. Nr. L 289 vom 03.11.2005 S. 15;

(BGBl I 2015/162)

10. die Richtlinie 2009/50/EG über die Bedingungen und den Aufenthalt von Drittstaatsangehörigen zur Ausübung einer hochqualifizierten Beschäftigung, ABl. Nr. L 155 vom 18.06.2009 S. 17;

(BGBl I 2015/162)

11. die Richtlinie 2011/98/EU über ein einheitliches Verfahren zur Beantragung einer kombinierten Erlaubnis für Drittstaatsangehörige, sich im Hoheitsgebiet eines Mitgliedstaats aufzuhalten und zu arbeiten, sowie über e in gemeinsames Bündel von Rechten für Drittstaatsarbeitnehmer, die sich rechtmäßig in einem Mitgliedstaat aufhalten, ABl. Nr. L 343 vom 23.12.2011 S. 1;

(BGBl I 2015/62)

11a. die Richtlinie 2014/36/EU über die Bedingungen für die Einreise und den Aufenthalt von Drittstaatsangehörigen zwecks Beschäftigung als Saisonarbeitnehmer, ABl. Nr. L 94 vom 28.03.2014 S. 375;

(BGBl I 2017/66)

12. die Richtlinie 2014/66/EU über die Bedingungen für die Einreise und den Aufenthalt von Drittstaatsangehörigen im Rahmen eines unternehmensinternen Transfers, ABl. Nr. L 157 vom 27.05.2014 S. 1.

(BGBl I 2015/162)

(BGBl I 2014/32)

Abschnitt II
Umfang der Versicherung

1. Unterabschnitt
Pflichtversicherung

Vollversicherung

§ 4. (1) In der Kranken-, Unfall- und Pensionsversicherung sind auf Grund dieses Bundesgesetzes versichert (vollversichert), wenn die betreffende Beschäftigung weder gemäß den §§ 5 und 6 von der Vollversicherung ausgenommen ist, noch nach § 7 nur eine Teilversicherung begründet:

1. die bei einem oder mehreren Dienstgebern beschäftigten Dienstnehmer;
2. die in einem Lehrverhältnis stehenden Personen (Lehrlinge);
3. die im Betrieb der Eltern, Großeltern, Wahl- oder Stiefeltern ohne Entgelt regelmäßig beschäftigten Kinder, Enkel, Wahl- oder Stiefkinder, die das 17. Lebensjahr vollendet haben und keiner anderen Erwerbstätigkeit hauptberuflich nachgehen, alle diese, soweit es sich nicht um eine Beschäftigung in einem land- oder forstwirtschaftlichen oder gleichgestellten Betrieb (§ 27 Abs. 2) handelt;
4. die zum Zwecke der vorgeschriebenen Ausbildung für den künftigen, abgeschlossene Hochschulbildung erfordernden Beruf nach Abschluß dieser Hochschulbildung beschäftigten Personen, wenn die Ausbildung nicht im Rahmen eines Dienst- oder Lehrverhältnisses erfolgt, jedoch mit Ausnahme der Volontäre;

5. Schülerinnen/Schüler an Schulen für Gesundheits- und Krankenpflege und Auszubildende in Lehrgängen nach dem Gesundheits- und Krankenpflegegesetz (GuKG), BGBl. I Nr. 108/1997, Schülerinnen/Schüler und Auszubildende in Lehrgängen zu einem medizinischen Assistenzberuf nach dem Medizinische Assistenzberufe-Gesetz (MABG), BGBl. I Nr. 89/2012, sowie Studierende an einer medizinisch-technischen Akademie nach dem MTD-Gesetz, BGBl. Nr. 460/1992;

   (BGBl 1993/335, BGBl 1996/411, BGBl I 1998/138, BGBl I 2012/89, BGBl I 2016/75)
6. Vorstandsmitglieder (Geschäftsleiter) von Aktiengesellschaften, Sparkassen, Landeshypothekenbanken sowie Versicherungsvereinen auf Gegenseitigkeit und hauptberufliche Vorstandsmitglieder (Geschäftsleiter) von Kreditgenossenschaften, alle diese, soweit sie auf Grund ihrer Tätigkeit als Vorstandsmitglied (GeschäftsleiterIn) nicht schon nach Z 1 in Verbindung mit Abs. 2 pflichtversichert sind;

   (BGBl I 1997/139, BGBl I 1998/138, BGBl I 2009/83)
7. die Heimarbeiter und die diesen nach den jeweiligen gesetzlichen Vorschriften über die Heimarbeit arbeitsrechtlich gleichgestellten Personen;
8. Personen, denen im Rahmen beruflicher Maßnahmen der Rehabilitation nach den §§ 198 oder 303 berufliche Ausbildung gewährt wird, wenn die Ausbildung nicht auf Grund eines Dienst- oder Lehrverhältnisses erfolgt;
9. Fachkräfte der Entwicklungshilfe nach § 2 des Entwicklungshelfergesetzes, BGBl. Nr. 574/1983;

   (BGBl I 2013/187)
10. Personen, die an einer Eignungsausbildung im Sinne der §§ 2b bis 2d des Vertragsbedienstetengesetzes 1948, BGBl. Nr. 86, teilnehmen;
11. die Teilnehmer/innen des Freiwilligen Sozialjahres, des Freiwilligen Umweltschutzjahres, des Gedenkdienstes oder des Friedens- und Sozialdienstes im Ausland nach dem Freiwilligengesetz, BGBl. I Nr. 17/2012;

    (BGBl I 2005/132, BGBl I 2012/17)
12. Personen, die eine Geldleistung gemäß § 4 des Militärberufsförderungsgesetzes, BGBl. Nr. 524/1994, beziehen;
13. geistliche Amtsträger der Evangelischen Kirchen AB und HB hinsichtlich der Seelsorgertätigkeit und der sonstigen Tätigkeit, die sie in Erfüllung ihrer geistlichen Verpflichtung ausüben, zum Beispiel des Religionsunterrichtes, ferner Lehrvikare, Pfarramtskandidaten, Diakonissen und die Mitglieder der evangelischen Kirchenleitung, letztere soweit sie nicht ehrenamtlich tätig sind;

    (BGBl 1996/411)
14. die den Dienstnehmern im Sinne des Abs. 4 gleichgestellten Personen.

    (BGBl I 1997/139)

(2) Dienstnehmer im Sinne dieses Bundesgesetzes ist, wer in einem Verhältnis persönlicher und wirtschaftlicher Abhängigkeit gegen Entgelt beschäftigt wird; hiezu gehören auch Personen, bei deren Beschäftigung die Merkmale persönlicher und wirtschaftlicher Abhängigkeit gegenüber den Merkmalen selbständiger Ausübung der Erwerbstätigkeit überwiegen. Als Dienstnehmer gelten jedenfalls Personen, die mit Dienstleistungsscheck nach dem Dienstleistungsscheckgesetz (DLSG), BGBl. I Nr. 45/2005, entlohnt werden. Als Dienstnehmer gilt jedenfalls auch, wer nach § 47 Abs. 1 in Verbindung mit Abs. 2 EStG 1988 lohnsteuerpflichtig ist, es sei denn, es handelt sich um

1. Bezieher von Einkünften nach § 25 Abs. 1 Z 4 lit. a oder b EStG 1988 oder
2. Bezieher von Einkünften nach § 25 Abs. 1 Z 4 lit. c EStG 1988, die in einem öffentlich-rechtlichen Verhältnis zu einer Gebietskörperschaft stehen oder

   (BGBl I 2012/17)
3. Bezieher/innen von Geld- oder Sachleistungen nach dem Freiwilligengesetz.

   (BGBl I 2012/17)

(BGBl I 1997/139, BGBl I 1998/138, BGBl I 2000/142, BGBl I 2001/99, BGBl I 2005/45)

(3) (aufgehoben)

(BGBl I 1997/139, BGBl I 1998/138)

(4) Den Dienstnehmern stehen im Sinne dieses Bundesgesetzes Personen gleich, die sich auf Grund freier Dienstverträge auf bestimmte oder unbestimmte Zeit zur Erbringung von Dienstleistungen verpflichten, und zwar für

1. einen Dienstgeber im Rahmen seines Geschäftsbetriebes, seiner Gewerbeberechtigung, seiner berufsrechtlichen Befugnis (Unternehmen, Betrieb usw.) oder seines statutenmäßigen Wirkungsbereiches (Vereinsziel usw.), mit Ausnahme der bäuerlichen Nachbarschaftshilfe,
2. eine Gebietskörperschaft oder eine sonstige juristische Person des öffentlichen Rechts bzw. die von ihnen verwalteten Betriebe, Anstalten, Stiftungen oder Fonds (im Rahmen einer Teilrechtsfähigkeit),

wenn sie aus dieser Tätigkeit ein Entgelt beziehen, die Dienstleistungen im wesentlichen persönlich erbringen und über keine wesentlichen eigenen Betriebsmittel verfügen; es sei denn,

a) dass sie auf Grund dieser Tätigkeit bereits nach § 2 Abs. 1 Z 1 bis 3 GSVG oder § 2 Abs. 1 BSVG oder nach § 2 Abs. 1 und 2 FSVG versichert sind oder

   (BGBl I 2005/132, BGBl I 2010/62)

b) dass es sich bei dieser Tätigkeit um eine (Neben-)Tätigkeit nach § 19 Abs. 1 Z 1 lit. f B-KUVG handelt oder

c) dass eine selbständige Tätigkeit, die die Zugehörigkeit zu einer der Kammern der freien Berufe begründet, ausgeübt wird oder

(BGBl I 2009/83)

d) dass es sich um eine Tätigkeit als Kunstschaffender, insbesondere als Künstler im Sinne des § 2 Abs. 1 des Künstler-Sozialversicherungsfondsgesetzes, handelt.

(BGBl 1996/201, BGBl 1996/411, BGBl I 1997/139, BGBl I 1998/138, BGBl I 2001/99)

(5) (aufgehoben)

(BGBl 1996/411, BGBl I 1997/39)

(6) Eine Pflichtversicherung gemäß Abs. 1 schließt für dieselbe Tätigkeit (Leistung) eine Pflichtversicherung gemäß Abs. 4 aus.

(BGBl 1996/411, BGBl I 1997/39)

(7) (aufgehoben)

(BGBl 1996/600, BGBl I 1997/39)

Ausnahmen von der Vollversicherung

§ 5. (1) Von der Vollversicherung nach § 4 sind – unbeschadet einer nach § 7 oder nach § 8 eintretenden Teilversicherung – ausgenommen:

1. Die Kinder, Enkel, Wahlkinder, Stiefkinder und Schwiegerkinder eines selbständigen Landwirtes im Sinne des § 2 Abs. 1 Z 1 des Bauern-Sozialversicherungsgesetzes, wenn sie hauptberuflich in dessen land(forst)wirtschaftlichem Betrieb beschäftigt sind;

2. Dienstnehmer und ihnen gemäß § 4 Abs. 4 gleichgestellte Personen, ferner Heimarbeiter und ihnen gleichgestellte Personen sowie die im § 4 Abs. 1 Z 6 genannten Personen, wenn das ihnen aus einem oder mehreren Beschäftigungsverhältnissen im Kalendermonat gebührende Entgelt den Betrag gemäß Abs. 2 nicht übersteigt (geringfügig beschäftigte Personen);

   (BGBl 1996/201, BGBl 1996/411, BGBl I 1997/139, BGBl I 2005/132)

3. a) Dienstnehmer hinsichtlich einer Beschäftigung in einem öffentlich-rechtlichen oder unkündbaren privatrechtlichen Dienstverhältnis zum Bund, zu einem Bundesland, einem Bezirk oder einer Gemeinde sowie zu von diesen Körperschaften verwalteten Betrieben, Anstalten, Stiftungen oder Fonds, ferner die dauernd angestellten Dienstnehmer der gesetzlich anerkannten Religionsgesellschaften und die dauernd angestellten Dienstnehmer und die Vorstandsmitglieder der Salzburger Sparkasse sowie deren Rechtsnachfolger, alle diese, wenn

   aa) ihnen aus ihrem Dienstverhältnis die Anwartschaft auf Ruhe- und Versorgungsgenüsse, die den Leistungen der betreffenden Unfall- und Pensionsversicherung gleichwertig sind – im Falle des Vorbereitungsdienstes spätestens mit Ablauf dieses Dienstes – zusteht und

   bb) sie im Erkrankungsfalle Anspruch auf Weiterzahlung ihrer Dienstbezüge durch mindestens sechs Monate haben;

   (BGBl I 2016/18)

   b) nicht schon unter lit. a fallende Dienstnehmer hinsichtlich einer Beschäftigung in einem Dienstverhältnis, das die Krankenversicherung nach den Vorschriften über die Krankenversicherung öffentlich Bediensteter bei der Versicherungsanstalt öffentlich Bediensteter oder bei der Versicherungsanstalt für Eisenbahnen und Bergbau begründet, wenn ihnen aus ihrem Dienstverhältnis die Anwartschaft auf Ruhe- und Versorgungsgenüsse, die den Leistungen der betreffenden Unfall- und Pensionsversicherung gleichwertig sind – im Falle des Vorbereitungsdienstes spätestens mit Ablauf dieses Dienstes – zusteht;

   (BGBl I 2003/145)

   b)[a] nicht schon unter lit. a fallende Dienstnehmer hinsichtlich einer Beschäftigung in einem Dienstverhältnis, das die Krankenversicherung nach den Vorschriften über die Krankenversicherung öffentlich Bediensteter bei der Versicherungsanstalt öffentlich Bediensteter, Eisenbahnen und Bergbau begründet, wenn ihnen aus ihrem Dienstverhältnis die Anwartschaft auf Ruhe- und Versorgungsgenüsse, die den Leistungen der betreffenden Unfall- und Pensionsversicherung gleichwertig sind – im Falle des Vorbereitungsdienstes spätestens mit Ablauf dieses Dienstes – zusteht;

   (BGBl I 2003/145, BGBl I 2018/100)

   [a] Tritt mit 1. Jänner 2020 in Kraft.

   c)[a] nicht schon unter lit. a und b fallende Dienstnehmer hinsichtlich einer Beschäftigung in einem Dienstverhältnis (Beschäftigungsverhältnis), das die Krankenversicherung nach den Vorschriften über die Krankenversicherung öffentlich Bediensteter bei der Versicherungsanstalt öffentlich Bediensteter, Eisenbahnen und Bergbau begründet;

   (BGBl I 2018/100)

   [a] Tritt mit 1. Jänner 2020 in Kraft.

3a. Bedienstete des Bundes,

   a) deren Dienstverhältnis gemäß dem Vertragsbedienstetengesetz 1948 nach Ablauf des 31. Dezember 1998 begründet wird oder

b) auf deren öffentlich-rechtliches Dienstverhältnis gemäß § 136b Abs. 4 des Beamten-Dienstrechtsgesetzes 1979 die für Vertragsbedienstete des Bundes geltenden besoldungs- und sozialversicherungsrechtlichen Vorschriften anzuwenden sind;

(BGBl I 1999/10)

3b. Bedienstete der Länder, Gemeindeverbände und Gemeinden,

a) deren auf einer dem Vertragsbedienstetengesetz 1948 gleichartigen landesgesetzlichen Regelung beruhendes Dienstverhältnis nach Ablauf des 31. Dezember 2000 begründet wird oder

b) auf deren öffentlich-rechtliches Dienstverhältnis nach einer dem § 136b Abs. 4 BDG 1979 gleichartigen landesgesetzlichen Regelung die für Vertragsbedienstete geltenden besoldungs- und sozialversicherungsrechtlichen Vorschriften anzuwenden sind;

(BGBl I 2001/99)

3c. die zur Fremdsprachenassistenz nach § 3a des Lehrbeauftragtengesetzes, BGBl. Nr. 656/1987, bestellten Personen;

(BGBl I 2009/83)

4. Universitäts(Hochschul)assistenten, soweit sie nicht unter Z 3 fallen, und die Angestellten des Dorotheums, soweit sie im pragmatischen Dienstverhältnis stehen oder der vom Vorstand des Dorotheums erlassenen und vom Kuratorium genehmigten Dienstordnung unterliegen;

5. die ArbeitnehmerInnen der Universitäten nach dem Universitätsgesetz 2002, BGBl. I Nr. 120;

(BGBl I 1997/139, BGBl I 2002/140)

6. die ständigen Arbeiter des Hauptmünzamtes, die den Bestimmungen über die Ruhe- und Versorgungsgenüsse der Münzarbeiterschaft sowie deren Hinterbliebenen unterstellt sind;

7. Priester der Katholischen Kirche hinsichtlich der Seelsorgetätigkeit und der sonstigen Tätigkeit, die sie in Erfüllung ihrer geistlichen Verpflichtung ausüben, zum Beispiel des Religionsunterrichtes, ferner Angehörige der Orden und Kongregationen der Katholischen Kirche sowie der Anstalten der Evangelischen Diakonie, alle diese Personen, wenn sie nicht in einem Dienstverhältnis zu einer anderen Körperschaft (Person) als ihrer Kirche bzw. deren Einrichtungen (Orden, Kongregation, Anstalt der Evangelischen Diakonie) stehen;

(BGBl 1996/411)

8. Notariatskandidaten im Sinne des Notarversicherungsgesetzes 1972, hinsichtlich einer Beschäftigung, welche die Pensionsversicherung für das Notariat begründet, sowie Rechtsanwaltsanwärter;

8.[a] Notariatskandidaten/Notariatskandidatinnen hinsichtlich einer Beschäftigung, welche die Einbeziehung in die Vorsorge nach dem Notarversorgungsgesetz begründet, sowie Rechtsanwaltsanwärter/innen;

(BGBl I 2018/100)

[a] Tritt mit 1. Jänner 2020 in Kraft.

9.[a] (freie) Dienstnehmer/innen und Lehrlinge, die einem Betrieb, für den zum 31. Dezember 2019 eine Betriebskrankenkasse errichtet war, zugehörig sind, wenn und solange sie im Erkrankungsfall gegenüber einer auf Betriebsvereinbarung beruhenden betrieblichen Gesundheitseinrichtung nach den §§ 5a und 5b Anspruch auf Leistungen haben, die den Leistungen nach diesem Bundesgesetz gleichartig oder zumindest annähernd gleichwertig sind;

(BGBl I 2018/100)

[a] Tritt mit 1. Jänner 2020 in Kraft.

10. den Heimarbeitern nach den jeweiligen gesetzlichen Vorschriften über die Heimarbeit gleichgestellte Zwischenmeister (Stückmeister), die als solche in der Gewerblichen Selbständigenkrankenversicherung versichert sind;

11. Präsenz- oder Ausbildungsdienst Leistende nach dem Wehrgesetz 2001, BGBl. I Nr. 146;

(BGBl 1996/411, BGBl I 2009/83, BGBl I 2010/111)

12. in einem befristeten öffentlich-rechtlichen Dienstverhältnis ohne Pensionsanwartschaft zu einem Land (zur Gemeinde Wien) stehende Mitglieder eines Landesverwaltungsgerichtes, wenn sie zum Zweck der Ausübung dieser Mitgliedschaft in einem pensionsversicherungsfreien Dienstverhältnis gegen Entfall der Bezüge beurlaubt sind (Karenzurlaub) und die Zeit dieses Karenzurlaubes für den Ruhegenuß wirksam ist;

(BGBl I 2013/87)

13. (aufgehoben)

(BGBl 1996/201, BGBl 1996/411, BGBl I 1997/139, BGBl I 2001/99, BGBl I 2009/83, BGBl I 2017/66)

14. Rechtsanwälte hinsichtlich einer Beschäftigung, die die Teilnahme an der Versorgungseinrichtung einer Rechtsanwaltskammer begründet;

(BGBl 1996/201, BGBl 1996/411, BGBl I 1997/139, BGBl I 2001/99)

15. die nach § 2 Abs. 1 Z 3 FSVG pflichtversicherten ZiviltechnikerInnen;

(BGBl 1996/201, BGBl 1996/411, BGBl I 1997/139, BGBl I 2001/99, BGBl I 2010/62, BGBl I 2013/4)

16. Personen in einem Ausbildungsverhältnis nach § 4 Abs. 1 Z 5, wenn

a) sie nach § 8 Abs. 1 Z 2 lit. b in der Pensionsversicherung teilversichert sind,

b) ihre Ausbildung im Rahmen eines der Vollversicherung unterliegenden Dienstverhältnisses nach § 25 MABG durchgeführt wird oder

c) sie ihre Ausbildung zu einem Pflegeassistenzberuf (§ 82 GuKG) an einer Schule im Sinne des Schulorganisationsgesetzes, BGBl. Nr. 242/1962, oder an einer Privatschule im Sinne des Privatschulgesetzes, BGBl. Nr. 244/1962, absolvieren;

(BGBl I 2010/62, BGBl I 2016/44, BGBl I 2016/75)

17.[a] die nach § 2 Abs. 2a Z 3 FSVG pflichtversicherten Ärzte und Ärztinnen.

(BGBl I 2019/20)

[a] Z 17 wurde mit BGBl. I Nr. 20/2019 ein zweites Mal vergeben.

17.[a] die Zusteller/innen von Zeitungen und sonstigen Druckwerken.

(BGBl I 2019/8)

[a] Z 17 wurde mit BGBl. I Nr. 20/2019 ein zweites Mal vergeben.

(2) Ein Beschäftigungsverhältnis gilt als geringfügig, wenn daraus im Kalendermonat kein höheres Entgelt als 425,70 €[a] gebührt. An die Stelle dieses Betrages tritt ab Beginn jedes Beitragsjahres (§ 242 Abs. 10) der unter Bedachtnahme auf § 108 Abs. 6 mit der jeweiligen Aufwertungszahl (§ 108a Abs. 1) vervielfachte Betrag.

(BGBl 1993/335, BGBl 1996/600, BGBl I 1997/39, BGBl I 1997/47, BGBl I 1997/139, BGBl I 1998/138, BGBl I 2001/67, BGBl I 2004/142, BGBl I 2005/45, BGBl I 2012/123, BGBl I 2015/79, BGBl I 2017/125)

[a] Beträge siehe VO über veränderliche Werte. Gemäß BGBl II 2018/329 für das Jahr 2019: 446,81 €.

(3) Kein geringfügiges Beschäftigungsverhältnis liegt vor, wenn

1. das im Kalendermonat gebührende Entgelt den in Abs. 2 genannten Betrag nur deshalb nicht übersteigt, weil infolge Arbeitsmangels im Betrieb die sonst übliche Zahl von Arbeitsstunden nicht erreicht wird (Kurzarbeit) oder die für mindestens einen Monat oder auf unbestimmte Zeit vereinbarte Beschäftigung im Lauf des betreffenden Kalendermonates begonnen oder geendet hat oder unterbrochen wurde;
2. es sich um eine Beschäftigung als HausbesorgerIn nach dem Hausbesorgergesetz, BGBl. Nr. 16/1970, handelt, außer während der Zeit eines Beschäftigungsverbotes nach den §§ 3 und 5 des Mutterschutzgesetzes 1979 (MSchG), BGBl. Nr. 221/1979, oder einer Karenz nach dem MSchG oder dem Väter-Karenzgesetz (VKG), BGBl. Nr. 651/1989, oder bei Anspruch auf Wochengeld.

(BGBl I 2015/79)

Betriebsvereinbarung zur Errichtung einer betrieblichen Gesundheitseinrichtung

§ 5a.[a] Eine Betriebsvereinbarung zur Errichtung einer von betrieblichen Gesundheitseinrichtungen anstelle von bestehenden Betriebskrankenkassen kann insbesondere Regelungen zum Kreis der Anspruchsberechtigten und zum Versicherungs-, Melde-, Beitrags- und Leistungsrecht enthalten. Anspruchsberechtigte können (freie) Dienstnehmer/innen, Lehrlinge, aus dem Dienstverhältnis ausgeschiedene (freie) Dienstnehmer/innen, Lehrlinge und deren Angehörige sein. Eine solche Betriebsvereinbarung kann auch eine Verpflichtung zur Beitragsleistung für Dienstgeber und die Personen nach dem zweiten Satz enthalten.

(BGBl I 1997/139, BGBl I 2018/100)

[a] Tritt mit 1. Jänner 2020 in Kraft.

Errichtung und Feststellung der Gleichartigkeit einer betrieblichen Gesundheitseinrichtung

§ 5b.[a] (1) Zur Errichtung, Ausgestaltung und Auflösung einer von betrieblichen Gesundheitseinrichtungen anstelle von bestehenden Betriebskrankenkassen ist mit dem Betriebsrat eine Betriebsvereinbarung im Sinne des § 5a abzuschließen. Die betriebliche Gesundheitseinrichtung ist mit eigener Rechtspersönlichkeit einzurichten. Die Betriebsvereinbarung hat grundsätzliche Regelungen zum Kreis der Anspruchsberechtigten (wie (ehemalige) Arbeitnehmer, Familienangehörige) sowie zum Leistungs- und Beitragsrecht vorzusehen. § 113 ArbVG ist sinngemäß anzuwenden.

(2) Der Antrag auf Ausnahme aus der Krankenversicherung ist durch den Betriebsunternehmer nach Abschluss einer Betriebsvereinbarung bis längstens 30. September 2019 zu stellen. Die Feststellung der Gleichartigkeit oder annähernden Gleichwertigkeit im Sinne des § 5 Abs. 1 Z 9 hat in Folge durch Verordnung der Bundesministerin für Arbeit, Soziales, Gesundheit und Konsumentenschutz zu erfolgen. Für die Beurteilung sind neben den leistungsrechtlichen auch die beitrags- und versicherungsrechtlichen Bestimmungen dieses Bundesgesetzes maßgeblich. Die Ausnahme ist durch Verordnung zu beenden, wenn wesentliche Änderungen der Sach- oder Rechtslage eingetreten sind, die die Gleichartigkeit oder annähernde Gleichwertigkeit nicht mehr gewährleisten. Die Gesundheitseinrichtung ist verpflichtet, dem Bundesministerium für Arbeit, Soziales, Gesundheit und Konsumentenschutz die für die Beurteilung der Ausnahme aus der Krankenversicherung relevanten Unterlagen vorzulegen."

(BGBl I 2018/100)

[a] Tritt mit 1. Jänner 2020 in Kraft.

§ 6. Die Gleichwertigkeit der Anwartschaft auf Ruhe- und Versorgungsgenüsse mit den Leistungen der Pensions- oder Unfallversicherung im Sinne des § 5 Abs. 1 Z 3 ist als gegeben anzunehmen, wenn die Anwartschaft auf bundesgesetzlicher oder einer der bundesgesetzlichen Regelung gleichartigen landesgesetzlichen Regelung beruht. Andernfalls entscheidet das Bundesministerium für soziale Verwaltung über die Gleichwertigkeit, wobei die Gesamtansprüche mit Rücksicht auf den besonderen Personenkreis nach Billigkeit zu veranschlagen sind. Die Gleichwertigkeit ist jedenfalls nicht gegeben, wenn auf die vom Dienstgeber zugesicherten Ruhe- und Versorgungsgenüsse nach den hiefür maßgebenden dienstrechtlichen Bestimmungen Leistungen aus der Pensions- beziehungsweise Unfallversicherung anzurechnen sind.

Teilversicherung von im § 4 genannten Personen

§ 7. Nur in den nachstehend angeführten Versicherungen sind von den im § 4 genannten Personen auf Grund dieses Bundesgesetzes versichert (teilversichert):

1. in der Kranken- und Unfallversicherung hinsichtlich der nachstehend bezeichneten Beschäftigungsverhältnisse:
   - a) die ständigen Arbeiter der „Austria Tabakwerke A. G.“, die dem für diese Arbeiter geltenden Provisionsstatut unterstellt sind;
   - b) die angelobten Arbeiter der „Österreichischen Staatsdruckerei“, die der für diese Arbeiter geltenden Vorschrift über die Ruhe- und Versorgungsgenüsse in der jeweils geltenden Fassung unterstellt sind;
   - c) Personen, die bei der Post- und Telegraphenverwaltung in einem vertraglichen Dienstverhältnis stehen und Teilnehmer am ehemaligen Provisionsfonds für Postboten und ihre Hinterbliebenen, BGBl. Nr. 375/1926, waren, sofern sie in die Provisionsanwartschaft des Bundes rückübernommen wurden;
   - d) die provisionsberechtigten ständigen Forstarbeiter der Österreichischen Bundesforste;
   - e) die RechtsanwaltsanwärterInnen und die angestellten Rechtsanwälte/Rechtsanwältinnen, ausgenommen GesellschafterInnen-GeschäftsführerInnen einer Rechtsanwaltsgesellschaft mit beschränkter Haftung „sowie Rechtsanwälte/Rechtsanwältinnen, die einer Versorgungseinrichtung nach § 50 Abs. 4 der Rechtsanwaltsordnung angehören“;

     (BGBl I 2001/99, BGBl I 2015/162, BGBl I 2019/65)
   - f) (aufgehoben)

     (BGBl 1996/411, BGBl I 2000/35, BGBl I 2001/99, BGBl I 2009/83, BGBl I 2017/66)
   - g) die angestellten Geschäftsführer von Ziviltechnikergesellschaften im Sinne des Ziviltechnikerkammergesetzes 1993.

     (BGBl I 2001/99, BGBl I 2013/4)
2. in der Unfall- und Pensionsversicherung
   - a)[a] Dienstnehmer hinsichtlich einer Beschäftigung in einem Dienstverhältnis zu einer der im § 5 Abs. 1 Z 3 lit. a bezeichneten Gebietskörperschaften sowie von solchen Körperschaften verwalteten Betrieben, Anstalten, Stiftungen und Fonds oder zu einem anderen Dienstgeber – ausgenommen die unkündbaren Bediensteten der Versicherungsanstalt öffentlich Bediensteter sowie die Mitglieder von unabhängigen Verwaltungssenaten gemäß § 5 Abs. 1 Z 12 –, wenn
     - aa) sie in dieser Beschäftigung nach den Vorschriften über die Krankenversicherung öffentlich Bediensteter versichert sind oder wenn ihnen durch eine eigene Krankenfürsorgeeinrichtung des Dienstgebers mindestens die Leistungen der Krankenversicherung öffentlich Bediensteter gesichert sind und
     - bb) ihnen aus ihrem Dienstverhältnis keine Anwartschaft auf Ruhe- und Versorgungsgenüsse im Sinne des § 5 Abs. 1 Z 3 lit. b und des § 6 zusteht;

     (BGBl I 2018/100)

     [a] Tritt mit Ablauf des 31. Dezember 2019 außer Kraft.
   - b) die gemäß § 5 Abs. 1 Z 10 von der Vollversicherung ausgenommenen Zwischenmeister (Stückmeister);
   - c)[a] die nach § 5 Abs. 1 Z 9 von der Vollversicherung ausgenommenen Personen;

     (BGBl I 2018/100)

     [a] Tritt mit 1. Jänner 2020 in Kraft.
3. in der Unfallversicherung hinsichtlich der nachstehend bezeichneten Tätigkeiten (Beschäftigungsverhältnisse):
   - a) die im § 5 Abs. 1 Z 2 von der Vollversicherung ausgenommenen Beschäftigten;
   - b)[a] die am 31. Dezember 2003 bei den Österreichischen Bundesbahnen beschäftigten Dienstnehmer/innen mit Anwartschaft auf Ruhe- und Versorgungsgenuss nach dem Bundesbahn-Pensionsgesetz, auch wenn ihre Dienstverhältnisse nach dem 31. Dezember 2003 infolge eines (auch mehrmaligen) Betriebsüberganges auf ein anderes Unternehmen übergehen oder solange sie

bei einem der in Art. I des Bundesbahnstrukturgesetzes 2003 genannten Unternehmen oder einer Rechtsnachfolgerin eines dieser Unternehmen oder bei einem Unternehmen, das durch Maßnahmen der Umgründung im Rahmen des bestehenden Gesellschaftsrechts aus einer der Gesellschaften hervorgegangen ist, beschäftigt sind;

(BGBl I 1998/138, BGBl I 2003/145, BGBl I 2004/106, BGBl I 2018/100)

[a] Tritt mit Ablauf des 31. Dezember 2019 außer Kraft.

c) die öffentlichen Verwalter, soweit sie unmittelbar vor ihrer Bestellung zu öffentlichen Verwaltern ausschließlich selbständig erwerbstätig gewesen sind;

d) (aufgehoben)

(BGBl I 1997/139)

4. in der Pensionsversicherung, wenn das ihnen aus einem oder mehreren Beschäftigungsverhältnissen im Sinne der „lit. a bis e“[a] im Kalendermonat gebührende Entgelt den im § 5 Abs. 2 genannten Betrag übersteigt

[a] Ab 1. Jänner 2020: „lit. a bis o“.

a) die Vertragsbediensteten des Bundes, deren Dienstverhältnis gemäß dem Vertragsbedienstetengesetz 1948 nach Ablauf des 31. Dezember 1998 begründet wird;

b) (aufgehoben)

(BGBl I 2010/62)

c) Bedienstete der Länder, Gemeindeverbände und Gemeinden,

aa) deren auf einer dem Vertragsbedienstetengesetz 1948 gleichartigen landesgesetzlichen Regelung beruhendes Dienstverhältnis nach Ablauf des 31. Dezember 2000 begründet wird oder

bb) auf deren öffentlich-rechtliches Dienstverhältnis nach einer dem § 136b Abs. 4 BDG 1979 gleichartigen landesgesetzlichen Regelung die für Vertragsbedienstete geltenden besoldungs- und sozialversicherungsrechtlichen Vorschriften anzuwenden sind;

cc) deren Dienstverhältnis auf dem Landesvertragslehrergesetz 1966, BGBl. Nr. 172, mit Ausnahme der Lehrer/innen des Bundeslandes Wien, oder auf dem Land- und forstwirtschaftlichen Landesvertragslehrergesetz, BGBl. Nr. 244/1969, beruht und nach Ablauf des 31. Dezember 2000 begründet wird;

(BGBl I 2005/71)

(BGBl I 2001/99)

d) die Bediensteten der Versicherungsanstalt öffentlich Bediensteter;

(BGBl I 2001/99, BGBl I 2002/140, BGBl I 2003/145)

d)[a] die Bediensteten der Versicherungsanstalt öffentlich Bediensteter, Eisenbahnen und Bergbau

(BGBl I 2001/99, BGBl I 2002/140, BGBl I 2003/145, BGBl I 2018/100)

[a] Tritt mit 1. Jänner 2020 in Kraft.

e) die ArbeitnehmerInnen der Universitäten nach dem Universitätsgesetz 2002;

(BGBl I 2002/140, BGBl I 2018/100)

f.[a] Dienstnehmer hinsichtlich einer Beschäftigung in einem Dienstverhältnis zu einer der im § 5 Abs. 1 Z 3 lit. a bezeichneten Gebietskörperschaften sowie von solchen Körperschaften verwalteten Betrieben, Anstalten, Stiftungen und Fonds oder zu einem anderen Dienstgeber - ausgenommen die unkündbaren Bediensteten der Versicherungsanstalt öffentlich Bediensteter, Eisenbahnen und Bergbau sowie die Mitglieder von unabhängigen Verwaltungssenaten gemäß § 5 Abs. 1 Z 12 –, wenn

aa. sie in dieser Beschäftigung nach den Vorschriften über die Krankenversicherung öffentlich Bediensteter versichert sind oder wenn ihnen durch eine eigene Krankenfürsorgeeinrichtung des Dienstgebers mindestens die Leistungen der Krankenversicherung öffentlich Bediensteter gesichert sind und

bb. ihnen aus ihrem Dienstverhältnis keine Anwartschaft auf Ruhe- und Versorgungsgenüsse im Sinne des § 5 Abs. 1 Z 3 lit. b und des § 6 zusteht;

(BGBl I 2018/100)

[a] Tritt mit 1. Jänner 2020 in Kraft.

g.[a] die bei Eisenbahnen im Sinne des 1. Teiles des Eisenbahngesetzes 1957, BGBl. Nr. 60, Beschäftigten, soweit diese Eisenbahnen – unabhängig von der Rechtsform des Betriebes bzw. Unternehmens – dem öffentlichen Verkehr dienen und Personen oder Sachgüter befördern;

(BGBl I 2018/100)

[a] Tritt mit 1. Jänner 2020 in Kraft.

h.[a] Beschäftigte von Schlaf- und Speisewagenbetrieben;

(BGBl I 2018/100)

[a] Tritt mit 1. Jänner 2020 in Kraft.

i.[a)] Beschäftigte in einem Betrieb, an dem ein Unternehmen im Sinne der lit. f oder lit. g zu mehr als 25% beteiligt ist oder auf maßgebliche Aufgaben der Geschäftsführung wesentlichen Einfluss hat, und zwar unabhängig von der Rechtsform dieses Betriebes; umfasst sind sowohl Eigenbetriebe als auch solche Hilfseinrichtungen, die dem Bau, Betrieb und Verkehr dienen und in einer organisatorischen oder rechtlichen sowie funktionalen Verbindung zum Eisenbahnunternehmen stehen;

(BGBl I 2018/100)

a) Tritt mit 1. Jänner 2020 in Kraft.

j.[a)] am 31. Dezember 2003 bei den Österreichischen Bundesbahnen beschäftigte Dienstnehmer/innen, auch wenn ihre Dienstverhältnisse nach dem 31. Dezember 2003 infolge eines (auch mehrmaligen) Betriebsüberganges auf ein anderes Unternehmen übergehen oder solange sie bei einem der in Art. I des Bundesbahnstrukturgesetzes 2003 genannten Unternehmen oder einer Rechtsnachfolgerin eines dieser Unternehmen oder bei einem Unternehmen, das durch Maßnahmen der Umgründung im Rahmen des bestehenden Gesellschaftsrechts aus einer der Gesellschaften hervorgegangen ist, beschäftigt sind;

(BGBl I 2018/100)

a) Tritt mit 1. Jänner 2020 in Kraft.

k.[a)] in knappschaftlichen Betrieben (§ 15 Abs. 2 und 3) Beschäftigte;

(BGBl I 2018/100)

a) Tritt mit 1. Jänner 2020 in Kraft.

l.[a)] nach § 15 Abs. 4 zur knappschaftlichen Pensionsversicherung gehörende Personen;

(BGBl I 2018/100)

a) Tritt mit 1. Jänner 2020 in Kraft.

m.[a)] Beschäftigte jener Betriebe, für deren Beschäftigte die Betriebskrankenkasse Pengg am 31. Dezember 2001 die Pflichtversicherung in der Krankenversicherung durchgeführt hat;

(BGBl I 2018/100)

a) Tritt mit 1. Jänner 2020 in Kraft.

n.[a)] die Bediensteten der WIENER LINIEN GmbH & Co KG sowie die dieser Gesellschaft zur Dienstleistung zugewiesenen, in einem bis 31. Dezember 2000 durch Vertrag begründeten Dienstverhältnis zur Gemeinde Wien stehenden Beschäftigten;

(BGBl I 2018/100)

a) Tritt mit 1. Jänner 2020 in Kraft.

o.[a)] Lehrlinge und Dienstnehmer/innen nach § 4 Abs. 4, sofern sie nach den Vorschriften über die Krankenversicherung öffentlich Bediensteter bei der Versicherungsanstalt öffentlich Bediensteter, Eisenbahnen und Bergbau versichert sind.

a) Tritt mit 1. Jänner 2020 in Kraft.

(BGBl I 2018/100)

(BGBl I 2018/100)

(BGBl 1996/411, BGBl I 1999/10, BGBl I 2005/71, BGBl I 2015/79)

Sonstige Teilversicherung

§ 8. (1) Nur in den nachstehend angeführten Versicherungen sind überdies auf Grund dieses Bundesgesetzes versichert (teilversichert):

1. in der Krankenversicherung

   a) die Bezieher einer Pension aus der Pensionsversicherung nach diesem Bundesgesetz und die Bezieher von Übergangsgeld gemäß § 306, wenn die Pension gemäß § 86 Abs. 3 Z 2 letzter Satz nicht angefallen ist und sie nicht gemäß § 4 Abs. 1 Z 8 versichert sind, mit Ausnahme

      aa) der im § 1 Abs. 1 Z 18 B-KUVG genannten Personen und

      (BGBl I 2002/140, BGBl I 2003/71)

      bb) der nach § 4 B-KUVG versicherten Personen, soweit ihre Pension nach diesem Bundesgesetz einen Bestandteil des Ruhe(Versorgungs)bezuges bildet, der von einer im § 4 zweiter Satz B-KUVG genannten Einrichtung gewährt wird;

      (BGBl I 2018/100)

      cc)[a)] der Personen, die einem Betrieb, für den zum 31. Dezember 2019 eine Betriebskrankenkasse errichtet war, zugehörig waren, wenn und solange sie im Erkrankungsfall gegenüber einer auf Betriebsvereinbarung beruhenden betrieblichen Gesundheitseinrichtung nach den §§ 5a und 5b Anspruch auf Leistungen haben, die den Leistungen nach diesem Bundesgesetz gleichartig oder zumindest annähernd gleichwertig sind;

      (BGBl I 2018/100)

      a) Tritt mit 1. Jänner 2020 in Kraft.

   (BGBl I 1997/139, BGBl I 1999/10, BGBl I 1999/173)

   b) die Bezieher einer laufenden Geldleistung aus der zusätzlichen Pensionsversicherung bei den im § 479 genannten

Instituten, sofern sie nicht bereits nach lit. a versichert sind,

c) Personen, die aufgrund des Wehrgesetzes 2001 Präsenz- oder Ausbildungsdienst leisten – ausgenommen die in lit. e genannten Personen –, soweit sie nicht nach diesem oder einem anderen Bundesgesetz in der Krankenversicherung pflichtversichert sind,

(BGBl 1996/411, BGBl I 1998/30, BGBl I 2009/83, BGBl I 2010/111)

d) die BezieherInnen von Rehabilitationsgeld (§ 143a) mit Ausnahme der im § 1 Abs. 1 Z 17 bis 19 und 21 bis 23 B-KUVG genannten Personen,

(BGBl I 1997/139, BGBl I 2013/3)

e) Ausbildungsdienst Leistende nach dem Wehrgesetz 2001 ab dem 13. Monat des Ausbildungsdienstes,

(BGBl I 2010/111)

f) BezieherInnen von Kinderbetreuungsgeld nach dem Kinderbetreuungsgeldgesetz (KBGG), BGBl. I Nr. 103/2001, wenn nach § 28 KBGG ein Krankenversicherungsträger nach diesem Bundesgesetz zuständig ist,

(BGBl I 2001/103)

g) Bezieher von Familienzeitbonus nach dem Familienzeitbonusgesetz (FamZeitbG), BGBl. I Nr. 53/2016, wenn nach § 4 FamZeitbG ein Krankenversicherungsträger nach diesem Bundesgesetz zuständig ist,

die unter lit. a, b und d genannten Personen jedoch nur, wenn und solange sie sich ständig im Inland aufhalten;

(BGBl I 2016/53)

2. in der Pensionsversicherung

a) Personen, die Wochengeld beziehen oder deren Anspruch auf Wochengeld ruht;

b) Personen, die eine Geldleistung nach dem Arbeitslosenversicherungsgesetz 1977 (AlVG), BGBl. Nr. 609, nach dem Sonderunterstützungsgesetz (SUG), BGBl. Nr. 642/1973, oder nach dem Überbrückungshilfengesetz (ÜHG), BGBl. Nr. 174/1963, oder eine Beihilfe zur Deckung des Lebensunterhaltes nach dem Arbeitsmarktservicegesetz (AMSG), BGBl. Nr. 313/1994, rechtmäßig beziehen, wenn sie nicht nach § 4 Abs. 1 Z 8 pflichtversichert sind, oder Notstandshilfe oder erweiterte Überbrückungshilfe ausschließlich wegen Anrechnung des Einkommens des Partners oder der Partnerin nicht beziehen oder deren Anspruch auf Arbeitslosengeld ausschließlich nach § 16 Abs. 1 lit. l AlVG ruht;

c) die BezieherInnen von Krankengeld, Rehabilitationsgeld und Wiedereingliederungsgeld;

(BGBl I 2013/3, BGBl I 2017/30)

d) Personen, die nach dem Wehrgesetz 2001

aa) Präsenz- oder Ausbildungsdienst leisten, ausgenommen die in sublit. bb genannten Personen,

bb) Ausbildungsdienst leisten, ab dem 13. Monat des Ausbildungsdienstes,

wenn sie zuletzt nach diesem Bundesgesetz pensionsversichert oder noch nicht pensionsversichert waren;

(BGBl I 2010/111)

e) Personen, die auf Grund des Zivildienstgesetzes ordentlichen oder außerordentlichen Zivildienst leisten, wenn sie zuletzt nach diesem Bundesgesetz pensionsversichert oder noch nicht pensionsversichert waren;

(BGBl I 2015/144)

f) Personen, die Übergangsgeld nach diesem Bundesgesetz beziehen, wenn sie nicht nach § 4 Abs. 1 Z 8 pflichtversichert sind;

g) Personen, die ihr Kind (§ 227a Abs. 2) in den ersten 48 Kalendermonaten nach der Geburt oder im Fall einer Mehrlingsgeburt ihre Kinder in den ersten 60 Kalendermonaten nach der Geburt tatsächlich und überwiegend im Sinne des § 227a Abs. 4 bis 6 im Inland erziehen, wenn sie zuletzt nach diesem Bundesgesetz pensionsversichert oder noch nicht pensionsversichert waren;

(BGBl I 2005/132)

h) die Wissenschaftlichen (Künstlerischen) MitarbeiterInnen (in Ausbildung) nach § 6 des Bundesgesetzes über die Abgeltung von wissenschaftlichen und künstlerischen Tätigkeiten an Universitäten und Universitäten der Künste, BGBl. Nr. 463/1974;

i) die zur Fremdsprachenassistenz nach § 3a des Lehrbeauftragtengesetzes bestellten Personen;

(BGBl I 2009/83)

j) pflegeteilzeitbeschäftigte Personen, die ein aliquotes Pflegekarenzgeld nach § 21c des Bundespflegegeldgesetzes beziehen, wenn sie auf Grund des Dienstverhältnisses, in dem Pflegeteilzeit vereinbart wurde, der Pflichtversicherung in der Pensionsversicherung unterliegen;

(BGBl I 2013/138, BGBl I 2014/40)

k) die Bezieher des Familienzeitbonus nach dem Familienzeitbonusgesetz, wenn sie zuletzt nach diesem Bundesgesetz pensionsversichert oder noch nicht pensionsversichert waren;

(BGBl I 2001/99)

(BGBl I 2001/99, BGBl I 2002/114, BGBl I 2004/142)

3. in der Unfallversicherung hinsichtlich der nachstehend bezeichneten Tätigkeiten (Beschäftigungsverhältnisse):

a) alle selbständig Erwerbstätigen, die
   - Mitglieder einer Wirtschaftskammer oder
   - in der Kranken- oder Pensionsversicherung gemäß § 2 Abs. 1 Z 4 GSVG pflichtversichert oder
   - in der Krankenversicherung gemäß § 3 Abs. 1 Z 2 GSVG pflichtversichert

   sind; ferner die Gesellschafter/Gesellschafterinnen einer offenen Gesellschaft, die unbeschränkt haftenden Gesellschafter/Gesellschafterinnen einer Kommanditgesellschaft und die zu Geschäftsführern bestellten Gesellschafter einer Gesellschaft mit beschränkter Haftung, sofern diese Gesellschaften Mitglieder einer Kammer der gewerblichen Wirtschaft sind;

   (BGBl I 1997/139, BGBl I 1998/138, BGBl I 2006/131)

b) (aufgehoben)

   (BGBl 1996/411, BGBl I 2006/131, BGBl I 2007/101)

c) die Teilnehmer an Umschulungs-, Nachschulungs- und sonstigen beruflichen Ausbildungslehrgängen der Gebietskörperschaften, des Arbeitsmarktservice, des Bundesamtes für Soziales und Behindertenwesen, der Sozialversicherungsträger sowie der gesetzlichen beruflichen Vertretungen der Dienstgeber und Dienstnehmer, soweit die Schulung nicht im Rahmen eines Dienst- oder Lehrverhältnisses durchgeführt wird, sowie die Lehrenden bei solchen Lehrgängen, desgleichen die Volontäre, ferner Personen, die in einer Einrichtung untergebracht sind, die der medizinischen Rehabilitation oder Gesundheitsvorsorge dient;

   (BGBl 1994/314, BGBl I 2003/145)

d) Angehörige der Orden und Kongregationen der Katholischen Kirche sowie der Anstalten der Evangelischen Diakonie in ihrer Tätigkeit in einem land(forst)wirtschaftlichen Betrieb ihres Ordens, ihrer Kongregation bzw. ihrer Anstalt;

e) die Versicherungsvertreter in den Verwaltungskörpern der Sozialversicherungsträger – ausgenommen die Verwaltungskörper der Versicherungsanstalt öffentlich Bediensteter – und des Hauptverbandes sowie die Mitglieder der Beiräte gemäß den §§ 440 ff. dieses Bundesgesetzes, den §§ 213 ff. des Gewerblichen Sozialversicherungsgesetzes und den §§ 201 ff. des Bauern-Sozialversicherungsgesetzes in Ausübung der ihnen auf Grund ihrer Funktion obliegenden Pflichten;

   (BGBl 1996/411, BGBl I 2005/71, BGBl I 2012/35)

e)[a] die Versicherungsvertreter/innen in den Verwaltungskörpern der Sozialversicherungsträger – ausgenommen die Verwaltungskörper der Versicherungsanstalt öffentlich Bediensteter, Eisenbahnen und Bergbau – und des Dachverbandes in Ausübung der ihnen auf Grund ihrer Funktion obliegenden Pflichten;

   (BGBl 1996/411, BGBl I 2005/71, BGBl I 2012/35, BGBl I 2018/100)

---
[a] Tritt mit 1. Jänner 2020 in Kraft.

f) (aufgehoben)

   (BGBl I 1997/139)

g) Einzelorgane und Mitglieder von Kollektivorganen der gesetzlichen beruflichen Vertretungen sowie der kollektivvertragsfähigen Berufsvereinigungen der Dienstnehmer und der Dienstgeber, der Landwirtschaftskammern, der Kammer der Wirtschaftstreuhänder, des Österreichischen Hebammengremiums, des Tiroler Skilehrerverbandes, des Salzburger Berufs-Schi- und Snowboardlehrerverbandes, des Vorarlberger Schilehrerverbandes, der Tierärztekammer und der Österreichischen Zahnärztekammer, die aufgrund der diese Vertretung regelnden Vorschriften bzw. aufgrund des Statuts der Berufsvereinigung gewählt oder sonst bestellt sind, in Ausübung der ihnen aufgrund ihrer Funktion obliegenden Pflichten, soweit nicht eine landesgesetzliche Regelung über Unfallfürsorge besteht;

   (BGBl 1996/411, BGBl I 1997/139, BGBl I 1998/138, BGBl I 2003/145, BGBl I 2006/131, BGBl I 2007/31, BGBl I 2009/84)

h) Schüler an Schulen im Sinne des Schulorganisationsgesetzes, BGBl. Nr. 242/1962, an Schulen zur Ausbildung von Leibeserziehern und Sportlehrern im Sinne des Bundesgesetzes BGBl. Nr. 140/1974, an Privatschulen im Sinne des Privatschulgesetzes, BGBl. Nr. 244/1962, an land- und forstwirtschaftlichen Schulen im Sinne des Land- und forstwirtschaftlichen Bundesschulgesetzes, BGBl. Nr. 175/1966, an Forstfachschulen im Sinne des Forstgesetzes 1975, BGBl. Nr. 440, an land- und forstwirtschaftlichen Berufsschulen im Sinne des Bundesgesetzes betreffend die Grundsätze für land- und forstwirtschaftliche Berufsschulen, BGBl. Nr. 319/1975, an land- und forstwirtschaftlichen Fachschulen im Sinne des Bundesgesetzes betreffend die Grundsätze für land- und forstwirtschaftliche Fachschulen, BGBl. Nr. 320/1975, sowie an land- und forstwirtschaftlichen Privatschulen im Sinne des land- und forstwirtschaftlichen Privatschulgesetzes, BGBl. Nr. 318/1975;

i) Personen im Sinne des § 3 Abs. 1 Z 1 bis 7 und 9 und des § 4 des Studienförderungsgesetzes 1992, BGBl. Nr. 305, die im Rahmen des für die betreffende Studienart vorgeschriebenen normalen Studienganges inskribiert (zum Studium zugelassen) sind, Hörer (Lehrgangsteilnehmer) der Diplomatischen Akademie in Wien sowie Personen, die zur Studienberechtigungsprüfung im Sinne des Studienberechtigungsgesetzes, BGBl. Nr. 292/1985, zugelassen sind, und Personen, die sich auf Prüfungen zwecks Zulassung zu einem Fachhochschul-Studiengang vorbereiten und zwecks Vorbereitung auf diese Prüfungen Kurse bzw. Lehrgänge an Universitäten, Hochschulen, Einrichtungen der Erwachsenenbildung, privaten Werkmeisterschulen mit Öffentlichkeitsrecht, Einrichtungen, die Fachhochschul-Studiengänge durchführen, oder staatlich organisierte Lehrgänge besuchen; zum Studien-(Lehr)gang zählt auch ein angemessener Zeitraum für die Vorbereitung auf die Ablegung der entsprechenden Abschlußprüfungen und auf die Erwerbung eines akademischen Grades;

(BGBl I 1997/139, BGBl I 1998/138)

j) Mitglieder (Ersatzmitglieder) der Bundesförderungs- und -prüfungskommission nach § 8 des Bundesministeriengesetzes 1973, BGBl. Nr. 389, der Kommission nach § 7 des Landwirtschaftsgesetzes, BGBl. Nr. 299/1976, des Beirates nach § 12 des Bundesgesetzes über das land- und forstwirtschaftliche Betriebsinformationssystem, BGBl. Nr. 448/1980, und der amtlichen Weinkostkommissionen nach § 57 des Weingesetzes 1999, BGBl. I Nr. 141, in Ausübung ihrer Funktion, soweit sie nicht aufgrund anderer bundesgesetzlicher Bestimmungen unfallversichert sind;

(BGBl I 2009/84)

k) fachkundige und fachmännische Laienrichter/Laienrichterinnen in der ordentlichen Gerichtsbarkeit, an den Verwaltungsgerichten sowie am Bundesfinanzgericht, sowie Schöffen und Geschworene in Ausübung dieser Tätigkeit und bei der Teilnahme an Schulungen (Informationsveranstaltungen) für diese Tätigkeit;

(BGBl 1996/411, BGBl I 2015/162)

l) Kinder, die im letzten Jahr vor Schulpflicht eine institutionelle Kinderbetreuungseinrichtung im Sinne des Art. 3 Z 1 der Vereinbarung gemäß Art. 15a B-VG über die Einführung der halbtägigen kostenlosen und verpflichtenden frühen Förderung in institutionellen Kinderbetreuungseinrichtungen, BGBl. I Nr. 99/2009, im Ausmaß von 16 Stunden oder mehr besuchen;

(BGBl I 2010/61)

m) die in den von den Ländern anerkannten Einrichtungen der Beschäftigungstherapie tätigen Personen mit Behinderung;

(BGBl I 2010/102)

4. in der Kranken- und Unfallversicherung Zivildienstleistende im Sinne des Zivildienstgesetzes, BGBl. Nr. 187/1974;

(BGBl 1996/411, BGBl I 1997/139, BGBl I 2010/111, BGBl I 2013/137, BGBl I 2015/144)

4a. in der Kranken- und Unfallversicherung die Teilnehmer/Teilnehmerinnen am Freiwilligen Integrationsjahr nach dem Freiwilligengesetz (FreiwG), BGBl. I Nr. 17/2012; Pflichtversicherung in der Krankenversicherung tritt nur ein, wenn die Teilnehmer/Teilnehmerinnen nicht auf Grund anderer gesetzlicher Bestimmungen oder der Verordnung nach § 9 in diesem Versicherungszweig versichert sind.

(BGBl I 2015/144)

5. in der Kranken- und Pensionsversicherung die BezieherInnen eines Überbrückungsgeldes nach § 13l des Bauarbeiter-Urlaubs- und Abfertigungsgesetzes.

(BGBl I 2013/137)

(1a) Abs. 1 Z 2 lit. d, e und g ist nicht auf Personen in einem pensionsversicherungsfreien Dienstverhältnis (§ 308 Abs. 2) anzuwenden, die

1. nach dem 31. Dezember 1954 geboren sind und vor dem 1. Jänner 2005 in das pensionsversicherungsfreie Dienstverhältnis aufgenommen wurden;
2. nach dem 31. Dezember 2004 oder nach § 136b des Beamten-Dienstrechtsgesetzes 1979 in das pensionsversicherungsfreie Dienstverhältnis aufgenommen wurden.

(BGBl I 2010/62)

(BGBl I 2009/83)

(1b) Abs. 1 Z 1 lit. g und Z 2 lit. k ist nicht auf Personen anzuwenden, deren Pflichtversicherung nach § 11 Abs. 3 lit. b weiter besteht.

(BGBl I 2016/53)

(2) Die Bestimmungen des Abs. 1 Z 3 lit. a finden keine Anwendung

a) auf die nach § 4 Abs. 1 Z 7 und § 7 Z 2 lit. b versicherten, den Heimarbeitern nach den jeweiligen gesetzlichen Vorschriften über die Heimarbeit gleichgestellten Zwischenmeister (Stückmeister), sofern ihre Kammermitgliedschaft ausschließlich auf der ihrer Tätigkeit als Zwischenmeister (Stückmeister) zugrunde liegenden Gewerbeberechtigung beruht;

b) (aufgehoben)

(BGBl I 1997/139)

c) auf Verpächter von Betrieben für die Dauer der Verpachtung sowie auf Personen, die das Ruhen ihres Gewerbebetriebes angezeigt haben, für die Dauer des Ruhens;

d) auf Personen, die das 15. Lebensjahr noch nicht vollendet haben;

e) auf Personen, die auf Grund der im Abs. 1 Z 3 lit. a genannten Tätigkeit bereits nach § 4 Abs. 1 Z 1 der Vollversicherung oder nach § 7 Z 3 lit. a der Teilversicherung in der Unfallversicherung unterliegen.

(BGBl I 2015/162)

(3) Eine Pflichtversicherung nach Abs. 1 Z 1 lit. a bleibt auch für die Dauer einer Versagung nach § 307b aufrecht.

(4) Abs. 1 Z 3 lit. c ist nicht auf Personen anzuwenden, die als Volontäre an einem Programm der Europäischen Union zur Förderung der Mobilität junger Menschen teilnehmen.

(BGBl I 2001/99, BGBl I 2015/162)

(5) (aufgehoben)

(6) Schüler an berufsbildenden Schulen sind nur dann gemäß Abs. 1 Z 3 lit. h pflichtversichert, wenn sie nicht bereits auf Grund eines Lehr- oder Ausbildungsverhältnisses (§ 4 Abs. 1 Z 2 oder 4) bzw. gemäß Abs. 1 Z 3 lit. c oder gemäß § 4 Abs. 1 Z 8 dieses Bundesgesetzes bzw. gemäß § 3 Abs. 1 Z 2 des Bauern-Sozialversicherungsgesetzes pflichtversichert sind.

Einbeziehung in die Krankenversicherung im Verordnungsweg

§ 9. Das Bundesministerium für soziale Verwaltung kann nach Anhörung der in Betracht kommenden Interessenvertretungen und des Hauptverbandes (§ 31) Gruppen von Personen, die keinem Erwerb nachgehen oder als Grenzgänger in einem benachbarten Staat unselbständig erwerbstätig sind und einer gesetzlichen Pflichtversicherung für den Fall der Krankheit nicht unterliegen, aber eines Versicherungsschutzes bedürfen, durch Verordnung Gesichtspunkt der Sozialversicherung entgegenstehen. Die Verordnung bedarf der Zustimmung des Hauptausschusses des Nationalrates.

Einbeziehung in die Krankenversicherung im Verordnungsweg

§ 9.[a)] Das Bundesministerium für soziale Verwaltung kann nach Anhörung der in Betracht kommenden Interessenvertretungen und des Dachverbandes Gruppen von Personen, die keinem Erwerb nachgehen oder als Grenzgänger in einem benachbarten Staat unselbständig erwerbstätig sind und einer gesetzlichen Pflichtversicherung für den Fall der Krankheit nicht unterliegen, aber eines Versicherungsschutzes bedürfen, durch Verordnung Gesichtspunkt der Sozialversicherung entgegenstehen. Die Verordnung bedarf der Zustimmung des Hauptausschusses des Nationalrates.

(BGBl I 2018/100)

[a)] Tritt mit 1. Jänner 2020 in Kraft.

Beginn der Pflichtversicherung

§ 10. (1) Die Pflichtversicherung der Dienstnehmer, der Personen hinsichtlich einer geringfügigen Beschäftigung nach § 5 Abs. 2, der in § 4 Abs. 4 bezeichneten Personen, ferner der gemäß § 4 Abs. 1 Z 9, 10 und 13 Pflichtversicherten, der gemäß § 4 Abs. 1 Z 3 pflichtversicherten, nicht als Dienstnehmer beschäftigten Personen, der in einem Lehr- oder Ausbildungsverhältnis stehenden Personen, der Personen, denen eine Leistung der beruflichen Ausbildung gewährt wird, sowie der Heimarbeiter und der diesen gleichgestellten Personen beginnt unabhängig von der Erstattung einer Anmeldung mit dem Tag des Beginnes der Beschäftigung bzw. des Lehr- oder Ausbildungsverhältnisses. Für das Ausscheiden aus einem öffentlich-rechtlichen Dienstverhältnis, ohne daß dem Ausgeschiedenen ein Ruhegenuß und seinen Hinterbliebenen ein Versorgungsgenuß aus dem Dienstverhältnis zusteht, gilt hinsichtlich des Beginnes der Pflichtversicherung nach diesem Bundesgesetz die Bestimmung des § 11 Abs. 5 entsprechend.

(BGBl 1996/411, BGBl I 2002/140, BGBl I 2005/132)

(1a) Abweichend von Abs. 1 beginnt die Pflichtversicherung der im § 4 Abs. 4 bezeichneten Personen im Fall der Erlassung eines Bescheides gemäß § 410 Abs. 1 Z 8 mit dem Tag der Erlassung dieses Bescheides.

(BGBl I 1998/138)

(2) Die Pflichtversicherung der selbständig Erwerbstätigen (§ 8 Abs. 1 Z 3 lit. a) beginnt mit dem Tag der Aufnahme der pflichtversicherten Tätigkeit, bei den nach § 2 Abs. 1 Z 4 GSVG oder nach § 3 Abs. 1 Z 2 GSVG pflichtversicherten Personen mit dem Tag, an dem die Pflichtversicherung in der Kranken- bzw. Pensionsversicherung nach dem GSVG beginnt. Die Pflichtversicherung der fachkundigen Laienrichter und der fachmännischen Laienrichter sowie der Schöffen und Geschworenen (§ 8 Abs. 1 Z 3 lit. k), der Teilnehmer an Umschulungs-, Nachschulungs- und sonstigen Ausbildungslehrgängen sowie der Lehrenden bei solchen Lehrgängen und der Volontäre (§ 8 Abs. 1 Z 3 lit. c) sowie der Mitglieder der Organe der ge-

setzlichen beruflichen Vertretungen und der kollektivvertragsfähigen Berufsvereinigungen der Dienstnehmer und Dienstgeber (§ 8 Abs. 1 Z 3 lit. g) beginnt mit dem Tag der Aufnahme der versicherungspflichtigen Tätigkeit.

(BGBl 1996/201, BGBl 1996/411, BGBl I 1997/39, BGBl I 1997/139, BGBl I 1998/138, BGBl I 2002/140, BGBl I 2007/101, BGBl I 2010/102)

(3) Die Pflichtversicherung der Vorstandsmitglieder (Geschäftsleiter), der Versicherungsvertreter und der Beiratsmitglieder (§ 8 Abs. 1 Z 3 lit. e) sowie der im § 8 Abs. 1 Z 3 lit. j genannten Personen beginnt mit der Erteilung der amtlichen Bewilligung zur Ausübung der versicherungspflichtigen Tätigkeit bzw. der Bestellung zum öffentlichen Verwalter, Vorstandsmitglied (Geschäftsleiter), Versicherungsvertreter, Kommissions- oder Beiratsmitglied.

(BGBl 1996/411, BGBl I 1997/139)

(4) Die Pflichtversicherung der Angehörigen der Orden und Kongregationen der Katholischen Kirche sowie der Anstalten der Evangelischen Diakonie (§ 8 Abs. 1 Z 3 lit. d) beginnt mit dem Tage der Aufnahme der versicherungspflichtigen Tätigkeit.

(5) Die Pflichtversicherung der in den §§ 4 Abs. 1 Z 11 und 12 und 8 Abs. 1 Z 1 lit. c und e, Z 3 lit. h, i und l sowie Z 4 bezeichneten Personen und der Personen, die in einer Einrichtung untergebracht sind, die der Rehabilitation, Gesundheitsvorsorge oder Beschäftigungstherapie dient (§ 8 Abs. 1 Z 3 lit. c und m), und die Krankenversicherung der nach § 9 einbezogenen Personen beginnt mit dem Eintritt des Tatbestandes, der den Grund der Versicherung bildet. Das Nähere hinsichtlich der Krankenversicherung der nach § 9 einbezogenen Personen wird durch die Verordnung über die Einbeziehung geregelt.

(BGBl 1996/411, BGBl I 1997/139, BGBl I 2001/99, BGBl I 2004/142, BGBl I 2010/61, BGBl I 2010/102, BGBl I 2012/17, BGBl I 2014/68)

(5a) Die Pflichtversicherung der im § 8 Abs. 1 Z 1 lit. d bezeichneten Personen beginnt mit dem Tag, ab dem das Rehabilitationsgeld (§ 143a) gebührt.

(BGBl I 2013/3)

(5b) Die Pflichtversicherung der im § 8 Abs. 1 Z 5 bezeichneten Personen beginnt mit dem Tag, ab dem das Überbrückungsgeld gebührt.

(BGBl I 2014/68)

(5c) Die Pflichtversicherung der im § 8 Abs. 1 Z 4a bezeichneten Personen beginnt mit dem Beginn des Freiwilligen Integrationsjahres.

(BGBl I 2015/144)

(6) Die Krankenversicherung der Pensionisten (§ 8 Abs. 1 Z 1 lit. a, b und d) beginnt mit dem Tage des Anfalls der Pension, die Krankenversicherung der Übergangsgeldbezieher (§ 8 Abs. 1 Z 1 lit. a) beginnt mit dem Tage, ab dem das Übergangsgeld gebührt.

(BGBl I 1997/139)

(6a) Die Krankenversicherung der KinderbetreuungsgeldbezieherInnen (§ 8 Abs. 1 Z 1 lit. f) beginnt mit dem Tag, ab dem das Kinderbetreuungsgeld gebührt oder nur deshalb nicht gebührt, weil der Anspruch nach § 6 Abs. 1 Z 1 KBGG ruht. Die Krankenversicherung der Familienzeitbonusbezieher (§ 8 Abs. 1 Z 1 lit. g) beginnt mit dem Tag, ab dem der Familienzeitbonus gebührt.

(BGBl I 2001/103, BGBl I 2016/53)

(6b) Die Pensionsversicherung nach § 8 Abs. 1 Z 2 beginnt

1. bei den in lit. a genannten Personen mit dem Tag, ab dem Wochengeld bezogen wird;
2. bei den in lit. b genannten Personen mit dem Tag, ab dem die Geldleistung bezogen wird oder die Notstandshilfe ausschließlich wegen Anrechnung des Einkommens des Partners/der Partnerin nicht bezogen wird;
3. bei den in lit. c genannten Personen mit dem Tag, ab dem Krankengeld oder Rehabilitationsgeld oder Wiedereingliederungsgeld bezogen wird;

   (BGBl I 2013/3, BGBl I 2017/30)
4. bei den in lit. d genannten Personen mit dem Tag, an dem der Präsenz- oder Ausbildungsdienst angetreten wird;
5. bei den in lit. e genannten Personen mit dem Tag, an dem der Zivildienst angetreten wird;

   (BGBl I 2015/144)
6. bei den in lit. f genannten Personen mit dem Tag, ab dem Übergangsgeld bezogen wird;
7. bei den in lit. g genannten Personen
   a) mit dem der Geburt des Kindes folgenden Kalendermonat,
   b) mit dem Kalendermonat, in dem die Annahme an Kindes Statt oder die Übernahme der unentgeltlichen Pflege erfolgt;
8. bei den in lit. h genannten Personen mit dem Eintritt des Tatbestandes, der den Grund der Versicherung bildet;

   (BGBl I 2013/138)
9. bei den in lit. j genannten Personen mit dem Tag, ab dem das aliquote Pflegekarenzgeld bezogen wird;

   (BGBl I 2013/138)
10. bei den in lit. k genannten Personen mit dem Tag, ab dem der Familienzeitbonus bezogen wird.

    (BGBl I 2016/53)

(BGBl I 2004/142)

(7) Wurde ein Antrag auf Zuerkennung einer Pension gestellt, deren Bezug die Krankenversicherung nach § 8 Abs. 1 Z 1 lit. a, b oder d dieses Bundesgesetzes oder nach § 1 Abs. 1 Z 18 B-KUVG begründet, so hat der in Betracht kommende

Pensionsversicherungsträger bzw. Träger der zusätzlichen Pensionsversicherung zu prüfen, ob die Zuerkennung der Pension wahrscheinlich ist. Trifft dies zu, so hat er eine Bescheinigung darüber auszustellen, daß die Krankenversicherung vorläufig mit dem Tage des voraussichtlichen Pensionsanfalles beginnt. Eine solche Bescheinigung ist mit der gleichen Rechtswirkung und unter der gleichen Voraussetzung auch auszustellen, wenn der Pensionswerber ein Verfahren in Sozialrechtssachen anhängig gemacht hat. Die Bescheinigung ist sowohl dem Antragsteller als auch dem zuständigen Träger der Krankenversicherung zuzustellen. Die Ausstellung oder die Ablehnung der Bescheinigung kann durch ein Rechtsmittel nicht angefochten werden.

(BGBl I 2002/1)

§ 10a. (aufgehoben)

(BGBl I 2002/140)

Ende der Pflichtversicherung

§ 11. (1) Die Pflichtversicherung der im § 10 Abs. 1 bezeichneten Personen erlischt, soweit in den Abs. 2 bis 6 nichts anderes bestimmt wird, mit dem Ende des Beschäftigungs-, Lehr- oder Ausbildungsverhältnisses. Fällt jedoch der Zeitpunkt, an dem der Anspruch auf Entgelt endet, nicht mit dem Zeitpunkt des Endes des Beschäftigungsverhältnisses zusammen, so erlischt die Pflichtversicherung mit dem Ende des Entgeltanspruches.

(2) Wird ein gerichtlicher oder außergerichtlicher Vergleich über den dem Dienstnehmer nach Beendigung des Dienstverhältnisses gebührenden Arbeitslohn oder Gehalt abgeschlossen, so verlängert sich die Pflichtversicherung um den Zeitraum, der durch den Vergleichsbetrag (Pauschbetrag) nach Ausscheidung allfälliger, gemäß § 49 nicht zum Entgelt im Sinne dieses Bundesgesetzes gehörender Bezüge, gemessen an den vor dem Austritt aus der Beschäftigung gebührenden Bezügen, gedeckt ist. Die Pflichtversicherung besteht weiter für die Zeit des Bezuges einer Ersatzleistung für Urlaubsentgelt (Urlaubsabfindung, Urlaubsentschädigung) sowie für die Zeit des Bezuges einer Kündigungsentschädigung. Die zum Zeitpunkt der Beendigung des Dienstverhältnisses fällig werdende pauschalierte Kündigungsentschädigung ist auf den entsprechenden Zeitraum der Kündigungsfrist umzulegen. Gebühren sowohl eine Kündigungsentschädigung als auch eine Ersatzleistung für Urlaubsentgelt (Urlaubsabfindung, Urlaubsentschädigung), so ist zur Bestimmung des maßgeblichen Zeitraumes zunächst die Kündigungsentschädigung heranzuziehen und im Anschluss daran die Ersatzleistung für Urlaubsentgelt (Urlaubsabfindung, Urlaubsentschädigung). Wird Urlaubsabfindung nach dem Bauarbeiter-Urlaubs- und Abfertigungsgesetz gewährt, so ist für die Versicherung die Wiener Gebietskrankenkasse zuständig. Die Versicherung beginnt mit dem achten Tag, der auf die Zahlbarstellung durch die Bauarbeiter-Urlaubs- und Abfertigungskasse folgt. Wird Urlaubsersatzleistung nach dem Bauarbeiter-Urlaubs- und Abfertigungsgesetz ausgezahlt, so ist für die Versicherung jene Gebietskrankenkasse örtlich zuständig, die für das letzte dem Bauarbeiter-Urlaubs- und Abfertigungsgesetz unterliegende Beschäftigungsverhältnis zuständig war. Der Dienstgeberanteil (§ 51) ist von der Bauarbeiter-Urlaubs- und Abfertigungskasse zu entrichten.

(BGBl 1996/201, BGBl I 2000/44, BGBl I 2004/142, BGBl I 2014/68, BGBl I 2015/118)

(2)[a] Wird ein gerichtlicher oder außergerichtlicher Vergleich über den dem Dienstnehmer nach Beendigung des Dienstverhältnisses gebührenden Arbeitslohn oder Gehalt abgeschlossen, so verlängert sich die Pflichtversicherung um den Zeitraum, der durch den Vergleichsbetrag (Pauschbetrag) nach Ausscheidung allfälliger, gemäß § 49 nicht zum Entgelt im Sinne dieses Bundesgesetzes gehörender Bezüge, gemessen an den vor dem Austritt aus der Beschäftigung gebührenden Bezügen, gedeckt ist. Die Pflichtversicherung besteht weiter für die Zeit des Bezuges einer Ersatzleistung für Urlaubsentgelt (Urlaubsabfindung, Urlaubsentschädigung) sowie für die Zeit des Bezuges einer Kündigungsentschädigung. Die zum Zeitpunkt der Beendigung des Dienstverhältnisses fällig werdende pauschalierte Kündigungsentschädigung ist auf den entsprechenden Zeitraum der Kündigungsfrist umzulegen. Gebühren sowohl eine Kündigungsentschädigung als auch eine Ersatzleistung für Urlaubsentgelt (Urlaubsabfindung, Urlaubsentschädigung), so ist zur Bestimmung des maßgeblichen Zeitraumes zunächst die Kündigungsentschädigung heranzuziehen und im Anschluss daran die Ersatzleistung für Urlaubsentgelt (Urlaubsabfindung, Urlaubsentschädigung). Wird Urlaubsabfindung nach dem Bauarbeiter-Urlaubs- und Abfertigungsgesetz gewährt, so ist für die Versicherung die Österreichische Gesundheitskasse zuständig. Die Versicherung beginnt mit dem achten Tag, der auf die Zahlbarstellung durch die Bauarbeiter-Urlaubs- und Abfertigungskasse folgt. Wird Urlaubsersatzleistung nach dem Bauarbeiter-Urlaubs- und Abfertigungsgesetz ausgezahlt, so ist für die Versicherung die Österreichische Gesundheitskasse zuständig. Der Dienstgeberanteil (§ 51) ist von der Bauarbeiter-Urlaubs- und Abfertigungskasse zu entrichten.

(BGBl 1996/201, BGBl I 2000/44, BGBl I 2004/142, BGBl I 2014/68, BGBl I 2015/118, BGBl I 2018/100)

[a] Tritt mit 1. Jänner 2020 in Kraft.

(2a) Die Pflichtversicherung besteht für die Zeit des Bezuges einer Winterfeiertagsvergütung (§ 13j des Bauarbeiter-Urlaubs- und Abfertigungsgesetzes); sofern die Winterfeiertagsvergütung nicht gemeinsam mit dem Urlaubsentgelt ausbezahlt wird, gelten im übrigen die Bestimmungen wie für die Urlaubsabfindung nach dem Bauarbeiter-Urlaubs- und Abfertigungsgesetz.

(BGBl 1996/417)

(3) Die Pflichtversicherung besteht, wenn das Beschäftigungsverhältnis nicht früher beendet wird, weiter

a) für die Zeit einer Arbeitsunterbrechung infolge Urlaubes ohne Entgeltzahlung, sofern dieser Urlaub die Dauer eines Monates nicht überschreitet und es sich dabei nicht um eine Unterbrechung der Erwerbsausübung zum Zwecke der Inanspruchnahme einer Familienzeit nach dem FamZeitbG handelt,

(BGBl I 2016/53)

b) für die Zeit einer Arbeitsunterbrechung infolge eines Frühkarenzurlaubes nach § 29o VBG oder nach gleichartigen landesgesetzlichen Regelungen,

(BGBl I 2010/111, BGBl I 2011/122, BGBl I 2015/162)

c) für die Zeit einer Arbeitsunterbrechung infolge Heranziehung zum Dienst als Schöffe oder Geschworener sowie als Vertrauensperson in den im Geschworenen- und Schöffenlistengesetz zur Bildung der Ur- und Jahreslisten berufenen Kommissionen nach dem Bundesgesetz vom 13. Juni 1946, BGBl. Nr. 135, in der jeweils geltenden Fassung,

(BGBl I 2010/111)

d) für die Zeit einer Arbeitsunterbrechung auf Grund einer Maßnahme nach den §§ 7, 11, 17, 20, 22 oder 24 des Epidemiegesetzes 1950, BGBl. Nr. 186, und für die Dauer der Verhängung einer Sperre wegen Maul- und Klauenseuche nach dem Tierseuchengesetz, RGBl. Nr. 177/1909,

(BGBl I 2010/111)

e) für die Zeit einer Arbeitsunterbrechung infolge Teilnahme an Schulungs- und Bildungsveranstaltungen im Rahmen der besonderen Vorschriften über die erweiterte Bildungsfreistellung.

(BGBl I 2010/111)

(4) Treten bei Fortbestand des Beschäftigungsverhältnisses die Voraussetzungen für die Ausnahme von der Vollversicherung nach § 5 ein, so endet die Pflichtversicherung, soweit nicht Abs. 5 anderes bestimmt, mit dem Ende des laufenden Beitragszeitraumes, tritt aber der Ausnahmegrund am ersten Tag eines Beitragszeitraumes ein, mit dem Ablauf des vorhergehenden Beitragszeitraumes.

(5) Die Aufnahme in ein öffentlich-rechtliches Dienstverhältnis wird hinsichtlich der Pflichtversicherung mit dem Tage des Dienstantrittes wirksam.

(6) Treten bei Fortbestand des Beschäftigungsverhältnisses, das die Vollversicherung begründet, die Voraussetzungen für die Teilversicherung nach § 7 ein, so gelten bezüglich des Endes der Vollversicherung die Bestimmungen des Abs. 4 entsprechend.

(7) Die Pflichtversicherung der im § 10 Abs. 1 bezeichneten Personen erlischt auch mit der rechtskräftigen Feststellung eines Scheinunternehmens,

1. wenn sie der Aufforderung zum persönlichen Erscheinen beim Versicherungsträger nach § 43 Abs. 4 nicht oder nicht rechtzeitig nachkommen;
2. wenn sie nicht glaubhaft machen können, dass sie tatsächlich Arbeitsleistungen verrichtet haben.

(BGBl I 2015/113)

§ 12. (1) Die Pflichtversicherung der in § 10 Abs. 2 bezeichneten Personen erlischt mit dem Letzten des Kalendermonats, in dem die die Pflichtversicherung begründende Tätigkeit aufgegeben wird, bei den nach § 2 Abs. 1 Z 4 GSVG oder nach § 3 Abs. 1 Z 2 GSVG pflichtversicherten Personen mit dem Tag, an dem die Pflichtversicherung in der Kranken- bzw. Pensionsversicherung endet.

(BGBl 1996/201, BGBl I 1997/139, BGBl I 2002/140, BGBl I 2010/102)

(2) Die Pflichtversicherung der im § 10 Abs. 3 bezeichneten Personen endet mit der Entziehung der amtlichen Bewilligung zur Ausübung der versicherungspflichtigen Tätigkeit, mit der Enthebung als öffentlicher Verwalter bzw. mit dem Ausscheiden des Vorstandsmitgliedes (Geschäftsleiters), Kommissions- oder Beiratsmitgliedes bzw. mit dem Ende der Funktionsausübung eines Versicherungsvertreters.

(3) Die Pflichtversicherung der im § 10 Abs. 4 bezeichneten Personen erlischt mit dem Ende der die Pflichtversicherung begründenden Tätigkeit.

(4) Die Pflichtversicherung der im § 10 Abs. 5 bezeichneten Personen endet mit dem Wegfall des für die Versicherung maßgeblichen Tatbestandes. § 10 Abs. 5 letzter Satz gilt entsprechend.

(4a) Die Pflichtversicherung der im § 10 Abs. 5a bezeichneten Personen erlischt mit dem Wegfall des Rehabilitationsgeldes (§ 143a).

(BGBl I 2013/3)

(4b) Die Pflichtversicherung der im § 10 Abs. 5b bezeichneten Personen endet mit dem Wegfall des Überbrückungsgeldes.

(BGBl I 2014/68)

(4c) Die Pflichtversicherung der im § 8 Abs. 1 Z 4a bezeichneten Personen endet mit dem Ende des Freiwilligen Integrationsjahres.

(BGBl I 2015/144)

(5) Die Krankenversicherung der Pensionisten und der Übergangsgeldbezieher (§ 10 Abs. 6) endet mit dem Ablauf des Kalendermonates, für den letztmalig die Pension oder das Übergangsgeld im Inland ausgezahlt wird. Die vorläufige Krankenversicherung (§ 10 Abs. 7) endet spätestens mit der Zustellung des abweisenden Pensionsbescheides bzw. mit der rechtskräftigen Beendigung des Leistungsstreitverfahrens.

(BGBl I 1997/139)

(5a) Die Krankenversicherung der im § 10 Abs. 6a bezeichneten Personen endet mit Ablauf des Kalendertages, für den letztmalig Kinderbetreuungsgeld oder Familienzeitbonus gebührt.

(BGBl I 2001/103, BGBl I 2005/71, BGBl I 2016/53)

(5b) Die Pensionsversicherung der im § 10 Abs. 6b bezeichneten Personen endet mit dem Wegfall des für die Versicherung maßgeblichen Tatbestandes, wobei sich das Ende der Pensionsversicherung nach § 8 Abs. 1 Z 2 lit. g nach den Bestimmungen des § 227a Abs. 3 richtet.

(BGBl I 2004/142, BGBl I 2015/144)

(6) Mit dem Antritt des Präsenz- oder Ausbildungsdienstes auf Grund des Wehrgesetzes 2001 endet die Pflichtversicherung in der Unfall- und Pensionsversicherung mit Ausnahme der Unfallversicherung der im § 8 Abs. 1 Z 3 lit. a bezeichneten Personen und mit Ausnahme der Pensionsversicherung nach § 8 Abs. 1 Z 2 lit. d.

(BGBl 1996/411, BGBl I 1998/30, BGBl I 2004/142, BGBl I 2007/101, BGBl I 2009/83)

(7) Die Pflichtversicherung von Personen, die mit Dienstleistungsscheck entlohnt werden, endet bezüglich dieses Beschäftigungsverhältnisses mit Ablauf des Kalendermonates, für den ein Dienstleistungsscheck bei der örtlich zuständigen Gebietskrankenkasse eingelöst wurde.

(BGBl I 2005/45)

(7)[a] Die Pflichtversicherung von Personen, die mit Dienstleistungsscheck entlohnt werden, endet bezüglich dieses Beschäftigungsverhältnisses mit Ablauf des Kalendermonates, für den ein Dienstleistungsscheck bei der Österreichischen Gesundheitskasse eingelöst wurde.

(BGBl I 2005/45, BGBl I 2018/100)

[a] Tritt mit 1. Jänner 2020 in Kraft.

2. Unterabschnitt Versicherungszugehörigkeit der Pflichtversicherten zu den einzelnen Arten der Pensionsversicherung

a) Pensionsversicherung der Arbeiter

§ 13. Zur Pensionsversicherung der Arbeiter gehören die in der Pensionsversicherung pflichtversicherten Personen hinsichtlich jener Beschäftigungen, die nicht die Zugehörigkeit zur Pensionsversicherung der Angestellten nach § 14 oder zur knappschaftlichen Pensionsversicherung nach § 15 begründen. Zur Pensionsversicherung der Arbeiter gehören auch die nach § 8 Abs. 1 Z 2 lit. a bis g und k sowie Z 5 versicherten Personen, die zuletzt in diesem Zweig der Pensionsversicherung pflichtversichert waren.

(BGBl I 2004/142, BGBl I 2014/68, BGBl I 2016/53)

b) Pensionsversicherung der Angestellten

§ 14. (1) Zur Pensionsversicherung der Angestellten gehören die in der Pensionsversicherung pflichtversicherten Personen hinsichtlich jener Beschäftigungen, die nicht die Zugehörigkeit zur knappschaftlichen Pensionsversicherung nach § 15 begründen,

1. wenn ihr Beschäftigungsverhältnis durch das Angestelltengesetz, BGBl. Nr. 292/1921, Gutsangestelltengesetz, BGBl. Nr. 538/1923, oder Theaterarbeitsgesetz, BGBl. I Nr. 100/2010, geregelt ist oder überwiegend Dienstleistungen umfaßt, die den Dienstleistungen in den nach diesen Gesetzen geregelten Beschäftigungsverhältnissen gleichzuhalten sind;

   (BGBl I 2015/162)

2. wenn ihr Beschäftigungsverhältnis durch das Vertragsbedienstetengesetz 1948, BGBl. Nr. 86, oder nach einer gleichartigen landesgesetzlichen Regelung geregelt ist und sie nach dem Entlohnungsschema I, K, I L, II L, v bzw. nach dem III. oder IV. Abschnitt des Vertragsbedienstetengesetzes 1948, BGBl. Nr. 86, oder nach einer gleichartigen landesgesetzlichen Regelung entlohnt werden oder zu entlohnen wären, wenn ihre Entlohnung nicht in einem Sondervertrag gemäß § 36 des Vertragsbedienstetengesetzes 1948, BGBl. Nr. 86, oder nach einer gleichartigen landesgesetzlichen Regelung geregelt wäre;

   (BGBl I 1999/10, BGBl I 2001/99)

2a. wenn sie nach den dienstrechtlichen Bestimmungen eines Landes als Landes- oder Gemeindeangestellte gelten;

   (BGBl I 1998/138)

3. wenn sie in einem Lehr- oder Ausbildungsverhältnis stehen, das auf ein Beschäftigungsverhältnis nach Z 1 oder Abs. 3 vorbereitet;

4. wenn sie gemäß § 4 Abs. 1 Z 9 als Entwicklungshelfer oder Experten versichert sind;

5. (aufgehoben)

   (BGBl I 1997/139)

6. wenn die gemäß § 4 Abs. 1 Z 8 pflichtversicherten Personen vor der im Rahmen beruflicher Maßnahmen der Rehabilitation nach den §§ 198 oder 303 gewährten beruflichen Ausbildung auf Grund eines Beschäftigungsverhältnisses gemäß Z 1 bis 4 der Pensionsversicherung der Angestellten zugehört haben;

7. wenn sie gemäß § 4 Abs. 1 Z 12 als geistliche Amtsträger, Lehrvikare, Pfarramtskandidaten, Diakonissen oder Mitglieder der evangelischen Kirchenleitung versichert sind;

   (BGBl 1996/411)

8. (aufgehoben)

   (BGBl I 2010/111)

9. wenn sie nach § 4 Abs. 1 Z 10 oder 11 als Teilnehmer/innen an einer Eignungsausbildung oder als Teilnehmer/innen des Freiwilligen Sozialjahres, des Freiwilligen Umweltschutzjahres, des Gedenkdienstes oder des

Friedens- und Sozialdienstes im Ausland versichert sind;

(BGBl I 2012/17)

10. wenn sie gemäß § 4 Abs. 1 Z 12 als ehemalige Militärpersonen auf Zeit versichert sind;

(BGBl 1996/411, BGBl I 1998/138)

11. wenn sie am 31. Dezember 2003 bei den Österreichischen Bundesbahnen beschäftigt waren und ihr Beschäftigungsverhältnis zu den Österreichischen Bundesbahnen oder zu einem der in Art. I des Bundesbahnstrukturgesetzes 2003 genannten Unternehmen oder zu einer Rechtsnachfolgerin eines dieser Unternehmen, oder zu einem Unternehmen, das durch Maßnahmen der Umgründung im Rahmen des bestehenden Gesellschaftsrechts aus einer der Gesellschaften hervorgegangen ist, oder zu einem Unternehmen, auf das ihre Dienstverhältnisse nach dem 31. Dezember 2003 infolge eines (auch mehrmaligen) Betriebsüberganges übergegangen sind, keine Anwartschaft auf Ruhe- und Versorgungsgenüsse begründet;

(BGBl I 1998/138, BGBl I 2001/99, BGBl I 2004/106)

12. wenn sie nach § 8 Abs. 1 Z 2 lit. h als Wissenschaftliche (Künstlerische) MitarbeiterInnen (in Ausbildung) versichert sind;

(BGBl I 2001/99, BGBl I 2004/142, BGBl I 2009/83)

13. wenn sie nach § 8 Abs. 1 Z 2 lit. i als zur Fremdsprachenassistenz bestellte Personen versichert sind;

(BGBl I 2009/83, BGBl I 2013/138)

14. wenn sie nach § 8 Abs. 1 Z 2 lit. j als BezieherInnen eines aliquoten Pflegekarenzgeldes nach § 21c des Bundespflegegeldgesetzes versichert sind.

(BGBl I 2013/138)

(2) Das Bundesministerium für Arbeit und Soziales kann nach Anhörung der in Betracht kommenden gesetzlichen Interessenvertretungen und des Hauptverbandes (§ 31) durch Verordnung die Berufsgruppen bezeichnen, welche nach Abs. 1 zur Pensionsversicherung der Angestellten zugehörig sind. Diese Verordnung bedarf der Zustimmung des Hauptausschusses des Nationalrates.

(2)[a] Das Bundesministerium für Arbeit und Soziales kann nach Anhörung der in Betracht kommenden gesetzlichen Interessenvertretungen und des Dachverbandes~~(§ 31)~~ durch Verordnung die Berufsgruppen bezeichnen, welche nach Abs. 1 zur Pensionsversicherung der Angestellten zugehörig sind. Diese Verordnung bedarf der Zustimmung des Hauptausschusses des Nationalrates.

(BGBl I 2018/100)

[a] Tritt mit 1. Jänner 2020 in Kraft.

(3) Über den im Abs. 1 bezeichneten Personenkreis hinaus gehören auch Arbeiter, die eine besondere Fachausbildung aufweisen und entsprechend dieser Ausbildung in gehobener Verwendung stehen, zur Pensionsversicherung der Angestellten. Das Bundesministerium für Arbeit und Soziales stellt durch Verordnung, die der Zustimmung des Hauptausschusses des Nationalrates bedarf, die Personengruppen fest, bei denen diese Voraussetzungen zutreffen.

(4) Zur Pensionsversicherung der Angestellten gehören ferner die Vertragsbediensteten öffentlich-rechtlicher Körperschaften, die nach den für sie geltenden Entlohnungsvorschriften in ein Entlohnungsschema eingereiht sind, das einen gleichartigen Kreis von Bediensteten wie ein im Abs. 1 Z 2 bezeichnetes Entlohnungsschema erfaßt.

(5) Zur Pensionsversicherung der Angestellten gehören auch die nach § 8 Abs. 1 Z 2 lit. a bis g und k versicherten Personen, die zuletzt in diesem Zweig der Pensionsversicherung pflichtversichert waren oder bisher nicht in der Pensionsversicherung pflichtversichert waren.

(BGBl I 2004/142, BGBl I 2016/53)

c) Knappschaftliche Pensionsversicherung

§ 15. (1) Zur knappschaftlichen Pensionsversicherung gehören die in der Pensionsversicherung pflichtversicherten Personen, die in knappschaftlichen Betrieben mit wesentlich bergmännischen oder diesen gleichgestellten Arbeiten im Sinne der Anlagen 9 und 10 zu diesem Bundesgesetz beschäftigt sind.

(BGBl 1993/335)

(2) Knappschaftliche Betriebe sind jene Betriebe, die gemäß § 2 des Berggesetzes 1975 in dessen Anwendungsbereich fallen sowie jene, in denen Tätigkeiten im Sinne des § 132 des Berggesetzes 1975 von einem Bergbauberechtigten durchgeführt werden, ausgenommen gewerbliche und industrielle Betriebe, die solche grundeigene mineralische Rohstoffe obertägig gewinnen, die durch die Berggesetznovelle 1990, BGBl. Nr. 355, in § 5 des Berggesetzes aufgenommen worden sind.

(BGBl 1993/335)

(3) Den knappschaftlichen Betrieben werden gleichgestellt:

1. Nebenbetriebe, die mit einem knappschaftlichen Betrieb im Sinne des Abs. 2 räumlich und betrieblich zusammenhängen;
2. gefristete (zeitweilig eingestellte) Betriebe der im Abs. 2 bezeichneten Art;
3. die Versicherungsanstalt für Eisenbahnen und Bergbau mit ihren Einrichtungen der Krankenbehandlung hinsichtlich jener Versicherten, die nach § 551 Abs. 16 der knappschaftlichen Pensionsversicherung zugehören.

(BGBl I 2003/145)

3.[a] die Versicherungsanstalt öffentlich Bediensteter, Eisenbahnen und Bergbau mit ihren Einrichtungen der Krankenbehandlung hinsichtlich jener Versicherten, die nach § 551

Abs. 16 der knappschaftlichen Pensionsversicherung zugehören.

(BGBl I 2003/145, BGBl I 2018/100)

[a)] Tritt mit 1. Jänner 2020 in Kraft.

(4) Zur knappschaftlichen Pensionsversicherung gehören ferner Personen, die in nichtknappschaftlichen Betrieben tätig sind, hinsichtlich einer Beschäftigung mit Arbeiten im Bereich eines knappschaftlichen oder gleichgestellten Betriebes, die dem Aufschluß, der Gewinnung oder der Förderung von Bodenschätzen, dem Schutze der Belegschaft oder der Erhaltung des Bergwerks oder gefristeter (zeitweilig eingestellter) Bergbauanlagen dienen, sofern es sich nicht um einmalige kurzfristige Arbeiten dieser Art, wie insbesondere Reparatur- oder Montagearbeiten, handelt.

(5) Zur knappschaftlichen Pensionsversicherung gehören auch die nach § 8 Abs. 1 Z 2 lit. a bis g versicherten Personen, die zuletzt in diesem Zweig der Pensionsversicherung pflichtversichert waren.

(BGBl I 2004/142)

3. Unterabschnitt
Freiwillige Versicherung

Selbstversicherung in der Krankenversicherung

§ 16. (1) Personen, die nicht in einer gesetzlichen Krankenversicherung pflichtversichert sind, können sich, solange ihr Wohnsitz im Inland gelegen ist, in der Krankenversicherung auf Antrag selbstversichern.

(BGBl I 2001/67)

(2) Abs. 1 gilt für

1. ordentliche Studierende an einer Lehranstalt oder eines Fachhochschul-Studienganges im Sinne des § 3 Abs. 1 Z 1 bis 7 des Studienförderungsgesetzes 1992, die im Rahmen des für die betreffende Studienart vorgeschriebenen normalen Studienganges inskribiert (zum Studium zugelassen) sind,

   (BGBl 1994/20, BGBl I 1998/138, BGBl I 2002/1, BGBl I 2009/84)

2. Personen, die im Hinblick auf das Fehlen der Gleichwertigkeit ihres Reifezeugnisses Lehrveranstaltungen, Hochschulkurse oder Hochschullehrgänge, die der Vorbereitung auf das Hochschulstudium dienen, besuchen,

3. Personen, die zur Studienberechtigungsprüfung im Sinne des Studienberechtigungsgesetzes zugelassen sind oder sich auf Prüfungen zwecks Zulassung zu einem Fachhochschul-Studiengang vorbereiten und die zwecks Vorbereitung auf diese Prüfungen Kurse bzw. Lehrgänge an Universitäten, Hochschulen, Einrichtungen der Erwachsenenbildung, privaten Werkmeisterschulen mit Öffentlichkeitsrecht, Einrichtungen, die Fachhochschul-Studiengänge durchführen, oder staatlich organisierte Lehrgänge besuchen, sowie

   (BGBl 1994/20, BGBl I 1997/139)

4. Hörer (Lehrgangsteilnehmer) der Diplomatischen Akademie in Wien

mit der Maßgabe, daß an die Stelle des Wohnsitzes im Inland der gewöhnliche Aufenthalt im Inland tritt; zum Studien(Lehr)gang zählt auch ein angemessener Zeitraum für die Vorbereitung auf die Ablegung der entsprechenden Abschlußprüfungen und auf die Erwerbung eines akademischen Grades.

(2a) Abweichend von Abs. 1 können sich Personen, die sich der Pflege eines behinderten Kindes widmen und die Voraussetzungen des § 18a Abs. 1 und 3 erfüllen, auf Antrag bei sozialer Schutzbedürftigkeit selbstversichern, sofern sie nicht in der Krankenversicherung pflichtversichert und nicht anspruchsberechtigte Angehörige einer in der Krankenversicherung pflichtversicherten Person sind. Die im Abs. 3 Z 2 genannte Frist von 60 Kalendermonaten ist nicht anzuwenden.

(BGBl I 2013/3, BGBl I 2015/162)

(2b) Abweichend von Abs. 1 können sich Personen, die einen nahen Angehörigen oder eine nahe Angehörige nach § 123 Abs. 7b mit Anspruch auf Pflegegeld zumindest in Höhe der Stufe 3 nach § 5 des Bundespflegegeldgesetzes unter ganz überwiegender Beanspruchung ihrer Arbeitskraft im Inland pflegen, auf Antrag bei sozialer Schutzbedürftigkeit selbstversichern, sofern sie nicht in der Krankenversicherung pflichtversichert und nicht anspruchsberechtigte Angehörige einer in der Krankenversicherung pflichtversicherten Person sind. Die im Abs. 3 Z 2 genannte Frist von 60 Kalendermonaten ist nicht anzuwenden.

(BGBl I 2015/162)

(3) Die Selbstversicherung beginnt

1. unmittelbar im Anschluß an die Krankenversicherung oder Anspruchsberechtigung in der Krankenversicherung nach diesem oder einem anderen Bundesgesetz, mit Ausnahme des GSVG und des BSVG, wenn der Antrag binnen sechs Wochen nach dem Ende der Versicherung oder Anspruchsberechtigung gestellt wird,

2. sonst mit dem der Antragstellung folgenden Tag, im Falle des Ausscheidens

   a) aus der Pflichtversicherung nach § 2 GSVG oder § 2 BSVG oder

   b) aus der Selbstversicherung nach § 14a GSVG oder

   c) aus der Pflichtversicherung nach § 14b GSVG oder aus einer wahlweise zur Pflichtversicherung nach § 2 Abs. 1 Z 4 GSVG geschaffenen Versorgungseinrichtung einer gesetzlichen beruflichen Vertretung

   jedoch frühestens 60 Kalendermonate nach dem Ausscheiden.

(BGBl I 1999/173)

(4) War der Antragsteller in der Krankenversicherung nach diesem Bundesgesetz

1. bereits versichert, so ist der Antrag auf Selbstversicherung bei dem Träger der Krankenversicherung einzubringen, bei dem er zuletzt versichert war, wenn er in dessen Bereich seinen Wohnsitz (gewöhnlichen Aufenthalt) hat; ist eine Betriebskrankenkasse zuletzt Träger der Krankenversicherung gewesen, so kann der Antrag statt bei der Betriebskrankenkasse bei der für seinen Wohnsitz (gewöhnlichen Aufenthalt) zuständigen Gebietskrankenkasse eingebracht werden;
2. nicht versichert oder hat er seinen Wohnsitz (gewöhnlichen Aufenthalt) nicht im Bereich des Trägers der Krankenversicherung nach diesem Bundesgesetz, bei dem er zuletzt versichert war, so ist der Antrag auf Selbstversicherung bei der Gebietskrankenkasse einzubringen, in deren Bereich er seinen Wohnsitz (gewöhnlichen Aufenthalt) hat.

(4)[a] Der Antrag auf Selbstversicherung ist bei der Österreichischen Gesundheitskasse einzubringen.

(BGBl I 2018/100)

[a] Tritt mit 1. Jänner 2020 in Kraft.

(5) Der Träger der Krankenversicherung, bei dem nach Abs. 4 der Antrag auf Selbstversicherung einzubringen ist, ist zur Durchführung dieser Versicherung zuständig. Ist danach eine Gebietskrankenkasse zuständig und verlegt der freiwillig Versicherte während der Dauer der Versicherung seinen Wohnsitz (gewöhnlichen Aufenthalt) außerhalb ihres Bereiches, so geht die örtliche Zuständigkeit auf die für seinen Wohnsitz (gewöhnlichen Aufenthalt) zuständige Gebietskrankenkasse über, und zwar mit dem der Wohnsitzverlegung (Verlegung des gewöhnlichen Aufenthaltes) folgenden Monatsersten.

(5)[a] Die Österreichische Gesundheitskasse ist zur Durchführung dieser Versicherung zuständig.

(BGBl I 2018/100)

[a] Tritt mit 1. Jänner 2020 in Kraft.

(6) Die Selbstversicherung endet außer mit dem Wegfall der Voraussetzungen

1. mit dem Ende des Kalendermonates, in dem der Versicherte seinen Austritt erklärt hat;
2. wenn die für zwei Kalendermonate fällig gewordenen Beiträge nicht entrichtet sind, mit dem Ende des zweiten Kalendermonates, für den ein Beitragsrückstand besteht; bei der Feststellung des Beitragsrückstandes sind die entrichteten Beiträge ohne Rücksicht auf eine vom Beitragszahler vorgenommene Widmung auf die zurückliegenden Kalendermonate in der Reihenfolge der Fälligkeit (§ 78) anzurechnen;
3. bei den im Abs. 2 bezeichneten Personen mit dem Ablauf des dritten Kalendermonates nach dem Ende des Studien-(Schul)-jahres (§ 6 des Universitäts-Studiengesetzes bzw. §§ 2 und 5 des Schulzeitgesetzes), in dem der ordentliche Studierende (Hörer) letztmalig inskribiert war bzw. einen Lehrgang oder Kurs der Diplomatischen Akademie besucht hat oder in dem die Zulassung zum Studium erloschen ist oder nach dem Verstreichen des letzten Prüfungstermines.

(BGBl I 1998/138, BGBl I 2001/99, BGBl I 2002/1)

In den Fällen der Z 1 und 2 endet die Selbstversicherung frühestens mit dem Ablauf von sechs aufeinanderfolgenden Kalendermonaten nach dem Beginn der Selbstversicherung, wobei ein neuerlicher Antrag auf Selbstversicherung erst nach Ablauf von weiteren sechs Monaten gestellt werden kann. Dies gilt nicht in den Fällen der Z 1, wenn der Austritt aus dem Grund des Beginnes der Angehörigeneigenschaft im Sinne des § 123, des § 56 des Beamten-Kranken- und Unfallversicherungsgesetzes, des § 78 des Bauern-Sozialversicherungsgesetzes oder des § 83 des Gewerblichen Sozialversicherungsgesetzes oder aus dem Grund des Beginnes einer Krankenfürsorgeeinrichtung eines öffentlich-rechtlichen Dienstgebers erklärt wurde.

Selbstversicherung in der Pensionsversicherung

§ 16a. (1) Personen, die das 15. Lebensjahr vollendet haben und nicht in einer gesetzlichen Pensionsversicherung pflicht- oder weiterversichert sind, können sich, solange ihr Wohnsitz im Inland gelegen ist, in der Pensionsversicherung selbstversichern. Ausgeschlossen von dieser Selbstversicherung sind jedoch Personen, die auf Grund eines Antrages nach § 5 GSVG von der Pflichtversicherung in der Pensionsversicherung ausgenommen sind.

(BGBl I 1997/139, BGBl I 1999/173)

(2) Von der Selbstversicherung sind Personen für die Zeit ausgeschlossen, während der sie

1. zu einer Weiterversicherung in der Pensionsversicherung berechtigt sind oder gemäß § 17 Abs. 1 Z 1 berechtigt wären,
2. einen bescheidmäßig zuerkannten Anspruch auf eine monatlich wiederkehrende Geldleistung aus einer eigenen gesetzlichen Pensionsversicherung oder nach einem Sozialhilfegesetz der Länder haben oder
3. in einem öffentlich-rechtlichen oder unkündbaren privatrechtlichen Dienstverhältnis zu einer öffentlich-rechtlichen Körperschaft oder zu von solchen Körperschaften verwalteten Betrieben, Anstalten, Stiftungen und Fonds stehen, wenn ihnen aus ihrem Dienstverhältnis die Anwartschaft auf Ruhe- und Versorgungsgenuß zusteht oder die auf Grund eines solchen Dienstverhältnisses einen Ruhe(Versorgungs)genuß beziehen, der den Leistungen der Pensionsversicherung nach diesem Bundesgesetz gleichwertig ist (§ 6).

(3) Die Selbstversicherung beginnt, unbeschadet der Bestimmungen des § 225 Abs. 1 Z 3, mit

dem Zeitpunkt, den der Versicherte wählt, spätestens jedoch mit dem Monatsersten, der auf die Antragstellung folgt. War der Antragsteller in der Pensionsversicherung nach diesem Bundesgesetz

1. bereits versichert, so ist der Antrag bei dem Träger der Pensionsversicherung einzubringen, bei dem er zuletzt versichert war; war er zuletzt in mehreren Pensionsversicherungen nach diesem Bundesgesetz versichert, steht es ihm frei, für welche der in Betracht kommenden Pensionsversicherungen er sich entscheidet;
2. nicht versichert oder in der Pensionsversicherung nach einem anderen Bundesgesetz versichert, so ist der Antrag bei der Pensionsversicherungsanstalt einzubringen.

(BGBl I 2002/1)

(4) Der Träger der Pensionsversicherung, bei dem nach Abs. 3 der Antrag auf Selbstversicherung in der Pensionsversicherung einzubringen ist, ist zur Durchführung dieser Versicherung zuständig.

(5) Die Selbstversicherung endet, außer mit dem Wegfall der Voraussetzungen, mit dem Ende des Kalendermonates, in dem der (die) Versicherte seinen (ihren) Austritt erklärt hat.

Weiterversicherung in der Pensionsversicherung

§ 17. (1) Personen, die

1. a) aus der Pflichtversicherung oder der Selbstversicherung gemäß § 16a nach diesem Bundesgesetz oder aus einer nach früherer gesetzlicher Regelung ihr entsprechenden Pensions(Renten)-versicherung oder aus der Pensionsversicherung für das Notariat ausgeschieden sind oder ausscheiden und die

   a)[a)] aus der Pflichtversicherung oder der Selbstversicherung gemäß § 16a nach diesem Bundesgesetz oder aus einer nach früherer gesetzlicher Regelung ihr entsprechenden Pensions(Renten)-versicherung oder aus der Versorgung für das österreichische Notariat ausgeschieden sind oder ausscheiden und die

   (BGBl I 2018/100)

   a) Tritt mit 1. Jänner 2020 in Kraft.

   b) in den letzten 24 Monaten vor dem Ausscheiden mindestens zwölf oder in den letzten fünf Jahren vor dem Ausscheiden jährlich mindestens drei Versicherungsmonate in einer oder mehreren gesetzlichen Pensionsversicherungen erworben haben,
2. aus einer Versicherung nach Z 1 lit. a einen bescheidmäßig zuerkannten Anspruch auf eine laufende Leistung, ausgenommen auf eine Hinterbliebenenpension, hatten,

können sich in der Pensionsversicherung weiterversichern, solange sie nicht in einer gesetzlichen Pensionsversicherung pflichtversichert sind oder einen bescheidmäßig zuerkannten Anspruch auf eine laufende Leistung aus einer eigenen gesetzlichen Pensionsversicherung haben.

(2) Die Weiterversicherung nach diesem Bundesgesetz ist nur für Personen zulässig, die zuletzt in der Pensionsversicherung nach diesem Bundesgesetz oder nach dem Notarversicherungsgesetz 1972 versichert waren.

(BGBl I 1998/138)

(2)[a)] Die Weiterversicherung nach diesem Bundesgesetz ist nur für Personen zulässig, die zuletzt in der Pensionsversicherung nach diesem Bundesgesetz oder nach dem Notarversicherungsgesetz 1972 versichert oder in die Vorsorge nach dem Notarversorgungsgesetz einbezogen waren.

(BGBl I 1998/138, BGBl I 2018/100)

a) Tritt mit 1. Jänner 2020 in Kraft.

(3) Die Weiterversicherung ist in dem Zweig der Pensionsversicherung nach diesem Bundesgesetz zulässig, dem der Versicherte zuletzt zugehört hat. Hat der Versicherte in den letzten 60 Monaten vor dem Ausscheiden aus der Pflichtversicherung Versicherungszeiten in mehreren Pensionsversicherungen nach diesem Bundesgesetz erworben, so steht ihm die Wahl frei, welche dieser Pensionsversicherungen er fortsetzt. Kommt hienach die Weiterversicherung in der Pensionsversicherung der Arbeiter oder der Angestellten in Betracht, so ist die Pensionsversicherungsanstalt in dem Zweig, in dem der (die) Versicherte zuletzt pflichtversichert war, für die Weiterversicherung zuständig. Werden die Voraussetzungen für die Weiterversicherung in mehreren Pensionsversicherungen nach diesem oder einem anderen Bundesgesetz erfüllt, ist die Weiterversicherung nur in einer Pensionsversicherung zulässig, wobei es dem Versicherten freisteht, für welche der in Betracht kommenden Pensionsversicherungen er sich entscheidet.

(BGBl I 1998/138, BGBl I 2002/1)

(4) Das Recht auf Weiterversicherung ist geltend zu machen:

1. in den Fällen des Abs. 1 Z 1 bis zum Ende des sechsten auf das Ausscheiden aus der Pflichtversicherung oder der Selbstversicherung gemäß § 16a folgenden Monates,
2. in den Fällen des Abs. 1 Z 2 bis zum Ende des sechsten auf das Ende des Anspruches auf die laufende Leistung folgenden Monates.

In den Fällen, in denen gemäß § 410 Abs. 1 Z 1 oder 2 ein Bescheid zu erlassen ist, beginnt diese Frist mit dem rechtskräftigen Abschluß des Verfahrens.

(5) Der im Abs. 1 genannte Zeitraum, in dem mindestens zwölf Versicherungsmonate erworben sein müssen, der im Abs. 3 genannte Zeitraum von 60 Monaten und die im Abs. 4 genannte Frist von sechs Monaten verlängern sich

a) um neutrale Zeiten im Sinne des § 234,

b) um Zeiten gemäß § 227 Abs. 1 Z 3 bis 6 und § 227a,

(BGBl 1994/20)

c) um die Dauer eines Pensionsfeststellungsverfahrens bis zur Zustellung des Feststellungsbescheides bzw. bis zur rechtskräftigen Entscheidung im Leistungsstreitverfahren,

d) um Zeiten des Präsenz- oder Ausbildungsdienstes aufgrund des Wehrgesetzes 2001,

(BGBl 1996/411, BGBl I 1998/30, BGBl I 2009/83, BGBl I 2010/111)

e) um Zeiten des ordentlichen oder außerordentlichen Zivildienstes auf Grund der Bestimmungen des Zivildienstgesetzes, BGBl. Nr. 187/1974.

(BGBl 1996/411, BGBl I 2015/144)

(6) Personen, die in einer oder mehreren der im Abs. 1 lit. a genannten Pensions(Renten)versicherungen, in der Pensionsversicherung nach dem Gewerblichen Sozialversicherungsgesetz oder in der Pensionsversicherung nach dem Bauern-Sozialversicherungsgesetz 60 Versicherungsmonate – ausgenommen Zeiten der Selbstversicherung gemäß § 16a – erworben haben, können das Recht auf Weiterversicherung jederzeit geltend machen oder eine beendete Weiterversicherung erneuern. Abs. 3 ist mit der Maßgabe anzuwenden, daß die letzten 60 Monate vor dem Ende des zuletzt erworbenen Versicherungsmonates zu berücksichtigen sind.

(7) Die Weiterversicherung beginnt, unbeschadet der Bestimmungen des § 225 Abs. 1 Z 3 mit dem Zeitpunkt, den der Versicherte wählt, spätestens jedoch mit dem Monatsersten, der auf die Antragstellung folgt. Dem Versicherten steht es frei, in der Folge die Monate zu bestimmen, die er durch Beitragsentrichtung als Monate der Weiterversicherung erwerben will.

(8) Die Weiterversicherung endet, außer mit dem Wegfall der Voraussetzungen,

1. mit dem Ende des Kalendermonates, in dem der Versicherte seinen Austritt erklärt hat;
2. wenn Beiträge für mehr als sechs aufeinanderfolgende Monate nicht entrichtet sind, mit dem Ende des letzten durch Beitragsentrichtung erworbenen Versicherungsmonates.

(9) Bei der Ermittlung der Versicherungsmonate nach Abs. 1 und 6 ist § 231 entsprechend anzuwenden. Soweit dabei Versicherungszeiten in der Gewerblichen Selbständigen-Pensionsversicherung zu berücksichtigen sind, gilt § 119 Gewerbliches Sozialversicherungsgesetz, soweit dabei Versicherungszeiten in der Pensionsversicherung der Bauern zu berücksichtigen sind, gilt § 105 Bauern-Sozialversicherungsgesetz.

Nachträgliche Selbstversicherung in der Pensionsversicherung für Zeiten des Besuches einer Bildungseinrichtung

§ 18. (1) Personen, die eine in § 227 Abs. 1 Z 1 genannte Bildungseinrichtung besucht haben, können sich nachträglich bei einem Versicherungsträger, bei dem mindestens ein Versicherungsmonat erworben wurde, für alle oder einzelne Monate des Besuches der Bildungseinrichtung auf Antrag in der Pensionsversicherung selbstversichern.

(2) Der Antrag auf Selbstversicherung kann bis zum Stichtag (§ 223 Abs. 2) gestellt werden. Wird die Berechtigung zur Selbstversicherung erst nach dem Stichtag in einem vor dem Stichtag eingeleiteten Verfahren festgestellt, so können die Beiträge zur Selbstversicherung auch nach dem Stichtag wirksam entrichtet werden.

(3) Die Dauer der Selbstversicherung darf die in § 227 Abs. 1 Z 1 jeweils angegebenen Höchstgrenzen für die Berücksichtigung als Ersatzzeiten nicht überschreiten.

(BGBl I 2004/142)

Selbstversicherung in der Pensionsversicherung für Zeiten der Pflege eines behinderten Kindes

§ 18a. (1) Personen, die ein behindertes Kind, für das erhöhte Familienbeihilfe im Sinne des § 8 Abs. 4 des Familienlastenausgleichsgesetzes 1967, BGBl. Nr. 376, gewährt wird, unter überwiegender Beanspruchung ihrer Arbeitskraft in häuslicher Umgebung pflegen, können sich, solange sie während dieses Zeitraumes ihren Wohnsitz im Inland haben, längstens jedoch bis zur Vollendung des 40. Lebensjahres des Kindes, in der Pensionsversicherung selbstversichern. Der gemeinsame Haushalt besteht weiter, wenn sich das behinderte Kind nur zeitweilig wegen Heilbehandlung außerhalb der Hausgemeinschaft aufhält. Eine Selbstversicherung in der Pensionsversicherung für Zeiten der Pflege eines behinderten Kindes kann jeweils nur für eine Person bestehen.

(BGBl I 2004/142, BGBl I 2015/2)

(2) Die Selbstversicherung ist für eine Zeit ausgeschlossen, während der

1. (aufgehoben)

   (BGBl I 2005/132, BGBl I 2015/2)

2. eine Ausnahme von der Vollversicherung gemäß § 5 Abs. 1 Z 3 besteht oder auf Grund eines der dort genannten Dienstverhältnisse ein Ruhegenuß bezogen wird oder
3. eine Ersatzzeit gemäß § 227 Abs. 1 Z 3 bis 6 oder § 227a vorliegt.

   (BGBl 1994/20)

(3) Eine überwiegende Beanspruchung der Arbeitskraft im Sinne des Abs. 1 wird jedenfalls dann angenommen, wenn und so lange das behinderte Kind

1. das Alter für den Beginn der allgemeinen Schulpflicht (§ 2 des Schulpflichtgesetzes 1985, BGBl. Nr. 76/1985) noch nicht erreicht hat und ständiger persönlicher Hilfe und besonderer Pflege bedarf,

   (BGBl I 2002/1)

2. während der Dauer der allgemeinen Schulpflicht wegen Schulunfähigkeit (§ 15 des Schulpflichtgesetzes 1985) entweder von der

allgemeinen Schulpflicht befreit ist oder ständiger persönlicher Hilfe und besonderer Pflege bedarf,

(BGBl I 2002/1)

3. nach Vollendung der allgemeinen Schulpflicht und vor Vollendung des 40. Lebensjahres dauernd bettlägrig ist oder ständiger persönlicher Hilfe und besonderer Pflege bedarf.

(BGBl I 2002/1, BGBl I 2004/142)

(BGBl I 2015/2)

(4) Die Selbstversicherung ist in dem Zweig der Pensionsversicherung nach diesem Bundesgesetz zulässig, in dem der (die) Versicherungsberechtigte zuletzt Versicherungszeiten erworben hat. Werden keine Versicherungszeiten in der Pensionsversicherung nach diesem Bundesgesetz nachgewiesen oder richtet sich deren Zuordnung nach der ersten nachfolgenden Versicherungszeit, so ist die Selbstversicherung in der Pensionsversicherung der Angestellten zulässig.

(5) Die Selbstversicherung beginnt mit dem Zeitpunkt, den der (die) Versicherte wählt, frühestens mit dem Monatsersten, ab dem die erhöhte Familienbeihilfe (Abs. 1) gewährt wird, spätestens jedoch mit dem Monatsersten, der auf die Antragstellung folgt.

(6) Die Selbstversicherung endet mit dem Ende des Kalendermonates,

1. in dem die erhöhte Familienbeihilfe oder eine sonstige Voraussetzung (Abs. 1) weggefallen ist,
2. in dem der (die) Versicherte seinen (ihren) Austritt erklärt hat.

Ab dem erstmaligen Beginn der Selbstversicherung (Abs. 5) gelten die Voraussetzungen bis zum Ablauf des nächstfolgenden Kalenderjahres als erfüllt; in weiterer Folge hat der Versicherungsträger jeweils jährlich einmal festzustellen, ob die Voraussetzungen für die Selbstversicherung nach Abs. 1 gegeben sind. Der Versicherte ist verpflichtet, den Wegfall der erhöhten Familienbeihilfe dem Träger der Pensionsversicherung binnen zwei Wochen anzuzeigen.

(7) Das Ende der Selbstversicherung steht hinsichtlich der Berechtigung zur Weiterversicherung in der Pensionsversicherung dem Ausscheiden aus der Pflichtversicherung im Sinne des § 17 Abs. 1 Z 1 lit. a gleich.

Selbstversicherung in der Pensionsversicherung für Zeiten der Pflege naher Angehöriger

§ 18b. (1) Personen, die einen nahen Angehörigen oder eine nahe Angehörige mit Anspruch auf Pflegegeld zumindest in Höhe der Stufe 3 nach § 5 des Bundespflegegeldgesetzes oder nach den Bestimmungen der Landespflegegeldgesetze unter erheblicher Beanspruchung ihrer Arbeitskraft in häuslicher Umgebung pflegen, können sich, solange sie während des Zeitraumes dieser Pflegetätigkeit ihren Wohnsitz im Inland haben, in der Pensionsversicherung selbstversichern. Je Pflegefall kann nur eine Person selbstversichert sein. Die Pflege in häuslicher Umgebung wird durch einen zeitweiligen stationären Pflegeaufenthalt der pflegebedürftigen Person nicht unterbrochen.

(1a) Die Selbstversicherung ist für die Zeit einer Pflichtversicherung nach § 8 Abs. 1 Z 2 lit. j auf Grund des Bezuges eines aliquoten Pflegekarenzgeldes ausgeschlossen.

(BGBl I 2013/138)

(2) Die Selbstversicherung beginnt mit dem Zeitpunkt, den die pflegende Person wählt, frühestens mit dem ersten Tag des Monats, in dem die Pflege aufgenommen wird, spätestens jedoch mit dem Monatsersten, der dem Tag der Antragstellung folgt.

(3) Die Selbstversicherung endet mit dem Ende des Kalendermonats,

1. in dem die Pflegetätigkeit oder eine sonstige Voraussetzung nach Abs. 1 weggefallen ist oder
2. in dem die pflegende Person den Austritt aus dieser Versicherung erklärt hat.

(4) Der Versicherungsträger hat ab dem dem Beginn der Selbstversicherung folgenden Kalenderjahr regelmäßig festzustellen, ob die Voraussetzungen für die Selbstversicherung noch gegeben sind. Die selbstversicherte Person ist verpflichtet, das Ende der Pflegetätigkeit innerhalb von zwei Wochen dem Versicherungsträger zu melden.

(5) Das Ende der Selbstversicherung steht hinsichtlich der Berechtigung zur Weiterversicherung in der Pensionsversicherung dem Ausscheiden aus der Pflichtversicherung im Sinne des § 17 Abs. 1 Z 1 lit. a gleich.

(6) Die selbstversicherte Person ist dem Zweig der Pensionsversicherung nach diesem Bundesgesetz zugehörig, in dem sie zuletzt Versicherungszeiten erworben hat. Liegen keine Versicherungszeiten in der Pensionsversicherung nach diesem Bundesgesetz vor, so ist die selbstversicherte Person der Pensionsversicherung der Angestellten zugehörig.

(BGBl I 2005/132)

Selbstversicherung in der Unfallversicherung

§ 19. (1) In der Unfallversicherung können der Selbstversicherung hinsichtlich der nachstehend angeführten Tätigkeiten beitreten, soweit es sich nicht um im § 11 des Bauern-Sozialversicherungsgesetzes genannte Personen handelt:

1. selbständig Erwerbstätige, wenn der Sitz ihres Betriebes im Inland ist,
2. mit Zustimmung der/des selbständig Erwerbstätigen deren/dessen Ehegatte/Ehegattin, deren/dessen eingetragene Partnerin/eingetragener Partner, Kinder, Enkel, Wahl- und Stiefkinder sowie die Eltern, Großeltern, Wahl- und Stiefeltern, wenn diese in ihrem/seinem Betrieb tätig sind,

   (BGBl I 2009/135)

3. Lehrkräfte in Betriebsstätten, Lehrwerkstätten, Fachschulen, Berufsschulen, Schulungskursen und ähnlichen Einrichtungen, alle diese Personen jedoch nur, wenn sie ihren Wohnsitz im Inland haben und nicht schon in dieser Tätigkeit in der Unfallversicherung pflichtversichert sind,
4. Personen, die auf Grund ihrer Tätigkeit im Rahmen organisierter Rettungsdienste, deren Zweckwidmung auf Einsätze zur Leistung erster ärztlicher Hilfe in Notfällen im Inland ausgerichtet ist, Bezüge erhalten; alle diese Personen jedoch nur, wenn sie ihren Wohnsitz im Inland haben und nicht schon in dieser Tätigkeit in der Unfallversicherung pflichtversichert sind.

(BGBl 1996/411)

(2) Die Selbstversicherung nach Abs. 1 beginnt mit dem auf den Beitritt folgenden Tag.

(3) Die Selbstversicherung endet

1. mit dem Wegfall ihrer Voraussetzungen;
2. mit dem Tage des Austrittes;
3. wenn der fällige Beitrag nicht binnen einem Monat nach schriftlicher Mahnung gezahlt worden ist, mit dem Ende des Monates, für den zuletzt ein Beitrag entrichtet worden ist.

Selbstversicherung bei geringfügiger Beschäftigung

§ 19a. (1) Personen, die von der Vollversicherung gemäß § 5 Abs. 1 Z 2 oder Teilversicherung nach § 7 Z 4 ausgenommen und auch sonst weder in der Krankenversicherung noch in der Pensionsversicherung nach diesem oder einem anderen Bundesgesetz pflichtversichert sind, können sich, solange sie ihren Wohnsitz im Inland haben, auf Antrag in der Kranken- und Pensionsversicherung selbstversichern. Die Pensionsversicherung nach § 8 Abs. 1 Z 2 lit. g dieses Bundesgesetzes, nach § 3 Abs. 3 Z 4 GSVG und nach § 4a Z 4 BSVG gilt nicht als Pflichtversicherung im Sinne des ersten Satzes. Ausgeschlossen von dieser Selbstversicherung sind jedoch die im § 123 Abs. 9 und 10 genannten Personen sowie Personen, die einen bescheidmäßig zuerkannten Anspruch auf eine laufende Leistung aus einer eigenen gesetzlichen Pensionsversicherung haben. Die Selbstversicherung für Personen, die von der Teilversicherung nach § 7 Z 4 ausgenommen sind, erfolgt in der Pensionsversicherung nach diesem Bundesgesetz und in der Krankenversicherung nach dem B-KUVG (§ 7a B-KUVG).

(BGBl I 1998/138, BGBl I 2005/71, BGBl I 2007/31)

(2) Die Selbstversicherung beginnt

1. a) bei der erstmaligen Inanspruchnahme mit dem Tag des Beginnes der geringfügigen Beschäftigung, wenn der Antrag binnen sechs Wochen nach diesem Zeitpunkt gestellt wird, und
   b) bei Personen, die mit Dienstleistungsscheck entlohnt werden, mit dem Tag des Beginnes der ersten Beschäftigung, wenn der Antrag spätestens bis zum Ablauf des nächsten Kalendermonates gestellt wird,

   (BGBl I 2005/45)
2. sonst mit dem der Antragstellung folgenden Tag, im Falle der Beendigung der Selbstversicherung nach Abs. 3 Z 2 oder 3 jedoch frühestens nach Ablauf von drei Kalendermonaten nach dieser Beendigung,

   (BGBl I 2005/45)
3. bei Personen, die mit Dienstleistungsscheck entlohnt werden und nach § 471f in der Kranken- und Pensionsversicherung pflichtversichert waren, am Tag nach dem Ende dieser Pflichtversicherung.

   (BGBl I 2005/45)

(BGBl I 2002/140)

(3) Die Selbstversicherung endet

1. mit dem Wegfall der Voraussetzungen; für Personen, die mit Dienstleistungsscheck entlohnt werden, fallen die Voraussetzungen mit Ablauf des ersten Kalendermonates weg, wenn für zwei aufeinander folgende Kalendermonate kein Dienstleistungsscheck eingelöst wird;

   (BGBl I 2005/45)
2. mit dem Tag des Austrittes;
3. wenn der fällige Beitrag nicht binnen zwei Monaten nach Ablauf des Monates, für den er gelten soll, gezahlt worden ist, mit dem Ende des Monates, für den zuletzt ein Beitrag entrichtet worden ist.

(4) Der Antrag auf Selbstversicherung ist unter Bedachtnahme auf § 26 bei jenem Krankenversicherungsträger zu stellen, der nach dem Wohnsitz des Antragstellers für die Pflichtversicherung zuständig wäre. Dieser Versicherungsträger ist auch zur Durchführung der Krankenversicherung zuständig. Ist der Antragsteller bereits bei einem anderen Krankenversicherungsträger pflichtversichert, so ist dieser Versicherungsträger zur Entgegennahme des Antrages und zur Durchführung der Versicherung zuständig.

(5) Die nach Abs. 1 Selbstversicherten sind dem Zweig der Pensionsversicherung zugehörig, in dem zuletzt Pflichtversicherung bestand. Waren sie bisher nicht in der Pensionsversicherung pflichtversichert oder sind sie auf Grund des Bezuges von Dienstleistungsschecks versichert, so sind sie der Pensionsversicherung der Arbeiter zugehörig.

(BGBl I 2005/45)

(6) Bezüglich der Gewährung von Leistungen sowohl nach diesem Bundesgesetz als auch nach dem Mutterschutzgesetz 1979 hat die Selbstversicherung in der Krankenversicherung die gleichen Rechtswirkungen wie eine Pflichtversicherung. Dies gilt auch hinsichtlich der Berechtigung zur Weiterversicherung in der Pensionsversicherung.

(BGBl I 1997/139)

Höherversicherung in der Unfallversicherung und in der Pensionsversicherung

§ 20. (1) Selbständig Erwerbstätige, die in der Unfallversicherung gemäß § 8 Abs. 1 Z 3 lit. a teilversichert sind, können sich beim zuständigen Versicherungsträger über die nach § 181 in Betracht kommende Bemessungsgrundlage hinaus gemäß § 77 Abs. 4 höherversichern. Beginn und Ende in der Höherversicherung regelt die Satzung.

(BGBl 1996/411, BGBl I 2007/101)

(2) (aufgehoben)

(3) Personen, die in einer Pensionsversicherung pflicht-, weiter- oder selbstversichert sind, können sich beim zuständigen Versicherungsträger über die für sie in der Pflichtversicherung in Betracht kommende Beitragsgrundlage hinaus höherversichern. Werden die Voraussetzungen für die Höherversicherung in mehreren Pensionsversicherungen nach diesem oder einem anderen Bundesgesetz erfüllt, ist die Höherversicherung während eines Kalenderjahres nur in einer Pensionsversicherung zulässig, wobei es dem Versicherten freisteht, für welche der in Betracht kommenden Pensionsversicherungen er sich entscheidet.

4. Unterabschnitt
Formalversicherung

a) in der Pflichtversicherung

§ 21. (1) Hat ein Versicherungsträger bei einer nicht der Pflichtversicherung nach diesem oder einem anderen Bundesgesetz unterliegenden Person auf Grund der bei ihm vorbehaltlos erstatteten, nicht vorsätzlich unrichtigen Anmeldung den Bestand der Pflichtversicherung als gegeben angesehen und für den vermeintlich Pflichtversicherten drei Monate ununterbrochen die Beiträge unbeanstandet angenommen, so besteht ab dem Zeitpunkt, für den erstmals die Beiträge entrichtet worden sind, eine Formalversicherung. Dies gilt nicht für Fälle einer vermeintlichen Teilversicherung in der Pensionsversicherung nach § 8 Abs. 1 Z 2 lit. a bis g.

(BGBl I 2004/142)

(2) Die Formalversicherung endet, wenn nicht eine frühere Beendigung gemäß § 11 oder § 12 eintritt, mit dem Tage der Zustellung des Bescheides des Versicherungsträgers über das Ausscheiden aus der Versicherung. Die Formalversicherung in der Pensionsversicherung endet jedoch spätestens mit dem Tag vor dem Stichtag (§ 223 Abs. 2).

(BGBl 1993/335)

(3) Die Formalversicherung hat in allen in Betracht kommenden Versicherungen die gleichen Rechtswirkungen wie die Pflichtversicherung.

b) in der freiwilligen Versicherung

§ 22. (1) § 21 Abs. 1 gilt entsprechend für den Antrag eines vermeintlich Versicherungsberechtigten auf Weiterversicherung oder auf Selbstversicherung.

(2) Die Formalversicherung nach Abs. 1 endet, wenn nicht eine frühere Beendigung gemäß den §§ 16 Abs. 6, 17 Abs. 8, 19 Abs. 3 oder 19a Abs. 3 eintritt, mit dem Tage der Zustellung des Bescheides des Versicherungsträgers über das Ausscheiden aus der Versicherung.

(3) Die Formalversicherung nach Abs. 1 hat die gleichen Rechtswirkungen wie die entsprechende freiwillige Versicherung.

5. Unterabschnitt
Zusatzversicherung in der Unfallversicherung

§ 22a. (1) Der Bundesminister für soziale Verwaltung kann durch Verordnung[a)] folgende Personengruppen in die Zusatzversicherung in der Unfallversicherung einbeziehen, sofern die wirtschaftlichen Bedürfnisse der Angehörigen dieser Personengruppen die Einführung eines zusätzlichen Versicherungsschutzes rechtfertigen:

1. die Mitglieder der im § 176 Abs. 1 Z 7 lit. a genannten Freiwilligen Feuerwehren (Feuerwehrverbände),

   (BGBl I 1998/138)

2. die Mitglieder der Landesverbände des im § 176 Abs. 1 Z 7 lit. a genannten österreichischen Roten Kreuzes,

   (BGBl I 1998/138)

3. die Mitglieder sonstiger im § 176 Abs. 1 Z 7 lit. a genannten Körperschaften (Vereinigungen).

   (BGBl I 1998/138)

(2) Das Verfahren zur Erlassung einer Verordnung nach Abs. 1 wird in den Fällen des Abs. 1 Z 1 auf Antrag eines Landes eingeleitet. Die Einbeziehung in die Zusatzversicherung erstreckt sich sodann auf sämtliche Mitglieder der Freiwilligen Feuerwehren (Feuerwehrverbände) des betreffenden Landes; in den Fällen des Abs. 1 Z 2 wird das Verfahren auf Antrag des österreichischen Roten Kreuzes, in den Fällen des Abs. 1 Z 3 auf Antrag der in Betracht kommenden Körperschaft (Vereinigung) eingeleitet.

(3) Die Zusatzversicherung beginnt mit der Mitgliedschaft zu der jeweils in Betracht kommenden Körperschaft (Vereinigung), frühestens mit dem Wirksamkeitsbeginn der betreffenden Einbeziehungsverordnung. Die Zusatzversicherung endet

[a)] Siehe die Verordnungen BGBl 1980/153, BGBl 1980/218, BGBl 1980/297, BGBl 1981/27, BGBl 1981/624, BGBl 1982/408, BGBl 1982/613, BGBl 1983/216, BGBl 1984/45, BGBl 1984/135, BGBl 1985/476, BGBl 1986/437, BGBl 1986/626, BGBl 1987/112, BGBl 1987/404, BGBl 1988/154, BGBl 1988/715, BGBl 1990/94, BGBl 1990/794, BGBl 1991/717, BGBl 1992/856, BGBl 1995/362, BGBl 1996/720, BGBl II 1998/117, BGBl II 1999/58, BGBl II 1999/134, BGBl II 1999/160, BGBl II 2000/221, BGBl II 2000/333, BGBl II 2000/400, BGBl II 2001/8, BGBl II 2001/239, BGBl II 2001/435, BGBl II 2003/165, BGBl II 2003/294, BGBl II 2004/517, BGBl II 2006/426, BGBl II 2008/4, BGBl II 2008/362, BGBl II 2009/23, BGBl II 2011/329, BGBl II 2012/300, BGBl II 2013/180, BGBl II 2014/374, BGBl II 2015/214 und BGBl II 2016/288.

mit dem Ende der Mitgliedschaft zu der jeweils in Betracht kommenden Körperschaft (Vereinigung).

(4) Soll sich der Versicherungsschutz auch auf Tätigkeiten gemäß § 176 Abs. 1 Z 7 lit. b erstrecken, so ist dies in einem Antrag an den Unfallversicherungsträger gesondert zu erklären. Der erweiterte Versicherungsschutz beginnt mit jenem Tag, der dem Tag der Antragstellung folgt. Ein Antrag auf Beendigung dieses erweiterten Versicherungsschutzes kann nur mit Wirkung ab dem jeweils nächstfolgenden Kalenderjahr gestellt werden. Abs. 2 ist sinngemäß anzuwenden.

(BGBl I 1998/138)

Abschnitt III
Versicherungsträger und ihre Zuständigkeit; Hauptverband der österreichischen Sozialversicherungsträger

1. Unterabschnitt
Träger der Versicherung und ihre Aufgaben

Träger der Krankenversicherung

§ 23. (1) Träger der Krankenversicherung nach diesem Bundesgesetz sind:

1. die Gebietskrankenkassen;
2. die Betriebskrankenkassen;
3. die Versicherungsanstalt für Eisenbahnen und Bergbau mit dem Sitz in Wien.
   (BGBl I 2003/145)
4. (aufgehoben)
   (BGBl I 2003/145)

(2) Für jedes Land ist eine Gebietskrankenkasse mit der im § 26 bezeichneten sachlichen Zuständigkeit errichtet.

(3) Als Betriebskrankenkassen bleiben die bei Wirksamkeitsbeginn dieses Bundesgesetzes für einzelne Betriebe errichteten Krankenkassen dieser Art bestehen. Das Bundesministerium für soziale Verwaltung kann eine Betriebskrankenkasse nach Anhörung der in Betracht kommenden öffentlich-rechtlichen Interessenvertretungen der Dienstnehmer und der Dienstgeber und der für die Übernahme der Versicherten in Betracht kommenden Gebietskrankenkasse (Gebietskrankenkassen) als aufgelöst erklären, wenn dies von der Generalversammlung der Betriebskrankenkasse beantragt wird oder wenn der Eintritt wesentlicher Änderungen in den Verhältnissen (Auflösung des Betriebes, Sinken der Zahl der Versicherten) oder grobe Unregelmäßigkeiten in der Gebarung die Auflösung geboten erscheinen lassen. Es hat hiebei die erforderlichen Anordnungen bezüglich des Rechts-, Vermögens- und Mitgliederüberganges zu treffen.

(BGBl 1994/20)

(4) Die Versicherungsanstalt für Eisenbahnen und Bergbau ist im Rahmen ihrer im § 26 bezeichneten sachlichen Zuständigkeit Träger der Krankenversicherung für das ganze Bundesgebiet.

(BGBl I 2003/145)

(5) Die Träger der Krankenversicherung im Sinne des Abs. 1 führen die Krankenversicherung nach den Vorschriften dieses Bundesgesetzes durch und wirken an der Durchführung der Unfallversicherung und der Pensionsversicherung nach diesem Bundesgesetz mit. Insbesondere obliegt es ihnen, für die Krankenbehandlung der Versicherten und ihrer Familienangehörigen ausreichend Vorsorge zu treffen. Im Falle eines vertragslosen Zustandes kann die Übernahme dieser Versorgung durch die Länder vereinbart werden. Die Träger der Krankenversicherung haben diese Verpflichtung höchstens im Ausmaß der vergleichbaren ersparten Aufwendungen für ärztliche Hilfe im niedergelassenen Bereich zu übernehmen.

(BGBl I 2013/81)

(6) Die Träger der Krankenversicherung sind berechtigt, nach Maßgabe der hiefür geltenden gesetzlichen Vorschriften

a) Krankenanstalten, Heil- und Kuranstalten, sonstige Einrichtungen der Krankenbehandlung und
   (BGBl I 2015/162)
b) Einrichtungen zur Feststellung des Gesundheitszustandes

zu errichten, zu erwerben und zu betreiben oder sich an solchen Einrichtungen zu beteiligen; Gebietskrankenkassen, die am 30. Juni 1994 eine Krankenanstalt im Sinne des § 2 Abs. 1 Z 1 des Bundesgesetzes über Krankenanstalten und Kuranstalten (KAKuG), BGBl. Nr. 1/1957, betreiben, sind ab diesem Zeitpunkt zu deren Betrieb verpflichtet. Die Neuerrichtung von Ambulatorien oder deren Erweiterung ist nur zulässig, wenn der Bedarf von der zur Genehmigung berufenen Behörde festgestellt ist.

(BGBl 1994/450, BGBl I 2010/61)

(7) Die Träger der Krankenversicherung sind berechtigt, sich davon zu überzeugen, dass die ärztlichen Anordnungen und die Bestimmungen der Krankenordnung vom Versicherten/von der Versicherten eingehalten werden. Die Träger der Krankenversicherung sind weiters berechtigt, den Gesundheitszustand des/der Erkrankten zu prüfen.

(BGBl I 2015/113)

Träger der Unfallversicherung

§ 24. (1) Träger der Unfallversicherung nach diesem Bundesgesetz sind für das ganze Bundesgebiet im Rahmen ihrer im § 28 bezeichneten sachlichen Zuständigkeit:

1. die Allgemeine Unfallversicherungsanstalt mit dem Sitz in Wien;
2. die Sozialversicherungsanstalt der Bauern (§ 13 des Bauern-Sozialversicherungsgesetzes) mit dem Sitz in Wien;
3. die Versicherungsanstalt für Eisenbahnen und Bergbau mit dem Sitz in Wien.
   (BGBl I 2003/145)

(2) Die Träger der Unfallversicherung im Sinne des Abs. 1 führen die Unfallversicherung nach den

Vorschriften dieses Bundesgesetzes durch. Insbesondere obliegt es ihnen, für die Unfallheilbehandlung der Versicherten ausreichend Vorsorge zu treffen. Sie sind nach Maßgabe der jeweils hiefür geltenden Vorschriften berechtigt, Unfallkrankenhäuser, Unfallstationen, Sonderkrankenanstalten zur Untersuchung und Behandlung von Berufskrankheiten, Krankenanstalten, die vorwiegend der Rehabilitation dienen, sowie Einrichtungen für berufliche Rehabilitation zu errichten, zu erwerben und zu betreiben oder sich an solchen Einrichtungen zu beteiligen. Der zuständige Unfallversicherungsträger ist überdies berechtigt, arbeitsmedizinische Untersuchungs-, Behandlungs- und Forschungsstellen sowie arbeitsmedizinische Zentren im Sinne des ArbeitnehmerInnenschutzgesetzes – ASchG, BGBl. Nr. 450/1994, zu errichten, zu erwerben und zu betreiben oder sich an solchen Einrichtungen zu beteiligen bzw. solche Einrichtungen zu fördern.

(BGBl 1994/20, BGBl 1994/450)

Träger der Pensionsversicherung

§ 25. (1) Träger der Pensionsversicherung nach diesem Bundesgesetz sind für das ganze Bundesgebiet, und zwar

1. für die Pensionsversicherung der Arbeiter im Rahmen der im § 29 bezeichneten sachlichen Zuständigkeit:
   a) die Pensionsversicherungsanstalt mit dem Sitz in Wien;
   (BGBl I 2002/1)
   b) (aufgehoben)
   c) die Versicherungsanstalt für Eisenbahnen und Bergbau mit dem Sitz in Wien;
   (BGBl I 2003/145)
2. für die Pensionsversicherung der Angestellten im Rahmen der im § 29 bezeichneten sachlichen Zuständigkeit:
   a) die Pensionsversicherungsanstalt mit dem Sitz in Wien;
   (BGBl I 2002/1)
   b) die Versicherungsanstalt für Eisenbahnen und Bergbau mit dem Sitz in Wien;
   (BGBl I 2003/145)
   c) (aufgehoben)
   (BGBl I 2003/145)

   (BGBl I 1998/138)
3. für die knappschaftliche Pensionsversicherung die Versicherungsanstalt für Eisenbahnen und Bergbau mit dem Sitz in Wien.

   (BGBl I 2003/145)

(2) Die Träger der Pensionsversicherung führen die Pensionsversicherung, für die sie zuständig sind, nach den Vorschriften dieses Bundesgesetzes durch. Sie sind nach Maßgabe der jeweils hiefür geltenden Vorschriften berechtigt, Einrichtungen zur Erfüllung der in den §§ 300 bis 307d bezeichneten Aufgaben, ausgenommen Einrichtungen zur Durchführung von Maßnahmen gemäß § 34 Abs. 2 Z 2 und 3 des Arbeitsmarktservicegesetzes, zu errichten, zu erwerben und zu betreiben oder sich an Einrichtungen zur Erfüllung der in den §§ 300 bis 307d bezeichneten Aufgaben zu beteiligen.

(BGBl 1994/314)

2. UNTERABSCHNITT
Zuständigkeit der Versicherungsträger

Sachliche Zuständigkeit der Träger der Krankenversicherung

§ 26. (1) Zur Durchführung der Krankenversicherung sind – unbeschadet der Bestimmungen des § 16 Abs. 5 über die Selbstversicherung – sachlich zuständig:

1. die Gebietskrankenkassen, soweit nicht einer der unter Z 3 bis 5 genannten Versicherungsträger zuständig ist;
2. (aufgehoben)
3. die Betriebskrankenkassen
   a) für Beschäftigte in Betrieben, für die sie errichtet sind, und für die in den Einrichtungen der Betriebskrankenkassen zur Krankenbehandlung Beschäftigten; ersteren gleichzuhalten sind bezüglich der Betriebskrankenkasse der Wiener Verkehrsbetriebe die Bediensteten der WIENER LINIEN GmbH & Co KG sowie die dieser Gesellschaft zur Dienstleistung zugewiesenen, in einem durch Vertrag begründeten Dienstverhältnis zur Gemeinde Wien stehenden Beschäftigten; die Betriebskrankenkasse voestalpine Bahnsysteme für Beschäftigte in den Beteiligungsgesellschaften der Division Bahnsysteme, sofern nicht eine andere Betriebskrankenkasse sachlich zuständig ist, und für die in den Einrichtungen der Betriebskrankenkasse Beschäftigten;
   (BGBl I 1999/68, BGBl I 2005/71)
   b) für Bezieher/innen einer Pension aus einer Pensionsversicherung sowie für Bezieher/innen von Rehabilitationsgeld, soweit nicht die Pension oder das Rehabilitationsgeld von der Versicherungsanstalt für Eisenbahnen und Bergbau ausgezahlt wird, und zwar die Betriebskrankenkasse, die für die Krankenversicherung in der letzten Beschäftigung vor dem Entstehen des Pensions- oder Rehabilitationsgeldanspruches zuständig war, wenn aber die pensionsbeziehende Person im Zeitpunkt des Entstehens des Pensionsanspruches selbstversichert war, nur unter der Voraussetzung, dass diese Selbstversicherung bei der Betriebskrankenkasse bestanden hat;
   (BGBl I 2003/145, BGBl I 2015/2)
   c) für Bezieher/innen einer Pension aus der Pensionsversicherung der Ange-

stellten sowie für Bezieher/innen von Rehabilitationsgeld, wenn die Betriebskrankenkasse für die Krankenversicherung in der letzten Beschäftigung vor dem Entstehen des Pensions- oder Rehabilitationsgeldanspruches zuständig war oder wäre;

(BGBl I 2001/99, BGBl I 2015/2)

d) für Personen, die unmittelbar vor Antritt des ordentlichen oder außerordentlichen Präsenzdienstes die Voraussetzungen der lit. a erfüllt hatten;

(BGBl I 2001/99)

4. die Versicherungsanstalt für Eisenbahnen und Bergbau

a) für die bei Eisenbahnen im Sinne des 1. Teiles des Eisenbahngesetzes 1957, BGBl. Nr. 60, Beschäftigten, soweit diese Eisenbahnen – unabhängig von der Rechtsform des Betriebes bzw. Unternehmens – dem öffentlichen Verkehr dienen und Personen oder Sachgüter befördern, soweit nicht eine Betriebskrankenkasse zuständig ist;

(BGBl I 2004/171)

b) für Beschäftigte von Schlaf- und Speisewagenbetrieben;

c) für Beschäftigte in einem Betrieb, an dem ein Unternehmen im Sinne der lit. a oder lit. b zu mehr als 25% beteiligt ist oder auf maßgebliche Aufgaben der Geschäftsführung wesentlichen Einfluss hat, und zwar unabhängig von der Rechtsform dieses Betriebes; umfasst sind sowohl Eigenbetriebe als auch solche Hilfseinrichtungen, die dem Bau, Betrieb und Verkehr dienen und in einer organisatorischen oder rechtlichen sowie funktionalen Verbindung zum Eisenbahnunternehmen stehen;

d) für am 31. Dezember 2003 bei den Österreichischen Bundesbahnen beschäftigte Dienstnehmer/innen, auch wenn ihre Dienstverhältnisse nach dem 31. Dezember 2003 infolge eines (auch mehrmaligen) Betriebsüberganges auf ein anderes Unternehmen übergehen oder solange sie bei einem der in Art. I des Bundesbahnstrukturgesetzes 2003 genannten Unternehmen oder einer Rechtsnachfolgerin eines dieser Unternehmen oder bei einem Unternehmen, das durch Maßnahmen der Umgründung im Rahmen des bestehenden Gesellschaftsrechts aus einer der Gesellschaften hervorgegangen ist, beschäftigt sind;

(BGBl I 2004/106)

e) für bei der Versicherungsanstalt für Eisenbahnen und Bergbau Beschäftigte;

(BGBl I 2004/106)

f) für Bezieher/innen einer Pension aus einer Pensionsversicherung nach diesem Bundesgesetz, wenn die Pension von der Versicherungsanstalt für Eisenbahnen und Bergbau ausgezahlt wird, sowie für jene Personen, denen von der Versicherungsanstalt für Eisenbahnen und Bergbau ein Rehabilitationsgeld zuerkannt wird und für Bezieher/innen einer laufenden Geldleistung aus der zusätzlichen Pensionsversicherung bei einem der im § 479 genannten Institute;

(BGBl I 2004/106, BGBl I 2015/2, BGBl I 2015/162)

g) für Bezieher/innen einer Pension aus der Pensionsversicherung der Angestellten bzw. für jene Personen, denen auf Grund vorübergehender Berufsunfähigkeit ein Rehabilitationsgeld von der Pensionsversicherungsanstalt zuerkannt wird, wenn die Versicherungsanstalt für Eisenbahnen und Bergbau für die Krankenversicherung in der letzten Beschäftigung vor dem Entstehen des Pensions- oder Rehabilitationsgeldanspruches zuständig war oder gewesen wäre;

(BGBl I 2004/106, BGBl I 2015/162)

h) für Personen, die unmittelbar vor dem Antritt des ordentlichen oder außerordentlichen Präsenzdienstes eine der Voraussetzungen der lit. a bis d, h oder i erfüllt hatten;

(BGBl I 2004/106)

i) für in knappschaftlichen Betrieben (§ 15 Abs. 2 und 3) Beschäftigte;

(BGBl I 2004/106)

j) für nach § 15 Abs. 4 zur knappschaftlichen Pensionsversicherung gehörende Personen;

(BGBl I 2004/106)

k) für Bezieher(innen) einer Sonderunterstützung nach § 1 Abs. 1 oder Art. V Abs. 7 des Sonderunterstützungsgesetzes, BGBl. Nr. 642/1973, in der Fassung des Bundesgesetzes BGBl. Nr. 201/1996;

(BGBl I 2004/106)

l) für Beschäftigte jener Betriebe, für deren Beschäftigte die Betriebskrankenkasse Pengg am 31. Dezember 2001 die Pflichtversicherung in der Krankenversicherung durchgeführt hat.

(BGBl I 2004/106)

(BGBl I 2003/145)

5. (aufgehoben)

(BGBl 1996/201, BGBl I 2002/140, BGBl I 2003/145)

(2) Wird ein Dienstnehmer in demselben Beschäftigungsverhältnis vorübergehend, jedoch

nicht länger als drei Monate, in einer Art beschäftigt, die die Zugehörigkeit zu einem anderen Versicherungsträger begründen würde, so bleibt die Zuständigkeit des bisherigen Versicherungsträgers auch für die Dauer der vorübergehenden Beschäftigung unberührt.

(3) Ist eine Betriebskrankenkasse gemäß Abs. 1 Z 3 lit. b oder Abs. 4 zuständig und verlegt der Pensionsbezieher oder derjenige, dem eine Leistung der beruflichen Ausbildung gewährt wird, in der Folge seinen Wohnsitz, so geht auf seinen Antrag die sachliche Zuständigkeit zur Durchführung der Krankenversicherung auf die örtlich in Betracht kommende Gebietskrankenkasse mit dem der Antragstellung folgenden Monatsersten über.

(4) Für Personen, denen Leistungen der beruflichen Ausbildung gewährt werden (§ 4 Abs. 1 Z 8), bleibt für die Dauer dieser Ausbildung jener Träger der Krankenversicherung sachlich zuständig, der die der Ausbildung zuletzt vorangegangene Krankenversicherung durchgeführt hat.

Land- und forstwirtschaftliche Betriebe

§ 27. (1) Land- und forstwirtschaftliche Betriebe sind Betriebe im Sinne der Bestimmungen des Landarbeitsgesetzes 1984, BGBl. Nr. 287, mit Ausnahme der von land- und forstwirtschaftlichen Erwerbs- und Wirtschaftsgenossenschaften betriebenen Sägen, Harzverarbeitungsstätten, Mühlen und Molkereien, sofern diese dauernd mehr als fünf Dienstnehmer beschäftigen.

(2) Den land- und forstwirtschaftlichen Betrieben werden gleichgestellt:

1. die Versuchsbetriebe der land- oder forstwirtschaftlichen Schulen;
2. die Umschulungs-, Nachschulungs- und sonstigen beruflichen Ausbildungslehrgänge der Sozialversicherungsträger sowie der Standes- und Interessenvertretungen, alle diese, soweit sie für die Dienstnehmer und Dienstgeber in der Land- und Forstwirtschaft in Betracht kommen.

Sachliche Zuständigkeit der Träger der Unfallversicherung

§ 28. Zur Durchführung der Unfallversicherung sind sachlich zuständig:

1. die Allgemeine Unfallversicherungsanstalt, soweit nicht einer der unter Z 2 und 3 genannten Versicherungsträger zuständig ist;
2. die Sozialversicherungsanstalt der Bauern (§ 13 des Bauern-Sozialversicherungsgesetzes) für
   a) die gemäß § 3 des Bauern-Sozialversicherungsgesetzes in der Unfallversicherung pflichtversicherten selbständig Erwerbstätigen und ihre teilversicherten Familienangehörigen, soweit es sich nicht um eine Teilversicherung nach § 8 Abs. 1 Z 3 lit. h, i und l handelt, sowie die gemäß § 8 Abs. 1 Z 3 lit. d teilversicherten Angehörigen von Orden, Kongregationen und Anstalten,

      (BGBl I 2010/61)
   b) (aufgehoben)

      (BGBl I 1997/139)
   c) die öffentlichen Verwalter eines land(forst)wirtschaftlichen Betriebes (§ 7 Z 3 lit. c),
   d) die Versicherungsvertreter in den Verwaltungskörpern der Sozialversicherungsanstalt der Bauern und die Mitglieder der Beiräte gemäß den §§ 201 ff. des Bauern-Sozialversicherungsgesetzes,

      (BGBl 1996/411)
   e) die in lit. a bis c genannten Personen, die eine der im § 176 Abs. 1 Z 3 genannten Tätigkeiten ausüben,
   f) die Personen, die eine der im § 176 Abs. 1 Z 2, 4, 5, 7 und 13 genannten Tätigkeiten ausüben, sofern die Sozialversicherungsanstalt der Bauern für sie gemäß lit. a bis c zur Durchführung der Unfallversicherung sachlich zuständig ist, bei den im § 176 Abs. 1 Z 7 genannten Tätigkeiten jedoch nur, wenn es sich nicht um Tätigkeiten als Mitglied einer der dort genannten Körperschaften (Vereinigungen) handelt und diese Personen in der Zusatzversicherung gemäß § 22a versichert sind,
   g) die gemäß § 11 des Bauern-Sozialversicherungsgesetzes in der Unfallversicherung selbstversicherten selbständig Erwerbstätigen und ihre selbstversicherten Familienangehörigen, die einen land(forst)wirtschaftlichen Betrieb führen oder in einem solchen tätig sind,
   h) Einzelorgane und Mitglieder von Kollektivorganen der Landwirtschaftskammern bzw. der kollektivvertragsfähigen Berufsvereinigungen der land(forst)wirtschaftlichen Dienstgeber,
   i. die nach § 8 Abs. 1 Z 3 lit. c in der Unfallversicherung teilversicherten Personen, die in einer Einrichtung untergebracht sind, die der medizinischen Rehabilitation oder Gesundheitsvorsorge dient, sofern die Sozialversicherungsanstalt der Bauern für sie nach lit. a bis c dieses Bundesgesetzes oder nach § 13 BSVG zur Durchführung der Kranken-, Unfall- oder Pensionsversicherung sachlich zuständig ist,

      (BGBl I 2010/102, BGBl I 2015/162)
   j) die gemäß § 8 Abs. 1 Z 3 lit. j in der Unfallversicherung teilversicherten Personen;
3. die Versicherungsanstalt für Eisenbahnen und Bergbau für

a) die Personen nach § 26 Abs. 1 Z 4 lit. a bis e, für welche die Versicherungsanstalt für Eisenbahnen und Bergbau oder die Betriebskrankenkasse der Wiener Verkehrsbetriebe zur Durchführung der Krankenversicherung sachlich zuständig ist oder nach Art der Beschäftigung zuständig wäre;
(BGBl I 2004/106)
b) die Versicherungsvertreter(innen) in den Verwaltungskörpern der Versicherungsanstalt für Eisenbahnen und Bergbau, der Betriebskrankenkasse der Wiener Verkehrsbetriebe und der Träger der zusätzlichen Pensionsversicherung (§ 479);
c) die Mitglieder der Beiräte (§§ 440 ff) der Versicherungsanstalt für Eisenbahnen und Bergbau.

(BGBl 1996/764, BGBl I 2003/145)

Sachliche Zuständigkeit der Träger der Pensionsversicherung

§ 29. Zur Durchführung der Pensionsversicherung der Arbeiter und der Pensionsversicherung der Angestellten ist – unbeschadet des § 17 Abs. 3 über die Weiterversicherung und des § 245 über die Leistungszugehörigkeit – sachlich zuständig:

1. die Pensionsversicherungsanstalt, soweit nicht der unter Z 2 genannte Versicherungsträger zuständig ist;
2. die Versicherungsanstalt für Eisenbahnen und Bergbau
   a) für die bei ihr oder der Betriebskrankenkasse der Wiener Verkehrsbetriebe in der Krankenversicherung pflichtversicherten Personen;
   b) für die Bezieher(innen) einer Sonderunterstützung nach § 1 Abs. 1 oder Art. V Abs. 7 des Sonderunterstützungsgesetzes, BGBl. Nr. 642/1973, in der Fassung des Bundesgesetzes BGBl. Nr. 201/1996.

(BGBl 1993/335, BGBl 1996/201, BGBl 1996/411, BGBl I 1998/138, BGBl I 2002/1, BGBl I 2003/145)

Örtliche Zuständigkeit der Gebietskrankenkassen

§ 30. (1) Die örtliche Zuständigkeit der Gebietskrankenkassen richtet sich, soweit in den Abs. 3 bis 5, im § 11 Abs. 2 und im § 16 Abs. 5 nichts anderes bestimmt wird, nach dem Beschäftigungsort des Versicherten, bei selbständig Erwerbstätigen nach dem Standort des Betriebes bzw. in Ermangelung eines solchen nach dem Wohnsitz.

(BGBl 1996/201)

(2) Beschäftigungsort ist der Ort, an dem die Beschäftigung ausgeübt wird. Wird eine Beschäftigung abwechselnd an verschiedenen Orten ausgeübt, aber von einer festen Arbeitsstätte aus, so gilt diese als Beschäftigungsort. Wird eine Beschäftigung ohne feste Arbeitsstätte ausgeübt, so gilt der Wohnsitz des Versicherten als Beschäftigungsort. Der Beschäftigungsort von Hausgehilfen, die beim Dienstgeber wohnen, ist der Wohnsitz des Dienstgebers. Hat der Dienstgeber mehrere Wohnsitze, so ist der Wohnsitz maßgebend, an dem der Dienstgeber den überwiegenden Teil des Jahres verbringt.

(3) Die örtliche Zuständigkeit der Gebietskrankenkassen richtet sich für die im § 3 Abs. 2 lit. a, c und d genannten Personen nach dem Sitz des Unternehmens, für die im § 3 Abs. 2 lit. e genannten Personen nach dem Sitz der Entwicklungshilfeorganisation, für die in den §§ 4 Abs. 1 Z 12 und 8 Abs. 1 Z 1 und 4 genannten Personen nach dem Wohnsitz des Pflichtversicherten.

(BGBl 1996/411, BGBl I 1997/139, BGBl I 2015/144)

(4) Für die nach § 8 Abs. 1 Z 1 lit. c Pflichtversicherten und für Personen, die mit Dienstleistungsscheck entlohnt werden, richtet sich die örtliche Zuständigkeit der Gebietskrankenkasse nach dem Wohnsitz des Versicherten; ist ein solcher nicht gegeben, ist die Wiener Gebietskrankenkasse örtlich zuständig.

(BGBl I 1998/30, BGBl I 2005/45, BGBl I 2006/131)

(4a) Für die nach § 8 Abs. 1 Z 5 pflichtversicherten BezieherInnen eines Überbrückungsgeldes ist jene Gebietskrankenkasse örtlich zuständig, die für das letzte dem Bauarbeiter-Urlaubs- und Abfertigungsgesetz unterliegende Beschäftigungsverhältnis zuständig war.

(BGBl I 2014/68)

(5) Die für das Land Wien bestehende Gebietskrankenkasse ist ausschließlich Trägerin der Krankenversicherung aller im § 3 Abs. 2 lit. f genannten Personen.

3. Unterabschnitt
Hauptverband der österreichischen Sozialversicherungsträger

§ 31. (1) Die in den §§ 23 bis 25 bezeichneten Versicherungsträger und die Träger der im § 2 Abs. 2 bezeichneten Sonderversicherungen werden zum Hauptverband der österreichischen Sozialversicherungsträger (im folgenden kurz Hauptverband genannt) zusammengefaßt.

(2) Dem Hauptverband obliegt

1. die Wahrnehmung der allgemeinen und gesamtwirtschaftlichen Interessen im Vollzugsbereich der Sozialversicherung,
2. die zentrale Erbringung von Dienstleistungen für die Sozialversicherungsträger,
3. die Erstellung von Richtlinien zur Förderung oder Sicherstellung der gesamtwirtschaftlichen Tragfähigkeit, der Zweckmäßigkeit und der Einheitlichkeit der Vollzugspraxis der Sozialversicherungsträger,

(BGBl I 2003/71)

4. die Erlassung einer Verordnung über den Kostenbeitrag bei Inanspruchnahme ärztlicher Hilfe (§ 135), bei Inanspruchnahme chirurgischer oder konservierender Zahnbehandlung (§ 153) und bei Behandlung in einer Spitalsambulanz (§ 26 KAKuG),

   (BGBl I 2003/71, BGBl I 2013/3)

5. die Erstellung eines Rehabilitationsplanes für die Sozialversicherungsträger,

   (BGBl I 2013/3, BGBl I 2013/81)

6. die Unterstützung und Mitwirkung beim Vollzug der Vereinbarungen gemäß Art. 15a B-VG über die Organisation und Finanzierung des Gesundheitswesens und der Vereinbarung über die Zielsteuerung-Gesundheit, insbesondere durch die Erstellung trägerübergreifender Statistiken, die Erarbeitung und Überlassung standardisierter Datengrundlagen, die Entsendung von Vertreterinnen und Vertretern der Sozialversicherung (§ 84a Abs. 2 und 3) und den Betrieb einer Psyeudonymisierungsstelle (§ 31 Abs. 4 Z 10).

   (BGBl I 2013/81)

(3) Zu den Aufgaben im Sinne des Abs. 2 Z 1 gehören:

1. die Erstellung eines Leitbildes für die Sozialversicherung unter Bedachtnahme auf die Eigenwirtschaftlichkeit der einzelnen Versicherungsträger und die Gesamtwirtschaftlichkeit bei der Erfüllung der Aufgaben im Rahmen der Sozialen Sicherheit;
2. die ständige Beobachtung der Entwicklung der Sozialversicherung in ihren Beziehungen zur Volkswirtschaft und die Ausarbeitung konkreter Vorschläge bzw. die Durchführung von Maßnahmen zur Erhaltung der dauernden Leistungsfähigkeit der Sozialversicherung ohne Überlastung der Volkswirtschaft; der Hauptverband hat hiezu ein versicherungsträgerübergreifendes Controlling unter vorausschauender und laufender Berücksichtigung der Einnahmen- und Ausgabenentwicklung einzurichten;

   (BGBl 1996/411)

3. die Erstattung von Gutachten und die Abgabe von Stellungnahmen in wichtigen und grundsätzlichen Fragen der Sozialversicherung;
4. die Forschung auf dem Gebiet der Sozialen Sicherheit;
5. die Vertretung der Sozialversicherungsträger in gemeinsamen Angelegenheiten;
6. die Durchführung von Erhebungen, Umfragen, Enqueten und dergleichen in Angelegenheiten der Sozialversicherung, ferner die Veranstaltung von Tagungen (Kongressen) und Fachausstellungen und die Vertretung der Sozialversicherung gegenüber ausländischen Einrichtungen;
7. die Herausgabe der Fachzeitschrift „Soziale Sicherheit“ und weitere Initiativen auf dem Gebiet der Öffentlichkeitsarbeit unter Bedachtnahme auf die Richtlinien nach Abs. 5 Z 5;
8. die Gewährung von Rechtsschutz durch dazu befugte Personen in Streitfällen, die für die Sozialversicherung von grundsätzlichem Interesse sind;
9. die Erstellung von Richtlinien zur Regelung der dienst-, besoldungs- und pensionsrechtlichen Verhältnisse der Bediensteten der Versicherungsträger und des Hauptverbandes und der Abschluß der Kollektivverträge für die Versicherungsträger mit Ausnahme der Festsetzung der Mittel für Dienstordnungs-Pensionen nach § 460b und des Sicherungsbeitrages nach § 460c und § 684 Abs. 3. In diesen Richtlinien bzw. Kollektivverträgen ist ein Zusatzbeitrag zum Sicherungsbeitrag nach § 460c und § 684 Abs. 3 festzusetzen; bei der Festlegung der Höhe dieses Zusatzbeitrages ist Bedacht zu nehmen
   a) auf § 13a des Pensionsgesetzes 1965;
   b) auf die Beitragssätze für die Dienstordnungs-Pension in den letzten sechs Monaten vor dem Stichtag für die Eigen- oder Hinterbliebenenpension oder für die Eigenpension, von der die Hinterbliebenenpension abgeleitet wird, wenn der jeweilige Stichtag vor dem 1. Jänner 2005 liegt und in diesem Zeitraum Anspruch auf einen monatlichen Bezug bestand, der die damals geltende monatliche Höchstbeitragsgrundlage überschritten hat.

   Des Weiteren sind darin besondere Fördermaßnahmen für Frauen im Sinne der §§ 11 bis 11d des Bundes-Gleichbehandlungsgesetzes (B-GlBG), BGBl. Nr. 100/1993, vorzusehen. § 12 Abs. 1 und 2 B-GlBG ist mit der Maßgabe anzuwenden, dass der Hauptverband für sich und jeweils für die Versicherungsträger berichtet. Die Richtlinien dürfen den öffentlichen Interessen vom Gesichtspunkt des Sozialversicherungsrechtes nicht entgegenstehen und die wirtschaftliche Leistungsfähigkeit der Versicherungsträger nicht gefährden;

   (BGBl I 2000/142, BGBl I 2004/142, BGBl I 2006/131, BGBl I 2013/3, BGBl I 2014/46)

10. die Aufstellung von Vorschriften für die Fachprüfungen der Sozialversicherungsbediensteten;
11. der Abschluß von Gesamtverträgen mit den öffentlich-rechtlichen Interessenvertretungen der Ärzte (Zahnärzte), Dentisten, Hebammen und anderer Vertragspartner der Sozialversicherung nach Maßgabe der Bestimmungen des Sechsten Teiles;
12. die Herausgabe eines Erstattungskodex der Sozialversicherung für die Abgabe von Arzneispezialitäten auf Rechnung eines Sozialversicherungsträgers im niedergelassenen

Bereich; in dieses Verzeichnis sind jene für Österreich zugelassenen, erstattungsfähigen und gesichert lieferbaren Arzneispezialitäten aufzunehmen, die nach den Erfahrungen im In- und Ausland und nach dem aktuellen Stand der Wissenschaft eine therapeutische Wirkung und einen Nutzen für Patienten und Patientinnen im Sinne der Ziele der Krankenbehandlung (§ 133 Abs. 2) annehmen lassen. Die Arzneispezialitäten sind nach dem anatomisch-therapeutisch-chemischen Klassifikationssystem der Weltgesundheitsorganisation (ATC-Code) zu ordnen. Sie sind im Erstattungskodex jeweils einem der folgenden Bereiche zuzuordnen:

a) Roter Bereich (red box): Dieser Bereich beinhaltet zeitlich befristet jene Arzneispezialitäten, die erstmalig am österreichischen Markt lieferbar sind und für deren Aufnahme in den Erstattungskodex ein Antrag nach § 351c Abs. 1 gestellt wurde. Sie unterliegen der ärztlichen Bewilligung des chef- und kontrollärztlichen Dienstes der Sozialversicherungsträger nach Maßgabe der Richtlinie nach § 31 Abs. 5 Z 13. Zur Wahrung des finanziellen Gleichgewichts des Systems der sozialen Sicherheit darf einem Sozialversicherungsträger für eine Arzneispezialität dieses Bereiches der ermittelte EU-Durchschnittspreis verrechnet werden.

b) Gelber Bereich (yellow box): Dieser Bereich beinhaltet jene Arzneispezialitäten, die einen wesentlichen zusätzlichen therapeutischen Nutzen für Patienten und Patientinnen aufweisen und die aus medizinischen oder gesundheitsökonomischen Gründen nicht in den grünen Bereich aufgenommen werden. Arzneispezialitäten dieses Bereiches unterliegen der ärztlichen Bewilligung des chef- und kontrollärztlichen Dienstes der Sozialversicherungsträger nach Maßgabe der Richtlinie nach § 31 Abs. 5 Z 13. Bezieht sich die Aufnahme von Arzneispezialitäten in diesen Bereich auch auf bestimmte Verwendungen (zB Gruppen von Krankheiten, ärztliche Fachgruppen, Altersstufen von Patient(inn)en, Mengenbegrenzung oder Darreichungsform), kann die ärztliche Bewilligung des chef- und kontrollärztlichen Dienstes durch eine nachfolgende Kontrolle der Einhaltung der bestimmten Verwendung ersetzt werden. Zur Wahrung des finanziellen Gleichgewichts des Systems der sozialen Sicherheit darf einem Sozialversicherungsträger für eine Arzneispezialität dieses Bereiches höchstens der ermittelte EU-Durchschnittspreis verrechnet werden.

(BGBl I 2004/105)

c) Grüner Bereich (green box): Dieser Bereich beinhaltet jene Arzneispezialitäten, deren Abgabe ohne ärztliche Bewilligung des chef- und kontrollärztlichen Dienstes der Sozialversicherungsträger auf Grund ärztlicher Verschreibung medizinisch und gesundheitsökonomisch sinnvoll und vertretbar ist. Die Aufnahme von Arzneispezialitäten in diesem Bereich kann sich auch auf bestimmte Verwendungen (zB Gruppen von Krankheiten, ärztliche Fachgruppen, Altersstufen von Patient(inn)en oder Darreichungsform) beziehen.

d) Die Stoffe für magistrale Zubereitungen gelten als Teil des grünen Bereiches, es sei denn, sie werden auf Grund einer Empfehlung der Heilmittel-Evaluierungs-Kommission ausdrücklich im gelben Bereich angeführt.

Arzneispezialitäten und Stoffe für magistrale Zubereitungen können nur dann als Leistung der Krankenbehandlung auf Rechnung eines Sozialversicherungsträgers abgegeben werden, wenn sie im Erstattungskodex angeführt sind (§ 350). In begründeten Einzelfällen ist die Erstattungsfähigkeit auch dann gegeben, wenn die Arzneispezialität nicht im Erstattungskodex angeführt ist, aber die Behandlung aus zwingenden therapeutische Gründen notwendig ist und damit die Verschreibung in diesen Einzelfällen nicht mit Arzneispezialitäten aus dem Erstattungskodex durchgeführt werden kann. Diese unterliegen der ärztlichen Bewilligung des chef- und kontrollärztlichen Dienstes. Die nähere Organisation und das Verfahren zur Herausgabe des Erstattungskodex regelt der Hauptverband in der Verordnung nach § 351g. Er hat dazu als beratendes Gremium eine Heilmittel-Evaluierungs-Kommission einzurichten.

(BGBl I 2002/140, BGBl I 2003/145, BGBl I 2009/33)

13. die Definition von Kennzahlen betreffend die Kosten der Verwaltung und der eigenen Einrichtungen der Versicherungsträger sowie die jährliche Durchführung und Auswertung von Vergleichen zwischen diesen Kennzahlen auf der Grundlage der Ergebnisse der Kostenrechnung der einzelnen Versicherungsträger; die Ergebnisse dieser Vergleiche sind dem Verbandsvorstand vorzulegen und zusammen mit dessen Beschluß den Versicherungsträgern und dem Bundesminister für Arbeit und Soziales sowie der Bundesministerin für Gesundheit und Frauen zur Kenntnis zu bringen;

(BGBl I 2001/99, BGBl I 2003/71, BGBl I 2004/171)

14. die Definition von Kennzahlen betreffend die einzelnen Leistungspositionen der Krankenversicherung sowie die jährliche Durchfüh-

rung und Auswertung von Vergleichen zwischen diesen Kennzahlen auf der Grundlage der Ergebnisse der Erfolgsrechnung der einzelnen Krankenversicherungsträger; Z 13 zweiter Halbsatz ist anzuwenden.

(4) Zu den zentralen Dienstleistungen im Sinne des Abs. 2 Z 2 gehören:

1. die Vergabe von einheitlichen Versicherungsnummern und deren Verknüpfung mit dem entsprechenden bereichsspezifischen Personenkennzeichen (§ 9 des E-Government-Gesetzes, BGBl. I Nr. 10/2004) zur Verwaltung personenbezogener Daten im Rahmen der der Sozialversicherung gesetzlich übertragenen Aufgaben;

   (BGBl I 2004/18)

2. die Besorgung der Statistik der Sozialversicherung sowie der Statistik der Pflegevorsorge im übertragenen Wirkungsbereich sowohl nach den im Einvernehmen mit der Bundesministerin für Gesundheit und Frauen zu erlassenden Weisungen des Bundesministers für Arbeit und Soziales als auch insoweit, als dies zur Erfüllung der gesetzlichen Aufgaben des Hauptverbandes notwendig ist; in diesem Zusammenhang Aufbau und Führung einer Statistikdatenbank mit Hilfe der elektronischen Datenverarbeitung;

   (BGBl I 2003/71, BGBl I 2009/147)

3. a) die Errichtung und Führung einer zentralen Anlage zur Aufbewahrung und Verarbeitung der für die Versicherung bzw. den Leistungsbezug und das Pflegegeld bedeutsamen Daten aller nach den Vorschriften dieses oder eines anderen Bundesgesetzes versicherten Personen sowie Leistungsbezieher einschließlich der Leistungsbezieher nach den Landespflegegeldgesetzen, wobei dann, wenn hievon für das Pflegegeld bedeutsame Daten verwendet werden, dies im übertragenen Wirkungsbereich nach den Weisungen des Bundesministers für Arbeit, Soziales und Konsumentenschutz zu geschehen hat;

   (BGBl 1996/411, BGBl I 2009/147)

   b) auf Grund der in dieser Anlage enthaltenen Daten nach Maßgabe der technischen Möglichkeiten auf automationsunterstütztem Weg die Erfüllung der ausdrücklich gesetzlich geregelten Pflichten der Versicherungsträger zur Auskunftserteilung;

4. der Aufbau und die Führung einer Dokumentation des österreichischen Sozialversicherungsrechtes im übertragenen Wirkungsbereich nach den Weisungen des Bundesministers für Arbeit und Soziales mit Hilfe der elektronischen Datenverarbeitung nach Maßgabe des Abs. 10;

   (BGBl I 2009/147)

5. a) die Errichtung und der Betrieb eines zentralen Schulungszentrums für die fachliche Aus- und Weiterbildung der Sozialversicherungsbediensteten;

   b) die Vorsorge für die fachliche Information der Versicherungsvertreter;

6. die Festlegung (Form und Inhalt) einheitlicher Formulare, Datensatzaufbaue und maschinell lesbarer Datenträger (Magnetbänder, Disketten, Chipkarten usw.) für den gesamten Vollzugsbereich der Sozialversicherung sowie die Schaffung der technischen Voraussetzungen für die Kundmachung von Rechtsvorschriften im Internet;

   (BGBl I 2015/162)

7. die Erfüllung von Aufgaben nach Maßgabe von Richtlinien gemäß Abs. 5 Z 4, 14 und 21;

   (BGBl I 2004/142)

8. die Einrichtung und Führung des Pensionskontos nach Abschnitt 3 des APG;

   (BGBl I 2004/142)

9. die Mitwirkung bei der Durchführung der Pensionsversicherung nach § 8 Abs. 1 Z 2 lit. a bis g ASVG, nach § 3 Abs. 3 GSVG, nach § 4a BSVG und nach Art. II Abschnitt 2a AlVG, für die der Bund, das Arbeitsmarktservice oder ein öffentlicher Fonds Beiträge zu zahlen hat; der Hauptverband kann zur Verwaltungsvereinfachung Vereinbarungen mit dem Arbeitsmarktservice über die Durchführung der Meldungen und die Beitragsabfuhr treffen; diese Vereinbarungen bedürfen zu ihrer Gültigkeit der Zustimmung des Bundesministers für soziale Sicherheit, Generationen und Konsumentenschutz im Einvernehmen mit dem Bundesminister für Wirtschaft und Arbeit;

   (BGBl I 2004/142, BGBl I 2013/81)

10. die Errichtung und die Führung einer Pseudonymisierungsstelle zur Pseudonymisierung personenbezogener Daten über Diagnosen und Leistungen aus dem stationären und ambulanten Bereich. Soweit der Hauptverband die Pseudonymisierungsstelle für Verantwortliche außerhalb des Kreises der ihm angehörenden Sozialversicherungsträger betreibt, ist er dabei im übertragenen Wirkungsbereich tätig und an die Weisungen des Bundesministers für Gesundheit gebunden.

    (BGBl I 2013/81, BGBl I 2018/37)

(5) Richtlinien im Sinne des Abs. 2 Z 3 sind aufzustellen:

1. zur Erstellung von Dienstpostenplänen der Sozialversicherungsträger unter Berücksichtigung der Grundsätze der Sparsamkeit, Wirtschaftlichkeit und Zweckmäßigkeit sowie unter Bedachtnahme auf sich durch den Einsatz der elektronischen Datenverarbeitung ergebende Rationalisierungspotentiale;

2. über die Gewährung von freiwilligen sozialen Zuwendungen an die Bediensteten der Sozialversicherungsträger (des Hauptverbandes), soweit es sich nicht um Zuwendungen für die im § 49 Abs. 3 Z 17 genannten Zwecke handelt, mit der Maßgabe, daß hiefür beim jeweiligen Versicherungsträger (beim Hauptverband) ein Betrag im Ausmaß eines vom Hauptverband festzusetzenden Hundertsatzes der laufenden Bezüge aller Sozialversicherungsbediensteten im abgelaufenen Geschäftsjahr, höchstens jedoch 2,5 vH dieser laufenden Bezüge, verwendet werden kann;
3. für die fachliche Aus- und Weiterbildung der Sozialversicherungsbediensteten;
4. für die Zusammenarbeit der Versicherungsträger untereinander und mit dem Hauptverband auf dem Gebiet der automationsunterstützten Datenverarbeitung mit dem Ziel der Herstellung kompatibler EDV-Strukturen und der gemeinsamen Entwicklung, Beschaffung und Anwendung der Software unter Beachtung der Grundsätze der Gesamtwirtschaftlichkeit und der Zweckmäßigkeit;
5. für die Koordinierung der Öffentlichkeitsarbeit der Sozialversicherungsträger und des Hauptverbandes;
6. über die Vergabe von Leistungen durch die Sozialversicherungsträger und den Hauptverband;
7. zur Erhebung und Verarbeitung der für die Versicherung bzw. den Leistungsbezug und das Pflegegeld bedeutsamen Daten aller nach den Vorschriften dieses oder eines anderen Bundesgesetzes versicherten Personen und Leistungsbezieher;
8. über die einheitliche Verwendung der Beitragsgruppen, der Symbole und die den einzelnen Beitragsgruppen zugehörigen Versichertenkategorien;
9. über die Beurteilung der Voraussetzungen für eine Herabsetzung der Beitragsgrundlage für Selbstversicherte in der Krankenversicherung (§ 76 Abs. 2 und 3) und über Form und Inhalt diesbezüglicher Anträge;
10. über die Berücksichtigung ökonomischer Grundsätze bei der Krankenbehandlung unter Bedachtnahme auf § 133 Abs. 2. Die Richtlinien sind vom Hauptverband im übertragenen Wirkungsbereich zu erlassen; bei der Erlassung unterliegt der Hauptverband den Weisungen des Bundesministers für Gesundheit. In diesen Richtlinien, die für die Vertragspartner (§ 338 ff.) verbindlich sind, sind jene Behandlungsmethoden anzuführen, die entweder allgemein oder unter bestimmten Voraussetzungen (z. B. für gewisse Krankheitsgruppen) erst nach einer ärztlichen Bewilligung des chef- und kontrollärztlichen Dienstes der Sozialversicherungsträger anzuwenden sind. Durch diese Richtlinien darf der Zweck der Krankenbehandlung nicht gefährdet werden;

   (BGBl I 2003/145, BGBl I 2009/147)
11. über die Verrechnung der Kostenersätze zwischen den Krankenversicherungsträgern nach § 129 Abs. 2;

   (BGBl I 2010/102)
12. über die Durchführung, Dokumentation und Qualitätssicherung von Kontrollen im Vertragspartnerbereich nach § 32a;

   (BGBl I 2002/140, BGBl I 2003/71, BGBl I 2015/113)
13. über die ökonomische Verschreibweise von Heilmitteln und Heilbehelfen; in diesen Richtlinien, die für die Vertragspartner/innen (§§ 338 ff) verbindlich sind, soll insbesondere auch unter Bedachtnahme auf die Art und Dauer der Erkrankung bestimmt werden, inwieweit Arzneispezialitäten für Rechnung der Sozialversicherungsträger abgegeben werden können; für Arzneispezialitäten im gelben Bereich des Erstattungskodex, die an Stelle der ärztlichen Bewilligung des chef- und kontrollärztlichen Dienstes einer nachfolgenden Kontrolle unterliegen, ist in diesen Richtlinien eine einheitliche Dokumentation unter Beachtung einer Rahmenvereinbarung oder Verordnung nach § 609 Abs. 9 festzulegen; durch die Richtlinien darf der Heilzweck nicht gefährdet werden; die Richtlinien sind vom Hauptverband im übertragenen Wirkungsbereich zu erlassen; bei der Erlassung unterliegt der Hauptverband den Weisungen des Bundesministers für Gesundheit;

   (BGBl I 2004/105, BGBl I 2009/147)

13a. (aufgehoben)

   (BGBl I 2003/145, BGBl I 2004/156)

14. für das Zusammenwirken der Versicherungsträger untereinander und mit dem Hauptverband auf dem Gebiet der maschinellen (automationsunterstützten) Heilmittelabrechnung einschließlich Retaxierung und bei der Auswertung der Ergebnisse dieser Abrechnung mit dem Ziel der Vereinfachung des Abrechnungsvorganges und der Verbesserung der Überprüfungsmöglichkeiten;
15. für das Zusammenwirken der Versicherungsträger untereinander und mit dem Hauptverband im Bereich des Vertragspartnerrechtes, der Leistungserbringung und Leistungsverrechnung sowie mit den Abgabenbehörden bei der Sozialversicherungsprüfung nach § 41a;

   (BGBl I 2002/132)
16. für die Befreiung von der Rezeptgebühr (Herabsetzung der Rezeptgebühr) sowie für die Befreiung vom Service-Entgelt bei Vorliegen einer besonderen sozialen Schutzbedürftigkeit des (der) Versicherten; in diesen Richtlinien ist der für die Befreiung (Herab-

setzung) in Betracht kommende Personenkreis nach allgemeinen Gruppenmerkmalen zu umschreiben; darüber hinaus ist eine Befreiungs-(Herabsetzungs-)Möglichkeit im Einzelfall in Berücksichtigung der Familien-, Einkommens- und Vermögensverhältnisse des (der) Versicherten sowie der Art und Dauer der Erkrankung vorzusehen; weiters ist nach Einbindung der Österreichischen Apothekerkammer und der Österreichischen Ärztekammer eine Obergrenze für die Entrichtung von Rezeptgebühren vorzusehen; diese ist ohne Berücksichtigung der Sonderzahlungen mit zwei Prozent am jährlichen Nettoeinkommen der versicherten Person für diese und ihre anspruchsberechtigten Angehörigen zu bemessen und über ein vom Hauptverband einzurichtendes Rezeptgebührenkonto zu verwalten;

(BGBl 1996/411, BGBl I 2000/92, BGBl I 2001/33, BGBl I 2002/140, BGBl I 2003/71, BGBl I 2007/101)

16a. für die Befreiung vom Zusatzbeitrag (Herabsetzung des Zusatzbeitrages) für Angehörige nach § 51d bei Vorliegen einer besonderen sozialen Schutzbedürftigkeit des (der) Versicherten; in diesen Richtlinien ist der für die Befreiung (Herabsetzung) in Betracht kommende Personenkreis nach allgemeinen Gruppenmerkmalen zu umschreiben; darüber hinaus ist eine Befreiungs-(Herabsetzungs-)Möglichkeit im Einzelfall in Berücksichtigung der Familien-, Einkommens- und Vermögensverhältnisse des (der) Versicherten vorzusehen;

(BGBl I 2000/142)

16b. für Gesundheitsförderung und Prävention mit Bezug zu gesundheitsrelevanten Verhaltensweisen oder Verhältnissen sowie Krankheitsrisiken, präventiv beeinflussbaren Krankheiten oder Bedarfen spezifischer Bevölkerungsgruppen nach § 19 des Gesundheits-Zielsteuerungsgesetzes – G-ZG, BGBl. I Nr. 26/2017;

(BGBl I 2001/35, BGBl I 2002/155, BGBl I 2003/71, BGBl I 2013/81, BGBl I 2017/26)

17. für die Durchführung und Auswertung der Ergebnisse der Jugendlichenuntersuchungen (§ 132a);

18. für die Durchführung und Auswertung der Ergebnisse der Vorsorge(Gesunden)untersuchungen (§ 132b);

19. für die Koordinierung der Aufgaben der Kranken-, Unfall- und Pensionsversicherungsträger bei der Gewährung freiwilliger Leistungen, insbesondere für das koordinierte Zusammenwirken bei der Behandlung von Anträgen;

20. für die Vorgangsweise, insbesondere das koordinierte Zusammenwirken, der Träger der Kranken-, Unfall- und Pensionsversicherung bei der Behandlung und Beurteilung von Leistungsansprüchen und der Erbringung von Leistungen im Rahmen der Rehabilitation sowie die Koordinierung der Aufgaben der Krankenversicherungsträger im Bereich der Frühintervention zur Verhinderung des Ausscheidens aus dem Erwerbsleben; bei der Aufstellung dieser Richtlinien ist insbesondere auf den § 307c und auf den Rehabilitationsplan nach Abs. 2 Z 5 Bedacht zu nehmen;

(BGBl I 2013/3, BGBl I 2017/38)

21. für das Zusammenwirken des Hauptverbandes und der Versicherungsträger zur Erreichung einer optimalen Auslastung der Sonderkrankenanstalten (Rehabilitationszentren), Kurheime und ähnlichen Einrichtungen im Bereich der Kranken-, Unfall- und Pensionsversicherung; bei der Aufstellung dieser Richtlinien ist insbesondere auf den Rehabilitationsplan nach Abs. 2 Z 5 Bedacht zu nehmen;

(BGBl I 2013/3, BGBl I 2015/162)

22. über die Zusammenarbeit der Träger der Kranken- und Unfallversicherung bei der Durchführung der Unfallheilbehandlung im Sinne des § 194;

23. im übertragenen Wirkungsbereich für die einheitliche Anwendung des Bundespflegegeldgesetzes; bei der Erlassung unterliegt der Hauptverband den Weisungen des Bundesministers für Arbeit, Soziales und Konsumentenschutz;

(BGBl I 2009/147)

24. für die Beurteilung von Vermögensanlagen im Sinne des § 446 Abs. 1 und 2;

25. für die einheitliche Anwendung der Verordnungen der Europäischen Union und der zwischenstaatlichen Abkommen im Bereich der Sozialen Sicherheit;

(BGBl I 2015/162)

26. für die Zusammenarbeit der Versicherungsträger auf Landesebene, soweit davon nicht ein Regelungsbereich betroffen wird, der Gegenstand einer anderen Richtlinie ist oder zu sein hätte;

27. für die Befreiung (Herabsetzung) von Zuzahlungen bei Vorliegen einer besonderen sozialen Schutzbedürftigkeit nach den §§ 154a Abs. 7, 155 Abs. 3, 302 Abs. 4 und 307d Abs. 6; hiebei ist der in Betracht kommende Personenkreis nach allgemeinen Gruppenmerkmalen unter Bedachtnahme auf die wirtschaftlichen und sozialen Verhältnisse zu umschreiben;

(BGBl I 2010/111)

28. für die Festsetzung von Obergrenzen von Zuschüssen gemäß den §§ 155 Abs. 4 und 307d Abs. 2 Z 3 unter Bedachtnahme auf die wirtschaftlichen und sozialen Verhältnisse des (der) Versicherten;

29. über Ausnahmen von der Meldungserstattung mittels Datenfernübertragung (§ 41);

30. für das Zusammenwirken der Versicherungsträger untereinander und mit dem Hauptverband auf dem Gebiet eines automationsunterstützten Cash Managements mit dem Ziel der bestmöglichen Veranlagung der finanziellen Mittel und der größtmöglichen Verringerung der Geldverkehrskosten;

    (BGBl 1996/201)

31. für den Ersatz der Reise- und Aufenthaltskosten für die Mitglieder der Verwaltungskörper unter Bedachtnahme auf § 3 Abs. 1 Gebührenstufe 3 der Reisegebührenvorschrift 1955, BGBl. Nr. 133;

    (BGBl 1996/411, BGBl I 2003/145)

32. für die Vorgangsweise, insbesondere das koordinierte Zusammenwirken, der Träger der Kranken-, Unfall- und Pensionsversicherung zur Feststellung des Gesundheitszustandes der Leistungswerber hinsichtlich der Versicherungsfälle der geminderten Arbeitsfähigkeit (Erwerbsunfähigkeit);

    (BGBl I 1997/139)

33. (aufgehoben)

    (BGBl I 1997/139, BGBl I 2002/140, BGBl I 2004/171)

34. zur einheitlichen Vollzugspraxis der Versicherungsträger bzw. bestimmter Gruppen von Versicherungsträgern im Bereich des Melde-, Versicherungs- und Beitragswesens sowie des Service-Entgelts samt Rückerstattung (§ 31c Abs. 3 bis 5) nach Anhörung der in Betracht kommenden gesetzlichen Interessenvertretungen; diese Richtlinien sind mindestens ein Mal jährlich neu zu beschließen;

    (BGBl I 2002/140, BGBl I 2005/71, BGBl I 2011/24)

35. zur einheitlichen Vollzugspraxis der Versicherungsträger im Bereich der Bekämpfung von Lohn- und Sozialdumping nach den §§ 7d ff des Arbeitsvertragsrechts-Anpassungsgesetzes (AVRAG), BGBl. Nr. 459/1993;

    (BGBl I 2011/24, BGBl I 2013/3, BGBl I 2017/30)

36. für die Grundsätze der Erstellung von Gutachten in Angelegenheiten der beruflichen Maßnahmen der Rehabilitation (§ 307g Abs. 3);

    (BGBl I 2013/3)

37. für das Zusammenwirken der Versicherungsträger untereinander und mit dem Arbeitsmarktservice bei der Durchführung der medizinischen und beruflichen Maßnahmen der Rehabilitation zur Erhaltung oder Wiedererlangung der Arbeitsfähigkeit.

    (BGBl I 2013/3)

(5a) Der Hauptverband hat für die Krankenversicherungsträger nach diesem Bundesgesetz jährlich eine Verordnung zu erlassen, in der festgestellt wird, ob und in welcher Höhe ein Kostenbeitrag bei Inanspruchnahme ärztlicher Hilfe (§ 135), bei Inanspruchnahme chirurgischer oder konservierender Zahnbehandlung (§ 153) und bei Behandlung in einer Spitalsambulanz (§ 26 KAKuG) im nächstfolgenden Kalenderjahr zu entrichten ist. Dies gilt nicht für die bei der Versicherungsanstalt für Eisenbahnen und Bergbau nach den §§ 472 Abs. 1 und 474 Abs. 1 versicherten Personen. Er hat hiebei insbesondere auf die im Ausgleichsfonds der Krankenversicherungsträger vorhandenen Mittel sowie auf die wirtschaftlichen Verhältnisse der Versicherten Bedacht zu nehmen. Der Kostenbeitrag ist für die genannten Versicherungsträger einheitlich unter Zugrundelegung der von ihnen im Durchschnitt des vorangegangenen Kalenderjahres erbrachten tariflichen Leistungen festzusetzen. Diese Verordnung bedarf zu ihrer Wirksamkeit der Zustimmung der Trägerkonferenz und der Genehmigung der Bundesministerin für Gesundheit und Frauen.

(BGBl I 2003/71, BGBl I 2003/145, BGBl I 2004/171)

(6) Die vom Hauptverband aufgestellten Richtlinien und im Rahmen seines gesetzlichen Wirkungskreises gefassten Beschlüsse sind für die im Hauptverband zusammengefassten Versicherungsträger verbindlich.

(BGBl I 1997/139, BGBl I 2012/123)

(7) Der Zustimmung des Hauptverbandes bedürfen Beschlüsse der Verwaltungskörper der Versicherungsträger

1. über die Erwerbung, Errichtung oder Erweiterung von Gebäuden, die Zwecken der Verwaltung, der Krankenbehandlung, der Anstaltspflege, der Jugendlichen- und Vorsorge(Gesunden)untersuchungen, der Erbringung von Zahnbehandlung oder Zahnersatz, der Unfallheilbehandlung, der Rehabilitation, der Maßnahmen zur Festigung der Gesundheit, der Krankheitsverhütung oder der Gesundheitsvorsorge dienen sollen, und über die Erwerbung, Errichtung oder Erweiterung von derartigen Zwecken dienenden Einrichtungen in fremden Gebäuden; das gleiche gilt für Umbauten von Gebäuden, wenn damit eine Änderung des Verwendungszweckes verbunden ist; nach Abschluß des Bauvorhabens ist dem Hauptverband eine von den zuständigen Verwaltungskörpern des Versicherungsträgers gebilligte Schlußabrechnung vorzulegen;
2. über die Erstellung von Dienstpostenplänen (§ 460 Abs. 1), soweit sich diese auf folgende Gehaltsgruppen der Dienstordnung A für die Angestellten bei den Sozialversicherungsträgern Österreichs (DO.A) erstrecken: Gehaltsgruppe F – Höherer Dienst, . Gehaltsgruppe G – Leitender Dienst.

In den Fällen der Z 1 hat der Hauptverband vor Erteilung der Zustimmung eine Bedarfsprüfung, die sich auf den Bereich der gesamten Sozialversicherung zu erstrecken hat, vorzunehmen; die Zustimmung ist nur dann zu erteilen, wenn ein Bedarf gegeben ist.

(8) Die Richtlinien nach Abs. 3 Z 9 und nach Abs. 5, die Vorschriften nach Abs. 3 Z 10 und der Erstattungskodex nach Abs. 3 Z 12 sind im Internet zu verlautbaren. Die Richtlinien gemäß § 31 Abs. 3 Z 9 können entsprechend den Abschlüssen der Kollektivverträge für die Versicherungsträger auch rückwirkend geändert werden.

(BGBl 1996/411, BGBl I 2001/99, BGBl I 2003/145, BGBl I 2006/130)

(9) Die nach den Sozialversicherungsgesetzen im Internet zu verlautbarenden Rechtsvorschriften und deren Änderungen müssen

1. jederzeit ohne Identitätsnachweis und sondergebührenfrei zugänglich sein;
2. ab 1. Jänner 2002 in ihrer verlautbarten Form vollständig und auf Dauer ermittelt werden können.

Die aus der Verlautbarung im Internet zusätzlich entstehenden Kosten sind von jenen Stellen zu tragen, die diese Verlautbarung vorzunehmen haben.

(BGBl I 2001/99)

(9a) Soweit der Verlautbarung nach Abs. 9 ihrem Inhalt nach rechtsverbindliche Kraft zukommt, beginnt diese, wenn nicht ausdrücklich anderes bestimmt ist, mit Ablauf des Tages ihrer Kundmachung. Schreibfehler in Verlautbarungen im Internet, ferner Verstöße gegen die innere Einrichtung der Verlautbarung (Nummerierungen, technische Verweisungen, Angabe des Freigabetages usw.), werden durch Kundmachung des Haupt verbandes berichtigt. Die technische Einrichtung der Verlautbarung im Internet gehört zu den Aufgaben des Hauptverbandes nach Abs. 4 Z 6.

(BGBl I 2001/99, BGBl I 2015/162)

(10) Die in Abs. 4 Z 4 bezeichnete Dokumentation ist unter besonderer Berücksichtigung der einschlägigen Rechtsvorschriften (Gesetze, Satzungen, Krankenordnungen, Geschäftsordnungen, Richtlinien und dergleichen) und ihrer Änderungen, der hiezu ergangenen Rechtsprechung und wissenschaftlichen Bearbeitung sowie von Angelegenheiten grundsätzlicher Bedeutung aus dem administrativen Bereich in einer Weise aufzubauen und zu führen, daß sie im Rahmen der gesetzlichen Aufgaben des Bundesministeriums für Arbeit und Soziales, der Sozialversicherungsträger, des Hauptverbandes sowie für Zwecke der gesetzgebenden Körperschaften des Bundes verwendbar ist. Der Zugriff zur Dokumentation ist auch den Gerichten, Universitäten und Stellen der Gebietskörperschaften, sofern die von letzteren betriebenen Rechtsdokumentationen auch der Sozialversicherung kostenlos zugänglich gemacht werden, zu ermöglichen. Die Dokumentation ist nach Maßgabe der technischen und organisatorischen Möglichkeiten gegen Ersatz der dadurch zusätzlich entstehenden Kosten den gesetzlichen beruflichen Vertretungen und anderen Stellen und Personen zugänglich zu machen; dieser Kostenersatz kann, wenn dies der Verwaltungsvereinfachung dient, in einer nach dem durchschnittlichen Ausmaß der Inanspruchnahme bemessenen Pauschalabgeltung festgesetzt werden. Der durch den Aufbau und den Betrieb der Dokumentation entstehende Aufwand ist, soweit er nicht durch die Kostenersätze der abfragenden Stellen gedeckt wird und soweit er nicht ausschließlich Interessen des Bundesministeriums für Arbeit und Soziales dient und daher von diesem im Rahmen der Kostenersatz zu ersetzen ist, vom Hauptverband und vom Bundesministerium für Arbeit und Soziales je zur Hälfte zu tragen. Über den Aufbau und die Führung der Dokumentation (oder eines ihrer Teile) können mit Zustimmung des Bundesministers für Arbeit und Soziales auch Vereinbarungen mit anderen Personen abgeschlossen werden, soweit dadurch Kosten eingespart werden können. In solchen Vereinbarungen ist vorzusehen, daß

1. die für die Dokumentation gespeicherten Daten nach Auflösung der Vereinbarung für die Dokumentation erhalten bleiben und
2. die Entscheidungsbefugnis über den Inhalt der Dokumentation und dessen Speicherungsorganisation durch sie nicht verändert wird.

(11) Die Versicherungsträger dürfen bei ihrer Datenverarbeitung andere Versicherungsträger, den Hauptverband und die Abgabenbehörden des Bundes als Auftragsverarbeiter im Sinne des Art. 4 Z 8 der Verordnung (EU) 2016/679 zum Schutz natürlicher Personen bei der Verarbeitung personenbezogener Daten, zum freien Datenverkehr und zur Aufhebung der Richtlinie 95/46/EG (Datenschutz-Grundverordnung), ABl. Nr. L 119 vom 04.05.2016 S. 1, (im Folgenden: DSGVO) in Anspruch nehmen. Auch der Hauptverband darf Versicherungsträger als Auftragsverarbeiter in Anspruch nehmen. Der Hauptverband ist in jenen Fällen, in denen er auf Grund gesetzlicher Bestimmungen für die Versicherungsträger tätig wird, jedenfalls Auftragsverarbeiter im Sinne des Art. 4 Z 8 DSGVO. Der Hauptverband und die Versicherungsträger haften nicht für Nachteile, die bei der Erfüllung ihrer Auskunftspflichten im Sinne des Abs. 4 Z 3 lit. b auf Grund von Unvollständigkeiten oder Unrichtigkeiten der in ihren Anlagen enthaltenen Daten entstehen.

(BGBl I 2002/1, BGBl I 2002/132, BGBl I 2018/37)

(12) Der Hauptverband ist verpflichtet, eine Datenschutzverordnung für alle Sozialversicherungsträger zu erlassen und im Internet zu veröffentlichen.

(BGBl I 2000/92, BGBl I 2001/33, BGBl I 2002/1)

(13) Der Hauptverband ist verpflichtet, jedes dritte Kalenderjahr, beginnend mit dem Kalenderjahr 2013, jeweils bis zum 30. November, dem Bundesminister für Arbeit, Soziales und Konsumentenschutz einen Bericht vorzulegen über

1. das Ausmaß der im abgelaufenen Kalenderjahr erworbenen Versicherungszeiten nach den §§ 8 Abs. 1 Z 2 lit. a bis g und 225 Abs. 1 Z 8 dieses Bundesgesetzes, nach § 3

Abs. 3 GSVG und nach § 4a BSVG samt den zugrunde liegenden Beitragsleistungen,
2. das Ausmaß der Aufwendungen der Pensionsversicherungsträger für die Anrechnung der Versicherungszeiten nach Z 1 und der entsprechenden Ersatzzeiten bei Pensionsneuzuerkennungen im abgelaufenen Kalenderjahr und
3. die beitrags- und leistungsrechtlichen Auswirkungen der Wanderversicherung nach § 251a dieses Bundesgesetzes, nach § 129 GSVG und nach § 120 BSVG.

(BGBl I 2012/35)

(14)-(16) (aufgehoben)

(BGBl I 2018/30)

(BGBl 1994/20)

Abschnitt III
Versicherungsträger und ihre Zuständigkeit; Dachverband der Sozialversicherungsträger[a)]

[a)] Tritt mit 1. Jänner 2020 in Kraft.

1. UNTERABSCHNITT
Träger der Versicherung und ihre Aufgaben[a)]

[a)] Der gesamte Unterabschnitt tritt mit 1. Jänner 2020 in Kraft.

Träger der Krankenversicherung

§ 23.[a)] (1) Träger der Krankenversicherung nach diesem Bundesgesetz für das ganze Bundesgebiet ist die Österreichische Gesundheitskasse mit dem Sitz in Wien.

(2) Der Träger der Krankenversicherung nach Abs. 1 führt die Krankenversicherung nach den Bestimmungen dieses Bundesgesetzes durch und wirkt an der Durchführung der Unfallversicherung und der Pensionsversicherung nach diesem Bundesgesetz mit. Insbesondere obliegt es ihm, für die Krankenbehandlung der Versicherten und ihrer Familienangehörigen ausreichend Vorsorge zu treffen. Im Falle eines vertragslosen Zustandes kann die Übernahme dieser Versorgung durch die Länder vereinbart werden. Der Träger der Krankenversicherung hat diese Verpflichtung höchstens im Ausmaß der vergleichbaren ersparten Aufwendungen für ärztliche Hilfe im niedergelassenen Bereich zu übernehmen.

(3) Der Träger der Krankenversicherung ist berechtigt, nach den hiefür geltenden gesetzlichen Bestimmungen
1. Krankenanstalten, Heil- und Kuranstalten, sonstige Einrichtungen der Krankenbehandlung und
2. Einrichtungen zur Feststellung des Gesundheitszustandes

zu errichten, zu erwerben und zu betreiben oder sich an solchen Einrichtungen zu beteiligen. Träger der Krankenversicherung, die am 30. Juni 1994 eine Krankenanstalt im Sinne des § 2 Abs. 1 Z 1 des Bundesgesetzes über Krankenanstalten und Kuranstalten (KAKuG), BGBl. Nr. 1/1957, betreiben, sind ab diesem Zeitpunkt zu deren Betrieb verpflichtet.

(4) Der Träger der Krankenversicherung ist berechtigt, sich davon zu überzeugen, dass die ärztlichen Anordnungen und die Bestimmungen der Krankenordnung von der versicherten Person eingehalten werden. Der Träger der Krankenversicherung ist weiters berechtigt, den Gesundheitszustand der erkrankten Person zu prüfen.

(BGBl I 2018/100)

[a)] Tritt mit 1. Jänner 2020 in Kraft.

Träger der Unfallversicherung

§ 24.[a)] (1) Träger der Unfallversicherung nach diesem Bundesgesetz sind für das ganze Bundesgebiet im Rahmen ihrer im § 28 bezeichneten sachlichen Zuständigkeit:
1. die Allgemeine Unfallversicherungsanstalt mit dem Sitz in Wien;
2. die Sozialversicherungsanstalt der Selbständigen (§ 3 SVSG) mit dem Sitz in Wien.

(2) Die Träger der Unfallversicherung nach Abs. 1 führen die Unfallversicherung nach den Bestimmungen dieses Bundesgesetzes durch.

(3) Die Träger der Unfallversicherung sind berechtigt, nach den hiefür geltenden gesetzlichen Bestimmungen
1. Unfallkrankenhäuser, Unfallstationen, Sonderkrankenanstalten zur Untersuchung und Behandlung von Berufskrankheiten, Krankenanstalten, die vorwiegend der Rehabilitation dienen, sowie Einrichtungen für berufliche Rehabilitation und
2. arbeitsmedizinische Untersuchungs-, Behandlungs- und Forschungsstellen sowie arbeitsmedizinische Zentren im Sinne des ArbeitnehmerInnenschutzgesetzes (ASchG), BGBl. Nr. 450/1994,

zu errichten, zu erwerben und zu betreiben oder sich an solchen Einrichtungen zu beteiligen bzw. solche Einrichtungen zu fördern.

(4) Die Allgemeine Unfallversicherungsanstalt hat ab 2020 ihre eigenen Einrichtungen in einer Betreibergesellschaft, die zu 100% im Eigentum der Anstalt zu stehen hat, zusammengefasst zu verwalten. Die §§ 460 ff. sind anzuwenden.

(BGBl I 2018/100)

[a)] Tritt mit 1. Jänner 2020 in Kraft.

Träger der Pensionsversicherung

§ 25.[a)] (1) Träger der Pensionsversicherung nach diesem Bundesgesetz sind für das ganze Bundesgebiet im Rahmen ihrer im § 29 bezeichneten sachlichen Zuständigkeit:
1. die Pensionsversicherungsanstalt mit dem Sitz in Wien für die Pensionsversicherung der Arbeiter/innen bzw. die Pensionsversicherung der Angestellten;
2. die Versicherungsanstalt öffentlich Bediensteter, Eisenbahnen und Bergbau mit dem Sitz in Wien für die Pensionsversicherung der Arbeiter/innen bzw. die Pensionsversicherung der Angestellten und für die knappschaftliche Pensionsversicherung.

(2) Die Träger der Pensionsversicherung führen die Pensionsversicherung, für die sie zuständig

sind, nach den Bestimmungen dieses Bundesgesetzes durch.

(3) Die Träger der Pensionsversicherung sind nach den jeweils hiefür geltenden Bestimmungen berechtigt, Einrichtungen zur Erfüllung der in den §§ 300 bis 307d bezeichneten Aufgaben, ausgenommen Einrichtungen zur Durchführung von Maßnahmen nach § 34 Abs. 2 Z 2 und 3 des Arbeitsmarktservicegesetzes, zu errichten, zu erwerben und zu betreiben oder sich an Einrichtungen zur Erfüllung der in den §§ 300 bis 307d bezeichneten Aufgaben zu beteiligen.

(BGBl I 2018/100)

[a] Tritt mit 1. Jänner 2020 in Kraft.

2. Unterabschnitt
Zuständigkeit der Versicherungsträger[a]

[a] Der gesamte Unterabschnitt tritt mit 1. Jänner 2020 in Kraft.

Sachliche Zuständigkeit der Träger der Krankenversicherung

§ 26.[a] (1) Zur Durchführung der Krankenversicherung ist die Österreichische Gesundheitskasse sachlich zuständig.

(2) Wird ein/e Dienstnehmer/in in demselben Beschäftigungsverhältnis vorübergehend, jedoch nicht länger als drei Monate, in einer Art beschäftigt, die die Zugehörigkeit zu einem anderen Versicherungsträger begründen würde, so bleibt die Zuständigkeit des bisherigen Versicherungsträgers auch für die Dauer der vorübergehenden Beschäftigung unberührt.

(3) Für Personen, denen Leistungen der beruflichen Ausbildung gewährt werden (§ 4 Abs. 1 Z 8), bleibt für die Dauer dieser Ausbildung jener Träger der Krankenversicherung sachlich zuständig, der die der Ausbildung zuletzt vorangegangene Krankenversicherung durchgeführt hat.

(BGBl I 2018/100)

[a] Tritt mit 1. Jänner 2020 in Kraft.

Land- und forstwirtschaftliche Betriebe

§ 27.[a] (1) Land- und forstwirtschaftliche Betriebe sind Betriebe im Sinne der Bestimmungen des Landarbeitsgesetzes 1984, BGBl. Nr. 287, mit Ausnahme der von land- und forstwirtschaftlichen Erwerbs- und Wirtschaftsgenossenschaften betriebenen Sägen, Harzverarbeitungsstätten, Mühlen und Molkereien, sofern diese dauernd mehr als fünf Dienstnehmer beschäftigen.

(2) Den land- oder forstwirtschaftlichen Betrieben werden gleichgestellt:

1. die Versuchsbetriebe der land- und forstwirtschaftlichen Schulen;
2. die Umschulungs-, Nachschulungs- und sonstigen beruflichen Ausbildungslehrgänge der Sozialversicherungsträger sowie der Standes- und Interessenvertretungen, alle diese, soweit sie für die Dienstnehmer und Dienstgeber in der Land- und Forstwirtschaft in Betracht kommen.

(BGBl I 2018/100)

[a] Tritt mit 1. Jänner 2020 in Kraft.

Sachliche Zuständigkeit der Träger der Unfallversicherung

§ 28.[a] Zur Durchführung der Unfallversicherung sind sachlich zuständig:

1. die Allgemeine Unfallversicherungsanstalt, soweit nicht der unter Z 2 genannte Versicherungsträger zuständig ist;
2. die Sozialversicherungsanstalt der Selbständigen für
   a) die nach § 3 des Bauern-Sozialversicherungsgesetzes in der Unfallversicherung pflichtversicherten selbständig Erwerbstätigen und ihre teilversicherten Familienangehörigen, soweit es sich nicht um eine Teilversicherung nach § 8 Abs. 1 Z 3 lit. h, i und l handelt, sowie die gemäß § 8 Abs. 1 Z 3 lit. d teilversicherten Angehörigen von Orden, Kongregationen und Anstalten,
   b) die nach § 8 Abs. 1 Z 3 lit. a pflichtversicherten selbständig Erwerbstätigen,
   c) die öffentlichen Verwalter eines land(forst)wirtschaftlichen Betriebes (§ 7 Z 3 lit. c),
   d) die Versicherungsvertreter/innen in den Verwaltungskörpern der Sozialversicherungsanstalt der Selbständigen,
   e) die in lit. a und c genannten Personen, die eine der im § 176 Abs. 1 Z 3 genannten Tätigkeiten ausüben,
   f) die Personen, die eine der im § 176 Abs. 1 Z 2, 4, 5, 7 und 13 genannten Tätigkeiten ausüben, sofern die Sozialversicherungsanstalt der Selbständigen für sie nach lit. a bis c zur Durchführung der Unfallversicherung sachlich zuständig ist, bei den im § 176 Abs. 1 Z 7 genannten Tätigkeiten jedoch nur, wenn es sich nicht um Tätigkeiten als Mitglied einer der dort genannten Körperschaften (Vereinigungen) handelt und diese Personen in der Zusatzversicherung nach § 22a versichert sind,
   g) die nach § 11 des Bauern-Sozialversicherungsgesetzes in der Unfallversicherung selbstversicherten selbständig Erwerbstätigen und ihre selbstversicherten Familienangehörigen, die einen land(forst)wirtschaftlichen Betrieb führen oder in einem solchen tätig sind,
   h) Einzelorgane und Mitglieder von Kollektivorganen der Landwirtschaftskammern, der Wirtschaftskammern bzw. der kollektivvertragsfähigen Berufsvereinigungen der land(forst)wirtschaftlichen Dienstgeber,
   i. die nach § 8 Abs. 1 Z 3 lit. c in der Unfallversicherung teilversicherten Personen, die in einer Einrichtung unterge-

bracht sind, die der medizinischen Rehabilitation oder Gesundheitsvorsorge dient, sofern die Sozialversicherungsanstalt der Selbständigen für sie nach lit. a bis c dieses Bundesgesetzes in Verbindung mit § 3 des Bundesgesetzes über die Sozialversicherungsanstalt der Selbständigen (SVSG) zur Durchführung der Kranken-, Unfalloder Pensionsversicherung sachlich zuständig ist,

j) die nach § 8 Abs. 1 Z 3 lit. j in der Unfallversicherung teilversicherten Personen,

k) die nach § 19 Abs. 1 Z 1 und 2 in der Unfallversicherung selbstversicherten Personen und die nach § 20 Abs. 1 in der Unfallversicherung höherversicherten Personen.

(BGBl I 2018/100)

a) Tritt mit 1. Jänner 2020 in Kraft.

Sachliche Zuständigkeit der Träger der Pensionsversicherung

§ 29.[a)] (1) Zur Durchführung der Pensionsversicherung der Arbeiter/innen und der Pensionsversicherung der Angestellten ist unbeschadet des § 17 Abs. 3 über die Weiterversicherung und des § 245 über die Leistungszugehörigkeit die Pensionsversicherungsanstalt sachlich zuständig, soweit nicht die Versicherungsanstalt öffentlich Bediensteter, Eisenbahnen und Bergbau nach Abs. 2 zuständig ist.

(2) Die Versicherungsanstalt öffentlich Bediensteter, Eisenbahnen und Bergbau ist sachlich zuständig:

1. für die bei ihr in der Krankenversicherung pflichtversicherten Personen mit Ausnahme der im § 1 Abs. 1 Z 17, 19, 20, 21, 23 und 24 B-KUVG genannten Personen sowie der im § 1 Abs. 1 Z 38 und Abs. 6 B-KUVG genannten Personen, sofern diese als Dienstnehmer der Pflichtversicherung nach § 1 Abs. 1 Z 25 bis 37 B-KUVG unterliegen würden;
2. für die Bezieher/innen einer Sonderunterstützung nach § 1 Abs. 1 oder Art. V Abs. 7 des Sonderunterstützungsgesetzes, BGBl. Nr. 642/1973, in der Fassung des Bundesgesetzes BGBl. Nr. 201/1996.“

(BGBl I 2018/100)

a) Tritt mit 1. Jänner 2020 in Kraft.

3. UNTERABSCHNITT
Dachverband der Sozialversicherungsträger[a)]

a) Der gesamte Unterabschnitt tritt mit 1. Jänner 2020 in Kraft.

Aufgaben

§ 30.[a)] (1) Die in den §§ 23 bis 25 bezeichneten Versicherungsträger und die Träger der im § 2 Abs. 2 bezeichneten Sonderversicherungen gehören dem Dachverband der Sozialversicherungsträger (im Folgenden kurz Dachverband genannt) an.

(2) Dem Dachverband obliegt

1. die Beschlussfassung von Richtlinien zur Förderung der Zweckmäßigkeit und Einheitlichkeit der Vollzugspraxis der Sozialversicherungsträger;
2. die Koordination der Vollziehungstätigkeit der Sozialversicherungsträger;
3. die Wahrnehmung trägerübergreifender Verwaltungsaufgaben im Bereich der Sozialversicherung.

(3) Die vom Dachverband beschlossenen Richtlinien und im Rahmen seines gesetzlichen Wirkungskreises gefassten Beschlüsse sind für die dem Dachverband angehörenden Versicherungsträger verbindlich.

(BGBl I 2018/100)

a) Tritt mit 1. Jänner 2020 in Kraft.

Beschlussfassung von Richtlinien

§ 30a.[a)] (1) Zur Förderung der Zweckmäßigkeit und der Einheitlichkeit der Vollzugspraxis der Sozialversicherungsträger sind folgende Richtlinien zu beschließen:

1. zur Erstellung von Dienstpostenplänen der Sozialversicherungsträger unter Berücksichtigung der Grundsätze der Sparsamkeit, Wirtschaftlichkeit und Zweckmäßigkeit sowie unter Bedachtnahme auf sich durch den Einsatz der elektronischen Datenverarbeitung ergebende Rationalisierungspotentiale;
2. über die Gewährung von freiwilligen sozialen Zuwendungen an die Bediensteten der Sozialversicherungsträger (des Dachverbandes), soweit es sich nicht um Zuwendungen für die im § 49 Abs. 3 Z 17 genannten Zwecke handelt, mit der Maßgabe, dass hiefür beim jeweiligen Versicherungsträger (beim Dachverband) ein Betrag im Ausmaß eines vom Dachverband festzusetzenden Hundertsatzes der laufenden Bezüge aller Sozialversicherungsbediensteten im abgelaufenen Geschäftsjahr, höchstens jedoch 2,5% dieser laufenden Bezüge, verwendet werden kann;
3. für die fachliche Aus- und Weiterbildung der Sozialversicherungsbediensteten;
4. für die Zusammenarbeit der Versicherungsträger untereinander und mit dem Dachverband auf dem Gebiet der automationsunterstützten Datenverarbeitung mit dem Ziel der Herstellung kompatibler EDV-Strukturen und der gemeinsamen Entwicklung, Beschaffung und Anwendung der Software unter Beachtung der Grundsätze der Gesamtwirtschaftlichkeit und der Zweckmäßigkeit;
5. für die Koordinierung der Öffentlichkeitsarbeit der Sozialversicherungsträger und des Dachverbandes;
6. zur Erhebung und Verarbeitung der für die Versicherung bzw. den Leistungsbezug und das Pflegegeld bedeutsamen Daten aller nach den Vorschriften dieses oder eines anderen Bundesgesetzes versicherten Personen und Leistungsbezieher;
7. über die einheitliche Verwendung der Beitragsgruppen (Tarifsystem), der Symbole und

die den einzelnen Beitragsgruppen zugehörigen Versichertenkategorien;

8. über die Beurteilung der Voraussetzungen für eine Herabsetzung der Beitragsgrundlage für Selbstversicherte in der Krankenversicherung (§ 76 Abs. 2 und 3) und über Form und Inhalt diesbezüglicher Anträge;

9. über die Berücksichtigung ökonomischer Grundsätze bei der Krankenbehandlung unter Bedachtnahme auf § 133 Abs. 2. Die Richtlinien sind vom Dachverband im übertragenen Wirkungsbereich zu erlassen; bei der Erlassung unterliegt der Dachverband den Weisungen der Bundesministerin für Arbeit, Soziales, Gesundheit und Konsumentenschutz. In diesen Richtlinien, die für die Vertragspartner (§§ 338 ff) verbindlich sind, sind jene Behandlungsmethoden anzuführen, die entweder allgemein oder unter bestimmten Voraussetzungen (zB für gewisse Krankheitsgruppen) erst nach einer ärztlichen Bewilligung des chef- und kontrollärztlichen Dienstes der Sozialversicherungsträger anzuwenden sind. Durch diese Richtlinien darf der Zweck der Krankenbehandlung nicht gefährdet werden;

10. über die Verrechnung der Kostenersätze zwischen den Versicherungsträgern (und dem Dachverband) für die Vorbereitung von Richtlinien, für die Koordination der Vollziehungstätigkeit und für die Wahrnehmung trägerübergreifender Verwaltungsaufgaben;

11. über die Durchführung, Dokumentation und Qualitätssicherung von Kontrollen im Vertragspartnerbereich nach § 32a;

12. über die ökonomische Verschreibweise von Heilmitteln und Heilbehelfen; in diesen Richtlinien, die für die Vertragspartner/innen (§§ 338 ff) verbindlich sind, soll insbesondere auch unter Bedachtnahme auf die Art und Dauer der Erkrankung bestimmt werden, inwieweit Arzneispezialitäten für Rechnung der Sozialversicherungsträger abgegeben werden können; für Arzneispezialitäten im gelben Bereich des Erstattungskodex, die an Stelle der ärztlichen Bewilligung des chef- und kontrollärztlichen Dienstes einer nachfolgenden Kontrolle unterliegen, ist in diesen Richtlinien eine einheitliche Dokumentation unter Beachtung einer Rahmenvereinbarung oder Verordnung nach § 609 Abs. 9 festzulegen; durch die Richtlinien darf der Heilzweck nicht gefährdet werden; die Richtlinien sind vom Dachverband im übertragenen Wirkungsbereich zu erlassen; bei der Erlassung unterliegt der Dachverband den Weisungen der Bundesministerin für Arbeit, Soziales, Gesundheit und Konsumentenschutz;

13. für das Zusammenwirken der Versicherungsträger untereinander und mit dem Dachverband auf dem Gebiet der maschinellen (automationsunterstützten) Heilmittelabrechnung einschließlich Retaxierung und bei der Auswertung der Ergebnisse dieser Abrechnung mit dem Ziel der Vereinfachung des Abrechnungsvorganges und der Verbesserung der Überprüfungsmöglichkeiten;

14. für das Zusammenwirken der Versicherungsträger untereinander und mit dem Dachverband im Bereich des Vertragspartnerrechtes, der Leistungserbringung und Leistungsverrechnung sowie mit den Abgabenbehörden bei der Sozialversicherungsprüfung nach § 41a;

15. für die Befreiung von der Rezeptgebühr (Herabsetzung der Rezeptgebühr) sowie für die Befreiung vom Service-Entgelt bei Vorliegen einer besonderen sozialen Schutzbedürftigkeit der versicherten Person; in diesen Richtlinien ist der für die Befreiung (Herabsetzung) in Betracht kommende Personenkreis nach allgemeinen Gruppenmerkmalen zu umschreiben; darüber hinaus ist eine Befreiungs(Herabsetzungs)möglichkeit im Einzelfall in Berücksichtigung der Familien-, Einkommens- und Vermögensverhältnisse der versicherten Person sowie der Art und Dauer der Erkrankung vorzusehen; weiters ist nach Einbindung der Österreichischen Apothekerkammer und der Österreichischen Ärztekammer eine Obergrenze für die Entrichtung von Rezeptgebühren vorzusehen; diese ist ohne Berücksichtigung der Sonderzahlungen mit zwei Prozent am jährlichen Nettoeinkommen der versicherten Person für diese und ihre anspruchsberechtigten Angehörigen zu bemessen und über ein vom Dachverband einzurichtendes Rezeptgebührenkonto zu verwalten;

16. für die Befreiung vom Zusatzbeitrag (Herabsetzung des Zusatzbeitrages) für Angehörige nach § 51d bei Vorliegen einer besonderen sozialen Schutzbedürftigkeit der versicherten Person; in diesen Richtlinien ist der für die Befreiung (Herabsetzung) in Betracht kommende Personenkreis nach allgemeinen Gruppenmerkmalen zu umschreiben; darüber hinaus ist eine Befreiungs- (Herabsetzungs-)möglichkeit im Einzelfall in Berücksichtigung der Familien-, Einkommens- und Vermögensverhältnisse der versicherten Person vorzusehen;

17. für Gesundheitsförderung und Prävention mit Bezug auf gesundheitsrelevante Verhaltensweisen oder Verhältnisse sowie Krankheitsrisiken, präventiv beeinflussbare Krankheiten oder Bedarfe spezifischer Bevölkerungsgruppen nach § 19 des Gesundheits-Zielsteuerungsgesetzes (G-ZG), BGBl. I Nr. 26/2017;

18. für die Durchführung und Auswertung der Ergebnisse der Jugendlichenuntersuchungen (§ 132a);

19. für die Durchführung und Auswertung der Ergebnisse der Vorsorge(Gesunden)untersuchungen (§ 132b);

20. für die Koordinierung der Aufgaben der Kranken-, Unfall- und Pensionsversiche-

rungsträger bei der Gewährung freiwilliger Leistungen, insbesondere für das koordinierte Zusammenwirken bei der Behandlung von Anträgen;
21. für die Vorgangsweise, insbesondere das koordinierte Zusammenwirken, der Träger der Kranken-, Unfall- und Pensionsversicherung bei der Behandlung und Beurteilung von Leistungsansprüchen und der Erbringung von Leistungen im Rahmen der Rehabilitation sowie die Koordinierung der Aufgaben der Krankenversicherungsträger im Bereich der Frühintervention zur Verhinderung des Ausscheidens aus dem Erwerbsleben; bei der Aufstellung dieser Richtlinien ist insbesondere auf den § 307c und auf den Rehabilitationsplan nach § 30b Abs. 1 Z 7 Bedacht zu nehmen;
22. für das Zusammenwirken des Dachverbandes und der Versicherungsträger zur Erreichung einer optimalen Auslastung der Sonderkrankenanstalten (Rehabilitationszentren), Kurheime und ähnlichen Einrichtungen im Bereich der Kranken-, Unfall- und Pensionsversicherung; bei der Aufstellung dieser Richtlinien ist insbesondere auf den Rehabilitationsplan nach § 30b Abs. 1 Z 7 Bedacht zu nehmen;
23. über die Zusammenarbeit der Träger der Kranken- und Unfallversicherung bei der Durchführung der Unfallheilbehandlung im Sinne des § 194;
24. im übertragenen Wirkungsbereich für die einheitliche Anwendung des Bundespflegegeldgesetzes; bei der Erlassung unterliegt der Dachverband den Weisungen der Bundesministerin für Arbeit, Soziales, Gesundheit und Konsumentenschutz;
25. für die Beurteilung von Vermögensanlagen im Sinne des § 446 Abs. 1 und 2;
26. für die einheitliche Anwendung der Verordnungen der Europäischen Union und der zwischenstaatlichen Abkommen im Bereich der Sozialen Sicherheit;
27. für die Befreiung (Herabsetzung) von Zuzahlungen bei Vorliegen einer besonderen sozialen Schutzbedürftigkeit nach den §§ 154a Abs. 7, 155 Abs. 3, 302 Abs. 4 und 307d Abs. 6; hiebei ist der in Betracht kommende Personenkreis nach allgemeinen Gruppenmerkmalen unter Bedachtnahme auf die wirtschaftlichen und sozialen Verhältnisse zu umschreiben;
28. für die Festsetzung von Obergrenzen von Zuschüssen gemäß den §§ 155 Abs. 4 und 307d Abs. 2 Z 3 unter Bedachtnahme auf die wirtschaftlichen und sozialen Verhältnisse des (der) Versicherten;
29. über Ausnahmen von der Meldungserstattung mittels Datenfernübertragung (§ 41);
30. für das Zusammenwirken der Versicherungsträger untereinander und mit dem Dachverband auf dem Gebiet eines automationsunterstützten Cash Managements mit dem Ziel der bestmöglichen Veranlagung der finanziellen Mittel und der größtmöglichen Verringerung der Geldverkehrskosten;
31. für den Ersatz der Reise- und Aufenthaltskosten für die Mitglieder der Verwaltungskörper unter Bedachtnahme auf § 3 Abs. 1 Gebührenstufe 3 der Reisegebührenvorschrift 1955, BGBl. Nr. 133;
32. für die Vorgangsweise, insbesondere das koordinierte Zusammenwirken, der Träger der Kranken-, Unfall- und Pensionsversicherung zur Feststellung des Gesundheitszustandes der Leistungswerber hinsichtlich der Versicherungsfälle der geminderten Arbeitsfähigkeit (Erwerbsunfähigkeit);
33. zur einheitlichen Vollzugspraxis der Versicherungsträger bzw. bestimmter Gruppen von Versicherungsträgern im Bereich des Melde-, Versicherungs- und Beitragswesens sowie des Service-Entgelts samt Rückerstattung (§ 31c Abs. 3 bis 5) nach Anhörung der in Betracht kommenden gesetzlichen Interessenvertretungen; diese Richtlinien sind mindestens ein Mal jährlich neu zu beschließen;
34. zur einheitlichen Vollzugspraxis der Versicherungsträger im Bereich der Bekämpfung von Lohnund Sozialdumping nach dem Lohn- und Sozialdumping-Bekämpfungsgesetz (LSD-BG), BGBl. I Nr. 44/2016, sowie nach den §§ 7d ff des Arbeitsvertragsrechts-Anpassungsgesetzes (AVRAG), BGBl. Nr. 459/1993;
35. für die Grundsätze der Erstellung von Gutachten in Angelegenheiten der beruflichen Maßnahmen der Rehabilitation (§ 307g Abs. 3);
36. für das Zusammenwirken der Versicherungsträger untereinander und mit dem Arbeitsmarktservice bei der Durchführung der medizinischen und beruflichen Maßnahmen der Rehabilitation zur Erhaltung oder Wiedererlangung der Arbeitsfähigkeit;
37. für die trägerübergreifende Zusammenarbeit der mit der Internen Revision befassten Abteilungen der Versicherungsträger;
38. für die Zusammenarbeit der Versicherungsträger, soweit davon nicht ein Regelungsbereich betroffen wird, der Gegenstand einer anderen Richtlinie ist oder zu sein hätte.

(2) Der Dachverband kann die Vorbereitung der Richtlinien nach Abs. 1 mit Beschluss der Konferenz zur Gänze oder zum Teil auf einen oder mehrere Versicherungsträger übertragen. Wenn und soweit der Dachverband die Vorbereitung bis zum Ablauf des 30. Juni 2021 nicht überträgt, kann die Bundesministerin für Arbeit, Soziales, Gesundheit und Konsumentenschutz Übertragungen mit Verordnung vornehmen. Die Übertragung der Aufgabe mittels Verordnung gilt solange und soweit, als die Konferenz keinen eigenen Beschluss fasst.

(3) Die Richtlinien nach Abs. 1 sind im Internet zu verlautbaren.

(4) Die nach den Sozialversicherungsgesetzen im Internet zu verlautbarenden Rechtsvorschriften und deren Änderungen müssen

1. jederzeit ohne Identitätsnachweis und sondergebührenfrei zugänglich sein;
2. ab 1. Jänner 2002 in ihrer verlautbarten Form vollständig und auf Dauer ermittelt werden können

Die aus der Verlautbarung im Internet zusätzlich entstehenden Kosten sind von jenen Stellen zu tragen, die diese Verlautbarung vorzunehmen haben.

(5) Soweit der Verlautbarung nach Abs. 4 ihrem Inhalt nach rechtsverbindliche Kraft zukommt, beginnt diese, wenn nicht ausdrücklich anderes bestimmt ist, mit Ablauf des Tages ihrer Kundmachung. Schreibfehler in Verlautbarungen im Internet, ferner Verstöße gegen die innere Einrichtung der Verlautbarung (Nummerierungen, technische Verweisungen, Angabe des Freigabetages usw.), werden durch Kundmachung des Dachverbandes berichtigt. Die technische Einrichtung der Verlautbarung im Internet gehört zu den Aufgaben des Dachverbandes nach 30c Abs. 1 Z 3.

(6) Dem Dachverband obliegt die Führung eines Registers der nach den §§ 30a und 30b beschlossenen Richtlinien.

(BGBl I 2018/100)

---

a) Tritt mit 1. Jänner 2020 in Kraft.

Koordination der Vollziehungstätigkeit

§ 30b.[a] (1) Zur zentralen Erbringung von Dienstleistungen für die Sozialversicherungsträger gehören:

1. die Beschlussfassung von Richtlinien zur Regelung der dienst-, besoldungs- und pensionsrechtlichen Verhältnisse der Bediensteten der Versicherungsträger und des Dachverbandes und der Abschluss der Kollektivverträge für die Versicherungsträger mit Ausnahme der Festsetzung der Mittel für Dienstordnungs-Pensionen nach § 460b und des Sicherungsbeitrages nach § 460c und § 684 Abs. 3. In diesen Richtlinien bzw. Kollektivverträgen ist ein Zusatzbeitrag zum Sicherungsbeitrag nach § 460c und § 684 Abs. 3 festzusetzen; bei der Festlegung der Höhe dieses Zusatzbeitrages ist Bedacht zu nehmen
   a) auf § 13a des Pensionsgesetzes 1965;
   b) auf die Beitragssätze für die Dienstordnungs-Pension in den letzten sechs Monaten vor dem Stichtag für die Eigen- oder Hinterbliebenenpension oder für die Eigenpension, von der die Hinterbliebenenpension abgeleitet wird, wenn der jeweilige Stichtag vor dem 1. Jänner 2005 liegt und in diesem Zeitraum Anspruch auf einen monatlichen Bezug bestand, der die damals geltende monatliche Höchstbeitragsgrundlage überschritten hat.

   Des Weiteren sind darin besondere Fördermaßnahmen für Frauen im Sinne der §§ 11 bis 11d des Bundes-Gleichbehandlungsgesetzes (B-GlBG), BGBl. Nr. 100/1993, vorzusehen. § 12 Abs. 1 und 2 B-GlBG ist so anzuwenden, dass der Dachverband für sich und jeweils für die Versicherungsträger berichtet. Die Richtlinien dürfen den öffentlichen Interessen vom Gesichtspunkt des Sozialversicherungsrechtes nicht entgegenstehen und die wirtschaftliche Leistungsfähigkeit der Versicherungsträger nicht gefährden;
2. die Beschlussfassung von Vorschriften für die Fachprüfungen der Sozialversicherungsbediensteten;
3. die Beschlussfassung von Vorschriften für die fachliche Information der Versicherungsvertreter/innen;
4. die Herausgabe eines Erstattungskodex der Sozialversicherung für die Abgabe von Arzneispezialitäten auf Rechnung eines Sozialversicherungsträgers im niedergelassenen Bereich; in dieses Verzeichnis sind jene für Österreich zugelassenen, erstattungsfähigen und gesichert lieferbaren Arzneispezialitäten aufzunehmen, die nach den Erfahrungen im In- und Ausland und nach dem aktuellen Stand der Wissenschaft eine therapeutische Wirkung und einen Nutzen für Patienten und Patientinnen im Sinne der Ziele der Krankenbehandlung (§ 133 Abs. 2) annehmen lassen. Die Arzneispezialitäten sind nach dem anatomisch-therapeutisch-chemischen Klassifikationssystem der Weltgesundheitsorganisation (ATC-Code) zu ordnen. Sie sind im Erstattungskodex jeweils einem der folgenden Bereiche zuzuordnen:
   a) Roter Bereich (red box): Dieser Bereich beinhaltet zeitlich befristet jene Arzneispezialitäten, die erstmalig am österreichischen Markt lieferbar sind und für deren Aufnahme in den Erstattungskodex ein Antrag nach § 351c Abs. 1 gestellt wurde. Sie unterliegen der ärztlichen Bewilligung des chef- und kontrollärztlichen Dienstes der Sozialversicherungsträger nach Maßgabe der Richtlinien nach § 30a Abs. 1 Z 12. Zur Wahrung des finanziellen Gleichgewichts des Systems der sozialen Sicherheit darf einem Sozialversicherungsträger für eine Arzneispezialität dieses Bereiches der ermittelte EU-Durchschnittspreis verrechnet werden.
   b) Gelber Bereich (yellow box): Dieser Bereich beinhaltet jene Arzneispezialitäten, die einen wesentlichen zusätzlichen therapeutischen Nutzen für Patienten und Patientinnen aufweisen und die aus medizinischen oder gesundheitsökonomischen Gründen nicht in den grünen Bereich aufgenommen werden. Arzneispezialitäten dieses Bereiches unterliegen der ärztlichen Bewilligung des chef- und kontrollärztlichen Dienstes der Sozialversicherungsträger nach Maßgabe der Richtlinien nach § 30a

Abs. 1 Z 12. Bezieht sich die Aufnahme von Arzneispezialitäten in diesen Bereich auch auf bestimmte Verwendungen (zB Gruppen von Krankheiten, ärztliche Fachgruppen, Altersstufen von Patient/inn/en, Mengenbegrenzung oder Darreichungsform), kann die ärztliche Bewilligung des chef- und kontrollärztlichen Dienstes durch eine nachfolgende Kontrolle der Einhaltung der bestimmten Verwendung ersetzt werden. Zur Wahrung des finanziellen Gleichgewichts des Systems der sozialen Sicherheit darf einem Sozialversicherungsträger für eine Arzneispezialität dieses Bereiches höchstens der ermittelte EU-Durchschnittspreis verrechnet werden.

c) Grüner Bereich (green box): Dieser Bereich beinhaltet jene Arzneispezialitäten, deren Abgabe ohne ärztliche Bewilligung des chef- und kontrollärztlichen Dienstes der Sozialversicherungsträger auf Grund ärztlicher Verschreibung medizinisch und gesundheitsökonomisch sinnvoll und vertretbar ist. Die Aufnahme von Arzneispezialitäten in diesem Bereich kann sich auch auf bestimmte Verwendungen (zB Gruppen von Krankheiten, ärztliche Fachgruppen, Altersstufen von Patient/inn/en oder Darreichungsform) beziehen.

d) Die Stoffe für magistrale Zubereitungen gelten als Teil des grünen Bereiches, es sei denn, sie werden auf Grund einer Empfehlung der Heilmittel-Evaluierungs-Kommission ausdrücklich im gelben Bereich angeführt.

Arzneispezialitäten und Stoffe für magistrale Zubereitungen können nur dann als Leistung der Krankenbehandlung auf Rechnung eines Sozialversicherungsträgers abgegeben werden, wenn sie im Erstattungskodex angeführt sind (§ 350). In begründeten Einzelfällen ist die Erstattungsfähigkeit auch dann gegeben, wenn die Arzneispezialität nicht im Erstattungskodex angeführt ist, aber die Behandlung aus zwingenden therapeutische Gründen notwendig ist und damit die Verschreibung in diesen Einzelfällen nicht mit Arzneispezialitäten aus dem Erstattungskodex durchgeführt werden kann. Diese unterliegen der ärztlichen Bewilligung des chef- und kontrollärztlichen Dienstes. Die nähere Organisation und das Verfahren zur Herausgabe des Erstattungskodex regelt der Dachverband in der Verordnung nach § 351g. Er hat dazu als beratendes Gremium eine Heilmittel-Evaluierungs-Kommission einzurichten.

5. die Besorgung der Statistik der Sozialversicherung sowie der Statistik der Pflegevorsorge im übertragenen Wirkungsbereich sowohl nach den Weisungen der Bundesministerin für Arbeit, Soziales, Gesundheit und Konsumentenschutz als auch insoweit, als dies zur Erfüllung der gesetzlichen Aufgaben des Dachverbandes notwendig ist; in diesem Zusammenhang Aufbau und Führung einer Statistikdatenbank mit Hilfe der elektronischen Datenverarbeitung;
6. die Vertretung der Sozialversicherungsträger in internationalen Angelegenheiten einschließlich EU;
7. die Beschlussfassung eines Rehabilitationsplanes für die Sozialversicherungsträger;
8. die Abgabe von Stellungnahmen in wichtigen und grundsätzlichen Fragen der Sozialversicherung;
9. die Verwaltung des Ausgleichsfonds nach § 447f, die Verwaltung des Fonds für Vorsorge(Gesunden)untersuchungen und Gesundheitsförderung nach § 447h sowie die Verwaltung des Zahngesundheitsfonds nach § 447i;
10. der Abschluss von bundesweiten, trägerübergreifenden Gesamtverträgen.

(2) Die Richtlinien nach Abs. 1 Z 1 und die Vorschriften nach Abs. 1 Z 2 sowie der Erstattungskodex nach Abs. 1 Z 4 sind im Internet zu verlautbaren. Die Richtlinien nach Abs. 1 Z 1 können entsprechend den Abschlüssen der Kollektivverträge für die Versicherungsträger auch rückwirkend geändert werden. § 30a Abs. 4 und 5 ist anzuwenden.

(3) Der Dachverband kann die Vorbereitung von Richtlinien, Vorschriften und des Rehabilitationsplanes sowie die Aufgaben nach Abs. 1 mit Ausnahme der Z 4 und 6 mit Beschluss der Konferenz zur Gänze oder zum Teil auf einen oder mehrere Versicherungsträger übertragen. Wenn und soweit der Dachverband die Vorbereitung bis zum Ablauf des 30. Juni 2021 nicht überträgt, kann die Bundesministerin für Arbeit, Soziales, Gesundheit und Konsumentenschutz Übertragungen mit Verordnung vornehmen. Die Übertragung der Vorbereitung bzw. der Aufgabe mittels Verordnung gilt solange und soweit, als die Konferenz keinen eigenen Beschluss fasst.

(BGBl I 2018/100)

[a] Tritt mit 1. Jänner 2020 in Kraft.

Wahrnehmung trägerübergreifender Verwaltungsaufgaben

§ 30c.[a] (1) Zur Wahrnehmung trägerübergreifender Verwaltungsaufgaben gehören:

1. die Vergabe von einheitlichen Versicherungsnummern und deren Verknüpfung mit dem entsprechenden bereichsspezifischen Personenkennzeichen (§ 9 des E-Government-Gesetzes, BGBl. I Nr. 10/2004) zur Verwaltung personenbezogener Daten im Rahmen der der Sozialversicherung gesetzlich übertragenen Aufgaben;
2. a) die Errichtung und Führung einer zentralen Anlage zur Aufbewahrung und Verarbeitung der für die Versicherung bzw. den Leistungsbezug und das Pflegegeld bedeutsamen Daten aller nach den Vorschriften dieses oder eines ande-

ren Bundesgesetzes versicherten Personen sowie Leistungsbezieher/innen einschließlich der Leistungsbezieher/innen nach den Landespflegegeldgesetzen, wobei dann, wenn hievon für das Pflegegeld bedeutsame Daten verwendet werden, dies im übertragenen Wirkungsbereich nach den Weisungen der Bundesministerin für Arbeit, Soziales, Gesundheit und Konsumentenschutz zu geschehen hat;

b) auf Grund der in dieser Anlage enthaltenen Daten nach Maßgabe der technischen Möglichkeiten auf automationsunterstütztem Weg die Erfüllung der ausdrücklich gesetzlich geregelten Pflichten der Versicherungsträger zur Auskunftserteilung;

3. die Festlegung (Form und Inhalt) einheitlicher Formulare, Datensatzaufbaue und maschinell lesbarer Datenträger für den gesamten Vollzugsbereich der Sozialversicherung sowie die Schaffung der technischen Voraussetzungen für die Kundmachung von Rechtsvorschriften im Internet;
4. die Vertretung der Sozialversicherung gegenüber ausländischen Einrichtungen;
5. die Herausgabe der Fachzeitschrift „Soziale Sicherheit“ und weitere Initiativen auf dem Gebiet der Öffentlichkeitsarbeit;
6. Erfassung und Verwaltung der in der Pensionsversicherung teilversicherten Personen, für die der Bund, das Arbeitsmarktservice oder ein öffentlicher Fonds die Beiträge zu zahlen hat;
7. die Errichtung und die Führung einer Pseudonymisierungsstelle zur Pseudonymisierung personenbezogener Daten über Diagnosen und Leistungen aus dem stationären und ambulanten Bereich. Soweit der Dachverband die Pseudonymisierungsstelle für Auftraggeber außerhalb des Kreises der ihm angehörenden Sozialversicherungsträger betreibt, ist er dabei im übertragenen Wirkungsbereich tätig und an die Weisungen der Bundesministerin für Arbeit, Soziales, Gesundheit und Konsumentenschutz gebunden;
8. der Betrieb eines elektronischen Verwaltungssystems (ELSY) für den gesamten Vollzugsbereich der Sozialversicherung (§§ 31a ff.);
9. die Unterstützung und Mitwirkung beim Vollzug der Vereinbarungen nach Art. 15a B-VG über die Organisation und Finanzierung des Gesundheitswesens und der Vereinbarung über die Zielsteuerung-Gesundheit, insbesondere durch die Erstellung trägerübergreifender Statistiken, die Erarbeitung und Überlassung standardisierter Datengrundlagen, die Entsendung von Vertreterinnen und Vertretern der Sozialversicherung (§ 84a Abs. 2 und 3) und den Betrieb einer Pseudonymisierungsstelle (Z 7);
10. die Zusammenführung aller Rechenzentren der Sozialversicherungsträger und die Erstellung eines strategischen IKT-Planes.
11. die Forschung auf dem Gebiet der Sozialen Sicherheit;
12. die Einrichtung und Führung des Pensionskontos;
13. der Aufbau und die Führung einer Dokumentation des österreichischen Sozialversicherungsrechtes im übertragenen Wirkungsbereich nach den Weisungen der Bundesministerin für Arbeit, Soziales, Gesundheit und Konsumentenschutz mit Hilfe der elektronischen Datenverarbeitung nach Maßgabe des Abs. 2.

(2) Die im Abs. 1 Z 13 bezeichnete Dokumentation ist unter besonderer Berücksichtigung der einschlägigen Rechtsvorschriften (Gesetze, Satzungen, Krankenordnungen, Geschäftsordnungen, Richtlinien und dergleichen) und ihrer Änderungen, der hiezu ergangenen Rechtsprechung und wissenschaftlichen Bearbeitung sowie von Angelegenheiten grundsätzlicher Bedeutung aus dem administrativen Bereich in einer Weise aufzubauen und zu führen, dass sie im Rahmen der gesetzlichen Aufgaben des Bundesministeriums für Arbeit, Soziales, Gesundheit und Konsumentenschutz, der Sozialversicherungsträger, des Dachverbandes sowie für Zwecke der gesetzgebenden Körperschaften des Bundes verwendbar ist. Der Zugriff zur Dokumentation ist auch den Gerichten, Universitäten und Stellen der Gebietskörperschaften, sofern die von letzteren betriebenen Rechtsdokumentationen auch der Sozialversicherung kostenlos zugänglich gemacht werden, zu ermöglichen. Die Dokumentation ist nach Maßgabe der technischen und organisatorischen Möglichkeiten gegen Ersatz der dadurch zusätzlich entstehenden Kosten den gesetzlichen beruflichen Vertretungen und anderen Stellen und Personen zugänglich zu machen; dieser Kostenersatz kann, wenn dies der Verwaltungsvereinfachung dient, in einer nach dem durchschnittlichen Ausmaß der Inanspruchnahme bemessenen Pauschalabgeltung festgesetzt werden. Der durch den Aufbau und den Betrieb der Dokumentation entstehende Aufwand ist, soweit er nicht durch die Kostenersätze der abfragenden Stellen gedeckt wird und soweit er nicht ausschließlich Interessen des Bundesministeriums für Arbeit, Soziales, Gesundheit und Konsumentenschutz dient und daher von diesem im Rahmen der Kostenersätze zu ersetzen ist, vom Dachverband und vom Bundesministerium für Arbeit, Soziales, Gesundheit und Konsumentenschutz je zur Hälfte zu tragen. Über den Aufbau und die Führung der Dokumentation (oder eines ihrer Teile) können mit Zustimmung der Bundesministerin für Arbeit, Soziales, Gesundheit und Konsumentenschutz auch Vereinbarungen mit anderen Personen abgeschlossen werden, soweit dadurch Kosten eingespart werden können. In solchen Vereinbarungen ist vorzusehen, dass

1. die für die Dokumentation gespeicherten Daten nach Auflösung der Vereinbarung für die Dokumentation erhalten bleiben und

2. die Entscheidungsbefugnis über den Inhalt der Dokumentation und dessen Speicherungsorganisation durch sie nicht verändert wird.

(3) Der Dachverband kann die Aufgaben nach Abs. 1 mit Ausnahme der Z 4 mit Beschluss der Konferenz zur Gänze oder zum Teil auf einen oder mehrere Versicherungsträger übertragen. Wenn und soweit der Dachverband die Vorbereitung bis zum Ablauf des 30. Juni 2021 nicht überträgt, kann die Bundesministerin für Arbeit, Soziales, Gesundheit und Konsumentenschutz Übertragungen mit Verordnung vornehmen. Die Übertragung der Aufgabe bzw. Vorbereitung mittels Verordnung gilt solange und soweit, als die Konferenz keinen eigenen Beschluss fasst.

(BGBl I 2018/100)

[a] Tritt mit 1. Jänner 2020 in Kraft.

Datenschutz

§ 30d.[a] (1) Die Versicherungsträger dürfen bei ihrer Datenverarbeitung andere Versicherungsträger, den Dachverband und die Abgabenbehörden des Bundes als Auftragsverarbeiter im Sinne des Art. 4 Z 8 der Verordnung (EU) 2016/679 zum Schutz natürlicher Personen bei der Verarbeitung personenbezogener Daten, zum freien Datenverkehr und zur Aufhebung der Richtlinie 95/46/EG (Datenschutz-Grundverordnung), ABl. Nr. L 119 vom 04.05.2016 S. 1, (im Folgenden: DSGVO) in Anspruch nehmen. Auch der Dachverband darf Versicherungsträger als Auftragsverarbeiter in Anspruch nehmen. Der Dachverband ist in jenen Fällen, in denen er auf Grund gesetzlicher Bestimmungen für die Versicherungsträger tätig wird, jedenfalls Auftragsverarbeiter im Sinne des Art. 4 Z 8 DSGVO. Der Dachverband und die Versicherungsträger haften nicht für Nachteile, die bei der Erfüllung ihrer Auskunftspflichten im Sinne des Abs. 4 Z 3 lit. b auf Grund von Unvollständigkeiten oder Unrichtigkeiten der in ihren Anlagen enthaltenen Daten entstehen.

(2) Der Dachverband ist verpflichtet, eine Datenschutzverordnung für alle Sozialversicherungsträger zu erlassen und im Internet zu veröffentlichen."

(BGBl I 2018/100)

[a] Tritt mit 1. Jänner 2020 in Kraft.

§ 31.[a] Der Dachverband hat für die Krankenversicherungsträger nach diesem Bundesgesetz jährlich eine Verordnung zu erlassen, in der festgestellt wird, ob und in welcher Höhe ein Kostenbeitrag bei Inanspruchnahme ärztlicher Hilfe (§ 135), bei Inanspruchnahme chirurgischer oder konservierender Zahnbehandlung (§ 153) und bei Behandlung in einer Spitalsambulanz (§ 26 KAKuG) im nächstfolgenden Kalenderjahr zu entrichten ist. ~~Dies gilt nicht für die bei der Versicherungsanstalt für Eisenbahnen und Bergbau nach den §§ 472 Abs. 1 und 474 Abs. 1 versicherten Personen.~~ Er hat hiebei insbesondere ~~auf die im Ausgleichsfonds der Krankenversicherungsträger vorhandenen Mittel sowie~~ auf die wirtschaftlichen Verhältnisse der Versicherten Bedacht zu nehmen. Der Kostenbeitrag ist für die genannten Versicherungsträger einheitlich unter Zugrundelegung der von ihnen im Durchschnitt des vorangegangenen Kalenderjahres erbrachten tariflichen Leistungen festzusetzen. Diese Verordnung bedarf zu ihrer Wirksamkeit der Genehmigung der Bundesministerin für Arbeit, Soziales, Gesundheit und Konsumentenschutz.

(BGBl 1994/20, BGBl I 2003/71, BGBl I 2003/145, BGBl I 2004/171, BGBl I 2018/100)

[a] Tritt mit 1. Jänner 2020 in Kraft.

4. Unterabschnitt
Elektronisches Verwaltungssystem und Elektronische Gesundheitsakte

Grundlagen des Elektronischen Verwaltungssystems (ELSY)

§ 31a. (1) Der Dachverband[a] hat für den gesamten Vollzugsbereich der Sozialversicherung ein elektronisches Verwaltungssystem (im folgenden ELSY genannt) flächendeckend einzuführen und dessen Betrieb sicherzustellen. Das ELSY hat die Verwaltungsabläufe zwischen Versicherten, Dienstgebern, Vertragspartnern und diesen gleichgestellten Personen sowie Sozialversicherungsträgern zu unterstützen und ist so zu gestalten, daß die von den Sozialversicherungsträgern zu vollziehenden Gesetze weitgehend ohne papierschriftliche Unterlagen vollzogen werden können. Seine Bestandteile (Chipkarten, autorisierte Lesegeräte, Programme) sind verbindlich im Rahmen der jeweils vorgesehenen Aufgaben zu verwenden.

(BGBl I 2002/1, BGBl I 2018/100)

[a] Bis 31. Dezember 2019 „Hauptverband".

(2) Das ELSY hat Datenschutz und Datensicherheit zu gewährleisten. Die innerhalb des ELSY zu verwendenden Chipkarten sind bundesweit einheitlich und als Schlüsselkarten zu gestalten, die auch die Authentifizierung des Karteninhabers (der Karteninhaberin) im elektronischen Verkehr ermöglichen und dem (der) berechtigten Verwender(in) nach Einwilligung der betroffenen Person den Zugriff auf personenbezogene Daten, die bei anderen Stellen gespeichert sind, möglich machen. Die Schlüsselfunktion innerhalb des ELSY darf auch mit Hilfe der Funktion der Bürgerkarte (§ 2 Z 10 des E-Government-Gesetzes) ausgeführt werden. In diesem Fall wird eine allfällige Verwendungs- oder Vorlagepflicht der innerhalb des ELSY zu verwendenden Chipkarten hinsichtlich dieser Funktion durch die Verwendung der Bürgerkarte erfüllt. Wird die Bürgerkarte auf einer innerhalb des ELSY zu verwendenden Chipkarte aufgebracht, so dürfen die für die Bürgerkartenfunktion notwendigen Daten, insbesondere die Stammzahl des Karteninhabers (der Karteninhaberin), auf dieser Karte gespeichert werden. Die Anwendung einer innerhalb des ELSY zu verwendenden Chipkarte für die Bürgerkartenfunktion ist ein mit dem ELSY vereinbarer Zweck im Sinne des Abs. 4.

(BGBl I 2002/1, BGBl I 2004/18, BGBl I 2018/37)

(2)[a] Das ELSY hat Datenschutz und Datensicherheit zu gewährleisten. Auf die im ELSY verwendeten Daten sind die Bestimmungen des Datenschutzgesetzes 2000 anzuwenden. Die innerhalb des ELSY zu verwendenden Chipkarten sind bundesweit einheitlich und als Schlüsselkarten zu gestalten~~, die auch die Authentifizierung des Karteninhabers (der Karteninhaberin) im elektronischen Verkehr ermöglichen und dem (der) berechtigten Verwender(in) nach Zustimmung des (der) Betroffenen den Zugriff auf persönliche Daten, die bei anderen Stellen gespeichert sind, möglich machen~~. Die Schlüsselfunktion innerhalb des ELSY darf auch mit Hilfe der Funktion der Bürgerkarte (§ 2 Z 10 des E-Government-Gesetzes) ausgeführt werden. In diesem Fall wird eine allfällige Verwendungs- oder Vorlagepflicht der innerhalb des ELSY zu verwendenden Chipkarten hinsichtlich dieser Funktion durch die Verwendung der Bürgerkarte erfüllt. ~~Wird die Bürgerkarte auf einer innerhalb des ELSY zu verwendenden Chipkarte aufgebracht, so dürfen die für die Bürgerkartenfunktion notwendigen Daten, insbesondere die Stammzahl des Karteninhabers (der Karteninhaberin), auf dieser Karte gespeichert werden. Die Anwendung einer innerhalb des ELSY zu verwendenden Chipkarte für die Bürgerkartenfunktion ist ein mit dem ELSY vereinbarer Zweck im Sinne des Abs. 4.~~

(BGBl I 2002/1, BGBl I 2004/18, BGBl I 2018/30, BGBl I 2018/100)

[a] Tritt mit 1. Jänner 2020 in Kraft

(3) Auf den innerhalb des ELSY zu verwendenden Chipkarten dürfen nur folgende Daten gespeichert werden:

1. Angaben zur Person, für die die Chipkarte ausgestellt wurde:
   a) Namen, Geburtsdatum, Geschlecht;
   b) Versicherungsnummer (§ 31 Abs. 4 Z 1);
   b)[a] Versicherungsnummer (§ 30c Abs. 1 Z 1);
   (BGBl I 2018/100)

   [a] Tritt mit 1. Jänner 2020 in Kraft.
2. Bezeichnung des Chipkartenausstellers, Datum der Ausstellung und Chipkartennummer samt Gültigkeitskennzeichnung;
3. sonstige Daten, deren Speicherung bundesgesetzlich vorgesehen ist.

Es ist Vorsorge zu treffen, dass der Zugang zu elektronisch gespeicherten personenbezogenen Daten mittels der innerhalb des ELSY zu verwendenden Chipkarten bis spätestens 31. Dezember 2010 durch PIN oder biometrische Merkmale abgesichert wird.

(BGBl I 2004/18)

(4) Bestandteile des ELSY dürfen für andere als Sozialversicherungszwecke nur mit bundesgesetzlicher Ermächtigung und nur so weit verarbeitet werden, als dies mit dem Zweck des ELSY nicht unvereinbar (Art. 5 Abs. 1 lit. b DSGVO) ist. Zu Fragen der Unvereinbarkeit neuer Verarbeitungszwecke sowie zu Fragen der Speicherung von personenbezogenen Daten auf den innerhalb des ELSY zu verwendenden Chipkarten ist der Datenschutzrat unter Setzung einer angemessenen Frist anzuhören. Bestandteile des ELSY dürfen jedenfalls für folgende andere als Sozialversicherungszwecke verarbeitet werden:

1. Prüfung von Ansprüchen gegen Krankenfürsorgeeinrichtungen nach § 2 Abs. 1 Z 2 B-KUVG;
2. Prüfung von Ansprüchen gegen Sozialhilfeträger nach landesgesetzlichen Vorschriften;
3. Auslesen der auf der e-card nach § 31a Abs. 3 Z 1 lit. a gespeicherten Daten;
4. Dokumentation eines Anspruches auf eine Pension aus einer gesetzlichen Pensionsversicherung oder einen Ruhe- und Versorgungsgenuss;

   (BGBl I 2010/102)
5. technische Unterstützung von Sicherheitsmaßnahmen (zB durch kryptografische Schlüssel) im Zusammenhang mit der Verarbeitung von Gesundheitsdaten im Sinne des Art. 4 Z 15 DSGVO.

   (BGBl I 2010/102, BGBl I 2018/37)

Der durch die Verarbeitung von Bestandteilen des ELSY für diese Zwecke entstehende Aufwand ist dem Dachverband[a] jeweils nach Maßgabe einer vertraglichen Regelung zu vergüten.

[a] Bis 31. Dezember 2019 „Hauptverband".

(BGBl I 2002/1, BGBl I 2006/131, BGBl I 2018/37, BGBl I 2018/100)

(4a) Die Verarbeitung von Bestandteilen des ELSY durch Speichern und Auslesen von personenbezogenen Daten der e-card zu Zwecken nach Abs. 4 Z 3 und 4 darf jeweils nur auf ausdrückliches Verlangen des Karteninhabers/der Karteninhaberin erfolgen. Es ist verboten, einen Anspruch des Karteninhabers/der Karteninhaberin von der Verarbeitung von Bestandteilen des ELSY zu Zwecken nach Abs. 4 Z 3 und 4 abhängig zu machen oder inhaltlich zu beeinflussen; Abs. 6 zweiter Satz ist anzuwenden.

(BGBl I 2006/131, BGBl I 2018/37)

(5) Für Zwecke der medizinischen Versorgung des Karteninhabers (der Karteninhaberin) können auf ausdrückliches Verlangen des (der) Betroffenen jene medizinischen Daten auf den innerhalb des ELSY zu verwendenden Chipkarten gespeichert werden, die für den (die) Betroffene(n) im medizinischen Notfall von entscheidender Bedeutung sind (Notfallsdaten). Zur Eintragung, Änderung und Löschung von Notfallsdaten auf den Chipkarten sind nur entsprechend geschulte Personen auf der Grundlage gesicherter medizinischer Daten berechtigt; das Auslesen der auf den Chipkarten gespeicherten Notfallsdaten ist nur unter denselben Sicherheitsbedingungen möglich, die

für ELSY-Anwendungen vorgesehen sind. Das Nähere ist durch Verordnung des Bundesministers für soziale Sicherheit und Generationen zu regeln.

(BGBl I 2002/1)

(6) Das Erheben, Verlangen, Annehmen oder sonstige Verwerten von den auf den Chipkarten gespeicherten Notfallsdaten für andere Zwecke als jene der medizinischen Versorgung des Karteninhabers (der Karteninhaberin) ist verboten. Wer gegen dieses Verbot verstößt, begeht – sofern die Tat weder den Tatbestand einer in die Zuständigkeit der Gerichte fallenden strafbaren Handlung bildet noch nach anderen Verwaltungsstrafbestimmungen mit strengerer Strafe bedroht ist – eine Verwaltungsübertretung und ist von der Bezirksverwaltungsbehörde mit Geldstrafe bis zu 18 890 € zu bestrafen.

(BGBl I 2002/1)

(7) Der Dachverband[a)] hat nach Maßgabe der technischen Möglichkeiten den Krankenanstalten für deren Leistungserbringung und -verrechnung auf automationsunterstütztem Weg über das elektronische Verwaltungssystem (§ 31a) durch Verwendung der e-card Auskünfte zur Feststellung von Ansprüchen der Versicherten aus der Krankenversicherung zu erteilen. Die Krankenversicherungsträger haben die für diese Auskunftserteilung notwendigen Daten (Sozialversicherungsnummer, Vorname, Familienname, Titel, Geburtsdatum, Geschlecht, leistungszuständiger Sozialversicherungsträger, Versicherungsart, Geld- oder Sachleistungsberechtigung, Versichertenkategorie, Gebührenbefreiung) bereit zu stellen. Für Fälle, in denen in der Krankenanstalt keine e-card vorgelegt wird, ist ebenfalls eine gesicherte online-Prüfungsmöglichkeit von Versicherungsansprüchen mittels der Sozialversicherungsnummer, der Europäischen Krankenversicherungskarte oder eines gleichwertigen Anspruchsnachweises vorzusehen.

(BGBl I 2007/101, BGBl I 2010/62, BGBl I 2016/120, BGBl I 2018/100)

---

a) Bis 31. Dezember 2019 „Hauptverband".

(8) Ab 1. Jänner 2020 ist auf allen ab diesem Zeitpunkt an Personen, die das 14. Lebensjahr vollendet haben, neu ausgegebenen oder ausgetauschten e-cards ein Lichtbild dauerhaft anzubringen, das den Karteninhaber/die Karteninhaberin erkennbar zeigt. Bis 31. Dezember 2023 sind alle e-cards, auf denen noch kein Lichtbild angebracht ist, auszutauschen. Zu diesem Zweck ist der Dachverband[a)] ermächtigt, personenbezogene Daten wie Lichtbilder in der Reihenfolge

1. aus den Beständen der Passbehörden (§§ 22a ff. Passgesetz 1992, BGBl. Nr. 839/1992),
2. aus den Beständen der mit der Registrierung des Elektronischen Identitätsnachweises – E-ID betrauten Behörden (§§ 4a und 4b E-Government-Gesetz – E-GovG, BGBl. I Nr. 10/2004),
3. aus den Beständen des Führerscheinregisters (§§ 16 ff. und 35 Führerscheingesetz – FSG, BGBl. I Nr. 120/1997),

   (BGBl I 2019/23)
4. aus den Beständen des Zentralen Fremdenregisters (§ 26 des BFA-Verfahrensgesetzes, BGBl. I Nr. 87/2012)

   (BGBl I 2019/23)

automationsunterstützt im Rahmen einer Online-Abfrage unter Verwendung des bereichsspezifischen Personenkennzeichens (bPK) nach § 9 E-GovG zu verarbeiten. Für die Verarbeitung der Bilddaten ist der Dachverband[a)] Verantwortlicher nach Art. 4 Z 7 DSGVO. Überdies steht der Benutzung eines Lichtbildwerks oder eines Lichtbilds im Sinne des § 74 des Urheberrechtsgesetzes, BGBl. I Nr. 111/1936, zu diesem Zweck das Urheberrecht nicht entgegen.

(BGBl I 2017/125, BGBl I 2018/30)

---

a) Bis 31. Dezember 2019 „Hauptverband".

(BGBl I 2017/125, BGBl I 2018/30, BGBl I 2018/100, BGBl I 2019/23)

(9) Sofern in den Beständen nach Abs. 8 Z 1 bis 4 kein Lichtbild vorhanden ist, ist der Karteninhaber/die Karteninhaberin ab Vollendung des 14. Lebensjahres verpflichtet, das Lichtbild

1. wahlweise im Rahmen eines der für die Bestände nach Abs. 8 Z 1 bis 3 vorgesehenen behördlichen Verfahrens oder
2. außerhalb eines solchen Verfahrens bei den Dienststellen der Sozialversicherungsträger, sofern es sich beim Betroffenen/bei der Betroffenen nicht um einen/eine österreichischen/österreichische Staatsbürger/in handelt, bei der Landespolizeidirektion

beizubringen. Der Hauptverband trägt die Gesamtverantwortung für die Umsetzung des Registrierungsprozesses nach Z 2 für österreichische Staatsbürgerinnen und Staatsbürger. Der Hauptverband kann sich dafür auch der als Passbehörden (§ 16 des Passgesetzes 1992) tätigen Behörden sowie der Bürgermeisterinnen und Bürgermeister bedienen. Für die Identitätsfeststellung und die Anforderungen an die beizubringenden Lichtbilder gelten die Bestimmungen der Passgesetz-Durchführungsverordnung, BGBl. II Nr. 223/2006, in der zum Zeitpunkt der Beibringung des Lichtbildes geltenden Fassung.

(9a) Im Einvernehmen mit dem/der zuständigen Bundesminister/Bundesministerin kann der/die Bundesminister/Bundesministerin für Arbeit, Soziales, Gesundheit und Konsumentenschutz auch andere geeignete Behörden durch Verordnung ermächtigen, das Verfahren nach Abs. 9 Z 2 neben den dort genannten Stellen vorzunehmen.

(10) Im Falle des Abs. 9 Z 2 werden die Dienststellen der Sozialversicherungsträger im übertragenen Wirkungsbereich unter Bindung an die Weisungen des Bundesministers für Inneres tätig. Die zuständigen Behörden dürfen den Namen, das Geburtsdatum, den Geburtsort, das Geschlecht, die

Staatsangehörigkeit, das bPK, die Sozialversicherungsnummer, den Hauptwohnsitz und das Lichtbild sowie Informationen zur Dokumentation der Identitätsfeststellung in der Datenanwendung gemäß § 22b des Passgesetzes 1992, BGBl. Nr. 839/1992, verarbeiten. Dabei darf eine Speicherung nur vorgenommen werden, soweit die Daten nicht bereits in dieser Datenanwendung zur Verfügung stehen. Die Daten sind spätestens nach sieben Jahren zu löschen. Die Verarbeitung der Daten ist nur zulässig, sofern die Identität des Betroffenen/der Betroffenen eindeutig festgestellt wurde. Zur Überprüfung der Identität und der vorgelegten Dokumente ist die Behörde ermächtigt, Informationen über diese personenbezogenen Daten und Dokumente aus Datenverarbeitungen von Sicherheits-, Personenstands- und Staatsbürgerschaftsbehörden und nach den §§ 26 und 27 BFA-Verfahrensgesetz im Datenfernverkehr einzuholen. Die ausschließlich zum Zweck der Anbringung auf der e-card nach dieser Bestimmung beigebrachten Lichtbilder dürfen im Falle einer späteren Registrierung eines E-ID nach den dafür vorgesehen Bestimmungen weiterverarbeitet werden.

(BGBl I 2019/23)

(11) Näheres, insbesondere Regeln für Bewilligungspflichten für die Leistungsinanspruchnahme bei einem/einer Vertragspartner/in im Falle einer Neuanmeldung zur Sozialversicherung, bei Ersatzausstellung einer e-card und bei systembedingtem Kartentausch wird durch die Krankenordnung geregelt. Der Dachverband[a)] hat hiefür für alle Krankenversicherungsträger nach diesem oder einem anderen Bundesgesetz verbindliche Vorgaben im Wege der Musterkrankenordnung (§ 456 Abs. 2) zu erlassen.

(BGBl I 2018/30, BGBl I 2018/100, BGBl I 2019/23)

a) Bis 31. Dezember 2019 „Hauptverband".

(12) Nähere Bestimmungen über die Verwaltungsabläufe und die Kostentragung sowie Ausnahmen bezüglich der Pflicht ein Lichtbild beizubringen, wenn und solange dies aus besonders schwerwiegenden insbesondere gesundheitlichen Gründen im Einzelfall nicht zumutbar ist, werden durch Verordnung der Bundesregierung festgelegt. Ebenso können in der Verordnung für einen zwölfjährigen Übergangszeitraum altersbedingte Ausnahmen festgelegt werden. Die für die Umsetzung der Abs. 8 und 9 bis 31. Dezember 2023 erforderlichen Mittel sind dem Hauptverband vom Bundesminister für Finanzen aus dem allgemeinen Bundeshaushalt zusätzlich zur Verfügung zu stellen, wobei der Kostenersatz mit einem Betrag in Höhe von 7,5 Mio. € begrenzt ist. Die Höhe der Abgeltung der bei den Passbehörden sowie den Bürgermeisterinnen und Bürgermeistern nach Abs. 9 Z 2 entstandenen Aufwände ist zwischen dem Hauptverband und diesen Behörden zu regeln. Die bei den Landespolizeidirektionen nach Abs. 9 Z 2 entstandenen Aufwände werden im Jahr 2020 durch eine vom Bundesministerium für Finanzen an das Bundesministerium für Inneres zu leistenden Pauschale in der Höhe von 500 000 € abgegolten. Darüber hinaus werden durch den Dachverband beginnend mit dem Jahr 2020 bis einschließlich dem Jahr 2023 dem Bundesministerium für Inneres dessen Aufwände durch eine Pauschale in der Höhe von jeweils 250 000 € abgegolten.

(BGBl I 2019/23)

(BGBl I 1999/172)

Durchführung des ELSY

§ 31b. (1) Der Hauptverband ist zur Durchführung der in § 31a getroffenen Anordnungen ermächtigt,

1. eine Gesellschaft mit beschränkter Haftung zu errichten,
2. die Beteiligung von juristischen Personen an der von ihm errichteten Gesellschaft mit beschränkter Haftung zuzulassen,
3. sich an juristischen Personen des Privatrechts zu beteiligen;

eine Beteiligung nach Z 2 oder nach Z 3 ist nur dann zulässig, wenn sie an oder von juristischen Personen erfolgt, die der Kontrolle des Rechnungshofes unterliegen (Art. 121 Abs. 1 B-VG), und dem Hauptverband maßgeblicher Einfluß auf die Geschäftsführung jener juristischen Person zukommt, die das ELSY betreibt. Die Verantwortlichkeit des Hauptverbandes und der Versicherungsträger als datenschutzrechtliche Verantwortliche bleibt auch im Fall der Errichtung oder Beteiligung an einer juristischen Person im Sinne der Z 1 bis 3 unberührt.

(BGBl I 2018/37)

(2) Beschlüsse des Hauptverbandes zur Ausübung der nach Abs. 1 vorgesehenen Ermächtigungen bedürfen der Zustimmung von drei Vierteln der Mitglieder der Trägerkonferenz. Die Ausübung der aus der Gesellschaftsgründung nach Abs. 1 resultierenden Gesellschafterrechte des Hauptverbandes bedarf – unbeschadet jener Rechte nach dem Gesetz über Gesellschaften mit beschränkter Haftung, die anderen juristischen Personen aus einer Beteiligung an dieser Gesellschaft zustehen – in folgenden Angelegenheiten der Zustimmung von drei Vierteln der Mitglieder der Trägerkonferenz:

1. Bestellung und Abberufung von Geschäftsführern einschließlich des Abschlusses und der Beendigung des Anstellungsvertrages und der Festlegung seines Inhaltes;
2. Bestellung und Abberufung von Aufsichtsratsmitgliedern;
3. Änderungen des Gesellschaftsvertrages;
4. Auflösung der Gesellschaft;
5. Verfügungen über Geschäftsanteile der Gesellschaft;
6. Beschlüsse, mit denen Weisungen an die Gesellschaftsorgane in den Angelegenheiten des § 442d Abs. 2 erteilt werden, soweit solche Angelegenheiten von der Gesellschaft be-

sorgt werden, sowie Beschlüsse, mit denen eine Geschäftsordnung für die Geschäftsführung der Gesellschaft festgelegt oder sonst wie die Aufgabenverteilung zwischen den Geschäftsführern geregelt wird.

Ebenso kann die Trägerkonferenz mit einer Mehrheit von drei Vierteln seiner Mitglieder ein Schlichtungsverfahren in den Angelegenheiten nach Z 1 und 2 für den Fall vorsehen, dass ein beantragter Beschluss in solchen Angelegenheiten zwar eine absolute Stimmenmehrheit, nicht aber die erforderliche Zustimmung von drei Vierteln der Mitglieder der Trägerkonferenz erreicht. Die auf Grund eines solchen Schlichtungsverfahrens ergehende Entscheidung ersetzt die Beschlussfassung der Trägerkonferenz. Solange der Hauptverband an der auf Grund von Abs. 1 Z 1 errichteten Gesellschaft mit mehr als 50% der Geschäftsanteile beteiligt ist, ist der Vorsitzende des Aufsichtsrates der Gesellschaft aus den auf Vorschlag der Trägerkonferenz zu bestellenden Aufsichtsratsmitgliedern der Gesellschaft zu wählen. Schlagen drei Aufsichtsratsmitglieder der genannten Gruppe ein Mitglied für die Funktion des Vorsitzenden vor, so ist nur dieses Mitglied zum Vorsitzenden des Aufsichtsrates wählbar. Eine solche Gesellschaft mit beschränkter Haftung hat zwei Geschäftsführer zu haben. Des Weiteren gilt eine solche Gesellschaft mit beschränkter Haftung als Versicherungsträger im Sinne der §§ 109 und 110. Die Finanzierung einer solchen Gesellschaft erfolgt durch die Versicherungsträger im Sinne der Bestimmungen über die Aufbringung der Mittel für die Verbandszwecke (Hauptverband) nach Maßgabe des Abs. 2a. Wird zur Wahrung der Aufgaben als Gesellschafter der genannten Gesellschaft ein Ausschuss nach § 442c Abs. 1 gebildet, so gehören diesem der Präsident, der erste Stellvertreter und der zweite Stellvertreter an.

(BGBl I 2000/92, BGBl I 2001/33, BGBl I 2001/99, BGBl I 2002/1, BGBl I 2004/171, BGBl I 2009/83, BGBl I 2018/37)

(2a) Bei den Kosten für die Finanzierung einer Gesellschaft nach Abs. 2 ist zwischen Errichtungskosten, Entwicklungskosten und laufenden Betriebskosten zu unterscheiden. Die Versicherungsanstalt des österreichischen Notariates ist von der Beteiligung an der Tragung der laufenden Betriebskosten sowie künftiger Entwicklungskosten ausgenommen.

(BGBl I 2009/83)

(3) Die innerhalb des ELSY zu verwendenden Chipkarten sind von dem nach diesem oder einem anderen Bundesgesetz zuständigen Krankenversicherungsträger auszustellen. Ist kein zuständiger Krankenversicherungsträger vorhanden, so sind diese Chipkarten von der Gebietskrankenkasse jenes Landes auszustellen, in dem sie voraussichtlich hauptsächlich verwendet werden.

(4) Näheres über die Organisation und Technik des ELSY sowie über seine Verwendung ist durch Verordnung des Hauptverbandes nach Maßgabe der technischen Entwicklung und der volkswirtschaftlichen Zweckmäßigkeit von Chipkartensystemen zu regeln. Diese Verordnung bedarf der Zustimmung des Bundesministers für Arbeit, Gesundheit und Soziales im Einvernehmen mit dem Bundesminister für Finanzen. Sie ist im Internet zu verlautbaren (§ 31 Abs. 9).

(BGBl I 2001/99)

(BGBl I 1999/172)

Durchführung des ELSY

§ 31b.[a] (1) Der Dachverband ist zur Durchführung der in § 31a getroffenen Anordnungen ermächtigt,

1. eine Gesellschaft mit beschränkter Haftung zu errichten,
2. die Beteiligung von juristischen Personen an der von ihm errichteten Gesellschaft mit beschränkter Haftung zuzulassen,
3. sich an juristischen Personen des Privatrechts zu beteiligen;

eine Beteiligung nach Z 2 oder nach Z 3 ist nur dann zulässig, wenn sie an oder von juristischen Personen erfolgt, die der Kontrolle des Rechnungshofes unterliegen (Art. 121 Abs. 1 B-VG), und dem Hauptverband maßgeblicher Einfluß auf die Geschäftsführung jener juristischen Person zukommt, die das ELSY betreibt. Die Verantwortlichkeit des Dachverbandes und der Versicherungsträger als datenschutzrechtliche Verantwortliche bleibt auch im Fall der Errichtung oder Beteiligung an einer juristischen Person im Sinne der Z 1 bis 3 unberührt.

(BGBl I 2018/37, BGBl I 2018/100)

(2) Beschlüsse des Dachverbandes zur Ausübung der nach Abs. 1 vorgesehenen Ermächtigungen bedürfen der Zustimmung von drei Vierteln der Mitglieder der Trägerkonferenz. Die Ausübung der aus der Gesellschaftsgründung nach Abs. 1 resultierenden Gesellschafterrechte des Dachverbandes bedarf – unbeschadet jener Rechte nach dem Gesetz über Gesellschaften mit beschränkter Haftung, die anderen juristischen Personen aus einer Beteiligung an dieser Gesellschaft zustehen – in folgenden Angelegenheiten der Zustimmung von drei Vierteln der Mitglieder der Trägerkonferenz:

1. Bestellung und Abberufung von Geschäftsführern einschließlich des Abschlusses und der Beendigung des Anstellungsvertrages und der Festlegung seines Inhaltes;
2. Bestellung und Abberufung von Aufsichtsratsmitgliedern;
3. Änderungen des Gesellschaftsvertrages;
4. Auflösung der Gesellschaft;
5. Verfügungen über Geschäftsanteile der Gesellschaft;
6. Beschlüsse, mit denen Weisungen an die Gesellschaftsorgane in den Angelegenheiten des § 442d Abs. 2 erteilt werden, soweit solche Angelegenheiten von der Gesellschaft besorgt werden, sowie Beschlüsse, mit denen eine Geschäftsordnung für die Geschäftsfüh-

rung der Gesellschaft festgelegt oder sonst wie die Aufgabenverteilung zwischen den Geschäftsführern geregelt wird.

Ebenso kann die Trägerkonferenz mit einer Mehrheit von drei Vierteln seiner Mitglieder ein Schlichtungsverfahren in den Angelegenheiten nach Z 1 und 2 für den Fall vorsehen, dass ein beantragter Beschluss in solchen Angelegenheiten zwar eine absolute Stimmenmehrheit, nicht aber die erforderliche Zustimmung von drei Vierteln der Mitglieder der Trägerkonferenz erreicht. Die auf Grund eines solchen Schlichtungsverfahrens ergehende Entscheidung ersetzt die Beschlussfassung der Trägerkonferenz. Solange der Dachverband an der auf Grund von Abs. 1 Z 1 errichteten Gesellschaft mit mehr als 50% der Geschäftsanteile beteiligt ist, ist der Vorsitzende des Aufsichtsrates der Gesellschaft aus den auf Vorschlag der Trägerkonferenz zu bestellenden Aufsichtsratsmitgliedern der Gesellschaft zu wählen. Schlagen drei Aufsichtsratsmitglieder der genannten Gruppe ein Mitglied für die Funktion des Vorsitzenden vor, so ist nur dieses Mitglied zum Vorsitzenden des Aufsichtsrates wählbar. Eine solche Gesellschaft mit beschränkter Haftung hat zwei Geschäftsführer zu haben. Des Weiteren gilt eine solche Gesellschaft mit beschränkter Haftung als Versicherungsträger im Sinne der §§ 109 und 110. Die Finanzierung einer solchen Gesellschaft erfolgt durch die Versicherungsträger im Sinne der Bestimmungen über die Aufbringung der Mittel für die Verbandszwecke (Dachverband) nach Maßgabe des Abs. 2a. Wird zur Wahrung der Aufgaben als Gesellschafter der genannten Gesellschaft ein Ausschuss nach § 442c Abs. 1 gebildet, so gehören diesem der Präsident, der erste Stellvertreter und der zweite Stellvertreter an.

(BGBl I 2000/92, BGBl I 2001/33, BGBl I 2001/99, BGBl I 2002/1, BGBl I 2004/171, BGBl I 2009/83, BGBl I 2018/37, BGBl I 2018/100)

(2a) Bei den Kosten für die Finanzierung einer Gesellschaft nach Abs. 2 ist zwischen Errichtungskosten, Entwicklungskosten und laufenden Betriebskosten zu unterscheiden.

(BGBl I 2009/83, BGBl I 2018/100)

(3) Die innerhalb des ELSY zu verwendenden Chipkarten sind von dem nach diesem oder einem anderen Bundesgesetz zuständigen Krankenversicherungsträger auszustellen. Ist kein zuständiger Krankenversicherungsträger vorhanden, so sind diese Chipkarten von der Österreichischen Gesundheitskasse auszustellen.

(BGBl I 2018/100)

(4) Näheres über die Organisation und Technik des ELSY sowie über seine Verwendung ist durch Verordnung des Dachverbandes nach Maßgabe der technischen Entwicklung und der volkswirtschaftlichen Zweckmäßigkeit von Chipkartensystemen zu regeln. Diese Verordnung bedarf der Zustimmung des Bundesministers für Arbeit, Gesundheit und Soziales im Einvernehmen mit dem Bundesminister für Finanzen. Sie ist im Internet zu verlautbaren (§ 30a Abs. 4).

(BGBl I 2001/99, BGBl I 2018/100)

(BGBl I 1999/172)

a) Tritt mit 1. Jänner 2020 in Kraft.

Service-Entgelt

§ 31c. (1) Eine innerhalb des ELSY zu verwendende Chipkarte (insbesondere die e-card) hat alle Arten von Krankenscheinen (Krankenkassenschecks, Behandlungsscheine, Patientenscheine, Arzthilfescheine) zu ersetzen. Sie ist zu diesem Zweck ab dem Zeitpunkt ihrer Verfügbarkeit bei jeder Inanspruchnahme eines/einer mit der entsprechenden technischen Infrastruktur ausgestatteten Vertragspartners/Vertragspartnerin (§§ 338 ff.) vorzulegen. Die Bundesministerin für Gesundheit und Frauen ist ermächtigt, im Einführungszeitraum regional jeweils den Zeitpunkt festzulegen, ab dem von der Vorlage des Krankenscheines wegen der gesicherten Verfügbarkeit der technischen Infrastruktur der e-card abzusehen ist.[a)]

a) VO im Anhang.

(2) Für die e-card ist vom Versicherten/von der Versicherten ein Service-Entgelt von 10 Euro[a)] pro Kalenderjahr für Rechnung des Versicherungsträgers zu zahlen. An die Stelle dieses Betrages tritt ab 1. Jänner eines jeden Jahres, erstmals mit 1. Jänner 2013, der unter Bedachtnahme auf § 108 Abs. 6 mit der jeweiligen Aufwertungszahl (§ 108a Abs. 1) vervielfachte Betrag. Der vervielfachte Betrag ist auf fünf Cent zu runden. Das Service-Entgelt ist nicht zu zahlen von

a) Betrag siehe VO über veränderliche Werte.

1. Bezieherinnen und Beziehern einer Pension nach diesem Bundesgesetz oder dem GSVG,
2. Versicherten nach § 479a Abs. 1 Z 2,
3. Bezieherinnen und Beziehern von Sonderunterstützung nach § 1 Abs. 1 des Sonderunterstützungsgesetzes, BGBl. Nr. 642/1973,
4. Personen, die eine einkommensabhängige Rentenleistung nach dem Kriegsopferversorgungsgesetz 1957, dem Heeresversorgungsgesetz oder dem Opferfürsorgegesetz beziehen,
5. in der Krankenversicherung der Kriegshinterbliebenen sowie in der Krankenversicherung der Hinterbliebenen nach dem Heeresversorgungsgesetz versicherten Personen,
6. Personen, die auf Grund der Richtlinien nach § 31 Abs. 5 Z 16 hievon befreit sind,
   (BGBl I 2005/132)

6.[a)] Personen, die auf Grund der Richtlinien nach § 30a Abs. 1 Z 15 hievon befreit sind,
   (BGBl I 2005/132, BGBl I 2018/100)

a) Tritt mit 1. Jänner 2020 in Kraft.

7. Versicherten nach § 8 Abs. 1 Z 4,
   (BGBl I 2005/132)

8. Versicherten nach § 8 Abs. 1 Z 1 lit. c.
(BGBl I 2005/132, BGBl I 2012/123)
9. (aufgehoben)
(BGBl I 2005/132, BGBl I 2012/123)

(BGBl I 2005/71, BGBl I 2012/123)

(3) Das Service-Entgelt für ein Kalenderjahr ist jeweils am 15. November des vorangegangenen Jahres, erstmals am 15. November 2005, fällig und vom Versicherten/von der Versicherten einzuheben durch

1. den Dienstgeber/die Dienstgeberin von in einem Beschäftigungsverhältnis (Dienst-, Lehr- oder Ausbildungsverhältnis) stehenden Personen,
2. das Arbeitsmarktservice von krankenversicherten Leistungsbezieherinnen und Leistungsbeziehern nach dem AlVG,

2a. das Bundesamt für Soziales und Behindertenwesen von BezieherInnen eines Pflegekarenzgeldes nach § 21c des Bundespflegegeldgesetzes, sofern es sich um eine Vollzeitkarenzierung handelt,
(BGBl I 2013/138)

3. den Krankenversicherungsträger von
   a) selbstversicherten Personen nach §§ 16 und 19a,
   b) (mehrfach) geringfügig beschäftigten Personen,
   c) Bezieherinnen und Beziehern von Kinderbetreuungsgeld (§ 8 Abs. 1 Z 1 lit. f),
   d) Bezieherinnen und Beziehern von Krankengeld, wenn der Anspruch nicht zur Gänze oder zur Hälfte nach § 143 Abs. 1 Z 3 ruht,
   e) Bezieherinnen von Wochengeld,
   f) Bezieherinnen und Beziehern von Rehabilitationsgeld, wenn der Anspruch nicht zur Gänze oder zur Hälfte nach § 143a Abs. 3 ruht oder Teilrehabilitationsgeld nach § 143a Abs. 4 geleistet wird;
   (BGBl I 2015/162)
   g) Beziehern von Familienzeitbonus (§ 8 Abs. 1 Z 1 lit. g),
   (BGBl I 2016/53)
4. die sonst zur Ausstellung von Krankenscheinen (Abs. 1) verpflichtete Stelle bzw. nach Ablösung des Krankenscheines durch die e-card zuletzt verpflichtet gewesene Stelle.

(BGBl I 2005/71, BGBl I 2012/123)

(4) Auf das Service-Entgelt sind die Vorschriften über die allgemeinen Beiträge entsprechend anzuwenden. Der Dachverband[a)] kann für die Einhebung und Abfuhr der Service-Entgelte abweichende Bestimmungen in den Richtlinien nach § 31 Abs. 5 Z 34 vorsehen.

(BGBl I 2005/71, BGBl I 2018/100)

[a)] Bis 31. Dezember 2019 „Hauptverband".

(5) Das Service-Entgelt ist auf Antrag der/des Betroffenen vom Krankenversicherungsträger rückzuerstatten,

1. wenn es für eine Person nach Abs. 2 Z 1 bis 7 eingehoben wurde;
2. wenn es für eine am 15. November eines Jahres nach diesem Bundesgesetz krankenversicherte Person eingehoben wurde, deren Pensionsstichtag (§ 223 Abs. 2 ASVG oder § 113 Abs. 2 GSVG) vor dem 1. April des folgenden Kalenderjahres liegt;
3. wenn es in sonstigen Fällen für eine Person eingehoben wurde, die nicht zur Zahlung des Service-Entgelts verpflichtet ist;
4. im Ausmaß des über Abs. 2 hinausgehenden Betrages, wenn es für eine Person für ein Kalenderjahr mehrfach eingehoben wurde.

(BGBl I 2005/71)

(BGBl I 1999/172, BGBl I 2004/18, BGBl I 2004/171)

Elektronische Gesundheitsakte (ELGA)

§ 31d. (1) Der Dachverband[a)] hat sich an der Einführung und Umsetzung der Elektronischen Gesundheitsakte (ELGA) zu beteiligen.

(BGBl I 2013/81, BGBl I 2018/100)

[a)] Bis 31. Dezember 2019 „Hauptverband".

(2) Der Dachverband[a)] hat entsprechend den Bestimmungen des Gesundheitstelematikgesetzes – GTelG 2012, BGBl. I Nr. 111/2012,

[a)] Bis 31. Dezember 2019 „Hauptverband".

1. die notwendigen Voraussetzungen zur Verwendung des ELSY (§ 31a) für die Zwecke von ELGA zu schaffen sowie
2. Verweisregister (§ 2 Z 13 GTelG 2012) und Dokumentenspeicher (§ 2 Z 7 GTelG 2012) für die von Sozialversicherungsträgern betriebenen Krankenanstalten, einschließlich jener Krankenanstalten, die durch Gesellschaften betrieben werden, die vollständig im Eigentum eines oder mehrerer Sozialversicherungsträger stehen, bereit zu stellen und zu betreiben oder betreiben zu lassen. Diese Verweisregister und Dokumentenspeicher können weiteren ELGA-Gesundheitsdiensteanbietern (§ 2 Z 10 GTelG 2012) auf vertraglicher Grundlage zur Verfügung gestellt werden.

(BGBl I 2013/81, BGBl I 2018/100)

(3) Der Dachverband[a)] hat im übertragenen Wirkungsbereich die Widerspruchstelle (§ 28 Abs. 2 Z 7 GTelG 2012), die Serviceline („*Service-Center*", § 28 Abs. 2 Z 9 GTelG 2012) sowie die Funktionen des Zugangsportals von ELGA, insbesondere jene zur Wahrung der ELGA Teil-

nehmer/innen/rechte (§ 23 Abs. 2 Z 2 GTelG 2012), bereit zu stellen und zu betreiben oder betreiben zu lassen. Er ist dabei an die Weisungen des Bundesministers für Gesundheit gebunden. Die Kundmachung der technisch-organisatorischen Spezifikationen nach § 28 GTelG 2012 darf rechtswirksam auch im Internet erfolgen.

(BGBl I 2013/81, BGBl I 2014/32, BGBl I 2015/144, BGBl I 2018/100)

[a] Bis 31. Dezember 2019 „Hauptverband".

(4) Zur Sicherstellung der korrekten Ausübung der Widerspruchs- sowie Widerrufsrechte nach § 15 GTelG 2012 sowie der Teilnehmer/innen/rechte nach § 16 GTelG 2012 darf auch die Sozialversicherungsnummer verwendet werden.

(BGBl I 2015/144)

(BGBl I 2007/101, BGBl I 2012/111)

5. Unterabschnitt
Rechtliche Stellung der Versicherungsträger und des Dachverbandes[a]

[a] Bis 31. Dezember 2019 „Hauptverbandes".

§ 32. (1) Die Versicherungsträger und der Dachverband[a] sind Körperschaften des öffentlichen Rechtes und haben Rechtspersönlichkeit. Sie sind berechtigt, das Wappen der Republik Österreich in Siegeln, Drucksorten und Aufschriften zu führen.

(BGBl I 2018/100)

[a] Bis 31. Dezember 2019 „Hauptverband".

(2) Der allgemeine Gerichtsstand der Versicherungsträger und des Dachverbandes[a] ist das sachlich und örtlich zuständige Gericht ihres Sitzes.

(BGBl I 2018/100)

[a] Bis 31. Dezember 2019 „Hauptverbandes".

6. Unterabschnitt
Kontrolle und Controlling in der Sozialversicherung

Kontrolle im Vertragspartnerbereich

§ 32a. (1) Die in den §§ 23 bis 25 bezeichneten Versicherungsträger und die Träger der im § 2 Abs. 2 bezeichneten Sonderversicherungen sind verpflichtet, die rechtskonforme sowie die gesamt- und einzelvertragskonforme Vorgehensweise der Vertragspartner/innen zu überprüfen. Zu diesem Zweck sind die Versicherungsträger ermächtigt, eigens hiefür ausgestellte e-cards durch die Prüforgane des Versicherungsträgers einzusetzen. Kontrollen der Vertragspartner/innen mit Hilfe eigens hiefür ausgestellter e-cards sind nur bei begründetem Verdacht auf eine nicht rechtskonforme oder gesamt- oder einzelvertragskonforme Vorgangsweise des Vertragspartners/der Vertragspartnerin zulässig und darüber hinaus stichprobenweise auf Grund eines jährlich im Vorhinein zu erstellenden Stichprobenplans.

(2) Die anlässlich einer Kontrolle nach Abs. 1 tatsächlich erbrachten Leistungen der Vertragspartner/Vertragspartnerinnen sind entsprechend dem jeweils geltenden Gesamtvertrag abrechenbar. Nach Durchführung einer Kontrolle ist das Ergebnis durch das Prüforgan unverzüglich zu dokumentieren. Der jeweilige Versicherungsträger hat über die Kontrollen Aufzeichnungen zu führen. Der/Die überprüfte Vertragspartner/Vertragspartnerin ist in geeigneter Weise über die Kontrolle zu informieren.

(3) Der Dachverband[a] hat gemeinsam mit der in Betracht kommenden bundesweiten Interessenvertretung der jeweiligen Vertragspartner/innen mindestens jährlich die Durchführung und die Ergebnisse der Kontrollen nach Abs. 1 zu beraten und kann gemeinsam mit der Interessenvertretung Empfehlungen zur Durchführung und zur Qualitätssicherung aussprechen.

(BGBl I 2018/100)

[a] Bis 31. Dezember 2019 „Hauptverband".

(BGBl I 2015/113)

Mitwirkung der Nicht-Vertragspartner/innen

§ 32b. Der/Die Leistungserbringer/in, für dessen/deren Leistung Kostenerstattung, Kostenersatz oder ein Kostenzuschuss gewährt werden soll oder gewährt wurde, hat an der Feststellung des jeweiligen Anspruches mitzuwirken.

(BGBl I 2015/113)

§ 32c. (aufgehoben)

(BGBl I 2012/35)

§ 32d. (aufgehoben)

(BGBl I 2012/35)

§ 32e. (aufgehoben)

(BGBl I 2012/35)

§ 32f. (aufgehoben)

(BGBl I 2012/35)

§ 32g. (aufgehoben)

(BGBl I 2012/35)

Vertragspartner-Analyse

§ 32h. Die Krankenversicherungsträger haben gemeinsam die Auswirkungen der Vertragspartner-Regelungen einem Controlling durch eine strukturierte Analyse jedenfalls mit dem Ziel zu unterziehen, eine Vergleichbarkeit der Kennzahlen (Benchmarking) und der verschiedenen Honorierungssysteme, insbesondere hinsichtlich ihrer Anreiz- und Steuerungswirkung zu ermöglichen.

(BGBl I 2010/61, BGBl I 2013/81)

Abschnitt IV
Meldungen und Auskunftspflicht

An- und Abmeldung der Pflichtversicherten

§ 33. (1) Die Dienstgeber haben jede von ihnen beschäftigte, nach diesem Bundesgesetz in der Krankenversicherung pflichtversicherte Person (Vollversicherte und Teilversicherte) vor Arbeitsantritt beim zuständigen Krankenversicherungsträger anzumelden und binnen sieben Tagen nach dem Ende der Pflichtversicherung abzumelden.

Die An(Ab)meldung durch den Dienstgeber wirkt auch für den Bereich der Unfall- und Pensionsversicherung, soweit die beschäftigte Person in diesen Versicherungen pflichtversichert ist.

(BGBl 1996/201, BGBl 1996/600, BGBl 1996/764, BGBl I 1997/139, BGBl I 2004/152, BGBl I 2005/132, BGBl I 2007/31)

(1a) Der Dienstgeber kann die Anmeldeverpflichtung so erfüllen, dass er in zwei Schritten meldet, und zwar

1. vor Arbeitsantritt die Dienstgeberkontonummer, die Namen und Versicherungsnummern bzw. die Geburtsdaten der beschäftigten Personen sowie Ort und Tag der Beschäftigungsaufnahme (Mindestangaben-Anmeldung) und
2. die noch fehlenden Angaben innerhalb von sieben Tagen ab Beginn der Pflichtversicherung (vollständige Anmeldung).

(BGBl I 2004/152, BGBl I 2005/132, BGBl I 2007/31)

(1a) Der Dienstgeber hat die Anmeldeverpflichtung so zu erfüllen, dass er in zwei Schritten meldet, und zwar

1. vor Arbeitsantritt die Beitragskontonummer, die Namen und Versicherungsnummern bzw. die Geburtsdaten der beschäftigten Personen, den Tag der Beschäftigungsaufnahme sowie das Vorliegen einer Voll- oder Teilversicherung und
2. die noch fehlenden Angaben mit der monatlichen Beitragsgrundlagenmeldung für jenen Beitragszeitraum, in dem die Beschäftigung aufgenommen wurde.

(BGBl I 2004/152, BGBl I 2005/132, BGBl I 2007/31, BGBl I 2015/79)

(1b) Erfolgt die Anmeldung nach Abs. 1a Z 1 nicht mittels elektronischer Datenfernübertragung, so ist die elektronische Übermittlung (§ 41 Abs. 1) – unbeschadet des § 41 Abs. 4 – innerhalb von sieben Tagen ab dem Beginn der Pflichtversicherung nachzuholen.

(BGBl I 2015/79)

(1c) Die Anmeldung durch Unternehmen, die bescheidmäßig als Scheinunternehmen nach § 35a festgestellt wurden, ist unzulässig und gilt nicht als Meldung nach § 41. Die davon betroffenen Personen sind nach § 43 Abs. 4 zur Auskunftserteilung aufzufordern.

(BGBl I 2015/113, BGBl I 2016/44)

(2) Abs. 1 gilt für die nur in der Unfall- und Pensionsversicherung sowie für die nur in der Unfallversicherung nach § 7 Z 3 lit. a Pflichtversicherten mit der Maßgabe, daß die Meldungen beim Träger der Krankenversicherung, der beim Bestehen einer Krankenversicherung nach diesem Bundesgesetz für sie sachlich und örtlich zuständig wäre, zu erstatten sind.

(BGBl 1993/335)

(3) Für Personen, die in unregelmäßiger Folge tageweise beim selben Dienstgeber beschäftigt werden und deren Beschäftigung kürzer als eine Woche vereinbart ist (fallweise beschäftigte Personen), kann der Krankenversicherungsträger in der Satzung bestimmen, dass die Frist für die Anmeldung sowie die Abmeldung hinsichtlich der innerhalb des Kalendermonates liegenden Beschäftigungstage spätestens mit dem Ersten des nächstfolgenden Kalendermonates beginnt, wenn dies der Verwaltungsvereinfachung dient.

(BGBl I 1997/139, BGBl I 2015/79)

Meldung von Änderungen und der monatlichen Beitragsgrundlagen

§ 34. (1) Die Dienstgeber haben während des Bestandes der Pflichtversicherung jede für diese Versicherung bedeutsame Änderung, die nicht von der Meldung nach Abs. 2 umfasst ist, innerhalb von sieben Tagen dem zuständigen Krankenversicherungsträger zu melden. Jedenfalls zu melden ist der Wechsel des Abfertigungssystems nach § 47 des Betrieblichen Mitarbeiter- und Selbständigenvorsorgegesetzes (BMSVG), BGBl. I Nr. 100/2002, oder nach vergleichbaren österreichischen Rechtsvorschriften.

(2) Die Meldung der monatlichen Beitragsgrundlagen hat nach Ablauf eines jeden Beitragszeitraumes mittels elektronischer Datenfernübertragung (§ 41 Abs. 1 und 4) zu erfolgen; die Frist für die Vorlage der monatlichen Beitragsgrundlagenmeldung endet mit dem 15. des Folgemonats. Wird ein Beschäftigungsverhältnis nach dem 15. des Eintrittsmonats aufgenommen, endet die Frist für die Meldung der monatlichen Beitragsgrundlage mit dem 15. des übernächsten Monats. Dies gilt auch bei Wiedereintritt des Entgeltanspruches nach dem 15. des Wiedereintrittsmonats. Davon abweichend kann für Versicherte nach § 4 Abs. 4 die Meldung der nach § 44 Abs. 8 ermittelten Beitragsgrundlage bis zum 15. des der Entgeltleistung folgenden Kalendermonats erfolgen.

(BGBl I 2018/30)

(3) Werden die monatlichen Beitragsgrundlagen nicht oder nicht vollständig übermittelt, so können bis zu ihrer (vollständigen) Übermittlung die Beitragsgrundlagen des Vormonats fortgeschrieben werden. Liegen solche nicht vor, so ist der Träger der Krankenversicherung berechtigt, die Beitragsgrundlagen unter Heranziehung von Daten anderer Versicherungsverhältnisse beim selben Dienstgeber oder, wenn diese nicht vorliegen, von Daten der Versicherungsverhältnisse bei gleichartigen oder ähnlichen Betrieben festzusetzen.

(4) Berichtigungen der Beitragsgrundlagen können – wenn die Beiträge nicht durch den Träger der Krankenversicherung nach § 58 Abs. 4 dem Beitragsschuldner/der Beitragsschuldnerin vorgeschrieben werden – innerhalb von zwölf Monaten nach Ablauf des Zeitraumes, für den die Beitragsgrundlagenmeldung gilt, ohne nachteilige Rechtsfolgen vorgenommen werden.

(BGBl I 2018/30)

(5) Werden die Beiträge vom Träger der Krankenversicherung nach § 58 Abs. 4 dem Beitrags-

schuldner/der Beitragsschuldnerin vorgeschrieben, so ist die monatliche Beitragsgrundlagenmeldung erstmals für jenen Beitragszeitraum, in dem die Beschäftigung aufgenommen wurde, zu übermitteln. In der Folge ist eine monatliche Beitragsgrundlagenmeldung nur dann zu erstatten, wenn eine Änderung der Beitragsgrundlage (§§ 44 und 54) erfolgt. Abweichend von Abs. 2 endet die Frist für die Vorlage der monatlichen Beitragsgrundlagenmeldung mit dem Siebenten des Monats, der dem Monat der Anmeldung zur Pflichtversicherung oder der Änderung der Beitragsgrundlage folgt. Für Versicherte nach § 4 Abs. 4 kann die Meldung der nach § 44 Abs. 8 ermittelten Beitragsgrundlage bis zum Siebenten des der Entgeltleistung folgenden Kalendermonats erfolgen.

(BGBl I 2018/30)

(6) Die Dienstgeber haben die Adresse der Arbeitsstätte am 31. Dezember oder am letzten Beschäftigungstag des Jahres zu melden. Die Meldung hat mittels elektronischer Datenfernübertragung bis Ende Februar des folgenden Kalenderjahres zu erfolgen.

(BGBl I 2017/66)

(BGBl 1996/201, BGBl I 2001/99, BGBl I 2002/100, BGBl I 2002/132, BGBl I 2004/171, BGBl I 2005/132, BGBl I 2015/79)

§ 34a. (aufgehoben)

(BGBl I 2015/79)

Meldungen zum Aufbau einer Evidenz für die Zugehörigkeit zu einer MV-Kasse

§ 34b. (aufgehoben)

(BGBl 1995/832, BGBl I 2002/100, BGBl I 2005/36)

Dienstgeber

§ 35. (1) Als Dienstgeber im Sinne dieses Bundesgesetzes gilt derjenige, für dessen Rechnung der Betrieb (die Verwaltung, die Hauswirtschaft, die Tätigkeit) geführt wird, in dem der Dienstnehmer (Lehrling) in einem Beschäftigungs-(Lehr)verhältnis steht, auch wenn der Dienstgeber den Dienstnehmer durch Mittelspersonen in Dienst genommen hat oder ihn ganz oder teilweise auf Leistungen Dritter an Stelle des Entgeltes verweist. Dies gilt entsprechend auch für die gemäß § 4 Abs. 1 Z 3 pflichtversicherten, nicht als Dienstnehmer beschäftigten Personen.

(2) Bei den nach § 4 Abs. 1 Z 4 und 5 Pflichtversicherten sowie den nach § 8 Abs. 1 Z 3 lit. c und m Teilversicherten gilt der Träger der Einrichtung, in der die Ausbildung, Beschäftigungstherapie oder Unterbringung erfolgt, bei den nach § 4 Abs. 1 Z 8 Pflichtversicherten der Versicherungsträger, der die berufliche Ausbildung gewährt, bei den nach § 4 Abs. 1 Z 9 Pflichtversicherten die Entwicklungshilfeorganisation, bei der die Versicherten beschäftigt oder ausgebildet werden, bei den nach § 4 Abs. 1 Z 11 und § 8 Abs. 1 Z 4a Pflichtversicherten der jeweilige Träger nach dem Freiwilligengesetz als Dienstgeber. Bei Heimarbeitern (§ 4 Abs. 1 Z 7) gilt als Dienstgeber der Auftraggeber im Sinne der gesetzlichen Vorschriften über die Heimarbeit, auch wenn sich der Auftraggeber zur Weitergabe der Arbeit an die Heimarbeiter einer Mittelsperson bedient. Bei den im § 3 Abs. 3 vorletzter Satz genannten Personen gilt der Beschäftiger im Sinne des § 3 Abs. 3 des Arbeitskräfteüberlassungsgesetzes als Dienstgeber. Bei der Überlassung von Arbeitskräften innerhalb eines Zusammenschlusses rechtlich selbständiger Unternehmen unter einheitlicher Leitung insbesondere zur Übernahme einer Organfunktion gilt der/die Beschäftiger/in nicht als Dienstgeber/in; dies gilt sinngemäß auch für Körperschaften des öffentlichen Rechts.

(BGBl 1996/411, BGBl I 2010/102, BGBl I 2012/17, BGBl I 2015/144, BGBl I 2019/8)

(3) Der Dienstgeber kann die Erfüllung der ihm nach den §§ 33 und 34 obliegenden Pflichten auf Bevollmächtigte übertragen. Name und Anschrift dieser Bevollmächtigten sind unter deren Mitfertigung dem zuständigen Versicherungsträger bekanntzugeben.

(4) Der Dienstnehmer hat die in den §§ 33 und 34 vorgeschriebenen Meldungen selbst zu erstatten,

a) wenn der Dienstgeber die Vorrechte der Exterritorialität genießt oder wenn dem Dienstgeber im Zusammenhang mit einem zwischenstaatlichen Vertrag oder der Mitgliedschaft Österreichs bei einer internationalen Organisation besondere Privilegien oder Immunitäten eingeräumt sind, oder

b) wenn der Dienstgeber im Inland keine Betriebsstätte (Niederlassung, Geschäftsstelle, Niederlage) hat, außer in jenen Fällen, in denen dieses Bundesgesetz auf Grund der Verordnung (EWG) Nr. 1408/71 oder der Verordnung (EG) Nr. 883/2004 anzuwenden ist, oder

   (BGBl 1996/201, BGBl I 1997/139, BGBl I 2005/45, BGBl I 2005/132)

c) wenn das Beschäftigungsverhältnis dem Dienstleistungsscheckgesetz unterliegt.

   (BGBl I 2005/45)

(BGBl 1996/201, BGBl I 1997/139)

Scheinunternehmen

§ 35a. (1) Die Krankenversicherungsträger sind an die rechtskräftige Feststellung des Vorliegens eines Scheinunternehmens durch die Abgabenbehörden des Bundes nach § 8 des Sozialbetrugsbekämpfungsgesetzes (SBBG), BGBl. I Nr. 113/2015, gebunden.

(2) Die Abgabenbehörden des Bundes haben ihre Mitteilungen an Unternehmen über das vermutete Vorliegen eines Scheinunternehmens den Krankenversicherungsträgern zu übermitteln. Das Gleiche gilt für die Widerlegung dieser Vermutung sowie für Bescheide, mit denen bei Widerspruch das Vorliegen eines Scheinunternehmens festgestellt wird.

(3) Haben Personen, die der Aufforderung zum persönlichen Erscheinen beim Krankenversicherungsträger nach § 43 Abs. 4 rechtzeitig nachgekommen sind, glaubhaft gemacht, (für bestimmte Zeiträume) tatsächlich Arbeitsleistungen im Bereich eines Scheinunternehmens verrichtet zu haben, so hat der Krankenversicherungsträger den Dienstgeber dieser Personen zu ermitteln. Ist dies nicht möglich, so gilt – ab der rechtskräftigen Feststellung des Scheinunternehmens – als Dienstgeber das Auftrag gebende Unternehmen, wenn es wusste oder wissen musste, dass es sich beim Auftrag nehmenden Unternehmen um ein Scheinunternehmen nach § 8 SBBG handelt, und nicht beweist, von diesen Personen keine Arbeitsleistungen erhalten zu haben oder zu erhalten. § 49 ist in solchen Fällen sinngemäß anzuwenden.
(BGBl I 2015/113)

Sonstige meldepflichtige Personen (Stellen)

§ 36. (1) Die in den §§ 33 und 34 bezeichneten Pflichten obliegen:

1. für die in einem Ausbildungsverhältnis stehenden Pflichtversicherten (§ 4 Abs. 1 Z 4 und 5) dem Träger der Einrichtung, in der die Ausbildung erfolgt;
2. (aufgehoben)
(BGBl I 1997/139)
3. für die pflichtversicherten Gepäckträger, die einer Gepäckträgergemeinschaft der Österreichischen Bundesbahnen angehören, dem geschäftsführenden Obmann dieser Gemeinschaft;
4. für die gemäß § 9 durch Verordnung in die Krankenversicherung einbezogenen Personen dem in der Verordnung bestimmten Meldepflichtigen;
5. für die pflichtversicherten Zivildienstleistenden (§ 8 Abs. 1 Z 4 dem Bundesministerium für Inneres;
(BGBl I 1997/139)
6. für die Präsenz- und Ausbildungsdienst Leistenden nach § 8 Abs. 1 Z 1 lit. c und e dem Bundesminister für Landesverteidigung und Sport;
(BGBl I 2010/111)
7. für die gemäß § 4 Abs. 1 Z 10 pflichtversicherten Personen dem Bund;
8. für die gemäß § 4 Abs. 1 Z 12 pflichtversicherten ehemaligen Militärpersonen auf Zeit dem Bundesministerium für Landesverteidigung;
9. (aufgehoben)
(BGBl 1996/411, BGBl I 1997/139, BGBl I 2001/99, BGBl I 2015/144)
10. für die nach § 8 Abs. 1 Z 2 lit. h pflichtversicherten Wissenschaftlichen (Künstlerischen) MitarbeiterInnen (in Ausbildung) der jeweiligen Universität (Universität der Künste);
(BGBl I 2001/99, BGBl I 2004/142)
11. für die nach § 8 Abs. 1 Z 2 lit. a pflichtversicherten Wochengeld-Anspruchsberechtigten dem Krankenversicherungsträger;
(BGBl I 2004/142)
12. für die nach § 8 Abs. 1 Z 2 lit. b pflichtversicherten Personen dem Arbeitsmarktservice;
(BGBl I 2004/142)
13. für die nach § 8 Abs. 1 Z 2 lit. c pflichtversicherten BezieherInnen von Krankengeld dem Krankenversicherungsträger;
(BGBl I 2004/142)

13a. für die nach § 8 Abs. 1 Z 1 lit. d und Z 2 lit. c pflichtversicherten BezieherInnen von Rehabilitationsgeld dem Pensionsversicherungsträger;
(BGBl I 2013/3, BGBl I 2015/2)

13b. für die nach § 8 Abs. 1 Z 2 lit. c pflichtversicherten BezieherInnen von Wiedereingliederungsgeld dem Krankenversicherungsträger;
(BGBl I 2017/30)

14. für die nach § 8 Abs. 1 Z 2 lit. d pflichtversicherten Präsenz- oder Ausbildungsdienst Leistenden dem Bundesministerium für Landesverteidigung;
(BGBl I 2004/142)
15. für die nach § 8 Abs. 1 Z 2 lit. e pflichtversicherten Zivildienstleistenden dem Bundesministerium für Inneres;
(BGBl I 2004/142, BGBl I 2015/144)
16. für die nach § 8 Abs. 1 Z 2 lit. f pflichtversicherten BezieherInnen von Übergangsgeld dem Unfall- oder Pensionsversicherungsträger;
(BGBl I 2004/142)
17. für die nach § 8 Abs. 1 Z 2 lit. g pflichtversicherten Erziehenden dem Krankenversicherungsträger;
(BGBl I 2004/142, BGBl I 2009/83)
18. für die nach § 8 Abs. 1 Z 2 lit. i pflichtversicherten Fremdsprachenassistentinnen und Fremdsprachenassistenten dem Bundesministerium für Unterricht, Kunst und Kultur.
(BGBl I 2009/83)
19. für die nach § 8 Abs. 1 Z 2 lit. j pflichtversicherten BezieherInnen eines aliquoten Pflegekarenzgeldes dem Bundesamt für Soziales und Behindertenwesen;
(BGBl I 2013/137, BGBl I 2013/138)

19a. für die nach § 8 Abs. 1 Z 2 lit. k pflichtversicherten Bezieher des Familienzeitbonus dem Krankenversicherungsträger;
(BGBl I 2016/53)

20. für die nach § 8 Abs. 1 Z 5 pflichtversicherten BezieherInnen eines Überbrückungsgeldes der Bauarbeiter-Urlaubs- und Abfertigungskasse.
(BGBl I 2013/137)

(2) § 35 Abs. 3 gilt entsprechend.

(3) Die im § 4 Abs. 1 Z 6 genannten Vorstandsmitglieder (Geschäftsleiter) sowie die den Heimarbeitern nach den jeweiligen gesetzlichen Vorschriften über die Heimarbeit arbeitsrechtlich gleichgestellten Personen (§ 4 Abs. 1 Z 7) haben die in den §§ 33 und 34 vorgeschriebenen Meldungen selbst zu erstatten. Die Bestimmungen der §§ 33 Abs. 1 und 34 Abs. 1 sind hiebei entsprechend anzuwenden.

(BGBl 1996/201, BGBl 1996/411, BGBl I 1997/139, BGBl I 2002/140)

Meldung nur unfallversicherter Personen

§ 37. Für die Meldungen der nur in der Unfallversicherung pflichtversicherten mit Ausnahme der im § 7 Z 3 lit. a und b und der im § 8 Abs. 1 Z 3 lit. a, h, i und l genannten Personen sind die Grundsätze der §§ 33 bis 35 und 36 Abs. 3 mit der Maßgabe entsprechend anzuwenden, daß die Meldungen beim zuständigen Träger der Unfallversicherung zu erstatten sind. Für die nach § 8 Abs. 1 Z 3 lit. a in der Unfallversicherung Pflichtversicherten sind die Meldungen beim Träger der Pensionsversicherung der in der gewerblichen Wirtschaft selbständig Erwerbstätigen zu erstatten, wobei die Bestimmungen der §§ 18 und 21 des Gewerblichen Sozialversicherungsgesetzes entsprechend anzuwenden sind. Das Nähere wird in der Satzung des Trägers der Unfallversicherung bestimmt.

(BGBl 1993/335, BGBl 1996/411, BGBl I 2007/101, BGBl I 2010/61)

Meldung nur pensionsversicherter Personen

§ 37a. Für die Meldung der nur in der Pensionsversicherung pflichtversicherten Personen sind die Grundsätze der §§ 33 bis 35 mit der Maßgabe entsprechend anzuwenden, daß die Meldung beim Träger der Pensionsversicherung zu erstatten ist.

Meldung der in der Zusatzversicherung Versicherten

§ 37b. Für die Meldungen der in der Zusatzversicherung in der Unfallversicherung gemäß § 22a Versicherten sind die Grundsätze der §§ 33 und 34 mit der Maßgabe entsprechend anzuwenden, daß die Meldungen von dem Rechtsträger, der die Einbeziehung in die Zusatzversicherung beantragt hat, bei der Allgemeinen Unfallversicherungsanstalt zu erstatten sind; das Nähere ist unter Bedachtnahme auf die besonderen Verhältnisse der in Betracht kommenden Versichertengruppen in der Satzung dieses Versicherungsträgers zu regeln.

Meldung über die Dauer des Präsenz- und Ausbildungsdienstes

§ 37c. Das Bundesministerium für Landesverteidigung hat für die im § 8 Abs. 1 Z 1 lit. c genannten Personen den Beginn, das Ende und die Art des Präsenz- und Ausbildungsdienstes sowie den Evidenzbereich dem Dachverband[a)] auf automationsunterstütztem Wege mitzuteilen. Das Nähere über die Art, den Umfang und den Zeitpunkt der Mitteilung hat der Bundesminister für Arbeit und Soziales im Einvernehmen mit dem Bundesminister für Landesverteidigung durch Verordnung festzusetzen.

[a)] Bis 31. Dezember 2019 „Hauptverband“.

(BGBl I 1998/30, BGBl I 2018/100)

Meldung über die Dauer des ordentlichen Zivildienstes

§ 37d. Das Bundesministerium für Inneres hat für die pflichtversicherten Zivildienstleistenden den Beginn, das Ende und die Art des ordentlichen Zivildienstes dem Dachverband[a)] auf automationsunterstütztem Wege mitzuteilen. Das Nähere über die Art, den Umfang und den Zeitpunkt der Mitteilung hat der Bundesminister für Arbeit und Soziales im Einvernehmen mit dem Bundesminister für Inneres durch Verordnung festzusetzen.

[a)] Bis 31. Dezember 2019 „Hauptverband“.

(BGBl 1996/411, BGBl I 2018/100)

Meldung in der Krankenversicherung der Pensionisten

§ 38. Die Träger der Pensionsversicherung haben alle für den Beginn und das Ende der Krankenversicherung des Pensionisten maßgebenden Umstände sowie jede für diese Versicherung bedeutsame Änderung dem zuständigen Träger der Krankenversicherung unverzüglich bekanntzugeben.

Meldung zur Pflichtversicherung der LeistungsbezieherInnen

§ 38a. Für Personen, die auf Grund eines Leistungsbezuges der Pflichtversicherung nach diesem Bundesgesetz unterliegen, haben die meldepflichtigen Stellen alle für den Beginn und das Ende der jeweiligen Pflichtversicherung maßgebenden Umstände sowie jede für diese Pflichtversicherung bedeutsame Änderung dem jeweils zuständigen Träger der Kranken-, Unfall- oder Pensionsversicherung unverzüglich bekanntzugeben.

(BGBl I 2018/30)

Meldung der freiwillig Versicherten

§ 39. Die nach den §§ 16 bis 20 freiwillig Versicherten haben alle für die Versicherung bedeutsamen Änderungen dem zuständigen Versicherungsträger binnen einer Woche zu melden. Die gemäß § 19a Selbstversicherten haben die Meldungen dem zuständigen Krankenversicherungsträger zu erstatten. Diese Meldungen wirken auch für den Bereich der Pensionsversicherung.

Meldung der Zahlungsempfänger (Leistungswerber)

§ 40. (1) Die Zahlungsempfänger (§ 106) sind verpflichtet, jede Änderung in den für den Fortbestand der Bezugsberechtigung maßgebenden Verhältnissen sowie jede Änderung ihres Wohnsitzes bzw. des Wohnsitzes des Anspruchsberechtigten, soweit im folgenden nichts anderes bestimmt wird, binnen zwei Wochen dem zuständigen Versicherungsträger anzuzeigen. Personen, die Anspruch haben

1. auf Kranken- oder Wochen- oder Rehabilitations- oder Wiedereingliederungsgeld,

   (BGBl I 2015/2, BGBl I 2017/30)

2. auf Pensionen aus der Pensionsversicherung mit Ausnahme der Ansprüche auf Knappschaftspensionen und Knappschaftssold sowie Waisenpensionen,

haben während des Leistungsbezuges jede Aufnahme einer Erwerbstätigkeit sowie die Höhe des Erwerbseinkommens und jede Änderung der Höhe des Erwerbseinkommens binnen sieben Tagen zu melden, soweit dies für den Fortbestand und das Ausmaß der Bezugsberechtigung maßgebend ist. Einkommensänderungen, die auf Grund der alljährlichen Rentenanpassung in der Kriegsopfer- und Heeresversorgung bewirkt werden, unterliegen nicht der Anzeigeverpflichtung.

(2) Abs. 1 gilt auch für Personen,

1. die eine Leistung aus einem Versicherungsfall des Alters, der geminderten Arbeitsfähigkeit oder des Todes beantragt haben, wenn sie vom Versicherungsträger nachweislich über den Umfang ihrer Meldeverpflichtung belehrt wurden;
2. (aufgehoben)

   (BGBl I 2003/71)

(BGBl 1993/335)

(3) Durch die Krankenordnung sind nähere Regelungen über die Meldungen nach Abs. 1 Z 1 zu treffen.

(BGBl I 2015/2)

Form der Meldungen

§ 41. (1) Die Meldungen nach § 33 Abs. 1 und 2 sowie nach § 34 Abs. 1 und 2 sind mittels elektronischer Datenfernübertragung in den vom Hauptverband festgelegten einheitlichen Datensätzen (§ 31 Abs. 4 Z 6) zu erstatten.

(BGBl 1994/20, BGBl I 2015/79)

(1)[a] Die Meldungen nach § 33 Abs. 1 und 2 sowie nach § 34 Abs. 1 und 2 sind mittels elektronischer Datenfernübertragung in den vom Dachverband festgelegten einheitlichen Datensätzen (§ 30c Abs. 1 Z 3) zu erstatten.

(BGBl 1994/20, BGBl I 2015/79, BGBl I 2018/100)

[a] Tritt mit 1. Jänner 2020 in Kraft.

(2) (aufgehoben)

(BGBl 1994/314, BGBl I 2004/152, BGBl I 2002/100, BGBl I 2007/31)

(3) Das Einlangen der Meldungen ist mittels elektronischer Datenfernübertragung zu bestätigen.

(BGBl 1994/20)

(4) Meldungen außerhalb elektronischer Datenfernübertragung gelten nur dann als erstattet, wenn sie gemäß den Richtlinien nach „§ 31 Abs. 5 Z 29"[a] erfolgen. Diese Richtlinien haben für Meldungen durch natürliche Personen im Rahmen von Privathaushalten

(BGBl I 2018/100)

[a] Ab 1. Jänner 2020: „§ 30a Abs. 1 Z 29".

1. andere Meldungsarten insbesondere dann zuzulassen, wenn
   a) eine Meldung mittels Datenfernübertragung unzumutbar ist;
   b) die Meldung nachweisbar durch unverschuldeten Ausfall eines wesentlichen Teiles der Datenfernübertragungseinrichtung technisch ausgeschlossen war;
2. eine Reihenfolge anderer Meldungsarten festzulegen, wobei nachrangige Meldungsarten nur dann zuzulassen sind, wenn vorrangige für den Dienstgeber wirtschaftlich unzumutbar sind.

Für die Anmeldung nach § 33 Abs. 1a Z 1 ist in den Richtlinien auch die telefonische Meldung und die Meldung mit Telefax vorzusehen.

(BGBl I 2004/152, BGBl I 2007/31, BGBl I 2013/138, BGBl I 2015/79, BGBl I 2015/113, BGBl I 2018/100)

(5) Zwei Abschriften der bestätigten, vollständigen An(Ab)meldung sind dem Dienstgeber zu übermitteln. Eine Abschrift ist vom Dienstgeber unverzüglich an den Dienstnehmer weiterzugeben.

(BGBl I 2004/152, BGBl I 2007/31)

(6) Die Meldung nach § 35 Abs. 4 lit. c wird bei Personen, die dem Dienstleistungsscheckgesetz unterliegen, durch die Übermittlung des Dienstleistungsschecks sowie eines allfälligen Beiblattes im Sinne des § 3 Abs. 3 DLSG erfüllt.

(BGBl I 2005/45)

(BGBl 1996/201)

Sozialversicherungsprüfung

§ 41a. (1) Die Krankenversicherungsträger (§ 23 Abs. 1) haben die Einhaltung aller für das Versicherungsverhältnis maßgebenden Tatsachen zu prüfen (Sozialversicherungsprüfung). Hiezu gehört insbesondere

- die Prüfung der Einhaltung der Meldeverpflichtungen in allen Versicherungs- und Beitragsangelegenheiten und der Beitragsabrechnung,
- die Prüfung der Grundlagen von Geldleistungen (Krankengeld, Wochengeld, Arbeitslosengeld usw.),
- die Beratung in Fragen von Melde-, Versicherungs- und Beitragsangelegenheiten.

(2) Sind für einen Dienstgeber mehrere Krankenversicherungsträger zuständig, so hat die Sozialversicherungsprüfung jener Krankenversicherungsträger durchzuführen, in dessen Bereich sich die Betriebsstätte im Sinne des § 81 des Einkommensteuergesetzes 1988 befindet.

(3) Gemeinsam mit der Sozialversicherungsprüfung ist vom Krankenversicherungsträger auch

die Lohnsteuerprüfung nach § 86 des Einkommensteuergesetzes 1988 durchzuführen. Der Prüfungsauftrag ist von jenem Krankenversicherungsträger zu erteilen, der die Prüfung durchführen wird.

(4) Für die Sozialversicherungsprüfung gelten die für Außenprüfungen (§ 147 der Bundesabgabenordnung) maßgeblichen Vorschriften der Bundesabgabenordnung. Bei der Durchführung der Lohnsteuerprüfung (§ 86 EStG 1988) ist das Prüforgan des Krankenversicherungsträgers als Organ des für die Lohnsteuerprüfung zuständigen Finanzamtes tätig. Das Finanzamt ist von der Prüfung und vom Inhalt des Prüfungsberichtes oder der aufgenommenen Niederschrift zu verständigen.

(BGBl I 2009/83)

(5) Die Krankenversicherungsträger (§ 23 Abs. 1) haben den Finanzämtern der Betriebsstätte (§ 81 EStG 1988) und den Gemeinden alle für das Versicherungsverhältnis und die Beitragsentrichtung bedeutsamen Daten zur Verfügung zu stellen. Diese Daten dürfen nur in der Art und dem Umfang verarbeitet werden, als dies zur Wahrnehmung der gesetzlich übertragenen Aufgaben eine wesentliche Voraussetzung ist. Die Verarbeitung nicht notwendiger personenbezogener Daten (Ballastwissen, Überschusswissen) ist unzulässig. Personenbezogene Daten, die mit an Sicherheit grenzender Wahrscheinlichkeit nicht mehr benötigt werden, sind möglichst rasch zu löschen.

(BGBl I 2018/37)

(BGBl I 2002/132)

Sozialversicherungsprüfung

§ 41a.[a] (1) Die Prüfung der Einhaltung aller für das Versicherungsverhältnis maßgebenden Tatsachen (Sozialversicherungsprüfung) obliegt dem Finanzamt der Betriebsstätte (§ 81 EStG 1988). Es hat sich für die Durchführung der Prüfung des Prüfdienstes für lohnabhängige Abgaben und Beiträge gemäß dem Bundesgesetz über die Prüfung lohnabhängiger Abgaben und Beiträge zu bedienen. Zur Sozialversicherungsprüfung gehört insbesondere

- die Prüfung der Einhaltung der Meldeverpflichtungen in allen Versicherungs- und Beitragsangelegenheiten und der Beitragsabrechnung,
- die Prüfung der Grundlagen von Geldleistungen (Krankengeld, Wochengeld, Arbeitslosengeld usw.),
- die Beratung in Fragen von Melde-, Versicherungs- und Beitragsangelegenheiten.

(BGBl I 2018/98)

(2) Die Österreichische Gesundheitskasse hat den Finanzämtern der Betriebsstätte (§ 81 EStG 1988) und den Gemeinden alle für das Versicherungsverhältnis und die Beitragsentrichtung bedeutsamen Daten zur Verfügung zu stellen. Diese Daten dürfen nur in der Art und dem Umfang verarbeitet werden, als dies zur Wahrnehmung der gesetzlich übertragenen Aufgaben eine wesentliche Voraussetzung ist. Die Verarbeitung nicht notwendiger personenbezogener Daten (Ballastwissen, Überschusswissen) ist unzulässig. Personenbezogene Daten, die mit an Sicherheit grenzender Wahrscheinlichkeit nicht mehr benötigt werden, sind möglichst rasch zu löschen.

(BGBl I 2018/37, BGBl I 2018/98)

(BGBl I 2002/132)

---

[a] Tritt mit 1. Jänner 2020 in Kraft.

Auskünfte zwischen Versicherungsträgern und Dienstgebern

§ 42. (1) Auf Anfrage des Versicherungsträgers haben

1. die Dienstgeber,
2. Personen, die Geld- bzw. Sachbezüge gemäß § 49 Abs. 1 und 2 leisten oder geleistet haben, unabhängig davon, ob der Empfänger als Dienstnehmer tätig war oder nicht,
3. sonstige meldepflichtige Personen und Stellen (§ 36),
4. im Fall einer Bevollmächtigung nach § 35 Abs. 3 oder § 36 Abs. 2 auch die Bevollmächtigten,

längstens binnen 14 Tagen wahrheitsgemäß Auskunft über alle für das Versicherungsverhältnis maßgebenden Umstände zu erteilen. Weiters haben sie den gehörig ausgewiesenen Bediensteten der Versicherungsträger während der Betriebszeit Einsicht in alle Geschäftsbücher und Belege sowie sonstige Aufzeichnungen zu gewähren, die für das Versicherungsverhältnis von Bedeutung sind. Die Versicherungsträger sind überdies ermächtigt, den Dienstgebern alle Informationen über die bei ihnen beschäftigten oder beschäftigt gewesenen Dienstnehmer zu erteilen, soweit die Dienstgeber diese Informationen für die Erfüllung der Verpflichtungen benötigen, die ihnen in sozialversicherungs- und arbeitsrechtlicher Hinsicht aus dem Beschäftigungsverhältnis der bei ihnen beschäftigten oder beschäftigt gewesenen Dienstnehmer erwachsen.

(BGBl 1996/411)

(1a) Besteht der begründete Verdacht auf das Vorliegen eines Verhaltens, das Sozialbetrug im Sinne des § 2 SBBG darstellt, oder auf das Vorliegen eines Scheinunternehmens nach § 8 SBBG, so sind

1. die Bediensteten der Versicherungsträger berechtigt,
   a) zur Durchführung ihrer Aufgaben die Betriebsstätten sowie die Aufenthaltsräume der DienstnehmerInnen zu betreten;
   b) die zur Durchführung ihrer Aufgaben erforderlichen Auskünfte von allen auf der Betriebsstätte anwesenden Personen, die mit Arbeiten an der Betriebsstätte beschäftigt sind, einzuholen;
2. die DienstnehmerInnen verpflichtet, auf Verlangen der Bediensteten der Versicherungsträger ihre Ausweise oder sonstigen Unterla-

gen zur Feststellung ihrer Identität vorzuzeigen;

3. die Dienstgeber oder ihre Bevollmächtigten verpflichtet, den Bediensteten der Versicherungsträger die zur Durchführung ihrer Aufgaben erforderlichen Auskünfte zu erteilen.

Der Dienstgeber hat dafür zu sorgen, dass bei seiner Abwesenheit von der Betriebsstätte eine dort anwesende Person den Bediensteten der Versicherungsträger die erforderlichen Auskünfte nach Z 3 erteilt und Einsicht in die erforderlichen Unterlagen gewährt.

(BGBl I 2015/113)

(2) Die Bezirksverwaltungsbehörde kann auf Antrag des Versicherungsträgers die nach Abs. 1 auskunftspflichtigen Personen (Stellen) zur Erfüllung der dort angeführten Pflichten verhalten. Entstehen durch diese Maßnahmen der Bezirksverwaltungsbehörde dem Versicherungsträger besondere Auslagen (Kosten von Sachverständigen, Buchprüfern, Reiseauslagen u. dgl.), so kann die Bezirksverwaltungsbehörde diese Auslagen auf Antrag des Versicherungsträgers der auskunftspflichtigen Person (Stelle) auferlegen, wenn sie durch Vernachlässigung der ihr auferlegten Pflichten entstanden sind. Diese Auslagen sind wie Beiträge einzutreiben.

(3) Reichen die zur Verfügung stehenden Unterlagen für die Beurteilung der für das Versicherungsverhältnis maßgebenden Umstände nicht aus, so ist der Versicherungsträger berechtigt, diese Umstände aufgrund anderer Ermittlungen oder unter Heranziehung von Daten anderer Versicherungsverhältnisse bei demselben Dienstgeber sowie von Daten gleichartiger oder ähnlicher Betriebe festzustellen. Der Versicherungsträger kann insbesondere die Höhe von Trinkgeldern, wenn solche in gleichartigen oder ähnlichen Betrieben üblich sind, anhand von Schätzwerten ermitteln.

(4) Die Versicherungsträger sind berechtigt, die zuständigen Behörden zu verständigen, wenn sie im Rahmen ihrer Tätigkeit zu dem begründeten Verdacht gelangen, daß eine Übertretung arbeitsrechtlicher, gewerberechtlicher oder steuerrechtlicher Vorschriften vorliegt.

(BGBl 1996/201)

Besondere Auskunftspflicht der Inhaber (Bevollmächtigten) von knappschaftlichen und diesen gleichgestellten Betrieben

§ 42a. Die Inhaber (Bevollmächtigten) von knappschaftlichen und diesen gleichgestellten Betrieben sind verpflichtet, der Versicherungsanstalt für Eisenbahnen und Bergbau jene nichtknappschaftlichen Betriebe bekanntzugeben, die mit Arbeiten im Bereich des knappschaftlichen oder gleichgestellten Betriebes befaßt sind; sie sind ferner verpflichtet, der Versicherungsanstalt des österreichischen Bergbaues alle für die Feststellung der Versicherungszugehörigkeit nach § 15 Abs. 4 erforderlichen Auskünfte über die Art der im Bereich des knappschaftlichen oder gleichgestellten Betriebes vergebenen Arbeiten zu erteilen. § 42 gilt entsprechend.

(BGBl I 2003/145)

Besondere Auskunftspflicht der Inhaber (Bevollmächtigten) von knappschaftlichen und diesen gleichgestellten Betrieben

§ 42a.[a)] Die Inhaber (Bevollmächtigten) von knappschaftlichen und diesen gleichgestellten Betrieben sind verpflichtet, der Versicherungsanstalt öffentlich Bediensteter, Eisenbahnen und Bergbau jene nichtknappschaftlichen Betriebe bekanntzugeben, die mit Arbeiten im Bereich des knappschaftlichen oder gleichgestellten Betriebes befaßt sind; sie sind ferner verpflichtet, der Versicherungsanstalt des österreichischen Bergbaues alle für die Feststellung der Versicherungszugehörigkeit nach § 15 Abs. 4 erforderlichen Auskünfte über die Art der im Bereich des knappschaftlichen oder gleichgestellten Betriebes vergebenen Arbeiten zu erteilen. § 42 gilt entsprechend.

(BGBl I 2003/145, BGBl I 2018/100)

---
a) Tritt mit 1. Jänner 2020 in Kraft.

Risiko- und Auffälligkeitsanalyse

§ 42b. (1) Die Krankenversicherungsträger haben zur Ergreifung von Maßnahmen gegen den Versicherungsmissbrauch sowie zur Sicherstellung des Versicherungsschutzes Risiko- und Auffälligkeitsanalysen im Dienstgeber- und Dienstnehmer/innenbereich durchzuführen. Dabei ist unter Verarbeitung der in der Anlage 14 genannten Versicherten- und Dienstgeberdaten nach folgenden Gesichtspunkten zu prüfen:

1. für den Dienstgeberbereich: insbesondere Schwarzarbeitsverdacht, Scheinanmeldung, Versichertenströme, Dienstgeberzusammenhänge, Insolvenzgefahr sowie Melde- und Beitragszahlungsverhalten;
2. für den Dienstnehmer/innenbereich: Verdacht auf missbräuchliche Inanspruchnahme von Leistungen, insbesondere aus dem Versicherungsfall der Arbeitsunfähigkeit infolge Krankheit; Verdacht auf missbräuchlichen Bezug von Heilmitteln, Hilfsmitteln und Heilbehelfen; Verdacht auf missbräuchliche Verwendung der e-card.

(BGBl I 2018/37, BGBl I 2018/53)

(2) Die Oberösterreichische Gebietskrankenkasse hat als Kompetenzzentrum die in Abs. 1 Z 1 genannten Analysen zu verknüpfen und die Ergebnisse dieser Verknüpfung allen beteiligten Krankenversicherungsträgern, den Abgabenbehörden des Bundes und dem Hauptverband zur Verfügung zu stellen. Soweit die Verarbeitung personenbezogener Daten nicht zwingend geboten ist, sind die Ergebnisse der Datenverarbeitungen zum technisch und organisatorisch frühestmöglichen Zeitpunkt zu pseudonymisieren.

(BGBl I 2018/37, BGBl I 2018/53)

(2)[a] Die Österreichische Gesundheitskasse hat als Kompetenzzentrum die in Abs. 1 Z 1 genannten Analysen zu verknüpfen und die Ergebnisse dieser Verknüpfung allen beteiligten Krankenversicherungsträgern, den Abgabenbehörden des Bundes und dem Dachverband zur Verfügung zu stellen. Soweit die Verarbeitung personenbezogener Daten nicht zwingend geboten ist, sind die Ergebnisse der Datenverarbeitungen zum technisch und organisatorisch frühestmöglichen Zeitpunkt zu pseudonymisieren.

(BGBl I 2018/37, BGBl I 2018/53, BGBl I 2018/100)

---
[a] Tritt mit 1. Jänner 2020 in Kraft.

(3) Die Abgabenbehörden des Bundes sind verpflichtet, den Krankenversicherungsträgern zur Durchführung der in Abs. 1 Z 1 genannten Analysen die Daten der Umsatzsteuer zu übermitteln. Der Bundesminister für Finanzen regelt im Einvernehmen mit dem Bundesminister für Arbeit, Soziales und Konsumentenschutz das Verfahren der Übermittlung, den Inhalt der Meldungen und das Verfahren des Datenträgeraustausches sowie der automationsunterstützten Datenübermittlung, mit Verordnung.

(BGBl I 2018/53)

(4) Die Krankenversicherungsträger führen die Risiko- und Auffälligkeitsanalyse nach Abs. 1 Z 1 als gemeinsam für die Verarbeitung Verantwortliche nach Art. 26 DSGVO. Die Oberösterreichische Gebietskrankenkasse ist Auftragsverarbeiter im Sinne des Art. 4 Z 8 DSGVO. Die Datenbank ist so auszugestalten, dass eine Weitergabe von Daten nach Abs. 1 auf konkrete Krankenversicherungsträger, Abgabenbehörden des Bundes oder den Hauptverband beschränkt werden kann.

(BGBl I 2018/37, BGBl I 2018/53)

(4)[a] Die Krankenversicherungsträger führen die Risiko- und Auffälligkeitsanalyse nach Abs. 1 Z 1 als gemeinsam für die Verarbeitung Verantwortliche nach Art. 26 DSGVO. Die Österreichische Gesundheitskasse ist Auftragsverarbeiter im Sinne des Art. 4 Z 8 DSGVO. Die Datenbank ist so auszugestalten, dass eine Weitergabe von Daten nach Abs. 1 Z 1 auf konkrete Krankenversicherungsträger, Abgabenbehörden des Bundes oder den Dachverband beschränkt werden kann.

(BGBl I 2018/37, BGBl I 2018/53, BGBl I 2018/100)

---
[a] Tritt mit 1. Jänner 2020 in Kraft.

(5) Das Nähere über die notwendigen Sicherheitsmaßnahmen bei der Verarbeitung der jeweiligen personenbezogenen Daten nach den Abs. 1 und 2 ist vom Hauptverband in der Datenschutzverordnung nach § 31 Abs. 12 festzulegen. Der Hauptverband ist dabei im übertragenen Wirkungsbereich tätig und an die Weisungen des Bundesministers für Arbeit, Soziales und Konsumentenschutz gebunden.

(BGBl I 2015/162, BGBl I 2018/37)

(5)[a] Das Nähere über die notwendigen Sicherheitsmaßnahmen bei der Verarbeitung der jeweiligen personenbezogenen Daten nach den Abs. 1 und 2 ist vom Dachverband in der Datenschutzverordnung nach § 30d Abs. 2 festzulegen. Der Dachverband ist dabei im übertragenen Wirkungsbereich tätig und an die Weisungen des Bundesministers für Arbeit, Soziales und Konsumentenschutz gebunden.

(BGBl I 2015/162, BGBl I 2018/37, BGBl I 2018/100)

---
[a] Tritt mit 1. Jänner 2020 in Kraft.

(BGBl I 2015/113, BGBl I 2018/53)

Auskunftspflicht der Versicherten und der Zahlungs(Leistungs)empfänger

§ 43. (1) Die Versicherten sowie die Zahlungs-(Leistungs-)empfänger/innen sind verpflichtet, den Versicherungsträgern über alle für das Versicherungsverhältnis, für die Beitragspflicht und für die Prüfung oder die Durchsetzung von Ansprüchen nach den §§ 332 ff. maßgebenden Umstände längstens binnen 14 Tagen wahrheitsgemäß Auskunft zu erteilen.

(BGBl I 1998/138, BGBl I 2010/102)

(2) Die gemäß § 4 Abs. 4 versicherten Personen sind verpflichtet, dem Dienstgeber im Sinne des § 4 Abs. 4 Z 1 und 2 Auskunft über das Bestehen einer die Pflichtversicherung gemäß § 4 Abs. 4 ausschließenden anderen Pflichtversicherung auf Grund ein und derselben Tätigkeit zu erteilen. Die §§ 111 bis 113 sind anzuwenden.

(BGBl I 1998/138)

(3) Die Versicherten sind verpflichtet, dem Krankenversicherungsträger über alle für die Einhebung des Zusatzbeitrages für Angehörige (§ 51d) maßgebenden Umstände Auskunft zu erteilen.

(BGBl I 2000/142)

(4) Die Versicherten sind verpflichtet, zur Auskunftserteilung über die Beschäftigung bei einem rechtskräftig als Scheinunternehmen nach § 35a festgestellten Unternehmen binnen sechs Wochen nach schriftlicher Aufforderung persönlich beim Krankenversicherungsträger zu erscheinen.

(BGBl I 2015/113)

(BGBl 1996/411, BGBl I 1997/139)

Auskunftspflicht der Versicherungsträger

§ 43a. Der zuständige Krankenversicherungsträger (§ 23 Abs. 1) hat auf Anfrage der Beteiligten im Sinne des § 42 Abs. 1 Z 1 bis 4 schriftlich darüber Auskunft zu geben, ob und inwieweit im einzelnen Fall die Vorschriften über das Melde-, Versicherungs- und Beitragswesen anzuwenden sind. Die Auskunft hat mit Rücksicht auf die Auswirkungen für den Versicherten tunlichst innerhalb der in § 42 Abs. 1 genannten Frist zu erfolgen.

(BGBl I 2002/132)

Abschnitt V
Mittel der Sozialversicherung

1. Unterabschnitt
Beiträge zur Pflichtversicherung auf Grund des Arbeitsverdienstes (Erwerbseinkommens)

Allgemeine Beitragsgrundlage, Entgelt

§ 44. (1) Grundlage für die Bemessung der allgemeinen Beiträge (allgemeine Beitragsgrundlage) ist für Pflichtversicherte, sofern im folgenden nichts anderes bestimmt wird, der im Beitragszeitraum gebührende auf Cent gerundete Arbeitsverdienst mit Ausnahme allfälliger Sonderzahlungen nach § 49 Abs. 2. Als Arbeitsverdienst in diesem Sinne gilt:

1. bei den pflichtversicherten Dienstnehmern und Lehrlingen das Entgelt im Sinne des § 49 Abs. 1, 3, 4 und 6;

   (BGBl 1996/201, BGBl 1996/411, BGBl I 1997/139)

2. bei den in einem Ausbildungsverhältnis stehenden Pflichtversicherten (§ 4 Abs. 1 Z 4 und 5), und bei den nach § 4 Abs. 1 Z 9 Pflichtversicherten die Bezüge, die der Versicherte vom Träger der Einrichtung, in der die Ausbildung erfolgt, bzw. von der Entwicklungshilfeorganisation für die Dauer der Beschäftigung oder Ausbildung erhält;

   (BGBl I 2005/132)

3. bei den nach § 7 Z 3 lit. c in der Unfallversicherung teilversicherten öffentlichen Verwaltern das Erwerbseinkommen, das diese Personen aus der die Pflichtversicherung begründenden Beschäftigung erzielen;

   (BGBl I 1997/139)

4. bei den Heimarbeitern und den diesen gleichgestellten Personen (§ 4 Abs. 1 Z 7) das aus der Heimarbeit gebührende Entgelt im Sinne des § 49 Abs. 5;

5. bei den nach § 8 Abs. 1 Z 2 lit. i pflichtversicherten Personen der nach § 3a Abs. 5 des Lehrbeauftragtengesetzes gebührende Beitrag;

   (BGBl I 1997/139, BGBl I 2009/83)

6. bei den nach § 4 Abs. 1 Z 6 pflichtversicherten Personen die Bezüge, die diese Personen aus der die Pflichtversicherung begründenden Tätigkeit erzielen;

   (BGBl I 1997/139)

7. bei den nach § 8 Abs. 1 Z 1 lit. e pflichtversicherten Personen das Monatsgeld, die Dienstgradzulage, die Anerkennungsprämie, die Monatsprämie, die Einsatzvergütung, die Ausbildungsprämie, die Journaldienstvergütung und die Auslandsübungszulage nach dem Heeresgebührengesetz 2001, BGBl. I Nr. 31;

   (BGBl 1993/335, BGBl I 2002/1, BGBl I 2010/111)

8. bei den nach § 4 Abs. 1 Z 10 pflichtversicherten Personen der Ausbildungsbeitrag (§ 2c Abs. 2 und 3 des Vertragsbedienstetengesetzes 1948, BGBl. Nr. 86);

8a. bei den nach § 4 Abs. 1 Z 11 pflichtversicherten Personen der Betrag nach § 5 Abs. 2;

   (BGBl I 2012/17, BGBl I 2015/79)

9. bei den nach § 4 Abs. 1 Z 12 pflichtversicherten Personen die Geldleistung gemäß § 4 Abs. 1 des Militärberufsförderungsgesetzes;

   (BGBl 1996/411)

10. bei Dienstnehmern, für die dem Dienstgeber ein Altersteilzeitgeld, eine Altersteilzeitbeihilfe oder eine Beihilfe zum Solidaritätsprämienmodell gewährt wird – abweichend von Z 1 –, die Beitragsgrundlage vor Herabsetzung der Normalarbeitszeit;

   (BGBl I 1999/179, BGBl I 2000/2, BGBl I 2001/99)

11. bei den nach § 8 Abs. 1 Z 2 lit. h pflichtversicherten Personen der Ausbildungsbeitrag nach § 6f des Bundesgesetzes über die Abgeltung von wissenschaftlichen und künstlerischen Tätigkeiten an Universitäten und Universitäten der Künste einschließlich einer gesonderten Abgeltung für die Mitwirkung an der Durchführung der Aufgaben der Universität (Universität der Künste) im Rahmen der Teilrechtsfähigkeit;

   (BGBl I 2001/99, BGBl I 2004/142)

12. bei den nach § 8 Abs. 1 Z 2 lit. a pflichtversicherten Wochengeld-Anspruchsberechtigten das Dreißigfache des Wochengeldes;

   (BGBl I 2004/142)

13. bei den nach § 8 Abs. 1 Z 2 lit. b pflichtversicherten BezieherInnen einer Geldleistung und Personen, welche die Notstandshilfe oder erweiterte Überbrückungshilfe ab dem Jahr 2005 ausschließlich wegen Anrechnung des Einkommens des Partners/der Partnerin nicht beziehen können

    a) bei Bezug von Arbeitslosengeld oder Überbrückungshilfe oder Übergangsgeld oder Weiterbildungsgeld für jeden Tag des Leistungsbezuges jeweils ein Dreißigstel von 70 % der Bemessungsgrundlage nach § 21 AlVG;

    b) bei Bezug von Notstandshilfe oder erweiterter Überbrückungshilfe sowie bei Nichtbezug von Notstandshilfe oder erweiterter Überbrückungshilfe ausschließlich wegen Anrechnung des Einkommens des Partners/der Partnerin 92 % des Wertes nach lit. a;

    c) bei Ruhen des Anspruches auf Arbeitslosengeld oder Überbrückungshilfe oder Notstandshilfe oder erweiterte Überbrückungshilfe für Zeiten des Anspruches auf Urlaubsentschädigung nach § 16 Abs. 1 lit. l AlVG, in denen keine Pflichtversicherung in der Sozialversicherung besteht, 70 % des durchschnittlichen monatlichen Entgelts (§ 49), ermittelt aus der letzten vor dem Ruhen liegenden Jahresbeitragsgrundlage;

d) bei Bezug einer Sonderunterstützung nach dem Sonderunterstützungsgesetz oder eines Bildungsteilzeitgeldes oder einer Beihilfe zur Deckung des Lebensunterhaltes (auch in Form eines Fachkräftestipendiums) diese Geldleistung;

(BGBl I 2013/67)

(BGBl I 2004/142)

14. bei den nach § 8 Abs. 1 Z 2 lit. c pflichtversicherten Bezieher/inne/n von Krankengeld sowie den nach § 8 Abs. 1 Z 1 lit. d pflichtversicherten Bezieher/inne/n von Rehabilitationsgeld das Dreißigfache der Bemessungsgrundlage nach § 125 oder – soweit es sich um Krankengeldbezug von Personen nach § 8 Abs. 1 Z 2 lit. b handelt – das für die jeweilige Leistung nach Z 13 lit. a bis d Geltende oder – soweit es sich um den Krankengeldbezug von Selbstversicherten handelt, die nach § 19a Abs. 6 als Pflichtversicherte gelten – der Betrag nach § 5 Abs. 2,

(BGBl I 2004/142, BGBl I 2005/132, BGBl I 2013/3, BGBl I 2015/79)

14a. bei den nach § 8 Abs. 1 Z 2 lit. c pflichtversicherten Bezieher/inne/n von Wiedereingliederungsgeld das Dreißigfache der Bemessungsgrundlage nach § 125 abzüglich des auf Grund der Wiedereingliederungsteilzeit herabgesetzten Entgelts,

(BGBl I 2017/30)

15. bei den nach § 8 Abs. 1 Z 2 lit. d sublit. aa pflichtversicherten Präsenz- oder Ausbildungsdienst Leistenden 1 350 €[a)];

(BGBl I 2004/142)

15a. bei den nach § 8 Abs. 1 Z 2 lit. d sublit. bb pflichtversicherten Ausbildungsdienst Leistenden, 133 % des Monatsgeldes, der Dienstgradzulage, der Anerkennungsprämie, der Monatsprämie, der Einsatzvergütung, der Ausbildungsprämie, der Journaldienstvergütung und der Auslandsübungszulage nach dem Heeresgebührengesetz 2001;

(BGBl I 2004/142, BGBl I 2010/111)

16. bei den nach § 8 Abs. 1 Z 2 lit. e pflichtversicherten Zivildienstleistenden 1 350 €[a)];

(BGBl I 2004/142, BGBl I 2015/144)

17. bei den nach § 8 Abs. 1 Z 2 lit. f pflichtversicherten ÜbergangsgeldbezieherInnen das Übergangsgeld;

(BGBl I 2004/142)

18. bei den nach § 8 Abs. 1 Z 2 lit. g pflichtversicherten Erziehenden 1 350 €[a)];

(BGBl I 2004/142, BGBl I 2013/138)

19. bei den nach § 8 Abs. 1 Z 2 lit. j Pflichtversicherten das aliquote Pflegekarenzgeld sowie die Kinderzuschläge nach § 21c des Bundespflegegeldgesetzes;

(BGBl I 2013/137, BGBl I 2013/138)

19a. bei den nach § 8 Abs. 1 Z 2 lit. k Pflichtversicherten der Familienzeitbonus;

(BGBl I 2016/53)

19b. bei den nach § 8 Abs. 1 Z 4a pflichtversicherten Personen der Betrag nach § 5 Abs. 2;

(BGBl I 2015/144, BGBl I 2016/53)

20. bei den nach § 8 Abs. 1 Z 5 Pflichtversicherten das Überbrückungsgeld.

(BGBl I 2013/137)

An die Stelle des in den Z 15, 16 und 18 genannten Betrages[a)] tritt ab 1. Jänner eines jeden Jahres, erstmals ab 1. Jänner 2006, der unter Bedachtnahme auf § 108 Abs. 6 mit der jeweiligen Aufwertungszahl (§ 108a Abs. 1) vervielfachte Betrag.

[a)] Betrag siehe VO über veränderliche Werte.

(BGBl I 2001/67, BGBl I 2007/31, BGBl I 2009/83)

(2) Beitragszeitraum ist der Kalendermonat, der einheitlich mit 30 Tagen anzunehmen ist.

(BGBl 1994/680, BGBl 1996/411, BGBl I 1997/139, BGBl I 1998/138, BGBl I 2015/79)

(3) Der Versicherungsträger kann nach Anhörung der in Betracht kommenden Interessenvertretungen der Dienstnehmer und der Dienstgeber festsetzen, daß bei bestimmten Gruppen von Versicherten, die üblicherweise Trinkgelder erhalten, diese Trinkgelder der Bemessung der Beiträge pauschaliert zugrunde zu legen sind. Die Festsetzung hat unter Bedachtnahme auf die durchschnittliche Höhe der Trinkgelder, wie sie erfahrungsgemäß den Versicherten in dem betreffenden Erwerbszweig zufließen, zu erfolgen. Bei der Festsetzung ist auf Umstände, die erfahrungsgemäß auf die Höhe der Trinkgelder Einfluß haben (zB regionale Unterschiede, Standort und Größe der Betriebe, Art der Tätigkeit) Bedacht zu nehmen. Derartige Festsetzungen sind im Internet zu verlautbaren und haben sodann verbindliche Wirkung.

(BGBl 1996/600, BGBl 1996/764, BGBl I 2002/1)

(4) Zur allgemeinen Beitragsgrundlage gehören bei den in einem Ausbildungsverhältnis stehenden Pflichtversicherten (§ 4 Abs. 1 Z 4 und 5) nicht Bezüge im Sinne des § 49 Abs. 3 und 4.

(BGBl 1996/600, BGBl 1996/764, BGBl I 1997/139)

(5) Die allgemeine Beitragsgrundlage erhöht sich um den Betrag der auf den Versicherten entfallenden Beiträge zu einer nach diesem Bundesgesetz geregelten Versicherung sowie der auf den Versicherten entfallenden Abgaben, soweit diese vom Dienstgeber zur Zahlung übernommen werden.

(6) Als täglicher Arbeitsverdienst ist anzunehmen:

a) bei Pflichtversicherten nach § 4 Abs. 1 Z 8 und bei Pflichtversicherten nach § 8 Abs. 1 Z 2, die Umschulungsgeld beziehen, der Betrag von 50,07 €[a)];

(BGBl I 1997/139, BGBl I 2000/142, BGBl I 2001/67, BGBl I 2013/3, BGBl I 2015/2)

b) bei Pflichtversicherten nach § 8 Abs. 1 Z 4 der Betrag von 26,16 €[a)];

(BGBl I 2000/142, BGBl I 2001/67)

c) bei Pflichtversicherten, die kein Entgelt oder keine Bezüge der im Abs. 1 Z 2 bezeichneten Art erhalten, der Betrag von 18,60 €[a)].

(BGBl I 2000/142, BGBl I 2001/67)

[a)] Beträge siehe VO über veränderliche Werte.

An Stelle dieser Beträge treten ab Beginn eines jeden Beitragsjahres (§ 242 Abs. 10) die unter Bedachtnahme auf § 108 Abs. 6 mit der jeweiligen Aufwertungszahl (§ 108a Abs. 1) vervielfachten Beträge.

(BGBl 1993/335, BGBl I 1998/138, BGBl I 2004/142)

(7) Im Falle einer abweichenden Vereinbarung der Arbeitszeit gilt das Entgelt für jene Zeiträume als erworben, die der Versicherte eingearbeitet hat. Dies gilt auch dann, wenn bei Durchrechnung der Normalarbeitszeit gemäß § 4 Abs. 4 und 6 des Arbeitszeitgesetzes festgelegt ist, daß der Dienstnehmer nach der jeweils tatsächlich geleisteten Arbeitszeit entlohnt wird.

(BGBl I 1997/139)

(8) Gebührt Versicherten gemäß § 4 Abs. 4 der Arbeitsverdienst für längere Zeiträume als einen Kalendermonat, so ist der im Beitragszeitraum gebührende Arbeitsverdienst durch Teilung des gesamten Arbeitsverdienstes durch die Anzahl der Kalendermonate der Pflichtversicherung auf Grund der Tätigkeit (Leistungserbringung) zu ermitteln. Dabei sind Kalendermonate, die nur zum Teil von der vereinbarten Tätigkeit (Leistung) ausgefüllt werden, als volle Kalendermonate zu zählen.

(BGBl 1996/411, BGBl I 1997/39, BGBl I 1997/139)

§ 44a. (aufgehoben)

(BGBl 1996/201, BGBl 1996/600, BGBl 1996/411, BGBl I 1997/39, BGBl I 1997/139, BGBl I 1998/138, BGBl I 2015/79)

Höchstbeitragsgrundlage

§ 45. (1) Die allgemeine Beitragsgrundlage, die im Durchschnitt des Beitragszeitraumes oder des Teiles des Beitragszeitraumes, in dem Beitragspflicht bestanden hat, auf den Kalendertag entfällt, darf die Höchstbeitragsgrundlage nicht überschreiten. Als Höchstbeitragsgrundlage gilt der gemäß § 108 Abs. 1 und 3 festgestellte Betrag. Umfaßt der Beitragszeitraum einen Kalendermonat und hat für den ganzen Kalendermonat Beitragspflicht bestanden, so ist bei der Anwendung der Höchstbeitragsgrundlage der Beitragszeitraum jedenfalls mit 30 Tagen anzusetzen.

(BGBl 1993/335)

(2) Übt der Pflichtversicherte gleichzeitig mehrere die Versicherungspflicht begründende Beschäftigungen aus, so ist bei der Bemessung der Beiträge in jedem einzelnen Beschäftigungsverhältnis die Höchstbeitragsgrundlage zu berücksichtigen. Dies gilt entsprechend auch, wenn der Pflichtversicherte außer der die Versicherungspflicht nach diesem Bundesgesetz begründenden Beschäftigung eine die Versicherungspflicht nach den Bestimmungen über die Krankenversicherung öffentlich Bediensteter begründende Beschäftigung ausübt.

(BGBl 1993/335)

(3) Abweichend von Abs. 1 darf für die nach § 4 Abs. 4 Pflichtversicherten die allgemeine Beitragsgrundlage, die im Beitragszeitraum auf den Kalendermonat entfällt, die monatliche Höchstbeitragsgrundlage nicht überschreiten. Als monatliche Höchstbeitragsgrundlage gilt

1. wenn keine Sonderzahlungen im Sinne des § 49 Abs. 2 bezogen werden, das 35fache,
2. sonst das 30fache

der Höchstbeitragsgrundlage nach Abs. 1.

(BGBl 1996/201, BGBl 1996/411, BGBl I 1997/139)

Allgemeine Beitragsgrundlage nach Lohnstufen

§ 46. (aufgehoben)

(BGBl I 2001/67)

Allgemeine Beitragsgrundlage in besonderen Fällen

§ 47. Als allgemeine Beitragsgrundlage gilt für Zeiten

a) einer Arbeitsunterbrechung ohne Entgeltzahlung im Sinne des § 11 Abs. 3 lit. a bis c und e der Betrag, der auf den der Dauer einer solchen Arbeitsunterbrechung entsprechenden Zeitabschnitt unmittelbar vor der Unterbrechung entfiel;

(BGBl I 2010/111)

b) einer Arbeitsunterbrechung im Sinne des § 11 Abs. 3 lit. d die nach den dort genannten Vorschriften gebührende Vergütung für den Verdienstentgang, mindestens jedoch die Beitragsgrundlage des letzten Beitragszeitraumes vor der Arbeitsunterbrechung;

(BGBl I 2010/111)

c) einer Minderung der Beitragsgrundlage infolge Ausübung eines öffentlichen Mandates der Betrag, der auf den letzten Beitragszeitraum unmittelbar vor der Minderung der Beitragsgrundlage entfiel.

Mindestbeitragsgrundlage in der Pensionsversicherung für Personen nach § 4 Abs. 1 Z 9

§ 48. Die allgemeine Beitragsgrundlage in der Pensionsversicherung für Fachkräfte der Entwicklungshilfe nach § 4 Abs. 1 Z 9 beträgt mindestens 1 614,32 €[a)] monatlich (Mindestbeitragsgrundlage). An die Stelle dieses Betrages tritt ab 1. Jänner eines jeden Jahres, erstmals ab 1. Jänner 2014, der unter Bedachtnahme auf § 108 Abs. 6 mit der jeweiligen Aufwertungszahl (§ 108a Abs. 1) vervielfachte Betrag.

[a)] Betrag siehe VO über veränderliche Werte.

(BGBl I 2013/187)

Entgelt

§ 49. (1) Unter Entgelt sind die Geld- und Sachbezüge zu verstehen, auf die der pflichtversicherte Dienstnehmer (Lehrling) aus dem Dienst-(Lehr)verhältnis Anspruch hat oder die er darüber hinaus auf Grund des Dienst(Lehr)verhältnisses vom Dienstgeber oder von einem Dritten erhält.

(BGBl 1996/201, BGBl I 1997/139)

(2) Sonderzahlungen, das sind Bezüge im Sinne des Abs. 1, die in größeren Zeiträumen als den Beitragszeiträumen gewährt werden, wie zum Beispiel ein 13. oder 14. Monatsbezug, Weihnachts- oder Urlaubsgeld, Gewinnanteile oder Bilanzgeld, sind als Entgelt nur nach Maßgabe der Bestimmungen des § 54 und der sonstigen Bestimmungen dieses Bundesgesetzes, in denen die Sonderzahlungen ausdrücklich erfaßt werden, zu berücksichtigen.

(3) Als Entgelt im Sinne des Abs. 1 und 2 gelten nicht:

1. Vergütungen des Dienstgebers an den Dienstnehmer (Lehrling), durch welche die durch dienstliche Verrichtungen für den Dienstgeber veranlaßten Aufwendungen des Dienstnehmers abgegolten werden (Auslagenersatz); hiezu gehören insbesondere Beträge, die den Dienstnehmern (Lehrlingen) als Fahrtkostenvergütungen einschließlich der Vergütungen für Wochenend(Familien)heimfahrten, Tages- und Nächtigungsgelder gezahlt werden, soweit sie nach § 26 des Einkommensteuergesetzes 1988, BGBl. Nr. 400, nicht der Einkommensteuer(Lohnsteuer)pflicht unterliegen. § 26 des Einkommensteuergesetzes 1988 ist sinngemäß auch auf Vergütungen, die Versicherten nach § 4 Abs. 4 gezahlt werden, anzuwenden. Unter Tages- und Nächtigungsgelder fallen auch Vergütungen für den bei Arbeiten außerhalb des Betriebes oder mangels zumutbarer täglicher Rückkehrmöglichkeit an den ständigen Wohnort (Familienwohnsitz) verbundenen Mehraufwand, wie Bauzulagen, Trennungsgelder, Übernachtungsgelder, Zehrgelder, Entfernungszulagen, Aufwandsentschädigungen, Stör- und Außerhauszulagen u. ä. sowie Tages- und Nächtigungsgelder nach § 3 Abs. 1 Z 16b des Einkommensteuergesetzes 1988;

   (BGBl I 2006/130, BGBl I 2007/45, BGBl I 2009/83)
2. Schmutzzulagen, soweit sie nach § 68 Abs. 1, 5 und 7 des Einkommensteuergesetzes 1988 nicht der Einkommensteuer-(Lohnsteuer)pflicht unterliegen;
3. (aufgehoben)

   (BGBl I 2001/67, BGBl I 2015/118)
4. Umzugskostenvergütungen, soweit sie nach § 26 des Einkommensteuergesetzes 1988 nicht der Einkommensteuer(Lohnsteuer)pflicht unterliegen;
5. der Wert der Reinigung der Arbeitskleidung sowie der Wert der unentgeltlich überlassenen Arbeitskleidung, wenn es sich um typische Berufskleidung handelt;
6. (aufgehoben)

   (BGBl I 2015/118)
7. Vergütungen, die aus Anlaß der Beendigung des Dienst(Lehr)verhältnisses gewährt werden, wie zum Beispiel Abfertigungen, Abgangsentschädigungen, Übergangsgelder;

   (BGBl 1996/201)
8. (aufgehoben)

   (BGBl I 2015/118)
9. Zuschüsse des Dienstgebers, die für die Zeit des Anspruches auf laufende Geldleistungen aus der Krankenversicherung gewährt werden, sofern diese Zuschüsse weniger als 50 vH der vollen Geld- und Sachbezüge vor dem Eintritt des Versicherungsfalles, wenn aber die Bezüge auf Grund gesetzlicher oder kollektivvertraglicher Regelungen nach dem Eintritt des Versicherungsfalles erhöht werden, weniger als 50 vH der erhöhten Bezüge betragen;

   (BGBl 1993/335)
10. (aufgehoben)

    (BGBl I 2015/118)
11. freiwillige soziale Zuwendungen, das sind
    a) Zuwendungen des Dienstgebers an den Betriebsratsfonds, weiters Zuwendungen zur Beseitigung von Katastrophenschäden, insbesondere Hochwasser-, Erdrutsch-, Vermurungs- und Lawinenschäden,
    b) Zuwendungen des Dienstgebers für zielgerichtete, wirkungsorientierte, vom Leistungsangebot der gesetzlichen Krankenversicherung erfasste Gesundheitsförderung (Salutogenese) und Prävention sowie Impfungen, soweit diese Zuwendungen an alle DienstnehmerInnen oder bestimmte Gruppen seiner DienstnehmerInnen gewährt werden,
    c) Zuwendungen des Dienstgebers für das Begräbnis des Dienstnehmers/der Dienstnehmerin oder dessen/deren

(Ehe-)Partners/(Ehe-)Partnerin oder dessen/deren Kinder im Sinne des § 106 EStG 1988,

d) Zuschüsse des Dienstgebers für die Betreuung von Kindern bis höchstens 1 000 € pro Kind und Kalenderjahr, die der Dienstgeber allen Dienstnehmer/inne/n oder bestimmten Gruppen seiner DienstnehmerInnen gewährt, wenn die weiteren Voraussetzungen nach Abs. 9 vorliegen;

(BGBl I 2009/135, BGBl I 2015/118)

12. freie oder verbilligte Mahlzeiten, die der Dienstgeber an nicht in seinen Haushalt aufgenommene DienstnehmerInnen zur Verköstigung am Arbeitsplatz freiwillig gewährt; Gutscheine für Mahlzeiten gelten bis zu einem Wert von 4,40 Euro pro Arbeitstag nicht als Entgelt, wenn sie nur am Arbeitsplatz oder in einer Gaststätte zur dortigen Konsumation eingelöst werden; können die Gutscheine auch zur Bezahlung von Lebensmitteln verwendet werden, die nicht sofort konsumiert werden müssen, so gelten sie bis zu einem Betrag von 1,10 Euro pro Arbeitstag nicht als Entgelt;

(BGBl I 2015/118)

13. Getränke, die der Dienstgeber zum Verbrauch im Betrieb unentgeltlich oder verbilligt abgibt;

14. (aufgehoben)

(BGBl I 2015/118)

15. (aufgehoben)

(BGBl I 2009/84, BGBl I 2015/118)

16. die Benützung von Einrichtungen und Anlagen, die der Dienstgeber allen Dienstnehmern oder bestimmten Gruppen seiner Dienstnehmer zur Verfügung stellt (zum Beispiel Erholungs- und Kurheime, Kindergärten, Betriebsbibliotheken, Sportanlagen, betriebsärztlicher Dienst);

(BGBl I 2015/118)

17. die Teilnahme an Betriebsveranstaltungen (zum Beispiel Betriebsausflüge, kulturelle Veranstaltungen, Betriebsfeiern) bis zur Höhe von 365 € jährlich und die hiebei empfangenen Sachzuwendungen bis zur Höhe von 186 € jährlich sowie aus Anlass eines DienstnehmerInnenjubiläums oder eines Firmenjubiläums gewährte Sachzuwendungen bis zur Höhe von 186 € jährlich;

(BGBl I 2015/118)

18. a) Aufwendungen des Dienstgebers für die Zukunftssicherung seiner Dienstnehmer, soweit diese Aufwendungen für alle Dienstnehmer oder bestimmte Gruppen seiner Dienstnehmer getätigt werden oder dem Betriebsratsfonds zufließen und für den einzelnen Dienstnehmer 300 € jährlich nicht übersteigen;

(BGBl I 2001/67, BGBl I 2002/1)

b) Beiträge, die DienstgeberInnen für ihre (freien) DienstnehmerInnen im Sinne des § 2 Z 1 des Betriebspensionsgesetzes oder im Sinne der §§ 6 und 7 BMSVG oder vergleichbarer österreichischer Rechtsvorschriften leisten, soweit diese Beiträge nach § 4 Abs. 4 Z 1 lit. c oder Z 2 lit. a EStG 1988 oder nach § 26 Z 7 EStG 1988 nicht der Einkommen(Lohn)-steuerpflicht unterliegen;

(BGBl I 2002/100, BGBl I 2009/83)

c) der Vorteil aus der unentgeltlichen oder verbilligten Abgabe von Beteiligungen am Unternehmen des Dienstgebers oder an mit diesem verbundenen Konzernunternehmen, soweit dieser Vorteil nach § 3 Abs. 1 Z 15 lit. b EStG 1988 einkommensteuerbefreit ist;

(BGBl I 2001/2)

d) der Vorteil aus der unentgeltlichen oder verbilligten Abgabe von Aktien an Arbeitgebergesellschaften nach § 4d Abs. 5 Z 1 EStG 1988 durch diese selbst oder durch eine Mitarbeiterbeteiligungsstiftung nach § 4d Abs. 4 EStG 1988 bis zu einem Betrag von 4 500 € jährlich, soweit dieser Vorteil nach § 3 Abs. 1 Z 15 lit. c EStG 1988 einkommensteuerbefreit ist;

(BGBl I 2001/2, BGBl I 2017/105)

e) der Vorteil aus der unentgeltlichen oder verbilligten treuhändigen Verwahrung und Verwaltung von Aktien durch eine Mitarbeiterbeteiligungsstiftung nach § 4d Abs. 4 EStG 1988 für ihre Begünstigten;

(BGBl I 2017/105)

f) der Vorteil aus Zuwendungen einer Belegschaftsbeteiligungsstiftung im Sinne des § 4d Abs. 3 EStG 1988, die nach § 26 Z 8 EStG 1988 nicht zu den Einkünften aus nichtselbständiger Arbeit gehören und nach § 27 Abs. 5 Z 7 EStG 1988 als Einkünfte aus der Überlassung von Kapital im Sinne von § 27 Abs. 2 EStG 1988 gelten.

(BGBl I 2018/30)

19. Zinsenersparnisse bei zinsverbilligten oder unverzinslichen Dienstgeberdarlehen, soweit das Darlehen 7 300 € nicht übersteigt;

(BGBl I 2001/67, BGBl I 2002/1)

20. die Beförderung der Dienstnehmer zwischen Wohnung und Arbeitsstätte auf Kosten des Dienstgebers sowie der Ersatz der tatsächlichen Kosten für Fahrten des Dienstnehmers zwischen Wohnung und Arbeitsstätte mit Massenbeförderungsmitteln;

(BGBl I 2015/118)

21. in dem an freigestellte Mitglieder des Betriebsrates sowie an Dienstnehmer im Krankheitsfalle fortgezahlten Entgelt enthaltene Zulagen, Zuschläge und Entschädigungen, die nach den Z 1 bis 20 nicht als Entgelt gelten;
22. das Teilentgelt, das Lehrlingen vom Lehrherrn nach § 17a des Berufsausbildungsgesetzes, BGBl. Nr. 142/1969, in der Fassung des Art. IV Z 2 des Entgeltfortzahlungsgesetzes, BGBl. Nr. 399/1974, zu leisten ist;
23. Beträge, die vom Dienstgeber im betrieblichen Interesse für die Ausbildung oder Fortbildung des Dienstnehmers aufgewendet werden; unter den Begriff Ausbildungskosten fallen nicht Vergütungen für die Lehr- und Anlernausbildung;
24. (aufgehoben)

    (BGBl I 2015/118)
25. (aufgehoben)

    (BGBl I 2002/1, BGBl I 2015/118)
26. Entgelte der Ärzte für die Behandlung von Pfleglingen der Sonderklasse (einschließlich ambulatorischer Behandlung), soweit diese Entgelte nicht von einer Krankenanstalt im eigenen Namen vereinnahmt werden;

    (BGBl I 2002/1, BGBl I 2007/31)

26a. Entgelte für die Tätigkeit als Notarzt/Notärztin im landesgesetzlich geregelten Rettungsdienst, sofern diese Tätigkeit weder den Hauptberuf noch die Hauptquelle der Einnahmen bildet;

(BGBl I 2015/162)

27. für Au-pair-Kräfte nach Abs. 8 neben dem Wert der vollen freien Station samt Verpflegung jene Beträge, die der Dienstgeber für ihren privaten Krankenversicherungsschutz und für ihre Teilnahme an Sprachkursen und kulturellen Veranstaltungen aufwendet;

    (BGBl I 2007/31)
28. pauschale Reiseaufwandsentschädigungen, die Sportvereine (Sportverbände) an SportlerInnen oder Schieds-(wettkampf)richterInnen oder SportbetreuerInnen (z. B. TrainerInnen, Masseure und Masseurinnen) leisten, und zwar bis zu 60 € pro Einsatztag, höchstens aber 540 € pro Kalendermonat der Tätigkeit, sofern diese nicht den Hauptberuf und die Hauptquelle der Einnahmen bildet und Steuerfreiheit nach § 3 Abs. 1 Z 16c zweiter Satz EStG 1988 zusteht;

    (BGBl I 2009/83, BGBl I 2009/147, BGBl I 2015/118)
29. der geldwerte Vorteil nach § 50 Abs. 3 aus dem kostenlosen oder verbilligten Bezug von Waren oder Dienstleistungen, die der Dienstgeber oder ein mit dem Dienstgeber verbundenes Konzernunternehmen im allgemeinen Geschäftsverkehr anbietet (MitarbeiterInnenrabatt), wenn
    a) der MitarbeiterInnenrabatt allen oder bestimmten Gruppen von Dienstnehmer/inne/n eingeräumt wird,
    b) die kostenlos oder verbilligt bezogenen Waren oder Dienstleistungen von den Dienstnehmer/inne/n weder verkauft noch zur Einkünfteerzielung verwendet und nur in einer solchen Menge gewährt werden, die einen Verkauf oder eine Einkünfteerzielung tatsächlich ausschließen, und
    c) der MitarbeiterInnenrabatt im Einzelfall 20% nicht übersteigt oder – soweit dies nicht zur Anwendung kommt – der Gesamtbetrag der MitarbeiterInnenrabatte 1 000 Euro im Kalenderjahr nicht übersteigt.

    (BGBl I 2015/118)

(4) Der Dachverband[a)] kann, wenn dies zur Wahrung einer einheitlichen Beurteilung der Beitragspflicht bzw. Beitragsfreiheit von Bezügen dient, nach Anhörung der Interessenvertretungen der Dienstnehmer und Dienstgeber feststellen, ob und inwieweit Bezüge im Sinne des Abs. 3 Z 1, 2, 6 oder 11 nicht als Entgelt im Sinne des Abs. 1 gelten. Die Feststellung hat auch das Ausmaß (Höchstausmaß) der Bezüge bzw. Bezugsteile zu enthalten, das nicht als Entgelt im Sinne des Abs. 1 gilt. Derartige Feststellungen sind im Internet zu verlautbaren und für alle Sozialversicherungsträger und Behörden verbindlich. Die Feststellungen sind rückwirkend ab dem Wirksamkeitsbeginn der zugrunde liegenden Regelungen im Sinne des Abs. 3 vorzunehmen.

(BGBl I 2001/99, BGBl I 2018/100)

[a)] Bis 31. Dezember 2019 „Hauptverband“.

(5) Die Bestimmungen der Abs. 1 bis 4 sind auf den Arbeitsverdienst der im § 44 Abs. 1 Z 4 bezeichneten Personen sinngemäß anzuwenden. Die besonderen Lohnzuschläge (Unkostenzuschläge) gelten jedoch bei den Heimarbeitern, soweit sie 10 vH des Entgelts nicht übersteigen, bei den den Heimarbeitern arbeitsrechtlich gleichgestellten Personen (Zwischenmeister, Stückmeister), soweit sie 25 vH des Entgelts nicht übersteigen, nicht als Entgelt im Sinne der Abs. 1 und 2. Bei den Zwischenmeistern (Stückmeistern) gelten ferner die Beträge, die von diesen Personen an die in ihrem Betrieb beschäftigten Dienstnehmer und Heimarbeiter als Arbeitslohn gezahlt werden, ferner die Dienstgeberanteile am Sozialversicherungsbeitrag (Arbeitslosenversicherungsbeitrag), der Dienstgeberanteil am Wohnbauförderungsbeitrag, der Dienstgeberbeitrag nach den besonderen Vorschriften über den Familienlastenausgleich und der Entgeltfortzahlungsbeitrag nach dem Entgeltfortzahlungsgesetz nicht als Entgelt im Sinne der Abs. 1 und 2. Über das im zweiten Satz bestimmte Ausmaß hinaus werden besondere Lohnzuschläge (Unkostenzuschläge) nur dann als nicht zum Entgelt gehörend anerkannt, wenn und insoweit sich der Grund von Nachweisungen im Einzelfall bei

sinngemäßer Anwendung des Abs. 3 als gerechtfertigt erweist.

(6) Die Versicherungsträger, die Verwaltungsbehörden, das Bundesverwaltungsgericht und die Landesverwaltungsgerichte sind an rechtskräftige Entscheidungen der Gerichte, in denen Entgeltansprüche des Dienstnehmers (Lehrlings) festgestellt werden, gebunden. Dieser Bindung steht die Rechtskraft der Beitragsvorschreibung nicht entgegen. Diese Bindung tritt nicht ein, wenn der gerichtlichen Entscheidung kein streitiges Verfahren vorangegangen ist oder ein Anerkenntnisurteil gefällt oder ein gerichtlicher Vergleich geschlossen wurde. Die Gerichte erster Instanz haben je eine Ausfertigung der rechtskräftigen Entscheidungen über Entgeltansprüche von Dienstnehmern (Lehrlingen) binnen vier Wochen ab Rechtskraft an die Gebietskrankenkasse jenes Landes zu übersenden, in dem der Sitz des Gerichtes liegt; gleiches gilt für gerichtliche Vergleiche über die genannten Ansprüche.

(BGBl 1996/411, BGBl I 2002/140, BGBl I 2015/2)

(6)[a] Die Versicherungsträger, die Verwaltungsbehörden, das Bundesverwaltungsgericht und die Landesverwaltungsgerichte sind an rechtskräftige Entscheidungen der Gerichte, in denen Entgeltansprüche des Dienstnehmers (Lehrlings) festgestellt werden, gebunden. Dieser Bindung steht die Rechtskraft der Beitragsvorschreibung nicht entgegen. Diese Bindung tritt nicht ein, wenn der gerichtlichen Entscheidung kein streitiges Verfahren vorangegangen ist oder ein Anerkenntnisurteil gefällt oder ein gerichtlicher Vergleich geschlossen wurde. Die Gerichte erster Instanz haben je eine Ausfertigung der rechtskräftigen Entscheidungen über Entgeltansprüche von Dienstnehmern (Lehrlingen) binnen vier Wochen ab Rechtskraft an die Österreichische Gesundheitskasse zu übersenden; gleiches gilt für gerichtliche Vergleiche über die genannten Ansprüche.

(BGBl 1996/411, BGBl I 2002/140, BGBl I 2015/2, BGBl I 2018/100)

[a] Tritt mit 1. Jänner 2020 in Kraft.

(7) Der Bundesminister für Arbeit, Gesundheit und Soziales kann nach Anhörung des Dachverbandes[a] und der Interessenvertretungen der Dienstnehmer und der Dienstgeber für folgende Gruppen von Dienstnehmern und ihnen gleichgestellte Personen gemäß § 4 Abs. 4 feststellen[b], ob und inwieweit pauschalierte Aufwandsentschädigungen nicht als Entgelt im Sinne des Abs. 1 gelten, sofern die jeweilige Tätigkeit nicht den Hauptberuf und die Hauptquelle der Einnahmen bildet:

[a] Bis 31. Dezember 2019 „Hauptverbandes".

[b] Siehe VO im Anhang.

1. im Sport- und Kulturbereich Beschäftigte;
2. Lehrende an Einrichtungen, die
   a) vorwiegend Erwachsenenbildung im Sinne des § 1 Abs. 2 des Bundesgesetzes über die Förderung der Erwachsenenbildung und des Volksbüchereiwesens aus Bundesmitteln, BGBl. Nr. 171/1973, betreiben;
   b) vom Arbeitsmarktservice mit der Erbringung von Dienstleistungen betraut sind, hinsichtlich dieser Dienstleistungen;

   die in der Kundmachung BGBl. II Nr. 228/2001 genannten Einrichtungen einschließlich ihrer Institutionen gelten jedenfalls als Einrichtungen nach lit. a;

   (BGBl I 2013/139)
3. Beschäftigte, die in Unternehmen, die mindestens wöchentlich erscheinende periodische Druckwerke, die auf Grund ihres Inhaltes über den Kreis der reinen Fachpresse hinausreichen sowie vorwiegend der politischen, allgemeinen, wirtschaftlichen und kulturellen Information und Meinungsbildung dienen und weder Kundenzeitschriften noch Presseorgane von Interessenvertretungen sein dürfen, herstellen oder vertreiben, diese periodischen Druckwerke vertreiben oder zustellen.

(BGBl I 1997/139, BGBl I 2018/100)

(8) Au-pair-Kräfte im Sinne des Abs. 3 Z 27 sind Personen, die

- mindestens 18 und höchstens 28 Jahre alt und keine österreichischen StaatsbürgerInnen sind,
- sich zum Zweck einer Au-pair-Tätigkeit, die der Vervollkommnung der Kenntnisse der deutschen Sprache und dem Kennenlernen der österreichischen Kultur dient, in Österreich aufhalten,
- eine dem Hausgehilfen- und Hausangestelltengesetz unterliegende und höchstens zwölf Monate dauernde Beschäftigung im Haushalt einer Gastfamilie ausüben,
- in die Hausgemeinschaft aufgenommen sind und
- im Rahmen ihres Beschäftigungsverhältnisses Kinder der Gastfamilie betreuen.

Sofern § 1 Z 10 der Ausländerbeschäftigungsverordnung, BGBl. Nr. 609/1990, anzuwenden ist, muss eine entsprechende Anzeigebestätigung des Arbeitsmarktservice und erforderlichenfalls eine gültige Aufenthaltsbewilligung vorliegen.

(BGBl I 2007/31)

(9) Die weiteren Voraussetzungen für die Ausnahme der Zuschüsse nach Abs. 3 Z 11 lit. d vom Entgelt liegen vor, wenn

1. die Betreuung ein Kind im Sinne des § 106 Abs. 1 EStG 1988 betrifft, für das dem Dienstnehmer/der Dienstnehmerin selbst der Kinderabsetzbetrag (§ 33 Abs. 3 EStG 1988) für mehr als sechs Monate im Kalenderjahr zusteht;
2. das Kind zu Beginn des Kalenderjahres das zehnte Lebensjahr noch nicht vollendet hat;

3. die Betreuung in einer öffentlichen institutionellen Kinderbetreuungseinrichtung oder in einer privaten institutionellen Kinderbetreuungseinrichtung erfolgt, die den landesgesetzlichen Vorschriften über Kinderbetreuungseinrichtungen entspricht, oder durch eine pädagogisch qualifizierte Person, ausgenommen haushaltszugehörige Angehörige;
4. der Zuschuss direkt an die Betreuungsperson, direkt an die Kinderbetreuungseinrichtung oder in Form von Gutscheinen geleistet wird, die nur bei institutionellen Kinderbetreuungseinrichtungen eingelöst werden können;
5. der Dienstnehmer/die Dienstnehmerin dem Dienstgeber unter Anführung der Versicherungsnummer (§ 31 Abs. 4 Z 1) oder der Kennnummer der Europäischen Krankenversicherungskarte (§ 31a Abs. 7) des Kindes erklärt, dass die Voraussetzungen für einen Zuschuss vorliegen und er/sie selbst von keinem anderen Dienstgeber einen Zuschuss für dieses Kind erhält. Der Dienstgeber hat die Erklärung des Dienstnehmers/der Dienstnehmerin zum Lohnkonto (§ 76 EStG 1988) zu nehmen. Änderungen der Verhältnisse muss der Dienstnehmer/die Dienstnehmerin dem Dienstgeber innerhalb eines Monats melden. Ab dem Zeitpunkt dieser Meldung hat der Dienstgeber die geänderten Verhältnisse zu berücksichtigen.

5.[a)] der Dienstnehmer/die Dienstnehmerin dem Dienstgeber unter Anführung der Versicherungsnummer (§ 30c Abs. 1 Z 1) oder der Kennnummer der Europäischen Krankenversicherungskarte (§ 31a Abs. 7) des Kindes erklärt, dass die Voraussetzungen für einen Zuschuss vorliegen und er/sie selbst von keinem anderen Dienstgeber einen Zuschuss für dieses Kind erhält. Der Dienstgeber hat die Erklärung des Dienstnehmers/der Dienstnehmerin zum Lohnkonto (§ 76 EStG 1988) zu nehmen. Änderungen der Verhältnisse muss der Dienstnehmer/die Dienstnehmerin dem Dienstgeber innerhalb eines Monats melden. Ab dem Zeitpunkt dieser Meldung hat der Dienstgeber die geänderten Verhältnisse zu berücksichtigen.

(BGBl I 2018/100)

[a)] Tritt mit 1. Jänner 2020 in Kraft.

(BGBl I 2015/118)

Bewertung von Sachbezügen

§ 50. (1) Geldwerte Vorteile aus Sachbezügen (Wohnung, Heizung, Beleuchtung, Kleidung, Kost, Waren, Überlassung von Kraftfahrzeugen zur Privatnutzung und sonstige Sachbezüge) sind mit den um übliche Preisnachlässe verminderten üblichen Endpreisen des Abgabeortes anzusetzen.

(2) Die im Einvernehmen mit dem Bundesminister für Arbeit, Soziales und Konsumentenschutz zu erlassende Verordnung des Bundesministers für Finanzen nach § 15 Abs. 2 Z 2 EStG 1988, mit der die Höhe geldwerter Vorteile festgelegt wird, gilt für die Bewertung von Sachbezügen.

(3) Ist die Höhe des geldwerten Vorteils nicht mit Verordnung nach Abs. 2 festgelegt, so ist für MitarbeiterInnenrabatte der geldwerte Vorteil abweichend von Abs. 1 von jenem um übliche Preisnachlässe verminderten Endpreis zu bemessen, zu dem der Dienstgeber Waren oder Dienstleistungen fremden Letztverbraucher/inne/n im allgemeinen Geschäftsverkehr anbietet. Sind die AbnehmerInnen des Dienstgebers keine LetztverbraucherInnen (zum Beispiel Großhandel), so ist der übliche Endpreis des Abgabeortes anzusetzen.

(BGBl I 2015/118)

Allgemeine Beiträge für Vollversicherte[*)]

[*)] Für Betriebsneugründungen siehe NEUFÖG.

§ 51. (1) Für vollversicherte Dienstnehmer (Lehrlinge) sowie für die gemäß § 4 Abs. 1 Z 3, 8 und 10 und Abs. 4 pflichtversicherten, nicht als Dienstnehmer beschäftigten Personen ist, sofern im folgenden nicht anderes bestimmt wird, als allgemeiner Beitrag zu leisten:

1. in der Krankenversicherung
   a) für Dienstnehmer, deren Beschäftigungsverhältnis durch das Angestelltengesetz, BGBl. Nr. 292/1921, Gutsangestelltengesetz, BGBl. Nr. 538/1923, Journalistengesetz, StGBl. Nr. 88/1920, oder Theaterarbeitsgesetz, BGBl. I Nr. 100/2010, geregelt ist oder die gemäß § 14 Abs. 1 Z 2, Z 2a oder Abs. 4 zur Pensionsversicherung der Angestellten gehören sowie für Versicherte gemäß § 4 Abs. 1 Z 5, 9, 10, 12 und 13 .... 7,65%,

      (BGBl 1993/110, BGBl 1996/411, BGBl I 1998/138, BGBl I 2003/71, BGBl I 2004/156, BGBl I 2007/101, BGBl I 2015/118, BGBl I 2015/162)

   b) für Dienstnehmer, die unter den Geltungsbereich des Entgeltfortzahlungsgesetzes fallen, für Dienstnehmer, die gemäß § 1 Abs. 3 des Entgeltfortzahlungsgesetzes davon ausgenommen sind und zur Pensionsversicherung der Arbeiter gehören, für alle Versicherten, auf die Art. II, III oder IV des Entgeltfortzahlungsgesetzes anzuwenden ist, sowie für Heimarbeiter 7,65%,

      (BGBl I 2000/44, BGBl I 2003/71, BGBl I 2004/156, BGBl I 2007/101, BGBl I 2015/118)

   c) für Dienstnehmer, deren Beschäftigungsverhältnis dem Landarbeitsgesetz 1984, BGBl. Nr. 287,, unterliegt 7,65%,

      (BGBl 1993/110, BGBl I 2003/71, BGBl I 2004/156, BGBl I 2007/101, BGBl I 2015/118)

d) für Dienstnehmer, auf die im Falle der Entgeltfortzahlung § 1154b ABGB anzuwenden ist 7,65%,

(BGBl I 2000/44, BGBl I 2003/71, BGBl I 2004/156, BGBl I 2007/101, BGBl I 2015/118)

e) für Vollversicherte gemäß § 4 Abs. 4 .... 7,65%,

(BGBl 1996/201, BGBl 1996/411, BGBl I 1997/139, BGBl I 2000/44, BGBl I 2003/71, BGBl I 2004/156, BGBl I 2007/101, BGBl I 2015/118)

f) für die übrigen Vollversicherten 7,65%,

(BGBl 1993/110, BGBl 1996/201, BGBl I 2000/44, BGBl I 2003/71, BGBl I 2004/156, BGBl I 2007/101, BGBl I 2015/118)

g) für Lehrlinge 3,35%

(BGBl I 2015/118)

der allgemeinen Beitragsgrundlage.

~~1.~~[a] ~~in der Krankenversicherung~~

~~a) für Dienstnehmer, deren Beschäftigungsverhältnis durch das Angestelltengesetz, BGBl. Nr. 292/1921, Gutsangestelltengesetz, BGBl. Nr. 538/1923, Journalistengesetz, StGBl. Nr. 88/1920, oder Theaterarbeitsgesetz, BGBl. I Nr. 100/2010, geregelt ist oder die gemäß § 14 Abs. 1 Z 2, Z 2a oder Abs. 4 zur Pensionsversicherung der Angestellten gehören sowie für Versicherte gemäß § 4 Abs. 1 Z 5, 9, 10, 12 und 13 .... 7,55%,~~

(BGBl 1993/110, BGBl 1996/411, BGBl I 1998/138, BGBl I 2003/71, BGBl I 2004/156, BGBl I 2007/101, BGBl I 2015/118, BGBl I 2015/162)

~~b) für Dienstnehmer, die unter den Geltungsbereich des Entgeltfortzahlungsgesetzes fallen, für Dienstnehmer, die gemäß § 1 Abs. 3 des Entgeltfortzahlungsgesetzes davon ausgenommen sind und zur Pensionsversicherung der Arbeiter gehören, für alle Versicherten, auf die Art. II, III oder IV des Entgeltfortzahlungsgesetzes anzuwenden ist, sowie für Heimarbeiter .... 7,55%,~~

(BGBl I 2000/44, BGBl I 2003/71, BGBl I 2004/156, BGBl I 2007/101, BGBl I 2015/118)

~~c) für Dienstnehmer, deren Beschäftigungsverhältnis dem Landarbeitsgesetz 1984, BGBl. Nr. 287, unterliegt .... 7,55%,~~

(BGBl 1993/110, BGBl I 2003/71, BGBl I 2004/156, BGBl I 2007/101, BGBl I 2015/118)

~~d) für Dienstnehmer, auf die im Falle der Entgeltfortzahlung § 1154b ABGB anzuwenden ist .... 7,55%,~~

(BGBl I 2000/44, BGBl I 2003/71, BGBl I 2004/156, BGBl I 2007/101, BGBl I 2015/118)

~~e) für Vollversicherte gemäß § 4 Abs. 4 .... 7,55%,~~

(BGBl 1996/201, BGBl 1996/411, BGBl I 1997/139, BGBl I 2000/44, BGBl I 2003/71, BGBl I 2004/156, BGBl I 2007/101, BGBl I 2015/118)

~~f) für die übrigen Vollversicherten .... 7,55%,~~

(BGBl 1993/110, BGBl 1996/201, BGBl I 2000/44, BGBl I 2003/71, BGBl I 2004/156, BGBl I 2007/101, BGBl I 2015/118)

~~g) für Lehrlinge .... 3,25%~~

(BGBl I 2015/118)

~~der allgemeinen Beitragsgrundlage.~~

[a] Zum In-Kraft-Treten siehe § 690 Abs. 1 Z 3. Die in § 690 Abs 1 Z 3 avisierte Verordnung ist bis dato nicht in Kraft getreten.

2. in der Unfallversicherung...1,2 %... der allgemeinen Beitragsgrundlage;

(BGBl I 2014/30, BGBl I 2018/100)

3. in der Pensionsversicherung...22,8 %. der allgemeinen Beitragsgrundlage.

(BGBl I 2004/142)

(BGBl 1996/201, BGBl 1996/411, BGBl I 1997/139)

(2) (aufgehoben)

(BGBl I 1997/79)

(3) Unbeschadet des § 53 sind die Beiträge nach Abs. 1 – mit Ausnahme des Beitrages zur Unfallversicherung, der zur Gänze vom Dienstgeber zu zahlen ist – vom Versicherten und seinem Dienstgeber anteilig zu tragen, und zwar wie folgt:

1. In der Krankenversicherung

a) der in Abs. 1 Z 1 lit. a genannten Personen sowie der bei der Versicherungsanstalt für Eisenbahnen und Bergbau Versicherten, soweit es sich um Personen handelt, die im Erkrankungsfall Anspruch auf Weiterzahlung ihrer Dienstbezüge durch mindestens sechs Wochen haben (§ 474 Abs. 1 zweiter Satz), beläuft sich der Beitragsteil des/der Versicherten auf 3,87%, des Dienstgebers/der Dienstgeberin auf 3,78%,

b) der in Abs. 1 Z 1 lit. b und d genannten Personen beläuft sich der Beitragsteil des/der Versicherten auf 3,87%, des Dienstgebers/der Dienstgeberin auf 3,78%,

c) der in Abs. 1 Z 1 lit. c, e und f genannten Personen beläuft sich der Beitragsteil des/der Versicherten auf 3,87%, des

Dienstgebers/der Dienstgeberin auf 3,78%,

d) der in Abs. 1 Z 1 lit. g genannten Personen beläuft sich der Beitragsteil des/der Versicherten auf 1,67%, des Dienstgebers/der Dienstgeberin auf 1,68%

der allgemeinen Beitragsgrundlage.

(BGBl I 2015/118)

~~1.~~[a] ~~In der Krankenversicherung~~

a) der in Abs. 1 Z 1 lit. a genannten Personen sowie der bei der Versicherungsanstalt für Eisenbahnen und Bergbau Versicherten, soweit es sich um Personen handelt, die im Erkrankungsfall Anspruch auf Weiterzahlung ihrer Dienstbezüge durch mindestens sechs Wochen haben (§ 474 Abs. 1 zweiter Satz), beläuft sich der Beitragsteil des/der Versicherten auf 3,82%, des Dienstgebers/der Dienstgeberin auf 3,73%,

b) der in Abs. 1 Z 1 lit. b und d genannten Personen beläuft sich der Beitragsteil des/der Versicherten auf 3,82%, des Dienstgebers/der Dienstgeberin auf 3,73%,

c) der in Abs. 1 Z 1 lit. c, e und f genannten Personen beläuft sich der Beitragsteil des/der Versicherten auf 3,82%, des Dienstgebers/der Dienstgeberin auf 3,73%,

d) der in Abs. 1 Z 1 lit. g genannten Personen beläuft sich der Beitragsteil des/der Versicherten auf 1,62%, des Dienstgebers/der Dienstgeberin auf 1,63%

~~der allgemeinen Beitragsgrundlage.~~

(BGBl I 2015/118)

[a] Zum In-Kraft-Treten siehe § 690 Abs. 1 Z 3. Die in § 690 Abs 1 Z 3 avisierte Verordnung ist bis dato nicht in Kraft getreten.

2. in der Pensionsversicherung beläuft sich der Beitragsteildes (der) Versicherten auf...10,25 %,des Dienstgebers auf...12,55 %.. der allgemeinen Beitragsgrundlage.

(BGBl I 2004/142)

(BGBl I 2000/44)

(4) Die Bestimmungen der Abs. 1 und 3 gelten auch für die in einem Ausbildungsverhältnis stehenden Pflichtversicherten (§ 4 Abs. 1 Z 4 und 5), für die pflichtversicherten Heimarbeiter und die diesen gleichgestellten Personen (§ 4 Abs. 1 Z 7), für Entwicklungshelfer und Experten (§ 4 Abs. 1 Z 9) sowie für Teilnehmer/innen des Freiwilligen Sozialjahres, des Freiwilligen Umweltschutzjahres, des Gedenkdienstes und des Friedens- und Sozialdienstes im Ausland (§ 4 Abs. 1 Z 11) mit der Maßgabe, daß der auf den Dienstgeber entfallende Teil des Beitrages vom Träger der Einrichtung, in der die Ausbildung erfolgt, bzw. vom Auftraggeber im Sinne der gesetzlichen Vorschriften über die Heimarbeit bzw. von der Entwicklungshilfeorganisation, in der die Pflichtversicherten beschäftigt oder ausgebildet werden, bzw. vom jeweiligen Träger nach dem Freiwilligengesetz zu tragen ist.

(BGBl I 2012/17)

(5) Für die gemäß § 4 Abs. 1 Z 6 Vollversicherten sind die Beiträge mit den gleichen Hundertsätzen der allgemeinen Beitragsgrundlage zu bemessen, wie sie für vollversicherte Dienstnehmer in der betreffenden Versicherung für die in Betracht kommende Versichertengruppe gemäß Abs. 1 festgesetzt sind. Diese Beiträge sind zur Gänze vom Versicherten zu tragen, jedoch hat dieser gegenüber der Unternehmung, bei der er tätig ist, Anspruch auf Erstattung der Hälfte der Beiträge.

(BGBl 1996/201, BGBl 1996/411, BGBl I 1997/139)

(6) Abweichend von Abs. 3 Einleitung ist für Lehrlinge für die Dauer des gesamten Lehrverhältnisses sowie für Personen, die das 60. Lebensjahr vollendet haben, der allgemeine Beitrag zur Unfallversicherung aus Mitteln der Unfallversicherung zu zahlen.

(BGBl I 2003/71)

(7) Abweichend von Abs. 3 Z 2 ist für Personen, deren Alterspension sich wegen Aufschubes der Geltendmachung des Anspruches erhöht (§ 261c, § 5 Abs. 4 APG), für jeden für diese Erhöhung zu berücksichtigenden Monat die Hälfte des auf den Dienstgeber und die versicherte Person entfallenden Beitragsteiles aus Mitteln der Pensionsversicherung zu zahlen.

(BGBl I 2017/29)

Zusatzbeitrag in der knappschaftlichen Pensionsversicherung

§ 51a. (1) Für Personen, die in der knappschaftlichen Pensionsversicherung pflichtversichert sind, ist ein Zusatzbeitrag im Ausmaß von 5,5 % der allgemeinen Beitragsgrundlage zu leisten. Der Zusatzbeitrag entfällt zur Gänze auf den Dienstgeber.

(2) Alle für die Beiträge zur Pflichtversicherung in der Pensionsversicherung geltenden Rechtsvorschriften sind, soweit nichts anderes bestimmt wird, auf den Zusatzbeitrag nach Abs. 1 anzuwenden.

(BGBl 1996/201, BGBl 1996/411, BGBl I 2004/142)

§ 51b. (aufgehoben)

(BGBl 1996/201, BGBl 1996/411, BGBl I 2015/118)

§ 51c. (aufgehoben)

(BGBl I 1997/79, BGBl I 2015/118)

Zusatzbeitrag für Angehörige

§ 51d. (1) Für Angehörige (§ 123) ist ein Zusatzbeitrag im Ausmaß von 3,4% der für den Versicherten (die Versicherte) heranzuziehenden Beitragsgrundlage (Pension) zu leisten. Der Zusatzbetrag entfällt zur Gänze auf den (die) Versicherte(n).

(BGBl I 2018/30)

(2) Alle für die Beiträge zur Pflichtversicherung in der Krankenversicherung geltenden Rechtsvorschriften sind, sofern nichts anderes bestimmt wird, auf den Zusatzbeitrag nach Abs. 1 anzuwenden. Der (die) Versicherte schuldet jedoch den Zusatzbeitrag selbst und hat ihn auf seine (ihre) Gefahr und Kosten selbst einzuzahlen. Davon abweichend ist bei Pensionsbeziehern auf Antrag der Zusatzbeitrag von der jeweiligen Pension (Pensionssonderzahlung) einzubehalten und an den zuständigen Krankenversicherungsträger zu überweisen.

(BGBl I 2002/1)

(3) Kein Zusatzbeitrag nach Abs. 1 ist einzuheben

1. für Personen nach § 123 Abs. 2 Z 2 bis 6 sowie Abs. 4 und 7b;

   (BGBl I 2009/84)
2. wenn und solange sich der (die) Angehörige der Erziehung eines oder mehrerer im gemeinsamen Haushalt lebender Kinder nach § 123 Abs. 4 erster Satz widmet oder durch mindestens vier Jahre hindurch der Kindererziehung gewidmet hat;

   (BGBl I 2006/131)
3. wenn und solange der (die) Angehörige Anspruch auf Pflegegeld zumindest in Höhe der Stufe 3 nach § 5 des Bundespflegegeldgesetzes oder nach den Bestimmungen der Landespflegegeldgesetze hat.

   (BGBl I 2009/84)
4. (aufgehoben)

   (BGBl I 2009/84)

(4) Der Versicherungsträger hat bei Vorliegen einer besonderen sozialen Schutzbedürftigkeit des (der) Versicherten nach Maßgabe der vom Hauptverband hiezu erlassenen Richtlinien (§ 31 Abs. 5 Z 16a) von der Einhebung des Zusatzbeitrages nach Abs. 1 abzusehen oder diesen herabzusetzen. Eine besondere soziale Schutzbedürftigkeit liegt jedenfalls dann vor, wenn das Nettoeinkommen im Sinne des § 292 des (der) Versicherten den Richtsatz nach § 293 Abs. 1 lit. a sublit. aa nicht übersteigt.

(4)[a] Der Versicherungsträger hat bei Vorliegen einer besonderen sozialen Schutzbedürftigkeit des (der) Versicherten nach Maßgabe der vom Dachverband hiezu erlassenen Richtlinien (§ 30a Abs. 1 Z 16) von der Einhebung des Zusatzbeitrages nach Abs. 1 abzusehen oder diesen herabzusetzen. Eine besondere soziale Schutzbedürftigkeit liegt jedenfalls dann vor, wenn das Nettoeinkommen im Sinne des § 292 des (der) Versicherten den Richtsatz nach § 293 Abs. 1 lit. a sublit. aa nicht übersteigt.

(BGBl I 2018/100)

[a] Tritt mit 1. Jänner 2020 in Kraft.

(BGBl I 2000/142)

§ 51e. (aufgehoben)

(BGBl I 2003/71, BGBl I 2015/118)

Allgemeine Beiträge für Teilversicherte

§ 52. (1) Für Teilversicherte nach § 7 ist in den Versicherungen, in die sie einbezogen sind, unbeschadet der Sondervorschriften des § 71, als allgemeiner Beitrag der nach § 51 Abs. 1 in Betracht kommende Hundertsatz von deren allgemeiner Beitragsgrundlage zu entrichten. In der Unfallversicherung der öffentlichen Verwalter (§ 7 Z 3 lit. c) ist der Beitrag zur Gänze vom Versicherten zu tragen. Im übrigen gilt für die Aufteilung der Beiträge zwischen Versicherten und Dienstgebern § 51 Abs. 3 unbeschadet der Sondervorschriften des § 53.

(BGBl I 1997/139)

(2) Für Teilversicherte nach § 8 Abs. 1 Z 4 sind in der Krankenversicherung die Beiträge mit dem gleichen Hundertsatz der Beitragsgrundlage (§ 44 Abs. 6 lit. b) zu bemessen, wie er im § 51 Abs. 1 Z 1 lit. f festgesetzt ist; für die Unfallversicherung beläuft sich der monatliche Beitrag auf 5,05 €[a]; an die Stelle dieses Betrages tritt ab 1. Jänner eines jeden Jahres der unter Bedachtnahme auf § 108 Abs. 6 mit der jeweiligen Aufwertungszahl (§ 108a Abs. 1) vervielfachte Betrag. Diese Beiträge sind zur Gänze vom Bund zu tragen.

(BGBl 1996/201, BGBl 1996/411, BGBl I 1997/139, BGBl I 2000/44, BGBl I 2015/118, BGBl I 2015/144)

[a] Betrag siehe VO über veränderliche Werte.

(2a) Für Teilversicherte nach § 8 Abs. 1 Z 4a sind die Beiträge nach dem gleichen Hundertsatz der Beitragsgrundlage (§ 44 Abs. 1 Z 19b) zu bemessen, wie er im § 51 Abs. 1 Z 1 lit. f bzw. Z 2 festgesetzt ist. Hinsichtlich der Krankenversicherung ist der Beitrag zur Gänze vom jeweiligen Träger nach dem Freiwilligengesetz zu tragen, hinsichtlich der Unfallversicherung ist der Beitrag zur Gänze vom Bund zu tragen.

(BGBl I 2015/144, BGBl I 2016/53)

(3) Für Teilversicherte nach § 8 Abs. 1 Z 1 lit. e sind die Beiträge mit dem gleichen Hundertsatz der Beitragsgrundlage (§ 44 Abs. 1 Z 7) zu bemessen, wie er in § 51 Abs. 1 Z 1 lit. a bzw. Z 3 festgesetzt ist; diese Beiträge sind zur Gänze aus Mitteln des Bundesministeriums für Landesverteidigung und Sport zu tragen.

(BGBl I 2010/111)

(3a) Für Teilversicherte nach § 8 Abs. 1 Z 5 sind die Beiträge mit dem gleichen Hundertsatz der Beitragsgrundlage (§ 44 Abs. 1 Z 20) zu bemessen, wie er in § 51 Abs. 1 Z 1 lit. b bzw. Z 3 festgesetzt ist; diese Beiträge sind zur Gänze aus Mitteln der Bauarbeiter-Urlaubs- und Abfertigungskasse zu tragen.

(BGBl I 2013/137)

(4) Die Beiträge für Teilversicherte nach § 8 Abs. 1 Z 2 sind mit 22,8 % der Beitragsgrundlage (§ 44 Abs. 1 Z 11 bis 19a) zu bemessen. Diese Beiträge sind zu tragen

1. für Teilversicherte nach § 8 Abs. 1 Z 2 lit. a, c, d sublit. aa sowie lit. e und f vom Bund;

2. für Teilversicherte nach § 8 Abs. 1 Z 2 lit. b vom Arbeitsmarktservice;

2a. für Teilversicherte nach § 8 Abs. 1 Z 2 lit. d sublit. bb aus Mitteln des Bundesministeriums für Landesverteidigung;

3. für Teilversicherte nach § 8 Abs. 1 Z 2 lit. g und k zu 75 % aus Mitteln des Familienlastenausgleichsfonds und zu 25 % aus Mitteln des Bundes;

   (BGBl I 2016/53)

4. für Teilversicherte nach § 8 Abs. 1 Z 2 lit. h wie in § 51 Abs. 3 Z 2, wobei als Dienstgeber die Universität (Universität der Künste) gilt, der die versicherte Person angehört;

5. für Teilversicherte nach § 8 Abs. 1 Z 2 lit. i wie in § 51 Abs. 3 Z 2, wobei als Dienstgeber das Bundesministerium für Unterricht, Kunst und Kultur gilt;

   (BGBl I 2009/83, BGBl I 2013/138)

6. für Teilversicherte nach § 8 Abs. 1 Z 2 lit. j

   a) aus Mitteln des Bundes für Pflegegeldaufwendungen, wenn es sich um Fälle des § 21c Abs. 1 des Bundespflegegeldgesetzes handelt;

   b) aus Mitteln des Bundes, wenn es sich um Fälle des § 21c Abs. 3 des Bundespflegegeldgesetzes handelt.

   (BGBl I 2013/138)

(BGBl I 2001/99, BGBl I 2004/142, BGBl I 2013/138, BGBl I 2016/53)

Sondervorschriften über die Aufteilung des allgemeinen Beitrages

§ 53. (1) Der den Versicherten belastende Teil der allgemeinen Beiträge darf zusammen mit dem den Versicherten belastenden Teil des Beitrages zur Arbeitslosenversicherung 20 vH seiner Geldbezüge nicht übersteigen. Den Unterschiedsbetrag hat der Dienstgeber zu tragen. Kommt die Mindestbeitragsgrundlage nach § 48 zur Anwendung, so ist der auf die versicherte Person entfallende Teil des Beitrages, der sich aus dem Unterschiedsbetrag zwischen der Mindestbeitragsgrundlage und dem Entgelt der versicherten Person ergibt, nicht bei der Berechnung nach dem ersten Satz zu berücksichtigen.

(BGBl I 2013/187)

(2) Für Pflichtversicherte, die nur Anspruch auf Sachbezüge haben oder kein Entgelt erhalten, hat der Dienstgeber auch die auf den Pflichtversicherten entfallenden Beitragsteile (§§ 51 und 52) zu tragen.

(BGBl I 1997/79)

(3) Der Dienstnehmer hat die Beiträge zur Gänze zu entrichten,

a) wenn die Beiträge vom Dienstgeber, der die Vorrechte der Exterritorialität genießt oder dem im Zusammenhang mit einem zwischenstaatlichen Vertrag oder der Mitgliedschaft Österreichs bei einer internationalen Organisation besondere Privilegien oder Immunitäten eingeräumt sind, nicht entrichtet werden,

b) wenn der Dienstgeber im Inland keine Betriebsstätte (Niederlassung, Geschäftsstelle, Niederlage) hat, außer in jenen Fällen, in denen dieses Bundesgesetz auf Grund der Verordnung (EWG) Nr. 1408/71 oder der Verordnung (EG) Nr. 883/2004 anzuwenden ist,

   (BGBl 1996/201, BGBl I 1997/139, BGBl I 2005/132)

c) für die Dauer des Weiterbestandes einer Pflichtversicherung nach § 11 Abs. 3 lit. a oder e.

   (BGBl I 2010/111)

(4) Im Falle des § 47 lit. c hat der Dienstgeber den Beitrag zur Gänze zu entrichten. Er ist berechtigt, unbeschadet der Bestimmungen des § 60 Abs. 1, auch den Unterschiedsbetrag zwischen dem Beitrag, der sich auf Grund der Beitragsgrundlage nach § 47 lit. c und der allgemeinen Beitragsgrundlage nach § 44 ergibt, vom Entgelt in barem abzuziehen.

Beiträge für Versicherte, die in geringfügigen Beschäftigungsverhältnissen stehen

§ 53a. (1) Der Dienstgeber hat für alle bei ihm nach § 5 Abs. 2 beschäftigten Personen einen Beitrag zur Unfallversicherung in der Höhe von 1,2 % der allgemeinen Beitragsgrundlage zu leisten.

(BGBl I 2002/74, BGBl I 2003/28, BGBl I 2014/30, BGBl I 2018/100)

(2) (aufgehoben)

(BGBl I 2002/74)

(3) Vollversicherte, die in einem oder mehreren geringfügigen Beschäftigungsverhältnissen nach diesem Bundesgesetz oder dem Dienstleistungsscheckgesetz stehen, haben hinsichtlich dieser geringfügigen Beschäftigungsverhältnisse einen Pauschalbeitrag zu leisten. Für jeden Kalendermonat beträgt dieser Pauschalbeitrag 14,12% der allgemeinen Beitragsgrundlage. Davon entfallen

a) auf die Krankenversicherung als allgemeiner Beitrag 3,87%,

   (BGBl I 2015/118, BGBl I 2017/29)

b) auf die Pensionsversicherung als allgemeiner Beitrag 9,25% und als Zusatzbeitrag 1%.

(3a) Für in der Pensionsversicherung teilversicherte Personen nach § 7 Z 4 lit. a bis e, die in einem oder mehreren geringfügigen Beschäftigungsverhältnissen stehen, ist Abs. 3 lit. b entsprechend anzuwenden.

(BGBl I 2005/71)

(3b)[a)] Wird neben einem Dienstverhältnis, das die Vollversicherung nach diesem Bundesgesetz begründet, ein geringfügiges Beschäftigungsverhältnis ausschließlich zu dem Zweck ausgeübt, einen zeitlich begrenzten zusätzlichen, den regulären Betriebsablauf überschreitenden, Arbeitsanfall zu decken oder den Ausfall einer Arbeitskraft zu ersetzen, so hat der Dienstgeber den Pauschalbeitrag nach Abs. 3 sowie die Arbeiterkammerumlage (Landarbeiterkammerumlage) einzubehalten und abzuführen, wenn im jeweiligen Kalenderjahr

[a] Tritt mit 1. Jänner 2018 in Kraft und mit Ablauf des 31. Dezember 2020 außer Kraft.

1. der Dienstnehmer/die Dienstnehmerin noch nicht mehr als 18 Tage einer solchen geringfügigen Beschäftigung ausgeübt hat und
2. der Dienstgeber noch nicht mehr als 18 Tage solche Personen geringfügig beschäftigt hat.

Abweichend von Abs. 1 ist für DienstnehmerInnen bei Vorliegen der Voraussetzungen nach dem ersten Satz der allgemeine Beitrag zur Unfallversicherung aus Mitteln der Unfallversicherung zu zahlen.

(BGBl I 2017/29)

(4) Beiträge zur Krankenversicherung und zur Pensionsversicherung für Vollversicherte gemäß Abs. 3 oder für Teilversicherte gemäß Abs. 3a sind nur so weit vorzuschreiben, als die Summe der allgemeinen Beitragsgrundlagen aus allen Beschäftigungsverhältnissen im Kalendermonat das Dreißigfache der Höchstbeitragsgrundlage (§ 45 Abs. 1) nicht überschreitet.

(BGBl I 2002/1, BGBl I 2005/71)

(5) (aufgehoben)

(BGBl I 2002/74, BGBl I 2004/142)

(BGBl I 1997/139, BGBl I 1998/138)

Zuschüsse an die Dienstgeber/innen

§ 53b. (1) Den Dienstgeber/inne/n können Zuschüsse aus Mitteln der Unfallversicherung zur teilweisen Vergütung des Aufwandes für die Entgeltfortzahlung einschließlich allfälliger Sonderzahlungen im Sinne des § 3 EFZG oder vergleichbarer österreichischer Rechtsvorschriften an bei der Allgemeinen Unfallversicherungsanstalt oder der Versicherungsanstalt für Eisenbahnen und Bergbau unfallversicherte Dienstnehmer/innen geleistet werden.

(1)[a] Den Dienstgeber/inne/n können Zuschüsse aus Mitteln der Unfallversicherung zur teilweisen Vergütung des Aufwandes für die Entgeltfortzahlung einschließlich allfälliger Sonderzahlungen im Sinne des § 3 EFZG oder vergleichbarer österreichischer Rechtsvorschriften an bei der Allgemeinen Unfallversicherungsanstalt unfallversicherte Dienstnehmer/innen geleistet werden.

(BGBl I 2018/100)

[a] Tritt mit 1. Jänner 2020 in Kraft.

(2) Abs. 1 ist so anzuwenden, dass die Zuschüsse gebühren

1. nur jenen Dienstgeber/inne/n, die in ihrem Unternehmen durchschnittlich nicht mehr als 50 Dienstnehmer/innen beschäftigen, wobei der Ermittlung des Durchschnitts das Jahr vor Beginn der jeweiligen Entgeltfortzahlung zu Grund zu legen ist; dabei sind auch Zeiträume zu berücksichtigen, in denen vorübergehend keine Dienstnehmer/innen beschäftigt wurden;
2. in der Höhe von 50% des entsprechenden fortgezahlten Entgelts einschließlich allfälliger Sonderzahlungen unter Beachtung der eineinhalbfachen Höchstbeitragsgrundlage (§ 108 Abs. 3);
3. bei Arbeitsverhinderung
   a) durch Krankheit ab dem elften Tag der Entgeltfortzahlung bis höchstens sechs Wochen je Arbeitsjahr (Kalenderjahr), sofern die der Entgeltfortzahlung zugrunde liegende Arbeitsunfähigkeit länger als zehn aufeinanderfolgende Tage gedauert hat;
   b) nach Unfällen ab dem ersten Tag der Entgeltfortzahlung bis höchstens sechs Wochen je Arbeitsjahr (Kalenderjahr), sofern die der Entgeltfortzahlung zugrunde liegende Arbeitsunfähigkeit länger als drei aufeinanderfolgende Tage gedauert hat.

(2a) Für Dienstgeber/innen, die in ihrem Unternehmen durchschnittlich nicht mehr als zehn Dienstnehmer/innen beschäftigen, ist Abs. 2 mit der Maßgabe anzuwenden, dass die Zuschüsse in der Höhe von 75% gebühren.

(BGBl I 2017/151)

(3) Den Dienstgeber/inne/n nach den Abs. 2 und 2a ist in den Fällen des § 176 Abs. 1 Z 7 lit. a sowie nach Maßgabe des zweiten Satzes in den Fällen des § 7 Abs. 3 APSG aus Mitteln der Unfallversicherung auch die Differenz zwischen dem Zuschuss zur Entgeltfortzahlung (Abs. 1 und 2 Z 3 lit. b) und dem Aufwand für die Entgeltfortzahlung einschließlich allfälliger Sonderzahlungen im Sinne des § 3 EFZG oder vergleichbarer österreichischer Rechtsvorschriften für bei der Allgemeinen Unfallversicherungsanstalt oder der Versicherungsanstalt für Eisenbahnen und Bergbau unfallversicherte Dienstnehmer/innen zu vergüten. Diese Vergütung gebührt den Dienstgeber/inne/n in Fällen der Arbeitsunfähigkeit nach § 7 Abs. 3 APSG auf Grund von Unfällen, die während eines Einsatzes im Rahmen des Katastrophenschutzes und der Katastrophenhilfe geschehen sind.

(BGBl I 2017/151)

(3)[a] Den Dienstgeber/inne/n nach den Abs. 2 und 2a ist in den Fällen des § 176 Abs. 1 Z 7 lit. a sowie nach Maßgabe des zweiten Satzes in den Fällen des § 7 Abs. 3 APSG aus Mitteln der Unfallversicherung auch die Differenz zwischen dem Zuschuss zur Entgeltfortzahlung (Abs. 1 und 2 Z 3 lit. b) und dem Aufwand für die Entgeltfortzahlung einschließlich allfälliger Sonderzahlungen im Sinne des § 3 EFZG oder vergleichbarer österreichischer Rechtsvorschriften für bei der Allgemeinen Unfallversicherungsanstalt unfallversicherte Dienstnehmer/innen zu vergüten. Diese Vergütung gebührt den Dienstgeber/inne/n in Fällen der Arbeitsunfähigkeit nach § 7 Abs. 3 APSG auf Grund von Unfällen, die während eines Einsatzes im Rahmen des Katastrophenschutzes und der Katastrophenhilfe geschehen sind.

(BGBl I 2017/151, BGBl I 2018/100)

[a] Tritt mit 1. Jänner 2020 in Kraft.

(4) Das Bundesministerium für Inneres hat dem jeweiligen Unfallversicherungsträger jene Kosten der Differenzvergütung nach Abs. 3 zu ersetzen, die für die Fälle des § 176 Abs. 1 Z 7 lit. a und der Entlassung aus dem Zivildienst nach § 7 Abs. 3 APSG im Sinne des Abs. 3 zweiter Satz entstanden sind.

(5) Das Bundesministerium für Landesverteidigung und Sport hat dem jeweiligen Unfallversicherungsträger die Kosten der Differenzvergütung nach Abs. 3 zu ersetzen, die aus der Entlassung aus dem Präsenz- oder Ausbildungsdienst nach § 7 Abs. 3 APSG im Sinne des Abs. 3 zweiter Satz entstanden sind.

(6) Näheres über die Gewährung der Zuschüsse und der Differenzvergütung sowie deren Abwicklung ist durch Verordnung der Bundesministerin für Gesundheit im Einvernehmen mit dem Bundesminister für Wissenschaft, Forschung und Wirtschaft festzusetzen.

(BGBl I 2002/155, BGBl I 2003/71, BGBl I 2003/145, BGBl I 2004/171, BGBl I 2012/123, BGBl I 2013/139, BGBl I 2015/162)

Sonderbeiträge

§ 54. (1) Von den Sonderzahlungen nach § 49 Abs. 2 sind in der Kranken-, Unfall- und Pensionsversicherung Sonderbeiträge mit dem gleichen Hundertsatz wie für sonstige Bezüge nach § 49 Abs. 1 zu entrichten; hiebei sind die in einem Kalenderjahr fällig werdenden Sonderzahlungen bis zum 60fachen Betrag der für die betreffende Versicherung in Betracht kommenden Höchstbeitragsgrundlage (§ 45 Abs. 1) unter Bedachtnahme auf § 45 Abs. 2 zu berücksichtigen.

(BGBl I 2001/67)

(2) (aufgehoben)

(BGBl I 2015/79)

(3) Die Bestimmungen der §§ 51 bis 53 über die Aufteilung der allgemeinen Beiträge auf den Versicherten und den Dienstgeber gelten entsprechend für die Sonderbeiträge.

(4) § 44 Abs. 5 gilt entsprechend.

(5) Der Pauschalbeitrag nach § 53a ist unter Bedachtnahme auf die Abs. 1, 2 und 4 auch von den Sonderzahlungen zu leisten.

(BGBl I 1998/138, BGBl I 2003/28, BGBl I 2004/142, BGBl I 2015/118)

Entrichtung von Beitragsteilen durch Dritte

§ 54a. (1) Die auf den Versicherten entfallenden Beitragsteile sind zu entrichten

1. von einer Gebietskörperschaft oder
2. von einer beruflichen Interessenvertretung oder
3. von einem Verein, der im Wirkungsbereich einer Gebietskörperschaft oder einer beruflichen Interessenvertretung tätig ist,

wenn eine entsprechende Vereinbarung mit dem den Beitrag einhebenden Versicherungsträger unter gleichzeitiger Verständigung des Dienstgebers getroffen wird. Ab dem Zeitpunkt dieser Verständigung hat der Dienstgeber lediglich den auf ihn selbst entfallenden Beitragsteil zu entrichten.

(2) Die Gebietskörperschaft oder die berufliche Interessenvertretung oder der Verein, die (der) die Entrichtung der auf den Versicherten entfallenden Beitragsteile nach Abs. 1 vereinbart hat, schuldet diese Beitragsteile selbst und hat sie auf eigene Gefahr und Kosten selbst einzuzahlen.

(BGBl I 2001/99)

Dauer der Beitragspflicht

§ 55. (1) Die allgemeinen Beiträge sind, sofern im folgenden nichts anderes bestimmt wird, für die Dauer der Versicherung zu entrichten.

(BGBl 1996/201)

(2) (aufgehoben)

(BGBl 1996/201, BGBl 1996/411, BGBl I 1997/39, BGBl I 2002/140)

§ 56. (aufgehoben)

(BGBl I 2015/79)

Beiträge während der Leistung des Präsenz- oder Ausbildungsdienstes

§ 56a. (1) Für die Dauer des Präsenz- oder Ausbildungsdienstes auf Grund des Wehrgesetzes 2001 ruht die Beitragspflicht des Versicherten und seines Dienstgebers in der Krankenversicherung.

(BGBl 1996/411, BGBl I 1998/30, BGBl I 2009/83)

(2) Der Bund hat an den Versicherungsträger

1. einen Pauschalbetrag in der Höhe von 48,11 €[a] sowie

   (BGBl I 2001/67)

2. einen Zusatzbeitrag in der Höhe von 3,85 €[a]

   (BGBl I 2001/67)

[a] Beträge siehe VO über veränderliche Werte.

monatlich für jeden Familienangehörigen gemäß § 123 des im Präsenz- oder Ausbildungsdienst stehenden Versicherten (§ 8 Abs. 1 Z 1 lit. c) zu leisten. An die Stelle dieser Beträge treten ab Beginn eines jeden Beitragsjahres (§ 242 Abs. 10) die unter Bedachtnahme auf § 108 Abs. 6 mit der jeweiligen Aufwertungszahl (§ 108a Abs. 1) vervielfachten Beträge. Der dreißigste Teil des monatlichen Pauschalbetrages (Zusatzbeitrages) gilt als auf den Tag entfallender Pauschalbetrag (Zusatzbeitrag), der siebenfache Tagespauschalbetrag (Zusatzbeitrag) gilt als auf die Woche entfallender Pauschalbetrag (Zusatzbeitrag).

(BGBl 1993/335, BGBl I 1998/30, BGBl I 1998/138, BGBl I 2004/142)

(3) Die Abs. 1 und 2 gelten nicht für Personen, die nach § 8 Abs. 1 Z 1 lit. e in der Krankenversicherung teilversichert sind. Für diese Personen gilt § 52 Abs. 3.

(BGBl I 2010/111)

(BGBl I 1998/30)

Beitragspflicht während einer Arbeitsunfähigkeit

§ 57. (1) Für die Dauer einer durch Krankheit hervorgerufenen gemeldeten Arbeitsunfähigkeit oder eines Anspruches auf Wochengeld sind allgemeine Beiträge nur zu entrichten, wenn und solange der (die) Versicherte während einer solchen Zeit Entgelt im Sinne des § 49 fortbezieht.

(2) Für Versicherte ohne Entgelt, die nach § 138 Abs. 2 vom Anspruch auf Krankengeld ausgeschlossen sind, sind die allgemeinen Beiträge auch für die Dauer einer durch Krankheit hervorgerufenen Arbeitsunfähigkeit weiter zu entrichten.

§ 57a. (aufgehoben)

(BGBl I 1997/79, BGBl I 2002/155, BGBl I 2003/145, BGBl I 2015/118)

Fälligkeit und Einzahlung der Beiträge; Beitragsvorauszahlung

§ 58. (1) Die allgemeinen Beiträge sind am letzten Tag des Kalendermonates fällig, in den das Ende des Beitragszeitraumes fällt, sofern die Beiträge nicht gemäß Abs. 4 vom Träger der Krankenversicherung dem Beitragsschuldner vorgeschrieben werden. Die gemäß Abs. 4 vorgeschriebenen Beiträge sind mit Ablauf des zweiten Werktages nach der Aufgabe der Beitragsvorschreibung zur Post bzw. mit dem Zeitpunkt der Zustellung durch Organe des Trägers der Krankenversicherung fällig. Die Fälligkeit der Sonderbeiträge wird durch die Satzung des Versicherungsträgers geregelt.

(BGBl I 1998/138, BGBl I 2015/79)

(1a) Abweichend von Abs. 1 sind die allgemeinen Beiträge in den Fällen des § 34 Abs. 2 zweiter und dritter Satz am letzten Tag des Kalendermonates fällig, der auf den Eintritts- oder Wiedereintrittsmonat folgt.

(BGBl I 2019/8)

(2) Die auf den Versicherten und den Dienstgeber, bei Heimarbeitern auf den Auftraggeber entfallenden Beiträge schuldet der Dienstgeber (Auftraggeber). Er hat diese Beiträge auf seine Gefahr und Kosten zur Gänze einzuzahlen. Die den Heimarbeitern gleichgestellten Personen (§ 4 Abs. 1 Z 7) schulden die Beiträge selbst und haben die Beiträge auf ihre Gefahr und Kosten zur Gänze selbst einzuzahlen. Bezieher/innen einer beitragspflichtigen ausländischen Rente (§ 73a) schulden die von dieser Rente nach § 73a Abs. 4 und 5 zu entrichtenden Beiträge selbst und haben diese auf ihre Gefahr und Kosten zur Gänze selbst einzuzahlen. Gleiches gilt für Dienstnehmer hinsichtlich eines Beschäftigungsverhältnisses gemäß § 5 Abs. 2 für den auf sie entfallenden Beitragsteil, wenn nicht § 53a Abs. 3b anzuwenden ist[a].

(BGBl I 1997/139, BGBl I 2010/102, BGBl I 2017/29)

---

[a] Der Teilsatz tritt mit 1. Jänner 2018 in Kraft und mit Ablauf des 31. Dezember 2020 außer Kraft.

(3) Abweichend von Abs. 2 schulden

1. der Dienstgeber (die Gebietskörperschaft),
2. der Dienstnehmer

gemäß § 4 Abs. 4 für Beitragsnachzahlungen, die auf Grund unwahrer oder mangelnder Auskunft gemäß § 43 Abs. 2 zu entrichten sind, die jeweils auf sie entfallenden Beitragsteile. Sie haben die jeweiligen Beitragsteile auf eigene Gefahr und Kosten einzuzahlen.

(BGBl 1996/201, BGBl 1996/411, BGBl I 1997/139, BGBl I 1998/138)

(4) Der Beitragsschuldner hat die Beiträge von den jedem Dienstnehmer/jeder Dienstnehmerin im Beitragszeitraum gebührenden und darüber hinaus gezahlten Entgelten zu ermitteln und an den zuständigen Träger der Krankenversicherung unaufgefordert einzuzahlen, sofern dieser die Beiträge nicht vorschreibt. Durch die Satzung kann geregelt werden, dass bestimmten Gruppen von Dienstgebern die Beiträge vorzuschreiben sind. Dienstgebern, in deren Betrieb weniger als 15 Dienstnehmer beschäftigt sind, sind auf Verlangen die Beiträge jedenfalls vorzuschreiben. Für die in der Unfall- und Pensionsversicherung Teilversicherten, für die nur in der Pensionsversicherung Teilversicherten und für die nur in der Unfallversicherung gemäß § 7 Z 3 lit. a Teilversicherten sind die Beiträge an den Träger der Krankenversicherung bzw. an den Träger der Pensionsversicherung einzuzahlen, bei dem die Meldungen gemäß § 33 Abs. 2 bzw. § 37a zu erstatten sind.

(BGBl 1996/201, BGBl I 2001/99, BGBl I 2015/79)

(5) Die VertreterInnen juristischer Personen, die gesetzlichen VertreterInnen natürlicher Personen und die VermögensverwalterInnen (§ 80 BAO) haben alle Pflichten zu erfüllen, die den von ihnen Vertretenen obliegen, und sind befugt, die diesen zustehenden Rechte wahrzunehmen. Sie haben insbesondere dafür zu sorgen, dass die Beiträge jeweils bei Fälligkeit aus den Mitteln, die sie verwalten, entrichtet werden.

(BGBl 1996/201, BGBl I 2001/67, BGBl I 2010/62)

(6) Der Träger der Krankenversicherung, bei dem nach Abs. 4 die Beiträge einzuzahlen sind, ist ausschließlich berufen, die Beitragsforderung rechtlich geltend zu machen. Soweit ein Versicherungsträger Beiträge für andere Rechtsträger (Bund, Fonds, Interessenvertretungen, andere Versicherungsträger u. a.) einhebt, wird er auch dann als deren Vertreter tätig, wenn er alle Beitragsforderungen in einem Betrag geltend macht. Dies gilt auch für die Einhebung von Zuschlägen, Nebengebühren, Gerichts- und Justizverwaltungsgebühren

usw. sowie im Verfahren vor Gerichten und Verwaltungsbehörden. Forderungen aus der Einhebung von Krankenscheingebühren oder Service-Entgelt (§§ 135 Abs. 3, 153 Abs. 4) sowie von Gerichts- und Justizverwaltungsgebühren gelten in diesem Zusammenhang als Beitragsforderungen.

(BGBl 1996/201, BGBl 1996/764, BGBl I 1999/106, BGBl I 2002/140, BGBl I 2003/71)

(7) Die Fälligkeit und die Einzahlung der Beiträge für die nur in der Unfallversicherung Teilversicherten, mit Ausnahme der gemäß § 7 Z 3 lit. a Teilversicherten, werden unter Bedachtnahme auf die besonderen Verhältnisse der in Betracht kommenden Versichertengruppen in der Satzung des Versicherungsträgers geregelt.

(BGBl 1994/20, BGBl 1996/201)

(8) In Fällen geringfügiger Beschäftigungsverhältnisse nach § 5 Abs. 2 kann vereinbart werden, dass die Beiträge bis zum 15. Jänner des Folgejahres zu entrichten sind.

(BGBl I 1998/138, BGBl I 2015/79)

(BGBl I 1998/138)

§ 58a. (aufgehoben)

(BGBl I 2015/79)

Verzugszinsen

§ 59. (1) Werden Beiträge nicht innerhalb von 15 Tagen

1. nach der Fälligkeit,
2. in den Fällen des § 4 Abs. 4 nach dem Ende des Monats, in dem der Dienstgeber Entgelt leistet,

   (BGBl 1996/600, BGBl I 1997/139)

eingezahlt, so sind von diesen rückständigen Beiträgen, wenn nicht gemäß § 113 Abs. 1 ein Beitragszuschlag oder gemäß § 114 Abs. 1 ein Säumniszuschlag vorgeschrieben wird, Verzugszinsen in einem Hundertsatz der rückständigen Beiträge zu entrichten. Erfolgt die Einzahlung zwar verspätet, aber noch innerhalb von drei Tagen nach Ablauf der 15-Tage-Frist, so bleibt diese Verspätung ohne Rechtsfolgen. Der Hundertsatz berechnet sich jeweils für ein Kalenderjahr aus dem Basiszinssatz (Art. I § 1 Abs. 1 des 1. Euro-Justiz-Begleitgesetzes, BGBl. I Nr. 125/1998) zuzüglich vier Prozentpunkten; dabei ist der Basiszinssatz, der am 31. Oktober eines Kalenderjahres gilt, für das nächste Kalenderjahr maßgebend. Für rückständige Beiträge aus Beitragszeiträumen, die vor dem Zeitpunkt einer Änderung dieses Hundertsatzes liegen, sind die Verzugszinsen, soweit sie zu diesem Zeitpunkt nicht bereits vorgeschrieben sind, mit dem jeweils geänderten Hundertsatz zu berechnen. § 108 Abs. 3 der Bundesabgabenordnung, BGBl. Nr. 194/1961, gilt entsprechend. Für die Berechnung der Verzugszinsen können die rückständigen Beiträge auf den vollen Eurobetrag abgerundet werden.

(BGBl 1994/680, BGBl 1996/411, BGBl I 1998/138, BGBl I 2001/67, BGBl I 2001/99, BGBl I 2010/111, BGBl I 2015/79)

(2) Der zur Entgegennahme der Zahlung berufene Versicherungsträger kann die Verzugszinsen herabsetzen oder nachsehen, wenn durch ihre Einhebung in voller Höhe die wirtschaftlichen Verhältnisse des Beitragsschuldners gefährdet wären. Die Verzugszinsen können überdies nachgesehen werden, wenn es sich um einen kurzfristigen Zahlungsverzug handelt und der Beitragsschuldner ansonsten regelmäßig seine Beitragspflicht erfüllt hat.

(3) Der im Abs. 1 vorgesehene Zeitraum von 15 Tagen beginnt in den Fällen, in denen die Beiträge vom Träger der Krankenversicherung nach § 58 Abs. 4 oder § 68a Abs. 1 dem Beitragsschuldner vorgeschrieben werden, erst mit Ablauf des zweiten Werktages nach Aufgabe der Beitragsvorschreibung (sie gilt als Zahlungsaufforderung) zur Post; wird die Beitragsvorschreibung durch Organe des Trägers der Krankenversicherung zugestellt, so beginnt die Frist mit dem Zeitpunkt der Zustellung.

(BGBl 1994/680, BGBl 1996/201, BGBl I 2005/132)

(4) Die vom Träger der Krankenversicherung eingehobenen Verzugszinsen sind auf die beteiligten Versicherungsträger und sonstigen Stellen schlüsselmäßig nach Maßgabe des auf den einzelnen Versicherungsträger entfallenden Gesamtbeitragsrückstandes am Ende des Vormonates aufzuteilen.

Abzug des Versichertenbeitrages vom Entgelt (auch von Sonderzahlungen)

§ 60. (1) Der Dienstgeber ist berechtigt, den auf den Versicherten entfallenden Beitragsteil vom Entgelt in barem abzuziehen. Dieses Recht muß bei sonstigem Verlust spätestens bei der auf die Fälligkeit des Beitrages nächstfolgenden Entgeltzahlung ausgeübt werden, es sei denn, daß die nachträgliche Entrichtung der vollen Beiträge oder eines Teiles dieser vom Dienstgeber nicht verschuldet ist. Im Falle der nachträglichen Entrichtung der Beiträge ohne Verschulden des Dienstgebers dürfen dem Versicherten bei einer Entgeltzahlung nicht mehr Beiträge abgezogen werden, als auf zwei Lohnzahlungszeiträume entfallen.

(2) Besteht das Entgelt in barem ganz oder teilweise aus Leistungen Dritter, so bleibt es der Vereinbarung zwischen dem Versicherten und dem Dienstgeber überlassen, auf welche Weise der Dienstgeber den auf den Versicherten entfallenden Beitragsteil einziehen kann. Die nach den im § 11 Abs. 3 lit. d genannten Vorschriften gebührende Vergütung für Verdienstentgang steht dem aus Leistungen Dritter bestehenden Entgelt gleich.

(BGBl I 2010/111)

(3) Abs. 1 erster Satz gilt entsprechend auch für Sonderbeiträge nach § 54 mit der Maßgabe, daß der auf den Versicherten entfallende Teil des Sonderbeitrages nur von der Sonderzahlung abgezogen werden darf.

(BGBl I 2015/79)

Getrennte Einzahlung der Beitragsteile

§ 61. (1) Der Versicherungsträger kann widerruflich anordnen, daß Dienstgeber, die mit der Entrichtung von Beiträgen im Rückstand sind, nur ihren Beitragsteil entrichten. Die von ihnen beschäftigten Versicherten haben ihren Beitragsteil an den Zahltagen selbst zu entrichten. Der Versicherungsträger kann hiebei den Obmann des Betriebsrates um seine Mitwirkung ersuchen.

(2) Der Dienstgeber hat die Anordnung durch dauernden Aushang in den Arbeitsstätten den Versicherten bekanntzugeben und diese bei jeder Entgeltleistung darauf aufmerksam zu machen, daß sie ihren Beitragsteil selbst zu entrichten haben.

(3) Einem gegen Verfügungen nach Abs. 1 eingebrachten Rechtsmittel kommt keine aufschiebende Wirkung zu.

Mitteilung über Beitragsrückstände, Beitragsabrechnung

§ 62. (1) Der Versicherungsträger, an den die Beiträge einzuzahlen sind, hat dem Dienstgeber auf Verlangen schriftlich mitzuteilen, ob und in welcher Höhe Rückstände an Beiträgen samt Zuschlägen und Nebengebühren aushaften.

(2) Der Versicherungsträger, an den die Beiträge einzuzahlen sind, kann mit den einzelnen Dienstgebern Vereinbarungen über die Form der Abrechnung der Beiträge treffen.

Abfuhr der Beiträge an die Träger der Unfall- und Pensionsversicherung

§ 63. (1) Die Träger der Krankenversicherung haben die in einem Kalendermonat bei ihnen eingezahlten, auf die Unfall- und Pensionsversicherung entfallenden Beiträge bis zum 20. des folgenden Kalendermonats an die zuständigen Träger der Unfall- und Pensionsversicherung abzuführen. Auf die abzuführenden Beträge haben die Träger der Krankenversicherung bis zum 10., 20. und Letzten des jeweiligen Kalendermonates Anzahlungen in dem Ausmaß zu leisten, das dem Eingang an Beiträgen zur Unfall- und Pensionsversicherung annähernd entspricht.

(2) Zu nicht rechtzeitig abgeführten Beiträgen und zu nicht rechtzeitig geleisteten Anzahlungen haben die Träger der Krankenversicherung von den Rückständen Verzugszinsen in der sich nach § 59 Abs. 1 jeweils ergebenden Höhe an die Träger der Unfall- und Pensionsversicherung zu entrichten.

(3) Die Träger der Unfall- und Pensionsversicherung sind berechtigt, die ordnungsgemäße Bemessung, Einhebung, Verrechnung und Abfuhr der für sie bestimmten Beitragsteile bei den Trägern der Krankenversicherung zu überprüfen und bei diesen während der Geschäftsstunden in alle bezüglichen Bücher und sonstigen Aufzeichnungen durch Beauftragte Einsicht zu nehmen.

(4) Der zur Entgegennahme der Beiträge berechtigte Träger der Unfall- oder Pensionsversicherung kann die Verzugszinsen herabsetzen oder nachsehen, wenn den Träger der Krankenversicherung an der verspäteten Abfuhr kein Verschulden trifft.

§ 63a. (aufgehoben)

(BGBl I 2004/142)

§ 63b. (aufgehoben)

(BGBl 1991/676, BGBl I 2001/5)

Verfahren zur Eintreibung der Beiträge

§ 64. (1) Den Versicherungsträgern ist zur Eintreibung nicht rechtzeitig entrichteter Beiträge die Einbringung im Verwaltungswege gewährt (§ 3 Abs. 3 des Verwaltungsvollstreckungsgesetzes 1991).

(BGBl I 2010/62)

(2) Der Versicherungsträger, der nach § 58 Abs. 6 berufen ist, die Beitragsforderung rechtlich geltend zu machen, hat zur Eintreibung nicht rechtzeitig entrichteter Beiträge einen Rückstandsausweis auszufertigen. Dieser Ausweis hat den Namen und die Anschrift des Beitragsschuldners, den rückständigen Betrag, die Art des Rückstandes samt Nebengebühren, den Beitragszeitraum, auf den die rückständigen Beiträge entfallen, allenfalls vorgeschriebene Verzugszinsen, Beitragszuschläge und sonstige Nebengebühren sowie den Vermerk des Versicherungsträgers zu enthalten, daß der Rückstandsausweis einem die Vollstreckbarkeit hemmenden Rechtszug nicht unterliegt. Der Rückstandsausweis ist Exekutionstitel im Sinne des § 1 der Exekutionsordnung. Im Rückstandsausweis können, wenn dies aus Gründen der Verwaltungsvereinfachung angezeigt erscheint, die Beiträge zur Kranken-, Unfall- und Pensionsversicherung sowie alle sonstigen von den Krankenversicherungsträgern einzuhebenden Beiträge und Umlagen als einheitliche Summe und die darauf entfallenden Verzugszinsen und Nebengebühren ebenfalls als einheitliche Summe ausgewiesen werden.

(BGBl 1996/201)

(3) Vor Ausstellung eines Rückstandsausweises ist der rückständige Betrag einzumahnen. Die Mahnung wird durch Zustellung eines Mahnschreibens (Postauftrages) vollzogen, in dem der Beitragsschuldner unter Hinweis auf die eingetretene Vollstreckbarkeit aufgefordert wird, den Beitragsrückstand binnen zwei Wochen, von der Zustellung an gerechnet, zu bezahlen. Ein Nachweis der Zustellung des Mahnschreibens ist nicht erforderlich; bei Postversand wird die Zustellung des Mahnschreibens am dritten Tag nach der Aufgabe zur Post vermutet.

(4) Als Nebengebühren kann der Versicherungsträger in den Rückstandsausweis einen pauschalierten Kostenersatz für die durch die Einleitung und Durchführung der zwangsweisen Eintreibung bedingten Verwaltungsauslagen mit Ausnahme der im Verwaltungsweg oder im gerichtlichen Weg zuzusprechenden Kosten aufnehmen; der Anspruch auf die im Verwaltungsweg oder im gerichtlichen Weg zuzusprechenden Kosten wird hiedurch nicht berührt. Der pauschalierte

Kostenersatz beträgt ein Halbes vom Hundert des einzutreibenden Betrages, mindestens jedoch 1,45 €. Der Ersatz kann für dieselbe Schuldigkeit nur einmal vorgeschrieben werden. Allfällige Anwaltskosten des Verfahrens zur Eintreibung der Beiträge dürfen nur insoweit beansprucht werden, als sie im Verfahren über Rechtsmittel auflaufen. Die vorgeschriebenen und eingehobenen Verwaltungskostenersätze verbleiben dem Versicherungsträger, der das Verfahren durchgeführt hat.

(BGBl I 2001/67)

Behandlung der Beiträge im Insolvenzverfahren sowie bei der Zwangsverwaltung und Zwangsverpachtung im Exekutions- und Sicherungsverfahren

§ 65. (1) Für die Behandlung der Beiträge im Insolvenzverfahren sind die Vorschriften der Insolvenzordnung maßgebend.

(BGBl I 2010/58)

(2) Bei der Zwangsverwaltung von Betriebsliegenschaften sowie bei der Zwangsverwaltung oder Zwangsverpachtung von gewerblichen Unternehmungen, Handelsbetrieben und ähnlichen wirtschaftlichen Unternehmungen sind rückständige Beiträge aus dem letzten Jahre vor Bewilligung der Zwangsverwaltung oder Zwangsverpachtung, die sich auf Versicherungsverhältnisse aus dem betreffenden Betrieb oder Unternehmen beziehen, vor den rückständigen Steuern und öffentlichen Abgaben zu berichtigen (§ 120 Abs. 2 Z 3, § 121 Abs. 1, § 340 Abs. 2 und § 344 Exekutionsordnung). Im übrigen sind bei der Zwangsverwaltung von Betriebsliegenschaften rückständige Beiträge, die sich auf Versicherungsverhältnisse aus dem betreffenden Betrieb beziehen, wie von der Liegenschaft zu entrichtende öffentliche Abgaben zu berichtigen (§ 120 Abs. 2 Z 1 und § 124 Z 2 Exekutionsordnung).

(BGBl I 2010/58)

Sicherung der Beiträge

§ 66. Die Bestimmungen der §§ 232 und 233 der Bundesabgabenordnung, BGBl. Nr. 194/1961, sind auf Beitragsforderungen nach diesem Bundesgesetz mit der Maßgabe entsprechend anzuwenden, daß an Stelle der Abgabenbehörde der Versicherungsträger tritt, der nach § 58 Abs. 6 berufen ist, die Beitragsforderung rechtlich geltend zu machen.

(BGBl 1996/201, BGBl I 2013/139)

Haftung für Beitragsschuldigkeiten

§ 67. (1) Wenn mehrere Dienstgeber im Einvernehmen dieselbe Person, wenn auch gegen gesondertes Entgelt, in einer die Pflichtversicherung begründenden Weise beschäftigen, haften sie zur ungeteilten Hand für die Beiträge, denen das Gesamtentgelt zugrunde zu legen ist.

(2) Dienstgeber, die auf gemeinsame Rechnung einen Betrieb führen, haften zur ungeteilten Hand für die anläßlich dieser Betriebsführung auflaufenden Beiträge, gleichviel, ob sie die Arbeiten nach einem einheitlichen Plan gemeinsam durchführen (Mitunternehmer) oder ob jeder von ihnen einen bestimmten Teil der gesamten Arbeiten selbständig durchführt (Teilunternehmer).

(3) Fällt einem anderen als dem Dienstgeber die wirtschaftliche Gefahr des Betriebes (der Verwaltung, des Haushaltes, der Tätigkeit) oder der erzielte Gewinn vorwiegend zu, so haften beide zur ungeteilten Hand für die fällig gewordenen Beiträge.

(4) Wird ein Betrieb übereignet, so haftet der Erwerber für Beiträge, die sein Vorgänger zu zahlen gehabt hätte, unbeschadet der fortdauernden Haftung des Vorgängers sowie der Haftung des Betriebsnachfolgers nach § 1409 ABGB unter Bedachtnahme auf § 1409a ABGB und der Haftung des Erwerbers nach § 38 des Unternehmensgesetzbuches (UGB), dRGBl. S. 219/1897, für die Zeit von höchstens zwölf Monaten vom Tag des Erwerbes zurückgerechnet. Im Fall einer Anfrage beim Versicherungsträger haftet er jedoch nur mit dem Betrag, der ihm als Rückstand ausgewiesen worden ist.

(BGBl I 2006/131)

(5) Abs. 4 gilt nicht bei einem Erwerb im Zuge eines Vollstreckungsverfahrens, bei einem Erwerb aus einer Insolvenzmasse oder im Wege der Überwachung der SchuldnerInnen durch TreuhänderInnen der GläubigerInnen.

(BGBl 1996/411, BGBl I 2010/58)

(6) Geht der Betrieb auf

1. einen Angehörigen des Betriebsvorgängers gemäß Abs. 7,
2. eine am Betrieb des Vorgängers wesentlich beteiligte Person gemäß Abs. 8 oder
3. eine Person mit wesentlichem Einfluß auf die Geschäftsführung des Betriebsvorgängers (z.B. Geschäftsführer, leitender Angestellter, Prokurist)

über, so haftet dieser Betriebsnachfolger ohne Rücksicht auf das dem Betriebsübergang zugrunde liegende Rechtsgeschäft wie ein Erwerber gemäß Abs. 4, solange er nicht nachweist, daß er die Beitragsschulden nicht kannte bzw. trotz seiner Stellung im Betrieb des Vorgängers nicht kennen konnte.

(7) Angehörige gemäß Abs. 6 Z 1 sind:

1. der Ehegatte/die Ehegattin oder der/die eingetragene PartnerIn;

   (BGBl I 2009/135)
2. die Verwandten in gerader Linie und die Verwandten zweiten und dritten Grades in der Seitenlinie;

   (BGBl I 2013/86)
3. die Verschwägerten in gerader Linie und die Verschwägerten zweiten Grades in der Seitenlinie;

   (BGBl I 2013/86)
4. die Wahl(Pflege)eltern und die Wahl(Pflege)kinder;

5. der Lebensgefährte;
6. unbeschadet der Z 2 die im § 32 Abs. 2 der Insolvenzordnung genannten Personen.

(BGBl I 2010/58)

(8) Eine Person ist an einem Betrieb wesentlich beteiligt, wenn sie zu mehr als einem Viertel Anteil am Betriebskapital hat. Bei der Beurteilung des Anteiles am Betriebskapital ist der wahre wirtschaftliche Gehalt und nicht die äußere Erscheinungsform des Sachverhaltes maßgebend. Die §§ 22 bis 24 der Bundesabgabenordnung sind sinngemäß anzuwenden.

(9) Stehen Wirtschaftsgüter, die einem Betrieb dienen, nicht im Eigentum des Betriebsinhabers, sondern im Eigentum einer der im Abs. 6 Z 2 bzw. 3 genannten Personen, so haftet der Eigentümer der Wirtschaftsgüter mit diesen Gütern für die Beiträge, solange er nicht nachweist, daß er die Beitragsschulden nicht kannte bzw. trotz seiner Stellung im Betrieb nicht kennen konnte.

(10) Die zur Vertretung juristischer Personen oder Personenhandelsgesellschaften (offene Gesellschaft, Kommanditgesellschaft) berufenen Personen und die gesetzlichen Vertreter natürlicher Personen haften im Rahmen ihrer Vertretungsmacht neben den durch sie vertretenen Beitragsschuldnern für die von diesen zu entrichtenden Beiträge insoweit, als die Beiträge infolge schuldhafter Verletzung der den Vertretern auferlegten Pflichten nicht eingebracht werden können. Vermögensverwalter haften, soweit ihre Verwaltung reicht, entsprechend.

(BGBl I 2006/131)

Haftung bei Beauftragung zur Erbringung von Bauleistungen

§ 67a. (1) Wird die Erbringung von Bauleistungen nach § 19 Abs. 1a des Umsatzsteuergesetzes 1994 von einem Unternehmen (Auftrag gebendes Unternehmen) an ein anderes Unternehmen (beauftragtes Unternehmen) ganz oder teilweise weitergegeben, so haftet das Auftrag gebende Unternehmen für alle Beiträge und Umlagen (§ 58 Abs. 6), die das beauftragte Unternehmen an österreichische Krankenversicherungsträger abzuführen hat oder für die es nach dieser Bestimmung haftet, bis zum Höchstausmaß von 20 % des geleisteten Werklohnes, wenn kein Befreiungsgrund nach Abs. 3 vorliegt.

(2) Die Haftung nach Abs. 1 tritt mit dem Zeitpunkt der Zahlung des Werklohnes ein und umfasst alle vom beauftragten Unternehmen zu entrichtenden Beiträge und Umlagen, die bis zum Ende jenes Kalendermonates fällig werden, in dem die Leistung des Werklohnes erfolgt. Als Werklohn gilt das gesamte für die Erfüllung des Auftrages zu leistende Entgelt; als Leistung des Werklohnes gilt auch jede Teilleistung dieses Entgeltes; als Leistung gilt insbesondere auch die Erfüllung durch Aufrechnung seitens des Auftrag gebenden Unternehmens oder des beauftragten Unternehmens. Die Haftung kann geltend gemacht werden, wenn zur Hereinbringung der in Abs. 1 genannten Beiträge und Umlagen erfolglos Exekution geführt wurde oder bezüglich des beauftragten Unternehmens ein Insolvenztatbestand nach § 1 IESG vorliegt. Die Haftung besteht unbeschadet von Ansprüchen nach § 13a IESG.

(3) Die Haftung nach Abs. 1 entfällt,

1. wenn das beauftragte Unternehmen zum Zeitpunkt der Leistung des Werklohnes in der Gesamtliste der haftungsfreistellenden Unternehmen (HFU-Gesamtliste) nach § 67b Abs. 6 geführt wird oder
2. – wenn Z 1 nicht zutrifft – das Auftrag gebende Unternehmen 20 % des zu leistenden Werklohnes (Haftungsbetrag) gleichzeitig mit der Leistung des Werklohnes an das Dienstleistungszentrum (§ 67c) überweist.

Als Leistungszeitpunkt nach Z 1 gilt der Kalendertag, an dem die entscheidende Rechtshandlung zur Erfüllung der Werklohnschuld gesetzt wurde; den Zeitpunkt der entscheidenden Rechtshandlung hat das Auftrag gebende Unternehmen nachzuweisen. Abweichend davon ist der dem Leistungszeitpunkt vorangehende Kalendertag maßgeblich, wenn an diesem die elektronische Einsichtnahme in die HFU-Gesamtliste erfolgte und die tagesgleiche Erteilung des Auftrages zur Zahlung des Werklohnes unmöglich oder unzumutbar war.

(4) Die Überweisung nach Abs. 3 Z 2 wirkt gegenüber dem beauftragten Unternehmen schuldbefreiend; sie gilt als Drittleistung und unterliegt nicht dem Zweiten Abschnitt des Ersten Hauptstückes des Ersten Teiles der Insolvenzordnung. Der Überweisungsdatensatz bzw. die elektronische Überweisung ist mit dem Vermerk „AGH" zu versehen und hat folgende Daten zu enthalten:

1. die DienstgeberInnennummer, wenn nicht vorhanden den Firmennamen und die Adresse des Auftrag gebenden Unternehmens,

   (BGBl I 2013/139)

2. a) die Umsatzsteuer-Identifikationsnummer, wenn nicht vorhanden die Finanzamts- und Steuernummer sowie
   b) die DienstgeberInnennummer, in Ermangelung einer solchen bei Personen nach § 67e die Versicherungsnummer mit dem Zusatz „v", in sonstigen Fällen den Firmennamen

   des beauftragten Unternehmens und

   (BGBl I 2013/139)

3. das Datum und die Nummer der Rechnung über den Werklohn.

(BGBl I 2010/58)

(5) Das Dienstleistungszentrum (§ 67c) hat die bei ihm eingelangten Haftungsbeträge unverzüglich an den oder die für die Beitragseinhebung zuständigen Krankenversicherungsträger weiterzuleiten. Sind mehrere Krankenversicherungsträger zuständig, so sind die Haftungsbeträge im Verhältnis der Zahl der versicherten Personen, die im Weiterleitungszeitpunkt auf die jeweiligen DienstgeberInnenkonten (Beitragskonten) des beauftrag-

ten Unternehmens entfallen, aufzuteilen. Das Nähere ist durch Richtlinien des Dachverbandes[a)] zu regeln.

(BGBl I 2018/100)

[a)] Bis 31. Dezember 2019 „Hauptverbandes".

(5a) Bei Überweisungen von Haftungsbeträgen durch Auftrag gebende Unternehmen von Personen nach § 67e hat das Dienstleistungszentrum die bei ihm eingelangten Haftungsbeträge an die Sozialversicherungsanstalt der gewerblichen Wirtschaft weiterzuleiten, sofern nicht ein anderer in Betracht kommender Krankenversicherungsträger diese Haftungsbeträge innerhalb von 14 Tagen ab deren Einlangen anfordert.

(BGBl I 2013/139)

(5a)[a)] Bei Überweisungen von Haftungsbeträgen durch Auftrag gebende Unternehmen von Personen nach § 67e hat das Dienstleistungszentrum die bei ihm eingelangten Haftungsbeträge an die Sozialversicherungsanstalt der Selbständigen weiterzuleiten, sofern nicht ein anderer in Betracht kommender Krankenversicherungsträger diese Haftungsbeträge innerhalb von 14 Tagen ab deren Einlangen anfordert.

(BGBl I 2013/139, BGBl I 2018/100)

[a)] Tritt mit 1. Jänner 2020 in Kraft.

(6) Guthaben auf einem Beitragskonto des beauftragten Unternehmens, die sich auf Grund der Überweisung von Haftungsbeträgen nach Abs. 3 Z 2 ergeben, sind auf schriftlichen Antrag, der innerhalb von fünf Jahren ab Einlangen der Zahlung an das Dienstleistungszentrum (§ 67c) zu richten ist, durch den jeweils zuständigen Krankenversicherungsträger auszuzahlen. Dem Antrag ist insbesondere dann nicht stattzugeben, wenn am Letzten des Kalendermonats nach dem Einlangen des Antrages beim Dienstleistungszentrum (§ 67c)

1. nicht alle Beitragskonten nach dem ASVG und GSVG des beauftragten Unternehmens ausgeglichen sind oder

   (BGBl I 2013/139)

2. eine oder mehrere Beitragsgrundlagenmeldungen fehlen oder

   (BGBl I 2015/79)

3. die vorliegenden Beitragsgrundlagenmeldungen in auffälligem Widerspruch zur Zahl der versicherten Personen stehen, die beim beauftragten Unternehmen beschäftigt sind, oder

   (BGBl I 2015/79)

4. die Höhe des Werklohnes in auffälligem Widerspruch zur Zahl der versicherten Personen steht, es sei denn, das beauftragte Unternehmen weist nach, dass
   a) für die Erbringung der Bauleistung nur die entsprechende Zahl von Dienstnehmern und Dienstnehmerinnen notwendig war oder
   b) ein weiteres Unternehmen ganz oder teilweise mit der Erbringung der Leistungen beauftragt wurde und hinsichtlich dieser Beauftragung ein Haftungsbefreiungsgrund nach Abs. 3 vorliegt oder

   (BGBl I 2015/113)

5. nicht alle fälligen Zuschläge nach dem BUAG entrichtet sind oder

   (BGBl I 2015/113)

6. nicht alle fälligen Abgabenforderungen des Bundes erfüllt sind.

   (BGBl I 2015/113)

Wird dem Antrag nicht stattgegeben, so ist das Guthaben mit Verbindlichkeiten des beauftragten Unternehmens zu verrechnen, und zwar nach folgender Reihenfolge: offene Beitragsschulden, Ansprüche gegenüber dem beauftragten Unternehmen auf Grund einer Haftung nach Abs. 1, Zuschlagsleistungen, Abgabenforderungen des Bundes.

(BGBl I 2013/139, BGBl I 2015/113)

(6a) Bei Unternehmen ohne DienstgeberInnennummer, die nicht unter § 67e fallen, sind die Haftungsbeträge auf schriftlichen Antrag, der innerhalb von fünf Jahren ab Einlangen der Zahlung an das Dienstleistungszentrum zu richten ist, vom Dienstleistungszentrum auszuzahlen, sofern nicht ein in Betracht kommender Krankenversicherungsträger oder die Bauarbeiter-Urlaubs- und Abfertigungskasse diese Haftungsbeträge innerhalb von 14 Tagen ab deren Einlangen anfordert. Wird von einem Krankenversicherungsträger oder der Finanzbehörde die Sozialversicherungs- oder Lohnsteuerpflicht in Österreich geprüft oder eine Ermittlung zur Feststellung dieser eingeleitet, so kann bis zum Abschluss der Prüfungshandlung die Auszahlung verweigert werden.

(BGBl I 2013/139, BGBl I 2015/113)

(7) Zum Zweck der Antragstellung nach Abs. 6 haben die DienstgeberInnen das Recht, auf elektronischem Weg uneingeschränkt und kostenlos Einsicht in ihr Beitragskonto zu nehmen.

(8) Die Auftrag gebenden Unternehmen haben den Krankenversicherungsträgern wahrheitsgemäß längstens binnen 14 Tagen Auskunft über die von ihnen beauftragten Unternehmen und über die weitergegebenen Bauleistungen zu erteilen. Erteilt ein auskunftspflichtiges Unternehmen keine Auskunft, so gilt es, so lange die erforderliche Auskunft nicht erteilt wird, bezüglich der weitergegebenen Bauleistungen jedenfalls als Auftrag gebendes Unternehmen aller nachfolgend beauftragten Unternehmen, wenn gegen diese Unternehmen zur Hereinbringung von Beiträgen und Umlagen erfolglos Exekution geführt wurde oder bezüglich dieser Unternehmen ein Insolvenztatbestand nach § 1 IESG vorliegt, es sei denn, dass ein Haftungsbefreiungsgrund nach Abs. 3 nachgewiesen werden kann.

(8a) Alle Unternehmen, die einen Antrag auf Aufnahme in die HFU-Liste stellen bzw. in der Liste geführt werden oder für die Haftungsbeträge von Auftrag gebenden Unternehmen geleistet wurden, haben den Krankenversicherungsträgern wahrheitsgemäß binnen 14 Tagen alle Auskünfte zu erteilen und Unterlagen vorzulegen, die im Zusammenhang mit den §§ 67a bis 67e von Bedeutung sind. Hat der Krankenversicherungsträger Zweifel an der Richtigkeit der Angaben oder der vorgelegten Unterlagen, so kann er auch die Vorlage der Originalurkunden verlangen.

(BGBl I 2013/139)

(9) Die Auftrag gebenden Unternehmen haben den gehörig ausgewiesenen Bediensteten der Krankenversicherungsträger während der Betriebszeit Einsicht in alle Geschäftsbücher und Belege sowie sonstige Aufzeichnungen zu gewähren, die für die Haftung nach Abs. 1 von Bedeutung sind.

(10) Die Haftung des Auftrag gebenden Unternehmens nach Abs. 1 erstreckt sich auf jedes weitere beauftragte Unternehmen, wenn die Auftragserteilung als Rechtsgeschäft anzusehen ist, das darauf abzielt, die Haftung zu umgehen (Umgehungsgeschäft), und das Auftrag gebende Unternehmen dies wusste oder auf Grund offensichtlicher Hinweise ernsthaft für möglich halten musste und sich damit abfand.

(11) Liegen Gründe für die Annahme eines Umgehungsgeschäftes nach Abs. 10 vor, so haben die Auftrag gebenden Unternehmen auf Anfrage durch die Krankenversicherungsträger binnen 14 Tagen alle Auskünfte über die weitergegebenen Bauleistungen zu erteilen, soweit diese Auskünfte nicht vom beauftragten Unternehmen innerhalb von 14 Tagen gegeben werden.

(12) Die Abgabenbehörden des Bundes, die örtliche Baupolizei sowie die Baustellenkoordinatoren und -koordinatorinnen haben den Krankenversicherungsträgern auf deren Anfrage Auskunft über alle für die Geltendmachung der Haftung nach Abs. 1 maßgebenden Umstände zu erteilen, soweit ihnen diese aus ihrer Vollzugstätigkeit bekannt sind. Die Baustellenkoordinatoren und -koordinatorinnen haben darüber hinaus besondere Aufzeichnungen über die ArbeitgeberInnen und die auf der Baustelle tätigen Selbständigen zu führen.

(13) Ansprüche aus der Haftung der Auftrag gebenden Unternehmen sind im Zivilrechtsweg vor den zur Ausübung der Gerichtsbarkeit in Handelssachen berufenen Gerichten geltend zu machen.

(BGBl I 2008/91)

Liste der haftungsfreistellenden Unternehmen (HFU-Liste)

§ 67b. (1) Unternehmen, die insgesamt mindestens drei Jahre lang Bauleistungen nach § 19 Abs. 1a des Umsatzsteuergesetzes 1994 erbracht haben und als DienstgeberInnen nach diesem Bundesgesetz angemeldete DienstnehmerInnen beschäftigen, sind auf schriftlichen Antrag, der an das Dienstleistungszentrum (§ 67c) zu richten ist, vom beitragskontenführenden Krankenversicherungsträger in eine von diesem jeweils tagesaktuell zu führende elektronische HFU-Liste aufzunehmen, wenn sie zum Antragszeitpunkt keine rückständigen Beiträge (§ 59) für Zeiträume bis zu dem der Antragstellung zweitvorangegangenen Kalendermonat aufweisen und keine Beitragsgrundlagenmeldungen nach § 34 Abs. 2 für diesen Zeitraum ausständig sind; eine förmliche Entscheidung über das Bestehen eines Beitragsrückstandes ist nicht erforderlich. Außer Betracht bleiben dabei Beitragsrückstande, die 10 % der im Kalendermonat vor Antragstellung abzuführenden Beiträge nicht übersteigen, sowie vereinbarungsgemäße Beitragsstundungen und Ratenzahlungen. Über die Versagung der Aufnahme in die HFU-Liste ist das Unternehmen zu verständigen; ein Bescheid ist nur dann zu erlassen, wenn dies das Unternehmen im Fall der Versagung verlangt.

(BGBl I 2013/139, BGBl I 2015/79)

(2) Ein in die HFU-Liste aufgenommenes Unternehmen ist unverzüglich aus dieser Liste zu streichen, wenn die Voraussetzungen für die Aufnahme in die HFU-Liste nach Abs. 1 nicht mehr zutreffen. Abs. 1 zweiter Satz ist entsprechend anzuwenden. Im Mahnschreiben ist auf die drohende Streichung aus der HFU-Liste hinzuweisen und der Grund dafür anzuführen. Die Streichung darf frühestens fünf Werktage nach Versendung des Mahnschreibens erfolgen. Über die Streichung aus der HFU-Liste ist das Unternehmen zu verständigen; ein Bescheid ist nur dann zu erlassen, wenn dies das Unternehmen verlangt.

(BGBl I 2013/139, BGBl I 2015/79)

(3) Über den Antrag auf (Wieder)Aufnahme in die HFU-Liste ist innerhalb von acht Wochen ab Antragstellung zu entscheiden. Die Streichung aus der HFU-Liste ist auch dann zulässig, wenn die dafür maßgebenden Umstände im Zeitpunkt der Aufnahme in die Liste bereits vorgelegen sind, dem Krankenversicherungsträger aber nicht bekannt waren.

(4) Unbeschadet der Abs. 1 und 2 kann die Aufnahme in die HFU-Liste versagt oder ein Unternehmen aus dieser Liste gestrichen werden, wenn schwerwiegende verwaltungsrechtliche oder strafrechtliche Verstöße vorliegen oder zu erwarten ist, dass das Unternehmen seine sozialversicherungsrechtlichen Pflichten als DienstgeberIn nicht erfüllen wird. Bei der Ausübung des Ermessens ist insbesondere Bedacht zu nehmen auf

1. einen DienstnehmerInnenzuwachs um mehr als 200 % gegenüber der durchschnittlichen DienstnehmerInnenzahl des vorangegangenen Kalenderjahres, jedoch um mindestens 20 DienstnehmerInnen;
2. das Aufscheinen des betreffenden Unternehmens in der zentralen Verwaltungsstrafevidenz nach § 28b des Ausländerbeschäftigungsgesetzes;
3. die rechtskräftige Verhängung einer Verwaltungsstrafe nach § 111 über das betreffende Unternehmen, wenn diese nicht länger als drei Jahre zurückliegt;
4. die Verhängung eines Beitragszuschlages nach § 113 oder eines Säumniszuschlages

nach § 114 über das betreffende Unternehmen in besonders schwerwiegenden Fällen;

(BGBl I 2015/79)

5. die rechtskräftige Verurteilung des betreffenden Unternehmens nach den §§ 146, 153c, 153d oder 153e des Strafgesetzbuches, wenn diese nicht länger als drei Jahre zurückliegt.

Handelt es sich beim betreffenden Unternehmen um eine juristische Person oder Personengemeinschaft ohne Rechtspersönlichkeit, so sind diesem im Fall der Z 3 und 5 alle Personen gleichzuhalten, die seinem zur Vertretung berufenen Organ angehören. Bei der Entscheidung über die Versagung der Aufnahme oder die Streichung sind auch die Größe des Unternehmens, die Dauer seiner Tätigkeit in der Baubranche und die Einhaltung der sozialversicherungsrechtlichen DienstgeberInnenpflichten innerhalb eines dreijährigen Beobachtungszeitraumes zu berücksichtigen.

(5) Die Entscheidung in den Fällen des Abs. 4 obliegt unbeschadet der eigenen Verantwortlichkeit des Vorstandes einem besonderen Vorstandsausschuss des jeweils zuständigen Krankenversicherungsträgers (Haftungsausschuss). Dieser Ausschuss besteht aus vier vom Vorstand zu wählenden Mitgliedern der Generalversammlung; zwei Mitglieder haben der DienstgeberInnengruppe, zwei der DienstnehmerInnengruppe anzugehören. Den Vorsitz im Haftungsausschuss hat ein aus seiner Mitte gewähltes Mitglied zu führen, wobei die Vorsitzführung kalenderhalbjährlich zwischen den Angehörigen der DienstgeberInnen- und der DienstnehmerInnengruppe wechselt. Die §§ 422 bis 425, 438 und 456a sind sinngemäß anzuwenden.

(5)[a)] Die Entscheidung in den Fällen des Abs. 4 obliegt unbeschadet der eigenen Verantwortlichkeit des Verwaltungsrates einem besonderen Ausschuss des Verwaltungsrates des jeweils zuständigen Krankenversicherungsträgers (Haftungsausschuss). Dieser Ausschuss besteht aus vier vom Verwaltungsrat zu wählenden Mitgliedern der Hauptversammlung; zwei Mitglieder haben der DienstgeberInnengruppe, zwei der DienstnehmerInnengruppe anzugehören. Den Vorsitz im Haftungsausschuss hat ein aus seiner Mitte gewähltes Mitglied zu führen, wobei die Vorsitzführung kalenderhalbjährlich zwischen den Angehörigen der DienstgeberInnen- und der DienstnehmerInnengruppe wechselt. Die §§ 422 bis 425, 438 und 456a sind sinngemäß anzuwenden.

(BGBl I 2018/100)

[a)] Tritt mit 1. Jänner 2020 in Kraft.

(6) Die von den Krankenversicherungsträgern geführten HFU-Listen sind vom Dienstleistungszentrum (§ 67c) zu einer Gesamtliste der haftungsfreistellenden Unternehmen (HFU-Gesamtliste) tagesaktuell zusammenzuführen. Es ist dafür zu sorgen, dass die betroffenen Unternehmen in die HFU-Gesamtliste auf elektronischem Weg kostenlos Einsicht nehmen können. Unternehmen, deren Aufnahme in eine HFU-Liste versagt wurde oder die aus einer HFU-Liste gestrichen wurden, sind nicht in die HFU-Gesamtliste aufzunehmen.

(BGBl I 2008/91)

Dienstleistungszentrum

§ 67c. (1) Für das Zusammenwirken der Krankenversicherungsträger zur Geltendmachung der Haftung nach § 67a ist bei der Österreichischen Gesundheitskasse[a)] ein Dienstleistungszentrum einzurichten, das folgende Aufgaben hat:

[a)] Bis 31. Dezember 2019 „Wiener Gebietskrankenkasse".

1. Entgegennahme, Aufteilung und Weiterleitung des Haftungsbetrages an die beteiligten Krankenversicherungsträger;
2. Entgegennahme, Prüfung und Weiterleitung der Auszahlungsanträge;
3. technische Einrichtung und Führung der HFU-Gesamtliste nach § 67b Abs. 6;
4. Entgegennahme und Prüfung der Anträge nach § 67b Abs. 1 im Zusammenwirken mit allen beteiligten Krankenversicherungsträgern;
5. Verständigung aller beteiligten Krankenversicherungsträger über eingelangte Anträge nach § 67b Abs. 1;
6. Vertretung der Krankenversicherungsträger in Angelegenheiten der Haftung nach § 67a vor Verwaltungsbehörden und Gerichten gegen Kostenersatz, wobei die Berufung des Dienstleistungszentrums auf die Bevollmächtigung bei allen Verwaltungsbehörden und Gerichten deren urkundlichen Nachweis ersetzt.

Die Verwaltungsbehörden des Bundes, der Länder und der Gemeinden sind verpflichtet, dem Dienstleistungszentrum und den Krankenversicherungsträgern alle zur Vollziehung der §§ 67b und 67e notwendigen Daten auf Anfrage möglichst auf elektronischem Weg zu übermitteln. Die Beteiligung der Krankenversicherungsträger an der Finanzierung des Dienstleistungszentrums einschließlich der Höhe des Kostenersatzes nach Z 6 ist durch Richtlinien des Dachverbandes[a)] zu regeln. Abweichend von Z 6 bleibt es dem zuständigen Krankenversicherungsträger unbenommen, die Haftung nach § 67a selbst geltend zu machen.

[a)] Bis 31. Dezember 2019 „Hauptverbandes".

(BGBl I 2013/139, BGBl I 2018/100)

(2) Das Bundesministerium für Finanzen hat dem Dienstleistungszentrum und den Krankenversicherungsträgern zur Vollziehung der §§ 67b und 67e die Umsatzsteuer-Identifikationsnummern, die Namen sowie den Sitz der UnternehmerInnen im Wege der automationsunterstützten Datenübermittlung auf Anfrage gesammelt zu übermitteln, sofern diese Daten verfügbar sind.

(BGBl I 2013/139)

(BGBl I 2008/91)

§ 67d. (aufgehoben)

(BGBl I 2008/91, BGBl I 2015/162)

Sondervorschriften für natürliche Personen ohne DienstnehmerInnen

§ 67e. Handelt es sich bei dem Unternehmen um eine natürliche Person ohne DienstnehmerInnen, so gelten die §§ 67a bis 67d mit folgenden Besonderheiten:

1. UnternehmerInnen, die nur deshalb nach § 67b nicht in die HFU-Liste aufgenommen werden, weil sie als DienstgeberInnen keine DienstnehmerInnen nach diesem Bundesgesetz angemeldet haben, sind für die Dauer ihrer Pflichtversicherung nach dem GSVG auf Grund ihrer selbständigen Erwerbstätigkeit auf schriftlichen Antrag an das Dienstleistungszentrum von jenem Krankenversicherungsträger, in dessen örtlichem Zuständigkeitsbereich der Sitz des Unternehmens liegt, in die HFU-Liste aufzunehmen, wenn sie zum Antragszeitpunkt die fälligen Beiträge bis zum 15. jenes Kalendermonats, der dem Quartal folgt, entrichtet haben;
2. ein derartiges, in die HFU-Liste aufgenommenes Unternehmen ist unverzüglich aus dieser Liste zu streichen, wenn die nach dem GSVG fälligen Beiträge bis zum 15. jenes Kalendermonats, der dem Quartal folgt, nicht gezahlt wurden.

Außer Betracht bleiben dabei jeweils Beitragsrückstände bis zu 500 €.

(BGBl I 2013/139)

Verjährung der Beiträge

§ 68. (1) Das Recht auf Feststellung der Verpflichtung zur Zahlung von Beiträgen verjährt bei Beitragsschuldnern und Beitragsmithaftenden binnen drei Jahren vom Tag der Fälligkeit der Beiträge. Hat der Dienstgeber Angaben über Versicherte bzw. über deren Entgelt nicht innerhalb der in Betracht kommenden Meldefristen gemacht, so beginnt die Verjährungsfrist erst mit dem Tage der Meldung zu laufen. Diese Verjährungsfrist der Feststellung verlängert sich jedoch auf fünf Jahre, wenn der Dienstgeber oder eine sonstige meldepflichtige Person (§ 36) keine oder unrichtige Angaben bzw. Änderungsmeldungen über die bei ihm beschäftigten Personen bzw. über deren jeweiliges Entgelt (auch Sonderzahlungen im Sinne des § 49 Abs. 2) gemacht hat, die er bei gehöriger Sorgfalt als notwendig oder unrichtig hätte erkennen müssen. Die Verjährung des Feststellungsrechtes wird durch jede zum Zwecke der Feststellung getroffene Maßnahme in dem Zeitpunkt unterbrochen, in dem der Zahlungspflichtige hievon in Kenntnis gesetzt wird. Die Verjährung ist gehemmt, solange ein Verfahren in Verwaltungssachen bzw. vor den Gerichtshöfen des öffentlichen Rechtes über das Bestehen der Pflichtversicherung oder die Feststellung der Verpflichtung zur Zahlung von Beiträgen anhängig ist.

(2) Das Recht auf Einforderung festgestellter Beitragsschulden verjährt binnen zwei Jahren nach Verständigung des Zahlungspflichtigen vom Ergebnis der Feststellung. Die Verjährung wird durch jede zum Zwecke der Hereinbringung getroffene Maßnahme, wie zum Beispiel durch Zustellung einer an den Zahlungspflichtigen gerichteten Zahlungsaufforderung (Mahnung) unterbrochen; sie wird durch Bewilligung einer Zahlungserleichterung gehemmt. Bezüglich der Unterbrechung oder Hemmung der Verjährung im Falle der Eröffnung eines Insolvenzverfahrens über das Vermögen des Beitragsschuldners/der Beitragsschuldnerin gelten die einschlägigen Vorschriften der Insolvenzordnung.

(BGBl I 2010/58)

(3) Sind fällige Beiträge durch eine grundbücherliche Eintragung gesichert, so kann innerhalb von 30 Jahren nach erfolgter Eintragung gegen die Geltendmachung des dadurch erworbenen Pfandrechtes die seither eingetretene Verjährung des Rechtes auf Einforderung der Beiträge nicht geltend gemacht werden.

Nachentrichtung verjährter Beiträge zur Pensionsversicherung

§ 68a. (1) Beiträge zur Pensionsversicherung, die nach § 68 bereits verjährt sind, können auf Antrag der versicherten Person von dieser nachentrichtet werden. Der Antrag ist bis längstens zum Stichtag (§ 223 Abs. 2) beim zuständigen Träger der Krankenversicherung zu stellen, der das Vorliegen der Zeiten der Pflichtversicherung bzw. die Höhe der Beitragsgrundlagen festzustellen und die nachzuentrichtenden Beiträge vorzuschreiben hat. BeitragsschuldnerIn ist die versicherte Person.

(BGBl I 2015/2)

(2) Die nach Abs. 1 vorzuschreibenden Beiträge sind für den Zeitraum ab der ursprünglichen Fälligkeit bis zur Vorschreibung zu vervielfachen, und zwar mit dem Produkt der Aufwertungszahlen nach Anlage 2 zum APG; ab dem Jahr 2006 ist die Reihe dieser Aufwertungszahlen um die Aufwertungszahlen nach § 108a Abs. 1 zu ergänzen.

(BGBl I 2009/83)

(3) Alle für die Entrichtung von Beiträgen geltenden Bestimmungen gelten auch für die Nachentrichtung verjährter Beiträge, soweit in den Abs. 1 und 2 nichts anderes bestimmt ist; Einbringungsmaßnahmen bei Nichtzahlung der verjährten Beiträge sind jedoch ausgeschlossen.

(BGBl I 2005/132)

Rückforderung ungebührlich entrichteter Beiträge

§ 69. (1) Zu Ungebühr entrichtete Beiträge können, soweit im folgenden nichts anderes bestimmt wird, zurückgefordert werden. Das Recht auf Rückforderung verjährt nach Ablauf von fünf Jahren nach deren Zahlung. Der Lauf der Verjährung des Rückforderungsrechtes wird durch Einleitung eines Verwaltungsverfahrens zur Herbeiführung einer Entscheidung, aus der sich die Ungebührlichkeit der Beitragsentrichtung ergibt, bis zu einem Anerkenntnis durch den Versicherungsträger bzw. bis zum Eintritt der Rechtskraft der Entscheidung im Verwaltungsverfahren unterbrochen.

(2) Die Rückforderung von Beiträgen, durch welche eine Formalversicherung begründet wurde, sowie von Beiträgen zu einer Versicherung, aus welcher innerhalb des Zeitraumes, für den Beiträge ungebührlich entrichtet worden sind, eine Leistung erbracht wurde, ist für den gesamten Zeitraum ausgeschlossen. Desgleichen ist die Rückforderung ausgeschlossen, wenn nach dem Zeitraum, für den Beiträge ungebührlich entrichtet worden sind, eine Leistung zuerkannt worden ist und die Beiträge auf den Bestand oder das Ausmaß des Leistungsanspruches von Einfluß waren, es sei denn, der zur Leistungserbringung zuständige Versicherungsträger hatte die Möglichkeit, im Wege einer Wiederaufnahme des Verfahrens (§ 69 des Allgemeinen Verwaltungsverfahrensgesetzes 1991, BGBl. Nr. 51) neuerlich über den Leistungsanspruch zu entscheiden und konnte die zu Unrecht geleisteten Beträge mit Erfolg zur Gänze zurückfordern.

(BGBl I 2010/62)

(3) Wenn statt des Versicherungsträgers, an den die Beiträge zu Ungebühr entrichtet worden sind, ein anderer Versicherungsträger zur Leistungserbringung zuständig war und dem ersteren Versicherungsträger gegenüber dem letzteren ein Ersatzanspruch für zu Unrecht erbrachte Leistungen gemäß § 320b zusteht, hat der unzuständige Versicherungsträger die ungebührlich entrichteten Beiträge ohne Rücksicht auf die Verjährungsfrist (Abs. 1) für den gesamten Zeitraum, für den an den zuständigen Versicherungsträger nachträglich Beiträge zu entrichten sind, an den zuständigen Versicherungsträger zu überweisen. Der überwiesene Betrag ist auf die dem zuständigen Versicherungsträger geschuldeten Beiträge anzurechnen. Der zuständige Versicherungsträger hat einen hiedurch allenfalls entstehenden Überschuß an Beiträgen dem Beitragsschuldner gutzuschreiben bzw., falls dies nicht möglich ist, zu erstatten.

(4) Abs. 2 gilt nicht für Beiträge, die zwar nicht zur Gänze ungebührlich, jedoch von einer zu hohen Beitragsgrundlage oder unter Anwendung eines zu hohen Beitragssatzes entrichtet worden sind, sofern innerhalb des in Betracht kommenden Zeitraumes nur solche Leistungen erbracht wurden, die auch dann, wenn die Beiträge in richtiger Höhe entrichtet worden wären, im gleichen Ausmaß gebührt hätten.

(5) Wird die Rückforderung ungebührlich entrichteter Beiträge geltend gemacht, so hat der zur Entscheidung zuständige Versicherungsträger vorerst bei den Versicherungsträgern, denen nach § 411 Parteistellung im Verfahren vor den Verwaltungsbehörden zukommt, sowie bei der zuständigen Landesgeschäftsstelle des Arbeitsmarktservice anzufragen, ob gemäß Abs. 2 im Hinblick auf erbrachte oder zu erbringende Leistungen aus der Unfall-, Pensions- oder Arbeitslosenversicherung ein Einwand gegen die Rückerstattung der ungebührlich entrichteten Unfall-, Pensions- oder Arbeitslosenversicherungsbeiträge besteht.

(BGBl 1994/314)

(6) Die Rückforderung ungebührlich entrichteter Beiträge steht dem Versicherten zu, soweit er die Beiträge selbst getragen hat, im übrigen dem Dienstgeber.

Erstattung von Beiträgen in der Pensionsversicherung

§ 70. (1) Überschreitet in einem Kalenderjahr

1. bei einer die Pflichtversicherung nach diesem Bundesgesetz begründenden Beschäftigung oder
2. bei gleichzeitiger Ausübung mehrerer die Pflichtversicherung nach diesem Bundesgesetz begründenden Beschäftigungen

die Summe aller Beitragsgrundlagen der Pflichtversicherung – einschließlich der Sonderzahlungen – die Summe der monatlichen Höchstbeitragsgrundlagen für die im Kalenderjahr liegenden Beitragsmonate der Pflichtversicherung auf Grund einer Erwerbstätigkeit, wobei sich deckende Beitragsmonate nur ein Mal zu zählen sind, so hat die versicherte Person Anspruch auf Beitragserstattung nach den Abs. 2 und 3. Gleiches gilt für die Erstattung von Beiträgen bei gleichzeitigem Vorliegen einer oder mehrerer Pflichtversicherungen nach dem GSVG oder BSVG, wenn ausschließlich Beiträge nach dem ASVG entrichtet wurden. Monatliche Höchstbeitragsgrundlage ist der 35fache Betrag der Höchstbeitragsgrundlage nach § 45 Abs. 1.

(BGBl 1994/20, BGBl I 1998/138, BGBl I 2004/142, BGBl I 2005/132)

(2) Bei Anfall einer Leistung aus den Versicherungsfällen des Alters oder der geminderten Arbeitsfähigkeit sind der versicherten Person die auf den Überschreitungsbetrag entfallenden Beiträge aufgewertet mit dem der zeitlichen Lagerung entsprechenden Aufwertungsfaktor (§ 108 Abs. 4) in halber Höhe von Amts wegen zu erstatten. Ist jedoch das APG anzuwenden, so ist in gleicher Weise nur der Überschreitungsbetrag nach § 12 Abs. 1 zweiter Satz APG zu erstatten, wenn die Pflichtversicherung auf Grund einer Erwerbstätigkeit das gesamte Kalenderjahr hindurch bestanden hat; ist dies nicht der Fall, so ist die für die Erstattung maßgebliche Jahreshöchstbeitragsgrundlage – auf Antrag der versicherten Person – abweichend von § 12 Abs. 1 zweiter Satz APG aus der Summe der monatlichen Höchstbeitragsgrundlagen zu bilden.

(BGBl 1994/20, BGBl I 1998/138, BGBl I 2004/142, BGBl I 2005/132)

(3) Die auf den Überschreitungsbetrag entfallenden Beiträge sind auf Antrag auch vor Anfall der Leistung nach Abs. 2 zu erstatten. Der Antrag ist bei einem der beteiligten Versicherungsträger zu stellen. Für die Erstattung der Beiträge gilt Abs. 2 entsprechend.

(BGBl I 2004/142)

(4) Die Abs. 1 bis 3 sind auf die Fälle eines Anrechnungsbetrages nach § 13 des Bundesbezügegesetzes, BGBl. I Nr. 64/1997, entsprechend anzuwenden.

(BGBl I 1997/64, BGBl I 2008/58, BGBl I 2010/62, BGBl I 2011/52)

(5) Versicherte, die im Rahmen eines pensionsversicherungsfreien Dienstverhältnisses gegen Entfall der Bezüge beurlaubt sind (Karenzurlaub) und während des Karenzurlaubes eine die Pflichtversicherung in der Pensionsversicherung nach diesem Bundesgesetz begründende Erwerbstätigkeit ausüben, können beantragen, daß ihnen die auf Grund dieser Erwerbstätigkeit für nach dem 31. Dezember 1994 liegende Zeiten des Karenzurlaubes, soweit diese für die ruhegenußfähige Gesamtdienstzeit angerechnet werden, entrichteten Beiträge erstattet werden; hiebei ist als Beitragssatz jeweils die Hälfte der Summe der Beitragssätze gemäß § 51 Abs. 1 Z 3 lit. a und § 51a zur Zeit der Entrichtung heranzuziehen. Der Antrag auf Erstattung ist beim zuständigen Pensionsversicherungsträger zu stellen und bedarf zu seiner Wirksamkeit einer Bestätigung über die Anrechenbarkeit des Karenzurlaubes für die ruhegenußfähige Gesamtdienstzeit. Die Beiträge sind aufgewertet mit dem der zeitlichen Lagerung entsprechenden Aufwertungsfaktor (§ 108 Abs. 4) zu erstatten. Mit der Erstattung der Beiträge erlöschen alle Ansprüche und Berechtigungen aus der Pensionsversicherung, die aus den Versicherungsmonaten erhoben werden können, für die die Beiträge erstattet wurden.

(BGBl I 1997/139)

(BGBl 1993/335, BGBl I 2004/142)

Erstattung von Beiträgen in der Pensionsversicherung

§ 70.[a] (1) Überschreitet in einem Kalenderjahr

1. bei einer die Pflichtversicherung nach diesem Bundesgesetz begründenden Beschäftigung oder
2. bei gleichzeitiger Ausübung mehrerer die Pflichtversicherung nach diesem Bundesgesetz begründenden Beschäftigungen

die Summe aller Beitragsgrundlagen der Pflichtversicherung – einschließlich der Sonderzahlungen – die Summe der monatlichen Höchstbeitragsgrundlagen für die im Kalenderjahr liegenden Beitragsmonate der Pflichtversicherung auf Grund einer Erwerbstätigkeit, wobei sich deckende Beitragsmonate nur ein Mal zu zählen sind, so hat die versicherte Person Anspruch auf Beitragserstattung nach Abs. 2. Gleiches gilt für die Erstattung von Beiträgen bei gleichzeitigem Vorliegen einer oder mehrerer Pflichtversicherungen nach dem GSVG oder BSVG, wenn ausschließlich Beiträge nach dem ASVG entrichtet wurden. Monatliche Höchstbeitragsgrundlage ist der 35fache Betrag der Höchstbeitragsgrundlage nach § 45 Abs. 1.

(BGBl 1994/20, BGBl I 1998/138, BGBl I 2004/142, BGBl I 2005/132, BGBl I 2018/100)

(2) Der versicherten Person sind 45% der auf den Überschreitungsbetrag entfallenden aufgewerteten Beiträge zu erstatten, und zwar bis zum 30. Juni des Kalenderjahres, das dem Jahr der gänzlichen Entrichtung dieser Beiträge für ein Kalenderjahr folgt, erstmals bis zum 30. Juni 2020 für die im Jahr 2019 gänzlich für ein Kalenderjahr entrichteten Beiträge; die Aufwertung der Beiträge erfolgt mit dem ihrer zeitlichen Lagerung entsprechenden Aufwertungsfaktor (§ 108 Abs. 4). Ist jedoch das APG anzuwenden, so ist in gleicher Weise nur der Überschreitungsbetrag nach § 12 Abs. 1 zweiter Satz APG zu erstatten, wenn die Pflichtversicherung auf Grund einer Erwerbstätigkeit das gesamte Kalenderjahr hindurch bestanden hat; ist dies nicht der Fall, so ist die für die Erstattung maßgebliche Jahreshöchstbeitragsgrundlage – auf Antrag der versicherten Person – abweichend von § 12 Abs. 1 zweiter Satz APG aus der Summe der monatlichen Höchstbeitragsgrundlagen zu bilden.

(BGBl 1994/20, BGBl I 1998/138, BGBl I 2004/142, BGBl I 2005/132, BGBl I 2018/100)

(3) (aufgehoben)

(BGBl I 2004/142, BGBl I 2018/100)

(4) Die Abs. 1 und 2 sind auf die Fälle eines Anrechnungsbetrages nach § 13 des Bundesbezügegesetzes, BGBl. I Nr. 64/1997, entsprechend anzuwenden.

(BGBl I 1997/64, BGBl I 2008/58, BGBl I 2010/62, BGBl I 2011/52, BGBl I 2018/100)

(5) Versicherte, die im Rahmen eines pensionsversicherungsfreien Dienstverhältnisses gegen Entfall der Bezüge beurlaubt sind (Karenzurlaub) und während des Karenzurlaubes eine die Pflichtversicherung in der Pensionsversicherung nach diesem Bundesgesetz begründende Erwerbstätigkeit ausüben, können beantragen, daß ihnen die auf Grund diesser Erwerbstätigkeit für nach dem 31. Dezember 1994 liegende Zeiten des Karenzurlaubes, soweit diese für die ruhegenußfähige Gesamtdienstzeit angerechnet werden, entrichteten Beiträge erstattet werden; hiebei ist als Beitragssatz jeweils die Hälfte der Summe der Beitragssätze gemäß § 51 Abs. 1 Z 3 lit. a und § 51a zur Zeit der Entrichtung heranzuziehen. Der Antrag auf Erstattung ist beim zuständigen Pensionsversicherungsträger zu stellen und bedarf zu seiner Wirksamkeit einer Bestätigung über die Anrechenbarkeit des Karenzurlaubes für die ruhegenußfähige Gesamtdienstzeit. Die Beiträge sind aufgewertet mit dem der zeitlichen Lagerung entsprechenden Aufwertungsfaktor (§ 108 Abs. 4) zu erstatten. Mit der Erstattung der Beiträge erlöschen alle Ansprüche und Berechtigungen aus der Pensionsversicherung, die aus den Versicherungsmonaten erhoben werden können, für die die Beiträge erstattet wurden.

(BGBl I 1997/139)

(BGBl 1993/335, BGBl I 2004/142)

[a] Tritt mit 1. Jänner 2020 in Kraft.

Erstattung von Beiträgen in der Krankenversicherung

§ 70a. (1) Überschreitet bei in der Krankenversicherung Pflichtversicherten nach diesem oder einem anderen Bundesgesetz in einem Kalenderjahr die Summe aller Beitragsgrundlagen der Pflichtversicherung und der beitragspflichtigen Pensionen einschließlich der Sonderzahlungen die Summe der Beträge des 35fachen der Höchstbeitragsgrundlage gemäß § 45 Abs. 1 für die im Kalenderjahr liegenden Monate der Pflichtversicherung in der Krankenversicherung (Abs. 2), wobei sich deckende Monate der Pflichtversicherung in der Krankenversicherung nur einmal zu zählen sind, so ist der Beitrag zur Krankenversicherung, der auf den Überschreitungsbetrag entfällt, dem Versicherten vom leistungszuständigen Versicherungsträger mit 4%, soweit jedoch ein Zusatzbeitrag nach § 51d geleistet wurde, mit 7,4% zu erstatten.

(BGBl I 1997/139, BGBl I 2000/142, BGBl I 2005/132)

(1)[a] Überschreitet bei in der Krankenversicherung Pflichtversicherten nach diesem oder einem anderen Bundesgesetz in einem Kalenderjahr die Summe aller Beitragsgrundlagen der Pflichtversicherung und der beitragspflichtigen Pensionen einschließlich der Sonderzahlungen die Summe der Beträge des 35fachen der Höchstbeitragsgrundlage gemäß § 45 Abs. 1 für die im Kalenderjahr liegenden Monate der Pflichtversicherung in der Krankenversicherung (Abs. 2), wobei sich deckende Monate der Pflichtversicherung in der Krankenversicherung nur einmal zu zählen sind, so hat der leistungszuständige Versicherungsträger nach Abs. 3 der versicherten Person die auf den Überschreitungsbetrag entfallenden Beiträge zur Krankenversicherung in jener Höhe zu erstatten, in der diese Beiträge von der versicherten Person zu tragen sind.

(BGBl I 1997/139, BGBl I 2000/142, BGBl I 2005/132, BGBl I 2018/100)

[a] Tritt mit 1. Jänner 2020 in Kraft.

(2) Als Monate der Pflichtversicherung in der Krankenversicherung gemäß Abs. 1 sind alle Kalendermonate zu zählen, in denen der (die) Versicherte zumindest für einen Tag in der Krankenversicherung pflichtversichert war.

(3) Der (die) Versicherte kann bei sonstigem Ausschluß bis zum Ablauf des dem Beitragsjahr drittfolgenden Kalenderjahres für die im Beitragsjahr fällig gewordenen Beiträge bei einem der beteiligten Versicherungsträger den Antrag auf Erstattung stellen. Ein Antrag kann auch für die folgenden Beitragsjahre gestellt werden. Er gilt so lange, als der (die) Versicherte bei dem Versicherungsträger versichert ist, bei welchem der Antrag gestellt wurde.

(BGBl I 1998/138)

(3)[a] Der durch die Richtlinien nach § 30a Abs. 1 Z 33 festzulegende leistungszuständige Versicherungsträger hat die Beitragserstattung bis zum 30. Juni des Kalenderjahres, das dem Jahr der gänzlichen Entrichtung der Beiträge zur Krankenversicherung für ein Kalenderjahr folgt, durchzuführen, erstmals bis zum 30. Juni 2020 für die im Jahr 2019 gänzlich für ein Kalenderjahr entrichteten Beiträge.

(BGBl I 1998/138, BGBl I 2018/100)

[a] Tritt mit 1. Jänner 2020 in Kraft.

(BGBl 1996/600)

Erstattung von Beiträgen, die nach § 227 Abs. 3 und 4 entrichtet wurden

§ 70b. (1) Beiträge, die nach § 227 Abs. 3 und 4 entrichtet wurden, damit Ersatzzeiten für den Besuch von Schulen oder Hochschulen oder für eine vorgeschriebene Ausbildung nach dem Hochschulstudium (§§ 227 Abs. 1 Z 1 und 228 Abs. 1 Z 3) anspruchs- oder leistungswirksam werden, sind dem (der) Versicherten oder den anspruchsberechtigten Hinterbliebenen in dem Umfang vom leistungspflichtigen Versicherungsträger zu erstatten, als die Anspruchs- oder Leistungswirksamkeit dieser Ersatzzeiten nicht eintritt. Die Erstattung hat von Amts wegen innerhalb eines Jahres nach Eintritt der Rechtskraft der Entscheidung über die Zuerkennung der Leistung zu erfolgen.

(BGBl I 2003/145)

(2) Bei der Erstattung gehen Beiträge, die Ersatzmonate für den Hochschulbesuch und für eine vorgeschriebene Ausbildung nach dem Hochschulstudium (§ 227 Abs. 3 Z 2) betreffen, den anderen Beiträgen nach § 227 Abs. 3 vor.

(BGBl I 2003/145)

(3) Die Beiträge sind entsprechend ihrer zeitlichen Lagerung mit den Aufwertungsfaktoren (§ 108 Abs. 4) zum Stichtag der zuerkannten Leistung aufzuwerten. Mit der Erstattung erlöschen alle Ansprüche und Berechtigungen, die auf der Beitragsentrichtung beruhen.

(BGBl I 2003/71)

2. Unterabschnitt
Sonstige Beiträge zur Pflichtversicherung

Beiträge in der Unfallversicherung bei der Versicherungsanstalt für Eisenbahnen und Bergbau

§ 71.[a] (1) Die Mittel zur Bestreitung der Aufwendungen in der Unfallversicherung werden für Personen nach § 26 Abs. 1 Z 4 lit. a bis e, soweit sie nicht durch sonstige Einnahmen gedeckt sind, durch Beiträge von deren Dienstgebern/Dienstgeberinnen aufgebracht. Die für ein Kalenderjahr erforderlichen Beiträge sind auf der Grundlage der Summe der Entgelte zu bemessen, welche die in diesen Unternehmungen (Betrieben) beschäftigten Versicherten für ihre Tätigkeit im Unternehmen (Betrieb) in diesem Kalenderjahr bezogen haben, zuzüglich der Sonderzahlungen nach § 49 Abs. 2, soweit sie als Grundlage für die Bemessung der

Sonderbeiträge für das betreffende Kalenderjahr heranzuziehen wären.

(BGBl I 2003/145, BGBl I 2004/106, BGBl I 2004/171)

(2) Zur Sicherstellung der finanziellen Gebarung hat die Versicherungsanstalt für Eisenbahnen und Bergbau eine allgemeine Rücklage in Höhe von 5% bis zu 25% der Aufwendungen für die Unfallversicherung unter Berücksichtigung der Grundlage der Summe der Entgelte nach Abs. 1 im jeweils abgelaufenen Kalenderjahr anzusammeln.

(BGBl I 2003/145, BGBl I 2015/162)

(2a) Der Beschluss des Vorstandes über die Dotierung der allgemeinen Rücklage bedarf der Zustimmung der Kontrollversammlung.

(BGBl I 2015/162)

(3) Auf die Beiträge nach Abs. 1 und 2 hebt die Versicherungsanstalt für Eisenbahnen und Bergbau monatlich Vorschüsse ein. Diese Vorschüsse werden mit dem Ersten des Kalendermonates fällig. Mit dem Ende eines jeden Kalenderjahres sind die eingehobenen Vorschüsse abzurechnen.

(BGBl I 2003/145, BGBl I 2004/171)

(4) Der Beitrag gemäß Abs. 1 und 2 tritt an die Stelle der in den §§ 51 bis 54 vorgesehenen Beiträge zur Unfallversicherung. Im übrigen sind die Bestimmungen der §§ 49, 50, 59, 64 bis 68 entsprechend anzuwenden.

(BGBl I 2003/145, BGBl I 2018/100)

[a] Tritt samt Überschrift mit Ablauf des 31. Dezember 2019 außer Kraft.

§ 72. (aufgehoben)

Beiträge in der Krankenversicherung für Pensionisten (Übergangsgeldbezieher)

§ 73. (1) Von jeder auszuzahlenden Pension und Pensionssonderzahlung mit Ausnahme von Waisenpensionen sowie von jedem auszuzahlenden Übergangsgeld ist, wenn und solange sich der in Betracht kommende Pensionist (Übergangsgeldbezieher) ständig im Inland aufhält, ein Betrag einzubehalten, und zwar

1. bei Personen nach den §§ 8 Abs. 1 Z 1 lit. a, 572 Abs. 4 oder 600 Abs. 5 in der Höhe von 5,1%,

   (BGBl I 2003/71, BGBl I 2004/156, BGBl I 2007/101, BGBl I 2015/118)

~~1.~~[a] ~~bei Personen nach den §§ 8 Abs. 1 Z 1 lit. a, 572 Abs. 4 oder 600 Abs. 5 in der Höhe von 5%,~~

   (BGBl I 2003/71, BGBl I 2004/156, BGBl I 2007/101, BGBl I 2015/118)

[a] Zum In-Kraft-Treten siehe § 690 (1) Z 3. Die in § 690 Abs 1 Z 3 avisierte Verordnung ist bis dato nicht in Kraft getreten.

2. bei Personen nach § 1 Abs. 1 Z 18 B-KUVG oder § 19 Abs. 2 Z 2 B-KUVG in der Höhe von 5,1 %, handelt es sich dabei jedoch um eine Person, die nach § 2 Abs. 1 Z 2 B-KUVG ausgenommen ist, in der nach der jeweiligen landesrechtlichen Bestimmung vorgesehenen Höhe für die Krankenfürsorge

   (BGBl I 1999/173, BGBl I 2002/140, BGBl I 2003/71, BGBl I 2004/156, BGBl I 2005/71, BGBl I 2007/101)

~~2.~~[a] ~~bei Personen nach § 1 Abs. 1 Z 18 B-KUVG oder § 19 Abs. 2 Z 2 B-KUVG in der Höhe von 5 %, handelt es sich dabei jedoch um eine Person, die nach § 2 Abs. 1 Z 2 B-KUVG ausgenommen ist, in der nach der jeweiligen landesrechtlichen Bestimmung vorgesehenen Höhe für die Krankenfürsorge~~

   (BGBl I 1999/173, BGBl I 2002/140, BGBl I 2003/71, BGBl I 2004/156, BGBl I 2005/71, BGBl I 2007/101)

[a] Zum In-Kraft-Treten siehe § 690 (1) Z 3. Die in § 690 Abs 1 Z 3 avisierte Verordnung ist bis dato nicht in Kraft getreten.

der auszuzahlenden Leistung. Zu den Pensionen sowie zu den Pensionssonderzahlungen zählen auch die Kinderzuschüsse „und die Ausgleichszulagen“[a] . Der Einbehalt ist auch vorzunehmen, wenn sich der Pensionist (Übergangsgeldbezieher) ständig in einem Staat aufhält, mit dem ein zwischenstaatliches Übereinkommen besteht, auf Grund dessen Anspruch auf Sachleistungen bei Krankheit und Mutterschaft zu Lasten der österreichischen Sozialversicherung besteht, es sei denn, daß das Übereinkommen Gegenteiliges bestimmt.

[a] Ab 1. Jänner 2020: „ , die Ausgleichszulagenboni/Pensionsboni und die Ausgleichszulagen“.

(BGBl 1994/20, BGBl 1996/411, BGBl I 1997/139, BGBl I 1999/10, BGBl I 2019/84)

(1a) (aufgehoben)

(BGBl I 2000/142, BGBl I 2002/151, BGBl I 2003/71, BGBl I 2015/118)

(2) Als Beitrag für die Pensionisten (Übergangsgeldbezieher), mit Ausnahme der im § 1 Abs. 1 Z 18 B-KUVG oder § 19 Abs. 2 Z 2 B-KUVG genannten Personen, haben die Pensionsversicherungsanstalt und die Sozialversicherungsanstalt der gewerblichen Wirtschaft hinsichtlich der gemäß § 8 Abs. 1 Z 1 lit. d krankenversicherten Personen 178% der gemäß Abs. 1 einbehaltenen Beträge an den Hauptverband der österreichischen Sozialversicherungsträger zu überweisen. Als Beitrag für die im § 1 Abs. 1 Z 18 B-KUVG oder § 19 Abs. 2 Z 2 B-KUVG genannten Personen, mit Ausnahme jener in Abs. 2a genannten Personen hat die Pensionsversicherungsanstalt 171% der gemäß Abs. 1 einbehaltenen Beträge an die Versicherungsanstalt öffentlich Bediensteter zu überweisen. Die Versicherungsanstalt für Eisenbahnen und Bergbau hat 308% der nach Abs. 1 einbehaltenen Beträge an die von ihr durchgeführte Krankenversicherung zu überweisen.

(BGBl 1996/411, BGBl I 1997/139, BGBl I 1998/138, BGBl I 1999/10, BGBl I 1999/173, BGBl I 2000/142, BGBl I 2002/1, BGBl I 2003/

71, BGBl I 2003/145, BGBl I 2004/156, BGBl I 2005/71, BGBl I 2007/101, BGBl I 2015/118)

~~(2)[a] Als Beitrag für die Pensionisten (Übergangsgeldbezieher), mit Ausnahme der im § 1 Abs. 1 Z 18 B-KUVG oder § 19 Abs. 2 Z 2 B-KUVG genannten Personen, haben die Pensionsversicherungsanstalt und die Sozialversicherungsanstalt der gewerblichen Wirtschaft hinsichtlich der gemäß § 8 Abs. 1 Z 1 lit. d krankenversicherten Personen 180% der gemäß Abs. 1 einbehaltenen Beträge an den Hauptverband der österreichischen Sozialversicherungsträger zu überweisen. Als Beitrag für die im § 1 Abs. 1 Z 18 B-KUVG oder § 19 Abs. 2 Z 2 B-KUVG genannten Personen, mit Ausnahme jener in Abs. 2a genannten Personen hat die Pensionsversicherungsanstalt 173% der gemäß Abs. 1 einbehaltenen Beträge an die Versicherungsanstalt öffentlich Bediensteter zu überweisen. Die Versicherungsanstalt für Eisenbahnen und Bergbau hat 310% der nach Abs. 1 einbehaltenen Beträge an die von ihr durchgeführte Krankenversicherung zu überweisen.~~

(BGBl 1996/411, BGBl I 1997/139, BGBl I 1998/138, BGBl I 1999/10, BGBl I 1999/173, BGBl I 2000/142, BGBl I 2002/1, BGBl I 2003/71, BGBl I 2003/145, BGBl I 2004/156, BGBl I 2005/71, BGBl I 2007/101, BGBl I 2015/118)

[a] Zum In-Kraft-Treten siehe § 690 (1) Z 3. Die in § 690 Abs 1 Z 3 avisierte Verordnung ist bis dato nicht in Kraft getreten.

(2)[a] Als Beitrag für die Pensionisten (Übergangsgeldbezieher), mit Ausnahme der im § 1 Abs. 1 Z 18 B-KUVG oder § 19 Abs. 2 Z 2 B-KUVG genannten Personen, hat die Pensionsversicherungsanstalt 178% der nach Abs. 1 einbehaltenen Beträge an den Dachverband zu überweisen. Als Beitrag für die im § 1 Abs. 1 Z 18 B-KUVG oder § 19 Abs. 2 Z 2 B-KUVG genannten Personen, mit Ausnahme jener in Abs. 2a genannten Personen hat die Pensionsversicherungsanstalt 171% der nach Abs. 1 einbehaltenen Beträge an die Versicherungsanstalt öffentlich Bediensteter, Eisenbahnen und Bergbau zu überweisen. Die Versicherungsanstalt öffentlich Bediensteter, Eisenbahnen und Bergbau hat für die im § 1 Abs. 1 Z 29 B-KUVG genannten Personen 308% der nach Abs. 1 einbehaltenen Beträge an die von ihr durchgeführte Krankenversicherung zu überweisen.

(BGBl 1996/411, BGBl I 1997/139, BGBl I 1998/138, BGBl I 1999/10, BGBl I 1999/173, BGBl I 2000/142, BGBl I 2002/1, BGBl I 2003/71, BGBl I 2003/145, BGBl I 2004/156, BGBl I 2005/71, BGBl I 2007/101, BGBl I 2015/118, BGBl I 2018/100)

[a] Tritt mit 1. Jänner 2020 in Kraft.

(2a) Als Beitrag für Personen nach § 1 Abs. 1 Z 18 B-KUVG, die nach § 2 Abs. 1 Z 2 B-KUVG ausgenommen sind, hat die Pensionsversicherungsanstalt die nach Abs. 1 Z 2 einbehaltenen Beträge vervielfacht mit dem im Abs. 2 zweiter Satz genannten Hundertsatz an die jeweilige Krankenfürsorgeeinrichtung zu überweisen. Dabei darf die Differenz zwischen dem so ermittelten Überweisungsbetrag und dem Einbehalt jene Differenz nicht übersteigen, die sich bei Anwendung des Beitragssatzes nach Abs. 1 Z 2 ergeben würde.

(BGBl I 2005/71)

(3) Die Träger der zusätzlichen Pensionsversicherung nach § 479 haben von jeder von ihnen zur Auszahlung gelangenden laufenden Geldleistung und Sonderzahlung, durch die eine Teilversicherung nach § 8 Abs. 1 Z 1 lit. b begründet wird, einen Betrag in der gleichen Höhe einzubehalten, wie er bei den im Abs. 1 genannten Pensionen einzubehalten ist. Abs. 1a ist anzuwenden.

(BGBl I 2003/71)

(4) In der Krankenversicherung der nach § 8 Abs. 1 Z 1 lit. b teilversicherten Bezieher einer laufenden Geldleistung aus der zusätzlichen Pensionsversicherung nach § 479 haben die Träger der zusätzlichen Pensionsversicherung 180% der nach Abs. 3 einbehaltenen Beträge an die „Versicherungsanstalt öffentlich Bediensteter, Eisenbahnen und Bergbau“[a] zu überweisen.

(BGBl 1996/411, BGBl I 2000/142, BGBl I 2003/71, BGBl I 2003/145, BGBl I 2004/156, BGBl I 2007/101, BGBl I 2018/100)

[a] Bis 1. Jänner 2020 „Versicherungsanstalt für Eisenbahnen und Bergbau“.

(5) Die Beiträge gemäß Abs. 2 erster Satz sind vorschußweise in monatlichen Raten auf Grund der im vorangegangenen Kalendermonat gemäß Abs. 1 einbehaltenen Beträge dem Hauptverband zu überweisen. Der Ausgleich zu den gemäß Abs. 2 erster Satz in einem Kalenderjahr zu überweisenden Beiträgen ist innerhalb der ersten sechs Monate des folgenden Kalenderjahres vorzunehmen. Der Hauptverband teilt die einlangenden Beiträge auf die zuständigen Träger der Krankenversicherung nach einem Schlüssel auf, der vom Bundesminister für Arbeit und Soziales bis 31. Oktober des folgenden Kalenderjahres mit Verordnung festzusetzen ist. Der Schlüssel ist für jedes Geschäftsjahr wie folgt zu berechnen:

1. Die Beiträge sind zunächst unter Berücksichtigung des Verhältnisses, in welchem der Pensionsaufwand einschließlich des Aufwandes für Ausgleichszulagen aller nach Abs. 2 erster Satz beitragspflichtigen Träger der Pensionsversicherung auf die bei den einzelnen Trägern der Krankenversicherung gemäß § 8 Abs. 1 Z 1 lit. a oder d krankenversicherten Personen entfällt, aufzuteilen.
2. Für jede einzelne Gebiets- und Betriebskrankenkasse (ausgenommen die Betriebskrankenkasse der Wiener Verkehrsbetriebe) ist das Beitragsaufkommen für pflichtversicherte Erwerbstätige, das einem Beitragssatz von 0,8 vH entspricht, zu ermitteln.
3. Die Summe des nach Z 2 ermittelten Beitragsaufkommens für alle Gebiets- und Betriebskrankenkassen (ausgenommen die Betriebskrankenkasse der Wiener Verkehrsbe-

triebe) ist im gleichen Verhältnis wie die Beiträge gemäß Z 1 aufzuteilen.

4. Die Summe der Beträge gemäß Z 1 und 3 abzüglich der Beträge gemäß Z 2 für jede einzelne Gebiets- und Betriebskrankenkasse bildet die Grundlage für den Aufteilungsschlüssel.

Der Hauptverband hat die vorschußweise einlangenden Beiträge nach dem 20. eines jeden Kalendermonates vorläufig nach einem Schlüssel aufzuteilen und an die zuständigen Träger der Krankenversicherung zu überweisen, der jährlich bis zum 30. November für das Folgejahr nach den gleichen Grundsätzen wie der endgültige Schlüssel nach den jeweils aktuellsten Daten festzusetzen ist. Der Ausgleich ist innerhalb von zwei Monaten nach dem Inkrafttreten der jeweiligen Verordnung vorzunehmen. Hinsichtlich der Bevorschussung der Beiträge gemäß Abs. 2 zweiter und dritter Satz und des Ausgleiches für ein Kalenderjahr ist entsprechend vorzugehen.

(5)[a] Die Beiträge gemäß Abs. 2 erster Satz sind vorschussweise in monatlichen Raten auf Grund der im vorangegangenen Kalendermonat gemäß Abs. 1 einbehaltenen Beträge dem Dachverband zu überweisen. Der Ausgleich zu den gemäß Abs. 2 erster Satz in einem Kalenderjahr zu überweisenden Beiträgen ist innerhalb der ersten sechs Monate des folgenden Kalenderjahres vorzunehmen. Der Dachverband teilt die einlangenden Beiträge auf die zuständigen Träger der Krankenversicherung nach einem Schlüssel auf, der von der Bundesministerin für Arbeit, Soziales, Gesundheit und Konsumentenschutz bis 31. Oktober des folgenden Kalenderjahres mit Verordnung festzusetzen ist. Der Schlüssel ist für jedes Geschäftsjahr so zu berechnen, dass die Beiträge unter Berücksichtigung des Verhältnisses, in dem der Pensionsaufwand einschließlich des Aufwandes für Ausgleichszulagen aller nach Abs. 2 erster Satz beitragspflichtigen Träger der Pensionsversicherung auf die bei den einzelnen Trägern der Krankenversicherung gemäß § 8 Abs. 1 Z 1 lit. a oder d krankenversicherten Personen entfällt, aufzuteilen sind. Der Dachverband hat die vorschussweise einlangenden Beiträge nach dem 20. eines jeden Kalendermonates vorläufig nach einem Schlüssel aufzuteilen und an die zuständigen Träger der Krankenversicherung zu überweisen, der jährlich bis zum 30. November für das Folgejahr nach den gleichen Grundsätzen wie der endgültige Schlüssel nach den jeweils aktuellsten Daten festzusetzen ist. Der Ausgleich ist innerhalb von zwei Monaten nach dem Inkrafttreten der jeweiligen Verordnung vorzunehmen. Hinsichtlich der Bevorschussung der Beiträge gemäß Abs. 2 zweiter und dritter Satz und des Ausgleiches für ein Kalenderjahr ist entsprechend vorzugehen.

(BGBl I 2018/100)

[a] Tritt mit 1. Jänner 2020 in Kraft.

(BGBl 1993/110, BGBl I 1997/139)

Beiträge in der Krankenversicherung von mit inländischen Pensionsleistungen vergleichbaren ausländischen Renten[a) b)]

[a] Siehe dazu auch § 657 Abs. 3.
[b] Siehe VO-Teil ASVG.

§ 73a. (1) Wird eine ausländische Rente bezogen, die vom Geltungsbereich

– der Verordnungen (EG) Nr. 883/2004 zur Koordinierung der Systeme der sozialen Sicherheit und 987/2009 zur Festlegung der Modalitäten für die Durchführung der Verordnung (EG) Nr. 883/2004 oder
– der Verordnungen (EWG) Nr. 1408/71 zur Anwendung der Systeme der sozialen Sicherheit auf Arbeitnehmer und deren Familien, die innerhalb der Gemeinschaft zu- und abwandern und 574/72 über die Durchführung der Verordnung (EWG) Nr. 1408/71 oder
– eines auch Regelungen über die Krankenversicherung beinhaltenden bilateralen Abkommens über die soziale Sicherheit

erfasst ist, so ist, wenn ein Anspruch des Beziehers/der Bezieherin der ausländischen Rente auf Leistungen der Krankenversicherung besteht, auch von dieser ausländischen Rente ein Krankenversicherungsbeitrag nach § 73 Abs. 1 zu entrichten. Dieser Beitrag ist in dem Zeitpunkt fällig, in dem die ausländische Rente, unbeschadet allfälliger individueller Vereinbarungen mit dem ausländischer Träger über Modalitäten des Rententransfers, nach den gesetzlichen Bestimmungen auszuzahlen ist.

(BGBl I 2015/118, BGBl I 2015/162)

(2) Der Pensionsversicherungsträger, der eine inländische Pension auszuzahlen hat, hat in regelmäßigen Abständen zu ermitteln, ob eine Rente nach Abs. 1 bezogen wird. Er hat deren Höhe, deren Leistungsbestandteile, die auszahlende Stelle – einschließlich allfälliger Veränderungen – festzustellen sowie zu ermitteln, in welcher Höhe Beiträge von der ausländischen Rente zu entrichten sind. Der Krankenversicherungsträger hat über die Beitragspflicht auf Antrag des Leistungsbeziehers mit Bescheid abzusprechen (§§ 409 ff.). Werden eine oder mehrere ausländische Renten bezogen, so ist jener Pensionsversicherungsträger zuständig, bei welchem die Eigenpension fällig wurde. Kommen danach noch mehrere Pensionsversicherungsträger in Betracht, so sind nacheinander die Versicherungsträger nach dem ASVG, dem GSVG und dem BSVG zuständig.

(3) Wird die ausländische Rente gleichzeitig mit einer inländischen Pension bezogen, hat der die inländische Pension auszahlende Pensionsversicherungsträger den für die ausländische Rente zu entrichtenden Krankenversicherungsbeitrag nach Abs. 1 und 2 von der inländischen Pension einzubehalten und unmittelbar an den zuständigen Krankenversicherungsträger abzuführen. Gleiches gilt auch für anfallende Krankenversicherungsbeiträge aus Vormonaten bis zu einer Höhe von insgesamt zehn Euro. Wird dieser Betrag überschritten, sind die Krankenversicherungsbei-

träge aus Vormonaten vom zuständigen Krankenversicherungsträger vorzuschreiben.

(BGBl I 2015/162)

(4) Übersteigt der von einer ausländischen Rente zu entrichtende Krankenversicherungsbeitrag nach Abs. 1 die Höhe der gleichzeitig bezogenen inländischen Pension, so ist, außer die ausländische Rente ist vom Geltungsbereich der Verordnungen (EWG) Nr. 1408/71 und 574/72 erfasst, dem/der Versicherten der Restbetrag vom zuständigen Krankenversicherungsträger vorzuschreiben.

(5) Wird neben der ausländischen Rente keine inländische Pension bezogen, so ist der Krankenversicherungsträger zur Vorschreibung des von der ausländischen Rente zu entrichtenden Krankenversicherungsbeitrages nach Abs. 1 und zur Einhebung vom/von der Versicherten verpflichtet. Der Krankenversicherungsträger ist berechtigt, zur Vereinfachung der Verwaltung, insbesondere bei geringfügigen Beträgen, die Vorschreibung in längeren Abständen, mindestens jedoch einmal jährlich, vorzunehmen. Die für die Beiträge zur Pflichtversicherung in der Krankenversicherung geltenden Rechtsvorschriften sind, soweit nichts anderes bestimmt wird, auf die Krankenversicherungsbeiträge nach Abs. 1 anzuwenden.

(BGBl I 2010/102)

Beiträge für Teilversicherte in der Unfallversicherung

§ 74. (1) Der Beitrag beläuft sich für den Kalendermonat

1. bei den nach § 8 Abs. 1 Z 3 lit. a teilversicherten selbständig Erwerbstätigen auf 6,93 €[a)];

   (BGBl I 2007/101)

2. bei den nach § 8 Abs. 1 Z 3 lit. e, g und j teilversicherten Personen auf 1,75 €.[a)].

---

a) Beträge siehe VO über veränderliche Werte.

An die Stelle dieser Beträge treten ab 1. Jänner eines jeden Jahres die unter Bedachtnahme auf § 108 Abs. 6 mit der jeweiligen Aufwertungszahl (§ 108a Abs. 1) vervielfachten Beträge.

(BGBl 1993/335, BGBl 1996/411, BGBl I 2001/67, BGBl I 2004/105, BGBl I 2004/142)

(2) Der Beitrag für die nach § 8 Abs. 1 Z 3 lit. c und f teilversicherten Personen ist von einer festen kalendertagsbezogenen Beitragsgrundlage zu bemessen, deren Höhe durch die Satzung des Unfallversicherungsträgers einheitlich festzusetzen ist; sie muss sich mindestens auf 2,18 € belaufen und darf die Höchstbeitragsgrundlage (§ 45 Abs. 1) nicht überschreiten. Der Beitragssatz wird gleichfalls durch die Satzung des Trägers der Unfallversicherung im Rahmen des Erforderlichen einheitlich festgesetzt.

(BGBl I 1997/139, BGBl I 2001/67)

(2a) Der Beitrag für die nach § 8 Abs. 1 Z 3 lit. m teilversicherten Personen ist von einer festen kalendertagsbezogenen Beitragsgrundlage zu bemessen, deren Höhe durch die Satzung des Unfallversicherungsträgers festzusetzen ist; sie muss sich mindestens auf 2,18 € belaufen und darf die Höchstbeitragsgrundlage (§ 45 Abs. 1) nicht überschreiten. Der Beitragssatz wird gleichfalls durch die Satzung des Trägers der Unfallversicherung im Rahmen des Erforderlichen einheitlich festgesetzt.

(BGBl I 2010/102)

(3) Die Beiträge sind zur Gänze zu tragen:

1. für die nach § 8 Abs. 1 Z 3 lit. a in der Unfallversicherung teilversicherten selbständig Erwerbstätigen vom Versicherten;

   (BGBl 1996/411, BGBl I 1997/139, BGBl I 2007/101)

2. für die nach § 8 Abs. 1 Z 3 lit. c teilversicherten Teilnehmer an Umschulungs-, Nachschulungs- und sonstigen beruflichen Ausbildungslehrgängen sowie für Lehrende bei solchen Lehrgängen von der den Lehrgang veranstaltenden Körperschaft, für die nach § 8 Abs. 1 Z 3 lit. c teilversicherten Volontäre vom Inhaber des Betriebes, in dem die Tätigkeit ausgeübt wird, für die nach § 8 Abs. 1 Z 3 lit. c teilversicherten Personen, die in einer Einrichtung untergebracht sind, die der medizinischen Rehabilitation oder Gesundheitsvorsorge dient, vom Träger der Einrichtung, in der die Unterbringung erfolgt;

3. für die nach § 8 Abs. 1 Z 3 lit. e teilversicherten Versicherungsvertreter und Beiratsmitglieder von dem in Betracht kommenden Versicherungsträger bzw. vom Dachverband[a)];

   (BGBl 1996/411, BGBl I 2018/100)

---

a) Bis 31. Dezember 2019 „Hauptverband".

4. für die nach § 8 Abs. 1 Z 3 lit. g teilversicherten Mitglieder der Organe der gesetzlichen beruflichen Vertretungen (kollektivvertragsfähigen Berufsvereinigungen) von der in Betracht kommenden gesetzlichen beruflichen Vertretung (kollektivvertragsfähigen Berufsvereinigung);

5. für die nach § 8 Abs. 1 Z 3 lit. j teilversicherten Personen vom Bund;

   (BGBl I 2010/102)

6. für die nach § 8 Abs. 1 Z 3 lit. m teilversicherten Personen, die in von den Ländern anerkannten Einrichtungen der Beschäftigungstherapie tätig sind, vom jeweiligen Träger der Einrichtung.

   (BGBl I 2010/102)

(4) Auf die Beiträge nach Abs. 1 und 2 sind die Bestimmungen des § 55 über die Dauer der Beitragspflicht, des § 59 über die Verzugszinsen, des § 62 über die Mitteilung von Beitragsrückständen und Beitragsabrechnung, der §§ 64 bis 67 über die Eintreibung und Sicherung der Beiträge sowie die sonstigen Bestimmungen über Beiträge der §§ 68 und 69 entsprechend anzuwenden.

(5) Als Beitrag für die gemäß § 8 Abs. 1 Z 3

lit. h, i und l teilversicherten Personen hat die Allgemeine Unfallversicherungsanstalt zuzüglich zu dem aus Mitteln des Familienlastenausgleichsfonds zu leistenden Beitrag jährlich den Betrag bereitzustellen, der zur Deckung des Aufwandes der Unfallversicherung für diese Personen notwendig ist.

(BGBl I 2010/61)

(6) Als Beitrag für die nach § 8 Abs. 1 Z 3 lit. k teilversicherten Personen hat der Bund jährlich im Voraus einen Pauschbetrag in der Höhe von 23 232,19 €[a] an die Allgemeine Unfallversicherungsanstalt zu überweisen. An die Stelle dieses Betrages tritt ab 1. Jänner eines jeden Jahres der unter Bedachtnahme auf § 108 Abs. 6 mit der jeweiligen Aufwertungszahl (§ 108a Abs. 1) vervielfachte Betrag.

(BGBl 1996/411, BGBl I 2001/67, BGBl I 2004/142, BGBl I 2015/162)

[a] Beträge siehe VO über veränderliche Werte.

Beitrag für Zusatzversicherte in der Unfallversicherung

§ 74a. (1) Der Beitrag für jede nach § 22a in der Unfallversicherung zusatzversicherte Person beläuft sich für das Kalenderjahr auf 1,16 €, im Fall des erweiterten Versicherungsschutzes nach § 22a Abs. 4 jedoch auf 2,18 €. Er ist zur Gänze von jenem Rechtsträger, der die Einbeziehung in die Zusatzversicherung beantragt hat, an die Allgemeine Unfallversicherungsanstalt zu entrichten. Reicht dieser Beitrag nicht aus, um den Gesamtaufwand für die Durchführung dieser Zusatzversicherung zu decken, so ist er durch Verordnung des Bundesministers für soziale Verwaltung im erforderlichen Ausmaß festzusetzen.

(BGBl 1996/411, BGBl I 1998/138, BGBl I 2001/67)

(2) (aufgehoben)

(BGBl I 2015/144)

(3) Die Fälligkeit des Beitrages nach Abs. 1 ist unter Bedachtnahme auf die besonderen Verhältnisse der in Betracht kommenden Versichertengruppen in der Satzung der Allgemeinen Unfallversicherungsanstalt zu regeln.

(BGBl I 2001/67)

Aufbringung der Mittel im Falle der Einbeziehung in die Teilversicherung durch Verordnung

§ 75. Die Aufbringung der Mittel in der Krankenversicherung der nach § 9 in diese Versicherung einbezogenen Personen wird durch Verordnung in der Weise geregelt, daß die Aufwendungen des Versicherungsträgers unter Berücksichtigung eines angemessenen Anteiles an den Verwaltungskosten durch Beiträge der Körperschaften, auf deren Antrag die Einbeziehung in die Versicherung vorgenommen wurde, oder durch Beiträge der Körperschaften privaten Rechtes, der die einbezogenen Versicherten angehören, voraussichtlich gedeckt werden. Die Beiträge können in einer die Aufwendungen voraussichtlich nicht deckenden Höhe festgesetzt werden, wenn eine gesetzliche Verpflichtung zur Leistung des Unterschiedsbetrages zwischen den Aufwendungen und den Beiträgen für die jeweilige Personengruppe besteht. Die in die Versicherung einbezogenen Personen selbst können, soweit ein ihnen gewährtes Entgelt eine ausreichende Beitragsgrundlage abgibt, gleichfalls zur Beitragsleistung herangezogen werden.

(BGBl I 2010/63)

Aufwandersatz des Bundes für die in die Krankenversicherung einbezogenen Bezieher/innen von Leistungen der Bedarfsorientierten Mindestsicherung

§ 75a. (1) Übersteigen in einem Geschäftsjahr die gesamten Leistungsaufwendungen der Krankenversicherungsträger für die mit Verordnung nach § 9 in die Krankenversicherung einbezogenen Bezieher/innen von Leistungen der Bedarfsorientierten Mindestsicherung und für ihre anspruchsberechtigten Angehörigen die von den Ländern für diese Personen entrichteten Beiträge zur Krankenversicherung, so leistet der Bund den Unterschiedsbetrag zwischen den gesamten Leistungsaufwendungen und den für diese Personen durch die Länder geleisteten Beiträgen.

(BGBl I 2015/162)

(2) Bei der Ermittlung der geleisteten Beiträge nach Abs. 1 sind auch Ersätze für Leistungsaufwendungen (geleistete Regresse), Rezeptgebühren, Kostenbeteiligungen und Beihilfen für nicht abziehbare Vorsteuer zu berücksichtigen.

(BGBl I 2015/162)

(3) Der Bund überweist den Unterschiedsbetrag nach Abs. 1 an den Hauptverband; dieser hat den überwiesenen Betrag auf die in Betracht kommenden Krankenversicherungsträger nach dem jeweiligen Leistungsaufwand unverzüglich aufzuteilen. Der den einzelnen Trägern der Krankenversicherung nach Abs. 1 gebührende Betrag des Bundes ist monatlich im erforderlichen Ausmaß zu bevorschussen. Die Endabrechnung erfolgt, sobald der Hauptverband das endgültige Gebarungsergebnis vor legt; jedenfalls ist die Endabrechnung jeweils bis zum 31. Oktober des Folgejahres vorzunehmen.

(BGBl I 2015/162)

(4) Krankenversicherungsträger, deren Beitragseinnahmen die Leistungsaufwendungen nach Abs. 1 übersteigen, haben diese Mehreinnahmen soweit an den Hauptverband abzuführen, als es notwendig ist, bei anderen Krankenversicherungsträgern eine ausgeglichene Gebarung im Sinn des Abs. 1 herzustellen. Der Hauptverband hat diese Beträge auf die in Betracht kommenden Krankenversicherungsträger, bei denen die Aufwendungen die Beitragseinnahmen überstiegen haben, aufzuteilen.

(BGBl I 2015/162)

(BGBl I 2010/63)

Aufwandersatz des Bundes für die in die Krankenversicherung einbezogenen Bezieher/innen von Leistungen der Bedarfsorientierten Mindestsicherung

§ 75a.[a)] (1) Übersteigen in einem Geschäftsjahr die gesamten Leistungsaufwendungen der Österreichischen Gesundheitskasse für die mit Verordnung nach § 9 in die Krankenversicherung einbezogenen Bezieher/innen von Leistungen der Bedarfsorientierten Mindestsicherung und für ihre anspruchsberechtigten Angehörigen die von den Ländern für diese Personen entrichteten Beiträge zur Krankenversicherung, so leistet der Bund den Unterschiedsbetrag zwischen den gesamten Leistungsaufwendungen und den für diese Personen durch die Länder geleisteten Beiträgen.

(BGBl I 2015/162)

(2) Bei der Ermittlung der geleisteten Beiträge nach Abs. 1 sind auch Ersätze für Leistungsaufwendungen (geleistete Regresse), Rezeptgebühren, Kostenbeteiligungen und Beihilfen für nicht abziehbare Vorsteuer zu berücksichtigen.

(BGBl I 2015/162)

(3) Der Bund überweist den Unterschiedsbetrag nach Abs. 1 an die Österreichische Gesundheitskasse. Der der Österreichische Gesundheitskasse nach Abs. 1 gebührende Betrag des Bundes ist monatlich im erforderlichen Ausmaß zu bevorschussen. Die Endabrechnung erfolgt, sobald die Österreichische Gesundheitskasse das endgültige Gebarungsergebnis vorlegt; jedenfalls ist die Endabrechnung jeweils bis zum 31. Oktober des Folgejahres vorzunehmen.

(BGBl I 2015/162)

(BGBl I 2010/63, BGBl I 2018/100)

a) Tritt mit 1. Jänner 2020 in Kraft.

3. Unterabschnitt
Beiträge zur freiwilligen Versicherung

Beitragsgrundlage für Selbstversicherte in der Krankenversicherung

§ 76. (1) Die Beitragsgrundlage für den Kalendertag beläuft sich

1. für alle mit Ausnahme der in Z 2 genannten Selbstversicherten auf 125,00 €[a)];
2. für jene Selbstversicherten, die der Personengruppe nach § 16 Abs. 2 angehören, auf 22,76 €[a)]; an die Stelle dieser Beitragsgrundlage tritt jedoch die Beitragsgrundlage nach Z 1, wenn der Selbstversicherte
   a) ein Einkommen bezieht, das den im § 49 Abs. 3 des Studienförderungsgesetzes 1992 genannten Betrag übersteigt, oder

      (BGBl I 2002/1)
   b) vor dem gegenwärtigen Studium das Studium im Sinne des § 17 des Studienförderungsgesetzes 1992 gewechselt hat oder die gesamte Anspruchsdauer auf Studienbeihilfe für die Studienrichtung im Sinne des § 18 Abs. 1 und 5 des Studienförderungsgesetzes 1992 ohne wichtige Gründe (§ 19 Abs. 2 bis 4 des Studienförderungsgesetzes 1992) um mehr als vier Semester überschritten hat oder
   c) vor dem gegenwärtigen Studium schon ein Hochschulstudium im Sinne der §§ 13bis 15 des Studienförderungsgesetzes 1992 absolviert hat;

   lit. c ist nicht anzuwenden für Hörer (Lehrgangsteilnehmer) der Diplomatischen Akademie sowie für Selbstversicherte, sofern sie während des Hochschulstudiums keine selbständige oder unselbständige Erwerbstätigkeit ausüben; eine Erwerbstätigkeit, auf Grund derer ein Erwerbseinkommen bezogen wird, das das nach § 5 Abs. 2 jeweils in Betracht kommende Monatseinkommen nicht übersteigt, bleibt hiebei unberücksichtigt. Die lit. a und b sind auf Bezieher eines Studienabschluss-Stipendiums nach § 52b des Studienförderungsgesetzes 1992 nicht anzuwenden.
3. für jene Selbstversicherten, die der Personengruppe nach § 16 Abs. 2a und 2b angehören, auf 22,14 €[a)]; an die Stelle dieses Betrages tritt ab 1. Jänner eines jeden Jahres, erstmals ab 1. Jänner 2013, der unter Bedachtnahme auf § 108 Abs. 6 mit der jeweiligen Aufwertungszahl (§ 108a Abs. 1) vervielfachte Betrag;

   (BGBl I 2013/3, BGBl I 2015/162)

An die Stelle der in den Z 1 und 2 genannten Beträge treten ab 1. Jänner eines jeden Jahres die unter Bedachtnahme auf § 108 Abs. 6 mit der jeweiligen Aufwertungszahl (§ 108a Abs. 1) vervielfachten Beträge.[a)]

a) Beträge siehe VO über veränderliche Werte.

(BGBl I 1997/139, BGBl I 2001/67, BGBl I 2002/1, BGBl I 2004/142)

(2) Für Selbstversicherte außerhalb der Personengruppe nach § 16 Abs. 2 sind die Beiträge unbeschadet des Abs. 3

a) auf Antrag der/des Versicherten,
b) in den Fällen, in denen das auf Scheidung der Ehe lautende Urteil den Ausspruch nach § 61 Abs. 3 des Ehegesetzes enthält, auch auf Antrag der/des Ehegattin/Ehegatten, die/der die Ehescheidungsklage eingebracht hat,
c) in den Fällen, in denen das auf Auflösung der eingetragenen Partnerschaft lautende Urteil den Ausspruch nach § 18 Abs. 3 des Eingetragene Partnerschaft-Gesetzes (EPG), BGBl. I Nr. 135/2009, enthält, auch auf Antrag der/des eingetragenen Partnerin/Partners, die/der die Auflösungsklage eingebracht hat,

von einer niedrigeren als der im Abs. 1 Z 1 genannten Beitragsgrundlage zu bemessen, sofern dies nach den wirtschaftlichen Verhältnissen der/

des Versicherten oder in den Fällen der lit. b nach den wirtschaftlichen Verhältnissen der Ehegattin/des Ehegatten oder der/des eingetragenen Partnerin/Partners, die/der die Ehescheidungs- oder Auflösungsklage eingebracht hat, gerechtfertigt erscheint. Für Selbstversicherte, die Anspruch auf Hilfe zur Sicherung des Lebensbedarfes gegenüber einem Träger der Sozialhilfe oder die gegenüber einem Wohlfahrtsfonds auf Grund einer satzungsmäßigen oder vertraglichen Regelung ganz oder teilweise Anspruch auf Ersatz der Beiträge haben, gilt jedenfalls die nach Abs. 1 Z 1 in Betracht kommende Beitragsgrundlage. Die Beitragsgrundlage darf jedoch den Betrag nach Abs. 1 Z 2 nicht unterschreiten; in den Fällen der lit. b muss sie überdies mindestens so hoch sein wie der zu leistende Unterhaltsbetrag. Die Herabsetzung der Beitragsgrundlage wirkt, wenn der Antrag zugleich mit dem Antrag auf Selbstversicherung gestellt wird, ab dem Beginn der Selbstversicherung, sonst ab dem auf die Antragstellung folgenden Monatsersten; die Herabsetzung gilt jeweils bis zum Ablauf des nächstfolgenden Kalenderjahres. Wurde die Selbstversicherung auf einer niedrigeren als der nach Abs. 1 Z 1 in Betracht kommenden Beitragsgrundlage zugelassen, so hat der Versicherungsträger ohne Rücksicht auf die Geltungsdauer der Herabsetzung bei einer Änderung in den wirtschaftlichen Verhältnissen des Versicherten auf dessen Antrag oder von Amts wegen eine Erhöhung der Beitragsgrundlage bis auf das nach Abs. 1 Z 1 in Betracht kommende Ausmaß vorzunehmen. Solche Festsetzungen wirken in allen diesen Fällen nur für die Zukunft.

(BGBl I 2001/67, BGBl I 2009/135)

(3) Bei Prüfung der wirtschaftlichen Verhältnisse nach Abs. 2 sind auch Unterhaltsverpflichtungen von Ehegatten oder eingetragenen Partnern/Partnerinnen, auch geschiedenen Ehegatten oder Personen, deren eingetragene Partnerschaft aufgelöst ist, gegenüber dem/der Versicherten zu berücksichtigen. Wenn und solange das Nettoeinkommen des Unterhaltspflichtigen nicht nachgewiesen wird, ist

a) während des Bestandes der Ehe oder eingetragenen Partnerschaft anzunehmen, daß eine Herabsetzung in den wirtschaftlichen Verhältnissen des Versicherten nicht gerechtfertigt erscheint,

   (BGBl I 2009/135)

b) nach Scheidung der Ehe oder Auflösung der eingetragenen Partnerschaft anzunehmen, daß die Höhe der monatlichen Unterhaltsverpflichtung 25 vH des Dreißigfachen der Beitragsgrundlage nach Abs. 1 Z 1 beträgt. Eine Zurechnung zum Nettoeinkommen erfolgt nur in der Höhe eines Vierzehntels der jährlich tatsächlich zufließenden Unterhaltsleistung, wenn die berechnete Unterhaltsforderung der Höhe nach trotz durchgeführter Zwangsmaßnahmen einschließlich gerichtlicher Exekutionsführung uneinbringlich oder die Verfolgung eines Unterhaltsanspruches in dieser Höhe offenbar aussichtslos ist.

(BGBl I 2001/36, BGBl I 2002/1, BGBl I 2009/135)

(4) Die Abs. 2 und 3 gelten nicht für die im § 16 Abs. 2 bezeichneten Personen, sofern ihre Beiträge von der Beitragsgrundlage nach Abs. 1 Z 2 erster Halbsatz berechnet werden.

(5) Abs. 2 dritter Satz und Abs. 3 zweiter bis vierter Satz gelten nicht für Personen, deren Antrag auf Notstandshilfe wegen Anrechnung von Unterhalt nach § 36 Abs. 3 lit. a AlVG bescheidmäßig abgewiesen worden ist, wenn und solange sie der Arbeitsvermittlung zur Verfügung stehen. Darüber hinaus kann von der Anwendung der zitierten Bestimmungen abgesehen werden, wenn die antragstellende Person nach Scheidung ihrer Ehe auf Grund ihrer geringen Einkommens- und Vermögensverhältnisse eines besonderen sozialen Schutzes bedarf.

(BGBl I 1999/121)

(6) Beitragszeitraum ist der Kalendermonat; er ist einheitlich mit 30 Kalendertagen anzunehmen.

(BGBl 1994/20, BGBl I 1999/121)

Beitragsgrundlage für Weiterversicherte in der Pensionsversicherung

§ 76a. (1) Beitragsgrundlage für den Kalendertag für Weiterversicherte in der Pensionsversicherung ist der 360. Teil der Summe der Beitragsgrundlagen des letzten Kalenderjahres vor dem Ausscheiden aus der Pflichtversicherung, wenn die Pflichtversicherung das gesamte Kalenderjahr hindurch bestanden hat; ist dies nicht der Fall, so ist anstelle des 360. Teiles die Anzahl der Tage der Pflichtversicherung in diesem Kalenderjahr heranzuziehen. Hat der Versicherte Beitragszeiten der Pflichtversicherung nur im Beitragsjahr des Ausscheidens aus der Pflichtversicherung erworben, so ist dieses Beitragsjahr heranzuziehen. Die demnach in Betracht kommende Beitragsgrundlage ist mit dem sich gemäß Abs. 2 ergebenden Faktor zu vervielfachen. Hat der (die) Versicherte vor der Weiterversicherung Beitragszeiten einer Selbstversicherung gemäß § 16a erworben, gilt als Beitragsgrundlage für die Weiterversicherung die Beitragsgrundlage gemäß § 76b Abs. 5; hat der (die) Versicherte vor der Weiterversicherung Beitragszeiten einer Selbstversicherung gemäß § 18a erworben, gilt als Beitragsgrundlage für die Weiterversicherung die Beitragsgrundlage gemäß § 76b Abs. 4.

(BGBl 1993/335, BGBl I 1998/138, BGBl I 2005/132)

(2) Der nach Abs. 1 anzuwendende Faktor ergibt sich aus der Teilung der Höchstbeitragsgrundlage des Jahres, für das die Beiträge entrichtet werden, durch die Höchstbeitragsgrundlage des Jahres, aus dem die nach Abs. 1 heranzuziehende Beitragsgrundlage stammt.

(3) Die sich nach den Abs. 1 und 2 ergebende Beitragsgrundlage darf 18,10 €[a] nicht unter-

schreiten. An die Stelle dieses Betrages tritt ab 1. Jänner eines jeden Jahres der unter Bedachtnahme auf § 108 Abs. 6 mit der jeweiligen Aufwertungszahl (§ 108a Abs. 1) vervielfachte Betrag.

(BGBl 1993/335, BGBl I 2001/67, BGBl I 2004/142)

[a] Betrag siehe VO über veränderliche Werte.

(4) Die Weiterversicherung ist auf Antrag des Versicherten, soweit dies nach seinen wirtschaftlichen Verhältnissen gerechtfertigt erscheint, auf einer niedrigeren als der nach Abs. 1 bis 3 in Betracht kommenden Beitragsgrundlage, jedoch nicht unter den dort angeführten Mindestbeträgen zuzulassen. Eine solche Änderung der Beitragsgrundlage gilt jeweils bis zum Ablauf des nächstfolgenden Kalenderjahres. Wurde die Weiterversicherung auf einer niedrigeren als der nach Abs. 1 bis 3 in Betracht kommenden Beitragsgrundlage zugelassen, so hat der Versicherungsträger bei einer Änderung in den wirtschaftlichen Verhältnissen des Versicherten auf dessen Antrag eine Erhöhung der Beitragsgrundlage bis auf das nach Abs. 1 bis 3 in Betracht kommende Ausmaß vorzunehmen. Eine solche Erhöhung hat der Versicherungsträger auch von Amts wegen vorzunehmen, wenn ihm eine entsprechende Änderung in den wirtschaftlichen Verhältnissen des Versicherten bekannt wird. Solche Festsetzungen wirken in allen diesen Fällen nur für die Zukunft.

(5) Bei Prüfung der wirtschaftlichen Verhältnisse nach Abs. 4 ist § 76 Abs. 3 mit der Maßgabe entsprechend anzuwenden, daß an die Stelle der Beitragsgrundlage nach § 76 Abs. 1 das Dreißigfache der Höchstbeitragsgrundlage in der Pensionsversicherung (§ 45 Abs. 1) tritt.

(6) Die Beitragsgrundlage ist ab 1. Jänner eines jeden Jahres mit dem Faktor zu vervielfachen, der sich aus der Teilung der Höchstbeitragsgrundlage dieses Jahres durch die Höchstbeitragsgrundlage des vorangegangenen Jahres ergibt, jedoch höchstens bis zu dem Betrag der um ein Sechstel ihres Betrages erhöhten Höchstbeitragsgrundlage in der Pensionsversicherung. Der vervielfachte Betrag ist auf Cent zu runden.

(7) Beitragszeitraum ist der Kalendermonat, er ist einheitlich mit 30 Kalendertagen anzunehmen.

Beitragsgrundlage für Selbstversicherte

§ 76b. (1) Beitragsgrundlage für den Kalendertag ist für Selbstversicherte in der Unfallversicherung ein durch die Satzung des Versicherungsträgers festzusetzender Betrag, der sich mindestens auf 12,28 €[a] belaufen muss und die Höchstbeitragsgrundlage (§ 45 Abs. 1) nicht überschreiten darf. An die Stelle des Betrages von 12,28 € tritt ab 1. Jänner eines jeden Jahres der unter Bedachtnahme auf § 108 Abs. 6 mit der jeweiligen Aufwertungszahl (§ 108a Abs. 1) vervielfachte Betrag.

(BGBl 1993/335, BGBl I 2001/67, BGBl I 2004/142)

[a] Betrag siehe VO über veränderliche Werte.

(2) Monatliche Beitragsgrundlage für die in der Kranken- und Pensionsversicherung gemäß § 19a Selbstversicherten ist der Betrag gemäß § 5 Abs. 2.

(BGBl I 1997/139, BGBl I 1997/139, BGBl I 1998/138, BGBl I 2015/79)

(3) Die monatliche Beitragsgrundlage für Selbstversicherte nach § 18 beläuft sich auf das Dreißigfache der Höchstbeitragsgrundlage in der Pensionsversicherung (§ 45 Abs. 1) des Kalenderjahres, für das die Beiträge entrichtet werden. Werden die Beiträge erst nach Ablauf jenes Kalenderjahres entrichtet, für das sie gelten sollen, so sind sie mit dem Produkt der Aufwertungszahlen nach dem APG bis zum Kalenderjahr der Beitragsentrichtung zu vervielfachen.

(BGBl 1993/335, BGBl 1993/335, BGBl I 2004/142, BGBl I 2005/132, BGBl I 2010/111)

(3a) Überschneiden sich Zeiten des Besuches einer Bildungseinrichtung, für die eine Selbstversicherung nach § 18 besteht, mit anderen Beitragszeiten nach diesem oder einem anderen Bundesgesetz, so ist die Beitragsgrundlage für die Selbstversicherung nach § 18 abweichend von Abs. 3 so festzusetzen, dass sie zusammen mit den übrigen Beitragsgrundlagen im jeweiligen Kalendermonat die nach der zeitlichen Lagerung geltende monatliche Höchstbeitragsgrundlage (§ 70 Abs. 1 letzter Satz) nicht übersteigt.

(BGBl I 2005/132)

(4) (aufgehoben)

(BGBl I 2000/142, BGBl I 2001/67, BGBl I 2004/142, BGBl I 2015/2)

(5) Beitragsgrundlage für den Kalendertag ist für in der Pensionsversicherung gemäß § 16a Selbstversicherte die um ein Sechstel ihres Betrages erhöhte halbe Höchstbeitragsgrundlage (§ 45 Abs. 1). Geht der Selbstversicherung gemäß § 16a eine Pflichtversicherung voran, so ist die Beitragsgrundlage für den Kalendertag gemäß § 76a Abs. 1 zu ermitteln. § 76a Abs. 4 und 5 ist anzuwenden.

(5a) Monatliche Beitragsgrundlage für die Selbstversicherten nach § 18a und nach § 18b ist der Betrag nach § 44 Abs. 1 Z 18. Überschneiden sich Zeiten einer solchen Selbstversicherung mit anderen Beitragszeiten nach diesem oder einem anderen Bundesgesetz, so ist die Beitragsgrundlage für die Selbstversicherten nach § 18a und nach § 18b so festzusetzen, dass sie zusammen mit den übrigen Beitragsgrundlagen die jeweils geltende monatliche Höchstbeitragsgrundlage (§ 70 Abs. 1 letzter Satz) nicht übersteigt.

(BGBl I 2005/132, BGBl I 2015/2)

(6) Beitragszeitraum ist der Kalendermonat; er ist einheitlich mit 30 Kalendertagen anzunehmen.

Ausmaß und Entrichtung

§ 77. (1) Der Beitragssatz beträgt für die in der Krankenversicherung Selbstversicherten, ausgenommen für Selbstversicherte nach § 19a, 7,55%. § 51d ist anzuwenden. Zahlungen, die für Gruppen von Selbstversicherten von einer Einrichtung zur wirtschaftlichen Selbsthilfe auf Grund einer Vereinbarung mit dem den Beitrag einziehenden Versicherungsträger geleistet werden, sind auf den Beitrag anzurechnen.

(BGBl I 1997/139, BGBl I 1998/138, BGBl I 2003/71, BGBl I 2005/71, BGBl I 2015/118)

(2) In der Pensionsversicherung ist der Beitragssatz für alle Weiter- und Selbstversicherten, ausgenommen für Selbstversicherte nach § 19a, jener nach § 51 Abs. 1 Z 3. Für die Höherversicherung in der Pensionsversicherung sind Beiträge in einer vom Versicherten gewählten Höhe zu entrichten; der jährliche Beitrag darf das Sechzigfache der Höchstbeitragsgrundlage nach § 45 Abs. 1 nicht übersteigen.

(BGBl 1993/335, BGBl I 1997/139, BGBl I 1998/138, BGBl I 2004/142)

(2a) Der monatliche Beitrag für Selbstversicherte in der Kranken- und Pensionsversicherung gemäß § 19a beträgt 41,79 €[a)], wovon auf die Krankenversicherung 27,3% und auf die Pensionsversicherung 72,7% entfallen. An die Stelle des Betrages von 41,79 € tritt ab 1. Jänner eines jeden Jahres der unter Bedachtnahme auf § 108 Abs. 6 mit der jeweiligen Aufwertungszahl (§ 108a Abs. 1) vervielfachte Betrag.

(BGBl I 1998/138, BGBl I 2001/67, BGBl I 2004/142)

[a)] Betrag siehe VO über veränderliche Werte.

(3) Der Beitragssatz für Selbstversicherte in der Unfallversicherung (§ 19) wird durch die Satzung des Versicherungsträgers im Rahmen des Erforderlichen festgesetzt.

(4) Die Beiträge für die Höherversicherung in der Unfallversicherung gemäß § 20 Abs. 1 betragen unter Zugrundelegung der zusätzlichen Bemessungsgrundlage (§ 181 Abs. 1 letzter Satz) von

9 550,66 €[a)] für das Kalenderjahr 77,91 €[a)],

14 396,49 €[a)] für das Kalenderjahr 117,00 €[a)].

An die Stelle der Beträge von 9 550,66 € und 14 396,49 € treten ab 1. Jänner eines jeden Jahres die unter Bedachtnahme auf § 108 Abs. 6 mit dem jeweiligen Anpassungsfaktor (§ 108f) vervielfachten Beträge. An die Stelle der Beträge von 77,91 € und 117,00 € treten ab 1. Jänner eines jeden Jahres die unter Bedachtnahme auf § 108 Abs. 6 mit der jeweiligen Aufwertungszahl (§ 108a Abs. 1) vervielfachten Beträge[a)].

[a)] Beträge siehe VO über veränderliche Werte

(BGBl 1993/335, BGBl I 2001/67, BGBl I 2004/142)

(5) Die Beiträge nach den Abs. 1 bis 4 sind zur Gänze vom Versicherten zu tragen, soweit in den folgenden Absätzen nichts anderes bestimmt wird.

(BGBl I 1997/139)

(6) Für Weiterversicherte nach § 17, die aus der Pflichtversicherung ausgeschieden sind, um einen nahen Angehörigen oder eine nahe Angehörige mit Anspruch auf Pflegegeld zumindest in Höhe der Stufe 3 nach § 5 des Bundespflegegeldgesetzes oder nach den Landespflegegeldgesetzen unter gänzlicher Beanspruchung ihrer Arbeitskraft in häuslicher Umgebung zu pflegen, sind die Beiträge zur Gänze aus Mitteln des Bundes zu tragen. Eine solche Beitragstragung durch den Bund kommt pro Pflegefall nur für eine einzige Person in Betracht und erfolgt auch während eines zeitweiligen stationären Pflegeaufenthaltes der pflegebedürftigen Person.

(BGBl I 1997/139, BGBl I 2000/142, BGBl I 2002/140, BGBl I 2004/142, BGBl I 2005/132, BGBl I 2009/83)

(7) Für die nach § 16 Abs. 2a und 2b Selbstversicherten sind die Beiträge zur Gänze aus Mitteln des Ausgleichsfonds für Familienbeihilfen zu tragen. Für die nach § 18a Selbstversicherten sind die Beiträge zu zwei Dritteln aus Mitteln des Ausgleichsfonds für Familienbeihilfen und zu einem Drittel aus Mitteln des Bundes zu tragen.

(BGBl I 1997/139, BGBl I 2013/3, BGBl I 2005/132, BGBl I 2009/83)

(8) Für die nach § 18b Selbstversicherten sind die Beiträge zur Gänze aus Mitteln des Bundes zu tragen.

(BGBl I 2005/132, BGBl I 2009/83)

(9) (aufgehoben)

(BGBl I 2007/31, BGBl I 2009/83)

Fälligkeit, Einzahlung und Haftung

§ 78. (1) Die Beiträge für Weiterversicherte in der Pensionsversicherung und für Selbstversicherte in der Krankenversicherung sind zu Beginn des Kalendermonates fällig. Die Fälligkeit der Beiträge für die übrigen Selbstversicherten ist durch die Satzung des den Beitrag einziehenden Versicherungsträgers zu regeln.

(2) Beiträge zur Höherversicherung in der Unfallversicherung sind gleichzeitig mit jenen Beiträgen fällig, zu denen sie hinzutreten, sofern nicht aus Gründen der Verwaltungsvereinfachung in der Satzung des Versicherungsträgers anderes bestimmt wird oder eine andere Vereinbarung mit dem Versicherungsträger zustande kommt. Die Beiträge zur Höherversicherung in der Pensionsversicherung sind spätestens am 31. Dezember des Jahres einzuzahlen, für das sie gelten.

(3) Die Beiträge zur freiwilligen Versicherung sind zum Fälligkeitstermin unmittelbar an den für die Versicherung zuständigen Versicherungsträger einzuzahlen. Die gemäß § 19a Selbstversicherten haben die Beiträge zur Kranken- und Pensionsversicherung an den zuständigen Krankenversicherungsträger einzuzahlen.

(BGBl 1993/335)

(4) (aufgehoben)

(BGBl I 1997/139)

(5) Für die Beiträge der Familienangehörigen in der Selbstversicherung in der Unfallversicherung (§ 19 Abs. 1 Z 2) haftet der selbständig Erwerbstätige zur ungeteilten Hand mit dem Versicherten.

(6) (aufgehoben)

Sonstige Bestimmungen

§ 79. (1) Auf die Beiträge zur freiwilligen Versicherung sind die Bestimmungen des § 69 über die Rückforderung von Beiträgen mit der Maßgabe entsprechend anzuwenden, daß die Rückforderung von Beiträgen ungeachtet einer allfälligen Leistungserbringung auch dann möglich ist, wenn eine Bescheinigung für die vorläufige Krankenversicherung gemäß § 10 Abs. 7 für den gleichen Zeitraum ausgestellt worden ist, für den Beiträge zur Selbstversicherung in der Krankenversicherung entrichtet wurden, desgleichen auch im Falle einer rückwirkenden Einbeziehung in die Pflichtversicherung nach diesem oder einem anderen Bundesgesetz. Auf die Beiträge zur Selbstversicherung in der Krankenversicherung sind überdies die Bestimmungen der §§ 59, 62, 64 bis 66 und 68 entsprechend anzuwenden.

(2) Die Träger der Krankenversicherung haben die bei ihnen von den Selbstversicherten nach § 19a eingezahlten Beiträge zur Pensionsversicherung in entsprechender Anwendung der Bestimmungen des § 63 an den zuständigen Träger der Pensionsversicherung abzuführen.

4. Unterabschnitt
Maßnahmen zur nachhaltigen Finanzierbarkeit der Pensionsversicherung

§ 79a. (1) Die Finanzierung der gesetzlichen Pensionsversicherung ist durch Beiträge der Versicherten, durch Beiträge des Bundes, durch Beiträge des Arbeitsmarktservice sowie durch Beiträge von Fonds sicherzustellen.

(2) (aufgehoben)

(BGBl I 2017/29)

(3) (aufgehoben)

(BGBl I 2017/29)

(BGBl 1993/335, BGBl I 2004/142)

§ 79b. (aufgehoben)

(BGBl I 2012/35)

§ 79c. (aufgehoben)

(BGBl I 2010/111, BGBl I 2018/100)

Beitrag des Bundes ab 1. Jänner 1998

§ 80. (1) In der Pensionsversicherung leistet der Bund für jedes Geschäftsjahr einen Beitrag in der Höhe des Betrages, um den die Aufwendungen die Erträge übersteigen. Hiebei sind bei den Aufwendungen die Ausgleichszulagen und die Leistungen nach dem Kriegsgefangenenentschädigungsgesetz, BGBl. I Nr. 142/2000, und bei den Erträgen der Bundesbeitrag sowie die Ersätze für Ausgleichszulagen und für die Leistungen nach dem Kriegsgefangenenentschädigungsgesetz außer Betracht zu lassen.

(BGBl I 2001/99, BGBl I 2004/142)

(2) Der den einzelnen Trägern der Pensionsversicherung nach Abs. 1 gebührende Beitrag des Bundes ist monatlich im erforderlichen Ausmaß unter Bedachtnahme auf die Kassenlage des Bundes zu bevorschussen.

(BGBl 1996/201)

§ 80a. (1) Die Allgemeine Unfallversicherungsanstalt hat an den Ausgleichsfonds der Pensionsversicherungsträger (§ 447g) 1,5 Milliarden Schilling am 20. November 1992 zu überweisen.

(2) Abweichend von § 80 Abs. 1 leistet der Bund für das Geschäftsjahr 1992 einen Beitrag, der sich gegenüber dem nach § 80 Abs. 1 zu ermittelnden Betrag vermindert:

1. für die Pensionsversicherungsanstalt der Arbeiter um 1 050 Millionen Schilling,
2. für die Versicherungsanstalt der österreichischen Eisenbahnen um 250 Millionen Schilling,
3. für die Pensionsversicherungsanstalt der Angestellten um 950 Millionen Schilling,
4. für die Versicherungsanstalt des österreichischen Bergbaues um 350 Millionen Schilling.

(3) Die Allgemeine Unfallversicherungsanstalt hat an den Ausgleichsfonds der Pensionsversicherungsträger (§ 447g) 500 Millionen Schilling am 20. November 1994 zu überweisen.

(4) Abweichend von § 80 Abs. 1 leistet der Bund für die Geschäftsjahre 1994 und 1995 einen Beitrag in der Höhe des Betrages, um den die Aufwendungen die Erträge übersteigen. Hiebei sind bei den Aufwendungen die Ausgleichszulagen, bei den Erträgen der Bundesbeitrag und die Ersätze für Ausgleichszulagen außer Betracht zu lassen.

(BGBl 1995/297)

(5) Die Allgemeine Unfallversicherungsanstalt hat an den Ausgleichsfonds der Pensionsversicherungsträger (§ 447g)

1. 800 Millionen Schilling am 15. Oktober 1996,
2. 400 Millionen Schilling am 15. April 1997,
3. 400 Millionen Schilling am 15. Oktober 1997

zu überweisen.

(BGBl 1996/201)

(6) Die Allgemeine Unfallversicherungsanstalt hat am 16. Oktober 2000 an den beim Dachverband[a)] eingerichteten Ausgleichsfonds der Träger der Pensionsversicherung (§ 447g) 1 000 Millionen Schilling zu überweisen.

(BGBl I 2000/26, BGBl I 2018/100)

[a)] Bis 31. Dezember 2019 „Hauptverband".

(7) Die Allgemeine Unfallversicherungsanstalt hat an den Ausgleichsfonds der Krankenversicherungsträger (§ 447a) 100 Millionen Euro am 15. September 2005 zu überweisen.

(BGBl I 2005/71)

(8) Der Bund leistet am 1. Juli 2009 für das Geschäftsjahr 2009 dem Dachverband[a)] einen Betrag von 45 Millionen Euro, den dieser auf die Gebietskrankenkassen entsprechend deren negativem

Reinvermögen zum 31. Dezember 2008 unverzüglich aufzuteilen hat.

(BGBl I 2009/52, BGBl I 2018/100)

---
a) Bis 31. Dezember 2019 „Hauptverband".

Verwaltungs- und Verrechnungsaufwand der Pensionsversicherungsträger

§ 80b. Der Bund leistet in den Geschäftsjahren 1996 und 1997 zur Tragung des Verwaltungs- und Verrechnungsaufwandes der Pensionsversicherungsträger mit Ausnahme der Vergütungen an Sozialversicherungsträger einen Beitrag in der Höhe des Verwaltungs- und Verrechnungsaufwandes des Jahres 1995 mit Ausnahme der Vergütungen an Sozialversicherungsträger. Unterschreitet der tatsächliche Verwaltungs- und Verrechnungsaufwand eines Pensionsversicherungsträgers im betreffenden Geschäftsjahr den für ihn geltenden Betrag, so leistet der Bund den Zuschuß in der Höhe des tatsächlichen Aufwandes.

(BGBl 1996/201)

Beitrag des Bundes zur Finanzierung von Kieferregulierungen

§ 80c. (1) Der Bund hat bis zum 31. Jänner eines jeden Jahres, erstmals bis zum 31. Jänner 2016 für Kieferregulierungen 80 Mio. Euro an den beim Dachverband[a] eingerichteten Zahngesundheitsfonds (§ 447i) zu überweisen.

(BGBl I 2018/100)

(2) Bis zum 31. Juli 2015 hat der Bund 20 Mio. Euro an den beim Dachverband[a] eingerichteten Zahngesundheitsfonds (§ 447i) zu überweisen. Dieser hat diese Mittel auf die Krankenversicherungsträger angemessen aufzuteilen.

(BGBl I 2018/100)

(3) Die Überweisung der Mittel nach Abs. 1 und 2 erfolgt mit der Maßgabe des Wirksamwerdens des Gesamtvertrages nach § 343e Abs. 1.

(4) Wird die Sachleistung nach den §§ 153a dieses Bundesgesetzes, 94a GSVG, 95a BSVG und 69a B-KUVG auf Grund von Verträgen nach § 343e Abs. 2 erbracht, so hat der Bund die Mittel für diese Leistungen in der Höhe des voraussichtlich anfallenden Aufwandes, höchstens jedoch in der Höhe nach Abs. 1, an den beim Dachverband[a] eingerichteten Zahngesundheitsfonds (§ 447i) zu überweisen.

(BGBl I 2018/100)

---
a) Bis 31. Dezember 2019 „Hauptverband".

(BGBl I 2014/28)

5. Unterabschnitt
Gemeinsame Bestimmungen

Verwendung der Mittel

§ 81. (1) Die Mittel der Sozialversicherung dürfen nur für die gesetzlich vorgeschriebenen oder zulässigen Zwecke verwendet werden. Zu den zulässigen Zwecken gehören im Rahmen der Zuständigkeit der Versicherungsträger (des Dachverbandes[a]) auch die Aufklärung, Information und sonstige Formen der Öffentlichkeitsarbeit sowie die Mitgliedschaft zu gemeinnützigen Einrichtungen, die der Forschung nach den wirksamsten Methoden und Mitteln zur Erfüllung der Aufgaben der Sozialversicherung dienen. Darüber hinaus haben die Krankenversicherungsträger einmal im Kalenderjahr die Versicherten über die Kosten der von ihnen und ihren Angehörigen in Anspruch genommenen Sachleistungen zu informieren. Diese Information hat weiters für die Versicherten und ihre Angehörigen den Hinweis zu enthalten, dass ELGA-Teilnehmer/inne/n der jederzeitige generelle Widerspruch (§ 15 Abs. 2 des Gesundheitstelematikgesetzes 2012 [GTelG 2012], BGBl. I Nr. 111/2012), das jederzeitige Einsichtsrecht (§ 16 Abs. 1 Z 1 GTelG 2012), das Recht auf Aufnahme von ELGA-Gesundheitsdaten (§ 16 Abs. 2 Z 1 GTelG 2012), der Widerspruch im Einzelfall (§ 16 Abs. 2 Z 2 GTelG 2012), die Bestimmung der individuellen Zugriffsberechtigungen für Gesundheitsdiensteanbieter und ELGA-Gesundheitsdaten (§ 16 Abs. 1 Z 2 GTelG 2012) sowie die Möglichkeit der Inanspruchnahme der ELGA-Ombudsstelle (§ 17 GTelG 2012) offensteht.

(BGBl I 2000/92, BGBl I 2001/33, BGBl I 2001/99, BGBl I 2012/111, BGBl I 2018/100)

(2) Zulässig ist auch die Errichtung (Gründung) von oder die Beteiligung an Vereinen, Fonds und Gesellschaften mit beschränkter Haftung im Rahmen von Finanzierungs- und Betreibermodellen, wenn sie der Verbesserung der Servicequalität oder der Erzielung von Einsparungen dient; dabei können auch Gebietskörperschaften einbezogen werden. Unter den gleichen Voraussetzungen ist die Beteiligung von natürlichen oder juristischen Personen an Vereinen, Fonds und Gesellschaften mit beschränkter Haftung, die von einem Versicherungsträger (dem Dachverband[a]) errichtet (gegründet) wurden, zulässig.

(BGBl I 2001/99, BGBl I 2018/100)

(2a) Zulässig ist auch die Errichtung (Gründung) einer Aktiengesellschaft durch den Dachverband[a] zum Zweck einer Pensionskassenversorgung der Sozialversicherungsbediensteten.

(BGBl I 2003/145, BGBl I 2018/100)

(2b) Zulässig ist auch die Errichtung (Gründung) von oder die Beteiligung an Vereinen, Fonds und Gesellschaften mit beschränkter Haftung zum Zwecke der Finanzierung und Organisation der Dienstverhältnisse nach § 460 Abs. 1a durch den Dachverband[a], wobei auch die Beteiligung anderer juristischer Personen, insbesondere Träger von Krankenanstalten, die Österreichische Ärztekammer sowie die Landesärztekammern, und natürlicher Personen an diesen möglich ist. Wird das Dienstverhältnis für die Ausbildung von Turnusärztinnen und -ärzten mit einer juristischen Person nach dieser Bestimmung begründet, so sind die entsprechenden Bestimmungen der Dienstordnung anzuwenden.

(BGBl I 2014/82, BGBl I 2018/100)

(3) Zulässig ist auch die Bereitstellung von Mitteln für epidemiologische Maßnahmen und zur Unterstützung von Versicherten und ihren Angehörigen nach Elementarereignissen, wie zum Beispiel Hochwasser, Erdrutsch, Vermurung oder Lawinen. Das Nähere hat der Bundesminister für soziale Sicherheit und Generationen im Einvernehmen mit der Bundesministerin für Gesundheit und Frauen und dem Bundesminister für Finanzen nach Anhörung des Dachverbandes[a] durch Verordnung zu regeln.

(BGBl I 2002/155, BGBl I 2003/71, BGBl I 2018/100)

[a] Bis 31. Dezember 2019 „Hauptverband“ bzw. „Hauptverbandes“.

Informations- und Aufklärungspflicht

§ 81a. Die Versicherungsträger (der Dachverband[a]) und das Bundesministerium für soziale Sicherheit und Generationen sowie das Bundesministerium für Gesundheit und Frauen haben die Versicherten (Dienstgeber, LeistungsbezieherInnen) über ihre Rechte und Pflichten nach diesem Bundesgesetz zu informieren und aufzuklären.

[a] Bis 31. Dezember 2019 „Hauptverband“.

(BGBl I 2002/1, BGBl I 2003/71, BGBl I 2018/100)

Vergütung für Mitwirkung an fremden Aufgaben

§ 82. (1) Soweit die Versicherungsträger~~, ausgenommen die Betriebskrankenkassen,~~[a] an der Durchführung der Unfall- und Pensionsversicherung und der Beitragseinhebung nach § 73a bei einem anderen Versicherungsträger nach diesem oder einem anderen Bundesgesetz mitwirken, erhalten sie zur Abgeltung der ihnen daraus erwachsenden Kosten eine Vergütung aus den Beiträgen zu diesen Versicherungen in der Höhe eines Hundertsatzes der abgeführten Beiträge. Das Nähere wird durch Verordnung des Bundesministers für Gesundheit im Einvernehmen mit dem Bundesminister für Arbeit, Soziales und Konsumentenschutz geregelt; in Angelegenheiten der Beitragseinhebung nach § 73a ist die Abgeltung durch Verordnung des Bundesministers für Arbeit, Soziales und Konsumentenschutz im Einvernehmen mit dem Bundesminister für Gesundheit festzulegen. Die Höhe des Hundertsatzes ist unter Bedachtnahme auf die Ergebnisse der Kostenrechnung festzusetzen. Für die Einhebung der Zusatzbeiträge fällt keine Vergütung an.

(BGBl 1996/411, BGBl I 2010/102, BGBl I 2018/100)

[a] Der Ausdruck entfällt mit 1. Jänner 2020.

(2) Soweit die Versicherungsträger auf Grund anderer gesetzlicher Vorschriften oder auf Grund von Vereinbarungen zur Einhebung von Beiträgen, Umlagen und dgl. für öffentlich-rechtliche Körperschaften oder Einrichtungen verpflichtet sind und in diesen Vorschriften oder Vereinbarungen nicht schon eine Entschädigung festgesetzt ist, gebührt ihnen zur Abgeltung der Kosten eine Vergütung, deren Höhe das Bundesministerium für soziale Verwaltung im Einvernehmen mit dem Bundesministerium für Finanzen nach Anhörung der beteiligten Stellen festsetzt.

(BGBl 1996/411)

(3) Soweit der Dachverband[a] an der Durchführung der dem Arbeitsmarktservice bzw. der Arbeitslosenversicherung gesetzlich übertragenen Aufgaben durch Erhebung, Speicherung und Weitergabe von Daten auf automationsunterstütztem Weg mitwirkt, erhält er zur Abgeltung der ihm daraus erwachsenden Kosten eine Vergütung aus Mitteln der Arbeitslosenversicherung bzw. des Arbeitsmarktservice. Diese ist durch Verordnung des Bundesministers für Arbeit und Soziales unter Zugrundelegung der Ergebnisse der Kostenrechnung festzulegen.

(BGBl 1994/314, BGBl 1996/411, BGBl I 2018/100)

[a] Bis 31. Dezember 2019 „Hauptverband“.

(4) Soweit die Versicherungsträger zur Mitwirkung an der Durchführung der den Arbeiterkammern und der Bundesarbeitskammer übertragenen Aufgaben durch Erhebung, Speicherung und Weitergabe von Daten gemäß § 45a des Arbeiterkammergesetzes 1992 verpflichtet sind, gebührt ihnen zur Abgeltung der Kosten eine Vergütung, deren Höhe der Bundesminister für Arbeit und Soziales im Einvernehmen mit dem Bundesminister für Finanzen nach Anhörung der beteiligten Stellen festsetzt.

(BGBl 1995/832)

(5) Soweit der Hauptverband an der Vollziehung des Bundesgesetzes über die Dokumentation im Gesundheitswesen, BGBl. Nr. 745/1996, durch Pseudonymisierung von Daten auf automationsunterstütztem Weg durch die Pseudonymisierungsstelle (§ 31 Abs. 4 Z 10) mitwirkt, erhält er eine Vergütung in Form eines fixen Pauschalbetrages pro Jahr. Die Finanzierung dieses Pauschalbetrages erfolgt im Wege der Bundesgesundheitsagentur (§§ 56a ff KAKuG).

(BGBl I 2013/81)

(5)[a] Soweit der Dachverband oder ein nach § 30c Abs. 3 zuständiger Versicherungsträger an der Vollziehung des Bundesgesetzes über die Dokumentation im Gesundheitswesen, BGBl. Nr. 745/1996, durch Pseudonymisierung von Daten auf automationsunterstütztem Weg durch die Pseudonymisierungsstelle (§ 30c Abs. 1 Z 7) mitwirkt, erhält er eine Vergütung in Form eines fixen Pauschalbetrages pro Jahr. Die Finanzierung dieses Pauschalbetrages erfolgt im Wege der Bundesgesundheitsagentur (§§ 56a ff KAKuG).

(BGBl I 2013/81, BGBl I 2018/100)

[a] Tritt mit 1. Jänner 2020 in Kraft.

Verzugszinsen und Verwaltungskostenersätze

§ 83. Die Bestimmungen über Eintreibung und Sicherung, Haftung, Verjährung und Rückforderung von Beiträgen gelten entsprechend für Verzugszinsen und Verwaltungskostenersätze bei zwangsweiser Eintreibung.

6. Unterabschnitt Unterstützungsfonds

§ 84. (1) Die Versicherungsträger können einen Unterstützungsfonds anlegen.

(2) Die Träger der Krankenversicherung können dem Unterstützungsfonds

a) bis zu 25 vH des im Rechnungsabschluß nachgewiesenen Gebarungsüberschusses, der ohne Berücksichtigung dieser Überweisung zu berechnen ist, höchstens jedoch 1 vH der Erträge an Versicherungsbeiträgen, oder
b) bis zu 3 vT der Erträge an Versicherungsbeiträgen,

überweisen. Überweisungen nach lit. b dürfen nur so weit erfolgen, daß die Mittel des Unterstützungsfonds am Ende des Geschäftsjahres den Betrag von 5 vT der Erträge an Versicherungsbeiträgen nicht übersteigen.

(3) Dem Unterstützungsfonds können

1. die Allgemeine Unfallversicherungsanstalt bis zu 1 vT der Erträge an Versicherungsbeiträgen,
2. die Träger der Pensionsversicherung von den Erträgen an Versicherungsbeiträgen bis zu den nachstehend angeführten Tausendsätzen, und zwar
   a) die Pensionsversicherungsanstalt bis zu 1,0 vT,
   (BGBl I 2002/1)
   b) die Versicherungsanstalt für Eisenbahnen und Bergbau bis zu 1,5 vT
   (BGBl I 2002/1, BGBl I 2003/145)
   c) (aufgehoben)
   (BGBl I 2003/145)

überweisen.

(4) Die Versicherungsanstalt für Eisenbahnen und Bergbau als Träger der Unfallversicherung kann zur Auffüllung des Unterstützungsfonds einen Zuschlag zu den Unfallversicherungsbeiträgen bis zu 3 vT dieser Beiträge einheben.

(BGBl I 2003/145)

(5) Überweisungen nach Abs. 3 und 4 dürfen nur so weit erfolgen, daß die Mittel des Unterstützungsfonds am Ende des Geschäftsjahres

1. bei den Trägern der Unfallversicherung den Betrag von 15 vT und
2. bei den Trägern der Pensionsversicherung den nachstehend angeführten Tausendsatz, und zwar
   a) bei der Pensionsversicherungsanstalt 2,0 vT,
   (BGBl I 2002/1)
   b) bei der Versicherungsanstalt für Eisenbahnen und Bergbau 3,0 vT
   (BGBl I 2002/1, BGBl I 2003/145)
   c) (aufgehoben)
   (BGBl I 2003/145)

der Erträge an Versicherungsbeiträgen nicht übersteigen.

(6) Die Mittel des Unterstützungsfonds können in besonders berücksichtigungswürdigen Fällen, insbesondere in Berücksichtigung der Familien-, Einkommens- und Vermögensverhältnisse des zu Unterstützenden, für Unterstützungen nach Maßgabe der hiefür vom Vorstand zu erlassenden Richtlinien verwendet werden.

(6)[a] Die Mittel des Unterstützungsfonds können in besonders berücksichtigungswürdigen Fällen, insbesondere in Berücksichtigung der Familien-, Einkommens- und Vermögensverhältnisse des zu Unterstützenden, für Unterstützungen nach Maßgabe der hiefür vom Verwaltungsrat zu erlassenden bundesweit einheitlichen Richtlinien verwendet werden.

(BGBl I 2018/100)

[a] Tritt mit 1. Jänner 2020 in Kraft.

7. Unterabschnitt Mitwirkung und Beteiligung der Sozialversicherung an der Planung und Steuerung des Gesundheitswesens sowie an der Zielsteuerung-Gesundheit

Grundsätze

§ 84a. (1) Zur nachhaltigen Sicherstellung der Versorgung der Versicherten haben sich der Dachverband[a] und die Sozialversicherungsträger unter Einbeziehung von wissenschaftlichen (insbesondere gesundheitsökonomischen) Erkenntnissen an einer regionen- und sektorenübergreifenden Planung im Sinne des 6. Abschnitts des Gesundheits-Zielsteuerungsgesetzes, Steuerung und Finanzierung des Gesundheitswesens zu beteiligen. Die Vertragsparteien nach dem Sechsten Teil haben die dabei abgestimmten Planungsergebnisse (zB Österreichischer Strukturplan Gesundheit, Regionale Strukturpläne Gesundheit) in ihrem Verwaltungshandeln und bei der Planung und Umsetzung der Versorgung der Versicherten mit dem Ziel eines optimierten Mitteleinsatzes zu beachten.

(BGBl I 2018/100)

(2) Der Dachverband[a] hat jeweils Vertreterinnen/Vertreter nach Maßgabe

[a] Bis 31. Dezember 2019 „Hauptverband".

1. des § 26 Abs. 1 G-ZG in die Bundes-Zielsteuerungskommission,
2. des § 27 Abs. 2 G-ZG in den ständigen Koordinierungsausschuss
3. des § 29 Abs. 1 G-ZG in die jeweiligen Gesundheitsplattformen im Rahmen der Landesgesundheitsfonds sowie
4. des § 30 Abs. 2 Z 4 G-ZG in die Bundesgesundheitskommission,

zu entsenden.

(BGBl I 2018/100)

(3) Die gesetzlichen Krankenversicherungsträger haben nach § 29 Abs. 2 und 3 G-ZG Vertreterinnen/Vertreter in die Gesundheitsplattform sowie in die Landes-Zielsteuerungskommission des jeweiligen Landesgesundheitsfonds zu entsenden. Demzufolge haben die gesetzlichen Krankenversicherungsträger jeweils insgesamt fünf Vertreterinnen/Vertreter in die Gesundheitsplattformen und die Landes-Zielsteuerungskommissionen der Landesgesundheitsfonds zu entsenden und zwar vier Vertreterinnen/Vertreter der örtlich zuständigen Gebietskrankenkasse, darunter jedenfalls die Obfrau/der Obmann und eine Vertreterin/ein Vertreter der bundesweiten Träger je Bundesland. Bei der Entsendung von Vertreterinnen/Vertretern und der Wahrnehmung der Aufgaben ist auf die Wahrung der aus der Selbstverwaltung erfließenden Rechte zu achten und auf die Interessen der Betriebskrankenkassen Bedacht zu nehmen.

(3)[a] Die gesetzlichen Krankenversicherungsträger haben nach § 29 Abs. 2 und 3 G-ZG Vertreter/innen in die Gesundheitsplattform sowie in die Landes-Zielsteuerungskommission des jeweiligen Landesgesundheitsfonds zu entsenden. Demzufolge haben die gesetzlichen Krankenversicherungsträger jeweils insgesamt fünf Vertreter/innen in die Gesundheitsplattformen und die Landes-Zielsteuerungskommissionen der Landesgesundheitsfonds zu entsenden, und zwar vier Vertreter/in der Österreichischen Gesundheitskasse, wovon drei Vertreter/innen vom jeweiligen Landesstellenausschuss zu nominieren sind, darunter jedenfalls der/die Vorsitzende des Landesstellenausschusses und der/die Stellvertreter/in des Vorsitzenden, und ein/e Vertreter/in der Sonderversicherungsträger je Bundesland. Bei der Entsendung von Vertretern/Vertreterinnen und der Wahrnehmung der Aufgaben ist auf die Wahrung der aus der Selbstverwaltung erfließenden Rechte zu achten.

(BGBl I 2018/100)

[a] Tritt mit 1. Jänner 2020 in Kraft.

(4) Die Sozialversicherungsträger haben für Reformpoolprojekte, die nach dem 31. Dezember 2012 als Teil der Landes-Zielsteuerungsübereinkommen fortgeführt werden, im Bedarfsfall die erforderlichen Mittel zu überweisen.

(5) Für die Datenübermittlung gilt Folgendes:

1. Die Sozialversicherungsträger sind verpflichtet, auf elektronischem Weg
   a) der Bundesgesundheitsagentur und den Landesgesundheitsfonds auf deren Anforderung die zur Erfüllung ihrer Aufgaben benötigten Daten in entsprechend aufbereiteter und nachvollziehbarer Form zu übermitteln und
   b) der Bundesgesundheitsagentur und den Landesgesundheitsfonds pseudonymisierte Diagnose- und Leistungsdaten über die auf ihre Rechnung erbrachten medizinischen Leistungen in einer standardisierten und verschlüsselten Form zur Verfügung zu stellen.
2. Der Dachverband[a] und die Sozialversicherungsträger sind verpflichtet, die personenbezogenen Daten entsprechend den Bestimmungen des § 4 Abs. 6 des Bundesgesetzes über die Gesundheit Österreich GmbH, BGBl. I Nr. 132/2006 und des Bundesgesetzes über die Dokumentation im Gesundheitswesen, BGBl. I Nr. 745/1996, datenschutzrechtskonform auf elektronischem Weg bereitzustellen bzw. zu übermitteln.

   (BGBl I 2018/37, BGBl I 2018/100)

[a] Bis 31. Dezember 2019 „Hauptverband".

Alle personenbezogenen Daten sind vor der Übermittlung an die Bundesgesundheitsagentur, die Landesgesundheitsfonds und die im Bundesgesetz über die Dokumentation im Gesundheitswesen genannten Stellen zur Sicherstellung der Einhaltung der datenschutzrechtlichen Bestimmungen durch die beim Hauptverband eingerichtete Pseudonymisierungsstelle (§ 31 Abs. 4 Z 10)[a] zu pseudonymisieren.

(BGBl I 2018/37, BGBl I 2018/100)

[a] Ab 1. Jänner 2020: „durch die Pseudonymisierungsstelle nach § 30c Abs. 1 Z 7".

(BGBl I 2004/179, BGBl I 2007/101, BGBl I 2013/81, BGBl I 2017/26)

Nahtstellenmanagement

§ 84b. Die Bundesministerin für Gesundheit und Frauen kann zur Sicherstellung eines dem Stand der medizinischen Wissenschaft entsprechenden Behandlungsprozesses eines Krankheitsbildes für den Übergang zwischen einer Anstaltspflege und einer Krankenbehandlung Kriterien festlegen, die unter Beachtung von ökonomischen Grundsätzen und den Erfordernissen einer einheitlichen Qualitätssicherung insbesondere beinhalten:

1. den Informationsaustausch über die medizinischen Behandlungsdaten,
2. die verantwortlichen Leistungserbringer/innen sowie
3. die Bestimmung über geeignete Koordinationsformen für den gesamten Behandlungsprozess eines Krankheitsbildes.

(BGBl I 2004/179)

Beteiligung an der Zielsteuerung-Gesundheit

§ 84c. Der Dachverband[a] und die Träger der Krankenversicherung haben sich an der Zielsteuerung-Gesundheit nach dem G-ZG zu beteiligen und sind zum Abschluss entsprechender Verträge, insbesondere im Sinne der Abschnitte 4 und 5 G-ZG berechtigt.

[a] Bis 31. Dezember 2019 „Hauptverband".

(BGBl I 2013/81, BGBl I 2017/26, BGBl I 2018/100)

Abschnitt VI
Leistungsansprüche

Entstehen der Leistungsansprüche

§ 85. (1) Die Ansprüche auf die Leistungen aus der Kranken-, Unfall- und Pensionsversicherung entstehen in dem Zeitpunkt, in dem die im Zweiten, Dritten und Vierten Teil dieses Bundesgesetzes hiefür vorgesehenen Voraussetzungen erfüllt werden.

(2) Bei Personen, die mit Dienstleistungsscheck entlohnt werden, entsteht ein Anspruch auf Leistungen der Krankenversicherung nur dann, wenn die für das Bestehen der Pflichtversicherung maßgeblichen Dienstleistungsschecks spätestens bis zum Ablauf des nächsten Kalendermonates an die Österreichische Gesundheitskasse[a)] übermittelt wurden, es sei denn, dass der Dienstnehmer/die Dienstnehmerin schwer wiegende Gründe für die verspätete Übermittlung nachweist.

(BGBl I 2018/100)

[a)] Bis 1. Jänner 2020: „zuständige Gebietskrankenkasse".

(BGBl I 2005/45)

Anfall der Leistungen

§ 86. (1) Soweit nichts anderes bestimmt ist, fallen die sich aus den Leistungsansprüchen ergebenden Leistungen mit dem Entstehen des Anspruches (§ 85) an.

(2) Nach dem Tode des Empfängers einer Versehrtenrente fallen Hinterbliebenenrenten aus der Unfallversicherung mit dem Tag an, der auf den Tod des Rentenempfängers folgt.

(BGBl 1996/201)

(3) Pensionen aus der Pensionsversicherung fallen an:

1. Hinterbliebenenpensionen fallen mit dem dem Eintritt des Versicherungsfalles folgenden Tag an, wenn der Antrag binnen sechs Monaten nach Eintritt des Versicherungsfalles gestellt wird. Wird der Antrag nach Ablauf dieser Frist gestellt, so fällt die Pension erst mit dem Tag der Antragstellung an. Ist die anspruchsberechtigte Person bei Ablauf dieser Frist minderjährig oder in ihrer Geschäftsfähigkeit eingeschränkt, so endet die Frist mit Ablauf von sechs Monaten nach dem Eintritt der Volljährigkeit oder dem Wiedererlangen der Geschäftsfähigkeit. Die Antragsfrist verlängert sich bei Waisenpensionsberechtigten um die Dauer eines Verfahrens zur Feststellung der Vaterschaft. Bei nachträglicher amtlicher Feststellung des Todestages beginnt die Antragsfrist erst mit dem Zeitpunkt dieser Feststellung. Wird für ein doppelt verwaistes Kind ein Antrag auf Waisenpension nach einem Elternteil gestellt, so ist dieser Antrag rechtswirksam für den Anspruch auf Waisenpension bzw. Waisenrente nach beiden Elternteilen und gilt für alle Pensionsversicherungsträger bzw. Unfallversicherungsträger nach diesem oder einem anderen Bundesgesetz.

   (BGBl 1993/335, BGBl 1996/201, BGBl I 2002/1, BGBl I 2018/2, BGBl I 2018/59)

2. Alle übrigen Pensionen fallen mit Erfüllung der Anspruchsvoraussetzungen an, wenn sie auf einen Monatsersten fällt, sonst mit dem der Erfüllung der Voraussetzungen folgenden Monatsersten, sofern die Pension binnen einem Monat nach Erfüllung der Voraussetzungen beantragt wird. Wird der Antrag auf die Pension erst nach Ablauf dieser Frist gestellt, so fällt die Pension mit dem Stichtag an. Für den Anfall einer Pension aus den Versicherungsfällen der geminderten Arbeitsfähigkeit ist zusätzlich die Aufgabe oder Karenzierung der Tätigkeit, auf Grund welcher der (die) Versicherte als invalid (berufsunfähig, dienstunfähig) gilt, erforderlich, es sei denn, der (die) Versicherte bezieht ein Pflegegeld ab Stufe 3 nach § 4 des Bundespflegegeldgesetzes, BGBl. Nr. 110/1993, oder nach den Bestimmungen der Landespflegegeldgesetze. Werden dem (der) Versicherten medizinische oder berufliche Maßnahmen der Rehabilitation gewährt und sind ihm (ihr) diese Maßnahmen unter Berücksichtigung der Dauer und des Umfanges seiner (ihrer) Ausbildung sowie der von ihm (ihr) bisher ausgeübten Tätigkeit zumutbar, so fällt die Pension aus den Versicherungsfällen der geminderten Arbeitsfähigkeit erst dann an, wenn durch die Rehabilitationsmaßnahmen die Wiedereingliederung des (der) Versicherten in das Berufsleben nicht bewirkt werden kann.

   (BGBl 1996/201, BGBl 1996/411, BGBl I 1997/139, BGBl I 2015/2)

(4) Leistungen aus der Unfallversicherung fallen, wenn innerhalb von zwei Jahren nach Eintritt des Versicherungsfalles weder der Anspruch von Amts wegen festgestellt noch ein Antrag auf Feststellung des Anspruches gestellt wurde, mit dem Tag der späteren Antragstellung bzw. mit dem Tag der Einleitung des Verfahrens an, das zur Feststellung des Anspruches führt. Wird eine Unfallmeldung innerhalb von zwei Jahren nach Eintritt des Versicherungsfalles erstattet, so gilt der Zeitpunkt des Einlangens der Unfallmeldung beim Unfallversicherungsträger als Tag der Einleitung des Verfahrens, wenn dem Versicherten zum Zeitpunkt der späteren Antragstellung oder Einleitung des Verfahrens noch ein Anspruch auf Rentenleistungen zusteht. Wird für ein doppelt verwaistes Kind ein Antrag auf Waisenrente nach einem Elternteil gestellt, so ist dieser Antrag rechtswirksam für den Anspruch auf Waisenrente bzw. Waisenpension nach beiden Elternteilen und gilt für alle Unfallversicherungsträger bzw. Pensionsversicherungsträger nach diesem oder einem anderen Bundesgesetz.

(BGBl I 2003/145)

(5) Entfällt für eine Leistung auf Grund der Bestimmung des § 235 Abs. 3 lit. c die Wartezeit, so

fällt diese Leistung frühestens mit dem Tag der Entlassung des Versicherten aus dem Präsenz- oder Ausbildungsdienst an.

(BGBl I 1998/30)

(6) Abweichend von Abs. 3 Z 2 fallen bei einer Entziehung des Rehabilitationsgeldes nach § 99 Abs. 3 Z 1 lit. b sublit. dd die Leistungen aus dem Versicherungsfall der geminderten Arbeitsfähigkeit ohne weitere Antragstellung an, wobei Stichtag im Sinne des § 223 Abs. 2 der der Wirksamkeit der Entziehung folgende Tag ist und die Wartezeit (§ 236) als erfüllt gilt.

(BGBl I 2015/2)

Verschollenheit

§ 87. (1) Die Verschollenheit ist bei der Anwendung der Bestimmungen dieses Bundesgesetzes dem Tode gleichzuhalten. Als verschollen gilt hiebei, wessen Aufenthalt länger als ein Jahr unbekannt ist, ohne daß Nachrichten darüber vorliegen, ob er in dieser Zeit noch gelebt hat oder gestorben ist, sofern nach den Umständen hiedurch ernstliche Zweifel an seinem Fortleben begründet werden. Als verschollen gilt nicht, wessen Tod nach den Umständen nicht zweifelhaft ist.

(2) Als Todestag ist der Tag anzunehmen, den der Verschollene nach den Umständen wahrscheinlich nicht überlebt hat, spätestens der erste Tag nach Ablauf des Jahres, während dessen keine Nachrichten im Sinne des Abs. 1 mehr eingelangt sind.

(3) Wurde in einem gerichtlichen Todeserklärungsverfahren als Zeitpunkt des Todes ein früherer Zeitpunkt als der nach Abs. 2 anzunehmende Zeitpunkt festgestellt, so gilt der im gerichtlichen Verfahren festgestellte Zeitpunkt als Todestag.

Verwirkung des Leistungsanspruches

§ 88. (1) Ein Anspruch auf Geldleistungen aus dem betreffenden Versicherungsfall steht nicht zu

1. Versicherten, die den Versicherungsfall durch Selbstbeschädigung vorsätzlich herbeigeführt haben,
2. Personen, die den Versicherungsfall durch die Verübung einer mit Vorsatz begangenen gerichtlich strafbaren Handlung veranlaßt haben, derentwegen sie zu einer mehr als einjährigen Freiheitsstrafe rechtskräftig verurteilt worden sind.

(1a) Ein Anspruch auf Wiedereingliederungsgeld nach § 143d Abs. 4 steht nicht zu, wenn der Versicherungsfall der Arbeitsunfähigkeit infolge Krankheit aus den im Abs. 1 Z 1 und 2 genannten Gründen eintritt.

(BGBl I 2018/54)

(2) In den Fällen des Abs. 1 und 1a gebühren den im Inland wohnenden bedürftigen Angehörigen des Versicherten, wenn ihr Unterhalt mangels anderweitiger Versorgung vorwiegend von diesem bestritten worden ist und nicht ihre Beteiligung an den im Abs. 1 bezeichneten Handlungen – im Falle der Z 2 durch rechtskräftiges Strafurteil – festgestellt ist,

a) aus der Krankenversicherung die Hälfte des Krankengeldes oder des Rehabilitationsgeldes, das der versicherten Person gebührt hätte,

   (BGBl I 2013/3)

b) aus der Unfall- und Pensionsversicherung bei Zutreffen der übrigen Voraussetzungen die Hinterbliebenenrenten(pensionen); in der Unfallversicherung ist hiebei anzunehmen, daß der Tod des Versehrten als Folge eines Arbeitsunfalles eingetreten sei, doch dürfen diese Hinterbliebenenrenten bei Lebzeiten des Versehrten zeitlich und der Höhe nach das Ausmaß der verwirkten Leistungen nicht übersteigen. Den Leistungsansprüchen der Hinterbliebenen nach dem Ableben des Versicherten (Versehrten) wird hiedurch nicht vorgegriffen.

(BGBl I 2018/54)

(3) Das Erfordernis eines rechtskräftigen Strafurteiles entfällt, wenn ein solches wegen des Todes, der Abwesenheit oder eines anderen in der betreffenden Person liegenden Grundes nicht gefällt werden kann.

Ruhen der Leistungsansprüche bei Haft und Auslandsaufenthalt

§ 89. (1) Die Leistungsansprüche ruhen

1. in der Kranken-, Unfall- und Pensionsversicherung, solange der Anspruchsberechtigte oder sein Angehöriger (§ 123), für den die Leistung gewährt wird, eine Freiheitsstrafe verbüßt oder in den Fällen der §§ 21 Abs. 2, 22 und 23 des Strafgesetzbuches, BGBl. Nr. 60/1974, in einer der dort genannten Anstalten angehalten wird;
2. in der Krankenversicherung überdies für die Dauer der Untersuchungshaft;
3. in der Kranken- und Unfallversicherung hinsichtlich der Geldleistungen – mit Ausnahme der Versehrtenrenten (§§ 203 bis 205a, 207 und 210) und der Hinterbliebenenrenten (§§ 215 bis 220) – solange sich die anspruchsberechtigte Person im Ausland aufhält.

(BGBl I 2015/2)

(2) Das Ruhen von Renten(Pensions)ansprüchen aus der Unfallversicherung und aus der Pensionsversicherung nach Abs. 1 tritt nicht ein, wenn die Freiheitsstrafe oder die Anhaltung nicht länger als einen Monat währt.

(BGBl I 2015/2)

(2a) Das Ruhen von Leistungsansprüchen tritt ferner in den Fällen des Abs. 1 Z 1 und 2 nicht ein, wenn die Freiheitsstrafe durch Anhaltung im elektronisch überwachten Hausarrest nach dem Fünften Abschnitt des Strafvollzugsgesetzes oder die

Untersuchungshaft durch Hausarrest nach § 173a der Strafprozessordnung 1975 vollzogen wird.

(BGBl I 2010/64)

(3) Das Ruhen von Leistungsansprüchen tritt ferner im Falle des Abs. 1 Z 3 nicht ein,

1. wenn durch ein zwischenstaatliches Übereinkommen oder durch eine Verordnung, die der Zustimmung des Hauptausschusses des Nationalrates bedarf, zur Wahrung der Gegenseitigkeit anderes bestimmt wird;
2. wenn der Versicherungsträger dem Anspruchsberechtigten die Zustimmung zum Auslandsaufenthalt erteilt.

(4) Hat ein Versicherter, dessen Leistungsanspruch in der Krankenversicherung ruht, im Inland Angehörige (§ 123), so gebühren ihm die für die Angehörigen vorgesehenen Leistungen.

(5) Hat ein Versicherter, dessen Leistungsanspruch in der Unfallversicherung und in der Pensionsversicherung ruht, im Inland Angehörige, so gebührt diesen im Inland sich aufhaltenden Angehörigen, die im Falle des Todes des Versicherten – in der Unfallversicherung im Falle des Todes infolge des Arbeitsunfalles (der Berufskrankheit) – Anspruch auf Hinterbliebenenrente (Pension) haben, eine Rente (Pension) in der Höhe der halben ruhenden Rente (Pension) mit Ausnahme allfälliger Kinderzuschüsse. Zu dieser Rente (Pension) gebühren allfällige Kinderzuschüsse in der Höhe, wie sie zu der ruhenden Rente (Pension) gebühren. Der Anspruch steht in folgender Reihenfolge zu: Ehegatte/Ehegattin oder eingetragene PartnerIn, Kinder, Eltern, Geschwister.

(BGBl 1993/110, BGBl I 2009/135)

(6) Leistungen nach Abs. 4 und 5 gebühren Angehörigen nicht, deren Beteiligung an der strafbaren Handlung, die die Freiheitsstrafe oder die Anhaltung (Abs. 1 Z 1) verursacht hat, durch rechtskräftiges Erkenntnis des Strafgerichtes oder durch rechtskräftigen Bescheid einer Verwaltungsbehörde festgestellt ist. § 88 Abs. 3 gilt entsprechend.

Ruhen der Leistungsansprüche bei Leistung des Präsenz- oder Ausbildungsdienstes

§ 89a. Für die Dauer des Präsenz- oder Ausbildungsdienstes nach dem Wehrgesetz 2001 ruht der Anspruch des/der Versicherten auf Leistungen der Krankenversicherung für die eigene Person; ausgenommen davon sind die im § 8 Abs. 1 Z 1 lit. e genannten Personen.

(BGBl 1996/411, BGBl I 1998/30, BGBl I 2009/83, BGBl I 2010/111)

Zusammentreffen eines Pensionsanspruches aus eigener Pensionsversicherung mit einem Anspruch auf Krankengeld

§ 90. Trifft ein Pensionsanspruch aus eigener Pensionsversicherung, ausgenommen ein Anspruch auf Teilpension oder auf Alterspension (Knappschaftsalterspension), mit einem Anspruch auf Krankengeld zusammen, so ruht der Pensionsanspruch für die weitere Dauer des Krankengeldanspruches mit dem Betrag des Krankengeldes. Das Ruhen des Pensionsanspruches tritt auch dann ein, wenn während der Dauer der Verwirkung (§ 88 Abs. 1) oder Versagung (§ 142) des Krankengeldanspruches die Pension anfällt oder wieder auflebt.

(BGBl 1996/411, BGBl I 1997/139, BGBl I 2001/99)

Zusammentreffen eines Anspruchs auf Versehrtenrente mit einem Anspruch auf Krankengeld oder Unterstützungsleistung bei lang andauernder Krankheit nach § 104a GSVG

§ 90a. (1) Trifft der Bezug von Krankengeld oder Wiedereingliederungsgeld oder einer Unterstützungsleistung bei lang andauernder Krankheit nach § 104a GSVG mit einem Anspruch auf Versehrtenrente aus der Unfallversicherung zusammen, so ruht, wenn die Arbeitsunfähigkeit Folge des Arbeitsunfalles oder der Berufskrankheit ist, die Versehrtenrente für die weitere Dauer des Bezuges von Krankengeld oder Wiedereingliederungsgeld oder einer Unterstützungsleistung mit dem Betrag des Krankengeldes oder des Wiedereingliederungsgeldes oder der Unterstützungsleistung; hiebei sind der Bezug von Versehrtengeld dem Anspruch auf Versehrtenrente und die Zeit, für die nach § 138 Abs. 1 Anspruch auf Krankengeld nicht besteht, sowie ein ruhender Anspruch auf Krankengeld oder Unterstützungsleistung dem Bezug des Krankengeldes oder der Unterstützungsleistung gleichzuhalten.

(BGBl I 2017/30)

(2) Das Ruhen nach Abs. 1 tritt jedoch in dem Ausmaß nicht ein, in dem die Rente unmittelbar vor der Arbeitsunfähigkeit gebührte.

(BGBl I 2012/123)

Berücksichtigung von Erwerbseinkommen bei Leistungen

§ 91. (1) Als Erwerbseinkommen gilt, sofern in diesem Bundesgesetz nicht anderes bestimmt wird, bei einer

1. unselbständigen Erwerbstätigkeit das aus dieser Tätigkeit gebührende Entgelt;
2. selbständigen Erwerbstätigkeit der auf den Kalendermonat entfallende Teil der nachgewiesenen Einkünfte aus dieser Tätigkeit. Hinsichtlich der Ermittlung des Erwerbseinkommens aus einem land(forst)wirtschaftlichen Betrieb ist § 292 Abs. 5 und 7 entsprechend anzuwenden.

(BGBl I 1997/139, BGBl I 2003/71, BGBl I 2003/145, BGBl I 2005/132, BGBl I 2010/62)

(1a) Dem Erwerbseinkommen aus einer die Pflichtversicherung begründenden Erwerbstätigkeit nach Abs. 1 sind folgende Bezüge gleichzuhalten, wenn sie 49 % des Ausgangsbetrages nach § 3 des Bundesverfassungsgesetzes über die Begrenzung von Bezügen öffentlicher Funktionäre, BGBl. I Nr. 64/1997, übersteigen:

1. Bezüge nach § 1 Abs. 1 des Bundesbezügegesetzes, BGBl. I Nr. 64/1997;
2. Bezüge nach Art. 9 des Beschlusses 2005/684/EG, Euratom, zur Annahme des Abgeordnetenstatuts des Europäischen Parlaments, ABl. Nr. L 262 vom 7.10.2005, S. 1;
3. Bezüge nach § 10 Abs. 2 des Bundesverfassungsgesetzes über die Begrenzung von Bezügen öffentlicher Funktionäre, BGBl. I Nr. 64/1997;
4. Bezüge nach landesgesetzlichen Vorschriften auf der Grundlage des § 1 Abs. 2 des Bundesverfassungsgesetzes über die Begrenzung von Bezügen öffentlicher Funktionäre.

(BGBl I 2010/62, BGBl I 2011/52)

(2) Bei der Anwendung des § 254 Abs. 6 bis 8 ist ein im Anschluss an einen Entgeltbezug bestehender Anspruch auf Krankengeld dem Erwerbseinkommen im Ausmaß des vorher bezogenen Entgeltes gleichgestellt; weiters zählen bei der Anwendung dieser Bestimmungen Beträge, die für einen größeren Zeitraum als den Kalendermonat gebühren (zB Weihnachts- und Urlaubsgeld, Sonderzahlungen, Belohnungen), nicht zum Erwerbseinkommen.

(BGBl I 1997/139, BGBl I 2000/92, BGBl I 2001/33, BGBl I 2003/71)

(BGBl 1996/411)

Jahresausgleich bei Anspruch auf Teilpension

§ 92. (1) Besteht in einem Kalenderjahr Anspruch auf Teilpension, so ist deren Höhe unter Berücksichtigung des während des gesamten Kalenderjahres erzielten Erwerbseinkommens – nach den in Betracht kommenden Bestimmungen über die Teilpension – von Amts wegen neu zu ermitteln, wenn der (die) Pensionsberechtigte in Kalendermonaten, in denen Anspruch auf Teilpension bestand, ein unterschiedlich hohes Erwerbseinkommen erzielte. Als monatlich erzieltes Erwerbseinkommen gilt dabei das durchschnittliche Erwerbseinkommen aus jenen Kalendermonaten, in denen Teilpensionsanspruch bestand.

(BGBl I 2000/92, BGBl I 2001/33)

(2) Ist die gemäß Abs. 1 ermittelte Teilpension höher als die bereits ausgezahlte, so ist der Unterschiedsbetrag dem (der) Pensionsberechtigten zu erstatten; ist die gemäß Abs. 1 ermittelte Teilpension niedriger als die bereits ausgezahlte, so ist der Unterschiedsbetrag aufzurechnen (§ 103 Abs. 1 Z 4).

(BGBl I 1997/139)

§ 93. (aufgehoben)

§ 94. (aufgehoben)

Gemeinsame Bestimmungen für das Ruhen von Renten- und Pensionsansprüchen

§ 95. (1) Bei der Anwendung der §§ 90 und 90a sind die Renten (Pensionen) mit dem Leistungszuschlag (§ 284 Z 1), jedoch ohne die besonderen Steigerungsbeträge für Höherversicherung (§ 248) und die Kinderzuschüsse (§§ 207, 262) heranzuziehen.

(BGBl 1993/335, BGBl 1996/201, BGBl 1996/411, BGBl I 1997/139, BGBl I 2011/122)

(2) Liegen die Voraussetzungen für die Anwendung mehrerer Ruhensbestimmungen vor, so sind diese in der Reihenfolge § 90a und § 90 anzuwenden; bei der Anwendung des § 90 ist das Krankengeld nur mehr mit dem Betrag heranzuziehen, um den es den in der Unfallversicherung gemäß § 90a ruhenden Rentenanspruch übersteigt.

(3) (aufgehoben)

Beginn und Ende des Ruhens von Renten- und Pensionsansprüchen

§ 96. Das Ruhen von Renten- und Pensionsansprüchen wird mit dem Tag des Eintritts des Ruhensgrundes wirksam. Die Renten bzw. Pensionen sind von dem Tag an wieder zu gewähren, mit dem der Ruhensgrund weggefallen ist.

Wirksamkeitsbeginn von Änderungen in den Renten(Pensions)ansprüchen aus der Unfall- und Pensionsversicherung

§ 97. (1) Die Erhöhung einer Pension aus der Pensionsversicherung bzw. eine wiederzuerkannte oder neu festgestellte Versehrtenrente (§ 183) wird mit dem Zeitpunkt der Anmeldung des Anspruches bzw. der Einleitung des amtswegigen Verfahrens wirksam.

(2) Die Erhöhung der Witwen(Witwer)rente aus der Unfallversicherung wegen Krankheit oder anderer Gebrechen ist auch für die Zeit der Minderung der Erwerbsfähigkeit vor der Anmeldung des Anspruches, längstens jedoch bis zu drei Monaten vor der Anmeldung zu gewähren. Das gleiche gilt in der Unfall- und in der Pensionsversicherung für die Erhöhung von Waisenrenten(pensionen), für die Erhöhung von Renten (Pensionen) infolge Zuerkennung von Kinderzuschüssen sowie für die Weitergewährung von Kinderzuschüssen oder Waisenrenten(pensionen).

(3) Die Herabsetzung einer Rente (Pension) wird, wenn der Herabsetzungsgrund in der Wiederherstellung oder Besserung des körperlichen oder geistigen Zustandes des Rentners (Pensionisten) oder seines Kindes (§ 252 Abs. 2 Z 3) gelegen ist, mit dem Ablauf des Kalendermonates wirksam, der auf die Zustellung des Bescheides folgt, sonst mit dem Ende des Kalendermonates, in dem der Herabsetzungsgrund eingetreten ist.

(BGBl I 2015/162)

Übertragung und Verpfändung von Leistungsansprüchen

§ 98. (1) Die Ansprüche auf Geldleistungen nach diesem Bundesgesetz können unbeschadet der Bestimmungen des Abs. 3 rechtswirksam nur in folgenden Fällen übertragen oder verpfändet werden:

1. zur Deckung von Vorschüssen, die dem Anspruchsberechtigten von Sozialversicherungsträgern, vom Dienstgeber oder von ei-

nem Träger der Sozialhilfe auf Rechnung der Versicherungsleistung nach deren Anfall, jedoch vor deren Flüssigmachung gewährt wurden;

2. zur Deckung von gesetzlichen Unterhaltsansprüchen gegen den Anspruchsberechtigten mit der Maßgabe, daß § 291b EO sinngemäß anzuwenden ist.

(2) Der Anspruchsberechtigte kann mit Zustimmung des Versicherungsträgers seine Ansprüche auf Geldleistungen auch in anderen als den im Abs. 1 angeführten Fällen ganz oder teilweise rechtswirksam übertragen; der Versicherungsträger darf die Zustimmung nur erteilen, wenn die Übertragung im Interesse des Anspruchsberechtigten oder seiner nahen Angehörigen gelegen ist.

(3) Die nicht auf Geldleistungen gerichteten Ansprüche sowie die Anwartschaften nach diesem Bundesgesetz können weder übertragen noch verpfändet werden. Der Teilersatz der Bestattungskosten (§ 173 Z 2 lit. a) kann nur in den in Abs. 1 Z 1 angeführten Fällen übertragen oder verpfändet werden.

Pfändung von Leistungsansprüchen

§ 98a. Die Exekutionsordnung regelt, inwieweit Leistungsansprüche nach diesem Bundesgesetz pfändbar sind.

Entziehung von Leistungsansprüchen

§ 99. (1) Sind die Voraussetzungen des Anspruches auf eine laufende Leistung nicht mehr vorhanden, so ist die Leistung zu entziehen, sofern nicht der Anspruch gemäß § 100 Abs. 1 ohne weiteres Verfahren erlischt.

(1a) Das Rehabilitationsgeld ist der anspruchsberechtigten Person zu entziehen, wenn sie sich nach Hinweis auf diese Rechtsfolge weigert, an den ihr zumutbaren medizinischen Maßnahmen der Rehabilitation mitzuwirken.

(BGBl I 2015/2)

(1b) Das Wiedereingliederungsgeld ist der anspruchsberechtigten Person zu entziehen, wenn sie die in der Vereinbarung über die Wiedereingliederungsteilzeit nach § 13a AVRAG festgelegte Arbeitszeit nach Hinweis auf diese Rechtsfolge in einem dem Zweck der Wiedereingliederungsteilzeit widersprechenden Ausmaß überschreitet. Bei der Beurteilung des Ausmaßes der Überschreitung ist der Wiedereingliederungsplan nach § 1 Abs. 2 des Arbeit-und-Gesundheit-Gesetzes – AGG, BGBl. I Nr. 111/2010 zu berücksichtigen.

(BGBl I 2017/30)

(2) Die Leistung kann ferner auf Zeit ganz oder teilweise entzogen werden, wenn sich der Anspruchsberechtigte nach Hinweis auf diese Folge einer Nachuntersuchung oder Beobachtung entzieht.

(3) Die Entziehung einer Leistung wird wirksam

1. mit dem Ablauf des Kalendermonates, der auf die Zustellung des Bescheides folgt,
   a) wenn der Entziehungsgrund in der Wiederherstellung oder Besserung des körperlichen oder geistigen Zustandes der anspruchsberechtigten Person liegt;
   b) wenn im Fall des Bezuges von Rehabilitationsgeld unter Inanspruchnahme des Kompetenzzentrums Begutachtung (§ 307g) oder der Begutachtungsstelle der Versicherungsanstalt öffentlich Bediensteter, Eisenbahnen und Bergbau[a)] festgestellt wird, dass
      aa) vorübergehende Invalidität (Berufsunfähigkeit) nicht mehr vorliegt oder
      bb) die zu rehabilitierende Person die ihr zumutbare Mitwirkung an medizinischen Maßnahmen der Rehabilitation verweigert oder
      cc) berufliche Maßnahmen der Rehabilitation (bezogen auf das Berufsfeld nach § 222 Abs. 3) zweckmäßig und zumutbar sind oder
      dd) Invalidität (Berufsunfähigkeit) voraussichtlich dauerhaft vorliegt;

   (BGBl I 2015/2, BGBl I 2018/100)

   [a)] Bis 1. Jänner 2020 „Versicherungsanstalt für Eisenbahnen und Bergbau".

2. in allen anderen Fällen mit dem Ende des Kalendermonates, in dem der Entziehungsgrund eingetreten ist.

(BGBl I 2013/3)

(4) Die Entziehung eine Leistung aus einem Versicherungsfall der geminderten Arbeitsfähigkeit ist nach der Erreichung des Anfallsalters für die Alterspension bzw. Knappschaftsalterspension (§§ 253 bzw. 276) nicht mehr zulässig.

(BGBl 1993/335)

Erlöschen von Leistungsansprüchen

§ 100. (1) Der Anspruch auf eine laufende Leistung erlischt ohne weiteres Verfahren

a) in der Krankenversicherung, wenn die Voraussetzungen für den Anspruch weggefallen sind;

b) in der Unfallversicherung und in der Pensionsversicherung mit dem Tod des Anspruchsberechtigten, mit der Verheiratung oder mit der Begründung einer eingetragenen Partnerschaft der renten(pensions)berechtigten Witwe oder hinterbliebenen eingetragenen Partnerin [des renten(pensions)berechtigten Witwers oder hinterbliebenen eingetragenen Partners], mit dem Wegfall der Voraussetzungen für die Annahme der Verschollenheit, mit der Vollendung des 18. Lebensjahres bei Waisenrenten(pensionen), Geschwisterrenten und Kinderzuschüssen, mit dem Wegfall der Voraussetzungen für die Gewährung von Übergangsgeld sowie nach Ablauf der Dauer, für die eine Rente (Pension) zuerkannt wurde. Für den Kalendermonat, in dem der Grund des Wegfalles eingetreten ist, gebührt nur der verhältnismäßige Teil der Rente (Pension), der Ausgleichszulage „und des Bonus nach § 299a“[a)], des Kinderzuschusses und des Übergangsgeldes, wobei der Kalendermonat einheitlich mit 30 Tagen anzunehmen ist und der verhältnismäßige Teil sich nach der Anzahl der Tage im betreffenden Kalendermonat bis zum Eintritt des Wegfallgrundes bestimmt;

(BGBl 1996/201, BGBl I 2009/135, BGBl I 2019/84)

[a)] Die Einfügung tritt mit 1. Jänner 2020 in Kraft.

c) in der Pensionsversicherung überdies in den Fällen des § 310; die Pension und allfällige Zuschüsse gebühren noch für den Monat, der dem Einlangen des Antrages nach § 308 Abs. 1 dieses Bundesgesetzes, nach § 172 Abs. 1 des Gewerblichen Sozialversicherungsgesetzes oder nach § 164 Abs. 1 des Bauern-Sozialversicherungsgesetzes beim zuständigen Versicherungsträger folgt.

(BGBl 1996/201)

(2) Der Anspruch auf eine laufende Leistung aus eigener Pensionsversicherung erlischt ferner mit dem Anfall eines Anspruches auf eine andere laufende Leistung aus eigener Pensionsversicherung nach dem Allgemeinen Sozialversicherungsgesetz, dem Gewerblichen Sozialversicherungsgesetz oder dem Bauern-Sozialversicherungsgesetz; § 275 Abs. 2 erster Satz und § 277 Abs. 3 erster Satz bleiben hievon unberührt. Beträge, die nach Erlöschen des früheren Anspruches noch geleistet wurden, sind von den aus dem neuen Anspruch für den gleichen Zeitraum zu leistenden Beträgen einzubehalten und gegebenenfalls dem aus dem früheren Anspruch verpflichteten Versicherungsträger zu überweisen.

(3) Der Anspruch auf Rehabilitationsgeld aus der Krankenversicherung (§ 143a) erlischt mit dem Anfall einer (vorzeitigen) Alterspension nach diesem oder einem anderen Bundesgesetz.

(BGBl I 2017/38)

(4) Der Anspruch auf Wiedereingliederungsgeld aus der Krankenversicherung (§ 143d) erlischt mit dem Anfall einer Eigenpension aus der gesetzlichen Pensionsversicherung nach diesem oder einem anderen Bundesgesetz.

(BGBl I 2018/54)

Rückwirkende Herstellung des gesetzlichen Zustandes bei Geldleistungen

§ 101. Ergibt sich nachträglich, daß eine Geldleistung bescheidmäßig infolge eines wesentlichen Irrtums über den Sachverhalt oder eines offenkundigen Versehens zu Unrecht abgelehnt, entzogen, eingestellt, zu niedrig bemessen oder zum Ruhen gebracht wurde, so ist mit Wirkung vom Tage der Auswirkung des Irrtums oder Versehens der gesetzliche Zustand herzustellen.

Verfall von Leistungsansprüchen infolge Zeitablaufes

§ 102. (1) Der Anspruch auf Leistungen aus der Krankenversicherung, mit Ausnahme eines Anspruches auf Kostenerstattung (Kostenersatz) oder auf einen Kostenzuschuß, ist vom Anspruchsberechtigten bei sonstigem Verlust binnen zwei Jahren nach seinem Entstehen, bei nachträglicher Feststellung der Versicherungspflicht oder Versicherungsberechtigung binnen zwei Jahren nach Rechtskraft dieser Feststellung geltend zu machen.

(2) Der Anspruch auf Kostenerstattung (Kostenersatz) oder auf einen Kostenzuschuß ist vom Anspruchsberechtigten bei sonstigem Verlust binnen 42 Monaten nach Inanspruchnahme der Leistung geltend zu machen. Bei nachträglicher Feststellung der Versicherungspflicht oder Versicherungsberechtigung verfällt der Anspruch frühestens nach Ablauf von zwei Jahren nach Rechtskraft dieser Feststellung.

(3) Der Anspruch auf bereits fällig gewordene Raten zuerkannter Renten (Pensionen) aus der Unfall- und Pensionsversicherung verfällt nach Ablauf eines Jahres seit der Fälligkeit. Diese Frist wird gehemmt, solange dem Anspruchsberechtigten die Inanspruchnahme der Leistungen durch ein unabwendbares Hindernis nicht möglich ist.

(BGBl 1996/411)

Aufrechnung

§ 103. (1) Die Versicherungsträger dürfen auf die von ihnen zu erbringenden Geldleistungen aufrechnen:

1. vom Anspruchsberechtigten einem Versicherungsträger nach diesem oder einem anderen Bundesgesetz geschuldete fällige Beiträge (§ 58 Abs. 6), soweit das Recht auf Einforderung nicht verjährt ist;

   (BGBl I 1999/106)

2. von Versicherungsträgern zu Unrecht erbrachte, vom Anspruchsberechtigten rückzuerstattende Leistungen, soweit das Recht auf Rückforderung nicht verjährt ist;
3. von Versicherungsträgern gewährte Vorschüsse (§§ 104 Abs. 1 letzter Satz, 368 Abs. 2);
4. die sich aus der Anwendung des § 92 ergebenden Unterschiedsbeträge;

   (BGBl I 1997/139, BGBl I 2015/2)

5. von Versicherungsträgern erbrachte Leistungen, die durch den Rechtsgrund der neu anfallenden Leistung für den gleichen Zeitraum zu Unrecht gezahlt wurden.

   (BGBl I 2015/2)

(2) Die Aufrechnung nach Abs. 1 Z 1 und 2 ist nur bis zur Hälfte der zu erbringenden Geldleistung zulässig, wobei jedoch der anspruchsberechtigten Person ein Gesamteinkommen in der Höhe von 90% des jeweils in Betracht kommenden Richtsatzes nach § 293 verbleiben muss. Gesamteinkommen ist die zu erbringende Geldleistung

zuzüglich eines aus übrigen Einkünften der leistungsberechtigten Person erwachsenden Nettoeinkommens (§ 292) und der nach § 294 zu berücksichtigenden Beträge.

(BGBl I 2003/71, BGBl I 2003/145)

(3) Ist im Zeitpunkt des Todes des Anspruchsberechtigten eine fällige Geldleistung noch nicht ausgezahlt, ist die Aufrechnung nach Abs. 1 Z 1 und 2 ohne Begrenzung bis zur vollen Höhe der noch nicht ausgezahlten Geldleistung zulässig.

Auszahlung der Leistungen

§ 104. (1) Die laufenden Geldleistungen aus der Krankenversicherung, ferner das Familien- und Taggeld aus der Unfallversicherung sowie das Versehrtengeld gemäß § 212 Abs. 1 werden wöchentlich im nachhinein ausgezahlt. Die Satzung kann bestimmen, daß die Auszahlung auch für längere, längstens vier Wochen betragende Zeiträume im nachhinein vorgenommen wird. Sie kann weiters bestimmen, dass das Rehabilitationsgeld und das Wiedereingliederungsgeld monatlich im Nachhinein am Ersten des Folgemonats auszuzahlen ist. Die laufenden Geldleistungen aus der Krankenversicherung können, wenn die Leistungspflicht dem Grunde nach feststeht und dies im wirtschaftlichen Interesse des Versicherten liegt, vom Versicherungsträger bevorschußt werden.

(BGBl I 2015/2, BGBl I 2018/54)

(2) Die Renten (Pensionen) und das Übergangsgeld aus der Unfall- und Pensionsversicherung werden monatlich im nachhinein am Ersten des Folgemonats ausgezahlt. Fällt der Auszahlungstermin der genannten Leistungen auf einen Samstag, Sonntag oder gesetzlichen Feiertag, so sind diese Leistungen so zeitgerecht anzuweisen, daß sie an dem diesen Tagen vorhergehenden Werktag dem Leistungsbezieher zur Verfügung stehen. Die Versicherungsträger können bei der baren Überweisung die Auszahlung auf einen anderen Tag als den Monatsersten vorverlegen.

(BGBl 1993/110, BGBl 1993/335, BGBl 1996/201, BGBl 1996/411)

(3) Einmalige Geldleistungen sind binnen zwei Wochen nach der Feststellung der Anspruchsberechtigung auszuzahlen.

(4) (aufgehoben)

(BGBl I 2001/67)

(5) Auf Verlangen des Versicherungsträgers haben die Anspruchsberechtigten Lebens- oder Witwen(Witwer)schafts- oder Hinterbliebenenbestätigungen beizubringen. Solange diese Bestätigungen nicht beigebracht sind, können die Renten (Pensionen) zurückgehalten werden.

(BGBl I 2010/61)

(6) Die Geldleistungen sind bargeldlos zu erbringen, wenn und so lange der (die) Anspruchsberechtigte nicht ausdrücklich Barzahlung verlangt. Gebühren für die Auszahlung (Überweisung) von Geldleistungen aus der Unfall- und Pensionsversicherung sind vom Versicherungsträger zu tragen. Das gleiche gilt in der Krankenversicherung für die Auszahlung (Überweisung) der Geldleistungen sowie der anstelle von Sachleistungen gewährten Erstattungsbeträge. Bei Anspruch auf Ausgleichszulage kann die Leistung für die Dauer des Verfahrens nach § 292 Abs. 14 bar ausgezahlt werden.

(BGBl I 2002/1, BGBl I 2009/147)

(7) Die Träger der Pensionsversicherung können sich verpflichten, Geldleistungen der Länder (zB Heizkostenzuschüsse) gegen entsprechende Abgeltung der vollen Kosten zusammen mit den Pensionen auszuzahlen.

(BGBl I 2001/99)

Pensions(Renten)sonderzahlungen

§ 105. (1) Zu Pensionen aus der Pensionsversicherung, die in den Monaten April bzw. Oktober bezogen werden, und zu Renten aus der Unfallversicherung, die in den Monaten April bzw. September bezogen werden, gebührt je eine Sonderzahlung.

(BGBl 1996/764, BGBl I 2010/111)

(2) Wird die Pension (Rente) einer anderen Person oder Stelle als dem ehemals versicherten Berechtigten (den berechtigten Hinterbliebenen) auf Grund eines Anspruchsüberganges überwiesen, so werden die Sonderzahlungen nur geleistet, wenn sie dem Berechtigten ungeschmälert zukommen.

(3) Die Sonderzahlung gebührt in der Höhe der für den Monat April bzw. Oktober (September) ausgezahlten Pension (Rente) einschließlich der Zuschüsse und der Ausgleichszulage. Ruht der Pensions(Renten)anspruch für den Monat April bzw. Oktober (September) ganz oder zum Teil wegen des Zusammentreffens mit einem Anspruch auf Krankengeld, so sind die Sonderzahlungen unter Außerachtlassung der Ruhensbestimmung des § 90 beziehungsweise des § 90a zu berechnen.

(BGBl 1996/764, BGBl I 2010/111)

(3)[a] Die Sonderzahlung gebührt in der Höhe der für den Monat April bzw. Oktober (September) ausgezahlten Pension (Rente) einschließlich der Zuschüsse„, des Ausgleichszulagenbonus/Pensionsbonus und der Ausgleichszulage“. Ruht der Pensions(Renten)anspruch für den Monat April bzw. Oktober (September) ganz oder zum Teil wegen des Zusammentreffens mit einem Anspruch auf Krankengeld, so sind die Sonderzahlungen unter Außerachtlassung der Ruhensbestimmung des § 90 beziehungsweise des § 90a zu berechnen.

(BGBl 1996/764, BGBl I 2010/111, BGBl I 2019/84)

[a] Tritt mit 1. Jänner 2020 in Kraft.

(3a) Abweichend von Abs. 3 gebührt die erstmalige Sonderzahlung nur anteilsmäßig, wenn die Pension (mit Ausnahme eines Kinderzuschusses und eines besonderen Steigerungsbetrages nach § 248) im jeweiligen Sonderzahlungsmonat und den letzten fünf Kalendermonaten davor nicht durchgehend bezogen wurde; dabei verringert sich die Höhe der Sonderzahlung je Kalendermonat ohne Pensionsbezug um ein Sechstel. Bei Hinterbliebenenpensionen, die aus einer Pensionsleistung abgeleitet sind, gelten auch Kalendermonate des Bezuges dieser Pensionsleistung als Kalendermonate mit Pensionsbezug.

(BGBl I 2010/111)

(4) Die Sonderzahlungen sind zu im Monat April bzw. Oktober (September) laufenden Pensionen (Renten) in diesen Monaten, sonst zugleich mit der Aufnahme der laufenden Pensions(Renten)zahlung flüssig zu machen.

(BGBl 1996/764, BGBl I 2010/111)

(5) Ein schriftlicher Bescheid ist nur im Falle der Ablehnung und auch dann nur auf Begehren des Pensions(Renten)berechtigten zu erteilen.

Hilflosenzuschuß

§ 105a. (aufgehoben)

Zahlungsempfänger

§ 106. (1) Leistungen werden an den Anspruchsberechtigten ausgezahlt. Ist der Anspruchsberechtigte minderjährig, so ist die Leistung dem gesetzlichen Vertreter auszuzahlen. Mündige Minderjährige sind jedoch für Leistungen, die ihnen auf Grund ihrer eigenen Versicherung zustehen, selbst empfangsberechtigt. In den Fällen des § 361 Abs. 2 dritter Satz ist die Leistung unmittelbar an den Antragsteller auszuzahlen. Ist der/die volljährige Anspruchsberechtigte nicht geschäftsfähig, so ist seiner/ihrer gesetzlichen Vertretung (§ 1034 ABGB) die Leistung auszuzahlen, wenn die Angelegenheiten, mit deren Besorgung sie betraut worden ist, die Empfangnahme der Leistung umfassen.

(BGBl I 2018/59)

(2) Wird wahrgenommen, daß Waisenrenten(pensionen) oder Kinderzuschüsse vom Zahlungsempfänger nicht zugunsten des Kindes verwendet werden, so kann der Versicherungsträger mit Zustimmung des Pflegschaftsgerichtes einen anderen Zahlungsempfänger bestellen.

(BGBl I 2002/1)

Rückforderung zu Unrecht erbrachter Leistungen

§ 107. (1) Der Versicherungsträger hat zu Unrecht erbrachte Geldleistungen sowie Aufwendungen für Heilbehelfe und Anstaltspflege und an Stelle von Sachleistungen erbrachte Kostenersätze beziehungsweise bare Leistungen (§§ 131, 131a, 132 und 150) zurückzufordern, wenn der Zahlungsempfänger (§ 106) beziehungsweise der Leistungsempfänger den Bezug durch bewußt unwahre Angaben, bewußte Verschweigung maßgebender Tatsachen oder Verletzung der Meldevorschriften (§ 40) herbeigeführt hat oder wenn der Zahlungsempfänger (§ 106) beziehungsweise der Leistungsempfänger erkennen mußte, daß die Leistung nicht oder nicht in dieser Höhe gebührte. Geldleistungen sind ferner zurückzufordern, wenn und soweit sich wegen eines nachträglich festgestellten Anspruches auf Weiterleistung der Geld- und Sachbezüge herausstellt, daß sie zu Unrecht erbracht wurden.

(2) Das Recht auf Rückforderung nach Abs. 1

a) besteht nicht, wenn der Versicherungsträger zum Zeitpunkt, in dem er erkennen mußte, daß die Leistung zu Unrecht erbracht worden ist, die für eine bescheidmäßige Feststellung erforderlichen Maßnahmen innerhalb einer angemessenen Frist unterlassen hat;

b) verjährt binnen drei Jahren nach dem Zeitpunkt, in dem dem Versicherungsträger bekannt geworden ist, daß die Leistung zu Unrecht erbracht worden ist.

(3) Der Versicherungsträger kann bei Vorliegen berücksichtigungswürdiger Umstände, insbesondere in Berücksichtigung der Familien-, Einkommens- und Vermögensverhältnisse des Empfängers,

1. auf die Rückforderung nach Abs. 1 verzichten;

2. die Erstattung des zu Unrecht gezahlten Betrages in Teilbeträgen zulassen.

(4) Zur Eintreibung der Forderungen der Versicherungsträger auf Grund der Rückforderungsbescheide ist den Versicherungsträgern die Einbringung im Verwaltungswege gewährt (§ 3 Abs. 3 des Verwaltungsvollstreckungsgesetzes 1991).

(BGBl I 2010/62)

(5) Das Recht auf Rückforderung nach Abs. 1 besteht im Falle des Todes des Anspruchsberechtigten gegenüber allen Personen, die zum Bezug der noch nicht erbrachten Leistungen berechtigt sind, soweit sie eine der im § 107a Abs. 1 bezeichneten Leistungen bezogen haben.

(BGBl 1993/335)

Bezugsberechtigung im Falle des Todes des Anspruchsberechtigten

§ 107a. (1) Ist im Zeitpunkt des Todes des Anspruchsberechtigten eine fällige Geldleistung (Erstattung von Kosten an Stelle von Sachleistungen) noch nicht ausgezahlt, so sind, sofern in diesem Bundesgesetz nichts anderes bestimmt wird, nacheinander der Ehegatte/die Ehegattin oder der/die eingetragene PartnerIn, die leiblichen Kinder, die Wahlkinder, die Stiefkinder, die Eltern, die Geschwister bezugsberechtigt, alle diese Personen jedoch nur, wenn sie mit dem Anspruchsberechtigten zur Zeit seines Todes in häuslicher Gemeinschaft gelebt haben. Steht der Anspruch mehreren Kindern, den Eltern oder mehreren Geschwistern des Verstorbenen zu, so sind sie zu gleichen Teilen bezugsberechtigt. Letztlich sind die Verlassenschaft nach dem Versicherten bzw. dessen Erben bezugsberechtigt.

(BGBl 1996/411, BGBl I 2009/135)

(2) Der Anspruch auf Kostenersatz gemäß § 131 Abs. 1 und 3 sowie auf Pflegekostenzuschuß gemäß § 150 steht nach dem Tode eines Versicher-

ten den im Abs. 1 genannten Personen bzw. denjenigen Personen zu, die die Kosten an Stelle des Versicherten getragen haben.

(BGBl 1996/764, BGBl I 2001/5, BGBl I 2004/179, BGBl I 2007/101)

(BGBl 1993/335)

Abschnitt VIa
Aufwertung und Anpassung in der Sozialversicherung

1. Unterabschnitt
Grundlagen

§ 108. (1) Der Bundesminister für soziale Sicherheit, Generationen und Konsumentenschutz hat jedes Jahr für das folgende Kalenderjahr eine Aufwertungszahl (Abs. 2), eine Höchstbeitragsgrundlage (Abs. 3), Aufwertungsfaktoren (Abs. 4) und die festen Beträge nach diesem Bundesgesetz (Abs. 6) zu ermitteln und kundzumachen.[a)]

[a)] Siehe VO im Anhang

(2) Aufwertungszahl: Die Aufwertungszahl beruht auf der Veränderung der durchschnittlichen Beitragsgrundlage in der gesetzlichen Pensionsversicherung vom jeweils drittvorangegangenen Kalenderjahr zum jeweils zweitvorangegangenen Kalenderjahr. Die Aufwertungszahl ist, soweit im Einzelnen nichts anderes angeordnet wird, für die Erhöhung der Höchstbeitragsgrundlage und der festen Beträge, die der Beitragsberechnung dienen, heranzuziehen.

(3) Höchstbeitragsgrundlage: Im Jahr 2016 beläuft sich die Höchstbeitragsgrundlage für den Kalendertag auf 155 Euro, vervielfacht mit der Aufwertungszahl für das Jahr 2016 und zuzüglich von 3 Euro. Für jedes Folgekalenderjahr ergibt sich die Höchstbeitragsgrundlage aus der Vervielfachung der letztgültigen Höchstbeitragsgrundlage mit der Aufwertungszahl des jeweiligen Folgekalenderjahres. Die Höchstbeitragsgrundlage ist auf den vollen Eurobetrag zu runden.

(BGBl I 2012/35, BGBl I 2015/118)

(4) Aufwertungsfaktoren: Die Aufwertungsfaktoren eines Kalenderjahres errechnen sich durch Vervielfachung der zuletzt in Geltung gestandenen Aufwertungsfaktoren mit dem Anpassungsfaktor des Vorjahres. Sie sind auf drei Dezimalstellen zu runden. Der Reihe dieser Aufwertungsfaktoren ist der Anpassungsfaktor des Vorjahres als Aufwertungsfaktor für die Beitragsgrundlagen des zweitvorangegangenen Kalenderjahres anzufügen. Die Aufwertungsfaktoren sind für die Aufwertung von Beitragsgrundlagen, die zur Bildung der Bemessungsgrundlage verwendet werden, heranzuziehen.

(5) Anpassungsfaktor: Der Bundesminister für soziale Sicherheit, Generationen und Konsumentenschutz hat jedes Jahr für das folgende Kalenderjahr den Anpassungsfaktor (§ 108f) bis spätestens 30. November eines jeden Jahres durch Verordnung[a)] festzusetzen. Die Verordnung ist der Bundesregierung zur Zustimmung vorzulegen. Der Anpassungsfaktor ist, soweit nichts anderes bestimmt wird, für die Erhöhung der Renten und Pensionen und der leistungsbezogenen festen Beträge in der Sozialversicherung heranzuziehen.

[a)] Siehe VO im Anhang

(6) Anpassung und Aufwertung fester Beträge: Zur Vervielfachung mit der Aufwertungszahl oder mit dem Anpassungsfaktor ist der am 31. Dezember des vorangegangenen Jahres geltende feste Betrag heranzuziehen; wird jedoch der feste Betrag mit 1. Jänner eines Jahres in Geltung gesetzt, so ist dieser Betrag zur Vervielfachung heranzuziehen. Der vervielfachte Betrag ist auf Cent zu runden.

(BGBl I 2000/92)

(BGBl I 2000/92, BGBl I 2001/33, BGBl I 2001/67, BGBl I 2002/1, BGBl I 2003/71, BGBl I 2004/142)

2. Unterabschnitt
Durchführung

Aufwertungszahl

§ 108a. (1) Die Aufwertungszahl eines Kalenderjahres gemäß § 108 Abs. 2 ist durch Teilung der durchschnittlichen Beitragsgrundlage des zweitvorangegangenen Kalenderjahres (Ausgangsjahr) durch die durchschnittliche Beitragsgrundlage des drittvorangegangenen Kalenderjahres (Vergleichsjahr) zu errechnen. Die Berechnung der durchschnittlichen Beitragsgrundlage ist nach Abs. 2 vorzunehmen. Die Aufwertungszahl ist auf drei Dezimalstellen zu runden; sie darf den Wert 1 nicht unterschreiten.

(BGBl I 2004/142, BGBl I 2009/147)

(2) Zur Ermittlung der durchschnittlichen Beitragsgrundlage eines Kalenderjahres sind die in den Erfolgsrechnungen der Pensionsversicherungsträger nach diesem Bundesgesetz, dem GSVG, dem FSVG und dem BSVG ausgewiesenen Beiträge für Pflichtversicherte, die Beitragssätze und die Anzahl der im Jahresdurchschnitt in der Pensionsversicherung pflichtversicherten Personen heranzuziehen. Die monatliche durchschnittliche Beitragsgrundlage ist auf Cent zu runden.

(BGBl 1996/411, BGBl I 1997/139, BGBl I 2001/67, BGBl I 2004/142)

(3) und (4) (aufgehoben)

(BGBl I 2001/67, BGBl I 2004/142)

Meßbetrag für die Höchstbeitragsgrundlage

§ 108b. (aufgehoben)

(BGBl I 1997/139, BGBl I 2001/67)

Aufwertungsfaktoren

§ 108c. Die Aufwertungsfaktoren für das Kalenderjahr 1993 betragen:

für die Jahre	Faktor
1938 und früher	65,170
1939 bis 1946	57,929
1947	32,580

1948	19,556
1949	16,406
1950	13,021
1951	9,645
1952	8,681
1953	8,205
1954	7,719
1955	7,472
1956	7,137
1957	6,842
1958	6,656
1959	6,514
1960	6,031
1961	5,594
1962	5,161
1963	4,819
1964	4,503
1965	4,166
1966	3,915
1967	3,656
1968	3,469
1969	3,239
1970	3,016
1971	2,767
1972	2,506
1973	2,284
1974	2,058
1975	1,932
1976	1,817
1977	1,713
1978	1,630
1979	1,558
1980	1,489
1981	1,418
1982	1,370
1983	1,332
1984	1,288
1985	1,240
1986	1,213
1987	1,187
1988	1,165
1989	1,135
1990	1,089
1991	1,041

§ 108d. (aufgehoben)

(BGBl I 2004/142)

§ 108e. (aufgehoben)

(BGBl I 2017/29)

Festsetzung des Anpassungsfaktors

§ 108f. (1) Der Bundesminister für soziale Sicherheit, Generationen und Konsumentenschutz hat für jedes Kalenderjahr den Anpassungsfaktor[a)] unter Bedachtnahme auf den Richtwert festzusetzen.

(BGBl I 2017/29)

[a)] Siehe VO im Anhang.

(2) Der Richtwert ist so festzusetzen, dass die Erhöhung der Pensionen auf Grund der Anpassung mit dem Richtwert der Erhöhung der Verbraucherpreise nach Abs. 3 entspricht. Er ist auf drei Dezimalstellen zu runden.

(3) Die Erhöhung der Verbraucherpreise ist auf Grund der durchschnittlichen Erhöhung in zwölf Kalendermonaten bis zum Juli des Jahres, das dem Anpassungsjahr vorangeht, zu ermitteln, wobei der Verbraucherpreisindex 2000 oder ein an seine Stelle tretender Index heranzuziehen ist. Dazu ist das arithmetische Mittel der für den Berechnungszeitraum von der Statistik Austria veröffentlichten Jahresinflationsraten zu bilden.

(BGBl I 2000/92)

(BGBl I 2000/92, BGBl I 2001/33, BGBl I 2002/31, BGBl I 2004/142)

Anpassung der Renten aus der Unfallversicherung

§ 108g. (1) Mit Wirksamkeit ab 1. Jänner eines jeden Jahres sind die Renten aus der Unfallversicherung, soweit der Versicherungsfall vor diesem Zeitpunkt eingetreten ist, mit dem Anpassungsfaktor zu vervielfachen.

(BGBl I 2002/140)

(2) Der Anpassung nach Abs. 1 ist die Rente zugrunde zu legen, auf die nach den am 31. Dezember des vorangegangenen Jahres in Geltung gestandenen Vorschriften Anspruch bestand, jedoch mit Ausnahme der Kinderzuschüsse und vor Anwendung von Ruhensbestimmungen. Sie erfaßt im gleichen Ausmaß alle Rentenbestandteile.

(3) Zu der nach Abs. 1 und 2 gebührenden Rente treten die Kinderzuschüsse nach den hiefür geltenden Vorschriften.

(4) Die Bestimmungen der Abs. 1 und 2 gelten entsprechend auch für andere Geldleistungen aus der Unfallversicherung, deren Höhe sich nach der Bemessungsgrundlage (nach dem Jahresarbeitsverdienst) bemißt.

(5) Bei Anwendung der Abs. 1 und 4 ist in den Fällen des § 180 von dem Zeitpunkt auszugehen, zu dem die Rente neu festgestellt wurde; in den Fällen des § 215 Abs. 3 ist vom Todestag des Versicherten auszugehen, falls der Unterhaltsanspruch nicht höher war als 20 vH der Bemessungsgrundlage.

(6) Bei der Anwendung des Abs. 5 und der §§ 207 Abs. 1, 210 Abs. 2, 213 Abs. 2 und 220 sowie in Fällen des § 183, die mit einer Änderung der Bemessungsgrundlage gemäß § 181 Abs. 2 in Verbindung stehen, tritt an die Stelle der Bemessungsgrundlage der mit dem Anpassungsfaktor vervielfachte Betrag der Bemessungsgrundlage. Diese Vervielfachung ist ab 1. Jänner eines jeden Jahres in der Weise vorzunehmen, daß der Verviel-

fachung der für das vorangegangene Jahr ermittelte Betrag zugrunde zu legen ist.

(BGBl 1996/411, BGBl I 2009/84)

Anpassung der Pensionen aus der Pensionsversicherung

§ 108h. (1) Mit Wirksamkeit ab 1. Jänner eines jeden Jahres sind

a) alle Pensionen aus der Pensionsversicherung, für die der Stichtag (§ 223 Abs. 2) vor dem 1. Jänner dieses Jahres liegt,

b) alle Hinterbliebenenpensionen, für die der Stichtag (§ 223 Abs. 2) am 1. Jänner dieses Jahres liegt, wenn diese Pensionen von der Pension bemessen wurden, auf die der Verstorbene am Todestag Anspruch hatte,

mit dem Anpassungsfaktor zu vervielfachen. Lit. b ist nicht anzuwenden, wenn der Stichtag für die Pension des Verstorbenen gleichfalls am 1. Jänner dieses Jahres liegt. Handelt es sich um eine erstmalige Anpassung, so ist diese erst mit Wirksamkeit ab 1. Jänner des dem Stichtag (§ 223 Abs. 2) zweitfolgenden Kalenderjahres vorzunehmen; abweichend davon ist für die erstmalige Anpassung von Hinterbliebenenpensionen, die aus einer bereits zuerkannten Leistung abgeleitet sind, der Stichtag dieser Leistung maßgebend.

(BGBl I 2003/71, BGBl I 2008/129, BGBl I 2010/111)

(2) Der Anpassung nach Abs. 1 ist die Pension zugrunde zu legen, auf die nach den am 31. Dezember des vorangegangenen Jahres in Geltung gestandenen Vorschriften Anspruch bestand, jedoch mit Ausnahme der Kinderzuschüsse und der Ausgleichszulage „sowie des Bonus nach § 299a“[a)] und vor Anwendung von Ruhens- und Wegfallsbestimmungen sowie der Bestimmungen nach § 86 Abs. 3 Z 2 dritter und vierter Satz. Sie erfaßt im gleichen Ausmaß alle Pensionsbestandteile.

(BGBl I 2018/99, BGBl I 2019/84)

[a)] Die Einfügung tritt mit 1. Jänner 2020 in Kraft.

(2a) Abweichend von Abs. 2 ist bei Hinterbliebenenpensionen, für die sich am 31. Dezember des vorangegangenen Jahres durch die Anwendung des § 264 Abs. 2 oder 6a kein Auszahlungsbetrag ergibt, die mit dem Hundertsatz von 60 bemessene Pension der Anpassung nach Abs. 1 zugrunde zu legen.

(BGBl I 2018/99)

(3) Zu der nach Abs. 1 und 2 gebührenden Pension treten die Kinderzuschüsse und die Ausgleichszulage „sowie der Bonus nach § 299a“[a)] nach den hiefür geltenden Vorschriften.

(BGBl I 2019/84)

[a)] Die Einfügung tritt mit 1. Jänner 2020 in Kraft.

(4) An die Stelle des Betrages der Bemessungsgrundlage aus einem früheren Versicherungsfall tritt der Betrag, der sich aus der Vervielfachung dieser Bemessungsgrundlage mit dem Anpassungsfaktor ergibt, der auf die entzogene (erloschene) Pension im Falle ihrer Weitergewährung anzuwenden gewesen wäre. Sind in zeitlicher Folge mehrere Anpassungsfaktoren anzuwenden, ist die Vervielfachung in der Weise vorzunehmen, daß ihr jeweils der für das vorangegangene Jahr ermittelte Betrag zugrunde zu legen ist. Als Anpassungsfaktor für das Jahr 1990 ist das Produkt der Faktoren 1,030 und 1,010 heranzuziehen.

(5) Abs. 4 gilt entsprechend bei der Anwendung des § 267.

Anpassung der Leistungen von Amts wegen

§ 108k. Die Anpassung der Leistungen gemäß den Bestimmungen der §§ 108g und 108h ist von Amts wegen vorzunehmen.

§ 108l. (1) Die Aufwertungszahl (§ 108a in der Fassung der 50. Novelle, BGBl. Nr. 676/1991) beträgt für das Jahr 1992 1,055.

(2) Der Richtwert (§ 108d in der Fassung der 50. Novelle, BGBl. Nr. 676/1991) beträgt für das Jahr 1992 1,045.

(3) Die Höchstbeitragsgrundlage (§ 108b Abs. 1 in der Fassung der 50. Novelle, BGBl. Nr. 676/1991) beträgt für das Jahr 1992 77,03 € für den Kalendertag.

(BGBl I 2001/67)

Abschnitt VII
Befreiung von Abgaben

Persönliche Abgabenfreiheit

§ 109. Die Versicherungsträger und der Dachverband[a)] genießen die persönliche Gebührenfreiheit von den Stempel- und Rechtsgebühren. Inwieweit die Versicherungsträger (der Dachverband[a)]) körperschaftssteuerpflichtig sind, wird durch das Körperschaftsteuergesetz 1988, BGBl. Nr. 401, bestimmt.

[a)] Bis 31. Dezember 2019 „Hauptverband“.

(BGBl I 2018/100)

Sachliche Abgabenfreiheit

§ 110. (1) Von der Entrichtung der bundesrechtlich geregelten öffentlichen Abgaben und der Bundesverwaltungsabgaben sind – unbeschadet des § 6 des Umsatzsteuergesetzes 1994 – befreit:

1. Rechtsgeschäfte, Rechtsurkunden und sonstige Schriften sowie die im Verfahren vor den Gerichtshöfen des öffentlichen Rechts und Verwaltungsbehörden durchgeführten Amtshandlungen, wenn sie die Übertragung von Liegenschaften, Räumen, Einrichtungsgegenständen und Gerätschaften betreffen, die zwischen den Versicherungsträgern (dem Dachverband[a)]) untereinander vorgenommen wird, auch wenn diese Gegenstände nicht ganz oder überwiegend der Erfüllung der Aufgaben der Versicherungsträger dienen oder wenn sie die Durchsetzung von Ersat-

zansprüchen gegen den Dienstgeber (§ 334) oder dritte Personen (§ 335) betreffen;

(BGBl I 2001/131, BGBl I 2018/100)

a) Bis 31. Dezember 2019 „Hauptverband“.

2. Rechtsgeschäfte, Rechtsurkunden, sonstige Schriften und die im Verfahren vor den Gerichtshöfen des öffentlichen Rechts, Verwaltungsgerichten, Verwaltungsbehörden, Einigungskommissionen, nach sozialversicherungsrechtlichen Vorschriften errichteten Kommissionen, Ausschüssen und Schiedsgerichten durchgeführten Amtshandlungen, wenn sie Rechtsverhältnisse betreffen, die begründet oder abgewickelt werden,

   a) in Durchführung der in diesem Bundesgesetz geregelten Versicherungen zwischen den Versicherungsträgern und dem Dachverband[a] einerseits und den Versicherten, deren Dienstgebern, den Anspruchswerbern und Anspruchsberechtigten auf Leistungen der Versicherung, den Vertragspartnern der Versicherung sowie den Trägern der Sozialhilfe andererseits,

   (BGBl I 2018/100)

   a) Bis 31. Dezember 2019 „Hauptverband“.

   b) von den Versicherungsträgern und dem Dachverband[a] zur Beschaffung, Sicherung, Instandhaltung oder Erneuerung von Liegenschaften, Räumen, Einrichtungsgegenständen und Gerätschaften, die der Erfüllung der Aufgaben der Versicherung dienen, soweit sie nicht ausschließlich oder überwiegend für die Anlage von Vermögensbeständen bestimmt sind;

   (BGBl I 2018/100)

   a) Bis 31. Dezember 2019 „Hauptverband“.

3. alle Amtshandlungen, Urkunden und sonstigen Schriften, die zur Bildung der Verwaltungskörper der Versicherungsträger und des Dachverbandes[a] notwendig sind.

   (BGBl I 2018/100)

   a) Bis 31. Dezember 2019 „Hauptverbandes“.

4. Kostenbeteiligungen (Zuzahlungen), die von den Versicherten bei der Inanspruchnahme der nach diesem Bundesgesetz gebührenden Leistungen zu tragen sind.

(2) (aufgehoben)

(BGBl I 1999/106, BGBl I 2001/131)

(3) Die Befreiung nach Abs. 1 besteht für Rechtsurkunden und sonstige Schriften nur so lange, als diese zur Begründung und Abwicklung der dort bezeichneten Rechtsverhältnisse verwendet werden. Wird davon ein anderer Gebrauch gemacht, so sind die in Betracht kommenden Abgaben nachträglich zu entrichten.

(4) Das Disziplinarverfahren gegen Bedienstete der Versicherungsträger und des Dachverbandes[a] ist von den Stempel- und Rechtsgebühren befreit.

(BGBl I 2018/100)

a) Bis 31. Dezember 2019 „Hauptverbandes“.

Abschnitt VIII
Strafbestimmungen

Verstöße gegen melderechtliche Vorschriften

§ 111. (1) Ordnungswidrig handelt, wer als Dienstgeber oder sonstige nach § 36 meldepflichtige Person (Stelle) oder nach § 42 Abs. 1 auskunftspflichtige Person oder als bevollmächtigte Person nach § 35 Abs. 3 entgegen den Vorschriften dieses Bundesgesetzes

1. die Anmeldung zur Pflichtversicherung oder Anzeigen nicht oder falsch oder nicht rechtzeitig erstattet oder

   (BGBl I 2015/79)

2. Meldungsabschriften nicht oder nicht rechtzeitig weitergibt oder

3. Auskünfte nicht oder falsch erteilt oder

4. gehörig ausgewiesene Bedienstete der Versicherungsträger während der Betriebszeiten nicht in Geschäftsbücher, Belege und sonstige Aufzeichnungen, die für das Versicherungsverhältnis bedeutsam sind, einsehen lässt oder

   (BGBl I 2015/113)

5. gehörig ausgewiesenen Bediensteten der Versicherungsträger einen Ausweis oder eine sonstige Unterlage zur Feststellung der Identität nicht vorzeigt oder

   (BGBl I 2015/113)

6. gehörig ausgewiesenen Bediensteten der Versicherungsträger die zur Durchführung ihrer Aufgaben erforderlichen Auskünfte nicht erteilt.

   (BGBl I 2015/113)

(BGBl I 2015/113)

(2) Die Ordnungswidrigkeit nach Abs. 1 ist von der Bezirksverwaltungsbehörde als Verwaltungsübertretung zu bestrafen, und zwar

– mit Geldstrafe von 730 € bis zu 2 180 €, im Wiederholungsfall von 2 180 € bis zu 5 000 €,

– bei Uneinbringlichkeit der Geldstrafe mit Freiheitsstrafe bis zu zwei Wochen,

sofern die Tat weder den Tatbestand einer in die Zuständigkeit der Gerichte fallenden strafbaren Handlung bildet noch nach anderen Verwaltungsstrafbestimmungen mit strengerer Strafe bedroht ist. Unbeschadet der §§ 20 und 21 des Verwaltungsstrafgesetzes 1991 kann die Bezirksverwaltungsbehörde bei erstmaligem ordnungswidrigen Handeln nach Abs. 1 die Geldstrafe bis auf 365 € herabsetzen, wenn das Verschulden geringfügig und die Folgen unbedeutend sind.

(3) Die Verjährungsfrist bei Verwaltungsübertretungen nach Abs. 2 beträgt ein Jahr.

(4) Die Versicherungsträger und die Abgabenbehörden des Bundes, deren Prüforgane Personen betreten haben, sind verpflichtet, alle ihnen auf Grund der Betretung zur Kenntnis gelangenden Ordnungswidrigkeiten nach Abs. 1 bei der Bezirksverwaltungsbehörde anzuzeigen.

(5) Die Verwaltungsübertretung gilt als in dem Sprengel der Bezirksverwaltungsbehörde begangen, in dem der Sitz des Betriebes des Dienstgebers liegt.

(BGBl I 2009/150)

(BGBl 1995/895, BGBl I 2001/67, BGBl I 2007/31)

Parteistellung im Verwaltungsstrafverfahren

§ 111a. (1) Die Abgabenbehörden des Bundes, deren Prüforgane Personen betreten haben, die entgegen § 33 Abs. 1 nicht vor Arbeitsantritt zur Sozialversicherung angemeldet wurden, haben in den Verwaltungsstrafverfahren nach § 111 Parteistellung und sind berechtigt, gegen Entscheidungen Beschwerde an das Landesverwaltungsgericht und Revision an den Verwaltungsgerichtshof zu erheben. Verzichten sie auf die Parteistellung, so tritt der Versicherungsträger in diese Parteistellung ein. Der Verzicht ist gegenüber der Bezirksverwaltungsbehörde ausdrücklich zu erklären; diese hat den Versicherungsträger davon unverzüglich in Kenntnis zu setzen. Der Verzicht bewirkt die Unterbrechung aller in Betracht kommenden Verfahrensfristen.

(BGBl I 2015/113)

(2) In den Verwaltungsstrafverfahren nach den §§ 111, 112 und 112a hat der Versicherungsträger, der die Ordnungswidrigkeit bei der Bezirksverwaltungsbehörde angezeigt hat, Parteistellung und ist berechtigt, gegen Entscheidungen Beschwerde beim Verwaltungsgericht und Revision an den Verwaltungsgerichtshof zu erheben.

(BGBl I 2015/113)

(BGBl I 2007/31, BGBl I 2013/87)

§ 112. (1) Die Bestimmungen des § 111 sind auf Dienstgeber beziehungsweise deren Bevollmächtigte entsprechend anzuwenden, die die Bestätigung nach § 361 Abs. 3 nicht oder nicht rechtzeitig ausstellen. Die Bestimmungen des § 111 sind auch auf Betriebsinhaber oder deren Beauftragte entsprechend anzuwenden, die das Betreten beziehungsweise Besichtigen des Betriebes (Anstalt, Einrichtung und dergleichen) durch fachkundige Organe der Träger der Unfallversicherung (§ 187 Abs. 2) verweigern.

(BGBl I 2015/79)

(2) Die Bestimmungen des § 111 sind auch auf andere als die im § 111 bezeichneten Personen bei Verstößen gegen die ihnen auf Grund dieses Bundesgesetzes obliegende Melde-, Anzeige- und Auskunftspflicht anzuwenden.

(3) Für Geldstrafen, die über einen Bevollmächtigten verhängt werden, haftet der Dienstgeber zur ungeteilten Hand mit dem Bestraften.

Verstöße gegen besondere Auskunfts- und Einsichtsgewährungspflichten

§ 112a. Wer die Auskunfts- oder Einsichtsgewährungspflichten nach § 67a Abs. 8, 8a oder 9 verletzt, begeht eine Verwaltungsübertretung und ist von der Bezirksverwaltungsbehörde mit Geldstrafe von 1 000 bis 10 000 €, im Wiederholungsfall von 2 000 € bis 20 000 €, zu bestrafen, sofern die Tat weder den Tatbestand einer in die Zuständigkeit der Gerichte fallenden strafbaren Handlung bildet noch nach anderen Verwaltungsstrafbestimmungen mit strengerer Strafe bedroht ist.

(BGBl I 2008/91, BGBl I 2013/139)

Beitragszuschläge

§ 113. (1) Den in § 111 Abs. 1 genannten Personen (Stellen) können Beitragszuschläge vorgeschrieben werden, wenn die Anmeldung zur Pflichtversicherung nicht vor Arbeitsantritt erstattet wurde.

(2) Der Beitragszuschlag nach einer unmittelbaren Betretung im Sinne des § 111a setzt sich aus zwei Teilbeträgen zusammen, mit denen die Kosten für die gesonderte Bearbeitung und für den Prüfeinsatz pauschal abgegolten werden. Der Teilbetrag für die gesonderte Bearbeitung beläuft sich auf 400 € je nicht vor Arbeitsantritt angemeldeter Person; der Teilbetrag für den Prüfeinsatz beläuft sich auf 600 €.

(3) Bei erstmaliger verspäteter Anmeldung mit unbedeutenden Folgen kann der Teilbetrag für die gesonderte Bearbeitung entfallen und der Teilbetrag für den Prüfeinsatz auf bis zu 300 € herabgesetzt werden. In besonders berücksichtigungswürdigen Fällen kann auch der Teilbetrag für den Prüfeinsatz entfallen.

(BGBl I 2003/145, BGBl I 2005/132, BGBl I 2007/31, BGBl I 2015/79)

Säumniszuschläge

§ 114. (1) Den in § 111 Abs. 1 genannten Personen (Stellen) werden Säumniszuschläge vorgeschrieben, wenn

1. die Anmeldung zur Pflichtversicherung nicht innerhalb von sieben Tagen ab dem Beginn der Pflichtversicherung mittels elektronischer Datenfernübertragung oder gemäß § 41 Abs. 4 erstattet wurde oder

   (BGBl I 2018/30)

2. die Meldung der noch fehlenden Daten zur Anmeldung nicht mit jener monatlichen Beitragsgrundlagenmeldung erfolgte, die für den Kalendermonat des Beginnes der Pflichtversicherung zu erstatten war, oder
3. die Abmeldung nicht oder nicht rechtzeitig erfolgte oder

4. die Frist für die Vorlage der monatlichen Beitragsgrundlagenmeldung (§ 34 Abs. 2 und 5) nicht eingehalten wurde oder
5. die Berichtigung der monatlichen Beitragsgrundlagenmeldung verspätet erfolgte (§ 34 Abs. 4) oder
6. für die Pflichtversicherung bedeutsame sonstige Änderungen nach § 34 Abs. 1 nicht oder nicht rechtzeitig gemeldet wurden.

(2) In den Fällen des Abs. 1 Z 1, 2, 3 und 6 ist ein Säumniszuschlag in der Höhe von 50 € zu entrichten.

(3) In den Fällen des Abs. 1 Z 4 ist bei einer Verspätung von bis zu fünf Tagen ein Säumniszuschlag in der Höhe von 5 € zu entrichten, bei einer Verspätung von sechs bis zu zehn Tagen ein Säumniszuschlag in der Höhe von 10 €. Bei Verspätungen von elf Tagen bis zum Monatsende ist ein Säumniszuschlag in der Höhe von 15 € zu entrichten. Wenn nach Ablauf des Kalendermonats immer noch keine monatliche Beitragsgrundlagenmeldung vorliegt, so wird diese nach § 34 Abs. 3 geschätzt und es fällt ein Säumniszuschlag in der Höhe von 50 € an. Der Säumniszuschlag entfällt, wenn für die verspätete Meldung bereits nach Abs. 2 ein Säumniszuschlag angefallen ist.

(4) An die Stelle der in den Abs. 2 und 3 genannten Beträge tritt ab Beginn eines jeden Beitragsjahres (§ 242 Abs. 10), erstmals ab 1. Jänner 2018, der unter Bedachtnahme auf § 108 Abs. 6 mit der jeweiligen Aufwertungszahl (§ 108 Abs. 1) vervielfachte Betrag. Der vervielfachte Betrag ist auf volle Euro zu runden.

(5) In den Fällen des Abs. 1 Z 5 ist ein Säumniszuschlag in der Höhe der Verzugszinsen nach § 59 Abs. 1, gerundet auf volle Euro, zu entrichten, wenn das Entgelt zu niedrig gemeldet wurde.

(6) Werden die Beiträge vom Träger der Krankenversicherung nach § 58 Abs. 4 dem Beitragsschuldner/der Beitragsschuldnerin vorgeschrieben, so fällt abweichend von den Abs. 3 und 5 ein Säumniszuschlag in der Höhe von 50 € an, wenn die Berichtigung der monatlichen Beitragsgrundlagenmeldung verspätet erfolgt (§ 34 Abs. 5).

(6a) Erreicht die Summe der in den Fällen des Abs. 1 Z 2 bis 6 insgesamt angefallenen Säumniszuschläge in einem Beitragszeitraum (§ 34 Abs. 2) je Versicherungsträger das Fünffache der Höchstbeitragsgrundlage (§ 45 Abs. 1), so sind damit alle diesbezüglichen Meldeverstöße pauschal abgegolten.

(BGBl I 2018/30, BGBl I 2018/59)

(7) Der Versicherungsträger kann in den Fällen des Abs. 1 unter Berücksichtigung der Art des Meldeverstoßes, der wirtschaftlichen Verhältnisse des Beitragsschuldners/der Beitragsschuldnerin, des Verspätungszeitraumes und der Erfüllung der bisherigen Meldeverpflichtungen auf den Säumniszuschlag zur Gänze oder zum Teil verzichten oder den bereits entrichteten Säumniszuschlag rückerstatten.

(BGBl I 2018/30)

(8) Guthaben wegen zu hoch gemeldeten Entgelts dürfen im Fall einer verspäteten Berichtigung nach Abs. 1 Z 5 nicht gegen bereits angefallene Verzugszinsen (§ 59 Abs. 1) aufgerechnet werden.

(BGBl I 2015/79)

Vorschreibung der Beitrags- und Säumniszuschläge

§ 115. (1) Die Beitrags- und Säumniszuschläge werden von jenem Versicherungsträger vorgeschrieben, an den die Meldung zu erstatten ist oder dem die Unterlagen vorzulegen sind; die Verpflichtung zur Zahlung der fälligen Beiträge wird davon nicht berührt.

(2) Die nach § 113 vorgeschriebenen Beitragszuschläge und die nach § 114 Abs. 2 vorgeschriebenen Säumniszuschläge sind auf die beteiligten Versicherungsträger und sonstigen Stellen schlüsselmäßig nach Maßgabe des auf den einzelnen Versicherungsträger entfallenden Gesamtbeitragsrückstandes am Ende des Vormonats aufzuteilen. Die nach § 114 Abs. 3, 5 und 6 vorgeschriebenen Säumniszuschläge fließen dem einhebenden Versicherungsträger zu.

(3) Die §§ 83 und 112 Abs. 3 gelten für die Vorschreibung und Eintreibung der Beitrags- und Säumniszuschläge entsprechend.

(BGBl I 2015/79)

Zweiter Teil
Leistungen der Krankenversicherung

Abschnitt I
Gemeinsame Bestimmungen

Aufgaben

§ 116. (1) Die Krankenversicherung trifft Vorsorge

1. für die evidenzbasierte Früherkennung von und Frühintervention bei Krankheiten und die Erhaltung der Volksgesundheit;

   (BGBl I 2013/81)

2. für die Versicherungsfälle der Krankheit, der Arbeitsunfähigkeit infolge Krankheit und der Mutterschaft;

2a. für den Versicherungsfall der Wiedereingliederung nach langem Krankenstand;

   (BGBl I 2017/30)

3. für Zahnbehandlung und Zahnersatz sowie für die Hilfe bei körperlichen Gebrechen;
4. für medizinische Maßnahmen der Rehabilitation;
5. für zielgerichtete, wirkungsorientierte Gesundheitsförderung (Salutogenese) und Prävention.

   (BGBl I 2013/81)

(2) Überdies können aus Mitteln der Krankenversicherung

1. Maßnahmen zur Festigung der Gesundheit (§ 155) und

2. Maßnahmen zur Krankheitsverhütung (§ 156)

gewährt werden.

(3) Mittel der Krankenversicherung können auch zur Förderung und Unterstützung von gemeinnützigen Einrichtungen, die der Verhütung oder Früherkennung von Krankheiten, der Verhütung von Unfällen, ausgenommen Arbeitsunfälle, der Sicherstellung der Leistung ärztlicher Hilfe oder der Betreuung von Kranken dienen, sowie zur Förderung der Niederlassung von Vertragsärzten (Vertrags-Gruppenpraxen) in medizinisch schlecht versorgten Gebieten und zur Aufrechterhaltung der Praxis in solchen Gebieten verwendet werden, wenn dies der Erfüllung der in den Abs. 1 und 2 genannten Aufgaben dient.

(BGBl I 2001/99)

(4) Mittel der Krankenversicherung können auch zur Erforschung von Krankheits- bzw. Unfallursachen (ausgenommen Arbeitsunfälle) verwendet werden, wenn dies der Erfüllung der in den Abs. 1 und 2 genannten Aufgaben dient.

(5) Beim Tod des Versicherten, des sonst nach § 122 Anspruchsberechtigten oder eines Angehörigen (§ 123) kann durch die Satzung nach Maßgabe der finanziellen Leistungsfähigkeit des Versicherungsträgers ein Zuschuß zu den Bestattungskosten gewährt werden. Dieser Zuschuß kann unter Bedachtnahme auf die wirtschaftlichen Verhältnisse desjenigen, der die Kosten der Bestattung getragen hat, bis zur Höhe von 436,04 € gezahlt werden.

(BGBl I 2001/67)

Leistungen

§ 117. Als Leistungen der Krankenversicherung werden nach Maßgabe der Bestimmungen dieses Bundesgesetzes gewährt:

1. Zur Früherkennung von Krankheiten: Jugendlichenuntersuchungen und Vorsorge-(Gesunden)untersuchungen (§§ 132a und 132b);
2. aus dem Versicherungsfall der Krankheit: Krankenbehandlung (§§ 133 bis 137), erforderlichenfalls medizinische Hauskrankenpflege (§ 151) oder Anstaltspflege (§§ 144 bis 150);
3. aus dem Versicherungsfall der Arbeitsunfähigkeit infolge Krankheit oder der geminderten Arbeitsfähigkeit: Krankengeld (§§ 138 bis 143) oder Rehabilitationsgeld (§ 143a);
   (BGBl I 2013/3)

3a. aus dem Versicherungsfall der Wiedereingliederung nach langem Krankenstand: Wiedereingliederungsgeld (§ 143d);
   (BGBl I 2017/30)

4. aus dem Versicherungsfall der Mutterschaft:
   a) ärztlicher Beistand, Hebammenbeistand sowie Beistand durch diplomierte Kinderkranken- und Säuglingsschwestern (§ 159);
   b) Heilmittel und Heilbehelfe (§ 160);
   c) Pflege in einer Krankenanstalt (§ 161);
      (BGBl I 2015/162)
   d) Wochengeld (§ 162).

§ 118. (aufgehoben)

§ 118a. (aufgehoben)

§ 119. Die Leistungen der Krankenversicherung werden auch gewährt, wenn es sich um die Folgen eines Arbeitsunfalles (§§ 175 und 176) oder um eine Berufskrankheit (§ 177) handelt.

Eintritt des Versicherungsfalles

§ 120. Der Versicherungsfall gilt als eingetreten:

1. im Versicherungsfall der Krankheit mit dem Beginn der Krankheit, das ist ein regelwidriger Körper- oder Geisteszustand, der die Krankenbehandlung notwendig macht;
   (BGBl I 2015/162)
2. im Versicherungsfall der Arbeitsunfähigkeit infolge Krankheit mit dem Beginn der durch eine Krankheit im Sinne der Z 1 herbeigeführten Arbeitsunfähigkeit;

2a. im Versicherungsfall der Wiedereingliederung nach langem Krankenstand mit dem tatsächlichen Beginn der Wiedereingliederungsteilzeit nach § 13a AVRAG;
   (BGBl I 2017/30)

3. im Versicherungsfall der Mutterschaft mit dem Beginn der achten Woche vor der voraussichtlichen Entbindung; wenn aber die Entbindung vor diesem Zeitpunkt erfolgt, mit der Entbindung; ist der Tag der voraussichtlichen Entbindung nicht festgestellt worden, mit dem Beginn der achten Woche vor der Entbindung.Darüber hinaus gilt der Versicherungsfall der Mutterschaft bei Dienstnehmerinnen und Bezieherinnen einer Leistung nach dem AlVG oder KBGG in jenem Zeitpunkt und für jenen Zeitraum als eingetreten, in dem im Einzelfall bei Dienstnehmerinnen nach § 4 Abs. 2 auf Grund eines fachärztlichen, arbeitsinspektionsärztlichen oder amtsärztlichen, bei Dienstnehmerinnen nach § 4 Abs. 4 auf Grund eines fachärztlichen oder amtsärztlichen Zeugnisses nachgewiesen wird, dass das Leben oder die Gesundheit von Mutter oder Kind bei Fortdauer der Beschäftigung oder Aufnahme einer Beschäftigung gefährdet wäre.Der Versicherungsfall der Mutterschaft gilt auch mit Beginn eines Beschäftigungsverbotes nach § 13a Abs. 5 Tabakgesetz als eingetreten.
   (BGBl I 2017/126)

(BGBl I 1998/138, BGBl I 2001/103, BGBl I 2007/101, BGBl I 2008/120, BGBl I 2009/84, BGBl I 2010/61)

Organspende

§ 120a. (1) Einer Krankheit im Sinne des § 120 Z 1 ist gleichzuhalten, wenn ein Versicherter/eine

Versicherte (Angehöriger/Angehörige) in nicht auf Gewinn gerichteter Absicht einen Teil seines/ihres Körpers zur Übertragung in den Körper eines anderen Menschen spendet. Der Versicherungsfall der Krankheit gilt mit dem Zeitpunkt als eingetreten, in dem die erste ärztliche Maßnahme gesetzt wird, die der späteren Entnahme des Körperteiles voranzugehen hat. Der Versicherungsfall umfasst auch die Nachkontrolle nach § 9 Organtransplantationsgesetz – OTPG, BGBl. I Nr. 108/2012.

(BGBl I 2012/107)

(2) In grenzüberschreitenden Fällen, in denen weder nach dem Unionsrecht oder einem von Österreich geschlossenen Abkommen noch nach den jeweiligen ausländischen Rechtsvorschriften eine Erstattung der Kosten der Spende durch den ausländischen Träger vorgesehen ist, hat der Träger der Krankenversicherung der Empfängerin/des Empfängers die mit der Spende notwendig verbundenen Sachleistungen für die Spenderin/den Spender wie für eine/n eigene/n Versicherte/n zu erbringen.

(BGBl I 2015/162)

(BGBl I 2009/84)

Art der Leistungen

§ 121. (1) Die Leistungen der Krankenversicherung werden gewährt als:

1. Pflichtleistungen, und zwar als gesetzliche Mindestleistungen oder als satzungsmäßige Mehrleistungen;
2. freiwillige Leistungen.

(2) Pflichtleistungen sind Leistungen, auf die ein Rechtsanspruch besteht. Freiwillige Leistungen sind Leistungen, die auf Grund gesetzlicher oder satzungsmäßiger Vorschriften gewährt werden können, ohne daß auf sie ein Rechtsanspruch besteht.

(3) Der Versicherungsträger kann unter Bedachtnahme auf seine finanzielle Leistungsfähigkeit und das wirtschaftliche Bedürfnis der Versicherten über die gesetzlichen Mindestleistungen hinausgehende Mehrleistungen innerhalb der in den folgenden Bestimmungen festgesetzten Grenzen in der Satzung vorsehen (satzungsmäßige Mehrleistungen). Durch die Satzung kann der Anspruch auf Mehrleistungen von der Erfüllung einer Wartezeit von sechs Monaten innerhalb der letzten zwölf Monate vor Eintritt des Versicherungsfalles abhängig gemacht werden.

(4) Sofern nach Maßgabe der Bestimmungen dieses Bundesgesetzes oder der Satzung der Anspruch von der Erfüllung einer Wartezeit abhängig ist, sind auf diese anzurechnen:

1. Zeiten einer Krankenversicherung nach diesem oder einem anderen Bundesgesetz;
2. Zeiten der Zugehörigkeit zu einer Krankenfürsorgeeinrichtung eines öffentlich-rechtlichen Dienstgebers;
3. Zeiten, während derer der Versicherte Anspruch auf Leistungen aus dem Versicherungsfall der Krankheit, der Arbeitsunfähigkeit infolge Krankheit oder Mutterschaft hat, sofern dieser Anspruch nicht gemäß § 122 Abs. 2 Z 2 oder Abs. 3 entstanden ist, und zwar
   a) die ersten drei Tage der Arbeitsunfähigkeit infolge Krankheit, für die gemäß § 138 Abs. 1 Anspruch auf Krankengeld nicht besteht,
   b) Zeiten eines Anspruches auf Kranken- oder Wochengeld, auch wenn dieser Anspruch ruht,
   c) Zeiten der Gewährung der Anstaltspflege oder der Unterbringung in einem Kurheim oder in einer Sonderkrankenanstalt auf Rechnung eines Versicherungsträgers oder

      (BGBl I 2015/162)
   d) Zeiten eines Anspruches auf Ersatz der Verpflegungskosten gemäß § 131 oder auf Pflegekostenzuschuß gemäß § 150 gegenüber einem Versicherungsträger,

      (BGBl 1996/764, BGBl I 2001/5, BGBl I 2004/179, BGBl I 2007/101)
4. Zeiten, während derer die Voraussetzungen für die Angehörigeneigenschaft nach diesem oder einem anderen Bundesgesetz erfüllt waren, sowie Zeiten der Zugehörigkeit als Angehöriger zu einer Krankenfürsorgeeinrichtung eines öffentlich-rechtlichen Dienstgebers;
5. (aufgehoben)
6. (aufgehoben)
7. bei Selbstversicherten nach § 16, sofern innerhalb von sechs Wochen
   a) nach dem Tod des Versicherten von dessen Angehörigen (§ 123),
   b) nach Nichtigerklärung, Aufhebung oder Scheidung der Ehe mit dem Versicherten vom früheren Ehegatten,
   c) nach Nichtigerklärung oder Auflösung einer eingetragenen Partnerschaft vom/von der früheren eingetragenen Partnerin/Partner der/des Versicherten,

      (BGBl I 2009/135)
   d) nach dem Ausscheiden des Versicherten aus der Pflichtversicherung und Übernahme einer Erwerbstätigkeit im Ausland von dessen Angehörigen (§ 123)

      (BGBl I 2009/135)

die Selbstversicherung aufgenommen wird, die in Z 1 bis 3 bezeichneten Zeiten, die der Versicherte zurückgelegt hat. Zeiten der in der Z 1 bis 7 genannten Art, die sich zeitlich decken, sind nur einfach zu zählen.

Anspruchsberechtigung während der Dauer der Versicherung und nach dem Ausscheiden aus der Versicherung

§ 122. (1) Der Versicherte hat nach Maßgabe der folgenden Bestimmungen Anspruch auf die

Leistungen der Krankenversicherung für sich und seine Angehörigen (§ 123), wenn der Versicherungsfall

a) während der Versicherung oder
b) vor dem auf das Ende der Versicherung nächstfolgenden Arbeitstag

eingetreten ist (§ 120). Die Leistungen aus dem Versicherungsfall der Krankheit werden auch gewährt, wenn die Krankheit im Zeitpunkt des Beginnes der Versicherung bereits bestanden hat. Die Leistungen sind in allen diesen Fällen auch über das Ende der Versicherung hinaus weiterzugewähren, solange die Voraussetzungen für den Anspruch gegeben sind.

(2) Für Versicherungsfälle, die nach dem Ende der Versicherung oder nach Ablauf des im Abs. 1 lit. b bezeichneten Zeitraumes eintreten, sind Leistungen, und zwar auch für Familienangehörige, nach Maßgabe der folgenden Bestimmungen zu gewähren:

1. an Personen, die Anspruch aus dem Versicherungsfall der Krankheit, der Arbeitsunfähigkeit infolge Krankheit oder der Mutterschaft haben, sofern dieser Anspruch nicht gemäß Abs. 3 entstanden ist, und zwar
   a) während der ersten drei Tage der Arbeitsunfähigkeit infolge Krankheit, für die gemäß § 138 Abs. 1 ASVG Anspruch auf Krankengeld nicht besteht,
   b) während des Anspruches auf Kranken- oder Wochen- oder Wiedereingliederungsgeld, auch wenn dieser Anspruch ruht,

      (BGBl I 2017/30)
   c) während der Gewährung der Anstaltspflege oder der Unterbringung in einem Kurheim oder in einer Sonderkrankenanstalt auf Rechnung eines Versicherungsträgers oder

      (BGBl I 2015/162)
   d) während des Anspruches auf Ersatz der Verpflegskosten gemäß § 131 oder auf Pflegekostenzuschuß gemäß § 150 gegenüber einem Versicherungsträger.

      (BGBl 1996/764, BGBl I 2001/5, BGBl I 2004/179, BGBl I 2007/101)

   (BGBl I 1998/138)
2. an Personen, die innerhalb der letzten zwölf Monate vor dem Ausscheiden aus der durch eine Beschäftigung (ein Lehr- oder Ausbildungsverhältnis) begründeten Pflichtversicherung mindestens 26 Wochen oder unmittelbar vorher mindestens sechs Wochen versichert waren und sogleich nach dem Ausscheiden aus der Pflichtversicherung erwerbslos geworden sind, wenn der Versicherungsfall während der Erwerbslosigkeit und binnen sechs Wochen nach dem Ausscheiden aus der Pflichtversicherung eintritt. War der Versicherte im Zeitpunkt des Ausscheidens aus der Pflichtversicherung infolge Krankheit arbeitsunfähig oder bestand zu diesem Zeitpunkt Anspruch auf Wochengeld, so beginnt die Frist von sechs Wochen erst ab dem Erlöschen des Anspruches auf Krankengeld (Anstaltspflege) bzw. Wochengeld zu laufen. Die Frist von sechs Wochen verlängert sich
   a) um die Dauer eines Präsenz- oder Ausbildungsdienstes auf Grund des Wehrgesetzes 2001 – ausgenommen um Zeiten einer Pflichtversicherung gemäß § 8 Abs. 1 Z 1 lit. e – bzw. eines auf Grund der Bestimmungen des Zivildienstgesetzes zu leistenden ordentlichen oder außerordentlichen Zivildienstes;

      (BGBl 1996/411, BGBl I 1998/30, BGBl I 2009/83, BGBl I 2010/111, BGBl I 2015/144)
   b) um jenen Zeitraum, um den die Dauer des Anspruchsverlustes auf Arbeitslosengeld oder Notstandshilfe gemäß den §§ 10, 11 bzw. 25 Abs. 2 AlVG über die Frist von sechs Wochen hinausgeht;

      (BGBl 1993/502, BGBl 1996/201, BGBl I 2006/131)

   (BGBl I 2006/131)
3. an Personen, die nach § 21a AlVG keinen Anspruch auf Arbeitslosengeld oder Notstandshilfe haben.

   (BGBl I 1997/47, BGBl I 1998/6, BGBl I 2010/102, BGBl I 2015/162)

(3) Über die Bestimmungen des Abs. 2 hinaus sind die Leistungen aus dem Versicherungsfall der Mutterschaft auch zu gewähren, wenn der Versicherungsfall nach dem Ende der Pflichtversicherung eintritt und der Beginn der 32. Woche vor dem Eintritt des Versicherungsfalles in den Zeitraum des Bestandes der beendeten Pflichtversicherung, die mindestens 13 Wochen bzw. drei Kalendermonate ununterbrochen gedauert haben muß, fällt; fallen in diesen Zeitraum auch Zeiten der Arbeitsunfähigkeit infolge Krankheit oder Zeiten eines Leistungsbezuges aus dem Versicherungsfall der Mutterschaft, so gelten solche Zeiten bei der Anwendung dieser Bestimmung als Zeiten der Pflichtversicherung. Dies gilt jedoch nicht, wenn die Pflichtversicherung auf Grund einer einvernehmlichen Lösung des Dienstverhältnisses, einer Kündigung durch die Dienstnehmerin, eines unberechtigten vorzeitigen Austrittes oder einer verschuldeten Entlassung der Dienstnehmerin geendet hat oder wenn die Dienstnehmerin aus einem dieser Gründe unmittelbar im Anschluß an einen Zeitraum des Bezuges eines Karenzgeldes nach dem KGG ihre vorherige Beschäftigung nicht wieder aufgenommen hat. Die Voraussetzung von mindestens 13 Wochen bzw. drei Kalendermonaten entfällt, wenn die Versicherte in den letzten 36 Monaten vor dem Ausscheiden aus der Pflichtversicherung mindestens zwölf Monate in der Krankenversicherung nach diesem oder einem anderen Bundesgesetz pflichtversichert war. Tritt in der Zeit zwischen dem Ende der Pflichtversicherung

und dem Eintritt des Versicherungsfalles oder danach während der Zeit, für die Anspruch auf Leistungen aus dem Versicherungsfall der Mutterschaft besteht, der Versicherungsfall der Krankheit ein, gebühren die Leistungen aus diesem Versicherungsfall.

(BGBl I 1997/47)

(3a) Über die Bestimmungen des Abs. 2 hinaus sind weiters Leistungen aus dem Versicherungsfall der Krankheit sowie Leistungen der chirurgischen und konservierenden Zahnbehandlung zu gewähren, wenn Versicherungsschutz aufgrund einer Pflichtversicherung oder einer Anspruchsberechtigung als Angehörige/r bestanden hat, die Erkrankung innerhalb von sechs Wochen nach dem Ende der Anspruchsberechtigung eintritt und kein anderer Anspruch auf Leistungen einer gesetzlichen Krankenversicherung oder einer Krankenfürsorgeeinrichtung eines öffentlich-rechtlichen Dienstgebers gegeben ist.

(BGBl I 2007/101, BGBl I 2009/84)

(4) Erwerbslosigkeit im Sinne des Abs. 2 Z 2 liegt auch vor, wenn bei einem mehrfach Versicherten (§ 128) ein versicherungspflichtiges Beschäftigungsverhältnis endet und das Entgelt aus den weiterbestehenden Beschäftigungs(Lehr)verhältnissen den Betrag von 355,01 €[a] monatlich nicht übersteigt; das gleiche gilt, wenn der aus der Pflichtversicherung Ausgeschiedene eine selbständige Erwerbstätigkeit ausübt, aus der er ein 355,01 €[a] monatlich nicht übersteigendes Einkommen erzielt. An die Stelle des Betrages von 355,01 € tritt ab 1. Jänner eines jeden Jahres der unter Bedachtnahme auf § 108 Abs. 6 mit der jeweiligen Aufwertungszahl (§ 108a Abs. 1) vervielfachte Betrag. In sonstigen Fällen werden Leistungen nach Abs. 2 Z 2 sowie nach Abs. 3 und 3a nicht gewährt, sobald die betreffende Person auf Grund dieses Bundesgesetzes oder auf Grund anderer gesetzlicher Vorschrift in der Krankenversicherung versichert ist oder wenn sie sich ins Ausland begibt. Die Selbstversicherung in der Krankenversicherung (§ 16), die Krankenversicherung wegen Bezuges einer Pension aus der Sozialversicherung oder eines Ruhe- bzw. Versorgungsbezuges aus einem öffentlich-rechtlichen Dienstverhältnis, ferner die Krankenversicherung der Kriegshinterbliebenen nach dem Kriegsopferversorgungsgesetz 1957 und die Krankenversicherung der Hinterbliebenen nach dem Heeresversorgungsgesetz lassen den Anspruch auf Leistungen nach Abs. 2 Z 2 sowie nach Abs. 3 unberührt.

(BGBl 1993/335, BGBl I 2001/67, BGBl I 2004/142, BGBl I 2009/84)

[a] Beträge siehe VO über veränderliche Werte.

(5) Wo im folgenden Versicherte als Anspruchsberechtigte genannt werden, sind hierunter, soweit nichts anderes bestimmt wird, auch die im Abs. 2 bezeichneten aus der Versicherung ausgeschiedenen anspruchsberechtigten Personen zu verstehen.

Anspruchsberechtigung für Angehörige

§ 123. (1) Anspruch auf die Leistungen der Krankenversicherung besteht für Angehörige,

1. wenn sie ihren gewöhnlichen Aufenthalt im Inland haben und
2. wenn sie weder nach der Vorschrift dieses Bundesgesetzes noch nach anderer gesetzlicher Vorschrift krankenversichert sind und auch für sie seitens einer Krankenfürsorgeeinrichtung eines öffentlich-rechtlichen Dienstgebers Krankenfürsorge nicht vorgesehen ist.

(2) Als Angehörige gelten:

1. der/die Ehegatte/Ehegattin oder eingetragene Partner/Partnerin;

   (BGBl I 2009/135)
2. die Kinder und die Wahlkinder;

   (BGBl I 2013/86)
3. (aufgehoben)

   (BGBl I 2013/86)
4. (aufgehoben)

   (BGBl I 2013/86)
5. die Stiefkinder und Enkel, wenn sie mit dem Versicherten ständig in Hausgemeinschaft leben;
6. die Pflegekinder, wenn sie vom Versicherten unentgeltlich verpflegt werden oder das Pflegeverhältnis auf einer behördlichen Bewilligung beruht.

Die ständige Hausgemeinschaft im Sinne der Z 5 besteht weiter, wenn sich das Kind nur vorübergehend oder wegen schulmäßiger (beruflicher) Ausbildung oder zeitweilig wegen Heilbehandlung außerhalb der Hausgemeinschaft aufhält; das gleiche gilt, wenn sich das Kind auf Veranlassung des Versicherten und überwiegend auf dessen Kosten oder auf Anordnung der Jugendfürsorge oder des Pflegschaftsgerichtes in Obsorge eines Dritten befindet.

(BGBl I 2002/1)

(3) Stiefkinder einer Person sind die nicht von ihr abstammenden leiblichen Kinder ihrer Ehegattin/ihres Ehegatten oder ihrer eingetragenen Partnerin/ihres eingetragenen Partners, und zwar auch dann, wenn der andere leibliche Elternteil des Kindes noch lebt. Die Stiefkindschaft besteht nach Auflösung oder Nichtigerklärung der sie begründenden Ehe oder der eingetragenen Partnerschaft weiter.

(BGBl I 2013/139)

(4) Kinder und Enkel (Abs. 2 Z 2 bis 6) gelten als Angehörige bis zur Vollendung des 18. Lebensjahres. Nach diesem Zeitpunkt gelten sie als Angehörige, wenn und solange sie

1. sich in einer Schul- oder Berufsausbildung befinden, die ihre Arbeitskraft überwiegend beansprucht, längstens bis zur Vollendung des 27. Lebensjahres; die Angehörigeneigenschaft von Kindern, die eine im § 3 des Studienförderungsgesetzes 1992 genannte Ein-

richtung besuchen, verlängert sich nur dann, wenn für sie

a) entweder Familienbeihilfe nach dem Familienlastenausgleichsgesetz 1967 bezogen wird oder
b) zwar keine Familienbeihilfe bezogen wird, sie jedoch ein ordentliches Studium ernsthaft und zielstrebig im Sinne des § 2 Abs. 1 lit. b des Familienlastenausgleichsgesetzes 1967 in der Fassung des Bundesgesetzes BGBl. Nr. 311/1992 betreiben;

(BGBl 1996/201, BGBl I 2002/140)

2. seit der Vollendung des 18. Lebensjahres oder seit dem Ablauf des in Z 1 genannten Zeitraumes
   a) infolge Krankheit oder Gebrechen erwerbsunfähig sind oder
   b) erwerbslos sind;

   (BGBl I 2001/99)

3. an einem Programm der Europäischen Union zur Förderung der Mobilität junger Menschen teilnehmen, längstens bis zur Vollendung des 27. Lebensjahres.

   (BGBl I 2001/99, BGBl I 2015/162)

Die Angehörigeneigenschaft bleibt in den Fällen der Z 2 lit. b längstens für die Dauer von 24 Monaten ab den in Z 2 genannten Zeitpunkten gewahrt.

(5) Kinder und Enkel (Abs. 2 Z 2 bis 6) gelten im Rahmen der Altersgrenzen des Abs. 4 Z 1 auch dann als Angehörige, wenn sie sich im Ausland in einer Schul- oder Berufsausbildung befinden; dies gilt auch bei nur vorübergehendem Aufenthalt im Inland.

(6) Kommt eine mehrfache Angehörigenschaft in Betracht, so wird die Leistung nur einmal gewährt. Leistungspflichtig ist der Versicherungsträger, bei dem die Leistung zuerst in Anspruch genommen wird.

(7) Als Angehöriger gilt jeweils auch eine Person aus dem Kreis der Eltern, Wahl-, Stief- und Pflegeeltern, der Kinder, Wahl-, Stief- und Pflegekinder, der Enkel oder der Geschwister des (der) Versicherten, die seit mindestens zehn Monaten mit ihm (ihr) in Hausgemeinschaft lebt und ihm (ihr) seit dieser Zeit unentgeltlich den Haushalt führt, wenn ein/eine im gemeinsamen Haushalt lebender/lebende arbeitsfähiger/arbeitsfähige Ehegatte/Ehegattin oder eingetragener Partner/eingetragene Partnerin nicht vorhanden ist. Die Angehörigeneigenschaft bleibt auch dann gewahrt, wenn die als Angehörige/r geltende Person nicht mehr in der Lage ist, den Haushalt zu führen. Angehöriger aus diesem Grund kann nur eine einzige Person sein.

(BGBl I 2007/31, BGBl I 2009/135)

(7a) Als Angehörige/r gilt auch eine mit der/dem Versicherten nicht verwandte Person, die seit mindestens zehn Monaten mit ihm/ihr in Hausgemeinschaft lebt und ihm/ihr seit dieser Zeit unentgeltlich den Haushalt führt, wenn eine/ein im gemeinsamen Haushalt lebende/r arbeitsfähige/r Ehegattin/Ehegatte oder eingetragene/r Partnerin/Partner nicht vorhanden ist. Die Angehörigeneigenschaft bleibt auch dann gewahrt, wenn die als Angehörige/r geltende Person nicht mehr in der Lage ist, den Haushalt zu führen. Angehörige/r aus diesem Grund (Abs. 7 und 7a) kann nur eine einzige Person sein.

(BGBl I 2006/131, BGBl I 2007/31, BGBl I 2009/84, BGBl I 2009/135)

(7b) Als Angehörige gelten auch Personen, die eine/n Versicherte/n mit Anspruch auf Pflegegeld zumindest in Höhe der Stufe 3 nach § 5 des Bundespflegegeldgesetzes oder nach den Bestimmungen der Landespflegegeldgesetze unter ganz überwiegender Beanspruchung ihrer Arbeitskraft nicht erwerbsmäßig in häuslicher Umgebung pflegen. Als Angehörige gelten die/der Ehegattin/Ehegatte, eingetragene/r Partnerin/Partner und Personen, die mit der pflegebedürftigen Person in gerader Linie oder bis zum vierten Grad der Seitenlinie verwandt oder verschwägert sind, ferner Wahl-, Stief- und Pflegekinder, Wahl-, Stief- und Pflegeeltern sowie Angehörige nach Abs. 7a.

(BGBl I 2009/84, BGBl I 2009/135)

(8) Durch die Satzung kann nach Maßgabe der finanziellen Leistungsfähigkeit des Versicherungsträgers bestimmt werden, dass auch andere als die in den Abs. 2 und 4 bis 7 bezeichneten Verwandten und die Wahl- und Stiefeltern der versicherten Person als Angehörige gelten, wenn sie mit der versicherten Person in Hausgemeinschaft leben und von ihr ganz oder überwiegend erhalten werden.

(BGBl I 2005/138, BGBl I 2007/31)

(9) Eine im Abs. 2 Z 1 sowie Abs. 7, 7a, 7b und 8 genannte Person gilt nur als Angehöriger, soweit es sich nicht um eine Person handelt, die

a) einer Berufsgruppe angehört, die gemäß § 5 Abs. 1 GSVG von der Pflichtversicherung ausgenommen ist, oder

   (BGBl I 1998/138)

b) zu den im § 4 Abs. 2 Z 2 GSVG genannten Personen gehört oder

   (BGBl I 1998/138, BGBl I 2000/92, BGBl I 2001/33)

c) im § 2 Abs. 1 des Bundesgesetzes über die Sozialversicherung freiberuflich selbständig Erwerbstätiger, BGBl. Nr. 624/1978, in der am 31. Dezember 1997 geltenden Fassung angeführt ist oder

   (BGBl I 1998/138)

d) eine Pension nach dem in lit. c genannten Bundesgesetz bezieht oder

   (BGBl I 1998/138)

e) der Versicherungspflicht gemäß § 3 des Notarversicherungsgesetzes 1972 unterliegt oder eine Pension nach dem Notarversicherungsgesetz 1972 bezieht oder

   (BGBl 1996/411, BGBl I 1998/138, BGBl I 2012/123)

e)[a] in die Vorsorge nach dem Notarversorgungsgesetz einbezogen ist oder eine Pension nach dem Notarversicherungsgesetz 1972 oder dem Notarversorgungsgesetz bezieht oder

(BGBl 1996/411, BGBl I 1998/138, BGBl I 2012/123, BGBl I 2018/100)

---
[a] Tritt mit 1. Jänner 2020 in Kraft.

f) einer Berufsgruppe angehörte, die nach § 5 Abs. 1 auch von der Pflichtversicherung in der Krankenversicherung ausgenommen ist, und eine Alters-, Berufsunfähigkeits- oder Todesversorgungsleistung aus einer Einrichtung ihrer gesetzlichen beruflichen Vertretung bezieht. Besondere Pensionsleistungen nach den §§ 20c, 20d und 20e FSVG gelten als Versorgungsleistungen.

(BGBl I 2012/123)

(BGBl 1996/411, BGBl I 1997/139, BGBl I 1998/138, BGBl I 2007/31, BGBl I 2009/84)

(10) Eine im Abs. 2 und 4 sowie Abs. 7, 7a, 7b und 8 genannte Person gilt nicht als Angehöriger, wenn sie im Ausland eine Erwerbstätigkeit ausübt, die, würde sie im Inland ausgeübt werden, nach den Bestimmungen dieses oder eines anderen Bundesgesetzes die Versicherungspflicht in der Krankenversicherung begründet, oder eine Pension auf Grund dieser Erwerbstätigkeit bezieht; dies gilt entsprechend für eine Beschäftigung bei einer internationalen Organisation und den Bezug einer Pension auf Grund dieser Beschäftigung.

(BGBl I 2001/99, BGBl I 2007/31, BGBl I 2009/84, BGBl I 2012/123)

(11) Als Pflegekinder gemäß Abs. 2 Z 6 gelten auch Kinder, die von einem (einer) Versicherten gepflegt und erzogen werden, wenn sie mit dem (der) Versicherten

1. bis zum dritten Grad verwandt oder verschwägert sind und
2. ständig in Hausgemeinschaft leben.

(BGBl 1996/411)

Sonderregelungen für Selbstversicherte und Pensionisten

§ 124. (1) Bei den Selbstversicherten in der Krankenversicherung ist die Leistungspflicht allgemein, soweit nicht für einzelne Leistungen eine längere Wartezeit vorgesehen ist, von der Erfüllung einer Wartezeit von drei Monaten unmittelbar vor Eintritt des Versicherungsfalles abhängig. Dies gilt nicht für die im § 16 Abs. 2 bezeichneten Personen, sofern ihre Beiträge von der Beitragsgrundlage nach § 76 Abs. 1 Z 2 erster Halbsatz berechnet werden, sowie für die im § 16 Abs. 2a und 2b bezeichneten Personen. Durch die Satzung kann die Wartezeit auf sechs Monate unmittelbar vor Eintritt des Versicherungsfalles erweitert werden. Die Satzung kann ferner für Selbstversicherte auch den Kreis der Angehörigen, mit Ausnahme der Kinder (§ 123 Abs. 2 Z 2 bis 6 und Abs. 4) und der EhegattInnen oder eingetragenen Partner/innen, einschränken.

(BGBl I 1998/138, BGBl I 2009/84, BGBl I 2009/135, BGBl I 2015/162)

(2) Das Erfordernis der Erfüllung der Wartezeit entfällt, wenn der Selbstversicherte in den dem Beginn der Selbstversicherung unmittelbar vorangegangenen zwölf Monaten mindestens 26 Wochen oder unmittelbar vorher mindestens sechs Wochen nach diesem oder einem anderen Bundesgesetz krankenversichert war oder für ihn eine Anspruchsberechtigung in einer solchen Krankenversicherung bestand; ist die Pflichtversicherung oder die darauf beruhende Anspruchsberechtigung infolge einer Aussperrung oder eines Streiks erloschen, entfällt ebenfalls das Erfordernis der Erfüllung der Wartezeit. Die Frist von zwölf Monaten verlängert sich um die Zeiten, während derer der aus der Pflichtversicherung ausgeschiedene Selbstversicherte

1. auf Rechnung eines Versicherungsträgers Anstaltspflege erhielt oder auf Rechnung eines Versicherungsträgers in einem Kurheim oder in einer Sonderkrankenanstalt untergebracht war oder Anspruch auf Pflegegebührenersatz gemäß § 131 oder auf Pflegekostenzuschuß gemäß § 150 einem Versicherungsträger gegenüber hatte oder

   (BGBl 1996/764, BGBl I 2001/5, BGBl I 2004/179, BGBl I 2007/101, BGBl I 2015/162)

2. Kranken- oder Wochengeld bezogen hat.

(BGBl I 2015/162)

(3) Ist der Pensionist (§ 8 Abs. 1 Z 1) oder ein Angehöriger des Pensionisten (§ 123) in einer Versorgungsanstalt oder in einer Anstalt der Sozialhilfe, in der er im Rahmen seiner gesamten Betreuung ärztliche Hilfe und Heilmittel erhält, untergebracht, so besteht während der Dauer dieser Unterbringung für seine Person kein Anspruch auf diese Leistungen der Krankenversicherung.

Bemessungsgrundlage

§ 125. (1) Bemessungsgrundlage für das Krankengeld ist der für die Beitragsermittlung heranzuziehende und auf einen Kalendertag entfallende Arbeitsverdienst, der dem/der Versicherten in jenem Beitragszeitraum (§ 44 Abs. 2) gebührte, der dem Ende des vollen Entgeltanspruches voranging; bei freien Dienstnehmern/Dienstnehmerinnen ist die Bemessungsgrundlage aus dem Durchschnitt der drei letzten Beitragszeiträume zu bilden. Liegen solche Beitragszeiträume nicht vor, so ist der laufende Beitragszeitraum maßgebend. Lohn- und Gehaltserhöhungen auf Grund von Normen kollektiver Rechtsgestaltung sind zu berücksichtigen.

(BGBl I 2001/67, BGBl I 2002/1, BGBl I 2002/140, BGBl I 2010/61)

(1a) Abweichend von Abs. 1 ist bei Personen, bei denen unmittelbar nach dem Ende der Wiedereingliederungsteilzeit nach § 13a AVRAG ein Versicherungsfall der Arbeitsunfähigkeit infolge Krankheit eintritt oder dieser weiterhin vorliegt, ab diesem Zeitpunkt als Bemessungsgrundlage für das Krankengeld die Summe aus dem nach § 13a Abs. 6 AVRAG aliquot zustehenden Entgelt und dem nach § 143d Abs. 3 bezogenen Wiedereingliederungsgeld heranzuziehen.

(BGBl I 2017/30)

(1b) In jenen Fällen, in denen ein Versicherungsfall der Arbeitsunfähigkeit infolge Krankheit nicht unmittelbar nach dem Ende der Wiedereingliederungsteilzeit eintritt, ist der laufende Beitragszeitraum maßgebend, solange noch kein ganzer Beitragsmonat erworben wurde.

(BGBl I 2017/30)

(2) Die Satzung kann bestimmen, daß bei der Ermittlung der Bemessungsgrundlage für einzelne Gruppen von Versicherten, wie zum Beispiel für Beschäftigte bei Dienstgebern, mit denen Vereinbarungen über die Form der Abrechnung der Beiträge getroffen werden, und für ganz oder teilweise nicht nach Zeit entlohnte Dienstnehmer ein anderer Beitragszeitraum als der im Abs. 1 bezeichnete oder daß mehrere dem Versicherungsfall vorangegangene Beitragszeiträume herangezogen werden.

(3) Die Sonderzahlungen nach § 49 Abs. 2 sind bei der Bemessung der Barleistungen der Krankenversicherung in der Weise zu berücksichtigen, daß die Bemessungsgrundlage nach Abs. 1 und 2 um einen durch die Satzung des Versicherungsträgers allgemein festzusetzenden Hundertsatz erhöht wird; der Hundertsatz kann einheitlich oder gesondert für bestimmte Gruppen von Versicherten unter Bedachtnahme auf den Durchschnittswert der für die Beitragsbemessung heranzuziehenden Sonderzahlungen (§ 54 Abs. 1) festgesetzt werden.

(BGBl I 2015/79)

Leistungen bei Wechsel der Versicherungszuständigkeit

§ 126. (1) Tritt während der Gewährung (des Ruhens) von Leistungen aus dem Versicherungsfall der Arbeitsunfähigkeit infolge Krankheit oder aus dem Versicherungsfall der Mutterschaft eine Änderung in der Versicherungszuständigkeit ein, so bleibt der frühere Versicherungsträger für den betreffenden Versicherungsfall weiter leistungszuständig.

(2) Tritt im Falle des § 134 Abs. 2 oder 3 während der Gewährung von Leistungen aus dem Versicherungsfall der Krankheit eine Änderung in der Versicherungszuständigkeit ein, so geht die Leistungszuständigkeit auf den versicherungszuständig gewordenen Träger der Krankenversicherung über. Dies gilt auch, wenn die Versicherungszuständigkeit auf den Träger einer nach einem anderen Bundesgesetz geregelten Krankenversicherung übergeht, mit der Maßgabe, daß die Leistungen vom versicherungszuständig gewordenen Träger der Krankenversicherung nach den für ihn geltenden Vorschriften weiterzugewähren sind.

Leistungen bei Satzungsänderungen

§ 127. Durch eine Satzungsänderung kann für Versicherungsfälle, die bereits eingetreten sind, die satzungsmäßige Mehrleistung erhöht, nicht aber herabgesetzt werden.

Leistungen bei mehrfacher Versicherung

§ 128. Bei mehrfacher Krankenversicherung nach den Bestimmungen dieses oder eines anderen Bundesgesetzes sind die Sachleistungen (die Erstattung von Kosten anstelle von Sachleistungen) für ein und denselben Versicherungsfall nur einmal zu gewähren, und zwar von dem Versicherungsträger, den die/der Versicherte zuerst in Anspruch nimmt. Die Barleistungen gebühren aus jeder der in Betracht kommenden Versicherungen.

(BGBl I 1997/139, BGBl I 1999/173, BGBl I 2000/2, BGBl I 2004/171)

Leistungen außerhalb des Sprengels des zuständigen Krankenversicherungsträgers

§ 129.[a)] (1) Nimmt eine/ein Anspruchsberechtigte/r eine Leistung außerhalb des Sprengels des für sie/ihn zuständigen Krankenversicherungsträgers in Anspruch, so ist jener Krankenversicherungsträger, in dessen Sprengel die Leistung in Anspruch genommen wird, verpflichtet, Sachleistungen aus den Versicherungsfällen der Krankheit (§ 117 Abs. 1 Z 2) und Mutterschaft (§ 117 Abs. 1 Z 4) sowie die Zahnbehandlung nach § 153 gegen Verrechnung der tatsächlich entstandenen Kosten ohne Verwaltungsauslagen zu gewähren. Davon abweichend erfolgen die Bewilligung und die Kostenübernahme von Anstaltspflege, Heilbehelfen, Hilfsmitteln und Kieferregulierungen nach den Bestimmungen des zuständigen Krankenversicherungsträgers. Die mit dem aushelfenden Krankenversicherungsträger in vertraglichen Beziehungen stehenden Personen und Einrichtungen (Ärzte/Ärztinnen, Apotheker/Apothekerinnen usw.) sind aber auch in diesen Fällen zur Leistung nach den für sie geltenden Verträgen verpflichtet. Alle übrigen Leistungen sowie Kostenerstattungen und Kostenzuschüsse sind beim zuständigen Krankenversicherungsträger nach seinen Regelungen in Anspruch zu nehmen.

(2) Der Hauptverband kann Richtlinien über die Verrechnung der Kostenersätze zwischen den Krankenversicherungsträgern aufstellen. Diese Richtlinien sind im Internet zu verlautbaren.

(BGBl 1996/411, BGBl I 2002/1, BGBl I 2010/102, BGBl I 2018/100)

[a)] Tritt samt Überschrift mit Ablauf des 31. Dezember 2019 außer Kraft.

Erkrankung im Ausland

§ 130. (1) Hält sich eine in der Krankenversicherung pflichtversicherte Person im dienstlichen Auftrag im Ausland auf, so erhält sie für die Dauer des Auslandsaufenthaltes die ihr beim zuständigen Versicherungsträger zustehenden Leistungen vom Dienstgeber. Dies gilt auch für ihre sich ebenfalls im Zusammenhang mit dem dienstlichen Auftrag im Ausland aufhaltenden Angehörigen, unbeschadet einer Pflichtversicherung in der Krankenversicherung in Folge eines Kinderbetreuungsgeldbezuges oder hinsichtlich der Sachleistungen unbeschadet einer Anspruchsberechtigung nach § 122 Abs. 3. Solange der Dienstgeber das Entgelt im Sinne des § 49 Abs. 1, 3 und 4 weiter gewährt, beschränkt sich die vorstehende Verpflichtung des Dienstgebers auf die Sachleistungen.

(BGBl I 2002/1, BGBl I 2002/140, BGBl I 2007/101)

(2) Der Dienstgeber hat binnen einem Monat den Eintritt des Versicherungsfalles dem Versicherungsträger mitzuteilen; dieser kann die Leistungen auch selbst erbringen.

(3) Der Versicherungsträger erstattet dem Dienstgeber die Kosten. Als Ersatz der Kosten für Heilmittel ist höchstens ein Dreißigstel, für ärztliche Hilfe höchstens ein Zwanzigstel der Höchstbeitragsgrundlage (§ 45 Abs. 1) für jeden Kalendertag der Behandlungszeit zu bezahlen. Für Heilbehelfe sind höchstens jene Kosten zu ersetzen, die dem Versicherungsträger bei Inanspruchnahme der Leistung im Inland erwachsen wären; hiebei sind die Verpflegskosensätze der dem Wohnsitz des Versicherten im Inland nächstgelegenen öffentlichen Krankenanstalt zugrunde zu legen. Für die Unterbringung in einer Krankenanstalt leistet der Versicherungsträger einen Pflegekostenzuschuß gemäß § 150 Abs. 2.

(BGBl 1996/764, BGBl I 2001/5, BGBl I 2004/179, BGBl I 2007/101)

(4) Die im Abs. 3 als Ersatz der Kosten für Heilmittel und ärztliche Hilfe für den Kalendertag der Behandlungszeit vorgesehenen Höchstsätze werden für jene Zeit verdoppelt, in welcher der Anspruch des Versicherten auf Krankengeld gemäß § 143 Abs. 1 Z 3 zur Gänze ruht.

Erstattung von Kosten der Krankenbehandlung

§ 131. (1) Nimmt der Anspruchsberechtigte nicht die Vertragspartner (§ 338) oder die eigenen Einrichtungen (Vertragseinrichtungen) des Versicherungsträgers zur Erbringung der Sachleistungen der Krankenbehandlung (ärztliche Hilfe, Heilmittel, Heilbehelfe) in Anspruch, so gebührt ihm der Ersatz der Kosten dieser Krankenbehandlung im Ausmaß von 80 vH des Betrages, der bei Inanspruchnahme der entsprechenden Vertragspartner des Versicherungsträgers von diesem aufzuwenden gewesen wäre. Wird die Vergütung für die Tätigkeit des entsprechenden Vertragspartners nicht nach den erbrachten Einzelleistungen oder nicht nach Fallpauschalen, wenn diese einer erbrachten Einzelleistung gleichkommen, bestimmt, so hat die Satzung des Versicherungsträgers Pauschbeträge für die Kostenerstattung festzusetzen.

(BGBl 1996/411, BGBl I 2010/61)

(1)[a] Nimmt der/die Anspruchsberechtigte nicht die Vertragspartner (§ 338), die eigenen Einrichtungen oder Vertragseinrichtungen des Versicherungsträgers zur Erbringung der Sachleistungen der Krankenbehandlung (ärztliche Hilfe, Heilmittel, Heilbehelfe) in Anspruch, so gebührt ihm der Ersatz der Kosten dieser Krankenbehandlung im Ausmaß von 80% des Betrages, der bei Inanspruchnahme der entsprechenden Vertragspartner des Versicherungsträgers von diesem aufzuwenden gewesen wäre. Abweichend davon ist zur Gewährleistung einer bundesweit einheitlichen Kostenerstattung bei ärztlicher Hilfe in der Satzung die Höhe der Kostenerstattung unter Bedachtnahme auf die in den Honorarordnungen festgelegten Grundvergütungen und Zuschläge festzusetzen. Wird die Vergütung für die Tätigkeit des entsprechenden Vertragspartners nicht nach den erbrachten Einzelleistungen oder nicht nach Fallpauschalen, wenn diese einer erbrachten Einzelleistung gleichkommen, bestimmt, so hat die Satzung des Versicherungsträgers Pauschbeträge für die Kostenerstattung festzusetzen.

(BGBl 1996/411, BGBl I 2010/61, BGBl I 2018/100)

[a] Tritt mit 1. Jänner 2020 in Kraft.

(2) Durch die Satzung des Versicherungsträgers sind für die Fälle der Inanspruchnahme einer Ersatzleistung nach Abs. 1 nähere Bestimmungen über das Verfahren zur Feststellung des Versicherungsfalles, insbesondere des Beginnes und des Endes der durch die Krankheit verursachten Arbeitsunfähigkeit, zu treffen. Durch die Krankenordnung kann die Erstattung von Kosten der Krankenbehandlung ausgeschlossen werden, wenn der Versicherte in demselben Versicherungsfall einen Vertragspartner oder eine eigene Einrichtung (Vertragseinrichtung) des Versicherungsträgers in Anspruch nimmt.

(3) Bei im Inland eingetretenen Unfällen, plötzlichen Erkrankungen und ähnlichen Ereignissen kann die/der nächsterreichbare Ärztin/Arzt, Zahnärztin/Zahnarzt (Dentistin/Dentist) oder die nächsterreichbare Gruppenpraxis, erforderlichenfalls auch die nächsterreichbare Krankenanstalt in Anspruch genommen werden, falls eine/ein Vertragsärztin/Vertragsarzt, Vertragszahnärztin/Vertragszahnarzt (Vertragsdentistin/Vertragsdentist), eine Primärversorgungseinheit, eine Vertrags-Gruppenpraxis, eine Vertragskrankenanstalt oder eine eigene Einrichtung des Versicherungsträgers für die ärztliche Hilfe (Anstaltspflege) nicht rechtzeitig die notwendige Hilfe leisten kann. Darüber hinaus können nach Maßgabe der Satzung auch die notwendigen Reise(Fahrt)kosten übernommen werden. Für die weitere Behandlung ist, sofern der Versicherte nicht eine anderweitige Krankenbehandlung im Sinne des Abs. 1 in Anspruch nimmt, sobald wie möglich ein Vertragspartner (§ 338) oder eine eigene Einrichtung (Vertragseinrichtung) des Versicherungsträgers heranzuziehen, wenn der Zustand des Erkrankten (Verletzten) dies ohne Gefahr einer Verschlimmerung zuläßt.

(BGBl 1996/411, BGBl I 2001/99, BGBl I 2005/155, BGBl I 2017/131)

(4) Bergungskosten und die Kosten der Beförderung bis ins Tal werden bei Unfällen in Ausübung von Sport und Touristik nicht ersetzt.

(5) Für Leistungen eines approbierten Arztes (§ 44 Abs. 1 des Ärztegesetzes 1998) besteht nur dann Anspruch auf Kostenerstattung, wenn der Arzt gemäß Artikel 29 der Richtlinie 2005/36/EG, das Recht erworben hat, den ärztlichen Beruf als Arzt für Allgemeinmedizin im Rahmen eines Sozialversicherungssystems auszuüben.

(BGBl 1996/411, BGBl I 2001/99, BGBl I 2010/61, BGBl I 2014/32)

(6) Wenn die flächendeckende Versorgung der Versicherten durch Verträge nicht in ausreichendem Maße gesichert ist, so kann in der Satzung des Versicherungsträgers das Ausmaß des Ersatzes der Kosten der Krankenbehandlung gemäß Abs. 1 mit mehr als 80 vH, höchstens jedoch mit 100 vH des Betrages, der bei Inanspruchnahme der entsprechenden Vertragspartner des Versicherungsträgers von diesem aufzuwenden gewesen wäre, festgesetzt werden. Die flächendeckende Versorgung ist im Regelfall dann anzunehmen, wenn Gesamtverträge nach dem Sechsten Teil bestehen.

(BGBl 1996/764)

Kostenerstattung bei Fehlen vertraglicher Regelungen

§ 131a. Stehen Vertragsärztinnen/Vertragsärzte, Vertragszahnärztinnen/Vertragszahnärzte (Vertragsdentistinnen/Vertragsdentisten), Primärversorgungseinheiten oder Vertrags-Gruppenpraxen infolge des Fehlens einer Regelung durch Verträge (§ 338) nicht zur Verfügung oder sind nicht anwendbar (§ 342b Abs. 4), so hat der Versicherungsträger der/dem Versicherten für die außerhalb einer eigenen Einrichtung in Anspruch genommene Behandlung (den Zahnersatz) Kostenerstattung in der Höhe des Betrages zu leisten, der vor Eintritt des vertragslosen Zustandes bei Inanspruchnahme einer/eines Wahlärztin/Wahlarztes, Wahlzahnärztin/Wahlzahnarztes (Wahldentistin/Wahldentist) oder einer Wahl-Gruppenpraxis zu leisten gewesen wäre. Der Versicherungsträger kann diese Kostenerstattung durch die Satzung unter Bedachtnahme auf seine finanzielle Leistungsfähigkeit und das wirtschaftliche Bedürfnis der Versicherten erhöhen.

(BGBl I 2001/99, BGBl I 2005/155, BGBl I 2017/131)

Kostenzuschüsse bei Fehlen vertraglicher Regelungen

§ 131b. (1) Stehen andere Vertragspartner infolge Fehlens von Verträgen nicht zur Verfügung, so gilt § 131a mit der Maßgabe, daß in jenen Fällen, in denen noch keine Verträge für den Bereich einer Berufsgruppe bestehen, der Versicherungsträger den Versicherten die in der Satzung festgesetzten Kostenzuschüsse zu leisten hat. Der Versicherungsträger hat das Ausmaß dieser Zuschüsse unter Bedachtnahme auf seine finanzielle Leistungsfähigkeit und das wirtschaftliche Bedürfnis der Versicherten festzusetzen.

(2) Für eine als Krankenbehandlung erbrachte ambulante Tumorbehandlung durch eine punktförmige Bestrahlung des Tumors mit Protonen und/oder Kohlenstoffionen ist ein Zuschuss festzusetzen. Die Höhe des Zuschusses hat sich am Ausmaß der durchschnittlichen Kostentragung von ausländischen gesetzlichen Versicherungsträgern mit Sitz in einem Mitgliedstaat des Europäischen Wirtschaftsraumes für diese Behandlung zu orientieren, wenn diese Behandlung im betreffenden Staat ebenfalls ambulant erfolgt.

(BGBl I 2004/171)

Bare Leistungen an Stelle von Sachleistungen

§ 132. Die Träger der Krankenversicherung können in ihren Satzungen bestimmen, daß für Versicherte, deren Arbeitsverdienst einen in der Satzung festzusetzenden Betrag überschreitet, an Stelle der Sachleistungen bare Leistungen gewährt werden. Die Höhe der baren Leistungen darf 80 vH der dem Versicherten tatsächlich erwachsenen Kosten nicht überschreiten.

Abschnitt II
Leistungen im Besonderen

1. Unterabschnitt
Evidenzbasierte Früherkennung von und Frühintervention bei Krankheiten und sonstige Maßnahmen zur Erhaltung der Volksgesundheit

Jugendlichenuntersuchungen

§ 132a. (1) Die Träger der Krankenversicherung haben die bei ihnen pflichtversicherten Jugendlichen zwecks Überwachung ihres Gesundheitszustandes jährlich mindestens einmal einer ärztlichen Untersuchung zu unterziehen. Für die Durchführung der Untersuchung kommen insbesondere Vertragsärzte, Einrichtungen der Vertragsärzte und sonstiger Vertragspartner, Vertrags-Gruppenpraxen sowie eigene Einrichtungen in Betracht.

(BGBl I 2001/99)

(2) Als Jugendliche im Sinne des Abs. 1 gelten Personen nach Vollendung des 15. Lebensjahres, soweit sie aber das 15. Lebensjahr vor Beendigung der allgemeinen Schulpflicht vollendet haben, nach dem Ablauf des letzten Schuljahres, alle diese, solange sie das 18. Lebensjahr noch nicht vollendet haben.

(BGBl I 2002/140)

(3) Der Träger der Krankenversicherung hat dem Jugendlichen die im Zusammenhang mit der Untersuchung entstehenden Fahrtkosten nach Maßgabe der Bestimmungen des § 135 Abs. 4 zu ersetzen.

(4) (aufgehoben)

(BGBl I 2015/144)

(5) (aufgehoben)

(6) Der Hauptverband hat die nach seinen Richtlinien (§ 31 Abs. 5 Z 17) ausgewerteten Ergebnisse der Jugendlichenuntersuchungen unverzüglich nach deren Vorliegen den Bundesministerien für Gesundheit und Umweltschutz, für Handel, Gewerbe und Industrie, für Land- und Forstwirtschaft sowie für soziale Verwaltung bekanntzugeben.

(BGBl I 1998/138)

(6)[a] Der Dachverband hat die nach seinen Richtlinien (§ 30a Abs. 1 Z 18) ausgewerteten Ergebnisse der Jugendlichenuntersuchungen unverzüglich nach deren Vorliegen dem Bundesministerium für Arbeit, Soziales, Gesundheit und Konsumentenschutz und den Bundesministerien für Digitalisierung und Wirtschaftsstandort sowie für Nachhaltigkeit und Tourismus bekanntzugeben.

(BGBl I 1998/138, BGBl I 2018/100)

[a] Tritt mit 1. Jänner 2020 in Kraft.

Vorsorge(Gesunden)untersuchungen

§ 132b. (1) Die Versicherten haben für sich und ihre Angehörigen (§ 123) Anspruch auf jährlich eine Vorsorge(Gesunden)untersuchung.

(2) Der Dachverband[a] hat die Durchführung dieser Vorsorge(Gesunden)untersuchungen durch Richtlinien zu regeln; in diesen Richtlinien sind unter Berücksichtigung des Fortschrittes der medizinischen Wissenschaft sowie der vom Bundesministerium für Gesundheit und Umweltschutz jeweils als besonders vordringlich erklärten Maßnahmen zur Erhaltung der Volksgesundheit die Untersuchungsziele und der Kreis der für die Untersuchung in Betracht kommenden Personen festzulegen. Bei der Festlegung der Untersuchungsziele ist darauf Bedacht zu nehmen, daß die Vorsorge(Gesunden)untersuchungen insbesondere der Früherkennung von Volkskrankheiten, wie Krebs, Diabetes, Herz- und Kreislaufstörungen, zu dienen haben. Für die Durchführung der Untersuchungen kommen unter Bedachtnahme auf das Untersuchungsziel insbesondere Vertragsärzte, Einrichtungen der Vertragsärzte und sonstiger Vertragspartner, Vertrags-Gruppenpraxen sowie eigene Einrichtungen in Betracht. Die Träger der Krankenversicherung können überdies dafür Vorsorge treffen, daß Vorsorge(Gesunden)-untersuchungen im Einvernehmen mit dem in Betracht kommenden Dienstgeber (Träger der Ausbildungsstätte) und dem in Betracht kommenden Organ der Betriebsvertretung auch in den Arbeits- oder Ausbildungsstätten der Versicherten durchgeführt werden können.

(BGBl I 2001/99, BGBl I 2018/100)

[a] Bis 31. Dezember 2019 „Hauptverband".

(3) (aufgehoben)

(4) § 132a Abs. 6 gilt mit der Maßgabe, daß die Ergebnisse der Vorsorge(Gesunden)untersuchungen den Bundesministerien für Gesundheit und Umweltschutz sowie für soziale Verwaltung bekanntzugeben sind.

(4)[a] § 132a Abs. 6 gilt mit der Maßgabe, dass die Ergebnisse der Vorsorge(Gesunden)untersuchungen dem Bundesministerium für Arbeit, Soziales, Gesundheit und Konsumentenschutz bekanntzugeben sind.

(BGBl I 2018/100)

[a] Tritt mit 1. Jänner 2020 in Kraft.

(5) Die im Zusammenhang mit den Vorsorge(Gesunden)untersuchungen entstehenden Fahrtkosten sind nach Maßgabe der Bestimmungen des § 135 Abs. 4 zu ersetzen.

(6) Die Träger der Krankenversicherung haben auch für Personen, die ihren Wohnsitz oder gewöhnlichen Aufenthalt im Inland haben und für die nicht bereits auf Grund einer Pflichtversicherung oder einer freiwilligen Versicherung nach diesem oder einem anderen Bundesgesetz ein Anspruch auf diese Leistung besteht und diese auch nicht durch eine Krankenfürsorgeeinrichtung (§ 2 Abs. 1 Z 2 B-KUVG) gewährt wird, Vorsorge(Gesunden)untersuchungen vorzunehmen. Dies gilt nicht für Personen, für die aufgrund der Verordnung (EG) Nr. 883/2004 und/oder eines zwischenstaatlichen Abkommens ein anderer Staat für die Durchführung der Krankenversicherung zuständig ist. Der Bund hat den tatsächlich entstandenen nachgewiesenen Aufwand der Krankenversicherung an derartigen Untersuchungskosten zu ersetzen und dem Dachverband[a] zu überweisen. Wenn dies der Verwaltungsvereinfachung dient, so kann der Ersatz des Bundes durch einen Pauschbetrag abgegolten werden, der vom Bundesminister für Gesundheit unter Bedachtnahme auf die Zahl der von den einzelnen Trägern der Krankenversicherung vorzunehmenden Untersuchungen und die durchschnittlichen Kosten der Untersuchungen festzusetzen ist. Der Dachverband[a] hat diesen Betrag auf die von dem genannten Personenkreis in Anspruch genommenen Träger der Krankenversicherung im Verhältnis der Inanspruchnahme durch diesen Personenkreis aufzuteilen. Im übrigen sind auf diese Vorsorge(Gesunden)untersuchungen die Bestimmungen der Abs. 2 bis 4 entsprechend mit der Maßgabe anzuwenden, daß die Personen, für die nicht bereits auf Grund einer Pflicht- oder freiwilligen Versicherung ein Anspruch auf diese Leistung besteht, gegenüber den untersuchenden Stellen bei der Durchführung der Vorsorge(Gesunden)untersuchungen den Versicherten bzw. ihren Angehörigen (§ 123) gleichgestellt sind.

(BGBl I 2015/144, BGBl I 2018/100)

[a] Bis 31. Dezember 2019 „Hauptverband".

Sonstige Maßnahmen zur Erhaltung der Volksgesundheit

§ 132c. (1) Maßnahmen zur Erhaltung der Volksgesundheit sind insbesondere

1. humangenetische Vorsorgemaßnahmen insbesondere durch genetische Familienberatung, pränatale Diagnose und zytogenetische Untersuchungen;

2. Impfung (aktive Immunisierung) gegen die Frühsommermeningoencephalitis;
3. sonstige vordringliche Maßnahmen zur Erhaltung der Volksgesundheit;

(BGBl I 2007/31)

4. Impfung gegen Influenza mit dem Influenzapandemieimpfstoff, wenn und solange die Weltgesundheitsorganisation (WHO) eine Influenzapandemie ausgerufen hat.

(BGBl I 2007/31)

(2) Die Bundesministerin für Gesundheit, Familie und Jugend kann unter Bedachtnahme auf den Fortschritt der medizinischen Wissenschaft durch Verordnung festlegen:

1. sonstige vordringliche Maßnahmen im Sinne des Abs. 1 Z 3;
2. das Ziel der im Abs. 1 Z 1 bis 3 bezeichneten Maßnahmen sowie den Kreis der hiefür in Betracht kommenden Personen.

(BGBl I 2007/31)

(3) Die Durchführung der in Abs. 1 Z 1 und 4 bezeichneten Maßnahmen ist den Trägern der Krankenversicherung übertragen. Hinsichtlich der Maßnahmen nach Abs. 1 Z 2 und 3 hat die Bundesministerin für Gesundheit, Familie und Jugend den Trägern der Krankenversicherung nach Anhörung des Dachverbandes[a)] durch Verordnung die Mitwirkung durch Leistung eines Kostenzuschusses zu übertragen. Hiebei ist auf die sonstigen Leistungen der Träger der Krankenversicherung Bedacht zu nehmen. Die Höhe des Kostenzuschusses ist in der Satzung des Trägers der Krankenversicherung unter Bedachtnahme auf seine finanzielle Leistungsfähigkeit zu regeln. § 132b Abs. 2 vorletzter Satz gilt entsprechend. Die Durchführung einer Maßnahme nach Abs. 1 Z 4 gilt als Krankenbehandlung und ist Inhalt der Gesamtverträge (§ 342). § 132b Abs. 2 letzter Satz ist anzuwenden. Die §§ 136 Abs. 2 und 350 sind mit der Maßgabe anzuwenden, dass neben die Apotheken und die hausapothekenführenden Ärzte auch andere nach Vorschriften auf dem Gebiet des Arzneimittelwesens vorgesehene abgebende Stellen treten können. § 136 Abs. 4 gilt nicht.

(BGBl I 2007/31, BGBl I 2018/100)

a) Bis 31. Dezember 2019 „Hauptverbandes“.

(4) Die Ergebnisse der sonstigen Maßnahmen zur Erhaltung der Volksgesundheit sind auf Verlangen dem Bundesministerium für Gesundheit, Familie und Jugend bekannt zu geben.

(BGBl I 2007/31)

(5) Die im Zusammenhang mit der Durchführung der Maßnahmen entstehenden Fahrtkosten sind nach Maßgabe der Bestimmungen des § 135 Abs. 4 zu ersetzen.

(6) § 132b Abs. 6 findet bei der Durchführung der sonstigen Maßnahmen zur Erhaltung der Volksgesundheit entsprechend Anwendung.

2. Unterabschnitt
Krankenbehandlung

Umfang der Krankenbehandlung

§ 133. (1) Die Krankenbehandlung umfaßt:

1. ärztliche Hilfe;
2. Heilmittel;
3. Heilbehelfe.

(2) Die Krankenbehandlung muß ausreichend und zweckmäßig sein, sie darf jedoch das Maß des Notwendigen nicht überschreiten. Durch die Krankenbehandlung sollen die Gesundheit, die Arbeitsfähigkeit und die Fähigkeit, für die lebenswichtigen persönlichen Bedürfnisse zu sorgen, nach Möglichkeit wiederhergestellt, gefestigt oder gebessert werden. Die Leistungen der Krankenbehandlung werden, soweit in diesem Bundesgesetz nichts anderes bestimmt wird, als Sachleistungen erbracht.

(3) Kosmetische Behandlungen gelten als Krankenbehandlung, wenn sie zur Beseitigung anatomischer oder funktioneller Krankheitszustände dienen. Andere kosmetische Behandlungen können als freiwillige Leistungen gewährt werden, wenn sie der vollen Wiederherstellung der Arbeitsfähigkeit förderlich oder aus Berufsgründen notwendig sind. Als Leistung der Krankenbehandlung gilt auch die Übernahme der für eine Organtransplantation notwendigen Anmelde- und Registrierungskosten bei einer Organbank.

(4) Für Angehörige, die sonst einen gesetzlichen Anspruch auf Krankenbehandlung haben, besteht kein Anspruch auf die Leistungen der Krankenbehandlung nach diesem Bundesgesetz.

(5) Befindet sich ein Versicherter (Angehöriger) in Anstaltspflege, so besteht für diese Zeit kein Anspruch auf Leistungen der Krankenbehandlung, soweit die entsprechenden Leistungen nach dem Bundesgesetz über Krankenanstalten und Kuranstalten, im Rahmen der Anstaltspflege zu gewähren sind.

(BGBl I 2010/61)

Dauer der Krankenbehandlung

§ 134. (1) Die Krankenbehandlung wird während der Versicherung für die Dauer der Krankheit ohne zeitliche Begrenzung gewährt.

(2) Besteht die Notwendigkeit der Krankenbehandlung für eine Erkrankung, die vor dem Ende der Versicherung oder vor dem Ende des Anspruches auf eine der im § 122 Abs. 2 Z 1 genannten Leistungen eingetreten ist, über diesen Zeitpunkt hinaus, so wird für diese Erkrankung, solange es sich um ein und denselben Versicherungsfall handelt, die Krankenbehandlung ohne zeitliche Begrenzung gewährt.

(3) Für Versicherungsfälle, die nach dem Ende der Versicherung eintreten, sind die Leistungen der Krankenbehandlung sowie der chirurgischen und konservierenden Zahnbehandlung an die im § 122 Abs. 2 Z 2 bis 4 und Abs. 3a bezeichneten Perso-

nen, auch für deren Familienangehörige, längstens durch 26 Wochen zu gewähren.

(BGBl 1996/201, BGBl I 2007/101, BGBl I 2009/84)

Ärztliche Hilfe

§ 135. (1) Die ärztliche Hilfe wird durch Vertragsärztinnen/Vertragsärzte, durch Vertrags-Gruppenpraxen, Wahlärztinnen/Wahlärzte, Wahl-Gruppenpraxen sowie in eigenen Einrichtungen oder Vertragseinrichtungen der Versicherungsträger gewährt. Im Rahmen der Krankenbehandlung (§ 133 Abs. 2) ist der ärztlichen Hilfe gleichgestellt:

1. eine auf Grund ärztlicher Verschreibung erforderliche
   a) physiotherapeutische,
   b) logopädisch-phoniatrisch-audiologische oder
   c) ergotherapeutische

   Behandlung durch Personen, die gemäß § 7 des Bundesgesetzes über die Regelung der gehobenen medizinisch-technischen Dienste, BGBl. Nr. 460/1992, zur freiberuflichen Ausübung des physiotherapeutischen Dienstes, des logopädisch-phoniatrisch-audiologischen Dienstes bzw. des ergotherapeutischen Dienstes berechtigt sind;
2. eine auf Grund ärztlicher Verschreibung oder psychotherapeutischer Zuweisung erforderliche diagnostische Leistung eines klinischen Psychologen oder einer klinischen Psychologin nach § 29 Abs. 1 des Psychologengesetzes 2013, BGBl. Nr. 182/2013;

   (BGBl I 2015/162)
3. eine psychotherapeutische Behandlung durch Personen, die gemäß § 11 des Psychotherapiegesetzes, BGBl. Nr. 361/1990, zur selbständigen Ausübung der Psychotherapie berechtigt sind, wenn nachweislich vor oder nach der ersten, jedenfalls vor der zweiten psychotherapeutischen Behandlung innerhalb desselben Abrechnungszeitraumes eine ärztliche Untersuchung (§ 2 Abs. 2 Z 1 des Ärztegesetzes 1998) stattgefunden hat;

   (BGBl I 2001/99, BGBl I 2002/169)
4. eine auf Grund ärztlicher Verschreibung erforderliche Leistung eines Heilmasseurs, der nach § 46 des Medizinischer Masseur- und Heilmasseurgesetzes, BGBl. I Nr. 169/2002, zur freiberuflichen Berufsausübung berechtigt ist.

   (BGBl I 2002/169)

(BGBl I 2001/99, BGBl I 2017/131)

(2) In der Regel soll die Auswahl zwischen mindestens zwei zur Behandlung berufenen, für den Erkrankten in angemessener Zeit erreichbaren Ärzten oder Gruppenpraxen freigestellt sein. Bestehen bei einem Versicherungsträger eigene Einrichtungen für die Gewährung der ärztlichen Hilfe oder wird diese durch Vertragseinrichtungen gewährt, muß die Wahl der Behandlung zwischen einer dieser Einrichtungen und einem oder mehreren Vertragsärzten (Wahlärzten) bzw. einer oder mehreren Vertrags-Gruppenpraxen (Wahl-Gruppenpraxen) unter gleichen Bedingungen freigestellt sein. Insoweit Zuzahlungen zu den Leistungen vorgesehen sind, müssen diese in den Ambulatorien, bei den freiberuflich tätigen Vertragsärzten und in den Vertrags-Gruppenpraxen gleich hoch sein.

(BGBl I 2001/99)

(3) Bei der Inanspruchnahme ärztlicher Hilfe durch eine Vertragsärztin oder einen Vertragsarzt, in einer Primärversorgungseinheit, einer Vertrags-Gruppenpraxis oder in eigenen Einrichtungen oder Vertragseinrichtungen des Versicherungsträgers hat die/der Erkrankte die innerhalb des ELSY zu verwendende e-card vorzulegen. Für die e-card ist ein Service-Entgelt nach § 31c zu entrichten.

(BGBl 1996/411, BGBl 1996/764, BGBl I 1998/138, BGBl I 2001/67, BGBl I 2002/140, BGBl I 2003/71, BGBl I 2004/171, BGBl I 2005/71, BGBl I 2017/131)

(3a) Bei Inanspruchnahme ärztlicher Hilfe hat der (die) Versicherte einen Kostenbeitrag nach Maßgabe der Verordnung nach § 31 Abs. 5a zu leisten.

(BGBl I 2003/71)

(3a)[a)] Bei Inanspruchnahme ärztlicher Hilfe hat der (die) Versicherte einen Kostenbeitrag nach Maßgabe der Verordnung nach § 31 zu leisten.

(BGBl I 2003/71, BGBl I 2018/100)

---
a) Tritt mit 1. Jänner 2020 in Kraft.

(4) Im Falle der Notwendigkeit der Inanspruchnahme ärztlicher Hilfe kann der Ersatz der Reise(Fahrt)kosten gewährt werden. Bei der Festsetzung des Ausmaßes des Kostenersatzes bzw. eines allfälligen Kostenanteiles des Versicherten ist auf die örtlichen Verhältnisse und auf den dem Versicherten für sich bzw. seinen Angehörigen bei Benützung des billigsten öffentlichen Verkehrsmittels erwachsenden Reisekostenaufwand Bedacht zu nehmen; dies gilt auch bei Benützung eines Privatfahrzeuges. Die Satzung kann überdies bestimmen, daß nach diesen Grundsätzen festgestellte Reise(Fahrt)kosten bei Kindern und gebrechlichen Personen auch für eine Begleitperson gewährt werden. Die tatsächliche Inanspruchnahme der Behandlungsstelle ist in jedem Fall nachzuweisen.

(BGBl 1996/411, BGBl I 2017/110)

(5) Die Satzung bestimmt unter Bedachtnahme auf Abs. 4, unter welchen Voraussetzungen für gehunfähig erkrankte Versicherte und Angehörige der Transport mit einem Krankentransportwagen zur Inanspruchnahme ärztlicher Hilfe sowie der Ersatz der Kosten für die Inanspruchnahme eines Lohnfuhrwerkes bzw. privaten Kraftfahrzeuges gewährt werden können. Die medizinische Notwendigkeit eines solchen Transportes muß ärztlich bescheinigt sein.

(BGBl 1996/411)

(6) In den Fällen der Inanspruchnahme einer Leistung eines Psychotherapeuten (Abs. 1 Z 3) hat der (die) Versicherte an den Vertragspartner für Rechnung des Versicherungsträgers einen Behandlungsbeitrag in der Höhe von 20% des jeweiligen Vertragshonorares zu zahlen, wenn Gesamtverträge nach § 349 Abs. 2 bestehen.

(BGBl I 2000/92, BGBl I 2001/33, BGBl I 2001/99)

Behandlungsbeitrag – Ambulanz

§ 135a. (aufgehoben)

(BGBl I 2003/71)

Heilmittel

§ 136. (1) Die Heilmittel umfassen

a) die notwendigen Arzneien und

b) die sonstigen Mittel, die zur Beseitigung oder Linderung der Krankheit oder zur Sicherung des Heilerfolges dienen.

(2) Die Kosten der Heilmittel werden vom Träger der Krankenversicherung durch Abrechnung mit den Apotheken übernommen.

(3) Für jedes auf einem Rezept verordnete und auf Rechnung des Versicherungsträgers bezogene Heilmittel ist, soweit im Folgenden nichts anderes bestimmt wird, eine Rezeptgebühr in der Höhe von 4,35 €[a] zu zahlen. An die Stelle dieses Betrages tritt ab 1. Jänner eines jeden Jahres der unter Bedachtnahme auf § 108 Abs. 6 mit der jeweiligen Aufwertungszahl (§ 108a Abs. 1) vervielfachte Betrag. Der vervielfachte Betrag ist auf fünf Cent zu runden. Die Rezeptgebühr ist bei Abgabe des Heilmittels an die abgebende Stelle auf Rechnung des Versicherungsträgers zu zahlen. Die Zahlung ist von dieser Stelle auf dem Rezept zu vermerken.

(BGBl 1993/335, BGBl 1996/411, BGBl 1996/764, BGBl I 2000/92, BGBl I 2001/33, BGBl I 2001/67, BGBl I 2003/145, BGBl I 2004/142, BGBl I 2004/156)

[a] Betrag siehe VO über veränderliche Werte.

(4) Bei anzeigepflichtigen übertragbaren Krankheiten darf eine Rezeptgebühr nicht eingehoben werden. Der Versicherungsträger hat für diese Fälle besondere Rezeptvordrucke aufzulegen, die mit dem Vermerk rezeptgebührenfrei zu versehen sind.

(5) Der Versicherungsträger hat bei Vorliegen einer besonderen sozialen Schutzbedürftigkeit des Versicherten nach Maßgabe der vom Dachverband[a] hiezu erlassenen Richtlinien von der Einhebung der Rezeptgebühr abzusehen.

(BGBl I 2018/100)

[a] Bis 31. Dezember 2019 „Hauptverband".

(6) Der Versicherungsträger hat von der Einhebung der Rezeptgebühr auch bei Erreichen der in den Richtlinien des Hauptverbandes gemäß § 31 Abs. 5 Z 16 vorgesehenen Obergrenze abzusehen.

(BGBl I 2007/101)

(6)[a] Der Versicherungsträger hat von der Einhebung der Rezeptgebühr auch bei Erreichen der in den Richtlinien nach § 30a Abs. 1 Z 15 vorgesehenen Obergrenze abzusehen.

(BGBl I 2007/101, BGBl I 2018/100)

[a] Tritt mit 1. Jänner 2020 in Kraft.

Heilbehelfe

§ 137. (1) Brillen, orthopädische Schuheinlagen, Bruchbänder und sonstige notwendige Heilbehelfe sind dem Versicherten für sich und seine Angehörigen in einfacher und zweckentsprechender Ausführung nach Maßgabe der folgenden Bestimmungen zu gewähren.

(2) Die Kosten der Heilbehelfe werden vom Versicherungsträger nur dann übernommen, wenn sie höher sind als 20% der Höchstbeitragsgrundlage (§ 108 Abs. 3). 10% der Kosten, gerundet auf Cent, mindestens jedoch 20% der Höchstbeitragsgrundlage, sind vom Versicherten zu tragen.

(BGBl 1993/335, BGBl I 2001/67)

(2a) Die Kosten für Brillen und Kontaktlinsen werden vom Versicherungsträger nur dann übernommen, wenn sie höher sind als 60 % der Höchstbeitragsgrundlage (§ 108 Abs. 3); bei Leistungen für Angehörige nach § 123 Abs. 2 Z 2 bis 6 und Abs. 4 ist Abs. 2 anzuwenden. 10 % der Kosten, gerundet auf Cent, mindestens jedoch 60 % der Höchstbeitragsgrundlage (20 % der Höchstbeitragsgrundlage bei Leistungen für Angehörige nach § 123 Abs. 2 Z 2 bis 6 und Abs. 4), sind vom Versicherten/von der Versicherten zu tragen. Die Kosten für Dreistärkengläser (Gleitsicht- und Trifokalgläser) werden nicht übernommen.

(BGBl I 2004/156)

(3) Abs. 2 gilt nicht für ständig benötigte Heilbehelfe, die nur einmal oder nur kurzfristig verwendet werden können und daher in der Regel mindestens einmal im Monat erneuert werden müssen. 10 vH der Kosten für solche Heilbehelfe sind vom Versicherten zu tragen.

(4) Der Versicherungsträger hat auch die sonst vom Versicherten gemäß Abs. 2 und 2a jeweils erster Satz zu tragenden Kosten bzw. den sonst vom Versicherten gemäß Abs. 2 und 2a jeweils zweiter Satz oder Abs. 3 zweiter Satz zu tragenden Kostenanteil zu übernehmen:

a) bei Versicherten (Angehörigen), die das 15. Lebensjahr noch nicht vollendet haben bzw. für die ohne Rücksicht auf das Lebensalter Anspruch auf die erhöhte Familienbeihilfe im Sinne des § 8 Abs. 4 bis 7 des Familienlastenausgleichsgesetzes 1967, BGBl. Nr. 376, besteht und

b) bei Vorliegen einer besonderen sozialen Schutzbedürftigkeit des Versicherten im Sinne des § 136 Abs. 5.

(BGBl I 2004/156)

(5) Das Ausmaß der vom Versicherungsträger zu übernehmenden Kosten darf einen durch die Satzung festzusetzenden Höchstbetrag nicht über-

steigen; die Satzung kann diesen Höchstbetrag einheitlich oder für bestimmte Arten von Heilbehelfen in unterschiedlicher Höhe, höchstens jedoch mit dem 10fachen der Höchstbeitragsgrundlage (§ 108 Abs. 3) festsetzen. In den Fällen des Abs. 3 gilt der Höchstbetrag für den Monatsbedarf.

(BGBl I 2001/67)

(6) Die Krankenordnung kann eine Gebrauchsdauer für Heilbehelfe festsetzen. Die Gebrauchsdauer darf für Brillen drei Jahre nicht unterschreiten.

(BGBl I 2004/156)

(7) Der Versicherungsträger hat auch die Kosten der Instandsetzung notwendiger Heilbehelfe zu übernehmen, wenn eine Instandsetzung zweckentsprechend ist. Die Abs. 2, 4 und 5 gelten entsprechend.

(8) Heilbehelfe, die nur vorübergehend gebraucht werden und die nach ihrer Art ohne gesundheitliche Gefahr von mehreren Personen benützt werden können, können auch leihweise entweder vom Versicherungsträger selbst oder durch Vertragspartner für Rechnung des Versicherungsträgers durch Übernahme der Leihgebühr zur Verfügung gestellt werden. Wird ein solcher Heilbehelf nicht vom Versicherungsträger oder von einem Vertragspartner entliehen, kann für die angefallenen Leihgebühren ein Kostenersatz bis zur Höhe des mit den Vertragspartnern vereinbarten Tarifes geleistet werden. Abs. 2 gilt in diesen Fällen nicht.

(9) Für die Übernahme von Reise(Fahrt)- bzw. Transportkosten, die im Zusammenhang mit der körpergerechten Anpassung von Heilbehelfen erwachsen, gilt § 135 Abs. 4 und 5 entsprechend.

3. Unterabschnitt
Krankengeld

Anspruchsberechtigung

§ 138. (1) Pflichtversicherte, sowie aus der Pflichtversicherung ausgeschiedene nach § 122 Anspruchsberechtigte, diese jedoch nur bei Eintritt des Versicherungsfalles innerhalb der ersten drei Wochen dieser Anspruchsberechtigung, haben aus dem Versicherungsfall der Arbeitsunfähigkeit infolge Krankheit vom vierten Tag der Arbeitsunfähigkeit an Anspruch auf Krankengeld. § 122 Abs. 2 Z 2 letzter Satz ist nicht anzuwenden.

(BGBl I 2006/131, BGBl I 2010/61, BGBl I 2015/162)

(2) Vom Anspruch auf Krankengeld sind ausgeschlossen:

(BGBl I 2018/54)

a) Lehrlinge ohne Entgelt,

b) die gemäß § 4 Abs. 1 Z 3 pflichtversicherten, nicht als Dienstnehmer beschäftigten Personen sowie die gemäß § 4 Abs. 1 Z 4 und 5 und gemäß § 7 Z 1 lit. e pflichtversicherten, in Ausbildung stehenden Personen ohne Bezüge;

c) in der Krankenversicherung der Pensionisten Bezieher einer Pension aus der Pensionsversicherung gemäß § 8 Abs. 1 Z 1;

d) gemäß § 9 in die Krankenversicherung einbezogene Personen;

e) die nach § 4 Abs. 1 Z 11 und § 8 Abs. 1 Z 4a pflichtversicherten Personen;

(BGBl I 1997/139, BGBl I 2012/17, BGBl I 2015/144)

f) die nach § 8 Abs. 1 Z 1 lit. d Teilversicherten;

(BGBl 1996/201, BGBl 1996/201, BGBl 1996/411, BGBl I 1997/139, BGBl I 2001/103, BGBl I 2007/101, BGBl I 2013/3)

g) die nach § 8 Abs. 1 Z 1 lit. f Teilversicherten;

(BGBl I 2001/103, BGBl I 2013/137)

h) die nach § 8 Abs. 1 Z 5 Teilversicherten;

(BGBl I 2013/137)

i) die nach § 8 Abs. 1 Z 1 lit. g Teilversicherten.

(BGBl I 2016/53, BGBl I 2018/54)

j) (aufgehoben)

(BGBl I 2017/30, BGBl I 2018/54)

(3) Nach Abs. 1 Anspruchsberechtigte, die Pflichtmitglieder der Tierärztekammern und die der Österreichischen Zahnärztekammer angehörenden Dentisten/Dentistinnen haben den Beginn der Arbeitsunfähigkeit infolge Krankheit dem Versicherungsträger innerhalb einer Woche zu melden. Die Meldung der Arbeitsunfähigkeit durch den behandelnden Arzt oder durch eine Krankenanstalt ist der Meldung durch den Anspruchsberechtigten gleichzuhalten.

(BGBl I 2005/155)

Dauer des Krankengeldanspruches

§ 139. (1) Krankengeldanspruch besteht für ein und denselben Versicherungsfall bis zur Dauer von 26 Wochen, auch wenn während dieser Zeit zu der Krankheit, die die Arbeitsunfähigkeit zuerst verursachte, eine neue Krankheit hinzugetreten ist. Wenn der (die) Anspruchsberechtigte innerhalb der letzten zwölf Monate vor dem Eintritt des Versicherungsfalles mindestens sechs Monate in der Krankenversicherung versichert war, verlängert sich für diese Personen, ausgenommen für die nach § 122 Abs. 2 Z 2 und 3 Anspruchsberechtigten, die Dauer auf bis zu 52 Wochen.

(BGBl 1996/411, BGBl I 2012/123)

(2) Durch die Satzung kann die Höchstdauer des Krankengeldanspruches bis auf 78 Wochen erhöht werden.

(2a) Personen in einem aufrechten Dienstverhältnis, bei denen die Höchstdauer ihres Krankengeldanspruches abgelaufen ist, die einen ablehnenden Bescheid des Pensionsversicherungsträgers über eine beantragte Invaliditäts- oder Berufsunfähigkeitspension erhalten haben und keinen Anspruch auf Rehabilitationsgeld haben, ist Krankengeld in der zuletzt bezogenen Höhe ab dessen Antragstellung beim Krankenversicherungsträger und längstens bis zur rechtskräftigen Beendigung des Verfahrens vor den ordentlichen Gerichten zu gewähren, jedoch nur solange die Arbeitsunfähigkeit infolge Krankheit andauert. Wird die Pension rückwirkend zuerkannt, so ist dieses für denselben Zeitraum vom Krankenversicherungsträger geleistete Krankengeld von den Pensionsversicherungsträgern zu ersetzen.

(BGBl I 2015/162)

(2b) Durch die Satzung kann Personen, bei denen die Höchstdauer ihres Krankengeldanspruches abgelaufen und noch kein neuer Krankengeldanspruch entstanden ist, für die Dauer notwendiger, unaufschiebbarer stationärer Aufenthalte (Krankenhaus- sowie Rehabilitationsaufenthalte im Anschlussheilverfahren) ein Krankengeld in der zuletzt bezogenen Höhe gewährt werden.

(BGBl I 2015/162)

(3) Entsteht nach Wegfall des Krankengeldanspruches vor Ablauf der Höchstdauer neuerlich, und zwar innerhalb von 13 Wochen, infolge der Krankheit, für die der weggefallene Krankengeldanspruch bestanden hat, ein Anspruch auf Krankengeld, so werden die Anspruchszeiten für diese Krankheitsfälle zur Feststellung der Höchstdauer zusammengerechnet; die neuerliche mit Arbeitsunfähigkeit verbundene Erkrankung gilt als Fortsetzung der vorausgegangenen Erkrankung. Für Bezieher/innen einer Leistung nach dem AlVG, dem ÜHG und dem AMSG gebührt das Krankengeld auch diesfalls erst ab dem vierten Tag der Arbeitsunfähigkeit infolge Krankheit.

(BGBl I 2007/101)

(4) Ist mit dem Wegfall des Krankengeldanspruches die Höchstdauer abgelaufen, so kann ein neuer Anspruch auf Krankengeld infolge der Krankheit, für die der weggefallene Krankengeldanspruch bestanden hat, erst wieder entstehen, wenn der Erkrankte in der Zwischenzeit durch mindestens 13 Wochen in einer den Anspruch auf Krankengeld eröffnenden gesetzlichen Krankenversicherung oder durch mindestens 52 Wochen in einer sonstigen gesetzlichen Krankenversicherung versichert war. Liegen Zeiten einer den Anspruch auf Krankengeld eröffnenden gesetzlichen Krankenversicherung und einer sonstigen gesetzlichen Krankenversicherung vor, so entsteht ein neuer Anspruch, wenn die Zusammenrechnung dieser Zeiten 13 Wochen ergibt, wobei Zeiten einer sonstigen gesetzlichen Krankenversicherung mit einem Viertel der tatsächlich zurückgelegten Dauer zu berücksichtigen sind.

(5) Die Dauer des Anspruches auf Krankengeld gemäß Abs. 1 erster Satz wird durch das Entstehen eines Anspruches auf Pension aus dem Versicherungsfall des Alters oder aus einem Versicherungsfall der geminderten Arbeitsfähigkeit oder eine Versehrtenrente aus der Unfallversicherung nicht berührt.

(BGBl 1996/411)

(6) Der Krankenversicherungsträger ist verpflichtet, die versicherte Person sechs Wochen vor Ablauf der Höchstdauer des Krankengeldanspruches über den bevorstehenden Wegfall dieses Anspruches und die sozialversicherungsrechtlichen Möglichkeiten in der Folge zu informieren. Gleichzeitig hat er eine Abschrift dieser Information dem zuständigen Pensionsversicherungsträger zu übermitteln.

(BGBl I 2013/139)

Anrechnung von Zeiten auf die Höchstdauer des Krankengeldanspruches

§ 140. Zeiten, für die der Anspruch auf Krankengeld gemäß § 89 oder gemäß § 143 Abs. 1 Z 1, Z 3 zweiter Halbsatz und Z 4 sowie Abs. 6 ruht, sind auf die Höchstdauer gemäß § 139 anzurechnen.

(BGBl 1996/411)

Höhe des Krankengeldes

§ 141. (1) Als gesetzliche Mindestleistung wird das Krankengeld im Ausmaß von 50 vH der Bemessungsgrundlage für den Kalendertag gewährt.

(2) Ab dem 43. Tag einer mit Arbeitsunfähigkeit verbundenen Erkrankung erhöht sich das Krankengeld auf 60 vH der Bemessungsgrundlage für den Kalendertag.

(3) Als satzungsmäßige Mehrleistung kann das Krankengeld von einem durch die Satzung zu bestimmenden Zeitpunkt an erhöht werden, wenn der Versicherte Angehörige im Sinne des § 123 Abs. 2, 4, 7 oder 8 hat, die sich gewöhnlich im Inland aufhalten; eine Erhöhung gebührt nicht für einen Angehörigen, der aus selbständiger oder unselbständiger Erwerbstätigkeit, aus einem Lehr- oder Ausbildungsverhältnis oder auf Grund des Bezuges von Geldleistungen aus der Sozialversicherung, ausgenommen von Einkünften, die wegen des besonderen körperlichen Zustandes gewährt werden, ein Einkommen von mehr als 355,01 €[a)] monatlich bezieht. An die Stelle dieses Betrages tritt ab 1. Jänner eines jeden Jahres der unter Bedachtnahme auf § 108 Abs. 6 mit der jeweiligen Aufwertungszahl (§ 108a Abs. 1) vervielfachte Betrag.

(BGBl 1993/110, BGBl 1993/335, BGBl I 2001/67, BGBl I 2004/142)

[a)] Betrag siehe VO über veränderliche Werte.

(4) Das Gesamtausmaß des erhöhten Krankengeldes darf 75 vH der Bemessungsgrundlage nicht übersteigen.

(5) Abweichend von den Abs. 1 bis 4 gebührt das Krankengeld den gemäß § 19a Abs. 6 als Pflichtversicherte geltenden Selbstversicherten im Ausmaß von 106,39 €[a)] für den Kalendermonat. Für den Kalendertag gebührt der dreißigste Teil dieses Betrages. An die Stelle des Betrages von 106,39 € tritt ab 1. Jänner eines jeden Jahres der unter Bedachtnahme auf § 108 Abs. 6 mit der je-

weiligen Aufwertungszahl (§ 108a Abs. 1) vervielfachte Betrag.

(BGBl I 1998/138, BGBl I 2001/67, BGBl I 2004/142)

---

a) Betrag siehe VO über veränderliche Werte.

Versagung des Krankengeldes

§ 142. (1) Das Krankengeld gebührt nicht für die Dauer der Arbeitsunfähigkeit infolge einer Krankheit,

1. die sich der (die) Versicherte durch schuldhafte Beteiligung an einem Raufhandel zugezogen hat, sofern er (sie) nach § 91 StGB rechtskräftig verurteilt wurde, oder
2. die sich als unmittelbare Folge von Trunkenheit oder Missbrauch von Suchtgiften erweist.

(BGBl I 2002/140)

(2) In den Fällen des Abs. 1 gebührt den im Inland wohnenden bedürftigen Angehörigen in der im § 123 aufgezählten Reihenfolge, wenn ihr Unterhalt mangels anderweitiger Versorgung vorwiegend vom Versicherten bestritten wurde und sie an der Ursache der Versagung nicht schuldhaft beteiligt waren, die Hälfte des Krankengeldes, das dem Versicherten gebührt hätte.

Ruhen des Krankengeldanspruches

§ 143. (1) Der Anspruch auf Krankengeld ruht:

1. solange die Arbeitsunfähigkeit dem Versicherungsträger nicht gemeldet ist,
2. (aufgehoben)
3. solange der Versicherte auf Grund gesetzlicher oder vertraglicher Bestimmungen Anspruch auf Weiterleistung von mehr als 50 vH der vollen Geld- und Sachbezüge (§ 49 Abs. 1) vor dem Eintritt der Arbeitsunfähigkeit hat; besteht ein Anspruch auf Weiterleistung von 50 vH dieser Bezüge, so ruht das Krankengeld zur Hälfte; Folgeprovisionen gelten nicht als weitergeleistete Bezüge;

   (BGBl 1993/335)
4. solange dem Versicherten ein Übergangsgeld (§§ 199 oder 306) gewährt wird;
5. solange der Versicherte Zivildienst im Sinne des Zivildienstgesetzes leistet;

   (BGBl 1996/411, BGBl I 2015/144)
6. solange der/die Versicherte Ausbildungsdienst nach dem Wehrgesetz 2001 leistet, ab dem 13. Monat des Ausbildungsdienstes;

   (BGBl 1996/411, BGBl I 2009/83, BGBl I 2010/111, BGBl I 2013/138)
7. solange dem/der Versicherten Pflegekarenzgeld nach § 21c des Bundespflegegeldgesetzes gewährt wird, in der Höhe des Pflegekarenzgeldes nach § 21c des Bundespflegegeldgesetzes;

   (BGBl I 2013/138, BGBl I 2018/54)
8. solange dem/der Versicherten ein Wiedereingliederungsgeld (§ 143d) gebührt.

   (BGBl I 2018/54)

(2) Das Ruhen nach Abs. 1 Z 1 tritt nicht ein, wenn die Arbeitsunfähigkeit innerhalb einer Woche nach Beginn gemeldet wird. In Fällen, in denen die persönlichen Verhältnisse des Anspruchsberechtigten oder das Vorliegen besonderer Gründe für die nicht rechtzeitige Meldung der Arbeitsunfähigkeit es gerechtfertigt erscheinen lassen, ist das Krankengeld auch für die zurückliegende Zeit zu gewähren.

(3) (aufgehoben)

(4) Besteht ein mehrfacher Anspruch auf Krankengeld, so ist Abs. 1 Z 3 nur auf die Versicherung anzuwenden, die auf einem Beschäftigungsverhältnis beruht, aus dem der Versicherte Anspruch auf Fortbezug von mindestens 50 vH der vollen Geld- und Sachbezüge (§ 49 Abs. 1) hat.

(5) Das Ruhen nach Abs. 1 Z 3 tritt nicht ein

a) während des Bezuges des Teilentgeltes, das Lehrlingen vom Lehrherrn nach § 17a des Berufsausbildungsgesetzes, BGBl. Nr. 142/1969, in der Fassung des Art. IV Z 2 des Entgeltfortzahlungsgesetzes, BGBl. Nr. 399/1974, zu leisten ist,

b) während des Bezuges des bei Dienstverhinderung gebührenden Entgeltes aus dem Dienstverhältnis eines Hausbesorgers im Sinne des § 14 Abs. 3 des Hausbesorgergesetzes.

In den Fällen des Abs. 1 Z 3 hat eine Erhöhung der Geld- und Sachbezüge, die nach dem Beginn der Arbeitsunfähigkeit auf Grund gesetzlicher oder kollektivvertraglicher Regelungen eintritt, außer Betracht zu bleiben.

(6) Der Versicherungsträger kann verfügen, daß das Krankengeld auf Dauer oder für eine bestimmte Zeit zur Gänze oder teilweise ruht, wenn der Versicherte

1. einer Ladung zum Kontrollarzt ohne wichtigen Grund nicht Folge leistet oder
2. trotz Vorliegens der Voraussetzungen des § 144 Abs. 2 die Anstaltspflege ablehnt oder
3. wiederholt Bestimmungen der Krankenordnung oder Anordnungen des behandelnden Arztes verletzt hat,

in allen diesen Fällen, wenn der Versicherte vorher auf die Folgen seines Verhaltens schriftlich hingewiesen worden ist.

3a. Unterabschnitt

Rehabilitationsgeld

§ 143a. (1) Personen, für die auf Antrag bescheidmäßig festgestellt wurde, dass die Anspruchsvoraussetzungen nach § 255b (§ 273b, § 280b) erfüllt sind, haben ab dem Stichtag (§ 223 Abs. 2) für die Dauer der vorübergehenden Invalidität (Berufsunfähigkeit) Anspruch auf Rehabilitationsgeld. Das weitere Vorliegen der vorübergehenden Invalidität (Berufsunfähigkeit) ist vom Krankenversicherungsträger jeweils bei Bedarf, jedenfalls aber nach Ablauf eines Jahres nach der Zuerkennung des Rehabilitationsgeldes oder der letzten Begutachtung, im Rahmen des Case Managements zu überprüfen, und zwar unter Inanspruchnahme des Kompetenzzentrums Begutachtung (§ 307g). Die Feststellung, ob Anspruch auf Rehabilitationsgeld besteht (§ 255b, § 273b, § 280b), sowie dessen Entziehung (§ 99) erfolgt durch Bescheid des Pensionsversicherungsträgers.

(BGBl I 2015/2, BGBl I 2018/59)

(2) Das Rehabilitationsgeld gebührt im Ausmaß des Krankengeldes nach § 141 Abs. 1 und ab dem 43. Tag im Ausmaß des erhöhten Krankengeldes nach § 141 Abs. 2, das aus der letzten eine Pflichtversicherung in der Krankenversicherung nach diesem Bundesgesetz oder nach dem B-KUVG begründende Erwerbstätigkeit gebührt hätte, wobei bei Vorliegen von unmittelbar vorangehenden Zeiten des Krankengeldanspruches die nach § 141 Abs. 2 ermittelten Tage anzurechnen sind. Zeiten des Bezuges von Wiedereingliederungsgeld sind bei der Berechnung nicht zu berücksichtigen. Jedenfalls gebührt es jedoch in der Höhe des Richtsatzes nach § 293 Abs. 1 lit. a sublit. bb. Die Erhöhung bis zu diesem Richtsatz ist nur zu gewähren, so lange die das Rehabilitationsgeld beziehende Person ihren rechtmäßigen, gewöhnlichen Aufenthalt im Inland hat.

(BGBl I 2015/2, BGBl I 2015/162, BGBl I 2017/30)

(3) Trifft der Anspruch auf Rehabilitationsgeld mit einem Anspruch auf Entgeltfortzahlung aus einer für die Bemessung des Rehabilitationsgeldes maßgeblichen Erwerbstätigkeit zusammen, so ist § 143 Abs. 1 Z 3 sinngemäß anzuwenden. Trifft der Anspruch auf Rehabilitationsgeld mit einem Anspruch auf Krankengeld aus einer für die Bemessung des Rehabilitationsgeldes maßgeblichen Erwerbstätigkeit zusammen, so ruht der Anspruch auf Krankengeld. Zeiten, für die der Anspruch auf Krankengeld auf Grund des Rehabilitationsgeldbezuges ruht, sind auf die Höchstdauer nach § 139 nicht anzurechnen.

(BGBl I 2015/2)

(4) Trifft der Anspruch auf Rehabilitationsgeld mit einem Anspruch auf Erwerbseinkommen, das den Betrag nach § 5 Abs. 2 übersteigt, zusammen, so gebührt ein Teilrehabilitationsgeld, dessen Höhe sinngemäß nach § 254 Abs. 7 zu bestimmen ist. Resultieren aus dieser Erwerbstätigkeit Ansprüche auf Entgeltfortzahlung oder Krankengeld, so sind Abs. 3 erster und zweiter Satz nicht anzuwenden.

(BGBl I 2015/2, BGBl I 2015/79)

(5) Vereitelt oder verzögert die zu rehabilitierende Person die im Rahmen des Case Managements vorgesehenen Abläufe oder Maßnahmen, indem sie ihren Mitwirkungsverpflichtungen wiederholt nicht nachkommt, so kann der Krankenversicherungsträger verfügen, dass das Rehabilitationsgeld auf Dauer oder für eine bestimmte Zeit zur Gänze oder teilweise ruht, wenn die versicherte Person vorher auf die Folgen ihres Verhaltens schriftlich hingewiesen worden ist.

(BGBl I 2015/2)

(BGBl I 2013/3)

Case Management

§ 143b. Die Krankenversicherungsträger haben die nach § 8 Abs. 1 Z 1 lit. d pflichtversicherten Personen umfassend zu unterstützen, um einen dem Stand der medizinischen Wissenschaft entsprechenden Behandlungsprozess für den Übergang zwischen einer Krankenbehandlung und der Rehabilitation zur Wiederherstellung der Arbeitsfähigkeit sicherzustellen und für einen optimalen Ablauf der notwendigen Versorgungsschritte zu sorgen. In diesem Rahmen ist die versicherte Person während der Krankenbehandlung sowie der medizinischen Rehabilitation zur Wiederherstellung der Arbeitsfähigkeit bei der Koordinierung der weiter zu setzenden Schritte zu unterstützen und dahingehend zu begleiten, dass nach einer entsprechenden Bedarfserhebung ein individueller Versorgungsplan erstellt und durch die einzelnen LeistungserbringerInnen umgesetzt wird. Im Rahmen des Case Managements ist darauf Bedacht zu nehmen, dass sich die Versicherten regelmäßigen Begutachtungen im Kompetenzzentrum nach § 307g unterziehen. Die Krankenversicherungsträger haben sich hiebei mit dem Arbeitsmarktservice und dem zuständigen Pensionsversicherungsträger rechtzeitig abzustimmen. Der Pensionsversicherungsträger kann eine Begutachtung im Kompetenzzentrum Begutachtung unter Einbindung des Case Managements verlangen.

(BGBl I 2013/3)

Kostenersatz

§ 143c. (1) Die Pensionsversicherungsträger haben für BezieherInnen von Rehabilitationsgeld (§ 143a und vergleichbare landesgesetzliche Regelungen) den Krankenversicherungsträgern und – soweit es sich um Vertragsbedienstete handelt – den Krankenfürsorgeeinrichtungen nach § 2 Abs. 1 Z 2 B-KUVG die ausgewiesenen tatsächlichen Kosten für das Rehabilitationsgeld sowie die anteiligen Verwaltungskosten zu ersetzen.

(2) Die für den Kostenersatz gegenüber den Trägern der Krankenversicherung erforderlichen Mittel sind von den Pensionsversicherungsträgern an den Dachverband[a] zu überweisen. Der Dachverband[a] hat den überwiesenen Betrag auf die Träger der Krankenversicherung im Verhältnis ihres Kostenaufwandes für diesen Personenkreis aufzuteilen. Zur Ermittlung des Kostenersatzes hat der Krankenversicherungsträger eine eigene Kostenstelle zu führen. Der Aufwandersatz hat quartalsmäßig jeweils bis zum Ende des Folgemonats nach entsprechender Rechnungslegung zu erfolgen.

(BGBl I 2018/100)

[a] Bis 31. Dezember 2019 „Hauptverband".

(3) Der Kostenersatz gegenüber den Krankenfürsorgeeinrichtungen ist von den Pensionsversicherungsträgern nach entsprechender Rechnungslegung durch die Krankenfürsorgeeinrichtungen quartalsmäßig jeweils bis zum Ende des Folgemonats vorzunehmen.

(4) Die Pensionsversicherungsträger haben an die Krankenversicherungsträger und die Krankenfürsorgeeinrichtungen einen pauschalen Krankenversicherungsbeitrag in der Höhe von 7,65 % der Aufwendungen für das Rehabilitationsgeld zu entrichten.

(BGBl I 2013/3, BGBl I 2013/86)

3b. Unterabschnitt Wiedereingliederungsgeld

Anspruchsberechtigung und Höhe

§ 143d. (1) Personen, die eine Wiedereingliederungsteilzeit nach § 13a AVRAG vereinbart haben, haben für deren Dauer, jedoch höchstens neun Monate, ab dem Tag des tatsächlichen Dienstantritts Anspruch auf Wiedereingliederungsgeld. Voraussetzung hiefür ist, dass dieses durch den chef- und kontrollärztlichen Dienst des zuständigen Krankenversicherungsträgers auf Basis eines im Rahmen der Vereinbarung einer Wiedereingliederungsteilzeit erstellten Wiedereingliederungsplanes für zunächst höchstens sechs Monate bewilligt wurde. Eine Verlängerung bedarf einer neuerlichen Bewilligung. Die ärztliche Bewilligung darf nur erteilt werden, wenn die Wiedereingliederungsteilzeit medizinisch zweckmäßig ist.

(2) Keinen Anspruch auf Wiedereingliederungsgeld haben Personen, die Rehabilitationsgeld oder eine Eigenpension aus der gesetzlichen Pensionsversicherung beziehen und zwar auch dann, wenn diese Leistung ruht.

(3) Das Wiedereingliederungsgeld errechnet sich aus dem erhöhten Krankengeld nach § 141 Abs. 2, wobei jene Bemessungsgrundlage heranzuziehen ist, die für die Wiedereingliederungsteilzeit ursächliche Arbeitsunfähigkeit heranzuziehen war oder heranzuziehen gewesen wäre. Bei einer Herabsetzung der wöchentlichen Normalarbeitszeit um die Hälfte gebührt das Wiedereingliederungsgeld in der Höhe von 50% des erhöhten Krankengeldes. Wird die wöchentliche Normalarbeitszeit um weniger als die Hälfte herabgesetzt, so ist das Wiedereingliederungsgeld im entsprechenden Ausmaß aliquot zu kürzen. Wird die Vereinbarung über die wöchentliche Normalarbeitszeit während der Wiedereingliederungsteilzeit abgeändert (§ 13a Abs. 4 AVRAG), so ist die Höhe des Wiedereingliederungsgeldes entsprechend anzupassen. Wird eine Vereinbarung im Sinne des § 13a Abs. 2 dritter Satz AVRAG getroffen, so ist das Wiedereingliederungsgeld gleichmäßig entsprechend dem, bezogen auf die Gesamtdauer der Wiedereingliederungsteilzeit, durchschnittlich vereinbarten Arbeitszeitausmaß zu leisten.

(BGBl I 2018/54)

(4) Tritt während der Wiedereingliederungsteilzeit ein Versicherungsfall der Arbeitsunfähigkeit infolge Krankheit, ein Arbeitsunfall oder eine Berufskrankheit ein, so gebührt das Wiedereingliederungsgeld in unveränderter Höhe weiter, solange Anspruch auf Weiterleistung von mehr als 50% der vollen Geld- und Sachbezüge besteht. Danach gebührt das Wiedereingliederungsgeld in Höhe des erhöhten Krankengeldes; dieser Anspruch ruht in Höhe der weitergeleisteten Geld- und Sachbezüge. Jene Zeiten, in denen die Hälfte oder weniger als die Hälfte der Geld- und Sachbezüge gebührt, sind auf die Höchstdauer des Krankengeldanspruches nach § 139 anzurechnen. § 142 ist sinngemäß anzuwenden.

(BGBl I 2018/54)

(5) Ein neuerlicher Anspruch auf Wiedereingliederungsgeld kann erst nach Ablauf von 18 Monaten ab dem Ende der Wiedereingliederungsteilzeit entstehen.

(6) Der Dienstgeber ist über den Umstand der Bewilligung oder Ablehnung nach Abs. 1 oder die Entziehung des Wiedereingliederungsgeldes nach § 99 unverzüglich zu informieren.

(7) Die Abs. 1 bis 6 gelten entsprechend für eine Wiedereingliederungsteilzeit, die nach landes- oder bundesgesetzlichen Regelungen vereinbart wurde. Dies gilt auch für die sonstigen Bestimmungen, in denen auf § 13a AVRAG verwiesen wird.

(BGBl I 2017/30)

(BGBl I 2017/30)

4. Unterabschnitt Anstaltspflege, medizinische Hauskrankenpflege

Gewährung der Pflege in Krankenanstalten, die über Landesgesundheitsfonds finanziert werden, oder der medizinischen Hauskrankenpflege

§ 144. (1) Pflege in der allgemeinen Gebührenklasse einer Krankenanstalt, die über Landesgesundheitsfonds finanziert wird (landesgesundheitsfondsfinanzierte Krankenanstalt), sofern im Sprengel des Versicherungsträgers eine solche Krankenanstalt besteht und der Erkrankte nicht mit seiner Zustimmung in einer anderen Krankenanstalt untergebracht wird, zu gewähren, wenn und solange es die Art der Krankheit erfordert. § 134 gilt entsprechend. Wenn und solange es die Art der Krankheit zuläßt, ist anstelle von Anstaltspflege medizinische Hauskrankenpflege zu gewähren (§ 151). Die Anstaltspflege kann auch gewährt werden, wenn die Möglichkeit einer medizinischen Hauskrankenpflege nicht gegeben ist.

(BGBl 1996/764, BGBl I 2001/5, BGBl I 2004/179, BGBl I 2007/101)

(1)[a)] Pflege in der allgemeinen Gebührenklasse einer Krankenanstalt, die über Landesgesundheitsfonds finanziert wird (landesgesundheitsfondsfinanzierte Krankenanstalt), ist, sofern in dem Bundesland, in dem die erkrankte Person ihren Wohnsitz oder Beschäftigungsort hat, eine solche geeignete Krankenanstalt besteht und die erkrankte Person nicht mit ihrer Zustimmung in einer anderen Krankenanstalt untergebracht wird, zu gewähren, wenn und solange es die Art der Krankheit erfordert. § 134 gilt entsprechend. Wenn und solange es die Art der Krankheit zuläßt, ist anstelle von Anstaltspflege medizinische Hauskrankenpflege zu gewähren (§ 151). Die Anstaltspflege kann auch gewährt werden, wenn die Möglichkeit einer medizinischen Hauskrankenpflege nicht gegeben ist.

(BGBl 1996/764, BGBl I 2001/5, BGBl I 2004/179, BGBl I 2007/101, BGBl I 2018/100)

[a] Tritt mit 1. Jänner 2020 in Kraft.

(2) Der Erkrankte ist verpflichtet, sich einer Anstaltspflege zu unterziehen,

a) wenn die Art der Krankheit eine Behandlung oder Pflege erfordert, die bei häuslicher Pflege nicht gewährleistet ist, oder

b) wenn das Verhalten oder der Zustand des Erkrankten seine fortgesetzte Beobachtung erfordert, oder

c) wenn der Erkrankte wiederholt den Bestimmungen der Krankenordnung zuwidergehandelt hat, oder

d) wenn es sich um eine ansteckende Krankheit handelt.

(3) Ist die Anstaltspflege oder die medizinische Hauskrankenpflege nicht durch die Notwendigkeit ärztlicher Behandlung bedingt, so wird sie nicht gewährt.

(BGBl I 2003/145)

(4) Als Anstaltspflege gilt nicht die Unterbringung in einer Pflegeanstalt für chronisch Kranke, die ärztlicher Betreuung und besonderer Pflege bedürfen (§ 2 Abs. 1 Z 3 KAKuG), oder in einer Sonderkrankenanstalt, die vorwiegend der Rehabilitation von Versicherten dient.

(BGBl I 2002/1, BGBl I 2010/61, BGBl I 2015/162)

(5) Sofern der körperliche Zustand des Erkrankten oder die Entfernung seines Wohnsitzes seine Beförderung in die oder aus der Anstalt erfordert, sind auch die notwendigen Kosten einer solchen Beförderung vom Versicherungsträger unter Bedachtnahme auf § 135 Abs. 4 zu übernehmen.

(6) Bei Behandlung in einer Spitalsambulanz (§ 26 KAKuG) hat der (die) Versicherte einen Kostenbeitrag nach Maßgabe der Verordnung nach § 31 Abs. 5a zu leisten.

(BGBl I 2003/71)

(6)[a] Bei Behandlung in einer Spitalsambulanz (§ 26 KAKuG) hat der (die) Versicherte einen Kostenbeitrag nach Maßgabe der Verordnung nach § 31 zu leisten.

(BGBl I 2003/71, BGBl I 2018/100)

[a] Tritt mit 1. Jänner 2020 in Kraft.

(BGBl 1996/764)

Einweisung in Krankenanstalten, die über Landesgesundheitsfonds finanziert werden

§ 145. (1) Der Erkrankte ist, wenn Anstaltspflege gemäß § 144 gewährt wird, in eine landesgesundheitsfondsfinanzierte Krankenanstalt einzuweisen. Hiebei sind Wünsche des Erkrankten insoweit zu berücksichtigen, als die Art der Krankheit es zuläßt und dadurch kein Mehraufwand für den Versicherungsträger eintritt.

(BGBl I 2004/179)

(2) In Fällen, in denen mit der Aufnahme in die Anstaltspflege bis zur Einweisung durch den Versicherungsträger ohne Gefahr für den Erkrankten nicht zugewartet werden konnte, ist die Aufnahme in eine landesgesundheitsfondsfinanzierte Krankenanstalt der Einweisung durch den Versicherungsträger gleichzuhalten, sofern die übrigen Voraussetzungen für den Anspruch auf Anstaltspflege gegeben sind. Die Krankenanstalt zeigt dem Versicherungsträger die Aufnahme binnen acht Tagen an.

(BGBl I 2004/179)

(BGBl 1996/764, BGBl I 2001/5, BGBl I 2004/179, BGBl I 2007/101)

§ 146. (aufgehoben)

§ 147. (aufgehoben)

Beziehungen zu den Krankenanstalten, die über Landesgesundheitsfonds finanziert werden

§ 148. (Grundsatzbestimmung) Die Beziehungen der Versicherungsträger zu den Rechtsträgern von Krankenanstalten, die über Landesgesundheitsfonds nach Art. 18 der Vereinbarung gemäß Art. 15a B-VG über die Organisation und Finanzierung des Gesundheitswesens finanziert werden, sind nach Art. 12 Abs. 1 Z 1 B-VG nach folgenden Grundsätzen zu regeln:

1. Die Krankenanstalten sind verpflichtet, die nach § 145 eingewiesenen Erkrankten in die allgemeine Gebührenklasse aufzunehmen.

2. Die den Krankenanstalten nach § 27b des Bundesgesetzes über Krankenanstalten und Kuranstalten (KAKuG) gebührenden Zahlungen sind zur Gänze von den Landesgesundheitsfonds zu entrichten.

3. Alle Leistungen der Krankenanstalten, insbesondere im stationären, halbstationären, tagesklinischen und spitalsambulanten Bereich einschließlich der aus dem medizinischen Fortschritt resultierenden Leistungen, sind mit den folgenden Zahlungen abgegolten:

   a) LKF-Gebührenersätze der Landesgesundheitsfonds nach § 27b Abs. 2 KAKuG,

   b) Zahlungen der Landesgesundheitsfonds nach § 27b Abs. 3 KAKuG,

   c) Kostenbeiträge nach § 27a KAKuG,

   d) Ausgleichszahlungen nach § 27b Abs. 4 KAKuG.

Ausgenommen davon sind Leistungen im Rahmen der Mutter-Kind-Pass-Untersuchungen, im Einvernehmen zwischen dem Dachverband[a)] und den betroffenen Ländern ausgenommene Leistungen (Art. 25 der Vereinbarung gemäß Art. 15a B-VG über die Organisation und Finanzierung des Gesundheitswesens) und die im § 27 Abs. 2 KAKuG angeführten Leistungen.

(BGBl I 2007/101, BGBl I 2007/101, BGBl I 2018/100)

[a)] Bis 31. Dezember 2019 „Hauptverband".

4. Der Kostenbeitrag nach § 447f Abs. 7 ist von der Krankenanstalt für Rechnung des Landesgesundheitsfonds einzuheben.
5. Die Versicherungsträger haben ohne Einschaltung des Landesgesundheitsfonds folgende Rechte gegenüber dem Rechtsträger der Krankenanstalt:
   a) das Recht auf Einsichtnahme in alle den Krankheitsfall betreffenden Unterlagen der Krankenanstalt (zB Krankengeschichte, Röntgenaufnahmen, Befunde);
   b) das Recht, Kopien dieser Unterlagen zu erhalten (§ 10 Abs. 1 Z 4 KAKuG);
   c) das Recht, den Patienten/die Patientin durch eine/n beauftragte/n Fachärztin/Facharzt in der Krankenanstalt im Einvernehmen mit dieser untersuchen zu lassen;
   d) das Recht, Ausfertigungen aller Unterlagen auf elektronischem Weg zu erhalten, auf Grund derer Zahlungen eines Landesgesundheitsfonds oder einer anderen Stelle für Leistungen einer Krankenanstalt abgerechnet werden (insbesondere Aufnahmeanzeige und Entlassungsanzeige samt Diagnosen, Versichertenzuständigkeitserklärung, Verrechnungsdaten); dieses Recht umfasst auch die entsprechenden Statistiken; ferner das Recht auf Übermittlung von Daten der Leistungserbringung an den Patienten auf der Basis des LKF/LDF-Systems; diese Rechte können jedoch nur dann gegenüber einer Krankenanstalt geltend gemacht werden, wenn diese Unterlagen bzw. Daten nicht in angemessener Frist vom Landesgesundheitsfonds zur Verfügung gestellt werden.
6. Der gesamte Datenaustausch zwischen Krankenanstalten und Versicherungsträgern für den stationären und ambulanten Bereich ist elektronisch vorzunehmen, wobei die Datensatzaufbauten und Codeverzeichnisse bundesweit einheitlich zu gestalten sind. Die Krankenanstalten sind verpflichtet, die e-card und die e-card-Infrastruktur zu verwenden und die Identität des Patienten/der Patientin sowie die rechtmäßige Verwendung der e-card zu überprüfen. Die Überprüfung der Identität ist für Patienten/Patientinnen bis zum vollendeten 14. Lebensjahr nur im Zweifelsfall vorzunehmen.

   (BGBl I 2009/147, BGBl I 2015/113)
7. Die Versicherungsträger haben das Recht auf laufende Information über die festgelegten vorläufigen und endgültigen Punktewerte durch den Landesgesundheitsfonds.
8. Bei der Leistungsabrechnung gegenüber den Krankenanstalten und in Verfahren vor Gerichten und Verwaltungsbehörden, welche die Verrechnung von Zahlungen gemäß § 27b KAKuG gegenüber den Rechtsträgern der Krankenanstalten betreffen, gilt der jeweilige Landesgesundheitsfonds als Versicherungsträger. Der Landesgesundheitsfonds kann jedoch Handlungen, welche den Aufwand der Versicherungsträger erhöhen würden, rechtsgültig nur im Einvernehmen mit dem Dachverband[a)] vornehmen. Dieses Einvernehmen kann rechtsgültig nur schriftlich hergestellt werden.

   (BGBl I 2018/100)

   [a)] Bis 31. Dezember 2019 „Hauptverband".
9. Wenn Leistungen gemäß Z 3 gewährt werden, hat der Rechtsträger der Krankenanstalt oder der Landesgesundheitsfonds gegenüber dem/der Versicherten, dem Patienten, der Patientin oder den für ihn/sie unterhaltspflichtigen Personen hieraus keinen Anspruch auf Gegenleistungen; ausgenommen hievon sind nur der Kostenbeitrag gemäß § 27a KAKuG und der Kostenbeitrag gemäß § 447f Abs. 7.
10. Die Beziehungen der Versicherungsträger zu den Krankenanstalten werden durch privatrechtliche Verträge geregelt. Ansprüche auf Zahlungen können durch diese Verträge nicht rechtsgültig begründet werden, sofern es sich nicht um Leistungen nach Z 3 zweiter Satz handelt. Die Verträge sind zwischen dem Dachverband[a)] im Einvernehmen mit den in Betracht kommenden Versicherungsträgern einerseits und dem Rechtsträger der Krankenanstalt andererseits im Einvernehmen mit dem zuständigen Landesgesundheitsfonds abzuschließen. Diese Verträge sind nur dann gültig, wenn sie schriftlich abgeschlossen wurden.

    (BGBl I 2018/100)

    [a)] Bis 31. Dezember 2019 „Hauptverband".

(BGBl 1996/764, BGBl I 1998/138, BGBl I 2001/5, BGBl I 2003/71, BGBl I 2004/179, BGBl I 2007/101)

Beziehungen zu anderen als in § 148 genannten Krankenanstalten

§ 149. (1) Der Erkrankte kann auch in eine eigene Krankenanstalt des Versicherungsträgers oder in eine andere als in § 148 genannte Krankenanstalt eingewiesen werden, mit der der leistungszuständige Versicherungsträger in einem Vertragsverhältnis steht, wenn im Sprengel des Versicherungsträgers keine Krankenanstalt im Sinne des § 148 besteht oder der Erkrankte zustimmt. In diesem Fall ist die Pflege in einer solchen Krankenanstalt der Pflege in einer Krankenanstalt im Sinne des § 148 bei der Anwendung der Bestimmungen des § 145 Abs. 2 gleichzuhalten. § 144 Abs. 3 gilt entsprechend.

(1)[a)] Die erkrankte Person kann auch in eine eigene Krankenanstalt des Versicherungsträgers oder in eine andere als in § 148 genannten Krankenanstalt eingewiesen werden, mit der der leistungszuständige Versicherungsträger in einem Vertragsverhältnis steht, wenn in dem Bundesland, in dem die erkrankte Person ihren Wohnsitz hat, keine Krankenanstalt im Sinne des § 148 besteht oder die erkrankte Person zustimmt. In diesem Fall ist die Pflege in einer solchen Krankenanstalt der Pflege in einer Krankenanstalt im Sinne des § 148 bei der Anwendung der Bestimmungen des § 145 Abs. 2 gleichzuhalten. § 144 Abs. 3 gilt entsprechend.

(BGBl I 2018/100)

---
a) Tritt mit 1. Jänner 2020 in Kraft.

(2) **(Grundsatzbestimmung)** Die Verträge mit den in Abs. 1 genannten Krankenanstalten bedürfen zu ihrer Rechtsgültigkeit der schriftlichen Form und haben insbesondere nähere Bestimmungen über die Einweisung, die Überprüfung der Identität des Patienten/der Patientin und die rechtmäßige Verwendung der e-card, die Einsichtnahme in alle Unterlagen für die Beurteilung des Krankheitsfalles, wie zB in die Krankengeschichte, Röntgenaufnahmen, Laboratoriumsbefunde, ferner über die ärztliche Untersuchung durch einen vom Versicherungsträger beauftragten Facharzt/eine vom Versicherungsträger beauftragte Fachärztin in der Anstalt im Einvernehmen mit dieser zu enthalten. Die Überprüfung der Identität ist für Patienten/Patientinnen bis zum vollendeten 14. Lebensjahr nur im Zweifelsfall vorzunehmen. Die in Abs. 1 genannten Krankenanstalten sind verpflichtet, die e-card und die e-card-Infrastruktur nach Maßgabe der technischen Verfügbarkeit zu verwenden.

(BGBl I 2009/147, BGBl I 2015/113)

(3) Alle Leistungen von bettenführenden Krankenanstalten, die von dem am 31. Dezember 2000 geltenden Vertrag zwischen Dachverband[a)] und Fachverband der Gesundheitsbetriebe erfasst sind, im stationären und tagesklinischen Bereich einschließlich der aus dem medizinischen Fortschritt resultierenden Leistungen sind mit einer Zahlung in der Höhe von 76 306 475,88 Euro abgegolten. Dies gilt auch für jene bettenführenden Krankenanstalten, die von einem zwischen Dachverband[a)] und Fachverband der Gesundheitsbetriebe abzuschließenden Zusatzvertrag umfasst sind. Dieser Betrag ist an den nach dem Privatkrankenanstalten-Finanzierungsfondsgesetz eingerichteten Fonds zu überweisen. Der Fonds hat die von den Krankenanstalten erbrachten Leistungen nach den Grundsätzen des § 27b KAKuG abzurechnen. Auf den Fonds ist § 148 Z 8 sinngemäß anzuwenden.

(BGBl I 2001/5, BGBl I 2001/67, BGBl I 2004/179, BGBl I 2005/71, BGBl I 2007/101, BGBl I 2013/81, BGBl I 2018/100)

---
a) Bis 31. Dezember 2019 „Hauptverband".

(3a)[a)] Der Betrag nach Abs. 3 erster Satz erhöht sich im Jahr 2005 um jenen Prozentsatz, um den die Beitragseinnahmen der Träger der Krankenversicherung im Jahr 2005 gegenüber dem Jahr 2004 gestiegen sind. In den Jahren 2006 und 2007 errechnet sich dieser Betrag aus dem jeweiligen Betrag des Vorjahres, erhöht um jenen Prozentsatz, um den die Beitragseinnahmen der Träger der Krankenversicherung gegenüber dem jeweils vorangegangen Jahr gestiegen sind. Im Jahr 2008 erhöht sich dieser Betrag um jenen Prozentsatz, um den die Beitragseinnahmen der Träger der Krankenversicherung im Jahr 2008 gegenüber dem Jahr 2007 gestiegen sind, zuzüglich 380 000 Euro. Die Pauschalbeträge ab dem Jahr 2009 errechnen sich aus dem jeweiligen Jahresbetrag des Vorjahres, erhöht um jenen Prozentsatz, um den die Beitragseinnahmen der Träger der Krankenversicherung gegenüber dem jeweils vorangegangenen Jahr gestiegen sind. § 447f Abs. 1 letzter Satz ist anzuwenden. Der vorläufige Betrag ist bis zum 31. Dezember des jeweiligen Vorjahres aus dem Jahresbetrag des Pauschalbetrages nach endgültiger Abrechnung für das jeweils zweitvorangegangene Jahr, vervielfacht mit den vorläufigen Prozentsätzen des jeweiligen Folgejahres, zu errechnen. Die endgültige Abrechnung hat jeweils bis zum 31. Oktober des Folgejahres zu erfolgen.

(BGBl I 2001/5, BGBl I 2005/71, BGBl I 2007/101, BGBl I 2013/81)

---
a) Zum Außerkrafttreten siehe § 701 (2).

(3a)[a)] Der Betrag nach Abs. 3 erster Satz erhöht sich im Jahr 2005 um jenen Prozentsatz, um den die Beitragseinnahmen der Träger der Krankenversicherung im Jahr 2005 gegenüber dem Jahr 2004 gestiegen sind. In den Jahren 2006 und 2007 errechnet sich dieser Betrag aus dem jeweiligen Betrag des Vorjahres, erhöht um jenen Prozentsatz, um den die Beitragseinnahmen der Träger der Krankenversicherung gegenüber dem jeweils vorangegangen Jahr gestiegen sind. Im Jahr 2008 erhöht sich dieser Betrag um jenen Prozentsatz, um den die Beitragseinnahmen der Träger der Krankenversicherung im Jahr 2008 gegenüber dem Jahr 2007 gestiegen sind, zuzüglich 380 000 Euro. Die Pauschalbeträge ab dem Jahr 2009 errechnen sich aus dem jeweiligen Jahresbetrag des Vorjahres, erhöht um jenen Prozentsatz, um den die Beitragseinnahmen der Träger der Krankenversicherung gegenüber dem jeweils vorangegangenen Jahr gestiegen sind. Im Jahr 2019 erhöht sich dieser Betrag um jenen Prozentsatz, um den die Beitragseinnahmen der Träger der Krankenversicherung im Jahr 2019 gegenüber dem Jahr 2018 gestiegen sind, zuzüglich 14,7 Millionen Euro. Die Pauschalbeträge ab dem Jahr 2020 errechnen sich aus dem jeweiligen Jahresbetrag des Vorjahres, erhöht um jenen Prozentsatz, um den die Beitragseinnahmen der Träger der Krankenversicherung gegenüber dem jeweils vorangegangenen Jahr gestiegen sind. § 447f Abs. 1 letzter Satz ist anzuwenden. Der vorläufige Betrag ist bis zum 31. Dezember des jeweiligen Vorjahres aus dem Jahresbetrag des Pauschalbetrages nach endgültiger Abrechnung für das jeweils zweitvorangegangene Jahr, vervielfacht mit den vorläufigen Prozentsätzen des jeweiligen Folgejahres, zu errechnen. Die endgültige Abrechnung hat jeweils bis zum 31. Oktober des Folgejahres zu erfolgen.

(BGBl I 2018/100)

[a] Tritt mit 1. Jänner 2020 in Kraft.

(3b) Die Höhe der Verpflegskosten (stationäre Pflege) und die Zahlungsbedingungen für die nicht im Abs. 3 genannten Krankenanstalten sind durch Verträge festzulegen, die für die Träger der Sozialversicherung durch den Dachverband[a] abzuschließen sind. Nicht umfasst hievon sind die von einem Träger der Sozialversicherung eingerichteten Krankenanstalten.

(BGBl I 2001/5, BGBl I 2018/100)

[a] Bis 31. Dezember 2019 „Hauptverband".

(4) Für die von der Allgemeinen Unfallversicherungsanstalt eingerichteten Krankenanstalten sind die Höhe der Verpflegskosten und die Zahlungsbedingungen hiefür durch einen Vertrag festzulegen. Dieser ist für die Träger der Krankenversicherung durch den Dachverband[a] mit der Allgemeinen Unfallversicherungsanstalt abzuschließen.

(BGBl I 2018/100)

[a] Bis 31. Dezember 2019 „Hauptverband".

(5) § 447f Abs. 7 ist mit der Maßgabe anzuwenden, daß der 10%ige Kostenbeitrag von dem nach § 150 Abs. 2 zweiter Satz in der Satzung festgesetzten Betrag zu berechnen und an den Träger der Sozialversicherung zu leisten ist, soweit jedoch Abs. 3 erster Satz anzuwenden ist, vom Träger der Krankenanstalt an den Fonds nach Abs. 3 zweiter Satz zu überweisen ist; die an den Fonds überwiesenen, tatsächlich eingehobenen Kostenbeiträge sind dem Pauschalbeitrag nach Abs. 3 gegenzuverrechnen.

(BGBl I 1998/138, BGBl I 2001/5)

(6) (aufgehoben)

(BGBl I 2001/5, BGBl I 2003/71)

(BGBl 1996/764, BGBl I 2004/179, BGBl I 2007/101)

Pflegekostenzuschuß des Versicherungsträgers bei Anstaltspflege

§ 150. (1) War die Anstaltspflege notwendig, so hat der Versicherungsträger dem Versicherten einen Pflegekostenzuschuß zu leisten, wenn

1. für die Gewährung der Anstaltspflege durch den Versicherungsträger nicht Vorsorge getroffen werden kann, weil landesgesundheitsfondsfinanzierte Krankenanstalten oder Krankenanstalten nach § 149 Abs. 3 nicht zur Verfügung stehen und Verträge gemäß § 149 nicht zustande kommen, oder

   (BGBl I 2001/5, BGBl I 2004/179)
2. der Erkrankte in einer Krankenanstalt, mit der keine vertragliche Regelung gemäß § 149 besteht, ohne Einweisung durch den Versicherungsträger untergebracht wurde.

(2) Der Pflegekostenzuschuss ist für Versicherte, die in einer Krankenanstalt nach § 149 Abs. 3 erster Satz, mit der kein Vertrag besteht, aufgenommen wurden, vom Fonds nach § 149 Abs. 3 zweiter Satz im Namen der Sozialversicherung in der Höhe zu leisten, die sich aus der Anwendung des § 149 Abs. 3 vorletzter Satz ergibt. In allen übrigen Fällen ist der Pflegekostenzuschuss in der Satzung des Versicherungsträgers in dem Ausmaß festzusetzen, der dem Durchschnitt der vom Fonds pro Verpflegstag aufzuwendenden Mittel entspricht.

(BGBl I 1998/138, BGBl I 2001/5)

(3) § 447f Abs. 7 ist mit der Maßgabe anzuwenden, daß der 10%ige Kostenbeitrag vom Pflegekostenzuschuss nach Abs. 2 zweiter Satz zu berechnen und vom Träger der Sozialversicherung einzubehalten ist, soweit jedoch Abs. 2 erster Satz anzuwenden ist, vom Fonds nach § 149 Abs. 3 zweiter Satz einzubehalten ist; die tatsächlich einbehaltenen Kostenbeiträge sind dem Pauschalbeitrag nach Abs. 3 gegenzuverrechnen.

(BGBl I 1998/138, BGBl I 2001/5)

(BGBl 1996/764, BGBl I 2004/179, BGBl I 2007/101)

Kostenersatz bei Organtransplantationen für die Anmelde- und Registrierungskosten

§ 150a. Der Versicherungsträger hat die für eine Organtransplantation notwendigen Anmelde- und Registrierungskosten zu übernehmen. Der entsprechende Betrag wird an den gezahlt, der diese Kosten getragen hat. Das Nähere wird unter Bedachtnahme auf die im Einzelfall vorliegenden besonderen Erfordernisse des Anmelde- und Registrierungsverfahrens in der Satzung des Trägers der Krankenversicherung geregelt; dabei kann der Träger der Krankenversicherung unter Bedachtnahme auf seine finanzielle Leistungsfähigkeit auch eine Obergrenze für die Übernahme der Anmelde- und Registrierungskosten vorsehen.

Medizinische Hauskrankenpflege

§ 151. (1) Wenn und solange es die Art der Krankheit erfordert, ist medizinische Hauskrankenpflege zu gewähren.

(2) Die medizinische Hauskrankenpflege wird erbracht durch Angehörige des gehobenen Dienstes für Gesundheits- und Krankenpflege (§ 12 des Gesundheits- und Krankenpflegegesetzes, BGBl. I Nr. 108/1997), die vom Krankenversicherungsträger beigestellt werden oder die mit dem Krankenversicherungsträger in einem Vertragsverhältnis im Sinne des Sechsten Teiles dieses Bundesgesetzes stehen oder die im Rahmen von Vertragsein-

richtungen tätig sind, die medizinische Hauskrankenpflege betreiben.

(BGBl 1993/335, BGBl I 1998/138)

(3) Die Tätigkeit des Angehörigen des gehobenen Dienstes für Gesundheits- und Krankenpflege kann nur auf ärztliche Anordnung erfolgen. Die Tätigkeit umfaßt medizinische Leistungen und qualifizierte Pflegeleistungen, wie die Verabreichung von Injektionen, Sondenernährung, Dekubitusversorgung. Zur medizinischen Hauskrankenpflege gehören nicht die Grundpflege und die hauswirtschaftliche Versorgung des Kranken.

(BGBl I 1998/138)

(4) Hat der (die) Anspruchsberechtigte nicht die Vertragspartner (§ 338) oder die eigenen Einrichtungen (Vertragseinrichtungen) des Versicherungsträgers in Anspruch genommen, so gebührt ihm Kostenersatz gemäß § 131.

(5) Die medizinische Hauskrankenpflege wird für ein und denselben Versicherungsfall für die Dauer von längstens vier Wochen gewährt. Darüber hinaus wird sie nach Vorliegen einer ärztlichen Bewilligung des chef- und kontrollärztlichen Dienstes der Sozialversicherungsträger weitergewährt.

(BGBl I 2003/145)

(6) Medizinische Hauskrankenpflege wird nicht gewährt, wenn der (die) Anspruchsberechtigte in einer der im § 144 Abs. 4 bezeichneten Einrichtungen untergebracht ist.

Gleichstellung der betrieblichen Gesundheitseinrichtungen als Vertragspartner/innen

§ 152.[a)] (1) Betriebliche Gesundheitseinrichtungen nach den §§ 5a und 5b sind berechtigt, am allgemeinen Versorgungssystem durch Krankenanstalten und am Verrechnungssystem der Landesgesundheitsfonds (§ 27b KAKuG) und des Privatkrankenanstalten-Finanzierungsfonds wie ein Krankenversicherungsträger teilzunehmen, wenn sie alle diesbezüglichen Verpflichtungen, insbesondere Beitragsleistungen, erfüllen und die zu Grunde liegenden Daten zur Verfügung stellen. Der Dachverband wird ermächtigt, die dafür notwendigen Verträge im Auftrag der betrieblichen Gesundheitseinrichtung abzuschließen.

(2) Die abgeschlossenen Gesamtverträge sowie die darauf beruhenden Einzelverträge, weitere Rahmen- und sonstigen Verträge samt Zusatzvereinbarungen der Österreichischen Gesundheitskasse sind auch für die betrieblichen Gesundheitseinrichtungen wirksam, wobei die Bestimmungen des Sechsten Teiles zur Anwendung kommen.

(BGBl I 2018/100)

a) Tritt mit 1. Jänner 2020 in Kraft.

5. Unterabschnitt
Zahnbehandlung und Zahnersatz; Hilfe bei körperlichen Gebrechen

Zahnbehandlung und Zahnersatz

§ 153. (1) Zahnbehandlung ist nach Maßgabe der Bestimmungen der Satzung zu gewähren. Als Leistungen der Zahnbehandlung kommen chirurgische Zahnbehandlung, konservierende Zahnbehandlung und Kieferregulierungen, letztere, soweit sie zur Verhütung von schweren Gesundheitsschädigungen oder zur Beseitigung von berufsstörenden Verunstaltungen notwendig sind, in Betracht. Diese Leistungen der Zahnbehandlung können in der Satzung des Versicherungsträgers von der Erfüllung einer Wartezeit abhängig gemacht werden. § 121 Abs. 3 gilt entsprechend.

(2) Der unentbehrliche Zahnersatz kann unter Kostenbeteiligung des Versicherten gewährt werden. An Stelle der Sachleistung können auch Zuschüsse zu den Kosten eines Zahnersatzes geleistet werden. Das Nähere wird durch die Satzung des Versicherungsträgers bestimmt.

(3) Zahnbehandlung und Zahnersatz werden als Sachleistungen durch Vertragszahnärzte/Vertragszahnärztinnen oder Vertrags-Gruppenpraxen, Wahlzahnärzte/Wahlzahnärztinnen oder Wahl-Gruppenpraxen (§ 131 Abs. 1), Vertragsdentisten/Vertragsdentistinnen, Wahldentisten/Wahldentistinnen (§ 131 Abs. 1), in eigens hiefür ausgestatteten Einrichtungen (Ambulatorien) der Versicherungsträger oder in Vertragseinrichtungen gewährt. § 135 Abs. 2 erster und zweiter Satz gelten entsprechend. Insoweit Zuzahlungen zu den Leistungen der Zahnbehandlung und des Zahnersatzes vorgesehen sind, müssen diese in den Zahnambulatorien der Versicherungsträger und bei den freiberuflich tätigen Vertragszahnärzten/Vertragszahnärztinnen und Vertragsdentisten/Vertragsdentistinnen sowie bei den Vertrags-Gruppenpraxen gleich hoch sein. Werden in Zahnambulatorien der Versicherungsträger Leistungen, die nicht Gegenstand des Gesamtvertrages oder der Satzung sind oder waren, sowie Maßnahmen zur Vorbeugung von Erkrankungen der Zähne, des Mundes und der Kiefer einschließlich der dazugehörigen Gewebe erbracht, so sind dafür Kostenbeiträge der Versicherten vorzusehen. Diese Beiträge sind kostendeckend festzusetzen und auf der Homepage des Versicherungsträgers sowie durch Aushang im Zahnambulatorium des Versicherungsträgers zu veröffentlichen.

(BGBl I 1998/138, BGBl I 2001/99, BGBl I 2005/155, BGBl I 2009/84, BGBl I 2012/123)

(3a) Die Krankenversicherungsträger dürfen in den Zahnambulatorien im Bereich des festsitzenden Zahnersatzes keine kosmetischen Luxusleistungen, ebenso keine umfangreichen festsitzenden Zahnersatzkonstruktionen erbringen, die als Gesamtarbeit wegen ihrer Größe ein außergewöhnliches Risiko darstellen.

(BGBl I 2012/123)

(4) Bei der Inanspruchnahme der chirurgischen oder konservierenden Zahnbehandlung durch einen Vertragszahnarzt oder Vertragsdentisten oder in einer Vertrags-Gruppenpraxis oder in einer eigenen Einrichtung (Vertragseinrichtung) des Versicherungsträgers ist die innerhalb des ELSY als Krankenscheinersatz zu verwendende Chipkarte

vorzulegen. Für die e-card ist ein Service-Entgelt nach § 31c zu entrichten.

(BGBl 1996/411, BGBl I 2001/67, BGBl I 2001/ 99, BGBl I 2002/140, BGBl I 2003/71, BGBl I 2004/171)

(4a) Bei Inanspruchnahme chirurgischer oder konservierender Zahnbehandlung hat der (die) Versicherte einen Kostenbeitrag nach Maßgabe der Verordnung nach § 31 Abs. 5a zu leisten.

(BGBl I 2003/71)

(4a)[a] Bei Inanspruchnahme chirurgischer oder konservierender Zahnbehandlung hat der (die) Versicherte einen Kostenbeitrag nach Maßgabe der Verordnung nach § 31 zu leisten.

(BGBl I 2003/71, BGBl I 2018/100)

[a] Tritt mit 1. Jänner 2020 in Kraft.

(5) Für die Übernahme von Reise(Fahrt)- bzw. Transportkosten gilt § 135 Abs. 4 und 5 entsprechend.

Kieferregulierungen für Kinder und Jugendliche

§ 153a. (1) Behandlungsbedürftigen Kindern und Jugendlichen wird bis zur Vollendung des 18. Lebensjahres unbeschadet des Anspruches nach § 153 die zahnmedizinisch geeignete Versorgung durch Kieferregulierung als Sachleistung gewährt. § 153 Abs. 3 dritter und vierter Satz sind nicht anzuwenden. Behandlungsbedürftigkeit liegt vor, wenn eine erhebliche Zahn- oder Kieferfehlstellung besteht.

(2) Die Behandlungsbedürftigkeit, die geeignete zahnmedizinische Versorgung und die Qualitätsanforderungen für die Erbringung der Sachleistung nach Abs. 1 sind bundesweit einheitlich in der Satzung des Krankenversicherungsträgers nach den Regelungen der Mustersatzung (§ 455 Abs. 2) entsprechend dem Stand der zahnmedizinischen Wissenschaft zu regeln.

(3) Der Dachverband[a] hat für die Leistungserbringung nach Abs. 1 ein Qualitätssicherungssystem vorzusehen. Die Krankenversicherungsträger haben die Erfüllung der Qualitätsanforderungen, insbesondere die Struktur- und die Ergebnisqualität (Behandlungserfolg) zu überprüfen und darüber dem Dachverband[a] zu berichten.

(BGBl I 2018/100)

[a] Bis 31. Dezember 2019 „Hauptverband".

(4) Anspruch auf Kostenerstattung nach § 131 besteht für Leistungen nach dieser Bestimmung unter der Voraussetzung, dass

1. die für Kieferregulierungen zu erbringenden Zahlungen (Honorare) einschließlich deren Veränderungen vom jeweiligen Anbieter auf Dauer im Internet veröffentlicht werden, und
2. ein Gesamtvertrag über Richttarife nach § 343c besteht,

wenn und solange als der Gesamtvertrag nach § 343e Abs. 1 eine flächendeckende Sachleistungsversorgung sicherstellt oder die Sachleistungsversorgung nach § 343e Abs. 3 gegeben ist.

(5) Das Nicht-Zustande-Kommen und der Wegfall eines Gesamtvertrages nach § 343e ist vom Dachverband[a] im Internet kundzumachen. Die Kostenerstattung für Behandlungen nach Abs. 1, die zum Zeitpunkt der Kundmachung des Dachverbandes[a] bereits begonnen wurden, bleibt unberührt. Fällt ein Gesamtvertrag nach § 343e weg, so ist § 131a nicht anzuwenden.

(BGBl I 2018/100)

[a] Bis 31. Dezember 2019 „Hauptverbandes".

(6) Der Anspruch, die Höhe und die Qualitätsanforderungen für die Zuerkennung eines Kostenzuschusses sind für den Fall des Fehlens einer regional ausgewogenen flächendeckenden Sachleistungsversorgung (§ 343e) bundesweit einheitlich in der Satzung des Krankenversicherungsträgers nach den Regelungen der Mustersatzung (§ 455 Abs. 2) zu regeln. § 131b ist nicht anzuwenden.

(BGBl I 2014/28)

Hilfe bei körperlichen Gebrechen

§ 154. (1) Bei Verstümmelungen, Verunstaltungen und körperlichen Gebrechen, welche die Gesundheit, die Arbeitsfähigkeit oder die Fähigkeit, für die lebenswichtigen persönlichen Bedürfnisse zu sorgen, wesentlich beeinträchtigen, kann die Satzung Zuschüsse für die Anschaffung der notwendigen Hilfsmittel sowie für deren Instandsetzung vorsehen, soweit nicht ein Anspruch aus der gesetzlichen Unfallversicherung nach diesem oder einem anderen Bundesgesetz, eine Leistungsverpflichtung im Rahmen der medizinischen Maßnahmen der Rehabilitation nach diesem oder einem anderen Bundesgesetz oder ein gleichartiger Anspruch nach dem Kriegsopferversorgungsgesetz 1957, nach dem Heeresversorgungsgesetz, nach dem Opferfürsorgegesetz, nach dem Bundesgesetz über die Gewährung von Hilfeleistungen an Opfer von Verbrechen, nach dem Impfschadengesetz oder nach dem Strafvollzugsgesetz besteht. Bei der Festsetzung der Höhe der Zuschüsse ist auf § 137 Abs. 2, 4 und 5 sinngemäß mit der Maßgabe Bedacht zu nehmen, daß der durch die Satzung des Versicherungsträgers für den Kostenzuschuß festzusetzende Höchstbetrag bei Hilfsmitteln, die geeignet sind, die Funktion fehlender oder unzulänglicher Körperteile zu übernehmen und bei Krankenfahrstühlen höchstens das 25fache der Höchstbeitragsgrundlage (§ 108 Abs. 3) betragen darf. Die Krankenordnung kann eine Gebrauchsdauer für Hilfsmittel vorsehen. Als Hilfsmittel sind hiebei solche Gegenstände oder Vorrichtungen anzusehen, die geeignet sind,

(BGBl 1991/676, BGBl 1993/335, BGBl I 2001/ 67)

a) die Funktion fehlender oder unzulänglicher Körperteile zu übernehmen oder
b) die mit einer Verstümmelung, Verunstaltung oder einem Gebrechen verbundene körperli-

che oder psychische Beeinträchtigung zu mildern oder zu beseitigen.

Als freiwillige Leistung kann der Versicherungsträger in solchen Fällen überdies, sofern dies notwendig und zweckmäßig ist, Krankenbehandlung und Anstaltspflege gewähren, soweit auf diese Leistungen nicht schon ein Anspruch aus dem Versicherungsfall der Krankheit besteht.

(2) Bei der Festsetzung der Höhe der Zuschüsse nach Abs. 1 für ständig benötigte Hilfsmittel, die nur einmal oder nur kurzfristig verwendet werden können und daher in der Regel mindestens einmal im Monat erneuert werden müssen, ist auf § 137 Abs. 3 entsprechend Bedacht zu nehmen.

(3) § 137 Abs. 8 gilt entsprechend.

(4) Für die Übernahme von Reise(Fahrt)- bzw. Transportkosten, die im Zusammenhang mit der körpergerechten Anpassung von Hilfsmitteln erwachsen, gilt § 135 Abs. 4 und 5 entsprechend.

Medizinische Maßnahmen der Rehabilitation in der Krankenversicherung

§ 154a. (1) Die Krankenversicherungsträger gewähren, um den Erfolg der Krankenbehandlung zu sichern oder die Folgen der Krankheit zu erleichtern, im Anschluß an die Krankenbehandlung nach pflichtgemäßem Ermessen und nach Maßgabe des § 133 Abs. 2 medizinische Maßnahmen der Rehabilitation mit dem Ziel, den Gesundheitszustand der Versicherten und ihrer Angehörigen so weit wiederherzustellen, daß sie in der Lage sind, in der Gemeinschaft einen ihnen angemessenen Platz möglichst dauernd und ohne Betreuung und Hilfe einzunehmen.

(2) Die Maßnahmen gemäß Abs. 1 umfassen:

1. die Unterbringung in Krankenanstalten, die vorwiegend der Rehabilitation dienen;
2. die Gewährung von Körperersatzstücken, orthopädischen Behelfen und anderen Hilfsmitteln einschließlich der notwendigen Änderung, Instandsetzung und Ersatzbeschaffung sowie der Ausbildung im Gebrauch der Hilfsmittel;
3. die Gewährung ärztlicher Hilfe sowie die Versorgung mit Heilmitteln und Heilbehelfen, wenn diese Leistungen unmittelbar im Anschluß an eine oder im Zusammenhang mit einer der in Z 1 und 2 genannten Maßnahmen erforderlich sind.
4. (aufgehoben)

(BGBl 1996/411)

In den Fällen der Z 1 bis 3 sowie im Zusammenhang mit der körpergerechten Anpassung von Körperersatzstücken, orthopädischen Behelfen und anderen Hilfsmitteln können Reise- und Transportkosten nach Maßgabe der Bestimmungen der Satzung unter Bedachtnahme auf die wirtschaftlichen Verhältnisse des Versicherten bzw. Angehörigen übernommen werden.

(BGBl 1996/411)

(3) Die in Abs. 2 angeführten Maßnahmen sind bei einem Pensionsversicherungsträger oder einem Unfallversicherungsträger zu beantragen, die den Antrag unverzüglich an den zuständigen Krankenversicherungsträger weiterzuleiten haben, soweit sie diese Maßnahmen nicht selbst gemäß den §§ 302 Abs. 2, 307d Abs. 2 Z 2 oder gemäß § 189 Abs. 2 gewähren bzw. zu gewähren haben oder ihre Gewährung gemäß § 302 Abs. 2 oder gemäß § 191 Abs. 2 an sich ziehen.

(BGBl I 2015/162)

(4) Der Krankenversicherungsträger kann die Durchführung von medizinischen Maßnahmen der Rehabilitation einem Pensionsversicherungsträger mit dessen Zustimmung übertragen. Er hat dem Pensionsversicherungsträger in einem solchen Fall die Kosten zu ersetzen. Die beteiligten Versicherungsträger können jedoch zur Abgeltung der Ersatzansprüche unter Bedachtnahme auf die Anzahl der in Betracht kommenden Fälle und die Höhe der durchschnittlichen Kosten der in diesen Fällen gewährten medizinischen Maßnahmen der Rehabilitation die Zahlung jährlicher Pauschalbeträge vereinbaren.

(5) Die Krankenversicherungsträger haben die von ihnen jeweils zu treffenden medizinischen Maßnahmen der Rehabilitation mit den in Frage kommenden Versicherungsträgern, Dienststellen und Einrichtungen im Sinne des § 307c zu koordinieren und aufeinander abzustimmen.

(6) Die Gewährung von Maßnahmen zur Festigung der Gesundheit bzw. von Maßnahmen der Gesundheitsvorsorge (§§ 155 und 307d) zählt nicht zu den Aufgaben der medizinischen Maßnahmen der Rehabilitation.

(7) Werden Versicherte (PensionsbezieherInnen, Angehörige) für Rechnung des Krankenversicherungsträgers in einer der in Abs. 2 Z 1 angeführten Einrichtungen untergebracht, so haben diese eine Zuzahlung zu leisten. Die Zuzahlung beträgt pro Verpflegstag

1. 7,00 €[a)], wenn das Erwerbseinkommen oder die Pension monatlich den Betrag nach § 293 Abs. 1 lit. a sublit. bb zuzüglich 581,38 € nicht übersteigt;
2. 12,00 €[a)], wenn das Erwerbseinkommen oder die Pension monatlich den Gesamtbetrag nach Z 1, nicht aber den Betrag nach § 293 Abs. 1 lit. a sublit. bb zuzüglich 1 162,77 € übersteigt;
3. 17,00 €[a)] , wenn das Erwerbseinkommen oder die Pension monatlich den Gesamtbetrag nach Z 2 übersteigt.

[a)] Betrag siehe VO veränderliche Werte.

An die Stelle dieser Zuzahlungsbeträge treten ab 1. Jänner eines jeden Jahres, erstmals ab 1. Jänner 2012, die unter Bedachtnahme auf § 108 Abs. 6 mit der jeweiligen Aufwertungszahl (§ 108a Abs. 1) vervielfachten Beträge. Der Krankenversicherungsträger hat bei Vorliegen einer besonderen sozialen Schutzbedürftigkeit der versicherten (pensionsbeziehenden) Person von der Einhebung der Zuzahlung abzusehen oder diese herabzusetzen, und zwar nach Maßgabe der vom Hauptverband hiezu erlassenen Richtlinien (§ 31 Abs. 5 Z 27)[a]. Die Zuzahlung ist sogleich bei Antritt des Aufenthaltes im Voraus an den Krankenversicherungsträger zu leisten und darf für jede versicherte (pensionsbeziehende, angehörige) Person für höchstens 28 Tage pro Kalenderjahr eingehoben werden.

(BGBl I 2018/100)

[a] Ab 1. Jänner 2020: „(§ 30a Abs. 1 Z 27)“.

(BGBl 1996/201, BGBl I 2001/67, BGBl I 2004/142, BGBl I 2010/111, BGBl I 2018/100)

Gesundheitsförderung und Prävention

§ 154b. (1) Die Krankenversicherungsträger haben im Rahmen der Gesundheitsförderung und Prävention dazu beizutragen, den Versicherten und deren Angehörigen ein hohes Maß an Selbstbestimmung über ihre Gesundheit zu ermöglichen und sie damit zur Stärkung ihrer Gesundheit zu befähigen, indem sie insbesondere über Gesundheitsgefährdung, die Bewahrung der Gesundheit und über die Verhütung von Krankheiten und Unfällen – ausgenommen Arbeitsunfälle – aufklären, und darüber zu beraten, wie Gefährdungen vermieden, Krankheiten und Unfälle – ausgenommen Arbeitsunfälle – verhütet werden können. Dazu sind gezielt für Gruppen von Anspruchsberechtigten abgestellt auf deren Lebenswelten Gesundheitsförderungs- und Präventionsprogramme und daraus abgeleitete Maßnahmen anzubieten.

(BGBl I 2013/81)

(2) Fallen Maßnahmen gemäß Abs. 1 auch in den sachlichen oder örtlichen Aufgabenbereich anderer Einrichtungen (Behörden, Versicherungsträger, gemeinnützige Einrichtungen und dergleichen), so kann mit diesen eine Vereinbarung über ein planmäßiges Zusammenwirken und eine Beteiligung an den Kosten getroffen werden.

(3) Der Krankenversicherungsträger kann die im Abs. 1 bezeichneten Maßnahmen auch dadurch treffen, daß er sich an Einrichtungen der Gesundheitsfürsorge, die den gleichen Zwecken dienen, beteiligt. Abs. 2 ist anzuwenden.

6. Unterabschnitt
Maßnahmen zur Festigung der Gesundheit; Krankheitsverhütung

Maßnahmen der Krankenversicherungsträger zur Festigung der Gesundheit

§ 155. (1) Die Krankenversicherungsträger können unter Berücksichtigung des Fortschrittes der medizinischen Wissenschaft sowie unter Bedachtnahme auf ihre finanzielle Leistungsfähigkeit Maßnahmen zur Festigung der Gesundheit gewähren.

(2) Als Maßnahmen im Sinne des Abs. 1 kommen insbesondere in Betracht:

1. Landaufenthalt sowie Aufenthalt in Kurorten;
2. Unterbringung in Kuranstalten zur Verhinderung
   a) einer unmittelbar drohenden Krankheit,
   b) der Verschlimmerung einer bestehenden Krankheit;

   (BGBl I 2015/162)
3. die Übernahme der Reisekosten in den Fällen der Z 1 bis 3 nach Maßgabe der Bestimmungen der Satzung unter Bedachtnahme auf die wirtschaftlichen Verhältnisse des Versicherten bzw. Angehörigen.

   (BGBl I 2015/162)

(3) Werden Versicherte (Angehörige) für Rechnung des Krankenversicherungsträgers in einer der in Abs. 2 Z 1 bis 3 angeführten Einrichtungen (ausgenommen die Fälle der Zuschussgewährung durch den Krankenversicherungsträger) untergebracht, so haben diese eine Zuzahlung zu leisten, deren Höhe sich nach § 154a Abs. 7 zweiter bis vierter Satz richtet. Sie ist sogleich bei Antritt des Aufenthaltes im Voraus an den Krankenversicherungsträger zu leisten.

(BGBl 1996/201, BGBl I 2001/67, BGBl I 2004/142, BGBl I 2010/111)

(4) Die Maßnahmen zur Festigung der Gesundheit können auch nach Maßgabe der vom Hauptverband hiezu erlassenen Richtlinien (§ 31 Abs. 5 Z 28) durch Gewährung von Zuschüssen für Landaufenthalt und Aufenthalt in Kurorten bzw. Kuranstalten erbracht werden.

(BGBl 1996/201)

(4)[a] Die Maßnahmen zur Festigung der Gesundheit können auch nach Maßgabe der vom Dachverband hiezu erlassenen Richtlinien (§ 30a Abs. 1 Z 28) durch Gewährung von Zuschüssen für Landaufenthalt und Aufenthalt in Kurorten bzw. Kuranstalten erbracht werden.

(BGBl 1996/201, BGBl I 2018/100)

[a] Tritt mit 1. Jänner 2020 in Kraft.

(5) (aufgehoben)

Krankheitsverhütung

§ 156. (1) Zur Verhütung des Eintrittes und der Verbreitung von Krankheiten können als freiwillige Leistungen insbesondere gewährt werden:

1. Gesundheitsfürsorge, wie Gesunden-, Betriebs- und Schwangerenfürsorge, Säuglings- und Kinderfürsorge, Fürsorge für gesundheitsgefährdete Jugendliche;
2. Maßnahmen zur Bekämpfung der Volkskrankheiten und der Zahnfäule;
3. Maßnahmen zur Stärkung der Gesundheitskompetenz der Versicherten und ihrer Angehörigen (Health Literacy);

   (BGBl I 2013/81)
4. die Übernahme der Reisekosten in den Fällen der Z 1 bis 3 nach Maßgabe der Bestimmungen der Satzung unter Bedachtnahme auf die wirtschaftlichen Verhältnisse des Versicherten bzw. Angehörigen.

(2) Fallen Maßnahmen gemäß Abs. 1 auch in den sachlichen oder örtlichen Aufgabenbereich anderer Einrichtungen (Behörden, Versicherungsträger und dergleichen), so kann mit diesen eine Vereinbarung über ein planmäßiges Zusammenwirken und eine Beteiligung an den Kosten getroffen werden.

(3) Der Krankenversicherungsträger kann die im Abs. 1 bezeichneten Maßnahmen auch dadurch treffen, daß er sich an Einrichtungen der Gesundheitsfürsorge, die den gleichen Zwecken dienen, beteiligt. Abs. 2 gilt entsprechend.

7. Unterabschnitt
Leistungen aus dem Versicherungsfall der Mutterschaft

Umfang des Versicherungsschutzes

§ 157. Der Versicherungsfall der Mutterschaft umfaßt den nach seinem Eintritt (§ 120 Z 3) liegenden Zeitraum der Schwangerschaft, die Entbindung und die sich daraus ergebenden Folgen, soweit diese Folgen nicht als Versicherungsfall der Krankheit oder Arbeitsunfähigkeit infolge Krankheit anzusehen sind.

Anspruchsberechtigung

§ 158. (1) Aus dem Versicherungsfall der Mutterschaft einer Versicherten sowie für die als Angehörige geltenden Personen (§ 123) sind die im § 117 Z 4 für diesen Versicherungsfall vorgesehenen Leistungen beim Zutreffen der Voraussetzungen nach Maßgabe der folgenden Bestimmungen zu gewähren.

(2) (aufgehoben)

(3) Die Leistungen im Falle der Mutterschaft für die Ehegattin eines Versicherten werden auch nach Auflösung der Ehe durch Tod des Versicherten, Aufhebung oder Scheidung sowie nach Nichtigerklärung der Ehe gewährt, wenn die Entbindung vor dem Ablauf des 302. Tages nach der Auflösung oder Nichtigerklärung der Ehe stattfindet.

(4) Ergibt sich bei der Anwendung des Abs. 3, daß ein Anspruch auf die Leistungen im Falle der Mutterschaft für Angehörige gegen mehrere Versicherungsträger oder gegen einen Versicherungsträger mehrfach begründet ist, so sind diese Leistungen nur einmal zu gewähren. Leistungspflichtig ist der Versicherungsträger, der zuerst in Anspruch genommen wird.

Ärztlicher Beistand, Hebammenbeistand und Beistand durch diplomierte Kinderkranken- und Säuglingsschwestern

§ 159. Ärztlicher Beistand, Hebammenbeistand und Beistand durch diplomierte Kinderkranken- und Säuglingsschwestern werden in entsprechender Anwendung der §§ 134 und 135 gewährt. Hat die Anspruchsberechtigte nicht die Vertragspartner (§ 338) oder die eigenen Einrichtungen (Vertragseinrichtungen) des Versicherungsträgers in Anspruch genommen, so gebührt ihr Kostenersatz gemäß § 131.

Heilmittel und Heilbehelfe

§ 160. (1) Heilmittel und Heilbehelfe werden in entsprechender Anwendung der §§ 136 und 137 gewährt.

(2) Als freiwillige Leistungen können vom Versicherungsträger auch Behelfe zur Mutter- und Säuglingspflege (Windeln, Einschlagetücher, wasserundurchlässige Einlagen, Hautpulver und dergleichen) beigestellt werden.

Pflege in einer Krankenanstalt

§ 161. (1) Für die Entbindung ist Pflege in einer Krankenanstalt längstens für zehn Tage zu gewähren; die Bestimmungen der §§ 145 und 148 bis 150 sind hiebei entsprechend anzuwenden. Wenn es der Zustand der Wöchnerin oder die Entfernung ihres Wohnortes erfordert, sind auch die Beförderungskosten in die und aus der Anstalt zu übernehmen.

(BGBl I 2015/162)

(2) Zeiten einer Pflege nach Abs. 1 sind auf die Höchstdauer des Krankengeldanspruches (§ 139) nicht anzurechnen.

(BGBl I 2015/162)

Wochengeld

§ 162. (1) Weiblichen Versicherten gebührt für die letzten acht Wochen vor der voraussichtlichen Entbindung, für den Tag der Entbindung und für die ersten acht Wochen nach der Entbindung ein tägliches Wochengeld. Weibliche Versicherte nach Frühgeburten, Mehrlingsgeburten oder Kaiserschnittentbindungen erhalten das Wochengeld nach der Entbindung durch zwölf Wochen. Über die vorstehenden Fristen vor und nach der Entbindung hinaus gebührt das Wochengeld ferner für jenen Zeitraum, während dessen Dienstnehmerinnen und Bezieherinnen einer Leistung nach dem AlVG oder KBGG im Einzelfall bei Dienstnehmerinnen nach § 4 Abs. 2 auf Grund eines fachärztlichen, arbeitsinspektionsärztlichen oder amtsärztlichen, bei Dienstnehmerinnen nach § 4 Abs. 4 auf Grund eines fachärztlichen oder amtsärztlichen Zeugnisses nachgewiesen wird, dass das Leben oder die Gesundheit von Mutter oder Kind bei Fortdauer der Beschäftigung oder Aufnahme einer Beschäftigung gefährdet wäre. Dienstnehmerinnen nach § 4 Abs. 2 und 4 haben weiters für den Zeitraum eines Beschäftigungsverbotes für werdende Mütter nach § 13a Abs. 5 Tabakgesetz Anspruch auf Wochengeld.

(BGBl I 1998/138, BGBl I 2001/103, BGBl I 2007/101, BGBl I 2008/120, BGBl I 2010/61, BGBl I 2017/126)

(2) Die Achtwochenfrist vor der voraussichtlichen Entbindung gemäß Abs. 1 wird auf Grund eines ärztlichen Zeugnisses berechnet. Erfolgt die Entbindung zu einem anderen als dem vom Arzt angenommenen Zeitpunkt, so verkürzt oder verlängert sich die im Abs. 1 vorgesehene Frist vor der Entbindung entsprechend. Die Frist nach der Entbindung verlängert sich jedoch in jedem Fall bis zu dem Zeitpunkt, in dem das Beschäftigungs-

verbot nach den Vorschriften des Mutterschutzrechtes endet.

(3) Das Wochengeld gebührt in der Höhe des auf den Kalendertag entfallenden Teiles des durchschnittlichen in den letzten 13 Wochen (bei Versicherten, deren Arbeitsverdienst nach Kalendermonaten bemessen oder abgerechnet wird, in den letzten drei Kalendermonaten) vor dem Eintritt des Versicherungsfalles der Mutterschaft gebührenden Arbeitsverdienstes, vermindert um die gesetzlichen Abzüge; die auf diesen Zeitraum entfallenden Sonderzahlungen sind nach Maßgabe des Abs. 4 zu berücksichtigen. Für Dienstnehmerinnen nach § 4 Abs. 4 ist das tägliche Nettoeinkommen unter Zugrundelegung des im ersten Satz genannten Arbeitsverdienstes nach § 21 Abs. 3 zweiter Satz AlVG zu berechnen. Wurde von Versicherten, deren Arbeitsverdienst nach Kalendermonaten bemessen oder abgerechnet wird, lediglich im Kalendermonat des Eintrittes des Versicherungsfalles der Mutterschaft ein Arbeitsverdienst erzielt, so gilt dieser für die Ermittlung des durchschnittlichen in den letzten drei Kalendermonaten gebührenden Arbeitsverdienstes als im letzten vollen Kalendermonat vor dem Eintritt des Versicherungsfalles erzielt. Fallen in den für die Ermittlung des durchschnittlichen Arbeitsverdienstes maßgebenden Zeitraum auch Zeiten des Bezuges einer Leistung nach dem KBGG oder nach dem Arbeitslosenversicherungsgesetz 1977, so gilt für diese Zeiten als Arbeitsverdienst jenes Wochengeld, das auf Grund des Abs. 3a Z 2 in Verbindung mit Abs. 5 Z 3 oder auf Grund des Arbeitslosenversicherungsgesetzes 1977 beim Eintritt des Versicherungsfalles der Mutterschaft während des Leistungsbezuges gebührt hätte. Bei Versicherten, deren Lehrverhältnis während des genannten Zeitraumes geendet hat, ist, wenn es für die Versicherte günstiger ist, für die Ermittlung der Höhe des Wochengeldes der Arbeitsverdienst im letzten Beitragszeitraum, vermindert um die gesetzlichen Abzüge, heranzuziehen. Fallen in den für die Ermittlung des durchschnittlichen Arbeitsverdienstes maßgebenden Zeitraum

a) Zeiten der im § 11 Abs. 3 bezeichneten Art,

(BGBl I 2003/145)

b) Zeiten, während derer die Versicherte infolge Krankheit, eines mutterschutzrechtlichen Beschäftigungsverbotes oder Kurzarbeit nicht das volle Entgelt bezogen hat,

(BGBl I 1998/138, BGBl I 2003/145)

c) Zeiten, während deren die Versicherte nach den §§ 14a, 14b, 14c, oder 14d AVRAG oder einer gleichartigen Regelung zum Zwecke der Sterbebegleitung eines (einer) nahen Verwandten, der Begleitung eines schwersterkrankten Kindes oder der Pflege eines/einer nahen Angehörigen (Pflegekarenz) nicht das volle oder kein Arbeitsentgelt bezogen hat oder

(BGBl I 2003/145, BGBl I 2013/138, BGBl I 2017/30)

d) Zeiten, in denen Wiedereingliederungsgeld bezogen wurde,

(BGBl I 2017/30)

so bleiben diese Zeiten bei der Ermittlung des durchschnittlichen Arbeitsverdienstes außer Betracht. Liegen in dem maßgebenden Zeitraum nur Zeiten der in lit. a, b oder c bezeichneten Art vor, so verlängert sich der maßgebende Zeitraum um diese Zeiten; diese Zeiten bleiben bei der Berechnung des durchschnittlichen Arbeitsverdienstes außer Betracht. In den Fällen des § 122 Abs. 3 erster Satz sind, wenn dies für die Versicherte günstiger ist, für die Ermittlung der Höhe des Wochengeldes nicht die letzten 13 Wochen bzw. drei Kalendermonate vor dem Eintritt des Versicherungsfalles der Mutterschaft heranzuziehen, sondern die letzten 13 Wochen bzw. drei Kalendermonate vor dem Ende der Pflichtversicherung oder vor dem Ende des Dienstverhältnisses.

(BGBl I 1997/139, BGBl I 1998/6, BGBl I 2003/145, BGBl I 2005/71, BGBl I 2007/101, BGBl I 2010/61)

(3a) Abweichend von Abs. 3 gebührt das Wochengeld

1. den nach § 19a Abs. 6 als Pflichtversicherte geltenden Selbstversicherten in der Höhe von 6,83 €[a)] täglich;

   (BGBl I 2007/101)

2. den Bezieherinnen von Kinderbetreuungsgeld in der Höhe des gebührenden, täglichen Kinderbetreuungsgeldes; § 122 Abs. 3 ist nicht anzuwenden, soweit es sich um Geldleistungen (Wochengeld) handelt.

   (BGBl I 2007/76, BGBl I 2009/116, BGBl I 2016/53)

3. (aufgehoben)

   (BGBl I 2009/116, BGBl I 2016/53)

An die Stelle des in der Z 1 genannten Betrages tritt ab 1. Jänner eines jeden Jahres der unter Bedachtnahme auf § 108 Abs. 6 mit dem jeweiligen Anpassungsfaktor (§ 108f) vervielfachte Betrag[a)].

[a)] Betrag siehe VO über veränderliche Werte.

(BGBl I 1998/138, BGBl I 2001/103, BGBl I 2004/142)

(4) Die auf die letzten 13 Wochen bzw. auf die letzten drei Kalendermonate entfallenden Sonderzahlungen sind bei der Bemessung des Wochengeldes in der Weise zu berücksichtigen, daß der nach Abs. 3 ermittelte Netto-Arbeitsverdienst um einen durch die Satzung des Versicherungsträgers allgemein festzusetzenden Hundertsatz erhöht wird; der Hundertsatz kann einheitlich oder gesondert für bestimmte Gruppen von Versicherten unter Bedachtnahme auf den Durchschnittswert der Sonderzahlungen festgesetzt werden.

(BGBl I 2015/79)

(5) Vom Anspruch auf Wochengeld sind ausgeschlossen

1. Pflichtversicherte, die nach § 138 Abs. 2 lit. a bis e und h vom Anspruch auf Krankengeld ausgeschlossen sind,

   (BGBl I 1998/138, BGBl I 2012/17, BGBl I 2013/137)

2. Selbstversicherte (§ 16);

   (BGBl I 2001/103)

3. Teilversicherte nach § 8 Abs. 1 Z 1 lit. f außer jene, die aufgrund der dem Kinderbetreuungsgeld-Bezug zugrundeliegenden Entbindung Anspruch auf Wochengeld hatten oder deren Kinderbetreuungsgeld-Bezug eine Inpflegenahme oder Adoption zu Grunde liegt und denen Wochengeld gebührt hätte, wenn an Stelle der Inpflegenahme oder Adoption eine Entbindung stattgefunden hätte.

   (BGBl I 2001/103, BGBl I 2009/84)

(BGBl 1996/201)

§ 163. (aufgehoben)

§ 164. (aufgehoben)

Zusammentreffen von Ansprüchen auf Wochengeld, Krankengeld und Wiedereingliederungsgeld

§ 165. (1) Trifft ein Anspruch auf Wochengeld mit einem Anspruch auf Krankengeld oder einem Anspruch auf Wiedereingliederungsgeld zusammen, so gebührt nur das Wochengeld.

(2) Die Dauer des Wochengeldanspruches wird auf die Höchstdauer des Krankengeldanspruches nicht angerechnet.

(BGBl I 2017/30)

Ruhen des Wochengeldes

§ 166. (1) Der Anspruch auf Wochengeld ruht,

1. (aufgehoben)

2. solange die Versicherte auf Grund gesetzlicher oder vertraglicher Bestimmungen Anspruch auf Fortbezug von mehr als 50 vH der vollen Geld- und Sachbezüge (§ 49 Abs. 1) hat; besteht ein Anspruch auf Weiterleistung von 50 vH dieser Bezüge, so ruht das Wochengeld zur Hälfte. Urlaubsentschädigungen, Urlaubsabfindungen und Kündigungsentschädigungen gemäß § 11 Abs. 2 gelten nicht als weitergeleistete Bezüge. § 143 Abs. 1 Z 3 letzter Satz und Abs. 5 gelten entsprechend;

   (BGBl 1993/335, BGBl I 1997/47)

3. solange die Versicherte während des Anspruches auf Wochengeld eine Erwerbstätigkeit ausübt, in der Höhe des aus dieser Erwerbstätigkeit erzielten Einkommens;

   (BGBl I 2013/138)

4. solange der Versicherten Pflegekarenzgeld nach § 21c des Bundespflegegeldgesetzes gewährt wird, in der Höhe des Pflegekarenzgeldes nach § 21c des Bundespflegegeldgesetzes.

   (BGBl I 2013/138)

(2) Zeiten, für die der Anspruch auf Wochengeld gemäß Abs. 1 Z 2 zur Gänze ruht, werden auf die Höchstdauer des Anspruches auf Wochengeld nicht angerechnet.

(3) (aufgehoben)

Wochengeld beim Tod der Wöchnerin

§ 167. Stirbt eine Wöchnerin bei der Entbindung oder während der Dauer des Bezuges des Wochengeldes, so ist dieses bis zum Ablauf der gesetzlichen Höchstdauer an denjenigen weiterzuzahlen, der für den Unterhalt des Kindes sorgt.

Aufwendungen für das Wochengeld

§ 168. Die Aufwendungen für das Wochengeld (§ 162) sind unbeschadet des aus Mitteln des Familienlastenausgleichsfonds zu leistenden Ersatzes von den Trägern der Krankenversicherung zu 30 vH zu tragen.

(BGBl 1996/411)

8. Unterabschnitt
Leistungen aus dem Versicherungsfall des Todes

§ 169. (aufgehoben)

§ 170. (aufgehoben)

§ 171. (aufgehoben)

Dritter Teil
Unfallversicherung

Abschnitt I
Gemeinsame Bestimmungen

Aufgaben

§ 172. (1) Die Unfallversicherung trifft Vorsorge für die Verhütung von Arbeitsunfällen und Berufskrankheiten, für die erste Hilfeleistung bei Arbeitsunfällen sowie für die Unfallheilbehandlung, die Rehabilitation von Versehrten und die Entschädigung nach Arbeitsunfällen und Berufskrankheiten. Die Vorsorge umfaßt auch die Forschung nach den wirksamsten Methoden und Mitteln zur Erfüllung dieser Aufgaben sowie der sonstigen Aufgaben im Bereich der arbeitsmedizinischen Betreuung der Versicherten, soweit deren Durchführung der Unfallversicherung übertragen ist. Darüber hinaus hat sie nach pflichtgemäßem Ermessen Kosten an der arbeitsmedizinischen Betreuung im Sinne des 7. Abschnittes des ArbeitnehmerInnenschutzgesetzes – ASchG und Zuschüsse zur teilweisen Vergütung des Aufwandes für die Entgeltfortzahlung nach § 53b zu übernehmen.

(BGBl 1994/450, BGBl I 2004/171)

(2) Die Rehabilitation umfaßt die im Rahmen der Unfallheilbehandlung vorgesehenen medizinischen Maßnahmen, berufliche Maßnahmen und, soweit dies zu ihrer Ergänzung erforderlich ist, soziale Maßnahmen mit dem Ziel, Versehrte bis zu einem solchen Grad ihrer Leistungsfähigkeit wiederherzustellen, der sie in die Lage versetzt, im beruflichen und wirtschaftlichen Leben und in der Gemeinschaft einen ihnen angemessenen Platz möglichst dauernd einnehmen zu können.

Leistungen

§ 173. Als Leistungen der Unfallversicherung werden nach Maßgabe der Bestimmungen dieses Bundesgesetzes gewährt:

1. im Falle einer durch einen Arbeitsunfall oder eine Berufskrankheit verursachten körperlichen Schädigung des Versicherten:
   a) Unfallheilbehandlung (§§ 189 bis 194 und 197);
   b) Familien- und Taggeld sowie besondere Unterstützung (§§ 195, 196);
   c) berufliche und soziale Maßnahmen der Rehabilitation (§§ 198 bis 201);
   d) Beistellung von Körperersatzstücken, orthopädischen Behelfen und anderen Hilfsmitteln (§ 202);
   e) Versehrtenrente (§§ 203 bis 205a, 207 bis 210);
   (BGBl 1993/110)
   f) Übergangsrente und Übergangsbetrag (§ 211);
   g) Versehrtengeld (§ 212);
   h) Witwen(Witwer)beihilfe (§ 213);
   i) Integritätsabgeltung (§ 213a);
2. im Falle des durch einen Arbeitsunfall oder eine Berufskrankheit verursachten Todes des Versicherten:
   a) Teilersatz der Bestattungskosten (§ 214);
   b) Hinterbliebenenrenten (§§ 215 bis 220);
   (BGBl I 2004/171)
3. im Falle einer durch eine Krankheit oder einen Unfall verursachten Arbeitsverhinderung des/der Versicherten:Zuschüsse zur teilweisen Vergütung des Aufwandes für die Entgeltfortzahlung nach § 53b.
   (BGBl I 2004/171)

Eintritt des Versicherungsfalles

§ 174. Der Versicherungsfall gilt als eingetreten:

1. bei Arbeitsunfällen mit dem Unfallereignis;
2. bei Berufskrankheiten mit dem Beginn der Krankheit (§ 120 Abs. 1 Z 1) oder, wenn dies für den Versicherten günstiger ist, mit dem Beginn der Minderung der Erwerbsfähigkeit (§ 203).

Arbeitsunfall

§ 175. (1) Arbeitsunfälle sind Unfälle, die sich im örtlichen, zeitlichen und ursächlichen Zusammenhang mit der die Versicherung begründenden Beschäftigung ereignen.

(2) Arbeitsunfälle sind auch Unfälle, die sich ereignen:

1. auf einem mit der Beschäftigung nach Abs. 1 zusammenhängenden Weg zur oder von der Arbeits- oder Ausbildungsstätte; hat der Versicherte wegen der Entfernung seines ständigen Aufenthaltsortes von der Arbeits(Ausbildungs)stätte auf dieser oder in ihrer Nähe eine Unterkunft, so wird die Versicherung des Weges von oder nach dem ständigen Aufenthaltsort nicht ausgeschlossen;
2. auf einem Weg von der Arbeits- oder Ausbildungsstätte oder der Wohnung zu einer Untersuchungs- oder Behandlungsstelle (wie freiberuflich tätiger Arzt, Ambulatorium, Krankenanstalt) zur Inanspruchnahme ärztlicher Hilfe (§ 135), Zahnbehandlung (§ 153) oder der Durchführung einer Vorsorge(Gesunden)untersuchung (§ 132b) und anschließend auf dem Weg zurück zur Arbeits(Ausbildungs)stätte oder zur Wohnung, sofern dem Dienstgeber oder einer sonst zur Entgegennahme von solchen Mitteilungen befugten Person der Arztbesuch vor Antritt des Weges bekanntgegeben wurde, ferner auf dem Weg von der Arbeits- oder Ausbildungsstätte oder von der Wohnung zu einer Untersuchungsstelle, wenn sich der Versicherte der Untersuchung auf Grund einer gesetzlichen Vorschrift oder einer Anordnung des Versicherungsträgers oder des Dienstgebers unterziehen muß und anschließend auf dem Weg zurück zur Arbeits(Ausbildungs)stätte oder zur Wohnung;
   (BGBl I 1999/173)
3. bei häuslichen oder anderen Tätigkeiten, zu denen der Versicherte durch den Dienstgeber oder dessen Beauftragten herangezogen wird;
4. bei häuslichen und anderen Tätigkeiten des Versicherten im Zusammenhang mit der Gewinnung und Verarbeitung von Produkten, die ihm vom Dienstgeber als Sachbezüge gewährt werden;
5. bei einer mit der Beschäftigung zusammenhängenden Verwahrung, Beförderung, Instandhaltung und Erneuerung des Arbeitsgerätes, auch wenn dieses vom Versicherten beigestellt wird;
6. bei einer mit der Beschäftigung zusammenhängenden Inanspruchnahme von gesetzlichen beruflichen Vertretungen oder Berufsvereinigungen;
7. auf einem Weg von der Arbeits- oder Ausbildungsstätte, den der Versicherte zurücklegt, um während der Arbeitszeit, einschließlich der in der Arbeitszeit liegenden gesetzlichen sowie kollektivvertraglich oder betrieblich vereinbarten Arbeitspausen, in der Nähe der Arbeits- oder Ausbildungsstätte oder in seiner Wohnung lebenswichtige persönliche Bedürfnisse zu befriedigen, anschließend auf dem Weg zurück zur Arbeits- oder Ausbildungsstätte sowie bei dieser Befriedigung der lebensnotwendigen Bedürfnisse, sofern sie in der Nähe der Arbeits- oder Ausbildungsstätte, jedoch außerhalb der Wohnung des Versicherten erfolgt;

8. auf einem mit der unbaren Überweisung des Entgelts zusammenhängenden Weg von der Arbeits- oder Ausbildungsstätte oder der Wohnung zu einem Geldinstitut zum Zweck der Behebung des Entgelts und anschließend auf dem Weg zurück zur Arbeits- oder Ausbildungsstätte oder zur Wohnung;
9. auf einem Weg zur oder von der Arbeits- oder Ausbildungsstätte, der im Rahmen einer Fahrgemeinschaft von Betriebsangehörigen oder Versicherten zurückgelegt worden ist, die sich auf einem in der Z 1 genannten Weg befinden.
10. auf einem Weg eines (einer) Versicherten zur oder von der Arbeits- oder Ausbildungsstätte (Z 1) mit dem Zweck, ein Kind zu einer Kinderbetreuungseinrichtung, zur Tagesbetreuung, in fremde Obhut oder zu einer Schule zu bringen oder von dort abzuholen, sofern ihm/ihr für das Kind eine Aufsichtspflicht zukommt.

(BGBl I 2012/123)

(3) In einem land- oder forstwirtschaftlichen Betrieb gelten als Arbeitsunfälle auch Unfälle, die sich ereignen:

1. bei der Arbeit im Haushalt des Betriebsinhabers oder der Dienstnehmer, wenn der Haushalt dem Betrieb wesentlich dient;
2. bei der Arbeit in der Land- oder Forstwirtschaft und im Haushalt der ständig im Betrieb beschäftigten Dienstnehmer, die als Entgelt vom Betriebsinhaber Grundstücke oder sonstige Betriebsmittel zur eigenen land(forst)wirtschaftlichen Erzeugung erhalten und aus dieser Erzeugung einen wesentlichen Teil ihres Unterhaltes bestreiten;
3. (aufgehoben)
4. bei Arbeiten, die im Zusammenhang mit der Errichtung, dem Umbau und der Reparatur von Gebäuden, die dem land(forst)-wirtschaftlichen Betrieb dienen, verrichtet werden, sowie bei Arbeiten im Rahmen der Nachbarschaftshilfe für einen anderen land(forst)wirtschaftlichen Betrieb.

(4) In der Unfallversicherung nach § 8 Abs. 1 Z 3 lit. h, i und l sind Arbeitsunfälle Unfälle, die sich im örtlichen, zeitlichen und ursächlichen Zusammenhang mit der die Versicherung begründenden Schul(Universitäts)ausbildung oder dem die Versicherung begründenden Besuch einer institutionellen Kinderbetreuungseinrichtung ereignen. Abs. 2 Z 1, 2, 5, 6, 7 und 9 sowie Abs. 6 sind entsprechend anzuwenden.

(BGBl I 1998/138, BGBl I 2010/61)

(5) In der Unfallversicherung gemäß § 8 Abs. 1 Z 3 lit. h und i gelten als Arbeitsunfälle auch Unfälle, die sich ereignen:

1. bei der Teilnahme an Schulveranstaltungen, schulbezogenen Veranstaltungen sowie individuellen Berufs(bildungs)orientierungen nach den §§ 13, 13a und 13b des Schulunterrichtsgesetzes, BGBl. Nr. 472/1986;

   (BGBl I 2004/171)
2. bei der Ausübung einer im Rahmen des Lehrplanes bzw. der Studienordnung vorgeschriebenen oder üblichen praktischen Tätigkeit;

   (BGBl I 2005/71)
3. bei der Absolvierung einer individuellen Berufsorientierung ohne Eingliederung in den Arbeitsprozess im Ausmaß von höchstens 15 Tagen pro Betrieb und Kalenderjahr außerhalb der Unterrichtszeiten und der im § 13b SchUG geregelten Veranstaltungen, sofern es sich um Schüler/Schülerinnen im oder nach dem achten Schuljahr handelt und von der/dem Erziehungsberechtigten eine Zustimmung vorliegt.

(BGBl I 2005/71, BGBl I 2005/132, BGBl I 2010/102)

(6) Verbotswidriges Handeln schließt die Annahme eines Arbeitsunfalles nicht aus.

Arbeitsunfällen gleichgestellte Unfälle

§ 176. (1) Den Arbeitsunfällen sind Unfälle gleichgestellt, die sich bei nachstehenden Tätigkeiten ereignen:

1. als Teilnehmer der Betriebs(Gruppen-, Betriebshaupt)versammlung sowie der Jugendversammlung oder als Mitglied des Betriebsrates (Jugendvertrauensrates) oder als Behindertenvertrauensperson sowie als Mitglied eines Wahlvorstandes im Sinne des Arbeitsverfassungsgesetzes, BGBl. Nr. 22/1974, oder des Landarbeitsgesetzes 1984, BGBl. Nr. 287, ferner als in demselben Betrieb Beschäftigter bei der Mitwirkung an der Besorgung von Aufgaben des Betriebsrates (Jugendvertrauensrates) im Auftrag oder über Ersuchen eines Mitgliedes des Betriebsrates (Jugendvertrauensrates) sowie als Teilnehmer an einer Schulungs- und Bildungsveranstaltung, wenn die Teilnahmeberechtigung auf dem Arbeitsverfassungsgesetz (Behinderteneinstellungsgesetz) beruht; das gleiche gilt sinngemäß bei gemäß § 1 Abs. 2 Z 3 des Arbeitsverfassungsgesetzes vom Geltungsbereich der Bestimmungen dieses Bundesgesetzes ausgenommenen Arbeitsverhältnissen im Rahmen der auf sie anzuwendenden Vorschriften über die Personalvertretung;

   (BGBl I 1999/173)
2. bei der Rettung eines Menschen aus tatsächlicher oder vermuteter Lebensgefahr oder dem Versuch einer solchen Rettung, bei Herbeiholung eines Arztes oder eines Sanitäters im Sinne des Sanitätergesetzes oder einer Hebamme zu einer dringenden Hilfeleistung, bei der Suche nach vermißten Personen, bei der Hilfeleistung in sonstigen Unglücksfällen oder allgemeiner Gefahr oder Not, bei der Herbeiholung eines Seelsorgers zu einem in Lebensgefahr befindlichen Erkrankten oder

Verunglückten, bei der Blutspende oder der Organspende nach dem OTPG oder bei angemessener Unterstützung der Amtshandlung eines Sicherheitsorganes, in allen diesen Fällen jedoch nur, wenn der Unglücksfall nicht durch den Retter/die Retterin vorsätzlich herbeigeführt wurde und wenn nicht nach anderen unfallversicherungs- oder unfallfürsorgerechtlichen Bestimmungen ein Leistungsanspruch besteht;

(BGBl I 2002/31, BGBl I 2012/107, BGBl I 2012/123)

3. bei Tätigkeiten, die vorübergehend auf Grund gesetzlicher Verpflichtung oder im Auftrage oder mit ausdrücklicher Zustimmung der zuständigen Verwaltungsbehörde zur Sicherung, Überwachung, Förderung oder Erhaltung der land- oder forstwirtschaftlichen Erzeugung oder der Erzeugnisse, Baulichkeiten oder sonstiger Betriebseinrichtungen ausgeübt werden;
4. Hand- und Zugdienste (Robot) sowie sonstige Arbeitsleistungen, wenn sie auf Grund gesetzlicher oder statutarischer Verpflichtung oder auf Grund alten Herkommens erbracht werden;
5. beim Besuch beruflicher Schulungs(Fortbildungs)kurse, soweit dieser Besuch geeignet ist, das berufliche Fortkommen des Versicherten zu fördern, ferner bei der Teilnahme an Lehrabschlußprüfungen, an Ausbilderprüfungen gemäß § 29a des Berufsausbildungsgesetzes, BGBl. Nr. 142/1969, sowie Meisterprüfungen und sonstigen Befähigungs- und Konzessionsprüfungen, deren Ablegung eine Voraussetzung für die selbständige Erwerbstätigkeit ist, die die Mitgliedschaft nach § 1 Abs. 2 des Wirtschaftskammergesetzes 1998, BGBl. I Nr. 103, begründet oder bei der Teilnahme an Prüfungen im Bereich der Land- und Forstwirtschaft, die mit der Ausübung dieser Erwerbstätigkeit in Zusammenhang stehen, und an beruflichen Wettbewerbsveranstaltungen einer Interessenvertretung der Dienstnehmer oder Dienstgeber;

   (BGBl I 2006/131)
6. bei einer betrieblichen Tätigkeit, wie sie sonst ein nach § 4 Versicherter ausübt, auch wenn dies nur vorübergehend geschieht;

   (BGBl 1996/201, BGBl 1996/411)
7. a) in Ausübung der den Mitgliedern von freiwilligen Feuerwehren (Feuerwehrverbänden), freiwilligen Wasserwehren, des Österreichischen Roten Kreuzes, der freiwilligen Rettungsgesellschaften, der Rettungsflugwacht, des Österreichischen Bergrettungsdienstes, der Österreichischen Wasser-Rettung, der Lawinenwarnkommissionen, der Österreichischen Rettungshunde-Brigade und der Strahlenspür- und -meßtrupps im Rahmen der Ausbildung, der Übungen und des Einsatzfalles obliegenden Pflichten sowie bei Tätigkeiten von freiwilligen Helfern dieser Organisationen und der Pflichtfeuerwehren im Einsatzfall bzw. bei derartigen Tätigkeiten von bei diesen Organisationen ehrenamtlich tätigen Sanitätern im Sinne des § 14 Abs. 1 Z 1 des Sanitätergesetzes, BGBl. I Nr. 30/2002; des weiteren bei Tätigkeiten im Rahmen organisierter Rettungsdienste im Einsatzfall, sofern diese Organisationen nach ihrer Zweckbestimmung auf Einsätze zur Leistung erster ärztlicher Hilfe in Notfällen im Inland ausgerichtet sind und sie die Erzielung eines Gewinnes nicht bezwecken;

      (BGBl 1996/411, BGBl I 2002/31, BGBl I 2002/114)

   b) bei Tätigkeiten, die die Mitglieder der in lit. a genannten Organisationen darüber hinaus im Rahmen ihres gesetzlichen oder satzungsmäßigen Wirkungsbereiches ausüben, wenn sie für diese Tätigkeiten keine Bezüge erhalten, in die Zusatzversicherung in der Unfallversicherung einbezogen sind und einen Antrag gemäß § 22a Abs. 4 erster Satz stellen;

      (BGBl 1996/411, BGBl I 1998/138)
8. bei der Inanspruchnahme von Leistungen nach dem Arbeitslosenversicherungsgsetz 1977, BGBl. Nr. 609, dem Arbeitsmarktförderungsgesetz, BGBl. Nr. 31/1969, dem Kinderbetreuungsgeldgesetz, BGBl. I Nr. 103/2001, dem Familienzeitbonusgesetz, BGBl. I Nr. 53/2016, oder dem Arbeitsmarktservicegesetz, BGBl. Nr. 313/1994, sowie in den Fällen, in denen Personen auf Veranlassung des Arbeitsmarktservice eine Arbeits- oder Ausbildungsstelle aufsuchen oder sich einer Eignungsuntersuchung oder Eignungsprüfung unterziehen;

   (BGBl 1994/314, BGBl I 1997/47, BGBl I 2001/103, BGBl I 2010/111, BGBl I 2016/53)
9. bei der Ausübung des Wahlrechtes zu einer gesetzlichen beruflichen Vertretung bzw. Betriebsvertretung;
10. in Ausübung der den mit der Sicherung des Schulweges betrauten Personen im Sinne des § 97a der Straßenverkehrsordnung 1960 obliegenden Pflichten;
11. bei Tätigkeiten im Rahmen der Schülermitverwaltung bzw. der Schulgemeinschaftsausschüsse im Sinne der §§ 58, 59, 64 und 65 des Schulunterrichtsgesetzes, BGBl. Nr. 472/1986 sowie im Rahmen der überschulischen Schülervertretung im Sinne des Schülervertretungengesetzes, BGBl. Nr. 284/1990;

    (BGBl I 2006/131)
12. bei Tätigkeiten in den Organen der Österreichischen Hochschülerschaft im Sinne des

Hochschülerschaftsgesetzes 1998, BGBl. I Nr. 22/1999;

(BGBl I 2006/131)

13. bei der Teilnahme an Lehrabschlußprüfungen, an Ausbilderprüfungen gemäß § 29a des Berufsausbildungsgesetzes, sowie Meisterprüfungen und sonstigen Befähigungs- und Konzessionsprüfungen, deren Ablegung eine Voraussetzung für die selbständige Erwerbstätigkeit ist, die die Mitgliedschaft nach § 1 Abs. 2 des Wirtschaftskammergesetzes 1998 begründet, oder bei der Teilnahme an Prüfungen im Bereich der Land- und Forstwirtschaft, die mit der Ausübung dieser Erwerbstätigkeit in Zusammenhang stehen, im Bereich der Land- und Forstwirtschaft, sofern die Teilnahme an diesen Prüfungen nicht in den Anwendungsbereich der Z 5 oder 8 fällt.

(BGBl I 2006/131)

(2) Wird durch eine im Abs. 1 angeführte Tätigkeit eine in der Anlage 1 zu diesem Bundesgesetz bezeichnete Krankheit verursacht, so ist sie unter den dort angeführten Voraussetzungen den Berufskrankheiten (§ 177) gleichzustellen.

(3) Den im Sinne des Abs. 1 Z 2, 3, 6 bis 8, 10 und 13 tätig werdenden Personen werden die Leistungen der Unfallversicherung aus einem bei dieser Tätigkeit eingetretenen Unfall auch gewährt, wenn sie nicht unfallversichert sind. Dies gilt auch bei Unfällen im Zusammenhang mit dem Besuch beruflicher Schulungs(Fortbildungs)kurse im Sinne des Abs. 1 Z 5 während einer Karenz nach dem MSchG oder nach dem Väter-Karenzgesetz, BGBl. Nr. 651/1989, soweit nicht Anspruch nach § 7 Abs. 3 B-KUVG besteht.

(BGBl I 2009/84)

(4) Ein Unfall, der sich bei der Rettung eines Menschen aus tatsächlicher oder vermuteter Lebensgefahr oder dem Versuch einer solchen Rettung ereignet hat, gilt auch dann als den Arbeitsunfällen gleichgestellt, wenn sich der Unfall im Gebiet eines Nachbarstaates der Republik Österreich ereignet hat und die tätig werdende Person österreichischer Staatsbürger ist, die ihren Wohnsitz im Inland hat.

(5) § 175 Abs. 2 Z 1 und Abs. 6 sind entsprechend anzuwenden.

Berufskrankheiten

§ 177. (1) Als Berufskrankheiten gelten die in der Anlage 1 zu diesem Bundesgesetz bezeichneten Krankheiten unter den dort angeführten Voraussetzungen, wenn sie durch Ausübung der die Versicherung begründenden Beschäftigung in einem in Spalte 3 der Anlage bezeichneten Unternehmen verursacht sind. Hautkrankheiten gelten nur dann als Berufskrankheiten, wenn und solange sie zur Aufgabe schädigender Tätigkeiten zwingen. Dies gilt nicht, wenn die Hautkrankheit eine Erscheinungsform einer Allgemeinerkrankung ist, die durch Aufnahme einer oder mehrerer der in der Anlage 1 angeführten schädigenden Stoffe in den Körper verursacht wurde.

(BGBl I 1998/138)

(2) Eine Krankheit, die ihrer Art nach nicht in Anlage 1 zu diesem Bundesgesetz enthalten ist, gilt im Einzelfall als Berufskrankheit, wenn der Träger der Unfallversicherung auf Grund gesicherter wissenschaftlicher Erkenntnisse feststellt, daß diese Krankheit ausschließlich oder überwiegend durch die Verwendung schädigender Stoffe oder Strahlen bei einer vom Versicherten ausgeübten Beschäftigung entstanden ist; diese Feststellung bedarf zu ihrer Wirksamkeit der Zustimmung des Bundesministers für soziale Verwaltung.

(3) In der Unfallversicherung der nach § 8 Abs. 1 Z 3 lit. h, i und l Teilversicherten stehen die Schul(Universitäts)ausbildung, der Besuch einer institutionellen Kinderbetreuungseinrichtung im letzten Jahr vor Schulpflicht (§ 175 Abs. 4) und die in § 175 Abs. 5 und § 176 Abs. 1 Z 11 und 12 angeführten Tätigkeiten einer Beschäftigung im Sinne der Abs. 1 und 2 gleich.

(BGBl I 2010/61)

Bemessungsgrundlage für die Geldleistungen; Allgemeines

§ 178. (1) Bei der Ermittlung der Bemessungsgrundlage nach den §§ 179 bis 182 sind alle Dienstverhältnisse, Erwerbstätigkeiten und sonstigen Tätigkeiten, sofern sie in die Unfallversicherung nach diesem Bundesgesetz oder nach dem Bauern-Sozialversicherungsgesetz einbezogen sind, zu berücksichtigen, auch wenn sie nebeneinander ausgeübt werden.

(1a) Bei der Ermittlung der Bemessungsgrundlage hat eine Wiedereingliederungsteilzeit nach § 13a AVRAG außer Betracht zu bleiben.

(BGBl I 2017/30)

(2) Die Bemessungsgrundlage beträgt jährlich höchstens das 360fache der im letzten Kalenderjahr vor dem Eintritt des Versicherungsfalles geltenden täglichen Höchstbeitragsgrundlage in der Unfallversicherung (§ 45 Abs. 1) zuzüglich allfälliger nach § 179 zu berücksichtigender Sonderzahlungen bis zum 60fachen dieser täglichen Höchstbeitragsgrundlage (§ 54 Abs. 1).

(BGBl I 2002/140)

Bemessungsgrundlage unter Berücksichtigung der Beitragsgrundlagen

§ 179. (1) In der Unfallversicherung ist Bemessungsgrundlage, soweit sie nicht nach § 181 zu ermitteln ist, die Summe der allgemeinen Beitragsgrundlagen im letzten Kalenderjahr vor dem Eintritt des Versicherungsfalles. Dieser Summe sind die im letzten Kalenderjahr vor dem Eintritt des Versicherungsfalles angefallenen Sonderzahlungen hinzuzurechnen, soweit von diesen Sonderbeiträge fällig geworden sind. Diese Bestimmungen sind auf die gemäß § 7 Z 3 lit. b in der Unfallversicherung Teilversicherten so anzuwenden, als ob für sie Beiträge zur Unfallversicherung wie für Vollversicherte zu entrichten wären.

(BGBl I 2002/140)

(2) Hat die Versicherung im letzten Kalenderjahr vor dem Eintritt des Versicherungsfalles mindestens sechs Wochen gedauert, so ist Bemessungsgrundlage jener Betrag, der sich bei Anwendung des Abs. 1 ergeben würde, wenn die Versicherung während des gesamten letzten Kalenderjahres vor dem Eintritt des Versicherungsfalles bestanden hätte.

(3) Kann Abs. 2 nicht angewendet werden, aber hat die Versicherung vor dem Eintritt des Versicherungsfalles insgesamt mindestens sechs Wochen gedauert, so ist Bemessungsgrundlage jener Betrag, der sich ergeben würde, wenn die Versicherung während des gesamten Kalenderjahres des Eintrittes des Versicherungsfalles bestanden hätte.

(4) Hat die Versicherung vor dem Eintritt des Versicherungsfalles insgesamt kürzer als sechs Wochen gedauert, so ist die Bemessungsgrundlage auf Grund jener Beitragsgrundlagen zu errechnen, die für Versicherte derselben Art mit ähnlicher Ausbildung in derselben Gegend zutreffen.

(BGBl I 2002/140)

(5) Die nach den Abs. 1 bis 4 ermittelte Bemessungsgrundlage ist mit dem Anpassungsfaktor des Kalenderjahres des Eintrittes des Versicherungsfalles zu vervielfachen.

(BGBl I 2002/140)

Besondere Bemessungsgrundlage für Personen unter 30 Jahren

§ 180. (1) Befand sich der Versicherte zur Zeit des Eintrittes des Versicherungsfalles noch in einer Berufs- oder Schulausbildung, so wird von dem Zeitpunkt ab, in dem die begonnene Ausbildung voraussichtlich abgeschlossen gewesen wäre, die Bemessungsgrundlage jeweils nach der Beitragsgrundlage errechnet, die für Personen gleicher Ausbildung durch Kollektivvertrag festgesetzt ist oder sonst von ihnen in der Regel erreicht wird; hiebei sind solche Erhöhungen der Beitragsgrundlage nicht zu berücksichtigen, die der Versicherte erst nach Vollendung seines 30. Lebensjahres erreicht hätte.

(2) Die Bestimmung des Abs. 1 ist entsprechend für Versicherte anzuwenden, die zur Zeit des Eintrittes des Versicherungsfalles noch nicht 30 Jahre alt waren, sofern die Errechnung der Bemessungsgrundlage auf diese Art für den Versicherten günstiger ist.

Bemessungsgrundlage nach festen Beträgen

§ 181. (1) Für die gemäß § 8 Abs. 1 Z 3 lit. a Teilversicherten, die selbständig erwerbstätig sind, gilt als Bemessungsgrundlage ein Betrag von 15 198,91 €[a] im Kalenderjahr. An die Stelle dieses Betrages tritt ab 1. Jänner eines jeden Jahres der unter Bedachtnahme auf § 108 Abs. 6 mit dem jeweiligen Anpassungsfaktor (§ 108f) vervielfachte Betrag. Hat ein gemäß § 8 Abs. 1 Z 3 lit. a Teilversicherter die Höherversicherung gemäß § 20 Abs. 1 in Anspruch genommen, so erhöht sich die Bemessungsgrundlage um die der Beitragszahlung gemäß § 77 Abs. 4 zugrunde gelegten Beträge.

(BGBl 1993/335, BGBl 1996/411, BGBl I 2001/67, BGBl I 2002/140, BGBl I 2004/142, BGBl I 2007/101)

---
[a] Betrag siehe VO über veränderliche Werte.

(2) Für die gemäß § 3 des Bauern-Sozialversicherungsgesetzes und § 8 Abs. 1 Z 3 lit. d Teilversicherten gilt als Bemessungsgrundlage

1. zur Bemessung der Versehrtenrenten an Schwerversehrte (§ 205 Abs. 4) und der Witwen(Witwer)renten ein Betrag von 9 550,66 €[a] im Kalenderjahr,

   (BGBl I 2001/67)

2. in allen übrigen Fällen ein Betrag von 4 774,97 €[a] im Kalenderjahr.

   (BGBl I 2001/67)

An die Stelle dieser Beträge treten ab 1. Jänner eines jeden Jahres die unter Bedachtnahme auf § 108 Abs. 6 mit dem jeweiligen Anpassungsfaktor (§ 108f) vervielfachten Beträge[a].

---
[a] Beträge siehe VO über veränderliche Werte.

(BGBl I 2001/67, BGBl I 2004/142)

(3) Für die gemäß § 11 des Bauern-Sozialversicherungsgesetzes und die gemäß § 19 in der Unfallversicherung Selbstversicherten gilt als Bemessungsgrundlage das 360fache der Beitragsgrundlage gemäß § 76b Abs. 1.

(4) Für die gemäß § 8 Abs. 1 Z 3 lit. c und m in der Unfallversicherung Teilversicherten gilt als Bemessungsgrundlage das 360fache der Beitragsgrundlage gemäß § 74 Abs. 2.

(BGBl I 1997/139, BGBl I 2010/102)

(5) Kommen für Versicherte mehrere der in Abs. 1 bis 4 genannten Bemessungsgrundlagen in Betracht, so sind sie unbeschadet der Bestimmungen des § 178 zusammenzurechnen.

(6) Für die gemäß § 8 Abs. 1 Z 3 lit. k in der Unfallversicherung Teilversicherten, für die aus anderen Dienstverhältnissen, Erwerbstätigkeiten und sonstigen Tätigkeiten keine Bemessungsgrundlage ermittelt werden kann, gilt als Bemessungsgrundlage ein Betrag von 4 774,97 €[a] im Kalenderjahr. An die Stelle dieses Betrages tritt ab 1. Jänner eines jeden Jahres der unter Bedachtnahme auf § 108 Abs. 6 mit dem jeweiligen Anpassungsfaktor (§ 108f) vervielfachte Betrag.

(BGBl 1996/411, BGBl I 2001/67, BGBl I 2004/142)

---
[a] Betrag siehe VO über veränderliche Werte.

Bemessungsgrundlage in sonstigen Fällen

§ 181a. (1) Für die gemäß § 8 Abs. 1 Z 3 lit. e, g und k in der Unfallversicherung Teilversicherten ist die Bemessungsgrundlage unter Bedachtnahme auf § 178 nach den §§ 179 bis 181 zu ermitteln.

(BGBl 1996/411)

(2) Abs. 1 gilt entsprechend für die Ermittlung der Bemessungsgrundlage in den Fällen des § 176, wenn der Verletzte oder Getötete zur Zeit des Eintrittes des Versicherungsfalles in der Unfallversicherung versichert war. Wenn der Versicherungsfall in Ausübung der den Mitgliedern der im § 176 Abs. 1 Z 7 genannten Körperschaften (Vereinigungen) obliegenden Pflichten eingetreten ist, gilt im Falle einer zu diesem Zeitpunkt bestehenden Zusatzversicherung gemäß § 22a als Bemessungsgrundlage das 1½fache des sich nach § 181 Abs. 1 jeweils ergebenden Betrages, sofern sich nicht aus der Anwendung der §§ 178 bis 181 eine höhere Bemessungsgrundlage ergibt.

Bemessungsgrundlage in der Unfallversicherung nach § 8 Abs. 1 Z 3 lit. h, i und l

§ 181b. Für die nach § 8 Abs. 1 Z 3 lit. h, i und l in der Unfallversicherung Teilversicherten gilt als Bemessungsgrundlage für Barleistungen,

a) die nach Vollendung des 15., aber vor Vollendung des 18. Lebensjahres gebühren, ein Betrag von 7 598,87 €[a)];
(BGBl I 2001/67, BGBl I 2002/140)

b) die nach Vollendung des 18., aber vor Vollendung des 24. Lebensjahres gebühren, ein Betrag von 10 132,80 €[a)];
(BGBl I 2001/67, BGBl I 2002/140)

c) die nach Vollendung des 24. Lebensjahres gebühren, ein Betrag von 15 198,91 €[a)].
(BGBl I 2001/67, BGBl I 2002/140)

[a)] Beträge siehe VO über veränderliche Werte.

An die Stelle dieser Beträge treten ab 1. Jänner eines jeden Jahres die unter Bedachtnahme auf § 108 Abs. 6 mit dem jeweiligen Anpassungsfaktor (§ 108f) vervielfachten Beträge. Die Bemessungsgrundlage nach § 180 hat für die nach § 8 Abs. 1 Z 3 lit. h, i und l in der Unfallversicherung Teilversicherten außer Bedacht zu bleiben.

(BGBl 1993/335, BGBl I 2004/142)

(BGBl I 2010/61)

Festsetzung der Bemessungsgrundlage nach billigem Ermessen

§ 182. Kann die Bemessungsgrundlage nach den §§ 179 bis 181b nicht errechnet werden oder würde ihre Errechnung nach diesen Bestimmungen eine Unbilligkeit bedeuten, so ist sie nach billigem Ermessen festzustellen. Hiebei ist außer den Fähigkeiten, der Ausbildung und der Lebensstellung des Versehrten seine Erwerbstätigkeit zur Zeit des Eintrittes des Versicherungsfalles oder, soweit er nicht gegen Entgelt tätig war, eine gleichartige oder vergleichbare Erwerbstätigkeit zu berücksichtigen.

Ausmaß der monatlichen Rente

§ 182a. Die nach den Bestimmungen der §§ 205, 205a, 207, 215, 218 und 219 ermittelten Renten (Kinderzuschüsse) gebühren monatlich in der Höhe eines Vierzehntels des Jahresbetrages.

Neufeststellung der Rente

§ 183. (1) Bei einer wesentlichen Änderung der Verhältnisse, die für die Feststellung einer Rente maßgebend waren, hat der Träger der Unfallversicherung auf Antrag oder von Amts wegen die Rente neu festzustellen. Als wesentlich gilt eine Änderung der Verhältnisse nur, wenn durch sie die Minderung der Erwerbsfähigkeit des Versehrten durch mehr als drei Monate um mindestens 10 vH geändert wird, durch die Änderung ein Rentenanspruch entsteht oder wegfällt (§§ 203, 210 Abs. 1) oder die Schwerversehrtheit entsteht oder wegfällt (§ 205 Abs. 4).

(2) Sind zwei Jahre nach Eintritt des Versicherungsfalles abgelaufen oder ist innerhalb dieser Frist die Dauerrente (§ 209) festgestellt worden, so kann die Rente immer nur in Zeiträumen von mindestens einem Jahr nach der letzten Feststellung neu festgestellt werden. Diese Frist gilt nicht, wenn in der Zwischenzeit eine Heilbehandlung abgeschlossen oder eine vorübergehende Verschlimmerung der Folgen des Arbeitsunfalles oder der Berufskrankheit wieder behoben wurde.

Abfindung von Renten

§ 184. (1) Versehrtenrenten von nicht mehr als 25 vH der Vollrente (§ 205 Abs. 2 Z 1) können mit Zustimmung des Versehrten durch Gewährung eines dem Werte der Rente entsprechenden Kapitals abgefunden werden.

(2) Auf Antrag des Anspruchsberechtigten kann der Träger der Unfallversicherung auch eine Versehrtenrente von mehr als 25 vH der Vollrente ganz oder teilweise mit dem dem Werte der Rente oder des Rententeiles entsprechenden Kapital abfinden, wenn die zweckmäßige Verwendung des Abfindungsbetrages gesichert ist. Vor der Entscheidung über den Antrag ist der zuständige Träger der Sozialhilfe anzuhören.

(3) Der Anspruch auf Rente besteht trotz der Abfindung, solange die Folgen des Arbeitsunfalles oder der Berufskrankheit nachträglich eine wesentliche Verschlimmerung (§ 183 Abs. 1 zweiter Satz) erfahren. Die neuzubemessende Rente wird um den Betrag gekürzt, der dem Grad der der abgefundenen Rente zugrundegelegten Minderung der Erwerbsfähigkeit entspricht.

(4) Durch die Abfindung werden Ansprüche auf Heilbehandlung und Berufsfürsorge, Ansprüche auf Versorgung mit Körperersatzstücken, orthopädischen Behelfen und anderen Hilfsmitteln, die Kinderzuschüsse und die Ansprüche der Hinterbliebenen nicht berührt.

(BGBl 1993/110)

(5) Das Abfindungskapital ist nach versicherungsmathematischen Grundsätzen zu berechnen. Das Nähere wird durch Verordnung des Bundesministeriums für soziale Verwaltung geregelt. Die Verordnung bedarf der Zustimmung des Hauptausschusses des Nationalrates.

Abschnitt II
Unfallverhütung; Vorsorge für eine erste Hilfeleistung

Verpflichtung zur Unfallverhütung und Vorsorge für eine erste Hilfeleistung

§ 185. Die Träger der Unfallversicherung treffen nach Maßgabe der folgenden Bestimmungen Vorsorge für die Verhütung von Arbeitsunfällen und Berufskrankheiten (Unfallverhütung) sowie für eine wirksame erste Hilfe.

Mittel der Unfallverhütung und der Vorsorge für eine erste Hilfeleistung

§ 186. (1) Mittel der Unfallverhütung und der Vorsorge für eine erste Hilfeleistung sind insbesondere:

1. die Werbung für den Gedanken der Unfallverhütung;
2. die Beratung und Schulung der Dienstgeber und Dienstnehmer sowie sonstiger an der Unfallverhütung interessierter Personen und Einrichtungen;
3. die Zusammenarbeit mit den Betrieben (Anstalten, Einrichtungen, Hochschulen, Schulen und dergleichen) zum Zwecke der Einhaltung der der Unfallverhütung dienenden Vorschriften und Anordnungen;
4. die Forschung über die Ursachen der Arbeitsunfälle und Berufskrankheiten und ihre Auswertung für Zwecke der Verhütung;
5. die vorbeugende Betreuung der von Berufskrankheiten bedrohten Versicherten;
6. die Zusammenarbeit mit Einrichtungen und Organisationen, zu deren Aufgaben der Transport von Verletzten (Erkrankten) gehört.

(BGBl 1994/450)

(2) Die Verarbeitung personenbezogener Daten nach § 53 Abs. 9 ASchG für Zwecke der Forschung und Auswertung nach Abs. 1 Z 4 darf nur mit Einwilligung der betroffenen Arbeitnehmer/innen erfolgen.

(BGBl 1994/450, BGBl I 2018/37)

Unfallverhütungsdienst

§ 187. (1) Die Träger der Unfallversicherung haben einen Unfallverhütungsdienst einzurichten und die erforderlichen fachkundigen Organe zu bestellen.

(2) Die fachkundigen Organe des Trägers der Unfallversicherung sind berechtigt, die Betriebe (Anstalten, Einrichtungen, Hochschulen, Schulen und dergleichen) zu betreten und zu besichtigen, sowie alle erforderlichen Auskünfte einzuholen. Das Organ hat sich vor Beginn der Betriebsbesichtigung beim Betriebsinhaber oder seinem Beauftragten unter Hinweis auf seinen Auftrag zu melden. Der Betriebsinhaber oder sein Beauftragter ist berechtigt und auf Verlangen des fachkundigen Organes verpflichtet, an der Betriebsbesichtigung teilzunehmen.

(3) (aufgehoben)

Zusammenarbeit mit Behörden und Körperschaften

§ 188. (1) Die Träger der Unfallversicherung haben in Fragen, die mit der Unfallverhütung zusammenhängen, mit den zuständigen Behörden und den öffentlich-rechtlichen Interessenvertretungen der Dienstnehmer und der Dienstgeber zusammenzuarbeiten. Sie sind vor der Erlassung oder Abänderung von Vorschriften, die der Unfallverhütung dienen, zu hören.

(2) Hinsichtlich der Zusammenarbeit mit den Arbeitsinspektoraten und den Bergbehörden in Fragen der Unfallverhütung gelten die in Betracht kommenden gesetzlichen Bestimmungen über die Arbeitsinspektion.

Vorbeugende Maßnahmen gegen Berufskrankheiten

§ 188a. Zur Abwendung der Gefahr des Entstehens oder Wiederentstehens einer Berufskrankheit bei einem Versicherten kann der Versicherungsträger Leistungen der im § 189 Abs. 2 angeführten Art gewähren.

Sonstige vorbeugende Maßnahmen

§ 188b. Den Mitgliedern von freiwilligen Feuerwehren (Feuerwehrverbänden), die vom Österreichischen Bundesfeuerwehrverband der Allgemeinen Unfallversicherungsanstalt als Personen benannt werden und die einem besonderen Infektionsrisiko ausgesetzt sind, ist als vorbeugende Maßnahme die Impfung gegen Hepatitis A und B zu gewähren.

(BGBl I 2017/125)

Abschnitt III
Leistungen

1. Unterabschnitt
Leistungen im Falle einer körperlichen Schädigung des Versicherten

Unfallheilbehandlung

§ 189. (1) Die Unfallheilbehandlung hat mit allen geeigneten Mitteln die durch den Arbeitsunfall oder die Berufskrankheit hervorgerufene Gesundheitsstörung oder Körperbeschädigung sowie die durch den Arbeitsunfall oder die Berufskrankheit verursachte Minderung der Erwerbsfähigkeit bzw. der Fähigkeit zur Besorgung der lebenswichtigen persönlichen Angelegenheiten zu beseitigen oder zumindest zu bessern und eine Verschlimmerung der Folgen der Verletzung oder Erkrankung zu verhüten.

(2) Die Unfallheilbehandlung umfaßt insbesondere:

1. ärztliche Hilfe;
2. Heilmittel;
3. Heilbehelfe;
4. Pflege in Kranken-, Kur- und sonstigen Anstalten.

In den Fällen der Z 1 bis 4 sowie im Zusammenhang mit der körpergerechten Anpassung von Körperersatzstücken, orthopädischen Behelfen und anderen Hilfsmitteln können Reise- und Transportkosten nach Maßgabe der Bestimmungen der Satzung unter Bedachtnahme auf die wirtschaftlichen Verhältnisse des Versicherten übernommen werden.

(BGBl 1996/411)

(3) **(Grundsatzbestimmung)**Nach Art. 12 Abs. 1 Z 1 B-VG gilt als Grundsatz, dass die Unfallversicherungsträger im Rahmen der im § 148 geregelten Beziehungen zu den landesgesundheitsfondsfinanzierten Krankenanstalten den Krankenversicherungsträgern gleichgestellt sind.

(BGBl 1996/764, BGBl I 2001/5, BGBl I 2004/179, BGBl I 2007/101)

Dauer der Unfallheilbehandlung

§ 190. Die Unfallheilbehandlung wird so lange und so oft gewährt, als eine Besserung der Folgen des Arbeitsunfalles beziehungsweise der Berufskrankheit oder eine Steigerung der Erwerbsfähigkeit zu erwarten ist oder Heilmaßnahmen erforderlich sind, um eine Verschlimmerung zu verhüten.

Gewährung der Unfallheilbehandlung durch den Träger der Unfallversicherung

§ 191. (1) Anspruch auf Unfallheilbehandlung besteht, wenn und soweit der Versehrte nicht auf die entsprechenden Leistungen aus einer gesetzlichen Krankenversicherung Anspruch hat bzw. für ihn kein solcher Anspruch besteht.

(2) Der Träger der Unfallversicherung kann die Gewährung der sonst vom Träger der Krankenversicherung zu erbringenden Leistungen der im § 189 Abs. 2 bezeichneten Art jederzeit an sich ziehen. Er tritt dann hinsichtlich dieser Leistungen dem Versehrten und seinen Angehörigen gegenüber in alle Pflichten und Rechte des Trägers der Krankenversicherung ein. Der Träger der Unfallversicherung hat in diesen Fällen dem Träger der Krankenversicherung anzuzeigen, daß er von einem bestimmten Tage an die Heilbehandlung gewährt; von diesem Zeitpunkt an hat der Versehrte gegen den Träger der Krankenversicherung keinen Anspruch auf die entsprechenden Leistungen der Krankenversicherung.

Unfallheilbehandlung für bestimmte Gruppen von Teilversicherten

§ 192. Die gemäß § 7 Z 2 lit. b teilversicherten Zwischenmeister (Stückmeister), die gemäß § 7 Z 3 lit. c teilversicherten öffentlichen Verwalter, die gemäß den §§ 8 und 19 Unfallversicherten, die selbständig erwerbstätig sind, sowie ihre im Betrieb tätigen gemäß § 19 Abs. 1 Z 2 versicherten Angehörigen, ferner die nach § 8 Abs. 1 Z 3 lit. h, i und l dieses Bundesgesetzes Teilversicherten, die gemäß den §§ 3 und 11 Abs. 1 Z 1 des Bauern-Sozialversicherungsgesetzes Unfallversicherten sowie die gemäß § 11 Abs. 1 Z 2 des Bauern-Sozialversicherungsgesetzes versicherten Angehörigen erhalten die Heilbehandlung gemäß § 191 erst vom Beginn des dritten Monats nach dem Eintritt des Versicherungsfalles an. Der Träger der Unfallversicherung kann unter Bedachtnahme auf seine finanzielle Leistungsfähigkeit durch die Satzung bestimmen, ob, unter welchen Voraussetzungen und inwieweit schon von einem früheren Zeitpunkt an Heilbehandlung nach § 191 oder an deren Stelle Geldleistungen zu gewähren sind.

(BGBl I 2010/61)

Durchführung der Unfallheilbehandlung

§ 193. Der Träger der Unfallversicherung kann die Unfallheilbehandlung entweder unmittelbar durch hiezu bestimmte Einrichtungen oder Ärzte gewähren oder einen Krankenversicherungsträger mit der Durchführung der Heilbehandlung gegen Kostenersatz betrauen. Der Träger der Krankenversicherung ist verpflichtet, einem solchen Ersuchen Folge zu leisten und die Behandlung so zu besorgen, wie es der Träger der Unfallversicherung verlangt.

Richtlinien für die Unfallheilbehandlung

§ 194. In den vom Hauptverband nach § 31 Abs. 5 Z 22 zu erlassenden Richtlinien ist auch die Zusammenarbeit der Träger der Kranken- und der Unfallversicherung bei der Durchführung der Unfallheilbehandlung, insbesondere hinsichtlich eines zweckmäßigen Verfahrens zur rechtzeitigen Erfassung der Verletzten für die Heilbehandlung, deren Zuweisung zu der erforderlichen fachärztlichen Behandlung oder Krankenanstaltspflege zu regeln. Hiebei kann bestimmt werden, daß der in Betracht kommende Facharzt über die weitere Art der Behandlung zu entscheiden hat und bei welcher Art von Verletzungen die Unfallheilbehandlung in besonders bezeichneten Krankenanstalten stattfinden soll.

(BGBl I 2002/1)

Richtlinien für die Unfallheilbehandlung

§ 194.[a] In den vom Dachverband nach § 30a Abs. 1 Z 23 zu erlassenden Richtlinien ist auch die Zusammenarbeit der Träger der Kranken- und der Unfallversicherung bei der Durchführung der Unfallheilbehandlung, insbesondere hinsichtlich eines zweckmäßigen Verfahrens zur rechtzeitigen Erfassung der Verletzten für die Heilbehandlung, deren Zuweisung zu der erforderlichen fachärztlichen Behandlung oder Krankenanstaltspflege zu regeln. Hiebei kann bestimmt werden, daß der in Betracht kommende Facharzt über die weitere Art der Behandlung zu entscheiden hat und bei welcher Art von Verletzungen die Unfallheilbehandlung in besonders bezeichneten Krankenanstalten stattfinden soll.

(BGBl I 2002/1, BGBl I 2018/100)

[a] Tritt mit 1. Jänner 2020 in Kraft.

Kostenersatz anstelle von Unfallheilbehandlung

§ 194a. Der Träger der Unfallversicherung kann unter Bedachtnahme auf seine finanzielle Leistungsfähigkeit durch die Satzung bestimmen, ob, unter welchen Voraussetzungen und inwieweit Versehrten, für die kein Anspruch auf Leistungen aus einer gesetzlichen Krankenversicherung besteht und die die Unfallheilbehandlung nicht in Anspruch genommen haben, an deren Stelle Geldleistungen zu gewähren sind.

Familien- und Taggeld bei Gewährung von Anstaltspflege

§ 195. (1) Gewährt der Träger der Unfallversicherung als Unfallheilbehandlung Pflege in einer Kranken-, Kur- oder sonstigen Anstalt oder gewährt ein Träger der Krankenversicherung Anstaltspflege wegen der Folgen eines Arbeitsunfalles oder wegen einer Berufskrankheit, so gebührt dem Versehrten Familiengeld für seine Angehörigen (§ 123 Abs. 2, 4 und 7) bzw. Taggeld nach Maßgabe der Abs. 2 bis 6. Das Familiengeld kann unmittelbar den Angehörigen ausgezahlt werden.

(2) Das tägliche Familiengeld beträgt für einen Angehörigen 1,6 vH, für jeden weiteren Angehörigen 0,4 vH, zusammen jedoch nicht mehr als 2,8 vH eines Zwölftels der Bemessungsgrundlage.

(3) Besteht wegen Fehlens von in Betracht kommenden Familienangehörigen kein Anspruch auf Familiengeld, so gebührt Taggeld in der Höhe von 1 vH eines Zwölftels der Bemessungsgrundlage.

(4) Familiengeld und Taggeld gebühren nicht, wenn und solange der (die) Versehrte eine Pension aus der gesetzlichen Pensionsversicherung oder mehr als 50% der vollen Geld- und Sachbezüge (§ 49 Abs. 1) vor dem Eintritt der Arbeitsunfähigkeit (weiter) bezieht. Bezieht der Versehrte 50 vH der vollen Geld- und Sachbezüge weiter, gebührt Familiengeld bzw. Taggeld zur Hälfte. Eine Erhöhung der Geld- und Sachbezüge, die nach dem Beginn der Arbeitsunfähigkeit auf Grund gesetzlicher oder kollektivvertraglicher Regelungen eintritt, hat außer Betracht zu bleiben.

(BGBl I 2000/142)

(5) Bei Versehrten, die nach den Bestimmungen dieses Bundesgesetzes krankenversichert und vom Anspruch auf Krankengeld nicht ausgeschlossen (§ 138 Abs. 2) sind, fällt das Familiengeld bzw. das Taggeld mit Beginn der 27. Woche nach Eintritt des Versicherungsfalles an.

(6) Trifft der Bezug von Krankengeld aus einer gesetzlichen Krankenversicherung oder eines Wiedereingliederungsgeldes oder einer Unterstützungsleistung bei lang andauernder Krankheit nach § 104a GSVG mit einem Anspruch auf Familiengeld bzw. Taggeld zusammen, so ruht dieser Anspruch mit dem Betrag des Krankengeldes oder des Wiedereingliederungsgeldes oder der Unterstützungsleistung; hiebei ist einem solchen Bezug die Zeit, für die gemäß § 138 Abs. 1 Anspruch auf Krankengeld nicht besteht, sowie die Zeit, für die ein Anspruch auf Krankengeld ruht, gleichzuhalten.

(BGBl I 2012/123, BGBl I 2017/30)

(7) Die in der Unfallversicherung nach § 8 Abs. 1 Z 3 lit. h, i und l Teilversicherten sind vom Anspruch auf Familien- und Taggeld ausgeschlossen.

(BGBl I 2010/61)

Besondere Unterstützung

§ 196. Für die Dauer einer Unfallheilbehandlung (§ 191) oder einer Krankenbehandlung (§ 119) kann der Träger der Unfallversicherung dem Versehrten oder seinen Angehörigen in Berücksichtigung der Schwere der Verletzungsfolgen und der langen Dauer der Behandlung eine besondere Unterstützung gewähren; eine solche Unterstützung kann unter Bedachtnahme auf die Familienverhältnisse des Versehrten und die wirtschaftliche Lage desselben bzw. der unterhaltspflichtigen Angehörigen auch zu dem Zweck gewährt werden, die Kosten des Transportes des Versehrten vom Ort der Behandlung an den Ort des Wohnsitzes ganz oder teilweise zu ersetzen.

Versagung der Versehrtenrente und allfälliger Zuschüsse bei Zuwiderhandlung

§ 197. (1) Befolgt der Versehrte eine die Unfallheilbehandlung oder die Krankenbehandlung (§ 119) betreffende Anordnung ohne triftigen Grund nicht und wird dadurch seine Erwerbsfähigkeit ungünstig beeinflußt, so können ihm die Versehrtenrente und allfällige Zuschüsse auf Zeit ganz oder teilweise versagt werden, wenn er vorher auf die Folgen seines Verhaltens schriftlich hingewiesen worden ist.

(2) Für die Dauer der Versagung gebührt den im Inland sich aufhaltenden Angehörigen, die im Falle des Todes des Versicherten infolge des Arbeitsunfalles (der Berufskrankheit) Anspruch auf Hinterbliebenenrenten hätten, eine Rente in der Höhe der Hälfte der versagten Rente beziehungsweise des versagten Teiles der Rente mit Ausnahme allfälliger Kinderzuschüsse. Zu dieser Rente gebühren allfällige Kinderzuschüsse in der Höhe der versagten Kinderzuschüsse beziehungsweise des versagten Teiles dieser Zuschüsse. Der Anspruch steht in folgender Reihenfolge zu: Ehegatte/Ehegattin oder eingetragener Partner/eingetragene Partnerin, Kinder, Eltern, Geschwister. Den Leistungsansprüchen der Hinterbliebenen nach dem Ableben des Versicherten wird hiedurch nicht vorgegriffen.

(BGBl I 2009/135)

Berufliche Maßnahmen der Rehabilitation

§ 198. (1) Durch die beruflichen Maßnahmen der Rehabilitation soll der Versehrte in die Lage versetzt werden, seinen früheren oder, wenn dies nicht möglich ist, einen neuen Beruf auszuüben.

(2) Die beruflichen Maßnahmen der Rehabilitation umfassen insbesondere:

1. die berufliche Ausbildung zur Wiedergewinnung oder Erhöhung der Erwerbsfähigkeit und, insoweit der Versehrte durch den Arbeitsunfall oder die Berufskrankheit in der Ausübung seines Berufes oder eines Berufes, der ihm zugemutet werden kann, wesentlich

beeinträchtigt ist, die Ausbildung für einen neuen Beruf. Die berufliche Ausbildung wird so lange gewährt, als durch sie die Erreichung des angestrebten Zieles (§ 172) zu erwarten ist;
2. die Gewährung von Zuschüssen, Darlehen und/oder sonstigen Hilfsmaßnahmen zur Ermöglichung der Fortsetzung der Erwerbstätigkeit;
3. die Hilfe zur Erlangung einer Arbeitsstelle oder einer anderen Erwerbsmöglichkeit.

(3) Als Maßnahmen im Sinne des Abs. 2 Z 3 kann der Unfallversicherungsträger

1. einem Versehrten, der eine Arbeitsstelle angenommen hat, in der er das volle Entgelt erst nach Erlangung der erforderlichen Fertigkeit erreichen kann, für die Übergangszeit, längstens aber für vier Jahre, einen Zuschuß bis zum vollen Entgelt gewähren;
2. einem Versehrten Zuschüsse und/oder Darlehen zur Beschaffung von Arbeitskleidung oder einer Arbeitsausrüstung gewähren;
3. dem Dienstgeber eines Versehrten, der eine Arbeitsstelle angenommen hat, in der er seine volle Leistungsfähigkeit erst nach Erlangung der erforderlichen Fertigkeit erreichen kann, für die Übergangszeit, längstens aber für vier Jahre, wenn er dem Versehrten das betriebsübliche Entgelt zahlt, einen Zuschuß gewähren.

(4) Bei der Durchführung der Maßnahmen der beruflichen Rehabilitation hat der Träger der Unfallversicherung, soweit er die Durchführung dieser Maßnahmen nicht nach § 200 überträgt, mit dem Arbeitsmarktservice zusammenzuarbeiten.

(BGBl 1994/314)

Übergangsgeld

§ 199. (1) Der Unfallversicherungsträger hat dem Versehrten für die Dauer einer Ausbildung gemäß § 198 Abs. 2 Z 1 ein Übergangsgeld zu leisten.

(2) Das Übergangsgeld gebührt im Ausmaß von 60 vH der Bemessungsgrundlage. Es ist für die Angehörigen von Versehrten (§ 123) zu erhöhen, und zwar für den Ehegatten/die Ehegattin oder den eingetragenen Partner/die eingetragene Partnerin um 10 vH und für jeden sonstigen Angehörigen um 5 vH der Bemessungsgrundlage. Das Gesamtausmaß des erhöhten Übergangsgeldes darf die Bemessungsgrundlage nicht übersteigen. Es gebührt monatlich in der Höhe eines Zwölftels des Jahresbetrages, gerundet auf Cent.

(BGBl I 2001/67, BGBl I 2010/61)

(3) Auf das Übergangsgeld sind ein dem Versehrten gebührendes Erwerbseinkommen, eine sonst gebührende Geldleistung aus der Unfallversicherung, eine Pension aus dem Versicherungsfall der geminderten Arbeitsfähigkeit, ein Rehabilitationsgeld, ein Wiedereingliederungsgeld bzw. eine Beihilfe zur Deckung des Lebensunterhaltes durch das Arbeitsmarktservice anzurechnen. Hinsichtlich der Ermittlung des Erwerbseinkommens aus einem land(forst)wirtschaftlichen Betrieb ist § 292 Abs. 5 und 7 entsprechend anzuwenden.

(BGBl 1994/314, BGBl I 2017/30)

(4) Während der Dauer einer Ausbildung gemäß § 198 Abs. 2 Z 1 kann der Unfallversicherungsträger neben dem Übergangsgeld dem Versehrten einen Beitrag zu den Kosten des Unterhaltes für ihn und seine Angehörigen (§ 123) leisten, soweit billigerweise anzunehmen ist, daß der Versehrte die Kosten der bisherigen Lebensführung aus einem anderen Einkommen nicht decken kann.

Übertragung der Durchführung von beruflichen Maßnahmen der Rehabilitation

§ 200. (1) Der Unfallversicherungsträger kann die Durchführung von beruflichen Maßnahmen der Rehabilitation dem Arbeitsmarktservice übertragen. Er hat dem Arbeitsmarktservice die ausgewiesenen tatsächlichen Kosten soweit zu ersetzen, als sie über das hinausgehen, was dieses an Leistungen gewährt hätte, wäre ein Begehren auf derartige Maßnahmen gestellt worden.

(2) Der Unfallversicherungsträger und das Arbeitsmarktservice können zur Abgeltung der Ersatzansprüche unter Bedachtnahme auf die Zahl der in Betracht kommenden Fälle und auf die Höhe der durchschnittlichen Kosten der in diesen Fällen gewährten beruflichen Maßnahmen der Rehabilitation die Zahlung jährlicher Pauschbeträge vereinbaren.

(BGBl 1994/314)

Soziale Maßnahmen der Rehabilitation

§ 201. (1) Die sozialen Maßnahmen der Rehabilitation umfassen solche Leistungen, die über die Unfallheilbehandlung und die beruflichen Maßnahmen der Rehabilitation hinaus geeignet sind, zur Erreichung des im § 172 angestrebten Zieles beizutragen.

(2) Als Maßnahmen im Sinne des Abs. 1 kann der Unfallversicherungsträger unter Bedachtnahme auf die wirtschaftlichen Verhältnisse des Versehrten insbesondere gewähren:

1. einem Versehrten einen Zuschuß und/oder ein Darlehen zur Adaptierung der von ihm bewohnten oder zu bewohnenden Räumlichkeiten, durch die ihm deren Benutzung erleichtert oder ermöglicht wird;
2. einem Versehrten, dem auf Grund seiner Behinderung die Benützung eines öffentlichen Verkehrsmittels nicht zumutbar ist,
   a) einen Zuschuß zu den Kosten für die Erlangung der Lenkerbefugnis,
   b) einen Zuschuß und/oder ein Darlehen zum Ankauf bzw. zur Adaptierung eines Personenkraftwagens.

(3) Als Maßnahme im Sinne des Abs. 1 kann der Unfallversicherungsträger auch den Versehrtensport, wenn er in Gruppen und unter ärztlicher Betreuung ausgeübt wird, durch die Gewährung von Zuschüssen an die in Betracht kommenden

Einrichtungen gegen Nachweis der widmungsgemäßen Verwendung fördern.

(4) Als Maßnahme im Sinne des Abs. 1 kann der Unfallversicherungsträger überdies durch die Gewährung von Zuschüssen an die in Betracht kommenden Einrichtungen einer Gemeinde, einer Gebietskörperschaft, des Arbeitsmarktservice, des Bundesamtes für Soziales und Behindertenwesen, eines Sozialversicherungsträgers sowie einer gesetzlichen beruflichen Vertretung der Dienstgeber und Dienstnehmer die Beschäftigung des Versehrten in einem Integrativen Betrieb und in einer Einrichtung der Beschäftigungstherapie fördern.

(BGBl 1994/314, BGBl I 2003/145, BGBl I 2006/131)

(5) Mittel der Unfallversicherung können auch zur Förderung und Unterstützung von gemeinnützigen Einrichtungen, die die Förderung der wirtschaftlichen, sozialen und kulturellen Interessen von Behinderten zum Ziele haben, verwendet werden.

Zustimmung zur Einleitung von Maßnahmen der Rehabilitation des Unfallversicherungsträgers

§ 201a. Die Einleitung von Maßnahmen der Rehabilitation des Unfallversicherungsträgers bedarf der Zustimmung des Versehrten. Vor dessen Entscheidung ist der Versehrte vom Versicherungsträger über das Ziel und die Möglichkeiten der Rehabilitation nachweislich in geeigneter Weise zu informieren und zu beraten. Der Versehrte hat bei der Durchführung der Maßnahmen der Rehabilitation entsprechend mitzuwirken.

Körperersatzstücke, orthopädische Behelfe und andere Hilfsmittel

§ 202. (1) Der Versehrte hat Anspruch auf Versorgung mit Körperersatzstücken, orthopädischen Behelfen und anderen Hilfsmitteln, die erforderlich sind, um den Erfolg der Heilbehandlung zu sichern oder die Folgen des Arbeitsunfalles oder der Berufskrankheit zu erleichtern. Alle diese Hilfsmittel müssen den persönlichen und beruflichen Verhältnissen des Versehrten angepaßt sein.

(2) Wenn bei einem Arbeitsunfall ein Körperersatzstück, ein orthopädischer Behelf oder ein anderes Hilfsmittel schadhaft oder unbrauchbar wird oder verlorengeht, hat der Träger der Unfallversicherung die Kosten für die Beseitigung des eingetretenen Schadens zu übernehmen.

(3) Schadhaft oder unbrauchbar gewordene oder verlorengegangene Hilfsmittel sind auf Kosten des Trägers der Unfallversicherung wieder herzustellen oder zu erneuern. Vor Ablauf einer festgesetzten Gebrauchsdauer besteht der Anspruch auf Ersatz oder Erneuerung nur, wenn der Versehrte glaubhaft macht, daß ihn an der Beschädigung, Unbrauchbarkeit oder dem Verlust des Hilfsmittels kein Verschulden trifft.

(4) Hat der Versehrte die Hilfsmittel selbst beschafft oder instand setzen lassen, so gebührt ihm, wenn die Beschaffung oder Instandsetzung erforderlich und zweckmäßig war, der Ersatz in dem Betrage, den der Träger der Unfallversicherung hätte aufwenden müssen.

Anspruch auf Versehrtenrente

§ 203. (1) Anspruch auf Versehrtenrente besteht, wenn die Erwerbsfähigkeit des Versehrten durch die Folgen eines Arbeitsunfalles oder eine Berufskrankheit über drei Monate nach dem Eintritt des Versicherungsfalles hinaus um mindestens 20 vH vermindert ist; die Versehrtenrente gebührt für die Dauer der Minderung der Erwerbsfähigkeit um mindestens 20 vH.

(2) Wegen Arbeitsunfällen der nach § 8 Abs. 1 Z 3 lit. h, i und l in der Unfallversicherung Teilversicherten sowie wegen einer Berufskrankheit im Sinne des § 177 Abs. 2 und 3 besteht, außer in den Fällen des § 175 Abs. 5 Z 2, nur dann Anspruch auf Versehrtenrente, wenn die dadurch bewirkte Minderung der Erwerbsfähigkeit über drei Monate nach dem Eintritt des Versicherungsfalles hinaus mindestens 50 vH beträgt; die Versehrtenrente gebührt für die Dauer der Minderung der Erwerbsfähigkeit um mindestens 50 vH.

(BGBl I 2005/132, BGBl I 2010/61)

Anfall der Versehrtenrente

§ 204. (1) Besteht für eine durch einen Arbeitsunfall oder eine Berufskrankheit verursachte Arbeitsunfähigkeit ein Anspruch auf Krankengeld aus der Krankenversicherung nach diesem Bundesgesetz, so fällt die Versehrtenrente mit dem Tage nach dem Wegfall des Krankengeldes, spätestens mit Beginn der 27. Woche nach dem Eintritt des Versicherungsfalles an.

(BGBl I 2012/123, BGBl I 2018/54)

(1a) Tritt der Arbeitsunfall oder die Berufskrankheit während des Bezugs von Wiedereingliederungsgeld (§ 143d) ein, so fällt die Versehrtenrente mit dem Tag nach dem Ende der durch diesen Versicherungsfall bedingten Arbeitsunfähigkeit, spätestens mit Beginn der 27. Woche nach dem Eintritt des Versicherungsfalls an.

(BGBl I 2018/54)

(2) Den in der Unfallversicherung gemäß § 7 Z 2 lit. a und Z 3 lit. b teilversicherten Personen, sofern sie keinen Anspruch auf Krankengeld haben (§ 472 Abs. 3 erster Satz), fällt die Versehrtenrente vom Tage nach dem Wegfall der durch den Arbeitsunfall oder die Berufskrankheit verursachten Arbeitsunfähigkeit, wenn aber der Gehaltsbezug früher eingestellt wird, vom Tage nach dessen Einstellung an.

(BGBl I 2006/131)

(3) Bei den im § 192 angeführten Versicherten fällt die Versehrtenrente mit dem Beginn des dritten Monates nach dem Eintritt des Versicherungsfalles an. Die Satzung kann bestimmen, daß die Versehrtenrente bei Gefährdung des Lebensunterhaltes auch zu einem früheren Zeitpunkt nach dem Eintritt des Versicherungsfalles anfällt.

(4) Bei den in der Unfallversicherung nach § 8 Abs. 1 Z 3 lit. h, i und l Teilversicherten fällt die Versehrtenrente mit dem Zeitpunkt an, in dem der Schulbesuch voraussichtlich abgeschlossen gewesen und der Eintritt in das Erwerbsleben erfolgt wäre.

(BGBl I 2010/61)

(5) In allen übrigen Fällen fällt die Versehrtenrente mit dem Tage nach dem Eintritt des Versicherungsfalles an.

Bemessung der Versehrtenrente

§ 205. (1) Die Versehrtenrente wird nach dem Grade der durch den Arbeitsunfall oder die Berufskrankheit herbeigeführten Minderung der Erwerbsfähigkeit bemessen.

(2) Die Rente beträgt jährlich, solange der Versehrte infolge des Arbeitsunfalles oder der Berufskrankheit

1. völlig erwerbsunfähig ist, $66^2/_3$vH der Bemessungsgrundlage (Vollrente);
2. teilweise erwerbsunfähig ist, den Teil der Vollrente, der dem Grade der Minderung der Erwerbsfähigkeit entspricht (Teilrente).

(3) Solange der Versehrte infolge des Arbeitsunfalles oder der Berufskrankheit unverschuldet arbeitslos ist, kann die Teilrente bis zur Vollrente erhöht werden.

(4) Versehrte, die Anspruch auf eine Versehrtenrente von mindestens 50 vH oder auf mehrere Versehrtenrenten nach diesem oder einem anderen Bundesgesetz haben, deren Hundertsätze zusammen die Zahl 50 erreichen, gelten als Schwerversehrte.

Zusatzrente für Schwerversehrte

§ 205a. (1) Schwerversehrten (§ 205 Abs. 4) gebührt eine Zusatzrente

1. bei einer unter 70% verminderten Erwerbsfähigkeit in der Höhe von 20%,
2. bei einer um zumindest 70% verminderten Erwerbsfähigkeit in der Höhe von 50%

ihrer Versehrtenrente oder der Summe ihrer Versehrtenrenten.

(BGBl I 2000/142)

(2) Auf die Zusatzrente sind die Bestimmungen über die Versehrtenrenten entsprechend anzuwenden.

Pflegegeld

§ 206. (aufgehoben)

(BGBl 1993/110)

Kinderzuschuß

§ 207. (1) Schwerversehrten wird für jedes Kind (§ 252) ein Kinderzuschuß im Ausmaß von 10 vH der Versehrtenrente gewährt. Der sich aus der Summe von Versehrtenrente und Zusatzrente (§ 205a) ergebende Betrag des Kinderzuschusses darf den Betrag von 76,31 € nicht übersteigen. Die Rente und die Kinderzuschüsse dürfen zusammen die Bemessungsgrundlage nicht übersteigen.

(BGBl 1993/110, BGBl 1996/411, BGBl I 2001/67)

(2) Nach Vollendung des 18. Lebensjahres wird der Kinderzuschuß nur auf besonderen Antrag gewährt.

Ruhen der Versehrtenrente bei Anstaltspflege

§ 208. Wird einem Versehrten wegen der Folgen eines Arbeitsunfalles oder wegen einer Berufskrankheit Anstaltspflege aus der Krankenversicherung oder Unfallversicherung gewährt, so ruht während dieser Zeit die auf Grund dieses Versicherungsfalles gebührende Versehrtenrente einschließlich allfälliger Kinderzuschüsse. Das Ruhen tritt jedoch in dem Ausmaß nicht ein, in dem die Rente unmittelbar vor der Anstaltspflege bzw. vor Beginn einer die Anstaltspflege verursachenden Arbeitsunfähigkeit gebührte.

Vorläufige Versehrtenrente, Gesamtvergütung

§ 209. (1) Kann die Versehrtenrente während der ersten zwei Jahre nach dem Eintritt des Versicherungsfalles wegen der noch nicht absehbaren Entwicklung der Folgen des Arbeitsunfalles oder der Berufskrankheit ihrer Höhe nach noch nicht als Dauerrente festgestellt werden, so hat der Träger der Unfallversicherung die Versehrtenrente als vorläufige Rente zu gewähren. Spätestens mit Ablauf des zweijährigen Zeitraumes ist die Versehrtenrente als Dauerrente festzustellen; diese Feststellung setzt eine Änderung der Verhältnisse (§ 183 Abs. 1) nicht voraus und ist an die Grundlagen für die Berechnung der vorläufigen Rente nicht gebunden.

(2) Ist zu erwarten, daß nur eine vorläufige Versehrtenrente zu gewähren ist, so kann der Träger der Unfallversicherung den Versehrten durch eine Gesamtvergütung in der Höhe des voraussichtlichen Rentenaufwandes abfinden. Nach Ablauf des dieser Vergütung zugrunde gelegten Zeitraumes ist auf Antrag unter den Voraussetzungen des § 203 die entsprechende Versehrtenrente zu gewähren, und zwar ab dem auf den Ablauf dieses Zeitraumes folgenden Tag, wenn der Antrag innerhalb von zwei Jahren gestellt wird, ansonsten ab dem Tag der Antragstellung.

Entschädigung aus mehreren Versicherungsfällen

§ 210. (1) Wird ein Versehrter neuerlich durch einen Arbeitsunfall oder eine Berufskrankheit geschädigt und erreicht die Gesamtminderung der Erwerbsfähigkeit aus Versicherungsfällen nach diesem Bundesgesetz mindestens 20% (bei den nach § 8 Abs. 1 Z 3 lit. h, i und l Teilversicherten, außer in den Fällen des § 175 Abs. 5 Z 2, ferner bei Mitberücksichtigung einer Berufskrankheit im Sinne des § 177 Abs. 2 mindestens 50%), so ist spätestens vom Beginn des dritten Jahres nach dem Eintritt des letzten Versicherungsfalles an eine Gesamtrente festzustellen. Eine abgefundene Versehrtenrente ist bei der Bildung der Gesamtrente so zu berücksichtigen, dass die Gesamtrente um den Betrag gekürzt wird, der dem Grad der der abgefundenen Rente zugrunde gelegten Minderung der Erwerbsfähigkeit entspricht.

(BGBl I 2005/132, BGBl I 2010/61)

(2) Die Gesamtrente ist nach der höchsten für die einzelnen Versicherungsfälle in Betracht kommenden Bemessungsgrundlage zu bestimmen. Sie ist, wenn zur Entschädigung der einzelnen Versicherungsfälle verschiedene Träger der Unfallversicherung nach diesem Bundesgesetz zuständig sind, von dem für den letzten Versicherungsfall zuständigen Versicherungsträger zu erbringen. Der für die Leistung der Gesamtrente zuständige Versicherungsträger hat auch alle anderen in Betracht kommenden Leistungen aus der Unfallversicherung zu erbringen. Ist die Gesamtrente nach dem B-KUVG zu bilden, so gilt § 108 Abs. 4 B-KUVG.

(3) Wird das rentenbegründende Gesamtausmaß der Minderung der Erwerbsfähigkeit für die erstmalige Feststellung einer Dauerrente oder einer Gesamtrente zwar nicht aus Versicherungsfällen nach diesem Bundesgesetz, aber unter Berücksichtigung

a) eines Dienstunfalles oder einer Berufskrankheit nach den §§ 90 bis 92 B-KUVG oder
b) einer anerkannten Schädigung nach dem KOVG 1957 oder nach dem HVG oder nach dem Opferfürsorgegesetz oder
c) einer anerkannten Schädigung nach dem Verbrechensopfergesetz oder
d) eines Unfalles oder einer Krankheit nach § 76 Abs. 2 bis 4 des Strafvollzugsgesetzes oder
e) von Schäden, für die nach Maßgabe des Impfschadengesetzes Entschädigung zu leisten ist, oder
f) von Schädigungen, die von einer auf landesgesetzlichen Vorschriften beruhenden Unfallfürsorgeeinrichtung anerkannt sind, oder
g) eines Arbeitsunfalles oder einer Berufskrankheit nach den §§ 148c bis 148e BSVG

erreicht, so sind solche Versicherungsfälle nach diesem Bundesgesetz auf Antrag ab dem Zeitpunkt, in dem eine Dauerrente (Gesamtrente) spätestens festzustellen gewesen wäre, gesondert zu entschädigen.

(4) Bis zur Feststellung einer Gesamtrente nach Abs. 1 ist der letzte Versicherungsfall gesondert zu entschädigen, wenn und solange er eine Minderung der Erwerbsfähigkeit im rentenbegründenden Ausmaß (§ 203) verursacht hat. Hat der neuerliche Versicherungsfall für sich allein keine Minderung der Erwerbsfähigkeit im rentenbegründenden Ausmaß verursacht, so ist dieser Versicherungsfall rückwirkend unter Bedachtnahme auf § 204 zu entschädigen, wenn er zum Zeitpunkt der Feststellung der Gesamtrente zu einer Erhöhung der Gesamtminderung der Erwerbsfähigkeit um mindestens 5% geführt hat. Dies gilt jeweils auch, wenn nur ein Versicherungsfall (Arbeitsunfall oder Berufskrankheit) vorliegt und diesem eine anerkannte Schädigung nach einer der im Abs. 3 angeführten gesetzlichen Vorschriften vorangegangen ist.

(BGBl I 1998/138, BGBl I 2000/113, BGBl I 2001/99)

Übergangsrente und Übergangsbetrag

§ 211. (1) Versicherten, für die bei der Fortsetzung ihrer bisherigen Beschäftigung die Gefahr besteht, daß eine Berufskrankheit entsteht oder sich verschlechtert, kann, um ihnen den Übergang zu einer anderen Erwerbstätigkeit, die sie dieser Gefahr nicht aussetzt, zu ermöglichen und eine hiedurch verursachte Minderung des Verdienstes oder sonstige wirtschaftliche Benachteiligung auszugleichen, längstens für zwei Jahre eine Übergangsrente bis zur Höhe der Vollrente gewährt werden. An Stelle dieser zeitlichen Rente kann ein dem einzelnen Fall angemessener Übergangsbetrag gewährt werden, der höchstens den Betrag der Jahresvollrente erreichen darf. Der Übergangsbetrag kann auch in Teilbeträgen ausgezahlt werden.

(2) Eine allfällige Versehrtenrente gebührt neben der Übergangsrente.

(3) In den Fällen des Abs. 1 können außerdem berufliche und soziale Maßnahmen der Rehabilitation gewährt werden. Die §§ 198 bis 201a sind entsprechend anzuwenden.

Versehrtengeld aus der Unfallversicherung

§ 212. (1) Der Träger der Unfallversicherung kann bis zum Ablauf eines Jahres nach dem Eintritt des Versicherungsfalles an Stelle der Versehrtenrente Versehrtengeld gewähren, wenn zu erwarten ist, daß über diese Zeit hinaus eine Versehrtenrente nicht gebührt. Besteht kein Anspruch auf Versehrtenrente, kann der Träger der Unfallversicherung für die Dauer der durch den Arbeitsunfall oder die Berufskrankheit verursachten Arbeitsunfähigkeit Versehrtengeld gewähren, wenn und solange der Versehrte keinen Anspruch auf Krankengeld aus der Krankenversicherung hat und keinen Arbeitsverdienst oder keine Einkünfte aus der die Versicherung begründenden Beschäftigung bezieht.

(2) Das Versehrtengeld wird für Personen, die nach diesem Bundesgesetz krankenversichert sind, in der Höhe des sonst dem Versicherten in der Krankenversicherung gemäß § 141 gebührenden Krankengeldes gewährt; das Versehrtengeld ist auf Ersuchen des Unfallversicherungsträgers vom zuständigen Krankenversicherungsträger gegen Ersatz auszuzahlen. Für andere Versehrte beträgt das tägliche Versehrtengeld den 60. Teil eines Zwölftels der Bemessungsgrundlage in der Unfallversicherung. § 208 gilt entsprechend.

(3) Die nach § 8 Abs. 1 Z 3 lit. h, i und l Teilversicherten, außer in den Fällen des § 175 Abs. 5 Z 2, erhalten als einmalige Leistung ein Versehrtengeld, wenn die Folgen eines Arbeitsunfalles oder einer Berufskrankheit über drei Monate nach dem Eintritt des Versicherungsfalles hinaus eine Minderung der Erwerbsfähigkeit von mindestens 20 vH verursachen. Dieses Versehrtengeld wird

nach dem Grad der nach Abschluß der Heilbehandlung bestehenden Minderung der Erwerbsfähigkeit bemessen und beträgt bei einer Minderung der Erwerbsfähigkeit von

20 vH bis unter 30 vH...521,79 €[a)],

30 vH bis unter 40 vH...1 135,00 €[a)],

40 vH...2 095,16 €[a)],

und für je weitere 10 vH...523,68 €[a)].

[a)] Beträge siehe VO über veränderliche Werte.

An die Stelle dieser Beträge treten ab 1. Jänner eines jeden Jahres, erstmals ab 1. Jänner 1984, die unter Bedachtnahme auf § 108 Abs. 6 mit dem jeweiligen Anpassungsfaktor (§ 108f) vervielfachten Beträge. Auf eine aus demselben Versicherungsfall anfallende Versehrtenrente ist das Versehrtengeld insoweit anzurechnen, als es den Betrag übersteigt, der bei früherem Anfall dieser Rente für die Zeit bis zu dem im § 204 Abs. 4 bestimmten Zeitpunkt gebührt hätte.

(BGBl 1993/335, BGBl I 2001/67, BGBl I 2004/142, BGBl I 2005/132, BGBl I 2010/61)

Witwen(Witwer)beihilfe

§ 213. (1) Hat die Witwe (der Witwer) oder die hinterbliebene eingetragene Partnerin (der hinterbliebene eingetragene Partner) eines (einer) Schwerversehrten keinen Anspruch auf Witwen(Witwer)rente, weil der Tod des (der) Versehrten nicht Folge eines Arbeitsunfalles oder einer Berufskrankheit war, so erhält sie (er) als einmalige Witwen(Witwer)beihilfe 40 vH der Bemessungsgrundlage.

(BGBl I 2009/135)

(2) Die Witwen(Witwer)beihilfe wird, wenn der (die) Verstorbene zur Zeit seines (ihres) Todes mehrere Versehrtenrenten bezogen hat, von dem Unfallversicherungsträger ohne Anspruch auf Ersatz gegen die anderen Unfallversicherungsträger gewährt, der die Rente nach der höchsten Bemessungsgrundlage zu leisten hatte.

(3) § 217 ist entsprechend anzuwenden.

Integritätsabgeltung

§ 213a. (1) Wurde der Arbeitsunfall oder die Berufskrankheit durch die grob fahrlässige Außerachtlassung von Arbeitnehmerschutzvorschriften verursacht und hat der Versicherte dadurch eine erhebliche und dauernde Beeinträchtigung der körperlichen oder geistigen Integrität erlitten, so gebührt, wenn wegen der Folgen dieses Arbeitsunfalls oder dieser Berufskrankheit auch ein Anspruch auf Versehrtenrente (§ 203 Abs. 1) besteht, eine angemessene Integritätsabgeltung.

(2) Die Integritätsabgeltung wird als einmalige Leistung gewährt; sie darf das Doppelte des bei Eintritt des Versicherungsfalles nach § 178 Abs. 2 jeweils geltenden Betrages nicht überschreiten. Wird die Integritätsabgeltung nicht im Kalenderjahr des Eintrittes des Versicherungsfalles zuerkannt, so ist der nach § 178 Abs. 2 bei Eintritt des Versicherungsfalles jeweils geltende Betrag mit dem sich nach Abs. 3 ergebenden Faktor zu vervielfachen. Die Integritätsabgeltung ist entsprechend der Schwere des Integritätsschadens abzustufen.

(3) Der nach Abs. 2 anzuwendende Faktor ergibt sich aus der Teilung der täglichen Höchstbeitragsgrundlage des Jahres, in dem die Integritätsabgeltung zuerkannt wurde, durch die tägliche Höchstbeitragsgrundlage des Jahres, in dem der Versicherungsfall eingetreten ist.

(4) Die näheren Bestimmungen zur Durchführung der Abs. 1 und 2, insbesondere über das Ausmaß der Leistung, sind in vom Vorstand im Einvernehmen mit der Kontrollversammlung des Versicherungsträgers zu erlassenden Richtlinien zu regeln, die der Zustimmung des Bundesministers für Arbeit und Soziales bedürfen. Die Richtlinien haben auf das wirtschaftliche Bedürfnis der Versicherten sowie auf den Grad der Beeinträchtigung von Körperfunktionen, den Grad der Verunstaltung des äußerlichen Erscheinungsbildes des Versicherten sowie den Grad einer unfall- oder berufskrankheitsbedingten seelischen Störung Bedacht zu nehmen. Die Richtlinien sind im Internet zu verlautbaren.

(BGBl 1994/20, BGBl I 2010/61)

(4)[a)] Die näheren Bestimmungen zur Durchführung der Abs. 1 und 2, insbesondere über das Ausmaß der Leistung, sind in vom Verwaltungsrat des Versicherungsträgers zu erlassenden Richtlinien zu regeln, die der Zustimmung des Bundesministers für Arbeit und Soziales bedürfen. Die Richtlinien haben auf das wirtschaftliche Bedürfnis der Versicherten sowie auf den Grad der Beeinträchtigung von Körperfunktionen, den Grad der Verunstaltung des äußerlichen Erscheinungsbildes des Versicherten sowie den Grad einer unfall- oder berufskrankheitsbedingten seelischen Störung Bedacht zu nehmen. Die Richtlinien sind im Internet zu verlautbaren.

(BGBl 1994/20, BGBl I 2010/61, BGBl I 2018/100)

[a)] Tritt mit 1. Jänner 2020 in Kraft.

2. Unterabschnitt
Leistungen im Falle des Todes des Versicherten

Teilersatz der Bestattungskosten

§ 214. (1) Wurde durch einen Arbeitsunfall oder eine Berufskrankheit der Tod des Versehrten verursacht, gebührt ein Teilersatz der Bestattungskosten aus der Unfallversicherung.

(2) Der Teilersatz der Bestattungskosten gebührt im Ausmaß des fünfzehnten Teiles der Bemessungsgrundlage, mindestens im Ausmaß des Eineinhalbfachen des jeweiligen Richtsatzes für alleinstehende Pensionsberechtigte aus eigener Pensionsversicherung (§ 293 Abs. 1 lit. a bb).

(3) Der Betrag nach Abs. 2 wird an den gezahlt, der die Kosten der Bestattung getragen hat. Bleibt ein Überschuß, so sind die in Abs. 4 genannten Personen in der dort angeführten Reihenfolge unter den dort bezeichneten Voraussetzungen be-

zugsberechtigt. Fehlen solche Berechtigte, so verbleibt der Überschuß dem Träger der Unfallversicherung.

(4) Wurden die Bestattungskosten auf Grund gesetzlicher, satzungsmäßiger oder vertraglicher Verpflichtungen von anderen Personen als dem Ehegatten/der Ehegattin oder dem eingetragenen Partner/der eingetragenen Partnerin, den leiblichen Kindern, den Wahlkindern, den Stiefkindern, den Eltern, den Geschwistern bestritten, so gebührt der Teilersatz der Bestattungskosten zur Gänze diesen Personen in der angeführten Reihenfolge, wenn sie mit dem Verstorbenen zur Zeit seines Todes in häuslicher Gemeinschaft gelebt haben.

(BGBl I 2010/61)

(5) In den Fällen des Abs. 1 kann der Versicherungsträger unter Bedachtnahme auf die Familienverhältnisse des Verstorbenen und die wirtschaftliche Lage der Hinterbliebenen einen Zuschuß zu den Kosten der Überführung des Leichnams an den Ort des Wohnsitzes des Verstorbenen gewähren oder die Überführungskosten in voller Höhe übernehmen.

Witwen(Witwer)rente[a)]

[a)] Die Witwerrente tritt etappenweise in Kraft. Beachte Art. II Abs. 5 der 36. Novelle.

§ 215. (1) Wurde der Tod des (der) Versicherten durch einen Arbeitsunfall oder eine Berufskrankheit verursacht, so gebührt der Witwe (dem Witwer) bis zu ihrem (seinem) Tod oder ihrer (seiner) Wiederverheiratung eine Witwen(Witwer)rente von jährlich 20 vH der Bemessungsgrundlage.

(2) Solange die im Abs. 1 genannte anspruchsberechtigte Person durch Krankheit oder andere Gebrechen wenigstens die Hälfte ihrer Erwerbsfähigkeit verloren oder wenn die Witwe das 60., der Witwer das 65. Lebensjahr vollendet hat, beträgt die Witwen(Witwer)rente jährlich 40 vH der Bemessungsgrundlage. Die Erhöhung der Witwen(Witwer)rente wegen Minderung der Erwerbsfähigkeit wird nur gewährt, wenn diese länger als drei Monate bestanden hat.

(3) Die Rente nach Abs. 1 gebührt auch

1. der Frau,
2. dem Mann,

deren (dessen) Ehe mit dem (der) Versicherten für nichtig erklärt, aufgehoben oder geschieden worden ist, wenn ihr (ihm) der (die) Versicherte zur Zeit seines (ihres) Todes Unterhalt (einen Unterhaltsbeitrag) zu leisten hatte bzw. Unterhalt geleistet hat, und zwar

a) auf Grund eines gerichtlichen Urteiles,
b) auf Grund eines gerichtlichen Vergleiches,
c) auf Grund einer vor Auflösung (Nichtigerklärung) der Ehe eingegangenen vertraglichen Verpflichtung,
d) regelmäßig zur Deckung des Unterhaltsbedarfs ab einem Zeitpunkt nach der Rechtskraft der Scheidung bis zu seinem (ihrem) Tod, mindestens während der Dauer des letzten Jahres vor seinem (ihrem) Tod, wenn die Ehe mindestens zehn Jahre gedauert hat,

sofern und solange die Frau (der Mann) nicht eine neue Ehe geschlossen hat. Die Witwen(Witwer)rente nach lit. a bis c wird mit dem Betrag gewährt, der dem gegen den Versicherten (die Versicherte) zur Zeit seines (ihres) Todes bestehenden Anspruch auf Unterhalt (Unterhaltsbeitrag) entspricht; die Witwen(Witwer)rente nach lit. d wird mit dem Betrag gewährt, der dem vom Versicherten bzw. von der Versicherten in dem dort genannten Zeitraum, längstens jedoch während der letzten drei Jahre vor seinem (ihrem) Tod geleisteten durchschnittlichen monatlichen Unterhalt entspricht; die Witwen(Witwer)rente darf 20 vH der Bemessungsgrundlage des (der) Versicherten nicht übersteigen. In den Fällen der lit. a bis c bleibt eine vertraglich oder durch gerichtlichen Vergleich übernommene Erhöhung des Unterhaltes (Unterhaltsbeitrages) außer Betracht, wenn seit dem Abschluß des Vertrages (Vergleiches) bis zum Tod nicht mindestens ein Jahr vergangen ist, in den Fällen der lit. d bleibt eine Erhöhung des Unterhaltes außer Betracht, wenn seit dem Zeitpunkt der Erhöhung bis zum Tod nicht mindestens ein Jahr vergangen ist.

(BGBl 1993/335)

(4) Abs. 3 vorletzter und letzter Satz sind nicht anzuwenden, wenn

a) das auf Scheidung lautende Urteil den Ausspruch nach § 61 Abs. 3 des Ehegesetzes enthält,
b) die Ehe mindestens fünfzehn Jahre gedauert hat,
c) die Frau (der Mann) im Zeitpunkt des Eintrittes der Rechtskraft des Scheidungsurteiles das 40. Lebensjahr vollendet hat und
d) der Arbeitsunfall (die Berufskrankheit), durch den (die) der Tod des (der) Versicherten verursacht wurde, im Zeitpunkt der Rechtskraft des Scheidungsurteiles bereits eingetreten war.

Die unter lit. c genannte Voraussetzung entfällt, wenn

aa) die Frau (der Mann) seit dem Zeitpunkt des Eintrittes der Rechtskraft des Scheidungsurteiles erwerbsunfähig ist oder
bb) nach dem Tod des Mannes (der Frau) eine Waisenrente für ein Kind im Sinne des § 252 Abs. 1 Z 1 und Abs. 2 anfällt, sofern dieses Kind aus der geschiedenen Ehe stammt oder von den Ehegatten gemeinsam oder als Stiefkind an Kindes Statt angenommen worden ist und das Kind in allen diesen Fällen im Zeitpunkt des Todes des in Betracht kommenden Elternteiles ständig in Hausgemeinschaft (§ 252 Abs. 1 letzter Satz) mit dem anderen Elternteil lebt. Das Erfordernis der ständigen Hausgemeinschaft entfällt bei nachgeborenen Kindern.

(BGBl I 2013/139)

Abfertigung und Wiederaufleben der Witwen(Witwer)rente

§ 215a. (1) Der Bezieherin (dem Bezieher) einer Witwen(Witwer)rente (§ 215), die (der) sich wiederverehelicht hat, gebührt eine Abfertigung in der Höhe des 35fachen Monatsbetrages einer nach § 215 Abs. 1 zu bemessenden Witwen(Witwer)-rente, in den Fällen des § 215 Abs. 3 in der Höhe des 35fachen Monatsbetrages der nach § 215 Abs. 3 gebührenden Witwen(Witwer)rente.

(2) Wird die neue Ehe durch den Tod des Ehegatten, durch Scheidung oder durch Aufhebung aufgelöst oder wird die neue Ehe für nichtig erklärt, so lebt der Anspruch auf die Witwen(Witwer)rente (Abs. 1) auf Antrag wieder auf, wenn

a) die Ehe nicht aus dem alleinigen oder überwiegenden Verschulden der im Abs. 1 bezeichneten Person aufgelöst worden ist oder
b) bei Nichtigerklärung der Ehe diese Person als schuldlos anzusehen ist.

(3) Der Anspruch lebt in der unter Bedachtnahme auf § 108g sich ergebenden Höhe mit dem der Antragstellung folgenden Monatsersten, frühestens jedoch mit dem Monatsersten wieder auf, der dem Ablauf von zweieinhalb Jahren nach dem seinerzeitigen Erlöschen des Anspruches folgt.

(4) Auf die wiederaufgelebte Witwen(Witwer)rente sind laufende Unterhaltsleistungen und die im § 2 des Einkommensteuergesetzes 1988 angeführten Einkünfte anzurechnen, die der Witwe (dem Witwer) auf Grund aufgelöster oder für nichtig erklärter, vor dem Wiederaufleben der Witwen(Witwer)rente geschlossener Ehen gebühren oder darüber hinaus zufließen, soweit sie eine wiederaufgelebte Witwen(Witwer)pension aus der Pensionsversicherung nach diesem oder einem anderen Bundesgesetz übersteigen. Eine Anrechnung laufender Unterhaltsleistungen erfolgt nur in der Höhe eines Vierzehntels der jährlich tatsächlich zufließenden Unterhaltsleistung. Hinsichtlich der Ermittlung des Erwerbseinkommens aus einem land(forst)wirtschaftlichen Betrieb ist § 292 Abs. 5 und 7 entsprechend anzuwenden. Erhält die Witwe (der Witwer) statt laufender Unterhaltsleistungen eine Kapitalabfindung, so ist auf die Rente ein Vierzehntel des Betrages anzurechnen, der sich bei der Annahme eines jährlichen Ertrages von 4 vH des Abfindungskapitals ergeben würde. Geht das Abfindungskapital ohne vorsätzliches Verschulden der Witwe (des Witwers) unter, so entfällt die Anrechnung.

(BGBl 1996/411)

(5) Werden laufende Unterhaltsleistungen bzw. Einkünfte im Sinne des Abs. 4 bereits im Zeitpunkt des Wiederauflebens der Witwen(Witwer)rente bezogen, wird die Anrechnung ab diesem Zeitpunkt wirksam; in allen anderen Fällen mit dem Beginn des Kalendermonates, der auf den Eintritt des Anrechnungsgrundes folgt.

Rente für hinterbliebene eingetragene Partner/ Partnerinnen

§ 216. Die Bestimmungen über die Witwen(Witwer)rente nach den §§ 215, 215a, 217 und 220 sind auf hinterbliebene eingetragene Partner/ Partnerinnen und eingetragene Partnerschaften nach dem EPG sinngemäß anzuwenden.

(BGBl I 2013/139)

Eheschließung nach dem Eintritt des Versicherungsfalles

§ 217. (1) Die Witwe (der Witwer) hat keinen Anspruch auf Rente, wenn die Ehe erst nach dem Eintritt des Versicherungsfalles geschlossen worden und der Tod innerhalb des ersten Jahres der Ehe eingetreten ist, es sei denn,

1. daß in dieser Ehe ein Kind geboren oder durch die Ehe legitimiert wurde oder
2. daß die Witwe sich im Zeitpunkt des Todes des Versicherten erwiesenermaßen im Zustand der Schwangerschaft befunden hat.

(BGBl I 2009/135)

(2) (aufgehoben)

(BGBl I 2009/135, BGBl I 2013/139)

Waisenrente

§ 218. (1) Den Kindern im Sinne des § 252 Abs. 1 Z 1 bis 4 und Abs. 2 des Versicherten, dessen Tod durch einen Arbeitsunfall oder eine Berufskrankheit verursacht wurde, gebührt eine Waisenrente. Nach Vollendung des 18. Lebensjahres wird die Waisenrente nur auf besonderen Antrag gewährt.

(2) Die Waisenrente beträgt für jedes einfach verwaiste Kind jährlich 20 vH, für jedes doppelt verwaiste Kind jährlich 30 vH der Bemessungsgrundlage.

Eltern- und Geschwisterrente

§ 219. (1) Bedürftige Eltern (Großeltern) und unversorgte Geschwister des Versicherten, dessen Tod durch einen Arbeitsunfall oder eine Berufskrankheit verursacht wurde, haben Anspruch auf Eltern- beziehungsweise Geschwisterrente von zusammen jährlich 20 vH der Bemessungsgrundlage, wenn der Versicherte ihren Lebensunterhalt überwiegend bestritten hat.

(2) Eltern (Großeltern) und Geschwistern gebührt eine Rente nur insoweit, als die Witwen(Witwer)rente und die Waisenrenten den Höchstbetrag der Hinterbliebenenrenten (§ 220) nicht erschöpfen. Der Anspruch der Eltern geht dem der Großeltern, der Anspruch der Großeltern dem der Geschwister vor.

(3) Den Eltern (Großeltern) gebührt die Rente für die Dauer ihrer Bedürftigkeit, den unversorgten Geschwistern bis zum vollendeten 18. Lebensjahr. § 252 Abs. 2 ist entsprechend anzuwenden.

Höchstausmaß der Hinterbliebenenrenten

§ 220. Alle Hinterbliebenenrenten dürfen zusammen 80 vH der Bemessungsgrundlage nicht übersteigen und sind innerhalb dieses Höchstausmaßes verhältnismäßig zu kürzen. Als Bemessungsgrundlage nach festen Beträgen gemäß § 181

Abs. 2 gilt, wenn eine Witwen(Witwer)rente beteiligt ist, die Bemessungsgrundlage gemäß § 181 Abs. 2 Z 1, in allen übrigen Fällen die Bemessungsgrundlage gemäß § 181 Abs. 2 Z 2. Hiebei ist eine Witwen(Witwer)rente gemäß § 215 Abs. 3 und 4 nicht zu berücksichtigen.

Ersatzleistung des Bundes

§ 220a. (aufgehoben)

Vierter Teil
Pensionsversicherung

Abschnitt I
Gemeinsame Bestimmungen

Aufgaben

§ 221. Die Pensionsversicherung trifft Vorsorge für die Versicherungsfälle des Alters, der geminderten Arbeitsfähigkeit (Invalidität, Berufsunfähigkeit, Dienstunfähigkeit) und des Todes sowie für die Rehabilitation und für Maßnahmen der Gesundheitsvorsorge.

Leistungen der Pensionsversicherung

§ 222. (1) In der Pensionsversicherung der Arbeiter und in der Pensionsversicherung der Angestellten sind zu gewähren:

1. aus dem Versicherungsfall des Alters die Alterspension;
   (BGBl 1993/335, BGBl I 2000/43)
2. aus den Versicherungsfällen der geminderten Arbeitsfähigkeit
   a) medizinische Maßnahmen der Rehabilitation (§§ 253f, 270b),
   (BGBl I 2010/111, BGBl I 2013/3)
   b) bei Invalidität die Invaliditätspension aus der Pensionsversicherung der Arbeiter (§ 254),
   (BGBl I 2010/111)
   c) bei Berufsunfähigkeit die Berufsunfähigkeitspension aus der Pensionsversicherung der Angestellten (§ 271),
   (BGBl I 2010/111, BGBl I 2017/38)
   d) berufliche Maßnahmen der Rehabilitation (§§ 253e, 270a);
   (BGBl I 2017/38)
3. aus dem Versicherungsfall des Todes
   a) die Hinterbliebenenpensionen (§§ 257, 259, 270),
   (BGBl I 2010/62)
   b) die Abfindung (§§ 269, 270).

(2) In der knappschaftlichen Pensionsversicherung sind zu gewähren:

1. aus den Versicherungsfällen des Alters
   a) der Knappschaftssold (§ 275),
   b) die Knappschaftsalterspension (§ 276),
   c) (aufgehoben)
   (BGBl I 2003/71)
   d) (aufgehoben)
   (BGBl I 2003/71)
   e) (aufgehoben)
   (BGBl I 2003/71)
   f) (aufgehoben)
   (BGBl 1993/335, BGBl I 2000/43)
2. aus den Versicherungsfällen der geminderten Arbeitsfähigkeit
   a) medizinische Maßnahmen der Rehabilitation (§ 276f),
   (BGBl I 2011/122, BGBl I 2013/3)
   b) bei Dienstunfähigkeit die Knappschaftspension (§ 277),
   (BGBl I 2011/122)
   c) bei Invalidität die Knappschaftsvollpension (§ 279),
   (BGBl I 2011/122, BGBl I 2017/38)
   d) berufliche Maßnahmen der Rehabilitation (§ 276e);
   (BGBl I 2017/38)
3. aus dem Versicherungsfall des Todes
   a) die Hinterbliebenenpensionen (§ 282),
   b) die Abfindung (§ 291);
4. (aufgehoben)
5. aus einem der Versicherungsfälle nach Z 1 bis 3 auch das Bergmannstreuegeld (§ 281).

(3) Die Pensionsversicherungsträger treffen überdies – unbeschadet der Leistung nach Abs. 1 Z 2 lit. a und Abs. 2 Z 2 lit. a aus dem Versicherungsfall der geminderten Arbeitsfähigkeit – Maßnahmen der Rehabilitation (§ 301) einschließlich der Feststellung des Berufsfeldes sowie Maßnahmen der Gesundheitsvorsorge. Nach Maßgabe des § 73 haben sie Beiträge zur Krankenversicherung der Pensionisten zu entrichten bzw. den Aufwand für diese Krankenversicherung zu tragen.

(BGBl I 2010/111, BGBl I 2011/122, BGBl I 2015/2)

(4) Stellen die Pensionsversicherungsträger nach § 367 Abs. 4 Z 1 fest, dass bei Versicherten mit aufrechtem Dienstverhältnis bei Fortsetzung der bisherigen Erwerbstätigkeit in absehbarer Zeit Invalidität (Berufsunfähigkeit) eintreten wird, so ist eine Zuweisung zum Informations-, Beratungs- und Unterstützungsangebot nach § 1 Abs. 1 des Arbeit-und-Gesundheit-Gesetzes (AGG), BGBl. I Nr. 111/2010, mit dem Ziel vorzunehmen, das Dienstverhältnis zu erhalten.

(BGBl I 2017/29)

Eintritt des Versicherungsfalles; Stichtag

§ 223. (1) Der Versicherungsfall gilt als eingetreten:

1. bei Leistungen aus den Versicherungsfällen des Alters mit der Erreichung des Anfallsalters;
2. bei Leistungen aus den Versicherungsfällen geminderter Arbeitsfähigkeit, und zwar

a) im Falle der Invalidität, Berufsunfähigkeit oder Dienstunfähigkeit mit deren Eintritt, wenn aber dieser Zeitpunkt nicht feststellbar ist, mit der Antragstellung;

(BGBl 1996/201)

b) (aufgehoben)

(BGBl 1996/201, BGBl I 2011/122)

3. bei Leistungen aus dem Versicherungsfall des Todes mit dem Tod.
4. (aufgehoben)

(2) Der Stichtag für die Feststellung, ob der Versicherungsfall eingetreten ist und auch die anderen Anspruchsvoraussetzungen erfüllt sind, sowie in welchem Zweig der Pensionsversicherung und in welchem Ausmaß eine Leistung gebührt, ist bei Anträgen auf eine Leistung nach Abs. 1 Z 1 oder 2 der Tag der Antragstellung, wenn dieser auf einen Monatsersten fällt, sonst der dem Tag der Antragstellung folgende Monatserste. Bei Anträgen auf eine Leistung nach Abs. 1 Z 3 ist der Stichtag der Todestag, wenn dieser auf einen Monatsersten fällt, sonst der dem Todestag folgende Monatserste.

(BGBl 1993/335, BGBl I 1998/138)

(BGBl I 1998/138)

Versicherungszeiten

§ 224. Unter Versicherungszeiten sind die in den §§ 225 und 226 angeführten Beitragszeiten und die in den §§ 227, 227a, 228, 228a und 229 angeführten Ersatzzeiten zu verstehen.

(BGBl I 1998/138)

Beitragszeiten nach dem 31. Dezember 1955

§ 225. (1) Als Beitragszeiten aus der Zeit nach dem 31. Dezember 1955 sind anzusehen:

1. Zeiten einer Pflichtversicherung in der Pensionsversicherung mit Ausnahme der in Z 2 bezeichneten Zeiten, und zwar
   a) von jenem Tag einer die Pflichtversicherung begründenden Beschäftigung oder eines Lehr- oder Ausbildungsverhältnisses an, ab dem für diese Zeiten das Recht auf Feststellung der Verpflichtung zur Zahlung von Beiträgen noch nicht verjährt war (§ 68 Abs. 1),
   b) sonst von jenem Tag einer die Pflichtversicherung begründenden Beschäftigung oder eines Lehr- oder Ausbildungsverhältnisses an, ab dem für diese Zeiten verjährte Beiträge wirksam (§ 230) nachentrichtet worden sind (§ 68a);

   (BGBl I 2005/132, BGBl I 2009/83)

2. Zeiten einer Pflichtversicherung in der Pensionsversicherung auf Grund einer selbständigen Erwerbstätigkeit (§ 4 Abs. 3 in der am 31. Dezember 1999 geltenden Fassung), sofern die Beiträge wirksam (§ 230) entrichtet worden sind;

   (BGBl I 1997/139, BGBl I 2005/132)

2a. Zeiten einer Pflichtversicherung in der Pensionsversicherung nach § 8 Abs. 1 Z 2 lit. a bis g und j dieses Bundesgesetzes und nach Art. II Abschnitt 2a AlVG, für die der Bund, das Bundesministerium für Landesverteidigung und Sport, das Arbeitsmarktservice oder ein öffentlicher Fonds Beiträge zu zahlen hat;

   (BGBl I 2015/162)

3. Zeiten einer freiwilligen Versicherung, wenn die Beiträge innerhalb von zwölf Monaten nach Ablauf des Beitragszeitraumes, für den sie gelten sollen, oder auf Grund einer nachträglichen Selbstversicherung nach § 18 oder § 18a in Verbindung mit § 669 Abs. 3 wirksam (§ 230) entrichtet worden sind;

   (BGBl 1993/335, BGBl I 2004/142, BGBl I 2013/3)

4. Zeiten einer pensionsversicherungsfreien Beschäftigung, für die ein Überweisungsbetrag an einen Versicherungsträger geleistet worden ist;
5. Zeiten, für die ein Überweisungsbetrag oder erstattete Beiträge nach § 311 dieses Bundesgesetzes, nach § 175 des Gewerblichen Sozialversicherungsgesetzes bzw. nach § 167 des Bauern-Sozialversicherungsgesetzes zurückgezahlt worden sind, sofern diese Zeiten in dem Überweisungsbetrag bzw. bei der Erstattung der Beiträge als Beitragszeiten im Sinne dieses Bundesgesetzes berücksichtigt worden waren, sowie Zeiten, für die aus Anlaß der Aufnahme in das pensionsversicherungsfreie Dienstverhältnis vom Dienstnehmer an den Dienstgeber ein besonderer Pensionsbeitrag geleistet worden ist, sofern für diese Zeiten ein Überweisungsbetrag nach § 311 geleistet worden ist;
6. Zeiten, für die ein Überweisungsbetrag nach § 314 bzw. nach § 314a in der vor dem 1. August 1996 geltenden Fassung geleistet worden ist;

   (BGBl 1996/411)

7. Zeiten, für die ein Anrechnungsbetrag gemäß § 13 des Bundesbezügegesetzes, BGBl. I Nr. 64/1997, oder ein Überweisungsbetrag gemäß § 49h Abs. 3 des Bezügegesetzes, BGBl. Nr. 273/1972, geleistet worden ist;

   (BGBl I 1997/64, BGBl I 2003/145)

8. Zeiten einer Familienhospizkarenz, in denen ein Beitrag auf Grund des § 29 Abs. 2 AlVG oder des § 32 Abs. 1 AlVG entrichtet wurde.

   (BGBl I 2003/145)

(2) Die im Abs. 1 für die Entrichtung von Beiträgen gesetzten Fristen verlängern sich um die Zeit eines Verfahrens, das zur Entscheidung über die Versicherungspflicht oder über die Versiche-

rungsberechtigung für den Zeitraum, für den die Beiträge entrichtet werden, eingeleitet worden ist.

(3) (aufgehoben)

(BGBl I 2005/132)

(4) Die Beitragszeiten werden in dem Zweig der Pensionsversicherung erworben, in dem die Pflichtversicherung begründet wurde (Abs. 1 Z 1, 2 und 5) oder zu dem die Beiträge zur freiwilligen Versicherung (Abs. 1 Z 3 und 5) entrichtet worden sind oder der Überweisungsbetrag (Abs. 1 Z 4 und 6) geleistet worden ist.

(5) Abweichend von Abs. 1 Z 1 lit. a sind in den Fällen der Pflichtversicherung gemäß § 4 Abs. 4, wenn Beiträge für volle Kalendermonate gezahlt wurden, und in den Fällen der Pflichtversicherung jener Personen, die gemäß § 5 Abs. 1 Z 2 nicht von der Vollversicherung ausgenommen und auf die die Sonderbestimmungen über die Pflichtversicherung bei doppelter oder mehrfacher geringfügiger Beschäftigung anzuwenden sind, Zeiten der Pflichtversicherung in einem Kalendermonat als Beitragszeiten vom Beginn bis zum Ende dieses Kalendermonates im Ausmaß von 30 Tagen anzusehen. Das Gleiche gilt für Zeiten der Selbstversicherung nach § 19a.

(BGBl I 1998/138, BGBl I 2003/145)

Beitragszeiten vor dem 1. Jänner 1956

§ 226. (1) Beitragszeiten aus der Zeit vor dem 1. Jänner 1956 sind die Zeiten, die als Beitragszeiten nach den am 31. Dezember 1955 in Geltung gestandenen Vorschriften anerkannt waren; hiezu gehören auch die vor dem 1. Jänner 1919 in der ehemaligen österreichischen Angestellten(Pensions)versicherung erworbenen durch zwischenstaatliche Übereinkommen dem Versicherungsträger eines anderen Staates zugewiesenen Beitragszeiten unter den Voraussetzungen des § 127 Abs. 2 des Angestelltenversicherungsgesetzes 1928, BGBl. Nr. 232/1928, und des § 346 Abs. 1 Z 2 lit. d des Gewerblichen Sozialversicherungsgesetzes 1938, BGBl. Nr. 1/1938, dagegen nicht die in § 228 Abs. 1 Z 2 bezeichneten Zeiten; Bestimmungen in den am 31. Dezember 1955 in Geltung gestandenen Vorschriften, nach denen Beitragszeiten nicht im vollen tatsächlichen Ausmaß auf die Wartezeit oder für die Bemessung der Leistungen anzurechnen sind, bleiben außer Betracht. Beitragszeiten vor dem 10. April 1945 werden hiebei – unbeschadet anderer zwischenstaatlicher Regelung – als Beitragszeiten nur anerkannt, wenn sie erworben worden sind:

1. in der österreichischen Sozialversicherung für einen Zeitraum vor Einführung der reichsrechtlichen Sozialversicherung in Österreich oder
2. in der reichsrechtlichen Sozialversicherung für einen Zeitraum nach deren Einführung in Österreich, sofern bei Pflichtversicherung der Beschäftigungsort, bei freiwilliger Versicherung der Wohnort im Gebiete der Republik Österreich lag oder
3. in der reichsrechtlichen Sozialversicherung nach dem 12. März 1938 außerhalb des Gebietes der Republik Österreich, sofern der Versicherte unmittelbar vor dem 13. März 1938 seinen Wohnsitz im Gebiete der Republik Österreich gehabt hat und zu den Personen gehört, die gemäß § 1, § 2 oder § 2a des Staatsbürgerschafts-Überleitungsgesetzes 1949, BGBl. Nr. 276, die österreichische Staatsbürgerschaft besitzen.

(BGBl 1996/411)

(2) Als Beitragszeiten aus der Zeit vor dem 1. Jänner 1956 gelten auch

a) Zeiten eines pensions(renten)versicherungsfreien Dienstverhältnisses, für die eine Nachversicherung durchgeführt oder ein Überweisungsbetrag an einen Versicherungsträger geleistet worden ist,
b) Zeiten, für die erstattete Beiträge nach § 311 dieses Bundesgesetzes, nach § 175 des Gewerblichen Sozialversicherungsgesetzes bzw. nach § 167 des Bauern-Sozialversicherungsgesetzes zurückgezahlt worden sind, sofern diese Zeiten bei der Erstattung der Beiträge als Beitragszeiten im Sinne dieses Bundesgesetzes berücksichtigt worden waren,
c) Zeiten, für die ein Überweisungsbetrag zurückgezahlt worden ist oder als zurückgezahlt gilt, sofern diese Zeiten in dem Überweisungsbetrag als Beitragszeiten im Sinne dieses Bundesgesetzes berücksichtigt worden waren, sowie Zeiten, für die aus Anlaß der Aufnahme in das pensionsversicherungsfreie Dienstverhältnis vom Dienstnehmer an den Dienstgeber ein besonderer Pensionsbeitrag geleistet worden ist, sofern für diese Zeiten ein Überweisungsbetrag nach § 311 geleistet worden ist,
d) Zeiten, für die ein Überweisungsbetrag nach § 314 bzw. nach § 314a in der vor dem 1. August 1996 geltenden Fassung geleistet worden ist,

   (BGBl 1996/411)
e) Zeiten eines pensions(renten)versicherungsfreien Dienstverhältnisses, für die nach § 531 eine Nachversicherung als durchgeführt oder ein Überweisungsbetrag als geleistet gilt.

§ 225 Abs. 4 gilt entsprechend.

(3) (aufgehoben)

(BGBl I 2005/132)

(4) Bei Anwendung des Abs. 1 gelten Beitragszeiten

1. der Invalidenversicherung nach der Reichsversicherungsordnung als Beitragszeiten der Pensionsversicherung der Arbeiter,
2. der ehemaligen österreichischen Angestellten(Pensions)versicherung und der Angestelltenversicherung nach dem Reichsangestelltenversicherungsgesetz als Beitrags-

zeiten der Pensionsversicherung der Angestellten,

3. der ehemaligen österreichischen Provisionsversicherung der Bergarbeiter und Zeiten vollberechtigter Mitgliedschaft bei einer Bruderlade, ferner die Beitragszeiten der knappschaftlichen Pensionsversicherung nach dem Reichsknappschaftsgesetz und der knappschaftlichen Rentenversicherung nach der Verordnung über die Neuregelung der Rentenversicherung im Bergbau vom 4. Oktober 1942, DRGBl. I S. 509, als Beitragszeiten der knappschaftlichen Pensionsversicherung;
4. der Invalidenversicherung nach der Reichsversicherungsordnung auf Grund einer Beschäftigung als Arbeiter, die in einem im Gebiet der Republik Österreich gelegenen Betrieb seit dem 1. Jänner 1939 bis zu der spätestens am 31. Dezember 1955 erfolgten Einbeziehung der Dienstnehmer dieses Betriebes in die knappschaftliche Rentenversicherung zurückgelegt worden sind, als Beitragszeiten der knappschaftlichen Pensionsversicherung.

(BGBl I 2005/132)

Ersatzzeiten aus der Zeit nach dem 31. Dezember 1955 und vor dem 1. Jänner 2005

§ 227. (1) Als Ersatzzeiten aus der Zeit nach dem 31. Dezember 1955 und vor dem 1. Jänner 2005 gelten

1. in dem Zweig der Pensionsversicherung, in dem die erste nachfolgende Beitragszeit vorliegt, die Zeiten, in denen nach Vollendung des 15. Lebensjahres eine inländische öffentliche mittlere Schule oder eine mittlere Schule mit vergleichbarem Bildungsangebot, eine höhere Schule (das Lycée Francais in Wien), Akademie oder verwandte Lehranstalt oder eine inländische Hochschule bzw. Kunstakademie oder Kunsthochschule in dem für die betreffende Schul-(Studien)art vorgeschriebenen normalen Ausbildungs-(Studien)gang besucht wurde, oder eine Ausbildung am Lehrinstitut für Dentisten in Wien oder nach dem Hochschulstudium eine vorgeschriebene Ausbildung für den künftigen, abgeschlossene Hochschulbildung erfordernden Beruf erfolgt ist; hiebei werden höchstens ein Jahr des Besuches des Lehrlingsinstitutes für Dentisten in Wien, höchstens zwei Jahre des Besuches einer mittleren Schule, höchstens drei Jahre des Besuches einer höheren Schule (des Lycée Francais in Wien), Akademie oder verwandten Lehranstalt, höchstens zwölf Semester des Besuches einer Hochschule, einer Kunstakademie oder Kunsthochschule und höchstens sechs Jahre der vorgeschriebenen Ausbildung für den künftigen, abgeschlossene Hochschulbildung erfordernden Beruf berücksichtigt, und zwar jedes volle Schuljahr, angefangen von demjenigen, das im Kalenderjahr der Vollendung des 15. Lebensjahres begonnen hat, mit zwölf Monaten, jedes Studiensemester mit sechs Monaten und die Ausbildungszeit, zurückgerechnet vom letzten Ausbildungsmonat.

   (BGBl I 2000/92, BGBl I 2001/33, BGBl I 2003/71, BGBl I 2003/145, BGBl I 2005/132)
2. die Zeiten
   a) einer aus dem Zweiten Weltkrieg herrührenden Kriegsgefangenschaft,
   b) einer Zivilinternierung im Zusammenhang mit dem Zweiten Weltkrieg,
   c) der Heimkehr aus der Kriegsgefangenschaft (Zivilinternierung) nach Maßgabe der entsprechend anzuwendenden Vorschriften des § 228 Abs. 1 Z 1;
3. in dem Zweige der Pensionsversicherung, in dem die letzte vorangegangene Beitragszeit vorliegt, die Zeiten, während derer eine Versicherte Wochengeld bezog oder während derer dieser Anspruch ruhte;
4. (aufgehoben)

   (BGBl 1993/335, BGBl 1994/20)
5. in dem Zweig der Pensionsversicherung, in dem die letzte vorangegangene Beitragszeit vorliegt, die Zeiten, während deren die versicherte Person nach dem 31. Dezember 1970 wegen Arbeitslosigkeit eine Geldleistung aus der Arbeitslosenversicherung nach dem Arbeitslosenversicherungsgesetz 1958, BGBl. Nr. 199, oder nach dem Arbeitslosenversicherungsgesetz 1977, BGBl. Nr. 609, oder Überbrückungshilfe oder erweiterte Überbrückungshilfe nach dem Überbrückungshilfengesetz, BGBl. Nr. 174/1963, oder Sonderunterstützung nach dem Sonderunterstützungsgesetz, BGBl. Nr. 642/1973, rechtmäßig bezog bzw. die Zeiten, während deren der Anspruch auf Arbeitslosengeld ausschließlich nach § 16 Abs. 1 lit. l AlVG geruht hat; ferner die Zeiten, während derer der Versicherte nach Vollendung des 45. Lebensjahres Weiterbildungsgeld nach dem Arbeitslosenversicherungsgesetz 1977 rechtmäßig bezog; ferner Zeiten des Ausschlusses vom Bezug der Notstandshilfe nach § 34 AlVG und nach dem 31. Dezember 2003 liegende Zeiten des Bezuges einer Beihilfe zur Deckung des Lebensunterhaltes nach § 35 AMSG;

   (BGBl I 1999/179, BGBl I 2000/92, BGBl I 2001/33, BGBl I 2003/145, BGBl I 2004/142)
6. in dem Zweig der Pensionsversicherung, in dem die letzte vorangegangene Beitragszeit vorliegt, die Zeiten, während derer der Versicherte nach dem 31. Dezember 1970 Krankengeld bezog;
7. in dem Zweig der Pensionsversicherung, in dem die letzte vorangegangene Beitragszeit vorliegt, die Zeiten, in denen auf Grund des Wehrgesetzes 2001 Präsenz- oder Ausbildungsdienst oder auf Grund der Bestimmun-

gen des Zivildienstgesetzes ordentlicher oder außerordentlicher Zivildienst bzw. ein Auslandsdienst (§ 12b des Zivildienstgesetzes) geleistet wird; ein solcher Auslandsdienst ist im Ausmaß von höchstens 14 Monaten zu berücksichtigen;

(BGBl 1996/411, BGBl I 1998/30, BGBl I 2009/83, BGBl I 2010/111)

8. in dem Zweig der Pensionsversicherung, in dem die erste nachfolgende Beitrags- oder Ersatzzeit vorliegt, die Zeiten, in denen auf Grund des Wehrgesetzes 2001 Präsenz- oder Ausbildungsdienst oder auf Grund der Bestimmungen des Zivildienstgesetzes ordentlicher oder außerordentlicher Zivildienst bzw. ein Auslandsdienst (§ 12b des Zivildienstgesetzes) geleistet wird, sofern nicht Z 7 anzuwenden ist; ein Auslandsdienst gemäß § 12b des Zivildienstgesetzes ist im Ausmaß von höchstens 14 Monaten zu berücksichtigen;

(BGBl 1996/411, BGBl I 1998/30)

9. in dem Zweig der Pensionsversicherung, in dem die erste nachfolgende Beitragszeit vorliegt, die vor dem 1. Jänner 1973 gelegenen Zeiten, in denen ein Angehöriger eines Ordens oder einer Kongregation der Katholischen Kirche oder einer Anstalt der Evangelischen Diakonie nach Vollendung des 15. Lebensjahres im Gebiete der Republik Österreich in einem Dienstverhältnis zu einer anderen Körperschaft (Person) als seiner Kirche bzw. deren Einrichtun gen (Orden, Kongregation, Anstalt der Evangelischen Diakonie) gestanden ist, sofern es sich nicht um ein pensionsversicherungsfreies Dienstverhältnis gehandelt hat;

10. in dem Zweig der Pensionsversicherung, in dem die letzte vorangegangene Beitragszeit vorliegt, Zeiten, während derer der Versicherte Übergangsgeld aus der gesetzlichen Unfall- oder Pensionsversicherung bezog;

(BGBl I 1998/138)

11. in dem Zweig der Pensionsversicherung, in dem die letzte vorangegangene Versicherungszeit vorliegt, die vor dem 1. Jänner 1973 gelegenen Zeiten einer unentgeltlichen beruflichen Ausbildung eines Beschädigten im Sinne des § 21 des Kriegsopferversorgungsgesetzes 1957.

(BGBl I 2004/142)

(2) Die in Abs. 1 Z 1 angeführten Zeiten sind nicht zu berücksichtigen:

1. für die Anspruchsvoraussetzungen und für die Bemessung der Leistungen aus den Versicherungsfällen des Alters und der geminderten Arbeitsfähigkeit;
2. für die Bemessung der Leistungen aus dem Versicherungsfall des Todes.

Sie können jedoch nach Maßgabe der folgenden Bestimmungen durch Beitragsentrichtung ganz oder teilweise anspruchs- bzw. leistungswirksam werden.

(BGBl 1993/335, BGBl 1996/201)

(3) Für jeden Ersatzmonat nach Abs. 1 Z 1, der anspruchs- bzw. leistungswirksam werden soll, ist ein Beitrag in der Höhe von 22,8 vH zu entrichten. Als Beitragsgrundlage gilt das Dreißigfache der im Zeitpunkt der Feststellung der Berechtigung zur Beitragsentrichtung geltenden Höchstbeitragsgrundlage in der Pensionsversicherung (§ 45 Abs. 1). Die Beitragsgrundlage ist im Falle der Entrichtung des Beitrages nach Vollendung des 40. Lebensjahres des (der) Versicherten mit einem Faktor zu vervielfachen, der durch Verordnung des Bundesministers für Arbeit und Soziales nach versicherungsmathematischen Grundsätzen festzusetzen ist.

(BGBl 1996/201, BGBl 1996/411, BGBl I 2010/111)

(4) Die Beitragsentrichtung nach Abs. 3 kann bei jedem Versicherungsträger, bei dem mindestens ein Versicherungsmonat erworben wurde, für alle oder einzelne dieser Ersatzmonate jederzeit bis zum Stichtag beantragt werden. Wenn die Berechtigung zur Beitragsentrichtung erst nach dem Stichtag in einem vor dem Stichtag eingeleiteten Verfahren festgestellt wird, können die Beiträge auch nach dem Stichtag entrichtet werden. Die Entrichtung der Beiträge in Teilbeträgen ist zulässig; hiebei darf die Gesamtzahl der Teilbeträge – unter Berücksichtigung der Einkommens- und Familienverhältnisse des (der) Versicherten – das Dreifache der Anzahl der Ersatzmonate, deren Erwerb beantragt wurde, nicht überschreiten. Die Beitragshöhe ist neu festzusetzen, wenn

1. die Zahlung der Teilbeträge ohne triftigen Grund unterbrochen wird oder
2. der Gesamtbetrag – soweit keine Teilbeträge vereinbart wurden – nicht innerhalb von drei Monaten ab der schriftlichen Verständigung durch den Versicherungsträger über die Berechtigung zur Beitragsentrichtung entrichtet wird.

Die dem eingezahlten Betrag entsprechenden Versicherungszeiten werden mit seinem Einlangen beim Versicherungsträger anspruchs- bzw. leistungswirksam.

(BGBl 1996/201, BGBl 1996/411)

(5) Abs. 2 gilt nicht für Zeiten, für die aus Anlaß der Aufnahme in das pensionsversicherungsfreie Dienstverhältnis vom Dienstnehmer an den Dienstgeber ein besonderer Pensionsbeitrag geleistet worden ist, sofern für diese Zeiten ein Überweisungsbetrag nach § 311 geleistet worden ist.

(6) (aufgehoben)

(BGBl 1994/20)

(BGBl I 2004/142)

Ersatzzeiten für Zeiten der Kindererziehung aus der Zeit nach dem 31. Dezember 1955 und vor dem 1. Jänner 2005

§ 227a. (1) Als Ersatzzeiten aus der Zeit nach

dem 31. Dezember 1955 und vor dem 1. Jänner 2005 gelten überdies in dem Zweig der Pensionsversicherung, in dem die letzte vorangegangene Beitragszeit bzw. beim Fehlen einer solchen, in dem die erste nachfolgende Beitragszeit vorliegt, bei einer (einem) Versicherten, die (der) ihr (sein) Kind (Abs. 2) tatsächlich und überwiegend erzogen hat, die Zeit dieser Erziehung im Inland im Ausmaß von höchstens 48 Kalendermonaten, gezählt ab der Geburt des Kindes. Im Fall einer Mehrlingsgeburt verlängert sich diese Frist auf 60 Kalendermonate.

(BGBl I 2004/142)

(2) Als Kind im Sinne des Abs. 1 gelten:

1. die Kinder der versicherten Person;
   (BGBl I 2013/86)
2. (aufgehoben)
   (BGBl I 2013/86)
3. (aufgehoben)
   (BGBl I 2013/86)
4. die Stiefkinder;
5. die Wahlkinder;
6. die Pflegekinder, sofern die Übernahme der unentgeltlichen Pflege nach dem 31. Dezember 1987 erfolgte.

(3) Liegt die Geburt (Annahme an Kindes Statt, Übernahme der unentgeltlichen Pflege des Kindes) eines weiteren Kindes vor dem Ablauf der 48-Kalendermonate-Frist (60-Kalendermonate-Frist), so erstreckt sich diese nur bis zu dieser neuerlichen Geburt (Annahme an Kindes Statt, Übernahme der unentgeltlichen Pflege des Kindes); endet die Erziehung des weiteren Kindes (Abs. 1) vor Ablauf dieser 48-Kalendermonate-Frist (60-Kalendermonate-Frist), sind die folgenden Kalendermonate bis zum Ablauf wieder zu zählen.

(BGBl I 2004/142)

(4) Anspruch für ein und dasselbe Kind besteht in den jeweiligen Zeiträumen nur für die Personen, die das Kind tatsächlich und überwiegend erzogen hat. Für die Zuordnung zum jeweiligen Elternteil gelten die Abs. 5, 6 und 7.

(5) Für den Elternteil,

1. der im maßgeblichen Zeitraum Kinderbetreuungsgeld, Karenzgeld, Sondernotstandshilfe oder eine Leistung nach dem Betriebshilfegesetz bezogen hat, oder
   (BGBl I 1997/47)
2. der im maßgeblichen Zeitraum nicht der Pflichtversicherung in der Pensionsversicherung unterlag, während der andere Elternteil in der Pensionsversicherung pflichtversichert war,

besteht die Vermutung, daß er das Kind tatsächlich und überwiegend erzogen hat. Hinsichtlich der in Z 2 genannten Personen kann der Elternteil, der im maßgeblichen Zeitraum der Pflichtversicherung in der Pensionsversicherung unterlegen ist, diese Vermutung widerlegen.

(6) Waren beide Elternteile in der Pensionsversicherung pflichtversichert oder lag bei keinem der Elternteile eine Pflichtversicherung in der Pensionsversicherung bzw. ein Kinderbetreuungsgeldbezug oder Karenzgeldbezug vor oder bezogen beide Elternteile Kinderbetreuungsgeld oder Karenzgeld (Karenzgeld bei Teilzeitbeschäftigung), besteht die Vermutung, daß die weibliche Versicherte das Kind tatsächlich und überwiegend erzogen hat. Diese Vermutung kann widerlegt werden.

(BGBl I 1997/47, BGBl I 2001/103, BGBl I 2003/145, BGBl I 2016/53)

(7) (aufgehoben)

(BGBl I 2003/145)

(8) Für jeden Ersatzmonat auf Grund der Erziehung eines Wahl- oder Pflegekindes (Abs. 2 Z 5 und 6) ist aus Mitteln des Ausgleichsfonds für Familienbeihilfen ein Beitrag in der Höhe von 22,8% der Beitragsgrundlage zu entrichten. Beitragsgrundlage für den Kalendertag ist der Betrag nach § 76b Abs. 4 in der am 31. Dezember 2014 geltenden Fassung.

(BGBl I 2000/142, BGBl I 2001/67, BGBl I 2017/49)

(BGBl 1994/20, BGBl I 2004/142)

Ersatzzeiten allgemeiner Art aus der Zeit vor dem 1. Jänner 1956

§ 228. (1) Als Ersatzzeiten aus der Zeit vor dem 1. Jänner 1956 gelten

1. Zeiten, in denen ein Versicherter, der am Stichtag (§ 223 Abs. 2) die österreichische Staatsbürgerschaft besitzt,
   a) während des ersten oder zweiten Weltkrieges Kriegsdienst oder einen nach den jeweils in Geltung gestandenen Vorschriften dem Kriegsdienst für die Berücksichtigung in der Rentenversicherung gleichgehaltenen Not- oder Luftschutzdienst geleistet oder sich in Kriegsgefangenschaft befunden hat,
   b) sich in Anstaltspflege befunden hat, die unmittelbar an eine Zeit im Sinne der lit. a anschließt und die im ursächlichen Zusammenhang mit dem Kriegsdienst oder der Kriegsgefangenschaft steht, wenn der Versicherte einen bescheidmäßig zuerkannten Anspruch auf eine Beschädigtenrente nach dem Kriegsopferversorgungsgesetz 1957 auf Grund einer Minderung der Erwerbsfähigkeit von mindestens 70 vH hat;
   c) eine Wehr- oder Arbeitsdienstpflicht nach den jeweils in Geltung gestandenen Vorschriften erfüllt hat;

   diese Zeiten gelten jedoch nur dann als Ersatzzeiten, wenn ihnen eine Beitrags- oder Ersatzzeit vorangeht oder nachfolgt; soweit die Zeiten der Dienstleistung (Kriegsgefangenschaft, Dienstpflicht) vor dem 1. Juli 1927 liegen und vorher oder nachher nur eine zu einem Sechstel für die Wartezeit zählende

Ersatzzeit liegt, zählen auch sie für die Wartezeit nur mit einem Sechstel ihres Ausmaßes; sie gelten als Ersatzzeiten in dem Zweig der Pensionsversicherung, in dem die letzte vorangegangene Beitrags- oder Ersatzzeit vorliegt, bzw. beim Fehlen einer solchen in dem Zweig der Pensionsversicherung, in dem die erste nachfolgende Beitrags- oder Ersatzzeit vorliegt;

2. in dem Zweig der Pensionsversicherung; zu dem nach § 31 des 1. Sozialversicherungs-Neuregelungsgesetzes, BGBl. Nr. 86/1952, in der Fassung des Bundesgesetzes BGBl. Nr. 166/1954, Beiträge nachentrichtet worden sind, die durch diese Beiträge gedeckten Zeiten;

3. in dem Zweig der Pensionsversicherung, in dem die erste nachfolgende Beitragszeit vorliegt, Zeiten der im § 227 Abs. 1 Z 1 angegebenen Art nach Maßgabe der entsprechend anzuwendenden Vorschriften des § 227 Abs. 1 Z 1, Abs. 2 und 3[a] ; hiebei ist für die Zeit vor dem 16. Oktober 1918 dem Besuch einer inländischen Schule der Besuch einer gleichartigen, im Gebiet der ehemaligen österreichisch-ungarischen Monarchie gelegenen Schule gleichzuhalten;

[a] Beachte die Übergangsbestimmung (Art. XXI Abs. 6 33. Novelle) im Anhang.

4. in dem Zweig der Pensionsversicherung, in dem die letzte vorangegangene Beitrags- oder Ersatzzeit vorliegt, Zeiten, während derer der Versicherte infolge einer Freiheitsbeschränkung – sofern es sich nicht um Zeiten einer Freiheitsbeschränkung auf Grund einer Tat handelt, die nach den österreichischen Gesetzen im Zeitpunkt der Begehung strafbar war oder strafbar gewesen wäre, wenn sie im Inland gesetzt worden wäre – an der Verfügung über seine Arbeitskraft gehindert gewesen ist. Diese Zeiten gelten nur dann als Ersatzzeiten, wenn ihnen eine Beitrags- oder Ersatzzeit vorangeht;

4a. unabhängig von Z 4 gelten Zeiten, während derer der Versicherte infolge einer von der NS-Militärjustiz verhängten Freiheitsbeschränkung an der Verfügung über seine Arbeitskraft gehindert gewesen ist, als Ersatzzeiten, wenn ihnen eine Beitrags- oder Ersatzzeit vorangeht oder nachfolgt; Z 1 letzter Halbsatz ist anzuwenden;

(BGBl I 2005/88)

5. in dem Zweig der Pensionsversicherung, in dem die letzte vorangegangene Beitrags- oder Ersatzzeit vorliegt, nach dem 31. Dezember 1938 gelegene Zeiten, während derer eine Versicherte Wochengeld bezog oder während derer dieser Anspruch ruhte;

6. in dem Zweig der Pensionsversicherung, in dem die erste nachfolgende Beitragszeit vorliegt, die Zeiten, in denen ein Angehöriger eines Ordens oder einer Kongregation der Katholischen Kirche oder einer Anstalt der Evangelischen Diakonie nach Vollendung des 15. Lebensjahres im Gebiete der Republik Österreich in einem Dienstverhältnis zu einer anderen Körperschaft (Person) als seiner Kirche bzw. deren Einrichtungen (Orden, Kongregation, Anstalt der Evangelischen Diakonie) gestanden ist, sofern es sich nicht um ein nach den jeweils in Geltung gestandenen Vorschriften rentenversicherungsfreies Dienstverhältnis gehandelt hat;

7. in dem Zweig der Pensionsversicherung, in dem die letzte vorangegangene Beitrags- oder Ersatzzeit vorliegt, bzw. beim Fehlen einer solchen in dem Zweig der Pensionsversicherung, in dem die erste nachfolgende Beitrags- oder Ersatzzeit vorliegt, Zeiten der Anstaltspflege, die unmittelbar an den 9. Mai 1945 anschließen und die im ursächlichen Zusammenhang mit einer Gesundheitsschädigung infolge eines der in § 1 Abs. 1 lit. c oder Abs. 2 des Opferfürsorgegesetzes angeführten Gründe stehen, wenn der Versicherte einen bescheidmäßig zuerkannten Anspruch auf eine Beschädigtenrente nach dem Opferfürsorgegesetz auf Grund einer Minderung der Erwerbsfähigkeit von mindestens 70 vH hat. Unmittelbarkeit ist auch gegeben, wenn die Heimkehr aus einem Einsatz im Sinne des § 1 Abs. 1 des Opferfürsorgegesetzes oder aus Haft oder Anhaltung im Sinne des § 1 Abs. 2 erster Satz des Opferfürsorgegesetzes zwar später, jedoch innerhalb des im Abs. 2 bezeichneten Zeitraumes gelegen ist;

8. in dem Zweig der Pensionsversicherung, in dem die letzte vorangegangene Beitrags- oder Ersatzzeit vorliegt, bzw. beim Fehlen einer solchen in dem Zweig der Pensionsversicherung, in dem die erste nachfolgende Beitrags- oder Ersatzzeit vorliegt, die vor dem 1. Jänner 1956 gelegenen Zeiten der im § 227 Abs. 1 Z 11 angegebenen Art nach Maßgabe der jeweils in Geltung gestandenen Vorschriften über die Versorgung der Kriegsopfer;

9. in dem Zweig der Pensionsversicherung, in dem die erste nachfolgende Beitrags- oder Ersatzzeit vorliegt, nach dem 31. Dezember 1938 gelegene, nicht schon als Versicherungszeiten geltende Zeiten eines Lehrverhältnisses;

10. (aufgehoben)

(BGBl 1994/20)

(2) Zur Kriegsgefangenschaft im Sinne des Abs. 1 Z 1 lit. a zählt auch die Heimkehr aus ihr, soweit die Zeit nicht überschritten ist, die der Einberufene bei Berücksichtigung aller Zwischenfälle benötigte, um an seinen letzten Wohnort vor der Einberufung zurückzukehren. Eine Zivilinternierung im Zusammenhang mit dem Ersten oder Zweiten Weltkrieg ist der Kriegsgefangenschaft gleichzuhalten. Für Personen, die am 13. März

1938 die österreichische Staatsbürgerschaft besessen haben, ist Abs. 1 Z 1 mit der Maßgabe anzuwenden, daß das Erfordernis der österreichischen Staatsbürgerschaft entfällt.

Ersatzzeiten für Zeiten der Kindererziehung vor dem 1. Jänner 1956

§ 228a. (1) Als Ersatzzeiten aus der Zeit vor dem 1. Jänner 1956 gelten überdies in dem Zweig der Pensionsversicherung, in dem die letzte vorangegangene Beitragszeit bzw. beim Fehlen einer solchen, in dem die erste nachfolgende Beitragszeit vorliegt, bei einer (einem) Versicherten,

1. die (der) im Zeitpunkt der Geburt ihren (seinen) Wohnsitz im Inland hatte, und
2. die (der) ihr (sein) Kind (§ 227a Abs. 2 Z 1 bis 3) tatsächlich und überwiegend erzogen hat,

die Zeit dieser Erziehung im Inland im Ausmaß von höchstens 48 Kalendermonaten, gezählt ab der Geburt des Kindes.

(2) Liegt die Geburt eines weiteren Kindes vor dem Ablauf der 48-Kalendermonate-Frist, so erstreckt sich diese nur bis zu dieser neuerlichen Geburt; endet die Erziehung des weiteren Kindes (Abs. 1) vor Ablauf dieser 48-Kalendermonate-Frist, sind die folgenden Kalendermonate bis zum Ablauf wieder zu zählen.

(3) Anspruch für ein und dasselbe Kind besteht in den jeweiligen Zeiträumen nur für den Elternteil, der das Kind tatsächlich und überwiegend erzogen hat. Dabei besteht die Vermutung, daß die weibliche Versicherte das Kind tatsächlich und überwiegend erzogen hat. Diese Vermutung kann widerlegt werden.

(BGBl I 2003/145)

(4) (aufgehoben)

(BGBl I 2003/145)

(BGBl 1994/20)

Ersatzzeiten für einzelne Zweige der Pensionsversicherung aus der Zeit vor dem 1. Jänner 1956

§ 229. (1) Als Ersatzzeiten aus der Zeit vor dem 1. Jänner 1956 gelten in den nachstehend angeführten Zweigen der Pensionsversicherung folgende Zeiten:

1. in der Pensionsversicherung der Arbeiter folgende vor dem 1. Jänner 1939 gelegene Zeiten, soweit sie nicht unter Z 3 fallen:
   a) Zeiten einer Beschäftigung als Arbeiter im Gebiete der Republik Österreich, die nach dem Stande der österreichischen Vorschriften am 31. Dezember 1938 die Krankenversicherungspflicht begründet hat oder begründet hätte,
   b) Zeiten einer Beschäftigung als Arbeiter im Gebiete der Republik Österreich, die nach dem Stande der österreichischen Vorschriften am 31. Dezember 1938 krankenversicherungsfrei war, weil dem Arbeiter den gesetzlichen Leistungen der Sozialversicherung gleichwertige Leistungen des Dienstgebers oder einer Fürsorgeeinrichtung des Dienstgebers gesichert waren, sofern nach dem Ausscheiden aus dem Beschäftigungsverhältnis kein Anspruch auf einen Versorgungsbezug anfiel,
   c) Zeiten des Militärdienstes als länger dienende Mannschaftsperson, Angehöriger des Militärassistenzkorps oder zeitverpflichteter Unteroffizier des ehemaligen österreichischen Bundesheeres, sofern nach dem Ausscheiden aus dem Dienstverhältnis kein Anspruch auf einen Versorgungsbezug anfiel;
2. in der Pensionsversicherung der Angestellten, die vor dem 1. Jänner 1939 und nach Vollendung des 15. Lebensjahres gelegenen Zeiten einer Beschäftigung als Angestellter,
   a) während derer nach dem Stande der Vorschriften vom 31. Dezember 1938, abgesehen von der Vorschrift über das Mindestalter von 17 Jahren und der Ausnahme der Lehrlinge von der Versicherungspflicht, die Pflichtversicherung in der Angestellten-(Pensions)versicherung begründet wurde, soweit sie nicht schon als Beitragszeiten zählen,
   b) im Sinne des § 1 Abs. 6 des Angestelltenversicherungsgesetzes 1928, BGBl. Nr. 232, bzw. des § 223 Abs. 2 des Bundesgesetzes, betreffend die gewerbliche Sozialversicherung, BGBl. Nr. 1/1938, abgesehen von der Voraussetzung, daß sie im Inland auszuüben war;
3. in der knappschaftlichen Pensionsversicherung
   a) die Zeiten, die vor dem 1. Jänner 1939 in einer nach den Vorschriften der Provisionsversicherung der Bergarbeiter (Bruderladenprovisionsversicherung) versicherungspflichtigen Beschäftigung in dem Gebiete der Republik Österreich als Arbeiter zurückgelegt worden sind,
   b) Zeiten der Beschäftigung als Arbeiter, die in einem im Gebiete der Republik Österreich gelegenen Betriebe seit dem Jahre 1924 bis zu der spätestens am 31. Dezember 1955 erfolgten Einbeziehung der Dienstnehmer dieses Betriebes in die knappschaftliche Rentenversicherung zurückgelegt worden sind, soweit solche Zeiten nicht gemäß § 226 Abs. 4 Z 4 als Beitragszeiten der knappschaftlichen Pensionsversicherung gelten;
4. in der Pensionsversicherung der Arbeiter bzw. der Pensionsversicherung der Angestellten überdies vor dem Zeitpunkt der Einführung der Pflichtversicherung in der Pensions(Renten)versicherung gelegene Zeiten, für die der Versicherte

a) die Ausübung einer Beschäftigung im Betriebe der Eltern, Großeltern, Wahl- oder Stiefeltern, die bei früherem Wirksamkeitsbeginn der Bestimmungen dieses Bundesgesetzes die Pflichtversicherung in der Pensionsversicherung begründet hätte, oder

b) die Ausübung einer selbständigen Erwerbstätigkeit der im § 4 Abs. 3 und im § 7 Z 2 lit. b bezeichneten Art

nachweist.

(2) Für die Erfüllung der Wartezeit zählen die im Abs. 1 angeführten Zeiten mit der vollen zurückgelegten Dauer, Zeiten nach Abs. 1 Z 1 oder 2 jedoch, die vor dem 1. Juli 1927 liegen, nur zu einem Sechstel.

(3) Für die Bemessung der Leistungen gelten bei Vorliegen von Ersatzzeiten nach Abs. 1 Z 1 oder 2 – ohne Rücksicht auf die tatsächliche Dauer und Lagerung dieser Zeiten – in jedem zwischen der Vollendung des 15. Lebensjahres und dem 1. Jänner 1939 liegenden vollen Kalenderjahre

bei Versicherten der Geburtsjahrgänge bis 1905 8 Monate

bei Versicherten der Geburtsjahrgänge 1906 bis 1916 7 Monate

bei Versicherten der Geburtsjahrgänge 1917 und später 6 Monate

an Ersatzzeit als erworben; die sich hienach ergebende Versicherungszeit vermindert sich um acht beziehungsweise sieben beziehungsweise sechs Zwölftel der Dauer anderer Versicherungszeiten nach diesem oder einem anderen Bundesgesetz aus dem Zeitraum vor dem 1. Jänner 1939. Beim Vorliegen von Zeiten nach Abs. 1 Z 4 gelten für die Bemessung der Leistung in jedem vollen Kalenderjahr der Ausübung der in Abs. 1 Z 4 genannten Beschäftigung (Erwerbstätigkeit)

bei Versicherten der Geburtsjahrgänge bis 1905 8 Monate

bei Versicherten der Geburtsjahrgänge 1906 bis 1916 7 Monate

bei Versicherten der Geburtsjahrgänge 1917 und später 6 Monate

an Ersatzzeit als erworben. Ein Rest von weniger als 12 Kalendermonaten der Ausübung einer derartigen Erwerbstätigkeit wird in der Weise berücksichtigt, daß für jeden restlichen Monat ein Zwölftel der für ein volles Kalenderjahr anzurechnenden Monate an Ersatzzeit als erworben gilt.

(4) Abs. 3 gilt auch für die Bemessung der Leistungen, wenn in der Zeit vor dem 1. Jänner 1939 in der Pensionsversicherung der Angestellten nur Beitragszeiten vorliegen.

(5) Abs. 3 gilt ferner für die Bemessung der Leistungen, wenn in der Zeit vor dem 1. Jänner 1939 Beitragszeiten in der knappschaftlichen Pensionsversicherung oder Ersatzzeiten nach Abs. 1 Z 3 vorliegen. Hiebei ist auch die sich aus der Anwendung des Abs. 3 ergebende Versicherungszeit um acht beziehungsweise sieben beziehungsweise sechs Zwölftel der Ersatzzeiten nach Abs. 1 Z 3 zu vermindern. Die Zeiten nach Abs. 1 Z 3 sind bei der Bemessung der Leistung mit ihrer vollen Dauer, die Zeiten, für die ein Reserveanteil nach dem Bruderladengesetz, RGBl. Nr. 127/1889, behoben worden ist, unter entsprechender Anwendung des Abs. 3 zu berücksichtigen.

Behandlung in einem Ruhe(Versorgungs)genuß berücksichtigter Versicherungszeiten

§ 229a. (1) Beitragszeiten gemäß § 226 und Ersatzzeiten gemäß §§ 228 und 229, die vor dem 1. Jänner 1939 erworben wurden und die in einem Ruhe(Versorgungs)genuß auf Grund eines öffentlich-rechtlichen oder diesem gleichgestellten Dienstverhältnisses (Anlage 11) zu berücksichtigen sind oder berücksichtigt wurden, gelten nicht als Versicherungszeiten.

(2) Sind unter den im Abs. 1 genannten Versicherungszeiten, auf Grund deren § 229 Abs. 3, 4 oder 5 anzuwenden ist, auch Versicherungszeiten, die nicht in einem Ruhe(Versorgungs)genuß auf Grund eines öffentlich-rechtlichen oder diesem gleichgestellten Dienstverhältnisses (Anlage 11) zu berücksichtigen sind oder berücksichtigt wurden, so vermindert sich die sich nach § 229 Abs. 3 ergebende Versicherungszeit um acht bzw. sieben bzw. sechs Zwölftel der im Ruhe(Versorgungs)genuß für den Zeitraum bis zum 31. Dezember 1938 zu berücksichtigenden oder berücksichtigten Zeiten.

(3) Abs. 1 gilt nicht bei Anwendung der §§ 308 und 529.

Behandlung von Ersatzzeiten als Beitragszeiten der freiwilligen Versicherung

§ 229b. Ersatzzeiten gemäß den §§ 227 Abs. 1 Z 1 und 228 Abs. 1 Z 3, für die ein Beitrag gemäß § 227 Abs. 3 und 4 entrichtet wurde, gelten als Beitragszeiten der freiwilligen Versicherung.

(BGBl I 1998/138)

Unwirksame Beiträge

§ 230. (1) Beiträge, die nach dem Stichtage (§ 223 Abs. 2) für einen anderen Beitragszeitraum als den letzten dem Stichtag zeitlich unmittelbar vorangehenden entrichtet werden, sind für die Leistung aus dem eingetretenen Versicherungsfall unwirksam.

(2) Abs. 1 ist nicht anzuwenden

a) auf Beiträge für Zeiträume, für welche die Versicherungspflicht oder die Berechtigung zur freiwilligen Versicherung erst nach dem Stichtag (§ 223 Abs. 2) in einem schon vorher eingeleiteten Verfahren festgestellt wurde;

b) auf Beiträge, die auf Grund nachträglicher gerichtlicher Entscheidungen oder gerichtlicher Vergleiche über Entgeltansprüche nachzuentrichten sind;

c) auf Beiträge nach § 68a, wenn sie innerhalb von drei Monaten ab Vorschreibung nachentrichtet wurden;

(BGBl I 2005/132)

d) in den Fällen der §§ 311, 314, 314a und 531 dieses Bundesgesetzes, des § 175 des Gewerblichen Sozialversicherungsgesetzes bzw. des § 167 des Bauern-Sozialversicherungsgesetzes sowie des § 13 Abs. 3 des Bundesbezügegesetzes und des § 49h Abs. 3 des Bezügegesetzes;

(BGBl I 1997/64)

e) auf Beiträge, die wegen Verletzung der Meldepflicht nachzuzahlen waren, soweit auf sie nicht § 56 Anwendung findet und soweit die Meldepflicht anderen Personen als dem Versicherten selbst obliegt;

f) auf Beiträge, die gemäß § 77 Abs. 6 aus Mitteln des Bundes zu tragen sind, sowie auf Beiträge, die gemäß § 77 Abs. 7 aus Mitteln des Ausgleichsfonds für Familienbeihilfen zu tragen sind;

(BGBl I 1997/139)

g) auf Beiträge, die zur Erhöhung von Leistungen gemäß § 261b führen;

(BGBl 1996/411, BGBl I 2004/142)

h) auf Beiträge, die nach § 52 Abs. 4 der Bund, das Bundesministerium für Landesverteidigung, das Arbeitsmarktservice oder ein öffentlicher Fonds zu zahlen hat.

(BGBl I 2004/142, BGBl I 2005/132)

Versicherungsmonate, Begriff

§ 231. Zur Feststellung der Leistungen aus der Pensionsversicherung und der Überweisungsbeträge nach den §§ 308 und 311 sind Versicherungszeiten in Versicherungsmonate zusammenzufassen, wobei in folgender Weise vorzugehen ist:

1. Für alle Versicherungszeiten mit Ausnahme von Ersatzzeiten gemäß den §§ 227 Abs. 1 Z 1 und 228 Abs. 1 Z 3, für die kein Beitrag gemäß § 227 Abs. 3 und 4 entrichtet wurde, sowie mit Ausnahme von Zeiten der Kindererziehung gemäß den §§ 227a und 228a:

   a) Jeder Kalendermonat, in dem mindestens Versicherungszeiten in der Dauer von 15 Tagen oder zwei ganze Beitragswochen, für die der Beitrag nach Beitragsklassen berechnet worden ist, oder eine solche Beitragswoche und acht Tage an sonstigen Versicherungszeiten liegen, ist ein Versicherungsmonat.

   b) Liegen in einem Kalendermonat nicht Versicherungszeiten in dem in lit. a angegebenen Mindestausmaß vor, so sind diese Versicherungszeiten solchen in den nachfolgenden Kalendermonaten desselben Kalenderjahres, die nicht schon nach lit. a Versicherungsmonate sind, so lange zuzuschlagen, bis in einem Kalendermonat Versicherungszeiten in dem in lit. a angegebenen Mindestausmaß vorliegen; dieser Kalendermonat ist sodann ein Versicherungsmonat. Der letzte im Kalenderjahr liegende Kalendermonat, in dem – auch nach dem Zuzählen von Versicherungszeiten aus vorangegangenen Kalendermonaten – Zeiten vorliegen, die das Mindestausmaß nach lit. a nicht erreichen, gilt jedenfalls als Versicherungsmonat.Bei Anwendung der lit. a und b sind Versicherungszeiten, die sich zeitlich decken, nur einfach zu zählen, wobei folgende Reihenfolge gilt:Beitragszeit der Pflichtversicherung auf Grund einer Erwerbstätigkeit,Ersatzzeit und Zeit der Pflichtversicherung nach § 8 Abs. 1 Z 2 lit. a bis g und nach § 225 Abs. 1 Z 8,Beitragszeit der freiwilligen Versicherung.Bei Versicherungszeiten gleicher Art gilt nachstehende Reihenfolge:

   – knappschaftliche Pensionsversicherung;
   – Pensionsversicherung der Angestellten;
     innerhalb der Pensionsversicherung der Angestellten:Pensionsversicherungsanstalt, Versicherungsanstalt öffentlich Bediensteter, Eisenbahnen und Bergbau;[a)]
   – Pensionsversicherung der Arbeiter;
     innerhalb der Pensionsversicherung der Arbeiter:
     Pensionsversicherungsanstalt,
     Versicherungsanstalt öffentlich Bediensteter, Eisenbahnen und Bergbau;[a)]

     (BGBl I 2003/145, BGBl I 2018/100)

   [a)] Bis 1. Jänner 2020: „Versicherungsanstalt für Eisenbahnen und Bergbau".

   Die Bestimmungen des § 244 Abs. 2 und des § 249 Abs. 1 bleiben hievon unberührt.

   (BGBl I 1998/138, BGBl I 2002/1, BGBl I 2004/142)

2. Für Versicherungszeiten gemäß den §§ 227 Abs. 1 Z 1 und 228 Abs. 1 Z 3, für die kein Beitrag gemäß § 227 Abs. 3 und 4 entrichtet wurde: Ein Kalendermonat gilt nur dann als Versicherungsmonat, wenn kein sonstiger leistungswirksamer Versicherungsmonat nach Z 1 vorliegt.

   (BGBl 1994/20, BGBl I 1998/138)

3. Für Versicherungszeiten gemäß den §§ 227a und 228a (Zeiten der Kindererziehung): Der erste volle Kalendermonat nach der Erfüllung der Voraussetzungen gemäß den §§ 227a oder 228a und die folgenden Kalendermonate sind Versicherungsmonate. Letz-

ter Versicherungsmonat ist der Kalendermonat, in dem die Voraussetzungen gemäß den §§ 227a oder 228a wegfallen.

(BGBl I 1998/138)

4. Sind für ein und denselben Kalendermonat
   a) die Z 1 und 3 anzuwenden, so ist dieser Monat als Versicherungsmonat sowohl gemäß Z 1 als auch gemäß Z 3 zu zählen;
   b) die Z 2 und 3 anzuwenden, so ist dieser Monat als Versicherungsmonat sowohl gemäß Z 2 als auch gemäß Z 3 zu zählen.

   (BGBl I 1998/138)

(BGBl 1993/335)

Versicherungsmonate, Arten

§ 232. (1) Der einzelne Versicherungsmonat nach § 231 Z 1 gilt als Beitragsmonat der Pflichtversicherung auf Grund einer Erwerbstätigkeit, als Beitragsmonat der freiwilligen Versicherung, als Ersatzmonat oder als Monat einer Pflichtversicherung nach § 8 Abs. 1 Z 2 lit. a bis g und nach § 225 Abs. 1 Z 8, je nachdem, ob Beitragszeiten der Pflichtversicherung auf Grund einer Erwerbstätigkeit, Beitragszeiten der freiwilligen Versicherung, Ersatzzeiten oder Zeiten der Pflichtversicherung nach § 8 Abs. 1 Z 2 lit. a bis g und nach § 225 Abs. 1 Z 8 in dem betreffenden Monat das zeitliche Übergewicht haben. Hat keine der in dem Versicherungsmonat liegenden Arten von Versicherungszeiten das zeitliche Übergewicht, so bestimmt sich die Art des Versicherungsmonates nach der im § 231 Z 1 drittletzter und vorletzter Satz angegebenen Reihenfolge. Ein Versicherungsmonat gemäß § 231 Z 2 und 3 gilt als Ersatzmonat.

(BGBl 1993/335, BGBl I 1998/138, BGBl I 2004/142)

(2) Abs. 1 erster Satz ist entsprechend bei der Feststellung anzuwenden, welchem Zweige der Pensionsversicherung ein Versicherungsmonat zugehört. Haben die Versicherungszeiten keines beteiligten Zweiges der Pensionsversicherung das zeitliche Übergewicht, so bestimmt sich die Zugehörigkeit des Versicherungsmonates zu einem Zweige der Pensionsversicherung nach folgender Reihenfolge: knappschaftliche Pensionsversicherung, Pensionsversicherung der Angestellten, Pensionsversicherung der Arbeiter.

(3) Abs. 1 erster Satz ist auch entsprechend anzuwenden, wenn festzustellen ist, bei welchem der mehreren Träger der Pensionsversicherung der Arbeiter oder der Angestellten ein Versicherungsmonat erworben ist. Hiebei gelten als erworben

a) Beitragszeiten vor dem 1. Jänner 1948 bei dem Träger der Pensionsversicherung der Arbeiter oder der Angestellten, der für die damals ausgeübte Beschäftigung nach den Vorschriften dieses Bundesgesetzes zuständig gewesen wäre.
b) Ersatzzeiten nach § 229 Abs. 1 Z 1 bei dem Träger der Pensionsversicherung der Arbeiter oder der Angestellten, der für die während der Ersatzzeit ausgeübte Beschäftigung nach den Vorschriften dieses Bundesgesetzes zuständig gewesen wäre.
c) Ersatzzeiten nach § 228 Abs. 1 Z 1 bei dem Träger der Pensionsversicherung der Arbeiter oder der Angestellten, bei dem die letzte vorangegangene beziehungsweise die erste nachfolgende Versicherungszeit erworben worden ist.
d) Ersatzzeiten nach § 228 Abs. 1 Z 3 bei dem Träger der Pensionsversicherung der Arbeiter oder der Angestellten, bei dem die erste nachfolgende Beitragszeit erworben worden ist oder als erworben gilt.

Haben die bei keinem der beteiligten Träger der Pensionsversicherung der Arbeiter oder der Angestellten erworbenen Versicherungszeiten das zeitliche Übergewicht, so ist der Monat in folgender Reihenfolge zuzuweisen: Pensionsversicherungsanstalt, Versicherungsanstalt für Eisenbahnen und Bergbau[a)].

(BGBl I 2018/100)

[a)] Ab 1. Jänner 2020: „Versicherungsanstalt öffentlich Bediensteter, Eisenbahnen und Bergbau".

(BGBl I 1998/138, BGBl I 2002/1, BGBl I 2003/145, BGBl I 2018/100)

Berücksichtigung von Versicherungsmonaten

§ 233. (1) Für die Bildung der Bemessungsgrundlagen (§§ 238 und 239), die Berücksichtigung der Bemessungsgrundlagen bei der Berechnung des Steigerungsbetrages (§ 240), die Berücksichtigung der Beitragsgrundlagen in der Bemessungsgrundlage (§ 242), die Feststellung der Leistungszugehörigkeit (§ 245) und für die Bemessung des Steigerungsbetrages (§ 261) sind Versicherungsmonate, die sich zeitlich decken, nur einfach zu zählen, wobei folgende Reihenfolge gilt:

Beitragsmonat der Pflichtversicherung auf Grund einer Erwerbstätigkeit,

leistungswirksamer Ersatzmonat – mit Ausnahme von Ersatzmonaten nach den §§ 227a und 228a – sowie Monat der Pflichtversicherung nach § 8 Abs. 1 Z 2 lit. a bis g und nach § 225 Abs. 1 Z 8,

Beitragsmonat der freiwilligen Versicherung,

Ersatzmonat nach den §§ 227a und 228a,

leistungsunwirksamer Ersatzmonat.

(BGBl 1994/20, BGBl I 1998/138, BGBl I 2001/103, BGBl I 2004/142)

(2) Für die Feststellung und Erfüllung der Wartezeit (§§ 235 und 236) sind Versicherungsmonate, die sich zeitlich decken, nur einfach zu zählen, wobei folgende Reihenfolge gilt:

Beitragsmonat der Pflichtversicherung auf Grund einer Erwerbstätigkeit,

Ersatzmonat nach den §§ 227a und 228a, der als Beitragsmonat (der Pflichtversicherung) zu berücksichtigen ist, sowie Monat der Pflichtversicherung nach § 8 Abs. 1 Z 2 lit. a bis g und nach § 225 Abs. 1 Z 8,

leistungswirksamer Ersatzmonat mit Ausnahme von Ersatzmonaten nach den §§ 227a und 228a,

Beitragsmonat der freiwilligen Versicherung,

sonstiger Ersatzmonat nach den §§ 227a und 228a,

leistungsunwirksamer Ersatzmonat.

(BGBl I 2001/103, BGBl I 2002/140, BGBl I 2003/71, BGBl I 2004/142)

(3) Wurden für einen vollen Kalendermonat, der als leistungsunwirksamer Ersatzmonat anzusehen ist, Beiträge einer freiwilligen Versicherung in der Pensionsversicherung ausgenommen die Höherversicherung geleistet, ist dieser Kalendermonat für die Bemessung des Steigerungsbetrages (§ 261) als leistungswirksamer Ersatzmonat zu zählen.

(BGBl I 2001/103)

(BGBl 1993/335)

Neutrale Monate

§ 234. (1) Als neutral sind folgende Zeiten anzusehen, die nicht Versicherungszeiten sind:

1. die Zeit zwischen dem Eintritt des Versicherungsfalles, wenn jedoch der Antrag auf eine Leistung nach § 223 Abs. 1 Z 1 oder 2 erst nach Eintritt des Versicherungsfalles gestellt wird, zwischen dem Zeitpunkt der Antragstellung und dem Stichtag (§ 223 Abs. 2);
2. Zeiten, während derer der Versicherte einen bescheidmäßig zuerkannten Anspruch auf
   a) eine Leistung aus einem Versicherungsfall des Alters nach diesem oder einem anderen Bundesgesetz oder aus einem Versicherungsfall der geminderten Arbeitsfähigkeit nach diesem Bundesgesetz bzw. aus dem Versicherungsfall der Erwerbsunfähigkeit nach dem Gewerblichen Sozialversicherungsgesetz oder dem Bauern-Sozialversicherungsgesetz,

      (BGBl 1996/201)
   b) eine Versehrtenrente aus der gesetzlichen Unfallversicherung auf Grund einer Erwerbsfähigkeitseinbuße von mindestens 50 vH,
   c) eine Beschädigtenrente nach dem Kriegsopferversorgungsgesetz 1957, dem Heeresversorgungsgesetz oder dem Opferfürsorgegesetz auf Grund einer Minderung der Erwerbsfähigkeit von mindestens 70 vH

   hatte, es sei denn, daß der Anspruch nach lit. a oder b wegen Verbüßung einer Freiheitsstrafe oder einer Anhaltung im Sinne des § 89 Abs. 1 Z 1 dieses Bundesgesetzes bzw. des § 58 Abs. 1 Z 1 des Gewerblichen Sozialversicherungsgesetzes bzw. des § 54 Abs. 1 Z 1 des Bauern-Sozialversicherungsgesetzes ruhte;
3. die Zeit, die zwischen der Erfüllung der Voraussetzungen für den Anspruch auf eine Leistung aus dem Versicherungsfall des Alters und der Antragstellung auf die Leistung liegt;
4. Zeiten eines Dienstes (einer Dienstpflicht) der im § 228 Abs. 1 Z 1 lit. a und b bezeichneten Art, jedoch nur für Personen, die am Stichtag (§ 223 Abs. 2) die österreichische Staatsbürgerschaft besitzen;
5. Zeiten, während derer der Versicherte Krankengeld (Wochengeld) oder Rehabilitationsgeld auf Grund gesetzlicher Versicherung bezog, ferner Zeiten einer auf Grund gesetzlicher Versicherung oder der gesetzlichen Fürsorge für die Opfer des Krieges oder des Kampfes um ein freies demokratisches Österreich gewährten Anstalts(Heilstätten)pflege und nach dem 31. Dezember 1945 gelegene Zeiten einer auf Krankheit gegründeten Arbeitsunfähigkeit arbeitsloser als solcher nicht krankenversicherter Personen; den Zeiten des Krankengeld(Wochengeld)bezuges stehen Zeiten des Aufenthaltes in einem Kurheim oder einer Sonderkrankenanstalt auf Rechnung eines Versicherungsträgers sowie die Zeiten, während derer Anspruch auf Ersatz der Verpflegskosten einem Versicherungsträger gegenüber bestanden hat, gleich;

   (BGBl I 2013/3, BGBl I 2015/162)
6. Zeiten, während derer der Versicherte
   a) wegen Arbeitslosigkeit eine Geldleistung aus der Arbeitslosenversicherung (Arbeitslosenfürsorge) bezog oder
   b) nach dem 31. Dezember 1945 als arbeitslos gemeldet war, jedoch vom Bezug einer in lit. a genannten Geldleistung aus einem anderen Grund als wegen Arbeitsunwilligkeit, Auflösung des Dienstverhältnisses durch eigenes Verschulden, freiwilliger Lösung des Dienstverhältnisses ohne triftigen Grund oder Unterlassung der Kontrollmeldung ausgeschlossen war;
7. (aufgehoben)
8. Zeiten einer Beschäftigung als Dienstnehmer in der Zeit zwischen dem 1. Jänner 1939 und dem 31. Dezember 1955, die von Gesetzes wegen rentenversicherungsfrei gewesen sind, für die aber nach den Bestimmungen dieses Bundesgesetzes Pensionsversicherungspflicht gegeben wäre;
9. Zeiten einer Untersuchungshaft, wenn das strafgerichtliche Verfahren gemäß § 90 oder § 109 der Strafprozeßordnung eingestellt worden ist oder mit einem Freispruche geendet hat, sowie Zeiten einer Strafhaft, wenn das wiederaufgenommene strafgerichtliche Verfahren eingestellt worden ist oder mit einem Freispruche geendet hat, ferner Zeiten

einer Strafhaft auf Grund einer Tat, die nach den österreichischen Gesetzen im Zeitpunkt der Begehung der Tat strafbar war, nach den österreichischen Gesetzen bei Eintritt des Versicherungsfalles jedoch nicht mehr strafbar ist;

10. Zeiten eines Urlaubes gegen Entfall des Arbeitsentgeltes nach den Vorschriften des Mutterschutzrechtes;
11. Zeiten im Sinne des § 18a Abs. 1, die zur Selbstversicherung berechtigt hätten.

(BGBl 1993/335)

(2) Nach dem 31. Dezember 1970 gelegene Zeiten der im Abs. 1 Z 6 lit. b bezeichneten Art sind nur bis zum Höchstausmaß von 60 Monaten als neutrale Zeiten anzusehen.

(BGBl I 2009/83)

(3) Die neutralen Zeiten sind als neutrale Monate zu erfassen. Neutraler Monat ist jeder Kalendermonat, in dem mindestens 15 Tage neutraler Zeiten liegen und der nicht Versicherungsmonat ist. Neutrale Zeiten verschiedener Art, die sich zeitlich decken, sind nur einfach zu zählen.

Wartezeit als allgemeine Voraussetzung der Leistungsansprüche

§ 235. (1) Der Anspruch auf jede der im § 222 Abs. 1 und 2 angeführten Leistungen mit Ausnahme der Abfindung nach § 269 Abs. 1 Z 1 ist – abgesehen von den in den Abschnitten II bis IV festgesetzten besonderen Voraussetzungen – an die allgemeine Voraussetzung geknüpft, daß die Wartezeit durch Versicherungsmonate im Sinne des Abs. 2 erfüllt ist (§ 236).

(2) Für die Wartezeit sind die Versicherungsmonate aller Zweige der Pensionsversicherung, ausgenommen Zeiten einer Selbstversicherung nach § 16a, soweit sie zwölf Versicherungsmonate überschreiten, bei der Knappschaftspension und dem Knappschaftssold jedoch nur die Versicherungsmonate der knappschaftlichen Pensionsversicherung zu berücksichtigen.

(BGBl 1993/335)

(3) Die Wartezeit entfällt für eine Leistung aus dem Versicherungsfall der geminderten Arbeitsfähigkeit oder aus dem Versicherungsfall des Todes, wenn

a) der Versicherungsfall die Folge eines Arbeitsunfalles (§§ 175 und 176 dieses Bundesgesetzes, §§ 148c und 148d BSVG, §§ 90 und 91 B-KUVG) oder einer Berufskrankheit (§ 177 dieses Bundesgesetzes, § 148e BSVG, § 92 B-KUVG) ist, der (die) bei einem in der Pensionsversicherung nach diesem oder einem anderen Bundesgesetz Pflichtversicherten oder bei einem nach § 19a Selbstversicherten eingetreten ist, oder

   (BGBl I 2003/145)

b) (aufgehoben)

   (BGBl I 1998/138)

c) der Versicherungsfall die Folge einer anerkannten Dienstbeschädigung im Sinne der versorgungsrechtlichen Vorschriften für Präsenz- oder Ausbildungsdienst Leistende ist.

   (BGBl I 1998/30, BGBl I 2009/83)

Erfüllung der Wartezeit

§ 236. (1) Die Wartezeit ist erfüllt, wenn am Stichtag (§ 223 Abs. 2) Versicherungsmonate im Sinne des § 235 Abs. 2 in folgender Mindestzahl vorliegen:

1. für eine Leistung aus einem Versicherungsfall der geminderten Arbeitsfähigkeit sowie aus dem Versicherungsfall des Todes
   a) wenn der Stichtag vor Vollendung des 50. Lebensjahres liegt, 60 Monate;
   b) wenn der Stichtag nach Vollendung des 50. Lebensjahres liegt, erhöht sich die Wartezeit nach lit. a je nach dem Lebensalter des (der) Versicherten für jeden weiteren Lebensmonat um jeweils einen Monat bis zum Höchstausmaß von 180 Monaten;
2. für eine Leistung aus einem Versicherungsfall des Alters, und zwar
   a) für die Alterspension (Knappschaftsalterspension) 180 Monate;
   b) (aufgehoben)

      (BGBl I 2000/43)

   c) für den Knappschaftssold 240 Monate.

      (BGBl 1996/201, BGBl I 2001/33, BGBl I 2003/71)

   (BGBl 1996/201)

(BGBl 1993/335)

(2) Die gemäß Abs. 1 für die Erfüllung der Wartezeit erforderliche Mindestzahl von Versicherungsmonaten muß

1. im Falle des Abs. 1 Z 1 innerhalb der letzten 120 Kalendermonate vor dem Stichtag liegen; dieser Zeitraum verlängert sich, wenn der Stichtag nach Vollendung des 50. Lebensjahres liegt, je nach dem Lebensalter des (der) Versicherten für jeden weiteren Lebensmonat um jeweils zwei Kalendermonate bis zum Höchstausmaß von 360 Kalendermonaten;
2. im Falle des Abs. 1 Z 2 lit. a bis c innerhalb der letzten 360 Kalendermonate vor dem Stichtag liegen.

   (BGBl 1996/201)

3. (aufgehoben)

(BGBl 1993/335)

(3) Fallen in die Zeiträume gemäß Abs. 2 neutrale Monate (§ 234), so verlängern sich die Zeiträume um diese Monate.

(BGBl 1993/335)

(4) Die Wartezeit ist auch erfüllt

1. für die Alterspension (Knappschaftsalterspension) und für Leistungen aus einem Ver-

sicherungsfall der geminderten Arbeitsfähigkeit und des Todes, wenn bis zum Stichtag

a) mindestens 180 Beitragsmonate, ausgenommen Zeiten einer Selbstversicherung gemäß § 16a, soweit sie zwölf Versicherungsmonate überschreiten, oder

b) Beitragsmonate und/oder nach dem 31. Dezember 1955 zurückgelegte sonstige Versicherungsmonate in einem Mindestausmaß von 300 Monaten erworben sind;

2. (aufgehoben)

(BGBl I 1998/138, BGBl I 2000/43, BGBl I 2003/71)

3. für eine Leistung aus einem Versicherungsfall der geminderten Arbeitsfähigkeit sowie aus dem Versicherungsfall des Todes, wenn der Versicherungsfall vor der Vollendung des 27. Lebensjahres des (der) Versicherten eingetreten ist und bis zu diesem Zeitpunkt mindestens sechs Versicherungsmonate, die nicht auf einer Selbstversicherung gemäß § 16a beruhen, erworben sind.

(BGBl I 1998/138)

(BGBl 1993/335, BGBl 1996/201)

(4a) Als Beitragsmonate für die Erfüllung der Wartezeit nach Abs. 4 sind auch Ersatzmonate nach § 227a dieses Bundesgesetzes oder nach § 116a GSVG oder nach § 107a BSVG im Ausmaß von höchstens 24 Kalendermonaten je Kind zu berücksichtigen, gezählt ab der Geburt des Kindes, wenn

1. für diese Zeiten Anspruch auf Kinderbetreuungsgeld besteht oder der Anspruch darauf ausschließlich nach § 6 Abs. 1 Z 1 KBGG ruht und

2. sich diese Ersatzmonate nicht mit Beitragsmonaten decken.

Als Beitragsmonate für die Erfüllung der Wartezeit nach Abs. 4 Z 2 sind auch Ersatzmonate nach § 227 Abs. 1 Z 7 und 8 dieses Bundesgesetzes oder nach § 116 Abs. 1 Z 3 GSVG oder nach § 107 Abs. 1 Z 3 BSVG im Ausmaß von höchstens 30 Kalendermonaten zu berücksichtigen.

(BGBl I 2001/103, BGBl I 2003/71)

(5) Für den Knappschaftssold müssen während der für die Erfüllung der Wartezeit erforderlichen Versicherungsmonate wenigstens durch 120 Monate wesentlich bergmännische oder ihnen gleichgestellte Arbeiten (Abs. 6) verrichtet worden sein. Bei Angestellten müssen für die Knappschaftspension während der für die Erfüllung der Wartezeit erforderlichen Versicherungsmonate wenigstens durch 30 Monate solche Arbeiten verrichtet worden sein. Als Angestellte sind Personen anzusehen, die, wenn nicht ihre Zugehörigkeit zur knappschaftlichen Pensionsversicherung begründet wäre, nach § 14 zur Pensionsversicherung der Angestellten gehören würden.

(6) Als wesentlich bergmännische oder ihnen gleichgestellte Arbeiten gelten die in der Anlage 9 zu diesem Bundesgesetz bezeichneten Arbeiten unter den dort angeführten Voraussetzungen. Eine solche Arbeit gilt für einen nicht dienstunfähigen Versicherten als nicht unterbrochen,

a) wenn er aus betrieblichen Gründen eine sonstige Tätigkeit nicht länger als drei Monate im Kalenderjahr ausübt, oder

b) wenn er als Mitglied des Betriebsrates von diesen Arbeiten freigestellt worden ist.

Dritteldeckung

§ 237. (aufgehoben)

Bemessungsgrundlage

§ 238. (1) Bemessungsgrundlage für die Leistungen aus der Pensionsversicherung ist die Summe der 480 höchsten monatlichen Gesamtbeitragsgrundlagen (§ 242) aus dem Zeitraum vom erstmaligen Eintritt in die Versicherung bis zum Ende des letzten vor dem Stichtag liegenden Kalenderjahres, geteilt durch 560. Liegen weniger als 480 Beitragsmonate vor, so ist die Bemessungsgrundlage die Summe der monatlichen Gesamtbeitragsgrundlagen aus den vorhandenen Beitragsmonaten, geteilt durch die um ein Sechstel erhöhte Zahl dieser Beitragsmonate. Die Bemessungsgrundlage ist auf Cent aufzurunden. § 122 Abs. 1 vorletzter Satz GSVG ist anzuwenden.

(BGBl I 1997/139, BGBl I 1998/138, BGBl I 2000/92, BGBl I 2001/33, BGBl I 2001/67, BGBl I 2002/1, BGBl I 2003/71)

(2) Die Zahl der Gesamtbeitragsgrundlagen nach Abs. 1 vermindert sich, so weit dadurch die Bemessungsgrundlage 180 Beitragsmonate nicht unterschreitet,

1. um Zeiten der Erziehung von Kindern im Sinne des § 227a Abs. 2, wobei höchstens 36 Monate je Kind zu berücksichtigen und § 227a Abs. 3 bis 6 – mit Ausnahme des Abs. 3 erster Satz – entsprechend anzuwenden sind, sowie

2. um die Zahl der während der Zeit einer Familienhospizkarenz nach den §§ 14a und 14b AVRAG oder nach gleichartigen bundes- oder landesgesetzlichen Regelungen erworbenen Beitragsmonate.

(BGBl I 2009/83)

(BGBl I 1997/139, BGBl I 2002/1, BGBl I 2003/71)

(3) Bei der Anwendung des Abs. 1 bleiben außer Betracht:

1. a) Beitragsmonate nach diesem Bundesgesetz, die vor dem 1. Jänner 1956 liegen, es sei denn, daß Beitragsmonate nur in diesem Zeitraum vorhanden sind;

b) Beitragsmonate nach dem Gewerblichen Sozialversicherungsgesetz, die vor dem 1. Jänner 1958 liegen, es sei denn, daß Beitragsmonate nur in diesem Zeitraum vorhanden sind;

c) Beitragsmonate nach dem Bauern-Sozialversicherungsgesetz, die vor dem 1. Jänner 1972 liegen, es sei denn, daß Beitragsmonate nur in diesem Zeitraum vorhanden sind;

2. Beitragsmonate der freiwilligen Versicherung, die auch Zeiten enthalten, während welcher Krankengeld, Arbeitslosengeld, Notstandshilfe oder Karenzgeld aus gesetzlicher Versicherung bezogen wurde, wenn es für den Versicherten günstiger ist; dies gilt entsprechend auch für Beitragsmonate der Pflichtversicherung, welche Zeiten enthalten, während welcher berufliche Maßnahmen der Rehabilitation (§§ 198 bzw. 303 dieses Bundesgesetzes sowie § 161 des Gewerblichen Sozialversicherungsgesetzes und § 153 des Bauern-Sozialversicherungsgesetzes) gewährt wurden bzw. Zeiten einer Beschäftigung enthalten, zu deren Ausübung ihn diese Maßnahmen befähigt haben;

(BGBl I 1997/47)

3. Beitragsmonate der Pflichtversicherung, die Zeiten enthalten, während welcher der Versicherte eine Beihilfe zur Deckung des Lebensunterhaltes gemäß § 20 Abs. 2 lit. c in Verbindung mit § 25 Abs. 1 des Arbeitsmarktförderungsgesetzes oder eine Beihilfe zur Deckung des Lebensunterhaltes durch das Arbeitsmarktservice bezogen hat;

(BGBl 1994/314)

4. Beitragsmonate der Pflichtversicherung, die Zeiten nach § 226 Abs. 2 lit. c zweiter Halbsatz enthalten;

(BGBl I 2010/62)

5. Beitragsmonate der Pflichtversicherung, die Zeiten des Bezuges einer Lehrlingsentschädigung gemäß § 17 des Berufsausbildungsgesetzes enthalten.

(BGBl I 1997/139, BGBl I 2002/1)

(4) Die Bemessungsgrundlage nach Abs. 1 ist für alle Versicherungsmonate anzuwenden, sofern in diesem Bundesgesetz nichts anderes bestimmt wird.

(BGBl 1994/20, BGBl 1996/201, BGBl I 1997/139, BGBl I 2002/1)

(5) (aufgehoben)

(BGBl I 1997/139, BGBl I 2002/1, BGBl I 2003/71)

(BGBl 1993/335, BGBl 1994/20, BGBl 1994/314, BGBl 1996/201, BGBl I 1997/47, BGBl I 1998/138, BGBl I 2000/92, BGBl I 2001/33, BGBl I 2001/67)

§ 238a. (aufgehoben)

(BGBl 1993/335)

Bemessungsgrundlage für Zeiten der Kindererziehung (§§ 227a, 228a)

§ 239. (1) Bemessungsgrundlage für Zeiten der Kindererziehung ist der um 50% erhöhte Richtsatz[a] nach § 293 Abs. 1 lit. a sublit. bb.

(BGBl I 2003/71)

[a] Betrag siehe VO über veränderliche Werte.

(2) Überschneiden sich Zeiten der Kindererziehung mit Monaten einer Selbstversicherung für die Zeit der Pflege eines behinderten Kindes bis zur Vollendung des 4. Lebensjahres dieses Kindes gemäß § 18a oder einer Ersatzzeit gemäß § 227 Abs. 1 Z 3 und § 228 Abs. 1 Z 5, ist für diese Versicherungsmonate nur die Bemessungsgrundlage gemäß den §§ 238 bzw. 241 anzuwenden. Überschneiden sich Zeiten der Kindererziehung mit Monaten einer leistungsunwirksamen Ersatzzeit, ist für diese Versicherungsmonate nur die Bemessungsgrundlage gemäß Abs. 1 anzuwenden.

(3) Überschneiden sich Zeiten der Kindererziehung und andere Versicherungsmonate mit Ausnahme von Monaten einer Selbstversicherung für die Zeit der Pflege eines behinderten Kindes bis zur Vollendung des 4. Lebensjahres dieses Kindes gemäß § 18a, einer Ersatzzeit gemäß § 227 Abs. 1 Z 3 und § 228 Abs. 1 Z 5 und einer leistungsunwirksamen Ersatzzeit, wird für diese sich überschneidenden Zeiten die Bemessungsgrundlage gemäß den §§ 238 bzw. 241 und die Bemessungsgrundlage gemäß Abs. 1 zusammengezählt.

(4) (aufgehoben)

(BGBl 1996/201)

(BGBl 1993/335, BGBl 1994/20)

Berücksichtigung der Bemessungsgrundlagen bei der Berechnung des Steigerungsbetrages

§ 240. Für die Berechnung des Steigerungsbetrages gemäß den §§ 261 ff. und 284 ff. ist eine Gesamtbemessungsgrundlage zu bilden. Die Gesamtbemessungsgrundlage ist die Summe der Bemessungsgrundlagen (§§ 238 Abs. 1, 239, 241) aller für das Ausmaß der Pension nach diesem Bundesgesetz, dem Gewerblichen Sozialversicherungsgesetz, dem Bauern-Sozialversicherungsgesetz und dem Freiberuflichen-Sozialversicherungsgesetz zu berücksichtigenden Versicherungsmonate geteilt durch die Summe der Versicherungsmonate. Monate, die gemäß § 261 Abs. 3 Versicherungsmonaten gleichzuhalten sind, gelten auch bei Anwendung des ersten und zweiten Satzes als Versicherungsmonate. Die Gesamtbemessungsgrundlage ist auf Cent aufzurunden.

(BGBl 1993/335, BGBl 1996/201, BGBl I 1997/139, BGBl I 2001/67)

Bemessungsgrundlage in besonderen Fällen

§ 241. Läßt sich eine Bemessungsgrundlage nach § 238 Abs. 1 nicht ermitteln, so ist die Bemessungsgrundlage gleich einem Vierzehntel der Bemessungsgrundlage, die für die Leistungen der Unfallversicherung gilt bzw. die bei einem Arbeitsunfall zum Stichtag gegolten hätte; Erhöhungen dieser Bemessungsgrundlage nach § 180 sind hiebei zu berücksichtigen.

(BGBl 1993/335, BGBl 1996/201)

Bemessungsgrundlage für die erhöhte Alterspension (Knappschaftsalterspension)

§ 241a. (aufgehoben)

(BGBl 1993/335)

Berücksichtigung der Beitragsgrundlagen in der Bemessungsgrundlage

§ 242. (1) Die für die Bildung der Bemessungsgrundlage gemäß § 238 heranzuziehenden monatlichen Gesamtbeitragsgrundlagen sind unter Bedachtnahme auf die Abs. 2 bis 7 und 9 zu berechnen.

(2) Tagesbeitragsgrundlage:

1. Aus der Summe aller Beitragsgrundlagen der Pflichtversicherung nach diesem Bundesgesetz (§§ 243, 244 und 251 Abs. 4) in jedem Beitragsjahr (Abs. 10) wird eine durchschnittliche tägliche Beitragsgrundlage (Tagesbeitragsgrundlage) der Pflichtversicherung ermittelt, indem die Summe der Beitragsgrundlagen durch die Zahl der im Beitragsjahr liegenden Beitragstage der Pflichtversicherung nach diesem Bundesgesetz unter Bedachtnahme auf Z 2 und 3 geteilt wird.
2. Bei der Ermittlung der Tagesbeitragsgrundlage der Pflichtversicherung bleiben Beitragstage der Pflichtversicherung, während welcher wegen Arbeitsunfähigkeit infolge Krankheit oder wegen Mutterschaft nur ein Teilentgelt geleistet worden ist oder während welcher der Versicherte eine Beihilfe zur Deckung des Lebensunterhaltes gemäß § 20 Abs. 2 lit. c in Verbindung mit § 25 Abs. 1 des Arbeitsmarktförderungsgesetzes oder eine Beihilfe zur Deckung des Lebensunterhaltes durch das Arbeitsmarktservice bezogen hat, sowie die auf solche Zeiten entfallenden Beitragsgrundlagen außer Betracht.
3. Im Falle einer durchlaufenden Versicherung ist ein voller Kalendermonat jedenfalls mit 30 Tagen zu zählen ohne Bedachtnahme darauf, nach welchen Beitragszeiträumen die Beiträge bemessen bzw. abgerechnet wurden.
4. Folgende Beitragsgrundlagen nach den §§ 243, 244 und 251 Abs. 4, die gemäß Z 1 heranzuziehen sind, sind zu vervielfachen, und zwar
   a) Beitragsgrundlagen nach § 243 Abs. 1 Z 2 lit. b und d, nach § 244 Abs. 1 letzter Satz und Abs. 2 sowie nach § 250 Abs. 3 aus der Zeit vor dem 1. Jänner 1947 mit dem Faktor, der sich aus der Teilung des für das Jahr 1951 geltenden Aufwertungsfaktors (§ 108 Abs. 4) durch den der zeitlichen Lagerung der Beitragsgrundlagen entsprechenden Aufwertungsfaktor ergibt, aus der Zeit ab 1. Jänner 1951 mit dem Faktor, der sich aus der Teilung des für das Jahr 1954 geltenden Aufwertungsfaktors durch den der zeitlichen Lagerung der Beitragsgrundlagen entsprechenden Aufwertungsfaktor ergibt;
   b) Beitragsgrundlagen nach § 251 Abs. 4, soweit es sich um vorgemerkte Arbeitsverdienste handelt bzw. sie mit 0,51 € für den Kalendertag (15,26 € für den Kalendermonat) festgesetzt sind, mit dem Faktor, der sich aus der Teilung des für das Jahr, in dem der Nachteil in den sozialversicherungsrechtlichen Verhältnissen (§ 500) eingetreten ist, geltenden Aufwertungsfaktors durch den der zeitlichen Lagerung der Beitragsgrundlagen entsprechenden Aufwertungsfaktor ergibt, soweit es sich um Beträge nach § 9 Abs. 1 Z 1 und 2 des Auslandsrenten-Übernahmegesetzes handelt, mit dem Faktor, der sich aus der Teilung des für das Jahr 1946 geltenden Aufwertungsfaktors durch den der zeitlichen Lagerung der Beitragsgrundlagen entsprechenden Aufwertungsfaktor ergibt.

   (BGBl I 2001/67)

   Die in Betracht kommenden Faktoren sind auf drei Dezimalstellen zu runden.

(3) Jahresbeitragsgrundlage für Beitragszeiten der Pflichtversicherung nach diesem Bundesgesetz in Beitragsmonaten der Pflichtversicherung:

Die Tagesbeitragsgrundlage (Abs. 2 Z 1) ist mit der Zahl der innerhalb des entsprechenden Kalenderjahres in Beitragsmonaten der Pflichtversicherung (§ 232 Abs. 1 in Verbindung mit § 233 Abs. 1 und § 251a Abs. 8) liegenden Beitragstagen der Pflichtversicherung nach diesem Bundesgesetz unter Bedachtnahme auf Abs. 2 Z 3 zu vervielfachen.

(BGBl I 2002/140)

(4) Jahresbeitragsgrundlage für Versicherungszeiten mit Ausnahme von Beitragszeiten der Pflichtversicherung in Beitragsmonaten der Pflichtversicherung:

Die Tagesbeitragsgrundlage ist mit der Zahl der innerhalb des entsprechenden Kalenderjahres in Beitragsmonaten der Pflichtversicherung liegenden Tagen erworbener Versicherungszeiten (Versicherungstage), soweit sie nicht auch Beitragszeiten der Pflichtversicherung nach diesem Bundesgesetz, dem Gewerblichen Sozialversicherungsgesetz und dem Bauern-Sozialversicherungsgesetz sind, unter Bedachtnahme auf Abs. 2 Z 3 zu vervielfachen. Die Tagesbeitragsgrundlage ist dabei mit der im jeweiligen Beitragsjahr geltenden bzw. in Geltung gestandenen Höchstbeitragsgrundlage in der Pensionsversicherung zu begrenzen. Für einen Beitragsmonat der Pflichtversicherung, der auch neutrale Zeiten der im § 234 Abs. 1 Z 5, 6 und 10 genannten Art oder Zeiten enthält, in denen nach § 138 Abs. 1 kein Anspruch auf Krankengeld bestanden hat, gelten die Tage dieser Zeiten als Versicherungstage.

(5) Bei der Ermittlung der Jahresbeitragsgrundlagen gemäß Abs. 3 und 4 bleibt bei der Vervielfa-

chung der Tagesbeitragsgrundlage der unmittelbar vor dem Stichtag liegende Beitragsmonat der Pflichtversicherung außer Betracht. In diesem Fall ist die Jahresbeitragsgrundlage im Verhältnis der Gesamtzahl der Beitragsmonate der Pflichtversicherung im Kalenderjahr zur Zahl der bei der Vervielfachung der Tagesbeitragsgrundlage berücksichtigten Beitragsmonate der Pflichtversicherung zu erhöhen. Ist in einem Kalenderjahr an Beitragsmonaten der Pflichtversicherung nur der unmittelbar vor dem Stichtag liegende vorhanden, ist bei der Ermittlung der Jahresbeitragsgrundlage gemäß Abs. 3 die Tagesbeitragsgrundlage mit 30 zu vervielfachen.

(6) Der Summe der Jahresbeitragsgrundlagen in einem Kalenderjahr gemäß Abs. 3 und 4 sind Sonderzahlungen nach den jeweils in Geltung gestandenen Vorschriften und bis zu dem sich aus § 54 Abs. 1 ergebenden Höchstbetrag zuzuschlagen, soweit für sie Sonderbeiträge fällig geworden sind. Liegen in einem Kalenderjahr auch Beitragsgrundlagen der Pflichtversicherung gemäß § 127c des Gewerblichen Sozialversicherungsgesetzes und (oder) gemäß § 118c des Bauern-Sozialversicherungsgesetzes vor, sind diese ebenfalls zuzuschlagen. Hiebei sind Beitragsgrundlagen gemäß § 118c des Bauern-Sozialversicherungsgesetzes für Zeiten vor dem 1. Jänner 1971 mit dem Faktor zu vervielfachen, der sich aus der Teilung des für das Jahr 1970 geltenden Aufwertungsfaktors (§ 45 des Bauern-Sozialversicherungsgesetzes) durch den der zeitlichen Lagerung der Beitragsgrundlagen entsprechenden Aufwertungsfaktor ergibt. Der Faktor ist auf drei Dezimalstellen zu runden.

(7) Aus der Summe der Beitragsgrundlagen gemäß Abs. 6 ist für jedes Kalenderjahr eine monatliche Gesamtbeitragsgrundlage zu ermitteln, indem diese Summe durch die Zahl der im Kalenderjahr liegenden Beitragsmonate der Pflichtversicherung geteilt wird. Die monatliche Gesamtbeitragsgrundlage darf den 35fachen Betrag der im jeweiligen Beitragsjahr geltenden bzw. in Geltung gestandenen Höchstbeitragsgrundlage in der Pensionsversicherung nicht übersteigen.

(8) Soweit Beitragsgrundlagen der freiwilligen Versicherung zu berücksichtigen sind, ist unter entsprechender Anwendung der Abs. 2 bis 7 für jedes der in Betracht kommenden Beitrags- bzw. Kalenderjahre eine monatliche Gesamtbeitragsgrundlage der freiwilligen Versicherung zu ermitteln.

(9) Monatliche Gesamtbeitragsgrundlagen (Abs. 7 bzw. Abs. 8) sind mit dem ihrer zeitlichen Lagerung entsprechenden, am Stichtag oder zum Bemessungszeitpunkt nach § 261b in Geltung stehenden Aufwertungsfaktor (§ 108 Abs. 4) aufzuwerten.

(BGBl I 2000/92, BGBl I 2001/33, BGBl I 2004/142)

(10) Das Beitragsjahr umfaßt den Beitragszeitraum (§ 44 Abs. 2), in den der 1. Jänner eines Jahres fällt, und die folgenden vollen Beitragszeiträume dieses Jahres.

(11) Wenn innerhalb eines Beitragsjahres die Höchstbeitragsgrundlage mit einem anderen Wirksamkeitsbeginn als dem 1. Jänner bzw. dem Beginn des Beitragszeitraumes Jänner geändert wurde, gilt die jeweils höhere Höchstbeitragsgrundlage für das ganze Jahr.

(BGBl 1993/335, BGBl 1994/314, BGBl I 1998/138)

Beitragsgrundlage in normalen Fällen

§ 243. (1) Beitragsgrundlage ist

1. für Beitragszeiten nach § 225 Abs. 1 Z 1 und 2 die allgemeine Beitragsgrundlage nach den §§ 44 bis 47, für Beitragszeiten nach § 225 Abs. 1 Z 3 die Beitragsgrundlage nach § 76a oder § 76b, für die Beitragszeiten nach § 225 Abs. 1 Z 4 das Entgelt, auf das der Dienstnehmer im pensionsversicherungsfreien Dienstverhältnis jeweils Anspruch hatte, für Beitragszeiten nach § 225 Abs. 1 Z 5 zweiter Halbsatz die für die Ermittlung des besonderen Pensionsbeitrages maßgebende Beitragsgrundlage, für die Beitragszeiten nach § 225 Abs. 1 Z 6 in den Fällen des § 314 Abs. 4 ein Betrag in der Höhe des in der betreffenden Zeit üblichen Arbeitsverdienstes eines körperlich und geistig gesunden Versicherten von ähnlicher Ausbildung und gleichwertigen Kenntnissen und Fähigkeiten, in den Fällen des § 314a Abs. 5 der danach als Entgelt geltende Betrag, für Beitragszeiten nach § 225 Abs. 1 Z 7 die Beitragsgrundlage gemäß § 12 Abs. 1 des Bundesbezügegesetzes bzw. die der Bemessung der Pensionsbeiträge gemäß den §§ 12, 19a oder 23g des Bezügegesetzes zugrundeliegenden Bezüge, soweit hiefür gemäß § 49h Abs. 3 des Bezügegesetzes ein Überweisungsbetrag geleistet worden ist, für Beitragszeiten in der Versicherung der unständig beschäftigten Arbeiter in der Land- und Forstwirtschaft die Beitragsgrundlage nach § 470 Abs. 3, für gemäß § 96 des Notarversicherungsgesetzes 1972 als Beitragszeiten nach § 225 geltende Zeiten die für die Ermittlung des Überweisungsbetrages nach dem Notarversicherungsgesetz 1972 maßgebende Beitragsgrundlage;

(BGBl I 1997/64, BGBl I 2010/62)

1.[a)] für Beitragszeiten nach § 225 Abs. 1 Z 1 und 2 die allgemeine Beitragsgrundlage nach den §§ 44 bis 47, für Beitragszeiten nach § 225 Abs. 1 Z 3 die Beitragsgrundlage nach § 76a oder § 76b, für die Beitragszeiten nach § 225 Abs. 1 Z 4 das Entgelt, auf das der Dienstnehmer im pensionsversicherungsfreien Dienstverhältnis jeweils Anspruch hatte, für Beitragszeiten nach § 225 Abs. 1 Z 5 zweiter Halbsatz die für die Ermittlung des besonderen Pensionsbeitrages maßgebende Beitragsgrundlage, für die Beitragszeiten nach § 225 Abs. 1 Z 6 in den Fällen des § 314 Abs. 4 ein Betrag in der Höhe des in der betreffenden Zeit üblichen Arbeitsverdienstes eines körperlich und geistig gesunden Versicherten von ähnlicher Ausbildung und gleichwertigen Kenntnissen und Fähigkeiten, in den Fällen des § 314a Abs. 5 der danach als Entgelt geltende Betrag, für Beitragszeiten nach § 225 Abs. 1 Z 7 die Beitragsgrundlage gemäß § 12 Abs. 1 des Bundesbezügegesetzes bzw. die der Bemessung der Pensionsbeiträge gemäß den §§ 12, 19a oder 23g des Bezügegesetzes zugrundeliegenden Bezüge, soweit hiefür gemäß § 49h Abs. 3 des Bezügegesetzes ein Überweisungsbetrag geleistet worden ist, für Beitragszeiten in der Versicherung der unständig beschäftigten Arbeiter in der Land- und Forstwirtschaft die Beitragsgrundlage nach § 470 Abs. 3, für nach § 108 des Notarversorgungsgesetzes als Beitragszeiten nach § 225 geltende Zeiten die für die Ermittlung des Überweisungsbetrages nach dem Notarversorgungsgesetz;

(BGBl I 1997/64, BGBl I 2010/62, BGBl I 2018/100)

[a] Tritt mit 1. Jänner 2020 in Kraft.

2. für vor dem 1. Jänner 1956 gelegene Beitragszeiten
   a) wenn in den Unterlagen für die Bemessung der Steigerungsbeträge nach den vor dem 1. Jänner 1956 in Geltung gestandenen Rechtsvorschriften ein Arbeitsverdienst vorgemerkt ist, dieser Arbeitsverdienst;
   b) wenn in den Unterlagen für die Bemessung der Steigerungsbeträge nach den vor dem 1. Jänner 1956 in Geltung gestandenen Rechtsvorschriften eine Beitrags(Gehalts)klasse vorgemerkt ist, der in der Anlage 2 angegebene Betrag;
   c) abweichend von lit. a in der Pensionsversicherung der Angestellten für Beitragszeiten vor dem 1. Juli 1927 allgemein bei männlichen Versicherten 0,61 €, bei weiblichen Versicherten 0,48 € für den Kalendertag (18,17 € bzw. 14,53 € für den Kalendermonat);

      (BGBl I 2001/67)
   d) ebenfalls abweichend von lit. a in der knappschaftlichen Pensionsversicherung für Beitragszeiten der Arbeiter vor dem 1. April 1939 der in Anlage 2 angegebene Betrag, und zwar für Vollhauer der Beitragsklasse IX, sonstige Arbeiter unter Tag der Beitragsklasse VII, Arbeiter ober Tag der Beitragsklasse VI, weibliche Versicherte der Beitragsklasse IV;
   e) gleichfalls abweichend von lit. a in der Pensionsversicherung der Arbeiter für Beitragszeiten, für die nach den Bestimmungen des § 80a SV-ÜG. 1953, BGBl. Nr. 99, ein Mindestbeitrag zu leisten war, das Zehnfache des Mindestbeitrages;
   f) nach § 226 Abs. 2 lit. a und e das Entgelt, auf das der Dienstnehmer im pensionsversicherungsfreien Dienstverhältnis jeweils Anspruch hatte;
   g) nach § 226 Abs. 2 lit. d der nach § 314 Abs. 4 bzw. nach § 314a Abs. 5 als Entgelt geltende Betrag;
   h) für gemäß § 96 des Notarversicherungsgesetzes 1972 als Beitragszeiten nach § 226 geltende Zeiten die für die Ermittlung des Überweisungsbetrages nach dem Notarversicherungsgesetz 1972 maßgebende Beitragsgrundlage.
   h)[a] für nach § 96 Notarversicherungsgesetz 1972 in der am 31. Dezember 2019 geltenden Fassung als Beitragszeiten nach § 226 geltende Zeiten die für die Ermittlung des Überweisungsbetrages nach dem Notarversicherungsgesetz 1972 maßgebende Beitragsgrundlage.

      (BGBl I 2018/100)

[a] Tritt mit 1. Jänner 2020 in Kraft.

(2) Für Beitragszeiten nach § 226 Abs. 2 lit. c zweiter Halbsatz sowie für Beitragszeiten der freiwilligen Versicherung nach § 229b ist eine Beitragsgrundlage nicht festzustellen.

(BGBl I 1998/138, BGBl I 2010/62)

Beitragsgrundlage in besonderen Fällen

§ 244. (1) Falls für eine vor dem 1. Jänner 1956 gelegene Versicherungszeit die Unterlagen für die Bemessung der Steigerungsbeträge nach bisherigem Recht nicht vorhanden sind, hat der Versicherungsträger die Beitragsgrundlagen für Zeiten der Pflichtversicherung nach § 243 Abs. 1 Z 2 lit. a unter Bedachtnahme auf die damals übliche Höhe der Arbeitsverdienste gleichartig Beschäftigter festzusetzen. Für Zeiten freiwilliger Versicherung gilt in solchen Fällen als Beitragsgrundlage für den Kalendertag 0,51 €.

(BGBl I 2001/67)

(2) Wurde für vor dem 1. Jänner 1956 gelegene Beitragszeiten der Beitrag zur Höherversicherung gemeinsam mit dem Beitrag für die Pflichtversicherung oder für die freiwillige Versicherung in einer Beitrags(Gehalts)klasse entrichtet, so gilt als Beitragsgrundlage der in der Anlage 2 angegebene Betrag, wenn jedoch eine höhere Beitragsklasse vorgemerkt ist, der in dieser Anlage für die höchste Beitrags(Gehalts)klasse angegebene Betrag.

(3) Alle in ein Kalenderjahr fallenden Sonderzahlungen, von denen nach § 54 dieses Bundesgesetzes oder nach § 12 Abs. 1 des Rentenbemessungsgesetzes, BGBl. Nr. 151/1954, Beiträge zu entrichten waren, werden zusammengerechnet und bis zu dem im § 242 Abs. 6 bezeichneten Höchstausmaß berücksichtigt.

(BGBl 1993/335, BGBl I 1998/138)

§ 244a. (aufgehoben)

(BGBl 1993/335, BGBl I 1998/138)

Leistungszugehörigkeit des Versicherten in der Pensionsversicherung

§ 245. (1) Hat der Versicherte Versicherungsmonate in mehreren Zweigen der Pensionsversicherung erworben, so kommen für ihn die Leistungen des Zweiges in Betracht, dem er leistungszugehörig ist. Die Leistungszugehörigkeit des Versicherten richtet sich für Leistungen aus den im § 221 angeführten Versicherungsfällen und für Maßnahmen der Rehabilitation in Fällen des § 361 Abs. 1 letzter Satz nach den Abs. 2 bis 5, für sonstige Fälle der Rehabilitation und für Maßnahmen der Gesundheitsvorsorge nach dem Abs. 6.

(BGBl 1996/201)

(2) Liegen in den letzten 15 Jahren vor dem Stichtag (§ 223 Abs. 2) nur Versicherungsmonate eines Zweiges der Pensionsversicherung vor, so ist der Versicherte diesem Zweige leistungszugehörig.

(3) Liegen in den letzten 15 Jahren vor dem Stichtag (§ 223 Abs. 2) Versicherungsmonate aus mehreren Zweigen der Pensionsversicherung vor, so ist der Versicherte dem Zweige, in dem die größere oder größte Zahl von Versicherungsmonaten vorliegt, wenn aber die gleiche Zahl von Versicherungsmonaten vorliegt, dem Zweige leistungszugehörig, in dem der letzte Versicherungsmonat vorliegt. Liegen in den letzten 15 Jahren vor dem Stichtag keine Versicherungsmonate, so ist der Versicherte dem Zweig leistungszugehörig, bei dem der letzte Versicherungsmonat vorliegt.

(4) Für die Anwendung der Abs. 2 und 3 zählen neutrale Monate, während derer ein Leistungsanspruch aus einem Versicherungsfall der geminderten Arbeitsfähigkeit gegeben war, als Versicherungsmonate des Zweiges der Pensionsversicherung, der von dem die Leistung (Gesamtleistung) auszahlenden Versicherungsträger durchgeführt wird. Trifft hiebei jedoch ein Leistungsanspruch aus einem Versicherungsfall der geminderten Arbeitsfähigkeit aus der knappschaftlichen Pensionsversicherung mit Versicherungszeiten aus einem anderen Zweig der Pensionsversicherung zusammen, gelten die vollen Kalendermonate dieses Leistungsanspruches wie Beitragsmonate der Pflichtversicherung in der knappschaftlichen Pensionsversicherung.

(BGBl I 2002/140)

(5) Ein Versicherter, der aus der Pensionsversicherung der Arbeiter zur Pensionsversicherung der Angestellten oder zur knappschaftlichen Pensionsversicherung oder aus der Pensionsversicherung der Angestellten zur knappschaftlichen Pensionsversicherung übergetreten war, ist für eine Leistung aus einem Versicherungsfalle der geminderten Arbeitsfähigkeit oder des Todes, wenn der Versicherungsfall durch einen Arbeitsunfall (§§ 175 und 176) oder eine Berufskrankheit (§ 177) herbeigeführt ist, der (die) nach dem Übertritt eingetreten ist, jedenfalls dem Zweige leistungszugehörig, dem er bei Eintritt des Versicherungsfalles für die Unfallversicherung versicherungszugehörig war.

(6) Für die Maßnahmen der Rehabilitation und die Maßnahmen der Gesundheitsvorsorge sind Versicherte dem Zweig der Pensionsversicherung, in dem sie zuletzt versichert waren, Pensionisten dem Zweig leistungszugehörig, aus dem ihnen der Pensionsanspruch zusteht. Ist ein Pensionist gleichzeitig Versicherter, so gilt er für die Feststellung der Leistungszugehörigkeit für Maßnahmen der Gesundheitsvorsorge als Versicherter. Die Leistungszugehörigkeit der Angehörigen für die Maßnahmen der Rehabilitation und die Maßnahmen der Gesundheitsvorsorge richtet sich nach der Leistungszugehörigkeit des Versicherten bzw. des Pensionisten für derartige Leistungen.

(7) Abweichend von den Abs. 1 bis 6 bleibt ein Versicherter, der

1. mehr als die Hälfte aller Versicherungsmonate nach diesem Bundesgesetz vor dem Stichtag (§ 223 Abs. 2) in der knappschaftlichen Pensionsversicherung erworben hat und
2. wegen Einschränkung oder Stillegung eines knappschaftlichen Betriebes (Zeche, Grube, Revier) oder eines einem solchen gleichgestellten Betriebes (§ 15) nach dem 31. Oktober 1975 aus der knappschaftlichen Pensionsversicherung ausgeschieden ist,

jedenfalls der knappschaftlichen Pensionsversicherung leistungszugehörig.

(BGBl 1993/335)

(8) Tritt während eines aufrechten Pensionsanspruches ein weiterer Versicherungsfall in der Pensionsversicherung ein, so bleibt es – abweichend von den Abs. 1 bis 5 – bei der bisherigen Leistungszugehörigkeit. Die Feststellung der Leistungszugehörigkeit in Fällen des § 254 Abs. 4 ist davon nicht berührt.

(BGBl I 2002/140)

Leistungszuständigkeit der Versicherungsträger

§ 246. Die Feststellung und Gewährung der Leistung obliegt dem Versicherungsträger des Zweiges der Pensionsversicherung, dem der Versicherte nach § 245 leistungszugehörig ist (leistungszuständiger Versicherungsträger). Bei Leistungszugehörigkeit zur Pensionsversicherung der Arbeiter oder der Angestellten ist, wenn in den letzten 15 Jahren vor dem Stichtag (§ 223 Abs. 2) Versicherungsmonate bei mehreren Trägern dieses Zweiges erworben sind, der leistungszuständige Versicherungsträger unter entsprechender Anwendung des § 245 zu bestimmen.

(BGBl I 1998/138)

Feststellung von Versicherungs- und Schwerarbeitszeiten

§ 247. (1) Der leistungszuständige Pensionsversicherungsträger hat die nach den österreichischen Rechtsvorschriften zu berücksichtigenden Versicherungszeiten festzustellen, wenn dies der (die) Versicherte beantragt. Für die Antragstellung und die Feststellung der Leistungszuständigkeit ist § 223 Abs. 2 entsprechend anzuwenden.

(2) Der leistungszuständige Pensionsversicherungsträger hat die Schwerarbeitszeiten im Sinne des § 607 Abs. 14 dieses Bundesgesetzes und des § 4 Abs. 4 APG festzustellen, wenn die versicherte Person dies frühestens zehn Jahre vor Vollendung des Anfallsalters nach § 607 Abs. 12 dieses Bundesgesetzes oder frühestens zehn Jahre vor Vollendung des frühestmöglichen Anfallsalters nach § 4 Abs. 3 APG beantragt und auf Grund der bisher erworbenen Versicherungsmonate anzunehmen ist, dass die Voraussetzungen nach § 607 Abs. 14 dieses Bundesgesetzes oder nach § 4 Abs. 3 APG vor der Erreichung des Regelpensionsalters erfüllt werden. Abs. 1 zweiter Satz ist anzuwenden.

(BGBl I 2017/125)

(BGBl I 1998/138, BGBl I 2003/145, BGBl I 2006/130)

Rückwirkende Herstellung des gesetzlichen Zustandes bei der Feststellung von Versicherungs- und Schwerarbeitszeiten

§ 247a. Ergibt sich nachträglich, daß die Feststellung von Versicherungs- und Schwerarbeitszeiten gemäß § 247 bescheidmäßig infolge eines wesentlichen Irrtums über den Sachverhalt oder eines offenkundigen Versehens zum Nachteil des Versicherten unrichtig war, so ist mit Wirkung vom Tage der Auswirkung des Irrtums oder Versehens der gesetzliche Zustand herzustellen.

(BGBl I 2006/130)

Höherversicherung, Berücksichtigung in der Leistung

§ 248. (1) Für Beiträge zur Höherversicherung, die für Versicherungszeiten geleistet wurden oder nach den §§ 70, 248a, 248b, 248c, 249 und 250 als geleistet gelten, ist ein besonderer Steigerungsbetrag zu gewähren. Die Höhe des besonderen Steigerungsbetrages errechnet sich bei der Pension aus eigener Pensionsversicherung mit Ausnahme der Knappschaftspension nach Maßgabe der Abs. 2 bis 5. Bei der Knappschaftspension gebührt der besondere Steigerungsbetrag in halber Höhe.

(BGBl 1993/335, BGBl I 2003/71)

(2) Für die Bemessung des besonderen Steigerungsbetrages sind Beiträge zur Höherversicherung, die für vor dem 1. Jänner 1956 gelegene Versicherungszeiten geleistet wurden oder als geleistet gelten, mit folgenden Beträgen anzusetzen:

a) bei gesonderter Beitragsleistung zur Höherversicherung mit dem in der Anlage 3 angegebenen Betrag;

b) bei Beitragsleistung zur Höherversicherung gemeinsam mit dem Beitrag für die Pflicht- oder freiwillige Versicherung in einer der in Anlage 4 angeführten Beitragsklassen mit dem in dieser Anlage angegebenen Betrag.

Die Beträge der Anlagen 3 und 4 sind, soweit sie die Zeiten vor dem 1. Jänner 1951 betreffen, mit dem für das Jahr 1951 geltenden Aufwertungsfaktor (§ 108c), soweit sie die Zeit ab 1. Jänner 1951 betreffen, mit dem für das Jahr 1954 geltenden Aufwertungsfaktor (§ 108c) aufzuwerten. Der besondere Steigerungsbetrag beträgt für Beiträge zur Höherversicherung für Versicherungszeiten aus der Zeit vor dem 1. Jänner 1956 monatlich 1 vH der Beiträge zur Höherversicherung.

(3) Für die Bemessung des besonderen Steigerungsbetrages sind Beiträge zur Höherversicherung, die für nach dem 31. Dezember 1955, aber vor dem 1. Jänner 1986 gelegene Versicherungszeiten geleistet wurden oder als geleistet gelten, mit den ihrer zeitlichen Lagerung entsprechenden Aufwertungsfaktoren (§ 108c) aufzuwerten. Der besondere Steigerungsbetrag beträgt für Beiträge zur Höherversicherung für Versicherungszeiten aus der Zeit nach dem 31. Dezember 1955 aber vor dem 1. Jänner 1986 monatlich 1 vH der Beiträge zur Höherversicherung.

(4) Für die Bemessung des besonderen Steigerungsbetrages sind Beiträge zur Höherversicherung, die für nach dem 31. Dezember 1985 gelegene Versicherungszeiten geleistet wurden oder als geleistet gelten, mit dem ihrer zeitlichen Lagerung entsprechenden Aufwertungsfaktor (§ 108c) aufzuwerten und mit einem Faktor zu vervielfachen. Dieser Faktor ist durch Verordnung[a)] des Bundesministers für soziale Verwaltung nach versicherungsmathematischen Grundsätzen festzusetzen. Die Verordnung bedarf der Zustimmung des Hauptausschusses des Nationalrates.

[a)] VO im Anhang.

(5) Der monatlich gebührende besondere Steigerungsbetrag für nach dem 31. Dezember 1985 gelegene Versicherungszeiten ist die Summe der nach Maßgabe des Abs. 4 berechneten Beträge für die jeweiligen Kalenderjahre, in denen Beiträge zur Höherversicherung geleistet wurden oder als geleistet gelten.

Anrechnung von Beiträgen zur freiwilligen Versicherung in der Pensionsversicherung für die Höherversicherung

§ 248a. Beiträge zur freiwilligen Versicherung in der Pensionsversicherung, die für nach dem 31. Dezember 1938 gelegene Monate entrichtet wurden, die zum Stichtag auch Beitragsmonate der Pflichtversicherung nach diesem oder einem anderen Bundesgesetz, Beitragsmonate nach § 115 Abs. 1 Z 2 des Gewerblichen Sozialversicherungsgesetzes oder leistungswirksame Ersatzmonate nach diesem oder einem anderen Bundesgesetz sind, gelten als Beiträge zur Höherversicherung. Dies gilt nicht, wenn

1. es sich um Ersatzmonate nach § 227a oder § 228a handelt oder
2. durch Berücksichtigung der Grundlagen dieser Beiträge zur freiwilligen Versicherung bei der Ermittlung der Teilgutschrift nach § 12 Abs. 1 APG das 420fache der täglichen Höchstbeitragsgrundlage im jeweiligen Kalenderjahr nicht überschritten wird.

(BGBl 1993/335, BGBl 1994/20, BGBl I 2015/2)

Anrechnung von Beiträgen zur knappschaftlichen Pensionsversicherung für die Höherversicherung

§ 248b. Für Versicherte, die am Stichtag (§ 223 Abs. 2) wegen Einschränkung oder Stillegung eines knappschaftlichen Betriebes (Zeche, Grube, Revier) oder eines einem solchen gleichgestellten Betriebes (§ 15) nicht der knappschaftlichen Pensionsversicherung leistungszugehörig sind und die Beiträge auf Grund von wesentlich bergmännischen oder ihnen gleichgestellten Arbeiten (§ 236 Abs. 6) entrichtet haben, gelten diese Beiträge im Ausmaß von 5,5 vH der allgemeinen Beitragsgrundlage auf Antrag als zur Höherversicherung entrichtet.

(BGBl 1993/335, BGBl I 1998/138)

Besondere Höherversicherung für erwerbstätige PensionsbezieherInnen

§ 248c. (1) Wird neben dem Bezug einer Alterspension (Knappschaftsalterspension) ab dem Monatsersten nach Erreichung des Regelpensionsalters eine die Pflichtversicherung nach diesem Bundesgesetz oder dem GSVG oder dem BSVG begründende Erwerbstätigkeit ausgeübt oder ein Anrechnungsbetrag nach § 13 des Bundesbezügegesetzes geleistet, so gebührt dem (der) Versicherten oder dem Organ nach § 12 Abs. 1 des Bundesbezügegesetzes ein besonderer Höherversicherungsbetrag, der nach Abs. 2 zu berechnen ist. Fällt der Zeitpunkt der Erreichung des Regelpensionsalters selbst auf einen Monatsersten, so gilt dieser Tag als Monatserster im Sinne des ersten Satzes.

(BGBl I 2009/83, BGBl I 2011/52)

(2) Für die Bemessung des besonderen Höherversicherungsbetrages sind die auf Grund einer Pflichtversicherung nach Abs. 1 nach dem 31. Dezember 2003 geleisteten Beiträge zur Pensionsversicherung, die auf die versicherte Person und ihren Dienstgeber entfallen, mit einem Faktor zu vervielfachen. Dieser Faktor ist durch Verordnung des Bundesministers für soziale Sicherheit, Generationen und Konsumentenschutz nach versicherungsmathematischen Grundsätzen unter Berücksichtigung des Lebensalters bei geschlechtsneutraler Bewertung des Einkommens festzusetzen.

(BGBl I 2015/2)

(3) Der besondere Höherversicherungsbetrag gebührt ab jenem Kalenderjahr, das dem Kalenderjahr der Aufnahme der Erwerbstätigkeit folgt; für jedes weitere Kalenderjahr der Erwerbstätigkeit wird der besondere Höherversicherungsbetrag neu festgesetzt. Die aus der besonderen Höherversicherung zustehende Leistung gebührt ab dem der erstmaligen Festsetzung des besonderen Höherversicherungsbetrages folgenden Kalenderjahr; sie ändert sich entsprechend der jeweiligen Neufestsetzung des besonderen Höherversicherungsbetrages.

(BGBl I 2003/71)

Annahme der Höherversicherung bei Versicherungszeiten vor dem 1. Jänner 1956

§ 249. (1) Eine Höherversicherung ist anzunehmen, wenn Versicherungszeiten aus den Jahren 1939 bis 1946 oder aus der Zeit ab dem 1. Jänner 1951 bis zum 31. Dezember 1955 oder wenn Versicherungszeiten der Pensionsversicherung der Angestellten und der knappschaftlichen Pensionsversicherung aus der Zeit vom 1. Juli 1927 bis 31. Dezember 1938 sich zeitlich decken und die Tagesbeitragsgrundlage (§ 242 Abs. 2 Z 1) die jeweils geltende Höchstbeitragsgrundlage in der Pensionsversicherung übersteigt. Hiebei gilt für jeden Beitragstag folgender Hundertsatz des Überschreitungsbetrages als zur Höherversicherung geleisteter Beitrag:

a) 10 vH, wenn sich Versicherungszeiten der Pensionsversicherung der Arbeiter oder der Pensionsversicherung der Angestellten decken,

b) 18,5 vH, bei Angestellten 21,5 vH, wenn sich Versicherungszeiten der knappschaftlichen Pensionsversicherung decken.

Wenn sich Versicherungszeiten der knappschaftlichen Pensionsversicherung mit Versicherungszeiten einer anderen Pensionsversicherung decken, ist der Hundertsatz nach lit. a oder nach lit. b anzuwenden, je nachdem, welche Versicherungszeit bei entsprechender Anwendung des § 232 vorangeht.

(BGBl 1993/335, BGBl I 1998/138)

(2) Abs. 1 ist auf sich deckende Beitragszeiten der Pensionsversicherung der Arbeiter und der knappschaftlichen Pensionsversicherung aus den Jahren 1939 bis 1942, die auf derselben Beschäftigung (Dienstverpflichtung) beruhen, nicht anzuwenden.

(3) Soweit in einem Kalenderjahr Beiträge von Sonderzahlungen entrichtet wurden, die 174,41 € oder zwei Monatsbezüge (acht Wochenbezüge) überschreiten, ist Abs. 1 entsprechend anzuwenden.

(BGBl I 2001/67)

Sonderbestimmungen für ehemalige Versicherte der Sonderversicherungsanstalten und der Pensionsinstitute für Verkehr und öffentliche Einrichtungen

§ 250. (1) Für Versicherte, die am 31. Dezember 1938 mindestens 60 Beitragsmonate bei ehemaligen Sonderversicherungsanstalten (§ 264 Abs. 1 Z 1 und 2 GSVG. 1938 und § 54 AngVG. 1928) erworben hatten, sowie für Versicherte, die am 31. Dezember 1939 mindestens 60 Monate an Mitgliedszeiten bei dem Pensionsinstitut für Verkehr und öffentliche Einrichtungen, dem Pensionsinstitut der Linzer Elektrizitäts- und Straßenbahn-Aktiengesellschaft oder dem Pensionsinstitut der Grazer Tramwaygesellschaft in Graz zurückgelegt hatten, gelten die sich aus den Abs. 2 bis 4 ergebenden Besonderheiten.

(2) Wenn es für den Leistungswerber günstiger ist, tritt an Stelle der Bemessungsgrundlage nach

§ 238 die im Bescheid zur Feststellung der Anwartschaft zum 31. Dezember 1938 beziehungsweise zum 31. Dezember 1939 festgestellte Bemessungsgrundlage; sie ist mit dem ihrer zeitlichen Lagerung entsprechenden, am Stichtag in Geltung stehenden Aufwertungsfaktor (§ 108c) aufzuwerten. Die so ermittelte Bemessungsgrundlage ist nur auf den auf die Zeit bis zum 31. Dezember 1938 beziehungsweise 31. Dezember 1939 entfallenden Steigerungsbetrag anzuwenden.

(BGBl 1993/335)

(3) Für Beitragsmonate der Pflichtversicherung in der Beitragsklasse J gilt als Beitragsgrundlage nach § 243 Abs. 1 Z 2 lit. b der Betrag von 130,81 €.

(BGBl I 2001/67)

(4) Für Beitragsmonate der Pflichtversicherung, für die der Beitrag in der Beitragsklasse J oder ein Zusatzbeitrag neben dem Beitrag zur Pflichtversicherung entrichtet wurde, wird eine Höherversicherung angenommen; hiebei gilt als zur Höherversicherung geleisteter Beitrag:

a) 4,36 € für jeden Beitrag in der Beitragsklasse J,

(BGBl I 2001/67)

b) 8,72 € für jeden Zusatzbeitrag vor dem 1. Jänner 1947,

(BGBl I 2001/67)

c) 5,81 € für jeden Zusatzbeitrag nach dem 31. Dezember 1946.

(BGBl I 2001/67)

Für die Aufwertung dieser Beiträge ist § 248 Abs. 2 vorletzter Satz entsprechend anzuwenden.

Sonderbestimmungen für Zeiten, für die Beiträge nachentrichtet wurden

§ 251. (1) bis (3) (aufgehoben)

(4) Zeiten, für die nach § 114 Abs. 4 des Sozialversicherungs-Überleitungsgesetzes 1953 in der Fassung der 3. Novelle, BGBl. Nr. 165/1954, oder nach § 502 Abs. 4 oder 5 Beiträge entrichtet oder die auf Grund dieser Bestimmungen beitragsfrei berücksichtigt wurden, gelten als Beitragszeiten der Pflichtversicherung in dem Zweig der Pensionsversicherung, in dem der Versicherte vor der Auswanderung zuletzt Beitrags- oder Ersatzzeiten nachweist; lassen sich auf Grund dieser Bestimmung die Beitragszeiten keinem Zweig der Pensionsversicherung zuordnen, gelten sie als Beitragszeiten der Pensionsversicherung der Angestellten. Als Beitragsgrundlage gilt in jedem Fall 0,51 € für den Kalendertag (15,26 € für den Kalendermonat).

(BGBl I 2001/67)

(5) Die Vorschriften des Abs. 4 gelten auch, wenn der Versicherungsfall schon vor dem 1. Jänner 1956 eingetreten ist.

Leistungszugehörigkeit des Versicherten und Berücksichtigung von Zeiten und Beiträgen bei Erwerb von Versicherungsmonaten auch in anderen Pensionsversicherungen (Wanderversicherung, Mehrfachversicherung)

§ 251a. (1) Hat ein Versicherter Versicherungsmonate sowohl in der Pensionsversicherung nach diesem Bundesgesetz als auch in der Pensionsversicherung nach dem Gewerblichen Selbständigen-Pensionsversicherungsgesetz und (oder) in der Pensionsversicherung nach dem Bauern-Pensionsversicherungsgesetz erworben, so kommen für ihn die Leistungen aus der Pensionsversicherung in Betracht, der er zugehörig ist. Die Zugehörigkeit des Versicherten richtet sich für Leistungen aus den Versicherungsfällen des Alters, der geminderten Arbeitsfähigkeit und des Todes sowie für Maßnahmen der Rehabilitation in Fällen des § 253f (§ 270b, § 276f) und des § 361 Abs. 1 letzter Satz nach den Abs. 2 bis 5, für sonstige Fälle der Rehabilitation und für Maßnahmen der Gesundheitsvorsorge nach dem Abs. 6.

(BGBl 1996/201, BGBl I 2010/111, BGBl I 2011/122, BGBl I 2013/3)

(2) Liegen in den letzten 15 Jahren vor dem Stichtag (§ 223 Abs. 2) Versicherungsmonate nur in einer der im Abs. 1 genannten Pensionsversicherungen vor, so ist der Versicherte dieser Pensionsversicherung zugehörig.

(3) Liegen in den letzten 15 Jahren vor dem Stichtag (§ 223 Abs. 2) Versicherungsmonate in mehreren der im Abs. 1 genannten Pensionsversicherungen vor, so ist der Versicherte der Pensionsversicherung, in der die größere oder größte Zahl von Versicherungsmonaten vorliegt, wenn aber die gleiche Zahl von Versicherungsmonaten vorliegt, der Pensionsversicherung zugehörig, in der der letzte Versicherungsmonat vorliegt. Liegen in den letzten 15 Jahren vor dem Stichtag keine Versicherungsmonate, so ist der Versicherte der Pensionsversicherung zugehörig, in der der letzte Versicherungsmonat vorliegt. Die Bestimmungen des § 245 Abs. 7 sind anzuwenden.

(BGBl 1993/335)

(4) Für die Anwendung der Abs. 1 bis 3

a) zählen Kalendermonate, während derer ein Anspruch auf eine laufende Leistung aus einer der im Abs. 1 genannten Pensionsversicherungen gegeben war, als Ersatzmonate jener Pensionsversicherung, in der der Anspruch auf die Leistung (Gesamtleistung) bescheidmäßig festgestellt worden war; war der Leistungsanspruch aus der knappschaftlichen Pensionsversicherung gegeben, gelten die vollen Kalendermonate dieses Leistungsanspruches wie Beitragsmonate der Pflichtversicherung in der knappschaftlichen Pensionsversicherung;

b) sind Versicherungsmonate, die sich zeitlich decken, nur einfach zu zählen, wobei folgende Reihenfolge gilt:
   - Beitragsmonat der Pflichtversicherung auf Grund einer Erwerbstätigkeit und Beitragsmonat nach § 115 Abs. 1 Z 2 GSVG,

– leistungswirksamer Ersatzmonat – mit Ausnahme von Ersatzmonaten nach den §§ 227a und 228a – sowie Monat der Pflichtversicherung nach § 8 Abs. 1 Z 2 lit. a bis g und nach § 225 Abs. 1 Z 8,
– Beitragsmonat der freiwilligen Versicherung,
– Ersatzmonat nach den §§ 227a und 228a,
– leistungsunwirksamer Ersatzmonat;

bei Versicherungsmonaten gleicher Art gilt nachstehende Reihenfolge:

– Pensionsversicherung nach diesem Bundesgesetz,
– Pensionsversicherung nach dem GSVG,
– Pensionsversicherung nach dem BSVG.

(BGBl 1993/335, BGBl 1994/20, BGBl I 2009/83)

(5) Ein Versicherter, der von der Pensionsversicherung nach dem Bauern-Sozialversicherungsgesetz in die Pensionsversicherung nach dem Gewerblichen Sozialversicherungsgesetz oder in die Pensionsversicherung nach diesem Bundesgesetz oder aus der Pensionsversicherung nach dem Gewerblichen Sozialversicherungsgesetz in die Pensionsversicherung nach diesem Bundesgesetz übergetreten war, ist für eine Leistung aus einem Versicherungsfall der geminderten Arbeitsfähigkeit (der Erwerbsunfähigkeit) oder des Todes, wenn der Versicherungsfall durch einen Arbeitsunfall (§§ 175 und 176) oder eine Berufskrankheit (§ 177) herbeigeführt worden ist, der (die) nach dem Übertritt eingetreten ist, jedenfalls der Pensionsversicherung zugehörig, in der er bei Eintritt des Versicherungsfalles für die Unfallversicherung versichert war.

(BGBl 1996/201)

(6) Für Maßnahmen der Rehabilitation und der Gesundheitsvorsorge (Abschnitt VI) sind

a) Versicherte jener Pensionsversicherung zugehörig, in der sie zuletzt versichert waren; war ein Versicherter zuletzt in mehreren Pensionsversicherungen versichert, dann gilt für die Feststellung der Zugehörigkeit die Reihenfolge des Abs. 4 lit. b;
b) Pensionisten jener Pensionsversicherung zugehörig, aus der ihnen der Pensionsanspruch zusteht.

Ist ein Pensionist gleichzeitig Versicherter, so gilt er für die Feststellung der Zugehörigkeit in der Rehabilitation und der Gesundheitsvorsorge als Versicherter.

(7) Tritt während eines aufrechten Pensionsanspruches ein weiterer Versicherungsfall in der Pensionsversicherung ein, so bleibt es – abweichend von den Abs. 1 bis 5 – bei der bisherigen Leistungszugehörigkeit. Die Feststellung der Leistungszugehörigkeit in Fällen des § 254 Abs. 4 ist davon nicht berührt.

(BGBl I 2002/140)

(8) Ist ein Versicherter nach den Abs. 2 bis 5 oder 7 der Pensionsversicherung nach diesem Bundesgesetz zugehörig, so hat der leistungszuständige Versicherungsträger (§ 246) die Bestimmungen dieses Bundesgesetzes mit folgender Maßgabe anzuwenden:

1. Beitragsmonate nach dem Gewerblichen Sozialversicherungsgesetz und nach dem Bauern-Sozialversicherungsgesetz gelten als Beitragsmonate nach diesem Bundesgesetz. Ersatzmonate nach dem Gewerblichen Sozialversicherungsgesetz und nach dem Bauern-Sozialversicherungsgesetz gelten als Ersatzmonate nach diesem Bundesgesetz. Neutrale Zeiten nach dem Gewerblichen Sozialversicherungsgesetz und nach dem Bauern-Sozialversicherungsgesetz gelten als neutrale Zeiten nach diesem Bundesgesetz.
2. Beiträge zur Höherversicherung nach § 141 Abs. 1 des Gewerblichen Sozialversicherungsgesetzes und nach § 132 Abs. 1 des Bauern-Sozialversicherungsgesetzes gelten als Beiträge zur Höherversicherung im Sinne des § 248.
3. (aufgehoben)
   (BGBl I 2000/92, BGBl I 2001/33)

(BGBl 1993/335, BGBl I 1998/138, BGBl I 2002/140)

Kinder

§ 252. (1) Als Kinder gelten bis zum vollendeten 18. Lebensjahr:

1. die Kinder und die Wahlkinder der versicherten Person;
   (BGBl I 2013/86)
2. (aufgehoben)
   (BGBl I 2013/86)
3. (aufgehoben)
   (BGBl I 2013/86)
4. die Stiefkinder;
5. die Enkel.

Die in Z 4 und 5 genannten Personen gelten nur dann als Kinder, wenn sie mit dem Versicherten ständig in Hausgemeinschaft leben, die in Z 5 genannten Personen überdies nur dann, wenn sie gegenüber dem Versicherten im Sinne des § 232 ABGB unterhaltsberechtigt sind und sie und der Versicherte ihren Wohnsitz im Inland haben. Die ständige Hausgemeinschaft besteht weiter, wenn sich das Kind nur vorübergehend oder wegen schulmäßiger (beruflicher) Ausbildung oder zeitweilig wegen Heilbehandlung außerhalb der Hausgemeinschaft aufhält. Das gleiche gilt, wenn sich das Kind auf Veranlassung des Versicherten und überwiegend auf dessen Kosten oder auf Anordnung der Jugendfürsorge oder des Pflegschaftsgerichtes in Obsorge eines Dritten befindet.

(BGBl I 2002/1, BGBl I 2013/86)

(2) Die Kindeseigenschaft besteht auch nach der Vollendung des 18. Lebensjahres, wenn und solange das Kind

1. sich in einer Schul- oder Berufsausbildung befindet, die seine Arbeitskraft überwiegend beansprucht, längstens bis zur Vollendung des 27. Lebensjahres; die Kindeseigenschaft von Kindern, die eine im § 3 des Studienförderungsgesetzes 1992 genannte Einrichtung besuchen, verlängert sich nur dann, wenn für sie
   a) entweder Familienbeihilfe nach dem Familienlastenausgleichsgesetz 1967 bezogen wird oder
   b) zwar keine Familienbeihilfe bezogen wird, sie jedoch ein ordentliches Studium ernsthaft und zielstrebig im Sinne des § 2 Abs. 1 lit. b des Familienlastenausgleichsgesetzes 1967 in der Fassung des Bundesgesetzes BGBl. Nr. 311/1992 betreiben;

   (BGBl 1996/201, BGBl I 2002/140)
2. als Teilnehmer/in des Freiwilligen Sozialjahres, des Freiwilligen Umweltschutzjahres, des Gedenkdienstes oder des Friedens- und Sozialdienstes im Ausland tätig ist, längstens bis zur Vollendung des 27. Lebensjahres;

   (BGBl I 2012/17)
3. seit der Vollendung des 18. Lebensjahres oder seit dem Ablauf des in Z 1 oder des in Z 2 genannten Zeitraumes infolge Krankheit oder Gebrechens erwerbsunfähig ist.

   (BGBl I 2012/17, BGBl I 2013/3)

(3) Die Kindeseigenschaft nach Abs. 2 Z 3, die wegen Ausübung einer die Pflichtversicherung begründenden Erwerbstätigkeit weggefallen ist, lebt mit Beendigung dieser Erwerbstätigkeit wieder auf, wenn Erwerbsunfähigkeit infolge Krankheit oder Gebrechens weiterhin vorliegt.

(BGBl I 2014/56)

Abschnitt II
Pensionsversicherung der Arbeiter

Alterspension

§ 253. (1) Anspruch auf Alterspension hat der Versicherte nach Vollendung des 65. Lebensjahres (Regelpensionsalter), die Versicherte nach Vollendung des 60. Lebensjahres (Regelpensionsalter), wenn die Wartezeit (§ 236) erfüllt ist.

(BGBl I 1997/139)

(2) (aufgehoben)

(BGBl I 2000/92, BGBl I 2001/33)

(3) (aufgehoben)

(BGBl I 2000/43, BGBl I 2003/71)

(BGBl 1993/335)

§ 253a. (aufgehoben)

(BGBl I 2000/43, BGBl I 2003/71)

§ 253b. (aufgehoben)

(BGBl I 2000/43, BGBl I 2003/71)

§ 253c. (aufgehoben)

(BGBl I 2000/43, BGBl I 2003/71)

§ 253d. (aufgehoben)

(BGBl 1993/335, BGBl 1995/297, BGBl 1996/411, BGBl I 1997/139, BGBl I 1998/138, BGBl I 2000/43)

Anspruch auf berufliche Rehabilitation bei (drohender) Invalidität, Feststellung des Berufsfeldes

§ 253e. (1) Anspruch auf berufliche Maßnahmen der Rehabilitation haben versicherte Personen, wenn sie infolge ihres Gesundheitszustandes die Voraussetzungen für die Invaliditätspension (§ 254 Abs. 1) oder das Rehabilitationsgeld (§ 255b) – mit Ausnahme der Voraussetzung nach § 254 Abs. 1 Z 2 – erfüllen, wahrscheinlich erfüllen oder in absehbarer Zeit erfüllen werden. Der Anspruch besteht auch dann, wenn zwar die erforderlichen Pflichtversicherungsmonate nach § 255 Abs. 2 und § 273 Abs. 1 nicht vorliegen, jedoch

(BGBl I 2017/38)

1. innerhalb der letzten 36 Kalendermonate vor dem Stichtag (§ 223 Abs. 2) in zumindest zwölf Pflichtversicherungsmonaten eine Erwerbstätigkeit nach § 255 Abs. 1 oder als Angestellte/r ausgeübt wurde oder
2. mindestens 36 Pflichtversicherungsmonate auf Grund einer Erwerbstätigkeit nach § 255 Abs. 1 oder als Angestellte/r in den letzten 180 Kalendermonaten vor dem Stichtag vorliegen.

Dabei sind Versicherungsmonate nach § 8 Abs. 1 Z 2 lit. a, d und e als Pflichtversicherungsmonate nach Z 1 und höchstens zwölf Versicherungsmonate nach § 8 Abs. 1 Z 2 lit. g als Pflichtversicherungsmonate nach Z 2 zu berücksichtigen.

(BGBl I 2017/38)

(2) Maßnahmen nach Abs. 1 sind nur solche, durch die mit hoher Wahrscheinlichkeit auf Dauer Invalidität im Sinne des § 255 beseitigt oder vermieden werden kann und die geeignet sind, mit hoher Wahrscheinlichkeit eine Wiedereingliederung in den Arbeitsmarkt auf Dauer sicherzustellen.

(3) Die Maßnahmen nach Abs. 1 müssen ausreichend und zweckmäßig sein, sie dürfen jedoch das Maß des Notwendigen nicht überschreiten. Sie sind vom Pensionsversicherungsträger unter Berücksichtigung des Arbeitsmarktes und ihrer Zumutbarkeit für die versicherte Person zu erbringen.

(4) Die Maßnahmen nach Abs. 1 sind der versicherten Person nur dann zumutbar, wenn sie unter Berücksichtigung ihrer Neigung, ihrer physischen und psychischen Eignung, ihrer bisherigen Tätigkeit sowie der Dauer und des Umfanges ihrer bisherigen Ausbildung (Qualifikationsniveau) sowie ihres Alters, ihres Gesundheitszustandes und der Dauer eines Pensionsbezuges festgesetzt und durchgeführt werden. Maßnahmen der Rehabilitation, die eine Ausbildung zu einer Berufstätigkeit umfassen, durch deren Ausübung das bisherige Qualifikationsniveau wesentlich unterschritten wird, dürfen nur mit Zustimmung der versicherten

Person durchgeführt werden. Hat die versicherte Person eine Tätigkeit ausgeübt, die einen Lehrabschluss oder einen mittleren Schulabschluss erfordert, oder hat sie durch praktische Arbeit qualifizierte Kenntnisse oder Fähigkeiten erworben, die einem Lehrabschluss oder mittleren Schulabschluss gleichzuhalten sind, so ist eine Rehabilitation auf Tätigkeiten, die keine gleichwertige Ausbildung vorsehen, jedenfalls unzulässig.

(5) Das Qualifikationsniveau im Sinne des Abs. 4 erster Satz bestimmt sich nach der für die Tätigkeit notwendigen beruflichen Ausbildung sowie nach den für die Ausübung der Tätigkeit erforderlichen Kenntnissen und Fähigkeiten (Fachkompetenz).

(6) Die §§ 305 bis 307 sowie 307a bis 307c sind anzuwenden.

(7) Die Pensionsversicherungsträger haben bei der Prüfung der Voraussetzungen für den Anspruch nach Abs. 1, für den Anspruch auf Invaliditätspension (§ 254 Abs. 1), für den Anspruch auf Rehabilitationsgeld (§ 255b) und der Voraussetzungen für dessen Entziehung (§ 99 Abs. 3 Z 1 lit. b sublit. cc) sowie bei der Feststellungsverpflichtung nach § 367 Abs. 4 zu prüfen, ob berufliche Maßnahmen der Rehabilitation hinsichtlich des Berufsfeldes (§ 222 Abs. 3) zweckmäßig (Abs. 3) und zumutbar (Abs. 4) sind.

(BGBl I 2017/38)

(BGBl I 2017/29, BGBl I 2017/38)

Medizinische Maßnahmen der Rehabilitation, Anspruch

§ 253f. (1) Personen, für die bescheidmäßig festgestellt wurde, dass vorübergehende Invalidität im Sinne des § 255 Abs. 1 und 2 oder 3 im Ausmaß von zumindest sechs Monaten vorliegt, haben Anspruch auf medizinische Maßnahmen der Rehabilitation (§ 302 Abs. 1), wenn dies zur Wiederherstellung der Arbeitsfähigkeit notwendig und infolge des Gesundheitszustandes zweckmäßig ist.

(2) Die Maßnahmen nach Abs. 1 müssen ausreichend und zweckmäßig sein, sie dürfen jedoch das Maß des Notwendigen nicht überschreiten. Sie sind vom Pensionsversicherungsträger unter Berücksichtigung des Gesundheitszustandes und der Zumutbarkeit für die versicherte Person zu erbringen.

(3) Werden die Maßnahmen nach Abs. 1 durch Unterbringung in Krankenanstalten, die vorwiegend der Rehabilitation dienen, erbracht, so ist § 302 Abs. 4 anzuwenden.

(BGBl I 2013/3)

Invaliditätspension

§ 254. (1) Anspruch auf Invaliditätspension hat der (die) Versicherte, wenn

(BGBl I 2010/111)

1. die Invalidität (§ 255) auf Grund des körperlichen oder geistigen Zustandes voraussichtlich dauerhaft vorliegt,

   (BGBl I 2010/111, BGBl I 2013/3)

2. kein Rechtsanspruch auf zumutbare und zweckmäßige Maßnahmen im Sinne des § 253e besteht,

   (BGBl I 2010/111, BGBl I 2013/3, BGBl I 2015/2, BGBl I 2017/29)

3. die Wartezeit erfüllt ist (§ 236) und

   (BGBl I 2010/111)

4. er (sie) am Stichtag (§ 223 Abs. 2) noch nicht die Voraussetzungen für eine Alterspension nach diesem oder einem anderen Bundesgesetz, mit Ausnahme der Alterspension nach § 4 Abs. 2 APG, erfüllt hat.

   (BGBl I 1997/139, BGBl I 2003/71, BGBl I 2004/142, BGBl I 2010/111)

(BGBl 1993/335, BGBl 1996/201)

(2) (aufgehoben)

(BGBl I 2010/111)

(3) Nach Anfall einer Pension aus einem Versicherungsfall des Alters nach diesem Bundesgesetz mit Ausnahme des Knappschaftssoldes, nach dem Gewerblichen Sozialversicherungsgesetz oder nach dem Bauern-Sozialversicherungsgesetz sowie nach Anfall einer Pension aus einem Versicherungsfall der Erwerbsunfähigkeit nach dem Gewerblichen Sozialversicherungsgesetz oder nach dem Bauern-Sozialversicherungsgesetz kann ein Anspruch auf Invaliditätspension nicht mehr entstehen.

(BGBl 1996/201)

(4) Ein Pensionsbezieher, dem Maßnahmen der Rehabilitation gewährt worden sind (§ 300 Abs. 1)[a)], hat Anspruch auf Invaliditätspension, wenn

[a)] Beachte Art. VIII Abs. 9 der 37. Novelle.

1. durch diese Maßnahmen das im § 300 Abs. 3 angestrebte Ziel erreicht wurde,
2. er als invalid im Sinne des § 255 Abs. 5 gilt,
3. er während des Anspruches auf Pension mindestens 36 Beitragsmonate der Pflichtversicherung durch eine Beschäftigung erworben hat, und
4. er zu den in dieser Beschäftigung ausgeübten Berufen durch die Rehabilitation in der Unfallversicherung oder in der Pensionsversicherung befähigt wurde. Für die Feststellung des Eintrittes des Versicherungsfalles gilt § 223 Abs. 1 Z 2 lit. a entsprechend.

(5) (aufgehoben)

(BGBl 1993/335, BGBl I 2005/132)

(6) Bezieht eine Person, die Anspruch auf Invaliditätspension hat, in einem Kalendermonat ein Erwerbseinkommen (§ 91), das den Betrag gemäß § 5 Abs. 2 übersteigt, so wandelt sich der Anspruch auf die gemäß § 261 ermittelte Pension für diesen Kalendermonat in einen Anspruch auf Teilpension.

(BGBl I 1997/139, BGBl I 2003/145, BGBl I 2015/79)

(7) Die Höhe der Teilpension wird wie folgt ermittelt:

1. Zunächst ist das Gesamteinkommen zu ermitteln, das ist die Summe aus der gemäß § 261 ohne den besonderen Steigerungsbetrag (§ 248) ermittelten Pension und dem Erwerbseinkommen.
2. Die Teilpension gebührt in Höhe der gemäß § 261 ohne den besonderen Steigerungsbetrag (§ 248) ermittelten Pension, wenn das Gesamteinkommen 897,58 €[a)] nicht übersteigt; andernfalls ist die gemäß § 261 ohne den besonderen Steigerungsbetrag (§ 248) ermittelte Pension um einen Anrechnungsbetrag zu vermindern.

   (BGBl I 2001/67)
3. Der Anrechnungsbetrag gemäß Z 2 setzt sich aus Teilen des Gesamteinkommens zusammen: Für Gesamteinkommensteile von
   a) über 897,58 €[a)] bis 1 346,41 €[a)] sind 30%,
   b) über 1 346,41 €[a)] bis 1 795,16 €[a)] sind 40% und
   c) über 1 795,16 €[a)] sind 50%

   [a)] Beträge siehe VO über veränderliche Werte.

   dieser Gesamteinkommensteile anzurechnen.

   (BGBl I 2001/67)
4. Der Anrechnungsbetrag darf jedoch weder 50% der gemäß § 261 ohne den besonderen Steigerungsbetrag (§ 248) ermittelten Pension noch das Erwerbseinkommen übersteigen.

An die Stelle dieser Eurobeträge treten ab 1. Jänner eines jeden Jahres, erstmals ab 1. Jänner 1999, die unter Bedachtnahme auf § 108 Abs. 6 mit dem Anpassungsfaktor (§ 108f) vervielfachten Beträge.

(BGBl I 1997/139, BGBl I 2001/67, BGBl I 2004/142)

(8) Der Prozentsatz der Teilpension gemäß Abs. 7 ist erstmalig auf Grund des Pensionsantrages festzustellen. Neufeststellungen dieses Prozentsatzes erfolgen sodann

1. aus Anlaß jeder Anpassung von Pensionen gemäß § 108h;
2. bei jeder Neuaufnahme einer Erwerbstätigkeit;
3. auf besonderen Antrag des Pensionisten.

(BGBl I 1997/139)

Begriff der Invalidität

§ 255. (1) War der Versicherte überwiegend in erlernten (angelernten) Berufen tätig, gilt er als invalid, wenn seine Arbeitsfähigkeit infolge seines körperlichen oder geistigen Zustandes auf weniger als die Hälfte derjenigen eines körperlich und geistig gesunden Versicherten von ähnlicher Ausbildung und gleichwertigen Kenntnissen und Fähigkeiten in jedem dieser Berufe herabgesunken ist.

(2) Ein angelernter Beruf im Sinne des Abs. 1 liegt vor, wenn die versicherte Person eine Tätigkeit ausübt, für die es erforderlich ist, durch praktische Arbeit qualifizierte Kenntnisse oder Fähigkeiten zu erwerben, die jenen in einem erlernten Beruf gleichzuhalten sind. Eine überwiegende Tätigkeit im Sinne des Abs. 1 liegt vor, wenn innerhalb der letzten 15 Jahre vor dem Stichtag (§ 223 Abs. 2) in zumindest 90 Pflichtversicherungsmonaten eine Erwerbstätigkeit nach Abs. 1 oder als Angestellte/r ausgeübt wurde. Liegen zwischen dem Ende der Ausbildung (Abs. 2a) und dem Stichtag weniger als 15 Jahre, so muss zumindest in der Hälfte der Kalendermonate, jedenfalls aber für zwölf Pflichtversicherungsmonate, eine Erwerbstätigkeit nach Abs. 1 oder als Angestellte/r vorliegen. Liegen zwischen dem Ende der Ausbildung (Abs. 2a) und dem Stichtag mehr als 15 Jahre, so verlängert sich der im zweiten Satz genannte Rahmenzeitraum um Versicherungsmonate nach § 8 Abs. 1 Z 2 lit. a, d, e und g, um Monate des Bezuges von Übergangsgeld nach § 306 sowie um höchstens 60 Monate des Bezuges von Rehabilitationsgeld nach § 143a und von Umschulungsgeld nach § 39b AlVG.

(BGBl I 2010/111, BGBl I 2015/2)

(2a) Als Ende der Ausbildung nach Abs. 2 gelten der Abschluss eines Lehrberufes, der Abschluss einer mittleren oder höheren Schulausbildung oder Hochschulausbildung sowie der Abschluss einer dem Schul- oder Lehrabschluss vergleichbaren Ausbildung, jedenfalls aber der Beginn einer Erwerbstätigkeit nach Abs. 1 oder als Angestellte/r.

(BGBl I 2010/111)

(3) War der Versicherte nicht überwiegend in erlernten (angelernten) Berufen im Sinne der Abs. 1 und 2 tätig, gilt er als invalid, wenn er infolge seines körperlichen oder geistigen Zustandes nicht mehr imstande ist, durch eine Tätigkeit, die auf dem Arbeitsmarkt noch bewertet wird und die ihm unter billiger Berücksichtigung der von ihm ausgeübten Tätigkeiten zugemutet werden kann, wenigstens die Hälfte des Entgeltes zu erwerben, das ein körperlich und geistig gesunder Versicherter regelmäßig durch eine solche Tätigkeit zu erzielen pflegt.

(3a) War die versicherte Person nicht überwiegend in erlernten oder angelernten Berufen im Sinne der Abs. 1 und 2 tätig, so gilt sie auch dann als invalid, wenn sie

1. das 50. Lebensjahr vollendet hat,
2. mindestens zwölf Monate unmittelbar vor dem Stichtag (§ 223 Abs. 2) als arbeitslos im Sinne des § 12 AlVG gemeldet war,
3. mindestens 360 Versicherungsmonate, davon mindestens 240 Beitragsmonate der Pflichtversicherung auf Grund einer Erwerbstätigkeit, erworben hat und
4. nur mehr Tätigkeiten mit geringstem Anforderungsprofil, die auf dem Arbeitsmarkt noch bewertet sind, ausüben kann und zu er-

warten ist, dass ein Arbeitsplatz in einer der physischen und psychischen Beeinträchtigung entsprechenden Entfernung von ihrem Wohnort innerhalb eines Jahres nicht erlangt werden kann.

(BGBl I 2010/111)

(3b) Tätigkeiten nach Abs. 3a Z 4 sind leichte Tätigkeiten, die bei durchschnittlichem Zeitdruck und vorwiegend in sitzender Haltung ausgeübt werden. Tätigkeiten gelten auch dann als vorwiegend in sitzender Haltung ausgeübt, wenn sie durch zwischenzeitliche Haltungswechsel unterbrochen werden.

(BGBl I 2010/111, BGBl I 2013/139)

(4) Als invalid gilt auch der (die) Versicherte, der (die) das 60. Lebensjahr vollendet hat, wenn er (sie) infolge von Krankheit oder anderen Gebrechen oder Schwäche seiner (ihrer) körperlichen oder geistigen Kräfte außer Stande ist, einer Tätigkeit, die er (sie) in den letzten 180 Kalendermonaten vor dem Stichtag mindestens 120 Kalendermonate hindurch ausgeübt hat, nachzugehen. Dabei sind zumutbare Änderungen dieser Tätigkeit zu berücksichtigen. Fallen in den Zeitraum der letzten 180 Kalendermonate vor dem Stichtag

1. neutrale Monate nach § 234 Abs. 1 Z 2 lit. a oder Monate des Bezuges von Übergangsgeld nach § 306, so verlängert sich der genannte Zeitraum um diese Monate;

1a. Monate des Bezuges von Rehabilitationsgeld nach § 143a oder von Umschulungsgeld nach § 39b AlVG, so verlängert sich der genannte Zeitraum um höchstens 60 dieser Monate;

   (BGBl I 2015/2)

2. Monate des Bezuges von Krankengeld nach § 138, so sind diese im Höchstausmaß von 24 Monaten auf die im ersten Satz genannten 120 Kalendermonate anzurechnen.

(BGBl I 2000/43, BGBl I 2010/111, BGBl I 2012/35)

(5) Abweichend von Abs. 1 und 2 ist dem (der) Versicherten jedenfalls eine Tätigkeit zumutbar, für die er (sie) unter Berücksichtigung der Dauer und des Umfanges seiner (ihrer) Ausbildung sowie der von ihm (ihr) bisher ausgeübten Tätigkeit durch Leistungen der beruflichen Rehabilitation mit Erfolg ausgebildet oder umgeschult worden ist.

(BGBl 1993/335, BGBl 1996/201, BGBl I 2000/43)

(6) Wurden dem Versicherten Maßnahmen der Rehabilitation gewährt, durch die das im § 300 Abs. 3 angestrebte Ziel erreicht worden ist, so gilt er auch als invalid, wenn seine Arbeitsfähigkeit in den Berufen, zu denen ihn die Rehabilitation befähigt hat, infolge seines körperlichen oder geistigen Zustandes auf weniger als die Hälfte derjenigen eines körperlich und geistig gesunden Versicherten von ähnlicher Ausbildung und gleichwertigen Kenntnissen und Fähigkeiten in jedem dieser Berufe herabgesunken ist.

(BGBl I 2000/43)

(7) Als invalid im Sinne der Abs. 1 bis 4 gilt der (die) Versicherte auch dann, wenn er (sie) bereits vor der erstmaligen Aufnahme einer die Pflichtversicherung begründenden Beschäftigung infolge von Krankheit oder anderen Gebrechen oder Schwäche seiner (ihrer) körperlichen oder geistigen Kräfte außer Stande war, einem regelmäßigen Erwerb nachzugehen, dennoch aber mindestens 120 Beitragsmonate der Pflichtversicherung auf Grund einer Erwerbstätigkeit nach diesem oder einem anderen Bundesgesetz erworben hat.

(BGBl I 2003/145, BGBl I 2015/162)

Feststellung der Invalidität

§ 255a. Die versicherte Person ist ausschließlich zum Zweck der Prüfung der Durchführbarkeit von medizinischen oder beruflichen Maßnahmen der Rehabilitation berechtigt, vor Stellung eines Antrages auf Pension einen gesonderten Antrag auf Feststellung zu stellen, ob Invalidität im Sinne des § 255 Abs. 1 und 2 oder im Sinne des § 255 Abs. 3 voraussichtlich dauerhaft vorliegt oder in absehbarer Zeit eintreten wird. Über diesen Antrag hat der Versicherungsträger in einem gesonderten Verfahren (§ 354 Z 4a) zu entscheiden.

(BGBl I 2013/3, BGBl I 2015/2, BGBl I 2017/29)

Feststellung des Anspruches auf Rehabilitationsgeld

§ 255b. Anspruch auf Rehabilitationsgeld hat die versicherte Person, wenn vorübergehende Invalidität voraussichtlich im Ausmaß von zumindest sechs Monaten und die Voraussetzungen nach § 254 Abs. 1 Z 2 bis 4 vorliegen. Der Pensionsversicherungsträger hat über das Vorliegen dieser Voraussetzungen auf Grund eines Antrages nach § 361 Abs. 1 letzter Satz mit gesondertem Feststellungsbescheid zu entscheiden. § 223 Abs. 2 gilt entsprechend.

(BGBl I 2015/2, BGBl I 2018/59)

§ 256. (aufgehoben)

(BGBl I 2013/3)

Hinterbliebenenpensionen

§ 257. Als Hinterbliebenenpensionen gebühren Witwenpensionen, Witwerpensionen, Pensionen für hinterbliebene eingetragene PartnerInnen und Waisenpensionen, wenn die Wartezeit erfüllt ist (§ 236). Für diese Leistungen gilt die Wartezeit jedenfalls als erfüllt, wenn der Versicherte bis zum Tod Anspruch auf Pension aus der Pensionsversicherung hatte.

(BGBl I 2010/62)

Witwen(Witwer)pension

§ 258. (1) Anspruch auf

1. Witwenpension hat die Witwe nach dem Tod des versicherten Ehegatten;

2. Witwerpension hat der Witwer nach dem Tod der versicherten Ehegattin.

(2) Die Pension nach Abs. 1 gebührt bis zum Ablauf von 30 Kalendermonaten nach dem Letzten des Monats des Todes des (der) versicherten Ehegatten (Ehegattin),

1. wenn der überlebende Ehegatte bei Eintritt des Versicherungsfalles des Todes des (der) Versicherten das 35. Lebensjahr noch nicht vollendet hat, es wäre denn, daß die Ehe mindestens zehn Jahre gedauert hat;
2. wenn der überlebende Ehegatte bei Eintritt des Versicherungsfalles des Todes des (der) Versicherten das 35. Lebensjahr bereits vollendet hat und die Ehe in einem Zeitpunkt geschlossen wurde, in dem der andere Ehegatte einen bescheidmäßig zuerkannten Anspruch auf eine Pension aus einem Versicherungsfall des Alters oder der geminderten Arbeitsfähigkeit mit Ausnahme des Knappschaftssoldes und der Knappschaftspension hatte, es wäre denn, daß
   a) die Ehe mindestens drei Jahre gedauert und der Altersunterschied der Ehegatten nicht mehr als 20 Jahre betragen hat oder
   b) die Ehe mindestens fünf Jahre gedauert und der Altersunterschied der Ehegatten nicht mehr als 25 Jahre betragen hat oder
   c) die Ehe mindestens zehn Jahre gedauert und der Altersunterschied der Ehegatten mehr als 25 Jahre betragen hat;
3. wenn der überlebende Ehegatte bei Eintritt des Versicherungsfalles des Todes des (der) Versicherten das 35. Lebensjahr bereits vollendet hat und die Ehe in einem Zeitpunkt geschlossen wurde, in dem der Ehegatte bereits das 65. Lebensjahr (die Ehegattin bereits das 60. Lebensjahr) überschritten und keinen bescheidmäßig zuerkannten Anspruch auf eine in Z 2 bezeichnete Pension hatte, es wäre denn, daß die Ehe zwei Jahre gedauert hat.

Wäre der überlebende Ehegatte im Zeitpunkt des Ablaufs der Frist, für die die Pension zuerkannt wurde, in sinngemäßer Anwendung der §§ 254 Abs. 1 Z 1 und 255 Abs. 3 als invalid anzusehen und wurde die Weitergewährung der Pension spätestens innerhalb von drei Monaten nach deren Wegfall beantragt, so ist die Pension für die weitere Dauer der Invalidität zuzuerkennen. Der Anspruch auf eine befristet zuerkannte bzw. für die Dauer der Invalidität weitergewährte Witwen(Witwer)pension erlischt ohne weiteres Verfahren, wenn sich der Bezieher (die Bezieherin) einer solchen Pension wiederverehelicht.

(BGBl 1996/411, BGBl I 1998/138)

(3) Abs. 2 gilt nicht,

1. wenn in der Ehe ein Kind geboren oder durch die Ehe ein Kind legitimiert wurde oder die Witwe sich im Zeitpunkt des Todes des Ehegatten erwiesenermaßen im Zustand der Schwangerschaft befunden hatte oder in diesem Zeitpunkt dem Haushalt der Witwe (des Witwers) ein Kind des (der) Verstorbenen angehörte, das Anspruch auf Waisenpension hat;
2. wenn die Ehe vor dem 12. Juni 1949 geschlossen worden ist;
3. wenn die Ehe von Personen geschlossen wurde, die bereits früher miteinander verheiratet gewesen sind und bei Fortdauer der früheren Ehe der Witwen(Witwer)pensionsanspruch nicht ausgeschlossen gewesen wäre.

(4) Die Pension nach Abs. 1 gebührt nach Maßgabe der Abs. 2 und 3 auch

1. der Frau,
2. dem Mann,

deren (dessen) Ehe mit dem (der) Versicherten für nichtig erklärt, aufgehoben oder geschieden worden ist, wenn ihr (ihm) der (die) Versicherte zur Zeit seines (ihres) Todes Unterhalt (einen Unterhaltsbeitrag) zu leisten hatte bzw. Unterhalt geleistet hat, und zwar

a) auf Grund eines gerichtlichen Urteiles,
b) auf Grund eines gerichtlichen Vergleiches,
c) auf Grund einer vor Auflösung (Nichtigerklärung) der Ehe eingegangenen vertraglichen Verpflichtung,
d) regelmäßig zur Deckung des Unterhaltsbedarfs ab einem Zeitpunkt nach der Rechtskraft der Scheidung bis zu seinem (ihrem) Tod, mindestens während der Dauer des letzten Jahres vor seinem (ihrem) Tod, wenn die Ehe mindestens zehn Jahre gedauert hat,

sofern und solange die Frau (der Mann) nicht eine neue Ehe geschlossen hat.

(BGBl 1993/335)

Pension für hinterbliebene eingetragene PartnerInnen

§ 259. Die Bestimmungen über die Witwen(Witwer)pension nach den §§ 258, 264 und 265 sind auf hinterbliebene eingetragene PartnerInnen und eingetragene Partnerschaften nach dem EPG sinngemäß anzuwenden.

(BGBl I 2009/135, BGBl I 2013/139)

Waisenpension

§ 260. Anspruch auf Waisenpension haben nach dem Tode des (der) Versicherten die Kinder im Sinne des § 252 Abs. 1 Z 1 bis 4 und Abs. 2. Über das vollendete 18. Lebensjahr hinaus wird Waisenpension nur auf besonderen Antrag gewährt.

Alters(Invaliditäts)pension, Ausmaß

§ 261. (1) Die Leistungen aus den Versicherungsfällen des Alters und die Invaliditätspension bestehen aus dem Steigerungsbetrag, bei Vorliegen einer Höherversicherung auch aus dem besonderen Steigerungsbetrag gemäß § 248 Abs. 1. Der Steigerungsbetrag ist ein Prozentsatz der Gesamtbemessungsgrundlage (§ 240).

(2) Die Höhe des Prozentsatzes gemäß Abs. 1 ist die Summe der erworbenen Steigerungspunkte. Für je zwölf Versicherungsmonate gebühren 1,78 Steigerungspunkte. Bleibt ein Rest von weniger als zwölf Versicherungsmonaten, so gebührt für jeden Restmonat ein Zwölftel von 1,78 Steigerungspunkten. Die Summe der Steigerungspunkte ist auf drei Dezimalstellen zu runden.

(BGBl I 2003/71)

(3) Bei Inanspruchnahme der Invaliditätspension ist jeder Monat ab dem Stichtag bis zum Monatsersten nach Vollendung des 60. Lebensjahres bei der Berechnung der Steigerungspunkte gemäß Abs. 2 einem Versicherungsmonat gleichzuhalten. Fällt der Zeitpunkt der Vollendung des 60. Lebensjahres selbst auf einen Monatsersten, so gilt dieser Tag als Monatserster im Sinne des ersten Satzes.

(BGBl I 2000/92, BGBl I 2001/33, BGBl I 2003/71)

(4) Bei Inanspruchnahme einer Leistung vor dem Monatsersten nach der Erreichung des Regelpensionsalters (§ 253 Abs. 1) ist die Leistung, ausgenommen ein besonderer Steigerungsbetrag (§ 248), zu vermindern. Das Ausmaß der Verminderung beträgt für je zwölf Monate der früheren Inanspruchnahme 4,2% der Leistung. Bleibt ein Rest von weniger als zwölf Monaten, so beträgt das Ausmaß der Verminderung für jeden Restmonat 0,35% dieser Leistung. Das Höchstausmaß der Verminderung beträgt 15% der genannten Leistung. Handelt es sich jedoch um eine Invaliditätspension, so beträgt das Höchstausmaß der Verminderung 13,8% der Leistung. Fällt der Zeitpunkt der Erreichung des Regelpensionsalters selbst auf einen Monatsersten, so gilt dieser Tag als Monatserster im Sinne des ersten Satzes.

(BGBl I 2000/92, BGBl I 2001/33, BGBl I 2003/71, BGBl I 2010/111)

(5) Wenn bei der Berechnung der Höhe der Invaliditätspension nach Abs. 3 zusätzliche Versicherungsmonate angerechnet werden, darf die Leistung, mit Ausnahme eines besonderen Steigerungsbetrages (§ 248), – nach der Verminderung nach Abs. 4 – höchstens 60% der höchsten zur Anwendung kommenden Bemessungsgrundlage (§§ 238 Abs. 1, 239 Abs. 1, 241) betragen. Dies gilt nicht, wenn die Leistung ohne Berücksichtigung der Monate nach Abs. 3 und nach der Verminderung nach Abs. 4 höher ist; in diesem Fall gebührt die Leistung ohne Berücksichtigung der Monate nach Abs. 3.

(BGBl I 2000/92, BGBl I 2001/33, BGBl I 2003/71)

(6) (aufgehoben)

(BGBl I 2003/71)

(7) Besteht bei Eintritt eines Versicherungsfalles der geminderten Arbeitsfähigkeit oder des Alters ein bescheidmäßig zuerkannter Anspruch auf eine Pension aus eigener Pensionsversicherung, so gilt die Verminderung nach Abs. 4 für diese Pension auch für die hinzutretende Leistung.

(BGBl I 2003/145)

(BGBl 1993/335, BGBl 1994/20, BGBl 1996/201, BGBl I 1997/139)

§ 261a. (aufgehoben)

(BGBl I 1997/139)

Erhöhung von Leistungen aus dem Versicherungsfall des Alters bei Inanspruchnahme einer Teilpension bzw. bei Wegfall der Pension

§ 261b. (aufgehoben)

(BGBl I 2003/71)

Erhöhung der Alterspension bei Aufschub der Geltendmachung des Anspruches

§ 261c. (1) Anspruch auf erhöhte Alterspension haben Versicherte, die die Alterspension nach § 253 Abs. 1 nicht schon mit der Erreichung des Regelpensionsalters, sondern erst zu einem späteren Zeitpunkt in Anspruch nehmen, wenn vor diesem Zeitpunkt nicht schon ein bescheidmäßig zuerkannter Anspruch auf eine Pension aus der gesetzlichen Pensionsversicherung – ausgenommen Pensionen aus dem Versicherungsfall des Todes – besteht oder bestand. Für je zwölf Monate der späteren Inanspruchnahme der Alterspension gebührt frühestens ab dem Zeitpunkt der Erfüllung der Wartezeit (§ 236) eine Erhöhung um 4,2% der nach § 261 errechneten Leistung. Bleibt ein Rest von weniger als zwölf Monaten, so beträgt das Ausmaß der Erhöhung für jeden Restmonat ein Zwölftel von 4,2%. Die so erhöhte Leistung, mit Ausnahme eines besonderen Steigerungsbetrages, darf höchstens 91,76% der höchsten zur Anwendung kommenden Bemessungsgrundlage (§§ 238 Abs. 1, 239 Abs. 1, 241) betragen.

(BGBl 1993/335, BGBl I 2000/92, BGBl I 2001/33, BGBl I 2003/71)

(2) (aufgehoben)

(BGBl I 2003/145)

(BGBl 1993/335)

Kinderzuschüsse

§ 262. (1) Zu den Leistungen aus den Versicherungsfällen des Alters und zur Invaliditätspension gebührt für jedes Kind (§ 252) ein Kinderzuschuß. Für die Dauer des Anspruches auf Kinderzuschuß gebührt für ein und dasselbe Kind kein weiterer Kinderzuschuß. Über das vollendete 18. Lebensjahr wird der Kinderzuschuß nur auf besonderen Antrag gewährt.

(2) Der Kinderzuschuß beträgt 29,07 € monatlich.

(BGBl I 2000/142, BGBl I 2001/67)

(BGBl 1993/335)

Hilflosenzuschuß

§ 263. (aufgehoben)

Witwen(Witwer)pension, Ausmaß

§ 264. (1) Das Ausmaß der Witwen(Witwer)-pension ergibt sich aus einem Hundertsatz der Pension des (der) Versicherten. Als Pension gilt, wenn der (die) Versicherte im Zeitpunkt des Todes

1. das 65. (60.) Lebensjahr noch nicht vollendet und keinen Anspruch auf Invaliditäts(Alters)pension hatte, die Pension, auf die er (sie) in diesem Zeitpunkt Anspruch gehabt hätte;

   (BGBl 1996/201, BGBl I 2000/92, BGBl I 2001/33, BGBl I 2003/71, BGBl I 2004/105)

2. das 65. (60.) Lebensjahr vollendet und keinen Anspruch auf Invaliditäts(Alters)-pension hatte, die Alterspension, auf die er (sie) in diesem Zeitpunkt Anspruch gehabt hätte;

   (BGBl 1996/201, BGBl 1996/201, BGBl I 2000/92, BGBl I 2001/33, BGBl I 2003/71)

3. Anspruch auf Invaliditäts(Alters)pension hatte, ohne nach dem Stichtag weitere Beitragszeiten der Pflichtversicherung erworben zu haben, diese Pension;

   (BGBl I 1998/138)

4. Anspruch auf Invaliditätspension und nach dem Stichtag weitere Beitragszeiten der Pflichtversicherung nach diesem Bundesgesetz, dem Gewerblichen Sozialversicherungsgesetz oder dem Bauern-Sozialversicherungsgesetz erworben hatte, diese Invaliditätspension; hiebei ist das Ausmaß des in der Invaliditätspension berücksichtigten Steigerungsbetrages (§ 261) um den auf die weiteren Beitragszeiten entfallenden Steigerungsbetrag und das Ausmaß des in der Invaliditätspension berücksichtigten besonderen Steigerungsbetrages (§ 248) unter Berücksichtigung weiterer Höherversicherungsbeiträge zu erhöhen. Wurden gemäß § 261 Abs. 3 Monate bei der Invaliditätspension angerechnet, so sind diese unter Berücksichtigung der weiteren Beitragszeiten entsprechend zu vermindern. Der Steigerungsbetrag der Pension darf 80 vH der höchsten zur Anwendung kommenden Bemessungsgrundlage (§§ 238 Abs. 1, 239 Abs. 1, 241) nicht übersteigen;

   (BGBl I 1997/139, BGBl I 1998/138)

5. Anspruch auf eine Leistung aus den Versicherungsfällen des Alters und nach deren Anfall weitere Beitragszeiten der Pflichtversicherung nach diesem Bundesgesetz, dem Gewerblichen Sozialversicherungsgesetz oder dem Bauern-Sozialversicherungsgesetz erworben hatte, die unter Anwendung des § 607 Abs. 11 (§ 261b in der am 30. Juni 2004 geltenden Fassung) bzw. des § 248c zum Zeitpunkt des Todes zu ermittelnde Pension.

   (BGBl I 1997/139, BGBl I 1998/138, BGBl I 2000/92, BGBl I 2001/33, BGBl I 2005/132)

Bei der Bemessung der Witwen(Witwer)pension haben Kinderzuschüsse sowie ein besonderer Steigerungsbetrag (§ 248) außer Ansatz zu bleiben. Zu der so bemessenen Witwen(Witwer)pension sind 60 vH des besonderen Steigerungsbetrages (§ 248) zuzuschlagen.

(BGBl I 1998/138)

(2) Zur Ermittlung des Hundertsatzes wird vorerst der Anteil der Berechnungsgrundlage der Witwe (des Witwers) in Prozent an der Berechnungsgrundlage des (der) Verstorbenen errechnet. Bei einem Anteil von 100 % beträgt der Hundertsatz 40. Er erhöht oder vermindert sich für jeden Prozentpunkt des Anteiles, der 100 unterschreitet oder übersteigt, um 0,3. Er ist jedoch nach unten hin mit Null und nach oben hin mit 60 begrenzt. Teile von Prozentpunkten des Anteiles sind verhältnismäßig zu berücksichtigen.

(BGBl I 2000/92, BGBl I 2000/92, BGBl I 2001/33, BGBl I 2003/45, BGBl I 2004/78)

(3) Berechnungsgrundlage der Witwe (des Witwers) im Sinne des Abs. 2 ist das Einkommen nach Abs. 5 in den letzten zwei Kalenderjahren vor dem Zeitpunkt des Todes des (der) Versicherten, geteilt durch 24.

(BGBl 1996/411, BGBl I 2001/67, BGBl I 2003/45, BGBl I 2004/78, BGBl I 2006/130)

(4) Berechnungsgrundlage des (der) Verstorbenen im Sinne des Abs. 2 ist das Einkommen nach Abs. 5 in den letzten zwei Kalenderjahren vor dem Zeitpunkt des Todes, geteilt durch 24. Abweichend davon ist die Berechnungsgrundlage das Einkommen nach Abs. 5 der letzten vier Kalenderjahre vor dem Zeitpunkt des Todes, geteilt durch 48, wenn die Verminderung des Einkommens in den letzten beiden Kalenderjahren vor dem Tod des (der) Versicherten auf Krankheit oder Arbeitslosigkeit zurückzuführen ist oder in dieser Zeit die selbständige oder unselbständige Erwerbstätigkeit wegen Krankheit, Gebrechen oder Schwäche eingeschränkt wurde und dies für die Witwe (den Witwer) günstiger ist.

(BGBl 1996/411, BGBl I 2001/67, BGBl I 2003/45, BGBl I 2004/78, BGBl I 2006/130)

(5) Als Einkommen im Sinne der Abs. 3 und 4 gelten:

1. Erwerbseinkommen im Sinne des § 91 Abs. 1 und 1a,

   (BGBl I 2011/122)

2. wiederkehrende Geldleistungen

   a) aus der gesetzlichen Sozialversicherung (mit Ausnahme eines Kinderzuschusses und eines besonderen Steigerungsbetrages nach § 248) und aus der Arbeitslosenversicherung sowie nach den Bestimmungen über die Arbeitsmarktförderung und die Sonderunterstützung oder

   b) auf Grund gleichwertiger landesgesetzlicher oder bundesgesetzlicher Regelungen der Unfallfürsorge (mit Ausnahme eines Kinderzuschusses),

3. wiederkehrende Geldleistungen auf Grund
   a) des Pensionsgesetzes 1965, BGBl. Nr. 340,
   b) landesgesetzlicher Vorschriften, die dem Dienstrecht der Bundesbeamten vergleichbar sind,
   c) des Landeslehrer-Dienstrechtsgesetzes, BGBl. Nr. 302/1984,
   d) des Land- und forstwirtschaftlichen Landeslehrer-Dienstrechtsgesetzes, BGBl. Nr. 296/1985,
   e) des Bezügegesetzes, BGBl. Nr. 273/1972, des Bundesbezügegesetzes, BGBl. I Nr. 64/1997, und vergleichbarer landesgesetzlicher Vorschriften,

      (BGBl I 2004/142)
   f) des Verfassungsgerichtshofgesetzes, BGBl. Nr. 85/1953,
   g) des Bundestheaterpensionsgesetzes, BGBl. Nr. 159/1958,
   h) des § 163 des Beamten-Dienstrechtsgesetzes 1979, BGBl. Nr. 333,
   i) des Bundesbahn-Pensionsgesetzes, BGBl. I Nr. 86/2001,
   j) der Dienst(Pensions)ordnungen für (ehemalige) DienstnehmerInnen von
      – öffentlich-rechtlichen Körperschaften und
      – Fonds, Stiftungen, Anstalten und Betrieben, die von den Organen einer Gebietskörperschaft verwaltet werden,
   k) sonstiger nach § 5 Abs. 1 Z 3 pensionsversicherungsfreier Dienstverhältnisse,
   l) vertraglicher Pensionszusagen einer Gebietskörperschaft,
4. außerordentliche Versorgungsbezüge, Administrativpensionen und laufende Überbrückungszahlungen auf Grund von Sozialplänen, die einer Administrativpension entsprechen,

   (BGBl I 2006/130)
5. Pensionen auf Grund ausländischer Versicherungs- oder Versorgungssysteme (mit Ausnahme eines Kinderzuschusses), soweit es sich nicht um Hinterbliebenenleistungen aus dem gleichen Versicherungsfall handelt.

(BGBl 1996/411, BGBl I 1997/61, BGBl I 2003/45, BGBl I 2004/78)

(5a) Ist die Summe der Beitragsgrundlagen einer Selbst- oder Weiterversicherung in der Pensionsversicherung, die zum Zeitpunkt des Todes bereits seit mindestens einem Jahr bestanden hat, höher als das gleichzeitig bezogene Einkommen des (der) verstorbenen Versicherten nach Abs. 5 innerhalb der letzten zwei (vier) Kalenderjahre vor dem Zeitpunkt seines (ihres) Todes, so tritt für die Ermittlung der Berechnungsgrundlage nach Abs. 4 der im genannten Zeitraum als Summe der Beitragsgrundlagen ausgewiesene Betrag an die Stelle des gleichzeitig bezogenen Einkommens nach Abs. 5.

(BGBl I 2006/130)

(5b) Ist die Summe der Beitragsgrundlagen nach § 44 Abs. 1 Z 10 höher als das gleichzeitig von der Witwe (dem Witwer) oder dem (der) verstorbenen Versicherten innerhalb der letzten zwei (vier) Kalenderjahre vor dem Zeitpunkt des Todes des (der) Versicherten bezogene Einkommen nach Abs. 5, so tritt für die Ermittlung der Berechnungsgrundlage nach Abs. 3 oder nach Abs. 4 der im genannten Zeitraum als Summe der Beitragsgrundlagen ausgewiesene Betrag an die Stelle des gleichzeitig bezogenen Einkommens nach Abs. 5.

(BGBl I 2006/130)

(6) Erreicht die Summe aus dem eigenen Einkommen der Witwe (des Witwers) nach Abs. 5 und der Witwen(Witwer)pension, ausgenommen ein besonderer Steigerungsbetrag (§ 248), nicht den Betrag von 1 671,20 €[a] monatlich, so ist, solange diese Voraussetzung zutrifft, der Hundertsatz der Witwen(Witwer)pension soweit zu erhöhen, dass die Summe aus eigenem Einkommen und Witwen(Witwer)pension den genannten Betrag erreicht. Der so ermittelte Hundertsatz darf 60 nicht überschreiten. In den Fällen, in denen eine mit dem Hundertsatz von 60 bemessene Witwen(Witwer)pension, ausgenommen ein besonderer Steigerungsbetrag (§ 248), den Betrag von 1 671,20 €[a] überschreitet, tritt diese an die Stelle des Betrages von 1 671,20 €[a]. An die Stelle des Betrages von 1 671,20 €[a] tritt ab 1. Jänner eines jeden Jahres der unter Bedachtnahme auf § 108 Abs. 6 mit dem jeweiligen Anpassungsfaktor (§ 108f) vervielfachte Betrag.

(BGBl I 1997/139, BGBl I 2000/92, BGBl I 2001/33, BGBl I 2001/67, BGBl I 2004/78, BGBl I 2004/142)

[a] Beträge siehe VO über veränderliche Werte.

(6a) Überschreitet in einem Kalendermonat die Summe aus

1. eigenem Einkommen der Witwe (des Witwers) nach Abs. 5 und

   (BGBl I 2004/78)
2. der Witwen-(Witwer-)Pension mit Ausnahme des besonderen Steigerungsbetrages (§ 248)

das 60fache der Höchstbeitragsgrundlage für das Kalenderjahr 2012 (§ 45), so ist – solange diese Voraussetzung zutrifft – der Hundertsatz der Witwen-(Witwer-)Pension so weit zu vermindern, dass die Summe aus eigenem Einkommen und Witwen-(Witwer-)Pension das 60fache der Höchstbeitragsgrundlage für das Kalenderjahr 2012 nicht überschreitet. Der so ermittelte Hundertsatz ist nach unten hin mit Null begrenzt.

(BGBl I 2000/92, BGBl I 2001/33, BGBl I 2012/35)

(7) Die Erhöhung der Witwen(Witwer)pension gemäß Abs. 6 ist erstmalig auf Grund des Pensionsantrages festzustellen. Sie gebührt ab dem Beginn des Monats, in dem die Voraussetzungen für die Erhöhung erfüllt sind. Werden die Voraussetzungen für eine (weitere) Erhöhung zu einem späteren Zeitpunkt erfüllt, so gebührt diese auf besonderen Antrag. Die Erhöhung gebührt bis zum Ablauf des Monats, in dem die Voraussetzungen weggefallen sind. Das gleiche gilt für die Festsetzung eines geringeren Ausmaßes der Erhöhung. Die Erhöhung gebührt längstens bis zum Ablauf des Monats, der einer Anpassung von Pensionen gemäß § 108h vorangeht. Aus Anlaß jeder Anpassung von Pensionen gemäß § 108h ist die Erhöhung der Witwen(Witwer)pension gemäß Abs. 6 neu festzustellen.

(7a) Die Verminderung der Witwen-(Witwer-)-Pension erfolgt ab dem Beginn des Monats, in dem die Voraussetzungen nach Abs. 6a vorliegen. Ihr Ausmaß ist erstmalig auf Grund des Pensionsantrages festzustellen. Umstände, die zu einer Erhöhung oder Herabsetzung dieser Verminderung führen (insbesondere die Aufwertung der Höchstbeitragsgrundlage), sind auch von Amts wegen wahrzunehmen. Die Verminderung erfolgt bis zum Ablauf des Monats, in dem die Voraussetzungen hiefür weggefallen sind.

(BGBl I 2000/92, BGBl I 2001/33)

(7b) Gebührt neben der Witwen(Witwer)pension auch ein Versorgungsgenuss nach Abs. 5 Z 3 und 4, so gebührt die Erhöhung nach Abs. 6 bis zum zulässigen Höchstausmaß zuerst zur höheren Leistung. Sind die Abs. 6a und 7a bei Vorliegen von zwei oder mehreren Witwen(Witwer)pensionen anzuwenden, so ist beginnend mit der jeweils betraglich niedrigeren Pension zu vermindern.

(BGBl I 2004/142)

(8) Die Witwen(Witwer)pension nach § 258 Abs. 4 lit. a bis c darf den gegen den Versicherten (die Versicherte) zur Zeit seines (ihres) Todes bestehenden und mit dem im Zeitpunkt des Pensionsanfalles für das Jahr des Todes geltenden Aufwertungsfaktor (§ 108 Abs. 4) aufgewerteten Anspruch auf Unterhalt (Unterhaltsbeitrag), vermindert um eine der (dem) Anspruchsberechtigten nach dem (der) Versicherten gemäß § 215 Abs. 3 gebührende Witwen(Witwer)rente, nicht übersteigen. Eine vertraglich oder durch gerichtlichen Vergleich übernommene Erhöhung des Unterhaltes (Unterhaltsbeitrages) bleibt außer Betracht, wenn seit dem Abschluß des Vertrages (Vergleiches) bis zum Tod nicht mindestens ein Jahr vergangen ist.

(9) Die Witwen(Witwer)pension nach § 258 Abs. 4 lit. d darf den vom Versicherten bzw. von der Versicherten in dem dort genannten Zeitraum, längstens jedoch während der letzten drei Jahre vor seinem (ihrem) Tod geleisteten durchschnittlichen monatlichen Unterhalt, vermindert um eine der (dem) Anspruchsberechtigten nach dem (der) Versicherten gemäß § 215 Abs. 3 gebührende Witwen(Witwer)rente, nicht übersteigen. Eine Erhöhung des Unterhaltes bleibt außer Betracht, wenn seit dem Zeitpunkt der Erhöhung bis zum Tod nicht mindestens ein Jahr vergangen ist.

(10) Die Abs. 8 und 9 sind nicht anzuwenden, wenn

1. das auf Scheidung lautende Urteil den Ausspruch nach § 61 Abs. 3 des Ehegesetzes enthält,
2. die Ehe mindestens fünfzehn Jahre gedauert und
3. die Frau (der Mann) im Zeitpunkt des Eintrittes der Rechtskraft des Scheidungsurteiles das 40. Lebensjahr vollendet hat.

Die unter Z 3 genannte Voraussetzung entfällt, wenn

a) die Frau (der Mann) seit dem Zeitpunkt des Eintrittes der Rechtskraft des Scheidungsurteiles erwerbsunfähig ist oder
b) nach dem Tod des Mannes (der Frau) eine Waisenpension für ein Kind im Sinne des § 252 Abs. 1 Z 1 und Abs. 2 anfällt, sofern dieses Kind aus der geschiedenen Ehe stammt oder von den Ehegatten gemeinsam oder als Stiefkind an Kindes Statt angenommen worden ist und das Kind in allen diesen Fällen im Zeitpunkt des Todes des in Betracht kommenden Elternteiles ständig in Hausgemeinschaft (§ 252 Abs. 1 letzter Satz) mit dem anderen Eheteil lebt. Das Erfordernis der ständigen Hausgemeinschaft entfällt bei nachgeborenen Kindern.

(BGBl I 2013/139)

(BGBl 1995/132)

§ 264a. (aufgehoben)

Abfertigung und Wiederaufleben der Witwen(Witwer)pension

§ 265. (1) Der Bezieherin (dem Bezieher) einer Witwen(Witwer)pension (§ 258), ausgenommen die Bezieherin (der Bezieher) einer Witwen(Witwer)pension nach § 258 Abs. 2, die (der) sich wiederverehelicht hat, gebührt eine Abfertigung in der Höhe des 35fachen der Witwen(Witwer)pension, auf die sie (er) im Zeitpunkt der Schließung der neuen Ehe Anspruch gehabt hat, und ausschließlich einer Ausgleichszulage, die in diesem Zeitpunkt gebührt hat.

(BGBl 1993/110, BGBl I 2009/83)

(2) Wird die neue Ehe durch den Tod des Ehegatten, durch Scheidung oder durch Aufhebung aufgelöst oder wird die neue Ehe für nichtig erklärt, so lebt der Anspruch auf die Witwen(Witwer)pension (Abs. 1) auf Antrag wieder auf, wenn

a) die Ehe nicht aus dem alleinigen oder überwiegenden Verschulden der in Abs. 1 bezeichneten Person aufgelöst worden ist oder
b) bei Nichtigerklärung der Ehe diese Person als schuldlos anzusehen ist.

(3) Der Anspruch lebt in der unter Bedachtnahme auf § 108h sich ergebenden Höhe mit dem der Antragstellung folgenden Monatsersten, frühe-

stens jedoch mit dem Monatsersten wieder auf, der dem Ablauf von zweieinhalb Jahren nach dem seinerzeitigen Erlöschen des Anspruches folgt.

(4) Auf die wiederaufgelebte Witwen(Witwer)-pension sind laufende Unterhaltsleistungen und die im § 2 des Einkommensteuergesetzes 1988 angeführten Einkünfte anzurechnen, die der Witwe (dem Witwer) auf Grund aufgelöster oder für nichtig erklärter, vor dem Wiederaufleben der Witwen-(Witwer)pension geschlossener Ehen gebühren oder darüber hinaus zufließen. Eine Anrechnung laufender Unterhaltsleistungen erfolgt nur in der Höhe eines Vierzehntels der jährlich tatsächlich zufließenden Unterhaltsleistung. Hinsichtlich der Ermittlung des Erwerbseinkommens aus einem land(forst)wirtschaftlichen Betrieb ist § 292 Abs. 5 und 7 entsprechend anzuwenden. Erhält die Witwe (der Witwer) statt laufender Unterhaltsleistungen eine Kapitalabfindung, so ist auf die Pension ein Vierzehntel des Betrages anzurechnen, der sich bei der Annahme eines jährlichen Ertrages von 4 vH des Abfindungskapitals ergeben würde. Geht das Abfindungskapital ohne vorsätzliches Verschulden der Witwe (des Witwers) unter, so entfällt die Anrechnung.

(BGBl 1996/411)

(5) Werden laufende Unterhaltsleistungen bzw. Einkünfte im Sinne des Abs. 4 bereits im Zeitpunkt des Wiederauflebens der Witwen(Witwer)-pension bezogen, wird die Anrechnung ab diesem Zeitpunkt wirksam, in allen anderen Fällen mit dem Beginn des Kalendermonates, der auf den Eintritt des Anrechnungsgrundes folgt.

Waisenpension, Ausmaß

§ 266. Die Waisenpension beträgt für jedes einfach verwaiste Kind 40 vH, für jedes doppelt verwaiste Kind 60 vH einer nach dem verstorbenen Elternteil mit dem Hundertsatz 60 ermittelten Witwen(Witwer)pension nach § 264 Abs. 1.

(BGBl 1993/335)

§ 267. (aufgehoben)

(BGBl 1995/132)

Ausstattungsbeitrag

§ 268. (aufgehoben)

Abfindung

§ 269. (1) Anspruch auf Abfindung haben im Falle des Todes des (der) Versicherten,

1. sofern Hinterbliebenenpensionen nur mangels Erfüllung der Wartezeit (§ 236) nicht gebühren, jedoch mindestens ein Beitragsmonat vorliegt, die Witwe (der Witwer) oder der/die hinterbliebene eingetragene PartnerIn und zu gleichen Teilen die Kinder (§ 252);

   (BGBl I 2009/135)

2. wenn die Wartezeit für den Anspruch auf Hinterbliebenenpensionen erfüllt ist, aber anspruchsberechtigte Hinterbliebene nicht vorhanden sind, der Reihe nach die Kinder, die Mutter, der Vater, die Geschwister des oder der Versicherten, wenn sie mit dem (der) Versicherten zur Zeit seines (ihres) Todes ständig in Hausgemeinschaft gelebt haben, unversorgt sind und überwiegend von ihm (ihr) erhalten worden sind. Eine vorübergehende Unterbrechung der Hausgemeinschaft oder deren Unterbrechung wegen schulmäßiger (beruflicher) Ausbildung oder wegen Heilbehandlung bleibt außer Betracht. Kindern und Geschwistern gebührt die Abfindung zu gleichen Teilen.

(2) Die Abfindung beträgt im Falle des Abs. 1 Z 1 das Sechsfache der Bemessungsgrundlage (§ 238), wenn aber weniger als sechs Versicherungsmonate vorliegen, die Summe der Monatsbeitragsgrundlagen (§ 242 Abs. 1) in diesen Versicherungsmonaten. Im Falle des Abs. 1 Z 2 beträgt die Abfindung das Dreifache der Bemessungsgrundlage (§ 238).

(BGBl 1993/335)

(3) Die Witwe (der Witwer) oder der/die hinterbliebene eingetragene PartnerIn hat keinen Anspruch auf Abfindung, wenn für sie (ihn) ein Witwen(Witwer)pensionsanspruch aus früherer Ehe oder früherer eingetragener Partnerschaft nach § 265 Abs. 2 oder ein Anspruch nach § 259 in Verbindung mit § 265 wieder auflebt.

(BGBl I 2009/135)

Abschnitt III
Pensionsversicherung der Angestellten

Leistungen mit Ausnahme der Berufsunfähigkeitspension

§ 270. In der Pensionsversicherung der Angestellten gelten für die Begründung der Ansprüche auf die Alterspension, die erhöhte Alterspension, die Hinterbliebenenpensionen und die Abfindung sowie für die Bemessung dieser Leistungen, für die Gewährung von Zuschüssen zu diesen und für die Abfertigung der Witwen(Witwer)pension die in Abschnitt II für die bezüglichen Leistungen aus der Pensionsversicherung der Arbeiter getroffenen Bestimmungen entsprechend.

(BGBl 1993/335, BGBl I 2000/43, BGBl I 2003/71)

Anspruch auf berufliche Rehabilitation bei (drohender) Berufsunfähigkeit, Feststellung des Berufsfeldes

§ 270a. Anspruch auf berufliche Maßnahmen der Rehabilitation haben versicherte Personen, wenn sie infolge ihres Gesundheitszustandes die Voraussetzungen für die Berufsunfähigkeitspension (§ 271 Abs. 1) oder das Rehabilitationsgeld (§ 273b) – mit Ausnahme der Voraussetzung nach § 271 Abs. 1 Z 2 – erfüllen, wahrscheinlich erfüllen oder in absehbarer Zeit erfüllen werden.§ 253e Abs. 1 zweiter und dritter Satz sowie Abs. 2 bis 7 ist entsprechend anzuwenden.

(BGBl I 2010/111, BGBl I 2013/3, BGBl I 2017/29, BGBl I 2017/38)

Medizinische Maßnahmen der Rehabilitation, Anspruch

§ 270b. (1) Personen, für die bescheidmäßig festgestellt wurde, dass vorübergehende Berufsunfähigkeit im Sinne des § 273 Abs. 1 oder 2 im Ausmaß von zumindest sechs Monaten vorliegt, haben Anspruch auf medizinische Maßnahmen der Rehabilitation (§ 302 Abs. 1), wenn dies zur Wiederherstellung der Arbeitsfähigkeit notwendig und infolge des Gesundheitszustandes zweckmäßig ist.

(2) Die Maßnahmen nach Abs. 1 müssen ausreichend und zweckmäßig sein, sie dürfen jedoch das Maß des Notwendigen nicht überschreiten. Sie sind vom Pensionsversicherungsträger unter Berücksichtigung des Gesundheitszustandes und der Zumutbarkeit für die versicherte Person zu erbringen.

(3) Werden die Maßnahmen nach Abs. 1 durch Unterbringung in Krankenanstalten, die vorwiegend der Rehabilitation dienen, erbracht, so ist § 302 Abs. 4 anzuwenden.

(BGBl I 2013/3)

Berufsunfähigkeitspension

§ 271. (1) Anspruch auf Berufsunfähigkeitspension hat der (die) Versicherte, wenn

1. die Berufsunfähigkeit (§ 273) auf Grund des körperlichen oder geistigen Zustandes voraussichtlich dauerhaft vorliegt,

   (BGBl I 2010/111, BGBl I 2013/3)

2. kein Rechtsanspruch auf zumutbare und zweckmäßige Maßnahmen im Sinne des § 270a besteht,

   (BGBl I 2010/111, BGBl I 2013/3, BGBl I 2015/2, BGBl I 2017/29)

3. die Wartezeit erfüllt ist (§ 236) und

   (BGBl I 2010/111)

4. er (sie) am Stichtag (§ 223 Abs. 2) noch nicht die Voraussetzungen für eine Alterspension nach diesem oder einem anderen Bundesgesetz, mit Ausnahme der Alterspension nach § 4 Abs. 2 APG, erfüllt hat.

   (BGBl I 1998/138, BGBl I 2003/71, BGBl I 2004/142, BGBl I 2010/111)

(BGBl 1993/335, BGBl 1996/201)

(2) (aufgehoben)

(BGBl I 2010/111)

(3) § 254 Abs. 3 bis 8 ist entsprechend anzuwenden.

(BGBl 1993/335, BGBl I 1997/139, BGBl I 2013/3)

Berufsunfähigkeitspension bei Arbeitslosigkeit

§ 272. (aufgehoben)

Begriff der Berufsunfähigkeit

§ 273. (1) Als berufsunfähig gilt die versicherte Person, deren Arbeitsfähigkeit infolge ihres körperlichen oder geistigen Zustandes auf weniger als die Hälfte derjenigen einer körperlich und geistig gesunden versicherten Person von ähnlicher Ausbildung und gleichwertigen Kenntnissen und Fähigkeiten herabgesunken ist, wenn innerhalb der letzten 15 Jahre vor dem Stichtag (§ 223 Abs. 2) in zumindest 90 Pflichtversicherungsmonaten eine Erwerbstätigkeit als Angestellte/r oder nach § 255 Abs. 1 ausgeübt wurde. § 255 Abs. 2 dritter und vierter Satz sowie Abs. 2a sind anzuwenden.

(BGBl I 2010/111)

(2) Liegen die Voraussetzungen nach Abs. 1 nicht vor, so gilt die versicherte Person auch dann als berufsunfähig, wenn sie infolge ihres körperlichen oder geistigen Zustandes nicht mehr imstande ist, durch eine Tätigkeit, die auf dem Arbeitsmarkt noch bewertet wird und die ihr unter billiger Berücksichtigung der von ihr ausgeübten Tätigkeiten zugemutet werden kann, wenigstens die Hälfte des Entgeltes zu erwerben, das eine körperlich und geistig gesunde versicherte Person regelmäßig durch eine solche Tätigkeit zu erzielen pflegt.

(BGBl 1996/201, BGBl I 2000/43, BGBl I 2003/145, BGBl I 2010/111, BGBl I 2011/122)

(3) § 255 Abs. 3a und 3b sowie Abs. 4 bis 7 gilt entsprechend.

(BGBl I 2011/122)

Feststellung der Berufsunfähigkeit

§ 273a. Die versicherte Person ist ausschließlich zum Zweck der Prüfung der Durchführbarkeit von medizinischen oder beruflichen Maßnahmen der Rehabilitation berechtigt, vor Stellung eines Antrages auf Pension einen gesonderten Antrag auf Feststellung zu stellen, ob Berufsunfähigkeit im Sinne des § 273 Abs. 1 oder im Sinne des § 273 Abs. 2 voraussichtlich dauerhaft vorliegt oder in absehbarer Zeit eintreten wird. Über diesen Antrag hat der Versicherungsträger in einem gesonderten Verfahren (§ 354 Z 4a) zu entscheiden.

(BGBl I 2013/3, BGBl I 2015/2, BGBl I 2017/29)

Feststellung des Anspruches auf Rehabilitationsgeld

§ 273b. Anspruch auf Rehabilitationsgeld hat die versicherte Person, wenn vorübergehende Berufsunfähigkeit voraussichtlich im Ausmaß von zumindest sechs Monaten und die Voraussetzungen nach § 271 Abs. 1 Z 2 bis 4 vorliegen. Der Pensionsversicherungsträger hat über das Vorliegen dieser Voraussetzungen auf Grund eines Antrages nach § 361 Abs. 1 letzter Satz mit gesondertem Feststellungsbescheid zu entscheiden. § 223 Abs. 2 gilt entsprechend.

(BGBl I 2015/2, BGBl I 2018/59)

Berufsunfähigkeitspension, Ausmaß

§ 274. Für die Bemessung der Berufsunfähigkeitspension und die Gewährung von Zuschüssen zu dieser gelten die §§ 261 und 262 entsprechend.

(BGBl 1993/335, BGBl I 1997/139)

Abschnitt IV Knappschaftliche Pensionsversicherung

Knappschaftssold

§ 275. (1) Anspruch auf Knappschaftssold hat der Versicherte, der das 45. Lebensjahr vollendet hat, wenn die Wartezeit erfüllt ist (§ 236).

(2) Der Anspruch auf Knappschaftssold ruht ab dem Tag des Anfalles einer Leistung aus einem Versicherungsfall der geminderten Arbeitsfähigkeit oder einer vorzeitigen Knappschaftsalterspension, für die Dauer des bescheidmäßig zuerkannten Anspruches auf eine solche Leistung. Er fällt mit dem Anfall der Knappschaftsalterspension weg; § 100 Abs. 2 letzter Satz ist entsprechend anzuwenden.

(BGBl I 2002/1)

Knappschaftsalterspension

§ 276. (1) Für die Begründung des Anspruches auf Knappschaftsalterspension gilt § 253 entsprechend. Bei Anwendung der Berechnungsvorschriften der §§ 261 und 261c sind die §§ 284 und 284c zu beachten.

(BGBl I 2003/71)

(2) Anspruch auf Knappschaftsalterspension hat ferner der männliche Versicherte nach Vollendung des 60. Lebensjahres, wenn er die Wartezeit (§ 236) für den Knappschaftssold erfüllt hat.

(BGBl 1993/335, BGBl 1995/297, BGBl I 1997/139, BGBl I 2000/43, BGBl I 2000/92, BGBl I 2001/33, BGBl I 2003/71)

§ 276a. (aufgehoben)

(BGBl I 2000/43, BGBl I 2000/92, BGBl I 2001/33, BGBl I 2013/3)

§ 276b. (aufgehoben)

(BGBl I 2000/43, BGBl I 2000/92, BGBl I 2001/33, BGBl I 2013/3)

§ 276c. (aufgehoben)

(BGBl I 2000/43, BGBl I 2000/92, BGBl I 2001/33, BGBl I 2013/3)

§ 276d. (aufgehoben)

(BGBl I 2000/43, BGBl I 2000/92, BGBl I 2001/33, BGBl I 2013/3)

Anspruch auf berufliche Rehabilitation bei (drohender) Invalidität, Feststellung des Berufsfeldes

§ 276e. Anspruch auf berufliche Maßnahmen der Rehabilitation haben versicherte Personen, wenn sie infolge ihres Gesundheitszustandes die Voraussetzungen für die Knappschaftsvollpension (§ 279 Abs. 1) oder das Rehabilitationsgeld (§ 280b) – mit Ausnahme der Voraussetzung nach § 279 Abs. 1 Z 2 – erfüllen, wahrscheinlich erfüllen oder in absehbarer Zeit erfüllen werden. § 253e Abs. 1 zweiter und dritter Satz sowie Abs. 2 bis 7 ist entsprechend anzuwenden.

(BGBl I 2011/122, BGBl I 2013/3, BGBl I 2017/29, BGBl I 2017/38)

Medizinische Maßnahmen der Rehabilitation, Anspruch

§ 276f. (1) Personen, für die bescheidmäßig festgestellt wurde, dass vorübergehende Invalidität im Sinne des § 255 Abs. 1 und 2 oder 3 im Ausmaß von zumindest sechs Monaten vorliegt, haben Anspruch auf medizinische Maßnahmen der Rehabilitation (§ 302 Abs. 1), wenn dies zur Wiederherstellung der Arbeitsfähigkeit notwendig und infolge des Gesundheitszustandes zweckmäßig ist.

(2) Die Maßnahmen nach Abs. 1 müssen ausreichend und zweckmäßig sein, sie dürfen jedoch das Maß des Notwendigen nicht überschreiten. Sie sind vom Pensionsversicherungsträger unter Berücksichtigung des Gesundheitszustandes und der Zumutbarkeit für die versicherte Person zu erbringen.

(3) Werden die Maßnahmen nach Abs. 1 durch Unterbringung in Krankenanstalten, die vorwiegend der Rehabilitation dienen, erbracht, so ist § 302 Abs. 4 anzuwenden.

(BGBl I 2013/3)

Knappschaftspension

§ 277. (1) Anspruch auf Knappschaftspension hat der (die) Versicherte, wenn

1. die Dienstunfähigkeit (§ 278) voraussichtlich sechs Monate andauert oder andauern würde und
2. die Wartezeit erfüllt ist (§ 236).

(BGBl 1996/201)

(2) § 254 Abs. 3 und § 256 in der am 31. Dezember 2013 geltenden Fassung sind entsprechend anzuwenden.

(BGBl I 2013/3)

(3) Der Anspruch auf Knappschaftspension ruht ab dem Tag des Anfalles einer Knappschaftsvoll- oder Invaliditäts- oder Berufsunfähigkeitspension nach diesem Bundesgesetz oder einer Erwerbsunfähigkeitspension nach dem GSVG oder nach dem BSVG, für die Dauer des bescheidmäßig zuerkannten Anspruches auf eine solche Leistung. Er fällt mit dem Anfall der Alterspension weg; § 100 Abs. 2 letzter Satz ist entsprechend anzuwenden.

(BGBl I 2002/1)

Begriff der Dienstunfähigkeit

§ 278. Als dienstunfähig gilt der Versicherte, der infolge seines körperlichen oder geistigen Zustandes weder imstande ist, die von ihm bisher verrichtete Tätigkeit noch andere im wesentlichen gleichartige und nicht erheblich geringer entlohnte Tätigkeiten von Personen mit ähnlicher Ausbildung sowie gleichwertigen Kenntnissen und Fähigkeiten auszuüben.

(BGBl I 1998/138)

Knappschaftsvollpension

§ 279. (1) Anspruch auf Knappschaftsvollpension hat der (die) Versicherte, wenn

1. die Invalidität (§ 280) auf Grund des körperlichen oder geistigen Zustandes voraussichtlich dauerhaft vorliegt,

   (BGBl I 2010/111, BGBl I 2011/122, BGBl I 2013/3)

2. kein Rechtsanspruch auf zumutbare und zweckmäßige Maßnahmen im Sinne des § 276e besteht,

   (BGBl I 2010/111, BGBl I 2010/111, BGBl I 2013/3, BGBl I 2015/2, BGBl I 2017/29)

3. die Wartezeit erfüllt ist (§ 236) und

   (BGBl I 2010/111)

4. er (sie) am Stichtag (§ 223 Abs. 2) noch nicht die Voraussetzungen für eine Knappschaftsalterspension nach diesem Bundesgesetz erfüllt hat.

   (BGBl I 1997/139, BGBl I 2003/71, BGBl I 2010/111)

(BGBl 1993/335, BGBl 1996/201)

(2) (aufgehoben)

(BGBl I 2010/111)

(3) § 254 Abs. 3 bis 8 ist entsprechend anzuwenden.

(BGBl 1993/335, BGBl I 1997/139, BGBl I 2013/3)

Begriff der Invalidität

§ 280. Als invalid gilt der Versicherte, der die im § 255 angeführten Voraussetzungen erfüllt.

(BGBl 1993/335)

Feststellung der Invalidität

§ 280a. Die versicherte Person ist ausschließlich zum Zweck der Prüfung der Durchführbarkeit von medizinischen oder beruflichen Maßnahmen der Rehabilitation berechtigt, vor Stellung eines Antrages auf Pension einen gesonderten Antrag auf Feststellung zu stellen, ob Invalidität im Sinne des § 255 Abs. 1 und 2 oder im Sinne des § 255 Abs. 3 voraussichtlich dauerhaft vorliegt oder in absehbarer Zeit eintreten wird. Über diesen Antrag hat der Versicherungsträger in einem gesonderten Verfahren (§ 354 Z 4a) zu entscheiden.

(BGBl I 2013/3, BGBl I 2015/2, BGBl I 2017/29)

Feststellung des Anspruches auf Rehabilitationsgeld

§ 280b. Anspruch auf Rehabilitationsgeld hat die versicherte Person, wenn vorübergehende Invalidität voraussichtlich im Ausmaß von zumindest sechs Monaten und die Voraussetzungen nach § 279 Abs. 1 Z 2 bis 4 vorliegen. Der Pensionsversicherungsträger hat über das Vorliegen dieser Voraussetzungen auf Grund eines Antrages nach § 361 Abs. 1 letzter Satz mit gesondertem Feststellungsbescheid zu entscheiden. § 223 Abs. 2 gilt entsprechend.

(BGBl I 2015/2, BGBl I 2018/59)

Bergmannstreuegeld

§ 281. (1) Fällt eine Leistung aus einem Versicherungsfall der geminderten Arbeitsfähigkeit oder des Alters mit Ausnahme des Knappschaftssoldes an, so besteht auch Anspruch auf die einmalige Leistung des Bergmannstreuegeldes, wenn der Versicherte mindestens ein volles Jahr einer Gewinnungshauertätigkeit oder einer ihr gleichgestellten Tätigkeit (Abs. 3) aufweist und während dieses Jahres Knappschaftssold bezogen hat oder beziehen hätte können.

(2) Sind im Zeitpunkt des Todes des Versicherten die Voraussetzungen für den Anspruch auf Bergmannstreuegeld gemäß Abs. 1, mit Ausnahme des Anfalles einer der dort bezeichneten Leistungen, gegeben, so steht dieser Anspruch den Angehörigen, die nach dem Versicherten Anspruch auf Hinterbliebenenpension aus der Pensionsversicherung haben, und zwar im Verhältnis der Höhe ihrer Pensionen zu. Sind solche Angehörige nicht vorhanden, gebührt das Bergmannstreuegeld der Reihe nach folgenden Angehörigen, wenn der Versicherte deren Unterhalt vorwiegend bestritten hat: dem Ehegatten/der Ehegattin oder dem/der eingetragenen PartnerIn, den übrigen Kindern, den Eltern, den Geschwistern; mehreren hienach anspruchsberechtigten Angehörigen gebührt das Bergmannstreuegeld zu gleichen Teilen.

(BGBl I 2009/135)

(3) Als Gewinnungshauertätigkeit oder ihr gleichgestellte Tätigkeit gelten die in der Anlage 10 zu diesem Bundesgesetz bezeichneten Arbeiten unter den dort angeführten Voraussetzungen. Eine solche Arbeit gilt für einen nicht dienstunfähigen Versicherten nicht als unterbrochen,

a) wenn er aus betrieblichen Gründen eine sonstige Tätigkeit nicht länger als drei Monate im Kalenderjahr ausübt, oder
b) wenn er als Mitglied des Betriebsrates von diesen Arbeiten freigestellt worden ist.

Hinterbliebenenpensionen

§ 282. Anspruch auf Hinterbliebenenpensionen besteht nach Maßgabe der entsprechend anzuwendenden §§ 257 bis 260.

Knappschaftssold, Ausmaß

§ 283. Der Knappschaftssold beträgt monatlich 80,30 €[a)]. An die Stelle dieses Betrages tritt ab 1. Jänner eines jeden Jahres der unter Bedachtnahme auf § 108 Abs. 6 mit dem jeweiligen Anpassungsfaktor (§ 108f) vervielfachte Betrag.

[a)] Betrag siehe VO über veränderliche Werte.

(BGBl I 2001/67, BGBl I 2004/142)

Knappschaftsalters-(Knappschaftsvoll-) Pension, Ausmaß

§ 284. Für die Bemessung der Leistungen aus den Versicherungsfällen des Alters mit Ausnahme des Knappschaftssoldes und für die Bemessung der Knappschaftsvollpension gilt § 261 mit folgenden Abweichungen:

1. Als monatlicher Leistungszuschlag gebühren für je zwölf Monate wesentlich bergmännischer Tätigkeit oder ihr gleichgestellter Tätigkeit (§ 236 Abs. 6) 0,3% der Bemessungsgrundlage. Volle Monate, während derer Anspruch auf Knappschafts(voll)pension oder eine Leistung aus den Versicherungsfällen des Alters mit Ausnahme des Knappschaftssoldes bestand, sind dabei nicht zu zählen.
2. An die Stelle der Invaliditätspension tritt die Knappschaftsvollpension.
3. Statt 1,78 Steigerungspunkten sind jeweils 1,955 Steigerungspunkte und statt 4,2% der Leistung sind jeweils 4,45% der Leistung heranzuziehen; das Höchstausmaß der Verminderung beträgt 15,575% der Leistung, handelt es sich jedoch um eine Knappschaftsvollpension, so beträgt das Höchstausmaß der Verminderung 14,3 % der Leistung.

   (BGBl I 2003/71, BGBl I 2010/111)
4. An die Stelle von 60% der (Gesamt)Bemessungsgrundlage treten jeweils 66% hievon.
5. (aufgehoben)

   (BGBl I 2003/71)

(BGBl 1993/335, BGBl 1994/20, BGBl 1996/201, BGBl I 1997/139, BGBl I 2000/92, BGBl I 2001/33)

§ 284a. (aufgehoben)

(BGBl I 1997/139)

Erhöhung der Leistungen aus den Versicherungsfällen des Alters bei Inanspruchnahme einer Teilpension oder bei Wegfall der Pension

§ 284b. (aufgehoben)

(BGBl I 2003/71)

Erhöhung der Knappschaftsalterspension bei Aufschub der Geltendmachung des Anspruches

§ 284c. Für die Erhöhung der Knappschaftsalterspension bei Aufschub der Geltendmachung des Anspruches ist § 261c so anzuwenden, dass an die Stelle des Prozentsatzes von 91,76 der Prozentsatz von 99,79 tritt.

(BGBl 1993/335, BGBl I 2000/92, BGBl I 2001/33, BGBl I 2003/145)

Knappschaftspension, Ausmaß

§ 285. (1) Die Knappschaftspension besteht aus den in den §§ 261 Abs. 1 und 284 Z 1 angeführten Bestandteilen.

(BGBl 1993/335, BGBl I 2000/92, BGBl I 2001/33, BGBl I 2003/145)

(2) Die Höhe des Prozentsatzes des Steigerungsbetrages ist die Summe der erworbenen Steigerungspunkte, wobei für jeden Versicherungsmonat ein Zehntel eines Steigerungspunktes gebührt.

(BGBl I 1997/139)

(3) Bei Inanspruchnahme der Knappschaftspension vor Vollendung des 50. Lebensjahres ist jeder Monat ab dem Stichtag (§ 223 Abs. 2) bis zum Monatsersten nach Vollendung des 50. Lebensjahres bei der Berechnung der Steigerungspunkte gemäß Abs. 2 einem Versicherungsmonat mit der Maßgabe gleichzuhalten, daß die Summe der Steigerungspunkte 28 nicht übersteigen darf. Fällt der Zeitpunkt der Vollendung des 50. Lebensjahres selbst auf einen Monatsersten, so gilt dieser Tag als Monatserster im Sinne des ersten Satzes.

(BGBl I 1997/139)

(4) Bei der Bemessung des Steigerungsbetrages und des besonderen Steigerungsbetrages sind nur Versicherungsmonate der knappschaftlichen Pensionsversicherung und Beitragsmonate aus der Angestelltenversicherung gemäß § 235 Abs. 2 bis zum Höchstausmaß von 280 Versicherungsmonaten zu berücksichtigen.

(5) Als monatlicher Leistungszuschlag gebühren für je zwölf Monate wesentlich bergmännischer Tätigkeit oder ihr gleichgestellter Tätigkeit (§ 236 Abs. 6) 0,15% der Bemessungsgrundlage. § 284 Z 1 zweiter Satz ist hiebei anzuwenden.

(BGBl 1996/201, BGBl I 1997/139, BGBl I 2000/92, BGBl I 2001/33)

Kinderzuschüsse

§ 286. Zu den Leistungen aus den Versicherungsfällen des Alters, ausgenommen den Knappschaftssold, und zur Knappschaftsvollpension werden Kinderzuschüsse gewährt. Für sie gilt § 262 entsprechend.

Hilflosenzuschuß

§ 287. (aufgehoben)

Bergmannstreuegeld, Ausmaß

§ 288. (1) Das Bergmannstreuegeld beträgt für jedes volle Jahr einer Gewinnungshauertätigkeit oder ihr gleichgestellten Tätigkeit (§ 281 Abs. 3), während dessen Knappschaftssold bezogen wurde oder hätte bezogen werden können, 1 204,70 €[a)], insgesamt jedoch höchstens das 10fache dieses Betrages. An die Stelle dieses Betrages tritt ab 1. Jänner eines jeden Jahres der unter Bedachtnahme auf § 108 Abs. 6 mit dem jeweiligen Anpassungsfaktor (§ 108f) vervielfachte Betrag.

(BGBl I 2001/67, BGBl I 2003/145, BGBl I 2004/142)

[a)] Betrag siehe VO über veränderliche Werte.

(2) Auf das Bergmannstreuegeld kann dem Versicherten vor dessen Anfall eine Vorauszahlung einmalig gewährt werden. Diese darf die Hälfte des im Zeitpunkt der Vorauszahlung erworbenen Ausmaßes nicht übersteigen.

Hinterbliebenenpensionen, Ausmaß

§ 289. Für das Ausmaß der Hinterbliebenenpensionen und für die Abfertigung der Witwen(Witwer)pension gelten die §§ 264 bis 267 mit der Maßgabe, daß im § 264 Abs. 1 Z 3 das Gesamtausmaß der Pension 87 vH der Bemessungsgrundlage nicht übersteigen darf und an die Stelle der Invaliditätspension die Knappschaftsvollpension und an die Stelle der Alterspension die Knappschaftsalterspension tritt.

(BGBl 1993/335, BGBl I 2003/71)

Ausstattungsbeitrag

§ 290. (aufgehoben)

Abfindung

§ 291. § 269 ist entsprechend anzuwenden.

Abschnitt IVa
Härteausgleichsfonds des Bundesministers für soziale Sicherheit, Generationen und Konsumentenschutz in der Pensionsversicherung

§ 291a. (aufgehoben)

(BGBl I 2013/86)

§ 291b. (aufgehoben)

(BGBl I 2013/86)

§ 291c. (aufgehoben)

(BGBl I 2013/86)

§ 291d. (aufgehoben)

(BGBl I 2013/86)

§ 291e. (aufgehoben)

(BGBl I 2013/86)

§ 291f. (aufgehoben)

(BGBl I 2013/86)

§ 291g. (aufgehoben)

(BGBl I 2013/86)

§ 291h. (aufgehoben)

(BGBl I 2013/86)

§ 291i. (aufgehoben)

(BGBl I 2013/86)

§ 291j. (aufgehoben)

(BGBl I 2013/86)

Abschnitt V
Ausgleichszulage zu Pensionen aus der Pensionsversicherung

Voraussetzungen für den Anspruch auf Ausgleichszulage

§ 292. (1) Erreicht die Pension zuzüglich eines aus übrigen Einkünften des Pensionsberechtigten erwachsenden Nettoeinkommens und der gemäß § 294 zu berücksichtigenden Beträge nicht die Höhe des für ihn geltenden Richtsatzes (§ 293), so hat der Pensionsberechtigte, solange er seinen rechtmäßigen, gewöhnlichen Aufenthalt im Inland hat, nach Maßgabe der Bestimmungen dieses Abschnittes Anspruch auf eine Ausgleichszulage zur Pension.

(BGBl 1996/411, BGBl I 1997/139, BGBl I 2003/71, BGBl I 2010/111)

(2) Bei Feststellung des Anspruches nach Abs. 1 ist auch das gesamte Nettoeinkommen des (der) im gemeinsamen Haushalt lebenden Ehegatten (Ehegattin) oder eingetragenen Partners (eingetragenen Partnerin) unter Bedachtnahme auf § 294 Abs. 4 zu berücksichtigen.

(BGBl I 2009/135)

(3) Nettoeinkommen im Sinne der Abs. 1 und 2 ist, soweit im folgenden nichts anderes bestimmt wird, die Summe sämtlicher Einkünfte in Geld oder Geldeswert nach Ausgleich mit Verlusten und vermindert um die gesetzlich geregelten Abzüge. Für die Bewertung der Sachbezüge gilt, soweit nicht Abs. 8 anzuwenden ist, die Bewertung für Zwecke der Lohnsteuer mit der Maßgabe, daß als Wert der vollen freien Station der Betrag von 216,78 €[a] heranzuziehen ist; an die Stelle dieses Betrages tritt ab 1. Jänner eines jeden Jahres, erstmals ab 1. Jänner 1994, der unter Bedachtnahme auf § 108 Abs. 6 mit dem Anpassungsfaktor (§ 108f) vervielfachte Betrag. Im Falle des Bezuges einer Hinterbliebenenpension (§ 257) vermindert sich dieser Betrag, wenn für die Ermittlung der Ausgleichszulage zur Pension des verstorbenen Ehegatten/der verstorbenen Ehegattin oder des verstorbenen eingetragenen Partners/der verstorbenen eingetragenen Partnerin (Elternteiles) Abs. 8 anzuwenden war oder anzuwenden gewesen wäre und der (die) Hinterbliebene nicht Eigentümer (Miteigentümer) des land(forst)wirtschaftlichen Betriebes war, für Einheitswerte unter 4 400 € im Verhältnis des maßgeblichen Einheitswertes zu dem genannten Einheitswert, gerundet auf Cent; Entsprechendes gilt auch bei der Bewertung von sonstigen Sachbezügen.

(BGBl 1994/20, BGBl I 2001/67, BGBl I 2004/142, BGBl I 2009/135)

[a] Betrag siehe VO über veränderliche Werte.

(4) Bei Anwendung der Abs. 1 bis 3 haben außer Betracht zu bleiben:

a) die Wohnbeihilfe nach dem Wohnbauförderungsgesetz 1968, BGBl. Nr. 280/1967, bzw. nach dem Wohnungsverbesserungsgesetz, BGBl. Nr. 426/1969, und vom Bund, den Ländern oder Gemeinden zur Erleichterung der Tragung des Mietzinsaufwandes (der Mietzinsmehrbelastung) gewährte Beihilfen (Abgeltungsbeträge);

b) die Beihilfen nach den besonderen Vorschriften über den Familienlastenausgleich sowie die Beihilfen nach dem Studienförderungsgesetz 1992 und dem Schülerbeihilfengesetz;

c) die Kinderzuschüsse sowie die Renten(Pensions)sonderzahlungen aus der Sozialversicherung, die Kinderzuschüsse aus der Pensionsversicherung jedoch nur dann, wenn sich der Richtsatz nach § 293 Abs. 1 zweiter Satz nicht erhöht, oder für jedes Kind, für das eine solche Richtsatzerhöhung gebührt, nur in der Höhe des 29,07 € übersteigenden Betrages;

(BGBl I 2010/63)

d) Einkünfte, die wegen des besonderen körperlichen Zustandes gewährt werden (Pflegegeld, Blindenzulagen, Schwerstbeschädigtenzulagen, Zuschüsse zu den Kosten für Diätverpflegung und dergleichen);

(BGBl 1993/110)

e) Bezüge aus Unterhaltsansprüchen privater Art, die nach § 294 berücksichtigt werden;

f) Bezüge aus Leistungen der Sozialhilfe und der freien Wohlfahrtspflege;

g) einmalige Unterstützungen der gesetzlichen beruflichen Vertretungen, Gewerkschafts- und Betriebsratsunterstützungen und Gnadenpensionen;

(BGBl 1993/335)

h) von Lehrlingsentschädigungen ein Betrag von 149,49 €[a] monatlich; an die Stelle dieses Betrages tritt ab 1. Jänner eines jeden Jahres der unter Bedachtnahme auf § 108 Abs. 6 mit der jeweiligen Aufwertungszahl (§ 108a Abs. 1) vervielfachte Betrag;

(BGBl 1993/335, BGBl I 2001/67, BGBl I 2004/142)

[a] Betrag siehe VO über veränderliche Werte.

i) nach dem Kriegsopferversorgungsgesetz 1957, BGBl. Nr. 152, und dem Opferfürsorgegesetz, BGBl. Nr. 183/1947, gewährte Grund- und Elternrenten, ein Drittel der nach dem Heeresversorgungsgesetz, BGBl. Nr. 27/1964, gewährten Beschädigten- und Witwenrenten sowie die Elternrenten einschließlich einer allfälligen Zusatzrente (§§ 23 Abs. 3, 33 Abs. 1 bzw. 44 Abs. 1 und 45 Heeresversorgungsgesetz), ferner eine nach ausländischen Rechtsvorschriften gewährte Rentenleistung, die aus dem Anlaß des Kampfes oder des Einsatzes gegen den Nationalsozialismus gebührt;

k) Leistungen auf Grund der Bestimmungen des Teiles I des österreichisch-deutschen Finanz- und Ausgleichsvertrages, BGBl. Nr. 283/1962;

l) Leistungen auf Grund der Aufgabe, Übergabe, Verpachtung oder anderweitigen Überlassung eines land(forst)wirtschaftlichen Betriebes, wenn Abs. 8 bzw. Abs. 9 zur Anwendung gelangt;

m) nach dem Bundesgesetz über die Gewährung von Hilfeleistungen an Opfer von Verbrechen, BGBl. Nr. 288/1972, gewährte Geldleistungen;

(BGBl I 2001/103)

n) das Kinderbetreuungsgeld nach dem Kinderbetreuungsgeldgesetz;

(BGBl I 2001/103, BGBl I 2005/71)

o) Versehrtengeld nach § 149g Abs. 3 BSVG;

(BGBl I 2005/71, BGBl I 2009/83)

p) Zins- und Kapitalerträge nach Abzug der Kapitalertragsteuer (§ 95 EStG 1988), wenn diese den Betrag von 50 €[a] jährlich nicht übersteigen; an die Stelle dieses Betrages tritt ab 1. Jänner eines jeden Jahres, erstmals ab 1. Jänner 2010, der unter Bedachtnahme auf § 108 Abs. 6 mit der jeweiligen Aufwertungszahl (§ 108a Abs. 1) vervielfachte Betrag, gerundet auf volle Euro;

(BGBl I 2009/83, BGBl I 2010/62, BGBl I 2012/17)

[a] Betrag siehe VO über veränderliche Werte.

r) das Taschengeld nach § 8 Abs. 4 Z 6 des Freiwilligengesetzes„;“

(BGBl I 2012/17, BGBl I 2013/3, BGBl I 2019/84)

„s)[a] der Ausgleichszulagenbonus/Pensionsbonus nach § 299a.“

(BGBl I 2005/71, BGBl I 2009/83, BGBl I 2019/84)

[a] Tritt mit 1. Jänner 2020 in Kraft.

(5) Der Ermittlung des Nettoeinkommens aus einem land(forst)wirtschaftlichen Betrieb sind 70 vH des Versicherungswertes (§ 23 des Bauern-Sozialversicherungsgesetzes) dieses Betriebes zugrunde zu legen. § 23 Abs. 10 des Bauern-Sozialversicherungsgesetzes ist hiebei nicht anzuwenden. Dieser Betrag, gerundet auf Cent, gilt als monatliches Nettoeinkommen aus einem land(forst)wirtschaftlichen Betrieb.

(BGBl I 2001/67, BGBl I 2002/140)

(6) (aufgehoben)

(7) Steht das Recht zur Bewirtschaftung des land(forst)wirtschaftlichen Betriebes auf eigene Rechnung und Gefahr nicht einer einzigen Person zu, so gilt das gemäß Abs. 5 ermittelte Nettoeinkommen nur im Verhältnis der Anteile am land(forst)wirtschaftlichen Betrieb als Nettoeinkommen.

(8) Wurde die Bewirtschaftung eines land(forst)wirtschaftlichen Betriebes aufgegeben, der Betrieb übergeben, verpachtet oder auf andere Weise jemandem zur Bewirtschaftung überlassen, so ist bei Ermittlung des Einkommens des bisherigen Eigentümers (des Verpächters) ohne Rücksicht auf Art und Ausmaß der ausbedungenen Leistungen vom Einheitswert der übergebenen, verpachteten oder zur Bewirtschaftung überlassenen land(forst)wirtschaftlichen Flächen auszugehen, sofern die Übergabe (Verpachtung, Überlassung) nicht mehr als zehn Jahre, gerechnet vom Stichtag, zurückliegt. Bei einer Übergabe (Verpachtung, Überlassung) vor dem Stichtag ist vom durchschnittlichen Einheitswert (Abs. 10), in allen übrigen Fällen von dem auf die übergebenen Flächen entfallenden Einheitswert im Zeitpunkt der Übergabe (Verpachtung, Überlassung) auszugehen. Als monatliches Einkommen gilt für Personen, die mit dem Ehegatten (der Ehegattin) oder dem/der eingetragenen PartnerIn im gemeinsamen Haushalt leben, bei einem Einheitswert von 5 600 € und darüber sowie bei alleinstehenden Personen bei einem Einheitswert von 3 900 € und darüber ein Betrag von 13% des jeweiligen Richtsatzes, und zwar

1. für alleinstehende Personen und für Pensionsberechtigte auf Witwen(Witwer)pension

bzw. auf Waisenpension des Richtsatzes nach § 293 Abs. 1 lit. a bb,

2. für alle übrigen Personen des Richtsatzes nach § 293 Abs. 1 lit. a aa,

gerundet auf Cent. Diese Beträge vermindern sich für Einheitswerte unter 5 600 € und 3 900 € im Verhältnis des maßgeblichen Einheitswertes zu den genannten Einheitswerten, gerundet auf Cent. Abs. 7 ist entsprechend anzuwenden.

(BGBl I 1997/139, BGBl I 2000/92, BGBl I 2001/33, BGBl I 2001/67, BGBl I 2002/1, BGBl I 2003/71, BGBl I 2009/135, BGBl I 2010/111, BGBl I 2012/35)

(9) Ist die Gewährung von Gegenleistungen (Ausgedingsleistungen) aus einem übergebenen (aufgegebenen) land(forst)wirtschaftlichen Betrieb in Geld oder Güterform (landwirtschaftliche Produkte, unentgeltlich beigestellte Unterkunft) aus Gründen, die der Einflußnahme des Ausgleichszulagenwerbers entzogen sind, am Stichtag zur Gänze ausgeschlossen oder später unmöglich geworden, so hat eine Ermittlung des Einkommens des bisherigen Eigentümers (Verpächters) zu unterbleiben, und zwar so lange, wie diese Voraussetzungen zutreffen und die Unterlassung der Erbringung von Ausgedingsleistungen dem Ausgleichszulagenwerber nicht zugerechnet werden kann.

(10) Soweit ein durchschnittlicher Einheitswert gemäß Abs. 8 heranzuziehen ist, ist er durch eine Teilung der Summe der Einheitswerte, die für den land(forst)wirtschaftlichen Betrieb in den einzelnen der letzten 120 Kalendermonate vor dem Stichtag im Sinne des Abs. 11 in Betracht kommen, durch die Anzahl der Monate während dieses Zeitraumes, in denen der land(forst)wirtschaftliche Betrieb (ein Teil dieses Betriebes) noch nicht übergeben (verpachtet, überlassen) war, zu ermitteln.

(11) Bei der Berücksichtigung der Einheitswerte für jeden nach Abs. 10 in Betracht kommenden Monat ist von dem jeweils für den land(forst)wirtschaftlichen Betrieb bzw. die land(forst)wirtschaftliche Fläche festgestellten Einheitswert unter Hinzurechnung der Einheitswerte der verpachteten, aber ohne die zugepachteten Flächen auszugehen.

(12) Als Einheitswert im Sinne der Abs. 8, 10 und 11 gilt der für Zwecke der Sozialversicherung maßgebliche Einheitswert. Einheitswerte aus der Zeit vor dem 1. Jänner 1983 sind mit dem Faktor 1,1575 zu vervielfachen.

(13) In den Fällen des § 100 Abs. 2 erster Satz bleibt für die Anwendung der Abs. 8, 10 und 11 der Stichtag der erloschenen Pension weiterhin maßgebend. Das gleiche gilt für den Anfall einer Hinterbliebenenpension nach einem Pensionsempfänger, sofern der Anspruchsberechtigte auf Hinterbliebenenpension Eigentümer bzw. Miteigentümer des übergebenen (verpachteten, überlassenen) Betriebes bzw. der Fläche gewesen ist.

(14) Bestehen begründete Zweifel am gewöhnlichen Aufenthalt im Inland nach Abs. 1, so ist ein Verfahren zur Entziehung der Ausgleichszulage einzuleiten. In diesem Verfahren ist der Beweis für den gewöhnlichen Aufenthalt im Inland von der pensionsbeziehenden Person zu erbringen.

(BGBl I 2009/147)

Richtsätze

§ 293. (1) Der Richtsatz beträgt unbeschadet des Abs. 2

a) für Pensionsberechtigte aus eigener Pensionsversicherung,

   aa) wenn sie mit dem Ehegatten (der Ehegattin) oder dem/der eingetragenen PartnerIn im gemeinsamen Haushalt leben .... 1 120,00 €[a)],

   (BGBl I 2001/67, BGBl I 2003/8, BGBl I 2003/71, BGBl I 2006/169, BGBl I 2007/101, BGBl I 2009/135)

   bb) wenn die Voraussetzungen nach sublit. aa nicht zutreffen ~~und sublit. cc nicht anzuwenden ist~~[a)] .... 882,78 €[a)],

   (BGBl I 2001/67, BGBl I 2005/132, BGBl I 2006/169, BGBl I 2007/101, BGBl I 2017/29, BGBl I 2019/84)

   [a)] Tritt mit 1. Jänner 2020 in Kraft.

   cc)[a)] wenn die Voraussetzungen nach sublit. aa nicht zutreffen und die pensionsberechtigte Person mindestens 360 Beitragsmonate der Pflichtversicherung auf Grund einer Erwerbstätigkeit erworben hat................ 1 000 €,

   (BGBl I 2017/29, BGBl I 2019/84)

   [a)] Tritt mit Ablauf des 31. Dezember 2019 außer Kraft.

b) für Pensionsberechtigte auf Witwen(Witwer)pension oder Pension nach § 259 .... 747,00 €[a)],

   (BGBl I 2001/67, BGBl I 2005/132, BGBl I 2006/169, BGBl I 2007/101, BGBl I 2009/135)

c) für Pensionsberechtigte auf Waisenpension:

   aa) bis zur Vollendung des 24. Lebensjahres .... 274,76 €[a)], falls beide Elternteile verstorben sind .... 412,54 €[a)],

   (BGBl I 2001/67, BGBl I 2006/169)

   bb) nach Vollendung des 24. Lebensjahres .... 488,24 €[a)], falls beide Elternteile verstorben sind .... 747,00 €[a)].

   (BGBl I 2001/67, BGBl I 2005/132, BGBl I 2006/169, BGBl I 2007/101)

Der Richtsatz nach lit. a erhöht sich um 120,96 €[a)] für jedes Kind (§ 252), dessen Nettoeinkommen den Richtsatz für einfach verwaiste Kinder bis zur Vollendung des 24. Lebensjahres nicht erreicht.

[a)] Beträge siehe VO über veränderliche Werte.

(BGBl 1994/20, BGBl I 2000/1, BGBl I 2001/

67, BGBl I 2006/169, BGBl I 2007/101, BGBl I 2010/63)

(2) An die Stelle der Richtsätze und der Richtsatzerhöhung gemäß Abs. 1 treten ab 1. Jänner eines jeden Jahres, erstmals ab 1. Jänner 2001, die unter Bedachtnahme auf § 108 Abs. 6 mit dem Anpassungsfaktor (§ 108f) vervielfachten Beträge.

(BGBl 1994/20, BGBl I 2000/1, BGBl I 2000/92, BGBl I 2001/33, BGBl I 2004/142)

(3) Hat eine Person Anspruch auf mehrere Pensionen aus einer Pensionsversicherung nach diesem oder einem anderen Bundesgesetz, so ist der höchste der in Betracht kommenden Richtsätze anzuwenden. In diesem Fall gebührt die Ausgleichszulage zu der Pension, zu der vor Anfall der weiteren Pension Anspruch auf Ausgleichszulage bestanden hat, sonst zur höheren Pension.

(4) Haben beide Ehegatten oder eingetragenen PartnerInnen Anspruch auf eine Pension aus einer Pensionsversicherung nach diesem oder einem anderen Bundesgesetz und leben sie im gemeinsamen Haushalt, so besteht der Anspruch auf Ausgleichszulage bei der Pension, bei der er früher entstanden ist.

(BGBl I 2009/135)

(5) (aufgehoben)

(BGBl 1996/411)

Unterhaltsansprüche und Nettoeinkommen

§ 294. (1) Bei Anwendung des § 292 sind Unterhaltsansprüche des Pensionsberechtigten gegen

a) (aufgehoben)
(BGBl I 2000/67)

b) (aufgehoben)
(BGBl I 2001/37)

c) die Eltern, sofern sie mit dem Pensionsberechtigten im gemeinsamen Haushalt leben,

gleichviel ob und in welcher Höhe die Unterhaltsleistung tatsächlich erbracht wird, dadurch zu berücksichtigen, daß dem Nettoeinkommen des Pensionsberechtigten in den Fällen der lit. c 12,5 vH des monatlichen Nettoeinkommens der dort genannten Personen zuzurechnen sind. Der so festgestellte Betrag vermindert sich jedoch in dem Ausmaß, in dem das dem Verpflichteten verbleibende Nettoeinkommen den Richtsatz gemäß § 293 Abs. 1 lit. b unterschreitet.

(BGBl I 2000/67, BGBl I 2001/37)

(2) Ist eine der im Abs. 1 angeführten Personen auch gegenüber anderen Angehörigen als dem Pensionsberechtigten unterhaltspflichtig, so ist der nach Abs. 1 in Betracht kommende Hundertsatz des monatlichen Nettoeinkommens für jeden dieser Unterhaltsberechtigten um 2 vH zu vermindern.

(3) Eine Zurechnung zum Nettoeinkommen erfolgt nur in der Höhe eines Vierzehntels der jährlich tatsächlich zufließenden Unterhaltsleistung, wenn die nach Abs. 1 und 2 berechnete Unterhaltsforderung der Höhe nach trotz durchgeführter Zwangsmaßnahmen einschließlich gerichtlicher Exekutionsführung uneinbringlich oder die Verfolgung eines Unterhaltsanspruches in dieser Höhe offenbar aussichtslos oder offenbar unzumutbar ist.

(BGBl 1993/335, BGBl I 2000/67, BGBl I 2001/37, BGBl I 2002/1)

(4) Wenn und solange das Nettoeinkommen des (der) im gemeinsamen Haushalt lebenden Ehegatten (Ehegattin) oder eingetragenen Partners (eingetragenen Partnerin) (§ 292 Abs. 2) nicht nachgewiesen wird, ist es in der Höhe des Dreißigfachen der Höchstbeitragsgrundlage in der Pensionsversicherung (§ 45 Abs. 1) anzunehmen.

(BGBl I 2009/135)

(5) (aufgehoben)

(BGBl 1993/335, BGBl I 2009/83)

Anwendung der Bestimmungen über die Pensionen auf die Ausgleichszulage

§ 295. (1) Soweit in diesem Bundesgesetz nichts anderes bestimmt ist, sind auf die Ausgleichszulage, auf das bei der Feststellung der Ausgleichszulage zu beobachtende Verfahren und auf das Leistungsstreitverfahren über die Ausgleichszulage die Bestimmungen dieses Bundesgesetzes über die Pensionen aus der Pensionsversicherung anzuwenden.

(2) Bei Anwendung der §§ 90, 95 und 96 ist die Ausgleichszulage außer Betracht zu lassen.

Höhe und Feststellung der Ausgleichszulage

§ 296. (1) Die Ausgleichszulage gebührt in der Höhe des Unterschiedes zwischen der Summe aus Pension, Nettoeinkommen (§ 292) und den gemäß § 294 zu berücksichtigenden Beträgen einerseits und dem Richtsatz (§ 293) andererseits.

(2) Die Ausgleichszulage ist erstmalig auf Grund des Pensionsantrages festzustellen. Sie gebührt ab dem Tag, an dem die Voraussetzungen für den Anspruch erfüllt sind. Wird die Ausgleichszulage erst nach dem Zeitpunkt der Erfüllung der Voraussetzungen beantragt, so gebührt sie frühestens ab dem Beginn des vor dem Tag der Antragstellung liegenden vollen Kalendermonates. Der Anspruch auf Ausgleichszulage endet mit dem Ende des Monates, in dem die Voraussetzungen für den Anspruch wegfallen. Das gleiche gilt für die Erhöhung bzw. Herabsetzung der Ausgleichszulage. Ist die Herabsetzung der Ausgleichszulage in einer auf Grund gesetzlicher Vorschriften erfolgten Änderung des Ausmaßes der Pension oder des aus übrigen Einkünften des Pensionsberechtigten erwachsenden Nettoeinkommens (§ 292) begründet, so wird sie mit dem Ende des der Änderung vorangehenden Monates wirksam. Erhöhungen der Ausgleichszulage auf Grund der Bestimmungen der §§ 292 Abs. 4 lit. h und 293 Abs. 2 sind von Amts wegen festzustellen.

(3) Bei einer Änderung der für die Zuerkennung der Ausgleichszulage maßgebenden Sach- und Rechtslage hat der Träger der Pensionsversicherung die Ausgleichszulage auf Antrag des Berechtigten oder von Amts wegen neu festzustellen.

(4) Entsteht durch eine rückwirkende Zuerkennung oder Erhöhung einer Leistung aus einer Pensionsversicherung ein Überbezug an Ausgleichszulage, so ist dieser Überbezug gegen die Pensionsnachzahlung aufzurechnen. Dies gilt auch dann, wenn Anspruchsberechtigter auf die Pensionsnachzahlung der (die) im gemeinsamen Haushalt lebende Ehegatte (Ehegattin) oder eingetragene PartnerIn ist.

(BGBl I 2009/135)

(5) Hat der Pensionsberechtigte in einem Kalenderjahr sonstige monatliche Nettoeinkünfte weniger als 14mal jährlich oder in unterschiedlicher Höhe bezogen, kann er beim leistungszuständigen Versicherungsträger bis 31. März des folgenden Kalenderjahres die Durchführung eines Jahresausgleiches beantragen. Der Jahresausgleich kann im Verlauf des folgenden Kalenderjahres auch von Amts wegen erfolgen.

(6) Die Durchführung des Jahresausgleiches hat nach folgenden Grundsätzen zu erfolgen:

1. Der Berechnung ist die Summe der in einem Kalenderjahr gemäß § 293 jeweils in Betracht kommenden Richtsätze für die Pensionen und für die Pensionssonderzahlungen zugrunde zu legen. Richtsatz für die Pensionssonderzahlungen ist der für die Monate Mai bzw. Oktober geltende Richtsatz.
2. Für Zeiträume, in denen wegen Auslandsaufenthaltes keine Ausgleichszulage gebührt hat, ist anstelle des Richtsatzes die Pensionshöhe anzusetzen, für Zeiträume, in denen die Pension wegen Haft ruht, die Pension in der den Angehörigen gebührenden Höhe.
3. Die Summe gemäß Z 1 und 2 ist um den Gesamtbetrag der im maßgeblichen Kalenderjahr gebührenden Pensionen einschließlich Sonderzahlungen und Ausgleichszulagen, des sonstigen Nettoeinkommens, der gemäß § 294 anzurechnenden Unterhaltsansprüche und der gemäß § 292 Abs. 5, 7, 8, 10 und 11 anzurechnenden Einkünfte aus land- und forstwirtschaftlichen Betrieben, erhöht um die für die Monate Mai bzw. Oktober anzurechnenden Unterhaltsansprüche bzw. Einkünfte zu vermindern. Ergibt sich dabei ein Mehrbetrag gegenüber dem zur Auszahlung gelangten Betrag an Ausgleichszulage, ist der Mehrbetrag dem Pensionsberechtigten zu erstatten.

(7) Die Bestimmungen der Absätze 5 und 6 gelten entsprechend auch für Fälle, in denen nur für Teile eines Kalenderjahres Anspruch auf die Pension bestanden hat.

Verwaltungshilfe der Träger der Sozialhilfe

§ 297. Der Träger der Pensionsversicherung kann, wenn nicht schon unter Berücksichtigung des ihm bekannten Nettoeinkommens der anzuwendende Richtsatz überschritten wird, zur Feststellung der Ausgleichszulage die Verwaltungshilfe des zuständigen Trägers der Sozialhilfe in Anspruch nehmen. Insbesondere kann der zuständige Träger der Sozialhilfe um die Ermittlung von Sachbezügen ersucht werden.

Verpflichtung zur Anzeige von Änderungen des Nettoeinkommens und des in Betracht kommenden Richtsatzes

§ 298. (1) Der Pensionsberechtigte, der eine Ausgleichszulage bezieht, ist verpflichtet, jede Änderung des Nettoeinkommens oder der Umstände, die eine Änderung des Richtsatzes bedingen, dem Träger der Pensionsversicherung gemäß § 40 anzuzeigen.

(2) Der Träger der Pensionsversicherung hat, beginnend mit dem Jahre 1976, jeden Pensionsberechtigten, der eine Ausgleichszulage bezieht, innerhalb von jeweils drei Jahren mindestens einmal zu einer Meldung seines Nettoeinkommens und seiner Unterhaltsansprüche sowie aller Umstände, die für die Höhe des Richtsatzes maßgebend sind, zu verhalten; bestehen begründete Zweifel am gewöhnlichen Aufenthalt der pensionsberechtigten Person im Inland, so hat dies mindestens einmal jährlich zu geschehen. Kommt der Pensionsberechtigte der Aufforderung des Versicherungsträgers innerhalb von zwei Monaten nach ihrer Zustellung nicht nach, so hat der Pensionsversicherungsträger die Ausgleichszulage mit dem dem Ablauf von weiteren zwei Monaten folgenden Monatsersten zurückzuhalten. Die Ausgleichszulage ist, sofern sie nicht wegzufallen hat, unter Bedachtnahme auf die Bestimmungen des § 296 nachzuzahlen, wenn der Pensionsberechtigte seine Meldepflicht erfüllt oder der Pensionsversicherungsträger auf andere Weise von der maßgebenden Sachlage Kenntnis erhalten hat.

(BGBl I 2009/147)

(3) Die Träger der Sozialhilfe haben bezüglich aller Bezieher einer Ausgleichszulage, die sich gewöhnlich in ihrem Zuständigkeitsbereich aufhalten, ihnen bekannt gewordene Änderungen des Nettoeinkommens oder der Umstände, die eine Änderung des Richtsatzes bedingen, dem Träger der Pensionsversicherung mitzuteilen.

Tragung des Aufwandes für die Ausgleichszulage[a)]

a) Siehe dazu jedoch auch § 2 FAG 2017, BGBl I 2016/116.

§ 299. (1) Die Ausgleichszulage ist unbeschadet der Bestimmungen des Abs. 2 von dem Land zu ersetzen, in dem der Sitz des Trägers der Sozialhilfe liegt, der für den Empfänger der Ausgleichszulage zuständig ist oder wäre. Der Ersatz für Ausgleichszulagen ist den einzelnen Trägern der Pensionsversicherung monatlich mit einem Betrag in der Höhe des voraussichtlichen Aufwandes der im folgenden Monat zur Auszahlung gelangenden Ausgleichszulagen zu bevorschussen.

(2) Eine Beteiligung des Bundes am Aufwand der ausgezahlten Ausgleichszulagen richtet sich nach dem jeweiligen Finanzausgleichsgesetz.

(3) Das Land hat die von ihm ersetzten Beträge an Ausgleichszulagen auf die Träger der Sozialhilfe des Landes in dem Verhältnis aufzuteilen, das sich aus den Betragssummen an Ausgleichszulage ergibt, die im jeweiligen Jahr an jene Empfänger der Ausgleichszulage überwiesen wurden, die in den verbandsangehörigen Gemeinden ihren ständigen Wohnsitz hatten.

(4) Die näheren Bestimmungen zur Durchführung der Abs. 1 bis 3 trifft der Bundesminister für soziale Verwaltung im Einvernehmen mit dem Bundesminister für Finanzen und dem Bundesminister für Inneres.

„Ausgleichszulagenbonus/Pensionsbonus

§ 299a.[a)] (1) Langzeitversicherten Personen gebührt, solange sie ihren rechtmäßigen, gewöhnlichen Aufenthalt im Inland haben, zur Ausgleichszulage nach § 293 Abs. 1 lit. a sublit. bb oder zur Pension aus eigener Pensionsversicherung ein Bonus (Ausgleichszulagenbonus/Pensionsbonus), wenn sie

1. bis zum Stichtag (§ 223 Abs. 2) mindestens 360 Beitragsmonate der Pflichtversicherung auf Grund einer Erwerbstätigkeit erworben haben und
2. ihr Gesamteinkommen (Abs. 8) 1 080 € nicht übersteigt.

(2) Die Höhe des Bonus nach Abs. 1 ergibt sich aus der Differenz von 1 080 € und dem Gesamteinkommen und ist mit 146,94 € begrenzt.

(3) Langzeitversicherten Personen gebührt, solange sie ihren rechtmäßigen, gewöhnlichen Aufenthalt im Inland haben, zur Ausgleichszulage nach § 293 Abs. 1 lit. a sublit. bb oder zur Pension aus eigener Pensionsversicherung ein Bonus (Ausgleichszulagenbonus/Pensionsbonus), wenn sie

1. bis zum Stichtag (§ 223 Abs. 2) mindestens 480 Beitragsmonate der Pflichtversicherung auf Grund einer Erwerbstätigkeit erworben haben und“
2. ihr Gesamteinkommen (Abs. 8) 1 315 € nicht übersteigt.

(4) Die Höhe des Bonus nach Abs. 3 ergibt sich aus der Differenz von 1 315 € und dem Gesamteinkommen und ist mit 381,94 € begrenzt.

(5) Langzeitversicherten Personen, die mit dem Ehegatten bzw. der Ehegattin oder dem eingetragenen Partner bzw. der eingetragenen Partnerin im gemeinsamen Haushalt leben, gebührt, solange sie ihren rechtmäßigen, gewöhnlichen Aufenthalt im Inland haben, zur Ausgleichszulage nach § 293 Abs. 1 lit. a sublit. aa oder zur Pension aus eigener Pensionsversicherung ein Bonus (Ausgleichszulagenbonus/Pensionsbonus), wenn sie

1. bis zum Stichtag (§ 223 Abs. 2) mindestens 480 Beitragsmonate der Pflichtversicherung auf Grund einer Erwerbstätigkeit erworben haben und
2. ihr Gesamteinkommen (Abs. 8) samt dem Nettoeinkommen des/der im gemeinsamen Haushalt lebenden Ehegatten/Ehegattin oder eingetragenen Partners/Partnerin und der nach § 294 Abs. 4 zu berücksichtigenden Beträge 1 782 € nicht übersteigt.

(6) Die Höhe des Bonus nach Abs. 5 ergibt sich aus der Differenz von 1 782 € und dem Gesamteinkommen samt dem Nettoeinkommen des Ehegatten/der Ehegattin bzw. des eingetragenen Partners/der eingetragenen Partnerin und der zu berücksichtigenden Beträge nach § 294 Abs. 4 und ist mit 383,03 € begrenzt. Haben beide Eheleute (eingetragenen Partner bzw. Partnerinnen) einen Anspruch auf den Bonus nach Abs. 5, so gebührt er zu jener Pension, die früher entstanden ist.

(7) Als Beitragsmonate auf Grund einer Erwerbstätigkeit nach Abs. 1 Z 1, Abs. 3 Z1 und Abs. 5 Z 1 gelten auch

1. bis zu zwölf Versicherungsmonate für Zeiten eines Präsenz- oder Zivildienstes (§§ 8 Abs. 1 Z 2 lit. d und e oder 227 Abs. 1 Z 7 und 8 dieses Bundesgesetzes oder §§ 3 Abs. 3 Z 1 und 2 oder 116 Abs. 1 Z 3 GSVG oder §§ 4a Abs. 1 Z 1 und 2 oder 107 Abs. 1 Z 3 BSVG),
2. bis zu 60 Versicherungsmonate für Zeiten der Kindererziehung (§§ 8 Abs. 1 Z 2 lit. g, 227a oder 228a dieses Bundesgesetzes oder §§ 3 Abs. 3 Z 4, 116a oder 116b GSVG oder §§ 4a Abs. 1 Z 4, 107a oder 107b BSVG),wenn sie sich nicht mit Zeiten einer Pflichtversicherung in der Pensionsversicherung auf Grund einer Erwerbstätigkeit decken.

(8) Das Gesamteinkommen nach Abs. 1 Z 2, Abs. 3 Z 2 und Abs. 5 Z 2 besteht aus

1. der Pension samt einer allfälligen Ausgleichszulage, mit Ausnahme des auf die Richtsatzerhöhung nach § 293 Abs. 1 letzter Satz entfallenden Teiles,
2. dem Nettoeinkommen aus sonstigen Einkünften der pensionsberechtigten Person nach § 292 Abs. 3 bis 13 und
3. den auf Grund von Unterhaltsansprüchen der pensionsberechtigten Person nach § 294 Abs. 1 bis 3 zu berücksichtigenden Beträgen.

(9) An die Stelle der in den Abs. 1 bis 6 genannten Beträge treten ab 1. Jänner eines jeden Jahres, erstmals ab 1. Jänner 2021, die unter Bedachtnahme auf § 108 Abs. 6 mit dem Anpassungsfaktor (§ 108f) vervielfachten Beträge.

(10) Auf den Bonus nach den Abs. 1 bis 6 sind die Bestimmungen über die Ausgleichszulage nach den §§ 292 Abs. 14, 293 Abs. 3, 295, 296 Abs. 2 bis 7, 297, 298 und 299 sinngemäß anzuwenden. Der Bonus hat die Rechtswirkungen der Ausgleichszulage; die Befreiung nach § 3 Abs. 1 Z 4 lit. f EStG 1988 gilt nicht für den Bonus.“

(BGBl I 2019/84)

a) Tritt mit 1. Jänner 2020 in Kraft.

Abschnitt VI
Rehabilitation und Maßnahmen der Gesundheitsvorsorge

Aufgaben der Rehabilitation

§ 300. (1) Die Pensionsversicherungsträger

treffen Vorsorge für die Rehabilitation von Versicherten , Bezieher/inne/n von Rehabilitationsgeld sowie Bezieher/inne/n einer Pension aus einem Versicherungsfall der geminderten Arbeitsfähigkeit, ausgenommen eine Knappschaftspension, deren Arbeitskraft infolge einer körperlichen, geistigen oder psychischen Beeinträchtigung herabgesunken ist.

(BGBl I 2010/111, BGBl I 2017/38)

(2) (aufgehoben)

(BGBl I 2010/111)

(3) Die Rehabilitation umfaßt medizinische und berufliche Maßnahmen und, soweit dies zu ihrer Ergänzung erforderlich ist, soziale Maßnahmen mit dem Ziel, die zu rehabilitierenden Personen bis zu einem solchen Grad ihrer Leistungsfähigkeit herzustellen oder wiederherzustellen, der sie in die Lage versetzt, im beruflichen und wirtschaftlichen Leben und in der Gemeinschaft einen ihnen angemessenen Platz möglichst dauernd einnehmen zu können. Diese Maßnahmen dienen nach Möglichkeit dem Ziel, die Erwerbsfähigkeit in Bezug auf die bisher ausgeübte Tätigkeit wiederherzustellen.

(BGBl I 2010/111, BGBl I 2017/38)

(4) Die Gewährung von Maßnahmen zur Festigung der Gesundheit bzw. von Maßnahmen der Gesundheitsvorsorge (§§ 155 und 307d) zählt nicht zu den Aufgaben der Rehabilitation.

Maßnahmen der Rehabilitation

§ 301. (1) Zur Erreichung des im § 300 Abs. 3 angestrebten Zieles dienen die Maßnahmen nach den §§ 302 bis 304. Die Pensionsversicherungsträger gewähren diese Maßnahmen – unbeschadet der §§ 253e, 253f, 270a, 270b, 276e und 276f – nach pflichtgemäßem Ermessen.

(BGBl I 2010/111, BGBl I 2013/3, BGBl I 2017/29)

(2) Unter Berücksichtigung der Auslastung der eigenen Einrichtungen können die Pensionsversicherungsträger auch Angehörigen (§ 123) eines Versicherten oder eines Pensionisten oder Beziehern von Waisenpensionen (§ 260), die an einer körperlichen, geistigen oder psychischen Behinderung leiden, Maßnahmen der Rehabilitation gemäß § 302 Abs. 1 Z 1 und § 304 gewähren; ihre Gewährung ist an die Voraussetzung geknüpft, daß ohne diese Maßnahmen dem Versicherten (Pensionisten) Auslagen erwachsen würden, die seine wirtschaftlichen Verhältnisse übersteigen.

(BGBl I 1998/138)

Medizinische Maßnahmen

§ 302. (1) Die medizinischen Maßnahmen der Rehabilitation umfassen:

1. die Unterbringung in Krankenanstalten, die vorwiegend der Rehabilitation dienen;

1a. Maßnahmen der ambulanten Rehabilitation einschließlich der Telerehabilitation;

(BGBl I 2010/111, BGBl I 2019/8)

1b. Maßnahmen der medizinisch-berufsorientierten Rehabilitation;

(BGBl I 2017/38)

2. die Gewährung von Körperersatzstücken, orthopädischen Behelfen und anderen Hilfsmitteln einschließlich der notwendigen Änderung, Instandsetzung und Ersatzbeschaffung sowie der Ausbildung im Gebrauch der Hilfsmittel in sinngemäßer Anwendung des § 202;

3. die Gewährung ärztlicher Hilfe sowie die Versorgung mit Heilmitteln und Heilbehelfen, wenn diese Leistungen unmittelbar im Anschluß an eine oder im Zusammenhang mit einer der in Z 1 bis 2 genannten Maßnahmen erforderlich sind.

(BGBl I 2011/122)

4. (aufgehoben)

(BGBl 1996/411)

In den Fällen der Z 1 bis 3 sowie im Zusammenhang mit der körpergerechten Anpassung von Körperersatzstücken, orthopädischen Behelfen und anderen Hilfsmitteln können Reise- und Transportkosten nach Maßgabe der Bestimmungen der Satzung unter Bedachtnahme auf die wirtschaftlichen Verhältnisse des Versicherten bzw. Angehörigen übernommen werden.

(BGBl 1996/411)

(2) Die Maßnahmen nach Abs. 1 werden vom Pensionsversicherungsträger gewährt, wenn und soweit sie nicht aus einer gesetzlichen Krankenversicherung gewährt werden. Der Pensionsversicherungsträger kann die Gewährung der von einem Krankenversicherungsträger nach Maßgabe des § 154a zu erbringenden medizinischen Maßnahmen der Rehabilitation jederzeit an sich ziehen. Er tritt hinsichtlich dieser Maßnahmen dem Versicherten gegenüber in alle Pflichten und Rechte des Krankenversicherungsträgers ein, soweit die zu gewährenden Leistungen mit den medizinischen Maßnahmen der Rehabilitation in Zusammenhang stehen. Der Pensionsversicherungsträger hat in diesen Fällen dem Krankenversicherungsträger anzuzeigen, daß er von einem bestimmten Tag an die Gewährung übernimmt; von diesem Zeitpunkt an hat der Versicherte gegen den Krankenversicherungsträger keinen Anspruch auf die entsprechenden Leistungen der Krankenversicherung.

(3) **(Grundsatzbestimmung)** Nach Art. 12 Abs. 1 Z 1 B-VG gilt als Grundsatz, dass die Unfallversicherungsträger im Rahmen der im § 148 geregelten Beziehungen zu den landesgesundheitsfondsfinanzierten Krankenanstalten den Krankenversicherungsträgern gleichgestellt sind.

(BGBl 1996/764, BGBl I 2001/5, BGBl I 2004/179, BGBl I 2007/101)

(4) Werden Versicherte (PensionsbezieherInnen) für Rechnung des Pensionsversicherungsträgers in einer der in Abs. 1 Z 1 angeführten Einrichtungen untergebracht, so haben diese eine Zuzahlung zu leisten, deren Höhe sich nach § 154a

Abs. 7 zweiter bis vierter Satz richtet. Sie ist sogleich bei Antritt des Aufenthaltes im Voraus an den Pensionsversicherungsträger zu leisten und darf für jede versicherte (pensionsbeziehende) Person für höchstens 28 Tage pro Kalenderjahr eingehoben werden.

(BGBl 1996/201, BGBl I 2001/67, BGBl I 2004/142, BGBl I 2010/111)

Berufliche Maßnahmen

§ 303. Berufliche Maßnahmen der Rehabilitation werden versicherten Personen und Bezieher/innen/n von Rehabilitationsgeld auf deren Antrag nach pflichtgemäßem Ermessen erbracht. §198 ist anzuwenden. Die beruflichen Maßnahmen umfassen insbesondere auch Berufsfindungs- und Berufsorientierungsmaßnahmen sowie Arbeitstrainings.

(BGBl I 2013/3, BGBl I 2017/38)

Soziale Maßnahmen

§ 304. (1) Die sozialen Maßnahmen der Rehabilitation umfassen solche Leistungen, die über die medizinischen und beruflichen Maßnahmen der Rehabilitation hinaus geeignet sind, zur Erreichung des im § 300 Abs. 3 angestrebten Zieles beizutragen.

(2) Für die Gewährung von Maßnahmen des Pensionsversicherungsträgers gemäß Abs. 1 gilt § 201 Abs. 2 bis 4 entsprechend mit der Maßgabe, daß Zuschüsse im Sinne des § 201 Abs. 2 Z 1 und Z 2 lit. b nicht gewährt werden.

(3) Mittel der Pensionsversicherung können auch zur Förderung und Unterstützung von gemeinnützigen Einrichtungen, die die Förderung der wirtschaftlichen, sozialen und kulturellen Interessen von Sozialversicherten zum Ziele haben, mit der Maßgabe verwendet werden, daß die Träger der Pensionsversicherung für diese Zwecke in jedem Geschäftsjahr bis zu 0,005 vT der Erträge an Versicherungsbeiträgen aufwenden können.

Einleitung von Maßnahmen der Rehabilitation des Pensionsversicherungsträgers

§ 305. Die zu rehabilitierende Person ist vom Versicherungsträger unter Berücksichtigung der Ergebnisse eines Berufsfindungsverfahrens über das Ziel und die Möglichkeiten der Rehabilitation nachweislich in geeigneter Weise zu informieren und zu beraten. Sie hat bei der Durchführung der Maßnahmen der Rehabilitation entsprechend mitzuwirken.

(BGBl 1996/201, BGBl I 2010/111)

Übergangsgeld

§ 306. (1) Der Pensionsversicherungsträger hat dem Versicherten für die Dauer der Gewährung von medizinischen Maßnahmen der Rehabilitation oder einer Ausbildung gemäß § 198 Abs. 2 Z 1 ein Übergangsgeld zu leisten, wenn kein Anspruch auf Rehabilitationsgeld (§ 143a) oder Umschulungsgeld (§ 39b AlVG) besteht. Übergangsgeld für die Dauer der Gewährung von medizinischen Maßnahmen der Rehabilitation gebührt ab Beginn der 27. Woche nach dem letztmaligen Eintritt des Versicherungsfalles der Arbeitsunfähigkeit infolge Krankheit, der mit der Gewährung dieser Maßnahmen der Rehabilitation in Zusammenhang steht.

(BGBl I 1997/139, BGBl I 2010/111, BGBl I 2011/122, BGBl I 2013/3)

(2) Das Übergangsgeld gebührt monatlich im Ausmaß der Berechnungsgrundlage; Berechnungsgrundlage ist die Pension aus dem Versicherungsfall der geminderten Arbeitsfähigkeit, die zu diesem Zeitpunkt gebührt hätte. Die Berechnungsgrundlage ist für die Angehörigen des Versicherten (§ 123) zu erhöhen, und zwar für den Ehegatten/die Ehegattin oder den/die eingetragene PartnerIn um 10 vH und für jeden sonstigen Angehörigen um 5 vH. Das Übergangsgeld ist unter Bedachtnahme auf § 108 Abs. 6 mit Wirksamkeit ab 1. Jänner eines jeden Jahres mit dem Anpassungsfaktor zu vervielfachen.

(BGBl 1993/335, BGBl 1996/201, BGBl 1996/411, BGBl I 1997/139, BGBl I 2004/142, BGBl I 2009/135)

(3) Das Übergangsgeld nach Abs. 2 gebührt mindestens im Ausmaß des jeweils in Betracht kommenden Richtsatzes für die Ausgleichszulage; ist das sonst gebührende Krankengeld höher, gebührt das Übergangsgeld mindestens im Ausmaß dieses Betrages.

(4) Auf das Übergangsgeld sind ein dem Versicherten gebührendes Erwerbseinkommen, ein Wiedereingliederungsgeld bzw. Geldleistungen nach dem AlVG, ausgenommen die Notstandshilfe, oder eine Beihilfe zur Deckung des Lebensunterhaltes durch das Arbeitsmarktservice anzurechnen. Hinsichtlich der Ermittlung des Erwerbseinkommens aus einem land(forst)wirtschaftlichen Betrieb ist § 292 Abs. 5 und 7 entsprechend anzuwenden.

(BGBl 1994/314, BGBl I 1998/138, BGBl I 2009/83, BGBl I 2018/54)

(5) Während der Dauer einer Ausbildung gemäß § 198 Abs. 2 Z 1 kann der Pensionsversicherungsträger dem Versicherten einen Beitrag zu den Kosten des Unterhaltes für ihn und seine Angehörigen (§ 123) leisten, soweit billigerweise anzunehmen ist, daß der Versicherte die Kosten der bisherigen Lebensführung aus einem anderen Einkommen nicht decken kann.

(6) Der Pensionsversicherungsträger kann für die Dauer der Gewährung der im § 301 Abs. 2 bezeichneten medizinischen Maßnahmen der Rehabilitation an Angehörige (§ 123) dem Versicherten einen Beitrag zu den Kosten des Unterhaltes für ihn und seine Angehörigen gewähren, wenn der Versicherte im Zusammenhang mit der Inanspruchnahme der Rehabilitation durch den Angehörigen in dieser Zeit eine erhebliche finanzielle Mehrbelastung zu tragen hat.

Anspruch auf Pension während der Rehabilitation

§ 307. Für die Dauer der Gewährung von Maßnahmen der Rehabilitation besteht kein Anspruch auf eine Leistung aus einem Versicherungsfall der geminderten Arbeitsfähigkeit, ausgenommen der Anspruch auf Knappschaftspension. Der Anspruch auf eine solche vor der Gewährung von Maßnahmen der Rehabilitation angefallene Leistung wird hiedurch nicht berührt.

Übertragung der Durchführung von Maßnahmen der Rehabilitation, Kostenersatz

§ 307a. (1) Der Pensionsversicherungsträger kann die Durchführung von medizinischen Maßnahmen der Rehabilitation – mit Ausnahme der Fälle der §§ 253f, 270b und 276f – einem Krankenversicherungsträger übertragen. Er hat dem Krankenversicherungsträger die ausgewiesenen tatsächlichen Kosten zu ersetzen.

(BGBl I 2010/111, BGBl I 2013/3)

(2) Der Pensionsversicherungsträger kann die Durchführung von medizinischen bzw. beruflichen Maßnahmen der Rehabilitation dem Arbeitsmarktservice und Einrichtungen übertragen, die solche Maßnahmen durchführen. Er hat dem Arbeitsmarktservice und diesen Einrichtungen die ausgewiesenen tatsächlichen Kosten soweit zu ersetzen, als sie über das hinausgehen, was diese an Leistungen gewährt hätten, wäre ein Begehren auf solche Maßnahmen gestellt worden.

(BGBl 1994/314, BGBl I 2017/38)

(3) Die beteiligten Versicherungsträger bzw. der Pensionsversicherungsträger und das Arbeitsmarktservice können zur Abgeltung der Ersatzansprüche unter Bedachtnahme auf die Zahl der in Betracht kommenden Fälle und auf die Höhe der durchschnittlichen Kosten der in diesen Fällen gewährten beruflichen Maßnahmen der Rehabilitation die Zahlung jährlicher Pauschalbeträge vereinbaren.

(BGBl 1994/314)

(4) Die Pensionsversicherungsträger haben für Fälle, in denen sie nach § 367 Abs. 4 festgestellt haben, dass die Invalidität (Berufsunfähigkeit) voraussichtlich mindestens sechs Monate andauern wird und Anspruch auf berufliche Maßnahmen der Rehabilitation besteht, dem Arbeitsmarktservice jährlich die Kosten zu ersetzen, die diesem aus der Erbringung von beruflichen Maßnahmen der Rehabilitation entstehen. Akontierung und Abrechnung dieses Kostenersatzes richten sich nach § 16 des Arbeitsmarktpolitik-Finanzierungsgesetzes (AMPFG), BGBl. Nr. 315/1994.

(BGBl I 2013/3, BGBl I 2017/29)

(5) Der Pensionsversicherungsträger hat die Durchführung von beruflichen Maßnahmen der Rehabilitation nach § 253e (§ 270a, § 276e) dem Arbeitsmarktservice zu übertragen. Er hat dem Arbeitsmarktservice jährlich die Kosten zu ersetzen, die diesem aus der Erbringung von beruflichen Maßnahmen der Rehabilitation entstehen. Akontierung und Abrechnung dieses Kostenersatzes richten sich nach § 16 AMPFG.

(BGBl I 2017/38)

Versagung

§ 307b. Entzieht sich der Behinderte den Maßnahmen der Rehabilitation oder vereitelt oder gefährdet er durch sein Verhalten ihren Zweck, so sind, wenn ihm diese Maßnahmen unter Berücksichtigung der Dauer und des Umfanges seiner Ausbildung sowie der von ihm bisher ausgeübten Tätigkeit zumutbar sind, das Übergangsgeld und allfällige Zuschüsse und Zulagen zu versagen.

(BGBl 1996/201)

Vereinbarungen zur Durchführung der Rehabilitation

§ 307c. Die Pensionsversicherungsträger haben die von ihnen jeweils zu treffenden Maßnahmen der Rehabilitation mit den in Frage kommenden Versicherungsträgern, Dienststellen und Einrichtungen zu koordinieren und aufeinander abzustimmen. Zu diesem Zweck hat der Dachverband[a)] entsprechende Vereinbarungen herbeizuführen sowie in den gemäß § 31 Abs. 5 Z 20 zu erlassenden Richtlinien insbesondere folgendes zu regeln:

[a)] Bis 31. Dezember 2019 „Hauptverband".

1. Die Abgrenzung des Wirkungsbereiches bei der Gewährung der Maßnahmen der Rehabilitation zwischen den Trägern der Sozialversicherung untereinander und zwischen den Trägern der Sozialversicherung und dem Arbeitsmarktservice sowie den Bundesländern;
   (BGBl 1994/314)
2. das Verfahren zur rechtzeitigen Einleitung der Maßnahmen der Rehabilitation (Früherfassung);
3. die Kostentragung der Träger der Rehabilitation bei der Gewährung von Hilfsmitteln;
4. die Information und Beratung über Ziel und Möglichkeiten der Rehabilitation;
5. die Koordination der Versicherungsträger bei der Errichtung und beim Ausbau von Krankenanstalten, die vorwiegend der Rehabilitation dienen;
6. Grundsätze für die Gewährung der sozialen Maßnahmen der Rehabilitation;
7. Grundsätze für die Bemessung des Beitrages zu den Kosten des Unterhaltes (§§ 199 und 306);
8. Grundsätze für die Gewährung von Maßnahmen der Rehabilitation für die im § 300 Abs. 1 bezeichneten Pensionsbezieher.

(BGBl 1996/411, BGBl I 2018/100)

Gesundheitsvorsorge der Pensionsversicherungsträger

§ 307d. (1) Die Pensionsversicherungsträger können unter Berücksichtigung des Fortschrittes der medizinischen Wissenschaft, unter Bedachtnahme auf ihre finanzielle Leistungsfähigkeit und auf die Auslastung der zur Verfügung stehenden Einrichtungen Versicherten und Pensionisten geeignete Maßnahmen der Gesundheitsvorsorge gewähren.

(2) Als Maßnahmen im Sinne des Abs. 1 kommen insbesondere in Frage:

1. Aufenthalt in Kurorten bzw. Kuranstalten oder Zuschüsse zu einem solchen nach Maßgabe der vom Hauptverband hiezu erlassenen Richtlinien (§ 31 Abs. 5 Z 28);

   (BGBl 1996/201, BGBl I 2015/162)

1.[a] Aufenthalt in Kurorten bzw. Kuranstalten oder Zuschüsse zu einem solchen nach Maßgabe der vom Dachverband hiezu erlassenen Richtlinien (§ 30a Abs. 1 Z 28);

   (BGBl 1996/201, BGBl I 2015/162, BGBl I 2018/100)

[a] Tritt mit 1. Jänner 2020 in Kraft.

2. Unterbringung in Krankenanstalten, die vorwiegend der Rehabilitation dienen;

   (BGBl I 2015/162)

3. die Übernahme der Reise- und Transportkosten in den Fällen der Z 1 bis 4 nach Maßgabe der Bestimmungen der Satzung unter Bedachtnahme auf die wirtschaftlichen Verhältnisse des Versicherten bzw. Angehörigen.

   (BGBl I 2015/162)

§ 155 Abs. 3 gilt entsprechend;

(3) Die Pensionsversicherungsträger können Krankenanstalten, die vorwiegend der Rehabilitation dienen, für diagnostische Zwecke zugänglich machen.

(BGBl 1996/411)

(4) Die Pensionsversicherungsträger können Maßnahmen der Gesundheitsvorsorge auch Angehörigen (§ 123) eines Versicherten gewähren, sofern die Gefahr einer tuberkulösen Erkrankung besteht.

(5) Der Pensionsversicherungsträger kann die Durchführung von Maßnahmen der Gesundheitsvorsorge einem Krankenversicherungsträger übertragen. Er hat dem Krankenversicherungsträger die ausgewiesenen tatsächlichen Kosten zu ersetzen.

(6) Werden Versicherte (PensionsbezieherInnen) für Rechnung des Pensionsversicherungsträgers in einer der in Abs. 2 Z 1 bis 4 angeführten Einrichtungen (ausgenommen die Fälle der Zuschussgewährung durch den Pensionsversicherungsträger) untergebracht, so haben diese eine Zuzahlung zu leisten, deren Höhe sich nach § 154a Abs. 7 zweiter bis vierter Satz richtet. Sie ist sogleich bei Antritt des Aufenthaltes im Voraus an den Pensionsversicherungsträger zu leisten.

(BGBl 1996/201, BGBl I 2001/67, BGBl I 2004/142, BGBl I 2010/111)

Geldleistungen während der Gewährung von Maßnahmen der Gesundheitsvorsorge durch den Pensionsversicherungsträger

§ 307e. (1) Für die Dauer der Unterbringung eines Versicherten in einer der im § 307d Abs. 2 genannten Einrichtungen hat der Pensionsversicherungsträger dem Versicherten Familiengeld für seine Angehörigen (§ 123) bzw. Taggeld zu gewähren, wenn ein Krankengeldanspruch gemäß § 139 Abs. 1 bis 4 weggefallen ist. Das Familiengeld kann unmittelbar den Angehörigen ausbezahlt werden.

(BGBl 1993/335)

(2) Die Höhe des Familiengeldes bzw. des Taggeldes ist gemäß § 195 Abs. 2 bis 6 entsprechend zu ermitteln. Bei in der Pensionsversicherung Weiterversicherten sowie bei Personen, die aus der Weiterversicherung gemäß § 17 ausgeschieden sind, bzw. bei gemäß den §§ 16a und 18a Selbstversicherten ist hiebei das Dreißigfache der Beitragsgrundlage (§ 76a Abs. 1 bzw. Abs. 5) als Bemessungsgrundlage heranzuziehen, jedoch höchstens im Ausmaß des Dreißigfachen der um ein Sechstel ihres Betrages erhöhten Höchstbeitragsgrundlage (§ 45 Abs. 1).

(BGBl 1993/335, BGBl I 2001/67)

(3) § 143 Abs. 1 Z 3 erster Halbsatz ist entsprechend anzuwenden.

Pension und Maßnahmen der Gesundheitsvorsorge

§ 307f. Der Anspruch auf Pension wird unbeschadet eines allfälligen Ruhens nach § 90 durch die Unterbringung des Erkrankten in einer der im § 307d Abs. 2 genannten Einrichtungen nicht berührt. Familien- und Taggeld nach § 307e werden Pensionisten aus eigener Versicherung (ausgenommen Pensionsberechtigte, die in der Pensionsversicherung pflichtversichert sind oder deren Pension gemäß § 90 ruht) und Beziehern von Sonderunterstützung nach dem Sonderunterstützungsgesetz nicht gewährt.

Kompetenzzentrum Begutachtung

§ 307g. (1) Für die Erstellung von medizinischen, berufskundlichen und arbeitsmarktbezogenen Gutachten wird bei der Pensionsversicherungsanstalt ein „Kompetenzzentrum Begutachtung" eingerichtet. Zur Klärung arbeitsmarktbezogener Fragen ist bei Bedarf ein sachkundiger Vertreter/eine sachkundige Vertreterin des Arbeitsmarktservice beizuziehen.

(2) Bei der Erstellung von Gutachten in Angelegenheiten der Versicherungsfälle der geminderten Arbeitsfähigkeit und des Pflegegeldes im Sinne des Bundespflegegeldgesetzes sind die Standards der Fachgesellschaften betreffend die medizinische Begutachtung zu beachten.

(3) Die Gutachten in Angelegenheiten der beruflichen Rehabilitation sind unter Beachtung der Grundsätze nach den Richtlinien des Hauptverbandes (§ 31 Abs. 5 Z 36) zu erstellen.

(3)[a] Die Gutachten in Angelegenheiten der beruflichen Rehabilitation sind unter Beachtung der Grundsätze nach den Richtlinien des Dachverbandes (§ 30a Abs. 1 Z 35) zu erstellen.

(BGBl I 2018/100)

[a] Tritt mit 1. Jänner 2020 in Kraft.

(4) Für die Ausbildung von Personen, die zur Erstellung von Gutachten in Angelegenheiten der Versicherungsfälle der geminderten Arbeitsfähigkeit und des Pflegegeldes im Sinne des Bundespflegegeldgesetzes herangezogen werden dürfen, haben die Pensionsversicherungsträger nach diesem Bundesgesetz – gemeinsam mit den Trägern der Pensionsversicherung nach dem GSVG und dem BSVG und der Versicherungsanstalt öffentlich Bediensteter[a] – im Rahmen eines gemeinnützigen Vereines eine Akademie für ärztliche und pflegerische Begutachtung aufzubauen und zu betreiben.

(BGBl I 2018/100)

[a] Ab 1. Jänner 2020: „Versicherungsanstalt öffentlich Bediensteter, Eisenbahnen und Bergbau".

(5) Die Versicherungsträger und das Arbeitsmarktservice können die Erstellung von Gutachten nach Abs. 1 dem Kompetenzzentrum Begutachtung übertragen. Sie haben der Pensionsversicherungsanstalt die ausgewiesenen tatsächlichen Kosten für die übertragenen Begutachtungen zu ersetzen. § 307a Abs. 3 ist sinngemäß anzuwenden. Die Durchführung des Rehabilitationsverfahrens obliegt in den Fällen der Übertragung der Gutachtenserstellung weiterhin den zuständigen Versicherungsträgern und dem Arbeitsmarktservice.

(BGBl I 2013/3)

Gutachtenserstellung

§ 307h. Hat eine versicherte Person auf Grund des (bevorstehenden) Wegfalls des Krankengeldanspruches wegen Ablaufs der Höchstdauer eine Leistung aus dem Versicherungsfall der geminderten Arbeitsfähigkeit beantragt, so hat der Pensionsversicherungsträger dafür zu sorgen, dass Gutachten in Angelegenheiten der Versicherungsfälle der geminderten Arbeitsfähigkeit innerhalb von sechs Wochen erstellt werden können.

(BGBl I 2013/139)

Abschnitt VII
Aufnahme in ein pensionsversicherungsfreies Dienstverhältnis und Ausscheiden aus einem solchen

1. Unterabschnitt
Aufnahme in ein pensionsversicherungsfreies Dienstverhältnis

Überweisungsbetrag und Beitragserstattung

§ 308. (1) Wird ein Versicherter in ein pensionsversicherungsfreies Dienstverhältnis (Abs. 2) aufgenommen und rechnet der Dienstgeber nach den für ihn geltenden dienstrechtlichen Vorschriften

a) Beitragsmonate nach diesem Bundesgesetz, Ersatzmonate nach § 229, § 228 Abs. 1 Z 1 und 4 bis 6, § 227 Abs. 1 Z 1, soweit sie leistungswirksam sind, Z 2, 3 und 7 bis 9 dieses Bundesgesetzes,

b) Beitragsmonate nach dem Gewerblichen Sozialversicherungsgesetz, Ersatzmonate nach § 116 Abs. 1 Z 1 und 2 des Gewerblichen Sozialversicherungsgesetzes,

c) Beitragsmonate nach dem Bauern-Sozialversicherungsgesetz, Ersatzmonate nach § 107 Abs. 1 Z 1 und 2 des Bauern-Sozialversicherungsgesetzes,

für die Begründung des Anspruches auf einen Ruhe(Versorgungs)genuß bedingt oder unbedingt an, so hat der nach Abs. 5 zuständige Versicherungsträger auf Antrag dem Dienstgeber einen Überweisungsbetrag in der Höhe von je 22,8 % der Berechnungsgrundlage nach Abs. 6 für jeden in der Pensionsversorgung bedingt oder unbedingt angerechneten Beitragsmonat und von je 3,25 % dieser Berechnungsgrundlage für jeden in der Pensionsversorgung bedingt oder unbedingt angerechneten Ersatzmonat zu leisten. Zur Stellung des Antrages ist sowohl der Dienstgeber als auch der Dienstnehmer berechtigt.

(BGBl I 2016/18)

(1a) Wird eine versicherte Person nach dem 31. Dezember 2004 in ein pensionsversicherungsfreies Dienstverhältnis (Abs. 2) aufgenommen und hat der Dienstgeber nach den dienstrechtlichen Vorschriften dieses Bundesgesetz oder das APG anzuwenden, so hat der Versicherungsträger abweichend von Abs. 1 einen Überweisungsbetrag zu leisten

1. für alle bis zur Aufnahme in das pensionsversicherungsfreie Dienstverhältnis erworbenen Versicherungsmonate (Beitrags- und Ersatzmonate) sowie

2. für die in § 11 Abs. 2 zweiter Satz genannten Zeiten, die die Pflichtversicherung auf Grund des dem pensionsversicherungsfreien Dienstverhältnis vorangegangenen Dienstverhältnisses verlängern.

Dies gilt auch für Bedienstete des Bundes, die nach dem 31. Dezember 1975 geboren sind und vor dem 1. Jänner 2005 in ein pensionsversicherungsfreies Dienstverhältnis aufgenommen wurden, sowie für Bedienstete des Bundes, die nach § 136b des Beamten-Dienstrechtsgesetzes 1979 aufgenommen wurden. In den Fällen des § 8 Abs. 1a sind der erste und zweite Satz nicht anzuwenden.

(BGBl I 2005/132, BGBl I 2010/62, BGBl I 2015/162)

(2) Als pensionsversicherungsfreies Dienstverhältnis ist jedes Dienstverhältnis anzusehen, in dem der Dienstnehmer entweder von der Vollversicherung nach § 5 Abs. 1 Z 3, 4 oder 6 ausgenommen und auch nicht nach § 7 Z 2 lit. a in die Pensionsversicherung einbezogen ist oder in dem er

nach § 7 Z 1 lit. a bis d nur in der Kranken- und Unfallversicherung teilversichert ist.

(3) Ist ein Überweisungsbetrag nach Abs. 1 zu leisten, so hat der zuständige Versicherungsträger dem (der) Versicherten auf Antrag folgende Beiträge, aufgewertet mit dem für das Jahr ihrer Entrichtung geltenden Aufwertungsfaktor, zu erstatten:

1. Beiträge zur Höherversicherung nach diesem Bundesgesetz oder dem GSVG oder dem BSVG, die für Zeiten entrichtet wurden, die vor dem Stichtag nach Abs. 7 liegen, soweit sie nicht nur nach den §§ 70 und 249 als entrichtet gelten;
2. Beiträge nach § 227 Abs. 3 dieses Bundesgesetzes oder nach § 116 GSVG oder nach § 107 BSVG, die für Zeiten entrichtet wurden, die vor dem Stichtag nach Abs. 7 liegen.

Diese Beiträge sind dem (der) Versicherten auf Antrag auch dann zu erstatten, wenn ein Überweisungsbetrag nach Abs. 1 nicht zu leisten ist, weil der Dienstgeber keinen Versicherungsmonat anrechnet. § 107a gilt entsprechend.

(BGBl 1996/201, BGBl I 1999/64, BGBl I 2002/1)

(3a) Ist ein Überweisungsbetrag nach Abs. 1a zu leisten, so hat der zuständige Versicherungsträger Abs. 3 Z 1 so anzuwenden, dass die aufgewerteten Beiträge zur Höherversicherung zusammen mit dem Überweisungsbetrag an den Dienstgeber zu leisten sind.

(BGBl I 2015/162)

(4) Wurde ein in einem pensionsversicherungsfreien Dienstverhältnis stehender Dienstnehmer gegen Entfall des Entgeltes beurlaubt und wurde mit dem Ende der Beurlaubung nicht gleichzeitig das pensionsversicherungsfreie Dienstverhältnis beendet oder ist mit dem Ende der Beurlaubung ein Übertritt oder eine Versetzung in den Ruhestand erfolgt, so steht hinsichtlich der Leistung eines Überweisungsbetrages nach Abs. 1 oder 1a für die während der Beurlaubung erworbenen Beitragsmonate die Beendigung der Beurlaubung einer Aufnahme in ein pensionsversicherungsfreies Dienstverhältnis im Sinne des Abs. 1 oder 1a gleich. Gleiches gilt für einen wegen Mitgliedschaft in einem Landesverwaltungsgericht in den zeitlichen Ruhestand versetzten Richter, wenn

1. das befristete Dienstverhältnis als Mitglied des Landesverwaltungsgerichtes zu einem Land (zur Gemeinde Wien) endet, sein Bundesdienstverhältnis aber weiter andauert, oder

   (BGBl I 2013/87)
2. das Bundesdienstverhältnis durch Tod endet.

(BGBl 1994/665, BGBl I 2013/87, BGBl I 2015/162)

(5) Zuständig für die Feststellung und Leistung des Überweisungsbetrages nach Abs. 1 und für die Erstattung der Beiträge nach Abs. 3 ist der Versicherungsträger nach diesem Bundesgesetz, nach dem Gewerblichen Sozialversicherungsgesetz oder nach dem Bauern-Sozialversicherungsgesetz, in dessen Versicherung in den letzten 15 Jahren vor dem Stichtag nach Abs. 7 ausschließlich, mehr oder die meisten Versicherungsmonate erworben wurden. Liegen Versicherungsmonate im gleichen Ausmaß vor, so ist der letzte Versicherungsmonat entscheidend; das gleiche gilt, wenn in den letzten 15 Jahren vor dem Stichtag keine Versicherungsmonate vorliegen. Wurde überhaupt kein Versicherungsmonat erworben, hat jener Versicherungsträger zu entscheiden, bei dem der Antrag eingebracht wurde.

(BGBl 1996/201, BGBl I 2002/1, BGBl I 2003/145)

(6) Grundlage für die Berechnung des Überweisungsbetrages nach Abs. 1 und für die Erstattung der Beiträge nach Abs. 3 sind die nachstehend angeführten Hundertsätze der am Stichtag (Abs. 7) geltenden monatlichen Höchstbeitragsgrundlage in der Pensionsversicherung (Berechnungsgrundlage):

	Angestellte		Arbeiter	
Träger der	männl.	weibl.	männl.	weibl.
Pensionsversicherung der Angestellten	55	40	–	–
Pensionsversicherung der Arbeiter	–	–	45	30
knappschaftlichen Pensionsversicherung	55	40	45	30

(BGBl 1996/201, BGBl I 2002/1)

(7) Stichtag für die Feststellung des nach Abs. 5 zuständigen Versicherungsträgers, der nach Abs. 1 bzw. Abs. 3 zu berücksichtigenden Versicherungsmonate und der Berechnungsgrundlage nach Abs. 6 ist der Tag der Aufnahme in das pensionsversicherungsfreie Dienstverhältnis (§ 11 Abs. 5), wenn sie an einem Monatsersten erfolgt, sonst der der Aufnahme folgende Monatserste.

(BGBl 1996/201, BGBl I 2002/1)

(8) Bei Anwendung der Abs. 1 und 5 sind Versicherungsmonate nach diesem Bundesgesetz, die auch in der Pensionsversicherung nach dem Gewerblichen Sozialversicherungsgesetz und (oder) in der Pensionsversicherung nach dem Bauern-Sozialversicherungsgesetz als Versicherungsmonate gelten, nur einfach zu zählen und nur einer der in Betracht kommenden Versicherungen, und zwar in folgender Reihenfolge, zuzuordnen: Pensionsversicherung nach dem Allgemeinen Sozialversicherungsgesetz, Pensionsversicherung nach dem Gewerblichen Sozialversicherungsgesetz, Pensionsversicherung nach dem Bauern-Sozialversicherungsgesetz.

Fälligkeit des Überweisungsbetrages

§ 309. Der Überweisungsbetrag nach § 308 Abs. 1 ist binnen 18 Monaten nach Einlangen des

Anrechnungsbescheides beim zuständigen Versicherungsträger zu leisten; wird jedoch ein Verfahren zur Versetzung in den Ruhestand eingeleitet, so ist der Überweisungsbetrag unverzüglich zu leisten. Innerhalb der gleichen Frist sind auch die Beiträge nach § 308 Abs. 3 zu erstatten. Im Fall des § 308 Abs. 3 vorletzter Satz tritt an die Stelle des Anrechnungsbescheides der Antrag des (der) Versicherten. Bei verspäteter Flüssigmachung ist der Überweisungsbetrag mit dem für das Jahr, in dem der Anrechnungsbescheid bzw. der Antrag beim Versicherungsträger einlangt, geltenden Aufwertungsfaktor nach § 108c aufzuwerten.

(BGBl 1996/201, BGBl I 2002/1, BGBl I 2002/140)

Wirkung der Leistung des Überweisungsbetrages

§ 310. Mit der Leistung des Überweisungsbetrages nach § 308 Abs. 1 dieses Bundesgesetzes oder nach § 172 Abs. 1 GSVG oder nach § 164 Abs. 1 BSVG bzw. mit der Erstattung der Beiträge nach § 308 Abs. 3 dieses Bundesgesetzes oder nach § 172 Abs. 3 GSVG oder nach § 164 Abs. 3 BSVG erlöschen unbeschadet des § 100 Abs. 1 lit. c alle Ansprüche und Berechtigungen aus der Pensionsversicherung, die aus den Versicherungsmonaten erfließen, für die der Überweisungsbetrag geleistet oder die Beiträge erstattet wurden.

(BGBl 1996/201, BGBl I 2002/1)

2. Unterabschnitt
Ausscheiden aus einem pensionsversicherungsfreien Dienstverhältnis

Überweisungsbeträge

§ 311. (1) Ist ein Dienstnehmer aus einem nach diesem Bundesgesetz pensionsversicherungsfreien oder nach früherem Recht rentenversicherungsfreien Dienstverhältnis ausgeschieden oder scheidet er aus einem solchen Dienstverhältnis aus, ohne daß aus diesem ein Anspruch auf einen laufenden Ruhe(Versorgungs)genuß erwachsen ist und ohne daß ein außerordentlicher Ruhe(Versorgungs)genuß in der Höhe des normalmäßigen Ruhe(Versorgungs)genusses unwiderruflich gewährt wird, so hat der Dienstgeber, soweit in den nachstehenden Abs. 3 und 4 nichts anderes bestimmt wird, dem Pensionsversicherungsträger, der aus dem Dienstverhältnis zuletzt zuständig gewesen wäre, einen Überweisungsbetrag zu leisten. Dies gilt auch für den Fall, daß ein wegen Mitgliedschaft in einem Landesverwaltungsgericht in den zeitlichen Ruhestand versetzter Richter, dem ein Anspruch auf einen laufenden Ruhegenuß erwachsen ist, gemäß § 100 Abs. 1 Z 5 des Richter- und Staatsanwaltschaftsdienstgesetzes, BGBl. Nr. 305/1961, aus seinem Bundesdienstverhältnis ausscheidet.

(BGBl I 2010/62, BGBl I 2013/81)

(1a) Ein Überweisungsbetrag im Sinne des Abs. 1 ist auch dann zu leisten, wenn ein Pensionsempfänger oder eine Pensionsempfängerin aus einem Pensionsverhältnis ausscheidet, das aus einem pensionsversicherungsfreien Dienstverhältnis erwachsen ist, soweit in den Abs. 3 und 4 nichts anderes bestimmt wird.

(BGBl I 2013/3)

(2) Tritt der Dienstnehmer im unmittelbaren Anschluß an das Ausscheiden aus einem pensionsversicherungsfreien Dienstverhältnis in ein anderes pensionsversicherungsfreies Dienstverhältnis über und sind die Voraussetzungen des § 308 Abs. 1 gegeben, so hat der Dienstgeber aus dem früheren Dienstverhältnis den Überweisungsbetrag unmittelbar an den Dienstgeber des neuen Dienstverhältnisses unter Anzeige an den Versicherungsträger zu leisten. Rechnet der Dienstgeber des neuen Dienstverhältnisses nach den von ihm anzuwendenden dienstrechtlichen Vorschriften dem Überweisungsbetrag zugrunde liegende Versicherungsmonate nicht an, so ist der auf diese Versicherungsmonate entfallende Teil des Überweisungsbetrages in sinngemäßer Anwendung der Abs. 5 bis 9 an den Versicherungsträger zu leisten.

(BGBl I 2005/132, BGBl I 2010/62)

(3) Die Verpflichtung des Dienstgebers nach Abs. 1 entfällt, wenn beim Ausscheiden des Dienstnehmers oder der Dienstnehmerin durch Tod keine im Sinne der pensionsrechtlichen Bestimmungen des Dienstgebers versorgungsberechtigten Hinterbliebenen vorhanden sind. DienstnehmerInnen, für die ein Überweisungsbetrag nach Abs. 1 geleistet wird, oder ihre anspruchsberechtigten Hinterbliebenen können innerhalb der im § 312 angegebenen Frist einen Erstattungsbetrag (§ 308 Abs. 3), den der Dienstnehmer oder die Dienstnehmerin aus Anlass der Aufnahme in das pensionsversicherungsfreie Dienstverhältnis erhalten hat, an den Versicherungsträger zurückzahlen. Der vom Dienstnehmer oder der Dienstnehmerin erhaltene Erstattungsbetrag ist mit dem für das Jahr der Erstattung geltenden Aufwertungsfaktor (§ 108c) aufzuwerten.

(BGBl 1994/20, BGBl 1996/201, BGBl I 2009/135, BGBl I 2010/62)

(4) Wurde beim Ausscheiden eines Dienstnehmers aus dem pensions(renten)versicherungsfreien Dienstverhältnis ein widerruflicher oder befristeter außerordentlicher Ruhe(Versorgungs)genuß in der Höhe eines normalmäßigen Ruhe(Versorgungs)genusses gewährt, so besteht die Verpflichtung des Dienstgebers zur Leistung des Überweisungsbetrages nach Abs. 1 erst nach Wegfall dieses außerordentlichen Ruhe(Versorgungs)genusses.

(5) Der Überweisungsbetrag beträgt für jeden Monat eines pensionsversicherungsfreien Dienstverhältnisses (§ 308 Abs. 2) 22,8 % der Berechnungsgrundlage nach Abs. 6.

(BGBl I 1997/61, BGBl I 2001/67, BGBl I 2010/62, BGBl I 2016/18)

(6) Berechnungsgrundlage für den Überweisungsbetrag ist das letzte volle Monatsentgelt (§ 49), auf das der/die DienstnehmerIn zum Zeitpunkt des Ausscheidens aus dem pensionsversicherungsfreien Dienstverhältnis Anspruch hatte

oder bei Vollbeschäftigung gehabt hätte. Die Berechnungsgrundlage ist für Monate, in denen die Bezüge gekürzt waren, im selben Prozentausmaß zu kürzen. Die Berechnungsgrundlage darf das 30fache der im Zeitpunkt des Ausscheidens in Geltung gestandenen Höchstbeitragsgrundlage (§ 45 Abs. 1) nicht übersteigen.

(BGBl I 2010/62)

(7) Zeiten, in denen kein Anspruch auf Entgelt aus dem Dienstverhältnis bestanden hat, sind bei der Berechnung des Überweisungsbetrages nur dann zu berücksichtigen, wenn sie für die Bemessung des Ruhegenusses berücksichtigt worden wären. Soweit während einer Zeit, die der Berechnung des Überweisungsbetrages zugrunde gelegt wird, vom Dienstgeber Beiträge zur Weiterversicherung in der Pensionsversicherung entrichtet wurden, sind diese auf den Überweisungsbetrag anzurechnen.

(BGBl I 2010/62)

(8) Der Überweisungsbetrag erhöht sich – unbeschadet des § 175 GSVG und des § 167 BSVG – um einen wegen Aufnahme in das pensionsversicherungsfreie Dienstverhältnis an den Dienstgeber geleisteten Überweisungsbetrag sowie um die aus demselben Grund vom Dienstnehmer oder der Dienstnehmerin geleisteten besonderen Pensionsbeiträge. Ein solcher geleisteter Überweisungsbetrag und solche besonderen Pensionsbeiträge sind mit dem für das Jahr ihrer Zahlung an den Dienstgeber geltenden Aufwertungsfaktor (§ 108c) aufzuwerten.

(BGBl I 2010/62, BGBl I 2015/162, BGBl I 2016/18)

(9) Scheiden DienstnehmerInnen, die nach dem 31. Dezember 2004 oder nach § 136b des Beamten-Dienstrechtsgesetzes 1979 in ein pensionsversicherungsfreies Dienstverhältnis aufgenommen oder die nach dem 31. Dezember 1975 geboren wurden, aus diesem aus und hatte der Dienstgeber nach den dienstrechtlichen Vorschriften dieses Bundesgesetz oder das APG anzuwenden, so sind die Abs. 5 bis 8 so anzuwenden, dass für jeden Monat im pensionsversicherungsfreien Dienstverhältnis, in dem ein Pensionsbeitrag geleistet wurde, ein Überweisungsbetrag in der Höhe von 22,8 % der jeweiligen monatlichen Pensionsbeitragsgrundlage zu leisten ist. An den Dienstgeber entrichtete Beiträge zur Höherversicherung sind – aufgewertet mit dem für das Jahr ihrer Entrichtung geltenden Aufwertungsfaktor – zusammen mit dem Überweisungsbetrag zu leisten und vom zuständigen Versicherungsträger so zu behandeln, als wären sie zur Höherversicherung in der gesetzlichen Pensionsversicherung geleistet worden.

(BGBl I 2010/62)

Ende der Pensionsversicherungsfreiheit eines aufrechten Dienstverhältnisses

§ 311a. (1) Endet die Pensionsversicherungsfreiheit eines im § 5 Abs. 1 Z 3 lit. a in der am 29. Februar 2016 geltenden Fassung genannten Dienstverhältnisses, ohne dass der Dienstnehmer/die Dienstnehmerin aus dem bisher pensionsversicherungsfreien Dienstverhältnis ausgeschieden ist, so ist ein Überweisungsbetrag nach § 311 zu leisten. Dabei beträgt der Überweisungsbetrag für jeden Monat des pensionsversicherungsfreien Dienstverhältnisses 22,8% der Berechnungsgrundlage (§ 311 Abs. 6).

(BGBl I 2016/44)

(2) Wurde ein Überweisungsbetrag nach Abs. 1 geleistet, so ist für das betroffene Dienstverhältnis die Aufnahme in die Pensionsversicherungsfreiheit nach den §§ 308 bis 310 ausgeschlossen.

(BGBl I 2016/18)

Fälligkeit der Überweisungsbeträge

§ 312. (1) Die Überweisungsbeträge sind binnen 18 Monaten nach dem Ausscheiden aus dem pensionsversicherungsfreien Dienstverhältnis (Ende der Pensionsversicherungsfreiheit des Dienstverhältnisses) zu leisten bzw. zurückzuzahlen; wird jedoch ein Antrag auf eine Pension aus der gesetzlichen Pensionsversicherung gestellt, so sind die Überweisungsbeträge unverzüglich zu leisten bzw. zurückzuzahlen. Bei verspäteter Zahlung ist der Überweisungsbetrag mit dem Aufwertungsfaktor nach § 108c, der für das Jahr des Ausscheidens aus dem pensionsversicherungsfreien Dienstverhältnis gilt, aufzuwerten.

(BGBl I 2010/62, BGBl I 2016/18)

(2) Abweichend von Abs. 1 erster Satz sind die Überweisungsbeträge in Fällen, in denen die Leistungswirksamkeit der Versicherungsmonate erst ab dem 61. Kalendermonat nach dem Austritt aus dem pensionsversicherungsfreien Dienstverhältnis eintritt (§ 313 Abs. 2), bis zu diesem Zeitpunkt zu leisten bzw. zurückzuzahlen.

(BGBl I 2010/62)

(BGBl 1996/201, BGBl I 2002/140)

Wirkung der Zahlung der Überweisungsbeträge

§ 313. (1) Volle Monate, die berücksichtigt sind

1. in den an einen Versicherungsträger nach § 311 dieses Bundesgesetzes oder nach § 175 GSVG oder nach § 167 BSVG geleisteten oder zurückgezahlten Überweisungsbeträgen sowie
2. in den aus Anlass der Aufnahme in das pensionsversicherungsfreie Dienstverhältnis vom Dienstnehmer oder der Dienstnehmerin geleisteten besonderen Pensionsbeiträgen,

gelten als Versicherungsmonate im Sinne dieses Bundesgesetzes, wenn sie im Überweisungsbetrag als solche berücksichtigt wurden.

(2) Versicherungsmonate nach Abs. 1 werden erst ab dem 61. Kalendermonat nach dem Austritt aus dem pensionsversicherungsfreien Dienstverhältnis leistungswirksam, spätestens aber ab dem Monatsersten nach der Erreichung des Anfallsalters nach § 4 Abs. 2 APG. Dies gilt nicht bei Anspruch auf eine Leistung aus einem Versicherungsfall der geminderten Arbeitsfähigkeit nach diesem

Bundesgesetz oder aus dem Versicherungsfall der dauernden Erwerbsunfähigkeit nach dem GSVG oder BSVG oder aus dem Versicherungsfall des Todes, wenn kein Anspruch auf Ruhe- oder Versorgungsgenuss besteht. Fällt der Zeitpunkt der Erreichung des Anfallsalters nach § 4 Abs. 2 APG selbst auf einen Monatsersten, so gilt dieser Tag als Monatserster im Sinne des ersten Satzes.

(BGBl 1996/201, BGBl I 2010/62)

Abschnitt VIII
Überweisungsbeträge für Geistliche und Angehörige von Orden und Kongregationen der Katholischen Kirche

§ 314. (1) Scheidet ein gemäß § 5 Abs. 1 Z 7 von der Vollversicherung ausgenommener Geistlicher der Katholischen Kirche aus dem Geistlichen Stand bzw. ein Angehöriger eines Ordens oder einer Kongregation der Katholischen Kirche aus dem Orden bzw. der Kongregation aus, so hat die Diözese bzw. der Orden (die Kongregation), soweit in den Abs. 2 und 3 nichts anderes bestimmt wird, dem Pensionsversicherungsträger, der auf Grund der vom Geistlichen bzw. vom Angehörigen des Ordens oder der Kongregation ausgeübten Tätigkeit zuletzt zuständig gewesen wäre, einen Überweisungsbetrag zu leisten.

(2) Die Verpflichtung nach Abs. 1 entfällt beim Ausscheiden durch Tod; sie gilt auch nicht für versicherungsfreie Zeiten im Sinne des § 308 Abs. 2 und für Zeiten, für die ein besonderer Pensionsbeitrag nach den pensionsrechtlichen Bestimmungen eines öffentlich-rechtlichen Dienstgebers geleistet wurde.

(3) Wurde beim Ausscheiden eines Geistlichen bzw. eines Angehörigen eines Ordens oder einer Kongregation nach Abs. 1 eine widerrufliche oder befristete Versorgung gewährt, so besteht die Verpflichtung nach Abs. 1 erst nach Wegfall dieser Versorgung.

(4) Der Überweisungsbetrag beträgt für jeden Monat, der im Geistlichen Stand bzw. als Angehöriger eines Ordens oder einer Kongregation verbracht wurde, 7 vH der für Arbeiter in Betracht kommenden Berechnungsgrundlage nach § 308 Abs. 6. Soweit während einer Zeit, die der Berechnung des Überweisungsbetrages zugrunde gelegt wird, Beiträge zur Pensionsversicherung entrichtet wurden, sind diese auf den Überweisungsbetrag anzurechnen.

(5) Der Überweisungsbetrag ist binnen 18 Monaten nach dem Ausscheiden nach Abs. 1 zu leisten; er ist bei verspäteter Flüssigmachung mit dem für das Jahr des Ausscheidens geltenden Aufwertungsfaktor nach § 108c aufzuwerten.

(6) Die in dem nach Abs. 1 geleisteten Überweisungsbetrag berücksichtigten vollen Monate gelten als Beitragsmonate im Sinne dieses Bundesgesetzes.

Abschnitt IX

§ 314a. (aufgehoben)

(BGBl 1996/411)

Fünfter Teil
Beziehungen der Versicherungsträger (des Dachverbandes[a])) zueinander und Ersatzleistungen, Haftung des Dienstgebers bei Arbeitsunfällen

[a]) Bis 1. Jänner 2020 „des Hauptverbandes".

Abschnitt I
Beziehungen der Versicherungsträger zueinander

1. Unterabschnitt
Ersatzansprüche im Verhältnis zwischen Kranken- und Unfallversicherung

Ersatzanspruch des Trägers der Krankenversicherung

§ 315. Der Träger der Unfallversicherung hat dem Träger der Krankenversicherung die Aufwendungen, die dieser für die Krankenbehandlung des Versehrten und die wiederkehrenden Geldleistungen aus der Krankenversicherung bei der durch einen Arbeitsunfall verursachten Krankheit oder bei einer Berufskrankheit ab dem ersten Tag der fünften Woche nach dem Arbeitsunfall beziehungsweise nach dem Beginn der Berufskrankheit gemacht hat, nach Maßgabe der Bestimmungen der §§ 317 und 318 zu ersetzen.

Ersatzanspruch des Trägers der Unfallversicherung

§ 316. (1) Der Träger der Krankenversicherung hat dem Träger der Unfallversicherung die Aufwendungen, die dieser für die Krankenbehandlung des Versehrten und die wiederkehrenden Geldleistungen aus der Unfallversicherung bei der durch einen Arbeitsunfall verursachten Krankheit oder bei einer Berufskrankheit in den ersten vier Wochen nach dem Arbeitsunfall beziehungsweise nach dem Beginn der Berufskrankheit gemacht hat, nach Maßgabe der Bestimmungen der §§ 317 und 318 zu ersetzen.

(2) Hat der Träger der Unfallversicherung Aufwendungen für die Heilbehandlung oder für wiederkehrende Geldleistungen aus der Unfallversicherung gemacht und stellt sich nachträglich heraus, daß die Krankheit nicht Folge eines Arbeitsunfalles ist, so hat der Träger der Krankenversicherung die Aufwendungen zu ersetzen, soweit sie nicht über die Aufwendungen für die entsprechenden Leistungen der Krankenversicherung hinausgehen.

Ausmaß des Ersatzanspruches

§ 317. (1) Als Ersatz nach § 315 und § 316 Abs. 1 ist für jeden Kalendertag der Behandlungszeit zu leisten:

a) wenn weder Krankengeld noch Anstaltspflege gewährt wurde, ein Betrag in der Höhe des halben dem Versicherten aus der Krankenversicherung sonst gebührenden Krankengeldes (§ 141 Abs. 1);

b) wenn Krankengeld geleistet wurde, ein Betrag in der Höhe des 1½fachen Krankengeldes (§ 141 Abs. 1);

c) wenn Anstaltspflege geleistet wurde, ein Betrag in der Höhe des 1¾fachen des dem Versicherten sonst gebührenden Krankengeldes (§ 141 Abs. 1), sofern ein Anspruch auf Krankengeld nicht besteht, ein Betrag in der Höhe der Aufwendungen für diese Anstaltspflege.

(2) Tritt infolge des Arbeitsunfalles Arbeitsunfähigkeit während der Kranken(Heil)behandlung überhaupt nicht ein, so entfällt jede Ersatzpflicht zwischen dem Träger der Krankenversicherung und dem Träger der Unfallversicherung für die Aufwendungen der Kranken(Heil)behandlung.

(3) Die Einzelabrechnung der gegenseitigen Ersatzansprüche nach § 315 und § 316 hat zu unterbleiben, soweit nicht das Bundesministerium für soziale Verwaltung die Einzelabrechnung zwischen Versicherungsträgern wegen der geringen Zahl der Verrechnungsfälle zuläßt. Die Versicherungsträger, zwischen denen eine Abrechnung nicht stattfindet, haben zu vereinbaren, daß die gegenseitigen Ersatzansprüche durch vierteljährlich von den Trägern der Unfallversicherung an die Träger der Krankenversicherung zu leistende Pauschbeträge abgegolten werden. Die Vereinbarungen haben auch sonstige, die Abrechnung der gegenseitigen Ersatzansprüche betreffende Fragen, wie die Fälligkeit der Pauschbeträge, Geltungsdauer der Vereinbarung, Auflösungsgründe, zu regeln.

(4) Die Kostenersatzpflicht des Unfallversicherungsträgers nach § 193 wird durch die Bestimmungen der Abs. 1 bis 3 nicht berührt.

(5) In der Krankenversicherung nach § 472 Abs. 1 und 2 sind von den Bestimmungen des Fünften Teiles die §§ 315 bis 319 mit der Maßgabe entsprechend anzuwenden, daß bei der Berechnung des Ersatzanspruches nach § 317 Abs. 1 an die Stelle des Krankengeldes ein Sechzigstel des Monatsentgeltes tritt.

Festsetzung des Inhaltes der Vereinbarung (§ 317 Abs. 3) durch das Bundesministerium für soziale Verwaltung

§ 318. (1) Das Bundesministerium für soziale Verwaltung bestimmt nach Anhörung des Dachverbandes[a)] den Inhalt der Vereinbarung gemäß § 317 Abs. 3, insbesondere die Höhe des Pauschbetrages, wenn

(BGBl I 2018/100)

[a)] Bis 31. Dezember 2019 „Hauptverbandes".

1. nicht binnen sechs Monaten nach Wirksamkeitsbeginn dieses Bundesgesetzes eine solche Vereinbarung zustande kommt;
2. nicht innerhalb von drei Monaten nach Ablauf der Wirksamkeit einer solchen Vereinbarung eine neue abgeschlossen wird.

(2) Der vom Bundesministerium für soziale Verwaltung gemäß Abs. 1 bestimmte Inhalt der Vereinbarung verliert mit dem Inkrafttreten einer von den Versicherungsträgern gemäß § 317 Abs. 3 abgeschlossenen Vereinbarung seine Wirksamkeit.

Geltendmachung des Ersatzanspruches

§ 319. (1) Ist die Einzelabrechnung der Ersatzansprüche zwischen Versicherungsträgern zugelassen, so sind diese Ersatzansprüche nach Maßgabe der Bestimmungen des Abs. 2 vom ersatzberechtigten Versicherungsträger geltend zu machen.

(2) Der Ersatzanspruch ist ausgeschlossen, wenn er nicht spätestens sechs Monate nach Beendigung der Leistungen bei dem zum Ersatz Verpflichteten geltend gemacht wird. Hat der Ersatzberechtigte ohne sein Verschulden erst nach Ablauf dieser Zeit davon Kenntnis erhalten, daß die Voraussetzungen für einen Ersatzanspruch zutreffen, so kann er noch innerhalb von zwei Wochen nach dem Tage, an dem er diese Kenntnis erlangt hat, den Anspruch geltend machen.

Besonderer Pauschbetrag

§ 319a.[b)] (1) Die Ersatzansprüche im Verhältnis zwischen den Gebietskrankenkassen, Betriebskrankenkassen – ausgenommen die Betriebskrankenkasse der Wiener Verkehrsbetriebe – sowie der Versicherungsanstalt für Eisenbahnen und Bergbau, soweit nicht Abs. 6 anzuwenden ist, zu der Allgemeinen Unfallversicherungsanstalt werden durch die Zahlung eines jährlichen Pauschbetrages abgegolten; zwischen diesen Versicherungsträgern sind die Bestimmungen der §§ 315 bis 319 nicht anzuwenden.

(BGBl I 2003/145)

(1)[a)] Die Ersatzansprüche im Verhältnis zwischen der Österreichischen Gesundheitskasse zu der Allgemeinen Unfallversicherungsanstalt werden durch die Zahlung eines jährlichen Pauschbetrages abgegolten; zwischen diesen Versicherungsträgern sind die Bestimmungen der §§ 315 bis 319 nicht anzuwenden.

(BGBl I 2003/145, BGBl I 2018/100)

[a)] Tritt mit 1. Jänner 2020 in Kraft.

(2) Für die Jahre 2018 bis einschließlich 2022 beträgt der jährliche Pauschbetrag 209 Mio. Euro.

(BGBl I 2001/99, BGBl I 2010/61, BGBl I 2018/100)

(3) (aufgehoben)

(4) (aufgehoben)

(5) Der Pauschbetrag ist monatlich im vorhinein mit einem Zwölftel dem Dachverband[a)] zu überweisen; dieser hat die einlangenden Beträge nach einem Schlüssel unter Berücksichtigung der Zahl der Versicherten und der eingetretenen Arbeitsunfälle bei den im Abs. 1 genannten Krankenversicherungsträgern auf diese aufzuteilen.

(BGBl I 2018/100)

[a)] Bis 31. Dezember 2019 „Hauptverband".

(6)[a)] Die Bestimmungen der Abs. 1 und 2 sind auf die Versicherungsanstalt für Eisenbahnen und Bergbau, soweit diese Anstalt sowohl Träger der

Krankenversicherung als auch Träger der Unfallversicherung für Personen nach § 28 Z 3 lit. a bis c ist, mit der Maßgabe entsprechend anzuwenden, daß der aus Mitteln der Unfallversicherung für Personen nach § 28 Z 3 lit. a bis c zu leistende jährliche Pauschbetrag für das Kalenderjahr 1975 10,7 Millionen Schilling zu betragen hat. Bei der Festsetzung des Pauschbetrages für die folgenden Kalenderjahre sind die Aufwendungen der von der Versicherungsanstalt durchgeführten Krankenversicherung zu berücksichtigen.

(BGBl I 2003/145, BGBl I 2018/100)

---
[a] Tritt mit Ablauf des 31. Dezember 2019 außer Kraft.
[b] Der gesamte § 319a tritt samt Überschrift mit Ablauf des 31. Dezember 2022 außer Kraft.

Ersatzanspruch der Sozialversicherungsanstalt der gewerblichen Wirtschaft

§ 319b. (aufgehoben)

(BGBl I 2012/123, BGBl I 2017/151)

Weiterer Ersatzanspruch im Verhältnis zwischen den im § 319a Abs. 1 genannten Versicherungsträgern

§ 319c. (aufgehoben)

2. Unterabschnitt
Ersatzansprüche im Verhältnis zwischen Kranken- und Pensionsversicherung

Ersatz von Kosten des Heilverfahrens

§ 320. (aufgehoben)

§ 320a. (aufgehoben)

3. Unterabschnitt

Sonstige Ersatzansprüche der Versicherungsträger untereinander

§ 320b. Ersatzansprüche der Versicherungsträger untereinander sind, soweit in diesem Bundesgesetz nichts anderes bestimmt ist, bei sonstigem Verlust des Anspruches binnen sechs Jahren von dem Tag an, an dem der Versicherungsträger die letzte Leistung erbracht hat, geltend zu machen.

4. Unterabschnitt
Zusammenarbeit der Versicherungsträger (des Dachverbandes[a])

---
[a] Bis 1. Jänner 2020 „des Hauptverbandes".

Gegenseitige Verwaltungshilfe

§ 321. (1) Die Versicherungsträger und die Abgabenbehörden sind verpflichtet, bei der Erfüllung ihrer Aufgaben einander zu unterstützen; sie haben insbesondere Ersuchen, die zu diesem Zweck an sie ergehen, im Rahmen ihrer sachlichen und örtlichen Zuständigkeit zu entsprechen und auch unaufgefordert anderen Versicherungsträgern und Abgabenbehörden alle Mitteilungen zukommen zu lassen, die für deren Geschäftsbetrieb von Wichtigkeit sind. Die Versicherungsträger haben Anträge und Meldungen, die bei ihnen für andere Versicherungsträger einlangen, fristwahrend weiterzuleiten. Die Verpflichtung zur gegenseitigen Hilfe bezieht sich auch auf die Übermittlung von personenbezogenen Daten im automationsunterstützten Datenverkehr zwischen den Versicherungsträgern, die zur Durchführung des Melde- und Beitragsverfahrens, zur Erbringung von Leistungen sowie zur Durchsetzung von Ersatzansprüchen notwendig sind.

(BGBl 1994/314, BGBl I 2002/1, BGBl I 2002/132, BGBl I 2018/37)

(2) Die Bestimmungen des Abs. 1 sind entsprechend auf die Beziehungen der Versicherungsträger zum Hauptverband, zur Sozialversicherungsanstalt der gewerblichen Wirtschaft und zur Sozialversicherungsanstalt der Bauern anzuwenden.

(2)[a] Die Bestimmungen des Abs. 1 sind entsprechend auf die Beziehungen der Versicherungsträger zum Dachverband und zur Sozialversicherungsanstalt der Selbständigen anzuwenden.

(BGBl I 2018/100)

---
[a] Tritt mit 1. Jänner 2020 in Kraft.

(3) Gewährt ein Träger der Unfallversicherung einem Berechtigten, der eine Pension aus der Pensionsversicherung bezieht, Rente oder Anstaltspflege aus der Unfallversicherung oder treten Änderungen hierin ein, so ist der Träger der Pensionsversicherung unverzüglich zu benachrichtigen.

Verpflegskosten in den Einrichtungen der Sozialversicherungsträger

§ 322. (1) Die Versicherungsträger, die Krankenanstalten, Heil(Kur)anstalten sowie ähnliche Einrichtungen betreiben, sollen mit anderen Versicherungsträgern, die diese Einrichtungen für ihre Versicherten in Anspruch nehmen, über die zu ersetzenden Verpflegskosten Vereinbarungen treffen.

(BGBl I 2015/162)

(2) Kommt eine Vereinbarung im Sinne des Abs. 1 nicht zustande, setzt der Dachverband[a] die Verpflegskosten mit verbindlicher Wirkung fest.

(BGBl I 2018/100)

---
[a] Bis 31. Dezember 2019 „Hauptverband".

Belastungsausgleich der Krankenversicherungsträger für den Aufwand für Anstaltspflege[c]

---
[c] Beachte die Übergangsbestimmungen im Anhang.

§ 322a. (1) Die sich aus der Durchführung der Vereinbarung gemäß Art. 15a B-VG über die Organisation und Finanzierung des Gesundheitswesens ergebenden unterschiedlichen Belastungen der Krankenversicherungsträger werden über ein vom Dachverband[a] zu führendes Verrechnungskonto nach Maßgabe der folgenden Abs. 2 bis 7 ausgeglichen.

(BGBl 1996/764, BGBl I 2001/5, BGBl I 2004/179, BGBl I 2018/100)

---
[a] Bis 31. Dezember 2019 „Hauptverband".

(2)[a] Der Dachverband[b] hat für jeden Krankenversicherungsträger bis Ende Oktober des Folgejahres einen Erhöhungsprozentsatz der Beitragseinnahmen eines Geschäftsjahres gegenüber den Beitragseinnahmen des Jahres 1994 zu errechnen; dieser ist auf zwei Dezimalstellen zu runden. Die Beitragseinnahmen sind dabei ausgehend vom Jahr 1994 jährlich gegenüberzustellen. Für den Gesamterhöhungsprozentsatz ist das Produkt der Erhöhungsprozentsätze über die einzelnen Jahre zu bilden. Die Berechnung der jährlichen Erhöhungsprozentsätze bis zum Jahr 1997 hat unter Berücksichtigung der Bestimmungen des § 28 Abs. 6 und 7 des Krankenanstaltengesetzes in der Fassung des Bundesgesetzes BGBl. Nr. 853/1995 zu erfolgen. Die Berechnung der jährlichen Erhöhungsprozentsätze ab dem Jahr 1998 hat unter Berücksichtigung der jeweils für diese Jahre geltenden Bestimmungen des § 447f Abs. 1 zu erfolgen. Bei der Berechnung der Erhöhungsprozentsätze für das Jahr 2001 sind bei der Sozialversicherungsanstalt der Bauern die Beiträge für pflichtversicherte Pensionisten nicht zu berücksichtigen.

(BGBl 1996/764, BGBl I 2001/5, BGBl I 2002/1, BGBl I 2004/179, BGBl I 2007/101, BGBl I 2013/81, BGBl I 2018/100)

---

[a] Zum Außerkrafttreten siehe § 701 (2). Die entsprechende Verordnung über den Zeitpunkt des Außer-Kraft-Tretens wurde bis dato nicht erlassen.

[b] Bis 31. Dezember 2019 „Hauptverband".

(3) Der von jedem Krankenversicherungsträger im Jahr 1994 für Anstaltspflege aufgewendete Betrag ist um den Prozentsatz gemäß Abs. 2 erster Satz zu erhöhen (Sollbetrag).

(BGBl 1996/764, BGBl I 2015/162)

(4)[a] Der von jedem Krankenversicherungsträger im Jahr 1994 für Anstaltspflege aufgewendete Betrag ist für das Geschäftsjahr 1997 mit dem Produkt der endgültigen Hundertsätze auf Grund der Bestimmungen des § 28 Abs. 6 und 7 des Krankenanstaltengesetzes in der Fassung des Bundesgesetzes BGBl. Nr. 853/1995 für die Jahre 1995 bis 1997 zu erhöhen. Für jedes weitere Geschäftsjahr sind diese Beträge um jenen Prozentsatz zu erhöhen, um den die Pauschalbeiträge gemäß § 447f Abs. 1 für die jeweiligen Jahre angehoben werden. Die für jeden Krankenversicherungsträger errechneten Beträge sind mit dem Sollbetrag (Abs. 3) zu vergleichen.

(BGBl 1996/764, BGBl I 2001/5, BGBl I 2004/179, BGBl I 2007/101, BGBl I 2013/81, BGBl I 2015/162)

---

[a] Zum Außerkrafttreten siehe § 701 (2). Die entsprechende Verordnung über den Zeitpunkt des Außer-Kraft-Tretens wurde bis dato nicht erlassen.

(5) Liegt der gemäß Abs. 4 ermittelte Betrag über dem Sollbetrag, hat der betreffende Krankenversicherungsträger Anspruch auf Zuweisung aus dem Verrechnungskonto nach Maßgabe der Bestimmungen der Abs. 7 und 8; allfällige Ansprüche sind jeweils bis 15. November eines jeden Folgejahres geltend zu machen.

(BGBl 1996/764)

(6) Liegt der gemäß Abs. 4 ermittelte Betrag unter dem Sollbetrag, hat der Versicherungsträger die Differenz dem Dachverband[a] bis 15. November eines jeden Folgejahres zu melden.

(BGBl 1996/764, BGBl I 2018/100)

---

[a] Bis 31. Dezember 2019 „Hauptverband".

(7) Übersteigen die Ansprüche nach Abs. 5 die Summe der Differenzbeträge nach Abs. 6, hat der Dachverband[a] die betreffenden Krankenversicherungsträger aufzufordern, die entsprechenden Beträge auf das Verrechnungskonto bis 30. November eines jeden Folgejahres einzuzahlen; er hat ferner die gemäß Abs. 5 geltend gemachten Ansprüche nach Maßgabe der zur Verfügung stehenden Mittel aus dem Verrechnungskonto anteilig zu befriedigen.

(BGBl 1996/764, BGBl I 2018/100)

---

[a] Bis 31. Dezember 2019 „Hauptverband".

(8) Übersteigen die Differenzbeträge nach Abs. 6 die Summe der Ansprüche nach Abs. 5, hat der Dachverband[a] die betreffenden Krankenversicherungsträger aufzufordern, nur die dem tatsächlichen Erfordernis entsprechend anteilig gekürzten Differenzbeträge (Abs. 6) bis 30. November eines jeden Folgejahres auf das Verrechnungskonto einzuzahlen; er hat ferner die gemäß Abs. 5 geltend gemachten Ansprüche voll zu befriedigen.

(BGBl 1996/764, BGBl I 2018/100)

---

[a] Bis 31. Dezember 2019 „Hauptverband".

(BGBl I 2004/179, BGBl I 2007/101, BGBl I 2015/162)

Belastungsausgleich der Krankenversicherungsträger für die zusätzlichen Aufwände aus der Einführung der Obergrenze bei Rezeptgebühren

§ 322b. (1) Der Dachverband[a] hat jährlich bis zum 31. Oktober für das jeweils vorangegangene Kalenderjahr, erstmals zum 31. Oktober 2009, zu ermitteln, wie hoch die Ausfälle an Rezeptgebühren für jeden Krankenversicherungsträger nach diesem Bundesgesetz, dem GSVG und dem BSVG waren. Die Beträge sind kaufmännisch auf volle tausend Euro zu runden.

(BGBl I 2018/100)

---

[a] Bis 31. Dezember 2019 „Hauptverband".

(2) Die nach Abs. 1 festgestellten Ausfälle sind über ein Verrechnungskonto so auszugleichen, dass jeder Krankenversicherungsträger nach Maßgabe der vorhandenen Mittel einen im Verhältnis zu den Aufwänden entsprechend hohen Ausgleich erhält. Dieser Ausgleich ist aus den Einnahmen zu finanzieren, die die Krankenversicherungsträger auf Grund eines Beitragssatzanteiles von 0,15 Prozentpunkten aus den Beiträgen zur Krankenversicherung der Pensionisten, soweit diese durch den

Pensionsversicherungsträger zu tragen sind (Hebesätze nach den §§ 73 ASVG, 29 GSVG und 26 BSVG), erhalten. Die Krankenversicherungsträger haben diese Mittel, soweit sie zum Ausgleich notwendig sind, dem Dachverband[a)] zu überweisen. Der Dachverband[a)] hat diese Mittel getrennt von seinem sonstigen Vermögen zu verwalten und einschließlich allfälliger Zinseinnahmen vollständig zur Durchführung dieser Bestimmung zu verwenden. Mittel, die zur Finanzierung des Ausgleichs nicht notwendig sind, verbleiben dem jeweiligen Krankenversicherungsträger.

(BGBl I 2018/100)

[a)] Bis 31. Dezember 2019 „Hauptverband".

(BGBl I 2007/101)

Abschnitt II
Beziehungen der Versicherungsträger zu den Trägern der Sozialhilfe

Pflichten der Träger der Sozialhilfe

§ 323. Die gesetzlichen Pflichten der Träger der Sozialhilfe zur Unterstützung Hilfsbedürftiger werden durch dieses Bundesgesetz nicht berührt.

Ersatzanspruch des Trägers der Sozialhilfe

§ 324. (1) Unterstützt ein Träger der Sozialhilfe auf Grund einer gesetzlichen Verpflichtung bzw. eine Dienststelle des Bundes oder eines Landes auf Grund der Vereinbarung gemäß Art. 15a B-VG über die Grundversorgung für hilfs- und schutzbedürftige Fremde einen Hilfsbedürftigen für eine Zeit, für die er einen Anspruch auf eine Versicherungsleistung nach diesem Bundesgesetz hat, so hat der Versicherungsträger dem Träger der Sozialhilfe bzw. dem Bund oder Land die von diesem geleisteten Unterstützungen gemäß den Bestimmungen der §§ 325 bis 328 zu ersetzen, jedoch bei Geldleistungen nur bis zur Höhe der Versicherungsleistung, auf die der Unterstützte während dieser Zeit Anspruch hat; für Sachleistungen sind, soweit nicht eine Abgeltung nach § 328 Platz greift, dem Träger der Sozialhilfe bzw. dem Bund oder Land die erwachsenen Kosten soweit zu ersetzen, als dem Versicherungsträger selbst Kosten für derartige Sachleistungen erwachsen wären. Das gleiche gilt, wenn Angehörige des Berechtigten unterstützt werden, für solche Ansprüche, die dem Berechtigten mit Rücksicht auf diese Angehörigen zustehen.

(BGBl I 2003/145)

(2) Der Ersatz nach Abs. 1 gebührt sowohl für Sachleistungen als auch für Geldleistungen, für letztere jedoch nur, wenn sie entweder während des Laufes des Verfahrens zur Feststellung der Versicherungsleistung oder bei nachgewiesener nicht rechtzeitiger Auszahlung einer bereits festgestellten Versicherungsleistung gewährt werden.

(3) Wird ein Renten(Pensions)berechtigter auf Kosten eines Trägers der Sozialhilfe oder auf Kosten eines Trägers der Jugendwohlfahrt in einem Alters(Siechen)heim oder Fürsorgeerziehungsheim, einer Heil- und Pflegeanstalt für Nerven- und Geisteskranke, einer Trinkerheilstätte oder einer ähnlichen Einrichtung bzw. außerhalb einer dieser Einrichtungen im Rahmen eines Familienverbandes oder auf einer von einem Träger der öffentlichen Wohlfahrtspflege oder von einer kirchlichen oder anderen karitativen Vereinigung geführten Pflegestelle verpflegt, so geht für die Zeit dieser Pflege der Anspruch auf Rente bzw. Pension (einschließlich allfälliger Zulagen und Zuschläge) bis zur Höhe der Verpflegskosten, höchstens jedoch bis zu 80 vH, wenn der Renten(Pensions)berechtigte auf Grund einer gesetzlichen Verpflichtung für den Unterhalt eines Angehörigen zu sorgen hat, bis zu 50 vH dieses Anspruches auf den Träger der Sozialhilfe oder auf den Träger der Jugendwohlfahrt über, das gleiche gilt in Fällen, in denen ein Renten(Pensions)berechtigter auf Kosten eines Landes im Rahmen der Behindertenhilfe in einer der genannten Einrichtungen oder auf einer der genannten Pflegestellen untergebracht wird, mit der Maßgabe, daß der vom Anspruchsübergang erfaßte Teil der Rente (Pension) auf das jeweilige Land übergeht. Der vom Anspruchsübergang erfaßte Betrag vermindert sich für jeden weiteren unterhaltsberechtigten Angehörigen um je 10 vH dieses Anspruches. Der vom Anspruchsübergang erfaßte Betrag vermindert sich in dem Maß, als der dem unterhaltsberechtigten Angehörigen verbleibende Teil der Pension (Rente) zuzüglich seines sonstigen Nettoeinkommens (§ 292 Abs. 3) den jeweils geltenden Richtsatz gemäß § 293 Abs. 1 lit. a sublit. bb nicht erreicht. Die dem Renten(Pensions)berechtigten für seine Angehörigen zu belassenden Beträge können vom Versicherungsträger unmittelbar an die Angehörigen ausgezahlt werden.

(BGBl 1993/110, BGBl 1993/335)

(4) Abs. 3 ist sinngemäß auch in den Fällen anzuwenden, in denen eine renten(pensions)berechtigte Person oder eine Person mit Anspruch auf Rehabilitationsgeld nach § 21 Abs. 1 des Strafgesetzbuches oder nach § 179a des Strafvollzugsgesetzes auf Kosten des Bundes in einer Anstalt oder Einrichtung untergebracht ist, und zwar so, dass der vom Anspruchsübergang erfasste Betrag dem Bund gebührt. Diesen Betrag kann der Versicherungsträger unmittelbar an jene Anstalt oder Einrichtung auszahlen, in der die renten(pensions)berechtigte Person oder eine Person mit Anspruch auf Rehabilitationsgeld untergebracht ist.

(BGBl I 2011/122, BGBl I 2015/2)

Ersatzleistungen aus der Krankenversicherung

§ 325. (1) Aus den Leistungen der Krankenversicherung gebührt dem Träger der Sozialhilfe Ersatz nur, wenn die Leistung der Sozialhilfe wegen der Krankheit, der Arbeitsunfähigkeit oder der Mutterschaft gewährt wurde, auf die sich der Anspruch des Unterstützten gegen den Träger der Krankenversicherung gründet.

(2) Leistungen der Sozialhilfe, die wegen Krankheit, Arbeitsunfähigkeit oder Mutterschaft gewährt

werden, sind aus den ihnen entsprechenden Leistungen der Krankenversicherung zu ersetzen.

Ersatzleistungen aus der Unfallversicherung

§ 326. (1) Aus den Leistungen der Unfallversicherung gebührt dem Träger der Sozialhilfe Ersatz nur, wenn die Leistung der Sozialhilfe wegen des Arbeitsunfalles (der Berufskrankheit) gewährt wurde, auf den (die) sich der Anspruch des Unterstützten gegen den Träger der Unfallversicherung gründet.

(2) Zu ersetzen sind:

1. Kosten der Bestattung aus dem Teilersatz der Bestattungskosten,
2. Leistungen der Sozialhilfe, die wegen des Arbeitsunfalles (der Berufskrankheit) gewährt werden, aus den ihnen entsprechenden Leistungen der Unfallversicherung.

Ersatzleistungen aus der Pensionsversicherung

§ 327. Aus den Pensionen der Pensionsversicherung gebührt dem Träger der Sozialhilfe Ersatz für jede Leistung der Sozialhilfe im Sinne des § 324, für die nicht schon ein Ersatzanspruch nach § 325 oder nach § 326 besteht. Andere Leistungen der Pensionsversicherung als die Pensionen dürfen zur Befriedigung des Ersatzanspruches nicht herangezogen werden.

Abgeltung des Ersatzanspruches bei Krankenbehandlung

§ 328. Kosten einer mit Arbeitsunfähigkeit verbundenen Krankenbehandlung (§§ 133 bis 137) sind mit einem Betrag abzugelten, der für jeden Tag der Dauer einer solchen Behandlung im Ausmaß des halben Krankengeldes (§ 141 Abs. 1) zu leisten ist.

Abzug von den Geldleistungen der Sozialversicherung

§ 329. Der Versicherungsträger hat die Beträge, die er zur Befriedigung der Ersatzansprüche der Träger der Sozialhilfe (§§ 324 bis 327) aufgewendet hat, von den Geldleistungen der Sozialversicherung abzuziehen, doch darf der Abzug bei wiederkehrenden Geldleistungen jeweils den halben Betrag der einzelnen fälligen Geldleistung nicht übersteigen. Für den Abzug bedarf es nicht der Zustimmung des Unterstützten.

Frist für die Geltendmachung des Ersatzanspruches

§ 330. (1) Der Ersatzanspruch des Trägers der Sozialhilfe für Sachleistungen ist ausgeschlossen, wenn er nicht spätestens sechs Monate nach Ablauf der Leistung der Sozialhilfe beim Versicherungsträger geltend gemacht wird.

(2) Für Geldleistungen kann der Anspruch auf Ersatz vom Träger der Sozialhilfe nur erhoben werden, wenn

1. die Leistung der Sozialhilfe innerhalb von 14 Tagen nach der Zuerkennung, sofern jedoch der Träger der Sozialhilfe erst später vom Anspruch des Versicherten auf die Geldleistungen aus der Sozialversicherung Kenntnis erhält, innerhalb von 14 Tagen nach diesem Zeitpunkt dem Versicherungsträger angezeigt wird und
2. der Anspruch auf Ersatz spätestens innerhalb von zwei Monaten nach dem Tag geltend gemacht wird, an dem der Träger der Sozialhilfe vom Anfall der Geldleistung aus der Sozialversicherung durch den Versicherungsträger benachrichtigt worden ist.

(3) Der Ersatzanspruch des Trägers der Sozialhilfe für Geldleistungen ist für eine Zeit ausgeschlossen, für die eine Geldleistung aus der Sozialversicherung fällig geworden ist, wenn der Träger der Sozialhilfe nach einer gemäß Abs. 2 Z 1 erstatteten Anzeige vom Anfall der Geldleistung aus der Sozialversicherung durch den Versicherungsträger benachrichtigt worden ist.

Abschnitt IIa

Verbot des Pflegeregresses

§ 330a. (Verfassungsbestimmung) Ein Zugriff auf das Vermögen von in stationären Pflegeeinrichtungen aufgenommenen Personen, deren Angehörigen, Erben/Erbinnen und Geschenknehmer/inne/n im Rahmen der Sozialhilfe zur Abdeckung der Pflegekosten ist unzulässig.

(BGBl I 2017/125)

Bereitstellung von Mitteln zur Abschaffung des Pflegeregresses

§ 330b. Zur Abdeckung der Einnahmen, die den Ländern durch das Verbot des Pflegeregresses nach § 330a entgehen, sind vom Bundesminister für Finanzen aus dem allgemeinen Bundeshaushalt der Untergliederung 21 im Ausmaß von 100 Millionen Euro jährlich im jeweiligen Bundesfinanzgesetz und Bundesfinanzrahmengesetz zusätzlich zur Verfügung zu stellen und den Ländern nach dem gemäß dem Finanzausgleichsgesetz 2017, BGBl. I Nr. 116/2016, für das jeweilige Kalenderjahr ermittelten Schlüssel der Wohnbevölkerung aus dem Pflegefonds zuzuweisen."

(BGBl I 2017/125)

Abschnitt III

Bevorschussung von Pensionen aus der Pensionsversicherung und des Übergangsgeldes aus den Mitteln der Arbeitslosenversicherung

§ 331. Hinsichtlich der Bevorschussung der Pensionen aus der Pensionsversicherung bzw. des Übergangsgeldes aus der Pensions- oder Unfallversicherung aus den Mitteln der Arbeitslosenversicherung, der Rückerstattung solcher Leistungen an die regionale Geschäftsstelle des Arbeitsmarktservice und der Anrechnung auf die nachzuzahlenden Pensionsbeträge gelten die einschlägigen Vorschriften des Arbeitslosenversicherungsgesetzes 1977, in der jeweils geltenden Fassung.

(BGBl 1994/314, BGBl 1996/201, BGBl I 1997/47)

Abschnitt IV
Schadenersatz und Haftung

Übergang von Schadenersatzansprüchen auf die Versicherungsträger

§ 332. (1) Können Personen, denen nach den Bestimmungen dieses Bundesgesetzes Leistungen zustehen oder für die als Angehörige gemäß § 123 Leistungen zu gewähren sind, den Ersatz des Schadens, der ihnen durch den Versicherungsfall erwachsen ist, auf Grund anderer gesetzlicher Vorschriften beanspruchen, geht der Anspruch auf den Versicherungsträger insoweit über, als dieser Leistungen zu erbringen hat. Der Anspruch umfaßt auch die Aufwendungen des Landesgesundheitsfonds, die nach § 148 Z 2 von der Krankenanstalt in Rechnung gestellt werden. Der Versicherungsträger hat dem Landesgesundheitsfonds jenen Teil der Regreßeinnahmen, der nicht durch Mittel der Sozialversicherung gemäß § 447f Abs. 1 gedeckt ist, abzüglich eines anteilsmäßigen Verwaltungskostenersatzes für die Geltendmachung, zu überweisen. Ansprüche auf Schmerzengeld gehen auf den Versicherungsträger nicht über.

(BGBl 1996/764, BGBl I 2001/5, BGBl I 2004/179, BGBl I 2007/101)

(1a) Bei Leistung von Rehabilitationsgeld gilt der für die leistungsbeziehende Person sachlich zuständige Träger der Pensionsversicherung als leistungserbringender Versicherungsträger.

(BGBl I 2015/2)

(2) Der Versicherungsträger kann Ersatzbeträge, die der Ersatzpflichtige dem Versicherten (Angehörigen) oder seinen Hinterbliebenen in Unkenntnis des Überganges des Anspruches gemäß Abs. 1 geleistet hat, auf die nach diesem Bundesgesetz zustehenden Leistungsansprüche ganz oder zum Teil anrechnen. Soweit hienach Ersatzbeträge angerechnet werden, erlischt der nach Abs. 1 auf den Versicherungsträger übergegangene Ersatzanspruch gegen den Ersatzpflichtigen.

(3) Ein Schadenersatzanspruch nach § 333 geht auf den Versicherungsträger nicht über.

(4) § 328 ist auf Ersatzansprüche für Krankenbehandlung (§§ 133 bis 137) oder für Unfallheilbehandlung (§§ 135 bis 137 in Verbindung mit § 189) entsprechend anzuwenden.

(5) Der Versicherungsträger kann einen im Sinne der Abs. 1 bis 4 auf ihn übergegangenen Schadenersatzanspruch gegen einen Dienstnehmer, der im Zeitpunkt des schädigenden Ereignisses in demselben Betrieb wie der Verletzte oder Getötete beschäftigt war, nur geltend machen, wenn

a) der Dienstnehmer den Versicherungsfall vorsätzlich oder grob fahrlässig verursacht hat oder
b) der Versicherungsfall durch ein Verkehrsmittel verursacht wurde, für dessen Betrieb auf Grund gesetzlicher Vorschrift eine erhöhte Haftpflicht besteht.

In den Fällen der lit. b kann der Versicherungsträger den Schadenersatzanspruch unbeschadet der Bestimmungen des § 336 über das Zusammentreffen von Schadenersatzansprüchen verschiedener Versicherungsträger und den Vorrang eines gerichtlich festgestellten Schmerzengeldanspruches nur bis zur Höhe der aus einer bestehenden Haftpflichtversicherung zur Verfügung stehenden Versicherungssumme geltend machen, es sei denn, daß der Versicherungsfall durch den Dienstnehmer vorsätzlich oder grob fahrlässig verursacht worden ist.

(6) Abs. 5 gilt entsprechend für Schadenersatzansprüche gegen einen Schüler im Sinne des § 8 Abs. 1 Z 3 lit. h, sofern dieser im Zeitpunkt des Eintrittes des schädigenden Ereignisses dieselbe Schule besucht hat wie der Verletzte oder Getötete.

Einschränkung der Schadenersatzpflicht des Dienstgebers gegenüber dem Dienstnehmer bei Arbeitsunfällen (Berufskrankheiten)

§ 333. (1) Der Dienstgeber ist dem Versicherten zum Ersatz des Schadens, der diesem durch eine Verletzung am Körper infolge eines Arbeitsunfalles oder durch eine Berufskrankheit entstanden ist, nur verpflichtet, wenn er den Arbeitsunfall (die Berufskrankheit) vorsätzlich verursacht hat. Diese Einschränkung gilt auch gegenüber den Hinterbliebenen des Versicherten, wenn dessen Tod auf die körperliche Verletzung infolge des Arbeitsunfalles oder auf die Berufskrankheit zurückzuführen ist.

(2) Hat der Dienstgeber den Arbeitsunfall (die Berufskrankheit) vorsätzlich verursacht, so vermindert sich der Schadenersatzanspruch des Versicherten oder seiner Hinterbliebenen um die Leistungen aus der gesetzlichen Unfallversicherung.

(3) Die Bestimmungen der Abs. 1 und 2 sind, unbeschadet der Bestimmungen des § 477, nicht anzuwenden, wenn der Arbeitsunfall durch ein Verkehrsmittel eingetreten ist, für dessen Betrieb auf Grund gesetzlicher Vorschrift eine erhöhte Haftpflicht besteht. Der Dienstgeber haftet nur bis zur Höhe der aus einer bestehenden Haftpflichtversicherung zur Verfügung stehenden Versicherungssumme, es sei denn, daß der Versicherungsfall durch den Dienstgeber vorsätzlich verursacht worden ist.

(4) Die Bestimmungen der Abs. 1 und 2 gelten auch für Ersatzansprüche Versicherter und ihrer Hinterbliebenen gegen gesetzliche oder bevollmächtigte Vertreter des Unternehmers und gegen Aufseher im Betrieb.

Haftung des Dienstgebers bei Arbeitsunfällen (Berufskrankheiten) gegenüber den Trägern der Sozialversicherung

§ 334. (1) Hat der Dienstgeber oder ein ihm gemäß § 333 Abs. 4 Gleichgestellter den Arbeitsunfall oder die Berufskrankheit vorsätzlich oder durch grobe Fahrlässigkeit verursacht, so hat er den Trägern der Sozialversicherung alle nach diesem Bundesgesetz zu gewährenden Leistungen zu ersetzen. Dies gilt nicht in den Fällen von Leistungen nach § 213a.

(2) § 328 ist auf Ersatzansprüche für Krankenbehandlung (§§ 133 bis 137) oder für Unfallheilbehandlung (§§ 135 bis 137 in Verbindung mit § 189) entsprechend anzuwenden.

(3) Durch ein Mitverschulden des Versicherten wird die Haftung gemäß Abs. 1 weder aufgehoben noch gemindert.

(4) Der Träger der Unfallversicherung kann als Ersatz für eine von ihm zu gewährende Rente deren Kapitalswert (§ 184) fordern.

(5) Hat der Dienstgeber oder ein ihm gemäß § 333 Abs. 4 Gleichgestellter den Arbeitsunfall nicht vorsätzlich herbeigeführt, so kann der Träger der Sozialversicherung auf den Ersatz ganz oder teilweise verzichten, wenn die wirtschaftlichen Verhältnisse des Verpflichteten dies begründen.

Schadenersatzpflicht und Haftung bei juristischen Personen

§ 335. (1) Die Bestimmungen der §§ 333 und 334 sind auch anzuwenden, wenn der Dienstgeber eine juristische Person, eine offene Gesellschaft oder eine Kommanditgesellschaft ist und der Arbeitsunfall oder die Berufskrankheit vorsätzlich – bei der Anwendung des § 334 auch grob fahrlässig – durch ein Mitglied des geschäftsführenden Organes der juristischen Person oder durch einen unbeschränkt haftenden Gesellschafter/eine unbeschränkt haftende Gesellschafterin einer offenen Gesellschaft oder einer Kommanditgesellschaft verursacht worden ist.

(BGBl I 2006/131)

(2) Im Falle des Abs. 1 haften mit der juristischen Person als Dienstgeber die Mitglieder des geschäftsführenden Organes oder die zur Geschäftsführung berechtigten Personen zur ungeteilten Hand, sofern die betreffenden Mitglieder des geschäftsführenden Organes beziehungsweise die zur Geschäftsführung berechtigten Personen den Arbeitsunfall vorsätzlich oder im Falle des § 334 auch grob fahrlässig verursacht haben.

(3) Bei den in einem Ausbildungsverhältnis stehenden Pflichtversicherten (§ 4 Abs. 1 Z 4, 5 und 8) sowie bei den nach § 8 Abs. 1 Z 3 lit. c, h, i, l und m in der Unfallversicherung Teilversicherten steht für die Anwendung der Abs. 1 und 2 sowie der §§ 333 und 334 der Träger der Einrichtung, in der die Ausbildung, die institutionelle Kinderbetreuung oder Beschäftigungstherapie beziehungsweise die Rehabilitation oder Gesundheitsvorsorge erfolgt, dem Dienstgeber gleich.

(BGBl I 2010/61, BGBl I 2010/102)

Konkurrenz von Ersatzansprüchen mehrerer Versicherungsträger

§ 336. Treffen Ersatzansprüche verschiedener Versicherungsträger gemäß § 332 aus demselben Ereignis zusammen, welche die aus einer bestehenden Haftpflichtversicherung zur Verfügung stehende Versicherungssumme übersteigen, so sind sie aus dieser unbeschadet der weiteren Haftung des Ersatzpflichtigen im Verhältnis ihrer Ersatzforderungen zu befriedigen. Ein gerichtlich festgestellter Schmerzengeldanspruch geht hiebei den Ersatzansprüchen der Versicherungsträger im Range vor.

Verjährung der Ersatzansprüche

§ 337. (1) Der Ersatzanspruch des Versicherungsträgers gemäß § 334 verjährt in drei Jahren nach der ersten rechtskräftigen Feststellung der Entschädigungspflicht.

(2) Im übrigen gelten für die Verjährung der Ersatzansprüche die Bestimmungen des § 1489 des Allgemeinen Bürgerlichen Gesetzbuches.

Sechster Teil
Beziehungen der Träger der Sozialversicherung (des Dachverbandes[a]) zu den Angehörigen der Gesundheitsberufe und anderen Vertragspartnerinnen und Vertragspartnern

[a] Bis 1. Jänner 2020 „des Hauptverbandes“.

Abschnitt I
Gemeinsame Bestimmungen

Regelung durch Verträge

§ 338. (1) Die Beziehungen der Träger der Sozialversicherung (des Dachverbandes[a]) zu den freiberuflich tätigen Ärztinnen/Ärzten und Zahnärztinnen/Zahnärzten, Dentistinnen/Dentisten, Primärversorgungseinheiten, Gruppenpraxen, Hebammen, Apothekerinnen/Apothekern, den Erbringerinnen/Erbringern von nach § 135 der ärztlichen Hilfe gleichgestellten Leistungen, Pflegepersonen, die medizinische Hauskrankenpflege nach § 151 erbringen, und anderen Vertragspartnerinnen/Vertragspartnern werden durch privatrechtliche Verträge nach Maßgabe der folgenden Bestimmungen geregelt. Diese Verträge bedürfen zu ihrer Rechtsgültigkeit der schriftlichen Form. Die Verträge sowie allfällige Änderungen und Zusatzvereinbarungen sind vom Dachverband[a] im Internet zu veröffentlichen. Nach jeder fünften Änderung ist vom Dachverband[a] eine konsolidierte Fassung zu veröffentlichen.

(BGBl I 2001/99, BGBl I 2002/169, BGBl I 2005/155, BGBl I 2009/84, BGBl I 2013/81, BGBl I 2017/131, BGBl I 2018/100)

[a] Bis 31. Dezember 2019 „Hauptverband“ bzw. „Hauptverbandes“.

(2) Durch die Verträge nach Abs. 1 ist die ausreichende Versorgung der Versicherten und ihrer anspruchsberechtigten Angehörigen mit den gesetzlich und satzungsmäßig vorgesehenen Leistungen sicherzustellen. Eigene Einrichtungen der Versicherungsträger dürfen für die Versorgung mit diesen Leistungen nur nach Maßgabe der hiefür geltenden gesetzlichen Vorschriften herangezogen werden.

(2a) Die Versicherungsträger haben sich beim Abschluss von Verträgen nach Abs. 1 an den von der Bundesgesundheitskommission im Rahmen des Österreichischen Strukturplans Gesundheit (ÖSG) beschlossenen Großgeräteplan zu halten.

Dieser Großgeräteplan ist nach Abstimmung mit der Sozialversicherung, bezüglich der nicht landesfondsfinanzierten Krankenanstalten sowie des extramuralen Bereiches auch nach Abstimmung mit der für diese Krankenanstalten in Betracht kommenden gesetzlichen Interessensvertretung im Einvernehmen mit den Ländern festzulegen. Verträge die dem widersprechen, sind ungültig.

(BGBl 1996/764, BGBl I 1998/138, BGBl I 2003/145, BGBl I 2004/179, BGBl I 2007/31, BGBl I 2007/101)

(3) Die Abs. 1, 2 und 2a gelten entsprechend für die Regelung der Beziehungen der Träger der Sozialversicherung zu den Krankenanstalten.

(BGBl 1996/764, BGBl I 2001/5, BGBl I 2004/179, BGBl I 2007/101)

(4) Die Versicherungsträger sind ermächtigt, den Vertragspartnern alle die Versicherten (Angehörigen) betreffenden Informationen zu erteilen, soweit sie für die Erbringung von Leistungen aus dem Vertrag notwendig sind.

(5) Weder durch Vertrag im Sinne des Sechsten Teiles noch durch Nebenabrede kann die Kontrolle der Vertragspartner/innen durch die Versicherungsträger und der Einsatz einzelner Kontrollinstrumente durch die Versicherungsträger ausgeschlossen werden.

(BGBl I 2015/113)

Errichtung, Erwerbung oder Erweiterung von Ambulatorien durch die Träger der Krankenversicherung

§ 339. (1) Vor der beabsichtigten Errichtung, Erwerbung oder Erweiterung von Ambulatorien (§ 2 Abs. 1 Z 7 des Bundesgesetzes über Krankenanstalten und Kuranstalten) haben die Träger der Krankenversicherung das Einvernehmen mit der in Betracht kommenden örtlich zuständigen Ärztekammer bzw. der Österreichischen Zahnärztekammer herzustellen. Kommt ein Einvernehmen innerhalb von drei Monaten nach der diesbezüglichen Anzeige des Krankenversicherungsträgers nicht zustande, so ist über Ersuchen des Krankenversicherungsträgers oder der zuständigen gesetzlichen beruflichen Vertretung innerhalb weiterer drei Monate der Versuch zu unternehmen, das Einvernehmen zwischen dem Hauptverband und der Österreichischen Ärztekammer bzw. der Österreichischen Zahnärztekammer herzustellen. Die beiden Fristen verkürzen sich um die Dauer eines Auswahlverfahrens nach § 14 des Primärversorgungsgesetzes (PrimVG), BGBl. I Nr. 131/2017.

(BGBl I 2005/155, BGBl I 2010/61, BGBl I 2017/131)

(1)[a] Vor der beabsichtigten Errichtung, Erwerbung oder Erweiterung von Ambulatorien (§ 2 Abs. 1 Z 5 KAKuG) haben die Träger der Krankenversicherung das Einvernehmen mit der in Betracht kommenden örtlich zuständigen Ärztekammer bzw. der Österreichischen Zahnärztekammer herzustellen. Kommt ein Einvernehmen innerhalb von drei Monaten nach der diesbezüglichen Anzeige des Krankenversicherungsträgers nicht zustande, so ist über Ersuchen des Krankenversicherungsträgers oder der zuständigen gesetzlichen beruflichen Vertretung innerhalb weiterer drei Monate der Versuch zu unternehmen, das Einvernehmen zwischen dem Dachverband und der Österreichischen Ärztekammer bzw. der Österreichischen Zahnärztekammer herzustellen. Die beiden Fristen verkürzen sich um die Dauer eines Auswahlverfahrens nach § 14 des Primärversorgungsgesetzes (PrimVG), BGBl. I Nr. 131/2017.

(BGBl I 2005/155, BGBl I 2010/61, BGBl I 2017/131, BGBl I 2018/100)

[a] Tritt mit 1. Jänner 2020 in Kraft.

(2) Ein nach Abs. 1 erzieltes Einvernehmen ist schriftlich festzuhalten.

Abschnitt II
Beziehungen der Träger der Sozialversicherung (des Dachverbandes[a]) zu den Ärztinnen/Ärzten und Zahnärztinnen/Zahnärzten

[a] Bis 1. Jänner 2020 „des Hauptverbandes".

1. Unterabschnitt
Ärztinnen/Ärzte

Ärzteausschüsse

§ 340. (1) Zur Beratung von grundsätzlichen Fragen, welche die Beziehungen zwischen den Trägern der Sozialversicherung und den freiberuflich tätigen Ärzten oder Gruppenpraxen betreffen, insbesondere zur Beratung der Gesamtverträge gemäß § 341, ist ein Bundes-Ärzteausschuß einzurichten, dem in gleicher Zahl Vertreter der Österreichischen Ärztekammer und des Dachverbandes[a] angehören.

(BGBl I 2001/99, BGBl I 2018/100)

[a] Bis 31. Dezember 2019 „Hauptverbandes".

(2) Zur Beratung von Fragen, die sich bei der Durchführung der abgeschlossenen Verträge im Bereich der einzelnen Länder ergeben, ist in jedem Bundesland ein Landes-Ärzteausschuß einzurichten, dem in gleicher Zahl Vertreter der Ärztekammer des betreffenden Landes und der in diesem Land tätigen Träger der Krankenversicherung angehören.

(3) Die Aufgaben und die Tätigkeit des Bundes-Ärzteausschusses und der Landes-Ärzteausschüsse regeln Geschäftsordnungen, die zwischen der Österreichischen Ärztekammer und dem Dachverband[a] vereinbart werden.

(BGBl I 2018/100)

[a] Bis 31. Dezember 2019 „Hauptverband".

Elektronische Abrechnung

§ 340a. Die Vertragsärzte sind verpflichtet, spätestens ab 1. Jänner 2003 die für die Versicherten (Angehörigen) erbrachten Leistungen mit den Versicherungsträgern nach einheitlichen Grundsätzen elektronisch abzurechnen. Der Dachverband[a] hat diese Grundsätze im übertragenen Wirkungsbereich festzusetzen und im Internet kundzumachen. Bei der Festsetzung der Grundsätze unterliegt er den Weisungen des Bundesministers für Gesundheit.

[a] Bis 31. Dezember 2019 „Hauptverband“.

(BGBl I 2002/1, BGBl I 2006/133, BGBl I 2007/31, BGBl I 2009/147, BGBl I 2018/100)

Gesamtverträge

§ 341. (1) Die Beziehungen zwischen den Trägern der Krankenversicherung und den freiberuflich tätigen Ärzten sowie den Gruppenpraxen werden jeweils durch Gesamtverträge geregelt. Diese sind für die Träger der Krankenversicherung durch den Hauptverband mit den örtlich zuständigen Ärztekammern abzuschließen. Die Gesamtverträge bedürfen der Zustimmung des Trägers der Krankenversicherung, für den der Gesamtvertrag abgeschlossen wird. Die Österreichische Ärztekammer kann mit Zustimmung der beteiligten Ärztekammer den Gesamtvertrag mit Wirkung für diese abschließen.

(BGBl I 2001/99)

(1)[a] Die Beziehungen zwischen den Trägern der Krankenversicherung nach diesem oder einem anderen Bundesgesetz und den freiberuflich tätigen Ärzten und Ärztinnen sowie den Gruppenpraxen werden jeweils durch Gesamtverträge geregelt. Diese sind von den Trägern der Krankenversicherung mit der Österreichischen Ärztekammer jeweils bundeseinheitlich abzuschließen. Die Konferenz kann beschließen, dass ein für alle Träger der Krankenversicherung nach diesem oder einem anderen Bundesgesetz verbindlicher bundeseinheitlicher Gesamtvertrag durch den Dachverband abzuschließen ist.

(BGBl I 2001/99, BGBl I 2018/100)

[a] Tritt mit 1. Jänner 2020 in Kraft.

(2) (aufgehoben)

(3) Der Inhalt des Gesamtvertrages ist auch Inhalt des zwischen dem Träger der Krankenversicherung und dem Arzt oder der Gruppenpraxis abzuschließenden Einzelvertrages. Vereinbarungen zwischen dem Träger der Krankenversicherung und dem Arzt oder der Gruppenpraxis im Einzelvertrag sind rechtsunwirksam, insoweit sie gegen den Inhalt eines für den Niederlassungsort des Arztes oder für den Sitz der Gruppenpraxis geltenden Gesamtvertrages verstoßen.

(BGBl I 2001/99)

(4) Für Verträge zwischen den Trägern der Unfall- und Pensionsversicherung und den freiberuflich tätigen Ärzten oder den Gruppenpraxen zum Zwecke der Leistungserbringung (§ 338 Abs. 2 erster Satz) gelten unbeschadet der Bestimmungen des § 343b die Abs. 1 und 3 entsprechend.

(BGBl I 2001/99)

Inhalt der Gesamtverträge

§ 342. (1) Die zwischen dem Hauptverband und den Ärztekammern abzuschließenden Gesamtverträge haben nach Maßgabe der nachfolgenden Bestimmungen insbesondere folgende Gegenstände zu regeln:

(1)[a] Die Gesamtverträge haben nach Maßgabe der nachfolgenden Bestimmungen insbesondere folgende Gegenstände zu regeln:

(BGBl I 2018/100)

[a] Tritt mit 1. Jänner 2020 in Kraft.

1. die Festsetzung der Zahl und der örtlichen Verteilung der Vertragsärztinnen und -ärzte (Vertrags-Gruppenpraxen) unter Bedachtnahme auf die regionalen Strukturpläne Gesundheit (RSG) mit dem Ziel, dass unter Berücksichtigung sämtlicher ambulanter Versorgungsstrukturen, der örtlichen Verhältnisse und der Verkehrsverhältnisse, der Veränderung der Morbidität sowie der Bevölkerungsdichte und -struktur (dynamische Stellenplanung) eine ausreichende ärztliche Versorgung im Sinne des § 338 Abs. 2 erster Satz der in der gesetzlichen Krankenversicherung Versicherten und deren Angehörigen gesichert ist; in der Regel soll die Auswahl zwischen mindestens zwei in angemessener Zeit erreichbaren Vertragsärzten oder einem Vertragsarzt und einer Vertrags-Gruppenpraxis freigestellt sein;

   (BGBl I 2001/99, BGBl I 2007/101, BGBl I 2009/147)

1a. allfällige Regelungen für Investitionsabgeltungen an den/die bisherigen/bisherige Stelleninhaber/in unter anteiliger Anrechnung auf das Honorarvolumen für den Fall, dass eine im Stellenplan enthaltene Planstelle gestrichen und somit nicht nachbesetzt wird, und weder vom/von der bisherigen Stelleninhaber/in noch von einem/einer anderen Arzt/Ärztin in dessen/deren bisherigen Räumlichkeiten oder mit dessen/deren bisherigen Einrichtungen eine vertrags- oder wahlärztliche Tätigkeit ausgeübt wird; Veräußerungserlöse sind auf die Investitionsabgeltung anzurechnen;

   (BGBl I 2009/147)

2. die Auswahl der Vertragsärzte und Vertrags-Gruppenpraxen, Abschluß und Lösung der mit diesen zu treffenden Abmachungen (Einzelverträge);

   (BGBl I 2001/99)

3. die Rechte und Pflichten der Vertragsärzte/Vertragsärztinnen und Vertrags-Gruppenpraxen, insbesondere auch ihre Ansprüche auf Vergütung der ärztlichen Leistung sowie die Überprüfung der Identität des Patienten/der Patientin und die rechtmäßige Verwendung der e-card; die Überprüfung ist für Patienten/Patientinnen bis zum vollendeten 14. Lebensjahr nur im Zweifelsfall vorzunehmen; weiters sind Regelungen über die Vorgehensweise bei Nichtvorlage der e-card, bei negativer Anspruchsprüfung und bei Undurchführ-

barkeit der Überprüfung der Identität zu treffen;

(BGBl I 2001/99, BGBl I 2009/147, BGBl I 2015/113)

3.[a)] die Rechte und Pflichten der Vertragsärzte/Vertragsärztinnen und Vertrags-Gruppenpraxen, insbesondere auch ihre Ansprüche auf Vergütung der ärztlichen Leistung (Abs. 2 bis 2b) sowie die Überprüfung der Identität des Patienten/der Patientin und die rechtmäßige Verwendung der e-card; die Überprüfung ist für Patienten/Patientinnen bis zum vollendeten 14. Lebensjahr nur im Zweifelsfall vorzunehmen; weiters sind Regelungen über die Vorgehensweise bei Nichtvorlage der e-card, bei negativer Anspruchsprüfung und bei Undurchführbarkeit der Überprüfung der Identität zu treffen;

(BGBl I 2001/99, BGBl I 2009/147, BGBl I 2015/113, BGBl I 2018/100)

a) Tritt mit 1. Jänner 2020 in Kraft.

4. die Vorsorge zur Sicherstellung einer wirtschaftlichen Behandlung und Verschreibweise einschließlich Steuerungsmaßnahmen bei Heilmitteln sowie hinsichtlich der ärztlich veranlassten Kosten, zB in den Bereichen Zuweisung und Überweisung zu niedergelassenen Ärztinnen und Ärzten (Gruppenpraxen), Heilbehelfe, Hilfsmittel und Transporte (Ökonomieprinzip);

(BGBl I 2009/147)

5. die Ausstellung von Bescheinigungen, die für die Durchführung der Krankenversicherung erforderlich sind;

6. die Zusammenarbeit der Vertragsärzte (Vertragsärztinnen), Vertragszahnärzte (Vertragszahnärztinnen) und Vertrags-Gruppenpraxen mit dem chef- und kontrollärztlichen Dienst der Sozialversicherungsträger unter Zugrundelegung des Erstattungskodex (§ 31 Abs. 3 Z 12) und der Richtlinien gemäß § 31 Abs. 5 Z 10 und 13;

(BGBl 1996/411, BGBl I 2001/99, BGBl I 2003/145)

6.[a)] die Zusammenarbeit der Vertragsärzte (Vertragsärztinnen), Vertragszahnärzte (Vertragszahnärztinnen) und Vertrags-Gruppenpraxen mit dem chef- und kontrollärztlichen Dienst der Sozialversicherungsträger unter Zugrundelegung des Erstattungskodex (§ 30b Abs. 1 Z 4) und der Richtlinien nach § 30a Abs. 1 Z 9 und 12;

(BGBl 1996/411, BGBl I 2001/99, BGBl I 2003/145, BGBl I 2018/100)

a) Tritt mit 1. Jänner 2020 in Kraft.

7. die Kündigung und Auflösung des Gesamtvertrages;

8. die Verlautbarung des Gesamtvertrages und seiner Abänderungen;

(BGBl I 2001/99)

9. Regelungen über Barrierefreiheit;

(BGBl I 2001/99, BGBl I 2009/147, BGBl I 2017/131)

10. die Festlegung einer Altersgrenze (längstens bis zur Vollendung des 70. Lebensjahres) für die Beendigung der Einzelverträge von Vertragsärztinnen und Vertragsärzten (persönlich haftenden Gesellschafterinnen/Gesellschaftern einer Vertrags-Gruppenpraxis) sowie möglicher Ausnahmen davon bei drohender ärztlicher Unterversorgung. Kommt keine Einigung über eine Altersgrenze zustande, so gilt das vollendete 70. Lebensjahr als Altersgrenze.

(BGBl I 2009/147)

(1a) Im Stellenplan nach Abs. 1 Z 1 sind, sofern Primärversorgungseinheiten nach § 2 Abs. 5 Z 1 lit. a und Z 2 des Primärversorgungsgesetzes betrieben werden sollen, deren Standorte regional und der jeweilige Primärversorgungstypus (Netzwerk oder Zentrum) zu konkretisieren sowie die Anzahl jener Stellen, die in die Primärversorgungseinheit übergeführt werden sollen, regional festzulegen und der Zeitrahmen für die Umsetzung durch Invertragnahme festzulegen.

(BGBl I 2017/131)

(2) Die Vergütung der Tätigkeit von Vertragsärztinnen und Vertragsärzten ist nach Einzelleistungen oder nach Pauschalmodellen zu vereinbaren. Die Vereinbarungen über die Vergütung der ärztlichen Leistungen sind jeweils in den Honorarordnungen für Einzelordinationen und für Gruppenpraxen zusammenzufassen; diese bilden einen Bestandteil der jeweiligen Gesamtverträge. Die Gesamtverträge sollen eine Begrenzung der Ausgaben der Träger der Krankenversicherung für die vertragsärztliche Tätigkeit (einschließlich der Rückvergütungen bei Inanspruchnahme der wahlärztlichen Hilfe [§ 131]) bzw. für die Tätigkeit von Vertrags-Gruppenpraxen einschließlich der Rückvergütungen bei Inanspruchnahme von Wahl-Gruppenpraxen enthalten.

(BGBl I 2001/99, BGBl I 2007/101, BGBl I 2009/147, BGBl I 2010/61)

(2a) Bei der Vereinbarung der Honorarordnungen sind von den Gesamtvertragspartnern mit der Zielsetzung einer qualitativ hochwertigen Versorgung, einer nachhaltig ausgeglichenen Gebarung des Trägers der Krankenversicherung und einer angemessenen Honorarentwicklung folgende Kriterien anzuwenden:

1. Die Entwicklung der Beitragseinnahmen des Krankenversicherungsträgers, wobei gesetzlich für andere Zwecke gebundene Beitragsanhebungen nicht zu berücksichtigen sind;
2. die wirtschaftliche Leistungsfähigkeit des Krankenversicherungsträgers ohne Berücksichtigung der eigenen Einrichtungen und der Verwaltungskosten;
3. die gesamtwirtschaftliche Situation (einschließlich Lohn- und Gehaltsentwicklungen);

4. die allgemeine Kostenentwicklung getrennt nach Vertragsärztinnen/Vertragsärzten sowie Vertrags-Gruppenpraxen;

   (BGBl I 2010/61)

5. die Auswirkung von Mengensteigerungen der ärztlichen Leistungen (Leistungen von Gruppenpraxen) auf die Ausgaben des Krankenversicherungsträgers;
6. die Ausgabenentwicklung des Krankenversicherungsträgers mit Ausnahme jener Leistungen, die nicht in Zusammenhang mit der vertragsärztlichen Hilfe stehen;
7. der Stand der ärztlichen Wissenschaft und Erfahrung sowie die Auswirkungen der demographischen Entwicklung und der Veränderungen der Morbidität;
8. die im Rahmen der Planung der Gesundheitsversorgungsstruktur beschlossenen Qualitätsvorgaben.

(BGBl I 2009/147)

(2b)[a] Hinsichtlich der Honorierung können die Beziehungen der Österreichischen Gesundheitskasse auf regionaler Ebene durch gesamtvertragliche Honorarvereinbarungen geregelt werden, wobei darin auch eine Regelung über den Stellenplan im jeweiligen Bundesland nach Maßgabe der Abs. 1 Z 1, Abs. 1a und 3 erfolgen kann. Die Honorarvereinbarungen sind zwischen der Österreichischen Gesundheitskasse und der örtlich zuständigen Ärztekammer innerhalb der Vorgaben nach Abs. 2 und 2a für das jeweilige Bundesland abzuschließen.

(BGBl I 2018/100)

[a] Tritt mit 1. Jänner 2020 in Kraft.

(2c)[a] Die Kündigung einer gesamtvertraglichen Honorarvereinbarung für ein Bundesland ist nur durch die Österreichische Gesundheitskasse bzw. die jeweilige Landesärztekammer möglich. Eine solche Kündigung bewirkt die Kündigung der gesamtvertraglichen Honorarvereinbarung lediglich für dieses Bundesland. Die Kündigung des bundeseinheitlichen Gesamtvertrags wird hierdurch nicht bewirkt, dieser ist jedoch für die Vertragspartner/innen in diesem Bundesland nicht anwendbar.

[a] Tritt mit 1. Jänner 2020 in Kraft.

(BGBl I 2018/100)

(3) Die Planungsvorgaben des RSG betreffend Primärversorgungseinheiten nach dem Primärversorgungsgesetz sind im Stellenplan wie folgt zu berücksichtigen:

1. Regelt der Stellenplan (Abs. 1 Z 1) die Umsetzung der Planungsvorgaben und wird die Primärversorgungseinheit nach einem Auswahlverfahren nach § 14 Abs. 2 des Primärversorgungsgesetzes dennoch als selbständiges Ambulatorium unter Vertrag genommen, so ist der Stellenplan um die im selbständigen Ambulatorium gebundenen ärztlichen Vollzeitäquivalente jeweils bei Freiwerden einer geeigneten Planstelle zu reduzieren.
2. Regelt der Stellenplan (Abs. 1 Z 1) die Umsetzung der Planungsvorgaben vor Durchführung eines Auswahlverfahrens nach § 14 Abs. 3 des Primärversorgungsgesetzes nicht, so ist der Stellenplan
   a) im Falle des Vertragsabschlusses mit einem selbständigen Ambulatorium um die Hälfte der im selbständigen Ambulatorium gebundenen ärztlichen Vollzeitäquivalente
   b) im Falle des Vertragsabschlusses mit einem Vertragspartner nach dem Sechsten Teil Abschnitt II 1. Unterabschnitt in vollem Ausmaß der in der Primärversorgungseinheit gebundenen ärztlichen Vollzeitäquivalente

jeweils bei Freiwerden einer geeigneten Planstelle zu reduzieren.

(BGBl I 2010/61, BGBl I 2017/131)

Sonderregelungen für Gruppenpraxen, die keine Primärversorgungseinheiten sind

§ 342a. (1) Ergänzend zu den §§ 341 und 342 sind in den Gesamtverträgen für Vertrags-Gruppenpraxen spezielle Regelungen im Hinblick auf deren spezifische Versorgungsaufgaben (insbesondere hinsichtlich Öffnungszeiten und Leistungsspektren) und Honorierung vorzusehen.

(2) Art und Umfang der Abrechnung der Tätigkeit von Gruppenpraxen sind unbeschadet des § 342 Abs. 2 auf Grundlage einer einheitlichen elektronischen Diagnosen- und Leistungsdokumentation zu vereinbaren. Leistungen von Gruppenpraxen, in denen mehrere Fachrichtungen vertreten sind, sind jedenfalls nach Pauschalmodellen (zB Fallpauschalen) zu honorieren. Dabei sind das Leistungsspektrum und die durch die Organisation als Gesellschaft allenfalls möglichen Wirtschaftlichkeitspotentiale (Synergieeffekte) zu berücksichtigen.

(3) Die vorherige Zustimmung der Gesamtvertragsparteien ist erforderlich, wenn nach dem Zeitpunkt des Vertragsabschlusses mit einer Vertrags-Gruppenpraxis

1. ein/eine Gesellschafter/in oder mehrere Gesellschafter/innen
   a) zusätzlich in diese aufgenommen werden oder
   b) unter Mitnahme der Planstelle aus der Gesellschaft ausscheiden oder
2. sich eine Änderung hinsichtlich der medizinischen Fachgebiete, die von der Vertrags-Gruppenpraxis vertreten werden, ergibt.

(4) Schließen sich Vertragsärztinnen/Vertragsärzte zu einer Gruppenpraxis auf Grund des § 52b Abs. 1 Z 2 lit. a des Ärztegesetzes 1998 (ÄrzteG 1998), BGBl. I Nr. 169/1998, oder des § 26a Abs. 1 Z 2 lit. a des Zahnärztegesetzes (ZÄG), BGBl. I Nr. 126/2005, zusammen, so erlöschen ihre bisherigen Einzelverträge. An die Stelle der

Einzelverträge tritt ein Gruppenpraxis-Einzelvertrag oder ein Sonder-Einzelvertrag nach Abs. 5. Dieser hat der zwischen den Vertragsärzten/Vertragsärztinnen und der jeweiligen Gebietskrankenkasse abgegebenen wechselseitigen schriftlichen Zusage zu entsprechen. Im Falle des Ausscheidens eines Gesellschafters/einer Gesellschafterin unter Mitnahme der Planstelle aus der Gesellschaft (Abs. 3 Z 1 lit. b) lebt der erloschene Einzelvertrag wieder auf.

(4)[a] Schließen sich Vertragsärztinnen/Vertragsärzte zu einer Gruppenpraxis auf Grund des § 52b Abs. 1 Z 2 lit. a des Ärztegesetzes 1998 (ÄrzteG 1998), BGBl. I Nr. 169/1998, oder des § 26a Abs. 1 Z 2 lit. a des Zahnärztegesetzes (ZÄG), BGBl. I Nr. 126/2005, zusammen, so erlöschen ihre bisherigen Einzelverträge. An die Stelle der Einzelverträge tritt ein Gruppenpraxis-Einzelvertrag oder ein Sonder-Einzelvertrag nach Abs. 5. Dieser hat der zwischen den Vertragsärzten/Vertragsärztinnen und dem jeweiligen Träger der Krankenversicherung abgegebenen wechselseitigen schriftlichen Zusage zu entsprechen. Im Falle des Ausscheidens eines Gesellschafters/einer Gesellschafterin unter Mitnahme der Planstelle aus der Gesellschaft (Abs. 3 Z 1 lit. b) lebt der erloschene Einzelvertrag wieder auf.

(BGBl I 2018/100)

[a] Tritt mit 1. Jänner 2020 in Kraft.

(5) Ist für eine Gruppenpraxis kein Gruppenpraxis-Gesamtvertrag anwendbar, so können zur Sicherstellung oder Verbesserung des Sachleistungsangebotes vom Dachverband[a] unter Bedachtnahme auf die Regionalen Strukturpläne Gesundheit (RSG) für die Träger der Krankenversicherung Sonder-Einzelverträge mit Gruppenpraxen nach einheitlichen Grundsätzen abgeschlossen werden. Ein solcher Sonder-Einzelvertrag bedarf der Zustimmung des Krankenversicherungsträgers, für den er abgeschlossen wird, und der zuständigen Ärztekammer. Der Sonder-Einzelvertrag hat insbesondere die Öffnungszeiten unter Berücksichtigung von Tagesrand- und Nachtzeiten, Sams-, Sonn- und Feiertagen sowie erforderlichenfalls Bereitschaftszeiten sowie das Leistungsspektrum festzulegen.

(BGBl I 2018/100)

[a] Bis 31. Dezember 2019 „Hauptverband".

(BGBl I 2010/61, BGBl I 2017/131)

Primärversorgungs-Gesamtvertrag für Primärversorgungseinheiten betreffend ärztliche Hilfe und dessen Inhalt

§ 342b. (1) Die Beziehungen der Träger der Krankenversicherung nach diesem oder einem anderen Bundesgesetz zu Primärversorgungseinheiten im Sinne des Primärversorgungsgesetzes, sofern diese nicht in der Organisationsform von selbständigen Ambulatorien (§ 2 Abs. 1 Z 5 KAKuG) betrieben werden, werden betreffend die ärztliche Hilfe, unbeschadet des Abs. 4, durch einen bundesweit einheitlichen Gesamtvertrag geregelt. Dieser Gesamtvertrag ist für die Träger der Krankenversicherung durch den Dachverband[a] mit der Österreichischen Ärztekammer für die Landesärztekammern auf unbestimmte Zeit abzuschließen. Er kann vom Dachverband[a] und der Österreichischen Ärztekammer zum Ende eines jeden Kalenderhalbjahres unter Einhaltung einer dreimonatigen Kündigungsfrist schriftlich gekündigt werden.

(BGBl I 2018/100)

[a] Bis 31. Dezember 2019 „Hauptverband".

(2) Der Gesamtvertrag hat unter Berücksichtigung des jeweiligen Standes der Wissenschaft und medizintechnischen Entwicklung insbesondere folgende Gegenstände zu regeln:

1. das aus den §§ 4 bis 6 des Primärversorgungsgesetzes abgeleitete Mindestleistungsspektrum;
2. die Rechte und Pflichten der Vertragspartner nach § 8 Abs. 3 und 5 des Primärversorgungsgesetzes sowie die Überprüfung der Identität der/des Patientin/Patienten und die rechtmäßige Verwendung der e-card;
3. Regelungen über die Grundsätze der Vergütung (Abs. 3);
4. Regelungen über die Ausgestaltung der Honorarvereinbarungen (Abs. 4);
5. die Vorsorge zur Sicherstellung einer wirtschaftlichen Behandlung und Verschreibweise einschließlich Steuerungsmaßnahmen bei Heilmitteln sowie hinsichtlich der ärztlich veranlassten Kosten, zB in den Bereichen Zuweisung und Überweisung zu niedergelassenen Ärztinnen und Ärzten (Gruppenpraxen), Heilbehelfe, Hilfsmittel und Transporte (Ökonomieprinzip);
6. die Ausstellung von Bescheinigungen, die für die Durchführung der Krankenversicherung erforderlich sind;
7. die Zusammenarbeit mit dem chef- und kontrollärztlichen Dienst der Sozialversicherungsträger unter Zugrundelegung des Erstattungskodex (§ 31 Abs. 3 Z 12) und der Richtlinien nach § 31 Abs. 5 Z 10 und 13;

7.[a] die Zusammenarbeit mit dem chef- und kontrollärztlichen Dienst der Sozialversicherungsträger unter Zugrundelegung des Erstattungskodex (§ 30b Abs. 1 Z 4) und der Richtlinien nach § 30a Abs. 1 Z 9 und 12;

(BGBl I 2018/100)

[a] Tritt mit 1. Jänner 2020 in Kraft.

8. die Verlautbarung des Gesamtvertrags und seiner Abänderungen;
9. die Festlegung einer Altersgrenze für die an einer Primärversorgungseinheit teilnehmenden freiberuflich tätigen Ärztinnen und Ärzte sowie möglicher Ausnahmen. Kommt keine Einigung über eine Altersgrenze zustande, so gilt das vollendete 70. Lebensjahr als Altersgrenze.

(3) Das Honorierungssystem bezüglich der Lei-

stungen der Primärversorgungseinheit hat dazu beizutragen, dass die dem Primärversorgungsgesetz (§§ 4 bis 6) zu Grunde liegenden Ziele erreicht und die an diese Versorgungsform gestellten Anforderungen sicher erfüllt werden. Die Honorierung hat sich aus Grund- und Fallpauschalen, Einzelleistungsvergütungen sowie gegebenenfalls aus Bonuszahlungen für die Erreichung definierter Ziele zusammenzusetzen und ist in Grundzügen im Gesamtvertrag zu vereinbaren. Art und Umfang der Abrechnung der Tätigkeit sind auf Grundlage einer einheitlichen elektronischen Diagnosen- und Leistungsdokumentation zu vereinbaren. Die sich aus einzelnen Elementen zusammensetzende Grundpauschale dient, unabhängig vom Patientenkontakt zur Abgeltung der zur Verfügung gestellten Infrastruktur, der personellen, technischen und apparativen Ausstattung sowie der mit dieser erbrachten Leistungen. Mit Fallpauschalen soll der Behandlungsaufwand pro Patient/in abgebildet werden, wobei nach Indikations- oder Anspruchsgruppen differenziert werden kann. Für Leistungen mit besonderem Betreuungs- und Behandlungsaufwand sind Einzelleistungsvergütungen zu vereinbaren. Bonuszahlungen können für spezielle vereinbarte Versorgungsziele, insbesondere in Umsetzung der im Versorgungskonzept festgelegten Versorgungsziele vereinbart werden.

(4) Ergänzend zu Abs. 1 werden bezüglich der Honorierung die Beziehungen auf regionaler Ebene durch gesamtvertragliche Honorarvereinbarungen geregelt. Diese sind für die örtlich zuständigen Träger der Krankenversicherung nach diesem oder einem anderen Bundesgesetz durch den Hauptverband mit der örtlich zuständigen Ärztekammer innerhalb der nach Abs. 3 vorgesehenen Bestimmungen für das jeweilige Bundesland abzuschließen, wobei Sonderregelungen in Bezug auf eine jeweilige Region zulässig sind. Diese gesamtvertraglichen Honorarvereinbarungen bedürfen der Zustimmung des Krankenversicherungsträgers für den sie abgeschlossen werden. Die gesamtvertraglichen Honorarvereinbarungen sind Teil des Gesamtvertrags nach Abs. 1. Eine Kündigung der gesamtvertraglichen Honorarvereinbarung durch die jeweilige Gebietskrankenkasse bzw. die jeweilige Landesärztekammer bewirkt die Kündigung der gesamtvertraglichen Honorarvereinbarungen lediglich dieser Gebietskrankenkasse sowie der übrigen Krankenversicherungsträger im jeweiligen Bundesland. Die Kündigung des bundesweiten Gesamtvertrags wird hierdurch nicht bewirkt, dieser ist jedoch für die Vertragspartner/innen dieses Bundeslandes nicht anwendbar. Die Kündigung der gesamtvertraglichen Honorarvereinbarung eines Sonderversicherungsträgers (bundesweiter Krankenversicherungsträger und Betriebskrankenkassen) bewirkt nur die Kündigung dessen gesamtvertraglicher Honorarvereinbarung, sodass der bundesweite Gesamtvertrag im jeweiligen Bundesland lediglich für die Vertragspartner/innen des jeweiligen Sonderversicherungsträgers nicht anwendbar ist.

(BGBl I 2018/100)

(4)[a] Ergänzend zu Abs. 1 werden bezüglich der Honorierung die Beziehungen auf regionaler Ebene durch gesamtvertragliche Honorarvereinbarungen geregelt. Diese sind für die Träger der Krankenversicherung nach diesem oder einem anderen Bundesgesetz durch den Dachverband mit der örtlich zuständigen Ärztekammer innerhalb der nach Abs. 3 vorgesehenen Bestimmungen für das jeweilige Bundesland abzuschließen, wobei Sonderregelungen in Bezug auf eine jeweilige Region zulässig sind. Diese gesamtvertraglichen Honorarvereinbarungen bedürfen der Zustimmung des Krankenversicherungsträgers für den sie abgeschlossen werden. Die gesamtvertraglichen Honorarvereinbarungen sind Teil des Gesamtvertrags nach Abs. 1. Die Kündigung einer gesamtvertraglichen Honorarvereinbarung für ein Bundesland ist nur durch die Österreichische Gesundheitskasse bzw. die jeweilige Landesärztekammer möglich. Eine solche Kündigung bewirkt die Kündigung der gesamtvertraglichen Honorarvereinbarung lediglich für dieses Bundesland. Die Kündigung des bundesweiten Gesamtvertrags wird hierdurch nicht bewirkt, dieser ist jedoch für die Vertragspartner/innen dieses Bundeslandes nicht anwendbar. Die Kündigung der gesamtvertraglichen Honorarvereinbarung eines Sonderversicherungsträgers (bundesweiter Krankenversicherungsträger und Betriebskrankenkassen) bewirkt nur die Kündigung dessen gesamtvertraglicher Honorarvereinbarung, sodass der bundesweite Gesamtvertrag im jeweiligen Bundesland lediglich für die Vertragspartner/innen des jeweiligen Sonderversicherungsträgers nicht anwendbar ist.

(BGBl I 2018/100)

[a] Tritt mit 1. Jänner 2020 in Kraft.

(5) In den gesamtvertraglichen Honorarvereinbarungen nach Abs. 4 sind unter Berücksichtigung der Bevölkerungsdichte im unmittelbaren Einzugsgebiet einer Primärversorgungseinheit Honorare sowie allenfalls Bandbreiten samt Zu- und Abschlägen davon zu vereinbaren, bei denen das Gebot der Objektivität, Transparenz und Nichtdiskriminierung zu beachten ist. Das Verhältnis der verschiedenen Honorierungselemente zueinander ist darin, soweit der für die Erbringung der Leistung erforderliche Aufwand dies rechtfertigt, regional zu differenzieren. Des Weiteren sind Richtwerte für den Mindestanteil der Grundpauschale festzusetzen. Ebenso können Gegenstände des Gesamtvertrags nach Abs. 2 konkretisiert werden, insoweit sich der Gesamtvertrag auf die Regelung von Grundzügen beschränkt.

(6) Der Bestand oder die Kündigungsfristen eines nach dieser Bestimmung abgeschlossenen Gesamtvertrags oder eines Teiles davon können nicht rechtswirksam an den Bestand oder die Kündigungsfristen eines anderen nach dem Sechsten Teil dieses Bundesgesetzes abgeschlossenen Gesamtvertrags gebunden werden.

(BGBl I 2017/131)

Vertragliche Beziehungen zu Primärversorgungseinheiten nach § 8 Abs. 1 Z 1 und 3 des Primärversorgungsgesetzes

§ 342c. (1) Die vertraglichen Beziehungen zu Primärversorgungseinheiten nach § 8 Abs. 1 Z 1 und 3 des Primärversorgungsgesetzes werden durch die in den folgenden Absätzen enthaltenen Bestimmungen geregelt. Der Vertragsinhalt des Primärversorgungsvertrags und des Primärversorgungs-Einzelvertrags bestimmt sich nach § 8 des Primärversorgungsgesetzes.

(2) Für die Auswahl einer Primärversorgungseinheit, den Abschluss des Vertrags und dessen Auflösung ist § 343 nicht anzuwenden.

(3) Die Auswahl einer Primärversorgungseinheit erfolgt nach § 14 des Primärversorgungsgesetzes. Der Abschluss des Primärversorgungsvertrags und der Primärversorgungs-Einzelverträge obliegt der örtlich in Betracht kommenden Gebietskrankenkasse und ist sodann für alle Gebiets- und Betriebskrankenkassen sowie für die Sozialversicherungsanstalt der Bauern wirksam.

(3)[a)] Die Auswahl einer Primärversorgungseinheit erfolgt nach § 14 des Primärversorgungsgesetzes. Der Abschluss des Primärversorgungsvertrags und der Primärversorgungs-Einzelverträge obliegt der Österreichischen Gesundheitskasse.

(BGBl I 2018/100)

[a)] Tritt mit 1. Jänner 2020 in Kraft.

(4) Das Vertragsverhältnis zwischen der Primärversorgungseinheit und dem Träger der Krankenversicherung erlischt ohne Kündigung im Falle:

1. der Auflösung des Trägers der Krankenversicherung;
2. des Wirksamwerdens gesetzlicher Vorschriften, durch die die Tätigkeit des Trägers der Krankenversicherung entweder eine örtliche oder eine sachliche Einschränkung erfährt, in deren Folge die Tätigkeit einer Primärversorgungseinheit nicht mehr in Frage kommt;
3. der Auflösung der Primärversorgungseinheit;
4. der rechtskräftigen Verurteilung eines/einer Gesellschafters/Gesellschafterin der Primärversorgungseinheit, einer/eines dort freiberuflich tätigen Ärztin/Arztes oder Angehörige/n eines sonstigen Gesundheitsberufs
   a) wegen einer oder mehrerer mit Vorsatz begangener gerichtlich strafbarer Handlungen zu einer mehr als einjährigen Freiheitsstrafe oder
   b) wegen einer mit Bereicherungsvorsatz begangenen gerichtlich strafbaren Handlung;
5. einer im Zusammenhang mit der Ausübung des ärztlichen Berufs oder eines sonstigen Gesundheitsberufs wegen groben Verschuldens strafgerichtlichen rechtskräftigen Verurteilung eines/einer Gesellschafters/Gesellschafterin der Primärversorgungseinheit, einer/eines dort freiberuflich tätigen Ärztin/Arztes oder Angehörige/n eines sonstigen Gesundheitsberufs;
6. eines wiederholten rechtskräftigen zivilgerichtlichen Urteils, in welchem ein Verschulden eines/einer Gesellschafters/Gesellschafterin, einer dort freiberuflich tätigen Person oder der Primärversorgungseinheit im Zusammenhang mit der Ausübung der vertraglichen Tätigkeit festgestellt wird;
7. des Erreichens der jeweils festgelegten Altersgrenze mit Ablauf des jeweiligen Kalendervierteljahres.

Sobald die Vertragspartner über das Vorliegen eines Tatbestandes nach Z 4 bis 6 Kenntnis erlangt haben, haben sie den jeweiligen anderen Vertragspartner darüber zu informieren. In den Fällen der Z 4 bis 7 kann eine Primärversorgungseinheit das Erlöschen des Primärversorgungsvertrags verhindern, wenn sie innerhalb von vier Wochen ab dem Einlangen der Mitteilung des Trägers der Krankenversicherung oder sonstigem Informationserhalt oder nach Ablauf des jeweiligen Kalendervierteljahres, in welchem die Altersgrenze erreicht wurde, die betroffene Person aus der Primärversorgungseinheit ausschließt oder das Dienstverhältnis mit der angestellten Person beendet. Die Wiederaufnahme bzw. Wiedereinstellung einer ausgeschlossenen Person in eine Primärversorgungseinheit kann nur mit Zustimmung der zuständigen Sozialversicherungsträger erfolgen. Die Rechtsfolge des Erlöschens des Primärversorgungsvertrags nach Z 4 und 5 kann nicht nach § 44 Abs. 2 StGB nachgesehen werden.

(5) Mit dem Erlöschen des Primärversorgungsvertrags erlöschen auch die Primärversorgungs-Einzelverträge.

(6) Der Träger der Krankenversicherung ist, wenn die Primärversorgungseinheit nach § 8 Abs. 1 Z 1 oder Z 3 lit. a des Primärversorgungsgesetzes geführt wird, zur Auflösung dieses Vertragsverhältnisses verpflichtet, wenn ein/eine den ärztlichen Beruf ausübender/ausübende Gesellschafter/in einer Primärversorgungseinheit die Berechtigung zur Ausübung des ärztlichen Berufs verliert oder wenn ihm/ihr diese Berechtigung von Anfang an fehlte. Wird die Primärversorgung nach § 8 Abs. 1 Z 3 lit. b des Primärversorgungsgesetzes geführt, so ist in einem solchen Fall der Krankenversicherungsträger zur Auflösung des Primärversorgungs-Einzelvertrags verpflichtet. Abs. 4 letzter Satz gilt sinngemäß.

(7) Der Primärversorgungsvertrag kann unbeschadet der Bestimmungen der Abs. 4 bis 6 von beiden Teilen unter Einhaltung einer dreimonatigen Kündigungsfrist, mit Ausnahme im Falle des Abs. 8 Z 4, zum Ende eines Kalendervierteljahres unter Angabe der Gründe schriftlich gekündigt werden. Steht eine Primärversorgungseinheit in einem Vertragsverhältnis zu mehreren Krankenversicherungsträgern, so bewirkt die Kündigung des Vertrags mit der Gebietskrankenkasse auch die Vertragsauflösung mit den übrigen Krankenversicherungsträgern nach diesem oder einem anderen Bundesgesetz. Der Kündigung hat ein Schlichtungsversuch unter Beiziehung der zuständigen

Ärztekammer voranzugehen. Dasselbe gilt bezüglich eines Primärversorgungs-Einzelvertrags einer/eines an einer Primärversorgungseinheit teilnehmenden freiberuflich tätigen Ärztin oder Arztes, ohne dass der Primärversorgungsvertrag als gekündigt gilt.

(7)[a] Der Primärversorgungsvertrag kann unbeschadet der Bestimmungen der Abs. 4 bis 6 von beiden Teilen unter Einhaltung einer dreimonatigen Kündigungsfrist, mit Ausnahme im Falle des Abs. 8 Z 4, zum Ende eines Kalendervierteljahres unter Angabe der Gründe schriftlich gekündigt werden. Steht eine Primärversorgungseinheit in einem Vertragsverhältnis zu mehreren Krankenversicherungsträgern, so bewirkt die Kündigung des Vertrags mit der Österreichischen Gesundheitskasse auch die Vertragsauflösung mit den übrigen Krankenversicherungsträgern nach diesem oder einem anderen Bundesgesetz. Der Kündigung hat ein Schlichtungsversuch unter Beiziehung der zuständigen Ärztekammer voranzugehen. Dasselbe gilt bezüglich eines Primärversorgungs-Einzelvertrags einer/eines an einer Primärversorgungseinheit teilnehmenden freiberuflich tätigen Ärztin oder Arztes, ohne dass der Primärversorgungsvertrag als gekündigt gilt.

(BGBl I 2018/100)

---

[a] Tritt mit 1. Jänner 2020 in Kraft.

(8) Der Krankenversicherungsträger kann den Primärversorgungsvertrag aus folgenden Gründen kündigen:

1. wiederholte nicht unerhebliche oder schwerwiegende Vertrags- oder Berufspflichtverletzungen;
2. Nichterfüllung der im Primärversorgungsvertrag vereinbarten auf Kosten der Krankenversicherung zu erbringenden Leistungen;
3. Änderung der Organisation der Primärversorgungseinheit oder des Versorgungskonzepts, wenn dies im Widerspruch zu den vereinbarten Planungsvorgaben steht;
4. Wegfall der dem Auswahlverfahren nach § 14 des Primärversorgungsgesetzes zu Grunde gelegten Voraussetzungen oder wesentliche Änderung derselben, im zweiten Fall dann, wenn innerhalb eines Jahres keine Vertragsänderung zustande kommt; hiebei ist Abs. 10 zu beachten.

Die gekündigte Primärversorgungseinheit kann innerhalb von zwei Wochen die Kündigung bei der Landesschiedskommission mit Einspruch anfechten. Die Landesschiedskommission hat innerhalb von sechs Monaten nach Einlangen des Einspruches über diesen zu entscheiden. Der Einspruch hat bis zum Tag der Entscheidung der Landesschiedskommission aufschiebende Wirkung. In den Fällen der Z 1 und 2 kann die Primärversorgungseinheit die Kündigung des Primärversorgungsvertrags abwenden, wenn sie innerhalb von acht Wochen ab Rechtskraft der Kündigung jene Gesellschafterin/jenen Gesellschafter oder jene/jenen Ärztin oder Arzt oder sonstige/n Angehörige/n eines Gesundheitsberufs, die/der ausschließlich den jeweiligen Kündigungsgrund gesetzt hat, aus der Primärversorgungseinheit ausschließt oder das Dienstverhältnis mit der betroffenen Person beendet. Eine von der gekündigten Primärversorgungseinheit oder der ausgeschlossenen Person eingebrachte Beschwerde an das Bundesverwaltungsgericht hat ohne Zustimmung des Krankenversicherungsträgers, mit Ausnahme im Falle der Z 4, keine aufschiebende Wirkung.

(9) Der Krankenversicherungsträger kann den Primärversorgungs-Einzelvertrag aus den in Abs. 8 Z 1, 2 und 4 genannten Gründen kündigen. Im Übrigen gilt Abs. 8 sinngemäß.

(10) Im Falle einer Kündigung nach Abs. 8 Z 4 sind die von der Primärversorgungseinheit oder der/dem gekündigte/n freiberuflich tätige/n Ärztin oder Arzt im Vertrauen auf die Treffsicherheit der Planung eingegangenen Verpflichtungen zu berücksichtigen, indem angemessene finanzielle Abgeltungen geleistet werden oder für die Kündigung eine Frist von mindestens drei Jahren einzuhalten ist.

(11) Einzelverträge nach § 343 mit Ärztinnen und Ärzten für Allgemeinmedizin, die nach In-Kraft-Treten des Primärversorgungsgesetzes abgeschlossen werden, können unter Einhaltung der Kündigungsfrist nach § 343 Abs. 4 gekündigt werden, wenn bei Ausschreibung die Planung einer Primärversorgungseinheit im selben Versorgungsgebiet im RSG bereits abgebildet ist und die Ärztin oder der Arzt die Beteiligung an einer Primärversorgungseinheit entgegen einer vorvertraglichen Zusage ablehnt. Eine solche Zusage ist für fünf Jahre bindend, wobei in der Ausschreibung eine abweichende Frist vereinbart werden kann.

(12) Schließen sich Vertragsärztinnen oder -ärzte (Vertrags-Gruppenpraxen) zu einer Primärversorgungseinheit nach dem Primärversorgungsgesetz zusammen, so erlöschen ihre bisherigen (Gruppenpraxis-)Einzelverträge. Im Falle einer Kündigung nach Abs. 8 Z 4 leben die bisherigen (Gruppenpraxis-)Einzelverträge wieder auf. Dies gilt auch im Falle der Auflösung der Primärversorgungseinheit oder des Ausscheidens einer/eines freiberuflich tätigen Ärztin oder Arztes innerhalb von drei Jahren ab Invertragnahme. Nach Ablauf von drei Jahren gilt § 342a Abs. 3 Z 1 lit. b mit der Maßgabe, dass für die Mitnahme der Planstelle aus der Primärversorgungseinheit die vorherige Zustimmung der örtlich zuständigen Gebietskrankenkasse[a] und der jeweiligen Landesärztekammer erforderlich ist. Im Falle der Nachbesetzung in der Primärversorgungseinheit ist zwischen den Gesamtvertragspartnern Einvernehmen über die Anrechnung im Stellenplan herzustellen. Die nach § 342 Abs. 1 Z 10 in den jeweiligen Gesamtverträgen festgelegte Altersgrenze für die Beendigung der Einzelverträge von Vertragsärztinnen und Vertragsärzten (Gesellschafterinnen/Gesellschaftern einer Vertrags-Gruppenpraxis) ist anzuwenden.

(BGBl I 2018/100)

---

[a] Ab 1. Jänner 2020: „der Österreichischen Gesundheitskasse".

(13) Kommt bis 31. Dezember 2018 für die ärztlichen Leistungen ein Gesamtvertrag nach § 342b mit Wirksamkeit 1. Juli 2019 nicht zustande oder tritt danach ein vertragsloser Zustand ein, so kann der Dachverband[a)] unter Bedachtnahme auf die Regionalen Strukturpläne Gesundheit (RSG) für die Träger der Krankenversicherung nach diesem oder einem anderen Bundesgesetz Primärversorgungs-Sonderverträge mit Primärversorgungseinheiten nach § 8 Abs. 3 und 5 des Primärversorgungsgesetzes nach einheitlichen Grundsätzen abschließen. Ein solcher Primärversorgungs-Sondervertrag bedarf der Zustimmung des Krankenversicherungsträgers, für den er abgeschlossen wird, und der zuständigen Ärztekammer. Der Primärversorgungs-Sondervertrag hat insbesondere die in den §§ 4 bis 6 des Primärversorgungsgesetzes vorgesehenen Anforderungen und den Leistungsumfang zu konkretisieren, im Übrigen sind die Bestimmungen der Abs. 1 bis 12 sinngemäß anzuwenden."

(BGBl I 2018/100)

[a)] Bis 31. Dezember 2019 „Hauptverband".

(BGBl I 2017/131)

Gesamtvertragliche Regelung betreffend Turnusärztinnen und -ärzte in Ausbildung bei Vertragsärztinnen und -ärzten und in Vertragsgruppenpraxen

§ 342d. (1) Zwischen dem Dachverband[a)] für alle Krankenversicherungsträger und der Österreichischen Ärztekammer für sich und die Landesärztekammern ist eine für die Vertragsparteien verbindliche gesamtvertragliche Regelung über den Einsatz von Turnusärztinnen und -ärzten bei Vertragsärztinnen und -ärzten und in Vertragsgruppenpraxen abzuschließen.

(BGBl I 2018/100)

[a)] Bis 31. Dezember 2019 „Hauptverband".

(2) Dieser Gesamtvertrag hat insbesondere Art, Umfang und Grundsätze der Verrechenbarkeit jener Leistungen zu regeln, welche von Turnusärztinnen und -ärzten für Vertragsärztinnen und -ärzte und Vertragsgruppenpraxen auf Kosten der Krankenversicherungsträger erbracht werden können. Bis zum 30. Juni 2016 ist ein Gesamtvertrag abzuschließen.

(2)[a)] Dieser Gesamtvertrag hat insbesondere Art, Umfang und Grundsätze der Verrechenbarkeit jener Leistungen zu regeln, welche von Turnusärztinnen und -ärzten für Vertragsärztinnen und -ärzte und Vertragsgruppenpraxen auf Kosten der Krankenversicherungsträger erbracht werden können.

(BGBl I 2018/100)

[a)] Tritt mit 1. Jänner 2020 in Kraft.

(BGBl I 2014/82, BGBl I 2017/131)

Gesamtvertragliche Regelung betreffend angestellte Ärztinnen/Ärzte in Vertragsordinationen und Vertragsgruppenpraxen

§ 342e. (1) Zwischen dem Hauptverband für alle Krankenversicherungsträger und der Österreichischen Ärztekammer für sich und die Landesärztekammern ist eine für die Vertragsparteien verbindliche gesamtvertragliche Regelung über den Einsatz von angestellten Ärztinnen/Ärzten nach § 47a des Ärztegesetzes 1998 bei Vertragsärztinnen/Vertragsärzte sowie Vertragsgruppenpraxen abzuschließen.

(2) Dieser Gesamtvertrag hat insbesondere Art, Umfang und Grundsätze der Verrechenbarkeit jener Leistungen zu regeln, die von angestellten Ärztinnen/Ärzten für Vertragsärztinnen/Vertragsärzte sowie Vertragsgruppenpraxen auf Kosten der Krankenversicherungsträger erbracht werden können.

(3) Ist ein solcher Gesamtvertrag nicht anwendbar, so müssen Regelungen über die Verrechenbarkeit von Leistungen, die von angestellten Ärztinnen/Ärzten für Vertragsärztinnen/Vertragsärzte sowie Vertragsgruppenpraxen auf Kosten der Krankenversicherungsträger erbracht werden, im jeweiligen Einzelvertrag erfolgen.

(BGBl I 2019/20)

Aufnahme der Ärzte in den Vertrag und Auflösung des Vertragsverhältnisses

§ 343. (1) Die Auswahl der Vertragsärztinnen/Vertragsärzte und der Vertrags-Gruppenpraxen und der Abschluss der Einzelverträge zwischen dem zuständigen Träger der Krankenversicherung und dem Arzt/der Ärztin oder der Gruppenpraxis erfolgt nach den Bestimmungen des Gesamtvertrages und im Einvernehmen mit der zuständigen Ärztekammer. Diese Einzelverträge sind sodann für alle Gebiets- und Betriebskrankenkassen sowie für die Sozialversicherungsanstalt der Bauern wirksam. Die Einzelvertragsparteien können abweichend von § 341 Abs. 3 mit Zustimmung der zuständigen Ärztekammer ergänzende oder abweichende Regelungen hinsichtlich Art, Umfang und Honorierung der vertragsärztlichen Tätigkeit insbesondere im Zusammenhang mit der Festlegung der Öffnungszeiten, für Spitalsambulanzen entlastende Leistungen, oder für dislozierte Standorte treffen. Wurden in einem Zulassungsverfahren nach § 52c ÄrzteG 1998 oder § 26b Abs. 1 ZÄG Auflagen erteilt, so sind diese Inhalt des jeweiligen Einzelvertrages. Einzelverträge, die nicht im Rahmen der jeweils nach § 342 Abs. 1 Z 1 vereinbarten Zahl und örtlichen Verteilung abgeschlossen werden, bedürfen zu ihrer Wirksamkeit der Zustimmung des Hauptverbandes und der zuständigen Ärztekammer, bei Nichteinigung der Zustimmung des Hauptverbandes und der Österreichischen Ärztekammer. Mit approbierten Ärztinnen/Ärzten (§ 44 Abs. 1 ÄrzteG 1998) kann kein Einzelvertrag abgeschlossen werden, es sei denn, der Arzt/die Ärztin hat gemäß Artikel 29 der Richtlinie 2005/36/EG über die Anerkennung von Berufsqualifikationen das Recht erworben, den ärztlichen Beruf als Arzt/Ärztin für Allgemeinmedizin im Rahmen eines Sozialversicherungssystems auszuüben.

(BGBl 1996/411, BGBl I 1997/139, BGBl I 2001/99, BGBl I 2003/145, BGBl I 2010/61, BGBl I 2014/32)

(1)[a] Die Auswahl der Vertragsärztinnen/Vertragsärzte und der Vertrags-Gruppenpraxen und der Abschluss der Einzelverträge zwischen dem zuständigen Träger der Krankenversicherung und dem Arzt/der Ärztin oder der Gruppenpraxis erfolgt nach den Bestimmungen des Gesamtvertrages und im Einvernehmen mit der zuständigen Ärztekammer. Die Einzelvertragsparteien können abweichend von § 341 Abs. 3 mit Zustimmung der zuständigen Ärztekammer ergänzende oder abweichende Regelungen hinsichtlich Art, Umfang und Honorierung der vertragsärztlichen Tätigkeit insbesondere im Zusammenhang mit der Festlegung der Öffnungszeiten, für Spitalsambulanzen entlastende Leistungen, oder für dislozierte Standorte treffen. Wurden in einem Zulassungsverfahren nach § 52c ÄrzteG 1998 oder § 26b Abs. 1 ZÄG Auflagen erteilt, so sind diese Inhalt des jeweiligen Einzelvertrages. Einzelverträge, die nicht im Rahmen der jeweils nach § 342 Abs. 1 Z 1 vereinbarten Zahl und örtlichen Verteilung abgeschlossen werden, bedürfen einer Vereinbarung zwischen dem Träger der Krankenversicherung und der Österreichischen Ärztekammer. Mit approbierten Ärztinnen/Ärzten (§ 44 Abs. 1 ÄrzteG 1998) kann kein Einzelvertrag abgeschlossen werden, es sei denn, der Arzt/die Ärztin hat gemäß Artikel 29 der Richtlinie 2005/36/EG über die Anerkennung von Berufsqualifikationen das Recht erworben, den ärztlichen Beruf als Arzt/Ärztin für Allgemeinmedizin im Rahmen eines Sozialversicherungssystems auszuüben.

(BGBl 1996/411, BGBl I 1997/139, BGBl I 2001/99, BGBl I 2003/145, BGBl I 2010/61, BGBl I 2014/32, BGBl I 2018/100)

[a] Tritt mit 1. Jänner 2020 in Kraft.

(1a) Zur Auswahl nach Abs. 1 sind auf Vorschlag der Österreichischen Ärztekammer durch Verordnung des Bundesministers für Gesundheit verbindliche Kriterien für die Reihung der Bewerberinnen und Bewerber um Einzelverträge festzulegen (Reihungskriterien). Dabei sind auch die fachliche Eignung der Bewerberinnen und Bewerber und die zeitliche Reihenfolge der Bewerbungen um Einzelverträge zu berücksichtigen. Für den Fall der Vergabe eines Gruppenpraxen-Einzelvertrages ist die Bewertung der sich jeweils gemeinsam bewerbenden Ärztinnen/Ärzte als Gesamtes vorzusehen. Für die Besetzung einer in einer Gruppenpraxis gebundenen Planstelle ist prozentmäßig eine Bandbreite festzulegen, innerhalb derer die Bewerbungen, aus denen die Gruppenpraxis auswählen kann, liegen müssen. Die Reihungskriterien haben jedenfalls dem Gleichheitsgebot, der Erwerbsausübungs- und Niederlassungsfreiheit sowie den Bestimmungen der Europäischen Menschenrechtskonvention, BGBl. Nr. 210/1958, zu entsprechen. Vor Erlassung dieser Verordnung ist der Hauptverband anzuhören.

(BGBl I 2010/61)

(1a)[a] Zur Auswahl nach Abs. 1 sind auf Vorschlag der Österreichischen Ärztekammer durch Verordnung des Bundesministers/der Bundesministerin für Arbeit, Soziales, Gesundheit und Konsumentenschutz bundeseinheitlich verbindliche Kriterien für die Reihung der Bewerberinnen und Bewerber um Einzelverträge festzulegen (Reihungskriterien). Dabei sind auch die fachliche Eignung der Bewerberinnen und Bewerber und die zeitliche Reihenfolge der Bewerbungen um Einzelverträge zu berücksichtigen. Für den Fall der Vergabe eines Gruppenpraxen-Einzelvertrages ist die Bewertung der sich jeweils gemeinsam bewerbenden Ärztinnen/Ärzte als Gesamtes vorzusehen. Für die Besetzung einer in einer Gruppenpraxis gebundenen Planstelle ist prozentmäßig eine Bandbreite festzulegen, innerhalb derer die Bewerbungen, aus denen die Gruppenpraxis auswählen kann, liegen müssen. Die Reihungskriterien haben jedenfalls dem Gleichheitsgebot, der Erwerbsausübungs- und Niederlassungsfreiheit sowie den Bestimmungen der Europäischen Menschenrechtskonvention, BGBl. Nr. 210/1958, zu entsprechen. Vor Erlassung dieser Verordnung ist der Dachverband anzuhören.

(BGBl I 2010/61, BGBl I 2018/100)

[a] Tritt mit 1. Jänner 2020 in Kraft.

(1b) Solange kein Einvernehmen über den Bedarf der Nachbesetzung einer frei werdenden Planstelle zwischen der zuständigen Ärztekammer und dem zuständigen Träger der Krankenversicherung unter Berücksichtigung der Kriterien nach § 342 Abs. 1 Z 1 besteht, kann diese Planstelle nicht ausgeschrieben werden. Besteht nach Ablauf eines Jahres nach Beendigung eines Einzelvertrags immer noch kein Einvernehmen, so entscheidet die Landesschiedskommission (§ 345) auf Antrag einer der beiden Vertragsparteien über den Bedarf der Nachbesetzung unter Berücksichtigung der Kriterien nach § 342 Abs. 1 Z 1 und jenen der Planung im jeweiligen RSG. Bis zur Rechtskraft der Entscheidung kann die Planstelle nicht ausgeschrieben werden. Der Stellenplan gilt ab Rechtskraft einer Entscheidung der Nicht-Nachbesetzung als angepasst.

(BGBl I 2009/147, BGBl I 2010/61, BGBl I 2013/130, BGBl I 2017/131)

(1c) Im Falle der Stilllegung einer Planstelle (Abs. 1b) darf der betroffene Sozialversicherungsträger das bisher vom Vertragsarzt/von der Vertragsärztin der jeweiligen Planstelle abzudeckende Leistungsvolumen innerhalb von fünf Jahren ab Freiwerden der Stelle nicht durch einen neuen Vertrag mit anderen Leistungsanbietern/-anbieterinnen abdecken, es sei denn das Leistungsvolumen wird durch eine Primärversorgungseinheit abgedeckt.

(BGBl I 2009/147, BGBl I 2010/61, BGBl I 2017/131)

(2) Das Vertragsverhältnis zwischen dem Vertragsarzt oder der Vertrags-Gruppenpraxis und dem Träger der Krankenversicherung erlischt ohne Kündigung im Falle:

1. der Auflösung des Trägers der Krankenversicherung;
2. des Wirksamwerdens gesetzlicher Vorschriften, durch die die Tätigkeit des Trägers der Krankenversicherung entweder eine örtliche oder eine sachliche Einschränkung erfährt, in deren Folge die Tätigkeit als Vertragsarzt oder der Vertrags-Gruppenpraxis nicht mehr in Frage kommt;

   (BGBl I 2001/99)
3. des Todes des Vertragsarztes oder der Auflösung der Vertrags-Gruppenpraxis, wobei die bis zu diesem Zeitpunkt erworbenen Honoraransprüche des Arztes auf die Erben, jene der Vertrags-Gruppenpraxis auf die Gesellschafter übergehen;

   (BGBl I 2001/99)
4. der rechtskräftigen Verurteilung des Vertragsarztes oder eines Gesellschafters der Vertrags-Gruppenpraxis
   a) wegen einer oder mehrerer mit Vorsatz begangener gerichtlich strafbarer Handlungen zu einer mehr als einjährigen Freiheitsstrafe oder
   b) wegen einer mit Bereicherungsvorsatz begangenen gerichtlich strafbaren Handlung;

   (BGBl I 2001/99, BGBl I 2010/61)
5. einer im Zusammenhang mit der Ausübung des ärztlichen Berufes wegen groben Verschuldens strafgerichtlichen rechtskräftigen Verurteilung des Vertragsarztes oder eines Gesellschafters der Vertrags-Gruppenpraxis;

   (BGBl I 2001/99, BGBl I 2010/61)
6. eines wiederholten rechtskräftigen zivilgerichtlichen Urteils, in welchem ein Verschulden des Vertragsarztes oder eines Gesellschafters der Vertrags-Gruppenpraxis im Zusammenhang mit der Ausübung der vertraglichen Tätigkeit festgestellt wird;

   (BGBl I 2001/99, BGBl I 2009/147, BGBl I 2010/61)
7. des Erreichens der jeweils festgelegten Altersgrenze mit Ablauf des jeweiligen Kalendervierteljahres;

   (BGBl I 2009/147, BGBl I 2010/61)
8. eines Verstoßes gegen § 342a Abs. 3 Z 1 lit. a oder Z 2.

   (BGBl I 2010/61)

In den Fällen der Z 4 bis 7 kann eine Vertrags-Gruppenpraxis das Erlöschen des Einzelvertrages verhindern, wenn sie innerhalb von vier Wochen ab Rechtskraft der gerichtlichen Entscheidung oder nach Ablauf des jeweiligen Kalendervierteljahres, in welchem die Altersgrenze erreicht wurde, den betroffenen Gesellschafter aus der Vertrags-Gruppenpraxis ausschließt. Die Wiederaufnahme eines ausgeschlossenen Gesellschafters in eine Vertrags-Gruppenpraxis kann nur mit Zustimmung der zuständigen Sozialversicherungsträger erfolgen. Die Rechtsfolge des Erlöschens des Einzelvertrages nach Z 4 und 5 kann nicht nach § 44 Abs. 2 StGB nachgesehen werden.

(BGBl I 2001/99, BGBl I 2009/147, BGBl I 2010/61, BGBl I 2010/102)

(2a) Ein zum Zeitpunkt der Erlassung einer Verordnung nach § 23 G-ZG bestehendes Vertragsverhältnis nach Abs. 2 mit einem Vertragsarzt/einer Vertragsärztin bleibt durch die Erlassung einer solchen Verordnung unberührt.

(BGBl I 2017/26)

(3) Der Träger der Krankenversicherung ist zur Auflösung des Vertragsverhältnisses mit einem Vertragsarzt oder mit einer Vertrags-Gruppenpraxis verpflichtet, wenn der Arzt oder ein Gesellschafter einer Vertrags-Gruppenpraxis die Staatsbürgerschaft eines Mitgliedstaates des Europäischen Wirtschaftsraumes oder die Berechtigung zur Ausübung des ärztlichen Berufes verliert oder wenn ihm diese Berechtigung von Anfang an fehlte oder wenn im Einvernehmen mit der zuständigen Ärztekammer festgestellt wird, dass die Voraussetzungen, die zur Bestellung des Vertragsarztes oder der Vertrags-Gruppenpraxis erforderlich sind, von Anfang an nicht gegeben waren. Abs. 2 letzter Satz gilt sinngemäß.

(BGBl 1996/411, BGBl I 2001/99, BGBl I 2010/61)

(4) Das Vertragsverhältnis kann unbeschadet der Bestimmungen der Abs. 2 und 3 von beiden Teilen unter Einhaltung einer dreimonatigen Kündigungsfrist zum Ende eines Kalendervierteljahres gekündigt werden. Der Krankenversicherungsträger kann nur wegen wiederholter nicht unerheblicher oder wegen schwerwiegender Vertrags- oder Berufspflichtverletzungen unter Angabe der Gründe schriftlich kündigen. Der gekündigte Arzt/die gekündigte Ärztin oder die gekündigte Vertrags-Gruppenpraxis kann innerhalb von zwei Wochen die Kündigung bei der Landesschiedskommission mit Einspruch anfechten. Die Landesschiedskommission hat innerhalb von sechs Monaten nach Einlangen des Einspruches über diesen zu entscheiden. Der Einspruch hat bis zum Tag der Entscheidung der Landesschiedskommission aufschiebende Wirkung. Eine Vertrags-Gruppenpraxis kann die Kündigung des Einzelvertrages abwenden, wenn sie innerhalb von acht Wochen ab Rechtskraft der Kündigung jenen Gesellschafter/jene Gesellschafterin, der/die ausschließlich den jeweiligen Kündigungsgrund gesetzt hat, aus der Vertrags-Gruppenpraxis ausschließt. Eine vom gekündigten Arzt/von der gekündigten Ärztin (von der gekündigten Gruppenpraxis) eingebrachte Beschwerde an das Bundesverwaltungsgericht hat ohne Zustimmung des Krankenversicherungsträgers keine aufschiebende Wirkung.

(BGBl I 2001/99, BGBl I 2010/61, BGBl I 2013/130)

(5) (aufgehoben)

(BGBl I 2010/61)

Gesamtvertrag für die Durchführung der Untersuchungen nach den §§ 132a und 132b sowie der sonstigen Maßnahmen zur Erhaltung der Volksgesundheit nach § 132c Abs. 1 Z 1

§ 343a. (1) Zwischen dem Dachverband[a)] und der Österreichischen Ärztekammer ist ein für die Vertragsparteien verbindlicher Gesamtvertrag abzuschließen, der die Durchführung der Untersuchungen nach den §§ 132a und 132b sowie der sonstigen Maßnahmen zur Erhaltung der Volksgesundheit nach § 132c Abs. 1 Z 1 regelt und der die Vergütung der ärztlichen Leistungen vorsieht; dieser Gesamtvertrag bedarf der Zustimmung der beteiligten Träger der Krankenversicherung und der beteiligten Ärztekammern.

(BGBl I 2018/100)

[a)] Bis 31. Dezember 2019 „Hauptverband".

(2) Jeder freiberuflich tätige Arzt (jede Gruppenpraxis) hat Anspruch auf Abschluß eines Einzelvertrages im Sinne des Gesamtvertrages nach Abs. 1. Der Krankenversicherungsträger kann nach Maßgabe des § 343 Abs. 1 den Abschluß dieses Einzelvertrages davon abhängig machen, daß der Arzt (die Gruppenpraxis) auch einen Vertrag im Sinne des § 343 abschließt. Lehnt der Arzt (die Gruppenpraxis) einen solchen Vertragsabschluß ab, so erlischt sein Anspruch. Der Anspruch erlischt ferner, wenn der Einzelvertrag oder ein nach § 343 abgeschlossener Einzelvertrag wirksam gekündigt wurde, gemäß § 343 Abs. 2 ohne Kündigung erloschen oder gemäß § 343 Abs. 3 aufgelöst worden ist.

(BGBl I 2001/99)

(3) Im übrigen gelten die Bestimmungen der §§ 338 bis 351 sinngemäß, soweit in den Abs. 1 und 2 nichts anderes bestimmt ist.

Gesamtvertrag für die Durchführung der arbeitsmedizinischen Betreuung

§ 343b. (1) Zwischen dem Hauptverband und der Österreichischen Ärztekammer ist ein für die Vertragsparteien verbindlicher Gesamtvertrag abzuschließen, der für die arbeitsmedizinische Betreuung gemäß § 172 Abs. 1 die Tätigkeiten und die Vergütung der freiberuflich tätigen Ärzte regelt; dieser Gesamtvertrag bedarf der Zustimmung der Allgemeinen Unfallversicherungsanstalt sowie der Versicherungsanstalt für Eisenbahnen und Bergbau.

(BGBl I 2003/145)

(1)[a)] Zwischen dem Dachverband und der Österreichischen Ärztekammer ist ein für die Vertragsparteien verbindlicher Gesamtvertrag abzuschließen, der für die arbeitsmedizinische Betreuung gemäß § 172 Abs. 1 die Tätigkeiten und die Vergütung der freiberuflich tätigen Ärzte regelt; dieser Gesamtvertrag bedarf der Zustimmung der Allgemeinen Unfallversicherungsanstalt sowie der Versicherungsanstalt öffentlich Bediensteter, Eisenbahnen und Bergbau.

(BGBl I 2003/145, BGBl I 2018/100)

[a)] Tritt mit 1. Jänner 2020 in Kraft.

(2) Für den Abschluß eines Einzelvertrages im Sinne des Gesamtvertrages nach Abs. 1 kommen nur Ärzte in Betracht, die die im § 79 Abs. 2 des ArbeitnehmerInnenschutzgesetzes – ASchG genannten Voraussetzungen erfüllen.

(BGBl 1994/450)

(3) Im übrigen gelten die Bestimmungen der §§ 338 bis 351 sinngemäß, soweit in den Abs. 1 und 2 nichts anderes bestimmt ist.

(BGBl 1994/450)

2. Unterabschnitt Zahnärztinnen/Zahnärzte

Gesamtvertrag über Richttarife für den festsitzenden Zahnersatz

§ 343c. (1) Zwischen dem Dachverband[a)] und der Österreichischen Zahnärztekammer ist ein Gesamtvertrag abzuschließen, der Richttarife festsetzt, die dem/der Versicherten von Vertragszahnärzten/Vertragszahnärztinnen (Vertragsdentisten/Vertragsdentistinnen, Vertrags-Gruppenpraxen) für Kieferregulierungen nach § 153a und Leistungen des festsitzenden Zahnersatzes in Rechnung gestellt werden dürfen.

(BGBl I 2014/28, BGBl I 2018/100)

[a)] Bis 31. Dezember 2019 „Hauptverband".

(2) Die gemäß Abs. 1 festgesetzten Richttarife sind für alle in einem Vertragsverhältnis stehenden freiberuflich tätigen Zahnärzte/Zahnärztinnen und Dentisten/Dentistinnen oder Vertrags-Gruppenpraxen verbindlich.

(BGBl I 2012/123)

Zahnärzte/Zahnärztinnen

§ 343d. (1) Auf die Beziehungen zwischen den Trägern der Krankenversicherung und den Angehörigen des zahnärztlichen Berufs nach dem Zahnärztegesetz finden die Bestimmungen dieses Abschnittes mit der Maßgabe Anwendung, dass

1. an die Stelle der Österreichischen Ärztekammer und der Ärztekammern die Österreichische Zahnärztekammer sowie
2. an die Stelle des Wortes ärztlich das Wort zahnärztlich in der jeweils grammatikalisch anzuwendenden Form tritt,
3. die Beziehungen zwischen den Krankenversicherungsträgern und den Zahnärztinnen/Zahnärzten sowie den Gruppenpraxen durch jeweils einen bundeseinheitlichen Gesamtvertrag zu regeln sind und

   (BGBl I 2010/102)

3.[a)] die Beziehungen zwischen den Krankenversicherungsträgern und den Zahnärzt/inn/en sowie den Gruppenpraxen durch jeweils einen bundesweit einheitlichen Gesamtvertrag,

der vom Dachverband abzuschließen ist, zu regeln sind und
(BGBl I 2010/102, BGBl I 2018/100)

[a] Tritt mit 1. Jänner 2020 in Kraft.

4. §§ 342 Abs. 1 Z 1a und 342b nicht anzuwenden sind.
(BGBl I 2014/82)

4.[a] §§ 342 Abs. 1 Z 1a, Abs. 2b und 2c sowie 342b nicht anzuwenden sind.
(BGBl I 2014/82, BGBl I 2018/100)

[a] Tritt mit 1. Jänner 2020 in Kraft.

(2) Die Bestimmungen des 3. Unterabschnittes des Abschnittes II des Sechsten Teiles sind mit der Maßgabe anzuwenden, dass

1. in den Verfahren nach den §§ 344 Abs. 2 und 345 zwei Beisitzer/Beisitzerinnen durch die zuständige Landeszahnärztekammer bestellt werden,
2. die Kanzleigeschäfte der in den §§ 344 und 345 vorgesehenen Kommissionen kalenderjährlich abwechselnd von den Landeszahnärztekammern und den Gebietskrankenkassen jener Länder zu führen sind, in denen die betreffende Kommission eingerichtet ist oder im Einzelfall einzurichten ist.

2.[a] die Kanzleigeschäfte der in den §§ 344 und 345 vorgesehenen Kommissionen kalenderjährlich abwechselnd von der Österreichischen Gesundheitskasse und den Landeszahnärztekammern jener Länder zu führen sind, in denen die betreffende Kommission eingerichtet ist oder im Einzelfall einzurichten ist.
(BGBl I 2018/100)

[a] Tritt mit 1. Jänner 2020 in Kraft.

(BGBl I 2013/130)
(BGBl I 2005/155, BGBl I 2010/61)

Vertragliche Regelung für die Durchführung von Kieferregulierungen für Kinder und Jugendliche

§ 343e. (1) Zwischen dem Dachverband[a] und der Österreichischen Zahnärztekammer ist ein Gesamtvertrag abzuschließen, der die Erbringung der Leistung nach § 153a regelt. Dieser Gesamtvertrag wird nur dann wirksam, wenn eine in ihm unter Bedachtnahme auf eine regional ausgewogene Versorgung festzusetzende Anzahl von Zahnärzten/Zahnärztinnen Einzelverträge nach diesem Gesamtvertrag abgeschlossen hat und damit eine flächendeckende Sachleistungsversorgung nach § 153a gewährleistet werden kann.
(BGBl I 2018/100)

[a] Bis 31. Dezember 2019 „Hauptverband".

(2) Kommt bis zum 31. Dezember 2014 ein Gesamtvertrag nach Abs. 1 mit Wirksamkeitsbeginn 1. Juli 2015 nicht zustande oder tritt danach ein vertragsloser Zustand ein, so haben – unter Zugrundelegung eines vom Dachverband[a] zu erstellenden Versorgungsplanes – die Krankenversicherungsträger die Leistung nach § 153a, durch Sonder-Einzelverträge gleichen Leistungsinhalts mit Leistungsanbietern, insbesondere Zahnärzten/Zahnärztinnen, Gruppenpraxen und selbständigen Ambulatorien sowie in eigenen Einrichtungen der Krankenversicherungsträger zu erbringen. Auf Grund von bestehenden Sonder-Einzelverträgen besteht kein Anspruch auf Kostenerstattung nach § 131 und § 60 B-KUVG.
(BGBl I 2018/100)

[a] Bis 31. Dezember 2019 „Hauptverband".

(3) Abweichend von Abs. 1 kann der Gesamtvertrag auch dann wirksam abgeschlossen werden, wenn durch Einzelverträge auf Grund dieses Gesamtvertrages maßgeblich mehr als zwei Drittel des Leistungsbedarfes der Kinder und Jugendlichen nach § 153a sichergestellt sind und eine regional ausgewogene Versorgung gegeben ist. In diesem Fall haben die Krankenversicherungsträger im Sinn einer flächendeckenden Sachleistungsversorgung die Leistung nach § 153a ergänzend durch Sonder-Einzelverträge gleichen Leistungsinhalts mit Leistungsanbietern, insbesondere Zahnärzten/Zahnärztinnen, Gruppenpraxen und selbständigen Ambulatorien sowie in eigenen Einrichtungen der Krankenversicherungsträger im Sinn des Versorgungsplanes nach Abs. 2 zu erbringen.
(BGBl I 2015/162)

(4) Ist die flächendeckende ausgewogene Sachleistungsversorgung nach Abs. 1 oder 3 insbesondere auf Grund der Auflösung von Vertragsverhältnissen nicht mehr gegeben, so gilt der Gesamtvertrag als gekündigt. Dies ist dann anzunehmen, wenn die Sachleistungsversorgung durch Einzelverträge auf Grund des Gesamtvertrages weniger als zwei Drittel des Leistungsbedarfes der Kinder und Jugendlichen abdeckt. Der Dachverband[a] hat diese Tatsache im Internet kundzumachen. § 348 ist mit der Maßgabe anzuwenden, dass Umfang, Höhe und Ausmaß des Leistungsbedarfes nicht Gegenstand des Verfahrens ist, keine Vertragsänderung festgesetzt werden kann und die Antragstellung innerhalb von vier Wochen nach der Kundmachung durch den Dachverband[a] zu erfolgen hat.
(BGBl I 2018/100)

[a] Bis 31. Dezember 2019 „Hauptverband".

(BGBl I 2014/28)

Preistransparenz

§ 343f. Die Anbieter/Anbieterinnen von Kieferregulierungen sollen die Preise für die von ihnen angebotenen Leistungen der Kieferregulierung nach § 153a, 94a GSVG, 95a BSVG und 69a B-KUVG jährlich dem Dachverband[a] oder der Österreichischen Zahnärztekammer bekanntgeben. Die Österreichische Zahnärztekammer hat die bei ihr eingelangten Meldungen dem Dachverband[a] zur Verfügung zu stellen. Der Dachverband[a] hat alle ihm diesbezüglich gemeldeten Angaben im Internet zu veröffentlichen.

(BGBl I 2018/100)

[a] Bis 31. Dezember 2019 „Hauptverband".

(BGBl I 2014/28)

3. Unterabschnitt Verfahren bei Streitigkeiten

Paritätische Schiedskommission

§ 344. (1) Zur Schlichtung und Entscheidung von Streitigkeiten, die in rechtlichem oder tatsächlichem Zusammenhang mit dem Einzelvertrag stehen, ist im Einzelfall in jedem Land eine paritätische Schiedskommission zu errichten. Antragsberechtigt im Verfahren vor dieser Behörde sind die Parteien des Einzelvertrages.

(2) Die paritätische Schiedskommission besteht aus einem/einer Richter/in des Ruhestandes als Vorsitzenden/Vorsitzende und vier Beisitzern/Beisitzerinnen. Der/Die Vorsitzende soll durch längere Zeit hindurch in Arbeits- und Sozialrechtssachen tätig gewesen sein. Er/Sie ist vom Bundesminister für Justiz jeweils auf fünf Jahre zu bestellen. Je zwei Beisitzer/Beisitzerinnen – von denen jeweils ein/eine Arzt/Ärztin sein muss – werden von der zuständigen Ärztekammer und vom Krankenversicherungsträger, der Partei des Einzelvertrages ist, bestellt.

(BGBl I 2010/61)

(3) (aufgehoben)

(BGBl I 2013/130)

(4) (aufgehoben)

(BGBl I 2013/130)

Landesschiedskommission

§ 345. (1) Für jedes Land ist auf Dauer eine Landesschiedskommission zu errichten. Diese besteht aus einem Richter/einer Richterin des Ruhestandes als Vorsitzenden und vier Beisitzern/Beisitzerinnen. Der/Die Vorsitzende soll durch längere Zeit hindurch in Arbeits- und Sozialrechtssachen tätig gewesen sein. Er/Sie ist vom Bundesminister für Justiz jeweils auf fünf Jahre zu bestellen. Je zwei Beisitzer/Beisitzerinnen werden im Einzelfall von der zuständigen Ärztekammer und dem Dachverband[a] entsendet.

[a] Bis 31. Dezember 2019 „Hauptverband".

(2) Die Landesschiedskommission ist zuständig:

1. zur Schlichtung und Entscheidung von Streitigkeiten zwischen den Parteien eines Gesamtvertrages über die Auslegung oder die Anwendung eines bestehenden Gesamtvertrages;
2. zur Entscheidung über die Wirksamkeit einer Kündigung gemäß §§ 342c Abs. 8 und 11 sowie 343 Abs. 4;

   (BGBl I 2017/131)
3. zur Entscheidung bei Anträgen nach § 343 Abs. 1b.

(BGBl I 2002/140, BGBl I 2010/61, BGBl I 2013/130, BGBl I 2018/100)

§ 345a. (aufgehoben)

(BGBl I 2009/147, BGBl I 2013/130)

Bundesschiedskommission

§ 346. (1) Zur Entscheidung über Angelegenheiten nach § 348 Abs. 1 ist eine Bundesschiedskommission zu errichten.

(2) Die Bundesschiedskommission besteht aus einem/einer aktiven Richter/Richterin des Obersten Gerichtshofes als Vorsitzenden/Vorsitzende und aus vier Beisitzern/Beisitzerinnen. Der/Die Vorsitzende wird vom Bundesminister für Justiz bestellt. Je zwei Beisitzer/Beisitzerinnen werden von der Österreichischen Ärztekammer und dem Dachverband[a] entsendet.

(BGBl I 2018/100)

[a] Bis 31. Dezember 2019 „Hauptverband".

(3) Die Mitglieder der Bundesschiedskommission und ihre Stellvertreter/Stellvertreterinnen werden vom Bundesminister für Justiz für eine Amtsdauer von fünf Jahren berufen. Sie haben bei Ablauf dieser Amtsdauer ihr Amt bis zu dessen Wiederbesetzung auszuüben. Neuerliche Berufungen sind zulässig.

(4) Der Bundesminister für Justiz hat ein Mitglied der Bundesschiedskommission oder einen Stellvertreter/eine Stellvertreterin seines/ihres Amtes zu entheben, wenn sich ergibt, dass

1. beim/bei der Vorsitzenden die Voraussetzungen für seine/ihre Berufung nicht gegeben waren;
2. sich das Mitglied (der Stellvertreter/die Stellvertreterin) einer groben Verletzung oder dauernden Vernachlässigung seiner/ihrer Amtspflichten schuldig gemacht hat;
3. bei einem Mitglied (einem Stellvertreter/einer Stellvertreterin), das (der/die) von der Österreichischen Ärztekammer oder dem Dachverband[a] entsendet wurde, ein wichtiger persönlicher Grund zur Enthebung vorliegt, und die Österreichische Ärztekammer oder der Hauptverband seine/ihre Enthebung unter Berufung darauf beantragt;

   (BGBl I 2018/100)

   [a] Bis 31. Dezember 2019 „Hauptverband".
4. das Mitglied (der Stellvertreter/die Stellvertreterin) seine/ihre Berufstätigkeit durch Übertritt in den Ruhestand beendet oder selbst um seine/ihre Amtsenthebung ersucht.

Wird ein Mitglied enthoben, ist sein/ihr Stellvertreter für die Dauer eines laufenden Verfahrens heranzuziehen, bis ein neues Mitglied durch die dazu befugte Stelle bestellt (entsendet) und berufen wird.

(5) Wird ein Mitglied (Stellvertreter/Stellvertreterin) seines/ihres Amtes enthoben, so hat die dazu

befugte Stelle innerhalb von drei Monaten ein neues Mitglied (Stellvertreter/Stellvertreterin) zu bestellen (entsenden). Die Amtsdauer solcher Mitglieder (Stellvertreter/Stellvertreterinnen) endet mit dem Ablauf der jeweils laufenden fünfjährigen Amtsdauer. Für die weitere Ausübung des Amtes durch solche Mitglieder (Stellvertreter/Stellvertreterinnen) oder ihre Wiederbestellung gilt Abs. 3 sinngemäß. Verabsäumt es die Österreichische Ärztekammer binnen drei Monaten ein neues Mitglied (Stellvertreter/Stellvertreterin) zu entsenden, so hat über Antrag des Hauptverbandes der Bundesminister für Justiz einen Richter/eine Richterin (Abs. 2) als Ersatz für das seines Amtes enthobene Mitglied zu bestellen. Verabsäumt es der Hauptverband binnen drei Monaten ein neues Mitglied (Stellvertreter/Stellvertreterin) zu entsenden, so ist die Österreichische Ärztekammer berechtigt, einen derartigen Antrag zu stellen. Die Amtsdauer eines solcherart bestellten Mitgliedes (Stellvertreters/Stellvertreterin) endet, sobald die dazu befugte Stelle die Entsendung nachholt.

(5)[a] Wird ein Mitglied (Stellvertreter/Stellvertreterin) seines/ihres Amtes enthoben, so hat die dazu befugte Stelle innerhalb von drei Monaten ein neues Mitglied (Stellvertreter/Stellvertreterin) zu bestellen (entsenden). Die Amtsdauer solcher Mitglieder (Stellvertreter/Stellvertreterinnen) endet mit dem Ablauf der jeweils laufenden fünfjährigen Amtsdauer. Für die weitere Ausübung des Amtes durch solche Mitglieder (Stellvertreter/Stellvertreterinnen) oder ihre Wiederbestellung gilt Abs. 3 sinngemäß. Verabsäumt es die Österreichische Ärztekammer binnen drei Monaten ein neues Mitglied (Stellvertreter/Stellvertreterin) zu entsenden, so hat auf Antrag des Dachverbandes der Bundesminister für Verfassung, Reformen, Deregulierung und Justiz eine/n Richter/in (Abs. 2) als Ersatz für das seines Amtes enthobene Mitglied zu bestellen. Verabsäumt es der Dachverband binnen drei Monaten ein neues Mitglied (Stellvertreter/Stellvertreterin) zu entsenden, so ist die Österreichische Ärztekammer berechtigt, einen derartigen Antrag zu stellen. Die Amtsdauer eines solcherart bestellten Mitgliedes (Stellvertreters/Stellvertreterin) endet, sobald die dazu befugte Stelle die Entsendung nachholt.

(BGBl I 2018/100)

[a] Tritt mit 1. Jänner 2020 in Kraft.

(6) Die Mitglieder der Bundesschiedskommission sind in Ausübung ihres Amtes unabhängig und an keine Weisungen gebunden. Der Bundesminister für Gesundheit hat das Recht, sich über alle Gegenstände der Geschäftsführung zu unterrichten.

(BGBl I 2010/61, BGBl I 2013/130)

Allgemeine Bestimmungen über die Kommissionen

§ 347. (1) Für die Vorsitzenden der in den §§ 344 bis 346 genannten Kommissionen ist je ein Stellvertreter/eine Stellvertreterin, für die Mitglieder dieser Kommissionen sind je zwei Stellvertreter/Stellvertreterinnen von den gleichen Organen und auf die gleiche Weise zu bestellen wie jene. Als Mitglieder der Kommissionen können auch Funktionäre und Arbeitnehmer/Arbeitnehmerinnen der jeweiligen gesetzlichen Interessenvertretungen bestellt (entsendet) werden.

(2) Die in den Kommissionen nach den §§ 344 bis 346 tätigen Richter/Richterinnen des Dienststandes und des Ruhestandes erhalten eine Entschädigung, deren Höhe vom Bundesminister für Justiz im Einvernehmen mit dem Bundesminister für Gesundheit nach Anhörung der Österreichischen Ärztekammer und des Hauptverbandes festgesetzt wird. Die übrigen Mitglieder dieser Kommissionen üben ihre Tätigkeit ehrenamtlich aus. Diese Regelung gilt sinngemäß auch für die Stellvertreter/Stellvertreterinnen der Mitglieder der Kommissionen nach den §§ 344 bis 346, falls sie in dieser Funktion tätig werden.

(2)[a] Die in den Kommissionen nach den §§ 344 bis 346 tätigen Richter/innen des Dienststandes und des Ruhestandes erhalten eine Entschädigung, deren Höhe vom Bundesminister für Verfassung, Reformen, Deregulierung und Justiz im Einvernehmen mit der Bundesministerin für Arbeit, Soziales, Gesundheit und Konsumentenschutz nach Anhörung der Österreichischen Ärztekammer und des Dachverbandes festgesetzt wird. Die übrigen Mitglieder dieser Kommissionen üben ihre Tätigkeit ehrenamtlich aus. Diese Regelung gilt sinngemäß auch für die Stellvertreter/Stellvertreterinnen der Mitglieder der Kommissionen nach den §§ 344 bis 346, falls sie in dieser Funktion tätig werden.

(BGBl I 2018/100)

[a] Tritt mit 1. Jänner 2020 in Kraft.

(3) Die Gerichte, Verwaltungsbehörden, Versicherungsträger (der Dachverband[a]), wie auch die Österreichische Ärztekammer und die Ärztekammern in den Bundesländern sind an die innerhalb der Grenzen der Zuständigkeit gefällten Entscheidungen und Beschlüsse der in den §§ 344 bis 346 vorgesehenen Kommissionen gebunden.

(BGBl I 2018/100)

[a] Bis 31. Dezember 2019 „Hauptverband".

(3a) Die Kommissionen haben bei ihren Entscheidungen zu prüfen, ob der Dachverband[a] und die Sozialversicherungsträger die Rahmenbedingungen nach § 84a Abs. 1 (zB Österreichischer Strukturplan Gesundheit) oder nach § 342 Abs. 1 Z 1 (Regionale Strukturpläne Gesundheit) eingehalten haben und ihrerseits die Ergebnisse dieser Strukturpläne ihren Entscheidungen in einschlägigen Angelegenheiten zu Grunde zu legen.

(BGBl I 2015/162, BGBl I 2018/100)

[a] Bis 31. Dezember 2019 „Hauptverband".

(4) Die in den §§ 344 bis 346 vorgesehenen Kommissionen fassen ihre Beschlüsse mit Stimmenmehrheit; eine Stimmenthaltung ist nicht zulässig. Im Übrigen sind die Geschäftsordnungen

dieser Kommissionen vom Bundesminister für Gesundheit nach Anhörung der Österreichischen Ärztekammer und des Hauptverbandes durch Verordnung zu regeln.

(4)[a] Die in den §§ 344 bis 346 vorgesehenen Kommissionen fassen ihre Beschlüsse mit Stimmenmehrheit; eine Stimmenthaltung ist nicht zulässig. Im Übrigen sind die Geschäftsordnungen dieser Kommissionen von der Bundesministerin für Arbeit, Soziales, Gesundheit und Konsumentenschutz nach Anhörung der Österreichischen Ärztekammer und des Dachverbandes durch Verordnung zu regeln.

(BGBl I 2018/100)

[a] Tritt mit 1. Jänner 2020 in Kraft.

(5) (aufgehoben)

(BGBl I 2015/162, BGBl I 2018/100)

(6) Die Verhandlungen der Landesschiedskommission (§ 345) sind am Sitz des Landesgerichts der jeweiligen Landeshauptstadt, im Land Vorarlberg am Sitz des Landesgerichts Feldkirch, und die Verhandlungen der Bundesschiedskommission (§ 346) am Sitz des Obersten Gerichtshofes durchzuführen. Im Übrigen bleibt § 40 Abs. 1 AVG unberührt. Die Kanzleigeschäfte der in den §§ 344 und 345 vorgesehenen Kommissionen sind kalenderjährlich abwechselnd von den Ärztekammern und den Gebietskrankenkassen jener Länder zu führen, in denen die betreffende Kommission eingerichtet oder im Einzelfall einzurichten ist. Die Kanzleigeschäfte der Bundesschiedskommission (§ 346) sind kalenderjährlich abwechselnd von der Österreichischen Ärztekammer und vom Hauptverband zu führen.

(6)[a] Die Verhandlungen der Landesschiedskommission (§ 345) sind am Sitz des Landesgerichts der jeweiligen Landeshauptstadt, im Land Vorarlberg am Sitz des Landesgerichts Feldkirch, und die Verhandlungen der Bundesschiedskommission (§ 346) am Sitz des Obersten Gerichtshofes durchzuführen. Im Übrigen bleibt § 40 Abs. 1 AVG unberührt. Die Kanzleigeschäfte der in den §§ 344 und 345 vorgesehenen Kommissionen sind kalenderjährlich abwechselnd von den Ärztekammern und der Österreichischen Gesundheitskasse zu führen. Die Kanzleigeschäfte der Bundesschiedskommission (§ 346) sind kalenderjährlich abwechselnd von der Österreichischen Ärztekammer und vom Dachverband zu führen.

(BGBl I 2018/100)

[a] Tritt mit 1. Jänner 2020 in Kraft.

(7) Die Kosten der Verfahren vor den in den §§ 344 bis 346 vorgesehenen Kommissionen tragen je zur Hälfte die in Betracht kommende gesetzliche Interessenvertretung und der beteiligte Versicherungsträger (Dachverband[a]).

(BGBl I 2018/100)

[a] Bis 31. Dezember 2019 „Hauptverband“.

(BGBl 1993/335, BGBl 1996/411, BGBl I 2002/1, BGBl I 2003/145, BGBl I 2010/102, BGBl I 2010/62, BGBl I 2010/102, BGBl I 2013/130)

Beschwerdeverfahren

§ 347a. Gegen einen Bescheid der Paritätischen Schiedskommissionen, der Landesschiedskommissionen und der Bundesschiedskommission und wegen Verletzung ihrer Entscheidungspflicht kann Beschwerde an das Bundesverwaltungsgericht erhoben werden.

(BGBl I 2013/130)

Bundesverwaltungsgericht, Mitwirkung fachkundiger Laienrichter/Laienrichterinnen

§ 347b. (1) Die Entscheidung des Bundesverwaltungsgerichts hat in Angelegenheiten nach § 347a durch einen Senat zu erfolgen, der aus dem/der Senatsvorsitzenden und vier fachkundigen Laienrichtern/Laienrichterinnen besteht, wobei davon zwei Ärzte/Ärztinnen sind und zwei spezifische Kenntnisse auf dem Gebiet des Gesundheits- und des Sozialversicherungswesens haben müssen. Die Zusammensetzung der Laienrichter/Laienrichterinnen im Senat hat das paritätische Nominierungsrecht nach Abs. 2 abzubilden.

(BGBl I 2015/2)

(2) Die fachkundigen Laienrichter/Laienrichterinnen werden vom Bundeskanzler auf Vorschlag der Österreichischen Ärztekammer und des Dachverbandes[a] bestellt. Die Österreichische Ärztekammer und der Dachverband[a] haben jeweils in ihren Vorschlägen Ärzte/Ärztinnen und Experten/Expertinnen mit spezifischen Kenntnissen im Gesundheits- und Sozialversicherungswesen namhaft zu machen. Für die fachkundigen Laienrichter/Laienrichterinnen sind Stellvertreter/Stellvertreterinnen in gleicher Anzahl und auf dieselbe Weise zu bestellen. Im Falle von Beschwerden gegen Bescheide der Paritätischen Schiedskommissionen dürfen Versicherungsvertreter/Versicherungsvertreterinnen und Arbeitnehmer/Arbeitnehmerinnen jenes Versicherungsträgers sowie Angehörige und Arbeitnehmer/Arbeitnehmerinnen jener Ärztekammer, die Vertragsparteien des Gesamtvertrages sind, auf dem ein streitgegenständlicher Einzelvertrag beruht, im jeweiligen Verfahren nicht Laienrichter/Laienrichterin sein; das Gleiche gilt für Personen, die bei der Erarbeitung der Richtlinie nach § 347 Abs. 5 mitgewirkt haben, wenn in einem Verfahren die Richtlinie anzuwenden ist.

(BGBl I 2015/2, BGBl I 2018/100)

[a] Bis 31. Dezember 2019 „Hauptverband“.

(3) Die Kosten des Verfahrens tragen je zur Hälfte die in Betracht kommende gesetzliche Interessenvertretung und der beteiligte Versicherungsträger (Dachverband[a]).

(BGBl I 2018/100)

[a] Bis 31. Dezember 2019 „Hauptverband“.

(BGBl I 2013/130)

Festsetzung des Inhaltes eines Gesamtvertrags oder einer gesamtvertraglichen Honorarvereinbarung nach § 342b Abs. 4 durch die Bundesschiedskommission

§ 348. (1) Auf Antrag der Österreichischen Ärztekammer oder des Hauptverbandes setzt die Bundesschiedskommission den Inhalt eines aufgekündigten Gesamtvertrags oder einer gesamtvertraglichen Honorarvereinbarung nach § 342b Abs. 4 für höchstens drei Monate – gerechnet vom Tage der Entscheidung – fest. Dieser Antrag kann gestellt werden, wenn sechs Wochen vor Ablauf der Geltungsdauer des Gesamtvertrags oder der gesamtvertraglichen Honorarvereinbarung ein neuer Gesamtvertrag oder eine neue gesamtvertragliche Honorarvereinbarung nicht geschlossen wurde und wenn die Geltungsdauer des aufgekündigten Gesamtvertrags oder der gesamtvertraglichen Honorarvereinbarung noch nicht abgelaufen ist. Der Inhalt des festgesetzten Gesamtvertrags oder der gesamtvertraglichen Honorarvereinbarung ist vom Hauptverband im Internet zu veröffentlichen.

(BGBl I 2017/131)

(1)[a] Auf Antrag der Österreichischen Ärztekammer, des Dachverbandes oder des zuständigen Trägers der Krankenversicherung setzt die Bundesschiedskommission den Inhalt eines aufgekündigten Gesamtvertrags oder einer gesamtvertraglichen Honorarvereinbarung nach den §§ 342 Abs. 2b und 342b Abs. 4 für höchstens drei Monate – gerechnet vom Tage der Entscheidung – fest. Dieser Antrag kann gestellt werden, wenn sechs Wochen vor Ablauf der Geltungsdauer des Gesamtvertrags oder der gesamtvertraglichen Honorarvereinbarung ein neuer Gesamtvertrag oder eine neue gesamtvertragliche Honorarvereinbarung nicht geschlossen wurde und wenn die Geltungsdauer des aufgekündigten Gesamtvertrags oder der gesamtvertraglichen Honorarvereinbarung noch nicht abgelaufen ist. Der Inhalt des festgesetzten Gesamtvertrags oder der gesamtvertraglichen Honorarvereinbarung ist vom Dachverband im Internet zu veröffentlichen.

(BGBl I 2017/131, BGBl I 2018/100)

[a] Tritt mit 1. Jänner 2020 in Kraft.

(2) Wenn ein Antrag nach Abs. 1 fristgerecht gestellt wird, dann bleibt der aufgekündigte Gesamtvertrag oder die gesamtvertragliche Honorarvereinbarung bis zur Entscheidung der Bundesschiedskommission vorläufig in Kraft. Im Falle einer Beschwerde gegen die Entscheidung der Bundesschiedskommission, welche von der Österreichischen Ärztekammer oder vom Hauptverband erhoben werden kann, bleibt der Gesamtvertrag oder die gesamtvertragliche Honorarvereinbarung für die allenfalls nach Abs. 1 festgesetzte Dauer, jedenfalls aber bis zum Ablauf des letzten Tages des zweiten Kalendermonats, das dem Kalendermonat folgt, in dem die Zustellung der Entscheidung des Bundesverwaltungsgerichts an die antragstellende Partei erfolgte, in Kraft.

(BGBl I 2017/131)

(2)[a] Wenn ein Antrag nach Abs. 1 fristgerecht gestellt wird, dann bleibt der aufgekündigte Gesamtvertrag oder die gesamtvertragliche Honorarvereinbarung bis zur Entscheidung der Bundesschiedskommission vorläufig in Kraft. Im Fall einer Beschwerde gegen die Entscheidung der Bundesschiedskommission, die von der Österreichischen Ärztekammer, vom Dachverband oder vom zuständigen Träger der Krankenversicherung erhoben werden kann, bleibt der Gesamtvertrag oder die gesamtvertragliche Honorarvereinbarung für die allenfalls nach Abs. 1 festgesetzte Dauer, jedenfalls aber bis zum Ablauf des letzten Tages des zweiten Kalendermonats, das dem Kalendermonat folgt, in dem die Zustellung der Entscheidung des Bundesverwaltungsgerichts an die antragstellende Partei erfolgte, in Kraft.

(BGBl I 2017/131, BGBl I 2018/100)

[a] Tritt mit 1. Jänner 2020 in Kraft.

(3) Mit Ablauf der Geltungsdauer des nach Abs. 1 festgesetzten oder nach Abs. 2 verlängerten Gesamtvertrags oder der gesamtvertraglichen Honorarvereinbarung erlöschen die von seinem Geltungsbereich erfassten Einzelverträge.

(BGBl I 2017/131)

(4) Die Österreichische Ärztekammer und der Hauptverband sind Parteien des Verfahrens vor dem Bundesverwaltungsgericht. Ihnen kommt auch die Berechtigung zu, gegen das Erkenntnis des Bundesverwaltungsgerichts Revision an den Verwaltungsgerichtshof zu erheben.

(4)[a] Die Österreichische Ärztekammer, der Dachverband und der jeweils zuständige Träger der Krankenversicherung sind Parteien des Verfahrens vor dem Bundesverwaltungsgericht. Ihnen kommt auch die Berechtigung zu, gegen das Erkenntnis des Bundesverwaltungsgerichts Revision an den Verwaltungsgerichtshof zu erheben.

(BGBl I 2018/100)

[a] Tritt mit 1. Jänner 2020 in Kraft.

(BGBl I 2009/84, BGBl I 2013/130, BGBl I 2017/131)

Abschnitt III

Beziehungen der Krankenversicherungsträger (des Dachverbandes[a]) zu den Apothekern)

[a] Bis 1. Jänner 2020 „des Hauptverbandes".

Gesamtvertrag

§ 348a. (1) Die Beziehungen zwischen den Krankenversicherungsträgern und den Apothekern sind durch einen Gesamtvertrag zu regeln. Dieser Gesamtvertrag ist für die Krankenversicherungsträger durch den Dachverband[a] und für die Apotheker durch die Österreichische Apothekerkammer abzuschließen; er bedarf der Zustimmung der Krankenversicherungsträger und ist für die Apotheker ohne den Abschluß von Einzelverträgen und ohne gesonderte Zustimmungs- oder Beitrittserklärung wirksam.

(BGBl I 2018/100)

[a] Bis 31. Dezember 2019 „Hauptverband".

(2) Apotheker im Sinne dieses Abschnittes sind alle Mitglieder der Österreichischen Apothekerkammer, die eine Apotheke als Konzessionär, als Pächter oder als sonstiger Apothekenleiter, ausgenommen die Stellvertreter gemäß § 17b Abs. 2 Apothekengesetz, RGBl. Nr. 5/1907, in der jeweils geltenden Fassung, leiten.

(3) Der zwischen dem Dachverband[a] und der Österreichischen Apothekerkammer abzuschließende Gesamtvertrag hat nach Maßgabe der nachfolgenden Bestimmungen insbesondere folgende Gegenstände zu regeln:

(BGBl I 2018/100)

[a] Bis 31. Dezember 2019 „Hauptverband".

1. die Expedition (Abgabe) von Heilmitteln (§ 136), Heilbehelfen (§ 137) usw. auf Rechnung der Krankenversicherungsträger (§ 350),
2. die Einhebung von Rezeptgebühren und Kostenanteilen,
3. die Verrechnung der Kosten von Heilmitteln, Heilbehelfen usw.,
4. die Kontrolle von Rezepten und Heilmittelabgaben,
5. die Entscheidung von Streitigkeiten durch einen vertraglichen Schlichtungsausschuss (§§ 348c Abs. 3, 348d Abs. 3 und 4 sowie 348e Abs. 1 bis 3).

(BGBl I 2013/130)

§ 342 Abs. 2 letzter Satz ist anzuwenden.

(BGBl I 2007/101)

(4) Im Gesamtvertrag können auch Beziehungen zwischen den Krankenversicherungsträgern und dem Dachverband[a] einerseits, der Österreichischen Apothekerkammer und der Pharmazeutischen Gehaltskasse für Österreich andererseits geregelt werden. Soweit der Gesamtvertrag Beziehungen der Pharmazeutischen Gehaltskasse regelt, bedarf er deren Zustimmung.

(BGBl I 2018/100)

[a] Bis 31. Dezember 2019 „Hauptverband".

Auflösung des Gesamtvertrages

§ 348b. (1) Der Gesamtvertrag kann vom Dachverband[a] mit Zustimmung der Krankenversicherungsträger oder von der Österreichischen Apothekerkammer namens der Apotheker unter Einhaltung einer dreimonatigen Kündigungsfrist zum Ende jedes Kalendervierteljahres schriftlich gekündigt werden.

(BGBl I 2018/100)

[a] Bis 31. Dezember 2019 „Hauptverband".

(2) Regelt der Gesamtvertrag auch Beziehungen zur Pharmazeutischen Gehaltskasse, so kann er insoweit sowohl vom Dachverband[a] als auch von der Österreichischen Apothekerkammer namens der Pharmazeutischen Gehaltskasse mit deren Zustimmung gesondert nach Abs. 1 gekündigt werden.

(BGBl I 2018/100)

[a] Bis 31. Dezember 2019 „Hauptverband".

(3) Für einen nach Abs. 1 oder Abs. 2 aufgekündigten Gesamtvertrag gilt § 348 sinngemäß.

Beendigung von Vertragsbeziehungen

§ 348c. (1) Der Gesamtvertrag kann durch den Dachverband[a] namens der Krankenversicherungsträger gegenüber einem Apotheker zum Ende jedes Kalendervierteljahres unter Einhaltung einer einmonatigen Kündigungsfrist teilgekündigt werden, wenn eine so beharrliche oder eine so schwerwiegende Verletzung des Gesamtvertrages vorliegt, daß die Aufrechterhaltung vertraglicher Beziehungen für die hauptsächlich betroffenen Krankenversicherungsträger nicht mehr zumutbar ist. Die Kündigung ist schriftlich auszusprechen und zu begründen.

(BGBl I 2018/100)

[a] Bis 31. Dezember 2019 „Hauptverband".

(2) Der Dachverband[a] kann den Gesamtvertrag auch noch nach Abschluß eines Verfahrens im Sinne des § 348d Abs. 2 gemäß Abs. 1 teilkündigen.

(BGBl I 2018/100)

[a] Bis 31. Dezember 2019 „Hauptverband".

(3) Der/Die gekündigte Apotheker/Apothekerin kann die Teilkündigung innerhalb von zwei Wochen beim Schlichtungsausschuss mit Einspruch anfechten. Der Schlichtungsausschuss hat die Kündigung für unwirksam zu erklären, wenn die in Abs. 1 genannten Kündigungsgründe nicht vorliegen. Der Einspruch hat bis zur Entscheidung des Schlichtungsausschusses aufschiebende Wirkung. Die Bundesschiedskommission kann in solchen Fällen erst nach Entscheidung des Schlichtungsausschusses und nur durch den Dachverband[a] oder die Österreichische Apothekerkammer innerhalb von sechs Wochen angerufen werden. Trifft der Schlichtungsausschuss innerhalb von sechs Monaten keine Entscheidung, so kann die Bundesschiedskommission auch von den Verfahrensparteien angerufen werden.

(BGBl I 2013/130, BGBl I 2018/100)

[a] Bis 31. Dezember 2019 „Hauptverband".

§ 348d. (1) Die Vertragsbeziehungen zwischen den Krankenversicherungsträgern und einem Apotheker enden ohne Kündigung im Falle des

1. Ausscheidens dieses Apothekers aus der Apothekenleitung,
2. Vorliegens eines Sachverhaltes im Sinne des § 343 Abs. 2 oder
3. Einspruches nach Abs. 3.

(2) Wird jedoch in den Fällen des § 343 Abs. 2 Z 4 bis 6 spätestens innerhalb von vier Wochen ab Rechtskraft des Urteiles von Amts wegen oder durch Antrag des betroffenen Apothekers ein Verfahren nach den §§ 18, 19, 20 oder 20a des Apothekengesetzes eingeleitet, so hemmt dies die Beendigung der Vertragsbeziehungen für die Dauer dieses Verfahrens. Der Dachverband[a)] und die Österreichische Apothekerkammer haben in diesem Verfahren Parteistellung. Führt das Verfahren zu keinem Ausscheiden des Apothekers aus der Apothekenleitung, bleiben die Vertragsbeziehungen bestehen.

(BGBl I 2018/100)

[a)] Bis 31. Dezember 2019 „Hauptverband".

(3) Die Vertragsbeziehungen eines Apothekers,

1. dessen vertragliche Beziehungen zu den Krankenversicherungsträgern gemäß Abs. 1 Z 2 beendet wurden,
2. der rechtskräftig teilgekündigt wurde,
3. der eine Teilkündigung beeinsprucht hat, solange das Verfahren nicht rechtskräftig beendet wurde,
4. dem gegenüber eine Teilkündigung ausgesprochen wurde,
5. der aus der Leitung einer Apotheke ausgeschieden ist, um dem Ausspruch einer Teilkündigung auszuweichen oder
6. bei dem wegen gerichtlich festgestellter Beteiligung an Vertragsverstößen gemäß § 348c Abs. 1 weitere Vertragsverstöße befürchtet werden müssen,

sind beendet, wenn der Dachverband[a)] innerhalb von sechs Monaten ab der Übernahme einer Apothekenleitung durch diesen Apotheker Einspruch gegen den Weiterbestand vertraglicher Beziehungen mit diesem Apotheker erhebt. Dieser Einspruch ist schriftlich an den Apotheker zu richten und zu begründen. Wenn der Apotheker/die Apothekerin binnen zwei Wochen beim Schlichtungsausschuss die Aufhebung des Einspruches beantragt, bleiben seine/ihre Vertragsbeziehungen bis zur Entscheidung des Schlichtungsausschusses vorläufig bestehen. Der Dachverband[a)] kann das Verfahren vor dem Schlichtungsausschuss auch fortsetzen, nachdem der Apotheker/die Apothekerin wieder aus der Apothekenleitung ausgeschieden ist.

[a)] Bis 31. Dezember 2019 „Hauptverband".

(BGBl I 2013/130, BGBl I 2015/2, BGBl I 2018/100)

(4) Der Schlichtungsausschuss hat bei seiner Entscheidung über einen Antrag des Apothekers/der Apothekerin nach Abs. 3 die Zumutbarkeit vertraglicher Beziehungen mit diesem Apotheker/dieser Apothekerin für die Krankenversicherungsträger anhand der Umstände, die zu einer vorangegangenen Vertragsauflösung geführt haben, des Ausmaßes der Beteiligung dieses/dieser Apothekers/Apothekerin an Vertragsverstößen und der Gefahr weiterer Vertragsverstöße zu prüfen. Wenn der Schlichtungsausschuss den Einspruch des Dachverbandes[a)] nicht aufhebt, hat er eine Frist festzusetzen, innerhalb der der Gesamtvertrag für den Apotheker/die Apothekerin nicht wirksam werden kann. Diese Frist darf fünf Jahre oder eine allenfalls längere Dauer einer Disziplinarstrafe nach § 23 Abs. 1 lit. e des Bundesgesetzes über die Österreichische Apothekerkammer (Apothekerkammergesetz 2001), BGBl. I Nr. 111/2001, nicht übersteigen. Die Bundesschiedskommission kann in solchen Fällen erst nach Entscheidung des Schlichtungsausschusses und nur durch den Dachverband[a)] oder die Österreichische Apothekerkammer innerhalb von sechs Wochen angerufen werden. Trifft der Schlichtungsausschuss innerhalb von sechs Monaten keine Entscheidung, so kann die Bundesschiedskommission auch von den Verfahrensparteien angerufen werden.

(BGBl I 2013/130, BGBl I 2018/100)

[a)] Bis 31. Dezember 2019 „Hauptverband".

(5) Die nach dem Apothekengesetz zuständigen Behörden haben bei Veränderungen in der Leitung einer Apotheke Name und Anschrift jedes Apothekers (§ 348a Abs. 2) sowie den Namen der Apotheke sofort nach Bekanntwerden an den Dachverband[a)] und an die Österreichische Apothekerkammer zu übermitteln.

(BGBl I 2018/100)

[a)] Bis 31. Dezember 2019 „Hauptverband".

Verfahren bei Streitigkeiten

§ 348e. (1) Zur Schlichtung und Entscheidung von Streitigkeiten über die Auslegung oder über die Anwendung des bestehenden Gesamtvertrages zwischen dem Dachverband[a)] oder einem Krankenversicherungsträger einerseits, der Österreichischen Apothekerkammer oder der Pharmazeutischen Gehaltskasse andererseits, ist der Schlichtungsausschuss zuständig. Die Bundesschiedskommission kann in solchen Fällen erst nach Entscheidung des Schlichtungsausschusses oder wenn dieser innerhalb von sechs Monaten keine Entscheidung trifft und nur durch den Dachverband[a)] oder die Österreichische Apothekerkammer innerhalb von sechs Wochen angerufen werden.

(BGBl I 2013/130, BGBl I 2018/100)

[a)] Bis 31. Dezember 2019 „Hauptverband".

(2) Über Streitigkeiten, die sich aus den Vertragsbeziehungen zwischen einzelnen Apothekern/Apothekerinnen und den Krankenversicherungsträgern ergeben, hat der Schlichtungsausschuss zu entscheiden. Die Bundesschiedskommission kann in solchen Fällen erst nach Entscheidung des Schlichtungsausschusses und nur durch den Dachverband[a)] oder die Österreichische Apothekerkammer innerhalb von sechs Wochen angerufen werden. Trifft der Schlichtungsausschuss innerhalb von sechs Monaten keine Entscheidung, so

kann die Bundesschiedskommission auch von den Verfahrensparteien angerufen werden.

(BGBl I 2013/130, BGBl I 2018/100)

---

[a] Bis 31. Dezember 2019 „Hauptverband".

(3) Organisation und Verfahren des Schlichtungsausschusses sind im Gesamtvertrag unter Berücksichtigung der in den §§ 577 ff. der Zivilprozeßordnung festgelegten Grundsätze zu regeln. Der Vorsitzende des Schlichtungsausschusses muß ein aktiver Richter sein, der vom Präsidenten des Oberlandesgerichtes Wien zu nominieren ist. Entscheidungen des Schlichtungsausschusses in jenen Fällen, in denen die Bundesschiedskommission nicht angerufen wurde, sind Exekutionstitel im Sinne des § 1 Z 16 der Exekutionsordnung.

Verfahren der Bundesschiedskommission

§ 348f. (1) Soweit in diesem Abschnitt nichts anderes bestimmt ist, gelten die §§ 346 und 347 sinngemäß auch für das Verfahren und die Zusammensetzung der Bundesschiedskommission bei ihren Entscheidungen nach diesem Abschnitt. Die Beisitzer/Beisitzerinnen der Interessenvertretung in der Bundesschiedskommission sind stets von der Österreichischen Apothekerkammer zu berufen.

(2) Gegen Entscheidungen der Bundesschiedskommission nach diesem Abschnitt und im Falle der Verletzung ihrer Entscheidungspflicht ist Beschwerde an das Bundesverwaltungsgericht zulässig, wobei § 347b mit der Maßgabe anzuwenden ist, dass die Österreichische Apothekerkammer ein zur selbstständigen Berufsausübung berechtigtes Kammermitglied mit Kenntnissen im Gesundheits- und Sozialversicherungsbereich als Laienrichter/Laienrichterin vorschlägt.

(BGBl I 2010/62, BGBl I 2013/130)

Elektronische Abrechnung

§ 348g. Die Vertragspartner nach diesem Abschnitt sind verpflichtet, spätestens ab 1. Jänner 2004 die für die Versicherten (Angehörigen) erbrachten Leistungen mit den Versicherungsträgern nach einheitlichen Grundsätzen elektronisch abzurechnen. Der Dachverband[a] hat diese Grundsätze im übertragenen Wirkungsbereich festzusetzen und im Internet kundzumachen. Bei der Festsetzung der Grundsätze unterliegt er den Weisungen des Bundesministers für Gesundheit.

---

[a] Bis 31. Dezember 2019 „Hauptverband".

(BGBl I 2002/140, BGBl I 2007/31, BGBl I 2009/147, BGBl I 2018/100)

Abschnitt IV

Beziehungen der Träger der Sozialversicherung (des Dachverbandes[a]) zu anderen Vertragspartnerinnen und Vertragspartnern

---

[a] Bis 1. Jänner 2020 „des Hauptverbandes".

Gesamtverträge

§ 349. (1) Die Beziehungen zwischen den Trägern der Krankenversicherung und den freiberuflich tätigen Dentisten werden durch Gesamtverträge geregelt. Hiebei finden die Bestimmungen der §§ 340 Abs. 1, 341 bis 343a und 343c mit der Maßgabe sinngemäß Anwendung, daß an die Stelle der Ärztekammern die Österreichische Zahnärztekammer tritt.

(BGBl I 1998/138, BGBl I 2005/155)

(2) Die Beziehungen zwischen den Trägern der Krankenversicherung und den freiberuflich tätigen klinischen Psychologen bzw. den freiberuflich tätigen Psychotherapeuten werden durch je einen Gesamtvertrag mit beruflichen Interessenvertretungen der klinischen Psychologen, deren Leistungsfähigkeit bezüglich der psychosozialen Versorgung unter Bedachtnahme auf ein Gutachten des Psychologenbeirates (§ 42 Z 1 des Psychologengesetzes 2013), sowie beruflichen Interessenvertretungen der Psychotherapeuten, deren Leistungsfähigkeit bezüglich der psychosozialen Versorgung unter Bedachtnahme auf ein Gutachten des Psychotherapiebeirates (§ 21 Abs. 1 Z 9 des Psychotherapiegesetzes) vom Bundesminister für Gesundheit, Sport und Konsumentenschutz mit Bescheid festgestellt worden ist, geregelt. Hiebei finden die §§ 341, 342 und 343 Abs. 1 bis 3 mit der Maßgabe sinngemäß Anwendung, daß an die Stelle der Ärztekammer die jeweilige freiwillige berufliche Interessenvertretung tritt. Stehen keine Gesamtverträge in Geltung, können für die Träger der Krankenversicherung vom Hauptverband Einzelverträge mit freiberuflich tätigen klinischen Psychologen bzw. mit freiberuflich tätigen Psychotherapeuten nach einheitlichen Grundsätzen abgeschlossen werden. Diese Einzelverträge bedürfen der Zustimmung des Trägers der Krankenversicherung, für den sie abgeschlossen werden.

(BGBl I 2015/162)

(2)[a] Die Beziehungen zwischen den Trägern der Krankenversicherung und den freiberuflich tätigen klinischen Psychologen bzw. den freiberuflich tätigen Psychotherapeuten werden durch je einen Gesamtvertrag mit beruflichen Interessenvertretungen der klinischen Psychologen, deren Leistungsfähigkeit bezüglich der psychosozialen Versorgung unter Bedachtnahme auf ein Gutachten des Psychologenbeirates (§ 42 Z 1 des Psychologengesetzes 2013), sowie beruflichen Interessenvertretungen der Psychotherapeuten, deren Leistungsfähigkeit bezüglich der psychosozialen Versorgung unter Bedachtnahme auf ein Gutachten des Psychotherapiebeirates (§ 21 Abs. 1 Z 9 des Psychotherapiegesetzes) vom Bundesminister für Gesundheit, Sport und Konsumentenschutz mit Bescheid festgestellt worden ist, geregelt. Hiebei sind die §§ 341, 342 Abs. 1 bis 2a und 343 Abs. 1 bis 3 so anzuwenden, dass an die Stelle der Träger der Krankenversicherung der Dachverband und an die Stelle der Ärztekammer die jeweilige freiwillige berufliche Interessenvertretung tritt. Stehen keine Gesamtverträge in Geltung, können für die Träger der Krankenversicherung vom Dachverband Einzelverträge mit freiberuflich tätigen klinischen Psychologen bzw. mit freiberuflich tätigen Psychotherapeuten nach einheitlichen Grundsätzen abgeschlossen werden. Diese Einzelverträge bedürfen der Zustimmung des Trägers der Krankenversicherung, für den sie abgeschlossen werden.

(BGBl I 2015/162, BGBl I 2018/100)

[a] Tritt mit 1. Jänner 2020 in Kraft.

(2a) Die Beziehungen zwischen den Trägern der Krankenversicherung und den in § 149 Abs. 3 genannten Krankenanstalten werden durch Gesamtverträge geregelt, die für diese Krankenanstalten von der in Betracht kommenden gesetzlichen Interessenvertretung abzuschließen sind.

(BGBl I 2001/5, BGBl I 2001/99)

(2b) Die Beziehungen zwischen den Trägern der Krankenversicherung und jenen Krankenanstalten, die ambulante Untersuchungen mit Großgeräten im Sinne des von der Bundesgesundheitskommission im Rahmen des Österreichischen Strukturplans Gesundheit (ÖSG) beschlossenen Großgeräteplanes in der jeweils geltenden Fassung durchführen, werden hinsichtlich dieser Leistungen durch Gesamtverträge geregelt. Diese Gesamtverträge, welche die in § 342 Abs. 1 aufgezählten Gegenstände in sinngemäßer Anwendung zu regeln haben, werden für die genannten Krankenanstalten von der in Betracht kommenden gesetzlichen Interessenvertretung abgeschlossen. § 342 Abs. 2a ist sinngemäß anzuwenden.

(BGBl I 2001/99, BGBl I 2007/31, BGBl I 2009/147)

(2c) Die Beziehungen zwischen den Trägern der Krankenversicherung und Krankenanstalten nach § 2 Abs. 1 Z 5 KAKuG können hinsichtlich bestimmter medizinischer Sonderfächer oder Teile dieser durch Gesamtverträge geregelt werden. Abs. 2b letzter und vorletzter Satz sind anzuwenden.

(BGBl I 2010/61)

(3) Die Beziehungen zwischen den Sozialversicherungsträgern und anderen Vertragspartnern/Vertragspartnerinnen als Ärzten/Ärztinnen, Zahnärzten/Zahnärztinnen, Gruppenpraxen, Dentisten/Dentistinnen, Apothekern/Apothekerinnen, freiberuflich tätigen klinischen Psychologen/Psychologinnen bzw. freiberuflich tätigen Psychotherapeuten/Psychotherapeutinnen und Krankenanstalten können durch Gesamtverträge geregelt werden. Hiebei finden die Bestimmungen des § 341 mit der Maßgabe sinngemäß Anwendung, daß an die Stelle der Ärztekammer die zuständige gesetzliche berufliche Vertretung tritt. § 342 Abs. 2a ist sinngemäß anzuwenden.

(BGBl I 2001/99, BGBl I 2005/155, BGBl I 2009/147)

(4) Sieht ein gemäß Abs. 3 abgeschlossener Gesamtvertrag vor, daß ohne Abschluß von Einzelverträgen die im Gesamtvertrag angeführten Verbandsangehörigen die Sachleistungen für Rechnung der Träger der Krankenversicherung zu erbringen haben, dann regelt der Gesamtvertrag selbst mit verbindlicher Wirkung die Beziehungen zwischen den Verbandsangehörigen und den Versicherungsträgern.

(5) Bei den Vereinbarungen über die Vergütungen der Tätigkeiten sind die im Rahmen der Planung der Gesundheitsversorgungsstruktur beschlossenen Qualitätsvorgaben einzubeziehen.

(BGBl I 2007/101)

Elektronische Abrechnung

§ 349a. Die Vertragspartner nach diesem Abschnitt sind verpflichtet, spätestens ab 1. Jänner 2004 die für die Versicherten (Angehörigen) erbrachten Leistungen mit den Versicherungsträgern nach einheitlichen Grundsätzen elektronisch abzurechnen. Der Dachverband[a] hat diese Grundsätze im übertragenen Wirkungsbereich festzusetzen und im Internet kundzumachen. Bei der Festsetzung der Grundsätze unterliegt er den Weisungen des Bundesministers für Gesundheit.

[a] Bis 31. Dezember 2019 „Hauptverband".

(BGBl I 2002/140, BGBl I 2007/31, BGBl I 2009/147, BGBl I 2018/100)

Abgabe von Heilmitteln

§ 350. (1) Heilmittel (§ 136) und Heilbehelfe (§ 137) usw. dürfen für Rechnung der Krankenversicherungsträger von Apothekern und Hausapotheken führenden Ärzten nur unter folgenden Voraussetzungen abgegeben werden:

1. Bestehen eines Vertragsverhältnisses mit dem Krankenversicherungsträger,
2. Verordnung
   a) durch eine nach § 1 des Rezeptpflichtgesetzes, BGBl. Nr. 413/1972, befugte Person, die in einem Vertragsverhältnis zum Krankenversicherungsträger steht oder in einer Vertrags-Gruppenpraxis oder Primärversorgungseinheit tätig ist oder

      (BGBl I 2005/155, BGBl I 2017/131)

   b) durch einen ermächtigten/eine ermächtigte Arzt/Ärztin oder Zahnarzt/Zahnärztin, der/die bei einer Vertragskrankenanstalt beschäftigt ist, welche mit dem zuständigen Sozialversicherungsträger eine Vereinbarung über Verordnungen abgeschlossen hat,
      – bei der Entlassung von PatientInnen aus der stationären Pflege oder
      – während der Nachtstunden, an Wochenenden oder Feiertagen, wenn die Verordnung wegen Unaufschiebbarkeit der ärztlichen oder zahnärzlichen Handlung erforderlich ist, und

      (BGBl I 2001/99)

(BGBl I 2001/99, BGBl I 2002/140)

3. Verschreibbarkeit nach den Regeln des vom Hauptverband herausgegebenen Erstattungskodex (§ 31 Abs. 3 Z 12) und nach den Richtlinien über die ökonomische Verschreibweise (§ 31 Abs. 5 Z 13).

(BGBl I 2002/1, BGBl I 2003/145)

3.[a)] Verschreibbarkeit nach den Regeln des vom Dachverband herausgegebenen Erstattungskodex (§ 30b Abs. 1 Z 4) und nach den Richtlinien über die ökonomische Verschreibweise (§ 30a Abs. 1 Z 12).

(BGBl I 2002/1, BGBl I 2003/145, BGBl I 2018/100)

[a)] Tritt mit 1. Jänner 2020 in Kraft.

(1a) Von Angehörigen des gehobenen Dienstes für Gesundheits- und Krankenpflege im Rahmen ihrer Berufsbefugnis (§ 15a GuKG) weiterverordnete Heilbehelfe dürfen von Apothekerinnen/Apothekern und Hausapotheken führenden Ärztinnen/Ärzten nur dann für Rechnung der Krankenversicherungsträger abgegeben werden, wenn

1. die/der Angehörige des gehobenen Dienstes für Gesundheits- und Krankenpflege im Rahmen einer Tätigkeit für eine Vertragseinrichtung des leistungszuständigen Krankenversicherungsträgers oder für eine/einen den Heilbehelf verordnende/n Vertragsärztin/Vertragsarzt oder Vertragsgruppenpraxis weiterverordnet und
2. sich die/der Anspruchsberechtigte nicht in Anstaltspflege befindet, deren Leistungen durch Zahlungen im Sinne der §§ 148 Z 3 ff. ASVG als abgegolten gelten.

(BGBl I 2016/75)

(2) Verschreibungen von Heilmitteln durch Wahlärzte/Wahlärztinnen, Wahlzahnärzte/Wahlzahnärztinnen, Wahldentisten/Wahldentistinnen oder Wahl-Gruppenpraxen (§ 131 Abs. 1) sind, wenn die Anspruchsberechtigung gegeben und die Verordnung nach den Richtlinien über die ökonomische Verschreibweise zugelassen ist, im Falle der Bestätigung durch den Versicherungsträger den von den Vertragsärzten/Vertragsärztinnen, Vertragszahnärzten/Vertragszahnärztinnen und Vertragsdentisten/Vertragsdentistinnen (Vertrags-Gruppenpraxen) ausgestellten Rezepten gleichzustellen.

(BGBl I 2001/99, BGBl I 2005/155)

(3) Bedarf eine Arzneispezialität oder ein Stoff für magistrale Zubereitungen, um auf Rechnung eines Sozialversicherungsträgers abgegeben werden zu können, der ärztlichen Bewilligung des chef- und kontrollärztlichen Dienstes der Sozialversicherungsträger, so ist diese Bewilligung unbeschadet des Bescheidrechtes des (der) Versicherten nach § 367 vom/von der verordnenden Arzt/Ärztin oder Zahnarzt/Zahnärztin (Dentist/Dentistin) einzuholen. Die Einholung der Bewilligung darf nicht auf den Patienten (die Patientin) übertragen werden. Wird die Bewilligung von Arzneispezialitäten im gelben Bereich des Erstattungskodex durch die nachfolgende Kontrolle nach § 31 Abs. 3 Z 12 lit. b ersetzt, ist die Zulässigkeit der Verschreibung auf Kosten der Sozialversicherungsträger von der Durchführung einer Dokumentation (§ 31 Abs. 5 Z 13) über Vorliegen und Einhaltung der bestimmten Verwendungen abhängig. Bei Verschreibungen ohne oder mit mangelhafter Dokumentation ist der Arzt/die Ärztin oder der Zahnarzt/die Zahnärztin (der Dentist/die Dentistin) nachweislich zu verwarnen; bei Wiederholung der Verletzung sind dem Sozialversicherungsträger die Kosten der Arzneispezialitäten vom/von der verschreibenden Arzt/Ärztin oder Zahnarzt/Zahnärztin (Dentist/Dentistin) zu ersetzen. Findet der Ersatz nicht statt oder nach wiederholtem Verstoß gegen die Dokumentationspflicht, kann dem Arzt/der Ärztin oder dem Zahnarzt/der Zahnärztin (dem Dentisten/der Dentistin) die ausnahmslose Bewilligungspflicht für Arzneispezialitäten des gelben Bereiches des Erstattungskodex befristet bis zur Dauer von drei Jahren auferlegt werden.

(BGBl I 2003/145, BGBl I 2004/105, BGBl I 2005/155)

(3)[a)] Bedarf eine Arzneispezialität oder ein Stoff für magistrale Zubereitungen, um auf Rechnung eines Sozialversicherungsträgers abgegeben werden zu können, der ärztlichen Bewilligung des chef- und kontrollärztlichen Dienstes der Sozialversicherungsträger, so ist diese Bewilligung unbeschadet des Bescheidrechtes des (der) Versicherten nach § 367 vom/von der verordnenden Arzt/Ärztin oder Zahnarzt/Zahnärztin (Dentist/Dentistin) einzuholen. Die Einholung der Bewilligung darf nicht auf den Patienten (die Patientin) übertragen werden. Wird die Bewilligung von Arzneispezialitäten im gelben Bereich des Erstattungskodex durch die nachfolgende Kontrolle nach § 30b Abs. 1 Z 4 lit. b ersetzt, ist die Zulässigkeit der Verschreibung auf Kosten der Sozialversicherungsträger von der Durchführung einer Dokumentation (§ 30a Abs. 1 Z 12) über Vorliegen und Einhaltung der bestimmten Verwendungen abhängig. Bei Verschreibungen ohne oder mit mangelhafter Dokumentation ist der Arzt/die Ärztin oder der Zahnarzt/die Zahnärztin (der Dentist/die Dentistin) nachweislich zu verwarnen; bei Wiederholung der Verletzung sind dem Sozialversicherungsträger die Kosten der Arzneispezialitäten vom/von der verschreibenden Arzt/Ärztin oder Zahnarzt/Zahnärztin (Dentist/Dentistin) zu ersetzen. Findet der Ersatz nicht statt oder nach wiederholtem Verstoß gegen die Dokumentationspflicht, kann dem Arzt/der Ärztin oder dem Zahnarzt/der Zahnärztin (dem Dentisten/der Dentistin) die ausnahmslose Bewilligungspflicht für Arzneispezialitäten des gelben Bereiches des Erstattungskodex befristet bis zur Dauer von drei Jahren auferlegt werden.

(BGBl I 2003/145, BGBl I 2004/105, BGBl I 2005/155, BGBl I 2018/100)

[a)] Tritt mit 1. Jänner 2020 in Kraft.

(4) Die Wahl der Apotheke nach Abs. 1 obliegt dem (der) Anspruchsberechtigten; die Zuweisung an eine bestimmte Apotheke ist unzulässig.

(BGBl I 2003/145)

Entscheidung von Streitigkeiten aus dem Einzel- und Gesamtvertrag

§ 351. Die Bestimmungen der §§ 344 bis 348 gelten sinngemäß für das Vertragsverhältnis zwischen den Krankenversicherungsträgern einerseits und den Hebammen und deren gesetzlicher Interessenvertretung andererseits. Soweit in diesen Bestimmungen den Ärztekammern die Berufung von Beisitzern/Beisitzerinnen bzw. Vorschlagsberechtigung für Laienrichter/Laienrichterinnen vorbehalten ist, tritt an die Stelle der Ärztekammern die in Betracht kommende öffentlich-rechtliche Interessenvertretung der Hebammen.

(BGBl I 2013/130)

Verträge für die Durchführung der Untersuchungen nach § 132b mit anderen Vertragspartnern

§ 351a. Zwischen dem Dachverband[a)] und den in Betracht kommenden Bundesländern und Gemeinden sowie sonstigen Rechtsträgern von Krankenanstalten sind Verträge abzuschließen, die die Durchführung der Untersuchungen nach § 132b in den Vorsorge(Gesunden)untersuchungsstellen sowie Spitalsambulanzen und die hiefür zu entrichtenden Vergütungen regeln; diese Verträge bedürfen auch der Zustimmung des beteiligten Trägers der Krankenversicherung.

[a)] Bis 31. Dezember 2019 „Hauptverband“.

(BGBl I 2018/100)

Verträge zwischen den Trägern der Pensionsversicherung und den Gebietskörperschaften oder anderen öffentlich-rechtlichen Einrichtungen über die Durchführung medizinischer Begutachtung

§ 351b. (1) Zwischen den Trägern der Pensionsversicherung und den in Betracht kommenden Gebietskörperschaften können Verträge abgeschlossen werden, die die Durchführung der medizinischen Begutachtung zur Beurteilung der Voraussetzungen einer Ruhestandsversetzung sowie des Anspruches auf Pflegegeld nach dem Bundespflegegeldgesetz und die hiefür zu entrichtenden Vergütungen regeln.

(BGBl I 2002/140)

(2) Die Pensionsversicherungsanstalt der Angestellten (ab 1. Jänner 2003: Pensionsversicherungsanstalt) hat in den bundesgesetzlich vorgesehenen Fällen gegen Kostenersatz durch Erstattung von Befund und Gutachten in Ruhestandsversetzungsverfahren von Personen, die von der Pensionsversicherung nach diesem Bundesgesetz ausgenommen sind, mitzuwirken.

(BGBl I 2002/140)

(3) Die Pensionsversicherungsanstalt kann mit den Gebietskörperschaften, dem Arbeitsmarktservice und anderen öffentlich-rechtlichen Einrichtungen Verträge über die medizinische Begutachtung von Personen zur Beurteilung ihrer Arbeitsfähigkeit abschließen. In diesen Verträgen ist der Kostenersatz für die medizinischen Begutachtungen unter Bedachtnahme auf die tatsächlich anfallenden Kosten zu vereinbaren.

(BGBl I 2010/62)

(4) Zur Abgeltung der Ersatzansprüche nach Abs. 3 kann unter Bedachtnahme auf die Zahl der in Betracht kommenden Fälle und auf die Höhe der durchschnittlichen Kosten der medizinischen Gutachten die Zahlung von Pauschalbeträgen vereinbart werden.

(BGBl I 2010/62)

(BGBl 1995/297, BGBl I 2002/140, BGBl I 2010/62)

Abschnitt V
Erstattungskodex

Aufnahme von Arzneispezialitäten in den Erstattungskodex

§ 351c. (1) Das vertriebsberechtigte Unternehmen beantragt beim Dachverband[a)] die Aufnahme einer Arzneispezialität in den gelben oder den grünen Bereich des Erstattungskodex. Mit Einlangen des Antrages, mit dem zumindest die Zulassungsnummer und ein Preis bekannt gegeben wird und dem eine Bestätigung der Lieferfähigkeit und eine Bestätigung über die Dauer der Patentlaufzeit angeschlossen ist, wird die Arzneispezialität zeitlich befristet in den roten Bereich aufgenommen. Stellt der Dachverband[a)] innerhalb von 90 Tagen (wird auch über den Preis entschieden, innerhalb von 180 Tagen) nach Einlangen des Antrages fest, dass die Arzneispezialität nicht in den gelben oder grünen Bereich des Erstattungskodex aufzunehmen ist, so ist sie aus dem roten Bereich des Erstattungskodex zu streichen. Der Dachverband[a)] hat die Änderungen des Erstattungskodex monatlich im Internet kundzumachen.

(BGBl I 2007/31, BGBl I 2009/33, BGBl I 2018/100)

[a)] Bis 31. Dezember 2019 „Hauptverband“.

(2) Der Dachverband[a)] hat eine Liste jener Arzneimittelkategorien zu erstellen, die im Allgemeinen nicht zur Krankenbehandlung im Sinne des § 133 Abs. 2 geeignet sind, da sie zB überwiegend

(BGBl I 2018/100)

[a)] Bis 31. Dezember 2019 „Hauptverband“.

– zur Behandlung in Krankenanstalten,
– unter ständiger Beobachtung oder
– zur Prophylaxe

verwendbar sind. Diese Liste samt einer Begründung für die Anführung der Arzneimittelkategorien ist im Internet zu veröffentlichen.

(3) Zur Beurteilung eines Antrages nach Abs. 1, insbesondere inwieweit ein wesentlicher therapeutischer Nutzen für Patienten und Patientinnen oder

eine wesentliche therapeutische Innovation vorliegt, sind vom Antragsteller pharmakologische, medizinisch-therapeutische und gesundheitsökonomische Unterlagen vorzulegen. Das vertriebsberechtigte Unternehmen ist verpflichtet, bei der Antragstellung auf Aufnahme in den Erstattungskodex mitzuteilen, wann der Patentschutz der in der jeweiligen Arzneispezialität enthaltenen Wirkstoffe in Österreich endet. Die näheren Bestimmungen über das Verfahren zur Aufnahme in den Erstattungskodex und über den Umfang, die Qualität und den Zeitpunkt der Vorlage von Unterlagen, werden in der Verfahrensordnung (§ 351g) geregelt. Abs. 1 letzter Satz ist anzuwenden.

(4) Bei Arzneispezialitäten, die vornehmlich der Behandlung von Akutkrankheiten dienen, ist nur jene Packungsgröße aufzunehmen, deren Inhalt für die Behandlung des Regelfalles ausreicht. Bei Arzneispezialitäten, die der Behandlung von chronischen Krankheiten dienen, ist eine Packungsgröße zur Anbehandlung oder Erprobung (Kleinpackung) und eine zweite Packungsgröße für die medikamentöse Versorgung für die Dauer eines Monates aufzunehmen.

(5) Der Hauptverband ist berechtigt, das Verfahren über die Aufnahme einer Arzneispezialität in den Erstattungskodex von sich aus unter sinngemäßer Anwendung der Voraussetzungen und Prüfmaßstäbe nach Abs. 1 bis 4 und 7 bis 9 sowie nach § 31 Abs. 3 Z 12 einzuleiten. Das vertriebsberechtigte Unternehmen ist davon zu verständigen.

(BGBl I 2007/31, BGBl I 2009/33)

(5)[a] Der Dachverband ist berechtigt, das Verfahren über die Aufnahme einer Arzneispezialität in den Erstattungskodex von sich aus unter sinngemäßer Anwendung der Voraussetzungen und Prüfmaßstäbe nach Abs. 1 bis 4 und 7 bis 9 sowie nach § 30b Abs. 1 Z 4 einzuleiten. Das vertriebsberechtigte Unternehmen ist davon zu verständigen.

(BGBl I 2007/31, BGBl I 2009/33, BGBl I 2018/100)

[a] Tritt mit 1. Jänner 2020 in Kraft.

(6) Die Preiskommission (§ 9 Abs. 3 des Preisgesetzes 1992, BGBl. Nr. 145/1992) ermittelt für Zwecke der Preisfestsetzung einer Arzneispezialität im Rahmen des roten und gelben Bereiches des Erstattungskodex aus den Preisen in Mitgliedstaaten der Europäischen Union unter Berücksichtigung der in den jeweiligen Mitgliedstaaten gewährten gesetzlichen Rabatte den EU-Durchschnittspreis. Dieser Preis ist von der Preiskommission sechs Monate nach Antragstellung nach Abs. 1 auf Basis der Meldungen der vertriebsberechtigten Unternehmen unter Beiziehung der Gesundheit Österreich GmbH zu ermitteln. Nach der erstmaligen Preisfeststellung hat die Preiskommission nach 18 Monaten sowie nach weiteren 24 Monaten neuerlich einen EU-Durchschnittspreis festzustellen. Darüber hinaus kann die Preiskommission nach weiteren 18 Monaten neuerlich einen EU-Durchschnittspreis feststellen. Die Preiskommission hat den jeweils ermittelten Preis dem Dachverband[a] mitzuteilen. Das Bundesministerium für Gesundheit und Frauen hat die Vorgehensweise der Preiskommission für die Preisermittlung im Internet zu veröffentlichen.

(BGBl I 2007/31, BGBl I 2017/49, BGBl I 2018/100)

[a] Bis 31. Dezember 2019 „Hauptverband".

(7) Sonderbestimmungen für den roten Bereich (red box) des Erstattungskodex:

1. Der Preis der Arzneispezialität darf den EU-Durchschnittspreis nicht überschreiten.

   (BGBl I 2007/31, BGBl I 2009/33)

2. So lange ein EU-Durchschnittspreis nicht festgestellt wurde, ist vorläufig der vom vertriebsberechtigten Unternehmen gemeldete Preis heranzuziehen. Wird durch die Preiskommission festgestellt, dass der vorläufige österreichische Erstattungspreis über dem ermittelten EU-Durchschnittspreis liegt, so hat das vertriebsberechtigte Unternehmen den Differenzbetrag innerhalb von sechs Monaten ab begründeter Aufforderung an die Sozialversicherungsträger zurückzuzahlen.

   (BGBl I 2017/49)

(8) Sonderbestimmungen für den gelben Bereich (yellow box) des Erstattungskodex: Eine Arzneispezialität kann in den gelben Bereich aufgenommen werden, wenn die Heilmittel-Evaluierungs-Kommission (§ 351g) eine wesentliche therapeutische Innovation festgestellt hat.

(9) Sonderbestimmungen für den grünen Bereich (green box) des Erstattungskodex:

1. Eine Arzneispezialität wird dann in den grünen Bereich aufgenommen, wenn die Heilmittel-Evaluierungs-Kommission in ihrer Empfehlung eine gleiche oder ähnliche therapeutische Wirkung im Vergleich zu bereits im grünen Bereich vorhandenen Arzneispezialitäten festgestellt hat, und ein ausreichend großer Preisunterschied zu diesen Produkten vereinbart werden kann.
2. Wird für die beantragte Arzneispezialität ein höherer Preis, als der für die in diesem Bereich angeführten Vergleichspräparate geltende Preis angestrebt, so muss die Heilmittel-Evaluierungs-Kommission in ihrer Empfehlung einen therapeutischen Mehrwert im Vergleich zu Arzneispezialitäten im grünen Bereich feststellen.

(9a) Sonderbestimmungen für nicht im Erstattungskodex angeführte Arzneispezialitäten:

1. Der Preis der Arzneispezialität, sofern für diese in den vorangegangenen zwölf Monaten ein Umsatz über 750 000 € auf der Basis des Fabriksabgabepreises (maschinelle Heilmittelabrechnung) erzielt wurde, darf den EU-Durchschnittspreis nicht überschreiten. Bei der Umsatzermittlung sind die für Rechnung der Krankenversicherungsträger erzielten Umsätze aller Wirkstoffstärken und Packungsgrößen der Arzneispezialität, die nicht

in den Erstattungskodex aufgenommen sind, zusammenzurechnen. Sobald diese Umsatzschwelle überschritten wurde, hat der Dachverband[a)] der Preiskommission diesen Umstand unverzüglich mitzuteilen. Innerhalb von acht Wochen nach dieser Mitteilung hat die Preiskommission einen EU-Durchschnittspreis festzustellen; Abs. 6 ist mit Ausnahme der im zweiten Satz genannten Frist anzuwenden.

(BGBl I 2018/100)

[a)] Bis 31. Dezember 2019 „Hauptverband".

2. So lange ein EU-Durchschnittspreis nicht festgestellt wurde, ist vorläufig der vom vertriebsberechtigten Unternehmen gemeldete Preis heranzuziehen. Wird durch die Preiskommission festgestellt, dass der vorläufige österreichische Erstattungspreis über dem ermittelten EU-Durchschnittspreis liegt, so hat das vertriebsberechtigte Unternehmen ab dem Zeitpunkt der Umsatzschwellenüberschreitung nach Z 1 den Differenzbetrag innerhalb von sechs Monaten ab begründeter Aufforderung an die Sozialversicherungsträger zurückzuzahlen.
3. Die Z 1 und 2 gelten nicht für Arzneispezialitäten, die auf der vom Dachverband[a)] gemäß § 351c Abs. 2 erstellten Liste aufgeführt sind.

(BGBl I 2018/100)

[a)] Bis 31. Dezember 2019 „Hauptverband".

(BGBl I 2017/49)

(10) Liegt für eine Arzneispezialität ein wirkstoffgleiches Nachfolgeprodukt vor, so gilt zur Wahrung des finanziellen Gleichgewichts des Systems der sozialen Sicherheit Folgendes:

1. Vereinbart der Dachverband[a)] bei Vorliegen eines Generikums
   a) mit dem vertriebsberechtigten Unternehmen des Originalprodukts eine Preisreduktion von 30%, so verbleibt die Arzneispezialität weiter im Erstattungskodex.
   b) mit dem vertriebsberechtigten Unternehmen für ein Generikum einen Preis, der um 28,6% unter dem abgesenkten Preis des Originalprodukts liegt, so ist dieses in den Erstattungskodex aufzunehmen. Alle weiteren Generika werden vom Dachverband[a)] in den Erstattungskodex aufgenommen, wenn ein genügend großer Preisunterschied zum ersten Generikum besteht. Dieser Preisunterschied liegt jedenfalls dann vor, wenn
      – für das zweite Generikum ein Preis vereinbart wird, der um 18% unter dem Preis des ersten Generikums und
      – für das dritte Generikum ein Preis vereinbart wird, der um 15% unter dem Preis des zweiten Generikums

      liegt.

[a)] Bis 31. Dezember 2019 „Hauptverband".

2. Vereinbart der Dachverband[a)] bei Vorliegen eines Biosimilars
   a) mit dem vertriebsberechtigten Unternehmen des Originalprodukts eine Preisreduktion von 30%, so verbleibt die Arzneispezialität weiter im Erstattungskodex.
   b) mit dem vertriebsberechtigten Unternehmen für ein Biosimilar einen Preis, der um 11,4% unter dem abgesenkten Preis des Originalprodukts liegt, so ist dieses in den Erstattungskodex aufzunehmen. Alle weiteren Biosimilars werden vom Dachverband[a)] in den Erstattungskodex aufgenommen, wenn ein genügend großer Preisunterschied zum ersten Biosimilar besteht. Dieser Preisunterschied liegt jedenfalls dann vor, wenn
      – für das zweite Biosimilar ein Preis vereinbart wird, der um 15% unter dem Preis des ersten Biosimilars und
      – für das dritte Biosimilar ein Preis vereinbart wird, der um 10% unter dem Preis des zweiten Biosimilars

      liegt.

[a)] Bis 31. Dezember 2019 „Hauptverband".

3. Sobald durch ein wirkstoffgleiches Nachfolgeprodukt eine dritte Preisreduktion erfolgt, hat der Dachverband[a)] mit dem vertriebsberechtigten Unternehmen des Originalprodukts sowie der wirkstoffgleichen Nachfolgeprodukte eine neuerliche Preisreduktion auf den Preis des dritten Generikums oder des dritten Biosimilars zu vereinbaren. Kann eine Einigung nicht erzielt werden, so ist die Arzneispezialität aus dem Erstattungskodex zu streichen.

(BGBl I 2018/100)

[a)] Bis 31. Dezember 2019 „Hauptverband".

4. Der Dachverband[a)] kann bei ausgewählten Indikationsgruppen zur Förderung der Verfügbarkeit eines wirkstoffgleichen Nachfolgeprodukts abweichende Regelungen zur Anwendung bringen.

(BGBl I 2018/100)

[a)] Bis 31. Dezember 2019 „Hauptverband".

5. Ist abzusehen, dass bei einer Arzneispezialität trotz rechtlicher Möglichkeit in Österreich kein wirkstoffgleiches Nachfolgeprodukt vorliegen wird und der Dachverband[a)] mit dem vertriebsberechtigten Unternehmen ab

diesem Zeitpunkt keine Preisreduktion vereinbaren kann, so kann der Dachverband[a)] ein Jahr davor den Wirkstoff oder die Wirkstoffklasse auf Empfehlung der Heilmittel-Evaluierungs-Kommission ausschreiben.

(BGBl I 2018/100)

[a)] Bis 31. Dezember 2019 „Hauptverband".

(BGBl I 2017/49)

(10)[a)] Liegt für eine Arzneispezialität ein wirkstoffgleiches Nachfolgeprodukt (Generikum) vor, so gilt zur Wahrung des finanziellen Gleichgewichts des Systems der sozialen Sicherheit Folgendes:

1. Der Hauptverband hat mit dem vertriebsberechtigten Unternehmen des Originalprodukts eine Preisreduktion von 30% zu vereinbaren, womit die Arzneispezialität weiter im Erstattungskodex bleibt. Für die Aufnahme des Generikums in den Erstattungskodex vereinbart der Hauptverband mit dem vertriebsberechtigten Unternehmen einen Preis, der um 25,7% unter dem abgesenkten Preis des Originalprodukts liegt. Alle weiteren Generika werden vom Hauptverband in den Erstattungskodex aufgenommen, wenn ein genügend großer Preisunterschied zum ersten Generikum besteht. Sobald durch ein Generikum eine dritte Preisreduktion erfolgt ist, kann der Hauptverband mit dem vertriebsberechtigten Unternehmen des Originalprodukts eine neuerliche Preisreduktion vereinbaren. Kann eine Einigung nicht erzielt werden, so ist die Arzneispezialität aus dem Erstattungskodex zu streichen.
2. Der Hauptverband kann bei ausgewählten Indikationsgruppen zur Förderung der Verfügbarkeit eines Generikums abweichende Regelungen zur Anwendung bringen.
3. Ist abzusehen, dass bei einer Arzneispezialität trotz rechtlicher Möglichkeit in Österreich kein Generikum vorliegen wird und der Hauptverband mit dem vertriebsberechtigten Unternehmen ab diesem Zeitpunkt keine Preisreduktion vereinbaren kann, so kann der Hauptverband ein Jahr davor den Wirkstoff oder die Wirkstoffklasse auf Empfehlung der Heilmittel-Evaluierungs-Kommission ausschreiben.[a)]

[a)] Tritt mit 1. Jänner 2022 in Kraft.

(BGBl I 2017/49)

(11) Sind für eine Arzneispezialität im grünen Bereich wirkstoffgleiche Arzneispezialitäten (auf der 5. Ebene des ATC-Codes) im Erstattungskodex angeführt, so hat der Dachverband[a)] für Arzneispezialitäten, die die im § 351c Abs. 10 Z 1 in der Fassung des Bundesgesetzes BGBl. I Nr. 145/2003 vorgesehenen Preisreduktionen bereits durchlaufen haben, ein Preisband festzulegen, wobei der Höchstpreis der wirkstoffgleichen Arzneispezialitäten 30% über dem Preis der günstigsten Arzneispezialität desselben Wirkstoffs liegen darf. Der günstigste Preis ist, abgestellt auf die gleiche oder praktisch gleiche Darreichungsform und Wirkstoffstärke, mit Stichtag 1. Februar 2017 zu ermitteln. Das Preisband ist vom Dachverband[a)] bis 30. Juni 2017 nach vorheriger Anhörung der Wirtschaftskammer im Internet zu veröffentlichen. Die vertriebsberechtigten Unternehmen haben die Preise für wirkstoffgleiche Arzneispezialitäten längstens bis 1. Oktober 2017 innerhalb des Preisbandes entsprechend zu senken. Nimmt das vertriebsberechtigte Unternehmen diese Preissenkung nicht fristgerecht vor, sind die Arzneispezialitäten vom Dachverband[a)] mit schriftlicher Entscheidung aus dem Erstattungskodex zu streichen, wobei einer Beschwerde abweichend vom § 351h Abs. 3 aufschiebende Wirkung im Ausmaß von 90 Tagen ab Einbringung der Beschwerde zukommt. Das Preisband berechtigt nicht zu einer Preiserhöhung nach § 351e Abs. 2.

(BGBl I 2017/49, BGBl I 2018/100)

[a)] Bis 31. Dezember 2019 „Hauptverband".

(12) Abs. 11 ist auch auf jene Arzneispezialitäten anzuwenden, die nach § 609 Abs. 13 aus dem Heilmittelverzeichnis in den Erstattungskodex überführt wurden. Dies gilt auch dann, wenn die im § 351c Abs. 10 Z 1 in der Fassung des Bundesgesetzes BGBl. I Nr. 145/2003 vorgesehenen Preisreduktionen nicht durchgeführt wurden.

(BGBl I 2017/49)

(13) Im Jahr 2019 ist das in Abs. 11 und 12 vorgesehene Verfahren zu den Stichtagen 1. Februar 2019, 30. Juni 2019 und 1. Oktober 2019 erneut durchzuführen.

(BGBl I 2017/49)

(BGBl I 2002/140, BGBl I 2003/145)

Entscheidung des Dachverbandes[b)]

[b)] Bis 31. Dezember 2019 „Hauptverbandes".

§ 351d. (1) Der Dachverband[a)] hat schriftlich über den Antrag auf Aufnahme in den gelben oder grünen Bereich des Erstattungskodex innerhalb von 90 Tagen (wird auch über den Preis entschieden, innerhalb von 180 Tagen) ab Antragstellung auf Grundlage der Empfehlung der Heilmittel-Evaluierungs-Kommission im Rahmen des ihm nach diesem Bundesgesetz eingeräumten Ermessens zu entscheiden. Der Fristenlauf wird gehemmt, wenn die vom vertriebsberechtigten Unternehmen vorzulegenden Unterlagen (zB Studien, Gutachten usw.) nicht, nicht vollständig oder nicht in der aktuellen Fassung vorgelegt werden. Bei der Entscheidung über die Aufnahme in den Erstattungskodex sind für alle Arzneispezialitäten die selben Prüfmaßstäbe anzulegen.

(BGBl I 2007/31, BGBl I 2009/33, BGBl I 2013/130, BGBl I 2018/100)

[a)] Bis 31. Dezember 2019 „Hauptverband".

(2) (aufgehoben)

(BGBl I 2013/130)

(3) Ist ein Verfahren abgeschlossen, so ist der Dachverband[a)] zur Entscheidung über einen neuer-

lichen Antrag hinsichtlich ein und der selben Arzneispezialität erst dann verpflichtet, wenn das vertriebsberechtigte Unternehmen dem Dachverband[a)] das Vorliegen wesentlicher neuer Erkenntnisse nachweist.

(BGBl I 2018/100)

[a)] Bis 31. Dezember 2019 „Hauptverband".

(BGBl I 2002/140, BGBl I 2003/145)

Änderung der Verschreibbarkeit, Preiserhöhung

§ 351e. (1) Das vertriebsberechtigte Unternehmen kann die Änderung der Verschreibbarkeit seiner im gelben und grünen Bereich des Erstattungskodex angeführten Arzneispezialität (entweder allgemein oder nur für bestimmte Verwendungen) beantragen. Der Dachverband[a)] entscheidet schriftlich über den Antrag (einschließlich des Preises) innerhalb von 180 Tagen im Rahmen des ihm nach diesem Bundesgesetz eingeräumten Ermessens.

(BGBl I 2009/33, BGBl I 2013/130, BGBl I 2018/100)

[a)] Bis 31. Dezember 2019 „Hauptverband".

(2) Das vertriebsberechtigte Unternehmen kann die Erhöhung des Preises seiner im Erstattungskodex angeführten Arzneispezialität beantragen. § 351d Abs. 1 ist so anzuwenden, dass der Dachverband[a)] bereits innerhalb von 90 Tagen zu entscheiden hat. Bei einer außergewöhnlich hohen Zahl von Anträgen kann diese Frist ein einziges Mal um 60 Tage verlängert werden; die Verlängerung ist dem vertriebsberechtigten Unternehmen vor Ablauf der 90-Tage-Frist mitzuteilen.

(BGBl I 2009/33, BGBl I 2018/100)

[a)] Bis 31. Dezember 2019 „Hauptverband".

(BGBl I 2002/140, BGBl I 2003/145)

Streichung aus dem Erstattungskodex

§ 351f. (1) Der Hauptverband[a)] hat den Erstattungskodex regelmäßig daraufhin zu überprüfen, ob die angeführten Arzneispezialitäten den Prüfmaßstäben nach den §§ 31 Abs. 3 Z 12[b)] und 351c entsprechen. Er hat im Rahmen des ihm nach diesem Bundesgesetz eingeräumten Ermessens mit schriftlicher Entscheidung eine Arzneispezialität aus dem Erstattungskodex zu streichen, in einen anderen Bereich zu übernehmen oder die Anführung auf bestimmte Verwendungen einzuschränken, wenn die Voraussetzungen für die Aufnahme nicht oder nur mehr für bestimmte Verwendungen erfüllt sind, insbesondere weil neue pharmakologische oder medizinisch-therapeutische oder gesundheitsökonomische Umstände eingetreten sind. Der Hauptverband[a)] hat vor der Entscheidung, eine Arzneispezialität aus dem Erstattungskodex zu streichen oder in einen anderen Bereich zu übernehmen, dem vertriebsberechtigten Unternehmen Gelegenheit zur Stellungnahme binnen 30 Tagen zu geben. Das vertriebsberechtigte Unternehmen legt dem Hauptverband[a)] auf Verlangen binnen 60 Tagen jene Unterlagen vor, die geeignet sind, die Zweifel aus pharmakologischer oder medizinisch-therapeutischer oder gesundheitsökonomischer Sicht auszuräumen. Allfällige Kosten für die Erstellung diesbezüglicher Gutachten oder Studien trägt das vertriebsberechtigte Unternehmen.

(BGBl I 2013/130, BGBl I 2018/100)

[a)] Ab 1. Jänner 2020: „Dachverband".

[b)] Ab 1. Jänner 2020: „30b Abs. 1 Z 4".

(2) Das Bundesministerium für Gesundheit und Frauen hat jede Aufhebung der Zulassung einer Arzneispezialität dem Dachverband[a)] mitzuteilen. Die Arzneispezialität ist unverzüglich aus dem Erstattungskodex zu streichen.

(BGBl I 2018/100)

[a)] Bis 31. Dezember 2019 „Hauptverband".

(BGBl I 2002/140, BGBl I 2003/145)

Verordnungsermächtigung, Werbeverbot

§ 351g. (1) Die nähere Organisation zur Aufnahme einer Arzneispezialität und das Verfahren zur Herausgabe des Erstattungskodex regelt der Dachverband[b)] durch Verordnung, die der Genehmigung der Bundesministerin für Gesundheit und Frauen bedarf. Vor Genehmigung hat eine Anhörung der Wirtschaftskammer Österreich zu erfolgen. Diese Verfahrensordnung hat insbesondere Zahl, Qualität, Form und Zeitpunkt der vorzulegenden Unterlagen festzusetzen und Regeln darüber zu enthalten, in welchen Fällen weiterführende Studien notwendig sind. Die Verordnung ist vom Dachverband[b)] im Internet kundzumachen.

(BGBl I 2013/130, BGBl I 2018/100)

[b)] Bis 31. Dezember 2019 „Hauptverband".

(1a) Anbringen einschließlich aller im Verfahren zu berücksichtigenden Unterlagen sind schriftlich über das Internetportal www.sozialversicherung.at einzubringen. Zur Erörterung dieser Anbringen ist eine mündliche Kommunikation zwischen Dachverband[a)] und vertriebsberechtigtem Unternehmen zulässig. Erscheint diese im Einzelfall nicht zweckmäßig, so kann der Dachverband[a)] dem vertriebsberechtigten Unternehmen die schriftliche Einbringung als Anbringen binnen angemessener Frist auftragen. Eine mündliche Verhandlung vor dem Dachverband[a)] findet nicht statt. Die Verfahrensordnung nach Abs. 1 hat Regelungen über die Voraussetzungen und den Ablauf einer Anhörung vor der Heilmittel-Evaluierungs-Kommission für vertriebsberechtigte Unternehmen zu enthalten. Die Akteneinsicht erfolgt über das Internetportal www.sozialversicherung.at. Patentrechtliche Vorfragen sind nicht Gegenstand des Verfahrens vor dem Dachverband[a)].

(BGBl I 2013/130, BGBl I 2018/100)

[a)] Bis 31. Dezember 2019 „Hauptverband".

(1b) Die §§ 69 und 70 AVG sind mit der Maßgabe anzuwenden, dass die in den §§ 351d Abs. 1 und 351e festgelegten Fristen mit der Zustellung des Antrages auf Wiederaufnahme des Verfahrens neu zu laufen beginnen. § 69 Abs. 2 AVG ist mit der Maßgabe anzuwenden, dass der Antrag auf Wiederaufnahme des Verfahrens nach Ablauf von einem Jahr ab Erlassung des Bescheides nicht mehr gestellt werden kann. Der Dachverband[a)] hat über den Antrag auf Wiederaufnahme des Verfahrens binnen vier Wochen zu entscheiden.

(BGBl I 2013/130, BGBl I 2018/100)

[a)] Bis 31. Dezember 2019 „Hauptverband".

(1c) Die §§ 71 und 72 AVG sind mit der Maßgabe anzuwenden, dass die in den §§ 351d Abs. 1 und 351e festgelegten Fristen mit der Zustellung des Antrages auf Wiedereinsetzung in den vorigen Stand bis zur Zustellung des die Wiedereinsetzung in den vorigen Stand bewilligenden Bescheides in ihrem Fortlauf gehemmt werden. Der Dachverband[a)] hat über den Antrag auf Wiedereinsetzung in den vorigen Stand binnen vier Wochen zu entscheiden.

(BGBl I 2013/130, BGBl I 2018/100)

[a)] Bis 31. Dezember 2019 „Hauptverband".

(2) In der Verordnung nach Abs. 1 wird das Verfahren der Heilmittel-Evaluierungs-Kommission geregelt. Dieser Kommission sind alle Anträge auf Aufnahme (einschließlich aller Änderungen) einer Arzneispezialität in den Erstattungskodex vorzulegen. Diese Kommission ist auch anzuhören, wenn der Dachverband[a)] von sich aus eine Veränderung im Erstattungskodex beabsichtigt. Die Kommission hat dem Dachverband[a)] insbesondere zu empfehlen,

(BGBl I 2018/100)

[a)] Bis 31. Dezember 2019 „Hauptverband".

1. ob und für welche Indikationen und Gruppen von Patienten und Patientinnen ein wesentlicher zusätzlicher therapeutischer Nutzen einer Arzneispezialität vorliegt und wie dieser ökonomisch bewertet werden kann, damit die Arzneispezialität in den gelben Bereich aufgenommen werden oder dort verbleiben kann,
2. ob und welcher therapeutische Mehrwert (Zusatznutzen für Patienten und Patientinnen) einer Arzneispezialität vorliegt und wie dieser ökonomisch bewertet werden kann, damit die Arzneispezialität in den grünen Bereich aufgenommen werden oder dort verbleiben kann,
3. ob im Sinne einer sicheren und wirtschaftlichen Versorgung der Patienten und Patientinnen ein Vergabeverfahren für Wirkstoffe oder Wirkstoffgruppen eingeleitet werden sollte, um günstigere Bedingungen für die Heilmittelerstattung zu erreichen (zB wenn das Preisband zu breit oder keine Nachfolge durch ein Generikum möglich ist) und
4. bei welchen medizinischen Bedürfnissen und epidemiologischen Notwendigkeiten die ärztliche Bewilligung des chef- und kontrollärztlichen Dienstes der Sozialversicherungsträger angewendet werden sollte.

Die Empfehlungen der Heilmittel-Evaluierungs-Kommission haben den Kriterien der Wissenschaft, der Transparenz und der gesundheitsökonomischen Bewertungen zu entsprechen. Die Sitzungen sind nicht öffentlich.

(BGBl I 2013/81, BGBl I 2013/130, BGBl I 2017/26)

(3) Der Heilmittel-Evaluierungs-Kommission gehören zehn Vertreter der Sozialversicherung, drei unabhängige Vertreter der Wissenschaft aus einschlägigen Fachrichtungen (Pharmakologen und Mediziner von Universitätsinstituten), je zwei Vertreter der Wirtschaftskammer Österreich, der Bundesarbeitskammer und der Österreichischen Ärztekammer sowie ein Vertreter der Österreichischen Apothekerkammer an. Weiters gehört der Heilmittel-Evaluierungs-Kommission eine Vertreterin/ein Vertreter der Bundesländer an, mit der/dem Empfehlungen, ob neue Arzneispezialitäten intra- und/oder extramural verabreicht werden können, abzustimmen sind, ohne dass sich die Mehrheitsverhältnisse in der Kommission dadurch ändern.

(BGBl I 2007/101)

(3)[a)] Der Heilmittel-Evaluierungs-Kommission gehören zwei Vertreter/innen des Bundesamtes für Sicherheit im Gesundheitswesen, acht Vertreter/innen der Sozialversicherung, drei unabhängige Vertreter der Wissenschaft aus einschlägigen Fachrichtungen (Pharmakologen und Mediziner von Universitätsinstituten), je zwei Vertreter der Wirtschaftskammer Österreich, der Bundesarbeitskammer und der Österreichischen Ärztekammer sowie ein Vertreter der Österreichischen Apothekerkammer an. Weiters gehört der Heilmittel-Evaluierungs-Kommission eine Vertreterin/ein Vertreter der Bundesländer an, mit der/dem Empfehlungen, ob neue Arzneispezialitäten intra- und/oder extramural verabreicht werden können, abzustimmen sind, ohne dass sich die Mehrheitsverhältnisse in der Kommission dadurch ändern. Weiters gehört der Heilmittel-Evaluierungskommission ein/e Vertreter/in der Patientenanwaltschaften in beratender Funktion ohne Stimmrecht an.

(BGBl I 2007/101, BGBl I 2018/100)

[a)] Tritt mit 1. Jänner 2020 in Kraft.

(4)[a)] Der Dachverband[a)] hat durch Verordnung pauschalierte Kostenersätze für die Kosten der Verfahren nach den §§ 351c Abs. 1 und 351e festzusetzen. Die Höhe der pauschalierten Kostenersätze hat sich nach den Kosten eines durchschnittlichen Verfahrens zu richten, wobei jedenfalls zwischen Verfahren zur Aufnahme einer Arzneispezialität in den Erstattungskodex und Verfahren zur Änderung der Verschreibbarkeit oder zur Preiserhöhung der im Erstattungskodex angeführten Arzneispezialitäten zu unterscheiden ist. Die Antragsteller/Antragstellerinnen haben die Kostenersätze gleichzeitig mit der Antragstellung an den Dachverband[a)] zu entrichten, anderenfalls der Antrag als unvollständig gilt. Die Verordnung ist im Internet zu veröffentlichen. Der V. Teil des AVG über die Kosten ist nicht anzuwenden.

(BGBl I 2006/131, BGBl I 2013/130, BGBl I 2018/100)

[a)] Siehe auch Kundmachungen in BGBl I 2009/56 und BGBl II 2009/223.

[a)] Bis 31. Dezember 2019 „Hauptverband".

(5) Für die im Erstattungskodex angeführten Arzneispezialitäten, insbesondere für rezeptfreie Produkte, ist jegliche Werbung, die für die Verbraucher/innen bestimmt ist, zu unterlassen; ausgenommen von diesem Werbeverbot sind rezeptfreie Arzneispezialitäten, die vom Dachverband[a)] von sich aus (§ 351c Abs. 5) gegen den Willen des vertriebsberechtigten Unternehmens in den Erstattungskodex aufgenommen wurden.

(BGBl I 2018/100)

[a)] Bis 31. Dezember 2019 „Hauptverband".

(BGBl I 2002/140, BGBl I 2003/145)

Beschwerde an das Bundesverwaltungsgericht im Zusammenhang mit dem Erstattungskodex

§ 351h. (1) Das Bundesverwaltungsgericht entscheidet

1. über Beschwerden des vertriebsberechtigten Unternehmens,
   a) dessen Antrag auf Aufnahme einer Arzneispezialität in den gelben oder grünen Bereich des Erstattungskodex (teilweise) ab- oder zurückgewiesen wurde oder
   b) über dessen Antrag nicht fristgerecht (§ 351d Abs. 1) entschieden wurde;
2. über Beschwerden des vertriebsberechtigten Unternehmens, dessen Arzneispezialität aus dem Erstattungskodex gestrichen bzw. von Amts wegen aufgenommen wird.

(2) Das Bundesverwaltungsgericht entscheidet auch über Beschwerden des vertriebsberechtigten Unternehmens gegen Entscheidungen des Dachverbandes[a)], mit denen Anträge nach einer Änderung der Verschreibbarkeit oder nach einer Preiserhöhung von Arzneispezialitäten (teilweise) ab- oder zurückgewiesen wurden, oder wenn über diese Anträge nicht fristgerecht (§ 351e Abs. 1 und 2) entschieden wurde.

(BGBl I 2018/100)

[a)] Bis 31. Dezember 2019 „Hauptverbandes".

(3) Beschwerden nach Abs. 1 und 2 sind binnen vier Wochen nach Zustellung der Entscheidung des Dachverbandes[a)] beim Dachverband[a)] über das Internetportal www.sozialversicherung.at einzubringen. Eine Beschwerdevorentscheidung und eine Nachholung des Bescheides nach den §§ 14 bis 16 des Verwaltungsgerichtsverfahrensgesetzes (VwGVG), BGBl. I Nr. 33/2013, sind unzulässig. Der Dachverband[a)] hat dem Bundesverwaltungsgericht unverzüglich die Beschwerde unter Anschluss der Verfahrensakten vorzulegen. Dem Dachverband[a)] steht es frei, binnen vier Wochen ab Einbringung der Beschwerde eine Stellungnahme an das Bundesverwaltungsgericht abzugeben. Die Beschwerden haben aufschiebende Wirkung; Beschwerden gegen die Streichung einer Arzneispezialität nach § 351c Abs. 10 Z 1 aus dem grünen Bereich des Erstattungskodex haben aufschiebende Wirkung im Ausmaß von 90 Tagen ab Einbringung der Beschwerde. Beschwerden gegen die Streichung einer Arzneispezialität auf Grund mangelnder Erstattungsfähigkeit (§ 351c Abs. 2 und 4) haben keine aufschiebende Wirkung. § 13 Abs. 2 VwGVG ist nicht anzuwenden.

(BGBl I 2018/100)

[a)] Bis 31. Dezember 2019 „Hauptverbandes" bzw. „Hauptverband".

(4) In der Beschwerde oder in der Stellungnahme nach Abs. 3 können sich das vertriebsberechtigte Unternehmen und der Dachverband[a)] nur auf Tatsachen und Beweise beziehen, die zum Zeitpunkt der Entscheidung des Dachverbandes[a)] vom vertriebsberechtigten Unternehmen oder vom Dachverband[a)] bereits eingebracht worden sind. Das Vorbringen neuer Tatsachen und Beweise im Beschwerdeverfahren ist nur zur Stützung oder zur Widerlegung der in der ersten Instanz rechtzeitig vorgebrachten Tatsachen und Beweise zulässig. Solche neuen Tatsachen und Beweise dürfen überdies nur dann berücksichtigt werden, wenn diese entweder in der Beschwerde oder der Stellungnahme des Dachverbandes[a)] nach Abs. 3 bereits eingebracht wurden. Diese Stellungnahme des Dachverbandes[a)] ist vom Bundesverwaltungsgericht als Bestandteil der Begründung der Entscheidung des Dachverbandes[a)] nach Abs. 3 erster Satz zu berücksichtigen. Eine Einschränkung oder Klarstellung des Antragbegehrens ist ausgeschlossen. Zum Ergebnis eines vom Bundesverwaltungsgericht durchgeführten allfälligen neuen Beweisverfahrens ist den Parteien Gelegenheit zur Stellungnahme zu geben. Patentrechtliche Vorfragen sind nicht Gegenstand des Verfahrens vor dem Bundesverwaltungsgericht.

(BGBl I 2018/100)

[a)] Bis 31. Dezember 2019 „Hauptverband" bzw. „Hauptverbandes".

(5) Das Bundesverwaltungsgericht hat die Entscheidung des Dachverbandes[a)] im Falle des Vorliegens der Voraussetzungen nach § 28 Abs. 2 VwGVG bei Rechtswidrigkeit abzuändern. Der Dachverband[a)] hat im Falle einer Entscheidung des Bundesverwaltungsgerichts nach § 28 Abs. 4 VwGVG innerhalb von 120 Tagen nach Zustellung der Aufhebungsentscheidung neu zu entscheiden, widrigenfalls der Antrag als angenommen gilt oder die Arzneispezialität wieder in den Erstattungskodex aufzunehmen ist oder die Einschränkung der Verschreibbarkeit aufzuheben ist. Für die Zeit der Einholung eines Gutachtens eines/

einer unabhängigen Experten/Expertin auf Betreiben des antragstellenden vertriebsberechtigten Unternehmens nach Maßgabe der Verordnung nach § 351g wird der Lauf der Frist von 120 Tagen gehemmt. Wird jedoch eine Entscheidung des Dachverbandes[a] aufgehoben, mit der ein Antrag wegen mangelnder Erstattungsfähigkeit (§ 351c Abs. 2 und 4) der Arzneispezialität nach § 351c Abs. 1 abgewiesen wurde, beginnt mit dem Tag der Zustellung der Aufhebungsentscheidung an den Dachverband[a] die Frist nach § 351c Abs. 1 neu zu laufen.

(BGBl I 2018/100)

[a] Bis 31. Dezember 2019 „Hauptverbandes" bzw. „Hauptverband".

(BGBl I 2002/140, BGBl I 2003/145, BGBl I 2007/31, BGBl I 2010/61, BGBl I 2013/130)

Bundesverwaltungsgericht, Mitwirkung fachkundiger Laienrichter/Laienrichterinnen

§ 351i. (1) In Angelegenheiten nach § 351h hat die Entscheidung des Bundesverwaltungsgerichts durch einen Senat zu erfolgen, der aus dem/der Senatsvorsitzenden und vier fachkundigen Laienrichtern/Laienrichterinnen besteht, wobei zwei davon Fachärzte/Fachärztinnen für Pharmakologie und Toxikologie oder Fachärzte/Fachärztinnen mit dem Additivfach klinische Pharmakologie und zwei Ökonomen/Ökonominnen mit spezifischen Kenntnissen im Gesundheits- und Sozialversicherungsbereich (Gesundheitsökonomen/Gesundheitsökonominnen) sind. Die Zusammensetzung der Laienrichter/Laienrichterinnen im Senat hat das paritätische Nominierungsrecht nach Abs. 2 abzubilden.

(BGBl I 2015/2)

(2) Die fachkundigen Laienrichter/Laienrichterinnen werden vom Bundeskanzler auf Vorschlag des Bundesministers für Gesundheit bestellt. Der Bundesminister für Gesundheit hat hierfür Vorschläge der Bundesarbeitskammer und der Wirtschaftskammer Österreich einzuholen. Die Bundesarbeitskammer und die Wirtschaftskammer Österreich haben jeweils in ihren Vorschlägen Fachärzte/Fachärztinnen für Pharmakologie und Toxikologie oder Fachärzte/Fachärztinnen mit dem Additivfach Klinische Pharmakologie sowie Gesundheitsökonomen/Gesundheitsökonominnen namhaft zu machen. Für die fachkundigen Laienrichter/Laienrichterinnen sind Stellvertreter/Stellvertreterinnen in gleicher Anzahl und auf dieselbe Weise zu bestellen.

(BGBl I 2015/2)

(3) Sachverhalte, die ein Naheverhältnis zur Sozial- oder Privatversicherung oder zu Pharmaunternehmen begründen könnten, sind vor der Bestellung sowie nach ihrem Eintreten gegenüber dem Bundesverwaltungsgericht und dem Bundesminister für Gesundheit offen zu legen. Mitglieder der Heilmittel-Evaluierungs-Kommission nach § 351g Abs. 3 und Arbeitnehmer/Arbeitnehmerinnen des Dachverbandes[a] sind als Laienrichter/Laienrichterinnen (Stellvertreter/Stellvertreterinnen) ausgeschlossen.

(BGBl I 2018/100)

[a] Bis 31. Dezember 2019 „Hauptverbandes".

(BGBl I 2002/140, BGBl I 2003/145, BGBl I 2006/131, BGBl I 2007/31, BGBl I 2009/33, BGBl I 2013/130)

Kostentragung im Verfahren vor dem Bundesverwaltungsgericht

§ 351j. (1) Die Kosten des Verfahrens vor dem Bundesverwaltungsgericht werden durch einen pauschalierten Kostenersatz in der Höhe von 2 620 Euro abgegolten. Den Kostenersatz hat diejenige Partei des Beschwerdeverfahrens zu tragen, die im Beschwerdeverfahren unterlegen ist. Im Falle eines teilweisen Unterliegens ist der Kostenersatz von beiden Parteien zur Hälfte zu tragen. In Verfahren bei Verletzung der Entscheidungspflicht durch den Dachverband[a] hat den Kostenersatz jedenfalls der Dachverband[a] zu tragen, wenn nicht die Beschwerde mangels Säumigkeit zurückgewiesen wird.

(BGBl I 2018/100)

[a] Bis 31. Dezember 2019 „Hauptverband".

(2) Der Bundeskanzler und der Bundesminister für Finanzen sind ermächtigt, den Kostenersatz durch Verordnung neu festzusetzen, sobald und soweit sich der von der Bundesanstalt „Statistik Österreich" verlautbarte Verbraucherpreisindex 2010 oder ein an dessen Stelle tretender Index gegenüber der für Jänner 2013 verlautbarten und in der Folge gegenüber der der letzten Festsetzung zugrunde gelegten Indexzahl um mehr als 10% geändert hat. Der neue Betrag ist aus dem im ersten Satz genannten Betrag im Verhältnis der Veränderung der für Jänner 2013 verlautbarten Indexzahl zu der für die Neufestsetzung maßgebenden Indexzahl zu berechnen, jedoch auf ganze zehn Euro kaufmännisch auf- oder abzurunden. Für die Erhebung des festgestellten Kostenersatzes ist das Finanzamt für Gebühren, Verkehrsteuern und Glücksspiel zuständig.

(BGBl I 2002/140, BGBl I 2003/145, BGBl I 2013/130)

Siebenter Teil
Verfahren

Abschnitt I
Allgemeine Bestimmungen

1. Unterabschnitt
Arten des Verfahrens

Geltungsbereich der Regelung

§ 352. Die Bestimmungen dieses Teiles gelten für das Verfahren zur Durchführung der Bestimmungen dieses Bundesgesetzes sowie der Bestimmungen über die zusätzliche Pensionsversicherung (§ 479), soweit nicht

1. die Durchführung durch privatrechtliche Ver-

träge zu erfolgen hat oder die Zuständigkeit der ordentlichen Gerichte gegeben ist oder

2. für die Durchführung in anderen Teilen dieses Bundesgesetzes besondere verfahrensrechtliche Bestimmungen getroffen sind oder
3. Angelegenheiten der Beiträge des Bundes zu den in diesem Bundesgesetze geregelten Versicherungen oder Kostenersätze des Bundes für erbrachte Versicherungsleistungen zu behandeln sind oder
4. in anderen Teilen dieses Bundesgesetzes vorgesehene Straf-, Aufsichts-, Entscheidungs- oder Genehmigungs(Zustimmungs)befugnisse von den hiezu berufenen Behörden ausgeübt werden.

Verfahrensarten

§ 353. Das in diesem Teil geregelte Verfahren gliedert sich in das Verfahren in Leistungssachen (§ 354) und das Verfahren in Verwaltungssachen (§ 355).

Leistungssachen

§ 354. Leistungssachen sind die Angelegenheiten, in denen es sich handelt um

1. die Feststellung des Bestandes, des Umfanges oder des Ruhens eines Anspruches auf eine Versicherungsleistung einschließlich einer Feststellung nach § 367 Abs. 1, soweit nicht hiebei die Versicherungszugehörigkeit (§§ 13 bis 15), die Versicherungszuständigkeit (§§ 26 bis 30), die Leistungszugehörigkeit (§ 245) oder die Leistungszuständigkeit (§ 246) in Frage steht;

1.[a)] die Feststellung des Bestandes, des Umfanges oder des Ruhens eines Anspruches auf eine Versicherungsleistung einschließlich einer Feststellung nach § 367 Abs. 1, soweit nicht hiebei die Versicherungszugehörigkeit (§§ 13 bis 15), die Versicherungszuständigkeit (§§ 26 bis 29a), die Leistungszugehörigkeit (§ 245) oder die Leistungszuständigkeit (§ 246) in Frage steht;
(BGBl I 2018/100)

[a)] Tritt mit 1. Jänner 2020 in Kraft.

2. Feststellung der Verpflichtung zum Rückersatz einer zu Unrecht empfangenen Versicherungsleistung,
3. Streitigkeiten über Ersatzansprüche der Träger der Sozialhilfe gemäß Abschnitt II des Fünften Teiles,
4. Feststellung von Versicherungs- und Schwerarbeitszeiten außerhalb des Leistungsfeststellungsverfahrens auf Antrag des Versicherten (§ 247),
(BGBl 1993/335, BGBl I 2006/130, BGBl I 2012/35)

4a. die Feststellung der Invalidität (§§ 255a, 280a) oder der Berufsunfähigkeit (§ 273a),
(BGBl I 2015/2)

5. die Feststellung der Kontoerstgutschrift sowie einer Ergänzungsgutschrift oder eines Nachtragsabzuges (§ 15 APG),
(BGBl I 2012/35, BGBl I 2017/38)
6. die Feststellung des Rechtsanspruches auf berufliche Maßnahmen der Rehabilitation nach § 253e (§ 270a, § 276e).
(BGBl I 2017/38)

Verwaltungssachen

§ 355. Alle nicht gemäß § 354 als Leistungssachen geltenden Angelegenheiten, für die nach § 352 die Bestimmungen dieses Teiles gelten, sind Verwaltungssachen. Insbesondere gehören zu den Verwaltungssachen die

1. Feststellung der Versicherungspflicht, der Versicherungsberechtigung sowie des Beginnes und Endes der Versicherung,
2. Feststellung der Versicherungszugehörigkeit und -zuständigkeit, in der Pensionsversicherung auch der Leistungszugehörigkeit und -zuständigkeit,
3. Angelegenheiten der Beiträge der Versicherten und ihrer Dienstgeber, einschließlich der Beitragszuschläge nach § 113,
4. Angelegenheiten der Überweisungen in der Pensionsversicherung bei der Aufnahme in ein pensionsversicherungsfreies Dienstverhältnis oder beim Ausscheiden aus einem solchen,
5. Streitigkeiten zwischen den Versicherungsträgern bzw. den Versicherungsträgern und dem Dachverband[a)] aus der Durchführung dieses Bundesgesetzes, insbesondere solche gemäß Abschnitt I des Fünften Teiles.

[a)] Bis 31. Dezember 2019 „Hauptverband".

Zuständigkeit der Gerichte

§ 356. Zur Entscheidung von Streitigkeiten aus Abschnitt IV des Fünften Teiles, betreffend Schadenersatz und Haftung, sind die ordentlichen Gerichte berufen.

2. Unterabschnitt
Gemeinsame Bestimmungen für das Verfahren in Verwaltungs- und in Leistungssachen vor den Versicherungsträgern

§ 357. (aufgehoben)

(BGBl I 2001/99, BGBl I 2010/62, BGBl I 2013/87)

Feststellung von Geburtsdaten

§ 358. Für die Feststellung des Geburtsdatums der versicherten Person ist die erste schriftliche Angabe der versicherten Person gegenüber dem Versicherungsträger heranzuziehen. Von dem so ermittelten Geburtsdatum darf nur dann abgewichen werden, wenn

1. der zuständige Versicherungsträger feststellt, dass ein offensichtlicher Schreibfehler vorliegt oder

2. sich aus einer Urkunde, deren Original vor dem Zeitpunkt der ersten Angabe der versicherten Person gegenüber dem Versicherungsträger ausgestellt worden ist, ein anderes Geburtsdatum ergibt.

(BGBl I 2002/1, BGBl I 2013/87)

Kosten des Verfahrens

§ 359. (1) Die Kosten des Verfahrens vor dem Versicherungsträger trägt dieser.

(2) Parteien, sonstige Beteiligte und Auskunftspersonen, die von einem Versicherungsträger zum Zwecke der Vernehmung oder einer ärztlichen Untersuchung vorgeladen werden, erhalten den Ersatz der notwendigen Barauslagen, die in § 4 Abs. 1 bezeichneten Personen auch den Ersatz des nachgewiesenen Entganges an Arbeitsverdienst, Krankengeld oder Leistungen nach dem Arbeitslosenversicherungsgesetz 1977.

(3) Wenn ein Anspruchswerber oder Anspruchsberechtigter beantragt, daß ein bestimmter Arzt gutächtlich gehört werde, so kann der Versicherungsträger die Anhörung davon abhängig machen, daß der Antragsteller die Kosten hiefür trägt.

(4) Kosten, die von einer Partei durch Mutwillen, Verschleppung oder Irreführung veranlaßt worden sind, hat ihr der Versicherungsträger zum Ersatz aufzuerlegen.

(5) Lehnt der Versicherungsträger den Kostenersatz gemäß Abs. 2 ganz oder zum Teil ab, so hat er die Ablehnung auf Antrag bescheidmäßig auszusprechen. Ein Kostenersatz gemäß Abs. 4 ist auf jeden Fall bescheidmäßig aufzuerlegen. Gegen Bescheide über Kostenersatz im Verfahren in Verwaltungssachen ist Beschwerde an das Bundesverwaltungsgericht und Revision an den Verwaltungsgerichtshof zulässig.

(BGBl I 2013/87)

Rechts- und Verwaltungshilfe

§ 360. (1) Die Verwaltungsbehörden und die Gerichte sind verpflichtet, den im Vollzug dieses Bundesgesetzes an sie ergehenden Ersuchen der Versicherungsträger und des Dachverbandes[a)] im Rahmen ihrer sachlichen und örtlichen Zuständigkeit zu entsprechen. In gleicher Weise haben die Versicherungsträger (der Dachverband[a)]) den Verwaltungsbehörden und den Gerichten Verwaltungshilfe zu leisten.

(BGBl I 2018/100)

[a)] Bis 31. Dezember 2019 „Hauptverbandes" bzw. „Hauptverband".

(2) Barauslagen, die der ersuchten Stelle aus der Hilfeleistung erwachsen, mit Ausnahme von Portokosten, sind von der ersuchenden Stelle zu erstatten.

(3) Die Sozialversicherungsträger und der Dachverband[a)] sind berechtigt, auf automationsunterstütztem Weg Einsicht in das Grundbuch, das Adressregister, das zentrale Gewerberegister und das Firmenbuch zu nehmen, soweit dies zur Erfüllung der ihnen übertragenen Aufgaben, insbesondere zur Erbringung von Leistungen und zur Durchführung des Versicherungs-, Melde- und Beitragswesens, notwendig ist. Die Berechtigung zur Einsicht in das Grundbuch umfaßt auch die Einsichtnahme in das Personenverzeichnis. Die Berechtigung zur Einsicht in das Firmenbuch umfaßt auch die bundesweite Suche nach im Zusammenhang mit den Rechtsträgern gespeicherten Personen.

(BGBl 1993/335, BGBl 1996/201, BGBl I 2009/83, BGBl I 2018/100)

[a)] Bis 31. Dezember 2019 „Hauptverband".

(4) (aufgehoben)

(BGBl 1996/201)

(5) Die Personenstandsbehörde hat der Gebietskrankenkasse ihres Zuständigkeitsbereiches – möglichst in automationsunterstützter Form – folgende Personenstandsfälle mitzuteilen:

(5)[a)] Die Personenstandsbehörde hat der Österreichischen Gesundheitskasse – möglichst in automationsunterstützter Form – folgende Personenstandsfälle mitzuteilen:

(BGBl I 2018/100)

[a)] Tritt mit 1. Jänner 2020 in Kraft.

1. Geburten und Vermerke über Annahmen an Kindes statt,
2. Vermerke über verwaltungsbehördliche Namensänderungen sowie Namensänderungen auf Grund zivilrechtlicher Vorgänge,
3. Eheschließungen oder Begründungen von eingetragenen Partnerschaften und Vermerke über Auflösungen von Ehen oder eingetragenen Partnerschaften,

   (BGBl I 2009/135)
4. Todesfälle.

(BGBl I 2009/135)

(6) Die Sozialversicherungsträger und der Dachverband[a)] haben zur Sicherung der Unverwechselbarkeit und Richtigkeit der von ihnen verarbeiteten personenbezogenen Daten sowie zur Durchführung ihrer Verfahren das Recht, das Verfahren der Meldebehörden nach § 14 Abs. 2 des Meldegesetzes 1991 in Anspruch zu nehmen. Sie sind verpflichtet, bei Änderungen (Feststellung, Richtigstellung usw.) von Familiennamen, Vornamen, Geschlechtsangabe, Staatsbürgerschaft und Geburtsdaten sowie der ZMR-Zahl (§ 16 Meldegesetz 1991) mit dem Zentralen Melderegister beim Bundesminister für Inneres zum Zwecke der Führung der Gleichsetzungstabelle (§ 16b Meldegesetz 1991 in der Fassung des Artikels II des Bundesgesetzes BGBl. I Nr. 28/2001) zusammenzuarbeiten und dort geänderte personenbezogene Daten zu verarbeiten, soweit dies zur eindeutigen Identifizierung einer Person notwendig ist. Leistungsansprüche, Anwartschaften oder deren Veränderungen können aus solchen Änderungen nicht abgeleitet werden. Abfragen der Sozialversicherungsträger und des Dachverbandes[a)] aus dem Zentralen Melderegister sind auch nach dem Aus-

wahlkriterium der Anschrift (Wohnadresse) zulässig, und zwar zur Überprüfung von Angaben über das Vorliegen eines gemeinsamen Haushaltes, soweit dies für die Feststellung eines Leistungsanspruches notwendig ist. Die Ergebnisse solcher Abfragen stellen lediglich einen Anhaltspunkt bei der Ermittlung des Tatbestandes des gemeinsamen Haushaltes dar.

(BGBl I 2001/28, BGBl I 2009/83, BGBl I 2010/62, BGBl I 2016/120, BGBl I 2018/37, BGBl I 2018/100)

[a] Bis 31. Dezember 2019 „Hauptverband" bzw. „Hauptverbandes".

(7) Die Abgabenbehörden und ihre Organe nach Maßgabe der Bestimmungen des Abgabenverwaltungsorganisationsgesetzes – AVOG, BGBl. Nr. 18/1975, haben in ihrem Wirkungsbereich an der Vollziehung der sozialversicherungsrechtlichen Bestimmungen mitzuwirken. Soweit Organe der Abgabenbehörden nach Maßgabe der Bestimmungen des AVOG Maßnahmen im Sinne des ersten Satzes setzen, ist ihr Handeln dem zuständigen Krankenversicherungsträger zuzurechnen.

(BGBl I 2002/132, BGBl I 2006/99)

Auskünfte an Verwaltungsgerichte

§ 360a. Die Versicherungsträger und der Hauptverband haben dem Bundesverwaltungsgericht und den Verwaltungsgerichten der Länder auf Ersuchen Auskünfte über verfahrenserhebliche Umstände zu erteilen; die Ersuchen und die Auskünfte haben möglichst automationsunterstützt zu erfolgen (§ 31 Abs. 4 Z 3 lit. b). Im Ersuchen ist der genaue Auskunftszweck samt Aktenzahl anzugeben; dieser ist vom jeweiligen Versicherungsträger (vom Hauptverband) zu vermerken. Vorschriften, die für bestimmte Verfahren Besonderes anordnen, bleiben unberührt.

(BGBl I 2005/132, BGBl I 2013/87)

Auskünfte an Verwaltungsgerichte

§ 360a.[a] Die Versicherungsträger und der Dachverband haben dem Bundesverwaltungsgericht und den Verwaltungsgerichten der Länder auf Ersuchen Auskünfte über verfahrenserhebliche Umstände zu erteilen; die Ersuchen und die Auskünfte haben möglichst automationsunterstützt zu erfolgen (§ 30c Abs. 1 Z 2 lit. b). Im Ersuchen ist der genaue Auskunftszweck samt Aktenzahl anzugeben; dieser ist vom jeweiligen Versicherungsträger (vom Dachverband) zu vermerken. Vorschriften, die für bestimmte Verfahren Besonderes anordnen, bleiben unberührt.

(BGBl I 2005/132, BGBl I 2013/87, BGBl I 2018/100)

[a] Tritt mit 1. Jänner 2020 in Kraft.

Anwendung des AVG

§ 360b. (1) Auf das Verfahren der Versicherungsträger in Leistungssachen sind folgende Bestimmungen des AVG nicht anzuwenden:

- die §§ 1 bis 5 über die Zuständigkeit,
- § 18 Abs. 5 über Bescheiderledigungen,
- die §§ 19 und 20 über Ladungen,
- die §§ 34 bis 36 über Ordnungs- und Mutwillensstrafen,
- § 36a über Angehörige,
- die §§ 37, 38a, 39 und 40 bis 44g über Zweck und Gang des Ermittlungsverfahrens,
- die §§ 45 bis 53a sowie 54 und 55 über Beweise,
- die §§ 56 und 57 über die Erlassung von Bescheiden,
- die § 58a und 62 Abs. 1 bis 3 über Inhalt und Form der Bescheide,
- die §§ 63 bis 68 über den Rechtsschutz,
- § 73 über die Entscheidungspflicht und
- die §§ 74 bis 79 über die Kosten.

(2) § 6 AVG über die Wahrnehmung der Zuständigkeit ist so anzuwenden, dass § 361 Abs. 4 dieses Bundesgesetzes unberührt bleibt.

(BGBl I 2013/87)

Abschnitt II
Verfahren in Leistungssachen

1. Unterabschnitt
Feststellung von Leistungsansprüchen durch die Versicherungsträger

Einleitung des Verfahrens

§ 361. (1) Die Leistungsansprüche sind von den Versicherungsträgern im Rahmen ihrer örtlichen und sachlichen Zuständigkeit festzustellen

1. in der Kranken- und in der Pensionsversicherung auf Antrag,
2. in der Unfallversicherung von Amts wegen oder, sofern das Verfahren nicht auf diese Weise eingeleitet wurde, auf Antrag.

Ein Antrag auf eine Pension aus den Versicherungsfällen der geminderten Arbeitsfähigkeit gilt vorrangig als Antrag auf Leistung von medizinischen Maßnahmen der Rehabilitation und von Rehabilitationsgeld sowie auf Feststellung, ob berufliche Maßnahmen der Rehabilitation zweckmäßig und zumutbar sind, einschließlich der Feststellung des Berufsfeldes.

(BGBl 1996/201, BGBl I 2010/111, BGBl I 2013/3, BGBl I 2015/2)

(2) Zur Stellung eines Antrages nach Abs. 1 ist der Anspruchswerber selbst oder sein gesetzlicher Vertreter berechtigt. Minderjährige, die das 14. Lebensjahr vollendet haben, können auch selbst den Antrag stellen. Der Anspruch auf die Leistungen der Krankenversicherung für Angehörige (§ 123) kann in den Fällen des § 89 Abs. 4 oder wenn der Versicherte die Antragstellung ohne triftigen Grund verweigert, auch vom Angehörigen selbst oder von dessen gesetzlichem Vertreter unmittelbar geltend gemacht werden. Der Kostenersatz nach § 131 Abs. 1 und 3 sowie der Pflegekostenzuschuß nach § 150 kann, wenn der Anspruchsberechtigte vor der Antragstellung ver-

storben ist, auch von den nach § 107a bezugsberechtigten Personen beantragt werden. Hinsichtlich eines Leistungsanspruches, aus dem ein auf Grund der Bestimmungen des Abschnittes II des Fünften Teiles vom Träger der Sozialhilfe geltend gemachter Ersatzanspruch zu befriedigen ist, ist auch der Träger der Sozialhilfe antragsberechtigt.

(BGBl 1993/335, BGBl 1996/764, BGBl I 2001/5, BGBl I 2004/179, BGBl I 2007/101)

(3) Der Antragsteller hat die zur Feststellung des geltend gemachten Anspruches erforderlichen Urkunden und in seinen Händen befindlichen Unterlagen über den Versicherungsverlauf beizubringen. Bei einem Antrag auf eine Leistung der Krankenversicherung, die von der Höhe einer Bemessungsgrundlage abhängig ist, hat der Antragsteller eine Bestätigung des Dienstgebers über die Höhe des Entgeltes beizubringen. Das Nähere über Form und Inhalt der Bestätigung bestimmt die Satzung.

(BGBl I 2000/142, BGBl I 2002/140, BGBl I 2003/71)

(4) Anträge auf Leistungen sind bei dem örtlich und sachlich zuständigen Versicherungsträger einzubringen. Wird der Antrag

a) bei einem anderen Versicherungsträger oder

b) bei einer Behörde der allgemeinen staatlichen Verwaltung

eingebracht, so ist er ohne unnötigen Aufschub an den zuständigen Versicherungsträger weiterzuleiten. Er gilt mit dem Tage des Einlangens bei der anderen Stelle als bei dem zuständigen Versicherungsträger rechtswirksam eingebracht. Wird der Antrag bei einer Gemeinde eingebracht, ist er je nach dem Begehren ohne unnötigen Aufschub an einen Versicherungsträger weiterzuleiten und gilt, wenn zwischen der Einbringung bei der Gemeinde und dem Einlangen bei einem Versicherungsträger nicht mehr als zwei Monate verstrichen sind, mit dem Tage des Einlangens bei der Gemeinde als beim zuständigen Versicherungsträger eingebracht.

(BGBl 1994/314)

(5) In den Fällen des § 86 Abs. 6 wird das Leistungsfeststellungsverfahren abweichend von Abs. 1 von Amts wegen eingeleitet.

(BGBl I 2015/2)

Zurückweisung von Leistungsanträgen in der Unfall- und Pensionsversicherung

§ 362. (1) Ist die Zuerkennung des Anspruches auf eine Versehrtenrente oder der Antrag auf eine Erhöhung der Versehrtenrente mangels einer entsprechenden Einbuße an Erwerbsfähigkeit abgewiesen oder eine solche Rente aus dem gleichen Grunde entzogen worden und wird vor Ablauf eines Jahres nach Rechtskraft der Entscheidung der Antrag auf Zuerkennung (Erhöhung) der Versehrtenrente neuerlich eingebracht, ohne daß eine wesentliche Änderung (§ 183 Abs. 1 zweiter Satz) der zuletzt festgestellten Unfallsfolgen glaubhaft bescheinigt ist oder innerhalb einer vom Versicherungsträger gesetzten angemessenen Frist bescheinigt wird, so ist der Antrag zurückzuweisen.

(2) Abs. 1 ist bei Ablehnung eines Antrages auf Zuerkennung von medizinischen Maßnahmen der Rehabilitation (§§ 253f, 270b und 276f) oder einer Pension aus einem Versicherungsfall der geminderten Arbeitsfähigkeit mangels entsprechender Minderung der Arbeitsfähigkeit oder bei Entziehung einer solchen Pension aus demselben Grund so anzuwenden, dass an die Stelle des Ablaufes eines Jahres der Ablauf von 18 Monaten und an die Stelle der Unfallfolgen die Minderung der Arbeitsfähigkeit tritt. Das Gleiche gilt im Fall der Feststellung nach § 255a (§ 273a, § 280a), dass Invalidität (Berufsunfähigkeit) nicht vorliegt.

(BGBl 1993/110, BGBl 1996/411, BGBl I 2000/43, BGBl I 2010/111, BGBl I 2013/3)

(3) Ist eine Klage auf Zuerkennung einer Pension nach Abs. 2 zurückgezogen worden und wird vor Ablauf von zwölf Monaten nach dem Zeitpunkt der Klagszurückziehung der Antrag auf Zuerkennung einer Pension nach Abs. 2 neuerlich eingebracht, ohne dass eine wesentliche Änderung der zuletzt festgestellten Minderung der Arbeitsfähigkeit glaubhaft bescheinigt oder innerhalb einer vom Versicherungsträger gesetzten angemessenen Frist bescheinigt wird, so ist der Antrag zurückzuweisen.

(BGBl I 2010/111, BGBl I 2013/3)

(4) Abweichend von Abs. 2 ist ein neuerlicher Antrag vor Ablauf der Frist von 18 Monaten auch dann nicht zurückzuweisen, wenn

1. der Pensionsversicherungsträger bei Personen mit Anspruch auf Rehabilitationsgeld feststellt, dass
   a) berufliche Maßnahmen der Rehabilitation zweckmäßig und zumutbar sind oder
   b) die Realisierbarkeit medizinischer Maßnahmen der Rehabilitation nicht oder nicht mehr gegeben ist, oder

   (BGBl I 2015/2)

2. das Arbeitsmarktservice zur begründeten Auffassung gelangt, dass die Realisierbarkeit beruflicher Maßnahmen der Rehabilitation nicht oder nicht mehr gegeben ist.

(BGBl I 2013/3)

Feststellung des Sachverhaltes

§ 362a. (1) Die Versicherungsträger können Parteien, sonstige Beteiligte und Auskunftspersonen zur Feststellung des Sachverhaltes vernehmen. Leistet die einzuvernehmende Person der Ladung keine Folge oder verweigert sie die Aussage, so kann der Versicherungsträger das für ihren Wohnort örtlich zuständige Bezirksgericht um ihre Vernehmung ersuchen.

(2) Die Bezirksgerichte haben einem Ersuchen nach Abs. 1 zu entsprechen; sie haben dabei die

sonst für sie geltenden Verfahrensvorschriften anzuwenden.

(BGBl I 2013/87)

Unfallmeldung

§ 363. (1) Die Dienstgeber und die sonstigen meldepflichtigen Personen oder Stellen (§§ 33 bis 37, 39) haben jeden Arbeitsunfall, durch den eine unfallversicherte Person getötet oder mehr als drei Tage völlig oder teilweise arbeitsunfähig geworden ist, längstens binnen fünf Tagen dem zuständigen Träger der Unfallversicherung auf einem von diesem aufzulegenden Vordruck zu melden. Auf die gleiche Weise haben die meldepflichtigen Personen (Stellen) die Berufskrankheit eines Unfallversicherten binnen fünf Tagen nach dem Beginn der Krankheit (§ 120 Abs. 1 Z 1) dem zuständigen Träger der Unfallversicherung zu melden. Im Falle einer Arbeitskräfteüberlassung obliegen diese Meldepflichten dem/der Beschäftiger/Beschäftigerin nach § 3 Abs. 3 des Arbeitskräfteüberlassungsgesetzes.

(BGBl I 2003/145, BGBl I 2006/131, BGBl I 2015/162)

(2) Der Arzt/Die Ärztin, der/die bei einer versicherten Person Krankheitserscheinungen feststellt, die den begründeten Verdacht einer Berufskrankheit rechtfertigen, hat diese Feststellung dem zuständigen Träger der Unfallversicherung binnen fünf Tagen auf einem von diesem aufzulegenden Vordruck zu melden. Der Versicherungsträger hat dem Arzt hiefür eine Vergütung von 5,81 € zu leisten. Ein Arzt, welcher der ihm obliegenden Verpflichtung zur Erstattung der Meldung nicht oder nicht rechtzeitig nachkommt, begeht eine Verwaltungsübertretung und ist, wenn er nicht nach anderen Vorschriften einer strengeren Strafe unterliegt, von der Bezirksverwaltungsbehörde mit Geld bis zu 440 €, im Falle der Uneinbringlichkeit mit Freiheitsstrafe bis zu zwei Wochen zu bestrafen.

(BGBl I 2001/67, BGBl I 2003/145, BGBl I 2013/3, BGBl I 2015/162)

(3) Der Träger der Unfallversicherung hat die Meldung eines Arbeitsunfalles oder einer Berufskrankheit unverzüglich weiterzuleiten

1. an das zuständige Arbeitsinspektorat, wenn der Unfall (die Berufskrankheit) den Dienstnehmer/die Dienstnehmerin eines Betriebes betraf, der/die nach dem Arbeitsinspektionsgesetz 1993, BGBl. Nr. 27/1993, dem Wirkungsbereich der Arbeitsinspektion unterliegt;
2. an die zuständige Land- und Forstwirtschaftsinspektion, wenn der Unfall (die Berufskrankheit) den Dienstnehmer/die Dienstnehmerin eines Betriebes betraf, der/die nach dem Landarbeitsgesetz 1984, BGBl. Nr. 287/1984, dem Wirkungsbereich der Land- und Forstwirtschaftsinspektion unterliegt.

Der Träger der Unfallversicherung hat die Daten nach den Abs. 1 und 2 sowie die eingelangten Meldungen auf automatisationsunterstütztem Weg zu übermitteln.

(BGBl I 2002/1, BGBl I 2003/145, BGBl I 2006/131, BGBl I 2012/35, BGBl I 2015/162)

(4) Die im § 8 Abs. 1 Z 3 lit. h, i und l genannten Schulen, Lehranstalten, Universitäten und institutionellen Kinderbetreuungseinrichtungen haben jeden Unfall im Sinne des § 175 Abs. 4 oder 5 bzw. § 176 Abs. 1 Z 11 oder 12, durch den eine nach § 8 Abs. 1 Z 3 lit. h, i oder l unfallversicherte Person getötet oder körperlich geschädigt worden ist, längstens binnen fünf Tagen dem zuständigen Träger der Unfallversicherung auf einem von diesem aufzulegenden Vordruck zu melden. Auf die gleiche Weise haben die meldepflichtigen Stellen die Berufskrankheit eines nach § 8 Abs. 1 Z 3 lit. h, i und l in der Unfallversicherung Teilversicherten binnen fünf Tagen nach dem Beginn der Krankheit (§ 120 Z 1) dem zuständigen Träger der Unfallversicherung zu melden.

(BGBl I 2003/145, BGBl I 2010/61, BGBl I 2015/162)

(5) Die Meldungen nach den Abs. 1, 2 und 4 sind auf dem zum Zeitpunkt der Meldung aktuell gültigen Formular des Unfallversicherungsträgers zu erstatten.

(BGBl I 2015/162)

(BGBl I 2003/145)

Erhebung von Arbeitsunfällen durch den Versicherungsträger

§ 364. Der Unfallversicherungsträger läßt nach Einlangen einer Unfallmeldung unverzüglich die Tatsachen feststellen, welche für die Ermittlung, ob und in welcher Höhe eine Entschädigung in Betracht kommt, erforderlich sind.

(BGBl I 2003/145)

Behördliche Erhebung von Arbeitsunfällen

§ 365. (1) Ein Arbeitsunfall ist behördlich zu erheben, wenn es der Träger der Unfallversicherung bei der nach dem Unfallorte zuständigen Bezirksverwaltungsbehörde, sofern es sich aber um Betriebe handelt, die der Aufsicht der Bergbehörde unterstehen, beim Bundesministerium für Wirtschaft und Arbeit beantragt.

(BGBl I 2003/145)

(2) Unfallserhebungen sind nach Einlangen des Antrages ohne Verzug und in der Regel an Ort und Stelle vorzunehmen. Der Erhebung ist nach Möglichkeit der Versehrte beizuziehen. Außerdem sind von der Vornahme der Erhebung der Träger der Unfallversicherung, das zuständige Arbeitsinspektorat (Land- und Forstwirtschaftsinspektion) sowie, wenn der Unfall einen Dienstnehmer betroffen hat, der Dienstgeber und der Betriebsrat (die Vertrauensmänner) des Betriebes zu verständigen. Diese Stellen können sich durch Vertreter an der Erhebung beteiligen. Das Ergebnis der Erhebungen ist dem Unfallversicherungsträger sobald wie möglich mitzuteilen.

(BGBl I 2012/35)

(3) § 21 des Arbeitsinspektionsgesetzes 1993, BGBl. Nr. 27/1993, und die auf Grund des § 92 des Landarbeitsgesetzes 1984, BGBl. Nr. 287/1984, erlassenen Ausführungsbestimmungen werden durch die Abs. 1 und 2 nicht berührt.

(BGBl I 2006/131, BGBl I 2012/35)

Mitwirkung des Anspruchswerbers oder Anspruchsberechtigten

§ 366. (1) Anspruchswerber und Anspruchsberechtigte sind verpflichtet, sich einer ärztlichen Untersuchung oder einer Beobachtung in einer Krankenanstalt zu unterziehen, die der zuständige Versicherungsträger anordnet, um das Vorliegen und den Grad von gesundheitlichen Schädigungen festzustellen, die Voraussetzung für den Anspruch auf eine Leistung sind.

(2) Wird einer Anordnung des Versicherungsträgers im Sinne des Abs. 1 nicht entsprochen, so kann er der Entscheidung über den Leistungsanspruch den Sachverhalt, soweit er festgestellt ist, zugrunde legen. Dies darf jedoch nur geschehen, wenn die Anordnung unter Androhung der Säumnisfolgen und mit Setzung einer angemessenen Frist vorgenommen wird. Die Anordnung ist aufzuheben, wenn die aufgeforderte Person glaubhaft macht, daß sie durch ein unvorhergesehenes oder unabwendbares Ereignis ohne ihr Verschulden verhindert war, der Anordnung fristgerecht nachzukommen.

(3) Zur Klärung der Frage, ob ein Krankheitszustand ganz oder teilweise als Berufskrankheit anzusehen ist, kann der Träger der Unfallversicherung eine gutächtliche Äußerung des Arbeitsinspektionsarztes beim Zentralarbeitsinspektorat einholen. Einem Antrage des Arbeitsinspektionsarztes auf Vornahme von Ermittlungen, erforderlichenfalls von weiteren ärztlichen Untersuchungen, hat der Versicherungsträger zu entsprechen.

(4) Zur Klärung der Frage, ob berufliche Maßnahmen der Rehabilitation nach§ 253e Abs. 4 zumutbar sind, hat der Träger der Pensionsversicherung unter persönlicher Mitwirkung der antragstellenden Person eine berufskundliche Beurteilung durchzuführen und sie zu den Feststellungen anzuhören, soweit sich diese Frage nicht bereits auf Grund der ärztlichen Untersuchung nach Abs. 1 beantworten lässt. Können wegen mangelnder Mitwirkung der antragstellenden Person die Feststellungen nach § 367 Abs. 4 Z 1 nicht getroffen werden, so gilt der Antrag auf eine Pension aus den Versicherungsfällen der geminderten Arbeitsfähigkeit als Antrag auf Feststellung der Invalidität nach § 255a (§ 280a) oder der Berufsunfähigkeit nach § 273a.

(BGBl I 2013/3, BGBl I 2015/2, BGBl I 2017/29, BGBl I 2017/38)

Bescheide der Versicherungsträger in Leistungssachen

§ 367. (1) Über den Antrag auf Zuerkennung einer Leistung aus der Krankenversicherung oder auf Gewährung von Unfallheilbehandlung, von Familien-, Tag-, Versehrten- und Übergangsgeld oder von Körperersatzstücken, orthopädischen Behelfen und anderen Hilfsmitteln aus der Unfallversicherung, ferner bei amtswegiger Feststellung der angeführten Leistungen der Unfallversicherung sowie über den Antrag auf Gewährung von Übergangsgeld oder medizinische Maßnahmen der Rehabilitation aus der Pensionsversicherung ist ein Bescheid zu erlassen, wenn

1. der Versicherungsträger von sich aus ohne Einwilligung des Erkrankten (Versehrten) Anstaltspflege oder Wiederaufnahme der Heilbehandlung verfügt,

   (BGBl I 2014/32)

2. die beantragte Leistung ganz oder teilweise abgelehnt wird und der Anspruchswerber ausdrücklich einen Bescheid verlangt oder

   (BGBl I 2014/32)

3. es sich bei der beantragten Leistung aus der Krankenversicherung um eine Leistung der grenzüberschreitenden Gesundheitsversorgung handelt, die einer Vorabgenehmigungspflicht gemäß § 7b Abs. 4 und 5 Sozialversicherungs-Ergänzungsgesetz (SV-EG), BGBl. Nr. 154/1994, unterliegt.

   (BGBl I 2014/32)

Über den Antrag auf Zuerkennung oder über die amtswegige Feststellung einer sonstigen Leistung aus der Unfallversicherung, ausgenommen eine Leistung nach § 173 Z 1 lit. c sowie die Feststellung, daß eine Gesundheitsstörung Folge eines Arbeitsunfalls beziehungsweise einer Berufskrankheit ist, auch wenn nach Eintritt einer Gesundheitsstörung eine Leistung aus der Unfallversicherung nicht anfällt, ferner über den Antrag auf eine Leistung gemäß § 222 Abs. 1 und 2 aus der Pensionsversicherung, ausgenommen eine Leistung nach § 222 Abs. 1 Z 2 lit. a, sowie auf Feststellung von Versicherungs- und Schwerarbeitszeiten außerhalb des Leistungsfeststellungsverfahrens (§ 247) ist jedenfalls ein Bescheid zu erlassen. Über einen Antrag auf Leistung aus einem Versicherungsfall der geminderten Arbeitsfähigkeit ist, sofern die Wartezeit (§ 236) erfüllt ist, über das Vorliegen der Invalidität, Berufsunfähigkeit oder Dienstunfähigkeit im Bescheid gesondert zu entscheiden.

(BGBl I 2006/130, BGBl I 2010/111, BGBl I 2013/3)

(2) Abs. 1 ist entsprechend anzuwenden bei Entziehung, Versagung, Neufeststellung, Widerruf, Abfindung, Abfertigung oder Feststellung des Ruhens eines Leistungsanspruches, ferner bei Geltendmachung des Anspruches auf Rückersatz einer unrechtmäßig bezogenen Leistung, bei Aufrechnung auf eine Geldleistung oder Zurückhaltung der Ausgleichszulage.

(3) Abweichend von den Bestimmungen der Abs. 1 und 2 sind Bescheide über die Auswirkung

a) von Renten- oder Pensionsanpassungen gemäß den Bestimmungen des Abschnittes VIa des Ersten Teiles,

b) von Vervielfachungen fester Beträge mit der jeweiligen Aufwertungszahl beziehungsweise mit dem jeweiligen Anpassungsfaktor

nur zu erlassen, wenn der Berechtigte dies bis zum Ablauf des Kalenderjahres verlangt, für das die Anpassung (Vervielfachung) vorgenommen wurde.

(4) Wird eine beantragte Leistung aus dem Versicherungsfall der geminderten Arbeitsfähigkeit abgelehnt, weil dauernde Invalidität (§ 254) oder dauernde Berufsunfähigkeit (§ 271) auf Grund des körperlichen oder geistigen Zustandes nicht anzunehmen ist, so hat der Versicherungsträger von Amts wegen festzustellen,

1. ob und seit wann Invalidität (Berufsunfähigkeit) im Sinne des § 255 Abs. 1 und 2 (§ 273 Abs. 1) oder im Sinne des § 255 Abs. 3 (§ 273 Abs. 2) vorliegt und ob ein Rechtsanspruch auf berufliche Maßnahmen der Rehabilitation nach § 253e (§ 270a, § 276e) besteht und für welches Berufsfeld die versicherte Person durch diese Maßnahmen qualifiziert werden kann;
(BGBl I 2017/29)
2. ob die Invalidität (Berufsunfähigkeit) voraussichtlich mindestens sechs Monate andauern wird;
3. (aufgehoben)
(BGBl I 2015/2, BGBl I 2017/29)
4. ob Anspruch auf Rehabilitationsgeld (§ 255b, § 273b, § 280b) besteht oder nicht.
(BGBl I 2015/2)

Die unter den Z 1 und 2 genannten Feststellungen hat der Versicherungsträger von Amts wegen zu treffen, wenn nach § 255a (§ 273a, § 280a) festgestellt wird, dass die Invalidität (Berufsunfähigkeit) voraussichtlich nicht dauerhaft vorliegt. Bei Anspruch auf Rehabilitationsgeld können die Feststellungen nach Z 1 auch erst im Bescheid zur Entziehung des Rehabilitationsgeldes (§ 99 Abs. 3 Z 1 lit. b) erfolgen.

(BGBl I 2013/3, BGBl I 2015/2, BGBl I 2017/29)

Widerspruch gegen Bescheide über die Feststellung der Kontoerstgutschrift (Ergänzungsgutschrift) nach § 15 APG

§ 367a. (1) Gegen Bescheide der Versicherungsträger in Leistungssachen nach § 354 Z 5 kann binnen drei Monaten nach Zustellung Widerspruch erhoben werden. Der Widerspruch hat den Bescheid zu bezeichnen, gegen den er sich richtet, und einen begründeten Entscheidungsantrag zu enthalten. Er bedarf der Schriftform und ist bei jenem Versicherungsträger einzubringen, der den Bescheid erlassen hat. Ein beim Gericht eingebrachter Widerspruch gilt als beim Versicherungsträger eingebracht und ist an diesen unverzüglich weiterzuleiten.

(2) Der Versicherungsträger hat binnen einem Jahr nach der Einbringung des Widerspruches mit Widerspruchsbescheid zu entscheiden. Dabei kann er auf Grund des Widerspruches und allfälliger weiterer Ermittlungen den Bescheid im Sinne des Widerspruchsbegehrens ändern oder ergänzen. Widrigenfalls ist der Widerspruch dem Widerspruchs-Ausschuss nach Abs. 3 zur Beurteilung vorzulegen und unter Bedachtnahme auf diese Beurteilung zu entscheiden.

(3) Zur Beurteilung von Widersprüchen nach Abs. 2 dritter Satz wird beim Pensionsversicherungsträger ein besonderer Vorstandsausschuss eingerichtet (Widerspruchs-Ausschuss). Bei Versicherungsträgern mit Landesstellen kann ein solcher Ausschuss bei jeder Landesstelle eingerichtet werden; die örtliche Zuständigkeit dieser Ausschüsse richtet sich nach dem Wohnsitz der Widerspruch erhebenden Person.

(3)[a] Zur Beurteilung von Widersprüchen nach Abs. 2 dritter Satz wird beim Pensionsversicherungsträger ein besonderer Ausschuss des Verwaltungsrates eingerichtet (Widerspruchs-Ausschuss). Bei Versicherungsträgern mit Landesstellen kann ein solcher Ausschuss bei jeder Landesstelle eingerichtet werden; die örtliche Zuständigkeit dieser Ausschüsse richtet sich nach dem Wohnsitz der Widerspruch erhebenden Person.
(BGBl I 2018/100)

[a] Tritt mit 1. Jänner 2020 in Kraft.

(4) Ist die Versicherungspflicht, die Versicherungsberechtigung, der Beginn oder das Ende der Versicherung, die maßgebende Beitragsgrundlage oder die Angehörigeneigenschaft strittig, so ist das Widerspruchsverfahren auszusetzen, bis darüber im Verfahren in Verwaltungssachen rechtskräftig entschieden worden ist; die Frist nach Abs. 2 ist bis zum rechtskräftigen Abschluss dieses Verfahrens gehemmt. Ist zum Zeitpunkt der Aussetzung noch kein Verfahren in diesen Angelegenheiten anhängig, so hat der über den Widerspruch zu entscheidende Pensionsversicherungsträger dessen Einleitung zu beantragen; die rechtskräftige Entscheidung ist ihm unverzüglich zu übermitteln.

(5) Erst mit dem Vorliegen eines Widerspruchsbescheides oder dem Ablauf der Frist nach Abs. 2 ohne Erlassung eines Widerspruchsbescheides werden Leistungssachen nach § 354 Z 5 nach § 67 ASGG einklagbar.
(BGBl I 2013/86)

Frist für die Bescheiderteilung

§ 368. (1) Bescheide über Anträge auf Zuerkennung von Leistungen aus der Krankenversicherung sind binnen zwei Wochen nach der Einbringung des Antrages, Bescheide über die Feststellung von Leistungen aus der Unfallversicherung binnen sechs Monaten nach dem Einlangen der Unfallmeldung (nach dem Einlangen des Antrages), Bescheide über Anträge auf Zuerkennung von Leistungen aus der Pensionsversicherung sowie über die Feststellung von Versicherungs- und Schwerarbeitszeiten außerhalb des Leistungsfeststellungsverfahrens binnen sechs Monaten nach dem Einlangen des Antrages an den Anspruchswerber zu erlassen. Zeiten, während derer das Verfahren gemäß § 38 zweiter Satz AVG ausgesetzt ist, werden in diese Fristen nicht eingerechnet.

(BGBl I 2003/145, BGBl I 2006/130, BGBl I 2010/62)

(2) Hat der Versicherungsträger einen Bescheid zu erlassen, kann er dies aber innerhalb der nach Abs. 1 in Betracht kommenden Frist nicht, weil der Sachverhalt noch nicht genügend geklärt ist, so hat er, wenn seine Leistungspflicht dem Grunde nach feststeht, die Leistung zu bevorschussen. Solche Vorschüsse kann er auch, sobald seine Leistungspflicht dem Grunde nach feststeht, schon vor Ablauf der Frist nach Abs. 1 gewähren.

Übermittlung von Bescheiden der Pensionsversicherungsträger an die Träger der Krankenversicherung

§ 368a. Die Pensionsversicherungsträger haben Bescheide, in denen festgestellt wurde, dass vorübergehende Invalidität (Berufsunfähigkeit) voraussichtlich im Ausmaß von zumindest sechs Monaten vorliegt (§ 367 Abs. 4) und berufliche Maßnahmen der Rehabilitation nicht zweckmäßig (§ 253e Abs. 3) oder nicht zumutbar (§ 253e Abs. 4) sind, unverzüglich dem für die Leistung von Rehabilitationsgeld nach § 143a zuständigen Krankenversicherungsträger zu übermitteln.

(BGBl I 2013/3, BGBl I 2017/38)

2. Unterabschnitt

Verfahren über Ersatzansprüche der Träger der Sozialhilfe gemäß Abschnitt II des Fünften Teiles

§ 369. Im Verfahren über Ersatzansprüche der Träger der Sozialhilfe gemäß Abschnitt II des Fünften Teiles steht den Versicherungsträgern ein Bescheidrecht nicht zu.

§§ 370-407 (aufgehoben)

3. Unterabschnitt

Fortsetzung des Verfahrens durch die Angehörigen

§ 408. Ist beim Tode des Anspruchswerbers oder Anspruchsberechtigten das Verfahren zur Feststellung eines Leistungsanspruches durch den Versicherungsträger noch nicht abgeschlossen, so sind zur Fortsetzung des Verfahrens nacheinander der Ehegatte/die Ehegattin oder der/die eingetragene PartnerIn, die leiblichen Kinder, die Wahlkinder, die Stiefkinder, die Eltern, die Geschwister berechtigt, alle diese Personen jedoch nur, wenn sie mit dem Anspruchsberechtigten zur Zeit seines Todes in häuslicher Gemeinschaft gelebt haben. Steht die Berechtigung mehreren Kindern, den Eltern oder mehreren Geschwistern des Anspruchsberechtigten zu, so sind sie nur bezüglich ihres Teiles zur Fortsetzung des Verfahrens berechtigt. Letztlich sind hiezu die Verlassenschaft nach dem Versicherten bzw. dessen Erben berechtigt.

(BGBl 1996/411, BGBl I 2009/135)

Abschnitt III
Verfahren in Verwaltungssachen

Zuständigkeit der Versicherungsträger in Verwaltungssachen

§ 409. Die Versicherungsträger sind im Rahmen ihrer örtlichen und sachlichen Zuständigkeit zur Behandlung der Verwaltungssachen berufen. Zur Behandlung der Verwaltungssachen, welche die Versicherungspflicht sowie den Beginn und das Ende der Versicherung von Vollversicherten, von in der Kranken- und Unfallversicherung Teilversicherten (§ 7 Z 1 und § 8 Abs. 1 Z 4) und von in der Unfall- und Pensionsversicherung Teilversicherten (§ 7 Z 2) und von in der Unfallversicherung Teilversicherten (§ 7 Z 3 lit. a) und die Beiträge für solche Versicherte betreffen, soweit deren Einhebung den Trägern der Krankenversicherung obliegt, sind, unbeschadet der Bestimmung des § 411, die Träger der Krankenversicherung berufen. Das gleiche gilt für die Zuständigkeit zur Behandlung von Verwaltungssachen, welche die Versicherungsberechtigung sowie den Beginn und das Ende der Versicherung von in der Kranken- und Pensionsversicherung Selbstversicherten (§ 19a) betreffen.

(BGBl 1994/20)

Bescheide der Versicherungsträger in Verwaltungssachen

§ 410. (1) Der Versicherungsträger hat in Verwaltungssachen, zu deren Behandlung er nach § 409 berufen ist, einen Bescheid zu erlassen, wenn er die sich aus diesem Bundesgesetz in solchen Angelegenheiten ergebenden Rechte und Pflichten von Versicherten und von deren Dienstgebern oder die gesetzliche Haftung Dritter für Sozialversicherungsbeiträge feststellt und nicht das Bescheidrecht der Versicherungsträger in diesem Bundesgesetz ausgeschlossen ist. Hienach hat der Versicherungsträger in Verwaltungssachen insbesondere Bescheide zu erlassen:

1. wenn er die Anmeldung zur Versicherung wegen Nichtbestandes der Versicherungspflicht oder der Versicherungsberechtigung oder die Abmeldung wegen Weiterbestandes der Versicherungspflicht ablehnt oder den Versicherungspflichtigen (Versicherungsberechtigten) mit einem anderen Tag in die Versicherung aufnimmt oder aus ihr ausscheidet, als in der Meldung angegeben ist,
2. wenn er einen nicht oder nicht ordnungsgemäß Angemeldeten in die Versicherung aufnimmt oder einen nicht oder nicht ordnungsgemäß Abgemeldeten aus der Versicherung ausscheidet,
3. wenn er die Entgegennahme von Beiträgen ablehnt,
4. wenn er die Haftung für Beitragsschulden gemäß § 67 ausspricht,
5. wenn er einen Beitragszuschlag gemäß § 113 vorschreibt,

6. wenn er einen gemäß § 98 Abs. 2 gestellten Antrag auf Zustimmung zur Übertragung eines Leistungsanspruches ganz oder teilweise ablehnt,
7. wenn der Versicherte oder der Dienstgeber die Bescheiderteilung zur Feststellung der sich für ihn aus diesem Gesetz ergebenden Rechte und Pflichten verlangt,

   (BGBl I 1998/138)
8. wenn er entgegen einer bereits bestehenden Pflichtversicherung gemäß § 2 Abs. 1 Z 4 GSVG auf Grund ein und derselben Tätigkeit die Versicherungspflicht gemäß § 4 Abs. 4 als gegeben erachtet,

   (BGBl I 1998/138, BGBl I 2004/142)
9. wenn er eine Teilgutschrift nach § 14 APG überträgt.

   (BGBl I 2004/142)

(2) (aufgehoben)

(BGBl I 2013/87)

Wirkung der Bescheide der Krankenversicherungsträger in anderen Versicherungen

§ 411. Hat der Träger der Krankenversicherung einen Bescheid in einer Angelegenheit erlassen, welche die Unfall-, Pensions- oder Arbeitslosenversicherung betrifft, so hat der Träger der beteiligten Versicherung beziehungsweise die Landesgeschäftsstelle des Arbeitsmarktservice im Verfahren vor dem Bundesverwaltungsgericht oder den Verwaltungsbehörden über diese Bescheide Parteistellung.

(BGBl 1994/314, BGBl I 2013/87)

Entscheidungen über die Versicherungs-(Leistungs)zugehörigkeit und -zuständigkeit

§ 412. (1) Der Bundesminister für Arbeit, Soziales und Konsumentenschutz entscheidet über die Versicherungszugehörigkeit oder Versicherungszuständigkeit, in der Pensionsversicherung auch über die Leistungszugehörigkeit oder Leistungszuständigkeit, auf Antrag eines beteiligten Versicherungsträgers, einer anderen Partei oder eines Gerichtes, wenn Zweifel oder Streit darüber bestehen, welcher Versicherung eine Person versicherungs- oder leistungszugehörig ist oder welcher Versicherungsträger für sie versicherungs- oder leistungszuständig ist.

(2) Die rechtskräftige Entscheidung über die Versicherungszuständigkeit wirkt in der Krankenversicherung nur für künftig fällige Beitragsleistungen und künftig eintretende Versicherungsfälle.

(3) Im Verfahren über Leistungssachen darf über die Fragen der Versicherungs(Leistungs)zugehörigkeit oder Versicherungs(Leistungs)zuständigkeit nicht als Vorfragen entschieden werden. Der Versicherungsträger oder das Gericht hat vielmehr die Einleitung des Verfahrens beim Bundesminister für Arbeit, Soziales und Konsumentenschutz anzuregen und das eigene Verfahren bis zur Rechtskraft der Entscheidung auszusetzen (zu unterbrechen). Einem Rekurs gegen den Unterbrechungsbeschluss kann aufschiebende Wirkung nicht zuerkannt werden.

(4) In den Fällen des Abs. 1 hat der Bundesminister für Arbeit, Soziales und Konsumentenschutz die vorläufige Durchführung und, wenn ein gerichtliches Verfahren nicht anhängig ist, die Erbringung der in Betracht kommenden Leistungen bis zur Rechtskraft der Entscheidung einem Versicherungsträger nach freiem Ermessen zu übertragen. Der mit der vorläufigen Durchführung der Versicherung betraute Versicherungsträger hat darauf Bedacht zu nehmen, dass das Ausmaß der ihm zur Erbringung übertragenen vorläufigen Leistung die voraussichtliche endgültige Leistung nicht übersteigt. Ist ein gerichtliches Verfahren anhängig, so ist, nach der Übertragung der Durchführung der Versicherung an einen Versicherungsträger durch den Bundesminister für Arbeit, Soziales und Konsumentenschutz, auch dieser Versicherungsträger Beklagter und ihm gegenüber § 74 Abs. 2 ASGG sinngemäß anzuwenden. Die vorläufigen Beiträge und Leistungen sind auf die endgültigen Beiträge und Leistungen anzurechnen. Die beteiligten Versicherungsträger haben binnen drei Monaten nach Rechtskraft der Entscheidung über den Zuständigkeits- oder Zugehörigkeitsstreit miteinander abzurechnen.

(5) Die Abs. 1 bis 4 gelten entsprechend auch im Verhältnis zu den Sonderversicherungen (§ 2 Abs. 2).

(6) In Fällen des Abs. 1, die Angelegenheiten der Kranken- und Unfallversicherung berühren, hat der Bundesminister für Arbeit, Soziales und Konsumentenschutz vor der Entscheidung das Einvernehmen mit dem Bundesminister für Gesundheit herzustellen.

(BGBl 1993/335, BGBl 1996/411, BGBl I 2013/87)

Verfahren zur Klärung der Versicherungszuordnung

§ 412a. Zur Klärung der Versicherungszuordnung ist ein Verfahren mit wechselseitigen Verständigungspflichten des Krankenversicherungsträgers und der Sozialversicherungsanstalt der gewerblichen Wirtschaft bzw. der Sozialversicherungsanstalt der Bauern[a] durchzuführen. Die Einleitung dieses Verfahrens erfolgt

(BGBl I 2018/100)

[a] Ab 1. Jänner 2020: „Sozialversicherungsanstalt der Selbständigen".

1. auf Grund einer amtswegigen Sachverhaltsfeststellung (§§ 412b und 412c) oder
2. auf Grund der Anmeldung zur Pflichtversicherung (§ 412d)
   a) nach § 2 Abs. 1 Z 1 GSVG, soweit es sich um Berechtigte zur Ausübung eines freien Gewerbes handelt, die von den Trägern der Krankenversicherung und der Sozialversicherungsanstalt der

gewerblichen Wirtschaft[a] einvernehmlich bestimmt wurden, oder

(BGBl I 2018/100)

[a] Ab 1. Jänner 2020: „Sozialversicherungsanstalt der Selbständigen".

b) nach § 2 Abs. 1 Z 4 GSVG oder

c) nach § 2 Abs. 1 Z 1 letzter Satz BSVG in Verbindung mit Punkt 6 oder 7 der Anlage 2 zum BSVG oder

3. auf Antrag der versicherten Person oder ihres Auftraggebers/ihrer Auftraggeberin (§ 412e).

(BGBl I 2017/125)

Versicherungszuordnung auf Grund einer amtswegigen Sachverhaltsfeststellung (Neuzuordnung)

§ 412b. (1) Stellt der Krankenversicherungsträger oder das Finanzamt bei der Prüfung nach § 41a dieses Bundesgesetzes oder nach § 86 EStG 1988 für eine im geprüften Zeitraum nach dem GSVG bzw. nach dem BSVG versicherte Person einen Sachverhalt fest, der zu weiteren Erhebungen über eine rückwirkende Feststellung der Pflichtversicherung nach diesem Bundesgesetz (Neuzuordnung) Anlass gibt, so hat der Krankenversicherungsträger oder das Finanzamt die Sozialversicherungsanstalt der gewerblichen Wirtschaft bzw. die Sozialversicherungsanstalt der Bauern[a] ohne unnötigen Aufschub von dieser Prüfung zu verständigen. Die Verständigung hat den Namen, die Versicherungsnummer sowie den geprüften Zeitraum und die Art der Tätigkeit zu enthalten.

(BGBl I 2018/100)

[a] Ab 1. Jänner 2020: „Sozialversicherungsanstalt der Selbständigen".

(2) Erfolgt eine Verständigung nach Abs. 1, so sind die weiteren Ermittlungen vom Krankenversicherungsträger und von der Sozialversicherungsanstalt der gewerblichen Wirtschaft bzw. die Sozialversicherungsanstalt der Bauern[a] im Rahmen ihres jeweiligen Wirkungsbereiches durchzuführen.

(BGBl I 2018/100)

[a] Ab 1. Jänner 2020: „Sozialversicherungsanstalt der Selbständigen".

(BGBl I 2017/125)

Bindungswirkung, Bescheidzustellung

§ 412c. (1) Wird nach Abschluss der Prüfungen nach § 412b das Vorliegen einer Pflichtversicherung

1. nach dem ASVG vom Krankenversicherungsträger und dem Dienstgeber oder

2. nach dem ASVG oder nach dem GSVG bzw. BSVG vom Krankenversicherungsträger und der Sozialversicherungsanstalt der gewerblichen Wirtschaft bzw. die Sozialversicherungsanstalt der Bauern[a]

(BGBl I 2018/100)

[a] Ab 1. Jänner 2020: „Sozialversicherungsanstalt der Selbständigen".

bejaht, so sind die Krankenversicherungsträger, die Sozialversicherungsanstalt der gewerblichen Wirtschaft bzw. die Sozialversicherungsanstalt der Bauern[a] und das Finanzamt bei einer späteren Prüfung an diese Beurteilung gebunden (Bindungswirkung).

(BGBl I 2018/100)

[a] Ab 1. Jänner 2020: „Sozialversicherungsanstalt der Selbständigen".

(2) Wird nach Abschluss der Prüfungen nach § 412b vom Krankenversicherungsträger das Vorliegen einer Pflichtversicherung nach diesem Bundesgesetz bejaht, während die Sozialversicherungsanstalt der gewerblichen Wirtschaft bzw. die Sozialversicherungsanstalt der Bauern[a] vom Vorliegen einer Pflichtversicherung nach dem GSVG bzw. BSVG ausgeht, so hat der Krankenversicherungsträger die Pflichtversicherung nach diesem Bundesgesetz mit Bescheid festzustellen. Die Behörden sind an diese Beurteilung gebunden (Bindungswirkung), wenn der Bescheid des Krankenversicherungsträgers rechtskräftig wurde.

(BGBl I 2018/100)

[a] Ab 1. Jänner 2020: „Sozialversicherungsanstalt der Selbständigen".

(3) Im Bescheid hat sich der Krankenversicherungsträger im Rahmen der rechtlichen Beurteilung mit dem abweichenden Vorbringen der Sozialversicherungsanstalt der gewerblichen Wirtschaft bzw. die Sozialversicherungsanstalt der Bauern[a] auseinander zu setzen.

(BGBl I 2018/100)

[a] Ab 1. Jänner 2020: „Sozialversicherungsanstalt der Selbständigen".

(4) Bescheide des Krankenversicherungsträgers sind neben der versicherten Person und ihrem Dienstgeber auch die Sozialversicherungsanstalt der gewerblichen Wirtschaft bzw. die Sozialversicherungsanstalt der Bauern[a] sowie dem sachlich und örtlich zuständigen Finanzamt zuzustellen.

(BGBl I 2018/100)

[a] Ab 1. Jänner 2020: „Sozialversicherungsanstalt der Selbständigen".

(5) Die Bindungswirkung nach den Abs. 1 und 2 gilt nicht, wenn eine Änderung des für die Beurteilung der Pflichtversicherung maßgeblichen Sachverhaltes eingetreten ist.

(BGBl I 2017/125)

Versicherungszuordnung auf Grund der Anmeldung zur Pflichtversicherung (Vorabprüfung)

§ 412d. Auf die Versicherungszuordnung auf Grund der Anmeldung zur Pflichtversicherung nach § 2 Abs. 1 Z 1 GSVG (im Umfang nach § 412a Z 2) oder nach § 2 Abs. 1 Z 4 GSVG bzw. nach § 2 Abs. 1 Z 1 letzter Satz BSVG in Verbindung mit Punkt 6 oder 7 der Anlage 2 zum BSVG sind die §§ 412b und 412c so anzuwenden, dass

1. die Sozialversicherungsanstalt der gewerblichen Wirtschaft bzw. die Sozialversicherungsanstalt der Bauern[a)] den Krankenversicherungsträger, der bei Vorliegen einer Pflichtversicherung nach diesem Bundesgesetz zuständig wäre, ohne unnötigen Aufschub von der Anmeldung zu verständigen hat;

   (BGBl I 2018/100)

   [a)] Ab 1. Jänner 2020: „Sozialversicherungsanstalt der Selbständigen".

2. die Sozialversicherungsanstalt der gewerblichen Wirtschaft bzw. die Sozialversicherungsanstalt der Bauern[a)] die Ergebnisse in der Frage, ob eine Pflichtversicherung nach dem GSVG bzw. BSVG vorliegt, samt den zugrunde liegenden Unterlagen bei der Anmeldung dem Krankenversicherungsträger nach Z 1 zu übermitteln hat; dem Krankenversicherungsträger nach Z 1 sind sämtliche Erhebungsergebnisse zur Verfügung zu stellen;

   (BGBl I 2018/100)

   [a)] Ab 1. Jänner 2020: „Sozialversicherungsanstalt der Selbständigen".

3. an die Stelle des Abschlusses der Prüfungen nach § 412c der Abschluss der Prüfungen nach den Z 1 und 2 tritt, wobei für die Bescheiderlassung § 412c Abs. 2 bis 4 gilt.

(BGBl I 2017/125)

Versicherungszuordnung auf Antrag

§ 412e. Die versicherte Person oder ihr Auftraggeber/ihre Auftraggeberin kann bei Vorliegen einer Pflichtversicherung nach § 2 GSVG bzw. § 2 Abs. 1 Z 1 letzter Satz BSVG beantragen, dass der Krankenversicherungsträger die dieser Versicherungszuordnung zugrunde liegende Erwerbstätigkeit prüft und feststellt, ob eine Pflichtversicherung nach diesem Bundesgesetz (Neuzuordnung) vorliegt. Die §§ 412b und 412c sind sinngemäß anzuwenden.

(BGBl I 2017/125)

Entscheidungen über Streitigkeiten zwischen Versicherungsträgern (und dem Hauptverband)

§ 413. (1) Über Streitigkeiten zwischen Versicherungsträgern in Verwaltungssachen, ausgenommen Streitigkeiten nach § 412 Abs. 1, sowie Streitigkeiten zwischen dem Hauptverband und den Versicherungsträgern entscheidet der Bundesminister für Arbeit, Soziales und Konsumentenschutz, soweit es sich jedoch um Angelegenheiten der Kranken- und Unfallversicherung handelt, der Bundesminister für Gesundheit.

(2) In Angelegenheiten, die in den Wirkungsbereich beider Bundesminister fallen, entscheidet der Bundesminister für Arbeit, Soziales und Konsumentenschutz im Einvernehmen mit dem Bundesminister für Gesundheit.

(3) Durch die Einleitung eines Verfahrens nach Abs. 1 zur Entscheidung über Zahlungsverpflichtungen werden diese Verpflichtungen nicht gehemmt.

(BGBl I 2013/87)

Entscheidungen über Streitigkeiten zwischen Versicherungsträgern (und dem Dachverband)

§ 413.[a)] (1) Über Streitigkeiten zwischen Versicherungsträgern in Verwaltungssachen, ausgenommen Streitigkeiten nach § 412 Abs. 1, sowie Streitigkeiten zwischen dem Dachverband und den Versicherungsträgern entscheidet die Bundesministerin für Arbeit, Soziales, Gesundheit und Konsumentenschutz.

(2) Durch die Einleitung eines Verfahrens nach Abs. 1 zur Entscheidung über Zahlungsverpflichtungen werden diese Verpflichtungen nicht gehemmt.

(BGBl I 2013/87, BGBl I 2018/100)

[a)] Tritt mit 1. Jänner 2020 in Kraft.

Beschwerde an das Bundesverwaltungsgericht

§ 414. (1) Gegen Bescheide der Versicherungsträger oder des Bundesministers für Arbeit, Soziales und Konsumentenschutz oder des Bundesministers für Gesundheit in Verwaltungssachen und wegen Verletzung ihrer (seiner) Entscheidungspflicht in Verwaltungssachen kann Beschwerde an das Bundesverwaltungsgericht erhoben werden.

(BGBl I 2013/139)

(2) In Angelegenheiten nach § 410 Abs. 1 Z 1, 2 und 6 bis 9 entscheidet das Bundesverwaltungsgericht auf Antrag einer Partei durch einen Senat; dies gilt auch für Verfahren, in denen die zitierten Angelegenheiten als Vorfragen zu beurteilen sind. Der Senat besteht aus einem/einer vorsitzenden RichterIn und zwei fachkundigen Laienrichter/inne/n, von denen der/die eine dem Kreis der DienstnehmerInnen und der/die andere dem Kreis der Dienstgeber anzugehören hat. Der Antrag ist gleichzeitig mit der Beschwerde oder dem Vorlageantrag oder binnen vier Wochen ab Zustellung der Beschwerde einzubringen.

(BGBl I 2013/139)

(3) Das Vorschlagsrecht für die Bestellung der fachkundigen LaienrichterInnen aus dem Kreis der DienstnehmerInnen steht der Bundesarbeitskammer bzw. dem Österreichischen Landarbeiterkammertag, jenes aus dem Kreis der Dienstgeber steht der Wirtschaftskammer Österreich bzw. der Landwirtschaftskammer Österreich zu. Für Verfahren über die Frage, ob Versicherungspflicht nach diesem Bundesgesetz oder dem BSVG vorliegt, ist eine Person aus dem Kreis jener LaienrichterInnen heranzuziehen, die von der Landwirtschaftskammer Österreich vorgeschlagen wurden. Für Verfahren im Zusammenhang mit der Beschäftigung bei

einem Dienstgeber, der Mitglied einer Landwirtschaftskammer ist, sind die vom Österreichischen Landarbeiterkammertag und von der Landwirtschaftskammer Österreich vorgeschlagenen LaienrichterInnen heranzuziehen. Die vorgeschlagenen Personen müssen über besondere fachliche Kenntnisse auf dem Gebiet der Sozialversicherung verfügen.

(BGBl I 2013/139)

(4) Barauslagen nach § 76 AVG, die im Verfahren vor dem Bundesverwaltungsgericht gegen Bescheide der Versicherungsträger erwachsen, sind von der beschwerdeführenden Person nicht zu entrichten, wenn es sich dabei um folgende Angelegenheiten handelt:

1. Selbstversicherung nach den §§ 18a und 18b oder
2. Nachtschwerarbeit nach dem NSchG.

(BGBl I 2015/2)

(BGBl I 2013/87)

Revision

§ 415. Der Bundesminister für Arbeit, Soziales und Konsumentenschutz kann gegen Entscheidungen des Bundesverwaltungsgerichtes über die Versicherungspflicht, ausgenommen in den Fällen des § 11 Abs. 2 erster Satz, oder über die Berechtigung zur Weiter- oder Selbstversicherung beim Verwaltungsgerichtshof wegen Rechtswidrigkeit Revision erheben. Handelt es sich dabei um eine Angelegenheit der Kranken- oder Unfallversicherung, so steht das Revisionsrecht in diesen Fällen dem Bundesminister für Gesundheit zu. In Angelegenheiten, die in den Wirkungsbereich beider Bundesminister fallen, hat der Bundesminister für Arbeit, Soziales und Konsumentenschutz vor der Revisionserhebung das Einvernehmen mit dem Bundesminister für Gesundheit herzustellen.

(BGBl I 1998/138, BGBl I 2003/71, BGBl I 2003/145, BGBl I 2010/62, BGBl I 2013/87)

Nichtigerklärung von Bescheiden

§ 416. (1) Der Bundesminister für Arbeit, Soziales und Konsumentenschutz kann Bescheide der Versicherungsträger in Verwaltungssachen, die den Bestimmungen über die Versicherungspflicht, über die Berechtigung zur Weiter- und Selbstversicherung, über die Versicherungs(Leistungs)zugehörigkeit oder die Versicherungs(Leistungs)zuständigkeit widersprechen, im Sinne des § 68 Abs. 4 Z 4 AVG als nichtig erklären und diesfalls in der Sache selbst entscheiden. Handelt es sich dabei um eine Angelegenheit der Kranken- oder Unfallversicherung, so steht dieses Recht dem Bundesminister für Gesundheit zu. In Angelegenheiten, die in den Wirkungsbereich beider Bundesminister fallen, hat der Bundesminister für Arbeit, Soziales und Konsumentenschutz vor der Nichtigerklärung und der Entscheidung in der Sache selbst das Einvernehmen mit dem Bundesminister für Gesundheit herzustellen.

(2) Bei Nichtigerklärung findet keine Nachzahlung und kein Rückersatz von Versicherungsbeiträgen oder Versicherungsleistungen statt. Zeiten, für die bis zur Zustellung des Bescheides über die Nichtigerklärung Beiträge zur Pensionsversicherung geleistet worden sind, gelten als Beitragszeiten dieser Versicherung.

(BGBl 1996/764, BGBl I 2003/71, BGBl I 2013/87)

§ 417. (aufgehoben)

(BGBl I 2013/87)

§ 417a. (aufgehoben)

(BGBl I 2013/87)

Achter Teil
Aufbau der Verwaltung

Abschnitt I

Haupt-, Landes- und Außenstellen

§ 418. (1) Die Verwaltung der Versicherungsträger ist durch Hauptstellen, durch Landesstellen nach Maßgabe der Abs. 3, 5 und 6 und, soweit dies nach Abs. 4 vorgesehen ist, durch Außenstellen zu führen.

(2) Die Hauptstelle ist am Sitz des Versicherungsträgers zu errichten. Die Hauptstelle hat die Verwaltung des Versicherungsträgers zu führen, soweit nicht einzelne Aufgaben durch Gesetz den Landesstellen zugewiesen sind.

(3) Die Allgemeine Unfallversicherungsanstalt hat Landesstellen in Wien für die Länder Wien, Niederösterreich und Burgenland, in Linz für das Land Oberösterreich, in Salzburg für die Länder Salzburg, Tirol und Vorarlberg sowie in Graz für die Länder Steiermark und Kärnten zu errichten. Die Pensionsversicherungsanstalt hat in jedem Bundesland eine Landesstelle für das jeweilige Bundesland einzurichten.

(BGBl I 2002/1)

(4) Die Versicherungsträger können, soweit eine im Verhältnis zu den Versicherten und den Dienstgebern örtlich nahe Verwaltung zweckmäßig ist, Außenstellen einrichten.

(5) Die Landesstellen haben folgende Aufgaben zu besorgen:

1. Entgegennahme von Leistungsanträgen;
2. Mitwirkung an der Durchführung der Rehabilitation im Rahmen der Unfallversicherung und der Pensionsversicherung, Gewährung von Maßnahmen der Gesundheitsvorsorge und ihre Durchführung; Mitwirkung an der Feststellung aller übrigen Leistungen und Vorlage der Leistungsanträge an den zur Entscheidung zuständigen Verwaltungskörper;
3. Standesführung und Kontrolle der im Sprengel der Landesstelle wohnenden Renten(Pensions)empfänger;
4. Bestellung von Bevollmächtigten zur Vertretung der Anstalt bei den für ihren Sprengel in Betracht kommenden Landesgerichten als Arbeits- und Sozialgerichte bzw. dem Ar-

beits- und Sozialgericht Wien, den Oberlandesgerichten und Landeshauptmännern sowie bei anderen Behörden für die in Betracht kommenden Länder;

5. Mitwirkung bei der Durchführung der Unfallverhütungsvorschriften, bei der Überwachung derselben durch Besichtigung der Betriebe und bei der Vorsorge für erste Hilfeleistung bei Arbeitsunfällen;

(BGBl I 2002/1)

6. (aufgehoben)

(BGBl I 2002/1)

7. (aufgehoben)

(BGBl I 2002/1)

(5a) Die Landesstellen der Allgemeinen Unfallversicherungsanstalt haben darüber hinaus folgende Aufgaben zu besorgen:

1. vorläufige Veranlagung der Vermögensbestände aus den Beitragseingängen;
2. Mitwirkung bei der Durchführung der Personalangelegenheiten der Bediensteten der Landesstelle.

(BGBl I 2002/1)

(6) Die örtliche Zuständigkeit der Landesstellen richtet sich

1. in der Unfallversicherung bei Versicherten, die in einem Beschäftigungsverhältnis stehen, nach dem Beschäftigungsort (§ 30 Abs. 2), bei selbständig Erwerbstätigen nach dem Standort des Betriebes, in allen anderen Fällen nach dem Wohnsitz des (der) Versicherten;
2. in der Pensionsversicherung nach dem Wohnsitz des (der) Versicherten.

(BGBl I 2003/145)

(7)Verantwortlicher im Sinne des Art. 4 Z 7 DS-GVO ist hinsichtlich der im Abs. 5 genannten Aufgaben stets die Hauptstelle des Versicherungsträgers.

(BGBl I 2002/1, BGBl I 2018/37)

(8) Die den Landesstellen nach den am 31. Dezember 1993 in Geltung stehenden Satzungsbestimmungen übertragenen Aufgaben gelten ab 1. Jänner 1994 als durch den Vorstandgemäß § 434 Abs. 1 übertragene Obliegenheiten.

Abschnitt II
Verwaltungskörper der Versicherungsträger

Arten der Verwaltungskörper

§ 419. (1) Die Verwaltungskörper der Versicherungsträger sind

1. der Vorstand;
2. die Generalversammlung;
3. die Kontrollversammlung.

(2) Überdies sind Verwaltungskörper bei der Allgemeinen Unfallversicherungsanstalt und der Pensionsversicherungsanstalt am Sitz der Landesstellen die Landesstellenausschüsse.

(BGBl I 2002/1)

Versicherungsvertreter

§ 420. (1) Die Verwaltungskörper bestehen aus Vertretern der Dienstnehmer und Vertretern der Dienstgeber (Versicherungsvertreter). Bei der Allgemeinen Unfallversicherungsanstalt sind die gemäß § 8 Abs. 1 Z 3 lit. a pflichtversicherten selbständig Erwerbstätigen, auch wenn sie pflichtversicherte Dienstnehmer nicht beschäftigen, bei der Entsendung der Versicherungsvertreter den Dienstgebern gleichgestellt.

(2) Versicherungsvertreter/innen können Personen sein, die nicht vom Wahlrecht in die gesetzgebenden Organe ausgeschlossen sind, am Tag der Berufung das 18. Lebensjahr vollendet und, sofern es sich nicht um Bedienstete von Gebietskörperschaften handelt, ihren Wohnort, Beschäftigungsort oder Betriebssitz im Sprengel des Versicherungsträgers haben. Sie müssen entweder seit mindestens sechs Monaten in Österreich als Dienstnehmer oder Unternehmer tätig sein oder

a) Bevollmächtigte von Dienstgebern oder
b) Vorstandsmitglieder oder Bedienstete öffentlich-rechtlicher Interessenvertretungen oder von Organisationen der Dienstnehmer bzw. Dienstgeber oder
c) Bedienstete von Gebietskörperschaften

sein.

(BGBl I 2002/140, BGBl I 2015/162)

(3) Die Versicherungsvertreter müssen, soweit es sich nicht um Angehörige des im Abs. 2 Z 2 und 3 umschriebenen Personenkreises handelt, im Zeitpunkt ihrer Entsendung dem betreffenden Versicherungsträger beziehungsweise der betreffenden Landesstelle als pflichtversicherter Dienstnehmer oder Dienstgeber von solchen oder als freiwillig Versicherter angehören.

(BGBl I 2015/162, BGBl I 2017/49)

(4) Kein Mitglied eines Verwaltungskörpers darf in diesem mehr als eine Stimme führen.

(5) Die Tätigkeit als Mitglied eines Verwaltungskörpers erfolgt auf Grund einer öffentlichen Verpflichtung und begründet kein Dienstverhältnis zum Versicherungsträger. Hiefür gebühren Entschädigungen nach folgenden Grundsätzen:

1. Die Mitglieder der Verwaltungskörper haben Anspruch auf Ersatz der Reise- und Aufenthaltskosten nach Maßgabe von Richtlinien gemäß § 31 Abs. 5 Z 31.

   (BGBl 1996/411)

2. Der/die Verbandsvorsitzende, der/die Verbandsvorsitzenden-StellvertreterIn und die Mitglieder des Verbandsvorstandes, die Obmänner und Obmann-Stellvertreter sowie die Vorsitzenden und die Vorsitzenden-Stellvertreter der Kontrollversammlungen und der Landesstellenausschüsse haben Anspruch auf Funktionsgebühren. Das Nähere hat der Bun-

desminister für Arbeit, Gesundheit und Soziales nach Anhörung des Hauptverbandes im Einvernehmen mit der Bundesministerin für Gesundheit und Frauen durch Verordnung unter Bedachtnahme auf den örtlichen Wirkungsbereich und die Zahl der Versicherten des jeweiligen Versicherungsträgers zu bestimmen; dabei darf die für ein Jahr zustehende Funktionsgebühr 40 vH des einem Mitglied des Nationalrates jährlich gebührenden Bezuges nicht übersteigen.

(BGBl I 1997/64, BGBl I 2001/99, BGBl I 2003/71, BGBl I 2004/171)

3. Die Mitglieder der Verwaltungskörper, soweit sie nicht unter Z 2 fallen, haben Anspruch auf Sitzungsgeld, dessen Höhe durch Verordnung des Bundesministers für Arbeit und Soziales nach Anhörung des Hauptverbandes im Einvernehmen mit der Bundesministerin für Gesundheit und Frauen festzusetzen ist.

(BGBl I 2003/71)

§ 107 Abs. 4 ist anzuwenden.

(6) Bedienstete eines Versicherungsträgers und des Hauptverbandes sowie Personen, die auf Grund einer von ihnen ausgeübten Erwerbstätigkeit mit diesen Stellen in regelmäßigen geschäftlichen Beziehungen stehen, ferner Personen, über deren Vermögen ein Insolvenzverfahren eröffnet ist, sind von der Entsendung in das Amt eines Versicherungsvertreters ausgeschlossen.

Bestellung der Versicherungsvertreter

§ 421. (1) Die Versicherungsvertreter sind von den geschäftsführenden Organen der örtlich und sachlich zuständigen öffentlich-rechtlichen Interessenvertretungen der Dienstnehmer und der Dienstgeber unter Bedachtnahme auf ihre fachliche Eignung und auf die einzelnen von den entsendeberechtigten Stellen jeweils zu vertretenden Berufsgruppen in die Verwaltungskörper der Versicherungsträger zu entsenden. Hiebei ist durch ein ausgewogenes Verhältnis an Versicherungsvertreterinnen und Versicherungsvertretern auf das Erreichen der Geschlechterparität in den Verwaltungskörpern Bedacht zu nehmen. Die Interessenvertretungen haben die Entsendung nach dem Mandatsergebnis der Wahl zu ihrem jeweiligen satzungsgebenden Organ (zB Vollversammlung, Hauptversammlung) auf Vorschlag der jeweils wahlwerbenden Gruppe nach dem System d'Hondt unter sinngemäßer Anwendung von Abs. 2 dritt- und vorletzter Satz vorzunehmen; sind die Interessenvertretungen mehrerer Länder oder eine bundesweite Interessenvertretung zur Entsendung berufen, so sind dabei die jeweiligen (bei bundesweiter Zuständigkeit: sämtliche) Landesmandatsergebnisse zusammenzuzählen. Soweit die Wirtschaftskammern zur Entsendung berechtigt sind, hat die Nominierung der Versicherungsvertreter nach dem Mandatsergebnis der Wahlen zu den Fachorganisationen (Fachvertretungen) zu erfolgen. Bestehen solche Interessenvertretungen nicht, so sind die Versicherungsvertreter/innen der Dienstnehmer/innengruppe vom Österreichischen Gewerkschaftsbund, und zwar von der in Betracht kommenden Gewerkschaft zu entsenden. Die Versicherungsvertreter/innen der DienstgeberInnengruppe sind in einem solchen Fall

1. bei der Pensionsversicherungsanstalt und den Pensionsinstituten vom Bundesminister für Arbeit, Soziales und Konsumentenschutz,
2. bei den Trägern der Krankenversicherung vom Bundesminister für Gesundheit,
3. bei der Allgemeinen Unfallversicherungsanstalt vom Bundesminister für Gesundheit auf Vorschlag der Wirtschaftskammer Österreich und
4. bei der Versicherungsanstalt für Eisenbahnen und Bergbau vom Bundesminister für Gesundheit im Einvernehmen mit dem Bundesminister für Arbeit, Soziales und Konsumentenschutz

zu entsenden. Die gleichzeitige Entsendung ein und derselben Person als Versicherungsvertreter sowohl in die Kontrollversammlung als auch in die Generalversammlung desselben Versicherungsträgers ist unzulässig.

(BGBl 1996/411, BGBl I 2000/43, BGBl I 2000/142, BGBl I 2003/71, BGBl I 2005/132, BGBl I 2006/131, BGBl I 2010/111)

(1a) Auf die Versicherungsanstalt für Eisenbahnen und Bergbau ist Abs. 1 so anzuwenden, dass die Versicherungsvertreter aus der Gruppe der Dienstnehmer von der Bundesarbeitskammer unter Berücksichtigung der jeweiligen Betriebsratswahl(Personalvertretungswahl)ergebnisse zu entsenden sind. Für die Entsendung der Versicherungsvertreter aus der Gruppe der Dienstgeber hat die Wirtschaftskammer Österreich das Ergebnis der Kammerwahlen der zuständigen Fachverbände zu berücksichtigen.

(BGBl I 2000/43, BGBl I 2003/145)

(1b) Auf die Betriebskrankenkassen ist Abs. 1 so anzuwenden, dass die Versicherungsvertreter aus der Gruppe der Dienstgeber von der Wirtschaftskammer Österreich, diejenigen aus der Gruppe der Dienstnehmer – unter Berücksichtigung der jeweiligen Betriebsratswahlergebnisse – von der Bundesarbeitskammer zu entsenden sind.

(BGBl I 2000/43)

(1c) (aufgehoben)

(BGBl I 2000/92, BGBl I 2001/33, BGBl I 2003/145)

(2) Kommen mehrere entsendeberechtigte Stellen in der Gruppe der Dienstgeber/innen oder der Dienstnehmer/innen in Betracht, so hat die jeweilige Aufsichtsbehörde (§ 448) die auf die einzelnen Stellen entfallende Zahl von Versicherungsvertretern und -vertreterinnen unter Bedachtnahme auf die Zahl der pflichtversicherten Dienstnehmer und Dienstnehmerinnen in den den einzelnen Stellen zugehörigen Gruppen von Dienstnehmern/Dienstnehmerinnen oder Dienstgebern/Dienstgeberinnen

festzusetzen. Die Zahl der pflichtversicherten Dienstnehmer ist auf Grund einer im Monat Juli des der Neubestellung der Verwaltungskörper zweitvorangegangenen Kalenderjahres durchzuführenden Stichtagserhebung zu ermitteln. Hiebei ist bei Versicherungsträgern, in deren Vollzugszuständigkeit mehrere Versicherungszweige fallen, von jenem Versicherungszweig auszugehen, der die größte Anzahl von pflichtversicherten Dienstnehmern aufweist. Die Berechnung der auf die einzelnen Stellen entfallenden Zahl von Versicherungsvertretern hat unter Berücksichtigung des § 427 Abs. 2 nach dem System d'Hondt zu erfolgen. Die Wahlzahl ist ungerundet zu errechnen. Haben nach dieser Berechnung mehrere Stellen den gleichen Anspruch auf einen Versicherungsvertreter, so entscheidet das Los. Die Aufteilung gilt jeweils für die betreffende Amtsdauer.

(BGBl I 2010/111)

(3) Die jeweilige Aufsichtsbehörde hat die in Betracht kommenden öffentlich-rechtlichen Interessenvertretungen und Gewerkschaften aufzufordern, die Vertreter/innen innerhalb einer angemessenen Frist, die mindestens einen Monat zu betragen hat, zu entsenden. Verstreicht diese Frist ungenützt, so hat die jeweilige Aufsichtsbehörde selbst die Versicherungsvertreter/innen zu bestellen. Im Fall der Säumigkeit einer öffentlich-rechtlichen Interessenvertretung hat die jeweilige Aufsichtsbehörde dabei nach dem System d'Hondt unter Zugrundelegung des Mandatsergebnisses der Wahl zum satzungsgebenden Organ dieser Interessenvertretung unter sinngemäßer Anwendung des Abs. 2 dritt- und vorletzter Satz vorzugehen, ohne an einen Vorschlag gebunden zu sein; Abs. 1 dritter Satz letzter Halbsatz ist anzuwenden.

(BGBl I 2000/43, BGBl I 2010/111)

(4) Bei Versicherungsträgern, deren Sprengel sich über mehr als ein Land erstreckt, gelten die Abs. 2 und 3 mit der Maßgabe, dass

1. in Fällen, in denen der Wirkungsbereich der örtlich und sachlich zuständigen öffentlich-rechtlichen Interessenvertretung der Dienstnehmer/innen sich nicht über mehr als ein Land erstreckt und eine für das gesamte Bundesgebiet zuständige öffentlich-rechtliche Interessenvertretung nicht besteht, der Berechnung der auf diese Gruppe von Dienstnehmern/Dienstnehmerinnen entfallenden Zahl von Versicherungsvertretern und -vertreterinnen die Gesamtzahl der im Bundesgebiet in Betracht kommenden Dienstnehmer/innen zugrunde zu legen ist und
2. im Fall der Versicherungsanstalt für Eisenbahnen und Bergbau der Bundesminister für Gesundheit im Einvernehmen mit dem Bundesminister für Arbeit, Soziales und Konsumentenschutz vorzugehen hat.

In den Fällen der Z 1 sind die Versicherungsvertreter/innen von jener Interessenvertretung zu entsenden, die für sich allein die größte Zahl von Dienstnehmern und Dienstnehmerinnen vertritt. Diese hat hiebei das Einvernehmen mit den übrigen für diese Gruppe von Dienstnehmern und Dienstnehmerinnen in Betracht kommenden Interessenvertretungen herzustellen.

(BGBl I 2005/132, BGBl I 2003/71, BGBl I 2010/111)

(5) Vor Aufteilung der Zahl der Versicherungsvertreter/innen im Sinne des Abs. 2 ist den in Betracht kommenden öffentlich-rechtlichen Interessenvertretungen und Gewerkschaften Gelegenheit zur Stellungnahme zu geben.

(BGBl I 2010/111)

(6) (aufgehoben)

(BGBl I 2000/43)

(7) Für jeden Versicherungsvertreter ist gleichzeitig mit dessen Bestellung und auf dieselbe Art ein Stellvertreter zu bestellen. Der bestellte Stellvertreter hat das Mitglied zu vertreten, wenn es an der Ausübung seiner Funktion in Verwaltungskörpern oder Ausschüssen verhindert ist. Mitglieder von Verwaltungskörpern oder Ausschüssen können ihre Stellvertretung im Einzelfall auch einem Mitglied der Generalversammlung übertragen. Ruht die Funktion des Versicherungsvertreters wegen Unvereinbarkeit nach § 441c Abs. 1, so ist auch für dessen Stellvertreter auf Dauer ein Stellvertreter zu bestellen.

(BGBl I 2001/99, BGBl I 2002/140, BGBl I 2005/132)

(8) Scheidet ein Mitglied oder ein Stellvertreter dauernd aus, so hat die Stelle, die den Ausgeschiedenen bestellt hat, für den Rest der Amtsdauer ein neues Mitglied (einen neuen Stellvertreter) zu bestellen. Bis zur Bestellung des neuen Mitgliedes gilt Abs. 7 zweiter Satz. Ist die Bestellung des neuen Mitgliedes (Stellvertreters) durch eine Enthebung des ausgeschiedenen Mitgliedes (Stellvertreters) von seinem Amt (§ 423) erforderlich geworden und tritt nachträglich die Entscheidung über diese Enthebung außer Kraft, so erlöschen mit dem gleichen Zeitpunkt die rechtlichen Wirkungen der Bestellung des neuen Mitgliedes (Stellvertreters).

Ablehnung des Amtes und Recht zur Amtsausübung

§ 422. (1) Das Amt eines Versicherungsvertreters (Stellvertreters) darf nur aus wichtigen Gründen abgelehnt werden. Nach mindestens zweijähriger Amtsführung kann eine Wiederbestellung für die nächste Amtsdauer abgelehnt werden.

(2) Der Versicherungsvertreter (Stellvertreter) hat von der Annahme seiner Bestellung (§ 421) den Versicherungsträger nachweislich in Kenntnis zu setzen und ist unbeschadet des § 425 zweiter Satz ab dem Zeitpunkt des Einlangens dieser Mitteilung beim Versicherungsträger zur Ausübung seines Amtes ab dem Zeitpunkt, ab dem er bestellt ist, berechtigt.

Enthebung von Versicherungsvertretern (Stellvertretern)

§ 423. (1) Ein Versicherungsvertreter (Stellvertreter) ist seines Amtes zu entheben:

1. wenn Tatsachen bekannt werden, die seine Bestellung ausschließen würden;
2. wenn der Versicherungsvertreter (Stellvertreter) seine Pflichten verletzt;
3. a) wenn er als Vertreter der Dienstnehmer entsendet worden ist, aber seit mehr als drei Monaten dem betreffenden Versicherungsträger nicht mehr als pflichtversicherter Dienstnehmer angehört, oder
   b) wenn er als Vertreter der Dienstgeber entsendet worden ist, aber seit mehr als drei Monaten nicht mehr Dienstgeber eines bei dem betreffenden Versicherungsträger pflichtversicherten Dienstnehmers ist,

   in beiden Fällen jedoch nur, wenn er nicht zu jenen Personen zählt, die im § 420 Abs. 2 Z 1 bis 3 angeführt sind;

   (BGBl I 2015/162, BGBl I 2017/49)
4. wenn ein wichtiger persönlicher Grund zur Enthebung vorliegt und der Versicherungsvertreter (Stellvertreter) seine Enthebung unter Berufung darauf beantragt;
5. wenn einer der im § 420 Abs. 6 genannten Ausschließungsgründe nach der Entsendung eingetreten ist.

Vor der Enthebung des Versicherungsvertreters (Stellvertreters) gemäß Z 4 oder 5 ist die zur Entsendung berufene Stelle anzuhören.

(2) Die Enthebung der Obmänner, der Vorsitzenden der Kontrollversammlungen und der Landesstellenausschüsse sowie deren Stellvertreter steht der Aufsichtsbehörde, die der sonstigen Mitglieder (Stellvertreter) der Kontrollversammlungen dem Vorsitzenden dieser Versammlung, die der sonstigen Versicherungsvertreter (Stellvertreter) dem Obmann zu.

(3) Die Aufsichtsbehörde kann Versicherungsvertreter (Stellvertreter) auf begründeten Antrag der zur Entsendung berufenen Stelle ihres Amtes entheben.

(4) Vor der Enthebung eines Versicherungsvertreters (Stellvertreters) nach Abs. 1 Z 1 bis 3, Abs. 2 und 3 ist diesem Gelegenheit zur Äußerung zu geben und gleichzeitig die entsendeberechtigte Stelle (§ 421) zu verständigen. Dem vom Obmann oder vom Vorsitzenden der Kontrollversammlung Enthobenen steht das Recht der Beschwerde zu. Sie ist binnen zwei Wochen nach Zustellung des Beschlusses über die Enthebung bei der Aufsichtsbehörde einzubringen. Diese entscheidet endgültig.

(5) Die Aufsichtsbehörde hat dem Antrag einer entsendeberechtigten Stelle (§ 421) auf Enthebung der von dieser entsendeten Versicherungsvertreter (Stellvertreter) zu entsprechen, wenn der Antrag aus dem Grunde der Neuwahl in die betreffende Interessenvertretung innerhalb von sechs Monaten nach der Neuwahl gestellt wird. In diesem Fall entfällt die Anhörung der zu enthebenden Versicherungsvertreter (Stellvertreter). Die Bestimmungen des ersten und zweiten Satzes gelten in gleicher Weise für den Antrag der Wirtschaftskammer Österreich auf Enthebung der auf ihren Vorschlag von der Bundesministerin für Gesundheit und Frauen entsendeten Versicherungsvertreter (Stellvertreter) bei der Allgemeinen Unfallversicherungsanstalt.

(BGBl 1996/411, BGBl I 2003/71)

(6) Ist das Mitglied eines Verwaltungskörpers gleichzeitig auch Mitglied eines anderen Verwaltungskörpers bei ein und demselben Versicherungsträger (§ 427 Abs. 2), so erstreckt sich die Enthebung auch auf das Amt in anderen Verwaltungskörpern.

(7) Von einer Enthebung ist die Aufsichtsbehörde in Kenntnis zu setzen, die die entsendeberechtigte Stelle zur Entsendung eines neuen Versicherungsvertreters (Stellvertreters) aufzufordern hat.

(8) Der Beschwerde gegen die Enthebung eines Versicherungsvertreters (Stellvertreters) von seinem Amt kommt keine aufschiebende Wirkung zu. Eine Aufhebung der Entscheidung über die Enthebung eines Versicherungsvertreters (Stellvertreters) wirkt nicht zurück.

Pflichten und Haftung der Versicherungsvertreter

§ 424. Die Mitglieder der Verwaltungskörper der Versicherungsträger und des Hauptverbandes haben bei der Ausübung ihres Amtes die Rechtsvorschriften zu beachten. Sie sind zur Amtsverschwiegenheit sowie zur gewissenhaften und unparteiischen Ausübung ihres Amtes verpflichtet. Sie haften unbeschadet der Bestimmungen des Amtshaftungs- und des Organhaftpflichtgesetzes für jeden Schaden, der dem Versicherungsträger (dem Hauptverband) aus der Vernachlässigung ihrer Pflichten erwächst. Die Versicherungsträger (der Hauptverband) können auf Ansprüche aus der Haftung nur mit Genehmigung der Aufsichtsbehörde verzichten. Macht ein Versicherungsträger (der Hauptverband) trotz mangelnder Genehmigung der Aufsichtsbehörde die Haftung nicht geltend, so kann diese die Haftung an Stelle und auf Kosten des Versicherungsträgers (des Hauptverbandes) geltend machen.

(BGBl 1996/411)

Amtsdauer

§ 425. Die Amtsdauer der Verwaltungskörper währt jeweils fünf Jahre. Nach Ablauf der Amtsdauer hat der alte Verwaltungskörper die Geschäfte solange weiterzuführen, bis der neue Verwaltungskörper zusammentritt. Die Zeit der Weiterführung der Geschäfte durch den alten Verwaltungskörper zählt auf die fünfjährige Amtsdauer des neuen Verwaltungskörpers.

Zusammensetzung der Verwaltungskörper

§ 426. (1) Die Generalversammlung, der Vorstand und die Landesstellenausschüsse der Versicherungsträger werden wie folgt zusammengesetzt:

1. bei der Allgemeinen Unfallversicherungsanstalt je zur Hälfte aus Vertretern der Dienstnehmer und der Dienstgeber;
2. bei der Pensionsversicherungsanstalt und der Versicherungsanstalt für Eisenbahnen und Bergbau zu zwei Dritteln aus Vertretern der Dienstnehmer und zu einem Drittel aus Vertretern der Dienstgeber;
   (BGBl I 2002/1, BGBl I 2003/145)
3. bei den Gebiets- und Betriebskrankenkassen zu vier Fünfteln aus Vertretern der Dienstnehmer und zu einem Fünftel aus Vertretern der Dienstgeber.

(2) Die Kontrollversammlung der Allgemeinen Unfallversicherungsanstalt wird im gleichen Verhältnis, die Kontrollversammlungen der übrigen im Abs. 1 genannten Versicherungsträger im umgekehrten Verhältnis wie die im Abs. 1 bezeichneten Verwaltungskörper aus Vertretern der Dienstnehmer und der Dienstgeber zusammengesetzt.

Generalversammlung

§ 427. (1) Die Zahl der Versicherungsvertreter in der Generalversammlung beträgt:

1. bei der Allgemeinen Unfallversicherungsanstalt 60;
2. bei der Pensionsversicherungsanstalt 120;
   (BGBl I 2002/1)
3. bei der Versicherungsanstalt für Eisenbahnen und Bergbau 60;
   (BGBl I 2002/1, BGBl I 2003/145)
4. bei den Gebietskrankenkassen je 30;
   (BGBl I 2003/145)
5. bei den Betriebskrankenkassen je 10.
   (BGBl I 2003/145)

(2) Die Mitglieder des Vorstandes und der Landesstellenausschüsse gehören gleichzeitig der Generalversammlung an. Ihre Zahl ist auf die Zahl der Versicherungsvertreter in der Generalversammlung in der Gruppe anzurechnen, der sie im Vorstand und in den Landesstellenausschüssen angehören.

Vorstand

§ 428. Die Zahl der Versicherungsvertreter im Vorstand beträgt:

1. bei der Allgemeinen Unfallversicherungsanstalt 14;
2. bei der Pensionsversicherungsanstalt 15;
   (BGBl I 2002/1)
3. bei der Versicherungsanstalt für Eisenbahnen und Bergbau 15;
   (BGBl I 2002/1, BGBl I 2003/145)
4. bei den Gebietskrankenkassen für die Länder
   a) Wien, Niederösterreich, Oberösterreich und Steiermark je 15,
   b) Salzburg, Tirol, Vorarlberg, Burgenland und Kärnten je 10;
   (BGBl I 2003/145)
5. bei den Betriebskrankenkassen je 5.
   (BGBl I 2003/145)

Kontrollversammlung

§ 429. Die Zahl der Versicherungsvertreter in der Kontrollversammlung beträgt:

1. bei der Allgemeinen Unfallversicherungsanstalt 6;
2. bei der Pensionsversicherungsanstalt 12;
   (BGBl I 2002/1, BGBl I 2002/82)
3. bei der Versicherungsanstalt für Eisenbahnen und Bergbau 9;
   (BGBl I 2002/1, BGBl I 2003/145)
4. bei den Gebietskrankenkassen je 10;
   (BGBl I 2003/145)
5. bei den Betriebskrankenkassen je 5.
   (BGBl I 2003/145)

Landesstellenausschüsse

§ 430. Die Zahl der Versicherungsvertreter in jedem Landesstellenausschuß beträgt:

1. bei der Allgemeinen Unfallversicherungsanstalt 6;
2. bei der Pensionsversicherungsanstalt 6.
   (BGBl I 2002/1)

Vorsitz in den Verwaltungskörpern

§ 431. (1) Den Vorsitz im Vorstand und in der Generalversammlung hat der vom Vorstand auf dessen Amtsdauer gewählte Obmann zu führen. Der Obmann ist aus der Mitte des Vorstandes zu wählen. Bei der Allgemeinen Unfallversicherungsanstalt muß der Obmann der Gruppe der Dienstgeber angehören, bei allen anderen Versicherungsträgern der Gruppe der Dienstnehmer. Für die Wahl ist die einfache Mehrheit sowohl aller Versicherungsvertreter im Vorstand als auch jener Gruppe der Versicherungsvertreter im Vorstand, welcher der zu Wählende angehört, erforderlich; bei Stimmengleichheit in der Gruppe der Versicherungsvertreter, welcher der zu Wählende angehört, entscheidet die einfache Mehrheit aller Versicherungsvertreter im Vorstand.

(2) Im Anschluß an die Wahl des Obmannes sind für diesen aus der Mitte des Vorstandes zwei Stellvertreter zu wählen, und zwar in getrennten Wahlgängen der Versicherungsvertreter aus der Gruppe der Dienstnehmer und der Versicherungsvertreter aus der Gruppe der Dienstgeber. Hiebei ist der erste Obmann-Stellvertreter jener Gruppe zu entnehmen, welcher der Obmann nicht angehört, während der zweite Obmann-Stellvertreter jedenfalls ein Versicherungsvertreter aus der Gruppe der Dienstnehmer zu sein hat.

(3) Den Vorsitzenden der Kontrollversammlung hat die Versammlung aus ihrer Mitte zu wählen. Im Anschluß daran ist ein Stellvertreter des Vorsitzenden zu wählen. Er ist jener Gruppe zu entnehmen, welcher der Vorsitzende nicht angehört.

(4) Den Vorsitzenden des Landesstellenausschusses hat dieser Ausschuß aus seiner Mitte zu

wählen. Im Anschluß daran ist ein Stellvertreter des Vorsitzenden zu wählen. Abs. 3 letzter Satz ist anzuwenden.

(5) Die gewählten Obmänner und die sonstigen Vorsitzenden von Verwaltungskörpern sowie ihre Stellvertreter sind, wenn sie die Annahme der Wahl dem zur Wahl berufenen Verwaltungskörper ausdrücklich erklärt haben, sofort oder ab einem anläßlich der Wahl vom Verwaltungskörper festgelegten Zeitpunkt zur Ausübung ihrer Funktion berechtigt.

(6) Scheidet ein Vorsitzender (Stellvertreter) eines Verwaltungskörpers infolge einer Enthebung von seinem Amt als Versicherungsvertreter (§ 423) aus und tritt nachträglich die Entscheidung über diese Enthebung außer Kraft, so erlöschen mit dem gleichen Zeitpunkt die rechtlichen Wirkungen einer bereits erfolgten Wahl seines Nachfolgers und es ist neuerlich eine entsprechende Wahl durchzuführen.

Angelobung der Versicherungsvertreter

§ 432. Die Obmänner und die sonstigen Vorsitzenden der Verwaltungskörper sowie ihre Stellvertreter sind von der Aufsichtsbehörde, die übrigen Versicherungsvertreter vom Obmann bzw. vom vorläufigen Verwalter anzugeloben und dabei nachweislich auf ihre Pflichten gemäß § 424 hinzuweisen.

Abschnitt III
Aufgaben der Verwaltungskörper

Aufgaben der Generalversammlung

§ 433. (1) Die Generalversammlung des Versicherungsträgers hat jährlich mindestens einmal zusammenzutreten. Sie ist vom Vorstand einzuberufen. Ihr ist vorbehalten:

1. die Beschlußfassung über den Jahresvoranschlag (Haushaltsplan);
2. die Beschlußfassung über den aus dem Rechnungsabschluß und den Statistischen Nachweisungen bestehenden Jahresbericht des Vorstandes und über dessen Entlastung;
3. die Beschlußfassung über allfällige Zuweisungen an den Unterstützungsfonds;
4. die Beschlußfassung über die Satzung und deren Änderung;
5. die Entscheidung über die Verfolgung von Ansprüchen, die dem Versicherungsträger gegen Mitglieder der Verwaltungskörper aus deren Amtsführung erwachsen, und die Bestellung der zur Verfolgung dieser Ansprüche Beauftragten;
6. die Beschlußfassung über die Zahl der Mitglieder der Beiräte und deren Bestellung.

(2) Der Generalversammlung einer Betriebskrankenkasse obliegt auch die Stellung eines Antrages auf Auflösung des Versicherungsträgers an das Bundesministerium für Arbeit und Soziales (§ 23 Abs. 3 vorletzter Satz).

(3) Über die im Abs. 1 Z 2 und 4 und im Abs. 2 genannten Gegenstände kann nur mit einer Mehrheit von zwei Dritteln der abgegebenen Stimmen gültig Beschluß gefaßt werden. Die Aufsichtsbehörde kann eine vorläufige Verfügung treffen, wenn innerhalb einer von ihr festgesetzten Frist ein gültiger Beschluß der Generalversammlung über die Satzung und deren Änderung nicht zustande kommt. Die vorläufige Verfügung der Aufsichtsbehörde tritt außer Kraft, sobald ein gesetzmäßiger gültiger Beschluß der Generalversammlung über die Satzung bzw. deren Änderung gefaßt und der Aufsichtsbehörde zur Kenntnis gebracht worden ist. Bei Ablehnung der Entlastung hat die Aufsichtsbehörde zu entscheiden.

Aufgaben des Vorstandes und Vertretung des Versicherungsträgers

§ 434. (1) Dem Vorstand obliegt die Geschäftsführung, soweit diese nicht durch das Gesetz der Generalversammlung oder einem Landesstellenausschuß zugewiesen ist, sowie die Vertretung des Versicherungsträgers. Er kann unbeschadet seiner eigenen Verantwortlichkeit Ausschüsse aus Mitgliedern der Generalversammlung einsetzen und diesen sowie einem Landesstellenausschuß einzelne seiner Obliegenheiten übertragen; darüber hinaus kann er einzelne seiner Obliegenheiten dem Obmann bzw. dem Vorsitzenden eines Landesstellenausschusses und die Besorgung bestimmter laufender Angelegenheiten dem Büro des Versicherungsträgers übertragen.

(2) Die Vertretungsbefugnis natürlicher Personen wird durch eine Bescheinigung der Aufsichtsbehörde oder einen Auszug aus dem die sonstigen Betroffenen erfassenden Teil des Ergänzungsregisters (§ 6 Abs. 4 in Verbindung mit § 2 Z 7 des E-Government-Gesetzes, BGBl. I Nr. 10/2004) nachgewiesen.

(BGBl I 2009/83)

(3) Der Vorstand ist berechtigt, an den Sitzungen der Kontrollversammlung durch drei Vertreter mit beratender Stimme teilzunehmen. Er ist deshalb von jeder Sitzung der Kontrollversammlung ebenso in Kenntnis zu setzen wie deren Mitglieder; in gleicher Weise ist er auch mit den den Mitgliedern der Kontrollversammlung etwa zur Verfügung gestellten Behelfen (Tagesordnung, Ausweisen, Berichten und anderen Behelfen) zu beteilen.

Aufgaben der Landesstellenausschüsse

§ 435. (1) Den Landesstellenausschüssen obliegt die Geschäftsführung hinsichtlich der den Landesstellen zugewiesenen Aufgaben. Der Landesstellenausschuß kann unbeschadet seiner eigenen Verantwortlichkeit einzelne seiner Obliegenheiten dem Vorsitzenden und die Besorgung bestimmter laufender Angelegenheiten dem Büro der Landesstelle übertragen.

(2) Die Landesstellenausschüsse sind bei ihrer Geschäftsführung an die Weisungen des Vorstandes gebunden. Dieser kann auch Beschlüsse der genannten Ausschüsse aufheben oder abändern.

Aufgaben der Kontrollversammlung

§ 436. (1) Die Kontrollversammlung ist berufen, die gesamte Gebarung des Versicherungsträgers ständig zu überwachen, zu diesem Zweck insbesondere die Buch- und Kassenführung und den Rechnungsabschluß zu überprüfen, über ihre Wahrnehmungen Bericht zu erstatten und die entsprechenden Anträge zu stellen. Insbesondere hat sie den Antrag auf Genehmigung des Rechnungsabschlusses und Entlastung des Vorstandes in der Generalversammlung zu stellen.

(2) Der Vorstand und der leitende Angestellte des Versicherungsträgers sind verpflichtet, der Kontrollversammlung alle Aufklärungen zu geben und alle Belege und Behelfe vorzulegen, die sie zur Ausübung ihrer Tätigkeit benötigt. Der Kontrollversammlung ist vor der Beschlußfassung über den Jahresvoranschlag Gelegenheit zur Stellungnahme zu geben.

(3) Die Kontrollversammlung ist berechtigt, an den Sitzungen der Generalversammlung und des Vorstandes durch je drei Vertreter mit beratender Stimme teilzunehmen. Sie ist deshalb von jeder Sitzung der Generalversammlung und des Vorstandes ebenso in Kenntnis zu setzen wie deren Mitglieder; in gleicher Weise ist sie auch mit den den Mitgliedern der Generalversammlung oder des Vorstandes etwa zur Verfügung gestellten Behelfen (Tagesordnung, Ausweisen, Berichten und anderen Behelfen) zu beteilen.

(4) Auf Begehren des Vorstandes hat die Kontrollversammlung ihre Anträge samt deren Begründung dem Vorstand auch schriftlich ausgefertigt zu übergeben. Die Kontrollversammlung ist berechtigt, ihre Ausführungen binnen drei Tagen nach der durch den Vorstand erfolgten Beschlußfassung zu ergänzen. Handelt es sich um Beschlüsse des Vorstandes, die zu ihrem Vollzug der Genehmigung der Aufsichtsbehörde bedürfen, so hat er dem Ansuchen um Erteilung dieser Genehmigung die Ausführungen der Kontrollversammlung beizuschließen.

(5) Die Kontrollversammlung kann mit Zweidrittelmehrheit die Einberufung einer außerordentlichen Generalversammlung beschließen. Der Obmann (Präsident) ist verpflichtet, einen solchen Beschluß der Kontrollversammlung ohne Verzug zu vollziehen.

(6) Beschließt die Generalversammlung ungeachtet eines Antrages der Kontrollversammlung auf Verfolgung von Ansprüchen gegen Mitglieder des Vorstandes von einer Verfolgung abzusehen, so hat die Kontrollversammlung hievon die Aufsichtsbehörde in Kenntnis zu setzen. Diese kann in einem solchen Fall auf Antrag der Kontrollversammlung deren Vorsitzenden beauftragen, die Verfolgung namens des Versicherungsträgers einzuleiten.

Zustimmung der Kontrollversammlung

§ 437. (1) In folgenden Angelegenheiten bedürfen Beschlüsse des Vorstandes zu ihrer Wirksamkeit der Zustimmung der Kontrollversammlung:

1. die dauernde Veranlagung von Vermögensbeständen, soweit sie nicht unter Z 2 fallen;
2. die Beschlußfassung über Veränderungen im Bestand von Liegenschaften, insbesondere über die Erwerbung, Belastung oder Veräußerung von Liegenschaften, ferner über die Errichtung oder Erweiterung von Gebäuden; das gleiche gilt bei der Schaffung von Einrichtungen, die Zwecken der Verwaltung, der Krankenbehandlung, der Zahnbehandlung, der Anstaltspflege, der Jugendlichen- und Vorsorge(Gesunden)-untersuchungen, der Unfallheilbehandlung, der Rehabilitation, der Maßnahmen zur Festigung der Gesundheit, der Krankheitsverhütung oder der Gesundheitsvorsorge dienen sollen, in eigenen oder fremden Gebäuden, sowie für Umbauten von Gebäuden, wenn damit eine Änderung des Verwendungszweckes verbunden ist; Erhaltungs- oder Instandsetzungsarbeiten oder die Erneuerung des Inventars bedürfen nicht der Zustimmung der Kontrollversammlung, sofern sie nicht mit diesen Vorhaben in einem ursächlichen Zusammenhang stehen;
3. die Beschlußfassung über eine Beteiligung an fremden Einrichtungen gemäß den §§ 23 Abs. 6, 24 Abs. 2 und 25 Abs. 2;
4. die Beschlußfassung über die Bestellung, Kündigung und Entlassung des leitenden Angestellten und des leitenden Arztes sowie deren ständigen Stellvertreter;
5. die Regelung der dienst-, besoldungs- und pensionsrechtlichen Verhältnisse der Bediensteten und die Erstellung von Dienstpostenplänen;
6. der Abschluß von Verträgen mit den im Sechsten Teil bezeichneten und sonstigen Vertragspartnern, wenn diese Verträge eine wesentliche dauernde Belastung des Versicherungsträgers herbeiführen;
7. die Erlassung von Richtlinien gemäß § 84 Abs. 6 über die Verwendung der Mittel des Unterstützungsfonds;
   (BGBl I 2001/99)
8. die Beschlussfassung über die Errichtung (Gründung) von oder die Beteiligung an Vereinen, Fonds und Gesellschaften mit beschränkter Haftung und die Beschlussfassung über die Beteiligung von natürlichen oder juristischen Personen an Vereinen, Fonds und Gesellschaften mit beschränkter Haftung, die von einem Versicherungsträger (dem Hauptverband) errichtet (gegründet) wurden, nach § 81 Abs. 2;
   (BGBl I 2001/99, BGBl I 2013/81)
9. der Abschluss von Landes-Zielsteuerungsübereinkommen nach dem G-ZG.
   (BGBl I 2013/81, BGBl I 2017/26)

(2) Stimmt die Kontrollversammlung in den in Abs. 1 bezeichneten Angelegenheiten dem Beschluß des Vorstandes nicht zu, so hat eine außerordentliche Generalversammlung hierüber zu be-

schließen und diesen Beschluß der Kontrollversammlung zu seiner Wirksamkeit zur Zustimmung vorzulegen. Die außerordentliche Generalversammlung ist innerhalb einer angemessenen Frist vom Obmann einzuberufen.

(3) Stimmt die Kontrollversammlung auch dem Beschluß der außerordentlichen Generalversammlung gemäß Abs. 2 nicht zu, so hat sie den Obmann unverzüglich in Kenntnis zu setzen und die Angelegenheit dem Bundesminister für Arbeit und Soziales zur Entscheidung vorzulegen. Dieser hat diesen Beschluß der außerordentlichen Generalversammlung entweder zu bestätigen oder aufzuheben. Ein bestätigter Beschluß der außerordentlichen Generalversammlung ist zu vollziehen.

Sitzungen

§ 438. (1) Die Sitzungen der Verwaltungskörper sind nichtöffentlich. Der leitende Angestellte und seine Stellvertreter sind berechtigt, an den Sitzungen der Verwaltungskörper und ihrer Ausschüsse mit beratender Stimme teilzunehmen. Der Obmann kann die Teilnahme von Bediensteten des Versicherungsträgers verfügen.

(2) Der ordnungsmäßig einberufene Verwaltungskörper ist bei Anwesenheit eines Vorsitzenden und von mindestens der Hälfte der Versicherungsvertreter beschlußfähig. Der Vorsitzende zählt hiebei auf die erforderliche Mindestzahl von anwesenden Versicherungsvertretern.

(3) In den Sitzungen der Verwaltungskörper hat auch der Vorsitzende Stimmrecht, bei Stimmengleichheit gibt seine Stimme den Ausschlag, sofern dieses Bundesgesetz nichts anderes bestimmt.

(4) Verstoßen Beschlüsse eines Verwaltungskörpers gegen eine Rechtsvorschrift oder in einer wichtigen Frage gegen den Grundsatz der Zweckmäßigkeit der Gebarung des Versicherungsträgers, so hat der Obmann oder der Vorsitzende des Verwaltungskörpers ihre Durchführung vorläufig aufzuschieben und unter gleichzeitiger Angabe der Gründe für seine Vorgangsweise die Entscheidung der Aufsichtsbehörde einzuholen.

Teilnahme der Betriebsvertretung an den Sitzungen der Verwaltungskörper der Versicherungsträger

§ 439. (1) An den Sitzungen der Generalversammlung, des Vorstandes und der Landesstellenausschüsse und, insoweit Angelegenheiten zur Erörterung stehen, die Belange der Bediensteten berühren, auch an den Sitzungen der Ausschüsse (§ 434 Abs. 1) ist die Betriebsvertretung des Versicherungsträgers mit zwei Vertretern mit beratender Stimme teilnahmeberechtigt.

(2) Das nach dem Arbeitsverfassungsgesetz, BGBl. Nr. 22/1974, in Betracht kommende Organ der Betriebsvertretung hat dem Obmann des Versicherungsträgers die für die Teilnahme an den Sitzungen der Verwaltungskörper vorgesehenen Vertreter namhaft zu machen. Diese Vertreter sind von jeder Sitzung des Verwaltungskörpers ebenso in Kenntnis zu setzen wie die Mitglieder dieses Verwaltungskörpers; es sind ihnen auch die diesen zur Verfügung gestellten Behelfe (Tagesordnung, Ausweise, Berichte und andere Befehle) zu übermitteln.

ABSCHNITT I

Verwaltungsstellen der Versicherungsträger[a)]

[a)] Der Abschnitt tritt mit 1. Jänner 2020 in Kraft.

Haupt-, Landes- und Außenstellen

§ 418.[a)] (1) Die Verwaltung der Versicherungsträger ist durch Hauptstellen, durch Landesstellen nach Maßgabe der Abs. 3 und 4 und, soweit dies nach Abs. 5 vorgesehen ist, durch Außenstellen zu führen.

(2) Die Hauptstelle ist am Sitz des Versicherungsträgers zu errichten. Die Hauptstelle hat die Verwaltung des Versicherungsträgers zu führen, soweit nicht einzelne Aufgaben durch Gesetz den Landesstellen zugewiesen sind.

(3) Die Österreichische Gesundheitskasse und die Pensionsversicherungsanstalt haben in jedem Bundesland jeweils eine Landesstelle für das betreffende Bundesland einzurichten. Die Allgemeine Unfallversicherungsanstalt hat Landesstellen in Wien für die Länder Wien, Niederösterreich und Burgenland, in Linz für das Land Oberösterreich, in Salzburg für die Länder Salzburg, Tirol und Vorarlberg sowie in Graz für die Länder Steiermark und Kärnten zu errichten.

(BGBl I 2002/1)

(4) Die Landesstellen nach Abs. 3 haben die Hauptstelle in Angelegenheiten des allgemeinen Versicherten- und Dienstgeber/innenservice zu unterstützen und die im § 434 Abs. 2 bis 4 genannten Aufgaben zu besorgen. Verantwortlicher im Sinne des Art. 4 Z 7 DSGVO ist hinsichtlich dieser Aufgaben stets die Hauptstelle des Versicherungsträgers.

(5) Die Versicherungsträger können, soweit eine im Verhältnis zu den Versicherten und den Dienstgeber/inne/n örtlich nahe Verwaltung zweckmäßig ist, Außenstellen einrichten."

(BGBl I 2018/100)

[a)] Tritt mit 1. Jänner 2020 in Kraft.

ABSCHNITT II

Verwaltungskörper der Versicherungsträger[a)]

[a)] Der Abschnitt tritt mit 1. Jänner 2020 in Kraft.

Arten der Verwaltungskörper

§ 419.[a)] (1) Die Verwaltungskörper der Versicherungsträger sind

1. der Verwaltungsrat,
2. die Hauptversammlung und
3. die Landesstellenausschüsse am Sitz der Landesstellen.

(BGBl I 2018/100)

[a)] Tritt mit 1. Jänner 2020 in Kraft.

Versicherungsvertreter/innen

§ 420.[a)] (1) Die Verwaltungskörper bestehen aus Vertreter/inne/n der Dienstnehmer/innen und der Dienstgeber/innen (Versicherungsvertreter/innen).

(2) Versicherungsvertreter/innen können Personen sein, die nicht vom Wahlrecht in die gesetzgebenden Organe ausgeschlossen sind, am Tag der Berufung das 18. Lebensjahr vollendet und, wenn es sich nicht um Bedienstete von Gebietskörperschaften handelt, ihren Wohnort, Beschäftigungsort oder Betriebssitz im Sprengel des Versicherungsträgers haben. Sie müssen entweder seit mindestens sechs Monaten in Österreich als Dienstnehmer/innen oder Unternehmer/innen tätig sein oder

1. Bevollmächtigte von Dienstgeber/inne/n oder
2. Vorstandsmitglieder oder Bedienstete öffentlich-rechtlicher Interessenvertretungen oder von Organisationen der Dienstnehmer/innen bzw. Dienstgeber/innen oder
3. Bedienstete von Gebietskörperschaften

sein.

(BGBl I 2002/140, BGBl I 2015/162)

(3) Die Versicherungsvertreter/innen müssen, soweit es sich nicht um Angehörige des im Abs. 2 Z 2 und 3 umschriebenen Personenkreises handelt, im Zeitpunkt ihrer Entsendung dem betreffenden Versicherungsträger bzw. der betreffenden Landesstelle als pflichtversicherte Dienstnehmer/innen oder Dienstgeber/innen von solchen oder als freiwillig Versicherte angehören.

(BGBl I 2015/162, BGBl I 2017/49)

(4) Jedes Mitglied eines Verwaltungskörpers führt in diesem eine Stimme. Das Mitglied kann jedoch auch zwei Stimmen führen, wenn es von einem anderen Mitglied schriftlich mit seiner Vertretung bei einer einzelnen Sitzung betraut worden ist. Das Recht den Vorsitz zu führen kann nicht übertragen werden. Das vertretene Mitglied ist bei der Feststellung der Beschlussfähigkeit nicht mitzuzählen.

(5) Die Tätigkeit als Mitglied eines Verwaltungskörpers erfolgt auf Grund einer öffentlichen Verpflichtung und begründet kein Dienstverhältnis zum Versicherungsträger. Hiefür gebühren Entschädigungen nach folgenden Grundsätzen:

1. Die Mitglieder der Verwaltungskörper haben Anspruch auf Ersatz der Reise- und Aufenthaltskosten nach Maßgabe von Richtlinien nach § 30a Abs. 1 Z 31.
   (BGBl 1996/411)
2. Die Obmänner/Obfrauen und ihre Stellvertreter/innen, die Vorsitzenden der Hauptversammlungen und ihre Stellvertreter/innen sowie die Vorsitzenden der Landesstellenausschüsse und ihre Stellvertreter/innen haben Anspruch auf Funktionsgebühren. Das Nähere hat die Bundesministerin für Arbeit, Soziales, Gesundheit und Konsumentenschutz nach Anhörung des Dachverbandes durch Verordnung unter Bedachtnahme auf den örtlichen Wirkungsbereich und die Zahl der Versicherten des jeweiligen Versicherungsträgers zu bestimmen; dabei darf die für ein Jahr zustehende Funktionsgebühr 40% des einem Mitglied des Nationalrates jährlich gebührenden Bezuges nicht übersteigen.
   (BGBl I 1997/64, BGBl I 2001/99, BGBl I 2003/71, BGBl I 2004/171)
3. Die Mitglieder der Verwaltungskörper, soweit sie nicht unter Z 2 fallen, haben Anspruch auf Sitzungsgeld, dessen Höhe durch Verordnung der Bundesministerin für Arbeit, Soziales, Gesundheit und Konsumentenschutz nach Anhörung des Dachverbandes festzusetzen ist.
   (BGBl I 2003/71)

§ 107 Abs. 4 ist anzuwenden.

(6) Von der Entsendung in das Amt eines Versicherungsvertreters/einer Versicherungsvertreterin sind ausgeschlossen:

1. Mitglieder des Europäischen Parlaments, des Nationalrates, des Bundesrates, der Landtage, der Bundesregierung und der Landesregierungen;
2. Bedienstete eines Versicherungsträgers und des Dachverbandes;
3. Personen, die auf Grund einer von ihnen ausgeübten Erwerbstätigkeit mit einem Versicherungsträger oder dem Dachverband in regelmäßigen geschäftlichen Beziehungen stehen;
4. Personen, über deren Vermögen ein Insolvenzverfahren eröffnet ist;
5. Personen, deren fachliche Eignung nicht durch den Besuch einer regelmäßig vom Dachverband durchzuführenden Informationsveranstaltung für angehende Versicherungsvertreter/innen samt erfolgreich absolviertem Eignungstest nachgewiesen ist.

(7) Den Eignungstest nach Abs. 6 Z 5 hat eine Prüfungskommission durchzuführen, die beim Dachverband einzurichten ist. Die Mitglieder dieser Kommission sind von der Bundesministerin für Arbeit, Soziales, Gesundheit und Konsumentenschutz im Einvernehmen mit dem Bundesminister für Finanzen für die Dauer von fünf Jahren zu bestellen.

(8) Die Prüfungskommission nach Abs. 7 besteht aus drei Mitgliedern. Als Prüfer/innen für die Gegenstände „Organisationsrecht der Sozialversicherung", „Strukturen der Selbstverwaltung und Aufsichtsrecht", „Rechte und Pflichten der Versicherungsvertreter/innen", „Leistungsrecht der Kranken-, Unfall- und Pensionsversicherung" sowie „Melde-, Versicherungs- und Beitragswesen" sind fachkundige Bedienstete des Bundesministeriums für Arbeit, Soziales, Gesundheit und Konsumentenschutz zu bestellen. Als Prüfer/innen für die Gegenstände „Finanzierungsströme der öffentlichen Hand" und „Grundzüge der Buchhaltung und Bilanzierung sowie volks- und betriebswirtschaftliche Grundlagen" sind fachkundige Bedienstete des Bundesministeriums für Finanzen zu bestellen. Näheres über die Organisation der Prüfungskommission sowie über die Gestaltung des

Lehrplanes und die Anrechenbarkeit gleichwertiger Ausbildungsteile oder beruflich erworbener Qualifikationen ist durch Verordnung der Bundesministerin für Arbeit, Soziales, Gesundheit und Konsumentenschutz im Einvernehmen mit dem Bundesminister für Finanzen festzusetzen.

(BGBl I 2018/100)

[a] Tritt mit 1. Jänner 2020 in Kraft.

Bestellung der Versicherungsvertreter/innen

§ 421.[a] (1) Die Versicherungsvertreter/innen sind von den geschäftsführenden Organen der örtlich und sachlich zuständigen öffentlich-rechtlichen Interessenvertretungen der Dienstnehmer/innen und der Dienstgeber/innen unter Bedachtnahme auf ihre fachliche Eignung (§ 420 Abs. 6 Z 5) und auf die einzelnen von den entsendeberechtigten Stellen jeweils zu vertretenden Berufsgruppen in die Verwaltungskörper der Versicherungsträger zu entsenden. Dabei ist die Geschlechterparität durch ein ausgewogenes Verhältnis an Versicherungsvertreterinnen und Versicherungsvertretern in den Verwaltungskörpern zu beachten.

(BGBl 1996/411, BGBl I 2000/43, BGBl I 2000/142, BGBl I 2003/71, BGBl I 2005/132, BGBl I 2006/131, BGBl I 2010/111)

(2) Die Interessenvertretungen nach Abs. 1 haben die Entsendung nach dem Mandatsergebnis der Wahl zu ihrem jeweiligen satzungsgebenden Organ (z. B. Vollversammlung, Hauptversammlung) auf Vorschlag der jeweils wahlwerbenden Gruppe nach dem System d'Hondt unter sinngemäßer Anwendung von Abs. 5 Z 1 und 2 vorzunehmen; sind die Interessenvertretungen mehrerer Länder oder eine bundesweite Interessenvertretung zur Entsendung berufen, so sind dabei die jeweiligen (bei bundesweiter Zuständigkeit: sämtliche) Landesmandatsergebnisse zusammenzuzählen. Soweit die Wirtschaftskammern zur Entsendung berechtigt sind, hat die Nominierung der Versicherungsvertreter/innen nach dem Mandatsergebnis der Wahlen zu den Fachorganisationen (Fachvertretungen) zu erfolgen. Bei der Entsendung von Versicherungsvertreter/inne/n in die Landesstellenausschüsse der Allgemeinen Unfallversicherungsanstalt und der Pensionsversicherungsanstalt ist das jeweilige Wahlergebnis auf Landesebene zu berücksichtigen. Die Entsendung von Versicherungsvertreter/inne/n in die Landesstellenausschüsse der Österreichischen Gesundheitskasse erfolgt von den Interessenvertretungen nach Abs. 1 auf Vorschlag der jeweiligen Interessenvertretungen auf Landesebene, die bei der Erstattung ihres Vorschlages das jeweilige Wahlergebnis auf Landesebene zu berücksichtigen haben.

(BGBl I 2010/111)

(3) Bestehen keine Interessenvertretungen nach Abs. 1, so sind die Versicherungsvertreter/innen der Dienstnehmer/innen/gruppe vom Österreichischen Gewerkschaftsbund, und zwar von der in Betracht kommenden Gewerkschaft, zu entsenden. Die Versicherungsvertreter/innen der Dienstgeber/innen/gruppe sind in einem solchen Fall von der Bundesministerin für Arbeit, Soziales, Gesundheit und Konsumentenschutz auf Vorschlag der Wirtschaftskammer Österreich zu entsenden.

(BGBl I 2000/43, BGBl I 2010/111)

(4) Unzulässig ist die gleichzeitige Entsendung ein und derselben Person als Versicherungsvertreter/in

1. sowohl in den Verwaltungsrat als auch in einen Landesstellenausschuss desselben Versicherungsträgers;
2. sowohl in einen Landesstellenausschuss als auch in die Hauptversammlung als weitere/n Versicherungsvertreter/in nach § 426 Abs. 2 Z 1 desselben Versicherungsträgers;
3. in die Verwaltungskörper mehrerer Versicherungsträger.

(BGBl I 2005/132, BGBl I 2003/71, BGBl I 2010/111)

(5) Kommen mehrere entsendeberechtigte Stellen in der Gruppe der Dienstgeber/innen oder in der Gruppe der Dienstnehmer/innen in Betracht, so hat die Aufsichtsbehörde (§ 448) die auf die einzelnen Stellen entfallende Zahl von Versicherungsvertreter/inne/n unter Bedachtnahme auf die Zahl der pflichtversicherten Dienstnehmer/innen in den den einzelnen Stellen zugehörigen Gruppen von Dienstnehmer/inne/n oder Dienstgeber/inne/n festzusetzen. Die Zahl der pflichtversicherten Dienstnehmer/innen ist auf Grund einer Stichtagserhebung zum 1. Juli jenes Kalenderjahres zu ermitteln, das der Neubestellung der Verwaltungskörper zweitvorangeht. Die Berechnung der auf die einzelnen Stellen entfallenden Zahl von Versicherungsvertreter/inne/n hat nach dem System d'Hondt zu erfolgen, wobei

(BGBl I 2010/111)

1. die Wahlzahl ungerundet zu errechnen ist und
2. bei gleichem Anspruch mehrerer Stellen auf einen Versicherungsvertreter/eine Versicherungsvertreterin nach dieser Berechnung das Los entscheidet.

Die Aufteilung gilt jeweils für die betreffende Amtsdauer. Vor der Aufteilung der Zahl der Versicherungsvertreter/innen ist den in Betracht kommenden öffentlich-rechtlichen Interessenvertretungen und Gewerkschaften Gelegenheit zur Stellungnahme zu geben.

(6) Die Aufsichtsbehörde hat die in Betracht kommenden öffentlich-rechtlichen Interessenvertretungen und Gewerkschaften aufzufordern, die Vertreter/innen innerhalb einer angemessenen Frist, die mindestens einen Monat zu betragen hat, zu entsenden. Verstreicht diese Frist ungenützt, so hat die Aufsichtsbehörde selbst die Versicherungsvertreter/innen zu bestellen. Im Fall der Säumigkeit einer öffentlich-rechtlichen Interessenvertretung hat die Aufsichtsbehörde dabei nach dem System d'Hondt unter Zugrundelegung des Mandatsergebnisses der Wahl zum satzungsgebenden Organ dieser Interessenvertretung unter sinngemäßer Anwendung des Abs. 5 Z 1 und 2 vorzugehen, ohne an einen Vorschlag gebunden zu sein; Abs. 2 erster Satz letzter Halbsatz ist anzuwenden.

(BGBl I 2000/43)

(7) In den Fällen der Abs. 5 und 6, in denen der Wirkungsbereich der örtlich und sachlich zuständigen öffentlich-rechtlichen Interessenvertretung der Dienstnehmer/innen sich nicht über mehr als ein Land erstreckt und eine für das gesamte Bundesgebiet zuständige öffentlich-rechtliche Interessenvertretung nicht besteht, ist der Berechnung der auf diese Gruppe von Dienstnehmer/inne/n entfallenden Zahl von Versicherungsvertreter/inne/n die Gesamtzahl der im Bundesgebiet in Betracht kommenden Dienstnehmer/innen zugrunde zu legen. Es sind sodann die Versicherungsvertreter/innen von jener Interessenvertretung zu entsenden, die für sich allein die größte Zahl von Dienstnehmer/inne/n vertritt. Diese hat dabei das Einvernehmen mit den übrigen für diese Gruppe von Dienstnehmer/inne/n in Betracht kommenden Interessenvertretungen herzustellen.

(BGBl I 2001/99, BGBl I 2002/140, BGBl I 2005/132)

(8) Scheidet ein Versicherungsvertreter/eine Versicherungsvertreterin dauernd aus, so hat die Stelle, die die ausgeschiedene Person bestellt hat, für den Rest der Amtsdauer einen neuen Versicherungsvertreter/eine neue Versicherungsvertreterin zu bestellen. Ist die Neubestellung durch eine Enthebung (§ 423) erforderlich geworden und tritt nachträglich die Entscheidung über diese Enthebung außer Kraft, so erlöschen mit dem gleichen Zeitpunkt die rechtlichen Wirkungen der Neubestellung.

(BGBl I 2018/100)

[a] Tritt mit 1. Jänner 2020 in Kraft.

Ablehnung des Amtes und Recht zur Amtsausübung

§ 422.[a] (1) Das Amt eines Versicherungsvertreters/einer Versicherungsvertreterin darf nur aus wichtigen Gründen abgelehnt werden. Nach mindestens zweijähriger Amtsführung kann eine Wiederbestellung für die nächste Amtsdauer abgelehnt werden.

(2) Der Versicherungsvertreter/Die Versicherungsvertreterin hat von der Annahme seiner/ihrer Bestellung (§ 421) den Versicherungsträger nachweislich in Kenntnis zu setzen und ist unbeschadet des § 425 zweiter Satz ab dem Zeitpunkt des Einlangens dieser Mitteilung beim Versicherungsträger zur Ausübung seines/ihres Amtes ab dem Zeitpunkt, ab dem er/sie bestellt ist, berechtigt.

(BGBl I 2018/100)

[a] Tritt mit 1. Jänner 2020 in Kraft.

Enthebung von Versicherungsvertreter/inne/n

§ 423.[a] (1) Ein Versicherungsvertreter/eine Versicherungsvertreterin ist seines/ihres Amtes zu entheben:

1. wenn Tatsachen bekannt werden, die seine/ihre Bestellung ausschließen würden;
2. wenn der Versicherungsvertreter/die Versicherungsvertreterin seine/ihre Pflichten verletzt;
3. a) wenn er/sie als Vertreter/in der Dienstnehmer/innen entsendet worden ist, aber seit mehr als drei Monaten dem betreffenden Versicherungsträger nicht mehr als pflichtversicherter Dienstnehmer/pflichtversicherte Dienstnehmerin angehört, oder
   b) wenn er/sie als Vertreter/in der Dienstgeber/innen entsendet worden ist, aber seit mehr als drei Monaten nicht mehr Dienstgeber/in eines/einer bei dem betreffenden Versicherungsträger pflichtversicherten Dienstnehmers/Dienstnehmerin ist,

   in beiden Fällen jedoch nur, wenn er/sie nicht zu jenen Personen zählt, die im § 420 Abs. 2 Z 1 bis 3 angeführt sind;

   (BGBl I 2015/162, BGBl I 2017/49)
4. wenn ein wichtiger persönlicher Grund zur Enthebung vorliegt und der Versicherungsvertreter/die Versicherungsvertreterin seine/ihre Enthebung unter Berufung darauf beantragt;
5. wenn einer der im § 420 Abs. 6 genannten Ausschließungsgründe nach der Entsendung eingetreten ist.

Vor der Enthebung des Versicherungsvertreters/der Versicherungsvertreterin nach Z 4 oder 5 ist die zur Entsendung berufene Stelle anzuhören.

(2) Die Enthebung der Obmänner/Obfrauen und ihrer Stellvertreter/innen sowie der Vorsitzenden der Landesstellenausschüsse und ihrer Stellvertreter/innen steht der Aufsichtsbehörde, die der sonstigen Versicherungsvertreter/innen dem Obmann/der Obfrau bzw. dem/der Vorsitzenden des jeweiligen Landesstellenausschusses zu.

(3) Die Aufsichtsbehörde kann Versicherungsvertreter/innen auf begründeten Antrag der zur Entsendung berufenen Stelle ihres Amtes entheben.

(4) Vor der Enthebung eines Versicherungsvertreters/einer Versicherungsvertreterin nach Abs. 1 Z 1 bis 3 sowie Abs. 2 und 3 ist diesem/dieser Gelegenheit zur Äußerung zu geben und gleichzeitig die entsendeberechtigte Stelle (§ 421) zu verständigen. Der vom Obmann/der Obfrau oder vom/von der Vorsitzenden des Landesstellenausschusses enthobenen Person steht das Recht der Beschwerde zu. Sie ist binnen zwei Wochen nach Zustellung des Beschlusses über die Enthebung bei der Aufsichtsbehörde einzubringen.

(5) Die Aufsichtsbehörde hat dem Antrag einer entsendeberechtigten Stelle (§ 421) auf Enthebung der von dieser entsendeten Versicherungsvertreter/innen zu entsprechen, wenn der Antrag wegen der Neuwahl in die betreffende Interessenvertretung innerhalb von sechs Monaten nach der Neuwahl gestellt wird. In diesem Fall entfällt die Anhörung der zu enthebenden Versicherungsvertreter/innen.

(BGBl 1996/411, BGBl I 2003/71)

(6) Ist das Mitglied eines Verwaltungskörpers gleichzeitig auch Mitglied eines anderen Verwaltungskörpers bei ein und demselben Versicherungsträger (§ 426 Abs. 2), so erstreckt sich die

Enthebung auch auf das Amt in anderen Verwaltungskörpern.

(7) Von einer Enthebung ist die Aufsichtsbehörde in Kenntnis zu setzen, die die entsendeberechtigte Stelle zur Entsendung eines neuen Versicherungsvertreters/einer neuen Versicherungsvertreterin aufzufordern hat.

(8) Der Beschwerde gegen die Enthebung eines Versicherungsvertreters/einer Versicherungsvertreterin von seinem/ihrem Amt kommt keine aufschiebende Wirkung zu. Die Aufhebung der Entscheidung über die Enthebung eines Versicherungsvertreters/einer Versicherungsvertreterin wirkt nicht zurück.

(BGBl I 2018/100)

---

a) Tritt mit 1. Jänner 2020 in Kraft.

Pflichten und Haftung der Versicherungsvertreter/innen

§ 424.[a)] Die Mitglieder der Verwaltungskörper der Versicherungsträger und des Dachverbandes haben bei der Ausübung ihres Amtes die Rechtsvorschriften zu beachten. Sie sind zur Amtsverschwiegenheit und zur gewissenhaften und unparteiischen Ausübung ihres Amtes verpflichtet. Sie haften unbeschadet des Amtshaftungs- und des Organhaftpflichtgesetzes für jeden Schaden, der dem Versicherungsträger (dem Dachverband) aus der Vernachlässigung ihrer Pflichten erwächst. Die Versicherungsträger (der Dachverband) können auf Ansprüche aus der Haftung nur mit Genehmigung der Aufsichtsbehörde verzichten. Macht ein Versicherungsträger (der Dachverband) trotz mangelnder Genehmigung der Aufsichtsbehörde die Haftung nicht geltend, so kann diese die Haftung anstelle und auf Kosten des Versicherungsträgers (des Dachverbandes) geltend machen.

(BGBl 1996/411, BGBl I 2018/100)

---

a) Tritt mit 1. Jänner 2020 in Kraft.

Amtsdauer

§ 425.[a)] Die Amtsdauer der Verwaltungskörper währt jeweils fünf Jahre. Nach Ablauf der Amtsdauer hat der alte Verwaltungskörper die Geschäfte so lange weiterzuführen, bis der neue Verwaltungskörper zusammentritt. Die Zeit der Weiterführung der Geschäfte durch den alten Verwaltungskörper zählt auf die fünfjährige Amtsdauer des neuen Verwaltungskörpers.

(BGBl I 2018/100)

---

a) Tritt mit 1. Jänner 2020 in Kraft.

Zusammensetzung der Verwaltungskörper

§ 426.[a)] (1) Der Verwaltungsrat und die Landesstellenausschüsse bei der Österreichischen Gesundheitskasse, bei der Allgemeinen Unfallversicherungsanstalt und bei der Pensionsversicherungsanstalt setzt sich je zur Hälfte aus Vertreter/inne/n der Dienstnehmer/innen und Vertreter/inne/n der Dienstgeber/innen zusammen.

(2) Die Hauptversammlung bei der Österreichischen Gesundheitskasse, bei der Allgemeinen Unfallversicherungsanstalt und bei der Pensionsversicherungsanstalt setzt sich zusammen aus

1. zwölf Versicherungsvertreter/innen aus der Gruppe der Dienstnehmer/innen und zwölf Versicherungsvertreter/innen aus der Gruppe der Dienstgeber/innen, wobei die ersten sechs Mitglieder der jeweiligen Gruppe die Mitglieder des jeweiligen Verwaltungsrates sind,
2. den Vorsitzenden der jeweiligen Landesstellenausschüsse samt ihren Stellvertreter/inne/n,
   (BGBl I 2002/1, BGBl I 2003/145)
3. jeweils drei Senior/inn/envertreter/inne/n, die vom Bundesseniorenbeirat zu entsenden sind,
4. jeweils drei Behindertenvertreter/inne/n, von denen je einer/eine vom ÖZIV Bundesverband, vom Österreichischen Behindertenrat und vom Kriegsopfer- und Behindertenverband Österreich zu entsenden ist.

Die Versicherungsvertreter/innen nach Z 1, die zugleich Mitglieder des Verwaltungsrates sind, sind in der Hauptversammlung auf die Zahl der Versicherungsvertreter/innen jener Gruppe nach § 421 Abs. 2 bis 5 anzurechnen, der sie im Verwaltungsrat angehören.

(BGBl I 2018/100)

---

a) Tritt mit 1. Jänner 2020 in Kraft.

Verwaltungsrat

§ 427.[a)] (1) Die Zahl der Versicherungsvertreter/innen im Verwaltungsrat beträgt:

1. bei der Österreichischen Gesundheitskasse...12;
2. bei der Allgemeinen Unfallversicherungsanstalt...12;
   (BGBl I 2002/1)
3. bei der Pensionsversicherungsanstalt...12.
   (BGBl I 2002/1, BGBl I 2003/145)

(BGBl I 2018/100)

---

a) Tritt mit 1. Jänner 2020 in Kraft.

Hauptversammlung

§ 428.[a)] Die Zahl der Versicherungsvertreter/innen in der Hauptversammlung beträgt:

1. bei der Österreichischen Gesundheitskasse...42;
2. bei der Allgemeinen Unfallversicherungsanstalt...32;
   (BGBl I 2002/1)
3. bei der Pensionsversicherungsanstalt...42.
   (BGBl I 2002/1, BGBl I 2003/145)

(BGBl I 2018/100)

---

a) Tritt mit 1. Jänner 2020 in Kraft.

Landesstellenausschüsse

§ 429.[a)] Die Zahl der Versicherungsvertreter/innen in jedem Landesstellenausschuss beträgt:

1. bei der Österreichischen Gesundheitskasse...10;

2. bei der Allgemeinen Unfallversicherungsanstalt...6;
   (BGBl I 2002/1, BGBl I 2002/82)
3. bei der Pensionsversicherungsanstalt...6.
   (BGBl I 2002/1, BGBl I 2003/145)

(BGBl I 2018/100)

[a)] Tritt mit 1. Jänner 2020 in Kraft.

Vorsitz in den Verwaltungskörpern

§ 430.[a)] (1) Den Vorsitz im Verwaltungsrat führt der/die vom Verwaltungsrat gewählte Obmann/Obfrau. Den Vorsitz in der Hauptversammlung führt der/die von der Hauptversammlung gewählte Vorsitzende.

(2) Der Verwaltungsrat der Österreichischen Gesundheitskasse sowie der Pensionsversicherungsanstalt hat aus seiner Mitte zu Beginn jeder Amtsperiode auf Vorschlag der Gruppe der Dienstnehmer/innen und auf Vorschlag der Gruppe der Dienstgeber/innen je einen Obmann/eine Obfrau aus der Dienstnehmer/innen- und aus der Dienstgeber/innengruppe zu wählen. Diese führen abwechselnd jeweils für die Dauer von sechs Monaten den Vorsitz. Für die Wahl ist jeweils die einfache Mehrheit der Mitglieder des Verwaltungsrates sowie die einfache Mehrheit der Gruppe erforderlich, der die zu wählende Person angehört. Bei Stimmengleichheit entscheidet die einfache Mehrheit in der Gruppe jener Versicherungsvertreter/innen, der die zu wählende Person angehört. Der/Die den Vorsitz nicht führende Obmann/Obfrau ist Stellvertreter/in des/der den Vorsitz führenden Obmannes/Obfrau.

(3) Der Verwaltungsrat der Allgemeinen Unfallversicherungsanstalt hat für seine Amtsdauer aus seiner Mitte einen Obmann/eine Obfrau zu wählen. Er/Sie muss der Gruppe der Dienstgeber/innen angehören. Für die Wahl ist die einfache Mehrheit sowohl aller Mitglieder des Verwaltungsrates als auch der Gruppe der Dienstgeber/innen erforderlich. Bei Stimmengleichheit entscheidet die einfache Mehrheit in der Gruppe der Dienstgeber/innen. Im Anschluss an die Wahl des Obmannes/der Obfrau ist für diesen/diese aus der Mitte des Verwaltungsrates auf dieselbe Weise ein Stellvertreter/eine Stellvertreterin aus der Gruppe der Dienstnehmer/innen zu wählen.

(3a) Die Hauptversammlung der Österreichischen Gesundheitskasse sowie der Pensionsversicherungsanstalt hat aus ihrer Mitte zu Beginn jeder Amtsperiode je eine/n Vorsitzende/n aus der Dienstnehmer/innen- und aus der Dienstgeber/innengruppe zu wählen. Diese führen abwechselnd jeweils für die Dauer von sechs Monaten den Vorsitz, beginnend mit jenem/jener Vorsitzenden, der/die nicht der Gruppe angehört, der der/die den Vorsitz führende Obmann/Obfrau des Verwaltungsrates angehört. Für die Wahl ist die einfache Mehrheit der Mitglieder der Hauptversammlung erforderlich. Bei Stimmengleichheit entscheidet die einfache Mehrheit in der Gruppe jener Versicherungsvertreter/innen, der die zu wählende Person angehört. Die den Vorsitz nicht führende Person ist Stellvertreter/in der den Vorsitz führenden Person. Die Vorsitzenden dürfen weder dem Verwaltungsrat noch einem Landesstellenausschuss angehören. Darüber hinaus dürfen sie nicht derselben wahlwerbenden Gruppe angehören, der der Obmann/die Obfrau des Verwaltungsrates zuzurechnen ist.

(3b) Die Hauptversammlung der Allgemeinen Unfallversicherungsanstalt hat für ihre Amtsdauer aus ihrer Mitte eine/n Vorsitzende/n zu wählen. Er/Sie muss der Gruppe der Dienstgeber/innen angehören. Für die Wahl ist die einfache Mehrheit aller Mitglieder der Hauptversammlung erforderlich. Bei Stimmengleichheit entscheidet die einfache Mehrheit in der Gruppe der Dienstgeber/innen. Im Anschluss an die Wahl des/der Vorsitzenden ist für diese/n aus der Mitte der Hauptversammlung ein Stellvertreter/eine Stellvertreterin aus der Gruppe der Dienstnehmer/innen zu wählen. Der/Die Vorsitzende sowie sein/seine/ihr/ihre Stellvertreter/in dürfen weder dem Verwaltungsrat noch einem Landesstellenausschuss angehören. Darüber hinaus dürfen diese Personen nicht derselben wahlwerbenden Gruppe angehören, der der Obmann/die Obfrau des Verwaltungsrates bzw. sein/seine/ihr/ihre Stellvertreter/in zuzurechnen ist.

(4) Die Landesstellenausschüsse der Österreichischen Gesundheitskasse sowie der Pensionsversicherungsanstalt haben aus ihrer Mitte zu Beginn jeder Amtsperiode auf Vorschlag der Gruppe der Dienstnehmer/innen und auf Vorschlag der Gruppe der Dienstgeber/innen je einen Vorsitzenden/eine Vorsitzende aus der Dienstnehmer/innen- und aus der Dienstgeber/innengruppe zu wählen. Diese führen abwechselnd jeweils für die Dauer von sechs Monaten den Vorsitz. Für die Wahl ist die einfache Mehrheit aller Mitglieder des Landesstellenausschusses erforderlich. Bei Stimmengleichheit entscheidet die einfache Mehrheit in der Gruppe jener Versicherungsvertreter/innen, der die zu wählende Person angehört. Der/Die den Vorsitz nicht führende Vorsitzende ist Stellvertreter/in der den Vorsitz führenden Person. Der/Die Vorsitzende und sein/ihr Stellvertreter bzw. seine/ihre Stellvertreterin vertreten den jeweiligen Landesstellenausschuss in der Hauptversammlung (§ 426 Abs. 2 Z 2).

(5) Die Landesstellenausschüsse der Allgemeinen Unfallversicherungsanstalt haben für ihre Amtsdauer einen Vorsitzenden/eine Vorsitzende aus ihrer Mitte zu wählen. Er/Sie muss der Gruppe der Dienstgeber/innen angehören. Für die Wahl ist die einfache Mehrheit aller Mitglieder des Landesstellenausschusses erforderlich. Im Anschluss daran ist ein Stellvertreter/eine Stellvertreterin des/der Vorsitzenden zu wählen, der/die der Gruppe der Dienstnehmer/innen anzugehören hat. Bei Stimmengleichheit entscheidet die einfache Mehrheit in der Gruppe jener Versicherungsvertreter/innen, der die zu wählende Person angehört. Der/Die Vorsitzende und sein/ihr Stellvertreter bzw. seine/ihre Stellvertreterin vertreten den jeweiligen Landesstellenausschuss in der Hauptversammlung (§ 426 Abs. 2 Z 2).

(6) Die gewählten Obmänner/Obfrauen sowie die gewählten Vorsitzenden der Hauptversamm-

lungen und der Landesstellenausschüsse und ihre Stellvertreter/innen sind, wenn sie die Annahme der Wahl dem zur Wahl berufenen Verwaltungskörper ausdrücklich erklärt haben, sogleich oder ab einem anlässlich der Wahl vom Verwaltungskörper festgelegten Zeitpunkt zur Ausübung ihrer Funktion berechtigt.

(7) Scheidet ein Vorsitzender/eine Vorsitzende (ein Stellvertreter/eine Stellvertreterin) eines Verwaltungskörpers infolge Enthebung (§ 423) vom Amt als Versicherungsvertreter/in aus und tritt nachträglich die Entscheidung über diese Enthebung außer Kraft, so erlöschen mit dem gleichen Zeitpunkt die rechtlichen Wirkungen einer bereits erfolgten Wahl des Nachfolgers/der Nachfolgerin und es ist neuerlich eine entsprechende Wahl durchzuführen.

(BGBl I 2018/100)

[a] Tritt mit 1. Jänner 2020 in Kraft.

Angelobung der Versicherungsvertreter/innen

§ 431.[a] Die Obmänner/Obfrauen und ihre Stellvertreter/innen, die Vorsitzenden der Hauptversammlung sowie der Landesstellenausschüsse und ihre Stellvertreter/innen sind von der Aufsichtsbehörde, die übrigen Versicherungsvertreter/innen vom Obmann/von der Obfrau bzw. vom vorläufigen Verwalter/von der vorläufigen Verwalterin anzugeloben und dabei nachweislich auf ihre Pflichten nach § 424 hinzuweisen.

(BGBl I 2018/100)

[a] Tritt mit 1. Jänner 2020 in Kraft.

ABSCHNITT III
Aufgaben der Verwaltungskörper[a]

[a] Der Abschnitt tritt mit 1. Jänner 2020 in Kraft.

Aufgaben des Verwaltungsrates und Vertretung des Versicherungsträgers

§ 432.[a] (1) Dem Verwaltungsrat obliegt die Geschäftsführung, soweit diese nicht gesetzlich der Hauptversammlung oder einem Landesstellenausschuss zugewiesen ist, die Vertretung des Versicherungsträgers sowie die Vorbereitung der in der Hauptversammlung zu treffenden Beschlüsse. Er kann einzelne seiner Obliegenheiten dem Obmann/der Obfrau und die Besorgung bestimmter laufender Angelegenheiten dem Büro des Versicherungsträgers übertragen. Tunlichst dem Büro zu übertragen hat der Verwaltungsrat unbeschadet seiner eigenen Verantwortlichkeit und seiner Weisungsbefugnis

1. laufende Verwaltungsgeschäfte, sofern im Einzelfall das Eineinhalbfache des für das jeweilige Jahr festgesetzten Schwellenwertes für Dienstleistungen nach § 12 Abs. 1 Z 1 BVergG 2018 nicht überschritten wird,
2. Personalangelegenheiten mit Ausnahme des bereichsleitenden und leitenden Dienstes sowie der Leiter/innen des höheren Dienstes nach der DO. A und des ärztlichen Dienstes nach § 37 Z 1 und 2 DO. B,
3. die Entscheidung in Leistungsangelegenheiten nach den vom Verwaltungsrat zu erlassenden Richtlinien und
4. die Vertretung des Versicherungsträgers nach außen in jenen Angelegenheiten, die nicht der Beschlussfassung des Verwaltungsrates oder der Hauptversammlung bedürfen.

Dem Verwaltungsrat ist über die laufenden Verwaltungsgeschäfte nach Z 1 gemäß der Geschäftsordnung nachträglich, mindestens halbjährlich Bericht zu erstatten.

(2) Die Vertretungsbefugnis natürlicher Personen wird durch eine Bescheinigung der Aufsichtsbehörde oder einen Auszug aus dem die sonstigen Betroffenen erfassenden Teil des Ergänzungsregisters (§ 6 Abs. 4 in Verbindung mit § 2 Z 7 des E-Government-Gesetzes, BGBl. I Nr. 10/2004) nachgewiesen.

(3) In folgenden Angelegenheiten bedürfen Beschlüsse des Verwaltungsrates zu ihrer Wirksamkeit der einfachen Mehrheit der gültig abgegebenen Stimmen sowohl in der Gruppe der Dienstnehmer/innen als auch in der Gruppe der Dienstgeber/innen:

1. die dauernde Veranlagung von Vermögensbeständen;
2. der Abschluss von Verträgen mit den im Sechsten Teil bezeichneten und sonstigen Vertragspartner/inne/n, wenn diese Verträge eine wesentliche dauernde Belastung des Versicherungsträgers herbeiführen;
3. die Erlassung von Richtlinien nach § 84 Abs. 6 über die Verwendung der Mittel des Unterstützungsfonds;
4. der Abschluss von Landes-Zielsteuerungsübereinkommen nach dem G-ZG.

(4) Der Verwaltungsrat darf Beschlüsse

1. über die Erwerbung, Errichtung oder Erweiterung von Gebäuden oder von Einrichtungen in fremden Gebäuden, die Zwecken der Verwaltung, der Krankenbehandlung, der Anstaltspflege, der Jugendlichen- und Vorsorge(Gesunden)untersuchungen, der Erbringung von Zahnbehandlung oder Zahnersatz, der Unfallheilbehandlung, der Rehabilitation, der Maßnahmen zur Festigung der Gesundheit, der Krankheitsverhütung oder der Gesundheitsvorsorge dienen sollen, sowie
2. über Umbauten von Gebäuden, wenn damit eine Änderung des Verwendungszweckes verbunden ist,

nur dann fassen, wenn ein Bedarf für das jeweilige Bauvorhaben besteht. Die Bedarfsprüfung ist vom Versicherungsträger vorzunehmen und hat sich auf den Bereich der gesamten Sozialversicherung zu erstrecken. Die Grundsätze für die Bedarfsprüfung sind von der Bundesministerin für Arbeit, Soziales, Gesundheit und Konsumentenschutz mit Verordnung festzulegen und haben jedenfalls Näheres über den Ablauf und den Umfang der Prüfung sowie die dabei auszuarbeitenden Unterlagen zu enthalten. Nach Abschluss des Bauvorhabens ist der

Aufsichtsbehörde eine von den zuständigen Verwaltungskörpern des Versicherungsträgers gebilligte Schlussabrechnung vorzulegen.

(5) Beschlüsse des Verwaltungsrates über die Erstellung von Dienstpostenplänen (§ 460 Abs. 1), soweit sie sich auf die Gehaltsgruppen F (Höherer Dienst) und G (Leitender Dienst) der Dienstordnung A für die Angestellten bei den Sozialversicherungsträgern Österreichs (DO. A) erstrecken, bedürfen der Genehmigung durch die Aufsichtsbehörde im Einvernehmen mit dem Bundesminister für Finanzen.

[a] Tritt mit 1. Jänner 2020 in Kraft.

Aufgaben der Hauptversammlung

§ 433.[a] (1) Die Hauptversammlung des Versicherungsträgers hat jährlich mindestens zweimal zusammenzutreten. Sie ist vom Verwaltungsrat einzuberufen. Ihr ist vorbehalten:

1. die Beschlussfassung über den Jahresvoranschlag (Haushaltsplan);
2. die Beschlussfassung über den Jahresbericht des Verwaltungsrates, der aus dem durch einen beeideten Wirtschaftsprüfer/eine beeidete Wirtschaftsprüferin geprüften Rechnungsabschluss und den Statistischen Nachweisungen besteht;
3. die Beschlussfassung über die Entlastung des Verwaltungsrates;
4. die Beschlussfassung über die Satzung und Krankenordnung sowie ihre Änderungen.

(2) Der beeidete Wirtschaftsprüfer/Die beeidete Wirtschaftsprüferin nach Abs. 1 Z 2 ist von der Hauptversammlung zu beauftragen.

(3) Über die im Abs. 1 Z 2 bis 4 genannten Gegenstände kann nur mit einer Mehrheit von zwei Dritteln der abgegebenen Stimmen gültig Beschluss gefasst werden. Bei Ablehnung der Entlastung hat die Aufsichtsbehörde zu entscheiden.

(BGBl I 2018/100)

[a] Tritt mit 1. Jänner 2020 in Kraft.

Aufgaben der Landesstellenausschüsse

§ 434.[a] (1) Den Landesstellenausschüssen obliegt die Geschäftsführung hinsichtlich der ihnen nach den Abs. 2 bis 4 zugewiesenen Aufgaben. Der Landesstellenausschuss kann unbeschadet seiner eigenen Verantwortlichkeit einzelne seiner Obliegenheiten dem/der Vorsitzenden und die Besorgung bestimmter laufender Angelegenheiten dem Büro übertragen.

(2) Die Landesstellenausschüsse der Österreichischen Gesundheitskasse haben nach einheitlichen Grundsätzen und Vorgaben des Verwaltungsrates folgende Aufgaben wahrzunehmen:

(BGBl I 2009/83)

1. Mitwirkung im Rahmen der Zielsteuerung-Gesundheit insbesondere bei der regionalen Planung einschließlich die Entsendung von Vertreter/innen in die Gesundheitsplattform und die Landes-Zielsteuerungskommission des jeweiligen Landesgesundheitsfonds;
2. Verhandlung gesamtvertraglicher Honorarvereinbarungen mit den freiberuflich tätigen Ärzten und Ärztinnen und den Gruppenpraxen auf regionaler Ebene einschließlich des Stellenplans nach § 342 Abs. 1 Z 1 in Verbindung mit den Abs. 1a und 3;
3. Beschlussfassung über die Auswahl der Vertrags(zahn)ärzte und Vertrags(zahn)ärztinnen, Vertrags-Gruppenpraxen und Primärversorgungseinheiten auf regionaler Ebene sowie die Beendigung dieser Vertragsverhältnisse;
4. Beschlussfassung über Einzelverträge mit Hebammen, klinischen Psycholog/inn/en, Psychotherapeut/inn/en sowie Beförderungsunternehmen unter Bedachtnahme auf bestehende Gesamt-, Muster- und Rahmenverträge;
5. Verhandlung und Entscheidung über die Verwendung der am 31. Dezember 2018 vorhandenen allgemeinen Rücklage der jeweiligen Gebietskrankenkasse und Verwendung der Rücklagen für Gesundheitsreformprojekte in Abstimmung mit der Landes-Zielsteuerungskommission;
6. Entgegennahme von Leistungsanträgen;
7. Bestellung von Bevollmächtigten zur Vertretung der Anstalt bei den für ihren Sprengel in Betracht kommenden Landesgerichten als Arbeits- und Sozialgerichten bzw. dem Arbeits- und Sozialgericht Wien, den Oberlandesgerichten und Landeshauptmännern/Landeshauptfrauen sowie bei anderen Behörden für die in Betracht kommenden Länder;
8. Behandlung von Anträgen an den Unterstützungsfonds;
9. Entscheidung über die Verwendung der der Landesstelle zugewiesenen Mittel aus dem Innovations- und Zielsteuerungsfonds nach § 447a für Gesundheitsreformprojekte;
10. Bestellung der Landesstellenleiter/innen und deren Stellvertreter/innen auf Vorschlag des Verwaltungsrates;
11. regionale Betreuung der Versicherten, der Dienstgeber/innen und der Vertragspartner/innen.

(3) Die Landesstellenausschüsse der Allgemeinen Unfallversicherungsanstalt haben nach einheitlichen Grundsätzen und Vorgaben des Verwaltungsrates folgende Aufgaben wahrzunehmen:

1. Entgegennahme von Leistungsanträgen;
2. Mitwirkung an der Durchführung der Rehabilitation im Rahmen der Unfallversicherung, Gewährung von Maßnahmen der Gesundheitsvorsorge und ihre Durchführung; Mitwirkung an der Feststellung aller übrigen Leistungen und Vorlage der Leistungsanträge an den zur Entscheidung zuständigen Verwaltungskörper;
3. Standesführung und Kontrolle der im Sprengel der Landesstelle wohnenden Renten(Pensions)empfänger/innen;
4. Bestellung von Bevollmächtigten zur Vertretung der Anstalt bei den für ihren Sprengel in Betracht kommenden Landesgerichten als Arbeits- und Sozialgerichte bzw. dem Ar-

beits- und Sozialgericht Wien, den Oberlandesgerichten und Landeshauptmännern/Landeshauptfrauen sowie bei anderen Behörden für die in Betracht kommenden Länder;
5. Mitwirkung bei der Durchführung der Unfallverhütungsvorschriften, bei der Überwachung derselben durch Besichtigung der Betriebe und bei der Vorsorge für erste Hilfeleistung bei Arbeitsunfällen.

(4) Die Landesstellenausschüsse der Pensionsversicherungsanstalt haben nach einheitlichen Grundsätzen des Verwaltungsrates folgende Aufgaben wahrzunehmen:
1. Entgegennahme von Leistungsanträgen;
2. Gewährung von Leistungen aus dem Unterstützungsfonds;
3. Entsendung von Versicherungsvertreter/inne/n in den Widerspruchs-Ausschuss nach § 367a Abs. 3.

(5) Die Landesstellenausschüsse sind bei ihrer Geschäftsführung an die Weisungen des Verwaltungsrates gebunden; der Verwaltungsrat kann Beschlüsse der Landesstellenausschüsse aufheben oder ändern.

(BGBl I 2018/100)

a) Tritt mit 1. Jänner 2020 in Kraft.

Sitzungen

§ 435.[a)] (1) Die Sitzungen der Verwaltungskörper sind nichtöffentlich. Der/Die leitende Angestellte und seine/ihre Stellvertreter/innen sind berechtigt, an den Sitzungen der Verwaltungskörper mit beratender Stimme teilzunehmen. Der Obmann/Die Obfrau kann die Teilnahme von Bediensteten des Versicherungsträgers verfügen.

(2) Der ordnungsmäßig einberufene Verwaltungskörper ist bei Anwesenheit des/der Vorsitzenden und von mindestens der Hälfte der Versicherungsvertreter/innen beschlussfähig. Der/Die Vorsitzende ist auf die erforderliche Mindestzahl von anwesenden Versicherungsvertreter/inne/n anzurechnen. Ein gültiger Beschluss bedarf – wenn gesetzlich nichts anderes bestimmt ist – der Zustimmung der Mehrheit der gültig abgegebenen Stimmen.

(3) In den Sitzungen der Verwaltungskörper hat auch der/die Vorsitzende Stimmrecht. Bei Stimmengleichheit gibt seine/ihre Stimme den Ausschlag; dies gilt nicht für die im § 430 Abs. 2, 3a und 4 genannten Vorsitzenden.

(4) Die im § 426 Abs. 2 Z 3 und 4 genannten Mitglieder nehmen an den Sitzungen der Hauptversammlung mit beratender Stimme teil.

(5) Verstoßen Beschlüsse eines Verwaltungskörpers gegen eine Rechtsvorschrift oder in einer wichtigen Frage gegen den Grundsatz der Zweckmäßigkeit der Gebarung des Versicherungsträgers, so hat der Obmann/die Obfrau oder der/die Vorsitzende des Landesstellenausschusses ihre Durchführung vorläufig aufzuschieben und unter gleichzeitiger Angabe der Gründe für seine/ihre Vorgangsweise die Entscheidung der Aufsichtsbehörde einzuholen.

(BGBl I 2018/100)

a) Tritt mit 1. Jänner 2020 in Kraft.

Teilnahme der Betriebsvertretung

§ 436.[a)] (1) An den Sitzungen des Verwaltungsrates, der Hauptversammlung und der Landesstellenausschüsse ist die Betriebsvertretung des Versicherungsträgers mit zwei Vertreter/inne/n mit beratender Stimme teilnahmeberechtigt.

(BGBl I 2018/100)

(2) Das nach dem Arbeitsverfassungsgesetz, BGBl. Nr. 22/1974, in Betracht kommende Organ der Betriebsvertretung hat dem Obmann/der Obfrau des Versicherungsträgers die für die Teilnahme an den Sitzungen der Verwaltungskörper vorgesehenen Vertreter/innen namhaft zu machen. Diese Vertreter/innen sind von jeder Sitzung des Verwaltungskörpers ebenso in Kenntnis zu setzen wie die Mitglieder dieses Verwaltungskörpers; es sind ihnen auch die diesen zur Verfügung gestellten Behelfe (Tagesordnung, Ausweise, Berichte und andere Behelfe) zu übermitteln.

a) Tritt mit 1. Jänner 2020 in Kraft.

Veröffentlichung von Beschlüssen

§ 437.[a)] Die Beschlüsse des Verwaltungsrates sind im Internet zu veröffentlichen.“

(BGBl I 2018/100)

a) Tritt mit 1. Jänner 2020 in Kraft.

Abschnitt IV
Beiräte[a)]

a) Der gesamte Abschnitt IV tritt mit Ablauf des 31. Dezember 2019 außer Kraft.

Aufgaben des Beirates

§ 440.[a)] (1) Die Versicherungsträger, ausgenommen die Betriebskrankenkassen, und der Hauptverband haben zur Wahrnehmung sozialversicherungsrechtlicher Anliegen der Versicherten und der Leistungsbezieher (§ 440a) an ihrem Sitz einen Beirat zu errichten.

(2) Der Beirat hat jährlich mindestens einmal zusammenzutreten. Er ist vom Vorsitzenden des Beirates einzuberufen.

(3) Der Beirat kann unter Bedachtnahme auf die Aufgaben des Versicherungsträgers (Hauptverbandes) in Fragen von grundsätzlicher Bedeutung seine Anhörung verlangen, Anträge stellen und Stellungnahmen abgeben. Darüber kann nur mit der absoluten Mehrheit der Stimmen aller Mitglieder des Beirates Beschluß gefaßt werden. Abweichend davon genügt für die Beschlussfassung über Anträge eines Beiratsmitgliedes nach § 440a Abs. 1 Z 1 oder 4 die absolute Stimmenmehrheit der in diesen Ziffern genannten Beiratsmitglieder.

(BGBl I 2000/43)

(4) Das Nähere über die Sitzungen und die Beschlußfassung hat die vom Beirat zu beschließende Geschäftsordnung zu bestimmen. Für die Be-

schlußfassung der Geschäftsordnung und jede ihrer Änderungen gilt Abs. 3 zweiter Satz.

(5) Der Vorsitzende des Beirates und sein(e) Stellvertreter sind – unbeschadet des Anhörungsrechtes des Beirates in grundsätzlichen Fragen – berechtigt,

1. an den Sitzungen der Generalversammlung (Trägerkonferenz) und des Vorstandes (Verbandsvorstandes) mit beratender Stimme teilzunehmen;

   (BGBl I 2001/99, BGBl I 2004/171)

2. die nach Abs. 3 beschlossenen Anträge und Stellungnahmen des Beirates im zuständigen Verwaltungskörper einzubringen.

(6) Auf Antrag des Vorsitzenden hat der Beirat Vertreter in erforderlicher Anzahl zu wählen, die berechtigt sind, an den Sitzungen der Landesstellenausschüsse und der Ausschüsse des Vorstandes (Verbandsvorstandes) mit beratender Stimme teilzunehmen. Sie müssen der Personengruppe nach § 440a Abs. 1 Z 1 oder 4 angehören. Abs. 3 dritter Satz ist anzuwenden.

(BGBl I 2000/43, BGBl I 2005/132)

(BGBl I 2018/100)

[a] Tritt mit Ablauf des 31. Dezember 2019 außer Kraft.

Mitglieder des Beirates

§ 440a.[a] (1) Die bei den Versicherungsträgern errichteten Beiräte bestehen aus Vertretern von

1. Beziehern einer Pension (Rente), sofern sie auf Dauer aus dem Erwerbsleben ausgeschieden sind,
2. nach diesem Bundesgesetz pflichtversicherten Dienstnehmern,
3. Dienstgebern der in Z 2 bezeichneten Dienstnehmer,
4. Beziehern einer Leistung nach dem Bundespflegegeldgesetz oder nach einer gleichartigen landesgesetzlichen Vorschrift, sofern sie die Voraussetzungen bezüglich der Altersgrenze für eine Leistung aus einem der Versicherungsfälle des Alters nicht erfüllen.

(2) Die Beiratsmitglieder müssen im Zeitpunkt ihrer Bestellung das 18. Lebensjahr vollendet und ihren Wohnsitz, Beschäftigungsort (ihre Betriebsstätte) im Sprengel des in Betracht kommenden Versicherungsträgers haben. Überdies müssen sie zu diesem Zeitpunkt diesem Versicherungsträger als Leistungsberechtigter, pflichtversicherter Dienstnehmer oder Dienstgeber von solchen angehören. Beiratsmitglieder können auch Vorstandsmitglieder oder Bedienstete von gemäß § 440c Abs. 2 vorschlagsberechtigten Vereinen und deren Verbänden sein.

(BGBl I 2002/140)

(3) Der beim Hauptverband errichtete Beirat setzt sich zusammen

1. aus einem Vorsitzenden und zwei Vorsitzenden-Stellvertretern, die vom Bundesminister für soziale Sicherheit und Generationen auf Vorschlag der drei mitgliederstärksten im Bundesseniorenbeirat vertretenen Seniorenorganisationen (§ 3 des Bundes-Seniorengesetzes, BGBl. I Nr. 84/1998) zu entsenden sind,
2. aus einem weiteren Vorsitzenden-Stellvertreter, der vom Bundesminister für soziale Sicherheit und Generationen auf Vorschlag des Bundesbehindertenbeirates (§§ 8 ff. des Bundesbehindertengesetzes, BGBl. Nr. 283/1990) zu entsenden ist, und
3. aus den Vorsitzenden der Beiräte jener Versicherungsträger, die in der Trägerkonferenz vertreten sind, wobei der jeweilige Vorsitzende durch ein anderes – aus der Mitte des jeweiligen Beirates zu wählendes – Mitglied vertreten werden kann.

   (BGBl I 2001/99, BGBl I 2004/171)

Für den Vorsitzenden und die Vorsitzenden-Stellvertreter sind gleichzeitig mit deren Entsendung und auf dieselbe Art Stellvertreter zu entsenden.

(BGBl I 2000/43)

(4) Versicherungsvertreter, Bedienstete eines Versicherungsträgers und des Hauptverbandes sind von der Bestellung als Beiratsmitglied ausgeschlossen.

(5) § 420 Abs. 5 Z 1 und 3 ist so anzuwenden, dass Anspruch auf Ersatz der Reise- und Aufenthaltskosten sowie auf Sitzungsgeld besteht

1. für die Teilnahme an Sitzungen des Beirates nach § 440 Abs. 2 höchstens viermal im Kalenderjahr,
2. für die Teilnahme an Sitzungen der Generalversammlung (Trägerkonferenz), des Vorstandes (Verbandsvorstandes) und seiner Ausschüsse sowie der Landesstellenausschüsse.

   (BGBl I 2001/99, BGBl I 2004/171)

(BGBl I 2000/43, BGBl I 2013/3)

(BGBl I 2018/100)

[a] Tritt mit Ablauf des 31. Dezember 2019 außer Kraft.

Pflichten der Beiratsmitglieder

§ 440b.[a] (1) Den Mitgliedern des Beirates obliegt es,

1. zum Zwecke der Information und Vertretung im sozialversicherungsrechtlichen Bereich Verbindung zu möglichst vielen Mitgliedern jenes Personenkreises aufzunehmen, als dessen Vertreter sie bestellt worden sind, und
2. an den Sitzungen des Beirates teilzunehmen und dabei unter Bedachtnahme auf die Aufgaben des Versicherungsträgers die sozialversicherungsrechtlichen Interessen des von ihnen zu vertretenden Personenkreises durch die Anregung von und die Teilnahme an darauf abzielenden Erörterungen sowie die Einbringung entsprechender Anträge an den Beirat wahrzunehmen.

(2) § 424 erster und zweiter Satz ist anzuwenden.

(BGBl I 2018/100)

[a] Tritt mit Ablauf des 31. Dezember 2019 außer Kraft.

Bestellung der Beiratsmitglieder

§ 440c.[a] (1) Die Mitglieder des bei den Versicherungsträgern errichteten Beirates werden über Vorschlag eines gemäß Abs. 2 in Betracht kommenden Vereins von der Generalversammlung des Versicherungsträgers für die Amtsdauer der Verwaltungskörper (§ 425) bestellt. Für jedes Mitglied des Beirates ist gleichzeitig mit dessen Bestellung auf dieselbe Art ein Stellvertreter zu bestellen. Bei der Bestellung der Beiratsmitglieder ist für jede der im Beirat vertretenen Gruppen im Verhältnis der Zahl der den Vereinen angehörenden Mitgliedern nach dem System d'Hondt vorzugehen und nach Möglichkeit auf regionale, betriebliche oder wirtschaftliche Interessen der Gruppen Bedacht zu nehmen.

(2) Das Vorschlagsrecht steht Vereinen zu, die sich beim Versicherungsträger angemeldet haben und der Generalversammlung glaubhaft machen, daß sie durch die Zahl ihrer Mitglieder und durch die Qualität ihrer Vereinstätigkeit die Interessen des von ihnen vertretenen Personenkreises wirksam vertreten können. Sofern sie diese Voraussetzungen erfüllen, stehen Vorschlagsrechte insbesondere folgenden Vereinen zu:

1. Hinsichtlich der Vertreter von Pensions-(Renten)beziehern jenen Vereinen, zu deren Vereinszwecken die Wahrnehmung oder Förderung der Interessen von Pensions(Renten)beziehern gehört,
2. hinsichtlich der Vertreter von beim Versicherungsträger pflichtversicherten Dienstnehmern jenen Vereinen, zu deren Vereinszwecken die Wahrnehmung oder Förderung der Interessen auch solcher Dienstnehmer gehört,
3. hinsichtlich der Vertreter von Dienstgebern der beim Versicherungsträger pflichtversicherten Dienstnehmer jenen Vereinen, zu deren Vereinszwecken die Wahrnehmung oder Förderung der Interessen auch solcher Dienstgeber gehört,
4. hinsichtlich der Vertreter der im § 440a Abs. 1 Z 4 genannten Leistungsbezieher jenen Vereinen, die von ihrer Tätigkeit her dazu geeignet erscheinen, die Interessen dieses Peronenkreises wahrzunehmen oder zumindest wirksam zu fördern.

(3) Die Bestellungsvorschläge sind spätestens am Tag vor Beginn einer neuen Amtsdauer zugleich mit dem Nachweis der Voraussetzungen nach Abs. 2 beim Versicherungsträger einzubringen.

(4) Scheidet ein Beiratsmitglied vor Ablauf der Amtsdauer der Verwaltungskörper aus seinem Amt, so hat der Vorstand des Versicherungsträgers den vorschlagsberechtigten Verein davon unverzüglich zu verständigen und aufzufordern, binnen vier Wochen ein neues Mitglied vorzuschlagen, das abweichend von Abs. 1 vom Vorstand ehestmöglich zu bestellen ist.

(BGBl I 2000/43)

(BGBl I 2018/100)

[a] Tritt mit Ablauf des 31. Dezember 2019 außer Kraft.

Enthebung von Beiratsmitgliedern (Stellvertretern)

§ 440d.[a] (1) Ein Mitglied des Beirates (Stellvertreter) ist von seinem Amt zu entheben:

1. wenn die im § 440a Abs. 2 genannten Bedingungen nicht mehr zutreffen;
2. wenn einer der im § 440a Abs. 4 bezeichneten Ausschließungsgründe nach der Bestellung eingetreten ist.

Überdies findet § 423 Abs. 1 Z 1 bis 4 Anwendung.

(2) Die Enthebung des Vorsitzenden des Beirates steht der Generalversammlung, die Enthebung der sonstigen Mitglieder (Stellvertreter) des Beirates dem Vorstand zu.

(BGBl I 2018/100)

[a] Tritt mit Ablauf des 31. Dezember 2019 außer Kraft.

Zusammensetzung des Beirates

§ 440e.[a] (1) Die Generalversammlung hat unter Berücksichtigung des sachlichen und örtlichen Wirkungskreises des Versicherungsträgers die Zahl der Mitglieder des Beirates festzusetzen; sie muß durch sechs teilbar sein und darf 18 nicht übersteigen.

(2) Die Mitglieder des Beirates setzen sich zusammen zu

1. je zwei Sechsteln aus Vertretern der im § 440a Abs. 1 Z 1 und 2 bezeichneten Gruppen,
2. je einem Sechstel aus Vertretern der im § 440a Abs. 1 Z 3 und 4 bezeichneten Gruppen.

(BGBl I 2018/100)

[a] Tritt mit Ablauf des 31. Dezember 2019 außer Kraft.

Vorsitz im Beirat, Sitzungen

§ 440f.[a] (1) Den Vorsitz im Beirat hat der vom Beirat aus der Gruppe der im § 440a Abs. 1 Z 1 und 4 genannten Personen und für dessen Amtsdauer gewählte oder nach § 440a Abs. 3 Z 1 entsendete Vorsitzende zu führen. Für die Wahl ist die einfache Mehrheit sowohl aller Beiratsmitglieder als auch jener Gruppe der Beiratsmitglieder, welcher der zu Wählende angehört, erforderlich. Gleichzeitig ist auf dieselbe Art, ausgenommen im Falle des § 440a Abs. 3 Z 1, ein Stellvertreter zu wählen. Der Vorsitzende hat unbeschadet des Abs. 2 zu den Sitzungen einzuberufen.

(2) Die erstmalige Sitzung des Beirates – mit Ausnahme des beim Hauptverband errichteten Beirates – ist vom Obmann des Versicherungsträ-

gers einzuberufen. Er hat dabei auf die Wahl des Vorsitzenden des Beirates hinzuwirken. Bis zu dessen Wahl hat seine Obliegenheiten der Obmann wahrzunehmen.

(3) Die Sitzungen des Beirates sind nicht öffentlich. Der ordnungsgemäß einberufene Beirat ist bei Anwesenheit des Vorsitzenden und von mindestens der Hälfte seiner Mitglieder beschlussfähig.

(4) Der Obmann (der/die Verbandsvorsitzende) oder ein von ihm bestimmter Versicherungsvertreter und der leitende Angestellte oder ein von ihm bestimmter Bediensteter haben an den Sitzungen des Beirates mit beratender Stimme teilzunehmen.

(BGBl I 2001/99, BGBl I 2004/171)

(BGBl I 2000/43, BGBl I 2018/100)

[a] Tritt mit Ablauf des 31. Dezember 2019 außer Kraft.

Abschnitt IVa
Verwaltungskörper des Hauptverbandes

Arten der Verwaltungskörper

§ 441. Die Verwaltungskörper des Hauptverbandes sind

– die Trägerkonferenz und
– der Verbandsvorstand.

(BGBl I 2004/171)

Trägerkonferenz

§ 441a. (1) Die Trägerkonferenz besteht

1. aus den Obmännern/Obfrauen und ihren ersten Stellvertretern/Stellvertreterinnen
   a) der Allgemeinen Unfallversicherungsanstalt,
   b) der Pensionsversicherungsanstalt,
   c) der Versicherungsanstalt für Eisenbahnen und Bergbau,
   d) der Gebietskrankenkassen,
   e) der Sozialversicherungsanstalt der gewerblichen Wirtschaft,
   f) der Sozialversicherungsanstalt der Bauern,
   g) der Versicherungsanstalt öffentlich Bediensteter,
   h) der Versicherungsanstalt des österreichischen Notariates und
   i) der nach der Versichertenzahl größten Betriebskrankenkasse sowie
2. aus drei Seniorenvertretern/Seniorenvertreterinnen, die von den drei mitgliederstärksten im Bundesseniorenbeirat vertretenen Seniorenorganisationen (§ 3 des Bundes-Seniorengesetzes, BGBl. I Nr. 84/1998) zu entsenden sind.

Für jeden Obmann/jede Obfrau und für jeden ersten Stellvertreter/jede erste Stellvertreterin ist vom Vorstand des jeweiligen Versicherungsträgers ein Stellvertreter/eine Stellvertreterin zu entsenden, der/die von jener Gruppe der VersicherungsvertreterInnen im Vorstand zu wählen ist, der der/die zu Vertretende angehört. Für jeden Seniorenvertreter/jede Seniorenvertreterin ist von den in Betracht kommenden Seniorenorganisationen je ein Stellvertreter/eine Stellvertreterin zu entsenden.

(2) Die Trägerkonferenz ist beschlussfähig, wenn zumindest die Hälfte ihrer Mitglieder anwesend ist. Ein gültiger Beschluss bedarf der Zustimmung der Mehrheit der gültig abgegebenen Stimmen.

(3) Die Trägerkonferenz wählt aus ihrer Mitte für eine Funktionsdauer von vier Jahren einen Vorsitzenden/eine Vorsitzende und drei StellvertreterInnen, denen die Vertretung der Trägerkonferenz gegenüber dem Verbandsvorstand und gegenüber den Versicherungsträgern obliegt. Wiederwahlen sind zulässig. Der/die Vorsitzende hat insbesondere für die rechtzeitige Einberufung der Trägerkonferenz Sorge zu tragen, die Trägerkonferenz zu leiten und die Sitzungspolizei wahrzunehmen. Die näheren Bestimmungen sind in einer von der Trägerkonferenz zu beschließenden Geschäftsordnung der Trägerkonferenz (§ 456a) zu treffen.

(BGBl I 2004/171, BGBl I 2005/71)

Verbandsvorstand

§ 441b. (1) Der Verbandsvorstand besteht aus zwölf Mitgliedern, die von der Trägerkonferenz auf der Grundlage der nach Abs. 2 vorgelegten Vorschläge für vier Jahre entsendet werden; hiebei hat eine Hälfte der Verbandsvorstandsmitglieder der Gruppe der DienstgeberInnen, die andere Hälfte der Gruppe der DienstnehmerInnen anzugehören; die VersicherungsvertreterInnen der Sozialversicherungsanstalt der gewerblichen Wirtschaft, der Sozialversicherungsanstalt der Bauern und der Versicherungsanstalt des österreichischen Notariates sind der Gruppe der DienstgeberInnen, das von der Gewerkschaft Öffentlicher Dienst vorzuschlagende Mitglied ist der Gruppe der DienstnehmerInnen zuzurechnen. Wiederholte Entsendungen sind zulässig. Für jedes Mitglied ist ein Ersatzmitglied zu entsenden, das derselben Gruppe wie der/die zu Vertretende anzugehören hat. Wird in den Vorschlägen nach Abs. 2 eine wahlwerbende Fraktion nach Abs. 3 nicht berücksichtigt, die in mehr als einem Drittel aller Generalversammlungen der Versicherungsträger nach § 441a Abs. 1 Z 1 lit. a bis d und i – jeweils in der Gruppe der DienstnehmerInnen oder in der Gruppe der DienstgeberInnen – vertreten ist, so hat die betreffende Fraktion jeweils ein weiteres Mitglied in den Verbandsvorstand zu entsenden; diesem Mitglied kommt kein Stimmrecht zu.

(2) Die öffentlich-rechtlichen Interessenvertretungen (§ 421) sowie der Österreichische Gewerkschaftsbund und die Präsidentenkonferenz der Landwirtschaftskammern Österreichs haben ein Vorschlagsrecht unter folgenden Auflagen:

1. Die Mitglieder des Verbandsvorstandes haben dem Kreis der Mitglieder der General- und Kontrollversammlungen der im § 441a Abs. 1 Z 1 genannten Versicherungsträger anzugehören.

2. Je fünf Mitglieder sind von der Wirtschaftskammer Österreich aus dem Kreis der VersicherungsvertreterInnen der DienstgeberInnen und von der Bundesarbeitskammer aus dem Kreis der VersicherungsvertreterInnen der DienstnehmerInnen vorzuschlagen, wobei neben der Berücksichtigung der fachlichen Eignung der VersicherungsvertreterInnen auch darauf Bedacht zu nehmen ist, dass im Verbandsvorstand ein repräsentativer Querschnitt aller DienstnehmerInnen- und DienstgeberInnengruppen vertreten ist.
3. Ein Mitglied ist von der Präsidentenkonferenz der Landwirtschaftskammern Österreichs vorzuschlagen.
4. Ein Mitglied ist von der Gewerkschaft Öffentlicher Dienst vorzuschlagen.
5. Für jedes Mitglied ist ein Ersatzmitglied vorzuschlagen, das derselben Gruppe wie der/die zu Vertretende anzugehören hat.

(3) Die Wirtschaftskammer Österreich und die Bundesarbeitskammer haben bei ihren Vorschlägen auf die von den wahlwerbenden Fraktionen bei den – der Vorschlagserstattung letztvorangegangenen – Wahlen zu den Fachgruppen und Fachvertretungen der Wirtschaftskammern bzw. zu den satzungsgebenden Organen der Arbeiterkammern der Länder (Vollversammlungen) vorgenommenen Nominierungen unter Zugrundelegung der gesamten Ergebnisse dieser Wahlen nach dem System d'Hondt Bedacht zu nehmen.

(4) Der/die Vorsitzende der Trägerkonferenz hat die im Abs. 2 genannten Interessenvertretungen aufzufordern, ihre Vorschläge innerhalb einer angemessenen Frist, die zumindest einen Monat zu betragen hat, zu erstatten. Verstreicht diese Frist ungenützt, so hat der/die Vorsitzende der Trägerkonferenz und seine/ihre StellvertreterInnen das Vorschlagsrecht nach den Abs. 1 bis 3 auszuüben.

(5) Folgt die Trägerkonferenz dem Vorschlag einer der im Abs. 2 genannten Interessenvertretungen ganz oder teilweise nicht, so hat der/die Vorsitzende der Trägerkonferenz die in Betracht kommende Interessenvertretung aufzufordern, innerhalb einer angemessenen Frist, die zumindest 14 Tage zu betragen hat, einen neuen Vorschlag zu erstatten; Abs. 4 zweiter Satz ist anzuwenden. Gleichzeitig ist eine neuerliche Sitzung der Trägerkonferenz zum Zweck der Entsendung anzuberaumen. Folgt die Trägerkonferenz ganz oder teilweise nicht dem Vorschlag des/der Vorsitzenden der Trägerkonferenz und seiner/ihrer StellvertreterInnen (Abs. 4), so haben diese innerhalb von 14 Tagen einen neuen Vorschlag unter Anberaumung einer neuerlichen Sitzung der Trägerkonferenz zu erstatten.

(6) Der Verbandsvorstand ist beschlussfähig, wenn zumindest die Hälfte seiner Mitglieder anwesend ist. Ein gültiger Beschluss bedarf – sofern gesetzlich nichts anderes bestimmt ist – der Zustimmung der Mehrheit der gültig abgegebenen Stimmen.

(7) Der Verbandsvorstand wählt aus seiner Mitte für die Dauer seiner Funktionsperiode mit der Mehrheit der gültig abgegebenen Stimmen einen Verbandsvorsitzenden/eine Verbandsvorsitzende und zwei Verbandsvorsitzenden-Stellvertreter/Stellvertreterinnen, wobei sowohl die DienstnehmerInnen- als auch die DienstgeberInnengruppe vertreten sein muss.

(BGBl I 2005/71)

(8) Dem/der Verbandsvorsitzenden obliegt die Vertretung des Verbandsvorstandes gegenüber der Trägerkonferenz und gegenüber den Versicherungsträgern. Er/sie hat insbesondere für die rechtzeitige Einberufung des Verbandsvorstandes Sorge zu tragen, die Sitzungen des Verbandsvorstandes zu leiten und die Sitzungspolizei wahrzunehmen. Die näheren Bestimmungen sind in einer vom Verbandsvorstand zu beschließenden „Geschäftsordnung des Verbandsvorstandes" (§ 456a) zu treffen. In dieser Geschäftsordnung sind auch die näheren Bestimmungen über die Wahl des/der Verbandsvorsitzenden und des/der Verbandsvorsitzenden-StellvertreterIn festzulegen.

(BGBl I 2004/171)

Unvereinbarkeit

§ 441c. (1) Für die Dauer der Ausübung einer Funktion im Verbandsvorstand ruht die Funktion als VersicherungsvertreterIn in einem Versicherungsträger.

(2) Die Obmänner/Obfrauen und ihre ersten StellvertreterInnen der in § 441a Abs. 1 genannten Versicherungsträger sind von der Entsendung in den Verbandsvorstand ausgeschlossen.

(3) Die Mitglieder des Nationalrates, des Bundesrates, der Landtage, der Bundesregierung und der Landesregierungen dürfen nicht Mitglieder des Verbandsvorstandes sein.

(BGBl I 2004/171)

Aufgaben der Trägerkonferenz

§ 441d. (1) Die Trägerkonferenz hat mindestens einmal im Jahr zusammenzutreten.

(2) Der Trägerkonferenz obliegt unbeschadet der in den §§ 31 Abs. 5a, 31b Abs. 2 und 447b Abs. 2 genannten Aufgaben:

1. die Entsendung der Mitglieder des Verbandsvorstandes;
2. die Beschlussfassung über den vom Verbandsvorstand vorgelegten Jahresvoranschlag (Haushaltsplan einschließlich eines Investitionsplanes); dieser ist dem Bundesminister für soziale Sicherheit, Generationen und Konsumentenschutz und der Bundesministerin für Gesundheit und Frauen zur Kenntnis zu bringen;
3. die Genehmigung des Rechnungsabschlusses und die Entlastung des Verbandsvorstandes; diese ist dem Bundesminister für soziale Sicherheit, Generationen und Konsumentenschutz und der Bundesministerin für Gesundheit und Frauen zur Kenntnis zu bringen;

4. die Beschlussfassung über die Satzung, die Mustersatzung nach § 455 Abs. 2, die Musterkrankenordnung nach § 456 und die Mustergeschäftsordnung nach § 456a sowie über deren Änderungen;
5. die Erlassung einer Verordnung über den Kostenbeitrag nach § 31 Abs. 2 Z 4;
6. die Beschlussfassung über Richtlinien zur Regelung der dienstrechtlichen Verhältnisse nach § 31 Abs. 3 Z 9;
7. die Zustimmung zu Beschlüssen des Verbandsvorstandes zu Gesamtverträgen nach § 31 Abs. 3 Z 11;
8. die Beschlussfassung über Richtlinien nach § 31 Abs. 5 sowie über deren Änderungen;
9. die Beschlussfassung eines Leitbildes für den Hauptverband;
10. die Entscheidung über Anträge auf Verfolgung von Ansprüchen, die dem Hauptverband gegen Mitglieder der Verwaltungskörper aus deren Amtsführung erwachsen, und die Bestellung der zur Verfolgung dieser Ansprüche Beauftragten;
11. die Beschlussfassung über den aus dem Rechnungsabschluss und den statistischen Nachweisungen bestehenden Jahresbericht des Hauptverbandes und der bei ihm errichteten Fonds;

    (BGBl I 2013/81)
12. die Zustimmung zu Beschlüssen des Verbandsvorstandes zu Bundes-Zielsteuerungsverträgen nach dem G-ZG;

    (BGBl I 2013/81)
13. Angelegenheiten des Gesundheitsförderungsfonds gemäß § 447g;

    (BGBl I 2013/81)
14. die Entsendung von Vertreterinnen/Vertretern in die Bundesgesundheitskommission nach § 30 Abs. 2 Z 4 G-ZG und in die Bundes-Zielsteuerungskommission nach § 26 Abs. 1 G-ZG.

    (BGBl I 2013/81, BGBl I 2017/26)

(BGBl I 2015/162)

(3) Die Trägerkonferenz kann unter Aufrechterhaltung ihrer eigenen Verantwortlichkeit Ausschüsse einsetzen und diesen einzelne ihrer Obliegenheiten übertragen. Sie hat jedenfalls einen Rechnungsprüfungsausschuss zu bilden, dem die Vorbereitung der Beschlüsse nach Abs. 2 Z 2, 3 und 11 obliegt.

(4) Der/die Vorsitzende der Trägerkonferenz und seine/ihre StellvertreterInnen sind berechtigt, an den Sitzungen des Verbandsvorstandes mit beratender Stimme teilzunehmen. Sie sind deshalb in gleicher Weise wie deren Mitglieder von jeder Sitzung des Verbandsvorstandes in Kenntnis zu setzen und mit den diesen zur Verfügung gestellten Unterlagen zu beteilen.

(BGBl I 2004/171)

Zielsteuerung

§ 441e. (1) Die Trägerkonferenz hat nach Anhörung der Versicherungsträger und des Verbandsvorstandes zur Koordinierung des Verwaltungshandelns der Versicherungsträger im Rahmen ihrer Zuständigkeit Ziele zu beschließen. Sie hat sich dabei eines Zielsteuerungssystems zu bedienen.

(2) Die Trägerkonferenz hat spätestens im Dezember eines jeden Jahres gesundheits- und sozialpolitische Ziele

1. für das folgende Kalenderjahr und
2. für eine mittelfristige Periode

zu beschließen.

(BGBl I 2015/162)

(2a) Das Zielsteuerungssystem nach Abs. 1 hat jedenfalls auch Verwaltungskostenziele zu enthalten, und zwar gesondert für jeden Sozialversicherungsträger und den Hauptverband.

(BGBl I 2011/122)

(3) Der/die Vorsitzende der Trägerkonferenz hat diese Ziele mit dem Bundesminister für soziale Sicherheit, Generationen und Konsumentenschutz und der Bundesministerin für Gesundheit und Frauen abzustimmen.

(BGBl I 2004/171)

Aufgaben des Verbandsvorstandes

§ 441f. (1) Dem Verbandsvorstand obliegt die Besorgung aller Aufgaben des Hauptverbandes, die nicht ausdrücklich durch Gesetz der Trägerkonferenz zugewiesen sind. Er vertritt den Hauptverband nach außen.

(2) Der Verbandsvorstand kann unter Aufrechterhaltung seiner eigenen Verantwortlichkeit Ausschüsse einsetzen und diesen einzelne seiner Obliegenheiten übertragen.

(3) Der Verbandsvorstand hat beratende Ausschüsse für die Aufgabenbereiche Krankenversicherung und Prävention, Alterssicherung, Unfallversicherung sowie Informationstechnologie zu bilden. In diese Ausschüsse kann außerdem die Trägerkonferenz aus ihrer Mitte Mitglieder entsenden.

(4) Darüber hinaus hat der Verbandsvorstand unter Aufrechterhaltung seiner eigenen Verantwortlichkeit die Besorgung bestimmter laufender Angelegenheiten dem Verbandsmanagement (§ 441g) zu übertragen.

(5) Der/die Verbandsvorsitzende und der/die Verbandsvorsitzenden-StellvertreterIn sind berechtigt, an den Sitzungen der Trägerkonferenz mit beratender Stimme teilzunehmen. Sie sind deshalb in gleicher Weise wie deren Mitglieder von jeder Sitzung der Trägerkonferenz in Kenntnis zu setzen und mit den diesen zur Verfügung gestellten Unterlagen zu beteilen.

(6) Der Verbandsvorstand kann mit Zweidrittelmehrheit die Einberufung einer außerordentlichen Sitzung der Trägerkonferenz beschließen. Der/die Vorsitzende der Trägerkonferenz ist verpflichtet,

einen solchen Beschluss des Verbandsvorstandes unverzüglich zu vollziehen.

(7) Ergibt sich die Notwendigkeit eines Beschlusses des Verbandsvorstandes zu einem Zeitpunkt, in dem dieser nicht zusammengetreten ist, und kann auf Grund der Dringlichkeit der Sache nicht bis zur nächsten ordentlichen Sitzung des Verbandsvorstandes zugewartet werden, so hat der/die Verbandsvorsitzende den Verbandsvorstand zu einer außerordentlichen Sitzung einzuberufen.

(8) Der Verbandsvorstand hat zu den Beschlüssen des Sozial- und Gesundheitsforums Österreich (§ 442) innerhalb angemessener Frist Stellung zu nehmen und diese Stellungnahme auch der Trägerkonferenz vorzulegen.

(BGBl I 2004/171)

Verbandsmanagement

§ 441g. (1) Das Verbandsmanagement besteht aus dem/der leitenden Angestellten und seinen/ihren höchstens drei Stellvertretern/Stellvertreterinnen. Sie werden vom Verbandsvorstand im Wege einer öffentlichen Stellenausschreibung für eine Funktionsperiode von vier Jahren bestellt, wobei das Stellenbesetzungsgesetz, BGBl. I Nr. 26/1998, anzuwenden ist. Wiederbestellungen sind zulässig.

(2) Das Verbandsmanagement ist an die Weisungen des Verbandsvorstandes gebunden; es hat dem Verbandsvorstand regelmäßig über die ihm übertragenen Aufgaben zu berichten und alle Aufklärungen zu geben und alle Unterlagen vorzulegen, die dieser zur Ausübung seiner Tätigkeit benötigt.

(BGBl I 2004/171)

Teilnahme der Betriebsvertretungen an den Sitzungen der Verwaltungskörper des Hauptverbandes

§ 441h. Zwei in einer gemeinsamen Sitzung der Vorsitzenden der Betriebsvertretungen aller Versicherungsträger aus ihrer Mitte mit einfacher Mehrheit der gültig abgegebenen Stimmen gewählte VertreterInnen sind an den Sitzungen der Trägerkonferenz und des Verbandsvorstandes mit beratender Stimme teilnahmeberechtigt. § 439 ist entsprechend anzuwenden.

(BGBl I 2004/171)

ABSCHNITT IVa

Verwaltungskörper des Dachverbandes[a)]

[a)] Der Abschnitt IVa tritt mit 1. Jänner 2020 in Kraft; §§ 441g und 441h fallen weg.

Arten der Verwaltungskörper

§ 441.[a)] Die Verwaltungskörper des Dachverbandes sind

1. die Konferenz der Sozialversicherungsträger (im Folgenden kurz Konferenz genannt) und
2. die Hauptversammlung der Sozialversicherungsträger (im Folgenden kurz Hauptversammlung genannt).

(BGBl I 2004/171, BGBl I 2018/100)

[a)] Tritt mit 1. Jänner 2020 in Kraft.

Konferenz

§ 441a.[a)] (1) Die Konferenz besteht aus den Obmännern/Obfrauen und ihren Stellvertretern/Stellvertreterinnen

1. der Österreichischen Gesundheitskasse,
2. der Allgemeinen Unfallversicherungsanstalt,
3. der Pensionsversicherungsanstalt,
4. der Sozialversicherungsanstalt der Selbständigen und
5. der Versicherungsanstalt öffentlich Bediensteter, Eisenbahnen und Bergbau.

(2) Die Konferenz ist beschlussfähig, wenn mindestens sieben Mitglieder anwesend sind. Ein gültiger Beschluss erfordert Einstimmigkeit, wobei jedem Mitglied eine Stimme zukommt. Kommt kein gültiger Beschluss zustande und wird die Angelegenheit auf Antrag eines Mitgliedes der Konferenz in einer weiteren Sitzung behandelt, so bedarf ein gültiger Beschluss der Zustimmung von mindestens sieben Mitgliedern.

(3) Die Beschlüsse der Konferenz sind im Internet zu veröffentlichen.

(4) Die Konferenz hat aus ihrer Mitte zu Beginn jeder Amtsperiode zwei Vorsitzende zu wählen. Diese führen abwechselnd jeweils für die Dauer von sechs Monaten den Vorsitz. Die den Vorsitz nicht führende Person ist Stellvertreter/in der den Vorsitz führenden Person. Für die Wahl ist die Mehrheit nach Abs. 2 erforderlich. Bei der Wahl ist zu bestimmen, welcher/welche Vorsitzende im ersten halben Jahr der Amtsperiode den Vorsitz führt.

(5) Der/Die Vorsitzende hat insbesondere für die rechtzeitige Einberufung der Konferenz zu sorgen, die Konferenz zu leiten und die Sitzungspolizei wahrzunehmen. Die näheren Bestimmungen sind in einer von der Konferenz zu beschließenden Geschäftsordnung (§ 456a) zu treffen.

(BGBl I 2004/171, BGBl I 2005/71, BGBl I 2018/100)

[a)] Tritt mit 1. Jänner 2020 in Kraft.

Hauptversammlung

§ 441b.[a)] (1) Die Hauptversammlung besteht aus

1. den vorsitzführenden Obmännern/Obfrauen der Verwaltungsräte der im § 441a Abs. 1 genannten Versicherungsträger,
2. den Vorsitzenden der Hauptversammlung und deren Stellvertreter/innen der im § 441a Abs. 1 genannten Versicherungsträger,
3. drei Senior/inn/envertreter/inne/n, die vom Bundesseniorenbeirat zu entsenden sind,
4. drei Behindertenvertreter/inne/n, von denen je einer/eine vom ÖZIV Bundesverband, vom Österreichischen Behindertenrat und vom Kriegsopfer- und Behindertenverband Österreich zu entsenden ist.

(2) Die Hauptversammlung ist beschlussfähig, wenn zumindest die Hälfte ihrer stimmberechtigten Mitglieder anwesend ist. Ein gültiger Beschluss bedarf – wenn gesetzlich nichts anderes bestimmt ist – der Zustimmung der Mehrheit der gültig abgegebenen Stimmen. Die im Abs. 1 Z 3 und 4 genannten Mitglieder haben beratende Stimme.

(3) Den Vorsitz in der Hauptversammlung führt der/die jeweilige Vorsitzende der Hauptversammlung jenes Trägers, der auch den Vorsitz in der Konferenz führt. Dieser wird vertreten von seinem/ihrem/seiner/ihrer Stellvertreter/in.

(4) Dem/Der Vorsitzenden obliegt die Vertretung der Hauptversammlung gegenüber den Versicherungsträgern. Er/Sie hat insbesondere für die rechtzeitige Einberufung der Hauptversammlung Sorge zu tragen, die Sitzungen der Hauptversammlung zu leiten und die Sitzungspolizei wahrzunehmen. Die näheren Bestimmungen sind in einer von der Hauptversammlung zu beschließenden „Geschäftsordnung der Hauptversammlung" (§ 456a) zu treffen.

(BGBl I 2004/171, BGBl I 2018/100)

[a] Tritt mit 1. Jänner 2020 in Kraft.

Aufgaben der Konferenz

§ 441c.[a] (1) Der Konferenz obliegt die Besorgung aller Aufgaben des Dachverbandes, die nicht ausdrücklich der Hauptversammlung zugewiesen sind. Sie vertritt den Dachverband nach außen.

(2) Die Konferenz kann unter Aufrechterhaltung ihrer eigenen Verantwortlichkeit die Besorgung bestimmter laufender Angelegenheiten dem Büro des Dachverbandes übertragen; § 432 Abs. 1 letzter Satz ist sinngemäß anzuwenden.

(3) Die Konferenz hat einen Jahresbericht des Dachverbandes und der bei ihm errichteten Fonds zu erstellen, der aus dem Rechnungsabschluss und den statistischen Nachweisungen besteht.

(BGBl I 2004/171, BGBl I 2018/100)

[a] Tritt mit 1. Jänner 2020 in Kraft.

Aufgaben der Hauptversammlung

§ 441d.[a] (1) Die Hauptversammlung hat mindestens zweimal im Jahr zusammenzutreten.

(2) Der Hauptversammlung obliegt

1. die Beschlussfassung über den von der Konferenz vorgelegten Jahresvoranschlag (Haushaltsplan einschließlich Investitionsplan) des Dachverbandes; dieser ist der Bundesministerin für Arbeit, Soziales, Gesundheit und Konsumentenschutz zur Kenntnis zu bringen;
2. die Genehmigung des durch einen beeideten Wirtschaftsprüfer/eine beeidete Wirtschaftsprüferin geprüften Rechnungsabschlusses;
3. die Entlastung der Konferenz; diese ist der Bundesministerin für Arbeit, Soziales, Gesundheit und Konsumentenschutz zur Kenntnis zu bringen.

(BGBl I 2015/162)

(3) Der beeidete Wirtschaftsprüfer/Die beeidete Wirtschaftsprüferin nach Abs. 2 Z 2 ist von der Hauptversammlung zu beauftragen.

(BGBl I 2004/171, BGBl I 2018/100)

[a] Tritt mit 1. Jänner 2020 in Kraft.

Büro des Dachverbandes

§ 441e.[a] (1) Die Leitung des Büros des Dachverbandes obliegt dem Büroleiter/der Büroleiterin des Dachverbandes, der/die von der Konferenz im Wege einer öffentlichen Stellenausschreibung für eine Funktionsperiode von vier Jahren bestellt wird. Dabei ist das Stellenbesetzungsgesetz, BGBl. I Nr. 26/1998, anzuwenden, wobei Wiederbestellungen zulässig sind. Auf die gleiche Weise kann ein Stellvertreter/eine Stellvertreterin des Büroleiters/der Büroleiterin des Dachverbandes bestellt werden.

(2) Der Büroleiter/Die Büroleiterin des Dachverbandes und sein/ihr Stellvertreter bzw. seine/ihre Stellvertreterin sind an die Weisungen der Konferenz gebunden; sie haben der Konferenz regelmäßig über die ihnen übertragenen Aufgaben zu berichten und alle Aufklärungen zu geben und alle Unterlagen vorzulegen, die die Konferenz zur Ausübung ihrer Tätigkeit benötigt.

(BGBl I 2015/162)

(BGBl I 2004/171, BGBl I 2018/100)

[a] Tritt mit 1. Jänner 2020 in Kraft.

Zielsteuerung-Sozialversicherung

§ 441f.[a] (1) Die Konferenz hat nach Anhörung der Versicherungsträger zur Koordinierung des Verwaltungshandelns der Versicherungsträger im Rahmen ihrer Zuständigkeit Ziele zu beschließen. Sie hat sich dabei eines Zielsteuerungssystems entsprechend den Weisungen nach § 444 Abs. 5 zu bedienen.

(2) Die Konferenz hat spätestens im Dezember eines jeden Jahres gesundheits- und sozialpolitische Ziele

1. für das folgende Kalenderjahr und
2. für eine mittelfristige Periode zu beschließen.

(3) Das Zielsteuerungssystem hat jedenfalls strategische Ziele, operative Ziele sowie Maßnahmen und Kennzahlen zu enthalten, wobei jedenfalls Finanzziele und Verwaltungskostenziele/Verwaltungskostensenkung, gegebenenfalls ein Verwaltungskostendeckel, gesondert für jeden Sozialversicherungsträger und den Dachverband vorzusehen sind.

(4) Der/Die Vorsitzende der Konferenz hat dem Bundesministerium für Arbeit, Soziales, Gesundheit und Konsumentenschutz und dem Bundesministerium für Finanzen laufend über die Erarbeitung der strategischen und operativen Ziele zu berichten. Vor Beschlussfassung nach Abs. 1 sind die Ziele mit der Bundesministerin für Arbeit, Soziales, Gesundheit und Konsumentenschutz und dem Bundesminister für Finanzen abzustimmen.

(5) Über die Bestimmungen der Abs. 1 bis 4 hinaus ist für die Österreichische Gesundheitskasse zwischen der Hauptstelle und den Landesstellen

für das Verwaltungshandeln ein Zielsteuerungssystem zu implementieren."

(BGBl I 2004/171, BGBl I 2018/100)

---

[a] Tritt mit 1. Jänner 2020 in Kraft.

§ 442. (aufgehoben)

(BGBl I 2012/35)

§ 442a. (aufgehoben)

(BGBl I 2012/35)

§ 442b. (aufgehoben)

(BGBl I 2012/35)

§ 442c. (aufgehoben)

(BGBl I 2012/35)

Abschnitt V
Vermögensverwaltung

Jahresvoranschlag und Gebarungsvorschaurechnung

§ 443. (1) Die Versicherungsträger und der Hauptverband haben für jedes Geschäftsjahr einen Voranschlag und im Zusammenhang damit vierteljährlich für den Bereich der Kranken-, Unfall- und Pensionsversicherung eine rollierende Gebarungsvorschaurechnung zu erstellen.

(BGBl I 2003/145)

(2) Geschäftsjahr ist das Kalenderjahr. Der der Gebarungsvorschau zu Grunde zu legende Planungszeitraum sind die dem jeweiligen Geschäftsjahr nächstfolgenden zwei Geschäftsjahre.

(BGBl I 2002/1)

Rechnungsabschluß und Nachweisungen

§ 444. (1) Der Versicherungsträger hat für jedes Geschäftsjahr einen Rechnungsabschluss, der jedenfalls aus einer Erfolgsrechnung und einer Schlussbilanz zum Ende des Jahres bestehen muss, und einen Geschäftsbericht zu verfassen und dem Bundesministerium für Gesundheit und Frauen, soweit es sich jedoch um Angelegenheiten der Pensionsversicherung handelt, dem Bundesministerium für soziale Sicherheit, Generationen und Konsumentenschutz vorzulegen.

(BGBl I 2003/71)

(2) Die Versicherungsträger und der Hauptverband haben statistische Nachweisungen zu verfassen.

(3) Die Versicherungsanstalt für Eisenbahnen und Bergbau hat für die Kranken-, Unfall-, Pensions- und knappschaftliche Pensionsversicherung die Erfolgsrechnung und die statistischen Nachweisungen getrennt zu erstellen. Gemeinsame Erträge und Aufwendungen sind auf die genannten Versicherungen nach den Bestimmungen der Rechnungsvorschriften aufzuteilen.

(BGBl I 2003/145)

(4) (aufgehoben)

(5) (aufgehoben)

(6) Die Bundesministerin für Gesundheit und Frauen hat nach Anhörung des Hauptverbandes im Einvernehmen mit dem Bundesminister für soziale Sicherheit, Generationen und Konsumentenschutz Weisungen für die Rechnungsführung, Rechnungslegung, die Erstellung des Jahresvoranschlages sowie des Jahresberichtes (Abs. 1) zu erlassen. Der Bundesminister für soziale Sicherheit, Generationen und Konsumentenschutz hat nach Anhörung des Hauptverbandes im Einvernehmen mit der Bundesministerin für Gesundheit und Frauen Weisungen für die statistischen Nachweisungen (Abs. 2) zu erlassen.

(BGBl I 2003/71)

(7) Die Träger der Sozialversicherung haben die von der Generalversammlung beschlossene Erfolgsrechnung binnen vier Monaten nach der Beschlußfassung im Internet zu verlautbaren.

(BGBl 1994/20, BGBl I 2002/1)

Jahresvoranschlag und Gebarungsvorschaurechnung

§ 443.[a] (1) Die Versicherungsträger und der Dachverband haben für jedes Geschäftsjahr einen Voranschlag und im Zusammenhang damit vierteljährlich für den Bereich der Kranken-, Unfall- und Pensionsversicherung eine rollierende Gebarungsvorschaurechnung zu erstellen. Für die Österreichische Gesundheitskasse ist dies sowohl je Bundesland als auch für den gesamten Bereich des Versicherungsträgers zu erstellen, wobei die Versicherten den einzelnen Bundesländern auf Grund des Beschäftigungsortes (§ 3 Abs. 4) bzw. bei Pensionisten/Pensionistinnen auf Grund des Wohnortes zuzuordnen sind. Es ist sicherzustellen, dass den Versicherten im jeweiligen Bundesland eine Summe entsprechend den Beiträgen, die im jeweiligen Bundesland entrichtet wurden, zur Verfügung steht.

(BGBl I 2003/145)

(2) Geschäftsjahr ist das Kalenderjahr. Der der Gebarungsvorschau zu Grunde zu legende Planungszeitraum sind die dem jeweiligen Geschäftsjahr nächstfolgenden vier Geschäftsjahre.

(BGBl I 2002/1, BGBl I 2018/100)

---

[a] Tritt mit 1. Jänner 2020 in Kraft.

Rechnungsabschluß und Nachweisungen

§ 444.[a] (1) Die Versicherungsträger und der Dachverband haben für jedes Geschäftsjahr einen Rechnungsabschluss, der jedenfalls aus einer Erfolgsrechnung und einer Schlussbilanz zum Ende des Jahres bestehen muss und durch einen beeideten Wirtschaftsprüfer/eine beeidete Wirtschaftsprüferin geprüft wurde, und einen Geschäftsbericht zu verfassen und dem Bundesministerium für Arbeit, Soziales, Gesundheit und Konsumentenschutz vorzulegen.

(BGBl I 2003/71, BGBl I 2018/100)

(2) Die Versicherungsträger und der Dachverband haben statistische Nachweisungen zu verfassen und dem Bundesministerium für Arbeit, Soziales, Gesundheit und Konsumentenschutz zur Verfügung zu stellen.

(3) Die Versicherungsträger und der Dachverband haben die nach § 441f festgelegten Ziele jährlich zu evaluieren.

(BGBl I 2003/145)

(4) Die Versicherungsträger und der Dachverband haben über die in den Abs. 1 bis 3 angeführten Inhalte einen Jahresbericht zu erstellen.

(5) Die Bundesministerin für Arbeit, Soziales, Gesundheit und Konsumentenschutz hat nach Anhörung des Dachverbandes und nach Abstimmung mit dem Bundesminister für Finanzen Weisungen zu erlassen für

1. die Rechnungsführung inklusive Gebarungsvorschau, die Rechnungslegung sowie die Erstellung des Jahresvoranschlages und des Jahresberichtes (Abs. 1 und 4),
2. die statistischen Nachweisungen (Abs. 2) sowie
3. die Zielsteuerung nach § 441f und deren Evaluierung (Abs. 3) hinsichtlich deren Struktur und Prozesse.

Bei der Erlassung der Weisungen ist darauf Bedacht zu nehmen, dass die Rechnungsabschlüsse und die statistischen Nachweisungen auch für die Zwecke der Zielsteuerung herangezogen werden können.

(6) Die Träger der Sozialversicherung und der Dachverband haben den Jahresbericht im Internet nach den Weisungen gemäß Abs. 5 zu veröffentlichen. Die vom Verwaltungsrat/von der Hauptversammlung beschlossene Erfolgsrechnung ist jedenfalls binnen vier Monaten nach der Beschlussfassung im Internet zu verlautbaren.“

(BGBl I 2003/71)

[a] Tritt mit 1. Jänner 2020 in Kraft.

Liquiditätsreserve

§ 444a. (aufgehoben)

Sondervorschriften für Betriebskrankenkassen

§ 445.[a] Für Betriebskrankenkassen gelten folgende Sondervorschriften:

1. Der Betriebsunternehmer ist verpflichtet, die zur ordnungsmäßigen Verwaltung der Kasse erforderlichen Kosten zu bestreiten und die hiezu erforderlichen Arbeitskräfte unter eigener Verantwortlichkeit beizustellen.
2. Reichen die Bestände der Betriebskrankenkasse nicht aus, um die laufenden Ausgaben der Krankenkasse zu decken, so hat der Betriebsunternehmer die erforderlichen Vorschüsse zu leisten.
3. Reichen die Beitragseinnahmen selbst unter Heranziehung der Rücklagen zur Deckung der gesetzlichen Mindestleistungen nicht aus, so hat der Betriebsunternehmer die zur Deckung erforderlichen Zuschüsse zu leisten.
4. Ergibt bei Auflösung der Betriebskrankenkasse die Schlußbilanz einen Fehlbetrag, so hat diesen der Betriebsunternehmer zu decken.
5. Unbeschadet der Z 1 kann die Betriebskrankenkasse Sachkosten zur ordnungsgemäßen Verwaltung aus der ordentlichen Gebarung bestreiten, wenn die liquiden Mittel am Ende eines Geschäftsjahres zur Deckung von mindestens drei Monatsaufwendungen ausreichen; die so verwendeten Mittel dürfen pro Kalenderjahr nicht mehr als 3 vT der Beitragseinnahmen eines Geschäftsjahres betragen. Als liquide Mittel gelten die Barbestände zuzüglich der Einlagen bei Geldinstituten und der Bilanzwert der Wertpapiere abzüglich der noch nicht abgeführten, für fremde Rechnung eingehobenen Beiträge sowie der am Ende des Geschäftsjahres buchmäßig fälligen unberichtigten Versicherungsleistungen und sonstigen Verbindlichkeiten.

(BGBl I 1998/138, BGBl I 2002/140, BGBl I 2003/145, BGBl I 2018/100)

[a] Tritt samt Überschrift mit Ablauf des 31. Dezember 2019 außer Kraft.

Schulden-, Vermögens- und Liquiditätsmanagement

§ 446. (1) Die Versicherungsträger (der Dachverband[a]) haben bei der Vermögensverwaltung sowie beim Schulden- und Liquiditätsmanagement die Grundsätze nach § 2a des Bundesfinanzierungsgesetzes sinngemäß anzuwenden. Die zur Anlage verfügbaren Mittel der Versicherungsträger (des Dachverbandes[a]) sind grundsätzlich zinsbringend anzulegen. Anlagesicherheit und Liquidität haben Vorrang gegenüber der Erzielung eines angemessenen Ertrages. Die Mittel dürfen im Sinne der Anlagesicherheit unbeschadet des Abs. 3 und des § 447 nur angelegt werden:

(BGBl I 2018/100)

[a] Bis 31. Dezember 2019 „Hauptverbandes“.

1. in verzinslichen Schuldverschreibungen (verzinslichen Wertpapieren), die in Euro von Mitgliedstaaten (bzw. deren Teilstaaten, Bundesländern, Provinzen) des EWR begeben wurden, deren Bonität als zweifelsfrei vorhanden erachtet wird, oder
2. in verzinslichen Schuldverschreibungen, die in Euro von Kreditinstituten begeben wurden, deren Bonität als zweifelsfrei vorhanden erachtet wird und die ihren Sitz in einem Mitgliedstaat des EWR haben, oder
3. in auf Euro lautenden Einlagen bei Kreditinstituten, deren Bonität als zweifelsfrei vorhanden erachtet wird und die ihren Sitz in einem Mitgliedstaat des EWR haben, oder
4. in verzinslichen Schuldverschreibungen (Emissionen), deren Bonität als zweifelsfrei vorhanden erachtet wird und die von Emittenten/Emittentinnen mit Sitz in einem Mitgliedstaat des EWR begeben wurden, oder
5. in Unternehmensanleihen von Emittenten/Emittentinnen, deren Bonität als zweifelsfrei vorhanden erachtet wird und die ihren Sitz in einem Mitgliedstaat des EWR haben, oder

6. in Fonds im Sinne des Investmentfondsgesetzes 2011, BGBl. I Nr. 77/2011, die den Kriterien nach den Z 1 bis 5 entsprechen.

Für die Beurteilung der Bonität können Mindest-Ratings der vom Markt anerkannten Rating-Agenturen herangezogen werden. Veranlagungen in nachrangige Schuldverschreibungen (nachrangige Wertpapiere) sind nicht zulässig.

(BGBl I 2017/53)

(2) Der Einsatz derivativer Instrumente im Sinne der Arten von Derivatgeschäften nach Anhang II Abs. 1 lit. a bis d der Verordnung (EU) Nr. 575/2013 über Aufsichtsanforderungen an Kreditinstitute und Wertpapierfirmen und zur Änderung der Verordnung (EU) Nr. 646/2012, ABl. Nr. L 176 vom 27.06.2013 S. 1, zuletzt geändert durch die Delegierte Verordnung (EU) 2015/1556, ABl. Nr. L 244 vom 19.09.2015 S. 9, ist zulässig, wenn er nachweislich zur Absicherung bestehender Positionen nach Abs. 1 dient.

(3) Zu ihrer Wirksamkeit bedürfen Beschlüsse der Verwaltungskörper über Vermögensveranlagungen, die in den Abs. 1 und 2 nicht erwähnt sind,

1. bei Gebietskrankenkassen, Betriebskrankenkassen, der Allgemeinen Unfallversicherungsanstalt und der Versicherungsanstalt für Eisenbahnen und Bergbau der Genehmigung der Bundesministerin für Gesundheit, die das Einvernehmen mit dem Bundesminister für Arbeit, Soziales und Konsumentenschutz herzustellen hat,
2. bei der Pensionsversicherungsanstalt, dem Pensionsinstitut und dem Hauptverband der Genehmigung des Bundesministers für Arbeit, Soziales und Konsumentenschutz, der das Einvernehmen mit der Bundesministerin für Gesundheit herzustellen hat.

Kriterien für die Genehmigung der beabsichtigten Vermögensveranlagung sind jedenfalls Anlagensicherheit, Liquidität und Ertragsangemessenheit. Es ist jeweils das Einvernehmen mit dem Bundesminister für Finanzen herzustellen. Gegenstand solcher Beschlüsse können sowohl konkrete Vermögensanlagen in einem einzelnen Fall als auch durch gemeinsame Gruppenmerkmale gekennzeichnete und voraussichtlich vorzunehmende Vermögensanlagen sein.

(3)[a] Zu ihrer Wirksamkeit bedürfen Beschlüsse der Verwaltungskörper über Vermögensveranlagungen, die in den Abs. 1 und 2 nicht erwähnt sind, bei der Österreichischen Gesundheitskasse, der Allgemeinen Unfallversicherungsanstalt, der Pensionsversicherungsanstalt, dem Pensionsinstitut und dem Dachverband der Genehmigung des Bundesministers/der Bundesministerin für Arbeit, Soziales, Gesundheit und Konsumentenschutz. Kriterien für die Genehmigung der beabsichtigten Vermögensveranlagung sind jedenfalls Anlagensicherheit, Liquidität und Ertragsangemessenheit. Es ist jeweils das Einvernehmen mit dem Bundesminister für Finanzen herzustellen. Gegenstand solcher Beschlüsse können sowohl konkrete Vermögensanlagen in einem einzelnen Fall als auch durch gemeinsame Gruppenmerkmale gekennzeichnete und voraussichtlich vorzunehmende Vermögensanlagen sein.

(BGBl I 2018/100)

[a] Tritt mit 1. Jänner 2020 in Kraft.

(4) Der Versicherungsträger (der Dachverband[a]) hat dafür zu sorgen, dass die Veranlagung durch Personen erfolgt, die dafür fachlich geeignet sind und eine entsprechende Berufserfahrung nachweisen können. Für jede Vermögensanlage ist begleitend ein Risikomanagement durchzuführen. Eine angemessene Funktionstrennung zwischen der Veranlagung und dem Risikomanagement ist zu gewährleisten.

(BGBl I 2018/100)

[a] Bis 31. Dezember 2019 „Hauptverband"

(BGBl 1994/20, BGBl I 2002/140, BGBl I 2003/71, BGBl I 2009/147)

Genehmigung der Beteiligung an fremden Einrichtungen

§ 446a. Beschlüsse der Verwaltungskörper über eine Beteiligung an fremden Einrichtungen gemäß den §§ 23 Abs. 6, 24 Abs. 2 und 25 Abs. 2 bedürfen zu ihrer Wirksamkeit der Genehmigung durch den jeweils zuständigen Bundesminister (§ 446 Abs. 3 Z 1 und 2) im Einvernehmen mit dem jeweils anderen Bundesminister und dem Bundesminister für Finanzen. Das Gleiche gilt für Beschlüsse der Verwaltungskörper über Finanzierungs- und Betreibermodelle im Sinne des § 81 Abs. 2 sowie für die Gründung von Tochtergesellschaften bzw. die Beteiligung an weiteren Vereinen und Gesellschaften im Rahmen solcher Finanzierungs- und Betreibermodelle.

(BGBl I 2001/99, BGBl I 2003/71, BGBl I 2004/171)

Genehmigung der Beteiligung an fremden Einrichtungen

§ 446a.[a] Beschlüsse der Verwaltungskörper über eine Beteiligung an fremden Einrichtungen gemäß den §§ 23 Abs. 6, 24 Abs. 2 und 25 Abs. 2 bedürfen zu ihrer Wirksamkeit der Genehmigung durch die Bundesministerin für Arbeit, Soziales, Gesundheit und Konsumentenschutz (§ 446 Abs. 3) und dem Bundesminister für Finanzen. Das Gleiche gilt für Beschlüsse der Verwaltungskörper über Finanzierungs- und Betreibermodelle im Sinne des § 81 Abs. 2 sowie für die Gründung von Tochtergesellschaften bzw. die Beteiligung an weiteren Vereinen und Gesellschaften im Rahmen solcher Finanzierungs- und Betreibermodelle.

(BGBl I 2001/99, BGBl I 2003/71, BGBl I 2004/171, BGBl I 2018/100)

[a] Tritt mit 1. Jänner 2020 in Kraft.

Genehmigung zu Veränderungen von Vermögensbeständen

§ 447. (1) Beschlüsse der Verwaltungskörper über Veränderungen im Bestand von Liegenschaften, insbesondere über deren Erwerbung, Belastung oder Veräußerung, oder über die Errichtung oder Erweiterung von Gebäuden bedürfen – nach Zustimmung des Hauptverbandes gemäß § 31 Abs. 7 Z 1 – zu ihrer Wirksamkeit der Genehmigung des jeweils zuständigen Bundesministers (§ 446 Abs. 3 Z 1 und 2) im Einvernehmen mit dem jeweils anderen Bundesminister. Das gleiche gilt für den Umbau von Gebäuden, wenn damit eine Änderung des Verwendungszweckes verbunden ist.

(BGBl I 2003/71, BGBl I 2006/130)

(1)[a)] Beschlüsse der Verwaltungskörper über Veränderungen im Bestand von Liegenschaften, insbesondere über deren Erwerbung, Belastung oder Veräußerung, oder über die Errichtung oder Erweiterung von Gebäuden bedürfen zu ihrer Wirksamkeit der Genehmigung des Bundesministers/der Bundesministerin für Arbeit, Soziales, Gesundheit und Konsumentenschutz. Das gleiche gilt für den Umbau von Gebäuden, wenn damit eine Änderung des Verwendungszweckes verbunden ist.

(BGBl I 2003/71, BGBl I 2006/130, BGBl I 2018/100)

a) Tritt mit 1. Jänner 2020 in Kraft.

(1a) Beschlüsse der Verwaltungskörper über den Abschluss von Bestandverträgen bedürfen – nach Zustimmung des Hauptverbandes nach § 31 Abs. 7 Z 1 – zu ihrer Wirksamkeit der Genehmigung des jeweils zuständigen Bundesministers (§ 446 Abs. 3 Z 1 und 2) im Einvernehmen mit dem jeweils anderen Bundesminister.

(BGBl I 2003/71, BGBl I 2006/130)

(1a)[a)] Beschlüsse der Verwaltungskörper über den Abschluss von Bestandverträgen bedürfen zu ihrer Wirksamkeit der Genehmigung durch die Bundesministerin für Arbeit, Soziales, Gesundheit und Konsumentenschutz.

(BGBl I 2003/71, BGBl I 2006/130, BGBl I 2018/100)

a) Tritt mit 1. Jänner 2020 in Kraft.

(2) Die Genehmigung gemäß Abs. 1 ist nicht erforderlich,

1. wenn dem Beschluß ein Betrag zugrunde liegt, der das Dreitausendfache der Höchstbeitragsgrundlage gemäß § 45 Abs. 1 nicht übersteigt, oder
2. wenn Erhaltungs- oder Instandsetzungsarbeiten mit genehmigungspflichtigen Vorhaben in keinem ursächlichen Zusammenhang stehen.

(2a) Die Genehmigung nach Abs. 1a ist nicht erforderlich, wenn

1. die den beschlussgegenständlichen Bestandvertrag betreffende Gesamtfläche weniger als 500 m2 beträgt und
2. der Jahresbruttobestandzins auf Grund des beschlussgegenständlichen Bestandvertrages das Tausendfache der Höchstbeitragsgrundlage nach § 45 Abs. 1 nicht übersteigt und
3. der beschlussgegenständliche Bestandvertrag keinen Kündigungsverzicht von mehr als zehn Jahren vorsieht.

(BGBl I 2003/71, BGBl I 2005/132)

(3) (aufgehoben)

(BGBl I 2003/71, BGBl I 2015/162)

(BGBl 1994/20, BGBl I 1998/138)

Ausgleichsfonds der Gebietskrankenkassen

§ 447a. (1) Der beim Hauptverband errichtete Ausgleichsfonds hat eine ausgeglichene Gebarung bzw. eine ausreichende Liquidität der Gebietskrankenkassen zu gewährleisten und nach Maßgabe der vorhandenen Mittel entsprechend den nachfolgend angeführten Bestimmungen Zahlungen an die Gebietskrankenkassen zu leisten.

(2) Das Vermögen dieses Fonds ist getrennt vom sonstigen Vermögen des Hauptverbandes zu verwalten. Für jedes Jahr ist ein Rechnungsabschluss zu erstellen, der jedenfalls aus einer Erfolgsrechnung und einer Schlussbilanz zum Ende des Jahres bestehen muss. Weiters ist zum Abschluss eines jeden Jahres ein Geschäftsbericht zu verfassen und mit dem Rechnungsabschluss der Bundesministerin für Gesundheit und Frauen vorzulegen.

(3) Die Mittel des Ausgleichsfonds werden aufgebracht durch

1. die Beiträge der Gebietskrankenkassen (Abs. 4);
2. den Pauschalbeitrag nach § 1 Abs. 2 GSBG;
3. die Beiträge nach § 3 DAG;
4. die Einnahmen nach § 447f Abs. 9;
5. sonstige Einnahmen.

(4) Die Gebietskrankenkassen haben einen Beitrag im Ausmaß von 1,64 % ihrer Beitragseinnahmen zu entrichten. Dieser Beitrag ist von der Summe der für das vorhergehende Kalenderjahr fällig gewordenen Beiträge zu ermitteln; er ist in zwei gleichen Teilbeträgen jeweils am 1. April und am 1. Oktober eines jeden Kalenerjahres dem Hauptverband zu überweisen. Der Betrag nach Abs. 3 Z 2 ist monatlich bis zum 25. des Folgemonates vom Bundesminister für Finanzen an den Ausgleichsfonds der Gebietskrankenkassen zu überweisen.

(BGBl I 2012/35, BGBl I 2017/29)

(5) (aufgehoben)

(BGBl I 2009/52)

(6) Die Einnahmen des Fonds nach Abs. 3 Z 1 bis 4, einschließlich allfälliger Vermögenserträgnisse, sind für die Bereiche

1. Ausgleich unterschiedlicher Strukturen,
2. Ausgleich unterschiedlicher Liquidität und
   (BGBl I 2012/35)
3. Deckung eines besonderen Ausgleichsbedarfs
   (BGBl I 2012/35)

zu verwenden.

(7) Das Aufteilungsverhältnis der Mittel zwischen den Bereichen nach Abs. 6 sowie der Zeitraum, für den dieses gilt, ist von der Trägerkonferenz festzusetzen und in den Richtlinien nach § 447b Abs. 3 im Internet kundzumachen. Falls nach Ablauf dieses Zeitraumes kein neues Aufteilungsverhältnis festgesetzt wird, gilt das bisher geltende weiter.

(8) Die Aufteilung der Mittel auf die Gebietskrankenkassen erfolgt

1. nach Abs. 6 Z 1 nach § 447b,
2. nach Abs. 6 Z 2 aufgrund des negativen Reinvermögens je Anspruchsberechtigten/Anspruchsberechtigter,
3. nach Abs. 6 Z 4 nach einem Aufteilungsschlüssel, der das Ziel der Z 4 zu berücksichtigen hat. Dieser Schlüssel sowie der Zeitraum, für den dieser gilt, ist von der Trägerkonferenz festzusetzen und in den Richtlinien nach § 447b Abs. 3 im Internet kundzumachen. Falls nach Ablauf dieses Zeitraumes kein neuer Schlüssel festgesetzt wird, gilt der bisher geltende weiter.

(9) Die Mittel nach Abs. 6 Z 1 bis 4 sind nach Vorliegen der zu ihrer Ermittlung notwendigen Unterlagen den in Betracht kommenden Gebietskrankenkassen bis zum 1. Oktober des Folgegeschäftsjahres aufgrund eines Beschlusses des Verbandsvorstandes zu bevorschussen. Die endgültige Abrechnung ist spätestens Ende Februar des zweiten Folgejahres aufgrund eines Beschlusses der Trägerkonferenz vorzunehmen. Bei fehlenden Unterlagen sind die Mittel nach den Unterlagen des Vorjahres aufzuteilen. Die Mittel sind nach Maßgabe der vorhandenen Beträge verhältnismäßig aufzuteilen.

(10)[a] Der Bundesminister für Finanzen überweist für die Jahre ab 2017 einen Betrag von 12 423 759,09 Euro jeweils im September des Jahres an den Ausgleichsfonds.

(BGBl I 2007/101, BGBl I 2013/81, BGBl I 2017/26)

---
[a] Zum Außerkrafttreten siehe § 675 (3).

(11) Nach Maßgabe des Einlangens sind die Mittel nach Abs. 10 zu

1. zwei Dritteln an den Ausgleichsfonds für die Krankenanstaltenfinanzierung nach § 447f und
2. einem Drittel an den Fonds für Vorsorge(Gesunden)untersuchungen und Gesundheitsförderung nach § 447h

zu überweisen.

(12) Leistungen aus dem Ausgleichsfonds der Gebietskrankenkassen gebühren nicht, wenn die Gebietskrankenkasse eine ungünstige Kassenlage durch Außerachtlassung der Grundsätze einer wirtschaftlichen Verwaltung selbst herbeigeführt hat.

(BGBl 1994/450, BGBl 1995/475, BGBl 1996/764, BGBl I 2000/92, BGBl I 2000/101, BGBl I 2001/5, BGBl I 2001/33, BGBl I 2001/67, BGBl I 2002/140, BGBl I 2003/145, BGBl I 2004/20, BGBl I 2004/156, BGBl I 2004/179, BGBl I 2006/131, BGBl I 2007/101)

Innovations- und Zielsteuerungsfonds der Österreichischen Gesundheitskasse

§ 447a.[a] (1) Bei der Österreichischen Gesundheitskasse ist ein Innovations- und Zielsteuerungsfonds einzurichten, der der Finanzierung von Gesundheitsreformprojekten in den Landesstellen, insbesondere zur Stärkung der hausärztlichen Versorgung, zur Umsetzung von Präventionsmaßnahmen, e-Health-Anwendungen und zur Zielsteuerung nach § 441f Abs. 5 dient.

(2) Die Mittel des Innovations- und Zielsteuerungsfonds werden aufgebracht durch

1. Übertragung von 0,8% der Beitragseinnahmen der Österreichischen Gesundheitskasse an den Fonds und
2. die pauschale Beihilfe nach § 1a GSBG in Höhe von 100 Millionen Euro.

Nähere Regelungen sind durch die Geschäftsordnung zu treffen. Dem Bundesministerium für Arbeit, Soziales, Gesundheit und Konsumentenschutz und dem Bundesministerium für Finanzen ist im Rahmen der Zielsteuerung Gesundheit zu berichten.

(BGBl 1994/450, BGBl 1995/475, BGBl 1996/764, BGBl I 2000/92, BGBl I 2000/101, BGBl I 2001/5, BGBl I 2001/33, BGBl I 2001/67, BGBl I 2002/140, BGBl I 2003/145, BGBl I 2004/20, BGBl I 2004/156, BGBl I 2004/179, BGBl I 2006/131, BGBl I 2007/101, BGBl I 2018/100)

---
[a] Tritt mit 1. Jänner 2020 in Kraft.

Ausgleich unterschiedlicher Strukturen

§ 447b.[a] (1) Für den Ausgleich unterschiedlicher Strukturen (§ 447a Abs. 6 Z 1) sind folgende Bestimmungsgrößen zu berücksichtigen:

1. Beitragseinnahmen und Einnahmen aus der Rezeptgebühr, abzüglich jener strukturell bedingten Ausgaben, die nicht in den Durchschnittskosten nach Z 2 abgebildet werden;
2. Durchschnittskosten nach Alter und Geschlecht der Anspruchsberechtigten, welche über alle Gebietskrankenkassen in einjährigen Altersstufen zu ermitteln sind, sowie für Anspruchsberechtigte, für die außergewöhnlich hohe Leistungen erbracht werden. Anspruchsberechtigte, für die außergewöhnlich hohe Leistungen erbracht werden, sind solche, deren jährliche Heilmittelaufwendungen höher sind als bei den verbleibenden 99 % al-

ler Leistungsbezieher und Leistungsbezieherinnen;

3. regionale Belastungen, ermittelt aus den Datengrundlagen und Berechnungsergebnissen nach Z 2, die die Durchschnittskosten nach Z 2 übersteigen. Aufwendungen für stationäre Anstaltspflege bleiben hiebei unberücksichtigt;
4. Belastungen aus der Krankenanstaltenfinanzierung nach § 447f.

(2) Die Daten für die Berechnung des Ausgleichs unterschiedlicher Strukturen nach Abs. 1 sind

1. aus den Rechnungsabschlüssen der Gebietskrankenkassen,
2. aus den endgültigen Überweisungen der Gebietskrankenkassen nach § 447f und
3. – anonymisiert – zumindest aus den Daten der Gebietskrankenkassen, die für die Leistungsinformation an die Versicherten nach § 81 Abs. 1 verwendet werden,

zu ermitteln. Alle Berechnungen nach Abs. 1 haben durch den Hauptverband zu erfolgen.

(3) Der Hauptverband hat die Berechnungsregeln für den Strukturausgleich nach Abs. 1 in Richtlinien festzulegen. Diese Richtlinien sind durch die Trägerkonferenz zu beschließen und im Internet zu verlautbaren.

(4) Die in den §§ 447a und 447b vorgesehenen Beschlüsse der Trägerkonferenz kommen nur dann gültig zustande, wenn dem Beschluss zusätzlich zu den allgemeinen Beschlusserfordernissen (§ 441a Abs. 2) auch eine Mehrheit von zwei Dritteln der anwesenden stimmberechtigten Obmänner der Gebietskrankenkassen (§ 441a Abs. 1 Z 1 lit. d) zugestimmt hat.

(BGBl 1994/314, BGBl I 2000/92, BGBl I 2001/33, BGBl I 2001/99, BGBl I 2002/140, BGBl I 2004/20, BGBl I 2004/171, BGBl I 2006/131, BGBl I 2018/100)

---

[a] Tritt samt Überschrift mit Ablauf des 31. Dezember 2019 außer Kraft.

Zielerreichung

§ 447c. (aufgehoben)

(BGBl I 2004/20)

Darlehen aus dem Ausgleichsfonds

§ 447d. (aufgehoben)

(BGBl I 2002/140)

Zweckzuschüsse aus dem Ausgleichsfonds

§ 447e. (aufgehoben)

(BGBl I 2002/140)

Beiträge der Träger der Sozialversicherung für die Krankenanstaltenfinanzierung; Ausgleichsfonds

§ 447f. (1)[a] Die Träger der Sozialversicherung leisten an die Landesgesundheitsfonds ab dem Jahr 2008 einen Pauschalbeitrag für Leistungen der Krankenanstalten nach § 148 Z 3. Die Pauschalbeiträge ab dem Jahr 2009 errechnen sich aus dem jeweiligen Jahresbeitrag des Vorjahres, erhöht um jenen Prozentsatz, um den die Beitragseinnahmen der Träger der Krankenversicherung gegenüber dem jeweils vorangegangenen Jahr gestiegen sind. Mehreinnahmen aus

---

[a] Zum Außerkrafttreten siehe § 701 (2).

– der Erhöhung der Höchstbeitragsgrundlagen auf Grund des Pensionsharmonisierungsgesetzes, BGBl. I Nr. 142/2004,
– der Erhöhung der Beitragssätze in der Krankenversicherung um 0,1 Prozentpunkte zum 1. Jänner 2005 auf Grund des Bundesgesetzes BGBl. I Nr. 156/2004, des Bundesgesetzes BGBl. I Nr. 101/2007 und der Fortschreibung der Erhöhung durch Bundesgesetz BGBl. I Nr. 81/2013
– der auf Grund der Beitragssatzerhöhung um 0,15 Prozentpunkte für Pensionisten und Pensionistinnen ab 1. Jänner 2008 aus Budgetmittel des Bundes erhöhten Überweisung der Pensionsversicherungsträger an die Krankenversicherung

sind bei der Berechnung der Steigerungssätze ab dem Jahr 2008 nicht zu berücksichtigen.

(BGBl I 2007/101, BGBl I 2013/81)

(2) Der vorläufige Pauschalbeitrag nach Abs. 1 ist bis zum 31. Dezember des jeweiligen Vorjahres aus dem Jahresbetrag des Pauschalbeitrages nach endgültiger Abrechnung für das jeweils zweitvorangegangene Jahr, vervielfacht mit den vorläufigen Prozentsätzen des jeweiligen Folgejahres, zu errechnen. Die vorläufigen Prozentsätze sind die geschätzten prozentuellen Steigerungen der Beitragseinnahmen der Träger der Krankenversicherung gegenüber dem jeweils vorangegangenen Jahr. Die endgültige Abrechnung des Pauschalbeitrages nach Abs. 3 Z 1 und 2 hat bis zum 31. Oktober des Folgejahres zu erfolgen, wobei Abrechnungsreste unverzüglich zu überweisen sind.

(BGBl I 2007/101)

(3) Der beim Dachverband[a] errichtete Ausgleichsfonds für die Krankenanstaltenfinanzierung überweist an die Landesgesundheitsfonds der Länder

(BGBl I 2018/100)

---

[a] Bis 31. Dezember 2019 „Hauptverband".

1. 70 % des Pauschalbeitrages nach Abs. 1 in zwölf gleich hohen Monatsraten jeweils am Monatszwanzigsten, beginnend mit dem Monat April bis zum Monat März des Folgejahres;
2. 30 % des Pauschalbeitrages nach Abs. 1 in vier gleich hohen Quartalsbeträgen jeweils am 20. April, 20. Juli, 20. Oktober und 20. Jänner des Folgejahres;
3. den Betrag von

a) 15 Mio. Euro aus der Erhöhung der Höchstbeitragsgrundlagen auf Grund des Pensionsharmonisierungsgesetzes und

b) 60 Mio. Euro aus den Beitragseinnahmen auf Grund der Erhöhung der Krankenversicherungsbeitragssätze um 0,1 Prozentpunkte zum 1. Jänner 2005

in zwölf gleich hohen Monatsraten jeweils am Monatszwanzigsten, beginnend mit dem Monat April bis zum Monat März des Folgejahres nach Maßgabe der Abs. 4, 4a, 16 und 17;

4. die Mittel nach § 447a Abs. 11 Z 1 nach Maßgabe des Einlangens und nach Maßgabe der Abs. 5, 16 und 17.

(BGBl I 2009/84)

4.[a)] Die Mittel nach Abs. 6a nach Maßgabe des Einlangens und nach Maßgabe der Abs. 5, 16 und 17.

(BGBl I 2018/100)

[a)] Tritt mit 1. Jänner 2020 in Kraft.

(4) Die Mittel für die Überweisungen nach Abs. 3 Z 1 und 2 sind auf die Landesgesundheitsfonds nach folgendem Schlüssel zu verteilen:

Burgenland	2,426210014 %
Kärnten	7,425630646 %
Niederösterreich	14,377317701 %
Oberösterreich	17,448140331 %
Salzburg	6,441599507 %
Steiermark	14,549590044 %
Tirol	7,696467182 %
Vorarlberg	4,114811946 %
Wien	25,520232629 %.

(4a) Die nach den Vorwegabzügen nach Abs. 16 verbleibenden Beträge nach Abs. 3 Z 3 sind rechnerisch um die Hälfte der bundesweiten Einnahmen an Beiträgen nach § 27a Abs. 3 KAKuG zu erhöhen und auf die Landesgesundheitsfonds nach dem im Abs. 4 genannten Schlüssel zu verteilen. Die so errechneten Ansprüche der Landesgesundheitsfonds sind um die Hälfte ihrer jeweiligen Einnahmen an Beiträgen nach § 27a Abs. 3 KAKuG zu verringern.

(5) Die nach den Vorwegabzügen nach Abs. 16 verbleibenden Beträge für die Überweisungen nach Abs. 3 Z 4 sind rechnerisch um die Hälfte der bundesweiten Einnahmen an Beiträgen nach § 27a Abs. 3 KAKuG zu erhöhen und auf die Landesgesundheitsfonds je zur Hälfte wie folgt zu verteilen:

1. nach der Volkszahl entsprechend der aufgrund der Volkszählung 2001 errechneten und auf drei Dezimalstellen kaufmännisch gerundeten Prozentsätze und

2. entsprechend dem Verhältnis der vom Bundesministerium für Gesundheit und Frauen dem Dachverband[a)] und den Landesgesundheitsfonds bekannt zu gebenden endgültigen LKF relevanten Kernpunkte des Jahres 2003.

[a)] Bis 31. Dezember 2019 „Hauptverband".

Abs. 4a letzter Satz ist anzuwenden.

(6)[a)] Die Träger der Krankenversicherung leisten an die Bundesgesundheitsagentur ab dem Jahr 2008 einen Pauschalbeitrag in der Höhe von 83 573 759,29 Euro. Dieser Pauschalbeitrag ist in vier gleich hohen Quartalsbeträgen jeweils am 25. März, 25. Juni, 25. September und 25. Dezember zu überweisen.

(BGBl I 2007/101, BGBl I 2013/81)

[a)] Zum Außerkrafttreten siehe § 701 (2).

(6a)[a)] Der Bundesminister für Finanzen überweist an den Fonds für die Jahre ab 2020 einen Betrag von 8 282 506,06 Euro jeweils im September des Jahres.

(BGBl I 2018/100)

[a)] Tritt mit 1. Jänner 2020 in Kraft.

(7) Ausgenommen im ambulanten Bereich hat der (die) Versicherte bei Anstaltspflege eines Angehörigen nach diesem Bundesgesetz und nach dem BSVG und bei Anstaltspflege eines Versicherten nach dem BSVG an den Landesgesundheitsfonds einen Kostenbeitrag zu leisten. Dieser beträgt für jeden Verpflegstag 10 % der am 31. Dezember 1996 in Geltung gestandenen Pflegegebührenersätze, vervielfacht mit dem Prozentsatz für das Jahr 1997 nach § 28 KAG in der Fassung des Bundesgesetzes BGBl. Nr. 853/1995. Diese Beträge sind jährlich anzupassen, wobei die Prozentsätze nach Abs. 1 zweiter und dritter Satz anzuwenden sind. Solange keine endgültigen Prozentsätze vorliegen, sind die vorläufigen Prozentsätze heranzuziehen. Die angepassten Beträge sind auf volle 10 Cent zu runden. Vom Kostenbeitrag ist abzusehen:

1. sobald die Zeiten der Anstaltspflege in einem Kalenderjahr die Dauer von vier Wochen übersteigen,

2. für Anstaltspflege, die aus dem Versicherungsfall der Mutterschaft geleistet wird,

3. für Leistungen nach § 120a dieses Bundesgesetzes und nach § 76a BSVG (Organspenden) sowie nach § 80 Abs. 3 lit. b, d und g BSVG,

(BGBl I 2009/84)

4. für Personen, die das 18. Lebensjahr noch nicht vollendet haben.

(BGBl I 2017/26)

(7a) Die Sozialversicherungsträger als Träger der Krankenversicherung haben sich an den Kosten, die aus dem Absehen von einem Kostenbeitrag nach § 27a Abs. 7 KAKuG und Abs. 7 Z 4 resultieren, mit einem Betrag in der Höhe von fünf Millionen Euro jährlich zu beteiligen. Die Mittel werden durch die gesetzlichen Krankenversicherungsträger im Verhältnis der Versichertenzahlen des zweitvorangegangenen Jahres aufgebracht.

Dieses Verhältnis ist von der Trägerkonferenz festzustellen. Die Mittel sind am 20. April jeden Jahres im Wege des Dachverbandes[a)] im Verhältnis der zu Grunde gelegten Versichertenzahlen an den jeweiligen Landesgesundheitsfonds zu überweisen. Die Beträge der gesetzlichen Krankenversicherungsträger an den Dachverband[a)] sind so zu überweisen, dass sie am jeweils vorletzten Bankarbeitstag vor dem Überweisungstermin bei diesem eingetroffen sind.

(BGBl I 2017/26, BGBl I 2018/100)

[a)] Bis 31. Dezember 2019 „Hauptverbandes" bzw. „Hauptverband".

(8) Mit den Pauschalbeiträgen der Träger der Sozialversicherung nach Abs. 1, den Überweisungen nach Abs. 3 Z 3 und 4 und den Beiträgen der Versicherten nach Abs. 7 an die Landesgesundheitsfonds sind alle Leistungen der im § 148 genannten Krankenanstalten insbesondere im stationären, halbstationären, tagesklinischen und spitalsambulanten Bereich einschließlich der aus dem medizinischen Fortschritt resultierenden Leistungen für Versicherte und anspruchsberechtigte Angehörige der Träger der Sozialversicherung nach Maßgabe des § 148 Z 3 zur Gänze abgegolten.

(9) Der beim Dachverband[a)] errichtete Ausgleichsfonds für die Krankenanstaltenfinanzierung hat die Überweisungen der Träger der Sozialversicherung nach Maßgabe der Abs. 1 bis 6 und die Aufbringung der dazu benötigten Mittel zu gewährleisten. Das Vermögen dieses Fonds ist getrennt vom sonstigen Vermögen des Dachverbandes[a)] zu verwalten. Allfällige Vermögenserträgnisse eines Geschäftsjahres sind an den Ausgleichsfonds der Gebietskrankenkassen nach § 447a zu überweisen. Für jedes Jahr ist ein Rechnungsabschluss zu erstellen, der jedenfalls aus einer Erfolgsrechnung und einer Schlussbilanz zum Ende des Jahres bestehen muss. Weiters ist zum Abschluss eines jeden Jahres ein Geschäftsbericht zu verfassen und mit dem Rechnungsabschluss dem Bundesministerium für Gesundheit und Frauen vorzulegen.

(BGBl I 2009/84, BGBl I 2018/100)

[a)] Bis 31. Dezember 2019 „Hauptverband" bzw. „Hauptverbandes".

(10) Die Mittel für die Überweisungen des Ausgleichsfonds nach Abs. 3 Z 1 werden durch Überweisungen der Sozialversicherungsträger nach folgendem Schlüssel aufgebracht:

Wiener Gebietskrankenkasse .... 17,44201 %,

Niederösterreichische Gebietskrankenkasse .... 11,83115 %,

Burgenländische Gebietskrankenkasse .... 1,94019 %,

Oberösterreichische Gebietskrankenkasse .... 15,08098 %,

Steiermärkische Gebietskrankenkasse .... 10,25023 %,

Kärntner Gebietskrankenkasse .... 5,42866 %,

Salzburger Gebietskrankenkasse .... 4,71656 %,

Tiroler Gebietskrankenkasse .... 5,63745 %,

Vorarlberger Gebietskrankenkasse .... 3,66966 %,

Betriebskrankenkasse Austria Tabak .... 0,09170 %,

Betriebskrankenkasse der Wiener Verkehrsbetriebe .... 0,31496 %,

Betriebskrankenkasse Mondi .... 0,03778 %,

Betriebskrankenkasse voestalpine Bahnsysteme .... 0,28442 %,

Betriebskrankenkasse Zeltweg .... 0,06885 %,

Betriebskrankenkasse Kapfenberg .... 0,20124 %,

Versicherungsanstalt für Eisenbahnen und Bergbau (als Träger der Krankenversicherung) .... 5,20082 %

Versicherungsanstalt öffentlich Bediensteter (als Träger der Krankenversicherung) .... 7,70689 %,

Sozialversicherungsanstalt der gewerblichen Wirtschaft (als Träger der Krankenversicherung) .... 5,22166 %,

Sozialversicherungsanstalt der Bauern (als Träger der Krankenversicherung) .... 4,58485 %,

Versicherungsanstalt der österreichischen Eisenbahnen (als Träger der Unfallversicherung) .... 0,01253 %,

Versicherungsanstalt öffentlich Bediensteter (als Träger der Unfallversicherung) .... 0,00686 %,

Allgemeine Unfallversicherungsanstalt .... 0,00275 %,

Sozialversicherungsanstalt der Bauern (als Träger der Unfallversicherung) .... 0,16929 %,

Pensionsversicherungsanstalt .... 0,09091 %,

Versicherungsanstalt für Eisenbahnen und Bergbau (als Träger der Pensionsversicherung) .... 0,00481 %,

Sozialversicherungsanstalt der Bauern (als Träger der Pensionsversicherung) .... 0,00279 %.

Die Höhe der vorschussweisen Zahlungen sind durch Beschluss der Trägerkonferenz festzulegen.

(BGBl I 2005/71, BGBl I 2007/101, BGBl I 2009/84)

(11) Die Mittel für die Überweisungen des Ausgleichsfonds nach Abs. 3 Z 2 werden aufgebracht

1. durch Beiträge in der Krankenversicherung in Höhe von 0,5% der allgemeinen Beitragsgrundlage (§§ 44, 44a, 472a Abs. 1, 474 Abs. 1 und 479d dieses Bundesgesetzes, § 25 GSVG, § 23 BSVG, § 19 B-KUVG) und der Beitragsgrundlage für Sonderbeiträge (§§ 49 Abs. 2 und 54 dieses Bundesgesetzes, § 21 B-KUVG);

   (BGBl I 2015/118)

2. soweit die Beiträge nach Z 1 nicht ausreichen, durch Überweisungen der Krankenversicherungsträger (§ 31 Abs. 1) nach folgendem Schlüssel:

Wiener Gebietskrankenkasse .... 18,81319 %,
Niederösterreichische Gebietskrankenkasse .... 11,47897 %,
Burgenländische Gebietskrankenkasse .... 1,29897 %,
Oberösterreichische Gebietskrankenkasse .... 14,33519 %,
Steiermärkische Gebietskrankenkasse .... 8,41037 %,
Kärntner Gebietskrankenkasse .... 3,70268 %,
Salzburger Gebietskrankenkasse .... 5,23748 %,
Tiroler Gebietskrankenkasse .... 5,42572 %,
Vorarlberger Gebietskrankenkasse .... 3,48345 %,
Betriebskrankenkasse Austria Tabak ... 0,06479 %,
Betriebskrankenkasse der Wiener Verkehrsbetriebe .... 0,35058 %,
Betriebskrankenkasse Mondi .... 0,05842 %,
Betriebskrankenkasse voestalpine Bahnsysteme .... 0,21491 %,
Betriebskrankenkasse Zeltweg .... 0,09834 %,
Betriebskrankenkasse Kapfenberg .... 0,16160 %,
Versicherungsanstalt für Eisenbahnen und Bergbau, Abteilung A (als Träger der Krankenversicherung) .... 1,40884 %
Versicherungsanstalt für Eisenbahnen und Bergbau, Abteilung B (als Träger der Krankenversicherung) .... 1,47376 %,
Versicherungsanstalt öffentlich Bediensteter (als Träger der Krankenversicherung) 13,60647 %,
Sozialversicherungsanstalt der gewerblichen Wirtschaft (als Träger der Krankenversicherung) .... 7,38738 %,
Sozialversicherungsanstalt der Bauern (als Träger der Krankenversicherung) . 2,98889 %,

Die Höhe der vorschussweisen Zahlungen sind durch Beschluss der Trägerkonferenz festzulegen.

(BGBl I 2015/118)

Dieser Schlüssel ist jährlich, erstmals für das Geschäftsjahr 2012, unter Berücksichtigung der Entwicklung der Beitragseinnahmen der einzelnen Krankenversicherungsträger von diesem Geschäftsjahr zum Geschäftsjahr 2010 in weiterer Folge vom laufenden Geschäftsjahr zum vorangegangenen Geschäftsjahr vom Dachverband[a)] neu festzusetzen. Hiebei sind als Beitragseinnahmen die Beiträge für pflichtversicherte Erwerbstätige, für freiwillig Versicherte und für Arbeitslose heranzuziehen. Die Zusatzbeiträge nach Z 1 sind außer Betracht zu lassen. Abs. 10 letzter Satz ist anzuwenden. Für das Geschäftsjahr 2011 ist § 447f Abs. 11 in der Fassung des Bundesgesetzes BGBl. I Nr. 52/2011 anzuwenden.

(BGBl I 2018/100)

[a)] Bis 31. Dezember 2019 „Hauptverband".

(BGBl I 2005/71, BGBl I 2007/101, BGBl I 2009/84, BGBl I 2012/35)

(12) Die Mittel für die Überweisungen des Ausgleichsfonds nach Abs. 3 Z 3 und Abs. 6 werden aufgebracht durch Überweisungen der Krankenversicherungsträger nach einem Schlüssel, der sich aus den Gesamtüberweisungen nach Abs. 3 Z 1 und 2 anteilsmäßig für jeden einzelnen Krankenversicherungsträger errechnet. Die Prozentsätze des Schlüssels sind auf fünf Dezimalstellen zu runden. Die Höhe der vorschussweisen Zahlungen sind durch Beschluss der Trägerkonferenz festzulegen.

(BGBl I 2007/101)

(13) Alle von den Krankenversicherungsträgern an den Ausgleichsfonds für die Krankenanstaltenfinanzierung zu überweisenden Beträge sind so zu überweisen, dass die betreffenden Beträge beim Dachverband[a)] am jeweils letzten Bankarbeitstag vor den Überweisungsterminen nach den Abs. 3 und 6 bereits eingetroffen sind.

(BGBl I 2018/100)

[a)] Bis 31. Dezember 2019 „Hauptverband".

(14)[a)] Die Sozialversicherungsträger leisten an den Fonds nach § 149 Abs. 3 zweiter Satz ab dem Jahr 2008 jährlich einen Pauschalbeitrag für Leistungen der Krankenanstalten nach § 149 Abs. 3. Die Höhe des Pauschalbeitrages richtet sich nach § 149 Abs. 3 und 3a. Die Höhe und Fälligkeitstermine der monatlichen Teilzahlungen für die vorläufigen Beträge nach § 149 Abs. 3a sind zwischen dem Hauptverband und dem nach dem Privatkrankenanstalten-Finanzierungsfondsgesetz eingerichteten Fonds zu vereinbaren.

(BGBl I 2005/71, BGBl I 2007/101, BGBl I 2013/81)

[a)] Zum Außerkrafttreten siehe § 701 (2).

(15) Die Trägerkonferenz hat mit verbindlicher Wirkung im Sinne des § 31 Abs. 6 zu beschließen, zu welchen Teilen die Überweisungen nach § 149 Abs. 3 und 3a von den einzelnen Sozialversicherungsträgern vorläufig aufzubringen sind. Ferner sind mit diesem Beschluss der Trägerkonferenz die Höhe der vorschussweisen Zahlungen sowie deren Fälligkeitstermine festzulegen. Die endgültige Berechnung der auf die einzelnen Sozialversicherungsträger entfallenden Überweisungsbeträge hat unter Berücksichtigung der Inanspruchnahme der Leistungen nach § 149 Abs. 3 im jeweiligen Jahr bis zum 30. November des Folgejahres zu erfolgen. Die sich daraus ergebenden Differenzbeträge sind zwischen den Sozialversicherungsträgern unverzüglich auszugleichen.

(BGBl I 2005/71)

(15)[a)] Die Trägerkonferenz hat mit verbindlicher Wirkung im Sinne des § 30 Abs. 3 zu beschließen, zu welchen Teilen die Überweisungen nach § 149 Abs. 3 und 3a von den einzelnen Sozialversicherungsträgern vorläufig aufzubringen sind. Ferner sind mit diesem Beschluss der Trägerkonferenz die Höhe der vorschussweisen Zahlungen sowie deren Fälligkeitstermine festzulegen. Die endgültige Berechnung der auf die einzelnen Sozialversicherungsträger entfallenden Überweisungsbeträge hat unter Berücksichtigung der Inanspruchnahme der Leistungen nach § 149 Abs. 3 im jeweiligen Jahr bis zum 30. November des Folgejahres zu erfolgen. Die sich daraus ergebenden Differenzbeträge sind zwischen den Sozialversicherungsträgern unverzüglich auszugleichen.

(BGBl I 2005/71, BGBl I 2018/100)

---

[a] Tritt mit 1. Jänner 2020 in Kraft.

(16)[a] Aus den Mitteln gemäß Abs. 3 Z 3 und 4 erhalten die Landesgesundheitsfonds der Länder Niederösterreich, Oberösterreich, Salzburg und Tirol Vorweganteile jährlich in folgender Höhe in Millionen Euro:

---

[a] Zum Außerkrafttreten siehe § 675 (3).

	ab dem Jahr 2008
Niederösterreich	1,50
Oberösterreich	3,25
Salzburg	3,25
Tirol	14,00

Diese Vorweganteile sind jeweils zur Hälfte von den Mitteln nach Abs. 3 Z 3 und zur Hälfte von den Mitteln nach Abs. 3 Z 4 zu überweisen, und zwar hinsichtlich der Mittel nach Abs. 3 Z 3 ab dem Jahr 2008 jeweils in zwölf gleichen Monatsbeträgen, bei den Mitteln nach Abs. 3 Z 4 jeweils zur Gänze bei der Überweisung des Jahresbetrages.

(BGBl I 2007/101, BGBl I 2013/81)

(17) Die Landesgesundheitsfonds haben dem Dachverband[a] bis jeweils spätestens 31. März eines jeden Jahres die Höhe der Einnahmen des Vorjahres an den Beiträgen nach § 27a Abs. 3 KAKuG bekannt zu geben. Der Ausgleichsfonds für die Krankenanstaltenfinanzierung hat die endgültige Abrechnung der Mittel vorbehaltlich des fristgerechten Vorliegens der Mitteilungen aller Landesgesundheitsfonds bis spätestens 30. Juni eines jeden Jahres durchzuführen und die Differenzen bei den jeweils nächsten Fälligkeiten auszuzahlen bzw. einzubehalten.

(BGBl I 2007/101, BGBl I 2018/100)

---

[a] Bis 31. Dezember 2019 „Hauptverband".

(18) Die Bundesministerin für Arbeit, Soziales, Gesundheit und Konsumentenschutz setzt mit Verordnung für das Jahr 2020 und die folgenden Jahre jene Beträge und Aufteilungsschlüssel der §§ 149 und 447f fest, wie sie in Folge der Strukturreform der Sozialversicherungsträger durch das Bundesgesetz BGBl. I Nr. 100/2018 und der sich daraus ergebenden Zuordnung von Versichertengruppen, insbesondere im Zusammenhang mit der Auflösung der Betriebskrankenkassen, neu zu berechnen sind. In der Verordnung ist festzulegen, dass die Hälfte der nach § 1a GSBG an die Sozialversicherungsanstalt der Selbständigen zugewiesenen Beihilfe für die Beiträge der Träger der Sozialversicherung zur Krankenanstaltenfinanzierung zu widmen ist, wobei gleichzeitig eine Entlastung der Österreichischen Gesundheitskasse um diese Summe zu erfolgen hat.

(BGBl I 2018/100)

(BGBl I 2001/5, BGBl I 2001/67, BGBl I 2001/99, BGBl I 2002/1, BGBl I 2002/140, BGBl I 2004/156, BGBl I 2004/179, BGBl I 2007/101, BGBl I 2018/100)

Gesundheitsförderungsfonds nach § 9 des Gesundheits-Zielsteuerungsgesetzes – G-ZG

§ 447g. (1) Die Sozialversicherungsträger als Träger der Krankenversicherung haben sich an den in den jeweiligen Landesgesundheitsfonds nach § 9 G-ZG eingerichteten Gesundheitsförderungsfonds zu beteiligen.

(BGBl I 2017/26)

(2) Die Mittel werden durch die gesetzlichen Krankenversicherungsträger im Verhältnis der Versichertenzahlen des zweitvorangegangenen Jahres aufgebracht. Dieses Verhältnis ist von der Trägerkonferenz festzustellen. Die Mittel sind am 20. April jeden Jahres im Wege des Dachverbandes[a] im Verhältnis der zu Grunde gelegten Versichertenzahlen an den jeweiligen Landesgesundheitsfonds zu überweisen. Die Beträge der gesetzlichen Krankenversicherungsträger an den Hauptverband der österreichischen Sozialversicherungsträger sind so zu überweisen, dass sie am jeweils vorletzten Bankarbeitstag vor dem Überweisungstermin bei diesem eingetroffen sind.

(BGBl I 2018/100)

---

[a] Bis 31. Dezember 2019 „Hauptverbandes".

(BGBl 1993/335, BGBl I 2004/142, BGBl I 2013/81, BGBl I 2017/26)

Fonds für Vorsorge(Gesunden)untersuchungen und Gesundheitsförderung

§ 447h. (1) Beim Hauptverband ist ein Fonds für Vorsorge(Gesunden)untersuchungen und Gesundheitsförderung zu errichten. Das Vermögen dieses Fonds ist getrennt vom sonstigen Vermögen des Hauptverbandes zu verwalten. Für jedes Jahr ist ein Rechnungsabschluss zu erstellen, der jedenfalls aus einer Erfolgsrechnung und einer Schlussbilanz zum Ende des Jahres bestehen muss. Weiters ist zum Abschluss eines jeden Jahres ein Geschäftsbericht zu verfassen und mit dem Rechnungsabschluss dem Bundesministerium für Gesundheit und Frauen vorzulegen.

(2) Die Mittel des Fonds werden aufgebracht durch:

1. die Überweisungen nach § 447a Abs. 11 Z 2;
   (BGBl I 2009/84)
2. sonstige Einnahmen.

(3) Die Mittel des Fonds sind für Vorsorge(Gesunden)untersuchungen sowie für vom Hauptverband koordinierte Maßnahmen für zielgerichtete, wirkungsorientierte Gesundheitsförderung (Salutogenese) und Prävention zu verwenden. Mindestens 10 % dieser Mittel sind jeweils für bundesweite Maßnahmen zur Förderung und Erhöhung

der Inanspruchnahme von Vorsorge(Gesunden)untersuchungen und Maßnahmen für zielgerichtete, wirkungsorientierte Gesundheitsförderung und Prävention zu verwenden; der Hauptverband hat die Verwendung dieser Mittel bis 31. August jedes Jahres zu planen und mit der Bundesministerin für Gesundheit und Frauen abzustimmen. Die Überweisung der verbleibenden Mittel an die Krankenversicherungsträger nach diesem Bundesgesetz, die Sozialversicherungsanstalt der gewerblichen Wirtschaft, die Sozialversicherungsanstalt der Bauern und die Versicherungsanstalt öffentlich Bediensteter als Träger der Krankenversicherung erfolgt nach Maßgabe des Einlangens unter Berücksichtigung der Entwicklung der Vorsorge(Gesunden)untersuchungen durch Beschluss der Trägerkonferenz.

(BGBl I 2007/101, BGBl I 2013/81)

(4) Der Hauptverband hat bis zum 30. Juni über das jeweils vorangegangene Jahr dem Bundesministerium für Gesundheit sowie dem Bundesministerium für Arbeit, Soziales und Konsumentenschutz einen Bericht über die Entwicklung der Vorsorge(Gesunden)untersuchungen und die Maßnahmen für zielgerichtete, wirkungsorientierte Gesundheitsförderung und Prävention vorzulegen. Dieser Bericht hat insbesondere zu beinhalten:

1. die zahlenmäßige Entwicklung der Vorsorge(Gesunden)untersuchungen sowie eine Darstellung der Maßnahmen zur Steigerung der Inanspruchnahme der Vorsorge(Gesunden)untersuchungen,
2. eine Evaluierung der Auswirkungen der Änderungen des Untersuchungsprogramms sowie einer Kosten-Nutzen-Bewertung samt einer Prognose der Entwicklung der zumindest nächsten drei Jahre,
3. die Auswirkungen auf Leistungen, die nicht im Untersuchungsprogramm enthalten sind,
4. eine gezielte Evaluierung der Vorsorge(Gesunden)untersuchungen nach spezifischen Risikogruppen,
5. die Maßnahmen für zielgerichtete, wirkungsorientierte Gesundheitsförderung und Prävention, die in Koordination durch den Hauptverband (teil-)finanziert wurden.

(BGBl I 2013/81)

(BGBl I 2009/84, BGBl I 2013/81)

(BGBl I 1997/139, BGBl I 1998/138, BGBl I 2002/1, BGBl I 2004/171)

Fonds für Vorsorge(Gesunden)untersuchungen und Gesundheitsförderung

§ 447h.[a)] (1) Beim Dachverband ist ein Fonds für Vorsorge(Gesunden)untersuchungen und Gesundheitsförderung zu errichten. Das Vermögen dieses Fonds ist getrennt vom sonstigen Vermögen des Dachverbandes zu verwalten. Für jedes Jahr ist ein Rechnungsabschluss zu erstellen, der jedenfalls aus einer Erfolgsrechnung und einer Schlussbilanz zum Ende des Jahres bestehen muss. Weiters ist zum Abschluss eines jeden Jahres ein Geschäftsbericht zu verfassen und mit dem Rechnungsabschluss dem Bundesministerium für Arbeit, Soziales, Gesundheit und Konsumentenschutz vorzulegen.

(1a) Der Bundesminister für Finanzen überweist an den Fonds für die Jahre ab 2020 einen Betrag von 4 141 253,03 Euro jeweils im September des Jahres.

(2) Die Mittel des Fonds werden aufgebracht durch:

1. die Überweisungen nach Abs. 1a;

   (BGBl I 2009/84)

2. sonstige Einnahmen.

(3) Die Mittel des Fonds sind für Vorsorge(Gesunden)untersuchungen sowie für vom Dachverband koordinierte Maßnahmen für zielgerichtete, wirkungsorientierte Gesundheitsförderung (Salutogenese) und Prävention zu verwenden. Mindestens 10% dieser Mittel sind jeweils für bundesweite Maßnahmen zur Förderung und Erhöhung der Inanspruchnahme von Vorsorge(Gesunden)untersuchungen und Maßnahmen für zielgerichtete, wirkungsorientierte Gesundheitsförderung und Prävention zu verwenden; der Dachverband hat die Verwendung dieser Mittel bis 31. August jedes Jahres zu planen und mit der Bundesministerin für Arbeit, Soziales, Gesundheit und Konsumentenschutz abzustimmen. Die Überweisung der verbleibenden Mittel an die Österreichische Gesundheitskasse, die Sozialversicherungsanstalt der Selbständigen und die Versicherungsanstalt öffentlich Bediensteter, Eisenbahnen und Bergbau als Träger der Krankenversicherung erfolgt nach Maßgabe des Einlangens unter Berücksichtigung der Entwicklung der Vorsorge(Gesunden)untersuchungen durch Beschluss der Konferenz.

(BGBl I 2007/101, BGBl I 2013/81)

(4) Der Dachverband hat bis zum 30. Juni über das jeweils vorangegangene Jahr dem Bundesministerium für Arbeit, Soziales, Gesundheit und Konsumentenschutz einen Bericht über die Entwicklung der Vorsorge(Gesunden)untersuchungen und die Maßnahmen für zielgerichtete, wirkungsorientierte Gesundheitsförderung und Prävention vorzulegen. Dieser Bericht hat insbesondere zu beinhalten:

1. die zahlenmäßige Entwicklung der Vorsorge(Gesunden)untersuchungen sowie eine Darstellung der Maßnahmen zur Steigerung der Inanspruchnahme der Vorsorge(Gesunden)untersuchungen,
2. eine Evaluierung der Auswirkungen der Änderungen des Untersuchungsprogramms sowie einer Kosten-Nutzen-Bewertung samt einer Prognose der Entwicklung der zumindest nächsten drei Jahre,
3. die Auswirkungen auf Leistungen, die nicht im Untersuchungsprogramm enthalten sind,
4. eine gezielte Evaluierung der Vorsorge(Gesunden)untersuchungen nach spezifischen Risikogruppen,
5. die Maßnahmen für zielgerichtete, wirkungsorientierte Gesundheitsförderung und Prä-

vention, die in Koordination durch den Dachverband (teil-)finanziert wurden.
(BGBl I 2013/81)

(BGBl I 2009/84, BGBl I 2013/81)

(BGBl I 1997/139, BGBl I 1998/138, BGBl I 2002/1, BGBl I 2004/171, BGBl I 2018/100)

[a] Tritt mit 1. Jänner 2020 in Kraft.

Zahngesundheitsfonds

§ 447i. (1) Beim Dachverband[a] ist ein Fonds für Zahngesundheit zu errichten. Das Vermögen dieses Fonds ist getrennt vom sonstigen Vermögen des Dachverbandes[a] zu verwalten. Für jedes Jahr ist ein Rechnungsabschluss zu erstellen, der jedenfalls aus einer Erfolgsrechnung und einer Schlussbilanz zum Ende des Jahres bestehen muss. Weiters ist zum Abschluss eines jeden Jahres ein Geschäftsbericht zu verfassen und mit dem Rechnungsabschluss dem Bundesministerium für Gesundheit vorzulegen.

(BGBl I 2018/100)

[a] Bis 31. Dezember 2019 „Hauptverband" bzw. „Hauptverbandes".

(2) Die Mittel des Fonds werden aufgebracht durch:

1. Mittel des Bundes nach § 80c und
2. sonstige Einnahmen.

(3) Die Mittel des Fonds im Ausmaß von 80 Mio. Euro jährlich sind für Kieferregulierungen für Kinder und Jugendliche nach Maßgabe der §§ 153a dieses Bundesgesetzes, 94a GSVG, 95a BSVG und 69a B-KUVG zu verwenden. Verbleibende Mittel sind für weitere Leistungen im Zahngesundheitsbereich zu verwenden.

(4) Der Dachverband[a] hat die Mittel nach Abs. 2 unter Bedachtnahme auf die Aufwendungen für Kieferregulierungen nach den §§ 153a dieses Bundesgesetzes, 94a GSVG, 95a BSVG sowie 69a B-KUVG angemessen aufzuteilen. Tritt der Falle des § 80c Abs. 4 ein, so ist nach Vorliegen der endgültigen Ergebnisse der tatsächlich angefallene Aufwand heranzuziehen.

(BGBl I 2018/100)

[a] Bis 31. Dezember 2019 „Hauptverband".

(5) Die Überweisung der an die Krankenversicherungsträger nach diesem Bundesgesetz, die Sozialversicherungsanstalt der gewerblichen Wirtschaft, die Sozialversicherungsanstalt der Bauern und die Versicherungsanstalt öffentlich Bediensteter als Träger der Krankenversicherung erfolgt jedenfalls halbjährlich durch Beschluss der Trägerkonferenz.

(BGBl I 1999/10, BGBl I 2001/99, BGBl I 2014/28)

Abschnitt VI
Aufsicht des Bundes

Aufsichtsbehörden

§ 448. (1) Die Versicherungsträger und der Hauptverband samt ihren Anstalten und Einrichtungen unterliegen der Aufsicht des Bundes. Die Aufsicht über den Hauptverband, die Pensionsversicherungsanstalt und die Pensionsinstitute ist vom Bundesminister für soziale Sicherheit, Generationen und Konsumentenschutz, die Aufsicht über die sonstigen Versicherungsträger ist von der Bundesministerin für Gesundheit und Frauen auszuüben. In Angelegenheiten, die in den Wirkungsbereich beider Bundesminister oder ausschließlich in den Wirkungsbereich des jeweils anderen Bundesministers fallen, ist von dem Bundesminister, der die Aufsicht ausübt, das Einvernehmen mit dem anderen Bundesminister herzustellen.

(BGBl I 2003/71, BGBl I 2009/147)

(1a) Der Aufsicht des Bundes unterliegen auch die im Rahmen von Finanzierungs- und Betreibermodellen nach § 81 Abs. 2 errichteten (gegründeten) Vereine, Fonds oder Gesellschaften mit beschränkter Haftung bzw. Vereine, Fonds oder Gesellschaften mit beschränkter Haftung, an denen der Hauptverband oder mindestens ein Versicherungsträger im Rahmen eines solchen Finanzierungs- und Betreibermodells beteiligt ist. Dies gilt jedenfalls so lange, als die Beteiligung des Hauptverbandes bzw. der Versicherungsträger ein Ausmaß von mindestens 50 % umfasst oder die Gesellschafts- oder Stimmrechtsanteile mindestens 50 % betragen. Im Fall einer Minderheitsbeteiligung des Hauptverbandes bzw. der Versicherungsträger sind die Aufsichtsrechte des Bundes in geeigneter Weise sicherzustellen.

(BGBl I 2004/171)

(2) (aufgehoben)

(BGBl I 2003/71, BGBl I 2009/147)

(3) Der Bundesminister für soziale Sicherheit, Generationen und Konsumentenschutz kann bestimmte Bedienstete seines Bundesministeriums mit der Aufsicht über den Hauptverband, die Pensionsversicherungsanstalt und die Pensionsinstitute betrauen, die Bundesministerin für Gesundheit und Frauen bestimmte Bedienstete ihres Bundesministeriums mit der Aufsicht über alle sonstigen Versicherungsträger; der Bundesminister für soziale Sicherheit, Generationen und Konsumentenschutz kann zu den Sitzungen der Verwaltungskörper des im § 427 Abs. 1 Z 3 genannten Versicherungsträgers, die Bundesministerin für Gesundheit und Frauen zu den Sitzungen der Verwaltungskörper des Hauptverbandes einen Vertreter zur Wahrung der Interessen in Angelegenheiten, die in den Wirkungsbereich des jeweiligen Bundesministers fallen, entsenden; der Bundesminister für Finanzen kann zu den Sitzungen der Verwaltungskörper der im § 427 Abs. 1 Z 2 und 3 genannten Versicherungsträger und des Hauptverbandes einen Vertreter zur Wahrung der finanziellen Interessen des Bundes entsenden. Den mit der Ausübung der Aufsicht bzw. mit der Wahrung der Interessen des Bundes betrauten Bediensteten (deren Stellvertretern) sind Aufwandsentschädigungen zu gewähren, deren Höhe 60 vH der niedrigsten Funktionsgebühr (§ 420 Abs. 5) des Vorsitzenden (des

Stellvertreters des Vorsitzenden) der Kontrollversammlung des beaufsichtigten Versicherungsträgers (100 % bzw. 50 % der niedrigsten Funktionsgebühr eines Mitgliedes des Verbandsvorstandes des Hauptverbandes) entspricht. Bei mehrfacher Aufsichtstätigkeit gebührt nur eine, und zwar die jeweils höhere Aufwandsentschädigung.

(BGBl I 1998/138, BGBl I 2001/99, BGBl I 2003/71, BGBl I 2003/145, BGBl I 2004/171, BGBl I 2009/147)

(4) Der/Die Vertreter/Vertreterin des Bundesministers für Arbeit, Soziales und Konsumentenschutz und der/die Vertreter/Vertreterin des Bundesministers für Gesundheit können gegen Beschlüsse eines Verwaltungskörpers, die gegen eine Rechtsvorschrift verstoßen, der/die Vertreter/Vertreterin des Bundesministers für Finanzen gegen Beschlüsse, welche die finanziellen Interessen des Bundes berühren, Einspruch mit aufschiebender Wirkung erheben. Der Vorsitzende hat die Durchführung des Beschlusses, gegen den Einspruch erhoben wurde, vorläufig aufzuschieben und die Entscheidung der Aufsichtsbehörde einzuholen. Die Aufsichtsbehörde hat die Entscheidung bei einem Einspruch in Angelegenheiten, die in den Wirkungsbereich beider Bundesminister oder ausschließlich in den Wirkungsbereich des jeweils anderen Bundesministers fallen, im Einvernehmen mit dem anderen Bundesminister zu treffen. Bei einem Einspruch des Vertreters des Bundesministers für Finanzen hat die Aufsichtsbehörde die Entscheidung im Einvernehmen mit dem Bundesminister für Finanzen sowie in Angelegenheiten, die in den Wirkungsbereich beider Bundesminister oder ausschließlich in den Wirkungsbereich des jeweils anderen Bundesministers fallen, im Einvernehmen mit dem anderen Bundesminister zu treffen.

(BGBl I 2003/71, BGBl I 2006/131, BGBl I 2009/147)

(5) (aufgehoben)

(BGBl I 2003/71, BGBl I 2009/147)

Aufgaben der Aufsicht

§ 449. (1) Die Aufsichtsbehörden haben die Gebarung der Versicherungsträger (des Hauptverbandes) zu überwachen und darauf hinzuwirken, daß im Zuge dieser Gebarung nicht gegen Rechtsvorschriften verstoßen wird. Sie können ihre Aufsicht auf Fragen der Zweckmäßigkeit, Wirtschaftlichkeit und Sparsamkeit erstrecken; sie sollen sich in diesen Fällen auf wichtige Fragen beschränken und in das Eigenleben und die Selbstverantwortung der Versicherungsträger (des Hauptverbandes) nicht unnötig eingreifen. Die Aufsichtsbehörden können in Ausübung des Aufsichtsrechtes Beschlüsse der Verwaltungskörper aufheben.

(BGBl I 2009/147)

(2) Der Aufsichtsbehörde sind auf Verlangen alle Bücher, Rechnungen, Belege, Urkunden, Wertpapiere, Schriften und sonstige Bestände vorzulegen und alle zur Ausübung des Aufsichtsrechtes geforderten Mitteilungen zu machen; alle Verlautbarungen sind der Aufsichtsbehörde unverzüglich zur Kenntnis zu bringen. Diese Verpflichtung trifft die im § 427 Abs. 1 Z 2 und 3 genannten Versicherungsträger, denen der Bund Beiträge gemäß § 80 leistet, auch gegenüber dem Bundesminister für Finanzen. Die Aufsichtsbehörde kann die Satzungen und Krankenordnungen jederzeit überprüfen und Änderungen solcher Bestimmungen verlangen, die mit dem Gesetz in Widerspruch stehen oder dem Zwecke der Versicherung zuwiderlaufen. Dies gilt bezüglich der Satzungen bei dem im § 427 Abs. 1 Z 3 genannten Versicherungsträger auch für den Bundesminister für soziale Sicherheit, Generationen und Konsumentenschutz und bezüglich der Satzung des Hauptverbandes auch für die Bundesministerin für Gesundheit und Frauen. Wird diesem Verlangen nicht binnen drei Monaten entsprochen, so kann sie die erforderlichen Verfügungen von Amts wegen treffen.

(BGBl I 1998/138, BGBl I 2003/71, BGBl I 2003/145, BGBl I 2009/147)

(3) Die Aufsichtsbehörde kann verlangen, daß die Verwaltungskörper mit einer bestimmten Tagesordnung zu Sitzungen einberufen werden. Wird dem nicht entsprochen, so kann sie die Sitzungen selbst anberaumen und die Verhandlungen leiten. Sie kann zu allen Sitzungen Vertreter entsenden, denen beratende Stimme zukommt. Die Aufsichtsbehörde, der mit der Aufsicht betraute Bedienstete der Aufsichtsbehörde und bei den im § 427 Abs. 1 Z 2 und 3 genannten Versicherungsträgern und beim Hauptverband auch der Vertreter des Bundesministers für Finanzen sind von jeder Sitzung der Verwaltungskörper ebenso in Kenntnis zu setzen wie die Mitglieder dieser Verwaltungskörper; es sind ihnen auch die diesen zur Verfügung gestellten Behelfe (Tagesordnung, Ausweise, Berichte und andere Behelfe) zu übermitteln.

(BGBl I 1998/138, BGBl I 2003/145)

(4) Die Aufsichtsbehörde ist berechtigt, die Versicherungsträger (den Hauptverband) amtlichen Untersuchungen zu unterziehen, wobei sie sich bei Untersuchungen der Versicherungsträger der Mitwirkung des Hauptverbandes sowie geeigneter Sachverständiger bedienen kann. Der Bundesminister für Finanzen ist bei den im § 427 Abs. 1 Z 2 und 3 genannten Versicherungsträgern, denen der Bund Beiträge gemäß § 80 leistet, berechtigt, an der amtlichen Untersuchung des Versicherungsträgers durch einen Vertreter mitzuwirken. Die Aufsichtsbehörde hat eine solche amtliche Untersuchung anzuordnen, wenn der Bundesminister für Finanzen dies zur Wahrung der finanziellen Interessen des Bundes verlangt.

(BGBl I 1998/138, BGBl I 2003/145, BGBl I 2009/147)

(5) Die Abs. 1, 2 erster Satz, 3 und 4 erster und letzter Satz gelten bei dem im § 427 Abs. 1 Z 3 genannten Versicherungsträger auch bezüglich des Bundesministers für soziale Sicherheit, Generationen und Konsumentenschutz, beim Hauptverband

auch bezüglich der Bundesministerin für Gesundheit und Frauen bzw. deren Vertretern.

(BGBl I 2003/71, BGBl I 2003/145)

Entscheidungsbefugnis

§ 450. (1) Die Aufsichtsbehörde hat vorbehaltlich der gesetzlichen Bestimmungen über die Zuständigkeit anderer Stellen und unbeschadet der Rechte Dritter bei Streit über Rechte und Pflichten der Verwaltungskörper und deren Mitglieder sowie über die Auslegung der Satzung zu entscheiden. In Angelegenheiten, die in den Wirkungsbereich beider Bundesminister oder ausschließlich in den Wirkungsbereich des jeweils anderen Bundesministers fallen, entscheidet jener Bundesminister, der die Aufsicht ausübt, im Einvernehmen mit dem anderen Bundesminister.

(BGBl I 2003/71, BGBl I 2009/147)

(2) Die Aufsichtsbehörde ist berechtigt, wenn ein Träger der Krankenversicherung seiner Verpflichtung zur Abfuhr der anderen Stellen gebührenden Beiträge oder zur Weiterleitung der für fremde Rechnung eingehobenen Beiträge, Umlagen und dergleichen nicht nachkommt, die zur Sicherstellung der pünktlichen Abfuhr erforderlichen Veranlassungen namens des säumigen Trägers der Krankenversicherung selbst zu treffen.

Vorläufiger Verwalter

§ 451. (1) Die Aufsichtsbehörde ist berechtigt, die Verwaltungskörper, wenn sie ungeachtet zweimaliger schriftlicher Verwarnung gesetzliche oder satzungsmäßige Bestimmungen außer acht lassen, aufzulösen und die vorläufige Geschäftsführung und Vertretung vorübergehend einem vorläufigen Verwalter zu übertragen. Diesem ist ein Beirat zur Seite zu stellen, der im gleichen Verhältnis wie der aufgelöste Verwaltungskörper aus Vertretern der Dienstgeber und der Dienstnehmer bestehen soll und dessen Aufgaben und Befugnisse von der Aufsichtsbehörde bestimmt werden; die Vorschriften der §§ 420 Abs. 2 bis 6 und 432 sind auf die Mitglieder des Beirates entsprechend anzuwenden. Der vorläufige Verwalter hat binnen acht Wochen vom Zeitpunkt seiner Bestellung an die nötigen Verfügungen wegen Neubestellung des Verwaltungskörpers nach den Vorschriften des § 421 zu treffen. Ihm obliegt die erstmalige Einberufung der Verwaltungskörper.

(BGBl I 2009/147)

(2) Die Bestimmungen des Abs. 1 über die Auflösung eines Verwaltungskörpers und die Übertragung der vorläufigen Geschäftsführung und Vertretung auf einen vorläufigen Verwalter sind entsprechend anzuwenden, solange und soweit ein Verwaltungskörper die ihm obliegenden Geschäfte nicht ausführt.

(3) Verfügungen des vorläufigen Verwalters, die über den Rahmen laufender Geschäftsführung hinausgehen, wie insbesondere derartige Verfügungen über die dauernde Anlage von Vermögensbeständen im Werte von mehr als 14 534,57 €, über den Abschluß von Verträgen, die den Versicherungsträger für länger als sechs Monate verpflichten, und über den Abschluß, die Änderung oder Auflösung von Dienstverträgen mit einer Kündigungsfrist von mehr als drei Monaten oder von unkündbaren Dienstverträgen bedürfen der Genehmigung durch die Aufsichtsbehörde.

(BGBl I 2001/67)

Kosten der Aufsicht

§ 452. Die Kosten der von der Aufsichtsbehörde angeordneten Maßnahmen belasten den Versicherungsträger (Hauptverband). Zur Deckung der durch die Aufsicht erwachsenden sonstigen Kosten haben die Versicherungsträger (der Hauptverband) durch Entrichtung einer Aufsichtsgebühr beizutragen. Deren Höhe hat der Bundesminister für soziale Sicherheit, Generationen und Konsumentenschutz im Einvernehmen mit der Bundesministerin für Gesundheit und Frauen nach Anhörung des betreffenden Versicherungsträgers (des Hauptverbandes) zu bestimmen.

(BGBl I 2003/71)

Beschwerde an das Bundesverwaltungsgericht

§ 452a. Gegen Bescheide der Aufsichtsbehörde und wegen Verletzung ihrer Entscheidungspflicht kann Beschwerde an das Bundesverwaltungsgericht erhoben werden.

(BGBl I 2013/87)

ABSCHNITT VI
Aufsicht des Bundes[a)]

[a)] Der gesamte Abschnitt VI tritt mit 1. Jänner 2020 in Kraft.

Aufsichtsbehörden

§ 448.[a)] (1) Die Versicherungsträger und der Dachverband samt ihren Anstalten und Einrichtungen unterliegen der Aufsicht des Bundes. Die Aufsicht ist von der Bundesministerin für Arbeit, Soziales, Gesundheit und Konsumentenschutz auszuüben.

(BGBl I 2003/71, BGBl I 2009/147)

(2) Der Aufsicht des Bundes unterliegen auch die im Rahmen von Finanzierungs- und Betreibermodellen nach § 81 Abs. 2 errichteten (gegründeten) Vereine, Fonds oder Gesellschaften mit beschränkter Haftung bzw. Vereine, Fonds oder Gesellschaften mit beschränkter Haftung, an denen der Dachverband oder mindestens ein Versicherungsträger im Rahmen eines solchen Finanzierungs- und Betreibermodells beteiligt ist. Dies gilt jedenfalls so lange, als die Beteiligung des Dachverbandes bzw. der Versicherungsträger ein Ausmaß von mindestens 50% umfasst oder die Gesellschafts- oder Stimmrechtsanteile mindestens 50% betragen. Im Fall einer Minderheitsbeteiligung des Dachverbandes bzw. der Versicherungsträger sind die Aufsichtsrechte des Bundes in geeigneter Weise sicherzustellen.

(BGBl I 2003/71, BGBl I 2009/147)

(3) Die Bundesministerin für Arbeit, Soziales, Gesundheit und Konsumentenschutz kann be-

stimmte Bedienstete ihres Bundesministeriums mit der Aufsicht über die Versicherungsträger und den Dachverband betrauen; der Bundesminister für Finanzen kann zu den Sitzungen der Verwaltungskörper der Versicherungsträger und des Dachverbandes einen Vertreter/eine Vertreterin zur Wahrung der finanziellen Interessen des Bundes entsenden. Den mit der Ausübung der Aufsicht bzw. mit der Wahrung der Interessen des Bundes betrauten Bediensteten und ihren Stellvertreter/inne/n sind Aufwandsentschädigungen zu gewähren, deren Höhe 14% bzw. für die Stellvertreter/innen 7% des Gehaltes eines Abgeordneten zum Nationalrat entspricht und die monatlich auszuzahlen sind. Bei mehrfacher Aufsichtstätigkeit gebührt nur eine, und zwar die jeweils höhere Aufwandsentschädigung.

(BGBl I 1998/138, BGBl I 2001/99, BGBl I 2003/71, BGBl I 2003/145, BGBl I 2004/171, BGBl I 2009/147)

(4) Der Vertreter/Die Vertreterin der Bundesministerin für Arbeit, Soziales, Gesundheit und Konsumentenschutz kann gegen Beschlüsse eines Verwaltungskörpers, die gegen eine Rechtsvorschrift oder in wichtigen Fragen (§ 449 Abs. 2) gegen den Grundsatz der Zweckmäßigkeit, Wirtschaftlichkeit und Sparsamkeit verstoßen oder die die finanziellen Interessen des Bundes berühren, Einspruch mit aufschiebender Wirkung erheben. Der Vertreter/Die Vertreterin des Bundesministers für Finanzen kann Einspruch mit aufschiebender Wirkung gegen Beschlüsse erheben, die die finanziellen Interessen des Bundes berühren oder in wichtigen Fragen (§ 449 Abs. 2) gegen den Grundsatz der Zweckmäßigkeit, Wirtschaftlichkeit und Sparsamkeit verstoßen. Der/Die Vorsitzende hat die Durchführung des Beschlusses, gegen den Einspruch erhoben wurde, vorläufig aufzuschieben und die Entscheidung der Aufsichtsbehörde einzuholen. Bei einem Einspruch des Vertreters/der Vertreterin des Bundesministers für Finanzen hat die Aufsichtsbehörde die Entscheidung im Einvernehmen mit dem Bundesminister für Finanzen zu treffen.

(BGBl I 2003/71, BGBl I 2006/131, BGBl I 2009/147)

(BGBl I 2018/100)

[a] Tritt mit 1. Jänner 2020 in Kraft.

Aufgaben der Aufsicht

§ 449.[a] (1) Die Aufsichtsbehörde hat die Gebarung der Versicherungsträger und des Dachverbandes zu überwachen und darauf hinzuwirken, dass im Zuge dieser Gebarung nicht gegen Rechtsvorschriften verstoßen wird. Sie kann ihre Aufsicht auf Fragen der Zweckmäßigkeit, Wirtschaftlichkeit und Sparsamkeit erstrecken. Sie soll sich in diesen Fällen auf wichtige Fragen beschränken und in das Eigenleben und die Selbstverantwortung der Versicherungsträger und des Dachverbandes nicht unnötig eingreifen. Die Aufsichtsbehörde kann in Ausübung des Aufsichtsrechtes Beschlüsse der Verwaltungskörper aufheben.

(BGBl I 2009/147)

(2) Wichtige Fragen im Sinne des Abs. 1 sind insbesondere die Einhaltung der im Rahmen der Zielsteuerung nach § 441f abgestimmten Ziele, die Sicherstellung einer nachhaltig ausgeglichenen Gebarung sowie Beschlüsse, deren finanzielle Auswirkungen ein Ausmaß von 10 Millionen Euro innerhalb eines Kalenderjahres oder innerhalb von fünf Kalenderjahren übersteigen. Auch alle Angelegenheiten nach § 432 Abs. 3 sind wichtige Fragen im Sinne des Abs. 1.

(BGBl I 1998/138, BGBl I 2003/71, BGBl I 2003/145, BGBl I 2009/147)

(3) Der Aufsichtsbehörde sind auf Verlangen alle Bücher, Rechnungen, Belege, Urkunden, Wertpapiere, Schriften und sonstige Bestände vorzulegen und alle zur Ausübung des Aufsichtsrechtes geforderten Mitteilungen zu machen; alle Verlautbarungen sind der Aufsichtsbehörde unverzüglich zur Kenntnis zu bringen. Diese Verpflichtung trifft die Träger der Pensionsversicherung als Empfänger/innen des Bundesbeitrages nach § 80 auch gegenüber dem Bundesminister für Finanzen. Die Aufsichtsbehörde kann die Satzungen und Krankenordnungen jederzeit überprüfen und Änderungen solcher Bestimmungen verlangen, die mit dem Gesetz in Widerspruch stehen oder dem Zweck der Versicherung zuwiderlaufen. Wird diesem Verlangen nicht binnen drei Monaten entsprochen, so kann sie die erforderlichen Verfügungen von Amts wegen treffen.

(BGBl I 1998/138, BGBl I 2003/145)

(4) Die Aufsichtsbehörde kann verlangen, dass die Verwaltungskörper mit einer bestimmten Tagesordnung zu Sitzungen einberufen werden. Wird dem nicht entsprochen, so kann sie die Sitzungen selbst anberaumen und die Verhandlungen leiten. Sie kann zu allen Sitzungen Vertreter/innen entsenden, denen beratende Stimme zukommt. Die Aufsichtsbehörde, der/die mit der Aufsicht betraute Bedienstete der Aufsichtsbehörde und der Vertreter/die Vertreterin des Bundesministers für Finanzen sind von jeder Sitzung der Verwaltungskörper ebenso in Kenntnis zu setzen wie die Mitglieder dieser Verwaltungskörper; es sind ihnen auch die diesen zur Verfügung gestellten Behelfe (Tagesordnung, Ausweise, Berichte und andere Behelfe) zu übermitteln. Auf Verlangen des Vertreters/der Vertreterin der Aufsichtsbehörde oder des Vertreters/der Vertreterin des Bundesministers für Finanzen ist die Beschlussfassung zu bestimmten Tagesordnungspunkten zu vertagen. Dieses Verlangen kann für ein und denselben Tagesordnungspunkt höchstens zwei Mal erfolgen.

(BGBl I 1998/138, BGBl I 2003/145, BGBl I 2009/147)

(5) Die Aufsichtsbehörde ist berechtigt, die Versicherungsträger (den Dachverband) amtlichen Untersuchungen zu unterziehen, wobei sie sich bei Untersuchungen der Versicherungsträger der Mitwirkung des Dachverbandes sowie geeigneter Sachverständiger bedienen kann. Bei Untersuchungen der Pensionsversicherungsanstalt kann der Bundesminister für Finanzen durch einen Vertreter/eine Vertreterin mitwirken. Die Aufsichtsbe-

hörde hat eine solche amtliche Untersuchung anzuordnen, wenn der Bundesminister für Finanzen dies zur Wahrung der finanziellen Interessen des Bundes verlangt.

(BGBl I 2003/71, BGBl I 2003/145)

(BGBl I 2018/100)

[a] Tritt mit 1. Jänner 2020 in Kraft.

Entscheidungsbefugnis

§ 450.[a] (1) Die Aufsichtsbehörde hat vorbehaltlich der gesetzlichen Bestimmungen über die Zuständigkeit anderer Stellen und unbeschadet der Rechte Dritter bei Streit über Rechte und Pflichten der Verwaltungskörper und deren Mitglieder sowie über die Auslegung der Satzung zu entscheiden.

(BGBl I 2003/71, BGBl I 2009/147)

(2) Die Aufsichtsbehörde ist berechtigt, wenn ein Träger der Krankenversicherung seiner Verpflichtung zur Abfuhr der anderen Stellen gebührenden Beiträge oder zur Weiterleitung der für fremde Rechnung eingehobenen Beiträge, Umlagen und dergleichen nicht nachkommt, die zur Sicherstellung der pünktlichen Abfuhr erforderlichen Veranlassungen namens des säumigen Trägers der Krankenversicherung selbst zu treffen.

(BGBl I 2018/100)

[a] Tritt mit 1. Jänner 2020 in Kraft.

Vorläufige Geschäftsführung und Vertretung

§ 451.[a] (1) Die Aufsichtsbehörde ist berechtigt, die Verwaltungskörper, wenn sie ungeachtet zweimaliger schriftlicher Verwarnung gesetzliche oder satzungsmäßige Bestimmungen außer Acht lassen, aufzulösen und die vorläufige Geschäftsführung und Vertretung vorübergehend einem vorläufigen Verwalter/einer vorläufigen Verwalterin zu übertragen. Diesem/Dieser ist ein Beirat zur Seite zu stellen, der im gleichen Verhältnis wie der aufgelöste Verwaltungskörper aus Vertreter/inne/n der Dienstgeber/innen und der Dienstnehmer/innen bestehen soll und dessen Aufgaben und Befugnisse von der Aufsichtsbehörde bestimmt werden. Die §§ 420 Abs. 2 bis 6 und 432 sind auf die Mitglieder des Beirates entsprechend anzuwenden. Der vorläufige Verwalter/Die vorläufige Verwalterin hat binnen acht Wochen vom Zeitpunkt seiner/ihrer Bestellung an die nötigen Verfügungen wegen Neubestellung des Verwaltungskörpers nach § 421 zu treffen. Ihm/Ihr obliegt die erstmalige Einberufung der Verwaltungskörper.

(BGBl I 2009/147)

(2) Die Bestimmungen des Abs. 1 über die Auflösung eines Verwaltungskörpers und die Übertragung der vorläufigen Geschäftsführung und Vertretung auf einen vorläufigen Verwalter/eine vorläufige Verwalterin sind entsprechend anzuwenden, solange und soweit ein Verwaltungskörper die ihm obliegenden Geschäfte nicht ausführt.

(3) Verfügungen des vorläufigen Verwalters/der vorläufigen Verwalterin, die über den Rahmen laufender Geschäftsführung hinausgehen, wie insbesondere derartige Verfügungen über die dauernde Anlage von Vermögensbeständen im Wert von mehr als 14 534,57 €, über den Abschluss von Verträgen, die den Versicherungsträger für länger als sechs Monate verpflichten, und über den Abschluss, die Änderung oder Auflösung von Dienstverträgen mit einer Kündigungsfrist von mehr als drei Monaten oder von unkündbaren Dienstverträgen, bedürfen der Genehmigung durch die Aufsichtsbehörde.

(BGBl I 2001/67)

(BGBl I 2018/100)

[a] Tritt mit 1. Jänner 2020 in Kraft.

Kosten der Aufsicht

§ 452.[a] Die Kosten der von der Aufsichtsbehörde angeordneten Maßnahmen belasten den Versicherungsträger (Dachverband). Zur Deckung der durch die Aufsicht erwachsenden sonstigen Kosten haben die Versicherungsträger und der Dachverband durch Entrichtung einer Aufsichtsgebühr beizutragen. Deren Höhe hat die Bundesministerin für Arbeit, Soziales, Gesundheit und Konsumentenschutz nach Anhörung des betreffenden Versicherungsträgers (des Dachverbandes) zu bestimmen.

(BGBl I 2003/71, BGBl I 2018/100)

[a] Tritt mit 1. Jänner 2020 in Kraft.

Beschwerde an das Bundesverwaltungsgericht

§ 452a.[a] Gegen Bescheide der Aufsichtsbehörde und wegen Verletzung ihrer Entscheidungspflicht kann Beschwerde an das Bundesverwaltungsgericht erhoben werden.“

(BGBl I 2013/87, BGBl I 2018/100)

[a] Tritt mit 1. Jänner 2020 in Kraft.

Abschnitt VII
Satzung, Krankenordnung und Geschäftsordnungen

Satzung der Versicherungsträger (des Dachverbandes[a])

§ 453. (1) Die Satzung hat, soweit dies gesetzlich vorgesehen und nicht der Regelung durch die Krankenordnung überlassen ist, die Tätigkeit der Versicherungsträger zu regeln und insbesondere Bestimmungen zu enthalten:

1. über Rechte und Pflichten der Versicherten (Anspruchsberechtigten) sowie der Beitragsschuldner;
2. über die Form der Kundmachungen und rechtsverbindlichen Akte;
3. über die in regelmäßigen Abständen abzuhaltenden Informationsveranstaltungen, zu der Versicherte und Dienstgeber einzuladen sind;
4.[b] über die Zahl der Mitglieder der Beiräte und deren Bestellung.

(BGBl I 2000/43, BGBl I 2018/100)

[b] Entfällt mit 1. Jänner 2020.

5. (aufgehoben)

(BGBl I 2000/43)

(2) Durch die Satzung des Versicherungsträgers (des Hauptverbandes) kann vorgesehen werden, daß Angelegenheiten, die in den Wirkungsbereich der Generalversammlung (Trägerkonferenz) oder des Vorstandes (Verbandsvorstandes) fallen, bei Gefahr im Verzug zur Abwendung eines dem Versicherungsträger (dem Hauptverband) drohenden Schadens bzw. zur Sicherung eines dem Versicherungsträger (dem Hauptverband) entgehenden Vorteiles vorläufig durch Verfügung des Obmannes (des/der Verbandsvorsitzenden) des Versicherungsträgers (des Hauptverbandes) zu regeln sind, wenn der in Betracht kommende Verwaltungskörper nicht rechtzeitig zusammentreten kann. Die Verfügungen sind im Einvernehmen mit den Stellvertretern des Obmannes (des/der Verbandsvorsitzenden) zu treffen, bei ihrer Abwesenheit oder ihrer Verhinderung auch ohne deren Mitwirkung. Der Obmann (der/die Verbandsvorsitzende) hat in derartigen Fällen vom zuständigen Verwaltungskörper die nachträgliche Genehmigung einzuholen.

(BGBl I 2001/99, BGBl I 2004/171)

(2)[b] Durch die Satzung des Versicherungsträgers (des Dachverbandes) kann vorgesehen werden, dass Angelegenheiten, die in den Wirkungsbereich der Hauptversammlung oder des Verwaltungsrates (der Konferenz) fallen, bei Gefahr im Verzug zur Abwendung eines dem Versicherungsträger (dem Dachverband) drohenden Schadens bzw. zur Sicherung eines dem Versicherungsträger (dem Dachverband) entgehenden Vorteiles vorläufig durch Verfügung des/der Vorsitzenden des Verwaltungsrates (der Konferenz) zu regeln sind, wenn der in Betracht kommende Verwaltungskörper nicht rechtzeitig zusammentreten kann. Die Verfügungen sind nur dann gültig, wenn sie im Einvernehmen mit dem Stellvertreter/der Stellvertreterin des/der Vorsitzenden des Verwaltungsrates (der Konferenz) getroffen werden, bei dessen/deren Abwesenheit oder Verhinderung auch ohne deren Mitwirkung. Der/Die Vorsitzende des Verwaltungsrates (der Konferenz) hat in derartigen Fällen vom zuständigen Verwaltungskörper die nachträgliche Genehmigung einzuholen.

(BGBl I 2001/99, BGBl I 2004/171, BGBl I 2018/100)

[b] Tritt mit 1. Jänner 2020 in Kraft.

(3) Änderungen der Mustersatzung (§ 455 Abs. 2 und 3), der Satzung des Dachverbandes[a] (§ 454) oder der Satzungen der Versicherungsträger, die durch Änderungen der Rechtslage oder der Vertragslage (§ 338 Abs. 1) erforderlich oder zulässig geworden sind, können rückwirkend mit jenem Zeitpunkt vorgenommen werden, mit dem sich die damit zusammenhängende Rechtslage oder Vertragslage (§ 338 Abs. 1) geändert hat.

(BGBl 1996/411, BGBl I 2009/84, BGBl I 2018/100)

[a] Bis 31. Dezember 2019 „Hauptverbandes".

Satzung des Dachverbandes[a]

§ 454. Die Satzung des Dachverbandes[a] hat außer den im § 453 Abs. 1 Einleitung und Abs. 1 Z 2 genannten Bestimmungen auch Bestimmungen über die Aufbringung der Mittel für die Verbandszwecke zu enthalten.

(BGBl I 2018/100)

[a] Bis 31. Dezember 2019 „Hauptverbandes".

Genehmigungspflicht

§ 455. (1) Die Satzung und jede ihrer Änderungen bedürfen zu ihrer Wirksamkeit der Genehmigung durch den jeweils zuständigen Bundesminister (§ 446 Abs. 3 Z 1 und 2), der das Einvernehmen mit dem jeweils anderen Bundesminister herzustellen hat, und sind unverzüglich nach der Genehmigung im Internet zu verlautbaren. Nach jeder fünften Änderung der Satzung, frühestens am Beginn der Amtsdauer (§ 425), ist diese unverzüglich neu zu beschließen.

(BGBl I 2001/99, BGBl I 2003/71)

(2) Der Hauptverband hat für den Bereich der Krankenversicherung eine Mustersatzung aufzustellen und Bestimmungen dieser Mustersatzung für alle Versicherungsträger oder bestimmte Gruppen von Versicherungsträgern für verbindlich zu erklären, insoweit dies zur Wahrung der Einheitlichkeit der Durchführung sozialversicherungsrechtlicher Bestimmungen notwendig erscheint. Er hat dabei auch auf das Interesse der Versicherten und der Dienstgeber an einer bundeseinheitlichen Vorgangsweise der Versicherungsträger Bedacht zu nehmen. In der Mustersatzung ist unter Bedachtnahme auf die finanzielle Leistungsfähigkeit der Krankenversicherung nach diesem Bundesgesetz eine für alle Krankenversicherungsträger verbindliche Bandbreite für die über die gesetzlichen Mindestleistungen hinausgehenden Mehrleistungen (§ 121 Abs. 3) festzulegen. Die Erklärung der Verbindlichkeit von Bestimmungen der Mustersatzung und die Mustersatzung selbst bedürfen zu ihrer Wirksamkeit der Genehmigung durch die Bundesministerin für Gesundheit und Frauen und sind unverzüglich nach der Genehmigung im Internet zu verlautbaren. Abs. 1 letzter Satz ist anzuwenden.

(BGBl I 2000/92, BGBl I 2001/33, BGBl I 2003/71)

(2)[a] Die Konferenz des Dachverbandes hat für den Bereich der Krankenversicherung eine Mustersatzung zu beschließen und kann Bestimmungen dieser Mustersatzung für alle Versicherungsträger für verbindlich erklären. Er hat dabei auch auf das Interesse der Versicherten und der Dienstgeber an einer bundeseinheitlichen Vorgangsweise der Versicherungsträger Bedacht zu nehmen. In der Mustersatzung ist unter Bedachtnahme auf die finanzielle Leistungsfähigkeit der Krankenversicherung nach diesem Bundesgesetz eine für alle Krankenversicherungsträger verbindliche Bandbreite für die über die gesetzlichen Mindestleistungen hinausgehenden Mehrleistungen (§ 121

Abs. 3) festzulegen. Die Erklärung der Verbindlichkeit von Bestimmungen der Mustersatzung und die Mustersatzung selbst bedürfen zu ihrer Wirksamkeit der Genehmigung durch die Bundesministerin für Gesundheit und Frauen und sind unverzüglich nach der Genehmigung im Internet zu verlautbaren. Abs. 1 letzter Satz ist anzuwenden.

(BGBl I 2000/92, BGBl I 2001/33, BGBl I 2003/71, BGBl I 2018/100)

[a] Tritt mit 1. Jänner 2020 in Kraft.

(3) Wird eine verbindliche Bestimmung der Mustersatzung nicht durch eine ihr entsprechende Änderung der Satzung eines Krankenversicherungsträgers in der der Verlautbarung dieser verbindlichen Bestimmung nächstfolgenden Generalversammlung dieses Krankenversicherungsträgers übernommen, so geht die Zuständigkeit zur Änderung der Satzung, die die Übernahme der verbindlichen Bestimmung der Mustersatzung zum Gegenstand hat, auf die Trägerkonferenz über. Sobald die Generalversammlung des Krankenversicherungsträgers die Übernahme der verbindlichen Bestimmung der Mustersatzung durch eine ihr entsprechende Satzungsänderung beschlossen hat, tritt der Beschluß der Trägerkonferenz mit Wirksamkeitsbeginn der Satzungsänderung außer Kraft.

(BGBl I 2001/99, BGBl I 2004/171)

Krankenordnung der Träger der Krankenversicherung

§ 456. (1) Die Träger der Krankenversicherung haben eine Krankenordnung aufzustellen, die insbesondere die Pflichten der Versicherten und der Leistungsempfänger im Leistungsfalle, das Verfahren bei Inanspruchnahme von Leistungen der Krankenversicherung und die Kontrolle der Kranken zu regeln hat. § 455 Abs. 1 ist mit der Maßgabe anzuwenden, dass für die Genehmigung der Krankenordnung und jeder ihrer Änderungen ausschließlich die Bundesministerin für Gesundheit und Frauen zuständig ist.

(BGBl I 2003/71)

(1)[a] Der Träger der Krankenversicherung hat eine Krankenordnung aufzustellen, die insbesondere die Pflichten der Versicherten und der Leistungsempfänger/innen im Leistungsfall, das Verfahren bei Inanspruchnahme von Leistungen der Krankenversicherung und die Kontrolle der Kranken zu regeln hat. Für die Genehmigung der Krankenordnung und jeder ihrer Änderungen ist die Bundesministerin für Arbeit, Soziales, Gesundheit und Konsumentenschutz zuständig.

(BGBl I 2003/71, BGBl I 2018/100)

[a] Tritt mit 1. Jänner 2020 in Kraft.

(2) Der Dachverband[a] hat eine Musterkrankenordnung aufzustellen. § 455 Abs. 2 und 3 ist anzuwenden.

(BGBl I 2018/100)

[a] Bis 31. Dezember 2019 „Hauptverband".

(3) Änderungen der Musterkrankenordnung oder der Krankenordnungen, die durch Änderungen der Rechtslage oder der Vertragslage (§ 338 Abs. 1) erforderlich oder zulässig geworden sind, können rückwirkend mit jenem Zeitpunkt vorgenommen werden, mit dem sich die damit zusammenhängende Rechtslage oder Vertragslage (§ 338 Abs. 1) geändert hat.

(BGBl 1996/411, BGBl I 2009/84)

Geschäftsordnungen der Verwaltungskörper

§ 456a. (1) Die einzelnen Verwaltungskörper der Versicherungsträger und des Dachverbandes haben zur Regelung der Vorgangsweise bei der Wahrnehmung der ihnen obliegenden Geschäfte für ihre jeweiligen Zuständigkeitsbereiche Geschäftsordnungen zu beschließen, die insbesondere nähere Bestimmungen über die ordnungsgemäße Einberufung und Abwicklung der Sitzungen (Verhandlungsleitung, Berichterstattung, Antragsrechte, Protokollführung usw.) zu enthalten haben.

(BGBl I 2001/99, BGBl I 2004/171)

(2) Die Geschäftsordnungen (samt Anhang) der Verwaltungskörper und jede ihrer Änderungen sind innerhalb von vier Wochen nach der Beschlussfassung der Bundesministerin für Arbeit, Soziales, Gesundheit und Konsumentenschutz zur Genehmigung vorzulegen. Die Genehmigung ist zu erteilen, wenn die Grundsätze der jeweiligen Mustergeschäftsordnung eingehalten werden.

(BGBl I 2003/71)

(3) Die Geschäftsordnungen der Verwaltungsräte haben Anhänge zu enthalten, in denen der Zeitpunkt und der Wortlaut ihrer Beschlüsse anzuführen sind, mit denen sie einzelne ihrer Obliegenheiten dem Obmann/der Obfrau oder die Besorgung bestimmter laufender Angelegenheiten, insbesondere jener nach § 432 Abs. 1 Z 1 bis 4, dem Büro des Versicherungsträgers übertragen haben. Diese Anhänge sind in ihrer jeweils gültigen Form unverzüglich allen Versicherungsvertreter/inne/n des Versicherungsträgers sowie der Bundesministerin für Arbeit, Soziales, Gesundheit und Konsumentenschutz zur Kenntnis zu bringen und außerdem im Internet zu verlautbaren.

(BGBl I 2001/99, BGBl I 2003/71, BGBl I 2004/171)

(4) Die Bundesministerin für Arbeit, Soziales, Gesundheit und Konsumentenschutz hat bis längstens 1. April 2019 durch Verordnung für den Verwaltungsrat und die Hauptversammlung gesonderte Mustergeschäftsordnungen aufzustellen, wobei die Mustergeschäftsordnung für den Verwaltungsrat auch einen Anhang nach Abs. 3 zu enthalten hat. Diese Mustergeschäftsordnungen gelten so lange unmittelbar als Geschäftsordnungen für die genannten Verwaltungskörper, bis für den einzelnen Verwaltungskörper eine Geschäftsordnung nach Abs. 1 erlassen worden ist.

(BGBl 1996/411, BGBl I 2001/99, BGBl I 2003/71, BGBl I 2004/171)

(5) Die Abs. 3 und 4 sind auf die Verwaltungskörper des Dachverbandes sinngemäß anzuwenden.

(BGBl I 2018/100)

Abschnitt VIII
Versicherungsunterlagen für die Pensionsversicherung

Führung der Versicherungsunterlagen

§ 457. (1) Die Träger der Krankenversicherung haben, soweit nichts anderes vorgesehen ist, für jeden Versicherten, für den sie Beiträge zu einer Pensionsversicherung einheben, die Versicherungsunterlagen, die zur Feststellung der Leistungen einer Pensionsversicherung erforderlich sind, für Zeiträume bis zum 31. Dezember 1971 genau aufzuzeichnen, diese Aufzeichnungen durch eine im Verordnungsweg zu bestimmende Frist aufzubewahren und auf Verlangen dem Dachverband[a)] sowie dem zuständigen Träger der Pensionsversicherung bekanntzugeben.

(BGBl I 2018/100)

---
a) Bis 31. Dezember 2019 „Hauptverband".

(2) Die Aufzeichnungen der Träger der Krankenversicherung haben alle aus der Geschäftsführung des Trägers der Krankenversicherung ermittelbaren Tatsachen zu enthalten, die zur Feststellung eines Leistungsanspruches aus der Pensionsversicherung notwendig sind.

(3) Soweit die Beiträge zur Pensionsversicherung der Arbeiter und Angestellten unmittelbar an den Träger der Pensionsversicherung zu entrichten sind, hat dieser die Aufzeichnungen nach den Abs. 1 und 2 selbst zu führen und auf Verlangen dem Dachverband[a)] bekanntzugeben.

(BGBl I 2018/100)

---
a) Bis 31. Dezember 2019 „Hauptverband".

Mitwirkung der Behörden der Arbeitslosenversicherung und der Kriegsopferversorgung

§ 458. Die Behörden der Arbeitslosenversicherung sowie der Kriegsopferversorgung sind verpflichtet, den Trägern der Sozialversicherung und dem Dachverband[a)] alle Tatsachen aus ihrem Geschäftsbereich bekanntzugeben, die für die Pensionsansprüche aus der Pensionsversicherung von Bedeutung sind. Die Träger der Krankenversicherung sind verpflichtet, diese mitgeteilten Tatsachen in ihre Aufzeichnungen gemäß § 457 Abs. 1 einzubeziehen.

(BGBl I 2018/100)

---
a) Bis 31. Dezember 2019 „Hauptverband".

Nähere Vorschriften über die Führung der Versicherungsunterlagen

§ 459. Das Bundesministerium für soziale Verwaltung hat nach Anhörung des Dachverbandes[a)] nähere Vorschriften über den Umfang, den Inhalt und die Form der von den Versicherungsträgern nach § 457 zu führenden Aufzeichnungen sowie über die Mitwirkung der Behörden der Arbeitslosenversicherung und der Kriegsopferversorgung nach § 458 zu erlassen.

(BGBl I 2018/100)

---
a) Bis 31. Dezember 2019 „Hauptverbandes".

Mitwirkung der Abgabenbehörden des Bundes

§ 459a. (1) Die Abgabenbehörden des Bundes haben den Trägern der Pensionsversicherung nach Maßgabe des Abs. 3 folgende Daten von land(forst)wirtschaftlichem Vermögen (§ 29 des Bewertungsgesetzes) zu übermitteln:

1. Ordnungsbegriff und Lagebeschreibung der wirtschaftlichen Einheit,
2. Name (Familienname und Vorname) des Eigentümers der wirtschaftlichen Einheit mit Geburtsdatum und Anschrift sowie dessen Eigentumsanteil an der wirtschaftlichen Einheit,

   (BGBl I 2010/62, BGBl I 2016/120)
3. Ausmaß des Einheitswertes und die im Bescheid ausgewiesenen Berechnungsgrundlagen,
4. Art und Rechtsgrundlage der Änderung des Einheitswertes, Stichtag der Rechtswirksamkeit sowie Ausfertigungsdatum des Bescheides,
5. Name und Anschrift eines allfälligen Zustellungsbevollmächtigten,
6. Berechnungsgrundlagen bei Gesamtflächenänderungen, die gemäß § 21 Abs. 1 Z 1 lit. a des Bewertungsgesetzes zu keiner Wertfortschreibung führen.

(2) Die übermittelten Daten dürfen nur zur Feststellung des Bestandes und des Umfanges von Leistungen nach diesem Bundesgesetz verwendet werden.

(3) Das Verfahren der Übermittlung und der Zeitpunkt der erstmaligen Übermittlung von in Abs. 1 genannten Daten sind vom Bundesminister für Finanzen im Einvernehmen mit dem Bundesminister für Arbeit und Soziales nach Maßgabe der technisch-organisatorischen Möglichkeiten zu bestimmen.

Mitwirkung der Abgabenbehörden des Bundes hinsichtlich des Bezuges einer Familienbeihilfe

§ 459b. (1) Die Abgabenbehörden des Bundes haben den Trägern der Sozialversicherung nach Maßgabe des Abs. 3 folgende Daten zu übermitteln:

Name (Familienname und Vorname), Versicherungsnummer und Anschrift

1. der Person, für die Anspruch auf Familienbeihilfe nach § 2 Abs. 1 lit. b, c und f sowie nach § 8 Abs. 4 bis 7 des Familienlastenausgleichsgesetzes 1967 besteht, und

   (BGBl I 2002/1)

2. des Anspruchsberechtigten gemäß § 2 Abs. 2 des Familienlastenausgleichsgesetzes 1967.

(BGBl I 2010/62, BGBl I 2016/120)

(2) Die übermittelten Daten dürfen nur zur Feststellung des Bestandes und des Umfanges von Leistungen nach diesem Bundesgesetz verwendet werden.

(3) Das Verfahren der Übermittlung und der Zeitpunkt der erstmaligen Übermittlung von den in Abs. 1 genannten Daten sind vom Bundesminister für Finanzen im Einvernehmen mit dem Bundesminister für Umwelt, Jugend und Familie und dem Bundesminister für Arbeit und Soziales nach Maßgabe der technisch-organisatorischen Möglichkeiten zu bestimmen.[a)]

[a)] VO im Anhang zum GSVG.

Mitwirkung für Zwecke der Ermittlung der Höhe der Witwen(Witwer)pension und der Pension nach § 259

§ 459c. (1) Die Abgabenbehörden des Bundes haben nach Maßgabe des Abs. 3 den Trägern der Pensionsversicherung auf Anfrage folgende Daten getrennt nach Dienstgebern zu übermitteln:

1. die Bruttobezüge (§ 25 EStG 1988) und die sonstigen Bezüge (§ 67 Abs. 1 bis 8 EStG 1988) der Witwe (des Witwers) oder des/der hinterbliebenen eingetragenen Partners/Partnerin in den letzten zwei Kalenderjahren vor dem Zeitpunkt des Todes des (der) Versicherten;

   (BGBl I 2010/62)

2. die Bruttobezüge (§ 25 EStG 1988) und die sonstigen Bezüge (§ 67 Abs. 1 bis 8 EStG 1988) des (der) Verstorbenen in den letzten vier Kalenderjahren vor dem Zeitpunkt seines (ihres) Todes.

   (BGBl I 2009/83)

(2) Die übermittelten Daten dürfen nur zur Feststellung des Bestandes und des Umfanges einer Witwen(Witwer)pension oder Pension für hinterbliebene eingetragene PartnerInnen nach diesem Bundesgesetz verwendet werden.

(BGBl I 2010/62)

(3) Das Verfahren der Übermittlung und der Zeitpunkt der erstmaligen Übermittlung sind vom Bundesminister für Finanzen im Einvernehmen mit dem Bundesminister für soziale Sicherheit, Generationen und Konsumentenschutz nach Maßgabe der technischen und organisatorischen Möglichkeiten durch Verordnung[a)] zu bestimmen.

(BGBl I 2009/83)

[a)] VO im Anhang zum ASVG.

(4) Jene Stellen, die zur Durchführung der im § 264 Abs. 5 genannten Rechtsvorschriften zuständig sind, gelten für Zwecke der Ermittlung der Höhe der Witwen(Witwer)pension oder Pension für hinterbliebene eingetragene PartnerInnen als Versicherungsträger im Sinne des § 321.

(BGBl I 2010/62)

(BGBl 1995/132, BGBl I 2004/105, BGBl I 2010/62)

Mitwirkung bei der Feststellung von Kindererziehungszeiten

§ 459d. (1) Die Niederösterreichische Gebietskrankenkasse als Kompetenzzentrum nach § 24 Abs. 3 KBGG hat zum Zweck der Feststellung von Ersatzzeiten nach § 227a dieses Bundesgesetzes (§ 116a GSVG, § 107a BSVG) bzw. der Pflichtversicherung in der Pensionsversicherung nach § 8 Abs. 1 Z 2 lit. g dieses Bundesgesetzes (§ 3 Abs. 3 Z 4 GSVG, § 4a Z 4 BSVG) folgende Daten an den Hauptverband zu übermitteln:

(1)[a)] Die Österreichische Gesundheitskasse als Kompetenzzentrum nach § 25 Abs. 2 KBGG hat zum Zweck der Feststellung von Ersatzzeiten nach § 227a dieses Bundesgesetzes (§ 116a GSVG, § 107a BSVG) bzw. der Pflichtversicherung in der Pensionsversicherung nach § 8 Abs. 1 Z 2 lit. g dieses Bundesgesetzes (§ 3 Abs. 3 Z 4 GSVG, § 4a Z 4 BSVG) folgende Daten an den Dachverband zu übermitteln:

(BGBl I 2018/100)

[a)] Tritt mit 1. Jänner 2020 in Kraft.

1. Namen, Wohnadressen, Geschlecht, Geburtsdaten (Sterbedaten) und Versicherungsnummern der BezieherInnen von Kinderbetreuungsgeld;
2. Namen, Geburtsdaten (Sterbedaten) und Versicherungsnummern der Kinder, für die Kinderbetreuungsgeld bezogen wird;
3. Namen, Wohnadressen, Geschlecht und Versicherungsnummern der nicht Kinderbetreuungsgeld beziehenden Elternteile;
4. Zeitpunkt des Beginnes des Kinderbetreuungsgeldbezuges;
5. Zeitpunkt der Beendigung des Kinderbetreuungsgeldbezuges einschließlich der Gründe hiefür;
6. (aufgehoben)

   (BGBl I 2013/86)

7. Angabe über Höhe und Dauer einer dem Kinderbetreuungsgeld gleichartigen ausländischen Leistung einschließlich des beziehenden Elternteiles;
8. Angabe über das Vorliegen einer Mehrlingsgeburt;
9. Angabe über das Vorliegen einer AlleinerzieherInneneigenschaft;
10. Angabe über die Art der Leistungsbezuges;
11. Angabe, ob für einen Leistungsanspruch ein Drittempfänger definiert wurde.

(2) Der Dachverband[a)] wird ermächtigt, die nach Abs. 1 übermittelten Daten an den zuständigen Träger der Pensionsversicherung weiterzuleiten. Die übermittelten Daten dürfen nur zur Fest-

stellung des Bestandes und des Umfanges von Leistungen nach diesem Bundesgesetz, dem GSVG und dem BSVG verwendet werden.

(BGBl I 2018/100)

a) Bis 31. Dezember 2019 „Hauptverband".

(BGBl 1996/600, BGBl I 1997/139, BGBl I 2005/132)

Abschnitt VIIIa
Mitwirkung im Gesundheitsbereich und Berechtigung zur Datenverarbeitung

Zusammenwirken bei der Gesundheitsversorgung

§ 459e. (1) Die Sozialversicherungsträger und der Dachverband[a] sind ermächtigt, gemeinsam oder gemeinsam mit dem Bund, einem oder mehreren Ländern oder von ihnen beauftragten Einrichtungen Projekte über die Optimierung von Verwaltungsabläufen und Verwaltungsabläufe betreffend die integrierte gesundheitliche Versorgung der Versicherten durchzuführen. Solche Projekte oder Verwaltungsabläufe können zum Zweck der Verbesserung der Gesundheitsvorsorge, der medizinischen Diagnostik, der Gesundheitsversorgung oder -behandlung oder für die Verwaltung von Gesundheitsdiensten erfolgen (zB Case Management, Disease Management, Entlassungsmanagement).

(BGBl I 2018/100)

a) Bis 31. Dezember 2019 „Hauptverband".

(2) Folgende zur Durchführung der in Abs. 1 genannten Projekte und Verwaltungsabläufe notwendigen Gesundheitsdaten dürfen von den Projektträgern und den für vereinbarte Verwaltungsabläufe Verantwortlichen in anonymisierter Form oder, wenn ein Bezug zur versicherten Person notwendig ist, in pseudonymisierter Form verwendet werden:

1. Daten über die behandelnde Einrichtung,
2. Daten zur Patienten und Patientinnenidentifikation,
3. gegebenenfalls Sterbedaten,
4. relevante Daten zu Anamnese, aktuellem Gesundheitszustand und Indikation,
5. relevante Daten zum Versorgungsprozess und zur Nachsorge und
6. Daten zur Ergebnismessung.

(3) Zur Durchführung eines Projektes oder eines vereinbarten Verwaltungsablaufes dürfen in anonymisierter oder pseudonymisierter Form nur jene direkt personenbezogenen Daten herangezogen werden, die von den Projektträgern und den für vereinbarte Verwaltungsabläufe Verantwortlichen bereits für andere Zwecke verarbeitet werden dürfen. Diese Daten dürfen zur unverzüglichen Anonymisierung oder Pseudonymisierung an eine Stelle überlassen werden, die über die hiezu nötige Sachkenntnis und Verlässlichkeit verfügt. Nach erfolgter Anonymisierung oder Pseudonymisierung ist der Personenbezug unverzüglich zu löschen. Der Zugriff durch Andere auf die zu anonymisierenden oder pseudonymisierenden Daten oder die Verwendung dieser Daten für andere Zwecke ist verboten.

(BGBl I 2007/101)

Abschnitt VIIIb

Mitwirkung bei der Feststellung des gewöhnlichen Aufenthalts im Inland

§ 459f. Die Fremdenpolizeibehörden und die Niederlassungs- und Aufenthaltsbehörden haben den Trägern der Pensionsversicherung auf Anfrage alle maßgebenden Informationen, insbesondere jene zur Feststellung und Überprüfung des gewöhnlichen Aufenthalts im Inland und dessen Rechtmäßigkeit, über tatsächlich verfügbare Unterhaltsmittel, getrennt nach der Bezugsquelle (wie Erwerbs- oder Pensionseinkommen, Unterhalt, Sachleistungen, Leistungen der Sozialhilfe, Haftungen oder Leistungen aus einer Haftungserklärung oder Patenschaftserklärung oder Verpflichtungserklärung), und über die Angehörigeneigenschaft, zu übermitteln, soweit diese Informationen den Behörden vorliegen und für ihre Entscheidung relevant waren.

(BGBl I 2009/147)

Abschnitt VIIIc

Mitwirkung der Abgabenbehörden des Bundes hinsichtlich des Bezuges ausländischer Renten (§ 73a)

§ 459g. (1) Die Abgabenbehörden des Bundes haben den Trägern der Sozialversicherung nach Maßgabe des Abs. 3 zu Personen, die eine ausländische Rente (§ 73a Abs. 1) beziehen oder eine solche bezogen haben und die Anspruch auf Leistungen eines Krankenversicherungsträgers haben, aus den bei ihnen vorhandenen und aus einer Abgabenerklärung unmittelbar ableitbaren Daten folgende Angaben zu übermitteln:

1. Namen (Familienname und Vorname), Anschrift, Geburtsdatum, in- und ausländische Sozialversicherungsnummer;

   (BGBl I 2016/120)

2. Art und Höhe der ausländischen Rentenbezüge;
3. rentenauszahlende Stelle.

(2) Die übermittelten Daten dürfen nur zur Feststellung des Bestandes und des Umfanges von Leistungen und für die Feststellung von Beitragspflichten nach diesem Bundesgesetz verwendet werden.

(3) Das Verfahren der Übermittlung sowie der Zeitpunkt der erstmaligen Übermittlung der in Abs. 1 genannten Daten sind vom Bundesminister für Finanzen im Einvernehmen mit dem Bundesminister für Arbeit, Soziales und Konsumentenschutz nach Maßgabe der technisch-organisatorischen Möglichkeiten festzulegen. Die Datenüber-

mittlungen sind vollständig in elektronischer Form im Wege des Dachverbandes[a)] vorzunehmen.

(BGBl I 2018/100)

[a)] Bis 31. Dezember 2019 „Hauptverbandes".

(BGBl I 2010/102)

Abschnitt VIIId
Zusammenwirken in Fällen der geminderten Arbeitsfähigkeit

Zusammenwirken von Pensionsversicherungsträgern und Arbeitsmarktservice

§ 459h. (1) Die Pensionsversicherungsträger haben dem Arbeitsmarktservice für Versicherte, die zum Zeitpunkt der Stellung des Antrages auf eine Leistung aus dem Versicherungsfall der geminderten Arbeitsfähigkeit arbeitslos nach § 12 AlVG sind, zu übermitteln:

1. Name, Versicherungsnummer und Anschrift jener Personen, die eine Leistung aus dem Versicherungsfall der geminderten Arbeitsfähigkeit beantragt haben;
2. Name, Versicherungsnummer und Anschrift jener Personen, die einer Anordnung des Versicherungsträgers nach § 366 Abs. 1 nicht entsprochen haben;
3. die nach § 367 Abs. 4 erlassenen Bescheide.

(2) Die Pensionsversicherungsträger haben mit dem Bescheid nach Abs. 1 Z 3 die von ihnen erstellten Gutachten und getroffenen Feststellungen, die der berufskundlichen Beurteilung der versicherten Person zugrunde liegen, dem Arbeitsmarktservice zu übermitteln. Erstellte Gutachten sind dem Arbeitsmarktservice auch dann zu übermitteln, wenn der Pensionsantrag im Leistungsfeststellungsverfahren nach der ärztlichen Begutachtung und vor Erlassung des Bescheides zurückgezogen wird oder eine Feststellung nach § 367 Abs. 4 Z 1 mangels Mitwirkung der versicherten Person nicht getroffen werden kann. Wurde vom Pensionsversicherungsträger im Rahmen der berufskundlichen Beurteilung nach § 366 Abs. 4 festgestellt, dass Maßnahmen der beruflichen Rehabilitation zumutbar sind, so sind diese Feststellungen mit dem Ergebnis der Berufsfindung nach § 305 ASVG ebenfalls dem Arbeitsmarktservice zu übermitteln.

(BGBl I 2015/2, BGBl I 2017/29)

(3) Nach Ende des Bezuges des Rehabilitationsgeldes haben die Pensionsversicherungsträger für arbeitslose Versicherte (§ 12 AlVG) die von ihnen erstellten Gutachten und getroffenen Feststellungen, die der berufskundlichen Beurteilung zugrunde liegen, dem Arbeitsmarktservice auf Anfrage zu übermitteln. Hat der Pensionsversicherungsträger im Rahmen der berufskundlichen Beurteilung nach § 366 Abs. 4 festgestellt, dass Maßnahmen der beruflichen Rehabilitation zumutbar sind, so sind diese Feststellungen mit dem Ergebnis der Berufsfindung nach § 305 ASVG dem Arbeitsmarktservice auf Anfrage ebenfalls zu übermitteln.

(4) Das Arbeitsmarktservice darf die nach den Abs. 1 bis 3 übermittelten Daten nur dann verwenden, wenn die betroffene Person eine Leistung nach dem AlVG bezieht oder beantragt oder ihre Wiederbeschäftigung nach § 29 Abs. 4 AMSG gefördert werden soll.

(BGBl I 2013/86)

Zusammenwirken von Pensions- und Krankenversicherungsträgern

§ 459i. (1) Die Pensionsversicherungsträger haben dem zuständigen Krankenversicherungsträger bzw. der zuständigen Krankenfürsorgeeinrichtung (§ 143c Abs. 1) für Versicherte, die eine Leistung aus einem Versicherungsfall der geminderten Arbeitsfähigkeit beantragt und Anspruch auf Rehabilitationsgeld haben, zu übermitteln:

1. die bescheidmäßige Feststellung, dass vom Krankenversicherungsträger (von der Krankenfürsorgeeinrichtung) Rehabilitationsgeld zu berechnen und auszuzahlen ist;

   (BGBl I 2015/2)
2. jene Gutachten und Feststellungen, die der berufskundlichen Beurteilung der versicherten Person zugrunde liegen.

(BGBl I 2015/2)

(2) Für die Prüfung des Fortbezuges des Rehabilitationsgeldes haben die Krankenversicherungsträger bzw. die Krankenfürsorgeeinrichtungen dem Pensionsversicherungsträger die von ihnen erstellten Gutachten und getroffenen Feststellungen, die der berufskundlichen Beurteilung zugrunde liegen, zu übermitteln.

(BGBl I 2015/2)

(3) Wird vom Pensionsversicherungsträger festgestellt, dass weiterhin Anspruch auf Rehabilitation besteht, so sind dem Krankenversicherungsträger (der Krankenfürsorgeeinrichtung) die vom Pensionsversicherungsträger erstellten Gutachten und getroffenen Feststellungen, die der berufskundlichen Beurteilung zugrunde liegen, zu übermitteln.

(BGBl I 2015/2)

(4) Wird vom Pensionsversicherungsträger festgestellt, dass kein Anspruch auf Rehabilitationsgeld mehr besteht, so ist dem Krankenversicherungsträger (der Krankenfürsorgeeinrichtung) eine Ausfertigung des Bescheides, mit dem das Rehabilitationsgeld entzogen wird, zu übermitteln.

(BGBl I 2015/2)

(5) Die nach den Abs. 1 bis 4 übermittelten Daten dürfen nur zur Feststellung des Bestandes und Umfanges von Leistungen der Krankenversicherung bzw. der Krankenfürsorge verwendet werden.

(BGBl I 2015/2)

(BGBl I 2013/86)

Abschnitt IX

Bedienstete

§ 460. (1) Die dienst-, besoldungs- und pensionsrechtlichen Verhältnisse sind für die Bediensteten der Versicherungsträger (des Hauptverbandes) durch privatrechtliche Verträge unter Beachtung der §§ 460b und 460c zu regeln. In begründeten Fällen können im Dienstvertrag von den Dienstordnungen (§ 31 Abs. 3 Z 9) abweichende Vereinbarungen, ausgenommen solche über die Höhe einer Leitungszulage, getroffen werden. Der Abschluß solcher Vereinbarungen obliegt dem Vorstand (Verbandsvorstand); eine Übertragung dieser Obliegenheit ist nicht zulässig. Dienstverträge mit solchen Vereinbarungen sind als Sonderverträge zu bezeichnen und nur dann gültig, wenn sie schriftlich abgeschlossen werden und der Hauptverband vor dem Abschluß schriftlich zugestimmt hat. Die Versicherungsträger und der Hauptverband haben unter Rücksichtnahme auf ihre wirtschaftliche Lage die Zahl der Dienstposten auf das unumgängliche Maß einzuschränken und darnach für ihren Bereich einen Dienstpostenplan zu erstellen.

(BGBl I 2000/142, BGBl I 2001/99, BGBl I 2004/171)

(1a) Der Hauptverband und die Krankenversicherungsträger sind berechtigt, zur Unterstützung der Ausbildung von Turnusärztinnen und -ärzten nach den §§ 12 und 12a des Ärztegesetzes 1998 befristete Ausbildungsverhältnisse im Rahmen eines Dienstverhältnisses einzugehen. Diese Dienstverhältnisse sind im Dienstpostenplan nicht zu berücksichtigen.

(BGBl I 2014/82)

(2) Am 31. Dezember 1993 bereits bestehende Sonderverträge über die Höhe einer Leitungszulage bleiben unberührt.

(3) Die Bediensteten der Versicherungsträger (des Hauptverbandes) unterstehen dienstlich dem Vorstand (Verbandsvorstand). Der Obmann (der/die Verbandsvorsitzende) ist berechtigt, nach Maßgabe der dienstrechtlichen Bestimmungen eine einstweilige Enthebung vom Dienste zu verfügen.

(BGBl I 2001/99, BGBl I 2004/171)

(3a) Die leitenden Angestellten und die leitenden Ärzte (Ärztinnen) der im § 427 Abs. 1 Z 1 bis 4 genannten Versicherungsträger sowie deren ständige StellvertreterInnen sind im Wege einer öffentlichen Ausschreibung für jeweils fünf Jahre zu bestellen; Wiederbestellungen sind zulässig. Davon abweichende Vereinbarungen sind rechtsunwirksam.

(BGBl I 2003/145, BGBl I 2005/71)

(3b) Ist ein Bediensteter (eine Bedienstete) eines Versicherungsträgers (des Hauptverbandes) mit einer Funktion nach Abs. 3a betraut worden, so darf er (sie) nach Ablauf der Befristung mit einem Dienstposten betraut werden, der mit einer Verschlechterung der Entgelt- oder sonstigen Arbeitsbedingungen verbunden ist.

(BGBl I 2006/130)

(4) Der leitende Angestellte und der leitende Arzt der im § 427 Abs. 1 Z 1 bis 4 genannten Versicherungsträger und des Hauptverbandes dürfen erst nach vorher eingeholter Zustimmung des jeweils zuständigen Bundesministers (§ 446 Abs. 3 Z 1 und 2) bestellt und entlassen werden.

(BGBl 1996/411, BGBl I 2003/71, BGBl I 2003/145)

(4a) Für jeden leitenden Angestellten (jede leitende Angestellte) und für jeden leitenden Arzt (jede leitende Ärztin) der im § 427 Abs. 1 Z 3 bis 5 genannten Versicherungsträger darf jeweils nur ein ständiger Stellvertreter (eine ständige Stellvertreterin) bestellt werden; für jeden leitenden Angestellten (jede leitende Angestellte) und für jeden leitenden Arzt (jede leitende Ärztin) der im § 427 Abs. 1 Z 1 und 2 genannten Versicherungsträger dürfen jeweils zwei ständige Stellvertreter(innen) bestellt werden.

(BGBl I 2003/145, BGBl I 2004/105)

(5) Der Bedienstete hat beim Dienstantritt dem Obmann (dem/der Verbandsvorsitzenden) durch Handschlag zu geloben, die Gesetze der Republik Österreich unverbrüchlich zu beachten, sich mit ganzer Kraft dem Dienst zu widmen, seine Dienstobliegenheiten gewissenhaft, unparteiisch und uneigennützig zu erfüllen, jederzeit auf die Wahrung der öffentlichen Interessen bedacht zu sein, die dienstlichen Anordnungen seiner Vorgesetzten zu befolgen, das Dienstgeheimnis treu zu bewahren und bei seinem Verhalten in und außer Dienst sich seiner Stellung angemessen zu betragen. Die Angelobung der Bediensteten der Landesstellen kann vom Obmann einem anderen Versicherungsvertreter übertragen werden. Über die Pflichtenangelobung ist eine Niederschrift aufzunehmen, die der Bedienstete zu unterzeichnen hat.

(BGBl I 2001/99, BGBl I 2004/171)

Bedienstete

§ 460.[a)] (1) Die dienst-, besoldungs- und pensionsrechtlichen Verhältnisse sind für die Bediensteten der Versicherungsträger (des Dachverbandes) durch privatrechtliche Verträge unter Beachtung der §§ 460b und 460c zu regeln. In begründeten Fällen können im Dienstvertrag von den Dienstordnungen (§ 30b Abs. 1 Z 1) abweichende Vereinbarungen, ausgenommen solche über die Höhe einer Leitungszulage, getroffen werden. Der Abschluß solcher Vereinbarungen obliegt dem Verwaltungsrat (der Konferenz); eine Übertragung dieser Obliegenheit ist nicht zulässig. Dienstverträge mit solchen Vereinbarungen sind als Sonderverträge zu bezeichnen und nur dann gültig, wenn sie schriftlich abgeschlossen werden und der Dachverband vor dem Abschluß schriftlich zugestimmt hat. Die Versicherungsträger und der Dachverband haben unter Rücksichtnahme auf ihre wirtschaftliche Lage die Zahl der Dienstposten auf das unumgängliche Maß einzuschränken und darnach für ihren Bereich einen Dienstpostenplan zu erstellen.

(BGBl I 2000/142, BGBl I 2001/99, BGBl I 2004/171, BGBl I 2018/100)

(1a) Der Dachverband und die Krankenversicherungsträger sind berechtigt, zur Unterstützung der Ausbildung von Turnusärztinnen und -ärzten nach den §§ 12 und 12a des Ärztegesetzes 1998 befristete Ausbildungsverhältnisse im Rahmen eines Dienstverhältnisses einzugehen. Diese Dienstverhältnisse sind im Dienstpostenplan nicht zu berücksichtigen.

(BGBl I 2014/82, BGBl I 2018/100)

(2) Am 31. Dezember 1993 bereits bestehende Sonderverträge über die Höhe einer Leitungszulage bleiben unberührt.

(3) Die Bediensteten der Versicherungsträger (des Dachverbandes) unterstehen dienstlich dem Verwaltungsrat (der Konferenz). Der Obmann/Die Obfrau (der/die Vorsitzende der Konferenz) ist berechtigt, nach Maßgabe der dienstrechtlichen Bestimmungen eine einstweilige Enthebung vom Dienst zu verfügen.

(BGBl I 2001/99, BGBl I 2004/171, BGBl I 2018/100)

(3a) Die leitenden Angestellten und die leitenden Ärzte (Ärztinnen) der im § 427 Abs. 1 Z 1 bis 4 genannten Versicherungsträger sowie deren ständige StellvertreterInnen sind im Wege einer öffentlichen Ausschreibung für jeweils fünf Jahre zu bestellen; Wiederbestellungen sind zulässig. Davon abweichende Vereinbarungen sind rechtsunwirksam.

(BGBl I 2003/145, BGBl I 2005/71)

(3b) Ist ein Bediensteter (eine Bedienstete) eines Versicherungsträgers (des Dachverbandes) mit einer Funktion nach Abs. 3a betraut worden, so darf er (sie) nach Ablauf der Befristung mit einem Dienstposten betraut werden, der mit einer Verschlechterung der Entgelt- oder sonstigen Arbeitsbedingungen verbunden ist.

(BGBl I 2006/130, BGBl I 2018/100)

(4) Der leitende Angestellte und der leitende Arzt der im § 427 Abs. 1 Z 1 bis 4 genannten Versicherungsträger und des Dachverbandes dürfen erst nach vorher eingeholter Zustimmung des jeweils zuständigen Bundesministers (§ 446 Abs. 3 Z 1 und 2) bestellt und entlassen werden.

(BGBl 1996/411, BGBl I 2003/71, BGBl I 2003/145, BGBl I 2018/100)

(4a) Für den leitenden Angestellten/die leitende Angestellte der im § 427 Z 1 und 3 genannten Versicherungsträger dürfen jeweils drei ständige Stellvertreter/innen bestellt werden; für den leitenden Angestellten/die leitende Angestellte des im § 427 Z 2 genannten Versicherungsträgers dürfen zwei ständige Stellvertreter/innen bestellt werden. Für jeden leitenden Arzt/jede leitende Ärztin darf jeweils nur ein ständiger Stellvertreter/eine ständige Stellvertreterin bestellt werden.

(BGBl I 2003/145, BGBl I 2004/105, BGBl I 2018/100)

(5) Der Bedienstete hat beim Dienstantritt dem Obmann (dem/der Verbandsvorsitzenden) durch Handschlag zu geloben, die Gesetze der Republik Österreich unverbrüchlich zu beachten, sich mit ganzer Kraft dem Dienst zu widmen, seine Dienstobliegenheiten gewissenhaft, unparteiisch und uneigennützig zu erfüllen, jederzeit auf die Wahrung der öffentlichen Interessen bedacht zu sein, die dienstlichen Anordnungen seiner Vorgesetzten zu befolgen, das Dienstgeheimnis treu zu bewahren und bei seinem Verhalten in und außer Dienst sich seiner Stellung angemessen zu betragen. Die Angelobung der Bediensteten der Landesstellen kann vom Obmann einem anderen Versicherungsvertreter übertragen werden. Über die Pflichtenangelobung ist eine Niederschrift aufzunehmen, die der Bedienstete zu unterzeichnen hat.

(BGBl I 2001/99, BGBl I 2004/171)

[a] Tritt mit 1. Jänner 2020 in Kraft.

Verschwiegenheitspflicht der Bediensteten

§ 460a. (1) Die Bediensteten haben über alle ihnen in Ausübung des Dienstes oder mit Beziehung auf ihre Stellung bekanntgewordenen Angelegenheiten, die im Interesse des Versicherungsträgers oder der Versicherten, ihrer Angehörigen oder Dienstgeber Geheimhaltung erfordern oder ihnen ausdrücklich als vertraulich bezeichnet worden sind, gegen jedermann, dem sie über solche Angelegenheiten eine dienstliche Mitteilung zu machen nicht verpflichtet sind, Verschwiegenheit zu beobachten.

(2) Eine Ausnahme von der im Abs. 1 bezeichneten Verpflichtung tritt nur insoweit ein, als ein Bediensteter für einen bestimmten Fall von der Verpflichtung zur Wahrung des Dienstgeheimnisses entbunden wurde.

(3) Über die im Abs. 1 bezeichnete Verpflichtung hinaus haben die fachkundigen Organe der Träger der Unfallversicherung (§ 187) über alle ihnen bei Ausübung ihres Dienstes bekanntgewordenen Geschäfts- und Betriebsgeheimnisse, insbesondere über die ihnen als geheim bezeichneten Betriebseinrichtungen, Betriebsmittel, Arbeitsstoffe, Arbeitsvorgänge oder Arbeitsverfahren sowie sonstige Eigentümlichkeiten der Betriebe Verschwiegenheit zu beobachten.

(4) Die Bestimmungen des Abs. 3 gelten für die gemäß § 42 Abs. 1 mit der Einsicht beauftragten Bediensteten.

(5) Die im Abs. 1, 3 und 4 bezeichneten Bediensteten sind an die Verschwiegenheitspflicht auch im Verhältnis außer Dienst, im Ruhestand sowie nach Auflösung des Dienstverhältnisses gebunden.

Mittel für Pensionen nach den Dienstordnungen

§ 460b. (1) Zur Deckung des Aufwandes für Leistungen auf Grund des Pensionsrechts nach der Dienstordnung A für die Angestellten bei den Sozialversicherungsträgern Österreichs (DO. A), nach der Dienstordnung B für die Ärzte und Dentisten bei den Sozialversicherungsträgern Österreichs (DO. B) und nach der Dienstordnung C für die Arbeiter bei den Sozialversicherungsträgern Österreichs (DO. C) haben die Bediensteten sowohl von den monatlich fällig werdenden Bezügen als auch vom Urlaubszuschuss und von der Weihnachtsremuneration einen Pensionsbeitrag zu leisten; dieser beträgt

1. von den Bezügen bis zur Höchstbeitragsgrundlage (§ 45)
   a) für Bedienstete, die zuletzt vor dem 1. Jänner 1996 in den Dienst eingetreten sind und – unter Bedachtnahme auf das Bundesverfassungsgesetz über unterschiedliche Altersgrenzen von männlichen und weiblichen Sozialversicherten, BGBl. Nr. 832/1992 – das für den Anspruch auf Alterspension nach § 253 Abs. 1 maßgebende Lebensalter nach dem 31. Dezember 2024 erreichen werden, zusätzlich zum Beitrag zur gesetzlichen Pensionsversicherung weitere...1,3%,
   b) für alle übrigen Bediensteten zusätzlich zum Beitrag zur gesetzlichen Pensionsversicherung weitere...2,3%;
2. von den den Höchstbetrag nach Z 1 übersteigenden Bezugsteilen bis zum Zweifachen dieses Höchstbetrages die Summe der Prozentsätze nach Z 1 lit. a;
3. von den den Höchstbetrag nach Z 2 übersteigenden Bezugsteilen die Summe der Prozentsätze nach Z 1 lit. a zuzüglich 1,45 Prozentpunkten.

(BGBl I 2003/71, BGBl I 2003/145, BGBl I 2004/142, BGBl I 2014/46)

(2) In eine Pensionskassenregelung einbezogene Dienstnehmer(innen) haben Beiträge zur Pensionskasse im kollektivvertraglich festgesetzten Ausmaß zu entrichten. § 25 Abs. 1 Z 2 lit. a zweiter Satz EStG 1988 ist nicht anzuwenden.

(BGBl I 2003/145)

(BGBl I 2000/142, BGBl I 2001/28, BGBl I 2001/99, BGBl I 2003/145)

Sicherungsbeitrag für Pensionen nach den Dienstordnungen

§ 460c. BezieherInnen von Leistungen auf Grund des Pensionsrechts nach den Dienstordnungen haben von diesen Leistungen jeweils einen Sicherungsbeitrag zu leisten. Dieser beläuft sich für Leistungen (Leistungsteile)

1. bis zur Höhe von 50% der monatlichen Höchstbeitragsgrundlage auf 3,3%,
2. über 50% der monatlichen Höchstbeitragsgrundlage bis zur Höhe von 80% der monatlichen Höchstbeitragsgrundlage auf 4,5% und
3. über 80% der monatlichen Höchstbeitragsgrundlage auf 9,0%.

Zu diesem Sicherungsbeitrag ist ein Zusatzbeitrag nach § 31 Abs. 3 Z 9 zu leisten.

Zu diesem Sicherungsbeitrag ist ein Zusatzbeitrag nach § 30b Abs. 1 Z 1[a] zu leisten.

(BGBl I 2018/100)

[a] Tritt mit 1. Jänner 2020 in Kraft.

(BGBl I 2000/142, BGBl I 2003/71, BGBl I 2004/142, BGBl I 2013/3, BGBl I 2014/46)

Abschnitt X

Elektronische Datenverarbeitung

§ 460d. Die Versicherungsnummer nach § 31 Abs. 4 Z 1 sowie die bei den Sozialversicherungsträgern (Hauptverband) verwendeten personenbezogenen Ordnungsbegriffe (wie beispielsweise Dienstgeberkontonummer und Vertragspartnernummer) können in der elektronischen Datenverarbeitung für Zwecke der Sozialversicherung und des Arbeitsmarktservice verwendet werden. Veränderungen oder Feststellungen der Versicherungsnummer sowie von Familiennamen, Vornamen, Geschlechtsangaben, Staatsbürgerschaft und Geburtsdaten, deren Notwendigkeit sich im Verfahren vor den Sozialversicherungsträgern ergeben hat, sind dem Bundesminister für Inneres zur Verwendung im Rahmen der Gleichsetzungstabelle (§ 16b des Meldegesetzes 1991 in der Fassung des Art. II des Bundesgesetzes BGBl. I Nr. 28/2001) zu übermitteln.

(BGBl 1994/314, BGBl I 2000/142, BGBl I 2001/99, BGBl I 2002/1, BGBl I 2010/62, BGBl I 2016/120)

Elektronische Datenverarbeitung

§ 460d.[a] Die Versicherungsnummer nach § 30c Abs. 1 Z 1 sowie die bei den Sozialversicherungsträgern (Dachverband) verwendeten personenbezogenen Ordnungsbegriffe (wie beispielsweise Dienstgeberkontonummer und Vertragspartnernummer) können in der elektronischen Datenverarbeitung für Zwecke der Sozialversicherung und des Arbeitsmarktservice verwendet werden. Veränderungen oder Feststellungen der Versicherungsnummer sowie von Familiennamen, Vornamen, Geschlechtsangaben, Staatsbürgerschaft und Geburtsdaten, deren Notwendigkeit sich im Verfahren vor den Sozialversicherungsträgern ergeben hat, sind dem Bundesminister für Inneres zur Verwendung im Rahmen der Gleichsetzungstabelle (§ 16b des Meldegesetzes 1991 in der Fassung des Art. II des Bundesgesetzes BGBl. I Nr. 28/2001) zu übermitteln.

(BGBl 1994/314, BGBl I 2000/142, BGBl I 2001/99, BGBl I 2002/1, BGBl I 2010/62, BGBl I 2016/120, BGBl I 2018/100)

[a] Tritt mit 1. Jänner 2020 in Kraft.

Berechtigung zur Datenverarbeitung

§ 460e. Die Versicherungsträger und der Hauptverband sind insoweit zur Verarbeitung von personenbezogenen Daten ermächtigt, als dies zur Erfüllung der ihnen gesetzlich übertragenen Aufgaben eine wesentliche Voraussetzung ist. Zu den ihnen gesetzlich übertragenen Aufgaben zählt auch die Übermittlung der bei der Einhebung der im § 27a des Bundesgesetzes über Krankenanstalten und Kuranstalten vorgesehenen Kostenbeiträge und der gemäß § 45a des Arbeiterkammergesetzes 1992 zum Zwecke der Erfassung der Kammerzugehörigen notwendigen Daten. Weiters zählt zu den ihnen gesetzlich übertragenen Aufgaben für Zwecke des § 31a Abs. 8 bis 12 die Verarbeitung der für diese Zwecke notwendigen aus den in den §§ 31 Abs. 4 Z 3 und 31a Abs. 8 und 10 genannten Registern abgerufenen personenbezogenen Daten.

(BGBl 1995/832, BGBl I 2000/142, BGBl I 2002/1, BGBl I 2010/61, BGBl I 2018/37, BGBl I 2019/23)

Berechtigung zur Datenverarbeitung

§ 460e. Die Versicherungsträger und der Dachverband[a)] sind insoweit zur Verarbeitung von personenbezogenen Daten ermächtigt, als dies zur Erfüllung der ihnen gesetzlich übertragenen Aufgaben eine wesentliche Voraussetzung ist. Zu den ihnen gesetzlich übertragenen Aufgaben zählt auch die Übermittlung der bei der Einhebung der im § 27a des Bundesgesetzes über Krankenanstalten und Kuranstalten vorgesehenen Kostenbeiträge und der gemäß § 45a des Arbeiterkammergesetzes 1992 zum Zwecke der Erfassung der Kammerzugehörigen notwendigen Daten. Weiters zählt zu den ihnen gesetzlich übertragenen Aufgaben für Zwecke des § 31a Abs. 8 bis 12 die Verarbeitung der für diese Zwecke notwendigen aus den in den §§ 30c Abs. 1 Z 2[b)] und 31a Abs. 8 und 10 genannten Registern abgerufenen personenbezogenen Daten.

[a)] Bis 31. Dezember 2019 „Hauptverband".

[b)] Bis 31. Dezember 2019 „§§ 31 Abs. 4 Z 3".

(BGBl 1995/832, BGBl I 2000/142, BGBl I 2002/1, BGBl I 2010/61, BGBl I 2018/37, BGBl I 2019/23)

Neunter Teil
Sonderbestimmungen

§ 461. (aufgehoben)

(BGBl I 2015/79)

§ 462. (aufgehoben)

(BGBl I 2015/79)

Weiterversicherung

§ 463. (aufgehoben)

(BGBl I 2015/79)

§ 464. (aufgehoben)

(BGBl I 2015/79)

§ 465. (aufgehoben)

(BGBl I 2015/79)

§ 466. (aufgehoben)

(BGBl I 2015/79)

§ 467. (aufgehoben)

(BGBl I 2015/79)

§ 468. (aufgehoben)

(BGBl I 2015/79)

§ 469. (aufgehoben)

(BGBl I 2015/79)

§ 470. (aufgehoben)

(BGBl I 2015/79)

§ 471. (aufgehoben)

(BGBl I 2015/79)

§ 471a. (aufgehoben)

(BGBl I 2015/79)

§ 471b. (aufgehoben)

(BGBl I 2015/79)

§ 471c. (aufgehoben)

(BGBl I 1997/139, BGBl I 2015/79)

§ 471d. (aufgehoben)

(BGBl I 2007/31, BGBl I 2015/79)

§ 471e. (aufgehoben)

(BGBl I 2001/67, BGBl I 2015/79)

Abschnitt Ib
Sonderbestimmungen über die Pflichtversicherung bei doppelter oder mehrfacher geringfügiger Beschäftigung nach diesem Bundesgesetz oder dem Dienstleistungsscheckgesetz

Geltungsbereich

§ 471f. Diese Sonderbestimmungen gelten für Dienstnehmer und ihnen gemäß § 4 Abs. 4 gleichgestellte Personen, ferner für Heimarbeiter und ihnen gleichgestellte Personen sowie für die im § 4 Abs. 1 Z 6 genannten Personen, wenn deren monatliche allgemeine Beitragsgrundlagen (§ 44 Abs. 2) aus zwei oder mehreren geringfügigen Beschäftigungsverhältnissen nach diesem Bundesgesetz oder dem Dienstleistungsscheckgesetz den im § 5 Abs. 2 angeführten Betrag übersteigen bzw. voraussichtlich übersteigen werden (§ 471g).

(BGBl 1996/201, BGBl I 1998/138, BGBl I 2005/45, BGBl I 2005/132, BGBl I 2015/79)

Besondere Formalversicherung

§ 471g. Hat eine nicht der Vollversicherung unterliegende Person dem Versicherungsträger glaubhaft mitgeteilt, daß ihre monatlichen allgemeinen Beitragsgrundlagen aus zwei oder mehreren geringfügigen Beschäftigungsverhältnissen nach diesem Bundesgesetz oder dem Dienstleistungsscheckgesetz den im § 5 Abs. 2 angeführten Betrag im monatlichen Durchschnitt voraussichtlich übersteigen werden, so besteht ab dem Zeitpunkt, für den erstmals die Beiträge entrichtet worden sind, eine besondere Formalversicherung. § 21 Abs. 2 und 3 sind mit der Maßgabe anzuwenden, daß die besondere Formalversicherung

1. auch dann endet, wenn die formalversicherte Person die im ersten Satz genannte Mitteilung widerruft;
2. auch der Pflichtversicherung nach diesem Abschnitt gleichzuhalten ist.

Die Mitteilung ist einer Meldung gemäß § 56 gleichzuhalten. Für Personen, die mit Dienstleistungsscheck entlohnt werden, endet die besondere Formalversicherung mit Ablauf des ersten Kalendermonates, wenn für zwei aufeinander folgende Kalendermonate kein Dienstleistungsscheck eingelöst wird.

(BGBl 1996/201, BGBl I 1998/138, BGBl I 2005/45, BGBl I 2015/79)

Beginn und Ende der Pflichtversicherung

§ 471h. (1) Die Pflichtversicherung beginnt in dem Kalendermonat, in dem die Voraussetzungen hiefür erfüllt sind, und zwar rückwirkend mit jenem Tag, an dem in diesem Kalendermonat erstmalig eine geringfügige Beschäftigung nach diesem Bundesgesetz oder dem Dienstleistungsscheckgesetz aufgenommen worden ist.

(BGBl I 2005/45)

(2) Die Pflichtversicherung endet mit dem Ablauf des Kalendermonates, in dem die Voraussetzungen hiefür wegfallen.

(BGBl 1996/201, BGBl I 1998/138)

Träger der Krankenversicherung

§ 471i. Zur Durchführung der Krankenversicherung ist die nach dem Wohnsitz der versicherten Person örtlich zuständige Gebietskrankenkasse berufen, es sei denn, die versicherte Person ist

1. bereits auf Grund einer Vollversicherung oder
2. unter Bedachtnahme auf § 26 für alle geringfügigen Beschäftigungsverhältnisse im gesamten Kalenderjahr

einem der im § 23 Abs. 1 angeführten Versicherungsträger zugehörig. Sodann ist dieser Träger zur Durchführung der Krankenversicherung zuständig.

(BGBl I 1998/138)

Träger der Krankenversicherung

§ 471i.[a] Zur Durchführung der Krankenversicherung ist die Österreichische Gesundheitskasse berufen, es sei denn, die versicherte Person ist

1. bereits auf Grund einer Vollversicherung oder
2. unter Bedachtnahme auf § 26 für alle geringfügigen Beschäftigungsverhältnisse im gesamten Kalenderjahr

einem anderen im § 23 Abs. 1 angeführten Versicherungsträger zugehörig. Sodann ist dieser Träger zur Durchführung der Krankenversicherung zuständig.

(BGBl I 1998/138, BGBl I 2018/100)

[a] Tritt mit 1. Jänner 2020 in Kraft.

Pensionsversicherungszugehörigkeit

§ 471j. Die versicherte Person ist der Pensionsversicherung der Arbeiter zugehörig, es sei denn, daß sie

1. bereits auf Grund einer Vollversicherung oder
2. auf Grund aller geringfügigen Beschäftigungsverhältnisse im gesamten Kalenderjahr

der Pensionsversicherung der Angestellten oder der knappschaftlichen Pensionsversicherung zugehörig ist. Im Fall der Z 1 ist sie dem Zweig der Pensionsversicherung zugehörig, in dem die Pflichtversicherung auf Grund des Hauptberufes oder der Hauptquelle ihrer Einnahmen besteht. Im Fall der Z 2 bleibt sie der Pensionsversicherung der Angestellten oder der knappschaftlichen Pensionsversicherung zugehörig.

(BGBl I 1998/138)

Beitragsgrundlage für den Versicherten

§ 471k. Solange eine Beitragsgrundlage nicht festgestellt werden kann, gilt vorläufig zumindest der im § 5 Abs. 2 angeführte Monatsbetrag als Beitragsgrundlage. Die Bestimmungen über die Höchstbeitragsgrundlage gemäß § 45 sind anzuwenden.

(BGBl I 1998/138)

Bemessungsgrundlage für Barleistungen

§ 471l. (1) Bemessungsgrundlage für Barleistungen aus dem Versicherungsfall der Arbeitsunfähigkeit infolge Krankheit ist die Summe der Entgelte aus allen die Pflichtversicherung begründenden Beschäftigungsverhältnissen nach diesem Abschnitt.

(2) Der Anspruch auf Krankengeld ruht, solange der Versicherte auf Grund gesetzlicher oder vertraglicher Bestimmungen Anspruch auf Weiterleistung von mehr als 50% der Bemessungsgrundlage im Sinne des Abs. 1 vor dem Eintritt der Arbeitsunfähigkeit hat; besteht Anspruch auf Weiterleistung von 50% dieser Bemessungsgrundlage, so ruht das Krankengeld zur Hälfte.

(BGBl I 1998/138)

Beiträge für Personen, die dem Dienstleistungsscheckgesetz unterliegen

§ 471m. Bei Personen, die dem Dienstleistungsscheckgesetz unterliegen und bei denen das Entgelt den Betrag nach § 5 Abs. 2 überschreitet, sind die Beiträge auf Grund der vorgelegten Dienstleistungsschecks vom zuständigen Krankenversicherungsträger vorzuschreiben.

(BGBl I 2005/45)

(BGBl I 2005/45, BGBl I 2015/79, BGBl I 2018/30)

Abschnitt II
Sonderbestimmungen für die bei der Versicherungsanstalt für Eisenbahnen und Bergbau versicherten Personen

1. Unterabschnitt
Krankenversicherung[a]

[a] Der gesamte Unterabschnitt tritt mit Ablauf des 31. Dezember 2019 außer Kraft.

Krankenversicherung der unkündbaren Bediensteten der Österreichischen Bundesbahnen und der ihnen gleichgestellten Personen

§ 472.[a] (1) Nach den gesetzlichen Vorschriften über die Krankenversicherung öffentlich Bediensteter sind versichert:

1. am 31. Dezember 2003 bei den Österreichischen Bundesbahnen beschäftigte
   – Dienstnehmer/innen mit Anwartschaft auf Ruhe- und Versorgungsgenuss nach

dem Bundesbahn-Pensionsgesetz, BGBl. I Nr. 86/2001,

– Dienstnehmer/innen, denen von den Österreichischen Bundesbahnen ein besonderer Kündigungsschutz gewährt wurde, auch wenn ihre Dienstverhältnisse nach dem 31. Dezember 2003 infolge eines (auch mehrmaligen) Betriebsüberganges auf ein anderes Unternehmen übergehen oder solange sie bei einem der in Art. I des Bundesbahnstrukturgesetzes 2003 genannten Unternehmen, einer Rechtsnachfolgerin eines dieser Unternehmen oder einem Unternehmen, das durch Maßnahmen der Umgründung im Rahmen des bestehenden Gesellschaftsrechts aus einer der Gesellschaften hervorgegangen ist, beschäftigt sind, sowie
– Personen, die von den Österreichischen Bundesbahnen, einem der in Art. I des Bundesbahnstrukturgesetzes 2003 genannten Unternehmen, einer Rechtsnachfolgerin eines dieser Unternehmen oder einem Unternehmen, das durch Maßnahmen der Umgründung im Rahmen des bestehenden Gesellschaftsrechts aus einer der Gesellschaften hervorgegangen ist, eine Pensionsleistung nach dem Bundesbahn-Pensionsgesetz oder eine gleichartige Pensionsleistung erhalten;

(BGBl I 1998/138, BGBl I 2003/145, BGBl I 2004/106)

2. die am 31. Dezember 2003 bei den Österreichischen Bundesbahnen beschäftigten Sondervertragsangestellten, die im Erkrankungsfall Anspruch auf Weiterzahlung ihrer Dienstbezüge durch mindestens sechs Monate haben und denen aus ihrem Dienstverhältnis die Anwartschaft auf eine Pensionsleistung zusteht, auch wenn ihre Dienstverhältnisse nach dem 31. Dezember 2003 infolge eines (auch mehrmaligen) Betriebsüberganges auf ein anderes Unternehmen übergehen oder solange sie bei einem der in Art. I des Bundesbahnstrukturgesetzes 2003 genannten Unternehmen, einer Rechtsnachfolgerin eines dieser Unternehmen oder einem Unternehmen, das durch Maßnahmen der Umgründung im Rahmen des bestehenden Gesellschaftsrechts aus einer der Gesellschaften hervorgegangen ist, beschäftigt sind;

(BGBl I 2003/145, BGBl I 2004/106)

3. Personen, die am 31. Dezember 2003 einen außerordentlichen Versorgungsgenuss von den Österreichischen Bundesbahnen bezogen haben, solange sie von den Österreichischen Bundesbahnen, einem der in Art. I des Bundesbahnstrukturgesetzes 2003 genannten Unternehmen, einer Rechtsnachfolgerin eines dieser Unternehmen oder einem Unternehmen, das durch Maßnahmen der Umgründung im Rahmen des bestehenden Gesellschaftsrechts aus einer der Gesellschaften hervorgegangen ist, einen außerordentlichen Versorgungsgenuss beziehen;

(BGBl I 2003/145, BGBl I 2004/106)

4. die Bediensteten der Versicherungsanstalt der österreichischen Eisenbahnen, sofern sie im Erkrankungsfall Anspruch auf Fortzahlung ihrer Dienstbezüge durch mindestens zwölf Monate haben, sowie Personen, die aus einem solchen Dienstverhältnis eine Pensionsleistung erhalten. Dies gilt nicht für Personen, deren Dienstverhältnis nach dem 31. Dezember 2003 begonnen hat.

(BGBl I 2003/145)

(2) In der Krankenversicherung nach Abs. 1 sind, soweit im folgenden nichts anderes bestimmt wird, die gesetzlichen Bestimmungen über die Krankenversicherung öffentlich Bediensteter mit der Maßgabe entsprechend anzuwenden, daß

1. der Wohnsitz eines Ruhegenußempfängers im Ausland dem Wohnsitz im Inland gleichzusetzen ist, wenn er mit einer früheren Verwendung des Versicherten auf Anschlußstrecken oder in Grenzbahnhöfen des Auslandes in Zusammenhang steht; das gleiche gilt auch für Empfänger von Versorgungsgenüssen, Unterhaltsbeiträgen und gleichartigen Leistungen, wenn der Wohnort im Ausland mit einer früheren Verwendung jener Personen, von denen der Versorgungsgenuß, der Unterhaltsbeitrag oder die gleichartige Leistung abgeleitet wird, auf Anschlußstrecken oder Grenzbahnhöfen des Auslandes in Zusammenhang steht;
2. (aufgehoben)

(BGBl I 2015/162)

3. die Höhe des Behandlungsbeitrages (§ 63 Abs. 4 des Bundesgesetzes über die Kranken- und Unfallversicherung öffentlich Bediensteter) durch die Satzung unter Bedachtnahme auf die finanzielle Leistungsfähigkeit der Versicherungsanstalt festzusetzen ist, wobei der Behandlungsbeitrag 25 vH des jeweiligen Vertragstarifes für die in Betracht kommende Leistung nicht übersteigen darf.
4. die nach Abs. 1 Z 1 und 2 Versicherten, mit Ausnahme jener Personen, die einen Ruhe- oder Versorgungsgenuss oder eine Pensionsleistung erhalten,
   a) Anspruch auf Krankengeld nach den §§ 138 bis 143 und
   b) Anspruch auf Wochengeld nach den §§ 162 bis 168

   haben;

(BGBl I 2004/106, BGBl I 2015/162)

5. die nach Abs. 1 Z 4 Versicherten, mit Ausnahme jener Personen, die eine Pensionsleistung erhalten,
   a) Anspruch auf Krankengeld nach den §§ 138 bis 143,

b) Anspruch auf Rehabilitationsgeld nach § 143a,

(BGBl I 2018/54)

c) Anspruch auf Wiedereingliederungsgeld nach § 143d und

(BGBl I 2018/54)

d) Anspruch auf Wochengeld nach den §§ 162 bis 168

(BGBl I 2018/54)

haben.

(BGBl I 2015/162)

(3) Für Personen, die ab 1. Jänner 2005 nach Abs. 2 Z 4 Anspruch auf Krankengeld haben, sind am 31. Dezember 2004 bestehende und auf Einzelverträgen oder auf betrieblichen Vereinbarungen beruhende Ansprüche von Arbeitnehmern/Arbeitnehmerinnen auf Entgeltfortzahlung im Krankheitsfall nur für Dienstverhinderungen rechtswirksam, die vor dem 1. Jänner 2005 eingetreten sind. Für Dienstverhinderungen, die nach dem 31. Dezember 2004 eintreten, haben diese Personen, unter Zugrundelegung der für sie anzurechnenden Dienstzeit, Anspruch auf Fortzahlung des Entgelts nach § 8 Abs. 1 und 2 des Angestelltengesetzes, BGBl. Nr. 292/1921.

(BGBl I 2004/106)

(BGBl I 1998/138, BGBl I 2018/100)

[a] Tritt mit Ablauf des 31. Dezember 2019 außer Kraft.

Versicherungsbeiträge

§ 472a.[a] (1) In der Krankenversicherung nach § 472 gilt als Grundlage für die Bemessung der Beiträge (Beitragsgrundlage) und der Leistungen der Monatsbezug bzw. die Pensionsleistung. Die Beitragsgrundlage darf die Mindestbeitragsgrundlage nicht unter- und die Höchstbeitragsgrundlage nicht überschreiten. Monatliche Höchstbeitragsgrundlage ist der jeweils nach § 19 Abs. 6 B-KUVG als Höchstbeitragsgrundlage geltende Betrag; als monatliche Mindestbeitragsgrundlage gelten 15 % der Höchstbeitragsgrundlage. Für die Ermittlung des Monatsbezuges gilt § 49 entsprechend. Die Bestimmungen des § 49 Abs. 2 und des § 54 Abs. 1 über die Sonderzahlungen und Sonderbeiträge sind bei der Bemessung der Beiträge entsprechend mit der Maßgabe anzuwenden, daß die in einem Kalenderjahr fällig werdenden Sonderzahlungen bis zum doppelten Betrag der für Jänner dieses Jahres geltenden Höchstbeitragsgrundlage der Bemessung der Sonderbeiträge zugrunde zu legen sind.

(BGBl 1993/110, BGBl I 2005/71)

(2) Als allgemeiner Beitrag sind, sofern sich nicht aus Folgendem etwas anderes ergibt, 9,05% der Beitragsgrundlage (Abs. 1) zu leisten. Die Beiträge sind in den Fällen, in denen ein Waisenversorgungsgenuß die Beitragsgrundlage ist, vom Dienstgeber allein, in allen übrigen Fällen vom Versicherten in der Höhe von 4,75% und vom Dienstgeber in der Höhe von 4,30% zu tragen. Bezieher einer im Abs. 1 angeführten Pensionsleistung, eines Ruhe- oder Versorgungsgenusses haben zusätzlich 0,15 % der Beitragsgrundlage zu leisten. Erreicht der Bezug des Versicherten nicht den Betrag der Mindestbeitragsgrundlage (Abs. 1), so hat der Dienstgeber den Beitrag, der auf den Unterschiedsbetrag zwischen dem Bezug des Versicherten und der Mindestbeitragsgrundlage entfällt, zur Gänze allein zu tragen.

(BGBl 1993/110, BGBl 1993/335, BGBl 1996/411, BGBl I 2003/71, BGBl I 2004/106, BGBl I 2004/156, BGBl I 2007/101, BGBl I 2015/118)

(3) (aufgehoben)

(BGBl 1993/335, BGBl I 2007/101)

(4) Abweichend von Abs. 2 zweiter und dritter Satz vermindert sich der Beitrag im Jahr 1992 in den Fällen, in denen der Beitrag vom Versicherten und vom Dienstgeber zu gleichen Teilen zu tragen ist, um je 0,7 Prozentpunkte; die Verminderung des Beitrages für den Versicherten im Jahr 1992 um 0,7 Prozentpunkte gilt nicht in den Fällen, in denen der Versicherte Anspruch auf eine Pensionsleistung hat. In den Fällen, in denen der Beitrag vom Versicherten bzw. Dienstgeber allein zu tragen ist, vermindert sich der Beitrag im Jahr 1992 um 1,4 Prozentpunkte.

(5) Der Dienstgeber/die Dienstgeberin eines/einer nach § 472 Abs. 1 Versicherten hat der Versicherungsanstalt für Eisenbahnen und Bergbau den nachgewiesenen Aufwand für das geleistete Krankengeld nach § 472 Abs. 2 Z 4 lit. a zuzüglich 5 % dieses Aufwandes als anteiligen Verwaltungsaufwand jeweils bis zum Ende des folgenden Quartals zu ersetzen.

(BGBl I 2004/106)

(BGBl I 2018/100)

[a] Tritt mit Ablauf des 31. Dezember 2019 außer Kraft.

Anwendung von Bestimmungen des Zweiten, Fünften, Sechsten, Siebenten und Achten Teiles

§ 472b.[a] In der Krankenversicherung nach § 472 sind entsprechend anzuwenden:

1. Abschnitt VI des Ersten Teiles und Abschnitt I des Zweiten Teiles für Ansprüche nach § 472 Abs. 2 Z 4;

   (BGBl I 2004/106)

2. § 119 über die Gewährung der Leistungen bei Arbeitsunfällen und Berufskrankheiten;

   (BGBl I 2004/106)

3. die Bestimmungen der §§ 315 bis 319a über die Ersatzansprüche im Verhältnis zwischen Kranken- und Unfallversicherung sowie die Bestimmung des § 320b über sonstige Ersatzansprüche der Versicherungsträger untereinander;

   (BGBl I 2004/106)

4. die Bestimmungen des Sechsten Teiles über die Beziehungen zu den Vertragspartnern;

   (BGBl I 2004/106)

5. die Bestimmungen des Siebenten Teiles über das Verfahren;

   (BGBl I 2004/106)

6. die Bestimmungen des Achten Teiles über den Aufbau der Verwaltung; bei der Entsendung der Versicherungsvertreter in die Verwaltungskörper ist darauf Bedacht zu nehmen, daß die nach § 472 versicherten Dienstnehmer durch eine ihrer Zahl entsprechende Anzahl von Versicherungsvertretern vertreten sind.

   (BGBl I 2004/106)

(BGBl I 2018/100)

[a] Tritt mit Ablauf des 31. Dezember 2019 außer Kraft.

Träger der Krankenversicherung

§ 473.[a] (1) Träger der Krankenversicherung für die im § 472 bezeichneten Personen ist die im § 23 Abs. 1 Z 3 genannte Versicherungsanstalt für Eisenbahnen und Bergbau.

(BGBl I 2003/145)

(2) Im Geschäftsbericht sind die Erfolgsrechnung und die statistischen Nachweisungen für die im Abs. 1 bezeichnete Krankenversicherung und für die Krankenversicherung der übrigen bei der Anstalt Versicherten getrennt aufzustellen. Es ist eine gemeinsame Schlussbilanz zu erstellen.

(BGBl I 2003/145)

(3) Die Satzung und die Krankenordnung der Versicherungsanstalt für Eisenbahnen und Bergbau haben je einen besonderen Teil für die Krankenversicherung nach § 472 zu enthalten.

(BGBl I 2003/145, BGBl I 2004/171)

(BGBl I 2018/100)

[a] Tritt mit Ablauf des 31. Dezember 2019 außer Kraft.

Leistungen in der allgemeinen Krankenversicherung der Eisenbahnbediensteten

§ 474.[a] (1) Auf die bei der Versicherungsanstalt für Eisenbahnen und Bergbau Versicherten, die nicht zu den im § 472 bezeichneten Personen gehören, sind die Bestimmungen der §§ 55 Abs. 1 und 2, 59 bis 61, 61b, 62 bis 70a, 71, 74 Abs. 1, 76 bis 78, 82, 83 und 83a des Bundesgesetzes über die Kranken- und Unfallversicherung öffentlich Bediensteter mit den sich aus § 472 Abs. 2 Z 1 bis 3 ergebenden Änderungen entsprechend anzuwenden, die Bestimmung des § 70 jedoch nur hinsichtlich der Maßnahmen zur Festigung der Gesundheit und die Bestimmungen des § 74 Abs. 1 nur hinsichtlich der Leistungen des ärztlichen Beistandes und des Hebammenbeistandes, der Heilmittel und Heilbehelfe und Pflege in einer Krankenanstalt. Die Bestimmungen des § 51 Abs. 1 Z 1 sind auf die im ersten Satz genannten Versicherten, soweit es sich um Personen handelt, die im Erkrankungsfall Anspruch auf Weiterzahlung ihrer Dienstbezüge durch mindestens sechs Wochen haben, mit der Maßgabe anzuwenden, dass der Beitragssatz 7,65% beträgt, für alle übrigen im ersten Satz genannten Versicherten gilt der im § 51 Abs. 1 Z 1 lit. b oder f bezeichnete Beitragssatz. Der Beitragssatz in der Krankenversicherung für Selbstversicherte mit Ausnahme der Selbstversicherten nach § 19a beträgt 7,55% der Beitragsgrundlage.

(BGBl 1993/110, BGBl 1996/201, BGBl I 2000/44, BGBl I 2003/71, BGBl I 2003/145, BGBl I 2004/156, BGBl I 2006/131, BGBl I 2007/101, BGBl I 2015/118)

(1)[a] Auf die bei der Versicherungsanstalt für Eisenbahnen und Bergbau Versicherten, die nicht zu den im § 472 bezeichneten Personen gehören, sind die Bestimmungen der §§ 55 Abs. 1 und 2, 59 bis 61, 61b, 62 bis 70a, 71, 74 Abs. 1, 76 bis 78, 82, 83 und 83a des Bundesgesetzes über die Kranken- und Unfallversicherung öffentlich Bediensteter mit den sich aus § 472 Abs. 2 Z 1 bis 3 ergebenden Änderungen entsprechend anzuwenden, die Bestimmung des § 70 jedoch nur hinsichtlich der Maßnahmen zur Festigung der Gesundheit und die Bestimmungen des § 74 Abs. 1 nur hinsichtlich der Leistungen des ärztlichen Beistandes und des Hebammenbeistandes, der Heilmittel und Heilbehelfe und Pflege in einer Krankenanstalt. Die Bestimmungen des § 51 Abs. 1 Z 1 sind auf die im ersten Satz genannten Versicherten, soweit es sich um Personen handelt, die im Erkrankungsfall Anspruch auf Weiterzahlung ihrer Dienstbezüge durch mindestens sechs Wochen haben, mit der Maßgabe anzuwenden, dass der Beitragssatz 7,55% beträgt, für alle übrigen im ersten Satz genannten Versicherten gilt der im § 51 Abs. 1 Z 1 lit. b oder f bezeichnete Beitragssatz. Der Beitragssatz in der Krankenversicherung für Selbstversicherte mit Ausnahme der Selbstversicherten nach § 19a beträgt 7,45% der Beitragsgrundlage.

(BGBl 1993/110, BGBl 1996/201, BGBl I 2000/44, BGBl I 2003/71, BGBl I 2003/145, BGBl I 2004/156, BGBl I 2006/131, BGBl I 2007/101, BGBl I 2015/118)

[a] Zum In-Kraft-Treten siehe § 690 (1) Z 3.

(2) Durch die Satzung der Versicherungsanstalt kann für die im Abs. 1 bezeichneten Versicherten auch bestimmt werden, daß die laufenden Geldleistungen aus der Krankenversicherung sowie das Versehrten-, Familien- und Taggeld aus der Unfallversicherung für alle diese Versicherten oder für einzelne Versichertengruppen in kürzeren oder längeren Zeitabschnitten als wöchentlich, längstens aber monatlich, im nachhinein ausgezahlt werden.

(BGBl I 2003/145, BGBl I 2004/171)

(BGBl I 2018/100)

[a] Tritt mit Ablauf des 31. Dezember 2019 außer Kraft.

Regelung aus Anlaß der Aufnahme in ein öffentlich-rechtliches Dienstverhältnis oder beim Ausscheiden aus einem solchen

§ 475.[a] Die Bestimmungen des § 10 Abs. 1 zweiter Satz und des § 11 Abs. 5 über den Wirksamkeitsbeginn des Ausscheidens aus einem öffentlich-rechtlichen Dienstverhältnis beziehungsweise der Aufnahme in ein solches in der Pflichtversicherung sind in der nach den Vorschriften über die Krankenversicherung öffentlich Bediensteter geregelten Krankenversicherung bei der Versicherungsanstalt für Eisenbahnen und Bergbau entsprechend anzuwenden.

(BGBl I 2003/145, BGBl I 2018/100)

[a] Tritt mit Ablauf des 31. Dezember 2019 außer Kraft.

2. Unterabschnitt Unfallversicherung[a]

[a] Der gesamte Unterabschnitt tritt mit Ablauf des 31. Dezember 2019 außer Kraft.

Präventionsbeirat

§ 476.[a] Zur Information des Bundesministers für Wissenschaft und Verkehr über Organisation und Tätigkeit des Präventionszentrums der Versicherungsanstalt für Eisenbahnen und Bergbau hat diese einen Präventionsbeirat einzurichten.

(BGBl I 1999/12, BGBl I 2003/145, BGBl I 2018/100)

[a] Tritt mit Ablauf des 31. Dezember 2019 außer Kraft.

Erhöhung der Renten bei Entfall des Schadenersatzanspruches gegen das Eisenbahnunternehmen

§ 477.[a] Die Satzung der Versicherungsanstalt für Eisenbahnen und Bergbau kann die dem Verletzten gebührende Versehrtenrente um die Hälfte, die Hinterbliebenenrenten um zwei Drittel erhöhen, wenn dem Anspruchsberechtigten neben der Rente aus der Unfallversicherung ein gesetzlich begründeter Schadenersatzanspruch nach den gesetzlichen Bestimmungen über die erhöhte Haftpflicht der Eisenbahnen bei Dienst- und Arbeitsunfällen gegen ein dem öffentlichen Verkehr dienendes Eisenbahnunternehmen zustünde; im Falle einer solchen Erhöhung entfällt der Schadenersatzanspruch gegen das Unternehmen.

(BGBl I 2003/145, BGBl I 2018/100)

[a] Tritt mit Ablauf des 31. Dezember 2019 außer Kraft.

3. Unterabschnitt Pensionsversicherung

Zusätzliche Pensionsversicherung bei der Versicherungsanstalt der österreichischen Eisenbahnen

§ 478. (aufgehoben)

Zusätzliche Pensionsversicherung

§ 479. (1) Das Pensionsinstitut für Verkehr und öffentliche Einrichtungen und das Pensionsinstitut der Linz AG bleiben als Träger der zusätzlichen Pensionsversicherung von in der Pensionsversicherung pflichtversicherten Bediensteten der diesen Instituten angeschlossenen Betriebe weiter bestehen. Die genannten Pensionsinstitute sind Zuschußkassen des öffentlichen Rechtes und unterstehen der Aufsicht des Bundesministeriums für soziale Verwaltung.

(BGBl I 2002/140)

(2) Bis zum Inkrafttreten einer besonderen bundesgesetzlichen Regelung ist die zusätzliche Pensionsversicherung unter Bedachtnahme auf die finanzielle Leistungsfähigkeit der Versicherungsträger und auf die wirtschaftlichen Bedürfnisse der Versicherten durch die Satzung der Versicherungsträger zu regeln; nachstehende Bestimmungen sind entsprechend anzuwenden:

1. von den Bestimmungen des Ersten Teiles die §§ 8 Abs. 1 Z 1 lit. b, 10 Abs. 7, 21, 22, 32, 38, 40, 42, 43, 60 Abs. 1 und 3, 61, 62, 64 mit der Maßgabe, daß im Abs. 2 an Stelle des nach § 58 Abs. 6 berufenen Versicherungsträgers der Träger der zusätzlichen Pensionsversicherung tritt, 65 bis 69, 73 Abs. 3 und 4, 79 Abs. 1, 81, 84 Abs. 1, Abs. 3 Z 2 lit. a, Abs. 5 Z 2 lit. a und Abs. 6, 86, 87, 96, 97, 98, 98a, 101, 102 Abs. 3, 103, § 104 Abs. 3 und 5, 107, § 107a, 109 bis 113;

   (BGBl 1993/335, BGBl 1994/20, BGBl 1996/201, BGBl I 1998/138, BGBl I 2005/132)

2. von den Bestimmungen des Fünften Teiles die §§ 321 und 332 bis 337;
3. die Bestimmungen des Siebenten Teiles;
4. von den Bestimmungen des Achten Teiles die §§ 421 bis 425, 426 Abs. 1 Z 2 und Abs. 2, 431 bis 434 mit der Maßgabe, daß eine gültige Beschlußfassung über die Satzung und deren Änderung, soweit es sich um Beiträge und Leistungen handelt, oder über die Auflösung eines Trägers der zusätzlichen Pensionsversicherung nur mit einer Mehrheit von zwei Dritteln der abgegebenen Stimmen in jeder der beiden Gruppen erfolgen kann, 436 bis 438, 443, 444, 446, 447, 448 bis 453, 455 Abs. 1, 460, 460a und 460e; § 421 für den Bereich des Pensionsinstitutes der Linz AG mit der weiteren Maßgabe, dass die Versicherungsvertreter aus der Gruppe der Dienstgeber vom Betriebsunternehmer Linz AG für Energie, Telekommunikation, Verkehr und Kommunale Dienste zu entsenden sind.

   (BGBl 1994/20, BGBl 1996/411, BGBl I 2000/142, BGBl I 2002/140)

4.[a] von den Bestimmungen des Achten Teiles die 420 Abs. 6 Z 5 sowie Abs. 7 und 8, 421 bis 425, 426 Abs. 1, 430 Abs. 1, 6 und 7, 431 bis 433 mit der Maßgabe, daß eine gültige Beschlußfassung über die Satzung und deren Änderung, soweit es sich um Beiträge und Leistungen handelt, oder über die Auflösung eines Trägers der zusätzlichen Pensionsversicherung nur mit einer Mehrheit von zwei Dritteln der abgegebenen Stimmen in jeder der beiden Gruppen erfolgen kann, 435, 443, 444, 446, 447, 448 mit der Maßgabe, dass anstelle von 14% 5,6% und anstelle von 7% 2,8% anzuwenden sind, 449 bis 453, 455

Abs. 1, 460, 460a und 460e; § 421 für den Bereich des Pensionsinstitutes der Linz AG mit der weiteren Maßgabe, dass die Versicherungsvertreter aus der Gruppe der Dienstgeber vom Betriebsunternehmer Linz AG für Energie, Telekommunikation, Verkehr und Kommunale Dienste zu entsenden sind.

(BGBl 1994/20, BGBl 1996/411, BGBl I 2000/142, BGBl I 2002/140, BGBl I 2018/100)

---

[a] Tritt mit 1. Jänner 2020 in Kraft.

(3) Die in die Verwaltungskörper der in Abs. 1 bezeichneten Pensionsinstitute berufenen Versicherungsvertreter und die Mitglieder der bei diesen eingerichteten Beiräte unterliegen der Unfallversicherung im Sinne des § 8 Abs. 1 Z 3 lit. e.

(BGBl 1996/411)

(4) Die finanzielle Leistungsfähigkeit der in Abs. 1 bezeichneten Pensionsinstitute ist gegeben, wenn und solange der Abgang in der versicherungstechnischen Bilanz 5% der bilanzierten Summe nicht überschreitet. Bei Überschreiten dieses Betrages sind zur Deckung des Abganges die Versicherungsleistungen zu vermindern oder die Beiträge zu erhöhen.

(BGBl I 1999/173)

Abschnitt IIa
Krankenversicherung der öffentlich-rechtlich Bediensteten, die der WIENER LINIEN GmbH & Co KG zur Dienstleistung zugewiesen sind[a]

---

[a] Der gesamte Abschnitt tritt mit Ablauf des 31. Dezember 2019 außer Kraft.

Pflichtversicherung

§ 479a.[a] (1) Unbeschadet der in § 26 Abs. 1 Z 3 geregelten sachlichen Zuständigkeit der Betriebskrankenkasse der Wiener Verkehrsbetriebe sind bei diesem Versicherungsträger die nachstehend bezeichneten Gruppen von Personen in der Krankenversicherung pflichtversichert:

1. die in einem öffentlich-rechtlichen Dienstverhältnis zur Gemeinde Wien stehenden Bediensteten, die der WIENER LINIEN GmbH & Co KG zur Dienstleistung zugewiesen sind, mit Ausnahme der rechtskundigen Beamten, der im technischen Dienst sowie im Verwaltungs- und Kanzleidienst tätigen Beamten und der Ärzte;

   (BGBl I 1999/68)

2. Personen, die auf Grund einer Tätigkeit bei den Wiener Stadtwerken – Verkehrsbetriebe oder ihrer Zuweisung zur WIENER LINIEN GmbH & Co KG einen Ruhe-(Versorgungs)genuß oder eine außerordentliche, nicht auf einem Rechtsanspruch beruhende Zuwendung erhalten, sofern der Ruhe(Versorgungs)genuß beziehungsweise die außerordentliche Zuwendung von einer Beschäftigung abgeleitet wird, welche die Pflichtversicherung nach Z 1 begründet hat oder bei früherem Wirksamkeitsbeginn der Bestimmungen der Z 1 über die Versicherungspflicht begründet hätte.

   (BGBl I 1999/68)

(2) Für die Durchführung der Krankenversicherung der im Abs. 1 genannten Personen und für die sonstigen Rechtsverhältnisse der Betriebskrankenkasse der Wiener Verkehrsbetriebe als Träger dieser Krankenversicherung gelten, soweit im folgenden nichts Abweichendes bestimmt wird, die Vorschriften des Ersten, Zweiten, Fünften, Sechsten, Siebenten, Achten und Zehnten Teiles dieses Bundesgesetzes.

(BGBl I 2018/100)

---

[a] Tritt mit Ablauf des 31. Dezember 2019 außer Kraft.

Beginn und Ende der Pflichtversicherung

§ 479b.[a] (1) Die Krankenversicherung der im § 479a Abs. 1 Z 1 genannten Personen beginnt mit der im Rahmen des öffentlich-rechtlichen Dienstverhältnisses erfolgten Zuweisung zur WIENER LINIEN GmbH & Co KG. Die Krankenversicherung der im § 479a Abs. 1 Z 2 genannten Personen beginnt mit dem Anfall des Ruhe(Versorgungs)genusses oder der außerordentlichen, nicht auf einem Rechtsanspruch beruhenden Zuwendung.

(BGBl I 1999/68)

(2) Die Krankenversicherung endet mit dem Ausscheiden aus dem öffentlich-rechtlichen Dienstverhältnis oder mit dem Widerruf der im Rahmen des öffentlich-rechtlichen Dienstverhältnisses erfolgten Zuweisung zur WIENER LINIEN GmbH & Co KG beziehungsweise mit dem Ablauf des Kalendermonates, für den letztmalig ein Ruhe-(Versorgungs)genuß oder eine außerordentliche, nicht auf einem Rechtsanspruch beruhende Zuwendung ausgezahlt wird.

(BGBl I 1999/68)

(BGBl I 2018/100)

---

[a] Tritt mit Ablauf des 31. Dezember 2019 außer Kraft.

Meldungen und Auskunftspflicht

§ 479c.[a] Die Bestimmungen im Ersten Teil dieses Bundesgesetzes über Meldungen und Auskunftspflicht gelten mit der Maßgabe, daß die Gemeinde Wien auch hinsichtlich der im § 479a Abs. 1 Z 2 angeführten Versicherten die Verpflichtungen eines Dienstgebers zu erfüllen hat.

(BGBl I 1999/68, BGBl I 2018/100)

---

[a] Tritt mit Ablauf des 31. Dezember 2019 außer Kraft.

Beiträge

§ 479d.[a] (1) Die allgemeine Beitragsgrundlage und die Grundlage zur Berechnung der Sonderbeiträge richten sich nach den Bestimmungen des Ersten Teiles dieses Bundesgesetzes; diese Bestimmungen sind auf die im § 479a Abs. 1 Z 2 angeführten Versicherten mit der Maßgabe anzuwenden, daß der in einem Kalendermonat gebührende Ruhe(Versorgungs)genuß beziehungsweise die außerordentliche, nicht auf einem Rechtsanspruch beruhende Zuwendung als allgemeine Beitragsgrundlage beziehungsweise als Grundlage für die Berechnung der Sonderbeiträge gilt.

(2) Für die Berechnung der allgemeinen Beiträge und der Sonderbeiträge ist heranzuziehen

1. für die im § 479a Abs. 1 Z 1 angeführten Versicherten ein Beitragssatz von 6,65%, wovon 3,77% auf die Versicherten und 2,88% auf die Gemeinde Wien entfallen,
2. für die im § 479a Abs. 1 Z 2 angeführten Versicherten ein Beitragssatz von 6,9%, wovon 4,02% auf die Versicherten und 2,88% auf die Gemeinde Wien entfallen.

(BGBl 1993/110, BGBl 1996/411, BGBl I 1998/138, BGBl I 1999/68, BGBl I 2003/71, BGBl I 2007/101, BGBl I 2015/118)

(2)[b] Für die Berechnung der allgemeinen Beiträge und der Sonderbeiträge ist heranzuziehen

[b] Zum In-Kraft-Treten siehe § 690 (1) Z 3.

1. für die im § 479a Abs. 1 Z 1 angeführten Versicherten ein Beitragssatz von 6,55%, wovon 3,72% auf die Versicherten und 2,83% auf die Gemeinde Wien entfallen,
2. für die im § 479a Abs. 1 Z 2 angeführten Versicherten ein Beitragssatz von 6,8%, wovon 3,97% auf die Versicherten und 2,83% auf die Gemeinde Wien entfallen.

(BGBl 1993/110, BGBl 1996/411, BGBl I 1998/138, BGBl I 1999/68, BGBl I 2003/71, BGBl I 2007/101, BGBl I 2015/118)

(3) Durch Verordnung des Bundesministeriums für soziale Verwaltung kann der Beitragssatz für die im § 479a Abs. 1 Z 2 angeführten Versicherten bis auf 8,2% erhöht werden, wenn nachgewiesen wird, daß die Summe der Aufwendungen in der Krankenversicherung für diesen Personenkreis bei Anwendung des Beitragssatzes nach Abs. 2 nicht gedeckt erscheint und die allgemeine finanzielle Lage der Betriebskrankenkasse der Wiener Verkehrsbetriebe dies erfordert. Eine solche Erhöhung ist ausschließlich von der Gemeinde Wien zu tragen.

(BGBl 1993/110, BGBl 1996/411, BGBl I 1999/68, BGBl I 2015/118)

(BGBl I 2018/100)

[a] Tritt mit Ablauf des 31. Dezember 2019 außer Kraft.

Leistungen

§ 479e.[a] (1) Die Barleistungen aus dem Versicherungsfall der Arbeitsunfähigkeit infolge Krankheit sind unter Anwendung der Bemessungsgrundlage nach § 125 zu bemessen.

(BGBl I 2001/67)

(2) Die im § 479a Abs. 1 Z 2 angeführten Versicherten haben keinen Anspruch auf Leistungen aus dem Versicherungsfall der Arbeitsunfähigkeit infolge Krankheit.

(BGBl I 2018/100)

[a] Tritt mit Ablauf des 31. Dezember 2019 außer Kraft.

Abschnitt III
Übertragung von Leistungen und Anwartschaften des Pensionsinstitutes für Verkehr und öffentliche Einrichtungen

Besonderer Steigerungsbetrag für Zuschussleistungen

§ 480. Personen, die am 31. Dezember 2011 Anspruch auf eine Zuschussleistung aus dem leistungsorientierten System des Pensionsinstitutes haben (Abschnitt V der Satzung 2006, Verlautbarung Nr. 139/2005 in der Fassung der Verlautbarung Nr. 27/2009, kundgemacht unter der Internetadresse www.avsv.at), gebührt anstelle dieser Zuschussleistung ein besonderer Steigerungsbetrag im Sinne des § 248 Abs. 5, der vom zuständigen Pensionsversicherungsträger (§ 29) nach folgenden Maßgaben zu erbringen ist:

1. Die Höhe des besonderen Steigerungsbetrages entspricht dem Ausmaß jener Ruhegenuss- oder Hinterbliebenenversorgungsgenuss-Zuschussleistung, die der anspruchsberechtigten Person zum 31. Dezember 2011 satzungsmäßig gebührt.
2. Der besondere Steigerungsbetrag ist abweichend von § 108h mit jenem Faktor zu vervielfachen, der gegenüber der Vervielfachung mit dem Anpassungsfaktor nur eine Erhöhung von 50 % mit sich bringt.

Über den besonderen Steigerungsbetrag hat das Pensionsinstitut einen Bescheid zum Stichtag 31. Dezember 2011 zu erlassen.

(BGBl I 2011/122)

Besonderer Steigerungsbetrag für Anwartschaften auf Zuschussleistungen

§ 481. Personen, die am 31. Dezember 2011 eine Anwartschaft auf eine Zuschussleistung aus dem leistungsorientierten System des Pensionsinstitutes haben, gebührt an Stelle dieser Anwartschaft im Leistungsfall ein besonderer Steigerungsbetrag im Sinne des § 248 Abs. 5, der vom zuständigen Pensionsversicherungsträger (§ 29) nach folgenden Maßgaben zu erbringen ist:

1. Die Höhe des Ausgangsbetrages für den besonderen Steigerungsbetrag entspricht dem Ausmaß jener Ruhegenuss-Zuschussleistung zum Regelpensionsalter (§ 253), die der anwartschaftsberechtigten Person in einem angenommenen Leistungsfall zum 31. Dezember 2011 satzungsmäßig gebührt hätte.
2. Die Beiträge zur Höherversicherung, die der Bemessung des Ausgangsbetrages für den besonderen Steigerungsbetrag zugrunde zu legen sind, sind vom Pensionsinstitut an den Versicherungsträger zu leisten; § 77 Abs. 2 zweiter Satz ist nicht anzuwenden.
3. Die Aufwertung der Beiträge nach Z 2 hat nach § 248 Abs. 4 so zu erfolgen, dass als Zeitpunkt der Leistung der Beiträge zur Höherversicherung der Tag ihrer Überweisung durch das Pensionsinstitut gilt.

4. Der besondere Steigerungsbetrag ist abweichend von § 108h mit jenem Faktor zu vervielfachen, der gegenüber der Vervielfachung mit dem Anpassungsfaktor nur eine Erhöhung von 50 % mit sich bringt.

Über den Ausgangsbetrag für den besonderen Steigerungsbetrag hat das Pensionsinstitut einen Bescheid zum Stichtag 31. Dezember 2011 zu erlassen.

(BGBl I 2011/122)

Kapitalübertragung an die Versicherungsanstalt

§ 482. Jenes Kapital des Pensionsinstitutes, das nach Anwendung des § 481 gemäß der versicherungstechnischen Bilanz zum 31. Dezember 2011 zur Deckung der Ansprüche und Anwartschaften aus dem leistungsorientierten System verbleibt, ist – mit Ausnahme der Urlaubs-, Abfertigungs- und Verwaltungskostenrückstellungen – bis längstens 30. November 2012 an die zuständigen Versicherungsträger zu übertragen.

(BGBl I 2011/122)

Beitragsorientiertes System

§ 483. (1) Ab 1. Jänner 2012 hat das Pensionsinstitut ausschließlich beitragsorientiert zu verfahren. Der Geltungsbereich des beitragsorientierten Systems bestimmt sich nach § 38 der Satzung 2006 in der am 1. Jänner 2011 geltenden Fassung. Die Beitragspflicht endet mit Ablauf des 31. Dezember 2013.

(2) Ab 1. Jänner 2012 kann gegen das Vermögen des Pensionsinstitutes zur Hereinbringung von Ansprüchen aus dem leistungsorientierten System nach Abschnitt V der Satzung 2006 in der am 31. Dezember 2011 geltenden Fassung weder ein Pfandrecht wirksam begründet noch Exekution geführt werden.

(BGBl I 2011/122)

Übertragung der Vermögensanteile von Leistungen aus dem beitragsorientierten System

§ 484. (1) Soweit Personen, die Anspruch auf eine Zuschussleistung aus dem beitragsorientierten System des Pensionsinstitutes haben, nicht bis zum Ablauf des 30. November 2013 von ihrem satzungsmäßigen Recht Gebrauch machen, sich ihren Anspruch durch eine Kapitalabfindung vom Pensionsinstitut ablösen zu lassen, wird der dem Leistungsanspruch zugeordnete Vermögensanteil übertragen, und zwar

1. auf jene Pensionskassenzusage im Sinne des § 2 Z 1 des Betriebspensionsgesetzes oder
2. auf jene betriebliche Kollektivversicherung im Sinne des § 2 Z 1 des Betriebspensionsgesetzes oder
3. auf jene Lebensversicherung im Sinne des § 2 Z 3 des Betriebspensionsgesetzes,

die vom ehemaligen Dienstgeber bis zum Ablauf des 31. Oktober 2013 ausgewählt wurde. Damit erlischt jeglicher Leistungsanspruch gegenüber dem Pensionsinstitut.

(2) Hat der ehemalige Dienstgeber bis zum Ablauf des 31. Oktober 2013 weder eine Pensionskassenzusage noch eine betriebliche Kollektivversicherung noch eine Lebensversicherung nach Abs. 1 ausgewählt, so ist der jeweilige Vermögensanteil auf die vom Pensionsinstitut ausgewählte Pensionskassenzusage zu übertragen.

(3) Auf Verlangen der leistungsberechtigten Person bis zum Ablauf des 30. November 2013 ist der ihrem Leistungsanspruch zugeordnete Vermögensanteil abweichend von Abs. 1 auf die vom Pensionsinstitut ausgewählte Pensionskassenzusage oder auf die vom Pensionsinstitut ausgewählte betriebliche Kollektivversicherung zu übertragen.

(BGBl I 2013/139)

Übertragung der Vermögensanteile von Anwartschaften aus dem beitragsorientierten System

§ 485. Soweit Personen, die am 30. November 2013 eine Anwartschaft auf eine Zuschussleistung aus dem beitragsorientierten System des Pensionsinstitutes haben, nicht bis zum Ablauf des 30. November 2013 von ihrem satzungsmäßigen Recht Gebrauch machen, sich ihre Anwartschaft durch eine Kapitalabfindung vom Pensionsinstitut ablösen zu lassen, wird der der Anwartschaft zugeordnete Vermögensanteil

1. auf jene Pensionskassenzusage im Sinne des § 2 Z 1 des Betriebspensionsgesetzes oder
2. auf jene betriebliche Kollektivversicherung im Sinne des § 2 Z 1 des Betriebspensionsgesetzes oder
3. auf jene Lebensversicherung im Sinne des § 2 Z 3 des Betriebspensionsgesetzes

übertragen, die vom Dienstgeber bis zum Ablauf des 31. Oktober 2013 ausgewählt wurde. Damit erlischt jegliche Anwartschaft auf eine Leistung gegenüber dem Pensionsinstitut. § 484 Abs. 2 ist sinngemäß anzuwenden.

(BGBl I 2013/139)

Auswahl einer Pensionskasse und einer betrieblichen Kollektivversicherung durch das Pensionsinstitut

§ 486. Zur Übertragung der Vermögensanteile von Leistungen und Anwartschaften aus dem beitragsorientierten System nach den §§ 484 Abs. 2 und 3 sowie 485 letzter Satz hat das Pensionsinstitut im Wege einer Ausschreibung nach dem Bundesvergabegesetz 2006, BGBl. I Nr. 17, bis zum 30. September 2013 eine Pensionskassenzusage im Sinne des § 2 Z 1 des Betriebspensionsgesetzes und eine betriebliche Kollektivversicherung auszuwählen, Die öffentliche Ausschreibung muss sich jedenfalls auf folgende Personengruppen beziehen:

1. auf alle Leistungsberechtigten aus dem beitragsorientiertem System,

2. auf alle Anwartschaftsberechtigten, die bei keinem Mitgliedsbetrieb mehr beschäftigt sind und deren Anwartschaft ruhend gestellt ist, und
3. auf alle Bediensteten des Pensionsinstitutes.

(BGBl I 2013/139)

Rechtsnachfolge des Pensionsinstitutes in Gerichts- und Verwaltungsverfahren

§ 487. (1) Mit 1. Jänner 2015 tritt die Versicherungsanstalt für Eisenbahnen und Bergbau als Rechtsnachfolgerin des Pensionsinstitutes in alle noch anhängigen Verfahren vor den Gerichten oder Verwaltungsbehörden ein, in denen das Pensionsinstitut Verfahrenspartei ist.

(2) Die Versicherungsanstalt für Eisenbahnen und Bergbau haftet als Rechtsnachfolgerin für Verbindlichkeiten des Pensionsinstitutes bis zur Höhe der von diesem auf die Versicherungsanstalt übertragenen Vermögenswerte.

(BGBl I 2013/139)

Aufnahme in die zusätzliche Pensionsversicherung des Pensionsinstitutes der Linz AG

§ 488. Die Dienstgeber von Betrieben, die dem Pensionsinstitut angeschlossen sind, können im Einvernehmen mit der betrieblichen Vertretung der DienstnehmerInnen bis zum Ablauf des 31. Juli 2013 beantragen, dass ihre DienstnehmerInnen und ehemaligen DienstnehmerInnen in die zusätzliche Pensionsversicherung des Pensionsinstitutes der Linz AG aufgenommen werden. Wird ein solcher Antrag vom Vorstand des Pensionsinstitutes der Linz AG bis zum Ablauf des 15. September 2013 angenommen, so sind die Vermögensanteile von Anwartschaften und Leistungsansprüchen aus dem beitragsorientierten System von Bediensteten und ehemaligen Bediensteten der aufgenommenen Betriebe abweichend von den §§ 484 und 485 auf das Pensionsinstitut der Linz AG zu übertragen.

(BGBl I 2013/139)

Übernahme der Verwaltung des Pensionsinstitutes

§ 489. Die Versicherungsanstalt für Eisenbahnen und Bergbau übernimmt mit 1. Jänner 2014 die Verwaltung des Pensionsinstitutes. Die Funktion des/der leitenden Angestellten des Pensionsinstitutes wird mit diesem Zeitpunkt vom/von der leitenden Angestellten der Versicherungsanstalt für Eisenbahnen und Bergbau wahrgenommen.

(BGBl I 2013/139)

§§ 490 - 499b. (aufgehoben)

Abschnitt IV
Begünstigungen für Geschädigte aus politischen oder religiösen Gründen oder aus Gründen der Abstammung

Begünstigter Personenkreis

§ 500. Personen, die in der Zeit vom 4. März 1933 bis 9. Mai 1945 aus politischen Gründen – außer wegen nationalsozialistischer Betätigung – oder religiösen Gründen oder aus Gründen der Abstammung in ihren sozialversicherungsrechtlichen Verhältnissen einen Nachteil erlitten haben, werden nach Maßgabe der Bestimmungen der §§ 501, 502 Abs. 1 bis 3 und 5 und 506, Personen, die aus den angeführten Gründen ausgewandert sind, nach den §§ 502 Abs. 4 bis 6, 503 und 506 begünstigt.

Wiederaufleben von Rentenansprüchen

§ 501. (1) Ansprüche aus der österreichischen Unfall- und Rentenversicherung (einschließlich der Altersfürsorge), die auf Grund von Ausbürgerungen nach § 10 Abs. 2 des Bundesgesetzes vom 30. Juli 1925, BGBl. Nr. 285, in der Fassung der Verordnung der Bundesregierung vom 16. August 1933, BGBl. Nr. 369, aberkannt worden sind, leben, wenn die Ausbürgerung gemäß § 4 Abs. 1 Staatsbürgerschafts-Überleitungsgesetz 1949, BGBl. Nr. 276, in der Fassung des Bundesgesetzes BGBl. Nr. 12/1952, widerrufen worden ist, beim Zutreffen der gesetzlichen Voraussetzungen wieder auf. Ebenso leben Ansprüche auf Renten, die nach den jeweils in Geltung gestandenen gesetzlichen Vorschriften aus einem der im § 500 genannten Gründe geruht haben oder aberkannt worden sind, wieder auf.

(2) Renten und Pensionen, auf die der Anspruch nach Abs. 1 wieder auflebt, sind, soweit sie nicht nach den bezogenen Vorschriften Angehörigen des Berechtigten überwiesen worden sind, ab dem Zeitpunkt, in dem sie aberkannt oder zum Ruhen gebracht worden sind, frühestens jedoch ab dem 4. März 1933, nachzuzahlen. Zu den Rentennachzahlungen für die Zeit vor dem 10. April 1945 kann der Versicherungsträger, wenn der Rentenberechtigte bedürftig ist, aus den Mitteln des Unterstützungsfonds (§ 84) einen Zuschlag bis zu 500 vH der nachzuzahlenden Rente gewähren.

Begünstigte Erwerbung von Anwartschaften und Ansprüchen

§ 502. (1) Zeiten einer aus den Gründen des § 500 veranlaßten Untersuchungshaft, Verbüßung einer Freiheitsstrafe, Anhaltung oder Arbeitslosigkeit, ferner Zeiten der Ausbürgerung (§ 501 Abs. 1) gelten für Personen, die vorher in der Zeit seit dem 1. Juli 1927 Beitragszeiten gemäß § 226, Ersatzzeiten gemäß §§ 228 oder 229 oder Zeiten nach dem Auslandsrenten-Übernahmegesetz, BGBl. Nr. 290/1961, erworben haben, als Pflichtbeitragszeiten mit der höchstzulässigen Beitragsgrundlage, und zwar in der Pensions(Renten)versicherung, in der der Versicherte vor der Haft, Strafe, Anhaltung, Arbeitslosigkeit oder Ausbürgerung zuletzt Beitrags- oder Ersatzzeiten nachweist; lassen sich auf Grund dieser Bestimmung die Pflichtbeitragszeiten keinem Zweig der Pensionsversicherung zuordnen, gelten sie als Beitragszeiten der Pensionsversicherung der Angestellten. Als Zeiten der Arbeitslosigkeit gelten auch Zeiten einer nachweisbaren Arbeitslosigkeit im Ausland bis zum ersten Antritt einer Beschäftigung im Ausland, soweit sie nicht das Ausmaß von zwei Jahren übersteigen. Solche als Pflichtbeitragszeiten geltende Zeiten sind beitragsfrei zu berücksichtigen. Amtlich bestätigte Zeiten des Militärdienstes in der bewaffneten Macht einer der alliierten Armeen in der Zeit vom 26. August 1939 bis 31. Dezember 1948 sind in sozialversicherungsrechtlicher Hinsicht geleistetem Wehrdienst gleichzustellen. § 228 Abs. 1 Z 1 ist mit der Maßgabe anzuwenden, daß für begünstigte Personen (§ 500) das Erfordernis der österreichischen Staatsbürgerschaft entfällt. Zeiten der Auswanderung gemäß Abs. 4 bis 31. März 1959 gelten ab Vollendung des 15. Lebensjahres der in Betracht kommenden Person als Ersatzzeiten, wenn ihnen eine Beitrags- oder Ersatzzeit vorangeht oder nachfolgt, und zwar in dem Zweig der Pensionsversicherung, in dem die letzte vorangegangene Beitrags- oder Ersatzzeit vorliegt, bzw. beim Fehlen einer solchen in dem Zweig der Pensionsversicherung, in dem die erste nachfolgende Beitrags- oder Ersatzzeit vorliegt.

(1a) Zeiten des Besuches einer österreichischen Pflichtschule, die aus Gründen des § 500 erst nach Vollendung des Pflichtschulalters zurückgelegt werden konnten, gelten, wenn die betreffende Person nicht ausgewandert ist, als Pflichtbeitragszeiten unter Anwendung der höchstzulässigen Beitragsgrundlage. Diese Zeiten sind zuzuordnen:

1. dem Zweig der Pensionsversicherung, in dem die dem Pflichtschulbesuch letztvorangegangene Beitrags- oder Ersatzzeit vorliegt,
2. wenn eine solche Versicherungszeit nicht vorhanden ist, dem Zweig der Pensionsversicherung, in dem die dem Pflichtschulbesuch erstnachfolgende Beitrags- oder Ersatzzeit vorliegt,
3. wenn weder eine Versicherungszeit nach Z 1 noch eine Versicherungszeit nach Z 2 vorhanden ist, der Pensionsversicherung der Angestellten.

(BGBl I 2000/92, BGBl I 2001/33)

(2) Personen, denen in ihren Anwartschaften oder Ansprüchen aus der Pensionsversicherung ein Nachteil dadurch erwächst, daß der früher der Angestelltenversicherung angehörende Versicherte aus einem der im § 500 genannten Gründe nur eine invalidenversicherungspflichtige Beschäftigung ausüben durfte, können für die Zeit einer solchen Beschäftigung, längstens aber für die Zeit bis 31. Dezember 1945, durch Nachzahlung von Beiträgen Steigerungsbeträge in der Pensionsversicherung der Angestellten erwerben. Für die Abstattung der nachzuzahlenden Beiträge sind Teilzahlungen zu bewilligen, wenn dem Antragsteller die Zahlung in einem Betrage nach seiner wirtschaftlichen Lage nicht zugemutet werden kann. Teilbeträge, die bei Eintritt des Versicherungsfalles noch nicht abgestattet sind, können nach diesem Zeitpunkt entrichtet werden; Steigerungsbeträge aus nachentrichteten Beiträgen werden nach Abstattung der Beiträge gewährt. Für Versicherte, die als Pflichtbeitragszeiten geltende Zeiten gemäß Abs. 1 nachweisen, entfällt die Pflicht zur Nachzahlung der Beiträge; die Bestimmungen des Abs. 1 dritter Satz sind entsprechend anzuwenden.

(3) Personen, denen in ihren Anwartschaften oder Ansprüchen aus der Pensionsversicherung der Angestellten dadurch ein Nachteil erwächst, daß sie aus einem der im § 500 genannten Gründe eine angestelltenversicherungspflichtige Beschäftigung mit einer niedrigeren Beitragsgrundlage als in der letzten vorangegangenen angestelltenversicherungspflichtigen Beschäftigung ausgeübt haben, können für die Dauer der ersteren Beschäftigung, längstens jedoch für die Zeit bis 31. Dezember 1945, den Unterschied auf die Beiträge nachzahlen, die zur Angestelltenversicherung bei Fortdauer der vorangegangenen Beschäftigung nach den in dieser zuletzt erzielten Einkommen entfallen wären. Abs. 2 zweiter bis letzter Satz gelten entsprechend.

(4) Personen, die in der im § 500 angeführten Zeit aus einem der dort angeführten Gründe ausgewandert sind und die vorher in der Zeit seit dem 1. Juli 1927 Beitragszeiten gemäß § 226 oder Ersatzzeiten gemäß § 228 oder 229 oder Zeiten nach dem Auslandsrenten-Übernahmegesetz zurückgelegt haben, können für die Zeiten der Auswanderung, längstens aber für die Zeit bis 31. März 1959, Beiträge nachentrichten. Die nachzuentrichtenden Beiträge belaufen sich für jeden Monat der Auswanderung auf 23,76 €[a]; an die Stelle dieses Betrages tritt ab 1. Jänner eines jeden Jahres, erstmals ab 1. Jänner 1989, der unter Bedachtnahme auf § 108 Abs. 6 mit der jeweiligen Aufwertungszahl (§ 108a Abs. 1) vervielfachte Betrag. § 227 Abs. 4 ist sinngemäß mit der Maßgabe anzuwenden, daß die Beitragsentrichtung bei der Pensionsversicherungsanstalt zu erfolgen hat, wenn bei keinem Versicherungsträger Versicherungszeiten erworben worden sind. Für die Abstattung der nachzuzahlenden Beiträge gilt Abs. 2 zweiter bis letzter Satz entsprechend.

(BGBl 1993/335, BGBl I 2001/67, BGBl I 2002/1, BGBl I 2004/142)

[a] Betrag siehe VO über veränderliche Werte.

(5) Abs. 4 gilt entsprechend auch für Personen, die sich nach dem 9. Mai 1945 in Österreich aufgehalten haben und danach ausgewandert sind, sofern diese Auswanderung aus Gründen, auf die der (die) Betreffende keinen Einfluß hatte, nicht früher möglich war und sie nicht später als am 31. Dezember 1949 erfolgt ist.

(6) Abs. 1 und 4 gelten auch für Personen, die vor der Haft, Strafe, Anhaltung, Arbeitslosigkeit, Ausbürgerung oder Auswanderung aus Gründen, auf die der (die) Betreffende keinen Einfluß hatte, keine Beitragszeiten gemäß § 226 oder Ersatzzeiten gemäß §§ 228 und 229 zurückgelegt haben, sofern der (die) Betreffende am 12. März 1938 seinen (ihren) Wohnsitz im Gebiet der Republik Österreich hatte und, in den Fällen des Abs. 4, spätestens am 12. März 1938 geboren wurde. Der erste Satz ist auch auf Personen anzuwenden, die nach dem 12. März 1938 und spätestens am 8. Mai

1945 geboren wurden und als Verfolgte im Gebiet der Republik Österreich oder in einem anderen Land gelebt haben, wenn zumindest ein Elternteil der betroffenen Person am 12. März 1938 seinen Wohnsitz im Gebiet der Republik Österreich hatte. Eine solche Nachentrichtung, soweit sie für die Zeiten der Auswanderung erfolgt ist, ist unbeschadet des Abs. 1 letzter Satz frühestens für Zeiten nach der Vollendung des 15. Lebensjahres der in Betracht kommenden Person zulässig.

(BGBl 1993/335, BGBl 1996/411, BGBl I 2001/12, BGBl I 2009/83)

(7) Bei der Anwendung der Vorschriften der Abs. 1 bis 5 gilt § 228 Abs. 1 Z 3 mit der Maßgabe, daß Schuljahre, die aus einem der im § 500 genannten Gründe abgebrochen werden mußten, als vollendet gelten. Zeiten des Besuches einer mittleren oder höheren Schule oder einer Hochschule im Ausland zwischen dem 4. März 1933 und dem 31. März 1959 sind für begünstigte Personen (§ 500) den Zeiten im Sinne des § 227 Abs. 1 Z 1 bzw. § 228 Abs. 1 Z 3 gleichzustellen.

(8) Die Vorschriften der Abs. 1 bis 7 gelten auch, wenn der Versicherungsfall schon vor dem 1. Jänner 1956 eingetreten ist.

Auslandsaufenthalt

§ 503. (1) Die jeweils in Geltung gestandenen Bestimmungen über das Ruhen der Leistungsansprüche bei Auslandsaufenthalt sind auf Renten-(Pensions)ansprüche mit Ausnahme des Knappschaftssoldes beim Auslandsaufenthalt begünstigter Personen (§ 500) und deren Hinterbliebenen ab 1. Mai 1945 nicht anzuwenden.

(2) Die nach Abs. 1 zu gewährenden Leistungen können in den Aufenthaltsstaat des Berechtigten nur nach Maßgabe der Vorschriften der österreichischen Devisengesetzgebung überwiesen werden.

Erwerb einer fremden Staatsbürgerschaft

§ 504. (aufgehoben)

Weiterversicherung in der Krankenversicherung

§ 505. (aufgehoben)

Verfahren

§ 506. (1) Die Begünstigungen nach den §§ 501 bis 503 werden auf Antrag oder von Amts wegen festgestellt.

(2) Bei Anträgen auf die Begünstigung nach § 503 beginnt die Leistung mit dem Ablauf des Monates, in dem der Versicherungsfall eingetreten und die Leistungsvoraussetzungen erfüllt sind, frühestens jedoch ab 1. Mai 1945, auch wenn erst durch eine Begünstigung nach § 502 die Leistungsvoraussetzungen erfüllt sind.

(3) Wer Begünstigungen nach den §§ 501, 502 Abs. 1 bis 3 und 5 beantragt, hat glaubhaft darzutun, daß ihm aus einem der im § 500 bezeichneten Gründe in seinen sozialversicherungsrechtlichen Verhältnissen ein Nachteil im Sinne der §§ 501 bis 504 erwachsen ist. Zu diesem Zwecke hat er eine Bescheinigung der für seinen Wohnort zuständigen Bezirksverwaltungsbehörde darüber beizubringen, daß der Nachteil durch einen der im § 500 bezeichneten Gründe veranlaßt geworden ist. Personen, die nach dem Opferfürsorgegesetz anspruchsberechtigt sind, erbringen den Nachweis durch Vorlage einer Amtsbescheinigung oder eines Opferausweises nach § 4 des Opferfürsorgegesetzes, BGBl. Nr. 183/1947, in der letztgeltenden Fassung. Die Bescheinigungen des Landeshauptmannes (Amtsbescheinigungen oder Opferausweise nach § 4 des Opferfürsorgegesetzes) sind für die Versicherungsträger bindend.

Abschnitt V
Erwerbung von Versicherungszeiten

Erwerbung von Versicherungszeiten bei Gewährung von strafrechtlichen Entschädigungen

§ 506a. Zeiten einer Anhaltung,

1. für die in einem Aufforderungsverfahren nach § 9 des Strafrechtlichen Entschädigungsgesetzes 2005, BGBl. I Nr. 125/2004, ein Ersatzanspruch anerkannt worden ist oder
2. für die ein österreichisches Gericht einen Entschädigungsanspruch für strafgerichtliche Anhaltung oder Verurteilung rechtskräftig zuerkannt hat,

gelten, sofern der Versicherte vor der Anhaltung Beitragszeiten oder Ersatzzeiten in der Pensionsversicherung nach diesem Bundesgesetz erworben hat, als Versicherungszeiten, und zwar die vor dem Zeitpunkt, ab dem von der betreffenden Versichertengruppe erstmals Beiträge entrichtet werden konnten, gelegenen Anhaltungszeiten als Ersatzzeiten und die nach diesem Zeitpunkt gelegenen Anhaltungszeiten als Beitragszeiten der Pflichtversicherung. Die auf diese Beitragszeiten entfallenden Beiträge hat der Bund an den zuständigen Versicherungsträger nach den jeweils in Geltung gestandenen Vorschriften nachzuentrichten. Die Beitragszeiten gelten in dem Zweig der Pensionsversicherung als erworben, in dem der Versicherte zuletzt vor der Anhaltungszeit Beitrags- oder Ersatzzeiten zurückgelegt hat. Als Tagesbeitragsgrundlage für die Bemessung der Beiträge und für die Leistungen der Pensionsversicherung gilt der 360. Teil der Summe der Beitragsgrundlagen des letzten Kalenderjahres vor dem Ausscheiden aus der Pflichtversicherung, wenn die Pflichtversicherung das gesamte Kalenderjahr hindurch bestanden hat; ist dies nicht der Fall, so ist anstelle des 360. Teiles die Anzahl der Tage der Pflichtversicherung in diesem Kalenderjahr maßgeblich. Hat die versicherte Person Beitragszeiten der Pflichtversicherung nur in dem Kalenderjahr des Beginnes der Anhaltung erworben, so ist dieses Kalenderjahr heranzuziehen.

(BGBl 1993/335, BGBl I 1998/138, BGBl I 2005/132, BGBl I 2009/83)

Erwerb von Pensionsversicherungszeiten und Selbstversicherung in der Krankenversicherung nach Beendigung eines Dienstverhältnisses zu einer internationalen Organisation

§ 506b. (1) Beendet eine Person österreichischer Staatsangehörigkeit ein im Interesse der Republik Österreich gelegenes Dienstverhältnis zu einer internationalen Organisation, so haben diese Person oder ihre anspruchsberechtigten Hinterbliebenen das Recht, durch Entrichtung von Beiträgen für die Dauer des Dienstverhältnisses Pflichtbeitragszeiten in der Pensionsversicherung der Angestellten zu erwerben.

(2) Der Erwerb von Versicherungszeiten nach Abs. 1 ist ausgeschlossen, soweit die in Betracht kommende Zeit als Versicherungszeit in der Pensionsversicherung nach diesem Bundesgesetz oder für einen Ruhegenuß (Versorgungsgenuß) zu berücksichtigen ist.

(3) Der Beitrag nach Abs. 1 beträgt für jeden Monat des Dienstverhältnisses zu einer internationalen Organisation 22,8 vH des auf den Monat entfallenden Bruttobezuges, auf den die Person im letzten Monat vor Beendigung des Dienstverhältnisses Anspruch gehabt hat, höchstens vom 30fachen der im Zeitpunkt der Beendigung des Dienstverhältnisses in Geltung gestandenen Höchstbeitragsgrundlage in der Pensionsversicherung (§ 45 Abs. 1).

(4) Für die Ermittlung der Bemessungsgrundlage für Leistungen aus der Pensionsversicherung ist Beitragsgrundlage für Versicherungsmonate, welche die Bemessungszeit bilden, der jeweils nach Abs. 3 in Betracht kommende, auf den Monat entfallende Bruttobezug bzw. das 30fache der jeweils in Geltung gestandenen Höchstbeitragsgrundlage in der Pensionsversicherung.

(5) Für das Recht auf Weiterversicherung in der Pensionsversicherung steht das Ausscheiden aus einem Dienstverhältnis zu einer internationalen Organisation dem Ausscheiden aus der Pflichtversicherung gleich.

(6) Der Antrag auf Entrichtung von Beiträgen nach Abs. 1 ist bei der Pensionsversicherungsanstalt zu stellen.

(BGBl I 2002/1)

(7) Die Beiträge nach Abs. 1 sind innerhalb von 18 Monaten nach Beendigung des Dienstverhältnisses zu einer internationalen Organisation zu leisten.

(8) Hinsichtlich des Beginnes einer Selbstversicherung in der Krankenversicherung gemäß § 16 und der Erfüllung bzw. des Entfalls der Wartezeit gemäß § 124 gelten Zeiten eines Dienstverhältnisses zu einer internationalen Organisation als Zeiten der Pflichtversicherung in der Krankenversicherung in Österreich.

(BGBl I 1998/138)

(BGBl I 1998/138)

Abschnitt VI
Sonderbestimmung für Zollausschlußgebiete

§ 506c. (aufgehoben)

(BGBl I 2001/67)

Zehnter Teil
Übergangs- und Schlußbestimmungen

Abschnitt I
Übergangsbestimmungen

1. Unterabschnitt
Übergangsbestimmungen zum Ersten Teil (Allgemeine Bestimmungen) mit Ausnahme des Abschnittes VI

Fortdauer einer nach früherer Vorschrift bestehenden Pflichtversicherung

§ 507. (1) Personen, die am 30. Dezember 1955 nach den in diesem Zeitpunkt geltenden Vorschriften pflichtversichert waren, nach den Vorschriften des Ersten Teiles aber nicht mehr pflichtversichert wären, bleiben pflichtversichert, solange die Beschäftigung, welche die Pflichtversicherung nach den bisherigen Vorschriften begründet hat, weiter ausgeübt wird. Im übrigen sind die Bestimmungen dieses Bundesgesetzes auf eine solche Pflichtversicherung anzuwenden, jedoch kann der Versicherte bis 30. Juni 1956 bei dem für die Einhebung der Beiträge in Betracht kommenden Versicherungsträger den Antrag stellen, aus der Pflichtversicherung ausgeschieden zu werden; einem solchen Antrag hat der Versicherungsträger mit Wirkung von dem auf den Antrag folgenden Monatsersten stattzugeben.

(2) Personen, die bei einer öffentlich-rechtlichen Körperschaft bedienstet und bei Inkrafttreten dieses Bundesgesetzes nach den Bestimmungen des Bundesangestellten-Krankenversicherungsgesetzes 1937 in der geltenden Fassung versichert sind, bleiben für die Dauer dieser Beschäftigung auch weiterhin nach den Bestimmungen des genannten Gesetzes bei dem bisherigen Versicherungsträger versichert. Diese Versicherung ersetzt die Pflichtversicherung in der Krankenversicherung nach diesem Bundesgesetz.

(3) Betriebe, welche nach den Bestimmungen dieses Bundesgesetzes nicht mehr als knappschaftliche oder ihnen gleichgestellte Betriebe anzusehen sind, gelten weiterhin als knappschaftliche Betriebe, solange in diesen Betrieben Bergprodukte gewonnen oder verarbeitet werden. Bis zum 30. Juni 1956 können die zuständigen Interessenvertretungen im Einvernehmen beantragen, daß die Versicherung von den nach den Bestimmungen dieses Bundesgesetzes in Betracht kommenden Versicherungsträgern durchgeführt wird. Einen solchen Antrag haben die zuständigen Versicherungsträger mit Wirkung von dem auf den Antrag folgenden Monatsersten stattzugeben.

Aufkündigung von Versicherungsverträgen

§ 508. Personen, die nach den Bestimmungen dieses Bundesgesetzes als Pflichtversicherte in die Kranken- oder Unfallversicherung einbezogen werden und die am 1. Jänner 1956 bei einem Versicherungsunternehmen vertragsmäßig kranken- oder unter Einschluß der Arbeitsunfälle unfallversichert sind, können den Versicherungsvertrag bis 30. Juni 1956 zum Ablauf des auf die Aufkündigung folgenden Kalendermonates aufkündigen. Für einen Zeitraum nach dem Erlöschen des Versicherungsvertrages bereits entrichtete Versicherungsbeiträge (Prämien) sind vom Versicherungsunternehmen nicht zu erstatten.

Einbeziehung von bisher durch Gewährung der Krankenpflege betreuten Personen in die Krankenversicherung

§ 509. Gruppen von Personen, für welche die Träger der Krankenversicherung auf Grund von Anordnungen, die nach bisherigen Rechtsvorschriften erlassen worden sind, die Krankenpflege zu übernehmen hatten, gelten mit dem 1. Jänner 1956 als gemäß § 9 in die Krankenversicherung einbezogen. Für die Durchführung der Krankenversicherung dieser Personen gelten die Vorschriften des § 10 Abs. 5, des § 12 Abs. 4, des § 36 Abs. 1 Z 4, des § 75 und des Zweiten Teiles dieses Bundesgesetzes.

Befreiung von der bestehenden Meisterkrankenversicherung

§ 510. (aufgehoben)

Einbeziehung bisher versicherungsfreier Dienstnehmer in die Pflichtversicherung

§ 511. (1) Die Dienstgeber haben Dienstnehmer, die am 1. Jänner 1956 in einer nach den Bestimmungen dieses Bundesgesetzes versicherungspflichtigen Beschäftigung stehen und nicht bereits zur Versicherung angemeldet sind, bis 29. Februar 1956 beim zuständigen Versicherungsträger anzumelden. Im übrigen sind die Bestimmungen der §§ 33 bis 36, 41 bis 43, 111 bis 113 entsprechend anzuwenden.

(2) Dienstnehmer, deren Dienstgeber den Sitz in Österreich haben und die vor dem 1. Jänner 1956 ins Ausland entsendet worden sind, gelten als im Inland beschäftigt, sofern sie am 1. Jänner 1956 noch im Ausland beschäftigt sind und diese Beschäftigung die Dauer eines Jahres nicht übersteigt; das Bundesministerium für soziale Verwaltung kann auf einen bis 30. September 1956 zu stellenden Antrag des Dienstgebers die Frist entsprechend verlängern, wenn die Art der Beschäftigung es begründet.

Ausnahme der Bediensteten der Donau-Save-Adria-Eisenbahn- Gesellschaft von der Versicherungspflicht

§ 512. Die ständigen Bediensteten des Zentraldienstes (Generaldirektion) der Donau-Save-Adria-Eisenbahn-Gesellschaft (vormals Südbahn-Gesellschaft) sind hinsichtlich ihrer Beschäftigung in diesem Dienste von der Pflichtversicherung nach diesem Bundesgesetz ausgenommen.

Krankenversicherung von Beziehern einer Rente aus der Unfallversicherung, bei denen der Versicherungsfall vor dem 1. Jänner 1939 eingetreten ist

§ 512a. (1) Die Bezieher einer Rente aus der Unfallversicherung, die als Schwerversehrte gelten, und die Bezieher einer Witwenrente aus der Unfallversicherung sind in der Krankenversicherung der Rentner, solange sie sich ständig im Inland aufhalten, versichert,

a) wenn der dem Rentenanspruch aus der Unfallversicherung zugrunde liegende Versicherungsfall vor dem 1. Jänner 1939 bei einer unselbständigen Erwerbstätigkeit eingetreten ist und

b) wenn sie nicht schon nach § 8 Abs. 1 Z 1 teilversichert sind.

(2) Die Krankenversicherung der im Abs. 1 bezeichneten Personen beginnt am 1. Jänner 1961. Sie endet mit dem Ablauf des Kalendermonates, für den letztmalig die Rente im Inland ausgezahlt wird. Zur Durchführung der Krankenversicherung sind sachlich zuständig:

1. Die Gebietskrankenkassen, soweit nicht der unter Z 2 angeführte Versicherungsträger zuständig ist;

2. die Versicherungsanstalt der österreichischen Eisenbahnen, wenn die Rente aus der Unfallversicherung durch diese Anstalt ausgezahlt wird.

Die örtliche Zuständigkeit der Gebietskrankenkassen richtet sich nach dem Wohnsitz des Rentenempfängers.

(3) Die Mittel für die Krankenversicherung der in Abs. 1 bezeichneten Personen werden durch jährliche Beiträge des für die Auszahlung der Rente zuständigen Trägers der Unfallversicherung aufgebracht. Der für ein Kalenderjahr zu entrichtende Beitrag beträgt 10,5 vH des für das jeweilige Kalenderjahr erwachsenen Aufwandes an Renten für die in Abs. 1 genannten Personen. Der Beitrag ist bis 31. März eines jeden Kalenderjahres für das vorangegangene Kalenderjahr an den Hauptverband zu überweisen. Der Hauptverband hat den Beitrag zusammen mit den Beiträgen zur Krankenversicherung der Pensionisten auf die zuständigen Träger der Krankenversicherung aufzuteilen; § 73 Abs. 4 gilt mit der Maßgabe, daß der jeweilige Jahresbeitrag den Beiträgen nach § 73 Abs. 3 und der jeweilige Rentenaufwand dem Pensionsaufwand zuzuschlagen ist.

(4) Hinsichtlich des Anspruches auf die Leistungen der Krankenversicherung sind die im Abs. 1 bezeichneten Personen den krankenversicherten Beziehern einer Pension aus der Pensionsversicherung (§ 8 Abs. 1 Z 1) gleichgestellt.

(5) Die Allgemeine Unfallversicherungsanstalt und die Sozialversicherungsanstalt der Bauern (§ 13 Abs. 1 des Bauern-Sozialversicherungsgesetzes) haben jede für den Bestand und das Ende der Krankenversicherung bedeutsame Änderung

unverzüglich dem Krankenversicherungsträger bekanntzugeben.

Erlöschen bisheriger Zusatzversicherungen in der Krankenversicherung

§ 513. Die nach den bisherigen Bestimmungen bestehenden Zusatzversicherungen von Pensionisten, soweit sie am 31. Dezember 1972 noch aufrecht sind, erlöschen mit Ablauf dieses Tages. Die aus dieser Versicherung zustehenden Leistungen sind ohne Rücksicht auf den Eintritt des Leistungsfalles in der Höhe, die sich bei Eintritt des Leistungsfalles am 1. Jänner 1973 ergeben hätte, an die bisher zusatzversicherten Personen auszuzahlen.

Sonderbestimmungen über die Versicherungszugehörigkeit auf Grund der bisherigen Versicherungspflicht in einer Rentenversicherung

§ 514. (1) Personen, die nach den bisherigen gesetzlichen Bestimmungen der Invalidenversicherung unterlagen, nach den Bestimmungen dieses Bundesgesetzes aber auf Grund desselben Beschäftigungsverhältnisses der Pensionsversicherung der Angestellten oder der knappschaftlichen Pensionsversicherung zugehören, sind bis 31. März 1956 bei dem in Betracht kommenden Träger der Krankenversicherung neu anzumelden. Im übrigen sind die Bestimmungen der §§ 33 bis 36, 41 bis 43, 111 bis 113 entsprechend anzuwenden.

(2) Personen, die nach den bisherigen gesetzlichen Bestimmungen der Angestelltenversicherung oder der knappschaftlichen Rentenversicherung unterlagen, nach den Bestimmungen dieses Bundesgesetzes aber auf Grund desselben Beschäftigungsverhältnisses der Pensionsversicherung der Arbeiter zugehören würden, bleiben in der Pensionsversicherung versichert, die der bisherigen Rentenversicherung entspricht, solange die in den bisherigen Bestimmungen für die betreffende Rentenversicherung vorgesehenen Voraussetzungen auf diese Beschäftigung zutreffen.

Fortdauer einer nach früherer Vorschrift bestehenden Weiterversicherung, Selbstversicherung oder Zusatzversicherung der Unternehmer

§ 515. (1) Es gelten die nach den bisherigen Bestimmungen

1. in der Krankenversicherung Weiterversicherten als Selbstversicherte im Sinne des § 16;
2. in der Rentenversicherung Weiterversicherten sowie nach den bisherigen Bestimmungen auf Grund der Selbstversicherung in einer Rentenversicherung Versicherten als Weiterversicherte im Sinne des § 17;
3. in der Krankenversicherung auf Grund der Versicherungsberechtigung Versicherten als Selbstversicherte in sinngemäßer Anwendung der für die Selbstversicherung in der Krankenversicherung nach § 16 geltenden Vorschriften;
4. in der Unfallversicherung freiwillig Versicherten als in der Unfallversicherung Selbstversicherte im Sinne des § 19.

(2) Selbständig Erwerbstätige, deren Ehegatten und Kinder, die sich nach bisher geltender satzungsmäßiger Bestimmung eines Unfallversicherungsträgers über die für sie in der Pflichtversicherung in Betracht kommende Beitragsgrundlage hinaus höherversichert haben (Zusatzversicherung der Unternehmer), bleiben auf dieser Grundlage auch weiterhin höherversichert. Diese Zusatzversicherung kann schriftlich im vorhinein zum 1. Jänner oder 1. Juli eines jeden Kalenderjahres gekündigt oder hinsichtlich der Höhe des Jahresarbeitsverdienstes geändert werden.

Verlängerte Frist für die Weiterversicherung in der Pensionsversicherung in der Übergangszeit

§ 516. Die Weiterversicherung in der Pensionsversicherung ist bis 31. Dezember 1957 für Personen zulässig, die am 31. Dezember 1955 nach bisheriger Vorschrift das Recht zur Weiterversicherung in einer oder mehreren Rentenversicherungen hatten.

Weiterversicherung in der Pensionsversicherung für selbständige bildende Künstler

§ 516a. Selbständige bildende Künstler, die am 31. Dezember 1957 in der Pensionsversicherung nach diesem Bundesgesetz pflichtversichert waren und nicht unter den Personenkreis der in der Pensionsversicherung nach dem Gewerblichen Selbständigen-Pensionsversicherungsgesetz Pflichtversicherten fallen, gelten ab 1. Jänner 1958 als in der Pensionsversicherung gemäß § 17 Weiterversicherte.

Umbenennung bisheriger Versicherungsträger

§ 517. Die bisherige Allgemeine Invalidenversicherungsanstalt besteht als Pensionsversicherungsanstalt der Arbeiter, die bisherige Angestelltenversicherungsanstalt als Pensionsversicherungsanstalt der Angestellten und die bisherige Bergarbeiterversicherungsanstalt als Versicherungsanstalt des österreichischen Bergbaues weiter.

Aufhebung der Eigenunfallversicherung der Gemeinde Wien

§ 518. (1) Die nach diesem Bundesgesetz zur Durchführung der Unfallversicherung bestimmten Versicherungsträger übernehmen unter Bedachtnahme auf ihre sachliche Zuständigkeit ab 1. Jänner 1956 die Entschädigung aus Arbeitsunfällen (Berufskrankheiten), die bis zu diesem Zeitpunkt die Gemeinde Wien als Träger der Eigenunfallversicherung zu gewähren hatte.

(2) Die Gemeinde Wien als bisheriger Träger der Eigenunfallversicherung hat für den Übergang der Versicherungslast auf die Träger der Unfallversicherung gemäß Abs. 1 bis zum 30. Juni 1956 einen Überweisungsbetrag zu leisten, der im gleichen Verhältnis zur übergebenen Rentenlast steht wie die beim übernehmenden Versicherungsträger

am 31. Dezember 1955 vorhandene Rücklage zur Rentenlast des Versicherungsträgers an diesem Tage.

Bisherige Zuständigkeit in der Krankenversicherung der Pensionisten

§ 519. In der Krankenversicherung der Bezieher einer Pension tritt eine Änderung in der sachlichen Zuständigkeit des bisherigen Trägers der Krankenversicherung nicht ein, wenn die Pension erstmals vor dem 1. Jänner 1956 festgestellt worden ist. Wäre bei Anwendung der Bestimmungen des § 26 über die sachliche Zuständigkeit die Zuständigkeit eines anderen Trägers der Krankenversicherung gegeben, so ist die Änderung auf Antrag des Beziehers der Pension mit Wirksamkeit von dem auf die Antragsstellung folgenden Monatsersten durchzuführen.

Meldungen der bisherigen Zahlungs(Leistungs)empfänger

§ 520. Die Bestimmungen der §§ 40 und 43 über die Meldungen und die Auskunftspflicht der Zahlungs(Leistungs)empfänger sind auch auf Empfänger von Leistungen anzuwenden, die nach bisheriger Vorschrift festgestellt worden sind oder werden.

Beitragsgrundlage bei bisheriger freiwilliger Rentenversicherung

§ 521. Für Personen, die nach den bisherigen Bestimmungen in einer Rentenversicherung selbst- oder weiterversichert waren und gemäß § 515 Abs. 1 Z 2 als Weiterversicherte gelten, ist die Beitragsgrundlage – unbeschadet des § 76 Abs. 2 – der Betrag, der der Höhe des im letzten Beitragszeitraum vor dem 1. Jänner 1956 entrichteten Beitrages unter Berücksichtigung der Beitragssätze nach § 77 entspricht.

2. Unterabschnitt
Übergangsbestimmungen zum Abschnitt VI des Ersten Teiles, zum Zweiten bis Vierten und Neunten Teil (Leistungen)

Anwendung des Leistungsrechtes

§ 522. (1) Die Bestimmungen dieses Bundesgesetzes über die Leistungen gelten, soweit in den folgenden Vorschriften nichts anderes bestimmt ist, nur

a) für Leistungen aus der Kranken- und Unfallversicherung, wenn der Versicherungsfall nach dem 31. Dezember 1955 eingetreten ist,

b) für Leistungen aus der Pensionsversicherung, wenn der Stichtag (§ 223 Abs. 2) nach dem 31. Dezember 1955 liegt.

Wann der Versicherungsfall als eingetreten anzusehen ist, ist nach den Bestimmungen dieses Bundesgesetzes zu beurteilen.

(2) Die Bestimmungen dieses Bundesgesetzes über die Leistungen aus der Pensionsversicherung gelten nicht für Pensionen aus dem Versicherungsfall des Todes, wenn der Stichtag (§ 223 Abs. 2) zwar nach dem 31. Dezember 1955 liegt, aber im Zeitpunkt des Todes ein Anspruch auf eine Pension aus dem Versicherungsfall der geminderten Arbeitsfähigkeit oder des Alters mit Ausnahme des Knappschaftssoldes und der Knappschaftspension aus der Zeit vor dem 1. Jänner 1956 bestand oder ein solcher Anspruch auf Grund eines vor dem 1. Jänner 1956 eingeleiteten Verfahrens nachträglich für die Zeit bis zum Tode anerkannt wurde.

(3) Folgende Bestimmungen dieses Bundesgesetzes gelten ab 1. Jänner 1957 entsprechend auch für Leistungen, auf die im übrigen nach den Abs. 1 und 2 noch die bisherigen Vorschriften anzuwenden sind:

1. a) im Bereich der Kranken-, Unfall- und Pensionsversicherung die Bestimmungen dieses Bundesgesetzes über das Ruhen von Leistungen,

   b) im Bereich der in Betracht kommenden Versicherung die §§ 86 Abs. 4, 97 bis 101, 102 Abs. 3, 103 bis 107a, 110 Abs. 1 Z 2 lit. a und Abs. 2, 112 Abs. 2;

   (BGBl 1993/335)

2. im Bereich der Krankenversicherung die Bestimmungen dieses Bundesgesetzes über die Sachleistungen, ferner die §§ 126 bis 131;

3. im Bereich der Unfallversicherung die Bestimmungen der §§ 180, 183, 184, 189 bis 191, 193 bis 202, 207 Abs. 2, 211, 215 Abs. 2, 215a, 218 Abs. 1 zweiter Satz, 252;

4. im Bereich der Pensionsversicherung die Bestimmungen der §§ 86 Abs. 3, 87, 88, 222 Abs. 3, 252, 255, 260, 262, 264 Abs. 1, in den Fällen des § 522f jedoch nur der erste Satz, § 264 Abs. 2 und 3, 265 bis 267 sowie die diesen Bestimmungen entsprechenden Bestimmungen im Abschnitt III und IV des Vierten Teiles, außerdem die §§ 292 bis 307.

(4) Die Bestimmungen der §§ 215a Abs. 1 und 265 Abs. 1 sind nur anzuwenden, wenn die Wiederverheiratung nach dem 31. Dezember 1955 erfolgt ist.

(5) In der Unfallversicherung ist, wenn der Versicherungsfall vor dem 1. Jänner 1956 eingetreten ist, die Waisenrente für ein doppelt verwaistes Kind im einundeinhalbfachen Betrag der nach bisheriger Vorschrift gebührenden Waisenrente zu bemessen. Die erhöhte Waisenrente ist nur auf Antrag zu gewähren, und zwar ab 1. Jänner 1956, wenn die Voraussetzung für die erhöhte Rente vor dem 1. Jänner 1956 eingetreten ist und der Antrag bis 30. Juni 1956 gestellt wird, sonst mit dem Ersten des Kalendermonates, der auf die Erfüllung dieser Voraussetzung folgt.

(6) (aufgehoben)

(7) Die Versicherungsanstalt des Österreichischen Bergbaues kann unter Bedachtnahme auf die Vorschriften des § 121 Abs. 3 durch die Satzung bestimmen, daß Mehrleistungen, die schon bisher in der Satzung vorgesehen waren, weiterhin beibehalten werden.

Bemessung der Altrenten

§ 522a. (1) Die Renten aus der Pensionsversicherung sind, soweit für sie die Bestimmungen des Vierten Teiles dieses Bundesgesetzes über die Leistungen der Pensionsversicherung gemäß § 522 Abs. 1 und 2 nicht gelten (Altrenten), von dem im § 522c bezeichneten Tag ab, wenn die Rente aber erst nach diesem Tag angefallen ist oder anfällt, vom späteren Anfallstag ab, nach Maßgabe der Bestimmungen der Abs. 2 bis 5 zu bemessen.

(2) Die nach den bisherigen Vorschriften gebührenden Renten sind nach Ausscheiden allfälliger Kinderzuschüsse, eines allfälligen Hilflosenzuschusses und der Wohnungsbeihilfe wie folgt zu bemessen:

1. in der Pensionsversicherung der Arbeiter
   a) Versichertenrenten für männliche Versicherte, die nicht auf Grund des 1. Sozialversicherungs-Neuregelungsgesetzes, BGBl. Nr. 86/1952, festgestellt worden sind, mit dem 2,2fachen Betrag der um 18,17 € verminderten Rente,

      (BGBl I 2001/67)

   b) sonstige Versichertenrenten mit dem 1,7fachen der um 18,17 € verminderten Rente,

      (BGBl I 2001/67)

   c) Witwen(Witwer)renten, die nicht auf Grund des 1. Sozialversicherungs-Neuregelungsgesetzes, BGBl. Nr. 86/1952, festgestellt worden sind, mit dem 2,2fachen Betrag der um 9,08 € verminderten Rente,

      (BGBl I 2001/67)

   d) sonstige Witwen(Witwer)renten mit dem 1,7fachen der um 9,08 € verminderten Rente,

      (BGBl I 2001/67)

   e) Waisenrenten, die nicht auf Grund des 1. Sozialversicherungs-Neuregelungsgesetzes, BGBl. Nr. 86/1952, festgestellt worden sind, mit dem 2,2fachen der um 3,63 € verminderten Rente,

      (BGBl I 2001/67)

   f) sonstige Waisenrenten mit dem 1,7-fachen der um 3,63 € verminderten Rente;

      (BGBl I 2001/67)

   in allen diesen Fällen jedoch mindestens mit dem 1,1fachen der nach den bisherigen Vorschriften gebührenden Rente;

2. in der Pensionsversicherung der Angestellten
   a) Versichertenrenten mit dem 1,32fachen der um 2,91 € verminderten Rente,

      (BGBl I 2001/67)

   b) Witwen(Witwer)renten mit dem 1,32fachen der um 1,45 € verminderten Rente,

      (BGBl I 2001/67)

   c) Waisenrenten mit dem 1,32fachen der um 0,58 € verminderten Rente,

      (BGBl I 2001/67)

   in allen diesen Fällen jedoch mindestens mit dem 1,1667fachen dieser Rente;

3. in der knappschaftlichen Pensionsversicherung, soweit in den Abs. 4 und 5 nichts anderes bestimmt wird, mit dem 1,1667-fachen der Rente.

(3) Als gebührende Rente im Sinne des Abs. 2 gilt die Rente, auf die nach den am 31. Dezember 1955 in Geltung gestandenen Vorschriften vor allfälliger Anwendung von Kürzungs- und Ruhensbestimmungen Anspruch besteht, bei Waisenrenten jedoch nach Abzug eines Betrages von 10,68 €, bei Knappschaftsrenten und beim Knappschaftssold nach Abzug eines Betrages von 17,37 €. In der knappschaftlichen Pensionsversicherung sind hiebei die Kürzungen aus der Anwendung der vor dem 1. April 1952 geltenden Bestimmungen über das Höchstausmaß der Rente außer acht zu lassen. Ferner gilt in dieser Versicherung, soweit es sich nicht um eine Witwenvollrente handelt, als gebührende Witwenrente im Sinne des Abs. 2 das $1^1/_3$fache ihres Betrages.

(BGBl I 2001/67)

(4) Von den Bemessungen nach Abs. 2 Z 3 sind auszunehmen:

1. der Knappschaftssold; soweit er jedoch weniger als 14,53 € monatlich beträgt, ist er auf 14,53 € zu erhöhen;

   (BGBl I 2001/67)

2. die Invalidenprovisionen aus der knappschaftlichen Rentenversicherung; diese sind jedoch, wenn sie wegen Alters oder Invalidität (§ 255) gebühren, auf 50,87 € monatlich, sofern ihnen aber eine Versicherungszeit von mindestens 300 Monaten zugrunde liegt, auf 65,41 € monatlich zu erhöhen.

   (BGBl I 2001/67)

(5) Die nach den bisherigen Vorschriften mit festen Beträgen festgesetzten Waisenrenten und Waisenprovisionen der knappschaftlichen Rentenversicherung sind auf 10,90 € monatlich zu erhöhen. Witwenprovisionen sind auf 32,70 € monatlich, wenn ihnen aber eine Versicherungszeit von mindestens 300 Monaten zugrunde liegt, auf 39,97 € monatlich zu erhöhen.

(BGBl I 2001/67)

(6) Zu den nach Abs. 1 bis 5 bemessenen Renten (Provisionen) treten allfällige Kinderzuschüsse, ein allfälliger Hilflosenzuschuß und die Wohnungsbeihilfe nach den hiefür geltenden Vorschriften; die Kinderzuschüsse sind hiebei um ein Sechstel zu erhöhen.

§ 522b. (1) In Fällen der Wanderversicherung ist für die Bemessung der Gesamtleistung jene Bemessungsvorschrift des § 522a anzuwenden, die für den Zweig der Pensionsversicherung gilt, deren Träger die Gesamtleistung zu erbringen hat. Der sich ergebende Mehrbetrag an Rente geht im gleichen Verhältnis zu Lasten der beteiligten Versicherungsträger, in dem sie die nach den bisherigen Vorschriften bemessene Rentenleistung getragen haben.

(2) Abs. 1 gilt nicht, wenn in der Gesamtleistung eine Teilleistung enthalten ist, die nach § 522a Abs. 4 von der Bemessung auszunehmen ist. In diesen Fällen ist auf den anderen Teil der Gesamtleistung die Bemessungsvorschrift des § 522a anzuwenden, die für den Zweig der Pensionsversicherung gilt, aus dem die Teilleistung gewährt wird. Der Mehrbetrag an Rente geht zu Lasten des Versicherungsträgers dieses Zweiges.

§ 522c. (1) Die nach den Bestimmungen des § 522a zu bemessenden Renten sind in der Pensionsversicherung der Angestellten und in der knappschaftlichen Pensionsversicherung vom 1. Jänner 1957 an, in der Pensionsversicherung der Arbeiter von dem Tag an zu gewähren, der unter Bedachtnahme auf die Gesamtlage des Bundeshaushaltes, frühestens jedoch mit 1. Jänner 1958, durch Verordnung des Bundesministeriums für soziale Verwaltung im Einvernehmen mit dem Bundesministerium für Finanzen festzusetzen ist; die Verordnung bedarf der Zustimmung des Hauptausschusses des Nationalrates.

(2) In der Pensionsversicherung der Arbeiter sind vom 1. Jänner 1957 an bis zu dem nach Abs. 1 durch Verordnung festzusetzenden Zeitpunkt die nach den bisherigen Vorschriften gebührenden Renten (§ 522a Abs. 3) um zwei Drittel des Mehrbetrages zu erhöhen, der sich bei Anwendung des § 522a Abs. 2 oder des § 522b Abs. 1 ergeben würde; hiezu tritt der sich aus der Erhöhung allfälliger Kinderzuschüsse nach § 522a Abs. 6 ergebende Mehrbetrag.

§ 522d. (1) Die Bemessung der am 1. Jänner 1957 laufenden Renten nach den Bestimmungen der §§ 522a und 522b Abs. 1 und die Neufeststellung der Ausgleichszulagen zu diesen Renten ist von Amts wegen vorzunehmen. Die Erhöhung der Renten aus der Pensionsversicherung der Angestellten ab 1. Jänner 1958 und die Erhöhung der Renten aus der Pensionsversicherung der Arbeiter auf den vollen Mehrbetrag (§ 522c Abs. 1) gilt nicht als Neufeststellung der Rente im Sinne des § 296.

(2) Über die Bemessung der im Abs. 1 bezeichneten Renten ist ein schriftlicher Bescheid nur zu erteilen, wenn die Erteilung eines Bescheides bis 31. Dezember 1957 verlangt wird.

Umrechnung von Altrenten

§ 522e. (1) Die Altrenten aus der Pensionsversicherung (§ 522a Abs. 1) sind nach Maßgabe der Abs. 2 und 3 unter weiterer Anwendung der für sie jeweils in Geltung gestandenen Bemessungsbestimmungen umzurechnen. Ergibt die Umrechnung einen höheren Rentenbetrag als bisher, so ist dieser höhere Rentenbetrag mit Wirkung ab 1. Jänner 1960 zu zahlen; anderenfalls ist bei sonst ungeändertem Tatbestand der bisherige Rentenbetrag weiter auszuzahlen.

(2) Bei der Umrechnung von Altrenten, die ganz oder teilweise auf Anwartschaften aus der Angestelltenversicherung auf Grund von am 31. Dezember 1938 in Geltung gestandenen Bestimmungen beruhen, sind außer Betracht zu lassen:

a) bei den Renten, für die der Versicherungsfall vor dem 1. April 1935 eingetreten ist, die Bestimmungen der §§ 343 Abs. 4 und 347 Abs. 2 dritter bis letzter Satz des Gewerblichen Sozialversicherungsgesetzes 1938, BGBl. Nr. 1,

b) bei den Renten, für die der Versicherungsfall zwischen dem 31. März 1935 und dem 1. April 1952 eingetreten ist oder bei denen der Stichtag nach dem 31. März 1952 liegt, bezüglich des Ausmaßes der Leistung die Bestimmungen des § 254 Abs. 1 erster bis dritter Satz, des § 258 Abs. 3, des § 343 Abs. 4 und des § 346 Abs. 1 Z 2 lit. b des Gewerblichen Sozialversicherungsgesetzes 1938, BGBl. Nr. 1; an Stelle dieser Bestimmungen sind bezüglich des Ausmaßes der Leistung § 28 Abs. 1 erster Halbsatz, § 33 Abs. 3 und § 127 Abs. 1 Z 3 und 4 des Angestelltenversicherungsgesetzes 1928, BGBl. Nr. 232, anzuwenden.

(3) Bei der Umrechnung der im Abs. 2 bezeichneten Renten und bei der Umrechnung sonstiger nach Abs. 1 in Betracht kommender Altrenten aus der Pensionsversicherung haben an die Stelle der im § 1 Abs. 1 des Rentenbemessungsgesetzes, BGBl. Nr. 151/1954, genannten Beträge von 1 800 S (Versichertenrente), 900 S (Hinterbliebenenrente) und 1 080 S (Witwenvollrente aus der knappschaftlichen Rentenversicherung) die Beträge von 159,88 € (Versichertenrente) bzw. 79,94 € (Hinterbliebenenrente) und 95,93 € (Witwenvollrente aus der knappschaftlichen Rentenversicherung) zu treten.

(BGBl I 2001/67)

(4) In Fällen der Wanderversicherung sind die von der Umrechnung nach Abs. 1 und 2 nicht erfaßten Teilleistungen in der bisherigen Höhe weiter zu gewähren. In der Zuständigkeit für die Feststellung und Zahlung der Leistungen tritt keine Änderung ein.

(5) Die nach § 1 der Zweiten Verordnung über Leistungsverbesserungen in der Rentenversicherung vom 12. Oktober 1943, Deutsches RGBl. I S. 565, und nach dem Bundesgesetz über die Gewährung von Zusatzrenten zu Renten aus der Angestelltenversicherung (Zusatzrentengesetz) vom 19. Mai 1949, BGBl. Nr. 115, gewährten Rententeile dürfen durch die Umrechnung nach Abs. 1 und 2 nicht geändert werden.

(6) Die Umrechnung ist von Amts wegen vorzunehmen. Über die Umrechnung ist ein schriftlicher Bescheid nur zu erteilen, wenn der Berechtigte dies bis 31. Oktober 1961 beantragt.

Neubemessung von Renten aus der Pensionsversicherung der Arbeiter und aus der knappschaftlichen Pensionsversicherung, die nach den vor dem 1. Sozialversicherungs-Neuregelungsgesetz, BGBl. Nr. 86/1952, in Geltung gestandenen Bestimmungen bemessen wurden

§ 522f. (1) Die Renten aus der Pensionsversicherung der Arbeiter und der knappschaftlichen Pensionsversicherung, für die die Bestimmungen des Vierten Teiles dieses Bundesgesetzes über die Leistungen der Pensionsversicherung gemäß § 522 Abs. 1 und 2 nicht gelten, sind, soweit sie nach den vor dem 1. Sozialversicherungs-Neuregelungsgesetz, BGBl. Nr. 86/1952, in Geltung gestandenen Bestimmungen bemessen worden sind, nach Maßgabe der folgenden Bestimmungen neu zu bemessen.

(2) Bei Versichertenrenten wird der am 31. Dezember 1960 gebührende Rentenbetrag erhöht, und zwar

1. in der Pensionsversicherung der Arbeiter
   a) um den Betrag, der sich aus der Vervielfachung des höchstens mit 43,60 € in Rechnung gestellten, um 32,86 € verminderten Rentenbetrages mit dem in Anlage 6 angegebenen, dem Anfallsjahr der Rente entsprechenden Faktor F1 ergibt, und

      (BGBl I 2001/67)
   b) um den Betrag, der sich aus der Vervielfachung des 43,60 € übersteigenden Rentenbetrages mit dem in Anlage 6 angegebenen, dem Anfallsjahr der Rente entsprechenden Faktor F2 ergibt,

      (BGBl I 2001/67)
2. in der knappschaftlichen Pensionsversicherung mit Ausnahme des Knappschaftssoldes und der in Abs. 3 genannten Renten um den Betrag, der sich aus der Vervielfachung des um 38,08 € verminderten Rentenbetrages mit dem in Anlage 6 angegebenen, dem Anfallsjahr der Rente entsprechenden Faktor F3 ergibt.

   (BGBl I 2001/67)

Für die Ermittlung des Erhöhungsbetrages nach Z 1 lit. b und Z 2 sind die Renten höchstens mit den in Anlage 7 angegebenen Beträgen heranzuziehen.

(3) Die den Knappschaftsvoll- und Knappschaftsaltersrenten gleichgestellten Invalidenprovisionen sind, wenn ihnen weniger als 25 Versicherungsjahre zugrunde liegen, auf monatlich 72,67 €, sonst auf monatlich 101,74 € zu erhöhen. Die Knappschaftsrenten und die ihnen gleichgestellten Invalidenprovisionen sind zu erhöhen

bei einem Rentenanfall um monatlich

vor dem Jahre 1946...7,27 €

in den Jahren 1946 bis 1949...5,81 €

in den folgenden Jahren...3,63 €.

(BGBl I 2001/67)

(4) Hinterbliebenenrenten, ausgenommen Witwenprovisionen, Waisenprovisionen und Waisenrenten mit festen Sätzen, werden in entsprechender Anwendung des Abs. 2 mit der Maßgabe erhöht, daß

a) an die Stelle des Absetzbetrages
   1. von 32,86 € in der Pensionsversicherung der Arbeiterbei Witwenrenten der Betrag von...18,63 €bei Waisenrenten der Betrag von...5,60 €,

      (BGBl I 2001/67)
   2. von 38,08 € in der knappschaftlichen Pensionsversicherungbei Witwenrenten der Betrag von...23,17 €bei Waisenrenten der Betrag von...7,27 €;

      (BGBl I 2001/67)
b) an die Stelle des Grenzbetrages von 43,60 € in der Pensionsversicherung der Arbeiterbei Witwenrenten der Betrag von...21,80 €bei Waisenrenten der Betrag von...8,72 €tritt,

   (BGBl I 2001/67)
c) in den Fällen, in denen es sich um Hinterbliebenenrenten nach einem Rentenempfänger handelt, die Aufwertungsfaktoren anzuwenden sind, die für die Rente des Verstorbenen gegolten hätten, sonst die Aufwertungsfaktoren, die dem Todesjahr des Versicherten entsprechen.

Witwenprovisionen sind, wenn ihnen weniger als 25 Versicherungsjahre zugrunde liegen, auf monatlich 43,60 €, sonst auf monatlich 58,14 € zu erhöhen. Waisenprovisionen und Waisenrenten mit festen Sätzen werden auf monatlich 14,53 € erhöht. Für die Ermittlung des Erhöhungsbetrages in entsprechender Anwendung des Abs. 2 sind die Witwenrenten in der Pensionsversicherung der Arbeiter höchstens mit 50 vH, in der knappschaftlichen Pensionsversicherung höchstens mit 60 vH, Waisenrenten höchstens mit 20 vH der in Anlage 7 angegebenen Beträge heranzuziehen.

(BGBl I 2001/67)

(5) Für die Ermittlung des Erhöhungsbetrages gemäß Abs. 2 und 4 ist die für den Monat Dezember 1960 gebührende Rente ohne Kinderzuschüsse, Hilflosenzuschuß, Ausgleichszulage und zusätzliche Steigerungsbeträge und vor Anwendung von Kürzungs- und Ruhensbestimmungen heranzuziehen.

(6) Zu den nach den Abs. 1 bis 4 neu bemessenen Renten gebühren die nach Abs. 5 bei der Neubemessung außer Ansatz gelassenen zusätzlichen Steigerungsbeträge im bisherigen Ausmaß.

(7) Bei Anwendung des § 95 gilt als Grundbetrag die Hälfte der nach Abs. 1 bis 5 neu bemessenen Rente ohne die besonderen Steigerungsbeträge für Höherversicherung. Hierunter sind die Steigerungsbeträge aus einer Höherversicherung nach den vor den 1. Jänner 1956 in Geltung gestandenen Vorschriften zuzüglich ihrer Erhöhung in sinngemäßer Anwendung der auf das Anfallsjahr der

Rente bezogenen Faktoren nach Anlage 5 zu verstehen.

(8) Bezieher einer Invaliditäts(Knappschaftsvoll)rente, die nach den Bestimmungen der Abs. 1 bis 5 neu bemessen worden und nicht vor dem 1. Jänner 1977 weggefallen ist, können einen Anspruch auf eine Leistung aus einem der Versicherungsfälle des Alters nach diesem Bundesgesetz geltend machen, wenn der Stichtag (§ 223 Abs. 2) nach dem 31. Dezember 1976 liegt. Hiebei gilt die bisherige, nach den Bestimmungen der Abs. 1 bis 5 neu bemessenen Rente als Invaliditäts(Knappschaftsvoll)pension nach den Bestimmungen des Vierten Teiles dieses Bundesgesetzes.

(9) Stirbt ein Rentenberechtigter, dessen Rente aus eigener Pensionsversicherung nach den Bestimmungen der Abs. 1 bis 5 neu bemessen worden und nicht bereits wegen des Anfalles einer Leistung aus einem der Versicherungsfälle des Alters weggefallen ist, nach dem 31. Dezember 1976, ist für die Berechnung der Witwenpension § 264 mit folgender Maßgabe anzuwenden:

a) Als Invaliditätspension gemäß § 264 Abs. 1 lit. c gilt die zum Zeitpunkt des Todes gebührende Leistung, jedoch ohne Berücksichtigung der nach den früheren Vorschriften gewährten zusätzlichen Steigerungsbeträge.

b) Auf Grund der während des Rentenbezuges erworbenen Beitragszeiten erhöht sich der Steigerungsbetrag der Invaliditäts(Alters)pension für je zwölf anrechenbare Beitragsmonate um 15 vT der Bemessungsgrundlage (lit. c). Ein Rest von weniger als zwölf Beitragsmonaten ist in sinngemäßer Anwendung der Bestimmung des § 261 Abs. 3 letzter Satz bzw. § 284 Abs. 3 letzter Satz zu berücksichtigen.

c) Als Bemessungsgrundlage gelten zehn Sechstel der Invaliditätspension nach lit. a.

Neuberechnung von Renten aus der Pensionsversicherung, die nach den vor dem 1. Jänner 1956 in Geltung gestandenen Vorschriften bemessen worden sind und die nicht schon nach den Vorschriften des § 522f neu zu bemessen sind

§ 522g. (1) Die Renten aus der Pensionsversicherung der Angestellten, für die bisher die Bestimmungen des Vierten Teiles dieses Bundesgesetzes über die Leistungen der Pensionsversicherung gemäß § 522 Abs. 1 und 2 nicht gegolten haben, sowie derartige Renten aus der Pensionsversicherung der Arbeiter und der knappschaftlichen Pensionsversicherung, soweit sie nicht nach § 522f neu zu bemessen sind, sind auf Grund der Bestimmungen des Vierten Teiles dieses Bundesgesetzes über die Leistungen der Pensionsversicherung nach Maßgabe der folgenden Bestimmungen neu zu berechnen:

a) Als Bemessungszeitpunkt im Sinne des § 238 Abs. 2 gilt der Anfall der Rente (der Teilleistung in Fällen der Wanderversicherung nach den bis 31. Dezember 1955 in Geltung gestandenen Vorschriften), sofern sie aber nicht an einem Monatsersten angefallen ist, der dem Anfall folgende Monatserste; bei Hinterbliebenenrenten gilt als Bemessungszeitpunkt der Eintritt des Versicherungsfalles, wenn er auf einen Monatsersten fällt, sonst der dem Eintritt des Versicherungsfalles folgende Monatserste;

b) als für die Leistungsbemessung anrechenbare Versicherungsmonate (§ 261 Abs. 3) gelten, unbeschadet der Ersatzzeitenanrechnung nach § 229, die bei der Rentenfeststellung berücksichtigten Versicherungszeiten zuzüglich einer Pauschalabgeltung für sonstige Ersatzzeiten im Ausmaß von zwölf Monaten;

c) der für die Anrechnung von Ersatzzeiten nach § 229 in Betracht kommende Zeitraum endet mit dem Bemessungszeitpunkt (lit. a), wenn dieser vor dem 1. Jänner 1939 liegt;

d) für die Bemessung des besonderen Steigerungsbetrages (§ 261 Abs. 1) ist § 248 Abs. 3 anzuwenden;

e) die gemäß § 230 Gewerbliches Sozialversicherungsgesetz 1938, BGBl. Nr. 1, festgestellte Bemessungsgrundlage gilt als Bemessungsgrundlage im Sinne des § 238, wenn bei der Feststellung der neu zu berechnenden Rente nur Beitragszeiten zu berücksichtigen sind, die vor dem 1. Jänner 1939 liegen; unbeschadet der Bestimmungen des § 243 Abs. 1 Z 2 lit. c ist für Beitragszeiten vor dem 1. Jänner 1939 der Betrag der Bemessungsgrundlage, die bei Ermittlung der neu zu berechnenden Rente herangezogen wurde, als Beitragsgrundlage anzusetzen;

f) eine gemäß § 254 Abs. 2 Gewerbliches Sozialversicherungsgesetz 1938, BGBl. Nr. 1, festgestellte Bemessungsgrundlage gilt als Bemessungsgrundlage im Sinne des § 239.

(2) Die nach den Vorschriften des Gewerblichen Sozialversicherungsgesetzes 1938, BGBl. Nr. 1, festgestellte Bemessungsgrundlage ist mit dem für die Zeit vor 1939 geltenden Aufwertungsfaktor (§ 108c) aufzuwerten.

(3) Auf die nach den Bestimmungen der Abs. 1 und 2 neu berechneten Renten findet § 522 Abs. 2 keine Anwendung.

Neubemessung von Renten aus der Unfallversicherung

§ 522h. Die nicht nach festen Beträgen bemessenen Renten aus der Unfallversicherung sind mit Wirkung ab 1. Jänner 1961 unter Anwendung des Vervielfältigungsfaktors nach Anlage 8 entsprechend dem Jahr, in dem der Versicherungsfall eingetreten ist, neu zu bemessen. Dies gilt entsprechend auch für andere Geldleistungen aus der Unfallversicherung, deren Höhe sich nach der Bemessungsgrundlage (nach dem Jahresarbeitsverdienst) bemißt, sowie bei der Feststellung (Neufeststellung) von Leistungen nach dem 31. Dezember 1960.

Gemeinsame Bestimmungen für die Anwendung der §§ 522f, 522g und 522h

§ 522i. (1) Durch die Anwendung der §§ 522f und 522g wird die bisherige Leistungszugehörigkeit und Leistungszuständigkeit nicht berührt. In Fällen der Wanderversicherung sind für die Bemessung der Gesamtleistung die Bemessungsvorschriften anzuwenden, die für den Zweig der Pensionsversicherung gelten, deren Träger die Gesamtleistung zu erbringen hat. Der sich ergebende Mehrbetrag an Rente geht im gleichen Verhältnis zu Lasten der beteiligten Versicherungsträger, in dem sie die nach den bisherigen Vorschriften bemessene Rentenleistung getragen haben.

(2) Der Mehrbetrag, der sich aus der Anwendung der §§ 522f und 522g ergibt, gebührt zu einem Drittel ab 1. Jänner 1961, zu zwei Dritteln ab 1. Jänner 1962 und ab 1. Jänner 1963 in voller Höhe. Rentenberechtigten der Geburtsjahrgänge 1876 und früher gebührt jedoch schon ab 1. Jänner 1961, Rentenberechtigten des Geburtsjahrganges 1877 ab 1. Jänner 1962 der volle Mehrbetrag.

(3) Hinterbliebenenrenten aus der Pensionsversicherung nach Rentenberechtigten, deren Rente nach den Bestimmungen der §§ 522f und 522g neu zu bemessen beziehungsweise neu zu berechnen sind, sind, wenn der Tod des Rentenberechtigten in den Jahren 1961 oder 1962 eintritt, von der Rente zu bemessen, die dem Rentenberechtigten am 1. Jänner 1963 gebührt hätte.

(4) Zu den neu bemessenen beziehungsweise neu berechneten Renten treten ab 1. Jänner 1961 im vollen Ausmaß allfällige Kinderzuschüsse nach den hiefür geltenden Vorschriften mit der Maßgabe hinzu, daß der Kinderzuschuß zu Renten, die gemäß § 522f neu zu bemessen sind, monatlich 3,63 € beträgt.

(BGBl I 2001/67)

(5) Die Höhe des Hilflosenzuschusses zu Renten aus der Pensionsversicherung bestimmt sich nach dem gemäß Abs. 2 jeweils gebührenden Rentenbetrag.

(6) Auf Grund der Neubemessung beziehungsweise Neuberechnung der Renten aus der Pensionsversicherung gemäß den §§ 522f und 522g sowie der Neubemessung von Renten aus der Unfallversicherung gemäß § 522h ist eine Neufeststellung der Ausgleichszulage im Sinne des § 296 nicht vorzunehmen. Die sich gemäß Abs. 2 und § 522h ergebenden Mehrbeträge vermindern jedoch eine zu der Rente aus der Pensionsversicherung gebührende Ausgleichszulage.

Witwenpension aus der Pensionsversicherung bei Eintritt des Versicherungsfalles vor dem 1. Jänner 1939

§ 522k. (1) Anspruch auf Witwenpension aus der Pensionsversicherung hat auch die Witwe, deren Ehegatte vor dem 1. Jänner 1939 verstorben ist und die nicht schon nach den bisher in Geltung gestandenen Bestimmungen Anspruch auf Witwenpension hat, wenn für den Verstorbenen Beitragszeiten im Sinne des § 226 Abs. 1 oder Ersatzzeiten im Sinne des § 229 in der Mindestdauer von 60 Monaten nachgewiesen werden; hiebei sind die vor dem 1. Juli 1927 liegenden Zeiten mit der vollen zurückgelegten Dauer zu zählen.

(2) Die Witwenpension nach Abs. 1 beträgt 157,85 €[a)] monatlich. An die Stelle dieses Betrages tritt ab 1. Jänner eines jeden Jahres der unter Bedachtnahme auf § 108 Abs. 6 mit dem jeweiligen Anpassungsfaktor (§ 108f) vervielfachte Betrag.

(BGBl 1993/335, BGBl I 2001/67, BGBl I 2004/142)

---
a) Betrag siehe VO über veränderliche Werte.

(3) Die Leistungszugehörigkeit und Leistungszuständigkeit richten sich nach der Art der letzten Versicherungszeit. Der Aufwand gilt zur Gänze als Rentenaufwand des hienach leistungszuständigen Versicherungsträgers.

Witwenpension aus der Pensionsversicherung bei Eintritt des Versicherungsfalles vor dem 1. Mai 1942 und Nichterfüllung der Wartezeit

§ 522l. (1) Anspruch auf Witwenpension aus der Pensionsversicherung hat auch die Witwe, deren Ehegatte vor dem 1. Mai 1942 infolge eines Arbeitsunfalles (einer Berufskrankheit), der (die) aus der Unfallversicherung entschädigt wird, gestorben ist und die nicht schon nach den bisher in Geltung gestandenen Bestimmungen Anspruch auf Witwenpension hat, wenn unmittelbar vor dem Eintritt des Versicherungsfalles in der Unfallversicherung Beitragszeiten im Sinne des § 226 Abs. 1 oder Ersatzzeiten im Sinne des § 229 nachgewiesen sind; die Wartezeit gilt als erfüllt.

(2) § 522k Abs. 2 und 3 gelten entsprechend.

Berücksichtigung von Beitragsmonaten nach diesem Bundesgesetz in Leistungen aus der Pensionsversicherung nach den bisherigen Vorschriften

§ 523. (aufgehoben)

Ausschluß der Anwendung des § 362 Abs. 2

§ 524. (aufgehoben)

Bemessungsgrundlage für Leistungen aus der Unfallversicherung

§ 525. Sind in der Unfallversicherung zur Ermittlung der Bemessungsgrundlage Zeiten vor dem 1. Jänner 1956 heranzuziehen, so sind in diesen Fällen die Bestimmungen der §§ 178 bis 182 über die Bemessungsgrundlage auch auf die vor dem 1. Jänner 1956 zu berücksichtigenden Zeiträume anzuwenden.

Entschädigung nach mehreren Versicherungsfällen in der Unfallversicherung

§ 526. Die Bestimmungen des § 210 über die Entschädigung nach mehreren Versicherungsfällen sind auch anzuwenden, wenn von den gemeinsam zu entschädigenden Versicherungsfällen einer oder mehrere vor dem 1. Jänner 1956 eingetreten sind und der letzte Versicherungsfall nach dem 31. Dezember 1955 eintritt.

Leistungen bei Berufskrankheiten

§ 527. Leidet ein Versicherter beim Inkrafttreten dieses Bundesgesetzes an einer Krankheit, die erst auf Grund dieses Bundesgesetzes (Anlage 1) als Berufskrankheit anerkannt worden ist, so werden ihm die Leistungen der Unfallversicherung gewährt, wenn der Versicherungsfall nach dem 31. Dezember 1952 eingetreten ist und der Antrag innerhalb von sechs Monaten nach Kundmachung dieses Bundesgesetzes gestellt wird. Rechtskräftige Entscheidungen stehen nicht entgegen. Die Leistungen werden frühestens vom Inkrafttreten dieses Bundesgesetzes an gewährt.

Höchstbetrag der Bemessungsgrundlage aus der Pensionsversicherung

§ 528. (aufgehoben)

Ruhen von Leistungsansprüchen bei Auslandsaufenthalt

§ 528a. Werden Renten aus der Pensionsversicherung auf Grund zwischenstaatlicher Übereinkommen nach dem Stande vom 1. Jänner 1956 für Zeiten des Auslandsaufenthaltes des Berechtigten gezahlt, so wird dazu die Ausgleichszulage nicht gewährt, solange nicht durch spätere zwischenstaatliche Übereinkommen anderes bestimmt wird.

Öffentlich-rechtliche Dienstverhältnisse

§ 529. (1) Der im Zeitpunkt der Aufnahme in ein öffentlich-rechtliches oder diesem gleichgestelltes Dienstverhältnis leistungszuständige Versicherungsträger (§§ 245 und 246) hat an den Dienstgeber auf Antrag für jeden Monat (§ 231) einer angerechneten Beitrags- beziehungsweise Ersatzzeit einen Überweisungsbetrag zu leisten, wenn

a) der Dienstnehmer vor dem 1. April 1952 in ein öffentlich-rechtliches oder diesem gleichgestelltes Dienstverhältnis als Angehöriger des Dienststandes aufgenommen worden ist (§ 11 Abs. 5) oder nach dem 31. März 1952 in ein solches Dienstverhältnis aufgenommen worden ist und eine Leistung aus der Pensions(Renten)versicherung vor dem 30. September 1955 angefallen ist,

b) der Dienstgeber nach den für ihn geltenden dienstrechtlichen Vorschriften bereits erworbene Beitrags- beziehungsweise Ersatzzeiten des Dienstnehmers für die Begründung des Anspruches auf einen Ruhe(Versorgungs)genuß und dessen Ausmaß ganz oder teilweise angerechnet hat oder anrechnet,

c) der Dienstnehmer aus dem Dienststand des Dienstgebers mit dem Anspruch auf Ruhe(Versorgungs)genuß nach dem 9. April 1945 ausgeschieden ist oder ausscheidet und

d) ein Anspruch auf eine Leistung nach Abs. 7 beziehungsweise nach Abs. 8 oder nach Abs. 9 nicht besteht.

Zur Stellung des Antrages ist sowohl der Dienstgeber als auch der Dienstnehmer berechtigt.

(2) Als einem öffentlich-rechtlichen Dienstverhältnis nach Abs. 1 gleichgestellte Dienstverhältnisse gelten die in der Anlage 11 zu diesem Bundesgesetz genannten Dienstverhältnisse.

(3) Der Überweisungsbetrag beträgt für jeden zur Gänze bedingt oder unbedingt angerechneten Monat einer Beitragszeit 7 vH, für jeden zur Gänze bedingt oder unbedingt angerechneten Monat einer Ersatzzeit 1 vH einer Bemessungsgrundlage von 72,67 €. Für nur teilweise angerechnete Monate beträgt der Überweisungsbetrag den entsprechenden Teil. Die Bemessungsgrundlage von 72,67 € ist aufzuwerten:

a) wenn der Versorgungsfall vor dem 1. Jänner 1962 eingetreten ist, mit dem Faktor 1,100;

b) wenn der Versorgungsfall nach dem 31. Dezember 1961 eintritt, mit dem im Zeitpunkt des Eintrittes des Versorgungsfalles für das Jahr 1956 geltenden Aufwertungsfaktor (§ 108c).

(BGBl I 2001/67)

(4) Der Antrag auf Leistung eines Überweisungsbetrages nach Abs. 1 ist frühestens anläßlich des Eintrittes des Versorgungsfalles bzw. der Entziehung einer Leistung nach Abs. 7 oder nach Abs. 9 zu stellen.

(5) Ist nach Abs. 1 ein Überweisungsbetrag zu leisten, so hat der leistungszuständige Versicherungsträger dem Versicherten

a) für jeden vor der Aufnahme in das Dienstverhältnis nach Abs. 1 liegenden Monat einer Beitragszeit der Pflichtversicherung, der nicht in der Pensionsversorgung angerechnet worden ist, 7 vH einer Bemessungsgrundlage von 72,67 €, soweit aber eine Teilanrechnung stattgefunden hat, nur den im Überweisungsbetrag nicht berücksichtigten Teilbetrag,

   (BGBl I 2001/67)

b) die Beiträge zur Höherversicherung, soweit sie nicht nur als entrichtet gelten, aufgewertet mit dem für das Jahr ihrer Entrichtung geltenden Aufwertungsfaktor (§ 108c), und

c) die vor der Aufnahme in das Dienstverhältnis nach Abs. 1 entrichteten Beiträge zur Weiterversicherung, soweit die durch ihre Entrichtung erworbenen Beitragszeiten nicht nach Abs. 1 lit. b angerechnet worden sind, aufgewertet mit dem für das Jahr ihrer Entrichtung geltenden Aufwertungsfaktor (§ 108c),

zu erstatten. Abs. 3 letzter Satz und § 107a sind anzuwenden. Unabhängig davon, ob ein Überweisungsbetrag nach Abs. 1 zu leisten ist, sind auf Antrag des Versicherten sämtliche nach der Aufnahme in das Dienstverhältnis nach Abs. 1 entrichteten Beiträge zur Weiterversicherung jederzeit, sonst gleichzeitig mit der Leistung des Überweisungsbetrages – es sei denn, diese Beiträge wurden nach einer pensions(renten)versicherungspflichtigen Nebenbeschäftigung entrichtet – aufgewertet mit dem für das Jahr ihrer Entrichtung geltenden Aufwertungsfaktor (§ 108c) zu erstatten.

(BGBl 1993/335)

(6) Der Überweisungsbetrag nach Abs. 1 und die Erstattungsbeträge nach Abs. 5 sind binnen 18 Monaten nach Einlangen des Antrages des Dienstgebers vom leistungszuständigen Versicherungsträger zu bezahlen. § 309 letzter Satz gilt entsprechend.

(7) Leistungsansprüche aus der Pensions(Renten)versicherung, die nach den vor dem 1. Jänner 1961 in Geltung gestandenen Vorschriften in Verbindung mit § 6 beziehungsweise mit § 6 und § 7 des Bundesgesetzes vom 8. Juli 1948, BGBl. Nr. 177, zuerkannt worden sind oder nach dem 31. Dezember 1960 für einen vorher gelegenen Zeitraum noch zuerkannt werden, sind, wenn sie für den Monat Dezember 1960 noch gebühren, mit folgender Maßgabe neu zu bemessen:

a) Die nach § 6 des Bundesgesetzes vom 8. Juli 1948, BGBl. Nr. 177, zuerkannten Leistungen sind auf das 1,3fache des im Monat Dezember 1960 ausgezahlten Betrages zu erhöhen,

b) die nach § 7 des Bundesgesetzes vom 8. Juli 1948, BGBl. Nr. 177, zuerkannten Leistungen sind auf das 1,3fache des nach Aufhebung der Ruhensbestimmungen im Monat Dezember 1960 gebührenden Betrages zu erhöhen.

Die sich ergebenden Mehrbeträge gebühren zu einem Drittel ab 1. Jänner 1961, zu zwei Dritteln ab 1. Jänner 1962 und ab 1. Jänner 1963 in voller Höhe. Rentenberechtigten der Geburtsjahrgänge 1876 und früher gebührt jedoch schon ab 1. Jänner 1961, Rentenberechtigten des Geburtsjahrganges 1877 ab 1. Jänner 1962 der volle Mehrbetrag.

(8) Für das Ausmaß der Hinterbliebenenpensionen nach Beziehern von Pensionen nach Abs. 7 gelten die Vorschriften des Vierten Teiles dieses Bundesgesetzes über das Ausmaß der Hinterbliebenenpensionen mit der Maßgabe, daß

a) als Invaliditäts(Alters)pension die nach Abs. 7 im Zeitpunkt des Todes gebührenden Leistungen gelten,

b) wenn keine Bemessungsgrundlage vorhanden ist, zehn Sechstel der Invaliditätspension nach lit. a als Bemessungsgrundlage gelten und von dieser Bemessungsgrundlage für die während des Pensionsbezuges erworbenen Beitragszeiten ein Steigerungsbetrag von 15 vT für je zwölf Beitragsmonate zu gewähren ist; ein Rest von weniger als zwölf Beitragsmonaten ist in sinngemäßer Anwendung der Bestimmung des § 261 Abs. 3 letzter Satz bzw. § 284 Abs. 3 letzter Satz zu berücksichtigen.

Hinterbliebenenrenten nach Rentenberechtigten sind, wenn der Tod des Rentenberechtigten in den Jahren 1961 oder 1962 eintritt, von der Rente zu berechnen, die dem Rentenberechtigten am 1. Jänner 1963 gebührt hätte.

(9) In den Fällen, in denen für eine Leistung nach § 6 beziehungsweise nach § 6 und § 7 des Bundesgesetzes vom 8. Juli 1948, BGBl. Nr. 177, der Stichtag (§ 223 Abs. 2) nach dem 31. Dezember 1960, aber vor dem 1. Februar 1962 liegt, sind diese Leistungen nach den vor dem 1. Jänner 1961 in Geltung gestandenen Vorschriften festzustellen und nach Abs. 7 beziehungsweise nach Abs. 8 mit der Maßgabe neu zu bemessen, daß die sich ergebenden Mehrbeträge in voller Höhe gebühren.

(10) Bei Anwendung der Bestimmungen des § 95 gilt als Grundbetrag die Hälfte der nach Abs. 7 lit. b, Abs. 8 und Abs. 9 dem Rentner beziehungsweise seinen Hinterbliebenen gebührenden Leistung.

(11) Auf den Überweisungsbetrag nach Abs. 1 und die Beitragserstattung nach Abs. 5 ist § 310 anzuwenden.

(12) Die Bestimmungen des Abs. 1 lit. a, b und d, der Abs. 2 bis 6 und des Abs. 11 sind auch auf Personen anzuwenden, die sich am 12. März 1938 als Angehörige des Dienststandes in einem öffentlich-rechtlichen oder diesem gleichgestellten Dienstverhältnis befunden haben und bei denen der Versorgungsfall nach dem 9. April 1945 eingetreten ist.

(13) Eine nach § 6 des Bundesgesetzes vom 8. Juni 1948, BGBl. Nr. 177, zuerkannte und nach Abs. 7 erhöhte Leistung steht der den Ruhe(Versorgungs)genuß anweisenden Stelle so lange zu, als der Ruhe(Versorgungs)genuß läuft; um den Betrag dieser Leistung verringert sich eine dem Pensionisten bzw. seinen Hinterbliebenen gebührende Pension.

Behandlung von Versicherungszeiten, die beim ehemaligen Arbeiter-Kranken- und Renteninstitut der Stadtgemeinde Graz erworben wurden

§ 529a. Bei Versicherten, die dem ehemaligen Arbeiter-Kranken- und Renteninstitut der Stadtgemeinde Graz beziehungsweise der Arbeiter-Pensionskasse der Stadtgemeinde als Mitglieder angehört haben, gelten Zeiten, die nach den Überleitungsbestimmungen vom Arbeiter-Kranken- und Renteninstitut der Stadtgemeinde Graz in die Rentenversicherung nach der Reichsversicherungsordnung bei der Bemessung der Rentenleistung zu berücksichtigen sind und gemäß Punkt 17 der angeführten Überleitungsbestimmungen von der Landesversicherungsanstalt Graz mittels Bescheides anerkannt wurden, als Versicherungszeiten im Sinne des § 226.

Zusammentreffen eines Ruhe(Versorgungs)genußanspruches aus einem pensionsversicherungsfreien Dienstverhältnis mit einem Rentenanspruch aus der Pensionsversicherung

§ 530. (aufgehoben)

Nachversicherung; Leistung von Überweisungsbeträgen für versicherungsfreie Dienstverhältnisse bei reichsdeutschen Dienststellen; Rückzahlung von Überweisungsbeträgen[a)]

[a)] Redaktionelles Versehen.

§ 531. (1) Zeiten eines pensions(renten)versicherungsfreien Dienstverhältnisses, die nicht schon als Versicherungszeiten gelten und für die nach bisher in Geltung gestandenen Vorschriften eine Nachversicherung durchzuführen gewesen wäre, gelten als nachversichert.

(2) Für Zeiten eines pensions(renten)versicherungsfreien Dienstverhältnisses, für die nach § 311 Abs. 1 ein Überweisungsbetrag zu leisten gewesen wäre bzw. zu leisten ist, gilt, soweit für die Zeit der Besetzung der Republik Österreich in der Zeit vom 13. März 1938 bis 30. April 1945 reichsdeutsche Dienststellen (§ 1 des Behörden-ÜG, StGBl. Nr. 94/1945) als Dienstgeber in Betracht kommen, der Überweisungsbetrag als geleistet.

(3) Wenn aus Anlaß des Eintrittes in das pensions(renten)versicherungsfreie Dienstverhältnis, dessen Zeiten nachversichert worden sind oder nach Abs. 1 als nachversichert gelten, an den Dienstgeber oder an den Dienstnehmer ein Überweisungsbetrag geleistet wurde, so gilt dieser Überweisungsbetrag als an den zuständigen Versicherungsträger zurückgezahlt. Die der Berechnung des Überweisungsbetrages zugrunde gelegten Beitrags- und Ersatzzeiten sind für den Anfall und das Ausmaß der Leistungen aus der Pensionsversicherung sowie für die Berechnung eines Überweisungsbetrages oder einer Beitragserstattung nach den §§ 308 und 529 dieses Bundesgesetzes, nach § 172 des Gewerblichen Sozialversicherungsgesetzes oder nach § 164 des Bauern-Sozialversicherungsgesetzes so zu berücksichtigen, wie wenn seinerzeit der Überweisungsbetrag nicht geleistet worden wäre.

Anrechenbarkeit von Versicherungszeiten in der Pensionsversicherung

§ 532. (1) In der Pensionsversicherung der Arbeiter ist für Männer der Geburtsjahrgänge 1890 und früher und für Frauen der Geburtsjahrgänge 1895 und früher abweichend von den Bestimmungen des § 233 Abs. 1 unter dem Anrechnungszeitraum der längste, unmittelbar vor dem Stichtage (§ 223 Abs. 2), jedoch nach dem 31. Dezember 1938 gelegene Zeitraum zu verstehen, der noch zu einem Drittel durch Versicherungszeiten gedeckt ist.

(2) In der Pensionsversicherung der Angestellten und der knappschaftlichen Pensionsversicherung sind Versicherungszeiten, auch wenn die Voraussetzungen für deren Anrechenbarkeit nach § 233 nicht gegeben sind, unter der Bedingung anrechenbar, daß am Stichtage der Zeitraum seit dem Beginn des ersten Versicherungsmonates mindestens zu drei Vierteln mit Versicherungszeiten ausgefüllt ist. § 233 Abs. 3 ist entsprechend anzuwenden.

(3) Waren in der österreichischen Angestellten(Pensions)versicherung am 31. Dezember 1938 mindestens 180 Beitragsmonate erworben, so sind die bis dahin in dieser Versicherung erworbenen Beitragsmonate, auch wenn die Voraussetzungen für deren Anrechenbarkeit weder nach § 233 noch nach Abs. 2 gegeben sind, anrechenbar, sofern diese Zeiten bei Berücksichtigung der vor dem 1. Jänner 1939 gelegenen, nach § 233 Abs. 3 außer Betracht bleibenden Zeiten den Zeitraum zwischen dem Beginn der ersten Versicherungszeit und der Vollendung des 60., bei Frauen des 55. Lebensjahres mindestens zu drei Vierteln ausfüllen.

Außerordentliche Nachentrichtung von Beiträgen

§ 533. Für das Ausmaß und die Fälligkeit von Beiträgen, die auf Grund des § 31 Abs. 1 des 1. Sozialversicherungs-Neuregelungsgesetzes in der Fassung des Bundesgesetzes BGBl. Nr. 166/1954, nach § 114 Abs. 4 des Sozialversicherungs-Überleitungsgesetzes 1953 in der Fassung der 2. Novelle, BGBl. Nr. 97/1954, oder nach § 502 Abs. 4 nach dem 31. Dezember 1955 nachentrichtet werden, gelten die Bestimmungen des § 31 des 1. Sozialversicherungs-Neuregelungsgesetzes auch weiterhin.

3. Unterabschnitt

Übergangsbestimmungen zum Sechsten Teil

Regelung der Beziehungen der Träger der Sozialversicherung und ihrer Verbände zu den im Sechsten Teil genannten Vertragspartnern

§ 534. (1) Bis zum Inkrafttreten der auf Grund der Bestimmungen dieses Bundesgesetzes abgeschlossenen Verträge mit den Ärzten und anderen Vertragspartnern zur Erbringung der Sachleistungen der Krankenversicherung sind für die Regelung dieser Beziehungen die im Zeitpunkt der Kundmachung dieses Bundesgesetzes geltenden Verträge maßgebend, soweit diese Verträge nicht den Bestimmungen des § 343 über die Auflösung des Vertragsverhältnisses widersprechen.

(2) Die Bestimmungen über die Entscheidung von Streitigkeiten aus Verträgen mit den Vertragspartnern sind auch bei Streitigkeiten aus Verträgen, die vor dem 1. Jänner 1956 abgeschlossen worden sind, entsprechend anzuwenden.

4. Unterabschnitt

Übergangsbestimmungen zum Siebenten Teil (Verfahren) und zum Achten Teil (Aufbau der Verwaltung)

Anwendung der Verfahrensbestimmungen

§ 535. (aufgehoben)

Amtsdauer der Verwaltungskörper

§ 536. (aufgehoben)

Dienst-, besoldungs- und pensionsrechtliche Verhältnisse der Bediensteten der Sozialversicherungsträger (Verbände)

§ 537. (1) Soweit am 1. Jänner 1956 eine Neuregelung der dienst-, besoldungs- und pensionsrechtlichen Verhältnisse (§ 31 Abs. 3 Z 3) für Bedienstete von Sozialversicherungsträgern (Verbänden) noch nicht getroffen ist, sind die bisherigen tarif- und dienstordnungsmäßigen Bestimmungen weiter anzuwenden.

(2) Die Bestimmungen des Beamten-Überleitungsgesetzes, StGBl. Nr. 134/1945, sind nach Maßgabe der Bestimmungen des § 46 Abs. 1 Z 2, 3 und 5, Abs. 3 und Abs. 5 des Sozialversicherungs-Überleitungsgesetzes 1953, BGBl. Nr. 99, auf Bedienstete von Sozialversicherungsträgern (Verbänden) weiterhin anzuwenden, die in den im § 4 Abs. 1 des Beamten-Überleitungsgesetzes genannten Zeiträumen aus einem der dort bezeichneten Gründe aus dem Dienstverhältnis entlassen oder sonst aus dem Dienststand ausgeschieden worden sind, wenn ihr Dienstverhältnis am 1. Jänner 1956 noch nicht einer dienstrechtlichen Neuregelung im Sinne des § 9 Abs. 3 lit. c des Sozialversicherungs-Überleitungsgesetzes 1953 unterzogen worden ist. Dies gilt auch für Bedienstete von Sozialversicherungsträgern (Verbänden), die in Kriegsgefangenschaft geraten sind und erst nach dem 31. Dezember 1955 heimkehren.

(3) Die bis zum 31. Dezember 1955 vom Hauptverband erlassenen Richtlinien zur Regelung der dienst-, besoldungs- und pensionsrechtlichen Verhältnisse der Sozialversicherungsträger (Verbände) und die auf Grund dieser Richtlinien abgeschlossenen Kollektivverträge sind an die Bestimmungen dieses Bundesgesetzes anzupassen.

Vermögensanlagen

§ 538. Aus der Zeit vor dem 1. Jänner 1956 stammende Vermögensanlagen, die nach den Bestimmungen dieses Bundesgesetzes nicht oder nur mit Genehmigung zugelassen sind, nach bisheriger Vorschrift aber zulässig waren, sind dem Bundesministerium für soziale Verwaltung binnen acht Wochen nach Kundmachung dieses Bundesgesetzes zu melden. Solange dieses im Einvernehmen mit dem Bundesministerium für Finanzen nichts anderes bestimmt, können diese Anlagen beibehalten werden. Verfügungen über derartige Anlagen sind jedenfalls nur mit Genehmigung des Bundesministeriums für soziale Verwaltung im Einvernehmen mit dem Bundesministerium für Finanzen zulässig.

5. Unterabschnitt
Zusammenführung der Pensionsversicherungsanstalt der Arbeiter und der Pensionsversicherungsanstalt der Angestellten

Pensionsversicherungsanstalt – Errichtung

§ 538a. (1) Die Pensionsversicherungsanstalt der Arbeiter und die Pensionsversicherungsanstalt der Angestellten werden ab 1. Jänner 2002 mit Wirksamkeit vom 1. Jänner 2003 zur Pensionsversicherungsanstalt zusammengeführt. Die Pensionsversicherungsanstalt ist Versicherungsträger im Sinne des § 32.

(2) Alle Rechte und Verbindlichkeiten der Pensionsversicherungsanstalt der Arbeiter und der Pensionsversicherungsanstalt der Angestellten gehen mit 1. Jänner 2003 auf die Pensionsversicherungsanstalt über. Sie ist ab 1. Jänner 2003 zur Durchführung der Verwaltungs- und Leistungssachen zuständig, die nach den am 31. Dezember 2002 geltenden Vorschriften von der Pensionsversicherungsanstalt der Arbeiter oder der Pensionsversicherungsanstalt der Angestellten zu besorgen sind. Der Pensionsversicherungsanstalt obliegt die Erstellung der Rechnungsabschlüsse, der Geschäftsberichte (§ 444 Abs. 1) und der statistischen Nachweisungen (§ 444 Abs. 2) für das Jahr 2002 für die Pensionsversicherungsanstalt der Arbeiter und die Pensionsversicherungsanstalt der Angestellten.

(3) Der im Rahmen der Zusammenführung entstehende Verwaltungs- und Verrechnungsaufwand, Sachaufwendungen, der in § 538c Abs. 5 genannte Aufwand sowie Investitionen sind bei der Rückführung des Verwaltungs- und Verrechnungsaufwandes nach § 588 Abs. 14 außer Acht zu lassen.

(BGBl I 2002/1)

Pensionsversicherungsanstalt – Versicherungsvertreter und Konstituierung der Verwaltungskörper

§ 538b. (1) Die Versicherungsvertreter (Stellvertreter) der Pensionsversicherungsanstalt sind gemäß §§ 420 bis 426 erstmals bis 30. September 2002 in die Generalversammlung und in die Landesstellenausschüsse zu entsenden. Dabei ist § 421 mit der Maßgabe anzuwenden, dass sowohl das Mandatsergebnis (§ 421 Abs. 1) als auch das Ergebnis der Stichtagserhebung (§ 421 Abs. 2 in Verbindung mit Abs. 4), das der letztmaligen Entsendung in Verwaltungskörper der Pensionsversicherungsanstalt der Arbeiter und der Pensionsversicherungsanstalt der Angestellten zu Grunde zu legen war, auch für die erstmalige Entsendung in die Verwaltungskörper der Pensionsversicherungsanstalt heranzuziehen ist. § 427 Abs. 2 ist auf die Mitglieder des Überleitungsausschusses gemäß § 538c Abs. 6 sinngemäß anzuwenden. Die am 31. Dezember 2002 amtierenden Mitglieder des Überleitungsausschusses bilden ab 1. Jänner 2003 den Vorstand der Pensionsversicherungsanstalt, die zu jenem Zeitpunkt amtierenden Mitglieder des Überleitungskontrollausschusses bilden ab 1. Jänner 2003 die Kontrollversammlung der Pensionsversicherungsanstalt.

(BGBl I 2002/82)

(2) Die Mitglieder des Vorstandes und der Kontrollversammlung (§ 419 Abs. 1) der Pensionsversicherungsanstalt werden erstmals vom Bundesminister für soziale Sicherheit und Generationen zu den konstituierenden Sitzungen in der Weise eingeladen, dass die genannten Verwaltungskörper ab 1. Jänner 2003 ihre Aufgaben und Obliegenheiten

nach § 434 bzw. nach § 436 wahrnehmen können. Mit ihrem ersten Zusammentreten sind die genannten Verwaltungskörper konstituiert. Der Vorsitzende des Überleitungsausschusses und seine beiden Stellvertreter übernehmen ab 1. Jänner 2003 die Funktionen des Obmannes und seiner Stellvertreter der Pensionsversicherungsanstalt. Der Vorsitzende des Überleitungskontrollausschusses und sein Stellvertreter übernehmen ab 1. Jänner 2003 die Funktionen des Vorsitzenden und des Vorsitzenden-Stellvertreters der Kontrollversammlung der Pensionsversicherungsanstalt. Ab der Konstituierung übernehmen die genannten Verwaltungskörper alle ihnen nach diesem Bundesgesetz zugeordneten Aufgaben und Obliegenheiten. Die Mitglieder der Landesstellenausschüsse (§ 419 Abs. 2) werden erstmals vom Obmann zur konstituierenden Sitzung eingeladen. Mit ihrem ersten Zusammentreten sind die Landesstellenausschüsse konstituiert. In der konstituierenden Sitzung ist die Wahl des Vorsitzenden und seines Stellvertreters (§ 431 Abs. 4) durchzuführen; der Obmann führt hiebei den Vorsitz. Die Generalversammlung (§ 419 Abs. 1) ist vom Vorstand erstmals nach dessen Konstituierung einzuberufen. Hinsichtlich der Angelobung der Versicherungsvertreter gilt § 432 sinngemäß.

(BGBl I 2002/82)

(3) Die Amtsdauer der Verwaltungskörper der Pensionsversicherungsanstalt endet mit Ablauf des 31. Dezember 2005.

(BGBl I 2002/1)

Überleitungsausschuss – Errichtung

§ 538c. (1) Der Überleitungsausschuss wird für den Zeitruam[a)] 1. Jänner 2002 bis 30. Juni 2002 aus den Mitgliedern der Vorstände der Pensionsversicherungsanstalt der Arbeiter und der Pensionsversicherungsanstalt der Angestellten gebildet. Er kann unbeschadet seiner eigenen Verantwortlichkeit Ausschüsse aus seiner Mitte bilden und diesen einzelne seiner Aufgaben und Obliegenheiten übertragen. Im Übrigen finden die §§ 448 und 449 hinsichtlich der Sitzungen des Überleitungsausschusses sinngemäß Anwendung. Kommt ein gültiger Beschluss des Überleitungsausschusses nicht zustande, so kann der Vorsitzende, wenn wichtige Interessen des Versicherungsträgers gefährdet scheinen, die Angelegenheit dem Bundesminister für soziale Sicherheit und Generationen zur Entscheidung vorlegen.

(BGBl I 2002/82)

[a)] Redaktionelles Versehen.

(2) Die in Abs. 1 genannten Versicherungsvertreter werden im Fall ihrer Verhinderung von den nach § 421 Abs. 7 bestellten Stellvertretern vertreten. Im Übrigen finden auf die Mitglieder des Überleitungsausschusses und ihre Stellvertreter die Bestimmungen dieses Bundesgesetzes über Versicherungsvertreter sinngemäß Anwendung.

(3) Die Mitglieder des Überleitungsausschusses werden erstmals vom Bundesminister für soziale Sicherheit und Generationen zur konstituierenden Sitzung in der Weise eingeladen, dass der Überleitungsausschuss ab 1. Jänner 2002 seine Aufgaben und Obliegenheiten nach § 538d wahrnehmen kann. Mit seinem ersten Zusammentreten ist der Überleitungsausschuss konstituiert. In der konstituierenden Sitzung wählen die Mitglieder des Ausschusses aus ihrer Mitte einen Vorsitzenden und zwei Vorsitzenden-Stellvertreter; das an Lebensjahren älteste Mitglied führt hiebei den Vorsitz. Der Vorsitzende hat der Gruppe der Dienstnehmer anzugehören; je einer der Stellvertreter hat der Gruppe der Dienstgeber bzw. der Gruppe der Dienstnehmer anzugehören. Der Ausschuss ist bei Anwesenheit der Hälfte der Mitglieder (Stellvertreter) beschlussfähig. Er fasst seine Beschlüsse mit einfacher Mehrheit. Der Ausschuss wird vom Vorsitzenden, bei dessen Verhinderung vom Vorsitzenden-Stellvertreter, einberufen. Der Überleitungsausschuss kann sich zur zweckmäßigen Erfüllung seiner Aufgaben eine Geschäftsordnung geben; diese kann vorsehen, dass Aufgaben im Sinne des § 538d Abs. 2 von Ausschüssen nach Abs. 1 zweiter Satz wahrzunehmen sind.

(4) Die Organisation der Bürogeschäfte des Überleitungsausschusses obliegt bis 31. Mai 2002 dem leitenden Angestellten der Pensionsversicherungsanstalt der Angestellten, der dabei vom leitenden Angestellten der Pensionsversicherungsanstalt der Arbeiter zu unterstützen ist. Ab 1. Juni 2002 führt der leitende Angestellte der künftigen Pensionsversicherungsanstalt (§ 538d Abs. 4) die Bürogeschäfte des Überleitungsausschusses.

(BGBl I 2002/82)

(5) Der zur Ausübung der Tätigkeit des Überleitungsausschusses erforderliche Aufwand ist je zur Hälfte von der Pensionsversicherungsanstalt der Arbeiter und der Pensionsversicherungsanstalt der Angestellten zu tragen.

(6) der[a)] Überleitungsausschuss besteht ab 1. Juli 2002 aus 15 Mitgliedern, die gemäß §§ 420 bis 426 bis 30. April 2002 neu zu entsenden sind. Dabei ist § 421 mit der Maßgabe anzuwenden, dass sowohl das Mandatsergebnis (§ 421 Abs. 1) als auch das Ergebnis der Stichtagserhebung (§ 421 Abs. 2 in Verbindung mit Abs. 4), das der letztmaligen Entsendung in den Überleitungsausschuss der Arbeiter und der Pensionsversicherungsanstalt der Angestellten zu Grunde zu legen war, auch für die erstmalige Entsendung in die Verwaltungskörper der Pensionsversicherungsanstalt heranzuziehen ist. Auf die Wahl des Vorsitzenden und seiner beiden Stellvertreter ist Abs. 3 sinngemäß anzuwenden, soweit diese dem Überleitungsausschuss auf Grund der Neuentsendung nicht mehr angehören.

(BGBl I 2002/82)

[a)] Redaktionelles Versehen.

(BGBl I 2002/1)

Überleitungsausschuss – Aufgaben

§ 538d. (1) Der Überleitungsausschuss hat zur Vorbereitung der Zusammenführung nach § 538a aus seinen Mitgliedern jedenfalls zwei Ausschüsse einzusetzen, und zwar einen Strukturausschuss und einen Organisationsentwicklungsausschuss. Der Strukturausschuss hat dem Bundesminister für soziale Sicherheit und Generationen bis längstens 30. Juni 2002 einen Bericht über den Fortgang der Zusammenführung zu erstatten; der Organisationsentwicklungsausschuss hat dem Bundesminister für soziale Sicherheit und Generationen bis längstens 31. August 2002 einen Bericht über die Personalstruktur der zusammenzuführenden Pensionsversicherungsanstalten zu erstatten.

(2) Folgende Beschlüsse aus dem Wirkungsbereich der Verwaltungskörper der Pensionsversicherungsanstalt der Arbeiter und der Pensionsversicherungsanstalt der Angestellten sind, unbeschadet der aufsichtsbehördlichen Genehmigungsrechte (§§ 448, 449), allein durch den Überleitungsausschuss zu fassen:

1. sämtliche Beschlüsse, für deren Wirksamkeit die Zustimmung der Kontrollversammlung erforderlich ist;
2. Beschlüsse betreffend EDV und Informatik, mit welchen Verfügungen über einen 200 000 € übersteigenden Betrag getroffen werden;
3. sämtliche Beschlüsse betreffend Bedienstete im leitenden (DO. A/Gehaltsgruppe G), höheren (DO. A/Gehaltsgruppe F) oder gehobenen Dienst (DO. A/Gehaltsgruppe E);
4. sämtliche Beschlüsse betreffend Bedienstete der kollegialen Führung im Sinne des § 6a des Bundesgesetzes über Krankenanstalten und Kuranstalten, soweit diese Personen nicht unter Z 3 Berücksichtigung finden.

(BGBl I 2010/61)

(BGBl I 2002/82)

(3) Der Überleitungsausschuss kann, unbeschadet des Abs. 2, sämtliche Entscheidungen, die in den Aufgabenbereich des Vorstandes (§ 434) der Pensionsversicherungsanstalt der Arbeiter oder der Pensionsversicherungsanstalt der Angestellten fallen und die sich auf die Zusammenführung der beiden Versicherungsträger auswirken, mit Zustimmung des Bundesministers für soziale Sicherheit und Generationen und des Bundesministers für Finanzen jederzeit an sich ziehen. Im Übrigen haben die Vorstände der zusammenzuführenden Versicherungsträger die ihnen nach diesem Bundesgesetz zukommenden Aufgaben und Obliegenheiten bis 31. Dezember 2002 zu erfüllen.

(BGBl I 2002/82)

(4) Der Überleitungsausschuss bestellt für die künftige Pensionsversicherungsanstalt bis zum 31. Mai 2002 mit Wirkung ab 1. Juni 2002 den leitenden Angestellten und dessen ständigen Stellvertreter sowie mit Wirkung ab 1. Jänner 2003 den leitenden Arzt und dessen ständigen Stellvertreter; darüber hinaus erlässt er für die Pensionsversicherungsanstalt bis zum 31. Dezember 2002 eine vorläufige Satzung. Diese tritt unter Bedachtnahme auf § 455 Abs. 1 mit 1. Jänner 2003 in Kraft.

(BGBl I 2002/82)

(5) Für die Zeit vom 1. Juni 2002 bis 31. Dezember 2002 führt der leitende Angestellte der künftigen Pensionsversicherungsanstalt die Bürogeschäfte der zusammenzuführenden Versicherungsträger.

(BGBl I 2002/82)

(6) Die Pensionsversicherungsanstalt der Arbeiter und die Pensionsversicherungsanstalt der Angestellten haben dem Überleitungsausschuss auf sein Verlangen sämtliche zur Erfüllung der diesem nach diesem Bundesgesetz übertragenen Aufgaben erforderlichen Mitteilungen zu machen. Der Ausschuss kann die notwendigen Erhebungen durch eines oder mehrere seiner Mitglieder (Stellvertreter) auch unmittelbar bei den einzelnen Versicherungsträgern durchführen.

(BGBl I 2002/82)

(7) Der Überleitungsausschuss kann zu allen Sitzungen der Verwaltungskörper der Pensionsversicherungsanstalt der Arbeiter und der Pensionsversicherungsanstalt der Angestellten Vertreter entsenden, denen beratende Funktion zukommt. Er ist von jeder Sitzung der Verwaltungskörper ebenso in Kenntnis zu setzen wie die Mitglieder dieser Verwaltungskörper; es sind ihm auch die diesen zur Verfügung gestellten Behelfe (Sitzungsprotokolle, Tagesordnungen, Ausweise, Berichte und andere Behelfe) zu übermitteln.

(BGBl I 2002/82)

(BGBl I 2002/1)

Überleitungskontrollausschuss – Errichtung

§ 538e. (1) Der Überleitungskontrollausschuss wird für die Zeit vom 1. Juli 2002 bis 31. Dezember 2002 errichtet. Er setzt sich zu zwei Dritteln aus Vertretern der Dienstgeber und zu einem Drittel aus Vertretern der Dienstnehmer zusammen und besteht aus zwölf Mitgliedern, die gemäß den §§ 420 bis 426 bis 15. Juni 2002 neu zu entsenden sind. Dabei ist § 421 mit der Maßgabe anzuwenden, dass sowohl das Mandatsergebnis (§ 421 Abs. 1) als auch das Ergebnis der Stichtagserhebung (§ 421 Abs. 2 in Verbindung mit Abs. 4), das der letztmaligen Entsendung in die Verwaltungskörper der Pensionsversicherungsanstalt der Arbeiter und der Pensionsversicherungsanstalt der Angestellten zu Grunde zu legen war, auch für die erstmalige Entsendung in den Überleitungskontrollausschuss heranzuziehen ist. Auf die Mitgliederdes Überleitungskontrollausschusses findet § 538c Abs. 2 sinngemäß Anwendung.

(2) Die Mitglieder des Überleitungskontrollausschusses werden erstmals vom Vorsitzenden des Überleitungsausschusses zur konstituierenden Sitzung in der Weise eingeladen, dass der Überleitungskontrollausschuss ab 1. Juli 2002 seine Aufgaben und Obliegenheiten nach § 538f wahrnehmen kann. Mit seinem ersten Zusammentreten ist

der Überleitungskontrollausschuss konstituiert. In der konstituierenden Sitzung wählen die Mitglieder des Ausschusses aus ihrer Mitte einen Vorsitzenden und im Anschluss daran seinen Stellvertreter. Dieser hat der Gruppe anzugehören, die nicht den Vorsitzenden stellt. Der Vorsitzende des Überleitungsausschusses führt hiebei den Vorsitz. Der Überleitungskontrollausschuss hat sich in der konstituierenden Sitzung eine Geschäftsordnung zu geben.

(3) Der zur Ausübung der Tätigkeit des Überleitungskontrollausschusses erforderliche Aufwand ist je zur Hälfte von der Pensionsversicherungsanstalt der Arbeiter und der Pensionsversicherungsanstalt der Angestellten zu tragen.

(BGBl I 2002/82)

Überleitungskontrollausschuss – Aufgaben

§ 538f. (1) Sämtliche ab 1. Juli 2002 gefassten Beschlüsse des Überleitungsausschusses (§ 538d), die eine im § 437 angeführte Angelegenheit zum Gegenstand haben, bedürfen zu ihrer Wirksamkeit, unbeschadet der aufsichtsbehördlichen Befugnisse, der Zustimmung des Überleitungskontrollausschusses.

(2) Stimmt der Überleitungskontrollausschuss einem Beschluss des Überleitungsausschusses nicht zu, so hat der Überleitungsausschuss unverzüglich über die Angelegenheit erneut zu beschließen; dieser erneute Beschluss ist zu seiner Wirksamkeit ebenfalls dem Überleitungskontrollausschuss zur Zustimmung vorzulegen. Stimmt der Überleitungskontrollausschuss auch dem erneuten Beschluss des Überleitungsausschusses nicht zu, so hat er den Vorsitzenden des Überleitungsausschusses davon unverzüglich in Kenntnis zu setzen und die Angelegenheit dem Bundesminister für soziale Sicherheit und Generationen zur Entscheidung vorzulegen. Dieser hat den Beschluss des Überleitungsausschusses entweder zu bestätigen oder aufzuheben. Ein bestätigter Beschluss des Überleitungsausschusses ist zu vollziehen.

(3) Der Überleitungsausschuss und der leitende Angestellte der künftigen Pensionsversicherungsanstalt sind verpflichtet, dem Überleitungskontrollausschuss alle Aufklärungen zu geben und alle Belege und Behelfe vorzulegen, die dieser zur Ausübung seines Zustimmungsrechtes benötigt.

(4) Der Überleitungskontrollausschuss ist berechtigt, an den Sitzungen des Überleitungsausschusses durch drei Vertreter mit beratender Stimme teilzunehmen. Er ist deshalb von jeder Sitzung des Überleitungsauschusses in gleicher Weise in Kenntnis zu setzen wie dessen Mitglieder; ebenso sind ihm die diesen zur Verfügung gestellten Behelfe (Sitzungsprotokolle, Ausweise, Tagesordnungen, Berichte und andere Unterlagen) zu übermitteln.

(5) Die Kontrollversammlungen der Pensionsversicherungsanstalt der Arbeiter und der Pensionsversicherungsanstalt der Angestellten haben die ihnen gemäß § 436 übertragenen Aufgaben und Obliegenheiten, soweit sie nicht dem Überleitungskontrollausschuss übertragen sind, bis 31. Dezember 2002 wahrzunehmen.

(BGBl I 2002/82)

Mitwirkung der Controllinggruppe

§ 538g. (1) Der beim Hauptverband nach § 32b eingerichteten Controllinggruppe obliegt die Prüfung der Maßnahmen zur Zusammenführung der Pensionsversicherungsanstalt der Arbeiter und der Pensionsversicherungsanstalt der Angestellten im Zusammenhang mit

1. den Zielvereinbarungen nach § 32a und
2. den in diesem Bundesgesetz festgelegten Zielen betreffend die Vollziehung der Sozialversicherung

unter Zuhilfenahme der vorzulegenden Finanzcontrolling-, Kosten- und Leistungsberichte und der Informationstechnologie-Berichte. Der Vorsitzende des Überleitungsausschusses hat die Ergebnisse der Controllinggruppe dem Bundesminister für soziale Sicherheit und Generationen zu übermitteln.

(2) Die Controllinggruppe ist berechtigt, an den Sitzungen des Überleitungsausschusses und des Überleitungskontrollausschusses sowie ab 1. Jänner 2003 an den Sitzungen des Vorstandes und der Kontrollversammlung der Pensionsversicherungsanstalt durch einen Vertreter mit beratender Stimme teilzunehmen. Sie ist deshalb von jeder Sitzung des Überleitungsausschusses und des Überleitungskontrollausschusses in gleicher Weise in Kenntnis zu setzen wie dessen Mitglieder; ebenso sind ihr die diesen zur Verfügung gestellten Behelfe (Sitzungsprotokolle, Ausweise, Tagesordnungen, Berichte und andere Unterlagen) zu übermitteln.

(BGBl I 2002/82)

6. Unterabschnitt
Zusammenführung der Versicherungsanstalt der österreichischen Eisenbahnen und der Versicherungsanstalt des österreichischen Bergbaues

Versicherungsanstalt für Eisenbahnen und Bergbau – Errichtung

§ 538h. (1) Die Versicherungsanstalt der österreichischen Eisenbahnen und die Versicherungsanstalt des österreichischen Bergbaues werden ab 1. Jänner 2004 mit Wirksamkeit ab 1. Jänner 2005 zur Versicherungsanstalt für Eisenbahnen und Bergbau zusammengeführt. Die Versicherungsanstalt für Eisenbahnen und Bergbau ist Versicherungsträger im Sinne des § 32.

(2) Alle Rechte und Verbindlichkeiten der Versicherungsanstalt der österreichischen Eisenbahnen und der Versicherungsanstalt des österreichischen Bergbaues gehen mit 1. Jänner 2005 auf die Versicherungsanstalt für Eisenbahnen und Bergbau über. Sie ist ab 1. Jänner 2005 zur Durchführung der Verwaltungs- und Leistungssachen zuständig, die nach den am 31. Dezember 2004 geltenden Vorschriften von der Versicherungsanstalt der österreichischen Eisenbahnen und der Versi-

cherungsanstalt des österreichischen Bergbaues zu besorgen sind. Der Versicherungsanstalt für Eisenbahnen und Bergbau obliegt die Erstellung der Rechnungsabschlüsse, der Geschäftsberichte (§ 444 Abs. 1) und der statistischen Nachweisungen (§ 444 Abs. 2) für das Jahr 2004 für die Versicherungsanstalt der österreichischen Eisenbahnen und die Versicherungsanstalt des österreichischen Bergbaues.

(BGBl I 2003/145)

Versicherungsanstalt für Eisenbahnen und Bergbau – Versicherungsvertreter und Konstituierung der Verwaltungskörper

§ 538i. (1) Die Versicherungsvertreter/innen (Stellvertreter/innen) der Versicherungsanstalt für Eisenbahnen und Bergbau sind erstmals bis 30. September 2004 in den Vorstand, die Kontrollversammlung und die Generalversammlung zu entsenden. Dabei ist § 421 Abs. 1a anzuwenden. § 427 Abs. 2 ist auf die Mitglieder des Überleitungsausschusses sinngemäß anzuwenden.

(2) Die Mitglieder des Vorstandes und der Kontrollversammlung (§ 419 Abs. 1) der Versicherungsanstalt für Eisenbahnen und Bergbau werden erstmals von der Bundesministerin für Gesundheit und Frauen zu den konstituierenden Sitzungen in der Weise eingeladen, dass die genannten Verwaltungskörper ab 1. Jänner 2005 ihre Aufgaben und Obliegenheiten nach § 434 bzw. § 436 wahrnehmen können. Mit ihrem ersten Zusammentreten sind die genannten Verwaltungskörper konstituiert. Der (die) Vorsitzende des Überleitungsausschusses und seine (ihre) beiden Stellvertreter(innen) übernehmen ab 1. Jänner 2005 die Funktion des Obmannes und seiner Stellvertreter(innen) der Versicherungsanstalt für Eisenbahnen und Bergbau. Der (die) Vorsitzende des Überleitungskontrollausschusses und sein(e) Stellvertreter(in)/ihr(e) Stellvertreter(in) übernehmen ab 1. Jänner 2005 die Funktion des (der) Vorsitzenden und des (der) Vorsitzenden-Stellvertreters (Stellvertreterin) der Kontrollversammlung der Versicherungsanstalt für Eisenbahnen und Bergbau. Ab der Konstituierung übernehmen die genannten Verwaltungskörper alle ihnen nach diesem Bundesgesetz zugeordneten Aufgaben und Obliegenheiten. Die Generalversammlung (§ 419 Abs. 1) ist vom Vorstand erstmals nach dessen Konstituierung einzuberufen. Hinsichtlich der Angelobung der Versicherungsvertreter(innen) gilt § 432 sinngemäß.

(BGBl I 2003/145)

Überleitungsausschuss – Errichtung

§ 538j. (1) Der Überleitungsausschuss wird für den Zeitraum vom 1. Jänner 2004 bis 31. Dezember 2004 aus den Mitgliedern der Vorstände der Versicherungsanstalt der österreichischen Eisenbahnen und der Versicherungsanstalt des österreichischen Bergbaues gebildet. Er kann unbeschadet seiner eigenen Verantwortlichkeit Ausschüsse aus seiner Mitte bilden und diesen einzelne seiner Aufgaben und Obliegenheiten übertragen. Im Übrigen finden die §§ 448 und 449 hinsichtlich der Sitzungen des Überleitungsausschusses sinngemäß Anwendung. Kommt ein gültiger Beschluss des Überleitungsausschusses nicht zustande, so kann der (die) Vorsitzende, wenn wichtige Interessen des Versicherungsträgers gefährdet scheinen, die Angelegenheit der Bundesministerin für Gesundheit und Frauen zur Entscheidung vorlegen. Handelt es sich dabei um Angelegenheiten aus dem Bereich der Pensionsversicherung, so hat die Bundesministerin für Gesundheit und Frauen das Einvernehmen mit dem Bundesminister für soziale Sicherheit, Generationen und Konsumentenschutz herzustellen.

(2) Die in Abs. 1 genannten Versicherungsvertreter(innen) werden im Falle ihrer Verhinderung von den nach § 421 Abs. 7 bestellten Stellvertreter(inne)n vertreten. Im Übrigen finden für die Mitglieder des Überleitungsausschusses und ihre Stellvertreter(innen) die Bestimmungen dieses Bundesgesetzes über die Versicherungsvertreter(innen) sinngemäß Anwendung.

(3) Die Mitglieder des Überleitungssausschusses werden erstmals von der Bundesministerin für Gesundheit und Frauen zur konstituierenden Sitzung in der Weise eingeladen, dass der Überleitungssausschuss ab 1. Jänner 2004 seine Aufgaben und Obliegenheiten nach § 538k wahrnehmen kann. Mit seinem ersten Zusammentreten ist der Überleitungsausschuss konstituiert. In der konstituierenden Sitzung wählen die Mitglieder des Ausschusses aus ihrer Mitte eine(n) Vorsitzende(n) und zwei Vorsitzende-Stellvertreter(innen); das an Lebensjahren älteste Mitglied führt hierbei den Vorsitz. Der (die) Vorsitzende hat der Gruppe der Dienstnehmer(innen) anzugehören; je eine(r) der Stellvertreter(innen) hat der Gruppe der Dienstgeber(innen) bzw. der Gruppe der Dienstnehmer(innen) anzugehören. Der Ausschuss ist bei Anwesenheit der Hälfte der Mitglieder (Stellvertreter/innen) beschlussfähig. Er fasst seine Beschlüsse mit einfacher Mehrheit. Der Ausschuss wird vom (von der) Vorsitzenden, bei dessen (deren) Verhinderung vom (von der) Vorsitzenden-Stellvertreter(in) einberufen. Der Überleitungsausschuss hat sich zur zweckmäßigen Erfüllung seiner Aufgaben eine Geschäftsordnung zu geben.

(4) Die Organisation der Bürogeschäfte des Überleitungsausschusses obliegt bis 31. Dezember 2004 dem (der) leitenden Angestellten der Versicherungsanstalt des österreichischen Bergbaues, der (die) dabei vom (von der) leitenden Angestellten der Versicherungsanstalt der österreichischen Eisenbahnen zu unterstützen ist.

(5) Der zur Ausführung der Tätigkeit des Überleitungssauschusses erforderliche Aufwand ist je zur Hälfte von der Versicherungsanstalt der österreichischen Eisenbahnen und der Versicherungsanstalt des österreichischen Bergbaues zu tragen.

(BGBl I 2003/145)

Überleitungsausschuss – Aufgaben

§ 538k. (1) Folgende Beschlüsse aus dem Wirkungsbereich der Verwaltungskörper der Versicherungsanstalt der österreichischen Eisenbahnen und der Versicherungsanstalt des österreichischen Bergbaues sind, unbeschadet der aufsichtsbehördlichen Genehmigungsrechte (§§ 448, 449), allein durch den Überleitungsausschuss zu fassen:

1. sämtliche Beschlüsse, für deren Wirksamkeit die Zustimmung der Kontrollversammlung erforderlich ist;
2. Beschlüsse betreffend EDV und Informatik, mit welchen die Verfügungen über einen 100 000 € übersteigenden Betrag getroffen werden;
3. sämtliche Beschlüsse betreffend Bedienstete im leitenden und höheren Dienst.

(2) Der Überleitungsausschuss kann, unbeschadet des Abs. 1, sämtliche Entscheidungen, die in den Aufgabenbereich des Vorstandes (§ 434) der Versicherungsanstalt der österreichischen Eisenbahnen oder der Versicherungsanstalt des österreichischen Bergbaues fallen und die sich auf die Zusammenführung der beiden Versicherungsträger auswirken, mit Zustimmung der Bundesministerin für Gesundheit und Frauen und des Bundesministers für Finanzen jederzeit an sich ziehen. Im Übrigen haben die Vorstände der zusammenzuführenden Versicherungsanstalten die ihnen nach diesem Bundesgesetz zukommenden Aufgaben und Obliegenheiten bis 31. Dezember 2004 zu erfüllen.

(3) Der Überleitungsausschuss soll für die Versicherungsanstalt für Eisenbahnen und Bergbau bis zum 30. September 2004 mit Wirkung ab 1. Jänner 2005 den leitenden Angestellten und dessen (die leitende Angestellte und deren) ständigen Stellvertreter (ständige Stellvertreterin) sowie mit Wirkung ab 1. Jänner 2005 den leitenden Arzt und dessen (die leitende Ärztin und deren) ständigen Stellvertreter (ständige Stellvertreterin) bestellen; hinsichtlich der Bestellung dieser Personen nach dem 31. Dezember 2004 sind die nach diesem Bundesgesetz zuständigen Verwaltungskörper berufen. Darüber hinaus erlässt der Überleitungsausschuss für die Versicherungsanstalt für Eisenbahnen und Bergbau bis zum 31. Dezember 2004 eine vorläufige Satzung. Diese tritt unter Bedachtnahme auf § 455 Abs. 1 mit 1. Jänner 2005 in Kraft.

(4) Die Versicherungsanstalt der österreichischen Eisenbahnen und die Versicherungsanstalt des österreichischen Bergbaues haben dem Überleitungsausschuss auf sein Verlangen sämtliche zur Erfüllung der diesem nach diesem Bundesgesetz übertragenen Aufgaben erforderlichen Mitteilungen zu machen. Der Ausschuss kann die notwendigen Erhebungen durch eines oder mehrere seiner Mitglieder (Stellvertreter) auch unmittelbar bei den einzelnen Versicherungsträgern durchführen.

(5) Der Überleitungsausschuss kann zu allen Sitzungen der Verwaltungskörper der Versicherungsanstalt der österreichischen Eisenbahnen und der Versicherungsanstalt des österreichischen Bergbaues Vertreter(innen) entsenden, denen beratende Funktion zukommt. Er ist von jeder Sitzung der Verwaltungskörper ebenso in Kenntnis zu setzen wie die Mitglieder dieser Verwaltungskörper; es sind ihm auch die diesen zur Verfügung gestellten Behelfe (Sitzungsprotokolle, Tagesordnungen, Ausweise, Berichte und andere Behelfe) zu übermitteln.

(BGBl I 2003/145)

Überleitungskontrollausschuss – Errichtung

§ 538l. (1) Der Überleitungskontrollausschuss wird für den Zeitraum vom 1. Jänner 2004 bis 31. Dezember 2004 aus den Mitgliedern der Kontrollversammlungen der Versicherungsanstalt der österreichischen Eisenbahnen und der Versicherungsanstalt des österreichischen Bergbaues gebildet. Auf die Mitglieder des Überleitungskontrollausschusses findet § 538j Abs. 2 sinngemäß Anwendung.

(2) Die Mitglieder des Überleitungskontrollausschusses werden erstmals vom (von der) Vorsitzenden des Überleitungsausschusses zur konstituierten Sitzung in der Weise eingeladen, dass der Überleitungskontrollausschuss ab 1. Jänner 2004 seine Aufgaben und Obliegenheiten nach § 538m wahrnehmen kann. Mit seinem ersten Zusammentreten ist der Überleitungskontrollausschuss konstituiert. In der konstituierenden Sitzung wählen die Mitglieder des Ausschusses aus ihrer Mitte eine(n) Vorsitzende(n) und im Anschluss daran seine(n)/ihre(n) Stellvertreter(in). Diese(r) hat der Gruppe anzugehören, die nicht den (die) Vorsitzende(n) stellt. Der (die) Vorsitzende des Überleitungsausschusses führt hierbei den Vorsitz. Der Überleitungskontrollausschuss hat sich in der konstituierenden Sitzung eine Geschäftsordnung zu geben.

(3) Der zur Ausübung der Tätigkeit des Überleitungskontrollausschusses erforderliche Aufwand ist je zur Hälfte von der Versicherungsanstalt der österreichischen Eisenbahnen und der Versicherungsanstalt des österreichischen Bergbaues zu tragen.

(BGBl I 2003/145)

Überleitungskontrollausschuss – Aufgaben

§ 538m. (1) Sämtliche ab 1. Jänner 2004 gefassten Beschlüsse des Überleitungsausschusses, die eine im § 437 angeführte Angelegenheit zum Gegenstand haben, bedürfen zu ihrer Wirksamkeit, unbeschadet der aufsichtsbehördlichen Befugnisse, der Zustimmung des Überleitungskontrollausschusses.

(2) Stimmt der Überleitungskontrollausschuss einem Beschluss des Überleitungsausschusses nicht zu, so hat der Überleitungsausschuss unverzüglich über die Angelegenheit neu zu beschließen; dieser erneute Beschluss ist zu seiner Wirksamkeit ebenfalls dem Überleitungskontrollausschuss zur Zustimmung vorzulegen. Stimmt der Überleitungskontrollausschuss auch dem erneuten Beschluss des Überleitungsausschusses nicht zu, so hat er den (die) Vorsitzende(n) des Überleitungsausschusses unverzüglich in Kenntnis zu set-

zen und die Angelegenheit der Bundesministerin für Gesundheit und Frauen vorzulegen. Dieser hat den Beschluss des Überleitungsausschusses entweder zu bestätigen oder aufzuheben. Ein bestätigter Beschluss des Überleitungsausschusses ist zu vollziehen.

(3) Der Überleitungsausschuss und der die Bürogeschäfte des Überleitungsausschusses führende leitende Angestellte (§ 538j Abs. 4) sind verpflichtet, dem Überleitungskontrollausschuss alle Aufklärungen zu geben und alle Belege und Behelfe vorzulegen, die dieser zur Ausübung seines Zustimmungsrechtes benötigt.

(4) Der Überleitungskontrollausschuss ist berechtigt, an den Sitzungen des Überleitungsausschusses durch drei Vertreter(innen) mit beratender Stimme teilzunehmen. Er ist deshalb von jeder Sitzung des Überleitungsausschusses in gleicher Weise in Kenntnis zu setzen wie dessen Mitglieder; ebenso sind ihm die in diesem zur Verfügung gestellten Behelfe (Sitzungsprotokolle, Tagesordnungen, Ausweise, Behelfe und andere Unterlagen) zu übermitteln.

(5) Die Kontrollversammlungen der Versicherungsanstalt der österreichischen Eisenbahnen und der Versicherungsanstalt des österreichischen Bergbaues haben die ihnen nach § 436 übertragenen Aufgaben und Obliegenheiten, soweit sie nicht dem Überleitungskontrollausschuss übertragen sind, bis 31. Dezember 2004 wahrzunehmen.

(BGBl I 2003/145)

Mitwirkung der Controllinggruppe

§ 538n. (1) Der beim Hauptverband nach § 32b eingerichteten Controllinggruppe obliegt die Prüfung der Maßnahmen zur Zusammenführung der Versicherungsanstalt der österreichischen Eisenbahnen und der Versicherungsanstalt des österreichischen Bergbaues im Zusammenhang mit

1. den Zielvereinbarungen nach § 32a und
2. den in diesem Bundesgesetz festgelegten Zielen betreffend die Vollziehung der Sozialversicherung unter Zuhilfenahme der vorliegenden Finanzcontrolling-, Kosten- und Leistungsberichte und der Informationstechnologie-Berichte. Der (die) Vorsitzende des Überleitungsausschusses hat die Ergebnisse der Controllinggruppe der Bundesministerin für Gesundheit und Frauen zu übermitteln.

(2) Die Controllinggruppe ist berechtigt, an den Sitzungen des Überleitungsausschusses und des Überleitungskontrollausschusses sowie ab 1. Jänner 2004 an den Sitzungen des Vorstandes und der Kontrollversammlung der Versicherungsanstalt für Eisenbahnen und Bergbau durch einen Vertreter mit beratender Stimme teilzunehmen. Sie ist deshalb von jeder Sitzung des Überleitungsausschusses und des Überleitungskontrollausschusses in gleicher Weise in Kenntnis zu setzen wie dessen Mitglieder; ebenso sind ihr die diesen zur Verfügung gestellten Behelfe (Sitzungsprotokolle, Ausweise, Tagesordnungen, Berichte und andere Unterlagen) zu übermitteln.

(BGBl I 2003/145)

7. Unterabschnitt
Zusammenführung der Betriebskrankenkasse Alpine Donawitz und der Betriebskrankenkasse Kindberg

Betriebskrankenkasse voestalpine Bahnsysteme – Errichtung

§ 538o. (1) Die Betriebskrankenkasse Alpine Donawitz und die Betriebskrankenkasse Kindberg werden ab 1. Juli 2005 mit Wirksamkeit ab 1. Jänner 2006 zur Betriebskrankenkasse voestalpine Bahnsysteme zusammengeführt. Die Betriebskrankenkasse voestalpine Bahnsysteme ist Versicherungsträger im Sinne des § 32.

(2) Alle Rechte und Verbindlichkeiten der Betriebskrankenkasse Alpine Donawitz und der Betriebskrankenkasse Kindberg gehen mit 1. Jänner 2006 auf die Betriebskrankenkasse voestalpine Bahnsysteme über. Sie ist ab 1. Jänner 2006 zur Durchführung der Verwaltungs- und Leistungssachen zuständig, die nach den am 31. Dezember 2005 geltenden Vorschriften von der Betriebskrankenkasse Alpine Donawitz und der Betriebskrankenkasse Kindberg zu besorgen sind. Der Betriebskrankenkasse voestalpine Bahnsysteme obliegt die Erstellung der Rechnungsabschlüsse, der Geschäftsberichte (§ 444 Abs. 1) und der statistischen Nachweisungen (§ 444 Abs. 2) für das Jahr 2005 für die Betriebskrankenkasse Alpine Donawitz und die Betriebskrankenkasse Kindberg.

(BGBl I 2005/71)

Betriebskrankenkasse voestalpine Bahnsysteme – Versicherungsvertreter/innen und Konstituierung der Verwaltungskörper

§ 538p. (1) Die Versicherungsvertreter/innen (Stellvertreter/innen) der Betriebskrankenkasse voestalpine Bahnsysteme sind erstmals bis 31. Oktober 2005 in den Vorstand, die Kontrollversammlung und die Generalversammlung zu entsenden. Dabei ist § 421 Abs. 1b anzuwenden.

(2) Die Mitglieder des Vorstandes (§ 419 Abs. 1 Z 1) und der Kontrollversammlung (§ 419 Abs. 1 Z 3) der Betriebskrankenkasse voestalpine Bahnsysteme werden erstmals von der Bundesministerin für Gesundheit und Frauen zu den konstituierenden Sitzungen in der Weise eingeladen, dass die genannten Verwaltungskörper ab 1. Jänner 2006 ihre Aufgaben und Obliegenheiten nach § 434 bzw. § 436 wahrnehmen können. Mit ihrem ersten Zusammentreten sind die genannten Verwaltungskörper konstituiert. Ab der Konstituierung übernehmen die genannten Verwaltungskörper alle ihnen nach diesem Bundesgesetz zugeordneten Aufgaben und Obliegenheiten. Die Generalversammlung (§ 419 Abs. 1 Z 2) ist vom Vorstand erstmals nach dessen Konstituierung einzuberufen. Hinsichtlich der Angelobung der Versicherungsvertreter/innen gilt § 432 sinngemäß.

(BGBl I 2005/71)

Erweiterte Verwaltungskörper

§ 538q. (1) Bei der Betriebskrankenkasse Alpine Donawitz und der Betriebskrankenkasse Kindberg sind zur Vorbereitung der Zusammenführung für den Zeitraum vom 1. Juli 2005 bis zum 31. Dezember 2005 erweiterte Verwaltungskörper zu bilden. Dabei sind

1. in die Generalversammlung zwei Mitglieder aus der Gruppe der Dienstnehmer und ein Mitglied aus der Gruppe der Dienstgeber,
2. in den Vorstand zwei Mitglieder aus der Gruppe der Dienstnehmer und ein Mitglied aus der Gruppe der Dienstgeber,
3. in die Kontrollversammlung ein Mitglied aus der Gruppe der Dienstnehmer und ein Mitglied aus der Gruppe der Dienstgeber

zusätzlich zu entsenden.

(2) Die zusätzlichen Mitglieder sind berechtigt, an den Sitzungen der Verwaltungskörper mit beratender Stimme teilzunehmen.

(BGBl I 2005/71)

Abgestimmte Beschlussfassung

§ 538r. (1) Beschlüsse der Verwaltungskörper der Betriebskrankenkasse Alpine Donawitz und der Betriebskrankenkasse Kindberg sind im Zeitraum vom 1. Juli 2005 bis zum 31. Dezember 2005 auf einander abzustimmen. Dies gilt insbesondere für

1. sämtliche Beschlüsse, für deren Wirksamkeit die Zustimmung der Kontrollversammlung erforderlich ist,
2. Beschlüsse betreffend EDV und Informatik, mit welchen Verfügungen über einen 100 000 Euro übersteigenden Betrag getroffen werden sowie für
3. sämtliche Beschlüsse betreffend Bedienstete im leitenden und höheren Dienst.

(2) Der/die leitende Angestellte ist in der konstituierenden Sitzung der Betriebskrankenkasse voestalpine Bahnsysteme zu bestellen. Bis dahin nimmt der leitende Angestellte der Betriebskrankenkasse Alpine Donawitz die Aufgaben des/der leitenden Angestellten der Betriebskrankenkasse voestalpine Bahnsysteme wahr.

(BGBl I 2005/71)

Mitwirkung der Controllinggruppe

§ 538s. (1) Der beim Hauptverband nach § 32b eingerichteten Controllinggruppe obliegt die Prüfung der Maßnahmen zur Zusammenführung der Betriebskrankenkasse Alpine Donawitz und der Betriebskrankenkasse Kindberg im Zusammenhang mit den in diesem Bundesgesetz festgelegten Zielen betreffend die Vollziehung der Sozialversicherung unter Zuhilfenahme der vorliegenden Finanzcontrolling-, Kosten- und Leistungsberichte und der Informationstechnologie-Berichte. Die Obmänner der Betriebskrankenkasse Alpine Donawitz und der Betriebskrankenkasse Kindberg haben die Ergebnisse der Controllinggruppe der Bundesministerin für Gesundheit und Frauen zu übermitteln.

(2) Die Controllinggruppe ist während des Zeitraumes vom 1. Juli 2005 bis zum 31. Dezember 2005 berechtigt, an den Sitzungen der erweiterten Verwaltungskörper durch eine/n Vertreter/in mit beratender Stimme teilzunehmen. Sie ist deshalb von jeder Sitzung der erweiterten Verwaltungskörper nach § 538q in gleicher Weise in Kenntnis zu setzen wie deren Mitglieder; ebenso sind ihr die diesen zur Verfügung gestellten Behelfe (Sitzungsprotokolle, Ausweise, Tagesordnungen, Berichte und andere Unterlagen) zu übermitteln.

(BGBl I 2005/71)

8. Unterabschnitt
Zusammenführung der Gebietskrankenkassen

Österreichische Gesundheitskasse – Errichtung

§ 538t. (1) Die Burgenländische, Kärntner, Niederösterreichische, Oberösterreichische, Salzburger, Steiermärkische, Tiroler, Vorarlberger und Wiener Gebietskrankenkasse werden ab 1. April 2019 mit Wirksamkeit ab 1. Jänner 2020 zur Österreichischen Gesundheitskasse zusammengeführt. Die Österreichische Gesundheitskasse ist Versicherungsträger im Sinne des § 32.

(2) Alle Rechte und Verbindlichkeiten der im Abs. 1 genannten Gebietskrankenkassen gehen mit 1. Jänner 2020 auf die Österreichische Gesundheitskasse über. Sie ist ab 1. Jänner 2020 zur Durchführung der Verwaltungs- und Leistungssachen zuständig, die nach den am 31. Dezember 2019 geltenden Vorschriften von den in Abs. 1 genannten Gebietskrankenkassen zu besorgen sind. Der Österreichischen Gesundheitskasse obliegt die Erstellung der Rechnungsabschlüsse, der Geschäftsberichte (§ 444 Abs. 1) und der statistischen Nachweisungen (§ 444 Abs. 2) für das Jahr 2019 für die im Abs. 1 genannten Gebietskrankenkassen.

(3) Personen, die am 31. Dezember 2019 in einem Dienstverhältnis zu einer Gebietskrankenkasse stehen, sind ab 1. Jänner 2020 Bedienstete der Österreichischen Gesundheitskasse.

(BGBl I 2018/100)

Österreichische Gesundheitskasse – Versicherungsvertreter/innen und Konstituierung der Verwaltungskörper

§ 538u. (1) Die Versicherungsvertreter/innen der Österreichischen Gesundheitskasse sind erstmals bis 31. März 2019 nach den Bestimmungen der §§ 420 ff. in der Fassung des Bundesgesetzes BGBl. I Nr. 100/2018 in die Hauptversammlung und die Landesstellenausschüsse zu entsenden, wobei die Entsendung mit 1. Jänner 2020 wirksam wird. Unvereinbarkeitsbestimmungen sind mit Wirksamkeit der Entsendung anzuwenden.

(2) Die Mitglieder des Überleitungsausschusses (§ 538v) sind ab 1. Jänner 2020 die Mitglieder des Verwaltungsrates der Österreichischen Gesundheitskasse. Der/Die Vorsitzende des Überleitungs-

ausschusses und der/die Stellvertreter/in des/der Vorsitzenden übernehmen ab 1. Jänner 2020 die Funktion des/der Obmannes/Obfrau und des/der Stellvertreters/Stellvertreterin.

(3) Die Hauptversammlung (§ 419 Z 2 in der Fassung des Bundesgesetzes BGBl. I Nr. 100/2018) und die Landesstellenausschüsse (§ 419 Z 3 in der Fassung des Bundesgesetzes BGBl. I Nr. 100/2018) sind vom Verwaltungsrat nach dessen erstmaligem Zusammentreten einzuberufen. Hinsichtlich der Angelobung der Versicherungsvertreter/innen gilt § 431 in der Fassung des Bundesgesetzes BGBl. I Nr. 100/2018.

(4) Die Amtsdauer nach § 425 beginnt für alle Verwaltungskörper mit 1. Jänner 2020.

(BGBl I 2018/100)

Überleitungsausschuss – Errichtung

§ 538v. (1) Für den Zeitraum 1. April 2019 bis 31. Dezember 2019 wird ein Überleitungsausschuss nach den für den Verwaltungsrat maßgeblichen Bestimmungen der §§ 420 ff. in der Fassung des Bundesgesetzes BGBl. I Nr. 100/2018 gebildet. Die Mitglieder des Überleitungsausschusses dürfen keinem anderen Verwaltungskörper eines Versicherungsträgers oder des Hauptverbandes angehören. Die §§ 448 und 449 in der Fassung des Bundesgesetzes BGBl. I Nr. 100/2018 sind hinsichtlich des Überleitungsausschusses sinngemäß anzuwenden. Kommt ein gültiger Beschluss (Abs. 3) des Überleitungsausschusses nicht zustande, so kann der/die Vorsitzende, wenn wichtige Interessen der Österreichischen Gesundheitskasse gefährdet scheinen, die Angelegenheit der Bundesministerin für Arbeit, Soziales, Gesundheit und Konsumentenschutz zur Entscheidung vorlegen. Sind finanzielle Interessen des Bundes berührt, so ist das Einvernehmen mit dem Bundesminister für Finanzen herzustellen.

(2) Im Fall der Verhinderung der im Abs. 1 genannten Versicherungsvertreter/innen kann eine Übertragung des Stimmrechtes nach § 420 Abs. 4 in der Fassung des Bundesgesetzes BGBl. I Nr. 100/2018 erfolgen. Im Übrigen finden für die Mitglieder des Überleitungsausschusses die Bestimmungen dieses Bundesgesetzes über die Versicherungsvertreter/innen in der Fassung des Bundesgesetzes BGBl. I Nr. 100/2018 sinngemäß Anwendung.

(3) Die Mitglieder des Überleitungsausschusses sind erstmals von der Bundesministerin für Arbeit, Soziales, Gesundheit und Konsumentenschutz zur konstituierenden Sitzung so einzuladen, dass der Überleitungsausschuss ab 1. April 2019 seine Aufgaben und Obliegenheiten nach § 538w wahrnehmen kann. Mit seinem ersten Zusammentreten ist der Überleitungsausschuss konstituiert. In der konstituierenden Sitzung wählen die Mitglieder des Ausschusses aus ihrer Mitte eine/n Vorsitzende/n und eine/n Stellvertreter/in; das an Lebensjahren älteste Mitglied führt hierbei den Vorsitz. Der/Die Vorsitzende hat der Gruppe der Dienstgeber/innen anzugehören; der/die Stellvertreter/in hat der Gruppe der Dienstnehmer/innen anzugehören. Der Ausschuss ist bei Anwesenheit der Hälfte der Mitglieder beschlussfähig. Er fasst seine Beschlüsse mit einfacher Mehrheit, sofern im § 432 Abs. 3 in der Fassung des Bundesgesetzes BGBl. I Nr. 100/2018 nichts anderes bestimmt ist. Der Ausschuss wird vom Vorsitzenden/von der Vorsitzenden, bei dessen/deren Verhinderung vom seinem/ihrem Stellvertreter/seiner/ihrer Stellvertreterin einberufen. Der Überleitungsausschuss hat sich zur zweckmäßigen Erfüllung seiner Aufgaben auf Basis der von der Bundesministerin für Arbeit, Soziales, Gesundheit und Konsumentenschutz zu erlassenden Mustergeschäftsordnung eine Geschäftsordnung zu geben.

(4) Die Organisation der Bürogeschäfte des Überleitungsausschusses obliegt bis zur Bestellung des leitenden Angestellten der Österreichischen Gesundheitskasse (§ 538w Abs. 4) einem/einer von der Bundesministerin für Arbeit, Soziales, Gesundheit und Konsumentenschutz im Einvernehmen mit dem Bundesminister für Finanzen zu bestellenden/zu bestellender kommissarischen Leiter/in, der/die von den leitenden Angestellten der Gebietskrankenkassen (des Hauptverbandes) zu unterstützen ist. Für die Durchführung der Bürogeschäfte des Überleitungsausschusses sowie die Vorbereitungshandlungen der Zusammenführung der Versicherungsträger ist der kommissarische Leiter/die kommissarische Leiterin bzw. der/die bestellte leitende Angestellte ausschließlich dem Überleitungsausschuss verantwortlich. Der/Die kommissarische Leiter/Leiterin kann sich zur Erfüllung seiner/ihrer Aufgaben der Infrastruktur der Gebietskrankenkassen (des Hauptverbandes) bedienen. Mit Bestellung des/der leitenden Angestellten der Österreichischen Gesundheitskasse geht diese Aufgabe auf diese/n über, wobei er/sie von den leitenden Angestellten der Gebietskrankenkassen (des Hauptverbandes) zu unterstützen ist. In den Angelegenheiten des § 538w sind die leitenden Angestellten der Gebietskrankenkassen an die Weisungen des kommissarischen Leiters/der kommissarischen Leiterin bzw. des/der bestellten leitenden Angestellten der Österreichischen Gesundheitskasse gebunden.

(5) Der Überleitungsausschuss kann in der Zeit bis 31. Dezember 2019 Rechte und Pflichten für die Österreichische Gesundheitskasse begründen. Der Hauptverband hat diese Rechte und Pflichten bis 31. Dezember 2019 wahrzunehmen. Der zur Ausführung der Tätigkeit des Überleitungssausschusses erforderliche sowie auf Grund seiner Beschlüsse anfallende Aufwand ist anteilsmäßig im Verhältnis der Anspruchsberechtigten der Gebietskrankenkassen zum Stichtag 1. Jänner 2018 zu tragen. Zur Ermittlung der jeweiligen Anteile sind diese Aufwendungen beim Hauptverband in einem eigenen Rechenkreis darzustellen.

(BGBl I 2018/100)

Überleitungsausschuss – Aufgaben

§ 538w. (1) Folgende Beschlüsse aus dem Wirkungsbereich der Verwaltungskörper der Gebietskrankenkassen sind, unbeschadet der aufsichtsbehördlichen Genehmigungsrechte (§§ 448 und 449 in der Fassung des Bundesgesetzes BGBl. I Nr. 100/2018), allein durch den Überleitungsausschuss zu fassen:

1. Beschlüsse betreffend EDV und Informatik, mit welchen die Verfügungen über einen 100 000 Euro übersteigenden Betrag getroffen werden;
2. sämtliche Beschlüsse betreffend
   a. Leiter/innen des gehobenen und des höheren Dienstes sowie Angestellte des bereichsleitenden und des leitenden Dienstes nach der DO. A, soweit diese im Verwaltungsdienst tätig sind,
   b. Ärzte und Ärztinnen, die nach § 37 Z 1 und 2 DO. B eingereiht sind,
   c. Höherreihungen außerhalb der am 30. Juni 2018 gültigen Dienstpostenpläne,
   d. Personalaufnahmen im Verwaltungsbereich und
   e. Beschlüsse betreffend Angelegenheiten gemäß dem Fünften Abschnitt (Personal) des Bundesgesetzes über die Prüfung lohnabhängiger Abgaben und Beiträge – PLABG, BGBl. I Nr. 100/2018.

(2) Der Überleitungsausschuss kann sämtliche Beschlüsse, für deren Wirksamkeit die Zustimmung der Kontrollversammlung erforderlich ist, vor Beschlussfassung im Vorstand der jeweiligen Gebietskrankenkasse an sich ziehen und über diese Angelegenheiten selbst entscheiden. Darüber hinaus kann er auch sämtliche Entscheidungen, die in den Aufgabenbereich des Vorstandes (§ 434) der Gebietskrankenkassen fallen und die sich auf die Zusammenführung der Versicherungsträger auswirken, jederzeit an sich ziehen. Im Übrigen haben die Vorstände der zusammenzuführenden Versicherungsträger die ihnen nach diesem Bundesgesetz zukommenden Aufgaben und Obliegenheiten bis 31. Dezember 2019 zu erfüllen.

(3) Der Überleitungsausschuss hat unter sinngemäßer Anwendung des § 443 für das Jahr 2020 eine konsolidierte Gebarungsvorschaurechnung zu erstellen, sowie längstens bis 31. Dezember 2019 einen Jahresvoranschlag zu beschließen.

(3a) Der Überleitungsausschuss hat die für die Zusammenführung der Gebietskrankenkassen erforderlichen vorbereitenden Handlungen zu setzen.

(4) Der Überleitungsausschuss hat für die Österreichische Gesundheitskasse mit Wirkung ab 1. Juli 2019 den/die leitende/n Angestellte/n und dessen/deren drei ständige Stellvertreter/innen sowie mit Wirkung ab 1. Jänner 2020 den leitenden Arzt/die leitende Ärztin und dessen/deren ständige/n Stellvertreter/in für jeweils 5 Jahre (§ 460 Abs. 3a) zu bestellen; hinsichtlich der Bestellung dieser Personen nach dem 31. Dezember 2019 sind die nach diesem Bundesgesetz zuständigen Verwaltungskörper berufen.

(5) Die Gebietskrankenkassen haben dem Überleitungsausschuss auf sein Verlangen sämtliche zur Erfüllung der diesem nach diesem Bundesgesetz übertragenen Aufgaben erforderlichen Mitteilungen zu machen. Der Ausschuss kann die notwendigen Erhebungen durch eines oder mehrere seiner Mitglieder auch unmittelbar bei den einzelnen Versicherungsträgern durchführen.

(6) Der Überleitungsausschuss kann zu allen Sitzungen der Verwaltungskörper der Gebietskrankenkassen Vertreter/innen entsenden, denen beratende Funktion zukommt. Er ist von jeder Sitzung der Verwaltungskörper ebenso in Kenntnis zu setzen wie die Mitglieder dieser Verwaltungskörper; es sind ihm auch die diesen zur Verfügung gestellten Behelfe (Sitzungsprotokolle, Tagesordnungen, Ausweise, Berichte und andere Behelfe) zu übermitteln.

(BGBl I 2018/100)

Allgemeine Unfallversicherungsanstalt – Versicherungsvertreter/innen und Konstituierung der Verwaltungskörper

§ 538x. (1) In die Verwaltungskörper der Allgemeinen Unfallversicherungsanstalt nach den Bestimmungen der §§ 420 ff. in der Fassung des Bundesgesetzes BGBl. I Nr. 100/2018 sind die Versicherungsvertreter/innen bis 31. März 2019 zu entsenden. Die Entsendung wird nach Maßgabe der folgenden Bestimmungen wirksam. Unvereinbarkeitsbestimmungen sind mit Wirksamkeit der Entsendung anzuwenden.

(2) Die Entsendung in den Verwaltungsrat (§ 419 Z 1 in der Fassung des Bundesgesetzes BGBl. I Nr. 100/2018) wird mit 1. April 2019 wirksam. Dieser hat bis 31. Dezember 2019 ausschließlich die Aufgaben nach § 538w wahrzunehmen, ab 1. Jänner 2020 seine Aufgaben und Obliegenheiten nach § 432 in der Fassung des Bundesgesetzes BGBl. I Nr. 100/2018. Abweichend von § 538w Abs. 4 kann die Bestellung der stellvertretenden leitenden Angestellten bis spätestens 31. Dezember 2019 vorgenommen werden. Vom 1. April 2019 bis 31. Dezember 2019 dürfen die Mitglieder des Verwaltungsrates keinem anderen Verwaltungskörper eines Versicherungsträgers oder des Hauptverbandes angehören.

(3) Die Entsendungen in die Hauptversammlung (§ 419 Z 2 in der Fassung des Bundesgesetzes BGBl. I Nr. 100/2018) und in die Landesstellenausschüsse (§ 419 Z 3 in der Fassung des Bundesgesetzes BGBl. I Nr. 100/2018) werden mit 1. Jänner 2020 wirksam. Diese Verwaltungskörper haben ihre Aufgaben ab diesem Zeitpunkt wahrzunehmen.

(4) Die Mitglieder des Verwaltungsrates der Allgemeinen Unfallversicherungsanstalt sind erstmals von der Bundesministerin für Arbeit, Soziales, Gesundheit und Konsumentenschutz zur konstituierenden Sitzung so einzuladen, dass der Verwaltungsrat ab 1. April 2019 seine Aufgaben und Obliegenheiten nach § 538w wahrnehmen kann. Mit seinem ersten Zusammentreten ist der Verwal-

tungsrat konstituiert. In der konstituierenden Sitzung wählen die Mitglieder des Verwaltungsrates aus ihrer Mitte eine/n Vorsitzende/n und eine/n Stellvertreter/in; das an Lebensjahren älteste Mitglied führt hierbei den Vorsitz. Er/Sie muss der Gruppe der Dienstgeber/innen angehören. Der/Die Stellvertreter/in hat jener Gruppe anzugehören, der nicht der/die Vorsitzende angehört. Der Verwaltungsrat ist bei Anwesenheit der Hälfte der Mitglieder beschlussfähig. Er fasst seine Beschlüsse mit einfacher Mehrheit. Der Verwaltungsrat wird vom Vorsitzenden/von der Vorsitzenden, bei dessen/deren Verhinderung von seinem/ihrem Stellvertreter/seiner/ihrer Stellvertreterin einberufen. Der Verwaltungsrat hat sich zur zweckmäßigen Erfüllung seiner Aufgaben auf Basis der von der Bundesministerin für Arbeit, Soziales, Gesundheit und Konsumentenschutz zu erlassenden Mustergeschäftsordnung eine Geschäftsordnung zu geben.

(5) Die Hauptversammlung und die Landesstellenausschüsse sind vom Verwaltungsrat erstmals nach dessen Konstituierung so einzuberufen, dass diese ihre Aufgaben ab 1. Jänner 2020 wahrnehmen können. Hinsichtlich der Angelobung der Versicherungsvertreter/innen gilt § 431 in der Fassung des Bundesgesetzes BGBl. I Nr. 100/2018.

(6) Die Amtsdauer nach § 425 beginnt für alle Verwaltungskörper mit 1. Jänner 2020.

(7) Für die Durchführung der Bürogeschäfte des Verwaltungsrates ist der/die bestellte leitende Angestellte ausschließlich dem Verwaltungsrat verantwortlich.

(BGBl I 2018/100)

Pensionsversicherungsanstalt – Versicherungsvertreter/innen und Konstituierung der Verwaltungskörper

§ 538y. (1) In die Verwaltungskörper der Pensionsversicherungsanstalt nach den Bestimmungen der §§ 420 ff. in der Fassung des Bundesgesetzes BGBl. I Nr. 100/2018 sind die Versicherungsvertreter/innen bis 31. März 2019 zu entsenden. Die Entsendung wird nach Maßgabe der folgenden Bestimmungen wirksam. Unvereinbarkeitsbestimmungen sind mit Wirksamkeit der Entsendung anzuwenden.

(2) Die Entsendung in den Verwaltungsrat (§ 419 Z 1 in der Fassung des Bundesgesetzes BGBl. I Nr. 100/2018) wird mit 1. April 2019 wirksam. Dieser hat bis 31. Dezember 2019 ausschließlich die Aufgaben nach § 538w wahrzunehmen, ab 1. Jänner 2020 seine Aufgaben und Obliegenheiten nach § 432 in der Fassung des Bundesgesetzes BGBl. I Nr. 100/2018. Abweichend von § 538w Abs. 4 kann die Bestellung der stellvertretenden leitenden Angestellten bis spätestens 31. Dezember 2019 vorgenommen werden. Vom 1. April 2019 bis 31. Dezember 2019 dürfen die Mitglieder des Verwaltungsrates keinem anderen Verwaltungskörper eines Versicherungsträgers oder des Hauptverbandes angehören.

(3) Die Entsendungen in die Hauptversammlung (§ 419 Z 2 in der Fassung des Bundesgesetzes BGBl. I Nr. 100/2018) und in die Landesstellenausschüsse (§ 419 Z 3 in der Fassung des Bundesgesetzes BGBl. I Nr. 100/2018) werden mit 1. Jänner 2020 wirksam. Diese Verwaltungskörper haben ihre Aufgaben ab diesem Zeitpunkt wahrzunehmen.

(4) Die Mitglieder des Verwaltungsrates der Pensionsversicherungsanstalt sind erstmals von der Bundesministerin für Arbeit, Soziales, Gesundheit und Konsumentenschutz zur konstituierenden Sitzung so einzuladen, dass der Verwaltungsrat ab 1. April 2019 seine Aufgaben und Obliegenheiten nach § 538w wahrnehmen kann. Mit seinem ersten Zusammentreten ist der Verwaltungsrat konstituiert. In der konstituierenden Sitzung wählen die Mitglieder des Verwaltungsrates aus ihrer Mitte eine/n Vorsitzende/n und eine/n Stellvertreter/in; das an Lebensjahren älteste Mitglied führt hierbei den Vorsitz. Der/Die Vorsitzende hat der Gruppe der Dienstnehmer/innen anzugehören; der/die Stellvertreter/in hat der Gruppe der Dienstgeber/innen anzugehören. Der erstmalige Wechsel des Vorsitzes nach § 430 Abs. 2 in der Fassung des Bundesgesetzes BGBl. I Nr. 100/2018 erfolgt mit 1. Juli 2020. Der Verwaltungsrat ist bei Anwesenheit der Hälfte der Mitglieder beschlussfähig. Er fasst seine Beschlüsse mit einfacher Mehrheit. Der Verwaltungsrat wird vom Vorsitzenden/von der Vorsitzenden, bei dessen/deren Verhinderung von seinem/ihrem Stellvertreter/seiner/ihrer Stellvertreterin einberufen. Der Verwaltungsrat hat sich zur zweckmäßigen Erfüllung seiner Aufgaben auf Basis der von der Bundesministerin für Arbeit, Soziales, Gesundheit und Konsumentenschutz zu erlassenden Mustergeschäftsordnung eine Geschäftsordnung zu geben.

(5) Die Hauptversammlung und die Landesstellenausschüsse sind vom Verwaltungsrat erstmals nach dessen Konstituierung so einzuberufen, dass diese ihre Aufgaben ab 1. Jänner 2020 wahrnehmen können. Hinsichtlich der Angelobung der Versicherungsvertreter/innen gilt § 431 in der Fassung des Bundesgesetzes BGBl. I Nr. 100/2018.

(6) Die Amtsdauer nach § 425 beginnt für alle Verwaltungskörper mit 1. Jänner 2020.

(7) Für die Durchführung der Bürogeschäfte des Verwaltungsrates ist der/die bestellte leitende Angestellte ausschließlich dem Verwaltungsrat verantwortlich.

(BGBl I 2018/100)

Dachverband der Sozialversicherungsträger - Mitglieder und Konstituierung der Verwaltungskörper

§ 538z. (1) Der/Die jeweilige Vorsitzende des Verwaltungsrates bzw. Überleitungsausschusses der Sozialversicherungsträger sowie deren Stellvertreter/in sind ab 15. April 2019 Mitglieder der Überleitungskonferenz, die in singgemäßer Anwendung des § 441a in der Fassung des Bundesgesetzes BGBl. I Nr. 100/2018 zu bilden ist. Die §§ 448 und 449 sind hinsichtlich des Überleitungsausschusses sinngemäß anzuwenden.

(2) Die Mitglieder der Überleitungskonferenz sind ab 1. Jänner 2020 die Mitglieder der Konferenz und haben ab diesem Zeitpunkt ihre Aufgaben und Obliegenheiten nach § 441c in der Fassung des Bundesgesetzes BGBl. I Nr. 100/2018 wahrzunehmen.

(3) Die Hauptversammlung besteht ab 1. Jänner 2020 aus den in § 441b in der Fassung des Bundesgesetzes BGBl. I Nr. 100/2018 genannten Personen. Sie hat ihre Aufgaben ab diesem Zeitpunkt wahrzunehmen. Die Hauptversammlung ist von der Überleitungskonferenz erstmals nach deren Konstituierung so einzuberufen, dass sie ihre Aufgaben ab 1. Jänner 2020 wahrnehmen kann. Hinsichtlich der Angelobung der Mitglieder gilt § 431 in der Fassung des Bundesgesetzes BGBl. I Nr. 100/2018.

(4) Die Amtsdauer nach § 425 beginnt für alle Verwaltungskörper mit 1. Jänner 2020.

(5) Die Mitglieder der Überleitungskonferenz sind erstmals von der Bundesministerin für Arbeit, Soziales, Gesundheit und Konsumentenschutz zur konstituierenden Sitzung so einzuladen, dass die Überleitungskonferenz ab 15. April 2019 ihre Aufgaben und Obliegenheiten nach Abs. 7 wahrnehmen kann. Mit ihrem ersten Zusammentreten ist die Überleitungskonferenz konstituiert. Den Vorsitz führt der/die Vorsitzende des Überleitungsausschusses für die Österreichische Gesundheitskasse. Die Überleitungskonferenz wird vom Vorsitzenden/von der Vorsitzenden, bei dessen/deren Verhinderung von dem/der Stellvertreter/in einberufen. Die Überleitungskonferenz hat sich zur zweckmäßigen Erfüllung ihrer Aufgaben auf Basis der von der Bundesministerin für Arbeit, Soziales, Gesundheit und Konsumentenschutz zu erlassenden Mustergeschäftsordnung eine Geschäftsordnung zu geben.

(6) Die Überleitungskonferenz hat bis 31. Dezember 2019 ausschließlich die Aufgaben nach Abs. 7 wahrzunehmen. Für die Beschlussfähigkeit und die Beschlussfassung gilt § 441a Abs. 2 in der Fassung des Bundesgesetzes BGBl. I Nr. 100/2018. Kommt ein gültiger Beschluss der Überleitungskonferenz nicht zustande, so kann der/die Vorsitzende, wenn wichtige Interessen des Dachverbandes gefährdet scheinen, die Angelegenheit der Bundesministerin für Arbeit, Soziales, Gesundheit und Konsumentenschutz zur Entscheidung vorlegen. Sind finanzielle Interessen des Bundes berührt, so ist das Einvernehmen mit dem Bundesminister für Finanzen herzustellen.

(7) Die Aufgaben der Überleitungskonferenz sind:

1. die Bestellung des Büroleiters/der Büroleiterin mit Wirkung ab 1. Juli 2019;
2. Erstellung des Voranschlags für 2020;
3. Vorbereitung der Überstellung der Mitarbeiter/innen des Hauptverbandes;
4. Vorbereitungshandlungen in Bezug auf die künftigen Aufgaben des Dachverbandes sowie Übertragung derselben an die Sozialversicherungsträger.

(8) Die Organisation der Bürogeschäfte der Überleitungskonferenz obliegt bis zur Bestellung des Büroleiters/der Büroleiterin des Dachverbandes (Abs. 7 Z 1) einem/einer von der Bundesministerin für Arbeit, Soziales, Gesundheit und Konsumentenschutz im Einvernehmen mit dem Bundesminister für Finanzen zu bestellenden/zu bestellender kommissarischen Leiter/in, der/die von den leitenden Angestellten des Hauptverbandes zu unterstützen ist. Mit Bestellung des Büroleiters/der Büroleiterin des Dachverbandes geht diese Aufgabe auf diese/n über, wobei er/sie von den leitenden Angestellten des Hauptverbandes zu unterstützen ist. In den Angelegenheiten des Abs. 7 sind die leitenden Angestellten des Hauptverbandes an die Weisungen des kommissarischen Leiters/der kommissarischen Leiterin bzw. des/der bestellten Büroleiters/Büroleiterin des Dachverbandes gebunden.

(9) Das Büro des Hauptverbandes hat die Überleitungskonferenz bei der Erfüllung ihrer Aufgaben zu unterstützen. Der Hauptverband hat der Überleitungskonferenz auf ihr Verlangen sämtliche zur Erfüllung der dieser nach diesem Bundesgesetz übertragenen Aufgaben erforderlichen Mitteilungen zu machen. Der Ausschuss kann die notwendigen Erhebungen durch eines oder mehrere seiner Mitglieder auch unmittelbar bei den einzelnen Versicherungsträgern durchführen.

(10) Die Überleitungskonferenz kann zu allen Sitzungen der Verwaltungskörper des Hauptverbandes Vertreter/innen entsenden, denen beratende Funktion zukommt. Sie ist von jeder Sitzung der Verwaltungskörper ebenso in Kenntnis zu setzen wie die Mitglieder dieser Verwaltungskörper; es sind ihr auch die diesen zur Verfügung gestellten Behelfe (Sitzungsprotokolle, Tagesordnungen, Ausweise, Berichte und andere Behelfe) zu übermitteln.“

(BGBl I 2018/100)

Abschnitt II
Schlußbestimmungen

Rechtsunwirksame Vereinbarungen

§ 539. Vereinbarungen, wonach die Anwendung der Bestimmungen dieses Bundesgesetzes zum Nachteil der Versicherten (ihrer Angehörigen) im voraus ausgeschlossen oder beschränkt wird, sind ohne rechtliche Wirkung.

Grundsätze der Sachverhaltsfeststellung

§ 539a. (1) Für die Beurteilung von Sachverhalten nach diesem Bundesgesetz ist in wirtschaftlicher Betrachtungsweise der wahre wirtschaftliche Gehalt und nicht die äußere Erscheinungsform des Sachverhaltes (z.B. Werkvertrag, Dienstvertrag) maßgebend.

(2) Durch den Mißbrauch von Formen und durch Gestaltungsmöglichkeiten des bürgerlichen Rechtes können Verpflichtungen nach diesem

Bundesgesetz, besonders die Versicherungspflicht, nicht umgangen oder gemindert werden.

(3) Ein Sachverhalt ist so zu beurteilen, wie er bei einer den wirtschaftlichen Vorgängen, Tatsachen und Verhältnissen angemessenen rechtlichen Gestaltung zu beurteilen gewesen wäre.

(4) Scheingeschäfte und andere Scheinhandlungen sind für die Feststellung eines Sachverhaltes nach diesem Bundesgesetz ohne Bedeutung. Wird durch ein Scheingeschäft ein anderes Rechtsgeschäft verdeckt, so ist das verdeckte Rechtsgeschäft für die Beurteilung maßgebend.

(5) Die Grundsätze, nach denen

1. die wirtschaftliche Betrachtungsweise,
2. Scheingeschäfte, Formmängel und Anfechtbarkeit sowie
3. die Zurechnung

nach den §§ 21 bis 24 der Bundesabgabenordnung für Abgaben zu beurteilen sind, gelten auch dann, wenn eine Pflichtversicherung und die sich daraus ergebenden Rechte und Pflichten nach diesem Bundesgesetz zu beurteilen sind.
(BGBl 1996/201)

Zusätzliche Aufgaben der Versicherungsträger (Verbände)

§ 540. Soweit den Trägern der Sozialversicherung (Verbänden) auf Grund anderer Bundesgesetze oder auf Grund von Vereinbarungen Aufgaben übertragen sind, bleiben diese Aufgaben, soweit in diesem Bundesgesetz nichts anderes ausdrücklich angeordnet wird, auch weiterhin bestehen.

Einstellung von Leistungen und Unwirksamerklärung des Nachlasses von Verbindlichkeiten aus der Sozialversicherung auf Grund des Verbotsgesetzes 1947

§ 541. (1) Sind nach § 23 des Verbotsgesetzes 1947, BGBl. Nr. 25, Leistungen aus der Sozialversicherung ganz oder teilweise einzustellen oder der Nachlaß von Verbindlichkeiten aus der Sozialversicherung unwirksam zu erklären, so hat der zuständige Versicherungsträger dies bescheidmäßig festzustellen. Das gleiche gilt, wenn bescheidmäßig festgestellte Anwartschaften im Sinne der angeführten Bestimmung ganz oder teilweise aufzuheben sind. Zu erstattende Beträge sind im Bescheid ziffernmäßig anzuführen.

(2) Rechtsmittel gegen Bescheide nach Abs. 1 haben keine aufschiebende Wirkung.

(3) Zur Hereinbringung der nach Abs. 1 zu erstattenden Beträge kann mangels anderweitiger ausreichender Deckung auf rückständige Rentenbeträge und auf solche für die Zeit des vollständigen Unterhalts in einer Anstalt bis zu ihrer vollen Höhe, auf andere Rentenbeträge bis zu ihrer halben Höhe gegriffen werden. Kinderzuschüsse und Waisenrenten dürfen nicht herangezogen werden.

Übergangsbestimmungen für begünstigte Personen

§ 542. Weibliche Versicherte, denen in der Renten(Pensions)versicherung aus Anlaß der Eheschließung Beiträge erstattet worden sind und die aus einem der im § 500 angeführten Gründe einen sozialversicherungsrechtlichen Nachteil erlitten haben, können durch zinsenlose Rückzahlung des sechsfachen Erstattungsbetrages die durch die erstatteten Beiträge seinerzeit erworbenen Anwartschaften zurückerwerben. Teilzahlungen sind nach Maßgabe des § 502 Abs. 2 zweiter und dritter Satz zu bewilligen.

Aufhebung bisheriger Vorschriften

§ 543. (1) Mit dem Wirksamkeitsbeginn dieses Bundesgesetzes treten, soweit nichts anderes bestimmt wird, für dessen Wirksamkeitsbereich alle bis dahin geltenden Bestimmungen, die diesem Bundesgesetz widersprechen, außer Kraft.

(2) Insbesondere werden vom Wirksamkeitsbeginn dieses Bundesgesetzes an für dessen Wirkungsbereich unbeschadet der Bestimmungen des Abs. 6 alle am Vortag noch in Geltung stehenden Vorschriften, die gemäß § 1 Abs. 1 des Sozialversicherungs-Überleitungsgesetzes 1953, BGBl. Nr. 99, auf dem Gebiet der Sozialversicherung als vorläufiges österreichisches Recht weiter in Geltung gelassen worden sind, aufgehoben. Ferner werden vom Wirksamkeitsbeginn dieses Bundesgesetzes an für dessen Wirkungsbereich folgende Bestimmungen des neuen österreichischen Rechtes samt allen Vorschriften, die zu ihrer Ergänzung, Änderung und Durchführung erlassen worden sind – unbeschadet der Bestimmungen der Abs. 3 bis 5 – außer Kraft gesetzt, soweit sie nicht schon durch frühere gesetzliche Vorschriften aufgehoben wurden:

1. das Bundesgesetz vom 21. April 1948, BGBl. Nr. 80, über die Herabsetzung der Altersgrenze für weibliche Versicherte und Witwen in der gesetzlichen Rentenversicherung, in der Fassung des Bundesgesetzes vom 3. April 1952, BGBl. Nr. 88;
2. das Bundesgesetz vom 8. Juli 1948, BGBl. Nr. 177, über die Regelung sozialversicherungsrechtlicher Verhältnisse aus Anlaß der Aufnahme in ein öffentlich-rechtliches Dienstverhältnis oder beim Ausscheiden aus einem solchen;
3. § 10 des Hochschulassistentengesetzes 1948, BGBl. Nr. 32/1949, mit Ausnahme des Abs. 2 zweiter Satz und Abs. 4;
4. § 57 Abs. 3 des Ärztegesetzes vom 30. März 1949, BGBl. Nr. 92;
5. § 9 Abs. 2 des Krankenpflegegesetzes vom 30. März 1949, BGBl. Nr. 93;
6. das Bundesgesetz vom 19. Mai 1949, BGBl. Nr. 112, über die Änderung einiger Vorschriften in der Invalidenversicherung, in der Fassung der Bundesgesetze vom 3. April 1952, BGBl. Nr. 86 und 88;
7. das Zusatzrentengesetz vom 19. Mai 1949, BGBl. Nr. 115;

8. das knappschaftliche Zusatzrentengesetz vom 14. Juli 1949, BGBl. Nr. 175;
9. das Bundesgesetz vom 14. Juli 1949, BGBl. Nr. 194, womit die Bestimmungen über die Beitragsklassen, Beiträge und Steigerungsbeträge in der Invalidenversicherung abgeändert werden;
10. das Bundesgesetz vom 14. Juli 1949, BGBl. Nr. 196, betreffend einige Bestimmungen über die Sozialversicherung der Bediensteten der dem öffentlichen Verkehr dienenden Eisenbahnen, in der Fassung des Bundesgesetzes vom 14. März 1951, BGBl. Nr. 76;
11. das Sozialversicherungs-Anpassungsgesetz 1951 vom 25. Juli 1951, BGBl. Nr. 189;
12. das 1. Sozialversicherungs-Neuregelungsgesetz vom 3. April 1952, BGBl. Nr. 86, in der Fassung des Bundesgesetzes vom 30. Juni 1954, BGBl. Nr. 166;
13. das Sozialversicherungs-Überleitungsgesetz 1953, BGBl. Nr. 99, in der Fassung des Bundesgesetzes vom 3. Dezember 1953, BGBl. Nr. 13/1954, der 2. Novelle vom 7. April 1954, BGBl. Nr. 97, und der 3. Novelle vom 30. Juni 1954, BGBl. Nr. 165;
14. § 11 Abs. 5 letzter Satz des Verwaltergesetzes 1952, BGBl. Nr. 100/1953;
15. das Rentenbemessungsgesetz vom 6. Juli 1954, BGBl. Nr. 151;
16. das Bundesgesetz vom 30. Juni 1955, BGBl. Nr. 137, über die Erhöhung der Beiträge zur Invalidenversicherung und zur Angestelltenversicherung und die Gewährung einer Sonderzahlung für das Jahr 1955.

(3) Satzungen, die auf Grund der bisher in Geltung gestandenen gesetzlichen Vorschriften zur Durchführung der Sozialversicherung des dem Anwendungsbereich dieses Bundesgesetzes unterliegenden Personenkreises erlassen worden sind, bleiben, soweit sie zu den Bestimmungen dieses Bundesgesetzes nicht in Widerspruch stehen und auch in ihm für den gleichen Gegenstand satzungsmäßige Regelungen vorgesehen sind, unbeschadet der Bestimmungen des § 522 Abs. 7 und 8, bis zur vorgesehenen Neuregelung nach den Bestimmungen dieses Bundesgesetzes in Kraft.

(4) Bisherige Vorschriften über die Abwicklung der Geschäfte aufgelöster Versicherungsträger sind noch so weit anzuwenden, als im Zeitpunkt des Wirksamkeitsbeginnes dieses Bundesgesetzes die Abwicklung noch nicht abgeschlossen war.

(5) Soweit auf Grund des § 5 des im Abs. 2 Z 2 bezogenen Bundesgesetzes die Durchführung der Unfallfürsorge nach einer dienstrechtlichen Regelung einem Träger der Unfallversicherung übertragen worden ist, hat es hiebei solange zu verbleiben, bis die Übertragung durch eine Änderung der dienstrechtlichen Regelung widerrufen wird.

(6) Durch die Bestimmungen dieses Bundesgesetzes bleiben insbesondere unberührt:

1. die Bestimmungen des Geschlechtskrankheitengesetzes vom 22. August 1945, StGBl. Nr. 152, über die Leistungspflicht der Träger der Sozialversicherung;
2. die Bestimmungen des Opferfürsorgegesetzes vom 4. Juli 1947, BGBl. Nr. 183, in der letztgeltenden Fassung über die Leistungspflicht der Träger der Sozialversicherung;
3. die die Sozialversicherung betreffenden Bestimmungen des Kriegsopferversorgungsgesetzes vom 14. Juli 1949, BGBl. Nr. 197, in der letztgeltenden Fassung;
4. die Bestimmungen der Verordnung vom 23. Feber 1950, BGBl. Nr. 79, betreffend die Regelung der Arzneipreise in Apotheken, in der Fassung der Verordnung vom 22. Feber 1954, BGBl. Nr. 48;
5. (aufgehoben)
6. die Bestimmungen des Art. II Abs. 2 des Bundesgesetzes vom 9. Juli 1953, BGBl. Nr. 141, womit das Bundesgesetz über die Beschäftigung von Kindern und Jugendlichen abgeändert wird.

(7) Bis zur Neuregelung der Behandlung der Beiträge im Ausgleichs- und Konkursverfahren in der Ausgleichs- und der Insolvenzordnung ist die Verordnung über die Rangstellung der Beitragsrückstände in der Sozialversicherung im Konkursverfahren vom 7. Mai 1942, Deutsches RGBl. I S. 330, weiter anzuwenden.

(BGBl I 2010/29)

§ 544. Soweit in diesem Bundesgesetz auf Bestimmungen anderer Bundesgesetze verwiesen wird, sind diese, wenn nicht ausdrücklich anderes bestimmt wird, in ihrer jeweils geltenden Fassung anzuwenden.

Vollzug des Bundesgesetzes

§ 545. (1) Mit der Vollziehung dieses Bundesgesetzes ist, soweit darin nichts anderes angeordnet ist, hinsichtlich der Bestimmungen der §§ 370 bis 407 das Bundesministerium für Justiz im Einvernehmen mit dem Bundesministerium für soziale Verwaltung, hinsichtlich aller übrigen Bestimmungen das Bundesministerium für soziale Verwaltung im Einvernehmen mit den beteiligten Bundesministerien betraut.

(BGBl I 2001/131)

(2) Mit der Vollziehung der §§ 148, 149 Abs. 2, 189 Abs. 4 und 301 Abs. 4, die gemäß Art. 12 Abs. 1 Z 2 des Bundes-Verfassungsgesetzes in die Kompetenz der Länder fallen, ist die zuständige Landesregierung, mit der Wahrnehmung der Rechte des Bundes gemäß Art. 15 Abs. 8 des Bundes-Verfassungsgesetzes das Bundesministerium für soziale Verwaltung betraut.

(3) Mit der Vollziehung des § 41a in der Fassung des Bundesgesetzes BGBl. I Nr. 132/2002 und des § 446a in der Fassung des Bundesgesetzes BGBl. Nr. 676/1991 ist der Bundesminister für so-

ziale Sicherheit und Generationen im Einvernehmen mit dem Bundesminister für Finanzen betraut.

(BGBl I 2002/132)

(4) Mit der Vollziehung des § 349 Abs. 2 in der Fassung des Bundesgesetzes BGBl. Nr. 676/1991 ist, soweit es sich um die Feststellung der Leistungsfähigkeit bezüglich der psychosozialen Versorgung handelt, der Bundesminister für Gesundheit, Sport und Konsumentenschutz betraut.

(5) Mit der Vollziehung des § 459b in der Fassung des Bundesgesetzes BGBl. Nr. 474/1992 ist der Bundesminister für Finanzen im Einvernehmen mit dem Bundesminister für Umwelt, Jugend und Familie und dem Bundesminister für Arbeit und Soziales betraut.

(6) Mit der Vollziehung des § 37d in der Fassung des Bundesgesetzes BGBl. Nr. 411/1996 ist der Bundesminister für Arbeit und Soziales im Einvernehmen mit dem Bundesminister für Inneres betraut.

(BGBl 1996/411)

(7) Mit der Vollziehung der §§ 80c und 447a Abs. 10 ist der Bundesminister für Finanzen betraut.

(BGBl I 2004/156, BGBl I 2007/101, BGBl I 2014/28)

(8) Mit der Vollziehung des § 67a Abs. 13 in der Fassung des Bundesgesetzes BGBl. I Nr. 91/2008 ist die Bundesministerin für Justiz betraut.

(BGBl I 2008/91)

(9) Mit der Vollziehung des § 351j Abs. 2 in der Fassung des Bundesgesetzes BGBl. I Nr. 130/2013 ist der Bundeskanzler im Einvernehmen mit dem Bundesminister für Finanzen betraut.

(BGBl I 2013/130)

(10) Mit der Vollziehung der Kostentragung nach § 53b Abs. 6 ist die Bundesministerin für Inneres betraut. Mit der Vollziehung der Kostentragung nach § 53b Abs. 7 ist der Bundesminister für Landesverteidigung und Sport betraut.

(BGBl I 2013/139, BGBl I 2015/2)

(11) Mit der Vollziehung des § 31a Abs. 10 ist der Bundesminister für Inneres betraut.

(BGBl I 2019/23)

Vollziehung in unmittelbarer Bundesverwaltung

§ 545a. Der Bundesminister für Arbeit, Soziales und Konsumentenschutz und der Bundesminister für Gesundheit besorgen die Aufgaben nach den §§ 412, 414 und 452a in unmittelbarer Bundesverwaltung.

(BGBl I 2013/87)

Wirksamkeitsbeginn

§ 546. (1) Dieses Bundesgesetz tritt, soweit im § 536 und im folgenden nichts anderes bestimmt wird, am 1. Jänner 1956 in Kraft.

(2) Es treten in Kraft

a) rückwirkend mit dem 1. April 1952 die Bestimmungen der §§ 308 bis 313 über die Aufnahme in ein pensionsversicherungsfreies Dienstverhältnis und das Ausscheiden aus einem solchen, wenn der Tag der Aufnahme oder des Ausscheidens nach dem 31. März 1952 liegt und nicht vor der Kundmachung dieses Bundesgesetzes eine Leistung aus der Pensionsversicherung angefallen ist;

b) mit dem Beginn der Beitragsperiode Jänner 1956 die Bestimmungen der §§ 44 bis 47, 49, 51 bis 59 über die Beiträge zur Pflichtversicherung auf Grund des Arbeitsverdienstes (Erwerbseinkommens);

c) mit dem 1. Jänner 1959 die Bestimmung des § 431 Abs. 1 letzter Satz;

d) mit dem Ablauf des Tages der Kundmachung dieses Bundesgesetzes die §§ 148, 149 Abs. 2, 189 Abs. 4 und 301 Abs. 4 gegenüber den Ländern für die Ausführungsgesetzgebung.

(3) Die Bestimmungen der §§ 48 und 62 bis 64 sind auch auf Beiträge anzuwenden, die vor dem Beginn der Beitragsperiode Jänner 1956 fällig geworden sind, aber in diesem Zeitpunkt noch als Rückstände aushaften.

(4) Die Bestimmungen des § 69 über die Rückforderung ungebührlich entrichteter Beiträge gelten entsprechend für noch nicht verjährte Rückforderungen, die vor dem Beginn der Beitragsperiode Jänner 1956 entstanden sind.

(5) Die nach den bisherigen Bestimmungen festgesetzten Werte der Sachbezüge bleiben bis zur Neufestsetzung (§ 50) in Geltung.

(6) Die Ausführungsgesetze der Länder zu den grundsatzgesetzlichen Bestimmungen sind binnen sechs Monaten ab Kundmachung dieses Bundesgesetzes zu erlassen.

(7) Bei rückwirkender Anwendung der §§ 308 bis 313 ist der Antrag des Dienstgebers gemäß § 308 Abs. 1 bis zum 31. Dezember 1958 zu stellen. Bis zum gleichen Zeitpunkt sind die Überweisungsbeträge (Beitragsrückzahlungen) gemäß § 311 zu leisten.

(8) Durchführungsverordnungen zu diesem Bundesgesetz können von dem der Kundmachung folgenden Tag an erlassen werden. Sie treten jedoch frühestens mit den ihnen zugrunde liegenden Gesetzesbestimmungen in Kraft.

Schlußbestimmungen zum Bundesgesetz BGBl. Nr. 676/1991 (50. Novelle)

§ 547. (1) Es treten in Kraft:

1. mit 1. Jänner 1992 die §§ 5 Abs. 1 Z 3 lit. a, 16a, 17 Abs. 1, 4, 5 und 6, 18 Abs. 7, 18a Abs. 7, 31 Abs. 2, 3, 5 und 8, 33 Abs. 3, 40, 41 Abs. 1, 56a Abs. 2, 63b, 68 Abs. 1, 69 Abs. 1, 73 Abs. 4, 76a Abs. 1, 76b Abs. 5, 77 Abs. 1 und 2, 80a, 82 Abs. 3, 86 Abs. 4, 90 Abs. 1, 108a Abs. 1, 3, 4 und 5, 108b Abs. 2, 108c Abs. 1, 108d, 108e Abs. 10, 108l, 116 Abs. 1 bis 5, 117 Z 1 bis 3, 120 Abs. 1, 122

Abs. 2 und 3, 123 Abs. 5, 125 Abs. 1, 131b, 135 Abs. 1, 140 Z 1, 141 Abs. 3, 143 Abs. 1 und 3, 144 Abs. 1 und 3, 151, 152, 154 Abs. 1, 154a, 154b, 155 Abs. 1, 2 und 5, 156 Abs. 1, 157, 158 Abs. 3, 159, 162 Abs. 1, 3 und 5, 166 Abs. 1 und 3, 175 Abs. 2, 183 Abs. 2, 195 Abs. 6, 199 Abs. 3, 225 Abs. 1 Z 3, 227 Abs. 1 und 3, 235 Abs. 2 und 3, 236 Abs. 4, 238 Abs. 4 Z 1, 253a Abs. 1, 261 Abs. 5, 276a Abs. 1, 293 Abs. 1 und 2, 302 Abs. 2, 306 Abs. 4, 307d Abs. 2, 307e Abs. 2, 324 Abs. 3, 338 Abs. 1, 342 Abs. 1, 349 Abs. 2 bis 4, 350 Abs. 1, 352, 367 Abs. 1, 412, 413 Abs. 1, 422, 424, 431 Abs. 5 bis 7, 432, 433 Abs. 6, 434 Abs. 1 bis 3, 446a, 451 Abs. 1, 459a, 468 Abs. 2, 472a Abs. 2 und 4, 474 Abs. 1, 506b Abs. 3, 544 sowie in der Anlage 1 die Nrn. 6, 10, 15, 25, 30, 45 und 46 in der Fassung des Bundesgesetzes BGBl. Nr. 676/1991;

2. rückwirkend mit 1. Jänner 1985 § 73 Abs. 9 in der Fassung des Bundesgesetzes BGBl. Nr. 676/1991;
3. rückwirkend mit 1. Jänner 1988 die §§ 225 Abs. 1 Z 5, 226 Abs. 2, 227 Abs. 5 und 6, 238 Abs. 4 Z 3, 242 Abs. 2 und 3, 243 Abs. 2, 244 Abs. 1, 250 Abs. 3 und 313 in der Fassung des Bundesgesetzes BGBl. Nr. 676/1991 sowie § 311 Abs. 5 siebenter Satz in der Fassung des Bundesgesetzes BGBl. Nr. 294/1990;
4. rückwirkend mit 3. September 1990 § 228 Abs. 2 in der Fassung des Bundesgesetzes BGBl. Nr. 676/1991;
5. rückwirkend mit 1. April 1991 § 276 Abs. 3 in der Fassung des Bundesgesetzes BGBl. Nr. 676/1991;
6. mit dem Beginn des Beitragszeitraumes Jänner 1992 die §§ 51 Abs. 1 Z 1, 51b, 54 Abs. 5 und 479d Abs. 2 in der Fassung des Bundesgesetzes BGBl. Nr. 676/1991;
7. mit 1. September 1992 die §§ 76 Abs. 1 und 4 und 124 Abs. 1 in der Fassung des Bundesgesetzes BGBl. Nr. 676/1991.

(2) Personen, die nach den am 31. Dezember 1991 in Geltung gestandenen Vorschriften des § 17 Abs. 1 lit. b zur Weiterversicherung in der Pensionsversicherung nach diesem Bundesgesetz berechtigt waren, es aber nach den Bestimmungen des § 17 Abs. 1 Z 1 lit. b in der Fassung des Bundesgesetzes BGBl. Nr. 676/1991 nicht mehr gewesen wären, können das Recht auf freiwillige Weiterversicherung in der Pensionsversicherung noch bis zum 30. Juni 1992 geltend machen.

(3) Abweichend von den Bestimmungen des § 51 Abs. 1 Z 2 beträgt ab Beginn des Beitragszeitraumes Jänner 1993 bis zum 31. Dezember 1995 der Beitragssatz in der Unfallversicherung 1,3 vH der allgemeinen Beitragsgrundlage.

(BGBl 1993/335, BGBl 1995/43)

(4) § 86 Abs. 4 in der Fassung des Bundesgesetzes BGBl. Nr. 676/1991 gilt auch für Versicherungsfälle, die nach dem 31. Dezember 1955 eingetreten sind. Die Rechtskraft bereits ergangener Entscheidungen steht dem nicht entgegen.

(5) Die §§ 162 Abs. 5 und 199 Abs. 3 in der Fassung des Bundesgesetzes BGBl. Nr. 676/1991 sind nur dann anzuwenden, wenn der Versicherungsfall nach dem 31. Dezember 1991 eingetreten ist.

(6) Ist eine Person am 1. Dezember 1991 auf Grund der Folgen eines Unfalles, der erst gemäß § 175 Abs. 2 Z 2 bzw. Z 10 in der Fassung des Bundesgesetzes BGBl. Nr. 676/1991 als Arbeitsunfall anerkannt wird, völlig erwerbsunfähig, so sind ihr die Leistungen aus der Unfallversicherung zu gewähren, wenn der Versicherungsfall nach dem 31. Dezember 1955 eingetreten ist und der Antrag bis 31. Dezember 1992 gestellt wird. Die Leistungen sind frühestens ab 1. Jänner 1992 zu gewähren. Wird der Antrag später gestellt, so gebühren die Leistungen ab dem auf die Antragstellung folgenden Monatsersten.

(7) Im Falle des durch einen Unfall verursachten Todes des Versicherten, der erst gemäß § 175 Abs. 2 Z 2 bzw. 10 in der Fassung des Bundesgesetzes BGBl. Nr. 676/1991 als Arbeitsunfall anerkannt wird, sind die Leistungen der Unfallversicherung an die Hinterbliebenen zu gewähren, wenn der Versicherungsfall nach dem 31. Dezember 1955 eingetreten ist und der Antrag bis 31. Dezember 1992 gestellt wird. Die Leistungen sind frühestens ab 1. Jänner 1992 zu gewähren. Wird der Antrag später gestellt, so gebühren die Leistungen ab dem auf die Antragstellung folgenden Monatsersten.

(8) Personen, die gemäß § 225 Abs. 1 Z 3 lit. b in der am 31. Dezember 1991 in Geltung gestandenen Fassung Beiträge wirksam entrichten konnten, es aber nach den Bestimmungen des § 225 Abs. 1 Z 3 lit. b in der Fassung des Bundesgesetzes BGBl. Nr. 676/1991 nicht mehr können, können diese Beiträge bis 31. Dezember 1992 wirksam entrichten.

(9) Die §§ 227 Abs. 1 Z 6 und 238 Abs. 4 Z 1 in der am 31. Dezember 1991 in Geltung gestandenen Fassung sind auf Versicherungsfälle weiterhin anzuwenden, in denen der Stichtag nach dem 31. Dezember 1991 liegt, wenn der Anspruch auf Krankengeld ausschließlich gemäß § 143 Abs. 1 Z 2 vor dem 1. Jänner 1992 ruhte.

(10) § 228 Abs. 2 letzter Satz in der Fassung des Bundesgesetzes BGBl. Nr. 676/1991 ist auf Versicherungsfälle anzuwenden, in denen der Stichtag nach dem 2. September 1990 liegt.

(11) Die §§ 253a Abs. 1 und 276a Abs. 1 in der Fassung des Bundesgesetzes BGBl. Nr. 676/1991 sind nur auf Versicherungsfälle anzuwenden, in denen der Stichtag nach dem 31. Dezember 1991 liegt.

(12) Leidet ein Versicherter am 1. Dezember 1991 an einer Krankheit, die erst auf Grund des Bundesgesetzes BGBl. Nr. 676/1991 als Berufskrankheit anerkannt wird, so sind ihm die Leistun-

gen der Unfallversicherung zu gewähren, wenn der Versicherungsfall nach dem 31. Dezember 1955 eingetreten ist und der Antrag bis 31. Mai 1992 gestellt wird. Die Leistungen sind frühestens ab 1. Dezember 1991 zu gewähren. Wird der Antrag später gestellt, so gebühren die Leistungen ab dem Tag der Antragstellung.

(13) Im Falle des durch eine Krankheit verursachten Todes des Versicherten, die erst auf Grund des Bundesgesetzes BGBl. Nr. 676/1991 als Berufskrankheit anerkannt wird, sind die Leistungen der Unfallversicherung an die Hinterbliebenen zu gewähren, wenn der Versicherungsfall nach dem 31. Dezember 1955 eingetreten ist und der Antrag bis 31. Mai 1992 gestellt wird. Die Leistungen sind frühestens ab 1. Dezember 1991 zu gewähren. Wird der Antrag später gestellt, so gebühren die Leistungen ab dem Tag der Antragstellung.

(BGBl I 1998/138)

Schlußbestimmungen zu Art. I des Sozialrechts-Änderungsgesetzes 1992, BGBl. Nr. 474

§ 548. (1) Die §§ 8 Abs. 1 Z 3 lit. i, 16 Abs. 2 Z 1, 76 Abs. 1 Z 2 lit. a, 76 Abs. 1 Z 2 lit. b, 76 Abs. 1 Z 2 lit. c, 123 Abs. 4 Z 1, 252 Abs. 2 Z 1, 292 Abs. 4 lit. b, 459b und 545 Abs. 5 treten mit 1. September 1992 in Kraft.

(2) Der Anspruch auf die Leistungen der Krankenversicherung für Personen, die am 31. August 1992 als Angehörige galten, nach den Bestimmungen des Bundesgesetzes BGBl. Nr. 474/1992 aber nicht mehr als Angehörige gelten, bleibt auch über das Ende der Angehörigeneigenschaft aufrecht, solange die Voraussetzungen für einen am 31. August 1992 bestandenen Leistungsanspruch gegeben sind.

(3) § 252 Abs. 2 Z 1 in der Fassung des Bundesgesetzes BGBl. Nr. 474/1992 ist in allen Fällen anzuwenden, in denen das Kind das 18. Lebensjahr nach dem 31. Dezember 1987 vollendet.

(4) Für Selbstversicherte in der Krankenversicherung gemäß § 16 Abs. 2, für deren Beitragsgrundlage am 31. August 1992 § 76 Abs. 1 Z 2 erster Halbsatz anzuwenden ist, nach den Bestimmungen des Bundesgesetzes BGBl. Nr. 474/1992 aber nicht mehr anzuwenden wäre, ist die bisherige Beitragsgrundlage längstens bis 30. September 1992 weiter anzuwenden.

(5) § 252 Abs. 2 Z 1 erster Halbsatz in der vor dem 1. September 1992 geltenden Fassung, ist in allen Fällen weiter anzuwenden, in denen das Kind das 18. Lebensjahr vor dem 1. September 1992 vollendet hat und eine im § 1 des Studienförderungsgesetzes 1983, BGBl. Nr. 436, genannte Einrichtung besucht hat.

(BGBl I 1998/138)

Schlußbestimmung zu Art. IV des Arbeitsrechtlichen Begleitgesetzes, BGBl. Nr. 833/1992

§ 549. § 5 Abs. 2 zweiter Satz dieses Bundesgesetzes in der Fassung des Bundesgesetzes BGBl. Nr. 833/1992 tritt mit 1. Jänner 1993 in Kraft.

(BGBl I 1998/138)

Schlußbestimmung zu Art. I des 2. Sozialrechts-Änderungsgesetzes 1992, BGBl. Nr. 17/1993

§ 550. Die Abs. 1 und 2 des § 293 in der Fassung des Bundesgesetzes BGBl. Nr. 17/1993 treten mit 1. Jänner 1993 in Kraft.

(BGBl I 1998/138)

Schlußbestimmungen zu Art. I des Sozialrechts-Änderungsgesetzes 1993, BGBl. Nr. 335 (51. Novelle)

§ 551. (1) Es treten in Kraft:

1. mit 1. Juli 1993 die §§ 14 Abs. 1 Z 2, 15 Abs. 1 und 2, 21 Abs. 2, 29, 49 Abs. 3 Z 9, 86 Abs. 3 Z 1, 135 Abs. 1 Z 1, 143 Abs. 1 Z 3, 151 Abs. 2, 166 Abs. 1 Z 2, 215 Abs. 3, 245 Abs. 7, 248 Abs. 1, 248b, 251a Abs. 3, 258 Abs. 4, 292 Abs. 3, 294 Abs. 3 und 5, 307e Abs. 1, 324 Abs. 3, 347 Abs. 6, 360 Abs. 3, 412 Abs. 6, 434 Abs. 1, 502 Abs. 6, 547 Abs. 3 sowie in der Anlage 9 die Z 4, 7 und 8 in der Fassung des Bundesgesetzes BGBl. Nr. 335/1993;
2. mit 1. Juli 1993 weiters die §§ 5 Abs. 2, 18, 40 Abs. 2, 44 Abs. 6, 45 Abs. 1, 56a Abs. 2, 70, 74 Abs. 1, 76a Abs. 1 und 3, 76b Abs. 1 und 3, 77 Abs. 2 und 4, 78 Abs. 3, 95 Abs. 1, 99 Abs. 3 Z 2 und 3 und Abs. 4, 107 Abs. 5, 107a, 108 bis 108l, 122 Abs. 4, 136 Abs. 3, 137 Abs. 2, 141 Abs. 3, 154 Abs. 1, 181 Abs. 1, 181b, 212 Abs. 3, 222 Abs. 1 Z 1 und Abs. 2 Z 1, 223 Abs. 2, 225 Abs. 1 Z 3, 227 Abs. 1 Z 4 und Abs. 2, 228 Abs. 1 Z 10, 231, 232 Abs. 1, 233, 234 Abs. 1 Z 11, 235 Abs. 2, 236 Abs. 1 bis 4, 238, 238a, 239, 240, 241, 241a, 242, 243 Abs. 1 Z 3, 244 Abs. 3, 248a, 249 Abs. 1, 250 Abs. 2, 251a Abs. 4 lit. b und c, Abs. 7 Z 3, 4 und 7, 253, 253a Abs. 3, 253b Abs. 1 und 4, 253c, 253d, 254 Abs. 1 und 5, 255 Abs. 4, 255a, 261, 261a, 261b, 261c, 262, 264 in der Fassung des Art. I Z 93, 266, 267 in der Fassung des Art. I Z 96, 269 Abs. 2, 270, 271 Abs. 1 und 3, 273 Abs. 3, 273a, 274, 276, 276a Abs. 3, 276b Abs. 1 und 4, 276c, 276d, 279 Abs. 1 und 3, 280, 283, 284, 284a, 284b, 284c, 285 Abs. 1, 288 Abs. 1, 289, 292 Abs. 4 lit. h, 293 Abs. 2, 306 Abs. 2, 307e Abs. 2, 308 Abs. 3, 354 Z 4, 361 Abs. 2, 447f Abs. 5 Z 4, 470 Abs. 3, 479 Abs. 2 Z 1, 502 Abs. 4, 506a, 522 Abs. 3 Z 1 lit. b, 522k Abs. 2 und 529 Abs. 5 in der Fassung des Bundesgesetzes BGBl. Nr. 335/1993;

   (BGBl 1994/20)
3. mit dem Beginn des Beitragszeitraumes Juli 1993 § 44 Abs. 1 Z 7 in der Fassung des Bundesgesetzes BGBl. Nr. 335/1993;
4. mit 1. Jänner 1994 die §§ 33 Abs. 2, 37, 79a, 80, 80a und 447g in der Fassung des Bundesgesetzes BGBl. Nr. 335/1993;
5. (aufgehoben)

   (BGBl 1995/132)

6. rückwirkend mit 1. Jänner 1992 die §§ 447a Abs. 5, 447c Abs. 1 lit. e, 447f Abs. 1 und 8 und 472a Abs. 2 und 3 in der Fassung des Bundesgesetzes BGBl. Nr. 335/1993;
7. rückwirkend mit 1. Juli 1992 § 421 Abs. 2 in der Fassung des Bundesgesetzes BGBl. Nr. 335/1993;
8. rückwirkend mit 1. September 1992 die §§ 4 Abs. 1 Z 5 und 16 Abs. 2 Z 1 in der Fassung des Bundesgesetzes BGBl. Nr. 335/1993;
9. rückwirkend mit 1. Jänner 1993 die §§ 104 Abs. 2, 244a und 292 Abs. 4 lit. g in der Fassung des Bundesgesetzes BGBl. Nr. 335/1993;

   (BGBl 1994/20)

10. rückwirkend mit 1. März 1993 § 67 Abs. 9 in der Fassung des Bundesgesetzes BGBl. Nr. 335/1993.

(2) Die §§ 447a Abs. 5, 447c Abs. 1 lit. e und 447f Abs. 1 und 8 in der Fassung des Bundesgesetzes BGBl. Nr. 335/1993 treten gemeinsam mit der Vereinbarung gemäß Art. 15a B-VG über die Krankenanstaltenfinanzierung für die Jahre 1991 bis einschließlich 1994, BGBl. Nr. 863/1992, außer Kraft.

(3) Bei der Anwendung des § 95 in der Fassung des Bundesgesetzes BGBl. Nr. 335/1993 auf Leistungen mit einem vor dem 1. Juli 1993 liegenden Stichtag ist der Zurechnungszuschlag und der Kinderzuschlag nach den vor dem 1. Juli 1993 in Geltung gestandenen Vorschriften heranzuziehen.

(4) Personen, die erst auf Grund der §§ 215 Abs. 3 lit. d bzw. 258 Abs. 4 lit. d in der Fassung des Bundesgesetzes BGBl. Nr. 335/1993 Anspruch auf eine Leistung aus der Unfall- bzw. Pensionsversicherung nach dem Allgemeinen Sozialversicherungsgesetz erhalten, gebührt diese Leistung ab 1. Juli 1993, wenn der Antrag bis zum 30. Juni 1994 gestellt wird, sonst ab dem auf die Antragstellung folgenden Monatsersten. Art. II Abs. 4 und 5 der 36. Novelle zum Allgemeinen Sozialversicherungsgesetz, BGBl. Nr. 282/1981, ist anzuwenden.

(5) Als Beitragszeiten im Sinne des § 225 in der Fassung des Bundesgesetzes BGBl. Nr. 335/1993 sind auch anzusehen Zeiten der Weiterversicherung sowie Zeiten der Selbstversicherung gemäß § 225 Abs. 1 Z 3 lit. a in der am 30. Juni 1993 geltenden Fassung, wenn die Entbindung vor dem 1. Juli 1993 erfolgt ist und die Beiträge bis längstens 30. Juni 1999 wirksam (§ 230) entrichtet werden.

(6) Die §§ 227a, 228a, 236 Abs. 1 bis 3, 238, 239, 242, 244a, 251a Abs. 7 Z 3, 253, 253a Abs. 3, 253b Abs. 1 und 4, 253c, 253d, 254 Abs. 1 und 5, 255 Abs. 3 und 4, 261, 261a, 261b, 271 Abs. 1 und 3, 273 Abs. 3, 274, 276, 276a Abs. 3, 276b Abs. 1 und 4, 276c, 276d, 279 Abs. 1 und 3, 284, 284a und 284b in der Fassung des Bundesgesetzes BGBl. Nr. 335/1993 sind nur auf Versicherungsfälle anzuwenden, in denen der Stichtag nach dem 30. Juni 1993 liegt.

(BGBl 1994/20)

(7) Bei Personen mit Stichtag 1. Jänner 1993 bis 1. Juni 1993, bei denen Zeiten gemäß § 227a bzw. § 228a nach der am 1. Juli 1993 geltenden Rechtslage für die Pension zu berücksichtigen gewesen wären, wenn diese Rechtslage bereits am 1. Jänner 1993 in Kraft getreten wäre, ist die Pension von Amts wegen auf Grund der am 1. Juli 1993 geltenden Rechtslage (gesamtes Bemessungsrecht) neu zu bemessen. § 227a Abs. 7 bzw. § 228a Abs. 4 ist nicht anzuwenden. Wenn es für sie günstiger ist, gebührt die neu bemessene Pension rückwirkend ab Pensionsbeginn.

(BGBl 1994/20)

(8) Abweichend von Abs. 6 bleiben, wenn dies für den Versicherten günstiger ist, die Bestimmungen über die Anspruchsvoraussetzungen mit Ausnahme der Voraussetzung der §§ 253 Abs. 1 Z 2 und 253b Abs. 1 lit. e bzw. der §§ 276 Abs. 1 Z 2 und 276b Abs. 1 lit. e und die Bestimmungen über die Bemessung einer Pension – unter Berücksichtigung einer allfälligen Erhöhung der Alterspension (Knappschaftsalterspension) beim Aufschub der Geltendmachung des Anspruches und unter Außerachtlassung eines allfälligen Kinderzuschusses und Hilflosenzuschusses (Pflegegeldes) – in der am 30. Juni 1993 geltenden Fassung für Versicherungsfälle, deren Stichtag in den Zeitraum vom 1. Juli 1993 bis 1. Dezember 1996 fällt, mit der Maßgabe weiterhin anwendbar, daß für die Ermittlung der Bemessungsgrundlage anstelle der letzten 120 Versicherungsmonate bei einem Stichtag

1. vom 1. Jänner 1995 bis 1. Dezember 1995 die letzten 132 Versicherungsmonate,
2. vom 1. Jänner 1996 bis 1. Dezember 1996 die letzten 156 Versicherungsmonate

aus allen Zweigen der Pensionsversicherung heranzuziehen sind. Dies gilt bei Anwendung des § 238 Abs. 2 Z 1 und 2 in der am 30. Juni 1993 geltenden Fassung in den Fällen der Z 1, wenn der Stichtag vor bzw. nach Vollendung des 51. Lebensjahres liegt, in den Fällen der Z 2, wenn der Stichtag vor bzw. nach Vollendung des 53. Lebensjahres liegt. Dabei ist § 108c in der am 30. Juni 1993 in Geltung gestandenen Fassung mit der Maßgabe weiter anzuwenden, daß bei der Festsetzung der Aufwertungsfaktoren für die Jahre 1994 bis 1996 anstelle des Richtwertes der jeweils geltende Anpassungsfaktor des zweitvorangegangenen Kalenderjahres tritt.

(BGBl 1994/20)

(9) Eine Pension, die gemäß Abs. 8 nach dem am 30. Juni 1993 geltenden Recht gewährt wird, setzt sich aus zwei Bestandteilen zusammen:

1. der Pension, die auf Grund der ab 1. Juli 1993 geltenden Rechtslage gebühren würde und
2. einem Ergänzungsbetrag, der sich aus der Differenz der Höhe der Pension gemäß Abs. 8 und der Pension gemäß Z 1 ergibt.

Die Pension gemäß Z 1 unterliegt sämtlichen Bestimmungen des ab 1. Juli 1993 geltenden Rechtes. Der Ergänzungsbetrag gemäß Z 2 unterliegt nur der Anpassung gemäß § 108h. Er gebührt nur in Verbindung mit der Pension gemäß Z 1.

(BGBl 1994/20)

(10) Bei einem Antrag auf eine vorzeitige Alterspension gemäß § 253a, § 253b, § 276a oder § 276b oder auf eine Alterspension gemäß § 253 oder § 276 ist das am 30. Juni 1993 geltende Recht weiter anzuwenden, wenn bereits ein rechtskräftig zuerkannter Anspruch auf eine Pension aus dem Versicherungsfall der geminderten Arbeitsfähigkeit nach diesem Bundesgesetz oder aus dem Versicherungsfall der dauernden Erwerbsunfähigkeit nach dem Gewerblichen Sozialversicherungsgesetz oder dem Bauern-Sozialversicherungsgesetz, deren Stichtag vor dem 1. Juli 1993 liegt, besteht oder bestanden hat und nicht entzogen wurde. Ein Antrag auf eine vorzeitige Alterspension gemäß § 253c, § 253d, § 276c oder § 276d ist in diesem Fall unzulässig. Dasselbe gilt bei einem Antrag auf Alterspension gemäß § 253 oder § 276, wenn bereits ein rechtskräftig zuerkannter Anspruch auf eine vorzeitige Alterspension bei Arbeitslosigkeit oder bei langer Versicherungsdauer nach diesem Bundesgesetz, dem Gewerblichen Sozialversicherungsgesetz oder dem Bauern-Sozialversicherungsgesetz, deren Stichtag vor dem 1. Juli 1993 liegt, besteht oder bestanden hat. Wird bei einer Invaliditäts- oder Berufsunfähigkeitspension nach diesem Bundesgesetz, bei einer Erwerbsunfähigkeitspension nach dem Gewerblichen Sozialversicherungsgesetz oder dem Bauern-Sozialversicherungsgesetz oder bei einer vorzeitigen Alterspension bei langer Versicherungsdauer oder bei Arbeitslosigkeit nach diesem Bundesgesetz, dem Gewerblichen Sozialversicherungsgesetz oder dem Bauern-Sozialversicherungsgesetz, deren Stichtag vor dem 1. Juli 1993 liegt, bei Vollendung des 65. Lebensjahres bei Männern bzw. des 60. Lebensjahres bei Frauen kein Antrag auf eine Alterspension gemäß § 253 oder § 276 gestellt, so ist das am 30. Juni 1993 geltende Recht weiter anzuwenden.

(BGBl 1994/20, BGBl 1996/411)

(11) Ein am 30. Juni 1993 bestandener Anspruch auf Kinderzuschuß gemäß den §§ 262 bzw. 286 in der am 30. Juni 1993 geltenden Fassung bleibt auch über diesen Zeitpunkt hinaus solange weiter bestehen, solange die Voraussetzungen für den Anspruch nach der am 30. Juni 1993 geltenden Rechtslage gegeben sind. Die bis 30. Juni 1993 den Kinderzuschuss betreffenden Bestimmungen sind dabei weiter anzuwenden, und zwar so, dass der Kinderzuschuss ab 1. Jänner 2002 mindestens 29,07 € beträgt.

(BGBl 1994/20, BGBl I 2002/1)

(12) § 262 in der Fassung des Bundesgesetzes BGBl. Nr. 335/1993 ist nur auf Leistungen anzuwenden, die nach dem 30. Juni 1993 anfallen.

(BGBl 1994/20)

(13) In den Fällen des Bezuges einer Sonderunterstützung ist Abs. 8 sinngemäß anzuwenden.

(BGBl 1994/20)

(14) § 264 in der Fassung des Art. I Z 93 des Bundesgesetzes BGBl. Nr. 335/1993 ist auf alle Versicherungsfälle des Todes, in denen der Stichtag nach dem 30. Juni 1993 liegt, anzuwenden; in den Fällen des § 264 Abs. 1 Z 3 und 4 ist § 264 Abs. 1 in der am 30. Juni 1993 geltenden Fassung weiterhin anzuwenden, wenn der Stichtag der Pension des (der) Verstorbenen vor dem 1. Juli 1993 liegt. Art. II Abs. 7 und 8 der 36. Novelle zum Allgemeinen Sozialversicherungsgesetz, BGBl. Nr. 282/1981, ist anzuwenden.

(BGBl 1994/20)

(15) (aufgehoben)

(BGBl 1995/132)

(16) Ein Versicherter (eine Versicherte), der (die) am 30. Juni 1993 in der knappschaftlichen Pensionsversicherung versichert ist, bleibt auch für die nach diesem Zeitpunkt liegenden Zeiten einer Beschäftigung in einem knappschaftlichen Betrieb in der knappschaftlichen Pensionsversicherung versichert. Die Bestimmungen des Abschnittes IV des Vierten Teiles dieses Bundesgesetzes finden Anwendung. Dies gilt auch für jene Personen, die am 30. Juni 1993 eine Leistung aus der Arbeitsmarktverwaltung beziehen und unmittelbar vor Inanspruchnahme dieser Leistung in der knappschaftlichen Pensionsversicherung versichert waren.

(BGBl 1994/20)

(17) Personen, die erst auf Grund des § 502 Abs. 6 in der Fassung des Bundesgesetzes BGBl. Nr. 335/1993 Anspruch auf eine Leistung aus der Pensionsversicherung nach dem Allgemeinen Sozialversicherungsgesetz erhalten, gebührt diese Leistung ab 1. Juli 1993, wenn der Antrag bis zum 30. Juni 1994 gestellt wird, sonst ab dem auf die Antragstellung folgenden Monatsersten. Befindet sich der Antragsteller im Zeitpunkt der Antragstellung in Auswirkung einer aus den Gründen des § 500 Abs. 1 erfolgten Auswanderung noch im Ausland, ist das Zutreffen der Voraussetzungen für den Leistungsanspruch abweichend von § 223 Abs. 2 zum Zeitpunkt des Eintrittes des Versicherungsfalles zu prüfen.

(BGBl 1994/20)

(18) § 502 Abs. 6 in der Fassung des Bundesgesetzes BGBl. Nr. 335/1993 ist auf Antrag auch auf Leistungsansprüche anzuwenden, die am 30. Juni 1993 bereits bestehen. Eine sich daraus ergebende Erhöhung der Leistungsansprüche gebührt ab 1. Juli 1993, wenn der Antrag bis 30. Juni 1994 gestellt wird, sonst ab dem der Antragstellung folgenden Monatsersten.

(BGBl 1994/20)

(19) Abweichend von § 304 Abs. 3 können die Träger der Pensionsversicherung für die dort genannten Zwecke im Geschäftsjahr 1993 bis zu

0,06 vT der Erträge an Versicherungsbeiträgen aufwenden.

(BGBl 1994/20)

(BGBl 1993/335, BGBl I 1998/138)

Schlußbestimmung zu Art. VI der Beschäftigungssicherungsnovelle 1993, BGBl. Nr. 502

§ 552. § 122 Abs. 2 Z 2 lit. c in der Fassung des Bundesgesetzes BGBl. Nr. 502/1993 tritt mit 1. August 1993 in Kraft.

(BGBl 1993/502, BGBl I 1998/138)

Schlußbestimmungen zum Bundesgesetz BGBl. Nr. 20/1994 (52. Novelle)

§ 553. (1) Es treten in Kraft:

1. mit 1. Jänner 1994 die §§ 3a, 23 Abs. 3, 24 Abs. 2, 31, 41 Abs. 1 und 3, 58 Abs. 3 und 6, 76 Abs. 6, 80, 80a Abs. 3 und 4, 84 Abs. 6, 108e Abs. 10, 213a Abs. 4, 293 Abs. 1 und 2, 311 Abs. 3 lit. b, 409, 418 bis 442, 442a bis 442e, 444 Abs. 7, 446 Abs. 1 und 3, 447, 447c Abs. 4, 448 bis 456, 456a, 460, 460a, 479 Abs. 2 Z 1 und Z 4 und 553 Abs. 2 bis 10 in der Fassung des Bundesgesetzes BGBl. Nr. 20/1994;
2. rückwirkend mit 1. Juli 1993 die §§ 17 Abs. 5 lit. b, 18a Abs. 2 Z 3, 70 Abs. 1 und 2, 73 Abs. 1, 227 Abs. 1 Z 4 und Abs. 6, 227a, 228 Abs. 1 Z 10, 228a, 231 Z 1 und 2, 233 Abs. 1, 238 Abs. 3, Überschrift zu 239, 248a, 251a Abs. 4 lit. b, 261 Abs. 2 und 4, 261a Abs. 2 und 3, 261b Abs. 3 bis 6, 284 Abs. 2 und 4, 284a Abs. 2 und 3, 284b Abs. 3 bis 6, 292 Abs. 3, 447g Abs. 3 Z 2 und 551 Abs. 1 Z 2 und Z 9 und Abs. 6 bis 19 in der Fassung des Bundesgesetzes BGBl. Nr. 20/1994;
3. rückwirkend mit 1. Oktober 1993 die §§ 8 Abs. 1 Z 3 lit. i und 16 Abs. 2 Z 1 und Z 3 in der Fassung des Bundesgesetzes BGBl. Nr. 20/1994.

(2) Die Amtsdauer der am 31. Dezember 1993 bestehenden Verwaltungskörper verlängert sich bis zum Zusammentreten der Verwaltungskörper nach den am 1. Jänner 1994 geltenden Vorschriften; die alten Verwaltungskörper haben die Geschäfte nach den am 31. Dezember 1993 geltenden Bestimmungen zu führen. Die Entsendung der Versicherungsvertreter in die neuen Verwaltungskörper hat bis 31. März 1994 zu erfolgen.

(3) Der Hauptverband hat seine Kompetenzen zur Erlassung der Richtlinien gemäß § 31 in der Fassung des Bundesgesetzes BGBl. Nr. 20/1994 innerhalb eines angemessenen Zeitraumes und in einer durch die Dringlichkeit des Regelungsbedarfes angezeigten Reihenfolge auszuüben.

(4) Präsident und Vizepräsidenten des Hauptverbandes, Obmänner, Obmann-Stellvertreter sowie Vorsitzende und Vorsitzenden-Stellvertreter der Überwachungsausschüsse und der Landesstellenausschüsse, die nach dem 31. Dezember 1993 weiterhin eine solche Funktion ausüben, haben weiterhin Anspruch auf Anwartschaften (Pension) nach den Bestimmungen des § 420 Abs. 5 und den darauf beruhenden Rechtsvorschriften in der am 31. Dezember 1993 in Geltung gestandenen Fassung.

(5) Den in Abs. 4 genannten Personen, deren Anwartschaften zum 31. Dezember 1993 nach den Bestimmungen des § 420 Abs. 5 und den darauf beruhenden Rechtsvorschriften in der zu diesem Zeitpunkt in Geltung gestandenen Fassung erfüllt sind, bleibt der Anspruch auf Anwartschaften (Pension) nach diesen Bestimmungen gewahrt.

(6) Die Stellvertreter der Vorsitzenden der Landesstellenausschüsse, soweit sie nicht unter Abs. 4 oder 5 fallen, haben weiterhin Anspruch auf Anwartschaften (Pension) nach den Bestimmungen des § 420 Abs. 5 und den darauf beruhenden Rechtsvorschriften in der am 31. Dezember 1993 in Geltung gestandenen Fassung, wenn sie

1. nach dem 31. Dezember 1993 weiterhin Versicherungsvertreter sind und
2. vor dem Beginn der neuen Amtsdauer mindestens während einer vollen Amtsdauer die Funktion eines Stellvertreters des Vorsitzenden eines Landesstellenausschusses ausgeübt haben.

Die Anwartschaft (Pension) darf das im § 420 Abs. 5 und den darauf beruhenden Rechtsvorschriften in der am 31. Dezember 1993 in Geltung gestandenen Fassung festgesetzte Mindestausmaß nicht übersteigen.

(7) Die Bestimmungen des § 420 Abs. 5 in der am 31. Dezember 1993 in Geltung gestandenen Fassung und die darauf beruhenden Rechtsvorschriften sind, soweit sie sich auf Entschädigungsleistungen an ausgeschiedene Funktionäre und deren Hinterbliebene beziehen, auf die im Abs. 4 angeführten, aber aus ihrer Funktion bis spätestens zum Ende der Amtsdauer der alten Verwaltungskörper ausgeschiedenen Personen sowie deren Hinterbliebene weiterhin anzuwenden.

(7a) Bezieher von Pensionen (Hinterbliebenenpensionen) nach § 420 Abs. 5 in der am 31. Dezember 1993 in Geltung gestandenen Fassung haben ab 1. Jänner 2004 von dieser Leistung einen Pensionssicherungsbeitrag in der Höhe von 3,3% zu leisten. Die im Abs. 4 genannten Personen haben ab 1. Jänner 2004 einen Beitrag in der Höhe von 8% der Funktionsgebühr zu zahlen; macht der Versicherungsträger (Hauptverband) von der Ermächtigung, eine Entschädigung nach § 420 Abs. 5 in der am 31. Dezember 1993 in Geltung gestandenen Fassung zu leisten, nicht Gebrauch, so sind die dafür entrichteten Beiträge auf Antrag zu erstatten.

(BGBl I 2003/71)

(8) Abweichend von § 7 des Arbeitsverfassungsgesetzes sind die im Hauptverband zusammengefaßten Versicherungsträger (§ 31 Abs. 1) mit Ausnahme der Versicherungsanstalt der österreichischen Eisenbahnen nicht kollektivvertragsfähig. Die Kollektivvertragsfähigkeit der Versicherungsanstalt der österreichischen Eisenbahnen be-

zieht sich nur auf die vor dem 1. Jänner 1996 in den Dienst der Anstalt getretenen Verwaltungsangestellten; sie besteht so lange weiter, als auf Grund des Bundesbahngesetzes 1992, BGBl. Nr. 825, die vor dem Inkrafttreten dieses Gesetzes bzw. längstens vor dem 1. Jänner 1995 wirksam gewordenen Bestimmungen über das Dienst-, Besoldungs- und Pensionsverhältnis der Bediensteten der Österreichischen Bundesbahnen unberührt bleiben. Die von der Versicherungsanstalt der österreichischen Eisenbahnen abgeschlossenen Kollektivverträge dürfen in Abweichung von den Richtlinien des Hauptverbandes gemäß § 31 Abs. 3 Z 9 an das für die Bediensteten der Österreichischen Bundesbahnen geltende Recht angepaßt werden.

(BGBl I 1997/139)

(9) § 80 Abs. 2 lit. a in der am 31. Dezember 1993 geltenden Fassung ist für eine vor dem 1. Jänner 1994 gemäß § 447 genehmigten Erwerbung von Liegenschaften, ferner für eine vor dem 1. Jänner 1994 gemäß § 447 genehmigten Errichtung, Erweiterung oder einen vor dem 1. Jänner 1994 gemäß § 447 genehmigten Umbau von Gebäuden nur insoweit anzuwenden, als die zur Finanzierung vorgesehenen Mittel bis 31. Dezember 1993 aufgewendet wurden. Für zur Finanzierung dieser Vorhaben nach dem 31. Dezember 1993 aufgewendete Mittel gebührt kein Bundesbeitrag.

(10) Der Bundesbeitrag gemäß § 80 Abs. 2 lit. b gebührt letztmalig als Zuschuß zu den vor dem 1. Jänner 1993 aufgewendeten Mitteln für den Umbau von Gebäuden, der gemäß § 447 in Verbindung mit § 31 Abs. 6 lit. a in der am 31. Dezember 1993 in Geltung gestandenen Fassung deshalb nicht genehmigungspflichtig ist, weil damit keine Änderung des Verwendungszwecks verbunden ist.

(BGBl 1994/20, BGBl I 1998/138)

Schlußbestimmungen zu Art. 1 des Arbeitsmarktservice-Begleitgesetzes, BGBl. Nr. 314/1994

§ 554. Die §§ 2 Abs. 2 Z 12, 8 Abs. 1 Z 3 lit. c, 25 Abs. 2, 33, 41 Abs. 2, 69 Abs. 5, 82 Abs. 3, 176 Abs. 1 Z 8, 198 Abs. 4, 199 Abs. 3, 200, 201 Abs. 4, 238 Abs. 2 Z 3, 242 Abs. 1 Z 2, 253a Abs. 1 Z 6, 276a Abs. 1 Z 6, 306 Abs. 4, 307a Abs. 2 und 3, 307c Z 1, 321 Abs. 1, 361 Abs. 4, 411 und 460b in der Fassung des Bundesgesetzes BGBl. Nr. 314/1994 treten mit 1. Juli 1994 in Kraft.

(BGBl 1994/314, BGBl I 1997/47, BGBl I 1998/138)

Schlußbestimmungen zu Art. II des Bundesgesetzes BGBl. Nr. 450/1994

§ 555. (1) Die §§ 23 Abs. 6, 447a Abs. 5, 447b Abs. 8 und 9, 447c Abs. 1 lit. d und e und 471f bis 471h in der Fassung des Bundesgesetzes BGBl. Nr. 450/1994 treten mit 1. Juli 1994 in Kraft.

(2) Die §§ 24 Abs. 2, 172 Abs. 1, 186 und 343b in der Fassung des Bundesgesetzes BGBl. Nr. 450/1994 treten mit 1. Jänner 1995 in Kraft.

(BGBl 1994/450, BGBl I 1998/138)

§ 556. (wurde nicht vergeben)

Schlußbestimmung zu Art. XVII des Bundesgesetzes BGBl. Nr. 665/1994

§ 557. § 308 Abs. 4 Satz 1 in der Fassung des Bundesgesetzes BGBl. Nr. 665/1994 tritt mit 1. Jänner 1995 in Kraft.

(BGBl 1994/665, BGBl I 1998/138)

Schlußbestimmungen zu Art. I des Bundesgesetzes BGBl. Nr. 132/1995

§ 558. (1) Die §§ 264 und 459c in der Fassung des Bundesgesetzes BGBl. Nr. 132/1995 sowie die Aufhebung der §§ 267 und 551 Abs. 1 Z 5 und Abs. 15 treten am 1. Jänner 1995 in Kraft.

(2) § 264 in der Fassung des Bundesgesetzes BGBl. Nr. 132/1995 ist anzuwenden:

1. auf alle Versicherungsfälle des Todes, in denen der Stichtag nach dem 31. Dezember 1994 liegt. In den Fällen des § 264 Abs. 1 Z 4 und 5 ist, sofern der Stichtag der Pension des (der) Verstorbenen vor dem 1. Juli 1993 liegt, § 264 Abs. 1 in der am 30. Juni 1993 geltenden Fassung mit der Maßgabe anzuwenden, daß der Hundertsatz von 60 durch den im § 264 Abs. 1 erster Satz in der ab 1. Jänner 1995 geltenden Fassung genannten Hundertsatz ersetzt wird;
2. auf die gemäß § 258 des Allgemeinen Sozialversicherungsgesetzes in der Fassung des Art. I Z 14 der 36. Novelle zum Allgemeinen Sozialversicherungsgesetz, BGBl. Nr. 282/1981, gebührenden Witwerpensionen, in denen der Versicherungsfall nach dem 31. Mai 1981 eingetreten ist, mit Ausnahme der im Art. II Abs. 9 der 36. Novelle zum Allgemeinen Sozialversicherungsgesetz bezeichneten Pensionen.

(BGBl 1995/132, BGBl I 1998/138)

Schlußbestimmungen zu Art. XXIX des Strukturanpassungsgesetzes, BGBl. Nr. 297/1995

§ 559. (1) Es treten in Kraft:

1. rückwirkend mit 1. Jänner 1995 § 80a Abs. 4 in der Fassung des Bundesgesetzes BGBl. Nr. 297/1995;
2. mit 1. Juli 1995 § 351b in der Fassung des Bundesgesetzes BGBl. Nr. 297/1995;
3. mit 1. Jänner 1996 die §§ 253 Abs. 2, 253a Abs. 1 bis 3, 253b Abs. 1 Z 4 und Abs. 2 bis 4, 253c Abs. 7 und 8, 253d Abs. 2 und 3, 276 Abs. 2, 276a Abs. 1 bis 3, 276b Abs. 1 Z 4 und Abs. 2 bis 4, 276c Abs. 7 und 8, 276d Abs. 2 und 3 und 559 Abs. 2 und 3 in der Fassung des Bundesgesetzes BGBl. Nr. 297/1995.

(2) Die in Abs. 1 Z 3 genannten Bestimmungen sind ab dem Inkrafttreten nur auf Versicherungsfälle anzuwenden, in denen der Stichtag nach dem 30. Juni 1995 liegt.

(BGBl 1995/832)

(3) Die §§ 253b Abs. 3 und 276b Abs. 3 in der am 31. Dezember 1995 geltenden Fassung sind für das Kalenderjahr 1995 anzuwenden.

(BGBl 1995/297, BGBl I 1998/138)

Schlußbestimmung zu Art. VI des Sozialrechts-Änderungsgesetzes 1995, BGBl. Nr. 832

§ 560. Die §§ 34b, 82 Abs. 4, 460c und 559 Abs. 2 in der Fassung des Bundesgesetzes BGBl. Nr. 832/1995 treten mit 1. Jänner 1996 in Kraft.

(BGBl 1995/832, BGBl I 1998/138)

Schlußbestimmung zu Art. II des Antimißbrauchsgesetzes, BGBl. Nr. 895/1995

§ 560a. § 111 in der Fassung des Bundesgesetzes BGBl. Nr. 895/1995 tritt mit 1. Jänner 1996 in Kraft.

(BGBl 1995/895, BGBl 1996/411, BGBl I 1998/138)

§ 561. Für das Jahr 1996 sind den Gebietskrankenkassen, der Versicherungsanstalt des österreichischen Bergbaues als Träger der Krankenversicherung und der Sozialversicherungsanstalt der gewerblichen Wirtschaft als Träger der Krankenversicherung aus der gesonderten Rücklage gemäß § 447a Abs. 4 Zuwendungen zu gewähren, wenn durch die Überweisungen gemäß § 447f Abs. 8 die Zahlungsfähigkeit des Krankenversicherungsträgers gefährdet wäre.

(BGBl 1995/853)

Schlußbestimmung zu Art. 4 des Arbeitsmarktpolitikgesetzes 1996, BGBl. Nr. 153

§ 562. Die §§ 253a Abs. 1 Z 7 und 276a Abs. 1 Z 7 in der Fassung des Bundesgesetzes BGBl. Nr. 153/1996 treten am 1. April 1996 in Kraft.

(BGBl 1996/153, BGBl I 1998/138)

Schlußbestimmungen zu Art. 34 des Strukturanpassungsgesetzes 1996, BGBl. Nr. 201

§ 563. (1) Es treten in Kraft:

1. rückwirkend mit 1. Jänner 1996 § 80 in der Fassung des Art. 34 Z 44 sowie die §§ 80a Abs. 5, 80b und 447g Abs. 3 und Abs. 8, jeweils in der Fassung des Bundesgesetzes BGBl. Nr. 201/1996;
2. mit 1. April 1996 § 31 Abs. 5 Z 27 bis 30 in der Fassung des Bundesgesetzes BGBl. Nr. 201/1996;
3. mit 1. Mai 1996 die §§ 11 Abs. 2, 26 Abs. 1 Z 5 lit. f, 29 Abs. 3, 30 Abs. 1, 49 Abs. 3 Z 7, 122 Abs. 2 Z 2 bis 4, 134 Abs. 3 und 447d in der Fassung des Bundesgesetzes BGBl. Nr. 201/1996 und die Aufhebung der §§ 471f bis 471h;
4. mit 1. Juli 1996 die §§ 3 Abs. 3, 4 Abs. 3 Z 12 und Abs. 4, 5 Abs. 1 Z 2 und 13 bis 15, 5a, 10 Abs. 2, 10a, 12 Abs. 1, 33 Abs. 3, 35, 36 Abs. 3, 42 Abs. 4, 44 Abs. 1 Z 1, 44a, 45 Abs. 3, 49 Abs. 1, 51 Abs. 1, 2 und 5, 51a Abs. 3, 51b Abs. 3, 52 Abs. 2, 53 Abs. 3 lit. b, 55, 58 Abs. 3 bis 7, 59 Abs. 3, 64 Abs. 2, 66, 86 Abs. 3 Z 2, 100 Abs. 1 lit. c, 123 Abs. 4 Z 1, 138 Abs. 2 lit. f, 154a Abs. 7, 155 Abs. 3 und 4, 162 Abs. 5, 176 Abs. 1 Z 6, 223 Abs. 1 Z 2, 227 Abs. 2 bis 4, 234 Abs. 1 Z 2 lit. a, 245 Abs. 1, 251a Abs. 1 und 5, 252 Abs. 2 Z 1, 253a Abs. 5, 253b Abs. 5, 253c Abs. 9, 254 Abs. 1 und 3, 255 Abs. 4, 256, 271 Abs. 1, 273 Abs. 2, 276a Abs. 5, 276b Abs. 5, 276c Abs. 9, 277 Abs. 1, 279 Abs. 1, 302 Abs. 4, 305, 306 Abs. 2, 307b, 307d Abs. 2 Z 3 und Abs. 6, 308 Abs. 5 bis 7, 309, 310, 311 Abs. 3, 312, 313, 331 Abs. 2, 360 Abs. 3, 361 Abs. 1, 447g Abs. 2 lit. b bis d, 474 Abs. 1, 479 Abs. 2 Z 1 und 539a in der Fassung des Bundesgesetzes BGBl. Nr. 201/1996 und die Aufhebung des § 308 Abs. 3;

   (BGBl 1996/411)
5. mit 1. September 1996 die §§ 95 Abs. 1, 236 Abs. 1 Z 2, Abs. 2 Z 2 und Abs. 4, 238 Abs. 3, 239 Abs. 1, 240, 241, 253a Abs. 1 bis 4, 253d Abs. 1, 261 Abs. 1 bis 6, 261a Abs. 2, 261b Abs. 4 und 6, 264 Abs. 1 Z 1 und 2, 276a Abs. 1 bis 4, 276d Abs. 1, 284 Abs. 1 bis 7, 284a Abs. 2, 284b Abs. 4 und 6 und 285 Abs. 5 in der Fassung des Bundesgesetzes BGBl. Nr. 201/1996 und die Aufhebung der §§ 236 Abs. 2 Z 3 und 239 Abs. 4;
6. mit 1. Jänner 1997 die §§ 33 Abs. 1, 34 Abs. 1, 41, 86 Abs. 2 und 3 Z 1, 100 Abs. 1 lit. b, 104 Abs. 2, 253b Abs. 1 Z 2, 276b Abs. 1 Z 2 und 464 Abs. 1 in der Fassung des Bundesgesetzes BGBl. Nr. 201/1996 und die Aufhebung der §§ 253b Abs. 1 Z 3 und 276b Abs. 1 Z 3;
7. mit 1. Jänner 1998 § 80 in der Fassung des Art. 34 Z 45 sowie § 360 Abs. 4 in der Fassung des Bundesgesetzes BGBl. Nr. 201/1996.

   (BGBl 1996/411)

(1a) § 447g Abs. 8 in der Fassung des Bundesgesetzes BGBl. Nr. 201/1996 tritt mit Ablauf des 31. Dezember 1997 außer Kraft. Zu diesem Zeitpunkt tritt § 447g Abs. 8 in der am 31. Dezember 1995 geltenden Fassung in Kraft.

(2) (aufgehoben)

(BGBl 1996/411)

(3) Anstelle des verhältnismäßigen Teiles der Pension (Rente) gemäß § 100 Abs. 1 lit. b letzter Satz in der Fassung des Bundesgesetzes BGBl. Nr. 201/1996 gebührt Personen, die im Dezember 1996 eine Pension (Rente) beziehen und bei denen der Leistungsanspruch am 31. Dezember 1996 aufrecht ist, für den Kalendermonat, in dem der Grund des Wegfalles der Pension (Rente) eintritt, eine Vorschußzahlung. Die Vorschußzahlung ist in der Höhe der im Dezember 1996 ausgezahlten Pension (Rente) einschließlich der Zuschüsse und Ausgleichszulage spätestens am 1. Jänner 1997 flüssig zu machen. Alle auf die Pension (Rente) anzuwendenden Bestimmungen gelten auch für die Vorschußzahlung.

(4) Abweichend von § 86 Abs. 2 und 3 Z 1 in der Fassung des Bundesgesetzes BGBl. Nr. 201/1996 fallen Hinterbliebenenrenten (Hinterbliebenenpensionen) nach dem Tode eines Renten(Pensions)empfängers, der eine Vorschußzahlung gemäß Abs. 3 bezogen hat, mit Beginn des Kalendermonats, der dem Tod des Renten(Pensions)empfängers folgt, an. Für den Kalendermonat, in dem der Grund des Wegfalls der Hinterbliebenenrente (Hinterbliebenenpension) eintritt, gebührt anstelle des verhältnismäßigen Teiles der Hinterbliebenenrente (Hinterbliebenenpension) gemäß § 100 Abs. 1 lit. b letzter Satz in der Fassung des Bundesgesetzes BGBl. Nr. 201/1996 eine Vorschußzahlung. Die Vorschußzahlung ist in der Höhe der erstmalig zur Auszahlung gelangenden Hinterbliebenenrente (Hinterbliebenenpension) einschließlich der Zuschüsse und Ausgleichszulage spätestens am Ersten des Kalendermonats, der dem Tod des Renten(Pensions)empfängers folgt, flüssig zu machen. Zu Vorschußzahlungen, die spätestens am 1. Mai oder am 1. Oktober flüssig zu machen sind, gebührt eine Sonderzahlung. Alle auf die Pension (Rente) anzuwendenden Bestimmungen gelten auch für die Vorschußzahlung.

(BGBl 1996/764)

(5) Die §§ 154a Abs. 7, 155 Abs. 3, 302 Abs. 4 und 307d Abs. 6 in der Fassung des Bundesgesetzes BGBl. Nr. 201/1996 sind nur auf Fälle anzuwenden, in denen die Unterbringung nach dem 30. Juni 1996 beginnt.

(6) Versicherte, die am 31. Dezember 1996 das 40. Lebensjahr bereits vollendet und bis zu diesem Zeitpunkt einen Antrag auf Erwerb von Ersatzzeiten gemäß § 227 Abs. 1 Z 1 oder § 228 Abs. 1 Z 3 gestellt haben, können diese auf Grund der Beitragsgrundlage gemäß § 227 Abs. 3 Z 1 und 2 in der Fassung des Bundesgesetzes BGBl. Nr. 201/1996 erwerben, wobei § 227 Abs. 3 letzter Satz in der Fassung des Bundesgesetzes BGBl. Nr. 201/1996 keine Anwendung findet. Die Entrichtung der Beiträge in Teilbeträgen ist zulässig; hiebei darf die Gesamtzahl der Teilbeträge – unter Berücksichtigung der Einkommens- und Familienverhältnisse des (der) Versicherten – das Dreifache der Anzahl der Ersatzmonate, deren Erwerb beantragt wurde, nicht überschreiten. Die Beitragshöhe ist neu festzusetzen, wenn

1. die Zahlung der Teilbeträge ohne triftigen Grund unterbrochen wird oder
2. der Gesamtbetrag – soweit keine Teilbeträge vereinbart wurden – nicht innerhalb von drei Monaten ab der schriftlichen Verständigung durch den Versicherungsträger über die Berechtigung zur Beitragsentrichtung entrichtet wird.

(BGBl 1996/411)

(7) Versicherte, die vor dem 1. Juli 1996 bereits einen Antrag auf Erwerb von Ersatzzeiten gemäß § 227 Abs. 1 Z 1 oder § 228 Abs. 1 Z 3 gestellt haben, können diese auf Grund der Beitragsgrundlage gemäß § 227 Abs. 3 in der am 30. Juni 1996 geltenden Fassung erwerben. Die Entrichtung der Beiträge in Teilbeträgen ist zulässig; hiebei darf die Gesamtzahl der Teilbeträge – unter Berücksichtigung der Einkommens- und Familienverhältnisse des (der) Versicherten – das Dreifache der Anzahl der Ersatzmonate, deren Erwerb beantragt wurde, nicht überschreiten. Die Beitragshöhe ist neu festzusetzen, wenn

1. die Zahlung der Teilbeträge ohne triftigen Grund unterbrochen wird oder
2. der Gesamtbetrag – soweit keine Teilbeträge vereinbart wurden – nicht innerhalb von drei Monaten ab der schriftlichen Verständigung durch den Versicherungsträger über die Berechtigung zur Beitragsentrichtung entrichtet wird.

(BGBl 1996/411)

(8) Abweichend von § 227 Abs. 2 in der Fassung des Bundesgesetzes BGBl. Nr. 201/1996 sind die in den §§ 227 Abs. 1 Z 1 und 228 Abs. 1 Z 3 genannten Zeiten mit folgender Maßgabe weiterhin ohne Beitragsentrichtung anspruchswirksam, und zwar

1. bei männlichen Versicherten der Geburtsjahrgänge bis 1936 im vollen Ausmaß,bei männlichen Versicherten des Geburtsjahrganges 1937 mit fünf Sechsteln ihres Ausmaßes,bei männlichen Versicherten des Geburtsjahrganges 1938 mit zwei Dritteln ihres Ausmaßes,bei männlichen Versicherten des Geburtsjahrganges 1939 im halben Ausmaß,bei männlichen Versicherten des Geburtsjahrganges 1940 mit einem Drittel ihres Ausmaßes,bei männlichen Versicherten des Geburtsjahrganges 1941 mit einem Sechstel ihres Ausmaßes;
2. bei weiblichen Versicherten der Geburtsjahrgänge bis 1941 im vollen Ausmaß,bei weiblichen Versicherten des Geburtsjahrganges 1942 mit fünf Sechsteln ihres Ausmaßes,bei weiblichen Versicherten des Geburtsjahrganges 1943 mit zwei Dritteln ihres Ausmaßes, bei weiblichen Versicherten des Geburtsjahrganges 1944 im halben Ausmaß,bei weiblichen Versicherten des Geburtsjahrganges 1945 mit einem Drittel ihres Ausmaßes,bei weiblichen Versicherten des Geburtsjahrganges 1946 mit einem Sechstel ihres Ausmaßes.

(9) Verordnungen gemäß § 227 Abs. 3 in der Fassung des Bundesgesetzes BGBl. Nr. 201/1996 können bereits nach Ablauf des Tages seiner Kundmachung erlassen werden; sie dürfen frühestens mit 1. Juli 1996 in Kraft gesetzt werden.

(9a) Die §§ 236 Abs. 1 Z 2 lit. b und Abs. 4 Z 2 sowie 253a Abs. 1 Z 2, 253b Abs. 1 Z 2 lit. b, 253d Abs. 1 Z 2, 276a Abs. 1 Z 2, 276b Abs. 1 Z 2 lit. b und 276d Abs. 1 Z 2 in der Fassung des Bundesgesetzes BGBl. Nr. 201/1996 gelten für die gemäß

1. § 189 des Gewerblichen Selbständigen-Pensionsversicherungsgesetzes,

2. Art. II Abs. 14 lit. b der 25. Novelle zum Gewerblichen Selbständigen-Pensionsversicherungsgesetz, BGBl. Nr. 619/1977,
3. § 141 des Bauern-Pensionsversicherungsgesetzes sowie
4. § 16 Z 2 des Bundesgesetzes über die Sozialversicherung freiberuflich selbständig Erwerbstätiger

von der Pflichtversicherung in der jeweiligen Pensionsversicherung befreiten Personen mit der Maßgabe, daß an die Stelle der Beitragsmonate der Pflichtversicherung Beitragsmonate der freiwilligen Weiterversicherung nach diesem Bundesgesetz treten, sofern während dieser Zeit eine Erwerbstätigkeit ausgeübt wurde, die an sich die Pflichtversicherung nach dem Gewerblichen Selbständigen-Pensionsversicherungsgesetz, dem Bauern-Pensionsversicherungsgesetz, dem Gewerblichen Sozialversicherungsgesetz, dem Bauern-Sozialversicherungsgesetz oder dem Sozialversicherungsgesetz der freiberuflich selbständig Erwerbstätigen begründet hätte.

(BGBl 1996/411)

(10) Die §§ 253b Abs. 1 Z 2 lit. a und 276b Abs. 1 Z 2 lit. a in der Fassung des Bundesgesetzes BGBl. Nr. 201/1996 sind nur auf Versicherungsfälle anzuwenden, in denen der Stichtag nach dem 31. Dezember 1996 liegt, und zwar mit der Maßgabe, daß das Ausmaß von 450 Versicherungsmonaten

1. bei männlichen Versicherten, die vor dem 1. Jänner 1937 geboren sind, durch 420 Versicherungsmonate,bei männlichen Versicherten, die nach dem 31. Dezember 1936 und vor dem 1. Juli 1937 geboren sind, durch 423 Versicherungsmonate,bei männlichen Versicherten, die nach dem 30. Juni 1937 und vor dem 1. Jänner 1938 geboren sind, durch 426 Versicherungsmonate,bei männlichen Versicherten, die nach dem 31. Dezember 1937 und vor dem 1. Juli 1938 geboren sind, durch 429 Versicherungsmonate,bei männlichen Versicherten, die nach dem 30. Juni 1938 und vor dem 1. Jänner 1939 geboren sind, durch 432 Versicherungsmonate,bei männlichen Versicherten, die nach dem 31. Dezember 1938 und vor dem 1. Juli 1939 geboren sind, durch 435 Versicherungsmonate,bei männlichen Versicherten, die nach dem 30. Juni 1939 und vor dem 1. Jänner 1940 geboren sind, durch 438 Versicherungsmonate,bei männlichen Versicherten, die nach dem 31. Dezember 1939 und vor dem 1. Juli 1940 geboren sind, durch 441 Versicherungsmonate,bei männlichen Versicherten, die nach dem 30. Juni 1940 und vor dem 1. Jänner 1941 geboren sind, durch 444 Versicherungsmonate,
2. bei weiblichen Versicherten, die vor dem 1. Jänner 1942 geboren sind, durch 420 Versicherungsmonate,bei weiblichen Versicherten, die nach dem 31. Dezember 1941 und vor dem 1. Juli 1942 geboren sind, durch 423 Versicherungsmonate,bei weiblichen Versicherten, die nach dem 30. Juni 1942 und vor dem 1. Jänner 1943 geboren sind, durch 426 Versicherungsmonate,bei weiblichen Versicherten, die nach dem 31. Dezember 1942 und vor dem 1. Juli 1943 geboren sind, durch 429 Versicherungsmonate,bei weiblichen Versicherten, die nach dem 30. Juni 1943 und vor dem 1. Jänner 1944 geboren sind, durch 432 Versicherungsmonate,bei weiblichen Versicherten, die nach dem 31. Dezember 1943 und vor dem 1. Juli 1944 geboren sind, durch 435 Versicherungsmonate,bei weiblichen Versicherten, die nach dem 30. Juni 1944 und vor dem 1. Jänner 1945 geboren sind, durch 438 Versicherungsmonate,bei weiblichen Versicherten, die nach dem 31. Dezember 1944 und vor dem 1. Juli 1945 geboren sind, durch 441 Versicherungsmonate,bei weiblichen Versicherten, die nach dem 30. Juni 1945 und vor dem 1. Jänner 1946 geboren sind, durch 444 Versicherungsmonate

zu ersetzen ist.

(11) Für Personen, die vor dem 1. Juli 1996 in ein pensionsversicherungsfreies Dienstverhältnis aufgenommen worden sind, ist § 308 Abs. 3 in der am 30. Juni 1996 geltenden Fassung weiterhin anzuwenden. Gemäß der genannten Bestimmung erstattete Beiträge können auch nach dem 30. Juni 1996 weiterhin gemäß den §§ 311 bis 313 in der am 30. Juni 1996 geltenden Fassung an den Versicherungsträger zurückgezahlt werden.

(BGBl I 1997/139)

(12) § 108 Abs. 5, mit Ausnahme des letzten Satzes, und Abs. 7 ASVG sind für das Kalenderjahr 1997 nicht anzuwenden. Der Anpassungsfaktor gemäß § 108 Abs. 5 ASVG beträgt 1,000 für das Kalenderjahr 1997. § 108d Abs. 1 dritter und vierter Satz ist für die Jahre 1993 bis 1998 nicht anzuwenden.

(13) Personen, die im Jänner 1997 bzw. Juli 1997

1. eine Ausgleichszulage gemäß § 293 Abs. 1 lit. a aa beziehen oder
2. mit dem Ehegatten (der Ehegattin) im gemeinsamen Haushalt leben und deren Gesamteinkommen (Pension zuzüglich eines aus übrigen Einkünften des Pensionsberechtigten erwachsenden Nettoeinkommens und der gemäß § 294 zu berücksichtigenden Beträge) unter Anwendung der §§ 292 ff. nicht die Höhe von 12 752 S übersteigt oder
3. eine Ausgleichszulage gemäß § 293 Abs. 1 lit. a bb, b bzw. c beziehen oder
4. nicht mit dem Ehegatten (der Ehegattin) in einem gemeinsamen Haushalt leben und deren Gesamteinkommen (Pension zuzüglich eines aus übrigen Einkünften des Pensionsberechtigten erwachsenden Nettoeinkommens und der gemäß § 294 zu berücksichtigenden Beträge unter Anwendung der

§§ 292 ff. nicht die Höhe von 8 886 S übersteigt,

gebührt zu der im Jänner 1997 bzw. Juli 1997 auszuzahlenden Pension eine zusätzliche Ausgleichszulage.

(14) Die zusätzliche Ausgleichszulage beträgt für Personen gemäß Abs. 13 Z 1 und 2 jeweils 1 500 S, für Personen gemäß Abs. 13 Z 3 und 4 jeweils 1 000 S. Falls beide Ehegatten Anspruch auf eine Pension mit Ausgleichszulage haben und im gemeinsamen Haushalt leben, gebührt die zusätzliche Ausgleichszulage zur jeweils höheren Pension. Die zusätzliche Ausgleichszulage gebührt nicht, wenn im gleichen Haushalt eine andere Person Anspruch auf die zusätzliche Ausgleichszulage zu einer Witwen(Witwer)pension hat.

(15) Der gemäß Abs. 14 gebührende Betrag vermindert sich für je 250 S, um die das Gesamteinkommen den anzuwendenden Richtsatz gemäß § 293 Abs. 1 übersteigt, um je 250 S. Hiebei ist für Waisenpensionen jedenfalls der Richtsatz gemäß § 293 Abs. 1 lit. b anzuwenden.

(16) Bei der Ermittlung des Nettoeinkommens (§ 292 Abs. 3) haben die Beträge gemäß Abs. 14 und die Vorschußzahlungen gemäß Abs. 3 und 4 außer Betracht zu bleiben.

Abs. 17 fehlt! Hier liegt wahrscheinlich ein Druckfehler in BGBl. 201/1996 Art. 34 Z 164 vor.

(18) § 299 ist für die zusätzliche Ausgleichszulage nicht anzuwenden. Der Aufwand ist vom Bund zu tragen.

(19) Für Personen, die am 1. September 1996 das 60. Lebensjahr (bei Männern) bzw. das 55. Lebensjahr (bei Frauen) bereits vollendet haben, sind die Bestimmungen über die Pensionsberechnung nach der am 31. August 1996 geltenden Rechtslage weiterhin anzuwenden, sofern dies für den Versicherten (die Versicherte) günstiger ist.

(BGBl I 2000/2)

(20) Bei Versicherungsfällen mit einem Stichtag vom 1. September 1996 bis zum 1. Dezember 1996 ist § 551 Abs. 8 in der Fassung des Bundesgesetzes BGBl. Nr. 335/1993 mit der Maßgabe anzuwenden, daß an die Stelle der für die Bemessung der Pension maßgeblichen Bestimmungen, die ab 1. Juli 1993 gegolten haben, jene Bestimmungen treten, die am 1. September 1996 gemäß dem Bundesgesetz BGBl. Nr. 201/1996 in Kraft treten; § 551 Abs. 9 in der Fassung des Bundesgesetzes BGBl. Nr. 335/1993 ist mit der Maßgabe anzuwenden, daß anstelle der Pension, die auf Grund der ab 1. Juli 1993 geltenden Rechtslage gebühren würde, jene Pension tritt, die ab 1. September 1996 gebühren würde.

(21) (aufgehoben)

(BGBl I 2001/99)

(22) Für Personen, denen vor dem 1. Jänner 1996 ein Arbeitslosengeld gemäß § 18 Abs. 2 lit. c des Arbeitslosenversicherungsgesetzes 1977 in der am 31. Juli 1993 geltenden Fassung zuerkannt wurde, ist § 253d Abs. 1 in der am 31. August 1996 geltenden Fassung weiterhin anzuwenden.

(BGBl 1996/600)

(BGBl 1996/201, BGBl I 1998/138)

Schlußbestimmungen zu Art. I des Sozialrechts-Änderungsgesetzes 1996, BGBl. Nr. 411 (53. Novelle)

§ 564. (1) Es treten in Kraft:

1. mit 1. August 1996 die §§ 3 Abs. 2 lit. d und e, 4 Abs. 1 Z 5 und Z 13 sowie Abs. 3 Z 1 und 11, 5 Abs. 1 Z 7 und Z 11, 7 Z 4, 8 Abs. 1 Z 1 lit. c, Z 3 lit. b, e, g und k sowie Z 4 lit. d, 10 Abs. 1, Abs. 2 in der Fassung des Art. I Z 27 und Abs. 3, 12 Abs. 6, 14 Abs. 1 Z 7, 17 Abs. 5 lit. d und e, 19 Abs. 1 Z 4, 20 Abs. 1, 28 Z 2 lit. d, 31 Abs. 3 Z 2, 31 Abs. 4 Z 3 lit. a, 31 Abs. 5 Z 16 und Z 31, 31 Abs. 8, 36 Abs. 1 Z 9, 37, 37d, 42 Abs. 1, 43 Abs. 1, 44 Abs. 2, 49 Abs. 6, 52 Abs. 2, 56a Abs. 1, 59 Abs. 1 zweiter und dritter Satz, 67 Abs. 5, 73 Abs. 1, 2 und 4, 74 Abs. 1, Abs. 3 Z 1 und Z 3 sowie Abs. 6, 74a Abs. 1, 82 Abs. 1 und 2, 89a, 90, 91, 102 Abs. 3, 107a Abs. 1, 108e Abs. 2, 122 Abs. 2 Z 2 lit. a, 123 Abs. 9 lit. c und d und Abs. 11, 129 Abs. 1, 3 und 4, 131 Abs. 1 und 3, 135 Abs. 3, 4 und 5, 136 Abs. 3, 139 Abs. 1 und 5, 140, 143 Abs. 1 Z 5 und 6, 153 Abs. 4, 154a Abs. 2, 176 Abs. 1 Z 7 lit. b, 181 Abs. 1 und 6, 181a Abs. 1, 189 Abs. 2, 207 Abs. 1, 210 Abs. 3, 215a Abs. 4, 225 Abs. 1 Z 6, 226 Abs. 1 Z 3 und Abs. 2 lit. d, 227 Abs. 1 Z 7 und Z 8, 265 Abs. 4, 292 Abs. 1, 302 Abs. 1, 307d Abs. 3, 343 Abs. 3, 347 Abs. 1, 362 Abs. 2, 408, 420 Abs. 5 Z 1, 421 Abs. 1, 423 Abs. 5, 424, 442 Abs. 1, 442a Abs. 3 bis 6, 453 Abs. 3, 456 Abs. 3, 456a Abs. 4, 479 Abs. 3, 479d Abs. 2 und 3, 545 Abs. 6, 560 und die Nrn. 39 und 47 der Anlage 1 in der Fassung des Bundesgesetzes BGBl. Nr. 411/1996 und die Aufhebung der §§ 7 Z 1 lit. f, 293 Abs. 5 und 314a;
2. mit 1. September 1996 die §§ 253a Abs. 1 und 2, 264 Abs. 3 Z 2 und Abs. 4 Z 2, 276a Abs. 1 und 2 sowie 563 Abs. 9a in der Fassung des Bundesgesetzes BGBl. Nr. 411/1996;
2. a) mit 1. November 1996 die §§ 253b Abs. 3, 253d Abs. 2, 276b Abs. 3 und 276d Abs. 2 in der Fassung des Bundesgesetzes BGBl. Nr. 411/1996;
3. mit 1. Jänner 1997 die §§ 4 Abs. 3 Z 3 und 104 Abs. 2 in der Fassung des Bundesgesetzes BGBl. Nr. 411/1996;
4. rückwirkend mit 1. Juli 1996 die §§ 3 Abs. 3, 4 Abs. 4 bis 6, 5 Abs. 1 Z 2 und Z 13 bis 15, 5a, 10 Abs. 2 in der Fassung des Art. I Z 26, 10a, 33 Abs. 3, 35 Abs. 2, 36 Abs. 3, 43 Abs. 2, 44 Abs. 1 Z 1 und Abs. 8, 44a, 45 Abs. 3, 51 Abs. 1 Einleitung und Z 1 lit. d und Abs. 5, 55 Abs. 2, 58 Abs. 3, 59 Abs. 1 erster Satz, 86 Abs. 3 Z 2, 108a Abs. 2, 138

Abs. 2 lit. f, 168, 176 Abs. 1 Z 6, 227 Abs. 3 und 4, 258 Abs. 2, 306 Abs. 2 und 563 Abs. 1 Z 4 und Z 7 sowie Abs. 6 und 7 in der Fassung des Bundesgesetzes BGBl. Nr. 411/1996 und die Aufhebung der §§ 4 Abs. 3 Z 12, 51 Abs. 2, 51a Abs. 3, 51b Abs. 3, 447g Abs. 2 lit. b und 563 Abs. 2;

5. rückwirkend mit 1. Mai 1996 die §§ 29 Abs. 3, 253b Abs. 1 Z 4 und 276b Abs. 1 Z 4 in der Fassung des Bundesgesetzes BGBl. Nr. 411/1996;
6. rückwirkend mit 1. Jänner 1996 § 447g Abs. 3 Z 1 lit. b in der Fassung des Bundesgesetzes BGBl. Nr. 411/1996;
7. rückwirkend mit 1. Jänner 1995 die §§ 4 Abs. 1 Z 12, 10 Abs. 5, 14 Abs. 1 Z 10, 30 Abs. 3, 36 Abs. 1 Z 8, 44 Abs. 1 Z 9, 51 Abs. 1 Z 1 lit. a, 131 Abs. 5, 264 Abs. 5 Z 10 lit. a und 343 Abs. 1 in der Fassung des Bundesgesetzes BGBl. Nr. 411/1996;
8. rückwirkend mit 1. Jänner 1994 die §§ 82 Abs. 3, 307c, 342 Abs. 1 Z 6, 442a Abs. 2 Z 4 und 5, 460 Abs. 4, 479 Abs. 2 Z 4 und 551 Abs. 10 in der Fassung des Bundesgesetzes BGBl. Nr. 411/1996 und die Änderung des § 447g Abs. 8 in der am 31. Dezember 1995 geltenden Fassung;
9. rückwirkend mit 1. Juli 1993 die §§ 95 Abs. 1, 108g Abs. 6, 230 Abs. 2 lit. g, 412 Abs. 6, 472a Abs. 2 und 502 Abs. 6 in der Fassung des Bundesgesetzes BGBl. Nr. 411/1996;

(2) § 360 Abs. 5 in der Fassung des Bundesgesetzes BGBl. Nr. 411/1996 tritt rückwirkend mit 1. Juli 1996 in Kraft.

(BGBl I 1997/139)

(3) § 4 Abs. 5 in der Fassung des Bundesgesetzes BGBl. Nr. 411/1996 ist nur auf vertragliche Vereinbarungen anzuwenden, die nach dem 30. Juni 1996 abgeschlossen werden.

(4) Bei der Prüfung der Regelmäßigkeit der Beschäftigung gemäß § 4 Abs. 5 in der Fassung des Bundesgesetzes BGBl. Nr. 411/1996 ist auch auf Vereinbarungen Bedacht zu nehmen, die vor dem 1. Juli 1996 abgeschlossen wurden.

(5) Für Versicherte gemäß § 4 Abs. 4

1. ist § 4 Abs. 2 Z 3 des Gewerblichen Sozialversicherungsgesetzes,
2. sind die §§ 2a, 2b und 5 Abs. 2 Z 3 bis 6 des Bauern-Sozialversicherungsgesetzes

nicht anzuwenden.

(BGBl I 1998/138)

(6) Für Versicherte gemäß § 4 Abs. 4 ist § 33 in der Fassung des Bundesgesetzes BGBl. Nr. 411/1996 mit der Maßgabe anzuwenden, daß Meldungen auch dann als fristgerecht erstattet gelten, wenn sie unverzüglich ab dem 1. November 1996 erfolgen.

(BGBl 1996/600)

(7) Für Versicherte gemäß § 4 Abs. 5 ist § 33 in der Fassung des Bundesgesetzes BGBl. Nr. 411/1996 mit der Maßgabe anzuwenden, daß zwischen dem 1. Juli 1996 und dem 30. September 1996 zu erstattende Meldungen auch dann als fristgerecht erstattet gelten, wenn sie unverzüglich ab dem 1. November 1996 erfolgen.

(BGBl 1996/600)

(7a) Die Bestimmungen über die Pflichtversicherung der im § 4 Abs. 4 und 5 in der Fassung des Bundesgesetzes BGBl. Nr. 411/1996 genannten Personen sind auf Kunstschaffende erst mit Ablauf des 31. Dezember 1997 anzuwenden.

(BGBl 1996/600)

(7b) Die Gebühr gemäß den §§ 135 Abs. 3 und 153 Abs. 4 in der Fassung des Bundesgesetzes BGBl. Nr. 411/1996 ist erstmalig für Krankenscheine (Zahnbehandlungsscheine) einzuheben, die für das erste Kalendervierteljahr 1997 ausgestellt werden.

(8) Ist eine Person am 1. August 1996 auf Grund der Folgen eines Unfalles, der erst gemäß § 176 Abs. 1 Z 7 lit. b in der Fassung des Bundesgesetzes BGBl. Nr. 411/1996 als Arbeitsunfall anerkannt wird, völlig erwerbsunfähig, so sind ihr die Leistungen aus der Unfallversicherung zu gewähren, wenn der Versicherungsfall nach dem 31. Dezember 1955 eingetreten ist und der Antrag bis 31. Juli 1997 gestellt wird. Die Leistungen sind frühestens ab 1. August 1996 zu gewähren. Wird der Antrag später gestellt, so gebühren die Leistungen ab dem auf die Antragstellung folgenden Monatsersten.

(9) Im Falle des durch einen Unfall verursachten Todes des Versicherten, der erst gemäß § 176 Abs. 1 Z 7 lit. b in der Fassung des Bundesgesetzes BGBl. Nr. 411/1996 als Arbeitsunfall anerkannt wird, sind die Leistungen der Unfallversicherung an die Hinterbliebenen zu gewähren, wenn der Versicherungsfall nach dem 31. Dezember 1955 eingetreten ist und der Antrag bis 31. Juli 1997 gestellt wird. Die Leistungen sind frühestens ab 1. August 1996 zu gewähren. Wird der Antrag später gestellt, so gebühren die Leistungen ab dem auf die Antragstellung folgenden Monatsersten.

(10) Leidet ein Versicherter am 1. August 1996 an einer Krankheit, die erst auf Grund des Bundesgesetzes BGBl. Nr. 411/1996 als Berufskrankheit anerkannt wird, so sind ihm die Leistungen der Unfallversicherung zu gewähren, wenn der Versicherungsfall nach dem 31. Dezember 1955 eingetreten ist und der Antrag bis 31. Juli 1997 gestellt wird. Die Leistungen sind frühestens ab 1. August 1996 zu gewähren. Wird der Antrag später gestellt, so gebühren die Leistungen ab dem Tag der Antragstellung.

(11) Im Falle des durch eine Krankheit verursachten Todes des Versicherten, die erst auf Grund des Bundesgesetzes BGBl. Nr. 411/1996 als Berufskrankheit anerkannt wird, sind die Leistungen der Unfallversicherung an die Hinterbliebenen zu gewähren, wenn der Versicherungsfall nach dem

31. Dezember 1955 eingetreten ist und der Antrag bis 31. Juli 1997 gestellt wird. Die Leistungen sind frühestens ab 1. August 1996 zu gewähren. Wird der Antrag später gestellt, so gebühren die Leistungen ab dem Tag der Antragstellung.

(12) Den im § 4 Abs. 1 Z 13 in der Fassung des Bundesgesetzes BGBl. Nr. 411/1996 genannten Personen bzw. ihren Hinterbliebenen, die am 1. August 1996 eine Leistung nach den versorgungsrechtlichen Bestimmungen der Evangelischen Kirchen beziehen, gebührt ab diesem Zeitpunkt eine Pension aus der Pensionsversicherung. Die Pension ist nach den Bestimmungen dieses Bundesgesetzes zu ermitteln, wobei folgende Besonderheiten gelten:

1. ab dem Zeitpunkt der Ordination (Bestellung) bis zum Ausscheiden aus dem Amt zurückgelegte Zeiten gelten als Beitragszeiten der Pensionsversicherung, wenn hiefür Beiträge gemäß Abs. 16 entrichtet werden;
2. für die letzten 180 vor dem Ausscheiden aus dem Amt gelegenen Beitragsmonate nach Z 1 gilt als Beitragsgrundlage gemäß § 244 das monatliche Einkommen aus einer Tätigkeit, die die Pflichtversicherung gemäß § 4 Abs. 1 Z 13 in der Fassung des Bundesgesetzes BGBl. Nr. 411/1996 begründet hätte;
3. § 70 findet keine Anwendung;
4. bei der Berechnung der Bemessungsgrundlage zum 1. August 1996 ist § 108h Abs. 4 anzuwenden;
5. Stichtag ist der dem Tag des Ausscheidens aus dem Amt folgende Monatserste.

(13) Für Zeiten, die von den gemäß § 4 Abs. 1 Z 13 in der Fassung des Bundesgesetzes BGBl. Nr. 411/1996 in die Vollversicherung einbezogenen Personen ab dem Zeitpunkt der Ordination (Bestellung) bis zum 1. August 1996 zurückgelegt worden sind, gilt folgendes:

1. diese Zeiten gelten als Beitragszeiten der Pensionsversicherung, wenn hiefür Beiträge gemäß Abs. 16 entrichtet werden;
2. für die letzten 180 vor dem 1. August 1996 gelegenen Beitragsmonate nach Z 1 gilt als Beitragsgrundlage gemäß § 244 das monatliche Einkommen aus einer Tätigkeit, die die Pflichtversicherung gemäß § 4 Abs. 1 Z 13 in der Fassung des Bundesgesetzes BGBl. Nr. 411/1996 begründet hätte; von der Kirche erhaltene Sachbezüge bleiben hiebei bis zum Ablauf des 31. Dezember 1997 unberücksichtigt;
   (BGBl I 1997/139)
3. § 70 findet keine Anwendung.

(14) Beziehen die im § 4 Abs. 1 Z 13 in der Fassung des Bundesgesetzes BGBl. Nr. 411/1996 genannten Personen bzw. ihre Hinterbliebenen am 1. August 1996 bereits eine Pension aus der Pensionsversicherung nach diesem Bundesgesetz, so ist diese Pension zu diesem Zeitpunkt unter Berücksichtigung des Abs. 12 neu zu berechnen.

(15) Beziehen die im § 4 Abs. 1 Z 13 in der Fassung des Bundesgesetzes BGBl. Nr. 411/1996 genannten Personen bzw. ihre Hinterbliebenen am 1. August 1996 bereits eine Pension aus der Pensionsversicherung nach diesem Bundesgesetz, aber noch keine Leistung nach den versorgungsrechtlichen Bestimmungen der Evangelischen Kirchen, so ist die Pension nach dem Ausscheiden aus dem Amt neu zu berechnen; Stichtag ist der dem Tag des Ausscheidens aus dem Amt folgende Monatserste.

(16) Die für die Berücksichtigung der Zeiten gemäß Abs. 12 und 13 als Beitragszeiten erforderlichen Beiträge sind mit einem Pauschalbetrag in der Höhe von 75 Millionen Schilling abzugelten. Dieser Betrag ist von der Evangelischen Kirche AB. an die Pensionsversicherungsanstalt der Angestellten in drei Teilbeträgen wie folgt zu überweisen:

1. am 1. September 1996 in der Höhe von 30 Millionen Schilling abzüglich der gemäß § 314a bereits geleisteten Überweisungsbeträge in der Höhe von 8,8 Millionen Schilling;
2. am 1. Juli 1997 in der Höhe von 25 Millionen Schilling;
3. am 1. Juli 1998 in der Höhe von 20 Millionen Schilling.

(17) Die Evangelischen Kirchen haben die für die Einbeziehung in die Pensionsversicherung bzw. für die Pensionsberechnung gemäß den Abs. 12 und 13 bedeutsamen Angaben (z. B. Zeitpunkt der Ordination, zurückliegende Einkommen) der Pensionsversicherungsanstalt der Angestellten zu melden.

(18) § 314a in der am 31. Juli 1996 geltenden Fassung ist bei der Anwendung der §§ 230 und 243 weiterhin gültig.

(BGBl 1996/411, BGBl I 1998/138)

Schlußbestimmung zu Art. IV des Bundesgesetzes BGBl. Nr. 417/1996

§ 565. § 11 Abs. 2a in der Fassung des Bundesgesetzes BGBl. Nr. 417/1996 tritt mit 1. Juli 1996 in Kraft.

(BGBl 1996/417, BGBl I 1998/138)

Schlußbestimmungen zu Art. I des Bundesgesetzes BGBl. Nr. 600/1996

§ 566. (1) Es treten in Kraft:

1. mit 1. Jänner 1997 die §§ 4 Abs. 7, 5 Abs. 2, 5a Abs. 2 Z 2 und 3, 51 Abs. 2, 70a und 459d in der Fassung des Bundesgesetzes BGBl. Nr. 600/1996;
2. rückwirkend mit 1. Juli 1996 die §§ 5a Abs. 1 und Abs. 2 Z 1, 33 Abs. 1, 3 und 4, 44a Abs. 1 und 2, 59 Abs. 1 Z 2 und § 564 Abs. 6, 7 und 7a in der Fassung des Bundesgesetzes BGBl. Nr. 600/1996 sowie die Aufhebung des § 44a Abs. 3 und 4;

3. rückwirkend mit 1. September 1996 § 563 Abs. 22 in der Fassung des Bundesgesetzes BGBl. Nr. 600/1996.

(2) Eine bis zur Kundmachung des Bundesgesetzes BGBl. Nr. 600/1996 gemeldete Pflichtversicherung auf Grund des § 4 Abs. 4 oder 5 in der Fassung des Bundesgesetzes BGBl. Nr. 411/1996 bleibt bis zum Ablauf des Kalendermonates der Kundmachung aufrecht, wenn dies der Versicherte wünscht. Auf nach der Kundmachung gemeldete Pflichtversicherungen gemäß § 4 Abs. 4 und 5 sind die Bestimmungen des Bundesgesetzes BGBl. Nr. 600/1996 anzuwenden.

(BGBl 1996/600, BGBl I 1998/138)

Schlußbestimmungen zu Art. I des 2. Sozialrechts-Änderungsgesetzes 1996, BGBl. Nr. 764

§ 567. (1) Es treten in Kraft:

1. mit 1. Jänner 1997 die §§ 33 Abs. 1, 58 Abs. 6 letzter Satz, 105 Abs. 1, 3 und 4, 416 und 563 Abs. 4 in der Fassung des Bundesgesetzes BGBl. Nr. 764/1996;

1a. rückwirkend mit 1. November 1996 § 44 Abs. 3 und 4 in der Fassung des Bundesgesetzes BGBl. Nr. 764/1996;

2. rückwirkend mit 1. August 1996 die §§ 28 Z 3, 131 Abs. 6, 135 Abs. 3 Z 2 und 136 Abs. 3 in der Fassung des Bundesgesetzes BGBl. Nr. 764/1996;

3. rückwirkend mit 1. Juli 1996 § 58 Abs. 6 erster Satz in der Fassung des Bundesgesetzes BGBl. Nr. 764/1996.

(2) Die §§ 107a Abs. 2, 121 Abs. 4 Z 3 lit. d, 122 Abs. 2 Z 1 lit. d, 124 Abs. 2 Z 1, 130 Abs. 3, 144 Überschrift, 144 Abs. 1, 145 Überschrift, 145 Abs. 1 und 2, 148, 149, 150, 189 Abs. 3, 302 Abs. 3, 322a, 332 Abs. 1, 338 Abs. 2a und 3, 361 Abs. 2, 447a Abs. 5 Z 3 zweiter Satz und 447f in der Fassung des Bundesgesetzes BGBl. Nr. 764/1996 treten mit 1. Jänner 1997 in Kraft.

(BGBl I 2001/5)

(3) (aufgehoben)

(BGBl I 2001/5)

(4) Die landesgesetzlichen Ausführungsbestimmungen zu den §§ 148, 149 Abs. 2, 189 Abs. 3 und 302 Abs. 3 in der Fassung des Bundesgesetzes BGBl. Nr. 764/1996 sind innerhalb von sechs Monaten zu erlassen und rückwirkend mit 1. Jänner 1997 in Kraft zu setzen.

(5) Die am 31. Dezember 1996 in Kraft stehenden privatrechtlichen Verträge mit Krankenanstalten, die ab 1. Jänner 1997 landesfondsfinanziert sind, gelten ab diesem Zeitpunkt als privatrechtliche Verträge gemäß § 148 Z 10 in der Fassung des Bundesgesetzes BGBl. Nr. 764/1996.

(6) Die Ausgaben für die Verpflegskosten gemäß § 149 Abs. 3 in der Fassung des Art. I Z 15 des Bundesgesetzes BGBl. Nr. 764/1996 (§ 98 Abs. 1 des Gewerblichen Sozialversicherungsgesetzes in der Fassung des Art. 11 Z 9, § 92 Abs. 1 des Bauern-Sozialversicherungsgesetzes in der Fassung des Art. III Z 12 und § 68 Abs. 3 des Beamten-Kranken- und Unfallversicherungsgesetzes in der Fassung des Art. IV Z 10 jeweils des Bundesgesetzes BGBl. Nr. 764/1996) und für die Pflegekostenzuschüsse gemäß § 150 Abs. 2 in der Fassung des Art. I Z 16 des Bundesgesetzes BGBl. Nr. 764/1996 (§ 98a des Gewerblichen Sozialversicherungsgesetzes in der Fassung des Art. II Z 10, § 93 Abs. 2 des Bauern-Sozialversicherungsgesetzes in der Fassung des Art. III Z 13 und § 68a des Beamten-Kranken- und Unfallversicherungsgesetzes in der Fassung des Art. IV Z 11 jeweils des Bundesgesetzes BGBl. Nr. 764/1996) haben sich im Durchschnitt der Jahre 1997 bis 2000 in einem Rahmen zu bewegen, der dem Finanzvolumen für die entsprechenden Leistungen im Jahre 1994, valorisiert mit den Beitragseinnahmen bis zum Jahre 2000, entspricht.

(7) Für eine Anstaltspflege vor dem 1. Jänner 1997, die nach Verpflegstagen abgerechnet wird, ist § 332 in der am 31. Dezember 1996 geltenden Fassung weiterhin anzuwenden.

(8) Abweichend von den Bestimmungen des § 447f Abs. 9 wird der Gesamtteilbetrag der Überweisung unter Berücksichtigung der Beitragseinnahmen für die Kalenderjahre 1998 bis 2000 aufgebracht durch

1. die Zusatzbeiträge in der Krankenversicherung (§ 51b des Allgemeinen Sozialversicherungsgesetzes, § 27a des Gewerblichen Sozialversicherungsgesetzes, § 24a des Bauern-Sozialversicherungsgesetzes, § 20a des Beamten-Kranken- und Unfallversicherungsgesetzes);

2. soweit die Zusatzbeiträge nach Z 1 nicht ausreichen, durch Überweisungen der Krankenversicherungsträger (§ 31 Abs. 1) nach folgendem Schlüssel:Dieser Schlüssel ist jährlich, erstmals für das Geschäftsjahr 1998, unter Berücksichtigung der Entwicklung der Beitragseinnahmen der einzelnen Krankenversicherungsträger von diesem Geschäftsjahr zum Geschäftsjahr 1996, in weiterer Folge vom laufenden Geschäftsjahr zum vorangegangenen Geschäftsjahr vom Hauptverband der österreichischen Sozialversicherungsträger neu festzusetzen. Hiebei sind als Beitragseinnahmen die Beiträge für pflichtversicherte Erwebstätige, für freiwillig Versicherte, für Arbeitslose und der Bundesbeitrag zur Krankenversicherung der Bauern heranzuziehen. Zusatzbeiträge gemäß Z 1 sind außer Betracht zu lassen.

   Wiener Gebietskrankenkasse...... 24,33426%,

   Niederösterreichische Gebietskrankenkasse 11,27709%,

   Burgenländische Gebietskrankenkasse 1,22081%,

   Oberösterreichische Gebietskrankenkasse 13,34493%,

Steiermärkische Gebietskrankenkasse 8,13824%,
Kärntner Gebietskrankenkasse 3,72204%,
Salzburger Gebietskrankenkasse .. 5,15325%,
Tiroler Gebietskrankenkasse 5,24571%,
Vorarlberger Gebietskrankenkasse 3,51715%,
Betriebskrankenkasse der Österreichischen Staatsdruckerei 0,04847%,
Betriebskrankenkasse Austria Tabak 0,08286%,
Betriebskrankenkasse der Wiener Verkehrsbetriebe 0,38132%,
Betriebskrankenkasse Semperit 0,16554%,
Betriebskrankenkasse Neusiedler 0,06205%,
Betriebskrankenkasse Alpine Donawitz 0,18032%,
Betriebskrankenkasse Zeltweg 0,08630%,
Betriebskrankenkasse Kindberg ... 0,05073%,
Betriebskrankenkasse Kapfenberg 0,19403%,
Betriebskrankenkasse Pengg 0,02105%,
Versicherungsanstalt des österreichischen Bergbaues (als Träger der Krankenversicherung) 0,86075%,
Versicherungsanstalt der österreichischen Eisenbahnen, Abteilung A (als Träger der Krankenversicherung) 0,49018%,
Versicherungsanstalt der österreichischen Eisenbahnen, Abteilung B (als Träger der Krankenversicherung) 2,35496%,
Versicherungsanstalt öffentlich Bediensteter (als Träger der Krankenversicherung) 10,37015%,
Sozialversicherungsanstalt der gewerblichen Wirtschaft (als Träger der Krankenversicherung) 6,46282%,
Sozialversicherungsanstalt der Bauern (als Träger der Krankenversicherung) .... 2,23499%.

(BGBl I 2002/140)

3. Die Summe der auf die einzelnen Träger entfallenden Beträge nach Z 1 und 2 sind mit Ausnahme der Summe für die Betriebskrankenkasse Kapfenberg im Verhältnis des Gesamtteilbetrages zum Betrag des um 15 Millionen Schilling verminderten Gesamtteilbetrages zu erhöhen. Die Summe für die Betriebskrankenkasse Kapfenberg ist um 15 Millionen Schilling zu vermindern.
4. Die Wiener Gebietskrankenkasse, die Oberösterreichische Gebietskrankenkasse, die Salzburger Gebietskrankenkasse, die Tiroler Gebietskrankenkasse, die Vorarlberger Gebietskrankenkasse und die Sozialversicherungsanstalt der gewerblichen Wirtschaft (als Träger der Krankenversicherung) erhalten aus der Rücklage gemäß § 447a Abs. 4 Stützbeträge, und zwar dieDiese Beträge sind spätestens bis zum 31. Dezem-ber 2000 zu überweisen, wobei Teilbeträge von den einzelnen Gebietskrankenkassen jeweils zum 1. Oktober eines jeden Jahres angefordert werden können.

Wiener Gebietskrankenkasse
307,3 Millionen Schilling,
Oberösterreichische Gebietskrankenkasse
25,3 Millionen Schilling,
Salzburger Gebietskrankenkasse
29,1 Millionen Schilling,
Tiroler Gebietskrankenkasse
0,6 Millionen Schilling,
Vorarlberger Gebietskrankenkasse
15,9 Millionen Schilling,
Sozialversicherungsanstalt der gewerblichen Wirtschaft (als Träger der Krankenversicherung)
21,8 Millionen Schilling.

(BGBl I 1998/138)

(9) § 63b ist für Zusatzbeiträge in der Krankenversicherung (§ 51b), die für die Jahre 1997 bis 2000 geleistet werden, nicht anzuwenden.

(BGBl 1996/764, BGBl I 1998/138)

Schlußbestimmungen zu Art. 7 des Bundesgesetzes BGBl. I Nr. 47/1997

§ 568. (1) Die §§ 2 Abs. 2 Z 11, 5 Abs. 2, 122 Abs. 2 Z 3 und 4 und Abs. 3, 166 Abs. 1 Z 2, 176 Abs. 1 Z 8, 227a Abs. 5 Z 1 und Abs. 6, 238 Abs. 2 Z 2, 331 Abs. 1, 447g Abs. 3 Z 1 lit. b und 554 Abs. 1 in der Fassung des Bundesgesetzes BGBl. I Nr. 47/1997 treten mit 1. Juli 1997 in Kraft.

(2) Die §§ 331 Abs. 2 und 554 Abs. 2 treten mit Ablauf des 30. Juni 1997 außer Kraft.

(3) Für Ansprüche auf Grund von Geburten vor dem 1. Juli 1997 sind die §§ 2 Abs. 2 Z 11, 5 Abs. 2, 122 Abs. 2 Z 3 und 4 und Abs. 3, 176 Abs. 1 Z 8, 227a Abs. 5 Z 1 und Abs. 6, 238 Abs. 2 Z 2 und 447g Abs. 3 Z 1 lit. b weiterhin in der am 30. Juni 1997 geltenden Fassung anzuwenden.

(BGBl I 1997/47, BGBl I 1998/138)

Schlußbestimmung zu Art. 20 des Bezügebegrenzungsgesetzes, BGBl. I Nr. 64/1997

§ 569. Die §§ 70 Abs. 4, 225 Abs. 1 Z 6 und 7, 230 Abs. 2 lit. d, 243 Abs. 1 Z 1 und 420 Abs. 5 Z 2 in der Fassung des Bundesgesetzes BGBl. I Nr. 64/1997 treten mit 1. August 1997 in Kraft. Bei ihrer Anwendung sind die auf Grund der Ermächtigung gemäß § 2 Abs. 3 des Bundesverfassungsgesetzes über die Begrenzung von Bezügen öffentlicher Funktionäre erlassenen landesgesetzlichen Regelungen den Bestimmungen des 4. Abschnittes des Bundesbezügegesetzes sowie des § 49h Abs. 3 des Bezügegesetzes, jeweils in der

Fassung des Bezügebegrenzungsgesetzes, BGBl. I Nr. 64/1997, gleichzuhalten.

(BGBl I 1997/64, BGBl I 1998/138)

Schlußbestimmungen zu Art. XXVIII des Bundesgesetzes BGBl. I Nr. 61/1997

§ 570. Es treten in Kraft:

1. § 264 Abs. 5 Z 10a in der Fassung des Bundesgesetzes BGBl. I Nr. 61/1997 mit 1. Jänner 1997,
2. § 311 Abs. 5 2. Satz in der Fassung des Bundesgesetzes BGBl. I Nr. 61/1997 mit 1. Juli 1997.

(BGBl I 1997/61, BGBl I 1998/138)

Schlußbestimmungen zu Art. II des Bundesgesetzes BGBl. I Nr. 79/1997

§ 571. (1) Die §§ 51c und 57a in der Fassung des Bundesgesetzes BGBl. I Nr. 79/1997 treten mit 1. Juli 1997 in Kraft.

(2) Die §§ 51 Abs. 2 und 53 Abs. 2 zweiter Satz treten mit Ablauf des 30. Juni 1997 außer Kraft.

(BGBl I 1997/79)

(BGBl I 1997/79, BGBl I 1998/138)

Schlußbestimmungen zu Art. 7 des Arbeits- und Sozialrechts-Änderungsgesetzes 1997, BGBl. I Nr. 139 (54. Novelle)

§ 572. (1) Es treten in Kraft:

1. mit 1. Jänner 1998 die §§ 3 Abs. 3, 4 Abs. 1 Z 13 und 14 sowie Abs. 2 und 4, 5 Abs. 1 Z 2 und Abs. 2, 8 Abs. 1 Z 3 lit. a, 10 Abs. 2 in der Fassung der Z 22, 12 Abs. 1, 16a Abs. 1, 19a, 31 Abs. 5 Z 31 und 32, 33 Abs. 1, 35 Überschrift und Abs. 4 lit. b, 43 Abs. 1, 44 Abs. 1 Z 1 und Abs. 2 sowie Abs. 7, 44a Abs. 1, 49 Abs. 1 und 7, 53 Abs. 3 lit. b, 53a, 58 Abs. 2, 59 Abs. 1 Z 2, 76 Abs. 1 Z 2, 76b Abs. 2, 77 Abs. 1, 2 und 5 bis 7, 90, 91 Abs. 1, 91 Abs. 2 in der Fassung der Z 89, 92, 103 Abs. 1 Z 3 und 4, 108b erster Satz, 123 Abs. 9 lit. a, 230 Abs. 2 lit. f, 253 Abs. 1 und 2, 253a Abs. 2 Z 1, Abs. 2a und Abs. 5, 253b Abs. 1 Z 4 und Abs. 5, 253c, 253d Abs. 1 Z 2 bis 5, 254 Abs. 1 Z 3, 261b Abs. 1 und 3, 264 Abs. 1 Z 5 und Abs. 6 Z 2, 276 Abs. 1 und Abs. 2, 276a Abs. 2 Z 1, Abs. 2a und Abs. 5, 276b Abs. 1 Z 4 und Abs. 5, 276c, 276d Abs. 1 Z 2 bis 5, 279 Abs. 1 Z 3, 284b Abs. 1 und 3, 292 Abs. 1 und 8, 447g Abs. 9 und 10, 471c, 553 Abs. 8 sowie 564 Abs. 2 in der Fassung des Bundesgesetzes BGBl. I Nr. 139/1997;

1a. mit 1. Juli 1998 die §§ 31 Abs. 6 und 343 Abs. 1 in der Fassung des Bundesgesetzes BGBl. I Nr. 139/1997;

2. mit 1. August 1999 die §§ 8 Abs. 1 Z 3 lit. i und 16 Abs. 2 Z 3 in der Fassung des Bundesgesetzes BGBl. I Nr. 139/1997;

3. mit 1. Jänner 2000 die §§ 3 Abs. 2 lit. e, 4 Abs. 1 Z 6, 8 Abs. 1 Z 3 lit. g und Z 4, 10 Abs. 2 in der Fassung der Z 23, 10 Abs. 3 und 5, 30 Abs. 3, 31 Abs. 5 Z 33, 36 Abs. 1 Z 5 und 9 sowie Abs. 3, 44 Abs. 1 Z 3 und 6 sowie Abs. 4 und Abs. 6 lit. a, 51 Abs. 5, 52 Abs. 1 und 2, 70a Abs. 1, 74 Abs. 2 und 3 Z 1, 95 Abs. 1, 162 Abs. 3, 181 Abs. 4, 225 Abs. 1 Z 2, 239 Abs. 1, 240, 261, 264 Abs. 1 Z 4, 274, 284, 285 Abs. 2, 3 und 5 sowie 306 Abs. 2 in der Fassung des Bundesgesetzes BGBl. I Nr. 139/1997;

   (BGBl I 2000/2)

4. mit 1. Jänner 2001 die §§ 91 Abs. 2 in der Fassung der Z 90, 254 Abs. 6 bis 8, 271 Abs. 3 und 279 Abs. 3 in der Fassung des Bundesgesetzes BGBl. I Nr. 139/1997;

4a. (aufgehoben)

   (BGBl I 2000/2, BGBl I 2001/99)

5. mit 1. Jänner 2003 § 238 Abs. 1 bis 5 in der Fassung des Bundesgesetzes BGBl. I Nr. 139/1997;

   (BGBl I 2001/99, BGBl I 2002/1)

5a. mit 1. Jänner 2005 die §§ 128 und 447h in der Fassung des Bundesgesetzes BGBl. I Nr. 139/1997;

   (BGBl I 2002/1)

6. rückwirkend mit 23. April 1997 die §§ 44 Abs. 8, 44a Überschrift, 45 Abs. 3, 51 Abs. 1 Einleitung und Z 1 lit. d, 108a Abs. 2 und 138 Abs. 2 lit. f in der Fassung des Bundesgesetzes BGBl. I Nr. 139/1997;

7. rückwirkend mit 1. August 1996 § 564 Abs. 13 Z 2 in der Fassung des Bundesgesetzes BGBl. I Nr. 139/1997;

8. rückwirkend mit 1. Juli 1996 die §§ 8 Abs. 1 Z 1 lit. a, 10 Abs. 6, 12 Abs. 5 erster Satz, 73 Überschrift sowie Abs. 1 und 2, 86 Abs. 3 Z 2 letzter Satz, 306 Abs. 1 und 563 Abs. 11 in der Fassung des Bundesgesetzes BGBl. I Nr. 139/1997.

(2) Es treten außer Kraft:

1. mit Ablauf des 22. April 1997 § 459d;
2. mit Ablauf des 31. Dezember 1997 die §§ 5 Abs. 1 Z 13 bis 15, 5a, 33 Abs. 3 und 4, 43 Abs. 2, 58 Abs. 3 und 78 Abs. 4;
3. mit Ablauf des 31. Juli 1999 die §§ 5 Abs. 1 Z 5 und 7 Z 3 lit. d;
4. mit Ablauf des 31. Dezember 1999 die §§ 4 Abs. 3, 8 Abs. 1 Z 1 lit. d, Z 3 lit. f sowie Abs. 2 lit. b, 14 Abs. 1 Z 5, 28 Z 2 lit. b, 36 Abs. 1 Z 2, 44 Abs. 1 Z 5, 138 Abs. 2 lit. e, 261a und 284a.

(3) Die Aufhebung des § 360 Abs. 4 tritt mit Ablauf des 31. Dezember 1997 in Kraft.

(4) Die im § 4 Abs. 3 genannten Personen, die am 31. Dezember 1999 nach diesem Bundesgesetz pflichtversichert sind, bleiben weiterhin nach den zu diesem Zeitpunkt auf sie anzuwendenden Bestimmungen dieses Bundesgesetzes in der Krankenversicherung und in der Unfallversicherung pflichtversichert, und zwar so lange, als die selbständige Erwerbstätigkeit, die diese Pflichtversi-

cherung begründet hat, ausgeübt wird und keine Änderung des maßgeblichen Sachverhaltes eintritt. Dabei gilt der Anfall einer Pension nach diesem oder einem anderen Bundesgesetz sowie das Ruhen nach § 22a des Künstler-Sozialversicherungsfondsgesetzes, BGBl. I Nr. 131/2000, nicht als Änderung des maßgeblichen Sachverhaltes.

(BGBl I 2010/92)

(4a) Der Pflichtversicherungstatbestand des § 4 Abs. 4 in der Fassung des Bundesgesetzes BGBl. I Nr. 139/1997 wird für Personen hinsichtlich ihrer Tätigkeit als Kunstschaffende erst mit 1. Jänner 2001 wirksam.

(BGBl I 1998/138, BGBl I 1999/173)

(4b) Der Hauptverband hat seine Kompetenz zur Erlassung der Richtlinien gemäß § 31 Abs. 5 Z 32 in der Fassung des Bundesgesetzes BGBl. I Nr. 139/1997 bis 31. Jänner 1998 auszuüben.

(5) Verordnungen gemäß § 49 Abs. 7 in der Fassung des Bundesgesetzes BGBl. I Nr. 139/1997 können bereits ab dem seiner Kundmachung folgenden Tag erlassen werden; sie dürfen frühestens mit 1. Jänner 1998 in Kraft gesetzt werden.

(6) § 73 Abs. 2 erster Satz in der Fassung des Bundesgesetzes BGBl. I Nr. 139/1997 ist für das Kalenderjahr 1998 mit der Maßgabe anzuwenden, daß an die Stelle des Prozentsatzes von 203 ein Prozentsatz von 202 tritt.

(7) § 77 Abs. 6 in der Fassung des Bundesgesetzes BGBl. I Nr. 139/1997 ist anzuwenden

1. auf Personen, die den Antrag auf Weiterversicherung gemäß § 17 nach Ablauf des 31. Dezember 1997 stellen;
2. auf Personen, die bereits am 31. Dezember 1997 in der Pensionsversicherung weiterversichert sind und einen nahen Angehörigen im Sinne der genannten Bestimmung pflegen, wenn sie dies bis zum Ablauf des 31. Dezember 1998 beim zuständigen Pensionsversicherungsträger beantragen. Diesfalls wird der auf den Dienstgeber entfallende Beitragsteil ab dem 1. Jänner 1998 aus Mitteln des Bundes getragen; die zuviel gezahlten Beiträge sind den Weiterversicherten zu erstatten. Wird der Antrag später gestellt, so erfolgt die Beitragstragung aus Mitteln des Bundes erst ab dem der Antragstellung folgenden Monatsersten.

(8) § 91 Abs. 1 dritter Satz in der Fassung des Bundesgesetzes BGBl. I Nr. 139/1997 ist mit der Maßgabe anzuwenden, daß Bezüge, die nicht schon von § 23 Abs. 2 des Bezügegesetzes, BGBl. Nr. 273/1972, in der am 31. Juli 1997 geltenden Fassung umfaßt waren, nur dann als Erwerbseinkommen gelten, wenn die jeweilige Funktion, auf Grund deren diese Bezüge gebühren, nach dem 31. Dezember 2000 erstmals oder neuerlich angetreten wird.

(9) Die §§ 91 Abs. 2 in der Fassung der Z 90, 254 Abs. 6 bis 8, 271 Abs. 3 und 279 Abs. 3 in der Fassung des Bundesgesetzes BGBl. I Nr. 139/1997 sind nur auf Versicherungsfälle anzuwenden, in denen der Stichtag nach dem 31. Dezember 2000 liegt. Auf Bezieher einer Invaliditäts(Berufsunfähigkeits)pension bzw. einer Knappschaftsvollpension mit Stichtag vor dem 1. Jänner 2001 sind die §§ 91 Abs. 2 in der Fassung der Z 89, 95 Abs. 1, 261, 261a, 264 Abs. 1 Z 4, 274, 284, 284a und 285 Abs. 3 in der am 31. Dezember 1999 geltenden Fassung weiterhin anzuwenden; auf Personen, die am 31. Dezember 2000 Anspruch auf Übergangsgeld haben, ist § 306 Abs. 2 in der an diesem Tag geltenden Fassung weiterhin anzuwenden.

(BGBl I 1998/138)

(10) und (10a) (aufgehoben)

(BGBl I 2001/67, BGBl I 2003/71)

(11) Abweichend von § 254 Abs. 7 Z 4 in der Fassung des Bundesgesetzes BGBl. I Nr. 139/1997 darf der Anrechnungsbetrag

1. im Jahr 2001 10%,
2. im Jahr 2002 20%,
3. im Jahr 2003 30% und
4. im Jahr 2004 40%

der gemäß § 261 ohne den besonderen Steigerungsbetrag (§ 248) ermittelten Pension nicht übersteigen.

(12) Die §§ 261 Abs. 4 zweiter Satz und Abs. 5 erster Satz sowie 284 Abs. 4 zweiter Satz und Abs. 5 erster Satz in der bis zum Ablauf des 31. Dezember 1999 geltenden Fassung sind rückwirkend ab 1. September 1996 mit der Maßgabe anzuwenden, daß Versicherungsmonate für Zeiten der Kindererziehung von den in diesen Bestimmungen genannten 360 bzw. 480 Versicherungsmonaten ausgenommen sind. Für Personen mit bescheidmäßig zuerkannter Pension ist die Pension im Sinne des ersten Satzes neu zu bemessen; ist die neubemessene Pension höher als die bereits bescheidmäßig zuerkannte, so gebührt die neubemessene Pension rückwirkend ab Pensionsbeginn.

(13) Die §§ 261 Abs. 5 letzter Satz und 284 Abs. 5 letzter Satz in der bis zum Ablauf des 31. Dezember 1999 geltenden Fassung sind rückwirkend ab 1. September 1996 mit der Maßgabe anzuwenden, daß sich

– der in der erstzitierten Bestimmung genannte Prozentsatz um 0,152500 und
– der in der zweitzitierten Bestimmung genannte Prozentsatz um 0,166667

für jeden Versicherungsmonat für Zeiten der Kindererziehung erhöht. Abs. 12 zweiter Satz ist anzuwenden.

(BGBl I 1998/138)

(14) Auf Bezieher einer Gleitpension bzw. Knappschaftsgleitpension mit Stichtag vor dem 1. Jänner 1998 sind die §§ 253a Abs. 2 Z 1 und Abs. 5, 253c, 261b, 276a Abs. 2 Z 1 und Abs. 5, 276c und 284b in der am 31. Dezember 1997 geltenden Fassung weiterhin anzuwenden.

(15) § 108 Abs. 5, mit Ausnahme des letzten Satzes, ist für das Kalenderjahr 1998 nicht anzu-

wenden. Der Anpassungsfaktor gemäß § 108 Abs. 5 beträgt 1,0133 für das Kalenderjahr 1998.

(16) Personen, die im Jänner 1998 bzw. Juli 1998

1. eine Ausgleichszulage gemäß § 293 Abs. 1 lit. a aa beziehen oder
2. mit dem Ehegatten (der Ehegattin) im gemeinsamen Haushalt leben und deren Gesamteinkommen (Pension zuzüglich eines aus übrigen Einkünften des Pensionsberechtigten erwachsenden Nettoeinkommens und der gemäß § 294 zu berücksichtigenden Beträge) unter Anwendung der §§ 292 ff. nicht die Höhe von 12 920,90 S übersteigt oder
3. eine Ausgleichszulage gemäß § 293 Abs. 1 lit. a bb, b bzw. c beziehen oder
4. nicht mit dem Ehegatten (der Ehegattin) in einem gemeinsamen Haushalt leben und deren Gesamteinkommen (Pension zuzüglich eines aus übrigen Einkünften des Pensionsberechtigten erwachsenden Nettoeinkommens und der gemäß § 294 zu berücksichtigenden Beträge unter Anwendung der §§ 292 ff. nicht die Höhe von 9 003,90 S übersteigt, gebührt zu der im Jänner 1998 bzw. Juli 1998 auszuzahlenden Pension eine zusätzliche Ausgleichszulage.

(17) Die zusätzliche Ausgleichszulage beträgt für Personen gemäß Abs. 16 Z 1 und 2 jeweils 975 S, für Personen gemäß Abs. 16 Z 3 und 4 jeweils 650 S. Falls beide Ehegatten Anspruch auf eine Pension mit Ausgleichszulage haben und im gemeinsamen Haushalt leben, gebührt die zusätzliche Ausgleichszulage zur jeweils höheren Pension. Die zusätzliche Ausgleichszulage gebührt nicht, wenn im gleichen Haushalt eine andere Person Anspruch auf die zusätzliche Ausgleichszulage zu einer Witwen(Witwer)pension hat.

(18) Der gemäß Abs. 17 gebührende Betrag vermindert sich für je 253 S, um die das Gesamteinkommen den anzuwendenden Richtsatz gemäß § 293 Abs. 1 übersteigt, um je 162,50 S. Hiebei ist für Waisenpensionen jedenfalls der Richtsatz gemäß § 293 Abs. 1 lit. b anzuwenden.

(19) Bei der Ermittlung des Nettoeinkommens (§ 292 Abs. 3) haben die Beträge gemäß Abs. 17 außer Betracht zu bleiben.

(20) § 299 ist für die zusätzliche Ausgleichszulage nicht anzuwenden. Der Aufwand ist vom Bund zu tragen.

(BGBl I 1997/139, BGBl I 1998/138)

Schlußbestimmungen zu Art. 3 des Bundesgesetzes BGBl. I Nr. 6/1998

§ 573. (1) § 122 Abs. 2 Z 3 und 4 in der Fassung des Bundesgesetzes BGBl. I Nr. 6/1998 tritt mit 1. Jänner 1998 in Kraft.

(2) § 162 Abs. 3 dritter Satz in der Fassung des Bundesgesetzes BGBl. I Nr. 6/1998 tritt rückwirkend mit 1. Juli 1997 in Kraft.

(BGBl I 1998/6, BGBl I 1998/138)

Schlußbestimmung zu Art. 8 des Gesetzes über die Ausbildung von Frauen im Bundesheer, BGBl. I Nr. 30/1998

§ 574. Die §§ 8 Abs. 1 Z 1 lit. c, 12 Abs. 6, 17 Abs. 5 lit. d, 30 Abs. 4, 37c samt Überschrift, 56a samt Überschrift, 86 Abs. 5, 89a samt Überschrift, 122 Abs. 2 Z 2 lit. a, 227 Abs. 1 Z 7 und 8, 235 Abs. 3 lit. c sowie 447g Abs. 3 Z 1 lit. d in der Fassung des Bundesgesetzes BGBl. I Nr. 30/1998 treten mit 1. Jänner 1998 in Kraft.

(BGBl I 1998/30, BGBl I 1998/138)

Schlußbestimmungen zum Bundesgesetz BGBl. I Nr. 138/1998 (55. Novelle)

§ 575. (1) Es treten in Kraft:

1. mit 1. August 1998 die §§ 4 Abs. 1 Z 5 und Abs. 3 Z 2, 7 Z 3 lit. b, 8 Abs. 1 Z 3 lit. g und i, 10 Abs. 1a, 10 Abs. 2 in der Fassung der Z 12, 14 Abs. 1 Z 10 und 11, 16 Abs. 2 Z 1 und Abs. 6 Z 3, 17 Abs. 3, 19a Abs. 1, 22a Abs. 1 Z 1 bis 3 sowie Abs. 4, 25 Abs. 1 Z 2, 29 Abs. 2 Z 1 bis 3, 43, 58 Abs. 3, 59 Abs. 1, 73 Abs. 2, 74a Abs. 1, 122 Abs. 2 Z 1, 124 Abs. 1, 132a Abs. 6, 135 Abs. 3 Z 6, 149 Abs. 5, 151 Abs. 2 und 3, 162 Abs. 3 lit. b, 175 Abs. 4, 176 Abs. 1 Z 7 lit. b, 177 Abs. 1, 224, 229b samt Überschrift, 231 Z 1 bis 4, 232 Abs. 1 und 3, 236 Abs. 4 Z 2 und 3, 243 Abs. 2, 246, 247, 248b, 253a Abs. 3, 253c Abs. 1 Z 3 lit. a und b sowie Abs. 4, 253c Abs. 5 in der Fassung der Z 105, 258 Abs. 2, 264 Abs. 1 Z 3 und 4, 276a Abs. 3, 276c Abs. 1 Z 3 lit. a und b sowie Abs. 4, 276c Abs. 5 in der Fassung der Z 120, 278, 301 Abs. 2, 306 Abs. 4, 338 Abs. 2a, 343c samt Überschrift, 349 Abs. 1, 410 Abs. 1 Z 7 und 8, 415, 417a samt Überschrift, 441 Abs. 2, 445 Z 5, 447 samt Überschrift, 447g Abs. 6, 448 Abs. 3, 449 Abs. 2 bis 4, 472 Überschrift und Abs. 1 Z 1, 479 Abs. 2 Z 1, 479d Abs. 2, 506b Überschrift und Abs. 8, 547 Überschrift, 548 Überschrift, 549 Überschrift, 550 Überschrift, 551 Überschrift, 552 Überschrift, 553 Überschrift, 554 Überschrift, 555 Überschrift, 557 Überschrift, 558 Überschrift, 559 Überschrift, 560 Überschrift, 560a Überschrift, 562 Überschrift, 563 Überschrift, 564 Überschrift, 565 Überschrift, 566 Überschrift, 567 Überschrift, 568 Überschrift, 569 Überschrift, 570 Überschrift, 571 Überschrift, 572 Überschrift, 573 Überschrift, 574 Überschrift sowie in der Anlage 1 die Nrn. 2 bis 14, 19, 27b, 32, 38, 39, 46 und 48 bis 52 in der Fassung des Bundesgesetzes BGBl. I Nr. 138/1998;
2. mit 1. Jänner 1999 die §§ 4 Abs. 2 zweiter Satz, 153 Abs. 3, 210 Abs. 1 bis 3, 227 Abs. 1 Z 10 und 447f Abs. 6 Z 1 in der Fassung des Bundesgesetzes BGBl. I Nr. 138/ 1998;
3. mit 1. Jänner 2000 die §§ 5 Abs. 2, 10 Abs. 2 in der Fassung der Z 13, 44 Abs. 6, 56a Abs. 2, 70 Abs. 1, 76a Abs. 1, 233 Abs. 1,

238 Abs. 1, 242, 244 Abs. 3, 249 Abs. 1, 251a Überschrift und Abs. 7, 470 Abs. 3 und 506a in der Fassung des Bundesgesetzes BGBl. I Nr. 138/1998;

4. mit 1. Jänner 2001 § 264 Abs. 1 in der Fassung der Z 115 in der Fassung des Bundesgesetzes BGBl. I Nr. 138/1998;

5. rückwirkend mit 1. Jänner 1998 die §§ 4 Abs. 4, 8 Abs. 1 Z 3 lit. a, 10 Abs. 2 in der Fassung der Z 14, 44 Abs. 2, 44a samt Überschrift, 53a samt Überschrift, 54 Abs. 5, 58 Überschrift und Abs. 8, 70 Abs. 2, 70a Abs. 3, 76b Abs. 2, 77 Abs. 1, 2 und 2a, 123 Abs. 9 lit. a bis e, 141 Abs. 5, 162 Abs. 3a und Abs. 5 Z 1, 253a Abs. 5, 253b Abs. 5, 253c Abs. 5 in der Fassung der Z 106, 253c Abs. 7, 8 und 12, 253d Abs. 4, 261b Abs. 3 Z 1 lit. a, 264 Abs. 1 Z 5, 271 Abs. 1 Z 3, 276a Abs. 5, 276b Abs. 5, 276c Abs. 5 in der Fassung der Z 121, 276c Abs. 7, 8 und 12, 276d Abs. 4, 284b Abs. 3 Z 1 lit. a, 447f Abs. 9, 447g Abs. 2 lit. a, 471f bis 471l samt Überschriften, 564 Abs. 5 und 567 Abs. 8 in der Fassung des Bundesgesetzes BGBl. I Nr. 138/1998;

6. rückwirkend mit 30. Dezember 1997 § 572 Abs. 4a, 9 und 13 in der Fassung des Bundesgesetzes BGBl. I Nr. 138/1998;

7. rückwirkend mit 1. August 1997 § 569 in der Fassung des Bundesgesetzes BGBl. I Nr. 138/1998;

8. rückwirkend mit 1. Juli 1997 die §§ 120 Abs. 1 Z 3, 162 Abs. 1 und 447g Abs. 3 Z 1 lit. b in der Fassung des Bundesgesetzes BGBl. I Nr. 138/1998;

9. rückwirkend mit 15. Februar 1997 § 108e Abs. 2 in der Fassung des Bundesgesetzes BGBl. I Nr. 138/1998;

10. rückwirkend mit 1. Jänner 1997 die §§ 148 Z 3 lit. c und d sowie 150 Abs. 3 in der Fassung des Bundesgesetzes BGBl. I Nr. 138/1998;

11. rückwirkend mit 1. September 1996 § 223 Überschrift und Abs. 2 in der Fassung des Bundesgesetzes BGBl. I Nr. 138/1998;

12. rückwirkend mit 1. Juli 1996 die §§ 58 Abs. 1 und 225 Abs. 5 in der Fassung des Bundesgesetzes BGBl. I Nr. 138/1998.

(2) Es treten außer Kraft:

1. mit Ablauf des 31. Juli 1998 § 235 Abs. 3 lit. b;

2. mit Ablauf des 31. Dezember 1999 § 244a.

(3) § 4 Abs. 2 zweiter Satz in der Fassung des Bundesgesetzes BGBl. I Nr. 138/1998 ist so lange nicht auf jene zu Geschäftsführern bestellten Gesellschafter einer Gesellschaft mit beschränkter Haftung, die am 31. Dezember 1998 gemäß § 2 Abs. 1 Z 3 GSVG pflichtversichert sind, anzuwenden, als die Tätigkeit als geschäftsführender Gesellschafter, die die Pflichtversicherung nach dem GSVG begründet hat, weiter ausgeübt wird und keine Änderung des maßgeblichen Sachverhaltes eintritt.

(4) Die §§ 14 Abs. 1 Z 2a und 51 Abs. 1 Z 1 lit. a in der Fassung des Bundesgesetzes BGBl. I Nr. 138/1998 treten zu dem Zeitpunkt in Kraft, zu dem der Bundesminister für Arbeit, Gesundheit und Soziales durch Verordnung feststellt, daß die nach den dienstrechtlichen Bestimmungen eines Landes als Landes- oder Gemeindeangestellte geltenden Personen – soweit sie in handwerklicher Verwendung stehen – den übrigen Vertragsbediensteten gleichgestellt sind.

(5) Vor dem 1. August 1998 in der Pensionsversicherung der Angestellten zurückgelegte Zeiten einer Beschäftigung bei einem Unternehmen im Sinne des Eisenbahngesetzes 1957, BGBl. Nr. 60, oder bei der Versicherungsanstalt der österreichischen Eisenbahnen sind hinsichtlich der Leistungszugehörigkeit und der Leistungszuständigkeit gemäß den §§ 245 und 246 so zu behandeln, wie wenn die §§ 14 Abs. 1 Z 10 und 11, 25 Abs. 1 Z 2 sowie 29 Abs. 2 Z 1 bis 3 in der Fassung des Bundesgesetzes BGBl. I Nr. 138/1998 bereits seit dem 1. Jänner 1956 in Kraft stünden. Dies gilt auch für bereits zuerkannte und bestehende Pensionsleistungen.

(6) Für Personengruppen gemäß § 22a Abs. 1, die bereits am 31. Juli 1998 in die Zusatzversicherung in der Unfallversicherung einbezogen sind und für die im Kalenderjahr 1998 gemäß § 74a Abs. 1 ein Beitrag von 24 S zu entrichten ist, können die antragsberechtigten Körperschaften bis zum 31. Dezember 1998 erklären, mit Wirksamkeit ab 1. August 1998 auf den erweiterten Unfallversicherungsschutz gemäß § 176 Abs. 1 Z 7 lit. b zu verzichten.

(7) (aufgehoben)

(BGBl I 2003/71)

(8) Die §§ 70 Abs. 2 und 70a Abs. 3 in der Fassung des Bundesgesetzes BGBl. I Nr. 138/1998 sind erstmals für das Beitragsjahr 1998 anzuwenden.

(9) § 70a Abs. 1 in der bis zum Ablauf des 31. Dezember 1999 geltenden Fassung ist in den Kalenderjahren 1997, 1998 und 1999 mit der Maßgabe anzuwenden, daß eine Pflichtversicherung auf Grund eines Pensionsbezuges einer Krankenversicherung auf Grund einer Erwerbstätigkeit gleichzuhalten ist.

(10) § 90 in der Fassung des Bundesgesetzes BGBl. I Nr. 139/1997 ist auf Alterspensionen gemäß den §§ 253 bzw. 276 mit Stichtag vor dem 1. Juli 1993 nicht anzuwenden. Hat irgendwann in der Zeit zwischen dem 1. Juli 1993 und dem 31. Juli 1998 eine solche Pension auf Grund gleichzeitigen Bezuges von Krankengeld geruht, so kann der (die) Pensionsbezieher(in) beantragen, daß die ruhendgestellten Beträge erstattet werden; ein solcher Antrag ist bis zum 31. Dezember 1998

beim zuständigen Pensionsversicherungsträger zu stellen.

(11) Leidet der (die) Versicherte am 1. August 1998 an einer Krankheit, die erst auf Grund des Bundesgesetzes BGBl. I Nr. 138/1998 als Berufskrankheit gilt, oder ist er (sie) vor dem 1. August 1998 an einer solchen Krankheit gestorben, so sind an ihn (sie) oder an seine (ihre) Hinterbliebenen die Leistungen der Unfallversicherung zu erbringen, wenn der Versicherungsfall nach dem 31. Dezember 1955 eingetreten ist; die Leistungen sind frühestens ab 1. August 1998 zu erbringen, wenn der Antrag bis zum Ablauf des 31. Juli 1999 gestellt wird; wird der Antrag nach dem 31. Juli 1999 gestellt, so gebühren die Leistungen frühestens ab dem Tag der Antragstellung.

(12) Die §§ 233 Abs. 1, 242, 244a und 251a Abs. 7 in der Fassung des Bundesgesetzes BGBl. I Nr. 138/1998 sind nur auf Versicherungsfälle anzuwenden, in denen der Stichtag nach dem 31. Dezember 1999 liegt.

(13) Abweichend von den §§ 253 Abs. 3 und 253b Abs. 5 ist bis zum Ablauf des 31. Dezember 1999 ein Antrag auf Alterspension dann zulässig, wenn der (die) Versicherte nicht länger als sechs Monate im Leistungsbezug einer vorzeitigen Alterspension gemäß § 253a oder § 253b gestanden ist und die bezogenen Pensionsleistungen einschließlich allfälliger Zulagen und Zuschüsse an den Versicherungsträger zurückgezahlt hat.

(14) Die §§ 253c, 261b, 276c und 284b in der am 31. Dezember 1997 geltenden Fassung sind auf (Knappschafts)Gleitpensionen mit einem nach dem 31. Dezember 1997 und vor dem 1. August 1998 liegenden Stichtag weiterhin anzuwenden, wenn dies bis zum 31. Dezember 1998 beantragt wird. Die neubemessene (Knappschafts)Gleitpension gebührt rückwirkend ab Pensionsbeginn.

(15) § 264 Abs. 1 in der am 31. Dezember 1999 geltenden Fassung gilt weiterhin für die Ermittlung von Witwen(Witwer)pensionen mit Stichtag vor dem 1. Jänner 2001.

(16) § 278 in der bis zum Ablauf des 31. Juli 1998 geltenden Fassung ist auf jene Personen weiter anzuwenden, die zum Zeitpunkt der Antragstellung der knappschaftlichen Pensionsversicherung zugehörig sind.

(16a) (aufgehoben)

(BGBl I 1999/15, BGBl I 2012/123)

(17) § 447f Abs. 6 Z 1 in der Fassung des Bundesgesetzes BGBl. I Nr. 138/1998 ist bis zum Ablauf des 31. Dezember 1999 mit der Maßgabe anzuwenden, daß vom Kostenbeitrag auch dann abzusehen ist, wenn von einem solchen nach § 447f Abs. 6 Z 1 in der bis zum Ablauf des 31. Dezember 1998 geltenden Fassung abzusehen gewesen wäre.

(BGBl I 1998/138)

Schlußbestimmung zu Art. III des Bundesgesetzes BGBl. I Nr. 12/1999

§ 576. § 476 samt Überschrift in der Fassung des Bundesgesetzes BGBl. I Nr. 12/1999 tritt mit 1. Jänner 1999 in Kraft.

(BGBl I 1999/12)

Zusätzliche Ausgleichszulage 1999

§ 577. (1) Personen, die im Jänner 1999 Anspruch haben auf

1. eine Ausgleichszulage gemäß § 293 Abs. 1 lit. a sublit. aa oder
2. eine Ausgleichszulage gemäß § 293 Abs. 1 lit. a sublit. bb oder lit. b oder lit. c,

gebührt zu der für Jänner 1999 auszuzahlenden Pension eine zusätzliche Ausgleichszulage; diese beträgt für Personen gemäß Z 1 900 S und für Personen gemäß Z 2 600 S. Bei der Ermittlung des Nettoeinkommens (§ 292 Abs. 3) haben die genannten Beträge außer Betracht zu bleiben. § 299 ist für die zusätzliche Ausgleichszulage nicht anzuwenden; der Aufwand ist vom Bund zu tragen.

(2) Wenn beide Ehegatten Anspruch auf eine Ausgleichszulage haben und im gemeinsamen Haushalt leben, gebührt die zusätzliche Ausgleichszulage zur jeweils höheren Pension. Die zusätzliche Ausgleichszulage gebührt jedoch nicht, wenn im gleichen Haushalt eine andere Person Anspruch auf die zusätzliche Ausgleichszulage zu einer Witwen(Witwer)pension hat.

(BGBl I 1999/16)

Besondere Pensionszulage 1999

§ 578. (1) Personen, die im Juni 1999 Anspruch auf eine oder mehrere Pensionen haben, gebührt zu der (höchsten) für Juni 1999 auszuzahlenden Pension eine besondere Pensionszulage; diese beträgt bei Anspruch auf eine Ausgleichszulage 300 S, sonst 3,5% des Gesamtpensionseinkommens, höchstens jedoch 300 S.

(2) Als Gesamtpensionseinkommen im Sinne des Abs. 1 gilt die Summe aller Pensionen aus der gesetzlichen Pensionsversicherung.

(BGBl I 1999/16)

Schlußbestimmung zu Art. X des Vertragsbedienstetenreformgesetzes, BGBl. I Nr. 10/1999

§ 579. Die §§ 5 Abs. 1 Z 3a, 7 Z 4, 8 Abs. 1 Z 1 lit. a, 14 Abs. 1 Z 2, 73 Abs. 1 und 2 und 447i samt Überschrift in der Fassung des Bundesgesetzes BGBl. I Nr. 10/1999 treten mit 1. Jänner 1999 in Kraft.

(BGBl I 1999/10)

Schlußbestimmungen zu Art. II des Bundesgesetzes BGBl. I Nr. 68/1999

§ 580. (1) Die §§ 26 Abs. 1 Z 3 lit. a, 479a Abs. 1 Z 1 und 2, 479b Abs. 1 und 2, 479c, 479d Abs. 2 und 3 sowie die Überschrift zu den Bestimmungen des Abschnittes IIa des Neunten Teiles in der Fassung des Bundesgesetzes BGBl. I Nr. 68/1999 treten mit dem Zeitpunkt der Betriebsaufnahme der WIENER LINIEN GmbH & Co KG in Kraft.

(2) Für die der WIENER STADTWERKE Holding AG zur Dienstleistung in dem im Abs. 1 genannten Zeitpunkt zugewiesenen, in einem durch Vertrag begründeten Dienstverhältnis zur Gemeinde Wien stehenden Beschäftigten bleibt die Zuständigkeit hinsichtlich der Durchführung der Krankenversicherung gemäß § 26 Abs. 1 der Betriebskrankenkasse der Wiener Verkehrsbetriebe, hinsichtlich der Durchführung der Unfallversicherung gemäß § 28 Z 3 bzw. der Pensionsversicherung gemäß § 29 Abs. 1 und 2 der Versicherungsanstalt für Eisenbahnen und Bergbau bis zum Ausscheiden aus dem Dienstverhältnis zur Gemeinde Wien oder bis zum Widerruf der Zuweisung zur WIENER STADTWERKE Holding AG gewahrt.

(BGBl I 2003/145)

(BGBl I 1999/68)

Schlußbestimmungen zum Bundesgesetz BGBl. I Nr. 173/1999 (57. Novelle)

§ 581. (1) Es treten in Kraft:

1. mit 1. Juli 1999 die §§ 16 Abs. 3, 176 Abs. 1 Z 1 und 479 Abs. 4 in der Fassung des Bundesgesetzes BGBl. I Nr. 173/1999;

1a. mit 1. August 1999 die §§ 8 Abs. 1 Z 1 lit. a, 73 Abs. 1 Z 2 und Abs. 2 sowie 175 Abs. 2 Z 2 in der Fassung des Bundesgesetzes BGBl. I Nr. 173/1999;

2. mit 1. Jänner 2000 § 16a Abs. 1 in der Fassung des Bundesgesetzes BGBl. I Nr. 173/1999;

3. mit 1. Jänner 2005 § 128 Abs. 1 und 3 in der Fassung des Bundesgesetzes BGBl. I Nr. 173/1999.

(BGBl I 2000/2, BGBl I 2001/99, BGBl I 2002/1)

(1a) Die im § 4 Abs. 3 Z 3 in der am 31. Dezember 1999 geltenden Fassung genannten selbständigen Musiker, Artisten und Kabarettisten sowie die im § 8 Abs. 1 Z 4 lit. a in der am 31. Dezember 1999 geltenden Fassung genannten freiberuflich tätigen bildenden Künstler sind jedenfalls bis zum Ablauf des 31. Dezember 2000 nach den für sie jeweils geltenden Bestimmungen dieses Bundesgesetzes pflichtversichert. § 572 Abs. 4 ist auf die im § 4 Abs. 3 Z 3 genannten selbständigen Musiker, Artisten und Kabarettisten mit der Maßgabe anzuwenden, daß an die Stelle des 31. De-zember 1999 der 31. Dezember 2000 tritt.

(2) War eine Selbstversicherung nach § 18a ausschließlich auf Grund des Vorliegens einer Ersatzzeit nach § 227a ausgeschlossen, so tritt – zum Zweck der Pensionsberechnung – auf Antrag des (der) Versicherten für die Zeit dieses Ausschlusses die Beitragsgrundlage nach § 76b Abs. 4 als Bemessungsgrundlage an die Stelle der Bemessungsgrundlage nach § 239 Abs. 1, wenn und solange diese Bemessungsgrundlage niedriger ist als die Beitragsgrundlage nach § 76b Abs. 4.

(2a) Personen, die am 31. Dezember 1999 Anspruch auf eine Zuschußleistung des Pensionsinstitutes für Verkehr und öffentliche Einrichtungen haben, gebührt ein besonderer Steigerungsbetrag im Sinne des § 248 Abs. 5 nach Maßgabe der folgenden Sätze. Die Beiträge, die der Bemessung dieses besonderen Steigerungsbetrages zugrunde zu legen sind, gelten als zur Höherversicherung geleistet. Über den besonderen Steigerungsbetrag hat das Pensionsinstitut für Verkehr und öffentliche Einrichtungen einen Bescheid zum Stichtag 31. Dezember 1999 zu erlassen. Der besondere Steigerungsbetrag gebührt

1. im Ausmaß der Ruhegenuß-Zuschußleistung zum 31. Dezember 1999, wenn diese Leistung vor dem 1. Jänner 1983 angefallen ist;

2. im Ausmaß der Hinterbliebenenversorgungsgenuß-Zuschußleistung zum 31. Dezember 1999, wenn diese Leistung auf eine Ruhegenuß-Zuschußleistung zurückgeht, die vor dem 1. Jänner 1983 angefallen ist;

3. im Ausmaß der Ruhegenuß-Zuschußleistung zum 31. Dezember 1999, wenn
   a) diese Leistung nach dem 31. Dezember 1982 angefallen ist und
   b) die Ruhegenuß-Zuschußleistung zum 31. Dezember 1999, die aus Leistungsteilen für Beitragsgrundlagen unter der jeweils geltenden Höchstbeitragsgrundlage entstanden ist, nicht um mehr als 175 S monatlich höher ist als bei Neuberechnung dieser Leistung unter Anwendung des am 1. Jänner 1999 geltenden Leistungsrechtes;

4. im Ausmaß der Hinterbliebenenversorgungsgenuß-Zuschußleistung zum 31. Dezember 1999, wenn
   a) diese Leistung auf eine Ruhegenuß-Zuschußleistung zurückgeht, die nach dem 31. Dezember 1982 angefallen ist, und
   b) die Hinterbliebenenversorgungsgenuß-Zuschußleistung zum 31. Dezember 1999, die aus Leistungsteilen für Beitragsgrundlagen unter der jeweils geltenden Höchstbeitragsgrundlage entstanden ist, nicht um mehr als 175 S monatlich höher ist als bei Neuberechnung dieser Leistung unter Anwendung des am 1. Jänner 1999 geltenden Leistungsrechtes.

Leistungsteile für Beitragsgrundlagen über der jeweils geltenden Höchstbeitragsgrundlage sind der Bemessung des besonderen Steigerungsbetrages nicht zugrunde zu legen, wenn sich dieser dadurch um mehr als 100 S monatlich erhöhen würde.

(3) § 248b ist auch auf Pensionen mit einem nach dem 30. Juni 1993 und vor dem 1. August 1998 liegenden Stichtag anzuwenden, wenn dies bis zum 31. Dezember 1999 beantragt wird. Die neubemessene Pension gebührt rückwirkend ab Pensionsbeginn.

(4) Abweichend von § 479 Abs. 4 erster Satz in der Fassung des Bundesgesetzes BGBl. I Nr. 173/

1999 gilt bis zum Ablauf des Jahres 2013 folgendes:

1. im Jahr 1999 tritt an die Stelle des Prozentsatzes von 5 ein Prozentsatz von 20;
2. an die Stelle des Prozentsatzes von 20 tritt ab 1. Jänner eines jeden Jahres, erstmals ab 1. Jänner 2000, ein um jeweils einen Prozentpunkt verminderter Prozentsatz.

(5) § 551 Abs. 10 ist ab 1. Jänner 2000 mit folgenden Maßgaben anzuwenden:

1. § 253 Abs. 2 oder § 276 Abs. 2 in der am 30. Juni 1993 geltenden Fassung ist weiterhin maßgebend, sofern nach dem Stichtag der weggefallenen Leistung kein weiterer Beitragsmonat der Pflichtversicherung erworben worden ist.
2. Abweichend von § 261 oder § 284 in der am 30. Juni 1993 geltenden Fassung ist der Steigerungsbetrag nach den Z 3 bis 5 zu ermitteln, sofern mindestens ein Beitragsmonat der Pflichtversicherung nach dem Stichtag der weggefallenen Leistung erworben worden ist (§ 253 Abs. 3 oder § 276 Abs. 4).
3. Die Summe der Hundertsätze nach § 261 Abs. 2 oder § 284 Abs. 2 in der am 30. Juni 1993 geltenden Fassung bzw. nach § 261 Abs. 2 und 3 oder § 284 Abs. 2 und 3 in der am 31. Dezember 1984 geltenden Fassung der weggefallenen Leistung ist mit einem Faktor zu vervielfachen, der sich aus der Teilung der Versicherungsmonate zum Stichtag der neu anfallenden Leistung durch die Versicherungsmonate zum Stichtag der weggefallenen Leistung errechnet. Dabei ist die Zahl der Versicherungsmonate der neu anfallenden Leistung auf Grund der am Stichtag der neu anfallenden Leistung geltenden Rechtslage zu ermitteln.
4. Die für die Ermittlung des Steigerungsbetrages der neu anfallenden Leistung zu berücksichtigende Bemessungsgrundlage ergibt sich aus der Teilung des Steigerungsbetrages der weggefallenen Leistung durch die Summe der für diesen Steigerungsbetrag maßgebenden Hundertsätze unter Anwendung des § 108h Abs. 4. Ist die Bemessungsgrundlage nach § 238 zu der am Stichtag der neu anfallenden Leistung geltenden Rechtslage jedoch höher, so ist für die Berechnung des Steigerungsbetrages ausschließlich diese Bemessungsgrundlage heranzuziehen.
5. Der Steigerungsbetrag nach Z 4 ist nach oben hin mit 80% der zur Anwendung kommenden Bemessungsgrundlage begrenzt.
6. Die Z 3 bis 5 sind auch bei einem Antrag auf vorzeitige Alterspension nach § 253a oder § 253b bzw. nach § 276a oder § 276b anzuwenden, wenn bereits ein rechtskräftig zuerkannter Anspruch auf eine Pension aus einem Versicherungsfall der geminderten Arbeitsfähigkeit nach diesem Bundesgesetz oder aus dem Versicherungsfall der dauernden Erwerbsunfähigkeit nach dem GSVG oder nach dem BSVG, deren Stichtag vor dem 1. Juli 1993 liegt, besteht oder bestanden hat und nicht entzogen wurde.

(BGBl I 1999/173)

Schlußbestimmungen zu Art. XVIII des Bundesgesetzes BGBl. I Nr. 106/1999

§ 582. (1) Die §§ 58 Abs. 6, 103 Abs. 1 Z 1 und 110 Abs. 1 in der Fassung des Bundesgesetzes BGBl. I Nr. 106/1999 treten mit 1. Oktober 1999 in Kraft.

(2) § 110 Abs. 2 tritt mit Ablauf des 30. September 1999 außer Kraft.

(3) § 110 Abs. 1 und 2 in der am 30. September 1999 geltenden Fassung ist dann weiterhin auf zivilgerichtliche Verfahren oder auf Exekutionsverfahren (§ 10 Abs. 3 des Gerichtsgebührengesetzes in der am 31. Dezember 2001 geltenden Fassung) anzuwenden, wenn die Klage, der verfahrenseinleitende Antrag, die Rechtsmittelschrift oder der Exekutionsantrag vor dem 1. Oktober 1999 bei Gericht angebracht wurde.

(BGBl I 1999/106, BGBl I 2001/131)

Schlußbestimmung zu Art. 6 des Bundesgesetzes BGBl. I Nr. 179/1999

§ 583. Die §§ 44 Abs. 1, 227 Abs. 1 Z 5, 253c Abs. 2 Z 4, Abs. 7 und Abs. 9 bis 12, 261b Abs. 1, 276c Abs. 2 Z 4, Abs. 7 und Abs. 9 bis 12, 284b Abs. 1 und 447g Abs. 3 Z 1 lit. a in der Fassung des Bundesgesetzes BGBl. I Nr. 179/1999 treten mit 1. Jänner 2000 in Kraft.

(BGBl I 1999/179, BGBl I 2000/1)

Schlussbestimmungen zu Art. 1 des Sozialrechts-Änderungsgesetzes 1999, BGBl. I Nr. 1/2000

§ 584. (1) § 293 Abs. 1 und 2 in der Fassung des Bundesgesetzes BGBl. I Nr. 1/2000 tritt mit 1. Jänner 2000 in Kraft.

(2) § 108 Abs. 5 vorletzter Satz ist im Kalenderjahr 1999 nicht anzuwenden.

(3) Beträgt das Gesamtpensionseinkommen einer Person (Abs. 4) nicht mehr als 10 400 S monatlich, so ist die Pensionserhöhung für das Kalenderjahr 2000 abweichend von § 108h nicht mit dem Anpassungsfaktor, sondern wie folgt vorzunehmen: Das Gesamtpensionseinkommen ist zu erhöhen

1. wenn es nicht mehr als 7 000 S monatlich beträgt, um 1,5%;
2. wenn es über 7 000 S bis zu 8 000 S monatlich beträgt, um jenen Prozentsatz, der sich aus der Summe des Betrages des Prozentsatzes nach Z 1 und jenem Betrag ergibt, der sich im Verhältnis des um 7 000 verminderten Gesamtpensionseinkommenswertes zur Zahl 1 000 errechnet;
3. wenn es über 8 000 S bis zu 9 750 S monatlich beträgt, um 200 S;

4. wenn es über 9 750 S bis zu 10 400 S monatlich beträgt, um jenen Betrag, der sich aus der Verminderung des Erhöhungsbetrages nach Z 3 um zehn Groschen für jeden Schilling, der 9 750 S übersteigt, ergibt.

Beträgt das Gesamtpensionseinkommen mehr als 10 400 S monatlich, so ist es jedenfalls um mindestens 135 S zu erhöhen.

(4) Das Gesamtpensionseinkommen einer Person ist die Summe aller ihrer Pensionen aus der gesetzlichen Pensionsversicherung, auf die nach den am 31. Dezember 1999 in Geltung gestandenen Vorschriften Anspruch bestand, jedoch mit Ausnahme der Kinderzuschüsse, der Ausgleichszulage und des besonderen Steigerungsbetrages und vor Anwendung von Ruhensbestimmungen.

(5) Bezieht eine Person zwei oder mehrere Pensionen aus der gesetzlichen Pensionsversicherung, so ist der Erhöhungsbetrag nach Abs. 3 auf die einzelne Pension im Verhältnis der Pensionen zueinander aufzuteilen.

(BGBl I 2000/1)

Schlussbestimmung zu Art. 1 des Sozialversicherungs-Änderungsgesetzes 1999, BGBl. I Nr. 2/2000

§ 585. § 44 Abs. 1 Z 10 in der Fassung des Bundesgesetzes BGBl. I Nr. 2/2000 tritt mit 1. Jänner 2000 in Kraft.

(BGBl I 2000/2, BGBl I 2000/92, BGBl I 2001/33, BGBl I 2009/83)

Schlussbestimmung zu Art. 25 des Bundesgesetzes BGBl. I Nr. 26/2000

§ 585a. § 80a Abs. 6 in der Fassung des Bundesgesetzes BGBl. I Nr. 26/2000 tritt mit 1. Juni 2000 in Kraft.

(BGBl I 2000/26, BGBl I 2000/92, BGBl I 2001/33)

Schlussbestimmung zum Bundesgesetz BGBl. I Nr. 35/2000

§ 585b. § 7 Z 1 lit. f in der Fassung des Bundesgesetzes BGBl. I Nr. 35/2000 tritt mit 1. Juli 2000 in Kraft.

(BGBl I 2000/35, BGBl I 2000/92, BGBl I 2001/33, BGBl I 2001/99)

Schlussbestimmung zu Art. 12 des Bundesgesetzes BGBl. I Nr. 44/2000

§ 586. Die §§ 11 Abs. 2, 51 Abs. 1 Z 1 lit. b, d, e und f sowie Abs. 3, 52 Abs. 2, 253a Abs. 2 Z 4, 253b Abs. 1 Z 4 und Abs. 3, 276a Abs. 2 Z 4, 276b Abs. 1 Z 4 und Abs. 3 sowie 474 Abs. 1 in der Fassung des Bundesgesetzes BGBl. I Nr. 44/2000 treten mit 1. Jänner 2001 in Kraft.

(BGBl I 2000/44)

Schlussbestimmungen zu Art. 1 des Sozialversicherungs-Änderungsgesetzes 2000, BGBl. I Nr. 43

§ 587. (1) Die §§ 222 Abs. 1 Z 1 lit. d und Abs. 2 Z 1 lit. e, 236 Abs. 4 Z 2, 253 Abs. 3, 255 Abs. 4 bis 6, 261b Abs. 2, 270, 273 Abs. 2, 276 Abs. 4, 284b Abs. 2, 362 Abs. 2, 421 Abs. 1, 1a, 1b und 3, 440 Abs. 3, 5 und 6, 440a Abs. 3 und 5, 440c Abs. 4, 440f samt Überschrift sowie 453 Abs. 1 Z 4 in der Fassung des Bundesgesetzes BGBl. I Nr. 43/2000 treten mit 1. Juli 2000 in Kraft.

(2) Die §§ 222 Abs. 1 Z 1 lit. e und Abs. 2 Z 1 lit. f, 236 Abs. 1 Z 2 lit. b, 253d, 276d, 421 Abs. 6 und 453 Abs. 1 Z 5 treten mit Ablauf des 30. Juni 2000 außer Kraft.

(3) Die §§ 222 Abs. 1 Z 1 lit. d und e und Abs. 2 Z 1 lit. e und f, 236 Abs. 1 Z 2 lit. b und Abs. 4 Z 2, 253 Abs. 3, 253d, 261b Abs. 2, 270, 276 Abs. 4, 276d, 284b Abs. 2 und 362 Abs. 2 in der am 30. Juni 2000 geltenden Fassung sind auf Personen, die Anspruch auf vorzeitige Alterspension wegen geminderter Arbeitsfähigkeit (vorzeitige Knappschaftsalterspension wegen geminderter Arbeitsfähigkeit) mit Stichtag vor dem 1. Juli 2000 haben, weiterhin anzuwenden.

(4) Anträge auf vorzeitige Alterspension wegen geminderter Arbeitsfähigkeit (vorzeitige Knappschaftsalterspension wegen geminderter Arbeitsfähigkeit), die nach dem 23. Mai 2000 und vor dem 2. Juni 2000 gestellt wurden, sind als Anträge auf Invaliditäts-(Berufunfähigkeits-)Pension mit Stichtag 1. Juni 2000 zu werten, wobei § 255 Abs. 4 in der Fassung des Sozialversicherungs-Änderungsgesetzes 2000, BGBl. I Nr. 43, anzuwenden ist.

(BGBl I 2000/92, BGBl I 2001/33)

(5) § 255 Abs. 4 in der Fassung des Bundesgesetzes BGBl. I Nr. 43/2000 ist nur auf Versicherungsfälle anzuwenden, in denen der Stichtag nach dem 30. Juni 2000 liegt.

(6) Alle Versicherungsvertreter sind nach § 421 in der Fassung des Bundesgesetzes BGBl. I Nr. 43/2000 bis längstens 31. Dezember 2000 neu zu bestellen; mit dem Tag der Neubestellung gilt jedes amtierende Mitglied als seines Amtes enthoben.

(BGBl I 2000/142)

(7) Die Amtsdauer der am 31. Dezember 2000 bestehenden Verwaltungskörper verlängert sich bis zum Ablauf des 31. Dezember 2005.

(8) Der Vorsitzende und die Vorsitzenden-Stellvertreter des beim Hauptverband errichteten Beirates sind nach § 440a Abs. 3 Z 1 und 2 in der Fassung des Bundesgesetzes BGBl. I Nr. 43/2000 bis längstens 31. Dezember 2000 neu zu bestellen; mit dem Tag der Neubestellung gelten der amtierende Vorsitzende und sein Stellvertreter als ihres Amtes enthoben.

(BGBl I 2000/43)

Schlussbestimmungen zu Art. 1 des Sozialrechts-Änderungsgesetzes 2000, BGBl. I Nr. 92

§ 588. (1) Es treten in Kraft:

1. mit 1. Oktober 2000 die §§ 31 Abs. 5 Z 16, 31b Abs. 2, 32a bis 32e samt Überschriften, 91 Abs. 2 in der Fassung der Z 2, 92 Abs. 1,

108 Abs. 5 und 7, 108d Abs. 1, 108e samt Überschrift, 108f Abs. 1, 2 und 5, 135 Abs. 6, 136 Abs. 3, 222 Abs. 2 Z 1 lit. c bis e, 227 Abs. 1 Z 5, 236 Abs. 1 Z 2 lit. c, 238 Abs. 1, 242 Abs. 9, 253a Abs. 1, 253b Abs. 1, 253c Abs. 1, 261 Abs. 4 und 5, 261b Abs. 1, 261c Abs. 1, 264 Abs. 1 Z 1 und 2 sowie Abs. 2, 6, 6a und 7a, 276 samt Überschrift, 284 samt Überschrift, 284b samt Überschrift, 284c samt Überschrift, 285 Abs. 1 und 5, 293 Abs. 2, 299a samt Überschrift, 441 Abs. 1 Z 2 lit. b sowie Z 3 und 4 sowie 442b in der Fassung des Bundesgesetzes BGBl. I Nr. 92/2000;

2. mit 1. August 2000 § 575 Abs. 7 in der Fassung des Bundesgesetzes BGBl. I Nr. 92/2000;
3. mit 1. Jänner 2001 die §§ 91 Abs. 2 in der Fassung der Z 3, 135a samt Überschrift, 261 Abs. 3, 292 Abs. 8 und 447a Abs. 1 bis 4 sowie 447b Abs. 10 in der Fassung des Bundesgesetzes BGBl. I Nr. 92/2000;
4. mit 1. Jänner 2003 § 81 in der Fassung des Bundesgesetzes BGBl. I Nr. 92/2000;
5. rückwirkend mit 1. Juli 2000 die §§ 264 Abs. 1 Z 5, 421 Abs. 1c und 455 Abs. 2 in der Fassung des Bundesgesetzes BGBl. I Nr. 92/2000;
6. rückwirkend mit 1. Jänner 2000 die §§ 31 Abs. 12 und 502 Abs. 1a in der Fassung des Bundesgesetzes BGBl. I Nr. 92/2000;
7. rückwirkend mit 1. Juli 1996 § 227 Abs. 1 Z 1 in der Fassung des Bundesgesetzes BGBl. I Nr. 92/2000.

(2) Die §§ 108f Abs. 3, 251a Abs. 7 Z 3, 253 Abs. 2 und 276a bis 276c treten mit Ablauf des 30. September 2000 außer Kraft.

(3) § 108d Abs. 1 in der Fassung des Bundesgesetzes BGBl. I Nr. 92/2000 gilt erstmals für die Ermittlung des Anpassungsrichtwertes für das Kalenderjahr 2001.

(4) Die Anpassungsfaktoren für die Jahre 2001 bis 2003 hat der Bundesminister für soziale Sicherheit und Generationen abweichend von den Bestimmungen des § 108f Abs. 2 in den einzelnen Jahren unter Bedachtnahme auf die Erhöhung der Verbraucherpreise nach § 299a Abs. 2 so festzusetzen, dass in den Jahren 2001 und 2002 der Abstand der Anpassungsfaktormesszahl zur Anpassungsrichtwertmesszahl schrittweise verringert und im Jahr 2003 der Gleichstand von Anpassungsfaktormesszahl und Anpassungsrichtwertmesszahl erreicht wird. Zur Vervielfachung der letzten Anpassungsfaktormesszahl nach § 108f Abs. 4 ist für das Jahr 2000 anstelle des Anpassungsfaktors der Faktor 1,011 heranzuziehen.

(BGBl I 2001/99, BGBl I 2002/31)

(4a) (aufgehoben)

(BGBl I 2001/33)

(5) § 227 Abs. 1 in der Fassung des Bundesgesetzes BGBl. I Nr. 92/2000 gilt auch für Fälle, in denen über einen nach dem 30. Juni 1996 gestellten Antrag auf Beitragsentrichtung nach § 227 Abs. 3 bis 5 bereits entschieden worden ist, wenn eine neuerliche Entscheidung über die Beitragsentrichtung beantragt wird. Die Rechtskraft der ergangenen Entscheidung steht dem nicht entgegen.

(6) Die §§ 253a Abs. 1, 253b Abs. 1, 253c Abs. 1 und 264 Abs. 1 Z 1 und 2 in der Fassung des Bundesgesetzes BGBl. I Nr. 92/2000 sind nur auf Versicherungsfälle anzuwenden, in denen der Stichtag nach dem 30. September 2000 liegt, jedoch tritt jeweils

1. an die Stelle des 738. Lebensmonates, wenn der Versicherte das 60. Lebensjahr vollendet

   bis einschließlich 30. September 2000 der 720. Lebensmonat,

   im Oktober oder November oder Dezember 2000 der 722. Lebensmonat,

   im Jänner oder Februar oder März 2001 der 724. Lebensmonat,

   im April oder Mai oder Juni 2001 der 726. Lebensmonat,

   im Juli oder August oder September 2001 der 728. Lebensmonat,

   im Oktober oder November oder Dezember 2001 der 730. Lebensmonat,

   im Jänner oder Februar oder März 2002 der 732. Lebensmonat,

   im April oder Mai oder Juni 2002 der 734. Lebensmonat,

   im Juli oder August oder September 2002 der 736. Lebensmonat,

2. an die Stelle des 678. Lebensmonates, wenn die Versicherte das 55. Lebensjahr vollendet

   bis einschließlich 30. September 2000 der 660. Lebensmonat,

   im Oktober oder November oder Dezember 2000 der 662. Lebensmonat,

   im Jänner oder Februar oder März 2001 der 664. Lebensmonat,

   im April oder Mai oder Juni 2001 der 666. Lebensmonat,

   im Juli oder August oder September 2001 der 668. Lebensmonat,

   im Oktober oder November oder Dezember 2001 der 670. Lebensmonat,

   im Jänner oder Februar oder März 2002 der 672. Lebensmonat,

   im April oder Mai oder Juni 2002 der 674. Lebensmonat,

   im Juli oder August oder September 2002 der 676. Lebensmonat.

(7) (aufgehoben)

(BGBl I 2002/140, BGBl I 2003/71)

(7a) Die Pensionsversicherungsträger werden in den Jahren 2001 bis 2003 ermächtigt, in den Richtlinien nach § 84 Abs. 6 zum Ausgleich besonderer Härten durch die Anhebung des Pensionsanfallsalters vorzusehen, dass dem (der) Versicherten auf

Antrag eine Unterstützung nach pflichtgemäßem Ermessen des Versicherungsträgers und durch Beschluss der Selbstverwaltung zuerkannt wird. Die Höhe dieser Unterstützung ist im Einzelfall unter sinngemäßer Anwendung des § 306, die Dauer mit dem Zeitraum, der sich jeweils aus der Anhebung des Anfallsalters nach Abs. 6 ergibt, zu begrenzen. Abweichend von § 84 Abs. 3 können in diesen Jahren zusätzliche Mittel an den Unterstützungsfonds im Höchstausmaß von 0,5 vT der Erträge an Beiträgen für Versicherte überwiesen werden.

(BGBl I 2002/140)

(8) § 261 Abs. 4 in der Fassung des Bundesgesetzes BGBl. I Nr. 92/2000 ist nur auf Versicherungsfälle anzuwenden, in denen der Stichtag nach dem 30. September 2000 liegt. Für männliche Versicherte, die das 60. Lebensjahr, für weibliche Versicherte, die das 55. Lebensjahr vor dem 1. Oktober 2002 vollenden, ist das Ausmaß der Verminderung (§ 261 Abs. 4 erster bis vierter Satz) in jenem Verhältnis zu kürzen, das sich aus der Gegenüberstellung von zehn Steigerungspunkten zur Zahl der Steigerungspunkte ergibt, die sich als Ausmaß der Verminderung beim jeweils frühestmöglichen Antritt einer vorzeitigen Alterspension nach Abs. 6 ohne Berücksichtigung eines Höchstausmaßes errechnet. Das Höchstausmaß der Verminderung beträgt 15% der nach § 261 Abs. 2 ermittelten Summe der Steigerungspunkte.

(9) § 261 Abs. 5 in der Fassung des Bundesgesetzes BGBl. I Nr. 92/2000 ist so anzuwenden, dass die Invaliditätspension für je zwölf Versicherungsmonate mindestens im Ausmaß von

1. 1,78% bei Stichtagen im Jahr 2001,
2. 1,76% bei Stichtagen im Jahr 2002,
3. 1,74% bei Stichtagen im Jahr 2003,
4. 1,72% bei Stichtagen im Jahr 2004

der Gesamtbemessungsgrundlage begrenzt mit 60% der Gesamtbemessungsgrundlage gebührt. § 261 Abs. 2 dritter und vierter Satz sind anzuwenden.

(10) § 264 in der Fassung des Bundesgesetzes BGBl. I Nr. 92/2000 ist nur auf Versicherungsfälle anzuwenden, in denen der Stichtag nach dem 30. September 2000 liegt. Auf Witwen-(Witwer-)-Pensionen mit Stichtag vor dem 1. Oktober 2000 ist § 264 in der vor dem 1. Oktober 2000 geltenden Fassung weiterhin anzuwenden.

(11) § 284 in der Fassung des Bundesgesetzes BGBl. I Nr. 92/2000 ist so anzuwenden, dass die Knappschaftsvollpension für je zwölf Versicherungsmonate mindestens im Ausmaß von

1. 1,95% bei Stichtagen im Jahr 2001,
2. 1,925% bei Stichtagen im Jahr 2002,
3. 1,90% bei Stichtagen im Jahr 2003,
4. 1,875% bei Stichtagen im Jahr 2004

der Gesamtbemessungsgrundlage begrenzt mit 66% der Gesamtbemessungsgrundlage gebührt. § 261 Abs. 2 dritter und vierter Satz sind anzuwenden.

(12) Der Hauptverband hat die Befugnis nach § 455 Abs. 2 in der Fassung des Bundesgesetzes BGBl. I Nr. 92/2000 bis zum 1. Oktober 2000 wahrzunehmen. Die Krankenversicherungsträger haben sodann die entsprechenden Satzungsänderungen bis zum 31. Jänner 2001 zu beschließen.

(13) § 502 Abs. 1a in der Fassung des Bundesgesetzes BGBl. I Nr. 92/2000 ist auf Antrag auch auf bereits zuerkannte und bestehende Pensionen anzuwenden. Die neubemessene Pension gebührt ab 1. Jänner 2000, wenn der Antrag bis zum Ablauf des 31. Dezember 2000 gestellt wird, sonst ab dem der Antragstellung folgenden Monatsersten.

(14) Der auf die Krankenversicherung, Unfallversicherung und Pensionsversicherung jeweils entfallende Verwaltungs- und Verrechnungsaufwand der Versicherungsträger nach diesem Bundesgesetz, dem GSVG, dem BSVG, dem B-KUVG und des Hauptverbandes ist ab dem Geschäftsjahr 2001 bis zum Geschäftsjahr 2003 auf die Höhe des jeweiligen Verwaltungs- und Verrechnungsaufwandes des Geschäftsjahres 1999 in der Krankenversicherung, Unfallversicherung und Pensionsversicherung zurückzuführen. Dabei sind

1. die Entwicklungs- und Implementierungskosten für Standardprodukte sowie die Verwaltungskostenersätze hiefür,
2. die Entwicklungs- und Implementierungskosten für das ELSY nach den §§ 31a ff.,

   (BGBl I 2001/103)
3. die Vergütung für die Mitwirkung an fremden Aufgaben nach § 82 dieses Bundesgesetzes und nach § 250 Abs. 2 GSVG und

   (BGBl I 2001/99, BGBl I 2001/103)
4. die Entwicklungs- und Implementierungskosten für die Einrichtung der Niederösterreichischen Gebietskrankenkasse als Kompetenzzentrum nach § 26 Abs. 3 KBGG, soweit diese Kosten nicht nach § 38 Abs. 3 KBGG abgegolten werden.

   (BGBl I 2001/103)

jeweils außer Acht zu lassen. Ferner ist auf die Veränderung des Versichertenstandes ab dem Geschäftsjahr 1999 bis zum Geschäftsjahr 2003 Bedacht zu nehmen. Der 6. Unterabschnitt des Abschnittes III des Ersten Teiles ist anzuwenden.

(15) Auf Versicherte, die nach der am 30. September 2000 geltenden Rechtslage Anspruch auf vorzeitige Alterspension nach § 253b mit Stichtag 1. Oktober 2000 oder 1. November 2000 oder 1. Dezember 2000 oder 1. Jänner 2001 oder 1. Februar 2001 hätten und deren Arbeitsverhältnis nachweislich bis zum 30. Juni 2000 zu einem Termin zwischen dem 31. August 2000 und dem 31. Dezember 2000 nachweislich wegen Inanspruchnahme der Pension gelöst wurde, ist § 253b Abs. 1 in der am 30. September 2000 geltenden Fassung anzuwenden.

(BGBl I 2000/92, BGBl I 2001/33)

Schlussbestimmungen zu Art. 66 des Budgetbegleitgesetzes 2001, BGBl. I Nr. 142/2000

§ 589. (1) Die §§ 4 Abs. 2 zweiter Satz, 31 Abs. 5 Z 16a, 43 Abs. 3, 44 Abs. 6 lit. a, b und c, 51 d samt Überschrift, 70a Abs. 1, 73 Abs. la, 2 und 4, 76b Abs. 4, 77 Abs. 6, 195 Abs. 4, 205a Abs. 1, 227a Abs. 8, 262 Abs. 2 und 361 Abs. 3 in der Fassung des Bundesgesetzes BGBl. I Nr. 142/2000 treten mit 1. Jänner 2001 in Kraft.

(2) Die §§ 31 Abs. 3 Z 9, 460 Abs. 1, 460b samt Überschrift, 460c samt Überschrift, 460d, 460e und 479 Abs. 2 Z 4 in der Fassung des Bundesgesetzes BGBl. I Nr. 142/2000 treten mit 1. März 2001 in Kraft, es sei denn, dass bis zu diesem Zeitpunkt in den Dienstordnungen (§ 31 Abs. 3 Z 9) den §§ 460b und 460c in der Fassung des Bundesgesetzes BGBl. I Nr. 142/2000 gleichwertige Regelungen getroffen werden. Der Bundesminister für soziale Sicherheit und Generationen hat durch Verordnung festzustellen, ob eine derartige Gleichwertigkeit vorliegt, wenn diesbezügliche Änderungen der Dienstordnungen bis zum Ablauf des 28. Februar 2001 nach § 31 Abs. 8 vorgelegt werden.

(3) Die §§ 421 Abs. 1 und 587 Abs. 6 in der Fassung des Bundesgesetzes BGBl. I Nr. 142/2000 treten rückwirkend mit 1. Juli 2000 in Kraft.

(4) § 77 Abs. 6 in der Fassung des Bundesgesetzes BGBl. I Nr. 142/2000 ist auch auf Personen anzuwenden, die bereits am 31. Dezember 2000 in der Pensionsversicherung weiterversichert sind und einen nahen Angehörigen (eine nahe Angehörige) mit Anspruch auf Pflegegeld in Höhe der Stufe 4 im Sinne der genannten Bestimmung pflegen, wenn sie dies bis zum Ablauf des 31. Dezember 2001 beim zuständigen Pensionsversicherungsträger beantragen. Diesfalls wird der auf den Dienstgeber entfallende Beitragsteil ab dem 1. Jänner 2001 aus Mitteln des Bundes getragen; die zu viel gezahlten Beiträge sind den Weiterversicherten zu erstatten. Wird der Antrag später gestellt, so erfolgt die Beitragstragung aus Mitteln des Bundes erst ab dem der Antragstellung folgenden Monatsersten.

(5) § 77 Abs. 6 in der Fassung des Bundesgesetzes BGBl. I Nr. 142/2000 ist ferner auf Personen sinngemäß anzuwenden, die in der Pensionsversicherung nach § 16a selbstversichert sind und einen nahen Angehörigen (eine nahe Angehörige) mit Anspruch auf Pflegegeld zumindest in Höhe der Stufe 4 im Sinne der genannten Bestimmung pflegen, wenn sie

1. dies bis zum Ablauf des 31. Dezember 2001 beantragen und
2. in den letzten 120 Kalendermonaten vor der Antragstellung mindestens 60 Versicherungsmonate erworben haben.

(6) Die §§ 460b und 460c in der Fassung des Bundesgesetzes BGBl. I Nr. 142/2000 sind im Falle ihres Inkrafttretens auch auf Bedienstete, die vor dem 1. März 2001 in den Dienst eines Versicherungsträgers (des Hauptverbandes) eingetreten sind, und auf vor dem 1. März 2001 angefallene Leistungen auf Grund des Pensionsrechts nach den Dienstordnungen anzuwenden.

(BGBl I 2000/142)

Schlussbestimmungen zu Art. 3 des Bundesgesetzes BGBl. I Nr. 5/2001

§ 590. (1) Es treten in Kraft:

1. mit 1. Jänner 2001 die §§ 148, 149 Abs. 5 in der Fassung der Z 9 und Abs. 6, 150 Abs. 3 in der Fassung der Z 11, 322a Abs. 1, 2 und 4, 447a Abs. 5 Z 3 und 4 sowie 447f samt Überschrift in der Fassung des Bundesgesetzes BGBl. I Nr. 5/2001;

1a. mit 1. Jänner 2002 die §§ 149 Abs. 3, 3a, 3b und 5 in der Fassung der Z 9a, 150 Abs. 1 Z 1, Abs. 2 und 3 in der Fassung der Z 11a und 349 Abs. 2a in der Fassung des Bundesgesetzes BGBl. I Nr. 5/2001;

2. rückwirkend mit 1. Oktober 2000 § 567 Abs. 2 in der Fassung des Bundesgesetzes BGBl. I Nr. 5/2001;

(2) § 447a Abs. 2 Z 2 tritt mit 1. Jänner 2001 außer Kraft.

(3) Die §§ 63b und 567 Abs. 3 treten mit Ablauf des 31. Dezember 2000 außer Kraft.

(4) Der Behandlungsbeitrag-Ambulanz ist für das Jahr 2001 erst für Behandlungsfälle ab dem 1. März 2001 einzuheben. Die landesgesetzlichen Ausführungsbestimmungen zu § 148 in der Fassung des Bundesgesetzes BGBl. I Nr. 5/2001 sind innerhalb von sechs Monaten zu erlassen und rückwirkend mit 1. März 2001 in Kraft zu setzen.

(4a) Am 31. Dezember 2000 geltende, nach § 149 vertraglich festgelegte Verpflegskosten pro Tag für Privatkrankenanstalten, die vom Vertrag zwischen Hauptverband und Wirtschaftskammer Österreich erfasst sind, sind für das Jahr 2001 um 3,3% zu erhöhen.

(5) (aufgehoben)

(BGBl I 2004/179)

(BGBl I 2001/5)

Zusätzliche Ausgleichszulage 2001

§ 591. Personen, die im Februar 2001 Anspruch haben auf

1. eine Ausgleichszulage nach § 293 Abs. 1 lit. a sublit. aa oder
2. eine Ausgleichszulage nach § 293 Abs. 1 lit. a sublit. bb oder lit. b oder lit. c,

gebührt zu der für Februar 2001 auszuzahlenden Pension eine zusätzliche Ausgleichszulage; diese beträgt 500 S für Personen nach Z 1 und 350 S für Personen nach Z 2. Bei der Ermittlung des Nettoeinkommens (§ 292 Abs. 3) haben die genannten Beträge außer Betracht zu bleiben. § 299 ist für die zusätzliche Ausgleichszulage nicht anzuwenden; der Aufwand ist vom Bund zu tragen.

(BGBl I 2001/5)

Schlussbestimmungen zu Art. 2 des Bundesgesetzes BGBl. I Nr. 12/2001

§ 592. (1) § 502 Abs. 6 in der Fassung des Bundesgesetzes BGBl. I Nr. 12/2001 tritt am 1. März 2002 in Kraft.

(BGBl I 2002/41)

(2) Für Personen, die erst auf Grund des § 502 Abs. 6 in der Fassung des Bundesgesetzes BGBl. I Nr. 12/2001 Beiträge für die Zeit der Auswanderung nachentrichten können, ist § 502 Abs. 4 mit der Maßgabe anzuwenden, dass auch für die Zeit nach dem 31. März 1959 Beiträge für insgesamt höchstens 180 Versicherungsmonate nachentrichtet werden können.

(BGBl I 2008/2)

(3) Personen, die erst auf Grund des § 502 Abs. 6 in der Fassung des Bundesgesetzes BGBl. I Nr. 12/2001 Anspruch auf eine Leistung aus der Pensionsversicherung nach diesem Bundesgesetz erhalten, gebührt diese Leistung ab dem Monat des In-Kraft-Tretens dieses Bundesgesetzes, wenn der Antrag innerhalb eines Jahres nach In-Kraft-Treten dieses Bundesgesetzes gestellt wird, sonst ab dem auf die Antragstellung folgenden Monatsersten. Befindet sich der Antragsteller im Zeitpunkt der Antragstellung in Auswirkung einer aus den Gründen des § 500 Abs. 1 erfolgten Auswanderung noch im Ausland, ist das Zutreffen der Voraussetzungen für den Leistungsanspruch abweichend von § 223 Abs. 2 zum Zeitpunkt des Eintrittes des Versicherungsfalles zu prüfen.

(BGBl I 2001/12, BGBl I 2001/99)

Schlussbestimmungen zum Bundesgesetz BGBl. I Nr. 99/2001 (58. Novelle)

§ 593. (1) Es treten in Kraft:

1. mit 1. August 2001 die §§ 4 Abs. 4, 5 Abs. 1 Z 3b und 14, 7 Z 1 lit. e sowie Z 4 lit. c und d, 8 Abs. 4, 14 Abs. 1 Z 2, 16 Abs. 6 Z 3, 31b Abs. 2 in der Fassung der Z 16, 32b Abs. 2 in der Fassung der Z 18 und Abs. 3, 32c in der Fassung der Z 20, 34 Abs. 2, 54a samt Überschrift, 58 Abs. 4, 59 Abs. 1, 81, 104 Abs. 7, 116 Abs. 3, 123 Abs. 4 Z 2 und 3 sowie Abs. 10, 131 Abs. 3 und 5, 131a samt Überschrift, 132a Abs. 1, 132b Abs. 2, 135 Abs. 1 bis 3, 153 Abs. 3 und 4, 210 samt Überschrift, 338 Abs. 1, 340 Abs. 1, 341 Abs. 1, 3 und 4, 342 Abs. 1 bis 3, 343 Abs. 1 bis 5, 343a Abs. 2, 343c Abs. 1 Z 2 und Abs. 2, 349 Abs. 3, 350 Abs. 1 Z 2 und Abs. 2, 357 Abs. 1, 437 Abs. 1, 446a, 447b Abs. 5 und 6, 447g Abs. 6 bis 8, 572 Abs. 1 Z 5, 581 Abs. 1 Z 3 sowie 588 Abs. 4 und 14 Z 3 in der Fassung des Bundesgesetzes BGBl. I Nr. 99/2001; 1a. mit 1. September 2001 die §§ 31 Abs. 3 Z 13, 31b Abs. 2 in der Fassung der Z 15a, 32a Abs. 1 und 2, 32a Abs. 3, 32b Abs. 2 und 3 in der Fassung der Z 17c, 32c in der Fassung der Z 19a, 32d Abs. 2, 420 Abs. 5 Z 2, 421 Abs. 7, 440 Abs. 5 Z 1, 440a Abs. 3 Z 3, 440a Abs. 5 Z 2, 440f Abs. 4, 441 bis 442d, 447c Abs. 4, 447f Abs. 10 in der Fassung der Z 90a, 448 Abs. 3, 453 Abs. 2, 455 Abs. 3, 456a Abs. 1, 3 und 4 sowie 460 Abs. 1, 3 und 5 in der Fassung des Bundesgesetzes BGBl. I Nr. 99/2001; 1b. mit 1. Oktober 2001 die §§ 8 Abs. 1 Z 2, 10 Abs. 5, 14 Abs. 1 Z 11 und 12, 36 Abs. 1 Z 9 und 10, 44 Abs. 1 Z 10 und 11 sowie 52 Abs. 4 in der Fassung des Bundesgesetzes BGBl. I Nr. 99/2001;
2. mit 1. Jänner 2002 die §§ 5 Abs. 1 Z 15, 7 Z 1 lit. g, 31 Abs. 4 Z 6, Abs. 8, 9 und 9a, 31b Abs. 4, 49 Abs. 4, 213a Abs. 4, 319a Abs. 2, 349 Abs. 2a und 2b, 455 Abs. 1 und 456a Abs. 3 in der Fassung des Bundesgesetzes BGBl. I Nr. 99/2001;
3. rückwirkend mit 31. März 2001 die §§ 460b und 460d in der Fassung des Bundesgesetzes BGBl. I Nr. 99/2001;
4. rückwirkend mit 1. März 2001 § 447f Abs. 10 in der Fassung der Z 90 in der Fassung des Bundesgesetzes BGBl. I Nr. 99/2001;
5. rückwirkend mit 1. Jänner 2001 die §§ 4 Abs. 2 und 80 Abs. 1 in der Fassung des Bundesgesetzes BGBl. I Nr. 99/2001;
6. rückwirkend mit 1. Oktober 2000 die §§ 90 und 135 Abs. 6 in der Fassung des Bundesgesetzes BGBl. I Nr. 99/2001;
7. rückwirkend mit 1. Juli 2000 die §§ 5 Abs. 1 Z 13, 7 Z 1 lit. f und 585b Überschrift in der Fassung des Bundesgesetzes BGBl. I Nr. 99/2001;
8. rückwirkend mit 1. August 1998 § 26 Abs. 1 Z 3 lit. c und d in der Fassung des Bundesgesetzes BGBl. I Nr. 99/2001.

(2) Es treten außer Kraft:

1. mit Ablauf des 31. Juli 2001 die §§ 447i und 572 Abs. 1 Z 4a;
2. rückwirkend mit Ablauf des 30. Juni 2000 § 563 Abs. 21.

(3) Alle vor Beginn des Jahres 2002 in der Fachzeitschrift „Soziale Sicherheit“ vorgenommenen Verlautbarungen, denen ihrem Inhalt nach rechtsverbindliche Kraft zukommt, treten spätestens mit Ablauf des 31. Dezember 2005 außer Kraft, sofern sie nicht nach § 31 Abs. 9 im Internet wiederverlautbart wurden. Sie sind jedoch auf Sachverhalte, die sich vor ihrem Außer-Kraft-Treten ereignet haben, weiterhin anzuwenden. Eine Wiederverlautbarung nach der genannten Bestimmung erfolgt unabhängig vom ursprünglichen Normerzeugungsverfahren durch Beschluss des Vorstandes (Verbandsvorstandes) mit einfacher Stimmenmehrheit, der der Aufsichtsbehörde (§ 448) zur Kenntnis zu bringen ist. Anlässlich der Wiederverlautbarung können die in Art. 49a Abs. 2 B-VG genannten Änderungen vorgenommen werden. Ab dem fünften Tag nach der Kundmachung sind alle Gerichte und Verwaltungsbehörden an die wiederverlautbarten Texte gebunden.

(BGBl I 2002/140, BGBl I 2004/171)

(3a) § 210 in der Fassung des Bundesgesetzes BGBl. I Nr. 99/2001 ist nur anzuwenden, wenn der letzte Versicherungsfall nach dem 31. Juli 2001 eingetreten ist.

(BGBl I 2002/140)

(4) § 447b Abs. 5 und 6 in der Fassung des Bundesgesetzes BGBl. I Nr. 99/2001 ist erstmals für das Geschäftsjahr 2000 anzuwenden.

(5) Im Geschäftsjahr 2001 sind der Rücklage zur Deckung eines außerordentlichen Aufwandes aus den im § 447c Abs. 1 lit. a angeführten Gründen keine Mittel nach § 447a Abs. 4 zuzuführen.

(6) Die entsendenden Organe sind verpflichtet, die Mitglieder des Verwaltungsrates nach § 441b in der Fassung des Bundesgesetzes BGBl. I Nr. 99/2001 so zeitgerecht zu bestimmen, dass sich dieser Verwaltungskörper bis längstens 15. September 2001 konstituieren kann. Ist dies nicht möglich, so hat der Bundesminister für soziale Sicherheit und Generationen das Recht, einen provisorischen Verwaltungsrat aus Versicherungsvertretern zu bestellen, der so lange im Amt bleibt, bis sich der ordentliche Verwaltungsrat vollzählig konstituiert hat. Die erste Sitzung des Verwaltungsrates ist von dem an Lebensjahren ältesten Mitglied des Verwaltungsrates einzuberufen und zu leiten.

(7) (aufgehoben)

(BGBl I 2012/35)

(8) Bis zur Konstituierung der Geschäftsführung nach § 441c in der Fassung des Bundesgesetzes BGBl. I Nr. 99/2001 führen der bisherige leitende Angestellte und seine Stellvertreter als einstimmig entscheidendes Kollegialorgan die Geschäfte des Hauptverbandes. Die Verbandskonferenz hat bis zur Konstituierung der Hauptversammlung, die Kontrollversammlung bis zur Konstituierung des Verwaltungsrates die ihr gesetzlich übertragenen Aufgabenbereiche weiter zu besorgen.

(BGBl I 2001/99)

Schlussbestimmungen zu Art. 1 des Sozialversicherungs-Währungsumstellungs-Begleitgesetzes, BGBl. I Nr. 67/2001

§ 594. (1) Die §§ 5 Abs. 2, 16 Abs. 1, 44 Abs. 1 und 6, 49 Abs. 3 Z 3, 18 lit. a und 19, 54 Abs. 1, 56a Abs. 2 Z 1 und 2, 59 Abs. 1, 64 Abs. 4, 74 Abs. 1, 2 und 6, 74a Überschrift und Abs. 1, 76 Abs. 1 und 2, 76a Abs. 3 und 6, 76b Abs. 1 und 4, 77 Abs. 2a und 4, 108 Abs. 3 und 9, 108a Abs. 2 bis 4, 108d Abs. 9 bis 11, 108l Abs. 3, 111, 116 Abs. 5, 122 Abs. 4, 125 Abs. 1, 135 Abs. 3, 135a Abs. 1, 136 Abs. 3, 137 Abs. 2 und 5, 141 Abs. 3 und 5, 149 Abs. 3, 153 Abs. 4, 154 Abs. 1, 154a Abs. 7, 155 Abs. 3, 181 Abs. 1, 2 und 6, 181b lit. a bis c, 199 Abs. 2, 207 Abs. 1, 212 Abs. 3, 227a Abs. 8, 238 Abs. 1, 240, 242 Abs. 2 Z 4 lit. b, 243 Abs. 1 Z 2 lit. c, 244 Abs. 1, 249 Abs. 3, 250 Abs. 3 und 4 lit. a bis c, 251 Abs. 4, 253b Abs. 1 Z 4, 253c Abs. 2, 254 Abs. 7, 262 Abs. 2, 264 Abs. 3 Z 1 und 2 sowie Abs. 4 Z 1 und 2 und Abs. 6, 283, 288 Abs. 1, 292 Abs. 3, Abs. 4 lit. h sowie Abs. 5 und 8, 293 Abs. 1, 302 Abs. 4, 307d Abs. 6, 307e Abs. 2, 311 Abs. 5, 363 Abs. 2, 447a Abs. 5 Z 3 und 4, 447f Abs. 4, 6 und 7, 447g Abs. 3 Z 1 lit. d, 451 Abs. 3, 466 Abs. 4, 471e, 479e Abs. 1, 502 Abs. 4, 522a Abs. 2 Z 1 und 2, Abs. 3, 4 Z 1 und 2 sowie Abs. 5, 522e Abs. 3, 522f Abs. 2 Z 1 lit. a und b und Z 2 sowie Abs. 3 und 4, 522i Abs. 4, 522k Abs. 2, 529 Abs. 3 und 5 lit. a sowie 572 Abs. 10a und die Anlagen 2, 3, 4 und 7 in der Fassung des Bundesgesetzes BGBl. I Nr. 67/2001 treten mit 1. Jänner 2002 in Kraft.

(2) Die §§ 46, 58 Abs. 5, 104 Abs. 4 und 108b sowie Abschnitt VI des Neunten Teiles treten mit Ablauf des 31. Dezember 2001 außer Kraft.

(3) Schillingbeträge, die am 31. Dezember 2001 zur Bemessung einer (künftigen) Geldleistung bei den Versicherungsträgern (beim Hauptverband) gespeichert sind, sind mit Wirksamkeit vom 1. Jänner 2002 in Euro umzurechnen.

(4) Die Verordnung des Bundesministers für Arbeit und Soziales über die Durchführung der Sozialversicherung in den Zollausschlussgebieten der Gemeinden Jungholz und Mittelberg, BGBl. Nr. 396/1993, gilt ab 1. Jänner 2002 – mit Ausnahme der §§ 1 bis 3, 4 Abs. 2 und 5 Abs. 1 und 2 sowie des § 6, die mit Ablauf des 31. Dezember 2001 aufgehoben werden – als Bundesgesetz für jene Personen weiter, die vor dem 1. Jänner 2002 auf Grund einer Tätigkeit in den Gemeinden Jungholz und Mittelberg Beitragsmonate erworben haben, die bei der Bemessung der Leistungen aus der gesetzlichen Unfall- oder Pensionsversicherung zu berücksichtigen sind. Dabei tritt

1. an die Stelle der Leistungsfeststellung in Schilling die Leistungsfeststellung in Euro und
2. an die Stelle des am Tag der Antragstellung geltenden Wechselkurses (K) der Wechselkurs von 7,04 S je 1 DM.

(BGBl I 2001/67)

Schlussbestimmungen zu Art. 3 des Bundesgesetzes BGBl. I Nr. 103/2001

§ 595. (1) Die §§ 8 Abs. 1 Z 1 lit. e und f, 10 Abs. 6a, 12 Abs. 5a, 120 Abs. 1, 138 Abs. 2 lit. f und g, 162 Abs. 1, 3a sowie 5 Z 2 und 3, 176 Abs. 1 Z 8, 227a Abs. 5 Z 1 und Abs. 6, 233, 236 Abs. 4a, 253a Abs. 1 Z 2, 253b Abs. 1 Z 2 lit. b, 253c Abs. 1 Z 1 lit. b, 292 Abs. 4, 447g Abs. 3 Z 1 lit. b und § 588 Abs. 14 in der Fassung des Bundesgesetzes BGBl. I Nr. 103/2001 treten mit 1. Jänner 2002 in Kraft.

(2) Abweichend von § 447g Abs. 3 Z 1 lit. b in der Fassung des Bundesgesetzes BGBl. I Nr. 103/2001 sind für das Kalenderjahr 2002 123,54 Millionen €, für das Kalenderjahr 2003 130,81 Millionen € und für das Kalenderjahr 2004 196,22 Millionen € aus Mitteln des Ausgleichsfonds für Familienbeihilfen zu zahlen.

(BGBl I 2001/103, BGBl I 2002/114)

Schlussbestimmungen zu Art. 7 des Bundesgesetzes BGBl. I Nr. 131/2001

§ 596. (1) Die §§ 110 Abs. 1, 545 Abs. 1 und 582 Abs. 3 in der Fassung des Bundesgesetzes BGBl. I Nr. 131/2001 treten mit 1. Jänner 2002 in Kraft.

(2) § 110 Abs. 1 in der Fassung des Bundesgesetzes BGBl. I Nr. 131/2001 ist auf alle Schriften und Amtshandlungen anzuwenden, bezüglich deren der Anspruch auf die Gebühr nach dem 31. Dezember 2001 begründet wird.

(BGBl I 2001/131)

Schlussbestimmungen zum Bundesgesetz BGBl. I Nr. 1/2002 (59. Novelle)

§ 597. (1) Es treten in Kraft:

1. mit 1. Jänner 2002 die §§ 10 Abs. 7, 16 Abs. 2 Z 1 und Abs. 6 Z 3, 18a Abs. 3 Z 1 bis 3, 31 Abs. 11 und 12, 31a, 31b Abs. 2, 44 Abs. 1 Z 7 und Abs. 3, 49 Abs. 3 Z 18 lit. a, 19, 25 und 26, 51d Abs. 2, 53a Abs. 4, 76 Abs. 1 Z 2 und Abs. 3, 81a samt Überschrift, 86 Abs. 3 Z 1, 104 Abs. 6, 106 Abs. 2, 108 Abs. 3, 123 Abs. 2, 125 Abs. 1, 129 Abs. 5, 130 Abs. 1, 144 Abs. 4, 194, 252 Abs. 1, 275 Abs. 2, 277 Abs. 3, 292 Abs. 8, 294 Abs. 3, 308 Abs. 3 und 5 bis 7, 309, 310, 321 Abs. 1, 340a samt Überschrift, 347 Abs. 7, 350 Abs. 1 Z 3, 358 Abs. 3, 360 Abs. 5, 363 Abs. 3 Z 3, 418 Abs. 7, 441d Abs. 2, 443 samt Überschrift, 444 Abs. 7, 447g Abs. 3 Z 1 lit. c, 459b Abs. 1 Z 1, 460d, 460e, 538a bis 538d samt Überschriften, 551 Abs. 11, 572 Abs. 1 Z 5 und 5a sowie 581 Abs. 1 Z 3 in der Fassung des Bundesgesetzes BGBl. I Nr. 1/2002;
2. mit 1. Jänner 2003 die §§ 16a Abs. 3 Z 2, 17 Abs. 3, 25 Abs. 1, 29 Abs. 1 und 2, 73 Abs. 2, 84 Abs. 3 und 5, 231 Z 1, 232 Abs. 3, 418 Abs. 3, Abs. 5 Z 5 und Abs. 5a, 419 Abs. 2, 426 Abs. 1 Z 2, 427 Abs. 1 Z 2, 428 Z 2, 429 Z 2, 430 Z 2, 447f Abs. 10, 502 Abs. 4 und 506b Abs. 6 in der Fassung des Bundesgesetzes BGBl. I Nr. 1/2002;
3. rückwirkend mit 1. Jänner 2001 die §§ 322a Abs. 2 und 447f Abs. 11 in der Fassung des Bundesgesetzes BGBl. I Nr. 1/2002.

(2) Es treten außer Kraft:

1. mit Ablauf des 31. Dezember 2001 § 363 Abs. 3 Z 4;
2. mit Ablauf des 31. Dezember 2002 die §§ 418 Abs. 5 Z 6 und 7, 427 Abs. 1 Z 3, 428 Z 3 und 429 Z 3.

(3) Als ausdrücklich verlangte Barzahlungen im Sinne des § 104 Abs. 6 erster Satz in der Fassung des Bundesgesetzes BGBl. I Nr. 1/2002 gelten auch Barzahlungen von Leistungen, die bereits vor dem 1. Jänner 2002 im Wege der Barzahlung erbracht wurden und nach diesem Zeitpunkt weiter zu erbringen sind.

(4) § 308 Abs. 3 in der Fassung des Bundesgesetzes BGBl. I Nr. 1/2002 gilt auch für Personen, die vor dem 1. Jänner 2002 in ein pensionsversicherungsfreies Dienstverhältnis aufgenommen wurden. Die Rechtskraft bereits ergangener Entscheidungen steht dem nicht entgegen.

(5) Der Hauptverband und der Österreichische Bundesverband für Psychotherapie haben zur Vorbereitung des Abschlusses eines Gesamtvertrages im Sinne des § 349 Abs. 2 ein Psychotherapiekonzept zu erstellen, das eine umfassende volkswirtschaftliche Kosten-Nutzen-Analyse zu enthalten hat. Die Gültigkeit bereits bestehender Verträge über die Erbringung psychotherapeutischer Leistungen wird dadurch nicht berührt.

(6) Alle für geringfügig beschäftigte Personen und geringfügige Beschäftigungsverhältnisse nach diesem Bundesgesetz geltenden Bestimmungen sind bis zum Ablauf des 31. Dezember 2005 auch auf Personen anzuwenden, die nach § 203 Abs. 2 B-KUVG von der Kranken- und Unfallversicherung nach dem B-KUVG ausgenommen sind.

(BGBl I 2004/171)

(7) Für die Sitzungen des Überleitungsausschusses und der Verwaltungskörper der Pensionsversicherungsanstalt bis 31. Dezember 2005 gilt § 439 mit der Maßgabe, dass die nach dem Arbeitsverfassungsgesetz in Betracht kommende Betriebsvertretung der Pensionsversicherungsanstalt der Arbeiter und der Pensionsversicherungsanstalt der Angestellten je zwei teilnahmeberechtigte Vertreter mit beratender Stimme namhaft zu machen hat.

(8) Für die Sitzungen des Überleitungsausschusses und der Verwaltungskörper der Pensionsversicherungsanstalt gilt § 440 Abs. 5 Z 1 bis zur Konstituierung des Beirates der Pensionsversicherungsanstalt mit der Maßgabe, dass die Vorsitzenden und je ein Stellvertreter des bei der Pensionsversicherungsanstalt der Arbeiter und des bei der Pensionsversicherungsanstalt der Angestellten errichteten Beirates berechtigt sind, teilzunehmen.

(BGBl I 2002/1)

Schlussbestimmungen zum Bundesgesetz BGBl. I Nr. 82/2002

§ 598. Es treten in Kraft:

1. mit 1. Mai 2002 die §§ 538d Abs. 4 und 5 sowie 538e samt Überschrift in der Fassung des Bundesgesetzes BGBl. I Nr. 82/2002;
2. mit 1. Juli 2002 die §§ 538b Abs. 1 und 2, 538c Abs. 1 dritter und letzter Satz sowie Abs. 4 und 6 letzter Satz, 538d Abs. 2, 3, 6 und 7, 538f samt Überschrift und 538g samt Überschrift in der Fassung des Bundesgesetzes BGBl. I Nr. 82/2002;
3. rückwirkend mit 1. Jänner 2002 § 538c Abs. 6 zweiter Satz in der Fassung des Bundesgesetzes BGBl. I Nr. 82/2002.

(BGBl I 2002/82)

Schlussbestimmung zu Art. 29 des Bundesgesetzes BGBl. I Nr. 100/2002

§ 599. Die §§ 34 Abs. 1, 34b samt Überschrift,

41 Abs. 2 Z 4 und 5 sowie 49 Abs. 3 Z 18 lit. b in der Fassung des Bundesgesetzes BGBl. I Nr. 100/2002 treten mit 1. Juli 2002 in Kraft.

(BGBl I 2002/100)

Schlussbestimmungen zum Bundesgesetz BGBl. I Nr. 140/2002 (60. Novelle)

§ 600. (1) Es treten in Kraft:

1. mit 1. September 2002 die §§ 10 Abs. 1 und 2, 12 Abs. 1, 19a Abs. 2, 31 Abs. 5 Z 33 und 34, 32a Abs. 1, 32c, 36 Abs. 3, 49 Abs. 6, 77 Abs. 6, 123 Abs. 4 Z 1, 132a Abs. 2, 135a Abs. 2, 142 Abs. 1, 233 Abs. 2, 242 Abs. 3, 245 Abs. 4 und 8, 251a Abs. 7 und 8, 252 Abs. 2 Z 1, 292 Abs. 5, 345 Abs. 1, 348g samt Überschrift, 349a samt Überschrift, 350 Abs. 1 Z 2, 351b, 420 Abs. 2, 421 Abs. 7, 440a Abs. 2, 442 Abs. 2 Z 1 und 1a, 442a Abs. 2 Z 5 und 5a, 446 Abs. 1 und 2, 447a Abs. 2 Z 2, Abs. 3 letzter Satz und Abs. 4 letzter Satz, 447f Abs. 10, 11, 12 Z 2 und Abs. 15, 479 Abs. 1 und 2 Z 4, 567 Abs. 8 Z 2, 588 Abs. 7 und 7a sowie 593 Abs. 3 und 3a in der Fassung des Bundesgesetzes BGBl. I Nr. 140/2002;
2. mit 1. Oktober 2002 die §§ 31 Abs. 3 Z 12 und 351c bis 351j samt Überschriften in der Fassung des Bundesgesetzes BGBl. I Nr. 140/2002;
3. mit 1. Jänner 2003 die §§ 26 Abs. 1 Z 5 lit. f und g, 108g Abs. 1, 178 Abs. 2, 179 Abs. 1 bis 5, 181 Abs. 1, 181b, 442 Abs. 2 Z 5 und 6, 442a Abs. 2 Z 8 und 9 sowie Abs. 3 Z 6, 445 Z 5, 447a Abs. 1, Abs. 3 erster Satz sowie Abs. 4 erster und zweiter Satz und Abs. 5 und 6, 447b samt Überschrift und 447c samt Überschrift in der Fassung des Bundesgesetzes BGBl. I Nr. 140/2002;
4. mit 1. Jänner 2004 die §§ 5 Abs. 1 Z 5, 7 Z 4 lit. d und e, 8 Abs. 1 Z 1 lit. a sublit. aa, 73 Abs. 1 Z 2, 309 und 312 in der Fassung des Bundesgesetzes BGBl. I Nr. 140/2002;

   (BGBl I 2003/71)

4a. mit 1. Jänner 2005 § 58 Abs. 6 in der Fassung des Bundesgesetzes BGBl. I Nr. 140/2002;

   (BGBl I 2004/171)

4b. mit 1. Jänner 2006 die §§ 31 Abs. 5 Z 16, 135 Abs. 3, 153 Abs. 4 und 361 Abs. 3 in der Fassung des Bundesgesetzes BGBl. I Nr. 140/2002;

   (BGBl I 2004/171)

5. rückwirkend mit 1. Jänner 2002 die §§ 125 Abs. 1, 130 Abs. 1 und 468 Abs. 6 in der Fassung des Bundesgesetzes BGBl. I Nr. 140/2002.

(2) Die §§ 10a und 55 Abs. 2 treten mit Ablauf des 31. August 2002 außer Kraft.

(3) Die §§ 447d und 447e treten mit Ablauf des 31. Dezember 2002 außer Kraft.

(4) § 31 Abs. 5 Z 12 tritt mit Ablauf des 31. Dezember 2004 außer Kraft.

(BGBl I 2003/71)

(4a) Der Hauptverband hat dem Bundesminister für soziale Sicherheit und Generationen bis längstens 30. September 2003 über den Zeitpunkt der flächendeckenden technischen Verfügbarkeit und Einsatzbereitschaft des ELSY zu berichten. Auf Grund dieses Berichtes kann der Bundesminister für soziale Sicherheit und Generationen durch Verordnung den Zeitpunkt des In-Kraft-Tretens der §§ 31 Abs. 5 Z 16, 58 Abs. 6, 135 Abs. 3, 153 Abs. 4 und 361 Abs. 3 in der Fassung des Bundesgesetzes BGBl. I Nr. 140/2002 und des Bundesgesetzes BGBl. I Nr. 71/2003 bzw. des Außer-Kraft-Tretens des § 31 Abs. 5 Z 12 abweichend von Abs. 1 Z 4 bzw. von Abs. 4 festsetzen.

(BGBl I 2003/71)

(5) Personen, die am 31. Dezember 1999 nach § 8 Abs. 1 Z 1 lit. d pflichtversichert waren, sowie Pensionisten aus den in § 273 Abs. 6 GSVG genannten Berufsgruppen mit Pensionsstichtagen ab dem 1. Jänner 2000 bleiben in der Krankenversicherung nach diesem Bundesgesetz pflichtversichert.

(6) Die Betriebskrankenkasse Pengg gilt mit Ablauf des 31. Dezember 2002 als aufgelöst; das Bundesministerium für soziale Sicherheit und Generationen hat die bezüglich des Rechts- und Vermögensüberganges erforderlichen Anordnungen zu treffen.

(7) Die §§ 31 Abs. 3 Z 12 und 351c bis 351j in der Fassung des Bundesgesetzes BGBl. I Nr. 140/2002 sind nur auf jene Fälle anzuwenden, in denen die Anbotstellung nach dem 30. September 2002 erfolgt.

(8) § 77 Abs. 6 in der Fassung des Bundesgesetzes BGBl. I Nr. 140/2002 ist anzuwenden

1. auf Personen, die den Antrag auf Weiterversicherung nach § 17 nach Ablauf des 31. August 2002 stellen;
2. auf Personen, die bereits am 31. August 2002 in der Pensionsversicherung weiterversichert sind und einen nahen Angehörigen (eine nahe Angehörige) im Sinne der genannten Bestimmung pflegen, wenn sie dies bis zum Ablauf des 31. August 2003 beim zuständigen Pensionsversicherungsträger beantragen. Diesfalls wird der auf den Dienstgeber entfallende Beitragsteil ab dem 1. September 2002 aus Mitteln des Bundes getragen; die zuviel gezahlten Beiträge sind den Weiterversicherten zu erstatten. Wird der Antrag später gestellt, so erfolgt die Beitragstragung aus Mitteln des Bundes erst ab dem der Antragstellung folgenden Monatsersten.

(9) Die §§ 178 Abs. 2, 179, 181 Abs. 1 und 181b in der Fassung des Bundesgesetzes BGBl. I Nr. 140/2002 sind nur auf Versicherungsfälle anzuwenden, die nach dem 31. Dezember 2002 eintreten.

(10) Im Geschäftsjahr 2002 sind der Rücklage zur Deckung eines außerordentlichen Aufwandes aus den in § 447c Abs. 1 lit. a angeführten Gründen keine Mittel nach § 447a Abs. 4 zuzuführen. Werden in einem Geschäftsjahr die Mittel der besonderen Rücklage nach § 447a Abs. 5 nicht ausgeschöpft, so ist der Rest dieser Mittel der allgemeinen Rücklage des Ausgleichsfonds zuzuführen.

(BGBl I 2004/20)

(11) (aufgehoben)

(BGBl I 2004/20)

(12) § 447e in der am 31. Dezember 2002 geltenden Fassung ist auf jene Fälle weiterhin anzuwenden, in denen der Antrag auf Zweckzuschüsse vor dem 1. September 2002 bewilligt wurde.

(13) Bei der Berechnung der Verwaltungskosten nach § 588 Abs. 14 sind Aufwendungen und Belastungen außer Acht zu lassen, die beim Hauptverband anfallen oder angefallen sind, für die Verwirklichung oder Einführung von

1. Maßnahmen zur Verringerung der Kosten für nicht auf wissenschaftlicher Grundlage oder nicht auf sonst gesichertem Wissen beruhende medizinische Leistungen (evidence based medicine);
2. Maßnahmen, die trägerübergreifende Zielvereinbarungen und das Controlling nach dem 6. Unterabschnitt des Abschnittes III des Ersten Teiles betreffen.

(BGBl I 2002/140)

Schlussbestimmungen zu Art. XI des Bundesgesetzes BGBl. I Nr. 132/2002

§ 601. (1) Die §§ 31 Abs. 5 Z 15 und Abs. 11, 34 Abs. 2, 41a samt Überschrift, 43a samt Überschrift, 321 Abs. 1, 360 Abs. 7 und 545 Abs. 3 in der Fassung des Bundesgesetzes BGBl. I Nr. 132/2002 treten mit 1. Jänner 2003 in Kraft.

(2) § 34 in der Fassung des Bundesgesetzes BGBl. I Nr. 132/2002 ist für Beitragszeiträume anzuwenden, die nach Ablauf des 31. Dezember 2002 enden; § 41a in der Fassung des Bundesgesetzes BGBl. I Nr. 132/2002 ist auf Prüfungen anzuwenden, die nach Ablauf des 31. Dezember 2002 beginnen.

(BGBl I 2002/132)

Schlussbestimmung zu Art. VII des Bundesgesetzes BGBl. I Nr. 169/2002

§ 602. Die §§ 135 Abs. 1 und 338 Abs. 1 in der Fassung des Bundesgesetzes BGBl. I Nr. 169/2002 treten mit 1. März 2003, jedoch nicht vor dem vierten der Kundmachung des Bundesgesetzes BGBl. I Nr. 169/2002 folgenden Monatsersten, in Kraft.

(BGBl I 2002/169)

Schlussbestimmungen zu Art. 6 des Bundesgesetzes BGBl. I Nr. 155/2002

§ 603. (1) Die §§ 53b samt Überschrift, 57a samt Überschrift und 575 Abs. 7 in der Fassung des Bundesgesetzes BGBl. I Nr. 155/2002 treten mit 1. Oktober 2002 in Kraft.

(2) § 135a Abs. 2 und 3 in der Fassung des Bundesgesetzes BGBl. I Nr. 155/2002 tritt mit 1. Oktober 2002 in Kraft und ist auf alle anhängigen Fälle, weiters über Antrag des Versicherten auch auf Fälle, in denen der Behandlungsbeitrag-Ambulanz bereits entrichtet wurde, sowie auf Rückerstattungsanträge nach § 135a Abs. 3 in der Fassung des Bundesgesetzes BGBl. I Nr. 155/2002 anzuwenden.

(BGBl I 2002/155, BGBl I 2003/145)

Schlussbestimmung zu Art. 1 des Sozialversicherungs-Änderungsgesetzes 2003, BGBl. I Nr. 8/2003

§ 604. § 293 Abs. 1 lit. a sublit. aa in der Fassung des Bundesgesetzes BGBl. I Nr. 8/2003 tritt mit 1. Jänner 2003 in Kraft.

(BGBl I 2003/8)

Schlussbestimmung zu Art. 2 des Bundesgesetzes BGBl. I Nr. 28/2003

§ 605. Die §§ 53a Abs. 1, 54 Abs. 5 und 447g Abs. 2 lit. a in der Fassung des Bundesgesetzes BGBl. I Nr. 28/2003 treten mit 1. Juni 2003 in Kraft.

(BGBl I 2003/28, BGBl I 2003/145)

Schlussbestimmungen zu Art. 73 Teil 1 des Budgetbegleitgesetzes 2003, BGBl. I Nr. 71

§ 606. (1) Es treten in Kraft:

1. die §§ 31 Abs. 2 Z 3 und 4, 51 Abs. 1 Z 1 lit. a bis f sowie Abs. 3 Z 1 lit. a und b sowie Abs. 6, 51e samt Überschrift, 73 Abs. 1 Z 1 und 2, Abs. 1a, 2, 3 und 4, 77 Abs. 1, 472a Abs. 2, 474 Abs. 1 sowie 479d Abs. 2 in der Fassung des Bundesgesetzes BGBl. I Nr. 71/2003 mit 1. Jänner 2004;
2. rückwirkend mit 1. Oktober 2002 § 53b Abs. 1 in der Fassung des Bundesgesetzes BGBl. I Nr. 71/2003.

(2) Es treten außer Kraft:

1. mit Ablauf des 31. Dezember 2003 § 575 Abs. 7;
2. rückwirkend mit Ablauf des 31. März 2003 die §§ 31 Abs. 5 Z 16b, 135a, 148 Z 4a und 149 Abs. 6.

(3) Die Verordnung nach § 31 Abs. 5a ist frühestens mit 1. Jänner 2005 in Kraft zu setzen. Dabei hat der Hauptverband für die im § 31 Abs. 5a genannten Krankenversicherungsträger einen gemeinsamen Zeitpunkt festzusetzen, zu dem erstmalig der Kostenbeitrag einzuheben ist. Für Zeiträume, ab denen der Kostenbeitrag eingehoben wird, sind die Bestimmungen der §§ 135 Abs. 3 und 153 Abs. 4 über die Krankenscheingebühr nicht mehr anzuwenden.

(4) Abweichend von § 73 Abs. 1 Z 1 in der Fassung des Bundesgesetzes BGBl. I Nr. 71/2003 beläuft sich der einzubehaltende Betrag im Kalen-

derjahr 2004 auf 4,25 % der auszuzahlenden Leistung.

(5) Abweichend von § 73 Abs. 1 Z 2 in der Fassung des Bundesgesetzes BGBl. I Nr. 71/2003 beläuft sich der einzubehaltende Betrag im Kalenderjahr 2004 auf 4,25 % der auszuzahlenden Leistung.

(6) Abweichend von § 73 Abs. 2 in der Fassung des Bundesgesetzes BGBl. I Nr. 71/2003 treten an die Stelle der ab 1. Jänner 2004 geltenden Prozentsätze von 181%, 174%, 403%, 181% und 316% im Kalenderjahr 2004 die Prozentsätze von 190%, 183%, 439%, 190% und 342%.

(7) Abweichend von § 73 Abs. 4 in der Fassung des Bundesgesetzes BGBl. I Nr. 71/2003 tritt an die Stelle des ab 1. Jänner 2004 geltenden Prozentsatzes von 181% im Kalenderjahr 2004 der Prozentsatz von 190%.

(8) § 135a Abs. 4 in der am 31. März 2003 geltenden Fassung ist für das Kalenderjahr 2003 weiterhin anzuwenden.

(BGBl I 2003/71)

Schlussbestimmungen zu Art. 73 Teil 2 des Budgetbegleitgesetzes 2003, BGBl. I Nr. 71

§ 607. (1) Es treten in Kraft:

1. mit 1. Jänner 2004 die §§ 70b samt Überschrift, 81a letzter Satz, 91 Abs. 1 und 2, 103 Abs. 2, 108 Abs. 3, 108h Abs. 1, 227 Abs. 1 Z 1, 236 Abs. 4a, 238 Abs. 1 und 2, 239 Abs. 1, 248 Abs. 1, 248c samt Überschrift, 261 Abs. 2 bis 5, 261c Abs. 1, 284 Z 3, 289, 292 Abs. 1 und 8, 293 Abs. 1 lit. a sublit. aa, 447 Abs. 1a, 2a und 3, 460c sowie Abschnitt IVa des Vierten Teiles in der Fassung des Bundesgesetzes BGBl. I Nr. 71/2003;
2. mit 1. Juli 2004 die §§ 222 Abs. 1 Z 1, 233 Abs. 2, 236 Abs. 1 Z 2 lit. c, 254 Abs. 1 Z 3, 264 Abs. 1 Z 1 und 2, 270, 271 Abs. 1 Z 3, 276 Überschrift und Abs. 1, 279 Abs. 1 Z 3 und 460b Z 1 lit. b in der Fassung des Bundesgesetzes BGBl. I Nr. 71/2003.

(2) Es treten außer Kraft:

1. mit Ablauf des 31. Dezember 2003 die §§ 40 Abs. 2 Z 2, 222 Abs. 2 Z 1 lit. c und e, 238 Abs. 5, 253a, 253c, 261 Abs. 6, 284 Z 5, 572 Abs. 10 und 10a sowie 588 Abs. 7;
2. mit Ablauf des 30. Juni 2004 die §§ 222 Abs. 2 Z 1 lit. d, 236 Abs. 4 Z 2, 253 Abs. 3, 253b, 261b und 284b.

(3) § 70b in der Fassung des Bundesgesetzes BGBl. I Nr. 71/2003 ist auf Versicherungsfälle anzuwenden, in denen der Stichtag nach dem 31. Dezember 2003 liegt. Auf Versicherungsfälle, in denen der Stichtag vor dem 1. Jänner 2004 liegt, ist die zitierte Bestimmung nur dann anzuwenden, wenn der (die) Versicherte bzw. der (die) Leistungsbezieher(in) die Beitragserstattung beantragt, und zwar so, dass eine allfällige Erstattung innerhalb eines Jahres nach der Antragstellung zu erfolgen hat und die Beiträge mit den für das Kalenderjahr 2004 geltenden Aufwertungsfaktoren aufzuwerten sind. Die Rechtskraft bereits ergangener Entscheidungen steht dem nicht entgegen.

(3a) Abweichend von § 108h Abs. 1 hat der Bundesminister für soziale Sicherheit, Generationen und Konsumentenschutz in der Verordnung nach § 108 Abs. 5 für die Kalenderjahre 2004 und 2005 die Pensionsanpassung so vorzunehmen, dass anstelle der Vervielfachung mit dem Anpassungsfaktor wie folgt zu erhöhen ist:

1. Die Erhöhung jener Pensionen, die die Höhe der Medianpension nach diesem Bundesgesetz nicht überschreiten, ist auf Grund der Erhöhung der Verbraucherpreise nach § 299a Abs. 2 vorzunehmen.
2. Alle übrigen Pensionen sind mit einem Fixbetrag zu erhöhen, der der Erhöhung der Medianpension nach Z 1 entspricht.

Medianpension im Sinne der Z 1 und 2 ist die Medianpension des Monates Jänner des dem jeweiligen Anpassungsjahr vorangegangenen Kalenderjahres. Die Höhe der Medianpension ist von der Kommission zur langfristigen Pensionssicherung (§ 108e) jeweils bis zum 31. Oktober des dem Anpassungsjahr vorangehenden Jahres festzustellen.

(3b) § 108h Abs. 1 letzter Satz in der Fassung des Bundesgesetzes BGBl. I Nr. 71/2003 ist nur auf Leistungen anzuwenden, deren Stichtag (§ 223 Abs. 2) nach dem 31. Dezember 2003 liegt.

(BGBl I 2003/145)

(4) § 238 Abs. 1 in der Fassung des Bundesgesetzes BGBl. I Nr. 71/2003 ist nur auf Versicherungsfälle anzuwenden, in denen der Stichtag nach dem 31. Dezember 2003 liegt, und zwar so, dass das Höchstausmaß von 480 monatlichen Gesamtbeitragsgrundlagen

im Jahr 2004 durch 192,
im Jahr 2005 durch 204,
im Jahr 2006 durch 216,
im Jahr 2007 durch 228,
im Jahr 2008 durch 240,
im Jahr 2009 durch 252,
im Jahr 2010 durch 264,
im Jahr 2011 durch 276,
im Jahr 2012 durch 288,
im Jahr 2013 durch 300,
im Jahr 2014 durch 312,
im Jahr 2015 durch 324,
im Jahr 2016 durch 336,
im Jahr 2017 durch 348,
im Jahr 2018 durch 360,
im Jahr 2019 durch 372,
im Jahr 2020 durch 384,
im Jahr 2021 durch 396,
im Jahr 2022 durch 408,
im Jahr 2023 durch 420,
im Jahr 2024 durch 432,
im Jahr 2025 durch 444,

im Jahr 2026 durch 456 und

im Jahr 2027 durch 468

monatliche Gesamtbeitragsgrundlagen ersetzt wird und der Divisor 560 durch die um ein Sechstel erhöhte Zahl dieser Gesamtbeitragsgrundlagen ersetzt wird.

(6) § 239 Abs. 1 in der Fassung des Bundesgesetzes BGBl. I Nr. 71/2003 ist in der Zeit vom 1. Jänner 2004 bis zum Ablauf des Jahres 2027 so anzuwenden, dass der Prozentsatz von 50 für jedes Kalenderjahr vor dem Jahr 2028 um 2 zu vermindern ist.

(7) Auf Personen, die die Anspruchsvoraussetzungen für die Alterspension (Knappschaftsalterspension) spätestens am 31. Dezember 2003 erfüllen, sind die §§ 238, 239, 253, 261, 261c, 284, 284c, 285 und 563 Abs. 19 in der am 31. Dezember 2003 in Geltung gestandenen Fassung weiterhin anzuwenden, sofern es für diese Personen günstiger ist. Gleiches gilt für Personen, die trotz Vorliegens der Voraussetzungen nach Abs. 9 erster Satz nicht die vorzeitige Alterspension bei langer Versicherungsdauer (vorzeitige Knappschaftsalterspension bei langer Versicherungsdauer), sondern die Alterspension (Knappschaftsalterspension) in Anspruch nehmen.

(BGBl I 2003/145, BGBl I 2007/31)

(8) Auf Personen, die Anspruch auf vorzeitige Alterspension bei Arbeitslosigkeit (vorzeitige Knappschaftsalterspension bei Arbeitslosigkeit) oder auf vorzeitige Alterspension bei langer Versicherungsdauer (vorzeitige Knappschaftsalterspension bei langer Versicherungsdauer) oder auf Gleitpension (Knappschaftsgleitpension) haben, ist weiterhin die am 31. Dezember 2003 geltende Rechtslage anzuwenden, wenn der Stichtag vor dem 1. Jänner 2004 liegt.

(8a) Auf Personen, die Anspruch auf vorzeitige Alterspension bei langer Versicherungsdauer mit einem Stichtag nach dem 31. Dezember 2003 und vor dem 2. Juni 2004 haben, sind, sofern nicht Abs. 9 anzuwenden ist, die §§ 253 Abs. 3 sowie 253b Abs. 2 und 3 in der am 30. Juni 2004 geltenden Fassung ab 1. Juli 2004 weiterhin anzuwenden. Abs. 11 gilt entsprechend.

(BGBl I 2003/145)

(9) Auf Personen, die die Anspruchsvoraussetzungen für die vorzeitige Alterspension bei langer Versicherungsdauer (vorzeitige Knappschaftsalterspension bei langer Versicherungsdauer) – mit Ausnahme der Voraussetzung des Fehlens einer die Pflichtversicherung begründenden Erwerbstätigkeit am Stichtag (§ 253b Abs. 1 Z 4) – spätestens am 31. Dezember 2003 erfüllen, sind die §§ 238, 239, 253b, 261, 261b, 284, 284b und 588 Abs. 7 in der am 31. Dezember 2003 in Geltung gestandenen Fassung weiterhin anzuwenden, sofern es für diese Personen günstiger ist. § 588 Abs. 7 in der am 31. Dezember 2003 in Geltung gestandenen Fassung ist jedoch nur dann weiterhin anzuwenden, wenn auch die erforderlichen Beitragsmonate bis zu diesem Zeitpunkt vorliegen.

(BGBl I 2003/145)

(9a) Auf Personen, die am Stichtag (§ 223 Abs. 2) nach Abs. 9, 10, 12 bis 14, 20 oder 22 die Anspruchsvoraussetzungen für die vorzeitige Alterspension bei langer Versicherungsdauer (vorzeitige Knappschaftsalterspension bei langer Versicherungsdauer) erfüllen, sind die §§ 254 Abs. 1 Z 3, 271 Abs. 1 Z 3 und 279 Abs. 1 Z 3 in der am 31. Dezember 2003 in Geltung gestandenen Fassung weiterhin anzuwenden.

(BGBl I 2004/105)

(10) Die am 31. Dezember 2003 geltenden Bestimmungen über die vorzeitige Alterspension bei langer Versicherungsdauer (vorzeitige Knappschaftsalterspension bei langer Versicherungsdauer) sind – mit Ausnahme der §§ 108h Abs. 1, 238, 239, 261, 261b, 284 Z 3 und 284b – auf Versicherungsfälle, in denen der Stichtag nach dem 30. Juni 2004 liegt, weiterhin anzuwenden, jedoch tritt abweichend von § 253b Abs. 1

1. an die Stelle des 738. Lebensmonates, wenn der Versicherte diesen Lebensmonat vollendet
   - im Juli oder August oder September 2004...der 740. Lebensmonat,
   - im Oktober oder November oder Dezember 2004...der 742. Lebensmonat,
   - im Jänner oder Februar oder März 2005...der 743. Lebensmonat,
   - im April oder Mai oder Juni 2005...der 744. Lebensmonat,
   - im Juli oder August oder September 2005...der 745. Lebensmonat,
   - im Oktober oder November oder Dezember 2005...der 746. Lebensmonat,
   - im Jänner oder Februar oder März 2006...der 747. Lebensmonat,
   - im April oder Mai oder Juni 2006...der 748. Lebensmonat,
   - im Juli oder August oder September 2006...der 749. Lebensmonat,
   - im Oktober oder November oder Dezember 2006...der 750. Lebensmonat,
   - im Jänner oder Februar oder März 2007...der 751. Lebensmonat,
   - im April oder Mai oder Juni 2007...der 752. Lebensmonat,
   - im Juli oder August oder September 2007...der 753. Lebensmonat,
   - im Oktober oder November oder Dezember 2007...der 754. Lebensmonat,
   - im Jänner oder Februar oder März 2008...der 755. Lebensmonat,
   - im April oder Mai oder Juni 2008...der 756. Lebensmonat,
   - im Juli oder August oder September 2008...der 757. Lebensmonat,

– im Oktober oder November oder Dezember 2008...der 758. Lebensmonat,
– im Jänner oder Februar oder März 2009...der 759. Lebensmonat,
– im April oder Mai oder Juni 2009...der 760. Lebensmonat,
– im Juli oder August oder September 2009...der 761. Lebensmonat,
– im Oktober oder November oder Dezember 2009...der 762. Lebensmonat,
– im Jänner oder Februar oder März 2010...der 763. Lebensmonat,
– im April oder Mai oder Juni 2010...der 764. Lebensmonat,
– im Juli oder August oder September 2010...der 765. Lebensmonat,
– im Oktober oder November oder Dezember 2010...der 766. Lebensmonat,
– im Jänner oder Februar oder März 2011...der 767. Lebensmonat,
– im April oder Mai oder Juni 2011...der 768. Lebensmonat,
– im Juli oder August oder September 2011...der 769. Lebensmonat,
– im Oktober oder November oder Dezember 2011...der 770. Lebensmonat,
– im Jänner oder Februar oder März 2012...der 771. Lebensmonat,
– im April oder Mai oder Juni 2012...der 772. Lebensmonat,
– im Juli oder August oder September 2012...der 773. Lebensmonat,
– im Oktober oder November oder Dezember 2012...der 774. Lebensmonat,
– im Jänner oder Februar oder März 2013...der 775. Lebensmonat,
– im April oder Mai oder Juni 2013...der 776. Lebensmonat,
– im Juli oder August oder September 2013...der 777. Lebensmonat,
– im Oktober oder November oder Dezember 2013...der 778. Lebensmonat,
– im Jänner oder Februar oder März 2014...der 779. Lebensmonat,
– im April oder Mai oder Juni 2014...der 780. Lebensmonat;

2. an die Stelle des 678. Lebensmonates, wenn die Versicherte diesen Lebensmonat vollendet
   – im Juli oder August oder September 2004...der 680. Lebensmonat,
   – im Oktober oder November oder Dezember 2004...der 682. Lebensmonat,
   – im Jänner oder Februar oder März 2005...der 683. Lebensmonat,
   – im April oder Mai oder Juni 2005...der 684. Lebensmonat,
   – im Juli oder August oder September 2005...der 685. Lebensmonat,
   – im Oktober oder November oder Dezember 2005...der 686. Lebensmonat,
   – im Jänner oder Februar oder März 2006...der 687. Lebensmonat,
   – im April oder Mai oder Juni 2006...der 688. Lebensmonat,
   – im Juli oder August oder September 2006...der 689. Lebensmonat,
   – im Oktober oder November oder Dezember 2006...der 690. Lebensmonat,
   – im Jänner oder Februar oder März 2007...der 691. Lebensmonat,
   – im April oder Mai oder Juni 2007...der 692. Lebensmonat,
   – im Juli oder August oder September 2007...der 693. Lebensmonat,
   – im Oktober oder November oder Dezember 2007...der 694. Lebensmonat,
   – im Jänner oder Februar oder März 2008...der 695. Lebensmonat,
   – im April oder Mai oder Juni 2008...der 696. Lebensmonat,
   – im Juli oder August oder September 2008...der 697. Lebensmonat,
   – im Oktober oder November oder Dezember 2008...der 698. Lebensmonat,
   – im Jänner oder Februar oder März 2009...der 699. Lebensmonat,
   – im April oder Mai oder Juni 2009...der 700. Lebensmonat,
   – im Juli oder August oder September 2009...der 701. Lebensmonat,
   – im Oktober oder November oder Dezember 2009...der 702. Lebensmonat,
   – im Jänner oder Februar oder März 2010...der 703. Lebensmonat,
   – im April oder Mai oder Juni 2010...der 704. Lebensmonat,
   – im Juli oder August oder September 2010...der 705. Lebensmonat,
   – im Oktober oder November oder Dezember 2010...der 706. Lebensmonat,
   – im Jänner oder Februar oder März 2011...der 707. Lebensmonat,
   – im April oder Mai oder Juni 2011...der 708. Lebensmonat,
   – im Juli oder August oder September 2011...der 709. Lebensmonat,
   – im Oktober oder November oder Dezember 2011...der 710. Lebensmonat,
   – im Jänner oder Februar oder März 2012...der 711. Lebensmonat,
   – im April oder Mai oder Juni 2012...der 712. Lebensmonat,
   – im Juli oder August oder September 2012...der 713. Lebensmonat,

– im Oktober oder November oder Dezember 2012...der 714. Lebensmonat,
– im Jänner oder Februar oder März 2013...der 715. Lebensmonat,
– im April oder Mai oder Juni 2013...der 716. Lebensmonat,
– im Juli oder August oder September 2013...der 717. Lebensmonat,
– im Oktober oder November oder Dezember 2013...der 718. Lebensmonat,
– im Jänner oder Februar oder März 2014...der 719. Lebensmonat,
– im April oder Mai oder Juni 2014...der 720. Lebensmonat;

(BGBl I 2012/35)

3. an die Stelle der 450 Versicherungsmonate (Z 2 lit. a) bzw. an die Stelle der 420 Beitragsmonate (Z 2 lit. b) für
   a) Versicherungsfälle, in denen der Stichtag im Kalenderjahr 2013 liegt, der Erwerb von mindestens 456 derartigen Versicherungsmonaten bzw. 426 derartigen Beitragsmonaten,
   b) Versicherungsfälle, in denen der Stichtag im Kalenderjahr 2014 liegt, der Erwerb von mindestens 462 derartigen Versicherungsmonaten bzw. 432 derartigen Beitragsmonaten,
   c) Versicherungsfälle, in denen der Stichtag im Kalenderjahr 2015 liegt, der Erwerb von mindestens 468 derartigen Versicherungsmonaten bzw. 438 derartigen Beitragsmonaten,
   d) Versicherungsfälle, in denen der Stichtag im Kalenderjahr 2016 liegt, der Erwerb von mindestens 474 derartigen Versicherungsmonaten bzw. 444 derartigen Beitragsmonaten,
   e) Versicherungsfälle, in denen der Stichtag im Kalenderjahr 2017 liegt, der Erwerb von mindestens 480 derartigen Versicherungsmonaten bzw. 450 derartigen Beitragsmonaten.

(BGBl I 2012/35)

(10a) Personen, die die Anspruchsvoraussetzungen für die vorzeitige Alterspension bei langer Versicherungsdauer (vorzeitige Knappschaftsalterspension bei langer Versicherungsdauer) nach Abs. 10 – mit Ausnahme der Voraussetzung des Fehlens einer die Pflichtversicherung begründenden Erwerbstätigkeit am Stichtag (§ 253b Abs. 1 Z 4) – unter Annahme einer früheren Antragstellung bereits erfüllt haben, bleibt dieser Pensionsanspruch gewahrt.

(BGBl I 2012/35)

(11) In Fällen des Abs. 10, in denen eine vorzeitige Alterspension nach § 253b Abs. 2 weggefallen ist, ist die Leistung – mit Ausnahme eines besonderen Steigerungsbetrages (§ 248) – mit dem Monatsersten nach dem Erreichen des Regelpensionsalters von Amts wegen neu festzustellen; dabei ist die Leistung für jeden Monat, in dem die vorzeitige Alterspension weggefallen ist, um 0,55 % zu erhöhen. Fällt der Zeitpunkt der Erreichung des Regelpensionsalters selbst auf einen Monatsersten, so gilt dieser Tag als Monatserster im Sinne des ersten Satzes. Bei der Ermittlung der Witwen(Witwer)pension nach § 264 Abs. 1 Z 5 ist der erste Satz so anzuwenden, dass die Leistung von Amts wegen zum Zeitpunkt des Todes neu festzustellen ist.

(BGBl I 2003/145, BGBl I 2004/142, BGBl I 2010/62)

(12) Auf männliche Versicherte, die vor dem 1. Jänner 1954 geboren sind, und auf weibliche Versicherte, die vor dem 1. Jänner 1959 geboren sind, sind die am 31. Dezember 2003 geltenden Bestimmungen über die vorzeitige Alterspension bei langer Versicherungsdauer (vorzeitige Knappschaftsalterspension bei langer Versicherungsdauer) – mit Ausnahme der §§ 108h Abs. 1, 238, 239, 261, 261b, 284 Z 3 und 284b (die in der jeweils geltenden Fassung anzuwenden sind) – so anzuwenden, dass abweichend von § 253b Abs. 1

1. an die Stelle des 738. Lebensmonates das 60. Lebensjahr tritt, wenn und sobald der Versicherte 540 Beitragsmonate erworben hat,
2. an die Stelle des 678. Lebensmonates das 55. Lebensjahr tritt, wenn und sobald die Versicherte 480 Beitragsmonate erworben hat;

dabei gilt § 231 Z 1 mit der Maßgabe, dass Zeiten der freiwilligen Versicherung den Ersatzzeiten vorgehen; weiters sind als Beitragsmonate zu berücksichtigen:

– bis zu 60 Ersatzmonate für Zeiten der Kindererziehung (§§ 227a oder 228a dieses Bundesgesetzes oder §§ 116a oder 116b GSVG oder §§ 107a oder 107b BSVG), die sich nicht mit Beitragsmonaten decken,
– Ersatzmonate wegen eines Anspruches auf Wochengeld (§ 227 Abs. 1 Z 3), die sich nicht mit Ersatzmonaten nach § 227a oder nach § 228a decken,
– Ersatzmonate für Zeiten eines Präsenz- oder Zivildienstes (§ 227 Abs. 1 Z 7 und 8 dieses Bundesgesetzes oder § 116 Abs. 1 Z 3 GSVG oder § 107 Abs. 1 Z 3 BSVG),

  (BGBl I 2017/125)
– Ersatzmonate wegen eines Krankengeldbezuges (§ 227 Abs. 1 Z 6),
– Ersatzmonate nach § 116 Abs. 1 Z 1 GSVG und nach § 107 Abs. 1 Z 1 BSVG , wenn für sie ein Beitrag in der Höhe von 22,8% der dreißigfachen Mindestbeitragsgrundlage nach § 76a Abs. 3 je Ersatzmonat unter sinngemäßer Anwendung des § 227 Abs. 4 entrichtet wird[a)].

[a)] Die Wortfolge war bis einschließlich 1. Juli 2011 verfassungswidrig, siehe VfGH G 3-9/2013-15, G 50/2013-10, BGBl I 2013/166.

§ 261 Abs. 2 in der Fassung des Bundesgesetzes BGBl. I Nr. 71/2003 ist – abweichend von Abs. 15 erster Satz – so anzuwenden, dass das Ausmaß von 1,78 Steigerungspunkten bis zum Ablauf des Jahres 2007 durch zwei Steigerungspunkte, im Jahr 2008 durch 1,95 Steigerungspunkte, im Jahr 2009 durch 1,90 Steigerungspunkte und im Jahr 2010 durch 1,85 Steigerungspunkte bzw. in der knappschaftlichen Pensionsversicherung das Ausmaß von 1,955 Steigerungspunkten bis zum Ablauf des Jahres 2007 durch 2,175 Steigerungspunkte, im Jahr 2008 durch 2,125 Steigerungspunkte, im Jahr 2009 durch 2,075 Steigerungspunkte und im Jahr 2010 durch 2,025 Steigerungspunkte ersetzt wird; Abs. 15 zweiter und dritter Satz sind anzuwenden. § 261 Abs. 4 ist nicht anzuwenden, wenn die Anspruchsvoraussetzungen – mit Ausnahme der Voraussetzung des Fehlens einer die Pflichtversicherung begründenden Erwerbstätigkeit am Stichtag (§ 253b Abs. 1 Z 4) – bis zum Ablauf des 31. Dezember 2013 erfüllt sind. Ab 1. Jänner 2014 ist § 261 Abs. 4 so anzuwenden, dass an die Stelle des Regelpensionsalters das jeweils geltende Anfallsalter für die vorzeitige Alterspension bei langer Versicherungsdauer tritt; Abs. 11 ist entsprechend anzuwenden. Die Rechtskraft bereits ergangener Entscheidungen steht dem nicht entgegen.

(BGBl I 2003/145, BGBl I 2004/142, BGBl I 2007/31, BGBl I 2008/129, BGBl I 2010/111, BGBl I 2013/166)

(13) Personen, die die Anspruchsvoraussetzungen für die vorzeitige Alterspension bei langer Versicherungsdauer (vorzeitige Knappschaftsalterspension bei langer Versicherungsdauer) nach Abs. 12 – mit Ausnahme der Voraussetzung des Fehlens einer die Pflichtversicherung begründenden Erwerbstätigkeit am Stichtag (§ 253b Abs. 1 Z 4) – in einem der in Abs. 12 viertletzter Satz genannten Kalenderjahre erfüllen, bleiben die für das jeweilige Kalenderjahr angeführten Steigerungspunkte gewahrt.

(BGBl I 2003/145, BGBl I 2004/142, BGBl I 2005/132)

(14) Abs. 12 ist auch auf männliche Versicherte, die nach dem 31. Dezember 1953 und vor dem 1. Jänner 1959 und auf weibliche Versicherte, die nach dem 31. Dezember 1958 und vor dem 1. Jänner 1964 geboren sind, anzuwenden, wenn der (die) Versicherte mindestens 120 Beitragsmonate innerhalb der letzten 240 Kalendermonate vor dem Stichtag (§ 223 Abs. 2) auf Grund von Tätigkeiten, die unter körperlich oder psychisch besonders belastenden Bedingungen erbracht wurden, erworben hat; abweichend von Abs. 12 vorletzter Satz ist § 261 Abs. 4 in der Fassung des Bundesgesetzes BGBl. I Nr. 71/2003 so anzuwenden, dass an die Stelle von 4,2 % der Wert von 1,8 % und an die Stelle von 0,35 % der Wert von 0,15 % tritt. Der Bundesminister für soziale Sicherheit, Generationen und Konsumentenschutz hat unter Berücksichtigung von berufskundlichen und arbeitsmedizinischen Gutachten sowie nach Anhörung der gesetzlichen beruflichen Interessenvertretungen und unter Bedachtnahme auf die Liste der Berufskrankheiten (Anlage 1) bis längstens 31. Dezember 2006 mit Verordnung festzustellen, welche Tätigkeiten als besonders belastend im Sinne des ersten Satzes gelten. Diese Verordnung[a] bedarf der Zustimmung der Bundesregierung. Der Bundesminister für soziale Sicherheit, Generationen und Konsumentenschutz hat jährlich bis zum 31. Oktober des Folgejahres, erstmals für das Kalenderjahr 2007 bis zum 31. Oktober 2008, der Bundesregierung einen Bericht über die statistischen und finanziellen Auswirkungen dieser Regelung vorzulegen.

(BGBl I 2004/142, BGBl I 2006/130, BGBl I 2007/31, BGBl I 2008/129)

[a] Siehe VO im Anhang.

(14a) Personen, die die Anspruchsvoraussetzungen für eine vorzeitige Alterspension nach Abs. 14 – mit Ausnahme der Voraussetzung des Fehlens einer die Pflichtversicherung begründenden Erwerbstätigkeit am Stichtag (§ 253b Abs. 1 Z 4) – unter Annahme einer früheren Antragstellung bereits erfüllt haben, bleibt dieser Pensionsanspruch gewahrt.

(BGBl I 2007/31)

(15) § 261 Abs. 2 in der Fassung des Bundesgesetzes BGBl. I Nr. 71/2003 ist nur auf Versicherungsfälle anzuwenden, in denen der Stichtag nach dem 31. Dezember 2003 liegt, und zwar so, dass das Ausmaß von 1,78 Steigerungspunkten ersetzt wird durch

1. 1,96 Steigerungspunkte bei Stichtagen im Kalenderjahr 2004,
2. 1,92 Steigerungspunkte bei Stichtagen im Kalenderjahr 2005,
3. 1,88 Steigerungspunkte bei Stichtagen im Kalenderjahr 2006,
4. 1,84 Steigerungspunkte bei Stichtagen im Kalenderjahr 2007,
5. 1,80 Steigerungspunkte bei Stichtagen im Kalenderjahr 2008.

Die Leistung, mit Ausnahme eines besonderen Steigerungsbetrages (§ 248), darf in diesen Fällen 80% der höchsten zur Anwendung kommenden Bemessungsgrundlage (§§ 238 Abs. 1, 239 Abs. 1, 241) nicht übersteigen. Liegen jedoch mehr als 45 Versicherungsjahre vor, so beträgt die Leistung jenes Prozentausmaß der höchsten zur Anwendung kommenden Bemessungsgrundlage, das sich aus § 261 Abs. 2 in der Fassung des Bundesgesetzes BGBl. I Nr. 71/2003 ergibt.

(15a) Auf Personen, die die Anspruchsvoraussetzungen für die Alterspension oder für die vorzeitige Alterspension bei langer Versicherungsdauer – mit Ausnahme der Voraussetzung des Fehlens einer die Pflichtversicherung begründenden Erwerbstätigkeit am Stichtag (§ 253b Abs. 1 Z 4) – in einem der in Abs. 15 Z 1 bis 5 genannten Kalenderjahre erfüllen, sind die in der jeweiligen Ziffer des Abs. 15 angeführten Steigerungspunkte abweichend von § 261 Abs. 2 in der Fassung des Bundesgesetzes BGBl. I Nr. 71/2003 anzuwenden.

(15b) § 261 Abs. 3 in der Fassung des Bundesgesetzes BGBl. I Nr. 71/2003 ist nur auf Versicherungsfälle anzuwenden, in denen der Stichtag nach dem 31. Dezember 2003 liegt, jedoch tritt an die Stelle des 60. Lebensjahres bei Versicherungsfällen mit Stichtag

– im Kalenderjahr 2004...der 685. Lebensmonat,
– im Kalenderjahr 2005...der 692. Lebensmonat,
– im Kalenderjahr 2006...der 699. Lebensmonat,
– im Kalenderjahr 2007...der 706. Lebensmonat,
– im Kalenderjahr 2008...der 713. Lebensmonat.

(16) § 264 Abs. 1 Z 1 und 2 in der am 31. Dezember 2003 geltenden Fassung ist weiterhin auf Versicherungsfälle anzuwenden, in denen der Stichtag nach dem 31. Dezember 2003 liegt, und zwar so, dass an die Stelle des 738. bzw. 678. Lebensmonates die in Abs. 10 Z 1 und 2 angeführten Lebensmonate – für das jeweilige Quartal – treten.

(17) § 284 Z 3 in der Fassung des Bundesgesetzes BGBl. I Nr. 71/2003 ist nur auf Versicherungsfälle anzuwenden, in denen der Stichtag nach dem 31. Dezember 2003 liegt, und zwar so, dass das Ausmaß von 1,955 Steigerungspunkten ersetzt wird durch

1. 2,135 Steigerungspunkte bei Stichtagen im Kalenderjahr 2004,
2. 2,095 Steigerungspunkte bei Stichtagen im Kalenderjahr 2005,
3. 2,055 Steigerungspunkte bei Stichtagen im Kalenderjahr 2006,
4. 2,015 Steigerungspunkte bei Stichtagen im Kalenderjahr 2007,
5. 1,975 Steigerungspunkte bei Stichtagen im Kalenderjahr 2008.

Die Leistung, mit Ausnahme eines besonderen Steigerungsbetrages (§ 248), darf in diesen Fällen 87% der höchsten zur Anwendung kommenden Bemessungsgrundlage (§§ 238 Abs. 1, 239 Abs. 1, 241) nicht übersteigen. Liegen jedoch mehr als 45 Versicherungsjahre vor, so beträgt die Leistung jenes Prozentausmaß der höchsten zur Anwendung gelangenden Bemessungsgrundlage, das sich aus § 261 Abs. 2 in Verbindung mit § 284 Z 5 in der Fassung des Bundesgesetzes BGBl. I Nr. 71/2003 ergibt.

(17a) Auf Personen, die die Anspruchsvoraussetzungen für die Knappschaftsalterspension oder für die vorzeitige Knappschaftsalterspension bei langer Versicherungsdauer – mit Ausnahme der Voraussetzung des Fehlens einer die Pflichtversicherung begründenden Erwerbstätigkeit am Stichtag (§ 253b Abs. 1 Z 4) – in einem der in Abs. 17 Z 1 bis 5 genannten Kalenderjahre erfüllen, sind die in der jeweiligen Ziffer des Abs. 17 angeführten Steigerungspunkte abweichend von § 284 Z 3 in der Fassung des Bundesgesetzes BGBl. I Nr. 71/2003 anzuwenden.

(BGBl I 2003/145)

(18) Abweichend von § 292 Abs. 8 dritter Satz in der Fassung des Bundesgesetzes BGBl. I Nr. 71/2003 gilt für die Ermittlung der Ausgleichszulage als monatliches Einkommen

a) im Jahr 2004 ein Betrag von 26%,
b) im Jahr 2005 ein Betrag von 25%,
c) im Jahr 2006 ein Betrag von 23%,
d) im Jahr 2007 ein Betrag von 22%,
e) im Jahr 2008 ein Betrag von 21%

des jeweiligen Richtsatzes.

(BGBl I 2003/145)

(19) Die Pensionsversicherungsträger werden in den Jahren 2004 bis 2006 ermächtigt, in den Richtlinien nach § 84 Abs. 6 zum Ausgleich besonderer Härten durch die ab 1. Jänner 2004 geltende neue Pensionsberechnung und die Anhebung des Pensionsanfallsalters (Abs. 10) vorzusehen, dass dem (der) Versicherten auf Antrag eine Unterstützung nach pflichtgemäßem Ermessen des Versicherungsträgers und durch Beschluss der Selbstverwaltung zuerkannt wird. Die Höhe dieser Unterstützung ist im Einzelfall unter sinngemäßer Anwendung des § 306, die Dauer mit dem Zeitraum, der sich jeweils aus der Anhebung des Pensionsanfallsalters nach Abs. 10 ergibt, zu begrenzen. Abweichend von § 84 Abs. 3 können in diesen Jahren zusätzliche Mittel an den Unterstützungsfonds im Höchstausmaß von 0,5 vT der Erträge an Beiträgen für Versicherte überwiesen werden.

(20) Auf Versicherte, die nach der am 30. Juni 2004 geltenden Rechtslage Anspruch auf vorzeitige Alterspension bei langer Versicherungsdauer mit Stichtag 1. Juli 2004 oder 1. August 2004 oder 1. September 2004 oder 1. Oktober 2004 oder 1. November 2004 hätten und deren Arbeitsverhältnis nachweislich bis zum 30. Juni 2003 zu einem Termin in der Zeit vom 30. Juni 2004 bis zum 31. August 2004 wegen Inanspruchnahme der Pension gelöst wurde, ist § 253b Abs. 1 in der am 30. Juni 2004 geltenden Fassung anzuwenden.

(21) Der Hauptverband hat das Pensionsrecht nach den Dienstordnungen für die Bediensteten bei den Sozialversicherungsträgern Österreichs (DO. A, DO. B und DO. C) bis spätestens 31. Dezember 2003 an die Bestimmungen der §§ 4 Abs. 1 Z 3, 91 Abs. 3 und 102 Abs. 25 des Pensionsgesetzes 1965 in der Fassung des Bundesgesetzes BGBl. I Nr. 71/2003 anzupassen.

(22) Für Arbeitnehmerinnen und Arbeitnehmer, die eine Altersteilzeitvereinbarung im Sinne des § 27 AlVG, BGBl. Nr. 609, in der Fassung des Bundesgesetzes BGBl. I Nr. 92/2000 oder einer früheren Fassung abgeschlossen haben, die vor dem 1. April 2003 wirksam geworden ist, gilt das zum 31. Dezember 2003 in Kraft stehende frühestmögliche Pensionsanfallsalter weiter. Dies gilt auch dann, wenn der Arbeitgeber nur deshalb kein

Altersteilzeitgeld nach § 27 AlVG erhalten hat, weil das der verringerten Arbeitszeit entsprechende Entgelt die Höchstbeitragsgrundlage überschritten hat.

(23) Bei Pensionen mit Stichtag nach dem 31. Dezember 2003 (Neupensionen) ist eine Vergleichsberechnung vorzunehmen. Zu diesem Zweck ist zum Stichtag (§ 223 Abs. 2) eine Vergleichspension unter Anwendung der am 31. Dezember 2003 in Geltung gestandenen Rechtslage zu ermitteln; dabei sind die §§ 108 Abs. 8 letzter Satz und 572 Abs. 10a viertletzter bis letzter Satz nicht anzuwenden. Die Vergleichspension ist der Neupension gegenüberzustellen. Ist die Neupension im jeweils angeführten Kalenderjahr um mehr als den in der linken Spalte genannten Prozentsatz niedriger als die Vergleichspension, so gilt der in der rechten Spalte genannte Prozentsatz der Vergleichspension als die gebührende Pension:

– im Jahr 2004: 5 %................................95 %,
– im Jahr 2005: 5,25 %.......................94,75 %,
– im Jahr 2006: 5,50 %.......................94,50 %,
– im Jahr 2007: 5,75 %.......................94,25 %,
– im Jahr 2008: 6 %................................94 %,
– im Jahr 2009: 6,25 %.......................93,75 %,
– im Jahr 2010: 6,50 %.......................93,50 %,
– im Jahr 2011: 6,75 %.......................93,25 %,
– im Jahr 2012: 7 %................................93 %
– im Jahr 2013: 7,25 %.......................92,75 %,
– im Jahr 2014: 7,50 %.......................92,50 %,
– im Jahr 2015: 7,75 %.......................92,25 %,
– im Jahr 2016: 8 %................................92 %,
– im Jahr 2017: 8,25 %.......................91,75 %,
– im Jahr 2018: 8,50 %.......................91,50 %,
– im Jahr 2019: 8,75 %.......................91,25 %,
– im Jahr 2020: 9 %................................91 %,
– im Jahr 2021: 9,25 %.......................90,75 %,
– im Jahr 2022: 9,50 %.......................90,50 %,
– im Jahr 2023: 9,75 %.......................90,25 %,
– ab dem Jahr 2024: 10 %.........................90%.

Die Rechtskraft bereits ergangener Entscheidungen steht dem nicht entgegen. Personen, die die Anspruchsvoraussetzungen für eine Alterspension (Knappschaftsalterspension) oder eine vorzeitige Alterspension bei langer Versicherungsdauer (vorzeitige Knappschaftsalterspension bei langer Versicherungsdauer) – mit Ausnahme der Voraussetzung des Fehlens einer die Pflichtversicherung begründenden Erwerbstätigkeit am Stichtag (§ 253b Abs. 1 Z 4) – in einem der angeführten Kalenderjahre erfüllen, bleiben die dem jeweiligen Kalenderjahr zugeordneten Prozentsätze gewahrt.

(BGBl I 2003/145, BGBl I 2004/142)

(BGBl I 2003/71)

Schlussbestimmung zu Art. 73 Teil 3 des Budgetbegleitgesetzes 2003, BGBl. I Nr. 71

§ 608. Die §§ 31 Abs. 3 Z 13 und 4 Z 2, 32a Abs. 3, 32b Abs. 2 Z 2 und 4 sowie Abs. 3, 32d Abs. 1 bis 3, 81 Abs. 3, 81a, 108e Abs. 2, 415 Abs. 1 und 3, 416 samt Überschrift, 420 Abs. 5 Z 2 und 3, 421 Abs. 1 und 4 Z 2, 423 Abs. 5, 441b Abs. 1 und 7, 441d Abs. 1 und 2, 442a Abs. 2 Z 1, 3 und 8 sowie Abs. 9, 442c, 444 Abs. 1 und 6, 446 Abs. 3, 446a, 447 Abs. 1 und 3, 448 Abs. 1 bis 5, 449 Abs. 2 und 5, 450 Abs. 1, 452, 455 Abs. 1 und 2, 456 Abs. 1, 456a Abs. 2 bis 4 und 460 Abs. 4 in der Fassung des Bundesgesetzes BGBl. I Nr. 71/ 2003 treten rückwirkend mit 1. Mai 2003 in Kraft.

(BGBl I 2003/71)

Schlussbestimmungen zu Art. 1 Teil 1 des Bundesgesetzes BGBl. I Nr. 145/2003 (61. Novelle)

§ 609. (1) Es treten in Kraft:

1. mit 1. Jänner 2004 die §§ 7 Z 3 lit. b und 4 lit. d, 8 Abs. 1 Z 3 lit. g, 31 Abs. 3 Z 12 und Abs. 5 Z 10 und Z 13a sowie Abs. 8, 57a, 136 Abs. 3, 151 Abs. 5, 162 Abs. 3, 338 Abs. 2a, 342 Abs. 1 Z 6, 347 Abs. 5, 350 Abs. 1 Z 3 und Abs. 3, Überschrift des Abschnittes V im Sechsten Teil, §§ 351c samt Überschrift, 351d, 351e, 351f samt Überschrift, 351g, 351h Abs. 1, 2 und 3, 351i Abs. 1 Z 1 lit. a und Z 2, Abs. 3, 4 und 5, 351j Abs. 7, 472 Abs. 1 in der Fassung der Z 80 sowie der 6. Unterabschnitt des Abschnittes I des Zehnten Teiles samt Überschrift in der Fassung des Bundesgesetzes BGBl. I Nr. 145/2003;
2. mit 1. Jänner 2005 die §§ 5 Abs. 1 Z 3 lit. b, 15 Abs. 3 Z 3, 23 Abs. 1 Z 3 und Abs. 4, 24 Abs. 1 Z 3, 25 Abs. 1 Z 1 lit. c, Z 2 lit. b und Z 3, 26 Abs. 1 Z 3 lit. b und Z 4, 28 Z 3, 29, 31 Abs. 5a, 42a, 53b Abs. 1, 71 Überschrift, Abs. 1, 2 und 3, 73 Abs. 2 und 4, 84 Abs. 3 Z 2 lit. b, Abs. 4 und 5 Z 2 lit. b, 231 Z 1, 232 Abs. 3, 319a Abs. 1 und 6, 343 Abs. 1, 343b Abs. 1, 421 Abs. 1a, 426 Abs. 1 Z 2, 427 Abs. 1 Z 3, 4 (neu) und 5 (neu), 428 Z 3, 4 (neu) und 5 (neu), 429 Z 3, 4 (neu) und 5 (neu), 441a Abs. 1, 444 Abs. 3, 447a Abs. 1 und 3, 448 Abs. 3, 449 Abs. 2 bis 5, 460 Abs. 4, Überschrift des Abschnittes II des neunten Teiles, 473 Abs. 1, 2 und 3, 474 Abs. 1 und 2, 475, 476, 477 sowie 580 Abs. 2 in der Fassung des Bundesgesetzes BGBl. I Nr. 145/2003;

   (BGBl I 2004/171)
3. rückwirkend mit 1. Jänner 2003 § 445 Z 5 in der Fassung des Bundesgesetzes BGBl. I Nr. 145/2003;
4. rückwirkend mit 1. Oktober 2002 § 53b Abs. 2 Z 1 in der Fassung des Bundesgesetzes BGBl. I Nr. 145/2003;
5. rückwirkend mit 1. Jänner 2002 § 365 Abs. 1 in der Fassung des Bundesgesetzes BGBl. I Nr. 145/2003.

(2) Es treten außer Kraft

1. mit Ablauf des 31. Dezember 2004 die §§ 23 Abs. 1 Z 4, 25 Abs. 1 Z 2 lit. c, 26 Abs. 1 Z 5, 84 Abs. 3 Z 2 lit. c und Abs. 5 Z 2 lit. c;
2. mit Ablauf des 31. Dezember 2003 §§ 343 Abs. 5, 421 Abs. 1c, 427 Abs. 1 Z 4 und 5, 428 Z 4 und 5 sowie 429 Z 4 und 5.

(3) Behandlungsbeiträge nach § 135a in den Fassungen der Bundesgesetze BGBl. I Nr. 155/ 2002, 140/2002, 67/2001, 35/2001 und 5/2001 (Behandlungsbeitrag-Ambulanz) sind für Zeiten, die vor dem 1. April 2003 liegen, nicht mehr einzuheben.

(4) Anträge auf Rückzahlung von bereits geleisteten Behandlungsbeiträgen-Ambulanz (§ 603 Abs. 2) können längstens bis 30. Juni 2004 wirksam gestellt werden.

(4a) § 108 Abs. 9 erster Satz, zweiter Halbsatz ist auf die §§ 136 Abs. 3 dieses Bundesgesetzes, 92 Abs. 3 GSVG, 86 Abs. 3 BSVG und 64 Abs. 3 B-KUVG in der Fassung des Bundesgesetzes BGBl. I Nr. 145/2003 nicht anzuwenden.

(5) Der Hauptverband hat mit der Österreichischen Ärztekammer für die Versicherungsanstalt für Eisenbahnen und Bergbau bis spätestens 31. März 2005 einen Gesamtvertrag über die Beziehungen zu den freiberuflich tätigen Ärzt/inn/en und den Gruppenpraxen abzuschließen. Bis dahin gilt § 343 Abs. 1 in der am 31. Dezember 2004 geltenden Fassung für bei der Versicherungsanstalt für Eisenbahnen und Bergbau versicherte Personen,

1. für die am 31. Dezember 2004 die Versicherungsanstalt des österreichischen Bergbaues in der Krankenversicherung zuständig war,
2. die nach dem 31. Dezember 2004 die Vorraussetzungen nach § 26 Abs. 1 Z 4 lit. i bis l erfüllen,
3. die nach dem 31. Dezember 2004 aufgrund des Abschnittes IV des Vierten Teiles dieses Bundesgesetzes eine Pension beziehen,
4. die nach dem 31. Dezember 2004 den ordentlichen oder außerordentlichen Präsenzdienst antreten und die unmittelbar vor Antritt des Präsenzdienstes die Vorraussetzungen nach § 26 Abs. 1 Z 4 lit. i bis l erfüllt haben.

Dabei ist von den vertragsabschließenden Parteien auf die finanzielle Leistungsfähigkeit dieses Versicherungsträgers in der Krankenversicherung Bedacht zu nehmen.

(BGBl I 2004/171)

(6) Die Amtsdauer der am 31. Dezember 2005 bestehenden Verwaltungskörper der Versicherungsanstalt für Eisenbahnen und Bergbau verlängert sich bis zum Ablauf des 31. Dezember 2010.

(7) Der auf die Krankenversicherung, Unfallversicherung und Pensionsversicherung jeweils entfallende Verwaltungs- und Verrechnungsaufwand der einzelnen Versicherungsträger nach diesem Bundesgesetz, dem GSVG, dem BSVG, dem B-KUVG und der Verwaltungsaufwand des Hauptverbandes dürfen im Geschäftsjahr 2004 die Höhe des jeweiligen Verwaltungs- und Verrechnungsaufwandes der einzelnen Versicherungsträger und des Hauptverbandes des Geschäftsjahres 1999 nicht übersteigen.

Dabei sind jeweils außer Acht zu lassen:

1. die Entwicklungs- und Implementierungskosten für Standardprodukte sowie die Verwaltungskostenersätze hiefür,
2. die Entwicklungs- und Implementierungskosten für das ELSY nach den §§ 31a ff,
3. die Vergütung für die Mitwirkung an fremden Aufgaben nach § 82 dieses Bundesgesetzes und nach § 250 Abs. 2 GSVG,
4. die Entwicklungs- und Implementierungskosten für die Einrichtung der Niederösterreichischen Gebietskrankenkasse als Kompetenzzentrum nach § 26 Abs. 3 KBGG, soweit diese Kosten nicht nach § 38 Abs. 3 KBGG abgegolten werden,
5. die Kosten für Maßnahmen, die trägerübergreifende Zielvereinbarungen und das Controlling nach dem 6. Unterabschnitt des Abschnittes III des Ersten Teiles dieses Bundesgesetzes betreffen,
6. die Kosten der Auflösung und Umgestaltung von Organisationseinheiten (insbesondere jener der elektronischen Datenverarbeitung), soweit diese auf Grund der Zusammenführung von gemeinsamen Aufgaben oder der Zusammenführung von Versicherungsträgern (zB nach § 538h) bzw. der Schaffung von Einrichtungen im Sinne des § 81 Abs. 2 dieses Bundesgesetzes entstehen,
7. die Aufwendungen des Hauptverbandes und der Versicherungsträger im Zusammenhang mit der Pensionskassenversorgung der Sozialversicherungsbediensteten,

   (BGBl I 2004/105)
8. die Aufwendungen und Belastungen für Maßnahmen zur Verringerung der Kosten für nicht auf wissenschaftlicher Grundlage oder nicht auf sonst gesichertem Wissen beruhende medizinische Leistungen (evidence based medicine) bis zu jenem Betrag, der sich aus dem diesbezüglichen Aufwand im Jahre 2003 ergibt. Abs. 8 gilt entsprechend,

   (BGBl I 2004/105, BGBl I 2005/132)
9. die Aufwendungen im Zusammenhang mit
   a) den zusätzlichen Verwaltungskosten auf Grund der EU-Erweiterung mit 1. Mai 2004 und
   b) den Vorkehrungen für die Einrichtung von Pensionskonten,

   (BGBl I 2004/105, BGBl I 2004/179)
10. die Aufwendungen im Zusammenhang mit der Errichtung und Führung einer Datenpseudonymisierungsstelle nach § 84a Abs. 5.

    (BGBl I 2004/179)

(BGBl I 2005/132)

(8) Abweichend von den Bestimmungen des Abs. 7 darf sich der Verwaltungsaufwand beim Hauptverband und der Verwaltungs- und Verrechnungsaufwand bei jenen Versicherungsträgern, die ihren diesbezüglichen Aufwand bis zum Jahr 2003 im Sinne des § 588 Abs. 14 zurückgeführt haben, im Jahr 2004 bis zu jenem Betrag erhöhen, der sich aus dem jeweiligen Verwaltungs- und Verrechnungsaufwand des Jahres 1999 zuzüglich der Inflationsrate des Jahres 2003 ergibt.

(BGBl I 2005/132)

(9) Falls eine Rahmenvereinbarung über die ärztliche Bewilligung des chef- und kontrollärztlichen Dienstes der Sozialversicherungsträger zwischen dem Hauptverband und der Österreichischen Ärztekammer, Bundeskurie niedergelassene Ärzte bis zum 31. März 2004 nicht zu Stande kommt, ist die Bundesministerin für Gesundheit und Frauen ermächtigt, die Grundsätze der chef- und kontrollärztlichen Bewilligung, insbesondere die Umsetzung der Einholung der chef- und kontrollärztlichen Bewilligung, sowie der nachfolgenden Kontrolle und die Grundsätze der Dokumentation nach § 350 Abs. 3, durch Verordnung[a)] zu regeln. Eine nach In-Kraft-Treten der Verordnung abgeschlossene Rahmenvereinbarung und deren Übernahme in die Gesamtverträge kann erst nach Außer-Kraft-Treten der Verordnung in Geltung treten. Für die Umsetzung der Einholung der chef- und kontrollärztlichen Bewilligung sowie der nachfolgenden Kontrolle nach § 350 Abs. 3 hat der Hauptverband gemeinsam mit den Sozialversicherungsträgern bis längstens 31. Dezember 2004 die notwendigen Voraussetzungen zu schaffen. Bis dahin sind die derzeit geltenden Bestimmungen über die chef- und kontrollärztliche Bewilligung anzuwenden.

(BGBl I 2004/105)

[a)] VO im Anhang.

(9a) In einer Rahmenvereinbarung oder Verordnung nach Abs. 9 ist zu bestimmen, dass die Einholung der ärztlichen Bewilligung des chef- und kontrollärztlichen Dienstes der Sozialversicherungsträger nach § 350 Abs. 3 erster Satz unter Verwendung der technischen Infrastruktur der e-card zu erfolgen hat. In der Verordnung nach Abs. 9 kann zur Sicherstellung der Nutzung der technischen Infrastruktur der e-card für diesen Zweck die verpflichtende Bekanntgabe technischer Anforderungen durch den Hauptverband vorgesehen werden. Steht die technische Infrastruktur der e-card für diesen Zweck nach dem 31. Dezember 2004 nicht zur Verfügung, kann die Verordnung nach Abs. 9 die nachfolgende Kontrolle an Stelle der chef- und kontrollärztlichen Bewilligung unter sinngemäßer Anwendung der §§ 31 Abs. 3 Z 12 lit. b, Abs. 5 Z 13, 343 Abs. 5 und 350 Abs. 3 mit der Maßgabe vorsehen, dass an die Stelle der Dokumentation der bestimmten Verwendung eine Dokumentation über die Auswahl der Arzneispezialität tritt. Den Gesamtvertragspartnern nach § 341 kann die Vereinbarung einer Beibehaltung der chef- und kontrollärztlichen Bewilligung freigestellt oder aufgetragen werden.

(BGBl I 2004/171)

(10) Die Verfahrensordnung nach § 351g ist der Bundesministerin für Gesundheit und Frauen vom Hauptverband bis zum 31. März 2004 zur Genehmigung vorzulegen und spätestens mit 1. Juli 2004 in Kraft zu setzen. Die Verfahrensordnung nach § 351g in der jeweils geltenden Fassung ist bis zum In-Kraft-Treten der Verfahrensordnung nach § 351g in der Fassung des Bundesgesetzes BGBl. I Nr. 145/2003 anzuwenden.

(11) Die Preiskommission (§ 351c Abs. 6) hat ihre Vorgehensweise zur Ermittlung des EU-Durchschnittpreises bis zum 1. Jänner 2004 festzulegen.

(12) Das bisherige Heilmittelverzeichnis wird schrittweise ab 1. Jänner 2004 durch den Erstattungskodex ersetzt. Die bisherigen Indikationsgruppen werden auf der Basis des Klassifikationssystems der WHO (ATC-Code) bis längstens 31. Dezember 2004 neu geordnet. In der Übergangszeit bis dahin gilt das Heilmittelverzeichnis in der jeweils geltenden Fassung.

(13) Arzneispezialitäten, die im Jahr 2004 im Heilmittelverzeichnis in der jeweils geltenden Fassung angeführt sind, sind spätestens ab dem Jahr 2005 im grünen Bereich des Erstattungskodex. Stoffe für magistrale Zubereitungen, die im Jahr 2004 im Heilmittelverzeichnis in der jeweils geltenden Fassung angeführt sind, sind spätestens ab dem Jahr 2005 im gelben Bereich des Erstattungskodex. Arzneispezialitäten, die im Jahr 2004 in der Heilmittel-Sonderliste des Heilmittelverzeichnisses in der jeweils geltenden Fassung angeführt sind, sind spätestens ab dem Jahr 2005 im gelben Bereich des Erstattungskodex. Auf Verlangen des Hauptverbandes ist das vertriebsberechtigte Unternehmen verpflichtet, diesem mitzuteilen, wann für die im Heilmittelverzeichnis angeführten Arzneispezialitäten der Patentschutz in Österreich der in der jeweiligen Arzneispezialität enthaltenen Wirkstoffe endet.

(14) Alle Arzneispezialitäten, die vor dem In-Kraft-Treten dieses Bundesgesetzes der chef- und kontrollarztpflichtigen Bewilligung bedurften, unterliegen ab Jänner 2004 dem roten Bereich des Erstattungskodex. In der Verfahrensordnung nach § 351g kann für die Überleitung einer Arzneispezialität in den gelben oder grünen Bereich des Erstattungskodex ein verkürztes Verfahren, insbesondere auch ohne Befassung der Heilmittel-Evaluierungs-Kommission und unter Ausschluss des Rechtszuges an die Unabhängige Heilmittelkommission, vorgesehen werden.

(BGBl I 2004/105)

(15) Alle neuen erstattungsfähigen Arzneispezialitäten, die ab 1. Jänner 2004 für Österreich zugelassen und lieferbar sind, sind hinsichtlich der Preisgestaltung so zu behandeln, als ob sie ab diesem Datum im roten Bereich des Erstattungskodex wären, soweit nicht zwischen Hauptverband und

dem vertriebsberechtigten Unternehmen vereinbart wird, dass die Arzneispezialität in den grünen Bereich aufgenommen wird.

(16) Die erste Fassung der Liste nicht erstattungsfähiger Arzneimittelkategorien nach § 351c Abs. 2 ist bis 31. März 2004 im Internet kundzumachen.

(17) Auf die Abgeltung der Bearbeitungskosten für den Erstattungskodex nach § 351g Abs. 4 sind allfällige Kostenersätze aus dem Jahr 2004 anzurechnen.

(18) In allen bundesgesetzlichen Regelungen, in denen das Wort Heilmittelverzeichnis enthalten ist, tritt an dessen Stelle das Wort Erstattungskodex, jeweils in der entsprechenden grammatikalischen Form.

(19) Die vertriebsberechtigten Unternehmen haben zur Wahrung des finanziellen Gleichgewichts des Systems der sozialen Sicherheit den Krankenversicherungsträgern beginnend mit dem Jahr 2004 bis einschließlich 2006 jährlich einen nachträglichen Rabatt in Höhe von 2 % ihres jährlichen Arzneimittelumsatzes, den sie auf Rechnung der Krankenversicherungsträger erzielen, zu gewähren. Bei jedem Unternehmen bleibt dabei ein Sockelbetrag von zwei Millionen Euro außer Betracht. Dieser Betrag unterliegt einer jährlichen Valorisierung auf Basis der Steigerungen der Heilmittelaufwendungen der Krankenversicherungsträger. Für das Jahr 2004 beträgt die Summe der Überweisungen pauschal 23 Millionen Euro. Eine erste Akontierung ist mit 1. Juli 2004 fällig, die Abrechnung ist so rasch wie möglich nach Ende des jeweiligen Kalenderjahres vorzunehmen. Eine weitere Akontierung ist mit 10. Jänner 2005 fällig, in weiterer Folge gelten als Fälligkeitstage jeweils der 1. April und der 1. Oktober. Die Abrechnung und Einhebung des Betrages erfolgt durch den Hauptverband, der im Namen und auf Rechnung der Krankenversicherungsträger tätig wird.

(BGBl I 2004/105)

(20) Im Jahr 2004 tritt an die Stelle des im § 351c Abs. 10 Z 1 zweiter Satz genannten Prozentsatzes von 25,7 ein Prozentsatz von 20 und im Jahr 2005 von 22,9.

(BGBl I 2003/145)

Schlussbestimmungen zu Art. 1 Teil 2 des Bundesgesetzes BGBl. I Nr. 145/2003 (61. Novelle)

§ 610. (1) Es treten in Kraft:

1. mit 1. Jänner 2004 die §§ 8 Abs. 1 Z 3 lit. c, 31 Abs. 5 Z 31, 70b Abs. 1 und 2, 81 Abs. 2a, 86 Abs. 4, 91 Abs. 1, 103 Abs. 2, 113 Abs. 2, 201 Abs. 4, 225 Abs. 1 Z 7 und 8 sowie Abs. 5, 227 Abs. 1 Z 1 und 5, 235 Abs. 3 lit. a, 247, 254 Abs. 6, 255 Abs. 7, 261 Abs. 7, 273 Abs. 2, 284c, 288 Abs. 1, 308 Abs. 5, 324 Abs. 1, 363 samt Überschrift, 364, 368 Abs. 1, 415, 418 Abs. 6, 443 Abs. 1, 447g Abs. 3 Z 1 und 2, 460 Abs. 3a und 4a, 460b, 603 Überschrift, 605 Überschrift sowie 607 Abs. 3b, 7, 8a, 9, 11 bis 13, 14a, 17a, 18 und 23 in der Fassung des Bundesgesetzes BGBl. I Nr. 145/2003;
2. rückwirkend mit 1. November 2003 die §§ 227a Abs. 6 und 228a Abs. 3 in der Fassung des Bundesgesetzes BGBl. I Nr. 145/2003.

(2) Es treten außer Kraft:

1. mit Ablauf des 31. Dezember 2003 § 261c Abs. 2;
2. mit Ablauf des 31. Oktober 2003 die §§ 227a Abs. 7 und 228a Abs. 4.

(3) § 460 Abs. 3a in der Fassung des Bundesgesetzes BGBl. I Nr. 145/2003 gilt nur für Bestellungen, die nach dem 31. Dezember 2003 erfolgen.

(4) § 460 Abs. 4a in der Fassung des Bundesgesetzes BGBl. I Nr. 145/2003 gilt nur für Bestellungen, die nach dem 31. Dezember 2003 erfolgen; solche Neubestellungen dürfen erst dann vorgenommen werden, wenn die bereits vor dem 1. Jänner 2004 bestellten ständigen StellvertreterInnen der leitenden Angestellten und der leitenden Ärzte (Ärztinnen) aus ihrer Funktion ausgeschieden sind oder – soweit es sich um einen der im § 427 Abs. 1 Z 1 und 2 genannten Versicherungsträger handelt – nur mehr eine(r) dieser ständigen Stellvertreter(innen) seine (ihre) Funktion ausübt.

(BGBl I 2003/145)

Schlussbestimmungen zu Art. 1 des Sozialversicherungs-Änderungsgesetzes 2004, BGBl. I Nr. 18

§ 611. (1) Es treten in Kraft:

1. mit 1. März 2004 die §§ 31 Abs. 4 Z 1, 31a Abs. 2 und 31c Abs. 1 in der Fassung des Bundesgesetzes BGBl. I Nr. 18/2004;
2. mit 1. Jänner 2005 § 31a Abs. 3 in der Fassung des Bundesgesetzes BGBl. I Nr. 18/2004.

(2) § 31c Abs. 2 tritt mit Ablauf des 29. Februar 2004 außer Kraft.

(BGBl I 2004/18)

Einmalzahlung für das Jahr 2004

§ 612. (1) Die Pensionsversicherungsträger werden im Jahr 2004 ermächtigt, in den Richtlinien nach § 84 Abs. 6 zum Ausgleich der Auswirkungen nach § 73 Abs. 1 Z 1 und 2 in Verbindung mit § 606 Abs. 4 und 5 sowie für BezieherInnen von Waisenpensionen Folgendes vorzusehen: Den im § 73 Abs. 1 Z 1 und 2 genannten Personen, auf die § 606 Abs. 4 und 5 anzuwenden ist, sowie den Beziehern und Bezieherinnen von Waisenpensionen ist ohne Antragstellung eine Einmalzahlung zuzuerkennen, wenn ihr Gesamtpensionseinkommen im Jänner 2004 nach Anwendung des § 3 der Verordnung BGBl. II Nr. 598/2003 den Betrag von 780 € nicht übersteigt. Die Einmalzahlung ist mit 0,6 % des vierzehnfachen Gesamtpensionseinkommens nach Abs. 4 begrenzt; sie ist ehestmöglich, spätestens jedoch zum 1. Juni 2004 auszuzahlen.

(2) Ergibt sich trotz Anwendung des Abs. 1 ein Unterschiedsbetrag zwischen der Jahresnettopension 2003 einschließlich des Wertausgleiches und der Jahresnettopension 2004, so erhöht sich die Einmalzahlung um diesen Unterschiedsbetrag.

(3) Abweichend von § 84 Abs. 3 sind im Jahr 2004 die für Einmalzahlungen notwendigen zusätzlichen Mittel an den Unterstützungsfonds bundesbeitragswirksam zu überweisen.

(4) Gesamtpensionseinkommen im Sinne des Abs. 1 ist die Summe aller Pensionen aus der gesetzlichen Pensionsversicherung, auf die im Jänner 2004 Anspruch besteht.

(5) Die Einmalzahlung gilt als Nettoeinkommen im Sinne des § 292 Abs. 3. Von der Einmalzahlung sind keine Beiträge zur Krankenversicherung zu entrichten.

(BGBl I 2004/18)

Ersatzanspruch des Landes

§ 613. (1) Hat der Pensionsversicherungsträger von der Ermächtigung nach § 612 Gebrauch gemacht, so hat er der Dienststelle eines Landes, die eine der Einmalzahlung vergleichbare Leistung erbracht hat, die erbrachte Leistung bis zur Höhe des nach § 612 Abs. 1 vorgesehenen Betrages zu ersetzen, wenn dies die Dienststelle eines Landes beim Pensionsversicherungsträger unter Angabe der Höhe der erbrachten Leistung samt Namen und Versicherungsnummer des Leistungsbeziehers (der Leistungsbezieherin) bis längstens 1. April 2004 geltend macht.

(2) Der Pensionsversicherungsträger hat die Beträge, die er zur Befriedigung des Ersatzanspruches nach Abs. 1 aufgewendet hat, von der Einmalzahlung nach § 612 abzuziehen. Die Zustimmung des Leistungsbeziehers (der Leistungsbezieherin) ist hiefür nicht erforderlich.

(BGBl I 2004/18)

Schlussbestimmung zu Art. 1 des 2. Sozialversicherungs-Änderungsgesetzes 2004, BGBl. I Nr. 78

§ 614. § 264 Abs. 2 bis 6a in der Fassung des Bundesgesetzes BGBl. I Nr. 78/2004 tritt mit 1. Juli 2004 in Kraft und ist auf Versicherungsfälle des Todes anzuwenden, die nach dem 1. Juni 2004 eingetreten sind.

(BGBl I 2004/78)

Schlussbestimmungen zu Art. 3 des Bundesgesetzes BGBl. I Nr. 106/2004

§ 615. Es treten in Kraft:

1. mit 1. Juli 2004 die §§ 7 Z 3 lit. b, 14 Abs. 1 Z 11, 26 Abs. 1 Z 4 lit. f, 472 Abs. 1 Z 1 bis 3, 472 Abs. 2 Z 4 lit. b, 472a Abs. 2 vorletzter Satz in der Fassung der Z 11 und 472b Z 1 bis 6 in der Fassung des Bundesgesetzes BGBl. I Nr. 106/2004;
2. mit 1. Jänner 2005 die §§ 26 Abs. 1 Z 4 lit. d bis l, 28 Z 3 lit. a, 71 Abs. 1 erster Satz , 472 Abs. 2 Z 4 lit. a, 472 Abs. 3, 472a Abs. 2 in der Fassung der Z 12, 472a Abs. 5 sowie 474 Abs. 2 Z 2 und 4 in der Fassung des Bundesgesetzes BGBl. I Nr. 106/2004.

(BGBl I 2004/106)

Schlussbestimmungen zu Art. 1 des Sozialrechts-Änderungsgesetzes 2004, BGBl. I Nr. 105

§ 616. (1) Es treten in Kraft:

1. mit 1. Juli 2004 die §§ 264 Abs. 1 Z 1, 447g Abs. 10, 459c, 607 Abs. 9a sowie 609 Abs. 7 Z 7 bis 9 in der Fassung des Bundesgesetzes BGBl. I Nr. 105/2004;
2. mit 1. Jänner 2005 die §§ 74 Abs. 1 und 460 Abs. 4a in der Fassung des Bundesgesetzes BGBl. I Nr. 105/2004;
3. rückwirkend mit 1. Jänner 2004 die §§ 31 Abs. 3 Z 12 lit. b und Abs. 5 Z 13, 343 Abs. 5 sowie 350 Abs. 3 in der Fassung des Bundesgesetzes BGBl. I Nr. 105/2004;
4. rückwirkend mit 31. Dezember 2003 § 609 Abs. 9, 14 und 19 in der Fassung des Bundesgesetzes BGBl. I Nr. 105/2004.

(2) Folgende Krankenversicherungsträger erhalten aus dem Ausgleichsfonds der Krankenversicherungsträger nach § 447a Zahlungen in folgender Höhe:

1. Wiener Gebietskrankenkasse .... 32 237 374,74 €
2. Niederösterreichische Gebietskrankenkasse .... 50 524 734,29 €
3. Burgenländische Gebietskrankenkasse .... 3 383 505,28 €
4. Oberösterreichische Gebietskrankenkasse .... 59 129 455,25 €
5. Steiermärkische Gebietskrankenkasse .... 16 542 755,44 €
6. Kärntner Gebietskrankenkasse .... 7 644 563,10 €
7. Salzburger Gebietskrankenkasse .... 25 224 285,24 €
8. Tiroler Gebietskrankenkasse .... 10 047 516,09 €
9. Vorarlberger Gebietskrankenkasse .... 14 413 390,76 €
10. Versicherungsanstalt des österreichischen Bergbaues .... 6 450 096,98 €
11. Versicherungsanstalt der österreichischen Eisenbahnen .... 25 574 348,91 €
12. Versicherungsanstalt öffentlich Bediensteter .... 49 615 110,88 €
13. Sozialversicherungsanstalt der gewerblichen Wirtschaft...... 85 238 286,00 €
14. Sozialversicherungsanstalt der Bauern .... 6 331 384,38 €.

Diese Forderungen der Krankenversicherungsträger unterliegen einer Verzinsung. Die Verzinsung ist nach dem jeweils von der Europäischen Zentralbank für die Einlagenfazilität erstellten Zinssatz, erhöht um 0,8 Prozentpunkte, zu berechnen.

(3) Die Zahlungen nach Abs. 2 haben aus den folgenden Mitteln, die dem Ausgleichsfonds zufließen, nach der Maßgabe des Einlangens zu erfolgen:

1. auf Grund des § 1 des Gesundheits- und Sozialbereich-Beihilfengesetzes, BGBl. Nr. 746/1996, in den Jahren 2004 bis 2007 jeweils in der Höhe von 69 Mio. € und 2008 in der Höhe von 21 343 741,58 €;
2. auf Grund der Rückzahlungen der Darlehen folgender Krankenversicherungsträger in den Jahren 2005 bis 2007:
   a. Wiener Gebietskrankenkasse .... 58 605 171,00 €
   b. Burgenländische Gebietskrankenkasse .... 5 242 898,00 €
   c. Steiermärkische Gebietskrankenkasse .... 23 469 518,00 €
   d. Kärntner Gebietskrankenkasse .... 22 426 428,00 €
   e. Tiroler Gebietskrankenkasse .... 16 854 133,00 €
   f. Sozialversicherungsanstalt der Bauern .... 45 401 852,00 €

(4) Den folgenden Krankenversicherungsträgern sind im Jahr 2004 die nachstehenden Teilbeträge der Zahlungen nach Abs. 2 aus den Mitteln nach Abs. 3 Z 1 zu überweisen:

1. Niederösterreichische Gebietskrankenkasse........................ 9 203 662,00 €
2. Oberösterreichische Gebietskrankenkasse...................... 11 742 606,00 €
3. Salzburger Gebietskrankenkasse........................ 5 395 255,00 €
4. Vorarlberger Gebietskrankenkasse........................ 4 574 348,00 €
5. Versicherungsanstalt des österreichischen Bergbaues .... 1 586 841,00 €
6. Versicherungsanstalt der österreichischen Eisenbahnen........... 5 395 255,00 €
7. Versicherungsanstalt öffentlich Bediensteter .... 8 251 558,00 €
8. Sozialversicherungsanstalt der gewerblichen Wirtschaft...... 22 850 475,00 €

(5) Den folgenden Krankenversicherungsträgern sind im Jahr 2005 die nachstehenden Teilbeträge der Zahlungen nach Abs. 2 aus den Mitteln nach Abs. 3 Z 1 und 2 zu überweisen:

1. Niederösterreichische Gebietskrankenkasse...................... 13 834 390,00 €
2. Oberösterreichische Gebietskrankenkasse...................... 17 650 765,00 €
3. Salzburger Gebietskrankenkasse........................ 8 109 807,00 €
4. Vorarlberger Gebietskrankenkasse............................ 825 978,00 €
5. Versicherungsanstalt für Eisenbahnen und Bergbau.............................. 10 495 042,00 €
6. Versicherungsanstalt öffentlich Bediensteter .... 12 403 249,00 €
7. Sozialversicherungsanstalt der gewerblichen Wirtschaft...... 34 347 436,00 €

(6) Den folgenden Krankenversicherungsträgern sind im Jahr 2006 die nachstehenden Teilbeträge der Zahlungen nach Abs. 2 aus den Mitteln nach Abs. 3 Z 1 vorrangig vor den anderen in Abs. 2 genannten Krankenversicherungsträgern zu überweisen:

1. Niederösterreichische Gebietskrankenkasse......................... 5 961 948,00 €
2. Oberösterreichische Gebietskrankenkasse......................... 7 606 629,00 €
3. Salzburger Gebietskrankenkasse......................... 3 494 938,00 €
4. Versicherungsanstalt für Eisenbahnen und Bergbau................................ 4 522 862,00 €
5. Versicherungsanstalt öffentlich Bediensteter .... 5 345 193,00 €
6. Sozialversicherungsanstalt der gewerblichen Wirtschaft...... 14 802 089,00 €

(7) Den folgenden Krankenversicherungsträgern sind im Jahr 2006 die nachstehenden Teilbeträge der Zahlungen nach Abs. 2 aus den Mitteln nach Abs. 3 Z 1, diese im Anschluss an die Überweisungen nach Abs. 6, und Z 2 zu überweisen:

1. Wiener Gebietskrankenkasse....................... 10 306 954,00 €
2. Niederösterreichische Gebietskrankenkasse......................... 6 881 902,00 €
3. Burgenländische Gebietskrankenkasse......................... 1 081 778,00 €
4. Oberösterreichische Gebietskrankenkasse......................... 7 075 240,00 €
5. Steiermärkische Gebietskrankenkasse......................... 5 289 059,00 €
6. Kärntner Gebietskrankenkasse......................... 2 444 121,00 €
7. Salzburger Gebietskrankenkasse......................... 2 629 472,00 €
8. Tiroler Gebietskrankenkasse......................... 3 212 401,00 €
9. Versicherungsanstalt für Eisenbahnen und Bergbau................................ 3 205 023,00 €
10. Versicherungsanstalt öffentlich Bediensteter .... 7 550 235,00 €
11. Sozialversicherungsanstalt der gewerblichen Wirtschaft......... 232 551,00 €.
12. Sozialversicherungsanstalt der Bauern.................................. 2 024 272,00 €

(8) Den folgenden Krankenversicherungsträgern sind im Jahr 2007 die nachstehenden Teilbeträge der Zahlungen nach Abs. 2 aus den Mitteln nach Abs. 3 Z 1 und 2 zu überweisen:

1. Wiener Gebietskrankenkasse....................... 17 997 349,00 €

2. Niederösterreichische Gebietskrankenkasse .... 12 016 741,00 €
3. Burgenländische Gebietskrankenkasse .... 1 888 932,00 €
4. Oberösterreichische Gebietskrankenkasse .... 12 354 335,00 €
5. Steiermärkische Gebietskrankenkasse .... 9 235 419,00 €
6. Kärntner Gebietskrankenkasse .... 4 267 770,00 €
7. Salzburger Gebietskrankenkasse .... 4 591 417,00 €
8. Tiroler Gebietskrankenkasse .... 5 609 290,00 €
9. Versicherungsanstalt für Eisenbahnen und Bergbau .... 5 596 407,00 €
10. Versicherungsanstalt öffentlich Bediensteter .... 13 183 740,00 €
11. Sozialversicherungsanstalt der gewerblichen Wirtschaft........ 7 390 613,00 €
12. Sozialversicherungsanstalt der Bauern .... 3 534 654,00 €

(9) Den folgenden Krankenversicherungsträgern sind im Jahr 2008 die nachstehenden Teilbeträge der Zahlungen nach Abs. 2 aus den Mitteln nach Abs. 3 Z 1 zu überweisen:

1. Wiener Gebietskrankenkasse .... 3 933 071,74 €
2. Niederösterreichische Gebietskrankenkasse .... 2 626 091,29 €
3. Burgenländische Gebietskrankenkasse .... 412 795,28 €
4. Oberösterreichische Gebietskrankenkasse .... 2 699 880,25 €
5. Steiermärkische Gebietskrankenkasse .... 2 018 277,44 €
6. Kärntner Gebietskrankenkasse .... 932 672,10 €
7. Salzburger Gebietskrankenkasse .... 1 003 396,24 €
8. Tiroler Gebietskrankenkasse .... 1 225 825,09 €
9. Versicherungsanstalt für Eisenbahnen und Bergbau .... 1 223 015,89 €
10. Versicherungsanstalt öffentlich Bediensteter .... 2 881 135,88 €
11. Sozialversicherungsanstalt der gewerblichen Wirtschaft........ 1 615 122,00 €
12. Sozialversicherungsanstalt der Bauern .... 772 458,38 €

(10) Die vollständige Leistung der Zahlung nach Abs. 2 an die Vorarlberger Gebietskrankenkasse hat bis 30. April 2005 zu erfolgen, wobei die Aufrechnung mit Beitragsforderungen nach § 447a Abs. 3 für das Jahr 2004 im Ausmaß von 5 886 427 € und 2005 im Ausmaß von 3 126 638 € zulässig ist. Im Übrigen ist jede Art der Aufrechnung im Zusammenhang mit den Zahlungen nach Abs. 2, insbesondere auch mit den Teilzahlungen nach Abs. 4 bis 9, ausgeschlossen.

(11) Die Überweisungen nach den Abs. 4 bis 9 an die Krankenversicherungsträger haben jeweils gleichzeitig und der Höhe nach im Verhältnis der Teilbeträge zueinander zu erfolgen.

(BGBl I 2004/105)

(BGBl I 2004/105, BGBl I 2004/142)

Schlussbestimmungen zu Art. 2 des Bundesgesetzes BGBl. I Nr. 142/2004 (62. Novelle)

§ 617. (1) Es treten in Kraft:

1. mit 1. Jänner 2005 die §§ 2a samt Überschrift, 5 Abs. 2, 8 Abs. 1 Z 2, 10 Abs. 5 und 6b, 11 Abs. 2, 12 Abs. 5b und 6, 13, 14 Abs. 1 Z 12 und Abs. 5, 15 Abs. 5, 18 samt Überschrift, 18a Abs. 1 und 3 Z 3, 21 Abs. 1, 31 Abs. 3 Z 9 und Abs. 4 Z 7 bis 9, 36 Abs. 1 Z 10 bis 17, 44 Abs. 1 Z 11 bis 18 und Abs. 6, 51 Abs. 1 Z 3 und Abs. 3 Z 2, 51a samt Überschrift, 52 Abs. 4, 54 Abs. 5, 56a Abs. 2, 70 Überschrift und Abs. 1 bis 3, 74 Abs. 1 und 6, 76 Abs. 1, 76a Abs. 3, 76b Abs. 1, 3 und 4, 77 Abs. 2, 2a, 4 und 6, 79a samt Überschrift, 79b samt Überschrift, 80 Abs. 1, 108, 108a Abs. 1 und 2, 108e Abs. 2 Z 14 und 15 sowie Abs. 9 und 11, 108f, 122 Abs. 4, 136 Abs. 3, 141 Abs. 3 und 5, 154a Abs. 7, 155 Abs. 3, 162 Abs. 3a, 181 Abs. 1, 2 und 6, 181b, 212 Abs. 3, 225 Abs. 1 Z 3, 227 Überschrift und Abs. 1 Einleitung, 227a Überschrift sowie Abs. 1 und 3, 230 Abs. 2 lit. g und h, 231 Z 1, 232 Abs. 1, 233 Abs. 1 und 2, 242 Abs. 9, 254 Abs. 1 Z 3 und Abs. 7, 264 Abs. 6, 271 Abs. 1 Z 3, 283, 288 Abs. 1, 292 Abs. 3 und 4 lit. h, 293 Abs. 2, 302 Abs. 4, 306 Abs. 2, 307d Abs. 6, 410 Abs. 1 Z 8 und 9, 460c, 502 Abs. 4, 522k Abs. 2 und 615 sowie die Überschrift zu Abschnitt V des Vierten Teiles und die Anlagen 12 und 13 in der Fassung des Bundesgesetzes BGBl. I Nr. 142/2004;
2. rückwirkend mit 1. Juli 2004 die §§ 227 Abs. 1 Z 5 sowie 264 Abs. 5 Z 3 lit. e und Abs. 7b in der Fassung des Bundesgesetzes BGBl. I Nr. 142/2004;
3. rückwirkend mit 1. Jänner 2004 § 607 Abs. 11 bis 14a und 23 in der Fassung des Bundesgesetzes BGBl. I Nr. 142/2004.

(2) Die §§ 53a Abs. 5, 63a, 108d, 299a, 447g und 460b Abs. 1 Z 1 lit. a treten mit Ablauf des 31. Dezember 2004 außer Kraft.

(2a) § 607 Abs. 14a tritt mit 1. Jänner 2004 außer Kraft.

(3) Auf Personen, die vor dem 1. Jänner 1955 geboren sind, ist § 8 Abs. 1 Z 2 lit. a bis g in der Fassung des Bundesgesetzes BGBl. I Nr. 142/2004 nicht anzuwenden; für diese Personen gelten weiterhin die §§ 227 und 227a in der jeweils geltenden Fassung sowie § 447g Abs. 3 und 4 in der am 31. Dezember 2004 geltenden Fassung, wobei die letztgenannte Bestimmung so anzuwenden ist,

dass die Abgeltungsbeträge an den Hauptverband zu überweisen und von diesem auf die Pensionsversicherungsträger nach dem zuletzt gültigen Aufteilungsschlüssel aufzuteilen sind.

(BGBl I 2005/132)

(4) § 18a in der Fassung des Bundesgesetzes BGBl. I Nr. 142/2004 gilt auch für jene Fälle, in denen die Selbstversicherung am 31. Dezember 2004 wegen Vollendung des 30. Lebensjahres des Kindes bereits beendet war.

(5) Abweichend von § 52 Abs. 4 Z 3 in der Fassung des Bundesgesetzes BGBl. I Nr. 142/2004 sind die Beiträge für Teilversicherte nach § 8 Abs. 1 Z 2 lit. g in den Jahren 2005 bis einschließlich 2009 zu gleichen Teilen aus Mitteln des Familienlastenausgleichsfonds und aus Mitteln des Bundes zu tragen.

(6) § 70 Abs. 1 und 2 in der am 31. Dezember 2004 geltenden Fassung ist weiterhin auf Beiträge anzuwenden, die für Beitragszeiträume vor dem 1. Jänner 2005 entrichtet wurden.

(7) Abweichend von § 73 Abs. 1 Z 1 und 2 beläuft sich der einzubehaltende Betrag im Kalenderjahr 2005 auf 4,25 % der auszuzahlenden Leistung, wenn es sich dabei um eine Direktpension mit einem im Jahr 2004 liegenden Stichtag oder um eine Hinterbliebenenpension handelt, die von einer Pension mit einem im Jahr 2004 liegenden Stichtag abgeleitet wird.

(8) Auf Personen, die vor dem 1. Jänner 1955 geboren sind, ist § 76a Abs. 1 in der am 31. Dezember 2004 geltenden Fassung weiterhin anzuwenden.

(BGBl I 2005/132)

(9) Abweichend von § 108h Abs. 1 hat der Bundesminister für soziale Sicherheit, Generationen und Konsumentenschutz in der Verordnung nach § 108 Abs. 5 für die Kalenderjahre 2006 und 2007 die Pensionsanpassung so vorzunehmen, dass

1. nur jene Pensionen, die das Fünfzehnfache der Höchstbeitragsgrundlage nach § 45 nicht überschreiten, mit dem Anpassungsfaktor zu vervielfachen sind;
2. alle übrigen Pensionen mit einem Fixbetrag zu erhöhen sind, der der Erhöhung des Fünfzehnfachen der Höchstbeitragsgrundlage nach § 45 mit dem Anpassungsfaktor entspricht.

(BGBl I 2007/101)

(10) Abweichend von § 227 Abs. 1 in der Fassung des Bundesgesetzes BGBl. I Nr. 142/2004 sind nach dem 31. Dezember 2004 gelegene Monate des Besuches einer Bildungseinrichtung nach Z 1 dieser Bestimmung weiterhin als Versicherungsmonate für die Erfüllung der Wartezeit für Leistungen aus dem Versicherungsfall des Todes zu berücksichtigen.

(11) Abweichend von § 253 Abs. 1 in der am 31. Dezember 2004 geltenden Fassung bestimmt sich das Anfallsalter für weibliche Versicherte, die das 60. Lebensjahr am oder nach dem 1. Jänner 2024 vollenden, nach § 3 des Bundesverfassungsgesetzes über unterschiedliche Altersgrenzen von männlichen und weiblichen Sozialversicherten, BGBl. Nr. 832/1992.

(12) Das am 31. Dezember 2004 im Ausgleichsfonds der Pensionsversicherungsträger befindliche Vermögen ist nach dem für das Geschäftsjahr 2004 geltenden Schlüssel auf die Träger der Pensionsversicherung nach diesem Bundesgesetz, dem GSVG, dem FSVG und dem BSVG aufzuteilen, und zwar bis längstens 1. März 2005. Ab 1. Jänner 2005 dürfen dem Ausgleichsfonds der Pensionsversicherungsträger keine Einnahmen mehr zufließen.

(13) § 607 Abs. 12 erster Satz ist auch auf männliche Versicherte, die nach dem 31. Dezember 1953 geboren sind, und auf weibliche Versicherte, die nach dem 31. Dezember 1958 geboren sind, so anzuwenden, dass

1. bei männlichen Versicherten an die Stelle des 738. Lebensmonates nicht das 60. Lebensjahr, sondern das 62. Lebensjahr tritt;
2. bei weiblichen Versicherten an die Stelle des 678. Lebensmonates nicht das 55. Lebensjahr, sondern das in der rechten Spalte genannte Lebensjahr tritt:
   a) 1. Jänner 1959 bis 31. Dezember 1959...57. Lebensjahr;
   b) 1. Jänner 1960 bis 31. Dezember 1960...58. Lebensjahr;
   c) 1. Jänner 1961 bis 31. Dezember 1961...59. Lebensjahr;
   d) 1. Jänner 1962 bis 1. Dezember 1963...60. Lebensjahr;
   e) 2. Dezember 1963 bis 1. Juni 1964...60,5. Lebensjahr;
   f) 2. Juni 1964 bis 1. Dezember 1964...61. Lebensjahr;
   g) 2. Dezember 1964 bis 1. Juni 1965...61,5. Lebensjahr;
   h) ab 2. Juni 1965...62. Lebensjahr;
3. bei weiblichen Versicherten statt 480 Beitragsmonaten
   – bei Personen nach Z 2 lit. a 504 Beitragsmonate,
   – bei Personen nach Z 2 lit. b 516 Beitragsmonate,
   – bei Personen nach Z 2 lit. c 528 Beitragsmonate,
   – bei Personen nach Z 2 lit. d bis h 540 Beitragsmonate

   erforderlich sind;
4. als Beitragsmonate lediglich Beitragsmonate auf Grund einer Erwerbstätigkeit sowie die im ersten bis dritten Teilstrich des § 607 Abs. 12 genannten Ersatzmonate zu berücksichtigen sind.

Als Beitragsmonate auf Grund einer Erwerbstätigkeit gelten auch folgende Versicherungsmonate nach § 3 Abs. 1 Z 2 APG:

– Versicherungsmonate nach § 8 Abs. 1 Z 2 lit. a dieses Bundesgesetzes,
– Versicherungsmonate nach § 8 Abs. 1 Z 2 lit. d und e dieses Bundesgesetzes, § 3 Abs. 3 Z 1 und 2 GSVG und § 4a Abs. 1 Z 1 und 2 BSVG,

(BGBl I 2017/125)

– bis zu 60 Versicherungsmonate nach § 8 Abs. 1 Z 2 lit. g dieses Bundesgesetzes, § 3 Abs. 3 Z 4 GSVG und § 4a Abs. 1 Z 4 BSVG, die sich nicht mit Zeiten einer Pflichtversicherung in der Pensionsversicherung auf Grund einer Erwerbstätigkeit decken.

Die Höchstgrenze von 60 Versicherungsmonaten darf auch bei Vorliegen von entsprechenden Ersatzmonaten nach Z 4 nicht überschritten werden. Für Versicherte nach den Z 1 und 2, die die Leistung nach Vollendung des 62. Lebensjahres beanspruchen, ist anstelle des § 261 Abs. 4 die Bestimmung des § 15 Abs. 4 Z 1 APG anzuwenden. § 261 Abs. 4 bzw. § 15 Abs. 4 Z 1 APG ist für die Zeit nach dem 31. Dezember 2023 so anzuwenden, dass an die Stelle des Regelpensionsalters nach § 253 Abs. 1 die jeweils geltende Altersgrenze nach § 3 des Bundesverfassungsgesetzes über unterschiedliche Altersgrenzen von männlichen und weiblichen Sozialversicherten, BGBl. Nr. 832/1992, tritt.

(BGBl I 2007/31, BGBl I 2010/111, BGBl I 2017/125)

(BGBl I 2004/142)

Schlussbestimmungen zu Art. 1 Teil 1 des Bundesgesetzes BGBl. I Nr. 171/2004 (63. Novelle)

§ 618. (1) Die §§ 31 Abs. 3 Z 13 und Abs. 5a, 31b Abs. 2, 32a samt Überschrift, 32b Abs. 1 bis 3, 32c, 32d Abs. 2, 32f samt Überschrift, 34 Abs. 2, 420 Abs. 5 Z 2, 440 Abs. 5 Z 1, 440a Abs. 3 Z 3 und Abs. 5 Z 2, 440f Abs. 4, 441 bis 441h samt Überschriften, 442 bis 442b samt Überschriften, 446a, 447b Abs. 2, 448 Abs. 1a und 3, 453 Abs. 2, 455 Abs. 3, 456a Abs. 1, 3 und 4, 460 Abs. 1, 3 und 5 sowie 593 Abs. 3 und die Überschrift zum 6. UnterAbschnitt des Abschnittes III des Ersten Teiles in der Fassung des Bundesgesetzes BGBl. I Nr. 171/2004 treten mit 1. Jänner 2005 in Kraft.

(2) § 32b Abs. 1 tritt mit Ablauf des 31. Dezember 2004 außer Kraft.

(3) Die drei mitgliederstärksten im Bundesseniorenbeirat vertretenen Seniorenorganisationen (§ 3 des Bundesseniorengesetzes, BGBl. I Nr. 84/1998) sind verpflichtet, die von ihnen nach § 441a Abs. 1 in der Fassung des Bundesgesetzes BGBl. I Nr. 171/2004 zu entsendenden Mitglieder der Trägerkonferenz bis zum 31. Dezember 2004 zu bestimmen und dem Bundesminister für soziale Sicherheit, Generationen und Konsumentenschutz namhaft zu machen.

(4) Die Mitglieder der Trägerkonferenz nach § 441a in der Fassung des Bundesgesetzes BGBl. I Nr. 171/2004 werden erstmals vom Bundesminister für soziale Sicherheit, Generationen und Konsumentenschutz zur konstituierenden Sitzung eingeladen. Mit ihrem ersten Zusammentreten ist die Trägerkonferenz konstituiert. In der konstituierenden Sitzung wählen die Mitglieder der Trägerkonferenz aus ihrer Mitte einen Vorsitzenden/eine Vorsitzende und zwei Vorsitzenden-StellvertreterInnen; das an Lebensjahren älteste Mitglied aus dem Kreis der Obmänner/Obfrauen führt hiebei den Vorsitz. Die Trägerkonferenz hat bis zum 31. Jänner 2005 die Mitglieder und Ersatzmitglieder des Verbandsvorstandes zu entsenden; die entsprechenden Vorschläge der Interessenvertretungen sind bis längstens 7. Jänner 2005 zu erstatten.

(5) Die Mitglieder des Verbandsvorstandes nach § 441b in der Fassung des Bundesgesetzes BGBl. I Nr. 171/2004 werden erstmals vom Vorsitzenden/von der Vorsitzenden der Trägerkonferenz zur konstituierenden Sitzung in der Weise eingeladen, dass der Verbandsvorstand ab 1. Februar 2005 seine Aufgaben und Obliegenheiten wahrnehmen kann. Mit seinem ersten Zusammentreten ist der Verbandsvorstand konstituiert. In der konstituierenden Sitzung wählen die Mitglieder des Verbandsvorstandes aus ihrer Mitte einen Verbandsvorsitzenden/eine Verbandsvorsitzende und einen/eine Verbandsvorsitzenden-StellvertreterIn; der/die Vorsitzende der Trägerkonferenz führt hiebei den Vorsitz.

(6) Der Verbandsvorstand hat bis zum 31. März 2005 mit Wirkung ab 1. April 2005 das Verbandsmanagement zu bestellen.

(7) Bis zum Ablauf des 31. März 2005 führt die bisherige Geschäftsführung nach den §§ 441c und 442b ASVG in der am 31. Dezember 2004 geltenden Fassung die Geschäfte des Hauptverbandes unter Weisungsgebundenheit gegenüber dem Verbandsvorstand und der Trägerkonferenz weiter. Bis zur Konstituierung der Trägerkonferenz nach Abs. 4 haben der Verwaltungsrat nach den § 441b und 442a ASVG in der am 31. Dezember 2004 geltenden Fassung und die Hauptversammlung nach den §§ 441a und 442 ASVG in der am 31. Dezember 2004 geltenden Fassung ihre Aufgaben weiter zu besorgen.

(BGBl I 2004/171)

Schlussbestimmungen zu Art. 1 Teil 2 des Bundesgesetzes BGBl. I Nr. 171/2004 (63. Novelle)

§ 619. (1) Es treten in Kraft:

1. mit 1. Dezember 2004 § 609 Abs. 9a in der Fassung des Bundesgesetzes BGBl. I Nr. 171/2004;
2. mit 1. Jänner 2005 die §§ 26 Abs. 1 Z 4 lit. a, 31 Abs. 5 Z 16, 31c samt Überschrift, 53b samt Überschrift, 71 Abs. 1 und 3, 128 samt Überschrift, 172 Abs. 1, 173 Z 2 und 3, 175 Abs. 5 Z 1, 447h samt Überschrift, 473 Abs. 3, 474 Abs. 2 in der Fassung der Z 13, 597 Abs. 6, 600 Abs. 1 Z 4a und 4b sowie

609 Abs. 1 Z 2 und Abs. 5 in der Fassung des Bundesgesetzes BGBl. I Nr. 171/2004;

3. mit 1. Jänner 2006 die §§ 135 Abs. 3 und 153 Abs. 4 in der Fassung des Bundesgesetzes BGBl. I Nr. 171/2004;
4. mit 1. Jänner 2008 § 131b in der Fassung des Bundesgesetzes BGBl. I Nr. 171/2004.

(2) Die §§ 31 Abs. 5 Z 33 und 474 Abs. 2 in der Fassung der Z 12 treten mit Ablauf des 31. Dezember 2004 außer Kraft.

(3) Gesamtvertragspartner nach § 341 können durch Vereinbarung die für die Abgabe von Arzneispezialitäten auf Rechnung eines Sozialversicherungsträgers notwendigen ärztlichen Bewilligungen (§ 350 Abs. 3 erster Satz) des chef- und kontrollärztlichen Dienstes der Sozialversicherungträger aussetzen. Die Wahrung des finanziellen Gleichgewichtes des Systems der sozialen Sicherheit ist durch verbindliche Ziele sicherzustellen. Verlängerungen der Vereinbarung können nur erfolgen, solange die Ziele nicht überschritten werden. Der erforderliche Inhalt der Vereinbarung ist in der Rahmenvereinbarung oder der Verordnung nach § 609 Abs. 9 zu bestimmen.

(4) Der Hauptverband hat der Bundesministerin für Gesundheit und Frauen bis zum 31. März 2006 einen gemeinsam mit den im Ausgleichsfonds vertretenen Krankenversicherungsträgern erarbeiteten Vorschlag für eine Neuregelung über einen Strukturausgleich zwischen den Gebietskrankenkassen ab dem Geschäftsjahr 2005 zu übermitteln.

(BGBl I 2005/132)

(BGBl I 2004/171)

Schlussbestimmungen zu Art. 3 des Bundesgesetzes BGBl. I Nr. 156/2004

§ 620. (1) Die §§ 137 Abs. 2a, 4 und 6, 447a Abs. 1, 3, 7 und 8, 447f samt Überschrift sowie 545 Abs. 7 in der Fassung des Bundesgesetzes BGBl. I Nr. 156/2004 treten mit 1. Jänner 2005 in Kraft.

(2) Die §§ 51 Abs. 1 Z 1 lit. a bis f, 51 Abs. 3 Z 1 lit. a und b, 73 Abs. 1 Z 1 und 2, Abs. 2 und 4, 472a Abs. 2, 474 Abs. 1, 479d Abs. 2 Z 1 und 2 in der Fassung des Bundesgesetzes BGBl. I Nr. 156/2004 treten mit 1. Jänner 2005 in Kraft.

(3) Es treten außer Kraft:

1. mit Ablauf des 31. Dezember 2004 die §§ 31 Abs. 5 Z 13a und 136 Abs. 3 vierter und fünfter Satz;
2. mit Ablauf des 31. Dezember 2007 § 545 Abs. 7.

(BGBl I 2004/156, BGBl I 2007/101)

Schlussbestimmungen zu Art. 2 des Bundesgesetzes BGBl. I Nr. 179/2004

§ 621. (1) Der siebente Unterabschnitt samt Überschrift im Abschnitt V des Ersten Teiles, die Überschrift zu § 144, der § 144 Abs. 1, die Überschrift zu § 145, §§ 145 Abs. 1 und 2, 148 samt Überschrift, 149 Abs. 3, 150 Abs. 1 Z 1, 189 Abs. 3, 302 Abs. 3, 322a Abs. 1, 2 und 4, 332 Abs. 1 sowie 609 Abs. 7 Z 9 und 10 in der Fassung des Bundesgesetzes BGBl. I Nr. 179/2004 treten mit 1. Jänner 2005 in Kraft.

(2) § 590 Abs. 5 tritt mit Ablauf des 31. Dezember 2004 außer Kraft.

(3) (aufgehoben)

(BGBl I 2006/131, BGBl I 2007/101)

(4) Die landesgesetzlichen Ausführungsbestimmungen zu den §§ 148, 189 Abs. 3 und 302 Abs. 3 in der Fassung des Bundesgesetzes BGBl. Nr. 179/2004 sind innerhalb von sechs Monaten zu erlassen und rückwirkend mit 1. Jänner 2005 in Kraft zu setzen.

(BGBl I 2004/179)

(BGBl I 2004/179)

Schlussbestimmungen zu Art. II des Bundesgesetzes BGBl. I Nr. 152/2004

§ 622. (1) Die §§ 33 Abs. 1 und 1a sowie 41 Abs. 4 Z 2 und 3 sowie Abs. 5 in der Fassung des Bundesgesetzes BGBl. I Nr. 152/2004 und die Aufhebung des § 41 Abs. 2 treten, sofern die Burgenländische Gebietskrankenkasse für die versicherte Person nach § 30 zuständig ist und der (die) meldepflichtige Dienstgeber(in) seinen (ihren) Betriebssitz im Burgenland hat, mit 1. Jänner 2006 in Kraft.

(BGBl I 2005/132, BGBl I 2007/31)

(2) § 114 tritt mit Ablauf des 28. Februar 2005 außer Kraft.

(BGBl I 2004/152)

Schlussbestimmung zu Art. 2 des Bundesgesetzes BGBl. I Nr. 45/2005

§ 623. Die §§ 4 Abs. 2, 5 Abs. 2, 12 Abs. 7, 19a Abs. 2, Abs. 3 Z 1 und Abs. 5, 30 Abs. 4, 35 Abs. 4 lit. b und c, 41 Abs. 6, 53a Abs. 3, 85, 471f, 471g, 471h und 471m samt Überschrift sowie die Überschrift zu Abschnitt Ib des Neunten Teiles in der Fassung des Bundesgesetzes BGBl. I Nr. 45/2005 treten mit 1. Jänner 2006 in Kraft.

(BGBl I 2005/45, BGBl I 2005/132)

Schlussbestimmungen zu Art. 1 des Bundesgesetzes BGBl. I Nr. 71/2005 (64. Novelle)

§ 624. (1) Es treten in Kraft:

1. mit 1. Juli 2005 die §§ 7 Z 4 lit. c sublit. cc, 12 Abs. 5a, 31 Abs. 5 Z 34, 31c Abs. 2 zweiter Satz und Abs. 3 bis 5, 73 Abs. 1 Z 2, Abs. 2 und 2a, 80a Abs. 7, 162 Abs. 3, 175 Abs. 5 Z 2 und 3, 292 Abs. 4 lit. n und o, 441a Abs. 3, 441b Abs. 7 sowie der 7. Unterabschnitt des Abschnittes I des Zehnten Teiles samt Überschrift in der Fassung des Bundesgesetzes BGBl. I Nr. 71/2005;

   (BGBl I 2005/108)
2. mit 1. Jänner 2006 die §§ 7 Z 4 Einleitung, 19a Abs. 1, 26 Abs. 1 Z 3 lit. a, 53a Abs. 3a und 4, 135 Abs. 3, 447f Abs. 10 in der Fassung der Z 23 und 11 Z 2 in der Fassung der

Z 25, 472a Abs. 1 dritter Satz in der Fassung des Bundesgesetzes BGBl. I Nr. 71/2005;

3. rückwirkend mit 1. Jänner 2005 die §§ 8 Abs. 1 Z 3 lit. e, 149 Abs. 3 erster Satz und 3a, 447f Abs. 10 in der Fassung der Z 22 und 11 Z 2 in der Fassung der Z 24 sowie § 447f Abs. 14 letzter Satz und 15 in der Fassung des Bundesgesetzes BGBl. I Nr. 71/2005;
4. rückwirkend mit 1. Jänner 2004 der § 460 Abs. 3a in der Fassung des Bundesgesetzes BGBl. I Nr. 71/2005;
5. rückwirkend mit 1. Jänner 2001 der § 77 Abs. 1 zweiter Satz in der Fassung der Z 17 in der Fassung des Bundesgesetzes BGBl. I Nr. 71/2005;
6. rückwirkend mit 1. Jänner 2000 der § 77 Abs. 1 zweiter Satz in der Fassung der Z 16 in der Fassung des Bundesgesetzes BGBl. I Nr. 71/2005.

(2) § 162 Abs. 3 in der Fassung des Bundesgesetzes BGBl. I Nr. 71/2005 ist auf Versicherungsfälle der Mutterschaft anzuwenden, die nach dem 30. Juni 2005 eintreten. § 162 Abs. 3 in der Fassung des Bundesgesetzes BGBl. I Nr. 71/2005 ist darüber hinaus dann anzuwenden, wenn eine Neuberechnung des Wochengeldes spätestens bis zum Ablauf des 31. Dezember 2005 beantragt wird.

(BGBl I 2005/71, BGBl I 2005/108)

Schlussbestimmungen zu Art. 1 des Bundesgesetzes BGBl. I Nr. 132/2005 (65. Novelle)

§ 625. (1) Es treten in Kraft:

1. mit 1. Jänner 2006 die §§ 4 Abs. 4 lit. a, 8 Abs. 1 Z 2 lit. g, 18a Abs. 2 Z 1, 18b samt Überschrift, 35 Abs. 4 lit. b, 53 Abs. 3 lit. b, 59 Abs. 3, 68a samt Überschrift, 70 Abs. 1, 70a Abs. 1, 76b Abs. 5a, 77 Abs. 6 und 8, 91 Abs. 1, 175 Abs. 5 Z 3, 225 Abs. 1 Z 1 und 2, 226 Abs. 4, 227 Abs. 1 Z 1, 230 Abs. 2 lit. c, 264 Abs. 1 Z 5, 293 Abs. 1, 360a samt Überschrift, 447 Abs. 2a, 459d samt Überschrift, 479 Abs. 2 Z 1, 607 Abs. 13, 619 Abs. 4, 622 und 623 Überschrift in der Fassung des Bundesgesetzes BGBl. I Nr. 132/2005;

1a. mit 1. Jänner 2007 § 34 Abs. 2 in der Fassung des Bundesgesetzes BGBl. I Nr. 132/2005;

2. rückwirkend mit 1. November 2005 § 31c Abs. 2 in der Fassung des Bundesgesetzes BGBl. I Nr. 132/2005;
3. rückwirkend mit 1. September 2005 die §§ 5 Abs. 1 Z 2, 10 Abs. 1, 44 Abs. 1 Z 2, 203 Abs. 2, 210 Abs. 1, 212 Abs. 3 und 471f in der Fassung des Bundesgesetzes BGBl. I Nr. 132/2005;
4. rückwirkend mit 1. Jänner 2005 die Abs. 8 bis 14 und die §§ 32b Abs. 1 und 1a, 32e samt Überschrift, 32g samt Überschrift, 44 Abs. 1 Z 14, 70 Abs. 2, 76a Abs. 1, 76b Abs. 3 und 3a, 230 Abs. 2 lit. h, 308 Abs. 1a, 311 Abs. 2, 421 Abs. 1 Z 4 und Abs. 4 Z 2 sowie Abs. 7, 440 Abs. 6, 442 Abs. 1, 2 und 5, 442c samt Überschrift, 506a, 609 Abs. 7 und 8 sowie 617 Abs. 3 und 8 in der Fassung des Bundesgesetzes BGBl. I Nr. 132/2005.

(1a) § 113 Abs. 1 Z 1 und 2 in der Fassung des Bundesgesetzes BGBl. I Nr. 132/2005 tritt, sofern die Burgenländische Gebietskrankenkasse für die versicherte Person nach § 30 zuständig ist und der (die) meldepflichtige Dienstgeber(in) seinen (ihren) Betriebssitz im Burgenland hat, mit 1. Jänner 2006 in Kraft.

(BGBl I 2007/31)

(2) Die §§ 225 Abs. 3, 226 Abs. 3 und 254 Abs. 5 treten mit Ablauf des 31. Dezember 2005 außer Kraft, sie sind jedoch auf Verfahren, die an diesem Tag anhängig sind, weiterhin anzuwenden.

(3) § 4 Abs. 1 Z 11 tritt rückwirkend mit Ablauf des 31. August 2005 außer Kraft.

(4) Die §§ 59 Abs. 3, 68a sowie 225 Abs. 1 Z 1 lit. b und Z 2 in der Fassung des Bundesgesetzes BGBl. I Nr. 132/2005 sind nicht auf Personen anzuwenden, die Anspruch auf eine Pension mit Stichtag (§ 223 Abs. 2) vor dem 1. Jänner 2006 haben.

(5) Für Personen, die vor dem 1. Jänner 1955 geboren sind, ist § 76b Abs. 3 in der Fassung des Bundesgesetzes BGBl. I Nr. 132/2005 so anzuwenden, dass im Fall der Beitragsentrichtung nach Vollendung des 50. Lebensjahres die Beitragsgrundlage mit dem Faktor 1,66 zu vervielfachen ist; an die Stelle dieses Faktors tritt nach Vollendung des 55. Lebensjahres der Faktor 2,22 und nach Vollendung des 60. Lebensjahres der Faktor 2,34. Soweit Personen, die nach dem 31. Dezember 1954 geboren sind, bereits vor dem 1. Jänner 2005 Beiträge nach § 227 Abs. 3 unter Vervielfachung der Beitragsgrundlage mit einem Faktor entrichtet haben, sind ihnen die auf die Vervielfachung entfallenden Beitragsteile bei Anfall einer Direktpensionsleistung – aufgewertet mit dem der zeitlichen Lagerung entsprechenden Aufwertungsfaktor (§ 108 Abs. 4) – von Amts wegen zu erstatten; auf Antrag hat die Erstattung schon vor Pensionsanfall zu erfolgen.

(6) Der Härteausgleichsfonds nach Abschnitt IVa des Vierten Teiles hat bis zum 30. Juni 2006 34 Millionen Euro an den Bund rückzuüberweisen.

(7) Die Richtsätze nach § 293 Abs. 1 lit. a sublit. bb, lit. b und lit. c sublit. bb in der Fassung des Bundesgesetzes BGBl. I Nr. 132/2005 sind abweichend von § 293 Abs. 2 in Verbindung mit § 108 Abs. 6 für das Kalenderjahr 2006 nicht zu vervielfachen.

(BGBl I 2005/132, BGBl I 2011/122)

Schlussbestimmungen zu Art. 6 des Bundesgesetzes BGBl. I Nr. 155/2005

§ 626. (1) Die §§ 131 Abs. 3, 131a samt Überschrift, 138 Abs. 3, 153 Abs. 3, die Überschrift des Sechsten Teiles, 338 Abs. 1, 339 Abs. 1, 343c Abs. 1 und 2, 343d samt Überschrift, 349 Abs. 1 und 3 sowie 350 Abs. 1 bis 3 in der Fassung des

Bundesgesetzes BGBl. I Nr. 155/2005 treten mit 1. Jänner 2006 in Kraft.

(2) In den zum Zeitpunkt des In-Kraft-Tretens dieses Bundesgesetzes anhängigen Verfahren nach den §§ 344 bis 346, die Angehörige des zahnärztlichen Berufs und des Dentistenberufs (§ 351) betreffen, wird die personelle Zusammensetzung der Kommissionen durch die Bestimmungen dieses Bundesgesetzes nicht berührt.

(BGBl I 2005/155, BGBl I 2006/130)

Schlussbestimmungen zu Art. 1 des Bundesgesetzes BGBl. I Nr. 130/2006

§ 627. (1) Es treten in Kraft:

1. mit 1. Juli 2006 die §§ 31 Abs. 8, 247 und 247a samt Überschriften, 354 Z 4, 367 Abs. 1, 368 Abs. 1, 447 Abs. 1 und 1a, 460 Abs. 3b und 607 Abs. 14 in der Fassung des Bundesgesetzes BGBl. I Nr. 130/2006;
2. rückwirkend mit 1. Jänner 2006 die §§ 264 Abs. 3 bis 5b und 625 in der Fassung des Bundesgesetzes BGBl. I Nr. 130/2006;
3. rückwirkend mit 1. Jänner 2005 § 49 Abs. 3 Z 1 in der Fassung des Bundesgesetzes BGBl. I Nr. 130/2006.

(2) § 264 Abs. 3 bis 5b in der Fassung des Bundesgesetzes BGBl. I Nr. 130/2006 ist auf Versicherungsfälle des Todes anzuwenden, die nach dem 31. Dezember 2005 eingetreten sind. Auf Antrag der Witwe (des Witwers) bis längstens zum Ablauf des 31. Dezember 2008 sind die zitierten Bestimmungen auch auf Versicherungsfälle des Todes anzuwenden, die nach dem 1. Juni 2004 und vor dem 1. Jänner 2006 eingetreten sind; die Rechtskraft bereits ergangener Entscheidungen steht dem nicht entgegen.

(BGBl I 2006/130)

Schlussbestimmungen zu Art. 1 des Bundesgesetzes BGBl. I Nr. 131/2006 (66. Novelle)

§ 628. (1) Es treten in Kraft:

1. mit 1. Juli 2006 die §§ 8 Abs. 1 Z 3 lit. g in der Fassung der Z 3, 31 Abs. 3 Z 9, 31a Abs. 4 und 4a, 122 Abs. 2 Z 2, 138 Abs. 1, 351g Abs. 4, 351i Abs. 4, 363 Abs. 1, 421 Abs. 1, 442 Abs. 2, 447a, 447b, 474 Abs. 1 in der Fassung der Z 29 und 621 Abs. 3 sowie die Anlage 1 Nr. 27 lit. b bis d, Nr. 43, Nr. 45 und Nr. 53 in der Fassung des Bundesgesetzes BGBl. I Nr. 131/2006;
2. mit 1. August 2006 die §§ 51d Abs. 3 Z 2 und 123 Abs. 7a in der Fassung des Bundesgesetzes BGBl. I Nr. 131/2006;
3. mit 1. Jänner 2007 die §§ 8 Abs. 1 Z 3 lit. a und b, 67 Abs. 4 und 10 sowie 335 Abs. 1 in der Fassung des Bundesgesetzes BGBl. I Nr. 131/2006;
4. mit 1. Jänner 2009 § 474 Abs. 1 in der Fassung der Z 30 in der Fassung des Bundesgesetzes BGBl. I Nr. 131/2006;
5. rückwirkend mit 1. Jänner 2006 die §§ 8 Abs. 1 Z 3 lit. g in der Fassung der Z 4 und 30 Abs. 4 in der Fassung des Bundesgesetzes BGBl. I Nr. 131/2006;
6. rückwirkend mit 1. Jänner 2005 § 204 Abs. 2 in der Fassung des Bundesgesetzes BGBl. I Nr. 131/2006;
7. rückwirkend mit 1. Mai 2003 § 448 Abs. 4 in der Fassung des Bundesgesetzes BGBl. I Nr. 131/2006;
8. rückwirkend mit 1. Februar 1999 § 176 Abs. 1 Z 12 in der Fassung des Bundesgesetzes BGBl. I Nr. 131/2006;
9. rückwirkend mit 1. Jänner 1999 die §§ 176 Abs. 1 Z 5 und 13 sowie 201 Abs. 4 in der Fassung des Bundesgesetzes BGBl. I Nr. 131/2006;
10. rückwirkend mit 1. August 1998 die Anlage 1 Nr. 51 in der Fassung des Bundesgesetzes BGBl. I Nr. 131/2006;
11. rückwirkend mit 1. September 1994 die §§ 363 Abs. 3 Z 2 und 365 Abs. 3 in der Fassung der Z 25 in der Fassung des Bundesgesetzes BGBl. I Nr. 131/2006;
12. rückwirkend mit 1. April 1993 die §§ 363 Abs. 3 Z 1 und 365 Abs. 3 in der Fassung der Z 24 in der Fassung des Bundesgesetzes BGBl. I Nr. 131/2006;
13. rückwirkend mit 1. September 1990 § 176 Abs. 1 Z 11 in der Fassung des Bundesgesetzes BGBl. I Nr. 131/2006.

(2) Leidet die versicherte Person am 1. Juli 2006 an einer Krankheit, die erst auf Grund des Bundesgesetzes BGBl. I Nr. 131/2006 als Berufskrankheit gilt, oder ist sie vor dem 1. Juli 2006 an einer solchen Krankheit gestorben, so sind an sie oder an ihre Hinterbliebenen die Leistungen der Unfallversicherung zu erbringen, wenn der Versicherungsfall nach dem 31. Dezember 1955 eingetreten ist; die Leistungen sind frühestens ab 1. Juli 2006 zu erbringen, wenn der Antrag bis zum Ablauf des 30. Juni 2007 gestellt wird; wird der Antrag nach dem 30. Juni 2007 gestellt, so gebühren die Leistungen frühestens ab dem Tag der Antragstellung.

(3) Auf vor dem 1. Jänner 2007 in das Firmenbuch eingetragene Personengesellschaften des Handelsrechts und Erwerbsgesellschaften sind für die Dauer der Firmenfortführung ohne dem nach § 19 Abs. 1 Z 2 und 3 Unternehmensgesetzbuch vorgeschriebenen Rechtsformzusatz weiterhin die §§ 8 Abs. 1 Z 3 lit. a in der Fassung des BGBl. I Nr. 138/1998 und 8 Abs. 1 Z 3 lit. b in der Fassung des BGBl. Nr. 411/1996 sowie die §§ 67 Abs. 10 und 335 Abs. 1 jeweils in der Fassung des BGBl. Nr. 741/1990 anzuwenden.

(3a) Personen, die nach § 123 Abs. 8 lit. b in der am 31. Juli 2006 geltenden Fassung als Angehörige anspruchsberechtigt sind und zu diesem Zeitpunkt bereits das 27. Lebensjahr vollendet haben, bleiben weiterhin als Angehörige anspruchsberechtigt, so lange sich der maßgebliche Sachverhalt nicht ändert.

(3b) Personen, die nach § 123 Abs. 8 lit. b in der am 31. Juli 2006 geltenden Fassung als Angehörige anspruchsberechtigt sind und zu diesem Zeitpunkt das 27. Lebensjahr noch nicht vollendet haben, bleiben weiterhin als Angehörige anspruchsberechtigt, so lange sich der maßgebliche Sachverhalt nicht ändert, längstens jedoch bis zum Ablauf des 31. Dezember 2009.

(4) § 351g Abs. 4 in der Fassung des Bundesgesetzes BGBl. I Nr. 131/2006 ist nur auf Anträge anzuwenden, die nach dem 31. Dezember 2006 beim Hauptverband einlangen. Auf Anträge, die vor dem 1. Jänner 2007 beim Hauptverband einlangen, ist § 351g Abs. 4 in der am 30. Juni 2006 geltenden Fassung anzuwenden.

(5) Die §§ 447a Abs. 1 bis 9 und 447b in der Fassung des Bundesgesetzes BGBl. I Nr. 131/ 2006 sind erstmals für den Ausgleich des Jahres 2005, erfolgswirksam im Geschäftsjahr 2006, anzuwenden.

Einmalzahlung für das Jahr 2007

§ 629. (1) Allen Personen mit gewöhnlichem Aufenthalt im Inland, die im Jänner 2007 Anspruch auf eine oder mehrere Pensionen haben, gebührt für das Jahr 2007 bei Pensionen bis insgesamt pro Person von 1.380,- € pro Monat eine Einmalzahlung von 60,- €, bei Pensionen bis insgesamt pro Person von 1.920,- € pro Monat eine Einmalzahlung von 45,- € und bei Personen mit insgesamt pro Person höheren Pensionen eine Einmalzahlung von 25,- €. Die Einmalzahlung ist kein Pensionsbestandteil, sie ist aber zusammen mit der jeweils (höchsten) laufenden Pensionszahlung zum 1. Februar 2007 auszuzahlen.

(2) Die Einmalzahlung gilt nicht als Nettoeinkommen im Sinne des § 292 Abs. 3. Von der Einmalzahlung sind keine Beiträge zur Krankenversicherung zu entrichten.

(BGBl I 2006/165)

Schlussbestimmungen zu Art. 1 des Bundesgesetzes BGBl. I Nr. 169/2006

§ 630. (1) § 293 Abs. 1 in der Fassung des Bundesgesetzes BGBl. I Nr. 169/2006 tritt mit 1. Jänner 2007 in Kraft.

(2) Die Richtsätze nach § 293 Abs. 1 in der Fassung des Bundesgesetzes BGBl. I Nr. 169/2006 sind abweichend von § 293 Abs. 2 in Verbindung mit § 108 Abs. 6 für das Kalenderjahr 2007 nicht zu vervielfachen.

(3) Personen, die im Jänner 2007 Anspruch auf Ausgleichszulage haben, gebührt keine Einmalzahlung nach § 629. Ergibt sich jedoch auf Grund der Anpassung mit dem Anpassungsfaktor und der Einmalzahlung nach § 629 ein höherer Betrag als auf Grund der Erhöhung der Ausgleichszulagenrichtsätze mit 1. Jänner 2007, so ist der Unterschiedsbetrag als besondere Einmalzahlung auszuzahlen. Auf die besondere Einmalzahlung ist § 629 Abs. 2 anzuwenden.

(BGBl I 2006/169)

Schlussbestimmungen zu Art. 1 Teil 1 des Bundesgesetzes BGBl. I Nr. 31/2007 (67. Novelle)

§ 631. (1) Es treten in Kraft:

1. mit 1. Juli 2007 die §§ 8 Abs. 1 Z 3 lit. g, 123 Abs. 7 bis 10, 132c Abs. 1 Z 3 und 4 sowie Abs. 2 bis 4, 338 Abs. 2a, 340a, 348g, 349 Abs. 2b sowie 349a in der Fassung des Bundesgesetzes BGBl. I Nr. 31/2007;
2. mit 1. Jänner 2008 die §§ 351c Überschrift, Abs. 1, 5 und 7 Z 1, 351d Abs. 1 sowie § 351i Abs. 1 und 4 Z 1 in der Fassung des Bundesgesetzes BGBl. I Nr. 31/2007;
3. rückwirkend mit 1. August 2006 die §§ 351c Abs. 6, 351h Abs. 3 Z 5 sowie 442 Abs. 2 in der Fassung des Bundesgesetzes BGBl. I Nr. 31/2007.

(2) Falls über die einheitlichen Grundsätze für die elektronische Abrechnung mit den Vertragspartnern (§§ 340a, 348g und 349a) am 30. Juni 2007 nicht ohnehin bereits vertragliche Regelungen bestehen, haben sich die Vertragspartner bis zum 31. Dezember 2007 über diese Grundsätze vertraglich zu einigen. Erfolgt bis zu diesem Zeitpunkt keine Einigung, so sind diese Grundsätze durch den Hauptverband nach Weisungen der zuständigen Bundesministerin festzusetzen und im Internet kundzumachen. Die Abrechnungsgrundsätze, die vom Hauptverband nach den §§ 340a, 348g und 349a im Internet kundgemacht wurden, sind in ihrer am 30. Juni 2007 geltenden Fassung bis zum 31. März 2008 weiter anzuwenden.

(BGBl I 2015/162)

(3) (aufgehoben)

(BGBl I 2009/33)

(BGBl I 2007/31)

Schlussbestimmungen zu Art. 1 Teil 2 des Bundesgesetzes BGBl. I Nr. 31/2007 (67. Novelle)

§ 632. (1) Es treten in Kraft:

1. mit 1. Juli 2007 die §§ 19a Abs. 1, 49 Abs. 3 und 8, 77 Abs. 9, 607 Abs. 7, 12, 14 und 14a sowie 617 Abs. 13 in der Fassung des Bundesgesetzes BGBl. I Nr. 31/2007;
2. mit 1. Jänner 2008 die §§ 33 Abs. 1 und 1a, 41 Abs. 4 Z 2 und 3 sowie Abs. 5, 111 samt Überschrift, 111a samt Überschrift, 113, 471d, 622 Abs. 1 und 625 Abs. 1a in der Fassung des Bundesgesetzes BGBl. I Nr. 31/ 2007;
3. rückwirkend mit 1. Jänner 2006 § 44 Abs. 1 in der Fassung des Bundesgesetzes BGBl. I Nr. 31/2007.

(2) § 41 Abs. 2 tritt mit Ablauf des 31. Dezember 2007 außer Kraft.

(3) Der Anwendung des § 44 Abs. 1 in der Fassung des Bundesgesetzes BGBl. I Nr. 31/2007 steht die Rechtskraft bereits ergangener Entscheidungen nicht entgegen.

(4) Abweichend von § 44 Abs. 1 letzter Satz in der Fassung des Bundesgesetzes BGBl. I Nr. 31/2007 beläuft sich in den Jahren 2006 und 2007 die monatliche Beitragsgrundlage für Selbstversicherte nach § 18b auf 1 350 €.

(5) § 607 Abs. 7 in der Fassung des Bundesgesetzes BGBl. I Nr. 31/2007 ist auf Antrag des Pensionsbeziehers/der Pensionsbezieherin auch auf Alterspensionen (Knappschaftsalterspensionen) mit Stichtag nach dem 31. Dezember 2003 und vor dem 1. Juli 2007 anzuwenden. Die Rechtskraft bereits ergangener Entscheidungen steht dem nicht entgegen.

(BGBl I 2007/31)

(BGBl I 2007/31)

Schlussbestimmung zu Artikel 3 des Bundesgesetzes BGBl. I Nr. 76/2007

§ 633. § 162 Abs. 3a Z 2 in der Fassung des Bundesgesetzes BGBl. I Nr. 76/2007 tritt mit 1. Jänner 2008 in Kraft.

(BGBl I 2007/76, BGBl I 2007/101)

Schlussbestimmungen zu Art. 4 des Bundesgesetzes BGBl. I Nr. 101/2007 (68. Novelle)

§ 634. (1) Es treten in Kraft:

1. mit 1. Jänner 2008 die §§ 10 Abs. 2, 12 Abs. 6, 20 Abs. 1, 31 Abs. 5 Z 16, die Überschrift des 4. Unterabschnittes des Abschnittes III Erster Teil, die Überschrift zu § 31a sowie §§ 31d, 37, 51 Abs. 1 Z 1 lit. a bis f in der Fassung der Z 10, 12, 14, 16, 18 und 20, 51 Abs. 3 Z 1 lit. a bis c in der Fassung der Z 22, 73 Abs. 1 Z 1 und 2 in der Fassung der Z 24, 74 Abs. 1 Z 1 und Abs. 3 Z 1, 84a Abs. 2 und 4, 120 Abs. 1, 122 Abs. 3a, 130 Abs. 1, 134 Abs. 3, 136 Abs. 6, 139 Abs. 3, 148, 149 Abs. 3 und 3a, 162 Abs. 1, 3 und 3a Z 1, 181 Abs. 1, 293 Abs. 1, 322a Abs. 2 und 4, 322b samt Überschrift, 342 Abs. 1 und 2, 348a Abs. 3, 349 Abs. 5, 351g Abs. 3, 442 Abs. 2, 447a Abs. 10, 447f Abs. 1, 2, 6, 12, 14, 16 und 17, 447h Abs. 3 letzter Satz, 472a Abs. 2 in der Fassung der Z 60, 62 und 64, 474 Abs. 1 zweiter und letzter Satz in der Fassung der Z 66 und 68, 479d Abs. 2 Z 1 und 2 in der Fassung der Z 70 und 72 sowie Abs. 2 letzter Satz, 545 Abs. 7, 617 Abs. 9, 620 Abs. 2 und Abs. 3 Z 2, 625 Abs. 8, 9, 12 Z 1 und 14 sowie 633 in der Fassung des Bundesgesetzes BGBl. I Nr. 101/2007;
2. (aufgehoben)

   (BGBl I 2013/81, BGBl I 2015/118)
3. rückwirkend mit 1. Oktober 2006 § 447f Abs. 10 und 11 in der Fassung des Bundesgesetzes BGBl. I Nr. 101/2007.

(2) Die §§ 8 Abs. 1 Z 3 lit. b, 138 Abs. 2 lit. f, 472a Abs. 3 und 621 Abs. 3 treten mit Ablauf des 31. Dezember 2007 außer Kraft.

(3) Personen, die am 31. Dezember 2007 der Pflichtversicherung nach § 8 Abs. 1 Z 3 lit. b unterliegen, gelten mit 1. Jänner 2008 als nach § 8 Abs. 1 Z 3 lit. a versichert.

(4) Änderungen der Richtlinien über die Befreiung von der Rezeptgebühr nach § 31 Abs. 5 Z 16 auf Grund der Änderung des § 31 Abs. 5 Z 16 in der Fassung des Bundesgesetzes BGBl. I Nr. 101/2007 sind rückwirkend mit 1. Jänner 2008 vorzunehmen.

(5) Im Jahr 2008 kommt es abweichend von § 73 Abs. 1 Z 1 und 2 in der Fassung der Z 24 nicht zur Beitragserhöhung, wenn die Versicherungspflicht aufgrund des Pensionsanfalles im Jahr 2007 eingetreten ist und nach § 108h Abs. 1 keine Anpassung erfolgt ist.

(6) Die landesgesetzlichen Ausführungsbestimmungen zu den §§ 148, 189 Abs. 3 und 302 Abs. 3 in der Fassung des Bundesgesetzes BGBl. I Nr. 179/2004 bzw. in der Fassung des Bundesgesetzes BGBl. I Nr. 101/2007 sind innerhalb von sechs Monaten zu erlassen und mit 1. Jänner 2008 in Kraft zu setzen.

(7) Die §§ 138 Abs. 1 und 2 sowie 162 Abs. 1, 3 und 3a in der Fassung des Bundesgesetzes BGBl. I Nr. 101/2007 sind auf Personen anzuwenden, bei denen der Versicherungsfall nach dem 31. Dezember 2007 eingetreten ist.

(8) Zur finanziellen Absicherung der gesetzlichen Krankenversicherung hat der Hauptverband bis zum 30. Juni 2008 in der Trägerkonferenz konkrete Maßnahmen zur Effizienzsteigerung und Kostendämpfung in der gesetzlichen Krankenversicherung im Ausmaß von 150 Millionen Euro zu beschließen. Diese Maßnahmen sind in der Weise darzustellen, dass daraus entsprechend dem § 14 Abs. 1 BHG die finanziellen Auswirkungen für die Krankenversicherungsträger hervorgehen. Stellt die Bundesministerin für Gesundheit, Familie und Jugend im Einvernehmen mit dem Bundesminister für Finanzen durch eine längstens bis zum 31. Oktober 2008 zu erlassende Verordnung fest, dass durch die beschlossenen Maßnahmen und auf Grund deren finanzieller Darstellung die Effizienzsteigerung und die Kostendämpfung nicht erreicht werden können, so treten

1. die §§ 51 Abs. 1 Z 1 lit. a bis f in der Fassung der Z 10, 12, 14, 16, 18 und 20, Abs. 3 Z 1 lit. A bis c in der Fassung der Z 22, 73 Abs. 1 Z 1 und 2 in der Fassung der Z 24, 472a Abs. 2 in der Fassung der Z 60, 62 und 64, 474 Abs. 1 zweiter und letzter Satz in der Fassung Z 66 und 68 und 479d Abs. 2 Z 1 und 2 in der Fassung Z 70 und 72,
2. die §§ 14f Abs. 1 Z 1 und 2 in der Fassung der Z 1 und 3, 27 Abs. 1 Z 1 in der Fassung der Z 5, 29 Abs. 1 in der Fassung der Z 7 GSVG,
3. die §§ 24 Abs. 1 in der Fassung der Z 1 sowie 26 Abs. 1 in der Fassung der Z 3 BSVG,
4. die §§ 20 Abs. 1 in der Fassung der Z 1 sowie 22 Abs. 1 in der Fassung der Z 4 und Abs. 6 sowie 70 B-KUVG,

5. die §§ 32 Abs. 1 und 42 Abs. 1 jeweils in der Fassung der Z 1 AlVG,
6. § 7 Abs. 1 Z 2 in der Fassung der Z 1 SUG,
7. § 53 Abs. 1 in der Fassung der Z 1 HVG,
8. § 74 Abs. 1 in der Fassung der Z 1 KOVG,
9. § 39j Abs. 6 in der Fassung der Z 1 FLAG,

jeweils in der Fassung des Bundesgesetzes BGBl. I Nr. 101/2007, mit dem Ablauf des 31. Dezember 2008 außer Kraft und diese sowie § 472a Abs. 3 dieses Bundesgesetzes und die §§ 22 Abs. 3 und 151 Abs. 4 B-KUVG jeweils in der am 31. Dezember 2007 geltenden Fassung wieder in Kraft. Diese Verordnung bedarf der Zustimmung des Hauptausschusses des Nationalrates.

(8a) Der Fortlauf der Verjährung von Ansprüchen nach den §§ 351c Abs. 7 Z 2, 351g Abs. 4 in der Fassung des Bundesgesetzes BGBl. I Nr. 45/2003 und des § 609 Abs. 19 wird rückwirkend mit 1. Jänner 2004 bis zum Ablauf des Jahres 2013 gehemmt.

(9) Die Richtsätze nach § 293 Abs. 1 in der Fassung des Bundesgesetzes BGBl. I Nr. 101/2007 sind abweichend von § 293 Abs. 2 in Verbindung mit § 108 Abs. 6 für das Kalenderjahr 2008 nicht zu vervielfachen.

(10) Abweichend von § 108h Abs. 1 erster Satz sind im Kalenderjahr 2008 alle Pensionen, die mehr als 746,99 € monatlich betragen, nicht mit dem Anpassungsfaktor zu vervielfachen, sondern wie folgt zu erhöhen: Beträgt die Pension monatlich

1. mehr als 746,99 € bis zu 1 050 €, so ist sie um 21 € zu erhöhen;
2. mehr als 1 050 € bis zu 1 700 €, so ist sie mit dem Faktor 1,020 zu vervielfachen;
3. mehr als 1 700 € bis zu 2 161,50 €, so ist sie um einen Prozentsatz zu erhöhen, der zwischen den genannten Werten von 2,0 % auf 1,7 % linear absinkt;
4. mehr als 2 161,50 €, so ist sie um 36,75 € zu erhöhen.

(11) Bezieht eine Person zwei oder mehrere Pensionen, die jeweils den Richtsatz nach § 293 Abs. 1 lit. a sublit. bb in der Fassung des Bundesgesetzes BGBl. I Nr. 101/2007 nicht erreichen, so ist ausschließlich die Summe dieser Pensionen nach Abs. 10 zu erhöhen, wobei der Erhöhungsbetrag auf die einzelne Pension im Verhältnis der Pensionen zueinander aufzuteilen ist.

(12) Abweichend von § 108h Abs. 1 erster Satz hat der Bundesminister für Soziales und Konsumentenschutz in der Verordnung nach § 108 Abs. 5 für die Kalenderjahre 2009 und 2010 die Pensionsanpassung so vorzunehmen, dass

1. jene Pensionen, die 60 % der Höchstbeitragsgrundlage nach § 45 nicht überschreiten, für das Kalenderjahr 2009 mit dem Faktor 1,034 und für das Kalenderjahr 2010 mit dem Anpassungsfaktor zu vervielfachen sind und

   (BGBl I 2008/129)

2. alle übrigen Pensionen mit einem Fixbetrag zu erhöhen sind, der der Erhöhung von 60 % der Höchstbeitragsgrundlage nach § 45 mit dem Faktor 1,034 für das Kalenderjahr 2009 und mit dem Anpassungsfaktor für das Kalenderjahr 2010 entspricht.

   (BGBl I 2008/129)

(BGBl I 2007/101)

Schlussbestimmungen zum Bundesgesetz BGBl. I Nr. 91/2008

§ 635. (1) Die §§ 67a bis 67d samt Überschriften, 112a samt Überschrift, 545 Abs. 8 und 625 Abs. 12 in der Fassung des Bundesgesetzes BGBl. I Nr. 91/2008 treten zu dem Zeitpunkt in Kraft, in dem der Bundesminister für Soziales und Konsumentenschutz durch Verordnung feststellt, dass die zur Verfügung stehenden technischen Mittel für die Vollziehung der Bestimmungen über die AuftraggeberInnenhaftung für die von den Krankenversicherungsträgern einzuhebenden Beiträge und Umlagen geeignet sind. Bis zur Erlassung dieser Verordnung hat der Hauptverband dem Bundesminister für Soziales und Konsumentenschutz ab 1. Jänner 2009 monatlich einen Bericht über die technische Umsetzung der Bestimmungen über diese AuftraggeberInnenhaftung zu erstatten.

(2) Anträge auf Aufnahme in die HFU-Liste nach § 67b Abs. 1 in der Fassung des Bundesgesetzes BGBl. I Nr. 91/2008 können bereits ab 1. November 2008 gestellt werden.

(BGBl I 2008/91)

Pensionsanpassung, Anpassung der Renten aus der Unfallversicherung und Vervielfachung der Ausgleichszulagen-Richtsätze für das Jahr 2009

§ 636. (1) Die Pensionsanpassung für das Jahr 2009 hat nach folgenden Maßgaben zu erfolgen:

1. § 108 Abs. 5 ist so anzuwenden, dass an die Stelle des 30. November eines jeden Jahres der 31. Oktober 2008 tritt;
2. § 108e Abs. 9 Z 1 ist so anzuwenden, dass an die Stelle des 31. Oktober eines jeden Jahres der 30. September 2008 tritt;
3. § 108h Abs. 1 ist so anzuwenden, dass an die Stelle des 1. Jänner eines jeden Jahres und an die Stelle des 1. Jänner dieses Jahres jeweils der 1. November 2008 tritt;
4. § 108h Abs. 2 ist so anzuwenden, dass an die Stelle des 31. Dezember des vorangegangenen Jahres der 31. Oktober 2008 tritt.

(2) Pensionen mit einem Stichtag 1. November 2008 und 1. Dezember 2008 sind mit Wirksamkeit ab ihrer Zuerkennung nach den Bestimmungen für die Pensionsanpassung für das Jahr 2009 zu erhöhen.

(BGBl I 2008/129)

(3) Die Richtsätze nach § 293 Abs. 1 sind für das Kalenderjahr 2009 abweichend von § 293 Abs. 2 in Verbindung mit § 108 Abs. 6 bereits mit

Wirksamkeit ab 1. November 2008 zu vervielfachen.

(4) Die Anpassung der Renten aus der Unfallversicherung für das Jahr 2009 hat unter Bedachtnahme auf § 640 nach folgenden Maßgaben zu erfolgen:

1. § 108g Abs. 1 ist so anzuwenden, dass an die Stelle des 1. Jänner eines jeden Jahres der 1. November 2008 tritt;
2. § 108g Abs. 2 ist so anzuwenden, dass an die Stelle des 31. Dezember des vorangegangen Jahres der 31. Oktober 2008 tritt;
3. Renten, die im November und Dezember 2008 gebühren, sind nach ihrer Zuerkennung nach den Bestimmungen für die Anpassung der Renten für das Jahr 2009 zu erhöhen.

(BGBl I 2008/130, BGBl I 2008/146)

(BGBl I 2008/92, BGBl I 2008/130)

Schlussbestimmungen zu Art. 1 des Bundesgesetzes BGBl. I Nr. 129/2008

§ 637. (1) Die §§ 108h Abs. 1, 607 Abs. 12 und 14 sowie 636 Abs. 2 in der Fassung des Bundesgesetzes BGBl. I Nr. 129/2008 treten rückwirkend mit 1. August 2008 in Kraft.

(2) Werden die Anspruchsvoraussetzungen für die vorzeitige Alterspension (vorzeitige Knappschaftsalterspension) nach § 607 Abs. 12 erst unter Berücksichtigung der im vierten und fünften Teilstrich dieser Bestimmung in der Fassung des Bundesgesetzes BGBl. I Nr. 129/2008 genannten Ersatzzeiten als Beitragszeiten erfüllt, so fällt die Leistung abweichend von § 86 Abs. 3 Z 2 jedenfalls auch dann mit dem Monatsersten an, an dem die Voraussetzungen erfüllt werden oder der der Erfüllung der Voraussetzungen nachfolgt, frühestens jedoch mit 1. August 2008, wenn die Leistung bis zum Ablauf des 31. Dezember 2008 beantragt wird. Die Rechtskraft bereits ergangener Entscheidungen steht dem nicht entgegen.

(BGBl I 2008/129)

(BGBl I 2008/129)

Zuschuss zu den Energiekosten

§ 638. (1) Personen, die im November 2008 eine Ausgleichszulage zu einer Pension aus der Pensionsversicherung nach diesem Bundesgesetz beziehen, gebührt in diesem Monat zur Pension ein Zuschuss zu den Energiekosten für die Monate Oktober 2008 bis April 2009. Dieser Zuschuss beträgt 210 €. Haben beide Eheleute Anspruch auf Ausgleichszulage und leben sie im gemeinsamen Haushalt, so gebührt der Zuschuss nur zur höheren Pension; haben BezieherInnen einer Witwen(Witwer)pension und von Waisenpensionen Anspruch auf Ausgleichszulage und leben sie im gemeinsamen Haushalt, so gebührt der Zuschuss nur zur Witwen(Witwer)pension.

(2) Personen, die erstmalig im Zeitraum Dezember 2008 bis April 2009 eine Ausgleichszulage beziehen, gebührt der Zuschuss zu den Energiekosten im aliquoten Ausmaß, und zwar in der Höhe von 30 € je Monat ab dem erstmaligen Ausgleichszulagenbezug bis einschließlich April 2009.

(3) Der Zuschuss zu den Energiekosten ist zu den im November 2008 laufenden Pensionen in diesem Monat, sonst zugleich mit der Aufnahme der laufenden Pensionszahlungen oder dem erstmaligen Ausgleichszulagenbezug in einem Gesamtbetrag flüssig zu machen. Die Zuschussbeträge nach Abs. 1 und 2 gelten für Zwecke der Bemessung des Bundesbeitrages als Aufwendungen.

(4) Der Zuschuss zu den Energiekosten gilt nicht als Nettoeinkommen im Sinne des § 292 Abs. 3.

(5) Ein Bescheid ist nur bei Ablehnung des Zuschusses und auch dann nur auf Verlangen der berechtigten Person zu erlassen.

(BGBl I 2008/129)

Einmalzahlung für das Jahr 2008

§ 639. (1) Allen Personen mit gewöhnlichem Aufenthalt im Inland, die im Oktober 2008 Anspruch auf eine oder mehrere Pensionen haben, gebührt für das Jahr 2008 eine Einmalzahlung. Beträgt das Gesamtpensionseinkommen einer Person

1. bis zu 747 €, so beläuft sich die Einmalzahlung auf 20 % des Gesamtpensionseinkommens;
2. mehr als 747 € bis zu 1 000 € oder hat die Person Anspruch auf Ausgleichszulage, so beläuft sich die Einmalzahlung auf 150 €;
3. mehr als 1 000 € bis zu 2 000 €, so beläuft sich die Einmalzahlung auf eine Höhe, die zwischen den genannten Werten von 150 € auf 50 € linear absinkt;
4. mehr als 2 000 € bis zu 2 800 €, so beläuft sich die Einmalzahlung auf 50 €.

Gesamtpensionseinkommen ist die Summe aller Pensionen aus der gesetzlichen Pensionsversicherung, auf die eine Person im Oktober 2008 Anspruch hat.

(2) Die Einmalzahlung ist kein Pensionsbestandteil, sie ist aber zusammen mit der (höchsten) laufenden Pensionszahlung zum 1. November 2008 auszuzahlen.

(3) Die Einmalzahlung gilt nicht als Nettoeinkommen im Sinne des § 292 Abs. 3. Von der Einmalzahlung sind keine Beiträge zur Krankenversicherung zu entrichten.

(BGBl I 2008/129)

Anpassung der Leistungen aus der Unfallversicherung und der Ausgleichszulagenrichtsätze für das Kalenderjahr 2009

§ 640. Abweichend von den §§ 108g Abs. 1 und 293 Abs. 2 sind die Renten aus der Unfallversicherung, die Bemessungsgrundlagen nach den §§ 77 Abs. 4, 181 Abs. 1, Abs. 2 Z 1 und 2 sowie Abs. 6 und 181b lit. a, b und c sowie die Beträge nach § 212 Abs. 3 und die Ausgleichszulagenrichtsätze für das Kalenderjahr 2009 nicht mit dem Anpassungsfaktor, sondern mit dem Faktor 1,034 zu vervielfachen.

(BGBl I 2008/146)

Neufestsetzung des Schutzbetrages bei der Witwen(Witwer)pension

§ 641. (1) Rückwirkend mit 1. November 2008 werden ersetzt:

1. im § 264 Abs. 6 der Ausdruck „1 667,97 €" jeweils durch den Ausdruck „1 671,20 €" und
2. im § 264 Abs. 6 in der am 30. September 2000 in Geltung gestandenen Fassung der Ausdruck „1 412,41 €" jeweils durch den Ausdruck „1 415,14 €".

(2) Die in Abs. 1 Z 1 und 2 jeweils zweitgenannten Beträge sind erstmals ab 1. Jänner 2010 mit dem Anpassungsfaktor (§ 108f) zu vervielfachen.

(BGBl I 2009/14)

Schlussbestimmungen zu Art. 1 des Bundesgesetzes BGBl. I Nr. 33/2009

§ 642. (1) § 31 Abs. 3 Z 12, die Überschrift zu Abschnitt V, Sechster Teil, die Überschrift zu § 351c sowie die §§ 351c Abs. 1, 5 und 7 Z 1, 351d Abs. 1 letzter Satz, 351e Abs. 1 erster Satz und Abs. 2 erster Satz, 351i Abs. 1 Z 1 lit. a sowie Abs. 3 und 4 in der Fassung des Bundesgesetzes BGBl. I Nr. 33/2009 treten rückwirkend mit 1. Jänner 2009 in Kraft.

(2) Auf Anträge auf Aufnahme in den Erstattungskodex und auf sonstige Anträge nach der Verfahrensordnung zur Herausgabe des Erstattungskodex nach § 351g, die bis zum Ablauf des 31. Dezember 2008 beim Hauptverband eingelangt sind, ist die am 31. Dezember 2007 geltende Rechtslage anzuwenden. Dies gilt auch für sonstige Verfahren nach dieser Verfahrensordnung, die bis zum Ablauf des 31. Dezember 2008 eingeleitet wurden.

(BGBl I 2009/33)

Schlussbestimmungen zu Art. 48 des Budgetbegleitgesetzes 2009, BGBl. I Nr. 52

§ 643. (1) § 447a Abs. 5 tritt mit Ablauf des 30. September 2009 außer Kraft.

(2) (aufgehoben)

(BGBl I 2010/85)

(3) Ab dem Geschäftsjahr 2009 sind die Mittel der pauschalen Beihilfe nach § 1 Abs. 2 GSBG in der Höhe von 4,3 % der Krankenversicherungsaufwendungen, die bei Versicherungsträgern mit negativem Reinvermögen über die vollständige Abgeltung der nicht abziehbaren Vorsteuer hinausgehen (Überdeckung), vom Hauptverband auf diese Krankenversicherungsträger entsprechend der jeweiligen nicht abziehbaren Vorsteuer des Abrechnungsjahres zu verteilen; bei Versicherungsträgern mit positivem Reinvermögen ist eine derartige Überdeckung vom Hauptverband auf die Krankenversicherungsträger entsprechend deren negativem Reinvermögen des Abrechnungsjahres zu verteilen. Bei der vorläufigen monatlichen Weiterleitung ist vom negativen Reinvermögen des zuletzt abgeschlossenen Geschäftsjahres auszugehen.

(BGBl I 2009/52)

Schlussbestimmungen zu Art. 1 des Bundesgesetzes BGBl. I Nr. 83/2009 (69. Novelle)

§ 644. (1) Es treten in Kraft:

1. mit 1. August 2009 die §§ 4 Abs. 1 Z 6 sowie Abs. 4 lit. c, 5 Abs. 1 Z 11 und 13, 7 Z 1 lit. f, 8 Abs. 1 Z 1 lit. c und Z 5, 12 Abs. 6, 17 Abs. 5 lit. d, 41a Abs. 4, 44 Abs. 1 letzter Satz, 49 Abs. 3 Z 27 und 28, 56a Abs. 1, 68a Abs. 2, 77 Abs. 6 und 8, 89a, 122 Abs. 2 Z 2 lit. a, 143 Abs. 1 Z 6, 225 Abs. 1 Z 1, 227 Abs. 1 Z 7 und 8, 234 Abs. 2, 235 Abs. 3 lit. c, 238 Abs. 2 Z 2, 248c Abs. 1, 251a Abs. 4 lit. b, 265 Abs. 1, 306 Abs. 4, 360 Abs. 3 und 6, 434 Abs. 2, 459c Abs. 1 und 3, 502 Abs. 6 sowie 585 in der Fassung des Bundesgesetzes BGBl. I Nr. 83/2009;
2. rückwirkend mit 1. Jänner 2009 die §§ 31b Abs. 2 und 2a, 49 Abs. 3 Z 1 letzter Satz sowie 292 Abs. 4 lit. o und p in der Fassung des Bundesgesetzes BGBl. I Nr. 83/2009;
3. rückwirkend mit 1. Oktober 2008 die §§ 5 Abs. 1 Z 3c, 8 Abs. 1 Z 2 lit. i, 14 Abs. 1 Z 12 und 13, 36 Abs. 1 Z 17 und 18, 44 Abs. 1 Z 5 sowie 52 Abs. 4 Z 4 und 5 in der Fassung des Bundesgesetzes BGBl. I Nr. 83/2009;
4. rückwirkend mit 1. Jänner 2008 § 49 Abs. 3 Z 18 lit. b in der Fassung des Bundesgesetzes BGBl. I Nr. 83/2009;
5. rückwirkend mit 1. Jänner 2005 die §§ 8 Abs. 1a und 506a in der Fassung des Bundesgesetzes BGBl. I Nr. 83/2009.

(2) Die §§ 77 Abs. 9 und 294 Abs. 5 treten mit Ablauf des 31. Juli 2009 außer Kraft.

(3) § 225 Abs. 1 Z 1 in der Fassung des Bundesgesetzes BGBl. I Nr. 83/2009 ist erstmals für Beitragszeiträume ab 1. August 2004 anzuwenden.

(4) Für Personen, die erst auf Grund des § 502 Abs. 6 in der Fassung des Bundesgesetzes BGBl. I Nr. 83/2009 Beiträge nachentrichten können, ist § 502 Abs. 4 so anzuwenden, dass auch für die Zeit nach dem 31. März 1959 Beiträge für insgesamt höchstens 180 Versicherungsmonate nachentrichtet werden können.

(5) Für Personen, die vor dem 1. Jänner 1955 geboren sind, ist § 506a in der am 31. Dezember 2004 geltenden Fassung weiterhin anzuwenden.

(6) § 625 Abs. 12 Z 3 und 4 in der Fassung des Bundesgesetzes BGBl. I Nr. 83/2009 tritt mit dem Monatsersten in Kraft, der der zustimmenden Kenntnisnahme des Sanierungskonzeptes nach § 1 des Bundesgesetzes betreffend den Verzicht auf Bundesforderungen gegenüber Gebietskranken-

kassen, BGBl. I Nr. 83/2009, durch die Bundesregierung folgt.

(BGBl I 2009/83)

Schlussbestimmungen zu Art. 1 des Bundesgesetzes BGBl. I Nr. 84/2009 (70. Novelle)

§ 645. (1) Es treten in Kraft:

1. mit 1. August 2009 die §§ 8 Abs. 1 Z 3 lit. g und j, 51d Abs. 3 Z 1 und 3, 108g Abs. 6 erster Satz, 120 Abs. 1, 120a samt Überschrift, 122 Abs. 3a und 4 dritter Satz, 123 Abs. 7a, 7b, 9 und 10, 124 Abs. 1 letzter Satz, 134 Abs. 3, 153 Abs. 3, 162 Abs. 5 Z 3, 176 Abs. 3, 447f Abs. 7 Z 3, Abs. 10 und 11 Z 2, 447h Abs. 4 erster Satz, 453 Abs. 3 sowie 456 Abs. 3 in der Fassung des Bundesgesetzes BGBl. I Nr. 84/2009;
2. mit 1. Jänner 2010 § 49 Abs. 3 Z 15;
3. mit 1. Juli 2010 die §§ 338 Abs. 1 und 348 Abs. 1 in der Fassung des Bundesgesetzes BGBl. I Nr. 84/2009;
4. rückwirkend mit 1. September 2007 § 16 Abs. 2 Z 1 in der Fassung des Bundesgesetzes BGBl. I Nr. 84/2009;
5. rückwirkend mit 1. Juli 2006 die §§ 447f Abs. 3 Z 4 und Abs. 9 sowie 447h Abs. 2 Z 1 in der Fassung des Bundesgesetzes BGBl. I Nr. 84/2009.

(2) § 51d Abs. 3 Z 4 tritt mit Ablauf des 31. Juli 2009 außer Kraft.

(3) Der Hauptverband hat bis zum 1. Juli 2010 eine kompilierte Fassung aller zu diesem Zeitpunkt geltenden Gesamtverträge sowie allfälliger Änderungen und Zusatzvereinbarungen im Internet zu veröffentlichen.

(4) Der Ausschluss nach § 123 Abs. 10 aufgrund eines Pensionsbezuges gilt nicht für Personen, die am 31. Juli 2009 als Angehörige anspruchsberechtigt sind, solange sich der maßgebliche Sachverhalt nicht ändert.

(BGBl I 2009/84)

Schlussbestimmung zu Art. 8 des Bundesgesetzes BGBl. I Nr. 116/2009

§ 646. § 162 Abs. 3a Z 2 und 3 in der Fassung des Bundesgesetzes BGBl. I Nr. 116/2009 tritt mit 1. Jänner 2010 in Kraft.

(BGBl I 2009/116)

Schlussbestimmungen zu Art. 1 Teil 1 des Bundesgesetzes BGBl. I Nr. 147/2009 (71. Novelle)

§ 647. (1) Die §§ 31 Abs. 5 Z 10 und 13, 148 Z 6, 149 Abs. 2, 340a, 342 Abs. 1 Z 1, 1a, 3, 4, 9 und 10, Abs. 2 und 2a, 343 Abs. 1a und 1b, Abs. 2 Z 6 und 7 sowie Abs. 2 vorletzter Satz, 345a Abs. 2, 348g, 349 Abs. 2b und 3, 349a, 446 Abs. 1, 3 Z 1 und Abs. 4, 448 Abs. 3 in der Fassung der Z 27 und 449 Abs. 1 in der Fassung des Bundesgesetzes BGBl. I Nr. 147/2009 treten mit 1. Jänner 2010 in Kraft.

(2) Die §§ 442 Abs. 5, 448 Abs. 1 und 4, 448 Abs. 3 in der Fassung der Z 28, 449 Abs. 2 und 4, 450 Abs. 1 und 451 Abs. 1 in der Fassung des Bundesgesetzes BGBl. I Nr. 147/2009 treten mit 1. März 2010 in Kraft.

(3) § 448 Abs. 2 und 5 tritt mit Ablauf des 28. Februar 2010 außer Kraft.

(4) § 342 Abs. 1 Z 10 ist auf Einzelverträge von Vertrags(zahn)ärztinnen und -(zahn)ärzten (Vertrags-Gruppenpraxen) und Dentisten/Dentistinnen anzuwenden, die ab dem 1. Jänner 2010 geschlossen werden. Für vor diesem Zeitpunkt geschlossene Einzelverträge sind in den Gesamtverträgen stufenweise Übergangsregelungen unter Berücksichtigung von Lebensalter und Vertrauensschutz vorzusehen. Kommt bis zum Ablauf des 31. Dezember 2010 im jeweiligen Gesamtvertrag keine Einigung über eine Altersgrenze zustande, so gilt das vollendete 70. Lebensjahr als Altersgrenze.

(BGBl I 2009/147)

Schlussbestimmung zu Art. 1 Teil 2 des Bundesgesetzes BGBl. I Nr. 147/2009 (71. Novelle)

§ 648. Die §§ 31 Abs. 4 Z 2 bis 4 und Abs. 5 Z 23, 49 Abs. 3 Z 28, 104 Abs. 6, 108a Abs. 1, 292 Abs. 14, 298 Abs. 2 sowie 625 Abs. 12 Z 4 und 5 und Abs. 15 sowie Abschnitt VIIIb des Achten Teiles in der Fassung des Bundesgesetzes BGBl. I Nr. 147/2009 treten mit 1. Jänner 2010 in Kraft.

(BGBl I 2009/147)

Einmalzahlung

§ 649. (1) Allen Personen mit gewöhnlichem Aufenthalt im Inland, die im Dezember 2009 Anspruch auf eine oder mehrere Pensionen haben, gebührt eine Einmalzahlung. Beträgt das Gesamtpensionseinkommen einer Person

1. bis zu 1 200 €, so beläuft sich die Einmalzahlung auf 4,2 % des Gesamtpensionseinkommens;
2. mehr als 1 200 € bis zu 1 300 €, so beläuft sich die Einmalzahlung auf eine Höhe, die zwischen den genannten Werten von 4,2 % auf 0 % des Gesamtpensionseinkommens linear absinkt.

Gesamtpensionseinkommen ist die Summe aller Pensionen aus der gesetzlichen Pensionsversicherung, auf die eine Person im Dezember 2009 Anspruch hat.

(2) Die Einmalzahlung ist kein Pensionsbestandteil, sie ist aber zusammen mit der (höchsten) laufenden Pensionszahlung für Dezember 2009 zum 1. Jänner 2010 auszuzahlen.

(3) Die Einmalzahlung gilt nicht als Nettoeinkommen im Sinne des § 292 Abs. 3. Von der Einmalzahlung sind keine Beiträge zur Krankenversicherung zu entrichten.

(BGBl I 2009/147)

Schlussbestimmung zu Art. 22 des Bundesgesetzes BGBl. I Nr. 135/2009

§ 650. Die §§ 19 Abs. 1 Z 2, 49 Abs. 3 Z 11, 67 Abs. 7 Z 1, 76 Abs. 2 und 3, 89 Abs. 5, 100 Abs. 1 lit. b, 107a Abs. 1, 121 Abs. 4 Z 7 lit. c und d, 123 Abs. 2 Z 1 sowie Abs. 7, 7a und 7b, 124 Abs. 1, 197 Abs. 2, 213 Abs. 1, 216 samt Überschrift, 217, 259 samt Überschrift, 269 Abs. 1 Z 1 und Abs. 3, 281 Abs. 2, 292 Abs. 2, 3 und 8, 293 Abs. 1 lit. a sublit. aa und lit. b sowie Abs. 4, 294 Abs. 4, 296 Abs. 4, 306 Abs. 2, 311 Abs. 3 lit. b, 360 Abs. 5 Z 3 und 408 in der Fassung des Bundesgesetzes BGBl. I Nr. 135/2009 treten mit 1. Jänner 2010 in Kraft.

(BGBl I 2009/135)

Schlussbestimmungen zu Art. 3 des Bundesgesetzes BGBl. I Nr. 63/2010

§ 651. (1) Die §§ 75, 75a samt Überschrift, 292 Abs. 4 lit. c und 293 Abs. 1 in der Fassung des Bundesgesetzes BGBl. I Nr. 63/2010 treten mit 1. September 2010 in Kraft.

(2) Der Bundesminister für Gesundheit überweist bis spätestens 31. Dezember 2010 an den Hauptverband als Vorauszahlung einen Betrag von 7 Millionen Euro für die Unterschiedsbeträge nach § 75a Abs. 1 und 2 der Monate September bis Dezember 2010. Die Endabrechnung erfolgt nach Vorliegen des endgültigen Gebarungsergebnisses, spätestens bis zum 31. Oktober 2011.

(BGBl I 2010/63)

Schlussbestimmungen zu Art. 4 des Bundesgesetzes BGBl. I Nr. 61/2010 (72. Novelle)

§ 652. (1) Es treten in Kraft:

1. mit 1. September 2010 die §§ 8 Abs. 1 Z 3 lit. l , 10 Abs. 5 erster Satz, 28 Z 2 lit. a, 32h samt Überschrift, 37 erster Satz, 74 Abs. 5, 120, 125 Abs. 1, 131 Abs. 1 und 5, 138 Abs. 1, 162 Abs. 1 und 3, 175 Abs. 4, 177 Abs. 3, 181b samt Überschrift, 192 samt Überschrift, 195 Abs. 7, 203 Abs. 2, 204 Abs. 4, 210 Abs. 1 erster Satz, 212 Abs. 3, 319a Abs. 2, 335 Abs. 3, die Überschrift des Abschnittes II des sechsten Teiles und die Überschriften des ersten, zweiten und dritten Unterabschnittes, 342 Abs. 2 und 2a Z 4, 342a samt Überschrift, 343 Abs. 1, 1a, 1b und 1c sowie Abs. 2 bis 4, 343d, 344 Abs. 2 und 3, 345 Abs. 1, 347 Abs. 4a erster und zweiter Satz, 349 Abs. 2c und 363 Abs. 4 in der Fassung des Bundesgesetzes BGBl. I Nr. 61/2010;
2. rückwirkend mit 1. Jänner 2010 die §§ 104 Abs. 5, 199 Abs. 2, 214 Abs. 4, 216, 346 Abs. 6 und 351h Abs. 5 in der Fassung des Bundesgesetzes BGBl. I Nr. 61/2010;
3. rückwirkend mit 20. April 2002 die §§ 23 Abs. 6, 133 Abs. 5, 144 Abs. 4, 339 Abs. 1, 460e und 538d Abs. 2 Z 4 in der Fassung des Bundesgesetzes BGBl. I Nr. 61/2010.

(2) Die §§ 342 Abs. 3 und 343 Abs. 5 treten mit Ablauf des 31. August 2010 außer Kraft.

(3) § 347 Abs. 4a dritter und vierter Satz treten mit dem Zeitpunkt in Kraft, den der Bundesminister für Gesundheit durch Verordnung festsetzt, frühestens jedoch mit 1. Jänner 2011. Die Erlassung der Verordnung ist daran gebunden, dass die Österreichische Ärztekammer oder der Hauptverband darlegen, dass den Kommissionen nach den §§ 344, 345, 345a und 346 für die Beurteilung der Einhaltung der Vertragspflichten keine geeigneten Parameter zur Verfügung stehen.

(4) Der Bundesminister für Gesundheit hat dafür zu sorgen, dass die Österreichische Ärztekammer bei der Entwicklung sektorenübergreifender Abrechnungsmodelle für den ambulanten Bereich eingebunden wird. Die Gruppenpraxen sind verpflichtet, Art und Umfang der Abrechnung ihrer Leistungen spätestens mit Ablauf des 31. Dezember 2013 auf Grundlage einer einheitlichen elektronischen Diagnosen- und Leistungsdokumentation durchzuführen.

(5) § 125 Abs. 1 in der Fassung des Bundesgesetzes BGBl. I Nr. 61/2010 ist auf jene Versicherungsfälle anzuwenden, die nach dem 1. November 2010 eingetreten sind. Der Hauptverband hat jeweils zum 31. Oktober der Jahre 2011 bis 2013 eine Evaluierung der Aufwendungen, die durch die Neubildung der Bemessungsgrundlage für freie Dienstnehmer/Dienstnehmerinnen nach § 125 Abs. 1 entstanden sind, vorzunehmen. Der jährliche Evaluierungsbericht ist dem Bundesminister für Gesundheit vorzulegen.

(6) Als Übergangsbestimmungen für das Vertragspartnerrecht gilt Folgendes:

1. Einzelverträge mit einer Gruppenpraxis dürfen – abgesehen von der Bestimmung der Z 2 – nach In-Kraft-Treten des § 342a nur auf Grundlage von Gesamtverträgen nach § 342a Abs. 1 bis 4 oder eines Sonder-Einzelvertrages nach einheitlichen Grundsätzen nach § 342a Abs. 5 abgeschlossen werden. Gesamtverträge nach § 342a Abs. 1 bis 4 haben auch Regelungen über die Auswirkungen solcher Gesamtverträge auf bestehende Einzelverträge von Gruppenpraxen zu enthalten.
2. Einzelverträge mit einer Gruppenpraxis in der Rechtsform einer offenen Gesellschaft dürfen nach In-Kraft-Treten des § 342a so lange auf Grundlage von zu diesem Zeitpunkt geltenden Gesamtverträgen abgeschlossen werden, bis Gesamtverträge nach § 342a Abs. 1 bis 4 abgeschlossen sind.
3. Im Falle des Wechsels der Rechtsform einer Gruppenpraxis in die Rechtsform einer Gesellschaft mit beschränkter Haftung erlischt der Einzelvertrag, wenn kein Gruppenpraxis-Gesamtvertrag nach § 342a Abs. 1 bis 4 anwendbar ist.

(BGBl I 2010/61)

(7) Die Bestellung der Vorsitzenden der paritätischen Schiedskommissionen hat längstens bis zum 1. Jänner 2011 zu erfolgen. Bis zum Zeitpunkt der Bestellung hat die jeweilige paritätische Schieds-

kommission ihre Zuständigkeit in der bisherigen Zusammensetzung wahrzunehmen.

(BGBl I 2010/102)

Schlussbestimmungen zu Art. 1 des Bundesgesetzes BGBl. I Nr. 62/2010 (73. Novelle)

§ 653. (1) Es treten in Kraft:

1. mit 1. August 2010 die §§ 4 Abs. 4 lit. a, 5 Abs. 1 Z 15 und 16, 58 Abs. 5, 64 Abs. 1, 69 Abs. 2, 70 Abs. 4, 91 Abs. 1 und 1a, 107 Abs. 4, 311 Abs. 1 bis 3 und 5 bis 9, 312, 344 Abs. 3, 347 Abs. 4 und 6, 348f Abs. 1, 357 samt Überschrift, 368 Abs. 1, 415 Abs. 2a Z 2, 417 Abs. 1 und 607 Abs. 11 in der Fassung des Bundesgesetzes BGBl. I Nr. 62/2010;
2. rückwirkend mit 1. Juli 2010 § 351b samt Überschrift in der Fassung des Bundesgesetzes BGBl. I Nr. 62/2010;
3. rückwirkend mit 1. Jänner 2010 die §§ 31a Abs. 7, 222 Abs. 1 Z 3 lit. a, 257, 360 Abs. 6, 459a Abs. 1 Z 2, 459b Abs. 1, 459c Überschrift, Abs. 1 Z 1, Abs. 2 und 4 sowie 460d in der Fassung des Bundesgesetzes BGBl. I Nr. 62/2010;
4. rückwirkend mit 1. Jänner 2009 § 292 Abs. 4 lit. p in der Fassung des Bundesgesetzes BGBl. I Nr. 62/2010;
5. rückwirkend mit 1. Jänner 2005 die §§ 8 Abs. 1a Z 2, 238 Abs. 3 Z 4, 243 Abs. 1 Z 1 und Abs. 2 sowie 308 Abs. 1a in der Fassung des Bundesgesetzes BGBl. I Nr. 62/2010.

(2) § 7 Z 4 lit. b tritt rückwirkend mit Ablauf des 31. Dezember 2004 außer Kraft.

(3) Auf Personen, die vor dem 1. Jänner 1955 geboren sind, sind die §§ 238 Abs. 3 Z 4 sowie 243 Abs. 1 Z 1 und Abs. 2 in der am 31. Dezember 2004 geltenden Fassung weiterhin anzuwenden.

(4) § 313 in der am 31. Juli 2010 geltenden Fassung ist weiterhin anzuwenden, wenn

1. der Austritt aus dem pensionsversicherungsfreien Dienstverhältnis vor Ablauf des Tages der Kundmachung des zitierten Bundesgesetzes erklärt wird und
2. diese Erklärung innerhalb von 6 Monaten nach Kundmachung des zitierten Bundesgesetzes wirksam wird, es sei denn, der Austritt wurde bereits vor dem 1. Juni 2010 erklärt.

(5) Auf das Verfahren der Versicherungsträger ist § 18 AVG in Verbindung mit § 357 in der Fassung des Bundesgesetzes BGBl. I Nr. 62/2010 bis zum Ablauf des 31. Dezember 2010 so anzuwenden, dass schriftliche Ausfertigungen von elektronisch erstellten Erledigungen oder in Form von elektronischen Dokumenten keiner Unterschrift, Beglaubigung oder Amtssignatur bedürfen.

(BGBl I 2010/62)

Schlussbestimmung zu Art. 4 des Bundesgesetzes BGBl. I Nr. 64/2010

§ 654. § 89 Abs. 2a in der Fassung des Bundesgesetzes BGBl. I Nr. 64/2010 tritt mit 1. September 2010 in Kraft.

(BGBl I 2010/64)

Schlussbestimmung zu Art. 1 des Bundesgesetzes BGBl. I Nr. 58/2010

§ 655. Die §§ 65 Überschrift und Abs. 1, 67 Abs. 5 und 7 Z 6, 67a Abs. 4 und 68 Abs. 2 in der Fassung des Bundesgesetzes BGBl. I Nr. 58/2010 treten mit 1. August 2010 in Kraft.

(BGBl I 2010/58)

Schlussbestimmung zu Art. 1 des Bundesgesetzes BGBl. I Nr. 92/2010

§ 656. § 572 Abs. 4 in der Fassung des Bundesgesetzes BGBl. I Nr. 92/2010 tritt mit 1. Jänner 2011 in Kraft.

(BGBl I 2010/92, BGBl I 2011/122)

Schlussbestimmungen zu Art. 1 des Bundesgesetzes BGBl. I Nr. 102/2010 (74. Novelle)

§ 657. (1) Es treten in Kraft:

1. mit 1. Jänner 2011 die §§ 8 Abs. 1 Z 3 lit. m, 10 Abs. 2 und 5, 12 Abs. 1, 28 Z 2 lit. i, 31a Abs. 4, 35 Abs. 2, 74 Abs. 2a und 3, 82 Abs. 1, 122 Abs. 2, 175 Abs. 5 Z 3, 181 Abs. 4 und 335 Abs. 3 in der Fassung des Bundesgesetzes BGBl. I Nr. 102/2010;
2. mit 1. Juli 2011 die §§ 31 Abs. 5 Z 11, 58 Abs. 2 und 129 samt Überschrift in der Fassung des Bundesgesetzes BGBl. I Nr. 102/2010;
3. rückwirkend mit 1. September 2010 die §§ 343 Schlussteil, 343d Abs. 1 Z 3, 347 Abs. 1 und 2 sowie § 652 Abs. 7 in der Fassung des Bundesgesetzes BGBl. I Nr. 102/2010.

(2) Die Verordnung des Bundesministers für Gesundheit über die Geschäftsordnungen der Schiedskommissionen (Schiedskommissionsverordnung 2010 – SchKV 2010) kann in Umsetzung der §§ 344 und 652 ASVG in der Fassung des Bundesgesetzes über die Stärkung der ambulanten öffentlichen Gesundheitsversorgung, BGBl. I Nr. 61/2010, rückwirkend mit 1. September 2010 in Kraft treten.

(3) Der Bundesminister für Arbeit, Soziales und Konsumentenschutz hat im Einvernehmen mit dem Bundesminister für Gesundheit durch Verordnung[a)] festzustellen, ab wann die technischen Mittel für den Einbehalt bzw. die Einhebung von Beiträgen für ausländische Renten (§ 73a) zur Verfügung stehen. Zielsetzung dabei ist, dass Krankenversicherungsbeiträge im Sinne des § 73a ehestmöglich, tunlichst jedoch erstmals für ausländische Renten, die ab Juli 2011 ausgezahlt werden, einzubehalten bzw. einzuheben sind.

a) siehe VO BGBl II 2011/295

(4) Ausgenommen bei Ausgleichszulagenbezieher/inne/n obliegt es abweichend von § 73a Abs. 2 erster, zweiter, vierter und fünfter Satz den Krankenversicherungsträgern, hinsichtlich jener inlän-

dischen Pensionsbezieher/innen, deren Stichtag vor dem 1. Jänner 2011 liegt, auf Basis der von den Pensionsversicherungsträgern zur Verfügung gestellten Datenlage betreffend Bezieher/innen ausländischer Pensionen festzustellen, in welcher Höhe ein Krankenversicherungsbeitrag von der ausländischen Rente zu entrichten ist. Die Krankenversicherungsträger haben dem für den Einbehalt zuständigen Pensionsversicherungsträger die Höhe des einzubehaltenden Betrages mitzuteilen. Erstmalige Sachverhaltsfeststellungen betreffend Pensionen mit Stichtag vor dem 1. Jänner 2011, die zum 31. Dezember 2011 noch nicht abgeschlossen sind, sind vom Krankenversicherungsträger weiter zu führen. Ab 1. Jänner 2012 sind sämtliche abgeschlossenen Sachverhaltsfeststellungen vom zuständigen Pensionsversicherungsträger zu übernehmen und allfällige Veränderungen von diesem festzustellen.

(BGBl I 2010/102)

Schlussbestimmungen zu Art. 115 Teil 1 des Budgetbegleitgesetzes 2011, BGBl. I Nr. 111/2010 (75. Novelle)

§ 658. (1) Es treten in Kraft:

1. mit 1. Jänner 2011 die §§ 5 Abs. 1 Z 11, 8 Abs. 1, 11 Abs. 3, 17 Abs. 5 lit. d, 31 Abs. 5 Z 27, 32c, 36 Abs. 1 Z 6, 44 Abs. 1 Z 7 und 15a, 47, 52 Abs. 3, 53 Abs. 3 lit. c, 56a Abs. 3, 59 Abs. 1, 60 Abs. 2, 76b Abs. 3, 79c samt Überschrift, 105 Abs. 1, 3, 3a und 4, 108h Abs. 1, 154a Abs. 7, 155 Abs. 3, 222 Abs. 1 Z 2 und Abs. 3, 227 Abs. 1 und 3, 251a Abs. 1, 253e samt Überschrift, 254 Abs. 1 Z 1 bis 4, 255 Abs. 2 bis 4, 270a samt Überschrift, 271 Abs. 1 Z 1 bis 4, 273 Abs. 1 und 2, 279 Abs. 1 Z 1 bis 4, 292 Abs. 1 und 8, 300 Abs. 1 und 3, 301 Abs. 1, 302 Abs. 1 Z 1a und Abs. 4, 305, 306 Abs. 1, 307a Abs. 1, 307d Abs. 6, 361 Abs. 1, 362 Abs. 2 und 3, 367 Abs. 1 und 617 Abs. 13 in der Fassung des Bundesgesetzes BGBl. I Nr. 111/2010;
   (BGBl I 2011/122)
2. mit 1. Februar 2011 § 607 Abs. 12 in der Fassung des Art. 115 Teil 1 Z 71 des Bundesgesetzes BGBl. I Nr. 111/2010;
3. mit 1. Jänner 2012 die §§ 261 Abs. 4 und 284 Z 3 in der Fassung des Bundesgesetzes BGBl. I Nr. 111/2010.

(2) Es treten außer Kraft:

1. mit Ablauf des 31. Dezember 2010 die §§ 8 Abs. 1 Z 5, 14 Abs. 1 Z 8, 254 Abs. 2, 271 Abs. 2, 279 Abs. 2 und 300 Abs. 2;
2. (aufgehoben)
   (BGBl I 2012/35)

(3) § 52 Abs. 4 Z 3 ist für die Kalenderjahre 2011 bis 2015 so anzuwenden, dass an die Stelle des Prozentsatzes von 75 der Prozentsatz von 72 tritt.

(4) § 73 Abs. 2 ist für die Kalenderjahre 2010 bis 2015 so anzuwenden, dass an die Stelle des Prozentsatzes von 318 (322) folgende Prozentsätze treten:

1. im Jahr 2010 der Prozentsatz von 290,
2. im Jahr 2011 der Prozentsatz von 297,
3. im Jahr 2012 der Prozentsatz von 289,
4. im Jahr 2013 der Prozentsatz von 297,
5. im Jahr 2014 der Prozentsatz von 303,
6. im Jahr 2015 der Prozentsatz von 310.
7. (aufgehoben)

(BGBl I 2012/35, BGBl I 2015/118)

(5) Die §§ 76b Abs. 3 und 227 Abs. 3 in der am 31. Dezember 2010 geltenden Fassung sind weiterhin anzuwenden, wenn der Antrag auf Beitragsentrichtung vor Ablauf des Tages der Kundmachung des Bundesgesetzes BGBl. I Nr. 111/2010 gestellt wird.

(6) Abweichend von § 108h Abs. 1 erster Satz sind im Kalenderjahr 2011 nur jene Pensionen, die den Betrag von 2 310 € monatlich nicht übersteigen, zu erhöhen. Beträgt die Pension monatlich

1. nicht mehr als 2 000 €, so ist sie mit dem Anpassungsfaktor zu vervielfachen;
2. mehr als 2 000 € bis zu 2 310 €, so ist sie um einen Prozentsatz zu erhöhen, der zwischen den genannten Werten von 1,2 % auf 0,0 % linear absinkt.

(7) Auf Personen, die Anspruch auf Invaliditätspension nach § 254 Abs. 2 oder auf Berufsunfähigkeitspension nach § 271 Abs. 2 oder auf Knappschaftsvollpension nach § 279 Abs. 2 haben, ist weiterhin die am 31. Dezember 2010 geltende Rechtslage anzuwenden, wenn der Stichtag vor dem 1. Jänner 2011 liegt.

(7a) Abweichend von § 292 Abs. 8 dritter Satz in der Fassung des Bundesgesetzes BGBl. I Nr. 111/2010 gilt für die Ermittlung der Ausgleichszulage als monatliches Einkommen

1. im Jahr 2011 ein Betrag von 19 %,
2. im Jahr 2012 ein Betrag von 18 %,
3. im Jahr 2013 ein Betrag von 16 %

des jeweiligen Richtsatzes.

(8) Auf Personen, die die Voraussetzungen für den Anspruch auf eine vorzeitige Alterspension nach § 607 Abs. 12 bis zum Ablauf des 31. Dezember 2010 erfüllt haben, ist die zitierte Bestimmung in der am 31. Dezember 2010 geltenden Fassung weiterhin anzuwenden.

(9) Beiträge, die nach § 607 Abs. 12 erster Satz fünfter Teilstrich entrichtet wurden, damit Ersatzzeiten nach § 116 Abs. 1 Z 1 GSVG und § 107 Abs. 1 Z 1 BSVG als Beitragsmonate berücksichtigt werden, sind der versicherten Person oder den anspruchsberechtigten Hinterbliebenen in dem Umfang vom leistungspflichtigen Versicherungsträger zu erstatten, als die Berücksichtigung dieser Ersatzzeiten als Beitragsmonate nicht eintritt. Die Erstattung hat von Amts wegen innerhalb eines Jahres nach Eintritt der Rechtskraft der Entscheidung über die Zuerkennung der Leistung zu erfolgen. Die Beiträge sind entsprechend ihrer zeitli-

chen Lagerung mit den Aufwertungsfaktoren (§ 108 Abs. 4) zum Stichtag der zuerkannten Leistung aufzuwerten. Mit der Erstattung erlöschen alle Ansprüche und Berechtigungen, die auf der Beitragsentrichtung beruhen.

(BGBl I 2011/122)

(BGBl I 2010/111)

Schlussbestimmungen zu Art. 115 Teil 2 des Budgetbegleitgesetzes 2011, BGBl. I Nr. 111/2010 (75. Novelle)

§ 659. (1) Die §§ 89a, 122 Abs. 2 Z 2 lit. a, 143 Abs. 1 Z 6, 176 Abs. 1 Z 8 und 421 Abs. 1 bis 5 in der Fassung des Bundesgesetzes BGBl. I Nr. 111/2010 treten mit 1. Jänner 2011 in Kraft.

(2) Für Entsendungen ab 1. Jänner 2011 bis 30. Juni 2011 ist § 421 Abs. 1 bis 5 in der Fassung des Bundesgesetzes BGBl. I Nr. 131/2006 anzuwenden.

(BGBl I 2010/111)

Schlussbestimmung zu Art. 5 des Bundesgesetzes BGBl. I Nr. 24/2011

§ 660. § 31 Abs. 5 Z 34 und 35 in der Fassung des Bundesgesetzes BGBl. I Nr. 24/2011 tritt mit 1. Mai 2011 in Kraft.

(BGBl I 2011/24)

Schlussbestimmung zu Art. 2 des Bundesgesetzes BGBl. I Nr. 52/2011

§ 661. Es treten in Kraft:

1. mit 1. Juli 2011 § 91 Abs. 1a in der Fassung des Bundesgesetzes BGBl. I Nr. 52/2011;
2. mit 1. Jänner 2012 die §§ 70 Abs. 4 und 248c Abs. 1 in der Fassung des Bundesgesetzes BGBl. I Nr. 52/2011.

(BGBl I 2011/52)

Auflösung des Pensionsinstitutes für Verkehr und öffentliche Einrichtungen

§ 662. (1) Das Pensionsinstitut für Verkehr und öffentliche Einrichtungen wird mit Ablauf des 31. Dezember 2014 aufgelöst. Der Vorstand hat ab 1. Jänner 2014 das Vermögen sowie die Rechte und Verbindlichkeiten des Pensionsinstitutes abzuwickeln. Das Nähere über die Durchführung der Auflösung und ihre Rechtsfolgen wird durch ein eigenes, bis längstens 1. Juli 2013 zu erlassendes Bundesgesetz geregelt.

(BGBl I 2013/139)

(2) Die Übertragung von Zuschussleistungen und Anwartschaften aus dem beitragsorientierten System nach den §§ 484 und 485 auf Grund der Auflösung des Pensionsinstitutes ist der Kündigung eines Pensionskassenvertrages gleichzuhalten.

(BGBl I 2013/139)

(BGBl I 2011/122)

Schlussbestimmungen zu Art. 1 des Bundesgesetzes BGBl. I Nr. 122/2011 (76. Novelle)

§ 663. (1) Es treten in Kraft:

1. mit 1. Jänner 2012 die §§ 81a, 95 Abs. 1, 324 Abs. 4, 441e Abs. 2a, 446 Abs. 1 und 658 Abs. 9 in der Fassung des Bundesgesetzes BGBl. I Nr. 122/2011;
2. rückwirkend mit 1. Juli 2011 § 264 Abs. 5 Z 1 in der Fassung des Bundesgesetzes BGBl. I Nr. 122/2011;
3. rückwirkend mit 1. Jänner 2011 die §§ 11 Abs. 3 lit. b, 79c Abs. 1, 222 Abs. 2 und 3, 251a Abs. 1, 273 Abs. 2 und 3, 276e samt Überschrift, 279 Abs. 1 Z 1, 302 Abs. 1 Z 3, 306 Abs. 1 sowie die Überschriften zu den §§ 459g und 656 in der Fassung des Bundesgesetzes BGBl. I Nr. 122/2011.

(2) Es treten außer Kraft:

1. mit Ablauf des 31. Dezember 2011 § 625 Abs. 8 bis 15;
2. rückwirkend mit Ablauf des 31. Dezember 2010 § 223 Abs. 1 Z 2 lit. b.

(3) Die Verwaltungskostenziele nach § 441e Abs. 2a für das Kalenderjahr 2012 sind bis zum 31. März 2012 von der Trägerkonferenz zu beschließen und mit dem Bundesminister für Arbeit, Soziales und Konsumentenschutz und dem Bundesminister für Gesundheit abzustimmen.

(4) Abweichend von § 108h Abs. 1 erster Satz sind im Kalenderjahr 2012 nur jene Pensionen, die den Betrag von 3 300 € monatlich nicht übersteigen, mit dem Anpassungsfaktor zu vervielfachen. Beträgt die Pension monatlich

1. mehr als 3 300 € bis zu 5 940 €, so ist sie um einen Prozentsatz zu erhöhen, der zwischen den genannten Werten von 2,7 % auf 1,5 % linear absinkt;
2. mehr als 5 940 €, so ist sie um 1,5 % zu erhöhen.

Ein besonderer Steigerungsbetrag (§ 248) ist jedenfalls mit dem Anpassungsfaktor zu vervielfachen.

(BGBl I 2011/122)

Schlussbestimmung zu Art. 3 des Bundesgesetzes BGBl. I Nr. 17/2012

§ 664. Die §§ 4 Abs. 1 Z 11 sowie Abs. 2 Z 2 und 3, 10 Abs. 5, 14 Abs. 1 Z 9, 35 Abs. 2, 44 Abs. 1 Z 8a, 51 Abs. 4, 138 Abs. 2 lit. e, 162 Abs. 5 Z 1, 252 Abs. 2 sowie 292 Abs. 4 lit. p und r in der Fassung des Bundesgesetzes BGBl. I Nr. 17/2012treten mit 1. Juni 2012 in Kraft.

(BGBl I 2012/17)

Schlussbestimmungen zu Art. 48 Teil 1 des 2. Stabilitätsgesetzes 2012, BGBl. I Nr. 35 (77. Novelle)

§ 665. (1) Es treten in der Fassung des Bundesgesetzes BGBl. I Nr. 35/2012 in Kraft:

1. mit 1. Jänner 2013 § 8 Abs. 1 Z 3 lit. e;
2. rückwirkend mit 1. Jänner 2012 die §§ 447a Abs. 4 erster Satz und Abs. 6 sowie 447f Abs. 11;

(BGBl I 2017/29)

3. rückwirkend mit 1. Jänner 2012 § 658 Abs. 4.

(2) (aufgehoben)

(BGBl I 2017/29)

(3) Die §§ 32a bis 32g samt Überschriften, 593 Abs. 7 sowie der Abschnitt IVb des Achten Teiles samt Überschriften treten mit Ablauf des 31. Dezember 2012 außer Kraft.

(BGBl I 2012/35)

Schlussbestimmungen zu Art. 48 Teil 2 des 2. Stabilitätsgesetzes 2012, BGBl. I Nr. 35 (77. Novelle)

§ 666. (1) Es treten in der Fassung des Bundesgesetzes BGBl. I Nr. 35/2012 in Kraft:

1. mit 1. Juli 2012 die §§ 31 Abs. 13 sowie 365 Abs. 2 und 3;
2. mit 1. Jänner 2013 die §§ 108 Abs. 3, 255 Abs. 4, 264 Abs. 6a sowie 607 Abs. 10 und 10a;
3. mit 1. Jänner 2014 § 354 Z 4 und 5;
4. mit 1. Jänner 2015 § 292 Abs. 8.

(2) Die §§ 79b und 363 Abs. 3 Z 2 treten mit Ablauf des 30. Juni 2012 außer Kraft.

(3) Abweichend von § 108h Abs. 1 erster Satz sind die Pensionen in den Kalenderjahren 2013 und 2014 so zu erhöhen, dass der dem jeweiligen Anpassungsfaktor (§ 108f) entsprechende Erhöhungsprozentsatz

1. im Kalenderjahr 2013 um einen Prozentpunkt und
2. im Kalenderjahr 2014 um 0,8 Prozentpunkte

vermindert wird.

(4) § 255 Abs. 4 in der Fassung des Bundesgesetzes BGBl. I Nr. 35/2012 ist nur auf Versicherungsfälle anzuwenden, in denen der Stichtag nach dem 31. Dezember 2012 liegt, und zwar so, dass an die Stelle des vollendeten 60. Lebensjahres in den Kalenderjahren 2013 und 2014 das vollendete 58. Lebensjahr und in den Kalenderjahren 2015 und 2016 das vollendete 59. Lebensjahr tritt.

(5) Abweichend von § 292 Abs. 8 dritter Satz in der Fassung des Bundesgesetzes BGBl. I Nr. 35/2012 gilt für die Ermittlung der Ausgleichszulage als monatliches Einkommen im Jahr 2015 ein Betrag von 14 % des jeweiligen Richtsatzes.

(BGBl I 2012/35)

Besondere Pensionsanpassung

§ 667. Alle Pensionen, die am 1. Oktober 2012 bezogen werden, sind zu diesem Zeitpunkt mit dem Faktor 1,011 zu vervielfachen, wenn

1. ihr Stichtag (§ 223 Abs. 2) vor dem 1. Jänner 2007 liegt,
2. ihre Höhe am 31. Dezember 2007 den Betrag von 747 € nicht erreicht hat und

   (BGBl I 2013/3)
3. sie für das Jahr 2008 nur mit dem Anpassungsfaktor vervielfacht wurden.

Abweichend von Z 1 ist für die Vervielfachung von Hinterbliebenenpensionen, die aus einer bereits zuerkannten Leistung abgeleitet sind, der Stichtag dieser Leistung maßgebend.

(BGBl I 2012/76)

Schlussbestimmungen zu Art. 8 des Bundesgesetzes BGBl. I Nr. 89/2012

§ 668. (1) § 4 Abs. 1 Z 5 in der Fassung des Bundesgesetzes BGBl. I Nr. 89/2012 tritt mit 1. Jänner 2013 in Kraft.

(2) Bis 31. Dezember 2016 ist § 4 Abs. 1 Z 5 auch auf Schülerinnen und Schüler, die in Ausbildung zum medizinisch-technischen Fachdienst im Sinne des Bundesgesetzes über die Regelung des medizinisch-technischen Fachdienstes und der Sanitätshilfsdienste, BGBl. Nr. 102/1961, stehen, anzuwenden.

(BGBl I 2012/89, BGBl I 2013/3)

Schlussbestimmungen zu Art. 5 des Bundesgesetzes BGBl. I Nr. 3/2013 (78. Novelle)

§ 669. (1) Es treten in Kraft:

1. mit 1. Jänner 2013 die §§ 16 Abs. 2a, 31 Abs. 3 Z 9, 76 Abs. 1 Z 3, 77 Abs. 7, 108e Abs. 9 Z 2 und Z 3 in der Fassung der Z 21, 225 Abs. 1 Z 3, 311 Abs. 1a, 363 Abs. 2, 440a Abs. 5 und 460c in der Fassung des Bundesgesetzes BGBl. I Nr. 3/2013;
2. mit 1. Jänner 2014 die §§ 8 Abs. 1 Z 1 lit. d und Z 2 lit. c, 10 Abs. 5a und 6b Z 3, 12 Abs. 4a, 31 Abs. 2 und 5, 36 Abs. 1 Z 13a, 44 Abs. 1 Z 14 und Abs. 6 lit. a, 88 Abs. 2 lit. a, 99 Abs. 3 Eingang und Z 1, 108e Abs. 9 Z 3 in der Fassung der Z 22, 117 Z 3, 138 Abs. 2 lit. f, 222 Abs. 1 Z 2 lit. a und Abs. 2 Z 2 lit. a, 234 Abs. 1 Z 5, 251a Abs. 1, 253f samt Überschrift, 254 Abs. 1 Z 1 und 2, 255a samt Überschrift, 270b samt Überschrift, 271 Abs. 1 Z 1 und 2 sowie Abs. 3, 273a samt Überschrift, 276f samt Überschrift, 277 Abs. 2, 279 Abs. 1 Z 1 und 2 sowie Abs. 3, 280a samt Überschrift, 301 Abs. 1, 303, 306 Abs. 1, 307a Überschrift sowie Abs. 1 und 4, 307g samt Überschrift, 361 Abs. 1, 362 Abs. 2 bis 4, 366 Abs. 4, 367 Abs. 1 und 4, 368a samt Überschrift sowie Unterabschnitt 3a des Abschnittes II des Zweiten Teiles samt Überschriften (§§ 143a bis 143c) in der Fassung des Bundesgesetzes BGBl. I Nr. 3/2013;
3. mit 1. Jänner 2016 § 79c Abs. 1 in der Fassung des Bundesgesetzes BGBl. I Nr. 3/2013;
4. rückwirkend mit 1. Juni 2012 die §§ 252 Abs. 2 Z 3 und 292 Abs. 4 lit. r in der Fassung des Bundesgesetzes BGBl. I Nr. 3/2013.

(2) Die §§ 253e, 256, 270a und 276e treten mit Ablauf des 31. Dezember 2013 außer Kraft.

(3) Die Selbstversicherung in der Pensionsversicherung nach § 18a kann auf Antrag von Personen, die irgendwann in der Zeit seit dem 1. Jänner 1988 die zum Zeitpunkt der Antragstellung geltenden Voraussetzungen für diese Selbstversicherung

erfüllt haben, nachträglich beansprucht werden, und zwar für alle oder einzelne Monate, längstens jedoch für 120 Monate, in denen die genannten Voraussetzungen vorlagen. § 18 Abs. 2 ist sinngemäß anzuwenden.

(BGBl I 2017/125)

(4) Die Krankenversicherungsträger haben die Aufwendungen, die durch die Einführung des Rehabilitationsgeldes nach § 143a bis zum 31. Dezember 2015 entstanden sind, gemeinsam mit den Pensionsversicherungsträgern bis zum 31. März 2016 zu evaluieren. Der Evaluierungsbericht ist dem Bundesministerium für Arbeit, Soziales und Konsumentenschutz und dem Bundeministerium für Gesundheit vorzulegen.

(5) Auf Personen, die das 50. Lebensjahr bereits vor dem 1. Jänner 2014 vollendet haben, sind die §§ 222 Abs. 1 und 2, 251a Abs. 1, 253e, 254 Abs. 1 Z 1 und 2, 256, 270a, 271 Abs. 1 Z 1 und 2 sowie Abs. 3, 276e, 277 Abs. 2, 279 Abs. 1 Z 1 und 2 sowie Abs. 3, 301 Abs. 1, 306 Abs. 1, 362 Abs. 2 und 367 Abs. 1 in der am 31. Dezember 2013 geltenden Fassung weiterhin anzuwenden.

(BGBl I 2015/2)

(6) Auf Personen, die am 31. Dezember 2013 eine zeitlich befristet zuerkannte Pension aus dem Versicherungsfall der geminderten Arbeitsfähigkeit beziehen, ist § 256 in der am 31. Dezember 2013 geltenden Fassung bis zum Ablauf der jeweiligen Befristung weiterhin anzuwenden.

(6a) (aufgehoben)

(BGBl I 2014/30)

(7) (aufgehoben)

(BGBl I 2014/46)

(8) § 25 Abs. 3 APG ist nur auf Versicherungsfälle anzuwenden, in denen der Stichtag nach dem 31. Dezember 2013 liegt.

(BGBl I 2013/3)

Schlussbestimmung zu Art. 3 des Bundesgesetzes BGBl. I Nr. 4/2013

§ 670. Die §§ 5 Abs. 1 Z 15 und 7 Z 1 lit. g in der Fassung des Bundesgesetzes BGBl. I Nr. 4/2013 treten mit 1. Jänner 2013 in Kraft.

(BGBl I 2013/4)

Schlussbestimmungen zu Art. 1 des Bundesgesetzes BGBl. I Nr. 123/2012 (79. Novelle)

§ 671. (1) Es treten in Kraft:

1. mit 1. Jänner 2013 die §§ 5 Abs. 2, die Überschrift zu § 31c, 31c Abs. 2 und Abs. 3, 53b Abs. 2 Z 3, Abs. 3 Z 2 und 3, 90a samt Überschrift, 123 Abs. 9 und 10, 153 Abs. 3 und 3a, 175 Abs. 2 Z 10, 176 Abs. 1 Z 2, 195 Abs. 6, 204 Abs. 1, 319b samt Überschrift, 343c samt Überschrift sowie die Nr. 20, 22, 23, 26 und 30 der Anlage 1 in der Fassung des Bundesgesetzes BGBl. I Nr. 123/2012;
2. rückwirkend mit 1. Jänner 2011 § 139 Abs. 1 in der Fassung des Bundesgesetzes BGBl. I Nr. 123/2012;
3. rückwirkend mit 1. Jänner 2004 § 31 Abs. 6 in der Fassung des Bundesgesetzes BGBl. I Nr. 123/2012.

(2) § 575 Abs. 16a tritt mit Ablauf des 30. Juni 2013 außer Kraft.

(3) Leidet der (die) Versicherte am 1. Jänner 2013 an einer Krankheit, die erst auf Grund des Bundesgesetzes BGBl. I Nr. 123/2012 als Berufskrankheit gilt, oder ist er (sie) vor dem 1. Jänner 2013 an einer solchen Krankheit gestorben, so sind an ihn (sie) oder an seine (ihre) Hinterbliebenen die Leistungen der Unfallversicherung zu erbringen, wenn der Versicherungsfall nach dem 31. Dezember 1955 eingetreten ist; die Leistungen sind frühestens ab 1. Jänner 2013 zu erbringen, wenn der Antrag bis zum Ablauf des 31. Dezember 2014 gestellt wird; wird der Antrag nach dem 31. Dezember 2014 gestellt, so gebühren die Leistungen frühestens ab dem Tag der Antragstellung.

(4) Die Sozialversicherungsanstalt der gewerblichen Wirtschaft hat gemeinsam mit der Allgemeinen Unfallversicherungsanstalt zum 31. März 2016 im übertragenen Wirkungsbereich der Träger unter Bindung an die Weisungen des Bundesministers für Gesundheit eine Evaluierung der Aufwendungen, die durch die Einführung der Unterstützungsleistungen bei lang andauernder Krankheit nach § 104a bis zum 31. Dezember 2015 entstanden sind, vorzunehmen. Der Evaluierungsbericht ist dem Bundesministerium für Gesundheit vorzulegen.

(5) Verordnungen auf Grund des Bundesgesetzes BGBl. I Nr. 123/2012 können rückwirkend mit 1. Jänner 2013 in Kraft treten.

(BGBl I 2012/123)

Schlussbestimmung zu Art. 7 des Bundesgesetzes BGBl. I Nr. 67/2013

§ 672. § 44 Abs. 1 Z 13 lit. d in der Fassung des Bundesgesetzes BGBl. I Nr. 67/2013 tritt mit 1. Juli 2013 in Kraft.

(BGBl I 2013/67)

Schlussbestimmung zu Art. 1 des Bundesgesetzes BGBl. I Nr. 87/2013 (80. Novelle)

§ 673. (1) Die §§ 5 Abs. 1 Z 12, 110 Abs. 1 Z 2, 111a, 308 Abs. 4, 311 Abs. 1, 358 samt Überschrift, 359 Abs. 5, 360a Überschrift und erster Satz, 360b samt Überschrift, 362a samt Überschrift, 411, 412 samt Überschrift, 413 samt Überschrift, 414 samt Überschrift, 415 samt Überschrift, 416 samt Überschrift, 452a samt Überschrift und 545a samt Überschrift in der Fassung des Bundesgesetzes BGBl. I Nr. 87/2013 treten mit 1. Jänner 2014 in Kraft.

(2) Die Untergliederung des Abschnittes III des Siebenten Teiles samt Überschriften sowie die §§ 357, 410 Abs. 2, 417 und 417a treten mit Ablauf des 31. Dezember 2013 außer Kraft.

(BGBl I 2013/87)

Schlussbestimmungen zu Art. 1 des Bundesgesetzes BGBl. I Nr. 130/2013 (81. Novelle)

§ 674. (1) Die §§ 343 Abs. 1b und 4, 343d Abs. 2, 345 bis 348 samt Überschriften, 348a Abs. 3 Z 5, 348c Abs. 3, 348d Abs. 3 und 4, 348e Abs. 1 und 2, 348f, 351 samt Überschrift, 351d Abs. 1, 351e Abs. 1, 351f Abs. 1, 351g Abs. 1 bis 2 und 4, 351h bis 351j samt Überschriften sowie 545 Abs. 9 in der Fassung des Bundesgesetzes BGBl. I Nr. 130/2013 treten mit 1. Jänner 2014 in Kraft.

(2) Die §§ 344 Abs. 3 und 4, 345a sowie 351d Abs. 2 treten mit Ablauf des 31. Dezember 2013 außer Kraft.

(3) Die Vorschläge der Bundesarbeitskammer und der Wirtschaftskammer für Laienrichter/Laienrichterinnen nach § 351i Abs. 2 sind dem Bundesministerium für Gesundheit bis spätestens 30. September 2013 zu übermitteln.

(BGBl I 2013/130)

Schlussbestimmungen zu Art. 3 des Bundesgesetzes BGBl. I Nr. 81/2013 (82. Novelle)

§ 675. (1) Die §§ 23 Abs. 5, 31 Abs. 2 Z 5 und 6, Abs. 4 Z 9 und 10, Abs. 5 Z 16b, 31d, 32h, 82 Abs. 5, die Überschrift des siebten Unterabschnittes im 5. Abschnitt des Ersten Teiles, 84a Abs. 2 bis 5, 84c samt Überschrift, 116 Abs. 1 Z 1 und 5, die Überschrift des 1. Unterabschnittes zu Abschnitt II des Zweiten Teiles, § 149 Abs. 3, die Überschrift zu 154b, 154b Abs. 1, 156 Abs. 1 Z 3, 338 Abs. 1, 351g Abs. 2, 437 Abs. 1 Z 8 und 9, 441d Abs. 2 Z 11 bis 14, 447g samt Überschrift, 447h Abs. 3 und 4 sowie 634 Abs. 1 Z 2 in der Fassung des Bundesgesetzes BGBl. I Nr. 81/2013 treten rückwirkend mit 1. Jänner 2013 in Kraft.

(2) Der Hauptverband hat zum 1. Juli 2014 eine konsolidierte Fassung aller zu diesem Zeitpunkt geltenden Gesamtverträge sowie allfälligen Änderungen und Zusatzvereinbarungen im Internet zu veröffentlichen.

(3) Die §§ 149 Abs. 3a, 322a Abs. 2 und 4, 447a Abs. 10 sowie 447f Abs. 1, 6, 14 und 16 in der Fassung des Bundesgesetzes BGBl. I Nr. 81/2013 treten rückwirkend mit 1. Jänner 2013 in Kraft und nach Ablauf von sechs Monaten nach Außer-Kraft-Treten der Vereinbarung gemäß Art. 15a B-VG über die Organisation und Finanzierung des Gesundheitswesens, BGBl. I Nr. 105/2008, in der jeweils geltenden Fassung außer Kraft. Den Zeitpunkt des Außer-Kraft-Tretens hat der Bundesminister für Gesundheit durch eine im Einvernehmen mit der Bundesministerin für Finanzen zu erlassende Verordnung festzustellen.

(BGBl I 2013/81, BGBl I 2015/2)

Schlussbestimmungen zu Art. 1 des Bundesgesetzes BGBl. I Nr. 86/2013 (83. Novelle)

§ 676. (1) Es treten in Kraft:

1. mit 1. Jänner 2014 die §§ 143c samt Überschrift, 367a samt Überschrift und Abschnitt VIIId des Achten Teiles in der Fassung des Bundesgesetzes BGBl. I Nr. 86/2013;
2. rückwirkend mit 1. Februar 2013 die §§ 67 Abs. 7 Z 2 und 3, 123 Abs. 2 Z 2, 227a Abs. 2 Z 1 sowie 252 Abs. 1 Z 1 und zweiter Satz in der Fassung des Bundesgesetzes BGBl. I Nr. 86/2013.

(2) Es treten außer Kraft:

1. mit Ablauf des 1. Jänner 2014 die §§ 291a bis 291j;
2. rückwirkend mit Ablauf des 31. Jänner 2013 die §§ 123 Abs. 2 Z 3 und 4, 227a Abs. 2 Z 2 und 3, 252 Abs. 1 Z 2 und 3 sowie 459d Abs. 1 Z 6.

(3) Die Mittel des Härteausgleichsfonds sind am 1. Jänner 2014 an den Überbrückungshilfefonds nach § 44a GSVG zu überweisen.

(BGBl I 2013/86)

Schlussbestimmungen zu Art. 2 des Bundesgesetzes BGBl. I Nr. 187/2013

§ 677. (1) Die §§ 4 Abs. 1 Z 9, 48 samt Überschrift und 53 Abs. 1 in der Fassung des Bundesgesetzes BGBl. I Nr. 187/2013 treten mit 1. Jänner 2014 in Kraft.

(2) § 48 in der Fassung des Bundesgesetzes BGBl. I Nr. 187/2013 ist nur auf Personen anzuwenden, deren Einsatzvertrag nach dem 31. Dezember 2013 abgeschlossen wird.

(BGBl I 2013/187)

Schlussbestimmung zu Art. 10 des Bundesgesetzes BGBl. I Nr. 138/2013

§ 678. Die §§ 8 Abs. 1 Z 2 lit. j, 10 Abs. 6b Z 8 und 9, 14 Abs. 1 Z 13 und 14, 18b Abs. 1a, 31c Abs. 3, 36 Abs. 1 Z 18 und 19, 41 Abs. 4, 44 Abs. 1 Z 18 und 19, 52 Abs. 4 erster Satz sowie Z 5 und 6, 143 Abs. 1, 162 Abs. 3 lit. c und 166 Abs. 1 in der Fassung des Bundesgesetzes BGBl. I Nr. 138/2013 treten mit 1. Jänner 2014 in Kraft.

(BGBl I 2013/138)

Schlussbestimmungen zu Art. 2 des Bundesgesetzes BGBl. I Nr. 137/2013

§ 679. (1) Die §§ 8 Abs. 1 Z 4 und 5, 36 Abs. 1 Z 19 und 20, 44 Abs. 1 Z 19 und 20, 52 Abs. 3a, 138 Abs. 2 lit. g und h sowie 162 Abs. 5 Z 1 in der Fassung des Bundesgesetzes BGBl. I Nr. 137/2013 treten mit 1. Jänner 2014 in Kraft.

(2) Die Pensionsversicherungsanstalt leistet an die Bauarbeiter-Urlaubs- und Abfertigungskasse am 1. Juni 2014 einen Betrag von 6,5 Millionen Euro. Die Pensionsversicherungsanstalt leistet in den Jahren 2015 und 2016 einen Betrag in der Höhe von 13 Millionen Euro und ab dem Jahr 2017 einen Betrag von 11 Millionen Euro, soweit mindestens 1 700 Personen jährlich einen Antrag auf Gewährung von Überbrückungsgeld nach § 131 des Bauarbeiter-Urlaubs- und Abfertigungsgesetzes oder auf Gewährung einer Überbrückungsabgeltung bei Nichtinanspruchnahme von Überbrückungsgeld nach § 13m des Bauarbeiter-Urlaubs- und Abfertigungsgesetzes stellen. Werden weniger Anträge gestellt, so gebührt der aliquote Teil die-

ses Betrages. Der Betrag ab dem Jahr 2015 ist in den Monaten Jänner, Juni, September und Oktober als Vorauszahlung jeweils in der Höhe eines Viertels des Gesamtbetrages zu leisten. Die Differenz zwischen der Vorauszahlung und der Abrechnung auf der Grundlage der tatsächlich erfolgten Anträge ist mit der jeweils nächstfolgenden Vorauszahlung gegenzurechnen.

(BGBl I 2017/32)

(BGBl I 2013/137)

Schlussbestimmung zu Art. 1 des Bundesgesetzes BGBl. I Nr. 139/2013

§ 680. (1) Es treten in Kraft:

1 mit 1. Juli 2013 die §§ 255 Abs. 3b, 484 bis 489 samt Überschriften und 662 in der Fassung des Bundesgesetzes BGBl. I Nr. 139/2013;

2. mit 1. August 2013 die §§ 123 Abs. 3, 215 Abs. 4 sublit. bb, 216, 259 und 264 Abs. 10 lit. b in der Fassung des Bundesgesetzes BGBl. I Nr. 139/2013;

3. mit 1. Jänner 2014 die §§ 49 Abs. 7 Z 2, 66, 139 Abs. 6, 307h samt Überschrift und 414 in der Fassung des Bundesgesetzes BGBl. I Nr. 139/2013;

4. mit 1. Jänner 2015 die §§ 67a Abs. 4 Z 2, Abs. 5a, Abs. 6 Z 1, Abs. 6a und Abs. 8a, 67c Abs. 1 und 2, 67e samt Überschrift und 112a in der Fassung des Bundesgesetzes BGBl. I Nr. 139/2013.

(2) § 217 Abs. 2 tritt mit Ablauf des 31. Juli 2013 außer Kraft.

(3) Die § 53b Abs. 3 bis 5 in der Fassung des 2. Sozialversicherungs-Änderungsgesetzes 2013, BGBl. I Nr. 139/2013, sind auf Entgeltfortzahlungstage infolge von Unfällen, die sich nach dem 30. Juli 2013 ereignet haben, anzuwenden.

(BGBl I 2014/32, BGBl I 2015/162)

(BGBl I 2013/139)

Schlussbestimmung zu Art. 4 des Bundesgesetzes BGBl. I Nr. 30/2014

§ 681. (1) Die §§ 51 Abs. 1 Z 2 und 53a Abs. 1 in der Fassung des Bundesgesetzes BGBl. I Nr. 30/2014 treten mit 1. Juli 2014 in Kraft.

(2) § 669 Abs. 6a in der Fassung des Bundesgesetzes BGBl. I Nr. 30/2014 tritt rückwirkend mit 1. Jänner 2014 in Kraft und mit Ablauf des 31. Dezember 2015 außer Kraft.

(BGBl I 2014/30)

Schlussbestimmung zu Art. 1 des Bundesgesetzes BGBl. I Nr. 28/2014

§ 682. Die §§ 153a Abs. 1 und 343c Abs. 1 in der Fassung des Bundesgesetzes BGBl. I Nr. 28/2014 treten mit 1. Juli 2015 in Kraft.

(BGBl I 2014/28)

Schlussbestimmung zu Art. 34 des Bundesgesetzes BGBl. I Nr. 40/2014

§ 683. § 8 Abs. 1 Z 2 lit. j in der Fassung des Bundesgesetzes BGBl. I Nr. 40/2014 tritt rückwirkend mit 1. Jänner 2014 in Kraft.

(BGBl I 2014/40)

Schlussbestimmungen zu Art. 7 des Bundesgesetzes BGBl. I Nr. 46/2014

§ 684. (1) Die §§ 31 Abs. 3 Z 9, 460b Abs. 1 und 460c zweiter Satz in der Fassung des Bundesgesetzes BGBl. I Nr. 46/2014 treten mit 1. Jänner 2015 in Kraft.

(2) § 669 Abs. 7 tritt mit Ablauf des 31. Dezember 2014 außer Kraft.

(3) § 460c zweiter Satz in der Fassung des Bundesgesetzes BGBl. I Nr. 46/2014 ist auf BezieherInnen von Leistungen, für die nach dem Pensionsrecht der Dienstordnungen keine kollektivvertragliche Pensionseinkommensgrenze gilt, so anzuwenden, dass an die Stelle der Prozentsätze von 50% und 80% die Prozentsätze von 35% und 70% sowie an die Stelle der Prozentsätze von 3,3%, 4,5% und 9,0% die Prozentsätze von 3,5%, 5,0% und 10% treten.

(BGBl I 2014/46)

Schlussbestimmung zu Art. 3 des Bundesgesetzes BGBl. I Nr. 68/2014

§ 685. Die §§ 10 Abs. 5 und 5b, 11 Abs. 2, 12 Abs. 4b, 13 und 30 Abs. 4a in der Fassung des Bun-desgesetzes BGBl. I Nr. 68/2014 treten mit 1. Juli 2014 in Kraft.

(BGBl I 2014/68)

Schlussbestimmung zum Bundesgesetz BGBl. I Nr. 56/2014

§ 686. § 252 Abs. 3 in der Fassung des Bundesgesetzes BGBl. I Nr. 56/2014 tritt mit 1. Juli 2014 in Kraft.

(BGBl I 2014/56)

Schlussbestimmung zu Art. 2 des Bundesgesetzes BGBl. I Nr. 82/2014

§ 687. Die §§ 81 Abs. 2b, 342b, 343d Abs. 1 Z 4 und 460 Abs. 1a in der Fassung des Bundesgesetzes BGBl. I Nr. 82/2014 treten mit 1. Jänner 2015 in Kraft.

(BGBl I 2014/82, BGBl I 2015/2)

Schlussbestimmungen zu Art. 1 des Bundesgesetzes BGBl. I Nr. 2/2015 (84. Novelle)

§ 688. (1) Es treten in der Fassung des Bundesgesetzes BGBl. I Nr. 2/2015 in Kraft:

1. mit 1. Jänner 2015 die §§ 18a Abs. 1 und 3, 68a Abs. 1, 76b Abs. 5a, 77 Abs. 7, 86 Abs. 3 Z 2, 89 Abs. 1 Z 3 und Abs. 2, 108e Abs. 9 Z 1 bis 3, 143a Abs. 1 bis 5, 248c Abs. 2, 324 Abs. 4 und 414 Abs. 4;

2. rückwirkend mit 1. Jänner 2014 die §§ 26 Abs. 1 Z 3 und 4, 36 Abs. 1 Z 13a, 40 Abs. 3, 44 Abs. 6 lit. a, 49 Abs. 6, 86 Abs. 6, 99

Abs. 1a und 3 Z 1 lit. b, 103 Abs. 1 Z 4 und 5, 104 Abs. 1, 222 Abs. 3, 248a, 254 Abs. 1 Z 2, 255 Abs. 2 und 4 Z 1a, 255a, 255b samt Überschrift, 271 Abs. 1 Z 2, 273a, 273b samt Überschrift, 279 Abs. 1 Z 2, 280a, 280b samt Überschrift, 332 Abs. 1a, 348d Abs. 3, 354 Z 4a und 5, 361 Abs. 1 und 5, 362 Abs. 4 Z 1, 366 Abs. 4, 367 Abs. 4, 459h Abs. 2, 459i Abs. 1 bis 5 und 545 sowie die Überschrift zu § 675.

(2) Die §§ 18a Abs. 2 Z 1 und 76b Abs. 4 treten mit Ablauf des 31. Dezember 2014 außer Kraft.

(3) Abweichend von § 76b Abs. 5a in der Fassung des Bundesgesetzes BGBl. I Nr. 2/2015 beträgt die monatliche Beitragsgrundlage für Selbstversicherte nach § 18a

1. im Kalenderjahr 2015...1 214 €;
2. im Kalenderjahr 2016...1 323 €;
3. im Kalenderjahr 2017...1 432 €;
4. im Kalenderjahr 2018...1 541 €.

(4) Abweichend von § 77 Abs. 7 in der Fassung des Bundesgesetzes BGBl. I Nr. 2/2015 sind die Beiträge für die nach § 18a Selbstversicherten zu tragen:

1. im Kalenderjahr 2015 zu 91% vom Ausgleichsfonds für Familienbeihilfen und zu 9% vom Bund;
2. im Kalenderjahr 2016 zu 83,5% vom Ausgleichsfonds für Familienbeihilfen und zu 16,5% vom Bund;
3. im Kalenderjahr 2017 zu 77% vom Ausgleichsfonds für Familienbeihilfen und zu 23% vom Bund;
4. im Kalenderjahr 2018 zu 72% vom Ausgleichsfonds für Familienbeihilfen und zu 28% vom Bund.

(5) Der Hauptverband hat die Aufwendungen, die durch die Änderungen der Bestimmungen über die Selbstversicherung in der Pensionsversicherung für Zeiten der Pflege eines behinderten Kindes (§§ 18a Abs. 1 bis 3, 76b Abs. 5a und 77 Abs. 7 in der Fassung des Bundesgesetzes BGBl. I Nr. 2/2015) bis zum 31. Dezember 2016 entstanden sind, bis zum 31. März 2017 zu evaluieren. Die dafür erforderlichen Daten sind dem Hauptverband von den zuständigen Behörden zu übermitteln. Der Evaluierungsbericht ist dem Bundesministerium für Arbeit, Soziales und Konsumentenschutz vorzulegen.

(BGBl I 2015/2)

Schlussbestimmungen zu Art. 1 des Bundesgesetzes BGBl. I Nr. 79/2015 (85. Novelle)

§ 689. (1) Es treten in der Fassung des Bundesgesetzes BGBl. I Nr. 79/2015 in Kraft:

1. mit 1. Jänner 2017 die §§ 59 Abs. 1 dritter Satz und 67b Abs. 2;
2. mit 1. Jänner 2019 die §§ 33 Abs. 1a, 1b und 3, 34 samt Überschrift, 41 Abs. 1 und 4 Z 3, 44 Abs. 2, 58 Abs. 1, 4 und 8, 59 Abs. 1 erster Satz, 60 Abs. 3, 67a Abs. 6 Z 2 und 3, 67b Abs. 1 und 4 Z 4, 111 Abs. 1 Z 1, 112 Abs. 1, 113 bis 115 samt Überschriften, 125 Abs. 3, 162 Abs. 4, 471f in der Fassung der Z 33 und 471g in der Fassung der Z 34.

(BGBl I 2017/66)

(BGBl I 2015/162)

(1a) Die §§ 5 Abs. 2 und 3, 7 Z 4, 44 Abs. 1 Z 8a und 14, 76b Abs. 2, 143a Abs. 4, 254 Abs. 6, 471f in der Fassung der Z 2, 471g in der Fassung der Z 2 und 471m in der Fassung des Bundesgesetzes BGBl. I Nr. 79/2015 treten mit 1. Jänner 2017 in Kraft, es sei denn, der Bundesminister für Arbeit, Soziales und Konsumentenschutz setzt durch Verordnung einen früheren Zeitpunkt fest. Der Hauptverband ist verpflichtet, den Bundesminister für Arbeit, Soziales und Konsumentenschutz zu informieren

1. bis längstens 29. Februar 2016 darüber, wann voraussichtlich die technischen Mittel für die Vollziehung der zitierten Bestimmungen zur Verfügung stehen werden, und
2. in schriftlicher Form darüber, wann diese technischen Mittel tatsächlich zur Verfügung stehen.

Nach Vorliegen der Information nach Z 2 hat der Bundesminister für Arbeit, Soziales und Konsumentenschutz die im ersten Satz genannte Verordnung unverzüglich zu erlassen.

(BGBl I 2015/162)

(2) Die §§ 34a, 44a, 54 Abs. 2, 56, 58a und 125 Abs. 5 sowie die Abschnitte I und Ia des Neunten Teiles treten mit Ablauf des 31. Dezember 2018 außer Kraft.

(BGBl I 2015/162, BGBl I 2017/66)

(3) Der Hauptverband hat die Auswirkungen der Aufhebung der Bestimmungen über die tägliche Geringfügigkeitsgrenze – bezogen auf das Kalenderjahr 2017 – bis zum Ablauf des 30. Juni 2019 im übertragenen Wirkungsbereich zu evaluieren. Er ist dabei an die Weisungen des Bundesministers für Arbeit, Soziales und Konsumentenschutz gebunden.

(4) Personen, die am 31. Dezember 2017 nach den §§ 461 bis 471 pflichtversichert sind, bleiben weiterhin nach diesen Bestimmungen pflichtversichert, und zwar so lange, als die unständige Beschäftigung in der Land- und Forstwirtschaft ausgeübt wird und keine Änderung des maßgeblichen Sachverhaltes eintritt.

(BGBl I 2015/162)

(5) Die auf Grund des § 361 Abs. 3 erlassenen Bestimmungen der Satzung sind gleichzeitig mit Inkrafttreten der monatlichen Beitragsgrundlagenmeldung nach § 34 unter Berücksichtigung der sodann beim Versicherungsträger vorliegenden Datenlage auf das für die Vollziehung unumgänglich notwendige Ausmaß einzuschränken.

(6) Der Hauptverband und die in Betracht kommenden Versicherungsträger haben die technischen Voraussetzungen für die Meldung der monatlichen Beitragsgrundlagen nach den in Abs. 1

Z 2 genannten Bestimmungen bis zum Ablauf des 31. Dezember 2017 zu schaffen.

(BGBl I 2017/66)

(7) Im Kalenderjahr 2018 ist zur Einführung der monatlichen Beitragsgrundlagenmeldung nach den in Abs. 1 Z 2 genannten Bestimmungen vom Hauptverband und den in Betracht kommenden Versicherungsträgern ein Testbetrieb mit Lohnsoftwarehersteller/inne/n sowie ein organisierter Produktionstestbetrieb mit Dienstgebern durchzuführen.

(BGBl I 2017/66)

(8) Auf Meldepflichten, die Beitragszeiträume vor dem 1. Jänner 2019 betreffen, sind die §§ 33, 34, 41, 56, 58 und 113 in der am 31. Dezember 2018 geltenden Fassung weiterhin anzuwenden.

(BGBl I 2018/30)

(9) Für Meldeverstöße gem. § 114 Abs. 1 Z 2 – 6 im Zeitraum 1. Jänner 2019 – 31. August 2019 werden keine Säumniszuschläge vorgeschrieben.

(BGBl I 2018/30)

(BGBl I 2015/79)

Schlussbestimmungen zu Art. 14 Teil 1 des Bundesgesetzes BGBl. I Nr. 118/2015

§ 690. (1) Es treten in der Fassung des Bundesgesetzes BGBl. I Nr. 118/2015 in Kraft:

1. mit 1. Jänner 2016 die §§ 11 Abs. 2 letzter Satz, 52 Abs. 2, 53a Abs. 3 lit. a, 54 Abs. 5, 73a Abs. 1 erster Satz, 77 Abs. 1, 447f Abs. 11 Z 1 und 2, 479d Abs. 3 sowie 658 Abs. 4;
2. mit 1. Jänner 2016 die §§ 51 Abs. 1 Z 1 lit. a bis g in der Fassung der Z 2, 4, 6, 8, 10, 12 und 14, 51 Abs. 3 Z 1 in der Fassung der Z 16, 73 Abs. 1 und 2 in der Fassung der Z 23 und 26, 472a Abs. 2 erster und zweiter Satz in der Fassung der Z 32 und 34, 474 Abs. 1 zweiter und dritter Satz in der Fassung der Z 36 sowie 479d Abs. 2 in der Fassung der Z 38;
3. mit dem nach § 675 Abs. 3 durch Verordnung der Bundesministerin für Gesundheit festgestellten Zeitpunkt, jedoch jedenfalls nicht vor 1. Jänner 2016, die §§ 51 Abs. 1 Z 1 lit. a bis g in der Fassung der Z 3. 5, 7, 9, 11, 13 und 15, 51 Abs. 3 Z 1 in der Fassung der Z 17, 73 Abs. 1 und 2 in der Fassung der Z 24 und 27, 472a Abs. 2 erster und zweiter Satz in der Fassung der Z 33 und 35, 474 Abs. 1 zweiter und dritter Satz in der Fassung der Z 37 sowie 479d Abs. 2 in der Fassung der Z 39.

(2) Die §§ 51b und 51c samt Überschriften, 51e samt Überschrift, 73 Abs. 1a, und 634 Abs. 1 Z 2 treten mit Ablauf des 31. Dezember 2015 außer Kraft.

(3) § 57a tritt mit Ablauf des 31. Dezember 2015 außer Kraft. Auf Lehrverhältnisse, die vor dem 1. Jänner 2016 begonnen wurden, sind die §§ 51 Abs. 1 Z 1 und Abs. 3 Z 1, 51b Abs. 1, 51e und 57a in der am 31. Dezember 2015 geltenden Fassung weiterhin anzuwenden.

(BGBl I 2015/162)

(4) Abweichend von § 73 Abs. 2 in der Fassung der Z 26 beträgt der für die Versicherungsanstalt für Eisenbahnen und Bergbau anzuwendende Prozentsatz für das Jahr 2016 305%.

(BGBl I 2015/162)

(BGBl I 2015/118)

Schlussbestimmung zu Art. 14 Teil 2 des Bundesgesetzes BGBl. I Nr. 118/2015

§ 691. (1) Die §§ 49 Abs. 3 Z 11, 12, 16, 17, 20, 28 und 29 sowie Abs. 9, 50 und 108 Abs. 3 in der Fassung des Bundesgesetzes BGBl. I Nr. 118/2015 treten mit 1. Jänner 2016 in Kraft.

(2) § 49 Abs. 3 Z 3, 6, 8, 10, 14, 15, 24 und 25 tritt mit Ablauf des 31. Dezember 2015 außer Kraft.

(BGBl I 2015/118)

Schlussbestimmungen zu Art. 2 des Bundesgesetzes BGBl. I Nr. 113/2015

§ 692. (1) Die §§ 11 Abs. 7, 23 Abs. 7, 31 Abs. 5 Z 12, 32a samt Überschrift, 32b samt Überschrift, 33 Abs. 1b, 35a samt Überschrift, 41 Abs. 4, 42 Abs. 1a, 42b samt Überschrift, 43 Abs. 4, 67a Abs. 6 und 6a, 111 Abs. 1, 111a, 148 Z 6, 149 Abs. 2, 338 Abs. 5 und 342 Abs. 1 Z 3 in der Fassung des Bundesgesetzes BGBl. I Nr. 113/2015 sowie die Überschrift zum 6. Unterabschnitt des Abschnittes III des Ersten Teiles und die Anlage 14 treten mit 1. Jänner 2016 in Kraft.

(2) Die Landesgesetzgebung hat die Ausführungsbestimmungen zu den §§ 148 Z 6 und 149 Abs. 2 innerhalb von sechs Monaten zu erlassen.

(BGBl I 2015/113)

Schlussbestimmungen zu Art. 10 des Bundesgesetzes BGBl. I Nr. 144/2015

§ 693. (1) Es treten in der Fassung des Bundesgesetzes BGBl. I Nr. 144/2015 in Kraft:

1. mit 1. Jänner 2016 die §§ 3 Abs. 2 lit. e, 8 Abs. 1 Z 2 lit. e sowie Z 4 und 4a, 10 Abs. 5c und 6b Z 5, 12 Abs. 4c und 5b, 17 Abs. 5 lit. e, 30 Abs. 3, 31 Abs. 14 bis 16, 35 Abs. 2, 36 Abs. 1 Z 15, 44 Abs. 1 Z 16 und 19a, 52 Abs. 2 und 2a, 122 Abs. 2 Z 2 lit. a, 132b Abs. 6, 138 Abs. 2 lit. e und 143 Abs. 1 Z 5;
2. rückwirkend mit 1. November 2015 § 31d Abs. 3 und 4.

(2) Die §§ 36 Abs. 1 Z 9, 74a Abs. 2 und 132a Abs. 4 treten mit Ablauf des 31. Dezember 2015 außer Kraft.

(3) Auf Personen, die am 31. Dezember 2015 einen Auslandsdienst nach § 12b des Zivildienstgesetzes 1986 leisten, sind die §§ 3 Abs. 2 lit. e, 8 Abs. 1 Z 2 lit. e und Z 4, 10 Abs. 6b Z 5, 12 Abs. 5b, 17 Abs. 5 lit. e, 30 Abs. 3, 36 Abs. 1 Z 9 und 15, 44 Abs. 1 Z 16, 52 Abs. 2, 122 Abs. 2 Z 2 lit. a und 143 Abs. 1 Z 5 in der an diesem Tag geltenden Fassung weiterhin anzuwenden.

(4) Der für das Jahr 2015 fällig werdende Bundesbeitrag nach § 74a Abs. 2 und der Kostenersatz nach § 132a Abs. 4 sind vom Bund nicht mehr zu leisten. § 132b Abs. 6 in der Fassung des Bundesgesetzes BGBl. I Nr. 144/2015 ist bereits auf im Jahr 2015 durchgeführte Vorsorgeuntersuchungen anzuwenden.

(BGBl I 2015/144)

Schlussbestimmungen zu Art. 1 Teil 1 des Bundesgesetzes BGBl. I Nr. 162/2015 (86. Novelle)

§ 694. (1) Es treten in der Fassung des Bundesgesetzes BGBl. I Nr. 162/2015 in Kraft:

1. mit 1. Jänner 2016 die §§ 3b, 11 Abs. 3 lit. b, 14 Abs. 1 Z 1, 31 Abs. 9a, 42b Abs. 5, 49 Abs. 3 Z 26a, 51 Abs. 1 Z 1 lit. a, 225 Abs. 1 Z 2a, 255 Abs. 7, 308 Abs. 1a, 3a und 4, 311 Abs. 9, 347 Abs. 5, 446 samt Überschrift, 631 Abs. 2 sowie 689 Abs. 1, 1a, 2 und 4;
2. mit 1. Jänner 2017 § 3 Abs. 2 lit. f.

(2) Es treten außer Kraft:

1. mit Ablauf des 31. Dezember 2015 § 67d;
2. mit Ablauf des 31. Dezember 2016 § 5 Abs. 1 Z 9.

(3) War eine Person nach § 3 Abs. 2 lit. f oder nach § 5 Abs. 1 Z 9 in der am 31. Dezember 2016 geltenden Fassung pflichtversichert oder von der Pflichtversicherung befreit und würde § 3 Abs. 2 lit. f in der Fassung des Bundesgesetzes BGBl. I Nr. 162/2015 oder die Aufhebung des § 5 Abs. 1 Z 9 eine bestehende Pflichtversicherung oder Befreiung von der Pflichtversicherung beenden, so bleibt die bisherige Pflichtversicherung oder Befreiung von der Pflichtversicherung so lange aufrecht, als das zugrunde liegende Dienstverhältnis fortbesteht, es sei denn, die betreffende Person wünscht die Anwendung der Rechtslage in der Fassung des Bundesgesetzes BGBl. I Nr. 162/2015; eine solche Erklärung ist bis zum 31. März 2017 abzugeben und bewirkt die Anwendung der neuen Rechtslage ab dem 1. Jänner 2017.

(4) Auf Immobilienfonds, in die vor dem 1. Jänner 2016 veranlagt worden ist, ist § 446 in der am 31. Dezember 2015 geltenden Fassung weiterhin anzuwenden.

(5) § 49 Abs. 3 Z 26a in der Fassung des Bundesgesetzes BGBl. I Nr. 162/2015 ist auch auf Sachverhalte anzuwenden, die vor dem 1. Jänner 2016 verwirklicht wurden, wenn über diese noch keine rechtskräftige Entscheidung im Verfahren in Verwaltungssachen vorliegt.

(BGBl I 2019/8)

(BGBl I 2015/162)

Schlussbestimmungen zu Art. 1 Teil 2 des Bundesgesetzes BGBl. I Nr. 162/2015 (86. Novelle)

§ 695. (1) Es treten in der Fassung des Bundesgesetzes BGBl. I Nr. 162/2015 in Kraft:

1. mit 1. Jänner 2016 die §§ 7 Z 1 lit. e, 8 Abs. 1 Z 3 lit. k, 8 Abs. 2 lit. e und Abs. 4, 16 Abs. 2a und 2b, 23 Abs. 6 lit. a, 26 Abs. 1 Z 4 lit. f und g, 31 Abs. 4 Z 6, 31 Abs. 5 Z 21, 31 Abs. 5 Z 25, 31c Abs. 3 Z 3 lit. f, 52 Abs. 2, 53b, 73a Abs. 1 und 3, 74 Abs. 6 erster Satz, 75a Abs. 1 bis 4, 76 Abs. 1 Z 3, 77 Abs. 7, 117 Z 4 lit. c, 120 Z 1, 120a Abs. 2, 121 Abs. 4 Z 3 lit. c, 122 Abs. 2 Z 1 lit. c, 122 Abs. 2 Z 3, 123 Abs. 4 Z 3, 124 Abs. 1 und 2, 135 Abs. 1 Z 2, 138 Abs. 1, 139 Abs. 2a und 2b, 143a Abs. 2, 144 Abs. 4, 154a Abs. 3, 155 Abs. 2 Z 2 bis 4, 157, 161 Überschrift und Abs. 1, 234 Abs. 1 Z 5, 307d Abs. 2 Z 1 bis 5, 322 Abs. 1, 322a Überschrift sowie Abs. 3 und 4, 343e Abs. 3, 347 Abs. 3a, 349 Abs. 2, 363, 420 Abs. 2 und 3, 423 Abs. 1 Z 3, 441d Abs. 2 Einleitung, 441e Abs. 2, 472 Abs. 2 Z 4 und 5, 680 Abs. 3 und 690 Abs. 3 und 4;
2. rückwirkend mit 1. Jänner 2011 § 28 Z 2 lit. i;
3. rückwirkend mit 1. Juni 2012 § 97 Abs. 3;
4. rückwirkend mit 1. Jänner 2015 § 71 Abs. 2 und 2a.

(2) Die §§ 447 Abs. 3 und 472 Abs. 2 Z 2 treten mit Ablauf des 31. Dezember 2015 außer Kraft.

(3) Für Personen, denen bis 31. Dezember 2015 ein Rehabilitationsgeld zuerkannt wurde, für dessen Berechnung ausschließlich eine Erwerbstätigkeit berücksichtigt wurde, die nur eine Teilversicherung in der Unfallfallversicherung begründet hat, ist die Höhe des Rehabilitationsgeldes rückwirkend mit Zuerkennung von Amts wegen neu festzusetzen, wenn das bereits zuerkannte Rehabilitationsgeld niedriger ist als dies auf Grund der Berechnung nach § 143a Abs. 2 in der Fassung des Bundesgesetzes BGBl. I Nr. 162/2015 der Fall wäre.

(BGBl I 2015/162, BGBl I 2016/44)

Schlussbestimmungen zum Bundesgesetz BGBl. I Nr. 18/2016

§ 696. (1) Es treten in der Fassung des Bundesgesetzes BGBl. I Nr. 18/2016 in Kraft:

1. mit 1. März 2016 § 5 Abs. 1 Z 3 lit. a und mit 1. Februar 2016 die §§ 311a samt Überschrift und 312 sowie Abs. 4 dieser Bestimmung, wenn der Bundesminister für Arbeit, Soziales und Konsumentenschutz mit Verordnung[a)] feststellt, dass die Europäische Kommission den Überweisungsbetrag nach § 311a nicht als staatliche Beihilfe beurteilt;

[a)] Siehe VO BGBl II 2016/260.

2. mit 1. Februar 2016 die §§ 308 Abs. 1, 311 Abs. 5 und 9 sowie Abs. 5 dieser Bestimmung.

(2) Für Personen mit Anwartschaft auf Ruhe- und Versorgungsgenüsse gegenüber der UniCredit Bank Austria Aktiengesellschaft, die mit dieser bis zum Ablauf des 29. Februar 2016 vereinbaren, dass ihr Dienstverhältnis zur UniCredit Bank Austria Aktiengesellschaft längstens mit Ablauf des 31. Dezember 2016 endet, ist § 5 Abs. 1 Z 3 lit. a

in der am 29. Februar 2016 geltenden Fassung weiterhin anzuwenden.

(3) Für DienstnehmerInnen und Vorstandsmitglieder der UniCredit Bank Austria Aktiengesellschaft, deren bisher pensionsversicherungsfreies Dienstverhältnis frühestens ab 1. März 2016 der Vollversicherung nach § 4 unterliegt, sind

1. für die verlängerte Dauer des Krankengeldanspruches nach § 139 Abs. 1 letzter Satz Zeiten der Zugehörigkeit zu einer Krankenfürsorgeeinrichtung anzurechnen;
2. aus dem Versicherungsfall der Mutterschaft, wenn dieser bereits vor Einbeziehung in die Vollversicherung nach § 4 eingetreten ist, zu gewähren:
   a) Sachleistungen, wenn die ehemals zuständige Krankenfürsorgeeinrichtung keine Ausleistungspflicht trifft, und
   b) Wochengeld, wenn weder die ehemals zuständige Krankenfürsorgeeinrichtung noch die UniCredit Bank Austria Aktiengesellschaft eine entsprechende Geldleistung gewähren.

(4) Betriebsvereinbarungen, die in den im § 5 Abs. 1 Z 3 lit. a genannten Angelegenheiten (Ruhe- und Versorgungsgenüsse, Entgeltfortzahlung im Krankheitsfall) sowie für Maßnahmen zur Milderung der Folgen von Änderungen bei den angeführten Angelegenheiten für die im Abs. 3 genannten DienstnehmerInnen bereits abgeschlossen wurden, sind Betriebsvereinbarungen im Sinne des § 29 des Arbeitsverfassungsgesetzes (ArbVG), BGBl. Nr. 22/1974. Dies gilt auch für künftig abzuschließende Betriebsvereinbarungen insoweit, als sie in diesen Angelegenheiten Maßnahmen in sinngemäßer Anwendung des § 97 Abs. 1 Z 4 in Verbindung mit § 109 Abs. 1 Z 1 bis 6 ArbVG betreffen.

(5) Die pensionsbezogenen Leistungen, Zusagen oder Anwartschaften der Unternehmensgruppe UniCredit Bank Austria Aktiengesellschaft gelten bis zur Leistung des Überweisungsbetrages in der Höhe von 22,8 % der Berechnungsgrundlage (§ 311 Abs. 6) weiterhin als gleichwertig im Sinne des § 5 Abs. 1 Z 3 lit. a und sind zu erbringen und zu erfüllen.

(BGBl I 2016/18)

Schlussbestimmung zu Art. 11 des Bundesgesetzes BGBl. I Nr. 44/2016

§ 697. Es treten in der Fassung des Bundesgesetzes BGBl. I Nr. 44/2016 in Kraft:

1. mit 1. Juni 2016 § 5 Abs. 1 Z 16;
2. mit 1. Juli 2016 § 695 Überschrift;
3. rückwirkend mit 1. März 2016 § 311a Abs. 1, wenn der Bundesminister für Arbeit, Soziales und Konsumentenschutz mit Verordnung feststellt, dass die Europäische Kommission den Überweisungsbetrag nach § 311a nicht als staatliche Beihilfe beurteilt.

(BGBl I 2016/44)

Schlussbestimmung zu Art. 3 des Bundesgesetzes BGBl. I Nr. 53/2016

§ 698. (1) Die §§ 8 Abs. 1 Z 1 lit. g und Z 2 lit. k sowie Abs. 1b, 10 Abs. 6a und 6b Z 9 und 10, 11 Abs. 3 lit. a, 12 Abs. 5a, 13, 14 Abs. 5, 31c Abs. 3 Z 3 lit. g, 36 Abs. 1 Z 19a, 44 Abs. 1 Z 19a und 19b, 52 Abs. 2a und 4, 138 Abs. 2 lit. h und i, 176 Abs. 1 Z 8 und 227a Abs. 6 in der Fassung des Bundesgesetzes BGBl. I Nr. 53/2016 treten mit 1. März 2017 in Kraft und sind auf Geburten nach dem 28. Februar 2017 anzuwenden.

(2) § 162 Abs. 3a Z 2 in der Fassung des Bundesgesetzes BGBl. I Nr. 53/2016 tritt mit 1. März 2017 in Kraft und ist auf Versicherungsfälle anzuwenden, die nach dem 28. Februar 2017 eintreten.

(3) § 162 Abs. 3a Z 3 tritt mit Ablauf des 28. Februar 2017 außer Kraft.

(BGBl I 2016/53)

Schlussbestimmung zu Artikel 2 des Bundesgesetzes BGBl. I Nr. 75/2016

§ 699. Die §§ 4 Abs. 1 Z 5, 5 Abs. 1 Z 16 und 350 Abs. 1a in der Fassung des Bundesgesetzes BGBl. I Nr. 75/2016 treten mit 1. September 2016 in Kraft.

(BGBl I 2016/75)

Schlussbestimmungen zu Art. 1 des Bundesgesetzes BGBl. I Nr. 29/2017 (87. Novelle)

§ 700. (1) Die §§ 51 Abs. 7, 53a Abs. 3 zweiter Satz und Abs. 3 lit. a, 108f Abs. 1, 222 Abs. 4, 253e samt Überschrift, 254 Abs. 1 Z 2, 255a, 270a samt Überschrift, 271 Abs. 1 Z 2, 273a, 276e samt Überschrift, 279 Abs. 1 Z 2, 280a, 293 Abs. 1 lit. a, 301 Abs. 1, 307a Abs. 4, 366 Abs. 4, 367 Abs. 4, 459h Abs. 2, 471c und 665 Abs. 1 Z 2 in der Fassung des Bundesgesetzes BGBl. I Nr. 29/2017 treten mit mit 1. Jänner 2017 in Kraft.

(2) Die §§ 53a Abs. 3b und 58 Abs. 2 in der Fassung des Bundesgesetzes BGBl. I Nr. 29/2017 treten mit 1. Jänner 2018 in Kraft und mit Ablauf des 31. Dezember 2020 außer Kraft.

(3) Die §§ 79a Abs. 2 und 3, 108e, 367 Abs. 4 Z 3 und 665 Abs. 2 treten mit Ablauf des 31. Dezember 2016 außer Kraft.

(4) Der Hauptverband hat die Auswirkungen des § 53a Abs. 3b für die Kalenderjahre 2018 und 2019 bis zum Ablauf des 31. März 2020 im übertragenen Wirkungsbereich zu evaluieren. Er ist dabei an die Weisungen des Bundesministers für Arbeit, Soziales und Konsumentenschutz gebunden.

(5) Der Richtsatz nach § 293 Abs. 1 lit. a sublit. cc ist abweichend von den §§ 108 Abs. 6 und 293 Abs. 2 erstmals mit 1. Jänner 2018 mit dem Anpassungsfaktor (§ 108f) zu vervielfachen.

(6) Der Bundesminister für Arbeit, Soziales und Konsumentenschutz hat die Aufwendungen, die durch die Einführung des Richtsatzes nach § 293 Abs. 1 lit. a sublit. cc entstanden sind, bis zum 31. Dezember 2021 zu evaluieren.

(BGBl I 2017/29)

Einmalzahlung

§ 700a. (1) Allen Personen mit gewöhnlichem Aufenthalt im Inland, die im Dezember 2016 Anspruch auf eine oder mehrere Pensionen haben, gebührt eine Einmalzahlung in der Höhe von 100 €.

(2) Die Einmalzahlung ist kein Pensionsbestandteil, sie ist aber zusammen mit der (höchsten) laufenden Pensionszahlung zum 30. Dezember 2016 auszuzahlen.

(3) Die Einmalzahlung gilt nicht als Nettoeinkommen im Sinne des § 292 Abs. 3. Von der Einmalzahlung sind keine Beiträge zur Krankenversicherung zu entrichten. Die Einmalzahlung ist von der Einkommensteuer befreit und unpfändbar.

(BGBl I 2017/33)

Schlussbestimmungen zu Art. 3 des Bundesgesetzes BGBl. I Nr. 26/2017

§ 701. (1) Die §§ 31 Abs. 5 Z 16b, 84a, 84c, 351g Abs. 2, 437 Abs. 1 Z 9, 441d Abs. 2 Z 14, 447a Abs. 10, 447f Abs. 7 Z 4 und Abs. 7a sowie § 447g in der Fassung des Bundesgesetzes BGBl. I Nr. 26/2017 treten mit 1. Jänner 2017 in Kraft.

(2) Die §§ 149 Abs. 3a, 322a Abs. 2 und 4, 447a Abs. 10 sowie 447f Abs. 1, 6, 14 und 16 treten nach Ablauf von sechs Monaten nach Außer-Kraft-Treten der Vereinbarung gemäß Art. 15a B-VG über die Organisation und Finanzierung des Gesundheitswesens, in der jeweils geltenden Fassung außer Kraft. Den Zeitpunkt des Außer-Kraft-Tretens hat die Bundesministerin für Gesundheit und Frauen durch eine im Einvernehmen mit dem Bundesminister für Finanzen zu erlassende Verordnung festzustellen.

(BGBl I 2017/26)

Schlussbestimmung zu Art. 3 des Bundesgesetzes BGBl. I Nr. 32/2017

§ 702. § 679 Abs. 2 in der Fassung des Bundesgesetzes BGBl. I Nr. 32/2017 tritt mit 1. Jänner 2017 in Kraft.

(BGBl I 2017/32)

Schlussbestimmung zu Art. 1 des Bundesgesetzes BGBl. I Nr. 30/2017

§ 703. Die §§ 8 Abs. 1 Z 2 lit. c, 10 Abs. 6b Z 3, 36 Abs. 1 Z 13b, 40 Abs. 1 Z 1, 44 Abs. 1 Z 14a, 99 Abs. 1b, 116 Abs. 1 Z 2a, 117 Z 3a, 120 Z 2a, 122 Abs. 2 Z 1 lit. b, 125 Abs. 1a, 138 Abs. 2 lit. i und j, 143a Abs. 2, der 3b. Unterabschnitt samt Überschriften und § 178 Abs. 1a in der Fassung des Bundesgesetzes BGBl. I Nr. 30/2017 treten mit 1. Juli 2017 in Kraft.

(BGBl I 2017/30)

Schlussbestimmung zu Art. 1 des Bundesgesetzes BGBl. I Nr. 38/2017

§ 704. Die §§ 31 Abs. 5 Z 20, 100 Abs. 3, 222 Abs. 1 Z 2 lit. c und d sowie Abs. 2 Z 2 lit. c und d, 253e Abs. 1 und 7, 270a, 276e, 300 Abs. 1 und 3, 302 Abs. 1 Z 1b, 303, 307a Abs. 2 und 5, 354 Z 5 und 6, 366 Abs. 4 und 368a sowie die Überschriften zu den §§ 253e, 270a und 276e in der Fassung des Bundesgesetzes BGBl. I Nr. 38/2017 treten rückwirkend mit 1. Jänner 2017 in Kraft.

(BGBl I 2017/38)

Schlussbestimmung zum Bundesgesetz BGBl. I Nr. 49/2017

§ 705. (1) Es treten in Kraft:

1. rückwirkend mit 1. Jänner 2015 § 227a Abs. 8 in der Fassung des Bundesgesetzes BGBl. I Nr. 49/2017;
2. rückwirkend mit 1. Jänner 2016 die §§ 420 Abs. 3 und 423 Abs. 1 Z 3 in der Fassung des Bundesgesetzes BGBl. I Nr. 49/2017;
3. mit 1. Mai 2017 die §§ 351c Abs. 6, Abs. 7 Z 2, Abs. 10 bis 13 in der Fassung des Bundesgesetzes BGBl. I Nr. 49/2017;
4. mit 1. Jänner 2018 § 351c Abs. 9a in der Fassung des Bundesgesetzes BGBl. I Nr. 49/2017.

(2) § 351c Abs. 6, 7 Z 2 und 10 in der Fassung des Bundesgesetzes BGBl. I Nr. 49/2017 sind auf Verfahren anzuwenden, in denen die Antragstellung durch das vertriebsberechtigte Unternehmen oder die Einleitung des Verfahrens durch den Hauptverband nach dem 1. April 2017 erfolgt.

(3) § 351c Abs. 10 tritt mit 31. Dezember 2021 außer Kraft. § 351c Abs. 10 in der am 30. April 2017 geltenden Fassung tritt mit 1. Jänner 2022 in Kraft. Für Verfahren, in denen die Antragstellung durch das vertriebsberechtigte Unternehmen oder die Einleitung des Verfahrens durch den Hauptverband vor dem 1. Jänner 2022 erfolgt, ist § 351c Abs. 10 in der am 31. Dezember 2021 geltenden Fassung weiterhin anzuwenden.

(4) Sofern die Preise für die vom § 351c Abs. 11 und 12 erfassten Arzneispezialitäten bis 1. Oktober 2017 beziehungsweise für die vom § 351c Abs. 13 erfassten Arzneispezialitäten bis 1. Oktober 2019 innerhalb des Preisbandes gesenkt werden, sind Streichungen für diese Arzneispezialitäten nach § 351f Abs. 1 aus gesundheitsökonomischen Gründen bis 1. Oktober 2020 ausgeschlossen.

(BGBl I 2017/49)

Schlussbestimmung zu Art. 2 des Bundesgesetzes BGBl. I Nr. 66/2017

§ 706. (1) § 3b Z 11a in der Fassung des Bundesgesetzes BGBl. I Nr. 66/2017 tritt mit 1. Jänner 2019 in Kraft.

(2) Die §§ 5 Abs. 1 Z 13 und 7 Z 1 lit. f treten mit Ablauf des 31. Dezember 2018 außer Kraft.

(BGBl I 2017/66)

Schlussbestimmung zu Art. 1 des Bundesgesetzes BGBl. I Nr. 125/2017

§ 707. (1) Die §§ 247 Abs. 2, 412a bis 412e samt Überschriften, 607 Abs. 12 und 617 Abs. 13 in der Fassung des Bundesgesetzes BGBl. I Nr. 125/2017 treten mit 1. Juli 2017 in Kraft.

(2) Die Bundesministerin für Gesundheit und Frauen hat bis 31. Dezember 2017 unter Berück-

sichtigung der Patienten- und Versorgungssicherheit einen Gesetzentwurf zum Medikamentenmanagement für stationäre Pflegeeinrichtungen auszuarbeiten, der insbesondere einen begünstigten Bezug von Arzneimitteln sowie deren Bevorratung durch Wohn- und stationäre Pflegeeinrichtungen vorsieht.

(BGBl I 2017/125)

Weitere Schlussbestimmung zu Art. 1 des Bundesgesetzes BGBl. I Nr. 125/2017

§ 707a. (1) Die §§ 330b samt Überschrift und 669 Abs. 3 in der Fassung des Bundesgesetzes BGBl. I Nr. 125/2017 treten mit 1. Jänner 2018 in Kraft.

(2) **(Verfassungsbestimmung)** § 330a samt Überschrift in der Fassung des Bundesgesetzes BGBl. I Nr. 125/2017 tritt mit 1. Jänner 2018 in Kraft. Ab diesem Zeitpunkt dürfen Ersatzansprüche nicht mehr geltend gemacht werden, laufende Verfahren sind einzustellen. Insoweit Landesgesetze dem entgegenstehen, treten die betreffenden Bestimmungen zu diesem Zeitpunkt außer Kraft. Nähere Bestimmungen über den Übergang zur neuen Rechtslage können bundesgesetzlich getroffen werden. Die Durchführungsverordnungen zu einem auf Grund dieser Bestimmung ergehenden Bundesgesetz sind vom Bund zu erlassen.

(BGBl I 2017/125)

Schlussbestimmung zu Art. 6 des Bundesgesetzes BGBl. I Nr. 126/2017

§ 708. Die §§ 120 Z 3 und 162 Abs. 1 in der Fassung des Bundesgesetzes BGBl. I Nr. 126/2017 treten mit 1. Jänner 2018 in Kraft.

(BGBl I 2017/126)

Schlussbestimmungen zu Art. 3 des Bundesgesetzes BGBl. I Nr. 131/2017 (88. Novelle)

§ 709. (1) Die §§ 131 Abs. 3 erster Satz, 131a samt Überschrift, 135 Abs. 1 erster Satz und 3 erster Satz, die Überschrift des Sechsten Teils, 338 Abs. 1 erster Satz, 339 Abs. 1, 342 Abs. 1 Z 9, Abs. 1a und 3, die Überschrift zu § 342a, 342b und 342c samt Überschriften, 342d, 343 Abs. 1b zweiter Satz und Abs. 1c, 345 Abs. 2 Z 2, die Überschrift zu § 348, 348 Abs. 1 bis 3 sowie 350 Abs. 1 Z 2 lit. a in der Fassung des Bundesgesetzes BGBl. I Nr. 131/2017 treten mit dem auf den Tag der Kundmachung folgenden Tag in Kraft.

(2) Die im § 342c Abs. 12 genannte Frist von drei Jahren verlängert sich auf fünf Jahre, wenn die Invertragnahme spätestens zum 31. Dezember 2025 erfolgt ist. Die nach § 342 Abs. 1 Z 10 in den jeweiligen Gesamtverträgen festgelegte Altersgrenze für die Beendigung der Einzelverträge von Vertragsärztinnen und Vertragsärzten (Gesellschafterinnen/Gesellschaftern einer Vertrags-Gruppenpraxis) ist anzuwenden.

(3) Bis zur Implementierung eines Honorierungssystems im Sinne des § 342b Abs. 3 und 4 ist die Honorierung über ein ausschließliches Pauschalsystem zulässig, um mögliche betriebswirtschaftliche Risiken oder Unabwägbarkeiten beim Umstieg in neue Versorgungsstrukturen abzudecken. Bis dahin hat der Hauptverband dem Bundesministerium für Gesundheit und Frauen halbjährlich über den Fortschritt der Verhandlungen für ein Honorierungssystem im Sinne des § 342b Abs. 3 und 4 zu berichten. Im Sinne des § 342b Abs. 3 erster Satz sind bei der Festlegung des Pauschalsystems für unterschiedliche regionale Gegebenheiten auf nicht-diskriminierender Basis differenzierte Pauschalen vorzusehen.

(BGBl I 2017/131)

Schlussbestimmung zu Art. 5 des Bundesgesetzes BGBl. I Nr. 105/2017

§ 710. (1) § 49 Abs. 3 Z 18 lit. d und e in der Fassung des Bundesgesetzes BGBl. I Nr. 105/2017 tritt mit 1. Jänner 2018 in Kraft.

(2) § 49 Abs. 3 Z 18 lit. d in der am 31. Dezember 2017 geltenden Fassung ist so lange weiterhin auf nicht übertragbare Optionen auf Beteiligungen am Unternehmen des Dienstgebers anzuwenden, als der Vorteil aus der Ausübung dieser Optionen einkommensteuerbefreit ist.

(BGBl I 2017/105)

Pensionsanpassung 2018

§ 711. (1) Abweichend von § 108h Abs. 1 erster Satz und Abs. 2 ist die Pensionserhöhung für das Kalenderjahr 2018 nicht mit dem Anpassungsfaktor, sondern wie folgt vorzunehmen: Das Gesamtpensionseinkommen (Abs. 2) ist zu erhöhen

1. wenn es nicht mehr als 1 500 € monatlich beträgt, um 2,2%;
2. wenn es über 1 500 € bis zu 2 000 € monatlich beträgt, um 33 €;
3. wenn es über 2 000 € bis zu 3 355 € monatlich beträgt, um 1,6%;
4. wenn es über 3 355 € bis zu 4 980 € monatlich beträgt, um einen Prozentsatz, der zwischen den genannten Werten von 1,6% auf 0% linear absinkt.

Beträgt das Gesamtpensionseinkommen mehr als 4 980 € monatlich, so findet keine Erhöhung statt.

(2) Das Gesamtpensionseinkommen einer Person ist die Summe aller ihrer Pensionen aus der gesetzlichen Pensionsversicherung, auf die nach den am 31. Dezember 2017 in Geltung gestandenen Vorschriften Anspruch bestand, jedoch mit Ausnahme der Kinderzuschüsse und der Ausgleichszulage und vor Anwendung von Ruhensbestimmungen. Ausgenommen sind auch Pensionen, die nach § 108h Abs. 1 letzter Satz für das Kalenderjahr 2018 nicht anzupassen sind, sowie befristete Pensionen, deren Anspruchsdauer mit Ablauf des 31. Dezember 2017 endet. Als Teil des Gesamtpensionseinkommens gelten auch alle Leistungen, die vom Sonderpensionenbegrenzungsgesetz, BGBl. I Nr. 46/2014, erfasst sind, wenn die pensionsbeziehende Person am 31. Dezember 2017 darauf Anspruch hat.

(3) Bezieht eine Person zwei oder mehrere Pensionen aus der gesetzlichen Pensionsversicherung, die zum Gesamtpensionseinkommen nach Abs. 2 zählen, so ist der Erhöhungsbetrag nach Abs. 1 auf die einzelne Pension im Verhältnis der Pensionen zueinander aufzuteilen.

(4) Abweichend von den §§ 293 Abs. 2 und 700 Abs. 5 sind die Ausgleichszulagenrichtsätze für das Kalenderjahr 2018 nicht mit dem Anpassungsfaktor, sondern mit dem Faktor 1,022 zu vervielfachen.

(5) Rechtsträger, die Leistungen nach Abs. 2 dritter Satz auszahlen, haben die Höhe dieser Leistungen dem zuständigen Pensionsversicherungsträger mitzuteilen. Der Pensionsversicherungsträger hat sodann diesen Rechtsträgern das Gesamtpensionseinkommen nach Abs. 2 mitzuteilen.

(6) (Verfassungsbestimmung) Die Anpassung für das Kalenderjahr 2018 von Leistungen, die vom Sonderpensionenbegrenzungsgesetz, BGBl. I Nr. 46/2014, erfasst sind, darf die Erhöhung nach Abs. 1 unter Heranziehung des Gesamtpensionseinkommens (Abs. 2) nicht überschreiten.

(BGBl I 2017/151)

Schlussbestimmungen zu Art. 1 des Bundesgesetzes BGBl. I Nr. 151/2017

§ 712. (1) § 53b Abs. 2a und 3 in der Fassung des Bundesgesetzes BGBl. I Nr. 151/2017 tritt mit 1. Juli 2018 in Kraft.

(2) § 319b tritt mit Ablauf des 30. Juni 2018 außer Kraft.

(BGBl I 2017/151)

(3) § 53b Abs. 2a in der Fassung des Bundesgesetzes BGBl. I Nr. 151/2017 ist auf Entgeltfortzahlungstage infolge von Krankheit und Unfällen, die nach dem 30. Juni 2018 eingetreten sind bzw. sich ereignet haben, anzuwenden.

(BGBl I 2017/151)

(BGBl I 2017/151)

Schlussbestimmungen zu Art. 21 des Bundesgesetzes BGBl. I Nr. 30/2018

§ 713. (1) § 31a Abs. 8 bis 10 in der Fassung des Bundesgesetzes BGBl. I Nr. 30/2018 tritt mit dem auf den Tag der Kundmachung folgenden Tag in Kraft.

(2) § 31a Abs. 2 in der Fassung des Bundesgesetzes BGBl. I Nr. 30/2018 tritt mit 1. Jänner 2020 in Kraft.

(3) § 31 Abs. 14 bis 16 tritt mit Ablauf des 30. Juni 2018 außer Kraft.

(4) §§ 34 Abs. 2 und Abs. 4, §§ 38a samt Überschrift, §§ 51d und 471m sowie § 689 Abs. 9 in der Fassung des Bundesgesetzes BGBl. I Nr. 30/2018 treten mit 1. Jänner 2019 in Kraft.

(BGBl I 2018/30)

Schlussbestimmungen zu Art. 71 des Bundesgesetzes BGBl. I Nr. 37/2018

§ 714. Die §§ 31 Abs. 4 Z 10 und Abs. 11, 31a Abs. 2, 4 und 4a, 31b Abs. 1 und 2, 41a Abs. 5, 42b Abs. 1, 2, 4 und 5, 84a Abs. 5 Z 2, 186 Abs. 2, 321 Abs. 1, 360 Abs. 6, 418 Abs. 7 und 460e in der Fassung des Bundesgesetzes BGBl. I Nr. 37/2018 treten mit 25. Mai 2018 in Kraft.

(BGBl I 2018/37, BGBl I 2018/59)

Schlussbestimmung zu Art. 1 des Bundesgesetzes BGBl. I Nr. 54/2018

§ 715. Die §§ 88 Abs. 1a und 2, 100 Abs. 4, 104 Abs. 1, 138 Abs. 2 lit. i und j, 143 Abs. 1 Z 7 und 8, 143d Abs. 3 und 4, 204 Abs. 1 und 1a, 306 Abs. 4 erster Satz und 472 Abs. 2 Z 5 lit. b bis d in der Fassung des Bundesgesetzes BGBl. I Nr. 54/2018 treten mit 1. Juli 2018 in Kraft.

(BGBl I 2018/53)

Schlussbestimmungen zu Art. 10 des Bundesgesetzes BGBl. I Nr. 59/2018

§ 716. (1) Die Abs. 2 bis 7 sowie die §§ 86 Abs. 3 Z 1 und 106 Abs. 1 letzter Satz in der Fassung des Bundesgesetzes BGBl. I Nr. 59/2018 treten mit Ablauf des Tages ihrer Kundmachung in Kraft.

(2) (aufgehoben)

(BGBl I 2018/100)

(3) (aufgehoben)

(BGBl I 2018/100)

(4) Fällt der Beendigungszeitpunkt einer befristeten Bestellung eines/einer leitenden Angestellten oder leitenden Arztes/leitenden Ärztin sowie von deren ständigen Stellvertretern/Stellvertreterinnen eines der im Abs. 2 genannten Versicherungsträger oder des Hauptverbandes in die Zeit vom 1. Juli 2018 bis zum 31. Dezember 2019, so verlängert sich diese befristete Bestellung bis zum Ablauf des 31. Dezember 2019.

(5) (aufgehoben)

(BGBl I 2018/100)

(6) (aufgehoben)

(BGBl I 2018/100)

(7) Kommt im Falle des Erlöschens eines befristet abgeschlossenen Gesamtvertrages nach § 342 oder eines anderen Gesamtvertrages oder einer sonstigen Vereinbarung mit Anbieter/inne/n von Gesundheitsdienstleistungen kein neuer Gesamtvertrag zustande, so bleibt der bisherige Gesamtvertrag bis zum Ablauf des 31. Dezember 2019 aufrecht.

(BGBl I 2018/100)

(8) Rückwirkend mit 1. Jänner 2014 treten die §§ 143a Abs. 1, 255b, 273b und 280b in der Fassung des Bundesgesetzes BGBl. I Nr. 59/2018 in Kraft.

(BGBl I 2018/59)

Schlussbestimmung zum Bundesgesetz BGBl. I Nr. 53/2018

§ 717. § 42b Abs. 1 bis 4 und die Anlage 14 in der Fassung des Bundesgesetzes BGBl. I Nr. 53/2018 treten mit 1. September 2018 in Kraft.

(BGBl I 2018/53, BGBl I 2018/99)

Pensionsanpassung 2019

§ 717a. (1) Abweichend von § 108h Abs. 1 erster Satz sowie Abs. 2 und 2a ist die Pensionserhöhung für das Kalenderjahr 2019 nicht mit dem Anpassungsfaktor, sondern wie folgt vorzunehmen: Das Gesamtpensionseinkommen (Abs. 2) ist zu erhöhen

1. wenn es nicht mehr als 1 115 € monatlich beträgt, um 2,6%;
2. wenn es über 1 115 € bis zu 1 500 € monatlich beträgt, um jenen Prozentsatz, der zwischen den genannten Werten von 2,6% auf 2% linear absinkt;
3. wenn es über 1 500 € bis zu 3 402 € monatlich beträgt, um 2%;
4. wenn es über 3 402 € monatlich beträgt, um 68 €.

(2) Das Gesamtpensionseinkommen einer Person ist die Summe aller ihrer Pensionen aus der gesetzlichen Pensionsversicherung, auf die nach den am 31. Dezember 2018 in Geltung gestandenen Vorschriften Anspruch bestand, jedoch vor Anwendung von Ruhens- und Wegfallsbestimmungen sowie der Bestimmungen nach § 86 Abs. 3 Z 2 dritter und vierter Satz. Ausgenommen sind Kinderzuschüsse, die Ausgleichszulage, Pensionen, die nach § 108h Abs. 1 letzter Satz für das Kalenderjahr 2019 nicht anzupassen sind, befristete Pensionen, deren Anspruchsdauer mit Ablauf des 31. Dezember 2018 endet, sowie Hinterbliebenenpensionen, für die sich am 31. Dezember 2018 durch die Anwendung des § 264 Abs. 2 oder 6a kein Auszahlungsbetrag ergibt. Zum Gesamtpensionseinkommen sind heranzuziehen:

1. eine Hinterbliebenenpension in der Höhe, in der sie im Dezember 2018 bei Zutreffen der Voraussetzungen unter Berücksichtigung einer Erhöhung nach § 264 Abs. 6 oder einer Verminderung nach § 264 Abs. 6a gebührt hat;
2. eine Invaliditäts(Berufsunfähigkeits)pension in der Höhe, in der sie im Dezember 2018 bei Zutreffen der Voraussetzungen unter Berücksichtigung einer sich nach § 254 Abs. 6 und 7 ergebenden Teilpension gebührt hat.

(3) Bezieht eine Person zwei oder mehrere Pensionen aus der gesetzlichen Pensionsversicherung, die zum Gesamtpensionseinkommen nach Abs. 2 zählen, so ist der Erhöhungsbetrag nach Abs. 1 auf die einzelne Pension im Verhältnis der Pensionen zueinander aufzuteilen.

(4) Bei Hinterbliebenenpensionen, für die sich am 31. Dezember 2018 durch die Anwendung des § 264 Abs. 2 oder 6a kein Auszahlungsbetrag ergibt, ist abweichend von den Abs. 1 und 2 die mit dem Hundertsatz von 60 bemessene Pension mit dem Anpassungsfaktor für das Kalenderjahr 2019 zu vervielfachen.

(3) Abweichend von den §§ 293 Abs. 2 und 700 Abs. 5 sind die Ausgleichszulagenrichtsätze einschließlich der Richtsatzerhöhung für Kinder für das Kalenderjahr 2019 nicht mit dem Anpassungsfaktor, sondern mit dem Faktor 1,026 zu vervielfachen.

(BGBl I 2018/99)

Vorbereitung der Neuordnung der Verwaltungskörper

§ 717b. Die Versicherungsträger haben zum Zweck der zeitgerechten erstmaligen Bildung der Verwaltungskörper nach dem Sozialversicherungs-Organisationsgesetz auf Verlangen der Aufsichtsbehörde innerhalb einer Frist von 14 Tagen dieser die Zahl der pflichtversicherten Dienstnehmer/innen zu einem bestimmten Stichtag in der von der Aufsichtsbehörde geforderten Form zur Verfügung zu stellen.

(BGBl I 2018/100)

Schlussbestimmungen zu Art. 1 des Bundesgesetzes BGBl. I Nr. 100/2018 (89. Novelle)

§ 718. (1) Es treten in der Fassung des Bundesgesetzes BGBl. I Nr. 100/2018 in Kraft:

1. mit 1. Jänner 2019 die §§ 51 Abs. 1 Z 2, 53a Abs. 1, 319a Abs. 2, 447f Abs. 18, 456a sowie der 8. Unterabschnitt des Abschnittes I des Zehnten Teiles samt Überschrift;
2. mit 1. April 2019 § 716 Abs. 7;
3. mit 1. Jänner 2020 die Überschrift zu § 3, die §§ 3 Abs. 1 und 4, 5 Abs. 1 Z 3 lit. b und c sowie Z 8 und 9, 5a und 5b samt Überschriften, 7 Z 2 lit. a und c, Z 3 lit. b, Z 4, 8 Abs. 1 Z 1 lit. a sublit. bb und cc, Abs. 1 Z 3 lit. e, 9 erster Satz, 11 Abs. 2, 12 Abs. 7, 14 Abs. 2 erster Satz, 15 Abs. 3 Z 3, 16 Abs. 4 und 5, 17 Abs. 1 Z 1 lit. a und Abs. 2, die Überschrift zu Abschnitt III des Ersten Teiles, der erste und zweite Unterabschnitt des Abschnittes III des Ersten Teiles samt Überschriften, der 3. Unterabschnitt des Abschnittes III des Ersten Teiles samt Überschriften, 31, 31a Abs. 1 erster Satz, Abs. 3 Z 1 lit. b, Abs. 4 letzter Satz, Abs. 7 erster Satz, Abs. 8 dritter und vierter Satz, Abs. 9 letzter Satz und Abs. 10 zweiter Satz, 31b Abs. 1 erster und zweiter Satz, Abs. 2 erster, zweiter, fünfter und neunter Satz, Abs. 2a, Abs. 3 zweiter Satz sowie Abs. 4 erster und letzter Satz, 31c Abs. 2 Z 6 und Abs. 4 zweiter Satz, 31d Abs. 1, Abs. 2 Einleitung und Abs. 3 erster Satz, die Überschrift zum 5. Unterabschnitt des Abschnittes III des Ersten Teiles, 32 Abs. 1 und 2, 32a Abs. 3, 37c erster Satz, 37d erster Satz, 41 Abs. 1 und 4 erster Satz, 42a, 42b Abs. 2, 4 sowie Abs. 5 erster und zweiter Satz, 49 Abs. 4 erster Satz, Abs. 6 und 7 Einleitung sowie Abs. 9 Z 5, 51d Abs. 4 erster Satz, 53b Abs. 1 und 3, 67a Abs. 5 letzter

Satz und Abs. 5a, 67b Abs. 5, 67c Abs. 1, 70 Abs. 1 erster Satz und Abs. 2 erster Satz sowie Abs. 4, 70a Abs. 1 und 3, 73 Abs. 2, 4 und 5, 74 Abs. 3 Z 3, 75a samt Überschrift, 80a Abs. 6 und 8, 80c Abs. 1, Abs. 2 erster Satz und Abs. 4, 81 Abs. 1 erster Satz, Abs. 2, Abs. 2a, Abs. 2b erster Satz und Abs. 3 letzter Satz, 81a, 82 Abs. 1 erster Satz und Abs. 3 erster Satz sowie Abs. 5 erster Satz, 84 Abs. 6, 84a Abs. 1 erster Satz, Abs. 2 Einleitung, Abs. 3 und Abs. 5 Z 2 sowie letzter Satz, 84c, 85 Abs. 2, 99 Abs. 3 Z 1 lit. b, 109 erster und zweiter Satz, 110 Abs. 1 Z 1, Z 2 lit. a und b sowie Z 3 und Abs. 4, 123 Abs. 9 lit. e, 131 Abs. 1, 132a Abs. 6, 132b Abs. 2 erster Satz, Abs. 4 und 6, 132c Abs. 3 erster Satz, 135 Abs. 3a, 136 Abs. 5 und 6, 143c Abs. 2 erster und zweiter Satz, 144 Abs. 1 erster Satz und Abs. 6, 148 Z 3 zweiter Satz, Z 8 zweiter Satz und Z 10 zweiter Satz, 149 Abs. 1 erster Satz, Abs. 3 erster und zweiter Satz, Abs. 3a, Abs. 3b erster Satz und Abs. 4 zweiter Satz, 152 samt Überschrift, 153 Abs. 4a, 153a Abs. 3 erster und zweiter Satz sowie Abs. 5 erster und zweiter Satz, 154a Abs. 7 vorletzter Satz, 155 Abs. 4, 194 erster Satz, 213a Abs. 4 erster Satz, 231 Z 1 lit. b, 232 Abs. 3, 243 Abs. 1 Z 1 und Z 2 lit. h, 307c zweiter Satz, 307d Abs. 2 Z 1, 307g Abs. 3 und 4, die Überschrift zum Fünften Teil, 318 Abs. 1 Einleitung, 319a Abs. 1 und Abs. 5 erster Halbsatz, die Überschrift zum 4. Unterabschnitt des Fünften Teiles, 321 Abs. 2, 322 Abs. 2, 322a Abs. 1, Abs. 2 erster Satz, Abs. 6, Abs. 7 erster Halbsatz und Abs. 8 erster Halbsatz, 322b Abs. 1 erster Satz sowie Abs. 2 dritter und vierter Satz, die Überschrift zum Sechsten Teil, 338 Abs. 1 erster, dritter und vierter Satz, 339 Abs. 1 erster und zweiter Satz, die Überschrift zu Abschnitt II des Sechsten Teiles, 340 Abs. 1 und 3, 340a zweiter Satz, 341 Abs. 1, 342 Abs. 1 Einleitungssatz und Abs. 1 Z 3 und 6 sowie Abs. 2b und 2c, 342a Abs. 4 dritter Satz und Abs. 5 erster Satz, 342b Abs. 1 zweiter und dritter Satz, Abs. 2 Z 7 sowie Abs. 4, 342c Abs. 3 zweiter Satz, Abs. 7 zweiter Satz, Abs. 12 vierter Satz und Abs. 13 erster Satz, 342d Abs. 1 und Abs. 2 letzter Satz, 343 Abs. 1 zweiter und fünfter Satz und Abs. 1a, 343a Abs. 1 erster Halbsatz, 343b Abs. 1, 343c Abs. 1, 343d Abs. 1 Z 3 und 4 sowie Abs. 2 Z 2, 343e Abs. 1 erster Satz, Abs. 2 erster Satz sowie Abs. 4 dritter und vierter Satz, 343f erster bis dritter Satz, 345 Abs. 1 letzter Satz, 346 Abs. 2 dritter Satz, Abs. 4 Z 3 und Abs. 5 vierter und fünfter Satz, 347 Abs. 2 erster Satz, Abs. 3, 3a, 4, 6 dritter und vierter Satz sowie Abs. 7, 347b Abs. 2 erster und zweiter Satz sowie Abs. 3, 348 Abs. 1, Abs. 2 zweiter Satz und Abs. 4 erster Satz, die Überschrift zu Abschnitt III des Sechsten Teiles, 348a Abs. 1 zweiter Satz, Abs. 3 Einleitung sowie Abs. 4 erster Satz, 348b Abs. 1 und 2, 348c Abs. 1 erster Satz, Abs. 2 und Abs. 3 vierter Satz, 348d Abs. 2 zweiter Satz, Abs. 3 erster und vierter Satz, Abs. 4 zweiter und vierter Satz sowie Abs. 5, 348e Abs. 1 erster und zweiter Satz sowie Abs. 2 zweiter Satz, 348g zweiter Satz, die Überschrift zu Abschnitt IV des Sechsten Teiles, 349 Abs. 2 zweiter und dritter Satz, 349a zweiter Satz, 350 Abs. 1 Z 3 und Abs. 3, 351a erster Halbsatz, 351c Abs. 1 erster, dritter und vierter Satz, Abs. 2 Einleitung, Abs. 5 erster Satz, Abs. 6 fünfter Satz, Abs. 9a Z 1 dritter Satz und Z 3, Abs. 10 Z 1 Einleitung und lit. b zweiter Satz, Z 2 Einleitung und lit. b zweiter Satz, Z 3 erster Satz, Z 4 sowie Z 5 und 11 erster, dritter und fünfter Satz, die Überschrift zu § 351d, 351d Abs. 1 erster Satz und Abs. 3, 351e Abs. 1 zweiter Satz und Abs. 2 zweiter Satz, 351f Abs. 1 erster, dritter und vierter Satz sowie Abs. 2 erster Satz, 351g Abs. 1 erster und letzter Satz, Abs. 1a zweiter, dritter, vierter und letzter Satz, Abs. 1b letzter Satz, Abs. 1c zweiter Satz, Abs. 2 dritter und vierter Satz, Abs. 3, Abs. 4 erster und dritter Satz sowie Abs. 5, 351h Abs. 2, Abs. 3 erster, dritter und vierter Satz, Abs. 4 erster, dritter und vierter Satz sowie Abs. 5 erster, zweiter, vierter und fünfter Satz, 351i Abs. 3 zweiter Satz, 351j Abs. 1 vierter Satz, 354 Z 1, 355 Z 5, 360 Abs. 1 erster und zweiter Satz, Abs. 3 erster Satz, Abs. 5 sowie Abs. 6 erster und vierter Satz, 360a erster und zweiter Satz, 367a Abs. 3 erster Satz, 412a erster Satz sowie Z 2 lit. a, 412b Abs. 1 und 2, 412c Abs. 1 bis 4, 412d Z 1 und 2, 413 samt Überschrift, der Abschnitt I des Achten Teiles, die Abschnitte II und III des Achten Teiles samt Überschriften, der Abschnitt IVa des Achten Teiles samt Überschriften, 443 und 444 samt Überschriften, 446 Abs. 1 erster und zweiter Satz, Abs. 3 sowie Abs. 4 erster Satz, 446a erster Satz, 447 Abs. 1 und 1a, 447a samt Überschrift, 447f Abs. 3, Abs. 5 Z 2, Abs. 6a, Abs. 7a vorletzter und letzter Satz, Abs. 9 erster und zweiter Satz, Abs. 11 zweiter Satz, Abs. 13 letzter Satz, Abs. 15 erster Satz und Abs. 17 erster Satz, 447g Abs. 2 dritter Satz, 447h samt Überschrift, 447i Abs. 1 erster und zweiter Satz sowie Abs. 4 erster Satz, der Abschnitt VI des Achten Teiles, die Überschrift zu 453, 453 Abs. 1 Z 4, Abs. 2 und 3, 454 samt Überschrift, 455 Abs. 2 erster Satz, 456 Abs. 1 und 2, 457 Abs. 1 und 3, 458 erster Satz, 459, 459d Abs. 1 und Abs. 2 erster Satz, 459e Abs. 1 erster Satz, 459g Abs. 3 zweiter Satz, 460 Abs. 1, Abs. 1a erster Satz, Abs. 3, Abs. 3b, 4 und 4a, 460c letzter Satz, 460d erster Satz, 471i und 479 Abs. 2 Z 4.

(1a) § 717b in der Fassung des Pensionsanpassungsgesetzes 2019 wird durch § 717b in der Fassung des Bundesgesetzes BGBl. I Nr. 100/2018 ersetzt.

(2) Es treten außer Kraft:

1. mit Ablauf des 31. Dezember 2018 die §§ 79c samt Überschrift, 347 Abs. 5;
2. mit Ablauf des 31. März 2019 § 716 Abs. 2, 3, 5 und 6;
3. mit Ablauf des 31. Dezember 2019 die §§ 2 Abs. 2 Z 15, 70 Abs. 3, 71 samt Überschrift, 129 samt Überschrift sowie 319a Abs. 6, der Abschnitt IV des Achten Teiles, 445 samt Überschrift, 447b samt Überschrift, der erste und zweite Unterabschnitt des Abschnittes II sowie der Abschnitt IIa des Neunten Teiles samt Überschriften;
4. mit Ablauf des 31. Dezember 2022 § 319a samt Überschrift.

(3) Für die Erstattung von Beiträgen, die vor dem 1. Jänner 2019 entrichtet wurden, sind weiterhin die §§ 70 und 70a in der am 31. Dezember 2019 geltenden Fassung anzuwenden; dies gilt nicht, soweit diese Beiträge zusammen mit Beiträgen, die ab 1. Jänner 2019 entrichtet wurden, für ein bestimmtes Kalenderjahr entrichtet wurden.

(4) § 131 Abs. 1 tritt zu dem Zeitpunkt in Kraft, den die Bundesministerin für Arbeit, Soziales, Gesundheit und Konsumentenschutz durch Verordnung festsetzt. Die Verordnung ist zu erlassen, sobald für die Österreichische Gesundheitskasse ein Gesamtvertrag nach § 341 abgeschlossen wurde und ein einheitlicher Leistungskatalog wirksam wird.

(5) § 319a samt Überschrift tritt mit 31. Dezember 2022 außer Kraft. Der im § 319a Abs. 6 vorgesehene besondere Pauschbetrag ist von der Versicherungsanstalt für Eisenbahnen und Bergbau an die Allgemeine Unfallversicherungsanstalt letztmalig für das Jahr 2019 zu überweisen.

(6) Die zum 31. Dezember 2019 in Geltung stehenden Gesamtverträge der Gebietskrankenkassen mit der Österreichischen Ärztekammer, den örtlich zuständigen Ärztekammern oder der Österreichischen Zahnärztekammer sowie die zum 31. Dezember 2019 in Geltung stehenden Verträge dieser Versicherungsträger mit den Ärzten/Ärztinnen, Zahnärzten/Zahnärztinnen und anderen Vertragspartnern/Vertragspartnerinnen zur Erbringung der Leistungen der Krankenversicherung gelten bis zu neuen Vertragsabschlüssen durch die Österreichische Gesundheitskasse weiter. Die gesetzlichen Kündigungs- und Erlöschenstatbestände mit Ausnahme der §§ 342c Abs. 4 Z 1 und 2 sowie 343 Abs. 2 Z 1 und 2 bleiben von diesem Rechtsübergang unberührt.

(7) Die nach §§ 342c Abs. 3 und 343 Abs. 1 in der am 31. Dezember 2019 geltenden Fassung für die Sozialversicherungsanstalt der Bauern bestehende Wirksamkeit der Verträge bleibt für diesen Teilbereich der Sozialversicherungsanstalt der Selbständigen ab dem 1. Jänner 2020 solange aufrecht, bis ein neuer Gesamtvertrag nach § 14 SVSG abgeschlossen wird.

(7a) § 420 Abs. 6 Z 5 in der Fassung des Bundesgesetzes BGBl. I Nr. 100/2018 ist auf Personen, die vor dem 1. Jänner 2022 als Versicherungsvertreter/innen in einen nach dem genannten Bundesgesetz neu einzurichtenden Verwaltungskörper entsendet werden, so anzuwenden, dass der Nachweis der fachlichen Eignung bis längstens zum Ablauf des 31. Dezember 2021 bei sonstiger Enthebung nach § 423 Abs. 1 Z 5 zu erbringen ist.

(8) Die Betriebskrankenkassen der Wiener Verkehrsbetriebe, Mondi, voestalpine Bahnsysteme, Zeltweg und Kapfenberg werden mit Wirksamkeit ab 1. Jänner 2020 aufgelöst.

(8a) Das zum Stichtag 31. Dezember 2019 vorhandene Vermögen und die Verbindlichkeiten der Betriebskrankenkassen Mondi, voestalpine Bahnsysteme, Zeltweg und Kapfenberg, abzüglich des in Abs. 9 genannten Betrages, gehen mit 1. Jänner 2020 auf die Österreichische Gesundheitskasse über. Dies gilt nicht, sofern und solange mittels Betriebsvereinbarung eine betriebliche Gesundheitseinrichtung im Sinne der §§ 5a und 5b errichtet wurde. Im Falle der Auflösung einer betrieblichen Gesundheitseinrichtung ist durch Verordnung der Bundesministerin für Arbeit, Soziales, Gesundheit und Konsumentenschutz die Höhe des Anteils des an den Betriebsunternehmer zu übertragenden Reinvermögens in Abhängigkeit von der Summe der bisher vom Betriebsunternehmer getragenen Verwaltungskosten festzusetzen.

(8b) Das zum Stichtag 31. Dezember 2019 vorhandene Vermögen einschließlich der eigenen Einrichtung und die Verbindlichkeiten der Betriebskrankenkasse der Wiener Verkehrsbetriebe, abzüglich des in Abs. 9 genannten Betrages, gehen entsprechend dem Versichertenstand zum Stichtag 31. Dezember 2019 auf die Krankenfürsorgeanstalt der Bediensteten der Stadt Wien und die Versicherungsanstalt öffentlich Bediensteter, Eisenbahnen und Bergbau über. Die eigene Einrichtung der Betriebskrankenkasse der Wiener Verkehrsbetriebe als solche geht mit 1. Jänner 2020 auf die Versicherungsanstalt öffentlich Bediensteter, Eisenbahnen und Bergbau über. Die Abwicklung der Betriebskrankenkasse der Wiener Verkehrsbetriebe obliegt ausschließlich der Versicherungsanstalt öffentlich Bediensteter, Eisenbahnen und Bergbau, wobei die Kosten dieser Abwicklung im Rahmen der Vermögensaufteilung zu berücksichtigen sind. Die Vermögensverteilung ist durch Verordnung der Bundesministerin für Arbeit, Soziales, Gesundheit und Konsumentenschutz festzulegen.

(9) Die Betriebsunternehmer der in Abs. 8 genannten Betriebe können zum Zweck der Aufrechterhaltung des für die Versicherten und deren anspruchsberechtigten Angehörigen der jeweiligen Betriebskrankenkasse zum Zeitpunkt der Auflösung bestehenden Leistungsniveaus jeweils eine Privatstiftung zur Förderung der Gesundheit ihrer Beschäftigten einrichten. Dieser Stiftung ist von der jeweiligen Betriebskrankenkasse ein Anteil ihres im Jahresabschluss 2019 ausgewiesenen Reinvermögens zu widmen. Näheres ist durch Verordnung der Bundesministerin für Arbeit, Soziales, Gesundheit und Konsumentenschutz nach Anhö-

rung der Betriebsunternehmer zu regeln, wobei die Höhe des zu widmenden Anteils des Reinvermögens in Abhängigkeit von der Summe der bisher vom Betriebsunternehmer getragenen Verwaltungskosten und dem Alter der Anspruchsberechtigten festzusetzen ist.

(10) Bezüglich des im Abs. 8 verfügten Vermögensüberganges auf die Österreichische Gesundheitskasse bzw. die Versicherungsanstalt öffentlich Bediensteter, Eisenbahnen und Bergbau wird Folgendes festgelegt:

1. Der Jahresbericht für das Geschäftsjahr 2019 der Betriebskrankenkassen ist von der Österreichischen Gesundheitskasse bzw. der Versicherungsanstalt öffentlich Bediensteter, Eisenbahnen und Bergbau zu erstellen. Alle Schriften, Bücher und Akten der Betriebskrankenkassen sind mit 1. Jänner 2020 der Österreichischen Gesundheitskasse bzw. der Versicherungsanstalt öffentlich Bediensteter, Eisenbahnen und Bergbau zu übergeben.
2. Die Österreichische Gesundheitskasse bzw. die Versicherungsanstalt öffentlich Bediensteter, Eisenbahnen und Bergbau hat
   a) zur Nachweisung der Übernahme des Vermögens der mit 31. Dezember 2019 aufgelösten Betriebskrankenkassen dieses (Aktiva/Passiva) in geeigneten Aufzeichnungen gesondert zu erfassen; abweichende Zuordnungen von Aktiva und Passiva in der Vermögensrechnung sind näher zu begründen;
   b) in ihrer Schlussbilanz zum 31. Dezember 2020 in der Einzelnachweisung zu den Posten allgemeine Rücklage, Leistungssicherungsrücklage und Unterstützungsfonds die übernommenen Vermögensteile jeweils gesondert als „Vermögensübertragung“ anzugeben;
   c) in ihrem Geschäftsbericht für das Jahr 2020 jedenfalls über das übernommene Vermögen (Aktiva/Passiva) sowie über den zum 1. Jänner 2020 übernommenen Versichertenstand näher zu berichten;
   d) die Aufbewahrungsfristen nach § 58 der Weisungen für die Rechnungslegung und Rechnungsführung der Sozialversicherungsträger und des Hauptverbandes (Rechnungsvorschriften – RV) hinsichtlich aller übernommenen Bücher, Aufzeichnungen und sonstigen Unterlagen zu beachten.

(10a) Die Dienstverhältnisse von Bediensteten, die am 31. Dezember 2019 bei einer der im Abs. 8 genannten und mit 1. Jänner 2020 aufzulösenden Betriebskrankenkassen beschäftigt sind, gehen, sofern diese Bediensteten im Betrieb, für den die Betriebskrankenkasse errichtet war, nicht mehr weiter beschäftigt werden können, oder in der betrieblichen Gesundheitseinrichtung nicht beschäftigt werden können, auf die Österreichische Gesundheitskasse beziehungsweise im Fall der Betriebskrankenkasse der Wiener Verkehrsbetriebe auf die Versicherungsanstalt öffentlich Bediensteter, Eisenbahnen und Bergbau über.

(11) Die Österreichische Gesundheitskasse hat bis längstens 31. Dezember 2020 eine Satzung und eine Krankenordnung zu erlassen, die an die Stelle der von den Gebietskrankenkassen erlassenen Satzungen bzw. Krankenordnungen tritt. Bis zur Erlassung dieser Satzung (Krankenordnung) gelten die Satzungen (Krankenordnungen) der Gebietskrankenkassen im jeweiligen Bundesland weiter.

(12) Für die am 31. Dezember 2019 beim Hauptverband beschäftigten Bediensteten kommen mit Wirkung vom 1. Jänner 2020 folgende Regelungen zur Anwendung:

1. Die Dienstverhältnisse von Bediensteten, die nicht in einer im Abs. 18 genannten Abteilung beschäftigt sind, gehen im Rahmen ihrer Abteilung auf die Österreichische Gesundheitskasse über. Die Dienstverhältnisse der Mitglieder des Verbandsmanagements gehen nicht auf die Österreichische Gesundheitskasse über.
2. Durch Erklärung des Dienstgebers/der Dienstgeberin kann der/die Bedienstete entsprechend seinem/ihrem bisherigen Aufgabenbereich einer Organisationseinheit bzw. einem Arbeitsplatz des Dachverbandes oder des Versicherungsträgers zur dauernden Dienstleistung zugewiesen werden.
3. Dem/Der Bediensteten bleiben die ihm/ihr aus dem bisherigen Dienstverhältnis und der auf ihn/sie anzuwendenden Dienstordnung zustehenden Rechte unverändert gewahrt.

Unbeschadet der Wahrnehmung ihrer Aufgaben im Hauptverband sind die Bediensteten der Abteilungen „Nationale und internationale Grundsatzangelegenheiten (KV, UV, PV)“ und „Evidenzbasierte wirtschaftliche Gesundheitsversorgung (EWG)“ nach dem am 24. Oktober 2018 geltenden Dienstpostenplan und dem Anhang zur Geschäftsordnung des Verbandsvorstandes zur Vorbereitung der Zusammenführung der Gebietskrankenkassen bereits ab dem 1. April 2019 dem/der kommissarischen Leiter/Leiterin bzw. dem/der leitenden Angestellten der Österreichischen Gesundheitskasse direkt zugeordnet.

(13) Die bisher dem Hauptverband zukommende Kollektivvertragsfähigkeit verbleibt auch nach dem 1. Jänner 2020 beim Dachverband. Normen der kollektiven Rechtsgestaltung bleiben aufrecht.

(14) Für Bedienstete, die am 31. Dezember 2019 mit einer Funktion nach § 460 Abs. 3a betraut sind, finden hinsichtlich der Entgeltbedingungen abweichend von § 460 Abs. 3b die Regelungen des § 36 Abs. 3 DO. A bzw. des § 36 Abs. 2 DO. B sinngemäß Anwendung. Diese Bediensteten dürfen jedoch auch vor Ablauf der Befristung im Rahmen der Organisationsreform mit einem Dienstposten des bereichsleitenden Dienstes oder eines anderen gehobenen Aufgabenfeldes betraut werden.

(15) Sozialversicherungsbedienstete, die sich am 31. Dezember 2018 in einem aufrechten Dienstverhältnis befanden, dürfen dienstgeberseitig nicht aus dem Grund der Organisationsänderungen durch das Bundesgesetz BGBl. I Nr. 100/2018 gekündigt werden.

(16) Der Überleitungsausschuss bzw. ab 1. Jänner 2020 die Österreichische Gesundheitskasse hat der Bundesministerin für Arbeit, Soziales, Gesundheit und Konsumentenschutz und dem Dachverband ab 1. Juni 2019 monatlich über den Umsetzungsstand der Zusammenführung der Gebietskrankenkassen zu berichten. Näheres über die Art und den Umfang der Berichterstattung hat die Bundesministerin mit Verordnung festzusetzen.

(17) Der Dachverband hat dafür Sorge zu tragen, dass für die Sozialversicherungsbediensteten die besondere Fach- und Führungskräfteausbildung einschließlich der Abschlussprüfungen (§§ 30a Abs. 1 Z 3 und 30b Abs. 1 Z 2) in Kooperation mit bestehenden Fachhochschulen ab 1. Jänner 2021 als Kolloquien erfolgen können.

(18) Folgende Abteilungen des Hauptverbandes, basierend auf dem Anhang zur Geschäftsordnung und dem Dienstpostenplan in der am 24. Oktober 2018 geltenden Fassung, verbleiben im Dachverband:

1. Finanz- und Rechnungswesen einschließlich Fondsverwaltung,
2. Statistik, Grundlagen und Versicherungsmathematik,
3. Dienstrecht, Akademie und Personal,
4. allgemeine Rechtsangelegenheiten, interne Revision und Organisation der Selbstverwaltung mit Ausnahme der Öffentlichkeitsarbeit,
5. trägerübergreifendes Controlling (TÜC),
6. internationale Angelegenheiten und zwischenstaatliche Sozialversicherung,
7. IT-Management inklusive SVC, Schnittstelle ITSV sowie IT-Organisation,
8. Vertragspartner Medikamente.

Unabhängig davon kann die Konferenz weitere Personalkörper oder Mitarbeiter/innen durch Beschluss an Sozialversicherungsträger übertragen.

(19) § 456a in der am 31. Dezember 2018 geltenden Fassung ist bis zum Ablauf des 31. Dezember 2019 weiterhin auf die am 31. Dezember 2018 bestehenden Verwaltungskörper anzuwenden.

(BGBl I 2018/100)

Zuständigkeitsänderungen

§ 719. Sind auf Grund von Änderungen dieses Bundesgesetzes Änderungen im sachlichen Wirkungsbereich der Versicherungsträger (des Hauptverbandes) vorgesehen, so gelten auch die Zuständigkeitsvorschriften in anderen Bundesgesetzen als entsprechend geändert.

(BGBl I 2018/100)

Ersetzung von Begriffen

§ 720. Werden in anderen Bundesgesetzen die in der linken Spalte genannten Begriffe verwendet, so treten mit 1. Jänner 2020 an deren Stelle – in der grammatikalisch richtigen Form – die in der rechten Spalte genannten Begriffe. Dies gilt nicht für die Verwendung dieser Begriffe in Schluss- und Übergangsbestimmungen sowie in In-Kraft-Tretens- und Außer-Kraft-Tretens-Bestimmungen.“

Hauptverband der österreichischen Sozialversicherungsträger	Dachverband der Sozialversicherungsträger
Wiener Gebietskrankenkasse	Österreichische Gesundheitskasse
Niederösterreichische Gebietskrankenkasse	Österreichische Gesundheitskasse
Burgenländische Gebietskrankenkasse	Österreichische Gesundheitskasse
Oberösterreichische Gebietskrankenkasse	Österreichische Gesundheitskasse
Steiermärkische Gebietskrankenkasse	Österreichische Gesundheitskasse
Kärntner Gebietskrankenkasse	Österreichische Gesundheitskasse
Salzburger Gebietskrankenkasse	Österreichische Gesundheitskasse
Tiroler Gebietskrankenkasse	Österreichische Gesundheitskasse
Vorarlberger Gebietskrankenkasse	Österreichische Gesundheitskasse
(örtlich zuständige) Gebietskrankenkasse(n)	Österreichische Gesundheitskasse
Sozialversicherungsanstalt der gewerblichen Wirtschaft	Sozialversicherungsanstalt der Selbständigen
Sozialversicherungsanstalt der Bauern	Sozialversicherungsanstalt der Selbständigen
Versicherungsanstalt öffentlich Bediensteter	Versicherungsanstalt öffentlich Bediensteter, Eisenbahnen und Bergbau
Versicherungsanstalt für Eisenbahnen und Bergbau	Versicherungsanstalt öffentlich Bediensteter, Eisenbahnen und Bergbau

(BGBl I 2018/100)

Schlussbestimmung zu Art. 4 des Bundesgesetzes BGBl. I Nr. 98/2018

§ 721. § 41a in der Fassung des Bundesgesetzes, BGBl. I Nr. 98/2018, tritt mit 1. Jänner 2020 in Kraft.

(BGBl I 2018/98)

Schlussbestimmungen zum Bundesgesetz BGBl. I Nr. 8/2019

§ 722. (1) Es treten in der Fassung des Bundesgesetzes BGBl. I Nr. 8/2019 in Kraft:

1. mit 1. Jänner 2019 die §§ 58 Abs. 1a und 302 Abs. 1 Z 1a;
2. mit 1. Juli 2019 § 5 Abs. 1 Z 16 und 17.

(2) § 5 Abs. 1 Z 17 in der Fassung des Bundesgesetzes BGBl. I Nr. 8/2019 ist auch auf Sachverhalte anzuwenden, die vor dem 1. Juli 2019 verwirklicht wurden, wenn über diese noch keine rechtskräftige Entscheidung im Verfahren in Verwaltungssachen vorliegt.

(BGBl I 2019/8)

Schlussbestimmung zu Art. 2 des Bundesgesetzes BGBl. I Nr. 20/2019

§ 723. Die §§ 5 Abs. 1 Z 16 und 17 sowie 342e samt Überschrift in der Fassung des Bundesgesetzes BGBl. I Nr. 20/2019 treten mit Ablauf des Tages ihrer Kundmachung in Kraft.

(BGBl I 2019/20)

Schlussbestimmungen zum Bundesgesetz BGBl. I Nr. 23/2019

§ 724. (1) Die §§ 31a Abs. 8 Z 3 und 4, Abs. 8 letzter Satz, Abs. 9 bis 12, 460e in der Fassung der Z 5 und 545 Abs. 11 in der Fassung des Bundesgesetzes BGBl. I Nr. 23/2019 treten mit dem auf den Tag der Kundmachung folgenden Tag in Kraft.

(2) § 460e in der Fassung der Z 6 in der Fassung des Bundesgesetzes BGBl. I Nr. 23/2019 tritt mit 1. Jänner 2020 in Kraft.

(3) Abweichend von § 31a Abs. 8 können bis zum Vorliegen der technischen Verfügbarkeit der Registrierung des Elektronischen Identitätsnachweises (E-ID) nach § 4a ff. E-GovG, längstens bis 31. Dezember 2020, e-cards ohne Lichtbilder, die eigens zu kennzeichnen sind und längstens drei Jahre gültig sind, ausgegeben werden. Dies gilt nur für jene Fälle, in denen kein Lichtbild in den in § 31a Abs. 8 Z 1 bis 4 und Abs. 10 genannten Beständen vorhanden ist und auch keine Ausnahme von der Verpflichtung zur Beibringung vorliegt.

(BGBl I 2019/23)

„Schlussbestimmung zum Bundesgesetz BGBl. I Nr. 65/2019

§ 725. § 7 Z 1 lit. e in der Fassung des Bundesgesetzes BGBl. I Nr. 65/2019 tritt mit 1. Juli 2019 in Kraft und ist auch auf Sachverhalte anzuwenden, die vor seinem Inkrafttreten verwirklicht wurden.“

(BGBl I 2019/65)

„Schlussbestimmungen zu Art. 1 des Bundesgesetzes BGBl. I Nr. 84/2019

§ 726. (1) Die §§ 73 Abs. 1, 100 Abs. 1 lit. b, 105 Abs. 3, 108h Abs. 2 und 3, 292 Abs. 4 lit. r und s, 293 Abs. 1 lit. a sublit. bb und 299a samt Überschrift in der Fassung des Bundesgesetzes BGBl. I Nr. 84/2019 treten mit 1. Jänner 2020 in Kraft.

(2) § 293 Abs. 1 lit. a sublit. cc tritt mit Ablauf des 31. Dezember 2019 außer Kraft.

(3) Pensionsbeziehern, die Anspruch auf eine Leistung nach § 293 Abs. 1 lit. a sublit. cc bis zum 31. Dezember 2019 gehabt haben oder hätten, gebührt der Bonus nach § 299a in der Höhe, die sich aus § 293 Abs. 1 lit. a sublit. cc ergibt, wenn dies günstiger ist und spätestens im Jahr 2020 beantragt wird.

(4) Die Bundesministerin für Arbeit, Soziales, Gesundheit und Konsumentenschutz hat in Ergänzung der in § 700 Abs. 6 dieses Bundesgesetzes, in § 365 Abs. 3 GSVG und in § 357 Abs. 3 BSVG vorgesehenen Evaluierung auch die sozialen Auswirkungen und die finanziellen Auswirkungen, die sich durch die Einführung des Ausgleichszulagenbonus nach § 299a dieses Bundesgesetzes, nach § 156a GSVG und nach § 147a BSVG ergeben, bis 31. Dezember 2021 zu evaluieren.“

(BGBl I 2019/84)

Anlage 1
Liste der Berufskrankheiten (§ 177)

Lfd. Nr.	Berufskrankheit	Unternehmen
1	Erkrankungen durch Blei, seine Legierungen oder Verbindungen	Alle Unternehmen
2	Erkrankungen durch Phosphor und seine Verbindungen	Alle Unternehmen
3	Erkrankungen durch Quecksilber, seine Legierungen oder Verbindungen	Alle Unternehmen
4	Erkrankungen durch Arsen oder seine Verbindungen	Alle Unternehmen
5	Erkrankungen durch Mangan oder seine Verbindungen	Alle Unternehmen
6	Erkrankungen durch Cadmium oder seine Verbindungen	Alle Unternehmen
7	Erkrankungen durch Beryllium oder seine Verbindungen	Alle Unternehmen
8	Erkrankungen durch Chrom oder seine Verbindungen	Alle Unternehmen
9	Erkrankungen durch Benzol oder seine Homologe oder durch Styrol	Alle Unternehmen
10	Erkrankungen durch Nitro- und Aminoverbindungen des Benzols oder seiner Homologe und deren Abkömmlinge	Alle Unternehmen
11	Erkrankungen durch Halogen-Kohlenwasserstoffe	Alle Unternehmen

12	Erkrankungen durch Salpetersäureester	Alle Unternehmen
13	Erkrankungen durch Schwefelkohlenstoff	Alle Unternehmen
14	Erkrankungen durch Schwefelwasserstoff	Alle Unternehmen
15	Erkrankungen durch Kohlenmonoxid	Alle Unternehmen
16	Erkrankungen durch ionisierende Strahlen	Alle Unternehmen
17	Hautkrebs oder zur Krebsbildung neigende Hautveränderungen durch Ruß, Rohparaffin, Dunkelöle, Teer, Anthrazen, Pech, Mineralöle, Erdpech und ähnliche Stoffe	Alle Unternehmen
18	Krebs oder andere Neubildungen sowie Schleimhautveränderungen der Harnwege durch aromatische Amine	Alle Unternehmen
19	Hauterkrankungen	Alle Unternehmen
20	Vibrationsbedingte Durchblutungsstörungen an den Händen sowie andere Erkrankungen durch Erschütterung bei der Arbeit mit Preßluftwerkzeugen und gleichartig wirkenden Werkzeugen und Maschinen (wie z.B. Motorsägen) sowie durch Arbeit an Anklopfmaschinen	Alle Unternehmen
21	Erkrankungen durch Arbeit in Druckluft	Alle Unternehmen
22	Druckschädigung der Nerven	Alle Unternehmen
23	Chronische Erkrankungen der Schleimbeutel, der Sehnenscheiden und des Sehnengleitgewebes sowie der Sehnen- und Muskelansätze durch ständigen Druck oder ständige Erschütterung	Alle Unternehmen
24	Abrißbrüche der Wirbeldornfortsätze	Alle Unternehmen
25	Meniskusschäden bei Bergleuten nach mindestens dreijähriger regelmäßiger Tätigkeit unter Tag und bei anderen Personen nach mindestens dreijähriger regelmäßiger Tätigkeit in knieender oder hockender Stellung	Alle Unternehmen
26	a) Staublungenerkrankungen (Silikose oder Silikatose) mit objektiv feststellbarer Leistungsminderung von Atmung oder Kreislauf b) Staublungenerkrankung in Verbindung mit aktiv-fortschreitender Lungentuberkulose (Siliko-Tuberkulose) c) Bösartige Neubildungen der Lunge durch die Einwirkung von kristallinem Siliziumdioxid bei Silikose	Alle Unternehmen
27	a) Asbeststaublungenerkrankung (Asbestose) mit objektiv feststellbarer Leistungsminderung von Atmung oder Kreislauf b) Bösartige Neubildungen des Rippenfells, des Herzbeutels und des Bauchfells durch Asbest c) Bösartige Neubildungen der Lunge durch Asbest d) Bösartige Neubildungen des Kehlkopfes durch Asbest	Alle Unternehmen
28	Erkrankungen der tieferen Luftwege und der Lunge durch Aluminium oder seine Verbindungen	Alle Unternehmen
29	Erkrankungen der tieferen Luftwege und der Lunge durch Thomasschlackenmehl	Thomasschlackenmühlen, Düngemittelmischereien und Betriebe, die Thomasschlackenmehl lagern, befördern oder verwenden
30	Durch allergiesierende Stoffe verursachte Erkrankungen an Asthma bronchiale (einschließlich Rhinopathie), wenn und solange sie zur Aufgabe schädigender Tätigkeiten zwingen	Alle Unternehmen
31	Erkrankungen der Knochen, Gelenke und Bänder durch Fluorverbindungen (Fluorose)	Alle Unternehmen
32	Erkrankungen der Zähne durch Säuren	Alle Unternehmen
33	Durch Lärm verursachte Schwerhörigkeit	Alle Unternehmen
34	Hornhautschädigungen des Auges durch Benzochinon	Chemische Industrie

35	Grauer Star	Herstellung, Bearbeitung und Verarbeitung von Glas, Eisenhütten, Metallschmelzereien
36	Wurmkrankheit der Bergleute, verursacht durch Ankylostoma duodenale oder Strogyloides stercoralis	Unternehmen des Bergbaues, Stollen- oder Tunnelbau
37	Tropenkrankheiten, Fleckfieber	Alle Unternehmen
38	Infektionskrankheiten	Krankenhäuser, Heil- und Pflegeanstalten, Entbindungsheime und sonstige Anstalten, die Personen zur Kur und Pflege aufnehmen, öffentliche Apotheken, ferner Einrichtungen und Beschäftigungen in der öffentlichen und privaten Fürsorge, in Schulen, Kindergärten und Säuglingskrippen und im Gesundheitsdienst sowie in Laboratorien für wissenschaftliche und medizinische Untersuchungen und Versuche sowie in Justizanstalten und Hafträumen der Verwaltungsbehörden bzw. in Unternehmen, in denen eine vergleichbare Gefährdung besteht
39	Von Tieren auf Menschen übertragbare Krankheiten	Tätigkeiten, die durch Umgang oder Berührung mit Tieren, tierischen Teilen, Erzeugnissen, Abgängen und mit kontaminiertem Material zur Erkrankung Anlaß geben, bzw. Tätigkeiten, bei denen eine vergleichbare Gefährdung besteht
40	Erkrankungen an Lungenfibrose durch Hartmetallstaub	Herstellung und Bearbeitung von Hartmetallen
41	Durch chemisch-irritativ oder toxisch wirkende Stoffe verursachte Erkrankungen der tieferen Atemwege und der Lunge mit objektivem Nachweis einer Leistungsminderung von Atmung und Kreislauf	Alle Unternehmen
42	Erkrankungen durch Dimethylformamid	Alle Unternehmen
43	Exogen-allergische Alveolitis mit objektiv nachweisbarem Funktionsverlust der Lunge, sofern das als ursächlich festgestellte Antigen bei der Erwerbstätigkeit von einem objektiv feststellbar bestimmenden Einfluß gewesen ist	Alle Unternehmen
44	Erkrankungen der tieferen Atemwege und der Lunge durch Rohbaumwoll- oder Flachsstaub	Alle Unternehmen
45	Adenokarzinome der Nasenhaupt- und Nasennebenhöhlen durch Staub von Hartholz	Holzbearbeitende und holzverarbeitende Industrie
46	Durch Zeckenbiß übertragbare Krankheiten (z.B. Frühsommermeningoencephalitis oder Borreliose)	Unternehmen der Land- und Forstwirtschaft sowie auf Tätigkeiten in Unternehmen, bei denen eine ähnliche Gefährdung besteht
47	Erkrankungen durch Butyl-, Methyl- und Isopropylalkohol	Alle Unternehmen
48	Erkrankungen durch Phenole und Katechole	Alle Unternehmen
49	Erkrankungen durch Nickel oder seine Verbindungen	Alle Unternehmen
50	Erkrankungen durch Vanadium oder seine Verbindungen	Alle Unternehmen
51	Erkrankungen durch halogenierte Alkyl-, Aryl- oder Alkylaryloxide	Alle Unternehmen

52	Polyneuropathie oder Enzephalopathie durch organische Lösungsmittel oder deren Gemische, wenn eine regelmäßige Exposition bestanden hat, die im Hinblick auf Dauer und Ausmaß erheblich war	Alle Unternehmen
53	Allergieinduzierte anaphylaktische Reaktionen nach Latex-Sensibilisierung	Alle Unternehmen

(BGBl 1996/411, BGBl I 1998/138, BGBl I 2006/131, BGBl I 2012/123)

Anlage 2
Beitragsgrundlage im Sinne der §§ 243 Abs. 1 Z 2 lit. b und d sowie 244 Abs. 2

Im Bereich der Pensionsversicherung der Arbeiter beträgt die Beitragsgrundlage für die Kalenderwoche

Für die Zeit	wenn in den Unterlagen die Beitragsklasse … vorgemerkt ist													
	I	II	III	IV	V	VI	VII	VIII	IX	X	XI	XII	XIII	XIV
	Euro													
bis Dezember 1946	1,38	4,07	6,76	9,52	12,21	14,97	17,66	20,35	23,11	–	–	–	–	–
ab Jänner 1951	0,80	2,47	4,14	5,81	7,41	9,08	10,76	12,43	14,03	15,70	17,37	18,97	20,64	22,24

Im Bereich der Pensionsversicherung der Angestellten beträgt die Beitragsgrundlage für den Kalendermonat

Für die Zeit	wenn in den Unterlagen die Gehaltsklasse … vorgemerkt ist						
	A	B	C	D	E	F	G
	Euro						
bis Dezember 1946	8,72	17,44	34,88	52,32	69,77	87,21	109,01
ab Jänner 1951	–	10,61	21,22	–	42,44	53,05	66,35

Im Bereich der knappschaftlichen Pensionsversicherung beträgt die Beitragsgrundlage für den Kalendermonat

wenn in den Unterlagen die Beitragsklasse … vorgemerkt ist								
I	II	III	IV	V	VI	VII	VIII	IX
Euro								
27,25	38,15	49,05	59,96	70,86	81,76	92,66	103,56	114,46

wenn in den Unterlagen die Gehaltsklasse … vorgemerkt ist						
A	B	C	D	E	F	G
Euro						
16,35	32,70	65,41	109,01	152,61	174,41	174,41

(BGBl I 2001/67)

Anlage 3
Beitrag zur Höherversicherung im Sinne des § 248 Abs. 2 lit. a

Im Bereich der Pensionsversicherung der Arbeiter gilt als Beitrag zur Höherversicherung für die Kalendermonate

Für die Zeit	wenn in den Unterlagen die Beitragsklasse … vorgemerkt ist														
	I	II	III	IV	V	VI	VII	VIII	IX	X	XI	XII	XIII	XIV	XV
	Euro														
bis 29. Dez. 1946	0,14	0,41	0,68	0,95	1,22	1,50	1,77	2,03	2,31	2,58	–	–	–	–	–
ab 30. Dez. 1946	0,09	0,27	0,45	0,63	0,81	1,00	1,18	1,36	1,54	1,72	1,90	2,09	2,26	2,43	2,62

Im Bereich der Pensionsversicherung der Angestellten gilt als Beitrag zur Höherversicherung für den Kalendermonat

Für die Zeit	wenn in den Unterlagen die Gehalts(Beitrags)klasse ... vorgemerkt ist									
	A	B	C	D	E	F	G	H	J	K
	Euro									
bis Dezember 1946	0,87	1,74	3,49	5,23	6,98	8,72	10,90	13,08	17,44	21,80
ab Jänner 1947	0,58	1,16	2,33	3,49	4,65	5,81	7,27	8,72	11,63	14,53

(BGBl I 2001/67)

Anlage 4
Beitrag zur Höherversicherung im Sinne des § 248 Abs. 2 lit. b

Im Bereiche der Pensionsversicherung der Arbeiter gilt als Beitrag zur Höherversicherung für die Kalenderwoche

wenn in den Unterlagen bis 29. Dezember 1946 die Beitragsklasse X vorgemerkt ist,...0,27 €,

wenn in den Unterlagen zwischen dem 30. Dezember 1946 und dem 29. Mai 1949 die Beitragsklasse X beziehungsweise nach dem 29. Mai 1949 die Beitragsklasse XV vorgemerkt ist,...0,18 €.

Im Bereiche der Pensionsversicherung der Angestellten gilt als Beitrag zur Höherversicherung für den Kalendermonat

wenn in den Unterlagen die Beitragsklasse H vorgemerkt ist, für die Zeit bis
Dezember 1946 .... 2,18 €,

ab Jänner 1947 .... 1,45 €,

wenn in den Unterlagen die Beitragsklasse J vorgemerkt ist, für die Zeit bis
Dezember 1946 .... 6,54 €,

ab Jänner 1947 .... 4,36 €,

wenn in den Unterlagen die Beitragsklasse K vorgemerkt ist, für die Zeit bis
Dezember 1946 .... 10,90 €,

ab Jänner 1947 .... 7,27 €.

(BGBl I 2001/67)

Anlage 5
Aufwertungsfaktoren

(aufgehoben)

Anlage 6
Aufwertungsfaktoren im Sinne des § 522f

Die Aufwertungsfaktoren betragen, wenn die Rente angefallen ist

im Jahre	F1	F2	F3
1939 und früher	1,80	7,00	1,80
1940	1,70	6,00	1,70
1941	1,60	5,50	1,60
1942	1,50	5,00	1,50
1943	1,40	3,20	1,40
1944	1,30	2,50	1,30
1945	1,20	2,20	1,20
1946	1,20	1,90	1,10
1947	1,20	1,60	1,00
1948	1,20	1,40	0,90
1949	1,25	1,20	0,80
1950	1,30	1,00	0,70
1951	1,35	0,80	0,60
1952	1,40	0,60	0,50

Anlage 7
Höchstbeträge der Renten für die Ermittlung des Erhöhungsbetrages nach § 522f

Für die Ermittlung des Erhöhungsbetrages sind höchstens heranzuziehen, wenn die Rente angefallen ist

im Jahr	in der Pensionsversicherung der Arbeiter	in der knappschaftlichen Pensionsversicherung
	€	€
1939 und früher	47,24	79,94
1940	50,87	79,94
1941	54,50	79,94
1942	54,50	79,94
1943	58,14	79,94
1944	58,14	79,94
1945	61,77	83,57
1946	65,41	87,21
1947	72,67	94,47
1948	72,67	98,11
1949	72,67	105,38
1950	79,94	116,28
1951	83,57	127,18
1952	98,11	145,35

(BGBl I 2001/67)

Anlage 8
Aufwertungsfaktoren im Sinne des § 522h

Der Aufwertungsfaktor beträgt, wenn der Versicherungsfall eingetreten ist

im Jahre	F
1951 und früher	1,500
1952	1,425
1953	1,300
1954	1,225
1955	1,175

1956	1,125
1957	1,075
1958	1,038
1959	1,013

Anlage 9
Liste der Arbeiten, die als wesentlich bergmännische oder ihnen gleichgestellte Arbeiten anzusehen sind (§ 236 Abs. 3)

Wesentlich bergmännische oder ihnen gleichgestellte Arbeiten sind folgende in knappschaftlichen Betrieben ständig verrichtete Arbeiten:

1. die Tätigkeit aller in Grubenbetrieben ausschließlich oder überwiegend unter Tage beschäftigten Arbeiter;
2. die Tätigkeit aller in Tagbaubetrieben ausschließlich oder überwiegend in Betriebspunkten unter Tage (Entwässerungsstrecken, Stollen, Sturzschächten) beschäftigten Arbeiter, wobei das Begehen und Durchfahren von Untertagebauen nicht als Arbeit unter Tage zählt;
3. die Tätigkeit aller in Tagbaubetrieben in Gebirgslagen mit dem Aufschluß oder der Gewinnung von Bergbauprodukten oder mit deren Förderung bis zu den Verlade-Verarbeitungspunkten oder mit dem Stürzen ausschließlich oder überwiegend befaßten Arbeiter; ferner die Arbeiten an Förderwegen sowie die Bedienung, Wartung und Instandsetzung der im Freien gelegenen maschinellen Gewinnungs- und Fördereinrichtungen. Die ausschließlich oder überwiegend in geschützten Räumen (festen Gebäuden) verrichteten Tätigkeiten bleiben hiebei außer Betracht;
4. die Tätigkeit aller ausschließlich oder überwiegend mit der Beaufsichtigung der in den Ziffern 1 bis 3, 7 und 8 genannten Personen beauftragten technischen Aufsichtspersonen;

   (BGBl 1993/335)
5. die Tätigkeit aller technischen Angestellten, die zwecks Leitung, Planung und Vermessung regelmäßig Befahrungen im Arbeitsbereiche der in den Z 1 bis 4 genannten Personen durchzuführen haben, wenn sie damit die überwiegende Zahl der Arbeitstage innerhalb eines Kalendermonates befaßt sind;
6. in Grubenbetrieben die Tätigkeit der Anschläger über Tage bei Hauptförderschächten, Wetter- bzw. Lieferschächten mit täglicher Mannsfahrt;
7. in Tagbaubetrieben die Tätigkeit der Hauer im engeren Sinne, soweit sie ausschließlich oder überwiegend mit Bohren, Schießen, Abräumen, Ablauten und Sichern befaßt sind, wobei in Betrieben, in denen der Hauerschein noch nicht eingeführt ist, die Anerkennung als Hauer durch den Betrieb maßgebend ist;

   (BGBl 1993/335)
8. in Betrieben der Erdöl- und Erdgasgewinnung die Tätigkeit der unmittelbar mit dem Aufschluß und der Gewinnung beschäftigten Personen.

Anlage 10
Liste der Arbeiten, die als Gewinnungshauertätigkeit oder ihr gleichgestellte Tätigkeit anzusehen sind (§ 281 Abs. 3)

Für den Anspruch auf Bergmannstreuegeld kommen unter den angegebenen Voraussetzungen ausschließlich folgende Tätigkeiten in Betracht, sofern sie während einer in der knappschaftlichen Pensionsversicherung zu berücksichtigenden Beitragszeit von Personen verrichtet werden, die im Besitze eines Hauerscheines sind. Soweit der Hauerschein noch nicht eingeführt ist, tritt an seine Stelle die Anerkennung als Hauer durch den Betrieb.

A. In Grubenbetrieben unter Tage die ständige Tätigkeit:

1. im Abbau als Hauer
   a) bei der Gewinnung,
   b) bei Ausbau- oder Raubarbeiten,
   c) beim Umbau der Fördermittel,
   d) beim Gewinnen und Einbringen des Versatzes;
2. im sonstigen Grubenbetrieb als Hauer
   a) beim Schachtabteufen und bei der Schachtreparatur einschließlich Schrägschächte,
   b) in der Aus- und Vorrichtung;
3. in einem der unter Z 1 oder 2 angeführten Arbeitsbereiche
   a) als Schießhauer mit überwiegender selbst getätigter Schießarbeit in der Grube,
   b) als Meisterhauer im Lehrbetrieb,
   c) als in der Kür mittätiger, nicht überwiegend mit Aufsicht befaßter Oberhauer (Paßführer),
   d) als Erhalthauer, der mit Instandsetzungsarbeiten (z.B. nach Wasser- und Schwimmsandeinbrüchen, Bränden u. ä.), mit Aufbrucharbeiten sowie mit dem Erweitern und Nachreisen von Strecken und Stollen beschäftigt ist.

B. In Tagbaubetrieben in Gebirgslagen:

Die ständige Tätigkeit der Tagbauhauer im engeren Sinne, soweit sie ausschließlich oder überwiegend mit Bohren, Schießen, Abräumen, Ablauten und Sichern befaßt sind, sowie Meisterhauer in Lehrbetrieben.

Die Tätigkeiten unter A Z 1 lit. b, c und d, Z 2 und Z 3 sowie unter B setzen ferner eine vorangegangene Tätigkeit als Gewinnungshauer und den Besitz der Arbeitskraft eines vollwertigen Hauers vor Ort voraus, sofern sie für die Durchführung der Arbeiten nach den örtlichen Verhältnissen notwendig ist.

Anlage 11
Bei der Anwendung des § 529 einem öffentlich-rechtlichen Dienstverhältnis gleichgestellte Dienstverhältnisse

Die Dienstverhältnisse nachstehender Personen sind öffentlich-rechtlichen Dienstverhältnissen gleichgestellt:

1. Personen, die auf Grund des § 1 der Besoldungsordnung für die Beamten der Österreichischen Bundesbahnen (Kundmachung des Bundesministeriums für Verkehr vom 14. November 1947, betreffend die Besoldungsordnung für die Beamten der Österreichischen Bundesbahnen, BGBl. Nr. 263) in einem vertraglichen Dienstverhältnis zu den Österreichischen Bundesbahnen stehen;
2. Personen, die auf Grund der vor der im Punkt 1 genannten Besoldungsordnung bestandenen Besoldungsordnungen mit Anspruch auf Ruhe(Versorgungs)genuß von den Österreichischen Bundesbahnen angestellt worden waren;
3. Bahnärzte der Österreichischen Bundesbahnen, die mit Anspruch auf Ruhe(Versorgungs)genuß unter die Bestimmungen der bestehenden Besoldungsordnung für die Bahnärzte (Dienstanweisung Nr. 121 im 19. Stück des Amtsblattes der Generaldirektion der Österreichischen Bundesbahnen, Jahrgang 1948, vom 10. Juni 1948) oder der vorher bestandenen Besoldungsordnungen fallen;
4. Personen, die in einem vertraglichen Dienstverhältnis zu den Steiermärkischen Landesbahnen stehen, auf das gemäß dem Beschluß der Steiermärkischen Landesregierung vom 5. Februar 1948, Z 1-332 Ste 2/37-1948, die in der Kundmachung des Bundesministeriums für Verkehr vom 14. November 1947, BGBl. Nr. 263, für die Beamten der Österreichischen Bundesbahnen kundgemachte Besoldungsordnung analoge Anwendung zu finden hat;
5. Personen, die bei der Post- und Telegraphenverwaltung in einem vertraglichen Dienstverhältnis stehen und Teilnehmer am ehemaligen Provisionsfonds für Postboten und ihrer Hinterbliebenen, BGBl. Nr. 375/1926, waren, sofern sie in die Provisionsanwartschaft des Bundes rückübernommen werden;
6. vertragsmäßig vollbeschäftigte in ständiger Verwendung stehende oder ehemalige Bedienstete der Bundestheater und ihre Hinterbliebenen, die auf Grund des Bundestheaterpensionsgesetzes, BGBl. Nr. 159/1958, Anwartschaft auf Ruhe- und Versorgungsgenüsse aus Bundesmitteln hatten oder haben;
7. ständige Salinenarbeiter (Statut über die Provisionen des Salinenarbeiters und die Versorgungsgenüsse ihrer Witwen und Waisen, genehmigt mit dem Erlasse des Bundesministeriums für Finanzen vom 15. Oktober 1925, Z 65.055-24, in der jeweiligen Fassung);
8. ständige Arbeiter des Hauptmünzamtes (Vorschrift über die Ruhe- und Versorgungsgenüsse der Arbeiterschaft des Hauptmünzamtes Wien, genehmigt mit dem Erlaß des Bundesministeriums für Finanzen vom 4. Jänner 1929, Z 39.751/1927, in der jeweiligen Fassung);
9. Personen, die als definitive Warte- und Dienstpersonen (definitive Anstaltsbedienstete) auf Grund des § 5 Abs. 1 lit. b der Dienstordnung für das weltliche Warte- und Dienstpersonal des Landeskrankenhauses in Graz (genehmigt mit Beschluß der Steiermärkischen Landesregierung vom 1. Mai 1926, Zl. 4-183, Gk 6/1, in der Fassung des Beschlusses vom 6. Dezember 1927, Zl. 1-66 Allg. 43/3-1927) an Landesanstalten in Dienstverwendung stehen oder als solche aufgenommen werden;
10. Personen, auf die gemäß § 6 Abs. 1 und 2 des Gesetzes vom 17. Juli 1930, LGBl. für das Land Steiermark Nr. 21/1931, betreffend die Errichtung einer Landes-Hypothekenanstalt für Steiermark, die für die Landesbeamten des Landes Steiermark jeweils geltenden Bestimmungen einschließlich der Dienstpragmatik, Einrechnung und Vorrückung sinngemäß Anwendung finden, sofern diese Personen nicht überhaupt dem Stande der Landesbeamten entnommen sind;
11. Personen, die als Landesstraßenwärter in ein unkündbares Vertragsverhältnis zum Land Oberösterreich mit Anwartschaft auf die Versorgungsleistungen im Sinne der Versorgungsvorschrift für die oberösterreichischen Landesstraßenwärter und ihre Hinterbliebenen (Landtagsbeschluß vom 13. Dezember 1928, Ldtg.-Zl. 317/1927, wieder in Kraft gesetzt durch Landtagsbeschluß vom 15. Oktober 1946, Ldtg.-Zl. 32/1946) übernommen wurden;
12. die Angelobten Arbeiter der Österreichischen Staatsdruckerei, die der für diese Arbeiter geltenden Vorschrift über die Ruhe- und Versorgungsgenüsse in der jeweils geltenden Fassung unterstellt sind;
13. Angestellte des Dorotheums, die nach dem 9. April 1945 in ein Dienstverhältnis der im § 5 Abs. 1 Z 4 bezeichneten Art aufgenommen worden sind;
14. im Dienste der Oesterreichischen Nationalbank Beschäftigte, die auf Grund der Pensionsordnung der Oesterreichischen Nationalbank Anwartschaft auf Ruhe- und Hinterbliebenenversorgung (Renten) haben;
15. Dienstnehmer der Zentralsparkasse der Gemeinde Wien und der Salzburger Sparkasse, wenn ihnen aus ihrem Dienstverhältnis die Anwartschaft auf Ruhe- und Versorgungsgenüsse, die den Leistungen der betreffenden Unfall- und Pensionsversicherung gleichwertig sind, zusteht.

Anlage 12
Bevölkerung – Referenzlebenserwartung

	Referenzlebenserwartung			Gesamtbevölkerung			Anteil der über 65-Jährigen
	Männer	Frauen	gesamt	Männer	Frauen	gesamt	
2005	16,7	20,3	18,5	3.959.154	4.185.392	8.144.546	246
2006	16,8	20,4	18,6	3.975.502	4.195.649	8.171.151	253
2007	16,9	20,5	18,7	3.991.083	4.205.496	8.196.579	256
2008	17,0	20,6	18,8	4.005.939	4.214.963	8.220.902	260
2009	17,1	20,7	18,9	4.020.125	4.224.076	8.244.201	263
2010	17,2	20,8	19,0	4.033.676	4.232.904	8.266.580	262
2011	17,3	20,9	19,1	4.046.615	4.241.466	8.288.081	264
2012	17,4	21,0	19,2	4.058.330	4.249.252	8.307.582	269
2013	17,5	21,1	19,3	4.068.871	4.256.325	8.325.196	274
2014	17,6	21,2	19,4	4.078.256	4.262.692	8.340.948	279
2015	17,7	21,3	19,5	4.086.497	4.268.393	8.354.890	283
2016	17,8	21,4	19,6	4.093.635	4.273.491	8.367.126	286
2017	17,9	21,5	19,7	4.099.954	4.278.281	8.378.235	290
2018	18,0	21,6	19,8	4.105.487	4.282.747	8.388.234	295
2019	18,1	21,7	19,9	4.110.201	4.286.882	8.397.083	299
2020	18,2	21,8	20,0	4.114.095	4.290.639	8.404.734	305
2021	18,3	21,9	20,1	4.117.116	4.293.957	8.411.073	312
2022	18,4	22,0	20,2	4.119.526	4.297.016	8.416.542	320
2023	18,5	22,1	20,3	4.121.308	4.299.702	8.421.010	327
2024	18,6	22,2	20,4	4.122.435	4.301.969	8.424.404	336
2025	18,7	22,3	20,5	4.122.888	4.303.744	8.426.632	346
2026	18,8	22,4	20,6	4.122.655	4.304.987	8.427.642	356
2027	18,9	22,5	20,7	4.121.745	4.305.635	8.427.380	367
2028	19,0	22,6	20,8	4.120.165	4.305.635	8.425.800	378
2029	19,1	22,7	20,9	4.117.932	4.304.975	8.422.907	390
2030	19,2	22,8	21,0	4.115.054	4.303.658	8.418.712	401
2031	19,3	22,9	21,1	4.111.560	4.301.668	8.413.228	412
2032	19,4	23,0	21,2	4.107.579	4.299.125	8.406.704	423
2033	19,5	23,1	21,3	4.103.132	4.296.031	8.399.163	433
2034	19,6	23,2	21,4	4.098.247	4.292.429	8.390.676	443
2035	19,7	23,3	21,5	4.092.977	4.288.352	8.381.329	451
2036	19,8	23,4	21,6	4.087.307	4.283.821	8.371.128	458
2037	19,9	23,5	21,7	4.081.300	4.278.871	8.360.171	464
2038	20,0	23,6	21,8	4.074.935	4.273.513	8.348.448	469
2039	20,1	23,7	21,9	4.068.226	4.267.787	8.336.013	473
2040	20,2	23,8	22,0	4.061.176	4.261.709	8.322.885	477
2041	20,3	23,9	22,1	4.053.772	4.255.253	8.309.025	479
2042	20,4	24,0	22,2	4.046.053	4.248.403	8.294.456	482
2043	20,5	24,1	22,3	4.037.999	4.241.142	8.279.141	484
2044	20,6	24,2	22,4	4.029.662	4.233.449	8.263.111	487
2045	20,7	24,3	22,5	4.021.040	4.225.293	8.246.333	490
2046	20,8	24,3	22,6	4.012.153	4.216.670	8.228.823	494
2047	20,9	24,4	22,7	4.003.068	4.207.612	8.210.680	498
2048	21,0	24,5	22,7	3.993.783	4.198.141	8.191.924	501
2049	21,1	24,6	22,8	3.984.363	4.188.252	8.172.615	505
2050	21,1	24,7	22,9	3.974.827	4.177.976	8.152.803	507

Bevölkerung

Bevölkerung zum Jahresendstand

	Männer			Frauen			Männer und Frauen		
	0-14	15-64	65+	0-14	15-64	65+	0-14	15-64	65+
2005	661.248	2.755.457	542.449	629.251	2.743.903	812.238	1.290.499	5.499.360	1.354.687
2006	651.720	2.760.202	563.580	620.137	2.746.425	829.087	1.271.857	5.506.627	1.392.876
2007	642.218	2.771.181	577.684	611.510	2.755.519	838.467	1.253.728	5.526.700	1.416.151
2008	633.382	2.781.367	591.190	602.709	2.764.228	848.026	1.236.091	5.545.595	1.439.216
2009	625.589	2.790.303	604.233	595.188	2.771.189	857.699	1.220.777	5.561.492	1.461.932
2010	619.355	2.806.572	607.749	589.042	2.787.046	856.816	1.208.397	5.593.618	1.464.565
2011	612.845	2.815.921	617.849	582.725	2.796.159	862.582	1.195.570	5.612.080	1.480.431
2012	608.481	2.815.153	634.696	578.189	2.795.051	876.012	1.186.670	5.610.204	1.510.708
2013	605.123	2.813.866	649.882	575.020	2.792.618	888.687	1.180.143	5.606.484	1.538.569
2014	603.238	2.812.017	663.001	573.150	2.790.402	899.140	1.176.388	5.602.419	1.562.141
2015	601.100	2.810.343	675.054	571.095	2.788.606	908.692	1.172.195	5.598.949	1.583.746
2016	600.490	2.807.959	685.186	569.899	2.786.702	916.890	1.170.389	5.594.661	1.602.076
2017	598.110	2.805.302	696.542	567.632	2.783.914	926.735	1.165.742	5.589.216	1.623.277
2018	596.087	2.801.804	707.596	565.698	2.780.095	936.954	1.161.785	5.581.899	1.644.550
2019	594.333	2.796.586	719.282	564.022	2.774.372	948.488	1.158.355	5.570.958	1.667.770
2020	592.748	2.788.766	732.581	562.500	2.766.146	961.993	1.155.248	5.554.912	1.694.574
2021	591.208	2.777.618	748.290	561.023	2.754.054	978.880	1.152.231	5.531.672	1.727.170
2022	589.641	2.765.187	764.698	559.521	2.741.782	995.713	1.149.162	5.506.969	1.760.411
2023	587.954	2.752.228	781.126	557.902	2.728.476	1.013.324	1.145.856	5.480.704	1.794.450
2024	586.065	2.737.040	799.330	556.094	2.713.159	1.032.716	1.142.159	5.450.199	1.832.046
2025	583.925	2.720.290	818.673	554.043	2.696.412	1.053.289	1.137.968	5.416.702	1.871.962
2026	581.491	2.701.701	839.463	551.721	2.677.718	1.075.548	1.133.212	5.379.419	1.915.011
2027	578.754	2.682.146	860.845	549.107	2.657.925	1.098.603	1.127.861	5.340.071	1.959.448
2028	575.719	2.662.195	882.251	546.215	2.636.655	1.122.765	1.121.934	5.298.850	2.005.016
2029	572.403	2.641.997	903.532	543.061	2.615.166	1.146.748	1.115.464	5.257.163	2.050.280
2030	568.843	2.622.434	923.777	539.674	2.594.761	1.169.223	1.108.517	5.217.195	2.093.000
2031	565.074	2.603.537	942.949	536.084	2.574.614	1.190.970	1.101.158	5.178.151	2.133.919
2032	561.155	2.585.101	961.323	532.359	2.555.110	1.211.656	1.093.514	5.140.211	2.172.979
2033	557.143	2.566.954	979.035	528.542	2.535.499	1.231.990	1.085.685	5.102.453	2.211.025
2034	553.086	2.550.771	994.390	524.690	2.516.894	1.250.845	1.077.776	5.067.665	2.245.235
2035	549.052	2.537.345	1.006.580	520.856	2.501.758	1.265.738	1.069.908	5.039.103	2.272.318
2036	545.080	2.525.332	1.016.895	517.084	2.487.616	1.279.121	1.062.164	5.012.948	2.296.016
2037	541.236	2.514.677	1.025.387	513.430	2.474.998	1.290.443	1.054.666	4.989.675	2.315.830
2038	537.552	2.506.208	1.031.175	509.932	2.464.801	1.298.780	1.047.484	4.971.009	2.329.955
2039	534.067	2.497.746	1.036.413	506.617	2.454.736	1.306.434	1.040.684	4.952.482	2.342.847
2040	530.803	2.489.687	1.040.686	503.518	2.446.027	1.312.164	1.034.321	4.935.714	2.352.850
2041	527.782	2.482.491	1.043.499	500.639	2.438.818	1.315.796	1.028.421	4.921.309	2.359.295
2042	525.002	2.475.522	1.045.529	498.001	2.431.727	1.318.675	1.023.003	4.907.249	2.364.204
2043	522.473	2.468.030	1.047.496	495.596	2.424.360	1.321.186	1.018.069	4.892.390	2.368.682
2044	520.180	2.459.873	1.049.609	493.412	2.416.247	1.323.790	1.013.592	4.876.120	2.373.399
2045	518.110	2.450.004	1.052.926	491.443	2.406.198	1.327.652	1.009.553	4.856.202	2.380.578
2046	516.242	2.439.334	1.056.577	489.664	2.394.605	1.332.401	1.005.906	4.833.939	2.388.978
2047	514.557	2.428.683	1.059.828	488.057	2.382.640	1.336.915	1.002.614	4.811.323	2.396.743
2048	513.023	2.418.574	1.062.186	486.596	2.371.831	1.339.714	999.619	4.790.405	2.401.900
2049	511.620	2.408.510	1.064.233	485.254	2.360.723	1.342.275	996.874	4.769.233	2.406.508
2050	510.316	2.398.686	1.065.825	484.006	2.350.301	1.343.669	994.322	4.748.987	2.409.494

(BGBl I 2004/142)

Anlage 13
Parameter für Langfristszenarien 2004

	Produktivitätswachstum	Lohnsteigerung	Erwerbsquoten		
			Männer	Frauen	gesamt
2005	1,97	1,97	76,7%	60,8%	68,8%
2006	1,96	1,96	77,0%	61,0%	69,1%
2007	1,95	1,95	76,8%	61,2%	69,1%
2008	1,94	1,94	76,7%	61,0%	69,0%
2009	1,93	1,93	76,6%	61,0%	68,9%
2010	1,92	1,92	76,5%	61,7%	69,2%
2011	1,91	1,91	76,4%	61,6%	69,1%
2012	1,91	1,91	76,5%	61,4%	69,0%
2013	1,90	1,90	76,6%	61,5%	69,1%
2014	1,89	1,89	76,7%	61,4%	69,2%
2015	1,88	1,88	76,8%	61,5%	69,2%
2016	1,87	1,87	76,8%	61,2%	69,1%
2017	1,86	1,86	76,7%	61,1%	69,0%
2018	1,85	1,85	76,8%	61,0%	69,0%
2019	1,84	1,84	76,7%	60,8%	68,9%
2020	1,84	1,84	77,0%	61,7%	69,4%
2021	1,83	1,83	77,1%	61,7%	69,5%
2022	1,82	1,82	77,0%	61,8%	69,5%
2023	1,81	1,81	77,0%	61,8%	69,5%
2024	1,80	1,80	77,2%	61,7%	69,5%
2025	1,79	1,79	77,2%	62,4%	69,9%
2026	1,78	1,78	77,4%	62,7%	70,1%
2027	1,78	1,78	77,7%	62,9%	70,4%
2028	1,77	1,77	77,8%	63,3%	70,7%
2029	1,76	1,76	78,1%	63,7%	71,0%
2030	1,75	1,75	78,7%	64,7%	71,8%
2031	1,75	1,75	79,4%	66,0%	72,8%
2032	1,75	1,75	79,6%	66,2%	73,0%
2033	1,75	1,75	79,9%	66,6%	73,4%
2034	1,75	1,75	80,2%	67,0%	73,7%
2035	1,75	1,75	80,3%	67,4%	74,0%
2036	1,75	1,75	80,5%	67,7%	74,2%
2037	1,75	1,75	80,7%	67,9%	74,4%
2038	1,75	1,75	80,7%	68,1%	74,5%
2039	1,75	1,75	80,8%	68,3%	74,6%
2040	1,75	1,75	81,2%	69,0%	75,2%
2041	1,75	1,75	81,6%	69,5%	75,7%
2042	1,75	1,75	81,5%	69,5%	75,6%
2043	1,75	1,75	81,4%	69,5%	75,6%
2044	1,75	1,75	81,3%	69,6%	75,6%
2045	1,75	1,75	81,3%	69,7%	75,6%
2046	1,75	1,75	81,3%	69,7%	75,7%
2047	1,75	1,75	81,3%	69,8%	75,7%
2048	1,75	1,75	81,3%	69,9%	75,7%
2049	1,75	1,75	81,3%	70,0%	75,7%
2050	1,75	1,75	81,2%	70,1%	75,8%

Parameter für Langfristszenarien 2004: Erwerbsquoten

	Männer			Frauen			Männer und Frauen		
	15-24	25-54	55-64	15-24	25-54	55-64	15-24	25-54	55-64
2005	60%	89%	45%	52%	74%	19%	56%	82%	32%
2006	60%	89%	45%	52%	74%	19%	56%	82%	32%
2007	60%	89%	45%	52%	74%	20%	56%	82%	32%
2008	60%	89%	45%	51%	74%	20%	56%	82%	32%
2009	60%	89%	45%	51%	74%	20%	56%	82%	32%
2010	60%	89%	45%	51%	75%	20%	56%	82%	33%
2011	60%	89%	46%	51%	75%	21%	56%	82%	34%
2012	60%	89%	47%	51%	75%	22%	56%	82%	35%
2013	60%	89%	48%	51%	75%	23%	56%	82%	36%
2014	60%	88%	49%	51%	75%	24%	56%	82%	37%
2015	60%	89%	50%	51%	75%	25%	56%	82%	37%
2016	60%	89%	51%	50%	75%	25%	55%	82%	38%
2017	60%	89%	51%	50%	75%	26%	55%	82%	39%
2018	60%	89%	52%	50%	75%	27%	55%	82%	39%
2019	60%	89%	52%	50%	75%	28%	55%	82%	40%
2020	60%	89%	52%	50%	76%	28%	55%	83%	40%
2021	60%	89%	53%	50%	76%	29%	55%	83%	41%
2022	60%	89%	53%	50%	76%	30%	55%	83%	42%
2023	60%	89%	53%	50%	76%	31%	55%	83%	42%
2024	60%	89%	54%	49%	76%	31%	55%	83%	43%
2025	60%	90%	54%	49%	77%	32%	55%	84%	43%
2026	60%	90%	55%	49%	77%	33%	55%	84%	44%
2027	60%	90%	55%	49%	77%	34%	55%	84%	45%
2028	60%	90%	56%	49%	77%	35%	55%	84%	45%
2029	60%	90%	56%	49%	77%	36%	55%	84%	46%
2030	60%	90%	57%	49%	77%	37%	55%	84%	47%
2031	60%	90%	57%	49%	79%	37%	55%	85%	47%
2032	60%	90%	57%	48%	79%	38%	54%	85%	47%
2033	60%	90%	57%	48%	79%	39%	54%	85%	48%
2034	60%	90%	58%	48%	79%	39%	54%	85%	48%
2035	60%	90%	58%	48%	79%	40%	54%	85%	49%
2036	60%	90%	58%	48%	79%	41%	54%	85%	49%
2037	60%	90%	58%	48%	79%	41%	54%	85%	50%
2038	60%	90%	58%	48%	79%	42%	54%	85%	50%
2039	60%	90%	58%	48%	79%	42%	54%	85%	50%
2040	60%	90%	58%	48%	79%	43%	54%	85%	50%
2041	60%	91%	58%	48%	80%	43%	54%	86%	51%
2042	60%	91%	58%	48%	80%	44%	54%	86%	51%
2043	60%	91%	58%	48%	80%	44%	54%	86%	51%
2044	60%	91%	58%	48%	80%	45%	54%	86%	51%
2045	60%	91%	58%	48%	80%	45%	54%	86%	52%
2046	60%	91%	58%	48%	80%	46%	54%	86%	52%
2047	60%	91%	58%	48%	80%	46%	54%	86%	52%
2048	60%	91%	58%	48%	80%	47%	54%	86%	52%
2049	60%	91%	58%	48%	80%	47%	54%	86%	52%
2050	60%	91%	58%	48%	80%	47%	54%	86%	53%

(BGBl I 2004/142)

Anlage 14
Datenverwendung bei der Risiko- und Auffälligkeitsanalyse

Folgende Daten können bei der Erstellung der Auswertungen nach § 42b Abs. 1 verwendet werden:

im Dienstgeberbereich: Stammdaten, Beitragskontodaten, GPLA-Daten, Prüfakte-Daten, Beitragsabrechnungsdaten, ÖNACE-Daten und Meldedaten;

im DienstnehmerInnenbereich: Stammdaten, Versicherungsdaten und Leistungsdaten.

(BGBl I 2015/113, BGBl I 2018/53)

Risikozuschlagsverordnung

Risikozuschlagsverordnung 1996, BGBl 1996/369

Verordnung des Bundesministers für Arbeit und Soziales über die Feststellung des Faktors zur Erhöhung der Grundlage für die Bemessung der Beiträge zur Erlangung der Anspruchs- bzw. Leistungswirksamkeit von Schul- und Studienzeiten als Ersatzzeiten nach dem Allgemeinen Sozialversicherungsgesetz, dem Gewerblichen Sozialversicherungsgesetz und dem Bauern-Sozialversicherungsgesetz (Risikozuschlagsverordnung 1996)

Auf Grund

1. des § 227 Abs. 3 in Verbindung mit § 227 Abs. 4 des Allgemeinen Sozialversicherungsgesetzes, BGBl. Nr. 189/1955, zuletzt geändert durch das Bundesgesetz BGBl. Nr. 201/1996;
2. des § 116 Abs. 9 in Verbindung mit § 116 Abs. 10 des Gewerblichen Sozialversicherungsgesetzes, BGBl. Nr. 560/1978, zuletzt geändert durch das Bundesgesetz BGBl. Nr. 201/1996;
3. des § 107 Abs. 9 in Verbindung mit § 107 Abs. 10 des Bauern-Sozialversicherungsgesetzes, BGBl. Nr. 559/1978, zuletzt geändert durch das Bundesgesetz BGBl. Nr. 201/1996,

wird verordnet:

§ 1. Der Faktor, mit dem die Beitragsgrundlagen im Falle der Entrichtung des Beitrages nach Vollendung des 40. Lebensjahres des (der) Versicherten zu vervielfachen sind, wird mit 1,12 festgesetzt. An die Stelle dieses Betrages tritt

nach Vollendung des	der Betrag von
45. Lebensjahres	1,34;
50. Lebensjahres	1,66;
55. Lebensjahres	2,22;
60. Lebensjahres	2,34.

§ 2. Als Zeitpunkt der Beitragsentrichtung gemäß § 1 gilt der Zeitpunkt der Antragstellung, wenn unverzüglich ab dem Zeitpunkt der Feststellung der Berechtigung zur Beitragsentrichtung die Zahlung der Teilbeträge aufgenommen wird oder der Gesamtbetrag – soweit keine Teilbeträge vereinbart wurden – innerhalb von drei Monaten ab der schriftlichen Verständigung durch den Versicherungsträger über die Berechtigung zur Beitragsentrichtung entrichtet wird.

Aufteilungsschlüssel in der Krankenversicherung der Pensionist/inn/en

Verordnung über den Aufteilungsschlüssel in der Krankenversicherung der Pensionist/inn/en, BGBl II 2018/285

Verordnung der Bundesministerin für Arbeit, Soziales, Gesundheit und Konsumentenschutz über den Aufteilungsschlüssel in der Krankenversicherung der Pensionist/inn/en

Auf Grund des § 73 Abs. 5 des Allgemeinen Sozialversicherungsgesetzes, BGBl. Nr. 189/1955, zuletzt geändert durch das Bundesgesetz BGBl. I Nr. 59/2018, wird verordnet:

Für das Kalenderjahr 2017 wird für die Aufteilung der Beiträge in der Krankenversicherung der Pensionist/inn/en (Rentner/innen) auf die Krankenversicherungsträger folgender endgültiger Aufteilungsschlüssel festgesetzt:

Wiener Gebietskrankenkasse	19,94506
Niederösterreichische Gebietskrankenkasse	22,00176
Burgenländische Gebietskrankenkasse	4,19174
Oberösterreichische Gebietskrankenkasse	16,61711
Steiermärkische Gebietskrankenkasse	13,34434
Kärntner Gebietskrankenkasse	6,64867
Salzburger Gebietskrankenkasse	5,73579
Tiroler Gebietskrankenkasse	6,53607
Vorarlberger Gebietskrankenkasse	3,96037
Betriebskrankenkasse der Wiener Verkehrsbetriebe	0,00475
Betriebskrankenkasse Mondi	0,07426
Betriebskrankenkasse voestalpine Bahnsysteme	0,42826
Betriebskrankenkasse Zeltweg	0,12080
Betriebskrankenkasse Kapfenberg	0,33653
Versicherungsanstalt für Eisenbahnen und Bergbau	0,05449

Kundmachung über die Aufwertung und Anpassung für das Jahr 2019

Kundmachung über die Aufwertung und Anpassung nach dem Allgemeinen Sozialversicherungsgesetz, dem Gewerblichen Sozialversicherungsgesetz, dem Bauern-Sozialversicherungsgesetz und dem Beamten-Kranken- und Unfallversicherungsgesetz für das Kalenderjahr 2019, BGBl II 2018/329

Artikel 1

§ 1. Für das Kalenderjahr bzw. Beitragsjahr 2019 wurden ermittelt:

1. die Aufwertungszahl auf Grund des § 108 Abs. 2 ASVG in Verbindung mit § 108a ASVG mit 1,020;
2. die tägliche Höchstbeitragsgrundlage auf Grund des § 108 Abs. 3 ASVG mit 174,00 €;
3. die Aufwertungsfaktoren auf Grund des § 108 Abs. 4 ASVG

für die Jahre	mit dem Faktor
1938 und früher	101,538
1939 bis 1946	90,257
1947	50,760
1948	30,468
1949	25,565
1950	20,286
1951	15,029
1952	13,524
1953	12,784
1954	12,027
1955	11,639
1956	11,120
1957	10,658
1958	10,372
1959	10,146
1960	9,399
1961	8,717
1962	8,042
1963	7,507
1964	7,014
1965	6,493
1966	6,100
1967	5,696
1968	5,404
1969	5,046
1970	4,698
1971	4,313
1972	3,901
1973	3,557
1974	3,204
1975	3,012
1976	2,831
1977	2,669
1978	2,538
1979	2,427
1980	2,321
1981	2,210
1982	2,136
1983	2,078
1984	2,009
1985	1,932
1986	1,891
1987	1,848
1988	1,814
1989	1,773
1990	1,698
1991	1,623
1992	1,558
1993	1,497
1994	1,464
1995	1,422
1996	1,388
1997	1,388
1998	1,371
1999	1,351
2000	1,345
2001	1,331
2002	1,317
2003	1,312
2004	1,299
2005	1,278
2006	1,249
2007	1,229
2008	1,207
2009	1,171
2010	1,153
2011	1,139
2012	1,110
2013	1,078
2014	1,054
2015	1,036
2016	1,024
2017	1,016
2018	1,000.

§ 2. Für das Kalenderjahr 2019 werden die festen Beträge nach dem ASVG auf Grund des § 108 Abs. 6 ASVG wie folgt festgestellt:

1. im § 5 Abs. 2 statt 438,05 € mit 446,81 €,
2. im § 31c Abs. 2 statt 11,70 € mit 11,95 €,

3. im § 44 Abs. 1 Z 15, 16 und 18 statt 1 828,22 € mit jeweils 1 864,78 €,
4. im § 44 Abs. 6 lit. a statt 74,06 € mit 75,54 €,
5. im § 44 Abs. 6 lit. b statt 38,68 € mit 39,45 €,
6. im § 44 Abs. 6 lit. c statt 27,49 € mit 28,04 €,
7. im § 48 statt 1 828,22 € mit 1 864,78 €,
8. im § 52 Abs. 2 statt 5,44 € mit 5,55 €,
9. im § 56a Abs. 2 Z 1 statt 71,13 € mit 72,55 €,
10. im § 56a Abs. 2 Z 2 statt 5,69 € mit 5,80 €,
11. im § 74 Abs. 1 Z 1 statt 9,60 € mit 9,79 €,
12. im § 74 Abs. 1 Z 2 statt 2,41 € mit 2,46 €,
13. im § 74 Abs. 6 statt 25 067,17 € mit 25 568,51 €,
14. im § 76 Abs. 1 Z 1 statt 184,85 € mit 188,55 €,
15. im § 76 Abs. 1 Z 2 statt 25,78 € mit 26,30 €,
16. im § 76 Abs. 1 Z 3 statt 25,78 € mit 26,30 €,
17. im § 76a Abs. 3 statt 26,76 € mit 27,30 €,
18. im § 76b Abs. 1 statt 18,15 € mit jeweils 18,51 €,
19. im § 77 Abs. 2a statt 61,83 € mit jeweils 63,07 €,
20. im § 77 Abs. 4 statt 12 751,55 € mit jeweils 13 006,58 €,
21. im § 77 Abs. 4 statt 19 221,46 € mit jeweils 19 605,89 €,
22. im § 77 Abs. 4 statt 115,19 € mit jeweils 117,49 €,
23. im § 77 Abs. 4 statt 173,04 € mit jeweils 176,50 €,
24. im § 114 Abs. 2 statt 51,00 € mit 52,00 €,
25. im § 114 Abs. 3 erster Satz gleichbleibend mit 5,00 € und mit 10,00 €,
26. im § 114 Abs. 3 zweiter Satz gleichbleibend mit 15,00 €,
27. im § 114 Abs. 3 dritter Satz statt 51,00 € mit 52,00 €,
28. im § 122 Abs. 4 statt 525,01 € mit jeweils 535,51 €,
29. im § 136 Abs. 3 statt 6,00 € mit 6,10 €,
30. im § 141 Abs. 3 statt 525,01 € mit 535,51 €,
31. im § 141 Abs. 5 statt 157,32 € mit jeweils 160,47 €,
32. im § 154a Abs. 7 Z 1 statt 8,20 € mit 8,36 €,
33. im § 154a Abs. 7 Z 2 statt 14,05 € mit 14,33 €,
34. im § 154a Abs. 7 Z 3 statt 19,91 € mit 20,31 €,
35. im § 162 Abs. 3a Z 1 statt 9,12 € mit 9,30 €,
36. im § 181 Abs. 1 statt 20 071,99 € mit 20 473,43 €,
37. im § 181 Abs. 2 Z 1 statt 12 751,55 € mit 13 006,58 €,
38. im § 181 Abs. 2 Z 2 statt 6 375,29 € mit 6 502,80 €,
39. im § 181 Abs. 6 statt 6 375,29 € mit 6 502,80 €,
40. im § 181b lit. a statt 10 035,21 € mit 10 235,91 €,
41. im § 181b lit. b statt 13 381,58 € mit 13 649,21 €,
42. im § 181b lit. c statt 20 071,99 € mit 20 473,43 €,
43. im § 212 Abs. 3 statt 696,67 € mit 710,60 €,
44. im § 212 Abs. 3 statt 1 515,41 € mit 1 545,72 €,
45. im § 212 Abs. 3 statt 2 797,36 € mit 2 853,31 €,
46. im § 212 Abs. 3 statt 699,21 € mit 713,19 €,
47. im § 254 Abs. 7 Z 2 und 3 lit. a statt 1 196,09 € mit jeweils 1 220,01 €,
48. im § 254 Abs. 7 Z 3 lit. a und b statt 1 794,20 € mit jeweils 1 830,08 €,
49. im § 254 Abs. 7 Z 3 lit. b und c statt 2 392,17 € mit jeweils 2 440,01 €,
50. im § 264 Abs. 6 statt 1 956,13 € mit jeweils 1 995,25 €,
51. im § 283 statt 107,02 € mit 109,16 €,
52. im § 288 Abs. 1 statt 1 605,35 € mit 1 637,46 €,
53. im § 292 Abs. 3 statt 288,87 € mit 294,65 €,
54. im § 292 Abs. 4 lit. h statt 221,08 € mit 225,50 €,
55. im § 292 Abs. 4 lit. p statt 59,00 € mit 60,00 €,
56. im § 293 Abs. 1 lit. a) aa) statt 1 363,52 € mit 1 398,97 €,
57. im § 293 Abs. 1 lit. a) bb) statt 909,42 € mit 933,06 €,
58. im § 293 Abs. 1 lit. a) cc) statt 1 022,00 € mit 1 048,57 €,
59. im § 293 Abs. 1 lit. b) statt 909,42 € mit 933,06 €,
60. im § 293 Abs. 1 lit. c) aa) statt 334,49 € mit 343,19 €,
61. im § 293 Abs. 1 lit. c) aa) statt 502,24 € mit 515,30 €,
62. im § 293 Abs. 1 lit. c) bb) statt 594,40 € mit 609,85 €,
63. im § 293 Abs. 1 lit. c) bb) statt 909,42 € mit 933,06 €,
64. im § 293 Abs. 1 zweiter Satz statt 140,32 € mit 143,97 €,
65. im § 319b Abs. 1 statt 21,517 421 55 Mio. € mit 21,947 769 98 Mio. €,
66. im § 502 Abs. 4 statt 35,15 € mit 35,85 €,
67. im § 522k Abs. 2 statt 211,40 € mit 215,63 €.

Artikel 2

Auf Grund

1. des § 108 Abs. 1 in Verbindung mit den §§ 227a Abs. 8, 563 Abs. 19, 588 Abs. 10

und 607 Abs. 8 des Allgemeinen Sozialversicherungsgesetzes (ASVG), BGBl. Nr. 189/1955, zuletzt geändert durch das Bundesgesetz BGBl. I Nr. 59/2018,

2. des § 51 in Verbindung mit den §§ 266 Abs. 18, 286 Abs. 8 und 298 Abs. 8 des Gewerblichen Sozialversicherungsgesetzes (GSVG), BGBl. Nr. 560/1978, zuletzt geändert durch das Bundesgesetz BGBl. I Nr. 59/2018, und
3. des § 47 in Verbindung mit den §§ 255 Abs. 18, 276 Abs. 8 und 287 Abs. 8 des Bauern-Sozialversicherungsgesetzes (BSVG), BGBl. Nr. 559/1978, zuletzt geändert durch das Bundesgesetz BGBl. I Nr. 59/2018,

wird kundgemacht:

§ 1. Für das Kalenderjahr 2019 wird die Beitragsgrundlage nach § 76b Abs. 4 ASVG in der am 31. Dezember 2014 in Geltung gestandenen Fassung statt 40,83 € mit 41,65 € festgestellt.

§ 2. Für das Kalenderjahr 2019 wird die Bemessungsgrundlage für Zeiten der Kindererziehung nach den §§ 239 Abs. 1 ASVG, 123 Abs. 1 GSVG und 114 Abs. 1 BSVG in der am 31. August 1996 in Geltung gestandenen Fassung statt 631,50 € mit jeweils 644,13 € festgestellt.

§ 3. Für das Kalenderjahr 2019 werden die Grenzbeträge nach den §§ 253c Abs. 2 ASVG, 131b Abs. 2 GSVG und 122b Abs. 2 BSVG in der am 31. Dezember 2003 in Geltung gestandenen Fassung statt 1 196,09 € mit jeweils 1 220,01 €, statt 1 594,77 € mit jeweils 1 626,67 €, statt 1 993,48 € mit jeweils 2 033,35 € und statt 2 392,17 € mit jeweils 2 440,01 € festgestellt.

§ 4. Für das Kalenderjahr 2019 wird der Grenzbetrag nach den §§ 264 Abs. 6 ASVG, 145 Abs. 6 GSVG und 136 Abs. 6 BSVG in der am 30. September 2000 in Geltung gestandenen Fassung statt 1 656,42 € mit jeweils 1 689,55 € festgestellt.

§ 5. Für das Kalenderjahr 2019 wird die Beitragsgrundlage für den Abgeltungsbetrag für Zeiten des Ausbildungsdienstes beim Bundesheer nach § 447g Abs. 3 Z 1 lit. f ASVG in der am 31. Dezember 2004 in Geltung gestandenen Fassung statt 629,12 € mit jeweils 641,70 € festgestellt.

Verordnung über den Anpassungsfaktor 2019

Verordnung, mit der der Anpassungsfaktor für das Jahr 2019 festgesetzt wird, BGBl II 2018/282

Verordnung der Bundesministerin für Arbeit, Soziales, Gesundheit und Konsumentenschutz, mit der der Anpassungsfaktor für das Jahr 2019 festgesetzt wird

Auf Grund des § 108 Abs. 5 in Verbindung mit § 108f des Allgemeinen Sozialversicherungsgesetzes (ASVG), BGBl. Nr. 189/1955, zuletzt geändert durch das Bundesgesetz BGBl. I Nr. 59/2018, wird mit Zustimmung der Bundesregierung verordnet:

Unter Bedachtnahme auf den Richtwert nach § 108f Abs. 2 und 3 ASVG wird der Anpassungsfaktor für das Jahr 2019 mit 1,020 festgesetzt.

Verordnung über beitragsfreie pauschalierte Aufwandsentschädigungen

Verordnung über beitragsfreie pauschalierte Aufwandsentschädigungen, BGBl II 2002/409 idF

1 BGBl II 2009/246   2 BGBl II 2013/493

Verordnung des Bundesministers für soziale Sicherheit und Generationen über beitragsfreie pauschalierte Aufwandsentschädigungen

Auf Grund des § 49 Abs. 7 des Allgemeinen Sozialversicherungsgesetzes (ASVG), BGBl. Nr.189/1955, zuletzt geändert durch das Bundesgesetz BGBl. I Nr. 155/2002, wird verordnet:

§ 1. Nicht als Entgelt im Sinne des § 49 Abs. 1 ASVG gelten Aufwandsentschädigungen bis zur Höhe von 537,78 € im Kalendermonat, soweit sie an Dienstnehmer oder diesen nach § 4 Abs. 4 ASVG gleichgestellte Personen (freie Dienstnehmer) geleistet werden, die als

~~1. Sportler(innen) oder Trainer(innen) oder Schieds(Wettkampf)richter(innen) im Rahmen eines Sportvereines oder Sportverbandes,~~

(BGBl II 2009/246)

2. Trainer(innen) im Rahmen eines gemeinnützig, nachhaltig und bundesweit im Bereich der Prophylaxe wirkenden Gesundheitsvereines,
3. Lehrende an Einrichtungen, die vorwiegend Erwachsenenbildung im Sinne des § 1 Abs. 2 des Bundesgesetzes über die Förderung der Erwachsenenbildung und des Volksbüchereiwesens aus Bundesmitteln, BGBl. Nr. 171/1973, betreiben,

„3a. Lehrende an Einrichtungen, die vom Arbeitsmarktservice mit der Erbringung von Dienstleistungen betraut sind, hinsichtlich dieser Dienstleistungen,“

(BGBl II 2013/493)

4. Mitglieder im Sinne des § 1 Abs. 1 des Schauspielergesetzes 1922, BGBl. Nr. 441, in einem Theaterunternehmen,
5. Musiker(innen),
6. Filmschauspieler(innen),
7. Lehrer(innen) für die im § 1 Abs. 1 des Schauspielergesetzes 1922 angeführten Kunstgattungen

tätig sind, sofern diese Tätigkeit nicht den Hauptberuf und die Hauptquelle ihrer Einnahmen bildet.

§ 2. Fahrt- und Reisekostenvergütungen für die Teilnahme an Veranstaltungen ~~(Wettkämpfen)~~ sind im Pauschalbetrag nach § 1 nicht berücksichtigt.

(BGBl II 2009/246)

§ 3. „(1)“ Diese Verordnung tritt mit 1. November 2002 in Kraft. Die Verordnungen BGBl. II Nr. 41/1998 und BGBl. II Nr. 248/1999 treten mit Ablauf des 31. Oktober 2002 außer Kraft.

(BGBl II 2009/246)

„(2) § 1 Z 1 tritt mit Ablauf des 31. Juli 2009 außer Kraft; § 2 in der Fassung der Verordnung BGBl. II Nr. 246/2009 tritt mit 1. August 2009 in Kraft.“

(BGBl II 2009/246)

„(3) § 1 Z 3a in der Fassung der Verordnung BGBl. II Nr. 493/2013 tritt mit 1. Jänner 2014 in Kraft.“

(BGBl II 2013/493)

Verordnung über die Höherversicherung

Verordnung zur Festsetzung der Faktoren für die Bemessung des besonderen Steigerungsbetrages, BGBl II 2016/64

Verordnung des Bundesministers für Arbeit, Soziales und Konsumentenschutz zur Festsetzung der Faktoren für die Bemessung des besonderen Steigerungsbetrages

Auf Grund

1. des § 248 Abs. 4 des Allgemeinen Sozialversicherungsgesetzes (ASVG), BGBl. Nr. 189/1955, zuletzt geändert durch das Bundesgesetz BGBl. I Nr. 162/2015,
2. des § 141 Abs. 6 des Gewerblichen Sozialversicherungsgesetzes (GSVG), BGBl. Nr. 560/1978, zuletzt geändert durch das Bundesgesetz BGBl. I Nr. 162/2015, und
3. des § 132 Abs. 6 des Bauern-Sozialversicherungsgesetzes (BSVG), BGBl. Nr. 559/1978, zuletzt geändert durch das Bundesgesetz BGBl. I Nr. 162/2015,

wird mit Zustimmung des Hauptausschusses des Nationalrates verordnet:

§ 1. Als Faktoren im Sinne der §§ 248 Abs. 4 ASVG, 141 Abs. 6 GSVG und 132 Abs. 6 BSVG werden die in der **Anlage** genannten Werte festgesetzt.

§ 2. Diese Verordnung tritt mit 1. April 2016 in Kraft und ist nur auf Beiträge anzuwenden, die nach dem 31. März 2016 entrichtet werden. Die Verordnung BGBl. Nr. 577/1985 tritt mit Ablauf des 31. März 2016 außer Kraft, ist jedoch auf Beiträge, die vor dem 1. April 2016 entrichtet wurden, weiterhin anzuwenden.

Anlage
Faktoren für die Berechnung des besonderen Steigerungsbetrages
Lebensjahre 50 bis 53

Die Beiträge zur Höherversicherung wurden im Kalenderjahr (gelten für das Kalenderjahr) entrichtet, in dem die versicherte Person das ... Lebensjahr vollendet hat		Der Faktor beträgt, wenn der Stichtag			
		vor oder in dem Kalenderjahr liegt,	in dem Kalenderjahr liegt,		
		in dem die versicherte Person das ... Lebensjahr vollendet hat oder vollendet hätte			
	Lebensjahr	50.	51.	52.	53.
	Faktor	FBS50	FBS51	FBS52	FBS53
20. und früher		0,00721	0,00752	0,00785	0,00819
21.		0,00701	0,00731	0,00763	0,00797
22.		0,00681	0,00711	0,00742	0,00775
23.		0,00662	0,00691	0,00721	0,00753
24.		0,00644	0,00672	0,00701	0,00732
25.		0,00626	0,00653	0,00682	0,00712
26.		0,00609	0,00635	0,00663	0,00693
27.		0,00592	0,00618	0,00645	0,00674
28.		0,00575	0,00601	0,00627	0,00655
29.		0,00560	0,00584	0,00610	0,00637
30.		0,00544	0,00568	0,00593	0,00620
31.		0,00529	0,00552	0,00577	0,00603
32.		0,00515	0,00537	0,00561	0,00586
33.		0,00501	0,00523	0,00546	0,00570
34.		0,00487	0,00508	0,00531	0,00555
35.		0,00473	0,00494	0,00516	0,00540

36.		0,00460	0,00481	0,00502	0,00525
37.		0,00448	0,00468	0,00488	0,00511
38.		0,00435	0,00455	0,00475	0,00497
39.		0,00423	0,00442	0,00462	0,00483
40.		0,00412	0,00430	0,00449	0,00470
41.		0,00400	0,00418	0,00437	0,00457
42.		0,00389	0,00407	0,00425	0,00445
43.		0,00379	0,00396	0,00413	0,00433
44.		0,00368	0,00385	0,00402	0,00421
45.		0,00358	0,00374	0,00391	0,00409
46.		0,00348	0,00363	0,00380	0,00398
47.		0,00338	0,00353	0,00369	0,00387
48.		0,00328	0,00343	0,00359	0,00376
49.		0,00319	0,00333	0,00349	0,00365
50.		0,00310	0,00324	0,00339	0,00355
51.			0,00314	0,00329	0,00344
52.				0,00319	0,00334
53.					0,00324

Lebensjahre 54 bis 57

Die Beiträge zur Höherversicherung wurden im Kalenderjahr (gelten für das Kalenderjahr) entrichtet, in dem die versicherte Person das ... Lebensjahr vollendet hat		Der Faktor beträgt, wenn der Stichtag in dem Kalenderjahr liegt, in dem die versicherte Person das ... Lebensjahr vollendet hat oder vollendet hätte			
	Lebensjahr	54.	55.	56.	57.
	Faktor	FBS54	FBS55	FBS56	FBS57
20. und früher		0,00856	0,00895	0,00937	0,00981
21.		0,00832	0,00870	0,00911	0,00954
22.		0,00809	0,00846	0,00886	0,00928
23.		0,00787	0,00823	0,00862	0,00902
24.		0,00765	0,00801	0,00838	0,00878
25.		0,00744	0,00779	0,00815	0,00854
26.		0,00724	0,00757	0,00793	0,00831
27.		0,00704	0,00737	0,00771	0,00808
28.		0,00685	0,00717	0,00750	0,00786
29.		0,00666	0,00697	0,00730	0,00765
30.		0,00648	0,00678	0,00710	0,00744
31.		0,00630	0,00660	0,00691	0,00724
32.		0,00613	0,00642	0,00672	0,00705
33.		0,00597	0,00624	0,00654	0,00686

34.		0,00580	0,00608	0,00637	0,00667
35.		0,00565	0,00591	0,00619	0,00649
36.		0,00549	0,00575	0,00603	0,00632
37.		0,00534	0,00560	0,00586	0,00615
38.		0,00520	0,00544	0,00571	0,00598
39.		0,00506	0,00530	0,00555	0,00582
40.		0,00492	0,00515	0,00540	0,00567
41.		0,00479	0,00501	0,00526	0,00551
42.		0,00466	0,00488	0,00511	0,00537
43.		0,00453	0,00474	0,00497	0,00522
44.		0,00440	0,00461	0,00484	0,00508
45.		0,00428	0,00449	0,00471	0,00494
46.		0,00416	0,00436	0,00458	0,00481
47.		0,00405	0,00424	0,00445	0,00467
48.		0,00394	0,00413	0,00433	0,00455
49.		0,00382	0,00401	0,00421	0,00442
50.		0,00371	0,00389	0,00409	0,00429
51.		0,00361	0,00378	0,00397	0,00417
52.		0,00350	0,00367	0,00386	0,00405
53.		0,00340	0,00357	0,00374	0,00393
54.		0,00330	0,00346	0,00363	0,00382
55.			0,00336	0,00352	0,00370
56.				0,00342	0,00359
57.					0,00348

Lebensjahre 58 bis 61

Die Beiträge zur Höherversicherung wurden im Kalenderjahr (gelten für das Kalenderjahr) entrichtet, in dem die versicherte Person das ... Lebensjahr vollendet hat		Der Faktor beträgt, wenn der Stichtag in dem Kalenderjahr liegt, in dem die versicherte Person das ... Lebensjahr vollendet hat oder vollendet hätte			
	Lebensjahr	58.	59.	60.	61.
	Faktor	FBS58	FBS59	FBS60	FBS61
20. und früher		0,01028	0,01078	0,01132	0,01190
21.		0,01000	0,01049	0,01102	0,01158
22.		0,00973	0,01020	0,01072	0,01127
23.		0,00946	0,00993	0,01043	0,01097
24.		0,00920	0,00966	0,01015	0,01067
25.		0,00895	0,00940	0,00987	0,01038
26.		0,00871	0,00914	0,00961	0,01011
27.		0,00848	0,00890	0,00935	0,00984

28.		0,00825	0,00866	0,00910	0,00958
29.		0,00803	0,00843	0,00886	0,00932
30.		0,00781	0,00820	0,00862	0,00907
31.		0,00760	0,00798	0,00839	0,00883
32.		0,00740	0,00777	0,00817	0,00860
33.		0,00720	0,00756	0,00795	0,00837
34.		0,00700	0,00736	0,00774	0,00815
35.		0,00682	0,00716	0,00753	0,00793
36.		0,00663	0,00697	0,00733	0,00773
37.		0,00646	0,00679	0,00714	0,00752
38.		0,00628	0,00660	0,00695	0,00732
39.		0,00612	0,00643	0,00677	0,00713
40.		0,00595	0,00626	0,00659	0,00694
41.		0,00579	0,00609	0,00641	0,00676
42.		0,00564	0,00593	0,00624	0,00658
43.		0,00548	0,00577	0,00607	0,00641
44.		0,00534	0,00561	0,00591	0,00624
45.		0,00519	0,00546	0,00575	0,00607
46.		0,00505	0,00532	0,00560	0,00591
47.		0,00491	0,00517	0,00545	0,00575
48.		0,00478	0,00503	0,00530	0,00559
49.		0,00465	0,00489	0,00515	0,00544
50.		0,00451	0,00475	0,00501	0,00529
51.		0,00439	0,00462	0,00487	0,00514
52.		0,00426	0,00449	0,00473	0,00500
53.		0,00414	0,00436	0,00460	0,00485
54.		0,00402	0,00423	0,00446	0,00472
55.		0,00390	0,00411	0,00433	0,00458
56.		0,00378	0,00399	0,00421	0,00444
57.		0,00367	0,00387	0,00408	0,00431
58.		0,00355	0,00375	0,00395	0,00418
59.			0,00363	0,00383	0,00405
60.				0,00371	0,00392
61.					0,00380

Lebensjahre 62 bis 65

Die Beiträge zur Höherversicherung wurden im Kalenderjahr (gelten für das Kalenderjahr) entrichtet, in dem die versicherte Person das ... Lebensjahr vollendet hat		Der Faktor beträgt, wenn der Stichtag in dem Kalenderjahr liegt, in dem die versicherte Person das ... Lebensjahr vollendet hat oder vollendet hätte			
	Lebensjahr	62.	63.	64.	65.
	Faktor	FBS62	FBS63	FBS64	FBS65
20. und früher		0,01253	0,01320	0,01392	0,01471
21.		0,01219	0,01284	0,01355	0,01432
22.		0,01186	0,01250	0,01319	0,01394
23.		0,01154	0,01217	0,01284	0,01357
24.		0,01123	0,01184	0,01250	0,01321
25.		0,01093	0,01153	0,01217	0,01286
26.		0,01064	0,01122	0,01185	0,01253
27.		0,01036	0,01093	0,01154	0,01220
28.		0,01009	0,01064	0,01123	0,01188
29.		0,00982	0,01036	0,01094	0,01157
30.		0,00956	0,01009	0,01065	0,01127
31.		0,00931	0,00982	0,01038	0,01098
32.		0,00906	0,00956	0,01011	0,01070
33.		0,00882	0,00931	0,00984	0,01042
34.		0,00859	0,00907	0,00959	0,01015
35.		0,00837	0,00883	0,00934	0,00989
36.		0,00815	0,00860	0,00910	0,00963
37.		0,00793	0,00838	0,00886	0,00939
38.		0,00772	0,00816	0,00863	0,00914
39.		0,00752	0,00795	0,00841	0,00891
40.		0,00732	0,00774	0,00819	0,00868
41.		0,00713	0,00754	0,00798	0,00846
42.		0,00694	0,00734	0,00777	0,00824
43.		0,00676	0,00715	0,00757	0,00803
44.		0,00658	0,00696	0,00737	0,00782
45.		0,00641	0,00678	0,00718	0,00762
46.		0,00624	0,00660	0,00699	0,00742
47.		0,00607	0,00642	0,00681	0,00723
48.		0,00591	0,00625	0,00663	0,00703
49.		0,00575	0,00608	0,00645	0,00685
50.		0,00559	0,00592	0,00627	0,00666
51.		0,00543	0,00575	0,00610	0,00648

52.		0,00528	0,00559	0,00593	0,00631
53.		0,00513	0,00544	0,00577	0,00613
54.		0,00499	0,00528	0,00561	0,00596
55.		0,00484	0,00513	0,00545	0,00579
56.		0,00470	0,00498	0,00529	0,00563
57.		0,00456	0,00484	0,00514	0,00546
58.		0,00443	0,00469	0,00498	0,00530
59.		0,00429	0,00455	0,00483	0,00514
60.		0,00415	0,00441	0,00468	0,00499
61.		0,00402	0,00427	0,00453	0,00483
62.		0,00389	0,00413	0,00439	0,00467
63.			0,00399	0,00424	0,00452
64.				0,00409	0,00436
65.					0,00421

Lebensjahre 66 bis 69

Die Beiträge zur Höherversicherung wurden im Kalenderjahr (gelten für das Kalenderjahr) entrichtet, in dem die versicherte Person das ... Lebensjahr vollendet hat		Der Faktor beträgt, wenn der Stichtag in dem Kalenderjahr liegt, in dem die versicherte Person das ... Lebensjahr vollendet hat oder vollendet hätte			
	Lebensjahr	66.	67.	68.	69.
	Faktor	FBS66	FBS67	FBS68	FBS69
20. und früher		0,01556	0,01649	0,01751	0,01862
21.		0,01515	0,01606	0,01705	0,01814
22.		0,01475	0,01564	0,01661	0,01767
23.		0,01436	0,01523	0,01618	0,01722
24.		0,01399	0,01483	0,01576	0,01678
25.		0,01362	0,01445	0,01536	0,01635
26.		0,01327	0,01408	0,01496	0,01593
27.		0,01292	0,01371	0,01458	0,01553
28.		0,01259	0,01336	0,01421	0,01514
29.		0,01226	0,01302	0,01385	0,01476
30.		0,01195	0,01268	0,01349	0,01438
31.		0,01164	0,01236	0,01315	0,01402
32.		0,01134	0,01205	0,01282	0,01367
33.		0,01105	0,01174	0,01250	0,01333
34.		0,01077	0,01144	0,01218	0,01300
35.		0,01049	0,01115	0,01187	0,01267
36.		0,01022	0,01087	0,01158	0,01236
37.		0,00996	0,01059	0,01128	0,01205
38.		0,00971	0,01032	0,01100	0,01175

39.		0,00946	0,01006	0,01073	0,01146
40.		0,00922	0,00981	0,01046	0,01117
41.		0,00898	0,00956	0,01019	0,01090
42.		0,00875	0,00932	0,00994	0,01063
43.		0,00853	0,00908	0,00969	0,01036
44.		0,00831	0,00885	0,00945	0,01011
45.		0,00810	0,00863	0,00921	0,00985
46.		0,00789	0,00841	0,00898	0,00961
47.		0,00768	0,00819	0,00875	0,00937
48.		0,00748	0,00798	0,00852	0,00913
49.		0,00729	0,00777	0,00830	0,00890
50.		0,00709	0,00756	0,00809	0,00867
51.		0,00690	0,00736	0,00787	0,00844
52.		0,00671	0,00717	0,00766	0,00822
53.		0,00653	0,00697	0,00746	0,00800
54.		0,00635	0,00678	0,00726	0,00779
55.		0,00617	0,00659	0,00706	0,00758
56.		0,00600	0,00641	0,00686	0,00737
57.		0,00583	0,00623	0,00667	0,00716
58.		0,00566	0,00605	0,00648	0,00696
59.		0,00549	0,00587	0,00629	0,00676
60.		0,00532	0,00569	0,00610	0,00656
61.		0,00515	0,00551	0,00591	0,00636
62.		0,00499	0,00534	0,00573	0,00616
63.		0,00482	0,00516	0,00554	0,00597
64.		0,00466	0,00499	0,00536	0,00577
65.		0,00450	0,00482	0,00517	0,00557
66.		0,00433	0,00464	0,00499	0,00537
67.			0,00446	0,00480	0,00517
68.				0,00461	0,00497
69.					0,00476

Lebensjahr 70

Die Beiträge zur Höherversicherung wurden im Kalenderjahr (gelten für das Kalenderjahr) entrichtet, in dem die versicherte Person das ... Lebensjahr vollendet hat		Der Faktor beträgt, wenn der Stichtag in dem Kalenderjahr liegt, in dem die versicherte Person das ... Lebensjahr vollendet hat oder vollendet hätte			
	Lebensjahr	70.			
	Faktor	FBS70	FBS	FBS	FBS
20. und früher		0,01985			

21.		0,01934			
22.		0,01885			
23.		0,01837			
24.		0,01790			
25.		0,01745			
26.		0,01701			
27.		0,01658			
28.		0,01617			
29.		0,01576			
30.		0,01537			
31.		0,01499			
32.		0,01461			
33.		0,01425			
34.		0,01390			
35.		0,01356			
36.		0,01322			
37.		0,01290			
38.		0,01258			
39.		0,01227			
40.		0,01197			
41.		0,01168			
42.		0,01139			
43.		0,01111			
44.		0,01084			
45.		0,01057			
46.		0,01031			
47.		0,01006			
48.		0,00980			
49.		0,00956			
50.		0,00931			
51.		0,00907			
52.		0,00884			
53.		0,00861			
54.		0,00838			
55.		0,00816			
56.		0,00794			
57.		0,00772			
58.		0,00750			
59.		0,00729			
60.		0,00708			

61.		0,00686			
62.		0,00665			
63.		0,00644			
64.		0,00623			
65.		0,00602			
66.		0,00581			
67.		0,00559			
68.		0,00537			
69.		0,00515			
70.		0,00493			

Verordnung über den Höherversicherungsbetrag

Verordnung über den Faktor für die Bemessung des besonderen Höherversicherungsbetrages, BGBl II 2004/523

Verordnung des Bundesministers für soziale Sicherheit, Generationen und Konsumentenschutz über den Faktor für die Bemessung des besonderen Höherversicherungsbetrages

Auf Grund

1. des § 248c Abs. 2 des Allgemeinen Sozialversicherungsgesetzes (ASVG), BGBl. Nr. 189/1955, zuletzt geändert durch das Bundesgesetz BGBl. I Nr. 142/2004,
2. des § 143 Abs. 2 des Gewerblichen Sozialversicherungsgesetzes (GSVG), BGBl. Nr. 560/1978, zuletzt geändert durch das Bundesgesetz BGBl. I Nr. 142/2004,
3. des § 134 Abs. 2 des Bauern-Sozialversicherungsgesetzes (BSVG), BGBl. Nr. 559/1978, zuletzt geändert durch das Bundesgesetz BGBl. I Nr. 142/2004,

wird verordnet:

Der Faktor, mit dem die nach § 248c Abs. 1 ASVG, § 143 Abs. 1 GSVG und § 134 Abs. 1 BSVG geleisteten Beiträge zur Pensionsversicherung, die auf die versicherte Person entfallen, zu vervielfachen sind, ist das Produkt des ersten und zweiten Faktors gemäß der folgenden Tabelle, wobei das Ergebnis auf fünf Dezimalstellen zu runden ist.

Der erste Faktor bezieht sich auf das Lebensalter und beträgt

– für Personen, die das 60. Lebensjahr vollendet haben: 0,00338,
– für Personen, die das 61. Lebensjahr vollendet haben: 0,00348,
– für Personen, die das 62. Lebensjahr vollendet haben: 0,00359,
– für Personen, die das 63. Lebensjahr vollendet haben: 0,00370,
– für Personen, die das 64. Lebensjahr vollendet haben: 0,00382,
– für Personen, die das 65. Lebensjahr vollendet haben: 0,00395,
– für Personen, die das 66. Lebensjahr vollendet haben: 0,00410,
– für Personen, die das 67. Lebensjahr vollendet haben: 0,00426,
– für Personen, die das 68. Lebensjahr vollendet haben: 0,00442,
– für Personen, die das 69. Lebensjahr vollendet haben: 0,00460,
– für Personen, die das 70. Lebensjahr vollendet haben: 0,00480,
– für Personen, die das 71. Lebensjahr vollendet haben: 0,00501,
– für Personen, die das 72. Lebensjahr vollendet haben: 0,00525,
– für Personen, die das 73. Lebensjahr vollendet haben: 0,00551,
– für Personen, die das 74. Lebensjahr vollendet haben: 0,00579,
– für Personen, die das 75. Lebensjahr vollendet haben: 0,00610,
– für Personen, die das 76. Lebensjahr vollendet haben: 0,00645,
– für Personen, die das 77. Lebensjahr vollendet haben: 0,00684,
– für Personen, die das 78. Lebensjahr vollendet haben: 0,00725,
– für Personen, die das 79. Lebensjahr vollendet haben: 0,00774,
– für Personen, die das 80. Lebensjahr vollendet haben: 0,00824,
– für Personen, die das 81. Lebensjahr vollendet haben: 0,00870,
– für Personen, die das 82. Lebensjahr vollendet haben: 0,00937,
– für Personen, die das 83. Lebensjahr vollendet haben: 0,01010,
– für Personen, die das 84. Lebensjahr vollendet haben: 0,01090,
– für Personen, die das 85. Lebensjahr vollendet haben: 0,01198;

der zweite Faktor bezieht sich auf das Jahr der Bemessung des besonderen Höherversicherungsbetrages und beträgt

– im Kalenderjahr 2005:.................... 1,00000,
– im Kalenderjahr 2006:.................... 0,99514,
– im Kalenderjahr 2007:.................... 0,99035,
– im Kalenderjahr 2008:.................... 0,98563,
– im Kalenderjahr 2009:.................... 0,98098,
– im Kalenderjahr 2010:.................... 0,97639,
– im Kalenderjahr 2011:.................... 0,97187,
– im Kalenderjahr 2012:.................... 0,96741,
– im Kalenderjahr 2013:.................... 0,96302,
– im Kalenderjahr 2014:.................... 0,95868,
– im Kalenderjahr 2015:.................... 0,95441,
– im Kalenderjahr 2016:.................... 0,95020,
– im Kalenderjahr 2017:.................... 0,94604,
– im Kalenderjahr 2018:.................... 0,94194,
– im Kalenderjahr 2019:.................... 0,93790,
– im Kalenderjahr 2020:.................... 0,93392,
– im Kalenderjahr 2021:.................... 0,92999,
– im Kalenderjahr 2022:....................0,92611,
– im Kalenderjahr 2023:.................... 0,92228,
– im Kalenderjahr 2024:.................... 0,91851,

– im Kalenderjahr 2025: 0,91479,
– im Kalenderjahr 2026: 0,91111,
– im Kalenderjahr 2027: 0,90749,
– im Kalenderjahr 2028: 0,90391,
– im Kalenderjahr 2029: 0,90038,
– im Kalenderjahr 2030: 0,89690,
– im Kalenderjahr 2031: 0,89346,
– im Kalenderjahr 2032: 0,89007,
– im Kalenderjahr 2033: 0,88672,
– im Kalenderjahr 2034: .... 0,88342.

Verordnung über die Einbeziehung von Personengruppen in die Krankenversicherung nach § 9 ASVG

Verordnung über die Durchführung der Krankenversicherung für die gemäß § 9 ASVG in die Krankenversicherung einbezogenen Personen, BGBl 1969/420 idF

1	BGBl 1974/278	2	BGBl 1974/525	3	BGBl 1975/408
4	BGBl 1976/380	5	BGBl 1980/331	6	BGBl 1983/345
7	BGBl 1988/761	8	BGBl 1991/669	9	BGBl II 1999/148
10	BGBl II 2004/165	11	BGBl II 2010/262	12	BGBl II 2016/439
13	BGBl II 2018/301				

GLIEDERUNG

Verordnung des Bundesministers für soziale Verwaltung vom 28. November 1969 über die Durchführung der Krankenversicherung für die gemäß § 9 ASVG in die Krankenversicherung einbezogenen Personen

Auf Grund der §§ 9, 10 Abs. 5, 12 Abs. 4, 36 Abs. 1 Z 4 und § 75 des Allgemeinen Sozialversicherungsgesetzes, BGBl. Nr. 189/1955, wird, hinsichtlich der Bestimmungen der §§ 1, 2 und 4 mit Zustimmung des Hauptausschusses des Nationalrates, verordnet:

Personenkreis

§ 1. Nachstehend bezeichnete Gruppen von Personen sind gemäß § 9 ASVG in die Krankenversicherung einbezogen, wenn diese Personen ihren Wohnsitz im Inland haben und nicht schon nach anderer gesetzlicher Vorschrift in der Krankenversicherung pflichtversichert sind:

1. Personen, die mit Förderung durch Dienststellen der Arbeitsmarktverwaltung an Lehrgängen bzw. Kursen zur beruflichen Aus- und Fortbildung (Ein-, Um- oder Nachschulung), zur Berufsvorbereitung, zur Arbeitserprobung oder für ein Arbeitstraining teilnehmen;
2. Bezieher von Provisionen aus dem ehemaligen österreichischen Provisionsfonds für Postboten;
3. Arbeiterpensionisten der Österreichischen Staatsdruckerei und die nach den Vorschriften für die angelobten Arbeiter in den Ruhestand versetzten Vertragsbediensteten;
4. (aufgehoben)
5. (aufgehoben)
6. Angehörige der Schwesternvereinigung „Caritas Socialis“, Sitz in Wien IX, Pramergasse 9;
7. Empfänger von Vorschüssen auf Renten aus einer fremdstaatlichen Rentenversicherung;
8. die Schülerinnen der Städtischen Vorschule für soziale Frauenberufe in Wien, das sind weibliche Personen, die vor Vollendung des 18. Lebensjahres an einer zweijährigen theoretischen und praktischen Vorschulung für den Beruf einer Fürsorgerin, Krankenschwester oder Kinderkranken- und Säuglingsschwester teilnehmen;
9. die Vorschülerinnen des Vereines Evangelische Diakonissen-Anstalt Gallneukirchen, das sind weibliche Personen, die an einer Berufsvorschulung zur praktischen Ausbildung für Frauenberufe, wie Kindergärtnerinnen, Krankenschwestern und sonstige Pflegeberufe, für die Dauer von höchstens drei Jahren teilnehmen;
10. die in dem in Ungarn gelegenen Bergwerk Brennberg ehemals beschäftigt gewesenen Dienstnehmer österreichischer Staatsbürgerschaft sowie deren Hinterbliebene, wenn sie am 1. Jänner 1960 eine laufende Leistung aus der ungarischen Rentenversicherung bezogen haben;
11. die Schülerinnen im Säuglingsheim der Stadt Graz in Mariagrün, das sind weibliche Personen, die eine Ausbildung in der Pflege und Betreuung von Säuglingen und Kleinkindern in der Dauer von 24 Monaten erhalten;
12. Personen, die von der Ersten Donau-Dampfschiffahrts-Gesellschaft auf Grund des Pensionsstatutes dieser Gesellschaft eine Pension oder Witwenpension beziehen, wenn ihnen ein Anspruch auf eine laufende Leistung aus der gesetzlichen Pensionsversicherung aus den Versicherungsfällen des Alters oder des Todes nicht zusteht, es sei denn, daß sie einen Anspruch auf eine Leistung aus den Versi-

cherungsfällen des Alters nur deshalb nicht erworben haben, weil sie das für das Entstehen eines solchen Anspruches erforderliche Lebensalter noch nicht vollendet haben;

13. Personen, die auf Grund des Kleinrentnergesetzes, BGBl. Nr. 251/1929, eine monatliche Leistung beziehen;
14. Personen im Sinne des § 3 des Auslandsrenten-Übernahmegesetzes, BGBl. Nr. 290/1961, die nur eine italienische Rente beziehen und die seit 1950 in Österreich wohnhaft sind, wenn sie im Zeitpunkt ihrer Einbeziehung ihren Wohnsitz in Tirol, Steiermark oder Salzburg haben und solange der Wohnsitz in einem dieser Bundesländer gelegen ist;
15. Arbeiterpensionisten, denen Pensionsleistungen nach dem Pensionsstatut für die ständigen Arbeiter der Austria Tabakwerke AG gebühren;
16. Pensionisten des Fonds der Wiener Kaufmannschaft, denen Ruhegenüsse nach der Dienstordnung für die Angestellten des Fonds der Wiener Kaufmannschaft gebühren;
17. Asylwerber, die nach dem Bundesgesetz BGBl. Nr. 405/1991 in die Bundesbetreuung aufgenommen sind;
18. aus dem Kosovo vertriebene Personen, die vorübergehend in Österreich aufgenommen werden;

    (BGBl II 1999/148, BGBl II 2004/165)
19. unterstützungswürdige hilfs- und schutzbedürftige Fremde nach Art. 2 der Vereinbarung gemäß Art. 15a B-VG über gemeinsame Maßnahmen zur vorübergehenden Grundversorgung für hilfs- und schutzbedürftige Fremde;

    (BGBl II 2004/165, BGBl II 2010/262)
20. Bezieherinnen und Bezieher einer Leistung der Bedarfsorientierten Mindestsicherung nach den Sozialhilfe- oder Mindestsicherungsgesetzen der Länder mit Ausnahme der nach § 19a ASVG selbstversicherten Personen sowie der anspruchsberechtigten Angehörigen einer nach einer anderen Bestimmung pflichtversicherten Person.

    (BGBl II 2010/262, BGBl II 2016/439)

Beginn und Ende der Pflichtversicherung

§ 2. (1) Die Pflichtversicherung beginnt, soweit sie nicht schon auf Grund der bisher geltenden Vorschriften bestanden hat,

a) für die im § 1 Z 1 genannten Personen mit dem Tag des Beginnes des Lehrganges,
b) für die im § 1 Z 3 und 16 genannten Personen mit dem Tag der Versetzung in den Ruhestand.
c) (aufgehoben)
d) (aufgehoben)
e) für die im § 1 Z 6 genannten Personen mit dem Tag des Eintrittes in die Schwesternvereinigung,
f) für die im § 1 Z 7 genannten Personen mit der Zuerkennung des Vorschusses auf die Rentenleistung,
g) für die im § 1 Z 8, 9 und 11 genannten Personen mit dem Tag des Beginnes des Ausbildungsverhältnisses,
h) für die im § 1 Z 12 genannten Personen mit der Übernahme in den Pensionsstand nach dem Pensionsstatut der Ersten Donau-Dampfschiffahrts-Gesellschaft,
i) für die im § 1 Z 13 genannten Personen mit der Zuerkennung einer monatlichen Leistung nach dem Kleinrentnergesetz, BGBl. Nr. 251/1929,
j) für die im § 1 Z 14 genannten Personen mit der Zuerkennung der italienischen Rentenleistung, frühestens mit dem 1. September 1975, wenn sie jedoch ihren Wohnsitz in Salzburg haben, frühestens mit dem 1. September 1976,
k) für die im § 1 Z 15 genannten Personen mit dem Anfall der Pensionsleistung, frühestens mit dem 1. Juli 1980,
l) für die im § 1 Z 17 genannten Personen mit dem Tag der Aufnahme in die Bundesbetreuung, frühestens mit dem 1. Jänner 1992,
m) für die im § 1 Z 18 genannten Personen mit dem Tag der Ankunft im Bundesgebiet,

   (BGBl II 1999/148, BGBl II 2004/165)
n) für die im § 1 Z 19 genannten Personen mit dem Tag der Aufnahme in die Grundversorgung,

   (BGBl II 2004/165, BGBl II 2010/262)
o) für die im § 1 Z 20 genannten Personen mit dem ersten Tag des Zeitraumes, für den eine in § 1 Z 20 genannte Leistung zuerkannt wird.

   (BGBl II 2010/262)

(2) Die Pflichtversicherung endet, soweit sie nicht schon auf Grund des Beginnes einer Pflichtversicherung in der Krankenversicherung nach anderer gesetzlicher Vorschrift geendet hat:

a) für die im § 1 Z 1 genannten Personen mit dem Tag der Beendigung des Lehrganges,
b) für die im § 1 Z 2 genannten Personen mit dem Tag, an dem der Provisionsbezug eingestellt wird,
c) für die im § 1 Z 3, 15 und 16 genannten Personen mit dem Ablauf des Monates, in dem der Anspruch auf die Pensionsleistung bzw. den Ruhegenuß erlischt,
d) (aufgehoben)
e) (aufgehoben)
f) für die im § 1 Z 6 genannten Personen mit dem Ende der Zugehörigkeit zu der Schwesternvereinigung,

g) für die im § 1 Z 7, 10, 12 bis 14 genannten Personen mit Ablauf des Monates, in dem die betreffende laufende Leistung eingestellt wird,

h) für die im § 1 Z 8, 9 und 11 genannten Personen mit dem Tag des Ausscheidens aus dem Ausbildungsverhältnis,

i) für die im § 1 Z 17 genannten Personen mit dem Ende der Bundesbetreuung,

j) für die im § 1 Z 18 genannten Personen mit dem Tag des Verlassens des Bundesgebietes,

(BGBl II 1999/148, BGBl II 2004/165)

k) für die im § 1 Z 19 genannten Personen mit dem Tag der Abmeldung aus der Grundversorgung,

(BGBl II 2004/165, BGBl II 2010/262)

l) für die im § 1 Z 20 genannten Personen mit dem letzten Tag des Zeitraumes, für den eine in § 1 Z 20 genannte Leistung zuerkannt wird.

(BGBl II 2010/262)

Zuständigkeit

§ 3. Zur Durchführung der Krankenversicherung sind zuständig:

a) für die im § 1 Z 1 genannten Personen die für den Ort des Lehrganges örtlich zuständige Gebietskrankenkasse, Aus- und Fortbildung, die örtlich zuständige Landwirtschaftskrankenkasse,

b) für die im § 1 Z 2 genannten Personen die nach ihrem Wohnsitz örtlich zuständige Gebietskrankenkasse,

c) für die im § 1 Z 3 genannten Personen die Betriebskrankenkasse der Österreichischen Staatsdruckerei,

d) (aufgehoben)

e) für die im § 1 Z 6 genannten Personen die nach dem Tätigkeitsgebiet der Station der Schwesternvereinigung, innerhalb deren die Angehörige der Schwesternvereinigung verwendet wird, örtlich zuständige Gebietskrankenkasse,

f) für die im § 1 Z 7 genannten Personen bei Vorschüssen der Pensionsversicherungsanstalt der Angestellten und der Pensionsversicherungsanstalt der Arbeiter die Gebietskrankenkassen, in deren Wirkungsbereich der Vorschußempfänger wohnt, bei Vorschüssen der Versicherungsanstalt der österreichischen Eisenbahnen oder der Versicherungsanstalt des österreichischen Bergbaues die betreffende Anstalt; bei Bezug von mehreren Vorschüssen richtet sich die Zuständigkeit nach dem höheren (höchsten) Bezug,

g) für die im § 1 Z 8 genannten Personen die Wiener Gebietskrankenkasse,

h) für die im § 1 Z 9 genannten Personen die Oberösterreichische Gebietskrankenkasse,

i) für die im § 1 Z 10 genannten Personen die Burgenländische Gebietskrankenkasse für Arbeiter und Angestellte,

j) für die im § 1 Z 11 genannten Personen die Steiermärkische Gebietskrankenkasse,

k) für die im § 1 Z 12 bis 14 und 16 genannten Personen die nach ihrem Wohnsitz örtlich zuständige Gebietskrankenkasse,

l) für die im § 1 Z 15 genannten Personen die Betriebskrankenkasse der Austria Tabakwerke AG,

m) für die im § 1 Z 17 bis 19 genannten Personen die nach dem zugewiesenen Quartier örtlich zuständige Gebietskrankenkasse,

(BGBl II 1999/148, BGBl II 2004/165, BGBl II 2010/262)

n) für die im § 1 Z 20 genannten Personen die im Bereich des jeweiligen Trägers der Sozialhilfe örtlich zuständige Gebietskrankenkasse.

(BGBl II 2010/262)

Meldungen

§ 4. (1) Für die Meldungen der im § 1 Z 1 bis 6 und 8 bis 20 genannten Gruppen von Personen gelten die Bestimmungen der §§ 33 und 34 ASVG, für die Meldungen der im § 1 Z 7 genannten Personen die Bestimmungen des § 38 ASVG entsprechend.

(BGBl II 1999/148, BGBl II 2004/165, BGBl II 2010/262)

(2) Die in den §§ 33 und 34 ASVG angeführten Pflichten obliegen:

a) für die im § 1 Z 1 genannten Personen dem örtlich zuständigen Landesarbeitsamt,

b) für die im § 1 Z 2 und 3 genannten Personen dem Bundesrechenamt,

c) (aufgehoben)

d) für die im § 1 Z 6 genannten Personen der Schwesternvereinigung „Caritas Socialis“,

e) für die im § 1 Z 8 genannten Personen der Stadt Wien,

f) für die im § 1 Z 9 genannten Personen dem Verein Evangelische Diakonissen-Anstalt Gallneukirchen,

g) für die im § 1 Z 10 genannten Personen dem Bezirksfürsorgeverband Oberpullendorf,

h) für die im § 1 Z 11 genannten Personen der Stadt Graz,

i) für die im § 1 Z 12 genannten Personen der Ersten Donau-Dampfschiffahrts-Gesellschaft,

j) für die im § 1 Z 13 genannten Personen dem Bundesministerium für soziale Verwaltung,

k) für die im § 1 Z 14 genannten Personen dem Bundesland, in dessen Bereich der Wohnsitz des Versicherten gelegen ist,

l) für die im § 1 Z 15 genannten Personen, soweit der Pensionsaufwand vom Bund zu tragen ist, dem Bundesrechenamt, ansonsten der Austria Tabakwerke AG,

m) für die im § 1 Z 16 genannten Personen der Fonds der Wiener Kaufmannschaft,

n) für die im § 1 Z 17 genannten Personen der jeweils zuständigen Bundesbetreuungsstelle;

o) für die im § 1 Z 18 genannten Personen dem Bundesministerium für Inneres,

(BGBl II 1999/148, BGBl II 2004/165)

p) für die im § 1 Z 19 genannten Personen, soweit sie von einem Bundesland aufgenommen oder betreut werden, diesem Bundesland, sonst dem Bundesministerium für Inneres,

(BGBl II 2004/165, BGBl II 2010/262)

q) für die im § 1 Z 20 genannten Personen dem zuständigen Träger der Sozialhilfe.

(BGBl II 2010/262)

Beiträge

§ 5. (1) Als Beitragsgrundlage je Kalendertag gilt für die im § 1 Z 1 bis 19 genannten Personen ein Betrag in der halben Höhe, wie er gemäß § 44 Abs. 6 des Allgemeinen Sozialversicherungsgesetzes für die im § 44 Abs. 6 lit. a dieses Gesetzes bezeichneten Personen im jeweiligen Beitragsjahr als täglicher Arbeitsverdienst anzunehmen ist.

(BGBl II 1999/148, BGBl II 2004/165)

(1a) Monatliche Beitragsgrundlage für die im § 1 Z 20 genannten Personen ist der um ein Sechstel erhöhte jeweils anzuwendende Richtsatz nach § 293 Abs. 1 ASVG.

(BGBl II 2010/262)

(2) Die Beiträge für die im § 1 Z 1, 6, 8, 9 und 11 genannten Personen sind mit dem Hundertsatz der Beitragsgrundlage zu bemessen, der im § 51 Abs. 1 Z 1 lit. a des Allgemeinen Sozialversicherungsgesetzes festgesetzt ist.

(3) Für die im § 1 Z 17 bis 19 genannten Personen sind die Beiträge mit dem Hundertsatz zu bemessen, der im § 51 Abs. 1 Z 1 lit. f des Allgemeinen Sozialversicherungsgesetzes festgesetzt ist.

(BGBl II 1999/148, BGBl II 2004/165)

(4) Für die im § 1 Z 2, 3, 7, 10, 12 bis 16 genannten Personen beträgt der Beitrag 10,5 vH der Beitragsgrundlage.

(4a) Die Beiträge für die im § 1 Z 20 genannten Personen sind mit dem Prozentsatz der Beitragsgrundlage zu bemessen, der im § 73 Abs. 1 Z 1 und Abs. 1a ASVG festgesetzt ist, erhöht um jenen Hebesatz, der nach § 73 Abs. 2 ASVG für die nach § 8 Abs. 1 Z 1 lit. a ASVG krankenversicherten Personen gilt.

(BGBl II 2010/262)

(5) Beitragszeitraum ist der Kalendermonat, er ist einheitlich mit 30 Kalendertagen anzunehmen.

Entrichtung der Beiträge

§ 6. (1) Die Beiträge sind für die im § 1 Z 1 genannten Personen aus den Mitteln der Arbeitslosenversicherung, für die im § 1 Z 6 genannten Personen von der Schwesternvereinigung „Caritas-Socialis", für die im § 1 Z 8 genannten Personen von der Stadt Wien, für die im § 1 Z 9 genannten Personen vom Verein Evangelische Diakonissen-Anstalt Gallneukirchen und für die im § 1 Z 11 genannten Personen von der Stadt Graz zur Gänze zu tragen.

(2) Die Beiträge sind zu entrichten:

a) für die im § 1 Z 2 genannten Personen von der Dienststelle, die die Provisionen auszahlt,

b) für die im § 1 Z 3 genannten Personen vom Bundesrechenamt,

c) für die im § 1 Z 7 genannten Personen vom auszahlenden Pensionsversicherungsträger,

d) für die im § 1 Z 12 genannten Personen von der Ersten Donau-Dampfschifffahrtsgesellschaft,

e) für die im § 1 Z 15 genannten Personen, soweit der Pensionsaufwand vom Bund zu tragen ist, von diesem und soweit der Pensionsaufwand von der Austria Tabakwerke AG zu tragen ist, von dieser,

f) für die im § 1 Z 16 genannten Personen vom Fonds der Wiener Kaufmannschaft.

(3) Die zur Entrichtung der Beiträge nach Abs. 2 verpflichteten Stellen haben von jeder an eine der im § 1 Z 2, 3, 12 und 15 genannten Personen zur Auszahlung gelangenden Leistung mit Ausnahme von Sonderzahlungen einen Betrag in der Höhe von 3 vH der Beitragsgrundlage (§ 5 Abs. 1) einzubehalten, wenn und solange sich der in Betracht kommende Leistungsempfänger ständig im Inland aufhält. Diese Beitragsanteile des Versicherten sind gemeinsam mit den übrigen Beitragsanteilen an die zuständige Gebietskrankenkasse bzw. an die Betriebskrankenkasse der Österreichischen Staatsdruckerei bzw. an die Betriebskrankenkasse der Austria Tabakwerke AG abzuführen.

(4) Für die im § 1 Z 10, 13, 17 und 18 genannten Personen sind die Beiträge zur Gänze vom Bund zu tragen.

(BGBl II 1999/148)

(5) Für die im § 1 Z 14 genannten Personen sind die Beiträge zur Gänze von dem Bundesland zu tragen, in dessen Bereich der Wohnsitz des Versicherten gelegen ist.

(6) Der Fonds der Wiener Kaufmannschaft hat von jedem an eine der im § 1 Z 16 genannten Personen zur Auszahlung gelangenden Ruhegenuß einen Betrag in der Höhe von 5,25 vH der Beitragsgrundlage (§ 5 Abs. 1) einzubehalten. Der Beitragsanteil des Versicherten ist gemeinsam mit dem übrigen Beitragsanteil an die zuständige Gebietskrankenkasse abzuführen.

(7) Die Beiträge für die im § 1 Z 19 genannten Personen sind, soweit diese von einem Bundesland betreut werden, von diesem Bundesland, sonst vom Bund zu entrichten.

(BGBl II 2004/165)

(8) Die Beiträge für die im § 1 Z 20 genannten Personen sind von jenem Bundesland zu entrichten, das für die Bedarfsorientierte Mindestsicherung der jeweiligen Person zuständig ist.

(BGBl II 2010/262)

Aufhebung von Verordnungen

§ 7. Mit dem Inkrafttreten dieser Verordnung treten außer Kraft:

1. die Verordnung BGBl. Nr. 11/1958 über Änderungen in der Durchführung der Krankenversicherung für die gemäß § 509 ASVG als in diese Versicherung einbezogen geltenden Personen, in der Fassung der Verordnungen BGBl. Nr. 252/1958, 39/1961, 170/1964 und 177/1968;
2. die Verordnung BGBl. Nr. 287/1959 über die Einbeziehung weiterer Gruppen von Personen in die Krankenversicherung, in der Fassung der Verordnungen BGBl. Nr. 40/1961, 178/1968 und 74/1969;
3. die Verordnung BGBl. Nr. 90/1962 über die Einbeziehung weiterer Gruppen von Personen in die Krankenversicherung, in der Fassung der Verordnungen BGBl. Nr. 172/1964 und 179/1968.

Wirksamkeitsbeginn

§ 8. (1) Diese Verordnung tritt mit 1. Jänner 1970 in Kraft.

(BGBl II 2010/262)

(2) Die §§ 1 Z 19 und 20, 2 Abs. 1 lit. n und o sowie Abs. 2 lit. k und l, 3 lit. m und n, 4 Abs. 1 und 2 lit. p und q, 5 Abs. 1a und 4a sowie 6 Abs. 8 in der Fassung der Verordnung BGBl. II Nr. 262/2010 treten mit dem Tag in Kraft, an dem § 75a (Aufwandersatz des Bundes für die in die Krankenversicherung einbezogenen Bezieher/innen von Leistungen der Bedarfsorientierten Mindestsicherung) in der Fassung des Bundesgesetzes BGBl. I Nr. 63/2010 in Kraft tritt.

(BGBl II 2010/262)

(3) § 1 Z 20 in der Fassung der Verordnung BGBl. II Nr. 439/2016 tritt mit 1. Jänner 2017 in Kraft und mit Ablauf des „31. Dezember 2019“ außer Kraft.

(BGBl II 2016/439, BGBl II 2018/301)

Personenstandsdatenverordnung

Personenstandsdatenverordnung, BGBl II 2004/239

GLIEDERUNG

Verordnung des Bundesministers für soziale Sicherheit, Generationen und Konsumentenschutz über die von den Personenstandsbehörden an die Gebietskrankenkassen zu übermittelnden Daten (Personenstandsdatenverordnung)

Auf Grund des § 360 Abs. 5 des Allgemeinen Sozialversicherungsgesetzes (ASVG), BGBl. Nr. 189/1955, zuletzt geändert durch das Bundesgesetz BGBl. I Nr. 18/2004, wird im Einvernehmen mit der Bundesministerin für Gesundheit und Frauen verordnet:

Gegenstand

§ 1. Diese Verordnung regelt den Umfang und die Art der von den Personenstandsbehörden an die Gebietskrankenkassen nach § 360 Abs. 5 ASVG zu übermittelnden Daten sowie deren Verwendung bei den Versicherungsträgern.

Allgemeines

§ 2. (1) Die Personenstandsbehörden dürfen auf Grund der Mitteilungspflichten nach § 360 Abs. 5 ASVG nur jene Daten übermitteln, die im Rahmen des jeweiligen personenstandsrechtlichen Vorganges bekannt werden. Die eigenständige Ermittlung zusätzlicher Daten ist nicht zulässig.

(2) Die Mitteilung muss jedenfalls folgende Daten enthalten:

1. die Matrikenstelle (Eintragungsstelle) einschließlich der Nummer des personenstandsrechtlichen Vorganges,
2. das Beurkundungsdatum.

(3) Die Staatsangehörigkeit ist mitzuteilen, wenn sie der Personenstandsbehörde bekannt ist.

(4) Akademische Grade zählen zum Namen im Sinne dieser Verordnung.

Geburt, Anerkennung der Vaterschaft, Änderung der Abstammung durch gerichtliche Entscheidung (Unehelicherklärung), Legitimation, Annahme an Kindes Statt, Inkognitoadoption

§ 3. (1) Die Personenstandsbehörde, die das Geburtenbuch führt, hat der Gebietskrankenkasse mitzuteilen

1. jede Geburt durch Angabe folgender Daten:
   a) Familiennamen und Vornamen des Kindes,
   b) Tag und Ort der Geburt,
   c) Geschlecht des Kindes,
   d) Familiennamen, Vornamen und frühere Namen des Vaters,
   e) Tag und Ort der Geburt des Vaters,
   f) Familiennamen, Vornamen und frühere Namen der Mutter,
   g) Tag und Ort der Geburt der Mutter,
   h) Wohnanschrift der Eltern, bei getrennten Wohnsitzen beide Wohnanschriften,
   i) Angabe, ob es sich um eine eheliche oder uneheliche Geburt handelt,
   j) bei ehelicher Geburt: Eheschließungsdaten der Eltern;
2. jede Anerkennung der Vaterschaft und jede Änderung der Abstammung durch gerichtliche Entscheidung (Unehelicherklärung) durch Angabe folgender Daten:
   a) Familiennamen vor Anerkennung der Vaterschaft bzw. Unehelicherklärung des Kindes,
   b) Familiennamen nach Anerkennung der Vaterschaft bzw. Unehelicherklärung des Kindes,
   c) Vornamen des Kindes,
   d) Tag und Ort der Geburt des Kindes,
   e) Familiennamen, Vornamen und frühere Namen des anerkennenden bzw. des bisherigen Vaters,
   f) Tag und Ort der Geburt des anerkennenden bzw. des bisherigen Vaters,
   g) Wohnanschrift des anerkennenden bzw. des bisherigen Vaters,
   h) Familiennamen, Vornamen und frühere Namen der Mutter,
   i) Tag und Ort der Geburt der Mutter,
   j) Wohnanschrift der Mutter;

3. jede Legitimation durch Angabe folgender Daten:
   a) Tag und Ort der Geburt des/der Legitimierten,
   b) Familiennamen des/der Legitimierten vor der Legitimation,
   c) Familiennamen des/der Legitimierten nach der Legitimation,
   d) Vornamen des/der Legitimierten,
   e) Datum der Wirksamkeit der Legitimation,
   f) Familiennamen, Vornamen und frühere Namen der Eltern,
   g) Tag und Ort der Geburt der Eltern,
   h) Wohnanschrift des/der Legitimierten;
4. jede Annahme an Kindes Statt durch Angabe folgender Daten:
   a) Tag und Ort der Geburt des/der Angenommenen,
   b) Familiennamen des/der Angenommenen vor der Annahme an Kindes Statt,
   c) Familiennamen des/der Angenommenen nach der Annahme an Kindes Statt,
   d) Vornamen des/der Angenommenen,
   e) Geschlecht des/der Angenommenen,
   f) Datum der Wirksamkeit der Annahme an Kindes Statt,
   g) Tag und Ort der Geburt der früheren Eltern bzw. des früheren Elternteiles,
   h) Familiennamen, Vornamen und frühere Namen der früheren Eltern bzw. des früheren Elternteiles,
   i) Tag und Ort der Geburt des/der Annehmenden,
   j) Familiennamen, Vornamen und frühere Namen des/der Annehmenden bzw. der Wahleltern,
   k) bei verheirateten Annehmenden: Eheschließungsdaten,
   l) Wohnanschrift des/der Annehmenden;
5. jede Inkognitoadoption durch Angabe folgender Daten:
   a) Tag und Ort der Geburt des/der Angenommenen,
   b) Familiennamen des/der Angenommenen vor der Annahme an Kindes Statt,
   c) Familiennamen des/der Angenommenen nach der Annahme an Kindes Statt,
   d) Vornamen des/der Angenommenen,
   e) Geschlecht des/der Angenommenen,
   f) Datum der Wirksamkeit der Annahme an Kindes Statt,
   g) Tag und Ort der Geburt des/der Annehmenden bzw. der Wahleltern,
   h) Familiennamen, Vornamen und frühere Namen des/der Annehmenden bzw. der Wahleltern,
   i) bei verheirateten Annehmenden: Eheschließungsdaten,
   j) Wohnanschrift des/der Annehmenden,
   k) Vermerk, dass es sich um eine Inkognitoadoption handelt und die Daten der früheren Eltern des/der Angenommenen nur nach Maßgabe des Abs. 2 verwendet werden dürfen.

(2) Getrennt von der Mitteilung nach Abs. 1 Z 5 sind auf jeweilige konkrete Anfrage des zuständigen Krankenversicherungsträgers im Einzelfall zur tatsächlichen (physischen) Lösung bestehender Verbindungen zu den leiblichen Eltern (Angehörigeneigenschaft, Hinterbliebenenanwartschaften) Daten der früheren Eltern des/der Angenommenen unter Hinweis auf strengste Geheimhaltungspflicht und nur unter besonderen Sicherheitsvorkehrungen zu übermitteln. Diese Daten dürfen nur zur sofortigen Lösung der genannten Verbindungen verwendet werden und sind sofort danach tatsächlich (physisch) zu vernichten. Das Anbringen eines bloßen technischen Löschungsvermerkes (logische Löschung) reicht in aktuellen Daten dafür nicht aus.

Behördliche Namensänderung bzw. namensrechtliche Wirkungen bei Adoption oder Legitimation

§ 4. Die Personenstandsbehörde, die das Geburten- oder das Ehebuch führt, hat der Gebietskrankenkasse jede behördliche Namensänderung bzw. alle namensrechtlichen Wirkungen bei Adoption oder Legitimation durch Angabe folgender Daten mitzuteilen:

1. Familiennamen und Vornamen bzw. andere Namen (zum Beispiel middle name, Vatersname, Namenszusätze) vor der Namensänderung,
2. Familiennamen und Vornamen nach der Namensänderung,
3. Datum der Wirksamkeit der Namensänderung,
4. Tag und Ort der Geburt sowie frühere Namen der von der Namensänderung betroffenen Person,
5. Wohnanschrift der von der Namensänderung betroffenen Person.

Eheschließung, Auflösung der Ehe (Tod, Scheidung, Aufhebung oder Nichtigerklärung), Wiederannahme eines früheren Familiennamens

§ 5. Die Personenstandsbehörde, die das Ehebuch führt, hat der Gebietskrankenkasse mitzuteilen:

1. jede Eheschließung durch Angabe folgender Daten:
   a) Tag und Ort der Eheschließung,
   b) frühere Namen des Mannes,
   c) Tag und Ort der Geburt des Mannes,
   d) neue Familiennamen des Mannes,

e) gemeinsame Familiennamen des Mannes,
f) Wohnanschrift des Mannes,
g) frühere Namen der Frau,
h) Tag und Ort der Geburt der Frau,
i) neue Familiennamen der Frau,
j) gemeinsame Familiennamen der Frau,
k) Wohnanschrift der Frau;

2. jeden Fall einer Auflösung der Ehe durch Angabe folgender Daten:
a) Tag der Wirksamkeit der Auflösung der Ehe,
b) frühere Namen der Eheleute,
c) Tag und Ort der Geburt der Eheleute,
d) bei Nichtigerklärung der Ehe: neue Familiennamen der Eheleute.

3. jede Wiederannahme eines früheren Familiennamens durch Angabe folgender Daten:
a) Familiennamen des/der Erklärenden vor der Wiederannahme,
b) Familiennamen des/der Erklärenden nach der Wiederannahme,
c) Vornamen des/der Erklärenden,
d) Tag und Ort der Geburt sowie frühere Namen des/der Erklärenden,
e) Datum der Wirksamkeit der Namensänderung,
f) Wohnanschrift des/der Erklärenden.

Todesfall

§ 6. Die Personenstandsbehörde, die das Sterbebuch führt, hat der Gebietskrankenkasse jeden Todesfall durch Angabe folgender Daten unverzüglich mitzuteilen:

1. Tag und Ort des Todes,
2. Familiennamen, Vornamen und frühere Namen des/der Verstorbenen,
3. Geschlecht des/der Verstorbenen,
4. Tag und Ort der Geburt des/der Verstorbenen,
5. letzte Wohnanschrift des/der Verstorbenen,
6. Familiennamen und Vornamen des hinterbliebenen Ehegatten/der hinterbliebenen Ehegattin,
7. Tag und Ort der Geburt des hinterbliebenen Ehegatten/der hinterbliebenen Ehegattin,
8. Wohnanschrift des hinterbliebenen Ehegatten/der hinterbliebenen Ehegattin,
9. bei Verstorbenen, die verheiratet waren: Eheschließungsdaten.

Art der Datenübermittlung

§ 7. (1) Die Datenübermittlung hat in automationsunterstützter Form über die vom Hauptverband der österreichischen Sozialversicherungsträger (im Folgenden kurz Hauptverband) angebotenen Datenübermittlungszugänge (Abs. 2) zu erfolgen. Mitteilungen auf anderen Wegen, insbesondere auf Papier, sind nur dann zulässig, wenn und solange kein automationsunterstützter Weg der Datenübermittlung zur Verfügung steht; solche Mitteilungen sind direkt an die Gebietskrankenkasse zu richten, in deren Zuständigkeitsbereich die Personenstandsbehörde ihren Sitz hat.

(2) Der Hauptverband hat im Rahmen seiner Zuständigkeit nach § 31 Abs. 4 Z 6 ASVG für die automationsunterstützte Datenübermittlung nach Abs. 1 einheitliche EDV-Formulare, Datensätze und Übermittlungswege vorzusehen. Die Automationsunterstützung ist so zu gestalten, dass sie im Regelfall eine vollständige Verarbeitung der Meldungen durch die Personenstandsbehörden und die Sozialversicherungsträger (den Hauptverband) ermöglicht. Der Hauptverband hat den Personenstandsbehörden die zur Gewährleistung einer sicheren und nachvollziehbaren Datenübermittlung getroffenen Regelungen (zum Beispiel Datensatzbeschreibung, Schnittstellen) im Weg des Internet zur Verfügung zu stellen. Formulare auf Papier sind nicht zur Verfügung zu stellen.

Verwendung der Daten bei den Versicherungsträgern

§ 8. (1) Soweit bei den Gebietskrankenkassen bereits Daten über die von den Mitteilungen der Personenstandsbehörden betroffenen Personen vorhanden sind, sind die Mitteilungen unverzüglich diesen Daten zuzuordnen und in der EDV-Anlage des Hauptverbandes (§ 31 Abs. 4 Z 3 lit. a in Verbindung mit Abs. 11 ASVG) zur Verwendung durch die anderen Sozialversicherungsträger – insbesondere zur Beurteilung von Leistungsansprüchen Angehöriger (§§ 123 und 252 ASVG, §§ 83 und 128 des Gewerblichen Sozialversicherungsgesetzes, §§ 78 und 119 des Bauern-Sozialversicherungsgesetzes, §§ 56 und 105 des Beamten-Kranken- und Unfallversicherungsgesetzes) – zu speichern. Mitteilungen, die bei den Gebietskrankenkassen nicht auf elektronischem Weg einlangen (zum Beispiel Mitteilungen auf Papier), sind von diesen so schnell wie möglich elektronisch zu erfassen und in der EDV-Anlage des Hauptverbandes zu speichern.

(2) Der Hauptverband hat im Rahmen der ihm zur Verfügung stehenden Gestaltungsmöglichkeiten (zum Beispiel im Rahmen von Richtlinien) einheitliche Programme und Organisationsbeschreibungen für die Verwendung der von den Personenstandsbehörden mitgeteilten Daten durch die Sozialversicherungsträger zu erstellen.

(3) Liegt keine zeitlich vorangehende andere Angabe des/der Versicherten vor, so ist das erstmals von der Personenstandsbehörde mitgeteilte Geburtsdatum für die Feststellung des Geburtsdatums im Sinne des § 358 Abs. 3 ASVG heranzuziehen.

(4) Die von den Personenstandsbehörden mitgeteilten und beim Hauptverband gespeicherten Daten sind für die Verfahren der Versicherungsträger im Rahmen der von ihnen zu vollziehenden Bundesgesetze verbindlich (§§ 457 ff. ASVG), solange nicht deren Unrichtigkeit – wie etwa bei Ge-

burtsdaten nach § 358 Abs. 3 ASVG – im Einzelfall bewiesen wird.

In-Kraft-Treten

§ 9. Diese Verordnung tritt drei Monate nach dem Tag ihrer Kundmachung in Kraft.

UHK-Verfahrenskostenverordnung

UHK-Verfahrenskostenverordnung, BGBl II 2004/285

Verordnung der Bundesministerin für Gesundheit und Frauen, mit der pauschalierte Kostenersätze für Verfahren vor der Unabhängigen Heilmittelkommission festgelegt werden (UHK-Verfahrenskostenverordnung)

Auf Grund des § 351j Abs. 7 des Allgemeinen Sozialversicherungsgesetzes (ASVG), BGBl. Nr. 189/1955, zuletzt geändert durch das Bundesgesetz BGBl. I Nr. 18/2004 wird verordnet:

§ 1. Der pauschalierte Kostenersatz für die Kosten eines Verfahrens vor der Unabhängigen Heilmittelkommission beträgt

1. für ein Verfahren auf Grund einer Beschwerde nach § 351i Abs. 1 Z 1 und Abs. 2 ASVG,
   a) wenn nur eine Packungsgröße oder eine Dosierung behandelt wird, 1 500 €,
   b) wenn mehrere Packungsgrößen oder mehrere Dosierungen behandelt werden, 1 800 €;
2. für ein Verfahren auf Grund einer Beschwerde nach § 351i Abs. 1 Z 2 ASVG,
   a) wenn nur eine Packungsgröße oder eine Dosierung behandelt wird, 1 500 €,
   b) wenn mehrere Packungsgrößen oder mehrere Dosierungen behandelt werden, 1 800 €;
3. für eingeleitete Verfahren, in denen die Beschwerde vor Beginn der Sitzung der Unabhängigen Heilmittelkommission zurückgezogen wird, 1 000 €.

§ 2. Diese Verordnung ist auf Verfahren anzuwenden, die auf Grund einer nach Kundmachung dieser Verordnung bei der Unabhängigen Heilmittelkommission erhobenen Beschwerde eingeleitet wurden.

Heilmittel-Bewilligungs- und Kontroll-Verordnung

Heilmittel-Bewilligungs- und Kontroll-Verordnung, BGBl II 2004/473

GLIEDERUNG

Verordnung der Bundesministerin für Gesundheit und Frauen über die Grundsätze der chef- und kontrollärztlichen Bewilligung für Heilmittel, der nachfolgenden Kontrolle von Verschreibungen, sowie die Grundsätze der Dokumentation (Heilmittel-Bewilligungs- und Kontroll-Verordnung)

Auf Grund des § 609 Abs. 9 des Allgemeinen Sozialversicherungsgesetzes (ASVG), BGBl. Nr. 189/1955, zuletzt geändert durch das Bundesgesetz BGBl. I Nr. 106/2004, wird verordnet:

Ziel und Gegenstand dieser Verordnung

§ 1. (1) Diese Verordnung verfolgt das Ziel der nachhaltigen gesicherten Versorgung der Patientinnen und Patienten mit Arzneispezialitäten nach dem aktuellen Stand der medizinischen Wissenschaft und einer gesundheitsökonomischen Bewertung zur Wahrung des finanziellen Gleichgewichtes des Systems der sozialen Sicherheit. Die Auswahl der Arzneispezialitäten für eine Verschreibung auf Kosten der Sozialversicherung hat aus dem vom Hauptverband der österreichischen Sozialversicherungsträger (im Folgenden Hauptverband) nach § 31 Abs. 3 Z 12 ASVG herauszugebenden Erstattungskodex, und zwar vorrangig aus dem grünen Bereich des Erstattungskodex, zu erfolgen. Die Richtlinien des Hauptverbandes über die ökonomische Verschreibweise von Heilmitteln und Heilbehelfen nach § 31 Abs. 5 Z 13 ASVG bleiben unberührt.

(2) Für Arzneispezialitäten, die im gelben Bereich des Erstattungskodex unter Bezug auf eine oder mehrere bestimmte Verwendungen angeführt sind und an Stelle der ärztlichen Bewilligung durch den chef- und kontrollärztlichen Dienst der Sozialversicherungsträger einer nachfolgenden Kontrolle unterliegen, ist vom Hauptverband nach § 31 Abs. 5 Z 13 ASVG eine einheitliche Dokumentation als Nachweis für die Einhaltung der bestimmten Verwendungen festzulegen. Die Verordnung regelt die Grundsätze dieser Dokumentation und ihrer nachfolgenden Kontrolle durch den chef- und kontrollärztlichen Dienst der Sozialversicherungsträger.

(3) Die sonstigen Arzneispezialitäten des gelben und des roten Bereiches des Erstattungskodex, sowie Arzneispezialitäten, die nicht im Erstattungskodex angeführt sind, unterliegen der ärztlichen Bewilligung des chef- und kontrollärztlichen Dienstes der Sozialversicherungsträger. Die Verordnung regelt die Grundsätze der Einholung dieser Bewilligung.

(4) Auf Stoffe für magistrale Zubereitungen sind die Regeln für Arzneispezialitäten entsprechend anzuwenden.

Begriffsbestimmungen

§ 2. Im Sinne dieser Verordnung bedeutet

1. „Verordnerin“: der niedergelassene Arzt/die niedergelassene Ärztin, der niedergelassene Zahnarzt/die niedergelassene Zahnärztin, die Gruppenpraxis und die Krankenanstalt, der/die für Patienten und Patientinnen aufgrund vertraglicher Regelung Arzneispezialitäten und Stoffe für magistrale Zubereitungen auf Kosten der Sozialversicherung verschreiben darf;
2. „Verschreibung“: die Ausstellung eines Rezeptes für den Bezug einer Arzneispezialität oder magistralen Zubereitung auf Kosten der Sozialversicherung;
3. „Bewilligungsanfrage“: elektronisch verschlüsselte Anfrage der Verordnerin an einen Sozialversicherungsträger zum Zweck des Erhaltes einer ärztlichen Bewilligung des chef- und kontrollärztlichen Dienstes;
4. „Bewilligungspflicht“: die Pflicht der Verordnerin, vor einer Verschreibung auf Kosten eines Sozialversicherungsträgers eine ärztliche Bewilligung des chef- und kontrollärztlichen Dienstes einzuholen;

5. „Bewilligung“: in elektronischer verschlüsselter Form vorliegende positive Antwort eines Sozialversicherungsträgers (chef- und kontrollärztlicher Dienst) auf eine Bewilligungsanfrage.

Grundsätze der Dokumentation

§ 3. (1) Die Festlegung von Arzneispezialitäten nach § 1 Abs. 2 ist im Ergebnis vom Hauptverband im Internet zu veröffentlichen.

(2) Mit der Festlegung einer Arzneispezialität nach § 1 Abs. 2 hat der Hauptverband einheitlich in den Richtlinien nach § 31 Abs. 5 Z 13 ASVG nach Maßgabe des § 4 festzulegen, welche Informationen in der Dokumentation für den Nachweis des Vorliegens einer bestimmten Verwendung notwendig und zulässig sind. Diese Dokumentationsvorgaben sind vor Kundmachung der Österreichischen Ärztekammer zu übermitteln und in der Folge einer Qualitätssicherung zu unterziehen und jährlich auf Grund der praktischen Erfahrungen in Zusammenarbeit mit der Österreichischen Ärztekammer zu evaluieren sowie laufend weiter zu entwickeln.

Dokumentation der Verordnerin

§ 4. (1) Die Verschreibung einer Arzneispezialität nach § 1 Abs. 2 kann nur nach Anfertigung einer Dokumentation über die Einhaltung der bestimmten Verwendungen erfolgen.

(2) Die vollständige und inhaltlich richtige Dokumentation dient als Nachweis der Verordnerin gegenüber dem chef- und kontrollärztlichen Dienst der Sozialversicherungsträger über die Einhaltung der bestimmten Verwendungen. Andere als die für die Dokumentation festgelegten Inhalte sind als Nachweis des Vorliegens der bestimmten Verwendungen nicht zulässig und unbeachtlich.

(3) Die obligatorisch zu dokumentierenden Informationen sind bei erstmaliger Verschreibung im Behandlungsfall insbesondere zu gliedern in

1. die Begründung, warum bei Verfügbarkeit einer oder mehrerer therapeutisch gleichwertiger Arzneispezialitäten im grünen Bereich des Erstattungskodex eine Arzneispezialität aus dem gelben Bereich des Erstattungskodex verschrieben wird;
2. die Rezeptdaten;
3. die Diagnosestellung im Volltext oder auf Basis einer softwaregesteuerten Codierung;
4. den Verweis auf die Anamnese und Vorbehandlungsdaten, sowie die Ergebnisse der medizinischen Befunde in den ärztlichen Patienten-/Patientinnen- und Behandlungsdaten, die in diesem Umfang zum Nachweis des Vorliegens der bestimmten Verwendung integrierender Bestandteil der Dokumentation sind.

(4) Bei Folgeverschreibungen im gegebenen Behandlungsfall können sich die von der Verordnerin dokumentierten Informationen unter Bezug auf die Dokumentation der vorangegangenen Verschreibung auf die seitdem eingetretenen Änderungen beschränken.

(5) Jede Einzeldokumentation muss in elektronischer oder papiergebundener Form vorliegen. Die Aufbewahrungsfrist der Einzeldokumentation beträgt mindestens zwei Jahre ab Ausstellung der der Einzeldokumentation zu Grunde liegenden Verschreibung und endet jährlich mit Ablauf des 31. Dezember.

Grundsätze der Kontrolle

§ 5. (1) Die Verschreibung und die Dokumentation zur Verschreibung von Arzneispezialitäten nach § 1 Abs. 2 unterliegen der nachfolgenden Kontrolle durch den chef- und kontrollärztlichen Dienst der Sozialversicherungsträger. Die Dokumentation ist innerhalb der Aufbewahrungsfrist nach § 4 Abs. 5 dem chef- und kontrollärztlichen Dienst nach Aufforderung unverzüglich zu übermitteln oder vorzuweisen und im Original oder in Kopie zu übergeben. Eine Überprüfung ist der Verordnerin zumindest 24 Stunden vor ihrer Durchführung anzuzeigen.

(2) Die Sozialversicherungsträger haben in jedem Kalenderjahr Kontrollen nach Abs. 1 bei mindestens 10 % aller Verordnerinnen aus den Bereichen der Allgemeinmedizin und der einzelnen Sonderfächer durchzuführen. Die Auswahl der Verordnerinnen hat durch zufallgesteuerte Stichproben mit der Maßgabe zu erfolgen, dass gewählte und kontrollierte Verordnerinnen von der Auswahl im nächstfolgenden Kalenderjahr nicht betroffen sein können.

(3) Über die Stichprobenkontrolle nach Abs. 2 hinaus sind jene Verordnerinnen einmal pro Kalenderquartal zu kontrollieren, die

1. in den jeweils letzten sechs Monaten vor Beginn eines Kalenderquartals nach § 350 Abs. 3 vierter Satz ASVG entweder verwarnt wurden oder einen Ersatz geleistet haben;
2. mit der Anzahl der Verschreibungen oder den Kosten pro Verschreibung der in den jeweils letzten drei Monaten vor Beginn eines Kalenderquartals abgerechneten Arzneispezialitäten nach § 1 Abs. 2 mehr als 10 % über dem Durchschnittswert der Verschreibungen vergleichbarer Verordnerinnen aus dem Bereich der Allgemeinmedizin oder dem selben Sonderfach liegen, wenn eine Gesamtbetrachtung aller Verschreibungen der Verordnerin (gesamte verursachte Heilmittelkosten, individuelle verursachte Heilmittelkostensteigerung) keine ausreichende Erklärung für die Überschreitung ergibt.

(4) Die Verordnerinnen sind zeitnahe – möglichst nach jeweils acht Wochen nach Monatsende über den vorangegangenen Monat – über ihr individuelles Verschreibeverhalten von Arzneispezialitäten nach § 1 Abs. 2 und die dadurch verursachten Heilmittelkosten auf Basis der Auswertungen nach Abs. 3 Z 2 zu informieren.

(5) Werden von der Verordnerin Arzneispezialitäten nach § 1 Abs. 2 ohne oder mit nur mangel-

hafter (unvollständiger) Dokumentation verschrieben, so ist die Verordnerin vom chef- und kontrollärztlichen Dienst nachweislich zu verwarnen. Im Wiederholungsfall einer solchen Verletzung der Dokumentationspflicht sind dem Sozialversicherungsträger die Kosten der betreffenden Arzneispezialität(en) von der Verordnerin zu ersetzen. Findet der Ersatz nicht statt oder nach wiederholter Verletzung der Dokumentationspflicht trotz Verwarnung, kann der Verordnerin die ausnahmslose Bewilligungspflicht für Arzneispezialitäten des gelben Bereiches des Erstattungskodex befristet bis zur Dauer von drei Jahren auferlegt werden. Diesfalls sind die §§ 6 bis 9 entsprechend sowie § 15 anzuwenden. Ein Verstoß der Verordnerin gegen eine solche Bewilligungspflicht berechtigt den Sozialversicherungsträger zu einer Kündigung des Vertrages nach § 343 Abs. 5 ASVG.

(6) Zur Evaluierung der Mengen- und Kostenentwicklung von Arzneispezialitäten nach § 1 Abs. 2 sind von den Sozialversicherungsträgern folgende Daten über die Kontrollen zu erfassen und bis zum 30. September bzw. 31. März für das jeweils vorangegangene Kalenderhalbjahr elektronisch an den Hauptverband, die Österreichische Ärztekammer und das Bundesministerium für Gesundheit und Frauen, inhaltlich jeweils getrennt in die Bereiche der Allgemeinmedizin und der einzelnen Sonderfächer, zu übermitteln:

1. eine Zusammenfassung der statistischen Auswertungen nach den Abs. 2 und 3;
2. die Anzahl der Kontrollen und Verwarnungen;
3. die Anzahl und Höhe der Ersätze wegen Verletzung der Dokumentationspflicht;
4. die Anzahl der auferlegten Bewilligungspflichten;
5. die Anzahl der Kündigungen nach § 343 Abs. 5 ASVG bzw. noch laufender Kündigungsverfahren.

Grundsätze der Bewilligung

§ 6. (1) Arzneispezialitäten des gelben – ausgenommen Arzneispezialitäten nach § 1 Abs. 2 – und des roten Bereiches des Erstattungskodex, sowie Arzneispezialitäten, die nicht im Erstattungskodex angeführt sind, dürfen auf Kosten der Sozialversicherung nur nach ärztlicher Bewilligung des chef- und kontrollärztlichen Dienstes der Sozialversicherung verschrieben werden.

(2) Für alle nach dem 31. Dezember 2004 durchzuführenden Verschreibungen betreffend Arzneispezialitäten nach Abs. 1 hat die Verordnerin vom chef- und kontrollärztlichen Dienst der Sozialversicherungsträger die Bewilligung einzuholen; die Einholung der Bewilligung darf insbesondere nicht auf die Patientin/den Patienten übertragen werden.

(3) In Arztbriefen bei der Entlassung von Pfleglingen genannte Arzneispezialitäten (§ 24 des Krankenanstalten- und Kuranstaltengesetzes, BGBl. Nr. 1/1957, zuletzt geändert durch das Bundesgesetz BGBl. I Nr. 35/2004 und die dazu jeweils ergangenen Ausführungsbestimmungen), zu denen eine Bewilligung für den Einzelfall auf Betreiben der Krankenanstalt vorliegt, unterliegen keiner weiteren Bewilligungspflicht.

Einholung der Bewilligung

§ 7. Die Verordnerin hat für jede beabsichtigte Verschreibung einer Arzneispezialität nach § 6 Abs. 1 eine Bewilligungsanfrage an den für die Patientin/den Patienten leistungszuständigen Sozialversicherungsträger in elektronischer Form unter Verwendung der technischen Infrastruktur der e-card zu übermitteln. Der chef- und kontrollärztliche Dienst der Sozialversicherung hat diese Bewilligungsanfrage in elektronischer Form unter Verwendung der technischen Infrastruktur der e-card zu beantworten.

Technische Anforderungen

§ 8. Die technischen Anforderungen für die elektronische Kommunikation nach § 7 sind vom Hauptverband bis 31. März 2005 der Österreichischen Ärztekammer bekannt zu geben und im Internet zu veröffentlichen. Darin sind unter Einhaltung der datenschutzrechtlichen Bestimmungen insbesondere Angaben zu treffen über

1. die technischen Anforderungen;
2. die notwendige EDV-Ausstattung der Verordnerin;
3. die Spezifikation der Verbindung zur vorgesehenen Kommunikationsinfrastruktur;
4. die Spezifikation der notwendigen Software;
5. die Beschreibung des spezifikationskonformen Mechanismus (Schnittstelle) zur Antragsübermittlung;
6. die Beschreibung des spezifikationskonformen Mechanismus (Schnittstelle) zur asynchronen Rückmeldung;
7. die Art der Verschlüsselung der Daten zur Wahrung des Datenschutzes;
8. die Authentifizierung der Kommunikationspartner und Kommunikationspartnerinnen;
9. die Organisation der Stamm- und Berechtigungsdaten der Kommunikationspartner und Kommunikationspartnerinnen.

Organisatorische Anforderungen

§ 9. (1) Bewilligungsanfragen sind durch den chef- und kontrollärztlichen Dienst der Sozialversicherungsträger im Regelfall innerhalb von 30 Minuten zu beantworten. Mit jeder weiteren Übermittlung der Verordnerin an den chef- und kontrollärztlichen Dienst zum jeweiligen Einzelfall, beginnt diese Zeitspanne neu zu laufen.

(2) Der chef- und kontrollärztliche Dienst der Sozialversicherungsträger hat jede Antwort, insbesondere die Bewilligung oder die Ablehnung, im Regelfall binnen 30 Minuten zu übermitteln, wenn die Bewilligungsanfrage an Werktagen einlangt und zwar

1. jeweils von Montag bis Freitag zwischen 7:00 Uhr und 19:30 Uhr und

2. an Samstagen zwischen 8:00 Uhr und 12:30 Uhr.

(3) Eine außerhalb der Zeitspannen nach Abs. 2 einlangende Bewilligungsanfrage gilt mit dem Beginn der jeweils nächstfolgenden Zeitspanne nach Abs. 2 Z 1 oder 2 als eingelangt.

(4) Die Sozialversicherungsträger haben die Anzahl jener Fälle, in denen auf eine Übermittlung der Verordnerin nicht innerhalb von 30 Minuten nach deren Einlangen (Abs. 2 und 3) geantwortet wurde, samt Angabe der dafür im Wesentlichen ursächlichen Gründe bis zum 30. September bzw. 31. März für das jeweils vorangegangene Kalenderhalbjahr elektronisch an den Hauptverband und das Bundesministerium für Gesundheit und Frauen zu übermitteln.

(5) Sonderfälle über die Verschreibung und die Abgabe von Arzneispezialitäten in Notfällen fallen nicht in den Regelungsbereich dieser Verordnung; die diesbezüglichen Vereinbarungen (z.B. „per.vit.") bleiben unberührt.

Zielvereinbarung zwischen Gesamtvertragspartnern

§ 10. (1) Gesamtvertragspartner nach § 341 ASVG können für die vom Gesamtvertrag erfassten Einzelvertragspartner und Einzelvertragspartnerinnen eine Vereinbarung über die Verschreibung von Arzneispezialitäten nach § 6 Abs. 1 (Arzneispezialitäten, die grundsätzlich der ärztlichen Bewilligung durch den chef- und kontrollärztlichen Dienst der Sozialversicherung unterliegen) ohne Einholung von ärztlichen Bewilligungen durch den chef- und kontrollärztlichen Dienst schließen. Die besonderen Dokumentationspflichten betreffend Arzneispezialitäten nach § 1 Abs. 2 bleiben davon unberührt. Die Vereinbarung kann für einen Geltungszeitraum von bis zu zwei Jahren abgeschlossen und im Einvernehmen der Gesamtvertragspartner immer nur befristet bis zur Dauer von jeweils zwei Jahren verlängert werden, wenn auf Grund des Inhaltes und einer rechtzeitig vor dem Auslaufen durchzuführenden Evaluierung der Vereinbarung zu erwarten ist, dass die Ziele nach Abs. 3 erreicht werden.

(2) Eine Vereinbarung nach Abs. 1 hat grundsätzlich sicherzustellen, dass

1. der Entfall der Bewilligung (§ 6 Abs. 1) zu keiner Kostensteigerung bei den von den Einzelvertragspartnern und Einzelvertragspartnerinnen verschriebenen Arzneispezialitäten führt, die nicht auch bei Bewilligungspflicht eingetreten wäre;
2. der Generika-Anteil steigt und
3. Arzneispezialitäten außerhalb des grünen Bereiches des Erstattungskodex nur dann verschrieben werden, wenn diese im konkreten Behandlungsfall zur Erreichung des Behandlungszieles unbedingt notwendig sind und es keine Alternative aus dem grünen Bereich gibt; dies ist von den Einzelvertragspartnern und Einzelvertragspartnerinnen zu dokumentieren und vom chef- und kontrollärztlichen Dienst der Sozialversicherung zu kontrollieren.

(3) Zur Erreichung der in Abs. 2 angeführten Grundsätze und zur Dämpfung der Gesamtentwicklung der jährlichen Heilmittelkostensteigerung haben Vereinbarungen nach Abs. 1 insbesondere zu enthalten:

1. gemeinsame kalenderjährliche Ziele der Gesamtvertragspartner über die Erhöhung des Generika-Anteils und über die Gesamtentwicklung der Kosten der von den Einzelvertragspartnern und Einzelvertragspartnerinnen verschriebenen Arzneispezialitäten; dabei ist entsprechend zu berücksichtigen, dass die jährlichen Heilmittelkosten des Sozialversicherungsträgers insgesamt beginnend mit dem Jahr 2005 kontinuierlich 104 % der Heilmittelkosten des jeweiligen Vorjahres nicht übersteigen sollen;
2. auf Basis der nach Z 1 vereinbarten Ziele kalenderjahrbezogene Zielwerte für die Einzelvertragspartner und Einzelvertragspartnerinnen, die insbesondere auf einem oder mehreren der folgenden Parameter zu beruhen haben und jeweils im Vergleich zum jeweiligen vorangegangenen Kalenderjahr zu sehen sind:
   a) die Gesamtanzahl der Verschreibungen;
   b) die Gesamtanzahl der Verschreibungen bestimmter Arzneispezialitäten oder bestimmter Gruppen von Arzneispezialitäten;
   c) der Durchschnitt der verursachten Heilmittelkosten pro Verschreibung;
   d) der Durchschnitt der verursachten Heilmittelkosten pro Behandlungsfall;
   e) das Verhältnis der Verschreibungen von Arzneispezialitäten außerhalb des grünen Bereiches des Erstattungskodex zur Gesamtmenge der verschriebenen Arzneispezialitäten;
3. die zeitnahe statistische Information der Einzelvertragspartner und Einzelvertragspartnerinnen über ihr individuelles Verschreibeverhalten im Zusammenhang mit den Zielwerten nach Z 2 und die dadurch verursachten Heilmittelkosten;
4. ein freiwilliges – nach Möglichkeit EDV-unterstütztes – Selbstmonitoring/Controlling der Einzelvertragspartner und Einzelvertragspartnerinnen betreffend die Verschreibefrequenzen von Arzneispezialitäten des Erstattungskodex und die Erreichbarkeit der Zielwerte nach Z 2;
5. die Dokumentation und Kontrolle der Verschreibungen jener Arzneispezialitäten, die nicht im grünen Bereich des Erstattungskodex angeführt sind;
6. die gemeinsame quartalsweise Evaluierung der Ziele nach Z 1 und Z 2 durch die Gesamtvertragspartner sowie die Verpflichtung zu

gegensteuernden Maßnahmen, wenn eine Zielverfehlung absehbar ist;

7. eine finanzielle Haftung (Ersatz des Mehraufwandes an den Krankenversicherungsträger) für jene Einzelvertragspartner und Einzelvertragspartnerinnen, die ihre Zielwerte verfehlen; das Ausmaß der Haftung darf jeweils das Ausmaß der Heilmittelkosten, die auf die Überschreitung des nach Z 2 für das entsprechende Kalenderjahr vereinbarten Zieles entfallen, nicht überschreiten.

(4) Werden die Ziele nach Abs. 3 Z 1 erreicht, kann die Verwendung des Betrages, der auf die Unterschreitung eines Kostenzielwertes (Abs. 3 Z 1 zweiter Satz) von 103,5 % entfällt, von den Gesamtvertragspartnern vereinbart werden.

(5) Während der Geltung einer Vereinbarung nach Abs. 1 sind die Regeln über die Einholung einer ärztlichen Bewilligung des chef- und kontrollärztlichen Dienstes auf die vom Gesamtvertrag erfassten Einzelvertragspartner und Einzelvertragspartnerinnen nicht anzuwenden. Eine der einzelnen Verordnerin vom Krankenversicherungsträger auferlegte Bewilligungspflicht wegen Verletzung der Dokumentationspflichten nach § 350 ASVG bleibt jedoch unberührt.

(6) Eine Vereinbarung nach Abs. 1 kann längstens bis zum 30. November 2005 abgeschlossen werden; sie muss bis spätestens 1. Dezember 2005 in Kraft treten.

Übergangsbestimmungen

§ 11. (1) Die Notwendigkeit von Übergangsbestimmungen (§§ 12 bis 16) zum Vollzug der Anordnung nach § 350 Abs. 3 ASVG, wonach die Patientinnen und Patienten nach dem 31. Dezember 2004 nicht mehr mit der Einholung von Bewilligungen für auf Kosten der Sozialversicherung verschriebene Arzneispezialitäten belastet werden dürfen, ist dadurch bedingt, dass zum 1. Jänner 2005 die Kommunikation nach § 7 mangels Verfügbarkeit der technischen Infrastruktur der e-card nicht möglich ist. Eine Rahmenvereinbarung nach § 609 Abs. 9 ASVG zwischen dem Hauptverband und der Österreichischen Ärztekammer ist bis 31. März 2004 nicht zustandegekommen. Eine solche Rahmenvereinbarung ist auch bis zum In-Kraft-Treten dieser Verordnung nicht abgeschlossen worden. Eine Rahmenvereinbarung nach § 609 Abs. 9 ASVG und ihre Übernahme in die Gesamtverträge kann daher erst nach dem Außer-Kraft-Treten der Verordnung wirksam werden.

(2) Zur Wahrung des finanziellen Gleichgewichtes des Systems der sozialen Sicherheit sollen die Heilmittelkosten in den Jahren 2004 bis 2006 jeweils 103 bis 104 % der Kosten des jeweiligen Vorjahres nicht übersteigen. Die Einzelvertragspartner und Einzelvertragspartnerinnen sollen dieses Ziel und die Verhinderung einer darüber hinaus gehenden Steigerung der Heilmittelkosten insbesondere im Übergangszeitraum durch ihr Verschreibeverhalten in Orientierung an der Zahl der Verschreibungen und den verursachten Kosten in den Jahren 2003 und 2004 unterstützen.

Dokumentation und Kontrolle von Arzneispezialitäten des gelben und roten Bereiches

§ 12. (1) Im Übergangszeitraum bis zum Zeitpunkt der Verfügbarkeit der technischen Infrastruktur der e-card (Kommunikation nach § 7) oder bis zum In-Kraft-Treten einer Vereinbarung nach § 10 wird die ärztliche Bewilligung durch den chef- und kontrollärztlichen Dienst der Sozialversicherungsträger für Arzneispezialitäten des gelben – ausgenommen Arzneispezialitäten nach § 1 Abs. 2 – und des roten Bereiches des Erstattungskodex durch eine nachfolgende Kontrolle einer Dokumentation nach Maßgabe der folgenden Bestimmungen ersetzt.

(2) Während des Übergangszeitraumes kann jede Verschreibung einer Arzneispezialität nach Abs. 1 auf Kosten der Sozialversicherung nur nach Anfertigung einer besonderen Dokumentation über die Auswahl und Verschreibung erfolgen. Der Hauptverband hat die in entsprechender Anwendung des § 4 Abs. 5 zulässigen Formen der Dokumentation einheitlich festzulegen und an die Österreichische Ärztekammer zu übermitteln. Die obligatorisch zu dokumentierenden Informationen bei erstmaliger Verschreibung im Behandlungsfall sind zu gliedern in

1. die Begründung, warum nicht eine oder mehrere Arzneispezialitäten aus dem grünen Bereich des Erstattungskodex im gegebenen Behandlungsfall therapeutisch gleichwertig sind und warum bei Verfügbarkeit einer oder mehrerer therapeutisch gleichwertiger Arzneispezialitäten aus dem grünen Bereich eine Arzneispezialität aus dem gelben Bereich des Erstattungskodex verschrieben wird;
2. die Begründung, warum – bei Verschreibung einer Arzneispezialität aus dem roten Bereich des Erstattungskodex – nicht eine oder mehrere Arzneispezialitäten aus dem grünen oder gelben Bereich des Erstattungskodex im gegebenen Behandlungsfall therapeutisch gleichwertig sind und warum bei Verfügbarkeit einer oder mehrerer therapeutisch gleichwertiger Arzneispezialitäten aus dem grünen oder gelben Bereich eine Arzneispezialität aus dem roten Bereich des Erstattungskodex verschrieben wird;
3. die Rezeptdaten;
4. die Diagnosestellung im Volltext oder auf Basis einer softwaregesteuerten Codierung;
5. die Anamnese- und Vorbehandlungsdaten sowie die Ergebnisse der medizinischen Befunde, soweit diese Daten nach den Z 1 bis 4 relevant sind. Der Verweis auf die ärztlichen Patienten-/Patientinnen- und Behandlungsdaten ist zulässig. Diesfalls sind diese Daten und die Befunde integrierender Bestandteil der Dokumentation.

(3) § 4 Abs. 4 und 5 ist entsprechend anzuwenden.

(4) Die Verschreibung und die Dokumentation unterliegen der nachfolgenden Kontrolle durch den chef- und kontrollärztlichen Dienst der Sozialversicherungsträger. § 5 ist entsprechend anzuwenden mit der Maßgabe, dass an die Stelle der Arzneispezialitäten nach § 1 Abs. 2 bzw. der Arzneispezialitäten des gelben Bereiches jeweils die Arzneispezialitäten nach Abs. 1 treten.

Vereinbarung über die Bewilligungskommunikation per Fax

§ 13. Gesamtvertragspartner nach § 341 ASVG können für vom Gesamtvertrag erfasste Einzelvertragspartner und Einzelvertragspartnerinnen eine Vereinbarung über die Bewilligungskommunikation per Fax im Übergangszeitraum schließen. Während der Geltung einer solchen Vereinbarung ist § 12 nicht anzuwenden. Die Vereinbarung hat unter entsprechender Anwendung des § 6 vorzusehen, dass die Ver-ordnerin für jede beabsichtigte Verschreibung einer Arzneispezialität nach § 6 Abs. 1 eine Bewilligungsanfrage an den chef- und kontrollärztlichen Dienst des Gesamtvertragspartners unter Einhaltung der datenschutzrechtlichen Bestimmungen per Fax zu übermitteln hat. Die technischen und organisatorischen Rahmenbedingungen für die Übermittlungen per Fax, insbesondere auch für die jeweiligen Antworten des chef- und kontrollärztlichen Dienstes des Gesamtvertragspartners, sind zwischen den Gesamtvertragspartnern zu vereinbaren.

Vereinbarung betreffend Arzneispezialitäten, die nicht im Erstattungskodex angeführt sind

§ 14. (1) Arzneispezialitäten, die nicht im Erstattungskodex angeführt sind, dürfen auf Kosten der Sozialversicherung nicht verschrieben werden, außer es liegt ein begründeter Einzelfall vor, in dem die Behandlung mit einer solchen Arzneispezialität aus zwingenden therapeutischen Gründen notwendig ist und deshalb eine Arzneispezialität aus dem Erstattungskodex zur Krankenbehandlung überhaupt nicht zur Verfügung steht.

(2) Gesamtvertragspartner nach § 341 ASVG haben für die vom Gesamtvertrag erfassten Einzelvertragspartner und Einzelvertragspartnerinnen eine Vereinbarung über die Verschreibung von Arzneispezialitäten, die nicht im Erstattungskodex angeführt sind, während des Übergangszeitraumes zu schließen.

Kommunikation im Übergangszeitraum

§ 15. Wurde einer Verordnerin nach den §§ 5 Abs. 5 oder 12 Abs. 3 die Bewilligungspflicht für Arzneispezialitäten auferlegt, kann im Übergangszeitraum die Bewilligungsskommunikation zwischen der Verordnerin und dem Sozialversicherungsträger unter Einhaltung der datenschutzrechtlichen Bestimmungen durch Fax-Übermittlung stattfinden. Liegt eine Vereinbarung über die Bewilligungskommunikation nach § 14 Abs. 2 nicht vor, sind die technischen und organisatorischen Rahmenbedingungen für die Kommunikation per Fax der betroffenen Verordnerin vom Sozialversicherungsträger mit der Auferlegung der Bewilligungspflicht bekannt zu geben.

Kontrollplan

§ 16. Die Krankenversicherungsträger haben dem Hauptverband bis 31. Jänner 2005 einen Kontrollplan vorzulegen. Der Kontrollplan hat insbesondere Aufschluss zu geben über die Durchführung der Kontrollen nach § 5, § 12 und § 14 Abs. 2 durch Darstellung eines voraussichtlichen Mengengerüstes betreffend die zu kontrollierenden Verordnerinnen.

Schlussbestimmung

§ 17. Die §§ 4 bis 7, 9 und 12 treten mit 1. Jänner 2005 in Kraft.

Schwerarbeitsverordnung

Schwerarbeitsverordnung, BGBl II 2006/104 idF

1 BGBl II 2013/201

GLIEDERUNG

Verordnung der Bundesministerin für soziale Sicherheit, Generationen und Konsumentenschutz über besonders belastende Berufstätigkeiten (Schwerarbeitsverordnung)

Auf Grund

1. des § 607 Abs. 14 des Allgemeinen Sozialversicherungsgesetzes (ASVG), BGBl. Nr. 189/1955, zuletzt geändert durch das Bundesgesetz BGBl. I Nr. 155/2005;
2. des § 298 Abs. 13a des Gewerblichen Sozialversicherungsgesetzes (GSVG), BGBl. Nr. 560/1978, zuletzt geändert durch das Bundesgesetz BGBl. I Nr. 155/2005;
3. des § 287 Abs. 13a des Bauern-Sozialversicherungsgesetzes (BSVG), BGBl. Nr. 559/1978, zu letzt geändert durch das Bundesgesetz BGBl. I Nr. 155/2005;
4. des § 4 Abs. 4 des Allgemeinen Pensionsgesetzes (APG), BGBl. I Nr. 142/2004, zuletzt geändert durch das Bundesgesetz BGBl. I Nr. 132/2005,

wird mit Zustimmung der Bundesregierung verordnet:

Besonders belastende Berufstätigkeiten

§ 1. (1) Als Tätigkeiten, die unter körperlich oder psychisch besonders belastenden Bedingungen er bracht werden, gelten alle Tätigkeiten, die geleistet werden

1. in Schicht- oder Wechseldienst auch während der Nacht (unregelmäßige Nachtarbeit), das heißt zwischen 22 Uhr und 6 Uhr, jeweils im Ausmaß von mindestens sechs Stunden und zumindest an sechs Arbeitstagen im Kalendermonat, sofern nicht in diese Arbeitszeit überwiegend Arbeitsbereitschaft fällt, oder
2. regelmäßig unter Hitze oder Kälte im Sinne des Art. VII Abs. 2 Z 2 und 3 des Nachtschwerarbeitsgesetzes (NSchG), BGBl. Nr. 354/1981, oder
3. unter chemischen oder physikalischen Einflüssen im Sinne des Art. VII Abs. 2 Z 5, 6 und 8 NSchG oder
4. als schwere körperliche Arbeit, die dann vorliegt, wenn bei einer achtstündigen Arbeitszeit von Männern mindestens 8 374 Arbeitskilojoule (2 000 Arbeitskilokalorien) und von Frauen mindestens 5 862 Arbeitskilojoule (1 400 Arbeitskilokalorien) verbraucht werden, oder
5. zur berufsbedingten Pflege von erkrankten oder behinderten Menschen mit besonderem Behandlungs- oder Pflegebedarf, wie beispielsweise in der Hospiz- oder Palliativmedizin, oder
6. trotz Vorliegens einer Minderung der Erwerbsfähigkeit (§ 14 des Behinderteneinstellungsgesetzes, BGBl. Nr. 22/1970) von mindestens 80 %, sofern für die Zeit nach dem 30. Juni 1993 Anspruch auf Pflegegeld zumindest in Höhe der Stufe 3 nach § 5 des Bundespflegegeldgesetzes, BGBl. Nr. 110/1993, oder nach den Bestimmungen der Landespflegegeldgesetze bestanden hat.

(2) Als besonders belastende Berufstätigkeiten gelten jedenfalls auch alle Tätigkeiten, für die ein Nachtschwerarbeits-Beitrag nach Art. XI Abs. 3 NSchG geleistet wurde, ohne dass daraus ein Anspruch auf Sonderruhegeld nach Art. X NSchG entstanden ist,„ sowie alle Tätigkeiten, für die Zuschläge zum Sachbereich Urlaub der Bauarbeiter-Urlaubs- und Abfertigungskasse nach den §§ 21 und 21a des Bauarbeiter-Urlaubs- und Abfertigungsgesetzes, BGBl. Nr. 414/1972, zu entrichten sind.“

(BGBl II 2013/201)

Tätigkeiten unter chemischen oder physikalischen Einflüssen

§ 2. Eine Tätigkeit im Sinne des § 1 Abs. 1 Z 3 gilt nur dann als besonders belastend, wenn dadurch eine Minderung der Erwerbsfähigkeit im Sinne des § 203 ASVG von mindestens 10 % verursacht wurde.

Schwere körperliche Arbeit

§ 3. Ob eine bestimmte Tätigkeit als schwere körperliche Arbeit im Sinne des § 1 Abs. 1 Z 4 gilt, ist nach den in der Anlage zu dieser Verordnung festgeschriebenen Grundsätzen festzustellen.

Schwerarbeitsmonat

§ 4. Ein Schwerarbeitsmonat ist jeder Kalendermonat, in dem eine oder mehrere Tätigkeiten nach § 1 Abs. 1 zumindest in jenem Ausmaß ausgeübt wurden, das einen Versicherungsmonat im Sinne des § 231 Z 1 lit. a ASVG begründet. Arbeitsunterbrechungen bleiben dabei außer Betracht, solange die Pflichtversicherung in der Pensionsversicherung weiter besteht.

Meldung der Schwerarbeitszeiten

§ 5. „(1)“ Die DienstgeberInnen haben dem Träger der Krankenversicherung ab dem 1. Jänner 2007 folgende Daten der bei ihnen beschäftigten männlichen Versicherten, die bereits das 40. Lebensjahr vollendet haben, und weiblichen Versicherten, die bereits das 35. Lebensjahr vollendet haben, gesondert zu melden:

„1. alle im § 1 Abs. 1 genannten Tätigkeiten, die auf das Vorliegen von Schwerarbeit schließen lassen,“

(BGBl II 2013/201)

2. die Namen und Versicherungsnummern jener Personen, die Tätigkeiten nach Z 1 verrichten, und
3. die Dauer der Tätigkeiten nach Z 1.

Die Meldung ist jeweils bis Ende Februar des Kalenderjahres, das der Verrichtung der Tätigkeiten nach Z 1 folgt, unter sinngemäßer Anwendung des § 41 ASVG zu erstatten. Personen, die nach dem GSVG oder FSVG oder BSVG versichert sind, haben die Meldung der Schwerarbeitszeiten ab dem 1. Jänner 2007 in gleicher Weise selbst zu erstatten.

(BGBl II 2013/201)

„(2) Die Bauarbeiter-Urlaubs- und Abfertigungskasse hat alle Tätigkeiten, für die im § 1 Abs. 2 genannte Zuschläge zu entrichten sind, unter sinngemäßer Anwendung des Abs. 1 an den Hauptverband der österreichischen Sozialversicherungsträger zu melden.“

(BGBl II 2013/201)

In-Kraft-Treten

§ 6. „(1)“ Diese Verordnung tritt mit 1. Jänner 2007 in Kraft.

(BGBl II 2013/201)

„(2) § 1 Abs. 2 und § 5 in der Fassung der Verordnung BGBl. II Nr. 201/2013 treten mit 1. September 2013 in Kraft.“

(BGBl II 2013/201)

Anlage

Grundsätze für die Feststellung des Vorliegens einer schweren körperlichen Arbeit im Sinne des § 1 Abs. 1 Z 4

1. Begriffsbestimmung und Kriterien

Schwere körperliche Arbeit setzt eine in Bezug auf die Intensität oder Dauer der Belastung über das normale Kräftepotential hinausgehende Verausgabung von Arbeitskraft voraus, bei der die gesamte Körpermuskulatur beansprucht wird.

Kriterien für die Einstufung von beruflichen Tätigkeiten als schwere körperliche Arbeit sind neben der energetischen Belastung sowie der Herz- und Kreislaufbelastung auch die Belastung des passiven und aktiven Stütz- und Bewegungsapparates, also der Knochen und Gelenke sowie der Sehnen und Muskeln.

2. Bewertung von Tätigkeiten als Schwerarbeit nach der energetischen Belastung

2.1. Arbeitsenergieumsatz-Grenzen von 8 374 Kilojoule (2 000 Kilokalorien) pro Tag bei Männern und 5 862 Kilojoule (1 400 Kilokalorien) pro Tag bei Frauen

Der Arbeitsenergieumsatz ergibt sich aus dem Gesamtenergieumsatz pro Arbeitstag abzüglich des Grundenergieumsatzes (differiert vor allem in Abhängigkeit vom Körpergewicht), dem Freizeitenergieumsatz (der je nach Freizeit-Aktivität unterschiedlich ist) und einem kleinen Anteil für Energieverluste.

Für die Festlegung der Schwerarbeits-Grenze ist die Lage der „Energetischen Dauerleistungsgrenze“, die mit dem Tages-Arbeitsenergieumsatz gleichzusetzen ist, von Bedeutung. Sie liegt für Männer bei 8 374 Kilojoule (2 000 Kilokalorien) pro Tag, für Frauen bei 5 862 Kilojoule (1 400 Kilokalorien) pro Tag (gerundete Durchschnittswerte).

2.2. Einstufung von beruflichen Tätigkeiten als schwere körperliche Arbeit

Die Einstufung von beruflichen Tätigkeiten als „energetische Schwerarbeit“ erfolgt nach folgenden Grundsätzen:

Die Arbeitsenergieumsatz-Richtwerte werden nach arbeitsmedizinischen Standards ermittelt. Auf dieser Grundlage werden Tätigkeitsbeschreibungen mit ihren Jouleverbrauchswerten erstellt und hinsichtlich ihrer Dimensionen umgerechnet.

Schließlich wird geprüft, ob durch die mit einem bestimmten Beruf verbundenen Tätigkeiten (Tätigkeitsbilder) die vorgegebene Kilojoulegrenze (8 374 bei Männern bzw. 5 862 bei Frauen) pro Tag erreicht oder überschritten wird.

Verordnung zur elektronischen Übermittlung von Daten zum Zwecke der Ermittlung der Höhe der Witwen(Witwer)pension

Verordnung zur elektronischen Übermittlung von Daten für Zwecke der Ermittlung der Höhe der Witwen(Witwer)pension, BGBl II 2010/28

Verordnung des Bundesministers für Finanzen zur elektronischen Übermittlung von Daten für Zwecke der Ermittlung der Höhe der Witwen(Witwer)pension

Auf Grund

1. des § 459c Abs. 3 des Allgemeinen Sozialversicherungsgesetzes (ASVG), zuletzt geändert durch das Bundesgesetz BGBl. I Nr. 83/2009,
2. des § 229d Abs. 3 des Gewerblichen Sozialversicherungsgesetzes (GSVG), zuletzt geändert durch das Bundesgesetz BGBl. I Nr. 83/2009,
3. des § 217b Abs. 3 des Bauern-Sozialversicherungsgesetzes (BSVG), zuletzt geändert durch das Bundesgesetz BGBl. I Nr. 83/2009, und
4. der §§ 1a und 15 Abs. 4 des Pensionsgesetzes 1965 (PG 1965), zuletzt geändert durch das Bundesgesetz BGBl. I Nr. 83/2009

wird, hinsichtlich der Z 1, 2 und 3 im Einvernehmen mit dem Bundesminister für Arbeit, Soziales und Konsumentenschutz, verordnet:

§ 1. (1) Die Anforderung und die Übermittlung der in den §§ 459c Abs. 1 ASVG, 229d Abs. 1 GSVG und 217b Abs. 1 BSVG genannten Daten hat elektronisch im Wege des Hauptverbandes der österreichischen Sozialversicherungsträger zu erfolgen.

(2) Hinsichtlich folgender in § 15 Abs. 4 Z 1 PG 1965 genannten Daten (Erwerbseinkommen) hat die Anforderung und die Übermittlung elektronisch unmittelbar im Wege der BRZ GmbH zu erfolgen:

1. Bruttobezüge (§ 25 EStG 1988) und sonstige Bezüge (§ 67 Abs. 1 bis 8 EStG 1988) der Witwe (des Witwers) in den letzten zwei Kalenderjahren vor dem Zeitpunkt des Todes des (der) Versicherten;
2. Bruttobezüge (§ 25 EStG 1988) und sonstige Bezüge (§ 67 Abs. 1 bis 8 EStG 1988) des (der) Verstorbenen in den letzten vier Kalenderjahren vor dem Zeitpunkt seines (ihres) Todes;
3. Einkünfte aus selbständiger Arbeit (§ 22 EStG 1988) und aus Gewerbebetrieb (§ 23 EStG 1988) der Witwe (des Witwers) in den letzten zwei Kalenderjahren vor dem Zeitpunkt des Todes des (der) Versicherten;
4. Einkünfte aus selbständiger Arbeit (§ 22 EStG 1988) und aus Gewerbebetrieb (§ 23 EStG 1988) des (der) Verstorbenen in den letzten vier Kalenderjahren vor dem Zeitpunkt seines (ihres) Todes.

§ 2. (1) Die Träger der Pensionsversicherung und die Versicherungsanstalt öffentlich Bediensteter haben die Datenübermittlung für die Witwe/den Witwer und die verstorbene Person einzeln anzufordern. Die jeweilige Anforderung hat die Sozialversicherungsnummer, den Familiennamen und den Zeitraum, für den Daten angefordert werden, zu enthalten.

(2) Bei Übereinstimmung der in der Anforderung angegebenen Sozialversicherungsnummer und der ersten fünf Buchstaben des Familiennamens mit den bei den Abgabenbehörden des Bundes gespeicherten Daten haben die Abgabenbehörden des Bundes getrennt nach Dienstgebern die angefragten Daten sowie den Namen und die Adresse des betreffenden Dienstgebers zu übermitteln. Ist den Abgabenbehörden des Bundes die Übermittlung der angefragten Daten nicht möglich, so haben sie einen Hinweis darauf zu geben, warum die Daten nicht übermittelt werden können.

§ 3. Zur Übermittlung der angefragten Daten haben sich die Abgabenbehörden des Bundes der BRZ GmbH zu bedienen (§ 2 Abs. 6 Bundesgesetz über die Bundesrechenzentrum GmbH (BRZ GmbH), BGBl. Nr. 757/1996, in der jeweils geltenden Fassung).

§ 4. Die Anforderung und die Übermittlung der Daten nach § 1 Abs. 1 sind ab dem Ablauf des Tages der Kundmachung der Verordnung, der Daten nach § 1 Abs. 2 ab dem 1. Juli 2010 zulässig.

Verordnung über die Höhe der Kostenvergütung für die Mitwirkung an der Beitragseinhebung von ausländischen Renten

Verordnung über die Höhe der Kostenvergütung für die Mitwirkung an der Beitragseinhebung von ausländischen Renten, BGBl II 2017/23

Verordnung des Bundesministers für Arbeit, Soziales und Konsumentenschutz über die Höhe der Kostenvergütung für die Mitwirkung an der Beitragseinhebung von ausländischen Renten

Auf Grund des § 82 Abs. 1 des Allgemeinen Sozialversicherungsgesetzes (ASVG), BGBl. Nr. 189/1955, zuletzt geändert durch das Bundesgesetz BGBl. I Nr. 75/2016, wird im Einvernehmen mit der Bundesministerin für Gesundheit und Frauen verordnet:

Zur Abgeltung der Kosten für die Mitwirkung an der Beitragseinhebung nach § 73a ASVG ab dem Kalenderjahr 2016 gebührt der Pensionsversicherungsanstalt eine Vergütung in der Höhe von 6,91% der jeweils einbehaltenen und abgeführten Krankenversicherungsbeiträge mit Ausnahme der Zusatzbeiträge.

Verordnung zur Inkraftsetzung von Überweisungsregelungen

Verordnung zur Inkraftsetzung von Überweisungsregelungen nach dem ASVG, BGBl II 2016/260

Verordnung des Bundesministers für Arbeit, Soziales und Konsumentenschutz zur Inkraftsetzung von Überweisungsregelungen nach dem ASVG

Auf Grund der §§ 696 Abs. 1 Z 1 und 697 Z 3 des Allgemeinen Sozialversicherungsgesetzes (ASVG), BGBl. Nr. 189/1955, zuletzt geändert durch das Bundesgesetz BGBl. I Nr. 75/2016, wird verordnet:

Es wird festgestellt, dass die Europäische Kommission den Überweisungsbetrag nach § 311a ASVG nicht als staatliche Beihilfe beurteilt.

Verordnung, mit der die Betriebskrankenkasse Austria Tabak aufgelöst wird

Verordnung, mit der die Betriebskrankenkasse Austria Tabak aufgelöst wird, BGBl II 2016/303

Verordnung der Bundesministerin für Gesundheit und Frauen, mit der die Betriebskrankenkasse Austria Tabak aufgelöst wird

Aufgrund des § 23 Abs. 3 des Allgemeinen Sozialversicherungsgesetzes (ASVG), BGBl. Nr. 189/1955, zuletzt geändert durch das Bundesgesetz BGBl. I Nr. 75/2016, wird verordnet:

§ 1. Die Betriebskrankenkasse Austria Tabak gilt aufgrund des Antrages der Generalversammlung der Betriebskrankenkasse vom 3. November 2015 mit Ablauf des 31. Dezember 2016 als aufgelöst, wobei die Rechtsfähigkeit der Betriebskrankenkasse und die Beschlussfähigkeit ihrer Organe ausschließlich zur Durchführung der Abschlussarbeiten (Erstellung des Jahresabschlusses 2016) und der Übertragung des Vermögens bis 30. Juni 2017 aufrecht bleiben.

§ 2. (1) Das zum Stichtag 31. Mai 2017 vorhandene Vermögen und die Verbindlichkeiten der Betriebskrankenkasse Austria Tabak, abzüglich des in Abs. 3 Z 2 genannten Betrages, gehen mit 1. Juni 2017 auf die Niederösterreichische Gebietskrankenkasse über.

(2) Die Niederösterreichische Gebietskrankenkasse hat das übernommene Netto-Finanzvermögen entsprechend einem Verteilungsschlüssel an die übrigen Gebietskrankenkassen bis zum 31. August 2017 zu überweisen. Der diesbezügliche Verteilungsschlüssel ist vom Hauptverband der österreichischen Sozialversicherungsträger unter Einbeziehung der Gebietskrankenkassen auf Grundlage der Zahl der zum 31. Dezember 2016 bei der Betriebskrankenkasse Austria Tabak versicherten Pensionistinnen und Pensionisten zu erstellen.

(3) Unter der Voraussetzung, dass die Austria Tabak GmbH zum Zweck der Aufrechterhaltung des für die Versicherten und deren anspruchsberechtigten Angehörigen der Betriebskrankenkasse Austria Tabak zum Zeitpunkt der Auflösung bestehenden Leistungsniveaus

1. bis längstens 31. Jänner 2017 eine „Privatstiftung zur Förderung der Gesundheit von Beschäftigten der Austria Tabak GmbH“ gründet,
2. dieser ein Vermögen in Höhe von insgesamt 3,2 Millionen Euro widmet und bis längstens 31. Mai 2017 diesen Betrag tatsächlich einzahlt,

sind dieser Stiftung von der Betriebskrankenkasse Austria Tabak weiters 12% ihres im Jahresabschluss 2016 ausgewiesenen Reinvermögens zu widmen.

(4) Im Falle der Auflösung der Stiftung ist das nach der Abwicklung verbleibende Vermögen nach dem in Abs. 2 vorgesehenen Verteilungsschlüssel auf die Gebietskrankenkassen aufzuteilen. Sind keine aus der Stiftung begünstigten Personen mehr vorhanden, so ist die Stiftung jedenfalls aufzulösen. Eine Vertreterin/Ein Vertreter der Niederösterreichischen Gebietskrankenkasse ist in den Vorstand der Stiftung aufzunehmen. Der jährlich zu erstellende Rechnungsabschluss dieser Stiftung ist der Niederösterreichischen Gebietskrankenkasse zu übermitteln.

§ 3. Bezüglich des im § 2 Abs. 1 verfügten Vermögensüberganges auf die Niederösterreichische Gebietskrankenkasse wird Folgendes festgelegt:

1. Der Jahresbericht für das Geschäftsjahr 2016 der Betriebskrankenkasse Austria Tabak ist von dieser zu erstellen und neben den in den Rechnungsvorschriften genannten Stellen auch der Niederösterreichischen Gebietskrankenkasse bis zum 31. Mai 2017 vorzulegen. Das vorhandene Vermögen sowie die Verbindlichkeiten sind im Anschluss daran unverzüglich der Niederösterreichischen Gebietskrankenkasse zu übertragen. Alle Schriften, Bücher und Akten der Betriebskrankenkasse Austria Tabak sind nach der Erstellung des Jahresberichtes der Niederösterreichischen Gebietskrankenkasse zu übergeben.
2. Die Niederösterreichische Gebietskrankenkasse hat
   a) zur Nachweisung der Übernahme des Vermögens der Betriebskrankenkasse Austria Tabak dieses (Aktiva/Passiva) in geeigneten Aufzeichnungen gesondert zu erfassen; abweichende Zuordnungen von Aktiva und Passiva in der Vermögensrechnung sind näher zu begründen;
   b) in ihrer Schlussbilanz zum 31. Dezember 2017 in der Einzelnachweisung zu den Posten allgemeine Rücklage, Leistungssicherungsrücklage und Unterstützungsfonds die übernommenen Vermögensteile jeweils gesondert als „Vermögensübertragung“ anzugeben;
   c) in ihrem Geschäftsbericht für das Jahr 2017 jedenfalls über das übernommene Vermögen (Aktiva/Passiva) sowie über den zum 1. Jänner 2017 übernommenen Versichertenstand näher zu berichten;
   d) die Aufbewahrungsfristen nach § 58 der Weisungen für die Rechnungslegung und Rechnungsführung der Sozialversicherungsträger und des Hauptverbandes (Rechnungsvorschriften – RV) hinsicht-

lich aller übernommenen Bücher, Aufzeichnungen und sonstigen Unterlagen zu beachten.

§ 4. Die Versicherungszugehörigkeit und -zuständigkeit sowie die Leistungszugehörigkeit und -zuständigkeit bezüglich der zum Stichtag 31. Dezember 2016 bei der Betriebskrankenkasse Austria Tabak versicherten Personen und ihrer anspruchsberechtigten Angehörigen gehen mit 1. Jänner 2017 auf die örtlich zuständige Gebietskrankenkasse über. Für die Versicherten und deren anspruchsberechtigte Angehörige gelten ab 1. Jänner 2017 - unbeschadet des § 2 Abs. 3 - die Vorschriften (Satzungen, Krankenordnungen etc.) der jeweiligen Gebietskrankenkasse. Dies gilt auch für Angelegenheiten aus dem Versicherungs-, Leistungs- und Beitragsrecht, die den Zeitraum vor dem 1. Jänner 2017 umfassen.

Entgeltfortzahlungs-Zuschuss- und Differenzvergütungs-Verordnung

Entgeltfortzahlungs-Zuschuss- und Differenzvergütungs-Verordnung, BGBl II 2018/146

GLIEDERUNG

Verordnung der Bundesministerin für Arbeit, Soziales, Gesundheit und Konsumentenschutz über Zuschüsse der Allgemeinen Unfallversicherungsanstalt und der Versicherungsanstalt für Eisenbahnen und Bergbau an Dienstgeber/innen für Entgeltfortzahlung und Differenzvergütung (Entgeltfortzahlungs-Zuschuss- und Differenzvergütungs-Verordnung – EFZ-DV-VO)

Auf Grund des § 53b Abs. 6 des Allgemeinen Sozialversicherungsgesetzes (ASVG), BGBl. Nr. 189/1955, zuletzt geändert durch die Bundesgesetze BGBl. I Nr. 151/2017 und Nr. 164/2017 sowie durch die Kundmachung BGBl. I Nr. 2/2018 wird im Einvernehmen mit der Bundesministerin für Digitalisierung und Wirtschaftsstandort verordnet:

Gegenstand

§ 1. Diese Verordnung regelt die Gewährung der Zuschüsse nach § 53b Abs. 2 Z 3 ASVG und der Differenzvergütung nach § 53b Abs. 3 ASVG und deren Abwicklung.

Anspruchsberechtigter Dienstgeber/innen/kreis

§ 2. (1) Anspruchsberechtigt sind alle Dienstgeber/innen, einschließlich der Dienstgeber/innen von Lehrlingen, die ihren bei der Allgemeinen Unfallversicherungsanstalt oder der Versicherungsanstalt für Eisenbahnen und Bergbau unfallversicherten Dienstnehmer/inne/n Entgeltfortzahlung nach § 3 des Entgeltfortzahlungsgesetzes, BGBl. Nr. 399/1974, in der jeweils geltenden Fassung, oder nach vergleichbaren österreichischen Rechtsvorschriften geleistet haben, soweit diese Dienstnehmer/innen in Unternehmen nach Abs. 2 und 3 beschäftigt werden.

(2) Ein Unternehmen im Sinne des § 53b Abs. 2 Z 1 ASVG ist ein Unternehmen, in dem durchschnittlich nicht mehr als 50 Dienstnehmer/innen nach Abs. 4 beschäftigt werden, wobei der Ermittlung des Durchschnitts das Jahr vor Beginn der jeweiligen Entgeltfortzahlung zu Grunde zu legen ist.

(3) Ein Unternehmen im Sinne des § 53b Abs. 2a ASVG ist ein Unternehmen, in dem durchschnittlich nicht mehr als zehn Dienstnehmer/innen nach Abs. 4 beschäftigt werden, wobei der Ermittlung des Durchschnitts das Jahr vor Beginn der jeweiligen Entgeltfortzahlung zu Grunde zu legen ist.

(4) Als Dienstnehmer/innen im Sinne des Abs. 2 und 3 gelten Dienstnehmer/innen nach § 4 Abs. 2 ASVG, auch wenn sie geringfügig beschäftigt sind, sowie Lehrlinge; alle diese, wenn für sie die Allgemeine Unfallversicherungsanstalt oder die Versicherungsanstalt für Eisenbahnen und Bergbau zur Durchführung der Unfallversicherung zuständig ist.

Antragstellung

§ 3. Die Zuschüsse nach § 53b Abs. 2 Z 3 ASVG und die Differenzvergütung nach § 53b Abs. 3 ASVG werden nur auf Antrag nach Ende der Entgeltfortzahlung gewährt. Der Antrag, der nach Möglichkeit mittels elektronischer Datenfernübertragung zu stellen ist, hat alle für die Gewährung und Abwicklung dieser Leistungen maßgeblichen Daten zu enthalten, und zwar insbesondere:

1. Name und Adresse des Dienstgebers/der Dienstgeberin und seines/ihres Unternehmens (§ 2 Abs. 2 und 3);
2. Name und Versicherungsnummer oder Geburtsdatum des Dienstnehmers/der Dienstnehmerin, aufgrund dessen/deren Arbeitsverhinderung der Zuschuss beantragt wird;
3. Glaubhaftmachung der krankheits- oder unfallbedingten Arbeitsverhinderung nach § 53b Abs. 2 Z 3 und Abs. 3 ASVG;
4. Rechtsgrundlage, Dauer und Höhe der Entgeltfortzahlung sowie Angabe, ob Anspruch auf Sonderzahlung besteht;
5. Beginn des Dienstverhältnisses und Angabe, ob das Arbeitsjahr im Sinne des § 4 Abs. 2 das Kalenderjahr ist;

6. Rechtsgrundlage für den Anspruch auf Differenzvergütung im Sinne des § 53b Abs. 3 ASVG.

Höhe der Zuschüsse für Unternehmen, in denen durchschnittlich nicht mehr als 50 Dienstnehmer/innen beschäftigt werden

§ 4. (1) Die Zuschüsse nach § 53b Abs. 2 Z 3 ASVG betragen 50% zuzüglich eines Zuschlages für die Sonderzahlungen in der Höhe von 8,34% des jeweils tatsächlich fortgezahlten Entgelts (mit Ausnahme der Sonderzahlungen), und zwar

1. bei Arbeitsverhinderung durch Krankheit, sofern die der Entgeltfortzahlung zu Grunde liegende Arbeitsunfähigkeit länger als zehn aufeinanderfolgende Tage gedauert hat, jeweils ab dem elften Tag der Entgeltfortzahlung;
2. bei Arbeitsverhinderung nach Unfällen, sofern die der Entgeltfortzahlung zu Grunde liegende Arbeitsunfähigkeit länger als drei aufeinanderfolgende Tage gedauert hat, jeweils ab dem ersten Tag der Entgeltfortzahlung.

(2) Zuschüsse nach Abs. 1 werden jeweils für höchstens 42 Kalendertage der tatsächlichen Entgeltfortzahlung pro Dienstnehmer/in und Arbeitsjahr (Kalenderjahr) gewährt. Besteht für dieselben Tage der Entgeltfortzahlung sowohl ein Anspruch nach Abs. 1 Z 1 und Z 2, so darf der Zuschuss das im Abs. 1 genannte Ausmaß nicht übersteigen.

(3) Für die Ermittlung der Höhe der Zuschüsse im Sinne des Abs. 1 ist das jeweils tatsächlich fortgezahlte Entgelt bis höchstens zum Eineinhalbfachen der Höchstbeitragsgrundlage nach § 108 Abs. 3 ASVG heranzuziehen. Erfolgt während des Zeitraumes der Entgeltfortzahlungsleistung eine Änderung der Höchstbeitragsgrundlage, so ist für die Deckelung des tatsächlich fortgezahlten täglichen Entgelts die für die jeweiligen Entgeltfortzahlungstage geltende Höchstbeitragsgrundlage heranzuziehen.

Höhe der Zuschüsse für Unternehmen, in denen durchschnittlich nicht mehr als zehn Dienstnehmer/innen beschäftigt werden

§ 5. Für Unternehmen nach § 2 Abs. 3 ist § 4 mit der Maßgabe anzuwenden, dass die Zuschüsse nach § 53b Abs. 2 Z 3 ASVG 75% zuzüglich eines Zuschlages für die Sonderzahlungen in der Höhe von 12,51% des jeweils tatsächlich fortgezahlten Entgelts (mit Ausnahme der Sonderzahlungen) betragen.

Höhe der Differenzvergütung

§ 6. Bei gleichzeitigem Anspruch auf Zuschussleistung nach § 4 oder § 5 gebührt als Differenzvergütung nach § 53b Abs. 3 ASVG das tatsächlich fortgezahlte Entgelt (mit Ausnahme der Sonderzahlungen) zuzüglich eines Zuschlags für die Sonderzahlungen in der Höhe von 16,68% abzüglich des nach § 4 oder § 5 ermittelten Zuschusses.

Rückforderung zu Unrecht erbrachter Leistungen

§ 7. Die Allgemeine Unfallversicherungsanstalt und die Versicherungsanstalt für Eisenbahnen und Bergbau haben zu Unrecht erbrachte Zuschüsse oder Differenvergütungen vom Dienstgeber/von der Dienstgeberin zurückzufordern. Der Versicherungsträger kann bei Vorliegen berücksichtigungswürdiger Umstände, insbesondere in Berücksichtigung der wirtschaftlichen Verhältnisse des Dienstgebers/der Dienstgeberin, auf die Rückforderung ganz oder teilweise verzichten oder die Rückzahlung von zu Unrecht geleisteten Zuschüssen oder Differenzvergütungen in Teilbeträgen zulassen.

Ausschluss der Leistungsgewährung infolge Zeitablaufes

§ 8. Der Antrag auf die Gewährung eines Zuschusses oder einer Differenzvergütung ist bei sonstigem Ausschluss innerhalb von drei Jahren nach dem Beginn des Entgeltfortzahlungsanspruches zu stellen.

Datenübermittlung

§ 9. Die Krankenversicherungsträger haben der Allgemeinen Unfallversicherungsanstalt und der Versicherungsanstalt für Eisenbahnen und Bergbau die zur Durchführung dieser Verordnung erforderlichen Daten elektronisch zu übermitteln.

Schlussbestimmungen

§ 10. (1) Diese Verordnung tritt mit Ablauf des Tages der Kundmachung im Bundesgesetzblatt in Kraft.

(2) Abweichend von Abs. 1 tritt § 5 mit 1. Juli 2018 in Kraft und ist auf Entgeltfortzahlungstage nach dem 30. Juni 2018 anzuwenden.

(3) Mit Inkrafttreten dieser Verordnung tritt die Verordnung BGBl. II Nr. 64/2005 in der Fassung der Verordnung BGBl. II Nr. 109/2013 außer Kraft.

ZahnärztInnen-Reihungskriterien-Verordnung

ZahnärztInnen-Reihungskriterien-Verordnung, BGBl II 2017/378

GLIEDERUNG

Verordnung der Bundesministerin für Gesundheit und Frauen über die Kriterien für die Reihung der zahnärztlichen BewerberInnen um Einzelverträge mit den Krankenversicherungsträgern (ZahnärztInnen-Reihungskriterien-Verordnung)

Auf Grund des § 343 Abs. 1a in Verbindung mit § 343d Abs. 1 Z 1 des Allgemeinen Sozialversicherungsgesetzes (ASVG), BGBl. Nr. 189/1955, zuletzt geändert durch das Bundesgesetz BGBl. I Nr. 151/2017, wird verordnet:

Allgemeine Bestimmungen

§ 1. (1) Die Auswahl der Vertragszahnärztinnen/Vertragszahnärzte, der zahnärztlichen Vertrags-Gruppenpraxen und der Vertragskieferorthopädinnen/Vertragskieferorthopäden hat im Sinne des § 343 Abs. 1 erster Satz in Verbindung mit § 343d ASVG nach den Bestimmungen dieser Verordnung zu erfolgen.

(2) Der Begriff Zahnärztin/Zahnarzt bezieht sich auf alle Angehörigen des zahnärztlichen Berufs und Dentistenberufs im Sinne des Bundesgesetzes über die Ausübung des zahnärztlichen Berufs und des Dentistenberufs, BGBl. I Nr. 126/2005, in der jeweils geltenden Fassung.

Kriterien für die Auswahl der Vertragszahnärztinnen/Vertragszahnärzte und der zahnärztlichen Vertrags-Gruppenpraxen

§ 2. (1) Die Kriterien für die Reihung der BewerberInnen um Einzelverträge mit den Krankenversicherungsträgern sind:

1. die fachliche Eignung, die auf Grund der Berufserfahrung als Zahnärztin/Zahnarzt zu beurteilen ist; dabei sind jedenfalls Tätigkeiten als niedergelassene Zahnärztin/niedergelassener Zahnarzt, als Praxisvertreterin/Praxisvertreter, als Jobsharingpartnerin/Jobsharingpartner sowie als angestellte Zahnärztin/angestellter Zahnarzt zu berücksichtigen; zusätzlich kann eine Tätigkeit als Fachärztin/Facharzt für Mund-, Kiefer- und Gesichtschirurgie nach dem Ärztegesetz 1998, BGBl. I Nr. 169/1998, in der jeweils geltenden Fassung berücksichtigt werden; eine Differenzierung in der Berücksichtigung zwischen diesen und innerhalb dieser Tätigkeiten, insbesondere anhand der Versorgungsintensität und Erfahrung für eine Tätigkeit als Vertragszahnärztin/Vertragszahnarzt kann vorgenommen werden; zusätzlich können Tätigkeiten als Zahnärztin/Zahnarzt im Bereitschaftsdienst/Notdienst berücksichtigt werden;
2. zusätzliche fachliche Qualifikationen, die insbesondere durch Vorlage von Diplomen über die erfolgreiche Absolvierung einer fachlichen Fortbildung, die von der Österreichischen Zahnärztekammer verliehen oder anerkannt werden, nachzuweisen sind;
3. der Zeitpunkt der ersten Eintragung in eine BewerberInnenliste um Einzelverträge nach Erlangung des Rechtes zur selbständigen Berufsausübung als Zahnärztin/Zahnarzt und die allenfalls darauf folgende nach zeitlichen und örtlichen Gesichtspunkten zu beurteilende regelmäßige Bewerbung um Einzelverträge; in Bundesländern, in denen eine derartige BewerberInnenliste bis zum In-Kraft-Treten dieser Verordnung nicht besteht, ist dem Zeitpunkt der ersten Eintragung jener Zeitpunkt gleichzuhalten, zu dem die Bewerberin/der Bewerber die Voraussetzungen für eine Eintragung in die nunmehr zu schaffende BewerberInnenliste erstmals erfüllt hätte.

(2) Als weitere Kriterien für die Reihung können berücksichtigt werden:

1. ein geleisteter Präsenz-, Ausbildungs- oder Zivildienst sowie zurückgelegte Mutterschutzzeiten nach dem Mutterschutzgesetz 1979, BGBl. Nr. 221/1979, in der jeweils geltenden Fassung zurückgelegte Karenzzeiten, auch wenn diese in einem anderen EU-Mitgliedstaat oder EWR-Staat zurückgelegt wurden und Zeiten, für die ein Anspruch auf Kinderbetreuungsgeld oder gleichartige Leistungen für BewerberInnen aus anderen EU-Mitgliedstaaten oder EWR-Staaten besteht;
2. die soziale Förderungswürdigkeit, etwa auf Grund von bestehenden Sorgepflichten für Kinder oder auf Grund von gegenwärtiger Arbeitslosigkeit.

Bewertung

§ 3. (1) Die Bewertung der BewerberInnen hat nach einem Punktesystem in der Weise zu erfolgen, dass für die Erfüllung der Kriterien

- nach § 2 Abs. 1 Z 1 15 bis 35 Punkte,
- nach § 2 Abs. 1 Z 2 fünf bis 15 Punkte,
- nach § 2 Abs. 1 Z 3 höchstens 20 Punkte,
- nach § 2 Abs. 2 Z 1 und 2 jeweils bis fünf Punkte erreicht werden können. Dabei darf der auf Grund der Kriterien nach § 2 Abs. 2 Z 1 und 2 erreichte Anteil an der Gesamtpunktezahl 30% nicht überschreiten.

(2) Der Krankenversicherungsträger und die Landeszahnärztekammer können gemeinsam die Invertragnahme der/des Erstgereihten ablehnen, wenn erhebliche Bedenken bestehen, ob der mit dem Einzelvertrag verbundene Versorgungsauftrag durch diese Bewerberin/diesen Bewerber erfüllt werden kann. Eine Ablehnung ist schriftlich zu begründen.

(3) Sind zwei oder mehrere BewerberInnen erstgereiht, so gilt jene Bewerberin/jener Bewerber als allein erstgereiht, die/der mehr Punkte für die fachliche Qualifikation (Summe der Punkte nach § 2 Abs. 1 Z 1 und 2) erreicht hat. Liegt auch bei der fachlichen Qualifikation Punktegleichstand vor, so ist die Entscheidung über die Vergabe auf Grund eines Hearings der Erstgereihten vor VertreterInnen des Krankenversicherungsträgers und der Landeszahnärztekammer zu treffen. Darüber hinaus kann zwischen Krankenversicherungsträger und Landeszahnärztekammer vereinbart werden, ein Hearing jener BewerberInnen, deren Punktezahl innerhalb einer Bandbreite von 5% der Punktezahl der/des Erstgereihten liegt, durchzuführen.

(4) Ist der Anteil an Vertragszahnärztinnen im regionalen Versorgungsgebiet des ausgeschriebenen Einzelvertrages geringer als der Anteil an Bewerberinnen gemäß der BewerberInnenliste nach § 2 Abs. 1 Z 3, so ist das Hearing nach Abs. 3 mit der/dem (den) nach der fachlichen Qualifikation Erstgereihten und mit jener Bewerberin (jenen Bewerberinnen), die ausschließlich wegen der Bewertung nach § 2 Abs. 1 Z 3 nicht erstgereiht ist (sind), durchzuführen.

(5) Abs. 4 findet keine Anwendung, wenn

1. eine Bewerberin bereits nach Abs. 3 erster Satz allein erstgereiht ist,
2. an einem Hearing der allein Erstgereihten nach Abs. 3 zweiter Satz mindestens gleich viele Bewerberinnen wie Bewerber teilnehmen oder
3. der Anteil der Vertragszahnärztinnen im regionalen Versorgungsgebiet des ausgeschriebenen Einzelvertrages 50% oder mehr beträgt.

(6) Die Anzahl der Bewerberinnen, die für das Hearing auf Grund der Anwendung des Abs. 4 in Betracht kommen, kann dadurch begrenzt werden, dass jeweils nur so viele Bewerberinnen zugelassen werden, als notwendig sind, um das Hearing mit gleich vielen Bewerberinnen wie Bewerbern durchzuführen. Die Zulassung erfolgt in der Reihenfolge, die sich aus der Anwendung aller Kriterien ergibt.

Vertrags-Gruppenpraxen

§ 4. Für die Auswahl von Vertrags-Gruppenpraxen sind die sich jeweils gemeinsam bewerbenden Zahnärztinnen/Zahnärzte als Team zu bewerten, wobei die nach § 2 zu erfüllenden Kriterien auf jede einzelne Gesellschafterin/jeden einzelnen Gesellschafter anzuwenden sind und die Bewertung nach § 3 teambezogen zu erfolgen hat.

Auswahl der Vertragskieferorthopädinnen/Vertragskieferorthopäden

§ 5. Bei Bewerberinnen und Bewerbern um einen Einzelvertrag nach dem „Gesamtvertrag Kieferorthopädie" ist diese Verordnung mit der Maßgabe anzuwenden, dass

1. die auf Grund der Berufserfahrung nach § 2 Abs. 1 Z 1 zu beurteilende fachliche Eignung anhand der folgenden, im Zuge der Bewerbung vorzulegenden Nachweise zu bewerten ist:
   a) 20 in den letzten drei Jahren abgeschlossene Multibracket-Behandlungsfälle, bei denen, bezogen auf all diese Fälle, im Durchschnitt eine Verbesserung um mindestens 70 % bewirkt wurde;
   b) Berufserfahrung als Praxisvertreterin/Praxisvertreter einer Zahnärztin/eines Zahnarztes, die/der einen Einzelvertrag nach dem „Gesamtvertrag Kieferorthopädie" abgeschlossen hat;
   c) Versorgungswirksamkeit in die Zukunft;
   d) Versorgungswirksamkeit in der Vergangenheit in dem auszuschreibenden Versorgungsbereich nach dem zwischen der jeweiligen Landeszahnärztekammer und dem jeweiligen Krankenversicherungsträger vereinbarten Stellenplan;
2. die nach § 2 Abs. 1 Z 2 zu bewertende zusätzliche fachliche Qualifikation bei Erfüllung insbesondere folgender Ausbildungs- und Erfahrungsvoraussetzungen gegeben ist, wobei bei Erfüllung mehrerer Voraussetzungen die mit höherer Punkteanzahl bewertete Qualifikation den Ausschlag gibt:
   a) Habilitation im Bereich der Kieferorthopädie (KFO) oder
   b) Ausbildung zur Fachzahnärztin/zum Fachzahnarzt für Kieferorthopädie innerhalb oder außerhalb der EU oder
   c) dreijährige klinisch-universitäre Ausbildung im Bereich der Kieferorthopädie oder
   d) Nachweis der Befähigung nach den Richtlinien des Austrian Board of Orthodontists (ABO) oder des European Board of Orthodontists (EBO) oder
   e) entsprechende postgraduale Ausbildung in der Kieferorthopädie (zB MSc) oder Fortbildungsnachweis (zahnärztliches Fortbildungsdiplom „Kieferorthopädie"

der Österreichischen Zahnärztekammer) oder gleichwertige Weiterbildung innerhalb oder außerhalb der EU;

3. für die Beurteilung des Kriteriums nach § 2 Abs. 1 Z 3 der Zeitpunkt der ersten Eintragung in die Bewerber/innen/liste der jeweiligen Landeszahnärztekammer maßgeblich ist. Voraussetzung für die Aufnahme in die Bewerber/innen/liste ist über das Recht zur selbständigen Berufsausübung als Zahnärztin/Zahnarzt hinaus das Vorliegen einer der in Z 2 angeführten Qualifikationen. In Bundesländern, in denen eine derartige BewerberInnenliste bis zum In-Kraft-Treten dieser Verordnung nicht besteht, ist dem Zeitpunkt der ersten Eintragung jener Zeitpunkt gleichzuhalten, zu dem die Bewerberin/der Bewerber die Voraussetzungen für eine Eintragung in die nunmehr zu schaffende BewerberInnenliste erstmals erfüllt hätte.

Veröffentlichung der Entscheidung

§ 6. Die Entscheidung zu Gunsten einer Bewerberin/eines Bewerbers ist nach erfolgter Beschlussfassung durch den Krankenversicherungsträger und die Landeszahnärztekammer im offiziellen Publikationsorgan der Landeszahnärztekammer, in jenen Bundesländern, in denen ein offizielles Publikationsorgan der Landeszahnärztekammer nicht existiert, in jenem der Österreichischen Zahnärztekammer sowie im Internet zu veröffentlichen.

In-Kraft-Treten

§ 7. (1) Diese Verordnung tritt mit 1. Jänner 2018 in Kraft und ist auf Ausschreibungen von Einzelverträgen anzuwenden, die ab diesem Tag erfolgen.

(2) Am 31. Dezember 2017 bestehende Reihungsrichtlinien sind abweichend von Abs. 1 weiterhin anzuwenden, wenn und solange zwischen den jeweiligen zuständigen Krankenversicherungsträgern und Landeszahnärztekammern nichts anderes vereinbart wird, längstens jedoch bis zum Ablauf des 1. Juli 2018.

(3) Auswahlverfahren sind auf Grund der Reihungsrichtlinien zu entscheiden, die zum Zeitpunkt der Ausschreibung des Einzelvertrages gegolten haben.

ÄrztInnen-Reihungskriterien-Verordnung

ÄrztInnen-Reihungskriterien-Verordnung, BGBl II 2017/379

GLIEDERUNG

Verordnung der Bundesministerin für Gesundheit und Frauen über die Kriterien für die Reihung der ärztlichen BewerberInnen um Einzelverträge mit den Krankenversicherungsträgern (ÄrztInnen-Reihungskriterien-Verordnung)

Auf Grund des § 343 Abs. 1a des Allgemeinen Sozialversicherungsgesetzes, BGBl. Nr. 189/1955, zuletzt geändert durch das Bundesgesetz BGBl. I Nr. 151/2017, wird verordnet:

Auswahl der Vertragsärztinnen/Vertragsärzte

§ 1. Die Auswahl der Vertragsärztinnen/Vertragsärzte und der Vertrags-Gruppenpraxen hat im Sinne des § 343 Abs. 1 erster Satz ASVG nach den im § 2 genannten Reihungskriterien zu erfolgen.

Reihungskriterien

§ 2. (1) Die Kriterien für die Reihung der BewerberInnen um Einzelverträge mit den Krankenversicherungsträgern sind:

1. die fachliche Eignung, die auf Grund der Berufserfahrung als Ärztin/Arzt zu beurteilen ist; dabei sind jedenfalls Tätigkeiten als niedergelassene Ärztin/niedergelassener Arzt, als Praxisvertreterin/Praxisvertreter sowie als angestellte Ärztin/angestellter Arzt zu berücksichtigen; eine Differenzierung in der Berücksichtigung zwischen diesen und innerhalb dieser Tätigkeiten, insbesondere anhand der Versorgungsintensität und Erfahrung für eine Tätigkeit als Vertragsärztin/Vertragsarzt, kann vorgenommen werden; zusätzlich können Tätigkeiten als Notärztin/Notarzt oder als Ärztin/Arzt im Bereitschaftsdienst oder eine Tätigkeit im Rahmen einer Lehrpraxis berücksichtigt werden;
2. zusätzliche fachliche Qualifikationen, die insbesondere durch Vorlage von Diplomen über die erfolgreiche Absolvierung einer fachlichen Fortbildung, die von der Österreichischen Ärztekammer verliehen oder anerkannt werden, nachzuweisen sind;
3. der Zeitpunkt der ersten Eintragung in eine BewerberInnenliste um Einzelverträge nach Erlangung des Rechtes zur selbständigen Berufsausübung als Ärztin/Arzt für Allgemeinmedizin bzw. als Fachärztin/Facharzt und die allenfalls darauf folgende nach zeitlichen und örtlichen Gesichtspunkten zu beurteilende regelmäßige Bewerbung um Einzelverträge; in Bundesländern, in denen eine derartige BewerberInnenliste bis zum In-Kraft-Treten dieser Verordnung nicht besteht, ist dem Zeitpunkt der ersten Eintragung jener Zeitpunkt gleichzuhalten, zu dem die Bewerberin/der Bewerber die Voraussetzungen für eine Eintragung in die nunmehr zu schaffende BewerberInnenliste erstmals erfüllt hätte;
4. bei im Sonderfach „Frauenheilkunde und Geburtshilfe" ausgeschriebenen Einzelverträgen die durch das weibliche Geschlecht zusätzlich vermittelbare besondere Vertrauenswürdigkeit.

(2) Abs. 1 Z 4 findet keine Anwendung, wenn im Zeitpunkt der Ausschreibung des Einzelvertrages der Anteil der Vertragsärztinnen im Sonderfach „Frauenheilkunde und Geburtshilfe" im regionalen Versorgungsgebiet 50% oder mehr beträgt.

(3) Als weitere Kriterien für die Reihung können berücksichtigt werden:

1. ein geleisteter Präsenz-, Ausbildungs- oder Zivildienst sowie zurückgelegte Mutterschutzzeiten nach dem Mutterschutzgesetz 1979, BGBl. Nr. 221/1979, in der jeweils geltenden Fassung zurückgelegte Karenzzeiten, auch wenn diese in einem anderen EU-Mitgliedstaat oder EWR-Staat zurückgelegt wurden und Zeiten, für die ein Anspruch auf Kinderbetreuungsgeld oder gleichartige Leistungen für BewerberInnen aus anderen EU-Mitgliedstaaten oder EWR-Staaten besteht;
2. die soziale Förderungswürdigkeit, etwa auf Grund von bestehenden Sorgepflichten für Kinder oder auf Grund von gegenwärtiger Arbeitslosigkeit.

Bewertung

§ 3. (1) Die Bewertung der BewerberInnen hat nach einem Punktesystem in der Weise zu erfolgen, dass für die Erfüllung der Kriterien

- nach § 2 Abs. 1 Z 1 15 bis 35 Punkte,
- nach § 2 Abs. 1 Z 2 fünf bis 15 Punkte,
- nach § 2 Abs. 1 Z 3 höchstens 20 Punkte,
- nach § 2 Abs. 1 Z 4 zehn Prozent der durch die jeweiligen Gesamtvertragsparteien festgelegten erreichbaren Punkte,
- nach § 2 Abs. 3 Z 1 und 2 jeweils bis fünf Punkte erreicht werden können. Dabei darf der auf Grund der Kriterien nach § 2 Abs. 3

Z 1 und 2 erreichte Anteil an der Gesamtpunktezahl 30% nicht überschreiten.

(2) Der Krankenversicherungsträger und die Landeärztekammer können gemeinsam die Invertragnahme der/des Erstgereihten ablehnen, wenn erhebliche Bedenken bestehen, ob der mit dem Einzelvertrag verbundene Versorgungsauftrag durch diese Bewerberin/diesen Bewerber erfüllt werden kann. Eine Ablehnung ist schriftlich zu begründen.

(3) Die auf Grund des Kriteriums nach § 2 Abs. 1 Z 3 erreichbaren Punkte dürfen die Anzahl der nach § 2 Abs. 1 Z 1 erreichbaren Punkte nicht übersteigen. Der Krankenversicherungsträger und die Ärztekammer können abhängig von der Versorgungssituation vereinbaren, ob und in welchem Ausmaß Bewerberinnen und Bewerber, die in einem Einzelvertragsverhältnis zu einer Gebietskrankenkasse stehen, Punkte nach § 2 Abs. 1 Z 3 erwerben können; dies gilt auch für Gesellschafterinnen und Gesellschafter einer Gruppenpraxis, die in einem Einzelvertragsverhältnis oder als Gesellschafterinnen/Gesellschafter in einem Vertragsverhältnis als Gruppenpraxis zu einer Gebietskrankenkasse stehen.

(4) Sind zwei oder mehrere BewerberInnen erstgereiht, so gilt jene Bewerberin/jener Bewerber als allein erstgereiht, die/der mehr Punkte für die fachliche Qualifikation (Summe der Punkte nach § 2 Abs. 1 Z 1 und 2) erreicht hat. Liegt auch bei der fachlichen Qualifikation Punktegleichstand vor, so ist die Entscheidung über die Vergabe auf Grund eines Hearings der Erstgereihten vor VertreterInnen des Krankenversicherungsträgers und der Ärztekammer zu treffen; die Frauenquote im jeweiligen Versorgungsgebiet ist zu berücksichtigen. Darüber hinaus kann zwischen Krankenversicherungsträger und Ärztekammer vereinbart werden, ein Hearing jener BewerberInnen, deren Punktezahl innerhalb einer Bandbreite von 5% der Punktezahl der/des Erstgereihten liegt, durchzuführen.

(5) Ist der Anteil an Vertragsärztinnen im Fachgebiet (Allgemeinmedizin und Sonderfächer) im regionalen Versorgungsgebiet des ausgeschriebenen Einzelvertrages geringer als der Anteil an Bewerberinnen gemäß der BewerberInnenliste nach § 2 Abs. 1 Z 3, so ist das Hearing nach Abs. 4 mit der/dem (den) nach der fachlichen Qualifikation Erstgereihten und mit jener Bewerberin (jenen Bewerberinnen), die ausschließlich wegen der Bewertung nach § 2 Abs. 1 Z 3 nicht erstgereiht ist (sind), durchzuführen.

(6) Abs. 5 findet keine Anwendung, wenn

1. eine Bewerberin bereits nach Abs. 4 erster Satz allein erstgereiht ist,
2. an einem Hearing der allein Erstgereihten nach Abs. 4 zweiter Satz mindestens gleich viele Bewerberinnen wie Bewerber teilnehmen oder
3. der Anteil der Vertragsärztinnen im Fachgebiet (Allgemeinmedizin und Sonderfächer) und im regionalen Versorgungsgebiet des ausgeschriebenen Einzelvertrages 50% oder mehr beträgt.

(7) Die Anzahl der Bewerberinnen, die für das Hearing auf Grund der Anwendung des Abs. 5 in Betracht kommen, kann dadurch begrenzt werden, dass jeweils nur so viele Bewerberinnen zugelassen werden, als notwendig sind, um das Hearing mit gleich vielen Bewerberinnen wie Bewerbern durchzuführen. Die Zulassung erfolgt in der Reihenfolge, die sich aus der Anwendung aller Kriterien ergibt.

Vertrags-Gruppenpraxen

§ 4. (1) Für die Auswahl von Vertrags-Gruppenpraxen sind die sich jeweils gemeinsam bewerbenden Ärztinnen/Ärzte als Team zu bewerten, wobei die nach § 2 zu erfüllenden Kriterien auf jede einzelne Gesellschafterin/jeden einzelnen Gesellschafter anzuwenden sind und die Bewertung nach § 3 teambezogen zu erfolgen hat.

(2) Für die Besetzung einer in einer Vertrags-Gruppenpraxis gebundenen Planstelle ist der Gruppenpraxis ein Auswahlrecht innerhalb jener fünf bestgereihten Bewerberinnen und Bewerber eingeräumt, die zumindest 75% der Punktezahl der/des Erstgereihten erreicht haben. Sollte keine Bewerberin/kein Bewerber 75% erreichen, so besteht das Auswahlrecht innerhalb jener Bewerberinnen und Bewerber, die zumindest 60% der Punktezahl der/des Erstgereihten erreicht haben. § 3 Abs. 2 bleibt davon unberührt.

Veröffentlichung der Entscheidung

§ 5. Die Entscheidung zu Gunsten einer Bewerberin/eines Bewerbers ist nach erfolgter Beschlussfassung durch den Krankenversicherungsträger und die Ärztekammer im Mitteilungsblatt der Landesärztekammer und im Internet zu veröffentlichen.

In-Kraft-Treten

§ 6. (1) Diese Verordnung tritt mit 1. Jänner 2018 in Kraft und ist auf Ausschreibungen von Einzelverträgen anzuwenden, die ab diesem Tag erfolgen.

(2) Mit dem Inkrafttreten dieser Verordnung tritt die Reihungskriterien-Verordnung, BGBl. II Nr. 487/2002, zuletzt geändert durch die Verordnung, BGBl. II Nr. 64/2015, außer Kraft.

(3) Am 31. Dezember 2017 bestehende Reihungsrichtlinien sind abweichend von Abs. 1 weiterhin anzuwenden, wenn und solange zwischen den jeweiligen zuständigen Krankenversicherungsträgern und Landesärztekammern nichts anderes vereinbart wird, längstens jedoch bis zum Ablauf des 1. Juli 2018.

(4) Auswahlverfahren sind auf Grund der Reihungsrichtlinien zu entscheiden, die zum Zeitpunkt der Ausschreibung des Einzelvertrages gegolten haben.

Entschädigungs-Verordnung

Entschädigungs-Verordnung, BGBl II 2019/82

GLIEDERUNG

Verordnung der Bundesministerin für Arbeit, Soziales, Gesundheit und Konsumentenschutz über Entschädigungen für die Tätigkeit als Verwaltungskörpermitglied bei den Sozialversicherungsträgern und beim Dachverband der Sozialversicherungsträger (Entschädigungs-Verordnung)

Auf Grund

1. des § 420 Abs. 5 Z 2 und 3 in Verbindung mit den §§ 538v Abs. 1, 538x Abs. 1 und 2, 538y Abs. 1 und 2 sowie 538z Abs. 1 des Allgemeinen Sozialversicherungsgesetzes (ASVG), BGBl. Nr. 189/1955, zuletzt geändert durch das Bundesgesetz BGBl. I Nr. 23/2019;
2. des § 17 Abs. 5 Z 2 und 3 in Verbindung mit § 49 Abs. 1 des Selbständigen-Sozialversicherungsgesetzes (SVSG), BGBl. I Nr. 100/2018;
3. des § 132 Abs. 5 Z 2 und 3 in Verbindung mit § 168c Abs. 1 des Beamten-Kranken- und Unfallversicherungsgesetzes (B-KUVG), BGBl. Nr. 200/1967, zuletzt geändert durch das Bundesgesetz BGBl. I Nr. 7/2019,

wird verordnet:

Gegenstand

§ 1. Diese Verordnung regelt

1. die Höhe und die Auszahlung der Funktionsgebühr für Mitglieder der Verwaltungskörper der Sozialversicherungsträger sowie die Dauer des Anspruches auf diese Funktionsgebühr;
2. die Höhe des Sitzungsgeldes für Mitglieder der Verwaltungskörper der Sozialversicherungsträger und des Dachverbandes der Sozialversicherungsträger.

Höhe der Funktionsgebühr

§ 2. (1) Die Höhe der Funktionsgebühr ist mit dem jährlichen Höchstausmaß nach Abs. 2 begrenzt und richtet sich nach der jeweiligen Funktion innerhalb des einzelnen Verwaltungskörpers nach Abs. 3.

(2) Das jährliche Höchstausmaß der Funktionsgebühr beträgt 40% des einem Mitglied des Nationalrates jährlich gebührenden Bezuges, abgerundet auf den vollen Eurobetrag.

(3) Die Höhe der Funktionsgebühr beläuft sich auf einen Prozentsatz des jährlichen Höchstausmaßes der Funktionsgebühr nach Abs. 2, abgerundet auf den vollen Eurobetrag. Dieser Prozentsatz beträgt

1. für die Obmänner und Obfrauen der Verwaltungsräte der Österreichischen Gesundheitskasse und der Pensionsversicherungsanstalt 100%, und zwar unabhängig von der jeweiligen Vorsitzführung,
2. für die Obmänner und Obfrauen der sonstigen Verwaltungsräte 100% und für ihre Stellvertreter und Stellvertreterinnen 50%,
3. für die Vorsitzenden der Hauptversammlungen der Österreichischen Gesundheitskasse und der Pensionsversicherungsanstalt 40%, und zwar unabhängig von der jeweiligen Vorsitzführung,
4. für die Vorsitzenden der sonstigen Hauptversammlungen 40% und für ihre Stellvertreter und Stellvertreterinnen 20%,
5. für die Vorsitzenden der Landesstellenausschüsse der Österreichischen Gesundheitskasse und der Pensionsversicherungsanstalt 40%, und zwar unabhängig von der jeweiligen Vorsitzführung,
6. für die Vorsitzenden der sonstigen Landesstellenausschüsse 40% und für ihre Stellvertreter und Stellvertreterinnen 20%.

Auszahlung der Funktionsgebühr

§ 3. Der jährliche Betrag der Funktionsgebühr ist auf die Kalendermonate des Jahres gleichmäßig (einschließlich der aliquotierten Sonderzahlungen) aufzuteilen und im Nachhinein auszuzahlen.

Dauer des Anspruchs auf Funktionsgebühr

§ 4. Die Funktionsgebühr gebührt für die Dauer der Amtsausübung.

Sitzungsgeld

§ 5. (1) Sitzungsgeld gebührt den Mitgliedern der Verwaltungskörper der Sozialversicherungsträger und des Dachverbandes der Sozialversicherungsträger für jeden Tag, an dem sie an Sitzungen eines oder mehrerer Verwaltungskörper ein und desselben Sozialversicherungsträgers oder des Dachverbandes teilnehmen.

(2) Neben einer Funktionsgebühr nach § 2 gebührt kein Sitzungsgeld.

(3) Das tägliche Sitzungsgeld beträgt 0,085 % des jährlichen Höchstausmaßes der Funktionsgebühr nach § 2 Abs. 2, abgerundet auf den vollen Eurobetrag.

Übergangsbestimmung

§ 6. Auf die Mitglieder der Überleitungsausschüsse nach den §§ 538v ASVG, 49 SVSG und 168c B-KUVG sowie auf die Mitglieder der Verwaltungsräte nach den §§ 538x Abs. 4 und 538y Abs. 4 ASVG ist § 2 Abs. 3 so anzuwenden, dass an die Stelle der Obmänner und Obfrauen jeweils die Vorsitzenden treten.

Wirksamkeitsbeginn

§ 7. (1) Diese Verordnung tritt in Kraft:

1. mit 1. April 2019 für die Mitglieder der Überleitungsausschüsse nach den §§ 538v ASVG, 49 SVSG und 168c B-KUVG sowie für die Mitglieder der Verwaltungsräte nach den §§ 538x Abs. 2 und 538y Abs. 2 ASVG;
2. mit 15. April 2019 für die Mitglieder der Überleitungskonferenz nach § 538z Abs. 1 ASVG;
3. mit 1. Jänner 2020 für alle übrigen Mitglieder der Verwaltungskörper.

(2) Die Verordnung BGBl. II Nr. 75/2014 tritt mit Ablauf des 31. Dezember 2019 außer Kraft.

Erlassung einer Mustergeschäftsordnung für die Hauptversammlung

Verordnung, mit der eine Mustergeschäftsordnung für die Hauptversammlung erlassen wird, BGBl II 2019/84

GLIEDERUNG

Verordnung der Bundesministerin für Arbeit, Soziales, Gesundheit und Konsumentenschutz, mit der eine Mustergeschäftsordnung für die Hauptversammlung erlassen wird

Auf Grund des § 456a Abs. 4 des Allgemeinen Sozialversicherungsgesetzes (ASVG), BGBl. Nr. 189/1955, zuletzt geändert durch das Bundesgesetz BGBl. I Nr. 23/2019, wird verordnet:

Geltungsbereich

§ 1. Die dieser Verordnung als Anlage angeschlossene Mustergeschäftsordnung gilt für die Tätigkeit der Hauptversammlungen der Sozialversicherungsträger.

Sprachliche Gleichbehandlung

§ 2. Soweit in der angeschlossenen Mustergeschäftsordnung personenbezogene Bezeichnungen nur in männlicher Form angeführt sind, beziehen sie sich auf Frauen und Männer in gleicher Weise. Bei der Anwendung auf bestimmte Personen ist die jeweils geschlechtsspezifische Form zu verwenden.

Wirksamkeitsbeginn

§ 3. Diese Verordnung tritt mit 1. April 2019 in Kraft.

Anlage

Mustergeschäftsordnung für die Hauptversammlung (MGOHV)

Inhaltsverzeichnis

Mitglieder der Hauptversammlung

§ 1. (1) Jedes Hauptversammlungsmitglied hat das Recht, vom Versicherungsträger zumindest einmal jährlich eine Zusammenstellung aller Mitglieder von Verwaltungskörpern und Ausschüssen zu erhalten, in der Namen, Telefonnummern, Zustelladressen und Kurienangehörigkeit enthalten sind.

(2) Listen mit Namen der Hauptversammlungsmitglieder dürfen vom Büro an Personen außerhalb des Versicherungsträgers nur dann weitergegeben werden, wenn als Zustelladresse bzw. Telefonnummer die entsprechenden Angaben des Versicherungsträgers angeführt werden, nicht aber die Privat-, Beschäftigungs- oder Betriebsadressen der Versicherungsvertreter.

Angelobung

§ 2. (1) Die Angelobung hat so bald wie möglich zu Beginn der Tätigkeit eines Hauptversammlungsmitgliedes zu erfolgen. Das Recht zur Amtsausübung ist von der Angelobung unabhängig. Die Angelobung soll zu Beginn einer Hauptversammlungssitzung erfolgen, sie kann auch außerhalb einer Sitzung vorgenommen werden. Die Angelobung ist schriftlich zu dokumentieren (zum Beispiel durch Unterzeichnung des Angelobungstextes). Die Angelobung gilt für die Dauer der laufenden Amtsperiode.

(2) Wer bereits bei einer Sitzung des Verwaltungsrates bzw. Landesstellenausschusses angelobt wurde, ist als Hauptversammlungsmitglied nicht neuerlich anzugeloben.

Einberufung von Sitzungen

§ 3. Sitzungen der Hauptversammlung werden vom Verwaltungsrat nach Bedarf, jedoch mindestens zweimal jährlich einberufen.

Einladung zur Sitzung

§ 4. (1) Die Einladungen zu den Sitzungen sind nachweislich spätestens acht Kalendertage vor dem Sitzungstag unter Angabe von Ort, Beginn und Tagesordnungsentwurf auszusenden. Dies gilt auch gegenüber der Aufsichtsbehörde.

(2) Der Einladung sind soweit wie möglich bereits die schriftlichen Sitzungsunterlagen beizulegen; Tischvorlagen sind nur ausnahmsweise zulässig.

(3) Die Aussendung der Sitzungseinladungen und –unterlagen hat grundsätzlich auf elektronischem Weg zu erfolgen.

(4) Versicherungsvertreter können auch dann zu Hauptversammlungssitzungen eingeladen werden, wenn die formelle Erklärung über die Annahme des Amtes noch nicht vorliegt, wohl aber mit deren Einlangen gerechnet werden kann.

Sitzungsunterlagen

§ 5. Sitzungsunterlagen dürfen von Sitzungsteilnehmern außerhalb ihrer Funktion nur dann verwendet werden,

1. wenn es von der Hauptversammlung genehmigt wurde oder
2. wenn es sich um Unterlagen handelt, die schon aus anderen Gründen außerhalb des Hauptversammlungsbereiches zugänglich sind.

Sitzungseröffnung, Vorsitz und Beschlussfähigkeit

§ 6. (1) Der vorsitzführende Vorsitzende eröffnet die Sitzung und stellt die Beschlussfähigkeit fest. Wenn die Beschlussfähigkeit nicht gegeben ist, kann der Vorsitzende den Sitzungsbeginn verschieben. Ist der vorsitzendführende Vorsitzende verhindert, wird er durch den nichtvorsitzführenden Vorsitzenden vertreten.

(2) Die Beschlussfähigkeit richtet sich nach der Zahl der Sitzungsteilnehmer im Beschlusszeitpunkt (Abgabe der letzten Stimme). Die Zahl der Teilnehmer zu Sitzungsbeginn bewirkt nicht die Beschlussfähigkeit während der gesamten Sitzung.

Tagesordnung

§ 7. (1) Der Entwurf der Tagesordnung ist vom Vorsitzenden zu Sitzungsbeginn der Hauptversammlung zur Genehmigung vorzulegen. Jeder Tagesordnungsentwurf hat den Punkt „Allfälliges“ zu enthalten.

(2) Durch Beschluss der Hauptversammlung kann die Tagesordnung geändert werden, bevor in sie eingegangen wird.

Nichtöffentlichkeit der Sitzungen

§ 8. (1) Die Sitzungen der Hauptversammlung sind nicht öffentlich.

(2) Auskünfte über Sitzungen dürfen nur im Rahmen des Auskunftspflichtgesetzes, BGBl. Nr. 287/1987, gegeben werden. Sitzungsunterlagen, Teilnehmerlisten und Protokolle dürfen bei einer Auskunftsbearbeitung nicht bzw. nur dann weitergegeben werden, wenn dies (für Sitzungsunterlagen) nach § 5 zulässig ist.

Sitzungsteilnahme, Befangenheit

§ 9. (1) Auskunftspersonen oder Sachverständige, wenn es sich nicht um die von der Hauptversammlung bestellten beeideten Wirtschaftsprüfer und es sich um eine Angelegenheit der Wirtschaftsprüfung handelt, dürfen nur ausnahmsweise und nur dann an einer Hauptversammlungssitzung teilnehmen, wenn dadurch die Nichtöffentlichkeit der Hauptversammlungssitzung nicht gefährdet wird.

(2) Wer befangen ist, hat für die Zeit, in der die betreffende Angelegenheit erörtert wird, den Sitzungsraum zu verlassen. Ob Befangenheit vorliegt, ist im Einzelfall vom Vorsitzenden zu beurteilen, wobei als Grundlage die Befangenheitsgründe des Verwaltungsverfahrens (§ 7 des Allgemeinen Verwaltungsverfahrensgesetzes 1991, BGBl. Nr. 51/1991) heranzuziehen sind. Gegen eine Entscheidung des Vorsitzenden steht dem Betroffenen die sofortige mündliche Berufung an die Hauptversammlung zu, die durch die anwesenden stimmberechtigten Sitzungsteilnehmer ohne Debatte und ohne Stimmrecht des Betroffenen mit einfacher Stimmenmehrheit entscheidet.

Anträge

§ 10. (1) Anträge an die Hauptversammlung können in mündlichen Berichten (§ 11) oder in schriftlichen Berichten (§ 12), die allen Sitzungsteilnehmern vorliegen, gestellt werden. Jeder Antrag ist zu begründen.

(2) Ein Bericht besteht zumindest aus dem Antrag und seiner Begründung. Schriftlichen Berichten ist im Allgemeinen der Vorzug zu geben. Bei Berichten, die nur zur Information vorgelegt werden, ist zu beantragen, dass der Bericht zur Kenntnis genommen wird.

(3) Jeder Bericht hat einen Antragstext zu enthalten, der bei Zustimmung unverändert beschlossen werden könnte (ausformulierter Antrag).

(4) Die Begründung muss, soweit derartige Angaben im Berichtszeitpunkt möglich sind und eine Begründung erforderlich scheint, enthalten:

1. warum der Antrag gestellt wird, einschließlich
   a) allenfalls notwendiger Basis- oder Hintergrundinformationen,
   b) Verweisen auf frühere Beschlüsse in der gleichen Angelegenheit,
   c) wichtiger allfälliger Argumente für oder gegen den Beschluss,
   d) der Angabe allfälliger Alternativen,
2. welche vorhersehbaren allgemeinen Auswirkungen ein zustimmender Beschluss hätte,
3. welche vorhersehbaren Aufwendungen oder Einnahmen ein zustimmender Beschluss nach sich ziehen würde (in absoluten Zahlen oder in Prozentwerten des Mehr- oder Minderaufwandes),
4. welche weiteren Beschlüsse und anderen Rechtsakte im Zuge der Durchführung des Beschlusses notwendig würden (aufsichtsbehördliche Genehmigung),
5. die Rechtsvorschrift, auf der ein Beschluss beruhen würde,
6. welche Verlautbarungen auf Grund eines Beschlusses notwendig wären.

(5) Der Antrag hat die wesentlichen Inhalte der vorgeschlagenen Vorgangsweise zu enthalten. Der Antrag kann auf Entwürfe verweisen, die dem Bericht beiliegen oder bei der Sitzung zur Einsicht bereitgehalten werden.

(6) Von den Abs. 3 und 4 darf ganz oder teilweise abgegangen werden, wenn dies der Vorsitzende im Einzelfall aus Gründen der Verwaltungsökonomie oder aus anderen triftigen sachlichen Gründen genehmigt, und wenn dadurch der notwendige Informationsstand der Sitzungsteilnehmer voraussichtlich nicht beeinträchtigt wird.

Mündliche Anträge

§ 11. (1) Nur Hauptversammlungsmitglieder können mündliche Anträge stellen. Mündliche Anträge können nur während der laufenden Sitzung gestellt werden. Sie sind in klarer Form zu formulieren und erforderlichenfalls vor der Abstimmung zu wiederholen.

(2) Wenn der Vorsitzende die Berichterstattung zu einem Antrag übernimmt, kann er den Vorsitz für deren Dauer an seinen Stellvertreter abgeben. Wenn der Stellvertreter an der Sitzung nicht teilnimmt, kann der Vorsitz für die Dauer der Berichterstattung vom Vorsitzenden einem anderen Versicherungsvertreter übergeben werden.

Anträge in schriftlichen Berichten

§ 12. (1) Die genehmigte Aussendung oder Vorlage eines Berichtes gilt als Antragstellung.

(2) Schriftliche Berichte sind dem Vorsitzenden vor ihrer Aussendung an die Sitzungsteilnehmer zur Genehmigung vorzulegen.

(3) Entwürfe für schriftliche Berichte können dem Büro von jedem Hauptversammlungsmitglied übermittelt werden. Das Büro hat solche Entwürfe dem Vorsitzenden zur weiteren Entscheidung vorzulegen.

(4) Akten des Versicherungsträgers oder anderer Stellen sind nicht Teil schriftlicher Berichte.

Form schriftlicher Berichte

§ 13. (1) Der Antrag ist im Bericht (vor allfälligen Beilagen) deutlich hervorgehoben anzuführen.

(2) Berichte sind nach einem einheitlichen Schema zu gestalten. Berichte über Änderungen in der Satzung oder anderen umfangreicheren Texten sollen Gegenüberstellungen des alten und des neuen Textes enthalten.

Berichterstattung

§ 14. (1) Der Vorsitzende kann zu Anträgen, die in einem schriftlichen Bericht gestellt wurden, und zu mündlichen Anträgen einen zusätzlichen mündlichen Bericht zulassen. Den Berichterstatter bestimmt der Vorsitzende. Er kann ein Mitglied der Hauptversammlung, den leitenden Angestellten des Versicherungsträgers bzw. den nach Maßgabe der Bestimmungen der Büroordnung für den Gegenstand zuständigen ständigen Stellvertreter des leitenden Angestellten oder ausnahmsweise auch einen anderen Sitzungsteilnehmer mit der Berichterstattung betrauen.

(2) Der Vorsitzende kann dem Berichterstatter das Schlusswort erteilen. Hierauf kann der Vorsitzende verzichten,

1. wenn eine zusammenfassende Darstellung der Ergebnisse der Wortmeldungen oder eine Abänderung der vom Berichterstatter gestellten Anträge entbehrlich ist oder
2. wenn das Schlusswort vom Vorsitzenden selbst erfolgt.

Diskussion

§ 15. (1) Nach der Berichterstattung hat der Vorsitzende die Diskussion einzuleiten. Wortmeldungen sind durch Erheben der Hand anzuzeigen, den Rednern ist in der Reihenfolge der Meldung das Wort zu erteilen. Der Redner kann sich in der Rednerliste zurückreihen lassen. Abwesenheit bei

Aufruf gilt als Verzicht auf die Wortmeldung. Schriftliche Stellungnahmen abwesender Personen können kein Diskussionsbeitrag sein. Solche Stellungnahmen sind auch nicht dem Protokoll beizufügen.

(2) Die Redner haben sich an den Verhandlungsgegenstand zu halten. Die Wortmeldungen sollen kurz sein; Wiederholungen bereits vorgebrachter Standpunkte sowie nicht notwendige weitschweifende Erörterungen sind zu unterlassen. Berichte, die als Sitzungsunterlagen versendet wurden (§ 4 Abs. 2), sind als bekannt vorauszusetzen.

(3) Bei Wortmeldungen zur Geschäftsordnung (zum Beispiel über die Reihenfolge der Wortmeldungen) ist außer der Reihe das Wort zu erteilen. Über Anträge zur Geschäftsordnung kann, nachdem der am Wort befindliche Diskussionsredner ausgesprochen hat, nur je einem Redner das Wort für oder gegen den Antrag erteilt werden. Wortmeldungen zur Geschäftsordnung sind pro Redner mit drei Minuten begrenzt.

(4) Unrichtige Sachverhaltsdarstellungen können unmittelbar nach den Ausführungen des Redners berichtigt werden.

Verkürzung der Diskussion

§ 16. (1) Zur Verkürzung der Diskussion können die unter Abs. 2 genannten Anträge gestellt werden. Wird ein solcher Antrag gestellt, darf nur je einem Redner für oder gegen den Antrag das Wort erteilt werden. Hierauf ist sogleich abzustimmen.

(2) Im Einzelnen kann die Diskussion verkürzt werden:

1. durch Beschränkung der Redezeit auf nicht weniger als fünf Minuten für jeden Redner, aber auf nicht weniger als zehn Minuten für den Berichterstatter und die ersten zwei Redner;
2. durch Schluss der Rednerliste; danach darf nach den bereits vorgemerkten Rednern zu dem betreffenden Punkt der Tagesordnung keinem weiteren Redner das Wort erteilt werden;
3. durch Schluss der Debatte; dadurch sind alle vorgemerkten Redner von der Rednerliste gestrichen; dem Berichterstatter bleibt jedoch das Schlusswort gewahrt;
4. durch Übergang zur Tagesordnung; dadurch sind alle vorgemerkten Redner, auch der Berichterstatter, von der Rednerliste gestrichen; die Abstimmung über alle Anträge zum Gegenstand entfällt und es kommt der nächste Tagesordnungspunkt zur Behandlung;
5. durch Schluss der Sitzung; die unerledigten Gegenstände sind auf die Tagesordnung der nächsten Sitzung zu setzen, die so bald wie möglich stattzufinden hat;
6. durch Vertagung des Gegenstandes; die Vertagung kann erfolgen
   a) entweder auf bestimmte Zeit (zum Beispiel bis zur nächsten Sitzung oder bis zur Sitzung nach dem Eintreten einer bestimmten Bedingung); in diesem Fall ist im Vertagungsbeschluss der von der Hauptversammlung gewollte Zeitablauf anzugeben, oder
   b) auf unbestimmte Zeit (Zurückstellung).

Sitzungsleitung

§ 17. (1) Der Vorsitzende leitet die Sitzung. Er kann jederzeit selbst das Wort ergreifen und er erteilt das Wort in der Reihenfolge der Wortmeldungen (§ 15) oder fordert Sitzungsteilnehmer zu einer mündlichen Stellungnahme auf, wobei der aufgeforderte Teilnehmer allerdings nicht verpflichtet ist, Stellung zu nehmen.

(2) Der Vorsitzende ist berechtigt,

1. Redner, die nicht zum Gegenstand sprechen, „zur Sache“ zu rufen;
2. Redner sowie Teilnehmer an der Sitzung, die die Sitzung stören (zum Beispiel durch beleidigende Redeweise, Verletzung der Geschäftsordnung), „zur Ordnung“ zu rufen;
3. Rednern, die ihre Wortmeldung über Gebühr ausdehnen, nach einmaligem Aufmerksam-Machen und frühestens weiteren fünf Minuten das Wort zu entziehen.

(3) Dem Ruf „zur Sache“ oder „zur Ordnung“ ist sofort nachzukommen. Geschieht dies nicht, so hat der Vorsitzende zunächst dem Redner das Wort zu entziehen. Wird auch dem nicht Folge geleistet, kann der Vorsitzende den Betroffenen von der Sitzung ausschließen.

(4) Gegen die Verfügungen nach den Abs. 2 und 3 steht dem Betroffenen die sofortige mündliche Berufung an die Hauptversammlung zu, die durch die anwesenden stimmberechtigten Sitzungsteilnehmer ohne Debatte und ohne Stimmrecht des Betroffenen mit einfacher Stimmenmehrheit entscheidet.

(5) Reichen die vorgesehenen Maßnahmen nicht aus, um den ordnungsgemäßen Verlauf der Sitzung sicherzustellen, kann der Vorsitzende auch ohne Antrag

1. die Sitzung für eine bestimmte Zeit, aber nicht länger als eine Stunde, unterbrechen oder
2. die Sitzung schließen. Das muss nicht beantragt werden und gilt als Beschluss nach § 16 Abs. 2 Z 5. Als Schluss der Sitzung gilt auch,
   a) wenn die Sitzungsunterbrechung (Z 1) länger als eine Stunde dauert oder
   b) wenn nach einer Sitzungsunterbrechung nur mehr so wenige stimmberechtigte Sitzungsteilnehmer anwesend sind, dass die Hauptversammlung nicht mehr beschlussfähig ist.

(6) Der Vorsitzende kann verfügen, wenn ihm dies zur ordnungsgemäßen Abwicklung und Protokollierung der Sitzung nötig scheint, dass sich

die Redner in Rednerlisten eintragen. Er kann auch andere Maßnahmen treffen, die dem ordnungsgemäßen Ablauf der Sitzung dienen (zum Beispiel Namensnennung zu Beginn einer Wortmeldung).

Fassung der Beschlüsse

§ 18. (1) Beschlüsse werden durch Abstimmung gefasst. Abstimmen kann nur, wer anwesend ist. Schriftlich abgegebene Stimmen sind ungültig. Die Reihenfolge der Abstimmung wird durch den Vorsitzenden bestimmt, jedoch ist über den Antrag auf Vertagung des Gegenstandes oder über den in der Sache weitergehenden Antrag zunächst abzustimmen. Der Vorsitzende stellt fest, welcher der weitergehende Antrag ist.

(2) Jeder Beschluss hat alle wesentlichen Merkmale der geplanten Vorgangsweise zu enthalten. Der Beschluss kann auf Entwürfe und Konzepte verweisen, wenn diese Schriftstücke zu den Sitzungsunterlagen gehören.

(3) Abgestimmt wird durch Erheben der Hand. Einem Antrag auf namentliche Abstimmung ist stattzugeben, wenn er von mindestens einem Fünftel der anwesenden stimmberechtigten Sitzungsteilnehmer der Hauptversammlung gestellt wird. Ist das Abstimmungsergebnis nach Auffassung des Vorsitzenden oder eines sonstigen Mitgliedes der Hauptversammlung im Zählergebnis zweifelhaft, so kann der Vorsitzende eine namentliche Abstimmung durchführen.

(4) Stimmenthaltungen sind zulässig. Sie bleiben bei der Ermittlung des Abstimmungsergebnisses unberücksichtigt. Wenn keine Gegenstimmen abgegeben wurden, ist Einstimmigkeit auch bei Stimmenthaltungen gegeben.

(5) Unter dem Tagesordnungspunkt „Allfälliges" können keine gültigen Beschlüsse gefasst werden.

(6) Das Abstimmungsergebnis stellt der Vorsitzende fest. Beschlüsse erfolgen vorbehaltlich einer anderen gesetzlichen Regelung mit einfacher Mehrheit der abgegebenen gültigen Stimmen. Bei Stimmengleichheit gibt die Stimme des Vorsitzenden den Ausschlag, wenn gesetzlich nichts anderes bestimmt ist.

(7) Die Hauptversammlung kann beschließen, dass das Büro – gegen nachträgliche Berichterstattung an die Hauptversammlung – das Recht hat, offenkundige Schreib- und Rechenfehler und andere offenkundige Versehen in Beschlüssen richtig zu stellen.

Keine Umlaufbeschlüsse

§ 19. Die Hauptversammlung kann im Umlaufverfahren keine gültigen Beschlüsse fassen.

Protokollführung und Protokollprüfung

§ 20. (1) Über jede Hauptversammlungssitzung ist ein Protokoll zu führen. Der Protokollführer wird durch den Vorsitzenden auf Vorschlag des leitenden Angestellten bestimmt; es muss sich um einen Angestellten des Versicherungsträgers handeln. Zur Unterstützung des Protokollführers darf ein Tonaufzeichnungsgerät eingesetzt werden. Die Verwendung von Ton- und Bildaufzeichnungsgeräten durch andere Personen bedarf der Zustimmung des Vorsitzenden.

(2) Das Protokoll muss den Gang der Beratungen nicht wörtlich, sondern nur mit dem wesentlichen Inhalt wiedergeben. Ein Wortprotokoll ist nur insoweit anzufertigen, als es für einen bestimmten möglichst kurzen Text ausdrücklich verlangt wird

1. von einem an der Sitzung teilnehmenden stimmberechtigten Mitglied der Hauptversammlung oder
2. von einem Vertreter der Aufsichtsbehörde bzw. des Bundesministers für Finanzen.

(3) Ansonsten bestimmt der Vorsitzende, wie zu protokollieren ist. Wer sich dadurch benachteiligt fühlt, kann dies (mit Gründen) in einer Wortmeldung zur Geschäftsordnung (§ 15 Abs. 3) erklären.

(4) Ob ein oder mehrere Hauptversammlungsmitglieder mit der Funktion des Protokollprüfers betraut werden und welche Aufgaben ein Protokollprüfer wahrzunehmen hat, entscheidet die Hauptversammlung jeweils mit Gültigkeit für die laufende Amtsdauer oder einen kürzeren Zeitraum.

Inhalt des Protokolls

§ 21. (1) Jedes Sitzungsprotokoll hat mindestens zu enthalten:

1. den Namen des Versicherungsträgers und die Angabe, dass das Protokoll eine Hauptversammlungssitzung betrifft;
2. Ort, Tag, Beginn und Ende der Sitzung und der Sitzungsunterbrechungen;
3. a) die Namen der Teilnehmer mit ihrer Rechtsstellung als
      - Hauptversammlungsmitglied,
      - leitender Angestellter des Versicherungsträgers,
      - Bedienstete des Versicherungsträgers,
      - Protokollführer,
      - Sachverständiger, Auskunftsperson etc. und
   b) die Namen der abwesenden Mitglieder (getrennt nach entschuldigten und nichtentschuldigten Mitgliedern);
4. den Namen des Vorsitzenden und Angaben darüber, wenn der Vorsitz gewechselt wurde;
5. den Namen der Vertreter der Aufsichtsbehörde bzw. des Bundesministers für Finanzen;
6. die Feststellung der Beschlussfähigkeit;
7. die Tagesordnung mit den einzelnen Tagesordnungspunkten;
8. zu jedem Punkt der Tagesordnung
   a) die Bezeichnung des Tagesordnungspunktes,
   b) die Namen allfälliger Berichterstatter und der Sitzungsteilnehmer, wenn von

diesen Personen wesentliche Wortmeldungen (insbesondere Gegenvorschläge) abgegeben wurden,

c) die Namen der Antragsteller,

d) die gestellten mündlichen Anträge in ihrer Reihenfolge,

e) Beschlüsse mit ihrem vollen Wortlaut,

f) zu jedem Beschluss das Abstimmungsergebnis (einstimmig oder mehrheitlich); Gegenstimmen und Stimmenthaltungen sind zu protokollieren;

g) Einsprüche und Anregungen durch den Vertreter der Aufsichtsbehörde bzw. des Bundesministers für Finanzen;

9. Angaben darüber, welcher stimmberechtigte Sitzungsteilnehmer bei einer Abstimmung nicht anwesend war; diese Angaben sind im Sitzungsprotokoll beim Abstimmungsergebnis festzuhalten;

10. Maßnahmen des Vorsitzenden nach § 17.

(2) Bei Angaben nach Abs. 1 sind allgemein als Namen mindestens Vorname, Familienname und akademischer Grad anzugeben. Bei den Wortmeldungen muss nur der Familienname angegeben werden. Vornamen und Titel müssen bei den Wortmeldungen nur dann angeführt werden, wenn dies zur Unterscheidung von Sitzungsteilnehmern notwendig ist oder vom Betroffenen verlangt wird.

Ausarbeitung des Protokolls

§ 22. (1) Der Protokollentwurf ist dem Vorsitzenden möglichst innerhalb von vier Wochen zur Durchsicht zu übermitteln.

(2) Ein Auszug aus dem Protokollentwurf ist, wenn wörtliche Protokollierung (§ 20 Abs. 2) verlangt wurde, auf Verlangen auch dem betreffenden Sitzungsteilnehmer zur Durchsicht der eigenen Ausführungen zu übermitteln.

(3) Der Protokollentwurf ist nach allfälligen Korrekturen in der nächstfolgenden Sitzung zur Genehmigung (Verifizierung) vorzulegen. Die Richtigkeit des Protokolls (bzw. wenn der leitende Angestellte an der Sitzung nicht teilnahm, die Kenntnisnahme) ist nach der Genehmigung vom Vorsitzenden, vom leitenden Angestellten und vom Protokollführer mit Unterschrift zu bestätigen. Das Protokoll ist gemeinsam mit einer Garnitur der schriftlichen Sitzungsunterlagen (Berichte etc.) dauerhaft so zu binden, dass keine Seite entfernt werden kann. Dieser Protokollband ist vom Büro des Versicherungsträgers dauerhaft geschützt aufzubewahren.

(4) Aufzeichnungen, die für die Protokollierung angefertigt wurden, dürfen erst nach Genehmigung (Verifizierung) des Protokolls vernichtet oder gelöscht werden. Sie sind bis zur Genehmigung unter Verschluss aufzubewahren.

(5) Ein Protokolltext (einschließlich Beschlüsse), dessen Richtigkeit vom Protokollführer vorbehaltlich der Genehmigung oder Berichtigung bestätigt wurde, kann vorläufig als Grundlage der weiteren Vorgangsweise des Büros herangezogen werden.

Protokollauszüge

§ 23. (1) Protokollauszüge haben zu enthalten:

1. die Angaben nach § 21 Abs. 1 Z 1, 2, 4 und 5, soweit sie für den Tagesordnungspunkt, für den der Protokollauszug angefertigt wird, bedeutsam sind;
2. die vollständige Bezeichnung des Tagesordnungspunktes, über den der Protokollauszug angefertigt wird;
3. die Zahl der anwesenden stimmberechtigten Sitzungsteilnehmer und das Abstimmungsergebnis (§ 21 Abs. 1 Z 8 lit. f);
4. den Wortlaut aller Beschlüsse zu diesem Tagesordnungspunkt.

(2) Die Richtigkeit eines Protokollauszuges, der außerhalb des Büros des Versicherungsträgers verwendet werden soll, ist durch Unterschrift des Vorsitzenden und des leitenden Angestellten des Versicherungsträgers zu bestätigen.

(3) Auszüge aus Protokollen, die vor der Genehmigung (Verifizierung) angefertigt werden, müssen am Beginn deutlich sichtbar folgenden Vermerk tragen: „Vorbehaltlich Berichtigung und Genehmigung!“.

Bürogeschäfte der Hauptversammlung

§ 24. Die Bürogeschäfte der Hauptversammlung werden vom Büro des Versicherungsträgers unter der Verantwortung des leitenden Angestellten des Versicherungsträgers geführt.

Prüfungsausschuss

§ 25. (1) Die Hauptversammlung kann zur Vorbereitung und Prüfung des Jahresabschlusses sowie damit im Zusammenhang stehenden Geschäftsfällen einen Prüfungsausschuss einsetzen. Er soll besonders im Hinblick auf Rechtmäßigkeit, Wirtschaftlichkeit und Sparsamkeit prüfen sowie darauf achten, dass das Maß des Notwendigen nicht überschritten wird.

(2) Der Prüfungsausschuss setzt sich aus dem Vorsitzenden der Hauptversammlung und seinem Stellvertreter sowie vier weiteren Mitgliedern der Hauptversammlung zusammen, die jedoch nicht dem Verwaltungsrat oder einem Landesstellenausschuss angehören dürfen.

(3) Auf die Tätigkeit des Prüfungsausschusses ist sinngemäß die Geschäftsordnung der Hauptversammlung anzuwenden.

Erlassung einer Mustergeschäftsordnung für den Verwaltungsrat

Verordnung, mit der eine Mustergeschäftsordnung für den Verwaltungsrat erlassen wird, BGBl II 2019/85

GLIEDERUNG

Verordnung der Bundesministerin für Arbeit, Soziales, Gesundheit und Konsumentenschutz, mit der eine Mustergeschäftsordnung für den Verwaltungsrat erlassen wird

Auf Grund des § 456a Abs. 4 des Allgemeinen Sozialversicherungsgesetzes (ASVG), BGBl. Nr. 189/1955, zuletzt geändert durch das Bundesgesetz BGBl. I Nr. 23/2019, wird verordnet:

Geltungsbereich

§ 1. (1) Die dieser Verordnung als Anlage angeschlossene Mustergeschäftsordnung gilt für die Tätigkeit der Verwaltungsräte der Sozialversicherungsträger.

(2) Die Obliegenheiten und laufenden Angelegenheiten, die der Verwaltungsrat zur Erledigung übertragen hat, sind im Anhang zur Mustergeschäftsordnung festgehalten; dieser Anhang ist integrierender Bestandteil der Mustergeschäftsordnung.

(3) Für die Zeit vom 1. April 2019 bis zum Ablauf des 31. Dezember 2019 gilt die angeschlossene Mustergeschäftsordnung samt Anhang auch für die Überleitungsausschüsse.

Sprachliche Gleichbehandlung

§ 2. Soweit in der angeschlossenen Mustergeschäftsordnung samt Anhang personenbezogene Bezeichnungen nur in männlicher Form angeführt sind, beziehen sie sich auf Frauen und Männer in gleicher Weise. Bei der Anwendung auf bestimmte Personen ist die jeweils geschlechtsspezifische Form zu verwenden.

Wirksamkeitsbeginn

§ 3. Diese Verordnung tritt mit 1. April 2019 in Kraft.

Anlage

Mustergeschäftsordnung für den Verwaltungsrat (MGOV)

Inhaltsverzeichnis

Mitglieder des Verwaltungsrates

§ 1. (1) Jedes Verwaltungsratsmitglied hat das Recht, vom Versicherungsträger zumindest einmal jährlich eine Zusammenstellung aller Mitglieder von Verwaltungskörpern zu erhalten, in der Namen, Telefonnummern, Zustelladressen und Kurienangehörigkeit enthalten sind.

(2) Listen mit Namen der Verwaltungsratsmitglieder dürfen vom Büro an Personen außerhalb des Versicherungsträgers nur dann weitergegeben werden, wenn als Zustelladresse bzw. Telefonnummer die entsprechenden Angaben des Versicherungsträgers angeführt werden, nicht aber die Privat-, Beschäftigungs- oder Betriebsadressen der Versicherungsvertreter.

Angelobung

§ 2. (1) Die Angelobung hat so bald wie möglich zu Beginn der Tätigkeit eines Verwaltungsratsmitgliedes zu erfolgen. Das Recht zur Amtsausübung ist von der Angelobung unabhängig. Die Angelobung soll zu Beginn einer Verwaltungsratssitzung erfolgen, sie kann auch außerhalb einer Sitzung vorgenommen werden. Die Angelobung ist schriftlich zu dokumentieren (zum Beispiel durch Unterzeichnung des Angelobungstextes). Die Angelobung gilt für die Dauer der laufenden Amtsperiode.

(2) Wer bereits bei einer Sitzung der Hauptversammlung angelobt wurde, ist als Verwaltungsratsmitglied nicht neuerlich anzugeloben.

Einberufung von Sitzungen

§ 3. (1) Sitzungen des Verwaltungsrates werden vom Obmann nach Bedarf einberufen, soweit Sitzungstermine nicht bereits im Voraus festgelegt werden (Abs. 2).

(2) Sitzungstermine sind möglichst am Ende einer vorangehenden Sitzung zu erörtern.

(3) Der Verwaltungsrat ist, abgesehen von dem der Aufsichtsbehörde gesetzlich zustehenden Recht, auch dann einzuberufen, wenn dies schriftlich von mindestens einem Viertel der Verwaltungsratsmitglieder unter Angabe des Tagesordnungsentwurfes verlangt wird.

Einladung zur Sitzung

§ 4. (1) Die Einladungen zu den Sitzungen sind nachweislich spätestens acht Kalendertage vor dem Sitzungstag unter Angabe von Ort, Beginn und Tagesordnungsentwurf auszusenden. Dies gilt auch gegenüber der Aufsichtsbehörde.

(2) Der Einladung sind bereits die schriftlichen Sitzungsunterlagen beizulegen; Tischvorlagen sind nur ausnahmsweise zulässig.

(3) Die Aussendung der Sitzungseinladungen und –unterlagen hat grundsätzlich auf elektronischem Weg zu erfolgen. Ausnahmsweise kann dies auf dem Postweg oder durch Boten erfolgen.

(4) Auf die Einhaltung der Einladungsfrist kann ausnahmsweise aus einem wichtigen Grund verzichtet werden.

(5) Versicherungsvertreter können auch dann zu Verwaltungsratssitzungen eingeladen werden, wenn die formelle Erklärung über die Annahme des Amtes noch nicht vorliegt, wohl aber mit deren Einlangen gerechnet werden kann.

Sitzungsunterlagen

§ 5. (1) Sitzungsunterlagen dürfen von Sitzungsteilnehmern außerhalb ihrer Funktion nur dann verwendet werden,

1. wenn es vom Verwaltungsrat genehmigt wurde oder
2. wenn es sich um Unterlagen handelt, die schon aus anderen Gründen außerhalb des Verwaltungsratsbereiches zugänglich sind.

(2) Sitzungsunterlagen, die die Aufhebung oder Änderung des Beschlusses eines Landesstellenausschusses betreffen, sind jedenfalls dem Vorsitzenden des Landesstellenausschusses und dessen Stellvertreter zu übermitteln.

Sitzungsdauer

§ 6. (1) Sitzungen sind zeitlich im Allgemeinen so anzuberaumen, dass alle Angelegenheiten der Tagesordnung erledigt werden können.

(2) Sitzungen können auf Antrag eines Verwaltungsratsmitgliedes unterbrochen werden, wenn dies von der Mehrheit der anwesenden Verwaltungsratsmitglieder unterstützt wird.

(3) Die Fortsetzung einer unterbrochenen Sitzung hat jedenfalls am selben Kalendertag stattzufinden.

Sitzungseröffnung, Vorsitz und Beschlussfähigkeit

§ 7. (1) Der Vorsitzende eröffnet die Sitzung und stellt die Beschlussfähigkeit fest. Wenn die

Beschlussfähigkeit nicht gegeben ist, kann der Vorsitzende den Sitzungsbeginn verschieben.

(2) Die Beschlussfähigkeit richtet sich nach der Zahl der Sitzungsteilnehmer im Beschlusszeitpunkt (Abgabe der letzten Stimme). Die Zahl der Teilnehmer zu Sitzungsbeginn bewirkt nicht die Beschlussfähigkeit während der gesamten Sitzung.

Tagesordnung

§ 8. (1) Der Entwurf der Tagesordnung ist vom Vorsitzenden zu Sitzungsbeginn dem Verwaltungsrat zur Genehmigung vorzulegen. Jeder Tagesordnungsentwurf hat den Punkt „Allfälliges“ zu enthalten.

(2) Durch Beschluss des Verwaltungsrates kann die Tagesordnung ergänzt oder geändert werden, bevor in sie eingegangen wird. Für den Fall einer Sitzungsunterbrechung kann die Tagesordnung, bevor in sie neuerlich eingegangen wird, durch Beschluss des Verwaltungsrates ergänzt oder geändert werden.

(3) Jedenfalls als Tagesordnungspunkt vorzusehen sind, wenn ein entsprechender Sachverhalt vorliegt:

1. erlassene Verfügungen des Obmannes/der Obleute, weil der Verwaltungsrat nicht rechtzeitig zusammentreten konnte,
2. ein Verlangen der Aufsichtsbehörde zur Einberufung einer Sitzung.

Nichtöffentlichkeit der Sitzungen

§ 9. (1) Die Sitzungen des Verwaltungsrates sind nicht öffentlich.

(2) Auskünfte über Sitzungen dürfen nur im Rahmen des Auskunftspflichtgesetzes, BGBl. Nr. 287/1987, gegeben werden. Sitzungsunterlagen, Teilnehmerlisten und Protokolle dürfen bei einer Auskunftsbearbeitung nicht bzw. nur dann weitergegeben werden, wenn dies (für Sitzungsunterlagen) nach § 5 Abs. 1 zulässig ist.

Sitzungsteilnahme, Befangenheit

§ 10. (1) Auskunftspersonen oder Sachverständige dürfen nur ausnahmsweise und nur dann an einer Verwaltungsratssitzung teilnehmen, wenn dadurch die Nichtöffentlichkeit der Verwaltungsratssitzung nicht gefährdet wird.

(2) Wer befangen ist, hat für die Zeit, in der die betreffende Angelegenheit erörtert wird, den Sitzungsraum zu verlassen. Ob Befangenheit vorliegt, ist im Einzelfall vom Vorsitzenden zu beurteilen, wobei als Grundlage die Befangenheitsgründe des Verwaltungsverfahrens (§ 7 des Allgemeinen Verwaltungsverfahrensgesetzes 1991, BGBl. Nr. 51/1991) heranzuziehen sind. Gegen eine Entscheidung des Vorsitzenden steht dem Betroffenen die sofortige mündliche Berufung an den Verwaltungsrat zu, der durch die anwesenden stimmberechtigten Sitzungsteilnehmer ohne Debatte und ohne Stimmrecht des Betroffenen mit einfacher Stimmenmehrheit entscheidet.

Anträge

§ 11. (1) Anträge an den Verwaltungsrat können in mündlichen Berichten (§ 12) oder in schriftlichen Berichten (§ 13), die allen Sitzungsteilnehmern vorliegen, gestellt werden. Jeder Antrag ist zu begründen.

(2) Ein Bericht besteht zumindest aus dem Antrag und seiner Begründung. Schriftlichen Berichten ist im Allgemeinen der Vorzug zu geben. Bei Berichten, die nur zur Information vorgelegt werden, ist zu beantragen, dass der Bericht zur Kenntnis genommen wird.

(3) Jeder Bericht hat einen Antragstext zu enthalten, der bei Zustimmung unverändert beschlossen werden könnte (ausformulierter Antrag).

(4) Die Begründung muss, soweit derartige Angaben im Berichtszeitpunkt möglich sind und eine Begründung erforderlich scheint, enthalten:

1. warum der Antrag gestellt wird, einschließlich
   a) allenfalls notwendiger Basis- oder Hintergrundinformationen,
   b) Verweisen auf frühere Beschlüsse in der gleichen Angelegenheit,
   c) wichtiger allfälliger Argumente für oder gegen den Beschluss,
   d) der Angabe allfälliger Alternativen,
2. welche vorhersehbaren allgemeinen Auswirkungen ein zustimmender Beschluss hätte,
3. welche vorhersehbaren Aufwendungen oder Einnahmen ein zustimmender Beschluss nach sich ziehen würde (in absoluten Zahlen oder in Prozentwerten des Mehr- oder Minderaufwandes),
4. welche weiteren Beschlüsse und anderen Rechtsakte im Zuge der Durchführung des Beschlusses notwendig würden (Vorlage an die Hauptversammlung, aufsichtsbehördliche Genehmigung),
5. die Rechtsvorschrift, auf der ein Beschluss beruhen würde,
6. welche Verlautbarungen auf Grund eines Beschlusses notwendig wären.

(5) Der Antrag hat die wesentlichen Inhalte der vorgeschlagenen Vorgangsweise zu enthalten (Vertragspartner, betroffene Personen, Kaufpreis, Hinweise auf Vertragsentwürfe). Der Text von Vertragsentwürfen, Schriftsätzen etc. hat im Allgemeinen nicht Inhalt von Anträgen zu sein; der Antrag kann in solchen Fällen auf Entwürfe verweisen, die dem Bericht beiliegen oder bei der Sitzung zur Einsicht bereitgehalten werden.

(6) Von den Abs. 3 und 4 darf ganz oder teilweise abgegangen werden

1. in laufenden Angelegenheiten oder
2. in geringfügigen Angelegenheiten oder
3. wenn dies der Vorsitzende im Einzelfall aus Gründen der Verwaltungsökonomie oder aus anderen triftigen sachlichen Gründen genehmigt,

wenn dadurch der notwendige Informationsstand der Sitzungsteilnehmer voraussichtlich nicht beeinträchtigt wird.

Mündliche Anträge

§ 12. (1) Nur Verwaltungsratsmitglieder können mündliche Anträge stellen. Mündliche Anträge können nur während der laufenden Sitzung gestellt werden. Sie sind in klarer Form zu formulieren und erforderlichenfalls vor der Abstimmung zu wiederholen.

(2) Wenn der Vorsitzende die Berichterstattung zu einem Antrag übernimmt, kann er den Vorsitz für deren Dauer an seinen Stellvertreter abgeben. Wenn der Stellvertreter an der Sitzung nicht teilnimmt, kann der Vorsitz für die Dauer der Berichterstattung vom Vorsitzenden einem anderen Versicherungsvertreter übergeben werden.

Anträge in schriftlichen Berichten

§ 13. (1) Die genehmigte Aussendung oder Vorlage eines Berichtes gilt als Antragstellung.

(2) Schriftliche Berichte sind dem Vorsitzenden vor ihrer Aussendung an die Sitzungsteilnehmer zur Genehmigung vorzulegen.

(3) Entwürfe für schriftliche Berichte können dem Büro von jedem Verwaltungsratsmitglied übermittelt werden. Das Büro hat solche Entwürfe dem Vorsitzenden zur weiteren Entscheidung vorzulegen.

(4) Akten des Versicherungsträgers oder anderer Stellen sind nicht Teil schriftlicher Berichte.

Form schriftlicher Berichte

§ 14. (1) Der Antrag ist im Bericht (vor allfälligen Beilagen) deutlich hervorgehoben anzuführen.

(2) Berichte sind nach einem einheitlichen Schema zu gestalten. Umfangreiche oder schwierig zu kopierende Beilagen (Pläne etc.) müssen dem Bericht nicht beigelegt werden. Stattdessen hat der Bericht einen Hinweis darauf zu enthalten, wo die Beilage von den Sitzungsteilnehmern vollständig eingesehen werden kann bzw. dass die Beilage bei der Sitzung zur Einsichtnahme aufliegt. Berichte über Änderungen in der Satzung, Krankenordnung oder anderen Texten sollen Gegenüberstellungen des alten und des neuen Textes enthalten.

(3) Fremdsprachige Schriftstücke sind mit einer Übersetzung in die deutsche Sprache vorzulegen, wenn sie als Unterlage zu einem Beschluss dienen sollen, der Rechte oder Pflichten des Versicherungsträgers begründen würde.

Berichterstattung

§ 15. (1) Der Vorsitzende kann zu Anträgen, die in einem schriftlichen Bericht gestellt wurden, und zu mündlichen Anträgen einen zusätzlichen mündlichen Bericht zulassen. Den Berichterstatter bestimmt der Vorsitzende. Er kann ein Mitglied des Verwaltungsrates, den leitenden Angestellten des Versicherungsträgers oder einen von diesem namhaft gemachten Vertreter mit der Berichterstattung betrauen.

(2) Der Vorsitzende kann dem Berichterstatter das Schlusswort erteilen. Hierauf kann der Vorsitzende verzichten,

1. wenn eine zusammenfassende Darstellung der Ergebnisse der Wortmeldungen oder eine Abänderung der vom Berichterstatter gestellten Anträge entbehrlich ist oder
2. wenn das Schlusswort vom Vorsitzenden selbst erfolgt.

Diskussion

§ 16. (1) Nach der Berichterstattung hat der Vorsitzende die Diskussion einzuleiten. Wortmeldungen sind durch Erheben der Hand anzuzeigen, den Rednern ist in der Reihenfolge der Meldung das Wort zu erteilen. Der Redner kann sich in der Rednerliste zurückreihen lassen. Abwesenheit bei Aufruf gilt als Verzicht auf die Wortmeldung. Schriftliche Stellungnahmen abwesender Personen können kein Diskussionsbeitrag sein. Solche Stellungnahmen sind auch nicht dem Protokoll beizufügen.

(2) Die Redner haben sich an den Verhandlungsgegenstand zu halten. Die Wortmeldungen sollen kurz sein; Wiederholungen bereits vorgebrachter Standpunkte sowie nicht notwendige weitschweifende Erörterungen sind zu unterlassen. Berichte, die als Sitzungsunterlagen versendet wurden (§ 4 Abs. 2), sind als bekannt vorauszusetzen.

(3) Bei Wortmeldungen zur Geschäftsordnung (zum Beispiel über die Reihenfolge der Wortmeldungen) ist außer der Reihe das Wort zu erteilen. Über Anträge zur Geschäftsordnung kann, nachdem der am Wort befindliche Diskussionsredner ausgesprochen hat, nur je einem Redner das Wort für oder gegen den Antrag erteilt werden. Wortmeldungen zur Geschäftsordnung sind pro Redner mit drei Minuten begrenzt.

(4) Unrichtige Sachverhaltsdarstellungen können unmittelbar nach den Ausführungen des Redners berichtigt werden.

Verkürzung der Diskussion

§ 17. (1) Zur Verkürzung der Diskussion können die unter Abs. 2 genannten Anträge gestellt werden. Wird ein solcher Antrag gestellt, darf nur je einem Redner für oder gegen den Antrag das Wort erteilt werden. Hierauf ist sogleich abzustimmen.

(2) Im Einzelnen kann die Diskussion verkürzt werden:

1. durch Beschränkung der Redezeit auf nicht weniger als fünf Minuten für jeden Redner, aber auf nicht weniger als zehn Minuten für den Berichterstatter und die ersten zwei Redner;
2. durch Schluss der Rednerliste; danach darf nach den bereits vorgemerkten Rednern zu dem betreffenden Punkt der Tagesordnung

keinem weiteren Redner das Wort erteilt werden;
3. durch Schluss der Debatte; dadurch sind alle vorgemerkten Redner von der Rednerliste gestrichen; dem Berichterstatter bleibt jedoch das Schlusswort gewahrt;
4. durch Übergang zur Tagesordnung; dadurch sind alle vorgemerkten Redner, auch der Berichterstatter, von der Rednerliste gestrichen; die Abstimmung über alle Anträge zum Gegenstand entfällt und es kommt der nächste Tagesordnungspunkt zur Behandlung;
5. durch Schluss der Sitzung; die unerledigten Gegenstände sind auf die Tagesordnung der nächsten Sitzung zu setzen, die so bald wie möglich stattzufinden hat;
6. durch Vertagung des Gegenstandes; die Vertagung kann erfolgen
   a) auf bestimmte Zeit (zum Beispiel bis zur nächsten Sitzung oder bis zur Sitzung nach dem Eintreten einer bestimmten Bedingung), wobei im Vertagungsbeschluss der vom Verwaltungsrat gewollte Zeitablauf anzugeben ist, oder
   b) auf unbestimmte Zeit (Zurückstellung).

(5) Der Antrag hat die wesentlichen Inhalte der vorgeschlagenen Vorgangsweise zu enthalten (Vertragspartner, betroffene Personen, Kaufpreis, Hinweise auf Vertragsentwürfe). Der Text von Vertragsentwürfen, Schriftsätzen etc. hat im Allgemeinen nicht Inhalt von Anträgen zu sein; der Antrag kann in solchen Fällen auf Entwürfe verweisen, die dem Bericht beiliegen oder bei der Sitzung zur Einsicht bereitgehalten werden.

(6) Von den Abs. 3 und 4 darf ganz oder teilweise abgegangen werden
1. in laufenden Angelegenheiten oder
2. in geringfügigen Angelegenheiten oder
3. wenn dies der Vorsitzende im Einzelfall aus Gründen der Verwaltungsökonomie oder aus anderen triftigen sachlichen Gründen genehmigt,

Sitzungsleitung

§ 18. (1) Der Vorsitzende leitet die Sitzung. Er kann jederzeit selbst das Wort ergreifen und er erteilt das Wort in der Reihenfolge der Wortmeldungen (§ 16) oder fordert Sitzungsteilnehmer zu einer mündlichen Stellungnahme auf, wobei der aufgeforderte Teilnehmer allerdings nicht verpflichtet ist, Stellung zu nehmen.

(2) Der Vorsitzende ist berechtigt,
1. Redner, die nicht zum Gegenstand sprechen, „zur Sache“ zu rufen;
2. Redner sowie Teilnehmer an der Sitzung, die die Sitzung stören (zum Beispiel durch beleidigende Redeweise, Verletzung der Geschäftsordnung), „zur Ordnung“ zu rufen;
3. Rednern, die ihre Wortmeldung über Gebühr ausdehnen, nach einmaligem Aufmerksam-Machen und frühestens weiteren fünf Minuten das Wort zu entziehen.

(3) Dem Ruf „zur Sache“ oder „zur Ordnung“ ist sofort nachzukommen. Geschieht dies nicht, so hat der Vorsitzende zunächst dem Redner das Wort zu entziehen. Wird auch dem nicht Folge geleistet, kann der Vorsitzende den Betroffenen von der Sitzung ausschließen.

(4) Gegen die Verfügungen nach den Abs. 2 und 3 steht dem Betroffenen die sofortige mündliche Berufung an den Verwaltungsrat zu, der durch die anwesenden stimmberechtigten Sitzungsteilnehmer ohne Debatte und ohne Stimmrecht des Betroffenen mit einfacher Stimmenmehrheit entscheidet.

(5) Reichen die vorgesehenen Maßnahmen nicht aus, um den ordnungsgemäßen Verlauf der Sitzung sicherzustellen, kann der Vorsitzende auch ohne Antrag
1. die Sitzung für eine bestimmte Zeit, aber nicht länger als eine Stunde, unterbrechen oder
2. die Sitzung schließen. Das muss nicht beantragt werden und gilt als Beschluss nach § 17 Abs. 2 Z 5. Als Schluss der Sitzung gilt auch,
   a) wenn die Sitzungsunterbrechung (Z 1) länger als eine Stunde dauert oder
   b) wenn nach einer Sitzungsunterbrechung nur mehr so wenige stimmberechtigte Sitzungsteilnehmer anwesend sind, dass der Verwaltungsrat nicht mehr beschlussfähig ist.

(6) Der Vorsitzende kann verfügen, wenn ihm dies zur ordnungsgemäßen Abwicklung und Protokollierung der Sitzung nötig scheint, dass sich die Redner in Rednerlisten eintragen. Er kann auch andere Maßnahmen treffen, die dem ordnungsgemäßen Ablauf der Sitzung dienen (zum Beispiel Namensnennung zu Beginn einer Wortmeldung).

Fassung der Beschlüsse

§ 19. (1) Beschlüsse werden durch Abstimmung gefasst. Abstimmen kann nur, wer anwesend ist. Schriftlich abgegebene Stimmen sind ungültig. Die Reihenfolge der Abstimmung wird durch den Vorsitzenden bestimmt, jedoch ist über den Antrag auf Vertagung des Gegenstandes oder über den in der Sache weitergehenden Antrag zunächst abzustimmen. Der Vorsitzende stellt fest, welcher der weiter gehende Antrag ist.

(2) Jeder Beschluss hat alle wesentlichen Merkmale der geplanten Vorgangsweise zu enthalten. Der Beschluss kann auf Entwürfe und Konzepte verweisen, wenn diese Schriftstücke zu den Sitzungsunterlagen gehören.

(3) Abgestimmt wird durch Erheben der Hand. Einem Antrag auf namentliche Abstimmung ist stattzugeben, wenn er von mindestens einem Viertel der anwesenden stimmberechtigten Sitzungsteilnehmer des Verwaltungsrates gestellt wird. Ist das Abstimmungsergebnis nach Auffassung des Vorsitzenden oder eines sonstigen Mitgliedes des

Verwaltungsrates im Zählergebnis zweifelhaft, so kann der Vorsitzende eine namentliche Abstimmung durchführen.

(4) Stimmenthaltungen sind zulässig. Sie bleiben bei der Ermittlung des Abstimmungsergebnisses unberücksichtigt. Wenn keine Gegenstimmen abgegeben wurden, ist Einstimmigkeit auch bei Stimmenthaltungen gegeben.

(5) Unter dem Tagesordnungspunkt „Allfälliges" können keine gültigen Beschlüsse gefasst werden.

(6) Das Abstimmungsergebnis stellt der Vorsitzende fest.

(7) Der Verwaltungsrat kann beschließen, dass das Büro – gegen nachträgliche Berichterstattung an den Verwaltungsrat – das Recht hat, offenkundige Schreib- und Rechenfehler und andere offenkundige Versehen in Beschlüssen richtig zu stellen.

Keine Umlaufbeschlüsse

§ 20. Der Verwaltungsrat kann im Umlaufverfahren keine gültigen Beschlüsse fassen.

Protokollführung und Protokollprüfung

§ 21. (1) Über jede Verwaltungsratssitzung ist ein Protokoll zu führen. Der Protokollführer wird durch den Vorsitzenden auf Vorschlag des leitenden Angestellten des Versicherungsträgers bestimmt; es muss sich um einen Angestellten des Versicherungsträgers handeln. Zur Unterstützung des Protokollführers darf ein Tonaufzeichnungsgerät eingesetzt werden. Die Verwendung von Ton- und Bildaufzeichnungsgeräten durch andere Personen bedarf der Zustimmung des Vorsitzenden.

(2) Das Protokoll muss den Gang der Beratungen nicht wörtlich, sondern nur mit dem wesentlichen Inhalt wiedergeben. Ein Wortprotokoll ist nur insoweit anzufertigen, als es für einen bestimmten möglichst kurzen Text ausdrücklich verlangt wird

1. von einem an der Sitzung teilnehmenden stimmberechtigten Mitglied des Verwaltungsrates oder
2. von einem Vertreter der Aufsichtsbehörde bzw. des Bundesministers für Finanzen.

(3) Ansonsten bestimmt der Vorsitzende, wie zu protokollieren ist. Wer sich dadurch benachteiligt fühlt, kann dies (mit Gründen) in einer Wortmeldung zur Geschäftsordnung (§ 16 Abs. 3) erklären.

(4) Ob ein oder mehrere Verwaltungsratsmitglieder mit der Funktion des Protokollprüfers betraut werden und welche Aufgaben ein Protokollprüfer wahrzunehmen hat, entscheidet der Verwaltungsrat jeweils mit Gültigkeit für die laufende Amtsdauer oder einen kürzeren Zeitraum.

Inhalt des Protokolls

§ 22. (1) Jedes Sitzungsprotokoll hat mindestens zu enthalten:

1. den Namen des Versicherungsträgers und die Angabe, dass das Protokoll eine Verwaltungsratssitzung betrifft;
2. Ort, Tag, Beginn und Ende der Sitzung und der Sitzungsunterbrechungen; wenn an einem Tag mehrere Sitzungen stattgefunden haben, ist jede Sitzung eindeutig zu bezeichnen;
3. a) die Namen der Teilnehmer mit ihrer Rechtsstellung als
   - Verwaltungsratsmitglied,
   - leitender Angestellter des Versicherungsträgers,
   - Bedienstete des Versicherungsträgers,
   - Protokollführer,
   - Sachverständiger, Auskunftsperson etc. und

   b) die Namen der abwesenden Mitglieder (getrennt nach entschuldigten und nichtentschuldigten Mitgliedern) sowie gegebenenfalls die Übertragung ihrer Stimmrechte (die schriftliche Bestätigung ist dem Protokoll anzuschließen);
4. den Namen des Vorsitzenden und Angaben darüber, wenn der Vorsitz gewechselt wurde;
5. den Namen der Vertreter der Aufsichtsbehörde bzw. des Bundesministers für Finanzen;
6. die Feststellung der Beschlussfähigkeit;
7. die Tagesordnung mit den einzelnen Tagesordnungspunkten;
8. zu jedem Punkt der Tagesordnung
   a) die Bezeichnung des Tagesordnungspunktes,
   b) die Namen allfälliger Berichterstatter und der Sitzungsteilnehmer, wenn von diesen Personen wesentliche Wortmeldungen (insbesondere Gegenvorschläge) abgegeben wurden,
   c) die Namen der Antragsteller,
   d) die gestellten mündlichen Anträge in ihrer Reihenfolge,
   e) Beschlüsse mit ihrem vollen Wortlaut,
   f) zu jedem Beschluss das Abstimmungsergebnis (einstimmig oder mehrheitlich); Gegenstimmen und Stimmenthaltungen sind zu protokollieren;
   g) Einsprüche und Anregungen durch den Vertreter der Aufsichtsbehörde bzw. des Bundesministers für Finanzen;
9. Angaben darüber, welcher stimmberechtigte Sitzungsteilnehmer bei einer Abstimmung nicht anwesend war; diese Angaben sind im Sitzungsprotokoll beim Abstimmungsergebnis festzuhalten;
10. Maßnahmen des Vorsitzenden nach § 18.

(2) Bei Angaben nach Abs. 1 sind allgemein als Namen mindestens Vorname, Familienname und akademischer Grad anzugeben. Bei den Wortmeldungen muss nur der Familienname angegeben werden. Vornamen und Titel müssen bei den Wortmeldungen nur dann angeführt werden, wenn dies

zur Unterscheidung von Sitzungsteilnehmern notwendig ist oder vom Betroffenen verlangt wird.

Ausarbeitung des Protokolls

§ 23. (1) Der Protokollentwurf ist dem Vorsitzenden möglichst innerhalb von vier Wochen zur Durchsicht zu übermitteln.

(2) Ein Auszug aus dem Protokollentwurf ist, wenn wörtliche Protokollierung (§ 21 Abs. 2) verlangt wurde, auf Verlangen auch dem betreffenden Sitzungsteilnehmer zur Durchsicht der eigenen Ausführungen zu übermitteln.

(3) Der Protokollentwurf ist nach allfälligen Korrekturen in der nächstfolgenden Sitzung zur Genehmigung (Verifizierung) vorzulegen. Die Richtigkeit des Protokolls (bzw. wenn der leitende Angestellte an der Sitzung nicht teilnahm, die Kenntnisnahme) ist nach der Genehmigung vom Vorsitzenden, vom leitenden Angestellten und vom Protokollführer mit Unterschrift zu bestätigen. Das Protokoll ist gemeinsam mit einer Garnitur der schriftlichen Sitzungsunterlagen (Berichte etc.) dauerhaft aufzubewahren.

(4) Aufzeichnungen, die für die Protokollierung angefertigt wurden, dürfen erst nach Genehmigung (Verifizierung) des Protokolls vernichtet oder gelöscht werden. Sie sind bis zur Genehmigung unter Verschluss aufzubewahren.

(5) Ein Protokolltext (einschließlich Beschlüsse), dessen Richtigkeit vom Protokollführer vorbehaltlich der Genehmigung oder Berichtigung bestätigt wurde, kann vorläufig als Grundlage der weiteren Vorgangsweise des Büros herangezogen werden.

Protokollauszüge

§ 24. (1) Protokollauszüge haben zu enthalten:

1. die Angaben nach § 22 Abs. 1 Z 1, 2, 4 und 5, soweit sie für den Tagesordnungspunkt, für den der Protokollauszug angefertigt wird, bedeutsam sind;
2. die vollständige Bezeichnung des Tagesordnungspunktes, über den der Protokollauszug angefertigt wird;
3. die Zahl der anwesenden stimmberechtigten Sitzungsteilnehmer und das Abstimmungsergebnis (§ 22 Abs. 1 Z 8 lit. f);
4. den Wortlaut aller Beschlüsse zu diesem Tagesordnungspunkt.

(2) Die Richtigkeit eines Protokollauszuges, der außerhalb des Büros des Versicherungsträgers verwendet werden soll, ist durch Unterschrift des Vorsitzenden und des leitenden Angestellten des Versicherungsträgers zu bestätigen.

(3) Auszüge aus Protokollen, die vor der Genehmigung (Verifizierung) angefertigt werden, müssen am Beginn deutlich sichtbar folgenden Vermerk tragen: „Vorbehaltlich Berichtigung und Genehmigung!“.

Vertretung von Mitgliedern

§ 25. (1) Wenn ein Mitglied des Verwaltungsrates an einer Sitzung voraussichtlich nicht teilnehmen kann, so hat es davon so bald wie möglich das Büro des Versicherungsträgers zu verständigen.

(2) Ein Verwaltungsratsmitglied kann ein anderes Mitglied des Verwaltungsrates schriftlich mit seiner Vertretung bei einer einzelnen Sitzung betrauen. In diesem Fall ist das Büro des Versicherungsträgers durch das stimmrechtsübertragende Mitglied schriftlich zu informieren.

Bürogeschäfte des Verwaltungsrates

§ 26. Die Bürogeschäfte des Verwaltungsrates werden vom Büro des Versicherungsträgers unter der Verantwortung des leitenden Angestellten des Versicherungsträgers geführt.

Bürogeschäfte des Überleitungsausschusses

§ 27. In der Zeit vom 1. April 2019 bis zum Ablauf des 30. Juni 2019 werden die Bürogeschäfte des Überleitungsausschusses nach § 538v ASVG vom kommissarischen Leiter, des Überleitungsausschusses nach § 49 SVSG vom leitenden Angestellten der Sozialversicherungsanstalt der gewerblichen Wirtschaft und des Überleitungsausschusses nach § 168c B-KUVG vom leitenden Angestellten der Versicherungsanstalt öffentlich Bediensteter geführt.

Konstituierung des Verwaltungsrates

§ 28. (1) Für das erstmalige Zusammentreten des Verwaltungsrates zu Beginn einer neuen Amtsdauer (Konstituierung) gilt mit Ausnahme der Konstituierungen nach den §§ 538t ff. ASVG (§ 29) folgende Vorgangsweise:

1. Die Sitzung des neuen Verwaltungsrates wird durch den letzten Vorsitzenden einberufen, für den Fall und die Dauer seiner Verhinderung durch den stellvertretenden Vorsitzenden, ist auch dieser verhindert, durch das an Lebensjahren älteste Verwaltungsratsmitglied.
2. Dieser/Dieses hat die konstituierende Sitzung zu eröffnen und zunächst zu leiten, bis der neu gewählte Vorsitzende seine Wahl angenommen hat.

(2) Abs. 1 gilt auch dann, wenn der bisherige Obmann bzw. sonstige Vorsitzende für die neue Amtsdauer dem Verwaltungsrat nicht mehr als Versicherungsvertreter angehört; ein Stimmrecht in der konstituierenden Sitzung kommt aber nur den in den neuen Verwaltungsrat entsendeten Versicherungsvertretern zu.

Konstituierung des Verwaltungsrates/Überleitungsausschusses nach den §§ 538t ff. ASVG

§ 29. (1) Für das erstmalige Zusammentreten des Verwaltungsrates/Überleitungsausschusses für den Zeitraum 1. April 2019 bis 31. Dezember 2019 gilt folgende Vorgangsweise:

1. Die Sitzung des Verwaltungsrates/Überleitungsausschusses wird durch die Bundesmi-

nisterin für Arbeit, Soziales, Gesundheit und Konsumentenschutz einberufen.

2. Das an Lebensjahren älteste Mitglied hat die konstituierende Sitzung zu eröffnen und zunächst zu leiten, bis der neu gewählte Vorsitzende seine Wahl angenommen hat.

(2) Ab 1. Jänner 2020 wird der nach Abs. 1 konstituierte Verwaltungsrat/Überleitungsausschuss unverändert als Verwaltungsrat für eine neue Amtsdauer tätig (§§ 538u Abs. 2, 538x Abs. 6 und 538y Abs. 6 ASVG).

Ausschüsse des Verwaltungsrates

§ 30. (1) Der Verwaltungsrat kann zu seiner Unterstützung bei der Durchführung der ihm gesetzlich übertragenen Aufgaben am Sitz der Hauptstelle Ausschüsse einrichten. Diese Ausschüsse können ausschließlich mit vorbereitenden und beratenden Tätigkeiten betraut werden.

(2) Für den Bereich der Versicherungsanstalt öffentlich Bediensteter, Eisenbahnen und Bergbau sind zu den Sitzungen der Landesstellenausschüsse im Bedarfsfall Auskunftspersonen beizuziehen.

Anhang zur Mustergeschäftsordnung (AnhGO)

Präambel

Die nachstehend angeführten Obliegenheiten und laufenden Angelegenheiten der Geschäftsführung des Verwaltungsrates werden nach § 456a Abs. 4 ASVG übertragen; dies mit der Maßgabe, dass es dem Verwaltungsrat dessen unbeschadet vorbehalten bleibt, einzelne dieser angeführten delegierten Angelegenheiten jederzeit durch Beschluss zur eigenen Beschlussfassung und Entscheidung an sich zu ziehen.

Delegierungen nach § 456a Abs. 4 ASVG

A) Delegierungen an den Obmann

Dem Obmann des Versicherungsträgers werden folgende Angelegenheiten übertragen, wobei bei den in § 430 Abs. 2 ASVG genannten Trägern der vorsitzführende Obmann das Einvernehmen mit dem nicht vorsitzführenden Obmann herzustellen hat:

1. die Vertretung des Versicherungsträgers nach außen in allen Angelegenheiten, die der Beschlussfassung der Hauptversammlung oder des Verwaltungsrates bedürfen;
2. die Überwachung der Einhaltung aller maßgebenden Rechtsvorschriften, Beschlüsse und Weisungen des Verwaltungsrates sowie der Gebote der Zweckmäßigkeit, Wirtschaftlichkeit und Sparsamkeit im Versicherungsträger;
3. die Dienstaufsicht über den leitenden Angestellten;
4. die Auftragserteilung zur Einschautätigkeit im Rahmen der Beitragsprüfung;
5. die Entscheidung über Einsprüche gegen Dienstbeschreibungen, wenn die Betriebliche Schlichtungskommission eine einstimmige Stellungnahme abgegeben hat;
6. die Einleitung und Betreibung von Verfahren vor der Aufsichtsbehörde sowie damit im Zusammenhang stehender Verfahren vor Gerichten einschließlich der Gerichtshöfe des öffentlichen Rechtes.

B) Delegierungen an die Landestellenausschüsse

Den Landesstellenausschüssen obliegt die Geschäftsführung hinsichtlich der ihnen gesetzlich zugewiesenen Aufgaben nach einheitlichen Grundsätzen und Vorgaben des Verwaltungsrates.

C) Delegierungen an das Büro

1. Laufende Verwaltungsgeschäfte, soweit im Einzelfall das Eineinhalbfache des für das jeweilige Jahr festgesetzten Schwellenwertes für Dienstleistungen nach § 12 Abs. 1 Z 1 BVerG 2018 nicht überschritten wird;
2. Personalangelegenheiten mit Ausnahme des bereichsleitenden und leitenden Dienstes sowie der Leiter/innen des höheren Dienstes nach der DO. A und des ärztlichen Dienstes nach § 37 Z 1 und 2 DO. B sowie mit Ausnahme des Abschlusses von Betriebsvereinbarungen;
3. die Einleitung und Betreibung von Verfahren bei Gerichten (unbeschadet des Punktes A Z 6) und Verwaltungsbehörden sowie die Wahrnehmung der Parteistellung;
4. Angelegenheiten des Regresswesens sowie Verzicht, Herabsetzung, Stundung und Abschreibung von uneinbringlichen Forderungen;
5. die Entscheidung in Leistungsangelegenheiten unter Bedachtnahme auf bestehende Richtlinien des Verwaltungsrates sowohl im eigenen als auch im übertragenen Wirkungsbereich des Versicherungsträgers;
6. Angelegenheiten der Rehabilitation; ist ein Ausschuss nach § 30 eingerichtet nur dann, wenn dieser diese Angelegenheiten vorberaten hat;
7. Angelegenheiten des Melde-, Versicherungs- und Beitragswesens unter Bedachtnahme auf bestehende Richtlinien des Verwaltungsrates;
8. Angelegenheiten des Vertragspartnerrechtes, wenn sie nicht den Landesstellenausschüssen zugewiesen sind; dessen ungeachtet obliegt die Genehmigung der Gesamtverträge ausschließlich dem Verwaltungsrat;
9. die Vertretung des Versicherungsträgers nach außen in jenen Angelegenheiten, die nicht der Beschlussfassung des Verwaltungsrates oder der Hauptversammlung bedürfen;
10. das Veranlagungs- und Liquiditätsmanagement;

11. die Auftragserteilung zur Einschautätigkeit der Innenrevision sowie die Genehmigung der Einschaupläne;
12. die Nachschaffung von Gegenständen und Materialien, die zur Aufrechterhaltung einer kontinuierlichen Betriebsführung erforderlich sind;
13. die Vergabe notwendiger wiederkehrender Aufträge zur Sicherstellung eines reibungslosen Betriebsablaufes und zur Aufrechterhaltung der Betriebssicherheit.

Erlassung einer Mustergeschäftsordnung für die Konferenz des Dachverbandes

Verordnung, mit der eine Mustergeschäftsordnung für die Konferenz des Dachverbandes der Sozialversicherungsträger erlassen wird, BGBl II 2019/97

GLIEDERUNG

Verordnung der Bundesministerin für Arbeit, Soziales, Gesundheit und Konsumentenschutz, mit der eine Mustergeschäftsordnung für die Konferenz des Dachverbandes der Sozialversicherungsträger erlassen wird

Auf Grund des § 456a Abs. 4 und 5 des Allgemeinen Sozialversicherungsgesetzes (ASVG), BGBl. Nr. 189/1955, zuletzt geändert durch das Bundesgesetz BGBl. I Nr. 23/2019, wird verordnet:

Geltungsbereich

§ 1. (1) Die dieser Verordnung als Anlage angeschlossene Mustergeschäftsordnung gilt für die Tätigkeit der Konferenz des Dachverbandes der Sozialversicherungsträger.

(2) Die Obliegenheiten und laufenden Angelegenheiten, die die Konferenz zur Erledigung übertragen hat, sind im Anhang zur Mustergeschäftsordnung festgehalten; dieser Anhang ist integrierender Bestandteil der Mustergeschäftsordnung.

(3) Für die Zeit vom 15. April 2019 bis zum Ablauf des 31. Dezember 2019 gilt die angeschlossene Mustergeschäftsordnung samt Anhang auch für die Überleitungskonferenz.

Sprachliche Gleichbehandlung

§ 2. Soweit in der angeschlossenen Mustergeschäftsordnung samt Anhang personenbezogene Bezeichnungen nur in männlicher Form angeführt sind, beziehen sie sich auf Frauen und Männer in gleicher Weise. Bei der Anwendung auf bestimmte Personen ist die jeweils geschlechtsspezifische Form zu verwenden.

Wirksamkeitsbeginn

§ 3. Diese Verordnung tritt mit 15. April 2019 in Kraft.

Anlage

Mustergeschäftsordnung für die Konferenz des Dachverbandes der Sozialversicherungsträger (MGOKDV)

Inhaltsverzeichnis

Mitglieder der Konferenz

§ 1. (1) Jedes Konferenzmitglied hat das Recht, vom Dachverband zumindest einmal jährlich eine Zusammenstellung aller Mitglieder von Verwaltungskörpern zu erhalten, in der Namen, Telefonnummern, Zustelladressen und Kurienangehörigkeit enthalten sind.

(2) Listen mit Namen der Konferenzmitglieder dürfen vom Büro an Personen außerhalb des Dachverbandes nur dann weitergegeben werden, wenn als Zustelladresse bzw. Telefonnummer die entsprechenden Angaben des Versicherungsträgers/Dachverbandes angeführt werden, nicht aber die Privat-, Beschäftigungs- oder Betriebsadressen der Versicherungsvertreter.

Einberufung von Sitzungen

§ 2. (1) Sitzungen der Konferenz werden vom Vorsitzenden nach Bedarf einberufen, soweit Sitzungstermine nicht bereits im Voraus festgelegt werden (Abs. 2).

(2) Sitzungtermine sind möglichst am Ende einer vorangehenden Sitzung zu erörtern.

(3) Die Konferenz ist – abgesehen von dem der Aufsichtsbehörde gesetzlich zustehenden Recht – auch dann einzuberufen, wenn dies schriftlich von einem Viertel der Konferenzmitglieder unter Angabe des Tagesordnungsentwurfes verlangt wird.

Einladung zur Sitzung

§ 3. (1) Die Einladungen zu den Sitzungen sind nachweislich spätestens acht Kalendertage vor dem Sitzungstag unter Angabe von Ort, Beginn und Tagesordnungsentwurf auszusenden. Dies gilt auch gegenüber der Aufsichtsbehörde.

(2) Der Einladung sind soweit wie möglich bereits die schriftlichen Sitzungsunterlagen beizulegen.

(3) Die Aussendung der Sitzungseinladungen und –unterlagen hat grundsätzlich auf elektronischem Weg zu erfolgen. Ausnahmsweise kann dies auf dem Postweg oder durch Boten erfolgen.

(4) Auf die Einhaltung der Einladungsfrist kann ausnahmsweise aus einem wichtigen Grund verzichtet werden.

Sitzungsunterlagen

§ 4. Sitzungsunterlagen dürfen von Sitzungsteilnehmern außerhalb ihrer Funktion nur dann verwendet werden,

1. wenn es von der Konferenz genehmigt wurde oder
2. wenn es sich um Unterlagen handelt, die schon aus anderen Gründen außerhalb des Konferenzbereiches zugänglich sind.

Sitzungsdauer

§ 5. (1) Sitzungen sind zeitlich im Allgemeinen so anzuberaumen, dass alle Angelegenheiten der Tagesordnung erledigt werden können.

(2) Sitzungen können auf Antrag eines Konferenzmitgliedes unterbrochen werden, wenn dies von der Mehrheit der anwesenden Konferenzmitglieder unterstützt wird.

(3) Die Fortsetzung einer unterbrochenen Sitzung hat jedenfalls am selben Kalendertag stattzufinden.

Sitzungseröffnung, Vorsitz und Beschlussfähigkeit

§ 6. (1) Der Vorsitzende eröffnet die Sitzung und stellt die Beschlussfähigkeit fest. Wenn die Beschlussfähigkeit nicht gegeben ist, kann der Vorsitzende den Sitzungsbeginn maximal um eine halbe Stunde verschieben.

(2) Die Beschlussfähigkeit richtet sich nach der Zahl der Sitzungsteilnehmer im Beschlusszeitpunkt (Abgabe der letzten Stimme). Die Zahl der Teilnehmer zu Sitzungsbeginn bewirkt nicht die Beschlussfähigkeit während der gesamten Sitzung.

Tagesordnung

§ 7. (1) Der Entwurf der Tagesordnung ist vom Vorsitzenden zu Sitzungsbeginn der Konferenz vorzulegen. Jeder Tagesordnungsentwurf hat den Punkt „Allfälliges“ zu enthalten.

(2) Durch Beschluss der Konferenz kann die Tagesordnung geändert werden, bevor in sie eingegangen wird. Für den Fall einer Sitzungsunterbrechung kann die Tagesordnung, bevor in sie neuerlich eingegangen wird, durch Beschluss der Konferenz ergänzt oder geändert werden.

(3) Jedenfalls als Tagesordnungspunkt vorzusehen sind, wenn ein entsprechender Sachverhalt vorliegt:

1. erlassene Verfügungen des Obmannes/der Obleute, weil die Konferenz nicht rechtzeitig zusammentreten konnte;
2. ein Verlangen der Aufsichtsbehörde zur Einberufung einer Sitzung.

Nichtöffentlichkeit der Sitzungen

§ 8. (1) Die Sitzungen der Konferenz sind nicht öffentlich.

(2) Auskünfte über Sitzungen dürfen nur im Rahmen des Auskunftspflichtgesetzes, BGBl. Nr. 287/1987, gegeben werden. Sitzungsunterlagen, Teilnehmerlisten und Protokolle dürfen bei einer Auskunftsbearbeitung nicht bzw. nur dann weitergegeben werden, wenn dies (für Sitzungsunterlagen) nach § 4 zulässig ist.

Sitzungsteilnahme, Befangenheit

§ 9. (1) Auskunftspersonen oder Sachverständige, dürfen nur ausnahmsweise und nur dann an einer Konferenzsitzung teilnehmen, wenn dadurch die Nichtöffentlichkeit der Konferenzsitzung nicht gefährdet wird.

(2) Wer befangen ist, hat für die Zeit, in der die betreffende Angelegenheit erörtert wird, den Sitzungsraum zu verlassen. Ob Befangenheit vorliegt, ist im Einzelfall vom Vorsitzenden zu beurteilen, wobei als Grundlage die Befangenheitsgründe des Verwaltungsverfahrens (§ 7 des Allgemeinen Verwaltungsverfahrensgesetzes 1991, BGBl. Nr. 51/1991) heranzuziehen sind. Gegen eine Entscheidung des Vorsitzenden steht dem Betroffenen die sofortige mündliche Berufung an die Konferenz zu, die durch die anwesenden stimmberechtigten Sitzungsteilnehmer ohne Debatte und ohne Stimmrecht des Betroffenen mit einfacher Stimmenmehrheit entscheidet.

Anträge

§ 10. (1) Anträge an die Konferenz können in mündlichen Berichten (§ 11) oder in schriftlichen Berichten (§ 12), die allen Sitzungsteilnehmern vorliegen, gestellt werden. Jeder Antrag ist zu begründen.

(2) Ein Bericht besteht zumindest aus dem Antrag und seiner Begründung. Schriftlichen Berichten ist im Allgemeinen der Vorzug zu geben. Bei Berichten, die nur zur Information vorgelegt werden, ist zu beantragen, dass der Bericht zur Kenntnis genommen wird.

(3) Jeder Bericht hat einen Antragstext zu enthalten, der bei Zustimmung unverändert beschlossen werden könnte (ausformulierter Antrag).

(4) Die Begründung muss, soweit derartige Angaben im Berichtszeitpunkt möglich sind und eine Begründung erforderlich scheint, enthalten:

1. warum der Antrag gestellt wird, einschließlich
   a) allenfalls notwendiger Basis- oder Hintergrundinformationen,
   b) Verweisen auf frühere Beschlüsse in der gleichen Angelegenheit,
   c) wichtiger allfälliger Argumente für oder gegen den Beschluss,
   d) der Angabe allfälliger Alternativen,
2. welche vorhersehbaren allgemeinen Auswirkungen ein zustimmender Beschluss hätte,
3. welche vorhersehbaren Aufwendungen oder Einnahmen ein zustimmender Beschluss nach sich ziehen würde (in absoluten Zahlen oder in Prozentwerten des Mehr- oder Minderaufwandes),
4. welche weiteren Beschlüsse und anderen Rechtsakte im Zuge der Durchführung des Beschlusses notwendig würden (aufsichtsbehördliche Genehmigung),
5. die Rechtsvorschrift, auf der ein Beschluss beruhen würde,
6. welche Verlautbarungen auf Grund eines Beschlusses notwendig wären.

(5) Der Antrag hat die wesentlichen Inhalte der vorgeschlagenen Vorgangsweise zu enthalten (Vertragspartner, betroffene Personen, Kaufpreis, Hinweise auf Vertragsentwürfe). Der Text von Vertragsentwürfen, Schriftsätzen etc. hat im Allgemeinen nicht Inhalt von Anträgen zu sein; der Antrag kann auf Entwürfe verweisen, die dem Bericht beiliegen oder bei der Sitzung zur Einsicht bereitgehalten werden.

(6) Von den Abs. 3 und 4 darf ganz oder teilweise abgegangen werden

1. in laufenden Angelegenheiten oder
2. in geringfügigen Angelegenheiten oder
3. wenn dies der Vorsitzende im Einzelfall aus Gründen der Verwaltungsökonomie oder aus anderen triftigen sachlichen Gründen genehmigt,wenn dadurch der notwendige Informationsstand der Sitzungsteilnehmer voraussichtlich nicht beeinträchtigt wird.

Mündliche Anträge

§ 11. (1) Nur Konferenzmitglieder können mündliche Anträge stellen. Mündliche Anträge können nur während der laufenden Sitzung gestellt werden. Sie sind in klarer Form zu formulieren und erforderlichenfalls vor der Abstimmung zu wiederholen.

(2) Wenn der Vorsitzende die Berichterstattung zu einem Antrag übernimmt, kann er den Vorsitz für deren Dauer an seinen Stellvertreter abgeben. Wenn der Stellvertreter an der Sitzung nicht teilnimmt, kann der Vorsitz für die Dauer der Berichterstattung vom Vorsitzenden einem anderen Versicherungsvertreter übergeben werden.

Anträge in schriftlichen Berichten

§ 12. (1) Die genehmigte Aussendung oder Vorlage eines Berichtes gilt als Antragstellung.

(2) Schriftliche Berichte sind dem Vorsitzenden vor ihrer Aussendung an die Sitzungsteilnehmer zur Genehmigung vorzulegen.

(3) Entwürfe für schriftliche Berichte können dem Büro von jedem Konferenzmitglied übermittelt werden. Das Büro hat solche Entwürfe dem Vorsitzenden zur weiteren Entscheidung vorzulegen.

(4) Akten des Dachverbandes oder anderer Stellen sind nicht Teil schriftlicher Berichte.

Form schriftlicher Berichte

§ 13. (1) Der Antrag ist im Bericht (vor allfälligen Beilagen) deutlich hervorgehoben anzuführen.

(2) Berichte sind nach einem einheitlichen Schema zu gestalten. Umfangreiche oder schwierig zu kopierende Beilagen (Pläne etc.) müssen dem Bericht nicht beigelegt werden. Stattdessen hat der Bericht einen Hinweis darauf zu enthalten, wo die Beilage von den Sitzungsteilnehmern vollständig eingesehen werden kann bzw. dass die Beilage bei der Sitzung zur Einsichtnahme aufliegt. Berichte über Änderungen in der Satzung, Krankenordnung oder anderen Texten sollen Gegenüberstellungen des alten und des neuen Textes enthalten.

Berichterstattung

§ 14. (1) Der Vorsitzende kann zu Anträgen, die in einem schriftlichen Bericht gestellt wurden, und zu mündlichen Anträgen einen zusätzlichen mündlichen Bericht zulassen. Den Berichterstatter bestimmt der Vorsitzende. Er kann ein Mitglied der Konferenz, den Büroleiter des Dachverbandes bzw. einen von diesem namhaft gemachten Vertreter mit der Berichterstattung betrauen.

(2) Der Vorsitzende kann dem Berichterstatter das Schlusswort erteilen. Hierauf kann der Vorsitzende verzichten,

1. wenn eine zusammenfassende Darstellung der Ergebnisse der Wortmeldungen oder eine Abänderung der vom Berichterstatter gestellten Anträge entbehrlich ist oder
2. wenn das Schlusswort vom Vorsitzenden selbst erfolgt.

Diskussion

§ 15. (1) Nach der Berichterstattung hat der Vorsitzende die Diskussion einzuleiten. Wortmeldungen sind durch Erheben der Hand anzuzeigen, den Rednern ist in der Reihenfolge der Meldung das Wort zu erteilen. Der Redner kann sich in der Rednerliste zurückreihen lassen. Abwesenheit bei Aufruf gilt als Verzicht auf die Wortmeldung. Schriftliche Stellungnahmen abwesender Personen können kein Diskussionsbeitrag sein. Solche Stellungnahmen sind auch nicht dem Protokoll beizufügen.

(2) Die Redner haben sich an den Verhandlungsgegenstand zu halten. Die Wortmeldungen sollen kurz sein; Wiederholungen bereits vorgebrachter Standpunkte sowie nicht notwendige weitschweifende Erörterungen sind zu unterlassen. Berichte, die als Sitzungsunterlagen versendet wurden (§ 3 Abs. 2), sind als bekannt vorauszusetzen.

(3) Bei Wortmeldungen zur Geschäftsordnung (zum Beispiel über die Reihenfolge der Wortmeldungen) ist außer der Reihe das Wort zu erteilen. Über Anträge zur Geschäftsordnung kann, nachdem der am Wort befindliche Diskussionsredner ausgesprochen hat, nur je einem Redner das Wort für oder gegen den Antrag erteilt werden. Wortmeldungen zur Geschäftsordnung sind pro Redner mit drei Minuten begrenzt.

(4) Unrichtige Sachverhaltsdarstellungen können unmittelbar nach den Ausführungen des Redners berichtigt werden.

Verkürzung der Diskussion

§ 16. (1) Zur Verkürzung der Diskussion können die unter Abs. 2 genannten Anträge gestellt werden. Wird ein solcher Antrag gestellt, darf nur je einem Redner für oder gegen den Antrag das Wort erteilt werden. Hierauf ist sogleich abzustimmen.

(2) Im Einzelnen kann die Diskussion verkürzt werden:

1. durch Beschränkung der Redezeit auf nicht weniger als fünf Minuten für jeden Redner, aber auf nicht weniger als zehn Minuten für den Berichterstatter und die ersten zwei Redner;
2. durch Schluss der Rednerliste; danach darf nach den bereits vorgemerkten Rednern zu dem betreffenden Punkt der Tagesordnung keinem weiteren Redner das Wort erteilt werden;
3. durch Schluss der Debatte; dadurch sind alle vorgemerkten Redner von der Rednerliste gestrichen; dem Berichterstatter bleibt jedoch das Schlusswort gewahrt;
4. durch Übergang zur Tagesordnung; dadurch sind alle vorgemerkten Redner, auch der Berichterstatter, von der Rednerliste gestrichen; die Abstimmung über alle Anträge zum Gegenstand entfällt und es kommt der nächste Tagesordnungspunkt zur Behandlung;
5. durch Schluss der Sitzung; die unerledigten Gegenstände sind auf die Tagesordnung der nächsten Sitzung zu setzen, die so bald wie möglich stattzufinden hat;
6. durch Vertagung des Gegenstandes; die Vertagung kann erfolgen
   a) entweder auf bestimmte Zeit (zum Beispiel bis zur nächsten Sitzung oder bis zur Sitzung nach dem Eintreten einer bestimmten Bedingung); in diesem Fall ist im Vertagungsbeschluss der von der Konferenz gewollte Zeitablauf anzugeben, oder
   b) auf unbestimmte Zeit (Zurückstellung).

Sitzungsleitung

§ 17. (1) Der Vorsitzende leitet die Sitzung. Er kann jederzeit selbst das Wort ergreifen und er erteilt das Wort in der Reihenfolge der Wortmeldungen (§ 15) oder fordert Sitzungsteilnehmer zu einer mündlichen Stellungnahme auf, wobei der aufgeforderte Teilnehmer allerdings nicht verpflichtet ist, Stellung zu nehmen.

(2) Der Vorsitzende ist berechtigt,

1. Redner, die nicht zum Gegenstand sprechen, „zur Sache" zu rufen;

2. Redner sowie Teilnehmer an der Sitzung, die die Sitzung stören (zum Beispiel durch beleidigende Redeweise, Verletzung der Geschäftsordnung), „zur Ordnung“ zu rufen;
3. Rednern, die ihre Wortmeldung über Gebühr ausdehnen, nach einmaligem Aufmerksam-Machen und frühestens weiteren fünf Minuten das Wort zu entziehen.

(3) Dem Ruf „zur Sache“ oder „zur Ordnung“ ist sofort nachzukommen. Geschieht dies nicht, so hat der Vorsitzende zunächst dem Redner das Wort zu entziehen. Wird auch dem nicht Folge geleistet, kann der Vorsitzende den Betroffenen von der Sitzung ausschließen.

(4) Gegen die Verfügungen nach den Abs. 2 und 3 steht dem Betroffenen die sofortige mündliche Berufung an die Konferenz zu, die durch die anwesenden stimmberechtigten Sitzungsteilnehmer ohne Debatte und ohne Stimmrecht des Betroffenen mit einfacher Stimmenmehrheit entscheidet.

(5) Reichen die vorgesehenen Maßnahmen nicht aus, um den ordnungsgemäßen Verlauf der Sitzung sicherzustellen, kann der Vorsitzende auch ohne Antrag

1. die Sitzung für eine bestimmte Zeit, aber nicht länger als eine Stunde, unterbrechen oder
2. die Sitzung schließen. Das muss nicht beantragt werden und gilt als Beschluss nach § 16 Abs. 2 Z 5. Als Schluss der Sitzung gilt auch,
   a) wenn die Sitzungsunterbrechung (Z 1) länger als eine Stunde dauert oder
   b) wenn nach einer Sitzungsunterbrechung nur mehr so wenige stimmberechtigte Sitzungsteilnehmer anwesend sind, dass die Konferenz nicht mehr beschlussfähig ist.

(6) Der Vorsitzende kann verfügen, wenn ihm dies zur ordnungsgemäßen Abwicklung und Protokollierung der Sitzung nötig scheint, dass sich die Redner in Rednerlisten eintragen. Er kann auch andere Maßnahmen treffen, die dem ordnungsgemäßen Ablauf der Sitzung dienen (zum Beispiel Namensnennung zu Beginn einer Wortmeldung).

Fassung der Beschlüsse

§ 18. (1) Beschlüsse werden durch Abstimmung gefasst. Abstimmen kann nur, wer anwesend ist. Schriftlich abgegebene Stimmen sind ungültig. Die Reihenfolge der Abstimmung wird durch den Vorsitzenden bestimmt, jedoch ist über den Antrag auf Vertagung des Gegenstandes oder über den in der Sache weitergehenden Antrag zunächst abzustimmen. Der Vorsitzende stellt fest, welcher der weitergehende Antrag ist.

(2) Jeder Beschluss hat alle wesentlichen Merkmale der geplanten Vorgangsweise zu enthalten. Der Beschluss kann auf Entwürfe und Konzepte verweisen, wenn diese Schriftstücke zu den Sitzungsunterlagen gehören.

(3) Abgestimmt wird durch Erheben der Hand. Einem Antrag auf namentliche Abstimmung ist stattzugeben, wenn er von mindestens einem Viertel der anwesenden stimmberechtigten Sitzungsteilnehmer der Konferenz gestellt wird. Ist das Abstimmungsergebnis nach Auffassung des Vorsitzenden oder eines sonstigen Mitgliedes der Konferenz im Zählergebnis zweifelhaft, so kann der Vorsitzende eine namentliche Abstimmung durchführen.

(4) Stimmenthaltungen sind zulässig. Stimmenthaltungen bleiben bei der Ermittlung des Abstimmungsergebnisses unberücksichtigt. Wenn keine Gegenstimmen abgegeben wurden, ist Einstimmigkeit auch bei Stimmenthaltungen gegeben.

(5) Unter dem Tagesordnungspunkt „Allfälliges“ können keine gültigen Beschlüsse gefasst werden.

(6) Das Abstimmungsergebnis stellt der Vorsitzende fest.

(7) Die Konferenz kann beschließen, dass das Büro – gegen nachträgliche Berichterstattung an die Konferenz – das Recht hat, offenkundige Schreib- und Rechenfehler und andere offenkundige Versehen in Beschlüssen richtig zu stellen.

Keine Umlaufbeschlüsse

§ 19. Die Konferenz kann im Umlaufverfahren keine gültigen Beschlüsse fassen.

Protokollführung und Protokollprüfung

§ 20. (1) Über jede Sitzung der Konferenz ist ein Protokoll zu führen. Der Protokollführer wird durch den Vorsitzenden auf Vorschlag des Büroleiters des Dachverbandes bestimmt; es muss sich um einen Angestellten des Dachverbandes handeln. Zur Unterstützung des Protokollführers darf ein Tonaufzeichnungsgerät eingesetzt werden. Die Verwendung von Ton- und Bildaufzeichnungsgeräten durch andere Personen bedarf der Zustimmung des Vorsitzenden.

(2) Das Protokoll muss den Gang der Beratungen nicht wörtlich, sondern nur mit dem wesentlichen Inhalt wiedergeben. Ein Wortprotokoll ist nur insoweit anzufertigen, als es für einen bestimmten möglichst kurzen Text ausdrücklich verlangt wird

1. von einem an der Sitzung teilnehmenden stimmberechtigten Mitglied der Konferenz oder
2. von einem Vertreter der Aufsichtsbehörde bzw. des Bundesministers für Finanzen.

(3) Ansonsten bestimmt der Vorsitzende, wie zu protokollieren ist. Wer sich dadurch benachteiligt fühlt, kann dies (mit Gründen) in einer Wortmeldung zur Geschäftsordnung (§ 15 Abs. 3) erklären.

(4) Ob ein oder mehrere Mitglieder mit der Funktion des Protokollprüfers betraut werden und welche Aufgaben ein Protokollprüfer wahrzunehmen hat, entscheidet die Konferenz jeweils mit Gültigkeit für die laufende Amtsdauer oder einen kürzeren Zeitraum.

Inhalt des Protokolls

§ 21. (1) Jedes Sitzungsprotokoll hat mindestens zu enthalten:

1. die Bezeichnung, dass es sich um ein Protokoll der Konferenz des Dachverbandes handelt;
2. Ort, Tag, Beginn und Ende der Sitzung und der Sitzungsunterbrechungen; wenn an einem Tag mehrere Sitzungen stattgefunden haben, ist jede Sitzung eindeutig zu bezeichnen;
3.
   a) die Namen der Teilnehmer mit ihrer Rechtsstellung als
      – Konferenzmitglied,
      – leitender Büroleiter des Dachverbandes,
      – Bedienstete des Dachverbandes,
      – Protokollführer,
      – Sachverständiger, Auskunftsperson etc. und
   b) die Namen der abwesenden Mitglieder (getrennt nach entschuldigten und nichtentschuldigten Mitgliedern);
4. den Namen des Vorsitzenden und Angaben darüber, wenn der Vorsitz gewechselt wurde;
5. den Namen der Vertreter der Aufsichtsbehörde bzw. des Bundesministers für Finanzen;
6. die Feststellung der Beschlussfähigkeit;
7. die Tagesordnung mit den einzelnen Tagesordnungspunkten;
8. zu jedem Punkt der Tagesordnung
   a) die Bezeichnung des Tagesordnungspunktes,
   b) die Namen allfälliger Berichterstatter und der Sitzungsteilnehmer, wenn von diesen Personen wesentliche Wortmeldungen (insbesondere Gegenvorschläge) abgegeben wurden,
   c) die Namen der Antragsteller,
   d) die gestellten mündlichen Anträge in ihrer Reihenfolge,
   e) Beschlüsse mit ihrem vollen Wortlaut,
   f) zu jedem Beschluss das Abstimmungsergebnis (einstimmig oder mehrheitlich); Gegenstimmen und Stimmenthaltungen sind zu protokollieren;
   g) Einsprüche und Anregungen durch den Vertreter der Aufsichtsbehörde bzw. des Bundesministers für Finanzen;
9. Angaben darüber, welcher stimmberechtigte Sitzungsteilnehmer bei einer Abstimmung nicht anwesend war; diese Angaben sind im Sitzungsprotokoll beim Abstimmungsergebnis festzuhalten;
10. Maßnahmen des Vorsitzenden nach § 17.

(2) Bei Angaben nach Abs. 1 sind allgemein als Namen mindestens Vorname, Familienname und akademischer Grad anzugeben. Bei den Wortmeldungen muss nur der Familienname angegeben werden. Vornamen und Titel müssen bei den Wortmeldungen nur dann angeführt werden, wenn dies zur Unterscheidung von Sitzungsteilnehmern notwendig ist oder vom Betroffenen verlangt wird.

Ausarbeitung des Protokolls

§ 22. (1) Der Protokollentwurf ist dem Vorsitzenden möglichst innerhalb von vier Wochen zur Durchsicht zu übermitteln.

(2) Ein Auszug aus dem Protokollentwurf ist, wenn wörtliche Protokollierung (§ 20 Abs. 2) verlangt wurde, auf Verlangen auch dem betreffenden Sitzungsteilnehmer zur Durchsicht der eigenen Ausführungen zu übermitteln.

(3) Der Protokollentwurf ist nach allfälligen Korrekturen in der nächstfolgenden Sitzung zur Genehmigung (Verifizierung) vorzulegen. Die Richtigkeit des Protokolls (bzw. wenn der Büroleiter des Dachverbandes an der Sitzung nicht teilnahm, die Kenntnisnahme) ist nach der Genehmigung vom Vorsitzenden, vom Büroleiter des Dachverbandes und vom Protokollführer mit Unterschrift zu bestätigen. Das Protokoll ist gemeinsam mit einer Garnitur der schriftlichen Sitzungsunterlagen (Berichte etc.) dauerhaft aufzubewahren.

(4) Aufzeichnungen, die für die Protokollierung angefertigt wurden, dürfen erst nach Genehmigung (Verifizierung) des Protokolls vernichtet oder gelöscht werden. Sie sind bis zur Genehmigung unter Verschluss aufzubewahren.

(5) Ein Protokolltext (einschließlich Beschlüsse), dessen Richtigkeit vom Protokollführer vorbehaltlich der Genehmigung oder Berichtigung bestätigt wurde, kann vorläufig als Grundlage der weiteren Vorgangsweise des Büros herangezogen werden.

Protokollauszüge

§ 23. (1) Protokollauszüge haben zu enthalten:

1. die Angaben nach § 21 Abs. 1 Z 1, 2, 4 und 5, soweit sie für den Tagesordnungspunkt, für den der Protokollauszug angefertigt wird, bedeutsam sind;
2. die vollständige Bezeichnung des Tagesordnungspunktes, über den der Protokollauszug angefertigt wird;
3. die Zahl der anwesenden stimmberechtigten Sitzungsteilnehmer und das Abstimmungsergebnis (§ 21 Abs. 1 Z 8 lit. f);
4. den Wortlaut aller Beschlüsse zu diesem Tagesordnungspunkt.

(2) Die Richtigkeit eines Protokollauszuges, der außerhalb des Büros des Dachverbandes verwendet werden soll, ist durch Unterschrift des Vorsitzenden und des Büroleiters des Dachverbandes zu bestätigen.

(3) Auszüge aus Protokollen, die vor der Genehmigung (Verifizierung) angefertigt werden, müssen am Beginn deutlich sichtbar folgenden

Vermerk tragen: „Vorbehaltlich Berichtigung und Genehmigung!“.

Vertretung von Mitgliedern

§ 24. Wenn ein Mitglied der Konferenz an einer Sitzung voraussichtlich nicht teilnehmen kann, so hat es davon so bald wie möglich das Büro der Konferenz zu verständigen. Eine Stimmrechtsübertragung im gleichen Träger ist möglich.

Bürogeschäfte der Konferenz

§ 25. Die Bürogeschäfte der Konferenz werden vom Büro unter der Verantwortung des Büroleiters des Dachverbandes geführt.

Bürogeschäfte der Überleitungskonferenz

§ 26. In der Zeit vom 15. April 2019 bis zum Ablauf des 30. Juni 2019 werden die Bürogeschäfte der Überleitungskonferenz nach § 538z ASVG von dem kommissarischen Leiter der Überleitungskonferenz geführt. Ab Bestellung des Büroleiters nach § 538z Abs. 4 ASVG werden die Bürogeschäfte der Überleitungskonferenz von diesem geführt.

Konstituierung der Konferenz

§ 27. (1) Für das erstmalige Zusammentreten der Konferenz zu Beginn einer neuen Amtsdauer (Konstituierung) gilt folgende Vorgangsweise:

1. Die Sitzung der neuen Konferenz wird durch den letzten Vorsitzenden einberufen, für den Fall und die Dauer seiner Verhinderung durch den stellvertretenden Vorsitzenden, ist auch dieser verhindert, durch das an Lebensjahren älteste Konferenzmitglied.
2. Dieser hat die konstituierende Sitzung zu eröffnen und zunächst zu leiten, bis der neu gewählte Vorsitzende seine Wahl angenommen hat.

(2) Abs. 1 gilt auch dann, wenn der bisherige Vorsitzende bzw. sonstige Vorsitzende für die neue Amtsdauer der Konferenz nicht mehr angehört; ein Stimmrecht in der konstituierenden Sitzung kommt aber nur den in die neue Konferenz entsendeten Obleuten zu.

Konstituierung der Überleitungskonferenz nach § 538z ASVG

§ 28. Für das erstmalige Zusammentreten der Überleitungskonferenz für den Zeitraum 15. April 2019 bis 31. Dezember 2019 gilt folgende Vorgangsweise:

1. Die Sitzung der Überleitungskonferenz wird durch die Bundesministerin für Arbeit, Soziales, Gesundheit und Konsumentenschutz einberufen.
2. Den Vorsitz führt der Vorsitzende des Überleitungsausschusses für die Österreichische Gesundheitskasse.

Anhang zur Mustergeschäftsordnung (AnhGO)

Präambel

Die nachstehend angeführten laufenden Angelegenheiten der Geschäftsführung der Konferenz werden nach § 456a Abs. 5 in Verbindung mit Abs. 4 ASVG übertragen; dies mit der Maßgabe, dass es der Konferenz dessen unbeschadet vorbehalten bleibt, einzelne dieser angeführten delegierten Angelegenheiten jederzeit durch Beschluss zur eigenen Beschlussfassung und Entscheidung an sich zu ziehen.

Delegierungen an das Büro

1. Laufende Verwaltungsgeschäfte, soweit im Einzelfall das Eineinhalbfache des für das jeweilige Jahr festgesetzten Schwellenwertes für Dienstleistungen nach § 12 Abs. 1 Z 1 BVerG 2018 nicht überschritten wird;
2. Personalangelegenheiten mit Ausnahme des bereichsleitenden und leitenden Dienstes sowie der Leiter des höheren Dienstes nach der DO. A und des ärztlichen Dienstes nach § 37 Z 1 und 2 DO. B sowie mit Ausnahme des Abschlusses von Betriebsvereinbarungen;
3. die Einleitung und Betreibung von Verfahren bei Gerichten und Verwaltungsbehörden sowie die Wahrnehmung der Parteistellung, ausgenommen Verfahren vor dem Verfassungsgerichtshof;
4. die Abgabe von Stellungnahmen in Begutachtungsverfahren;
5. die Vertretung des Dachverbandes nach außen in jenen Angelegenheiten, die nicht der Beschlussfassung der Konferenz oder der Hauptversammlung bedürfen;
6. die Erteilung von Zeichnungs- und Verfügungsberechtigungen im Bankverkehr im Einvernehmen mit dem Vorsitzenden der Konferenz für bereits freigegebene Beträge;
7. die Auftragserteilung zur Einschautätigkeit der Innenrevision sowie die Genehmigung der Einschaupläne;
8. die Nachschaffung von Gegenständen und Materialien, die zur Aufrechterhaltung einer kontinuierlichen Betriebsführung erforderlich sind;
9. die Vergabe notwendiger wiederkehrender Aufträge zur Sicherstellung eines reibungslosen Betriebsablaufes und zur Aufrechterhaltung der Betriebssicherheit;
10. Änderungen des Erstattungskodex im Rahmen der dafür geltenden Rechtsvorschriften einschließlich der Umsetzung der Empfehlungen der Heilmittel-Evaluierungs-Kommission;
11. die Vollziehung des § 351c Abs. 10 bis 13 ASVG einschließlich der Festlegung und Veröffentlichung der Preisbänder;
12. Geld- und Kapitalmarktdispositionen zur Verwaltung der finanziellen Gebarung des

Dachverbandes und der von ihm zu verwaltenden Fonds im Einvernehmen mit dem Vorsitzenden der Konferenz und dessen Stellvertreter / Stellvertreterin.

Allgemeines Pensionsgesetz

Allgemeines Pensionsgesetz, BGBl I 2004/142 idF

1	BGBl I 2005/132	2	BGBl I 2006/130	3	BGBl I 2006/170
4	BGBl I 2007/31	5	BGBl I 2009/83	6	BGBl I 2010/62
7	BGBl I 2010/111	8	BGBl I 2011/122	9	BGBl I 2012/35
10	BGBl I 2013/86	11	BGBl I 2013/138	12	BGBl I 2015/2
13	BGBl I 2016/53	14	BGBl I 2017/29	15	BGBl I 2017/38

GLIEDERUNG

Allgemeines Pensionsgesetz (APG)

Der Nationalrat hat beschlossen:

ABSCHNITT 1
Allgemeine Bestimmungen

Geltungsbereich

§ 1. (1) Dieses Bundesgesetz regelt

1. das Pensionskonto,
2. den Anspruch auf Alterspension und das Ausmaß der Alterspension,
3. das Ausmaß der Invaliditäts-, Berufsunfähigkeits- und Erwerbsunfähigkeitspension und
4. das Ausmaß der Hinterbliebenenpensionen (Abfindung)

für alle in der Pensionsversicherung nach dem

– Allgemeinen Sozialversicherungsgesetz (ASVG), BGBl. Nr. 189/1955,
– Gewerblichen Sozialversicherungsgesetz (GSVG), BGBl. Nr. 560/1978,
– Bundesgesetz über die Sozialversicherung freiberuflich selbständig Erwerbstätiger (FSVG), BGBl. Nr. 624/1978,
– Bauern-Sozialversicherungsgesetz (BSVG), BGBl. Nr. 559/1978,

versicherten Personen.

(2) Soweit in diesem Bundesgesetz nichts anderes bestimmt wird, sind auf den von Abs. 1 erfassten Personenkreis die Bestimmungen des ASVG, GSVG, FSVG und BSVG anzuwenden.

(3) Auf Personen, die vor dem 1. Jänner 1955 geboren sind, ist dieses Bundesgesetz – mit Ausnahme des § 4 Abs. 2 und 3, des § 7 Z 3 und des § 9 – nicht anzuwenden.

(BGBl I 2005/132)

Zitierungen

§ 2. Soweit in diesem Bundesgesetz auf Bestimmungen anderer Bundesgesetze verwiesen wird, sind diese, wenn nichts anderes bestimmt wird, in der jeweils geltenden Fassung anzuwenden.

Versicherungszeiten

§ 3. (1) Versicherungszeiten nach diesem Bundesgesetz sind nach dem 31. Dezember 2004 erworbene

1. Zeiten einer Pflichtversicherung in der Pensionsversicherung nach dem ASVG, GSVG, FSVG und BSVG auf Grund einer Erwerbstätigkeit,
2. Zeiten einer Pflichtversicherung in der Pensionsversicherung nach § 8 Abs. 1 Z 2 lit. a bis g, j und k ASVG, nach § 3 Abs. 3 GSVG, nach § 4a BSVG und nach Art. II Abschnitt 2a AlVG, für die der Bund, das Bundesministerium für Landesverteidigung, das Arbeitsmarktservice oder ein öffentlicher Fonds Beiträge zu zahlen hat,

   (BGBl I 2013/138)
3. Zeiten einer freiwilligen Versicherung in der Pensionsversicherung nach dem ASVG, GSVG, FSVG und BSVG.

(2) Als Zeiten einer Pflichtversicherung nach Abs. 1 Z 1 gelten auch Zeiten einer Pflichtversicherung nach § 225 Abs. 1 Z 4 bis 7 ASVG, für die ein Überweisungs- oder Anrechnungsbetrag geleistet wurde, sowie Zeiten einer Anhaltung nach § 506a ASVG.

ABSCHNITT 2
Leistungen

Alterspension, Anspruch

§ 4. (1) Anspruch auf Alterspension hat die versicherte Person nach Vollendung des 65. Lebensjahres (Regelpensionsalter), wenn bis zum Stichtag (§ 223 Abs. 2 ASVG) mindestens 180 Versicherungsmonate nach diesem oder einem anderen Bundesgesetz vorliegen, von denen mindestens 84 auf Grund einer Erwerbstätigkeit erworben wurden (Mindestversicherungszeit).

(BGBl I 2017/29)

(2) Abweichend von Abs. 1 kann die Alterspension bereits nach Vollendung des 62. Lebensjahres beansprucht werden (Korridorpension), wenn die versicherte Person

1. mindestens 480 für die Leistung zu berücksichtigende Versicherungsmonate nach diesem oder einem anderen Bundesgesetz erworben hat und

   (BGBl I 2012/35)
2. am Stichtag (§ 223 Abs. 2 ASVG) weder einer Pflichtversicherung in der Pensionsversicherung auf Grund einer Erwerbstätigkeit unterliegt noch ein Erwerbseinkommen bezieht, welches das nach § 5 Abs. 2 ASVG jeweils in Betracht kommende Monatseinkommen übersteigt.

(3) Abweichend von Abs. 1 kann bei Vorliegen von Schwerarbeitszeiten die Alterspension bereits nach Vollendung des 60. Lebensjahres beansprucht werden (Schwerarbeitspension), wenn die versicherte Person

1. mindestens 540 Versicherungsmonate nach diesem oder einem anderen Bundesgesetz erworben hat, von denen mindestens 120 Schwerarbeitsmonate (Abs. 4) sind, die innerhalb der letzten 240 Kalendermonate vor dem Stichtag (§ 223 Abs. 2 ASVG) liegen, und

   (BGBl I 2006/130)
2. am Stichtag (§ 223 Abs. 2 ASVG) weder einer Pflichtversicherung in der Pensionsversicherung auf Grund einer Erwerbstätigkeit unterliegt noch ein Erwerbseinkommen bezieht, welches das nach § 5 Abs. 2 ASVG jeweils in Betracht kommende Monatseinkommen übersteigt.

(4) Der Bundesminister für soziale Sicherheit, Generationen und Konsumentenschutz hat mit Verordnung festzulegen, unter welchen psychisch oder physisch besonders belastenden Arbeitsbedingungen Schwerarbeit in einem Kalendermonat im Sinne dieses Bundesgesetzes vorliegt. Er hat dabei auf einen gemeinsamen Vorschlag der gesetzlichen beruflichen Interessenvertretungen der nach dem ASVG, GSVG, FSVG und BSVG pensionsversicherten Erwerbstätigen Bedacht zu nehmen. Die Verordnung hat auch Bestimmungen über die Meldung der Schwerarbeitszeiten zu enthalten. Sie bedarf der Zustimmung der Bundesregierung.

(5) Für die Erfüllung der Mindestversicherungszeit nach Abs. 1 gelten als Versicherungsmonate, die auf Grund einer Erwerbstätigkeit erworben wurden, auch folgende Zeiten:

1. Zeiten einer Selbstversicherung nach den §§ 18a und 18b ASVG;

   (BGBl I 2005/132)
2. Zeiten einer Weiterversicherung nach § 17 ASVG für den in § 77 Abs. 6 ASVG genannten Personenkreis, Zeiten einer Weiterversicherung nach § 12 GSVG für den in § 33 Abs. 9 GSVG genannten Personenkreis und Zeiten einer Weiterversicherung nach § 9 BSVG für den in § 28 Abs. 6 BSVG genannten Personenkreis;
3. Zeiten einer Familienhospizkarenz nach den §§ 14a und 14b des Arbeitsvertragsrechts-Anpassungsgesetzes, BGBl. Nr. 459/1993,

nach § 78d des Beamten-Dienstrechtsgesetzes 1979 und nach § 32 AlVG;

(BGBl I 2013/138)

4. Zeiten einer Pflichtversicherung nach § 8 Abs. 1 Z 2 lit. j ASVG.

(BGBl I 2013/138)

(6) Bei der Anwendung von Abs. 2 Z 2 und Abs. 3 Z 2 bleiben außer Betracht:

1. eine Pflichtversicherung auf Grund einer Beschäftigung als HausbesorgerIn im Sinne des Hausbesorgergesetzes, wenn das aus dieser Beschäftigung erzielte Entgelt das nach § 5 Abs. 2 ASVG jeweils in Betracht kommende Monatseinkommen nicht übersteigt;
2. eine Pflichtversicherung in der Pensionsversicherung nach dem BSVG, wenn der Einheitswert des bäuerlichen Betriebes 2 400 € nicht übersteigt;
3. eine Pflichtversicherung in der Pensionsversicherung nach § 471g ASVG trotz Nichtüberschreitung der Geringfügigkeitsgrenze (§ 5 Abs. 2 ASVG);
4. eine Pflichtversicherung in der Pensionsversicherung nach § 2 Abs. 1 Z 4 GSVG trotz Nichtüberschreitung des zwölffachen Betrages nach § 5 Abs. 2 Z 2 ASVG bei Einkünften nach § 25 Abs. 1 GSVG aus dieser Erwerbstätigkeit, und zwar unter der Voraussetzung, dass sowohl die Aufnahme der Ausübung der Erwerbstätigkeit als auch deren Unterbrechung oder Beendigung rechtzeitig (§ 18 GSVG) gemeldet wird;
5. eine Pflichtversicherung für die Zeit des Bezuges einer Ersatzleistung für Urlaubsentgelt nach § 11 Abs. 2 zweiter Satz ASVG.

(7) Personen, die die Anspruchsvoraussetzungen für die Schwerarbeitspension – mit Ausnahme der in Abs. 3 Z 2 in Verbindung mit Abs. 6 genannten Voraussetzung – unter Annahme einer früheren Antragstellung bereits erfüllt haben, bleibt dieser Pensionsanspruch gewahrt.

(BGBl I 2007/31)

Alterspension, Ausmaß

§ 5. (1) Das Ausmaß der monatlichen Bruttoleistung ergibt sich – unbeschadet eines besonderen Steigerungsbetrages nach den §§ 248 Abs. 1 ASVG, 141 Abs. 1 GSVG und 132 Abs. 1 BSVG – aus der bis zum Stichtag (§ 223 Abs. 2 ASVG) ermittelten Gesamtgutschrift (§ 11 Z 5) geteilt durch 14.

(2) Bei einem Pensionsantritt vor dem Monatsersten nach der Erreichung des Regelpensionsalters (§§ 4 Abs. 1 und 16 Abs. 6) vermindert sich der nach Abs. 1 ermittelte Wert im Fall der Korridorpension (§ 4 Abs. 2) um 0,425 %, sonst um 0,35 % für jeden Monat des früheren Pensionsantrittes. Handelt es sich jedoch um eine Schwerarbeitspension (§ 4 Abs. 3), so beträgt die Verminderung 0,15 % für jeden Monat des früheren Pensionsantrittes. Fällt der Zeitpunkt der Erreichung des Regelpensionsalters selbst auf einen Monatsersten, so gilt dieser Tag als Monatserster im Sinne des ersten Satzes.

(BGBl I 2005/132)

(3) Besteht bei Eintritt des Versicherungsfalles ein bescheidmäßig zuerkannter Anspruch auf eine Pensionsleistung aus eigener Pensionsversicherung, so gilt die Verminderung nach Abs. 2 für diese Pensionsleistung auch für die hinzutretende Leistung.

(BGBl I 2012/35)

(4) Bei einem Pensionsantritt nach dem Monatsersten nach der Erreichung des Regelpensionsalters (§§ 4 Abs. 1 und 16 Abs. 6) erhöht sich der nach Abs. 1 ermittelte Wert frühestens ab dem Vorliegen der Mindestversicherungszeit um 0,35 % für jeden Monat des späteren Pensionsantrittes, höchstens jedoch um 12,6 % der Leistung. Abs. 2 letzter Satz ist anzuwenden.

(BGBl I 2005/132)

Invaliditäts-, Berufsunfähigkeits- und Erwerbsunfähigkeitspension, Ausmaß

§ 6. (1) Wird die Invaliditäts- oder Berufsunfähigkeits- oder Erwerbsunfähigkeitspension nach Vollendung des 60. Lebensjahres in Anspruch genommen, so bestimmt sich das Ausmaß der Leistung nach § 5, wobei abweichend von § 5 Abs. 3 das Höchstausmaß der Verminderung bei einem Pensionsantritt vor dem Regelpensionsalter 13,8 % dieser Leistung beträgt.

(BGBl I 2010/111)

(2) Wird die Invaliditäts- oder Berufsunfähigkeits- oder Erwerbsunfähigkeitspension vor Vollendung des 60. Lebensjahres in Anspruch genommen, so sind zu ermitteln:

1. die Leistung nach § 5 unter Anwendung des Abs. 1 letzter Halbsatz;

   (BGBl I 2010/111)

2. die Zahl der Monate ab dem Stichtag (§ 223 Abs. 2 ASVG) bis zum Monatsersten nach Vollendung des 60. Lebensjahres (Zurechnungsmonate); fällt der Zeitpunkt der Vollendung des 60. Lebensjahres selbst auf einen Monatsersten, so gilt dieser Tag als Monatserster im Sinne des ersten Halbsatzes.

Das Ausmaß der Leistung ergibt sich aus der Leistung nach Z 1, wenn die Zahl der Versicherungsmonate den Wert von 476 Monaten übersteigt, sonst aus der Vervielfachung der Leistung nach Z 1 mit der Summe aus den Versicherungsmonaten und Zurechnungsmonaten, die den Wert von 476 Monaten nicht übersteigen darf, geteilt durch die Zahl der Versicherungsmonate.

(3) Liegen ausschließlich Versicherungsmonate nach diesem Bundesgesetz vor, so sind bei der Anwendung des Abs. 2 jene Teilgutschriften, die bis zum Ablauf des Kalenderjahres der Vollendung des 18. Lebensjahres erworben wurden, sowie die darauf entfallenden Versicherungszeiten nur dann

zu berücksichtigen, wenn dies für die versicherte Person günstiger ist.

(BGBl I 2013/86)

Hinterbliebenenpensionen (Abfindung), Ausmaß

§ 7. Die §§ 264, 266 und 269 ASVG, die §§ 145, 147 und 148a GSVG sowie die §§ 136, 138 und 139a BSVG sind so anzuwenden, dass

1. dann, wenn die versicherte Person im Zeitpunkt des Todes noch keinen Anspruch auf Pension hatte, für die Ermittlung der Leistung die Invaliditäts- oder Berufsunfähigkeits- oder Erwerbsunfähigkeitspension nach § 6 und die Alterspension nach § 5 zu berechnen ist;
2. dann, wenn die versicherte Person im Zeitpunkt des Todes Anspruch auf Invaliditäts- oder Berufsunfähigkeits- oder Erwerbsunfähigkeitspension hatte und nach deren Anfall weitere Versicherungsmonate der Pflichtversicherung erworben hat, die Leistung für jeden dieser Monate – unter Anrechnung auf die nach § 6 Abs. 2 zweiter Satz begrenzten Zurechnungsmonate – um 0,25 % zu erhöhen ist;
3. dann, wenn die versicherte Person im Zeitpunkt des Todes Anspruch auf Korridorpension (§ 4 Abs. 2) oder Schwerarbeitspension (§ 4 Abs. 3) hatte und nach deren Anfall weitere Versicherungsmonate der Pflichtversicherung erworben hat, die Leistung unter sinngemäßer Anwendung des § 9 Abs. 2 von Amts wegen neu festzustellen ist;
4. die Abfindung anstelle des Sechsfachen der Bemessungsgrundlage sechs Vierzehntel und anstelle des Dreifachen der Bemessungsgrundlage drei Vierzehntel jener Bemessungsgrundlage, die bei einem Arbeitsunfall zum Stichtag (§ 223 Abs. 2 ASVG) gegolten hätte, beträgt.

Anpassung

§ 8. Für die Anpassung der Leistungen nach diesem Bundesgesetz gelten die entsprechenden Bestimmungen des ASVG.

Wegfall der Alterspension

§ 9. (1) Die Korridorpension (§ 4 Abs. 2) und die Schwerarbeitspension (§ 4 Abs. 3) fallen in dem Zeitraum weg, in dem die leistungsbeziehende Person vor dem Monatsersten nach der Erreichung des Regelpensionsalters eine Erwerbstätigkeit ausübt, die eine Pflichtversicherung in der Pensionsversicherung begründet oder aus der sie ein Erwerbseinkommen bezieht, welches das nach § 5 Abs. 2 ASVG jeweils in Betracht kommende Monatseinkommen übersteigt. Dies gilt nicht für Zeiträume, in denen eine Pflichtversicherung nach § 4 Abs. 6 Z 1 bis 4 besteht. Als Zeiten einer Erwerbstätigkeit im Sinne des ersten Satzes gelten auch Zeiten des Bezuges einer Ersatzleistung für Urlaubsentgelt. Fällt der Zeitpunkt der Erreichung des Regelpensionsalters selbst auf einen Monatsersten, so gilt dieser Tag als Monatserster im Sinne des ersten Satzes.

(BGBl I 2009/83)

(2) Zum Monatsersten nach der Erreichung des Regelpensionsalters ist die Leistung – mit Ausnahme eines besonderen Steigerungsbetrages nach den §§ 248 Abs. 1 ASVG, 141 Abs. 1 GSVG und 132 Abs. 1 BSVG – von Amts wegen neu festzustellen und dabei für jeden Monat, in dem die Korridorpension (§ 4 Abs. 2) weggefallen ist, um 0,55 % und für jeden Monat, in dem die Schwerarbeitspension (§ 4 Abs. 3) weggefallen ist, um 0,312 % zu erhöhen. Fällt der Zeitpunkt der Erreichung des Regelpensionsalters selbst auf einen Monatsersten, so gilt dieser Tag als Monatserster im Sinne des ersten Satzes.

(BGBl I 2006/130)

ABSCHNITT 3
Pensionskonto

Kontoführung

§ 10. (1) Der Hauptverband der österreichischen Sozialversicherungsträger (§ 31 ASVG) hat für jede Person, die in den Geltungsbereich dieses Bundesgesetzes fällt, ein Pensionskonto einzurichten.

(2) Die Kontoführung beginnt mit jenem Kalenderjahr, in dem erstmals ein Versicherungsverhältnis in der Pensionsversicherung begründet wird, und endet mit Ablauf jenes Kalenderjahres, in das der Stichtag für die (vorzeitige) Alterspension oder der Tod der versicherten Person fällt. Im letzten Jahr der Kontoführung sind nur Versicherungsdaten bis zum Stichtag oder Todeszeitpunkt zu berücksichtigen. Das Pensionskonto ist jährlich nach den §§ 11 und 12 zu aktualisieren.

Inhalt des Kontos

§ 11. Für jedes Kalenderjahr der Kontoführung sind folgende Daten kontenmäßig zu erfassen:

1. die jeweilige Beitragsgrundlagensumme für Beitragszeiten einer Pflichtversicherung auf Grund einer Erwerbstätigkeit, getrennt nach ASVG, GSVG, FSVG und BSVG;
2. die jeweilige Beitragsgrundlagensumme für Zeiten einer Pflichtversicherung nach § 3 Abs. 1 Z 2;

   (BGBl I 2005/132)
3. die Beitragsgrundlagensumme für Beitragszeiten einer freiwilligen Versicherung;
4. die von der versicherten Person im betreffenden Kalenderjahr erworbene Gutschrift (Teilgutschrift nach § 12 Abs. 1);
5. die von der versicherten Person vom erstmaligen Eintritt in die Versicherung bis zum Ende des betreffenden Kalenderjahres erworbene Gutschrift (Gesamtgutschrift nach § 12 Abs. 3);
6. die für die versicherte Person für das betreffende Kalenderjahr zu berücksichtigenden

Beiträge auf Grund der in den Z 1 bis 3 genannten Versicherungen (Teilbeiträge);

7. die ab 1. Jänner 2005 bis zum Ende des betreffenden Kalenderjahres für die versicherte Person zu berücksichtigenden Beiträge auf Grund der in den Z 1 bis 3 genannten Versicherungen (Gesamtbeiträge), für deren Ermittlung § 12 Abs. 3 sinngemäß gilt.

(BGBl I 2005/132)

Ermittlung der Teil- und der Gesamtgutschrift

§ 12. (1) Die Teilgutschrift eines Kalenderjahres ermittelt sich aus der Vervielfachung der Summe der Beitragsgrundlagen nach § 11 Z 1 bis 3 mit dem für das betreffende Kalenderjahr jeweils gültigen Kontoprozentsatz. Übersteigt die Summe der Beitragsgrundlagen nach § 11 Z 1 bis 3 das 420fache der täglichen Höchstbeitragsgrundlage (Jahreshöchstbeitragsgrundlage) des betreffenden Kalenderjahres, so ist die Teilgutschrift durch Vervielfachung der Jahreshöchstbeitragsgrundlage mit dem jeweils gültigen Kontoprozentsatz zu ermitteln. Beitragserstattungen nach § 70 ASVG, nach § 127b GSVG und nach § 118b BSVG sind zu berücksichtigen. § 15 Abs. 2 ist anzuwenden.

(2) Der Kontoprozentsatz beträgt ab dem Jahr 2005 1,78 %. Die Kontoprozentsätze für Kalenderjahre vor dem Jahr 2005 sind in der **Anlage 2** zu diesem Bundesgesetz festgelegt.

(3) Die Gesamtgutschrift eines Kalenderjahres ergibt sich aus der Summe folgender Gutschriften:

1. der Teilgutschrift des betreffenden Kalenderjahres;
2. der Gesamtgutschrift des dem betreffenden Kalenderjahr vorangegangenen Kalenderjahres, die mit der Aufwertungszahl (§ 108a ASVG) des dem betreffenden Kalenderjahr nachfolgenden Kalenderjahres zu vervielfachen ist; die Aufwertungszahlen für Kalenderjahre vor dem Jahr 2005 sind in der Anlage 2 zu diesem Bundesgesetz festgelegt. In dem Kalenderjahr, in das der Stichtag fällt, hat keine Aufwertung der Gesamtgutschrift des vorangegangenen Kalenderjahres zu erfolgen.

Kontomitteilung

§ 13. (1) Auf Verlangen der versicherten Person hat der zuständige Pensionsversicherungsträger erstmals im Jahr 2008 aus den jeweils für ein Kalenderjahr (vorläufig) kontenmäßig erfassten Daten rechtsunverbindlich Folgendes mitzuteilen:

1. die Beitragsgrundlagen des betreffenden Kalenderjahres;
2. die von und für die versicherte Person für das betreffende Kalenderjahr entrichteten Beiträge;
3. die im betreffenden Kalenderjahr erworbene Teilgutschrift;
4. die bis zum Ende des betreffenden Kalenderjahres erworbene Gesamtgutschrift.

(2) Die Kontomitteilung soll nach Möglichkeit automationsunterstützt erfolgen. Darüber hinaus ist nach Maßgabe der technischen Voraussetzungen dafür vorzusorgen, dass die Kontomitteilung auch automationsunterstützt eingesehen werden kann.

(3) Ergibt sich nachträglich, dass die in der Kontomitteilung enthaltenen Daten unrichtig waren, so sind diese unverzüglich richtig zu stellen und die versicherte Person darüber zu informieren.

(4) Die Abs. 1 bis 3 sind nicht auf die Kontoerstgutschrift nach § 15 anzuwenden.

(BGBl I 2013/86)

Übertragung von Gutschriften bei Kindererziehung

§ 14. (1) Der nicht nach § 8 Abs. 1 Z 2 lit. g ASVG oder nach § 3 Abs. 3 Z 4 GSVG oder nach § 4a Z 4 BSVG versicherte Elternteil kann auf Antrag bis zu 50 % seiner Teilgutschrift nach § 11 Z 4, soweit sich diese auf eine Erwerbstätigkeit gründet, auf das Pensionskonto des nach § 8 Abs. 1 Z 2 lit. g ASVG oder nach § 3 Abs. 3 Z 4 GSVG oder nach § 4a Z 4 BSVG versicherten Elternteiles übertragen lassen. Die Übertragung ist nur dann zulässig, wenn noch keiner der Elternteile Anspruch auf eine Pension aus eigener Pensionsversicherung hat.

(2) Es können nur Teilgutschriften für jene Kalenderjahre übertragen werden, in denen eine Pflichtversicherung nach § 8 Abs. 1 Z 2 lit. g ASVG oder nach § 3 Abs. 3 Z 4 GSVG oder nach § 4a Z 4 BSVG bestanden hat. Die Jahreshöchstbeitragsgrundlage darf dabei nicht überschritten werden.

(2a) Eine Übertragung nach Abs. 1 kann über den Zeitraum einer Pflichtversicherung nach § 8 Abs. 1 Z 2 lit. g ASVG oder nach § 3 Abs. 3 Z 4 GSVG oder nach § 4a Z 4 BSVG hinaus bis zu dem Kalenderjahr erfolgen, in dem das Kind das 7. Lebensjahr vollendet, wenn der Elternteil, auf den bis zu 50% der Teilgutschrift übertragen werden sollen, im betreffenden Kalenderjahr das Kind tatsächlich und überwiegend erzogen hat (§ 227a Abs. 4 bis 6 ASVG). Die Jahreshöchstbeitragsgrundlage darf dabei nicht überschritten werden.

(BGBl I 2017/29)

(2b) Durch Übertragungen nach den Abs. 1 und 2a dürfen durch einen Elternteil insgesamt höchstens 14 Teilgutschriften im Ausmaß von bis zu jeweils 50% übertragen werden.

(BGBl I 2017/29)

(3) Die Übertragung der Teilgutschrift ist längstens bis zur Vollendung des 10. Lebensjahres des Kindes bei jenem Pensionsversicherungsträger zu beantragen, dem die antragstellende Person leistungszugehörig ist. Dem Antrag muss eine Vereinbarung der Eltern (Stiefeltern, Wahleltern, Pflegeeltern) über die Übertragung zugrunde liegen. Ein Widerruf der Übertragung ist unzulässig.

(BGBl I 2017/29)

„(4) Liegt die Geburt (Annahme an Kindes Statt, Übernahme der unentgeltlichen Pflege des Kindes) eines weiteren gemeinsamen Kindes vor dem Ablauf der Antragsfrist nach Abs. 3, so erstreckt sich diese bis zur Vollendung des 10. Lebensjahres des jeweils zuletzt geborenen (an Kindes Statt angenommenen, in unentgeltliche Pflege übernommenen) Kindes.“

(BGBl I 2017/29)

ABSCHNITT 4

Kontoerstgutschrift

§ 15. (1) Für Personen, die nach dem 31. Dezember 1954 geboren sind und bis zum Ablauf des 31. Dezember 2013 mindestens einen Versicherungsmonat nach diesem Bundesgesetz, dem ASVG, GSVG, FSVG oder BSVG erworben haben, wird eine Kontoerstgutschrift zum 1. Jänner 2014 ermittelt.

(2) Zur Ermittlung der Kontoerstgutschrift ist (als Ausgangsbetrag) das Ausmaß der Alterspension nach dem ASVG, GSVG, FSVG und BSVG, das sich unter der Annahme des Vorliegens des Regelpensionsalters und eines Pensionsstichtages zum 1. Jänner 2014 ergibt, so zu berechnen, dass

1. als Bemessungsgrundlage abweichend von den §§ 238 Abs. 1 erster Satz ASVG, 122 Abs. 1 erster Satz GSVG und 113 Abs. 1 erster Satz BSVG die Summe der 336 höchsten monatlichen Gesamtbeitragsgrundlagen, geteilt durch 392, heranzuziehen ist;
2. die §§ 238 Abs. 2 ASVG, 122 Abs. 2 GSVG und 113 Abs. 2 BSVG über die Verminderung der Zahl der Gesamtbeitragsgrundlagen nicht anzuwenden sind;
3. für die Bildung der Bemessungsgrundlage auch Versicherungszeiten nach diesem Bundesgesetz, die vor dem 1. Jänner 2014 erworben wurden, zu berücksichtigen sind; dabei sind Versicherungszeiten auf Grund einer Pflichtversicherung nach den §§ 8 Abs. 1 Z 2 lit. a bis g ASVG, 3 Abs. 3 GSVG und 4a BSVG wie die entsprechenden Ersatzzeiten nach den §§ 227 und 227a ASVG, 116 und 116a GSVG sowie 107 und 107a BSVG zu behandeln, und zwar unter Anwendung des § 243 Abs. 1 Z 1 und Abs. 2 ASVG in der am 31. Dezember 2004 geltenden Fassung;
4. als Bemessungsgrundlage für Kindererziehungszeiten abweichend von den §§ 239 und 607 Abs. 6 ASVG, 123 und 298 Abs. 6 GSVG sowie 114 und 287 Abs. 6 BSVG die Bemessungsgrundlage nach Z 1, mindestens jedoch der um 22 % erhöhte und höchstens der um 70% erhöhte Ausgleichzulagenrichtsatz nach § 293 Abs. 1 lit. a sublit. bb ASVG für das Jahr 2014 heranzuziehen ist;
5. die Beitragsgrundlagen, die zur Bildung der Bemessungsgrundlage herangezogen werden, abweichend von den §§ 242 ASVG, 127 GSVG und 118 BSVG mit den ihrer zeitlichen Lagerung entsprechenden Aufwertungsfaktoren nach Anlage 7 zu diesem Bundesgesetz – erhöht um den um 30 % erhöhten Prozentsatz, der dem Anpassungsfaktor für das Jahr 2013 entspricht – aufzuwerten sind;
6. ein besonderer Steigerungsbetrag nach den §§ 248 Abs. 1 ASVG, 141 Abs. 1 GSVG und 132 Abs. 1 BSVG sowie ein monatlicher Leistungszuschlag nach § 284 Z 1 ASVG nicht zu berücksichtigen ist;
7. die §§ 607 Abs. 23 ASVG, 298 Abs. 18 GSVG und 287 Abs. 18 BSVG über die Vergleichsberechnung nicht anzuwenden sind;
8. noch nicht nachbemessene (vorläufige) Beitragsgrundlagen
   a) nach dem GSVG in Höhe der jeweiligen Mindestbeitragsgrundlagen als Beitragsgrundlagen nach § 25 Abs. 2 GSVG unter Anwendung des § 26 Abs. 3 bis 5 GSVG zu berücksichtigen sind;
   b) nach dem BSVG in der zum 1. Jänner 2014 festgestellten Höhe zu berücksichtigen sind;

   die §§ 25 Abs. 7 GSVG und 23 Abs. 12 BSVG sind in diesen Fällen nicht anzuwenden, es sei denn, die Pensionsleistung wird vor der Nachbemessung der (vorläufigen) Beitragsgrundlagen in Anspruch genommen.

   (BGBl I 2013/86)

(3) Die nach Abs. 2 ermittelte Pensionshöhe, gerundet auf Cent, bildet den Ausgangsbetrag für die Berechnung der Kontoerstgutschrift.

(4) Zur Ermittlung der Kontoerstgutschrift ist weiters (als Vergleichsbetrag) das Ausmaß der Alterspension, das sich bei Anwendung der Parallelrechnung nach der am 31. Dezember 2013 geltenden Rechtslage sowie unter der Annahme des Vorliegens des Regelpensionsalters und eines Pensionsstichtages zum 1. Jänner 2014 ergibt, so zu berechnen, dass

1. ein besonderer Steigerungsbetrag nach den §§ 248 Abs. 1 ASVG, 141 Abs. 1 GSVG und 132 Abs. 1 BSVG nicht zu berücksichtigen ist;
2. noch nicht nachbemessene (vorläufige) Beitragsgrundlagen
   a) nach dem GSVG in Höhe der jeweiligen Mindestbeitragsgrundlagen als Beitragsgrundlagen nach § 25 Abs. 2 GSVG unter Anwendung des § 26 Abs. 3 bis 5 GSVG zu berücksichtigen sind;
   b) nach dem BSVG in der zum 1. Jänner 2014 festgestellten Höhe zu berücksichtigen sind;

die §§ 25 Abs. 7 GSVG und 23 Abs. 12 BSVG sind in diesen Fällen nicht anzuwenden, es sei denn, die Pensionsleistung wird vor der Nachbemessung der (vorläufigen) Beitragsgrundlagen in Anspruch genommen.

(BGBl I 2013/86)

(5) Die nach Abs. 4 ermittelte Pensionshöhe auf Grund der Parallelrechnung, gerundet auf Cent,

bildet den Vergleichsbetrag für die Berechnung der Kontoerstgutschrift.

(6) Das 14-fache des Ausgangsbetrages bildet die Kontoerstgutschrift, es sei denn, der Ausgangsbetrag ist niedriger oder höher als der für den jeweiligen Geburtsjahrgang mit Prozentsätzen nach Abs. 7 vervielfachte Vergleichsbetrag.

(7) Ist der Ausgangsbetrag einer Person, die einem in der linken Spalte genannten Jahrgang angehört,

1. niedriger als der mit dem in der mittleren Spalte genannten Prozentsatz vervielfachte Vergleichsbetrag, so bildet das 14-fache dieses prozentuell vervielfachten Vergleichsbetrages die Kontoerstgutschrift;
2. höher als der mit dem in der rechten Spalte genannten Prozentsatz vervielfachte Vergleichsbetrag, so bildet das 14-fache dieses prozentuell vervielfachten Vergleichsbetrages die Kontoerstgutschrift:

1955	98,5 %	101,5 %
1956	98,3 %	101,7 %
1957	98,1 %	101,9 %
1958	97,9 %	102,1 %
1959	97,7 %	102,3 %
1960	97,5 %	102,5 %
1961	97,3 %	102,7 %
1962	97,1 %	102,9 %
1963	96,9 %	103,1 %
1964	96,7 %	103,3 %
ab 1965	96,5 %	103,5 %

(8) Die Kontoerstgutschrift ist als Gesamtgutschrift für das Jahr 2013 bis längstens 31. Dezember 2014 in das Pensionskonto aufzunehmen und der kontoberechtigten Person mitzuteilen. Frühere Teil- und Gesamtgutschriften verlieren damit ihre Gültigkeit und werden durch die Gesamtgutschrift 2013 ersetzt.

(BGBl I 2013/86)

(9) Bei der Feststellung von Pensionen mit einem Stichtag in den Jahren 2014 bis 2016 ist die Kontoerstgutschrift neu zu berechnen, wenn mehr als 480 für die Bemessung der Leistung zu berücksichtigende Versicherungsmonate vorliegen. Bei dieser Neuberechnung sind im Rahmen der Parallelrechnung nach Abs. 4 die §§ 261 Abs. 6 und 284 Z 5 ASVG, 139 Abs. 6 GSVG und 130 Abs. 6 BSVG in der am 31. Dezember 2003 geltenden Fassung über das Höchstausmaß der Leistung so anzuwenden, dass an die Stelle von 80% (87% in der knappschaftlichen Pensionsversicherung) der höchsten zur Anwendung kommenden Bemessungsgrundlage folgende Prozentsätze treten:

1. bei einem Stichtag im Jahr 2014: 85 % (92 % in der knappschaftlichen Pensionsversicherung),
2. bei einem Stichtag im Jahr 2015: 83 % (90 % in der knappschaftlichen Pensionsversicherung),
3. bei einem Stichtag im Jahr 2016: 81 % (88 % in der knappschaftlichen Pensionsversicherung).

(9a) Wurden bei der Ermittlung der Kontoerstgutschrift (vorläufige) Beitragsgrundlagen im Sinne des Abs. 2 Z 8 oder des Abs. 4 Z 2 berücksichtigt, so ist die Kontoerstgutschrift neu zu berechnen, wenn diese Beitragsgrundlagen aus der Zeit vor dem 1. Jänner 2014 nachbemessen werden, wobei die nachbemessenen Beitragsgrundlagen an die Stelle der vorläufigen Beitragsgrundlagen treten. Werden Beitragsgrundlagen aus der Zeit vor dem 1. Jänner 2014 erst nach Ablauf des 31. Dezember 2016 nachbemessen, so ist eine Ergänzungsgutschrift nach Abs. 10 zu berechnen.

(BGBl I 2013/86)

(10) Die Kontoerstgutschrift bzw. die Gesamtgutschrift für das Jahr 2013 ist bei nachträglichen Änderungen von Beitragsgrundlagen und Versicherungszeiten, die für die Berechnung der Pensionshöhe nach Abs. 2 oder Abs. 4 maßgeblich sind, bis zum Ablauf des 31. Dezember 2016 unter Berücksichtigung dieser Änderungen neu zu berechnen. Für Beitragsgrundlagen und Versicherungszeiten aus der Zeit vor dem 1. Jänner 2014, die nach Ablauf des 31. Dezember 2016 festgestellt werden, ist eine Ergänzungsgutschrift oder ein Nachtragsabzug nach Maßgabe des Abs. 2 zu ermitteln. Dabei ist dem Ausgangsbetrag bei Ermittlung der Erstgutschrift (Ausgangsbetrag 1) ein neu errechneter Ausgangsbetrag unter Einschluss der nachträglich festgestellten Beitragsgrundlagen und Versicherungszeiten (Ausgangsbetrag 2) gegenüberzustellen. Ist der Ausgangsbetrag 2 höher als der Ausgangsbetrag 1, so ist das 14-fache des Unterschiedsbetrages als Ergänzungsgutschrift der Gesamtgutschrift für das Jahr 2013 zuzuzählen. Ist der Ausgangsbetrag 1 höher als der Ausgangsbetrag 2, so ist die Gesamtgutschrift für das Jahr 2013 um das 14-fache des Unterschiedsbetrages als Nachtragsabzug zu vermindern; dies gilt nicht für Änderungen auf Grund von Kindererziehungszeiten, Präsenz- oder Ausbildungsdienstzeiten sowie Zivildienst- oder Auslandsdienstzeiten nach § 12b des Zivildienstgesetzes.

(BGBl I 2013/86)

(10a) Ist die nach Abs. 10 erster Satz wegen Änderungen auf Grund von Kindererziehungszeiten, Präsenz- oder Ausbildungsdienstzeiten sowie Zivildienst- oder Auslandsdienstzeiten nach § 12b des Zivildienstgesetzes neu berechnete Kontoerstgutschrift niedriger als die ursprüngliche, so ist diese anzuwenden.

(BGBl I 2013/86)

(10b) Abweichend von Abs. 10 erster Satz ist die Kontoerstgutschrift bzw. die Gesamtgutschrift auch nach Ablauf des 31. Dezember 2016 bei nachträglichen Änderungen von Beitragsgrundlagen und Versicherungszeiten neu zu berechnen, wenn sich diese Änderungen auf Grund eines Verwaltungsverfahrens ergeben, das vor dem 1. Jänner 2017 eingeleitet wurde und zu diesem Zeitpunkt noch nicht abgeschlossen war.

(BGBl I 2013/86)

(11) Abweichend von § 367 Abs. 1 und 2 ASVG sind Bescheide über die Kontoerstgutschrift nur dann zu erlassen, wenn die kontoberechtigte Person dies ausdrücklich verlangt, und zwar

1. bis zum Ablauf des 31. Dezember 2016 oder
2. innerhalb von drei Monaten ab Mitteilung der Kontoerstgutschrift.

(12) Die in der Kontoerstgutschrift festgestellte Zuordnung von Versicherungszeiten nach den §§ 8 Abs. 1 Z 2 lit. g ASVG, 3 Abs. 3 Z 4 GSVG und 4a Z 4 BSVG oder nach den §§ 227a ASVG, 116a GSVG und 107a BSVG zu einem Elternteil kann auf Antrag nur dann geändert werden, wenn dies die kontoberechtigte Person bis zum Ablauf des 31. Dezember 2016 beantragt.

(13) Die Kontoerstgutschrift hat zu entfallen, wenn ausschließlich Versicherungsmonate nach diesem Bundesgesetz vorliegen.

(BGBl I 2005/132)

(BGBl I 2005/132)

ABSCHNITT 5

In-Kraft-Treten und Übergangsbestimmungen

§ 16. (1) Dieses Bundesgesetz tritt, so weit im Folgenden nichts anderes bestimmt wird, mit 1. Jänner 2005 in Kraft.

(2) § 4 Abs. 3 tritt mit 1. Jänner 2007 in Kraft.

(3) Für Personen, die nach dem 31. Dezember 1954 geboren sind und bis zum Ablauf des 31. Dezember 2004 mindestens einen Versicherungsmonat nach dem ASVG, GSVG, FSVG oder BSVG erworben haben, gelten für die Ermittlung der Voraussetzungen für den Anspruch auf eine Leistung aus dem Versicherungsfall des Alters auch die Bestimmungen des ASVG, GSVG, FSVG und BSVG, sofern dies für die versicherte Person günstiger ist.

(3a) Für die Erfüllung der Mindestversicherungszeit nach § 4 Abs. 1 gelten als Versicherungsmonate auch Ersatzzeiten der Kindererziehung nach den §§ 227a ASVG, 116a GSVG und 107a BSVG, die vor dem 1. Jänner 2005 erworben wurden.

(3b) Für die Erfüllung der Mindestversicherungszeit nach § 4 Abs. 1 gelten als Versicherungsmonate einer Erwerbstätigkeit auch die im § 4 Abs. 5 genannten Zeiten einer Selbstversicherung, einer Weiterversicherung und einer Familienhospizkarenz, die vor dem 1. Jänner 2005 erworben wurden.

(4) Für Personen, die vor dem 1. Jänner 1954 geboren sind und eine Korridorpension (§ 4 Abs. 2) beanspruchen, ist die Verminderung der Leistung nach § 15 Abs. 4 Z 1 und 2 in der am 31. Dezember 2010 geltenden Fassung durchzuführen, wenn sie eine vorzeitige Alterspension nach § 607 Abs. 10 ASVG (§ 298 Abs. 10 GSVG, § 287 Abs. 10 BSVG) erst nach Vollendung des 62. Lebensjahres in Anspruch nehmen könnten. Im Übrigen hat die Berechnung der Leistung nach den Bestimmungen für die Alterspension nach dem ASVG oder GSVG oder BSVG zu erfolgen; Abs. 5 letzter Satz ist anzuwenden.

(BGBl I 2005/132)

(4a) Für Personen, die nach dem 31. Dezember 1953 und vor dem 1. Jänner 1955 geboren sind und eine Korridorpension (§ 4 Abs. 2) beanspruchen, ist die Verminderung der Leistung nach § 15 Abs. 4 Z 1 und 2 in der am 31. Dezember 2013 geltenden Fassung durchzuführen; Abs. 4 letzter Satz und Abs. 5 letzter Satz sind anzuwenden.

(BGBl I 2010/111)

(5) Für Personen, die vor dem 1. Jänner 1955 geboren sind und eine Schwerarbeitspension (§ 4 Abs. 3) beanspruchen, hat die Berechnung der Leistung nach den Bestimmungen für die Invaliditäts- oder Berufsunfähigkeits- oder Erwerbsunfähigkeitspension nach dem ASVG oder GSVG oder BSVG zu erfolgen. Für den Wegfall der so ermittelten Leistung sowie für eine Erhöhung der Leistung nach Erreichung des Regelpensionsalters gilt § 9 dieses Bundesgesetzes.

(6) Abweichend von § 4 Abs. 1 bestimmt sich das Anfallsalter für weibliche Versicherte, die das 60. Lebensjahr vor dem 1. Jänner 2024 vollenden, nach § 253 Abs. 1 ASVG (§ 130 Abs. 1 GSVG, § 121 Abs. 1 BSVG); für weibliche Versicherte, die das 60. Lebensjahr am oder nach dem 1. Jänner 2024 vollenden, bestimmt sich das Anfallsalter nach § 3 des Bundesverfassungsgesetzes über unterschiedliche Altersgrenzen von männlichen und weiblichen Sozialversicherten, BGBl. Nr. 832/1992.

(7) Der in § 6 Abs. 2 letzter Satz genannte Wert von 476 Monaten verringert sich laut **Anlage 5** zu diesem Bundesgesetz, wenn die Verminderung der Leistung auf Grund des Pensionsantrittes vor dem Regelpensionsalter geringer als 15 % ist, sodass der Wert im Fall einer Verminderung von 0 % 404,49 Monate beträgt; der so ermittelte Wert ist ganzzahlig zu runden.

(BGBl I 2011/122)

(8) Die erstmalige Kontomitteilung nach § 13 an eine versicherte Person hat unter Berücksichtigung des § 10 Abs. 2 alle bis zum Zeitpunkt dieser Mitteilung erworbenen Teilgutschriften sowie die bis dahin erworbene Gesamtgutschrift zu enthalten.

(9) Auf Personen, die nach dem 31. Dezember 1954 geboren und am Stichtag (§ 223 Abs. 2 ASVG) der knappschaftlichen Pensionsversicherung leistungszugehörig sind, sind, wenn dies nach Ermittlung des Pensionsausmaßes nach den §§ 5 bis 7 nach § 15 für die versicherte Person günstiger ist, bis zum Ablauf des 31. Dezember 2025 ausschließlich die Bestimmungen des Vierten und Zehnten Teiles des ASVG in der am 31. Dezember 2004 geltenden Fassung anzuwenden.

(BGBl I 2012/35)

Schlussbestimmung zu Art. 4 des Bundesgesetzes BGBl. I Nr. 132/2005 (1. Novelle)

§ 17. Es treten in Kraft:

1. mit 1. Jänner 2006 die §§ 4 Abs. 5 Z 1 und 15 Abs. 5 in der Fassung des Bundesgesetzes BGBl. I Nr. 132/2005;
2. rückwirkend mit 1. Jänner 2005 die §§ 1 Abs. 3, 5 Abs. 2 und 4, 11 Z 2 und 7, 15 Abs. 2 Z 1 lit. c und d sowie Z 10 und 11, Abs. 4 Z 1 sowie Abs. 6 und 7 sowie 16 Abs. 4 und 9 und die Anlage 6 in der Fassung des Bundesgesetzes BGBl. I Nr. 132/2005.

Schlussbestimmung zu Art. 4 des Bundesgesetzes BGBl. I Nr. 130/2006 (2. Novelle)

§ 18. (1) Die §§ 4 Abs. 3, 5 Abs. 2 und 9 Abs. 2 sowie die Anlage 2 in der Fassung des Bundesgesetzes BGBl. I Nr. 130/2006 treten mit 1. Juli 2006 in Kraft.

(2) Die Anlage 1 tritt mit Ablauf des 30. Juni 2006 außer Kraft.

(BGBl I 2006/130)

(BGBl I 2006/130)

Schlussbestimmung zu Art. 1 des Bundesgesetzes BGBl. I Nr. 170/2006 (3. Novelle)

§ 19. Die §§ 13 Abs. 1 und 15 Abs. 5 in der Fassung des Bundesgesetzes BGBl. I Nr. 170/2006 treten mit 1. Jänner 2007 in Kraft.

(BGBl I 2006/170)

(BGBl I 2006/170)

Schlussbestimmungen zu Art. 4 des Bundesgesetzes BGBl. I Nr. 31/2007 (4. Novelle)

§ 20. (1) Es treten in Kraft:

1. mit 1. Juli 2007 die §§ 15 Abs. 4 Z 2 und 19 in der Fassung des Bundesgesetzes BGBl. I Nr. 31/2007;
2. rückwirkend mit 1. Jänner 2007 § 4 Abs. 7 in der Fassung des Bundesgesetzes BGBl. I Nr. 31/2007.

(2) § 4 Abs. 7 in der Fassung des Bundesgesetzes BGBl. I Nr. 31/2007 ist auf Schwerarbeitspensionen mit Stichtag ab dem 1. Jänner 2007 anzuwenden. Die Rechtskraft bereits ergangener Entscheidungen steht dem nicht entgegen.

(3) § 15 Abs. 4 Z 2 in der Fassung des Bundesgesetzes BGBl. I Nr. 31/2007 ist auch auf Korridorpensionen mit Stichtag vor dem 1. Juli 2007 anzuwenden. Die Rechtskraft bereits ergangener Entscheidungen steht dem nicht entgegen.

(BGBl I 2007/31)

(BGBl I 2007/31)

Schlussbestimmung zu Art. 4 des Bundesgesetzes BGBl. I Nr. 83/2009 (5. Novelle)

§ 21. § 9 Abs. 1 und 2 sowie die Anlage 2 samt Überschrift in der Fassung des Bundesgesetzes BGBl. I Nr. 83/2009 treten mit 1. August 2009 in Kraft.

(BGBl I 2009/83)

(BGBl I 2009/83)

Schlussbestimmung zu Art. 4 des Bundesgesetzes BGBl. I Nr. 62/2010 (6. Novelle)

§ 22. Es treten in Kraft:

1. mit 1. August 2010 die §§ 9 Abs. 2 sowie 15 Abs. 2 Z 11 und 12 in der Fassung des Bundesgesetzes BGBl. I Nr. 62/2010;
2. rückwirkend mit 1. Jänner 2005 § 15 Abs. 3 in der Fassung des Bundesgesetzes BGBl. I Nr. 62/2010.

(BGBl I 2010/62)

Schlussbestimmung zu Art. 118 des Budgetbegleitgesetzes 2011, BGBl. I Nr. 111/2010 (7. Novelle)

§ 23. Es treten in Kraft:

1. mit 1. Jänner 2011 die §§ 15 Abs. 2 Z 3 und Abs. 4 sowie 16 Abs. 4 und 4a in der Fassung des Bundesgesetzes BGBl. I Nr. 111/2010;
2. mit 1. Jänner 2012 § 6 Abs. 1 in der Fassung des Art. 118 Z 1 und § 6 Abs. 2 Z 1 in der Fassung des Art. 118 Z 3 des Bundesgesetzes BGBl. I Nr. 111/2010;
3. mit 1. Jänner 2016 § 6 Abs. 1 in der Fassung des Art. 118 Z 2 und § 6 Abs. 2 Z 1 in der Fassung des Art. 118 Z 4 des Bundesgesetzes BGBl. I Nr. 111/2010.

(BGBl I 2010/111)

Schlussbestimmung zu Art. 4 des Bundesgesetzes BGBl. I Nr. 122/2011 (8. Novelle)

§ 24. § 16 Abs. 7 und die Anlage 5 in der Fassung des Bundesgesetzes BGBl. I Nr. 122/2011 treten rückwirkend mit 1. Jänner 2011 in Kraft.

(BGBl I 2011/122)

(BGBl I 2011/122)

Schlussbestimmungen zu Art. 51 des 2. Stabilitätsgesetzes 2012, BGBl. I Nr. 35 (9. Novelle)

§ 25. (1) Es treten in der Fassung des Bundesgesetzes BGBl. I Nr. 35/2012 in Kraft:

1. mit 1. Jänner 2013 die §§ 4 Abs. 2 Z 1 sowie 5 Abs. 2 und 3;
2. mit 1. Jänner 2014 die §§ 15 samt Überschrift und 16 Abs. 9 sowie die Anlage 7.

(2) § 4 Abs. 2 Z 1 in der Fassung des Bundesgesetzes BGBl. I Nr. 35/2012 ist nur auf Versicherungsfälle anzuwenden, in denen der Stichtag nach dem 31. Dezember 2012 liegt, und zwar so, dass das Mindestausmaß von 480 Versicherungsmonaten bei Stichtagen im Kalenderjahr 2013 durch 456, bei Stichtagen im Kalenderjahr 2014 durch 462, bei Stichtagen im Kalenderjahr 2015 durch 468 und bei Stichtagen im Kalenderjahr 2016 durch 474 Versicherungsmonate ersetzt wird. Personen, die die Anspruchsvoraussetzungen für die

Korridorpension – mit Ausnahme der in § 4 Abs. 2 Z 2 in Verbindung mit Abs. 6 genannten Voraussetzung – unter Annahme einer früheren Antragstellung bereits erfüllt haben, bleibt dieser Pensionsanspruch gewahrt.

(3) Auf weibliche Versicherte, die vor dem 1. Jänner 1959 geboren sind und bis zum Ablauf des 31. Dezember 2013 die Anspruchsvoraussetzungen für die vorzeitige Alterspension nach § 607 Abs. 12 ASVG (§ 298 Abs. 12 GSVG, § 287 Abs. 12 BSVG) – mit Ausnahme der Voraussetzung des Fehlens einer die Pflichtversicherung begründenden Erwerbstätigkeit am Stichtag – erfüllen, ist § 5 Abs. 2 in Versicherungsfällen mit einem Stichtag nach dem 31. Dezember 2013 so anzuwenden, dass an die Stelle von 0,35 % folgende Werte treten:

1. für Versicherte, die vor dem 1. Jänner 1956 geboren sind, 0,1 %;
2. für Versicherte, die nach dem 31. Dezember 1955 und vor dem 1. Jänner 1957 geboren sind, 0,14 %;
3. für Versicherte, die nach dem 31. Dezember 1956 und vor dem 1. Jänner 1958 geboren sind, 0,17 %;
4. für Versicherte, die nach dem 31. Dezember 1957 und vor dem 1. Jänner 1959 geboren sind, 0,2 %.

(4) Im Fall der Inanspruchnahme einer vorzeitigen Alterspension bei langer Versicherungsdauer nach dem ASVG, GSVG und BSVG (einschließlich einer vorzeitigen Alterspension nach § 607 Abs. 12 ASVG, § 298 Abs. 12 GSVG und § 287 Abs. 12 BSVG sowie § 617 Abs. 13 ASVG, § 306 Abs. 10 GSVG und § 295 Abs. 11 BSVG) ist diese nach § 5 Abs. 1 zu berechnen. Bei einem Pensionsantritt vor dem Monatsersten nach der Erreichung des Regelpensionsalters (§§ 4 Abs. 1 und 16 Abs. 6) ist das Ausmaß der monatlichen Bruttoleistung um 0,35 % für jeden Monat des früheren Pensionsantrittes zu vermindern. Die Verminderung der Leistung bei einem Pensionsantritt vor dem Regelpensionsalter darf 15 % dieser Leistung nicht überschreiten.

(5) Für männliche Versicherte, die nach dem 31. Dezember 1954 und vor dem 1. Jänner 1959 und für weibliche Versicherte, die nach dem 31. Dezember 1958 und vor dem 1. Jänner 1964 geboren sind und eine vorzeitige Alterspension nach § 607 Abs. 14 ASVG (§ 298 Abs. 13a GSVG, § 287 Abs. 13a BSVG) in Anspruch nehmen, ist § 5 Abs. 2 so anzuwenden, dass die Verminderung des Wertes nach § 5 Abs. 1 für jeden Monat des früheren Pensionsantrittes 0,15 % beträgt.

(6) Im Fall der Inanspruchnahme einer vorzeitigen Alterspension nach den Abs. 3 bis 5 ist

1. für den Wegfall ausschließlich § 9 Abs. 1 anzuwenden;
2. für die Erhöhung nach Vollendung des Regelpensionsalters ausschließlich § 9 Abs. 2 anzuwenden, und zwar so, dass die Leistung
   a) für jeden Monat, in dem eine in Abs. 3 oder 4 genannte vorzeitige Alterspension weggefallen ist, um 0,55% zu erhöhen ist;
   b) für jeden Monat, in dem die in Abs. 5 genannte vorzeitige Alterspension weggefallen ist, um 0,312% zu erhöhen ist.

(BGBl I 2012/35)

Schlussbestimmungen zu Art. 4 des Bundesgesetzes BGBl. I Nr. 86/2013 (10. Novelle)

§ 26. (1) Die §§ 6 Abs. 3, 13 Abs. 4, 15 Abs. 2 Z 8, Abs. 4 Z 2, Abs. 8 und Abs. 9a bis 11 sowie 25 Abs. 3 in der Fassung des Bundesgesetzes BGBl. I Nr. 86/2013 treten mit 1. Jänner 2014 in Kraft.

(2) Besteht am 31. Dezember 2013 Anspruch auf eine Pensionsleistung aus einem Versicherungsfall der geminderten Arbeitsfähigkeit oder aus dem Versicherungsfall der Erwerbsunfähigkeit, so ist die Kontoerstgutschrift nach § 15 zu ermitteln.

(BGBl I 2015/2)

(3) Tritt bei Anspruch auf eine Pensionsleistung nach Abs. 2 nach dem Ende des Leistungsanspruchs (erneut) der Versicherungsfall der geminderten Arbeitsfähigkeit oder der Erwerbsunfähigkeit oder der Versicherungsfall des Alters ein, so darf das Ausmaß der neuen Pensionsleistung nicht das Ausmaß der am 31. Dezember 2013 gebührenden und mit dem Produkt der Aufwertungszahlen (§ 108a ASVG) bis zum Kalenderjahr, in das der neue Stichtag fällt, vervielfachten Pensionsleistung unterschreiten.

(BGBl I 2015/2)

(BGBl I 2013/86)

Schlussbestimmung zu Art. 11 des Bundesgesetzes BGBl. I Nr. 138/2013 (11. Novelle)

§ 27. Die §§ 3 Abs. 1 Z 2 sowie 4 Abs. 5 Z 3 und 4 in der Fassung des Bundesgesetzes BGBl. I Nr. 138/2013 treten mit 1. Jänner 2014 in Kraft.

(BGBl I 2013/138)

(BGBl I 2013/138)

Schlussbestimmungen zu Art. 4 des Bundesgesetzes BGBl. I Nr. 2/2015 (12. Novelle)

§ 28. (1) Es treten in der Fassung des Bundesgesetzes BGBl. I Nr. 2/2015 in Kraft:

1. mit 1. Jänner 2015 § 5 Abs. 4;
2. rückwirkend mit 1. Jänner 2014 die §§ 6 Abs. 1, 16 Abs. 4a, 25 Abs. 6 sowie 26 Abs. 2 und 3 sowie die Anlage 7.

(2) § 5 Abs. 4 in der Fassung des Bundesgesetzes BGBl. I Nr. 2/2015 ist nur auf Personen anzuwenden, die das Regelpensionsalter nach dem 31. Dezember 2014 erreichen.

(BGBl I 2015/2)

(BGBl I 2015/2)

Schlussbestimmung zu Art. 10 des Bundesgesetzes BGBl. I Nr. 53/2016 (13. Novelle)

§ 29. § 3 Abs. 1 Z 2 in der Fassung des Bundesgesetzes BGBl. I Nr. 53/2016 tritt mit 1. März 2017 in Kraft.

(BGBl I 2016/53)

(BGBl I 2016/53)

Schlussbestimmungen zu Art. 4 des Bundesgesetzes BGBl. I Nr. 29/2017 (14. Novelle)

§ 30. (1) Die §§ 4 Abs. 1 sowie 14 Abs. 2a, 2b, 3 und 4 in der Fassung des Bundesgesetzes BGBl. I Nr. 29/2017 treten mit 1. Jänner 2017 in Kraft.

(2) § 14 Abs. 2a, 2b, 3 und 4 in der Fassung des Bundesgesetzes BGBl. I Nr. 29/2017 ist auch auf die Übertragung von Teilgutschriften für Kalenderjahre vor dem 1. Jänner 2017 anzuwenden.

(BGBl I 2017/29)

(BGBl I 2017/29)

Schlussbestimmung zu Art. 3 des Bundesgesetzes BGBl. I Nr. 38/2017 (15. Novelle)

§ 31. § 14 Abs. 4 in der Fassung des Bundesgesetzes BGBl. I Nr. 38/2017 tritt rückwirkend mit 1. Jänner 2017 in Kraft.

(BGBl I 2017/38)

Anlage 1

(aufgehoben)

(BGBl I 2006/130)

Anlage 2

Jahr	Aufwertungszahl	Bewertung der Zeiten für Kindererziehung sowie Präsenz- und Ausbildungsdienst bzw. Zivildienst		Kontoprozentsatz	Bewertung der Studien- und Schulzeiten	
		monatlich	täglich		Studienzeiten	Schulzeiten
1950	1,146	44,33	1,48	1,78	79,47	39,73
1951	1,275	56,52	1,88	1,78	101,33	50,65
1952	1,136	64,21	2,14	1,78	115,11	57,54
1953	0,993	63,76	2,13	1,78	114,30	57,14
1954	1,026	65,42	2,18	1,78	117,27	58,63
1955	1,025	67,06	2,24	1,78	120,20	60,10
1956	1,063	71,28 €	2,38 €	1,78	127,77 €	63,89 €
1957	1,033	73,63 €	2,45 €	1,78	131,99 €	65,99 €
1958	1,047	77,09 €	2,57 €	1,78	138,19 €	69,09 €
1959	1,068	82,33 €	2,74 €	1,78	147,59 €	73,79 €
1960	1,034	85,13 €	2,84 €	1,78	152,60 €	76,30 €
1961	1,042	88,71 €	2,96 €	1,78	159,01 €	79,51 €
1962	1,071	95,00 €	3,17 €	1,78	170,30 €	85,15 €
1963	1,114	105,83 €	3,53 €	1,78	189,72 €	94,86 €
1964	1,067	112,93 €	3,76 €	1,78	202,43 €	101,22 €
1965	1,057	119,36 €	3,98 €	1,78	213,97 €	106,98 €
1966	1,087	129,75 €	4,32 €	1,78	232,58 €	116,29 €
1967	1,137	147,52 €	4,92 €	1,78	264,45 €	132,22 €
1968	1,097	161,83 €	5,39 €	1,78	290,10 €	145,05 €
1969	1,088	176,07 €	5,87 €	1,78	315,63 €	157,81 €
1970	1,065	187,52 €	6,25 €	1,78	336,14 €	168,07 €
1971	1,059	198,58 €	6,62 €	1,78	355,98 €	177,99 €
1972	1,086	215,66 €	7,19 €	1,78	386,59 €	193,30 €
1973	1,121	241,75 €	8,06 €	1,78	433,37 €	216,68 €
1974	1,121	271,01 €	9,03 €	1,78	485,81 €	242,90 €
1975	1,120	303,53 €	10,12 €	1,78	544,10 €	272,05 €
1976	1,131	343,29 €	11,44 €	1,78	615,38 €	307,69 €
1977	1,112	381,74 €	12,72 €	1,78	684,30 €	342,15 €
1978	1,097	418,77 €	13,96 €	1,78	750,68 €	375,34 €
1979	1,097	459,39 €	15,31 €	1,78	823,49 €	411,75 €

1980	1,082	497,06 €	16,57 €	1,78	891,02 €	445,51 €
1981	1,069	531,35 €	17,71 €	1,78	952,50 €	476,25 €
1982	1,063	564,83 €	18,83 €	1,78	1.012,51 €	506,25 €
1983	1,057	597,02 €	19,90 €	1,78	1.070,22 €	535,11 €
1984	1,056	630,46 €	21,02 €	1,78	1.130,15 €	565,08 €
1985	1,047	660,09 €	22,00 €	1,78	1.183,27 €	591,64 €
1986	1,045	689,79 €	22,99 €	1,78	1.236,52 €	618,26 €
1987	1,048	722,90 €	24,10 €	1,78	1.295,87 €	647,94 €
1988	1,049	758,33 €	25,28 €	1,78	1.359,37 €	679,68 €
1989	1,034	784,11 €	26,14 €	1,78	1.405,59 €	702,79 €
1990	1,033	809,98 €	27,00 €	1,78	1.451,97 €	725,99 €
1991	1,043	844,81 €	28,16 €	1,78	1.514,41 €	757,20 €
1992	1,052	888,74 €	29,62 €	1,78	1.593,16 €	796,58 €
1993	1,060	942,07 €	31,40 €	1,78	1.688,75 €	844,37 €
1994	1,056	994,82 €	33,16 €	1,78	1.783,32 €	891,66 €
1995	1,043	1.037,60 €	34,59 €	1,78	1.860,00 €	930,00 €
1996	1,045	1.084,29 €	36,14 €	1,78	1.943,70 €	971,85 €
1997	1,036	1.123,33 €	37,44 €	1,78	2.013,67 €	1.006,84 €
1998	1,027	1.153,66 €	38,46 €	1,78	2.068,04 €	1.034,02 €
1999	1,025	1.182,50 €	39,42 €	1,78	2.119,74 €	1.059,87 €
2000	1,022	1.208,52 €	40,28 €	1,78	2.166,38 €	1.083,19 €
2001	1,024	1.237,52 €	41,25 €	1,78	2.218,37 €	1.109,18 €
2002	1,018	1.259,80 €	41,99 €	1,78	2.258,30 €	1.129,15 €
2003	1,030	1.297,59 €	43,25 €	1,78	2.326,05 €	1.163,02 €
2004	1,017	1.319,65 €	43,99 €	1,78	2.365,59 €	1.182,80 €
2005	1,023	1.350,00 €	45,00 €	1,78	2.420,00 €	1.210,00 €

(BGBl I 2006/130, BGBl I 2009/83)

Anlage 3

Monatliche Beitragsgrundlagen für 1972 (ohne Sonderzahlung)

Alter	ASVG-Arbeiter		ASVG-Angestellte	
	Männer	Frauen	Männer	Frauen
bis 15	115,30 €	164,00 €	106,00 €	100,90 €
16	123,90 €	174,40 €	121,40 €	118,20 €
17	157,20 €	194,10 €	157,40 €	156,30 €
18	209,00 €	218,60 €	207,40 €	200,50 €
19	288,30 €	246,30 €	266,10 €	247,10 €
20	354,70 €	259,20 €	316,80 €	275,90 €
21	376,40 €	263,30 €	346,50 €	299,90 €
22	386,40 €	265,00 €	369,50 €	313,10 €
23	394,10 €	264,70 €	390,10 €	321,30 €
24	400,00 €	262,60 €	410,20 €	328,60 €
25	406,40 €	259,20 €	429,70 €	335,90 €
26	410,70 €	256,80 €	449,20 €	342,50 €
27	414,20 €	254,90 €	465,90 €	347,60 €
28	418,10 €	252,50 €	480,90 €	349,60 €
29	421,80 €	251,50 €	495,10 €	352,40 €
30	425,60 €	250,20 €	504,30 €	353,30 €

Monatliche Beitragsgrundlagen für 1972

Alter	BSVG		GSVG	
	Männer	Frauen	Männer	Frauen
bis 15	106,30 €	100,20 €	143,00 €	121,10 €
16	107,00 €	102,10 €	125,90 €	121,30 €
17	109,90 €	104,70 €	163,30 €	150,70 €
18	113,30 €	108,00 €	195,90 €	178,60 €
19	116,40 €	110,30 €	153,70 €	150,90 €
20	119,80 €	115,10 €	141,00 €	133,10 €
21	124,20 €	120,70 €	144,10 €	127,50 €
22	133,30 €	127,00 €	140,70 €	130,40 €
23	140,90 €	131,10 €	131,70 €	134,10 €
24	149,60 €	134,50 €	140,50 €	136,50 €
25	163,20 €	139,30 €	154,40 €	147,80 €
26	176,90 €	143,70 €	167,00 €	160,70 €
27	192,40 €	149,00 €	189,60 €	170,30 €
28	202,10 €	150,00 €	217,40 €	184,00 €
29	215,00 €	153,70 €	242,50 €	186,50 €
30	225,40 €	151,80 €	272,50 €	201,60 €

Anlage 4

Jahr	Nachträglicher Einkauf von Versicherungszeiten nach Art. VII der 32. Novelle zum ASVG		Jahr	Nachträglicher Einkauf von Versicherungszeiten für Zeiten der Kindererziehung
	Männer	Frauen		Frauen
	in €	in €		in €
1960	92,61	64,83	1960	64,83
1961	96,50	67,55	1961	67,55
1962	103,35	72,34	1962	72,34
1963	115,13	80,59	1963	80,59
1964	122,84	85,99	1964	85,99
1965	129,84	90,89	1965	90,89
1966	141,14	98,80	1966	98,80
1967	160,48	112,34	1967	112,34
1968	176,04	123,23	1968	123,23
1969	191,53	134,08	1969	134,08
1970	203,98	142,79	1970	142,79
1971	216,02	151,22	1971	151,22
1972	234,60	164,22	1972	164,22
1973	262,98	184,09	1973	184,09
1974	294,80	206,37	1974	206,37
1975	330,18	231,13	1975	231,13
1976	373,44	261,41	1976	261,41
Nominalwert			1977	290,69
1977:	415,26	290,69	1978	318,89

Anlage 5
Zu § 16 Abs. 7 APG

Verminderung in %	Versicherungsmonate
0,00	404
0,35	406
0,70	407
1,05	409
1,40	410
1,75	412
2,10	413
2,45	415
2,80	416
3,15	418
3,50	419
3,85	421
4,20	422
4,55	424
4,90	425
5,25	427
5,60	428
5,95	430
6,30	432
6,65	433
7,00	435
7,35	437
7,70	438
8,05	440
8,40	442
8,75	443
9,10	445
9,45	447
9,80	448
10,15	450
10,50	452
10,85	454
11	454
11,20	456
11,55	457
11,90	459
12,25	461
12,60	463
12,95	465
13,30	467
13,65	468
13,80	469
14,00	470
14,35	472
14,70	474
15,00	476

(BGBl I 2011/122)

Anlage 6
Monatliche Beitragsgrundlagen für 2004
(ohne Sonderzahlung)

Alter	Beitragsgrundlage
bis 15	457 €
16	482 €
17	567 €
18	746 €
19	993 €
20	1 222 €
21	1 372 €
22	1 479 €
23	1 551 €
24	1 623 €
25	1 684 €
26	1 742 €
27	1 797 €
28	1 844 €
29	1 877 €
30	1 904 €
31	1 913 €
32	1 923 €
33	1 936 €
34	1 938 €
35	1 940 €
36	1 950 €
37	1 957 €
38	1 948 €
39	1 959 €
40	1 955 €
41	1 962 €
42	1 978 €
43	1 981 €
44	1 992 €
45	2 002 €
46	2 011 €
47	2 022 €
48	2 017 €
49	2 020 €
50	2 015 €
51	2 027 €
52	2 027 €
53	2 038 €
54	2 040 €
55	2 063 €
56	2 108 €
57	2 193 €
58	2 239 €
59	2 318 €
60	2 380 €
61	2 408 €
62	2 286 €
63	2 214 €
64	2 066 €
ab 65	1 947 €

Anlage 7
Aufwertungsfaktoren für die Ermittlung der Kontoerstgutschrift

Jahr	Aufwertungsfaktor
1955	20,681
1956	19,500
1957	18,461
1958	17,822
1959	17,320
1960	15,699
1961	14,249
1962	12,846
1963	11,759
1964	10,775
1965	9,756
1966	9,007
1967	8,246
1968	7,705
1969	7,054
1970	6,435
1971	5,761
1972	5,069
1973	4,501
1974	3,938
1975	3,631
1976	3,356
1977	3,113
1978	2,916
1979	2,751
1980	2,596
1981	2,438
1982	2,332
1983	2,250
1984	2,155
1985	2,051
1986	1,994
1987	1,936
1988	1,892
1989	1,832
1990	1,735
1991	1,635
1992	1,552
1993	1,473
1994	1,428
1995	1,378
1996	1,336
1997	1,336
1998	1,314
1999	1,291
2000	1,281
2001	1,268
2002	1,250
2003	1,242
2004	1,226
2005	1,203
2006	1,165
2007	1,141
2008	1,116
2009	1,071
2010	1,051
2011	1,035
2012	1,000

(BGBl I 2012/35, BGBl I 2015/2)

Bundesgesetz über eine pauschalierte Abgabe von Dienstgebern geringfügig beschäftigter Personen (Dienstgeberabgabegesetz – DAG)

Dienstgeberabgabegesetz, BGBl I 2003/28 idF

1 BGBl I 2004/142 2 BGBl I 2005/71 3 BGBl I 2009/84
4 BGBl I 2018/100

GLIEDERUNG

Bundesgesetz über eine pauschalierte Abgabe von Dienstgebern geringfügig beschäftigter Personen (Dienstgeberabgabegesetz – DAG)

Dienstgeberabgabe

§ 1. (1) Die Dienstgeber haben für alle bei ihnen nach § 5 Abs. 2 des Allgemeinen Sozialversicherungsgesetzes (ASVG), BGBl. Nr. 189/1955, beschäftigten Personen eine pauschalierte Abgabe in der Höhe von 16,4% der Beitragsgrundlage nach Abs. 3 zu entrichten (Dienstgeberabgabe), sofern die Summe der monatlichen allgemeinen Beitragsgrundlagen (Entgelt ohne Sonderzahlungen) dieser Personen das Eineinhalbfache des Betrages nach § 5 Abs. 2 ASVG übersteigt.

(2) Die Dienstgeberabgabe ist eine ausschließliche Bundesabgabe, die von den Krankenversicherungsträgern im übertragenen Wirkungsbereich einzuheben ist. Diese haben dabei die für Verwaltungssachen geltenden verfahrensrechtlichen Bestimmungen des ASVG (Siebenter Teil) anzuwenden.

(3) Grundlage für die Bemessung der Dienstgeberabgabe ist die Summe der Entgelte (einschließlich der Sonderzahlungen) nach § 49 ASVG, die der Dienstgeber jeweils in einem Kalendermonat an die im Abs. 1 genannten Personen zu zahlen hat.

(4) Die Abs. 1 und 2 gelten für Dienstverhältnisse nach § 1 Abs. 1 Z 5, 17, 21 und 22 des Beamten-Kranken- und Unfallversicherungsgesetzes (B-KUVG), BGBl. Nr. 200/1967, bei denen die Beitragsgrundlage nach § 19 B-KUVG den Betrag nach § 5 Abs. 2 Z 2 ASVG nicht überschreitet, mit der Maßgabe, dass die pauschalierte Abgabe 16,15 % der Summe der monatlichen Beitragsgrundlagen nach § 19 Abs. 1 und § 21 B-KUVG beträgt.

(BGBl I 2005/71)

Entrichtung

§ 2. (1) Die Dienstgeberabgabe ist jeweils für ein Kalenderjahr im Nachhinein bis zum 15. Jänner des Folgejahres zu entrichten. Auf die Entrichtung sind die §§ 58, 59 und 64 bis 69 ASVG so anzuwenden, dass an die Stelle der Beiträge die Dienstgeberabgabe und an die Stelle des Beitragsschuldners der Dienstgeberabgabepflichtige tritt.

(2) Die Dienstgeberabgabe ist an jenen Krankenversicherungsträger zu entrichten, bei dem die Meldung der in der Unfallversicherung pflichtversicherten geringfügig Beschäftigten nach § 33 Abs. 2 ASVG zu erstatten ist.

(3) Dienstgeberabgabepflichtigen, die den Meldepflichten nach § 33 Abs. 2 ASVG nicht rechtzeitig nachkommen, kann der Krankenversicherungsträger einen Zuschlag bis zu 10% der festgesetzten Dienstgeberabgabe auferlegen (Verspätungszuschlag), wenn die Verspätung nicht entschuldbar ist.

Zweckwidmung

§ 3. (1) 23,5 % der Erträge aus der Dienstgeberabgabe dienen der Finanzierung der Krankenversicherung der geringfügig beschäftigten Personen und sind vom einhebenden Krankenversicherungsträger an den Ausgleichsfonds der Gebietskrankenkassen (§ 447a ASVG) zu überweisen; ergibt sich in der Krankenversicherung gemäß § 26 Abs. 1 Z 3 ASVG die Zuständigkeit einer Betriebskrankenkasse oder gemäß § 26 Abs. 1 Z 4 ASVG die Zuständigkeit der Versicherungsanstalt für Eisenbahnen und Bergbau, so sind diese Erträge von der jeweiligen Betriebskrankenkasse oder von der Versicherungsanstalt für Eisenbahnen und Bergbau direkt einzubehalten. 76,5 % der Erträge aus der Dienstgeberabgabe dienen der Finanzierung der Pensionsversicherung und sind vom einhebenden Krankenversicherungsträger an die Pensionsversicherungsanstalt zu überweisen; ergibt sich gemäß § 29 Z 2 lit. a ASVG die Zuständigkeit der Versicherungsanstalt für Eisenbahnen und Bergbau in der Pensionsversicherung, so sind diese Erträge von der Versicherungsanstalt für Eisenbahnen und Bergbau direkt einzubehalten.

(BGBl I 2009/84)

(2) Die Dienstgeberabgabe nach § 1 Abs. 4 dient der Finanzierung der Kranken- und Pensionsversicherung der geringfügig beschäftigten Personen nach dem B-KUVG und wird von der Versicherungsanstalt öffentlich Bediensteter ein-

gehoben. 22,3 % der Erträge verbleiben der Versicherungsanstalt öffentlich Bediensteter und 77,7 % der Erträge sind an die Pensionsversicherungsanstalt zu überweisen.

(BGBl I 2004/142, BGBl I 2005/71)

Zweckwidmung

§ 3.[a] (1) 23,5% der Erträge aus der Dienstgeberabgabe dienen der Finanzierung der Krankenversicherung der geringfügig beschäftigten Personen und sind vom einhebenden Krankenversicherungsträger an die Österreichische Gesundheitskasse zu überweisen; ergibt sich in der Krankenversicherung nach § 26 Abs. 1 Z 4 ASVG die Zuständigkeit der Versicherungsanstalt öffentlich Bediensteter, Eisenbahnen und Bergbau, so sind diese Erträge von der Versicherungsanstalt öffentlich Bediensteter, Eisenbahnen und Bergbau direkt einzubehalten. 76,5% der Erträge aus der Dienstgeberabgabe dienen der Finanzierung der Pensionsversicherung und sind vom einhebenden Krankenversicherungsträger an die Pensionsversicherungsanstalt zu überweisen; ergibt sich nach § 29 Z 2 lit. a ASVG die Zuständigkeit der Versicherungsanstalt öffentlich Bediensteter, Eisenbahnen und Bergbau in der Pensionsversicherung, so sind diese Erträge von der Versicherungsanstalt öffentlich Bediensteter, Eisenbahnen und Bergbau direkt einzubehalten.

(2) Die Dienstgeberabgabe nach § 1 Abs. 4 dient der Finanzierung der Kranken- und Pensionsversicherung der geringfügig beschäftigten Personen nach dem B-KUVG und wird von der Versicherungsanstalt öffentlich Bediensteter, Eisenbahnen und Bergbau eingehoben. 22,3% der Erträge verbleiben der Versicherungsanstalt öffentlich Bediensteter, Eisenbahnen und Bergbau und 77,7% der Erträge sind an die Pensionsversicherungsanstalt zu überweisen.

(BGBl I 2018/100)

[a] Tritt mit 1. Jänner 2020 in Kraft.

Verweisungen

§ 4. Soweit in diesem Bundesgesetz auf Bestimmungen des ASVG und B-KUVG verwiesen wird, sind diese in der jeweils geltenden Fassung anzuwenden.

(BGBl I 2005/71)

Vollziehung

§ 5. Mit der Vollziehung dieses Bundesgesetzes ist der Bundesminister für soziale Sicherheit, Generationen und Konsumentenschutz im Einvernehmen mit der Bundesministerin für Gesundheit und Frauen betraut.

In-Kraft-Treten

§ 6. (1) Dieses Bundesgesetz tritt mit 1. Juni 2003 in Kraft.

(BGBl I 2004/142)

(2) § 3 zweiter Halbsatz in der Fassung des Bundesgesetzes BGBl. I Nr. 142/2004 tritt mit 1. Jänner 2005 in Kraft.

(BGBl I 2004/142)

(3) § 3 Abs. 1 in der Fassung des Bundesgesetzes BGBl. I Nr. 71/2005 tritt rückwirkend mit 1. Jänner 2005 in Kraft.

(BGBl I 2005/71)

(4) Die §§ 1 Abs. 4, 3 Abs. 2 sowie § 4 in der Fassung des Bundesgesetzes BGBl. I Nr. 71/2005 treten mit 1. Jänner 2006 in Kraft.

(BGBl I 2005/71)

(5) § 3 Abs. 1 in der Fassung des Bundesgesetzes BGBl. I Nr. 84/2009 tritt mit rückwirkend mit 1. Juli 2009 in Kraft.

(BGBl I 2009/84)

„(6) § 3 in der Fassung des Bundesgesetzes BGBl. I Nr. 100/2018 tritt mit 1. Jänner 2020 in Kraft."

(BGBl I 2018/100)

(BGBl I 2004/142)

Dienstleistungsscheckgesetz (DLSG)

Dienstleistungsscheckgesetz, BGBl I 2005/45 idF

1 BGBl I 2005/114 2 BGBl I 2014/30 3 BGBl I 2018/100

GLIEDERUNG

Bundesgesetz, mit dem ein Dienstleistungsscheckgesetz (DLSG) erlassen wird sowie das Allgemeine Sozialversicherungsgesetz, das Arbeitsmarktpolitik-Finanzierungsgesetz, das Einkommensteuergesetz 1988 und das Arbeits- und Sozialgerichtsgesetz geändert werden

Geltungsbereich

§ 1. (1) Dieses Gesetz regelt die Ansprüche und Verpflichtungen aus Arbeitsverhältnissen, die von arbeitsberechtigten Arbeitnehmern mit natürlichen Personen zur Erbringung von einfachen haushaltstypischen Dienstleistungen in deren Privathaushalten auf längstens einen Monat befristet für die Dauer des jeweiligen Arbeitseinsatzes abgeschlossen werden, soweit die Entgeltgrenze nach Abs. 4 nicht überschritten und die Entlohnung mit Dienstleistungsscheck vereinbart wird.

(2) Arbeitsberechtigt ist, wer zur Aufnahme einer Beschäftigung im Bundesgebiet oder im jeweiligen Bundesland ohne Erteilung einer Beschäftigungsbewilligung berechtigt ist.

(3) Befristete Arbeitsverhältnisse im Sinne des Abs. 1 können ohne zahlenmäßige Begrenzung und auch unmittelbar hintereinander abgeschlossen werden, ohne dass dadurch ein Arbeitsverhältnis auf unbestimmte Zeit entsteht.

(4) Entgeltgrenze ist die monatliche Geringfügigkeitsgrenze gemäß § 5 Abs. 2 Z 2 des Allgemeinen Sozialversicherungsgesetzes (ASVG), BGBl. Nr. 189/1955. Die Entgeltgrenze gilt für sämtliche Entgelte eines Arbeitnehmers aus Arbeitsverhältnissen im Sinne des Abs. 1 mit einem bestimmten Arbeitgeber in einem Kalendermonat. Urlaubsersatzleistungen und aliquote Sonderzahlungen sind für die Entgeltgrenze nicht zu berücksichtigen.

Verpflichtungen des Arbeitgebers

§ 2. (1) Der Arbeitgeber hat sich vor Abschluss des Arbeitsverhältnisses, jedenfalls aber vor Aufnahme der Beschäftigung des Arbeitnehmers, von der Arbeitsberechtigung des Arbeitnehmers zu überzeugen.

(2) Der Arbeitgeber hat Entgelte aus Arbeitsverhältnissen im Sinne des § 1 Abs. 1 jeweils unmittelbar nach Beendigung der Beschäftigung am jeweiligen Arbeitstag mit Dienstleistungsscheck zu entlohnen. Der Arbeitgeber hat dem Arbeitnehmer Aufwendungen, die diesem durch eine verspätete Übergabe von Dienstleistungsschecks entstehen, zu ersetzen.

(3) Der Arbeitgeber hat dafür Sorge zu tragen, dass die Vorschriften des Hausgehilfen- und Hausangestelltengesetzes, BGBl. Nr. 235/1962, und des jeweils anzuwendenden Mindestlohntarifs eingehalten werden. Das Entgelt hat neben dem entsprechend der jeweiligen Arbeitszeit gebührenden Stundenlohn auch eine Abgeltung für nicht verbrauchten Urlaub nach § 10 Urlaubsgesetz, BGBl. Nr. 390/1976, und die aliquoten Sonderzahlungen zu enthalten.

(4) Der Arbeitgeber hat auf dem Dienstleistungsscheck seinen Namen und die aus seiner e-card ersichtliche Sozialversicherungsnummer, den Namen des Arbeitnehmers und die aus der e-card des Arbeitnehmers ersichtliche Sozialversicherungsnummer des Arbeitnehmers sowie den Beschäftigungstag einzusetzen.

(5) Bei erstmaliger Entlohnung eines bestimmten Arbeitnehmers mit Dienstleistungsscheck und im Falle von Änderungen hat der Arbeitgeber dem Arbeitnehmer ein Beiblatt zu übergeben und zu bestätigen, dass seine Angaben auf den von ihm übergebenen Dienstleistungsschecks richtig sind.

(6) Verfügt der Arbeitgeber noch nicht über eine e-card, so hat er auf dem Beiblatt die zur Vergabe einer e-card durch den „Dachverband der Sozialversicherungsträger (Dachverband)“[a)] erforderlichen Daten, insbesondere sein Geburtsdatum und seine Anschrift, anzugeben.

(BGBl I 2018/100)

[a)] Bis 1.1.2020 „Hauptverband der österreichischen Sozialversicherungsträger“.

(7) Mit der Übergabe von Dienstleistungsschecks in Höhe des nach Abs. 3 geschuldeten Entgelts

sowie eines allenfalls erforderlichen Beiblattes an den Arbeitnehmer sind sämtliche Entgeltverpflichtungen und sozialversicherungsrechtlichen Verpflichtungen des Arbeitgebers auf Grund von Arbeitsverhältnissen im Sinne des § 1 Abs. 1 erfüllt. Darüber hinausgehende Ansprüche und Verpflichtungen, die sich aus der Nichteinhaltung oder Nichterfüllung der Rahmenbedingungen für Arbeitsverhältnisse gemäß § 1 ergeben, bleiben unberührt.

Verpflichtungen des Arbeitnehmers

§ 3. (1) Der Arbeitnehmer hat dem Arbeitgeber vor Abschluss des Arbeitsverhältnisses, jedenfalls aber vor Aufnahme der Beschäftigung, seine e-card vorzulegen und seine Arbeitsberechtigung nachzuweisen.

(2) Der Arbeitnehmer hat die in einem Kalendermonat erhaltenen Dienstleistungsschecks spätestens bis zum Ablauf des nächsten Kalendermonates der „Österreichischen Gesundheitskasse"[a] zu übermitteln.

(BGBl I 2018/100)

[a] Bis 1. Jänner 2020 „nach seinem Wohnort zuständigen Gebietskrankenkasse".

(3) Bei erstmaliger Vorlage und im Falle von Änderungen hat der Arbeitnehmer ein Beiblatt zu übermitteln. Der Arbeitnehmer hat auf dem Beiblatt die zur Bearbeitung erforderlichen Daten, insbesondere seinen Namen, seine Anschrift, seine Staatsangehörigkeit und einen Hinweis, auf welchem Weg eine rasche Kontaktaufnahme möglich ist (e-mail-Adresse, Faxnummer, Telefonnummer), anzugeben und zu bestätigen, dass die ihn betreffenden Angaben auf dem Beiblatt und auf den von ihm vorgelegten Dienstleistungsschecks richtig sind. Zur Erleichterung der Auszahlung des Entgelts hat der Arbeitnehmer nach Möglichkeit auch ein Girokonto bei einer Kreditunternehmung anzugeben.

(4) Verfügt der Arbeitnehmer noch nicht über eine e-card, so hat er auf dem Beiblatt auch weitere zur Vergabe einer e-card durch den „Dachverband"[a] erforderliche Daten, insbesondere sein Geburtsdatum, anzugeben.

(BGBl I 2018/100)

[a] Bis 1. Jänner 2020 „Hauptverband der österreichischen Sozialversicherungsträger".

Dienstleistungsscheck

§ 4. (1) Der Dienstleistungsscheck hat insbesondere folgende Merkmale zu enthalten:

1. den Wert,
2. den Preis,
3. ein Feld für den Namen und die Sozialversicherungsnummer des Arbeitgebers,
4. ein Feld für den Namen und die Sozialversicherungsnummer des Arbeitnehmers,
5. ein Feld für den Beschäftigungstag.

(2) Der Wert des Dienstleistungsschecks entspricht dem Entgelt (§ 49 ASVG).

(3) Der Preis des Dienstleistungsschecks besteht aus dem Entgelt, dem Unfallversicherungsbeitrag und dem Verwaltungskostenanteil. Der Unfallversicherungsbeitrag und der Verwaltungskostenanteil betragen zusammen 2 vH des Entgelts, wobei der Verwaltungskostenanteil in jener Höhe zu leisten ist, welche der Differenz zwischen dem Prozentsatz des Unfallversicherungsbeitrages und 2 vH entspricht. Der Verwaltungskostenanteil ist vom Dienstgeber zu tragen.

(BGBl I 2014/30)

(4) Der Dienstleistungsscheck kann nur eingelöst werden, wenn die erforderlichen Angaben auf dem Dienstleistungsscheck oder auf einem Beiblatt vorliegen.

(5) Die „Österreichische Gesundheitskasse"[a] hat dem Arbeitnehmer das Entgelt jeweils auf ein Girokonto des Arbeitnehmers bei einer Kreditunternehmung auszuzahlen. Ist die Überweisung auf ein Konto nicht möglich, so hat die Auszahlung der Leistungen jeweils durch Postanweisung zu erfolgen.

(BGBl I 2018/100)

[a] Bis 1. Jänner 2020 „zuständige Gebietskrankenkasse".

(6) Der Dienstleistungsscheck ist auch gültig, wenn der Arbeitnehmer nicht arbeitsberechtigt im Sinne des § 1 Abs. 2 ist.

Zuständigkeit

§ 5. (1) Für die Schaffung und Aufrechterhaltung der organisatorischen Voraussetzungen für den Einsatz und die Einlösung von Dienstleistungsschecks sind die „Österreichische Gesundheitskasse"[a] sowie der gemäß § 7 Abs. 2 als Kompetenzzentrum bestimmte Versicherungsträger zuständig.

(BGBl I 2018/100)

[a] Bis 1. Jänner 2020 „Gebietskrankenkassen".

(2) Die „Österreichische Gesundheitskasse"[a] sowie der gemäß § 7 Abs. 2 als Kompetenzzentrum bestimmte Versicherungsträger und der „Dachverband"[b] haben die Aufgaben nach diesem Bundesgesetz im übertragenen Wirkungsbereich auf Weisung „der Bundesministerin oder des Bundesministers für Arbeit, Soziales, Gesundheit und Konsumentenschutz" zu vollziehen.

(BGBl I 2018/100)

[a] Bis 1. Jänner 2020 „Gebietskrankenkassen".
[b] Bis 1. Jänner 2020 „Hauptverband der österreichischen Sozialversicherungsträger".

(3)[a] Die örtliche Zuständigkeit einer Gebietskrankenkasse für Dienstleistungsschecks, die Arbeitnehmer von Arbeitgebern zur Entlohnung auf Grund von Arbeitsverhältnissen gemäß § 1 Abs. 1 erhalten haben, richtet sich nach dem Wohnsitz des Arbeitnehmers.

(BGBl I 2018/100)

[a] Entfällt mit Ablauf des 31. Dezember 2019.

Deckung des Aufwandes

§ 6. (1) Für die Erfassung der für die Vollziehung dieses Bundesgesetzes erforderlichen Aufwendungen im übertragenen Wirkungsbereich sind eigene Rechnungskreise einzurichten, die eine Zuordnung dieses Aufwandes der „Österreichischen Gesundheitskasse“[a)] sowie des gemäß § 7 Abs. 2 als Kompetenzzentrum bestimmten Versicherungsträgers und des „Dachverbandes“[b)] unter Berücksichtigung der Grundsätze der Sparsamkeit, Wirtschaftlichkeit und Zweckmäßigkeit eindeutig ermöglichen.

(BGBl I 2018/100)

a) Bis 1. Jänner 2020 „Gebietskrankenkassen“.

b) Bis 1. Jänner 2020 „Hauptverbandes der österreichischen Sozialversicherungsträger“.

(2) Die der Erfüllung der Aufgaben dieses Bundesgesetzes im übertragenen Wirkungsbereich und der Übermittlung der Lohnzettel gemäß § 69 Abs. 7 EStG dienenden (anteiligen) laufenden Personal- und Sachaufwendungen der „Österreichischen Gesundheitskasse“[a)] sowie des gemäß § 7 Abs. 2 als Kompetenzzentrum bestimmten Versicherungsträgers und des „Dachverbandes“[b)] sind unter Bedachtnahme auf die Ergebnisse der Kostenrechnung zu ermitteln und, soweit diese durch den Verwaltungskostenanteil (§ 4 Abs. 3) nicht gedeckt sind, vom Bund aus der Gebarung Arbeitsmarktpolitik zu ersetzen. Diese Aufwendungen sind jeweils monatlich in Höhe der zu erwartenden anteiligen Aufwendungen zu bevorschussen und nach Vorliegen der endgültigen Abrechnungen auszugleichen.

(BGBl I 2018/100)

a) Bis 1. Jänner 2020 „Gebietskrankenkassen“.

b) Bis 1. Jänner 2020 „Hauptverbandes der österreichischen Sozialversicherungsträger“.

(3) Die zur Herstellung der Voraussetzungen zur Vollziehung dieses Bundesgesetzes, auch im Falle von Gesetzesänderungen, erforderlichen einmaligen Aufwendungen sind in der nachgewiesenen Höhe vom Bund aus der Gebarung Arbeitsmarktpolitik zu ersetzen.

Organisation

§ 7. (1) Die Gebietskrankenkassen haben den Einsatz und den Umgang mit Dienstleistungsschecks unter Beachtung der Grundsätze der Sparsamkeit, Wirtschaftlichkeit und Zweckmäßigkeit sowie der Gewährleistung eines bundesweit einheitlichen flächendeckenden Angebotes der Dienstleistungsschecks zu organisieren.

„(1)[a)] Der Einsatz und der Umgang mit Dienstleistungsschecks ist unter Beachtung der Grundsätze der Sparsamkeit, Wirtschaftlichkeit und Zweckmäßigkeit sowie der Gewährleistung eines bundesweit einheitlichen flächendeckenden Angebotes des Dienstleistungsschecks zu organisieren.“

(BGBl I 2018/100)

a) Tritt mit 1. Jänner 2020 in Kraft.

(2) Die Trägerkonferenz im Hauptverband der österreichischen Sozialversicherungsträger hat einen Versicherungsträger als Kompetenzzentrum zu bestimmen, der zur Vollziehung der Aufgaben nach Abs. 1 sowie zur finanziellen Abwicklung und Koordinierung der Gebietskrankenkassen in Angelegenheiten nach diesem Bundesgesetz zuständig ist.

„(2)[a)] Zur Vollziehung der Aufgaben nach Abs. 1, zur Koordinierung mit der österreichischen Gesundheitskasse und zur finanziellen Abwicklung der Angelegenheiten nach diesem Bundesgesetz ist die Versicherungsanstalt für öffentlich Bedienstete, Eisenbahnen und Bergbau als Kompetenzzentrum zuständig.“

(BGBl I 2018/100)

a) Tritt mit 1. Jänner 2020 in Kraft.

(3) Das Kompetenzzentrum kann Dienstleister, insbesondere für die Herstellung und den Vertrieb von Dienstleistungsschecks, heranziehen.

(4) Das Kompetenzzentrum hat darauf zu achten, dass der Dienstleistungsscheck Sicherheitsmerkmale aufweist, die eine Aufdeckung gefälschter Dienstleistungsschecks ermöglichen.

(5) Der „Dachverband“[a)] hat die technischen Vorkehrungen zur automationsunterstützten Verarbeitung der Daten auf den Dienstleistungsschecks und den Beiblättern sicher zu stellen.

(BGBl I 2018/100)

a) Bis 1. Jänner 2020 „Hauptverband der österreichischen Sozialversicherungsträger“.

Mitwirkungsverpflichtungen

§ 8. (1) Arbeitnehmer, die Arbeitsverhältnisse im Sinne des § 1 Abs. 1 eingehen, haben den Trägern der Sozialversicherung und den von den Trägern der Sozialversicherung beauftragten Dienstleistern, dem Arbeitsmarktservice und den Bezirksverwaltungsbehörden umgehend, spätestens innerhalb von 14 Tagen, die zur Vollziehung dieses Bundesgesetzes erforderlichen Auskünfte zu erteilen und Nachweise zu erbringen.

(2) Arbeitgeber, die Arbeitsverhältnisse im Sinne des § 1 Abs. 1 eingehen, haben den Trägern der Sozialversicherung und den von den Trägern der Sozialversicherung beauftragten Dienstleistern, dem Arbeitsmarktservice und den Bezirksverwaltungsbehörden umgehend, spätestens innerhalb von 14 Tagen, die zur Vollziehung dieses Bundesgesetzes erforderlichen Auskünfte zu erteilen.

Prüfung der Arbeitsberechtigung

§ 9. Ergeben sich Zweifel an der Arbeitsberechtigung des Arbeitnehmers, so ist diese vom Arbeitsmarktservice zu prüfen. Bei fehlender Arbeitsberechtigung ist Anzeige an die zuständige Bezirksverwaltungsbehörde zu erstatten.

Verwaltungsübertretung

§ 10. Wer als Arbeitgeber ein Arbeitsverhältnis im Sinne des § 1 Abs. 1 mit einem Arbeitnehmer, der nicht gemäß § 1 Abs. 2 arbeitsberechtigt ist, eingeht, begeht eine Verwaltungsübertretung. Bei erstmaliger Übertretung ist der Arbeitgeber von der Bezirksverwaltungsbehörde unter Hinweis auf die Rechtswidrigkeit seines Verhaltens mit Bescheid zu ermahnen und von einer Strafe abzusehen. Bei jeder weiteren Übertretung ist der Arbeitgeber von der Bezirksverwaltungsbehörde mit Geldstrafe bis zu 200 Euro zu bestrafen. § 28 des Ausländerbeschäftigungsgesetzes (AuslBG), BGBl. Nr. 218/1975, ist auf solche Verwaltungsübertretungen nicht anzuwenden.

Evaluierung

§ 11. Der Bundesminister für Wirtschaft und Arbeit hat dafür zu sorgen, dass die Umsetzung und die Auswirkungen dieses Bundesgesetzes nach Ablauf eines Jahres nach In-Kraft-Treten dieses Bundesgesetzes evaluiert werden.

Verhältnis zu anderen Rechtsvorschriften

§ 12. (1) Soweit in diesem Bundesgesetz auf Bestimmungen anderer Bundesgesetze verwiesen wird, sind diese in ihrer jeweils geltenden Fassung anzuwenden.

(2) Soweit in diesem Bundesgesetz nicht anderes bestimmt wird, bleiben die sonstigen arbeitsrechtlichen Regelungen, insbesondere jene des Hausgehilfen- und Hausangestelltengesetzes, BGBl. Nr. 235/1962, unberührt.

Sprachliche Gleichbehandlung

§ 13. Soweit in diesem Bundesgesetz personenbezogene Bezeichnungen nur in männlicher Form angeführt sind, beziehen sich diese auf Frauen und Männer in gleicher Weise.

Vollziehung

§ 14. Mit der Vollziehung dieses Bundesgesetzes ist „die Bundesministerin oder der Bundesminister für Arbeit, Soziales, Gesundheit und Konsumentenschutz“ betraut.

(BGBl I 2018/100)

In-Kraft-Treten

§ 15. Dieses Bundesgesetz tritt mit 1. Jänner 2006 in Kraft und gilt für Arbeitsverhältnisse, die nach Ablauf des 31. Dezember 2005 abgeschlossen werden. Vorbereitungshandlungen zur Durchführung dieses Bundesgesetzes, einschließlich des Abschlusses entsprechender Vereinbarungen und Verträge, können bereits ab dem Tag nach der Kundmachung dieses Bundesgesetzes begonnen werden.

§ 16. § 4 Abs. 3 in der Fassung des Bundesgesetzes BGBl. I Nr. 30/2014 tritt mit 1. Juli 2014 in Kraft.

(BGBl I 2014/30)

§ 17. § 5 Abs. 2 (hinsichtlich der Änderung durch Z 6) und § 14 in der Fassung des Bundesgesetzes BGBl. I Nr. 100/2018 treten mit 8. Jänner 2018 in Kraft.

(BGBl I 2018/100)

§ 18. § 2 Abs. 6, § 3 Abs. 2 und Abs. 4, § 4 Abs. 5, § 5 (hinsichtlich der Änderungen durch Z 3, 5 und 7), § 6 Abs. 1 und Abs. 2 sowie § 7 Abs. 1, Abs. 2 und Abs. 5 in der Fassung des Bundesgesetzes BGBl. I Nr. 100/2018 treten mit 1. Jänner 2020 in Kraft.“

(BGBl I 2018/100)

Bundesverfassungsgesetz über unterschiedliche Altersgrenzen von männlichen und weiblichen Sozialversicherten

Bundesverfassungsgesetz über unterschiedliche Altersgrenzen von männlichen und weiblichen Sozialversicherten, BGBl 1992/832

Bundesverfassungsgesetz über unterschiedliche Altersgrenzen von männlichen und weiblichen Sozialversicherten

Der Nationalrat hat beschlossen:

§ 1. Gesetzliche Regelungen, die unterschiedliche Altersgrenzen von männlichen und weiblichen Versicherten der gesetzlichen Sozialversicherung vorsehen, sind zulässig.

§ 2. Beginnend mit 1. Jänner 2019 ist für weibliche Versicherte die Altersgrenze für die vorzeitige Alterspension jährlich bis 2028 mit 1. Jänner um sechs Monate zu erhöhen.

§ 3. Beginnend mit 1. Jänner 2024 ist für weibliche Versicherte die Altersgrenze für die Alterspension jährlich bis 2033 mit 1. Jänner um sechs Monate zu erhöhen.

§ 4. Dieses Bundesverfassungsgesetz tritt mit 1. Jänner 1993 in Kraft und hinsichtlich des § 2 mit Ablauf des 31. Dezember 2028, hinsichtlich der §§ 1 und 3 mit Ablauf des 31. Dezember 2033 außer Kraft.

§ 5. Mit der Vollziehung dieses Bundesverfassungsgesetzes ist die Bundesregierung betraut.

Alterssicherungskommissions-Gesetz

Alterssicherungskommissions-Gesetz, BGBl I 2017/29

GLIEDERUNG

Bundesgesetz zur Einrichtung einer Kommission zur langfristigen Finanzierung der Alterssicherungssysteme (Alterssicherungskommissions-Gesetz)

Der Nationalrat hat beschlossen:

Gegenstand

§ 1. Dieses Bundesgesetz regelt die Aufgaben, die Zusammensetzung, die Geschäftsordnung und die Kosten der beim Bundesministerium für Arbeit, Soziales und Konsumentenschutz einzurichtenden Kommission zur langfristigen Finanzierung der Alterssicherungssysteme (im Folgenden „Alterssicherungskommission").

Aufgaben und daraus resultierende Berichtspflichten

§ 2. (1) Die Alterssicherungskommission hat folgende Aufgaben:

1. Erstattung eines Gutachtens über die voraussichtliche Gebarung der gesetzlichen Pensionsversicherung sowie über die Kostenentwicklung der Pensionen der Beamten und Beamtinnen des Bundes, der Länder und der Gemeinden für die folgenden fünf Jahre, längstens bis zum 30. November eines jeden Jahres;
2. Erstattung eines Berichtes über die langfristige Entwicklung und Finanzierbarkeit der gesetzlichen Pensionsversicherung sowie der Pensionen der Beamten und Beamtinnen des Bundes, der Länder und der Gemeinden bis zum Jahr 2050, längstens bis zum 30. November eines jeden dritten Jahres, erstmals im Jahr 2017;
3. Ermittlung im Bereich der gesetzlichen Pensionsversicherung einer allfälligen Abweichung der für den Bericht nach Z 2 angenommenen durchschnittlichen periodenbezogenen Lebenserwartung zum Alter 65 für den gesamten Zeitraum bis zum Jahr 2050 von der in der Anlage 12 zum ASVG festgehaltenen Referenzlebenserwartung desselben Zeitraumes; wird für den Zeitraum, ab dem die erste Abweichung festgestellt wird, bis zum Jahr 2050 eine Abweichung von durchschnittlich mehr als 3% festgestellt, so hat die Alterssicherungskommission den sich daraus bis zum Jahr 2050 ergebenden Mehraufwand im Bericht nach Z 2 festzuhalten; ferner hat die Alterssicherungskommission im Bericht Vorschläge darüber zu erstatten, wie dieser Mehraufwand durch nachhaltige Reformmaßnahmen gleichmäßig auf die Parameter „Beitragssatz", „Kontoprozentsatz", „Anfallsalter", „Pensionsanpassung" und „Bundesbeitrag" aufgeteilt werden kann (Nachhaltigkeitsfaktoren), und zwar unter Bedachtnahme auf deren unterschiedliche zeitliche Wirkungsweise;
4. Ermittlung im Bereich der gesetzlichen Pensionsversicherung von allfälligen Abweichungen der für den Bericht nach Z 2 aufgestellten sonstigen demographischen und wirtschaftlichen Annahmen von jenen Annahmen, die in der Anlage 13 zum ASVG festgehalten sind, insbesondere in Bezug auf die Faktoren Erwerbsbeteiligung und Produktivität; ergibt sich durch die festgestellten Abweichungen ein finanzieller Mehrbedarf, so hat die Alterssicherungskommission Vorschläge zur Sicherstellung der Finanzierbarkeit der gesetzlichen Pensionsversicherung zu erstatten, wobei Z 3 letzter Halbsatz anzuwenden ist;
5. Ermittlung im Bereich der Pensionen der Beamten und Beamtinnen des Bundes, der Länder und der Gemeinden von Abweichungen hinsichtlich des jeweils vorangegangenen Berichtes nach Z 2. Ergibt sich durch die festgestellten Abweichungen ein finanzieller Mehrbedarf, so kann die Alterssicherungskommission Vorschläge zur Sicherstellung der Finanzierbarkeit der Pensionen der Beamten und Beamtinnen des Bundes, der Länder und der Gemeinden erstatten.

(2) Die Darstellung der gesetzlichen Pensionsversicherung sowie der Pensionen der Beamten und Beamtinnen des Bundes, der Länder und der

Gemeinden hat in den Gutachten und Berichten nach Abs. 1 Z 1 und 2 jeweils getrennt zu erfolgen.

(3) Die Bundesregierung hat auf der Grundlage der Berichte und Vorschläge der Alterssicherungskommission (Abs. 1 Z 2 bis 5) dem Nationalrat jedes dritte Kalenderjahr, erstmals im Kalenderjahr 2017, bis längstens 31. Dezember einen „Bericht über die langfristige Entwicklung der gesetzlichen Pensionsversicherung" sowie einen „Bericht über die langfristige Entwicklung der Pensionen der Beamten und Beamtinnen des Bundes, der Länder und der Gemeinden" vorzulegen.

(4) Die Berichte nach Abs. 3 haben im Fall der Erstattung von Vorschlägen nach Abs. 1 Z 3 bis 5 auch Vorschläge zu deren Umsetzung zu enthalten oder alternativ darzulegen, durch welche Maßnahmen die Bundesregierung die Aufrechterhaltung der langfristigen Finanzierbarkeit (Nachhaltigkeit) des öffentlichen Pensionssystems gewährleisten will, und zwar bis längstens 30. Juni des dem Berichtsjahr nach Abs. 3 folgenden Jahres.

Zusammensetzung

§ 3. (1) Der Alterssicherungskommission gehören an:

1. als Mitglieder mit vollem Stimmrecht
   a) je ein Experte/eine Expertin der Bundesarbeitskammer und der Wirtschaftskammer Österreich;
   b) zwei Experten/Expertinnen des Österreichischen Gewerkschaftsbundes;
   c) ein Experte/eine Expertin der Industriellenvereinigung;
   d) ein Experte/eine Expertin der Präsidentenkonferenz der Landwirtschaftskammern Österreichs;
   e) je zwei Experten/Expertinnen des Österreichischen Seniorenrates und der Bundesjugendvertretung;
2. als Mitglieder mit Teilstimmrecht je ein Experte/eine Expertin des Bundeskanzleramtes und des Bundesministeriums für Finanzen;
3. als Mitglieder ohne Stimmrecht
   a) je ein Experte/eine Expertin des Bundesministeriums für Wissenschaft, Forschung und Wirtschaft sowie des Bundesministeriums für Arbeit, Soziales und Konsumentenschutz;
   b) je ein Experte/eine Expertin der Pensionsversicherungsanstalt und der Versicherungsanstalt öffentlich Bediensteter;
   c) je ein Experte/eine Expertin des Österreichischen Instituts für Wirtschaftsforschung und des Instituts für Höhere Studien;
   d) zwei Experten/Expertinnen auf dem Gebiet der Wirtschafts- und Sozialwissenschaften oder des Arbeits- und Sozialrechts, tunlich mit internationaler akademischer Lehrbefugnis.

(2) Für jedes Mitglied ist gleichzeitig ein/e StellvertreterIn zu bestellen.

(3) Das Teilstimmrecht nach Abs. 1 Z 2 bezieht sich auf die Aufgaben nach § 2 Abs. 1 Z 1 und 2, soweit davon die Pensionen der Beamten und Beamtinnen des Bundes, der Länder und der Gemeinden betroffen sind, sowie auf § 2 Abs. 1 Z 5.

Vorsitz

§ 4. (1) Den Vorsitz in der Alterssicherungskommission führt ein Experte/eine Expertin auf dem Gebiet der Wirtschafts- und Sozialwissenschaften oder des Arbeits- und Sozialrechts, der/die vom Bundesminister für Arbeit, Soziales und Konsumentenschutz im Einvernehmen mit dem Bundeskanzler und dem Bundesminister für Finanzen zu bestellen ist. Ebenso ist für den Vorsitzenden/die Vorsitzende gleichzeitig ein/e StellvertreterIn aus dem Kreis der stimmberechtigten Mitglieder der Alterssicherungskommission zu bestellen.

(2) Der Bundesminister für Arbeit, Soziales und Konsumentenschutz hat den Vorsitzenden/die Vorsitzende und den/die Vorsitzenden-StellvertreterIn bei ihrem Amtsantritt zur Amtsverschwiegenheit und zur gewissenhaften und unparteiischen Amtsausübung zu verpflichten (Angelobung).

Bestellung und Abberufung der Mitglieder und ihrer StellvertreterInnen

§ 5. (1) Der Bundesminister für Arbeit, Soziales und Konsumentenschutz hat die Mitglieder der Alterssicherungskommission und ihre StellvertreterInnen zu bestellen und abzuberufen. Soweit es sich um die Mitglieder und ihre StellvertreterInnen der im § 3 Abs. 1 Z 1 sowie Z 2 lit. a, b und c genannten Stellen handelt, erfolgt die Bestellung und Abberufung auf Vorschlag der jeweils in Betracht kommenden Stelle. Die Bestellung und Abberufung der im § 3 Abs. 1 Z 2 lit. d genannten Experten/Expertinnen erfolgt durch den Bundesminister für Arbeit, Soziales und Konsumentenschutz im Einvernehmen mit dem Bundeskanzler und dem Bundesminister für Finanzen.

(2) Der/die Vorsitzende hat die Mitglieder der Alterssicherungskommission sowie ihre StellvertreterInnen bei ihrem Amtsantritt zur Amtsverschwiegenheit und zur gewissenhaften und unparteiischen Amtsausübung zu verpflichten (Angelobung).

Sitzungen

§ 6. (1) Die Sitzungen der Alterssicherungskommission werden vom/von der Vorsitzenden anberaumt und geleitet. Zu den Sitzungen ist spätestens eine Woche vor dem jeweiligen Sitzungstermin unter Bekanntgabe von Ort, Beginn und Beratungsgegenständen schriftlich einzuladen. Die Sitzungsunterlagen sind den Mitgliedern der Alterssicherungskommission sowie deren Stellvertreter/inne/n ebenfalls spätestens eine Woche vor dem jeweiligen Sitzungstermin zu übermitteln.

(2) Ist ein Mitglied verhindert, an der Sitzung teilzunehmen, so hat es seine/n StellvertreterIn da-

von zu benachrichtigen; diese/r hat die Tatsache der Verhinderung des Mitgliedes dem/der Vorsitzenden vor der Sitzung mitzuteilen.

(3) Die Sitzungen der Alterssicherungskommission sind nicht öffentlich.

Willensbildung

§ 7. Die Alterssicherungskommission fasst ihre Beschlüsse mit einfacher Stimmenmehrheit der anwesenden Stimmberechtigten. Bei Stimmengleichheit kommt kein Beschluss zustande.

Protokoll

§ 8. (1) Über jede Sitzung der Alterssicherungskommission ist ein Protokoll zu führen, vom/von der Vorsitzenden und der protokollführenden Person zu unterzeichnen und den Mitgliedern sowie ihren Stellvertreter/inne/n zuzustellen.

(2) Mit der Protokollführung hat der/die Vorsitzende eine mit der Führung der Bürogeschäfte der Alterssicherungskommission beauftragte Person zu betrauen.

(3) Jedes Protokoll hat zu enthalten:

1. Ort, Tag und Zeitpunkt des Beginns und des Endes der Sitzung;
2. die Namen der anwesenden Mitglieder (ihrer StellvertreterInnen);
3. die Beratungsgegenstände;
4. die Darstellung des wesentlichen Sitzungsverlaufes und den Wortlaut der gefassten Beschlüsse.

(4) Das Protokoll ist in der nächsten Sitzung der Alterssicherungskommission zu genehmigen. Innerhalb von zwei Wochen nach Zustellung des Protokolls sind allfällige Richtigstellungen schriftlich zu beantragen. Über die beantragten Richtigstellungen ist in der nächsten Sitzung der Alterssicherungskommission Beschluss zu fassen.

Amtsdauer

§ 9. Die Amtsdauer der Alterssicherungskommission beträgt jeweils fünf Jahre. Nach Ablauf der Amtsdauer hat die alte Kommission die Geschäfte so lange weiterzuführen, bis die neue Kommission zusammentritt. Die Zeit der Weiterführung der Geschäfte durch die alte Kommission wird auf die fünfjährige Amtsdauer der neuen Kommission angerechnet.

Büros

§ 10. (1) Die Bürogeschäfte der Alterssicherungskommission sind zu führen:

1. bezüglich der gesetzlichen Pensionsversicherung vom Bundesministerium für Arbeit, Soziales und Konsumentenschutz;
2. bezüglich der Pensionen der Beamten und Beamtinnen des Bundes, der Länder und der Gemeinden vom Bundesministerium für Finanzen.

(2) Die Behörden des Bundes, die gesetzlichen beruflichen Vertretungen der Versicherten und der Dienstgeber, die Träger der Unfall- und der Pensionsversicherung sowie der Hauptverband der österreichischen Sozialversicherungsträger sind verpflichtet, den Büros auf Verlangen alle ihnen zur Verfügung stehenden Unterlagen vorzulegen und Daten zu übermitteln, die zur Erfüllung der Aufgaben der Alterssicherungskommission erforderlich sind.

(3) Die beiden Büros haben sich bezüglich der ihrer Tätigkeit zugrunde zu legenden wissenschaftlichen Prognosen abzustimmen und die von ihnen erstellten Gutachtens- und Berichtsentwürfe bis spätestens 1. November eines jeden Jahres wechselseitig auszutauschen.

(4) Das Bundesministerium für Arbeit, Soziales und Konsumentenschutz hat die von den Büros erstellten Unterlagen der Alterssicherungskommission zu übermitteln; dafür bedarf es des Einvernehmens mit dem Bundeskanzleramt und dem Bundesministerium für Finanzen.

Gutachten und Berichte

§ 11. Die von der Alterssicherungskommission erstatteten Gutachten und Berichte sind dem Bundeskanzleramt, dem Bundesministerium für Finanzen und dem Bundesministerium für Arbeit, Soziales und Konsumentenschutz vorzulegen sowie allen Mitgliedern und ihren Stellvertreter/inne/n zuzustellen.

Kosten

§ 12. (1) Die Kosten für die Tätigkeit der Alterssicherungskommission trägt der Bund.

(2) Die Mitglieder der Alterssicherungskommission üben ihre Tätigkeit ehrenamtlich aus; sie haben Anspruch auf Ersatz der Reise- und Aufenthaltskosten im Sinne der Reisegebührenvorschrift 1955, BGBl. Nr. 133/1955, (Gebührenstufe 3). Den mit der Führung der Bürogeschäfte beauftragten Bediensteten können Entschädigungen gewährt werden, deren Höhe der Bundesminister für Arbeit, Soziales und Konsumentenschutz im Einvernehmen mit dem Bundesminister für Finanzen festzusetzen hat.

Zitierungen

§ 13. Soweit in diesem Bundesgesetz auf Bestimmungen anderer Bundesgesetze verwiesen wird, sind diese in der jeweils geltenden Fassung anzuwenden.

Wirksamkeitsbeginn

§ 14. Dieses Bundesgesetz tritt mit 1. Jänner 2017 in Kraft.

Bundesgesetz über die Prüfung lohnabhängiger Abgaben und Beiträge (PLABG)

Bundesgesetz über die Prüfung lohnabhängiger Abgaben und Beiträge, BGBl I 2018/98

Bundesgesetz über die Prüfung lohnabhängiger Abgaben und Beiträge (PLABG)

Der Nationalrat hat beschlossen:

Inhaltsverzeichnis

1. Abschnitt
Prüfdienst für lohnabhängige Abgaben und Beiträge

Einrichtung

§ 1. Der Bundesminister für Finanzen hat einen Prüfdienst für lohnabhängige Abgaben und Beiträge (PLAB) einzurichten. Der Wirkungsbereich des Prüfdienstes für lohnabhängige Abgaben und Beiträge erstreckt sich auf das gesamte Bundesgebiet.

Organisation

§ 2. (1) Die Leitung des Prüfdienstes für lohnabhängige Abgaben und Beiträge erfolgt durch den Vorstand. Ihm obliegt insbesondere die organisatorische, personelle, wirtschaftliche und finanzielle Leitung.

(2) Dem Vorstand können für die fachliche Leitung Fachvorstände zur Seite gestellt werden. Einer der Fachvorstände hat im Fall der Verhinderung des Vorstandes dessen Aufgaben als sein Stellvertreter wahrzunehmen.

Aufgaben

§ 3. Dem Prüfdienst für lohnabhängige Abgaben und Beiträge obliegt

1. die Durchführung der Prüfung lohnabhängiger Abgaben und Beiträge (§ 4) im Auftrag des Finanzamtes der Betriebsstätte des Arbeitgebers (§ 81 des Einkommensteuergesetzes 1988 – EStG 1988, BGBl. Nr. 400/1988);
2. die Durchführung von allgemeinen Aufsichts- und Erhebungsmaßnahmen nach Maßgabe des § 5 Abs. 1 und 2.

Prüfung lohnabhängiger Abgaben und Beiträge

§ 4. Die Prüfung lohnabhängiger Abgaben und Beiträge stellt eine Außenprüfung gemäß § 147 der Bundesabgabenordnung – BAO, BGBl. Nr. 194/1961, dar und umfasst

1. die Lohnsteuerprüfung gemäß § 86 EStG 1988,
2. die Sozialversicherungsprüfung gemäß § 41a des Allgemeinen Sozialversicherungsgesetzes – ASVG, BGBl. Nr. 189/1955, und

3. die Kommunalsteuerprüfung gemäß § 14 des Kommunalsteuergesetzes 1993, BGBl. Nr. 819/1993.

Allgemeine Aufsichts- und Erhebungsmaßnahmen

§ 5. (1) Die Organe des Prüfdienstes für lohnabhängige Abgaben und Beiträge sind berechtigt, für Zwecke der Erhebung von lohnabhängigen Abgaben und Beiträgen die allgemeinen Aufsichts- und Erhebungsmaßnahmen gemäß § 143 bis § 146 BAO und gemäß § 42 und § 43 ASVG durchzuführen.

(2) Der Prüfdienst für lohnabhängige Abgaben und Beiträge hat allgemeine Aufsichts- und Erhebungsmaßnahmen (§ 143 bis § 146 BAO bzw. § 42 und § 43 ASVG) auf Anforderung

1. des Finanzamts der Betriebsstätte (§ 81 EStG 1988),
2. der Österreichischen Gesundheitskasse oder
3. der Gemeinde

durchzuführen.

(3) Die Organe des Prüfdienstes für lohnabhängige Abgaben und Beiträge sind berechtigt, für die Erfüllung ihrer Aufgaben (§ 3) die Befugnisse gemäß § 12 des Abgabenverwaltungsorganisationsgesetzes 2010, BGBl. I Nr. 9/2010, wahrzunehmen.

Zurechnung

§ 6. Das Organ des Prüfdienstes für lohnabhängige Abgaben und Beiträge wird

1. bei der Durchführung
   – der Lohnsteuerprüfung als Organ des Finanzamtes der Betriebsstätte (§ 81 EStG 1988),
   – der Sozialversicherungsprüfung als Organ der Österreichischen Gesundheitskasse,
   – der Kommunalsteuerprüfung als Organ der jeweils einhebungsberechtigten Gemeinde tätig;
2. bei der Durchführung von allgemeinen Aufsichts- und Erhebungsmaßnahmen als Organ der mit der Einhebung der betreffenden Abgaben oder Beiträge betrauten Stelle tätig.

2. Abschnitt
Prüfungsbeirat beim Bundesminister für Finanzen

Einrichtung des Prüfungsbeirats

§ 7. (1) Für Zwecke der Kooperation und der Koordinierung in Angelegenheiten der Prüfung lohnabhängiger Abgaben und Beiträge ist ein Prüfungsbeirat beim Bundesminister für Finanzen einzurichten.

(2) Der Prüfungsbeirat besteht aus

1. zwei Vertretern des Bundesministers für Finanzen,
2. zwei Vertretern der für die Erhebung der Lohnsteuer zuständigen Finanzämter,
3. zwei Vertretern des Bundesministers für Arbeit, Soziales, Gesundheit und Konsumentenschutz,
4. zwei Vertretern der Österreichischen Gesundheitskasse,
5. einem Vertreter des Österreichischen Gemeindebundes sowie
6. einem Vertreter des Österreichischen Städtebundes.

(3) Jede entsendende Institution hat Ersatzmitglieder zu benennen, die ein von der Institution entsendetes Mitglied bei dessen Verhinderung zu vertreten haben. Die Mitglieder (Ersatzmitglieder) des Prüfungsbeirates werden von der jeweiligen Institution für die Dauer von fünf Jahren entsendet. Die Wiederbestellung ist zulässig.

(4) Der Vorsitzende wird vom Bundesminister für Finanzen aus dem Kreis seiner Vertreter bestellt. Der Stellvertreter des Vorsitzenden wird von der Österreichischen Gesundheitskasse aus dem Kreis ihrer Vertreter bestellt.

(5) Der Vorsitzende und der Stellvertreter des Vorsitzenden werden für die Dauer von fünf Jahren bestellt. Eine Wiederbestellung ist nur einmal zulässig.

Aufgaben des Prüfungsbeirats

§ 8. (1) Dem Prüfungsbeirat obliegen

1. die Festlegung von Grundsätzen für die Erstellung des Prüfungsplans unter besonderer Beachtung des Ressourcenbedarfs für Bedarfsprüfungen,
2. die Festlegung von Grundsätzen für die Anforderung gemäß § 5 Abs. 2 und § 11,
3. die Kooperation und Koordinierung zwischen den jeweils entsendenden Institutionen sowie
4. die Festlegung von Grundsätzen für die Aus- und Fortbildung der Bediensteten des Prüfdienstes für lohnabhängige Abgaben und Beiträge.

(2) Für den Zeitraum ab 1. April 2019 bis 31. Dezember 2019 obliegt dem Prüfungsbeirat die unterstützende Mitwirkung im Zusammenhang mit der Planung und Vorbereitung der Zuweisung der von § 15 Abs. 1 erfassten Bediensteten. Für diesen Zeitraum gilt § 7 mit der Maßgabe, dass an die Stelle der Vertreter der Österreichischen Gesundheitskasse die Vertreter des Hauptverbandes der Österreichischen Sozialversicherungsträger treten.

Sitzungen des Prüfungsbeirats

§ 9. (1) Der Prüfungsbeirat tritt mindestens zweimal jährlich zusammen. Der Vorsitzende beruft die Sitzungen ein. Im Fall der Verhinderung des Vorsitzenden obliegt die Einberufung dem Stellvertreter des Vorsitzenden.

(2) Die Sitzungen des Prüfungsbeirats sind nicht öffentlich. Er ist beschlussfähig, wenn mindestens die Hälfte der Mitglieder anwesend ist.

(3) Beschlüsse fasst der Prüfungsbeirat mit einfacher Mehrheit der Stimmen der anwesenden Mitglieder. Bei Stimmengleichheit gibt die Stimme des Vorsitzenden den Ausschlag. Im Fall der Verhinderung des Vorsitzenden gibt die Stimme des Stellvertreters des Vorsitzenden den Ausschlag.

(4) Für die Beschlussfassung der Geschäftsordnung und jede ihrer Änderungen ist eine Mehrheit von mindestens zwei Dritteln der Stimmen aller anwesenden Mitglieder des Beirates erforderlich.

(5) Das Nähere über die Sitzungen und die Beschlussfassung hat die vom Prüfungsbeirat zu beschließende Geschäftsordnung zu bestimmen.

(6) Die Tätigkeit der Mitglieder des Prüfungsbeirats ist ehrenamtlich. Die Mitglieder haben gegenüber der sie entsendenden Institution Anspruch auf Ersatz der ihnen aus ihrer Tätigkeit im Prüfungsbeirat erwachsenden Barauslagen.

3. Abschnitt
Verfahren

Grundsätze

§ 10. (1) Auf die Prüfung lohnabhängiger Abgaben und Beiträge sind die für Außenprüfungen maßgeblichen Vorschriften der BAO anzuwenden.

(2) Der Prüfungsauftrag ist vom Finanzamt der Betriebsstätte (§ 81 EStG 1988) zu erteilen.

(3) Das Finanzamt der Betriebsstätte (§ 81 EStG 1988), die Österreichische Gesundheitskasse und die Gemeinden sind an das Prüfungsergebnis nicht gebunden. Soll in einer Erledigung von den Sachverhaltsfeststellungen des Prüfdienstes für lohnabhängige Abgaben und Beiträge abgewichen werden, ist dies dem Prüfdienst für lohnabhängige Abgaben und Beiträge vor der Erledigung mitzuteilen.

Anforderungsrecht

§ 11. Der Prüfdienst für lohnabhängige Abgaben und Beiträge hat auf Anforderung der Österreichischen Gesundheitskasse eine Sozialversicherungsprüfung oder auf Anforderung einer Gemeinde eine Kommunalsteuerprüfung durchzuführen.

Informationsaustausch

§ 12. (1) Der Prüfdienst für lohnabhängige Abgaben und Beiträge hat das Finanzamt der Betriebsstätte (§ 81 EStG 1988) hinsichtlich der Lohnsteuerprüfung, die Österreichische Gesundheitskasse hinsichtlich der Sozialversicherungsprüfung und die jeweils einhebungsberechtigte Gemeinde hinsichtlich der Kommunalsteuerprüfung elektronisch

1. von der Prüfung sowie vom Inhalt des Prüfungsberichtes zu verständigen,
2. auf Ersuchen über den Stand der Prüfung und Zwischenergebnisse zu informieren sowie
3. auf Ersuchen die für ein Rechtsmittelverfahren gegen Bescheide, denen eine Prüfung lohnabhängiger Abgaben und Beiträge vorausgegangen ist, erforderlichen Informationen zu übermitteln.

(2) Die Österreichische Gesundheitskasse und die Gemeinde haben unverzüglich nach erfolgter Verständigung von der Prüfung gemäß Abs. 1 Z 1 dem Finanzamt der Betriebsstätte (§ 81 EStG 1988) ohne Aufforderung die für die Prüfung maßgeblichen Ergebnisse von allgemeinen Aufsichts- und Erhebungsmaßnahmen elektronisch zu übermitteln.

(3) Dem Prüfdienst für lohnabhängige Abgaben und Beiträge sind für Zwecke der Erfüllung der Aufgaben gemäß § 3 vom Finanzamt der Betriebsstätte (§ 81 EStG 1988) alle für die Erhebung von lohnabhängigen Abgaben, von der Österreichischen Gesundheitskasse alle für das Versicherungsverhältnis und die Beitragsentrichtung und von den Gemeinden alle für die Erhebung der Kommunalsteuer bedeutsamen Daten elektronisch zur Verfügung zu stellen. Daten, die mit an Sicherheit grenzender Wahrscheinlichkeit nicht mehr benötigt werden, sind möglichst rasch zu löschen.

Revision

§ 13. Der Bundesminister für Finanzen ist berechtigt, gegen Entscheidungen des Bundesverwaltungsgerichtes über Beschwerden gegen Bescheide, denen eine Prüfung lohnabhängiger Abgaben und Beiträge vorausgegangen ist, Revision an den Verwaltungsgerichtshof zu erheben. Das Bundesverwaltungsgericht hat Ausfertigungen solcher Entscheidungen unverzüglich dem Bundesminister für Finanzen zu übermitteln.

4. Abschnitt
Datenschutz

Datenverarbeitung

§ 14. Die Verarbeitung personenbezogener Daten (insbesondere die gemäß § 12 Abs. 3 erlangten personenbezogenen Daten sowie die Versicherungsnummer gemäß § 31 Abs. 4 Z 1 ASVG) durch den Prüfdienst für lohnabhängige Abgaben und Beiträge ist zulässig, wenn sie für Zwecke der Erfüllung der Aufgaben gemäß § 3, für den Informationsaustausch gemäß § 12 Abs. 1 oder sonst zur Erfüllung seiner Aufgaben oder in Ausübung öffentlicher Gewalt, die ihm übertragen wurde, erforderlich ist.

5. Abschnitt
Personal

Verwendung von Bediensteten der Österreichischen Gesundheitskasse

§ 15. (1) Bedienstete der Österreichischen Gesundheitskasse, die zum 1. Oktober 2018 als Bedienstete einer Gebietskrankenkasse

1. überwiegend dem administrativen Bereich der gemeinsamen Prüfung lohnabhängiger Abgaben – GPLA angehörten, oder
2. überwiegend als Prüfer im Zusammenhang mit der gemeinsamen Prüfung lohnabhängi-

ger Abgaben – GPLA im Sinne des § 4 tätig waren, oder

3. überwiegend als Erhebungs- und Kontrollorgan im Zusammenhang mit der gemeinsamen Prüfung lohnabhängiger Abgaben – GPLA im Sinne des § 5 Abs. 1 tätig waren, oder
4. überwiegend mit juristischen Tätigkeiten bzw. überwiegend mit Leitungstätigkeiten der gemeinsamen Prüfung lohnabhängiger Abgaben – GPLA befasst waren, oder
5. überwiegend im Competence Center GPLA (CC-GPLA) mit dem IT Betrieb, der Einhaltung des Service Level Agreements, der operativen Steuerung des Betriebs und der Weiterentwicklung für die Prüfsoftware befasst waren,

werden von der Österreichischen Gesundheitskasse nach Maßgabe der Abs. 3 bis 8 auf unbeschränkte Dauer dem Bund zur Dienstleistung im Prüfdienst für lohnabhängige Abgaben und Beiträge spätestens mit Wirksamkeit zum 1. Jänner 2020 zugewiesen, soweit sie am 31. Dezember 2019 unbefristet beschäftigt waren. Die Zuweisung kann aus wichtigen, in der Person des Bediensteten gelegenen Gründen unterbleiben oder beendet werden. Das Arbeitskräfteüberlassungsgesetz – AÜG, BGBl. Nr. 196/1988, ist auf die Zuweisungsregelungen nach diesem Bundesgesetz nicht anwendbar.

(2) Die zugewiesenen Bediensteten der Österreichischen Gesundheitskasse werden in die durch den Bundesminister für Finanzen einzurichtende Dienstbehörde bzw. Personalstelle eingegliedert, bleiben aber hinsichtlich ihrer dienst- und besoldungsrechtlichen Stellung Angestellte der Österreichischen Gesundheitskasse. Die für die Bediensteten nach Abs. 1 bisher anzuwendenden Rechtsvorschriften bleiben für die Dauer der Zuweisung weiterhin anwendbar, sofern in diesem Bundesgesetz nichts anderes vorgesehen ist.

(3) Die Fachaufsicht über die gemäß Abs. 1 zugewiesenen Bediensteten kommt den nach den organisationsrechtlichen Bestimmungen in diesem Bundesgesetz zuständigen vorgesetzten Organen des Bundes zu.

(4) Die über die nach Abs. 1 zugewiesenen Bediensteten der Österreichischen Gesundheitskasse bestehende Dienstaufsicht wird an die für die Fachaufsicht zuständigen Organe des Bundes nach Abs. 3 insoweit übertragen, als es sich nicht um die Begründung oder Beendigung eines Dienstverhältnisses zur Österreichischen Gesundheitskasse handelt. In allen übrigen Fällen ist das Einvernehmen mit dem nach Abs. 3 berufenen Organ herzustellen.

(5) Die gemäß Abs. 1 zugewiesenen Bediensteten haben einen Anspruch auf Aufnahme in ein Dienstverhältnis zum Bund und können bis 30. November 2021, die Aufnahme in ein Dienstverhältnis zum Bund nach den Bestimmungen des Vertragsbedienstetengesetzes 1948 – VBG, BGBl. Nr. 86/1948 mit Wirksamkeit vom 1. Jänner 2022 durch Erklärung erwirken. Das Beisetzen einer Bedingung macht die Erklärung unwirksam. Die im Rahmen der Zuweisung zum Bund zurückgelegte Dienstzeit ist nach Maßgabe der Regelungen für zeitabhängige Ansprüche anzurechnen.

(6) Sollten sich in der Zeit zwischen Abgabe der Erklärung und der Aufnahme in ein Dienstverhältnis zum Bund die anzuwendenden Rechtsvorschriften ändern, gelangt für den die Erklärung abgebenden Bediensteten bis zur Aufnahme in das Dienstverhältnis zum Bund die jeweils günstigere Regelung zur Anwendung.

(7) Die Zuweisung individueller Bediensteter gemäß Abs. 1 kann vom Bund aus wichtigen Gründen vorzeitig beendet werden. Die Zuweisung endet spätestens mit Übernahme in ein Dienstverhältnis gemäß Abs. 5 oder mit Pensionsantritt.

(8) Auf Schäden, die von einem zugewiesenen Bediensteten verursacht werden, kommen die Bestimmungen des Dienstnehmerhaftpflichtgesetzes, BGBl. Nr. 80/1965, des Organhaftpflichtgesetzes – OrgHG, BGBl. Nr. 181/1967, und des Amtshaftungsgesetzes – AHG, BGBl. Nr. 20/1949, zur Anwendung.

Personalaufwand

§ 16. (1) Die Anzahl und Qualifikation der gemäß § 15 Abs. 1 dem Bund zugewiesenen Bediensteten richtet sich nach der Anzahl und Qualifikation der Bediensteten der Österreichischen Gesundheitskasse, die zum Stichtag 1. Oktober 2018 als Bedienstete einer Gebietskrankenkasse im Bereich der Gemeinsamen Prüfung aller lohnabhängigen Abgaben – GPLA sowie im Competence Center GPLA (CC-GPLA) tätig sind.

(2) Zu der Anzahl nach Abs. 1 zum Stichtag 1. Oktober 2018 sind auch Bedienstete einzurechnen, die im Zeitpunkt dieses Stichtages dem Bereich der Gemeinsamen Prüfung aller lohnabhängigen Abgaben – GPLA sowie dem Competence Center GPLA (CC-GPLA) angehörten und insbesondere karenziert sind oder gemäß den §§ 3 und 5 des Mutterschutzgesetzes 1979 nicht beschäftigt werden dürfen oder Präsenzdienst bzw. Zivildienst leisten oder vorübergehend zur Dienstleistung in einen anderen Bereich der Krankenversicherungsträger zugewiesen wurden.

Refundierung

§ 17. Für die im § 15 Abs. 1 zugewiesenen Bediensteten hat der Bund der Österreichischen Gesundheitskasse den Aufwand der Dienstbezüge einschließlich einer Abgeltung für Abfertigungs- oder Pensionsansprüche bzw. Beiträge zu einer Pensionskasse nach der Dienstordnung A für Verwaltungsangestellte bei den Sozialversicherungsträgern zu ersetzen. Der konkrete Ersatz der Kosten, die diesbezügliche Refundierungsobergrenze und die näheren Modalitäten, insbesondere die Aufschlüsselung der Kosten, sind durch gesonderte Vereinbarung zu regeln. Dienstbezüge sind sämtliche den zugewiesenen Bediensteten gemäß der Dienstordnung A für Verwaltungsangestellte bei den Sozialversicherungsträgern gezahlten wiederkehrenden oder einmaligen Geldleistungen (ständige Bezüge und nichtständige Bezüge). Die Art und die Höhe der ersatzfähigen Dienstbezüge richten sich nach dem Zeitpunkt des Inkrafttretens dieses Bundesgesetzes und erhöhen sich gemäß der Dienstordnung A für Verwaltungsangestellte bei den Sozialversicherungsträgern unbeschadet der in Arbeitsverträgen, Kollektivverträgen oder Betriebsvereinbarungen getroffenen günstigeren Regelungen, sofern keine andere Art der Valorisierung vorgesehen ist.

Individuelle Beendigung

§ 18. Die individuelle Beendigung eines gemäß § 15 Abs. 1 zugewiesenen Bediensteten bewirkt für den Bund keine Reduktion des zum Stichtag 1. Oktober 2018 nach Anzahl und Qualifikation festgelegten Kontingents gemäß § 16. Der Ersatz des Aufwandes der Dienstbezüge durch den Bund gemäß § 17 reduziert sich aber diesfalls im entsprechenden Ausmaß.

Übermittlung personenbezogener Daten

§ 19. Die jeweiligen Gebietskrankenkassen bzw. die Österreichische Gesundheitskasse sind zur Wahrnehmung der in den §§ 15 bis 17 enthaltenen Bestimmungen verpflichtet, die erforderlichen personenbezogenen Daten bezüglich der in § 15 Abs. 1 zugewiesenen Bediensteten dem Bundesminister für Finanzen zur Verfügung zu stellen. Die von den jeweiligen Gebietskrankenkassen bzw. der Österreichischen Gesundheitskasse übermittelten personenbezogenen Daten werden vom Bundesministerium für Finanzen gemäß den datenschutzrechtlichen Bestimmungen zweckentsprechend verarbeitet.

Sonstige Bestimmungen

§ 20. Die Sozialversicherungsanstalten in Form der Gebietskrankenkassen bzw. die Österreichische Gesundheitskasse sind verpflichtet, bis 31. Dezember 2021 für eine einheitliche Anwendung ihrer Dienstordnungen zu sorgen.

6. Abschnitt
Kostentragung und Schlussbestimmungen

Entgelt für die Dienstleistungserbringung an die Österreichische Gesundheitskasse

§ 21. Für die Durchführung der Sozialversicherungsprüfung hat die Österreichische Gesundheitskasse dem Bundesministerium für Finanzen bis längstens 31. März des Folgejahres ein Entgelt zu leisten. Das konkrete Entgelt und die näheren Modalitäten, insbesondere die Aufschlüsselung des Entgelts, sind durch gesonderte Vereinbarung zu regeln.

Begriffsbestimmung

§ 22. Unter Erhebung im Sinne dieses Bundesgesetzes sind alle der Durchführung der Abgabenvorschriften und der sozialversicherungsrechtlichen Vorschriften dienenden behördlichen Maßnahmen zu verstehen.

Geschlechtsneutrale Bezeichnung

§ 23. Die in diesem Bundesgesetz verwendeten personenbezogenen Bezeichnungen sind geschlechtsneutral zu verstehen.

Verweise auf andere Bundesgesetze

§ 24. Wenn in diesem Bundesgesetz auf Bestimmungen anderer Bundesgesetze verwiesen wird, sind diese in ihrer jeweils geltenden Fassung anzuwenden.

Vollziehung

§ 25. Mit der Vollziehung dieses Bundesgesetzes ist der Bundesminister für Finanzen betraut.

Inkrafttreten

§ 26. (1) Dieses Bundesgesetz tritt mit 1. Jänner 2020 in Kraft; dies gilt nicht für die §§ 7 bis 9, die mit dem der Kundmachung folgenden Tag in Kraft treten.

(2) Zum 31. Dezember 2019 noch nicht abgeschlossene gemeinsame Prüfungen lohnabhängiger Abgaben, die vom Finanzamt der Betriebsstätte (§ 81 EStG 1988) oder einer Gebietskrankenkasse beauftragt wurden, sind vom Prüfdienst für lohnabhängige Abgaben und Beiträge fortzuführen. Die Wirksamkeit des bereits erteilten Prüfungsauftrages bleibt unberührt.

(3) Für zum 31. Dezember 2019 noch nicht abgeschlossene gemeinsame Prüfungen lohnabhängiger Abgaben, die von der Versicherungsanstalt für Eisenbahnen und Bergbau beauftragt wurden, sind die vor Inkrafttreten dieses Bundesgesetzes für gemeinsame Prüfungen lohnabhängiger Abgaben geltenden Bestimmungen weiterhin anzuwenden.

2. ARBEITSLOSENVERSICHERUNGSGESETZ

Inhaltsverzeichnis

Arbeitslosenversicherungsgesetz

Arbeitslosenversicherungsgesetz 1977, BGBl 1977/609 idF

1	BGBl 1977/648	2	BGBl 1978/380	3	BGBl 1978/546
4	BGBl 1979/109	5	BGBl 1980/563	6	BGBl 1981/286
7	BGBl 1981/588	8	BGBl 1982/638	9	BGBl 1983/61
10	BGBl 1983/594	11	BGBl 1983/617	12	BGBl 1985/54
13	BGBl 1985/55	14	BGBl 1986/388	15	BGBl 1986/466
16	BGBl 1987/290	17	BGBl 1987/615	18	BGBl 1988/232
19	BGBl 1988/283	20	BGBl 1988/753	21	BGBl 1989/121
22	BGBl 1989/364	23	BGBl 1989/649	24	BGBl 1989/651
25	BGBl 1990/299	26	BGBl 1990/408	27	BGBl 1990/412
28	BGBl 1990/579	29	BGBl 1990/717	30	BGBl 1991/24
31	BGBl 1991/70	32	BGBl 1991/234	33	BGBl 1991/245
34	BGBl 1991/264	35	BGBl 1991/277	36	BGBl 1991/461
37	BGBl 1991/594	38	BGBl 1991/614	39	BGBl 1991/628
40	BGBl 1991/681	41	BGBl 1991/682	42	BGBl 1992/271
43	BGBl 1992/416	44	BGBl 1992/737	45	BGBl 1992/753
46	BGBl 1992/833	47	BGBl 1993/18	48	BGBl 1993/257
49	BGBl 1993/461	50	BGBl 1993/502	51	BGBl 1993/792
52	BGBl 1993/799	53	BGBl 1993/817	54	BGBl 1994/25
55	BGBl 1994/314	56	BGBl 1994/450	57	BGBl 1994/977
58	BGBl 1995/133	59	BGBl 1995/289	60	BGBl 1995/297
61	BGBl 1995/329	62	BGBl 1995/529	63	BGBl 1996/153
64	BGBl 1996/201	65	BGBl 1996/411	66	BGBl 1996/417
67	BGBl 1996/600	68	BGBl 1996/677	69	BGBl 1996/757
70	BGBl 1996/764	71	BGBl I 1997/47	72	BGBl I 1997/78
73	BGBl I 1997/126	74	BGBl I 1997/139	75	BGBl II 1997/364
76	BGBl I 1998/6	77	BGBl I 1998/16	78	BGBl I 1998/30
79	BGBl I 1998/54	80	BGBl I 1998/55	81	BGBl I 1998/56
82	BGBl I 1998/148	83	BGBl I 1998/167	84	BGBl I 1998/172
85	BGBl II 1998/417	86	BGBl I 1999/87	87	BGBl I 1999/142
88	BGBl I 1999/153	89	BGBl I 1999/179	90	BGBl I 1999/193
91	BGBl I 2000/15	92	BGBl I 2000/44	93	BGBl I 2000/92
94	BGBl I 2000/101	95	BGBl I 2000/102	96	BGBl I 2000/103
97	BGBl I 2000/142	98	BGBl I 2001/33	99	BGBl I 2001/47
100	BGBl I 2001/81	101	BGBl I 2001/103	102	BGBl I 2002/68
103	BGBl I 2002/89	104	BGBl I 2003/71	105	BGBl I 2003/128
106	BGBl I 2004/28	107	BGBl I 2004/77	108	BGBl I 2004/136
109	BGBl I 2004/142	110	BGBl I 2004/156	111	BGBl I 2005/71
112	BGBl I 2005/102	113	BGBl I 2005/111	114	BGBl I 2005/114
115	BGBl I 2005/132	116	BGBl I 2006/36	117	BGBl I 2006/131
118	BGBl I 2007/101	119	BGBl I 2007/104	120	BGBl I 2008/82
121	BGBl I 2009/12	122	BGBl I 2009/90	123	BGBl I 2009/135
124	BGBl I 2010/5	125	BGBl I 2010/29	126	BGBl I 2010/62
127	BGBl I 2010/63	128	BGBl I 2010/64	129	BGBl I 2010/111
130	BGBl I 2011/2	131	BGBl I 2011/25	132	BGBl I 2011/52
133	BGBl I 2011/122	134	BGBl I 2012/17	135	BGBl I 2012/35
136	BGBl I 2012/98	137	BGBl I 2013/3	138	BGBl I 2013/67
139	BGBl I 2013/71	140	BGBl I 2013/81	141	BGBl I 2013/137
142	BGBl I 2013/138	143	BGBl I 2013/139	144	BGBl I 2014/3
145	BGBl I 2014/40	146	BGBl I 2014/68	147	BGBl I 2014/94

148	BGBl I 2015/28	149	BGBl I 2015/79	150	BGBl I 2015/106
151	BGBl I 2015/118	152	BGBl I 2015/144	153	BGBl I 2015/162
154	BGBl I 2016/53	155	BGBl I 2017/29	156	BGBl I 2017/30
157	BGBl I 2017/31	158	BGBl I 2017/38	159	BGBl I 2017/157
160	BGBl I 2018/30	161	BGBl I 2018/100		

GLIEDERUNG

Arbeitslosenversicherungsgesetz 1977 (AlVG)

Der Nationalrat hat beschlossen:

Artikel I

Umfang der Versicherung

§ 1. (1) Für den Fall der Arbeitslosigkeit versichert (arbeitslosenversichert) sind

a) Dienstnehmer, die bei einem oder mehreren Dienstgebern beschäftigt sind,

b) Lehrlinge,

(BGBl I 2015/118)

c) Heimarbeiter,

d) Personen, die zum Zwecke der vorgeschriebenen Ausbildung für den künftigen, abgeschlossene Hochschulbildung erfordernden Beruf nach Abschluß dieser Hochschulbildung beschäftigt sind, wenn die Ausbildung nicht im Rahmen eines Dienst- oder Lehrverhältnisses erfolgt, jedoch mit Ausnahme der Volontäre, die kein Entgelt beziehen,

(BGBl 1995/297)

e) Personen, die österreichische Staatsbürger oder diesen gleichzustellen sind (wie Staatsangehörige eines Mitgliedstaates des Abkommens über den Europäischen Wirtschaftsraum oder der Schweiz) und gemäß dem Entwicklungshelfergesetz, BGBl. Nr. 574/1983, von einer Entwicklungshilfeorganisation im Rahmen der Entwicklungshilfe als Entwicklungshelfer oder Experten beschäftigt oder ausgebildet werden,

(BGBl I 2007/104)

f) selbständige Pecher, das sind Personen, die, ohne auf Grund eines Dienst- oder Lehrverhältnisses beschäftigt zu sein, durch Gewinnung von Harzprodukten in fremden Wäldern eine saisonmäßig wiederkehrende Erwerbstätigkeit ausüben, sofern sie dieser Erwerbstätigkeit in der Regel ohne Zuhilfenahme familienfremder Arbeitskräfte nachgehen,

g) Personen, die an einem Verwaltungspraktikum im Sinne des Abschnittes Ia des Vertragsbedienstetengesetzes 1948, BGBl. Nr. 86, teilnehmen,

(BGBl I 2004/142)

h) Personen, die in einem Ausbildungsverhältnis zur Evangelischen Kirche A. B. oder zur Evangelischen Kirche H. B. stehen (Lehrvikare und Pfarramtskandidaten), sowie nicht definitiv bestellt geistliche Amtsträger dieser Kirchen,

(BGBl I 1998/148, BGBl I 1999/179, BGBl I 2013/3, BGBl I 2015/106)

soweit sie in der Krankenversicherung auf Grund gesetzlicher Vorschriften pflichtversichert sind oder Anspruch auf Leistungen einer Krankenfürsorgeanstalt haben und nicht nach Maßgabe der folgenden Bestimmungen versicherungsfrei sind.

(BGBl 1993/817, BGBl I 1997/139)

(2) Ausgenommen von der Arbeitslosenversicherungspflicht sind

a) Personen, die die allgemeine Schulpflicht noch nicht beendet haben, sowie Personen, die der allgemeinen Schulpflicht nicht unterliegen oder von ihr befreit sind, bis zum 1. Juli des Kalenderjahres, in dem sie das 15. Lebensjahr vollenden;

b) Dienstnehmer, die in einem öffentlich-rechtlichen Dienstverhältnis zum Bund, zu einem Land, einem Gemeindeverband oder einer Gemeinde sowie zu einem von diesen Körperschaften verwalteten Betrieb, einer solchen Unternehmung, Anstalt, Stiftung oder einem solchen Fonds stehen, sofern sie gemäß § 5 Abs. 1 Z 3, 3a lit. b, 3b lit. b, 4 und 12 des Allgemeinen Sozialversicherungsgesetzes von der Vollversicherung nach § 4 des Allgemeinen Sozialversicherungsgesetzes ausgenommen sind;

(BGBl 1991/245, BGBl I 2014/68)

c) Personen, die nach § 2 Abs. 1 Z 2 des Bauern-Sozialversicherungsgesetzes, BGBl. Nr. 559/1978, pflichtversichert sind;

(BGBl 1994/25)

d) Dienstnehmer, Heimarbeiter und selbständige Pecher, die nach der Höhe des Entgelts geringfügig beschäftigt sind;

(BGBl 1994/25, BGBl I 2002/68)

e) Personen, denen eine im § 22 Abs. 1 genannte Leistung zuerkannt wurde oder welche die Anspruchsvoraussetzungen für eine im § 22 Abs. 1 genannte Leistung, ausgenommen die Korridorpension, erfüllen, oder die jenes Lebensalter, das ein Jahr nach dem gesetzlichen Mindestalter für eine Korridorpension liegt, vollendet haben, ab dem Beginn des folgenden Kalendermonats;

(BGBl I 1997/139, BGBl I 2002/68, BGBl I 2003/71, BGBl I 2007/104, BGBl I 2012/17, BGBl I 2012/35)

f) Teilnehmerinnen und Teilnehmer am Freiwilligen Sozialjahr, am Freiwilligen Umweltschutzjahr, am Gedenkdienst oder am Friedens- und Sozialdienst im Ausland nach dem Freiwilligengesetz, BGBl. I Nr. 17/2012, hinsichtlich dieser gemäß § 4 Abs. 1 Z 11 ASVG versicherten Tätigkeit;

(BGBl I 2012/17, BGBl I 2015/144)

g) Teilnehmerinnen und Teilnehmer am Integrationsjahr nach dem Freiwilligengesetz, BGBl. I Nr. 17/2012, hinsichtlich dieser gemäß § 8 Abs. 1 Z 4a ASVG versicherten Tätigkeit.

(BGBl I 2015/144)

(3) Die Versicherungsfreiheit nach Abs. 2 ist bei Dienstnehmern, die bei demselben Dienstgeber zu versicherungspflichtiger und versicherungsfreier Beschäftigung herangezogen werden, nur dann gegeben, wenn sie überwiegend in versicherungsfreier Beschäftigung tätig sind.

(4) Bei der Beurteilung der Frage, ob eine Beschäftigung als geringfügig gilt, ist § 5 Abs. 2 ASVG sinngemäß anzuwenden. Eine Beschäftigung als Hausbesorger im Sinne des Hausbesorgergesetzes, BGBl. Nr. 16/1970, gilt jedoch dann als geringfügig, wenn das Entgelt die im § 5 Abs. 2 ASVG angeführten Beträge nicht überschreitet.

(BGBl I 1997/139)

(5) Abs. 4 erster Satz gilt sinngemäß für Heimarbeiter und selbständige Pecher.

(6) Für Beginn und Ende der Arbeitslosenversicherungspflicht gelten die §§ 10 und 11 des Allgemeinen Sozialversicherungsgesetzes.

(BGBl 1995/297)

(7) Abs. 1 (Arbeitslosenversicherungspflicht) ist auf Eisenbahnbedienstete, für deren arbeitsrechtliche Ansprüche der Bund haftet und die unkündbar sind, ab 1. Jänner 2000 anzuwenden.

(BGBl I 1998/16)

(8) Freie Dienstnehmer im Sinne des § 4 Abs. 4 des Allgemeinen Sozialversicherungsgesetzes (ASVG), BGBl. Nr. 189/1955, sind Dienstnehmern gleich gestellt.

(BGBl I 2007/104)

§ 2. Für die Versicherung der in Heimarbeit beschäftigten Personen gilt § 1 Abs. 1 nur insoweit, als nicht durch Verordnung abweichende, die Eigenart dieser Beschäftigungsverhältnisse berücksichtigende Bestimmungen getroffen werden. Diese können sich auf die Meldungen, den Beginn und das Ende der Versicherungspflicht, die Berechnung, Einhebung und Einzahlung der Versicherungsbeiträge sowie auf die Voraussetzungen des Anspruches auf die Versicherungsleistungen beziehen.

Arbeitslosenversicherung selbständig Erwerbstätiger

§ 3. (1) Erwerbstätige Personen, die auf Grund einer Erwerbstätigkeit der Pflichtversicherung in der Pensionsversicherung nach dem GSVG unterliegen oder gemäß § 5 GSVG von dieser Pflichtversicherung ausgenommen sind, können nach Maßgabe der folgenden Bestimmungen in die Arbeitslosenversicherung einbezogen werden, wenn diese nicht auf Grund ihres Lebensalters gemäß § 1 Abs. 2 lit. e von der Arbeitslosenversicherungspflicht ausgenommen sind.

(2) Personen, die die Voraussetzungen des Abs. 1 erfüllen, werden in die Arbeitslosenversicherung einbezogen, wenn sie fristgerecht ihren Eintritt in die Arbeitslosenversicherung erklären. Diese Personen sind von der Sozialversicherungsanstalt der gewerblichen Wirtschaft[a)] unmittelbar nach Einlangen der Meldung oder sonstigen Kenntnisnahme der Pflichtversicherung in der Pensionsversicherung oder Ausnahme von der Pflichtversicherung gemäß § 5 GSVG schriftlich auf die maßgeblichen Umstände der Einbeziehung in die Arbeitslosenversicherung, insbesondere die Frist für den zulässigen Eintritt in die Arbeitslosenversicherung, die Bindungsdauer der Entscheidung für oder gegen die Einbeziehung und die Wahlmöglichkeit der Beitragsgrundlage hinzuweisen.

(BGBl I 2018/100)

a) Ab 1. Jänner 2020: „Sozialversicherungsanstalt der Selbständigen".

(3) Die Frist für den Eintritt in die Arbeitslosenversicherung gemäß Abs. 2 beträgt sechs Monate ab der Verständigung durch die Sozialversicherungsanstalt der gewerblichen Wirtschaft[a)]. Der Eintritt ist schriftlich mitzuteilen. Wird der Eintritt in die Arbeitslosenversicherung binnen drei Monaten ab der Verständigung mitgeteilt, so erfolgt die Einbeziehung in die Arbeitslosenversicherung ab dem Beginn der die Pflichtversicherung in der Pensionsversicherung oder deren Ausnahme von der Pflichtversicherung gemäß § 5 GSVG begründenden Erwerbstätigkeit, frühestens ab 1. Jänner 2009, in den übrigen Fällen ab dem Beginn des auf das Einlangen der Mitteilung folgenden Kalendermonats. Werden Erwerbstätige rückwirkend in die Pflichtversicherung in der Pensionsversicherung einbezogen, so erfolgt die Einbeziehung in die Arbeitslosenversicherung nur, wenn auch eine laufende Pflichtversicherung besteht, und frühestens

ab dem Beginn des auf die Feststellung der Pflichtversicherung in der Pensionsversicherung folgenden Kalendermonats.

(BGBl I 2018/100)

[a] Ab 1. Jänner 2020: „Sozialversicherungsanstalt der Selbständigen".

(4) Personen, die den Eintritt in die Arbeitslosenversicherung erklären, haben eine der gemäß § 2 AMPFG zur Auswahl stehenden Beitragsgrundlagen auszuwählen. Die gewählte Beitragsgrundlage gilt ab dem Beginn der Einbeziehung in die Arbeitslosenversicherung. Die Einbeziehung in die Arbeitslosenversicherung und die gewählte Beitragsgrundlage gelten, soweit kein zulässiger Austritt erfolgt, für alle (künftigen) Zeiträume, in denen die Voraussetzungen des Abs. 1 vorliegen.

(5) Personen, deren nicht genützte Eintrittsmöglichkeit in die Arbeitslosenversicherung oder deren Austritt aus der Arbeitslosenversicherung acht Jahre oder ein Vielfaches von acht Jahren zurück liegt, können (neuerlich) in die Arbeitslosenversicherung einbezogen werden. Der Antrag ist bei der Sozialversicherungsanstalt der gewerblichen Wirtschaft[a] jeweils binnen sechs Monaten nach Ende des (letzten) achtjährigen Bindungszeitraums einzubringen. Die Frist von sechs Monaten erstreckt sich um Zeiträume, in denen die Voraussetzungen des Abs. 1 nicht vorliegen. Die (neuerliche) Einbeziehung in die Arbeitslosenversicherung erfolgt ab dem Vorliegen der Voraussetzungen, frühestens mit Beginn des folgenden Kalendermonats.

(BGBl I 2018/100)

[a] Ab 1. Jänner 2020: „Sozialversicherungsanstalt der Selbständigen".

(6) Personen, deren (zuletzt erfolgte) Einbeziehung in die Arbeitslosenversicherung gemäß Abs. 1 oder Abs. 5 acht Jahre oder ein Vielfaches von acht Jahren zurück liegt, können aus der Arbeitslosenversicherung austreten. Der Austritt ist der Sozialversicherungsanstalt der gewerblichen Wirtschaft[a] jeweils binnen sechs Monaten nach Ende des (letzten) achtjährigen Bindungszeitraums mitzuteilen. Die Frist von sechs Monaten erstreckt sich um Zeiträume, in denen die Voraussetzungen des Abs. 1 nicht vorliegen. Die Arbeitslosenversicherung endet mit dem Ende des auf die Mitteilung des Austritts folgenden Kalendermonats.

(BGBl I 2018/100)

[a] Ab 1. Jänner 2020: „Sozialversicherungsanstalt der Selbständigen".

(7) Für die Durchführung der Arbeitslosenversicherung im Sinne der Abs. 1 bis 6 ist, soweit diese für Pflichtversicherte in der Arbeitslosenversicherung den Krankenversicherungsträgern obliegt (wie insbesondere die Feststellung der Versicherung, die Beitragseinhebung und Beitragsabfuhr) die Sozialversicherungsanstalt der gewerblichen Wirtschaft[a] zuständig. Soweit dieses Bundesgesetz oder das AMPFG keine abweichenden Regelungen enthalten, gelten die vom jeweiligen Sozialversicherungsträger anzuwendenden sozialversicherungsrechtlichen Vorschriften.

(BGBl I 2018/100)

[a] Ab 1. Jänner 2020: „Sozialversicherungsanstalt der Selbständigen".

(8) Personen, die gemäß dem Bundesverfassungsgesetz über Kooperation und Solidarität bei der Entsendung von Einheiten und Einzelpersonen in das Ausland (KSE-BVG), BGBl. I Nr. 38/1997, in andere Staaten entsandt werden, sind zur Arbeitslosenversicherung zugelassen. „Die Bundesministerin oder der Bundesminister für Arbeit, Soziales, Gesundheit und Konsumentenschutz" kann durch Verordnung weitere Personengruppen, die im Interesse Österreichs Hilfe im Ausland leisten, zur Arbeitslosenversicherung zulassen. Die Arbeitslosenversicherung dieser Personen beginnt mit Antragstellung, frühestens ab Beginn der Tätigkeit, und endet mit Ende der Tätigkeit. Für die Durchführung der Arbeitslosenversicherung dieser Personen ist die „Wiener Gebietskrankenkasse"[a] zuständig.

(BGBl I 2018/100)

[a] Ab 1. Jänner 2020: „Österreichische Gesundheitskasse"

(BGBl I 2007/104)

AlVG

Meldungen zur Arbeitslosenversicherung

§ 4. (1) Dienstgeber und selbständige Pecher sowie gemäß § 3 in die Arbeitslosenversicherung einbezogene Personen sind verpflichtet, dem zuständigen Sozialversicherungsträger alle für die Durchführung der Arbeitslosenversicherung maßgebenden Daten mitzuteilen.

(2) Die arbeitslosenversicherungspflichtig beschäftigte Person hat die gemäß Abs. 1 vorgeschriebenen Meldungen zu erstatten, wenn

1. der Dienstgeber die Vorrechte der Exterritorialität genießt oder wenn dem Dienstgeber im Zusammenhang mit einem zwischenstaatlichen Vertrag oder der Mitgliedschaft Österreichs bei einer internationalen Organisation besondere Privilegien oder Immunitäten eingeräumt sind oder
2. der Dienstgeber im Inland keine Betriebsstätte (Niederlassung, Geschäftsstelle, Niederlage) hat und für diesen keine Meldepflicht besteht.

(3) Die An- und Abmeldungen arbeitslosenversicherungspflichtiger Personen zur gesetzlichen Krankenversicherung gelten auch als Meldungen zur Arbeitslosenversicherung.

(BGBl I 2007/104)

§ 5. (1) Unter Dienstgebern im Sinne dieses Bundesgesetzes sind auch Auftraggeber im Sinne des Heimarbeitsgesetzes 1960, BGBl. Nr. 105/1961, Träger von Ausbildungseinrichtungen und Besitzer von Wäldern, in denen von selbständigen Pechern Harzprodukte gewonnen werden, zu verstehen.

(2) Unter Dienstverhältnis im Sinne dieses Bundesgesetzes ist auch die Erwerbstätigkeit als selbständiger Pecher zu verstehen.

(3) Unter Entgelt im Sinne dieses Bundesgesetzes ist auch das Erwerbseinkommen als selbständiger Pecher zu verstehen.

Artikel II

Leistungen

§ 6. (1) Als Geldleistungen aus der Arbeitslosenversicherung werden gewährt:

1. Arbeitslosengeld;
2. Notstandshilfe;
3. Bevorschussung von Leistungen aus der Pensionsversicherung;
4. Weiterbildungsgeld;
5. Bildungsteilzeitgeld;
6. Altersteilzeitgeld;
6a. Teilpension – erweiterte Altersteilzeit;
   (BGBl I 2015/106)
7. Übergangsgeld nach Altersteilzeit;
8. Übergangsgeld;
9. Umschulungsgeld.

(BGBl I 2013/3, BGBl I 2013/67)

(2) Als Versicherungen aus der Arbeitslosenversicherung werden gewährt:

1. Krankenversicherung für Bezieher der Leistungen nach Abs. 1 Z 1 bis 5 sowie 7 bis 9;
2. Unfallversicherung für Bezieher der Leistungen nach Abs. 1 Z 1, 2, 4, 5 und 9 nach Maßgabe des § 40a;
3. Pensionsversicherung für Bezieher der Leistungen nach Abs. 1 Z 1, 2, 4, 5 und 7 bis 9;
4. (aufgehoben)
   (BGBl I 2017/157)

(BGBl I 2009/90, BGBl I 2013/3, BGBl I 2013/67)

(3) Als Versicherungen aus Mitteln der Arbeitslosenversicherung werden Krankenversicherung, Unfallversicherung und Pensionsversicherung für Bezieher einer Beihilfe zur Deckung des Lebensunterhaltes nach dem Arbeitsmarktservicegesetz (AMSG), BGBl. Nr. 313/1994, gewährt.

(BGBl I 2013/138)

(4) Als Versicherungen aus Mitteln des Bundes werden Krankenversicherung und Pensionsversicherung für Dienstnehmer und Arbeitslose bei Sterbebegleitung, bei Begleitung von schwerst erkrankten Kindern und bei Pflegekarenz nach Maßgabe der §§ 29 bis 32 gewährt.

(BGBl I 2013/138)

(BGBl 1990/408, BGBl 1995/297, BGBl I 1997/47, BGBl I 1997/139, BGBl I 1999/179, BGBl I 2001/103, BGBl I 2003/71, BGBl I 2004/142)

Abschnitt 1
Arbeitslosengeld

Voraussetzungen des Anspruches

§ 7. (1) Anspruch auf Arbeitslosengeld hat, wer

1. der Arbeitsvermittlung zur Verfügung steht,
2. die Anwartschaft erfüllt und
3. die Bezugsdauer noch nicht erschöpft hat.

(BGBl 1990/412, BGBl 1996/201)

(2) Der Arbeitsvermittlung steht zur Verfügung, wer eine Beschäftigung aufnehmen kann und darf (Abs. 3) und arbeitsfähig (§ 8), arbeitswillig (§ 9) und arbeitslos (§ 12) ist.

(BGBl 1996/201)

(3) Eine Beschäftigung aufnehmen kann und darf eine Person,

1. die sich zur Aufnahme und Ausübung einer auf dem Arbeitsmarkt üblicherweise angebotenen, den gesetzlichen und kollektivvertraglichen Vorschriften entsprechenden zumutbaren versicherungspflichtigen Beschäftigung bereithält,
2. die sich berechtigt im Bundesgebiet aufhält, um eine unselbständige Beschäftigung aufzunehmen und auszuüben sowie, wenn ihr eine unselbständige Beschäftigung nur nach Erteilung einer Beschäftigungsbewilligung gestattet ist, keine dieser gemäß § 4 Abs. 1 Z 3 des Ausländerbeschäftigungsgesetzes, BGBl. Nr. 218/1975, entgegenstehenden wichtigen Gründe wie insbesondere wiederholte Verstöße infolge Ausübung einer Beschäftigung ohne Beschäftigungsbewilligung während der letzten zwölf Monate vorliegen.
   (BGBl I 2003/71, BGBl I 2005/102, BGBl I 2011/25, BGBl I 2013/67)
3. (aufgehoben)
   (BGBl I 1997/78, BGBl I 1999/179, BGBl I 2011/25)

(BGBl 1996/201)

(4) Von der Voraussetzung der Arbeitsfähigkeit ist für eine Bezugsdauer von längstens 78 Wochen abzusehen, wenn Arbeitslose berufliche Maßnahmen der Rehabilitation beendet haben und die Anwartschaft danach ohne Berücksichtigung von Zeiten, die vor Ende dieser Maßnahmen liegen, erfüllen sowie weder eine Leistung aus dem Versicherungsfall der geminderten Arbeitsfähigkeit oder der Erwerbsunfähigkeit beziehen noch die Anspruchsvoraussetzungen für eine derartige Leistung erfüllen.

(BGBl 1990/412, BGBl 1996/201, BGBl I 1997/78, BGBl I 2013/3)

(5) Die Voraussetzungen des Abs. 3 Z 1 liegen

1. während der Teilnahme am Freiwilligen Sozialjahr, am Freiwilligen Umweltschutzjahr, am Gedenkdienst und am Friedens- und So-

zialdienst im Ausland nach dem Freiwilligengesetz nicht vor;

2. während des Bezuges von Kinderbetreuungsgeld nur dann vor, wenn das Kind von einer anderen geeigneten Person oder in einer geeigneten Einrichtung betreut wird.

(BGBl I 2001/103, BGBl I 2012/17)

(6) Personen, die gemäß § 5 AuslBG befristet beschäftigt sind, halten sich nach Beendigung ihrer Beschäftigung nicht berechtigt im Bundesgebiet auf, um eine unselbständige Beschäftigung aufzunehmen und auszuüben.

(BGBl I 2004/28, BGBl I 2005/102, BGBl I 2011/25)

(7) Als auf dem Arbeitsmarkt üblicherweise angebotene, den gesetzlichen und kollektivvertraglichen Voraussetzungen entsprechende Beschäftigung gilt ein Arbeitsverhältnis mit einer wöchentlichen Normalarbeitszeit von mindestens 20 Stunden. Personen mit Betreuungsverpflichtungen für Kinder bis zum vollendeten zehnten Lebensjahr oder behinderte Kinder, für die nachweislich keine längere Betreuungsmöglichkeit besteht, erfüllen die Voraussetzung des Abs. 3 Z 1 auch dann, wenn sie sich für ein Arbeitsverhältnis mit einer wöchentlichen Normalarbeitszeit von mindestens 16 Stunden bereithalten.

(BGBl I 2007/104)

(8) Eine Person, die eine die Gesamtdauer von drei Monaten nicht überschreitende Ausbildung gemäß § 12 Abs. 4 macht oder an Maßnahmen der Nach- und Umschulung sowie zur Wiedereingliederung in den Arbeitsmarkt im Auftrag des Arbeitsmarktservice gemäß § 12 Abs. 5 teilnimmt, erfüllt die Voraussetzung des Abs. 3 Z 1 auch dann, wenn sie sich auf Grund der Ausbildung nur in einem geringeren als dem im Abs. 7 festgelegten zeitlichen Ausmaß für ein Arbeitsverhältnis bereithält. Die übrigen Voraussetzungen, insbesondere auch die Arbeitswilligkeit, müssen jedenfalls gegeben sein.

(BGBl I 2008/82)

Arbeitsfähigkeit

§ 8. (1) Arbeitsfähig ist, wer nicht invalid und nicht berufsunfähig im Sinne des ASVG ist. Arbeitsfähig ist jedenfalls nicht, wer eine Leistung aus dem Versicherungsfall der geminderten Arbeitsfähigkeit oder der Erwerbsunfähigkeit bezieht. Arbeitsfähig ist weiters nicht, wer die Anspruchsvoraussetzungen für eine derartige Leistung erfüllt.

(2) Arbeitslose sind, wenn sich Zweifel über ihre Arbeitsfähigkeit ergeben oder zu klären ist, ob bestimmte Tätigkeiten ihre Gesundheit gefährden können, verpflichtet, sich ärztlich untersuchen zu lassen. Die Untersuchung der Arbeitsfähigkeit hat an einer vom Kompetenzzentrum Begutachtung der Pensionsversicherungsanstalt festgelegten Stelle stattzufinden. Die Untersuchung, ob bestimmte Tätigkeiten die Gesundheit einer bestimmten Person gefährden können, hat durch einen geeigneten Arzt oder eine geeignete ärztliche Einrichtung zu erfolgen. Wenn eine ärztliche Untersuchung nicht bereits eingeleitet ist, hat die regionale Geschäftsstelle bei Zweifeln über die Arbeitsfähigkeit oder über die Gesundheitsgefährdung eine entsprechende Untersuchung anzuordnen. Wer sich weigert, einer derartigen Anordnung Folge zu leisten, erhält für die Dauer der Weigerung kein Arbeitslosengeld.

(3) Das Arbeitsmarktservice hat Bescheide der Pensionsversicherungsträger und Gutachten des Kompetenzzentrums Begutachtung der Pensionsversicherungsanstalt zur Beurteilung der Arbeitsfähigkeit anzuerkennen und seiner weiteren Tätigkeit zu Grunde zu legen.

(4) Auf Personen, die der Verpflichtung zur ärztlichen Untersuchung gemäß Abs. 2 Folge leisten, sind § 7 Abs. 3 Z 1, Abs. 5, Abs. 7 und Abs. 8, § 9 und § 10 sowie Abs. 1 bis zum Vorliegen des Gutachtens zur Beurteilung der Arbeitsfähigkeit, längstens jedoch außer bei Vorliegen besonderer Gründe für drei Monate, nicht anzuwenden. Wenn auf Grund des Gutachtens anzunehmen ist, dass Arbeitsfähigkeit nicht vorliegt, so verlängert sich dieser Zeitraum bis zur bescheidmäßigen Feststellung des Pensionsversicherungsträgers, ob berufliche Maßnahmen der Rehabilitation zweckmäßig und zumutbar sind.

(BGBl 1994/314, BGBl I 2010/62, BGBl I 2012/35, BGBl I 2013/3)

Arbeitswilligkeit

§ 9. (1) Arbeitswillig ist, wer bereit ist, eine durch die regionale Geschäftsstelle oder einen vom Arbeitsmarktservice beauftragten, die Arbeitsvermittlung im Einklang mit den Vorschriften der §§ 2 bis 7 des Arbeitsmarktförderungsgesetzes (AMFG), BGBl. Nr. 31/1969, durchführenden Dienstleister vermittelte zumutbare Beschäftigung in einem Arbeitsverhältnis als Dienstnehmer im Sinn des § 4 Abs. 2 ASVG anzunehmen, sich zum Zwecke beruflicher Ausbildung nach- oder umschulen zu lassen, an einer Maßnahme zur Wiedereingliederung in den Arbeitsmarkt teilzunehmen, von einer sonst sich bietenden Arbeitsmöglichkeit Gebrauch zu machen und von sich aus alle gebotenen Anstrengungen zur Erlangung einer Beschäftigung zu unternehmen, soweit dies entsprechend den persönlichen Fähigkeiten zumutbar ist.

(BGBl I 2007/104)

(2) Eine Beschäftigung ist zumutbar, wenn sie den körperlichen Fähigkeiten der arbeitslosen Person angemessen ist, ihre Gesundheit und Sittlichkeit nicht gefährdet, angemessen entlohnt ist, in einem nicht von Streik oder Aussperrung betroffenen Betrieb erfolgen soll, in angemessener Zeit erreichbar ist oder eine entsprechende Unterkunft am Arbeitsort zur Verfügung steht sowie gesetzliche Betreuungsverpflichtungen eingehalten werden können. Als angemessene Entlohnung gilt grundsätzlich eine zumindest den jeweils anzuwendenden Normen der kollektiven Rechtsgestaltung entsprechende Entlohnung. Die zumutbare

tägliche Wegzeit für Hin- und Rückweg beträgt jedenfalls eineinhalb Stunden und bei einer Vollzeitbeschäftigung jedenfalls zwei Stunden. Wesentlich darüber liegende Wegzeiten sind nur unter besonderen Umständen, insbesondere wenn am Wohnort lebende Personen üblicher Weise eine längere Wegzeit zum Arbeitsplatz zurückzulegen haben oder besonders günstige Arbeitsbedingungen geboten werden, zumutbar.

(BGBl I 2007/104)

(3) In den ersten 100 Tagen des Bezuges von Arbeitslosengeld auf Grund einer neu erworbenen Anwartschaft ist eine Vermittlung in eine nicht dem bisherigen Tätigkeitsbereich entsprechende Tätigkeit nicht zumutbar, wenn dadurch eine künftige Beschäftigung im bisherigen Beruf wesentlich erschwert wird. In den ersten 120 Tagen des Bezuges von Arbeitslosengeld auf Grund einer neu erworbenen Anwartschaft ist eine Beschäftigung in einem anderen Beruf oder eine Teilzeitbeschäftigung nur zumutbar, wenn das sozialversicherungspflichtige Entgelt mindestens 80 vH des der letzten Bemessungsgrundlage für das Arbeitslosengeld entsprechenden Entgelts beträgt. In der restlichen Zeit des Bezuges von Arbeitslosengeld ist eine Beschäftigung in einem anderen Beruf oder eine Teilzeitbeschäftigung nur zumutbar, wenn das sozialversicherungspflichtige Entgelt mindestens 75 vH des der letzten Bemessungsgrundlage für das Arbeitslosengeld entsprechenden Entgelts beträgt. Entfällt im maßgeblichen Bemessungszeitraum mindestens die Hälfte der Beschäftigungszeiten auf Teilzeitbeschäftigungen mit weniger als 75 vH der Normalarbeitszeit, so ist während des Bezuges von Arbeitslosengeld eine Beschäftigung in einem anderen Beruf oder eine Teilzeitbeschäftigung nur zumutbar, wenn das sozialversicherungspflichtige Entgelt mindestens die Höhe des der letzten Bemessungsgrundlage für das Arbeitslosengeld entsprechenden Entgelts erreicht. Der besondere Entgeltschutz nach Teilzeitbeschäftigungen gilt jedoch nur, wenn die arbeitslose Person dem Arbeitsmarktservice Umfang und Ausmaß der Teilzeitbeschäftigungen durch Vorlage von Bestätigungen ehemaliger Arbeitgeber nachgewiesen hat. Ist die Erbringung eines solchen Nachweises mit zumutbaren Bemühungen nicht möglich, so genügt die Glaubhaftmachung.

(4) Zumutbar ist eine von der regionalen Geschäftsstelle vermittelte Beschäftigung auch dann, wenn eine Wiedereinstellungszusage von einem früheren Arbeitgeber erteilt wurde oder sich die arbeitslose Person schon zur Aufnahme einer Beschäftigung in Zukunft verpflichtet hat (Einstellungsvereinbarung).

(5) Die arbeitslose Person ist zum Ersatz eines allfälligen Schadens, der aus der Nichterfüllung der Einstellungsvereinbarung wegen Antritt einer anderen Beschäftigung entstanden ist, nicht verpflichtet. Sie soll jedoch dem früheren Arbeitgeber ihr Abstandnehmen vom Wiederantritt der Beschäftigung vor dem Wiederantrittstermin bekannt geben. Ansprüche aus einem früheren Arbeitsverhältnis, auf die die arbeitslose Person anlässlich der Beendigung nur wegen der erteilten Wiedereinstellungszusage oder nur wegen der geschlossenen Wiedereinstellungsvereinbarung verzichtet hat, leben wieder auf, wenn sie dem früheren Arbeitgeber ihr Abstandnehmen vom Wiederantritt der Beschäftigung vor dem Wiederantrittstermin bekannt gibt.

(6) Wenn in Folge eines Wiedereinstellungsvertrages oder einer Wiedereinstellungszusage Ansprüche aus dem beendeten Arbeitsverhältnis nicht oder nicht zur Gänze erfüllt worden sind, so werden diese spätestens zu jenem Zeitpunkt fällig, zu dem die arbeitslose Person ihre Beschäftigung gemäß dem Wiedereinstellungsvertrag (der Wiedereinstellungszusage) hätte aufnehmen müssen, sofern durch Gesetz nicht anderes bestimmt ist. Verjährungs- und Verfallfristen verlängern sich um den Zeitraum zwischen Beendigung des Arbeitsverhältnisses und dem vereinbarten Zeitpunkt der Wiederaufnahme der Beschäftigung.

(7) Als Beschäftigung gilt, unbeschadet der erforderlichen Beurteilung der Zumutbarkeit im Einzelfall, auch ein der Wiedereingliederung in den Arbeitsmarkt dienendes Arbeitsverhältnis im Rahmen eines Sozialökonomischen Betriebes (SÖB) oder eines Gemeinnützigen Beschäftigungsprojektes (GBP), soweit dieses den arbeitsrechtlichen Vorschriften und den in den Richtlinien des Verwaltungsrates geregelten Qualitätsstandards entspricht. Im Rahmen dieser Qualitätsstandards ist jedenfalls die gegebenenfalls erforderliche sozialpädagogische Betreuung, die Zielsetzung der mit dem Arbeitsverhältnis verbundenen theoretischen und praktischen Ausbildung sowie im Falle der Arbeitskräfteüberlassung das zulässige Ausmaß überlassungsfreier Zeiten und die Verwendung überlassungsfreier Zeiten zu Ausbildungs- und Betreuungszwecken festzulegen.

(BGBl I 2007/104)

(8) Wenn im Zuge von Maßnahmen des Arbeitsmarktservice Arbeitserprobungen stattfinden, so haben diese Arbeitserprobungen den in den Richtlinien des Verwaltungsrates geregelten Qualitätsstandards zu entsprechen. Arbeitserprobungen dürfen nur zur Überprüfung vorhandener oder im Rahmen der Maßnahme erworbener Kenntnisse und Fertigkeiten sowie der Einsatzmöglichkeiten in einem Betrieb eingesetzt werden und eine diesen Zielen angemessene Dauer nicht überschreiten. Bei Maßnahmen zur Wiedereingliederung in den Arbeitsmarkt hat das Arbeitsmarktservice der arbeitslosen Person die Gründe anzugeben, die eine Teilnahme an einer derartigen Maßnahme als zur Verbesserung der Wiederbeschäftigungschancen notwendig oder nützlich erscheinen lassen, so weit diese nicht auf Grund der vorliegenden Umstände wie insbesondere einer längeren Arbeitslosigkeit in Verbindung mit bestimmten bereits zB im Betreuungsplan (§ 38c AMSG) erörterten Problemlagen, die einer erfolgreichen Arbeitsaufnahme entgegen stehen, als bekannt angenommen werden können. Eine Maß-

nahme zur Wiedereingliederung kann auch auf die persönliche Unterstützung bei der Arbeitssuche abzielen.

(BGBl I 2007/104)

(BGBl 1991/682, BGBl 1993/502, BGBl 1994/314, BGBl I 2001/103, BGBl I 2004/77)

§ 10. (1) Wenn die arbeitslose Person

1. sich weigert, eine ihr von der regionalen Geschäftsstelle oder einen vom Arbeitsmarktservice beauftragten, die Arbeitsvermittlung im Einklang mit den Vorschriften der §§ 2 bis 7 AMFG durchführenden Dienstleister zugewiesene zumutbare Beschäftigung anzunehmen oder die Annahme einer solchen Beschäftigung vereitelt, oder

   (BGBl I 2007/104)

2. sich ohne wichtigen Grund weigert, einem Auftrag zur Nach(Um)schulung zu entsprechen oder durch ihr Verschulden den Erfolg der Nach(Um)schulung vereitelt, oder
3. ohne wichtigen Grund die Teilnahme an einer Maßnahme zur Wiedereingliederung in den Arbeitsmarkt verweigert oder den Erfolg der Maßnahme vereitelt, oder
4. auf Aufforderung durch die regionale Geschäftsstelle nicht bereit oder in der Lage ist, ausreichende Anstrengungen zur Erlangung einer Beschäftigung nachzuweisen,

so verliert sie für die Dauer der Weigerung, mindestens jedoch für die Dauer der auf die Pflichtverletzung gemäß Z 1 bis 4 folgenden sechs Wochen, den Anspruch auf Arbeitslosengeld. Die Mindestdauer des Anspruchsverlustes erhöht sich mit jeder weiteren Pflichtverletzung gemäß Z 1 bis 4 um weitere zwei Wochen auf acht Wochen. Die Erhöhung der Mindestdauer des Anspruchsverlustes gilt jeweils bis zum Erwerb einer neuen Anwartschaft. Die Zeiten des Anspruchsverlustes verlängern sich um die in ihnen liegenden Zeiträume, während derer Krankengeld bezogen wurde.

(2) Hat sich die arbeitslose Person auf einen durch unwahre Angaben über Umfang und Ausmaß von Teilzeitbeschäftigungen begründeten besonderen Entgeltschutz nach Teilzeitbeschäftigungen berufen, so erhöht sich die Mindestdauer des Anspruchsverlustes nach Abs. 1 um weitere zwei Wochen.

(3) Der Verlust des Anspruches gemäß Abs. 1 ist in berücksichtigungswürdigen Fällen wie zB bei Aufnahme einer anderen Beschäftigung nach Anhörung des Regionalbeirates ganz oder teilweise nachzusehen.

(4) Wer, ohne dadurch den Erfolg der Schulungsmaßnahme zu gefährden, tageweise nicht an einer Schulungsmaßnahme teilnimmt, verliert den Anspruch auf Arbeitslosengeld für Tage des Fernbleibens, außer wenn dieses durch zwingende Gründe gerechtfertigt ist.

(BGBl I 2013/3)

(BGBl 1993/502, BGBl 1994/314, BGBl 1996/201, BGBl I 2004/77)

§ 11. (1) Arbeitslose, deren Dienstverhältnis in Folge eigenen Verschuldens beendet worden ist oder die ihr Dienstverhältnis freiwillig gelöst haben, erhalten für die Dauer von vier Wochen, gerechnet vom Tage der Beendigung des Dienstverhältnisses an, kein Arbeitslosengeld. Dies gilt auch für gemäß § 3 versicherte Personen, deren Erwerbstätigkeit in Folge eigenen Verschuldens oder freiwillig beendet worden ist.

(2) Der Ausschluss vom Bezug des Arbeitslosengeldes ist in berücksichtigungswürdigen Fällen, wie zB wegen Aufnahme einer anderen Beschäftigung, freiwilliger Beendigung eines Dienstverhältnisses oder einer Erwerbstätigkeit aus zwingenden gesundheitlichen Gründen oder Einstellung der Erwerbstätigkeit wegen drohender Überschuldung oder Zahlungsunfähigkeit oder bei Saisonabhängigkeit wegen Saisonende, nach Anhörung des Regionalbeirates ganz oder teilweise nachzusehen.

(BGBl I 2000/142, BGBl I 2004/77, BGBl I 2007/104)

Arbeitslosigkeit

§ 12. (1) Arbeitslos ist, wer

1. eine (unselbständige oder selbständige) Erwerbstätigkeit (Beschäftigung) beendet hat,
2. nicht mehr der Pflichtversicherung in der Pensionsversicherung unterliegt oder dieser ausschließlich auf Grund eines Einheitswertes, der kein Einkommen über der Geringfügigkeitsgrenze erwarten lässt, unterliegt oder auf Grund des Weiterbestehens der Pflichtversicherung für den Zeitraum, für den Kündigungsentschädigung gebührt oder eine Ersatzleistung für Urlaubsentgelt oder eine Urlaubsabfindung gewährt wird (§ 16 Abs. 1 lit. k und l), unterliegt und

   (BGBl I 2014/94)

3. keine neue oder weitere (unselbständige oder selbständige) Erwerbstätigkeit (Beschäftigung) ausübt.

(BGBl I 2007/104)

(2) Ein selbständiger Pecher gilt in der Zeit der saisonmäßigen Erwerbsmöglichkeit, das ist vom dritten Montag im März bis einschließlich dritten Sonntag im November eines jeden Jahres, nicht als arbeitslos. In der übrigen Zeit des Jahres gilt der selbständige Pecher als arbeitslos, wenn er keine andere Beschäftigung gefunden hat.

(3) Als arbeitslos im Sinne der Abs. 1 und 2 gilt insbesondere nicht:

a) wer in einem Dienstverhältnis steht;
b) wer selbständig erwerbstätig ist;
c) wer ein Urlaubsentgelt nach dem Bauarbeiter-Urlaubsgesetz 1972, BGBl. Nr. 414, in der jeweils geltenden Fassung bezieht, in der Zeit, für die das Urlaubsentgelt gebührt;
d) wer, ohne in einem Dienstverhältnis zu stehen, im Betrieb des Ehegatten, der Ehegattin, des eingetragenen Partners, der eingetrage-

nen Partnerin, des Lebensgefährten, der Lebensgefährtin, eines Elternteils oder eines Kindes tätig ist;

(BGBl I 2009/135)

e) wer eine Freiheitsstrafe verbüßt oder auf behördliche Anordnung in anderer Weise angehalten wird;

f) wer in einer Schule oder einem geregelten Lehrgang – so als ordentlicher Hörer einer Hochschule, als Schüler einer Fachschule oder einer mittleren Lehranstalt – ausgebildet wird oder, ohne daß ein Dienstverhältnis vorliegt, sich einer praktischen Ausbildung unterzieht;

g) ein Lehrbeauftragter in den Semester- und Sommerferien;

(BGBl 1993/817, BGBl I 2004/77)

h) wer beim selben Dienstgeber eine Beschäftigung aufnimmt, deren Entgelt die im § 5 Abs. 2 ASVG angeführten Beträge nicht übersteigt, es sei denn, daß zwischen der vorhergehenden Beschäftigung und der neuen geringfügigen Beschäftigung ein Zeitraum von mindestens einem Monat gelegen ist.

(BGBl 1996/201, BGBl I 1997/139, BGBl I 2004/77)

(4) Abweichend von Abs. 3 lit. f gilt während einer Ausbildung als arbeitslos, wer eine die Gesamtdauer von drei Monaten innerhalb eines Zeitraumes von zwölf Monaten nicht überschreitende Ausbildung macht oder die Voraussetzungen des § 14 Abs. 1 erster Satz mit der Maßgabe erfüllt, dass diese ohne Rahmenfristerstreckung durch die Heranziehung von Ausbildungszeiten gemäß § 15 Abs. 1 Z 4 erfüllt werden und für die erstmalige Inanspruchnahme des Arbeitslosengeldes während der Ausbildung gelten. Bei wiederholter Inanspruchnahme während einer Ausbildung genügt die Erfüllung der Voraussetzungen des § 14.

(BGBl 1994/25, BGBl 1994/314, BGBl 1996/201, BGBl I 2000/142, BGBl I 2007/104, BGBl I 2008/82)

(5) Die Teilnahme an Maßnahmen der Nach- und Umschulung sowie zur Wiedereingliederung in den Arbeitsmarkt, die im Auftrag des Arbeitsmarktservice erfolgt, gilt nicht als Beschäftigung im Sinne des Abs. 1.

(BGBl 1996/201)

(6) Als arbeitslos gilt jedoch,

a) wer aus einer oder mehreren Beschäftigungen ein Entgelt erzielt, das die im § 5 Abs. 2 ASVG angeführten Beträge nicht übersteigt, wobei bei einer Beschäftigung als Hausbesorger im Sinne des Hausbesorgergesetzes, BGBl. Nr. 16/1970, der Entgeltwert für die Dienstwohnung und der pauschalierte Ersatz für Materialkosten unberücksichtigt bleiben;

(BGBl 1990/412, BGBl 1995/297, BGBl I 1997/139)

b) wer einen land- oder forstwirtschaftlichen Betrieb auf eigene Rechnung und Gefahr führt, wenn 3 vH des Einheitswertes die jeweils für einen Kalendermonat geltende Geringfügigkeitsgrenze gemäß § 5 Abs. 2 ASVG nicht übersteigen;

(BGBl 1995/297, BGBl I 1998/148, BGBl I 2001/103, BGBl I 2003/128, BGBl I 2015/79)

c) wer auf andere Art selbständig erwerbstätig ist bzw. selbständig arbeitet und daraus ein Einkommen gemäß § 36a erzielt oder im Zeitraum der selbständigen Erwerbstätigkeit bzw. der selbständigen Arbeit einen Umsatz gemäß § 36b erzielt, wenn weder das Einkommen zuzüglich Sozialversicherungsbeiträge, die als Werbungskosten geltend gemacht wurden, noch 11,1 vH des Umsatzes die im § 5 Abs. 2 ASVG angeführten Beträge übersteigt;

(BGBl 1994/25, BGBl 1995/297, BGBl 1996/201, BGBl I 1997/139)

d) wer, ohne in einem Dienstverhältnis zu stehen, im Betrieb des Ehegatten, der Ehegattin, des eingetragenen Partners, der eingetragenen Partnerin, des Lebensgefährten, der Lebensgefährtin, eines Elternteils oder eines Kindes tätig ist, sofern das Entgelt aus dieser Tätigkeit, würde sie von einem Dienstnehmer ausgeübt, die im § 5 Abs. 2 ASVG angeführten Beträge nicht übersteigen würde;

(BGBl I 1997/139, BGBl I 2009/135)

e) wer als geschäftsführender Gesellschafter aus dieser Tätigkeit ein Einkommen gemäß § 36a oder einen Umsatz gemäß § 36b erzielt, wenn weder das Einkommen zuzüglich Sozialversicherungsbeiträge, die als Werbungskosten geltend gemacht wurden, noch 11,1 vH des auf Grund seiner Anteile aliquotierten Umsatzes der Gesellschaft die im § 5 Abs. 2 ASVG angeführten Beträge übersteigt;

(BGBl 1995/297, BGBl 1996/201, BGBl I 1997/139, BGBl I 2010/64)

f) wer im Rahmen des Vollzuges einer Strafe durch Anhaltung im elektronisch überwachten Hausarrest gemäß § 156b Abs. 1 des Strafvollzugsgesetzes oder im Rahmen einer Untersuchungshaft durch Hausarrest nach § 173a der Strafprozessordnung 1975 an einer Maßnahme gemäß Abs. 5 teilnimmt;

(BGBl I 2010/64, BGBl I 2011/52)

g) wer auf Grund einer öffentlichen Funktion eine Aufwandsentschädigung, deren Höhe den Richtsatz gemäß § 293 Abs. 1 lit. a sublit. bb ASVG zuzüglich der jeweils zu entrichtenden Kranken- und Pensionsversicherungsbeiträge nicht übersteigt, erhält.

(BGBl I 2011/52)

(7) Unbeschadet des Abs. 3 lit. a gilt als arbeitslos auch eine Frau während einer Karenz nach dem Mutterschutzgesetz 1979, BGBl. Nr. 221, oder vergleichbaren Vorschriften und ein Mann während einer Karenz nach dem Väter-Karenzgesetz, BGBl. Nr. 651/1989, oder vergleichbaren Vor-

schriften, wenn das Kind, das Anlass für die Gewährung der Karenz war, gestorben ist oder nicht mehr im gemeinsamen Haushalt lebt und der Dienstgeber einer vorzeitigen Beendigung der Karenz nicht zugestimmt hat, und zwar so lange, als während der restlichen Dauer der Karenz kein Dienstverhältnis mit einem anderen Dienstgeber besteht.

(BGBl I 1997/47, BGBl I 1998/6, BGBl I 2003/71)

(8) Ebenso gilt als arbeitslos, wer auf Grund eines allenfalls auch ungerechtfertigten Ausspruches über die Lösung seines einen Kündigungs- oder Entlassungsschutz genießenden Dienstverhältnisses nicht beschäftigt wird, und zwar bis zu dem Zeitpunkt, in dem durch die zuständige Behörde das allfällige Weiterbestehen des Beschäftigungsverhältnisses rechtskräftig entschieden oder vor der zuständigen Behörde ein Vergleich geschlossen wurde.

(9) (aufgehoben)

(BGBl I 2003/128)

(10) (aufgehoben)

(BGBl I 1998/148)

(11) (aufgehoben)

(BGBl 1995/297)

§ 13. Wenn die Arbeitslosigkeit die unmittelbare Folge eines durch Streik verursachten Betriebsstillstandes ist, gebührt während dessen Dauer kein Arbeitslosengeld; das gleiche gilt für den Fall einer Aussperrung in einem Betrieb, sofern sie als Abwehrmaßnahme gegen einen Teilstreik, eine passive Resistenz oder eine sonstige die Fortführung der Arbeiten in diesem Betrieb vereitelnde Kampfmaßnahmen erfolgt.

Anwartschaft

§ 14. (1) Bei der erstmaligen Inanspruchnahme von Arbeitslosengeld ist die Anwartschaft erfüllt, wenn der Arbeitslose in den letzten 24 Monaten vor Geltendmachung des Anspruches (Rahmenfrist) insgesamt 52 Wochen im Inland arbeitslosenversicherungspflichtig beschäftigt war. Handelt es sich jedoch um einen Arbeitslosen, der das Arbeitslosengeld vor Vollendung des 25. Lebensjahres beantragt, ist die Anwartschaft auf Arbeitslosengeld auch dann erfüllt, wenn der Arbeitslose in den letzten zwölf Monaten vor Geltendmachung des Anspruches (Rahmenfrist) insgesamt 26 Wochen im Inland arbeitslosenversicherungspflichtig beschäftigt war.

(BGBl 1991/682, BGBl 1994/314, BGBl I 2000/142, BGBl I 2007/104)

(2) Bei jeder weiteren Inanspruchnahme des Arbeitslosengeldes ist die Anwartschaft erfüllt, wenn der Arbeitslose in den letzten zwölf Monaten vor Geltendmachung des Anspruches (Rahmenfrist) insgesamt 28 Wochen im Inland arbeitslosenversicherungspflichtig beschäftigt war. Die Anwartschaft ist im Falle einer weiteren Inanspruchnahme auch dann erfüllt, wenn der Arbeitslose die Anwartschaft gemäß § 14 Abs. 1 erster Satz erfüllt.

(BGBl 1995/297, BGBl I 2000/142)

(3) In Zeiten empfindlicher Arbeitslosigkeit kann durch Verordnung „der Bundesministerin oder des Bundesministers für Arbeit, Soziales, Gesundheit und Konsumentenschutz" für einzelne Berufsgruppen, in denen die Beschäftigungslage besonders ungünstig ist, bestimmt werden, daß die Anwartschaft auch dann erfüllt ist, wenn der Arbeitslose in den letzten 24 Monaten vor Geltendmachung des Anspruches auf Arbeitslosengeld im Inland insgesamt 26 Wochen arbeitslosenversicherungspflichtig beschäftigt war.

(BGBl I 2018/100)

(4) Auf die Anwartschaft sind folgende im Inland zurückgelegte oder auf Grund inländischer Rechtsvorschriften erworbene Zeiten anzurechnen:

a) Zeiten, die der Arbeitslosenversicherungspflicht unterlagen, sowie sonstige Zeiten der Versicherung in der Arbeitslosenversicherung;

   (BGBl I 2007/104)

b) die Zeit des Präsenz- oder Ausbildungs- oder Zivildienstes oder Bezuges von Kinderbetreuungsgeld, wenn innerhalb der für die Anwartschaft maßgeblichen Rahmenfrist mindestens 14 Wochen sonstige Anwartschaftszeiten liegen;

   (BGBl I 1998/30, BGBl I 2014/94)

c) Zeiten des Bezuges von Wochengeld oder Krankengeld aus einer Krankenversicherung auf Grund eines arbeitslosenversicherungspflichtigen Beschäftigungsverhältnisses;

d) Zeiten einer krankenversicherungspflichtigen Beschäftigung als Lehrling;

   (BGBl I 2000/101, BGBl I 2004/77)

e) Zeiten, für die ein Sicherungsbeitrag gemäß § 5d AMPFG in der Fassung des Bundesgesetzes BGBl. I Nr. 148/1998 entrichtet wurde;

   (BGBl I 2000/92, BGBl I 2003/71, BGBl I 2004/77)

f) Zeiten einer gemäß § 1 Abs. 2 lit. e von der Arbeitslosenversicherungspflicht ausgenommenen krankenversicherungspflichtigen Erwerbstätigkeit;

   (BGBl I 2003/71, BGBl I 2004/77, BGBl I 2013/3)

g) Zeiten der Teilnahme an beruflichen Maßnahmen der Rehabilitation, wenn diese nicht ungerechtfertigt vorzeitig beendet wurden, nach Beendigung dieser Maßnahmen.

   (BGBl I 2013/3)

(5) Ausländische Beschäftigungs- oder Versicherungszeiten sind auf die Anwartschaft anzurechnen, soweit dies durch zwischenstaatliche Abkommen oder internationale Verträge geregelt ist.

(BGBl 1992/416, BGBl I 2003/71)

(6) Die in den Abs. 4 und 5 angeführten Zeiten dürfen bei der Ermittlung der Anwartschaft nur einmal berücksichtigt werden.

(7) Wird nach einem Bezug von Weiterbildungsgeld oder Bildungsteilzeitgeld Arbeitslosengeld in Anspruch genommen, so gilt dies als weitere Inanspruchnahme im Sinne des Abs. 2.

(BGBl 1992/833, BGBl I 1997/47, BGBl I 2001/103, BGBl I 2013/67)

(8) Sonstige Zeiten der Versicherung in der Arbeitslosenversicherung gemäß Abs. 4 lit. a sind auf die Anwartschaft nur anzurechnen, soweit für diese Beiträge entrichtet wurden.

(BGBl I 2008/82)

(9) (aufgehoben)

(BGBl I 2001/103)

§ 15. (1) Die Rahmenfrist (§ 14 Abs. 1 bis 3) verlängert sich um höchstens fünf Jahre um Zeiträume, in denen der Arbeitslose im Inland

1. in einem arbeitslosenversicherungsfreien Dienstverhältnis gestanden ist;
2. arbeitsuchend bei der regionalen Geschäftsstelle gemeldet gewesen ist, Sondernotstandshilfe bezogen hat oder als Vorschuss auf eine nicht zuerkannte Pension Arbeitslosengeld oder Notstandshilfe bezogen hat;

   (BGBl I 2000/92, BGBl I 2004/77)
3. eine Abfertigung aus einem Dienstverhältnis bezogen hat;

   (BGBl I 2000/92)
4. Umschulungsgeld bezogen hat oder sich einer Ausbildung oder einer beruflichen Maßnahme der Rehabilitation aus der gesetzlichen Sozialversicherung unterzogen hat, durch die er überwiegend in Anspruch genommen wurde;

   (BGBl I 2000/92, BGBl I 2013/3)
5. Präsenz- oder Ausbildungs- oder Zivildienst geleistet hat;

   (BGBl I 2000/92)
6. einen Karenzurlaub im Sinne der gesetzlichen Vorschriften zurückgelegt oder Karenzgeld oder Weiterbildungsgeld oder Bildungsteilzeitgeld bezogen hat;

   (BGBl I 2000/92, BGBl I 2013/67)
7. ein außerordentliches Entgelt im Sinne des § 17 des Hausgehilfen- und Hausangestelltengesetzes, BGBl. Nr. 235/1962, bezogen hat;

   (BGBl I 2000/92)
8. eine Sonderunterstützung nach den Bestimmungen des Sonderunterstützungsgesetzes, BGBl. Nr. 642/1973, bezogen hat;

   (BGBl I 2000/92)
9. auf behördliche Anordnung angehalten worden ist;

   (BGBl I 2000/92, BGBl I 2002/89)
10. bei Sterbebegleitung eines nahen Verwandten oder bei Begleitung eines schwersterkrankten Kindes gemäß § 29 oder § 32 krankenversichert war oder im Sinne des § 31 Anspruch auf Leistungen der Krankenfürsorge hatte;

    (BGBl I 2002/89, BGBl I 2012/17)
11. am Freiwilligen Sozialjahr, am Freiwilligen Umweltschutzjahr, am Gedenkdienst oder am Friedens- und Sozialdienst im Ausland nach dem Freiwilligengesetz teilnimmt und gemäß § 4 Abs. 1 Z 11 ASVG versichert ist;

    (BGBl I 2012/17, BGBl I 2013/138)
12. am Integrationsjahr nach dem Freiwilligengesetz, BGBl. I Nr. 17/2012, teilnimmt und gemäß § 8 Abs. 1 Z 4a ASVG versichert ist;

    (BGBl I 2015/144)
13. Pflegekarenzgeld bezogen hat.

    (BGBl I 2013/138, BGBl I 2015/144)

(BGBl I 2007/104)

(2) Die Rahmenfrist verlängert sich um höchstens fünf Jahre um Zeiträume, in denen der Arbeitslose im Ausland

1. sich einer Ausbildung unterzogen hat, durch die er überwiegend in Anspruch genommen wurde;
2. eine der in Abs. 1 angeführten vergleichbaren Leistungen wegen Arbeitslosigkeit oder Kindererziehung bezogen hat, soweit mit dem betreffenden Staat zwischenstaatliche Regelungen über Arbeitslosenversicherung getroffen wurden oder dies in internationalen Verträgen festgelegt ist.

(BGBl I 2007/104)

(3) Die Rahmenfrist verlängert sich weiters um Zeiträume, in denen der Arbeitslose im Inland

1. Krankengeld oder Rehabilitationsgeld oder Wochengeld bezogen hat oder in einer Heil- oder Pflegeanstalt untergebracht gewesen ist;

   (BGBl I 2013/3)
2. nach Erschöpfung des Anspruches auf Krankengeld aus der gesetzlichen Krankenversicherung nachweislich arbeitsunfähig gewesen ist;
3. wegen Invalidität, Berufsunfähigkeit oder Minderung der Erwerbsfähigkeit, die nach ihrem Ausmaß der Arbeitsunfähigkeit gemäß § 8 gleichkommt, eine Pension aus der gesetzlichen Pensionsversicherung bezogen hat;
4. einen nahen Angehörigen (eine nahe Angehörige) mit Anspruch auf Pflegegeld mindestens in Höhe der Stufe 3 gemäß § 5 des Bundespflegegeldgesetzes (BPGG), BGBl. Nr. 110/1993, oder nach den Bestimmungen der Landespflegegeldgesetze in häuslicher Umgebung gepflegt hat und gemäß § 18b ASVG oder § 77 Abs. 6 ASVG oder § 28 Abs. 6 BS-

VG oder § 33 Abs. 9 GSVG in der Pensionsversicherung versichert war;

(BGBl I 2000/142, BGBl I 2001/103, BGBl I 2004/77, BGBl I 2005/132)

5. ein behindertes Kind gepflegt hat und entweder gemäß § 18a ASVG oder gemäß § 8 Abs. 1 Z 2 lit. g ASVG, § 3 Abs. 3 Z 4 GSVG oder § 4a Z 4 BSVG in der Pensionsversicherung versichert war oder Ersatzzeiten für Kindererziehung gemäß § 227a ASVG erworben hat;

   (BGBl I 2006/131, BGBl I 2007/104)

6. Kinderbetreuungsgeld oder Familienzeitbonus nach dem Familienzeitbonusgesetz (FamZeitbG), BGBl. I Nr. 53/2016, bezogen hat.

   (BGBl I 2001/103, BGBl I 2006/131, BGBl I 2016/53)

(4) Die Rahmenfrist verlängert sich weiters um Zeiträume, in denen der Arbeitslose im Ausland eine der in Abs. 3 angeführten vergleichbaren Leistungen wegen Invalidität, Berufsunfähigkeit oder Minderung der Erwerbsfähigkeit oder Krankheit bezogen hat, soweit mit dem betreffenden Staat zwischenstaatliche Regelungen über Arbeitslosenversicherung getroffen wurden oder dies in internationalen Verträgen festgelegt ist.

(5) Die Rahmenfrist verlängert sich um Zeiträume einer der Pflichtversicherung in der Pensionsversicherung unterliegenden oder gemäß § 5 GSVG von der Pflichtversicherung in der Pensionsversicherung ausgenommenen Erwerbstätigkeit, wenn davor mindestens fünf Jahre arbeitslosenversicherungspflichtiger Beschäftigung liegen. In den übrigen Fällen verlängert sich die Rahmenfrist um höchstens fünf Jahre um Zeiträume einer der Pflichtversicherung in der Pensionsversicherung unterliegenden oder gemäß § 5 GSVG von der Pflichtversicherung in der Pensionsversicherung ausgenommenen Erwerbstätigkeit.

(BGBl I 2000/92, BGBl I 2004/136, BGBl I 2005/102, BGBl I 2007/104)

(6) „Die Bundesministerin oder der Bundesminister für Arbeit, Soziales, Gesundheit und Konsumentenschutz" kann, wenn sich die Notwendigkeit hiezu herausstellt, durch Verordnung bestimmen, daß auch andere Tatbestände eine Verlängerung der Rahmenfrist bewirken.

(BGBl I 2018/100)

(7) Zeiten, die gemäß § 14 anwartschaftsbegründend sind, können zur Rahmenfristerstreckung nicht mehr herangezogen werden.

(8) Die Rahmenfrist verlängert sich um Zeiträume einer Erwerbstätigkeit im Ausland, die auf Grund eines zwischenstaatlichen Abkommens in der Pensionsversicherung zu berücksichtigen sind, wenn davor mindestens fünf Jahre arbeitslosenversicherungspflichtiger Beschäftigung liegen. In den übrigen Fällen verlängert sich die Rahmenfrist um höchstens fünf Jahre um Zeiträume einer Erwerbstätigkeit im Ausland, die auf Grund eines zwischenstaatlichen Abkommens in der Pensionsversicherung zu berücksichtigen sind.

(BGBl I 2002/68, BGBl I 2003/71, BGBl I 2007/104)

(9) Die Rahmenfrist verlängert sich um Zeiträume der Ausübung einer öffentlichen Funktion und um Zeiträume einer Bezugsfortzahlung nach dem Ende einer öffentlichen Funktion.

(BGBl I 2011/52)

(10) Die Rahmenfrist verlängert sich um Zeiträume eines Aufenthaltes im Ausland als Ehegatte, Ehegattin, eingetragener Partner, eingetragene Partnerin oder minderjähriges Kind von in einem Dienstverhältnis zu einer Körperschaft des öffentlichen Rechts stehenden österreichischen Staatsangehörigen im Sinne des § 26 Abs. 3 der Bundesabgabenordnung (BAO), BGBl. Nr. 194/1961, sofern diese gemeinsam in dauernder Hausgemeinschaft leben oder als minderjährige Kinder zu deren Haushalt gehören.

(BGBl I 2015/118)

(BGBl 1990/412, BGBl 1992/416, BGBl 1994/314, BGBl 1996/201, BGBl I 1997/47, BGBl I 1997/139, BGBl I 1998/30, BGBl I 1998/148)

Ruhen des Arbeitslosengeldes

§ 16. (1) Der Anspruch auf Arbeitslosengeld ruht während

a) des Bezuges von Kranken- oder Wochengeld sowie bei Nichtgewährung von Krankengeld gemäß § 142 Abs. 1 des Allgemeinen Sozialversicherungsgesetzes,

   (BGBl 1994/25)

b) während einer Bezugsfortzahlung nach dem Ende einer öffentlichen Funktion,

   (BGBl I 2004/142, BGBl I 2011/52)

c) der Unterbringung des Arbeitslosen in einer Heil- oder Pflegeanstalt,

d) des Zeitraumes, für den Schadenersatz nach § 25 Abs. 2 der Insolvenzordnung (IO), RGBl. Nr. 337/1914, gebührt,

   (BGBl 1990/412, BGBl I 1998/6, BGBl I 2010/29)

e) des Zeitraumes, für den Schadenersatz nach § 20d der Ausgleichsordnung (AO), BGBl. II Nr. 221/1934, gebührt,

   (BGBl I 1998/6)

f) des Bezuges von Entgelt gemäß § 5 des Entgeltfortzahlungsgesetzes, BGBl. Nr. 399/1974,

g) des Aufenthaltes im Ausland, soweit nicht Abs. 3 oder Regelungen auf Grund internationaler Verträge anzuwenden sind,

   (BGBl 1992/416)

h) des Präsenz- oder Ausbildungs- oder Zivildienstes,

   (BGBl I 1998/30)

i) des Bezuges von Pflegekarenzgeld,

(BGBl I 1997/47, BGBl I 2001/103, BGBl I 2013/138)

j) des Bezuges von Weiterbildungsgeld oder Bildungsteilzeitgeld oder eines Fachkräftestipendiums,

(BGBl I 1998/148, BGBl I 2013/67)

k) des Zeitraumes, für den Kündigungsentschädigung gebührt,

l) des Zeitraumes, für den Anspruch auf eine Ersatzleistung (Entschädigung, Abfindung) für Urlaubsentgelt nach dem Urlaubsgesetz, BGBl. Nr. 390/1976, in der jeweils geltenden Fassung, oder eine Urlaubsersatzleistung nach dem Bauarbeiter-Urlaubs- und Abfertigungsgesetz (BUAG), BGBl. Nr. 414/1972, in der jeweils geltenden Fassung, besteht oder eine Urlaubsabfindung nach dem BUAG gewährt wird, nach Maßgabe des Abs. 4,

(BGBl I 2000/44, BGBl I 2014/68)

m) des Bezuges von Leistungen nach dem Bundesgesetz über die Gewährung von Überbrückungshilfen an ehemalige Bundesbedienstete, BGBl. Nr. 174/1963 in der jeweils geltenden Fassung,

(BGBl 1993/461, BGBl I 2000/101)

n) des Bezuges von Übergangsgeld nach Altersteilzeit oder Übergangsgeld,

(BGBl I 2000/101, BGBl I 2003/71, BGBl I 2003/128, BGBl I 2013/3)

o) des Bezuges von Rehabilitationsgeld oder von Übergangsgeld aus der Unfallversicherung gemäß § 199 ASVG,

(BGBl I 2013/3, BGBl I 2015/162)

p) des Bezuges von Umschulungsgeld sowie während eines Verlustes des Anspruches auf Umschulungsgeld,

(BGBl I 2013/3, BGBl I 2013/137)

q) des Bezuges von Überbrückungsgeld gemäß § 131 Bauarbeiter-Urlaubs- und Abfertigungsgesetz.

(BGBl I 2013/137)

(2) Ist der Anspruch auf Kündigungsentschädigung strittig, oder wird Kündigungsentschädigung aus sonstigen Gründen nicht bezahlt, wird das Arbeitslosengeld (die Notstandshilfe) für diesen Zeitraum als Vorschuß auf die Kündigungsentschädigung gewährt. Wird der Arbeitgeber von der Gewährung des Vorschusses verständigt, so geht der Anspruch des Arbeitslosen auf die fällige Kündigungsentschädigung für denselben Zeitraum auf den Bund zugunsten der Arbeitslosenversicherung in der Höhe des als Arbeitslosengeld (Notstandshilfe) gewährten Vorschusses über und ist vom Arbeitgeber unbeschadet von Übertragungen, Verpfändungen oder Pfändungen der Kündigungsentschädigung vorrangig zu befriedigen. Das Recht auf gerichtliche Durchsetzung dieses Anspruches verbleibt jedoch beim Arbeitnehmer. Wird Insolvenz-Entgelt nach dem Insolvenz-Entgeltsicherungsgesetz, BGBl. Nr. 324/1977, für die Kündigungsentschädigung beantragt, so gilt das Gleiche hinsichtlich dieses Anspruches auf Insolvenz-Entgelt und der Insolvenz-Entgelt-Fonds tritt an die Stelle des Arbeitgebers. Findet der Übergang statt, so ist der Anspruch auf Arbeitslosengeld unter Bedachtnahme auf Abs. 1 lit. k neu zu bemessen. Dem Anspruch auf Kündigungsentschädigung steht der Anspruch auf Schadenersatz nach § 25 Abs. 2 IO bzw. nach § 20d AO gleich, wobei der Anspruch auf Arbeitslosengeld unter Bedachtnahme auf Abs. 1 lit. d bzw. Abs. 1 lit. e neu zu bemessen ist.

(BGBl 1990/412, BGBl I 1998/6, BGBl I 2008/82, BGBl I 2010/29)

(3) Auf Antrag des Arbeitslosen ist das Ruhen des Arbeitslosengeldes gemäß Abs. 1 lit. g bei Vorliegen berücksichtigungswürdiger Umstände nach Anhörung des Regionalbeirates bis zu drei Monate während eines Leistungsanspruches (§ 18) nachzusehen. Berücksichtigungswürdige Umstände sind Umstände, die im Interesse der Beendigung der Arbeitslosigkeit gelegen sind, insbesondere wenn sich der Arbeitslose ins Ausland begibt, um nachweislich einen Arbeitsplatz zu suchen oder um sich nachweislich beim Arbeitgeber vorzustellen oder um sich einer Ausbildung zu unterziehen, oder Umstände, die auf zwingenden familiären Gründen beruhen.

(BGBl 1994/314, BGBl 1995/297)

(4) Besteht Anspruch auf eine Ersatzleistung (Entschädigung, Abfindung) für Urlaubsentgelt (Urlaubsersatzleistung) im Zeitpunkt der Auflösung des Beschäftigungsverhältnisses, beginnt der Ruhenszeitraum mit dem Ende des anspruchsbegründenden Beschäftigungsverhältnisses, besteht jedoch auch Anspruch auf Kündigungsentschädigung mit dem Ende des Zeitraumes, für den Kündigungsentschädigung gebührt. Ist der Anspruch auf eine Ersatzleistung (Entschädigung, Abfindung) für Urlaubsentgelt (Urlaubsersatzleistung) strittig oder wird eine Ersatzleistung (Entschädigung, Abfindung) für Urlaubsentgelt (Urlaubsersatzleistung) aus sonstigen Gründen (zB Konkurs des Arbeitgebers) nicht bezahlt, so ist Abs. 2 sinngemäß anzuwenden. Wird hingegen eine Urlaubsabfindung nach dem BUAG gewährt, beginnt der Ruhenszeitraum mit dem achten Tag, der auf die Zahlbarstellung durch die Urlaubs- und Abfertigungskasse folgt. Ansprüche auf Tagesteile bleiben immer außer Betracht.

(BGBl I 2000/44, BGBl I 2014/68)

(5) „Die Bundesministerin oder der Bundesminister für Arbeit, Soziales, Gesundheit und Konsumentenschutz“ kann durch Verordnung für bestimmte Wirtschaftszweige festlegen, dass das Arbeitslosengeld im Anschluss an die Beendigung des Dienstverhältnisses für längstens 14 Tage ruht, wenn beschäftigungsverlängernde Maßnahmen zum Ausgleich von Saisonschwankungen durch den Verbrauch eines Teiles der im laufenden Urlaubsjahr erworbenen Urlaubsanspruches und den

Ausgleich eines Teiles der geleisteten Überstunden jeweils am Ende des Dienstverhältnisses möglich sind und eine Aufwands-/Ertragsrechnung im Periodenvergleich keine oder nur eine unzureichende Erhöhung des Deckungsgrades zwischen Auszahlungen und Beitragseinnahmen in der Gebarung Arbeitsmarktpolitik ergibt. In der Verordnung ist weiters festzulegen, dass sich der Ruhenszeitraum um zur Verlängerung des Dienstverhältnisses herangezogene Urlaubs- und Zeitausgleichstage und um einen allfälligen Ruhenszeitraum gemäß Abs. 1 lit. l verringert. Bei der Umrechnung von Überstunden in Tage ist davon auszugehen, dass acht Überstunden einem Tag entsprechen und Teile von Tagen außer Betracht bleiben. Der Ruhenszeitraum hat mit dem Ende des Dienstverhältnisses, bei Vorliegen anderer Ruhensgründe nach dem Ende der anderen Ruhenszeiträume, zu beginnen.

(BGBl I 2000/142, BGBl I 2018/100)

Beginn des Bezuges

§ 17. (1) Sind sämtliche Voraussetzungen für den Anspruch auf Arbeitslosengeld erfüllt und ruht der Anspruch auf Arbeitslosengeld nicht gemäß § 16, gebührt das Arbeitslosengeld ab dem Tag der Geltendmachung, frühestens ab dem Eintritt der Arbeitslosigkeit. Der Anspruch gilt rückwirkend ab dem Eintritt der Arbeitslosigkeit

1. wenn diese ab einem Samstag, Sonntag oder gesetzlichen Feiertag besteht und die Geltendmachung am ersten darauf folgenden Werktag erfolgt oder
2. wenn die Arbeitslosmeldung bereits vor Eintritt der Arbeitslosigkeit bei der zuständigen regionalen Geschäftsstelle des Arbeitsmarktservice eingelangt ist und die Geltendmachung sowie eine gemäß § 46 Abs. 1 erforderliche persönliche Vorsprache binnen 10 Tagen nach Eintritt der Arbeitslosigkeit erfolgt, soweit das Arbeitsmarktservice nicht hinsichtlich der persönlichen Vorsprache Abweichendes verfügt hat.

(BGBl I 2010/63)

(2) Die Frist zur Geltendmachung verlängert sich um Zeiträume, während denen der Anspruch auf Arbeitslosengeld gemäß § 16 Abs. 1 ruht, ausgenommen bei Auslandsaufenthalt gemäß lit. g. Ruht der Anspruch oder ist der Bezug des Arbeitslosengeldes unterbrochen, so gebührt das Arbeitslosengeld ab dem Tag der Wiedermeldung oder neuerlichen Geltendmachung nach Maßgabe des § 46 Abs. 5.

(3) Die Arbeitslosmeldung hat zumindest den Namen, die Sozialversicherungsnummer, die Anschrift, den erlernten Beruf, die zuletzt ausgeübte Beschäftigung und den Zeitpunkt der Auflösung des Arbeitsverhältnisses sowie die Angabe, auf welchem Weg eine rasche Kontaktaufnahme durch das Arbeitsmarktservice möglich ist (e-mail-Adresse, Faxnummer, Telefonnummer) zu enthalten. Für die Arbeitslosmeldung ist das bundeseinheitliche Meldeformular zu verwenden. Die Meldung gilt erst dann als erstattet, wenn das ausgefüllte Meldeformular bei der regionalen Geschäftsstelle eingelangt ist. Ist die Meldung aus Gründen, die nicht in der Verantwortung der Meldung erstattenden Person liegen, unvollständig, verspätet oder gar nicht eingelangt, so gilt die Meldung mit dem Zeitpunkt der nachweislichen Abgabe (Absendung) der Meldung als erstattet. Das Einlangen der Meldung ist zu bestätigen.

(4) Ist die Unterlassung einer rechtzeitigen Antragstellung auf einen Fehler der Behörde, der Amtshaftungsfolgen auslösen kann, wie zum Beispiel eine mangelnde oder unrichtige Auskunft, zurück zu führen, so kann die zuständige Landesgeschäftsstelle die regionale Geschäftsstelle amtswegig unter Berücksichtigung der Zweckmäßigkeit und der Erfolgsaussichten in einem Amtshaftungsverfahren zu einer Zuerkennung des Arbeitslosengeldes ab einem früheren Zeitpunkt, ab dem die übrigen Voraussetzungen für die Gewährung der Leistung vorliegen, ermächtigen.

(BGBl I 2004/77, BGBl I 2007/104, BGBl I 2010/5)

AlVG

Dauer des Bezuges

§ 18. (1) Das Arbeitslosengeld wird für 20 Wochen gewährt. Es wird für 30 Wochen gewährt, wenn vor Geltendmachung des Anspruches arbeitslosenversicherungspflichtige Beschäftigungen in der Dauer von 156 Wochen nachgewiesen werden.

(BGBl I 2014/3)

(2) Die Bezugsdauer erhöht sich

a) auf 39 Wochen, wenn in den letzten zehn Jahren vor Geltendmachung des Anspruches arbeitslosenversicherungspflichtige Beschäftigungen von 312 Wochen nachgewiesen werden und der Arbeitslose bei Geltendmachung des Anspruches das 40. Lebensjahr vollendet hat,

b) auf 52 Wochen, wenn in den letzten 15 Jahren vor der Geltendmachung des Anspruches arbeitslosenversicherungspflichtige Beschäftigungen von 468 Wochen nachgewiesen werden und der Arbeitslose bei Geltendmachung des Anspruches das 50. Lebensjahr vollendet hat,

(BGBl I 2000/44)

c) auf 78 Wochen nach Absolvierung einer beruflichen Maßnahme der Rehabilitation aus der gesetzlichen Sozialversicherung, die nach dem 31. Dezember 2010 begonnen hat.

(BGBl I 2000/44, BGBl I 2010/111)

(3) Bei der Festsetzung der Bezugsdauer sind die im § 14 Abs. 4 angeführten Zeiten zu berücksichtigen.

(BGBl I 2014/3, BGBl I 2014/68, BGBl I 2014/94)

(4) Die Bezugsdauer verlängert sich um die Dauer der Teilnahme an Maßnahmen gemäß § 12 Abs. 5.

(BGBl 1993/502, BGBl I 2000/92, BGBl I 2003/71)

(5) Die Bezugsdauer verlängert sich um höchstens 156 Wochen um Zeiten, in denen der Arbeitslose an einer Maßnahme im Sinne des Abs. 6 teilnimmt. Diese Verlängerung kann um höchstens insgesamt 209 Wochen erfolgen,

1. wenn die Maßnahme in einer Ausbildung besteht, für die gesetzliche oder auf gesetzlicher Grundlage erlassene Vorschriften eine längere Dauer vorsehen, für die Zeit dieser Ausbildung;
2. wenn der Arbeitslose das 50. Lebensjahr vollendet hat und trotz Teilnahme an Maßnahmen im Sinne des Abs. 6 die Arbeitslosigkeit noch immer fortdauert oder wieder eingetreten ist.

Für Maßnahmen im Sinne des Abs. 6 kann das Ruhen des Arbeitslosengeldes wegen Ausbildung im Ausland (§ 16 Abs. 3) in besonders gelagerten Fällen über drei Monate hinaus nachgesehen werden.

(BGBl 1993/502, BGBl 1996/201, BGBl I 1998/6)

(6) Eine Maßnahme im Sinne des Abs. 5 ist von der Landesgeschäftsstelle anzuerkennen, wenn

a) ein oder mehrere Unternehmen für arbeitslos gewordene Arbeitnehmer eine Einrichtung bereitstellen, die für die Planung und Durchführung von Maßnahmen der in lit. b genannten Art nach einem einheitlichen Konzept verantwortlich ist und diesem Konzept von den für den Wirtschaftszweig in Betracht kommenden kollektivvertragsfähigen Körperschaften der Dienstgeber und Dienstnehmer zugestimmt worden ist,
b) es sich um Maßnahmen handelt, die dem Arbeitslosen die Wiedererlangung eines Arbeitsplatzes insbesondere durch eine Ausbildung oder Weiterbildung im Rahmen des Unternehmens, der Einrichtung oder von anderen Schulungseinrichtungen erleichtern sollen und nach dem Inhalt und nach den angestrebten Zielen den arbeitsmarktpolitischen Erfordernissen dienen,
c) die Maßnahme eine Vollauslastung des Arbeitslosen gleich einem Arbeitnehmer unter Berücksichtigung von Freizeiten, üblichen Urlaubsansprüchen u. dgl. bewirkt, oder bei Arbeitslosen, die das 50. Lebensjahr vollendet haben, an die Stelle der Vollauslastung eine intensive Betreuung durch die Einrichtung mit dem Ziel der Beendigung der Arbeitslosigkeit tritt,
d) die Realisierung des Konzeptes unter Bedachtnahme auf lit. a und b durch ausreichende Bereitstellung der finanziellen, organisatorischen, sachlichen und personellen Voraussetzungen von der Einrichtung sichergestellt ist, und
e) dem Arbeitslosen eine Zuschußleistung vom Träger der Einrichtung während seiner Zugehörigkeit zu ihr gewährt wird.

(BGBl 1994/314, BGBl I 2009/12)

(7) Anstelle eines Unternehmens kann die Einrichtung im Sinne des Abs. 6 lit. a auch bereitgestellt werden

1. durch eine Gebietskörperschaft oder eine andere geeignete juristische Person, wenn ein Unternehmen infolge von Insolvenztatbeständen im Sinne des § 1 Abs. 1 des Insolvenz-Entgeltsicherungsgesetzes, BGBl. Nr. 324/1977, oder aus anderen schwerwiegenden Gründen dazu nicht in der Lage ist, oder
2. durch die gesetzliche Interessenvertretung der Arbeitgeber im Zusammenhang mit wirtschaftlichen Schwierigkeiten in bestimmten Wirtschaftszweigen oder

   (BGBl I 2009/90)
3. durch die kollektivvertragsfähigen Körperschaften der Arbeitgeber oder auch der Arbeitnehmer im Zusammenhang mit außergewöhnlichen wirtschaftlichen Schwierigkeiten vor allem zur Ausbildung junger Arbeitsloser.

   (BGBl I 2009/90)

(BGBl 1995/133, BGBl I 1997/126, BGBl I 1998/148, BGBl I 2000/15, BGBl I 2001/47, BGBl I 2009/12)

(8) Vor der Festsetzung der Zuschussleistung im Sinne des Abs. 6 lit. e sind die in Betracht kommenden kollektivvertraglichen Körperschaften der Dienstgeber und der Dienstnehmer anzuhören, wenn dieser nicht bereits im Rahmen des Konzeptes gemäß Abs. 6 lit. a zugestimmt worden ist.

(BGBl I 2001/103, BGBl I 2009/12)

(9) Die Maßnahme ist mit Bescheid anzuerkennen, wobei nur das betreffende Unternehmen oder die Einrichtung, sofern sie Rechtspersönlichkeit besitzt, Parteistellung hat. Die Anerkennung der Maßnahme kann mit Auflagen verbunden werden, die der Sicherstellung der Einhaltung der gesetzlichen Voraussetzungen dienen.

(BGBl 1995/133, BGBl I 1997/126, BGBl I 1998/148, BGBl I 2000/15, BGBl I 2001/47, BGBl I 2009/12)

(10) Arbeitslosengeld mit Verlängerung der Bezugsdauer gemäß Abs. 5 ist zu gewähren, wenn der Arbeitslose an einer von der Landesgeschäftsstelle anerkannten Maßnahme einer Einrichtung der beruflichen Rehabilitation teilnimmt. Die Maßnahme ist bei Erfüllung der Voraussetzungen des Abs. 6 lit. b und c mit Bescheid anzuerkennen, wobei nur die Einrichtung, die sie durchführt, Parteistellung hat.

(BGBl I 1998/148)

Fortbezug

§ 19. (1) Arbeitslosen, die das zuerkannte Arbeitslosengeld nicht bis zur zulässigen Höchstdauer in Anspruch nehmen, ist der Fortbezug des Arbeitslosengeldes für die restliche zulässige Bezugsdauer zu gewähren,

a) wenn die Geltendmachung innerhalb eines Zeitraumes von fünf Jahren gerechnet vom Tag des letzten Bezuges des Arbeitslosengeldes, erfolgt und

(BGBl 1992/416, BGBl I 2007/104)

b) wenn, abgesehen von der Anwartschaft, die Voraussetzungen für den Anspruch erfüllt sind.

Die Frist nach lit. a verlängert sich darüber hinaus um Zeiträume gemäß § 15 und gemäß § 81 Abs. 10.

(BGBl 1990/412, BGBl 1992/416, BGBl 1996/201, BGBl I 1998/148, BGBl I 2000/142, BGBl I 2007/104, BGBl I 2008/82)

(2) Der Anspruch auf Fortbezug des Arbeitslosengeldes ist nicht gegeben, wenn der Arbeitslose die Voraussetzungen für eine neue Anwartschaft erfüllt.

(BGBl I 2000/142)

(3) Durch den Bezug von Karenzgeld ist ein allfälliger Anspruch auf Fortbezug von Arbeitslosengeld nicht mehr gegeben, es sei denn, daß das Kind, dessen Geburt Anlaß für die Gewährung des Karenzgeldes war, während des Bezuges des Karenzgeldes gestorben ist.

(BGBl I 1997/47)

Ausmaß des Arbeitslosengeldes

§ 20. (1) Das Arbeitslosengeld besteht aus dem Grundbetrag und den Familienzuschlägen sowie einem allfälligen Ergänzungsbetrag.

(BGBl I 2000/142)

(2) Familienzuschläge sind für Kinder und Enkel, Stiefkinder, Wahlkinder und Pflegekinder zu gewähren, wenn der Arbeitslose zum Unterhalt des jeweiligen Angehörigen tatsächlich wesentlich beiträgt und für diesen ein Anspruch auf Familienbeihilfe besteht.

(BGBl 1995/297, BGBl 1996/201, BGBl I 1997/47, BGBl I 1997/139, BGBl I 2007/104)

(3) Familienzuschläge sind für Ehegatten (Lebensgefährten), die kein Einkommen erzielen, das die Geringfügigkeitsgrenze des § 5 Abs. 2 ASVG für den Kalendermonat übersteigt, zu gewähren, wenn der Arbeitslose zu dessen Unterhalt tatsächlich wesentlich beiträgt und mindestens ein Familienzuschlag gemäß Abs. 2 für eine im gemeinsamen Haushalt mit dem Arbeitslosen lebende oder der Obsorge des Arbeitslosen oder des Ehegatten (Lebensgefährten) obliegende Person, die minderjährig ist oder für die eine Familienbeihilfe wegen Behinderung gebührt, gewährt wird.

(BGBl I 2007/104, BGBl I 2008/82)

(4) Der Familienzuschlag beträgt für jede zuschlagsberechtigte Person täglich ein Dreißigstel des Kinderzuschusses gemäß § 262 Abs. 2 ASVG, kaufmännisch gerundet auf einen Cent.

(BGBl 1994/25, BGBl I 2000/142)

(5) Abs. 3 ist auf eingetragene Partner(innen) ebenso wie auf Lebensgefährtinnen sinngemäß anzuwenden.

(BGBl I 2009/135)

(6) Für die Dauer der Teilnahme an Maßnahmen der Nach- und Umschulung sowie zur Wiedereingliederung in den Arbeitsmarkt im Auftrag des Arbeitsmarktservice gebührt zusätzlich zum täglichen Arbeitslosengeld zur Abgeltung der mit der Teilnahme an solchen Maßnahmen verbundenen Mehraufwendungen ein Zusatzbetrag in der Höhe von 1,86 € täglich. Wenn die mit der Teilnahme an Maßnahmen verbundenen Mehrkosten durch eine Zuschussleistung vom Träger der Einrichtung (§ 18 Abs. 6 lit. e) gedeckt werden, gebührt kein Zusatzbetrag. Der Zusatzbetrag ist jährlich, erstmals für das Jahr 2014, mit dem Anpassungsfaktor gemäß § 108f ASVG zu vervielfachen und kaufmännisch auf einen Cent zu runden.

(BGBl I 2012/35, BGBl I 2013/3)

Bemessung des Arbeitslosengeldes[a)]

[a)] Die Überschrift tritt mit 1. Juli 2020 in Kraft.

§ 21. (1) Für die Festsetzung des Grundbetrages des Arbeitslosengeldes ist bei Geltendmachung bis 30. Juni das Entgelt des vorletzten Kalenderjahres aus den beim Hauptverband der Sozialversicherungsträger gespeicherten Jahresbeitragsgrundlagen aus arbeitslosenversicherungspflichtigem Entgelt, mangels solcher aus anderen für Zwecke der Sozialversicherung gespeicherten Jahresbeitragsgrundlagen heranzuziehen. Bei Geltendmachung nach dem 30. Juni ist das Entgelt des letzten Kalenderjahres heranzuziehen. Liegen die nach den vorstehenden Sätzen heranzuziehenden Jahresbeitragsgrundlagen nicht vor, so sind jeweils die letzten vorliegenden Jahresbeitragsgrundlagen eines vorhergehenden Jahres heranzuziehen. Durch Teilung des Entgelts der maßgeblichen Jahresbeitragsgrundlagen durch zwölf ergibt sich das monatliche Bruttoeinkommen. Zeiten, in denen der Arbeitslose infolge Erkrankung (Schwangerschaft) nicht das volle Entgelt oder wegen Beschäftigungslosigkeit kein Entgelt bezogen hat, sowie Zeiten des Bezuges einer Lehrlingsentschädigung, wenn es für den Arbeitslosen günstiger ist, bleiben bei der Heranziehung der Beitragsgrundlagen außer Betracht. In diesem Fall ist das Entgelt durch die Zahl der Versicherungstage zu teilen und mit 30 zu vervielfachen. Jahresbeitragsgrundlagen bleiben außer Betracht, wenn diese niedriger als die sonst heranzuziehenden Jahresbeitragsgrundlagen sind und einen oder mehrere der folgenden Zeiträume umfassen:

1. Zeiträume einer Versicherung gemäß § 1 Abs. 1 lit. e (Entwicklungshelfer);
2. Zeiträume einer Versicherung gemäß § 4 Abs. 1 Z 4 (Praktikanten) oder Z 5 (Krankenpflegeschüler) ASVG;
3. Zeiträume des Bezuges von Karenzgeld, Pflegekarenzgeld, Kinderbetreuungsgeld,

Kombilohn (§ 34a AMSG) oder Bildungsteilzeitgeld (§ 26a);

(BGBl I 2013/138)

4. Zeiträume der Herabsetzung der Normalarbeitszeit zum Zwecke der Sterbebegleitung eines nahen Verwandten oder der Begleitung eines schwerst erkrankten Kindes gemäß § 14a oder § 14b des Arbeitsvertragsrechts-Anpassungsgesetzes (AVRAG), BGBl. Nr. 459/1993, oder einer Pflegekarenz gemäß § 14c AVRAG oder einer Pflegeteilzeit gemäß § 14d AVRAG oder einer gleichartigen Regelung.

(BGBl I 2013/138)

Sind die heranzuziehenden Jahresbeitragsgrundlagen zum Zeitpunkt der Geltendmachung älter als ein Jahr, so sind diese mit den Aufwertungsfaktoren gemäß § 108 Abs. 4 ASVG der betreffenden Jahre aufzuwerten. Jahresbeitragsgrundlagen, die Zeiten einer gemäß § 1 Abs. 2 lit. e von der Arbeitslosenversicherungspflicht ausgenommenen krankenversicherungspflichtigen Erwerbstätigkeit enthalten, gelten als Jahresbeitragsgrundlagen aus arbeitslosenversicherungspflichtigem Entgelt. Für Personen, die gemäß § 3 versichert waren, sind die entsprechenden Jahresbeitragsgrundlagen in der Arbeitslosenversicherung heranzuziehen. Bei Zusammentreffen von Jahresbeitragsgrundlagen aus arbeitslosenversicherungspflichtigem Entgelt mit Jahresbeitragsgrundlagen auf Grund der Versicherung gemäß § 3 sind die Gesamtbeitragsgrundlagen heranzuziehen.

(BGBl I 2001/103, BGBl I 2002/89, BGBl I 2003/71, BGBl I 2005/114, BGBl I 2007/104, BGBl I 2009/90, BGBl I 2010/111, BGBl I 2013/67, BGBl I 2015/118)

(1)[a] Für die Festsetzung des Grundbetrages des Arbeitslosengeldes ist das Entgelt der letzten zwölf zum Zeitpunkt der Geltendmachung nach Ablauf der ~~sechsmonatigen~~ Berichtigungsfrist gemäß § 34 Abs. 4 ASVG liegenden Kalendermonate aus den beim „Dachverband der Sozialversicherungsträger (Dachverband)“ gespeicherten Beitragsgrundlagen aus arbeitslosenversicherungspflichtigem laufenden Entgelt, mangels solcher aus anderen gespeicherten Beitragsgrundlagen heranzuziehen. Monatliche Beitragsgrundlagen, die bezogen auf den Zeitpunkt der Geltendmachung aus dem vorvorigen oder einem noch früheren Kalenderjahr stammen, sind mit den Aufwertungsfaktoren gemäß § 108 Abs. 4 ASVG der betreffenden Jahre aufzuwerten. Sonderzahlungen im Sinne der gesetzlichen Sozialversicherung (§ 49 ASVG) sind pauschal durch Hinzurechnung eines Sechstels zu den jeweiligen Beitragsgrundlagen aus laufendem Entgelt zu berücksichtigen. Durch Teilung des Entgelts der gesamten Beitraggrundlagen (einschließlich Sonderzahlungen) durch zwölf ergibt sich das monatliche Bruttoeinkommen. Beitragsgrundlagen, die Zeiten einer gemäß § 1 Abs. 2 lit. e von der Arbeitslosenversicherungspflicht ausgenommenen krankenversicherungspflichtigen Erwerbstätigkeit enthalten, gelten als Beitragsgrundlagen aus arbeitslosenversicherungspflichtigem Entgelt. Für Personen, die gemäß § 3 versichert waren, sind die entsprechenden Beitragsgrundlagen in der Arbeitslosenversicherung heranzuziehen. Bei Zusammentreffen von Beitragsgrundlagen aus arbeitslosenversicherungspflichtigem Entgelt mit Beitragsgrundlagen auf Grund der Versicherung gemäß § 3 ist die Summe beider Beitragsgrundlagen heranzuziehen. Kalendermonate, die folgende Zeiträume enthalten, bleiben außer Betracht:

1. Zeiträume, in denen infolge Erkrankung (Schwangerschaft) nicht das volle Entgelt bezogen wurde;
2. Zeiträume, in denen wegen Beschäftigungslosigkeit nicht das volle Entgelt bezogen wurde;
3. Zeiträume einer Versicherung gemäß § 1 Abs. 1 lit. e (Entwicklungshelfer);
4. Zeiträume einer Versicherung gemäß § 4 Abs. 1 Z 4 (Praktikanten) oder Z 5 (Krankenpflegeschüler) ASVG;
5. Zeiträume des Bezuges von Karenzgeld, Pflegekarenzgeld, Kinderbetreuungsgeld, Kombilohn (§ 34a AMSG) oder Bildungsteilzeitgeld (§ 26a AlVG);
6. Zeiträume der Herabsetzung der Normalarbeitszeit zum Zwecke der Sterbebegleitung eines nahen Verwandten oder der Begleitung eines schwerst erkrankten Kindes gemäß § 14a oder § 14b des Arbeitsvertragsrechts-Anpassungsgesetzes (AVRAG), BGBl. Nr. 459/1993, oder einer Pflegekarenz gemäß § 14c AVRAG oder einer Pflegeteilzeit gemäß § 14d AVRAG oder einer gleichartigen Regelung;
7. Zeiträume des Bezuges einer Lehrlingsentschädigung, wenn die sonst heranzuziehenden Beitragsgrundlagen günstiger sind.

(BGBl I 2015/118)

(BGBl I 2001/103, BGBl I 2002/89, BGBl I 2003/71, BGBl I 2005/114, BGBl I 2007/104, BGBl I 2009/90, BGBl I 2010/111, BGBl I 2013/67, BGBl I 2013/138, BGBl I 2015/79, BGBl I 2015/162, BGBl I 2018/100)

[a] Tritt mit 1. Juli 2020 in Kraft. Siehe zur Anwendung auch § 79 Abs. 147 AlVG.

(2) Liegen noch keine Jahresbeitragsgrundlagen vor, so ist für die Festsetzung des Grundbetrages des Arbeitslosengeldes das Entgelt der letzten sechs Kalendermonate vor der Geltendmachung des Arbeitslosengeldes heranzuziehen. Sonderzahlungen im Sinne der gesetzlichen Sozialversicherung (§ 49 ASVG) sind anteilsmäßig zu berücksichtigen. Durch Teilung des Entgelts der letzten sechs Kalendermonate durch sechs ergibt sich das monatliche Bruttoeinkommen. Abs. 1 fünfter und sechster Satz ist anzuwenden.

(2)[a] Liegen zum Zeitpunkt der Geltendmachung weniger als zwölf nach Ablauf der ~~sechsmonatigen~~ Berichtigungsfrist gemäß § 34 Abs. 4 ASVG liegende Kalendermonate, jedoch mindestens sechs derartige Kalendermonate vor, so ist für die Festsetzung des Grundbetrages des Arbeitslosengeldes das Entgelt dieser Kalendermonate heranzuziehen und durch die Anzahl der Kalendermonate zu teilen. Liegen Beitragsgrundlagen für weniger als sechs derartige Kalendermonate vor, so ist für die Festsetzung des Grundbetrages des Arbeitslosengeldes das Entgelt der vorliegenden Kalendermonate heranzuziehen und durch die Anzahl der Kalendermonate zu teilen. Im Übrigen ist Abs. 1 entsprechend anzuwenden. Abs. 1 letzter Satz ist nicht anzuwenden, wenn andernfalls keine Beitragsgrundlagen für eine Bemessung herangezogen werden könnten. Liegen ausschließlich Teile von Kalendermonaten vor, für die eine Beitragsgrundlage gespeichert ist, so ist das (gegebenenfalls aufgewertete) laufende Entgelt in diesen bis zu zwölf letzten Kalendermonaten durch die Zahl der Versicherungstage mit laufendem Entgelt zu teilen und mit 30 zu vervielfachen sowie die sich ergebende Summe um ein Sechstel zu erhöhen.

(BGBl I 2015/79, BGBl I 2015/162, BGBl I 2018/100)

[a] Tritt mit 1. Juli 2020 in Kraft.

(2a) Zeiträume, in denen Wiedereingliederungsgeld bezogen wurde, sind wie Zeiträume, in denen infolge Erkrankung nicht das volle Entgelt bezogen wurde, zu behandeln.

(BGBl I 2017/30)

(2b) Zeiträume, in denen Rehabilitationsgeld bezogen wurde, sind wie Zeiträume zu behandeln, in denen infolge Erkrankung nicht das volle Entgelt bezogen wurde.

(BGBl I 2017/29)

(3) Als Grundbetrag des Arbeitslosengeldes gebühren täglich 55 vH des täglichen Nettoeinkommens, kaufmännisch gerundet auf einen Cent. Zur Ermittlung des täglichen Nettoeinkommens ist das nach Abs. 1 oder Abs. 2 ermittelte monatliche Bruttoeinkommen um die zum Zeitpunkt der Geltendmachung für einen alleinstehenden Angestellten maßgeblichen sozialen Abgaben und die maßgebliche Einkommensteuer unter Berücksichtigung der ohne Antrag gebührenden Freibeträge zu vermindern und sodann mit zwölf zu vervielfachen und durch 365 zu teilen. Das monatliche Einkommen ist nur bis zu der drei Jahre vor der Geltendmachung des Arbeitslosengeldes für den Arbeitslosenversicherungsbeitrag maßgeblichen Höchstbeitragsgrundlage (§ 2 Abs. 1 AMPFG) zu berücksichtigen.

(4) Das tägliche Arbeitslosengeld gebührt einschließlich eines allenfalls erforderlichen Ergänzungsbetrages mindestens in der Höhe eines Dreißigstels des Betrages, der dem Richtsatz gemäß § 293 Abs. 1 lit. a lit. bb ASVG entspricht, soweit dadurch die Obergrenzen gemäß Abs. 5 nicht überschritten werden, kaufmännisch gerundet auf einen Cent.

(5) Das tägliche Arbeitslosengeld gebührt Arbeitslosen mit Anspruch auf Familienzuschläge höchstens in der Höhe von 80 vH des täglichen Nettoeinkommens, kaufmännisch gerundet auf einen Cent. Das tägliche Arbeitslosengeld gebührt Arbeitslosen ohne Anspruch auf Familienzuschläge höchstens in der Höhe von 60 vH des täglichen Nettoeinkommens, kaufmännisch gerundet auf einen Cent.

(6) Eine Beihilfe zur Deckung des Lebensunterhaltes des Arbeitsmarktservice ist zur Festsetzung des Grundbetrages des Arbeitslosengeldes nur heranzuziehen, wenn kein Entgelt aus vorhergehender Beschäftigung vorliegt, das eine Festsetzung nach Abs. 1 ermöglicht, oder dieses niedriger als das für die Bemessung der Beihilfe herangezogene Bruttoentgelt ist. In diesem Fall ist die Beihilfe einem Nettoentgelt gleichzuhalten und der Festsetzung des Grundbetrages des Arbeitslosengeldes ein diesem Nettoentgelt entsprechendes Bruttoentgelt zu Grunde zu legen.

(7) Wird die Anwartschaft auf Arbeitslosengeld durch Heranziehung von Zeiten im Ausland gemäß § 14 Abs. 5 erfüllt, so gilt für die Festsetzung des Grundbetrages des Arbeitslosengeldes:

1. War der Arbeitslose nach seiner Beschäftigung im Ausland mindestens vier Wochen im Inland beschäftigt, so ist das im Inland erzielte Entgelt maßgeblich.
2. War der Arbeitslose nach seiner Beschäftigung im Ausland weniger als vier Wochen im Inland beschäftigt, so ist das Entgelt maßgeblich, das am Wohnort oder Aufenthaltsort des Arbeitslosen für eine Beschäftigung üblich ist, die der Beschäftigung, die er zuletzt im Ausland ausgeübt hat, gleichwertig oder vergleichbar ist.
3. War der Arbeitslose Grenzgänger, so ist das im Ausland erzielte Entgelt maßgeblich.

(8) Hat ein Arbeitsloser das 45. Lebensjahr vollendet, so ist abweichend von Abs. 1 ein für die Bemessung des Grundbetrages des Arbeitslosengeldes herangezogenes monatliches Bruttoentgelt auch bei weiteren Ansprüchen auf Arbeitslosengeld so lange für die Festsetzung des Grundbetrages des Arbeitslosengeldes heranzuziehen, bis ein höheres monatliches Bruttoentgelt vorliegt.

(BGBl 1990/408, BGBl 1990/412, BGBl 1991/594, BGBl 1992/416, BGBl 1994/25, BGBl 1994/314, BGBl 1994/977, BGBl 1995/297, BGBl 1996/153, BGBl 1996/201, BGBl 1996/411, BGBl 1996/677, BGBl I 1997/139, BGBl I 1998/148, BGBl I 1999/179, BGBl I 2000/92, BGBl I 2000/142, BGBl II 1997/364, BGBl II 1998/417)

Anrechnung von Einkommen aus vorübergehender Erwerbstätigkeit

§ 21a. (1) Das aus vorübergehender Erwerbstätigkeit erzielte Nettoeinkommen in einem Kalendermonat ist auf das an den verbleibenden Anspruchstagen gebührende Arbeitslosengeld in diesem Kalendermonat anzurechnen. Als vorübergehende Erwerbstätigkeit gelten Beschäftigungen, die für weniger als vier Wochen vereinbart wurden, und selbständige Erwerbstätigkeiten, die weniger als vier Wochen lang ausgeübt werden.

(2) Als Nettoeinkommen im Sinne des Abs. 1 gilt das auf der Lohnbestätigung bzw. auf der Honorarnote ausgewiesene Einkommen abzüglich der abgeführten Steuern und Sozialversicherungsbeiträge.

(3) Bei der Anwendung des Abs. 1 ist der tägliche Anrechnungsbetrag in der Weise zu ermitteln, dass das Nettoeinkommen um den der Geringfügigkeitsgrenze für den Kalendermonat gemäß § 5 Abs. 2 ASVG entsprechenden Betrag zu vermindern und 90 vH des verbleibenden Betrages durch die Zahl der Tage im Kalendermonat zu teilen ist.

(BGBl I 1998/6, BGBl I 2004/77)

Ausschluss bei Anspruch auf Alterspension

§ 22. (1) Arbeitslose, die eine Leistung aus einem der Versicherungsfälle des Alters aus der Pensionsversicherung nach dem Allgemeinen Pensionsgesetz (APG), BGBl. I Nr. 142/2004, dem Allgemeinen Sozialversicherungsgesetz (ASVG), dem Gewerblichen Sozialversicherungsgesetz (GSVG), BGBl. Nr. 560/1978, dem Bauern-Sozialversicherungsgesetz (BSVG) oder dem Bundesgesetz über die Sozialversicherung freiberuflich selbständig Erwerbstätiger (FSVG), BGBl. Nr. 624/1978, ein Sonderruhegeld nach dem Nachtschicht-Schwerarbeitsgesetz (NSchG), BGBl. Nr. 354/1981, oder einen Ruhegenuss aus einem Dienstverhältnis zu einer öffentlich-rechtlichen Körperschaft beziehen oder die Anspruchsvoraussetzungen für eine Pension aus einem der Versicherungsfälle des Alters erfüllen, haben keinen Anspruch auf Arbeitslosengeld. Die Erfüllung der Anspruchsvoraussetzungen für den Bezug einer Korridorpension gemäß § 4 Abs. 2 APG steht dem Anspruch auf Leistungen nach diesem Bundesgesetz für den Zeitraum von einem Jahr, längstens bis zur Erreichung der Anspruchsvoraussetzungen für eine vorzeitige Alterspension bei langer Versicherungsdauer, nicht entgegen, wenn die letzte Beschäftigung

1. durch Kündigung des Arbeitgebers,
2. durch berechtigten vorzeitigen Austritt,
3. durch ungerechtfertigte oder sonstige unverschuldete Entlassung,
4. durch Lösung während der Probezeit,
5. durch Fristablauf eines befristeten Arbeitsverhältnisses, wenn vor dem befristeten Arbeitsverhältnis kein unbefristetes Arbeitsverhältnis mit demselben Arbeitgeber bestand, oder
6. durch einvernehmliche Auflösung, wenn diese
   a) zu einem Zeitpunkt erfolgte, zu dem darauf vertraut werden konnte, dass damit keine gegenüber anderen Lösungsarten nachteiligen Auswirkungen in der Arbeitslosenversicherung verbunden sein werden, oder
   b) nachweislich unter Umständen erfolgte, welche eine Abstandnahme von der einvernehmlichen Auflösung unzumutbar machten,

beendet wurde.

(BGBl I 2004/142, BGBl I 2005/102, BGBl I 2011/2, BGBl I 2011/25)

(2) Für die Zeit eines laufenden Verfahrens auf Zuerkennung einer im Abs. 1 genannten Leistung gebührt die Leistung nach diesem Bundesgesetz bis zur rechtskräftigen Entscheidung über den Anspruch auf die im Abs. 1 genannte Leistung nur vorläufig. Bedingung für die Inanspruchnahme der vorläufigen Leistung ist eine Bestätigung des Pensionsversicherungsträgers, dass voraussichtlich eine Leistungspflicht dem Grunde nach binnen zwei Monaten nach dem Stichtag für die Pension nicht festgestellt werden kann. Wird eine im Abs. 1 genannte Leistung zuerkannt, so tritt ein Übergang des Anspruches gemäß § 23 Abs. 6 ein.

(BGBl I 2012/35, BGBl I 2013/3)

(3) Der Ausschluss des Anspruches gemäß Abs. 1 gilt auch bei Bezug vergleichbarer ausländischer Leistungen oder Leistungen internationaler Organisationen, wenn diese hinsichtlich der Zuerkennung einer Ausgleichszulage inländischen Leistungen gleich gestellt sind oder diese (insgesamt) monatlich mindestens die Höhe des Ausgleichszulagenrichtsatzes gemäß § 293 Abs. 1 lit. a ASVG erreichen.

(BGBl I 2004/77, BGBl I 2012/35)

(BGBl 1992/416, BGBl 1993/502, BGBl I 2001/81, BGBl I 2002/68)

Bevorschussung von Leistungen aus der Pensionsversicherung

§ 23. (1) Arbeitslosen, die die Zuerkennung

1. einer Leistung aus dem Versicherungsfall der geminderten Arbeitsfähigkeit oder der Erwerbsunfähigkeit oder eines Übergangsgeldes aus der gesetzlichen Pensions- oder Unfallversicherung oder
2. einer Leistung aus einem der Versicherungsfälle des Alters aus der Pensionsversicherung nach dem Allgemeinen Pensionsgesetz, dem Allgemeinen Sozialversicherungsgesetz, dem Gewerblichen Sozialversicherungsgesetz, dem Bauern-Sozialversicherungsgesetz oder eines Sonderruhegeldes nach dem Nachtschwerarbeitsgesetz

beantragt haben, kann bis zur Entscheidung über ihren Antrag auf diese Leistungen als Vorschuss auf die Leistung Arbeitslosengeld oder Notstandshilfe gewährt werden.

(2) Für die vorschussweise Gewährung von Arbeitslosengeld oder Notstandshilfe ist erforderlich, dass

1. abgesehen von der Arbeitsfähigkeit, Arbeitswilligkeit und Arbeitsbereitschaft gemäß § 7 Abs. 3 Z 1 die übrigen Voraussetzungen für die Inanspruchnahme dieser Leistungen vorliegen,

2. im Hinblick auf die vorliegenden Umstände mit der Zuerkennung der Leistungen aus der Sozialversicherung zu rechnen ist und
3. im Fall des Abs. 1 Z 2 überdies eine Bestätigung des Pensionsversicherungsträgers vorliegt, dass voraussichtlich eine Leistungspflicht dem Grunde nach binnen zwei Monaten nach dem Stichtag für die Pension nicht festgestellt werden kann.

(3) Mit der Zuerkennung der Leistungen aus der Sozialversicherung im Sinne des Abs. 2 Z 2 ist nur zu rechnen, wenn die jeweils erforderliche Wartezeit erfüllt ist und im Fall einer Leistung aus dem Versicherungsfall der geminderten Arbeitsfähigkeit oder der Erwerbsunfähigkeit überdies ein Gutachten zur Beurteilung der Arbeitsfähigkeit im Wege der Pensionsversicherungsanstalt erstellt wurde und auf Grund dieses oder eines späteren gerichtlichen Gutachtens anzunehmen ist, dass Arbeitsfähigkeit nicht vorliegt.

(BGBl I 2013/3, BGBl I 2015/106)

(4) Der Anspruch kann auch durch eine Vertreterin oder einen Vertreter geltend gemacht werden und ruht entgegen § 16 Abs. 1 lit. c nicht während der Unterbringung in einer Heil- oder Pflegeanstalt und entgegen § 16 Abs. 1 lit. g nicht während des der regionalen Geschäftsstelle gemeldeten Aufenthaltes im Ausland. Bei Personen, die aus einem aufrechten Dienstverhältnis keinen Entgeltanspruch mehr haben und deren Anspruch auf Krankengeld erschöpft ist, ist bei Beantragung einer Leistung nach Abs. 1 Z 1 Arbeitslosigkeit anzunehmen. Bei Personen, die nach dem vorigen Satz als arbeitslos gelten, und bei Personen, deren Anspruch auf Arbeitslosengeld (Notstandshilfe) wegen der Unterbringung in einer Heil- oder Pflegeanstalt ruht und deren Anspruch auf Krankengeld erschöpft ist, ist unter der Voraussetzung, dass sich die betroffene Person so rasch wie möglich der Begutachtung unterzieht, bis zum Vorliegen des entsprechenden Gutachtens gemäß Abs. 3 davon auszugehen, dass Arbeitsfähigkeit nicht vorliegt.

(BGBl I 2013/139)

(5) Der Vorschuss ist in der Höhe des gebührenden Arbeitslosengeldes (der gebührenden Notstandshilfe) zu gewähren. Sofern der regionalen Geschäftsstelle des Arbeitsmarktservice auf Grund einer schriftlichen Mitteilung des Sozialversicherungsträgers bekannt ist, dass die zu erwartende Leistung niedriger sein wird, ist die Vorschussleistung entsprechend zu vermindern. Der Vorschuss ist im Falle des Abs. 1 Z 2 rückwirkend ab dem Stichtag für die Pension zu gewähren, sofern der Pensionswerber den Antrag binnen 14 Tagen nach Ausstellung der Bestätigung gemäß Abs. 2 Z 3 gestellt hat.

(6) Hat eine regionale Geschäftsstelle einen Vorschuss nach Abs. 1 oder Arbeitslosengeld oder Notstandshilfe oder eine sonstige Leistung nach diesem Bundesgesetz gewährt, so geht ein Anspruch des Arbeitslosen auf eine Leistung gemäß Abs. 1 Z 1 oder Abs. 1 Z 2 oder auf Rehabilitationsgeld für denselben Zeitraum auf den Bund zugunsten der Gebarung Arbeitsmarktpolitik in der Höhe der von der regionalen Geschäftsstelle gewährten Leistung, mit Ausnahme der Krankenversicherungsbeiträge, über, sobald die regionale Geschäftsstelle beim Träger der Sozialversicherung den Übergang des Anspruches geltend macht (Legalzession). Der Übergang des Anspruches wird nur bis zur Höhe der nachzuzahlenden Beträge wirksam und ist vorrangig zu befriedigen.

(BGBl I 2014/68)

(7) Die Krankenversicherungsbeiträge, die aus den Mitteln der Arbeitslosenversicherung (§ 42 Abs. 3) für den im Abs. 6 bezeichneten Zeitraum geleistet wurden, sind von den Trägern der gesetzlichen Krankenversicherung im Wege des „Dachverbandes“[a] zu erstatten, und zwar mit dem nach § 42 Abs. 1 in Verbindung mit § 42 Abs. 5 festgelegten Prozentsatz von jenen Beträgen, die von den Pensionsversicherungsträgern gemäß Abs. 6 rückerstattet wurden.

(BGBl I 2018/100)

[a] Bis 1. Jänner 2020 „Hauptverbandes der österreichischen Sozialversicherungsträger“.

(8) Wird eine Leistung gemäß Abs. 1 oder Rehabilitationsgeld nicht zuerkannt, so gilt der Vorschuss als Arbeitslosengeld oder Notstandshilfe.

(BGBl I 2014/68)

(BGBl 1994/314, BGBl 1996/201, BGBl I 1997/47, BGBl I 1998/148, BGBl I 2000/92, BGBl I 2004/77, BGBl I 2004/142, BGBl I 2007/104, BGBl I 2012/35)

Einstellung und Berichtigung des Arbeitslosengeldes

§ 24. (1) Wenn eine der Voraussetzungen für den Anspruch auf Arbeitslosengeld wegfällt, ist es einzustellen; wenn sich eine für das Ausmaß des Arbeitslosengeldes maßgebende Voraussetzung ändert, ist es neu zu bemessen. Die bezugsberechtigte Person ist von der amtswegigen Einstellung oder Neubemessung unverzüglich durch Mitteilung an die zuletzt bekannt gegebene Zustelladresse in Kenntnis zu setzen. Die bezugsberechtigte Person hat das Recht, binnen vier Wochen nach Zustellung der Mitteilung einen Bescheid über die Einstellung oder Neubemessung zu begehren. Wird in diesem Fall nicht binnen vier Wochen nach Einlangen des Begehrens ein Bescheid erlassen, so tritt die Einstellung oder Neubemessung rückwirkend außer Kraft und die vorenthaltene Leistung ist nachzuzahlen. Ein späterer Widerruf gemäß Abs. 2 und eine spätere Rückforderung gemäß § 25 werden dadurch nicht ausgeschlossen.

(2) Wenn die Zuerkennung des Arbeitslosengeldes gesetzlich nicht begründet war, ist die Zuerkennung zu widerrufen. Wenn die Bemessung des Arbeitslosengeldes fehlerhaft war, ist die Bemessung rückwirkend zu berichtigen. Der Widerruf oder die Berichtigung ist nach Ablauf von drei Jahren nach dem jeweiligen Anspruchs- oder Leistungszeitraum nicht mehr zulässig. Wird die Berichtigung vom Leistungsempfänger beantragt, ist

eine solche nur für Zeiträume zulässig, die zum Zeitpunkt der Antragstellung nicht länger als drei Jahre zurück liegen. Die Frist von drei Jahren nach dem Anspruchs- oder Leistungszeitraum verlängert sich, wenn die zur Beurteilung des Leistungsanspruches erforderlichen Nachweise nicht vor Ablauf von drei Jahren vorgelegt werden (können), bis längstens drei Monate nach dem Vorliegen der Nachweise.

(BGBl I 2008/82, BGBl I 2017/38)

(BGBl I 2003/71)

§ 25. (1) Bei Einstellung, Herabsetzung, Widerruf oder Berichtigung einer Leistung ist der Empfänger des Arbeitslosengeldes zum Ersatz des unberechtigt Empfangenen zu verpflichten, wenn er den Bezug durch unwahre Angaben oder durch Verschweigung maßgebender Tatsachen herbeigeführt hat oder wenn er erkennen mußte, daß die Leistung nicht oder nicht in dieser Höhe gebührte. Die Verpflichtung zum Ersatz des empfangenen Arbeitslosengeldes besteht auch dann, wenn im Falle des § 12 Abs. 8 das Weiterbestehen des Beschäftigungsverhältnisses festgestellt wurde, sowie in allen Fällen, in denen rückwirkend das Bestehen eines Beschäftigungsverhältnisses festgestellt oder vereinbart wird. Der Empfänger einer Leistung nach diesem Bundesgesetz ist auch dann zum Ersatz des unberechtigt Empfangenen zu verpflichten, wenn sich ohne dessen Verschulden auf Grund eines nachträglich vorgelegten Einkommensteuer- oder Umsatzsteuerbescheides ergibt, daß die Leistung nicht oder nicht in diesem Umfang gebührte; in diesem Fall darf jedoch der Rückforderungsbetrag das erzielte Einkommen nicht übersteigen. Ebenso ist der Empfänger des Arbeitslosengeldes (der Notstandshilfe) zum Ersatz des unberechtigt Empfangenen zu verpflichten, wenn nachträglich festgestellt wird, daß auf Grund einer Anrechnung von Einkommen aus vorübergehender Erwerbstätigkeit gemäß § 21a keine oder nur eine niedrigere Leistung gebührt. Die Verpflichtung zum Rückersatz besteht auch hinsichtlich jener Leistungen, die wegen der aufschiebenden Wirkung eines Rechtsmittels oder auf Grund einer nicht rechtskräftigen Entscheidung des Bundesverwaltungsgerichtes gewährt wurden, wenn das Verfahren mit der Entscheidung geendet hat, dass die Leistungen nicht oder nicht in diesem Umfang gebührten.

(BGBl 1992/416, BGBl 1993/817, BGBl 1995/289, BGBl 1995/297, BGBl 1995/529, BGBl I 1998/148, BGBl I 1998/172, BGBl I 1999/179, BGBl I 2004/77, BGBl I 2015/106)

(2) Wird ein Empfänger von Arbeitslosengeld (Notstandshilfe) bei einer Tätigkeit gemäß § 12 Abs. 3 lit. a, b oder d durch öffentliche Organe, insbesondere Organe von Behörden oder Sozialversicherungsträgern oder Exekutivorgane, betreten, die er nicht unverzüglich der zuständigen regionalen Geschäftsstelle angezeigt hat (§ 50), so gilt die unwiderlegliche Rechtsvermutung, daß diese Tätigkeit über der Geringfügigkeitsgrenze entlohnt ist. Das Arbeitslosengeld (die Notstandshilfe) für zumindest vier Wochen ist rückzufordern. Erfolgte in einem solchen Fall keine zeitgerechte Meldung durch den Dienstgeber an den zuständigen Träger der Krankenversicherung, so ist dem Dienstgeber von der regionalen Geschäftsstelle des Arbeitsmarktservice ein Sonderbeitrag in der doppelten Höhe des Dienstgeber- und des Dienstnehmeranteiles zur Arbeitslosenversicherung (§ 2 des Arbeitsmarktpolitik-Finanzierungsgesetzes, BGBl. Nr. 315/1994) für die Dauer von sechs Wochen vorzuschreiben. Als Bemessungsgrundlage dient der jeweilige Kollektivvertragslohn bzw., falls kein Kollektivvertrag gilt, der Anspruchslohn. Die Vorschreibung gilt als vollstreckbarer Titel und ist im Wege der gerichtlichen Exekution eintreibbar.

(BGBl 1993/502, BGBl 1996/201, BGBl 1996/411, BGBl I 2000/103, BGBl I 2004/77, BGBl I 2007/104)

(3) Wenn eine dritte Person eine ihr nach diesem Bundesgesetz obliegende Anzeige vorsätzlich oder aus grober Fahrlässigkeit unterlassen oder falsche Angaben gemacht und hiedurch einen unberechtigten Bezug verursacht hat, kann sie zum Ersatz verpflichtet werden.

(BGBl 1993/502)

(4) Rückforderungen, die gemäß Abs. 1 vorgeschrieben wurden, können auf die zu erbringenden Leistungen aus der Arbeitslosenversicherung mit der Maßgabe aufgerechnet werden, daß dem Leistungsbezieher die Hälfte des Leistungsbezuges freibleiben muß; sie vermindern den Anspruch auf die zu erbringenden Leistungen, auch wenn er gepfändet ist. Die regionalen Geschäftsstellen können anläßlich der Verschreibung von Rückforderungen Ratenzahlungen gewähren, wenn auf Grund der wirtschaftlichen Verhältnisse des Schuldners die Hereinbringung der Forderung in einem Betrag nicht möglich ist. Die Höhe der Raten ist unter Berücksichtigung der wirtschaftlichen Verhältnisse des Schuldners festzusetzen.

(BGBl 1991/628, BGBl 1993/502, BGBl 1994/314)

(5) Werden Rückforderungen gestundet oder Raten bewilligt, so sind keine Stundungszinsen auszubedingen.

(BGBl 1993/502)

(6) Eine Verpflichtung zum Ersatz des unberechtigt Empfangenen einschließlich der Aberkennung des Anspruches auf Arbeitslosengeld gemäß Abs. 2 besteht nur, wenn eine solche innerhalb von drei Jahren nach dem jeweiligen Leistungszeitraum verfügt wird. Eine Verfügung zur Nachzahlung ist nur für Zeiträume zulässig, die nicht länger als drei Jahre zurück liegen. Wird eine Nachzahlung beantragt, so ist eine solche nur für Zeiträume zulässig, die nicht länger als drei Jahre vor dem Zeitpunkt der Antragstellung liegen. Die Frist von drei Jahren nach dem Anspruchs- oder Leistungszeitraum verlängert sich, wenn die zur Beurteilung des Leistungsanspruches erforderlichen Nachweise nicht vor Ablauf von drei Jahren

vorgelegt werden (können), bis längstens drei Monate nach dem Vorliegen der Nachweise.

(BGBl 1993/502, BGBl 1994/314, BGBl I 2004/77, BGBl I 2017/38)

(7) Abs. 4 gilt auch für Forderungen auf Ersatz unberechtigt bezogener Beihilfen des Arbeitsmarktservice.

(BGBl 1993/502, BGBl 1994/314)

(8) (aufgehoben)

(BGBl I 1997/47, BGBl I 2004/77)

Abschnitt 2
Leistungen zur Beschäftigungsförderung

Weiterbildungsgeld

§ 26. (1) Personen, die eine Bildungskarenz gemäß § 11 oder eine Freistellung gegen Entfall des Arbeitsentgeltes gemäß § 12 AVRAG in Anspruch nehmen und die Anwartschaft auf Arbeitslosengeld erfüllen, gebührt für die vereinbarte Dauer ein Weiterbildungsgeld in der Höhe des Arbeitslosengeldes, mindestens jedoch in der Höhe von 14,53 Euro täglich, bei Erfüllung der nachstehenden Voraussetzungen:

1. Bei einer Bildungskarenz gemäß § 11 AVRAG muss die Teilnahme an einer im Wesentlichen der Dauer der Bildungskarenz entsprechenden Weiterbildungsmaßnahme nachgewiesen werden. Das Ausmaß der Weiterbildungsmaßnahme muss mindestens 20 Wochenstunden, bei Personen mit Betreuungsverpflichtungen für Kinder bis zum vollendeten siebenten Lebensjahr, für die keine längere Betreuungsmöglichkeit besteht, mindestens 16 Wochenstunden betragen. Umfasst die Weiterbildungsmaßnahme nur eine geringere Wochenstundenanzahl, so ist nachzuweisen, dass zur Erreichung des Ausbildungszieles zusätzliche Lern- und Übungszeiten in einem Ausmaß erforderlich sind, dass insgesamt eine vergleichbare zeitliche Belastung besteht. Eine praktische Ausbildung darf nicht beim karenzierenden Arbeitgeber stattfinden, es sei denn, dass die Ausbildung nur dort möglich ist.
2. Bei einer Freistellung gegen Entfall des Arbeitsentgeltes gemäß § 12 AVRAG muss die Einstellung einer nicht nur geringfügig beschäftigten Ersatzarbeitskraft, die zuvor Arbeitslosengeld oder Notstandshilfe bezogen hat, nachgewiesen werden.
3. Innerhalb einer Rahmenfrist von vier Jahren kann, unabhängig davon ob eine Bildungskarenz oder eine Freistellung gegen Entfall des Arbeitsentgelts vorliegt, insgesamt längstens ein Jahr Weiterbildungsgeld bezogen werden. Wenn die Weiterbildungsmaßnahme in Teilen stattfindet, kann das Weiterbildungsgeld innerhalb einer Rahmenfrist von vier Jahren fortbezogen werden. Wurde innerhalb der Rahmenfrist bereits Bildungsteilzeitgeld (§ 26a) bezogen, so ist der Zeitraum, in dem Bildungsteilzeitgeld bezogen wurde, zur Hälfte auf die Bezugsdauer für Weiterbildungsgeld anzurechnen. Bruchteile von Tagen bleiben außer Betracht. Die Anwartschaft ist nur bei der ersten Inanspruchnahme von Weiterbildungsgeld oder Bildungsteilzeitgeld innerhalb des Vierjahreszeitraumes zu erbringen. Wurde innerhalb der Rahmenfrist zuerst Bildungsteilzeitgeld bezogen, so ist das Weiterbildungsgeld zum Zeitpunkt der ersten Geltendmachung des Weiterbildungsgeldes innerhalb des Vierjahreszeitraumes zu bemessen.
4. Vor Inanspruchnahme der Bildungskarenz muss die karenzierte Person aus dem nunmehr karenzierten Arbeitsverhältnis ununterbrochen sechs Monate arbeitslosenversicherungspflichtig beschäftigt gewesen sein; bei einem befristeten Arbeitsverhältnis in einem Saisonbetrieb muss sie ununterbrochen drei Monate arbeitslosenversicherungspflichtig beschäftigt gewesen sein. Zeiten, die gemäß § 14 Abs. 4 und 5 auf die Anwartschaft anzurechnen sind, sind wie Zeiten arbeitslosenversicherungspflichtiger Beschäftigung zu werten.

   (BGBl I 2013/138)
5. Erfolgt die Weiterbildung in Form eines Studiums an einer im § 3 des Studienförderungsgesetzes 1992 (StudFG), BGBl. Nr. 305/1992, genannten Einrichtung, so ist nach jeweils sechs Monaten (nach jedem Semester) ein Nachweis über die Ablegung von Prüfungen aus Pflicht- und Wahlfächern im Gesamtumfang von vier Semesterwochenstunden oder im Ausmaß von acht ECTS-Punkten oder ein anderer geeigneter Erfolgsnachweis (wie beispielsweise Ablegung der Diplomprüfung oder des Rigorosums oder Bestätigung des Fortschrittes und zu erwartenden positiven Abschlusses einer Diplomarbeit oder sonstigen Abschlussarbeit) zu erbringen. Der Nachweis ist unabhängig von einem Wechsel der Einrichtung oder des Studiums durch Bestätigungen der im § 3 StudFG genannten Einrichtungen zu erbringen. Wer den Nachweis nicht erbringt, verliert den Anspruch auf Weiterbildungsgeld für die weitere mögliche Bezugsdauer innerhalb der Rahmenfrist gemäß Z 3. Das Arbeitsmarktservice hat nach Anhörung des Regionalbeirates den Anspruchsverlust nachzusehen, wenn berücksichtigungswürdige Gründe für die Nichterbringung der erforderlichen Nachweise vorliegen, insbesondere wenn diese auf unvorhersehbare und unabwendbare Ereignisse oder Umstände zurückzuführen sind.

(BGBl I 2002/68, BGBl I 2007/104, BGBl I 2013/67, BGBl I 2016/53)

(2) Zeiten, die für die Beurteilung der Anwartschaft auf Arbeitslosengeld oder Karenzgeld herangezogen wurden, können bei der Beurteilung

der Anwartschaft nicht nochmals berücksichtigt werden.

(BGBl I 2000/142)

(3) Bei Vorliegen einer Beschäftigung oder einer selbständigen Erwerbstätigkeit gebührt kein Weiterbildungsgeld, es sei denn, daß § 12 Abs. 6 lit. a, b, c, d, e oder g (Geringfügigkeit) zutrifft. Wer auf Grund einer Ausbildung oder mehrerer Ausbildungen Einkünfte erzielt, deren Höhe das Eineinhalbfache der Geringfügigkeitsgrenze gemäß § 5 Abs. 2 ASVG übersteigt, hat keinen Anspruch auf Weiterbildungsgeld.

(BGBl I 2011/122, BGBl I 2015/162)

(4) Die Lösung des Dienstverhältnisses durch den Arbeitgeber während der Inanspruchnahme einer Bildungskarenz steht der Gewährung von Weiterbildungsgeld nicht entgegen.

(BGBl I 1998/148)

(5) Eine Bildungskarenz nach gleichartigen bundes- oder landesgesetzlichen Regelungen ist wie eine Bildungskarenz gemäß § 11 AVRAG zu behandeln. Eine Freistellung gegen Entfall des Arbeitsentgeltes nach gleichartigen bundes- oder landesgesetzlichen Regelungen ist wie eine Freistellung gegen Entfall des Arbeitsentgeltes gemäß § 12 AVRAG zu behandeln. Die Zahlung eines Zuschusses zu den Weiterbildungskosten durch den Arbeitgeber steht der Gewährung von Weiterbildungsgeld nicht entgegen.

(BGBl I 1999/179)

(6) Wer nicht arbeitsfähig ist, eine Freiheitsstrafe verbüßt oder auf behördliche Anordnung in anderer Weise angehalten wird, hat keinen Anspruch auf Weiterbildungsgeld.

(BGBl I 1999/179)

(7) § 16 (Ruhen des Anspruches) mit Ausnahme des Abs. 1 lit. g (Auslandsaufenthalt), § 17 (Beginn des Anspruches), § 19 Abs. 1 erster Satz (Fortbezug), § 22 (Ausschluss bei Anspruch auf Alterspension), § 24 (Berichtigung), § 25 Abs. 1, Abs. 3 mit der Maßgabe, dass die Ersatzpflicht auch bei leichter Fahrlässigkeit eintritt, und Abs. 4 bis 7 (Rückforderung) sowie Artikel III (Verfahren) mit Ausnahme des § 49 (Kontrollmeldungen), sind mit der Maßgabe, daß an die Stelle des Arbeitslosengeldes das Weiterbildungsgeld tritt, anzuwenden. Werden Ersatzkräfte aus Verschulden des Arbeitgebers nicht beschäftigt, so hat dieser dem Arbeitsmarktservice die dadurch entstehenden Aufwendungen zu ersetzen.

(BGBl I 1999/179, BGBl I 2004/142, BGBl I 2010/111)

(8) Das Weiterbildungsgeld gilt als Ersatzleistung gemäß § 3 Abs. 1 Z 5 lit. a des Einkommensteuergesetzes 1988, BGBl. Nr. 400.

(BGBl I 1999/179)

Bildungsteilzeitgeld

§ 26a. (1) Personen, die eine Bildungsteilzeit gemäß § 11a AVRAG in Anspruch nehmen und die Anwartschaft auf Arbeitslosengeld erfüllen, gebührt für die vereinbarte Dauer ein Bildungsteilzeitgeld bei Erfüllung der nachstehenden Voraussetzungen:

1. Die Teilnahme an einer im Wesentlichen der Dauer der Bildungsteilzeit entsprechenden Weiterbildungsmaßnahme ist nachzuweisen. Das Ausmaß der Weiterbildungsmaßnahme muss mindestens zehn Wochenstunden betragen. Umfasst die Weiterbildungsmaßnahme nur eine geringere Wochenstundenanzahl, so ist nachzuweisen, dass zur Erreichung des Ausbildungszieles zusätzliche Lern- und Übungszeiten in einem Ausmaß erforderlich sind, dass insgesamt eine vergleichbare zeitliche Belastung besteht. Eine praktische Ausbildung darf nicht beim selben Arbeitgeber stattfinden, es sei denn, dass die Ausbildung nur dort möglich ist.
2. Innerhalb einer Rahmenfrist von vier Jahren kann insgesamt längstens zwei Jahre Bildungsteilzeitgeld bezogen werden. Wenn die Weiterbildungsmaßnahme in Teilen stattfindet, kann das Bildungsteilzeitgeld innerhalb einer Rahmenfrist von vier Jahren fortbezogen werden. Wurde innerhalb der Rahmenfrist bereits Weiterbildungsgeld bezogen, so ist der Zeitraum, in dem Weiterbildungsgeld bezogen wurde, doppelt auf die Bezugsdauer für Bildungsteilzeitgeld anzurechnen. Die Anwartschaft ist nur bei der ersten Inanspruchnahme von Weiterbildungsgeld oder Bildungsteilzeitgeld innerhalb des Vierjahreszeitraumes zu erbringen.
3. Vor der Herabsetzung der Arbeitszeit muss die jeweilige wöchentliche Normalarbeitszeit ununterbrochen sechs Monate, bei einem befristeten Arbeitsverhältnis in einem Saisonbetrieb ununterbrochen drei Monate lang gleich hoch gewesen sein. Das aus dem Arbeitsverhältnis erzielte Entgelt muss in dieser Zeit sowie während der Bildungsteilzeit über der Geringfügigkeitsgrenze gemäß § 5 Abs. 2 ASVG liegen. Zeiten, die gemäß § 14 Abs. 4 und 5 auf die Anwartschaft anzurechnen sind, sind wie Zeiten arbeitslosenversicherungspflichtiger Beschäftigung mit unveränderter Normalarbeitszeit zu werten.

   (BGBl I 2013/138)
4. Erfolgt die Weiterbildung in Form eines Studiums an einer im § 3 des Studienförderungsgesetzes 1992 (StudFG), BGBl. Nr. 305/1992, genannten Einrichtung, so ist nach jeweils sechs Monaten (nach jedem Semester) ein Nachweis über die Ablegung von Prüfungen aus Pflicht- und Wahlfächern im Gesamtumfang von zwei Semesterwochenstunden oder im Ausmaß von vier ECTS-Punkten oder ein anderer geeigneter Erfolgsnachweis (wie beispielsweise Ablegung der Diplomprüfung oder des Rigorosums oder Bestätigung des Fortschrittes und zu erwartenden positiven Abschlusses einer Diplomarbeit oder sonstigen Abschlussarbeit) zu erbrin-

gen. Der Nachweis ist unabhängig von einem Wechsel der Einrichtung oder des Studiums durch Bestätigungen der im § 3 StudFG genannten Einrichtungen zu erbringen. Wer den Nachweis nicht erbringt, verliert den Anspruch auf Bildungsteilzeitgeld für die weitere mögliche Bezugsdauer innerhalb der Rahmenfrist gemäß Z 2. Das Arbeitsmarktservice hat nach Anhörung des Regionalbeirates den Anspruchsverlust nachzusehen, wenn berücksichtigungswürdige Gründe für die Nichterbringung der erforderlichen Nachweise vorliegen, insbesondere wenn diese auf unvorhersehbare und unabwendbare Ereignisse oder Umstände zurückzuführen sind.

5. Die Beantragung des Bildungsteilzeitgeldes hat tunlichst vor Beginn der vereinbarten Bildungsteilzeit zu erfolgen. Ein Anspruch auf Bildungsteilzeitgeld für Zeiträume, in denen sich
   a) in Betrieben bis einschließlich 50 arbeitslosenversicherungspflichtig beschäftigten Arbeitnehmer/innen vier Arbeitnehmer/innen und
   b) in Betrieben mit über 50 arbeitslosenversicherungspflichtig beschäftigten Arbeitnehmer/innen mehr als 8 vH der Belegschaft

   bereits in Bildungsteilzeit befinden und Bildungsteilzeitgeld beziehen, besteht nur, wenn der Regionalbeirat des Arbeitsmarktservice durch mehrheitlichen Beschluss dem Überschreiten dieser Schwellenwerte zustimmt.
6. Mit dem Antrag auf Bildungsteilzeitgeld ist zwingend eine schriftliche Erklärung des Arbeitgebers vorzulegen, die folgende Angaben zu enthalten hat:
   a) Anzahl der im Betrieb arbeitslosenversicherungspflichtig beschäftigten Arbeitnehmer/innen zum Zeitpunkt des letzten vor der Antragstellung liegenden Monatsersten,
   b) Anzahl der im Betrieb arbeitslosenversicherungspflichtig beschäftigten Arbeitnehmer/innen, mit denen eine Bildungsteilzeitvereinbarung abgeschlossen wurde, deren Laufzeit zum Zeitpunkt des Beginns der dem Antrag auf Bildungsteilzeitgeld zu Grunde liegenden Bildungsteilzeitvereinbarung bereits begonnen hat oder beginnen wird,
   c) Ausmaß der jeweiligen wöchentlichen Normalarbeitszeit in den letzten sechs (drei) Monaten vor Herabsetzung der Normalarbeitszeit,
   d) Ausmaß der jeweiligen wöchentlichen Normalarbeitszeit ab Beginn der Bildungsteilzeit.

(2) Das Bildungsteilzeitgeld beträgt für jede volle Arbeitsstunde, um die die wöchentliche Normalarbeitszeit verringert wird, 0,76 € täglich. Bruchteile einer Arbeitsstunde werden nicht abgegolten. Das Bildungsteilzeitgeld ist jährlich, erstmals für das Jahr 2015, mit dem Anpassungsfaktor gemäß § 108f ASVG zu vervielfachen und kaufmännisch auf einen Cent zu runden. Wird Bildungsteilzeit in Teilen in Anspruch genommen und ändert sich dabei das Ausmaß der herabgesetzten wöchentlichen Normalarbeitszeit, so ist das Bildungsteilzeitgeld jeweils neu zu bemessen.

(3) Bei Vorliegen einer anderen Beschäftigung oder einer selbständigen Erwerbstätigkeit gebührt kein Bildungsteilzeitgeld, es sei denn, dass § 12 Abs. 6 lit. a, b, c, d, e oder g (Geringfügigkeit) zutrifft. Wer auf Grund einer Ausbildung oder mehrerer Ausbildungen Einkünfte erzielt, deren Höhe das Eineinhalbfache der Geringfügigkeitsgrenze gemäß § 5 Abs. 2 ASVG übersteigt, hat keinen Anspruch auf Bildungsteilzeitgeld.

(BGBl I 2015/162)

(4) Bei Lösung des Dienstverhältnisses während der Bildungsteilzeit endet der Anspruch auf Bildungsteilzeitgeld mit Ende des Dienstverhältnisses. Wenn das Dienstverhältnis durch den Arbeitgeber gelöst wurde und die Voraussetzungen für den Bezug von Weiterbildungsgeld mit Ausnahme der Bildungskarenz vorliegen, kann nach Abzug (Anrechnung gemäß § 26 Abs. 1 Z 3) der bereits in Anspruch genommenen Bezugszeiten für die noch nicht verbrauchte Bezugsdauer Weiterbildungsgeld beansprucht werden. In diesem Fall ist so rasch wie möglich, spätestens innerhalb von drei Monaten, das Ausmaß der Bildungsmaßnahme(n) auf das für den Anspruch auf Weiterbildungsgeld geltende Mindestausmaß anzuheben. Erfolgt die Weiterbildung in Form eines Studiums ist spätestens für das nächste Semester der für den Anspruch auf Weiterbildungsgeld geltende Erfolgsnachweis zu erbringen.

(5) § 26 Abs. 2 und 5 bis 8 gilt mit der Maßgabe, dass an die Stelle des Weiterbildungsgeldes das Bildungsteilzeitgeld tritt.

(6) Zeiträume, in denen Wiedereingliederungsgeld bezogen wurde, sind hinsichtlich der Beurteilung der Voraussetzungen des Abs. 1 Z 3 so zu behandeln, als ob keine Herabsetzung der Arbeitszeit und keine Verminderung des Entgelts vorgelegen wären.

(BGBl I 2017/30)

(BGBl I 2013/67)

Altersteilzeitgeld

§ 27. (1) Ein Arbeitgeber, der ältere ArbeitnehmerInnen beschäftigt, die ihre Arbeitszeit verringern, und diesen einen Lohnausgleich gewährt, hat Anspruch auf Altersteilzeitgeld.

(2) Altersteilzeitgeld gebührt für längstens fünf Jahre für Personen, die das Regelpensionsalter vor Ablauf des Jahres 2018 nach spätestens sieben Jahren, ab 2019 nach spätestens sechs Jahren und ab 2020 nach spätestens fünf Jahren vollenden sowiAltersteilzeitgeld gebührt für längstens fünf Jahre für Personen, die das Regelpensionsalter vor Ablauf des Jahres 2018 nach spätestens sieben

Jahren, ab 2019 nach spätestens sechs Jahren und ab 2020 nach spätestens fünf Jahren vollenden sowie

(BGBl I 2018/30)

1. in den letzten 25 Jahren vor der Geltendmachung des Anspruches (Rahmenfrist) 780 Wochen arbeitslosenversicherungspflichtig beschäftigt waren, wobei auf die Anwartschaft anzurechnende Zeiten gemäß § 14 Abs. 4 und 5 berücksichtigt und die Rahmenfrist um arbeitslosenversicherungsfreie Zeiten der Betreuung von Kindern bis zur Vollendung des 15. Lebensjahres erstreckt werden,

   (BGBl I 2003/71)

2. auf Grund einer vertraglichen Vereinbarung ihre Normalarbeitszeit, die im letzten Jahr der gesetzlichen oder kollektivvertraglich geregelten Normalarbeitszeit entsprochen oder diese höchstens um 40 vH unterschritten hat, auf 40 bis 60 vH verringert haben,

   (BGBl I 2003/71, BGBl I 2009/90)

3. auf Grund eines Kollektivvertrages, einer Betriebsvereinbarung oder einer vertraglichen Vereinbarung
   a) bis zur Höchstbeitragsgrundlage gemäß § 45 ASVG einen Lohnausgleich in der Höhe von mindestens 50 vH des Unterschiedsbetrages zwischen dem im letzten Jahr (bei kürzerer Beschäftigungszeit in einem neuen Betrieb während dieser kürzeren, mindestens drei Monate betragenden Zeit) vor der Herabsetzung der Normalarbeitszeit durchschnittlich gebührenden Entgelt und dem der verringerten Arbeitszeit entsprechenden Entgelt erhalten und

      (BGBl I 2003/71)

   b) für die der Arbeitgeber die Sozialversicherungsbeiträge entsprechend der Beitragsgrundlage vor der Herabsetzung der Normalarbeitszeit entrichtet und

4. auf Grund eines Kollektivvertrages, einer Betriebsvereinbarung oder einer vertraglichen Vereinbarung Anspruch auf Berechnung einer zustehenden Abfertigung auf der Grundlage der Arbeitszeit vor der Herabsetzung der Normalarbeitszeit haben; für die Berechnung einer Abfertigung nach dem BUAG gilt § 13d Abs. 3 BUAG.

(BGBl I 2003/71, BGBl I 2004/142, BGBl I 2010/111, BGBl I 2012/35)

(2a) Zeiträume, in denen Wiedereingliederungsgeld bezogen wurde, sind hinsichtlich der Beurteilung der Voraussetzungen des Abs. 2 Z 2 und 3 so zu behandeln, als ob keine Herabsetzung der Arbeitszeit und keine Verminderung des Entgelts vorgelegen wären.

(BGBl I 2017/30)

(3) Für Personen, die eine Leistung aus der gesetzlichen Pensionsversicherung aus einem Versicherungsfall des Alters, ein Sonderruhegeld nach dem Nachtschwerarbeitsgesetz, BGBl. Nr. 354/1981, oder einen Ruhegenuss aus einem Dienstverhältnis zu einer öffentlich-rechtlichen Körperschaft beziehen, gebührt kein Altersteilzeitgeld. Für Personen, die das Regelpensionsalter vollendet haben und die Anspruchsvoraussetzungen für eine derartige Leistung erfüllen, gebührt kein Altersteilzeitgeld. Für Personen, die Altersteilzeit auf Grund einer Blockzeitvereinbarung leisten, gebührt auch dann kein Altersteilzeitgeld, wenn diese das Regelpensionsalter noch nicht vollendet haben und keine der im ersten Satz genannten Leistungen beziehen, aber die Anspruchsvoraussetzungen dafür erfüllen, wobei jedoch die Erfüllung der Anspruchsvoraussetzungen für eine Korridorpension gemäß § 4 Abs. 2, ausgenommen Z 2, APG dem Anspruch auf Altersteilzeitgeld für den Zeitraum von einem Jahr, längstens bis zur Erreichung der Anspruchsvoraussetzungen für eine vorzeitige Alterspension bei langer Versicherungsdauer, nicht entgegen steht.

(BGBl I 2003/71, BGBl I 2009/90, BGBl I 2012/35, BGBl I 2015/106)

(4) Das Altersteilzeitgeld hat dem Arbeitgeber einen Anteil des zusätzlichen Aufwandes, der durch einen Lohnausgleich bis zur Höchstbeitragsgrundlage in der Höhe von 50 vH des Unterschiedsbetrages zwischen dem im gemäß Abs. 2 Z 3 lit. a maßgeblichen Zeitraum vor der Herabsetzung der Normalarbeitszeit gebührenden Entgelt und dem der verringerten Arbeitszeit entsprechenden Entgelt sowie durch die Entrichtung der Sozialversicherungsbeiträge entsprechend der Beitragsgrundlage vor der Herabsetzung der Normalarbeitszeit in Höhe des Unterschiedsbetrages zwischen den entsprechend der Beitragsgrundlage vor der Herabsetzung der Normalarbeitszeit entrichteten Dienstgeber- und Dienstnehmerbeiträgen zur Sozialversicherung (Pensions-, Kranken-, Unfall- und Arbeitslosenversicherung einschließlich IESG-Zuschlag) und den dem Entgelt (einschließlich Lohnausgleich) entsprechenden Dienstgeber- und Dienstnehmerbeiträgen zur Sozialversicherung entsteht, abzugelten. Die Abgeltung hat in monatlichen Teilbeträgen gleicher Höhe unter anteiliger Berücksichtigung der steuerlich begünstigten Sonderzahlungen zu erfolgen. Lohnerhöhungen sind durch Anpassung der monatlichen Teilbeträge zu berücksichtigen. Kollektivvertragliche Lohnerhöhungen sind ab 2010 entsprechend dem Tariflohnindex zu berücksichtigen. Darüber hinausgehende Lohnerhöhungen sind nach entsprechender Mitteilung zu berücksichtigen, sofern der Unterschied zwischen dem tatsächlichen Lohn und dem der Altersteilzeitgeldberechnung zu Grunde gelegten indexierten Lohn mehr als 20 € monatlich beträgt. Der abzugeltende Anteil beträgt 90 vH des zusätzlichen Aufwandes bei kontinuierlicher Arbeitszeitverkürzung und 50 vH bei Blockzeitvereinbarungen. Als kontinuierliche Arbeitszeitzeitvereinbarungen gelten Vereinbarungen, wenn die

Schwankungen der Arbeitszeit in einem Durchrechnungszeitraum von längstens einem Jahr ausgeglichen werden oder die Abweichungen jeweils nicht mehr als 20 vH der Normalarbeitszeit betragen und insgesamt ausgeglichen werden. Als Blockzeitvereinbarungen gelten Vereinbarungen, wenn der Durchrechnungszeitraum mehr als ein Jahr beträgt oder die Abweichungen mehr als 20 vH der Normalarbeitszeit betragen. Zeiträume einer Kurzarbeit (§ 37b und § 37c AMSG) sind bei der Beurteilung der Voraussetzungen für das Altersteilzeitgeld und des Entgeltes entsprechend der für den jeweiligen Zeitraum vereinbarten Normalarbeitszeit zu betrachten. Wird der Anspruch auf Altersteilzeitgeld erst nach Beginn der Altersteilzeitbeschäftigung geltend gemacht, so gebührt das Altersteilzeitgeld rückwirkend bis zum Höchstausmaß von drei Monaten.

(BGBl I 2003/71, BGBl I 2003/128, BGBl I 2009/90, BGBl I 2010/111)

(5) Sieht die Vereinbarung über die Altersteilzeitarbeit unterschiedliche wöchentliche Normalarbeitszeiten oder eine unterschiedliche Verteilung der wöchentlichen Normalarbeitszeit vor, so ist die Voraussetzung nach Abs. 2 Z 2 auch dann erfüllt, wenn

1. die wöchentliche Normalarbeitszeit in einem Durchrechnungszeitraum im Durchschnitt die vereinbarte verringerte Arbeitszeit nicht überschreitet,
2. das Entgelt für die Altersteilzeitarbeit fortlaufend gezahlt wird und
3. eine Blockzeitvereinbarung vorliegt und die Freizeitphase nicht mehr als zweieinhalb Jahre beträgt sowie spätestens ab Beginn der Freizeitphase zusätzlich nicht nur vorübergehend eine zuvor arbeitslose Person über der Geringfügigkeitsgrenze versicherungspflichtig beschäftigt oder zusätzlich ein Lehrling ausgebildet und im Zusammenhang mit dieser Maßnahme vom Dienstgeber kein Dienstverhältnis aufgelöst wird.

   (BGBl I 2009/90, BGBl I 2012/35)

(BGBl I 2003/71)

(6) Der Arbeitgeber hat jede für das Bestehen oder für das Ausmaß des Anspruches auf Altersteilzeitgeld maßgebliche Änderung unverzüglich der zuständigen regionalen Geschäftsstelle des Arbeitsmarktservice anzuzeigen.

(7) Das Altersteilzeitgeld stellt kein Entgelt im Sinne des Umsatzsteuergesetzes 1994 (UStG 1994), BGBl. Nr. 663, dar.

(8) Wenn eine der Voraussetzungen für den Anspruch auf Altersteilzeitgeld wegfällt, ist es einzustellen; wenn sich eine für das Ausmaß des Altersteilzeitgeldes maßgebende Voraussetzung ändert, ist es neu zu bemessen. Wenn sich die Zuerkennung oder die Bemessung des Altersteilzeitgeldes als gesetzlich nicht begründet herausstellt, ist die Zuerkennung zu widerrufen oder die Bemessung rückwirkend zu berichtigen. Bei Einstellung, Herabsetzung, Widerruf oder Berichtigung einer Leistung ist der Empfänger des Altersteilzeitgeldes zum Ersatz des unberechtigt Empfangenen zu verpflichten. Die Verpflichtung zum Rückersatz besteht auch hinsichtlich jener Leistungen, die wegen der aufschiebenden Wirkung eines Rechtsmittels oder auf Grund einer nicht rechtskräftigen Entscheidung des Bundesverwaltungsgerichtes gewährt wurden, wenn das Verfahren mit der Entscheidung geendet hat, dass die Leistungen nicht oder nicht in diesem Umfang gebührten.

(BGBl I 2003/71, BGBl I 2015/106)

(BGBl I 1997/139, BGBl I 1999/179, BGBl I 2000/15, BGBl I 2000/92)

Teilpension – erweiterte Altersteilzeit

§ 27a. (1) Ein Arbeitgeber, der ältere Personen, die die Anspruchsvoraussetzungen für eine Korridorpension gemäß § 4 Abs. 2, ausgenommen Z 2, APG erfüllen, beschäftigt und diesen bei kontinuierlicher Verringerung ihrer Arbeitszeit auf Grund einer Teilpensionsvereinbarung einen Lohnausgleich gewährt, hat bei Erfüllung der nachstehend genannten Voraussetzungen Anspruch auf eine Abgeltung seiner zusätzlichen Aufwendungen in Form einer Teilpension.

(2) Eine Teilpension gebührt für Personen, die

1. in den letzten 25 Jahren vor der Geltendmachung des Anspruches (Rahmenfrist) 780 Wochen arbeitslosenversicherungspflichtig beschäftigt waren, wobei auf die Anwartschaft anzurechnende Zeiten gemäß § 14 Abs. 4 und 5 berücksichtigt und die Rahmenfrist um arbeitslosenversicherungsfreie Zeiten der Betreuung von Kindern bis zur Vollendung des 15. Lebensjahres erstreckt werden,
2. auf Grund einer vertraglichen Vereinbarung ihre Normalarbeitszeit, die im letzten Jahr der gesetzlichen oder kollektivvertraglich geregelten Normalarbeitszeit entsprochen oder diese höchstens um 40 vH unterschritten hat, kontinuierlich auf 40 bis 60 vH verringert haben,
3. auf Grund eines Kollektivvertrages, einer Betriebsvereinbarung oder einer vertraglichen Vereinbarung
   a) bis zur Höchstbeitragsgrundlage gemäß § 45 ASVG einen Lohnausgleich in der Höhe von mindestens 50 vH des Unterschiedsbetrages zwischen dem im letzten Jahr (bei kürzerer Beschäftigungszeit in einem neuen Betrieb während dieser kürzeren, mindestens drei Monate betragenden Zeit) vor der Herabsetzung der Normalarbeitszeit durchschnittlich gebührenden Entgelt und dem der verringerten Arbeitszeit entsprechenden Entgelt erhalten und
   b) für die der Arbeitgeber die Sozialversicherungsbeiträge entsprechend der Bei-

tragsgrundlage vor der Herabsetzung der Normalarbeitszeit entrichtet und

4. auf Grund eines Kollektivvertrages, einer Betriebsvereinbarung oder einer vertraglichen Vereinbarung Anspruch auf Berechnung einer zustehenden Abfertigung auf der Grundlage der Arbeitszeit vor der Herabsetzung der Normalarbeitszeit haben; für die Berechnung einer Abfertigung nach dem BUAG gilt § 13d Abs. 3 BUAG.

(2a) Zeiträume, in denen Wiedereingliederungsgeld bezogen wurde, sind hinsichtlich der Beurteilung der Voraussetzungen des Abs. 2 Z 2 und 3 so zu behandeln, als ob keine Herabsetzung der Arbeitszeit und keine Verminderung des Entgelts vorgelegen wären.

(BGBl I 2017/30)

(3) Für Personen, die eine Leistung aus der gesetzlichen Pensionsversicherung aus einem Versicherungsfall des Alters, ein Sonderruhegeld nach dem Nachtschwerarbeitsgesetz, BGBl. Nr. 354/1981, oder einen Ruhegenuss aus einem Dienstverhältnis zu einer öffentlich-rechtlichen Körperschaft beziehen oder das Regelpensionsalter vollendet haben und die Anspruchsvoraussetzungen für eine derartige Leistung erfüllen, gebührt keine Teilpension.

(4) Die Teilpension hat dem Arbeitgeber den zusätzlichen Aufwand, der durch einen Lohnausgleich bis zur Höchstbeitragsgrundlage in der Höhe von 50 vH des Unterschiedsbetrages zwischen dem im gemäß Abs. 2 Z 3 lit. a maßgeblichen Zeitraum vor der Herabsetzung der Normalarbeitszeit gebührenden Entgelt und dem der verringerten Arbeitszeit entsprechenden Entgelt sowie durch die Entrichtung der Sozialversicherungsbeiträge entsprechend der Beitragsgrundlage vor der Herabsetzung der Normalarbeitszeit in Höhe des Unterschiedsbetrages zwischen den entsprechend der Beitragsgrundlage vor der Herabsetzung der Normalarbeitszeit entrichteten Dienstgeber- und Dienstnehmerbeiträgen zur Sozialversicherung (Pensions-, Kranken-, Unfall- und Arbeitslosenversicherung einschließlich IESG-Zuschlag) und den dem Entgelt (einschließlich Lohnausgleich) entsprechenden Dienstgeber- und Dienstnehmerbeiträgen zur Sozialversicherung entsteht, abzugelten. Die Abgeltung hat in monatlichen Teilbeträgen gleicher Höhe unter anteiliger Berücksichtigung der steuerlich begünstigten Sonderzahlungen zu erfolgen. Lohnerhöhungen sind durch Anpassung der monatlichen Teilbeträge zu berücksichtigen. Kollektivvertragliche Lohnerhöhungen sind entsprechend dem Tariflohnindex zu berücksichtigen. Darüber hinausgehende Lohnerhöhungen sind nach entsprechender Mitteilung zu berücksichtigen, sofern der Unterschied zwischen dem tatsächlichen Lohn und dem der Teilpensionsberechnung zu Grunde gelegten indexierten Lohn mehr als 20 € monatlich beträgt. Im Rahmen einer kontinuierlichen Verringerung der Arbeitszeit auf Grund einer Teilpensionsvereinbarung sind Schwankungen der Arbeitszeit, die in einem Durchrechnungszeitraum von längstens einem Jahr ausgeglichen werden oder wenn die Abweichungen nicht mehr als 20 vH der Normalarbeitszeit betragen, zulässig. Zeiträume einer Kurzarbeit (§ 37b und § 37c AMSG) sind bei der Beurteilung der Voraussetzungen für die Teilpension entsprechend der für den jeweiligen Zeitraum vereinbarten Normalarbeitszeit zu betrachten. Wird der Anspruch auf Teilpension erst nach Beginn der Teilpensionsvereinbarung geltend gemacht, so gebührt die Teilpension rückwirkend bis zum Höchstausmaß von drei Monaten.

(5) Der Arbeitgeber hat jede für das Bestehen oder für das Ausmaß des Anspruches auf Teilpension maßgebliche Änderung unverzüglich der zuständigen regionalen Geschäftsstelle des Arbeitsmarktservice anzuzeigen.

(6) Die Teilpension stellt kein Entgelt im Sinne des Umsatzsteuergesetzes 1994 (UStG 1994), BGBl. Nr. 663, dar.

(7) Wenn eine der Voraussetzungen für den Anspruch auf Teilpension wegfällt, ist sie einzustellen; wenn sich eine für das Ausmaß der Teilpension maßgebende Voraussetzung ändert, ist sie neu zu bemessen. Wenn sich die Zuerkennung oder die Bemessung der Teilpension als gesetzlich nicht begründet herausstellt, ist die Zuerkennung zu widerrufen oder die Bemessung rückwirkend zu berichtigen. Bei Einstellung, Herabsetzung, Widerruf oder Berichtigung einer Leistung ist der Empfänger der Teilpension zum Ersatz des unberechtigt Empfangenen zu verpflichten. Die Verpflichtung zum Rückersatz besteht auch hinsichtlich jener Leistungen, die wegen der aufschiebenden Wirkung eines Rechtsmittels oder auf Grund einer nicht rechtskräftigen Entscheidung des Bundesverwaltungsgerichtes gewährt wurden, wenn das Verfahren mit der Entscheidung geendet hat, dass die Leistungen nicht oder nicht in diesem Umfang gebührten.

(8) Für Personen, für die der Arbeitgeber bereits Altersteilzeitgeld gemäß § 27 bezogen hat, gelten die Voraussetzungen gemäß Abs. 2 Z 2 auch als erfüllt, wenn die kontinuierliche Herabsetzung der Arbeitszeit mit Beginn der Altersteilzeit erfolgte und seither ununterbrochen vorliegt. Grundlage für die Bemessung der Teilpension ist in diesem Fall das zuletzt bezogene Altersteilzeitgeld mit der Maßgabe dass der abzugeltende Aufwand statt 90 vH nunmehr 100 vH beträgt. Eine Teilpension kann in diesem Fall jedoch nur für die auf die Höchstdauer von fünf Jahren gemäß § 27 Abs. 2 noch fehlende Zeit bezogen werden. Für Personen, für die bereits Altersteilzeitgeld auf Grund einer Blockzeitvereinbarung bezogen wurde, besteht kein Anspruch auf eine Teilpension.

(BGBl I 2015/106)

Ruhen des Anspruches auf Altersteilzeitgeld

§ 28. Leistet der Arbeitnehmer über die Altersteilzeitarbeit hinaus Mehrarbeit, die üblicherweise zu einem Einkommen führt, welches die Geringfügigkeitsgrenze für den Kalendermonat gemäß § 5 Abs. 2 ASVG überschreitet, so gebührt für diesen Zeitraum kein Altersteilzeitgeld.

(BGBl I 1998/6, BGBl I 1999/179)

Abschnitt 2a
Kranken- und Pensionsversicherung bei Sterbebegleitung, bei Begleitung von schwerst erkrankten Kindern, bei Pflegekarenz und bei Pflegeteilzeit

Kranken- und Pensionsversicherung für Dienstnehmer

§ 29. (1) Personen, die in einem privatrechtlichen oder öffentlich-rechtlichen Dienstverhältnis stehen und gemäß § 14a, § 14b, § 14c oder § 14d AVRAG oder einer gleichartigen Regelung eine Herabsetzung, eine Änderung der Lage der Normalarbeitszeit oder eine Freistellung gegen Entfall des Arbeitsentgelts zum Zwecke der Sterbebegleitung eines nahen Verwandten, der Begleitung eines schwerst erkrankten Kindes oder der Pflege eines nahen Angehörigen (Pflegekarenz, Pflegeteilzeit) in Anspruch nehmen, bleiben jedenfalls nach den jeweils auf Grund dieses Dienstverhältnisses anzuwendenden Rechtsvorschriften kranken- und pensionsversichert.

(BGBl I 2014/40)

(2) Besteht die Pflichtversicherung nur auf Grund des Abs. 1 weiter, so ist als Beitragsgrundlage für die Krankenversicherung der Richtsatz gemäß § 293 Abs. 1 lit. a sublit. bb ASVG und als Beitragsgrundlage für die Pensionsversicherung der im § 44 Abs. 1 Z 18 ASVG genannte Betrag heranzuziehen. In der Krankenversicherung besteht nur Anspruch auf Sachleistungen, in der Pensionsversicherung werden Beitragszeiten der Pflichtversicherung erworben.

(3) Zuständig für die Durchführung der Versicherung ist entsprechend der Meldung des Dienstgebers der auf Grund des Dienstverhältnisses jeweils zuständige Kranken- oder Pensionsversicherungsträger.

(4) Die nach Abs. 2 zu berechnenden Beiträge zur Kranken- und Pensionsversicherung gemäß Abs. 1 sind vom Bund zu tragen und jährlich im Nachhinein abzurechnen.

(5) Der „Dachverband“[a)] und die anderen betroffenen Rechtsträger sind berechtigt, geeignete Vereinbarungen zur Durchführung dieser Bestimmungen zu treffen.

(BGBl I 2018/100)

[a)] Bis 1. Jänner 2020 „Hauptverband“.

(BGBl I 2002/89, BGBl I 2013/138)

Sonderbestimmungen für Dienstnehmer ohne Pensionsversicherung

§ 30. (1) Abweichend von § 29 treten für Personen, die in einem privatrechtlichen oder öffentlichrechtlichen Dienstverhältnis stehen und auf Grund des Dienstverhältnisses nicht der Pensionsversicherung unterliegen, an die Stelle der Beiträge zur Pensionsversicherung entsprechende Beitragsleistungen an jene Rechtsträger, die die Versorgungsleistungen tragen. Die Zeit einer Herabsetzung der Normalarbeitszeit oder einer Freistellung gegen Entfall des Arbeitsentgelts im Sinne der §§ 14a bis 14c AVRAG gilt als ruhegenussfähige Dienstzeit.

(BGBl I 2014/68)

(2) Der Beitragssatz gemäß Abs. 1 entspricht dem Prozentsatz des jeweils gesetzlich vorgesehenen Beitrages zur Deckung des Pensionsaufwandes oder eines gleichartigen Beitrages.

(BGBl I 2013/138)

AlVG

Sonderbestimmungen für Dienstnehmer ohne Krankenversicherung

§ 31. (1) Abweichend von § 29 treten für Personen, die in einem privatrechtlichen oder öffentlichrechtlichen Dienstverhältnis stehen und auf Grund des Dienstverhältnisses nicht der Krankenversicherung unterliegen, unter der Voraussetzung eines vergleichbaren gesetzlichen Anspruches auf Leistungen der Krankenfürsorge an die Stelle der Beiträge zur Krankenversicherung entsprechende Beitragsleistungen an jene Rechtsträger, die die Leistungen der Krankenfürsorge tragen. Für die Zeit einer Herabsetzung der Normalarbeitszeit oder einer Freistellung gegen Entfall des Arbeitsentgelts im Sinne der §§ 14a bis 14c AVRAG besteht jedenfalls Anspruch auf Leistungen der Krankenfürsorge.

(BGBl I 2014/68)

(2) Der Beitragssatz gemäß Abs. 1 entspricht dem Prozentsatz des jeweils gesetzlich vorgesehenen Beitrages zur Deckung des Aufwandes für die Leistungen der Krankenfürsorge oder eines gleichartigen Beitrages.

„(3)[a)] Abs. 1 und 2 gelten entsprechend auch für Ansprüche auf Leistungen einer betrieblichen Gesundheitseinrichtung.“

(BGBl I 2018/100)

[a)] Tritt mit 1. Jänner 2020 in Kraft.

(BGBl I 2013/138)

Kranken- und Pensionsversicherung für Arbeitslose

§ 32. (1) Arbeitslose, die der zuständigen regionalen Geschäftsstelle schriftlich bekannt geben, dass sie sich vom Bezug von Arbeitslosengeld oder Notstandshilfe abmelden, um sich

1. der Sterbebegleitung eines nahen Verwandten im Sinne des § 14a Abs. 1 AVRAG,
2. der Begleitung eines schwerst erkrankten Kindes im Sinne des § 14b AVRAG oder
3. der Pflege eines nahen Angehörigen im Sinne des § 14c AVRAG (Pflegekarenz)

zu widmen, sind im Fall der Z 1 für längstens sechs Monate, im Fall der Z 2 für längstens neun Monate und im Fall der Z 3 für längstens drei Monate kranken- und pensionsversichert, wenn und solange kein Leistungsbezug nach diesem Bundesgesetz erfolgt und keine anderweitige Pflichtversicherung in der Kranken- und Pensionsversicherung vorliegt. Der Beitrag zur Krankenversicherung beträgt 7,55 vH des Richtsatzes gemäß § 293 Abs. 1 lit. a sublit. bb ASVG, der Beitrag zur Pensionsversicherung 22,8 vH des im § 44 Abs. 1 Z 18 ASVG genannten Betrages. In der Krankenversicherung besteht nur Anspruch auf Sachleistungen, in der Pensionsversicherung werden Beitragszeiten der Pflichtversicherung erworben.

(2) Die Arbeitslosen haben der zuständigen regionalen Geschäftsstelle den Grund für die Abmeldung gemäß Abs. 1 glaubhaft zu machen; auf Verlangen der regionalen Geschäftsstelle ist eine entsprechende Bescheinigung vorzulegen. Das Arbeitsmarktservice hat eine Bestätigung über den Abmeldegrund und bei Abmeldungen ab 1. Juli 2014 auch über die Höhe der zuletzt bezogenen Leistung aus der Arbeitslosenversicherung auszustellen. Erfolgt die Abmeldung mit Beginn des Leistungsanspruches, so ist die Höhe der Leistung, die gebührt hätte, zu bestätigen. Personen, die einen Anspruch auf Kranken- und Pensionsversicherung gemäß § 34 haben, sind wie Bezieher von Arbeitslosengeld oder Notstandshilfe zu behandeln.

(BGBl I 2014/40)

(3) Zuständig für die Durchführung der Versicherung ist entsprechend der Meldung des Arbeitsmarktservice der auf Grund des Leistungsbezuges zuständige Kranken- bzw. Pensionsversicherungsträger.

(4) Die Beiträge zur Kranken- und Pensionsversicherung gemäß Abs. 1 sind vom Bund zu tragen und jährlich im Nachhinein abzurechnen.

(5) Das Arbeitsmarktservice, der „Dachverband“[a)] der österreichischen Sozialversicherungsträger und die anderen betroffenen Rechtsträger sind berechtigt, geeignete Vereinbarungen zur Durchführung dieser Bestimmungen zu treffen.

(BGBl I 2018/100)

[a)] Bis 1. Jänner 2020 „Hauptverband“.

(6) Abweichend von Abs. 1 beträgt der Beitrag zur Krankenversicherung ab dem Jahr 2008 7,65 vH des Richtsatzes gemäß § 293 Abs. 1 lit. a sublit. bb ASVG.

(BGBl I 2013/138)

Abschnitt 3
Notstandshilfe

Voraussetzungen des Anspruches

§ 33. (1) Arbeitslosen, die den Anspruch auf Arbeitslosengeld oder Übergangsgeld erschöpft haben, kann auf Antrag Notstandshilfe gewährt werden.

(BGBl I 1997/47, BGBl I 2001/103, BGBl I 2004/77)

(2) Notstandshilfe ist nur zu gewähren, wenn der (die) Arbeitslose der Vermittlung zur Verfügung steht (§ 7 Abs. 2 und 3) und sich in Notlage befindet.

(BGBl 1992/416, BGBl I 1997/78, BGBl I 1998/54, BGBl I 1998/55, BGBl I 1999/179)

(3) Notlage liegt vor, wenn dem Arbeitslosen die Befriedigung der notwendigen Lebensbedürfnisse unmöglich ist.

(BGBl 1992/416)

(4) Notstandshilfe kann nur gewährt werden, wenn sich der Arbeitslose innerhalb von fünf Jahren nach Erschöpfung des Anspruches auf Arbeitslosengeld oder Übergangsgeld um die Notstandshilfe bewirbt. Die vorstehende Frist verlängert sich darüber hinaus um Zeiträume gemäß § 15 und gemäß § 81 Abs. 10.

(BGBl 1992/416, BGBl 1996/201, BGBl I 1997/47, BGBl I 1998/148, BGBl I 2001/103, BGBl I 2004/77, BGBl I 2008/82)

(5) (aufgehoben)

(BGBl I 2001/103)

§ 34. (aufgehoben)

(BGBl I 2009/90, BGBl I 2009/135, BGBl I 2010/63)

(BGBl 1992/416, BGBl 1993/18, BGBl I 1997/47, BGBl I 1997/78, BGBl I 1998/54, BGBl I 1998/55, BGBl I 1998/167, BGBl I 1999/179, BGBl I 1999/193, BGBl I 2000/92, BGBl I 2001/103, BGBl I 2004/142, BGBl I 2017/157)

Dauer

§ 35. Die Notstandshilfe wird jeweils für einen bestimmten, jedoch 52 Wochen nicht übersteigenden Zeitraum gewährt.

(BGBl 1993/18, BGBl I 2010/63)

Ausmaß

§ 36. (1) Vorbehaltlich einer Minderung des Anspruches durch anzurechnendes Einkommen beträgt das Ausmaß der täglichen Notstandshilfe:

1. 95 vH des Grundbetrages zuzüglich 95 vH des Ergänzungsbetrages des jeweils gebührenden täglichen Arbeitslosengeldes, kaufmännisch gerundet auf einen Cent, wenn der tägliche Grundbetrag ein Dreißigstel des Richtsatzes gemäß § 293 Abs. 1 lit. a sublit. bb ASVG, kaufmännisch gerundet auf einen Cent, nicht übersteigt;
2. 92 vH des Grundbetrages des jeweils gebührenden täglichen Arbeitslosengeldes, kaufmännisch gerundet auf einen Cent, in den übrigen Fällen, wobei 95 vH eines Dreißigstels des Richtsatzes gemäß § 293 Abs. 1 lit. a sublit. bb ASVG, kaufmännisch gerundet auf einen Cent, nicht unterschritten werden dürfen;

zuzüglich gebühren Familienzuschläge gemäß § 20 AlVG, soweit dadurch die Obergrenze gemäß § 21 Abs. 5 nicht überschritten wird.

(BGBl 1996/201, BGBl I 1997/139, BGBl I 2000/142, BGBl I 2010/63, BGBl I 2017/157)

(2) Bei der Beurteilung der Notlage sind die ge-

samten wirtschaftlichen Verhältnisse des (der) Arbeitslosen zu berücksichtigen.

(BGBl 1994/314, BGBl 1995/297, BGBl I 2004/142, BGBl I 2009/135, BGBl I 2010/63, BGBl I 2017/157)

(3) Bei der Anrechnung von Einkommen (§ 36a) des (der) Arbeitslosen auf die Notstandshilfe ist Folgendes zu beachten:

Das in einem Kalendermonat erzielte und ohne Auswirkung auf den Leistungsanspruch in diesem Kalendermonat gebliebene Einkommen des Arbeitslosen ist im Folgemonat nach Abzug des zur Erzielung des Einkommens notwendigen Aufwandes auf die Notstandshilfe anzurechnen. Ausgenommen ist ein Einkommen aus einer Erwerbstätigkeit, das den der Geringfügigkeitsgrenze gemäß § 5 Abs. 2 ASVG für den Kalendermonat entsprechenden Betrag nicht übersteigt. Wiederkehrende Bezüge an gesetzlich unterhaltsberechtigte Personen „(§ 29 Z 1 zweiter Teilstrich EStG 1988)“[a] sind nur insoweit anzurechnen, als sie den Betrag der monatlichen Geringfügigkeitsgrenze gemäß § 5 Abs. 2 ASVG übersteigen.

[a] Bis 1. Jänner 2020: „§ 29 Abs. 1 Z 2 zweiter Teilstrich EStG 1988“.

(BGBl 1992/416, BGBl 1993/502, BGBl 1995/297, BGBl 1996/153, BGBl I 2008/82, BGBl I 2009/135, BGBl I 2017/157, BGBl I 2018/100)

(4) Wird Einkommen auf die Notstandshilfe angerechnet, so ist der anzurechnende Betrag kaufmännisch auf einen vollen Eurobetrag zu runden. Bei Besuch von Aus- oder Weiterbildungsmaßnahmen gewährte Beihilfen und andere Zuwendungen, die zur Abdeckung schulungsbedingter Mehraufwendungen dienen, sind nicht anzurechnen. Finanzielle Zuschüsse des Sozial- und Weiterbildungsfonds gemäß § 22c des Arbeitskräfteüberlassungsgesetzes (AÜG) sind auf die Notstandshilfe nicht anzurechnen.

(BGBl I 2001/103, BGBl I 2003/71, BGBl I 2012/98)

(5) Abweichend von Abs. 1 ist bei der Festsetzung des Betrages der Notstandshilfe für Zuerkennungen auf Notstandshilfe bzw. Verlängerungen der Notstandshilfe ab 1. Mai 1996 wie folgt vorzugehen:

Wenn die Notstandshilfe an einen Bezug des Arbeitslosengeldes in der Dauer von 20 Wochen (§ 18 Abs. 1 erster Satz) anschließt, darf der Grundbetrag der Notstandshilfe nach Einkommensanrechnung mit keinem höheren Betrag als dem Ausgleichszulagenrichtsatz (§ 293 Abs. 1 lit. a lit. bb ASVG) festgelegt werden; wenn die Notstandshilfe an einen Bezug des Arbeitslosengeldes in der Dauer von 30 Wochen (§ 18 Abs. 1 zweiter Satz) anschließt, darf der Grundbetrag der Notstandshilfe nach Einkommensanrechnung mit keinem höheren Betrag als dem Existenzminimum gemäß § 291a Abs. 2 Z 1 der Exekutionsordnung, RGBl. Nr. 79/1896, festgelegt werden. Bei Anschluß von Notstandshilfe an Karenzgeld oder Arbeitslosengeld gemäß § 18 Abs. 8 ist jenes Ausmaß des Arbeitslosengeldes maßgeblich, das gebührt hätte, wenn anstelle des Karenzgeldes Arbeitslosengeld oder anstelle des Arbeitslosengeldes gemäß § 18 Abs. 8 Arbeitslosengeld gemäß § 18 Abs. 1 beantragt worden wäre. Bei erstmaligen Anträgen auf Notstandshilfe im Anschluß an den Bezug von Arbeitslosengeld bzw. Karenzgeld ist diese Bestimmung erst ab dem ersten Tag des Monats, der auf den Zeitraum von sechs Monaten nach dem Anfallstag folgt, anzuwenden. Der Beurteilung der Bezugsdauer des zugrundeliegenden Arbeitslosengeldes ist § 18 Abs. 1 bis 3 in der Fassung des Bundesgesetzes BGBl. Nr. 364/1989 zugrunde zu legen. Hat der Arbeitslose das 45. Lebensjahr vollendet, so ist der Bemessung der Notstandshilfe die längste zuerkannte Bezugsdauer von Arbeitslosengeld zu Grunde zu legen.

(BGBl 1996/201, BGBl 1996/411, BGBl I 1997/47, BGBl I 1998/6, BGBl I 2000/92, BGBl I 2002/68, BGBl I 2017/157)

(6) § 20 Abs. 6 und § 21a sind mit der Maßgabe anzuwenden, dass an die Stelle des Arbeitslosengeldes die Notstandshilfe tritt.

(BGBl I 1998/6, BGBl I 2012/35, BGBl I 2017/157)

Einkommen

§ 36a. (1) Bei der Feststellung des Einkommens für die Beurteilung des Vorliegens von Arbeitslosigkeit (§ 12 Abs. 6 lit. a bis e), des Anspruchs auf Familienzuschlag (§ 20 Abs. 2 und 5), und für die Anrechnung auf die Notstandshilfe ist nach den folgenden Absätzen vorzugehen.

(BGBl I 1997/47, BGBl I 1998/6)

(2) Einkommen im Sinne dieses Bundesgesetzes ist das Einkommen gemäß § 2 Abs. 2 des Einkommensteuergesetzes 1988 (EStG 1988), BGBl. Nr. 400, in der jeweils geltenden Fassung, zuzüglich den Hinzurechnungen gemäß Abs. 3 und dem Pauschalierungsausgleich gemäß Abs. 4. Einkommensteile, die mit dem festen Satz des § 67 des Einkommensteuergesetzes 1988 zu versteuern sind, bleiben außer Betracht. Die Winterfeiertagsvergütung gemäß § 13j Bauarbeiter-Urlaubs- und Abfertigungsgesetz, BGBl. Nr. 414/1972, in der jeweils geltenden Fassung, bleibt außer Betracht. Bezüge aus einer gesetzlichen Unfallversorgung sowie aus einer Unfallversorgung der Versorgungs- und Unterstützungseinrichtungen der Kammern der selbständig Erwerbstätigen sind nur zur Hälfte zu berücksichtigen.

(BGBl 1996/201, BGBl 1996/417, BGBl I 2001/47)

(3) Dem Einkommen nach § 2 Abs. 2 EStG 1988 sind die folgenden Beträge hinzuzurechnen:

1. Steuerfreie Bezüge gemäß § 3 Abs. 1 Z 4 lit. a und lit. e, Z 5 lit. a bis d, Z 8 bis 12, Z 22 bis 24 und Z 32 sowie § 29 Z 1 zweiter Satz EStG 1988;
2. die Beträge nach den §§ 10, 18 Abs. 6 und 7, 24 Abs. 4 und 41 Abs. 3 EStG 1988, soweit

AlVG

sie bei der Ermittlung des Einkommens abgezogen wurden;
3. Sonderunterstützungen nach dem Sonderunterstützungsgesetz, BGBl. Nr. 642/1973.

(BGBl 1996/411, BGBl I 1999/87, BGBl I 2001/47, BGBl I 2013/67)

(4) Bei der Ermittlung des Einkommens aus einem land(forst)wirtschaftlichen Betrieb gelten 3 vH des Einheitswertes als monatliches Einkommen. Werden bei Einkünften aus einer anderen selbständigen Erwerbstätigkeit Gewinne nicht nach Führung ordnungsgemäßer Bücher oder Aufzeichnungen, sondern nach Durchschnittssätzen (§ 17 EStG 1988) ermittelt, sind diese Einkünfte um 10 vH zu erhöhen.

(BGBl I 1998/148, BGBl I 2003/128)

(5) Das Einkommen ist wie folgt nachzuweisen:
1. bei Personen, die zur Einkommensteuer veranlagt werden, durch die Vorlage des Einkommensteuerbescheides für das Kalenderjahr, in dem die Leistung nach diesem Bundesgesetz bezogen wird, und bis zum Vorliegen dieses Bescheides auf Grund einer jeweils monatlich im nachhinein abzugebenden Erklärung des selbständig Erwerbstätigen und geeigneter Nachweise;

   (BGBl I 1998/56, BGBl I 1998/148)
2. bei Einkünften aus nicht selbständiger Arbeit durch die Vorlage einer aktuellen Lohnbestätigung;

   (BGBl I 1998/6)
3. bei Einkünften aus Land- und Forstwirtschaft durch Vorlage des zuletzt ergangenen Einheitswertbescheides;

   (BGBl I 1998/6, BGBl I 1998/148)
4. bei steuerfreien Bezügen durch eine Bestätigung der bezugsliquidierenden Stelle.

(BGBl 1996/411)

(6) Über Sonderausgaben, allfällige steuerfreie Bezüge und Beträge gemäß Abs. 3 Z 2 ist eine Erklärung abzugeben.

(7) Als monatliches Einkommen gilt bei durchgehender selbständiger Erwerbstätigkeit ein Zwölftel des sich ergebenden Jahreseinkommens, bei nur vorübergehender selbständiger Erwerbstätigkeit das anteilsmäßige Einkommen in den Monaten, in denen selbständige Erwerbstätigkeit vorlag. Bis zum Vorliegen des Einkommensteuerbescheides für das betreffende Kalenderjahr ist das Einkommen in einem bestimmten Kalendermonat jeweils durch Zusammenrechnung des für diesen Kalendermonat nachgewiesenen Einkommens mit den für frühere Kalendermonate desselben Kalenderjahres nachgewiesenen Einkommen geteilt durch die Anzahl der Monate im Kalenderjahr, für die eine Einkommenserklärung vorliegt, zu ermitteln.

(BGBl I 1998/148)

(BGBl 1995/297)

Umsatz

§ 36b. (1) Der Umsatz wird auf Grund des Umsatzsteuerbescheides für das Kalenderjahr, in dem die Leistung nach diesem Bundesgesetz bezogen wird, festgestellt. Bis zum Vorliegen dieses Bescheides ist der Umsatz auf Grund einer jeweils monatlich im nachhinein abzugebenden Erklärung des selbständig Erwerbstätigen und geeigneter Nachweise festzustellen.

(2) Als monatlicher Umsatz gilt bei durchgehender selbständiger Erwerbstätigkeit ein Zwölftel des sich ergebenden Jahresumsatzes, bei nur vorübergehender selbständiger Erwerbstätigkeit der anteilsmäßige Umsatz in den Monaten, in denen selbständige Erwerbstätigkeit vorlag. Bis zum Vorliegen des Umsatzsteuerbescheides für das betreffende Kalenderjahr ist der Umsatz in einem bestimmten Kalendermonat jeweils durch Zusammenrechnung des für diesen Kalendermonat nachgewiesenen Umsatzes mit den für frühere Kalendermonate desselben Kalenderjahres nachgewiesenen Umsätzen geteilt durch die Anzahl der Monate im Kalenderjahr, für die eine Umsatzerklärung vorliegt, zu ermitteln.

(BGBl 1995/297, BGBl 1996/411, BGBl I 1998/56, BGBl I 1998/148)

Mitwirkungspflicht

§ 36c. (1) Personen, deren Einkommen oder Umsatz zur Feststellung des Anspruches auf Leistungen nach diesem Bundesgesetz heranzuziehen ist, haben die erforderlichen Erklärungen und Nachweise auf Verlangen der regionalen Geschäftsstelle abzugeben bzw. vorzulegen.

(2) Arbeitgeber, bezugsliquidierende und sonstige Stellen, die Beträge im Sinne des § 36a Abs. 2 und 3 anweisen, haben alle Angaben, die zur Feststellung des Einkommens notwendig sind, binnen vier Wochen ab Aufforderung durch die regionale Geschäftsstelle mitzuteilen.

(3) Die gemäß Abs. 1 und 2 bescheidmäßig festgestellten Verpflichtungen können von den Vollstreckungsbehörden nach dem Verwaltungsvollstreckungsgesetz 1991 (VVG), BGBl. Nr. 53, erzwungen werden.

(4) Die Abgabenbehörden haben für Personen, deren Einkommen bzw. Umsatz zur Feststellung des Anspruches auf Leistungen nach diesem Bundesgesetz heranzuziehen ist, im Rahmen ihres Wirkungsbereiches im Ermittlungsverfahren festgestellte und für die Abgabenfestsetzung bedeutsame Daten über Anfrage den regionalen Geschäftsstellen bekanntzugeben, wenn die obgenannten Personen ihrer Mitwirkungspflicht im Verfahren nicht oder nicht ausreichend nachgekommen sind oder begründete Zweifel an der Richtigkeit der Angaben bestehen. Die abgabenrechtliche Geheimhaltungspflicht des § 48a der Bundesabgabenordnung, BGBl. Nr. 194/1961, gilt sinngemäß.

(5) Personen, deren Einkommen oder Umsatz aus selbständiger Erwerbstätigkeit für die Beurteilung des Anspruches auf eine Leistung nach die-

sem Bundesgesetz herangezogen wurde, sind verpflichtet, den Einkommen- bzw. den Umsatzsteuerbescheid für das Kalenderjahr, in dem die Leistung bezogen wurde, binnen zwei Wochen nach dessen Erlassung der zuständigen regionalen Geschäftsstelle vorzulegen.

(6) Wenn der Leistungsbezieher oder dessen Angehöriger (Lebensgefährte) keine Nachweise nach § 36a Abs. 5 und § 36b Abs. 2 vorlegt bzw. keine Erklärung nach § 36a Abs. 6 und § 36b Abs. 2 abgibt, so ist für den Leistungsbezieher kein geringfügiges Einkommen anzunehmen bzw. kein Anspruch des Leistungsbeziehers auf Familienzuschlag und auf Notstandshilfe gegeben.

(BGBl I 1997/47)

(BGBl 1995/297)

Fortbezug der Notstandshilfe

§ 37. Wenn der Arbeitslose den Bezug der Notstandshilfe unterbricht, kann ihm innerhalb von fünf Jahren, gerechnet vom Tag des letzten Bezuges der Notstandshilfe, der Fortbezug der Notstandshilfe gewährt werden, sofern er die sonstigen Bedingungen für die Gewährung der Notstandshilfe erfüllt. Die vorstehende Frist verlängert sich darüber hinaus um Zeiträume gemäß § 15 und gemäß § 81 Abs. 10.

(BGBl 1992/416, BGBl 1996/201, BGBl I 1998/148, BGBl I 2007/104, BGBl I 2008/82)

Allgemeine Bestimmungen

§ 38. Soweit in diesem Abschnitt nichts anderes bestimmt ist, sind auf die Notstandshilfe die Bestimmungen des Abschnittes 1 sinngemäß anzuwenden.

Abschnitt 3a
Besondere Leistungen für ältere Personen

Übergangsgeld nach Altersteilzeit

§ 39. (1) Personen, die eine Altersteilzeitvereinbarung im Sinne des § 27 dieses Bundesgesetzes abgeschlossen haben, die vor dem 1. Jänner 2013 wirksam geworden ist, haben bis zur Erfüllung der Voraussetzungen für eine Alterspension Anspruch auf ein Übergangsgeld, wenn sie nach Ende des Dienstverhältnisses arbeitslos im Sinne des § 12 (allenfalls mit Ausnahme des Abs. 3 lit. f) sind und wegen einer Änderung der pensionsrechtlichen Voraussetzungen noch nicht die Anspruchsvoraussetzungen für eine Leistung aus der gesetzlichen Pensionsversicherung erfüllen. Dies gilt auch dann, wenn der Arbeitgeber nur deshalb kein Altersteilzeitgeld gemäß § 27 erhalten hat, weil das der verringerten Arbeitszeit entsprechende Entgelt die Höchstbeitragsgrundlage überschritten hat. Wenn keine Aussicht auf eine Wiedereingliederung in den Arbeitsmarkt in absehbarer Zeit besteht, kann die regionale Geschäftsstelle im Rahmen der Richtlinie des Arbeitsmarktservice (§ 38b AMSG) nach Anhörung des Regionalbeirates festlegen, dass solche Personen sich für eine bestimmte Zeit nicht ständig zur Aufnahme und Ausübung einer Beschäftigung bereithalten (§ 7 Abs. 3 Z 1) müssen. Während dieser Zeit sind § 49 (Kontrollmeldungen) und § 16 Abs. 1 lit. g (Ruhen bei Auslandsaufenthalt) nicht anzuwenden. Die regionale Geschäftsstelle hat für diese Personen nach Anhörung des Regionalbeirates festzulegen, dass sie der Arbeitsvermittlung wieder ständig zur Verfügung stehen müssen, wenn begründete Aussicht auf eine Wiedereingliederung in den Arbeitsmarkt besteht.

(2) Das Übergangsgeld nach Altersteilzeit gebührt in der Höhe des Arbeitslosengeldes.

(3) § 23 (Bevorschussung von Leistungen aus der Pensionsversicherung) ist mit der Maßgabe anzuwenden, dass das Übergangsgeld nach Altersteilzeit an die Stelle des Arbeitslosengeldes tritt.

(4) Für den Fortbezug von Übergangsgeld nach Altersteilzeit gilt § 19 Abs. 1 mit der Maßgabe, dass an die Stelle des Arbeitslosengeldes das Übergangsgeld nach Altersteilzeit tritt. Im Übrigen gelten für das Übergangsgeld nach Altersteilzeit die für das Arbeitslosengeld festgelegten Bestimmungen.

(5) Soweit in anderen Rechtsvorschriften keine gesonderten Regelungen für das Übergangsgeld nach Altersteilzeit getroffen wurden, sind die für das Arbeitslosengeld getroffenen Regelungen oder auf das Arbeitslosengeld bezogenen Regelungen auch auf das Übergangsgeld nach Altersteilzeit anzuwenden.

(BGBl I 2012/35)

Übergangsgeld

§ 39a. (1) Personen, die das frühestmögliche Anfallsalter für die vorzeitige Alterspension gemäß § 253a ASVG in der Fassung des Bundesgesetzes BGBl. I Nr. 103/2001 in den Jahren 2004 bis 2010 erfüllen, haben bis zur Erfüllung der Voraussetzungen für eine Alterspension, längstens jedoch bis zum Ablauf des Kalendermonates, in dem das Regelpensionsalter erreicht wird, Anspruch auf ein Übergangsgeld, wenn sie in den letzten fünfzehn Monaten mindestens 52 Wochen arbeitslos im Sinne des § 12 (allenfalls mit Ausnahme des Abs. 3 lit. f) sind und trotz intensiver Bemühungen keine neue Beschäftigung antreten können. Der Zeitraum von 52 Wochen verlängert sich um Zeiträume gemäß § 15 Abs. 3 Z 1. Wenn keine Aussicht auf eine Wiedereingliederung in den Arbeitsmarkt in absehbarer Zeit besteht, kann die regionale Geschäftsstelle im Rahmen der Richtlinie des Arbeitsmarktservice (§ 38b AMSG) nach Anhörung des Regionalbeirates festlegen, dass solche Personen sich für eine bestimmte Zeit nicht ständig zur Aufnahme und Ausübung einer Beschäftigung bereithalten (§ 7 Abs. 3 Z 1) müssen. Während dieser Zeit sind § 49 (Kontrollmeldungen) und § 16 Abs. 1 lit. g (Ruhen bei Auslandsaufenthalt) nicht anzuwenden. Die regionale Geschäftsstelle hat für diese Personen nach Anhörung des Regionalbeirates festzulegen, dass sie der Arbeitsvermittlung wieder ständig zur Verfügung stehen müssen, wenn begründete Aussicht auf eine Wiedereingliederung in den Arbeitsmarkt besteht.

(BGBl I 2004/77, BGBl I 2009/90)

(2) Das Übergangsgeld gebührt in der Höhe des um 25 vH erhöhten Grundbetrages des Arbeitslosengeldes zuzüglich allfälliger Familienzuschläge, mindestens jedoch in der Höhe des Arbeitslosengeldes, wenn dieses auf Grund eines Ergänzungsbetrages höher ist.

(3) Bei der Ermittlung der Anwartschaft für den Anspruch auf Arbeitslosengeld bereits herangezogene Zeiten können für den einem weiteren Anspruch auf Arbeitslosengeld gleich gestellten Anspruch auf Übergangsgeld neuerlich berücksichtigt werden. Die Anwartschaft erfüllt auch, wer in den letzten 25 Jahren vor der Geltendmachung des Anspruches (Rahmenfrist) 780 Wochen arbeitslosenversicherungspflichtig beschäftigt war, wobei auf die Anwartschaft anzurechnende Zeiten gemäß § 14 Abs. 4 und 5 berücksichtigt und die Rahmenfrist um arbeitslosenversicherungsfreie Zeiten der Betreuung von Kindern bis zur Vollendung des 15. Lebensjahres erstreckt wird.

(4) § 23 (Bevorschussung von Leistungen aus der Pensionsversicherung) ist mit der Maßgabe anzuwenden, dass das Übergangsgeld an die Stelle des Arbeitslosengeldes tritt.

(BGBl I 2012/35)

(5) Für den Fortbezug von Übergangsgeld gilt § 19 Abs. 1 mit der Maßgabe, dass an die Stelle des Arbeitslosengeldes das Übergangsgeld tritt. Im Übrigen gelten für das Übergangsgeld die für das Arbeitslosengeld festgelegten Bestimmungen.

(BGBl I 2003/128)

(6) Soweit in anderen Rechtsvorschriften keine gesonderten Regelungen für das Übergangsgeld getroffen wurden, sind die für das Arbeitslosengeld getroffenen oder auf das Arbeitslosengeld bezogenen Regelungen auch auf das Übergangsgeld anzuwenden.

(BGBl I 2003/128)

(7) Für Personen, die das frühestmögliche Anfallsalter für die vorzeitige Alterspension gemäß § 253a ASVG in der Fassung des Bundesgesetzes BGBl. I Nr. 103/2001 erst nach 2010 erfüllen, gelten die Abs. 1 bis 6 ab Erreichung folgenden Mindestalters

1. im Jänner bis April 2011 für Frauen 56 Jahre 9 Monate und für Männer 61 Jahre 9 Monate,
2. im Mai bis August 2011 für Frauen 57 Jahre und für Männer 62 Jahre,
3. im September bis Dezember 2011 für Frauen 57 Jahre 3 Monate und für Männer 62 Jahre 3 Monate,
4. im Jänner bis April 2012 für Frauen 57 Jahre 6 Monate und für Männer 62 Jahre 6 Monate,
5. im Mai bis August 2012 für Frauen 57 Jahre 9 Monate und für Männer 62 Jahre 9 Monate,
6. im September bis Dezember 2012 für Frauen 58 Jahre und für Männer 63 Jahre,
7. im Jänner bis April 2013 für Frauen 58 Jahre 3 Monate und für Männer 63 Jahre 3 Monate,
8. im Mai bis August 2013 für Frauen 58 Jahre 6 Monate und für Männer 63 Jahre 6 Monate,
9. im September bis Dezember 2013 für Frauen 58 Jahre 9 Monate und für Männer 63 Jahre 9 Monate,
10. im Jänner bis April 2014 für Frauen 59 Jahre und für Männer 64 Jahre,
11. im Mai bis August 2014 für Frauen 59 Jahre 3 Monate und für Männer 64 Jahre 3 Monate,
12. im September bis Dezember 2014 für Frauen 59 Jahre 6 Monate und für Männer 64 Jahre 6 Monate,
13. im Jänner bis April 2015 für Frauen 59 Jahre 9 Monate und für Männer 64 Jahre 9 Monate.

(BGBl I 2009/90)

(BGBl I 2003/71)

Abschnitt 3b
Besondere Leistung für gesundheitlich beeinträchtigte Personen

Umschulungsgeld

§ 39b. (1) Personen, für die bescheidmäßig festgestellt wurde, dass ein Rechtsanspruch auf berufliche Maßnahmen der Rehabilitation nach § 253e ASVG (§ 270a ASVG, § 276e ASVG) besteht, haben Anspruch auf Umschulungsgeld, wenn sie zur aktiven Teilnahme an für sie in Betracht kommenden beruflichen Maßnahmen der Rehabilitation bereit sind, bis zur Beendigung dieser Maßnahmen, längstens bis zum Monatsende nach Beendigung der letzten Maßnahme. Das Umschulungsgeld gebührt ab der Feststellung des Pensionsversicherungsträgers, wenn die Geltendmachung binnen vier Wochen danach erfolgt, andernfalls erst ab Geltendmachung. Wenn das Arbeitsmarktservice zur begründeten Auffassung gelangt, dass die Realisierbarkeit beruflicher Maßnahmen der Rehabilitation nicht oder nicht mehr gegeben ist, so gebührt das Umschulungsgeld bis zur neuerlichen Entscheidung des Pensionsversicherungsträgers. Wird eine Leistung des Pensionsversicherungsträgers zuerkannt, so tritt ein Übergang des Anspruches gemäß § 23 Abs. 6 ein.

(BGBl I 2017/29, BGBl I 2017/38)

(2) Die beruflichen Maßnahmen der Rehabilitation sind im Rahmen der Feststellung gemäß § 367 Abs. 4 Z 1 und § 253e Abs. 7 ASVG zu gestalten. Einvernehmlich kann davon unter besonderer Berücksichtigung der Nachfrage nach qualifizierten Arbeitskräften auf dem regionalen Arbeitsmarkt und ihrer Eignung für die betroffenen Personen abgewichen werden.

(BGBl I 2017/29, BGBl I 2017/38)

(3) Personen, die Umschulungsgeld beziehen, sind verpflichtet, bei der Auswahl, Planung und Durchführung der beruflichen Maßnahmen der Rehabilitation aktiv mitzuwirken. Personen, die dieser Verpflichtung ohne wichtigen Grund nicht nachkommen, erfüllen den Tatbestand des § 10 Abs. 1 Z 2. § 10 Abs. 1 ist mit der Maßgabe anzuwenden, dass an die Stelle des Anspruches auf Arbeitslosengeld der Anspruch auf Umschulungsgeld tritt. § 10 Abs. 3 ist mit der Maßgabe anzu-

wenden, dass ein berücksichtigungswürdigender Fall auch dann vorliegt, wenn eine Ausbildung nach kurzer Unterbrechung fortgesetzt wird und der Ausbildungserfolg durch die Unterbrechung nicht gefährdet ist. § 10 Abs. 4 ist mit der Maßgabe anzuwenden, dass an die Stelle des Anspruches auf Arbeitslosengeld der Anspruch auf Umschulungsgeld tritt.

(4) Das Umschulungsgeld gebührt in der Phase der Auswahl und Planung der beruflichen Maßnahmen der Rehabilitation in der Höhe des Arbeitslosengeldes und ab der Teilnahme an der ersten Maßnahme der beruflichen Rehabilitation in der Höhe des um 22 vH erhöhten Grundbetrages des Arbeitslosengeldes zuzüglich allfälliger Familienzuschläge, mindestens jedoch in der Höhe eines Dreißigstels des monatlichen Existenzminimums gemäß § 291a Abs. 2 Z 1 EO, kaufmännisch gerundet auf einen Cent. Kann eine begonnene Maßnahme, obwohl keine Pflichtverletzung vorliegt, nicht mehr fortgesetzt werden oder liegt zwischen mehreren Maßnahmen aus organisatorischen Gründen ein schulungsfreier Zeitraum, so gebührt das Umschulungsgeld weiterhin in der bisherigen Höhe. Kann nach einer Pflichtverletzung gemäß Abs. 3 eine begonnene Maßnahme nicht mehr fortgesetzt werden, so gebührt das Umschulungsgeld nach Ende des Anspruchsverlustes bis zur Teilnahme an der nächsten beruflichen Maßnahme der Rehabilitation nur in Höhe des Arbeitslosengeldes.

(5) Im Übrigen sind auf das Umschulungsgeld die für das Arbeitslosengeld geltenden Bestimmungen mit der Maßgabe anzuwenden, dass an die Stelle des Arbeitslosengeldes das Umschulungsgeld tritt. § 7 Abs. 1 Z 2 und Z 3, Abs. 3 Z 1, Abs. 4 und Abs. 8, § 8 Abs. 1 erster Satz und Abs. 4, § 9, § 10 Abs. 1 Z 1, Z 3 und Z 4 sowie Abs. 2, § 11, § 12 Abs. 3 lit. f, § 13, § 14, § 15, § 16 Abs. 1 lit. p, § 18, § 19 und § 23 Abs. 1 bis 5 sind jedoch nicht anzuwenden. § 7 Abs. 7 gilt mit der Maßgabe, dass das wöchentliche Mindeststundenausmaß für die Bereithaltung zur Teilnahme an der Auswahl, Planung und Durchführung der beruflichen Maßnahmen der Rehabilitation gilt. § 12 Abs. 1 Z 1 ist bei Personen, die aus einem aufrechten Dienstverhältnis keinen Entgeltanspruch mehr haben und deren Anspruch auf eine Geldleistung der Krankenversicherung erschöpft ist, nicht anzuwenden.

(BGBl I 2013/3)

Abschnitt 4

Krankenversicherung der Leistungsbezieher

§ 40. (1) Die Bezieher von Leistungen nach § 6 Abs. 1 Z 1 bis 5 sowie 7 bis 9 sind während des Leistungsbezuges bei der „Österreichischen Gesundheitskasse“[a)] krankenversichert. Für diese Versicherung gelten die Vorschriften des Allgemeinen Sozialversicherungsgesetzes über die gesetzliche Krankenversicherung für Pflichtversicherte, soweit sich nicht aus den folgenden Bestimmungen Abweichendes ergibt.

(BGBl I 2018/100)

[a)] Bis 1. Jänner 2020 „Gebietskrankenkasse ihres Wohnortes“.

(2) Abweichend von Abs. 1 sind Personen, die während ihres letzten anspruchsbegründenden Dienstverhältnisses bei der Versicherungsanstalt für Eisenbahnen und Bergbau krankenversichert waren, bei dieser Versicherungsanstalt, sowie Bezieher, die während des letzten anspruchsbegründenden Dienstverhältnisses bei einer Betriebskrankenkasse krankenversichert waren, bei dieser Betriebskrankenkasse krankenversichert, wenn sie Arbeitslosengeld für eine Bezugsdauer gemäß § 18 Abs. 2 lit. b oder c oder für eine verlängerte Bezugsdauer gemäß § 18 Abs. 5 oder Umschulungsgeld erhalten. Dies gilt auch, wenn nach Erschöpfung der Bezugsdauer einer derartigen Leistung Notstandshilfe bezogen wird oder ein Anspruch auf Krankenversicherung gemäß § 34 besteht. Abweichend von Abs. 1 sind weiters Personen, die Bildungsteilzeitgeld beziehen, bei jenem Krankenversicherungsträger versichert, bei dem sie auf Grund ihres Arbeitsverhältnisses versichert sind.

„(2)[a)] Abweichend von Abs. 1 sind Personen, die Bildungsteilzeitgeld beziehen, bei jenem Krankenversicherungsträger versichert, bei dem sie auf Grund ihres Arbeitsverhältnisses versichert sind, oder haben, wenn sie von der Krankenversicherung ausgenommen sind, Anspruch auf Leistungen jener betrieblichen Gesundheitseinrichtung, der sie auf Grund ihres Arbeitsverhältnisses zugehörig sind. An die Stelle der Beiträge zur Krankenversicherung treten entsprechende Beitragsleistungen an jene Rechtsträger, die die Leistungen der betrieblichen Gesundheitseinrichtung tragen.“

(BGBl I 2018/100)

[a)] Tritt mit 1. Jänner 2020 in Kraft.

(3) Die Bezieher von Leistungen gemäß § 6 Abs. 1 Z 1 bis 3 sowie 7 bis 9 sind überdies während der Zeit zwischen dem Ende der Anspruchsberechtigung auf die Leistungen der Krankenversicherung und dem Beginn (Wiederbeginn) des Anspruches auf eine Leistung gemäß § 6 Abs. 1 Z 1 bis 3 sowie 7 bis 9 bei fehlender Schutzfrist nach § 122 Abs. 2 Z 2 ASVG für längstens sechs Wochen in gleicher Weise wie während der Schutzfrist des § 122 Abs. 2 ASVG krankenversichert.

(BGBl 1991/682, BGBl 1994/450, BGBl I 1999/179, BGBl I 2003/71, BGBl I 2004/77, BGBl I 2004/136, BGBl I 2006/131, BGBl I 2013/3, BGBl I 2013/67)

Unfallversicherung

§ 40a. Während der Teilnahme an einer Maßnahme der Nach- und Umschulung sowie zur Wiedereingliederung in den Arbeitsmarkt im Auftrag des Arbeitsmarktservice und während einer Bezugsdauer gemäß § 18 Abs. 5 infolge Teilnahme

AlVG

an einer vom Arbeitsmarktservice anerkannten Maßnahme sowie während der Teilnahme an einer beruflichen Maßnahme der Rehabilitation gelten Personen, die Arbeitslosengeld, Notstandshilfe oder Umschulungsgeld beziehen, als Teilnehmer von Ausbildungslehrgängen im Sinne des § 8 Abs. 1 Z 3 lit. c ASVG. Dies gilt ebenso für Personen, die Weiterbildungsgeld oder Bildungsteilzeitgeld beziehen. Abweichend von § 74 Abs. 2 ASVG gilt als Beitragsgrundlage die jeweils bezogene Leistung nach diesem Bundesgesetz. Abweichend von § 74 Abs. 3 Z 2 ASVG werden die Beiträge aus Mitteln der Arbeitslosenversicherung bestritten. Dem Dienstgeber obliegende Meldungen hat jeweils die regionale Geschäftsstelle zu erstatten.

(BGBl 1992/833, BGBl 1994/314, BGBl 1996/201, BGBl I 1997/139, BGBl I 2013/3, BGBl I 2013/67)

Leistungen der Krankenversicherung

§ 41. (1) Das Krankengeld gebührt in der Höhe der zuletzt bezogenen Leistung (gemäß § 6 Abs. 1 Z 1, 2, 3 soweit eine Leistung gemäß § 23 Abs. 1 Z 2 beantragt wurde, 4, 5, 7, 8 und 9) nach diesem Bundesgesetz, ohne Berücksichtigung eines allfälligen Zusatzbetrages gemäß § 20 Abs. 6. Als Wochengeld gebührt ein Betrag in der Höhe des um 80 vH erhöhten Leistungsbezuges nach diesem Bundesgesetz, bei Beziehern von Weiterbildungsgeld oder Bildungsteilzeitgeld jedoch in der Höhe, die sich gemäß § 162 Abs. 3 und 4 ASVG aus dem Arbeitsverdienst ergibt, der dem Bezug von Weiterbildungsgeld oder Bildungsteilzeitgeld vorangeht. Wenn es für die Bezieherinnen einer Notstandshilfe günstiger ist, ist das Wochengeld mit der Maßgabe nach § 162 Abs. 3 ASVG zu berechnen, dass für Zeiten des Bezuges von Kinderbetreuungsgeld das bezogene Kinderbetreuungsgeld, höchstens jedoch der nach § 162 Abs. 3a Z 2 ASVG maßgebliche Betrag, und für Zeiten des Bezuges einer Leistung nach diesem Bundesgesetz die jeweils bezogene Leistung, ohne Berücksichtigung eines allfälligen Zusatzbetrages gemäß § 20 Abs. 6, als Arbeitsverdienst heranzuziehen ist. Die §§ 126 Abs. 1 und 139 Abs. 3 des Allgemeinen Sozialversicherungsgesetzes gelten sinngemäß.

(BGBl I 1997/139, BGBl I 2006/131, BGBl I 2010/111, BGBl I 2012/35, BGBl I 2013/3, BGBl I 2013/67)

(2) Wenn Ansprüche auf Leistungen der Krankenversicherung davon abhängen, ob der Leistungsbezieher seinen Angehörigen aus seinem Entgelt Unterhalt geleistet hat, gelten die Leistungen nach diesem Bundesgesetz als Entgelt.

(3) Leistungsbeziehern, die während des Bezuges von Leistungen nach diesem Bundesgesetz erkranken oder sich in Anstaltspflege befinden, gebührt in den ersten drei Tagen der Erkrankung oder Anstaltspflege die bisher bezogene Leistung.

(BGBl 1992/416, BGBl I 2007/104)

(4) Leistungen der Krankenversicherung werden auf Antrag der Arbeitslosen, der Krankenversicherungsträger oder der Spitalserhalter nach Entscheidung der zuständigen Landesgeschäftsstelle direkt getragen und ein entsprechender Kostenersatz geleistet, wenn

1. Arbeitslosen auf Grund eines Versehens des Arbeitsmarktservice unberechtigt ein Leistungsbezug oder ein Versicherungsschutz nach diesem Bundesgesetz zuerkannt und später widerrufen wurde,
2. Leistungen der Krankenversicherung in Anspruch genommen wurden,
3. kein Krankenversicherungsschutz auf Grund sonstiger gesetzlicher Bestimmungen besteht und
4. ein Krankenversicherungsträger, ein Spital oder ein Spitalserhalter den Ersatz der Kosten begehrt.

(BGBl 1992/416, BGBl 1994/314, BGBl I 1997/47, BGBl I 2009/90)

Beiträge und Meldungen zur Krankenversicherung

§ 42. (1) Die Aufwendungen der Träger der Krankenversicherung für an Leistungsbezieher nach diesem Bundesgesetz zu erbringende Leistungen sind durch einen Krankenversicherungsbeitrag in der Höhe von 7,55 vH der bezogenen Leistung, ohne Berücksichtigung eines allfälligen Zusatzbetrages gemäß § 20 Abs. 6, abzugelten.

(BGBl I 2004/136, BGBl I 2007/101, BGBl I 2012/35)

(2) Überdies sind die Aufwendungen der Träger der Krankenversicherung für an Leistungsbezieher nach diesem Bundesgesetz zu erbringende Leistungen für Krankengeld vom 4. bis 56. Krankenstandstag pro Krankenstandsfall abzugelten. Die Abgeltung hat monatlich gemeinsam mit dem Krankenversicherungsbeitrag auf der Grundlage der Anzahl der entsprechenden Krankenstandstage und der durchschnittlichen Höhe der Leistungen des zweitvorangegangenen Jahres in der Höhe eines Zwölftels der entsprechenden Jahresaufwendungen zu erfolgen. Nach Vorliegen der Anzahl der entsprechenden Krankenstandstage und der durchschnittlichen Höhe der Leistungen des jeweiligen Vorjahres ist der Differenzbetrag zwischen geleisteter und auf Grund der Jahresdaten ermittelter Höhe der Abgeltung im zweiten Quartal des laufenden Jahres auszugleichen.

(BGBl I 2003/71, BGBl I 2004/136)

(3) Die Beiträge zur Krankenversicherung werden aus den Mitteln der Arbeitslosenversicherung bestritten.

(BGBl I 2003/71)

(4) Meldungen, die nach den Vorschriften der gesetzlichen Krankenversicherung dem Dienstgeber obliegen, hat die regionale Geschäftsstelle zu erstatten. „Die Bundesministerin oder der Bundesminister für Arbeit, Soziales, Gesundheit und Konsumentenschutz“ kann durch Verordnung[a)] Bestimmungen über die Vereinfachung des Melde-

wesens und über die Art der Entrichtung der Beiträge erlassen.

(BGBl I 2003/71, BGBl I 2018/100)

a) Siehe VO im Anhang.

(5) Abweichend von Abs. 1 beträgt der Beitrag zur Krankenversicherung in den Jahren 2005 bis 2007 7,5 vH und ab dem Jahr 2008 7,65 vH der bezogenen Leistung.

(BGBl I 2004/156, BGBl I 2007/101, BGBl I 2008/82, BGBl I 2013/81)

(6) (aufgehoben)

(BGBl I 2009/90, BGBl I 2017/157)

(BGBl 1994/314, BGBl 1995/297, BGBl 1996/411, BGBl I 2000/44, BGBl I 2001/103)

§ 43. Die Bestimmungen über die Krankenversicherung beim Ausscheiden aus einer durch eine Beschäftigung begründeten Pflichtversicherung und anschließender Erwerbslosigkeit sind auf Leistungsbezieher, die aus dem Bezug von Leistungen nach diesem Bundesgesetz ausscheiden, anzuwenden.

(BGBl 1996/411, BGBl I 2009/90, BGBl I 2017/157)

§ 43a. (1) Zur Abgeltung des Aufwandes der Träger der Krankenversicherung auf Grund des § 122 Abs. 2 Z 2 lit. b des Allgemeinen Sozialversicherungsgesetzes und des § 40 Abs. 3 ist aus Mitteln der Arbeitslosenversicherung für jeweils ein Kalenderjahr bis spätestens Ende Feber des darauffolgenden Jahres an den jeweils zuständigen Träger der Krankenversicherung ein Betrag zu entrichten, der vom „Bundesministerium für Arbeit, Soziales, Gesundheit und Konsumentenschutz" unter Heranziehung folgender Kriterien zu berechnen ist:

(BGBl I 2018/100)

1. Zahl der Tage gemäß § 122 Abs. 2 Z 2 lit. b ASVG auf der Grundlage der Bescheide nach §§ 10, 11 und 25 Abs. 2 und der Tage gemäß § 40 Abs. 3,

   (BGBl 1996/201, BGBl I 2004/77)

2. tägliche Beitragsgrundlage gemäß § 44 Abs. 6 lit. c des Allgemeinen Sozialversicherungsgesetzes und

   (BGBl I 2004/136)

3. davon der Beitrag gemäß § 51 Abs. 1 Z 1 lit. f des Allgemeinen Sozialversicherungsgesetzes.

   (BGBl I 1998/6, BGBl I 2000/44, BGBl I 2004/77)

(2) Abs. 1 gilt sinngemäß zur Abgeltung des Aufwandes der Träger der Krankenversicherung auf Grund des § 122 Abs. 2 Z 3 des Allgemeinen Sozialversicherungsgesetzes.

(BGBl 1996/201, BGBl I 1998/6)

Artikel III
Verfahren

Zuständigkeit

§ 44. (1) Die Zuständigkeit der regionalen Geschäftsstellen des Arbeitsmarktservice (in den übrigen Bestimmungen „regionale Geschäftsstellen" genannt) und der Landesgeschäftsstellen des Arbeitsmarktservice (in den übrigen Bestimmungen „Landesgeschäftsstellen" genannt) richtet sich

1. soweit Rechte und Pflichten des Arbeitgebers betroffen sind, nach dem Sitz des Betriebes;

2. soweit Rechte und Pflichten der arbeitslosen, beschäftigten oder karenzierten Person betroffen sind, nach deren Wohnsitz, mangels eines solchen nach deren gewöhnlichem Aufenthaltsort; nach Beendigung des Bezuges einer Leistung nach diesem Bundesgesetz bleibt die bisherige Zuständigkeit auch bei Wechsel des Wohnsitzes oder gewöhnlichen Aufenthaltsortes, insbesondere betreffend den Widerruf oder auch die Rückforderung von Leistungen, so lange aufrecht, bis ein neuer Anspruch geltend gemacht wird.

   (BGBl I 2013/3)

(BGBl I 1999/179, BGBl I 2011/122)

(2) Ist auf Grund internationaler Verträge bei einem Wohnsitz im Ausland der Bezug von Arbeitslosengeld oder Notstandshilfe im Inland zulässig, so ist die regionale Geschäftsstelle zuständig, in deren Bezirk der Arbeitslose zuletzt beschäftigt war. Dies gilt auch für die Geltendmachung des Anspruches (§ 46), die Einhaltung der Kontrollmeldungen (§ 49) und die Erfüllung der Meldepflicht (§ 50). Das gleiche gilt für den Bezug eines Pensionsvorschusses gemäß § 23. Für die Krankenversicherung des Leistungsbeziehers (§ 40 Abs. 1) ist die „Österreichische Gesundheitskasse"[a)] zuständig.

a) Bis 1. Jänner 2020 „nach dem Sitz der regionalen Geschäftsstelle örtlich zuständige Gebietskrankenkasse".

(BGBl 1992/416, BGBl 1994/314, BGBl 1996/201, BGBl I 1997/47)

§ 45. (1) Streitigkeiten über die Arbeitslosenversicherungspflicht oder über Beiträge zur Arbeitslosenversicherung sind in dem für die gesetzliche Krankenversicherung geltenden Verfahren zu entscheiden. In diesem Verfahren kommt den Landesgeschäftsstellen Parteistellung zu.

(BGBl I 2004/77)

(2) Bei Überschreiten der Höchstbeitragsgrundlage im Fall der Mehrfachversicherung sind die jeweiligen krankenversicherungsrechtlichen Vorschriften mit der Maßgabe anzuwenden, dass an die Stelle der Krankenversicherung die Arbeitslosenversicherung tritt. § 70a ASVG ist überdies mit der Maßgabe anzuwenden, dass an die Stelle des dort genannten Prozentsatzes des Erstattungsbetrages der für den von der (dem) Versicherten zu tra-

genden Anteil am Arbeitslosenversicherungsbeitrag geltende Prozentsatz tritt.

(BGBl I 2004/77)

(3) Wenn auf Grund des § 1 Abs. 2 lit. e keine Arbeitslosenversicherungspflicht besteht, aber trotzdem Beiträge zur Arbeitslosenversicherung geleistet wurden, so sind diese Beiträge auf Antrag zurück zu erstatten. Die für die Erstattung von Beiträgen der Krankenversicherung geltenden krankenversicherungsrechtlichen Vorschriften sind mit der Maßgabe anzuwenden, dass an die Stelle der Krankenversicherung die Arbeitslosenversicherung und an die Stelle des im § 70a ASVG oder im § 24b B-KUVG genannten Prozentsatzes des Erstattungsbetrages der für den vom jeweiligen Antragsteller (Dienstgeber oder Versicherten) zu tragenden Anteil am Arbeitslosenversicherungsbeitrag geltende Prozentsatz tritt.

(BGBl I 2012/35)

(BGBl 1994/314, BGBl I 2004/77)

Geltendmachung des Anspruches auf Arbeitslosengeld

§ 46. (1) Der Anspruch auf Arbeitslosengeld ist bei der zuständigen regionalen Geschäftsstelle persönlich geltend zu machen. Für die Geltendmachung des Anspruches ist das bundeseinheitliche Antragsformular zu verwenden. Personen, die über ein sicheres elektronisches Konto beim Arbeitsmarktservice (eAMS-Konto) verfügen, können den Anspruch auf elektronischem Weg über dieses geltend machen, wenn die für die Arbeitsvermittlung erforderlichen Daten dem Arbeitsmarktservice bereits auf Grund einer Arbeitslosmeldung oder Vormerkung zur Arbeitsuche bekannt sind; sie müssen jedoch, soweit vom Arbeitsmarktservice keine längere Frist gesetzt wird, innerhalb von 10 Tagen nach elektronischer Übermittlung des Antrages persönlich bei der regionalen Geschäftsstelle vorsprechen. Das Arbeitsmarktservice kann die eigenhändige Unterzeichnung eines elektronisch eingebrachten Antrages binnen einer gleichzeitig zu setzenden angemessenen Frist verlangen, wenn Zweifel an der Rechtmäßigkeit der Geltendmachung bestehen. Der Anspruch gilt erst dann als geltend gemacht, wenn die arbeitslose Person bei der regionalen Geschäftsstelle zumindest einmal persönlich vorgesprochen hat und das vollständig ausgefüllte Antragsformular übermittelt hat. Das Arbeitsmarktservice kann vom Erfordernis der persönlichen Vorsprache absehen. Eine persönliche Vorsprache ist insbesondere nicht erforderlich, wenn die arbeitslose Person aus zwingenden Gründen, wie Arbeitsaufnahme oder Krankheit, verhindert ist, den Antrag persönlich abzugeben. Die Abgabe (das Einlangen) des Antrages ist der arbeitslosen Person zu bestätigen. Können die Anspruchsvoraussetzungen auf Grund des eingelangten Antrages nicht ohne weitere persönliche Vorsprache beurteilt werden, so ist die betroffene Person verpflichtet, auf Verlangen bei der regionalen Geschäftsstelle vorzusprechen. Hat die regionale Geschäftsstelle zur Klärung der Anspruchsvoraussetzungen, etwa zur Beibringung des ausgefüllten Antragsformulars oder von sonstigen Unterlagen, eine Frist bis zu einem bestimmten Zeitpunkt gesetzt und wurde diese ohne triftigen Grund versäumt, so gilt der Anspruch erst ab dem Tag als geltend gemacht, ab dem die beizubringenden Unterlagen bei der regionalen Geschäftsstelle eingelangt sind.

(BGBl 1990/408, BGBl 1994/314, BGBl I 1997/139, BGBl I 2004/77, BGBl I 2010/5, BGBl I 2010/63)

(2) Die Landesgeschäftsstelle kann auch andere Stellen bezeichnen, bei denen der Arbeitslose den Anspruch geltend machen kann.

(BGBl 1994/314)

(3) Abweichend von Abs. 1 gilt:

1. Hat der Arbeitslose zwecks Geltendmachung von Arbeitslosengeld bei einer regionalen Geschäftsstelle vorgesprochen und stellt sich später heraus, daß hiefür nicht diese, sondern eine andere regionale Geschäftsstelle zuständig ist, so gilt als Tag der Geltendmachung der Tag der Vorsprache bei der erstgenannten regionalen Geschäftsstelle, sofern der Arbeitslose seinen Antrag binnen angemessener Frist bei der an sich zuständigen regionalen Geschäftsstelle einbringt.

   (BGBl 1994/314)

2. Hat der Arbeitslose zwecks Geltendmachung von Arbeitslosengeld bei einem Amtstag der regionalen Geschäftsstelle vorgesprochen, so gebührt das Arbeitslosengeld bei Erfüllung der sonstigen Voraussetzungen ab dem ersten Tag der Arbeitslosigkeit, sofern die Vorsprache an dem auf den Eintritt der Arbeitslosigkeit nächstfolgenden Amtstag erfolgt ist.

   (BGBl 1994/314)

3. Hat der Arbeitslose seinen Wohnsitz (Aufenthaltsort) nach Eintritt der Arbeitslosigkeit in den Zuständigkeitsbereich einer anderen regionalen Geschäftsstelle verlegt, so gebührt das Arbeitslosengeld bei Erfüllung der sonstigen Voraussetzungen ab dem ersten Tag der Arbeitslosigkeit, sofern der Arbeitslose binnen angemessener Frist bei der nunmehr zuständigen regionalen Geschäftsstelle zwecks Geltendmachung des Arbeitslosengeldes vorspricht.

   (BGBl 1994/314)

4. Hat der Arbeitslose vom Umstand der Beendigung seines Lehrverhältnisses nach § 14 Abs. 2 lit. d des Berufsausbildungsgesetzes (BAG), BGBl. Nr. 142/1969, oder § 132 Z 8 des Landarbeitsgesetzes 1984 (LAG), BGBl. Nr. 287, erst verspätet Kenntnis erlangt, so gebührt das Arbeitslosengeld bei Erfüllung der sonstigen Voraussetzungen ab dem ersten Tag der Arbeitslosigkeit, sofern der Arbeitslose binnen einer Woche ab Kenntnis oder Rückkehr von der Berufsschule bei der zu-

ständigen regionalen Geschäftsstelle zwecks Geltendmachung des Arbeitslosengeldes vorspricht.

(BGBl I 2008/82)

(4) Der Arbeitslose hat seinen Anspruch bei der regionalen Geschäftsstelle nachzuweisen. Er hat eine Bestätigung des Dienstgebers über die Dauer und Art des Dienstverhältnisses, die Art der Lösung des Dienstverhältnisses und erforderlichenfalls über die Höhe des Entgeltes beizubringen. Die Bestätigung über die Höhe des Entgeltes ist über Aufforderung durch die regionale Geschäftsstelle beizubringen, wenn keine Jahresbemessungsgrundlage (§ 21 Abs. 1) vorliegt. Der Dienstgeber ist zur Ausstellung dieser Bestätigung verpflichtet. Die näheren Bestimmungen hierüber erläßt der „die Bundesministerin oder der Bundesminister für Arbeit, Soziales, Gesundheit und Konsumentenschutz" durch Verordnung.[a)] Wenn die regionale Geschäftsstelle dem Arbeitslosen keine zumutbare Arbeit vermitteln kann, hat es über den Anspruch zu entscheiden.

(BGBl 1994/314, BGBl 1996/201, BGBl I 1997/139, BGBl I 2018/100)

---

a) Siehe VO im Anhang.

(5) Wird der Bezug von Arbeitslosengeld unterbrochen oder ruht der Anspruch (§ 16), wobei der regionalen Geschäftsstelle das Ende des Unterbrechungs- oder Ruhenszeitraumes im Vorhinein nicht bekannt ist, so ist der Anspruch auf das Arbeitslosengeld oder auf den Fortbezug neuerlich geltend zu machen. Wenn der Unterbrechungs- oder Ruhenszeitraum 62 Tage nicht übersteigt, so genügt für die Geltendmachung die Wiedermeldung bei der regionalen Geschäftsstelle. Die Wiedermeldung kann telefonisch oder elektronisch erfolgen, soweit die regionale Geschäftsstelle nicht ausdrücklich eine persönliche Wiedermeldung vorschreibt. Die regionale Geschäftsstelle kann die persönliche Geltendmachung oder Wiedermeldung insbesondere vorschreiben, wenn Zweifel an der Verfügbarkeit zur Arbeitsvermittlung bestehen oder eine persönliche Abklärung zur Wahrung oder Verbesserung der Vermittlungschancen erforderlich ist. Erfolgt die Wiedermeldung nicht binnen einer Woche nach Ende des Unterbrechungs- oder Ruhenszeitraumes, so gebührt das Arbeitslosengeld erst wieder ab dem Tag der Wiedermeldung.

(BGBl 1990/412, BGBl 1994/314, BGBl 1995/297, BGBl I 2004/77, BGBl I 2010/5)

(6) Hat die arbeitslose Person den Eintritt eines Unterbrechungs- oder Ruhenstatbestandes wie zB die bevorstehende Aufnahme eines Dienstverhältnisses ab einem bestimmten Tag mitgeteilt, so wird der Bezug von Arbeitslosengeld ab diesem Tag unterbrochen. Tritt der Unterbrechungs- oder Ruhenstatbestand nicht ein, so genügt für die Geltendmachung die Wiedermeldung bei der regionalen Geschäftsstelle. Die Wiedermeldung kann telefonisch oder elektronisch erfolgen, soweit die regionale Geschäftsstelle nicht ausdrücklich eine persönliche Wiedermeldung vorschreibt. Die regionale Geschäftsstelle kann die persönliche Wiedermeldung insbesondere vorschreiben, wenn Zweifel an der Verfügbarkeit zur Arbeitsvermittlung bestehen oder eine persönliche Abklärung zur Wahrung oder Verbesserung der Vermittlungschancen erforderlich ist. Erfolgt die Wiedermeldung nicht binnen einer Woche nach der Unterbrechung, so gebührt das Arbeitslosengeld erst wieder ab dem Tag der Wiedermeldung.

(BGBl I 2004/77, BGBl I 2010/5)

(7) Ist der regionalen Geschäftsstelle das Ende des Unterbrechungs- oder Ruhenszeitraumes im Vorhinein bekannt und überschreitet die Unterbrechung oder das Ruhen den Zeitraum von 62 Tagen nicht, so ist von der regionalen Geschäftsstelle ohne gesonderte Geltendmachung und ohne Wiedermeldung über den Anspruch zu entscheiden. Die arbeitslose Person ist in diesem Fall im Sinne des § 50 Abs. 1 verpflichtet, den Eintritt in ein Arbeitsverhältnis oder sonstige maßgebende Änderungen, die im Unterbrechungs- oder Ruhenszeitraum eintreten, der regionalen Geschäftsstelle zu melden. In allen übrigen Fällen ist der Anspruch neuerlich geltend zu machen.

(BGBl I 2004/77, BGBl I 2010/5)

§ 47. (1) Wird der Anspruch auf Arbeitslosengeld oder Notstandshilfe anerkannt, so ist der bezugsberechtigten Person eine Mitteilung auszustellen, aus der insbesondere Beginn, Ende und Höhe des Leistungsanspruches hervorgehen. In der Mitteilung ist darauf hinzuweisen, dass die bezugsberechtigte Person, wenn sie mit der zuerkannten Leistung nicht einverstanden ist, das Recht hat, binnen drei Monaten nach Zustellung der Mitteilung einen Bescheid über den Leistungsanspruch zu verlangen. Wird der Anspruch nicht anerkannt oder binnen drei Monaten nach Zustellung der Mitteilung ein Bescheid verlangt, so ist darüber ein Bescheid zu erlassen. Wird binnen drei Monaten nach Zustellung der Mitteilung kein Bescheid über den Leistungsanspruch verlangt, so liegt eine entschiedene Sache vor, die keinem weiteren Rechtszug unterliegt. Ausfertigungen, die im Wege der automationsunterstützten Datenverarbeitung erstellt wurden, bedürfen weder einer Unterschrift noch einer Beglaubigung.

(BGBl 1992/416, BGBl I 1997/47, BGBl I 2017/38)

(2) Personen, die Kontrollmeldungen einzuhalten haben, sind von der regionalen Geschäftsstelle in geeigneter Weise darüber zu informieren. Insbesondere muss jeweils die Zeit und der Ort der einzuhaltenden Kontrollmeldungen eindeutig bekannt gegeben werden.

(BGBl 1994/314, BGBl I 2015/106)

§ 48. (1) Wenn in Fällen von Streik oder Aussperrung im Sinne des § 13 die Frage strittig ist, ob die Arbeitslosigkeit die Folge eines durch Streik oder Aussperrung verursachten Betriebsstillstandes ist, entscheidet darüber die Landesgeschäftsstelle.

(2) Die Entscheidung nach Abs. 1 ist von der regionalen Geschäftsstelle ihrer Entscheidung über den Leistungsanspruch zugrunde zu legen.

(BGBl 1994/314)

Kontrollmeldungen

§ 49. (1) Zur Sicherung des Anspruches auf den Bezug von Arbeitslosengeld bzw. Notstandshilfe hat sich der Arbeitslose wöchentlich mindestens einmal bei der nach seinem Wohnort zuständigen regionalen Geschäftsstelle persönlich zu melden. Je nach der Situation auf dem Arbeitsmarkt kann die regionale Geschäftsstelle die Einhaltung von Kontrollmeldungen gänzlich nachsehen, die Zahl der einzuhaltenden Kontrollmeldungen herabsetzen oder öftere Kontrollmeldungen vorschreiben. Die regionale Geschäftsstelle kann auch öftere Kontrollmeldungen vorschreiben, wenn der begründete Verdacht besteht, daß das Arbeitslosengeld bzw. die Notstandshilfe nicht gebührt. Die näheren Bestimmungen über die Kontrollmeldungen trifft die Landesgeschäftsstelle. Die Landesgeschäftsstelle kann auch andere Stellen als Meldestellen bezeichnen.

(BGBl 1994/314, BGBl I 2000/142, BGBl I 2015/106)

(2) Ein Arbeitsloser, der trotz Belehrung über die Rechtsfolgen eine Kontrollmeldung unterläßt, ohne sich mit triftigen Gründen zu entschuldigen, verliert vom Tage der versäumten Kontrollmeldung an bis zur Geltendmachung des Fortbezuges den Anspruch auf Arbeitslosengeld bzw. Notstandshilfe. Liegen zwischen dem Tag der versäumten Kontrollmeldung und der Geltendmachung mehr als 62 Tage, so erhält er für den übersteigenden Zeitraum kein Arbeitslosengeld bzw. keine Notstandshilfe. Der Zeitraum des Anspruchsverlustes verkürzt sich um die Tage einer arbeitslosenversicherungspflichtigen Beschäftigung, die er in diesem Zeitraum ausgeübt hat. Ist die Frage strittig, ob ein triftiger Grund für die Unterlassung der Kontrollmeldung vorliegt, so ist der Regionalbeirat anzuhören.

(BGBl 1994/314, BGBl 1996/201, BGBl 1996/411)

Anzeigen

§ 50. (1) Wer Leistungen aus der Arbeitslosenversicherung bezieht, ist verpflichtet, die Aufnahme einer Tätigkeit gemäß § 12 Abs. 3 unverzüglich der zuständigen regionalen Geschäftsstelle anzuzeigen. Darüber hinaus ist jede andere für das Fortbestehen und das Ausmaß des Anspruches maßgebende Änderung der wirtschaftlichen Verhältnisse des Arbeitslosen sowie jede Wohnungsänderung der regionalen Geschäftsstelle ohne Verzug, spätestens jedoch binnen einer Woche seit dem Eintritt des Ereignisses anzuzeigen. Bei Bezug von Arbeitslosengeld gemäß § 18 Abs. 5 trifft die Anzeigepflicht auch den Träger der Einrichtung. Bei Bezug von Weiterbildungsgeld oder Bildungsteilzeitgeld trifft die Anzeigepflicht auch den Arbeitgeber.

(BGBl 1994/314, BGBl 1996/201, BGBl I 1997/139, BGBl I 1999/179, BGBl I 2013/67)

(2) Die regionale Geschäftsstelle ist berechtigt, das Vorliegen der Anspruchsvoraussetzungen durch zweckdienliche Erhebungen zu überprüfen.

(BGBl 1994/314)

Auszahlung der Leistungen

§ 51. (1) Die Mitwirkung bei der Berechnung und die Zahlbarstellung der Leistungen nach diesem Bundesgesetz (§ 6 Abs. 1) obliegen nach Maßgabe des § 2 Abs. 1 bis 4 des Bundesgesetzes über die Bundesrechenzentrum GmbH, BGBl. Nr. 757/1996, der Bundesrechenzentrum GmbH. Generelle Änderungen in der Höhe dieser Leistungen sind auf Mitteilung des Arbeitsmarktservice von der Bundesrechenzentrum GmbH vorzunehmen, sofern sie automationsunterstützt durchführbar sind.

(2) Die Auszahlung der Leistungen nach diesem Bundesgesetz erfolgt jeweils an einem bestimmten Tag im Monat für einen Monat im Nachhinein über die Österreichische Postsparkasse auf ein Konto des Leistungsbeziehers bei einer Kreditunternehmung im Inland, in einem anderen Mitgliedstaat des Europäischen Wirtschaftsraums oder in der Schweiz. Ist die Überweisung auf ein Konto nicht möglich, so hat die Auszahlung der Leistungen in einer anderen geeigneten Weise zu erfolgen. In besonders berücksichtigungswürdigen Fällen kann die regionale Geschäftsstelle jeweils eine Sonder- oder Zwischenauszahlung veranlassen.

(BGBl I 2003/71, BGBl I 2015/106)

(3) In besonders berücksichtigungswürdigen Fällen, wie zB im Falle einer besonderen finanziellen Notlage oder einer Rückbuchung, kann die regionale Geschäftsstelle eine vorzeitige Auszahlung unter Bedachtnahme auf die vorliegenden Anspruchstage vornehmen. Diese kann auch vor der Zuerkennung des Anspruches erfolgen, sofern mit der Zuerkennung gerechnet werden kann. Eine wiederholte vorzeitige Auszahlung ist jedoch nicht vorzunehmen, wenn sie in der Absicht begehrt wird, die im Abs. 2 festgelegte monatliche Auszahlung zu umgehen.

(BGBl I 2015/106)

(4) Die von den Leistungsbeziehern zu entrichtende Gebühr für Krankenscheine (§ 135 Abs. 3 ASVG) und Zahnbehandlungsscheine (§ 153 Abs. 4 ASVG) sowie das Service-Entgelt (§ 31c Abs. 2 ASVG) sind vom auszuzahlenden Betrag einzubehalten. Das Service-Entgelt ist höchstens bis zur Höhe der für den Monat November gebührenden Leistung Anfang Dezember an die Krankenkassen abzuführen. Der „Dachverband“[a)] hat dem Arbeitsmarktservice alle zur Einhebung des Service-Entgelts notwendigen Daten jeweils bis

20. November eines Jahres elektronisch zur Verfügung zu stellen.

(BGBl I 2018/100)

---

a) Bis 1. Jänner 2020 „Hauptverband".

(BGBl 1994/314, BGBl 1994/450, BGBl 1996/757, BGBl 1996/764, BGBl I 1997/47, BGBl I 2005/71)

§ 52. Alle Zahlungen sind in Euro und Cent zu leisten.

(BGBl I 2001/103, BGBl I 2002/68)

§ 53. (1) Solange ein zuschlagsberechtigter Angehöriger nicht in die häusliche Gemeinschaft des Arbeitslosen aufgenommen wird oder wenn ein Arbeitsloser seiner gesetzlichen Unterhaltspflicht gegenüber einem zuschlagsberechtigten Angehörigen nicht nachkommt, kann die regionale Geschäftsstelle anordnen, daß ein angemessener Teil des Arbeitslosengeldes dem Angehörigen oder der Person, Anstalt oder Behörde ausgezahlt wird, in deren Obhut er sich befindet.

(BGBl 1994/314)

(2) Ist der Bezugsberechtigte handlungsunfähig, so ist die Leistung dessen gesetzlichem Vertreter oder dessen Bevollmächtigtem zur Verwendung für den Bezugsberechtigten auszuzahlen.

(3) Ist der Bezugsberechtigte trunksüchtig oder rauschgiftsüchtig, so kann die Leistung verläßlichen Familienangehörigen oder der Aufenthaltsgemeinde zur Verwendung für den Bezugsberechtigten ausgezahlt werden.

§ 54. Die näheren Bestimmungen über die Auszahlung der Leistungen nach diesem Bundesgesetz werden durch Verordnung[a)] „der Bundesministerin oder des Bundesministers für Arbeit, Soziales, Gesundheit und Konsumentenschutz im Einvernehmen mit der Bundesministerin oder dem Bundesminister für Finanzen" erlassen.

---

a) Siehe VO im Anhang.

(BGBl 1994/314, BGBl I 1997/47, BGBl I 2018/100)

Mitwirkung der Gemeinden

§ 55. (1) Die Gemeinden sind auf Verlangen der Landesgeschäftsstellen verpflichtet, bei der Geltendmachung des Anspruches, bei der Kontrollmeldung und bei der Auszahlung des Arbeitslosengeldes mitzuwirken.

(BGBl 1994/314)

(2) Den Gemeinden kann der ihnen aus der Mitwirkung nach Abs. 1 erwachsende Verwaltungsmehraufwand vergütet werden. Das Ausmaß der Vergütung bestimmt der Bundesminister für soziale Verwaltung im Einvernehmen mit dem Bundesminister für Finanzen.

(BGBl I 2015/106)

Entscheidung

§ 56. (1) Über Ansprüche auf Leistungen entscheidet die regionale Geschäftsstelle. Über die Anerkennung von Maßnahmen gemäß § 18 Abs. 6 entscheidet die Landesgeschäftsstelle.

(2) Über Beschwerden gegen Bescheide einer Geschäftsstelle entscheidet das Bundesverwaltungsgericht durch einen Senat, dem zwei fachkundige Laienrichter angehören, je einer aus dem Kreis der Arbeitgeber und aus dem Kreis der Arbeitnehmer. Die Frist zur Erlassung einer Beschwerdevorentscheidung durch die Geschäftsstelle beträgt zehn Wochen.

(3) (aufgehoben)

(BGBl I 2015/28)

(4) Das Vorschlagsrecht für die Bestellung der erforderlichen Anzahl fachkundiger Laienrichter und Ersatzrichter steht für den Kreis der Arbeitgeber der Wirtschaftskammer Österreich und für den Kreis der Arbeitnehmer der Bundeskammer für Arbeiter und Angestellte zu. Die vorgeschlagenen Personen müssen über besondere fachliche Kenntnisse betreffend den Arbeitsmarkt und die Arbeitslosenversicherung verfügen. Im Übrigen gelten die Bestimmungen des Bundesverwaltungsgerichtsgesetzes (BGBl. I Nr. 10/2013).

(BGBl 1994/314, BGBl I 1999/142, BGBl I 1999/179, BGBl I 2013/71)

§ 57. Bescheide der regionalen Geschäftsstellen und der Landesgeschäftsstellen, die zu diesem Bundesgesetz oder zu einer auf Grund dieses Bundesgesetzes erlassenen Verordnung im Widerspruch stehen oder mit denen ein dem Sinne dieses Bundesgesetzes widersprechender Ermessensakt gesetzt wurde, leiden an einem mit Nichtigkeit bedrohten Fehler (§ 68 Abs. 4 Z 4 AVG).

(BGBl 1994/314, BGBl I 1998/6)

Verfahren in Angelegenheiten der Notstandshilfe

§ 58. Auf das Verfahren in Angelegenheiten der Notstandshilfe ist dieser Artikel mit der Maßgabe anzuwenden, daß an die Stelle des Arbeitslosengeldes die Notstandshilfe tritt.

(BGBl 1994/314, BGBl I 1997/47)

Verfahren in Angelegenheiten des Karenzurlaubsgeldes und der Teilzeitbeihilfe für unselbständig erwerbstätige Mütter

§ 59. (aufgehoben)

(BGBl I 1997/47)

Artikel IV
Finanzielle Bestimmungen

§§ 60. bis 65a. (aufgehoben)

(BGBl 1994/314)

Artikel V
Sonderbestimmungen für Zollausschlußgebiete

§ 66. (aufgehoben)

(BGBl I 1998/6)

Sonderbestimmungen für Strafgefangene

§ 66a. (1) Personen, die sich auf Grund eines gerichtlichen Urteils in Strafhaft oder in einer mit Freiheitsentziehung verbundenen vorbeugenden Maßnahme nach den §§ 21 Abs. 2, 22 und 23 des

Strafgesetzbuches befinden und ihrer Arbeitspflicht gemäß § 44 des Strafvollzugsgesetzes, BGBl. Nr. 144/1969, in der jeweils geltenden Fassung nachkommen, sind nach Maßgabe der folgenden Bestimmungen für den Fall der Arbeitslosigkeit versichert.

(2) Die Versicherungspflicht beginnt mit dem Tag, an dem der Strafgefangene oder Untergebrachte seiner Arbeitspflicht nachkommt, und endet mit dem Tag, an dem er seiner Arbeitspflicht letztmalig nachkommt. Die Arbeitspflicht gilt insbesondere auch dann als erfüllt, wenn der Strafgefangene oder Untergebrachte wegen des Besuches eines Lehrganges zur Berufsausbildung oder -fortbildung oder wegen Krankheit nicht gearbeitet hat.

(BGBl I 2004/77)

(3) Als Bemessungsgrundlage gemäß § 21 gilt die nach Abs. 5 versicherte Arbeitsvergütung. Wenn jedoch die Anwartschaft auf Arbeitslosengeld ohne Heranziehung der Versicherungszeit nach Abs. 1 und 2 erfüllt wird, ist die Arbeitsvergütung bei der Bemessung des Arbeitslosengeldes außer Betracht zu lassen.

(4) Die Bestätigung gemäß § 46 Abs. 4 ist von der Justizanstalt auszustellen und hat die Dauer der Freiheitsstrafe, die Dauer der Arbeitslosenversicherungspflicht und die Höhe der Beitragsgrundlage zu enthalten. Die Justizanstalt ist zur Ausstellung dieser Bestätigung verpflichtet. Die näheren Bestimmungen hierüber erläßt der „die Bundesministerin oder der Bundesminister für Arbeit, Soziales, Gesundheit und Konsumentenschutz im Einvernehmen mit der Bundesministerin oder dem Bundesminister für Verfassung, Reformen, Deregulierung und Justiz“ durch Verordnung.[a)]

(BGBl I 2018/100)

[a)] Siehe VO im Anhang.

(5) Als Beitragsgrundlage gemäß § 2 des Arbeitsmarktpolitikfinanzierungsgesetzes, BGBl. Nr. 315/1994, gilt die gemäß § 52 des Strafvollzugsgesetzes festgesetzte, um 25 vH erhöhte Arbeitsvergütung, die bei einer wöchentlichen Normalarbeitszeit nach dem Kollektivvertrag für die eisen- und metallerzeugende und -verarbeitende Industrie erzielt wird. Für versicherungspflichtige Zeiträume, in denen keine Arbeitsvergütung erzielt werden kann, ist als Beitragsgrundlage die letzte Beitragsgrundlage oder, wenn eine solche nicht vorliegt, die niedrigste mögliche Beitragsgrundlage heranzuziehen; für solche Zeiträume entrichtet der Bund „(Bundesministerium für Verfassung, Reformen, Deregulierung und Justiz)“ den gesamten Betrag.

(BGBl 1994/314, BGBl I 2018/100)

(6) Für Strafgefangene sind die Beiträge zur Arbeitslosenversicherung an die „Österreichische Gesundheitskasse“[a)] zu entrichten. Hiebei ist der Bund „(Bundesministerium für Verfassung, Reformen, Deregulierung und Justiz)“ einem Dienstgeber gleichzuhalten. Die Meldung zur Arbeitslosenversicherung und die Beitragsabfuhr wird durch Verordnung des Bundesministers für Arbeit und Soziales im Einvernehmen mit dem Bundesminister für Justiz geregelt.

(BGBl I 2018/100)

[a)] Bis 1. Jänner 2020 „Niederösterreichische Gebietskrankenkasse“.

(7) Bei Anwendung des § 69 (Rechtshilfe- und Auskunftspflicht) stehen die nach Abs. 1 und 2 der Arbeitslosenversicherungspflicht unterliegenden Personen den Arbeitnehmern und die Justizanstalten den Betriebsinhabern gleich.

(8) Die Versicherungspflicht gemäß Abs. 2 besteht nicht, soweit die Strafgefangenen oder Untergebrachten als Dienstnehmer gemäß § 1 Abs. 2 lit. e von der Versicherungspflicht gemäß § 1 Abs. 1 ausgenommen wären. In diesem Fall ist § 14 Abs. 4 lit. f mit der Maßgabe, dass an die Stelle der Zeiten einer krankenversicherungspflichtigen Erwerbstätigkeit die Zeiten der Erfüllung der Arbeitspflicht treten, anzuwenden.

(BGBl I 2007/104)

(BGBl 1993/817)

ARTIKEL VI
Allgemeine Bestimmungen

Übergang von Ansprüchen

§ 67. Hat ein Sozialhilfeträger einen Arbeitslosen für einen Zeitraum unterstützt und wird dem Arbeitslosen das Arbeitslosengeld (die Notstandshilfe) später für diese Zeit bewilligt, so hat die regionale Geschäftsstelle dem Sozialhilfeträger die Sozialhilfeleistung zu erstatten, jedoch nicht über den Betrag des Arbeitslosengeldes (der Notstandshilfe) hinaus. Die regionale Geschäftsstelle kann dafür dem Arbeitslosen die Beträge, zu deren Erstattung es verpflichtet ist, auf das Arbeitslosengeld (die Notstandshilfe) anrechnen. Die regionale Geschäftsstelle kann die Erstattung dem Sozialhilfeträger insoweit verweigern, als es das Arbeitslosengeld (die Notstandshilfe) bereits ausgezahlt hat, ohne die Vorleistung des Sozialhilfeträgers gekannt zu haben.

(BGBl 1994/314)

Exekutions- und Verfügungsbeschränkungen

§ 68. (1) Die pfändbaren Ansprüche auf Leistungen nach diesem Bundesgesetz können nur zur Deckung gesetzlicher Unterhaltsansprüche gegen den Anspruchsberechtigten mit der Maßgabe, daß § 291b der Exekutionsordnung, RGBl. Nr. 79/1896, sinngemäß anzuwenden ist, rechtswirksam verpfändet werden.

(BGBl I 2005/111)

(2) Die Exekutionsordnung regelt, inwieweit Ansprüche auf Leistungen nach diesem Bundesgesetz pfändbar sind.

(BGBl 1991/628, BGBl 1994/314)

Rechtshilfe und Auskunftspflicht

§ 69. (1) Alle Behörden und Ämter, die Träger der Sozialversicherung, die Urlaubskasse der Arbeiter in der Bauwirtschaft, die gesetzlichen Interessenvertretungen sowie die Berufsvereinigungen der Dienstgeber und der Dienstnehmer sind verpflichtet, die Landesgeschäftsstellen und die regionalen Geschäftsstellen in der Erfüllung ihrer Aufgaben zu unterstützen. Die Träger der Sozialversicherung und der „Dachverband“[a)] sind verpflichtet, auf automationsunterstütztem Weg gespeicherte Daten (§ 31 Abs. 4 Z 3 lit. b ASVG) über die Versicherungszeiten der Arbeitnehmer und die Beträge, mit denen sie versichert waren, an die regionalen Geschäftsstellen, Landesgeschäftsstellen sowie an das „Bundesministerium für Arbeit, Soziales, Gesundheit und Konsumentenschutz“ zu übermitteln, die für diese Stellen eine wesentliche Voraussetzung zur Durchführung ihrer Aufgaben nach diesem Bundesgesetz bilden. § 321 des Allgemeinen Sozialversicherungsgesetzes gilt auch zwischen den regionalen Geschäftsstellen bzw. Landesgeschäftsstellen und den Versicherungsträgern (dem „Dachverband“[a)]).

(BGBl 1994/314, BGBl I 2008/82, BGBl I 2018/100)

[a)] Bis 1. Jänner 2020 „Hauptverband“.

(2) Die Betriebsinhaber sind verpflichtet, den Landesgeschäftsstellen und den regionalen Geschäftsstellen alle zur Durchführung dieses Bundesgesetzes erforderlichen Auskünfte zu erteilen.

(BGBl 1994/314)

(3) Die Finanzämter haben den regionalen Geschäftsstellen die Daten, die für diese zur Wahrnehmung der ihnen durch dieses Gesetz übertragenen Aufgaben eine wesentliche Voraussetzung bilden, im Wege automationsunterstützter Datenübermittlung mitzuteilen.

(BGBl I 2001/103)

(4) „Die Bundesministerin oder der Bundesminister“ für Inneres hat den regionalen Geschäftsstellen die Meldedaten, die für diese zur Wahrnehmung der ihnen gesetzlich übertragenen Aufgaben eine wesentliche Voraussetzung bilden, im Wege automationsunterstützter Datenübermittlung aus dem Zentralen Melderegister (ZMR) gemäß § 16 des Meldegesetzes 1991 (MeldeG), BGBl. Nr. 9/1992, unentgeltlich in der Weise zur Verfügung zu stellen, dass diese den Gesamtdatensatz bestimmter Menschen im Datenfernverkehr aus dem Zentralen Melderegister (ZMR) ermitteln und Verknüpfungsanfragen (§ 16a Abs. 3 MeldeG) mit dem Kriterium Adresse durchführen können. Das Arbeitsmarktservice hat bei der Verwendung dieser Daten insbesondere die Datensicherheitsmaßnahmen gemäß § 14 Abs. 2 DSG zu treffen.

(BGBl I 2003/71, BGBl I 2017/31, BGBl I 2018/100)

(5) Die gemäß Abs. 1 bis 4 gegenüber den regionalen Geschäftsstellen bestehenden Verpflichtungen bestehen auch gegenüber dem Bundesverwaltungsgericht, soweit die entsprechenden Daten eine wesentliche Voraussetzung zur Erfüllung seiner Aufgaben bilden.

(BGBl I 2013/71)

Stempel- und Gebührenfreiheit

§ 70. (1) Die im Verfahren nach diesem Bundesgesetz erforderlichen Eingaben und deren Beilagen, Ausfertigungen, Niederschriften, Entscheidungen, Vollmachten und Zeugnisse sind von den Stempel- und Rechtsgebühren befreit.

(2) Die §§ 76, 77 und 78 des Allgemeinen Verwaltungsverfahrensgesetzes 1991 – AVG, BGBl. Nr. 51/1991, und die auf Grund dieser Bestimmungen erlassenen Verordnungen sind im Verfahren nach diesem Bundesgesetz nicht anzuwenden.

(BGBl I 2015/106)

AlVG

Strafbestimmungen

§ 71. (1) Sofern die Tat weder den Tatbestand einer in die Zuständigkeit der Gerichte fallenden strafbaren Handlung bildet, noch nach anderen Verwaltungsstrafbestimmungen mit strengerer Strafe bedroht ist, begeht eine Verwaltungsübertretung und ist von der Bezirksverwaltungsbehörde mit Geldstrafe von 200 Euro bis zu 2 000 Euro, im Wiederholungsfall von 400 Euro bis zu 4 000 Euro zu bestrafen, wer als Dienstgeber oder dessen Beauftragter die Ausstellung der im § 46 Abs. 4 vorgesehenen Bestätigungen grundlos verweigert, in diesen Bestätigungen wissentlich unwahre Angaben macht oder der ihm nach § 69 Abs. 2 obliegenden Auskunftspflicht nicht nachkommt.

(2) Sofern die Tat weder den Tatbestand einer in die Zuständigkeit der Gerichte fallenden strafbaren Handlung bildet, noch nach anderen Verwaltungsstrafbestimmungen mit strengerer Strafe bedroht ist, begeht eine Verwaltungsübertretung und ist von der Bezirksverwaltungsbehörde mit Geldstrafe von 200 Euro bis zu 2 000 Euro, im Wiederholungsfall von 400 Euro bis zu 4 000 Euro zu bestrafen, wer vorsätzlich Leistungen der Arbeitslosenversicherung in Anspruch nimmt oder genießt, ohne dazu berechtigt zu sein, oder zu solchen Missbräuchen anstiftet oder Hilfe leistet.

(3) Sofern die Tat weder den Tatbestand einer in die Zuständigkeit der Gerichte fallenden strafbaren Handlung bildet, noch nach anderen Verwaltungsstrafbestimmungen mit strengerer Strafe bedroht ist, begeht eine Verwaltungsübertretung und ist von der Bezirksverwaltungsbehörde mit Geldstrafe von 200 Euro bis zu 2 000 Euro, im Wiederholungsfall von 400 Euro bis zu 4 000 Euro zu bestrafen, wer vorsätzlich unwahre Angaben zur Erreichung eines besonderen Entgeltschutzes nach Teilzeitbeschäftigungen macht. Dies gilt jedoch nicht, wenn die unwahren Angaben im Rahmen eines Anspruchsverlustes gemäß § 10 Abs. 2 berücksichtigt wurden.

(BGBl I 2004/77)

(BGBl 1996/153, BGBl I 2000/142)

Pauschalierter Aufwandsersatz

§ 72. (1) Beziehern von Leistungen der Arbeitslosenversicherung, die eine ihnen nach diesem Bundesgesetz obliegende Anzeige unterlassen oder unwahre Angaben machen, kann die regionale Geschäftsstelle des Arbeitsmarktservice, unbeschadet des § 71, einen pauschalierten Aufwandsersatz bis zu 200 Euro vorschreiben.

(2) Ein pauschalierter Aufwandsersatz gemäß Abs. 1 kann durch Abzug von einer nach diesem Bundesgesetz zu erbringenden Geldleistung eingebracht werden.

(BGBl 1994/314, BGBl 1996/153, BGBl I 2000/142)

Zufluss der Mittel

§ 73. Die Eingänge aus den gemäß § 71 verhängten Geldstrafen und den gemäß § 72 vorgeschriebenen pauschalierten Aufwandsersätzen fließen dem Arbeitsmarktservice zu.

(BGBl 1991/681, BGBl 1994/314, BGBl I 2000/142)

ARTIKEL VII
Übergangs- und Schlußbestimmungen

Übergangsbestimmungen bei Erhöhung der Geringfügigkeitsgrenzen

§ 74. Personen, die am Tag vor dem Inkrafttreten des jeweiligen Bundesgesetzes, mit dem die Beträge im § 5 Abs. 2 lit. a bis c des Allgemeinen Sozialversicherungsgesetzes (Geringfügigkeitsgrenzen) erhöht werden, nach den in diesem Zeitpunkt geltenden Vorschriften in der Arbeitslosenversicherung pflichtversichert waren, nach dem jeweiligen Bundesgesetz, mit dem die Geringfügigkeitsgrenzen erhöht werden, aber nicht mehr pflichtversichert wären, bleiben pflichtversichert, solange sie auf Grund der Beschäftigung, welche die Pflichtversicherung nach den bisherigen Vorschriften begründet hat, in der Krankenversicherung pflichtversichert bleiben.

§ 75. Sofern die im § 74 genannten Personen Hausbesorger im Sinne des Hausbesorgergesetzes, BGBl. Nr. 16/1970, sind, können sie bis zum 30. Juni des Jahres, in dem die Geringfügigkeitsgrenze erhöht werden, bei dem für die Einhebung der Beiträge in Betracht kommenden Krankenversicherungsträger den Antrag stellen, aus der Arbeitslosenversicherung ausgeschieden zu werden. Einem solchen Antrag hat der Versicherungsträger mit Wirkung von dem auf den Antrag folgenden Monatsersten stattzugeben.

Anhörung des Regionalbeirates

§ 76. (1) Soweit nach diesem Bundesgesetz der Regionalbeirat anzuhören ist, kann dieser unter Bedachtnahme auf die Arbeitsmarktlage einhellig bestimmen, daß bei bestimmten Gruppen von Geschäftsfällen an die Stelle der Anhörung die nachträgliche Berichterstattung durch den Leiter der regionalen Geschäftsstelle oder einen von ihm damit betrauten Bediensteten der regionalen Geschäftsstelle treten kann.

(2) Ist eine besondere Geschäftsstelle für Versicherungsdienste eingerichtet, so hat die Anhörung des Regionalbeirates der nach dem Wohnsitz (Aufenthaltsort) oder nach beruflichen (fachlichen) Merkmalen des Arbeitslosen zuständigen regionalen Geschäftsstelle des Arbeitsmarktservice zu erfolgen.

(BGBl 1994/314)

Anhörungsrecht

§ 76a. Die gesetzlichen Interessenvertretungen der Arbeitnehmer und Arbeitgeber sind vor Erlassung von grundsätzlichen Durchführungserlässen zu diesem Bundesgesetz anzuhören.

Aufhebung von Vorschriften

§ 77. (1) Mit dem Inkrafttreten dieses Bundesgesetzes treten außer Kraft:

1. das Bundesgesetz vom 15. Mai 1946, BGBl. Nr. 97, über vorläufige Maßnahmen auf dem Gebiete der Arbeitslosenfürsorge (Arbeitslosenfürsorgegesetz) sowie alle reichsrechtlichen Vorschriften, soweit sie sich auf Materien erstrecken, die in diesem Bundesgesetz geregelt sind;
2. das Bundesgesetz vom 15. Oktober 1948, BGBl. Nr. 221, betreffend die Herabsetzung der Arbeitslosenversicherungsbeiträge und Verwendung eines Teiles des Arbeitslosenversicherungsbeitrages der Arbeiter zugunsten der Invalidenversicherung.

(2) Die gemäß Abs. 1 Z 1 außer Kraft getretenen reichsrechtlichen Vorschriften werden durch Kundmachung des Bundesministers für soziale Verwaltung verlautbart.

Vollziehung

§ 78. Mit der Vollziehung dieses Bundesgesetzes ist „die Bundesministerin oder der Bundesminister für Arbeit, Soziales, Gesundheit und Konsumentenschutz“ betraut.

(BGBl I 2015/106, BGBl I 2018/100)

Inkrafttreten

§ 79. (1) § 14 Abs. 7, § 18 Abs. 8, § 31a Abs. 10 bis 12, § 40a erster Satz und § 60 Abs. 2 lit. b in der Fassung des Bundesgesetzes BGBl. Nr. 833/1992 treten mit 1. Jänner 1993 in Kraft.

(2) § 35 in der Fassung des Bundesgesetzes BGBl. Nr. 18/1993 tritt mit 1. Jänner 1993 in Kraft.

(BGBl 1993/18)

(3) § 48 Abs. 1 in der Fassung des Bundesgesetzes BGBl. Nr. 257/1993 tritt mit 1. Juli 1993 in Kraft. Auf zu diesem Zeitpunkt anhängige Verfahren ist er jedoch noch nicht anzuwenden.

(BGBl 1993/257)

(4) Der mit Bundesgesetz BGBl. Nr. 799/1993 eingefügte § 66a tritt mit 1. Jänner 1994 in Kraft. Verordnungen auf Grund dieses Bundesgesetzes können bereits von dem seiner Kundmachung folgenden Tag an erlassen werden; sie dürfen jedoch erst mit 1. Jänner 1994 in Kraft treten.

(BGBl 1993/817)

(5) § 9 Abs. 1, § 10 Abs. 1, § 18 Abs. 5 und 6, § 25 Abs. 2 bis 7, § 36 Abs. 3 lit. B sublit. b, c und e sowie § 76 Abs. 3 in der Fassung des Bundesge-

setzes BGBl. Nr. 502/1993 treten mit 1. August 1993 in Kraft.

(BGBl 1993/502)

(6) Verordnungen auf Grund des Bundesgesetzes BGBl. Nr. 502/1993 können bereits von dem seiner Kundmachung folgenden Tag an erlassen werden; sie dürfen jedoch erst mit dem im Abs. 5 bezeichneten Zeitpunkt in Kraft treten.

(BGBl 1993/502)

(7) § 12 Abs. 3 lit. g und h, Abs. 4, Abs. 6 lit. c, § 12 Abs. 9 bis 11, § 16 Abs. 1 lit. a, § 20 Abs. 4 erster Satz, § 21 Abs. 3, Abs. 4 Z 1 lit. a und b, § 25 Abs. 1 letzter Satz, § 26 Abs. 3 lit. e, Abs. 4 lit. d, § 27 Abs. 1 bis 4, § 32, § 32a und § 36 Abs. 3 lit. A sublit. f und lit. B sublit. d erster Satz in der Fassung des Bundesgesetzes BGBl. Nr. 817/1993 treten mit 1. Jänner 1994 in Kraft. Die Änderung der Höhe des Familienzuschlages im § 20 Abs. 4 erster Satz und der Lohnklasse im § 21 Abs. 3 gilt für alle Neuansprüche, die ab 1. Jänner 1994 geltend gemacht werden. Für die übrigen Fälle ist der Familienzuschlag von 22,60 S täglich und die Lohnklassentabelle gemäß § 21 Abs. 3 in der Fassung der Bundesgesetze BGBl. Nr. 364/1989 und 412/1990 sowie der Verordnung, BGBl. Nr. 717/1990, 594/1991 und 753/1992 weiter anzuwenden.

(BGBl 1994/25)

(8) § 1 Abs. 1 und 2 in der Fassung des Bundesgesetzes BGBl. Nr. 817/1993 tritt mit 1. Jänner 1995 in Kraft.

(BGBl 1994/25)

(9) §§ 60, 64, 64a sowie 65 in der Fassung des Bundesgesetzes BGBl. Nr. 25/1994 treten mit 1. Jänner 1994 in Kraft.

(BGBl 1994/314)

(10) Die §§ 8 Abs. 2 und 3, 9 Abs. 1 und 5, 10 Abs. 1 und 2, 12 Abs. 4 und 10, 14 Abs. 1 Z 2, 15 Abs. 1 Z 1 lit. b, 16 Abs. 3, 18 Abs. 6 und 8 lit. d, 21 Abs. 6, 25 Abs. 4, 6 und 7, 32a Abs. 1 und 2, 36 Abs. 2 und 3, 40a, 41 Abs. 5, 42 Abs. 4, 44 Abs. 1 Z 1 und Abs. 2, 45, 46, 47 Abs. 2, 48 Abs. 1 und 2, 49 Abs. 1 und 2, 50, 51 Abs. 2 und 3, 53 Abs. 1, 55 Abs. 1, 56, 57, 67, 69, 72 Abs. 1 und 76 in der Fassung des Bundesgesetzes BGBl. Nr. 314/1994 treten mit 1. Juli 1994 in Kraft.

(BGBl 1994/314)

(11) (aufgehoben)

(BGBl I 1997/47)

(12) (aufgehoben)

(BGBl I 1997/47)

(13) (aufgehoben)

(BGBl I 1997/47)

(14) § 40 Abs. 2 in der Fassung des Bundesgesetzes BGBl. Nr. 450/1994 tritt mit 1. Juli 1994 in Kraft und ist auf Neuansprüche ab 1. Juli 1994 anzuwenden.

(BGBl 1994/450)

(15) § 51 Abs. 1 in der Fassung des Bundesgesetzes BGBl. Nr. 450/1994 tritt mit 1. Juli 1994 in Kraft.

(BGBl 1994/450)

(16) § 66a Abs. 5 in der Fassung des Bundesgesetzes BGBl. Nr. 314/1994 tritt mit 1. Jänner 1995 in Kraft.

(BGBl 1994/450)

(17) § 18 Abs. 7 und 9 in der Fassung des Bundesgesetzes BGBl. Nr. 133/1995 treten mit dem auf die Kundmachung folgenden Tag in Kraft.

(BGBl 1995/133)

(18) § 1, § 3 Abs. 3, § 6 Abs. 1, § 16 Abs. 3, § 17 Abs. 1, § 21 Abs. 4, § 25 Abs. 1, § 42 Abs. 1 und § 46 Abs. 5 in der Fassung des Bundesgesetzes BGBl. Nr. 297/1995 treten mit 1. Mai 1995 in Kraft.

(BGBl 1995/297)

(19) § 12, § 14 Abs. 2, § 20 Abs. 2 und 5, § 21 Abs. 3, § 26 Abs. 3 und 4, § 36, § 36a, § 36b, § 36c und § 39 Abs. 3 und 5 in der Fassung des Bundesgesetzes BGBl. Nr. 297/1995 treten mit 1. Mai 1995 in Kraft und gelten für Ansprüche, deren Anfallstag nach dem 30. April 1995 liegt; wobei § 14 Abs. 2 im Zusammenhang mit § 26 erst auf Fälle anzuwenden ist, deren Anfallstag nach dem 31. Dezember 1995 liegt. Für die übrigen Fälle gelten diese Bestimmungen weiterhin in der Fassung des Bundesgesetzes BGBl. Nr. 133/1995 und der Verordnung BGBl. Nr. 977/1994. § 12, § 26 Abs. 3 und 4, § 36, § 36a, § 36b und § 36c sind jedoch ab 1. Jänner 1996 auf alle Fälle anzuwenden.

(BGBl 1995/297)

(20) § 26 Abs. 2, § 27, § 31a, § 31b und § 32 treten mit 1. Jänner 1996 in Kraft und gelten für Ansprüche, deren Anfallstag nach dem 31. Dezember 1995 liegt. Für die übrigen Fälle gelten diese Bestimmungen weiterhin in der Fassung des Bundesgesetzes BGBl. Nr. 133/1995.

(BGBl 1995/297)

(21) Verordnungen auf Grund dieses Bundesgesetzes in der Fassung des Bundesgesetzes BGBl. Nr. 297/1995 können bereits von dem seiner Kundmachung folgenden Tag an erlassen werden; sie dürfen jedoch erst mit Inkrafttreten der jeweiligen Gesetzesbestimmungen in Kraft treten.

(BGBl 1995/297)

(22) § 21 Abs. 4 Z 1 lit. a und b in der Fassung des Bundesgesetzes BGBl. Nr. 153/1996 tritt mit 1. Jänner 1996 in Kraft.

(BGBl 1996/153)

(23) § 36 Abs. 3 lit. B, § 71 und § 72 Abs. 1 in der Fassung des Bundesgesetzes BGBl. Nr. 153/1996 treten mit 1. April 1996 in Kraft.

(BGBl 1996/153)

(24) § 26 Abs. 1 Z 2 und Z 3 in der Fassung des Bundesgesetzes BGBl. Nr. 201/1996 tritt mit 1. Jänner 1996 in Kraft.

(BGBl 1996/201)

(25) § 7 Abs. 1 bis 3 Z 1 und Abs. 5, § 10 Abs. 1, § 12 Abs. 3 bis 6, § 15, § 18 Abs. 5, § 19 Abs. 1, § 20 Abs. 5, § 23, § 25 Abs. 2, § 26 Abs. 3 lit. e, § 33 Abs. 4, § 36a Abs. 2, § 37, § 39, § 40a, § 43a, § 44 Abs. 1 Z 1, § 49 Abs. 2 und § 50 Abs. 1 in der Fassung des Bundesgesetzes BGBl. Nr. 201/1996 treten mit 1. Mai 1996 in Kraft. § 23 ist auf alle Fälle der Bevorschussung von Leistungen aus der Pensionsversicherung anzuwenden, die nach dem 30. April 1996 beim Pensionsversicherungsträger beantragt werden.

(BGBl 1996/201)

(26) § 26 Abs. 1 Z 1 und Abs. 3, § 26a Abs. 1 Z 3 lit. a, § 27, § 28, § 31, § 31a und § 31b in der Fassung des Bundesgesetzes BGBl. Nr. 201/1996 treten mit 1. Juli 1996 in Kraft und gelten für Geburten nach dem 30. Juni 1996. Für die übrigen Fälle gelten diese Bestimmungen weiterhin in der Fassung des Bundesgesetzes BGBl. Nr. 297/1995.

(BGBl 1996/201)

(27) § 36 Abs. 1 in der Fassung des Bundesgesetzes BGBl. Nr. 201/1996 tritt mit 1. Mai 1996 in Kraft und mit 31. Dezember 1997 außer Kraft. Damit treten die früheren Bestimmungen wieder in Kraft.

(BGBl 1996/201)

(28) § 7 Abs. 3 Z 2 und Abs. 4, § 20 Abs. 2 und § 36 Abs. 6 in der Fassung des Bundesgesetzes BGBl. Nr. 201/1996 treten mit 1. Mai 1996 in Kraft und gelten für Ansprüche, deren Anfallstag nach dem 30. April 1996 liegt.

(BGBl 1996/201)

(29) § 21 Abs. 1 und 2 und § 46 Abs. 4 in der Fassung des Bundesgesetzes BGBl. Nr. 201/1996 treten mit 1. Juli 1996 in Kraft.

(BGBl 1996/201)

(30) (aufgehoben)

(BGBl I 1998/6)

(31) § 21 Abs. 10 tritt mit Ablauf des 30. April 1996 außer Kraft.

(BGBl 1996/201)

(32) § 36 Abs. 3 lit. B sublit. c in der Fassung des Bundesgesetzes BGBl. Nr. 411/1996 tritt mit 1. April 1996 in Kraft.

(BGBl 1996/411)

(33) § 12 Abs. 3 lit. g, § 21 Abs. 1, § 25 Abs. 2, § 36 Abs. 3 lit. A und 6, § 42 Abs. 1, § 43, § 49 Abs. 2 und § 81 Abs. 2 in der Fassung des Bundesgesetzes BGBl. Nr. 411/1996 treten mit 1. Mai 1996 in Kraft.

(BGBl 1996/411)

(34) § 36a Abs. 3 und 5 und § 36b Abs. 2 in der Fassung des Bundesgesetzes BGBl. Nr. 411/1996 treten mit 1. August 1996 in Kraft.

(BGBl 1996/411)

(35) § 36a Abs. 2 in der Fassung des Bundesgesetzes BGBl. Nr. 417/1996 tritt mit 1. Juli 1996 in Kraft.

(BGBl 1996/417)

(36) § 1 Abs. 2 lit. e in der Fassung des Bundesgesetzes BGBl. Nr. 600/1996 tritt mit 1. Jänner 1997 in Kraft.

(BGBl 1996/600)

(37) § 81 Abs. 3 in der Fassung des Bundesgesetzes BGBl. Nr. 600/1996 tritt mit 1. Mai 1995 in Kraft.

(BGBl 1996/600)

(38) § 51 Abs. 4 in der Fassung des Bundesgesetzes BGBl. Nr. 764/1996 tritt mit 1. Jänner 1997 in Kraft.

(BGBl 1996/764)

(39) Die §§ 6, 12 Abs. 7, 14 Abs. 7 bis 9, 15 Abs. 1, 16 Abs. 1, 18 Abs. 8, 19 Abs. 3, 20 Abs. 2, 23, 25 Abs. 8, 33 Abs. 1 und 4, 34 Abs. 4, 36 Abs. 6, 36a Abs. 1, 36c Abs. 6, 39, 41, 44, 47 Abs. 1, 51, 54 und 58 in der Fassung des Bundesgesetzes BGBl. I Nr. 47/1997 treten mit 1. Juli 1997 in Kraft. Für Ansprüche auf Grund von Geburten vor dem 1. Juli 1997 ist dieses Bundesgesetz weiterhin in der am 30. Juni 1997 geltenden Fassung anzuwenden. Bei Mehrlingsgeburten ist § 20 Abs. 5 für Zeiträume nach dem 31. Dezember 1997 jedoch nicht mehr anzuwenden. § 31a Abs. 1 in der am 30. Juni 1997 geltenden Fassung ist mit der Maßgabe anzuwenden, daß an die Stelle des Ausdruckes Anwartschaft der Ausdruck Voraussetzungen tritt. § 26 Abs. 3 lit. e in der am 30. Juni 1997 geltenden Fassung ist auf nach dem 31. Dezember 1997 liegende Zeiträume nicht mehr anzuwenden. Statt dessen sind § 2 Abs. 3 bis 5 und § 45 Abs. 3 KGG in der Fassung des Bundesgesetzes BGBl. I Nr. 6/1998 mit der Maßgabe anzuwenden, daß an die Stelle des Karenzgeldes das Karenzurlaubsgeld tritt. § 43 Abs. 2 KGG in der Fassung des Bundesgesetzes BGBl. I Nr. 6/1998 ist mit der Maßgabe anzuwenden, daß an die Stelle des Karenzgeldes das Karenzurlaubsgeld tritt und der Antrag auch bei der zuständigen regionalen Geschäftsstelle des Arbeitsmarktservice gestellt werden kann.

(BGBl I 1997/47, BGBl I 1998/6)

(40) § 7 in der Fassung des Bundesgesetzes BGBl. I Nr. 78/1997 tritt mit 1. Jänner 1998 in Kraft und gilt für Zuerkennungen ab 1. Jänner 1998. Für die übrigen Fälle ist diese Bestimmung weiterhin in der am 31. Dezember 1997 geltenden Fassung anzuwenden. Die §§ 33 Abs. 2 und 34 in der Fassung des Bundesgesetzes BGBl. I Nr. 78/1997 treten mit 1. April 1998 in Kraft und gelten für Fälle, deren Arbeitslosengeld- oder Karenz(urlaubs)geldanspruch frühestens mit Ablauf des 31. März 1998 erschöpft war. Für die übrigen Fälle sind diese Bestimmungen weiterhin in der am 31. März 1998 geltenden Fassung anzuwenden. § 51 Abs. 4 in der Fassung des Bundesgesetzes BGBl. Nr. 764/1996 tritt mit 1. Juli 1997 in Kraft.

(BGBl I 1997/78, BGBl I 1998/55)

(41) § 1 Abs. 1, 2 und 4, § 6 Abs. 1, § 12 Abs. 3 und 6, § 14 Abs. 8, § 15 Abs. 1 Z 1 lit. f und Abs. 2 Z 1, § 20 Abs. 2, § 21 Abs. 1 und 2, § 26, § 27, § 28, § 36 Abs. 1 und Abs. 3 lit. A, § 40a,

§ 41 Abs. 1, § 44 Abs. 1, § 46 Abs. 1 und 4 sowie § 50 Abs. 1 in der Fassung des Bundesgesetzes BGBl. I Nr. 139/1997 treten mit 1. Jänner 1998 in Kraft.

(BGBl I 1997/139)

(42) Die §§ 12 Abs. 7, 16 Abs. 1 und 2, 18 Abs. 5, 28, 33 Abs. 5, 36 Abs. 3 lit. A und Abs. 6, 36a Abs. 1 und Abs. 5, 43a und 57 in der Fassung des Bundesgesetzes BGBl. I Nr. 6/1998 treten mit 1. Jänner 1998 in Kraft. § 12 Abs. 3 lit. g und § 21a in der Fassung des Bundesgesetzes BGBl. I Nr. 6/1998 treten mit 1. Jänner 1998 in Kraft und sind auf Zeiträume nach dem 31. Dezember 1997 anzuwenden. § 36 Abs. 6 in der Fassung des Bundesgesetzes BGBl. I Nr. 6/1998 tritt mit 1. Jänner 1998 in Kraft und gilt für die Auszahlung von Notstandshilfe für Zeiträume nach dem 31. Dezember 1997.

(BGBl I 1998/6)

(43) § 18 Abs. 7 und Abs. 9 in der Fassung des Bundesgesetzes BGBl. I Nr. 126/1997 tritt mit 1. Jänner 1998 in Kraft.

(BGBl I 1997/126)

(44) Die §§ 14 Abs. 4 lit. b, 15 Abs. 1 Z 1 lit. e und 16 Abs. 1 lit. h in der Fassung des Bundesgesetzes BGBl. I Nr. 30/1998 treten mit 1. Jänner 1998 in Kraft.

(BGBl I 1998/30)

(45) § 18 Abs. 10 in der Fassung des Bundesgesetzes BGBl. I Nr. 148/1998 tritt mit 1. August 1998 in Kraft.

(BGBl I 1998/148)

(46) § 1 Abs. 1, § 12, § 15, § 16 Abs. 1, § 18 Abs. 7, 8 und 9, § 19 Abs. 1, § 21 Abs. 1 und 10, § 23, § 25 Abs. 1, § 26 Abs. 4, § 33 Abs. 4, § 36a, § 36b und § 37 in der Fassung des Bundesgesetzes BGBl. I Nr. 148/1998 treten mit 1. Oktober 1998 in Kraft.

(BGBl I 1998/148)

(47) § 34 in der Fassung des Bundesgesetzes BGBl. I Nr. 167/1998 tritt mit 1. April 1998 in Kraft und gilt bei erstmaliger Zuerkennung von Notstandshilfe nach Erschöpfung des Anspruches auf Arbeitslosengeld, Karenz(urlaubs)geld oder Notstandshilfe gemäß § 34 Abs. 4 in der Fassung vor dem 1. April 1998. § 33 Abs. 2 lit. a in der Fassung vor dem 1. April 1998 ist in diesen Fällen nicht anzuwenden. Wurde die Gewährung von Notstandshilfe auf Grund des Abs. 40 versagt, hat auf Antrag eine neuerliche Beurteilung zu erfolgen.

(BGBl I 1998/167)

(48) § 18 und § 27 in der Fassung des Bundesgesetzes BGBl. I Nr. 15/2000 treten mit 1. Jänner 2000 in Kraft.

(BGBl I 2000/15)

(49) § 39 Abs. 6 in der Fassung des Bundesgesetzes BGBl. I Nr. 153/1999 tritt mit 1. Jänner 1999 in Kraft.

(BGBl I 1999/153)

(50) Die §§ 18 Abs. 8 Z 2, 33 Abs. 5 und 39 Abs. 2 in der Fassung des Bundesgesetzes BGBl. I Nr. 153/1999 treten mit 1. Jänner 2000 in Kraft und gelten für Ansprüche auf Grund von Geburten nach dem 31. Dezember 1999.

(BGBl I 1999/153)

(51) § 1 Abs. 1 lit. j, § 25 und § 56 in der Fassung des Bundesgesetzes BGBl. I Nr. 179/1999 treten mit 1. Juli 1999 in Kraft.

(BGBl I 1999/179)

(52) § 7 Abs. 3 in der Fassung des Bundesgesetzes BGBl. I Nr. 179/1999 tritt mit 1. August 1999 in Kraft und gilt für Geltendmachungen nach dem 31. Juli 1999.

(BGBl I 1999/179)

(53) § 6, § 21 Abs. 1 und 8, § 26 Abs. 5 bis 8, § 27, § 28, § 40 Abs. 1, § 44 Abs. 1 und § 50 Abs. 1 in der Fassung des Bundesgesetzes BGBl. I Nr. 179/1999 treten mit 1. Jänner 2000 in Kraft.

(BGBl I 1999/179)

(54) § 16 Abs. 1 und 4, § 42 Abs. 1 und § 43a Abs. 1 Z 3 in der Fassung des Bundesgesetzes BGBl. I Nr. 44/2000 treten mit 1. Jänner 2001 in Kraft.

(BGBl I 2000/44)

(55) § 18 Abs. 2 lit. c in der Fassung des Bundesgesetzes BGBl. I Nr. 44/2000 tritt mit 1. Juli 2000 in Kraft und gilt auch für Personen, die am 30. Juni 2000 im Bezug von Arbeitslosengeld gemäß § 18 Abs. 2 lit. b stehen oder deren Anspruch auf eine solche Leistung an diesem Tag gemäß § 16 Abs. 1 ruht.

(BGBl I 2000/44)

(56) § 23 Abs. 1 in der Fassung des Bundesgesetzes BGBl. I Nr. 92/2000 tritt mit 1. Juli 2000 in Kraft; auf vor diesem Tag zuerkannte oder beantragte Vorschüsse ist § 23 in der Fassung des Bundesgesetzes BGBl. I Nr. 47/1997 weiterhin anzuwenden.

(BGBl I 2000/92)

(57) Die §§ 26a und 27 in der Fassung des Bundesgesetzes BGBl. I Nr. 92/2000 treten mit 1. Oktober 2000 in Kraft und gelten für Vereinbarungen, deren Laufzeit nach dem 30. September 2000 beginnt. Für die übrigen Fälle gelten die §§ 26 und 27 in der Fassung vor diesem Bundesgesetz.

(BGBl I 2000/92)

(58) Die §§ 16 Abs. 1, 18 Abs. 4, 34 und 36 Abs. 6 in der Fassung des Bundesgesetzes BGBl. I Nr. 92/2000 treten mit 1. Oktober 2000 in Kraft.

(BGBl I 2000/92)

(59) Die §§ 14 Abs. 4, 15 Abs. 1 und 5 sowie 21 in der Fassung des Bundesgesetzes BGBl. I Nr. 92/2000 treten mit 1. Oktober 2000 in Kraft und gelten für Neuansprüche ab 1. Oktober 2000, wobei Zeiten, für die ein Sicherungsbeitrag gemäß § 5d AMPFG in der Fassung des Bundesgesetzes BGBl. I Nr. 148/1998 entrichtet wurde, nur dann auf die Anwartschaft anzurechnen sind, wenn sie nicht bereits gemäß § 15 Abs. 5 in der Fassung des

Bundesgesetzes BGBl. I Nr. 148/1998 zur Rahmenfristerstreckung herangezogen wurden.

(BGBl I 2000/92)

(60) § 23 Abs. 4 in der Fassung des Bundesgesetzes BGBl. I Nr. 92/2000 tritt mit 1. Jänner 2001 in Kraft; für Vorschüsse auf eine Leistung gemäß § 23 Abs. 1 Z 1 mit einem Pensionsstichtag vor dem 1. Jänner 2001 gilt jedoch weiterhin die bisherige Obergrenze, wenn diese höher als die neue Obergrenze ist.

(BGBl I 2000/92)

(61) Die §§ 15 Abs. 3 Z 4, 16 Abs. 5, 20 Abs. 4 und 5, 36 Abs. 1, 3 und 5 sowie 49 Abs. 1 in der Fassung des Bundesgesetzes BGBl. I Nr. 142/2000 treten mit 1. Jänner 2001 in Kraft.

(BGBl I 2000/142)

(62) Die §§ 11, 12 Abs. 4, 14 Abs. 1 und 2, 19 Abs. 1 und 2, 20 Abs. 1, 21 und 26 in der Fassung des Bundesgesetzes BGBl. I Nr. 142/2000 treten mit 1. Jänner 2001 in Kraft und gelten für neue Ansprüche auf Arbeitslosengeld oder Weiterbildungsgeld und Zuerkennungen von Notstandshilfe, die nach Ablauf des 31. Dezember 2000 anfallen. § 21 in der Fassung des Bundesgesetzes BGBl. I Nr. 142/2000 gilt überdies bei Geltendmachung eines Anspruches auf Fortbezug von Arbeitslosengeld gemäß § 19 nach einem Unterbrechungs- oder Ruhenszeitraum von mehr als 62 Tagen ab 1. Jänner 2002.

(BGBl I 2000/142, BGBl I 2001/47)

(63) Die §§ 71, 72 und 73 in der Fassung des Bundesgesetzes BGBl. I Nr. 142/2000 treten mit 1. Jänner 2001 in Kraft und sind auf Sachverhalte anzuwenden, die sich nach Ablauf des 31. Dezember 2000 ereignen.

(BGBl I 2000/142)

(64) Die §§ 18 Abs. 7 lit. b und Abs. 9 sowie 36a Abs. 2 und 3 in der Fassung des Bundesgesetzes BGBl. I Nr. 47/2001 treten mit 1. Jänner 2001 in Kraft.

(BGBl I 2001/47)

(65) Die §§ 6, 7, 9, 12, 14, 15, 18, 21, 33, 36, 42, 52 und 69 in der Fassung des Bundesgesetzes BGBl. I Nr. 103/2001 treten mit 1. Jänner 2002 in Kraft.

(BGBl I 2001/103)

(66) Die §§ 36 Abs. 6 und 52 in der Fassung des Konjunkturbelebungsgesetzes 2002, BGBl. I Nr. 68, treten rückwirkend mit 1. Jänner 2002 in Kraft.

(BGBl I 2002/68)

(67) Die §§ 1 Abs. 2, 15 Abs. 8, 22, 26, 26a und 36 Abs. 8 in der Fassung des Konjunkturbelebungsgesetzes 2002, BGBl. I Nr. 68, treten mit 1. Juli 2002 in Kraft.

(BGBl I 2002/68)

(68) Die §§ 15 Abs. 1, 21 Abs. 1 sowie 29 bis 32 samt Überschriften in der Fassung des Bundesgesetzes BGBl. I Nr. 89/2002 treten mit 1. Juli 2002 in Kraft.

(BGBl I 2002/89)

(69) § 14 Abs. 4 in der Fassung des Bundesgesetzes BGBl. I Nr. 71/2003 tritt rückwirkend mit 1. Juli 2002 in Kraft.

(BGBl I 2003/71)

(70) Die §§ 7 Abs. 3 Z 2, 12 Abs. 7, 14 Abs. 5, 15, 21 Abs. 1, 36 Abs. 4, 51 Abs. 2 und 69 Abs. 4 in der Fassung des Bundesgesetzes BGBl. I Nr. 71/2003 treten mit 1. Juli 2003 in Kraft.

(BGBl I 2003/71, BGBl I 2003/128)

(71) § 18 Abs. 4 in der Fassung des Bundesgesetzes BGBl. I Nr. 71/2003 tritt mit 1. Juli 2003 in Kraft und gilt für alle Fälle, in denen der Eintritt in eine Maßnahme nach dem 30. Juni 2003 erfolgt ist.

(BGBl I 2003/71)

(72) Die §§ 1 Abs. 2 lit. e, 6, 24, 39 und 40 Abs. 1 in der Fassung des Bundesgesetzes BGBl. I Nr. 71/2003 sowie § 39a in der Fassung der Bundesgesetze BGBl. I Nr. 71/2003 und BGBl. I Nr. 128/2003 treten mit 1. Jänner 2004 in Kraft.

(BGBl I 2003/71, BGBl I 2003/128)

(73) § 27 in der Fassung der Bundesgesetze BGBl. I Nr. 71/2003 und BGBl. I Nr. 128/2003 tritt mit 1. Jänner 2004 in Kraft und gilt für Ansprüche auf Altersteilzeitgeld auf Grund von Vereinbarungen, deren Laufzeit nach dem 31. Dezember 2003 beginnt. Für Ansprüche auf Altersteilzeitgeld, die vor dem Ablauf des 31. Dezember 2003 erfolgreich geltend gemacht wurden, gilt § 27 in der bisher anzuwendenden Fassung weiter.

(BGBl I 2003/71, BGBl I 2003/128)

(74) § 12, § 16 Abs. 1 und § 36a Abs. 4 in der Fassung des Bundesgesetzes BGBl. I Nr. 128/2003 treten mit 1. Jänner 2004 in Kraft.

(BGBl I 2003/128)

(75) § 7 Abs. 6 in der Fassung des Bundesgesetzes BGBl. I Nr. 28/2004 tritt mit 1. Mai 2004 in Kraft und gilt für Geltendmachungen nach dem 30. April 2004.

(BGBl I 2004/28)

(76) Die §§ 15 Abs. 1 Z 2 und Abs. 3 Z 4, 22 Abs. 3, 23 Abs. 3, 25 mit Ausnahme des Abs. 2, 33 Abs. 1 und 4, 39a Abs. 1 und 66a Abs. 2 in der Fassung des Bundesgesetzes BGBl. I Nr. 77/2004 treten mit 1. August 2004 in Kraft.

(BGBl I 2004/77)

(77) Die §§ 12 Abs. 3, 21a und 25 Abs. 2 in der Fassung des Bundesgesetzes BGBl. I Nr. 77/2004 treten mit 1. August 2004 in Kraft und gelten für die Beurteilung von Sachverhalten, die sich nach Ablauf des 31. Juli 2004 ereignet haben. Auf Sachverhalte, die sich vor dem 1. August 2004 ereignet haben, sind diese Bestimmungen in der bis zum Ablauf des 31. Juli 2004 geltenden Fassung weiter anzuwenden.

(BGBl I 2004/77)

(78) Die §§ 9, 10, 11, 14 Abs. 4, 17, 26 Abs. 1 Z 1, 40 Abs. 3, 43a Abs. 1, 45, 46 und 71 Abs. 3 in der Fassung des Bundesgesetzes BGBl. I Nr. 77/2004 treten mit 1. Jänner 2005 in Kraft und gelten

für die Beurteilung von Sachverhalten, die sich nach Ablauf des 31. Dezember 2004 ereignet haben. Auf Sachverhalte, die sich vor dem 1. Jänner 2005 ereignet haben, sind diese Bestimmungen in der bis zum Ablauf des 31. Dezember 2004 geltenden Fassung weiter anzuwenden.

(BGBl I 2004/77)

(79) Die §§ 3 Abs. 3, 40 Abs. 2, § 42 Abs. 1 und 2 und 43a Abs. 1 Z 2 in der Fassung des Bundesgesetzes BGBl. I Nr. 136/2004 treten mit 1. Jänner 2005 in Kraft.

(BGBl I 2004/136)

(80) § 1 Abs. 1 lit. g in der Fassung des Bundesgesetzes BGBl. I Nr. 142/2004 tritt mit 1. Jänner 2004 in Kraft.

(BGBl I 2004/142)

(81) Die §§ 6, 16 Abs. 1, 22 Abs. 1, 23 Abs. 1 Z 2, 27 Abs. 2, 29 Abs. 2 und 5, 32 Abs. 1 und 4, 36 Abs. 2 und 8, 82 Abs. 4 und 5 sowie 83 in der Fassung des Bundesgesetzes BGBl. I Nr. 142/2004 treten mit 1. Jänner 2005 in Kraft.

(BGBl I 2004/142)

(82) § 26 in der Fassung des Bundesgesetzes BGBl. I Nr. 142/2004 tritt mit 1. Jänner 2005 in Kraft und gilt für Geltendmachungen nach dem 31. Dezember 2004. § 34 in der Fassung des Bundesgesetzes BGBl. I Nr. 142/2004 tritt mit 1. Jänner 2005 in Kraft und gilt für Geltendmachungen von Personen, auf die § 8 Abs. 1 Z 2 lit. b ASVG in der Fassung des Bundesgesetzes BGBl. I Nr. 142/2004 anzuwenden ist, nach dem 31. Dezember 2004. Für die übrigen Fälle gelten diese Bestimmungen weiterhin in der Fassung des Bundesgesetzes BGBl. I Nr. 77/2004.

(BGBl I 2004/142)

(83) § 32 Abs. 6 und § 42 Abs. 5 in der Fassung des Bundesgesetzes BGBl. I Nr. 156/2004 treten mit 1. Jänner 2005 in Kraft.

(BGBl I 2004/156)

(84) § 51 Abs. 4 in der Fassung des Bundesgesetzes BGBl. I Nr. 71/2005 tritt mit 1. Juli 2005 in Kraft.

(BGBl I 2005/71)

(85) § 7 Abs. 3 Z 2 und Abs. 6 sowie § 22 Abs. 1 in der Fassung des Bundesgesetzes BGBl. I Nr. 102/2005 treten mit 1. August 2005 in Kraft.

(BGBl I 2005/102, BGBl I 2005/114)

(86) § 21 Abs. 1 in der Fassung des Bundesgesetzes BGBl. I Nr. 114/2005 tritt mit 1. Jänner 2006 in Kraft.

(BGBl I 2005/114)

(87) § 15 Abs. 3 Z 4 in der Fassung des Bundesgesetzes BGBl. I Nr. 132/2005 tritt mit 1. Jänner 2006 in Kraft.

(BGBl I 2005/132)

(88) § 32 Abs. 1 in der Fassung des Bundesgesetzes BGBl. I Nr. 36/2006 tritt mit 1. Jänner 2006 in Kraft.

(BGBl I 2006/36)

(89) § 15 Abs. 3, § 40 Abs. 3 und § 41 Abs. 1 in der Fassung des Bundesgesetzes BGBl. I Nr. 131/2006 treten mit 1. Juli 2006 in Kraft.

(BGBl I 2006/131)

(90) § 15 Abs. 3 Z 5 in der Fassung des Bundesgesetzes BGBl. I Nr. 104/2007 tritt rückwirkend mit 1. Juli 2006 in Kraft. § 23 Abs. 6 in der Fassung des Bundesgesetzes BGBl. I Nr. 104/2007 tritt rückwirkend mit 1. Jänner 2005 in Kraft.

(BGBl I 2007/104)

(91) § 1 Abs. 2 lit. e und Abs. 8, § 7 Abs. 7, § 9 Abs. 1, 2, 7 und 8, § 10 Abs. 1 Z 1, § 12 mit Ausnahme des Abs. 1, § 14 Abs. 1, § 17 Abs. 3 und § 66a Abs. 8 in der Fassung des Bundesgesetzes BGBl. I Nr. 104/2007 treten mit 1. Jänner 2008 in Kraft. Auf vor dem 1. Jänner 2008 geltend gemachte Ansprüche ist § 14 Abs. 1 in der bis zum Ablauf des 31. Dezember 2007 geltenden Fassung weiter anzuwenden.

(BGBl I 2007/104)

(92) § 1 Abs. 1 lit. e und h, § 20, § 25 Abs. 2 und § 41 Abs. 3 in der Fassung des Bundesgesetzes BGBl. I Nr. 104/2007 treten mit 1. Jänner 2008 in Kraft und gelten für Sachverhalte, die nach Ablauf des 31. Dezember 2007 eintreten.

(BGBl I 2007/104)

(93) § 26 Abs. 1 in der Fassung des Bundesgesetzes BGBl. I Nr. 104/2007 tritt mit 1. Jänner 2008 in Kraft und gilt hinsichtlich der Höhe des Weiterbildungsgeldes auch für laufende Bezüge, hinsichtlich der geänderten Anspruchsvoraussetzungen jedoch nur für Geltendmachungen nach dem 31. Dezember 2007.

(BGBl I 2007/104)

(94) § 3, § 4, § 11, § 12 Abs. 1, § 14 Abs. 4 lit. a, § 15 Abs. 1, 2, 5 und 8 und § 21 Abs. 1 in der Fassung des Bundesgesetzes BGBl. I Nr. 104/2007 sowie § 19 Abs. 1 und § 37 in der Fassung der Bundesgesetze BGBl. I Nr. 104/2007 und BGBl. I Nr. 82/2008 treten mit 1. Jänner 2009 in Kraft und gelten für nach dem Ablauf des 31. Dezember 2008 geltend gemachte Ansprüche. Auf vor dem 1. Jänner 2009 geltend gemachte Ansprüche sind diese Bestimmungen in der bis zum Ablauf des 31. Dezember 2008 geltenden Fassung weiter anzuwenden.

(BGBl I 2007/104, BGBl I 2008/82)

(95) Es treten in Kraft:

1. mit 1. Jänner 2008 die §§ 32 Abs. 1 in der Fassung der Z 1 und Abs. 6 sowie 42 Abs. 1 in der Fassung der Z 1 und Abs. 5 in der Fassung des Bundesgesetzes BGBl. I Nr. 101/2007;
2. mit 1. Jänner 2009 § 32 Abs. 6 und § 42 Abs. 5 in der Fassung des Bundesgesetzes BGBl. I Nr. 82/2008.

(BGBl I 2008/82)

(BGBl I 2007/101)

(96) § 7 Abs. 8, § 12 Abs. 4, § 16 Abs. 2, § 20 Abs. 3, § 24 Abs. 2 und § 46 Abs. 3 in der Fassung

des Bundesgesetzes BGBl. I Nr. 82/2008 treten mit 1. Juli 2008 in Kraft.

(BGBl I 2008/82)

(97) § 36 Abs. 3 lit. B lit. d in der Fassung des Bundesgesetzes BGBl. I Nr. 82/2008 tritt mit 1. Juli 2008 in Kraft und gilt für nach Ablauf des 30. Juni 2008 geltend gemachte Ansprüche.

(BGBl I 2008/82)

(98) § 14 Abs. 8 und § 33 Abs. 4 in der Fassung des Bundesgesetzes BGBl. I Nr. 82/2008 treten mit 1. Jänner 2009 in Kraft und gelten für nach Ablauf des 31. Dezember 2008 geltend gemachte Ansprüche.

(BGBl I 2008/82)

(99) § 18 Abs. 6 bis 9 in der Fassung des Bundesgesetzes BGBl. I Nr. 12/2009 tritt mit 1. Februar 2009 in Kraft.

(BGBl I 2009/12)

(100) § 18 Abs. 7 in der Fassung des Bundesgesetzes BGBl. I Nr. 90/2009 tritt rückwirkend mit 1. Juni 2009 in Kraft.

(BGBl I 2009/90)

(101) § 6 Abs. 2 Z 4, § 34 samt Überschrift, § 39a, § 41 Abs. 4, § 42 Abs. 6 und § 43 in der Fassung des Bundesgesetzes BGBl. I Nr. 90/2009 treten mit 1. August 2009 in Kraft.

(BGBl I 2009/90)

(102) § 21 Abs. 1 und § 27 Abs. 3 in der Fassung des Bundesgesetzes BGBl. I Nr. 90/2009 treten mit 1. September 2009 in Kraft.

(BGBl I 2009/90)

(103) § 27 Abs. 2, 4 und 5 sowie § 82 in der Fassung des Bundesgesetzes BGBl. I Nr. 90/2009 treten mit 1. September 2009 in Kraft und gelten für Ansprüche auf Altersteilzeitgeld auf Grund von Vereinbarungen, deren Laufzeit nach dem 31. August 2009 beginnt. Für Ansprüche auf Altersteilzeitgeld, die auf Grund von Vereinbarungen, deren Laufzeit vor dem 1. September 2009 begonnen hat, vor dem Ablauf des 31. August 2009 geltend gemacht wurden, gilt § 27 mit Ausnahme des Abs. 3 in der bisher anzuwendenden Fassung weiter, hinsichtlich der Zahlungsweise und der Anpassung an Lohnerhöhungen jedoch mit der Maßgabe, dass diese ab 1. Jänner 2010 entsprechend den im § 27 Abs. 4 in der Fassung des Bundesgesetzes BGBl. I Nr. 90/2009 vorgesehenen Regelungen zu erfolgen hat.

(BGBl I 2009/90)

(104) § 17 und § 46 Abs. 1 und Abs. 5 bis 7 in der Fassung des Bundesgesetzes BGBl. I Nr. 5/2010 treten mit 1. Juli 2010 in Kraft.

(BGBl I 2010/5)

(105) § 12 Abs. 3 lit. d und Abs. 6 lit. d, § 20 Abs. 5, § 34 sowie § 36 Abs. 2 und Abs. 3 lit. B in der Fassung des Bundesgesetzes BGBl. I Nr. 135/2009 treten mit 1. Jänner 2010 in Kraft.

(BGBl I 2009/135)

(106) § 17 Abs. 1 und § 46 Abs. 1 in der Fassung des Bundesgesetzes BGBl. I Nr. 63/2010 treten mit 1. August 2010 in Kraft. § 34 in der Fassung des Bundesgesetzes BGBl. I Nr. 63/2010 tritt hinsichtlich der Nichtbeseitigung eines Anspruches auf Wochengeld rückwirkend mit 1. August 2009 und hinsichtlich der übrigen Regelungen mit 1. August 2010 in Kraft und gilt für Personen, auf die § 8 Abs. 1 Z 2 lit. b ASVG in der Fassung des Bundesgesetzes BGBl. I Nr. 142/2004 anzuwenden ist, hinsichtlich des Anspruches auf Krankenversicherung und Pensionsversicherung sowie hinsichtlich der übrigen Personen nur für nach dem Ablauf des 31. Dezember 2010 geltend gemachte Ansprüche auf Krankenversicherung.

(BGBl I 2010/63)

(107) § 35 und § 36 Abs. 1, 2 und 3 lit. B lit. a in der Fassung des Bundesgesetzes BGBl. I Nr. 63/2010 treten mit 1. September 2010 in Kraft.

(BGBl I 2010/63)

(108) § 12 Abs. 6 in der Fassung des Bundesgesetzes BGBl. I Nr. 64/2010 tritt mit 1. September 2010 in Kraft.

(BGBl I 2010/64)

(109) § 8 Abs. 3 in der Fassung des Bundesgesetzes BGBl. I Nr. 62/2010 tritt rückwirkend mit 1. Juli 2010 in Kraft.

(BGBl I 2010/62)

(110) § 18 Abs. 2 lit. c und § 21 Abs. 1 in der Fassung des Budgetbegleitgesetzes 2011, BGBl. I Nr. 111/2010, treten mit 1. Jänner 2011 in Kraft.

(BGBl I 2010/111)

(111) § 26 Abs. 7 in der Fassung des Budgetbegleitgesetzes 2011, BGBl. I Nr. 111/2010, tritt mit 1. Jänner 2011 in Kraft und gilt für Zeiträume des Bezuges von Weiterbildungsgeld nach Ablauf des 31. Dezember 2010.

(BGBl I 2010/111)

(112) § 27 Abs. 2 und 4 sowie § 82 in der Fassung des Budgetbegleitgesetzes 2011, BGBl. I Nr. 111/2010, treten mit 1. Jänner 2011 in Kraft und gelten für Ansprüche auf Altersteilzeitgeld, die zur Gänze für Zeiträume nach Ablauf des 31. Dezember 2010 zuerkannt werden.

(BGBl I 2010/111)

(113) § 41 Abs. 1 in der Fassung des Budgetbegleitgesetzes 2011, BGBl. I Nr. 111/2010, tritt mit 1. Jänner 2011 in Kraft und gilt für die Berechnung von Ansprüchen auf Wochengeld, die nach Ablauf des 31. Dezember 2010 zuerkannt werden.

(BGBl I 2010/111)

(114) § 7 Abs. 3 und 6 in der Fassung des Bundesgesetzes BGBl. I Nr. 25/2011 tritt mit 1. Mai 2011 in Kraft.

(BGBl I 2011/25)

(115) § 22 Abs. 1 in der Fassung des Bundesgesetzes BGBl. I Nr. 25/2011 tritt mit 1. Juli 2011 in Kraft.

(BGBl I 2011/25)

(116) § 12 Abs. 6, § 15 Abs. 9 und § 16 Abs. 1 lit. b in der Fassung des Bundesgesetzes BGBl. I Nr. 52/2011 treten mit 1. Juli 2011 in Kraft.

(BGBl I 2011/52)

(117) § 34 Abs. 3 und 4 in der Fassung des Bundesgesetzes BGBl. I Nr. 122/2011 tritt mit 1. Jänner 2011 in Kraft.

(BGBl I 2011/122)

(118) § 26 Abs. 3 in der Fassung des Bundesgesetzes BGBl. I Nr. 122/2011 tritt mit 1. Juli 2011 in Kraft.

(BGBl I 2011/122)

(119) § 44 Abs. 1 in der Fassung des Bundesgesetzes BGBl. I Nr. 122/2011 tritt mit 1. Jänner 2012 in Kraft.

(BGBl I 2011/122)

(120) § 1 Abs. 2, § 7 Abs. 5 und § 15 Abs. 1 in der Fassung des Bundesgesetzes BGBl. I Nr. 17/2012 tritt mit 1. Juni 2012 in Kraft.

(BGBl I 2012/17, BGBl I 2013/3)

(121) § 8 Abs. 4, § 22 Abs. 2 und 3, § 39 und § 45 Abs. 3 in der Fassung des 2. Stabilitätsgesetzes 2012, BGBl. I Nr. 35/2012, treten mit 1. Jänner 2013 in Kraft.

(BGBl I 2012/35)

(122) § 27 Abs. 2, 3, und 5 in der Fassung des 2. Stabilitätsgesetzes 2012, BGBl. I Nr. 35/2012, treten mit 1. Jänner 2013 in Kraft und gelten für Ansprüche auf Altersteilzeitgeld, die zur Gänze für Zeiträume nach Ablauf des 31. Dezember 2012 zuerkannt werden.

(BGBl I 2012/35)

(123) § 23 und § 39a Abs. 4 in der Fassung des 2. Stabilitätsgesetzes 2012, BGBl. I Nr. 35/2012, treten mit 1. Jänner 2013 in Kraft und gelten für Vorschussleistungen auf Grund der Beantragung von im § 23 Abs. 1 genannten Leistungen nach dem 31. Dezember 2012.

(BGBl I 2012/35)

(124) § 1 Abs. 2 lit. e in der Fassung des 2. Stabilitätsgesetzes 2012, BGBl. I Nr. 35/2012, tritt mit 1. Jänner 2013 in Kraft und gilt für Personen, die nach dem 31. Dezember 1952 geboren sind.

(BGBl I 2012/35)

(125) § 20 Abs. 6, § 36 Abs. 7, § 41 Abs. 1 und § 42 Abs. 1 in der Fassung des 2. Stabilitätsgesetzes 2012 BGBl. I Nr. 35/2012 treten mit 1. Jänner 2013 in Kraft und gelten hinsichtlich der Teilnahme an Maßnahmen, die nach dem 31. Dezember 2012 beginnen.

(BGBl I 2012/35)

(126) § 36 Abs. 4 in der Fassung des Bundesgesetzes BGBl. I Nr. 98/2012 tritt mit 1. Jänner 2013 in Kraft.

(BGBl I 2012/98)

(127) § 22 Abs. 2 sowie § 23 Abs. 3 in der Fassung des Bundesgesetzes BGBl. I Nr. 3/2013 treten mit 1. Jänner 2013 in Kraft und gelten für Vorschussleistungen auf Grund der Beantragung von im § 23 Abs. 1 genannten Leistungen nach dem 31. Dezember 2012.

(BGBl I 2013/3)

(128) § 36 Abs. 5 in der Fassung des Bundesgesetzes BGBl. I Nr. 3/2013 tritt mit 1. Juli 2013 in Kraft.

(BGBl I 2013/3)

(129) § 1 Abs. 1, § 7 Abs. 4, § 8, § 10 Abs. 4, § 14 Abs. 4, § 15 Abs. 1 Z 4 und Abs. 3 Z 1, § 16 Abs. 1, Abschnitt 3b (§ 39b samt Überschrift) sowie die Überschriften vor § 41 und vor § 42 und § 83 Abs. 5 in der Fassung des Bundesgesetzes BGBl. I Nr. 3/2013 treten mit 1. Jänner 2014 in Kraft. § 6 Abs. 1 und 2, § 40, § 40a und § 41 Abs. 1 erster Satz in der Fassung des Bundesgesetzes BGBl. I Nr. 3/2013 treten auf Grund des im Abs. 130 bestimmten Inkrafttretens der Änderung dieser Bestimmungen durch das Bundesgesetz BGBl. I Nr. 67/2013 nicht in Kraft.

(BGBl I 2013/3, BGBl I 2013/67)

(130) Die §§ 6 Abs. 1 und 2, 40, 40a und 41 Abs. 1 erster Satz in der Fassung des Bundesgesetzes BGBl. I Nr. 67/2013 treten hinsichtlich des Umschulungsgeldes mit 1. Jänner 2014 und hinsichtlich der übrigen Regelungen mit 1. Juli 2013 in Kraft.

(BGBl I 2013/67)

(131) Die §§ 7 Abs. 3 Z 2, 14 Abs. 7, 15 Abs. 1 Z 6, 16 Abs. 1 lit. j, 21 Abs. 1 siebenter Satz, 36a Abs. 3, 40, 40a, 41 Abs. 1 zweiter Satz, 50 Abs. 1 letzter Satz und § 83 Abs. 6 in der Fassung des Bundesgesetzes BGBl. I Nr. 67/2013 treten mit 1. Juli 2013 in Kraft.

(BGBl I 2013/67)

(132) Die §§ 26 Abs. 1 und 26a samt Überschrift in der Fassung des Bundesgesetzes BGBl. I Nr. 67/2013 treten mit 1. Juli 2013 in Kraft und gelten für Ansprüche auf Weiterbildungsgeld und Bildungsteilzeitgeld für Zeiträume nach dem 30. Juni 2013. Für Ansprüche auf Weiterbildungsgeld, die bereits vor dem Ablauf des 30. Juni 2013 begonnen haben, gelten die am 30. Juni 2013 geltenden Regelungen auch nach dem 30. Juni 2013 weiter.

(BGBl I 2013/67)

(133) Die §§ 48 Abs. 1, 56 samt Überschrift und 69 Abs. 5 in der Fassung des Bundesgesetzes BGBl. I Nr. 71/2013 treten mit 1. Jänner 2014 in Kraft.

(BGBl I 2013/71)

(134) Die §§ 32 Abs. 6 und 42 Abs. 5 in der Fassung des Bundesgesetzes BGBl. I Nr. 81/2013 treten rückwirkend mit 1. Jänner 2013 in Kraft.

(BGBl I 2013/81)

(135) § 26 Abs. 1 Z 4 sowie § 26a Abs. 1 Z 3 in der Fassung des Bundesgesetzes BGBl. I Nr. 138/2013 treten mit 1. Juli 2013 in Kraft.

(BGBl I 2013/138)

(136) Die §§ 15 Abs. 1 Z 11 und 12, 16 Abs. 1 lit. i sowie 21 Abs. 1 Z 3 und 4 in der Fassung des

Bundesgesetzes BGBl. I Nr. 138/2013 treten mit 1. Jänner 2014 in Kraft; § 6 sowie Abschnitt 2a samt Überschrift in der Fassung des Bundesgesetzes BGBl. I Nr. 138/2013 treten mit 1. Jänner 2014 in Kraft und gelten für Ansprüche auf Grund von Vereinbarungen im Sinne der §§ 14a bis 14c AVRAG, die nach Ablauf des 31. Dezember 2013 wirksam werden; für Ansprüche auf Grund von Vereinbarungen im Sinne der §§ 14a und 14b AVRAG, die vor dem 1. Jänner 2014 wirksam werden, gelten § 6 sowie Abschnitt 2a samt Überschrift in der bisherigen Fassung weiter.

(BGBl I 2013/138)

(137) § 16 Abs. 1 lit. p und q in der Fassung des Bundesgesetzes BGBl. I Nr. 137/2013 tritt mit 1. Jänner 2015 in Kraft.

(BGBl I 2013/137)

(138) § 23 Abs. 4 in der Fassung des Bundesgesetzes BGBl. I Nr. 139/2013 tritt rückwirkend mit 1. Jänner 2013 in Kraft.

(BGBl I 2013/139)

(139) Die Überschrift zum Abschnitt 2a sowie § 29 Abs. 1 und § 32 Abs. 2 in der Fassung des Budgetbegleitgesetzes 2014, BGBl. I Nr. 40/2014, treten rückwirkend mit 1. Jänner 2014 in Kraft.

(BGBl I 2014/40)

(140) § 1 Abs. 2 lit. b in der Fassung des Bundesgesetzes BGBl. I Nr. 68/2014 tritt rückwirkend mit 1. Jänner 1999 in Kraft.

(BGBl I 2014/68)

(141) § 23 Abs. 6 und 8, § 30 Abs. 1, § 31 Abs. 1, § 81 und § 83 in der Fassung des Bundesgesetzes BGBl. I Nr. 68/2014 treten rückwirkend mit 1. Jänner 2014 in Kraft.

(BGBl I 2014/68)

(142) § 16 Abs. 1 lit. l und Abs. 4 sowie § 81 Abs. 13 in der Fassung des Bundesgesetzes BGBl. I Nr. 68/2014 treten mit 1. Juli 2014 in Kraft.

(BGBl I 2014/68)

(143) § 18 Abs. 3 in der Fassung des Bundesgesetzes BGBl. I Nr. 68/2014 tritt mit 1. Jänner 2015 in Kraft.

(BGBl I 2014/68)

(144) § 12 Abs. 1 Z 2 in der Fassung des Bundesgesetzes BGBl. I Nr. 94/2014 tritt rückwirkend mit 1. Jänner 2014 in Kraft.

(BGBl I 2014/94)

(145) § 14 Abs. 4 lit. b und § 18 Abs. 3 in der Fassung des Bundesgesetzes BGBl. I Nr. 94/2014 treten mit 1. Jänner 2015 in Kraft.

(BGBl I 2014/94)

(146) § 12 Abs. 6 lit. b in der Fassung des Bundesgesetzes BGBl. I Nr. 79/2015 tritt mit 1. Jänner 2017 in Kraft.

(BGBl I 2015/79)

„(147) Die Überschrift vor § 21 sowie § 21 Abs. 1 und Abs. 2 in der Fassung des Meldepflicht-Änderungsgesetzes, BGBl. I Nr. 79/2015, des Steuerreformgesetzes 2015/2016, BGBl. I Nr. 118/2015, und des Bundesgesetzes BGBl. I Nr. 100/2018 treten mit 1. Juli 2020 in Kraft und gelten für die Geltendmachung von Ansprüchen nach Ablauf des 30. Juni 2020. Liegen keine monatlichen Beitragsgrundlagen, sondern nur Jahresbeitragsgrundlagen vor, so ist § 21 Abs. 1 und Abs. 2 weiterhin in der vor diesen Änderungen geltenden Fassung anzuwenden."

(BGBl I 2015/79, BGBl I 2015/118, BGBl I 2015/162, BGBl I 2018/100)

(148) § 1 Abs. 1, § 6 Abs. 1 Z 6a, § 23 Abs. 3, § 25 Abs. 1, § 27 Abs. 3 und 8, § 27a, § 47 Abs. 2, § 49 Abs. 1, § 51 Abs. 2 und 3, § 55 Abs. 2, § 70 Abs. 2, § 78 und § 84 in der Fassung des Bundesgesetzes BGBl. I Nr. 106/2015 treten mit 1. Jänner 2016 in Kraft. Für § 70 Abs. 2 (Z 13 dieses Bundesgesetzes) gilt dies mit der Maßgabe, dass der zu ersetzende Ausdruck statt „§§ 76 und 78 des AVG 1950" richtig „§§ 76 bis 78 des AVG 1950" lautet.

(BGBl I 2015/106, BGBl I 2015/162)

(149) § 15 Abs. 10 in der Fassung des Bundesgesetzes BGBl. I Nr. 118/2015 tritt mit 1. Jänner 2016 in Kraft.

(BGBl I 2015/118)

(150) § 1 Abs. 1 lit. b in der Fassung des Steuerreformgesetzes 2015/2016, BGBl. I Nr. 118/2015, tritt mit 1. Jänner 2016 in Kraft und gilt für Lehrlinge auf Grund von Lehrverträgen, deren Laufzeit nach Ablauf des 31. Dezember 2015 begonnen hat.

(BGBl I 2015/118)

(151) § 1 Abs. 2 lit. f und g sowie § 15 Abs. 1 Z 12 und 13 in der Fassung des Bundesgesetzes BGBl. I Nr. 144/2015 treten mit 1. Jänner 2016 in Kraft.

(BGBl I 2015/144)

(152) § 16 Abs. 1 lit. o in der Fassung des Bundesgesetzes BGBl. I Nr. 162/2015 tritt mit 1. Jänner 2016 in Kraft.

(BGBl I 2015/162)

(153) § 26 Abs. 3 und § 26a Abs. 3 in der Fassung des Bundesgesetzes BGBl. I Nr. 162/2015 treten mit 1. Jänner 2016 in Kraft und gelten für Anträge auf Weiterbildungsgeld und auf Bildungsteilzeitgeld, die nach Ablauf des 31. Dezember 2015 gestellt werden.

(BGBl I 2015/162)

(154) § 15 Abs. 3 Z 6 und § 26 Abs. 1 in der Fassung des Bundesgesetzes BGBl. I Nr. 53/2016 treten mit 1. März 2017 in Kraft.

(BGBl I 2016/53)

(155) Die §§ 21 Abs. 2b sowie 39b Abs. 1 und 2 in der Fassung des Bundesgesetzes BGBl. I Nr. 29/2017 treten mit 1. Jänner 2017 in Kraft.

(BGBl I 2017/29)

(156) § 21 Abs. 2a, § 26a Abs. 6, § 27 Abs. 2a und § 27a Abs. 2a in der Fassung des Bundesgesetzes BGBl. I Nr. 30/2017 treten mit 1. Juli 2017 in Kraft.

(BGBl I 2017/30)

(157) § 69 Abs. 4 in der Fassung des Bundesgesetzes BGBl. I Nr. 31/2017 tritt mit 1. Jänner 2017 in Kraft.

(BGBl I 2017/31)

(158) § 39b Abs. 1 erster Satz und Abs. 2 erster Satz in der Fassung des Bundesgesetzes BGBl. I Nr. 38/2017 tritt rückwirkend mit 1. Jänner 2017 in Kraft.

(BGBl I 2017/38)

(159) § 24 Abs. 2 und § 25 Abs. 6 in der Fassung des Bundesgesetzes BGBl. I Nr. 38/2017 treten mit 1. Mai 2017 in Kraft und gelten, soweit Anträge auf Berichtigung oder Nachzahlung betroffen sind, für nach Ablauf des 30. April 2017 gestellte Anträge; auf vor dem 1. Mai 2017 gestellte Anträge sind § 24 Abs. 2 und § 25 Abs. 6 weiterhin in der Fassung vor dem Bundesgesetz BGBl. I Nr. 38/2017 anzuwenden.

(BGBl I 2017/38)

(160) § 47 Abs. 1 in der Fassung des Bundesgesetzes BGBl. I Nr. 38/2017 tritt mit 1. Mai 2017 in Kraft und gilt für Ansprüche, die nach Ablauf des 30. April 2017 mit Bescheid oder Mitteilung erledigt werden; auf vor dem 1. Mai 2017 mit Bescheid oder Mitteilung erledigte Ansprüche ist § 47 Abs. 1 weiterhin in der Fassung vor dem Bundesgesetz BGBl. I Nr. 38/2017 anzuwenden.

(BGBl I 2017/38)

(161) § 6 Abs. 2, § 36 Abs. 1, Abs. 2, Abs. 3, Abs. 5 und Abs. 6, § 42 sowie § 43 in der Fassung des Bundesgesetzes BGBl. I Nr. 157/2017 treten mit 1. Juli 2018 in Kraft und gelten für Zeiträume nach dem 31. Juni 2018. Für Zeiträume vor dem 1. Juli 2018 gelten § 6 Abs. 2, § 36 Abs. 1, Abs. 2, Abs. 3 und Abs. 5 bis 8, § 42 sowie § 43 in der Fassung vor dem Bundesgesetz BGBl. I Nr. 157/2017 weiter.

(BGBl I 2017/157)

(162) § 27 Abs. 2 in der Fassung des Bundesgesetzes BGBl. I Nr. 30/2018 tritt mit 1. Jänner 2019 in Kraft.

(BGBl I 2018/30)

„(163) §§ 3 Abs. 8, 14 Abs. 3, 15 Abs. 6, 16 Abs. 5, 42 Abs. 4, 43a Abs. 1, 46 Abs. 4, 54, 66a Abs. 4, 5 und 6 zweiter Satz, 69 Abs. 1 zweiter Satz (hinsichtlich der Änderung durch Z 13) und Abs. 4, 78 sowie 80 Abs. 15 in der Fassung des Bundesgesetzes BGBl. I Nr. 100/2018 treten mit 8. Jänner 2018 in Kraft.

(BGBl I 2018/100)

(164) §§ 3 Abs. 2, Abs. 3, Abs. 5 bis 7 und Abs. 8 letzter Satz, 23 Abs. 7, 29 Abs. 5, 31 Abs. 3, 32 Abs. 5, 36 Abs. 3, 40 Abs. 1 und Abs. 2, 44 Abs. 2, 51 Abs. 4, 66a Abs. 6 erster Satz sowie § 69 Abs. 1 zweiter Satz (hinsichtlich der Änderung durch Z 6) und letzter Satz in der Fassung des Bundesgesetzes BGBl. I Nr. 100/2018 treten mit 1. Jänner 2020 in Kraft."

(BGBl I 2018/100)

Außerkrafttreten

§ 80. (1) § 18 Abs. 2 lit. c und Abs. 4 sowie die Verordnung des Bundesministers für Arbeit, Gesundheit und Soziales, mit der Regionen festgelegt werden, in denen ältere Arbeitnehmer einen längeren Arbeitslosengeldbezug haben, BGBl. Nr. 635/1991, treten mit Ablauf des 31. Juli 1993 außer Kraft. Vor dem Außerkrafttreten dieser Bestimmung geltend gemachte Ansprüche (§ 46) werden nicht berührt. Eine Geltendmachung liegt auch vor, wenn der Anspruch ruht.

(2) § 1 Abs. 2 lit. c tritt mit Ablauf des 31. Dezember 1994 außer Kraft.

(BGBl 1994/25, BGBl 1994/25, BGBl 1994/314, BGBl 1994/314, BGBl 1995/297, BGBl 1996/153)

(3) § 65 Abs. 4 bis 11 treten mit Ablauf des 31. Dezember 1993 außer Kraft.

(4) Artikel IV tritt mit Ablauf des 31. Dezember 1994 außer Kraft.

(5) § 32a ist auf Neuansprüche, die ab 1. Jänner 1996 geltend gemacht werden, nicht mehr anzuwenden und tritt mit Ablauf des 31. Dezember 1997 außer Kraft.

(6) Abschnitt 2 (§§ 26 bis 32) und § 59 treten mit Ablauf des 30. Juni 1997 außer Kraft; sie sind jedoch für Ansprüche auf Grund von Geburten vor dem 1. Juli 1997 in der am 30. Juni 1997 geltenden Fassung mit Ausnahme des § 32 weiterhin anzuwenden. Soweit § 79 Abs. 39 Abweichendes bestimmt, gilt dieses.

(BGBl I 1997/139, BGBl I 1998/6)

(7) § 34 in der Fassung des Bundesgesetzes BGBl. I Nr. 179/1999 tritt mit Ablauf des 31. Juli 1999 außer Kraft.

(BGBl I 1999/179)

(8) Die §§ 6, 27, 28, 40 Abs. 1, 44 Abs. 1 Z 3 und 50 Abs. 1 in der Fassung des Bundesgesetzes BGBl. I Nr. 139/1997 treten mit Ablauf des 31. Dezember 1999 außer Kraft; sie sind jedoch auf laufende Fälle weiter anzuwenden. Für die Bemessung des Grundbetrages des Arbeitslosengeldes nach dem Bezug einer Solidaritätsprämie gilt § 21 Abs. 1 in der Fassung des Bundesgesetzes BGBl. I Nr. 139/1997.

(BGBl I 1999/179, BGBl I 2000/15)

(9) (aufgehoben)

(BGBl I 1999/179, BGBl I 2000/92, BGBl I 2003/71)

(10) § 15 Abs. 5 in der Fassung des Bundesgesetzes BGBl. I Nr. 92/2000 tritt mit Ablauf des 31. Dezember 2008 außer Kraft; er ist jedoch auf laufende Fälle weiter anzuwenden.

(BGBl I 2000/92, BGBl I 2003/71, BGBl I 2004/136, BGBl I 2005/102, BGBl I 2006/131, BGBl I 2007/104)

(11) Abschnitt 4 in der Fassung des Bundesgesetzes BGBl. I Nr. 142/2000 tritt mit 31. Dezember 2001 außer Kraft; auf Ansprüche auf Sondernotstandshilfe, die bereits vor dem 1. Jänner 2002 zu-

erkannt wurden oder Elternteile betreffen, deren Kind vor dem 1. Juli 2000 geboren wurde, sind die §§ 6 und 39 in der Fassung des Bundesgesetzes BGBl. I Nr. 142/2000 weiter anzuwenden.

(BGBl I 2001/103)

(12) § 32 Abs. 6 und § 42 Abs. 5 in der Fassung des Bundesgesetzes BGBl. I Nr. 156/2004 treten mit Ablauf des 31. Dezember 2008 außer Kraft.

(BGBl I 2004/156)

(13) § 26a tritt mit Ablauf des 31. Dezember 2007 außer Kraft.

(BGBl I 2007/104)

(14) Die Verordnung des Bundesministers für Arbeit und Soziales über die Zulassung von Personen, die im Interesse Österreichs Hilfe im Ausland leisten, zur freiwilligen Selbstversicherung in der Arbeitslosenversicherung, BGBl. Nr. 519/1989, tritt mit Ablauf des 31. Dezember 2008 außer Kraft. Personen, die am 31. Dezember 2008 gemäß dieser Verordnung in der Arbeitslosenversicherung versichert sind, sind ab 1. Jänner 2009 gemäß § 3 Abs. 8 in der Fassung des Bundesgesetzes BGBl. I Nr. 104/2007 in der Arbeitslosenversicherung versichert.

(BGBl I 2007/104)

(15) § 32 Abs. 6 und § 42 Abs. 5 in der Fassung des Bundesgesetzes BGBl. I Nr. 81/2013 treten mit dem durch Verordnung „der Bundesministerin oder des Bundesministers für Arbeit, Soziales, Gesundheit und Konsumentenschutz im Einvernehmen mit der Bundesministerin oder dem Bundesminister für Finanzen" gemäß § 675 Abs. 3 ASVG festgestellten Zeitpunkt außer Kraft.

(BGBl I 2013/81, BGBl I 2018/100)

(16) § 34 samt Überschrift und § 42 Abs. 6 sowie die Notstandshilfeverordnung, BGBl. Nr. 352/1973, in der Fassung der Verordnung BGBl. II Nr. 490/2001, treten mit 1. Juli 2018 außer Kraft; sie gelten jedoch für Zeiträume vor dem 1. Juli 2018 weiter.

(BGBl I 2017/157)

(BGBl 1993/502, BGBl I 1997/47)

Übergangsrecht

§ 81. (1) Dienstnehmer, die ihren Anspruch auf Arbeitslosengeld nach Ablauf des 31. Juli 1993 geltend machen, haben Anspruch auf Arbeitslosengeld gemäß § 18 Abs. 2 lit. c in der Fassung des Bundesgesetzes BGBl. Nr. 682/1991 und der auf Grund des § 18 Abs. 4 in der Fassung des Bundesgesetzes BGBl. Nr. 232/1988 erlassenen Verordnung des Bundesministers für Arbeit und Soziales, mit der Regionen festgelegt werden, in denen ältere Arbeitnehmer einen längeren Arbeitslosengeldbezug haben, BGBl. Nr. 635/1991, wenn

1. ihr Dienstverhältnis vor dem 1. August 1993 gekündigt und auf Grund von Kündigungsfristen oder auch Kündigungsterminen, die auf Gesetz, Normen der kollektiven Rechtsgestaltung oder Vereinbarungen im Arbeitsvertrag beruhen, erst am 31. Juli 1993 oder später beendet wurde oder
2. ihr Dienstverhältnis vor dem 1. August 1993 im Rahmen eines Sozialplanes einvernehmlich aufgelöst und auf Grund der Berücksichtigung von Kündigungsfristen oder auch Kündigungsterminen, die auf Gesetz, Normen der kollektiven Rechtsgestaltung oder Vereinbarungen im Arbeitsvertrag beruhen, welche im Falle einer Kündigung einzuhalten gewesen wären, erst am 31. Juli 1993 oder später beendet wurde, oder
3. ihr Dienstverhältnis auf Grund eines vor dem 1. August 1993 geschlossenen gerichtlichen Vergleiches erst später beendet wurde.

(BGBl 1996/201)

(2) Abweichend von § 19 ist ein erstmaliger Fortbezug des Arbeitslosengeldes gemäß Abs. 1 nicht zulässig, wenn der Arbeitslose nach einer Bezugsdauer von bis zu einem Monat wieder beim selben Dienstgeber wie vor der Arbeitslosigkeit in ein Dienstverhältnis eingetreten ist. In solch einem Fall gebührt lediglich der restliche Bezug gemäß § 18 Abs. 2 lit. b.

(BGBl 1996/201, BGBl 1996/411)

(3) Freiwillige Zuwendungen des Dienstgebers an ehemalige Dienstnehmer, die auf Grund eines Sozialplanes, der vor dem 1. Mai 1995 abgeschlossen wurde, gewährt werden, gelten nicht als Einkommen im Sinne des § 36a.

(BGBl 1996/600)

(4) § 66 in der am 31. Dezember 1994 geltenden Fassung ist auf die ehemaligen Zollausschlußgebiete Jungholz und Mittelberg bis zur Herstellung der Wähungsunion weiter anzuwenden.

(BGBl I 1998/6)

(5) Ansprüche auf Grund des § 36a Abs. 3 in der Fassung vor dem Bundesgesetzblatt BGBl. I Nr. 87/1999 können geltend gemacht werden, wenn dies vor dem 23. April 1999 beantragt und noch nicht rechtskräftig entschieden worden ist.

(BGBl I 1999/87)

(6) Für die Festsetzung der Lohnklasse gemäß § 21 in der Fassung des Bundesgesetzes BGBl. I Nr. 101/2000 vor Ablauf des 31. Dezember 2000 angewendete Bemessungsgrundlagen bleiben für die Festsetzung des Grundbetrages gemäß § 21 in der Fassung des Bundesgesetzes BGBl. I Nr. 142/2000 bis zur Erfüllung einer neuen Anwartschaft gewahrt. Wenn das Zuerkennungsjahr der Notstandshilfe vor dem Jahr 1998 liegt, sind die gewahrten Bemessungsgrundlagen mit Wirkung ab 1. Jänner 2001 mit dem für das Zuerkennungsjahr der Notstandshilfe geltenden Aufwertungsfaktor gemäß § 1 Z 3 der Kundmachung BGBl. II Nr. 513/1999 aufzuwerten und für die Bemessung des Grundbetrages des Arbeitslosengeldes heranzuziehen.

(BGBl I 2000/142, BGBl I 2001/47)

(7) Im Jahr 2001 sind die Beträge gemäß § 20 Abs. 4 sowie gemäß § 21 Abs. 3, 4 und 5 kauf-

männisch nicht auf einen Cent, sondern auf volle zehn Groschen zu runden.

(BGBl I 2000/142)

(8) Bei Geltendmachung von Arbeitslosengeld oder Notstandshilfe nach einem Bezug von Karenzgeld sind § 14 Abs. 7 bis 9, § 18 Abs. 8 und § 33 in der Fassung des Bundesgesetzes BGBl. I Nr. 142/2000 weiterhin anzuwenden.

(BGBl I 2001/103)

(9) Bei der Geltendmachung eines Anspruches auf

1. Fortbezug von Arbeitslosengeld gemäß § 19 nach einem Unterbrechungs- oder Ruhenszeitraum von mehr als 62 Tagen oder
2. Zuerkennung von Notstandshilfe oder Fortbezug von Notstandshilfe gemäß § 37 nach einem Unterbrechungs- oder Ruhenszeitraum von mehr als 62 Tagen

nach dem 31. Dezember 2001, ist der gemäß § 21 Abs. 3 in der Fassung des Bundesgesetzes BGBl. I Nr. 142/2000 im Jahr 2001 festgesetzte Grundbetrag des Arbeitslosengeldes neu festzusetzen. Dabei ist von dem im Jahr 2001 herangezogenen monatlichen Bruttoeinkommen und den zum Zeitpunkt der Geltendmachung nach dem 31. Dezember 2001 maßgeblichen steuer- und abgabenrechtlichen Bestimmungen auszugehen.

(BGBl I 2001/103)

(10) Für Personen, die vor dem 1. Jänner 2009 sowohl Versicherungszeiten in der Arbeitslosenversicherung erworben haben als auch Zeiträume einer krankenversicherungspflichtigen Erwerbstätigkeit nach dem GSVG oder BSVG aufweisen, verlängert sich die Rahmenfrist um Zeiträume einer krankenversicherungspflichtigen Erwerbstätigkeit nach dem GSVG oder BSVG.

(BGBl I 2007/104)

(11) Für Personen, die die Voraussetzungen des § 3 Abs. 1 im Jahr 2009 erfüllen und deren Erwerbstätigkeit bereits vor dem 1. Jänner 2009 begonnen hat, endet die Frist gemäß § 3 Abs. 3 erster Satz mit Ablauf des Jahres 2009.

(BGBl I 2007/104)

(12) Die Voraussetzungen des § 26 Abs. 1 Z 4 in der Fassung des Bundesgesetzes BGBl. I Nr. 138/2013 gelten nicht für Personen, die sich auf Grund einer vor dem 1. Jänner 2017 erfolgten Geburt in einer Karenz nach dem Mutterschutzgesetz 1979, BGBl. Nr. 221, nach dem Väter-Karenzgesetz, BGBl. Nr. 651/1989, oder nach einer gleichartigen anderen Rechtsvorschrift befunden haben und binnen sechs Monaten nach dem Ende einer solchen Karenz eine Bildungskarenz antreten.

(BGBl I 2013/138)

(13) Für Personen, deren Arbeitsverhältnis im Zeitraum vom 1. Juli 2014 bis 31. Oktober 2014 endet, und denen durch die Urlaubs- und Abfertigungskasse auf einen bis 5. November 2014 eingebrachten Antrag eine Urlaubsersatzleistung ausbezahlt wird, beginnt abweichend von § 16 Abs. 4 der Ruhenszeitraum mit 1. November 2014.

(BGBl I 2014/68)

(14) Personen, die am 30. Juni 2018 einen Kranken- und Pensionsversicherungsanspruch gemäß § 34 haben, sind ab 1. Juli 2018 amtswegig auf Notstandshilfe umzustellen, wenn sie zu diesem Zeitpunkt die Voraussetzungen für den Anspruch auf Notstandshilfe erfüllen. Ruht der Anspruch auf Notstandshilfe zu diesem Zeitpunkt gemäß § 16, so gebührt die Notstandshilfe bei Vorliegen der Voraussetzungen ab dem Tag nach dem Wegfall des Ruhensgrundes.

(BGBl I 2017/157)

(BGBl 1996/201)

Übergangsregelungen für Altersteilzeitvereinbarungen

§ 82. (1) Einem Arbeitgeber, der auf Grund einer Altersteilzeitvereinbarung, die nach dem 31. März 2003 und vor dem 1. Jänner 2004 wirksam geworden ist, Anspruch auf Altersteilzeitgeld gemäß § 27 in der Fassung des Bundesgesetzes BGBl. I Nr. 92/2000 hat, gebührt Altersteilzeitgeld für Personen, die auf Grund der Erhöhung des für einen Anspruch auf Alterspension erforderlichen Mindestalters nicht mit dem Ende der ursprünglichen Altersteilzeitvereinbarung in Pension gehen können, bei Verlängerung der Altersteilzeitvereinbarung und Erfüllung der übrigen Voraussetzungen nach der bisherigen Rechtslage längstens bis zum Ablauf des Kalendermonates nach Erreichung des frühestmöglichen Pensionsanfallsalters.

(2) Liegen die Anspruchsvoraussetzungen für eine Leistung aus der gesetzlichen Pensionsversicherung aus dem Versicherungsfall des Alters nur auf Grund des § 607 Abs. 12 und 14 ASVG, des § 298 Abs. 12 und 13a GSVG oder des § 287 Abs. 12 und 13a BSVG vor und wird eine derartige Leistung aber nicht bezogen, so steht § 27 Abs. 3 dem Anspruch auf Altersteilzeitgeld auf Grund einer Altersteilzeitvereinbarung, die vor dem 1. Jänner 2005 wirksam geworden ist, nicht entgegen. Bei später wirksam gewordenen Altersteilzeitvereinbarungen gilt das nur dann, wenn das Ende der Laufzeit der Altersteilzeitvereinbarung auf Grund des zum Zeitpunkt des Abschlusses der Vereinbarung bestehenden voraussichtlichen frühestmöglichen Pensionsstichtages festgelegt wurde.

(BGBl I 2003/128, BGBl I 2004/142, BGBl I 2009/90, BGBl I 2010/111)

(3) Liegen die Anspruchsvoraussetzungen für eine Leistung aus der gesetzlichen Pensionsversicherung aus dem Versicherungsfall des Alters auf Grund des § 4 Abs. 2 oder 3 APG vor und wird eine derartige Korridorpension oder Schwerarbeitspension aber nicht bezogen, so steht § 27 Abs. 3 dem Anspruch auf Altersteilzeitgeld nicht entgegen, wenn das Ende der Laufzeit der Altersteilzeitvereinbarung auf Grund des zum Zeitpunkt des Abschlusses der Vereinbarung bestehen-

den voraussichtlichen frühestmöglichen Pensionsstichtages festgelegt wurde.

(BGBl I 2004/142, BGBl I 2009/90, BGBl I 2010/111)

(4) Altersteilzeitvereinbarungen, die eine kontinuierliche Arbeitszeitverkürzung vorsehen, vor dem 1. Jänner 2013 wirksam geworden sind und kürzer als fünf Jahre dauern, können auf bis zu fünf Jahre verlängert werden. Außerdem können Altersteilzeitvereinbarungen bis zum frühestmöglichen Pensionsantritt verlängert werden, wenn der Pensionsstichtag für die frühestmögliche Inanspruchnahme einer Pensionsleistung auf Grund von Änderungen im Pensionsrecht auf einen späteren Zeitpunkt fällt. Für die Verlängerungszeit gelten im Übrigen die zuvor geltenden Regelungen weiter.

(BGBl I 2012/35)

(BGBl I 2003/71)

Evaluierung

§ 83. (1) Der Bundesminister für Wirtschaft und Arbeit hat dafür zu sorgen, dass die Auswirkungen der Änderung des § 22 Abs. 1 durch das Bundesgesetz BGBl. I Nr. 142/2004 bis zum Ende des Jahres 2007 evaluiert werden.

(BGBl I 2007/104)

(2) Der Bundesminister für Wirtschaft und Arbeit hat dafür zu sorgen, dass die Auswirkungen der unbefristeten Rahmenfristerstreckung gemäß § 15 Abs. 5 zwei Jahre nach Inkrafttreten dieser Bestimmung in der Fassung des Bundesgesetzes BGBl. I Nr. 104/2007 evaluiert werden.

(BGBl I 2007/104)

(3) Der Bundesminister für Wirtschaft und Arbeit hat dafür zu sorgen, dass die Auswirkungen der Neuregelung des § 12 Abs. 4 durch das Bundesgesetz BGBl. I Nr. 104/2007 ein Jahr nach dem Inkrafttreten evaluiert werden.

(BGBl I 2007/104)

(4) Der Bundesminister für Arbeit, Soziales und Konsumentenschutz hat dafür zu sorgen, dass die Auswirkungen des mit 1. Jänner 2013 eingeführten Zusatzbetrages gemäß § 20 Abs. 6 nach zwei Jahren evaluiert werden.

(BGBl I 2012/35)

(5) Das Arbeitsmarktservice Österreich hat die Auswirkungen und die Entwicklung der Inanspruchnahme des Umschulungsgeldes (§ 39b) zu evaluieren und dem Bundesminister für Arbeit, Soziales und Konsumentenschutz bis zum 30. September eines jeden Kalenderjahres über die Ergebnisse zu berichten. Der Bericht ist erstmals im Kalenderjahr 2015 zu übermitteln.

(BGBl I 2013/3)

(6) Das Arbeitsmarktservice Österreich hat die Auswirkungen und die Entwicklung der Inanspruchnahme des mit 1. Juli 2013 eingeführten Bildungsteilzeitgeldes gemäß § 26a im Jahr 2014 zu evaluieren und dem Bundesminister für Arbeit, Soziales und Konsumentenschutz über die Ergebnisse zu berichten.

(BGBl I 2013/67)

(BGBl I 2004/142, BGBl I 2007/104, BGBl I 2013/138, BGBl I 2014/68)

Verweisungen

§ 84. Soweit in diesem Gesetz auf andere Bundesgesetze verwiesen wird, sind diese in ihrer jeweils geltenden Fassung anzuwenden.

(BGBl I 2015/106)

Notstandshilfeverordnung

Notstandshilfeverordnung, BGBl 1973/352 idF

1	BGBl 1987/417	2	BGBl 1987/636	3	BGBl 1988/319
4	BGBl 1989/165	5	BGBl 1989/251	6	BGBl 1989/388
7	BGBl 1989/625	8	BGBl 1989/638	9	BGBl 1990/429
10	BGBl 1990/580	11	BGBl 1992/600	12	BGBl 1993/533
13	BGBl 1993/924	14	BGBl 1994/431	15	BGBl 1995/329
16	BGBl 1996/240	17	BGBl II 2001/490		

Verordnung des Bundesministers für soziale Verwaltung vom 10. Juli 1973 betreffend Richtlinien für die Gewährung der Notstandshilfe (Notstandshilfeverordnung)[a)]

Auf Grund des § 36 des Arbeitslosenversicherungsgesetzes 1977 (AlVG), BGBl. Nr. 609, zuletzt geändert durch das Bundesgesetz BGBl. Nr. 297/1995, wird verordnet:

(BGBl 1995/329)

Artikel I

Ausmaß der Notstandshilfe

§ 1. (1) Das Ausmaß der Notstandshilfe beträgt:

1. 95 vH des in Betracht kommenden Grundbetrages des Arbeitslosengeldes, wenn der tägliche Grundbetrag 1/30 des Richtsatzes gemäß § 293 Abs. 1 lit. a sublit. bb des Allgemeinen Sozialversicherungsgesetzes nicht übersteigt;
2. 92 vH des in Betracht kommenden Grundbetrages des Arbeitslosengeldes in den übrigen Fällen, wobei 95 vH des Richtsatzes nach Z 1 nicht unterschritten werden darf; zuzüglich gebühren Familienzuschläge gemäß § 20 AlVG.

(BGBl 1996/240)

(2) Für die Ermittlung des täglichen Grundbetrages der Notstandshilfe bei der Begrenzung gemäß § 36 Abs. 6 AlVG ist der jeweils anzuwendende Monatsbetrag durch 30 zu teilen.

(BGBl 1996/240)

Beurteilung der Notlage

§ 2. (1) Notlage liegt vor, wenn das Einkommen des (der) Arbeitslosen und das seines Ehepartners (Lebensgefährten bzw. seiner Lebensgefährtin) zur Befriedigung der notwendigen Lebensbedürfnisse des (der) Arbeitslosen nicht ausreicht.

(2) Bei der Beurteilung der Notlage sind die gesamten wirtschaftlichen Verhältnisse des (der) Arbeitslosen selbst sowie des mit dem Arbeitslosen (der Arbeitslosen) im gemeinsamen Haushalt lebenden Ehepartners (Lebensgefährten bzw. der Lebensgefährtin) zu berücksichtigen. Durch eine vorübergehende Abwesenheit (Kur-, Krankenhausaufenthalt, Arbeitsverrichtung an einem anderen Ort u.ä.) wird der gemeinsame Haushalt nicht aufgelöst. Gleiches gilt, wenn der (die) Arbeitslose die Hausgemeinschaft mit dem Ehepartner (Lebensgefährte bzw. der Lebensgefährtin) nur deshalb aufgegeben hat oder ihr ferngeblieben ist, um der Anrechnung des Einkommens zu entgehen.

§ 3. (aufgehoben)

§ 4. (1) Notlage ist nicht anzunehmen, wenn der Arbeitslose eine Leistung aus einem der Versicherungsfälle des Alters aus der Pensionsversicherung nach dem Allgemeinen Sozialversicherungsgesetz, BGBl. Nr. 189/1955, dem Gewerblichen Sozialversicherungsgesetz, BGBl. Nr. 560/1978, dem Bauern-Sozialversicherungsgesetz, BGBl. Nr. 559/1978, bzw. dem Bundesgesetz über die Sozialversicherung freiberuflich selbständig Erwerbstätiger, BGBl. Nr. 624/1978, oder einen Ruhegenuß aus einem Dienstverhältnis zu einer öffentlich-rechtlichen Körperschaft bezieht. Diesen Leistungen ist eine ausländische Alterspension bzw. Altersrente mindestens in der Höhe des Ausgleichszulagenrichtsatzes (§ 293 Abs 1 lit. a ASVG) gleichgestellt.

(2) (aufgehoben)

(BGBl 1990/580)

(3) (aufgehoben)

Anrechnung von Einkommen

A.
Anrechnung des Einkommens des Arbeitslosen

§ 5. (1) Das Einkommen des Arbeitslosen, das er innerhalb eines Monats erzielt, ist nach Abzug der Steuern und sozialen Abgaben sowie des zur Erwerbung dieser Einkommen notwendigen Aufwandes auf die Notstandshilfe, die im Folgemonat gebührt, unter Bedachtnahme auf die folgenden Bestimmungen anzurechnen. Eine Anrechnung von Einkommen aus einer Beschäftigung, ausgenommen nach Abs. 2, sowie von Einkommen gemäß § 3 Abs. 1 Z 4 lit. a und Z 5 lit. a bis d EStG 1988 findet nicht statt.

(2) Ein Einkommen, das den im § 5 Abs. 2 lit. c ASVG angeführten Betrag nicht übersteigt, ist auf die Notstandshilfe nicht anzurechnen.

(BGBl 1996/240)

(3) Bei der Ermittlung des Einkommens aus Einkünften im Sinne des § 2 Abs. 3 Z 1 bis 3 und 5 bis 7 EStG 1988 ist vom Gesamtbetrag der Einkünfte die darauf entfallende Einkommensteuer abzuziehen.

(4) Sachbezüge sind mit dem entsprechenden Geldwert zu veranschlagen.

(BGBl 1995/329)

B.
Anrechnung des Einkommens des Ehepartners (Lebensgefährten bzw. der Lebensgefährtin)

§ 6. (1) Bei Heranziehung des Einkommens des Ehepartners (Lebensgefährten bzw. der Lebensgefährtin) des (der) Arbeitslosen für die Beurteilung der Notlage ist wie folgt vorzugehen: Von dem Einkommen ist ein Betrag freizulassen, der zur Bestreitung des notwendigen Lebensunterhaltes des Ehepartners (Lebensgefährten bzw. der Lebensgefährtin) und der allenfalls von ihm zu versorgenden Familienmitglieder bestimmt ist (Freigrenze). Der die Freigrenze übersteigende Teil des Einkommens ist auf die Notstandshilfe anzurechnen.

(2) Die Freigrenze beträgt pro Monat 430 Euro für den das Einkommen beziehenden Ehepartner (Lebensgefährten bzw. die Lebensgefährtin) und die Hälfte dieses Betrages für jede Person, für deren Unterhalt der Ehepartner (Lebensgefährte bzw. die Lebensgefährtin) auf Grund einer rechtlichen oder sittlichen Pflicht tatsächlich wesentlich beiträgt.

(BGBl II 2001/490)

(3) Die Freigrenze beträgt das Doppelte des jeweils maßgeblichen Betrages gemäß Abs. 2, wenn der Arbeitslose nach dem 50. Lebensjahr einen Anspruch auf Arbeitslosengeld für die Dauer von 52 Wochen (§ 18 Abs. 2 lit. b Arbeitslosenversicherungsgesetz) oder länger erschöpft hat.

(BGBl II 2001/490)

(4) Die Freigrenze beträgt das Dreifache des jeweils maßgeblichen Betrages gemäß Abs. 2, wenn der Arbeitslose bei Eintritt der Arbeitslosigkeit nach dem 55. Lebensjahr einen Anspruch auf Arbeitslosengeld für die Dauer von 52 Wochen oder länger erschöpft und auf die Anwartschaft anrechenbare Zeiten (§ 14 Abs. 4 AlVG) von mindestens 240 Monaten oder von 1 040 Wochen nachgewiesen hat. Das Gleiche gilt, wenn eine Arbeitslose das 54. Lebensjahr vollendet hat und in den letzten 25 Jahren vor Vollendung des 54. Lebensjahres mindestens 180 Monate arbeitslosenversicherungspflichtig beschäftigt war.

(BGBl 1996/240, BGBl II 2001/490)

(5) Die im Abs. 3 und 4 genannten höheren Freigrenzen sind jeweils nur anzuwenden, wenn das Arbeitsmarktservice dem Arbeitslosen auch unter weitestmöglichem Einsatz von Beihilfen keine zumutbare Beschäftigung vermitteln konnte.

(BGBl II 2001/490)

(6) Wenn der Arbeitslose oder sein Ehepartner (Lebensgefährte bzw. Lebensgefährtin) das 50. Lebensjahr vollendet hat und einen Grad der Behinderung von mindestens 50 vH aufweist oder ein Pension wegen geminderter Arbeitsfähigkeit bezieht, so ist in jedem Fall eine Erhöhung der Einkommensgrenzen um 50 vH vorzunehmen; der Nachweis der Behinderung hat gemäß § 14 des Behinderteneinstellungsgesetzes, BGBl. Nr. 22/1970, zu erfolgen.

(7) Bei der Anrechnung ist § 5 Abs. 1 erster Satz und Abs. 4 sinngemäß anzuwenden. Bei der Anrechnung von Notstandshilfe als Einkommen ist nur die niedrigere Notstandshilfe auf die höhere Notstandshilfe anzurechnen. Bei der Ermittlung des Einkommens aus einer selbständigen Erwerbstätigkeit – ausgenommen einem Einkommen aus einem land(forst)wirtschaftlichen Betrieb – ist § 5 Abs. 3 anzuwenden.

(8) Hat der Ehepartner (Lebensgefährte bzw. die Lebensgefährtin) ein schwankendes Einkommen, wie z.B. Akkordverdienste, regelmäßige, aber ungleiche Überstundenleistungen, so ist der Anrechnung jeweils das durchschnittliche Erwerbseinkommen der letzten drei vollen Monate für den Anspruch auf Notstandshilfe für die darauffolgenden 52 Wochen zugrunde zu legen. Zwischenzeitliche Erhöhungen oder Verminderungen des schwankenden Einkommens bewirken keine Änderung der zuerkannten Notstandshilfe. Fällt das schwankende Erwerbseinkommen zur Gänze weg, ist der Anspruch auf Notstandshilfe neu zu bemessen.

(9) Bei der Anwendung des Abs. 8 ist eine Neubemessung des Anspruches auf Notstandshilfe auf Antrag des Leistungsbeziehers auch dann vorzunehmen, wenn die Methoden der Entgeltfindung geändert werden, z.B. Übergang von Akkord- zu Prämienentlohnung, oder durch Neubewertung der Entgeltfindung der mittlere Verdienst im Beurteilungszeitraum nach unten absinkt.

(BGBl 1995/329)

§ 7. Der im § 6 Abs. 2 genannte Betrag ist mit Wirkung ab 1. Jänner des Jahres 2002 und jedes darauf folgenden Jahres mit dem Anpassungsfaktor (§ 108f ASVG) des jeweiligen Kalenderjahres zu vervielfachen und kaufmännisch auf einen vollen Eurobetrag zu runden.

(BGBl 1995/329, BGBl II 2001/490)

§ 8. Soweit in dieser Verordnung auf Bestimmungen anderer Bundesgesetze verwiesen wird, sind diese in ihrer jeweils geltenden Fassung anzuwenden.

(BGBl 1993/533)

Artikel II

Mit dem Inkrafttreten dieser Verordnung tritt die Verordnung des Bundesministeriums für soziale Verwaltung vom 15. September 1956, BGBl. Nr. 190, womit Richtlinien für die Gewährung der Notstandshilfe erlassen werden (9. Durchführungsverordnung zum Arbeitslosenversicherungsgesetz) in der Fassung der Verordnungen BGBl. Nr. 3/1958, BGBl. Nr. 136/1961, BGBl. Nr. 301/1961 und BGBl. Nr. 163/1971 außer Kraft. Die auf Grund der vorstehenden Verordnungen erworbenen Ansprüche bleiben gewahrt.

Artikel III

(1) Diese Verordnung tritt am 1. Juli 1973 in Kraft.

(BGBl 1993/533)

(2) Die §§ 3 lit. a und e, 6 Abs. 3 und 8 sowie 8 in der Fassung der Verordnung BGBl. Nr. 533/1993 treten mit 1. August 1993 in Kraft.

(BGBl 1993/533)

(3) § 6 Abs. 3 und 6 in der Fassung der Verordnung BGBl. Nr. 431/1994 tritt mit 1. Juli 1994 in Kraft.

(BGBl 1994/431)

(4) Die §§ 5 bis 7 und der Entfall des § 3 in der Fassung der Verordnung BGBl. Nr. 329/1995 treten mit 1. Mai 1995 in Kraft und gelten für Ansprüche, deren Anfallstag nach dem 30. April 1995 liegt. Für die übrigen Ansprüche gelten diese Bestimmungen bis 31. Dezember 1995 weiterhin in der Fassung der Verordnung BGBl. Nr. 431/1994 und ab 1. Jänner 1996 in der Fassung der Verordnung BGBl. Nr. 329/1995.

(BGBl 1995/329)

(5) § 6 Abs. 2 bis 5 und § 7 in der Fassung der Verordnung BGBl. II Nr. 490/2001 treten mit 1. Jänner 2002 in Kraft.

(BGBl II 2001/490)

VO Zugang zum Übergangsgeld

Verordnung über den Zugang zum Übergangsgeld, BGBl II 2006/408

Verordnung des Bundesministers für Wirtschaft und Arbeit über den Zugang zum Übergangsgeld

Auf Grund des § 39a Abs. 7 des Arbeitslosenversicherungsgesetzes 1977 (AlVG), BGBl. Nr. 609, zuletzt geändert durch das Bundesgesetz BGBl. I Nr. 131/2006, wird verordnet:

§ 1. Der Zugang zum Übergangsgeld gemäß § 39a Abs. 7 des Arbeitslosenversicherungsgesetzes 1977 wird auch Personen, die das frühestmögliche Anfallsalter für die vorzeitige Alterspension gemäß § 253a ASVG in der Fassung des Bundesgesetzes BGBl. I Nr. 103/2001 spätestens in den Jahren 2007 bis 2009 erfüllen, ermöglicht.

§ 2. Diese Verordnung tritt mit 1. Jänner 2007 in Kraft.

VO über die Vereinfachung des Meldewesens und über die Art der Entrichtung der Beiträge zur Unfallversicherung der Leistungsbezieher

Verordnung über die Vereinfachung des Meldewesens und Art der Entrichtung der Beiträge zur Unfallversicherung der Bezieher von Arbeitslosengeld nach § 18 Abs. 5 und 8 des Arbeitslosenversicherungsgesetzes 1977, BGBl 1988/382 idF

1 BGBl 1994/932

Verordnung des Bundesministers für Arbeit und Soziales vom 5. Juli 1988 über die Vereinfachung des Meldewesens und Art der Entrichtung der Beiträge zur Unfallversicherung der Bezieher von Arbeitslosengeld nach § 18 Abs. 5 und 8 des Arbeitslosenversicherungsgesetzes 1977

Auf Grund des § 40a des Arbeitslosenversicherungsgesetzes 1977, BGBl. Nr. 609, in der Fassung BGBl. Nr. 232/1988 wird verordnet:

§ 1. Für die nach § 40a des Arbeitslosenversicherungsgesetzes 1977 in der Unfallversicherung Teilversicherten hat das Arbeitsmarktservice im Sinne dieser Gesetzesstelle die Beitragsgrundlagen auf Grundlage der Monatserfolgsnachweise des Bundes zusammengefaßt der Allgemeinen Unfallversicherungsanstalt zu übermitteln. Die Bekanntgabe der Ermittlungsergebnisse hat bis zum Ende des Ermittlungsmonates zu erfolgen.

(BGBl 1994/932)

§ 2. Zur Sicherstellung der zweckmäßigsten Art der An- und Abmeldung der nach Maßgabe des § 1 in der Unfallversicherung Teilversicherten und zur Sicherstellung des Beitragseinzuges kann zwischen dem Arbeitsmarktservice und der Allgemeinen Unfallversicherungsanstalt eine Verwaltungsvereinbarung geschlossen werden.

(BGBl 1994/932)

§ 3. Die Bestimmungen sind auf gemäß § 40a des Arbeitslosenversicherungsgesetzes 1977 ab 1. Jänner 1988 in der Unfallversicherung Teilversicherte anzuwenden.

VO über die Vereinfachung des Meldewesens und über die Art der Entrichtung der Beiträge zur Krankenversicherung der Leistungsbezieher

Verordnung über die Vereinfachung des Meldewesens und über die Art der Entrichtung der Beiträge zur Krankenversicherung der Leistungsbezieher nach dem Arbeitslosenversicherungsgesetz 1977, BGBl 1988/44 idF

1 BGBl 1994/931

Verordnung des Bundesministers für Arbeit und Soziales vom 8. Jänner 1988 über die Vereinfachung des Meldewesens und über die Art der Entrichtung der Beiträge zur Krankenversicherung der Leistungsbezieher nach dem Arbeitslosenversicherungsgesetz 1977

Auf Grund des § 42 Abs. 4 des Arbeitslosenversicherungsgesetzes 1977, BGBl. Nr. 609, wird verordnet:

§ 1. Für die nach § 40 des Arbeitslosenversicherungsgesetzes 1977 der Krankenversicherungspflicht unterliegenden Leistungsbezieher hat die An- und Abmeldung an den zuständigen Träger der Krankenversicherung mindestens einmal wöchentlich vom Bundesrechenamt im Wege des automationsunterstützten Datenaustausches zu erfolgen. Hiebei sind dem zuständigen Träger jene Daten zu übermitteln, die eine wesentliche Voraussetzung zur Durchführung der Aufgaben der Krankenversicherung bilden.

§ 2. Das Arbeitsmarktservice hat Beiträge zur Krankenversicherung im Sinne des § 42 Abs. 1 und 2 des Arbeitslosenversicherungsgesetzes 1977 auf der Grundlage der Monatserfolgsnachweisungen des Bundes zu übermitteln. Die Bekanntgabe der Ermittlungsergebnisse hat bis zum Ende des Ermittlungsmonates zu erfolgen.

(BGBl 1994/931)

§ 3. Der zuständige Träger der Krankenversicherung ist berechtigt, die nach § 2 ermittelten Beiträge zur Krankenversicherung der Leistungsbezieher von den Beiträgen zur Arbeitslosenversicherung bei ihrer Abfuhr einzubehalten.

§ 4. Mit dem Inkrafttreten dieser Verordnung tritt die Verordnung, BGBl. Nr. 10/1979, über die Berechnung und Entrichtung der Beiträge zur Krankenversicherung der Leistungsbezieher nach dem Arbeitslosenversicherungsgesetz 1977 außer Kraft.

Arbeitsbescheinigungsverordnung

Arbeitsbescheinigungsverordnung, BGBl 1996/301

Verordnung des Bundesministers für Arbeit und Soziales über die Arbeitsbescheinigung zur Geltendmachung von Arbeitslosengeld (Arbeitsbescheinigungsverordnung – ABVO)

Auf Grund des § 46 Abs. 4 des Arbeitslosenversicherungsgesetzes 1977 (AlVG), BGBl. Nr. 609, zuletzt geändert durch das Bundesgesetz BGBl. Nr. 201/1996, wird verordnet:

§ 1. (1) Zum Nachweis der arbeitslosenversicherungspflichtigen Beschäftigung, auf die der Anspruch auf Arbeitslosengeld gestützt wird, hat der Arbeitslose eine Bestätigung des Arbeitgebers beizubringen.

(2) Die Bestätigung gemäß Abs. 1 hat zu enthalten:

1. den Familien- und Vornamen des Arbeitnehmers, seine Wohnungsanschrift, seine Versicherungsnummer und die Staatsbürgerschaft;
2. die Dauer der tatsächlichen Beschäftigung des Arbeitnehmers (Tag des Beginnes und der Beendigung des Arbeitsverhältnisses);
3. die Art der Verwendung des Arbeitnehmers;
4. Unterbrechungen der voll entlohnten Beschäftigung durch Kurzarbeit oder Erkrankung (Schwangerschaft);
5. die Zeit eines Karenzurlaubes;
6. die vorgeschriebene bzw. vereinbarte Lehrzeit;
7. den Träger der gesetzlichen Krankenversicherung, bei welchem der Arbeitnehmer versichert war;
8. die Art der Lösung des Arbeitsverhältnisses (durch Zeitablauf, durch Kündigung durch den Arbeitgeber oder den Arbeitnehmer, im beiderseitigen Einverständnis, durch vorzeitigen Austritt, durch Entlassung, kraft Gesetz oder Lösung in der Probezeit);
9. ob und für welchen Zeitraum der Arbeitnehmer Kündigungsentschädigung erhielt bzw. ob die Kündigungsentschädigung nicht gezahlt wurde, weil der Anspruch strittig ist oder weil der Arbeitgeber insolvent ist;
10. ob und für wie viele Werktage der Arbeitnehmer Urlaubsentschädigung oder Urlaubsabfindung erhielt bzw. ob die Urlaubsentschädigung oder Urlaubsabfindung nicht gezahlt wurde, weil der Anspruch strittig ist oder weil der Arbeitgeber insolvent ist;
11. den Namen (die Firma) des Arbeitgebers und den Standort des Betriebes.

(3) Die Bestätigung gemäß Abs. 1 hat zusätzlich zu den im Abs. 2 genannten Angaben, wenn die regionale Geschäftsstelle des Arbeitsmarktservice dazu auffordert, weil keine Jahresbemessungsgrundlage (§ 21 Abs. 1 AlVG) beim Hauptverband vorliegt, die Höhe des Bruttoverdienstes während der letzten sechs Kalendermonate der tatsächlichen Beschäftigung einschließlich der auf die einzelnen Monate (Wochen bzw. Tage) entfallenden Anteile von Sonderzahlungen und allfälligen Sachbezügen zu enthalten.

§ 2. Die Arbeitsbescheinigung ist auf dem vom Arbeitsmarktservice aufgelegten und bei den regionalen Geschäftsstellen des Arbeitsmarktservice erhältlichen Vordruck zu erstellen. Arbeitsbescheinigungen, die im Wege der automationsunterstützten Datenverarbeitung erstellt wurden, sind zulässig, sofern sie inhaltlich mit dem amtlichen Vordruck übereinstimmen.

§ 3. Die Arbeitsbescheinigung ist vom Arbeitgeber oder dessen Beauftragten zu fertigen. Zweitausfertigungen der Arbeitsbescheinigung sind als solche zu bezeichnen.

§ 4. Die Träger der Krankenversicherung sind verpflichtet, auf Ersuchen der regionalen Geschäftsstelle des Arbeitsmarktservice auf der Arbeitsbescheinigung anzugeben, ob und in welcher Zeit der Arbeitnehmer arbeitslosenversichert war, welcher Arbeitsverdienst der Versicherung zugrunde gelegt wurde, soweit die Berechnung der Beiträge nicht nach dem Lohnsummenverfahren erfolgt, und in welcher Zeit allenfalls Krankengeld bezogen wurde.

§ 5. Mit dem Inkrafttreten dieser Verordnung tritt die Verordnung des Bundesministers für soziale Verwaltung vom 21. Dezember 1978, BGBl. Nr. 11/1979, über die Arbeitsbescheinigung zur Geltendmachung von Arbeitslosengeld, zuletzt geändert durch die Verordnung BGBl. Nr. 930/1994, außer Kraft.

§ 6. Diese Verordnung tritt mit 1. Juli 1996 in Kraft.

AlVG-Auszahlungsverordnung

AlVG-Auszahlungsverordnung, BGBl II 1999/470

Verordnung der Bundesministerin für Arbeit und Soziales über die Auszahlung der Leistungen nach dem Arbeitslosenversicherungsgesetz 1977 (AlVG-Auszahlungsverordnung – AZV)

Auf Grund des § 54 des Arbeitslosenversicherungsgesetzes 1977 (AlVG), BGBl Nr. 609, in der Fassung des Bundesgesetzes BGBl. I Nr. 179/1999 und des § 2 Abs. 1 des Überbrückungshilfengesetzes (ÜHG), BGBl. Nr. 174/1963, in der Fassung des Bundesgesetzes BGBl. I Nr. 47/1997 wird im Einvernehmen mit dem Bundesminister für Finanzen verordnet:

§ 1. Die nachstehenden Vorschriften finden Anwendung auf die Auszahlung folgender Leistungen:

1. Arbeitslosengeld,
2. Notstandshilfe,
3. Sondernotstandshilfe,
4. Bevorschussung von Leistungen aus der Pensionsversicherung,
5. Weiterbildungsgeld,
6. Altersteilzeitgeld,
7. Überbrückungshilfe,
8. erweiterte Überbrückungshilfe,
9. sonstige Leistungen, die auf Grund von Übergangsregelungen vom Arbeitsmarktservice zu gewähren sind.

§ 2. Die Anweisung der im § 1 angeführten Leistungen obliegt der örtlich zuständigen regionalen Geschäftsstelle des Arbeitsmarktservice.

§ 3. (1) Die Anweisung und Zahlbarstellung der Leistungen hat gemäß der Vorschrift für das automatisierte Verfahren auf dem Gebiet der Arbeitslosenversicherung (AlVV) zu erfolgen.

(2) Die Mitwirkung bei der Zahlbarstellung obliegt nach Maßgabe des § 2 Abs. 1 bis 4 des Bundesgesetzes über die Bundesrechenzentrum GmbH, BGBl. Nr. 757/1996, der Bundesrechenzentrum GmbH. Die monatlichen Auszahlungstage gemäß § 51 Abs. 2 AlVG sind vom Arbeitsmarktservice im Einvernehmen mit der Bundesrechenzentrum GmbH jährlich im Voraus festzusetzen.

§ 4. Die Kosten der Auszahlung, ausgenommen solche, die durch die Kontoführung bei den Kreditunternehmungen für die Leistungsbezieher anfallen, trägt der Bund.

§ 5. Soweit in dieser Verordnung auf Bestimmungen anderer Bundesgesetze verwiesen wird, sind diese in ihrer jeweils geltenden Fassung anzuwenden.

§ 6. Mit dem Inkrafttreten dieser Verordnung tritt die Verordnung des Bundesministers für Arbeit und Soziales über die Auszahlung der Leistungen nach dem Arbeitslosenversicherungsgesetz 1977 (AlVG-Auszahlungsverordnung), BGBl. Nr. 60/1994 außer Kraft.

§ 7. Diese Verordnung tritt mit 1. Jänner 2000 in Kraft.

VO Bestätigung der Arbeitslosenversicherung für Strafgefangene

Verordnung über die Bestätigung der Arbeitslosenversicherung für Strafgefangene, BGBl 1994/6

Verordnung des Bundesministers für Arbeit und Soziales über die Bestätigung der Arbeitslosenversicherung für Strafgefangene

Auf Grund des § 66a Abs. 4 des Arbeitslosenversicherungsgesetzes 1977 (AlVG), BGBl. Nr. 609, in der Fassung des Bundesgesetzes BGBl. Nr. 799/1993 wird im Einvernehmen mit dem Bundesminister für Justiz verordnet:

§ 1. Zum Nachweis der arbeitslosenversicherungspflichtigen Zeiten während einer Strafhaft hat der Arbeitslose eine Bestätigung der Justizanstalt, die die Entlassung durchführt, beizubringen. Diese Bestätigung hat zu enthalten:

1. den Familien- und Vornamen des ehemaligen Strafgefangenen, dessen Sozialversicherungsnummer und Staatsbürgerschaft;
2. Beginn und Ende der Anhaltung;
3. die Zeiträume der Arbeitslosenversicherungspflicht;
4. die maßgebliche Höhe der Beitragsgrundlage;
5. die Bezeichnung der Justizanstalt.

§ 2. Die Bestätigung nach Abs. 1 hat auf einem einheitlichen Formular, das von der Justizverwaltung aufgelegt wird, zu erfolgen. Ihre Aufstellung im Wege der automationsunterstützten Datenverarbeitung ist zulässig.

§ 3. Diese Verordnung tritt mit 1. Jänner 1994 in Kraft.

Strafgefangenenbeitragsverordnung

Verordnung über die Abfuhr der Beiträge zur Arbeitslosenversicherung für Strafgefangene, BGBl 1994/61

Verordnung des Bundesministers für Arbeit und Soziales über die Abfuhr der Beiträge zur Arbeitslosenversicherung für Strafgefangene

Auf Grund des § 66a Abs. 6 des Arbeitslosenversicherungsgesetzes 1977 (AlVG), BGBl. Nr. 609, in der Fassung des Bundesgesetzes BGBl. Nr. 799/1993, wird im Einvernehmen mit dem Bundesminister für Justiz verordnet:

§ 1. Die Dienststellen der Justiz haben die Beiträge zur Arbeitslosenversicherung über eine zentrale Stelle monatlich summarisch auf Grund der in den einzelnen Vergütungsstufen zurückgelegten Versicherungszeiten mit der Niederösterreichischen Gebietskrankenkasse abzurechnen.

§ 2. Das Bundesministerium für Justiz hat die Beiträge zur Arbeitslosenversicherung im Sinne des § 66a Abs. 1 und 2 AlVG bis zum 20. eines jeden Monates für die im Vormonat versicherungspflichtigen Strafgefangenen zu überweisen.

§ 3. Die Überweisung für den Zeitraum von Jänner bis März 1994 hat spätestens bis zum 20. April 1994 zu erfolgen.

3. KINDERBETREUUNGSGELDGESETZ

Inhaltsverzeichnis

Kinderbetreuungsgeldgesetz

Kinderbetreuungsgeldgesetz, BGBl I 2001/103 idF

1	BGBl I 2002/20	2	BGBl I 2003/58	3	BGBl I 2003/122
4	BGBl I 2004/34	5	BGBl I 2005/100	6	BGBl I 2006/97
7	BGBl I 2006/168	8	BGBl I 2007/21	9	BGBl I 2007/76
10	BGBl I 2009/24	11	BGBl I 2009/116	12	BGBl I 2011/11
13	BGBl I 2011/139	14	BGBl I 2013/117	15	BGBl I 2013/197
16	BGBl I 2014/35	17	BGBl I 2016/53	18	BGBl I 2018/32
19	BGBl I 2018/100	20	BGBl I 2019/24	21	BGBl I 2019/75

GLIEDERUNG

Kinderbetreuungsgeldgesetz (KBGG)

Der Nationalrat hat beschlossen:

Abschnitt 1
Leistungsarten

§ 1. Als Leistungen werden nach Maßgabe dieses Bundesgesetzes gewährt:

1. das pauschale Kinderbetreuungsgeld als Konto;
2. das Kinderbetreuungsgeld als Ersatz des Erwerbseinkommens;
3. die Beihilfe zum pauschalen Kinderbetreuungsgeld;
4. der Partnerschaftsbonus.

Der Bezug von pauschalem Kinderbetreuungsgeld als Konto schließt einen Bezug von Kinderbetreuungsgeld als Ersatz des Erwerbseinkommens aus und umgekehrt.

(BGBl I 2016/53)

Abschnitt 2
Pauschales Kinderbetreuungsgeld als Konto

Anspruchsberechtigung

§ 2. (1) Anspruch auf Kinderbetreuungsgeld hat ein Elternteil (Adoptivelternteil, Pflegeelternteil) für sein Kind (Adoptivkind, Pflegekind) bzw. eine Krisenpflegeperson für ein Krisenpflegekind, sofern

(BGBl I 2019/24)

1. für dieses Kind Anspruch auf Familienbeihilfe nach dem Familienlastenausgleichsgesetz 1967, BGBl. Nr. 376, besteht und Familienbeihilfe für dieses Kind tatsächlich bezogen wird,

   (BGBl I 2007/76)

2. der Elternteil mit diesem Kind im gemeinsamen Haushalt lebt ,

   (BGBl I 2005/100)

3. der Gesamtbetrag der maßgeblichen Einkünfte (§ 8 Abs. 1) des Elternteiles im Kalenderjahr den absoluten Grenzbetrag von 16.200 € oder den höheren individuellen Grenzbetrag nach § 8b nicht übersteigt,

   (BGBl I 2009/116)

4. der Elternteil und das Kind den Mittelpunkt der Lebensinteressen im Bundesgebiet haben und
5. der Elternteil und das Kind sich nach §§ 8 und 9 des Niederlassungs- und Aufenthaltsgesetzes (NAG), BGBl. I Nr. 100/2005, oder nach § 54 des Asylgesetzes 2005 (AsylG 2005), BGBl. I Nr. 100/2005 idF BGBl. I Nr. 87/2012, rechtmäßig in Österreich aufhalten, es sei denn, es handelt sich
   a) um österreichische Staatsbürger oder
   b) Personen, denen Asyl nach dem Asylgesetz 2005 (AsylG 2005), BGBl. I Nr. 100, gewährt wurde, oder
   c) Personen, denen der Status des subsidiär Schutzberechtigten nach dem Asylgesetz 2005 zuerkannt wurde und für die kein Anspruch auf Leistungen aus der Grundversorgung oder Mindestsicherung besteht und die unselbständig oder selbständig erwerbstätig sind.

      (BGBl I 2016/53)

   (BGBl I 2014/35)

Für nachgeborene Kinder wird das Kinderbetreuungsgeld rückwirkend gewährt. Gleiches gilt für Adoptiv- und Pflegekinder, rückwirkend bis zur Begründung des Mittelpunktes der Lebensinteressen im Bundesgebiet durch den Elternteil und das Kind. Als nachgeborene Kinder gelten jene Kinder, die nach dem Zeitpunkt der Erteilung des Aufenthaltstitels oder der Zuerkennung des Status des Asylberechtigten oder des subsidiär Schutzberechtigten an den zusammenführenden Fremden geboren werden.

(BGBl I 2006/168)

(2) Für ein Kind ist ein gleichzeitiger Bezug von Kinderbetreuungsgeld durch beide Elternteile ausgeschlossen.

(BGBl I 2005/100)

(3) In Zweifelsfällen hat das Vorrecht auf Kinderbetreuungsgeld derjenige Elternteil, der die Betreuung des Kindes, für das Kinderbetreuungsgeld bezogen wird, überwiegend durchführt.

(BGBl I 2005/100)

(4) Bei Mehrlingsgeburten gebührt Kinderbetreuungsgeld gemäß § 3a nur, wenn die Anspruchsvoraussetzungen nach diesem Bundesgesetz für jedes Mehrlingskind erfüllt sind.

(BGBl I 2003/58, BGBl I 2005/100)

(5) Auf den Anspruch auf Kinderbetreuungsgeld kann verzichtet werden, wodurch sich der Anspruchszeitraum (§ 8) um den Zeitraum des Verzichts verkürzt. Ein Verzicht ist nur für ganze Kalendermonate möglich. Zeitpunkt und Dauer müssen im Vorhinein bekanntgegeben werden.Der Verzicht kann widerrufen werden. Ein Widerruf ist nur für ganze Kalendermonate und maximal für 182 Tage rückwirkend möglich.

(BGBl I 2005/100, BGBl I 2007/76, BGBl I 2016/53)

(6) Ein gemeinsamer Haushalt im Sinne dieses Gesetzes liegt nur dann vor, wenn der Elternteil und das Kind in einer dauerhaften (mindestens 91 Tage durchgehend) Wohn- und Wirtschaftsgemeinschaft an derselben Wohnadresse leben und beide an dieser Adresse auch hauptwohnsitzlich gemeldet sind. Eine höchstens bis zu 10 Tage verspätet (§ 3 Abs. 1 MeldeG) erfolgte Hauptwohnsitzmeldung des Kindes an dieser Wohnadresse schadet nicht. Der gemeinsame Haushalt gilt bei mehr als 91-tägiger tatsächlicher oder voraussichtlicher Dauer einer Abwesenheit des Elternteiles oder des Kindes als aufgelöst. Bei einem 91 Tage übersteigenden Krankenhausaufenthalt des Kindes wird bei persönlicher Pflege und Betreuung des

Kindes durch diesen Elternteil im Mindestausmaß von durchschnittlich vier Stunden täglich ausnahmsweise der gemeinsame Haushalt des Kindes mit diesem Elternteil im Sinne dieses Absatzes angenommen. Eine Krisenpflegeperson hat unabhängig davon, dass nie eine dauerhafte Wohn- und Wirtschaftsgemeinschaft mit dem Krisenpflegekind vorliegt, Anspruch auf Kinderbetreuungsgeld für dieses Krisenpflegekind, sofern sie es mindestens 91 Tage durchgehend in einer Wohn- und Wirtschaftsgemeinschaft betreut.

(BGBl I 2016/53, BGBl I 2019/24)

(7) Der Anspruch eines Elternteiles auf Kinderbetreuungsgeld für ein Kind reduziert sich um den Anspruch dieses Elternteiles auf den Familienzeitbonus für Väter nach dem Familienzeitbonusgesetz (FamZeitbG), BGBl. I Nr. 53/2016, und vergleichbare Leistungen nach anderen in- oder ausländischen Rechtsvorschriften.

(BGBl I 2016/53)

(8) Bei getrennt lebenden Eltern muss der antragstellende Elternteil, der mit dem Kind im gemeinsamen Haushalt lebt, obsorgeberechtigt sein und die Anspruchsvoraussetzung nach Abs. 1 Z 1 in eigener Person erfüllen.

(BGBl I 2016/53)

(9) Als Tage im Sinne dieses Bundesgesetzes sind Kalendertage zu verstehen."

(BGBl I 2016/53)

§ 2a. (1) Krisenpflegepersonen im Sinne dieses Bundesgesetzes sind Personen, die im Auftrag des zuständigen Kinder- und Jugendhilfeträgers ausgebildet und von diesem mit der vorübergehenden Pflege und Erziehung eines Kindes für die Dauer der Gefährdungsabklärung betraut wurden. Krisenpflegepersonen sind keine Pflegeeltern im Sinne dieses Gesetzes, die auf Pflegeeltern anzuwendenden Bestimmungen sind jedoch auf Krisenpflegepersonen sinngemäß anzuwenden, es sei denn, dieses Gesetz sieht abweichende Bestimmungen für Krisenpflegepersonen vor.

(2) Krisenpflegekinder im Sinne dieses Bundesgesetzes sind Kinder, die aufgrund einer akut gefährdenden Lebenssituation kurzfristig von Krisenpflegepersonen betreut werden. Krisenpflegekinder sind keine Pflegekinder im Sinne dieses Gesetzes, die auf Pflegekinder anzuwendenden Bestimmungen sind jedoch auf Krisenpflegekinder sinngemäß anzuwenden, es sei denn, dieses Gesetz sieht abweichende Bestimmungen für Krisenpflegekinder vor.

(BGBl I 2019/24)

Höhe und Anspruchsdauer

§ 3. (1) Das Kinderbetreuungsgeld beträgt bei einer Anspruchsdauer von bis zu 365 Tagen ab der Geburt des Kindes 33,88 Euro täglich. Eine kürzere Inanspruchnahme erhöht nicht den Tagesbetrag. Eine verlängerte Inanspruchnahme ist gemäß § 5 möglich.

(2) Der Bezug von Kinderbetreuungsgeld nach Abs. 1 kann abwechselnd durch beide Elternteile erfolgen, wodurch sich die Anspruchsdauer über den 365. Tag ab der Geburt hinaus um die bereits bezogenen Tage des jeweils anderen Elternteiles verlängert, maximal jedoch auf bis zu 456 Tage ab der Geburt des Kindes. Jedem Elternteil ist hierbei eine Anspruchsdauer von 91 Tagen unübertragbar vorbehalten. Pro Kind ist nur ein zweimaliger Wechsel zwischen den Elternteilen zulässig.

(3) Ist der beziehende Elternteil durch ein unvorhersehbares und unabwendbares Ereignis für eine nicht bloß verhältnismäßig kurze Zeit verhindert, das Kind im gemeinsamen Haushalt (§ 2 Abs. 6) zu betreuen, kann ein Wechsel über das in Abs. 2 angeführte Ausmaß erfolgen.

(4) Werden die im § 7 Abs. 2 vorgesehenen Mutter-Kind-Pass-Untersuchungen nicht bis zu den vorgesehenen Zeitpunkten nachgewiesen, so reduziert sich der Anspruch auf Kinderbetreuungsgeld für jeden Elternteil um 1 300 Euro.

(5) Das Kinderbetreuungsgeld kann stets, also unabhängig von einem Wechsel, jeweils nur in Blöcken von mindestens 61 Tagen beansprucht werden. Als beansprucht gelten ausschließlich Zeiträume des tatsächlichen Bezuges der Leistung.

(6) Der Anspruch auf Kinderbetreuungsgeld endet spätestens mit Ablauf jenes Tages, welcher der Geburt eines weiteren Kindes bzw. der Adoption (In-Pflege-Nahme) eines jüngeren Kindes vorangeht. Endet der Anspruch für das weitere Kind vorzeitig, lebt der Anspruch für jenes Kind, für welches davor Kinderbetreuungsgeld bezogen wurde, wieder auf.

(BGBl I 2016/53)

Mehrlingsgeburten

§ 3a. (1) Bei Mehrlingsgeburten erhöht sich das Kinderbetreuungsgeld für das zweite und jedes weitere Kind um 50 % des Betrages gemäß § 3 Abs. 1. Voraussetzung für den Anspruch auf den Erhöhungsbetrag ist, dass ein Anspruch auf Auszahlung des Kinderbetreuungsgeldes besteht.

(2) Werden für das zweite oder weitere Mehrlingskind die in § 7 Abs. 2 vorgesehenen Mutter-Kind-Pass-Untersuchungen nicht bis zu den vorgesehenen Zeitpunkten nachgewiesen, so reduziert sich das Kinderbetreuungsgeld für jeden Elternteil um 650 Euro pro weiterem Mehrlingskind.

(BGBl I 2016/53)

Bezugsbeginn

§ 4. (1) Das Kinderbetreuungsgeld gebührt auf Antrag, frühestens ab dem Tag der Geburt des Kindes, bei Adoptiv- und Pflegekindern frühestens ab dem Tag, ab dem das Kind in Pflege genommen wird.

(2) Wird der Antrag erst später gestellt, so gebührt das Kinderbetreuungsgeld rückwirkend bis zum Höchstausmaß von 182 Tagen

(BGBl I 2016/53)

Bezugsende

§ 4a. (1) Der Anspruch auf Kinderbetreuungsgeld endet mit Ablauf des letzten Tages der beantragten Dauer, spätestens jedoch nach der in diesem Bundesgesetz festgelegten Höchstanspruchsdauer.

(2) Der Bezug des Kinderbetreuungsgeldes kann durch Verzicht (§ 2 Abs. 5, § 24b Abs. 7) vorübergehend oder durch gesonderte Meldung vorzeitig beendet werden. Im Fall der vorzeitigen Beendigung ist ein neuerlicher Bezug nur nach erneuter Antragstellung und nach Ablauf einer Frist von mindestens einem Kalendermonat möglich. Der Beendigungszeitpunkt muss im Vorhinein bekanntgegeben werden.

(BGBl I 2016/53)

Flexible Inanspruchnahme

§ 5. (1) Die Anspruchsdauer nach § 3 Abs. 1 kann auf bis zu 851 Tage ab Geburt des Kindes verlängert werden, wodurch sich der Tagesbetrag im gleichen Verhältnis verringert. § 3a Abs. 1 ist sinngemäß und verhältnismäßig anzuwenden.

(2) Der Bezug von Kinderbetreuungsgeld nach Abs. 1 kann abwechselnd durch beide Elternteile erfolgen, § 3 Abs. 2 erster und zweiter Satz ist dabei sinngemäß und verhältnismäßig anzuwenden. Die Anspruchsdauer verlängert sich maximal auf bis zu 1063 Tage ab der Geburt des Kindes.

(3) § 3 Abs. 3 bis 6 und § 3a Abs. 2 sind anzuwenden.

(BGBl I 2016/53)

Festlegung und Änderung der Anspruchsdauer

§ 5a. (1) Die Anspruchsdauer (§ 3 Abs. 1 und 2, § 5 Abs. 1 und 2) ist bei der erstmaligen Antragstellung verbindlich festzulegen. Nicht in Anspruch genommene Tage verfallen ausnahmslos. Der antragstellende Elternteil ist an den sich aus dieser gewählten Anspruchsdauer ergebenden Tagesbetrag gebunden. Der andere Elternteil ist ebenfalls an diesen Tagesbetrag gebunden. Der Anspruch besteht nur für volle Tage.

(2) Eine spätere Änderung der festgelegten Anspruchsdauer ist nur einmal pro Kind auf Antrag und nur bis spätestens 91 Tage vor Ablauf der ursprünglich beantragten Anspruchsdauer möglich. Die Änderung kann nur auf Antrag des beziehenden Elternteiles erfolgen. Die Änderung bindet auch den anderen Elternteil. Die Änderung der Anspruchsdauer ist nur unter Einhaltung der Reziprozität und aller gesetzlichen Bedingungen möglich und sie ist ausgeschlossen, sofern dadurch vergangene Bezugszeiträume nachträglich geändert werden sollen. Die Änderung bewirkt, dass die Eltern so zu stellen sind, wie sie stünden, wenn von Anfang an die nun geänderte Anspruchsdauer festgelegt worden wäre, weshalb die durch die Änderung ausgelöste Neubemessung des Tagesbetrages einen Nachzahlungsanspruch oder eine Rückzahlungsverpflichtung für vergangene Zeiträume auslöst. Im Falle einer Rückzahlungsverpflichtung ist die Änderung nur dann wirksam, sofern binnen 61 Tagen ab Antragstellung der gesamte Rückzahlungsbetrag beim Krankenversicherungsträger einlangt. Hat der andere Elternteil bereits Kinderbetreuungsgeld bezogen, so ist eine Änderung nur bei ausdrücklicher Zustimmung dieses Elternteiles möglich; weiters ist im Falle einer Rückzahlungsverpflichtung die Änderung nur dann wirksam, sofern binnen 61 Tagen ab Beantragung der Änderung die gesamten Rückzahlungsbeträge beider Elternteile beim Krankenversicherungsträger einlangen. Eine unwirksame Änderung eröffnet keine weitere Änderungsmöglichkeit.

(BGBl I 2016/53)

Partnerschaftsbonus

§ 5b. Haben die Eltern das Kinderbetreuungsgeld für dasselbe Kind zu annähernd gleichen Teilen, mindestens jedoch im Ausmaß von je 124 Tagen, beansprucht, so gebührt jedem Elternteil nach Ende des Anspruchszeitraumes auf Antrag ein Partnerschaftsbonus in Höhe von 500 Euro als Einmalzahlung. Zu annähernd gleichen Teilen im Sinne dieses Bundesgesetzes beziehen Eltern nur dann, wenn der eine Elternteil mindestens 40 % und der andere Elternteil maximal 60 % bezieht. Nach Auszahlung des Partnerschaftsbonus besteht kein Anspruch mehr auf Kinderbetreuungsgeld für dieses Kind, weder für künftige, noch für vergangene Zeiträume. Der Anspruch besteht pro Kind nur einmal, wobei den Vorrang jene Eltern haben, die zuerst bezogen haben. Der Antrag ist spätestens binnen 124 Tagen ab Ende des letzten Bezugsteiles beim Krankenversicherungsträger zu stellen. In Angelegenheiten des Partnerschaftsbonus ist jener Krankenversicherungsträger zuständig, bei dem zuletzt Kinderbetreuungsgeld für dieses Kind bezogen worden ist. Eine Rückforderung von zu Unrecht bezogenem Kinderbetreuungsgeld für dieses Kind bei einem Elternteil löst zugleich eine Rückforderung der beiden Partnerschaftsboni aus, sofern dadurch die geforderte Anspruchsdauer eines Elternteiles oder die vorgeschriebene Aufteilungsquote nicht mehr vorliegt.

(BGBl I 2016/53)

Härtefälleverlängerung

§ 5c. (1) Ist ein Elternteil aufgrund eines unabwendbaren und unvorhersehbaren Ereignisses, dessen Dauer den Wegfall des gemeinsamen Haushaltes mit dem Kind bewirkt, am Bezug des pauschalen Kinderbetreuungsgeldes für dieses Kind verhindert, so verlängert sich die Bezugsdauer des anderen Elternteiles im Zeitraum der Verhinderung auf Antrag um die Anzahl der Verhinderungstage, maximal aber um 91 Tage. Ein unvorhersehbares und unabwendbares Ereignis im Sinne dieses Gesetzes liegt nur vor bei:

1. Tod,
2. Aufenthalt in einer Heil- und Pflegeanstalt,
3. Gerichtlich oder behördlich festgestellter häuslicher Gewalt sowie Aufenthalt im Frauenhaus aufgrund häuslicher Gewalt,
4. Verbüßung einer Freiheitsstrafe sowie bei ei-

ner anderweitigen auf gerichtlicher oder behördlicher Anordnung beruhenden Anhaltung.

Hat der verhinderte Elternteil bereits Kinderbetreuungsgeld für dieses Kind bezogen, so werden seine Bezugstage auf den Verlängerungszeitraum des anderen Elternteiles angerechnet. Der andere Elternteil hat Beginn und (voraussichtliche) Dauer der Verhinderung des verhinderten Elternteiles bekannt zu geben und die anspruchsbegründenden Umstände nachzuweisen. Die Verlängerung nach diesem Absatz endet bei vorzeitigem Ende der Verhinderung. Der Wegfall des gemeinsamen Haushaltes mit dem Kind ist nur bei einer nicht bloß vorübergehenden Dauer des Ereignisses anzunehmen (§ 2 Abs. 6). Dem Wegfall des gemeinsamen Haushaltes mit dem Kind gleichzustellen ist der Wegfall des gemeinsamen Haushaltes mit der mit diesem Kind schwangeren Frau. Kein Anspruch auf Verlängerung besteht, sofern der nicht verhinderte Elternteil eine Ehe oder nichteheliche Lebensgemeinschaft mit einer anderen Person als der Kindesmutter oder dem Kindesvater eingeht.

(2) Eine Verlängerung im Sinne des Abs. 1 erfolgt auch dann, wenn ein alleinstehender Elternteil (§ 11 Abs. 1) einen Antrag auf Festsetzung des Unterhaltes für das Kind, für das Kinderbetreuungsgeld bezogen wird, gestellt hat, jedoch noch kein tatsächlicher Unterhalt geleistet wird oder ein vom Gericht vorläufig zugesprochener Unterhalt 100 Euro nicht übersteigt, sofern während der letzten 121 Tage vor der Verlängerung sowie während der 91 Verlängerungstage das Einkommen des alleinstehenden Elternteiles im monatlichen Durchschnitt den Betrag von 1 400 Euro netto nicht übersteigt. Ab einer dritten und weiteren im gemeinsamen Haushalt lebenden Person, für die aufgrund einer rechtlichen oder sittlichen Pflicht vom alleinstehenden Elternteil Unterhalt geleistet wird, erhöht sich dieser Betrag um jeweils 300 Euro monatlich. Zum Einkommen zählen alle Einkünfte gemäß § 2 Abs. 3 EStG 1988, Leistungen aus der gesetzlichen und freiwilligen Pensionsversicherung, Leistungen aus der Arbeitslosenversicherung, dem Kinderbetreuungsgeldgesetz, die Familienbeihilfe, der Ehegattenunterhalt sowie einkommensähnliche bundes- oder landesgesetzlich geregelte Beihilfen und Zuschüsse (z. B. Mindestsicherung). Die Einkommenssituation der letzten 121 Tage ist bereits zum Zeitpunkt der Antragstellung nachzuweisen, für den Verlängerungszeitraum ist die Glaubhaftmachung zum Zeitpunkt der Antragstellung vorläufig ausreichend.

(BGBl I 2016/53)

Gleichzeitiger Bezug

§ 5d. Abweichend von § 2 Abs. 2 können die Eltern aus Anlass des erstmaligen Wechsels gleichzeitig Kinderbetreuungsgeld in der Dauer von bis zu 31 Tagen in Anspruch nehmen, wodurch sich die Anspruchsdauer um diese Tage reduziert.

(BGBl I 2016/53)

Ruhen

§ 6. (1) Der Anspruch auf Kinderbetreuungsgeld ruht, sofern ein Anspruch auf Wochengeld gemäß § 162 des Allgemeinen Sozialversicherungsgesetzes (ASVG), BGBl. Nr. 189/1955, oder vergleichbare Leistungen nach anderen österreichischen oder ausländischen Rechtsvorschriften besteht, in der Höhe des Wochengeldes bzw. in der Höhe der vergleichbaren Leistungen."

(BGBl I 2005/100, BGBl I 2016/53)

(1a) Der Anspruch auf Kinderbetreuungsgeld ruht, sofern ein Anspruch auf eine Leistung gemäß § 102a des Gewerblichen Sozialversicherungsgesetzes (GSVG), BGBl. Nr. 560/1978, oder § 98 des Bauern-Sozialversicherungsgesetzes (BSVG), BGBl. Nr. 559/1978, oder vergleichbare Leistungen nach anderen österreichischen oder ausländischen Rechtsvorschriften besteht, in der Höhe des Wochengeldes gemäß § 102a Abs. 5 GSVG.

(BGBl I 2016/53)

(2) Der Anspruch auf Kinderbetreuungsgeld für ein Kind ruht für den Vater nicht, sofern für die Mutter ein Anspruch gemäß Abs. 1 anlässlich der Geburt eines weiteren Kindes besteht.

(BGBl I 2009/116)

(3) Der Anspruch auf Leistungen nach diesem Bundesgesetz ruht, sofern Anspruch auf ausländische Familienleistungen besteht, in der Höhe der ausländischen Leistungen. Der Differenzbetrag zwischen den ausländischen Familienleistungen und den Leistungen nach diesem Bundesgesetz wird nach Ende der ausländischen Familienleistungen auf die laufenden Leistungen nach diesem Bundesgesetz angerechnet. Das Ruhen und die Anrechnung erfolgen jedoch jeweils nur in der Höhe, in der sie nicht bereits eine andere österreichische Familienleistung zum Ruhen gebracht und auf diese angerechnet wurden.

(BGBl I 2016/53)

Mutter-Kind-Pass-Untersuchungen

§ 7. (1) Im Zusammenhang mit der Geburt eines Kindes sowie der Gewährung des Kinderbetreuungsgeldes hat die Bundesministerin für Gesundheit im Einvernehmen mit der Bundesministerin für Familien und Jugend ein Mutter-Kind-Pass-Untersuchungsprogramm für die Schwangere und das Kind mittels Verordnung festzulegen und einen Mutter-Kind-Pass aufzulegen. Die Verordnung hat den Umfang, die Art und den Zeitpunkt der ärztlichen Untersuchungen sowie der Hebammenberatung zu bestimmen, wobei auf den jeweiligen Stand der medizinischen Erkenntnisse zur Sicherung der Gesundheit der Schwangeren und des Kindes Bedacht zu nehmen ist. In der Verordnung sind die Untersuchungen der Schwangeren und weitere Untersuchungen des Kindes bis zur Vollendung des 62. Lebensmonats sowie eine einstündige Beratung durch eine Hebamme innerhalb der 18. bis 22. Schwangerschaftswoche vorzusehen. Für den Nachweis der ärztlichen Untersuchungen sowie der Hebammenberatung hat der Mutter-

Kind-Pass einen entsprechenden Vordruck zu enthalten.

(BGBl I 2013/197, BGBl I 2016/53)

(2) Anspruch auf Kinderbetreuungsgeld in voller Höhe besteht nur, sofern

1. die fünf Untersuchungen während der Schwangerschaft sowie die erste Untersuchung des Kindes nach der in Abs. 1 genannten Verordnung vorgenommen und bei der Beantragung des Kinderbetreuungsgeldes durch Vorlage der entsprechenden Untersuchungsbestätigungen nachgewiesen werden und
2. die zweite bis fünfte Untersuchung des Kindes bis zur Vollendung des 14. Lebensmonates nach der in Abs. 1 genannten Verordnung vorgenommen und spätestens bis zur Vollendung des 15. Lebensmonates des Kindes durch Vorlage der entsprechenden Untersuchungsbestätigungen nachgewiesen werden.

(3) Ungeachtet des Abs. 2 besteht Anspruch auf Kinderbetreuungsgeld in voller Höhe, wenn

1. die Vornahme oder der Nachweis der Untersuchungen nur aus Gründen, die nicht von den Eltern zu vertreten sind, unterbleibt oder
2. die jeweiligen Nachweise bis spätestens zur Vollendung des 18. Lebensmonates des Kindes nachgebracht werden.

(BGBl I 2016/53)

Gesamtbetrag der maßgeblichen Einkünfte

§ 8. (1) Maßgebliche Einkünfte sind die Einkünfte gemäß § 2 Abs. 3 Z 1 bis 4 des Einkommensteuergesetzes 1988 (EStG 1988), BGBl. Nr. 400. Der Gesamtbetrag der maßgeblichen Einkünfte ist wie folgt zu ermitteln:

(BGBl I 2016/53)

1. Soweit im Gesamtbetrag der maßgeblichen Einkünfte solche aus nichtselbständiger Arbeit (§ 25 EStG 1988) enthalten sind, ist von jenen Einkünften auszugehen, die während der Kalendermonate mit Anspruch auf Auszahlung des Kinderbetreuungsgeldes (Anspruchszeitraum) erzielt werden und gemäß § 19 EStG 1988 diesem Anspruchszeitraum zuzuordnen sind. Sonstige Bezüge im Sinne des § 67 EStG 1988 bleiben außer Ansatz. Der danach ermittelte Betrag ist um 30 % zu erhöhen und sodann auf einen Jahresbetrag umzurechnen. Besteht der Anspruch auf Auszahlung des Kinderbetreuungsgeldes für den ganzen Kalendermonat, so zählt dieser Kalendermonat zum Anspruchszeitraum, andernfalls ist dieser Kalendermonat nicht in den Anspruchszeitraum einzubeziehen. Leistungen aus der Arbeitslosenversicherung gelten als Einkünfte aus nichtselbständiger Arbeit, abweichend vom vorletzten Satz ist der ermittelte Betrag um 15 % zu erhöhen. Dem Wochengeld gleichartige Leistungen bleiben außer Ansatz. Die auf Grund von völkerrechtlichen Verträgen steuerbefreiten Einkünfte sowie die einem Abgeordneten zum Europäischen Parlament oder seinem Hinterbliebenen nach Artikel 9 des Abgeordnetenstatuts des Europäischen Parlaments gebührenden Bezüge sind bei der Ermittlung des Gesamtbetrages der maßgeblichen Einkünfte wie steuerpflichtige Einkünfte zu behandeln.

   (BGBl I 2011/139, BGBl I 2013/117, BGBl I 2016/53)
2. Andere maßgebliche Einkünfte (§§ 21 bis 23 EStG 1988) sind mit jenem Betrag zu berücksichtigen, der in die Ermittlung des Einkommens für das betreffende Kalenderjahr eingeht. Einkünfte aus Betätigungen, die die Grundlage für Pflichtbeiträge in der gesetzlichen Sozialversicherung darstellen, sind um 30 % zu erhöhen. Wird bis zum Ablauf des zweiten auf das betreffende Kalenderjahr folgenden Kalenderjahres dem Krankenversicherungsträger nachgewiesen, in welchem Ausmaß Einkünfte vor Beginn oder nach Ende des Anspruchszeitraumes (Z 1) angefallen sind, sind nur jene Einkünfte zu berücksichtigen, die während des Anspruchszeitraumes angefallen sind. Im Falle eines derartigen Nachweises, der den steuerrechtlichen Bestimmungen zu entsprechen hat, sind die während des Anspruchszeitraumes angefallenen Einkünfte auf einen Jahresbetrag umzurechnen. Z 1 vierter Satz ist anzuwenden.

   (BGBl I 2011/139)

(2) Wird auf den Anspruch auf Kinderbetreuungsgeld oder auf den Anspruch auf Beihilfe zum pauschalen Kinderbetreuungsgeld verzichtet (§ 2 Abs. 5 und § 9 Abs. 4), so bleiben die während der Dauer des Verzichtes erzielten Einkünfte bei der Ermittlung des Gesamtbetrages der maßgeblichen Einkünfte gemäß Abs. 1 außer Ansatz.

(BGBl I 2009/116)

Einschleifregelung

§ 8a. (1) Übersteigt der Gesamtbetrag der maßgeblichen Einkünfte gemäß § 8 den Grenzbetrag nach § 2 Abs. 1 Z 3 bzw. § 24 Abs. 1 Z 3, so verringert sich das für das betreffende Kalenderjahr gebührende Kinderbetreuungsgeld um den übersteigenden Betrag.

(BGBl I 2009/116)

(2) Übersteigt der Gesamtbetrag der maßgeblichen Einkünfte gemäß § 8 den Grenzbetrag nach § 9 Abs. 3 oder § 12, so verringert sich die für das betreffende Kalenderjahr gebührende Beihilfe zum pauschalen Kinderbetreuungsgeld um die Summe der übersteigenden Beträge, sofern beide Grenzbeträge jeweils um nicht mehr als 15 % überstiegen werden. Bei einer Überschreitung auch nur eines Grenzbetrages von mehr als 15 %, ist die gesamte in dem Kalenderjahr bezogene Beihilfe zurückzuzahlen.

(BGBl I 2009/116)

Individueller Grenzbetrag

§ 8b. (1) Der individuelle Grenzbetrag beträgt 60 % des Gesamtbetrages der maßgeblichen Einkünfte. Maßgebliche Einkünfte sind die Einkünfte gemäß § 2 Abs. 3 Z 1 bis 4 des EStG 1988. Der Gesamtbetrag der maßgeblichen Einkünfte nach dieser Bestimmung ist wie folgt zu ermitteln:

1. Soweit im Gesamtbetrag der maßgeblichen Einkünfte solche aus nichtselbständiger Arbeit (§ 25 EStG 1988) enthalten sind, ist von jenen Einkünften auszugehen, die für das letzte Kalenderjahr vor der Geburt des Kindes, in dem kein Kinderbetreuungsgeld bezogen wurde, maximal jedoch in dem für das der Geburt drittvorangegangenen Kalenderjahr (relevanter Zeitraum), in dem zum Zeitpunkt der Antragstellung geltenden Einkommensteuerbescheid für das betreffende Kalenderjahr ausgewiesen sind. Liegt zum Zeitpunkt der Antragstellung noch kein Einkommensteuerbescheid für das betreffende Kalenderjahr vor, so ist der erste erlassene Einkommensteuerbescheid für das betreffende Kalenderjahr heranzuziehen. Sonstige Bezüge im Sinne des § 67 EStG 1988 bleiben außer Ansatz. Der danach ermittelte Betrag ist um 30 % zu erhöhen. Leistungen aus der Arbeitslosenversicherung gelten als Einkünfte aus nichtselbständiger Arbeit, abweichend vom letzten Satz ist der ermittelte Betrag um 15% zu erhöhen. Dem Wochengeld gleichartige Leistungen bleiben außer Ansatz. Die auf Grund von völkerrechtlichen Verträgen steuerbefreiten Einkünfte sowie die einem Abgeordneten zum Europäischen Parlament oder seinem Hinterbliebenen nach Artikel 9 des Abgeordnetenstatuts des Europäischen Parlaments gebührenden Bezüge sind bei der Ermittlung des individuellen Grenzbetrages wie steuerpflichtige Einkünfte zu behandeln.

   (BGBl I 2011/139, BGBl I 2016/53)

2. Andere maßgebliche Einkünfte (§§ 21 bis 23 EStG 1988) sind mit jenem Betrag zu berücksichtigen, der in die Ermittlung des Einkommens für den relevanten Zeitraum (Z 1) eingeht und der im zum Zeitpunkt der Antragstellung geltenden Einkommensteuerbescheid für das betreffende Kalenderjahr ausgewiesen ist. Z 1 zweiter Satz ist anzuwenden. Einkünfte aus Betätigungen, die Grundlage für Pflichtbeiträge in der gesetzlichen Sozialversicherung darstellen, sind um 30 % zu erhöhen.

   (BGBl I 2011/139)

(2) Spätere Abänderungen und Aufhebungen des nach Z 1 und 2 relevanten Einkommensteuerbescheides (insbesondere nach den §§ 276 Absatz 1, 293 bis 303 Bundesabgabenordnung (BAO), BGBl. Nr. 194/1961) wirken sich bei der Überprüfung der Einhaltung des Grenzbetrages nur dann aus, sofern dies bis spätestens zum Ende des Leistungsbezuges ausdrücklich verlangt wird oder eine von Amts wegen eingeleitete Überprüfung ergibt, dass die Abänderung und Aufhebung des Bescheides nicht auf ein überwiegendes Verschulden der Abgabenbehörde zurückzuführen ist. Liegt binnen drei Jahren ab Bezugsbeginn kein Einkommensteuerbescheid vor, ist der Grenzbetrag von 16.200 € maßgeblich.

(BGBl I 2009/116)

Abschnitt 3
Beihilfe zum pauschalen Kinderbetreuungsgeld

Anspruch auf Beihilfe

§ 9. (1) Anspruch auf Beihilfe zum pauschalen Kinderbetreuungsgeld haben

1. alleinstehende Elternteile (§ 11),
2. verheiratete Mütter oder verheiratete Väter nach Maßgabe des § 12,
3. nicht alleinstehende Mütter oder Väter nach Maßgabe des § 13 und
4. Frauen oder Männer, die allein oder gemeinsam mit dem anderen Elternteil ein Kind, welches das dritte Lebensjahr noch nicht vollendet hat, an Kindes Statt angenommen oder in Pflege genommen haben, nach Maßgabe der §§ 11, 12 oder 13.

(2) Voraussetzung für den Anspruch auf Beihilfe zum pauschalen Kinderbetreuungsgeld für ein Kind ist, dass für dieses Kind ein Anspruch auf Auszahlung des pauschalen Kinderbetreuungsgeldes besteht. Während Verlängerungszeiten nach § 5c Abs. 1 und 2 gebührt keine Beihilfe zum pauschalen Kinderbetreuungsgeld. § 4 Abs. 2 gilt sinngemäß auch für die Beihilfe.

(BGBl I 2016/53)

(3) Ausgeschlossen von der Beihilfe sind Personen, deren Gesamtbetrag der maßgeblichen Einkünfte (§ 8) den Grenzbetrag von 6 800[a)] Euro übersteigt.

(BGBl I 2011/139, BGBl I 2016/53, BGBl I 2019/75)

[a)] Gem BGBl I 75/2019 ab 1. Jänner: „7 300".

(4) Auf den Anspruch auf Beihilfe kann verzichtet werden, wodurch sich der Anspruchszeitraum (§ 8) um den Zeitraum des Verzichtes verkürzt. § 2 Abs. 5 und § 4a Abs. 2 gelten sinngemäß.

(BGBl I 2016/53)

(BGBl I 2009/116)

Höhe Beihilfe

§ 10. Die Beihilfe beträgt 6,06 € täglich.

(BGBl I 2009/116)

Alleinstehende

§ 11. (1) Alleinstehende Elternteile im Sinne dieses Bundesgesetzes sind Mütter oder Väter, die ledig, geschieden oder verwitwet sind und nicht unter § 13 fallen. Ferner gelten Mütter und Väter als alleinstehend, wenn der getrenntlebende Ehegatte erwiesenermaßen für den Unterhalt des Kindes nicht sorgt.

(2) Alleinstehende Elternteile haben nur Anspruch auf Beihilfe zum Kinderbetreuungsgeld, wenn sie eine Urkunde vorlegen, aus der der andere Elternteil hervorgeht. In Ermangelung einer derartigen Urkunde haben sie eine entsprechende Erklärung abzugeben. Weiters haben alleinstehende Elternteile eine Erklärung abzugeben, aus der hervorgeht, dass sie nicht unter § 13 fallen.

(BGBl I 2009/116)

Ehegatten

§ 12. Verheiratete Mütter bzw. Väter erhalten eine Beihilfe, sofern der Gesamtbetrag der maßgeblichen Einkünfte (§ 8) ihres Ehegatten nicht mehr als 16 200 € (Freigrenze) beträgt.

(BGBl I 2009/116)

Nicht Alleinstehende

§ 13. (1) Eine Beihilfe erhalten nicht alleinstehende Mütter bzw. Väter, das sind Mütter bzw. Väter, die ledig, geschieden oder verwitwet sind und mit dem Vater bzw. der Mutter des Kindes nach den Vorschriften des Meldegesetzes 1991 an derselben Adresse angemeldet sind oder anzumelden wären.

(2) Weiters gelten als nicht alleinstehend Mütter bzw. Väter, die in nicht ehelicher Lebensgemeinschaft mit einer anderen Person als der Kindesmutter oder dem Kindesvater leben.

(3) Hinsichtlich der Einkünfte gilt § 12 entsprechend.

(BGBl I 2009/116)

Dauer

§ 14. Die Beihilfe gebührt längstens für 365 Tage ab erstmaliger Antragstellung und nur solange Anspruch auf pauschales Kinderbetreuungsgeld besteht. Steht diese Leistung nur für einzelne Tage eines Monats zu, gebührt die Beihilfe nur anteilig. Bezugsunterbrechungen, Verzicht auf die Beihilfe oder ein abwechselnder Bezug der Elternteile bewirken keine Verlängerung der Bezugsdauer, weiters kann die Beihilfe jeweils nur in Blöcken von mindestens 61 Tagen beansprucht werden."

(BGBl I 2016/53)

Erklärung

§ 15. Der zuständige Krankenversicherungsträger hat den Partner des Elternteiles (§§ 12, 13) von der Gewährung der Beihilfe zum Kinderbetreuungsgeld an einen Elternteil samt Hinweis auf die Freigrenze (§ 12, § 13 Abs. 3) und Hinweis auf die mögliche Rückforderung im Falle der Überschreitung der Freigrenze (§ 31 Abs. 3) zu verständigen."

(BGBl I 2009/116)

Informationspflicht

§ 16. Von der Gewährung eines Zuschusses zum Kinderbetreuungsgeld an einen alleinstehenden Elternteil gemäß § 11 Abs. 2 sowie von der Einstellung oder Rückforderung (§ 31) dieses Zuschusses hat der zuständige Krankenversicherungsträger den anderen, zur Rückzahlung gemäß § 18 verpflichteten Elternteil zu verständigen.

Datenübermittlung

§ 17. Die Krankenversicherungsträger haben den Abgabenbehörden die Daten, die für die Finanzämter zur Wahrnehmung der ihnen durch dieses Gesetz übertragenen Aufgaben eine wesentliche Voraussetzung bilden, im Wege automationsunterstützter Datenübermittlung mitzuteilen. Dies sind insbesondere Name, Sozialversicherungsnummer, Geschlecht und Adresse der bezugsberechtigten Person, Name und Sozialversicherungsnummer des Kindes, für welches Kinderbetreuungsgeld bezogen wird, Anspruchsvoraussetzung gemäß § 9, die Höhe des Auszahlungsbetrages, die Länge des Bezugszeitraumes dieser Leistung sowie Name, Geschlecht und Sozialversicherungsnummer des zweiten Elternteils bei Abgabepflicht gemäß § 18 Abs. 1 Z 1 und 2.

§ 18. (aufgehoben)

(BGBl I 2009/116)

§ 19. (aufgehoben)

(BGBl I 2009/116)

§ 20. (aufgehoben)

(BGBl I 2009/116)

§ 21. (aufgehoben)

(BGBl I 2009/116)

§ 22. (aufgehoben)

(BGBl I 2009/116)

§ 23. (aufgehoben)

(BGBl I 2009/116)

Abschnitt 5
Kinderbetreuungsgeld als Ersatz des Erwerbseinkommens

Anspruchsberechtigung

§ 24. (1) Anspruch auf Kinderbetreuungsgeld nach diesem Abschnitt hat ein Elternteil (Adoptivelternteil, Pflegeelternteil) für sein Kind (Adoptivkind, Pflegekind), sofern

1. die Anspruchsvoraussetzungen nach § 2 Abs. 1 Z 1, 2, 4 und 5 erfüllt sind,
2. dieser Elternteil in den letzten 182 Kalendertagen unmittelbar vor der Geburt des Kindes, für das Kinderbetreuungsgeld bezogen werden soll, durchgehend erwerbstätig gemäß Abs. 2 war sowie in diesem Zeitraum keine Leistungen aus der Arbeitslosenversicherung erhalten hat, wobei sich Unterbrechungen von insgesamt nicht mehr als 14 Kalendertagen nicht anspruchsschädigend auswirken, und

   (BGBl I 2011/139, BGBl I 2016/53)

„3. der Gesamtbetrag der maßgeblichen Einkünfte (§ 8 Abs. 1) dieses Elternteiles im Kalenderjahr den absoluten Grenzbetrag von 6 800[a)] Euro nicht übersteigt und dieser Elternteil während des Bezuges keine Leistungen aus der Arbeitslosenversicherung erhält.“

(BGBl I 2011/139, BGBl I 2016/53, BGBl I 2019/75)

[a] Ab 1. Jänner 2020: „7 300“.

(2) Unter Erwerbstätigkeit im Sinne dieses Bundesgesetzes versteht man die tatsächliche Ausübung einer in Österreich sozialversicherungspflichtigen (kranken- und pensionsversicherungspflichtigen) Erwerbstätigkeit. Als der Ausübung einer sozialversicherungspflichtigen Erwerbstätigkeit gleichgestellt gelten Zeiten der vorübergehenden Unterbrechung dieser zuvor mindestens 182 Kalendertage andauernden Erwerbstätigkeit während eines Beschäftigungsverbotes nach dem Mutterschutzgesetz 1979 (MSchG), BGBl. Nr. 221, oder gleichartigen anderen österreichischen Rechtsvorschriften, sowie Zeiten der vorübergehenden Unterbrechung dieser zuvor mindestens 182 Kalendertage andauernden Erwerbstätigkeit zum Zwecke der Kindererziehung während Inanspruchnahme einer Karenz nach dem MSchG oder Väter-Karenzgesetz (VKG), BGBl. Nr. 651/1989, oder gleichartigen anderen österreichischen Rechtsvorschriften, bis maximal zum Ablauf des zweiten Lebensjahres eines Kindes.

(BGBl I 2009/116, BGBl I 2011/139, BGBl I 2016/53)

(3) Nur bei Erfüllung der nationalen Gleichstellungserfordernisse des Abs. 2 zweiter Satz liegt eine gleichgestellte Situation im Sinne des Art. 68 iVm Art. 1 lit. a der Verordnung (EG) Nr. 883/2004 zur Koordinierung der Systeme der sozialen Sicherheit, ABl. Nr. L 166 vom 30.04.2004 S. 1, zuletzt geändert durch die Verordnung (EU) Nr. 1372/2013, ABl. Nr. L 346 vom 20.12.2013 S. 27, vor, wobei diese der Ausübung einer Erwerbstätigkeit gleichgestellte Situation für alle Eltern spätestens mit Ablauf des zweiten Lebensjahres eines Kindes endet. Eine Scheinkarenz löst keine österreichische Zuständigkeit aus, dasselbe gilt für Zeiten, in denen mangels Erfüllung der gesetzlichen Voraussetzungen kein gesetzlicher Anspruch auf die österreichische Karenz besteht, etwa bei gleichzeitiger Inanspruchnahme einer in- oder ausländischen Karenzzeit durch den anderen Elternteil.

(BGBl I 2016/53)

Höhe

§ 24a. (1) Das Kinderbetreuungsgeld beträgt täglich

1. für eine Wochengeldbezieherin 80 % des auf den Kalendertag entfallenden Wochengeldes nach österreichischen Rechtsvorschriften, welches anlässlich der Geburt jenes Kindes, für welches Kinderbetreuungsgeld beantragt wird, gebührt,
2. für eine Beamtin 80 % des auf den Kalendertag entfallenden fiktiv zu berechnenden Wochengeldes, welches anlässlich der Geburt jenes Kindes, für welches Kinderbetreuungsgeld beantragt wird, einer Vertragsbediensteten an ihrer Stelle gebühren würde,
3. für einen Vater, sofern nicht Z 4 gilt, 80 % des auf den Kalendertag entfallenden fiktiv zu berechnenden Wochengeldes, welches anlässlich der Geburt jenes Kindes, für welches Kinderbetreuungsgeld beantragt wird, einer Frau an seiner Stelle gebühren würde,
4. für einen Beamten 80 % des auf den Kalendertag entfallenden fiktiv zu berechnenden Wochengeldes, welches anlässlich der Geburt jenes Kindes, für welches Kinderbetreuungsgeld beantragt wird, einer Vertragsbediensteten an seiner Stelle gebühren würde oder
5. sofern Z 1 bis 4 nicht anwendbar sind:

$$\frac{\text{Summe der maßgeblichen Einkünfte x } 0{,}62+4000}{365}$$

Die Berechnung des fiktiven Wochengeldes nach Z 3 und 4 erfolgt mit der Maßgabe, dass auf den Zeitraum vor den letzten acht Wochen vor Geburt des Kindes und nicht auf den Eintritt des Versicherungsfalles der Mutterschaft abzustellen ist.

(BGBl I 2011/139)

(2) Das Kinderbetreuungsgeld nach Abs. 1 beträgt in jedem Fall mindestens den Tagsatz nach Abs. 1 Z 5, höchstens jedoch 66 € täglich.

(3) Maßgebliche Einkünfte sind jene Einkünfte gemäß § 2 Abs. 3 Z 1 bis 3 des EStG 1988 sowie Einkünfte gemäß § 2 Abs. 3 Z 4 des EStG 1988, wenn sie auf Grund eines bestehenden Dienstverhältnisses erzielt wurden, die im zum Zeitpunkt der Antragstellung geltenden Einkommensteuerbescheid für das letzte Kalenderjahr vor der Geburt des Kindes ausgewiesen sind. Liegt zum Zeitpunkt der Antragstellung noch kein Einkommensteuerbescheid für dieses Kalenderjahr vor, ist der erste erlassene Einkommensteuerbescheid für dieses Kalenderjahr heranzuziehen. Bis zur Feststellung der tatsächlichen Höhe gebührt Kinderbetreuungsgeld vorläufig in der nach § 33 Abs. 5 festgelegten Höhe. Abweichend von § 30 erfolgt eine Berichtigung der Leistungshöhe aufgrund späterer Abänderungen und Aufhebungen dieses Einkommensteuerbescheides (insbesondere nach den §§ 276 Abs. 1, 293 bis 303 BAO), sofern die Berichtigung ausdrücklich verlangt wird oder eine von Amts wegen eingeleitete Überprüfung ergibt, dass die Abänderung und Aufhebung des Bescheides nicht auf ein überwiegendes Verschulden der Abgabenbehörde zurückzuführen ist.

(BGBl I 2016/53)

(4) Werden die in § 24c vorgesehenen Mutter-Kind-Pass-Untersuchungen nicht bis zu den vorgesehen Zeitpunkten nachgewiesen, so reduziert sich der Anspruch auf Kinderbetreuungsgeld für jeden Elternteil um 1 300 Euro.

(BGBl I 2016/53)

Anspruchsdauer

§ 24b. (1) Das Kinderbetreuungsgeld als Ersatz des Erwerbseinkommens gebührt einem Elternteil längstens für 365 Tage ab Geburt des Kindes.

(2) Der Bezug kann abwechselnd durch beide Elternteile erfolgen, wodurch sich die Anspruchsdauer über den 365. Tag ab der Geburt hinaus um die bereits in Anspruch genommenen Tage des jeweils anderen Elternteiles verlängert, maximal jedoch auf bis zu 426 Tage ab der Geburt des Kindes. Jedem Elternteil ist hierbei eine Anspruchsdauer von 61 Tagen unübertragbar vorbehalten. Pro Kind ist nur ein zweimaliger Wechsel zwischen den Elternteilen zulässig. Nicht in Anspruch genommene Tage verfallen ausnahmslos. Eine kürzere Inanspruchnahme ist möglich, erhöht aber nicht den Tagesbetrag.

(3) Für ein Kind ist ein gleichzeitiger Bezug von Kinderbetreuungsgeld als Ersatz des Erwerbseinkommens durch beide Elternteile ausgeschlossen. Abweichend davon können die Eltern aus Anlass des erstmaligen Wechsels gleichzeitig Kinderbetreuungsgeld in der Dauer von bis zu 31 Tagen in Anspruch nehmen, wodurch sich die Anspruchsdauer um diese Tage reduziert.

(4) Das Kinderbetreuungsgeld kann stets, also unabhängig von einem Wechsel, jeweils nur in Blöcken von mindestens 61 Tagen beansprucht werden. Als beansprucht gelten ausschließlich Zeiträume des tatsächlichen Bezuges der Leistung.

(5) Ist der beziehende Elternteil durch ein unvorhersehbares und unabwendbares Ereignis für eine nicht bloß verhältnismäßig kurze Zeit verhindert, das Kind im gemeinsamen Haushalt (§ 2 Abs. 6) zu betreuen, kann ein Wechsel über das in Abs. 2 angeführte Ausmaß erfolgen.

(6) In Zweifelsfällen hat das Vorrecht auf Kinderbetreuungsgeld derjenige Elternteil, der die Betreuung des Kindes, für das Kinderbetreuungsgeld bezogen wird, überwiegend durchführt.

(7) Auf den Anspruch auf Kinderbetreuungsgeld kann verzichtet werden, wodurch sich der Anspruchszeitraum (§ 8) um den Zeitraum des Verzichtes verkürzt. Ein Verzicht ist nur für ganze Kalendermonate möglich. Der Verzicht kann widerrufen werden. Ein Widerruf ist nur für ganze Kalendermonate und maximal für 182 Tage rückwirkend möglich. Zeitpunkt und Dauer müssen im Vorhinein bekanntgegeben werden.

(8) Der Anspruch auf Kinderbetreuungsgeld endet spätestens mit Ablauf jenes Tages, welcher der Geburt eines weiteren Kindes bzw. der Adoption (In-Pflege-Nahme) eines jüngeren Kindes vorangeht. Endet der Anspruch für das weitere Kind vorzeitig, lebt der Anspruch für jenes Kind, für welches davor Kinderbetreuungsgeld bezogen wurde, wieder auf.

(BGBl I 2016/53)

Mutter-Kind-Pass-Untersuchungen

§ 24c. (1) Anspruch auf Kinderbetreuungsgeld in voller Höhe besteht nur, sofern

1. die fünf Untersuchungen während der Schwangerschaft sowie die erste Untersuchung des Kindes nach der in § 7 Abs. 1 genannten Verordnung vorgenommen und bei der Beantragung des Kinderbetreuungsgeldes durch Vorlage der entsprechenden Untersuchungsbestätigungen nachgewiesen werden und
2. die zweite bis fünfte Untersuchung des Kindes bis zur Vollendung des 14. Lebensmonates nach der in § 7 Abs. 1 genannten Verordnung vorgenommen und spätestens bis zur Vollendung des 15. Lebensmonates des Kindes durch Vorlage der entsprechenden Untersuchungsbestätigungen nachgewiesen werden.

(2) Ungeachtet des Abs. 2 besteht Anspruch auf Kinderbetreuungsgeld in voller Höhe, wenn

1. die Vornahme oder der Nachweis der Untersuchungen nur aus Gründen, die nicht von den Eltern zu vertreten sind, unterbleibt oder
2. die jeweiligen Nachweise bis spätestens zur Vollendung des 18. Lebensmonates des Kindes nachgebracht werden.

(BGBl I 2016/53)

Sonderleistungen

§ 24d. (1) Liegt der nach § 24a Abs. 1 ermittelte Tagesbetrag unter 33,88 Euro oder erfüllt der Elternteil die Anspruchsvoraussetzungen nach § 24 Abs. 1 Z 2 nicht, so gebührt bei Erfüllung sämtlicher anderer Anspruchsvoraussetzungen auf Antrag des Elternteiles ein Kinderbetreuungsgeld als Ersatz des Erwerbseinkommens in Höhe von 33,88 Euro täglich.

(2) Wurde gegen die Ablehnung des Kinderbetreuungsgeldes als Ersatz des Erwerbseinkommens mangels Erfüllung des Erfordernisses der tatsächlichen Ausübung einer sozialversicherungspflichtigen Erwerbstätigkeit Klage erhoben, so hat der Krankenversicherungsträger bei Erfüllung sämtlicher anderer Anspruchsvoraussetzungen auf Antrag des klagenden Elternteiles ein Kinderbetreuungsgeld als Ersatz des Erwerbseinkommens in Höhe von 33 Euro täglich zu gewähren. Diese Leistung ist auf das nach rechtskräftiger Beendigung des Gerichtsverfahrens allfällig zu gewährende Kinderbetreuungsgeld anzurechnen.

(BGBl I 2016/53)

Anzuwendende Bestimmungen

§ 24e. § 1, § 2 Abs. 6 bis 9, § 4, § 4a, § 5b, § 6, § 7 Abs. 1, § 8, § 8a Abs. 1 sowie Abschnitte 5a bis 12 sind neben dem pauschalen Kinderbetreuungsgeld als Konto auch auf das Kinderbetreuungsgeld als Ersatz des Erwerbseinkommens anzuwenden. Ein Umstieg von Kinderbetreuungsgeld als Ersatz des Erwerbseinkommens auf das pauschale Kinderbetreuungsgeld als Konto oder umgekehrt ist ausgenommen im Fall des § 26a dritter Satz nicht möglich. Abweichend von § 42 gilt das Kinderbetreuungsgeld nach diesem Abschnitt als Einkommen des beziehenden Elternteiles und mindert dessen Unterhaltsansprüche.

(BGBl I 2016/53)

Abschnitt 5a
Zuständigkeit und Verfahren

Zuständigkeit

§ 25. (1) In Angelegenheiten des Kinderbetreuungsgeldes sowie der Beihilfe zu dieser Leistung ist jener gesetzliche Krankenversicherungsträger zuständig, dessen Zuständigkeit sich aus § 28 für die Durchführung der Krankenversicherung ergibt.

(BGBl I 2007/76, BGBl I 2009/116)

(2) Die Krankenversicherungsträger sowie die Niederösterreichische Gebietskrankenkasse[a)] in ihrer Funktion als Kompetenzzentrum und Verbindungsstelle (Abs. 3) haben die ihnen nach diesem Bundesgesetz übertragenen Aufgaben im übertragenen Wirkungsbereich nach den Weisungen des Bundeskanzlers zu vollziehen.

(BGBl I 2018/32, BGBl I 2018/100)

[a)] Ab 1. Jänner 2020: „Österreichische Gesundheitskasse".

(3) Für die finanzielle Abwicklung und die Koordinierung der Krankenversicherungsträger in Angelegenheiten der Leistungen nach diesem Bundesgesetz wird die Niederösterreichische Gebietskrankenkasse als Kompetenzzentrum unter Bedachtnahme auf Abs. 4 und als Verbindungsstelle im Sinne der Verordnung (EG) Nr. 987/2009 des Europäischen Parlaments und des Rates zur Festlegung der Modalitäten für die Durchführung der Verordnung (EG) Nr. 883/2004 über die Koordinierung der Systeme der sozialen Sicherheit eingerichtet. Der Niederösterreichischen Gebietskrankenkasse obliegt auch die Auszahlung dieser Leistungen. Die Durchführung des Verfahrens obliegt dem nach Abs. 1 zuständigen Krankenversicherungsträger.

(BGBl I 2011/139)

(3)[a)] Für die finanzielle Abwicklung und die Koordinierung der Krankenversicherungsträger in Angelegenheiten der Leistungen nach diesem Bundesgesetz wird die Österreichische Gesundheitskasse als Kompetenzzentrum unter Bedachtnahme auf Abs. 4 und als Verbindungsstelle im Sinne der Verordnung (EG) Nr. 987/2009 des Europäischen Parlaments und des Rates zur Festlegung der Modalitäten für die Durchführung der Verordnung (EG) Nr. 883/2004 über die Koordinierung der Systeme der sozialen Sicherheit eingerichtet. Der Österreichischen Gesundheitskasse obliegt auch die Auszahlung dieser Leistungen. Die Durchführung des Verfahrens obliegt dem nach Abs. 1 zuständigen Krankenversicherungsträger.

(BGBl I 2011/139, BGBl I 2018/100)

[a)] Tritt mit 1. Jänner 2020 in Kraft.

(4) Der Hauptverband der österreichischen Sozialversicherungsträger hat den Betrieb eines entsprechenden Datennetzes bis längstens 1. Oktober 2001 sicherzustellen.

(4)[a)] Der Dachverband der Sozialversicherungsträger hat den Betrieb eines entsprechenden Datennetzes bis längstens 1. Oktober 2001 sicherzustellen.

(BGBl I 2018/100)

[a)] Tritt mit 1. Jänner 2020 in Kraft.

Verfahren

§ 25a. Soweit dieses Bundesgesetz nichts anderes bestimmt, sind die für Leistungssachen in der Krankenversicherung geltenden verfahrensrechtlichen Bestimmungen des ASVG, GSVG, BSVG und Beamten-Kranken- und Unfallversicherungsgesetzes (B-KUVG), BGBl. Nr. 200/1967, anzuwenden.

(BGBl I 2016/53)

Geltendmachung und Prüfung des Anspruches

§ 26. (1) Für die Geltendmachung des Anspruches ist ein bundeseinheitliches Antragsformular zu verwenden. Der Krankenversicherungsträger hat dem Antragsteller oder seinem Vertreter auf deren Verlangen das Einlangen des Antrages zu bestätigen.

(2) Wird der Bezug einer Leistung nach diesem Bundesgesetz unterbrochen oder ruht der Anspruch und ist das Ende des Unterbrechungs- oder Ruhenszeitraumes ungewiss, so ist der Fortbezug der Leistung durch Wiedermeldung geltend zu machen. § 4 Abs. 2 gilt auch für die Wiedermeldung. Nach einer vorzeitigen Beendigung (§ 4a Abs. 2) ist für einen weiteren Bezug ein neuer Antrag zu stellen, eine bloße Wiedermeldung reicht nicht aus.

(BGBl I 2016/53)

Wahl der Leistungsart

§ 26a. Die Wahl der Leistungsart (Abschnitt 2 oder Abschnitt 5) ist bei der erstmaligen Antragstellung zu treffen. Diese Entscheidung bindet neben dem antragstellenden Elternteil auch den anderen Elternteil."Eine spätere Änderung dieser getroffenen Entscheidung ist nicht möglich, es sei denn, der antragstellende Elternteil gibt dem zuständigen Krankenversicherungsträger die, einmal mögliche, Änderung binnen 14 Kalendertagen ab der erstmaligen Antragstellung bekannt.

(BGBl I 2007/76, BGBl I 2013/117, BGBl I 2016/53)

Entscheidung

§ 27. (1) Besteht Anspruch auf eine Leistung nach diesem Bundesgesetz, so ist dem Antragsteller eine Mitteilung auszustellen, aus der insbesondere Beginn, voraussichtliches Ende und Höhe des Leistungsanspruches hervorgehen. Die Mitteilung hat eine Aufschlüsselung der Leistungen zu enthalten.

(2) Der Mitteilung über den Anspruch auf Kinderbetreuungsgeld ist eine von der Bundesministe-

rin für Familien und Jugend zu erstellende Information, aus der insbesondere Rechte und Pflichten der Bezugsberechtigten hervorgehen, anzuschließen.

(BGBl I 2016/53)

(3) Ein Bescheid ist auszustellen,

1. wenn ein Anspruch auf eine Leistung gar nicht oder nur teilweise anerkannt wird oder
2. bei Rückforderung einer Leistung gemäß § 31 oder
3. bei Widerruf oder rückwirkender Berichtigung einer Leistung gemäß § 30 Abs. 2, wenn die Bescheiderstellung ausdrücklich verlangt wird.

(4) Abweichend von § 67 Abs. 1 Z 2 Arbeits- und Sozialgerichtsgesetz (ASGG), BGBl. Nr. 104/1985, liegt eine Säumnis des Krankenversicherungsträgers nur dann vor, wenn die Sache entscheidungsreif ist, also insbesondere wesentliche Vorfragen rechtskräftig geklärt sind und Mitwirkungspflichten erfüllt wurden.

(BGBl I 2016/53)

Abschnitt 6
Krankenversicherung

Krankenversicherung der Leistungsbezieher

§ 28. (1) Die Bezieher von Kinderbetreuungsgeld sind in der gesetzlichen Krankenversicherung teilversichert, sofern nicht eine Leistungszugehörigkeit zu einer Krankenfürsorgeeinrichtung im Sinne des § 2 Abs. 1 Z 2 B-KUVG besteht. Zur Durchführung der Krankenversicherung sind in folgender Reihenfolge zuständig:

1. jener Krankenversicherungsträger, der dem Kinderbetreuungsgeldbezieher Wochengeld oder Betriebshilfe leistet oder geleistet hat;
2. jener Krankenversicherungsträger, bei dem der Kinderbetreuungsgeldbezieher versichert ist oder zuletzt versichert war;
3. sonst jene Gebietskrankenkasse, bei der der Antrag auf Kinderbetreuungsgeld gestellt wird.

3.[a] sonst die Österreichische Gesundheitskasse.

(BGBl I 2018/100)

[a] Tritt mit 1. Jänner 2020 in Kraft.

Als versichert im Sinne der Z 2 gelten auch Angehörige, für die Anspruch auf Leistungen der Krankenversicherung besteht oder bestanden hat oder die selbst anspruchsberechtigt sind oder selbst anspruchsberechtigt waren.

(2) Unterliegt ein Kinderbetreuungsgeldbezieher der Krankenversicherung nach zwei oder mehreren Bundesgesetzen, so ist jener Krankenversicherungsträger zuständig, bei dem der Antrag auf Kinderbetreuungsgeld gestellt wird.

(3) Ist die Zuständigkeit eines Krankenversicherungsträgers begründet, dann besteht sie so lange, als Kinderbetreuungsgeld bezogen wird.

Abschnitt 7
Allgemeine Bestimmungen

Mitteilungspflichten

§ 29. Der Leistungsbezieher hat jede für das Fortbestehen und das Ausmaß des Anspruches bedeutsame Änderung ohne Verzug, spätestens jedoch zwei Wochen nach dem Eintritt des Ereignisses, dem zuständigen Krankenversicherungsträger anzuzeigen.

Berichtigung

§ 30. (1) Wenn eine der Voraussetzungen für den Anspruch auf eine Leistung nach diesem Bundesgesetz wegfällt, ist die Leistung einzustellen; wenn sich eine für das Ausmaß des Leistungsanspruches maßgebende Voraussetzung ändert, ist die Leistung neu zu bemessen.

(2) Wenn sich die Zuerkennung oder die Bemessung einer Leistung nach diesem Bundesgesetz nachträglich als gesetzlich nicht begründet herausstellt, ist die Zuerkennung zu widerrufen oder die Bemessung rückwirkend zu berichtigen.

Rückforderung

§ 31. (1) Bei Einstellung, Herabsetzung, Widerruf oder Berichtigung einer Leistung ist der Leistungsbezieher zum Ersatz des unberechtigt Empfangenen zu verpflichten, wenn er den Bezug durch unrichtige Angaben oder durch Verschweigung von Tatsachen herbeigeführt hat oder wenn er erkennen musste, dass die Leistung nicht oder nicht in dieser Höhe gebührte.

(BGBl I 2016/53)

(2)Die Verpflichtung zum Ersatz der empfangenen Leistung besteht auch dann, wenn hervorkommt, dass eine oder mehrere Anspruchsvoraussetzungen bereits zum Zeitpunkt der Antragstellung nicht vorgelegen oder nachträglich weggefallen sind, oder die Auszahlung von Leistungen irrtümlich erfolgte, oder die zur Ermittlung des Gesamtbetrages der maßgeblichen Einkünfte (§§ 8, 8b) erforderliche Mitwirkung trotz Aufforderung innerhalb angemessener Frist verweigert wird. Der Empfänger einer Leistung nach diesem Bundesgesetz ist auch dann zum Ersatz des unberechtigt Empfangenen zu verpflichten, wenn sich ohne dessen Verschulden auf Grund des von der Abgabenbehörde an die Niederösterreichische Gebietskrankenkasse[a] übermittelten Gesamtbetrages der maßgeblichen Einkünfte ergibt, dass die Leistung nicht oder nicht in diesem Umfang gebührt hat.

(BGBl I 2009/116, BGBl I 2016/53, BGBl I 2018/100)

[a] Ab 1. Jänner 2020: „Österreichische Gesundheitskasse“.

(3) Wenn eine dritte Person eine Anzeige unterlassen oder falsche Angaben gemacht und hiedurch einen unberechtigten Bezug verursacht oder ermöglicht hat, kann sie zum Ersatz verpflichtet werden.

(BGBl I 2016/53)

(3a) Wird der Tod des Kindes nicht rechtzeitig gemeldet und ist daraus ein unrechtmäßiger Bezug einer Leistung nach diesem Bundesgesetz entstanden, so ist von Amts wegen von der Rückforderung abzusehen, sofern die Meldung binnen 31 Tagen ab dem Tod des Kindes erfolgt.

(3b) Der Partner kann bis zur Hälfte zum Ersatz unberechtigt bezogener Leistungen nach diesem Bundesgesetz verpflichtet werden, soweit der unberechtigte Bezug während aufrechter Wirtschaftsgemeinschaft mit dem beziehenden Elternteil erfolgte. Hat der Partner den unberechtigten Bezug jedoch ermöglicht oder sogar verursacht, kann er zum vollen Ersatz der unberechtigt bezogenen Leistungen verpflichtet werden. Hat der Partner den unberechtigten Bezug der Beihilfe zum pauschalen Kinderbetreuungsgeld verursacht, kann er zum Ersatz der Leistung verpflichtet werden. § 31 Abs. 2 gilt sinngemäß auch für den Partner.

(3c) Rückforderungen nach dem FamZeitbG werden auf die diesem Elternteil nach diesem Bundesgesetz zu erbringenden Leistungen voll, dem anderen Elternteil bis zur Hälfte aufgerechnet, sie vermindern den Leistungsanspruch nach diesem Bundesgesetz entsprechend.

(BGBl I 2016/53)

(4) Rückforderungen, die gemäß den Abs. 1 bis 3 vorgeschrieben wurden, können auf die zu erbringenden Leistungen bis zur Hälfte derselben aufgerechnet werden; sie vermindern den Leistungsanspruch entsprechend. Zum Zwecke der Forderungssicherung kann eine vorläufige Aufrechnung bis zur Hälfte der zu erbringenden Leistungen erfolgen. Der Krankenversicherungsträger kann unter Berücksichtigung der Familien-, Einkommens- und Vermögensverhältnisse des Empfängers

1. die Erstattung des zu Unrecht gezahlten Betrages in Teilbeträgen (Ratenzahlungen) zulassen,
2. die rechtskräftige Rückforderung stunden,
   (BGBl I 2009/116)
3. auf die rechtskräftige Rückforderung ganz oder teilweise verzichten.
   (BGBl I 2009/116)

Dabei sind die §§ 72 bis 74 des Bundeshaushaltsgesetzes 2013 (BHG 2013), BGBl. I Nr. 139/2009, anzuwenden, sofern in diesem Bundesgesetz keine abweichenden Regelungen vorgesehen sind."Abweichend von § 89 Abs. 4 letzter Satz ASGG obliegt den Gerichten in Angelegenheiten der Leistungen nach diesem Bundesgesetz nicht das Recht, Ratenzahlungen anzuordnen, sondern ist dies ausschließlich dem Krankenversicherungsträger im nachgeschalteten Verwaltungsverfahren vorbehalten.

(BGBl I 2007/76, BGBl I 2013/117, BGBl I 2016/53)

(5) Ratenzahlungen sind zu gewähren, wenn auf Grund der wirtschaftlichen Verhältnisse des Schuldners die Hereinbringung der rechtskräftigen Forderung in einem Betrag nicht möglich ist. Die Höhe der Raten ist unter Berücksichtigung der wirtschaftlichen Verhältnisse des Schuldners festzusetzen.

(BGBl I 2009/116)

(6) Werden Ratenzahlungen bewilligt oder Rückforderungen gestundet, so dürfen keine Zinsen ausbedungen werden.

(7) Die Ausstellung von Bescheiden über Rückforderungen von Leistungen nach diesem Bundesgesetz ist nur binnen 7 Jahren, gerechnet ab Ablauf des Kalenderjahres, in welchem diese Leistungen zu Unrecht bezogen wurden, zulässig. Ein Bescheid über eine Rückforderung tritt nach Ablauf von 3 Jahren ab dem Eintritt der Rechtskraft außer Kraft, wenn er bis zu diesem Zeitpunkt nicht vollzogen wurde; § 68 Abs. 2 ASVG zweiter und dritter Satz gelten sinngemäß.Das Recht auf Berichtigung (§ 30) der vorläufigen Auszahlung gemäß § 33 Abs. 5 mangels Vorliegen eines erlassenen Einkommensteuerbescheides für das betreffende Kalenderjahr sowie das Recht auf Berichtigung aufgrund Abänderungen und Aufhebungen des Einkommensteuerbescheides nach § 24a Abs. 2 verjähren nach Ablauf von 3 Jahren ab Bezugsbeginn.

(BGBl I 2007/76, BGBl I 2009/116)

KBGG

Mitwirkungspflichten

§ 32. (1) Der Antragsteller, der andere Elternteil sowie der mit dem Antragsteller im gemeinsamen Haushalt lebende Partner haben bei der Feststellung des für den Anspruch auf Leistungen nach diesem Bundesgesetz maßgeblichen Sachverhaltes mitzuwirken.

(BGBl I 2011/139, BGBl I 2019/24)

(2) Dienstgeber (§ 35 ASVG, § 13 B-KUVG) und sonstige meldepflichtige Personen und Stellen (§ 36 ASVG) sowie der zuständige Kinder- und Jugendhilfeträger sind verpflichtet, den Krankenversicherungsträgern alle für den Vollzug dieses Bundesgesetzes erforderlichen Auskünfte zu erteilen.

(BGBl I 2011/139, BGBl I 2019/24)

(3) Wer seinen Mitteilungs- oder Mitwirkungspflichten (§ 29, § 32 Abs. 1 und 2) trotz Aufforderung nicht oder nicht gehörig nachkommt, kann zum Ersatz der dadurch ausgelösten Verwaltungs- und Verfahrenskosten (§ 77 Abs. 3 ASGG) dem Krankenversicherungsträger gegenüber verpflichtet werden.

(BGBl I 2011/139)

(4) Kommt der antragstellende Elternteil trotz zweimaliger, schriftlicher Aufforderung seinen persönlichen Mitwirkungs- oder Mitteilungspflichten nicht nach und wird hierdurch die Aufklärung des Sachverhalts erheblich erschwert oder verhindert, kann der Krankenversicherungsträger den Leistungsanspruch ohne weitere Ermittlungen ablehnen. Dieser Elternteil kann einen neuen Antrag stellen, der jedoch nur dann nicht sofort zurückgewiesen wird, wenn gleichzeitig mit der An-

tragstellung die Mitwirkungs- und Meldepflichten in vollem Umfang erfüllt werden; § 4 Abs. 2 gilt auch für den neuen Antrag.

(BGBl I 2016/53)

Abschnitt 8
Auszahlung der Leistungen

Art der Auszahlung

§ 33. (1) Die Auszahlung der Leistungen nach diesem Bundesgesetz erfolgt jeweils monatlich im Nachhinein auf ein Konto bei einem Zahlungsdienstleister, für das Art. 9 der Verordnung (EU) Nr. 260/2012 zur Festlegung der technischen Vorschriften und der Geschäftsanforderungen für Überweisungen und Lastschriften in Euro, ABl. Nr. L 94 vom 30.03.2012 S. 22 gilt, oder per Post an eine inländische Adresse bis zum Zehnten des Folgemonats.

(BGBl I 2003/122, BGBl I 2014/35)

(2) In besonders berücksichtigungswürdigen Fällen, wie zB im Falle einer besonderen finanziellen Notlage oder einer Rückbuchung, kann eine vorzeitige Auszahlung im Höchstausmaß von einem Monatsbetrag unter Bedachtnahme auf die vorliegenden Anspruchstage erfolgen. Diese kann auch vor der Zuerkennung des Anspruches erfolgen, sofern mit der Zuerkennung gerechnet werden kann. Eine wiederholte Vorauszahlung ist jedoch nicht vorzunehmen, wenn sie in der Absicht begehrt wird, die im Abs. 1 festgelegte monatliche Auszahlung zu umgehen.

(3) Soweit die nach diesem Bundesgesetz gebührenden Beträge Bruchteile eines Cents ergeben, sind diese kaufmännisch auf einen Cent zu runden.

(BGBl I 2003/58)

(4) Das von den Leistungsbeziehern zu entrichtende Service-Entgelt für die e-card (§ 31c Abs. 2 und 3 ASVG) ist mit den Leistungen nach diesem Bundesgesetz aufzurechnen.

(BGBl I 2006/97)

(5) Kann die Höhe des Kinderbetreuungsgeldes nach § 24a Abs. 1 nicht binnen angemessener Frist ermittelt werden, so wird bis zu deren Feststellung ein vorläufiges Kinderbetreuungsgeld in der nach § 24a Abs. 1 Z 1 bis 4 berechneten Höhe, mindestens jedoch in Höhe von 33 € täglich ausgezahlt.

(BGBl I 2009/116)

Besondere Umstände

§ 34. (1) Ist der Bezugsberechtigte handlungsunfähig, so ist die Leistung dessen gesetzlichem Vertreter oder dessen Bevollmächtigtem zur Verwendung für das Kind, für welches Kinderbetreuungsgeld bezogen wird, auszuzahlen.

(2) Ist der Bezugsberechtigte trunk-, spiel- oder rauschgiftsüchtig, so kann die Leistung verlässlichen Familienangehörigen oder der Aufenthaltsgemeinde zur Verwendung für das Kind, für das Kinderbetreuungsgeld bezogen wird, ausgezahlt werden.

Abschnitt 9
Mutter-Kind-Pass-Verfahren

§ 35. (1) Die gemäß § 7 vorgesehenen ärztlichen Untersuchungen sind von den Trägern der gesetzlichen Krankenversicherung durchzuführen, und zwar

1. bei Personen, die in der gesetzlichen Krankenversicherung pflichtversichert oder freiwillig versichert sind, vom Träger dieser Krankenversicherung, bei mehrfacher Krankenversicherung von dem Versicherungsträger, der zuerst in Anspruch genommen wird;
2. bei Personen, für die als Angehörige ein Anspruch auf Leistungen der gesetzlichen Krankenversicherung besteht, von dem Versicherungsträger, gegen den sich dieser Leistungsanspruch richtet;
3. bei allen übrigen Personen von der nach dem Wohnsitz zuständigen Gebietskrankenkasse.

3.[a] bei allen übrigen Personen von der Österreichischen Gesundheitskasse.

(BGBl I 2018/100)

[a] Tritt mit 1. Jänner 2020 in Kraft.

(2) Für die Durchführung der Untersuchungen kommen insbesondere Vertragsärzte, Einrichtungen der Vertragsärzte oder sonstige Vertragspartner, Schwangeren- oder Mütter- und Elternberatungsstellen der Länder oder eigene Einrichtungen der Krankenversicherungsträger in Betracht.

(3) Zwischen dem Hauptverband der österreichischen Sozialversicherungsträger[a] und der Österreichischen Ärztekammer mit Vollmacht und mit Zustimmung der Ärztekammern in den Bundesländern ist ein Gesamtvertrag abzuschließen, der die Durchführung der gemäß § 7 vorgesehenen ärztlichen Untersuchungen und die Vergütung der ärztlichen Leistungen regelt. Der Gesamtvertrag bedarf nicht der Zustimmung der Träger der gesetzlichen Krankenversicherung. Die Bestimmungen der §§ 338 bis 351 ASVG, des § 181 BSVG, des § 193 GSVG und des § 128 B-KUVG gelten sinngemäß. Der Gesamtvertrag bedarf zu seiner Gültigkeit der Genehmigung der Bundesministerin für Gesundheit im Einvernehmen mit der Bundesministerin für Familien und Jugend. Die Genehmigung ist zu versagen, wenn die im Vertrag vorgesehene Vergütung der ärztlichen Leistungen, gemessen an der Vergütung vergleichbarer Leistungen in der gesetzlichen Krankenversicherung, unangemessen ist. Bis zum Abschluss eines neuen Vertrages gilt der bezugnehmend auf § 39e Abs. 6 FLAG 1967 in der am 31. Dezember 2001 geltenden Fassung abgeschlossene Gesamtvertrag weiter.

(BGBl I 2016/53, BGBl I 2018/100)

[a] Ab 1. Jänner 2020: „Dachverband der Sozialversicherungsträger“.

(3a) Zwischen dem Hauptverband der österreichischen Sozialversicherungsträger[a] und dem Österreichischen Hebammengremium ist ein Gesamtvertrag abzuschließen, der die Durchführung der gemäß § 7 vorgesehenen Hebammenberatung und deren Vergütung regelt. Der Gesamtvertrag bedarf nicht der Zustimmung der Träger der gesetzlichen Krankenversicherung. Die Bestimmungen des § 349 ASVG, des § 181 BSVG, des § 193 GSVG und des § 128 B-KUVG gelten sinngemäß. Der Gesamtvertrag bedarf zu seiner Gültigkeit der Genehmigung der Bundesministerin für Gesundheit im Einvernehmen mit der Bundesministerin für Familien und Jugend. Die Genehmigung ist zu versagen, wenn die im Vertrag vorgesehene Vergütung, gemessen an der Vergütung vergleichbarer Leistungen in der gesetzlichen Krankenversicherung, unangemessen ist. Bis zum Abschluss einer entsprechenden Vereinbarung gilt § 131b ASVG sinngemäß.

(BGBl I 2013/197, BGBl I 2016/53, BGBl I 2018/100)

[a] Ab 1. Jänner 2020: „Dachverband der Sozialversicherungsträger".

(4) Die Kosten für die gemäß § 7 vorgesehenen ärztlichen Untersuchungen sind für die im Abs. 1 Z 3 genannten Personen zur Gänze vom Ausgleichsfonds für Familienbeihilfen zu tragen; für die übrigen Personen sind die Untersuchungskosten zu zwei Dritteln vom Ausgleichsfonds für Familienbeihilfen und zu einem Drittel von den Trägern der gesetzlichen Krankenversicherung zu tragen. Die vom Ausgleichsfonds für Familienbeihilfen zu tragenden Kosten sind gegen Rechnungslegung dem Hauptverband der österreichischen Sozialversicherungsträger[a] zu überweisen, welcher die Aufteilung auf die einzelnen Träger der gesetzlichen Krankenversicherung vorzunehmen hat. Der vom Ausgleichsfonds für Familienbeihilfen zu leistende Kostenersatz kann pauschaliert werden. Auf den Kostenersatz können angemessene Vorschüsse geleistet werden.

(BGBl I 2018/100)

[a] Ab 1. Jänner 2020: „Dachverband der Sozialversicherungsträger".

(5) Die gemäß § 7 vorgesehenen ärztlichen Untersuchungen können bei den im § 2 Abs. 1 Z 2 B-KUVG genannten Personen und deren Angehörigen, für die Krankenfürsorge seitens einer Krankenfürsorgeeinrichtung eines öffentlich-rechtlichen Dienstgebers vorgesehen ist, auch von dieser durchgeführt werden. Die Kosten für die Untersuchungen werden den Krankenfürsorgeeinrichtungen zu zwei Dritteln vom Ausgleichsfonds für Familienbeihilfen ersetzt, soweit sie die zwischen dem Hauptverband der österreichischen Sozialversicherungsträger[a] und der Österreichischen Ärztekammer vereinbarten Untersuchungskosten nicht überschreiten (Abs. 3). Der vom Ausgleichsfonds für Familienbeihilfen zu leistende Kostenersatz kann pauschaliert werden. Auf den Kostenersatz können angemessene Vorschüsse geleistet werden.

(BGBl I 2018/100)

[a] Ab 1. Jänner 2020: „Dachverband der Sozialversicherungsträger".

(6) Die Kosten für den Mutter-Kind-Pass (§ 7) sind vom Ausgleichsfonds für Familienbeihilfen zu tragen.

(7)Die Bundesministerin für Gesundheit und die Bundesministerin für Familien und Jugend sowie von diesen beauftragte Experten sind im Sinne des Datenschutzgesetzes 2000, BGBl. I Nr. 165/1999, zur Ermittlung und Verarbeitung von persönlichen gesundheitsbezogenen Daten von Müttern und Kindern im Zusammenhang mit dem Mutter-Kind-Pass-Untersuchungsprogramm ermächtigt. Dabei können zum ausschließlichen Zweck der Evaluierung Auskünfte über die Mutter-Kind-Pass-Untersuchungen einschließlich der Vorlage des Mutter-Kind-Passes verlangt werden. Eine Weitergabe personenbezogener Daten ist untersagt.

(BGBl I 2016/53)

(8) Der Hauptverband der österreichischen Sozialversicherungsträger[a] hat auf Verlangen die in seinem Wirkungsbereich befindlichen Daten betreffend das Mutter-Kind-Pass-Untersuchungsprogramm der Bundesministerin für Gesundheit und der Bundesministerin für Familien und Jugend oder von diesen Bundesministerinnen beauftragten Experten für den ausschließlichen Zweck der Evaluierung des Mutter-Kind-Pass-Untersuchungsprogrammes zur Verfügung zu stellen. Eine Weitergabe personenbezogener Daten ist untersagt.

(BGBl I 2016/53, BGBl I 2018/100)

[a] Ab 1. Jänner 2020: „Dachverband der Sozialversicherungsträger".

(9) Die Träger der gesetzlichen Krankenversicherung haben Personen gemäß § 35 Abs. 1 eine einstündige Beratung mit einer Hebamme gemäß § 7 Abs. 1 insbesondere durch Vertragshebammen zu ermöglichen. Die Kosten für die Beratung sind zu zwei Dritteln vom Familienlastenausgleichsfonds und zu einem Drittel von den Trägern der gesetzlichen Krankenversicherung zu tragen. Die vom Familienlastenausgleichsfonds zu tragenden Kosten sind dem Hauptverband der österreichischen Sozialversicherungsträger[a] gegen Rechnungslegung zu überweisen.

(BGBl I 2013/197, BGBl I 2018/100)

[a] Ab 1. Jänner 2020: „Dachverband der Sozialversicherungsträger".

Abschnitt 10
Daten

Kinderbetreuungsgeld-Datenbank

§ 36. (1) Für die Verarbeitung der für die Wahrnehmung der nach diesem Bundesgesetz übertragenen Aufgaben erforderlichen personenbezogenen Daten wird eine Datenbank (Kinderbetreuungsgeld-Datenbank) eingerichtet.

(2) Als erforderliche personenbezogene Daten im Sinne des Abs. 1 gelten insbesondere folgende Daten der antragstellenden Person, des zweiten Elternteiles, des Partners, der Kinder und sonstiger relevanter Personen:

1. Namen, Titel, Anschrift, Telefonnummer und E-Mail-Adresse;
2. Geburtsdatum und Sozialversicherungsnummer;
3. Staatsangehörigkeit samt aufenthaltsrechtlichem Status bei nichtösterreichischer Staatsangehörigkeit;
4. Familienstand und Geschlecht;
5. Beruf bzw. Tätigkeit;
6. Firmenbuchnummern, Namen und Anschrift des Dienstgebers;
7. Anspruchs- und Berechnungsgrundlagen;
8. Art, Umfang und Stand der Verfahren;
9. Bescheide;
10. Bankverbindung und Kontonummer;
11. Vertreter, Zahlungsempfänger sowie die Art und Dauer der Vollmacht;
12. Zahlungsbeträge.

(3) Die Niederösterreichische Gebietskrankenkasse[a)] in ihrer Funktion als Kompetenzzentrum (§ 25 Abs. 3) ist Verantwortliche gemäß Art. 4 Z 7 der Verordnung (EU) Nr. 679/2016 zum Schutz natürlicher Personen bei der Verarbeitung personenbezogener Daten, zum freien Datenverkehr und zur Aufhebung der Richtlinie 95/46/EG (Datenschutz-Grundverordnung), ABl. Nr. L 119 vom 27.04.2016 S. 1 (DSGVO).

(BGBl I 2018/100)

a) Ab 1. Jänner 2020: „Österreichische Gesundheitskasse".

(4) Umsetzungskosten im Sinne des Abs. 1 sowie Kosten für die laufende Wartung und Entwicklung trägt der Familienlastenausgleichsfonds.

(BGBl I 2018/32)

§ 37. (1) Die Krankenversicherungsträger sind verpflichtet, alle erforderlichen personenbezogenen Daten (§ 36 Abs. 2) elektronisch an die Datenbank zu übermitteln.

(2) Die Niederösterreichische Gebietskrankenkasse[a)] in ihrer Funktion als Kompetenzzentrum und Verbindungsstelle (§ 25 Abs. 3) ist verpflichtet, alle erforderlichen personenbezogenen Daten (§ 36 Abs. 2) elektronisch an die Datenbank zu übermitteln.

(BGBl I 2018/100)

a) Ab 1. Jänner 2020: „Österreichische Gesundheitskasse".

(3) Der Hauptverband der österreichischen Sozialversicherungsträger hat alle ihm zur Verfügung stehenden und für die Wahrnehmung der den Krankenversicherungsträgern und der Niederösterreichischen Gebietskrankenkasse in ihrer Funktion als Kompetenzzentrum sowie als Verbindungsstelle (§ 25 Abs. 3) nach diesem Bundesgesetz übertragenen Aufgaben erforderlichen personenbezogenen Daten (§ 36 Abs. 2) elektronisch an die Datenbank zu übermitteln.

(3)[a)] Der Dachverband der Sozialversicherungsträger hat alle ihm zur Verfügung stehenden und für die Wahrnehmung der den Krankenversicherungsträgern und der Österreichischen Gesundheitskasse in ihrer Funktion als Kompetenzzentrum sowie als Verbindungsstelle (§ 25 Abs. 3) nach diesem Bundesgesetz übertragenen Aufgaben erforderlichen personenbezogenen Daten (§ 36 Abs. 2) elektronisch an die Datenbank zu übermitteln.

(BGBl I 2018/100)

a) Tritt mit 1. Jänner 2020 in Kraft.

(4) Die Abgabenbehörden haben alle für die Wahrnehmung der den Krankenversicherungsträgern und der Niederösterreichischen Gebietskrankenkasse[a)] als Kompetenzzentrum sowie als Verbindungsstelle (§ 25 Abs. 3) nach diesem Bundesgesetz übertragenen Aufgaben erforderlichen personenbezogenen Daten (§ 36 Abs. 2) elektronisch an die Datenbank zu übermitteln. Der Bundesminister für Finanzen wird ermächtigt, im Einvernehmen mit dem Bundeskanzler Art und Weise des Verfahrens der elektronischen Übermittlung durch Verordnung festzulegen.

(BGBl I 2018/100)

a) Ab 1. Jänner 2020: „Österreichischen Gesundheitskasse".

(BGBl I 2018/32)

Weitere Datenverarbeitung

§ 37a. (1) Die Krankenversicherungsträger sind berechtigt, alle erforderlichen personenbezogenen Daten (§ 36 Abs. 2) der Datenbank zu verarbeiten.

(2) Die Niederösterreichische Gebietskrankenkasse[a)] in ihrer Funktion als Kompetenzzentrum und Verbindungsstelle (§ 25 Abs. 3) ist berechtigt, alle erforderlichen personenbezogenen Daten (§ 36 Abs. 2) aus der Datenbank zu verarbeiten.

(BGBl I 2018/100)

a) Ab 1. Jänner 2020: „Österreichische Gesundheitskasse".

(3) Die Niederösterreichische Gebietskrankenkasse[a)] in ihrer Funktion als Kompetenzzentrum (§ 25 Abs. 3) hat dem Bundeskanzler Daten zur automatisierten Besorgung der Statistik zu übermitteln.

(BGBl I 2018/100)

a) Ab 1. Jänner 2020: „Österreichische Gesundheitskasse".

(4) Die Niederösterreichische Gebietskrankenkasse[a)] in ihrer Funktion als Verbindungsstelle (§ 25 Abs. 3) hat dem Bundeskanzler folgende Daten zur jährlichen Weiterleitung an die Europäische Kommission zu übermitteln:

(BGBl I 2018/100)

a) Ab 1. Jänner 2020: „Österreichische Gesundheitskasse".

1. Anzahl aller Bezieher, Anzahl aller Kinder, für die Leistungen bezogen wurden und die

Gesamtsumme der diesbezüglichen Auszahlungen,

2. Anzahl der Bezieher und Anzahl der Kinder, für die Leistungen bezogen wurden mit Wohnort in einem anderen Mitgliedstaat, und die Gesamtsumme der diesbezüglichen Auszahlungen, aufgeschlüsselt nach Wohnort der Kinder sowie vorrangiger und nachrangiger Zuständigkeit Österreichs nach den Bestimmungen der Verordnung (EG) Nr. 883/2004,

jeweils bezogen auf das von der Europäischen Kommission abgefragte Jahr.

(BGBl I 2018/32)

Datenlöschung

§ 37b. Die Niederösterreichische Gebietskrankenkasse[a)] in ihrer Funktion als Kompetenzzentrum (§ 25 Abs. 3) hat die personenbezogenen Daten (§ 36 Abs. 2) in der Datenbank zu löschen, sobald diese nicht mehr benötigt werden, frühestens jedoch 7 Jahre nach Ablauf des Kalenderjahres, in welchem eine Leistung nach diesem Bundesgesetz zuletzt bezogen worden ist.

[a)] Ab 1. Jänner 2020: „Österreichische Gesundheitskasse".

(BGBl I 2018/32, BGBl I 2018/100)

Abschnitt 11
Finanzierung

Deckung des Aufwandes

§ 38. (1) Für die finanzielle Abwicklung dieses Bundesgesetzes sind eigene Rechnungskreise einzurichten, die eine Zuordnung des erforderlichen Aufwandes der Krankenversicherungsträger unter Berücksichtigung der Grundsätze der Sparsamkeit, Wirtschaftlichkeit und Zweckmäßigkeit eindeutig ermöglichen. Der Ausgleichsfonds für Familienbeihilfen hat der Niederösterreichischen Gebietskrankenkasse[a)] die nachgewiesenen, erforderlichen und zuordenbaren Aufwendungen für die Leistungen, die Verfahrenskosten, die Zustellgebühren, den entsprechenden Anteil an den Verwaltungsaufwendungen sowie die sonstigen Aufwendungen nach diesem Bundesgesetz zu ersetzen.

(BGBl I 2018/100)

[a)] Ab 1. Jänner 2020: „Österreichische Gesundheitskasse".

(2) Die anteiligen Verwaltungsaufwendungen einschließlich der Kosten für den Betrieb des Kompetenzzentrums und der Verbindungsstelle gemäß § 25 Abs. 3 können pauschal ermittelt und in der Höhe der festgesetzten Pauschalbeträge ersetzt werden. Die Bundesministerin für Familien und Jugend hat die Pauschalbeträge nach Anhörung des Hauptverbandes der österreichischen Sozialversicherungsträger[a)] im Einvernehmen mit dem Bundesminister für Finanzen durch Verordnung festzusetzen. Die Pauschalbeträge sind neu festzusetzen, wenn die anteiligen Verwaltungsaufwendungen, insbesondere auf Grund von Gesetzesänderungen, um mehr als 5vH zu- oder abnehmen. Mit Wirkung ab 1. Jänner eines jeden Jahres sind die Pauschalbeträge mit der Aufwertungszahl des jeweiligen Kalenderjahres (§ 108a ASVG) zu vervielfachen und auf einen Cent zu runden.

(BGBl I 2009/116, BGBl I 2011/139, BGBl I 2016/53, BGBl I 2018/100)

[a)] Ab 1. Jänner 2020: „Dachverbandes der Sozialversicherungsträger".

(3) Der Ausgleichsfonds für Familienbeihilfen hat der Niederösterreichischen Gebietskrankenkasse den nachgewiesenen, für die Herstellung der Voraussetzungen zur Vollziehung dieses Bundesgesetzes, auch im Falle von Gesetzesänderungen, unter Berücksichtigung der Grundsätze der Sparsamkeit, Wirtschaftlichkeit und Zweckmäßigkeit erforderlichen einmaligen Aufwand einschließlich der Implementierungskosten aller Krankenversicherungsträger zu ersetzen. Die anteiligen erforderlichen und zuordenbaren Errichtungs- und Entwicklungskosten des Datennetzes sind dem Hauptverband der Sozialversicherungsträger zu ersetzen.

(BGBl I 2016/53)

(3)[a)] Der Ausgleichsfonds für Familienbeihilfen hat der Österreichischen Gesundheitskasse den nachgewiesenen, für die Herstellung der Voraussetzungen zur Vollziehung dieses Bundesgesetzes, auch im Falle von Gesetzesänderungen, unter Berücksichtigung der Grundsätze der Sparsamkeit, Wirtschaftlichkeit und Zweckmäßigkeit erforderlichen einmaligen Aufwand einschließlich der Implementierungskosten aller Krankenversicherungsträger zu ersetzen. Die anteiligen erforderlichen und zuordenbaren Errichtungs- und Entwicklungskosten des Datennetzes sind dem Dachverband der Sozialversicherungsträger zu ersetzen.

(BGBl I 2016/53, BGBl I 2018/100)

[a)] Tritt mit 1. Jänner 2020 in Kraft.

(4) Für nachträgliche Anpassungen oder Investitionen insbesondere technischer Natur, die anlässlich der Vollziehung oder von Änderungen dieses Bundesgesetzes erforderlich werden, ist Abs. 3 singgemäß anzuwenden.

Verrechnung

§ 39. Der Ausgleichsfonds für Familienbeihilfen kann der Niederösterreichischen Gebietskrankenkasse[a)] die Aufwendungen aller zuständigen Krankenversicherungsträger für die Leistungen nach diesem Bundesgesetz bevorschussen. Die Endabrechnung ist jährlich im Nachhinein vorzunehmen.

(BGBl I 2018/100)

[a)] Ab 1. Jänner 2020: „Österreichischen Gesundheitskasse".

§ 40. (aufgehoben)
(BGBl I 2011/139)

KBGG

Abschnitt 12
Schlussbestimmungen

Rechtshilfe

§ 41. (1) Die Verwaltungsbehörden, das Arbeitsmarktservice und die Gerichte sind verpflichtet, den in Vollziehung dieses Bundesgesetzes an sie ergehenden Ersuchen der Krankenversicherungsträger im Rahmen ihrer sachlichen und örtlichen Zuständigkeit zu entsprechen.

(2) Barauslagen, die der ersuchten Stelle aus der Hilfeleistung erwachsen, mit Ausnahme von Portokosten, sind von der ersuchenden Stelle zu erstatten.

(3) Die Krankenversicherungsträger sind berechtigt, auf automationsunterstütztem Weg Einsicht in das automationsunterstützt geführte Grundbuch, in das zentrale Gewerberegister und in das automationsunterstützt geführte Firmenbuch zu nehmen, soweit dies zur Erfüllung der Aufgaben nach diesem Bundesgesetz notwendig ist. Die Berechtigung zur Einsicht in das Grundbuch umfasst auch die Einsichtnahme in das Personenverzeichnis. Die Berechtigung zur Einsicht in das Firmenbuch umfasst auch die bundesweite Suche nach im Zusammenhang mit den Rechtsträgern gespeicherten Personen.

Unterhaltsanspruch

§ 42. Das Kinderbetreuungsgeld, der Partnerschaftsbonus zum pauschalen Kinderbetreuungsgeld und die Beihilfe zum pauschalen Kinderbetreuungsgeld gelten weder als eigenes Einkommen des Kindes noch des beziehenden Elternteils und mindern nicht deren Unterhaltsansprüche.

(BGBl I 2011/139, BGBl I 2016/53)

Pfändungsverbot und Steuerbefreiung

§ 43. (1)Das pauschale Kinderbetreuungsgeld, der Partnerschaftsbonus zum pauschalen Kinderbetreuungsgeld und die Beihilfe zum pauschalen Kinderbetreuungsgeld sind gemäß § 290 der Exekutionsordnung (EO), RGBl. Nr. 79/1896, nicht pfändbar.

(BGBl I 2016/53)

(2)Die Leistungen nach diesem Bundesgesetz sind von der Einkommensteuer befreit und gehören auch nicht zur Bemessungsgrundlage für sonstige Abgaben und öffentlich-rechtliche Beiträge.

(BGBl I 2016/53)

(BGBl I 2011/139)

Gebührenfreiheit

§ 44. (1) Die im Verfahren nach diesem Bundesgesetz erforderlichen Eingaben, Vollmachten und Ausfertigungen sind von den Stempelgebühren und Verwaltungsabgaben des Bundes befreit. Die §§ 76 bis 78 des Allgemeinen Verwaltungsverfahrensgesetzes 1991 (AVG 1991), BGBl. Nr. 51, sind im Verfahren nach diesem Bundesgesetz nicht anzuwenden.

(2) Der Ersatz des Aufwandes gemäß § 38 stellt kein Entgelt im Sinne des Umsatzsteuergesetzes 1994 (UStG 1994), BGBl. Nr. 663, dar.

Verwaltungsstrafbestimmung

§ 45. Personen,

1. die grob fahrlässig oder vorsätzlich unwahre Angaben gemacht haben oder maßgebliche Tatsachen verschwiegen haben und dadurch
   a) zu Unrecht eine Leistung nach diesem Bundesgesetz bezogen haben oder
   b) einer anderen Person zum unrechtmäßigen Bezug einer Leistung nach diesem Bundesgesetz verholfen haben oder
2. die ihren Mitteilungs- und Mitwirkungspflichten (§§ 29, 32 Abs. 1 und 2) nicht oder nicht gehörig nachgekommen sind,

sind, sofern die Tat nicht den Tatbestand einer in die Zuständigkeit der Gerichte fallenden Handlung bildet oder nach anderen Verwaltungsstrafbestimmungen mit strengerer Strafe bedroht ist, von der Bezirksverwaltungsbehörde mit einer Geldstrafe bis zu 2 000 € zu bestrafen.

(BGBl I 2011/139)

Sprachliche Gleichbehandlung

§ 46. Soweit in diesem Bundesgesetz personenbezogene Bezeichnungen nur in männlicher Form angeführt sind, beziehen sie sich auf Frauen und Männer in gleicher Weise. Bei der Anwendung auf bestimmte Personen ist die jeweils geschlechtsspezifische Form zu verwenden.

Verweisungen

§ 47. Soweit in diesem Bundesgesetz auf Bestimmungen anderer Bundesgesetze verwiesen wird, sind diese, soweit nicht ausdrücklich anderes bestimmt ist, in der jeweils geltenden Fassung anzuwenden.

Vollzug

§ 48. Mit der Vollziehung dieses Bundesgesetzes sind betraut

1. hinsichtlich des § 37 Abs. 1 und 2 der Bundesminister für Finanzen,
   (BGBl I 2011/139)
2. hinsichtlich der übrigen Bestimmungen die Bundesministerin für Familien und Jugend.
   (BGBl I 2016/53)

In-Kraft-Treten

§ 49. (1) Dieses Bundesgesetz tritt — mit Ausnahme der §§ 24 Abs. 4 und 38 Abs. 3 — am 1. Jänner 2002 in Kraft und ist für Geburten nach dem 31. Dezember 2001 anzuwenden.

(2) Auf Geburten zwischen dem 1. Jänner 2002 und 30. Juli 2002 ist § 3 Abs. 2 mit der Maßgabe anzuwenden, dass vom Nachweis der Untersuchungen während der Schwangerschaft abgesehen wird.

(3) § 24 Abs. 4 tritt mit dem der Kundmachung dieses Gesetzes folgenden Tag in Kraft.

(4) § 38 Abs. 3 tritt mit 1. September 2001 in Kraft.

(5) § 2 Abs. 6, § 3a, § 7 Abs. 2 und 3, § 9 Abs. 3, § 33 Abs. 3 und § 36 Abs. 2 Z 5 in der Fassung des Bundesgesetzes BGBl. I Nr. 58/2003 treten mit 1. Jänner 2004 in Kraft.

(6) Auf Geburten bis 31. Oktober 2003 ist § 3a Abs. 2 nicht anzuwenden.

(BGBl I 2003/58)

(7) Die §§ 7 Abs. 3, 8 Abs. 2, 9 Abs. 1 Z 4, 9 Abs. 2, 9 Abs. 4, 31 Abs. 2 erster Satz und 33 Abs. 1 in der Fassung des Bundesgesetzes BGBl. I Nr. 122/2003 treten mit 1. Jänner 2004 in Kraft.

(BGBl I 2003/122)

(8) § 20 in der Fassung des Bundesgesetzes BGBl. I Nr. 34/2004 tritt am 1. Jänner 2002 in Kraft und ist für Geburten nach dem 31. Dezember 2001 anzuwenden.

(BGBl I 2004/34)

(9) Die §§ 2 Abs. 1 Z 2 bis 5, 2 Abs. 2 bis 5, 5 Abs. 6, 6 und 8 Abs. 2 in der Fassung des Bundesgesetzes BGBl. I Nr. 100/2005, treten mit 1. Jänner 2006, nach Maßgabe der Übergangsbestimmungen des Niederlassungs- und Aufenthaltsgesetzes (NAG), BGBl. I Nr. 100/2005, sowie des Asylgesetzes 2005 (AsylG 2005), BGBl. I Nr. 100, in Kraft.

(BGBl I 2005/100)

(10) § 3a Abs. 2 und 3 in der Fassung des Bundesgesetzes BGBl. I Nr. 97/2006 tritt mit 1. Jänner 2007 in Kraft und ist auf Geburten nach dem 31. Dezember 2006 anzuwenden. § 33 Abs. 4 in der Fassung des Bundesgesetzes BGBl. I Nr. 97/2006 tritt mit 1. Juli 2006 in Kraft.

(BGBl I 2006/97)

(11) § 2 Abs. 1 Z 5 in der Fassung des Bundesgesetzes BGBl. I Nr. 168/2006 tritt mit 1. Juli 2006 in Kraft.

(12) Abweichend von § 4 Abs. 2 können Anträge auf rückwirkende Gewährung des Kinderbetreuungsgeldes in den Fällen des § 2 Abs. 1 Z 5 für Kinder, die nach Ablauf des 31. Dezember 2005 und vor dem 1. Jänner 2007 geboren werden, längstens bis 1. Juli 2007 wirksam gestellt werden.

(BGBl I 2006/168)

(13) §§ 2 Abs. 1 Z 1 und 3, 2 Abs. 5, 3a Abs. 1 bis 3, 5 Abs. 5, 5a, 5b, 6 Abs. 3, 7 Abs. 3 und 4, 9 Abs. 2 bis 4, 12, 19 Abs. 2, 24 Abs. 1, 26a, 31 Abs. 4, 36 Abs. 2 Z 5, 42, 43 und 45 in der Fassung des Bundesgesetzes BGBl. I Nr. 76/2007 treten mit 1. Jänner 2008 in Kraft.

(BGBl I 2009/24)

(14) §§ 8 Abs. 1 Z 1, 8a und 31 Abs. 7 treten mit 1. Jänner 2008 in Kraft und sind auf Bezugszeiträume nach dem Jahr 2007 anzuwenden. § 3 Abs. 2 und 7 Abs. 2 treten mit 1. Jänner 2008 in Kraft und sind auf Geburten nach dem 31. Dezember 2007 anzuwenden.

(15) Mit Ablauf des 31. Dezember 2007 tritt die Verordnung des Bundesministers für soziale Sicherheit und Generationen, mit der die Kriterien für Härtefälle nach dem Kinderbetreuungsgeldgesetz festgelegt werden (KBGG-Härtefälle-Verordnung), BGBl. II Nr. 405/2001 idF BGBl. II Nr. 91/2004, außer Kraft. Auf Anspruchsüberprüfungen der Kalenderjahre 2002 bis 2007 ist sie jedoch weiter anzuwenden.

(16) Für Geburten vor 2008 kann trotz bereits erfolgter Antragstellung und Bezug des Kinderbetreuungsgeldes ab 1. Jänner 2008 einmalig auf das Kinderbetreuungsgeld als Kurzleistung (§ 5a oder § 5b) umgestiegen werden. Hiezu ist eine gesonderte Antragstellung spätestens bis 30. Juni 2008 nötig. § 26a zweiter und dritter Satz sowie § 4 Abs. 2 gelten sinngemäß.

(17) Das Recht, die Abgabe gemäß Abschnitt 4 festzusetzen, verjährt für die Jahre 2002 und 2003 frühestens Ende 2008.

(BGBl I 2007/76)

(18) § 19 Abs. 1 in der Fassung des Bundesgesetzes BGBl. I Nr. 76/2007 und § 21 in der Fassung des Bundesgesetzes BGBl. I Nr. 24/2009 treten mit 1. Jänner 2002 in Kraft und sind auf Geburten nach dem 31. Dezember 2001 anzuwenden.

(BGBl I 2009/24)

(19) Die §§ 2 Abs. 1 Z 3, 2 Abs. 6, 3a Abs. 1 erster Satz, 3a Abs. 2, 5 Abs. 2 und 4, 5a Abs. 3, 5b Abs. 3, 8 samt Überschrift, 8a, 8b samt Überschrift, 31 Abs. 2, 31 Abs. 4 Z 2 und 3, 31 Abs. 5 und 7, 32 Abs. 2 und 37 Abs. 2 in der Fassung des Bundesgesetzes BGBl. I Nr. 116/2009 treten mit 1. Jänner 2010 in Kraft.

(20) Die §§ 36 Abs. 2 Z 1, 4 bis 6 und 38 Abs. 2 in der Fassung des Bundesgesetzes BGBl. I Nr. 116/2009 treten mit 1. Jänner 2010 in Kraft und sind für Zeiträume ab 1. Oktober 2009 anzuwenden.

(21) Abschnitt 3 samt Überschrift und § 31 Abs. 3 in der Fassung des Bundesgesetzes BGBl. I Nr. 116/2009 treten mit 1. Jänner 2010 in Kraft und sind auf Geburten nach dem 31. Dezember 2009 anzuwenden.

(22) § 1, die Überschrift des Abschnitts 2, §§ 3a Abs. 3, §§ 5 Abs. 4a und b, 5c, 7 Abs. 3 und 4, Abschnitt 5 samt Überschrift, die Überschrift des Abschnitts 5a, §§ 25 und 25a, § 26a und 33 Abs. 5 in der Fassung des Bundesgesetzes BGBl. I Nr. 116/2009 treten mit 1. Jänner 2010 in Kraft und sind auf Geburten nach dem 30. September 2009 anzuwenden, sofern 2009 kein Antrag auf Kinderbetreuungsgeld für Zeiträume nach dem 30. September 2009 und vor dem 1. Jänner 2010 gestellt worden ist; wird 2010 rückwirkend Kinderbetreuungsgeld für Zeiträume zwischen 1. Oktober 2009 und 31. Dezember 2009 beantragt, so besteht kein Anspruch auf Auszahlung von Kinderbetreuungsgeld für diese Zeiträume.

(23) Die §§ 1, 8 Abs. 2, 8a, Abschnitt 3 und 4, §§ 24 und 25 jeweils in der Fassung BGBl. I Nr. 24/2009 treten mit Ablauf des 31. Dezember 2009 außer Kraft, sind jedoch auf Geburten bis 31. Dezember 2009 weiter anzuwenden. Letzteres gilt

nur, sofern kein Anwendungsfall des Abs. 22 vorliegt.

(24) § 6 Abs. 2 in der Fassung des Bundesgesetzes BGBl. I Nr. 116/2009 tritt mit 1. Jänner 2010 in Kraft und ist auf Geburten nach dem 30. September 2009 anzuwenden.

(BGBl I 2009/116)

„**§ 50.** (1) §§ 24a Abs. 1, 25 Abs. 2 und 3, 31 Abs. 4, 32 Abs. 1 und 3, 36 Abs. 2, 37 Abs. 1, 38 Abs. 2 und 3, 42 und 43 samt Überschriften sowie 45 in der Fassung des Bundesgesetzes BGBl. I Nr. 139/2011 treten mit 1. Jänner 2012 in Kraft.

(BGBl I 2011/139)

(2) §§ 8 Abs. 1 Z 2, 8b Abs. 1 Z 1 und 2, 24 Abs 1 Z 2 und Abs. 2 sowie 24a Abs. 3 in der Fassung des Bundesgesetzes BGBl. I Nr. 139/2011 treten mit 1. Jänner 2012 in Kraft und sind für Geburten nach dem 31. Dezember 2011 anzuwenden.

(BGBl I 2011/139)

(3) §§ 8 Abs. 1 Z 1, 9 Abs. 3 und 24 Abs. 1 Z 3 in der Fassung des Bundesgesetzes BGBl. I Nr. 139/2011 treten mit 1. Jänner 2012 in Kraft und sind auf Bezugszeiträume ab 1. Jänner 2012 anzuwenden.

(BGBl I 2011/139)

(4) § 40 samt Überschrift in der Fassung des Bundesgesetzes BGBl. I Nr. 11/2011 tritt mit Ablauf des 31. Dezember 2011 außer Kraft, ist jedoch für Geburten bis 31. Dezember 2009 weiter anzuwenden.

(BGBl I 2011/139)

(5) § 48 samt Überschrift in der Fassung des Bundesgesetzes BGBl. I Nr. 139/2011 tritt mit 1. Jänner 2012 in Kraft, ist jedoch in der Fassung des Bundesgesetzes BGBl. I Nr. 11/2011 für Geburten bis 31. Dezember 2009 weiter anzuwenden.“

(BGBl I 2011/139)

(6) § 8 Abs. 1 Z 1 in der Fassung des Bundesgesetzes BGBl. I Nr. 117/2013 tritt mit 1. Jänner 2010 in Kraft und ist auf Bezugszeiträume ab 1. Jänner 2010 anzuwenden.

(BGBl I 2013/117)

(7) §§ 9 Abs. 3 und 24 Abs. 1 Z 3 in der Fassung des Bundesgesetzes BGBl. I Nr. 117/2013 treten mit 1. Jänner 2014 in Kraft und sind auf Bezugszeiträume ab 1. Jänner 2014 anzuwenden.

(BGBl I 2013/117)

(8) §§ 24d Abs. 2, 26a und 36 Abs. 2 in der Fassung des Bundesgesetzes BGBl. I Nr. 117/2013 treten mit 1. Jänner 2014 in Kraft und sind auf erstmalige Antragstellungen ab 1. Jänner 2014 anzuwenden.

(BGBl I 2013/117)

(9) § 31 Abs. 4 in der Fassung des Bundesgesetzes BGBl. I Nr. 117/2013 tritt mit 1. Jänner 2013 in Kraft.

(BGBl I 2013/117)

(10) § 7 Abs. 1, § 35 Abs. 3a und § 35 Abs. 9 in der Fassung des Bundesgesetzes BGBl. I Nr. 197/2013 treten mit 1. November 2013 in Kraft.

(BGBl I 2013/197)

(11) § 2 Abs. 1 Z 5 in der Fassung des Bundesgesetzes BGBl. I Nr. 35/2014 tritt mit 1. Jänner 2014 in Kraft.

(12) § 33 Abs. 1 in der Fassung des Bundesgesetzes BGBl. I Nr. 35/2014 tritt mit 31. März 2012 in Kraft.

(BGBl I 2014/35)

(13) § 9 Abs. 3 und § 24 Abs. 1 Z 3 in der Fassung BGBl. I Nr. 53/2016 treten mit 1. Jänner 2017 in Kraft und gelten für Bezugszeiträume ab 1. Jänner 2017.

(14) § 1, die Überschrift des Abschnittes 2, § 2 Abs. 5, § 2 Abs. 7 und 9, § 3, § 3a, § 4 Abs. 2, § 4a, § 5, § 5a bis § 5d, § 7 Abs. 2 und 3, § 8 Abs. 1, § 8b Abs. 1, § 9 Abs. 2 und 4, § 14, § 24 Abs. 1 Z 2, § 24 Abs. 2, § 24a Abs. 3 und 4, § 24b bis 24d, § 26 Abs. 2, § 26a, § 27 Abs. 2, § 36 Abs. 1 Z 3, § 36 Abs. 2 und 3, § 42, § 43 Abs. 1 in der Fassung BGBl. I Nr. 53/2016 treten mit 1. März 2017 in Kraft und gelten für Geburten nach dem 28. Februar 2017.

(15) § 2 Abs. 1 Z 5 lit. c, § 6, § 7 Abs. 1, § 24 Abs. 3, § 25a, § 27 Abs. 4, § 31 Abs. 1 bis 4, § 32 Abs. 3 und 4, § 35 Abs. 3 und 3a, § 35 Abs. 7 und 8, die Überschrift des Abschnittes 10, § 37 Abs. 1, § 38 Abs. 2, § 43 Abs. 2, § 48 Z 2 in der Fassung BGBl. I Nr. 53/2016 treten mit 1. März 2017 in Kraft.

(16) § 24e in der Fassung BGBl. I Nr. 53/2016 tritt mit 1. März 2017 in Kraft und ist hinsichtlich des § 2 Abs. 6 und 8 für Bezugszeiträume ab 1. Jänner 2017 und hinsichtlich des § 1, § 2 Abs. 7 und 9, § 4, § 4a, § 5b, § 26 Abs. 2, § 26a, § 27 Abs. 2, § 36 Abs. 1 Z 3, § 36 Abs. 2 und 3, § 42 und § 43 Abs. 1 für Geburten nach dem 28. Februar 2017 anzuwenden.

(17) § 24d Abs. 1 in der Fassung BGBl. I Nr. 35/2014 tritt mit 1. März 2017 außer Kraft, ist jedoch hinsichtlich des § 1, § 2 Abs. 2, 3 und 5, § 4, § 5 Abs. 3, 4, 5 und 6, § 26 Abs. 2, § 26a, § 27 Abs. 2, § 36 Abs. 1 Z 3, § 36 Abs. 2, § 42 und § 43 Abs. 1 jeweils in der Fassung BGBl. I Nr. 35/2014 für Geburten bis 28. Februar 2017 weiterhin anzuwenden.

(18) § 7 Abs. 4 und § 24d Abs. 2 in der Fassung BGBl. I Nr. 35/2014 treten mit 1. März 2017 außer Kraft, sind jedoch für Geburten bis 28. Februar 2017 weiterhin anzuwenden.

(19) § 2 Abs. 6 und 8 in der Fassung BGBl. I Nr. 53/2016 tritt mit 1. Jänner 2017 in Kraft und gilt für Bezugszeiträume ab 1. Jänner 2017.

(20) § 38 Abs. 3 zweiter Satz in der Fassung BGBl. I Nr. 35/2014 tritt mit 1. Jänner 2017 außer Kraft.

(BGBl I 2016/53)

(21) § 25 Abs. 2, § 36 samt Überschrift, § 37 sowie die §§ 37a und 37b samt Überschriften in

der Fassung des Materien-Datenschutz-Anpassungsgesetzes 2018, BGBl. I Nr. 32/2018, treten mit 25. Mai 2018 in Kraft.

(BGBl I 2018/32)

(22) Die §§ 25 Abs. 2 bis 4, 28 Abs. 1 Z 3, 31 Abs. 2, 35 Abs. 1 Z 3 und Abs. 3, 3a, 4, 5, 8 und 9, 36 Abs. 3, 37 Abs. 2 bis 4, 37a Abs. 2 bis 4, 37b, 38 Abs. 1 bis 3 sowie 39 in der Fassung des Bundesgesetzes BGBl. I Nr. 100/2018 treten mit 1. Jänner 2020 in Kraft.

(BGBl I 2018/100)

(23) § 2 Abs. 1 und 6, § 2a und § 32 in der Fassung des Bundesgesetzes BGBl. I Nr. 24/2019 treten mit 1. Juli 2018 in Kraft.

(BGBl I 2019/24)

„(24) Für Geburten von 1. Jänner 2012 bis 28. Februar 2017 kann der Nachweis der Abgrenzung der Einkünfte nach § 8 Abs. 1 Z 2 des Elternteils, der das pauschale Kinderbetreuungsgeld, das Kinderbetreuungsgeld als Ersatz des Erwerbseinkommens und die Beihilfe zum pauschalen Kinderbetreuungsgeld bezogen hat, bis zum 31. Dezember 2025 erbracht werden. Die Krankenversicherungsträger haben in den genannten Fällen, sofern sie im laufenden Prüfverfahren aufgrund der Jahreseinkünfte eine Überschreitung des Grenzbetrages feststellen und andere maßgebliche Einkünfte nach § 8 Abs. 1 Z 2 enthalten sind, den Elternteil individuell auf die Möglichkeit zur Vorlage des Abgrenzungsnachweises hinzuweisen. Der Elternteil hat den Nachweis binnen zwei Monaten vorzulegen, eine spätere Vorlage ist in diesem Fall nicht mehr möglich. Dies gilt sinngemäß auch für Personen im Sinne der §§ 12 und 13.

(BGBl I 2019/75)

(25) § 24 Abs. 1 Z 3 in der Fassung der Z 2 und § 9 Abs. 3 in der Fassung des Bundesgesetzes BGBl. I Nr. 75/2019 treten mit 1. Jänner 2020 in Kraft.“

(BGBl I 2019/75)

Mutter-Kind-Pass-Verordnung 2002

Mutter-Kind-Pass-Verordnung 2002, BGBl II 2001/470 idF

1 BGBl II 2008/430 2 BGBl II 2009/448 3 BGBl II 2013/420

GLIEDERUNG

Verordnung des Bundesministers für soziale Sicherheit und Generationen über die Festlegung eines Mutter-Kind-Pass-Untersuchungsprogrammes, die Voraussetzungen zur Weitergewährung des Kinderbetreuungsgeldes in voller Höhe sowie über den Mutter-Kind-Pass (Mutter-Kind-Pass-Verordnung 2002 — MuKiPassV)

Auf Grund § 7 Abs. 1 Kinderbetreuungsgeldgesetz (KBGG), BGBl. I Nr. 103/2001, wird verordnet:

1. Abschnitt
Allgemeines

Zielbestimmung

§ 1. (1) Zur Sicherstellung der medizinischen Grundbetreuung der Schwangeren und des Kindes wird ein Mutter-Kind-Pass-Untersuchungsprogramm festgelegt.

(2) Das Mutter-Kind-Pass-Untersuchungsprogramm umfasst jedenfalls fünf Untersuchungen der Schwangeren sowie neun Untersuchungen des Kindes bis zu dessen 62. Lebensmonat.

Kinderbetreuungsgeld

§ 2. Die zur Weitergewährung des Kinderbetreuungsgeldes in voller Höhe gemäß § 7 KBGG erforderlichen ärztlichen Untersuchungen haben, sofern § 6 Abs. 2 und 3 nichts anderes bestimmt, aus fünf ärztlichen Untersuchungen der Schwangeren und fünf ärztlichen Untersuchungen des Kindes zu bestehen.

2. Abschnitt
Untersuchungsprogramm für Schwangere

Untersuchungen der Schwangeren

§ 3. (1) Während der Schwangerschaft sind fünf ärztliche Untersuchungen der Schwangeren vorgesehen.

(2) Die erste Untersuchung ist bis zum Ende der 16. Schwangerschaftswoche vorzunehmen. Sie hat folgende Blutuntersuchungen einzuschließen:

1. Test auf Vorliegen einer Luesinfektion,
2. Bestimmung der Blutgruppe und des Rhesusfaktors, ausgenommen bei Vorliegen eines Originalbefundes,
3. Bestimmung des Hämoglobinwertes und des Hämatokrits (oder der Erythrozytenzahl),
4. Toxoplasmosetest mit Wiederholungsuntersuchungen bei negativem bzw. abklärungsbedürftigem Titer, ausgenommen bei Vorliegen eines Originalbefundes über einen eindeutig positiven Titer,
5. Bestimmung des Rötelnantikörpertiters „,“

   (BGBl II 2009/448)

„6. HIV-Test.“

   (BGBl II 2009/448)

(3) Die zweite Untersuchung ist in der 17., 18., 19. oder 20. Schwangerschaftswoche vorzunehmen. Sie hat eine interne Untersuchung einzuschließen.

(4) Die dritte Untersuchung ist in der 25., 26., 27. oder 28. Schwangerschaftswoche vorzunehmen. Sie hat die Bestimmung des Hämatokrits und des Hämoglobinwerts sowie eine Hepatitis-B-Untersuchung (HBS-Antigen-Bestimmung) einzu-

schließen. „Weiters hat sie einen oralen Glukosetoleranztest zu umfassen.“

(BGBl II 2009/448)

(5) Die vierte Untersuchung ist in der 30., 31., 32., 33. oder 34. Schwangerschaftswoche vorzunehmen.

(6) Die fünfte Untersuchung ist in der 35., 36., 37. oder 38. Schwangerschaftswoche vorzunehmen.

„(7) Die Durchführung des HIV-Tests gemäß Abs. 2 Z 6 im Rahmen der ersten Untersuchung und die Durchführung des oralen Glukosetoleranztests gemäß Abs. 4 im Rahmen der dritten Untersuchung sind ab 1. Jänner 2011 Voraussetzung für die Weitergewährung des Kinderbetreuungsgeldes in voller Höhe.“

(BGBl II 2009/448)

Untersuchungsumfang

§ 4. Die Untersuchungen gemäß § 3 haben jedenfalls

1. eine ausführliche Anamneseerhebung,
2. eine gynäkologische Untersuchung (Vaginalbefund),
3. die Erhebung von mütterlichen und kindlichen Risikofaktoren und
4. die Beurteilung der Notwendigkeit weiterer Untersuchungen

einzuschließen.

Ultraschalluntersuchungen der Schwangeren

§ 5. (1) Zusätzlich zu den im § 3 Abs. 2 bis 6 genannten Untersuchungen der Schwangeren werden entsprechend dem Stand der medizinischen Wissenschaft jeweils eine Ultraschalluntersuchung der Schwangeren in der „8., 9., 10., 11. oder 12., in der“ 18., 19., 20., 21. oder 22. und in der 30., 31., 32., 33. oder 34. Schwangerschaftswoche empfohlen.

(BGBl II 2009/448)

(2) Ultraschalluntersuchungen sind nicht Voraussetzung für die Weitergewährung des Kinderbetreuungsgeldes in voller Höhe.

„Hebammenberatung

§ 5a. (1) Innerhalb der 18. bis 22. Schwangerschaftswoche ist eine einstündige Beratung durch eine Hebamme vorgesehen. Die Hebammenberatung hat insbesondere

1. Informationen über den Verlauf von Schwangerschaft, Geburt, Wochenbett und Stillen,
2. Beratung über gesundheitsförderndes und präventives Verhalten in der Schwangerschaft, im Wochenbett und während der Stillzeit sowie
3. Eingehen auf das psychosoziale Umfeld der Schwangeren und erforderlichenfalls Information über diesbezügliche Unterstützungsmöglichkeiten

zu umfassen.

(2) Die Hebammenberatung ist nicht Voraussetzung für die Weitergewährung des Kinderbetreuungsgeldes in voller Höhe.“

(BGBl II 2013/420)

Verspätete Feststellung der Schwangerschaft

§ 6. (1) Eine Überschreitung der im § 3 Abs. 2 bis 6 angeführten Untersuchungstermine hat zur Weitergewährung des Kinderbetreuungsgeldes in voller Höhe außer Betracht zu bleiben, wenn sie aus einem von der Schwangeren nicht zu vertretenden Grund erfolgt.

(BGBl II 2013/420)

KBGG

(2) War die Schwangerschaft trotz ärztlicher Untersuchung erst nach der 20. Schwangerschaftswoche feststellbar, oder kann die Schwangere glaubhaft machen, dass für sie kein Anlass zu einer solchen Untersuchung bestand, auf Grund deren sie Kenntnis von ihrer Schwangerschaft erhalten hätte können, genügen für die Weitergewährung des Kinderbetreuungsgeldes in voller Höhe die nachstehend angeführten Untersuchungen:

1. Bei Feststellung der Schwangerschaft bis Ende der 28. Schwangerschaftswoche
   a) die Untersuchungen der Schwangeren gemäß § 3 Abs. 4, 5 und 6, die im § 3 Abs. 2 Z 1 bis 4 genannten Blutuntersuchungen sowie die interne Untersuchung gemäß § 3 Abs. 3 und
   b) die Untersuchungen des Kindes gemäß § 7 Abs. 2 bis 6,
2. bei Feststellung der Schwangerschaft nach der 28. bis Ende der 34. Schwangerschaftswoche
   a) die Untersuchungen der Schwangeren gemäß § 3 Abs. 5 und 6, die im § 3 Abs. 2 Z 1 bis 4 genannten Blutuntersuchungen sowie die interne Untersuchung gemäß § 3 Abs. 3 und
   b) die Untersuchungen des Kindes gemäß § 7 Abs. 2 bis 6,
3. bei Feststellung der Schwangerschaft nach der 34. Schwangerschaftswoche
   a) die Untersuchung der Schwangeren gemäß § 3 Abs. 6, die im § 3 Abs. 2 Z 1 bis 4 genannten Blutuntersuchungen sowie die interne Untersuchung gemäß § 3 Abs. 3 und
   b) die Untersuchungen des Kindes gemäß § 7 Abs. 2 bis 6,
4. bei Feststellung der Schwangerschaft erst unmittelbar vor der Geburt die Untersuchungen des Kindes gemäß § 7 Abs. 2 bis 6.

(BGBl II 2008/430)

(3) Falls die Geburt vor dem im § 3 Abs. 4, 5 oder 6 angeführten Untersuchungstermin erfolgt, genügt für die Weitergewährung des Kinderbetreuungsgeldes in voller Höhe die Vornahme der bis zur Geburt vorgesehenen Untersuchungen sowie der Untersuchungen des Kindes gemäß § 7 Abs. 2 bis 6.

3. Abschnitt
Untersuchungsprogramm für Kinder

Untersuchungen des Kindes

§ 7. (1) In den ersten vierzehn Lebensmonaten sind fünf ärztliche Untersuchungen des Kindes vorgesehen.

(2) Die erste Untersuchung ist in der ersten Lebenswoche vorzunehmen.

(3) Die zweite Untersuchung ist in der vierten, fünften, sechsten oder siebenten Lebenswoche vorzunehmen. Sie hat eine orthopädische Untersuchung einzuschließen.

(4) Die dritte Untersuchung ist im dritten, vierten oder fünften Lebensmonat vorzunehmen.

(5) Die vierte Untersuchung ist im siebenten, achten oder neunten Lebensmonat vorzunehmen. Sie hat eine Untersuchung des Hals-, Nasen- und Ohrenbereiches einzuschließen.

(6) Die fünfte Untersuchung ist im 10., 11., 12., 13. oder 14. Lebensmonat vorzunehmen. Sie hat eine Augenuntersuchung einzuschließen.

Überschreitung der Untersuchungstermine

§ 8. Eine Überschreitung der im § 7 Abs. 2 bis 6 festgelegten Untersuchungstermine hat zur Weitergewährung des Kinderbetreuungsgeldes in voller Höhe außer Betracht zu bleiben, wenn sie aus einem vom Anspruchsberechtigten nicht zu vertretenden Grund erfolgt (§ 7 Abs. 4 KBGG)."

(BGBl II 2013/420)

Weitere vorgesehene Untersuchungen

§ 9. (1) Bis zum zweiundsechzigsten Lebensmonat sind vier weitere ärztliche Untersuchungen des Kindes vorgesehen. Diese sind nicht Voraussetzung für die Weitergewährung des Kinderbetreuungsgeldes in voller Höhe.

(2) Die sechste Untersuchung ist für den 22., 23., 24., 25. oder 26. Lebensmonat vorgesehen und sollte eine Augenuntersuchung durch einen/eine Facharzt/Fachärztin für Augenheilkunde und Optometrie einschließen.

(3) Die siebente Untersuchung ist für den 34., 35., 36., 37. oder 38. Lebensmonat vorgesehen.

(4) Die achte Untersuchung ist für den 46., 47., 48., 49. oder 50. Lebensmonat vorgesehen.

(5) Die neunte Untersuchung ist für den 58., 59., 60., 61. oder 62. Lebensmonat vorgesehen.

Untersuchungsumfang

§ 10. (1) Die Untersuchungen gemäß §§ 7 und 9 haben

1. die Feststellung von Körpergewicht und Körperlänge,
2. die Erhebung von Beobachtungen der Mutter und eine Krankheitsanamnese,
3. eine ärztliche Untersuchung des Kindes und
4. die Beurteilung der Notwendigkeit weiterer Untersuchungen

einzuschließen.

(2) Bei den Untersuchungen gemäß §§ 7 Abs. 2 bis 6 und 9 Abs. 2 bis 5 ist auf die in dem jeweiligen Alter erreichte Entwicklung Bedacht zu nehmen.

Ultraschalluntersuchungen des Kindes

§ 11. (1) In der ersten und in der sechsten, siebenten oder achten Lebenswoche des Kindes wird entsprechend dem Stand der medizinischen Wissenschaft jeweils eine Hüftultraschalluntersuchung empfohlen.

(2) Hüftultraschalluntersuchungen sind nicht Voraussetzung für die Weitergewährung des Kinderbetreuungsgeldes in voller Höhe.

4. Abschnitt
Mutter-Kind-Pass

Form und Inhalt des Mutter-Kind-Passes

§ 12. (1) Art und Umfang der im Rahmen des Mutter-Kind-Pass-Untersuchungsprogrammes vorgesehenen ärztlichen Untersuchungen sowie die Voraussetzungen zur Weitergewährung des Kinderbetreuungsgeldes in voller Höhe sind im Mutter-Kind-Pass festzuhalten. „Weiters sind im Mutter-Kind-Pass die wesentlichen Inhalte und besonderen Feststellungen der Hebammenberatung zu dokumentieren."

(BGBl II 2013/420)

„(2) Der Mutter-Kind-Pass ist vom Bundesministerium für Gesundheit aufzulegen."

(BGBl II 2013/420)

(3) Der Mutter-Kind-Pass hat aus gehefteten Blättern in einem dauerhaften Umschlag zu bestehen.

(4) Im Mutter-Kind-Pass sind Vordrucke für folgende Eintragungen vorzusehen:

1. Personaldaten der Mutter und des Kindes,
2. für den Gesundheitszustand der Mutter und des Kindes erhebliche Daten, insbesondere die Untersuchungsergebnisse gemäß §§ 3 bis 11,

„2a. Durchführung der Hebammenberatung gemäß § 5a,"

(BGBl II 2013/420)

3. Bestätigungen zur Vorlage beim Krankenversicherungsträger über die Durchführung der ärztlichen Untersuchungen zur Weitergewährung des Kinderbetreuungsgeldes in voller Höhe.

(5) Der Mutter-Kind-Pass ist insbesondere den Trägern der gesetzlichen Krankenversicherung, deren Vertragsärzten/Vertragsärztinnen und sonstigen Vertragspartnern, die Untersuchungen im Sinne dieser Verordnung durchführen, den Schwangeren- oder Mütter- und Elternberatungsstellen sowie den Bezirksverwaltungsbehörden zur Ausfolgung an die in Betracht kommenden Personen zur Verfügung zu stellen.

Einsichtnahme in den Mutter-Kind-Pass

§ 13. (1) Der Mutter-Kind-Pass ist bei der Durchführung der Untersuchungen dem/der untersuchenden Arzt/Ärztin „und bei der Hebammenberatung der Hebamme“ zum Zweck der Eintragungen zu übergeben.

(BGBl II 2013/420)

(2) Die Einsichtnahme in den Mutter-Kind-Pass ist nur mit Zustimmung der Mutter und des/der Erziehungsberechtigten oder auf Grund ausdrücklicher gesetzlicher Ermächtigung zulässig.

5. Abschnitt Übergangs- und In-Kraft-Tretens-Bestimmungen

Übergangsbestimmungen

§ 14. (1) Bis zum 1. Jänner 2004 kann die im § 5 Abs. 1 empfohlene erste Ultraschalluntersuchung auch in der 16., 17., 18. 19. oder 20. Schwangerschaftswoche durchgeführt werden.

(2) Bis zum 1. Jänner 2004 kann die im § 7 Abs. 5 vorgesehene Untersuchung des Hals-, Nasen- und Ohrenbereiches auch im Rahmen der dritten Untersuchung im dritten, vierten oder fünften Lebensmonat vorgenommen werden.

(3) Bis zum 1. Jänner 2004 kann die zweite Hüftultraschalluntersuchung des Kindes gemäß § 11 Abs. 1 auch in der 12., 13., 14., 15. oder 16. Lebenswoche durchgeführt werden.

„(4) Für die Jahre 2008 und 2009 gelten auch folgende Maßnahmen als Bestandteil des Untersuchungsprogramms für Schwangere, sie sind jedoch nicht Voraussetzung für die Weitergewährung des Kinderbetreuungsgeldes in voller Höhe:

1. der HIV-Test,
2. der b-hämolysierende Streptokokkentest,
3. der orale Glukosetoleranztest,
4. die Anti-D-Prophylaxe,
5. der Rhesus-Antikörper-Suchtest,
6. die Bilirubinbestimmung beim Neugeborenen.“

(BGBl II 2009/448)

In-Kraft-Treten

§ 15. (1) Diese Verordnung tritt mit 1. Jänner 2002 in Kraft.

(2) Die Mutter-Kind-Pass-Verordnung — MuKiPassV, BGBl. II Nr. 24/1997, tritt mit Ablauf des 31. Dezember 2001 außer Kraft. Sie ist jedoch für Kinder, die vor dem 1. Jänner 2002 geboren sind, mit der Maßgabe weiterhin anzuwenden, dass die Fristverlängerung für die Untersuchung gemäß § 7 Abs. 3, die Verschiebung der Untersuchungen gemäß § 7 Abs. 5 und § 11 Abs. 1 sowie die zusätzliche Kindesuntersuchung gemäß § 9 Abs. 5 bereits in Anspruch genommen werden können.

„(3) § 3 Abs. 2, 4 und 7, § 5 Abs. 1 sowie § 14 Abs. 4 in der Fassung der Verordnung BGBl. II Nr. 448/2009 treten mit 1. Jänner 2010 in Kraft.“

(BGBl II 2009/448)

„(4) Das Inhaltsverzeichnis, § 5a samt Überschrift, § 6 Abs. 1, § 8, § 12 Abs. 1, 2 und 4 Z 2a sowie § 13 Abs. 1 in der Fassung der Verordnung BGBl. II Nr. 420/2013 treten mit 1. November 2013 in Kraft.“

(BGBl II 2013/420)

VO Datenübermittlung

Verordnung betreffend die Datenübermittlung nach dem Kinderbetreuungsgeldgesetz, BGBl II 2002/47

Verordnung des Bundesministers für Finanzen betreffend die Datenübermittlung nach dem Kinderbetreuungsgeldgesetz

Auf Grund von § 37 Abs. 1 Kinderbetreuungsgeldgesetz (KBGG) wird im Einvernehmen mit dem Bundesminister für soziale Sicherheit und Generationen verordnet:

§ 1. (1) Die gemäß § 37 Abs. 1 KBGG angeordnete Übermittlung jener Daten, aus denen Ansprüche auf Familienbeihilfe und Ausgleichszahlung hervorgehen, erfolgt online im Weg des Verfahrens FinanzOnline (FinanzOnline-Verordnung – FOnV 2002, BGBl. II Nr. 46/2002).

(2) Teilnehmer im Sinn des § 3 FOnV 2002 sind:

– die Wiener Gebietskrankenkasse,
– die Niederösterreichische Gebietskrankenkasse,
– die Burgenländische Gebietskrankenkasse,
– die Oberösterreichische Gebietskrankenkasse,
– die Steiermärkische Gebietskrankenkasse,
– die Kärntner Gebietskrankenkasse,
– die Salzburger Gebietskrankenkasse,
– die Tiroler Gebietskrankenkasse,
– die Vorarlberger Gebietskrankenkasse,
– die Sozialversicherungsanstalt der gewerblichen Wirtschaft,
– die Versicherungsanstalt der österreichischen Eisenbahnen,
– die Versicherungsanstalt des österreichischen Bergbaues,
– die Versicherungsanstalt der öffentlich Bediensteten,
– die Sozialversicherungsanstalt der Bauern.

(3) Die §§ 2 und 6 FOnV 2002 gelten sinngemäß.

§ 2. Die nach § 1 durch die Abgabenbehörde zu übertragenden Daten, die eine wesentliche Voraussetzung zur Wahrnehmung der den Krankenversicherungsträgern durch das KBGG übertragenen Aufgaben darstellen, sind:

1. hinsichtlich des Kindes
   – die Versicherungsnummer einschließlich des Geburtsdatums laut Versicherungsnummer,
   – das echte Geburtsdatum,
   – Vor- und Zunamen,
   – Wohnort und Adresse (einschließlich Staatencode zur Postleitzahl);
2. hinsichtlich der Person, die Anspruch auf Familienbeihilfe (FB) oder auf Ausgleichszahlung (AZ) hat
   – die Versicherungsnummer einschließlich des Geburtsdatums laut Versicherungsnummer,
   – das echte Geburtsdatum,
   – Vor- und Zunamen,
   – Geschlecht
   – Wohnort und Adresse (inkl. Staatencode zur Postleitzahl),
   – die Information, ob zur Person Fall „in Bearbeitung“,
3. hinsichtlich des Anspruchs auf Familienbeihilfe (FB) oder auf Ausgleichszahlung (AZ)
   – den Anspruchscode (FB oder AZ),
   – den Anspruchszeitraum (Beginn und Ende).
4. hinsichtlich des Antrages auf Familienbeihilfe (FB) oder auf Ausgleichszahlung (AZ)
   – die Art der beantragten Beihilfe (FB oder AZ),
   – das Datum der Antragstellung (Datum der Anmerkung).

§ 3. Die Krankenversicherungsträger haben bei ihrer Anfrage die Versicherungsnummer einschließlich des Geburtsdatums laut Versicherungsnummer des Kindes anzugeben. Anstelle dessen können sie das echte Geburtsdatum oder die Vor- und Zunamen des Kindes angeben, diesfalls aber jeweils verbunden mit zumindest einer der folgenden Angaben:

1. zum Kind
   – Adresse,
2. zu der Person, die Anspruch auf Familienbeihilfe (FB) oder auf Ausgleichszahlung (AZ) hat
   – Versicherungsnummer einschließlich des Geburtsdatums laut Versicherungsnummer,
   – echtes Geburtsdatum,
   – Vor- und Zunamen,
   – Adresse.

VO Ersatz von Implementierungskosten

Verordnung über den Ersatz des einmaligen Aufwandes einschließlich der Implementierungskosten aller Krankenversicherungsträger und Kosten nachträglicher Anpassungen sowie Investitionen technischer Natur nach § 38 Abs. 3 und 4 Kinderbetreuungsgeldgesetz, BGBl II 2015/416

Verordnung der Bundesministerin für Familien und Jugend über den Ersatz des einmaligen Aufwandes einschließlich der Implementierungskosten aller Krankenversicherungsträger und Kosten nachträglicher Anpassungen sowie Investitionen technischer Natur nach § 38 Abs. 3 und 4 Kinderbetreuungsgeldgesetz

Auf Grund des § 38 Abs. 3 und 4 Kinderbetreuungsgeldgesetz (KBGG), BGBl. I Nr. 103/2001, zuletzt geändert durch BGBl. I Nr. 35/2014, wird verordnet:

Der Niederösterreichischen Gebietskrankenkasse wird der erforderliche, einmalige und nachgewiesene Aufwand für die nachträglichen Anpassungen auf Grund der mit BGBl. I Nr. 117/2013 durchgeführten Änderungen des Kinderbetreuungsgeldgesetzes, BGBl. I Nr. 103/2001, idF BGBl. I Nr. 35/2014, ersetzt. Dieser Betrag wird mit EUR 14.039,12, fällig im Dezember 2015, festgesetzt.

Familienzeitbonusgesetz

Familienzeitbonusgesetz, BGBl I 2016/53 idF

1 BGBl I 2018/32 2 BGBl I 2019/24

GLIEDERUNG

Bundesgesetz über die Gewährung eines Bonus für Väter während der Familienzeit (Familienzeitbonusgesetz – FamZeitbG)

Leistungsart

§ 1. Als Leistung wird nach Maßgabe dieses Bundesgesetzes ein Bonus für Väter während der Familienzeit gewährt.

Anspruchsberechtigung

§ 2. (1) Anspruch auf den Familienzeitbonus hat ein Vater (Adoptivvater, Dauerpflegevater) für sein Kind (Adoptivkind, Dauerpflegekind), sofern

1. für dieses Kind Anspruch auf Familienbeihilfe nach dem Familienlastenausgleichsgesetz 1967 (FLAG 1967), BGBl. Nr. 376, besteht und Familienbeihilfe für dieses Kind tatsächlich bezogen wird,
2. er, das Kind und der andere Elternteil den Mittelpunkt der Lebensinteressen im Bundesgebiet haben,
3. er sich im gesamten Anspruchszeitraum in Familienzeit (Abs. 4) befindet,
4. er, das Kind und der andere Elternteil im gemeinsamen Haushalt leben (Abs. 3),
5. er in den letzten 182 Tagen unmittelbar vor Bezugsbeginn durchgehend eine in Österreich kranken- und pensionsversicherungspflichtige Erwerbstätigkeit tatsächlich ausgeübt sowie in diesem Zeitraum keine Leistungen aus der Arbeitslosenversicherung erhalten hat, wobei sich Unterbrechungen von insgesamt nicht mehr als 14 Tagen nicht anspruchsschädigend auswirken,
6. er, das Kind und der andere Elternteil sich nach §§ 8 und 9 des Niederlassungs- und Aufenthaltsgesetzes (NAG), BGBl. I Nr. 100/2005, oder nach § 54 des Asylgesetzes 2005 (AsylG 2005), BGBl. I Nr. 100/2005 idF BGBl. I Nr. 87/2012, rechtmäßig in Österreich aufhalten, es sei denn, es handelt sich um österreichische Staatsbürger oder Personen, denen Asyl nach dem AsylG 2005 gewährt wurde, oder Personen, denen der Status des subsidiär Schutzberechtigten nach dem AsylG 2005 zuerkannt wurde und für die kein Anspruch auf Leistungen aus der Grundversorgung oder Mindestsicherung besteht. § 2 Abs. 1 letzter Absatz Kinderbetreuungsgeldgesetz (KBGG), BGBl. I Nr. 103/2001, ist sinngemäß anzuwenden.

(2) Der Familienzeitbonus kann pro Geburt nur einmal bezogen werden. Ein gleichzeitiger Bezug von Familienzeitbonus und Kinderbetreuungsgeld durch dieselbe Person ist ausgeschlossen.

(3) Ein gemeinsamer Haushalt im Sinne dieses Gesetzes liegt nur dann vor, wenn der Vater, das Kind und der andere Elternteil in einer dauerhaften Wohn- und Wirtschaftsgemeinschaft an derselben Wohnadresse leben und alle drei an dieser Adresse auch hauptwohnsitzlich gemeldet sind. Eine höchstens bis zu zehn Tagen verspätet erfolgte Hauptwohnsitzmeldung des Kindes an dieser Wohnadresse schadet nicht.

„(3a) Bei einem medizinisch indizierten Krankenhausaufenthalt des Kindes wird bei persönlicher Pflege und Betreuung des Kindes durch den Vater und den anderen Elternteil im Mindestausmaß von jeweils durchschnittlich vier Stunden täglich ausnahmsweise der gemeinsame Haushalt im Sinne des Abs. 3 angenommen. Ein solcher Krankenhausaufenthalt des Kindes steht dem Vorliegen einer Familienzeit nach Abs. 4 nicht entgegen.“

(BGBl I 2019/24)

(4) Als Familienzeit im Sinne dieses Gesetzes versteht man den Zeitraum zwischen 28 und 31 Tagen (§ 3 Abs. 2), in dem sich ein Vater aufgrund der kürzlich erfolgten Geburt seines Kindes ausschließlich seiner Familie widmet und dazu die Erwerbstätigkeit (Abs. 1 Z 5) unterbricht, keine andere Erwerbstätigkeit ausübt, keine Leistungen aus der Arbeitslosenversicherung sowie keine Entgeltfortzahlung aufgrund von oder Leistungen bei Krankheit erhält.

(5) Eine Frau, die gemäß § 144 des Allgemeinen Bürgerlichen Gesetzbuches, JGS Nr. 946/1811, Elternteil ist, gilt als Vater im Sinne dieses Gesetzes. In Zweifelsfällen hat das Vorrecht auf den Familienzeitbonus derjenige Elternteil, der den Antrag zuerst gestellt hat, sonst derjenige El-

ternteil, der das Kind im Anspruchszeitraum nicht überwiegend betreut.

(6) Unter dem Begriff Dauerpflege versteht man eine auf Dauer angelegte Pflege eines Kindes von zumindest mehr als 182 Tagen.

(7) Als der Ausübung einer kranken- und pensionsversicherungspflichtigen Erwerbstätigkeit gleichgestellt gelten Zeiten der vorübergehenden Unterbrechung dieser zuvor mindestens 182 Kalendertage andauernden Erwerbstätigkeit zum Zwecke der Kindererziehung während Inanspruchnahme einer Karenz nach dem Väter-Karenzgesetz (VKG), BGBl. Nr. 651/1989, bis maximal zum Ablauf des zweiten Lebensjahres eines Kindes.

Höhe, Anspruchsdauer und Antragstellung

§ 3. (1) Der Familienzeitbonus beträgt 22,60 Euro täglich. Der Anspruch auf den Bonus reduziert sich um den Anspruch auf vergleichbare Leistungen nach anderen in- oder ausländischen Rechtsvorschriften.

(2) Der Familienzeitbonus gebührt ausschließlich für eine ununterbrochene Dauer von 28, 29, 30 oder 31 aufeinanderfolgenden Kalendertagen innerhalb eines Zeitraumes von 91 Tagen ab dem Tag der Geburt des Kindes.

(3) Der Familienzeitbonus gebührt auf Antrag, frühestens ab dem Tag der Geburt des Kindes, bei Adoptiv- und Pflegekindern gebührt der Bonus frühestens ab dem Tag, an dem das Kind in Pflege genommen wird. Der Antrag muss, bei sonstigem Anspruchsverlust, spätestens binnen 91 Tagen ab dem Tag der Geburt des Kindes gestellt werden. Bei der Antragstellung ist die Anspruchsdauer verbindlich festzulegen, diese kann ausschließlich 28, 29, 30 oder 31 Kalendertage betragen und kann später nicht geändert werden.

Zuständigkeit und Krankenversicherung

§ 4. (1) In Angelegenheiten des Familienzeitbonus ist jener gesetzliche Krankenversicherungsträger zuständig, dessen Zuständigkeit sich aus Abs. 2 für die Durchführung der Krankenversicherung ergibt.

(2) Die Bezieher des Familienzeitbonus sind in der gesetzlichen Krankenversicherung teilversichert, sofern nicht eine Leistungszugehörigkeit zu einer Krankenfürsorgeeinrichtung im Sinne des § 2 Abs. 1 Z 2 B-KUVG besteht. Zur Durchführung der Krankenversicherung ist jener gesetzliche Krankenversicherungsträger zuständig, bei dem der Vater am letzten Tag vor Beginn des Leistungsanspruches versichert ist oder zuletzt versichert war, ansonsten die Gebietskrankenkasse, bei der der Antrag gestellt wurde. Bei mehreren möglichen zuständigen Krankenversicherungsträgern ist jener zuständig, bei dem der Antrag zuerst gestellt wird.

(3) Die Krankenversicherungsträger sowie die Niederösterreichische Gebietskrankenkasse in ihrer Funktion als Kompetenzzentrum und Verbindungsstelle (Abs. 4) haben die ihnen nach diesem Bundesgesetz übertragenen Aufgaben im übertragenen Wirkungsbereich nach den Weisungen des Bundeskanzlers zu vollziehen.

(BGBl I 2018/32)

(4) Für die finanzielle Abwicklung und die Koordinierung der Krankenversicherungsträger in Angelegenheiten der Leistung nach diesem Bundesgesetz wird die Niederösterreichische Gebietskrankenkasse als Kompetenzzentrum und als Verbindungsstelle für Vaterschaftsleistungen im Sinne der Verordnung (EG) Nr. 987/2009 zur Festlegung der Modalitäten für die Durchführung der Verordnung (EG) Nr. 883/2004 über die Koordinierung der Systeme der sozialen Sicherheit, ABl. Nr. L 284 vom 30.10.2009 S. 1, zuletzt geändert durch die Verordnung (EU) Nr. 1368/2014, ABl. Nr. L 366 vom 20.12.2014 S. 15, eingerichtet. Der Niederösterreichischen Gebietskrankenkasse obliegt auch die Auszahlung des Familienzeitbonus. Die Durchführung des Verfahrens obliegt dem nach Abs. 1 zuständigen Krankenversicherungsträger.

KBGG

Geltendmachung und Entscheidung

§ 5. (1) Für die Geltendmachung des Anspruches ist ein bundeseinheitliches Antragsformular zu verwenden. Der Krankenversicherungsträger hat dem antragstellenden Vater auf dessen Verlangen das Einlangen des Antrages zu bestätigen.

(2) Besteht Anspruch auf den Bonus, so ist dem antragstellenden Vater eine Mitteilung auszustellen, aus der insbesondere Beginn, Höhe und Ende des Leistungsanspruches hervorgehen.

(3) Ein Bescheid ist nur zu erlassen, wenn kein Anspruch auf den Familienzeitbonus besteht oder bestand und die Leistung gemäß § 7 zurückgefordert wird.

Art der Auszahlung

§ 6. (1) Die Auszahlung des Familienzeitbonus erfolgt jeweils monatlich im Nachhinein auf ein Konto bei einem Zahlungsdienstleister, für das Art. 9 der Verordnung (EU) Nr. 260/2012 zur Festlegung der technischen Vorschriften und der Geschäftsanforderungen für Überweisungen und Lastschriften in Euro und zur Änderung der Verordnung (EG) Nr. 924/2009, ABl. Nr. L 94 vom 30.03.2012 S. 22, in der Fassung der Verordnung (EU) Nr. 248/2014, ABl. Nr. L 84 vom 20.03.2014 S. 1, gilt, oder per Post an eine inländische Adresse bis zum Zehnten des Folgemonats.

(2) Soweit die nach diesem Bundesgesetz gebührenden Beträge Bruchteile eines Cents ergeben, sind diese kaufmännisch auf einen Cent zu runden.

(3) Das von den Leistungsbeziehern zu entrichtende Service-Entgelt für die e-card (§ 31c Abs. 2 und 3 des Allgemeinen Sozialversicherungsgesetzes (ASVG), BGBl Nr. 189/1955) ist mit der Leistung nach diesem Bundesgesetz aufzurechnen.

Rückforderung

§ 7. (1) Der Krankenversicherungsträger hat vom Leistungsbezieher einen unrechtmäßig bezogenen Familienzeitbonus zurückzufordern. Der Leistungsbezieher hat einen unrechtmäßig bezogenen Familienzeitbonus an den Krankenversicherungsträger zurückzuzahlen.

(2) Wenn eine dritte Person eine Anzeige unterlassen oder falsche Angaben gemacht und hiedurch einen unberechtigten Bezug verursacht oder ermöglicht hat, kann sie zum Ersatz verpflichtet werden. Der andere Elternteil kann bis zur Hälfte zum Ersatz der unberechtigt bezogenen Leistung nach diesem Bundesgesetz verpflichtet werden. Hat der andere Elternteil den unberechtigten Bezug jedoch ermöglicht oder sogar verursacht, kann er zum vollen Ersatz der unberechtigt bezogenen Leistung verpflichtet werden.

(3) Rückforderungen können auf die zu erbringende Leistung nach diesem Bundesgesetz oder nach dem KBGG aufgerechnet werden; sie vermindern den Leistungsanspruch entsprechend. Rückforderungen nach dem KBGG können auf die zu erbringende Leistung nach diesem Bundesgesetz aufgerechnet werden; sie vermindern den Leistungsanspruch entsprechend. Zum Zwecke der Forderungssicherung kann eine vorläufige Aufrechnung erfolgen. Der Krankenversicherungsträger kann unter Berücksichtigung der Familien-, Einkommens- und Vermögensverhältnisse des Empfängers Ratenzahlungen zulassen, die rechtskräftige Rückforderung stunden oder auf die rechtskräftige Rückforderung ganz oder teilweise verzichten. Dabei sind die §§ 72 bis 74 des Bundeshaushaltsgesetzes 2013 (BHG 2013), BGBl. I Nr. 139/2009, anzuwenden. Ratenzahlungen sind nur zu gewähren, wenn auf Grund der wirtschaftlichen Verhältnisse des Schuldners die Hereinbringung der rechtskräftigen Forderung in einem Betrag nicht möglich ist. Die Höhe und Anzahl der Raten ist unter Berücksichtigung der wirtschaftlichen Verhältnisse des Schuldners festzusetzen. Werden Ratenzahlungen bewilligt oder Rückforderungen gestundet, so dürfen keine Zinsen ausbedungen werden. Abweichend von § 89 Abs. 4 letzter Satz Arbeits- und Sozialgerichtsgesetz (ASGG), BGBl. Nr. 104/1985, obliegt den Gerichten in Angelegenheiten der Leistung nach diesem Bundesgesetz nicht das Recht, Ratenzahlungen anzuordnen, sondern ist dies ausschließlich dem Krankenversicherungsträger im nachgeschalteten Verwaltungsverfahren vorbehalten. Wird der Tod des Kindes nicht rechtzeitig gemeldet und ist daraus ein unrechtmäßiger Bezug der Leistung nach diesem Bundesgesetz entstanden, so ist von Amts wegen von der Rückforderung abzusehen, sofern die Meldung binnen 31 Tagen ab dem Tod des Kindes erfolgt.

(4) Die Erlassung eines Bescheides über die Rückforderung der Leistung nach diesem Bundesgesetz ist nur binnen 7 Jahren, gerechnet ab Ablauf des Kalenderjahres, in welchem diese Leistung zu Unrecht bezogen wurde, zulässig. Ein Bescheid über eine Rückforderung tritt nach Ablauf von 3 Jahren ab dem Eintritt der Rechtskraft außer Kraft, wenn er bis zu diesem Zeitpunkt nicht vollzogen wurde; § 68 Abs. 2 ASVG zweiter und dritter Satz gelten sinngemäß.

§ 8. Die §§ 24e letzter Satz, 25a, 27 Abs. 4, 29, 32, 34, 36 Abs. 1, 3 und 4, 37 bis 39, 41, 43 Abs. 2, 44 und 45 KBGG sind sinngemäß anzuwenden.

(BGBl I 2018/32)

Verarbeitung von personenbezogenen Daten

§ 9. (1) Die für die Wahrnehmung der nach diesem Bundesgesetz übertragenen Aufgaben erforderlichen personenbezogenen Daten werden in der Kinderbetreuungsgeld-Datenbank verarbeitet.

(2) Als erforderliche personenbezogene Daten im Sinne des Abs. 1 gelten insbesondere folgende Daten des antragstellenden Vaters (des Bonusempfängers), des zweiten Elternteils, der Kinder und sonstiger relevanter Personen:

1. Namen, Titel, Anschrift, Telefonnummer und E-Mail-Adresse;
2. Geburtsdatum und Sozialversicherungsnummer;
3. Staatsangehörigkeit samt aufenthaltsrechtlichem Status bei nichtösterreichischer Staatsangehörigkeit;
4. Familienstand und Geschlecht;
5. Beruf bzw. Tätigkeit;
6. Firmenbuchnummern, Namen und Anschrift des Dienstgebers;
7. Anspruchs- und Berechnungsgrundlagen;
8. Art, Umfang und Stand der Verfahren;
9. Bescheide;
10. Bankverbindung und Kontonummer;
11. Vertreter, Zahlungsempfänger sowie die Art und Dauer der Vollmacht;
12. Zahlungsbeträge.

(3) Die Niederösterreichische Gebietskrankenkasse in ihrer Funktion als Kompetenzzentrum (§ 4 Abs. 4) hat dem Bundeskanzler Daten zur automatisierten Besorgung der Statistik zu übermitteln.

(BGBl I 2018/32)

Verweisungen

§ 10. Soweit in diesem Bundesgesetz auf Bestimmungen anderer Bundesgesetze verwiesen wird, sind diese, soweit nicht ausdrücklich anderes bestimmt ist, in der jeweils geltenden Fassung anzuwenden.

Vollzug

§ 11. Mit der Vollziehung dieses Bundesgesetzes ist die Bundesministerin für Familien und Jugend betraut.

Inkrafttreten

§ 12. (1) Dieses Bundesgesetz tritt am 1. März 2017 in Kraft und ist auf Geburten nach dem 28. Februar 2017 anzuwenden.

(BGBl I 2018/32)

(2) § 4 Abs. 3, § 8 und § 9 samt Überschrift in der Fassung des Materien-Datenschutz-Anpassungsgesetzes 2018, BGBl. I Nr. 32/2018, treten mit 25. Mai 2018 in Kraft. § 12 Abs. 1 in der Fassung des genannten Bundesgesetzes tritt mit dem auf die Kundmachung folgenden Tag in Kraft.

(BGBl I 2018/32)

„(3) § 2 Abs. 3a tritt mit 1. Jänner 2019 in Kraft und ist auf Geburten nach dem 31. Dezember 2018 anzuwenden."

(BGBl I 2019/24)

Jungfamilienfondsgesetz

Jungfamilienfondsgesetz, BGBl I 2019/75

Bundesgesetz über die Errichtung eines Jungfamilienfonds (Jungfamilienfondsgesetz – JFFG)

Jungfamilienfonds

§ 1. (1) Zum Zweck des Ausgleichs von Rückforderungen nach dem Kinderbetreuungsgeldgesetz (KBGG), BGBl. I Nr. 103/2001, welche alleine aus dem Versäumen der Vorlagefrist für den Nachweis nach § 8 Abs. 1 Z 2 KBGG resultieren, ist bei der Sozialversicherungsanstalt der gewerblichen Wirtschaft ein Jungfamilienfonds einzurichten.

(2) Der Jungfamilienfonds ist mit 1 010 813,48 € dotiert. Dieser Betrag ist binnen 14 Tagen ab dem der Kundmachung folgenden Tag aus dem Unterstützungsfonds nach § 44 Gewerbliches Sozialversicherungsgesetz (GSVG), BGBl. Nr. 684/1978 in Verbindung mit § 356 Abs. 3 GSVG idF BGBl. I Nr. 2/2015 auf ein von der Sozialversicherungsanstalt der gewerblichen Wirtschaft einzurichtendes Konto zu überweisen.

(3) In Angelegenheiten dieses Bundesgesetzes ist die Sozialversicherungsanstalt der gewerblichen Wirtschaft bzw. deren Rechtsnachfolgerin zuständig.

(4) Die Sozialversicherungsanstalt der gewerblichen Wirtschaft bzw. deren Rechtsnachfolgerin hat die ihr nach diesem Bundesgesetz übertragenen Aufgaben im übertragenen Wirkungsbereich nach den Weisungen der Bundesministerin für Arbeit, Soziales, Gesundheit und Konsumentenschutz zu vollziehen.

Zuwendung aus dem Jungfamilienfonds

§ 2. (1) Die Zuwendung aus dem Jungfamilienfonds kann auf Ansuchen des betroffenen Elternteils gewährt werden, wenn eine Leistung nach § 1 KBGG für ein von 1. Jänner 2012 bis 28. Februar 2017 geborenes Kind bezogen wurde und ausschließlich aufgrund des Versäumens der Vorlagefrist nach § 8 Abs 1 Z 2 KBGG zurückgezahlt wurde oder zurückzuzahlen ist.

(2) Ansuchen nach Abs. 1 haben schriftlich bis zum 31. Dezember 2025 einzulangen.

(3) Abs. 1 und 2 gelten sinngemäß auch für Personen im Sinne der §§ 12 und 13 KBGG.

Richtlinien

§ 3. Die Abwicklung von Zuwendungen aus dem Jungfamilienfonds hat nach Maßgabe der hierfür vom Vorstand der Sozialversicherungsanstalt der gewerblichen Wirtschaft zu erlassenden Fonds-Richtlinien zu erfolgen.

Mitwirkungspflichten

§ 4. (1) Die Krankenversicherungsträger sowie die Niederösterreichische Gebietskrankenkasse als Kompetenzzentrum Kinderbetreuungsgeld haben bei der Vollziehung dieses Bundesgesetzes mitzuwirken.

(2) Die Krankenversicherungsträger sowie die Niederösterreichische Gebietskrankenkasse als Kompetenzzentrum Kinderbetreuungsgeld haben der Sozialversicherungsanstalt der gewerblichen Wirtschaft bzw. deren Rechtsnachfolgerin alle für die Abwicklung der Zuwendung (§ 2) erforderlichen Daten zu übermitteln und die notwendigen Auskünfte zu erteilen.

Rechtsanspruch und Rechtspersönlichkeit

§ 5. (1) Auf die Gewährung einer Zuwendung aus dem Jungfamilienfonds besteht kein Rechtsanspruch. Die Zuwendung kann bis zur Ausschöpfung des Jungfamilienfonds gewährt werden.

(2) Dieser Fonds besitzt keine Rechtspersönlichkeit.

Deckung des Aufwandes

§ 6. Die Mittel des Jungfamilienfonds sind zweckgebunden für den Aufwand und die Abwicklung der Zuwendungen aus dem Jungfamilienfonds. Der Jungfamilienfonds hat der Sozialversicherungsanstalt der gewerblichen Wirtschaft bzw. deren Rechtsnachfolgerin die nachgewiesenen, erforderlichen und zuordenbaren Aufwendungen für die Zuwendungen, die Verfahrenskosten, die Zustellgebühren, den entsprechenden Anteil an den Verwaltungsaufwendungen sowie die sonstigen Aufwendungen für die Abwicklung und Vollziehung nach diesem Bundesgesetz zu ersetzen.

Steuerbefreiung

§ 7. Die Zuwendung aus dem Jungfamilienfonds ist von der Einkommensteuer befreit und gehört auch nicht zur Bemessungsgrundlage für sonstige Abgaben und öffentlich-rechtliche Beiträge.

Verweisungen

§ 8. Soweit in diesem Bundesgesetz auf Bestimmungen anderer Bundesgesetze verwiesen wird, sind diese, soweit nicht ausdrücklich anderes bestimmt ist, in der jeweils geltenden Fassung anzuwenden.

Daten

§ 9. Verantwortliche gemäß Art. 4 Z 7 der Verordnung (EU) Nr. 679/2016 zum Schutz natürlicher Personen bei der Verarbeitung personenbezogener Daten, zum freien Datenverkehr und zur Aufhebung der Richtlinie 95/46/EG (Datenschutz-Grundverordnung), ABl. Nr. L 119 vom 27.04.2016 S 1 (DSGVO) ist die Hauptstelle der Sozialversicherungsanstalt der gewerblichen Wirtschaft bzw. deren Rechtsnachfolgerin. Die datenschutzrechtlichen Bestimmungen des Allgemeinen Sozialversicherungsgesetzes (ASVG), BGBl. Nr. 189/1955 und des GSVG sind auf dieses Bundesgesetz sinngemäß anzuwenden.

Rückiüberweisung von Mitteln

§ 10. Zum Zeitpunkt des Außer-Kraft-Tretens nicht verbrauchte Mittel nach § 1 Abs. 2 sind an den Unterstützungsfonds der Sozialversicherungsanstalt der Selbständigen nach § 11 Selbständigen-Sozialversicherungsgesetz (SVSG), BGBl. I Nr. 100/2018, zu überweisen, wobei § 11 Abs. 2 und 3 SVSG nicht zur Anwendung gelangen.

Vollzug

§ 11. Mit der Vollziehung dieses Bundesgesetzes ist die Bundesministerin für Arbeit, Soziales, Gesundheit und Konsumentenschutz betraut.

Inkrafttreten

§ 12. Dieses Bundesgesetz tritt mit dem der Kundmachung folgenden Tag in Kraft und mit Ablauf des 31. Dezember 2027 außer Kraft.

4. SONDERUNTERSTÜTZUNGSGESETZ

Inhaltsverzeichnis

Sonderunterstützungsgesetz

Sonderunterstützungsgesetz, BGBl 1973/642 idF

1	BGBl 1979/109	2	BGBl 1983/596	3	BGBl 1985/568
4	BGBl 1987/609	5	BGBl 1990/412	6	BGBl 1992/416
7	BGBl 1993/335	8	BGBl 1993/502	9	BGBl 1994/25
10	BGBl 1994/314	11	BGBl 1995/297	12	BGBl 1996/153
13	BGBl 1996/201	14	BGBl 1996/411	15	BGBl 1996/764
16	BGBl I 1997/107	17	BGBl I 1998/7	18	BGBl I 1998/35
19	BGBl I 2000/44	20	BGBl I 2000/142	21	BGBl I 2004/136
22	BGBl I 2004/156	23	BGBl I 2006/131	24	BGBl I 2007/101
25	BGBl I 2008/82	26	BGBl I 2009/90	27	BGBl I 2009/147
28	BGBl I 2010/111	29	BGBl I 2013/81		

GLIEDERUNG

Bundesgesetz vom 30. November 1973 über die Gewährung einer Sonderunterstützung an Personen, die in bestimmten, von Betriebseinschränkung oder Betriebsstillegung betroffenen Betrieben beschäftigt waren (Sonderunterstützungsgesetz – SUG)

Der Nationalrat hat beschlossen:

Artikel I

Voraussetzungen des Anspruches

§ 1. (1) Anspruch auf Sonderunterstützung nach diesem Bundesgesetz haben Personen, denen das Arbeitsmarktservice auch unter weitestmöglichem Einsatz von Förderungsmaßnahmen keine zumutbare Beschäftigung vermitteln kann und die

1. im Zeitpunkt der Beendigung des Dienstverhältnisses das 52. Lebensjahr vollendet haben und
2. vor Eintritt der Arbeitslosigkeit mindestens zehn Jahre in knappschaftlichen Betrieben gemäß § 15 Abs. 2 des Allgemeinen Sozialversicherungsgesetzes (ASVG), BGBl. Nr. 189/1955, in der jeweils geltenden Fassung, welche an ihrem Standort eine produktionstechnische Einheit im Sinne des § 34 des Arbeitsverfassungsgesetzes, BGBl. Nr. 22/1974, bilden, beschäftigt waren und durch mindestens 60 Monate die in Anlage 9 oder 10 zum ASVG angeführten Arbeiten verrichteten.

Weiters ist Voraussetzung für den Anspruch auf Sonderunterstützung, dass die Personen arbeitsfähig, arbeitswillig und arbeitslos sind und an dem der Beendigung des Dienstverhältnisses folgenden Monatsersten (Stichtag) die Wartezeit für eine Leistung aus einem Versicherungsfall des Alters, ausgenommen den Knappschaftssold, gemäß § 236 des Allgemeinen Sozialversicherungsgesetzes, BGBl. Nr. 189/1955, oder gemäß § 120 des Gewerblichen Sozialversicherungsgesetzes, BGBl. Nr. 560/1978, oder gemäß § 111 des Bauern-Sozialversicherungsgesetzes, BGBl. Nr. 559/1978, erfüllen; dabei gelten § 251a Abs. 7 Z 1 des Allgemeinen Sozialversicherungsgesetzes, § 129 Abs. 7 Z 1 des Gewerblichen Sozialversicherungsgesetzes und § 120 Abs. 7 Z 1 des Bauern-Sozialversicherungsgesetzes sinngemäß.

(BGBl 1994/314, BGBl 1995/297, BGBl 1996/153, BGBl I 2010/111)

(2) Bei der Beurteilung der Arbeitswilligkeit und der Zumutbarkeit einer Beschäftigung im Sinne des § 9 AlVG ist auf das Alter der Arbeitslosen, auf die noch zu erwartende Dauer der Berufstätigkeit, auf die allfällige Notwendigkeit zu übersiedeln oder zu pendeln sowie auf die Dauer einer allfälligen Arbeitsmarktausbildung Bedacht zu nehmen.

(BGBl I 2004/136)

(3) (aufgehoben)

(BGBl 1995/297, BGBl 1996/153)

(4) (aufgehoben)

(BGBl 1995/297)

(5) (aufgehoben)

(BGBl 1995/297)

(6) (aufgehoben)

(BGBl 1995/297)

Ruhen des Anspruches

§ 2. Hinsichtlich des Ruhens der Sonderunterstützung bei Haft und Auslandsaufenthalt gilt § 89 des Allgemeinen Sozialversicherungsgesetzes. Weiters ruht die Sonderunterstützung während des Zeitraumes, für den Kündigungsentschädigung oder eine Ersatzleistung für Urlaubsentgelt (Urlaubsabfindung, Urlaubsentschädigung) gebührt.

(BGBl 1994/314, BGBl 1996/411, BGBl I 2000/44)

§ 3. Der Bezug der Sonderunterstützung schließt den Bezug einer Leistung aus der Arbeitslosenversicherung aus.

Beginn und Dauer des Bezuges

§ 4. (1) Die Sonderunterstützung gebührt ab dem Tag der Antragstellung bis zum Anfall einer Pension aus den Versicherungsfällen der geminderten Arbeitsfähigkeit – ausgenommen die Knappschaftspension – oder der dauernden Erwerbsunfähigkeit bzw. bis zur Erfüllung der Anspruchsvoraussetzungen für eine Pension aus einem der Versicherungsfälle des Alters – ausgenommen den Knappschaftssold – nach den in Betracht kommenden Bestimmungen des Allgemeinen Pensionsgesetzes, des Allgemeinen Sozialversicherungsgesetzes, des Gewerblichen Sozialversicherungsgesetzes bzw. des Bauern-Sozialversicherungsgesetzes.

(BGBl I 2004/136, BGBl I 2009/90)

(2) Waren jedoch die Voraussetzungen für den Anspruch auf Sonderunterstützung bereits ab einem Samstag, Sonntag oder gesetzlichen Feiertag erfüllt und hat der Anspruch während dieses Samstages, Sonntages oder gesetzlichen Feiertages nicht gemäß § 2 geruht, so gebührt die Sonderunterstützung rückwirkend ab dem betreffenden Samstag, Sonntag bzw. gesetzlichen Feiertag, sofern der Anspruch am darauffolgenden Werktag geltend gemacht worden ist.

(BGBl I 2004/136)

(BGBl I 2004/136)

Ausmaß der Sonderunterstützung

§ 5. (1) Die Sonderunterstützung ist je nach der Versicherungszugehörigkeit der in Betracht kommenden Personen in der Höhe der Invaliditätspension, der Berufsunfähigkeitspension, der Knappschaftsvollpension bzw. der Erwerbsunfähigkeitspension nach den bezüglichen Bestimmungen des Allgemeinen Sozialversicherungsgesetzes, des Gewerblichen Sozialversicherungsgesetzes bzw. des Bauern-Sozialversicherungsgesetzes zu gewähren, auf die der Arbeitslose an dem der Beendigung des Dienstverhältnisses folgenden Monatsersten (Stichtag) Anspruch gehabt hätte, wenn dauernde Invalidität bzw. Berufsunfähigkeit bzw. Erwerbsunfähigkeit vorgelegen wäre. Hiebei ist anzunehmen, daß der Versicherungsfall der geminderten Arbeitsfähigkeit bzw. der dauernden Erwerbsunfähigkeit mit der Beendigung des Dienstverhältnisses eingetreten ist. Bei Erfüllung der Voraussetzungen des § 262 ASVG gebührt die Sonderunterstützung einschließlich der jeweils zustehenden Kinderzuschüsse.

(BGBl 1996/201)

(2) Bestünde bei Anspruch auf eine Invaliditätspension, Berufsunfähigkeitspension, Knappschaftsvollpension bzw. Erwerbsunfähigkeitspension Anspruch auf eine Ausgleichszulage, so ist die Sonderunterstützung mit dem Betrag festzusetzen, der sich aus der Anwendung der §§ 292 bis 296 des Allgemeinen Sozialversicherungsgesetzes, der §§ 149 bis 156 des Gewerblichen Sozialversicherungsgesetzes bzw. der §§ 140 bis 147 des Bauern-Sozialversicherungsgesetzes ergäbe.

(3) Jedes Einkommen des Arbeitslosen ist auf die Sonderunterstützung anzurechnen, ausgenommen die im § 292 Abs. 4 des Allgemeinen Sozialversicherungsgesetzes angeführten Einkommen, die Geldleistungen der Unfallversicherung sowie Witwen(Witwer)pensionen. Einkommen, die bereits bei der Festsetzung der Sonderunterstützung gemäß Abs. 2 berücksichtigt wurden, sind nicht anzurechnen.

(4) Zu den Sonderunterstützungen für die Monate April und Oktober gebührt je eine Sonderzahlung in der Höhe der für diese Monate ausgezahlten Sonderunterstützung. § 105 des Allgemeinen Sozialversicherungsgesetzes, § 73 des Gewerblichen Sozialversicherungsgesetzes bzw. § 69 des Bauern-Sozialversicherungsgesetzes sind entsprechend anzuwenden.

(BGBl I 1997/107, BGBl I 2010/111)

(5) Die Sonderunterstützung ist mit Wirksamkeit ab 1. Jänner eines jeden Jahres nach Maßgabe der Bestimmungen des § 108h des Allgemeinen Sozialversicherungsgesetzes, des § 50 des Gewerblichen Sozialversicherungsgesetzes bzw. des § 46 des Bauern-Sozialversicherungsgesetzes mit dem Anpassungsfaktor zu vervielfachen. Dabei ist § 617 ASVG anzuwenden. Artikel VII (Schlußbestimmungen) der 49. Novelle zum Allgemeinen Sozialversicherungsgesetz, BGBl. Nr. 294/1990, gilt, soweit er Pensionen aus der Pensionsversicherung betrifft, sinngemäß auch für die Sonderunterstützungen gemäß § 1 Abs. 1 Z 1 des Sonderunterstützungsgesetzes.

(BGBl 1990/412, BGBl I 2004/136)

(6) Hinsichtlich des Anspruches auf Familienbeihilfe ist der Bezug der Sonderunterstützung dem Bezug einer Geldleistung aus der Arbeitslosenversicherung gleichzuhalten.

(7) (aufgehoben)

(BGBl 1996/153)

(8) (aufgehoben)

(BGBl 1996/153)

(9) (aufgehoben)

(BGBl 1996/153)

(10) (aufgehoben)

(BGBl 1996/153)

Fortbezug der Sonderunterstützung

§ 6. Arbeitslosen, die Sonderunterstützung bereits bezogen haben, ist auf Antrag der Fortbezug der Sonderunterstützung zu gewähren, sofern nicht die Anspruchsvoraussetzungen für die Gewährung einer im § 4 genannten Pension erfüllt sind.

Krankenversicherung

§ 7. (1) Die Bezieher von Sonderunterstützung sind gemäß Artikel II Abschnitt 5 des Arbeitslosenversicherungsgesetzes 1977 mit der Maßgabe krankenversichert, daß

1. Dienstnehmer, die während ihres letzten Dienstverhältnisses bei der Versicherungsanstalt für Eisenbahnen und Bergbau krankenversichert waren, bei dieser Versicherungsanstalt, Dienstnehmer, die während des letzten Dienstverhältnisses bei einer Betriebskrankenkasse krankenversichert waren, bei dieser Betriebskrankenkasse, alle übrigen Dienstnehmer bei der Gebietskrankenkasse ihres Wohnortes versicherungszuständig sind,

   (BGBl I 2004/136)

2. der Beitrag zur Krankenversicherung 7,55 vH beträgt,

   (BGBl 1995/297, BGBl 1996/411, BGBl I 2004/136, BGBl I 2007/101)

3. als Beitragsgrundlage die Sonderunterstützung einschließlich der Sonderzahlungen (§ 5 Abs. 4) bzw. bei deren Ruhen gemäß § 2 die sich aus § 89 ASVG ergebende Leistung gilt und

   (BGBl 1996/201)

4. für die Leistungen aus der Krankenversicherung der Anspruch auf Sonderunterstützung dem Bezug einer Pension gleichsteht.

(2) Für die Zeit von der Antragstellung auf Zuerkennung der Sonderunterstützung bis zum Erhalt der darüber ergangenen Erledigung sind die §§ 10 Abs. 7, 12 Abs. 5 zweiter Satz und 79 Abs. 1 des Allgemeinen Sozialversicherungsgesetzes, der § 6 Abs. 2 des Gewerblichen Sozialversicherungsgesetzes bzw. der § 6 Abs. 2 des Bauern-Sozialversicherungsgesetzes über die vorläufige Krankenversicherung anzuwenden.

(BGBl 1994/314)

(3) Der Krankenversicherungsbeitrag ist in jenem Ausmaß, das dem jeweils aktuellen Krankenversicherungsbeitrag für Bezieher einer Pension nach dem ASVG (§ 8 Abs. 1 Z 1 ASVG in Verbindung mit § 73 Abs. 1 Z 1 ASVG) entspricht, von der Sonderunterstützung einzubehalten.

(BGBl 1995/297, BGBl 1996/153, BGBl 1996/411, BGBl I 2004/136, BGBl I 2010/111)

(4) Abweichend von Abs. 1 Z 2 beträgt der Beitrag zur Krankenversicherung in den Jahren 2005 bis 2007 7,5 vH und „ab dem Jahr 2008 7,65 vH“.

(BGBl I 2004/156, BGBl I 2007/101, BGBl I 2008/82, BGBl I 2013/81)

Verfahren

§ 8. (1) Über Anträge auf Zuerkennung der Sonderunterstützung entscheidet die Versicherungsanstalt für Eisenbahnen und Bergbau.

(2) Die Versicherungsanstalt für Eisenbahnen und Bergbau hat die Aufgaben nach diesem Bundesgesetz im übertragenen Wirkungsbereich nach den Weisungen des Bundesministers für Arbeit, Soziales und Konsumentenschutz zu vollziehen.

(3) Bei Streit über den Anspruch auf Sonderunterstützung oder ihre Höhe sind die Bestimmungen über das Verfahren in Leistungssachen nach dem siebenten Teil Abschnitt II des Allgemeinen Sozialversicherungsgesetzes sinngemäß anzuwenden.

(BGBl 1992/416, BGBl 1994/314, BGBl 1996/201, BGBl I 2004/136, BGBl I 2009/147)

§ 9. Die Versicherungsanstalt für Eisenbahnen und Bergbau hat die gemäß § 44 des Arbeitslosenversicherungsgesetzes 1977 zuständige regionale Geschäftsstelle des Arbeitsmarktservice bei Erfüllung der übrigen Anspruchsvoraussetzungen, allenfalls mit Ausnahme der Wartezeit, gemäß § 1 um Mitteilung zu ersuchen, ob das Arbeitsmarktservice dem Antragsteller eine zumutbare Beschäftigung (§ 1 Abs. 2) vermitteln kann. Das Arbeitsmarktservice hat die Anfrage unverzüglich zu beantworten und den Antragsteller, wenn es ihm auch unter weitestmöglichem Einsatz von Förderungsmaßnahmen keine zumutbare Beschäftigung vermitteln kann, zur Arbeitsvermittlung vorzumerken.

(BGBl 1996/201, BGBl I 2004/136)

§ 10. (1) Das Arbeitsmarktservice hat für Bezieher von Sonderunterstützung bei Vorliegen einer im Sinne des § 1 Abs. 2 zumutbaren Beschäftigungsmöglichkeit eine Kontrollmeldung gemäß § 49 Abs. 1 des Arbeitslosenversicherungsgesetzes 1977 vorzuschreiben. Das Arbeitsmarktservice hat die Versicherungsanstalt für Eisenbahnen und Bergbau unverzüglich zu verständigen, wenn ein Bezieher von Sonderunterstützung eine Kontrollmeldung versäumt oder sich weigert, eine zumutbare Beschäftigung anzunehmen, oder die Annahme einer derartigen Beschäftigung vereitelt.

(BGBl I 2004/136)

(2) Hat ein Bezieher von Sonderunterstützung trotz Belehrung über die Rechtsfolgen eine Kontrollmeldung unterlassen, ohne hiefür einen triftigen Grund glaubhaft zu machen, gebührt ab dem Tag der versäumten Kontrollmeldung bis zur Geltendmachung des Fortbezuges keine Sonderunterstützung.

(3) Hat ein Bezieher von Sonderunterstützung sich geweigert, eine zumutbare Beschäftigung anzunehmen oder die Annahme einer derartigen Beschäftigung vereitelt, ist § 10 des Arbeitslosenver-

SUG

sicherungsgesetzes 1977 mit der Maßgabe anzuwenden, daß an die Stelle des Arbeitslosengeldes die Sonderunterstützung tritt.

(BGBl 1994/314, BGBl 1996/201)

§ 11. Personen, die Sonderunterstützung beantragt haben und hiefür mit Ausnahme der Wartezeit gemäß § 1 Abs. 1 die Voraussetzungen erfüllen, ist von der Versicherungsanstalt für Eisenbahnen und Bergbau bis zur Leistungsfeststellung ein Vorschuß gemäß § 368 Abs. 2 ASVG zu gewähren. Dieser Vorschuß ist auf die später gewährte Sonderunterstützung anzurechnen.

(BGBl 1994/314, BGBl 1996/201, BGBl I 2004/136)

§ 12. (1) Der Bund hat der Versicherungsanstalt für Eisenbahnen und Bergbau aus der Gebarung Arbeitsmarktpolitik (§ 1 des Arbeitsmarktpolitik-Finanzierungsgesetzes, BGBl. Nr. 315/1994) die in der nach den Rechnungsvorschriften für die Sozialversicherungsträger zu erstellenden gesonderten Erfolgsrechnung nachgewiesenen Aufwendungen für die Sonderunterstützung, die Zustellgebühren, den entsprechenden Anteil an den Verwaltungsaufwendungen sowie die sonstigen Aufwendungen nach diesem Bundesgesetz zu ersetzen. Die anteiligen Verwaltungsaufwendungen können pauschal ermittelt und vom Bund in der Höhe des festgesetzten Pauschalbetrages ersetzt werden. Der Bundesminister für Arbeit und Soziales hat den Pauschalbetrag im Einvernehmen mit dem Bundesminister für Finanzen und nach Anhörung des Hauptverbandes der österreichischen Sozialversicherungsträger festzusetzen.

(BGBl I 2004/136)

(2) Der Bund hat der Versicherungsanstalt für Eisenbahnen und Bergbau den gemäß Abs. 1 gebührenden Kostenersatz jeweils monatlich in der Höhe der zu erwartenden anteiligen Aufwendungen zu bevorschussen.

(BGBl I 2004/136)

(BGBl 1994/25, BGBl 1996/201)

§ 13. Die §§ 7 bis 12, 21a, 22 Abs. 1 und 3, 39a Abs. 1 dritter bis fünfter Satz sowie 49 des Arbeitslosenversicherungsgesetzes 1977 sind mit der Maßgabe anzuwenden, dass an die Stelle des Arbeitslosengeldes die Sonderunterstützung tritt. Bei der Anrechnung von Einkommen aus einer vorübergehenden Beschäftigung sind Sonderzahlungen von der Anrechnung ausgenommen.

(BGBl 1996/201, BGBl I 1998/7, BGBl I 1998/35, BGBl I 2004/136, BGBl I 2009/90)

Anwendung des Allgemeinen Sozialversicherungsgesetzes

§ 14. (1) Die §§ 40, 98, 98a, 104 Abs. 2, 107, 110, 111, 112 Abs. 2, 321, 361 Abs. 4 und 368 Abs. 2 des Allgemeinen Sozialversicherungsgesetzes sind sinngemäß anzuwenden.

(2) Hinsichtlich der Aufsicht des Bundes gilt Abschnitt VI des Achten Teiles des Allgemeinen Sozialversicherungsgesetzes.

(BGBl 1994/314, BGBl 1996/201)

Berücksichtigung der Zeiten des Bezuges von Sonderunterstützung in der gesetzlichen Pensionsversicherung

§ 15. Fällt unmittelbar im Anschluß an den Bezug von Sonderunterstützung eine Leistung aus dem Versicherungsfall der geminderten Arbeitsfähigkeit bzw. der dauernden Erwerbsunfähigkeit oder aus einem der Versicherungsfälle des Alters mit Ausnahme des Knappschaftssoldes oder aus dem Versicherungsfall des Todes nach den in Betracht kommenden Bestimmungen des Allgemeinen Sozialversicherungsgesetzes, des Gewerblichen Sozialversicherungsgesetzes bzw. des Bauern-Sozialversicherungsgesetzes an, so ist der Wegfall der Sonderunterstützung im Bereich einer gesetzlichen Pensionsversicherung dem Wegfall einer Pension aus der Pensionsversicherung gleichzuhalten.

(BGBl 1996/201)

§ 16. Der Bezug der Sonderunterstützung ist der Anwendung der §§ 253a bzw. 276a des Allgemeinen Sozialversicherungsgesetzes dem Bezug einer Geldleistung aus der Arbeitslosenversicherung gleichzuhalten.

§ 17. Für den Anspruch auf die einmalige Leistung des Bergmannstreuegeldes (§ 281 des Allgemeinen Sozialversicherungsgesetzes) ist der Anfall der Sonderunterstützung dem Anfall einer Leistung aus der Pensionsversicherung aus einem Versicherungsfall der geminderten Arbeitsfähigkeit oder des Alters gleichzuhalten.

§ 18. (1) Die Beurteilung von Zeiten des Bezuges von Sonderunterstützungen als Versicherungszeiten oder als Ersatzzeiten in der Pensionsversicherung richtet sich nach den entsprechenden Regelungen des Allgemeinen Sozialversicherungsgesetzes.

(BGBl 1996/201, BGBl I 2010/111)

(2) Zeiten des Bezuges einer Sonderunterstützung sind bei Anwendung des § 2a Abs. 2 Z 1 des Bauern-Sozialversicherungsgesetzes Zeiten des Bezuges einer Leistung aus der Pensionsversicherung gleichzuhalten.

(BGBl 1996/201)

(3) Von den Ansprüchen auf Sonderunterstützung ist von der Versicherungsanstalt für Eisenbahnen und Bergbau ein Beitrag in der Höhe von 6 vH zur teilweisen Abgeltung der Berücksichtigung in der Pensionsversicherung einzubehalten.

(BGBl 1996/153, BGBl I 2006/131, BGBl I 2010/111)

(4) Der Arbeitgeber des knappschaftlichen Betriebes, bei dem der Sonderunterstützungsbezieher vor Eintritt der Arbeitslosigkeit beschäftigt war, hat einen Beitrag in der Höhe von 12,55 vH der ausbezahlten Sonderunterstützung an die Versicherungsanstalt für Eisenbahnen und Bergbau zu zahlen. Dieser Beitrag ist für die anteilige Abgeltung des Aufwandes für die Versicherungszeiten und Ersatzzeiten in der Pensionsversicherung zu verwenden. Die Vorschreibung erfolgt quartalsweise durch die Versicherungsanstalt für Eisen-

bahnen und Bergbau, wobei das für die Beitragseinhebung zur Krankenversicherung maßgebende Verfahren gilt.

(BGBl 1996/153, BGBl I 2006/131, BGBl I 2010/111)

Verweisungen

§ 19. Soweit in diesem Bundesgesetz auf Bestimmungen anderer Bundesgesetze verwiesen wird, sind diese in ihrer jeweils geltenden Fassung anzuwenden.

(BGBl 1996/201)

Artikel IV
Schlußbestimmungen

(1) Mit dem Inkrafttreten dieses Bundesgesetzes tritt das Bundesgesetz vom 10. März 1967, BGBl. Nr. 117, über die Gewährung einer Sonderunterstützung an im Kohlenbergbau beschäftigte Personen im Falle ihrer Arbeitslosigkeit in der Fassung der Novellen BGBl. Nr. 262/1967, BGBl. Nr. 238/1969 und BGBl. Nr. 166/1972 außer Kraft.

(BGBl 1993/502)

(2) § 12 tritt mit Ablauf des 31. Dezember 1993 außer Kraft.

(BGBl 1994/25, BGBl 1994/314)

(3) § 1 Abs. 1 Z 2 und § 5 Abs. 7 bis 10 in der Fassung des Bundesgesetzes BGBl. Nr. 297/1995 treten mit Ablauf des 31. März 1996 außer Kraft. Sie sind für Ansprüche, deren Anfallstag vor dem 1. April 1996 liegt, weiter anzuwenden. Sie gelten weiterhin für Personen, die am 31. März 1996 im Bezug des Arbeitslosengeldes gemäß § 18 Abs. 2 lit. b oder gemäß § 18 Abs. 4 in Verbindung mit § 81 AlVG oder eines auf einem solchen Arbeitslosengeldbezug beruhenden Notstandshilfebezuges stehen oder deren Anspruch gemäß § 16 Abs. 1 AlVG ruht, wenn

1. der Anfallstag vor dem 1. Jänner 1996 liegt oder die Person nachweist, daß ihr Dienstverhältnis vor dem 1. Jänner 1996 gekündigt oder einvernehmlich aufgelöst oder durch gerichtlichen Vergleich beendet wurde und auf Grund von Kündigungsfristen oder Kündigungsterminen, die auf Gesetz oder Normen der kollektiven Rechtsgestaltung beruhen, oder auf Grund des Vergleichs erst am 31. Dezember 1995 oder später beendet wurde,
2. während des Bezuges des Arbeitslosengeldes oder eines auf einem solchen Arbeitslosengeldbezug beruhenden Notstandshilfebezuges weibliche Arbeitslose das 54. Lebensjahr und männliche Arbeitslose das 59. Lebensjahr vollenden, wobei ein Ruhen des Anspruches dem Bezug gleichsteht und
3. der Anfallstag der Sonderunterstützung spätestens am 31. Dezember 1998 liegt.

Gleiches gilt in den Fällen der Z 1 auch wenn die Personen am 31. März 1996 nicht im Bezug des Arbeitslosengeldes stehen, weil das Dienstverhältnis am 31. März 1996 noch nicht beendet ist, wenn im Anschluß an die Beendigung die Voraussetzungen für Arbeitslosengeld gemäß § 18 Abs. 2 lit. b oder gemäß § 18 Abs. 4 in Verbindung mit § 81 AlVG oder die Voraussetzungen der Z 2 und 3 erfüllt sind. Bei der Prüfung der Anspruchsvoraussetzungen ist § 15 Abs. 1 des Arbeitslosenversicherungsgesetzes 1977 in der Fassung des Bundesgesetzes BGBl. Nr. 153/1996 anzuwenden.

(BGBl 1996/153, BGBl 1996/201, BGBl 1996/411)

(4) § 1 Abs. 3 in der Fassung des Bundesgesetzes BGBl. Nr. 297/1995 und die Sonderunterstützungsverordnung, BGBl. Nr. 360/1995, treten mit 1. April 1996 außer Kraft. Für Ansprüche, deren Anfallstag vor dem 1. April 1996 liegt, ist § 1 Abs. 1 Z 1 und Abs. 3 in der Fassung des Bundesgesetzes BGBl. Nr. 297/1995 und die Sonderunterstützungsverordnung weiter anzuwenden.

(BGBl 1996/153)

(5) Der Bund hat der Versicherungsanstalt des österreichischen Bergbaues aus der Gebarung Arbeitsmarktpolitik den Aufwand für die Herstellung der Voraussetzungen zur Vollziehung dieses Bundesgesetzes in der Höhe von 1 764 764 Schilling abzüglich der Beträge gemäß dem zweiten Satz mit Fälligkeit am 30. April 1996 zu ersetzen. Von vorgenannter Summe sind die Pensionsversicherungsbeiträge (§ 18 Abs. 4), die von den Arbeitgebern für den Monat April 1996 geleistet wurden, abzuziehen.

(BGBl 1996/201)

Artikel V
Wirksamkeitsbeginn

(1) Dieses Bundesgesetz tritt mit dem auf die Kundmachung folgenden Monatsersten in Kraft.

(BGBl 1993/502)

(2) Artikel IV Abs. 2 und 3 in der Fassung des Bundesgesetzes BGBl. Nr. 502/1993 tritt mit 1. August 1993 in Kraft.

(BGBl 1993/502)

(3) § 1 in der Fassung des Bundesgesetzes BGBl. Nr. 314/1994 tritt mit 1. Juli 1994 in Kraft.

(4) § 14 in der Fassung des Bundesgesetzes BGBl. Nr. 25/1994 tritt mit Ablauf des 30. Juni 1994 außer Kraft.

(BGBl 1996/201)

(5) Die §§ 2 und 7 Abs. 2 in der Fassung des Bundesgesetzes BGBl. Nr. 314/1994 treten mit 1. Mai 1996 in Kraft. § 11 in der Fassung des Bundesgesetzes BGBl. Nr. 25/1994 tritt mit Ablauf des 30. April 1996 außer Kraft. Vom 1. Juli 1994 bis zu diesem Zeitpunkt sind die §§ 2, 7 Abs. 2, 8, 10 erster Satz und 11 in der Fassung des Bundesgesetzes BGBl. Nr. 25/1994 mit der Maßgabe weiterhin anzuwenden, daß ab 1. Juli 1994 die Aufgaben und Befugnisse des Arbeitsamtes der jeweiligen regionalen Geschäftsstelle des Arbeitsmarktservice obliegen.

(BGBl 1996/201)

(6) Mit dem Inkrafttreten des § 8 gehen auf die Versicherungsanstalt des österreichischen Bergbaues alle hoheitlichen Rechte und Pflichten über, die vor diesem Zeitpunkt im Bereich der Sonderunterstützung gemäß § 1 Abs. 1 oder Art. V Abs. 7 in der Fassung des Arbeitsmarktpolitikgesetzes 1996, BGBl. Nr. 153/1996, von den Arbeitsämtern bzw. regionalen Geschäftsstellen des Arbeitsmarktservice ausgeübt wurden. Insbesondere sind Leistungen weiter zu gewähren, noch nicht rechtskräftig abgeschlossene Verfahren fortzuführen und wirken Verpfändungen und Übertragungen der Leistungen sowie Aufrechnungen in bisheriger Weise weiter.

(BGBl 1994/314, BGBl 1996/201)

(7) § 1 und Artikel IV in der Fassung des Bundesgesetzes BGBl. Nr. 297/1995 treten mit 1. April 1995 in Kraft und gelten nach Maßgabe der folgenden Bestimmungen für Neuansprüche ab 1. April 1995. § 1 und Artikel IV in der Fassung des Bundesgesetzes BGBl. Nr. 314/1994 gelten weiterhin für Dienstnehmer, die ihren Anspruch auf Sonderunterstützung nach dem 31. März 1995 geltend machen, wenn

1. ihr Dienstverhältnis auf Grund eines vor dem 1. Jänner 1995 abgeschlossenen Sozialplanes nach dem 31. März 1995 endet oder
2. ihr Dienstverhältnis vor dem 1. April 1995 gekündigt und auf Grund von Kündigungsfristen oder auch Kündigungsterminen, die auf Gesetz, Normen der kollektiven Rechtsgestaltung oder Vereinbarungen im Arbeitsvertrag beruhen, erst am 31. März 1995 oder später beendet wurde oder
3. ihr Dienstverhältnis vor dem 1. April 1995 im Rahmen eines Sozialplanes einvernehmlich aufgelöst und auf Grund der Berücksichtigung von Kündigungsfristen oder auch Kündigungsterminen, die auf Gesetz, Normen der kollektiven Rechtsgestaltung oder Vereinbarungen im Arbeitsvertrag beruhen, welche im Falle einer Kündigung einzuhalten gewesen wären, erst am 31. März 1995 oder später beendet wurde, oder
4. ihr Dienstverhältnis auf Grund eines vor dem 1. April 1995 geschlossenen gerichtlichen Vergleiches erst später beendet wurde.

(7a) Abs. 7 Z 1 ist bei Anträgen ab 1. Jänner 2001 nur anzuwenden, wenn der Dienstnehmer zuletzt nicht nur vorübergehend in einem Dienstverhältnis zu einem knappschaftlichen Betrieb im Sinne des § 15 Abs. 1 und 2 ASVG stand.

(BGBl I 2000/142)

(8) § 7 Abs. 1 und 3 in der Fassung des Bundesgesetzes BGBl. Nr. 297/1995 treten mit 1. Mai 1995 in Kraft.

(BGBl 1995/297)

(9) § 1 Abs. 1, § 5, § 7 Abs. 3, § 18 Abs. 3 und 4, § 19 und Art. IV Abs. 3 in der Fassung des Bundesgesetzes BGBl. Nr. 153/1996 treten mit 1. April 1996 in Kraft. Art. IV Abs. 4 zweiter Satz ist anzuwenden. Art. V Abs. 7 gilt für § 1 Abs. 1 in der Fassung des Bundesgesetzes BGBl. Nr. 297/1955 mit der Maßgabe, daß in § 1 Abs. 1 anstelle des Ausdruckes „Geltungsbereich dieses Bundesgesetzes“ der Ausdruck „Geltungsbereich des ASVG“ und im Art. V Abs. 7 anstelle des Ausdruckes „1995“ jeweils der Ausdruck „1996“ tritt. § 18 Abs. 4 gilt nur bei Ansprüchen, deren Anfallstag nach dem 31. März 1996 liegt.

(BGBl 1996/153)

(10) Die §§ 5 Abs. 1, 7 Abs. 1 Z 3, 8 bis 14 und 19 in der Fassung des Bundesgesetzes BGBl. Nr. 201/1996 treten mit 1. Mai 1996 in Kraft. Art. IV Abs. 3 in der Fassung des Bundesgesetzes BGBl. Nr. 201/1996 tritt mit 1. April 1996 in Kraft.

(BGBl 1996/201)

(11) Für Ansprüche auf Sonderunterstützung gemäß Art. IV Abs. 3 in der Fassung des Arbeitsmarktpolitikgesetzes 1996, BGBl. Nr. 153/1996, ist das Sonderunterstützungsgesetz in der Fassung des Arbeitsmarktpolitikgesetzes 1996 weiter anzuwenden. Dabei ist § 51 Abs. 4 des Arbeitslosenversicherungsgesetzes 1977 in der Fassung des Bundesgesetzes BGBl. Nr. 764/1996 anzuwenden.

(BGBl 1996/201, BGBl 1996/764)

(12) Es treten in Kraft:

1. mit 1. April 1996 § 2 und Art. IV Abs. 3 in der Fassung des Bundesgesetzes BGBl. Nr. 411/1996;
2. mit 1. August 1996 § 7 Abs. 1 Z 2 und Abs. 3 in der Fassung des Bundesgesetzes BGBl. Nr. 411/1996.

(BGBl 1996/411)

(13) Abs. 11 in der Fassung des Bundesgesetzes BGBl. Nr. 764/1996 tritt mit 1. Jänner 1997 in Kraft.

(BGBl 1996/764)

(14)[*)] § 5 Abs. 4 in der Fassung des Bundesgesetzes BGBl. I Nr. 107/1997 tritt mit 1. April 1997 in Kraft.

(BGBl I 1997/107)

(14)[*)] § 13 zweiter Satz in der Fassung des Bundesgesetzes BGBl. I Nr. 7/1998 tritt mit 1. Jänner 1998 in Kraft und mit Ablauf des 31. Dezember 1999 außer Kraft.

(BGBl I 1998/7)

[*)] Idente Absatzbezeichnung Redaktionsversehen.

(15) § 2 in der Fassung des Bundesgesetzes BGBl. I Nr. 44/2000 tritt mit 1. Jänner 2001 in Kraft.

(BGBl I 2000/44)

(16) Art. V Abs. 7a in der Fassung des Bundesgesetzes BGBl. I Nr. 142/2000 tritt mit 1. Jänner 2001 in Kraft.

(BGBl I 2000/142)

(17) Die §§ 1 Abs. 2, 4, 5 Abs. 5, 7 Abs. 1 Z 1, 8, 9, 10 Abs. 1, 11, 12 Abs. 1 und 2 und 13 in der Fassung des Bundesgesetzes BGBl. I Nr. 136/2004 treten mit 1. Jänner 2005 in Kraft.

(BGBl I 2004/136)

(18) § 7 Abs. 4 in der Fassung des Bundesgesetzes BGBl. I Nr. 156/2004 tritt mit 1. Jänner 2005 in Kraft und mit Ablauf des 31. Dezember 2008 außer Kraft.

(BGBl I 2004/156)

(19) § 18 Abs. 3 und 4 in der Fassung des Bundesgesetzes BGBl. I Nr. 131/2006 treten rückwirkend mit 1. Jänner 2005 in Kraft.

(BGBl I 2006/131)

(20) Es treten in Kraft:

1. mit 1. Jänner 2008 die §§ 7 Abs. 1 Z 2 in der Fassung der Z 1 sowie Abs. 4 in der Fassung des Bundesgesetzes BGBl. I Nr. 101/2007;
2. mit 1. Jänner 2009 § 7 Abs. 4 in der Fassung des Bundesgesetzes BGBl. I Nr. 82/2008.

   (BGBl I 2008/82)

(BGBl I 2007/101)

(21) § 13 in der Fassung des Bundesgesetzes BGBl. I Nr. 90/2009 tritt mit 1. August 2009 in Kraft.

(BGBl I 2009/90)

(22) § 4 Abs. 1 in der Fassung des Bundesgesetzes BGBl. I Nr. 90/2009 tritt mit 1. Jänner 2010 in Kraft und gilt für Ansprüche, deren Anfallstag nach dem 31. Dezember 2009 liegt.

(BGBl I 2009/90)

(23) § 8 in der Fassung des Bundesgesetzes BGBl. I Nr. 147/2009 tritt mit 1. Jänner 2010 in Kraft.

(BGBl I 2009/147)

(24) § 5 Abs. 4, § 7 Abs. 3 sowie § 18 Abs. 1, 3 und 4 in der Fassung des Budgetbegleitgesetzes 2011, BGBl. I Nr. 111/2010, treten mit 1. Jänner 2011 in Kraft.

(BGBl I 2010/111)

(25) § 1 Abs. 1 in der Fassung des Budgetbegleitgesetzes 2011, BGBl. I Nr. 111/2010, tritt mit 1. Jänner 2011 in Kraft und gilt ausnahmslos für Ansprüche auf Sonderunterstützung, die erstmals für Zeitraume nach Ablauf des 31. Dezember 2010 zuerkannt werden.

(BGBl I 2010/111)

„(26) § 7 Abs. 4 in der Fassung des Bundesgesetzes BGBl. I Nr. 81/2013 tritt rückwirkend mit 1. Jänner 2013 in Kraft und mit dem durch Verordnung des Bundesministers für Gesundheit gemäß § 675 Abs. 3 ASVG festgestellten Zeitpunkt außer Kraft.“

(BGBl I 2013/81)

Artikel VI
Vollziehung

(1) Mit der Vollziehung dieses Bundesgesetzes ist der Bundesminister für soziale Verwaltung betraut.

(2) Mit der Wahrung der sich aus Artikel II ergebenden Rechte des Bundes als Träger von Privatrechten ist der Bundesminister für soziale Verwaltung betraut.

SUG-Pauschalbetragsverordnung

SUG-Pauschalbetragsverordnung, BGBl II 1998/46

Verordnung der Bundesministerin für Arbeit, Gesundheit und Soziales, mit der ein Pauschalbetrag für die anteiligen Verwaltungsaufwendungen der Versicherungsanstalt des österreichischen Bergbaues für die Vollziehung der Sonderunterstützung nach dem Sonderunterstützungsgesetz festgesetzt wird (SUG-Pauschalbetragsverordnung)

Auf Grund des § 12 Abs. 1 des Sonderunterstützungsgesetzes (SUG), BGBl. Nr. 642/1973, wird im Einvernehmen mit dem Bundesminister für Finanzen verordnet:

§ 1. Als Pauschalbetrag für die anteiligen Verwaltungsaufwendungen der Versicherungsanstalt des österreichischen Bergbaues für die Vollziehung der Sonderunterstützung nach dem Sonderunterstützungsgesetz wird ein Betrag in der Höhe von 98 500 S monatlich festgesetzt.

§ 2. (1) An die Stelle des Pauschalbetrages gemäß § 1 treten ab 1. Jänner eines jeden Jahres, erstmals ab 1. Jänner 1999, der mit der Vervielfachungszahl nach Abs. 2 vervielfachte Betrag. Eine Erhöhung darf jedoch den auf Grund einer Vervielfachung des Pauschalbetrages des vorangegangenen Jahres mit der Aufwertungszahl des jeweiligen Kalenderjahres (§ 108a ASVG) sich ergebenden Betrag nicht übersteigen.

(2) Die Vervielfachungszahl ergibt sich durch Teilung der Verwaltungskosten für den Bereich der Sonderunterstützung des zweitvorangegangenen Kalenderjahres durch die entsprechenden Verwaltungskosten des drittvorangegangenen Kalenderjahres; soweit das Kalenderjahr 1996 heranzuziehen ist, sind für die Berechnung der Vervielfachungszahl die angefallenen Verwaltungskosten für acht Monate auf zwölf Monate hochzurechnen. Die Verwaltungskosten für den Bereich der Sonderunterstützung sind dabei nach den Ergebnissen der Kostenrechnung zu berücksichtigen.

§ 3. Diese Verordnung tritt mit 1. Jänner 1998 in Kraft.

5. Nachtschwerarbeitsgesetz

Nachtschwerarbeitsgesetz, BGBl 1981/354 idF

1	BGBl 1982/544	2	BGBl 1983/666	3	BGBl 1987/609
4	BGBl 1990/414	5	BGBl 1992/473	6	BGBl I 1998/7
7	BGBl I 1999/181	8	BGBl I 2001/7	9	BGBl I 2002/158
10	BGBl I 2005/114	11	BGBl I 2009/90	12	BGBl I 2012/35
13	BGBl I 2013/3	14	BGBl I 2013/87	15	BGBl I 2018/30

GLIEDERUNG

Bundesgesetz über Schutzmaßnahmen für Nachtschwerarbeiter durch Änderung des Urlaubsgesetzes, des Arbeitszeitgesetzes und des Arbeitsverfassungsgesetzes sowie durch Maßnahmen zur Sicherung der gesetzlichen Abfertigung, der Gesundheitsvorsorge und Einführung eines Sonderruhegeldes (Nachtschwerarbeitsgesetz – NSchG)

Der Nationalrat hat beschlossen:

Artikel I
Schutzmaßnahmen

Für Arbeitnehmer, die Nachtschwerarbeit leisten, sind nach Maßgabe der folgenden Artikel besondere Schutzmaßnahmen zur Verhinderung, Beseitigung oder Milderung der mit diesen Arbeiten verbundenen Erschwernisse oder zum Ausgleich von Belastungen vorgesehen:

Zusatzurlaub (Art. II, Art. XIIa),

Ruhepausen (Art. III),

Abfertigung (Art. IV),

Novellierung des Arbeitsverfassungsgesetzes (Art. VI),

Maßnahmen der Gesundheitsvorsorge und Sonderruhegeld (Art. VII bis XII).

(BGBl 1992/473)

Artikel II

(Berücksichtigt bei Urlaubsgesetz.)

Artikel III

(Berücksichtigt bei Arbeitszeitgesetz.)

Artikel IV
Anwendung der gesetzlichen Abfertigungsbestimmungen

Bei Anwendung der Abfertigungsbestimmungen des § 23a Abs. 1 Angestelltengesetz, BGBl. Nr. 292/1921, und des § 2 Abs. 1 Arbeiter-Abfertigungsgesetz, BGBl. Nr. 107/1979, ist die Inanspruchnahme des Sonderruhegeldes (Art. X) der Inanspruchnahme der vorzeitigen Alterspension bei langer Versicherungsdauer nach dem Allgemeinen Sozialversicherungsgesetz gleichzuhalten.

Artikel V

(aufgehoben - betraf das Arbeitnehmerschutzgesetz.)

(BGBl 1982/544)

Artikel VI

(Berücksichtigt bei Arbeitsverfassungsgesetz.)

Artikel VII
Nachtarbeit und Nachtschwerarbeit

(1) Nachtarbeit im Sinne dieses Bundesgesetzes leistet ein Arbeitnehmer, der in der Zeit zwischen 22 Uhr und 6 Uhr mindestens sechs Stunden arbeitet, sofern nicht in die Arbeitszeit regelmäßig und in erheblichem Ausmaß Arbeitsbereitschaft fällt.

(2) Nachtschwerarbeit leistet ein Arbeitnehmer im Sinne des Abs. 1, der unter einer der folgenden Bedingungen arbeitet:

1. a) in Bergbaubetrieben ausschließlich oder überwiegend unter Tage,
   b) in Bergbaubetrieben über Tage bei Mehrfachbelastung durch Erschütterung und Lärm, wobei der in der Verordnung gemäß Abs. 3 Z 2 festgelegte Grenzwert um 10 vH tiefer anzusetzen ist und der Schallpegelwert im Sinne der Z 4 mindestens 83 dB (A) erreichen muß,
   c) im Stollen- und Tunnelbau oder
   d) im Bohrlochbergbau im Freien ab einer Tiefe von mehr als 100 Metern bei Mehrfachbelastung durch Erschütterung und Lärm oder Hitze oder der Gefahr der Einwirkung gesundheitsschädlicher Stoffe, wobei der in Z 2 festgelegte belastungsadäquate Grenzwert sowie der in der Verordnung gemäß Abs. 3 Z 2 festgelegte Grenzwert um 10 vH tiefer anzusetzen sind und der Schallpegelwert im Sinne der Z 4 mindestens 83 dB (A) erreichen muß;
2. bei den Organismus besonders belastender Hitze. Eine solche liegt bei einem durch Arbeitsvorgänge bei durchschnittlicher Außentemperatur verursachten Klimazustand vor, der eine Belastung durch Arbeit während des überwiegenden Teils der Arbeitszeit bei 30 Grad Celsius und 50 % relativer Luftfeuchtigkeit bei einer Luftgeschwindigkeit von 0,1 m pro Sekunde wirkungsgleich oder ungünstiger ist;
3. bei überwiegendem Aufenthalt in begehbaren Kühlräumen, wenn die Raumtemperatur niedriger als –21 Grad Celsius ist, oder wenn der Arbeitsablauf einen ständigen Wechsel zwischen solchen Kühlräumen und sonstigen Arbeitsräumen erfordert;
4. bei andauernd starkem Lärm, sofern ein Schallpegelwert von 85 dB (A), oder bei nicht andauerndem Lärm, sofern ein äquivalenter Pegelwert überschritten wird;
5. bei Verwendung von Arbeitsgeräten, Maschinen und Fahrzeugen, die durch gesundheitsgefährdende Erschütterung auf den Körper einwirken;
6. wenn regelmäßig und mindestens während vier Stunden der Arbeitszeit Atemschutzgeräte (Atemschutz-, Filter- oder Behältergeräte) oder während zwei Stunden Tauchgeräte getragen werden müssen;
7. bei Arbeit an Bildschirmarbeitsplätzen (das sind Arbeitsplätze, bei denen das Bildschirmgerät und die Dateneingabetastatur sowie gegebenenfalls ein Informationsträger eine funktionale Einheit bilden), sofern die Arbeit mit dem Bildschirmgerät und die Arbeitszeit an diesem Gerät für die gesamte Tätigkeit bestimmend sind. Sonstige Steuerungseinheiten sind Dateneingabetastaturen gleichgestellt, wenn die Voraussetzungen des ersten Satzes erfüllt sind und die Bedingung dieser Steuerungseinheiten durch die Vielfältigkeit und Menge der je Zeiteinheit zu verarbeitenden Informationen und die Häufigkeit und Dichte aufeinanderfolgender Teilaufgaben oder sonstige Arbeitsbedingungen (z.B. Störeinflüsse, Beleuchtung) für die dort beschäftigten Arbeitnehmer eine entsprechende Erschwernis darstellen;
8. bei ständigem gesundheitsschädlichen Einwirken von inhalativen Schadstoffen, die zu einer Berufskrankheit im Sinne der Anlage 1 zum Allgemeinen Sozialversicherungsgesetz führen können;
9. feuerungstechnische Spezial-Bauarbeiten in heißen Öfen;
10. wenn schwere körperliche Arbeit bei gleichzeitiger besonders belastender Hitzeexposition geleistet wird, wobei der in Z 2 festgelegte belastungsadäquate Grenzwert um 10 vH tiefer anzusetzen ist. Schwere körperliche Arbeit ist gegeben, wenn bei einer achtstündigen Arbeitszeit mindestens 2000 Arbeitskilokalorien verbraucht werden;

(3) Der/die Bundesminister/in für Arbeit, Soziales und Konsumentenschutz hat nach Anhörung der gesetzlichen Interessensvertretungen der Arbeitgeber und Arbeitnehmer durch Verordnung festzulegen:

1. Kriterien, bei deren Erfüllung eine Gesundheitsbelastung gemäß Abs. 2 Z 2 gegeben ist sowie Zeitpunkt, Art und Weise der Temperaturmessung;
2. Kriterien, bei deren Erfüllung eine Gesundheitsbelastung gemäß Abs. 2 Z 5 gegeben ist;
3. die Konzentrationswerte von Schadstoffen in der Luft am Arbeitsplatz, bei deren Erreichen ein gesundheitsschädliches Einwirken gemäß Abs. 2 Z 8 gegeben ist.

(BGBl I 2013/3)

(4) Nachtschwerarbeit leisten auch Arbeitnehmer/innen der Feuerwehr, die in der Zeit zwischen 22 Uhr und 6 Uhr mindestens sechs Stunden Einsätze oder Arbeitsbereitschaft für Einsätze im Schichtdienst leisten, wenn es sich dabei um die Haupttätigkeit der Arbeitnehmer/innen handelt. Dies gilt abweichend von Abs. 1 auch dann, wenn in die Arbeitszeit regelmäßig und in erheblichem Umfang Arbeitsbereitschaft fällt.

(BGBl I 2013/3)

(5) Die zuständigen Krankenversicherungsträger haben auf Antrag des Arbeitgebers, des Arbeit-

nehmers oder des zuständigen Organs der Arbeitnehmerschaft durch Bescheid im Einzelfall die erschwerenden Arbeitsbedingungen im Sinne des Abs. 2 oder 4, einer Verordnung nach Abs. 3 oder eines Kollektivvertrages gemäß Abs. 6 festzustellen. An einem solchen Verfahren hat der Krankenversicherungsträger das zuständige Arbeitsinspektorat zu beteiligen.

(BGBl I 2013/3)

(6) Durch Kollektivvertrag können sonstige Arbeiten im Sinne des Abs. 1 der Nachtschwerarbeit gleichgestellt werden, wenn sie eine außergewöhnliche Beanspruchung mit sich bringen oder wenn Arbeitnehmer der Einwirkung durch Schadstoffe oder Strahlen ausgesetzt sind.

(BGBl 1992/473)

Artikel VIII
Meldungen

(1) Die Dienstgeber haben jeden von ihnen beschäftigten Dienstnehmer, der Nachtschwerarbeit im Sinne des Art. VII Abs. 2 oder 4, einer Verordnung nach Art. VII Abs. 3 oder eines Kollektivvertrages gemäß Art. VII Abs. 6 sowie des Art. XI Abs. 6 leistet, gesondert zu melden.

(BGBl 1992/473, BGBl I 2013/3)

(2) Für die Meldepflicht gelten die Bestimmungen des Allgemeinen Sozialversicherungsgesetzes über die Meldungen und Auskunftspflicht mit der Maßgabe, daß

a) die Meldungen auf dem hiefür vorgesehenen Vordruck zu erstatten sind und

b) die im § 33 Abs. 1 des Allgemeinen Sozialversicherungsgesetzes festgesetzte Frist von drei Tagen erst nach dem Ende des Kalendermonates, in dem die Nachtschwerarbeit geleistet worden ist, zu laufen beginnt.

Der Dienstgeber hat je eine Kopie der Meldung dem Versicherten und dem nach dem Arbeitsverfassungsgesetz, BGBl. Nr. 22/1974, in Betracht kommenden Organ der Betriebsvertretung zu übermitteln. Die Meldungen haben alle für die Durchführung dieses Bundesgesetzes erforderlichen Angaben zu enthalten. Bei Verstößen gegen die Melde- und Auskunftspflicht gelten die Strafbestimmungen des Allgemeinen Sozialversicherungsgesetzes entsprechend.

(BGBl 1992/473)

Artikel IX
Maßnahmen der Gesundheitsvorsorge

Die Pensionsversicherungsträger gewähren den Versicherten, die Nachtschwerarbeit im Sinne des Art. VII Abs. 2 oder 4, einer Verordnung nach Art. VII Abs. 3 oder eines Kollektivvertrages gemäß Art. VII Abs. 6 sowie des Art. IX Abs. 6 leisten, nach pflichtgemäßem Ermessen Maßnahmen der Gesundheitsvorsorge gemäß § 307d des Allgemeinen Sozialversicherungsgesetzes mit dem Ziele, den Eintritt dauernder Schädigungen durch die Nachtschwerarbeit hintanzuhalten. Hiebei ist auf die Art und Dauer der Tätigkeit sowie den allgemeinen Gesundheitszustand des Betroffenen Bedacht zu nehmen.

(BGBl 1992/473, BGBl I 2013/3)

Artikel X
Sonderruhegeld

(1) Anspruch auf Sonderruhegeld hat der Versicherte nach Vollendung des 57. Lebensjahres, die Versicherte nach Vollendung des 52. Lebensjahres, wenn

1. der Zeitraum von 360 Kalendermonaten vor dem Stichtag mindestens zur Hälfte mit Beitragsmonaten im Sinne der §§ 225 und 226 des Allgemeinen Sozialversicherungsgesetzes gedeckt ist, für die Beiträge gemäß Art. XI Abs. 3 entrichtet worden sind oder vor dem Stichtag mindestens 240 Beitragsmonate im Sinne der §§ 225 und 226 des Allgemeinen Sozialversicherungsgesetzes vorliegen, für die Beiträge gemäß Art. XI Abs. 3 entrichtet worden sind, und

2. am Stichtag weder eine selbständige noch eine unselbständige Erwerbstätigkeit ausgeübt wird; eine Erwerbstätigkeit, auf Grund derer ein Erwerbseinkommen bezogen wird, das das nach § 5 Abs. 2 lit. c des Allgemeinen Sozialversicherungsgesetzes jeweils in Betracht kommende Monatseinkommen nicht übersteigt, bleibt hiebei unberücksichtigt; hinsichtlich der Ermittlung des Erwerbseinkommens aus einem land(forst)wirtschaftlichen Betrieb ist § 292 Abs. 5 und 7 des Allgemeinen Sozialversicherungsgesetzes entsprechend anzuwenden.

(BGBl 1983/666, BGBl 1992/473)

(2) (aufgehoben)

(BGBl 1987/609, BGBl 1990/414, BGBl 1992/473)

(3) Das Sonderruhegeld gebührt in der Höhe der Invaliditätspension (Berufsunfähigkeitspension, Knappschaftsvollpension) nach dem Allgemeinen Sozialversicherungsgesetz, auf die am Stichtag bei Erfüllung aller erforderlichen Voraussetzungen Anspruch bestanden hätte. Es ist von dem Pensionsversicherungsträger festzustellen und auszuzahlen, der gemäß § 246 des Allgemeinen Sozialversicherungsgesetzes für die Gewährung einer Invaliditätspension (Berufsunfähigkeitspension, Knappschaftsvollpension) leistungszuständig wäre.

(4) Für den Bereich der Sozialversicherung, des Arbeitslosenversicherungsgesetzes 1977, BGBl. Nr. 609, des Sonderunterstützungsgesetzes, BGBl. Nr. 642/1973, des Familienlastenausgleichsgesetzes 1967, BGBl. Nr. 376, und des Einkommensteuergesetzes 1972, BGBl. Nr. 440, ist das Sonderruhegeld einer vorzeitigen Alterspension (Knappschaftsalterspension) bei langer Versicherungsdauer nach dem Allgemeinen Sozialversicherungsgesetz gleichzuhalten. Hiebei sind die in Betracht kommenden Bestimmungen des Allgemeinen Sozialversicherungsgesetzes mit folgender Maßgabe anzuwenden:

1. An die Stelle des Eintrittes des Versicherungsfalles tritt die Vollendung des Anfallsalters.
2. Wenn
   a) der (die) Versicherte bereits am Stichtag gemäß Abs. 1 die Voraussetzungen gemäß § 253b Abs. 1 lit. a bis d bzw. § 276b Abs. 1 lit. a bis d des Allgemeinen Sozialversicherungsgesetzes erfüllt hat,
   b) in dem Kalendermonat, in dem der (die) Versicherte das 60. (55.) Lebensjahr vollendet hat, oder in einem späteren Kalendermonat das Sonderruhegeld nicht weggefallen ist und
   c) der (die) Versicherte am nächsten Monatsersten die Voraussetzungen des § 253b Abs. 1 lit. d bzw. § 276b Abs. 1 lit. d des Allgemeinen Sozialversicherungsgesetzes erfüllt,

   gebührt ab diesem Monatsersten anstelle des Sonderruhegeldes die vorzeitige Alterspension bzw. Knappschaftsalterspension bei langer Versicherungsdauer gemäß § 253b bzw. § 276b des Allgemeinen Sozialversicherungsgesetzes.

   (BGBl 1983/666)
3. Wenn
   a) der Versicherte bereits am Stichtag gemäß Abs. 1 die allgemeinen Voraussetzungen für den Knappschaftssold (§ 235 des Allgemeinen Sozialversicherungsgesetzes) erfüllt hat,
   b) in dem Kalendermonat, in dem der Versicherte das 60. Lebensjahr vollendet hat, oder in einem späteren Kalendermonat das Sonderruhegeld nicht weggefallen ist und
   c) der Versicherte am nächsten Monatsersten in der Pensionsversicherung nicht pflichtversichert ist, gebührt ab diesem Monatsersten anstelle des Sonderruhegeldes die Knappschaftsalterspension gemäß § 276 Abs. 3 des Allgemeinen Sozialversicherungsgesetzes.
4. Wenn
   a) in dem Kalendermonat, in dem der (die) Versicherte das 65. (60.) Lebensjahr vollendet hat, oder in einem späteren Kalendermonat das Sonderruhegeld nicht weggefallen ist und
   b) der (die) Versicherte am nächsten Monatsersten die Voraussetzungen des § 253 Abs. 1 bzw. § 276 Abs. 1 des Allgemeinen Sozialversicherungsgesetzes erfüllt,

   gebührt ab diesem Monatsersten anstelle des Sonderruhegeldes die Alterspension bzw. Knappschaftsalterspension gemäß § 253 bzw. 276 des Allgemeinen Sozialversicherungsgesetzes, wobei die allgemenen Voraussetzungen für den Anspruch (§ 253 des Allgemeinen Sozialversicherungsgesetzes) jedenfalls als erfüllt gelten.
5. Die vorzeitige Alterspension (Knappschaftsalterspension) bei langer Versicherungsdauer gemäß Z 2, die Knappschaftsalterspension gemäß Z 3 und die Alterspension (Knappschaftsalterspension) gemäß Z 4 gebühren mindestens in der Höhe des Anspruches auf Sonderruhegeld.
6. Die allgemeinen Voraussetzungen für den Anspruch auf Hinterbliebenenpension gelten auch dann als erfüllt, wenn das Sonderruhegeld bei Eintritt des Versicherungsfalles des Todes weggefallen ist.

(BGBl 1990/414)

Artikel XI
Finanzielle Maßnahmen

(1) Die Pensionsversicherungsträger haben die Aufwendungen und Erträge nach diesem Bundesgesetz für jedes Geschäftsjahr in einer gesonderten Erfolgsrechnung nachzuweisen.

(2) Als Aufwendungen nach Abs. 1 sind hiebei der Aufwand für Sonderruhegeld, der Beitrag für die Krankenversicherung der Empfänger von Sonderruhegeld und die Leistungen der Gesundheitsvorsorge gemäß Art. IX zu erfassen. Der Bund ersetzt den Pensionsversicherungsträgern diese Aufwendungen, höchstens jedoch 110 vH des Aufwandes für Sonderruhegeld. Diese Ersatzleistung des Bundes gilt als Ertrag nach Abs. 1. Ein allfälliger nachgewiesener Fehlbetrag (Gebarungsabgang) ist aus der ordentlichen Gebarung der Pensionsversicherungsträger zu decken. Die gebührende Ersatzleistung des Bundes ist monatlich im erforderlichen Ausmaß nach Tunlichkeit unter Bedachtnahme auf den voraussichtlichen Aufwand zu bevorschussen.

(3) Zur Deckung des Aufwandes des Bundes nach Abs. 2 haben die Dienstgeber für jeden von ihnen im Sinne des Art. VII Abs. 2 oder 4, einer Verordnung nach Art. VII Abs. 3 oder eines Kollektivvertrages gemäß Art. VII Abs. 6 sowie des Art. XI Abs. 6 beschäftigten Dienstnehmer für jeden Nachtschwerarbeitsmonat (Abs. 6) einen gesonderten Beitrag (Nachtschwerarbeits-Beitrag) im Ausmaß von 2 vH der allgemeinen Beitragsgrundlage in der nach dem Allgemeinen Sozialversicherungsgesetz geregelten Pensionsversicherung zu leisten. Dieser Beitrag ist auch von den Sonderzahlungen im Sinne des § 54 des Allgemeinen Sozialversicherungsgesetzes zu entrichten.

(BGBl 1992/473, BGBl I 2013/3)

(4) Für den Nachtschwerarbeits-Beitrag gelten die Bestimmungen des Allgemeinen Sozialversicherungsgesetzes über Beiträge zur Pflichtversicherung auf Grund des Arbeitsverdienstes mit der Maßgabe, daß

1. die Beiträge an den Bund abzuführen sind und

2. die Krankenversicherungsträger eine Vergütung erhalten, deren Höhe in sinngemäßer Anwendung des § 82 des Allgemeinen Sozialversicherungsgesetzes festzusetzen ist.

(BGBl 1987/609, BGBl 1992/473)

(5) Der Bundesminister für soziale Verwaltung hat im Einvernehmen mit dem Bundesminister für Finanzen den im Abs. 3 genannten Hundertsatz unter Bedachtnahme auf die Ergebnisse der gesonderten Erfolgsrechnungen gemäß Abs. 1 – ausgenommen die für das Geschäftsjahr 1981 – durch Verordnung so zu ändern, daß der Nachtschwerarbeits-Beitrag 75 vH der Ersatzleistung des Bundes voraussichtlich deckt. Änderungen dieses Hundertsatzes um weniger als fünf Prozentpunkte bleiben hiebei außer Betracht. Eine Änderung des Beitragssatzes wird erst mit dem ersten Beitragszeitraum des folgenden Geschäftsjahres wirksam.[a)]

(BGBl 1992/473)

[a)] Art. XI Abs. 5 findet in den Kalenderjahren 1997 bis 2012 keine Anwendung (BGBl I 2009/90).

(6) Ein Nachtschwerarbeitsmonat liegt vor, wenn ein in der Pensionsversicherung nach dem Allgemeinen Sozialversicherungsgesetz pflichtversicherter Dienstnehmer innerhalb eines Kalendermonates an mindestens sechs Arbeitstagen Nachtschwerarbeit im Sinne des Art. VII Abs. 2 oder 4, einer Verordnung nach Abs. 3 oder eines Kollektivvertrages gemäß Art. VII Abs. 6 erbringt; erbringt der Dienstnehmer innerhalb eines Kalendermonates an weniger als sechs Arbeitstagen Nachtschwerarbeit, so gilt dieser Kalendermonat als Nachtschwerarbeitsmonat, wenn der Dienstnehmer in diesem Kalendermonat und in dem unmittelbar vorangegangenen Kalendermonat wenigstens an zwölf Arbeitstagen bzw. in diesem Kalendermonat und in den zwei unmittelbar vorangegangenen Kalendermonaten wenigstens an 18 Arbeitstagen bzw. bei Durchrechnung der Normalarbeitszeit im Rahmen eines Durchrechnungszeiteraumes von mehr als drei Monaten in diesem Kalendermonat und in den fünf unmittelbar vorangegangenen Kalendermonaten wenigstens an 36 Arbeitstagen Nachtschwerarbeit erbracht hat. Arbeitsunterbrechungen bleiben hiebei außer Betracht, solange die Pflichtversicherung in der Pensionsversicherung weiterbesteht. Ein Nachtschwerarbeitsmonat liegt auch dann vor, wenn die im Kalendermonat erforderlichen und sich aus der für den Dienstnehmer maßgeblichen Arbeitszeiteinteilung ergebenden sechs Nachtschwerarbeitstage nur deswegen nicht erreicht werden, weil diese Arbeit nicht am Ersten des Kalendermonates begonnen bzw. am Letzten des Kalendermonates geendet hat.

(BGBl 1992/473, BGBl I 1999/181, BGBl I 2013/3)

Artikel XII
Verfahren

(1) Feststellungsverfahren im Sinne des Art. VII Abs. 5 und Streitigkeiten über das Vorliegen der Voraussetzungen nach Art. VII Abs. 2 oder 4, einer Verordnung nach Art. VII Abs. 3 oder eines Kollektivvertrages gemäß Art. VII Abs. 6, über den Beginn und das Ende der Nachtschwerarbeit sowie über den Nachtschwerarbeits-Beitrag gelten als Verwaltungssachen im Sinne des § 409 des Allgemeinen Sozialversicherungsgesetzes.

(BGBl I 2013/3)

(2) Auf das Verfahren in Verwaltungssachen im Sinne des Abs. 1 sind die Bestimmungen des Siebenten Teiles des Allgemeinen Sozialversicherungsgesetzes anzuwenden.

(BGBl I 2013/87)

(3) Im Verfahren über Leistungssachen darf über das Vorliegen der Voraussetzungen nach Art. VII Abs. 2 oder 4, einer Verordnung nach Art. VII Abs. 3 oder eines Kollektivvertrages gemäß Art. VII Abs. 6 als Vorfrage nicht entschieden werden. Der Versicherungsträger oder der nach dem Arbeits- und Sozialgerichtsgesetz zuständige Gerichtshof hat vielmehr die Einleitung des Verfahrens beim zuständigen Krankenversicherungsträger zu beantragen und das eigene Verfahren bis zur Rechtskraft der Entscheidung auszusetzen (zu unterbrechen).

(BGBl 1992/473, BGBl I 2013/3, BGBl I 2013/87)

Artikel XIIa
Zusatzurlaub für Arbeitnehmer, die dem Bauarbeiter-Urlaubs- und Abfertigungsgesetz unterliegen

Wird für Arbeitnehmer, die dem Bauarbeiter-Urlaubs- und Abfertigungsgesetz (BUAG), BGBl. Nr. 414/1972, in der jeweils geltenden Fassung unterliegen, ein Kollektivvertrag über einen Zusatzurlaub im Sinne des Art. I geschlossen und ist darin die Abwicklung dieses Anspruches über die Bauarbeiter-Urlaubs- und Abfertigungskasse vorgesehen, so kann im Kollektivvertrag der Arbeitgeber zur Leistung von Zuschlägen an die Bauarbeiter-Urlaubs- und Abfertigungskasse verpflichtet werden, die der Deckung dieses Aufwandes dienen. Für die Entrichtung solcher Zuschläge gelten die §§ 25 ff. BUAG.

(BGBl 1992/473)

Artikel XIII
Übergangsbestimmungen

(1) Ansprüche auf Zusatzurlaub in Kollektivverträgen, Arbeits(Dienst)ordnungen oder Betriebsvereinbarungen werden auf den nach diesem Bundesgesetz zustehenden Zusatzurlaub angerechnet, wenn sie als Abgeltung für Schichtarbeit, Schwerarbeit oder Nachtarbeit gewährt werden.

(2) Der Anspruch auf Zusatzurlaub gemäß Art. II besteht erstmals für jenes Arbeitsjahr, in das der 1. Jänner 1982 fällt.

(3) Bestehende Kurzpausen im Sinne des § 11 Abs. 3 des Arbeitszeitgesetzes sind auf die Kurzpausen im Sinne des § 11 Abs. 4 des Arbeitszeitgesetzes anzurechnen. Ansprüche auf Kurzpausen in Kollektivverträgen, Arbeits(Dienst)ordnungen

oder Betriebsvereinbarungen werden auf die nach diesem Bundesgesetz zustehenden Kurzpausen angerechnet, wenn sie als Abgeltung für Nachtschwerarbeit im Sinne des Art. VII Abs. 2 oder 4, einer Verordnung nach Art. VII Abs. 3 oder eines Kollektivvertrages gemäß Art. VII Abs. 6 gewährt werden.

(BGBl 1992/473, BGBl I 2013/3)

(4) Der Arbeitgeber hat Meldungen gemäß § 11 Abs. 8 des Arbeitszeitgesetzes für Arbeitnehmer, die im Zeitpunkt des Inkrafttretens dieses Bundesgesetzes mit Arbeiten im Sinne des § 11 Abs. 4 beschäftigt sind, binnen zwei Monaten zu erstatten. Arbeitgeber und deren Bevollmächtigte, welche dieser Bestimmung zuwiderhandeln, sind nach § 28 des Arbeitszeitgesetzes zu bestrafen.

(BGBl 1992/473)

(5) Die erstmalige Meldung von Personen, die bereits am 1. Juli 1981 als Versicherte gemeldet sind und eine Tätigkeit im Sinne des Art. VII Abs. 2 ausüben, ist bis 31. Oktober 1981 zu erstatten.

(6) Sind zur Begründung des Anspruches auf Sonderruhegeld auch vor dem 1. Juli 1981 liegende Beitragsmonate im Sinne der §§ 225 und 226 des Allgemeinen Sozialversicherungsgesetzes heranzuziehen, so gelten nur jene Beitragsmonate als Beitragsmonate im Sinn des Art. XI Abs. 3, für die bei früherem Inkrafttreten dieses Bundesgesetzes der Nachtschwerarbeits-Beitrag zu entrichten gewesen wäre. Der Pensionsversicherungsträger hat bei Prüfung dieser Behauptung auf entsprechende Nachweise des Dienstgebers, des nach dem Arbeitsverfassungsgesetz in Betracht kommenden Organes der Betriebsvertretung, der gesetzlichen beruflichen Vertretung oder des zuständigen Arbeitsinspektorates (der Berghauptmannschaft) Bedacht zu nehmen.

(BGBl 1983/666, BGBl 1992/473)

(7) Im Bundesfinanzgesetz 1981 sind der Titel 1/165 „Bundesministerium; Leistungen nach dem Nachtschicht-Schwerarbeitsgesetz – NSchG" mit den Ansätzen

1/16507 „Ersatz der Aufwendungen für das Sonderruhegeld" und

1/16517 „Vergütung für die Einhebung des Nachtschicht-Schwerarbeiter-Beitrages" sowie der Ansatz

2/16504 „Bundesministerium; Nachtschicht-Schwerarbeiter-Beitrag"

zu eröffnen. Der Bundesminister für Finanzen ist ermächtigt, die bei den Ansätzen 1/16507 und 1/16517 im Jahr 1981 anfallenden Mehrausgaben bis zu einem Betrag von 237 Mill. S zu überschreiten und in Mehreinnahmen beim Ansatz 2/16504 und in Mehreinnahmen bis zu einem Betrag von 97 Mill. S beim Ansatz 2/54074 zu bedecken.

(8) Sind zur Begründung des Anspruches auf Sonderruhegeld für Arbeitnehmer, die durch die Erweiterungen des Art. VII auf Grund des Bundesgesetzes BGBl. Nr. 473/1992 neu einbezogen werden, auch vor dem 1. Jänner 1993 liegende Beitragsmonate im Sinne der §§ 225 und 226 des Allgemeinen Sozialversicherungsgesetzes heranzuziehen, so gelten nur jene Beitragsmonate im Sinne des Art. XI Abs. 3, für die bei früherem Inkrafttreten des Bundesgesetzes BGBl. Nr. 473/1992 der Nachtschwerarbeiter-Beitrag zu entrichten gewesen wäre. Abs. 6 letzter Satz ist anzuwenden.

(BGBl 1992/473)

(9) Die erstmalige Meldung von Personen, die am 1. Jänner 1993 als Versicherte gemeldet sind und Tätigkeiten im Sinne des Art. VII Abs. 2, einer Verordnung nach Art. VII Abs. 3 und 4 oder eines Kollektivvertrages gemäß Art. VII Abs. 6 sowie des Art. XI Abs. 6 auszuüben, die durch Art. I des Bundesgesetzes BGBl. Nr. 473/1992 neu einbezogen wurden, ist bis 30. April 1993 zu erstatten.

(BGBl 1992/473)

(10) Verordnungen auf Grund der Änderungen durch das Bundesgesetz BGBl. Nr. 473/1992 können vor Inkrafttreten dieses Bundesgesetzes erlassen werden. Sie treten jedoch erst mit Inkrafttreten dieses Bundesgesetzes in Kraft.

(BGBl 1992/473)

(11) Werden Arbeiten nach Art. VII Abs. 6 durch Kollektivvertrag der Nachtschwerarbeit gleichgestellt, so sind zur Begründung des Anspruches auf Sonderruhegeld und zur Bemessung dieser Leistung auch vor dem In-Kraft-Treten des Kollektivvertrages liegende Beitragsmonate im Sinne der §§ 225 und 226 des Allgemeinen Sozialversicherungsgesetzes heranzuziehen, in denen solche Arbeiten im Ausmaß nach Art. XI Abs. 6 geleistet wurden, soweit für diese Monate der Nachtschwerarbeits-Beitrag spätestens bis zum Zeitpunkt der Antragstellung auf Sonderruhegeld, längstens aber 10 Jahre nach Abschluss des Kollektivvertrages, freiwillig geleistet wurde.

(BGBl I 2005/114)

(12) Art. XI Abs. 5 ist in den Kalenderjahren 1997 bis 2011 „und im Kalenderjahr 2017" nicht anzuwenden.

(BGBl I 2005/114, BGBl I 2009/90, BGBl I 2012/35, BGBl I 2018/30)

(13) Sind für Arbeitnehmer/innen der Feuerwehr nach Art. VII Abs. 4 zur Begründung des Anspruches auf Sonderruhegeld auch vor dem 1. November 2012 liegende Beitragsmonate im Sinne der §§ 225 und 226 des Allgemeinen Sozialversicherungsgesetzes erforderlich, so gelten jene Beitragsmonate, für die bei früherem Inkrafttreten des Bundesgesetzes BGBl. I Nr. 3/2013 der Nachtschwerarbeits-Beitrag zu entrichten gewesen wäre, als Beitragsmonate im Sinne des Art. XI Abs. 3, soweit sie für die Begründung des Sonderruhegeldanspruches erforderlich sind. Abs. 6 zweiter Satz ist anzuwenden.

(BGBl I 2013/3)

Artikel XIV
Inkrafttreten

(1) Dieses Bundesgesetz tritt, soweit im folgenden nicht anderes bestimmt wird, am 1. Juli 1981 in Kraft.

(1a) Die Art. VII bis XIII in der Fassung des Bundesgesetzes BGBl. Nr. 473/1992 treten mit 1. Jänner 1993 in Kraft.

(BGBl 1992/473)

(2) Art. XI Abs. 3 und 4 treten mit Beginn des Beitragszeitraumes Juli 1981 in Kraft.

(3) Anträge auf Gewährung des Sonderruhegeldes gemäß Art. X, die vor dem 1. Juli 1981 oder nach dem 1. Juli 1981, aber vor dem 1. Oktober 1981 gestellt werden, gelten als am 1. Juli 1981 gestellt.

(4) Die Art. XI Abs. 6 und XIII Abs. 11 in der Fassung des Bundesgesetzes BGBl. I Nr. 181/1999 treten mit 1. Jänner 1999 in Kraft.

(BGBl I 1999/181)

(5) Art. XIII Abs. 11 in der Fassung des Bundesgesetzes BGBl. I Nr. 7/2001 tritt mit 1. Jänner 2000 in Kraft.

(BGBl I 2001/7)

(6) Art. XV in der Fassung des 2. Stabilitätsgesetzes 2012, BGBl. I Nr. 35, tritt mit 1. Juli 2012 in Kraft.

(BGBl I 2012/35)

(7) Die Art. VII Abs. 4 und 5, VIII Abs. 1, IX, XI Abs. 3 und 6, XII Abs. 1 und 3, XIII Abs. 3 und 13 sowie Art. XV Abs. 4 in der Fassung des Bundesgesetzes BGBl. I Nr. 3/2013 treten mit 1. Jänner 2013 in Kraft.

(BGBl I 2013/3)

(8) Die Verordnung des Bundesministers für wirtschaftliche Angelegenheiten betreffend Belastungen im Sinne des Art. VII Abs. 2 Z 2, 5 und 8 des Nachtschwerarbeitsgesetzes bei Arbeiten in Bergbaubetrieben, BGBl. Nr. 385/1993, wird aufgehoben. Für die betroffenen Arbeitnehmer/innen ist die Verordnung des Bundesministers für Arbeit und Soziales betreffend Belastungen im Sinne des Art. VII Abs. 2 Z 2, 5 und 8 des Nachtschwerarbeitsgesetzes, BGBl. Nr. 53/1993, anzuwenden.

(BGBl I 2013/3)

(9) Art. XII Abs. 2 und 3 in der Fassung des Bundesgesetzes BGBl. I Nr. 87/2013 tritt mit 1. Jänner 2014 in Kraft.

(BGBl I 2013/87)

Artikel XV
Vollziehung

(1) Mit der Vollziehung des Art. XI Abs. 5 ist der Bundesminister für Arbeit, Soziales und Konsumentenschutz im Einvernehmen mit der Bundesministerin für Finanzen betraut.

(2) Mit der Vollziehung des Art. XIII Abs. 7 ist die Bundesministerin für Finanzen betraut.

(3) Mit der Vollziehung aller übrigen Bestimmungen ist der Bundesminister für Arbeit, Soziales und Konsumentenschutz betraut.

(4) Soweit in diesem Bundesgesetz personenbezogene Bezeichnungen noch nicht geschlechtsneutral formuliert sind, gilt die gewählte Form für beide Geschlechter.

(BGBl I 2013/3)

(BGBl I 2012/35)

6. BUNDESPFLEGEGELDGESETZ

Inhaltsverzeichnis

Bundespflegegeldgesetz

Bundespflegegeldgesetz, BGBl 1993/110 idF

1	BGBl 1993/457	2	BGBl 1994/27	3	BGBl 1994/314
4	BGBl 1995/131	5	BGBl 1996/201	6	BGBl 1996/757
7	BGBl 1996/758	8	BGBl I 1998/111	9	BGBl I 2001/69
10	BGBl I 2002/138	11	BGBl I 2003/71	12	BGBl I 2003/138
13	BGBl I 2004/136	14	BGBl I 2005/132	15	BGBl I 2006/89
16	BGBl I 2007/31	17	BGBl I 2007/34	18	BGBl I 2007/51
19	BGBl I 2008/57	20	BGBl I 2008/128	21	BGBl I 2009/147
22	BGBl I 2010/111	23	BGBl I 2011/58	24	BGBl I 2013/3
25	BGBl I 2013/71	26	BGBl I 2013/138	27	BGBl I 2014/40
28	BGBl II 2014/59	29	BGBl I 2015/12	30	BGBl I 2016/116
31	BGBl I 2018/32	32	BGBl I 2018/59	33	BGBl I 2019/80

GLIEDERUNG

Bundesgesetz, mit dem ein Pflegegeld eingeführt wird (Bundespflegegeldgesetz – BPGG) und das Allgemeine Sozialversicherungsgesetz, das Gewerbliche Sozialversicherungsgesetz, das Bauern-Sozialversicherungsgesetz, das Notarversicherungsgesetz 1972, das Beamten-Kranken- und Unfallversicherungsgesetz, das Strafvollzugsgesetz, das Pensionsgesetz 1965, das Bezügegesetz, das Salinenarbeiter-Pensionsgesetz 1967, das Post- und Telegraphen-Pensionsgesetz 1967, das Bundesgesetz vom 1. Juli 1967 über die Pensionsansprüche der Zivilbediensteten der ehemaligen k. u. k. Heeresverwaltung und ihrer Hinterbliebenen, das Kriegsopferversorgungsgesetz 1957, das Heeresversorgungsgesetz, das Opferfürsorgegesetz, das Verbrechensopfergesetz und das Arbeits- und Sozialgerichtsgesetz geändert werden

Der Nationalrat hat beschlossen:

1. Teil
Bundesgesetz, mit dem ein Pflegegeld eingeführt wird (Bundespflegegeldgesetz – BPGG)

1. Abschnitt
Allgemeine Bestimmungen

Zweck des Pflegegeldes

§ 1. Das Pflegegeld hat den Zweck, in Form eines Beitrages pflegebedingte Mehraufwendungen pauschaliert abzugelten, um pflegebedürftigen Personen soweit wie möglich die notwendige Betreuung und Hilfe zu sichern sowie die Möglichkeit zu verbessern, ein selbstbestimmtes, bedürfnisorientiertes Leben zu führen.

Sprachliche Gleichbehandlung

§ 2. Soweit im folgenden personenbezogene Bezeichnungen nur in männlicher Form angeführt sind, beziehen sie sich auf Frauen und Männer in gleicher Weise. Bei der Anwendung auf bestimmte Personen ist die jeweils geschlechtsspezifische Form zu verwenden.

2. Abschnitt
Anspruchsberechtigte Personen

Personenkreis

§ 3. (1) Anspruch auf Pflegegeld nach Maßgabe der Bestimmungen dieses Bundesgesetzes besteht für nachstehende Personen, sofern sie ihren gewöhnlichen Aufenthalt im Inland haben:

1. Bezieher einer Vollrente, deren Pflegebedarf durch den Arbeits(Dienst)unfall oder die Berufskrankheit verursacht wurde, oder einer Pension (ausgenommen die Knappschaftspension) nach dem
   a) Allgemeinen Sozialversicherungsgesetz (ASVG), BGBl Nr. 189/1955;
   b) Gewerblichen Sozialversicherungsgesetz (GSVG), BGBl. Nr. 560/1978;
   c) Freiberuflichen Sozialversicherungsgesetz (FSVG), BGBl. Nr. 624/1978;
   d) Bauern-Sozialversicherungsgesetz (BSVG), BGBl. Nr. 559/1978;
   e) Notarversicherungsgesetz 1972 (NVG 1972), BGBl. Nr. 66;
   f) Beamten-Kranken- und Unfallversicherungsgesetz (B-KUVG), BGBl. Nr. 200/1967;
   g) § 80 des Strafvollzugsgesetzes (StVG), BGBl. Nr. 144/1969;
2. die nach § 8 Abs. 1 Z 3 lit. h, i und l ASVG teilversicherten Kinder, Schüler und Studenten, deren Pflegebedarf durch den Arbeitsunfall oder die Berufskrankheit verursacht wurde, in der Zeit vom Tag nach Abschluss der Heilbehandlung bis zu dem Zeitpunkt, in dem der Schulbesuch voraussichtlich abgeschlossen gewesen und der Eintritt in das Erwerbsleben erfolgt wäre;
   (BGBl I 2015/12)
3. Personen, deren Rente nach den sozialversicherungsrechtlichen Vorschriften abgefunden worden ist, wenn deren Pflegebedarf durch den Arbeits(Dienst)unfall oder die Berufskrankheit verursacht wurde;
4. Bezieher eines Ruhe- oder Versorgungsgenusses, Übergangsbeitrages, Versorgungsgeldes, Unterhaltsbeitrages oder Emeritierungsbezuges nach
   a) dem Pensionsgesetz 1965 (PG 1965), BGBl. Nr. 340;
   b) dem Landeslehrer-Dienstrechtsgesetz (LDG 1984), BGBl. Nr. 302;

c) dem Land- und forstwirtschaftlichen Landeslehrer-Dienstrechtsgesetz (LLDG 1985), BGBl. Nr. 296;

d) dem Bezügegesetz, BGBl. Nr. 273/1972;

e) dem Verfassungsgerichtshofgesetz (VerfGG 1953), BGBl. Nr. 85;

f) dem Dorotheumsgesetz, BGBl. Nr. 66/1979;

g) dem Bundestheaterpensionsgesetz (BThPG), BGBl. Nr. 159/1958;

h) dem Epidemiegesetz 1950, BGBl. Nr. 186;

i) Entschließungen des Bundespräsidenten, mit denen außerordentliche Versorgungsgenüsse gewährt wurden;

j) der Bundesbahn-Pensionsordnung 1966, BGBl. Nr. 313;

k) Artikel V des Bundesgesetzes BGBl. Nr. 148/1988 und nach § 163 des Beamten-Dienstrechtsgesetzes 1979 (BDG 1979), BGBl. Nr. 333, in der bis 28. Februar 1998 geltenden Fassung;

l) dem Bundesbahn-Pensionsgesetz (BB-PG), BGBl. I Nr. 95/2000;

(BGBl I 2001/69)

(BGBl 1993/457, BGBl I 1998/111)

5. Bezieher von Renten, Beihilfen oder Ausgleichen nach dem

a) Kriegsopferversorgungsgesetz 1957 (KOVG 1957), BGBl. Nr. 152;

b) Heeresversorgungsgesetz (HVG), BGBl. Nr. 27/1964;

c) Opferfürsorgegesetz (OFG), BGBl. Nr. 183/1947;

d) Impfschadengesetz, BGBl. Nr. 371/1973;

6. Personen, deren Rente gemäß

a) § 56 KOVG 1957;

b) § 61 HVG;

c) § 2 OFG umgewandelt wurde;

7. Bezieher eines Sonderruhegeldes nach Art. X des Nachtschwerarbeitsgesetzes (NSchG), BGBl. Nr. 354/1981;

8. Bezieher einer Hilfeleistung nach § 2 Z 1 des Verbrechensopfergesetzes (VOG), BGBl. Nr. 288/1972, oder von gleichartigen Ausgleichen nach § 14a VOG;

(BGBl I 1998/111, BGBl I 2011/58)

9. Bezieher eines Ruhe- oder Versorgungsgenusses, Versorgungsgeldes, Unterhaltsbeitrages (auf Pensionsleistungen), Übergangsbeitrages, Ruhebezuges, einer Zuwendung, Rente, Versehrtenrente oder vergleichbaren Leistung nach landesgesetzlichen Bestimmungen in den jeweils geltenden Fassungen;

(BGBl I 2011/58, BGBl I 2013/3)

10. Bezieher eines Rehabilitationsgeldes gemäß § 143a ASVG oder § 84 B-KUVG.

(BGBl I 2013/3)

(2) Als Bezieher nach Abs. 1 gelten auch Personen, denen ein Anspruch auf eine Grundleistung rechtskräftig zuerkannt wurde, die Grundleistung jedoch zur Gänze ruht, noch nicht angefallen ist oder auf Grund von Anrechnungsbestimmungen zur Gänze nicht ausgezahlt wird.

(BGBl I 1998/111)

(3) Der Bundesminister für Arbeit, Gesundheit und Soziales ist ermächtigt, mit Zustimmung des Bundesministers für Finanzen nach Anhörung der für das Bundesgebiet jeweils in Betracht kommenden gesetzlichen beruflichen Vertretung mit Verordnung[a)] folgende Personen in den anspruchsberechtigten Personenkreis nach Abs. 1 einzubeziehen, wenn sie keinen Anspruch auf eine Pension oder eine gleichartige Leistung nach bundes- oder landesgesetzlichen Vorschriften haben:

[a)] Siehe VO im Anhang.

1. Bezieher von wiederkehrenden Versorgungsleistungen gemäß § 64 Abs. 1 Z 1, 2, 4 und 5 des Ärztegesetzes 1984 (ÄrzteG), BGBl. Nr. 373;

2. Bezieher von wiederkehrenden Versorgungsleistungen gemäß § 50 der Rechtsanwaltsordnung, RGBl. Nr. 96/1868;

3. Bezieher von wiederkehrenden Leistungen gemäß § 29 des Ziviltechnikerkammergesetzes 1993, BGBl. Nr. 157/1994

(BGBl I 1998/111)

(4) Der Bundesminister für Arbeit und Soziales ist ermächtigt, mit Zustimmung des Bundesministers für Finanzen nach Anhörung der in Betracht kommenden Interessenvertretungen mit Verordnung[a)] weitere Personengruppen, die nicht der gesetzlichen Pensionsversicherung unterliegen, in den anspruchsberechtigten Personenkreis nach Abs. 1 einzubeziehen, sofern der Anspruch auf eine Pension, einen Ruhe(Versorgungs)genuß oder eine gleichartige Leistung auf einer privatrechtlichen Vereinbarung beruht.

(BGBl I 1998/111)

[a)] Siehe VO im Anhang.

(5) Voraussetzung für die Erlassung einer Verordnung gemäß Abs. 3 oder 4 ist das Vorliegen eines der Gesamtfinanzierung dieses Bundesgesetzes vergleichbaren Beitrages der einzubeziehenden Personengruppen zu dem durch die Einbeziehung entstehenden Mehraufwand.

(BGBl I 1998/111)

(6) In der gemäß Abs. 3 oder 4 erlassenen Verordnung ist der Entscheidungsträger (§ 22) zu bezeichnen, dem die Durchführung des Bundespflegegeldgesetzes hinsichtlich der einbezogenen Personengruppen obliegt.

(BGBl I 1998/111)

§ 3a. (1) Anspruch auf Pflegegeld nach Maßgabe der Bestimmungen dieses Bundesgesetzes besteht auch ohne Grundleistung gemäß § 3 Abs. 1 und 2 für österreichische Staatsbürger, die ihren gewöhnlichen Aufenthalt im Inland haben, sofern nach der Verordnung (EG) Nr. 883/2004 zur Koordinierung der Systeme der sozialen Sicherheit, ABl. Nr. L 166 vom 30.04.2004 S. 1, zuletzt berichtigt ABl. Nr. L 204 vom 04.08.2007 S. 30, zuletzt geändert durch die Verordnung (EU) Nr. 1372/2013, ABl. Nr. L 346 vom 20.12.2013 S. 27 nicht ein anderer Mitgliedstaat für Pflegeleistungen zuständig ist.

(BGBl I 2015/12)

(2) Den österreichischen Staatsbürgern sind gleichgestellt:

1. Fremde, die nicht unter eine der folgenden Ziffern fallen, insoweit sich eine Gleichstellung aus Staatsverträgen oder Unionsrecht ergibt, oder
2. Fremde, denen gemäß § 3 des Asylgesetzes 2005, BGBl. I Nr. 100/2005, zuletzt geändert durch das Bundesgesetz BGBl. I Nr. 38/2011, Asyl gewährt wurde, oder
3. Personen, die über ein unionsrechtliches Aufenthaltsrecht gemäß §§ 15a und 15b des Fremdenpolizeigesetzes 2005 (FPG), BGBl. I Nr. 100/2005, oder gemäß §§ 51 bis 54a und 57 des Niederlassungs- und Aufenthaltsgesetzes (NAG), BGBl. I Nr. 100/2005, verfügen, oder
   (BGBl I 2013/3)
4. Personen, die über einen Aufenthaltstitel
   a) „Blaue Karte EU“ gemäß § 42 NAG,
   b) „Daueraufenthalt-EG“ gemäß § 45 NAG,
   c) „Daueraufenthalt-Familienangehöriger“ gemäß § 48 NAG,
   d) „Familienangehöriger“ gemäß § 47 Abs. 2 NAG oder
   e) gemäß § 49 NAG verfügen.

(3) Keinen Anspruch auf Pflegegeld gemäß Abs. 1 haben insbesondere

1. Personen, die gemäß § 3 Abs. 3 und 4 in den anspruchsberechtigten Personenkreis nach § 3 Abs. 1 einbezogen werden können, aber noch nicht einbezogen worden sind,
2. nicht erwerbstätige EWR-Bürger, Schweizer Staatsangehörige und deren Angehörige jeweils in den ersten drei Monaten ihres Aufenthaltes,
3. Personen während ihres visumsfreien oder visumspflichtigen Aufenthaltes im Inland,
4. Personen, die nur ein vorübergehendes Aufenthaltsrecht gemäß § 13 Abs. 1 des Asylgesetzes 2005, BGBl. I Nr. 100/2005, haben.
   (BGBl I 2013/3)

(BGBl I 2011/58)

§ 3b. Von der Anspruchsvoraussetzung des gewöhnlichen Aufenthaltes im Inland gemäß § 3 Abs. 1 bis 4 und § 3a Abs. 1 ist abzusehen, wenn der Aufenthalt im Ausland im Interesse einer erforderlichen Ausbildung gelegen ist.

(BGBl I 2011/58)

Anspruchsvoraussetzungen

§ 4. (1) Das Pflegegeld gebührt bei Zutreffen der übrigen Anspruchsvoraussetzungen, wenn auf Grund einer körperlichen, geistigen oder psychischen Behinderung oder einer Sinnesbehinderung der ständige Betreuungs- und Hilfsbedarf (Pflegebedarf) voraussichtlich mindestens sechs Monate andauern wird oder würde.

(BGBl 1996/201, BGBl I 2001/69)

(2) Anspruch auf Pflegegeld besteht in Höhe der

Stufe 1:

für Personen, deren Pflegebedarf nach Abs. 1 durchschnittlich mehr als 65 Stunden monatlich beträgt;

Stufe 2:

für Personen, deren Pflegebedarf nach Abs. 1 durchschnittlich mehr als 95 Stunden monatlich beträgt;

Stufe 3:

für Personen, deren Pflegebedarf nach Abs. 1 durchschnittlich mehr als 120 Stunden monatlich beträgt;

Stufe 4:

für Personen, deren Pflegebedarf nach Abs. 1 durchschnittlich mehr als 160 Stunden monatlich beträgt;

Stufe 5:

für Personen, deren Pflegebedarf nach Abs. 1 durchschnittlich mehr als 180 Stunden monatlich beträgt, wenn ein außergewöhnlicher Pflegeaufwand erforderlich ist;

Stufe 6:

für Personen, deren Pflegebedarf nach Abs. 1 durchschnittlich mehr als 180 Stunden monatlich beträgt, wenn

1. zeitlich unkoordinierbare Betreuungsmaßnahmen erforderlich sind und diese regelmäßig während des Tages und der Nacht zu erbringen sind oder
2. die dauernde Anwesenheit einer Pflegeperson während des Tages und der Nacht erforderlich ist, weil die Wahrscheinlichkeit einer Eigen- oder Fremdgefährdung gegeben ist;

Stufe 7:

für Personen, deren Pflegebedarf nach Abs. 1 durchschnittlich mehr als 180 Stunden monatlich beträgt, wenn

1. keine zielgerichteten Bewegungen der vier Extremitäten mit funktioneller Umsetzung möglich sind oder
2. ein gleichzuachtender Zustand vorliegt.

(BGBl 1995/131, BGBl I 1998/111, BGBl I 2010/111, BGBl I 2015/12)

(3) Bei der Beurteilung des Pflegebedarfes von Kindern und Jugendlichen bis zum vollendeten 15. Lebensjahr ist nur jenes Ausmaß an Pflege zu berücksichtigen, das über das erforderliche Ausmaß von gleichaltrigen nicht behinderten Kindern und Jugendlichen hinausgeht. Hiebei ist auf die besondere Intensität der Pflege bei schwerst behinderten Kindern und Jugendlichen bis zum vollendeten 7. bzw. bis zum vollendeten 15. Lebensjahr Bedacht zu nehmen. Um den erweiterten Pflegebedarf schwerst behinderter Kinder und Jugendlicher zu erfassen, ist abgestimmt nach dem Lebensalter jeweils zusätzlich ein Pauschalwert hinzuzurechnen, der den Mehraufwand für die pflegeerschwerenden Faktoren der gesamten Pflegesituation pauschal abzugelten hat (Erschwerniszuschlag).

(BGBl I 2008/128)

(4) Der Pauschalwert gemäß Abs. 3 ist anzuwenden, wenn behinderungsbedingt zumindest zwei voneinander unabhängige, schwere Funktionseinschränkungen vorliegen. Solche Funktionseinschränkungen sind insbesondere schwere Ausfälle im Sinnesbereich, schwere geistige Entwicklungsstörungen, schwere Verhaltensauffälligkeiten oder schwere körperliche Funktionseinschränkungen.

(BGBl I 2008/128)

(5) Bei der Beurteilung des Pflegebedarfes von pflegebedürftigen Personen ab dem vollendeten 15. Lebensjahr mit einer schweren geistigen oder schweren psychischen Behinderung, insbesondere einer demenziellen Erkrankung, ist auf die besondere Intensität der Pflege in diesen Fällen Bedacht zu nehmen; um den erweiterten Pflegebedarf von pflegebedürftigen Personen mit einer schweren geistigen oder schweren psychischen Behinderung, insbesondere einer demenziellen Erkrankung, entsprechend zu erfassen, ist zusätzlich jeweils ein Pauschalwert hinzuzurechnen, der den Mehraufwand für die aus der schweren geistigen oder schweren psychischen Behinderung, insbesondere einer demenziellen Erkrankung, erfließenden pflegeerschwerenden Faktoren der gesamten Pflegesituation pauschal abzugelten hat (Erschwerniszuschlag).

(BGBl I 2008/128)

(6) Pflegeerschwerende Faktoren gemäß Abs. 5 liegen vor, wenn sich Defizite der Orientierung, des Antriebes, des Denkens, der planerischen und praktischen Umsetzung von Handlungen, der sozialen Funktion und der emotionalen Kontrolle in Summe als schwere Verhaltensstörung äußern.

(BGBl I 2008/128)

(7) Der Bundesminister für Soziales und Konsumentenschutz ist ermächtigt, nach Anhörung des Bundesbehindertenbeirates (§ 8 des Bundesbehindertengesetzes, BGBl. Nr. 283/1990) nähere Bestimmungen für die Beurteilung des Pflegebedarfes durch Verordnung festzulegen. Die Verordnung kann insbesondere festlegen:

1. eine Definition der Begriffe „Betreuung" und „Hilfe",
2. Richtwerte für den zeitlichen Betreuungsaufwand, wobei verbindliche Mindestwerte zumindest für die tägliche Körperpflege, die Zubereitung und das Einnehmen von Mahlzeiten sowie für die Verrichtung der Notdurft festzulegen sind,
3. verbindliche Pauschalwerte für den Zeitaufwand der Hilfsverrichtungen, wobei der gesamte Zeitaufwand für alle Hilfsverrichtungen mit höchstens 50 Stunden pro Monat festgelegt werden darf, und
4. verbindliche Pauschalwerte (Erschwerniszuschläge) für den zusätzlichen Pflegeaufwand schwerst behinderter Kinder und Jugendlicher bis zum vollendeten 7. bzw. bis zum vollendeten 15. Lebensjahr gemäß Abs. 3 sowie für den zusätzlichen Pflegeaufwand pflegebedürftiger Personen mit einer schweren geistigen oder schweren psychischen Behinderung, insbesondere einer demenziellen Erkrankung, ab dem vollendeten 15. Lebensjahr gemäß Abs. 5.

(BGBl I 2008/128)

BPGG

Mindesteinstufungen

§ 4a. (1) Bei Personen, die das 14. Lebensjahr vollendet haben und auf Grund einer Querschnittlähmung, einer beidseitigen Beinamputation, einer genetischen Muskeldystrophie, einer Encephalitis disseminata oder einer infantilen Cerebralparese zur eigenständigen Lebensführung überwiegend auf den selbständigen Gebrauch eines Rollstuhles oder eines technisch adaptierten Rollstuhles angewiesen sind, ist mindestens ein Pflegebedarf entsprechend der Stufe 3 anzunehmen.

(BGBl I 2001/69)

(2) Liegt bei Personen gemäß Abs. 1 eine Stuhl- oder Harninkontinenz bzw. eine Blasen- oder Mastdarmlähmung vor, ist mindestens ein Pflegebedarf entsprechend der Stufe 4 anzunehmen.

(3) Liegt bei Personen gemäß Abs. 1 ein deutlicher Ausfall von Funktionen der oberen Extremitäten vor, ist mindestens ein Pflegebedarf entsprechend der Stufe 5 anzunehmen.

(4) Bei hochgradig sehbehinderten Personen ist mindestens ein Pflegebedarf entsprechend der Stufe 3 anzunehmen. Als hochgradig sehbehindert gilt, wer am besseren Auge mit optimaler Korrektur eine Sehleistung mit

- einem Visus von kleiner oder gleich 0,05 (3/60) ohne Gesichtsfeldeinschränkung hat oder
- einem Visus von kleiner oder gleich 0,1 (6/60) in Verbindung mit einer Quadrantenanopsie hat oder
- einem Visus von kleiner oder gleich 0,3 (6/20) in Verbindung mit einer Hemianopsie hat oder
- einem Visus von kleiner oder gleich 1,0 (6/6) in Verbindung mit einer röhrenförmigen Gesichtsfeldeinschränkung hat.

(5) Bei blinden Personen ist mindestens ein Pflegebedarf entsprechend der Stufe 4 anzuneh-

men. Als blind gilt, wer am besseren Auge mit optimaler Korrektur eine Sehleistung mit

- einem Visus von kleiner oder gleich 0,02 (1/60) ohne Gesichtsfeldeinschränkung hat oder
- einem Visus von kleiner oder gleich 0,03 (2/60) in Verbindung mit einer Quadrantenanopsie hat oder
- einem Visus von kleiner oder gleich 0,06 (4/60) in Verbindung mit einer Hemianopsie hat oder
- einem Visus von kleiner oder gleich 0,1 (6/60) in Verbindung mit einer röhrenförmigen Gesichtsfeldeinschränkung hat.

(6) Bei taubblinden Personen ist mindestens ein Pflegebedarf entsprechend der Stufe 5 anzunehmen. Als taubblind gelten Blinde, deren Hörvermögen so hochgradig eingeschränkt ist, daß eine verbale und akustische Kommunikation mit der Umwelt nicht möglich ist.

(7) Liegen zusätzliche Behinderungen vor, so ist der Pflegebedarf gemäß § 4 festzustellen. Ergibt diese Beurteilung eine höhere Einstufung, so gebührt das entsprechende Pflegegeld.

(BGBl I 1998/111)

3. Abschnitt
Pflegegeld

Höhe des Pflegegeldes

§ 5. Das Pflegegeld gebührt zwölfmal jährlich und beträgt monatlich

in Stufe 1 .... 157,30 Euro
in Stufe 2 .... 290,00 Euro,
in Stufe 3 .... 451,80 Euro,
in Stufe 4 .... 677,60 Euro,
in Stufe 5 .... 920,30 Euro,
in Stufe 6 .... 1285,20 Euro und
in Stufe 7 .... 1688,90 Euro.

(BGBl 1996/201, BGBl I 2001/69, BGBl I 2004/136, BGBl I 2008/128, BGBl I 2010/111, BGBl I 2015/12)

„Höhe des Pflegegeldes

§ 5.[a)] Das Pflegegeld gebührt zwölfmal jährlich und beträgt monatlich

in Stufe 1 .... 157,30 Euro
in Stufe 2 .... 290,00 Euro,
in Stufe 3 .... 451,80 Euro,
in Stufe 4 .... 677,60 Euro,
in Stufe 5 .... 920,30 Euro,
in Stufe 6 .... 1285,20 Euro und
in Stufe 7 .... 1688,90 Euro.

(2) An die Stelle dieser Beträge treten mit Wirkung vom 1. Jänner 2020 und in der Folge mit Wirkung vom 1. Jänner jeden Jahres die mit dem Anpassungsfaktor des § 108f ASVG vervielfachten und gemäß § 18 Abs. 4 auf volle 10 Cent gerundeten Beträge. Der Vervielfachung sind die für das jeweils vorangegangene Jahr ermittelten und gerundeten Beträge zugrunde zu legen.

(3) Die Bundesministerin für Arbeit, Soziales, Gesundheit und Konsumentenschutz hat die sich gemäß Abs. 2 ergebenden Beträge und den gemäß § 47 Abs. 1 letzter Satz ergebenden Betrag für jedes Jahr durch Verordnung festzustellen. Diese Verordnung kann auch rückwirkend in Kraft gesetzt werden.

(4) Die Anpassung des Pflegegeldes ist von Amts wegen vorzunehmen."

(BGBl I 2019/80)

a) Tritt mit 1. Jänner 2020 in Kraft.

Zusammentreffen gleichartiger Ansprüche

§ 6. (1) Bei Zusammentreffen mehrerer Ansprüche auf Pflegegeld nach diesem Bundesgesetz wird das Pflegegeld nur einmal geleistet.

(2) In den Fällen des Abs. 1 richtet sich die Zuständigkeit zur Entscheidung und Leistung nach folgender Rangordnung:

1. Träger der Unfallversicherung,
2. Träger der Pensionsversicherung,
3. Entscheidungsträger gemäß § 22 Abs. 1 Z 3 und 4,
4. Entscheidungsträger gemäß § 22 Abs. 1 Z 5.

(BGBl I 1998/111, BGBl I 2011/58, BGBl I 2013/138)

(3) Bei gleichrangigen Ansprüchen ist zuständig:

1. der Träger, gegenüber dem ein Eigenanspruch besteht, vor dem, gegenüber dem ein Hinterbliebenenanspruch besteht;
2. subsidiär der Träger, gegenüber dem der höchste Leistungsanspruch besteht.

(BGBl I 2011/58, BGBl I 2013/138)

(4) Die Zuständigkeit zur Gewährung des Pflegegeldes gemäß Abs. 2 und 3 wird durch eine später erworbene zusätzliche Anspruchsberechtigung gemäß § 3 nicht berührt. Dies gilt nicht in Fällen des § 3 Abs. 1 Z 10 und des § 3a.

(BGBl I 2011/58, BGBl I 2013/3)

(5) Bestehen über die Zuständigkeit zur Entscheidung und Leistung Zweifel, bestimmt der Bundesminister für Arbeit, Soziales und Konsumentenschutz, welcher Entscheidungsträger zuständig ist.

(BGBl I 2013/71)

Anrechnung

§ 7. Geldleistungen, die wegen Pflegebedürftigkeit nach anderen bundesgesetzlichen oder ausländischen Vorschriften gewährt werden, sind auf das Pflegegeld nach diesem Bundesgesetz anzurechnen. Von der Erhöhung der Familienbeihilfe für erheblich behinderte Kinder gemäß § 8 Abs. 4 des Familienlastenausgleichsgesetzes 1967, BGBl. Nr. 376, ist ein Betrag von 60,00 Euro monatlich anzurechnen.

(BGBl I 1998/111, BGBl I 2001/69)

Vorschüsse

§ 8. (1) Auf Antrag können vor Abschluß des Ermittlungsverfahrens Vorschüsse auf das Pflegegeld gewährt werden, wenn die Leistungspflicht dem Grunde nach feststeht.

(2) Die nach Abs. 1 gewährten Vorschüsse sind auf das gebührende Pflegegeld anzurechnen.

(3) Zu Unrecht empfangene Vorschüsse sind dem Entscheidungsträger nach § 11 zu ersetzen.

Beginn, Änderung und Ende des Anspruches

§ 9. (1) Das Pflegegeld gebührt mit Beginn des auf die Antragstellung oder die Einleitung des amtswegigen Verfahrens zur Feststellung der Anspruchsvoraussetzungen gemäß §§ 4 und 4a durch einen Unfallversicherungsträger folgenden Monats.

(BGBl I 2011/58)

(2) Das Pflegegeld ist nur dann befristet zuzuerkennen, wenn im Zeitpunkt der Entscheidung der Wegfall einer Voraussetzung für die Gewährung eines Pflegegeldes mit Sicherheit oder sehr hoher Wahrscheinlichkeit festgestellt werden kann. Liegen im Falle einer befristeten Zuerkennung die Voraussetzungen für die Gewährung eines Pflegegeldes auch nach Ablauf der Frist vor, so ist das Pflegegeld mit Beginn des auf den Ablauf der Frist folgenden Monats zuzuerkennen, sofern die Gewährung des Pflegegeldes innerhalb von drei Monaten nach dessen Wegfall beantragt wurde.

(3) Der Anspruch auf Pflegegeld erlischt mit dem Todestag des Anspruchsberechtigten. In diesem Kalendermonat gebührt nur der verhältnismäßige Teil des Pflegegeldes, wobei der Kalendermonat einheitlich mit 30 Tagen anzunehmen ist.

(4) Wenn eine Voraussetzung für die Gewährung von Pflegegeld wegfällt, ist das Pflegegeld zu entziehen; wenn eine für die Höhe des Pflegegeldes wesentliche Veränderung eintritt, ist das Pflegegeld neu zu bemessen.

(5) Die Entziehung oder Neubemessung des Pflegegeldes wird mit dem auf die wesentliche Veränderung folgenden Monat wirksam. Von diesem Grundsatz gelten, abgesehen von den Bestimmungen des § 48 Abs. 2, folgende Ausnahmen:

1. die Entziehung oder Herabsetzung des Pflegegeldes wegen einer Veränderung im Ausmaß des Pflegebedarfes wird mit Ablauf des Monats wirksam, der auf die Zustellung des Bescheides folgt, mit dem die Entziehung oder Herabsetzung ausgesprochen wurde;
2. die Erhöhung des Pflegegeldes wegen einer Veränderung im Ausmaß des Pflegebedarfes wird mit Beginn des Monats wirksam, der auf die Geltendmachung der wesentlichen Veränderung oder die amtswegige ärztliche Feststellung folgt;
3. die Neubemessung des Pflegegeldes, die sich auf Grund von gesetzlichen Änderungen oder der alljährlichen Anpassung der nach § 7 auf das Pflegegeld anzurechnenden Leistungen ergibt, wird mit Beginn des Monats wirksam, in dem diese Änderung eingetreten ist.

(BGBl 1995/131, BGBl 1996/201, BGBl I 1998/111)

Anzeigepflicht

§ 10. Anspruchsberechtigte, Anspruchswerber und gesetzliche Vertreter (§ 1034 ABGB, JGS Nr. 946/1811), zu deren Wirkungsbereich die Antragstellung auf Gewährung oder die Empfangnahme von Pflegegeld gehört, sind verpflichtet, jede ihnen bekannte Veränderung in den Voraussetzungen für den Pflegegeldbezug, die den Verlust, eine Minderung, das Ruhen des Anspruches oder eine Anrechnung auf das Pflegegeld begründet, binnen vier Wochen dem zuständigen Entscheidungsträger anzuzeigen.

(BGBl I 2018/59)

Ersatz zu Unrecht empfangener Pflegegelder

§ 11. (1) Wurden Pflegegelder zu Unrecht empfangen, so sind sie dem Entscheidungsträger zu ersetzen, wenn der Zahlungsempfänger den Bezug durch bewußt unwahre Angaben, bewußte Verschweigung wesentlicher Tatsachen oder Verletzung der Anzeigepflicht (§ 10) herbeigeführt hat oder wenn der Zahlungsempfänger erkennen mußte, daß das Pflegegeld nicht oder nicht in dieser Höhe gebührte.

(BGBl 1995/131)

(2) Die Ersatzpflicht (Abs. 1) ist eingeschränkt auf Pflegegelder, die für einen Zeitraum von höchstens drei Jahren vor dem Ersten des Monates, in dem der Entscheidungsträger vom Ersatzgrund Kenntnis erlangt hat, geleistet wurden, es sei denn, die Leistungen wurden durch eine Handlung im Sinne des § 69 Abs. 1 Z 1 des Allgemeinen Verwaltungsverfahrensgesetzes 1991 (AVG), BGBl. Nr. 51, herbeigeführt. Auf das Aufrechnungs- und Rückforderungsrecht ist § 107 Abs. 2 ASVG anzuwenden.

(3) Sind Pflegegelder gemäß Abs. 1 und 2 zu ersetzen, so ist der Ersatz durch Aufrechnung zu bewirken. Kann der Ersatz nicht oder nicht zur Gänze durch Aufrechnung mit dem Pflegegeld bewirkt werden, so kann der Ersatz unter Bedachtnahme auf die wirtschaftlichen Verhältnisse durch Aufrechnung mit der Grundleistung (§ 3), jedoch höchstens bis zu deren Hälfte, vorgenommen werden.

(BGBl 1995/131, BGBl I 1998/111)

(4) Kann keine Aufrechnung stattfinden, so sind zu Unrecht empfangene Pflegegelder zurückzufordern.

(BGBl 1995/131)

(5) Ist die sofortige Hereinbringung durch Aufrechnung oder Rückzahlung auf Grund der wirtschaftlichen Verhältnisse des Ersatzpflichtigen oder nach der Lage des Falles nicht möglich oder unbillig, ist die Abstattung in Raten zu bewilligen oder kann die Forderung vom Entscheidungsträger

gestundet werden. Stundungszinsen sind nicht vorzuschreiben.

(6) Wenn die Verpflichtung zum Ersatz zu Unrecht empfangener Pflegegelder eine besondere Härte bedeuten würde oder wenn das Verfahren mit Kosten oder Weiterungen verbunden wäre, die in keinem Verhältnis zum zu Unrecht empfangenen Betrag stehen würden, kann der Entscheidungsträger von der Hereinbringung absehen.

(7) Pflegegelder, die für einen nach dem Zeitpunkt des Todes liegenden Zeitraum ausgezahlt wurden, sind zu ersetzen. Empfang in gutem Glauben kann nicht eingewendet werden. Abs. 5 und 6 gelten sinngemäß.

(BGBl 1995/131, BGBl I 2001/69)

Ruhen des Anspruches

§ 12. (1) Der Anspruch auf Pflegegeld ruht

1. während eines stationären Aufenthaltes in einer Krankenanstalt oder einer stationären Einrichtung für medizinische Maßnahmen der Rehabilitation, Maßnahmen der Gesundheitsvorsorge, zur Festigung der Gesundheit oder der Unfallheilbehandlung im In- oder Ausland ab dem Tag, der auf die Aufnahme folgt, wenn ein in- oder ausländischer Träger der Sozialversicherung, ein Landesgesundheitsfonds im Sinne der Vereinbarung gemäß Art. 15a B-VG über die Organisation und Finanzierung des Gesundheitswesens, BGBl. I Nr. 105/2008, der Bund oder eine Krankenfürsorgeanstalt für die Kosten der Pflege der allgemeinen Gebührenklasse oder des Aufenthaltes in einer stationären Einrichtung überwiegend aufkommt,

   (BGBl I 2005/132, BGBl I 2010/111)

2. für die Dauer der Rentenumwandlung gemäß § 56 KOVG 1957, § 61 HVG oder § 2 OFG sowie einer Unterbringung gemäß § 2 Abs. 2 lit. c des Impfschadengesetzes,

3. für die Dauer der Verbüßung einer Freiheitsstrafe; dies gilt nicht, wenn die Freiheitsstrafe durch Anhaltung im elektronisch überwachten Hausarrest nach dem Fünften Abschnitt des Strafvollzugsgesetzes vollzogen wird,

   (BGBl I 2010/111)

4. für die Dauer der Unterbringung des Anspruchsberechtigten auf Kosten des Bundes in einer Anstalt für geistig abnorme Rechtsbrecher gemäß § 21 des Strafgesetzbuches (StGB), BGBl. Nr. 60/1974, für entwöhnungsbedürftige Rechtsbrecher gemäß § 22 StGB oder für gefährliche Rückfallstäter gemäß § 23 StGB.

(2) Die Träger der Kranken- und Unfallversicherung, die Krankenfürsorgeanstalten sowie die in Abs. 1 Z 1 genannten Landesgesundheitsfonds sind verpflichtet, dem zuständigen Entscheidungsträger einen stationären Aufenthalt gemäß Abs. 1 Z 1 eines Pflegegeldbeziehers umgehend zu melden.

(BGBl I 2011/58)

(3) Das Pflegegeld ist auf Antrag weiter zu leisten

1. für die Dauer von höchstens drei Monaten des stationären Aufenthaltes gemäß Abs. 1 Z 1 in dem Umfang, in dem pflegebedingte Aufwendungen nachgewiesen werden, die sich aus

   a) einem der Pflichtversicherung nach dem ASVG unterliegenden Dienstverhältnis (Vollversicherung oder Teilversicherung in der Unfallversicherung) eines Pflegegeldbeziehers mit einer Pflegeperson oder

   b) der Erfüllung des Tatbestandes gemäß § 2 Abs. 1 Z 4 GSVG oder

   c) einem vertraglichen Betreuungsverhältnis eines Pflegegeldbeziehers oder seines Angehörigen gemäß § 1 Abs. 2 des Bundesgesetzes, mit dem Bestimmungen über die Betreuung von Personen in privaten Haushalten erlassen werden (Hausbetreuungsgesetz – HBeG), BGBl. I Nr. 33/2007, oder gemäß § 159 der Gewerbeordnung 1994 – GewO 1994, BGBl. Nr. 194, ergeben.

   Das Pflegegeld ist jedoch über diesen Zeitraum hinaus weiter zu leisten, wenn damit für den Pflegebedürftigen eine besondere Härte vermieden wird;

   (BGBl I 2007/34)

2. für die Dauer des stationären Aufenthaltes gemäß Abs. 1 Z 1 in dem Umfang der Beitragshöhe für die Weiterversicherung einer Pflegeperson gemäß § 77 Abs. 6 und 9 ASVG, § 33 Abs. 9 und 10 GSVG, § 8 FSVG oder § 28 Abs. 6 und 7 BSVG, der Beitragshöhe für die Selbstversicherung einer Pflegeperson gemäß § 77 Abs. 8 und 9 ASVG oder der Beitragshöhe für die Selbstversicherung einer Pflegeperson gemäß § 589 Abs. 5 ASVG;

   (BGBl I 2001/69, BGBl I 2005/132, BGBl I 2007/31)

3. während des stationären Aufenthaltes gemäß Abs. 1 Z 1, wenn und solange auch die Pflegeperson als Begleitperson stationär aufgenommen wurde, weil der Aufenthalt ohne diese nicht möglich wäre oder bei Kindern, unmündigen Minderjährigen oder geistig Behinderten in deren Interesse erforderlich ist.

(4) Wird das Pflegegeld aliquotiert, so ist der Kalendermonat einheitlich mit 30 Tagen anzunehmen. Für die Zeit des Ruhens des Anspruches auf Pflegegeld gemäß Abs. 1 Z 2 gebührt ein Taschengeld in Höhe von 10 vH des Pflegegeldes der Stufe 3.

(5) Bescheide über das Ruhen des Pflegegeldes gemäß Abs. 1 Z 1 und über die Anrechnung gemäß Abs. 6 sind nur dann zu erlassen, wenn dies der Pflegegeldbezieher innerhalb einer Frist von

drei Monaten nach dem Wegfall des Ruhensgrundes beantragt.

(BGBl I 2001/69, BGBl I 2002/138)

(6) Hat der Entscheidungsträger Pflegegelder angewiesen, die gemäß Abs. 1 nicht mehr auszuzahlen waren, so sind diese Pflegegelder auf das Taschengeld oder künftig auszuzahlendes Pflegegeld anzurechnen. Kann keine Anrechnung stattfinden, sind diese Pflegegelder zurückzufordern.

(BGBl I 2010/111)

(BGBl 1996/201, BGBl I 1998/111)

Ersatzansprüche des Trägers der Sozialhilfe

§ 13. (1) Wird eine pflegebedürftige Person auf Kosten oder unter Kostenbeteiligung eines Landes, einer Gemeinde oder eines Sozialhilfeträgers

1. in einem Pflege-, Wohn-, Alten- oder Erziehungsheim,
2. in einer Sonderkrankenanstalt für Psychiatrie oder in einer ähnlichen Einrichtung,
3. außerhalb einer der in Z 1 und 2 angeführten Einrichtungen im Rahmen eines Familienverbandes,
4. auf einer von einem Träger der öffentlichen Wohlfahrtspflege, einer kirchlichen oder anderen karitativen Vereinigung geführten Pflegestelle oder
5. in einer Krankenanstalt, sofern der Aufenthalt nicht durch die Notwendigkeit ärztlicher Behandlung bedingt ist (Asylierung),

stationär gepflegt, so geht für die Zeit dieser Pflege der Anspruch auf Pflegegeld bis zur Höhe der Verpflegskosten, höchstens jedoch bis zu 80 vH, auf den jeweiligen Kostenträger über. Die genannten Kostenträger sind verpflichtet, den jeweiligen Entscheidungsträger (§ 22) über eine solche stationäre Pflege von Amts wegen unverzüglich zu verständigen. Im Fall der Z 5 erfolgt der Anspruchsübergang höchstens für die Dauer von drei Monaten. Für die Dauer des Anspruchsüberganges gebührt der pflegebedürftigen Person ein Taschengeld in Höhe von 10 vH des Pflegegeldes der Stufe 3; im Übrigen ruht der Anspruch auf Pflegegeld. Übersteigt die Summe aus Taschengeld und übergehendem Anspruch die gebührende Pflegegeldleistung, so ist der übergehende Anspruch entsprechend zu kürzen.

(BGBl 1996/201, BGBl I 2008/128)

(2) Der Anspruchsübergang tritt mit dem auf das Einlangen der Verständigung beim Entscheidungsträger folgenden Monat ein.

(3) Abs. 1 ist nur anzuwenden, wenn und insoweit die Verpflegskosten nicht auf Grund anderer bundes- oder landesgesetzlicher Ersatzansprüche der Kostenträger gedeckt sind.

(BGBl I 2011/58)

(4) Hat der Entscheidungsträger Pflegegelder angewiesen, die gemäß Abs. 1 und 2 nicht mehr auszuzahlen waren, so sind diese Pflegegelder auf das Taschengeld oder auf künftig auszuzahlendes Pflegegeld anzurechnen.

§ 14. (aufgehoben)

(BGBl I 2011/58)

Ersatzansprüche der Entscheidungsträger

§ 14a. (1) Hat ein Entscheidungsträger für einen Zeitraum ein Pflegegeld gewährt, in dem der Pflegebedürftige einen Anspruch auf die nach bundesgesetzlichen Vorschriften gewährte und gemäß § 7 anrechenbare Geldleistung hat, so geht der Anspruch auf diese wegen Pflegebedürftigkeit gewährte Leistung auf den Bund oder den Träger der Sozialversicherung über, wenn der Entscheidungsträger den Anspruchsübergang innerhalb der im Abs. 2 bestimmten Frist geltend gemacht hat. Der Anspruch geht in Höhe des Betrages über, der sich auf Grund der durch die Anrechnung der pflegebezogenen Geldleistung bedingten Minderung oder Einstellung des Pflegegeldes ergibt, jedoch nur bis zur Höhe des nachzuzahlenden Betrages.

(2) Der für die Gewährung einer gemäß § 7 anrechenbaren Geldleistung zuständigen Behörden haben die Anspruchswerber bei Einleitung des Verfahrens zu befragen, ob sie auch ein Pflegegeld nach diesem Bundesgesetz beziehen oder beantragt haben; zutreffendenfalls haben sie den zuständigen Entscheidungsträger von der Einleitung des Verfahrens unverzüglich zu verständigen. der Entscheidungsträger hat innerhalb von vier Wochen nach Einlangen dieser Verständigung den Übergang des Anspruches dem Grunde nach geltend zu machen.

(3) Hat die Pensionsversicherungsanstalt in Fällen des § 3a für einen Zeitraum Pflegegeld gewährt, in dem auf Grund der Rangordnung des § 6 ein anderer Entscheidungsträger für die Leistung des Pflegegeldes zuständig ist, so geht dieser Anspruch auf die Pensionsversicherungsanstalt über; Abs. 2 ist sinngemäß anzuwenden.

(BGBl I 2011/58)

(BGBl 1996/201)

Pfändung und Verpfändung

§ 15. Die Exekutionsordnung, RGBl. Nr. 79/1896, regelt, inwieweit Pflegegelder nach diesem Bundesgesetz verpfändet und gepfändet werden können.

Übergang von Schadenersatzansprüchen

§ 16. (1) Kann ein Bezieher von Pflegegeld den Ersatz des Schadens, der ihm durch einen Unfall oder ein sonstiges Ereignis entstanden ist, auf Grund anderer Rechtsvorschriften beanspruchen, so geht dieser Anspruch insoweit auf den Bund oder den Träger der Sozialversicherung über, als dieser aus diesem Anlaß Pflegegeld zu leisten hat. Dies gilt nicht für den Anspruch auf Schmerzengeld.

(2) Der Entscheidungsträger hat Ersatzbeträge, die der Ersatzpflichtige dem Bezieher von Pflegegeld in Unkenntnis des Anspruchsüberganges gemäß Abs. 1 geleistet hat, auf das Pflegegeld anzurechnen. Im Ausmaß der Anrechnung erlischt der auf den Bund oder Träger der Sozialversicherung

übergegangene Ersatzanspruch gegen den Ersatzpflichtigen.

(3) § 332 Abs. 3, 5 und 6, §§ 333 bis 335 ASVG, § 190 Abs. 3 GSVG, § 3 FSVG, § 178 Abs. 3 BSVG, § 125 Abs. 3 und 4 B-KUVG sowie § 94 Abs. 3 und 4 HVG sind anzuwenden.

(4) Der Bezieher von Pflegegeld oder sein gesetzlicher Vertreter (§ 1034 ABGB), zu dessen Wirkungsbereich die Empfangnahme von Pflegegeld gehört, ist verpflichtet, dem Entscheidungsträger über alle für die Prüfung bzw. Durchsetzung von Ansprüchen nach den Abs. 1 bis 3 maßgebenden Umstände binnen vier Wochen wahrheitsgemäß Auskunft zu erteilen.

(BGBl I 2001/69, BGBl I 2018/59)

(5) Zur Entscheidung von Streitigkeiten betreffend Schadenersatz sind die ordentlichen Gerichte berufen.

(BGBl I 2001/69)

Auszahlung

§ 17. (1) Bezüglich der Auszahlung des Pflegegeldes gelten, soweit dieses Bundesgesetz nichts anderes bestimmt, die beim jeweiligen Entscheidungsträger in Vollziehung der im § 3 genannten Normen anzuwendenden Bestimmungen.

(2) Abweichend von Abs. 1 wird das Pflegegeld für Personen gemäß § 3 Abs. 1 Z 4 lit. j und l jeweils monatlich im Nachhinein ausbezahlt.

(3) Das Pflegegeld für Anspruchsberechtigte gemäß § 3 Abs. 1 Z 1 lit. e und g, Z 5, Z 6 und Z 8 sowie § 3a wird monatlich im Nachhinein am Ersten des Folgemonats ausbezahlt; § 104 Abs. 2 ASVG ist sinngemäß anzuwenden.

(BGBl I 2011/58, BGBl I 2013/138)

(BGBl 1996/201, BGBl I 2010/111)

§ 18. (1) Das Pflegegeld wird an den Anspruchsberechtigten ausgezahlt. Ist der Anspruchsberechtigte nicht geschäftsfähig, so ist das Pflegegeld dem gesetzlichen Vertreter (§ 1034 ABGB) auszuzahlen, wenn die Angelegenheiten, mit deren Besorgung er betraut ist, die Empfangnahme dieser Leistung umfassen.

(BGBl I 2018/59)

(1a) Erhält eine pflegebedürftige Person auf Kosten oder unter Kostenbeteiligung eines Landes, einer Gemeinde oder eines Sozialhilfeträgers teilstationäre Betreuung, so kann – die schriftliche Zustimmung der pflegebedürftigen Person oder ihres gesetzlichen Vertreters (§ 1034 ABGB) vorausgesetzt – bis auf Widerruf für künftige Auszahlungen das Pflegegeld zur Gänze dem jeweiligen Kostenträger zur Verrechnung für die Dauer und im Umfang der Leistungserbringung mit schuldbefreiender Wirkung gegenüber der pflegebedürftigen Person ausgezahlt werden. Unter teilstationärer Betreuung sind Angebote einer ganz oder zumindest halbtägigen Tagesstruktur für betreuungs- bzw. pflegebedürftige Menschen, die nicht in stationären Einrichtungen leben und die in eigens dafür errichteten Einrichtungen oder Senioreneinrichtungen jedenfalls tagsüber erbracht werden, zu verstehen. Der jeweilige Kostenträger hat der pflegebedürftigen Person den verbleibenden Pflegegeldbetrag zumindest in der Höhe von 10°vH des Pflegegeldes der Stufe 3 auszuzahlen und dem Entscheidungsträger das Ende der teilstationären Betreuung umgehend zu melden. Bescheide über die Auszahlung des Pflegegeldes an den jeweiligen Kostenträger sind nicht zu erlassen.

(BGBl I 2013/3, BGBl I 2018/59)

(2) Erhält eine pflegebedürftige Person auf Kosten oder unter Kostenbeteiligung eines Landes, einer Gemeinde oder eines Sozialhilfeträgers ambulante oder teilstationäre Pflegeleistungen, für die sie zum gänzlichen oder teilweisen Kostenersatz verpflichtet ist, so kann das Pflegegeld bis zur Höhe der Kostenersatzforderung von Amts wegen dem Empfänger des Kostenersatzes mit schuldbefreiender Wirkung gegenüber der pflegebedürftigen Person ausgezahlt werden, sofern die pflegebedürftige Person mit der Zahlung des Kostenersatzes mindestens zwei Monate ab Rechnungslegung im Verzug ist. Bescheide sind nur dann zu erlassen, wenn dies die pflegebedürftige Person innerhalb einer Frist von drei Monaten ab Änderung der Auszahlung beantragt. Nach Ablauf eines Jahres ab Änderung der Auszahlung oder wenn die Pflegeleistungen vom Erbringer zur Gänze eingestellt werden, ist das Pflegegeld auf Antrag oder von Amts wegen wieder an den Anspruchsberechtigten auszuzahlen.

(BGBl I 1998/111)

(3) Die Entscheidungsträger haben die Auszahlung in der Weise zu veranlassen, daß das Pflegegeld von einer allfälligen anderen Geldleistung getrennt ausgewiesen wird.

(BGBl I 1998/111)

(4) Die nach diesem Bundesgesetz gebührenden Geldleistungen sind auf Beträge von vollen 10 Cent zu runden; dabei sind Beträge unter 5 Cent zu vernachlässigen und Beträge von 5 Cent an auf 10 Cent zu ergänzen.

(BGBl I 1998/111, BGBl I 2001/69)

Auszahlung und Vorschüsse bei Familienhospizkarenz

§ 18a. (1) Personen, die zum Zwecke der Sterbebegleitung eines nahen Angehörigen oder der Begleitung von im gemeinsamen Haushalt lebenden, schwerst erkrankten Kindern (Wahl- oder Pflegekindern) eine Familienhospizkarenz

1. gemäß §§ 14a oder 14b des Arbeitsvertragsrechts-Anpassungsgesetzes (AVRAG), BGBl. Nr. 459/1993, gegen gänzlichen Entfall des Arbeitsentgeltes oder
2. gemäß § 32 des Arbeitslosenversicherungsgesetzes 1977, BGBl. Nr. 609, oder
3. nach gleichartigen bundes- oder landesgesetzlichen Regelungen gegen gänzlichen Entfall der Bezüge

in Anspruch nehmen, ist auf Antrag des Pflegebedürftigen das Pflegegeld auszuzahlen, sofern keine stationäre Pflege in einer der in § 13 Abs. 1 Z 1 bis 5 genannten Einrichtungen vorliegt.

(2) Die Inanspruchnahme der Familienhospizkarenz ist zu bescheinigen. Die Änderung der Auszahlung ist mit dem auf die Antragstellung auf geänderte Auszahlung folgenden Monat durchzuführen, frühestens jedoch mit dem Monat, in dem die Familienhospizkarenz beginnt. Das Pflegegeld ist ab dem Monat, der auf das Ende der Familienhospizkarenz folgt, wieder nach den Vorschriften des § 18 auszuzahlen.

(3) In den Fällen der Familienhospizkarenz gemäß Abs. 1 sind vor Abschluss des Verfahrens auf Gewährung oder Erhöhung des Pflegegeldes auf Antrag des Pflegebedürftigen Vorschüsse mindestens in Höhe des Pflegegeldes der Stufe 3 zu gewähren; sollte bereits ein Pflegegeld mindestens in Höhe der Stufe 3 rechtskräftig zuerkannt sein, sind Vorschüsse mindestens in Höhe des Pflegegeldes der Stufe 4 zu gewähren. Ein bereits rechtskräftig zuerkanntes Pflegegeld und die gemäß § 7 anrechenbaren Geldleistungen sind bei der Berechnung des Vorschusses zu berücksichtigen. Diese Vorschüsse sind ab dem Monat zu gewähren, in dem der Antrag gestellt wurde, frühestens jedoch mit dem Monat, in dem die Familienhospizkarenz beginnt. Die Vorschüsse sind auf das gebührende Pflegegeld anzurechnen. Bei der Auszahlung dieser Vorschüsse ist Abs. 1 anzuwenden.

(4) Bescheide über die Änderung der Auszahlung des Pflegegeldes oder die Vorschüsse sind nur dann zu erlassen, wenn dies vom Pflegebedürftigen binnen vier Wochen verlangt wird.

(5) § 19 ist mit der Maßgabe anzuwenden, dass die im Abs. 1 genannten Personen zum Bezug des Pflegegeldes und zur Fortsetzung des Verfahrens vorrangig berechtigt sind. § 47 Abs. 4 und § 48c Abs. 8 sind nicht anzuwenden.

(BGBl I 2013/3)

(BGBl I 2002/138)

Bezugsberechtigung und Fortsetzung des Verfahrens

§ 19. (1) Ist im Zeitpunkt des Todes der pflegebedürftigen Person eine fällige Geldleistung noch nicht ausgezahlt, so sind, sofern in diesem Bundesgesetz nichts anderes bestimmt ist, auf Antrag in folgender Rangordnung bezugsberechtigt:

1. die Person, die den Pflegebedürftigen in dem Zeitraum, für den die fällige Geldleistung gebührt, überwiegend und ohne angemessenes Entgelt gepflegt hat;
2. die Person, die für den Zeitraum, für den die fällige Geldleistung gebührt, überwiegend für die Pflege aufgekommen ist.

Liegt ein Überwiegen im Sinne der Z 1 oder 2 nicht vor, besteht die Bezugsberechtigung zu gleichen Teilen.

(2) Wird innerhalb von sechs Monaten nach dem Tod der pflegebedürftigen Person von bezugsberechtigten Personen gemäß Abs. 1 kein Antrag auf Auszahlung gestellt oder sind keine solchen Personen vorhanden, fällt die noch nicht ausgezahlte Geldleistung in den Nachlaß.

(3) Ist im Zeitpunkt des Todes des Anspruchswerbers oder Anspruchsberechtigten ein Verfahren auf Gewährung oder Neubemessung des Pflegegeldes noch nicht abgeschlossen, sind die im Abs. 1 genannten Personen in der dort festgelegten Rangordnung auf Antrag zur Fortsetzung des Verfahrens berechtigt. Wird von diesen Personen innerhalb von sechs Monaten nach dem Tod des Anspruchswerbers oder Anspruchsberechtigten kein Antrag auf Fortsetzung gestellt oder sind keine zur Fortsetzung berechtigten Personen vorhanden, sind hiezu die Verlassenschaft nach dem Verstorbenen beziehungsweise dessen Erben berechtigt.

Ersatz von Geldleistungen durch Sachleistungen

§ 20. (1) Wird der durch das Pflegegeld angestrebte Zweck (§ 1) nicht erreicht, sind anstelle des gesamten oder eines Teils des Pflegegeldes Sachleistungen mit Wirkung ab Zustellung des Bescheides zu gewähren, wenn und insoweit die Möglichkeit besteht, den Pflegebedarf durch Sachleistungen abzudecken. Die Sachleistungen sind im Gegenwert der einbehaltenen Geldleistung zu gewähren. Ist der Ersatz nicht möglich, weil die Annahme dieser Sachleistungen ohne triftigen Grund verweigert wird, ruht der entsprechende Anspruch auf Pflegegeld für die Dauer der Weigerung.

(BGBl I 1998/111)

(2) Wurden Sachleistungen gemäß Abs. 1 zu Unrecht gewährt, findet kein Rückersatz statt und ist das einbehaltene Pflegegeld nachzuzahlen.

(3) Der Anspruchsberechtigte kann nach Ablauf eines Jahres ab Zuerkennung der Sachleistungen den Antrag stellen, daß anstelle aller oder eines Teils der zuerkannten Sachleistungen eine Geldleistung erbracht werde; diesem Antrag ist stattzugeben, wenn die Voraussetzungen des Abs. 1 nicht mehr gegeben sind.

(4) Bei der vergleichenden Beurteilung der Wirksamkeit von Geld- und Sachleistungen ist auf die nach der Art der Behinderung unterschiedlichen Bedürfnisse Rücksicht zu nehmen.

(5) Bei Ersatz von Geld- durch Sachleistungen ist das Pflegegeld zur Bedeckung der Sachleistungen zu verwenden und an den Erbringer der Sachleistungen insoweit auszuzahlen, als dieser Leistungen bereitstellt.

Einkommensteuer- und Gebührenfreiheit

§ 21. (1) Das Pflegegeld unterliegt nicht der Einkommensteuer.

(2) Die zur Durchführung dieses Bundesgesetzes erforderlichen Amtshandlungen, Eingaben und Vollmachten sind von den Stempelgebühren und Verwaltungsabgaben befreit. Die Befreiung gilt auch in Verfahren vor den Verwaltungsgerichten der Länder.

(BGBl I 2002/138, BGBl I 2013/71)

(3) Die Gebühren für die Zustellung der nach diesem Bundesgesetz gewährten Pflegegelder im Inland trägt der Bund bzw. der zuständige Unfallversicherungsträger.

3a. ABSCHNITT
Zuwendungen aus dem Unterstützungsfonds

§ 21a. (1) Zuwendungen aus dem Unterstützungsfonds für Menschen mit Behinderung (§ 22 des Bundesbehindertengesetzes) können nach Maßgabe der für diesen Zweck zur Verfügung stehenden Mittel bei Vorliegen einer sozialen Härte an jemanden gewährt werden, der

1. als naher Angehöriger seit mindestens einem Jahr
   a) eine pflegebedürftige Person, der zumindest ein Pflegegeld der Stufe 3 nach diesem Bundesgesetz gebührt, oder
   b) eine nachweislich demenziell erkrankte pflegebedürftige Person, der zumindest ein Pflegegeld der Stufe 1 nach diesem Bundesgesetz gebührt, oder
   c) eine pflegebedürftige minderjährige Person, der zumindest ein Pflegegeld der Stufe 1 nach diesem Bundesgesetz gebührt,

   überwiegend pflegt, und

   (BGBl I 2008/128)
2. an der Erbringung der Pflegeleistung wegen Krankheit, Urlaub oder aus sonstigen wichtigen Gründen verhindert ist.

(2) Ansuchen auf Gewährung einer Zuwendung nach Abs. 1 sind unter Anschluss der erforderlichen Unterlagen beim Sozialministeriumservice einzubringen.

(BGBl I 2013/138, BGBl II 2014/59)

(3) Der Bundesminister für soziale Sicherheit, Generationen und Konsumentenschutz hat nähere Bestimmungen über die Voraussetzungen, unter denen eine Zuwendung im Sinne des Abs. 1 gewährt werden kann (wie die Höhe der Zuwendung, besonders berücksichtigungswürdige Umstände), in Form von Richtlinien zu erlassen. Vor Erlassung dieser Richtlinien ist der Bundesbehindertenbeirat (§ 8 des Bundesbehindertengesetzes) zu hören. Diese Richtlinien haben sowohl im Bundesministerium für soziale Sicherheit, Generationen und Konsumentenschutz als auch im Sozialministeriumservice zur Einsichtnahme aufzuliegen.

(BGBl I 2013/138, BGBl II 2014/59)

(4) § 24 des Bundesbehindertengesetzes ist auf Zuwendungen nach diesem Abschnitt nicht anzuwenden; §§ 25 und 26 des Bundesbehindertengesetzes gelten sinngemäß.

(5) Das Bundesamt für Soziales und Behindertenwesen ist zur Verarbeitung von personenbezogenen Daten insoweit ermächtigt, als diese zur Vollziehung der Zuwendungen aus dem Unterstützungsfonds für Menschen mit Behinderung eine wesentliche Voraussetzung sind.

(6) Im Zuge der Vollziehung werden folgende Datenarten verarbeitet:

1. personenbezogene Daten der pflegebedürftigen Person:
   a) Name,
   b) Sozialversicherungsnummer,
   c) Geburtsdatum,
   d) Geschlecht,
   e) Vorliegen einer demenziellen Erkrankung,
   f) Pflegegeldstufe;
2. personenbezogene Daten des Zuwendungswerbers:
   a) Name,
   b) Sozialversicherungsnummer,
   c) Geburtsdatum,
   d) Geschlecht,
   e) Adresse,
   f) Verwandtschaftsverhältnis zur pflegebedürftigen Person,
   g) monatliches Nettoeinkommen,
   h) Grund für die Verhinderung an der Pflege,
   i) Dauer der Verhinderung an der Pflege,
   j) Art der Ersatzpflege,
   k) Abweisungsgrund,
   l) Sorgepflichten für unterhaltsberechtigte Angehörige,
   m) Einbringungsdatum des Ansuchens,
   n) Höhe der gewährten Zuwendung,
   o) Datum der Erledigung des Ansuchens.

(7) Das Bundesamt für Soziales und Behindertenwesen ist ermächtigt, die in Abs. 6 Z 1 angeführten Datenarten im Einzelfall aus der Anwendung Pflegegeldinformation – PFIF des Hauptverbandes der österreichischen Sozialversicherungsträger abzufragen.

(BGBl I 2018/32)

(BGBl I 2003/71)

§ 21b. (1) Zum Zweck der Unterstützung der 24-Stunden-Betreuung pflegebedürftiger Personen im Sinne des HBeG können nach Maßgabe der dafür zur Verfügung stehenden Mittel aus dem Unterstützungsfonds für Menschen mit Behinderung (§ 22 des Bundesbehindertengesetzes) Zuwendungen an pflegebedürftige Personen oder deren Angehörige gewährt werden.

(2) Voraussetzungen für die Gewährung einer Zuwendung sind:

1. die Betreuung gemäß § 1 Abs. 1 HBeG,
2. die Feststellung des Bedarfes einer bis zu 24-Stunden-Betreuung,
3. ein Anspruch auf Pflegegeld zumindest in Höhe der Stufe 3 nach diesem Bundesgesetz oder einem Landespflegegeldgesetz,

   (BGBl I 2007/51)

4. eine angemessene Beteiligung anderer Gebietskörperschaften an den Kosten der Betreuung und
5. a) eine theoretische Ausbildung der Betreuungskraft, die im Wesentlichen der Ausbildung eines Heimhelfers nach der Vereinbarung gemäß Artikel 15a B-VG zwischen dem Bund und den Ländern über Sozialbetreuungsberufe, BGBl. I Nr. 55/2005, entspricht oder,
   b) dass die Betreuungskraft seit mindestens sechs Monaten die Betreuung im Sinne des HBeG oder gemäß § 159 GewO 1994 nach den Erfordernissen einer sachgerechten Betreuung des Förderwerbers durchgeführt hat oder
   c) eine Befugnis der Betreuungskraft gemäß §§ 3b oder 15 Abs. 7 des Gesundheits- und Krankenpflegegesetzes (GuKG), BGBl. I Nr. 108/1997, in der Fassung des Bundesgesetzes BGBl. I Nr. 57/2008, oder gemäß § 50b des Ärztegesetzes 1998, BGBl. I Nr. 169, in der Fassung des Bundesgesetzes BGBl. I Nr. 57/2008.

   Eine dieser Voraussetzungen muss ab 1. Jänner 2009 erfüllt sein.

   (BGBl I 2008/57)

Von der Voraussetzung der Z 4 kann auf die Dauer von längstens 6 Monaten ab In-Kraft-Treten dieser Bestimmung abgesehen werden.

(3) Aus verwaltungsökonomischen Gründen können die Zuwendungen auf der Basis einer entsprechenden Vereinbarung an Gebietskörperschaften, Körperschaften öffentlichen Rechts oder Sozialversicherungsträger ausbezahlt werden, sofern damit der Zweck der Zuwendung erreicht wird.

(4) Der Bundesminister für Soziales und Konsumentenschutz hat nähere Bestimmungen über die Voraussetzungen, unter denen eine Zuwendung im Sinne des Abs. 1 gewährt werden kann (wie die Höhe der Zuwendung, besonders berücksichtigungswürdige Umstände, Abwicklung, Maßnahmen der Qualitätssicherung), in Form von Richtlinien zu erlassen. Vor Erlassung dieser Richtlinien ist der Bundesbehindertenbeirat (§ 8 des Bundesbehindertengesetzes) zu hören. Diese Richtlinien haben im Bundesministerium für Soziales und Konsumentenschutz zur Einsichtnahme aufzuliegen.

(5) § 24 des Bundesbehindertengesetzes ist auf Zuwendungen nach diesem Abschnitt nicht anzuwenden; §§ 25 und 26 des Bundesbehindertengesetzes gelten sinngemäß.

(6) Das Bundesamt für Soziales und Behindertenwesen ist ermächtigt, die für die Durchführung der nach Abs. 1 gewährten Förderungen und die für die Kostenabrechnung mit den Ländern notwendigen, in Abs. 7 angeführten, personenbezogenen Daten zu verarbeiten.

(BGBl I 2015/12)

(7) Im Zuge der Förderabwicklung werden folgende Datenarten verarbeitet:

(BGBl I 2018/32)

1. personenbezogene Daten der pflegebedürftigen Person:
   a) Namen,
   b) Pflegegeldstufe und Änderungen der Pflegegeldstufe,
   c) Vorliegen, Wegfall und Änderung des Erschwerniszuschlages,
   d) Vorliegen und Wegfall der Mobilitätshilfe im weiteren Sinn,
   e) Vorliegen und Wegfall einer Legalzession gemäß § 13 BPGG,
   f) Krankenhausaufenthalte des Pflegegeldbeziehers, die eine Dauer von drei Monaten übersteigen,
   g) Sozialversicherungsnummer,
   h) Geburtsdatum,
   i) Kontaktdaten (Meldeadresse, Telefonnummer, E-Mailadresse),
   j) Kontodaten,
   k) Höhe des Nettoeinkommens,
   l) Angabe etwaiger Unterhaltsverpflichtungen;
2. personenbezogene Daten des Förderwerbers, sofern er nicht mit der Person des Pflegebedürftigen ident ist:
   a) Namen,
   b) Kontaktdaten (Meldeadresse, Telefonnummer, E-Mailadresse),
   c) Kontodaten,
   d) Verwandtschaftsverhältnis und/oder Vertretungsbefugnis;
3. personenbezogene Daten betreffend die Personenbetreuungskraft:
   a) Namen,
   b) Sozialversicherungsnummer,
   c) Geburtsdatum,
   d) Versicherungsstatus,
   e) Adresse.

(BGBl I 2018/32)

(8) Zur Feststellung, ob eine selbstständige Personenbetreuungskraft im gesetzlichen Ausmaß (voll)versichert und im Haushalt des jeweiligen Förderungswerbers bzw. der jeweiligen Förderungswerberin angemeldet ist, wird das Bundesamt für Soziales und Behindertenwesen ermächtigt, die in Abs. 7 Z 3 genannten personenbezogenen Daten, regelmäßig und automationsunterstützt vom Hauptverband der österreichischen Sozialversicherungsträger sowie über die gemäß § 2a SMSG, BGBl. I Nr. 18/2017, geführte Kontaktdatenbank abzufragen und zu verarbeiten.

(BGBl I 2018/32)

(9) Das Bundesamt für Soziales und Behindertenwesen ist ermächtigt, zur Erfüllung der ihm ob-

BPGG

liegenden Aufgaben im Zusammenhang mit der Kostenabrechnung und zur Information, personenbezogene Daten an die Länder, an den Fonds Soziales Wien und an die Pensionsversicherungsanstalt elektronisch zu übermitteln.

(BGBl I 2015/12)

(10) Die Zugriffsberechtigung auf die nach Abs. 7 und 8 im Rahmen der Vollziehung der Förderabwicklung verarbeiteten personenbezogenen Daten, sowie auf die gemäß Abs. 9 an die Länder, den Fonds Soziales Wien und an die Pensionsversicherungsanstalt übermittelten personenbezogenen Daten wird Bediensteten des Bundesamtes für Soziales und Behindertenwesen sowie, gemäß § 2a Abs. 3 SMSG, BGBl. I Nr. 18/2017, einzelnen Bediensteten des Bundesministeriums für Arbeit, Soziales, Gesundheit und Konsumentenschutz, zur Erfüllung der mit der Förderabwicklung verbundenen Aufgaben, eingeräumt.

(BGBl I 2018/32)

(11) Das Bundesamt für Soziales und Behindertenwesen hat die im Rahmen der Förderabwicklung und im Zuge der Kostenabrechnung verarbeiteten personenbezogenen Daten unverzüglich zu löschen, wenn sie zur Erfüllung der gesetzlichen Aufgaben nicht mehr erforderlich sind.

(BGBl I 2015/12, BGBl I 2018/32)

(12) (aufgehoben)

(BGBl I 2015/12, BGBl I 2018/32)

(BGBl I 2007/34)

3b. Abschnitt
Pflegekarenzgeld

§ 21c. (1) Personen, die eine Pflegekarenz gemäß § 14c AVRAG vereinbart haben, sowie Personen, die sich zum Zwecke der Pflegekarenz gemäß § 32 Abs. 1 Z 3 AlVG vom Bezug von Arbeitslosengeld oder Notstandshilfe oder von der Vormerkung zur Sozialversicherung nach § 34 AlVG abgemeldet haben, gebührt für die Dauer der Pflegekarenz ein Pflegekarenzgeld nach den Bestimmungen dieses Abschnittes. Personen, die eine Pflegeteilzeit gemäß § 14d AVRAG vereinbart haben, gebührt für die vereinbarte Dauer der Pflegeteilzeit ein aliquotes Pflegekarenzgeld. Pro zu betreuender pflegebedürftiger Person gebührt das Pflegekarenzgeld für höchstens sechs Monate. Bei einer neuerlichen Vereinbarung einer Pflegekarenz oder Pflegeteilzeit wegen einer wesentlichen Erhöhung des Pflegebedarfs um zumindest eine Pflegegeldstufe (§ 9 Abs. 4) gebührt das Pflegekarenzgeld für höchstens weitere sechs Monate pro zu betreuender pflegebedürftiger Person. Eine Pflegekarenz oder eine Pflegeteilzeit nach landesgesetzlichen Regelungen in Ausführung des Landarbeitsgesetzes 1984, BGBl. Nr. 287/1984, sowie nach gleichartigen bundes- oder landesgesetzlichen Regelungen sind wie eine Pflegekarenz oder eine Pflegeteilzeit gemäß §§ 14c und 14d AVRAG zu behandeln. Auf das Pflegekarenzgeld besteht ein Rechtsanspruch.

(BGBl I 2014/40)

(2) Vor Inanspruchnahme des Pflegekarenzgeldes muss die karenzierte Person aus dem nunmehr karenzierten Arbeitsverhältnis ununterbrochen drei Monate nach dem ASVG vollversichert oder ununterbrochen drei Monate nach dem B-KUVG krankenversichert oder nach einer vergleichbaren landesgesetzlichen Regelung gegenüber einer Krankenfürsorgeanstalt anspruchsberechtigt gewesen sein. Das Pflegekarenzgeld gebührt, soweit in diesem Bundesgesetz oder in einer gemäß Abs. 5 erlassenen Verordnung keine abweichende Regelung erfolgt, in der Höhe des nach den Bestimmungen des § 21 AlVG zu ermittelnden Grundbetrages des Arbeitslosengeldes zuzüglich allfälliger Kinderzuschläge. Der Grundbetrag gebührt bei der Pflegekarenz jedoch mindestens in Höhe der monatlichen Geringfügigkeitsgrenze gemäß § 5 Abs. 2 ASVG und bei der Pflegeteilzeit mindestens in Höhe des aliquoten Teiles der monatlichen Geringfügigkeitsgrenze im Ausmaß der Herabsetzung der Arbeitszeit. Im Falle der Pflegeteilzeit ist für die Ermittlung des Grundbetrages die Differenz der monatlichen Bruttoeinkommen als Bemessungsgrundlage heranzuziehen. Das für den ersten Monat der Pflegeteilzeit ermittelte tägliche Pflegekarenzgeld gebührt für die gesamte Dauer der Pflegeteilzeit.

(3) Personen, die zum Zwecke der Sterbebegleitung eines nahen Angehörigen oder der Begleitung von schwerst erkrankten Kindern eine Familienhospizkarenz

1. gemäß §§ 14a oder 14b AVRAG oder
2. gemäß § 32 Abs. 1 Z 1 oder 2 AlVG oder
3. nach gleichartigen landesgesetzlichen Regelungen in Ausführung des Landarbeitsgesetzes 1984 oder
4. nach gleichartigen bundes- oder landesgesetzlichen Regelungen

in Anspruch nehmen, gebührt für die Dauer der Familienhospizkarenz ein Pflegekarenzgeld nach den Bestimmungen dieses Abschnittes. Aus Mitteln des Ausgleichsfonds für Familienbeihilfen nach dem Familienlastenausgleichsgesetz 1967 sind dem Bund, bis jeweils 31. März eines jeden Jahres, 800.000 € zu den Aufwendungen für das Pflegekarenzgeld zu überweisen. Die Höhe der Mittelzuwendung ist im Jahr 2016 zu evaluieren. Dabei ist insbesondere zu prüfen, inwieweit dieser Überweisungsbetrag angepasst werden muss oder ob die für den Familienhospizkarenz-Härteausgleich budgetierten Mittel eine weitere Überweisung rechtfertigen.

(3a) Für Personen, die sich gemäß § 32 Abs. 1 AlVG vom Bezug von Arbeitslosengeld oder Notstandshilfe oder von der Vormerkung zur Sozialversicherung nach § 34 AlVG abmelden, gilt eine von Abs. 2 zweiter Satz und Abs. 4 abweichende Regelung. Diese Personen haben Anspruch auf ein tägliches Pflegekarenzgeld in der Höhe des täglichen Arbeitslosengeldes oder der täglichen Notstandshilfe, welche vor Antritt der Pflegekarenz oder der Familienhospizkarenz bezogen wurde oder gebühren würde, jedoch mindestens in Höhe der monatlichen Geringfügigkeitsgrenze gemäß § 5 Abs. 2 ASVG.

(BGBl I 2014/40)

(4) Kinderzuschläge sind für Kinder, Stief-, Wahl- und Pflegekinder zu gewähren, wenn für diese ein Anspruch auf Familienbeihilfe nach dem Familienlastenausgleichsgesetz 1967 besteht und die in Abs. 1 genannten Personen zu deren Unterhalt wesentlich beitragen. Der Kinderzuschlag beträgt für jedes Kind täglich ein Dreißigstel des Kinderzuschusses gemäß § 262 Abs. 2 ASVG, kaufmännisch gerundet auf einen Cent. Beziehen mehrere Personen zeitgleich für denselben nahen Angehörigen ein Pflegekarenzgeld, so gebührt der Kinderzuschlag für dasselbe Kind nur einmal. Der Kinderzuschlag gebührt jener Person, deren Anspruch auf ein Pflegekarenzgeld zuzüglich Kinderzuschlag zuerst festgestellt wurde, bei zeitgleicher Feststellung jener Person, die für die zuschlagsberechtigte Person die Familienbeihilfe bezieht.

(BGBl I 2015/12)

(5) Der Bundesminister für Arbeit, Soziales und Konsumentenschutz kann durch Verordnung nähere Bestimmungen über die Höhe des Pflegekarenzgeldes festlegen. Dabei kann für die Ermittlung der Bemessungsgrundlage eine andere Anzahl von Kalendermonaten bestimmt und das Ausmaß des Grundbetrages abweichend von dem gemäß § 21 AlVG geltenden Prozentsatz festgelegt werden. Ebenso können zur Berechnung des aliquoten Pflegekarenzgeldes sowie über die zum erforderlichen Nachweis über das Vorliegen einer demenziellen Erkrankung zu erbringenden Unterlagen nähere Bestimmungen getroffen werden.

(6) Die Aufwendungen für das Pflegekarenzgeld und die sozialrechtliche Absicherung für die Bediensteten, für die bundes- oder landesgesetzliche dienstrechtliche Regelungen im Sinne des Art. 10 Abs. 1 Z 16, Art. 14, Art. 14a oder Art. 21 des B-VG gelten, werden vom Bundesministerium für Arbeit, Soziales und Konsumentenschutz vorfinanziert. Das Bundesministerium für Finanzen ist verpflichtet, dem Bundesministerium für Arbeit, Soziales und Konsumentenschutz die vorfinanzierten Aufwendungen auf Basis einer halbjährlichen Abrechnung (erstmalig im August 2014) jährlich zu ersetzen (erstmalig im Februar 2015). Ergeben sich nachträgliche Änderungen in den jeweiligen Auszahlungsbeträgen für die Bediensteten im Sinne des ersten Satzes, werden diese im Rahmen der nächsten Abrechnung berücksichtigt und entsprechend gegengerechnet.

(BGBl I 2013/138)

§ 21d. (1) Über die Gewährung, Entziehung oder Neubemessung eines Pflegekarenzgeldes entscheidet das Bundesamt für Soziales und Behindertenwesen mittels Mitteilung. Der Antragsteller hat das Recht, binnen vier Wochen nach Zustellung dieser Mitteilung darüber einen Bescheid zu verlangen.

(2) Anträge auf Gewährung eines Pflegekarenzgeldes sind unter Anschluss

1. der Vereinbarung über die Pflegekarenz oder Pflegeteilzeit,
2. eines Nachweises über die Inanspruchnahme einer Familienhospizkarenz,
3. einer Bestätigung des Arbeitsmarktservices über die Abmeldung gemäß § 32 Abs. 1 AlVG und über die Höhe der Leistung aus der Arbeitslosenversicherung oder über die Abmeldung von der Vormerkung zur Sozialversicherung nach § 34 AlVG,

   (BGBl I 2014/40)
4. einer Erklärung des Antragstellers, dass die Pflege und Betreuung für die Dauer der Pflegekarenz oder Pflegeteilzeit überwiegend erbracht wird,
5. eines Nachweises über die Höhe des reduzierten Entgelts im ersten Monat der Pflegeteilzeit,
6. eines Nachweises über den Anspruch auf Kinderzuschläge

beim Bundesamt für Soziales und Behindertenwesen einzubringen. Wird der Antrag bei einer anderen Behörde, einem Sozialversicherungsträger, einem Gericht oder einem Gemeindeamt eingebracht, so ist der Antrag unverzüglich an das Bundesamt für Soziales und Behindertenwesen weiterzuleiten.

(3) Erfolgt die Antragstellung innerhalb von zwei Wochen ab Beginn der Pflegekarenz, Pflegeteilzeit oder Familienhospizkarenz, so gebührt das Pflegekarenzgeld ab Beginn dieser Maßnahme. Wird der Antrag nach dieser Frist jedoch vor dem Ende der Pflegekarenz, Pflegeteilzeit oder Familienhospizkarenz gestellt, gebührt das Pflegekarenzgeld ab dem Tag der Antragstellung; verspätete Anträge sind zurückzuweisen.

(4) § 9 Abs. 4 ist sinngemäß anzuwenden; die Entziehung oder Neubemessung des Pflegekarenzgeldes sowie der Kinderzuschläge wird mit dem Tag wirksam, an dem diese Änderung eingetreten ist.

(BGBl I 2013/138)

§ 21e. (1) Wenn ein Angehöriger erklärt, eine Pflegekarenz oder Pflegeteilzeit in Anspruch nehmen zu wollen, und das Verfahren auf Gewährung oder Erhöhung des Pflegegeldes noch nicht abgeschlossen ist, hat der Entscheidungsträger (§ 22) dieses Verfahren grundsätzlich binnen zwei Wochen ab Einlangen der Erklärung abzuschließen.

(2) Die Auszahlung des Pflegekarenzgeldes sowie der Kinderzuschläge erfolgt jeweils an einem bestimmten Tag im Monat für einen Monat im Nachhinein. Diese Geldleistungen sind bargeldlos zu erbringen, wenn und solange der Anspruchsberechtigte nicht ausdrücklich Barzahlung verlangt.

(3) Wird die Pflegekarenz, die Pflegeteilzeit oder die Familienhospizkarenz vorzeitig beendet (14 Tage nach Wegfall des Grundes für die jeweilige Maßnahme), so ist zu viel ausbezahltes Pflegekarenzgeld zurückzuzahlen.

(4) Der Hauptverband der österreichischen Sozialversicherungsträger ist verpflichtet, dem Bundesamt für Soziales und Behindertenwesen auf automationsunterstütztem Weg die Bemessungsgrundlagen für die Berechnung der Höhe des Pflegekarenzgeldes zu übermitteln.

(5) Die Bundesrechenzentrum GmbH hat als Auftragsverarbeiter gemäß Art. 4 Z 8 der Datenschutz-Grundverordnung, bei der Berechnung und Zahlbarstellung des Pflegekarenzgeldes sowie an der Durchführung der Verfahren mitzuwirken.

(BGBl I 2018/32)

(6) Das Bundesamt für Soziales und Behindertenwesen ist zur Verarbeitung von personenbezogenen Daten insoweit ermächtigt, als diese zur Erfüllung der in § 21d Abs. 1 normierten gesetzlichen Aufgaben eine wesentliche Voraussetzung sind. Die in Frage kommenden Datenarten sind:

(BGBl I 2018/32)

1. Stammdaten der Antragsteller:
   a) Namen (Vornamen, Familiennamen),
   b) Sozialversicherungsnummer und Geburtsdatum,
   c) Geschlecht,
   d) Adresse des Wohnsitzes oder Aufenthaltsortes,
   e) Telefonnummer,
   f) Bankverbindung und Kontonummer
2. personenbezogene Daten über wirtschaftliche und soziale Rahmenbedingungen der Antragsteller:
   a) unterhaltsberechtigte Kinder,
   b) ausgeübte (geringfügige) Erwerbstätigkeiten,
   c) Einkommen,
   d) Versicherungszeiten,
   e) Bemessungsgrundlagen und
   f) Höhe der Leistung aus der Arbeitslosenversicherung;

   (BGBl I 2014/40, BGBl I 2018/32)
3. personenbezogene Daten der pflegebedürftigen Personen:
   a) Namen (Vornamen, Familiennamen),
   b) Sozialversicherungsnummer und Geburtsdatum,
   c) Pflegegeldstufe.

   (BGBl I 2018/32)

(7) Für Zeiträume, in denen ein Pflegekarenzgeld gebührt, sind finanzielle Zuwendungen gemäß § 21a nicht möglich. Personen, die eine Pflegekarenz gemäß § 14c AVRAG oder eine Pflegeteilzeit gemäß § 14d AVRAG vereinbart haben, können für die vereinbarte Dauer keine Zuwendungen gemäß § 21b beziehen, wenn der zu betreuende Angehörige Dienstleistungen im Sinne einer 24-Stunden-Betreuung in Anspruch nimmt, für die eine Förderung gemäß § 21b für denselben Zeitraum gewährt wird. Die §§ 10, 11, 15, 18 Abs. 4, 21, 24, 26, 27 Abs. 5, 32 und 33a gelten sinngemäß.

(BGBl I 2013/138)

§ 21f. (1) Bei Auflösung des Arbeitsverhältnisses während der Pflegekarenz oder der Pflegeteilzeit endet der Anspruch auf Pflegekarenzgeld mit dem Ende des Arbeitsverhältnisses. Wenn aber das Arbeitsverhältnis durch den Arbeitgeber während der Pflegekarenz aufgelöst wird, gebührt das Pflegekarenzgeld für die ursprünglich vereinbarte Dauer der Pflegekarenz.

(2) Wird das Arbeitsverhältnis vom Arbeitgeber während einer Pflegeteilzeit aufgelöst, so gebührt ab dem Ende des Arbeitsverhältnisses anstelle des aliquoten Pflegekarenzgeldes bis zum Ende der vereinbarten Dauer der Pflegeteilzeit das Pflegekarenzgeld in voller Höhe.

(3) In Fällen einer Familienhospizkarenz sind die Abs. 1 und 2 sinngemäß anzuwenden.

(BGBl I 2013/138)

4. Abschnitt
Entscheidungsträger

§ 22. (1) Zur Entscheidung in Angelegenheiten nach diesem Bundesgesetz sind zuständig:

Für Personen nach

1. § 3 Abs. 1 Z 1 lit. a bis d und f sowie Z 7 der für die Gewährung der Vollrente, Pension oder des Sonderruhegeldes zuständige Sozialversicherungsträger; in jenem Bereich, in dem die Allgemeine Unfallversicherungsanstalt für die Gewährung der Vollrente zuständig ist, die Pensionsversicherungsanstalt;
2. § 3 Abs. 1 Z 2 und 3 der zuständige Unfallversicherungsträger; in jenem Bereich, in dem die Allgemeine Unfallversicherungsanstalt zuständig ist, die Pensionsversicherungsanstalt;
3. § 3 Abs. 1 Z 4 lit. a bis i und k sowie Z 9 die Versicherungsanstalt öffentlich Bediensteter;
4. § 3 Abs. 1 Z 4 lit. j und l die Versicherungsanstalt für Eisenbahnen und Bergbau und
5. § 3 Abs. 1 Z 1 lit. e und g, Z 5, Z 6, Z 8 und Z 10 sowie § 3a die Pensionsversicherungsanstalt.

   (BGBl I 1998/111, BGBl I 2001/69, BGBl I 2011/58, BGBl I 2013/3)

(BGBl I 2013/138)

(2) Bezüglich der örtlichen Zuständigkeit gelten die beim jeweiligen Entscheidungsträger in Vollziehung der im § 3 genannten Normen anzuwendenden Bestimmungen.

(3) Der Bundesminister für Arbeit und Soziales ist ermächtigt, durch Verordnung die Durchführung des Bundespflegegeldgesetzes einem Entscheidungsträger zu entziehen und einem anderen Entscheidungsträger zu übertragen, wenn dies im Interesse der Zweckmäßigkeit, Raschheit, Einfachheit und Kostenersparnis gelegen ist.

5. Abschnitt
Kostenersatz

§ 23. (1) Der Bund hat den Trägern der gesetzlichen Pensionsversicherung die in der nach den Rechnungsvorschriften für die Sozialversicherungsträger zu erstellenden gesonderten Erfolgsrechnung nach diesem Bundesgesetz nachgewiesenen Aufwendungen für das Pflegegeld, die Sachleistungen, die Reisekosten, den vertrauensärztlichen Dienst und die sonstige Betreuung, die Zustellgebühren, den entsprechenden Anteil an den Verwaltungsaufwendungen sowie die sonstigen Aufwendungen zu ersetzen. Dabei sind Ersätze für Leistungsaufwendungen sowie sonstige Erträge in Abzug zu bringen. Die anteiligen Verwaltungsaufwendungen können pauschal ermittelt und vom Bund in der Höhe des festgesetzten Pauschalbetrages ersetzt werden. Der Bundesminister für Arbeit und Soziales hat die Pauschalbeträge nach Anhörung des Hauptverbandes der österreichischen Sozialversicherungsträger im Einvernehmen mit dem Bundesminister für Finanzen festzusetzen.

(BGBl 1995/131)

(2) Der Bund hat den Trägern der gesetzlichen Unfallversicherung den Aufwand für das auf Grund akausaler Behinderungen geleistete Pflegegeld und den entsprechenden Anteil an den Verwaltungsaufwendungen hiefür zu ersetzen, wobei Ersätze für das auf Grund akausaler Behinderungen geleistete Pflegegeld in Abzug zu bringen sind. Der Aufwand für das auf Grund akausaler Behinderungen geleistete Pflegegeld kann pauschal ermittelt und vom Bund in der Höhe des festgesetzten Pauschalbetrages ersetzt werden. Der Bundesminister für Arbeit, Soziales und Konsumentenschutz hat den Pauschalbetrag im Einvernehmen mit dem Bundesminister für Finanzen festzusetzen. Im Übrigen ist Abs. 1 dritter und vierter Satz anzuwenden. Für die finanzielle Vollziehung der Aufgaben gemäß § 22 Abs. 1 Z 1 und Z 2 hat die Pensionsversicherungsanstalt als Entscheidungsträger nach diesem Bundesgesetz im Bereich der Allgemeinen Unfallversicherungsanstalt einen eigenen Rechenkreis als Teil ihres Rechnungsabschlusses einzurichten, der eine Zuordnung der für die Erfüllung dieser Aufgaben erforderlichen Aufwände sowie der damit verbundenen Erträge eindeutig ermöglicht, und im Zuge des jährlichen Rechnungsabschlusses eine eigene Erfolgsrechnung für diesen Aufgabenbereich zu erstellen.

(BGBl 1995/131, BGBl I 2010/111)

(3) Der Bund hat ab 1. Jänner 2011 bis 31. Dezember 2011 der von der ÖBB-Holding AG gemäß § 52a des Bundesbahngesetzes, BGBl. Nr. 825/1992, zuletzt geändert durch das Bundesgesetz BGBl. I Nr. 95/2009, mit Angelegenheiten nach dem Bundespflegegeldgesetz beauftragten Gesellschaft und ab 1. Jänner 2012 der Versicherungsanstalt für Eisenbahnen und Bergbau, als Entscheidungsträger gemäß § 22 Abs. 1 Z 4, die in der Erfolgsrechnung nachgewiesenen Aufwendungen für das Pflegegeld sowie die den in Abs. 1 erster Satz angeführten weiteren Aufwendungen entsprechenden Aufwendungen analog Abs. 1 zu ersetzen, soweit diese den Anteil des Beitragsaufkommens für die gemäß § 472a des Allgemeinen Sozialversicherungsgesetzes (ASVG), BGBl. Nr. 189/1955, versicherten aktiven Bediensteten, der einem Beitragssatz von 0,8 vH entspricht, übersteigen.

(BGBl I 2003/138, BGBl I 2010/111, BGBl I 2013/138)

(3a) Die von der ÖBB-Holding AG gemäß § 52a des Bundesbahngesetzes in der Fassung des Bundesgesetzes BGBl. I Nr. 95/2009 beauftragte Gesellschaft oder deren Rechtsnachfolger hat, so lange dies von der Versicherungsanstalt für Eisenbahnen und Bergbau benötigt wird, ihre IT-Systeme und Unterstützungseinrichtungen entsprechend den Anforderungen der Versicherungsanstalt für Eisenbahnen und Bergbau gegen Entgelt zur Erfüllung der Aufgaben gemäß § 22 Abs. 1 Z 4 weiterhin einzusetzen und für die Versicherungsanstalt für Eisenbahnen und Bergbau entsprechend deren Bedarf nutzbar zu machen.

(BGBl I 2010/111, BGBl I 2013/138)

(3b) Für die finanzielle Vollziehung der Aufgaben gemäß § 22 Abs. 1 Z 4 hat die Versicherungsanstalt für Eisenbahnen und Bergbau einen eigenen Rechenkreis als Teil ihres Rechnungsabschlusses einzurichten, der eine Zuordnung der für die Erfüllung dieser Aufgaben erforderlichen Aufwände sowie der damit verbundenen Erträge und der Ausgleichszahlungen gemäß Abs. 3c der ÖBB-Holding AG oder deren Rechtsnachfolger eindeutig ermöglicht und im Zuge des jährlichen Rechnungsabschlusses eine eigene Erfolgsrechnung für diesen Aufgabenbereich zu erstellen.

(BGBl I 2010/111, BGBl I 2013/138)

(3c) Der vom Bund gemäß Abs. 3 der Versicherungsanstalt für Eisenbahnen und Bergbau nicht abgegoltene Teil ihrer Aufwände ist durch die ÖBB-Holding AG oder deren Rechtsnachfolger auszugleichen, wobei die ÖBB-Holding AG diesen Aufwand von den betroffenen Gesellschaften ersetzt erhält. Dazu hat die ÖBB-Holding AG oder deren Rechtsnachfolger der Versicherungsanstalt für Eisenbahnen und Bergbau den Anteil am Beitragsaufkommen gemäß Abs. 3, der einem Beitragssatz von 0,8 vH entspricht, zum ersten Tag jeden Monats, beginnend mit 1. Jänner 2012, anzuweisen. Die ÖBB-Holding AG oder deren Rechtsnachfolger hat diese Ausgleichzahlung, nach Abstimmung mit der Versicherungsanstalt für Eisenbahnen und Bergbau, entsprechend der Fälligkeit der Pflegegeldzahlungen zeitgerecht vorzufinanzieren und bereits die Auszahlung der am 1. Jänner 2012 fälligen Pflegegeldzahlungen zu gewährleisten. Diese Vorfinanzierung wird jeweils mit dem zum ersten Tag jeden Monats fälligen Anteil am Beitragsaufkommen gegenverrechnet.

(BGBl I 2010/111)

(3d) Die ÖBB-Holding AG oder deren Rechtsnachfolger haben für den von ihnen an die Versicherungsanstalt für Eisenbahnen und Bergbau zu leistenden Aufwandsersatz keinen Anspruch gegenüber dem Bund.

(BGBl I 2010/111)

(4) Der Bund hat den Trägern der gesetzlichen Pensions- und Unfallversicherung und der Versicherungsanstalt für Eisenbahnen und Bergbau den nach Abs. 1 bis 3 gebührenden Kostenersatz monatlich im erforderlichen Ausmaß unter Bedachtnahme auf seine Kassenlage zu bevorschussen.

(BGBl I 2003/138, BGBl I 2010/111)

(5) Der Bund hat der Pensionsversicherungsanstalt als Entscheidungsträger gemäß § 22 Abs. 1 Z 5 und der Versicherungsanstalt öffentlich Bediensteter als Entscheidungsträger gemäß § 22 Abs. 1 Z 3 für Bezieher einer Leistung nach § 3 Abs. 1 Z 4 lit. b, c und e sowie § 3 Abs. 1 Z 9 die in der Erfolgsrechnung nachgewiesenen Aufwendungen für das Pflegegeld sowie die in Abs. 1 erster Satz angeführten weiteren Aufwendungen analog Abs. 1 zu ersetzen. Der Bund hat diesen Entscheidungsträgern den gebührenden Kostenersatz monatlich im erforderlichen Ausmaß unter Bedachtnahme auf seine Kassenlage zu bevorschussen. Dies gilt für die Versicherungsanstalt öffentlich Bediensteter insoweit nicht, als die Leistungen unter entsprechender Anwendung der §§ 4 und 5 Abs. 2 Bundespensionsamtübertragungs-Gesetz, BGBl. I Nr. 89/2006, aus Mitteln des Bundes erbracht werden.

(BGBl I 2011/58)

(BGBl 1993/457)

6. Abschnitt
Verfahren

Allgemeine Bestimmungen

§ 24. Auf das Verfahren finden, soweit dieses Bundesgesetz nichts anderes bestimmt, vor den Sozialversicherungsträgern die Bestimmungen der §§ 354, 358 bis 361, 362a bis 367 ASVG und vor den übrigen Entscheidungsträgern die Vorschriften des AVG mit Ausnahme der §§ 45 Abs. 3 und 68 Abs. 2 AVG Anwendung.

(BGBl I 1998/111, BGBl I 2013/71)

Antragstellung

§ 25. (1) Die Leistungen nach diesem Bundesgesetz sind, ausgenommen bei Einleitung eines amtswegigen Verfahrens zur Feststellung der Anspruchsvoraussetzungen gemäß §§ 4 und 4a durch einen Unfallversicherungsträger durch Antrag beim zuständigen Entscheidungsträger geltend zu machen. Wird der Antrag bei einer anderen Behörde, einem anderen Sozialversicherungsträger, einem Gericht oder einem Gemeindeamt eingebracht, so ist der Antrag unverzüglich an den zuständigen Entscheidungsträger weiterzuleiten und gilt als ursprünglich richtig eingebracht.

(BGBl 1996/201, BGBl I 1998/111, BGBl I 2011/58)

(2)Antragsberechtigt gemäß Abs. 1 sind der Anspruchswerber selbst oder sein gesetzlicher Vertreter (§ 1034 ABGB), wenn er mit der Besorgung dieser Angelegenheit betraut worden ist. Überdies kann ein Antrag auf Zuerkennung oder Erhöhung des Pflegegeldes auch durch Familienmitglieder oder Haushaltsangehörige ohne Nachweis der Bevollmächtigung gestellt werden, wenn kein Zweifel über Bestand und Umfang der Vertretungsbefugnis besteht.

(BGBl 1995/131, BGBl I 1998/111, BGBl I 2018/59)

(3) Bei Vorliegen der Voraussetzungen für den Anspruchsübergang gemäß § 13 ist auch der Kostenträger antragsberechtigt; die Antragstellung begründet keine Parteistellung des Kostenträgers, die über den Ersatzanspruch gemäß § 13 hinausgeht. Die Antragstellung gilt als Verständigung gemäß § 13 Abs. 2.

(BGBl I 1998/111)

(4) Anträge auf Zuerkennung oder Erhöhung des Pflegegeldes sind ohne Durchführung eines Ermittlungsverfahrens zurückzuweisen, wenn seit Rechtskraft der letzten Entscheidung noch kein Jahr verstrichen ist und keine wesentliche Änderung der Anspruchsvoraussetzungen glaubhaft bescheinigt ist.

(BGBl I 1998/111)

Begutachtung

§ 25a. (1)Auf Wunsch des Pflegebedürftigen oder seines gesetzlichen Vertreters (§ 1034 ABGB) ist bei der Untersuchung die Anwesenheit und Anhörung einer Person seines Vertrauens zu ermöglichen. Hieraus entstehende Kosten werden nicht ersetzt.

(BGBl I 2018/59)

(2) Bei der Begutachtung von pflegebedürftigen Personen in stationären Einrichtungen sind zur Beurteilung der konkreten Pflegesituation auch Informationen des Pflegepersonals einzuholen und die Pflegedokumentation zu berücksichtigen.

(3) Bei pflegebedürftigen Personen, die durch ambulante Dienste betreut werden, sind bei der Begutachtung zur Verfügung gestellte Pflegedokumentationen zu berücksichtigen.

(4) Bei pflegebedürftigen Personen, die im Rahmen eines Betreuungsverhältnisses im Sinne des HBeG oder gemäß § 159 GewO 1994 betreut werden, sind bei der Begutachtung Informationen der Betreuungskräfte zur Beurteilung der konkreten Pflegesituation einzuholen und zur Verfügung gestellte Betreuungsdokumentationen und Haushaltsbücher zu berücksichtigen. Die Betreuungskräfte sind dabei zur Auskunft verpflichtet; hieraus entstehende Kosten werden nicht ersetzt.

(BGBl I 2007/34)

(5) Für die Ausbildung von Personen, die zur Erstellung von Gutachten in Angelegenheiten des Pflegegeldes herangezogen werden dürfen, haben die Pensionsversicherungsträger nach dem ASVG – gemeinsam mit den Trägern der Pensionsversi-

cherung nach dem GSVG und dem BSVG, der Versicherungsanstalt öffentlich Bediensteter und dem Bundesamt für Soziales und Behindertenwesen – im Rahmen eines gemeinnützigen Vereines eine Akademie für ärztliche und pflegerische Begutachtung aufzubauen und zu betreiben.

(BGBl I 2013/3)

(BGBl I 1998/111)

Mitwirkungspflicht

§ 26. (1) Die Leistung des Pflegegeldes kann abgelehnt, gemindert oder entzogen werden, wenn und solange der Anspruchsberechtigte oder Anspruchswerber ohne triftigen Grund

1. einer schriftlichen Aufforderung zum Erscheinen zu einer ärztlichen Untersuchung nicht entspricht oder
2. eine für die Entscheidungsfindung unerläßliche ärztliche Untersuchung verweigert oder
3. sich weigert, die zur Durchführung des Verfahrens unerläßlichen Angaben zu machen oder

   (BGBl I 2015/12)
4. Ansprüche auf anrechenbare Geldleistungen nach ausländischen Vorschriften gemäß § 7 trotz schriftlicher Aufforderung nicht nachweislich geltend macht.

   (BGBl I 2015/12)

(2) Voraussetzung für eine bescheidmäßige Verfügung nach Abs. 1 ist jedoch, daß der Anspruchsberechtigte oder Anspruchswerber auf die Folgen seines Verhaltens nachweislich aufmerksam gemacht worden ist. Eine Nachzahlung für die Zeit der Ablehnung, Minderung oder Entziehung des Pflegegeldes hat zu unterbleiben.

Bescheide

§ 27. (1) Bescheide nach diesem Bundesgesetz sind schriftlich zu erlassen.

(2) Bescheide haben auf die Möglichkeit, eine Klage beim zuständigen Gerichtshof erster Instanz als Arbeits- und Sozialgericht bzw. beim Arbeits- und Sozialgericht Wien einzubringen, auf die dabei einzuhaltende Frist, die Form der Einbringung und auf das Erfordernis des hinreichend bestimmten Klagebegehrens gemäß § 82 des Arbeits- und Sozialgerichtsgesetzes (ASGG), BGBl. Nr. 104/1985, hinzuweisen.

(3) Im Falle der Neubemessung des Pflegegeldes als Folge von Änderungen dieses Bundesgesetzes oder der Anpassung des Pflegegeldes besteht keine Verpflichtung zur Erlassung eines Bescheides.

(4) Im Verfahren gemäß §§ 13 und 18 Abs. 2 haben die Entscheidungsträger gegenüber den Trägern der Sozialhilfe oder den Empfängern des Kostenersatzes keinen Bescheid zu erlassen.

(BGBl I 1998/111, BGBl I 2011/58)

(5) Ergibt sich nachträglich, daß eine Geldleistung bescheidmäßig infolge eines wesentlichen Irrtums über den Sachverhalt oder eines offenkundigen Versehens zu Unrecht abgelehnt, entzogen, eingestellt, zu niedrig bemessen oder zum Ruhen gebracht wurde, so ist mit Wirkung vom Tage der Auswirkung des Irrtums oder Versehens der gesetzliche Zustand herzustellen.

(BGBl I 1998/111)

§ 28. (1) Bescheide über Anträge auf Zuerkennung des Pflegegeldes sind binnen sechs Monaten nach dem Einlangen des Antrages zu erlassen. Zeiten, während derer das Verfahren gemäß § 38 zweiter Satz AVG ausgesetzt ist, sind in diese Frist nicht einzurechnen.

(2) Hat der Entscheidungsträger einen Bescheid zu erlassen, kann er dies aber innerhalb der Frist nach Abs. 1 nicht, weil der Sachverhalt noch nicht genügend geklärt ist, so hat er, wenn seine Leistungspflicht dem Grunde nach feststeht, die Leistung zu bevorschussen; § 8 Abs. 2 und 3 sind anzuwenden.

Information und Kontrolle

§ 29. (aufgehoben)

(BGBl I 2001/69)

Ersatz von Reisekosten

§ 30. Reisekosten, die dem Anspruchsberechtigten oder Anspruchswerber für sich und eine notwendige Begleitperson auf Grund einer schriftlichen Aufforderung zum Erscheinen zu einer ärztlichen Untersuchung zur Durchführung dieses Bundesgesetzes entstehen, sind nach den beim jeweiligen Entscheidungsträger in Vollziehung der im § 3 genannten Normen anzuwendenden Bestimmungen zu ersetzen; subsidiär gilt § 37 PG 1965.

Sachverständige

§ 31. Bezüglich der Bestellung, Enthebung und Honorierung der freien ärztlichen Sachverständigen gelten beim jeweiligen Entscheidungsträger in Vollziehung der im § 3 genannten Normen anzuwendenden Bestimmungen.

Verarbeitung von personenbezogenen Daten

§ 32. Die Entscheidungsträger und Gerichte sind ermächtigt, die auf Grund der im § 3 genannten Normen verarbeiteten personenbezogenen Daten von Anspruchsberechtigten oder Anspruchswerbern nach diesem Bundesgesetz betreffend Generalien, Versicherungsnummer, Art und Einschätzung der Gesundheitsschädigung, das sind personenbezogene Daten aus ärztlichen Befunden und Sachverständigengutachten, sowie Art und Höhe von pflegebezogenen Geldleistungen zur Feststellung der Gebührlichkeit und Höhe des Pflegegeldes zu verarbeiten.

(BGBl 1996/201, BGBl I 2018/32)

Mitwirkung

§ 33. (1) Die Entscheidungsträger und die übrigen Träger der Sozialversicherung, die Bezirksverwaltungsbehörden und Ämter der Landesregierungen sind verpflichtet, auf Verlangen einander sowie den Gerichten die zur Feststellung der Gebührlichkeit und Höhe des Pflegegeldes erforderlichen personenbezogenen Daten betreffend Generalien der Anspruchsberechtigten oder Anspruchswerber, Versicherungsnummer, Zugehörigkeit zum anspruchsberechtigten Personenkreis (§ 3), Art und Einschätzung der Gesundheitsschädigung, das sind personenbezogene Daten aus ärztlichen Befunden und Sachverständigengutachten, sowie Art und Höhe von pflegebezogenen Geldleistungen zu übermitteln.

(BGBl I 2018/32)

(2) Die Entscheidungsträger (§ 22) sind verpflichtet, dem Hauptverband der österreichischen Sozialversicherungsträger auf Verlangen folgende personenbezogene Daten zur automationsunterstützten Besorgung der Statistik der Pflegevorsorge im Einzelfall zu übermitteln:

(BGBl I 2018/32)

1. Versicherungsnummer der Bezieher von Pflegegeld und Ordnungsbegriff des Entscheidungsträgers
2. Geschlecht der Bezieher von Pflegegeld
3. Postleitzahl und Bundesland des Wohnsitzes der Pflegegeldbezieher
4. Art der Grundleistung, zu der das Pflegegeld gewährt wird
5. Stufe des Pflegegeldes
6. Art der Behinderung
7. Art und Höhe der anrechenbaren Geldleistung gemäß § 7
8. Ruhen des Pflegegeldes und Ruhensgrund gemäß § 12
9. Übergang, Übergangsgrund und Höhe der übergehenden Leistung gemäß § 13
10. Höhe des Betrages, mit dem das Pflegegeld gemäß § 20 durch Sachleistungen ersetzt wurde
11. Höhe und Grund der Ausgleichszahlungen gemäß § 44
12. Höhe der Leistungen bei Auslandsaufenthalt gemäß § 46 bzw. § 500 ASVG und Aufenthaltsstaat
13. Auszahlungsbetrag der Pflegegelder
14. Datum und Art der Anträge
15. Datum und Art der Erledigung

    (BGBl I 2010/111)
16. Betreuungs- und Hilfsmaßnahmen sowie das Gesamtausmaß des festgestellten Pflegebedarfes

    (BGBl I 2010/111)
17. Höhe des Betrages, der gemäß § 18 Abs. 2 an den Empfänger des Kostenersatzes ausbezahlt wird.

    (BGBl I 2010/111)

(BGBl 1995/131)

(3) Die Bezirksverwaltungsbehörden, die Ämter der Landesregierungen, die Sozialhilfeverbände, der Fonds Soziales Wien, die Gemeinden, die Abgabenbehörden des Bundes, die öffentlichen und privaten Krankenanstalten, die Krankenfürsorgeanstalten, die privaten stationären Betreuungs- und Pflegeeinrichtungen sowie die gesetzlichen beruflichen Vertretungen der Rechtsanwälte sind verpflichtet, auf begründetes Ersuchen der Entscheidungsträger oder der Gerichte im Ermittlungsverfahren zur Durchführung dieses Bundesgesetzes mitzuwirken, wenn dies im Interesse der Einfachheit, Zweckmäßigkeit und Kostenersparnis gelegen ist. Die Mitwirkungspflicht umfasst auch die Übermittlung von personenbezogenen Daten im Sinne des Abs. 1.

(BGBl 1995/131, BGBl I 2001/69, BGBl I 2011/58, BGBl I 2018/32)

(4) Ist in Angelegenheiten nach diesem Bundesgesetz der in § 22 Abs. 1 Z 3 genannte Entscheidungsträger zuständig, so hat die Bundesrechenzentrum GmbH als Auftragsverarbeiter gemäß Art. 4 Z 8 der Datenschutz-Grundverordnung an der Berechnung und Zahlbarstellung des Pflegegeldes sowie an der Durchführung von Verfahren nach diesem Bundesgesetz mitzuwirken.

(BGBl 1995/131, BGBl 1996/757, BGBl I 1998/111, BGBl I 2011/58, BGBl I 2013/138, BGBl I 2018/32)

(5) Die Ämter der Landesregierungen, der Landesschulrat für Oberösterreich, die Österreichische Post AG, die Telekom Austria AG und die Österreichische Postbus AG sind verpflichtet, der Versicherungsanstalt öffentlich Bediensteter als Entscheidungsträger gemäß § 22 Abs. 1 Z 3 sowie der Pensionsversicherungsanstalt als Entscheidungsträger gemäß § 22 Abs. 1 Z 5 sämtliche für die Übernahme der Pflegegeldfälle auf Grund des Bundesgesetzes BGBl. I Nr. 58/2011 erforderlichen personenbezogenen Daten in elektronisch verwertbarer Form zeitgerecht zu überlassen.

(BGBl I 2011/58, BGBl I 2018/32)

(6) Der Hauptverband der österreichischen Sozialversicherungsträger hat zur Feststellung der Voraussetzungen oder der Höhe einer pflegebezogenen Leistung der Sozialhilfe oder der Bedarfsorientierten Mindestsicherung sowie für das damit im Zusammenhang stehende Kostenerstattungs- und Rückersatzverfahren den Ländern auf Anfrage folgende hiefür erforderliche personenbezogene Daten elektronisch durch eine Abfragemöglichkeit bei der Bundespflegegeld-Datenbank zur Verfügung zu stellen:

(BGBl I 2018/32)

1. Pflegegeldstufe, Anweisungsbetrag der Leistung und Anweisungsmonat,
2. Beginn der Leistung,
3. Datum und Grund der Einstellung des Leistungsbezuges.

Die beim Hauptverband der österreichischen Sozialversicherungsträger dafür anfallenden Kosten sind von den Ländern zu ersetzen.

(BGBl I 2011/58)

6a. Abschnitt
Qualitätssicherung

Qualitätssicherung

§ 33a. (1) Die Entscheidungsträger (§ 22) können Maßnahmen zur Qualitätssicherung durchführen. Insbesondere können sie in Form von Hausbesuchen überprüfen, ob eine den Bedürfnissen der pflegebedürftigen Person entsprechende Pflege gegeben ist und erforderlichenfalls durch Information und Beratung zu deren Verbesserung beitragen. Dabei sollen nach Möglichkeit auch die an der konkreten Pflegesituation beteiligten Personen einbezogen werden. Solche Hausbesuche können auch auf Wunsch der pflegebedürftigen Person oder der Angehörigen durchgeführt werden.

(2) Die Entscheidungsträger (§ 22) können pflegenden Angehörigen, die im Rahmen eines Hausbesuches gemäß Abs. 1 psychische Belastungen angegeben haben, als Beitrag zur Prävention und als weitere qualitätssichernde Maßnahme Unterstützungsgespräche anbieten.

(3) Die Sozialversicherungsanstalt der Bauern ist ermächtigt, die für die Durchführung der Unterstützungsgespräche nach Abs. 2 notwendigen, personenbezogenen Daten zu verarbeiten. Folgende Datenarten werden dabei verarbeitet:

1. personenbezogene Daten der pflegebedürftigen Person:
   a) Sozialversicherungsnummer,
   b) Pflegegeldstufe,
   c) Geburtsdatum,
   d) Geschlecht,
   e) Dauer der Pflege durch den Angehörigen,
   f) Dauer des Pflegegeldbezugs;
2. personenbezogene Daten der Person, mit der das Unterstützungsgespräch geführt wird:
   a) Name,
   b) Sozialversicherungsnummer,
   c) Geburtsdatum,
   d) Geburtsdatum,
   e) Adresse (Bundesland),
   f) Datum und Ort des Gesprächs,
   g) angegebene psychische Belastungen,
   h) Objektressourcen,
   i) Lebensbedingungen und Umstände,
   j) persönliche Ressourcen,
   k) Energieressourcen,
   l) Ziele zur Entlastung der Situation,
   m) Empfehlungen durch Berater.

(4) Die Sozialversicherungsanstalt der Bauern ist verpflichtet, die in Abs. 3 angeführten personenbezogenen Daten im Einzelfall der Anwendung Pflegegeldinformation – PFIF des Hauptverbandes der österreichischen Sozialversicherungsträger zur Selektionsmöglichkeit für weitere Qualitätssicherungsmaßnahmen und zur Besorgung der Statistik elektronisch zu übermitteln.

(BGBl I 2018/32)

(BGBl I 2001/69, BGBl I 2015/12, BGBl I 2018/32)

Information und Kontrolle

§ 33b. (1) Die Entscheidungsträger haben den Anspruchsberechtigten und seinen gesetzlichen (§ 1034 ABGB) oder bevollmächtigten Vertreter über den Zweck des Pflegegeldes (§ 1) zu informieren.

(BGBl I 2018/59)

(2) Die Entscheidungsträger sind berechtigt, die zweckgemäße Verwendung des Pflegegeldes zu kontrollieren; die im Abs. 1 genannten Personen haben die dazu erforderlichen Auskünfte zu erteilen. Wenn Hinweise auf eine drohende Unterversorgung vorliegen, ist auch der Zutritt zu den Wohnräumen des Pflegebedürftigen zu gewähren.

(3) Wenn die im Abs. 1 genannten Personen ihren Verpflichtungen gemäß Abs. 2 nicht oder nicht ausreichend nachkommen, kann das Pflegegeld für die Dauer der Weigerung gemindert, entzogen oder durch Sachleistungen ersetzt werden (§ 20).

(BGBl I 2001/69)

Förderung von Projekten der Pflegevorsorge

§ 33c. (1) Der Bundesminister für soziale Sicherheit und Generationen kann Projekte gemeinnütziger Organisationen der freien Wohlfahrtspflege auf Ansuchen fördern, wenn diese Belange der Pflegevorsorge beinhalten und von überregionaler Bedeutung sind. Solche Projekte sind insbesondere:

1. Maßnahmen zur Qualitätssicherung;
2. Öffentlichkeitsarbeit zur Bewusstseinsbildung für Probleme pflegebedürftiger Menschen;
3. Herausgabe fachspezifischer Informationen.

(2) Auf die Gewährung von Förderungen gemäß Abs. 1 besteht kein Rechtsanspruch. Sie erfolgen in Form von Zuschüssen im Rahmen der jeweils im Bundesfinanzgesetz für diesen Zweck verfügbaren Mittel.

(3) Vor der Gewährung eines Zuschusses hat sich der Förderungswerber dem Bund gegenüber zu verpflichten, über die widmungsgemäße Verwendung Bericht zu erstatten, Rechnung zu legen und zum Zweck der Überprüfung der widmungsgemäßen Verwendung des Zuschusses Organen des Bundes die erforderlichen Auskünfte zu erteilen sowie Einsicht in die Bücher und Belege und Besichtigungen an Ort und Stelle zu gestatten. Ferner hat sich der Förderungswerber zu verpflichten, bei widmungswidriger Verwendung von Zuschüssen oder Nichteinhaltung der erwähnten Verpflichtungen die Zuschüsse an den Bund zurückzuzahlen, wobei der zurückzuzahlende Betrag für die Zeit von der Auszahlung bis zur Rückzahlung mit einem Zinsfuß zu verzinsen ist, der 3 vH über dem

Basiszinssatz (Art. I § 1 des 1. Euro-Justiz-Begleitgesetzes, BGBl. I Nr. 125/1998) liegt.

(BGBl I 2001/69)

Online Informationsangebote

§ 33d. (1) Für einen verbesserten Zugang zu Informationen besteht beim Bundesministerium für Arbeit, Soziales und Konsumentenschutz die online Informationswebsite www.pflegedaheim.at. Die zentrale Aufgabe der Website besteht darin, pflegebedürftigen Personen und deren Angehörigen zielgerichtete Auskünfte und Informationen zu Themen der Pflege und Betreuung zur Verfügung zu stellen.

(2) Das Informationsangebot ist für den interessierten Personenkreis kostenlos zugänglich zu machen.

(3) Die Aufbereitung und laufende Aktualisierung der angebotenen Inhalte obliegt dem Bundesministerium für Arbeit, Soziales und Konsumentenschutz. Die Zugriffszahlen auf die online Informationswebsite sind im jährlich erscheinenden österreichischen Pflegevorsorgebericht zu veröffentlichen.

(BGBl I 2015/12)

§ 33e. (1) Als Teil des Serviceangebots des Bundesministeriums für Arbeit, Soziales und Konsumentenschutz besteht eine online abzurufende Servicedatenbank. Die zentrale Aufgabe dieser Servicedatenbank besteht darin, Bürgern umfassende Informationen zu Alten- und Pflegeheimen in Österreich, zu den bestehenden Angeboten mobiler sozialer Dienste und zu zahlreichen anderen Einrichtungen der sozialen Landschaft Österreichs zu geben.

(2) Die barrierefrei angebotenen Informationen sind sowohl für die eingetragenen Unternehmen, Vereine und Organisationen als auch für den abfragenden Personenkreis kostenlos zugänglich zu machen.

(3) Anbieter mobiler sozialer Dienste, teilstationärer sozialer Dienste sowie Betreiber von Alten- und Pflegeheimen, Pflegeplätzen und Angeboten betreuter Wohnformen haben die Möglichkeit, sich kostenfrei in diese Datenbank einzutragen, um ihr Angebot einem möglichst großen Personenkreis bekannt zu machen.

(4) Die technische Bereitstellung des Online-Angebots sowie die laufende Unterstützung bei der Eintragung durch die in Abs. 3 genannten Unternehmen erfolgt durch das Bundesministerium für Arbeit, Soziales und Konsumentenschutz.

(BGBl I 2015/12)

7. Abschnitt
Übertragener Wirkungsbereich

§ 34. (1) Die Sozialversicherungsträger gemäß § 22 Abs. 1 Z 1, 2 und 5 haben die Aufgaben nach diesem Bundesgesetz im übertragenen Wirkungsbereich nach den Weisungen des Bundesministers für Arbeit, Soziales und Konsumentenschutz zu vollziehen.

(BGBl I 2011/58)

(2) Der Entscheidungsträger gemäß § 22 Abs. 1 Z 3 und 4 hat die Aufgaben nach diesem Bundesgesetz im übertragenen Wirkungsbereich nach den Weisungen des Bundesministers für Finanzen zu vollziehen.

(BGBl I 2011/58, BGBl I 2013/138)

(BGBl 1993/457, BGBl I 2003/138, BGBl I 2009/147)

8. Abschnitt
Verweisungen

§ 35. Soweit in diesem Bundesgesetz auf Bestimmungen anderer Bundesgesetze verwiesen wird, sind diese in ihrer jeweils geltenden Fassung anzuwenden.

§ 36. Soweit in anderen Gesetzen auf bisherige pflegebezogene Geldleistungen, die durch dieses Bundesgesetz geändert oder aufgehoben werden, verwiesen wird, gelten diese Verweisungen als Verweisungen auf das Pflegegeld nach diesem Bundesgesetz.

§ 36a. Soweit in bundesgesetzlichen Vorschriften auf das Pflegegeld nach den bisherigen landesgesetzlichen Bestimmungen verwiesen wird, gelten diese ab 1. Jänner 2012 als Verweisungen auf das Pflegegeld nach diesem Bundesgesetz in der jeweils entsprechenden grammatikalischen Form.

(BGBl I 2011/58)

Inkrafttreten von Verordnungen

§ 37. Verordnungen auf Grund dieses Bundesgesetzes können bereits ab dem auf seine Kundmachung folgenden Tag erlassen werden; sie dürfen frühestens mit 1. Juli 1993 in Kraft gesetzt werden.

9. Abschnitt
Übergangsrecht

§ 38. (1) Personen, denen zum 30. Juli 1993 ein Hilflosenzuschuß, eine Hilflosenzulage oder ein Pflegegeld nach den im § 3 angeführten Normen rechtskräftig zuerkannt ist (bisherige pflegebezogene Leistung) und die zum anspruchsberechtigten Personenkreis gemäß § 3 zählen, ist von Amts wegen mit Wirkung vom 1. Juli 1993 nach den Vorschriften dieses Bundesgesetzes ein Pflegegeld in Höhe der Stufe 2 zu gewähren. Diesen Personen gilt ein Pflegegeld in Höhe der Stufe 2 als rechtskräftig zuerkannt. Werden bis 30. Juni 1994 Anträge auf Erhöhung dieses Pflegegeldes eingebracht, ist § 25 Abs. 2 nicht anzuwenden.

(2) Bei Zusammentreffen mehrerer Ansprüche auf Pflegegeld gemäß Abs. 1 gelten die Bestimmungen des § 6. Bei Zusammentreffen von mehreren Ansprüchen auf pflegebezogene Leistungen, für deren Auszahlung bisher nur ein Entscheidungsträger zuständig war, obliegt diesem auch die Gewährung des Pflegegeldes.

§ 39. (1) Die bisherigen pflegebezogenen Geldleistungen gelten mit 30. Juni 1993 als rechtskräftig eingestellt.

(2) Wenn solche Geldleistungen noch für Zeiträume nach dem 30. Juni 1993 ausbezahlt werden, sind diese auf das Pflegegeld anzurechnen.

§ 40. (1) Bringen Bezieher bisheriger pflegebezogener Leistungen bis 31. Dezember 1993 einen Antrag auf Erhöhung des Pflegegeldes ein, kann das höhere Pflegegeld ab Vorliegen der Voraussetzungen – frühestens ab 1. Juli 1993 – geleistet werden.

(2) Die Entscheidung in Verfahren nach Abs. 1 hat ohne neuerliche ärztliche Untersuchung zu erfolgen, wenn durch die aktenkundigen Tatsachen und die in früheren Verfahren eingeholten Gutachten der Sachverhalt ausreichend geklärt ist.

§ 41. Für den Ersatz zu Unrecht bezogener bisheriger pflegebezogener Geldleistungen, die sich auf Zeiträume vor dem 1. Juli 1993 beziehen, gelten die jeweiligen Bestimmungen der im § 3 genannten Normen in der bis zum 30. Juni 1993 geltenden Fassung.

§ 42. § 13 Abs. 2 ist nicht anwendbar, wenn zum 30. Juni 1993 der Anspruch auf die bisherige pflegebezogene Leistung auf einen Kostenträger übergegangen ist; in diesen Fällen bezieht sich dieser Anspruchsübergang ab 1. Juli 1993 auf das Pflegegeld.

§ 43. (1) Die am 1. Juli 1993 noch nicht rechtskräftig abgeschlossenen Verfahren betreffend bisherige pflegebezogene Leistungen sind nach den bisherigen Verfahrensvorschriften zu Ende zu führen, wenn das Datum der ersten erstinstanzlichen Entscheidung einer Verwaltungsbehörde vor dem 1. Juli 1993 liegt. Wird die erste derartige Entscheidung nach dem 30. Juni 1993 gefällt, gelten die Verfahrensvorschriften dieses Bundesgesetzes.

(2) Allen am 1. Juli 1993 noch nicht rechtskräftig abgeschlossenen Verfahren sind für die Zeit bis zum 30. Juni 1993 die bis zu diesem Zeitpunkt jeweils für die Beurteilung des Anspruches geltenden Bestimmungen der im § 3 genannten Normen zugrunde zu legen; § 38 Abs. 1 erster Satz und Abs. 2 gelten sinngemäß. Dies gilt auch für gerichtliche Verfahren.

(BGBl 1995/131)

§ 44. (1) Ab 1. Juli 1993 ist ein Ausgleich zu leisten, wenn

1. das Pflegegeld gemäß § 38 oder § 40 betragsmäßig geringer ist als die bisherige pflegebezogene Geldleistung (einschließlich allfälliger Sonderzahlungsanteile),
2. sich auf Grund der Anrechnung gemäß § 7 ein Betrag ergibt, der unter dem Betrag der bisherigen pflegebezogenen Leistungen liegt oder
3. auf Grund der Anrechnung gemäß § 7 kein Pflegegeld ausgezahlt wird.

Der Ausgleich nach Z 1 und 2 ist in Höhe des Unterschiedsbetrages zwischen dem gebührenden Pflegegeld und den bisherigen pflegebezogenen Geldleistungen und der Ausgleich nach Z 3 in Höhe jener Leistung zu erbringen, die auf Grund des Inkrafttretens dieses Bundesgesetzes mit 1. Juli 1993 entfallen ist.

(2) Auf die gemäß Abs. 1 gewährten Ausgleiche sind Erhöhungen des Pflegegeldes auf Grund einer Einordnung in eine höhere Stufe entsprechend anzurechnen. Gleiches gilt für die gemäß Abs. 1 Z 3 gewährten Ausgleiche bei Erhöhungen der gemäß § 7 anrechenbaren pflegebezogenen Leistungen, die sich auf Grund einer höheren Einreihung ergeben. Ausgleiche gebühren nicht, wenn die Höhe des Ausgleiches 1,50 Euro monatlich nicht erreicht.

(BGBl 1993/457, BGBl I 2001/69)

(3) Tritt eine Änderung in der Sachlage ein, die nach den bis zum 30. Juni 1993 geltenden gesetzlichen Regelungen die Minderung oder Entziehung jener pflegebezogenen Leistung, an deren Stelle der Ausgleich gewährt wird, zur Folge hätte, ist der Ausgleich entsprechend zu mindern oder zu entziehen.

BPGG

(4) Soweit in den Abs. 1 bis 3 nichts anderes bestimmt ist, sind auf Ausgleiche die für das Pflegegeld geltenden Regelungen sinngemäß anzuwenden.

(5) Die Ausgleiche gemäß Abs. 1 sind mit Wirkung vom 1. Jänner 2005 von Amts wegen um 2% zu erhöhen und gemäß § 18 Abs. 4 auf Beträge von vollen 10 Cent zu runden. Der Vervielfachung sind die für das Jahr 2004 gebührenden Beträge zugrunde zu legen.

(BGBl I 2004/136)

(6) Die Ausgleiche gemäß Abs. 1 sind mit Wirkung vom 1. Jänner 2009 von Amts wegen wie folgt zu erhöhen und gemäß § 18 Abs. 4 auf Beträge von vollen 10 Cent zu runden:

1. bei einem Anspruch auf ein Pflegegeld der Stufen 1 oder 2 um 4%,
2. bei einem Anspruch auf ein Pflegegeld der Stufen 3 bis 5 um 5% und
3. bei einem Anspruch auf ein Pflegegeld der Stufen 6 oder 7 um 6%.

Der Vervielfachung sind die für das Jahr 2008 gebührenden Beträge zugrunde zu legen.

(BGBl I 2008/128)

(7) Die Ausgleiche gemäß Abs. 1 sind mit Wirkung vom 1. Jänner 2016 von Amts wegen um 2% zu erhöhen und gemäß § 18 Abs. 4 auf Beträge von vollen 10 Cent zu runden. Der Vervielfachung sind die für das Jahr 2015 gebührenden Beträge zugrunde zu legen.

(BGBl I 2015/12)

„(8)[a)] Die Ausgleiche gemäß Abs. 1 sind mit Wirkung vom 1. Jänner 2020 und in der Folge mit 1. Jänner jeden Jahres von Amts wegen mit dem Anpassungsfaktor des § 108f ASVG zu vervielfachen und gemäß § 18 Abs. 4 auf Beträge von vollen 10 Cent zu runden. Der Vervielfachung sind die für das jeweils vorangegangene Jahr ermittelten und gerundeten Beträge zugrunde zu legen.“

(BGBl I 2019/80)

[a] Tritt mit 1. Jänner 2020 in Kraft.

§ 45. Zum Zwecke der Anrechnung gemäß § 7 dürfen die personenbezogenen Daten von Anspruchsberechtigten nach den Versorgungsgesetzen vom Bundesamt für Soziales und Behindertenwesen bzw. von den Ämtern der Landesregierungen an die Entscheidungsträger nach diesem Bundesgesetz übermittelt werden. Diejenigen Daten, die von den Entscheidungsträgern nicht zur Feststellung der Anrechnung nach § 7 benötigt werden, sind nach Durchführung des Abgleichs zu löschen.

§ 46. (1) Personen, denen zum 30. Juni 1993 eine bisherige pflegebezogene Leistung rechtskräftig zuerkannt ist und die am 1. Juli 1993 ihren gewöhnlichen Aufenthalt im Ausland haben, sind diese Leistungen für die Dauer dieses Aufenthaltes im bisherigen Ausmaß weiterhin zu erbringen; diese Leistungen gelten als rechtskräftig zuerkannt. Die Beträge sind mit Wirkung vom 1. Jänner 2002 und in weiterer Folge mit Wirkung vom 1. Jänner jeden Jahres mit dem Anpassungsfaktor des § 108f ASVG zu vervielfachen und gemäß § 18 Abs. 4 auf Beträge von vollen 10 Cent zu runden. Der Vervielfachung sind die für das jeweils vorangegangene Jahr ermittelten und gerundeten Beträge zugrunde zu legen. Im übrigen gelten die jeweiligen Bestimmungen der im § 3 genannten Normen in der bis zum 30. Juni 1993 geltenden Fassung.

(BGBl I 2001/69)

(2) Allen am 1. Juli 1993 noch nicht rechtskräftig abgeschlossenen Verfahren auf bisherige pflegebezogene Leistungen jener Personen, die am 1. Juli 1993 ihren gewöhnlichen Aufenthalt im Ausland haben, sind für die Zeit bis zum 30. Juni 1993 die bis zu diesem Zeitpunkt jeweils geltenden Bestimmungen der im § 3 genannten Normen zugrunde zu legen. Wird festgestellt, daß zum 30. Juni 1993 eine bisherige pflegebezogene Leistung gebührt, gilt Abs. 1 sinngemäß.

(3) Für einen Zeitraum, in dem Ansprüche auf eine Leistung gemäß Abs. 1 und ein Pflegegeld nach diesem Bundesgesetz bestehen, gebührt nur die höhere Leistung.

(BGBl I 2002/138)

§ 47. (1) § 5 in der Fassung des Bundesgesetzes BGBl. Nr. 201/1996 ist nicht anzuwenden, wenn die Antragstellung oder die Einleitung des amtswegigen Verfahrens vor dem 1. Mai 1996 erfolgt ist und das Verfahren noch nicht rechtskräftig abgeschlossen ist. Dies gilt auch für gerichtliche Verfahren. Personen, denen vor dem 1. Mai 1996 ein Pflegegeld in Höhe der Stufe 1 bereits rechtskräftig zuerkannt wurde, ist dieses weiterhin im Betrag von monatlich 207,20 Euro zu erbringen.

(BGBl I 2001/69, BGBl I 2004/136, BGBl I 2008/128, BGBl I 2015/12)

(2) § 9 Abs. 1 erster Satz und Abs. 3 Z 2 in der Fassung des Bundesgesetzes BGBl. Nr. 201/1996 sind nicht anzuwenden, wenn die Antragstellung oder die Einleitung des amtswegigen Verfahrens vor dem 1. Mai 1996 erfolgt ist und das Verfahren noch nicht rechtskräftig abgeschlossen ist. Dies gilt auch für gerichtliche Verfahren.

(3) § 12 Abs. 6 und § 13 Abs. 1 in der Fassung des Bundesgesetzes BGBl. Nr. 201/1996 sind nicht anzuwenden, wenn die Rentenumwandlung, die Unterbringung in einer Anstalt für geistig abnorme Rechtsbrecher oder der Anspruchsübergang bereits vor dem 1. Mai 1996 erfolgt sind.

(4) Ist in den in Vollziehung der im § 3 genannten Normen eine Vorschußzahlung zur Pension (Rente) gesetzlich angeordnet, so ist Personen, die im Dezember 1996 ein Pflegegeld beziehen und bei denen der Leistungsanspruch am 31. Dezember 1996 aufrecht ist, auch ein Vorschuß an Pflegegeld zu leisten. Dieser Vorschuß gebührt anstelle des verhältnismäßigen Teiles des Pflegegeldes gemäß § 9 Abs. 1 letzter Satz in der Fassung des Bundesgesetzes BGBl. Nr. 201/1996 für den Kalendermonat, in dem der Anspruch auf Pflegegeld erlischt. Die Vorschußzahlung ist in der Höhe des für Dezember 1996 ausgezahlten Pflegegeldes spätestens am 1. Jänner 1997 flüssig zu machen. Alle auf das Pflegegeld anzuwendenden Bestimmungen gelten auch für die Vorschußzahlung.

(5) § 22 Abs. 1 Z 4 in der Fassung des Bundesgesetzes BGBl. I Nr. 128/2008 ist nicht anzuwenden, wenn die Antragstellung oder die Einleitung des amtswegigen Verfahrens vor dem 1. Jänner 2009 erfolgt ist und das Verfahren noch nicht rechtskräftig abgeschlossen ist. Das Verfahren ist von jenem Entscheidungsträger zu Ende zu führen, der bis zum 31. Dezember 2008 zuständig war.

(BGBl I 2008/128)

(BGBl 1996/201)

§ 47a. Bezüglich der Umrechnung auf Euro-Beträge für vor dem 1. Jänner 2002 gebührende Geldleistungen gelten die beim jeweiligen Entscheidungsträger in Vollziehung der im § 3 genannten Normen anzuwendenden Bestimmungen.

(BGBl I 2001/69)

Inkrafttreten

§ 48. (1) Allen am 1. Jänner 1999 noch nicht bescheidmäßig abgeschlossenen Verfahren sind für die Zeit bis zum 31. Dezember 1998 die bis zu diesem Zeitpunkt für die Beurteilung des Anspruches geltenden Bestimmungen des § 4 und der Einstufungsverordnung zum Bundespflegegeldgesetz, BGBl. Nr. 314/1993, zugrunde zu legen. Dies gilt sinngemäß auch für gerichtliche Verfahren.

(2) Personen, denen zum 31. Dezember 1998 ein Pflegegeld in Höhe der Stufe 3 rechtskräftig zuerkannt ist, ist von Amts wegen mit Wirkung vom 1. Jänner 1999 ein Pflegegeld in Höhe der Stufe 4 zu gewähren, sofern die dafür erforderlichen Anspruchsvoraussetzungen gemäß § 4 Abs. 2 in der Fassung des Bundesgesetzes BGBl. I Nr. 111/1998 erfüllt sind.

(3) Die Entscheidung in Verfahren nach Abs. 2 hat ohne neuerliche ärztliche Untersuchung zu erfolgen, wenn durch die aktenkundigen Tatsachen und die in früheren Verfahren eingeholten Gutachten der Sachverhalt ausreichend geklärt ist.

(4) Eine Minderung eines rechtskräftig zuerkannten Pflegegeldes wegen der gesetzlichen Änderung der Anspruchsvoraussetzungen gemäß § 4 Abs. 2 oder wegen des Außerkrafttretens der §§ 7 und 8 der Einstufungsverordnung ist nur dann zulässig, wenn auch eine wesentliche Veränderung im Ausmaß des Pflegebedarfes eingetreten ist. Dies gilt sinngemäß auch für Fälle, in denen die Antragstellung oder die Einleitung des amtswegigen Verfahrens vor dem 1. Jänner 1999 erfolgt ist und das Verfahren noch nicht rechtskräftig abgeschlossen ist. Diese Bestimmungen sind auch im gerichtlichen Verfahren anzuwenden.

(5) In den Fällen des § 9 Abs. 1 zweiter Satz ist eine niedrigere Einstufung gegenüber der Einstufung nach dem jeweiligen Landespflegegeldgesetz wegen der gesetzlichen Änderung der Anspruchsvoraussetzungen gemäß § 4 Abs. 2 oder wegen des Außerkrafttretens der §§ 7 und 8 der Einstufungsverordnung nur dann zulässig, wenn auch eine wesentliche Veränderung im Ausmaß des Pflegebedarfes eingetreten ist. Dies gilt sinngemäß auch für Fälle, in denen die Antragstellung oder die Einleitung des amtswegigen Verfahrens vor dem 1. Jänner 1999 erfolgt ist und das Verfahren noch nicht rechtskräftig abgeschlossen ist. Diese Bestimmungen sind auch im gerichtlichen Verfahren anzuwenden.

(BGBl 1996/201, BGBl I 1998/111)

Übergangsbestimmungen zur Novelle BGBl. I Nr. 128/2008

§ 48a. (1) Bringen Bezieher eines Pflegegeldes nach diesem Bundesgesetz bis 30. April 2009 einen Antrag auf Erhöhung des Pflegegeldes ein und liegen die Voraussetzungen des § 4 Abs. 3 oder 5 in der Fassung des Bundesgesetzes BGBl. I Nr. 128/2008 vor, ist das höhere Pflegegeld ab 1. Jänner 2009 unter der Annahme, dass die Voraussetzungen des § 4 Abs. 3 oder 5 in der Fassung des Bundesgesetzes BGBl. I Nr. 128/2008 auch schon zu diesem Zeitpunkt vorgelegen haben, ohne weitere Prüfung zu leisten.

(2) Die Entscheidung in Verfahren nach Abs. 1 hat ohne neuerliche ärztliche Untersuchung zu erfolgen, wenn durch die aktenkundigen Tatsachen und die in früheren Verfahren eingeholten Gutachten der Sachverhalt ausreichend geklärt ist.

(3) Allen am 1. Jänner 2009 noch nicht rechtskräftig abgeschlossenen Verfahren auf Zuerkennung oder Erhöhung des Pflegegeldes sind für die Zeit bis zum 31. Dezember 2008 die bis zu diesem Zeitpunkt jeweils für die Beurteilung des Anspruches geltenden Bestimmungen dieses Bundesgesetzes zugrunde zu legen.

(4) Die Bestimmungen der Abs. 1 und 3 gelten auch für gerichtliche Verfahren.

(BGBl I 2008/128)

Übergangsbestimmungen zur Novelle BGBl. I Nr. 111/2010

§ 48b. (1) Allen am 1. Jänner 2011 noch nicht rechtskräftig abgeschlossenen Verfahren auf Zuerkennung oder Erhöhung des Pflegegeldes sind die bis zum 31. Dezember 2010 jeweils für die Beurteilung des Anspruches geltenden Bestimmungen dieses Bundesgesetzes zugrunde zu legen.

(2) Eine Minderung oder Entziehung eines rechtskräftig zuerkannten Pflegegeldes wegen der gesetzlichen Änderungen der Anspruchsvoraussetzungen gemäß § 4 Abs. 2 in der Fassung des Budgetbegleitgesetzes 2011, BGBl. I Nr. 111/2010, ist nur dann zulässig, wenn auch eine wesentliche Veränderung im Ausmaß des Pflegebedarfes eingetreten ist. Dies gilt auch in den Fällen einer Befristung gemäß § 9 Abs. 2.

(3) In den Fällen des § 9 Abs. 1 zweiter Satz ist eine niedrigere Einstufung gegenüber der Einstufung nach dem jeweiligen Landespflegegeldgesetz wegen der gesetzlichen Änderungen der Anspruchsvoraussetzungen gemäß § 4 Abs. 2 in der Fassung des Budgetbegleitgesetzes 2011, BGBl. I Nr. 111/2010, nur dann zulässig, wenn auch eine wesentliche Veränderung im Ausmaß des Pflegebedarfes eingetreten ist.

(4) Die Bestimmungen der Abs. 1 bis 3 gelten auch für gerichtliche Verfahren.

(5) Für Personen gemäß § 3 Abs. 1 Z 4 lit. j und l, die im Dezember 2011 ein Pflegegeld beziehen und bei denen der Leistungsanspruch am 31. Dezember 2011 aufrecht ist, ist ein Vorschuss an Pflegegeld zu leisten. Dieser Vorschuss gebührt anstelle des verhältnismäßigen Teiles des Pflegegeldes gemäß § 9 Abs. 3 für den Kalendermonat, in dem der Anspruch auf Pflegegeld erlischt. Die Vorschusszahlung ist in der Höhe des für Dezember 2011 ausgezahlten Pflegegeldes spätestens am 1. Jänner 2012 flüssig zu machen. Alle auf das Pflegegeld anzuwendenden Bestimmungen gelten auch für die Vorschusszahlung.

(BGBl I 2010/111)

Übergangsbestimmungen zur Novelle BGBl. I Nr. 58/2011

§ 48c. (1) Rechtskräftige Entscheidungen, die auf Grund landesgesetzlicher Vorschriften ergangen sind, gelten als Entscheidungen nach diesem Bundesgesetz.

(2) Ein auf Grund landesgesetzlicher Regelungen zum 31. Dezember 2011 rechtskräftig zuerkanntes Pflegegeld gilt ab 1. Jänner 2012 als nach diesem Bundesgesetz zuerkannt. Personen, denen zum 31. Dezember 2011 ein Pflegegeld nach den bisherigen landesgesetzlichen Regelungen rechtskräftig zuerkannt wurde, haben ab 1. Jänner 2012 einen Pflegegeldanspruch nach den Vorschriften dieses Bundesgesetzes in Höhe der bisher nach landesgesetzlichen Vorschriften gewährten Stufe; Bescheide darüber sind nicht nochmals zu erlassen. § 48b Abs. 1 bis 4 ist sinngemäß anzuwenden.

(3) Das Pflegegeld nach den bisherigen landesgesetzlichen Regelungen gilt mit Ablauf des 31. Dezember 2011 als eingestellt.

(4) Alle am 1. Jänner 2012 noch nicht rechtskräftig abgeschlossenen Verfahren, insbesondere auf Zuerkennung oder Erhöhung des Pflegegeldes nach den bisherigen landesgesetzlichen Regelungen, sind vom bzw. gegen den bis zum 31. Dezember 2011 zuständigen Entscheidungsträger bis zur rechtkräftigen Erledigung, einschließlich eines allfälligen sozialgerichtlichen Verfahrens, nach den landesgesetzlichen Regelungen zu Ende zu führen. Nach rechtskräftiger Erledigung dieser Verfahren sind Abs. 1 bis 3 sinngemäß anzuwenden. Bis zum rechtskräftigen Abschluss dieser Verfahren bleibt der bisherige Entscheidungsträger für alle Angelegenheiten der Durchführung zuständig. Nach Abschluss der Verfahren ist § 33 Abs. 5 anzuwenden. Der Bund hat den Ländern in solchen Fällen den geleisteten Aufwand für ein ab 1. Jänner 2012 gebührendes Pflegegeld zu ersetzen.

(5) Bei einem Ruhen des Anspruches auf Pflegegeld nach den bisherigen landesgesetzlichen Regelungen ist ab 1. Jänner 2012 § 12 anzuwenden.

(6) In Fällen, in denen zum 31. Dezember 2011 nach den bisherigen landesgesetzlichen Regelungen ein Übergang des Anspruches auf Pflegegeld wegen einer stationären Pflege erfolgte, ist mit Wirkung vom 1. Jänner 2012 die Höhe des übergehenden Anspruches gemäß § 13 von Amts wegen neu festzusetzen.

(7) Rückforderungs-, Aufrechnungs- und Regressansprüche des bisherigen Landespflegegeldträgers gehen mit Wirkung vom 1. Jänner 2012 auf den Bund über; die Vorschriften dieses Bundesgesetzes sind sinngemäß anzuwenden.

(8) Der nach landesgesetzlichen Regelungen der Länder Niederösterreich, Salzburg, Steiermark, Tirol und Vorarlberg aus Anlass der Übernahme der Landespflegegeldfälle durch den Bund geleistete Vorschuss in Höhe des für Dezember 2011 ausbezahlten Pflegegeldes gebührt anstelle des verhältnismäßigen Teiles des Pflegegeldes gemäß § 9 Abs. 3 für den Kalendermonat, in dem der Anspruch auf Pflegegeld erlischt. Der Bund hat den Ländern Niederösterreich, Salzburg, Steiermark, Tirol und Vorarlberg den Aufwand für diese Vorschusszahlung zu ersetzen.

(9) Für Personen gemäß § 3 Abs. 1 Z 5 lit. c und Z 6 lit. c, die im Dezember 2011 ein Pflegegeld beziehen und bei denen der Leistungsanspruch am 31. Dezember 2011 aufrecht ist, ist von dem mit Ablauf des 31. Dezember 2011 zuständigen Entscheidungsträger ein Vorschuss an Pflegegeld zu leisten. Dieser Vorschuss gebührt anstelle des verhältnismäßigen Teiles des Pflegegeldes gemäß § 9 Abs. 3 für den Kalendermonat, in dem der Anspruch auf Pflegegeld erlischt. Die Vorschusszahlung ist in der Höhe des für Dezember 2011 ausbezahlten Pflegegeldes spätestens am 1. Jänner 2012 zu leisten. Alle auf das Pflegegeld anzuwendenden Bestimmungen mit Ausnahme des § 12 gelten auch für die Vorschusszahlung.

(10) Auf ein Pflegegeld, das Personen zum 31. Dezember 2011 auf Grund landesgesetzlicher Vorschriften zur Vermeidung einer sozialen Härte geleistet wird, sowie auf Anträge in anhängigen Verfahren, die bis zu diesem Zeitpunkt gestellt werden, sind Abs. 1 bis 4 sinngemäß anzuwenden.

(BGBl I 2011/58)

Übergangsbestimmung zur Novelle BGBl. I Nr. 138/2013

§ 48d. (1) Für Personen gemäß § 3 Z 1 lit. e und g, Z 5 lit. a, b und d, Z 6 lit. a und b sowie Z 8, die im Dezember 2013 ein Pflegegeld beziehen und bei denen der Leistungsanspruch am 31. Dezember 2013 aufrecht ist, ist ein Vorschuss an Pflegegeld zu leisten. Dieser Vorschuss gebührt anstelle des verhältnismäßigen Teiles des Pflegegeldes gemäß § 9 Abs. 3 für den Kalendermonat, in dem der Anspruch auf Pflegegeld erlischt. Die Vorschuszahlung ist in der Höhe des für Dezember 2013 ausbezahlten Pflegegeldes spätestens am 1. Jänner 2014 flüssig zu machen. Alle auf das Pflegegeld anzuwendenden Bestimmungen mit Ausnahme des § 12 gelten auch für die Vorschusszahlung. § 21c Abs. 6 tritt mit Ablauf des 31. Dezember 2017 außer Kraft.

(2) Die Vorschriften des 3b. Abschnittes zur Familienhospizkarenz sind nur dann anzuwenden, wenn die Familienhospizkarenz ab dem 1. Jänner 2014 beginnt.

(3) Die Vorschriften des 3b. Abschnittes treten hinsichtlich der Bediensteten der Länder, Gemeinden und Gemeindeverbände (Art. 21 B-VG) gleichzeitig mit dem Finanzausgleichsgesetz 2017, BGBl. I Nr. 116/2016, außer Kraft.

(BGBl I 2016/116)

(BGBl I 2013/138)

Übergangsbestimmung zur Novelle BGBl. I Nr. 40/2014

§ 48e. § 21c Abs. 3a in der Fassung des Budgetbegleitgesetzes 2014, BGBl. I Nr. 40/2014, ist nur dann anzuwenden, wenn die Pflegekarenz oder die Familienhospizkarenz ab dem 1. Juli 2014 beginnt.

(BGBl I 2014/40)

Übergangsbestimmungen zur Novelle BGBl. I Nr. 12/2015

§ 48f. (1) Allen am 1. Jänner 2015 noch nicht rechtskräftig abgeschlossenen Verfahren auf Zuerkennung oder Erhöhung des Pflegegeldes sind die bis zum 31. Dezember 2014 jeweils für die Beurteilung des Anspruches geltenden Bestimmungen dieses Bundesgesetzes zugrunde zu legen.

(2) Eine Minderung oder Entziehung eines rechtskräftig zuerkannten Pflegegeldes wegen der gesetzlichen Änderungen der Anspruchsvoraussetzungen gemäß § 4 Abs. 2 in der Fassung des Bundesgesetzes BGBl. I Nr. 12/2015 ist nur dann zulässig, wenn auch eine wesentliche Veränderung im Ausmaß des Pflegebedarfes eingetreten ist. Eine Veränderung im Ausmaß des Pflegebedarfs ist

wesentlich, wenn diese so ein Ausmaß erreicht, dass auch nach der Rechtslage zum 31. Dezember 2014 eine Minderung oder Entziehung zulässig gewesen wäre. Dies gilt auch in den Fällen einer Befristung gemäß § 9 Abs. 2.

(3) Die Bestimmungen der Abs. 1 und 2 gelten auch für gerichtliche Verfahren.

(4) § 3a Abs. 1 in der Fassung des Bundesgesetzes BGBl. I Nr. 12/2015 ist anzuwenden, wenn der Antrag auf Zuerkennung des Pflegegeldes ab dem 1. Jänner 2015 einlangt.

(BGBl I 2015/12)

Inkrafttreten

§ 49. (1) § 4 Abs. 1, § 5, § 9 Abs. 1 und Abs. 3 Z 2, § 12, § 13 Abs. 1, § 14a, § 17, § 25 Abs. 1, § 32 und § 47 in der Fassung des Bundesgesetzes BGBl. Nr. 201/1996 treten mit 1. Mai 1996 in Kraft.

(BGBl I 1998/111)

(2) § 3 Abs. 1 Z 4 und 8, § 3 Abs. 2 bis 6, § 4 Abs. 2 bis 4, § 4a samt Überschrift, § 6 Abs. 2 Z 5, § 7 zweiter Satz, § 9, § 11 Abs. 3, § 12, § 18 Abs. 2 bis 4, § 20 Abs. 1, § 22 Abs. 1 Z 3, 5 bis 9, § 24, § 25, § 25a samt Überschrift, § 27 Abs. 4 und 5, § 33 Abs. 4 und § 48 in der Fassung des Bundesgesetzes BGBl. I Nr. 111/1998 treten mit 1. Jänner 1999 in Kraft.

(BGBl I 1998/111)

(3) Es treten in Kraft:

1. mit 1. Juli 2001 die §§ 3 Abs. 1 Z 4 lit. l, 4 Abs. 1, 4a Abs. 1, 11 Abs. 7, 12 Abs. 3 Z 2 und Abs. 5, 16 Abs. 4 und 5, 22 Abs. 1 Z 3 und 5 und 7a, 33 Abs. 3 und der 6a. Abschnitt samt Überschrift in der Fassung des BGBl. I Nr. 69/2001;
2. mit 1. Jänner 2002 die §§ 5, 7, 18 Abs. 4, 44 Abs. 2, 46 Abs. 1, 47 Abs. 1 und 47a in der Fassung des BGBl. I Nr. 69/2001.

(BGBl I 2001/69)

(4) § 29 samt Überschrift tritt mit Ablauf des 30. Juni 2001 außer Kraft.

(BGBl I 2001/69)

(5) Der 3a. Abschnitt samt Überschrift und § 22 Abs. 1 Z 6 in der Fassung des Bundesgesetzes BGBl. I Nr. 71/2003 treten mit 1. Jänner 2004 in Kraft.

(BGBl I 2003/71)

(6) § 22 Abs. 1 Z 7a., § 23 Abs. 3 und 4 sowie § 34 Abs. 2 erster Satz in der Fassung des Bundesgesetzes BGBl. I Nr. 138/2003 treten mit dem Zeitpunkt, mit dem die ÖBB-Dienstleistungs Gesellschaft mbH ihre Tätigkeit aufnimmt, in Kraft.

(BGBl I 2003/138)

(7) § 5, § 44 Abs. 5 und § 47 Abs. 1 in der Fassung des Bundesgesetzes BGBl. I Nr. 136/2004 treten mit 1. Jänner 2005 in Kraft.

(BGBl I 2004/136)

(8) § 12 Abs. 1 Z 1 und Abs. 3 Z 2 in der Fassung des Bundesgesetzes BGBl. I Nr. 132/2005 tritt mit 1. Jänner 2006 in Kraft.

(BGBl I 2005/132)

(9) § 22 Abs. 1 Z 3 in der Fassung des Bundesgesetzes BGBl. I Nr. 89/2006 tritt mit 1. Jänner 2007 in Kraft.

(BGBl I 2006/89)

(10) § 12 Abs. 3 Z 2 in der Fassung des Bundesgesetzes BGBl. I Nr. 31/2007 tritt mit 1. Juli 2007 in Kraft.

(BGBl I 2007/31)

(11) §§ 12 Abs. 3 Z 1, 21b und 25a Abs. 4 in der Fassung des Bundesgesetzes BGBl. I Nr. 34/2007 treten mit 1. Juli 2007 in Kraft.

(BGBl I 2007/34)

(12) § 21b Abs. 2 Z 3 in der Fassung des Bundesgesetzes BGBl. I Nr. 51/2007 tritt mit 1. Juli 2007 in Kraft.

(BGBl I 2007/51)

(13) § 4 Abs. 3 bis 7, § 5, § 13 Abs. 1, § 21a Abs. 1 Z 1, § 44 Abs. 6, § 47 Abs. 1 und 5 und § 48a in der Fassung des Bundesgesetzes BGBl. I Nr. 128/2008 treten mit 1. Jänner 2009 in Kraft.

(BGBl I 2008/128)

(14) **(Verfassungsbestimmung)** § 22 Abs. 1 Z 4 in der Fassung des Bundesgesetzes BGBl. I Nr. 128/2008 tritt mit 1. Jänner 2009 in Kraft.

(BGBl I 2008/128)

(15) § 34 samt Überschrift in der Fassung des Bundesgesetzes BGBl. I Nr. 147/2009 tritt mit 1. Jänner 2010 in Kraft.

(BGBl I 2009/147)

(16) Es treten in Kraft:

1. mit 1. Jänner 2011 der § 4 Abs. 2, § 5, § 12 Abs. 1 Z 1 und Z 3 sowie Abs. 6, § 23 Abs. 3 sowie § 48b Abs. 1 bis 4 samt Überschrift in der Fassung des Budgetbegleitgesetzes 2011, BGBl. I Nr. 111/2010;
2. mit 1. Juli 2011 der § 22 Abs. 1 Z 1 und 2 sowie § 23 Abs. 2 in der Fassung des Budgetbegleitgesetzes 2011, BGBl. I Nr. 111/2010;
3. mit 1. Jänner 2012 der § 17, § 22 Abs. 1 Z 7a, § 23 Abs. 3a, 3b, 3c, 3d und 4 sowie § 48b Abs. 5 in der Fassung des Budgetbegleitgesetzes 2011 BGBl. I Nr. 111/2010;
4. mit 1. Juli 2012 der § 33 Abs. 2 in der Fassung des Budgetbegleitgesetzes 2011, BGBl. I Nr. 111/2010.

(BGBl I 2010/111)

(17) Das Inhaltsverzeichnis 1. Teil, § 3 Abs. 1 Z 9, §§ 3a und 3b, § 6 Abs. 2 Z 3 bis 5, § 6 Abs. 3, § 6 Abs. 4, § 9 Abs. 1, § 12 Abs. 2, § 13 Abs. 3, § 14a Abs. 3, § 17 Abs. 3, § 22 Abs. 1 Z 3 bis 5, § 23 Abs. 5, § 25 Abs. 1 erster Satz, § 27 Abs. 4, § 33 Abs. 3 bis 6, § 34 Abs. 1 und 2, § 36a und § 48c samt Überschrift in der Fassung des Bundesgesetzes BGBl. I Nr. 58/2011 treten mit 1. Jänner 2012 in Kraft. Gleichzeitig treten die die Angele-

genheiten des Pflegegeldwesens regelnden landesgesetzlichen Bestimmungen sowie die auf Grund dieser Gesetze ergangenen Verordnungen außer Kraft, wobei diese auf die anhängigen Verfahren gemäß § 48c Abs. 4 und 10 weiterhin anzuwenden sind.

(BGBl I 2011/58)

(18) **(Verfassungsbestimmung)** Artikel I samt Überschrift tritt mit Ablauf des 31. Dezember 2011 außer Kraft.

(BGBl I 2011/58)

(19) Die Überschrift „Artikel II", § 14 und § 22 Abs. 1 Z 6, 7, 8 und 9 treten mit Ablauf des 31. Dezember 2011 außer Kraft.

(BGBl I 2011/58)

(20) Organisatorische und personelle Maßnahmen sowie Durchführungsmaßnahmen, die für die Vollziehung dieses Bundesgesetzes in der Fassung des Bundesgesetzes BGBl. I Nr. 58/2011 erforderlich sind, können von dem der Kundmachung des Bundesgesetzes BGBl. I Nr. 58/2011 folgenden Tag an gesetzt werden.

(BGBl I 2011/58)

(21) Es treten in Kraft:

1. mit 1. Jänner 2013 § 18 Abs. 1a und § 18a Abs. 5 letzter Satz in der Fassung des Bundesgesetzes BGBl. I Nr. 3/2013;
2. mit 1. Jänner 2014 § 3 Abs. 1 Z 9 und 10, § 3a Abs. 2 Z 3 und Abs. 3 Z 4, § 6 Abs. 4 letzter Satz, § 22 Abs. 1 Z 5 sowie § 25a Abs. 5 in der Fassung des Bundesgesetzes BGBl. I Nr. 3/2013.

(BGBl I 2013/3)

(22) Die §§ 6 Abs. 5, 21 Abs. 2 und 24 in der Fassung des Bundesgesetzes BGBl. I Nr. 71/2013 treten mit 1. Jänner 2014 in Kraft.

(BGBl I 2013/71)

(23) Das Inhaltsverzeichnis 1. Teil, § 6 Abs. 2 und 3, § 17 Abs. 3, der 3b. Abschnitt samt Überschrift, § 22 Abs. 1, § 23 Abs. 3, 3a und 3b, § 33 Abs. 4, § 34 Abs. 2 und § 48d samt Überschrift in der Fassung des Bundesgesetzes BGBl. I Nr. 138/2013 treten mit 1. Jänner 2014 in Kraft.

(BGBl I 2013/138)

(24) § 21c Abs. 1 erster Satz und Abs. 3a, § 21d Abs. 2 Z 3 und § 21e Abs. 6 Z 2 in der Fassung des Budgetbegleitgesetzes 2014, BGBl. I Nr. 40/2014, treten mit 1. Juli 2014 in Kraft.

(BGBl I 2014/40)

(25) Es treten in Kraft:

1. mit 1. Jänner 2015 das Inhaltsverzeichnis 1. Teil, die §§ 3 Abs. 1 Z 2, 3a Abs. 1, 4 Abs. 2, 21b Abs. 6 bis 12, 21c Abs. 4, 26 Abs. 1 Z 3 und 4, 33a, 33d und 33e samt Überschrift sowie 48f samt Überschrift;
2. mit 1. Jänner 2016 die §§ 5, 44 Abs. 7 und 47 Abs. 1 letzter Satz.

(BGBl I 2015/12)

(26) § 21a Abs. 5, 6 und 7, § 21b Abs. 7, 8, 10 und 11, § 21e Abs. 5 und 6, § 32 samt Überschrift, § 33, § 33a Abs. 3 und 4 sowie § 45 in der Fassung des Materien-Datenschutz-Anpassungsgesetzes 2018, BGBl. I Nr. 32/2018, treten mit 25. Mai 2018 in Kraft. § 21b Abs. 12 tritt mit Ablauf des 24. Mai 2018 außer Kraft.

(BGBl I 2018/32)

(27) § 10, § 16 Abs. 4, § 18 Abs. 1 und 1a erster Satz, § 25 Abs. 2 erster Satz, § 25a Abs. 1 erster Satz und § 33b Abs. 1 in der Fassung des Bundesgesetzes BGBl. I Nr. 59/2018 treten mit 1. Juli 2018 in Kraft.

(BGBl I 2018/59)

„(28) § 10, § 16 Abs. 4, § 18 Abs. 1 und 1a erster Satz, § 25 Abs. 2 erster Satz, § 25a Abs. 1 erster Satz und § 33b Abs. 1 in der Fassung des Bundesgesetzes BGBl. I Nr. 59/2018 treten mit 1. Juli 2018 in Kraft."

(BGBl I 2019/80)

(BGBl 1996/201)

2. Teil
Änderung von Bundesgesetzen

(nicht aufgenommen)

3. Teil
Schlußbestimmungen

1. Abschnitt
Inkrafttreten

1. Dieses Bundesgesetz tritt, soweit im folgenden nichts anderes bestimmt ist, mit 1. Juli 1993 in Kraft.
2. § 51 Abs. 1 Z 1 lit. a, b, c und d des Allgemeinen Sozialversicherungsgesetzes in der Fassung des Bundesgesetzes BGBl. Nr. 110/1993 treten mit dem Beginn des Beitragszeitraumes Juli 1993 in Kraft.
3. § 447g Abs. 3 lit. a des Allgemeinen Sozialversicherungsgesetzes in der Fassung des Bundesgesetzes BGBl. Nr. 110/1993 und die §§ 31 Abs. 1 und 31b des Bauern-Sozialversicherungsgesetzes in der Fassung des Bundesgesetzes BGBl. Nr. 110/1993 treten mit 1. Jänner 1993 in Kraft.
4. Organisatorische und personelle Maßnahmen sowie ärztliche Begutachtungen im Zusammenhang mit der Einführung des Pflegegeldes können bereits von dem der Kundmachung dieses Bundesgesetzes folgenden Tag an durchgeführt werden.
5. Mit Inkrafttreten des § 479d Abs. 3 des Allgemeinen Sozialversicherungsgesetzes in der Fassung des Bundesgesetzes BGBl. Nr. 110/1993 tritt die Verordnung des Bundesministeriums für soziale Verwaltung vom 14. August 1967, BGBl. Nr. 303, außer Kraft.

2. Abschnitt
Vollziehung

Mit der Vollziehung dieses Bundesgesetzes sind betraut:

1. hinsichtlich 1. Teil Art. II §§ 23 und 33 Abs. 3 der Bundesminister für Arbeit und Soziales im Einvernehmen mit dem Bundesminister für Finanzen;
2. hinsichtlich 1. Teil Art. II § 21 der Bundesminister für Justiz und der Bundesminister für Finanzen;
3. hinsichtlich aller übrigen Bestimmungen jener Bundesminister, dessen Wirkungsbereich die betreffenden Angelegenheiten umfaßt und die Bundesregierung.

Artikel II

(1) Allen Verfahren in bezug auf Pflegegeld in Höhe der Stufen 3 bis 7 sind für die Zeit bis zum 30. Juni 1995 die bis zu diesem Zeitpunkt geltenden Bestimmungen des Bundespflegegeldgesetzes, BGBl. Nr. 110/1993, zugrunde zu legen. Der Rechtsweg ist in bezug auf Pflegegeld in Höhen der Stufen 3 bis 7 für die Zeit vor dem 1. Juli 1995 ausgeschlossen.

(2) Wurde in der Zeit vom 1. Juli 1994 bis 30. Juni 1995 mittels Mitteilung ein Pflegegeld in Höhe der Stufen 3 bis 6 gewährt, ist § 25 Abs. 2 des Bundespflegegeldgesetzes nicht anzuwenden.
(BGBl 1995/131)

Artikel III

Dieses Bundesgesetz tritt mit 1. Juli 1995, § 23 Abs. 1 und 2 in der Fassung des Bundesgesetzes BGBl. Nr. 131/1995 mit 1. Jänner 1995 in Kraft.
(BGBl 1995/131)

Richtlinien über die einheitliche Anwendung des BPGG

GLIEDERUNG

Richtlinien für die einheitliche Anwendung des Bundespflegegeldgesetzes (RPGG 2012)

Der Nationalrat hat beschlossen:

1. Abschnitt – Allgemeines

Rechtsgrundlagen

§ 1. Grundlagen für die Beurteilung der Pflegebedürftigkeit sind

1. § 4 und § 4a des Bundespflegegeldgesetzes (BPGG), BGBl. Nr. 110/1993, zuletzt geändert durch das Bundesgesetz, BGBl. I Nr. 58/2011,
2. die Verordnung des Bundesministers für Arbeit, Soziales und Konsumentenschutz, BGBl. II Nr. 37/1999 idF BGBl. II Nr. 469/2008, über die Beurteilung des Pflegebedarfes nach dem Bundespflegegeldgesetz (Einstufungsverordnung zum Bundespflegegeldgesetz, zuletzt geändert durch das BGBl. II Nr. 453/2011, im Folgenden „Verordnung“ genannt),
3. die Weisungen des Bundesministers für Arbeit, Soziales und Konsumentenschutz betreffend § 31 Abs. 5 Z 23 ASVG in der geltenden Fassung.

Geltungsbereich

§ 2. Diese Richtlinien gelten für alle Pensions- und Unfallversicherungsträger und das Pensionsservice der Versicherungsanstalt öffentlich Bediensteter. Bei ihrer Anwendung ist zu beachten, dass das Pflegegeld

1. als Beitrag für pflegebedingte Mehraufwendungen zur Sicherung der notwendigen Betreuung und Hilfe zu verstehen ist und
2. zur Verbesserung eines selbstbestimmten, bedürfnisorientierten Lebens führen soll.

2. Abschnitt – Betreuung

Zeitaufwand

§ 3. (1) Die in §§ 1 und 4 der Verordnung genannten Zeitansätze der Betreuung sind in

– Richtwerte (§ 1 Abs. 3 sowie § 4 Abs. 2),

– Mindestwerte (§ 1 Abs. 4) und
– fixe Zeitwerte (§ 1 Abs. 5 und 6

unterteilt.

(2) Die in § 1 Abs. 3 sowie in § 4 Abs. 2 der Verordnung genannten Richtwerte sind allgemeine Durchschnittswerte, die unter Berücksichtigung der konkreten Umstände im Einzelfall sowohl über- als auch unterschritten werden können.

(3) Abweichungen nach § 1 Abs. 4 der Verordnung sind bei der Feststellung des zeitlichen Betreuungskalküls zu berücksichtigen. Wird der Mindestwert nicht ausgelöst (der Betreuungsbedarf liegt deutlich unter der Hälfte des Mindestwertes) und kann dieser daher nicht angerechnet werden, so ist dennoch der tatsächliche Betreuungsaufwand zu berücksichtigen und gesondert anzuführen.

Zubereitungen von Mahlzeiten

§ 4. (1) Es kommt bei der Zubereitung von Mahlzeiten lediglich auf die körperliche, geistige und psychische Fähigkeit zur täglichen Zubereitung einer einfachen gekochten warmen Hauptmahlzeit und gegebenenfalls auf die Zumutbarkeit des Umganges mit gefährlichen Brennstoffen an. Auch eine fehlende oder eingeschränkte Sinnesfunktion ist zu berücksichtigen.

(2) Die Herstellung einer einfachen gekochten warmen Hauptmahlzeit ist täglich vorauszusetzen. Die ausschließliche Verköstigung mit aufgewärmten Speisen (Tiefkühlkost oder Konserven) ist auch dann nicht zumutbar, wenn sie mit verhältnismäßig geringem Zeitaufwand möglich wäre.

(3) Im Zusammenhang mit der Nahrungszubereitung ist nicht nur die Bedienung der (konkreten) Kochstelle zu berücksichtigen, sondern auch die notwendige Reinigung der verwendeten Geräte (Koch- und Essgeschirr, Kochstelle). Der Betreuungsbedarf bei der Zubereitung der Nahrung ist allerdings nur dann für die Beurteilung des Pflegebedarfes heranzuziehen, wenn diese Betreuung nicht nur aufgrund mangelnder Kochkenntnisse erforderlich ist.

(4) Vorschneiden oder Passieren von Teilen der Mahlzeit oder der gesamten Mahlzeit sind durch den vorgesehenen Mindestwert (eine Stunde täglich) abgedeckt.

Einnahme von Mahlzeiten

§ 5. (1) Bei der Notwendigkeit einer Betreuung beim Einnehmen der Mahlzeiten (Eingeben, Anleiten, wiederholt auffordern und/oder beaufsichtigen) ist unabhängig davon, ob diese beispielsweise mit Gabel, Löffel, Trinkflasche oder über eine liegende Ernährungssonde erfolgt, der vorgesehene Mindestwert von 30 Stunden pro Monat anzurechnen.

(2) Wenn eine vorgeschnittene oder breiige Nahrung selbständig, d.h. ohne Anleitung, wiederholte Aufforderung und/oder Beaufsichtigung aufgenommen werden kann, ist kein Pflegebedarf anzurechnen.

Sondenernährung

§ 6. Bei liegender PEG-Sonde und erforderlicher Hilfe durch eine dritte Person sind der Pflegebedarf für die Zubereitung und Einnahme von Mahlzeiten sowie für die Sondenpflege zu berücksichtigen. Müssen bei liegender Sonde zusätzlich Medikamente eingenommen werden, so ist auch der dafür vorgesehene Zeitwert (3 Stunden monatlich bei Verabreichung über den Mund bzw. 5 Stunden monatlich bei parentaler/subcutaner Verabreichung) anzurechnen.

Verrichtung der Notdurft

§ 7. (1) Die Frage, ob jemand außerstande ist, seine/ihre Notdurft zu verrichten, ist danach zu beantworten, ob der/die Betreffende imstande ist, eine ordnungsgemäß installierte Toilette aufzusuchen, sie vollständig bestimmungsgemäß zu benützen und sich nach den Stoffwechselverrichtungen ausreichend zu reinigen.

(2) Bei vorliegender Unfähigkeit zur selbständigen Reinigung ist in Fällen, in denen Stuhl- und/oder Harninkontinenz vorliegt, sowohl der Pflegebedarf für die „Reinigung bei Inkontinenz“, als auch für die „Verrichtung der Notdurft“ und erforderlichenfalls für die „tägliche Körperpflege“ anzurechnen.

Pflege-RL

(3) Falls die Notdurft unter Verwendung eines Leibstuhles ordnungsgemäß durchgeführt werden kann, die Entleerung und Reinigung des Leibstuhles jedoch nur mit Unterstützung einer Pflegeperson bewerkstelligt werden kann, ist für die Entsorgung des Leibstuhles durch eine Pflegeperson ein Zeitbedarf von 10 Stunden pro Monat anzurechnen, jedoch kein Pflegebedarf für die Verrichtung der Notdurft selbst.

An- und Auskleiden

§ 8. (1) Der für die Betreuung beim An- und Auskleiden vorgesehene Richtwert ist für das vollständige An- und Auskleiden mit üblicher Kleidung (einmal täglich auch mit Mantel, Ausgehschuhen und Kopfbedeckung) zu verstehen. Dabei ist zu prüfen, ob einfache Hilfsmittel verwendet werden können (z.B. langer Schuhlöffel).

(2) Benötigt der/die Pflegebedürftige aufgrund einer psychischen oder geistigen Behinderung Anleitung zum An- und Auskleiden, ist der Richtwert von 20 Stunden pro Monat als Pflegebedarf ebenfalls für das komplette An- und Auskleiden anzurechnen. Falls der Kleiderwechsel selbständig durchgeführt werden kann, jedoch der/die Pflegebedürftige

– der Anleitung bei der Auswahl einer adäquaten Kleidung oder
– der Anleitung zum regelmäßigen Wäschewechsel

bedarf, ist für diese teilweise Anleitung ein jeweils geringerer Pflegebedarf heranzuziehen.

Anleitung, Beaufsichtigung und Motivationsgespräch

§ 9. (1) Die Anleitung sowie die Beaufsichtigung von Menschen mit geistiger oder psychischer Behinderung bei der Durchführung der in §§ 1 und 2 der Verordnung angeführten Verrichtungen ist der Betreuung und Hilfe gleichzusetzen.

(2) Das Motivationsgespräch ist eine eigene Betreuungshandlung, die als Beziehungsarbeit für geistig oder psychisch behinderte Menschen oft eine unerlässliche Basis für deren Aktivierung ist, die einen entsprechenden zeitlichen Aufwand erfordert. Für die Motivationsgespräche der Betreuungspersonen mit geistig oder psychisch behinderten Menschen im Sinne des § 4 Abs. 2 der Verordnung ist von einem zeitlichen Richtwert von insgesamt 10 Stunden pro Monat für diese Betreuungsmaßnahme auszugehen.

(3) Wird bei der Begutachtung das Motivationsgespräch im Sinne des Abs. 2 als Betreuungsbedarf angerechnet, so ist dies im Sachverständigengutachten zu begründen.

Einnahme von Medikamenten

§ 10. (1) Bei üblicher Medikation sind 3 Stunden pro Monat als Pflegebedarf anzurechnen. Bei Notwendigkeit besonders häufiger Verabreichung kann der Pflegebedarf mit 5 Stunden pro Monat angerechnet werden.

(2) Bei oraler Medikation sind grundsätzlich 3 Stunden pro Monat als Pflegebedarf anzurechnen.

Mobilitätshilfe im engeren Sinn

§ 11. (1) Mobilitätshilfe im engeren Sinn umfasst die notwendige Unterstützung z. B. beim Aufstehen und Zubettgehen, Umlagern, Gehen, Stehen und Treppensteigen, sowie bei allen gewöhnlichen und regelmäßig wiederkehrenden Ortswechseln im eigenen (inneren) Wohnbereich und bei allen im Ablauf des täglichen Lebens vorkommenden Lagewechseln. Weiters ist darunter die Hilfe beim An- und Ablegen von Körperersatzstücken, die der Förderung der Mobilität dienen, zu verstehen. Als Richtwert für den hiefür erforderlichen Betreuungsaufwand durch eine Pflegeperson sind gemäß § 1 Abs. 3 der Verordnung 15 Stunden pro Monat zu berücksichtigen.

(2) Notwendige Unterstützung im Sinne des Abs. 1 ist auch gegeben, wenn die Begleitung im eigenen Wohnbereich aufgrund eines Orientierungsverlustes oder zwecks Verhinderung einer Verletzung (z.B. bei Schwindelzuständen, die wiederholt zu Stürzen geführt haben) erforderlich ist.

Erschwerniszuschlag

§ 12. (1) Schwerst behinderten Kindern und Jugendlichen sowie Menschen mit schwerer geistiger oder schwerer psychischer Behinderung, insbesondere einer demenziellen Erkrankung, gebührt bei Vorliegen Pflege erschwerender Faktoren ein zusätzlicher Pauschalwert (Erschwerniszuschlag):

(2) Pflege erschwerende Faktoren liegen bei schwerst behinderten Kindern und Jugendlichen vor, wenn zumindest zwei voneinander unabhängige, schwere Funktionseinschränkungen bestehen. Es gebührt ein Erschwerniszuschlag

– bis zum vollendeten 7. Lebensjahr: 50 Stunden pro Monat
– ab dem vollendeten 7. Lebensjahr bis zum vollendeten 15. Lebensjahr: 75 Stunden pro Monat.

(3) Pflege erschwerende Faktoren liegen bei Menschen mit schwerer geistiger oder schwerer psychischer Behinderung, insbesondere einer demenziellen Erkrankung vor, wenn schwerwiegende Störungen des Verhaltens, in Summe verursacht durch Defizite des Orientierungsvermögens, des Antriebs, der Denkleistung, der emotionalen Kontrolle und der sozialen Fähigkeiten bestehen. Es gebührt ein Erschwerniszuschlag

– ab dem vollendeten 15. Lebensjahr: 25 Stunden pro Monat.

3. Abschnitt – Hilfe

Herbeischaffung von Nahrungsmitteln, Bedarfsgütern des täglichen Lebens und Medikamenten

§ 13. Die Lage der Wohnung (Stockwerk) und die Wegstrecke zur nächsten Einkaufsmöglichkeit sind für den Hilfebedarf bei der Herbeischaffung von Nahrungsmitteln, Bedarfsgütern des täglichen Lebens und Medikamenten zu berücksichtigen.

Reinigung der Wohnung und der persönlichen Gebrauchsgegenstände

§ 14. (1) Unter Wohnungsreinigung ist die laufend notwendige Wohnungsreinigung, allenfalls unter Verwendung zumutbarer technischer Hilfsmittel, das Aufbetten der Schlafstelle und das Staubabwischen zu verstehen.

(2) Ein Hilfsbedarf liegt vor, wenn das für eine Einzelperson übliche Mindestausmaß an Wohnraum (Küche, Wohnzimmer, Schlafzimmer, Bad und etwaige dazugehörige Nebenräume) ohne fremde Hilfe nicht mehr gereinigt werden kann.

Beheizung des Wohnraumes einschließlich Herbeischaffung von Heizmaterial

§ 15. Bei der Prüfung, ob der Wohnraum ordnungsgemäß beheizt werden kann, ist generell von der konkreten Heizeinrichtung der Wohnung auszugehen. Es ist nicht nur auf die Bedienung der vorhandenen Heizmöglichkeit Bedacht zu nehmen, sondern auch auf deren Reinigung. Bei vorhandener Zentralheizung kann kein Hilfsbedarf berücksichtigt werden, wenn die Wartung und Temperatursteuerung nicht vom Pflegebedürftigen vorgenommen werden muss (z. B. Fernwärme, Gasetagenheizung).

Mobilitätshilfe im weiteren Sinn

§ 16. (1) Mobilitätshilfe im weiteren Sinn umfasst Hilfeleistungen außerhalb des Wohnbereiches bei allen Abläufen, die zur Führung eines menschenwürdigen Lebens erforderlich sind. Sie umfasst insbesondere die Begleitung zum Arzt, zur Therapie, zu Behörden oder Banken sowie zu kulturellen Veranstaltungen. Für die Mobilitätshilfe im weiteren Sinn gilt nach § 2 Abs. 3 der Verordnung ein fixer Zeitwert von 10 Stunden pro Monat.

(2) Die mangelnde Fähigkeit zur Manipulation mit Geld kann für sich allein keinen anrechenbaren Pflegebedarf bewirken.

(3) Bei pflegebedürftigen Kindern und Jugendlichen bis zum vollendeten 15. Lebensjahr gebührt ein Pauschalwert bis höchstens 50 Stunden pro Monat für Mobilitätshilfe im weiteren Sinn.

4. Abschnitt – Differenzierung der Pflegestufen 4, 5, 6 und 7

Koordinierbare Pflege

§ 17. Koordinierbare Pflege ist möglich, wenn die Pflege entsprechend einem Pflegeplan erfolgen kann.

Einstufung bei einem Pflegebedarf von mehr als 180 Stunden

§ 18. Liegt ein Pflegebedarf von durchschnittlich mehr als 180 Stunden pro Monat vor, gebührt Pflegegeld:

1. in der Höhe der Stufe 4, wenn eine koordinierbare Pflege tagsüber möglich ist und im Regelfall während der Nacht keine Betreuungsmaßnahmen zu erbringen sind.
2. in der Höhe der Stufe 5, wenn ein außergewöhnlicher Pflegeaufwand vorliegt. Dies ist insbesondere dann der Fall, wenn
   - dauernde Bereitschaft, nicht jedoch die dauernde Anwesenheit einer Pflegeperson oder
   - die regelmäßige Nachschau durch eine Pflegeperson in relativ kurzen, jedoch planbaren Zeitabständen erforderlich ist, wobei zumindest eine einmalige Nachschau auch in den Nachtstunden erforderlich sein muss oder
   - mehr als 5 Pflegeeinheiten, davon eine auch in den Nachtstunden, erforderlich sind.
3. in der Höhe der Stufe 6, wenn
   - zeitlich unkoordinierbare Betreuungsmaßnahmen erforderlich sind und diese regelmäßig während des Tages und der Nacht zu erbringen sind oder
   - die dauernde Anwesenheit einer Pflegeperson während des Tages und der Nacht erforderlich ist, weil die Wahrscheinlichkeit einer Eigen- oder Fremdgefährdung gegeben ist.
4. in der Höhe der Stufe 7, wenn
   - keine zielgerichteten Bewegungen der vier Extremitäten mit funktioneller Umsetzung möglich sind oder
   - ein gleichzuachtender Zustand (z. B. dauernder Einsatz technischer Hilfsmittel zur Aufrechterhaltung lebensnotwendiger Funktionen ist erforderlich) vorliegt.

5. Abschnitt – geistige oder psychische Behinderung

Unterlagen

§ 19. Bei der Beurteilung des Pflegebedarfes von geistig oder psychisch behinderten Menschen sind insbesondere Pflegedokumentationen und Pflegeberichte zu berücksichtigen und im Gutachten anzuführen. Erforderlichenfalls sind zur Begutachtung Fachärzte/Fachärztinnen für Neurologie und/oder Psychiatrie beizuziehen.

Psychotische Zustandsbilder

§ 20. Akute Psychosen sind für die Begutachtung nach dem BPGG nicht relevant, weil es sich um akut behandlungsbedürftige Geschehen handelt.

6. Abschnitt – diagnosebezogene Mindesteinstufungen

Mindesteinstufungen

§ 21. (1) Diagnosebezogene Mindesteinstufungen sind nach § 4a BPGG vorzunehmen. Wenn aktuelle ärztliche Befunde in diesen Fällen vorhanden sind, aus denen zweifelsfrei der Grad der Pflegebedürftigkeit (Pflegestufe) abgeleitet werden kann, so kann von einer weiteren (fach)ärztlichen Begutachtung abgesehen werden.

(2) Eine Begutachtung zur Feststellung eines allenfalls höheren funktionell bedingten Pflegebedarfes gegenüber der diagnosebezogenen Mindesteinstufung hat immer zu erfolgen.

7. Abschnitt – weitere Bestimmungen

Alter

§ 22. (1) Das Alter eines Menschen allein ist für die Beurteilung der Pflegebedürftigkeit nicht bedeutsam.

(2) Bei der Beurteilung des Pflegebedarfes von Kindern und Jugendlichen ist nur jenes Ausmaß an Pflege zu berücksichtigen, das über das altersmäßig erforderliche Ausmaß bei einem nicht behinderten Kind (Jugendlichen) hinausgeht.

(3) Für die Begutachtung ist das Konsensuspapier zur einheitlichen ärztlichen oder pflegerischen Begutachtung nach dem Bundespflegegeldgesetz, das in Zusammenarbeit des Bundesministeriums für Arbeit, Soziales und Konsumentenschutz und der Entscheidungsträger erstellt wurde, heranzuziehen.

Pflege in stationären Einrichtungen

§ 23. (1) Die Pflegebedürftigkeit eines Menschen, der in einer stationären Einrichtung (z.B. Pflegeheim, Sanatorium) untergebracht ist, ist nach den gleichen Kriterien zu beurteilen wie die Pflegebedürftigkeit von Menschen, die außerhalb einer solchen Einrichtung leben.

(2) Bei der Begutachtung von pflegebedürftigen Menschen in stationären Einrichtungen sind

- vom Pflegepersonal Informationen einzuholen
- die vorhandenen Dokumentationen zu berücksichtigen

und im Sachverständigengutachten anzuführen.

Pflege durch ambulante Dienste

§ 24. Bei pflegebedürftigen Personen, die durch ambulante Dienste betreut werden, haben die Sachverständigen die Pflegedokumentationen dieser Dienste nachzufragen und gegebenenfalls bei der Beurteilung der Pflegebedürftigkeit zu berücksichtigen und im Sachverständigengutachten anzuführen.

Pflege im Rahmen der 24-Stunden-Betreuung

§ 25. Bei Pflegebedürftigen, die im Rahmen eines Betreuungsverhältnisses im Sinne des Hausbetreuungsgesetzes oder gemäß § 159 Gewerbeordnung 1994 betreut werden, sind bei der Begutachtung Informationen der Betreuungskräfte zur Beurteilung der konkreten Pflegesituation einzuholen. Ebenso sind zur Verfügung gestellte Dokumentationen über die Betreuung und Haushaltsbücher zu berücksichtigen. Für die Betreuungskräfte besteht Auskunftspflicht.

Verstorbene Antragsteller/Antragstellerin

§ 26. Ist der Antragsteller/die Antragstellerin vor der ärztlichen oder pflegerischen Begutachtung verstorben, hat die Einstufung aufgrund der vorhandenen Unterlagen zu erfolgen. Der Entscheidungsträger ist verpflichtet, nach Möglichkeit entsprechende medizinische (pflegerische) Unterlagen zu beschaffen.

8. Abschnitt – Administration

Erhöhte Familienbeihilfe

§ 27. Der Entscheidungsträger hat zu erheben, ob für den Pflegebedürftigen/die Pflegebedürftige erhöhte Familienbeihilfe (§ 8 Abs. 4 Familienlastenausgleichsgesetz 1967) geleistet wird.

Antragstellung

§ 28. (1) Zur Stellung eines Antrages auf Gewährung von Pflegegeld ist der/die Pflegebedürftige selbst, sein/ihr gesetzlicher oder bevollmächtigter Vertreter bzw. Sachwalter berechtigt.

(2) Überdies kann ein Antrag auf Gewährung von Pflegegeld auch ohne Nachweis der Bevollmächtigung durch den Pflegebedürftigen/die Pflegebedürftige für diesen durch dessen Familienmitglieder oder eingetragene PartnerIn und Haushaltsangehörige bzw. durch eine ihm/ihr nahestehende Person gestellt werden.

(3) Anträge, die vom Betroffenen/von der Betroffenen nicht gewollt sind, gelten als nicht gestellt. Ob ein Antrag gewollt ist, ist gegebenenfalls unabhängig von Wünschen allfälliger Begleitpersonen durch direkten Kontakt mit dem/der Betroffenen festzustellen.

(4) Ein Sozialhilfeträger hat unabhängig von Abs. 3 das Recht, einen Antrag zu stellen, wenn die Voraussetzungen für den Anspruchsübergang nach § 13 Abs. 1 BPGG bestehen. Diese Voraussetzungen sind im Antrag zu bescheinigen.

(5) Die amtswegige Leistungsfeststellung in der Unfallversicherung umfasst auch das Pflegegeld (§ 9 BPGG).

Ärztliche oder pflegerische Begutachtung

§ 29. Außer den Erfordernissen des § 8 der Verordnung in der geltenden Fassung soll von den Sachverständigen folgende Vorgangsweise bei der Begutachtung eingehalten werden:

1. Hausbesuche bei AntragstellerInnen (Pflegebedürftigen) sind binnen einer angemessenen Frist anzukündigen und zum angegebenen Untersuchungstermin durchzuführen.
2. Bei Verständigung über den Hausbesuch soll auf das Recht des/der Pflegebedürftigen hingewiesen werden, auf seine/ihre Kosten eine Vertrauensperson zur Begutachtung beiziehen zu können.
3. Die Angaben der Vertrauensperson sind in angemessener Weise vom Sachverständigen im Sinne der Außenanamnese zu erheben und im Sachverständigengutachten anzuführen.
4. Die ärztliche oder pflegerische Begutachtung ist jeweils mit einem für alle Pensions- und Unfallversicherungsträger und das Pensionsservice der Versicherungsanstalt öffentlich Bediensteter einheitlichen Begutachtungsformular unter Beachtung kindergerechter Kriterien zu dokumentieren.
5. Die Gutachten sind den zuständigen Entscheidungsträgern elektronisch in der für die Vorlage in behördlichen Verfahren geforderten Form zu übermitteln. § 36 Abs. 3 ist anzuwenden.
6. Die lückenlose Nachvollziehbarkeit der Gutachten ist sowohl von den Vertrauensärzten/Vertrauensärztinnen als auch von den Pflegefachkräften gegenüber den Entscheidungsträgern zu gewährleisten.

Schulung und Fortbildung der Sachverständigen

§ 29a. Zur Sicherung einheitlicher Qualitätsstandards sind die Sachverständigen zur Schulung und Fortbildung verpflichtet, deren Absolvierung von den Entscheidungsträgern gefordert wird. Über die Absolvierung der einschlägigen Kurse sind Bestätigungen auszustellen und jederzeit auf Verlangen eines Entscheidungsträgers vorzuweisen. Insbesondere sind die Fähigkeiten zur Einstufung nach der Verordnung, die Kenntnisse der gesetzlichen Bestimmungen für das Pflegegeld (BPGG) sowie der Richtlinien des Hauptverbandes der österreichischen Sozialversicherungsträger für die einheitliche Anwendung des Bundespflegegeldgesetzes von den Sachverständigen nachzuweisen. Das jeweils aktuelle Konsensuspapier, das in Zusammenarbeit des Bundesministeriums für Arbeit, Soziales und Konsumentenschutz und der Entscheidungsträger erarbeitet wurde, ist von den Sachverständigen bei der Befund- und Gutachtenserstellung jedenfalls zu beachten (§ 34 BPGG – übertragener Wirkungsbereich). Auch die geltenden Erlässe des Bundesministeriums für Arbeit, Soziales und Konsumentenschutz oder des Bundesministeriums für Finanzen nach § 34 BPGG (übertragener Wirkungsbereich) zur Begutachtung sind zwecks einheitlicher Vorgangsweise ebenfalls zu berücksichtigen.

Verfahrensdauer

§ 30. Die Verfahrensdauer von der Antragstellung (Anträge auf Gewährung oder Erhöhung) bis zur Bescheiderteilung in Angelegenheiten des Bundespflegegeldgesetzes soll bei den Entscheidungsträgern in der Pensions- oder Unfallversicherung 60 Kalendertage nicht überschreiten. Für die Unfallversicherungsträger gilt dies für Erhöhungsanträge.

Ersatzansprüche des Trägers der Sozialhilfe

§ 31. (1) Der Anspruchsübergang tritt nach § 13 BPGG aufgrund einer Verständigung ohne weiteres Verfahren ein. Er muss nicht gesondert geltend gemacht werden.

(2) Ergeben sich für den Entscheidungsträger Anhaltspunkte (z. B. durch Änderung der Anschrift), dass eine stationäre Pflege in einer der im § 13 Abs. 1 Z 1 bis 5 BPGG genannten Einrichtung vorliegt, sind Erhebungen durchzuführen, ob die pflegebedürftige Person auf Kosten oder unter Kostenbeteiligung eines Sozialhilfeträgers untergebracht ist und somit die Voraussetzungen für den Anspruchsübergang gemäß § 13 BPGG vorliegen.

(3) Die Bestätigung des Sozialhilfeträgers, dass die Kosten übernommen werden oder eine Kostenbeteiligung erfolgt, gilt als Verständigung nach § 13. Der Anspruchsübergang und ein allfälliges Ruhen treten mit dem Monat ein, der auf das Einlangen der Verständigung folgt.

(4) Ein Aufenthalt in einer Tagesheimstätte ist keine stationäre Pflege, auch wenn er regelmäßig erfolgt. § 13 BPGG ist in diesen Fällen nicht anzuwenden.

Bezugsberechtigung und Fortsetzung des Verfahrens

§ 32. (1) Die Bestimmung des § 19 Abs. 1 Z 1 BPGG ist auf juristische Personen nicht anzuwenden.

(2) Die Bestimmung des § 19 Abs. 1 Z 2 BPGG gilt auch für juristische Personen. Ein Land, eine Gemeinde oder ein Sozialhilfeträger ist bei Zutreffen der in dieser Bestimmung genannten Voraussetzungen berechtigt, nach dem Tod der pflegebedürftigen Person das Verfahren fortzusetzen.

Sachleistungen statt Geldleistungen

§ 33. Wenn ein Entscheidungsträger feststellt, dass

– Pflegegeld nicht widmungsgemäß verwendet wird, oder
– eine entsprechende Kontrolle (§ 33b Abs. 2 BPGG) verweigert wird,

ist im Sinne des § 20 Abs. 1 BPGG nach Befassung des zuständigen Sozialhilfeträgers die Geldleistung durch die Sachleistung zu ersetzen, damit eine dem Zweck des Pflegegeldes (§ 1 BPGG) entsprechende Gesamtbetreuung und Hilfe sichergestellt wird.

Qualitätssicherung

§ 34. (1) Die Entscheidungsträger haben Maßnahmen zur Qualitätssicherung vor allem bei der Feststellung des Gesundheitszustandes des/der Pflegebedürftigen und bei der Durchführung des Pflegegeldverfahrens zu treffen.

(2) Die Entscheidungsträger haben das Recht zu überprüfen, ob eine im Rahmen der Voraussetzungen des § 1 BPGG und der §§ 1, 2 und 4 der Verordnung entsprechende sachgerechte Pflege gegeben ist.

9. Abschnitt – Pflegegelddatenbank

Speicherung in die Pflegegelddatenbank

§ 35. Die Entscheidungsträger haben sämtliche Daten hinsichtlich der Antragstellung und Auszahlung von Pflegegeld entsprechend den Vorgaben der Organisationsbeschreibung unverzüglich und vollständig in die Pflegegelddatenbank des Hauptverbandes einzuspeichern, um aus dieser zeitnahe und vollständige Auswertungen zu ermöglichen.

10. Abschnitt – Inkrafttreten

§ 36. (1) Diese Richtlinien treten mit 1. Juli 2012 in Kraft.

(2) Mit dem gleichen Zeitpunkt werden die bisher geltenden Richtlinien aufgehoben.

(3) Für den Fall, dass keine näheren Bestimmungen für die elektronische Gutachtensübermittlung nach § 29 Z 5 bestehen, genügt neben der Einhaltung der einschlägigen Bestimmungen der Gesundheitstelematik (Gesundheitstelematikgesetz und dessen Durchführungsregeln usw.) die elektronisch signierte Übermittlung an Empfangsadressen der Entscheidungsträger. Bis 31. Dezember 2012 dürfen Gutachten, soweit dies bis dahin auch nach dem Gesundheitstelematikgesetz bzw. allenfalls an dessen Stelle tretenden gesetzlichen Bestimmungen zulässig ist, noch nicht elektronisch übermittelt werden.

Die Richtlinien für die einheitliche Anwendung des Bundespflegegeldgesetzes (RPGG 2012) wurden von der Trägerkonferenz des Hauptverbandes der österreichischen Sozialversicherungsträger am 17. April 2012 beschlossen. Die Genehmigung durch den Bundesminister für Arbeit, Soziales und Konsumentenschutz erfolgte mit Bescheid vom 22. Juni 2012, GZ: BMASK-43010/0047-IV/B/4/2012.

Einbeziehungsverordnung 1999

Einbeziehungsverordnung 1999, BGBl II 1999/466

Verordnung der Bundesministerin für Arbeit, Gesundheit und Soziales betreffend die Einbeziehung weiterer Personengruppen in den anspruchsberechtigten Personenkreis des Bundespflegegeldgesetzes (Einbeziehungsverordnung 1999)

Auf Grund des § 3 Abs. 3 des Bundespflegegeldgesetzes, BGBl. Nr. 110/1993, zuletzt geändert durch das Bundesgesetz BGBl. I Nr. 111/1998, wird mit Zustimmung des Bundesministers für Finanzen verordnet:

§ 1. Nachstehende Personen zählen zum anspruchsberechtigten Personenkreis gemäß § 3 Abs. 1 des Bundespflegegeldgesetzes:

1. BezieherInnen wiederkehrender Versorgungsleistungen gemäß § 98 Abs. 1 Z 1, 2, 4 und 5 des Ärztegesetzes 1998, BGBl. I Nr. 169/1998;
2. BezieherInnen wiederkehrender Versorgungsleistungen gemäß § 50 der Rechtsanwaltsordnung, RGBl. Nr. 96/1868;
3. BezieherInnen wiederkehrender Leistungen gemäß § 29 des Ziviltechnikerkammergesetzes 1993, BGBl. Nr. 157/1994.

§ 2. Die Entscheidung in Angelegenheiten nach dem Bundespflegegeldgesetz obliegt hinsichtlich der im § 1 genannten Personen der Sozialversicherungsanstalt der gewerblichen Wirtschaft.

§ 3. Bringen die im § 1 genannten Personen bis 30. Juni 2000 einen Antrag auf Zuerkennung des Pflegegeldes ein, ist dieses ab Vorliegen der Voraussetzungen – frühestens ab 1. Jänner 2000 – zu leisten.

§ 4. Diese Verordnung tritt mit 1. Jänner 2000 in Kraft.

Einbeziehungsverordnung 2001

Einbeziehungsverordnung 2001, BGBl II 2001/481

Verordnung des Bundesministers für soziale Sicherheit und Generationen betreffend die Einbeziehung einer weiteren Personengruppe in den anspruchsberechtigten Personenkreis des Bundespflegegeldgesetzes (Einbeziehungsverordnung 2001)

Auf Grund des § 3 Abs. 4 des Bundespflegegeldgesetzes, BGBl. Nr. 110/1993, zuletzt geändert durch das Bundesgesetz BGBl. I Nr. 69/2001, wird mit Zustimmung des Bundesministers für Finanzen verordnet:

§ 1. Nachstehende Personen zählen zum anspruchsberechtigten Personenkreis gemäß § 3 Abs. 1 des Bundespflegegeldgesetzes:

Bezieher eines Ruhe- oder Versorgungsgenusses auf Grund der Pensionsordnung 1982 für die Angestellten der Wiener Börsekammer.

§ 2. Die Entscheidung in Angelegenheiten nach dem Bundespflegegeldgesetz obliegt hinsichtlich der im § 1 genannten Personen dem Bundespensionsamt.

§ 3. Bringen die im § 1 genannten Personen bis 30. Juni 2002 einen Antrag auf Zuerkennung des Pflegegeldes ein, ist dieses ab Vorliegen der Voraussetzungen – frühestens ab 1. Jänner 2002 – zu leisten.

§ 4. Diese Verordnung tritt mit 1. Jänner 2002 in Kraft.

Einbeziehungsverordnung 2002

Einbeziehungsverordnung 2002, BGBl II 2002/72

Verordnung des Bundesministers für soziale Sicherheit und Generationen betreffend die Einbeziehung einer weiteren Personengruppe in den anspruchsberechtigten Personenkreis des Bundespflegegeldgesetzes (Einbeziehungsverordnung 2002)

Auf Grund des § 3 Abs. 4 des Bundespflegegeldgesetzes, BGBl. Nr. 110/1993, zuletzt geändert durch das Bundesgesetz BGBl. I Nr. 69/2001, wird mit Zustimmung des Bundesministers für Finanzen verordnet:

§ 1. Nachstehende Personen zählen zum anspruchsberechtigten Personenkreis gemäß § 3 Abs. 1 des Bundespflegegeldgesetzes:

Weltpriester der Katholischen Kirche, welche in einer ihren Sitz im Bundesgebiet habenden Diözese inkardiniert oder vorläufig aufgenommen sind und Anspruch auf Bezüge gegen eine dieser Diözesen haben.

§ 2. Die Entscheidung in Angelegenheiten nach dem Bundespflegegeldgesetz obliegt hinsichtlich der im § 1 genannten Personen der Pensionsversicherungsanstalt der Angestellten.

§ 3. Bringen die im § 1 genannten Personen bis 31. August 2002 einen Antrag auf Zuerkennung des Pflegegeldes ein, ist dieses ab Vorliegen der Voraussetzungen – frühestens ab 1. März 2002 – zu leisten.

§ 4. Diese Verordnung tritt mit 1. März 2002 in Kraft.

Einstufungsverordnung

Einstufungsverordnung zum Bundespflegegeldgesetz, BGBl II 1999/37 idF

1 BGBl II 2008/469 2 BGBl II 2011/453

GLIEDERUNG

Verordnung der Bundesministerin für Arbeit, Gesundheit und Soziales über die Beurteilung des Pflegebedarfes nach dem Bundespflegegeldgesetz (Einstufungsverordnung zum Bundespflegegeldgesetz – EinstV)

Auf Grund des § 4 des Bundespflegegeldgesetzes, BGBl. Nr. 110/1993, zuletzt geändert durch das Bundesgesetz BGBl. I Nr. 111/1998, wird verordnet:

Betreuung

§ 1. (1) Unter Betreuung sind alle in relativ kurzer Folge notwendigen Verrichtungen anderer Personen zu verstehen, die vornehmlich den persönlichen Lebensbereich betreffen und ohne die der pflegebedürftige Mensch der Verwahrlosung ausgesetzt wäre.

(2) Zu den im Abs. 1 genannten Verrichtungen zählen insbesondere solche beim An- und Auskleiden, bei der Körperpflege, der Zubereitung und Einnahme von Mahlzeiten, der Verrichtung der Notdurft, der Einnahme von Medikamenten und der Mobilitätshilfe im engeren Sinn.

(3) Bei der Feststellung des zeitlichen Betreuungsaufwandes ist von folgenden – auf einen Tag bezogenen – Richtwerten auszugehen:

An- und Auskleiden:	2 x 20 Minuten
Reinigung bei inkontinenten Patienten:	4 x 10 Minuten
Entleerung und Reinigung des Leibstuhles:	4 x 5 Minuten
Einnehmen von Medikamenten: (auch bei Sondenverabreichung)	6 Minuten
Anus-praeter-Pflege:	15 Minuten
Kanülen- oder Sondenpflege:	10 Minuten
Katheter-Pflege:	10 Minuten
Einläufe:	30 Minuten
Mobilitätshilfe im engeren Sinn:	30 Minuten

(BGBl II 2008/469)

(4) Für die nachstehenden Verrichtungen werden folgende – auf einen Tag bezogene – zeitliche Mindestwerte festgelegt:

Tägliche Körperpflege:	2 x 25 Minuten
Zubereitung von Mahlzeiten: (auch bei Sondennahrung)	1 Stunde
Einnehmen von Mahlzeiten: (auch bei Sondenernährung)	1 Stunde
Verrichtung der Notdurft:	4 x 15 Minuten

Abweichungen von diesen Zeitwerten sind nur dann zu berücksichtigen, wenn der tatsächliche Betreuungsaufwand diese Mindestwerte erheblich überschreitet.

(BGBl II 2008/469)

(5) Bei der Festsetzung des Pflegebedarfes gemäß Abs. 1 bis 4 sind für schwerst behinderte Kinder und Jugendliche unter den Voraussetzungen des § 4 Abs. 3 und 4 des Bundespflegegeldgesetzes (BPGG) in der Fassung des Bundesgesetzes BGBl. I Nr. 128/2008 zusätzlich folgende auf einen Monat bezogene fixe Zeitwerte als Erschwerniszuschlag zu berücksichtigen:

bis zum vollendeten 7. Lebensjahr	50 Stunden
ab dem vollendeten 7. Lebensjahr bis zum vollendeten 15. Lebensjahr	75 Stunden.

(BGBl II 2008/469)

(6) Bei der Festsetzung des Pflegebedarfes gemäß Abs. 1 bis 4 ist für Personen mit einer schweren geistigen oder einer schweren psychischen Behinderung, insbesondere einer demenziellen Erkrankung, ab dem vollendeten 15. Lebensjahr (§ 4 Abs. 5 und 6 des Bundespflegegeldgesetzes) zusätzlich ein auf einen Monat bezogener fixer Zeitwert als Erschwerniszuschlag von 25 Stunden zu berücksichtigen.

(BGBl II 2008/469)

Hilfe

§ 2. (1) Unter Hilfe sind aufschiebbare Verrichtungen anderer Personen zu verstehen, die den sachlichen Lebensbereich betreffen und zur Sicherung der Existenz erforderlich sind.

(2) Hilfsverrichtungen sind die Herbeischaffung von Nahrungsmitteln, Medikamenten und Bedarfsgütern des täglichen Lebens, die Reinigung der Wohnung und der persönlichen Gebrauchsge-

genstände, die Pflege der Leib- und Bettwäsche, die Beheizung des Wohnraumes einschließlich der Herbeischaffung von Heizmaterial und die Mobilitätshilfe im weiteren Sinn.

(3) Für jede Hilfsverrichtung ist ein – auf einen Monat bezogener – fixer Zeitwert von zehn Stunden anzunehmen.

(4) Bei pflegebedürftigen Kindern und Jugendlichen kann bis zum vollendeten 15. Lebensjahr unbeschadet der Bestimmung des § 4 Abs. 7 Z 3 des Bundespflegegeldgesetzes (BPGG) ein Zeitwert für Mobilitätshilfe im weiteren Sinn im Ausmaß von bis zu 50 Stunden monatlich berücksichtigt werden.

(BGBl II 2008/469)

Hilfsmittel

§ 3. (1) Pflegebedarf ist insoweit nicht anzunehmen, als die notwendigen Verrichtungen vom Anspruchswerber durch die Verwendung einfacher Hilfsmittel selbständig vorgenommen werden können oder könnten und ihm der Gebrauch dieser Hilfsmittel mit Rücksicht auf seinen physischen und psychischen Zustand zumutbar ist.

(2) Die Verwendung anderer Hilfsmittel ist zu berücksichtigen, wenn diese vorhanden sind oder deren Finanzierung zur Gänze oder zumindest überwiegend durch den Entscheidungsträger oder einen öffentlichen Kostenträger sichergestellt ist.

Anleitung, Beaufsichtigung und Motivationsgespräch

§ 4. (1) Die Anleitung sowie die Beaufsichtigung von Menschen mit geistiger oder psychischer Behinderung bei der Durchführung der in §§ 1 und 2 angeführten Verrichtungen ist der Betreuung und Hilfe gleichzusetzen.

(2) Sind mit geistig oder psychisch behinderten Menschen zur selbständigen Durchführung von in den §§ 1 und 2 angeführten Verrichtungen Motivationsgespräche zu führen, so ist für diese Betreuungsmaßnahme von einem – auf einen Monat bezogenen – zeitlichen Richtwert von insgesamt zehn Stunden auszugehen.

Ständiger Pflegebedarf

§ 5. Ständiger Pflegebedarf liegt vor, wenn dieser täglich oder zumindest mehrmals wöchentlich regelmäßig gegeben ist.

Außergewöhnlicher Pflegeaufwand

§ 6. Ein außergewöhnlicher Pflegeaufwand liegt insbesondere vor, wenn

1. die dauernde Bereitschaft, nicht jedoch die dauernde Anwesenheit einer Pflegeperson oder
2. die regelmäßige Nachschau durch eine Pflegeperson in relativ kurzen, jedoch planbaren Zeitabständen erforderlich ist, wobei zumindest eine einmalige Nachschau auch in den Nachtstunden erforderlich sein muss oder
3. mehr als 5 Pflegeeinheiten, davon eine auch in den Nachtstunden, erforderlich sind.

(BGBl II 2008/469)

Zeitlich unkoordinierbare Betreuungsmaßnahmen

§ 7. Zeitlich unkoordinierbare Betreuungsmaßnahmen liegen dann vor, wenn ein Pflegeplan wegen einer körperlichen, geistigen oder psychischen Behinderung oder einer Sinnesbehinderung des pflegebedürftigen Menschen nicht eingehalten werden kann und die Betreuungsmaßnahme unverzüglich erbracht werden muß.

Sachverständigengutachten

§ 8. Die Grundlage der Entscheidung über die Zuerkennung von Pflegegeld bildet jedenfalls ein ärztliches Sachverständigengutachten. Der Entscheidung über die Neubemessung des Pflegegeldes kann auch ein Sachverständigengutachten von Angehörigen des gehobenen Dienstes für Gesundheits- und Krankenpflege zugrunde gelegt werden. Erforderlichenfalls sind zur ganzheitlichen Beurteilung der Pflegesituation Personen aus anderen Bereichen, beispielsweise der Heil- und Sonderpädagogik, der Sozialarbeit, der Psychologie sowie der Psychotherapie beizuziehen.

(BGBl II 2011/453)

Inkrafttreten

§ 9. (1) Diese Verordnung tritt mit 1. Februar 1999 in Kraft.

(2) Die Einstufungsverordnung zum Bundespflegegeldgesetz, BGBl. Nr. 314/1993, wird mit Ablauf des 31. Jänner 1999 aufgehoben.

(3) § 1 Abs. 3, 4, 5 und 6, § 2 Abs. 4 und § 6 in der Fassung der Verordnung BGBl. II Nr. 9/2 2008 treten mit 1. Jänner 2009 in Kraft.

(BGBl II 2008/469)

„(4) § 8 in der Fassung der Verordnung BGBl. II Nr. 453/2011 tritt mit 1. Jänner 2012 in Kraft."

(BGBl II 2011/453)

Kinder-Einstufungsverordnung

Kinder-Einstufungsverordnung zum Bundespflegegeldgesetz, BGBl II 2016/236

GLIEDERUNG

Verordnung des Bundesministers für Arbeit, Soziales und Konsumentenschutz über die Beurteilung des Pflegebedarfs von Kindern und Jugendlichen nach dem Bundespflegegeldgesetz (Kinder-Einstufungsverordnung zum Bundespflegegeldgesetz – Kinder-EinstV)

Auf Grund des § 4 des Bundespflegegeldgesetzes (BPGG), BGBl. Nr. 110/1993, zuletzt geändert durch das Bundesgesetz BGBl. I Nr. 12/2015, wird verordnet:

Anwendungsbereich und natürlicher Pflegebedarf

§ 1. (1) Diese Verordnung ist für die Beurteilung des Pflegebedarfs im Sinne des § 4 Abs. 1 des Bundespflegegeldgesetzes (BPGG), BGBl. Nr. 110/1993, von Kindern und Jugendlichen bis zum vollendeten 15. Lebensjahr anzuwenden.

PflegeVO

(2) Bei Kindern und Jugendlichen bis zum vollendeten 15. Lebensjahr ist der natürliche, alters- und entwicklungsabhängige Pflegeaufwand für Betreuungs- und Hilfsverrichtungen (natürlicher Pflegebedarf), der auch bei gleichaltrigen nicht behinderten Kindern und Jugendlichen für diese Betreuungs- und Hilfsverrichtungen besteht, für die Beurteilung des Pflegebedarfs im Sinne des § 4 Abs. 1 BPGG in Abzug zu bringen.

(3) Der jeweilige natürliche Pflegebedarf im Sinne des Abs. 2 ist ein fixer Zeitwert und besteht nur bis zum Erreichen des jeweiligen nachstehenden Lebensalters. Für folgende Pflegemaßnahmen des § 3 besteht bis zum oder ab dem Erreichen der angeführten Altersgrenzen folgender natürlicher Pflegebedarf als fixer Zeitwert pro Tag:

1.	An- und Auskleiden bis zum vollendeten 5. Lebensjahr	2 x 20 Minuten
2.	Mobilitätshilfe im engeren Sinn bis zum vollendeten 18. Lebensmonat	1 Stunde
3.	Tägliche Körperpflege bis zum vollendeten 7. Lebensjahr	2 x 25 Minuten
4.	a) Zubereitung von Mahlzeiten bis zum vollendeten 12. Lebensjahr	1 Stunde
	b) Zubereitung von Mahlzeiten ab dem vollendeten 12. Lebensjahr	40 Minuten
5.	Einnehmen von Mahlzeiten bis zum vollendeten 3. Lebensjahr	1 Stunde
6.	Verrichtung der Notdurft bis zum vollendeten 4. Lebensjahr	1 Stunde

(4) Der in Abs. 3 angeführte jeweilige natürliche Pflegebedarf für das An- und Auskleiden, die Mobilitätshilfe im engeren Sinn, die tägliche Körperpflege, die Zubereitung von Mahlzeiten und für das Einnehmen von Mahlzeiten ist bei den in § 3 angeführten Zeitwerten bereits in Abzug gebracht worden.

Altersgrenzen

§ 2. Die in dieser Verordnung angeführten Altersgrenzen legen den Zeitpunkt der Selbständigkeit eines nicht behinderten Kinders oder Jugendlichen für einzelne Verrichtungen fest. Mit Erreichen des jeweils festgelegten Lebensalters ist anzunehmen, dass ein gleichaltriges nicht behindertes Kind oder ein gleichaltriger nicht behinderter Jugendlicher einzelne Verrichtungen ohne Hilfe durchführen kann.

Betreuung

§ 3. (1) Unter Betreuung sind alle in relativ kurzer Folge notwendigen Verrichtungen anderer Personen zu verstehen, die vornehmlich den persönlichen Lebensbereich betreffen und ohne die das pflegebedürftige Kind oder der pflegebedürftige Jugendliche der Verwahrlosung ausgesetzt wäre.

(2) Zu den in Abs. 1 genannten Verrichtungen zählen insbesondere solche beim An- und Auskleiden, bei der Körperpflege, der Zubereitung und Einnahme von Mahlzeiten, der Verrichtung der Notdurft, der Einnahme von Medikamenten und der Mobilitätshilfe im engeren Sinn.

(3) Bei der Feststellung des zeitlichen Betreuungsaufwandes ist ab oder bis zur Vollendung des folgenden Lebensalters oder altersunabhängig von folgenden – auf einen Tag bezogenen – Richtwerten auszugehen:

1.	a) An- und Auskleiden bei erschwerender Funktionseinschränkung bis zum vollendeten 5. Lebensjahr	2 x 10 Minuten
	b) An- und Auskleiden bei erschwerender Funktionseinschränkung ab dem vollendeten 5. Lebensjahr	2 x 30 Minuten
	c) An- und Auskleiden ab dem vollendeten 5. Lebensjahr	2 x 20 Minuten
	d) An- und Auskleiden der oberen oder der unteren Körperhälfte ab dem vollendeten 5. Lebensjahr	2 x 10 Minuten
2.	An- und Ausziehen orthopädischer Schuhe (altersunabhängig)	2 x 5 Minuten
3.	Reinigung bei Inkontinenz ab dem vollendeten 4. Lebensjahr	40 Minuten
4.	Reinigung nach Verrichtung der Notdurft ab dem vollendeten 4. Lebensjahr, wenn die Notdurft ansonsten selbständig verrichtet werden kann	10 Minuten
5.	Pflegemaßnahmen bei nächtlichem Einnässen ab dem vollendeten 4. Lebensjahr	10 Minuten
6.	Einnehmen von Medikamenten (altersunabhängig) (auch bei Sondenverabreichung)	6 Minuten
7.	Subcutaninjektionen (altersunabhängig)	10 Minuten
8.	Einnehmen von Medikamenten mittels Trockenpulverinhalator oder Dosieraerosol (altersunabhängig)	10 Minuten
9.	Katheter-Pflege (altersunabhängig)	10 Minuten
10.	Stoma-Pflege (altersunabhängig)	15 Minuten
11.	Kanülen- oder Sondenpflege (altersunabhängig)	10 Minuten
12.	Mobilitätshilfe im engeren Sinn:	
	a) Lagerungsmaßnahmen bei erschwerender Funktionseinschränkung bis zum vollendeten 18. Lebensmonat	1 Stunde
	b) Keine gezielte Fortbewegung durch Krabbeln/Rutschen/Robben ab dem vollendeten 12. Lebensmonat bis zum vollendeten 18. Lebensmonat möglich	20 Minuten
	c) Kein freies Gehen, aber gezielte Fortbewegung durch Krabbeln/Rutschen/Robben ab dem vollendeten 18. Lebensmonat möglich	30 Minuten
	d) Kein freies Gehen und kein Krabbeln/Rutschen/Robben ab dem vollendeten 18. Lebensmonat möglich	1 Stunde
	e) Lagerungsmaßnahmen bei erschwerender Funktionseinschränkung ab dem vollendeten 18. Lebensmonat	2 Stunden
	f) Unterstützung bei Bewegungsübergängen ab dem vollendeten 18. Lebensmonat bei selbständiger Fortbewegung innerhalb des Wohnraumes	20 Minuten
	g) Unterstützung bei der Bewältigung von Stufen innerhalb des Wohnraumes ab dem vollendeten 18. Lebensmonat	10 Minuten
	h) Handhabung von Prothesen oder Orthesen (altersunabhängig)	10 Minuten
13.	a) Sonstige Körperpflege bei erschwerender Funktionseinschränkung bis zum vollendeten 7. Lebensjahr	5 Minuten
	b) Sonstige Körperpflege bei erschwerender Funktionseinschränkung ab dem vollendeten 7. Lebensjahr	20 Minuten
	c) Sonstige Körperpflege ab dem vollendeten 7. Lebensjahr	10 Minuten

(4) Für die notwendige Hilfestellung bei der Intimhygiene bei Menstruation ist ein Richtwert von 3 Stunden pro Monat anzunehmen.

(5) Für die nachstehenden Pflegemaßnahmen werden folgende Richtwerte pro Verrichtung festgelegt:

1.	Feuchtinhalation (altersunabhängig)	10 Minuten pro Inhalation
2.	Mikroklistieren (altersunabhängig)	10 Minuten pro Verabreichung
3.	Einläufe oder Darmspülungen (altersunabhängig)	20 Minuten pro Anwendung
4.	Katheterisieren (altersunabhängig)	10 Minuten pro Anwendung

(6) Für die nachstehenden Verrichtungen werden folgende – auf einen Tag bezogene – zeitliche Mindestwerte festgelegt:

1.	a) Tägliche Körperpflege bei erschwerender Funktionseinschränkung bis zum vollendeten 7. Lebensjahr	2 x 10 Minuten
	b) Tägliche Körperpflege bei erschwerender Funktionseinschränkung ab dem vollendeten 7. Lebensjahr	2 x 35 Minuten
	c) Tägliche Körperpflege ab dem vollendeten 7. Lebensjahr	2 x 25 Minuten
2.	Mithilfe bei der Zubereitung von Mahlzeiten ab dem vollendeten 12. Lebensjahr	20 Minuten
3.	Zubereitung von Spezialdiäten (altersunabhängig)	1 Stunde
4.	a) Einnehmen von Mahlzeiten bei erschwerender Funktionseinschränkung bis zum vollendeten 3. Lebensjahr (auch bei Sondenernährung)	30 Minuten
	b) Einnehmen von Mahlzeiten bei erschwerender Funktionseinschränkung ab dem vollendeten 3. Lebensjahr (auch bei Sondenernährung)	90 Minuten
	c) Einnehmen von Mahlzeiten ab dem vollendeten 3. Lebensjahr (auch bei Sondenernährung)	1 Stunde
5.	Verrichtung der Notdurft ab dem vollendeten 4. Lebensjahr	1 Stunde

Abweichungen von diesen Zeitwerten sind nur dann zu berücksichtigen, wenn der tatsächliche Betreuungsaufwand diese Mindestwerte erheblich überschreitet. Bei einer erheblichen Unterschreitung sind diese Mindestwerte nicht mehr anzuwenden.

Hilfe

§ 4. (1) Unter Hilfe sind aufschiebbare Verrichtungen anderer Personen zu verstehen, die den sachlichen Lebensbereich betreffen und zur Sicherung der Existenz erforderlich sind.

(2) Hilfsverrichtungen sind

1. die Herbeischaffung von Nahrungsmitteln, Medikamenten und Bedarfsgütern des täglichen Lebens,
2. die Reinigung der Wohnung und der persönlichen Gebrauchsgegenstände,
3. die Pflege der Leib- und Bettwäsche,
4. die Beheizung des Wohnraumes einschließlich der Herbeischaffung von Heizmaterial und
5. die Mobilitätshilfe im weiteren Sinn.

(3) Für jede Hilfsverrichtung gemäß Abs. 2 kann ein – auf einen Monat bezogener – Zeitwert von bis zu 50 Stunden angenommen werden, wobei im Sinne des § 4 Abs. 7 Z 3 BPGG der gesamte Zeitaufwand für alle Hilfsverrichtungen mit insgesamt höchstens 50 Stunden pro Monat berücksichtigt werden kann. Der natürliche, alters- und entwicklungsabhängige Pflegeaufwand im Sinne des § 1 ist für jede Hilfsverrichtung – ausgenommen die Mobilitätshilfe im weiteren Sinn – bis zum vollendeten 15. Lebensjahr ein fixer Zeitwert von 10 Stunden pro Monat. Der natürliche, alters- und entwicklungsabhängige Pflegeaufwand im Sinne des § 1 für die Mobilitätshilfe im weiteren Sinn ist bis zum vollendeten 7. Lebensjahr ein fixer Zeitwert von 10 Stunden pro Monat.

Hörgeräte

§ 5. Für die notwendige Hilfestellung bei der Handhabung von Hörgeräten ist unabhängig vom Alter des Kindes oder Jugendlichen ein Richtwert von 20 Minuten pro Tag anzunehmen.

Beatmungs- und Absaugegeräte

§ 6. Für die notwendige Hilfestellung bei der Handhabung von Beatmungs- und Absaugegeräten sind unabhängig vom Alter des Kindes oder Jugendlichen folgende Richtwerte pro Verrichtung anzunehmen:

1.	Handhabung eines Beatmungsgerätes mit Kanüle	30 Minuten pro Verrichtung
2.	Handhabung eines Beatmungsgerätes mit Maske	15 Minuten pro Verrichtung
3.	Wechsel der Sauerstoffflasche	10 Minuten pro Verrichtung
4.	Handhabung von Absaugegeräten	5 Minuten pro Verrichtung

Richtwerte

§ 7. Abweichungen von den in dieser Verordnung angegebenen Richtwerten sind nur zu berücksichtigen, wenn der tatsächliche Pflegebedarf vom Richtwert um annähernd die Hälfte abweicht.

Erschwerniszuschlag

§ 8. Bei der Festsetzung des Pflegebedarfes sind für schwerst behinderte Kinder und Jugendliche unter den Voraussetzungen des § 4 Abs. 3 und 4 BPGG zusätzlich folgende auf einen Monat bezogene fixe Zeitwerte als Erschwerniszuschlag zu berücksichtigen:

1. bis zum vollendeten 7. Lebensjahr 50 Stunden
2. ab dem vollendeten 7. Lebensjahr bis zum vollendeten 15. Lebensjahr 75 Stunden.

Verweisungen

§ 9. Für die Beurteilung des Pflegebedarfs von Kindern und Jugendlichen sind die §§ 3 bis 7 Einstufungsverordnung zum Bundespflegegeldgesetz, BGBl. II Nr. 37/1999, zuletzt geändert durch BGBl. II Nr. 453/2011, anzuwenden.

Sachverständigengutachten

§ 10. Die Grundlage der Entscheidung über die Zuerkennung und Neubemessung von Pflegegeld bildet jedenfalls ein ärztliches Sachverständigengutachten und hierbei grundsätzlich von einem Facharzt für Kinder- und Jugendheilkunde, es sei denn, es befindet sich kein für die Begutachtung zur Verfügung stehender Facharzt für Kinder- und Jugendheilkunde in örtlicher Nähe zum zu begutachtenden Kind oder Jugendlichen. Für die Neubemessung von Pflegegeld kann auch ein Gutachten eines Angehörigen des gehobenen Dienstes für Gesundheits- und Krankenpflege, bevorzugt mit einer Ausbildung im Bereich der Kinder- und Jugendlichenpflege, die Entscheidungsgrundlage bilden. Erforderlichenfalls sind zur ganzheitlichen Beurteilung der Pflegesituation Personen aus anderen Bereichen, beispielsweise der Heil- und Sonderpädagogik, der Sozialarbeit, der Psychologie sowie der Psychotherapie beizuziehen.

Inkrafttreten

§ 11. (1) Diese Verordnung tritt mit 1. September 2016 in Kraft und ist bei Anträgen auf Zuerkennung oder auf Erhöhung von Pflegegeld, die ab dem 1. September 2016 einlangen, anzuwenden.

(2) Durch das Inkrafttreten dieser Verordnung kommt es unbeschadet des § 9 Abs. 4 BPGG bei gleich bleibendem Pflegebedarf zu keiner Änderung der Pflegegeldstufe.

Pflegefondsgesetz

Pflegefondsgesetz, BGBl I 2011/57 idF

1 BGBl I 2013/173 2 BGBl I 2017/22

GLIEDERUNG

„Bundesgesetz, mit dem ein Pflegefonds eingerichtet und ein Zweckzuschuss an die Länder zur Sicherung und zum bedarfsgerechten Aus- und Aufbau des Betreuungs- und Pflegedienstleistungsangebotes in der Langzeitpflege für die Jahre 2011 bis 2021 gewährt wird (Pflegefondsgesetz – PFG)“

Der Nationalrat hat beschlossen:

Einrichtung und Ziele des Pflegefonds

§ 1. (1) Zur Erreichung der Ziele gemäß Abs. 2 wird beim Bundesministerium für Arbeit, Soziales und Konsumentenschutz ein Verwaltungsfonds eingerichtet, der die Bezeichnung „Pflegefonds“ trägt. „Dieser wird vom Bundesminister/von der Bundesministerin für Arbeit, Soziales und Konsumentenschutz im Einvernehmen mit dem Bundesminister/der Bundesministerin für Finanzen verwaltet. Aus dem Pflegefonds werden Leistungen in Form von Zweckzuschüssen gemäß den §§ 12 und 13 des Finanz-Verfassungsgesetzes 1948 (F-VG 1948), BGBl. Nr. 45, erbracht.“

(BGBl I 2017/22)

(2) Mit der Gewährung der Zweckzuschüsse aus dem Pflegefonds unterstützt der Bund die Länder und Gemeinden im Bereich der Langzeitpflege

1. bei der Sicherung und Verbesserung der bedarfsgerechten Versorgung pflegebedürftiger Menschen und ihrer Angehörigen mit „bedarfsorientiert“[a)] und leistbaren Betreuungs- und Pflegedienstleistungen (§ 3) insbesondere mit dem Ziel, eine österreichweite Harmonisierung im Bereich der Dienstleistungen der Langzeitpflege zu erreichen;

   (BGBl I 2017/22)

[a)] Fallfehler ist wohl ein Redaktionsversehen.

2. bei der Sicherung sowie beim bedarfsgerechten Aus- und Aufbau ihres Betreuungs- und Pflegedienstleistungsangebotes (§ 3), dies unbeschadet der Kostentragungsregelung gemäß Art. 10 Abs. 2 der Vereinbarung zwischen Bund und Ländern nach Art. 15a B-VG über gemeinsame Maßnahmen des Bundes und der Länder für pflegebedürftige Personen, samt Anlagen, BGBl. Nr. 866/1993.

PFG

„Ausgabenpfad

§ 1a. (1) Unter Bezugnahme auf die Vereinbarung zwischen dem Bund, den Ländern und den Gemeinden über einen Österreichischen Stabilitätspakt 2012, BGBl. I Nr. 30/2013, wird im Bereich der Pflegesachleistungen ein verpflichtender Ausgabenpfad vorgesehen. Dieser schreibt einen Höchstwert von 4,6 % für die jährlichen prozentuellen Steigerungen der gesamten Bruttoausgaben aller Länder im Bereich der Sicherung sowie des Aus- und Aufbaus der Betreuungs- und Pflegedienstleistungen gemäß § 3 Abs. 1 und 2 vor.

(2) Die Zielerreichung wird vom Bundesministerium für Finanzen anhand der festgelegten Ausgabenhöchstwerte im Vergleich zu den Ergebnissen der Pflegedienstleistungsstatistik des jeweiligen Berichtsjahres überprüft.“

(BGBl I 2017/22)

„Mittelbereitstellung

§ 2. (1) Die Mittel des Pflegefonds werden durch einen Vorwegabzug vor der Verteilung der gemeinschaftlichen Bundesabgaben gemäß dem Finanzausgleichsgesetz 2017 (FAG 2017), BGBl. I Nr. 116/2016, aufgebracht.

(2) Der Pflegefonds wird den Ländern zur teilweisen Abdeckung der Ausgaben im Zusammenhang mit den Maßnahmen gemäß § 3 Abs. 1 und 2 in den Jahren 2011 bis 2021 jährlich einen Zweckzuschuss zur Verfügung stellen, und zwar

für das Jahr 2011 in der Höhe von 100 Millionen Euro,

für das Jahr 2012 in der Höhe von 150 Millionen Euro,

für das Jahr 2013 in der Höhe von 200 Millionen Euro,

für das Jahr 2014 in der Höhe von 235 Millionen Euro,

für das Jahr 2015 in der Höhe von 300 Millionen Euro,

für das Jahr 2016 in der Höhe von 350 Millionen Euro,

für das Jahr 2017 in der Höhe von 350 Millionen Euro,

für das Jahr 2018 in der Höhe von 366 Millionen Euro,

für das Jahr 2019 in der Höhe von 382 Millionen Euro,

für das Jahr 2020 in der Höhe von 399 Millionen Euro und

für das Jahr 2021 in der Höhe von 417 Millionen Euro.

(2a) Für die Erweiterung der Angebote der Hospiz- und Palliativbetreuung werden für die Dauer der Finanzausgleichsperiode 2017 – 2021 zusätzlich 18 Millionen Euro jährlich zweckgebunden zur Verfügung gestellt. Die Mittel hiefür werden zu gleichen Teilen von Bund, Ländern und den Trägern der Sozialversicherung aufgebracht. Voraussetzung für den Zweckzuschuss des Bundes in Höhe von maximal 6 Millionen Euro jährlich ist die Kostenbeteiligung durch die Träger der Sozialversicherung in der selben Höhe sowie die Abrechnung gemäß § 7 Abs. 3 zweiter Satz über die Mehrausgaben von zumindest 18 Millionen Euro jährlich.

(3) Die Verteilung des Zweckzuschusses auf die Länder (Abs. 2 und Abs. 2a) erfolgt nach dem gemäß dem FAG 2017 für das jeweilige Kalenderjahr ermittelten Schlüssel der Wohnbevölkerung. Die Länder sind im Sinne des § 13 F-VG 1948 verpflichtet, die Gemeinden mit Mitteln entsprechend dem Verhältnis zu ihren tatsächlich getragenen und nachgewiesenen Nettoausgaben für Pflegedienstleistungen in der Langzeitpflege je Kalenderjahr zu beteilen. Die Länder sind zur transparenten Zurverfügungstellung der an die Gemeinden, Städte, Sozialfonds und Sozialhilfeverbände zu leistenden Zweckzuschüsse bis spätestens zum Ablauf des auf die Auszahlung des Zweckzuschusses an die Länder gemäß § 6 Abs. 1 folgenden Kalendermonates verpflichtet.“

(BGBl I 2017/22)

„Versorgungsgrad, Richtversorgungsgrad

§ 2a. (1) Der Versorgungsgrad im Land ergibt sich bis zum Berichtsjahr 2016 aus dem Verhältnis der Anzahl der im Kalenderjahr im Rahmen der Betreuungs- und Pflegedienstleistungen gemäß § 3 Abs. 1 Z 1, 2, 3, 4 und 6 betreuten Personen im Land zuzüglich der Personen, denen bzw. deren Angehörigen Zuschüsse zum Zweck der Unterstützung der 24-Stunden-Betreuung gewährt werden, zur Anzahl der Personen mit Anspruch auf Pflegegeld gemäß dem Bundespflegegeldgesetz, BGBl. Nr. 110/1993, im Jahresdurchschnitt.

(2) Der Versorgungsgrad im Land ergibt sich ab dem Berichtsjahr 2017 aus dem Verhältnis der Anzahl der im Kalenderjahr im Rahmen der Betreuungs- und Pflegedienstleistungen gemäß § 3 Abs. 1 Z 1, 2, 3, 4, 6 und 7 betreuten Personen im Land zuzüglich der Personen, denen bzw. deren Angehörigen Zuschüsse zum Zweck der Unterstützung der 24-Stunden-Betreuung gewährt werden, zur Anzahl der Personen mit Anspruch auf Pflegegeld gemäß dem Bundespflegegeldgesetz, BGBl. Nr. 110/1993, im Jahresdurchschnitt.

(3) Der Richtversorgungsgrad ist ein Zielwert und wird für die Jahre 2011 bis 2013 mit 50 vH, für die Jahre 2014 bis 2016 mit 55 vH und für die Jahre 2017 bis 2021 mit 60 vH festgelegt.

(4) Die Ausgestaltung des Betreuungs- bzw. Beratungsangebotes obliegt dem jeweiligen Land und folgt den regionalen Erfordernissen.“

(BGBl I 2017/22)

Widmung des Zweckzuschusses

§ 3. (1) Der Zweckzuschuss gemäß § 2 Abs. 2 wird für die Sicherung sowie für den Aus- und Aufbau der Betreuungs- und Pflegedienstleistungen der Länder im Bereich der Langzeitpflege zum laufenden Betrieb gewährt und zwar für Angebote

1. an mobilen Betreuungs- und Pflegediensten;
2. an stationären Betreuungs- und Pflegediensten;
3. an teilstationärer Tagesbetreuung;
4. an Kurzzeitpflege in stationären Einrichtungen;
5. eines Case- und Caremanagements;
6. an alternativen Wohnformen„;“

„7. an mehrstündigen Alltagsbegleitungen und Entlastungsdiensten.“

(BGBl I 2017/22)

(BGBl I 2013/173)

(2) Weiters wird der Zweckzuschuss für begleitende qualitätssichernde Maßnahmen und für innovative Projekte gewährt.

(BGBl I 2013/173)

„(3) Unter

1. Sicherung im Sinne des Abs. 1 fällt die Gesamtheit der Betreuungs- und Pflegedienstleistungen gemäß Abs. 1 und 2, sofern der Versorgungsgrad gemäß § 2a Abs. 1 und ab dem Berichtsjahr 2017 gemäß § 2a Abs. 2 den Richtversorgungsgrad gemäß § 2a Abs. 3 erreicht oder überschreitet;
2. Aus- bzw. Aufbau im Sinne des Abs. 1 fällt die Gesamtheit der Betreuungs- und Pflegedienstleistungen gemäß Abs. 1 und 2, sofern der Versorgungsgrad gemäß § 2a Abs. 1 und ab dem Berichtsjahr 2017 gemäß § 2a Abs. 2 den Richtversorgungsgrad gemäß § 2a Abs. 3 unterschreitet.

Die gewährten Zweckzuschüsse gemäß § 2 Abs. 2 sind vorrangig für Maßnahmen zu verwenden, die nicht dem stationären Bereich gemäß Abs. 1 Z 2 zuzurechnen sind. Dies trifft bis zum Kalenderjahr 2016 zu, wenn die Versorgung in den Betreuungs- und Pflegedienstleistungen gemäß § 3 Abs. 1 Z 1, 3, 4, 5 und 6 im Land in den Kalenderjahren 2014 und 2016 über der Versorgung im Kalenderjahr 2011 liegt. Wird die Bedingung der Vorrangigkeit der nichtstationären Versorgung im Kalenderjahr 2016 in Bezug auf die Betreuungs- und Pflegedienstleistungen gemäß § 3 Abs. 1 Z 1, 3, 4, 5 und 6 nicht erfüllt, kommt § 7 Abs. 6 Z 2 zum Tragen. Ab dem Kalenderjahr 2017 trifft dies zu, wenn die Versorgung in den Betreuungs- und Pflegedienstleistungen gemäß § 3 Abs. 1 Z 1, 3, 4, 5, 6 und 7 im Land in den Kalenderjahren 2019 und 2021 über der Versorgung im Kalenderjahr 2017 liegt. Wird die Bedingung der Vorrangigkeit der nichtstationären Versorgung im Kalenderjahr 2021 in Bezug auf die Betreuungs- und Pflegedienstleistungen gemäß § 3 Abs. 1 Z 1, 3, 4, 5, 6 und 7 nicht erfüllt, kommt § 7 Abs. 7 Z 2 zum Tragen."

(BGBl I 2013/173, BGBl I 2017/22)

(4) Mobile Dienste im Sinne dieses Bundesgesetzes sind Angebote

1. sozialer Betreuung oder
2. Pflege oder
3. der Unterstützung bei der Haushaltsführung oder
4. der Hospiz- und Palliativbetreuung

(BGBl I 2013/173)

(5) Unter stationärer Pflege und Betreuung im Sinne dieses Bundesgesetzes wird die Erbringung von Hotelleistungen (Wohnung und Verpflegung) und Pflege- sowie Betreuungsleistungen (einschließlich tagesstrukturierende Leistungen) für betreuungs- bzw. pflegebedürftige Personen in eigens dafür errichteten Einrichtungen (einschließlich Hausgemeinschaften) mit durchgehender Präsenz von Betreuungs- und Pflegepersonal verstanden.

(6) Unter teilstationärer Betreuung im Sinne dieses Bundesgesetzes sind Angebote einer ganz oder zumindest halbtägigen betreuten Tagesstruktur für betreuungs- bzw. pflegebedürftige Menschen, die nicht in stationären Einrichtungen leben, zu verstehen. Sie wird in eigens dafür errichteten Einrichtungen oder Senioreneinrichtungen jedenfalls tagsüber erbracht.

(7) Im Rahmen der teilstationären Betreuung werden Pflege und soziale Betreuung, Verpflegung, Aktivierungsangebote und zumindest ein Therapieangebot bereit gestellt. Darüber hinaus kann der dafür notwendige Transport vom Wohnort zur Betreuungseinrichtung und zurück sicher gestellt werden.

(8) Unter Kurzzeitpflege in stationären Einrichtungen im Sinne dieses Bundesgesetzes sind Angebote

1. einer zeitlich bis zu drei Monaten befristeten Wohnunterbringung,
2. mit Verpflegung sowie
3. mit Betreuung und Pflege einschließlich einer (re)aktivierenden Betreuung und Pflege

zu verstehen.

(9) Unter Case- und Caremanagement im Sinne dieses Bundesgesetzes sind Angebote

1. der Sozial-, Betreuungs- und Pflegeplanung auf Basis einer individuellen Bedarfsfeststellung,
2. der Organisation der notwendigen Betreuungs- und Pflegedienste und
3. des Nahtstellenmanagements

zu verstehen.

Multiprofessionelle Teams können eingesetzt werden.

(10) Alternative Wohnformen im Sinne dieses Bundesgesetzes sind Einrichtungen für betreuungs- bzw. pflegebedürftige Personen, die aus sozialen, psychischen oder physischen Gründen nicht mehr alleine wohnen können oder wollen und keiner ständigen stationären Betreuung oder Pflege bedürfen.

„(11) Unter mehrstündigen Alltagsbegleitungen und Entlastungsdiensten im Sinne dieses Bundesgesetzes sind Angebote zur mehrstündigen Betreuung im häuslichen Umfeld der Klienten und Klientinnen zur Förderung und Aufrechterhaltung einer selbstbestimmten Lebensführung zu verstehen."

(BGBl I 2017/22)

„Harmonisierung des Dienstleistungsangebotes

§ 3a. (1) Für die Gewährung des Zweckzuschusses gelten ab dem Jahr 2018 die in Abs. 2 bis 8 vorgesehenen Bestimmungen.

(2) Die Länder haben dafür Sorge zu tragen, dass bei der Vorschreibung der Kostenbeiträge im Bereich der mobilen Betreuungs- und Pflegedienste gemäß § 3 Abs. 1 Z 1 soziale Aspekte berücksichtigt werden.

(3) Die Länder haben für eine für Klienten und Klientinnen transparente und nachvollziehbare Gestaltung der Regelungen zu Personalausstattung in stationären Einrichtungen gemäß § 3 Abs. 1 Z 2 sowie der Regelungen zu den Kostenbeiträgen im Bereich der stationären Einrichtungen gemäß § 3 Abs. 1 Z 2 und der mobilen Betreuungs- und Pflegedienste gemäß § 3 Abs. 1 Z 1 Sorge zu tragen.

(4) Im Rahmen der Personalplanung für stationäre Einrichtungen gemäß § 3 Abs. 1 Z 2 ist dafür Sorge zu tragen, dass während der Nachtstunden zumindest ein Mitarbeiter/eine Mitarbeiterin anwesend oder im Rahmen einer Rufbereitschaft verfügbar ist, der/die über eine Berufsausbildung der Pflegefachassistenz oder des gehobenen Dienstes der Gesundheits- und Krankenpflege im Sinne des Gesundheits- und Krankenpflegegesetzes (GuKG), BGBl. I Nr. 108/1997, verfügt.

(5) Die Länder haben dafür Sorge zu tragen, dass die Träger von stationären Einrichtungen gemäß § 3 Abs. 1 Z 2 sicherstellen, dass ihnen für die Leistungserbringung eine ausreichende Anzahl

an angestelltem, fachlich qualifizierten Personal der Berufsbilder sowohl der Gesundheits- und Krankenpflege im Sinne des GuKG als auch der Sozialbetreuungsberufe im Sinne der Vereinbarung gemäß Art. 15a B-VG zwischen dem Bund und den Ländern über Sozialbetreuungsberufe, BGBl. I Nr. 55/2005, entsprechend der Anzahl der Bewohner/innen sowie der Art und dem Ausmaß der diesen zu erbringenden Leistungen zur Verfügung steht.

(6) Die Länder haben darauf hinzuwirken, dass eine Aufnahme in stationäre Einrichtungen nach § 3 Abs. 1 Z 2 möglichst erst bei Vorliegen der Pflegegeldstufe 4 erfolgt. In allen anderen Fällen ist die pflegerische Notwendigkeit oder soziale Indikation vor Aufnahme gesondert zu prüfen.

(7) Die Länder haben darauf hinzuwirken, dass die stationären Einrichtungen gemäß § 3 Abs. 1 Z 2 über Qualitätssicherungssysteme verfügen, deren Anteil im Jahr 2021 einen Zielwert von mindestens 50 % erreicht.

(8) Bei der Versorgung von Menschen mit demenziellen Beeinträchtigungen ist auf die Anwendung evidenz-basierter pflegewissenschaftlicher Ergebnisse Bedacht zu nehmen.“

(BGBl I 2017/22)

„Planung und Berichtswesen

§ 4. (1) Die den Ländern gemäß § 2 Abs. 2 zufließenden Mittel sind für die in § 3 Abs. 1 und 2 angeführten Aufgaben zu verwenden. Die Verteilung der Mittel des Zweckzuschussanteiles eines Landes auf die Sicherung, den Aus- oder Aufbau der einzelnen Dienstleistungen bis zum Kalenderjahr 2016 gemäß § 3 Abs. 1 Z 1 bis 6 und ab dem Kalenderjahr 2017 gemäß § 3 Abs. 1 Z 1 bis 7 richtet sich primär nach den Erfordernissen sowie den in regionaler Zusammenarbeit mit den Städten, Gemeinden und sonstigen Sozialhilfeträgern zu erstellenden und dem Bundesministerium für Arbeit, Soziales und Konsumentenschutz alljährlich bis 31. Oktober für das Folgejahr, erstmals bis 31. Oktober 2011 für das Jahr 2012, vorzulegenden Sicherungs-, Aus- und Aufbauplänen der Länder.

(2) Für die Gewährung des Zweckzuschusses sind die Länder verpflichtet, Planungsunterlagen in Entsprechung der Anlage 2, die einen Zeitraum von zumindest fünf Jahren umfassen und die jährlich zu aktualisieren sind, dem Bundesministerium für Arbeit, Soziales und Konsumentenschutz für das Berichtsjahr 2018 bis 31. Oktober 2019 und für das Berichtsjahr 2020 bis 31. Oktober 2021, zu übermitteln.

(3) Ab dem Berichtsjahr 2018 haben die Länder jedes zweite Jahr in dem gemäß Art. 12 der Vereinbarung zwischen dem Bund und den Ländern gemäß Art. 15a B-VG über gemeinsame Maßnahmen des Bundes und der Länder für pflegebedürftige Personen zu erstellenden Jahresbericht des Arbeitskreises für Pflegevorsorge über die Ergebnisse der in Abs. 2 genannten Planungen, erstmalig im Österreichischen Pflegevorsorgebericht 2018, entsprechend den Vorgaben der Anlage 2 zu berichten.“

(BGBl I 2017/22)

Pflegedienstleistungsdatenbank und -statistiken

§ 5. (1) Die Bundesanstalt Statistik Österreich hat im Auftrag des Bundesministeriums für Arbeit, Soziales und Konsumentenschutz eine Pflegedienstleistungsdatenbank zum Zweck der Erstellung von Pflegedienstleistungsstatistiken und von weiterführenden statistischen Auswertungen einzurichten und ab 1. Juli 2012 zu führen. Die Erstellung der Pflegedienstleistungsstatistiken erfolgt durch die Bundesanstalt Statistik Österreich nach den Bestimmungen des Bundesstatistikgesetzes 2000, BGBl. I Nr. 163/1999 ~~in der Fassung des Bundesgesetzes BGBl. I Nr. 111/2010~~. Die Pflegedienstleistungsstatistiken sind in Form von Vergleichsstatistiken den jährlichen Abrechnungen gemäß § 7 zu Grunde zu legen.

(BGBl I 2013/173, BGBl I 2017/22)

„(2) Die Länder haben die ihr Bundesland betreffenden und für die Erstellung der Pflegedienstleistungsstatistiken erforderlichen Daten des Landes, der Gemeinden, ausgegliederter Rechtsträger und sonstiger Institutionen und Unternehmen sowie Vereine, die Pflegedienstleistungen erbringen (Leistungserbringer), jährlich ab dem Berichtsjahr 2011 bis spätestens 30. September des Folgejahres, erstmals bis 30. September 2012, der Pflegedienstleistungsdatenbank über eine von der Bundesanstalt Statistik Österreich hierfür eingerichtete Online-Applikation auf elektronischem Wege unentgeltlich zu übermitteln.“

(BGBl I 2017/22)

(3) Die Länder haben für jeden einzelnen Leistungserbringer aufgeschlüsselt nach den in § 3 Abs. 1 festgelegten Pflegedienstleistungsangeboten Daten, die die folgenden Sachverhalte betreffen, zu übermitteln:

1. Anzahl der betreuten Personen
2. Leistungseinheiten
3. Kostenarten
4. Anzahl der Betreuungs- und Pflegepersonen.

(4)„Der Bundesminister/Die Bundesministerin“ für Arbeit, Soziales und Konsumentenschutz kann im Einvernehmen mit „dem Bundesminister/der Bundesministerin“ für Finanzen zur Sicherstellung einer österreichweiten einheitlichen Darstellung der gemäß Abs. 3 zu übermittelnden und für weiterführende statistische Zwecke notwendigen Daten nach Anhörung der Länder mittels Verordnung detaillierte Bestimmungen zur Durchführung der Meldungen, den zu meldenden Erhebungsmerkmalen, Merkmalsausprägungen und den Meldeverpflichtungen festlegen.

(BGBl I 2017/22)

(5) Dem Bundesministerium für Arbeit, Soziales und Konsumentenschutz, dem Bundesministerium für Finanzen, den Ländern sowie dem Städte- und Gemeindebund ist von der Bundesan-

stalt Statistik Österreich auf Anfrage einmal im Kalenderjahr eine unentgeltliche statistische Auswertung aus der Pflegedienstleistungsdatenbank zu übermitteln. Darüber hinausgehende statistische Auswertungen sind der Bundesanstalt Statistik Österreich vom jeweiligen Auftraggeber gesondert abzugelten.

(6) Über das Berichtsjahr 2010 ist von der Bundesanstalt Statistik Österreich eine Pflegedienstleistungsstatistik auf der Grundlage der von den Ländern „dem Bundesminister/der Bundesministerin“ für Arbeit, Soziales und Konsumentenschutz gemäß der Vereinbarung zwischen dem Bund und den Ländern gemäß Art. 15a B-VG über gemeinsame Maßnahmen des Bundes und der Länder für pflegebedürftige Personen, samt Anlagen, BGBl. Nr. 866/1993, zu übermittelnden Daten zu erstellen. Die Länder sind verpflichtet, der Bundesanstalt Statistik Österreich die Daten entsprechend **Anlage 1** bis spätestens 30. September 2011 elektronisch, unentgeltlich und vollständig zu übermitteln.

(BGBl I 2017/22)

(7) Der Bundesanstalt Statistik Österreich ist der Aufwand für die gemäß § 5 erbrachten Leistungen aus Mitteln des Pflegefonds abzugelten. Dadurch verringert sich die Höhe der Zweckzuschüsse gemäß § 2 Abs. 2.

Zahlungen des Pflegefonds

§ 6. (1) Die Auszahlung der Zweckzuschüsse erfolgt in zwei gleich hohen Teilbeträgen jeweils im Mai und im November des jeweiligen Kalenderjahres. Der Zweckzuschuss für das Jahr 2011 wird nach Vorlage der Daten für das Jahr 2010 gemäß § 5 Abs. 6 zur Gänze im November 2011 zur Anweisung gebracht.

(2) Voraussetzung für die Auszahlung der jeweils zweiten Teilbeträge des Zweckzuschusses ist die vollständige Einspeisung der Daten gemäß § 5 Abs. 2 bis 4 in die Pflegedienstleistungsdatenbank.

„(3) Die Auszahlung aus dem Pflegefonds erfolgt durch den Bundesminister/die Bundesministerin für Arbeit, Soziales und Konsumentenschutz im Einvernehmen mit dem Bundesminister/der Bundesministerin für Finanzen. Bei der Auszahlung sind allfällige Rückzahlungsverpflichtungen (§ 7 Abs. 5 bis 7) aufzurechnen.“

(BGBl I 2013/173, BGBl I 2017/22)

Abrechnung der Zweckzuschüsse

§ 7. (1) Im Falle der Verwendung des Zweckzuschusses zur Sicherung gemäß § 3 Abs. 3 Z 1 hat das „Land“ die widmungsgemäße Verwendung mittels Erklärung über die Nettoausgaben und die sonstigen Ausgaben im Abrechnungszeitraum zu belegen.

(BGBl I 2017/22)

(2) Die Höhe der Nettoausgaben im Abrechnungszeitraum wird auf Grundlage der von der Statistik Österreich gemäß PDStV 2012 erstellten Pflegedienstleistungsstatistiken festgestellt. Die Höhe der sonstigen Ausgaben wird auf Grundlage der Meldungen der „Länder“ festgestellt.

(BGBl I 2017/22)

„(3) Im Falle der Verwendung des Zweckzuschusses zum Aus- oder Aufbau gemäß § 3 Abs. 3 Z 2 hat das Land die widmungsgemäße Verwendung mittels Erklärung über die Mehrausgaben im Abrechnungszeitraum zu belegen. Im Falle der Verwendung des Zweckzuschusses zur Erweiterung der Angebote der Hospiz- und Palliativbetreuung gemäß § 2 Abs. 2a hat das Land die widmungsgemäße Verwendung mittels Erklärung über die Mehrausgaben im Abrechnungszeitraum zu belegen.“

(BGBl I 2017/22)

(4) Die Mehrausgaben im Abrechnungszeitraum ergeben sich aus der Differenz der Ausgaben im Abrechnungszeitraum zu den Ausgaben im Jahr 2010.

(5) Die Erklärungen gemäß Abs. 1 und 3 über das vergangene Kalenderjahr hat jedes Land dem Bundesministerium für Arbeit, Soziales und Konsumentenschutz zur Abrechnung des Zweckzuschusses bis spätestens 30. September des Folgejahres, erstmals bis 30. September 2012, vorzulegen. Die Erklärung gemäß Abs. 3 zweiter Satz über das vergangene Kalenderjahr hat jedes Land dem Bundesministerium für Arbeit, Soziales und Konsumentenschutz zur Abrechnung des Zweckzuschusses bis spätestens 30. September des Folgejahres, erstmals bis 30. September 2018, vorzulegen. Für den Fall, dass die Erklärungen nicht vorgelegt werden oder der Bund noch ausständige Forderungen gegenüber einem Land hat, die im Zusammenhang mit der Langzeitpflege stehen, hat der Bund bis zu zwei Drittel des gewährten Zweckzuschusses mit künftig fälligen Teilbeträgen aufzurechnen oder zurückzufordern, sofern eine Nachfrist von vier Wochen ungenützt verstrichen ist.

(BGBl I 2017/22)

(6) Für den Fall, dass

1. die gemäß § 5 Abs. 2 und 3 zu übermittelnden Daten für das Jahr 2016 nicht bis 30. September 2017 übermittelt worden sind oder
2. die Bedingung der Vorrangigkeit der nichtstationären Versorgung gemäß § 3 Abs. 3 dritter Satz im Jahr 2016 nicht erfüllt ist,

sind die Zweckzuschussanteile für das Jahr 2016 unverzüglich an den Bund zurück zu erstatten.

(BGBl I 2017/22)

(7) Für den Fall, dass

1. die gemäß § 5 Abs. 2 und 3 zu übermittelnden Daten für das Jahr 2021 nicht bis 30. September 2022 übermittelt worden sind oder
2. die Bedingung der Vorrangigkeit der nichtstationären Versorgung gemäß § 3 Abs. 3 vorletzter Satz im Jahr 2021 nicht erfüllt ist,

sind die Zweckzuschussanteile für das Jahr 2021 unverzüglich an den Bund zurück zu erstatten.

(BGBl I 2013/173)

Evaluierung und Controlling

§ 8. (1) Der Bund hat das Recht, den Einsatz sowie die Auswirkung der Zweckzuschüsse einer Evaluierung zu unterziehen und die widmungsgemäße Verwendung der Zweckzuschüsse jederzeit zu überprüfen.

(2) Die Länder sind verpflichtet, den Bund bei der Ausübung seines Überprüfungsrechts nach Abs. 1 bestmöglich zu unterstützen.

„Verweisungen

§ 9. Soweit in diesem Bundesgesetz auf Bestimmungen anderer Bundesgesetze verwiesen wird, sind diese in ihrer jeweils geltenden Fassung anzuwenden."

(BGBl I 2017/22)

„Vollziehung

§ 10. (1) Mit der Vollziehung dieses Bundesgesetzes ist der Bundesminister/die Bundesministerin für Arbeit, Soziales und Konsumentenschutz, in Hinblick auf § 1 Abs. 1, § 5 Abs. 4 und § 6 Abs. 3 im Einvernehmen mit dem Bundesminister/der Bundesministerin für Finanzen, betraut.

(2) Mit der Vollziehung des § 1a dieses Bundesgesetzes ist der Bundesminister/die Bundesministerin für Finanzen betraut."

(BGBl I 2017/22)

„Inkrafttreten

§ 11. (1) Der Titel sowie die §§ 2 Abs. 2 erster Satz, 2a, 3 Abs. 1 bis 4, 4 erster Satz, 5 Abs. 1 letzter Satz, 6 Abs. 3 letzter Satz und 7 in der Fassung des Bundesgesetzes BGBl. I Nr. 173/2013 treten rückwirkend mit 30. Juli 2011 in Kraft.

„(2) Der Titel sowie § 1 Abs. 1 zweiter und dritter Satz und Abs. 2 Z 1, § 1a samt Überschrift, § 2 samt Überschrift, § 2a samt Überschrift, § 3 Abs. 1 Z 6 und 7, Abs. 3 und Abs. 11, § 3a samt Überschrift, § 4 samt Überschrift, § 5 Abs. 1 zweiter Satz, Abs. 4 erster Satz und Abs. 6 erster Satz, § 6 Abs. 3, § 7 Abs. 1 bis 3 und Abs. 5 bis 7, § 9 samt Überschrift, § 10 samt Überschrift sowie die Anlagen 1 und 2 in der Fassung des Bundesgesetzes BGBl. I Nr. 22/2017 treten mit 1. Jänner 2017 in Kraft."

(BGBl I 2017/22)

ANLAGE 1
KERNPRODUKTE DER LÄNDER FÜR DIE PFLEGE UND BETREUUNG 2017

PRODUKT	MESSEINHEIT	WERT	BETREUTE PERSONEN	BESCHÄFTIGTE PERSONEN (KÖPFE)	PERSONAL-EINHEITEN (VZÄ)	VOLL- BZW. BRUTTO-AUSGABEN	KOSTENBEITRÄGE DER PFLEGE-BEDÜRFTIGEN PERSONEN UND IHRER ANGEHÖRIGEN	REGRESSE	SONSTIGE EIN-NAHMEN	NETTOAUS-GABEN [1)]
MOBILE DIENSTE	Leistungs-stunden									
STATIONÄRE DIENSTE	Verrechnungs-tage									
TEILSTATIONÄRE DIENSTE	Besuchstage									
KURZZEITPFLEGE	Verrechnungs-tage									
ALTERNATIVE WOHNFORMEN	Plätze									
CASE- UND CARE-MANAGEMENT	Leistungs-stunden									
ALLTAGSBE-GLEITUNG UND ENTLASTUNGS-DIENSTE	Leistungs-stunden									

[1)] **Nettoausgaben:** Gesamtausgaben abzüglich Kostenbeiträge, Regresse und sonstige Einnahmen

PFG

ANLAGE 2
PLANUNGSUNTERLAGEN 2017

Seite 1

PRODUKT	MESSEINHEIT	IST 2018	PLAN 2019	IST 2019 *)	PLAN 2020	IST 2020 *)	PLAN 2021	IST 2021 *)	PLAN 2022	IST 2022 *)	PLAN 2023	IST 2023 *)
MOBILE DIENSTE	Leistungsstunden											
BETREUTE PERSONEN												
BESCHÄFTIGTE PERSONEN (KÖPFE)												
PERSONALEINHEITEN (VZÄ)												
STATIONÄRE DIENSTE	Verrechnungstage											
BETREUTE PERSONEN												
BESCHÄFTIGTE PERSONEN (KÖPFE)												
PERSONALEINHEITEN (VZÄ)												
TEILSTATIONÄRE DIENSTE	Besuchstage											
BETREUTE PERSONEN												
BESCHÄFTIGTE PERSONEN (KÖPFE)												
PERSONALEINHEITEN (VZÄ)												
KURZZEITPFLEGE	Verrechnungstage											
BETREUTE PERSONEN												
BESCHÄFTIGTE PERSONEN (KÖPFE)												
PERSONALEINHEITEN (VZÄ)												

Seite 2

PRODUKT	MESSEINHEIT	IST 2018	PLAN 2019	IST 2019 *)	PLAN 2020	IST 2020 *	PLAN 2021	IST 2021 *)	PLAN 2022	IST 2022 *)	PLAN 2023	IST 2023 *)
ALTERNATIVE WOHNFORMEN	Plätze											
BETREUTE PERSONEN												
BESCHÄFTIGTE PERSONEN (KÖPFE)												
PERSONALEINHEITEN (VZÄ)												
CASE- UND CARE-MANAGEMENT	Leistungsstunden											
BETREUTE PERSONEN												
BESCHÄFTIGTE PERSONEN (KÖPFE)												
PERSONALEINHEITEN (VZÄ)												
ALLTAGSBEGLEITUNG UND ENTLASTUNGS-DIENSTE	Leistungsstunden											
BETREUTE PERSONEN												
BESCHÄFTIGTE PERSONEN (KÖPFE)												
PERSONALEINHEITEN (VZÄ)												

***) In einem Textteil sind je Produkt die Begründungen für die nennenswerten Abweichungen im Vergleich zum Vorjahr anzugeben**

PFG

7. NEUGRÜNDUNGS-FÖRDERUNGSGESETZ

Inhaltsverzeichnis

Neugründungs-Förderungsgesetz

Neugründungs-Förderungsgesetz, BGBl I 1999/106 idF

1	BGBl I 2002/68	2	BGBl I 2002/111	3	BGBl I 2002/132
4	BGBl I 2004/180	5	BGBl I 2011/76	6	BGBl I 2012/112
7	BGBl I 2017/40				

GLIEDERUNG

Bundesgesetz, mit dem die Neugründung von Betrieben und die Übertragung von Klein- und Mittelbetrieben gefördert wird (Neugründungs-Förderungsgesetz — NeuFöG)

(BGBl I 2017/40)

Förderung der Neugründung

§ 1. Zur Förderung der Neugründung von Betrieben werden nach Maßgabe der §§ 2 bis 6 nicht erhoben:

1. Stempelgebühren und Bundesverwaltungsabgaben für die durch eine Neugründung unmittelbar veranlaßten Schriften und Amtshandlungen;
2. Grunderwerbsteuer für die Einbringung von Grundstücken auf gesellschaftsvertraglicher Grundlage unmittelbar im Zusammenhang mit der Neugründung der Gesellschaft, soweit Gesellschaftsrechte oder Anteile am Vermögen der Gesellschaft als Gegenleistung gewährt werden;
3. Gerichtsgebühren für die Eintragungen in das Firmenbuch (Tarifpost 10 Z I des Gerichtsgebührengesetzes) unmittelbar im Zusammenhang mit der Neugründung des Betriebes;
4. Gerichtsgebühren für die Eintragungen in das Grundbuch zum Erwerb des Eigentums (Tarifpost 9 lit. a und lit. b des Gerichtsgebührengesetzes) für die Einbringung von Grundstücken auf gesellschaftsvertraglicher Grundlage unmittelbar im Zusammenhang mit der Neugründung der Gesellschaft, soweit Gesellschaftsrechte oder Anteile am Vermögen der Gesellschaft als Gegenleistung gewährt werden;
5. Gesellschaftsteuer für den Erwerb von Gesellschaftsrechten unmittelbar im Zusammenhang mit der Neugründung der Gesellschaft durch den ersten Erwerber;
6. Börsenumsatzsteuer für die Einbringung von Wertpapieren auf gesellschaftsvertraglicher Grundlage unmittelbar im Zusammenhang mit der Neugründung der Gesellschaft, soweit Gesellschaftsrechte oder Anteile am Vermögen der Gesellschaft als Gegenleistung gewährt werden;
7. die für beschäftigte Arbeitnehmer (Dienstnehmer) anfallenden Dienstgeberbeiträge zum Familienlastenausgleichsfonds (§§ 41 ff des Familienlastenausgleichsgesetzes 1967), Wohnbauförderungsbeiträge des Dienstgebers oder Auftraggebers (§ 3 Abs. 2 des Bundesgesetzes über die Einhebung eines Wohnbauförderungsbeitrages), Beiträge zur gesetzlichen Unfallversicherung (§ 51 Abs. 1 Z 2, § 52 und § 53a des Allgemeinen Sozialversicherungsgesetzes) unbeschadet des Bestandes der Pflichtversicherung in der gesetzlichen Unfallversicherung sowie die in diesem Zeitraum für beschäftigte Arbeitnehmer anfallende Kammerumlage nach § 122 Abs. 7 und 8 des Wirtschaftskammergesetzes 1998 nach Maßgabe folgender Bestimmungen:
   - Die Begünstigung kann im Kalendermonat der Neugründung sowie in den folgenden 35 Kalendermonaten für beschäftigte Arbeitnehmer (Dienstnehmer) in Anspruch genommen werden.
   - Die Begünstigung besteht für den Kalendermonat, in dem erstmals ein Arbeitnehmer (Dienstnehmer) beschäftigt wird und die folgenden elf Kalendermonate. Erfolgt die erstmalige Beschäftigung vor der Neugründung, beginnt der Begünstigungszeitraum mit dem Kalendermonat der Neugründung.
   - Ab dem zwölften Kalendermonat, das dem Kalendermonat der Neugründung folgt, ist die Begünstigung nur noch für die ersten drei beschäftigten Arbeitnehmer (Dienstnehmer) anzuwenden.

   (BGBl I 2011/76)

NeuFöG

Begriff der Neugründung

§ 2. Die Neugründung eines Betriebes liegt unter folgenden Voraussetzungen vor:

1. Es wird durch Schaffung einer bisher nicht vorhandenen betrieblichen Struktur ein Betrieb neu eröffnet, der der Erzielung von Einkünften im Sinne des § 2 Abs. 3 Z 1 bis 3 des Einkommensteuergesetzes 1988 dient.
2. Die die Betriebsführung innerhalb von zwei Jahren nach der Neugründung beherrschende Person (Betriebsinhaber) hat sich bisher nicht in vergleichbarer Art beherrschend betrieblich betätigt.
3. Es liegt keine bloße Änderung der Rechtsform in Bezug auf einen bereits vorhandenen Betrieb vor.
4. Es liegt kein bloßer Wechsel in der Person des Betriebsinhabers in Bezug auf einen bereits vorhandenen Betrieb durch eine entgeltliche oder unentgeltliche Übertragung des Betriebes vor.
5. Es wird im Kalendermonat der Neugründung und in den folgenden elf Kalendermonaten die geschaffene betriebliche Struktur nicht durch Erweiterung um bereits bestehende andere Betriebe oder Teilbetriebe verändert.

Zeitpunkt der Neugründung

§ 3. Als Kalendermonat der Neugründung gilt jener, in dem der Betriebsinhaber erstmals werbend nach außen in Erscheinung tritt.

Erklärung der Neugründung

§ 4. Die Wirkungen nach § 1 treten unter den Voraussetzungen der Abs. 1 bis 4 ein.

(1) Die Wirkungen nach § 1 Z 1 bis 6 treten nur dann ein, wenn der Betriebsinhaber bei den in Betracht kommenden Behörden einen amtlichen Vordruck vorlegt, in dem die Neugründung erklärt wird. Auf dem amtlichen Vordruck sind zu erklären:

1. das Vorliegen der Voraussetzungen nach § 2,
2. der Kalendermonat nach § 3,

(2) Die Wirkungen nach § 1 Z 7 treten nur dann ein, wenn der Betriebsinhaber ein amtliches Formular im Sinne des Abs. 1 erstellt.

(3) Auf dem amtlichen Vordruck muß in den Fällen des Abs. 1 und 2 bestätigt sein, daß die Erklärung der Neugründung unter Inanspruchnahme der Beratung jener gesetzlichen Berufsvertretung, der der Betriebsinhaber zuzurechnen ist, erstellt worden ist. Betrifft die Neugründung ein freies Gewerbe, so hat die entsprechend dem vorhergehenden Satz zuständige gesetzliche Berufsvertretung auch zu bestätigen, dass der Betriebsinhaber über grundlegende unternehmerische Kenntnisse verfügt. Kann der Betriebsinhaber keiner gesetzlichen Berufsvertretung zugerechnet werden, ist eine Beratung durch die Sozialversicherungsanstalt der gewerblichen Wirtschaft oder durch die Wirtschaftskammer in Anspruch zu nehmen. Der Bundesminister für Finanzen ist ermächtigt, das Verfahren der Bestätigung sowie die Voraussetzungen, unter denen in Bagatellfällen ein solches Verfahren unterbleiben kann, mit Verordnung festzulegen.

(BGBl I 2002/111)

(4) Unbeschadet der Abs. 1 bis 3 kann der Betriebsinhaber die Erkärung über die Neugründung über das Unternehmensserviceportal alternativ auch elektronisch vornehmen, soweit die technischen Voraussetzungen gegeben sind. Die Beratung durch die Sozialversicherungsanstalt oder durch die Berufsvertretung gemäß Abs. 3 kann in diesen Fällen auch auf fernmündlichen Kommunikationswegen oder unter Verwendung technischer Einrichtungen zur Wort- und Bildübertragung erfolgen und ist durch den Betriebsinhaber zu bestätigen. Die Erklärung hat jedenfalls folgende Inhalte zu umfassen:

1. das Vorliegen der Voraussetzungen nach § 2,
2. den Kalendermonat nach § 3.

Die Wirkungen nach § 1 treten ein, wenn die in Betracht kommenden Behörden elektronischen Zugriff auf die elektronische Erklärung haben. Ein Ausdruck der Erklärung über das Unternehmensserviceportal ist elektronisch zu signieren und gilt als amtlicher Vordruck im Sinne des Abs. 1 und 2. Der Bundesminister für Finanzen ist ermächtigt, das elektronische Verfahren der Erklärung über das Unternehmensserviceportal sowie einer automatisierten Prüfung der Voraussetzungen mit Verordnung festzulegen.

(BGBl I 2017/40)

(5) Ist zwischen der gesetzlichen Berufsvertretung, der der Betriebsinhaber zuzurechnen ist, und den in Betracht kommenden Behörden ein ständiger Datenverkehr eingerichtet, können die Erklärungen gemäß § 4 Abs. 1 von der gesetzlichen Berufsvertretung an die in Betracht kommenden Behörden elektronisch übermittelt werden. In diesen Fällen entfällt die Verpflichtung zur Vorlage eines amtlichen Vordruckes. Der Bundesminister für Finanzen wird ermächtigt, den Inhalt und das Verfahren der elektronischen Erklärungsübermittlung im Einvernehmen mit dem Bundesminister für Justiz, dem Bundesminister für soziale Sicherheit, Generationen und Konsumentenschutz, dem Bundesminister für Wirtschaft und Arbeit und dem für die gesetzliche Berufsvertretung jeweils zuständigen Bundesminister festzulegen.

(BGBl I 2004/180)

Meldeverpflichtung

§ 5. Wird die Betriebsinhabervoraussetzung im Sinne des § 2 Z 2 nicht erfüllt oder wird der neugegründete Betrieb im Sinne des § 2 Z 5 erweitert, so entfällt nachträglich (rückwirkend) der Eintritt der Wirkungen des § 1. Der Betriebsinhaber ist verpflichtet, diesen Umstand allen vom Wegfall der Wirkungen betroffenen Behörden unverzüglich mitzuteilen.

(BGBl I 2004/180)

Betriebsübertragung

§ 5a. (1) Eine Betriebsübertragung liegt vor, wenn

1. bloß ein Wechsel in der Person des die Betriebsführung beherrschenden Betriebsinhabers in Bezug auf einen bereits vorhandenen Betrieb (Teilbetrieb) durch eine entgeltliche oder unentgeltliche Übertragung des Betriebes (Teilbetrieb) erfolgt (§ 2 Z 4) und
2. die die Betriebsführung innerhalb von zwei Jahren nach der Übertragung beherrschende Person (Betriebsinhaber) sich bisher nicht in vergleichbarer Art beherrschend betrieblich betätigt hat.

(BGBl I 2004/180)

(2) Für Betriebsübertragungen gilt Folgendes:

1. Die Bestimmungen des § 1 Z 1, 3 und 5 sowie der §§ 3, 4 und 7 sind sinngemäß anzuwenden.

   (BGBl I 2004/180)
2. Die Grunderwerbsteuer von steuerbaren Vorgängen, die mit einer Betriebsübertragung im Sinne des Abs. 1 in unmittelbarem Zusammenhang stehen, wird nicht erhoben, soweit der für die Steuerberechnung maßgebende Wert 75.000 Euro nicht übersteigt.
3. Der Eintritt der Wirkungen der Z 2 sowie des § 1 Z 1, 3 und 5 entfällt nachträglich (rückwirkend), wenn die Betriebsinhabervoraussetzung im Sinne des § 5a Abs. 1 Z 2 nicht erfüllt wird oder der Betriebsinhaber innerhalb von fünf Jahren nach der Übergabe den übernommenen Betrieb oder wesentliche Grundlagen davon entgeltlich oder unentgeltlich überträgt, betriebsfremden Zwecken zuführt oder wenn der Betrieb aufgegeben wird. Der Betriebsinhaber ist verpflichtet, diesen Umstand allen vom Wegfall der Wirkungen betroffenen Behörden unverzüglich mitzuteilen.

   (BGBl I 2004/180)

Zeitlicher Anwendungsbereich

§ 6. (1) Dieses Bundesgesetz ist anzuwenden auf

1. Neugründungen, die nach dem 1. Mai 1999 erfolgen;
2. Betriebsübertragungen, die nach dem 31. Dezember 2001 erfolgen.

(BGBl I 2002/68)

(2) § 5a Abs. 2 in der Fassung des Bundesgesetzes BGBl. I Nr. 132/2002 ist auf Betriebsübertragungen nach dem 31. Dezember 2001 anzuwenden.

(BGBl I 2002/132)

(3) § 4 Abs. 5 und § 7 Abs. 1 in der Fassung des Bundesgesetzes BGBl. I Nr. 180/2004 treten mit 1. Jänner 2005 in Kraft.

(4) § 5a Abs. 2 in der Fassung vor seiner Änderung durch das Bundesgesetz BGBl. I Nr. 180/2004 ist hinsichtlich der Gerichtsgebühren für die Eintragungen in das Grundbuch noch auf Betriebsübertragungen anzuwenden, bei denen die Grundbuchseintragung vor dem 1. November 2004 vorgenommen wird.

(BGBl I 2004/180)

(5) § 1 Z 7 in der Fassung des Bundesgesetzes BGBl. I Nr. 76/2011 ist für Neugründungen anzuwenden, die nach dem 31. Dezember 2011 erfolgen.

(BGBl I 2011/76)

(6) § 4 Abs. 1 in der Fassung des Bundesgesetzes BGBl. I Nr. 112/2012 tritt mit 1. Jänner 2013 in Kraft.

(BGBl I 2012/112, BGBl I 2017/40)

(7) § 4 Abs. 3 und 4 in der Fassung des Deregulierungsgesetzes 2017, BGBl. I Nr. 40/2017, tritt mit 31. Juli 2017 in Kraft.

(BGBl I 2017/40)

Amtshilfe

§ 7. (1) Die gesetzlichen Berufsvertretungen und die Sozialversicherungsanstalt der gewerblichen Wirtschaft sind verpflichtet, Abschriften der amtlichen Vordrucke, auf denen Bestätigungen im Sinne des § 4 angebracht worden sind, herzustellen und sieben Jahre ab Ende des Jahres, in dem die Bestätigung angebracht worden ist, aufzubewahren. Im Falle einer elektronischen Erklärungsübermittlung gemäß § 4 Abs. 5 sind die Daten bis zum Ablauf von sieben Jahren ab Ende des Jahres, in dem die Daten elektronisch übermittelt wurden, aufzubewahren. Die Aufbewahrung kann entweder in Form dauerhafter Wiedergaben der übermittelten Daten oder durch Speicherung der übermittelten Daten auf einem Datenträger erfolgen; eine Aufbewahrung auf Datenträgern ist nur zulässig, wenn die vollständige, geordnete und inhaltsgleiche Wiedergabe bis zum Ablauf der im zweiten Satz genannten Aufbewahrungsfrist jederzeit gewährleistet ist.

(BGBl I 2004/180)

(2) Die gesetzlichen Berufsvertretungen und die Sozialversicherungsanstalt der gewerblichen Wirtschaft sind verpflichtet, den für die Erhebung der in § 1 genannten Abgaben, Gebühren und Beiträge zuständigen Institutionen auf Verlangen Auskünfte zu erteilen, die zur Vollziehung dieses Gesetzes erforderlich sind.

(3) Die für die Erhebung der in § 1 genannten Abgaben, Gebühren und Beiträge zuständigen Institutionen sind berechtigt, den jeweils zuständigen Institutionen Umstände mitzuteilen, die dafür sprechen, daß die Voraussetzungen für eine geltend gemachte Befreiung nicht oder nicht mehr vorliegen.

Verwendung personenbezogener Bezeichnungen

§ 7a. Bei allen in diesem Gesetz verwendeten

personenbezogenen Bezeichnungen gilt die gewählte Form für beide Geschlechter.

(BGBl I 2004/180)

Vollziehung

§ 8. Mit der Vollziehung dieses Bundesgesetzes sind betraut

a) der Bundesminister für Finanzen, soweit die Gebühren nach dem Gebührengesetz, die Bundesverwaltungsabgaben, die Grunderwerbsteuer, die Gesellschaftsteuer und die Börsenumsatzsteuer betroffen sind,

b) der Bundesminister für Justiz im Einvernehmen mit dem Bundesminister für Finanzen, soweit die Gerichtsgebühren betroffen sind,

c) der Bundesminister für Umwelt, Jugend und Familie, soweit die Dienstgeberbeiträge zum Familienlastenausgleichsfonds betroffen sind,

d) der Bundesminister für Arbeit und Soziales, soweit die Wohnbauförderungsbeiträge des Dienstgebers oder Auftraggebers, die Beiträge zur gesetzlichen Unfallversicherung sowie die Mitwirkung im Sinne des § 4 betroffen sind,

e) der Bundesminister für wirtschaftliche Angelegenheiten, soweit die Kammerumlage sowie die Mitwirkung im Sinne des § 4 betroffen ist,

f) der für die gesetzliche Berufsvertretung jeweils zuständige Bundesminister, soweit die Mitwirkung im Sinne des § 4 betroffen ist, wenn sich keine Zuständigkeit aus lit. d oder e ergibt,

g) der Bundesminister für Finanzen in den übrigen Bereichen.

Verordnung zum Neugründungs-Förderungsgesetz betreffend Neugründungen (Neugründungs-Förderungsverordnung)

Neugründungs-Förderungsverordnung, BGBl II 1999/278 idF

1 BGBl II 2008/288 2 BGBl II 2015/390

GLIEDERUNG

„Verordnung des Bundesministers für Finanzen, des Bundesministers für Justiz, der Bundesministerin für Familien und Jugend, des Bundesministers für Arbeit, Soziales und Konsumentenschutz und des Bundesministers für Wissenschaft, Forschung und Wirtschaft zum Neugründungs-Förderungsgesetz betreffend Neugründungen (Neugründungs-Förderungsverordnung)“

(BGBl II 2015/390)

Der Nationalrat hat beschlossen:

Förderung der Neugründung

§ 1. (1) Schriften und Amtshandlungen sind im Sinne des § 1 Z 1 „NeuFöG“ unmittelbar durch eine Neugründung veranlaßt, wenn sie in einem konkreten Zusammenhang mit der Neugründung eines Betriebes (§ 2 „NeuFöG“) stehen. Fallen Schriften und Amtshandlungen im Zusammenhang mit allgemeinen persönlichen Qualifikationserfordernissen oder allgemeinen sachlichen Erfordernissen an, sind sie nicht unmittelbar durch die Neugründung veranlaßt, und zwar auch dann nicht, wenn sie im Vorfeld einer Neugründung erforderlich sind.

(BGBl II 2015/390)

(2) Gesellschaften im Sinne des § 1 Z 2 und 4 „NeuFöG“ sind Kapitalgesellschaften, „eingetragene Personengesellschaften“ sowie vergleichbare ausländische Gesellschaften und Europäische wirtschaftliche Interessenvereinigungen (EWIV), nicht aber Gesellschaften bürgerlichen Rechts.

(BGBl II 2015/390)

(3) Arbeitnehmer (Dienstnehmer) im Sinne des § 1 Z 7 „NeuFöG“ sind

— Arbeitnehmer im Sinne des § 47 Abs. 1 EStG 1988,

— Personen, die in § 4 Abs. 1 ASVG in der ab 1. Jänner 2000 geltenden Fassung genannt sind sowie

— Personen, die an Kapitalgesellschaften im Sinne des § 22 Z 2 EStG 1988 beteiligt sind.

(BGBl II 2015/390)

Begriff der Neugründung

§ 2. (1) Unter einem Betrieb im Sinne des § 2 Z 1 „NeuFöG“ ist die Zusammenfassung menschlicher Arbeitskraft und sachlicher Betriebsmittel in einer organisatorischen Einheit zu verstehen. Ein Betrieb wird neu eröffnet, wenn die für den konkreten Betrieb wesentlichen Betriebsgrundlagen neu geschaffen werden. Der Betrieb muß der Erzielung von Einkünften aus Land- und Forstwirtschaft, Einkünften aus selbständiger Arbeit (einschließlich Einkünften aus sonstiger selbständiger Arbeit) oder von Einkünften aus Gewerbebetrieb dienen. Keine Neugründung eines Betriebes liegt bei Aufnahme einer Betätigung im Sinne des § 1 Abs. 2 der Liebhabereiverordnung, BGBl. Nr. 33/1993, vor.

(BGBl II 2015/390)

(2) Betriebsinhaber ist die die Betriebsführung beherrschende natürliche oder juristische Person. Betriebsinhaber im Sinne des § 2 Z 2 „NeuFöG“ sind ungeachtet allfälliger gesellschaftsvertraglicher Sonderbestimmungen:

— Einzelunternehmer,

— persönlich haftende Gesellschafter von Personengesellschaften,

— nicht persönlich haftende Gesellschafter von Personengesellschaften, wenn sie entweder zu mindestens 50% am Vermögen der Gesellschaft beteiligt sind oder wenn sie zu mehr als 25% am Vermögen der Gesellschaft beteiligt und zusätzlich zur Geschäftsführung befugt sind,

— Gesellschafter von Kapitalgesellschaften, wenn sie entweder zu mindestens 50% am Vermögen der Gesellschaft beteiligt sind oder wenn sie zu mehr als 25% am Vermögen der Gesellschaft beteiligt und zusätzlich zur Geschäftsführung befugt sind.

(BGBl II 2015/390)

(3) Keine Neugründung liegt vor, wenn sich der Betriebsinhaber (Abs. 2) innerhalb der letzten „5“ Jahre vor dem Zeitpunkt der Neugründung als Betriebsinhaber (Abs. 2) eines Betriebes vergleichbarer Art betätigt hat. Vergleichbare Betriebe sind solche der selben Klasse im Sinne der Systematik der Wirtschaftstätigkeiten, „ÖNACE in der gelten-

den Fassung (herausgegeben von der Bundesanstalt Statistik Österreich)".

(BGBl II 2008/288, BGBl II 2015/390)

Zeitpunkt der Neugründung

§ 3. Der Betriebsinhaber tritt erstmals nach außen werbend in Erscheinung (Zeitpunkt der Neugründung), wenn die für den Betrieb typischen Leistungen am Markt angeboten werden.

Erklärung der Neugründung

„**§ 4.** (1) Die Wirkungen des § 1 Z 1 bis 6 NeuFöG treten nur dann ein, wenn der Betriebsinhaber bei den in Betracht kommenden Behörden den amtlichen Vordruck, in dem die Neugründung erklärt wird, vorlegt."

(BGBl II 2015/390)

(2) Auf dem amtlichen Vordruck muß bestätigt sein, daß die Erklärung der Neugründung unter Inanspruchnahme der Beratung jener gesetzlichen Berufsvertretung, der der Betriebsinhaber zuzurechnen ist, erstellt worden ist. Kann der Betriebsinhaber keiner gesetzlichen Berufsvertretung zugerechnet werden, ist eine Beratung durch die Sozialversicherungsanstalt der gewerblichen Wirtschaft in Anspruch zu nehmen.

(3) Die Bestätigung über die Beratung durch die Sozialversicherungsanstalt der gewerblichen Wirtschaft kann entfallen, wenn ausschließlich die Wirkungen des § 1 Z 1 „NeuFöG" eintreten.

(BGBl II 2015/390)

„Inkrafttreten

§ 5. § 2 Abs. 3 in der Fassung des BGBl. II Nr. 390/2015, tritt mit 1. Jänner 2016 in Kraft."

(BGBl II 2015/390)

KMU-Übertragungs-Förderungsverordnung

KMU-Übertragungs-Förderungsverordnung, BGBl II 2002/483 idF

1 BGBl II 2003/593 2 BGBl II 2008/287 3 BGBl II 2015/389

GLIEDERUNG

„Verordnung des Bundesministers für Finanzen und des Bundesministers für Justiz zum Neugründungs-Förderungsgesetz betreffend die Übertragung von Klein- und Mittelbetrieben (KMU-Übertragungs-Förderungsverordnung)“

(BGBl II 2015/389)

Der Nationalrat hat beschlossen:

Förderung der Übertragung

§ 1. (1) Schriften und Amtshandlungen sind im Sinne des § 1 Z 1 „NeuFöG“ unmittelbar durch eine Übertragung veranlasst, wenn sie in einem konkreten Zusammenhang mit der Übertragung eines Betriebes (§ 5a „NeuFöG“) stehen. Fallen Schriften und Amtshandlungen im Zusammenhang mit allgemeinen persönlichen Qualifikationserfordernissen oder allgemeinen sachlichen Erfordernissen an, sind sie nicht unmittelbar durch die Übertragung veranlasst, und zwar auch dann nicht, wenn sie im Vorfeld einer Übertragung erforderlich sind.

(BGBl II 2015/389)

(2) Gesellschaften im Sinne des § 1 Z 4 „NeuFöG“ sind Kapitalgesellschaften, Personengesellschaften des Handelsrechts, eingetragene Erwerbsgesellschaften sowie vergleichbare ausländische Gesellschaften und Europäische wirtschaftliche Interessenvereinigungen (EWIV), nicht aber Gesellschaften bürgerlichen Rechts.

(BGBl II 2015/389)

Begriff der Übertragung

§ 2. (1) Unter einem Betrieb im Sinne des § 5a „NeuFöG“ ist die Zusammenfassung menschlicher Arbeitskraft und sachlicher Betriebsmittel in einer organisatorischen Einheit zu verstehen. Ein Teilbetrieb im Sinne des § 5a „NeuFöG“ ist ein organisch geschlossener Betriebsteil eines Gesamtbetriebes, der mit einer gewissen Selbständigkeit gegenüber dem Gesamtbetrieb ausgestattet und eigenständig lebensfähig ist. Der (Teil-)Betrieb muss der Erzielung von Einkünften aus Land- und Forstwirtschaft, Einkünften aus selbständiger Arbeit (einschließlich Einkünften aus sonstiger selbständiger Arbeit) oder von Einkünften aus Gewerbebetrieb dienen.

(BGBl II 2015/389)

(2) Betriebsinhaber ist die die Betriebsführung beherrschende natürliche oder juristische Person. Betriebsinhaber im Sinne des § 5a „NeuFöG“ sind ungeachtet allfälliger gesellschaftsvertraglicher Sonderbestimmungen:

— Einzelunternehmer,
— persönlich haftende Gesellschafter von Personengesellschaften,
— nicht persönlich haftende Gesellschafter von Personengesellschaften, wenn sie entweder zu mindestens 50% am Vermögen der Gesellschaft beteiligt sind oder wenn sie zu mehr als 25% am Vermögen der Gesellschaft beteiligt und zusätzlich zur Geschäftsführung befugt sind,
— Gesellschafter von Kapitalgesellschaften, wenn sie entweder zu mindestens 50% am Vermögen der Gesellschaft beteiligt sind oder wenn sie zu mehr als 25% am Vermögen der Gesellschaft beteiligt und zusätzlich zur Geschäftsführung befugt sind.

(BGBl II 2015/389)

(3) Eine entgeltliche oder unentgeltliche (Teil-)Betriebsübertragung liegt vor, wenn ein bereits bestehender (Teil-)Betrieb als funktionsfähige Sachgesamtheit übernommen wird.

(4) Keine Betriebsübertragung im Sinne des § 5a Abs. 1 „NeuFöG“ liegt vor, wenn der neue Betriebsinhaber sich innerhalb der letzten „5“ Jahre vor dem Zeitpunkt der Übertragung als Betriebsinhaber eines Betriebes vergleichbarer Art betätigt hat. Vergleichbare Betriebe sind solche der selben Klasse im Sinne der Systematik der Wirtschaftstätigkeiten, „ÖNACE in der geltenden Fassung (herausgegeben von der Bundesanstalt Statistik Österreich)“.

(BGBl II 2008/287, BGBl II 2015/389)

Zeitpunkt der Übertragung

§ 3. Der neue Betriebsinhaber tritt erstmals nach außen werbend in Erscheinung, wenn die Betriebsführungsgewalt auf ihn übergegangen ist.

Erklärung der Übertragung

§ 4. (1) Ab „1. Jänner 2004“ treten die Wirkungen des § 1 Z 1 und Z 3 bis 5 sowie des § 5a Abs. 2 Z 2 „NeuFöG“ von vornherein ein, sofern der neue Betriebsinhaber bei den in Betracht kom-

NeuFöG

menden Behörden den amtlichen Vordruck über die Erklärung der Übertragung ~~(NeuFö 3)~~ vorlegt.

(BGBl II 2003/593, BGBl II 2015/389)

(2) Vor dem 1. September 2002 treten die Wirkungen des § 1 Z 1 und Z 3 bis 5 sowie des § 5a Abs. 2 Z 2 „NeuFöG" nachträglich (rückwirkend) ein. Die Abgaben und Gebühren sind in diesen Fällen bei nachträglicher Vorlage des amtlichen Vordrucks („NeuFöG") zu erstatten (zurückzuzahlen).

(BGBl II 2015/389)

(3) Von 1. September 2002 bis „31. Dezember 2003" treten die Wirkungen des § 1 Z 1 und Z 3 bis 5 sowie des § 5a Abs. 2 Z 2 „NeuFöG" wahlweise von vornherein (Abs. 1) oder nachträglich (Abs. 2) ein.

(BGBl II 2003/593, BGBl II 2015/389)

(4) Auf dem amtlichen Vordruck muss bestätigt sein, dass die Erklärung der Übertragung unter Inanspruchnahme der Beratung jener gesetzlichen Berufsvertretung, der der neue Betriebsinhaber zuzurechnen ist, erstellt worden ist. Betrifft die Übertragung ein freies Gewerbe, so hat die zuständige gesetzliche Berufsvertretung auch zu bestätigen, dass der neue Betriebsinhaber über grundlegende unternehmerische Kenntnisse verfügt. Kann der neue Betriebsinhaber keiner gesetzlichen Berufsvertretung zugerechnet werden, ist eine Beratung durch die Sozialversicherungsanstalt der gewerblichen Wirtschaft in Anspruch zu nehmen.

(5) Die Bestätigung über die Beratung durch die Sozialversicherungsanstalt der gewerblichen Wirtschaft kann entfallen, wenn ausschließlich die Wirkungen des § 1 Z 1 „NeuFöG" eintreten.

(BGBl II 2015/389)

„Inkrafttreten

§ 5. § 2 Abs. 4 in der Fassung des BGBl. II Nr. 389/2015, tritt mit 1. Jänner 2016 in Kraft."

(BGBl II 2015/389)

Verordnung betreffend die elektronische Übermittlung von Erklärungen

Verordnung betreffend die elektronische Übermittlung von Erklärungen gemäß § 4 NeuFöG, mit denen eine Neugründung oder eine Übertragung von Betrieben erklärt wird, BGBl II 2005/216 idF

1 BGBl II 2012/507

Verordnung des Bundesministers für Finanzen betreffend die elektronische Übermittlung von Erklärungen gemäß § 4 NeuFöG, mit denen eine Neugründung oder eine Übertragung von Betrieben erklärt wird

(BGBl II 2005/216)

Auf Grund § 4 Abs. 5 des Neugründungs-Förderungsgesetzes, BGBl. I Nr. 106/1999, in der Fassung des Bundesgesetzes BGBl. I Nr. 180/2004, wird im Einvernehmen mit dem Bundesminister für Justiz, dem Bundesminister für soziale Sicherheit, Generationen und Konsumentenschutz und dem Bundesminister für Wirtschaft und Arbeit verordnet:

§ 1. (1) Die elektronische Übermittlung von Erklärungen gemäß § 4 Abs. 1 NeuFöG, mit denen eine Neugründung oder eine Übertragung von Betrieben erklärt wird, ist nur dann zulässig, wenn zwischen der gesetzlichen Berufsvertretung, der der Betriebsinhaber zuzurechnen ist, und der in Betracht kommenden Behörde ein ständiger Datenverkehr eingerichtet ist.

(2) Die elektronische Übermittlung von Erklärungen gemäß § 4 Abs. 1 NeuFöG an Abgabenbehörden des Bundes ist nicht zulässig.

(3) Für die elektronische Übermittlung von Erklärungen gemäß § 4 Abs. 1 NeuFöG an Gerichte ist die Verordnung des Bundesministers für Justiz über den Elektronischen Rechtsverkehr (ERV 1995), BGBI. Nr. 559/1995, anzuwenden.

§ 2. (1) Die elektronische Übermittlung muss folgende Daten beinhalten:

1. Name bzw. Firmenbezeichnung und Anschrift des antragstellenden Betriebsinhabers,
2. bei natürlichen Personen Versicherungsnummer oder Geburtsdatum,
3. Bezeichnung und Anschrift der gesetzlichen Berufsvertretung, der der Betriebsinhaber zuzurechnen ist,
4. Erklärung, dass bei einer Neugründung des Betriebes die Voraussetzungen nach § 2 NeuFöG und bei einer Übertragung des Betriebes die Voraussetzungen nach § 5a Abs. 1 NeuFöG vorliegen,
5. voraussichtlicher Zeitpunkt der Neugründung oder Übertragung des Betriebes,
6. Bezeichnung und Anschrift der für die Nichterhebung einer Abgabe, Gebühr oder eines Beitrages nach § 1 Z 1 bis 6 NeuFöG in Betracht kommenden Behörde und
7. ~~Angabe jener Abgabe, Gebühr oder jenes Beitrages, bei denen die Wirkung nach § 1 Z 1 bis 6 NeuFöG eintreten soll.~~

(BGBl II 2012/507)

(2) Über die in Abs. 1 genannten Daten hinaus dürfen auf Grundlage dieser Verordnung keine weiteren personenbezogenen Daten übermittelt werden.

(3) Die elektronische Übermittlung der in Abs. 1 genannten Daten kann auch durch Übermittlung eines elektronischen Abbildes der vollständig ausgefüllten und unterschriebenen Erklärungen gemäß § 4 Abs. 1 NeuFöG erfolgen.

§ 3. Die Bestätigung gemäß § 4 Abs. 3 NeuFöG, dass die Erklärung der Neugründung oder (Teil)Betriebsübertragung unter Inanspruchnahme der Beratung jener gesetzlichen Berufsvertretung, der der Betriebsinhaber zuzurechnen ist, erstellt wurde, ist von dieser gesetzlichen Berufsvertretung in geeigneter Form festzuhalten. Die gesetzliche Berufsvertretung darf eine elektronische Übermittlung erst nach Inanspruchnahme der Beratung vornehmen.

§ 4. (1) Die Übermittlung der Daten kann in einer Sendung oder in mehreren Sendungen erfolgen.

(2) Werden Daten mehrfach übermittelt, sind die jeweils zuletzt übermittelten Daten maßgeblich.

§ 5. (1) Über jede erfolgreiche Sendung hat der Empfänger der gesetzlichen Berufsvertretung eine Empfangsbestätigung mit folgenden Angaben zu übermitteln:

1. Bezeichnung und Anschrift des Empfängers,
2. Name bzw. Firmenbezeichnung und Anschrift des antragstellenden Betriebsinhabers,
3. bei natürlichen Personen Versicherungsnummer oder Geburtsdatum,
4. Bezeichnung und Anschrift der gesetzlichen Berufsvertretung, der der Betriebsinhaber zuzurechnen ist,
5. ~~Angabe jener Abgabe, Gebühr oder jenes Beitrages, bei denen die Wirkung nach § 1 Z 1 bis 6 NeuFöG eintreten soll,~~

   (BGBl II 2012/507)
6. Datum und Uhrzeit der Übermittlung und
7. Anzahl der richtigen und fehlerhaften Meldungen.

(2) Die Empfangsbestätigung (Abs. 1) kann auch elektronisch übermittelt werden.

(3) Im Falle einer Übermittlung eines elektronischen Abbildes der vollständig ausgefüllten und unterschriebenen Erklärungen gemäß § 4 Abs. 1 NeuFöG (§ 2 Abs. 3) entfällt das Erfordernis der Übermittlung einer Empfangsbestätigung gemäß Abs. 1.

§ 6. Wird bei den übermittelten Daten ein Fehler festgestellt, so ist dies der gesetzlichen Berufsvertretung mitzuteilen.

§ 7. Diese Verordnung tritt am 1. Juli 2005 in Kraft.

8. In-vitro-Fertilisation-Fonds-Gesetz

Bundesgesetz, mit dem ein Fonds zur Finanzierung der In-vitro-Fertilisation eingerichtet wird (IVF-Fonds-Gesetz), BGBl I 1999/180 idF

1 BGBl I 2004/42 2 BGBl I 2010/3 3 BGBl I 2015/35
4 BGBl I 2018/37

GLIEDERUNG

180. Bundesgesetz, mit dem ein Fonds zur Finanzierung der In-vitro-Fertilisation eingerichtet wird (IVF-Fonds-Gesetz)

(BGBl I 1999/180)

Der Nationalrat hat beschlossen:

Gegenstand

§ 1. Der Bund trägt nach Maßgabe der folgenden Bestimmungen Kosten der In-vitro-Fertilisation (§ 1 Abs. 2 Z 2 bis 4 des Fortpflanzungsmedizingesetzes, BGBl. Nr. 275/1992).

Begriffsbestimmungen

§ 1a. (1) Als Paar im Sinne dieses Bundesgesetzes sind zwei in Ehe „ in eingetragener Partnerschaft“ oder in eheähnlicher Lebensgemeinschaft lebende Personen zu verstehen.

(BGBl I 2015/35)

(2) Eine im Sinne dieses Bundesgesetzes erfolgreich herbeigeführte Schwangerschaft besteht, wenn eine bildlich dokumentierte, der jeweiligen Schwangerschaftsdauer entsprechende, intakte Schwangerschaft frühestens ab der 5. Woche nach Embryotransfer nachgewiesen wird.

(BGBl I 2010/3)

(3) Der Beginn eines durch den Fonds mitfinanzierten Versuches ist die erstmalige Verordnung oder Verabreichung von Arzneimitteln „an die Frau“ im Zusammenhang mit der In-vitro-Fertilisation durch einen Vertragspartner des Fonds unter Beachtung des mit dem Fonds geschlossenen Vertrages.

(BGBl I 2015/35)

(4) Das Ende eines durch den Fonds mitfinanzierten Versuches ist der Nachweis

1. einer erfolgreich herbeigeführten Schwangerschaft gemäß Abs. 2,
   (BGBl I 2010/3)
2. des Endes einer Schwangerschaft vor diesem Zeitpunkt,
3. einer dokumentierten Eileiterschwangerschaft oder
4. einer nicht eingetretenen Schwangerschaft.

(BGBl I 2004/42)

IVF-Fonds

IVF-Fonds-G

§ 2. (1) Beim Bundesministerium für Gesundheit ist ein Fonds zur Mitfinanzierung der In-vitro-Fertilisation (im Folgenden kurz „Fonds“ genannt) einzurichten. Der Fonds hat Rechtspersönlichkeit und wird vom Bundesminister für Gesundheit im Einvernehmen mit dem Bundesminister für Wirtschaft, Familie und Jugend vertreten.

(BGBl I 2004/42, BGBl I 2010/3)

(2) Der Fonds hat bei Vorliegen der Voraussetzungen nach § 4 70% der Kosten der In-vitro-Fertilisation zu tragen, wenn diese in Vertragskrankenanstalten nach § 5 durchgeführt wird.

„(2a) Die Bundesministerin für Gesundheit kann im Einvernehmen mit der Bundesministerin für Familien und Jugend mittels Verordnung festlegen, für welche über Abs. 2 hinausgehende Leistungen seitens des IVF-Fonds pauschalierte Zuschüsse gewährt werden.“

(BGBl I 2015/35)

(3) Der Fonds hat für jedes Geschäftsjahr ~~einen Voranschlag und~~ einen Rechnungsabschluss, der jedenfalls aus einer Erfolgsrechnung und einer Schlussbilanz zum Ende des Jahres bestehen muss, ~~sowie einen Geschäftsbericht~~ zu verfassen und dem Bundesminister für Gesundheit sowie dem Bundesminister für Wirtschaft, Familie und Jugend vorzulegen. Geschäftsjahr ist das Kalenderjahr.

(BGBl I 2004/42, BGBl I 2010/3, BGBl I 2015/35)

(4) Der Fonds hat eine Geschäftsordnung zu beschließen, welche die Erfüllung der ihm übertragenen Aufgaben sicherstellt. Die Geschäftsordnung bedarf der Genehmigung durch den Bundesminister für Gesundheit im Einvernehmen mit dem Bundesminister für Wirtschaft, Familie und Jugend.

(BGBl I 2010/3)

Mittel des Fonds

§ 3. (1) Die Mittel des Fonds werden aufgebracht durch Überweisungen

1. aus dem Ausgleichsfonds für Familienbeihilfen,
2. der Krankenversicherungsträger,
3. der Krankenfürsorgeeinrichtungen,
4. des Verbands der Versicherungsunternehmen Österreichs und
5. mit deren Einverständnis sonstiger privater Versicherungsunternehmen.

(2) Die Mittel zur Kostentragung nach § 2 Abs. 2 sind

1. zu 50 % aus dem Ausgleichsfonds für Familienbeihilfen und
2. zu 50 % durch
   a) die Krankenversicherungsträger im Wege des Hauptverbandes der österreichischen Sozialversicherungsträger,
   b) die Krankenfürsorgeeinrichtungen,
   c) den Verband der Versicherungsunternehmen Österreichs oder
   d) mit deren Einverständnis sonstige private Versicherungsunternehmen

aufzubringen. Die Aufteilung der von den Krankenversicherungsträgern, den Krankenfürsorgeeinrichtungen und dem Verband der Versicherungsunternehmen Österreichs und sonstigen Versicherungsunternehmen aufzubringenden Mittel hat den jeweiligen Fällen, in denen eine Mitfinanzierung durch den Fonds erfolgt, zu entsprechen.

(3) Die Überweisung durch den Ausgleichsfonds für Familienbeihilfen, die Krankenversicherungsträger, die Krankenfürsorgeeinrichtungen, den Verband der Versicherungsunternehmen Österreichs und sonstige Versicherungsunternehmen hat innerhalb von vier Wochen nach Antragstellung durch den Fonds zu erfolgen. Der Antrag hat den Nachweis über die Angemessenheit der an den Fonds zu überweisenden Beträge und über die Fälligkeit zu enthalten.

(4) Der Fonds hat ausgeglichen zu gebaren. Seine Mittel sind derart anzulegen, dass sie zur Deckung des Aufwands jederzeit herangezogen werden können.

(BGBl I 2004/42)

Anspruchsvoraussetzungen

§ 4. (1) Ein Anspruch auf Kostentragung nach § 2 Abs. 2 besteht

1. bei Sterilität der Frau
   a) tubaren,
   b) durch Endometriose bedingten oder
   c) durch polyzystisches Ovar bedingten

   Ursprungs oder
2. bei Sterilität des Mannes.

(2) Der Anspruch auf Kostentragung nach § 2 Abs. 2 und 2a besteht für höchstens vier Versuche pro Paar. Sofern einer dieser Versuche erfolgreich beendet und eine Schwangerschaft im Sinne des § 1a Abs. 2 herbeigeführt wurde, besteht ab diesem Versuch ein Anspruch auf Kostentragung nach § 2 Abs. 2 und 2a für vier weitere Versuche. Gleiches gilt, wenn eine Schwangerschaft durch einen nicht fondsfinanzierten Versuch herbeigeführt wurde, sofern das Paar eindeutig nachweist, dass die Schwangerschaft durch eine IVF-Methode zustande kam.

(BGBl I 2015/35)

(3) Der Anspruch auf Kostentragung nach § 2 Abs. 2 und 2a besteht nicht, wenn die Sterilität die beabsichtigte Folge eines von der Frau bzw. vom Mann gewünschten Eingriffs ist.

(BGBl I 2015/35)

(4) Voraussetzung für den Anspruch auf Kostentragung nach § 2 Abs. 2 und 2a ist weiters, dass zum Zeitpunkt des Beginns eines Versuchs einer In-vitro-Fertilisation

1. die Frau, die beabsichtigt das Kind auszutragen, das 40. Lebensjahr und der Mann bzw. die eingetragene Partnerin oder Lebensgefährtin der Frau, die beabsichtigt das Kind auszutragen, das 50. Lebensjahr noch nicht vollendet haben und

   (BGBl I 2010/3, BGBl I 2015/35)
2. im Krankheitsfall sowohl für die Frau als auch den Mann die Leistungszuständigkeit
   a) der gesetzlichen Krankenversicherung,
   b) einer Krankenfürsorgeeinrichtung,
   c) einer auf Grund einer Ausnahme gemäß § 5 Gewerbliches Sozialversicherungsgesetz, BGBl. Nr. 560/1978, durch einen Gruppenvertrag abgeschlossenen privaten Krankenversicherung oder
   d) eines sonstigen privaten Versicherungsunternehmens und dessen Einverständnis zur Übernahme der anteilsmäßigen Kosten gemäß § 3 Abs. 2

      (BGBl I 2010/3)

   vorliegt; „und“

   (BGBl I 2010/3)

   (BGBl I 2018/37)
3. bei Personen, die nicht österreichische Staatsbürger sind, die Voraussetzungen des § 3 Abs. 1 Familienlastenausgleichsgesetz 1967, BGBl. Nr. 376, erfüllt sind.

   (BGBl I 2010/3)

„3. zumindest ein Partner des Paares den Hauptwohnsitz in Österreich hat.“

(BGBl I 2010/3, BGBl I 2018/37)

(BGBl I 2015/35)

(4a) Ein Anspruch auf Kostentragung nach § 2 Abs. 2 und 2a besteht für

1. Österreichische Staatsbürger/innen,
2. Staatsbürger/innen eines EWR-Mitgliedstaates,
3. Staatsbürger/innen der Schweizerischen Eidgenossenschaft,
4. Personen, die als Angehörige von freizügigkeitsberechtigten Staatsangehörigen eines EWR-Vertragsstaates oder der Schweizerischen Eidgenossenschaft über ein unionsrechtliches Aufenthaltsrecht gemäß §§ 54 oder 54a Niederlassungs- und Aufenthaltsgesetz (NAG), BGBl. I Nr. 100/2005, verfügen,
5. Personen, die über Aufenthaltstitel gemäß § 8 Abs. 1 Z 1, 2, 3, 7 oder 8 Niederlassungs- und Aufenthaltsgesetz (NAG) verfügen,
6. Personen, die über eine „Aufenthaltsberechtigung plus“ gemäß § 55 Abs. 1 und § 56 Abs. 1 Asylgesetz 2005, BGBl. I Nr. 100/2005, verfügen und
7. Asylberechtigte gemäß § 3 Asylgesetz 2005„ die über ein dauerndes Einreise- und Aufenthaltsrecht verfügen“.

(BGBl I 2018/37)

(BGBl I 2010/3, BGBl I 2015/35)

(5) Die Kostentragung nach § 2 Abs. 2 und 2a setzt weiters voraus, dass der Träger der Krankenanstalt

1. eine Zulassung nach § 5 Abs. 2 Fortpflanzungsmedizingesetz besitzt,
2. über einen rechtsgültigen Vertrag mit dem Fonds (§ 5) verfügt und
3. einen Behandlungsvertrag mit den in Abs. 4 und Abs. 4a genannten Personen geschlossen hat, dem zumindest eine der in Abs. 1 genannten Anspruchsvoraussetzungen zu Grunde liegt.

(BGBl I 2015/35)

(BGBl I 2015/35)

(6) Stellen ~~private Versicherungsunternehmen~~„Versicherungsunternehmen gemäß § 4 Abs. 4 Z 2“ keine Einverständniserklärung ~~gemäß Abs. 4 Z 2 lit. d~~„zur Kostenübernahme“ aus, so kann – sofern alle anderen Anspruchsvoraussetzungen gemäß Abs. 1 bis 4a für beide Partner des Paares vorliegen – dieser Anteil nach Prüfung und Zustimmung durch den Fonds vom Paar übernommen werden.

(BGBl I 2010/3, BGBl I 2018/37)

(BGBl I 2004/42)

Vertragskrankenanstalten; Qualitätssicherung

§ 5. (1) Der Hauptverband der österreichischen Sozialversicherungsträger schließt für den Fonds mit Trägern von Krankenanstalten, die In-vitro-Fertilisationen durchführen, Verträge ab. Durch diese Verträge wird die Berechtigung zur Durchführung der In-vitro-Fertilisationen unter Kostentragung des Fonds (§ 2 Abs. 2 „und 2a“) begründet. Sie bedürfen zu ihrer Rechtsgültigkeit der Zustimmung des Fonds.

(BGBl I 2015/35)

(2) Die Verträge nach Abs. 1 haben bundeseinheitlich zu sein und zumindest folgenden Inhalt aufzuweisen:

1. Leistungsumfang und Honorierung;
2. Dokumentation;
3. Rechte und Pflichten der Vertragspartner;
4. Maßnahmen der Qualitätssicherung;
5. Modalitäten der Rechnungslegung;
6. Modalitäten der Kündigung.

(3) Ein Vertrag nach Abs. 1 setzt voraus, dass der Träger der Krankenanstalt

1. eine Zulassung nach § 5 Abs. 2 Fortpflanzungsmedizingesetz besitzt,
2. entsprechend dem Tätigkeitsumfang eine Meldung als Entnahmeeinrichtung erstattet hat (§ 19 Gewebesicherheitsgesetz – GSG, BGBl. I Nr. 49/2008) und eine Bewilligung gemäß § 22 GSG besitzt und
3. in Erfüllung der sich aus den Grundsätzen und anerkannten Methoden der medizinischen Wissenschaft und Erfahrung ergebenden Anforderungen insbesondere kontinuierlich spezifische Maßnahmen der Qualitätssicherung durchführt.

Dabei ist im Sinn einer qualitätsgesicherten Durchführung von Maßnahmen nach § 1 Abs. 2 Z 2 bis 4 des Fortpflanzungsmedizingesetzes insbesondere auf die Relation von erreichten Schwangerschaften pro durchgeführten Zyklen sowie die Zahl von Zyklen zu achten. ~~Überdies ist beim Abschluß von Verträgen auf eine ausreichende Versorgung Bedacht zu nehmen.~~

(BGBl I 2010/3, BGBl I 2015/35)

(4) Das Bundesministerium für Arbeit, Gesundheit und Soziales hat in Zusammenarbeit mit den einschlägigen Fachgesellschaften für „umfassende Maßnahmen zur“ Qualitätssicherung auf dem Gebiet der In-vitro-Fertilisation zu sorgen.

(BGBl I 2015/35)

(5) Bei Wegfall von Voraussetzungen nach Abs. 2 oder nach Abs. 3 ist der Fonds verpflichtet, den Vertrag zu kündigen.

Arzneimittel

§ 5a. (1) Vertragsanstalten (§ 5) sind, auch wenn sie nicht über eine Anstaltsapotheke verfügen, berechtigt,

1. die für die Durchführung der IVF-Behandlung erforderlichen Arzneimittel vom Hersteller, Depositeur oder Arzneimittel-Großhändler zu beziehen,

2. im Rahmen des Arzneimittelvorrates (§ 20 Krankenanstalten- und Kuranstaltengesetz, BGBl. Nr. 1/1957, und die auf Grund dieses Bundesgesetzes ergangenen Ausführungsgesetze der Länder) diese Arzneimittel vorrätig zu halten und
3. diese Arzneimittel an die Fonds-Patientinnen abzugeben.

(2) Hersteller, Depositeure oder Arzneimittel-Großhändler sind berechtigt, die für die Durchführung der IVF-Behandlung erforderlichen Arzneimittel an Vertragskrankenanstalten abzugeben, auch wenn diese nicht über eine Anstaltsapotheke verfügen.

(BGBl I 2010/3)

Meldepflicht

§ 5b. (1) Die Patienten/-innen sind verpflichtet, der Vertragskrankenanstalt (§ 5), die den Fonds-Versuch durchgeführt hat, das Ergebnis eines Versuchs sowie eine allfällige Geburt jeweils binnen drei Monaten zu melden.

(2) Unterbleibt die Meldung gemäß Abs. 1, hat der Fonds die anteilsmäßig bezahlten Kosten von den Patienten/-innen zurückzufordern.

(BGBl I 2010/3)

„Auskunftspflicht

§ 5c. Die Vertragskrankenanstalten haben die vom IVF-Fonds übernommenen Leistungen und Tarife in einer für die Paare leicht ersichtlichen Form zugänglich zu machen."

(BGBl I 2015/35)

Rechtsschutz

§ 6. (1) Über die Ablehnung der Kostentragung nach § 2 Abs. 2 „und 2a" hat der Fonds unter Anwendung des Allgemeinen Verwaltungsverfahrensgesetzes 1991, BGBl. Nr. 51, einen Bescheid zu erlassen, wenn der (die) Anspruchswerber(in) dies ausdrücklich verlangt.

(BGBl I 2015/35)

(2) Streitigkeiten über die Ablehnung einer Kostentragung nach § 2 Abs. 2 „und 2a" gelten als Sozialrechtssachen im Sinne des § 65 des Arbeits- und Sozialgerichtsgesetzes, BGBl. Nr. 104/1985.

(BGBl I 2015/35)

Befreiung von Abgaben, Stempel- und Rechtsgebühren

§ 6a. (1) Der Fonds ist von allen Abgaben mit Ausnahme der Gerichts- und Justizverwaltungsgebühren befreit.

(2) Die vom Fonds ausgestellten Schriften, die von ihm abgeschlossenen Rechtsgeschäfte und die an ihn gerichteten Eingaben sind von den Stempel- und Rechtsgebühren befreit.

(BGBl I 2004/42)

Register

§ 7. (1) Der Fonds hat

1. ein öffentliches Verzeichnis über Namen und Anschrift der Vertragskrankenanstalten (§ 5) und
2. ein nichtöffentliches Register gemäß Abs. 3

automationsunterstützt zu führen.

(2) Das Register wird gemäß § 4 Abs. 1 Z 8 Bundesgesetz über die Gesundheit Österreich GmbH (GÖGG), BGBl. I Nr. 132/2006, von der Gesundheit Österreich GmbH (Geschäftsbereich ÖBIG) im Auftrag des Fonds geführt. „Für die Führung des Registers ist der Fonds Verantwortlicher im Sinne des Art. 4 Z 7 und die Gesundheit Österreich GmbH Auftragsverarbeiter im Sinne des Art. 4 Z 8 der Verordnung (EU) 2016/679 zum Schutz natürlicher Personen bei der Verarbeitung personenbezogener Daten, zum freien Datenverkehr und zur Aufhebung der Richtlinie 95/46/EG (Datenschutz-Grundverordnung), ABl. Nr. L 119 vom 4.5.2016 S. 1 (im Folgenden: DSGVO)."

(BGBl I 2018/37)

(3) Das nichtöffentliche Register hat folgende Daten zu enthalten:

1. Namen, Sozialversicherungsnummern und Krankenversicherungsträger des Paares,
2. die für die Behandlung erforderlichen Befunde einschließlich Behandlungsbeginn, Medikation, Behandlungsverlauf,
3. Erfolg/Ergebnis der Versuche und
4. Anzahl der pro Paar in den jeweiligen Vertragskrankenanstalten durchgeführten IVF-Versuche, für die eine Kostentragung nach diesem Bundesgesetz erfolgte.

(4) Die im Register gemäß Abs. 3 gespeicherten Daten dienen dem Fonds ausschließlich

1. zur Ab- bzw. Verrechnung des Fonds,
2. zur Überprüfung der Anspruchsvoraussetzungen (§ 4) auf Kostentragung nach § 2 Abs. 2,
3. als Grundlage für Qualitätssicherung und -kontrolle auf dem Gebiet der In-vitro-Fertilisation und
4. der Kontrolle der in den mit den Krankenanstalten nach § 5 abgeschlossenen Verträgen festgelegten Leistungen.

Für Zwecke der Qualitätssicherung und -kontrolle auf dem Gebiet der In-vitro-Fertilisation dürfen Daten nur ~~indirekt personenbezogen~~„pseudonymisiert" verarbeitet werden.

(BGBl I 2018/37)

(5) Die Vertragskrankenanstalten sind verpflichtet, die zur Erfüllung der in Abs. 4 genannten Zwecke erforderlichen Daten gemäß Abs. 3 der von ihnen behandelten Personen der Gesundheit Österreich GmbH online über eine gesicherte Datenverbindung zu übermitteln.

(6) Auf Grund der Meldungen gemäß Abs. 5 hat die Gesundheit Österreich GmbH zumindest einmal jährlich eine Datenauswertung zu erstellen, für die der Personenbezug zu beseitigen ist.

(7) Die Erteilung der Zugriffsberechtigungen an die Vertragskrankenanstalten und an den Fonds ist durch die Gesundheit Österreich GmbH nachvollziehbar zu dokumentieren. Zugriffsberechtigt auf das Register sind ausschließlich autorisierte Mitarbeiter/innen des Bundesministeriums für Gesundheit und der Gesundheit Österreich GmbH auf Daten gemäß Abs. 3 sowie die Vertragskrankenanstalten auf die von ihnen gemäß Abs. 5 übermittelten Daten.

(8) Die Gesundheit Österreich GmbH hat sicherzustellen, dass personenbezogene Daten gelöscht werden, sofern sie für die in Abs. 4 genannten Zwecke nicht mehr erforderlich sind, und den Bundesminister für Gesundheit über die getroffenen Maßnahmen zu informieren.

(9) § 15a Abs. 4, 7, 8, 11, 12 und 13 GÖGG ist anzuwenden.

„(10) Hinsichtlich der Verarbeitung personenbezogener Daten gemäß Abs. 3 bis 5 sowie § 7b Abs. 2 Z 1 und Abs. 3 sind die Rechte und Pflichten gemäß Art. 13, 14, 18 und 21 DSGVO ausgeschlossen.

(11) Werden Daten gemäß Abs. 3 zu wissenschaftlichen oder historischen Forschungszwecken oder statistischen Zwecken weiterverarbeitet, hat die Weiterverarbeitung in pseudonymisierter Form zu erfolgen, wenn auf diese Weise die Zwecke erreicht werden können. Soweit der Personenbezug für die Verwirklichung des Zwecks unerlässlich ist, können die Rechte der Betroffenen gemäß Art. 15, 16, 18 und 21 DSGVO vom Verantwortlichen insofern ausgeschlossen werden, als diese Rechte die Verwirklichung der spezifischen Zwecke unmöglich machen oder ernsthaft beeinträchtigen würden.“

(BGBl I 2018/37)

(BGBl I 2004/42, BGBl I 2010/3)

Übertragung von Aufgaben

§ 7a. Der Fonds ist ermächtigt, externe Organisationen mit der Wahrnehmung administrativer Aufgaben zu betrauen.

(BGBl I 2004/42)

Verschwiegenheitspflicht

§ 7b. (1) Die Organe und das gesamte Personal des IVF-Fonds, die Mitarbeiter/innen der vom IVF-Fonds gemäß § 7a betrauten Organisationen, die Mitarbeiter/innen der die Mittel des Fonds aufbringenden Organisationen sowie sämtliche in irgendeiner Form an einer In-vitro-Fertilisation beteiligte Personen sind, soweit sie nicht schon nach anderen gesetzlichen Vorschriften zur Verschwiegenheit verpflichtet sind, zur Geheimhaltung aller ihnen aus ihrer Tätigkeit bekannt gewordenen Tatsachen verpflichtet. Die Verschwiegenheitspflicht erstreckt sich insbesondere auf alle den Gesundheitszustand und die Fortpflanzungsfähigkeit betreffenden Umstände sowie auf die persönlichen, wirtschaftlichen und sonstigen Verhältnisse des eine Unterstützung des IVF-Fonds beantragenden bzw. in Anspruch nehmenden Paares, die ihnen in Ausübung ihres Berufes bekannt geworden sind.

(2) Die Verschwiegenheitspflicht besteht nicht, wenn

1. Mitteilungen an die Sozialversicherungsträger, die Krankenfürsorgeanstalten, den Familienlastenausgleichsfonds, den Verband der Versicherungsunternehmen Österreichs, sonstige Versicherungsunternehmen sowie an die gemäß § 7a betrauten Organisationen in dem Umfang, als sie für die Empfänger/innen zur Wahrnehmung der ihnen übertragenen Aufgaben eine wesentliche Voraussetzung bilden, erforderlich sind,
2. das durch die Offenbarung des Geheimnisses bedrohte Paar die Auskunft gebende Person von der Geheimhaltung entbunden hat oder
3. die Offenbarung des Geheimnisses nach Art und Inhalt zum Schutz höherwertiger Interessen der öffentlichen Gesundheitspflege oder der Rechtspflege unbedingt erforderlich ist.

(3) Die Verschwiegenheitspflicht besteht auch insoweit nicht, als die für die Honorar- oder Arzneimittelabrechnung gegenüber den Krankenversicherungsträgern, IVF-Zentren und Apotheken erforderlichen Unterlagen zum Zweck der Abrechnung, auch im automationsunterstützten Verfahren, Dienstleistungsunternehmen überlassen werden.

(4) Wer der Verschwiegenheitspflicht nach Abs. 1 bis 3 zuwiderhandelt, begeht, sofern die Tat nicht den Tatbestand einer in die Zuständigkeit der Gerichte fallenden strafbaren Handlung bildet, eine Verwaltungsübertretung und ist mit einer Geldstrafe bis zu 5000 Euro zu bestrafen.

(BGBl I 2004/42)

Verweisungen

§ 8. Soweit in diesem Bundesgesetz auf Bestimmungen anderer Bundesgesetze verwiesen wird, sind diese in der jeweils geltenden Fassung anzuwenden.

Vollziehung

§ 9. Mit der Vollziehung dieses Bundesgesetzes ist

1. hinsichtlich des § 6 Abs. 2 der Bundesminister für Justiz,
2. hinsichtlich des § 6a der Bundesminister für Finanzen,
3. hinsichtlich der §§ 2 und 3 der Bundesminister für Gesundheit und Frauen im Einvernehmen mit dem Bundesminister für soziale Sicherheit, Generationen und Konsumentenschutz,
4. im Übrigen der Bundesminister für Gesundheit und Frauen

betraut.

(BGBl I 2004/42)

Übergangsbestimmung

§ 9a. „(1)" § 4 Abs. 6 ist auf jene Versuche anzuwenden, die nach dem Zeitpunkt des Inkrafttretens dieses Bundesgesetzes begonnen werden.

(BGBl I 2018/37)

„(2) § 4 Abs. 4, 4a Z 7 und 6 in der Fassung vor der Novelle BGBl. I Nr. 37/2018 ist auf jene Versuche anzuwenden, die bis 30. September 2018 begonnen werden."

(BGBl I 2018/37)

(BGBl I 2010/3)

Inkrafttreten

§ 10. „(1)" Dieses Bundesgesetz tritt mit 1. Jänner 2000 in Kraft.

(BGBl I 2018/37)

„(2) § 7 Abs. 2, 4, 10 und 11 in der Fassung des 2. Materien-Datenschutz-Anpassungsgesetzes, BGBl. I Nr. 37/2018, tritt mit 25. Mai 2018 in Kraft.

(3) § 4 Abs. 4 Z 2 und 3, Abs. 4a Z 7 sowie Abs. 6 in der Fassung des 2. Materien-Datenschutz-Anpassungsgesetzes, BGBl. I Nr. 37/2018, tritt mit 1. Oktober 2018 in Kraft."

(BGBl I 2018/37)

9. BETRIEBLICHES MITARBEITER- UND SELBSTÄNDIGENVORSORGEGESETZ

Inhaltsverzeichnis

Betriebliches Mitarbeiter- und Selbständigenvorsorgegesetz

Betriebliches Mitarbeiter- und Selbständigenvorsorgegesetz, BGBl I 2002/100 idF

1	BGBl I 2002/158	2	BGBl I 2003/80	3	BGBl I 2003/135
4	BGBl I 2004/143	5	BGBl I 2004/161	6	BGBl I 2005/8
7	BGBl I 2005/36	8	BGBl I 2005/37	9	BGBl I 2006/48
10	BGBl I 2006/134	11	BGBl I 2006/141	12	BGBl I 2007/102
13	BGBl I 2009/12	14	BGBl I 2009/116	15	BGBl I 2009/135
16	BGBl I 2009/147	17	BGBl I 2009/152	18	BGBl I 2010/72
19	BGBl I 2010/92	20	BGBl I 2011/77	21	BGBl I 2012/35
22	BGBl I 2013/4	23	BGBl I 2013/67	24	BGBl I 2013/135
25	BGBl I 2013/138	26	BGBl I 2013/184	27	BGBl I 2014/42
28	BGBl I 2015/34	29	BGBl I 2015/79	30	BGBl I 2016/44
31	BGBl I 2016/73	32	BGBl I 2016/118	33	BGBl I 2017/30
34	BGBl I 2017/36	35	BGBl I 2017/107	36	BGBl I 2018/100
37	BGBl I 2019/25	38	BGBl I 2019/62		

Betriebliches Mitarbeiter- und Selbständigenvorsorgegesetz – BMSVG

(BGBl I 2017/36)

Der Nationalrat hat beschlossen:

Inhaltsverzeichnis

(BGBl I 2007/102, BGBl I 2009/147, BGBl I 2014/42, BGBl I 2016/73)

1. Teil
Mitarbeitervorsorge

(BGBl I 2007/102)

1. Abschnitt
Allgemeine Bestimmungen

Geltungsbereich

§ 1. (1) Die Bestimmungen des 1., 2. und 3. Teiles gelten für Arbeitsverhältnisse, die auf einem privatrechtlichen Vertrag beruhen.

(1a) Die Bestimmungen des 1. und 2. Teiles und § 48 Abs. 1 gelten für freie Dienstverhältnisse im Sinne des § 4 Abs. 4 des Allgemeinen Sozialversicherungsgesetzes (ASVG), BGBl. Nr. 189/1955, für freie Dienstverhältnisse von geringfügig beschäftigten Personen (§ 5 Abs. 2 ASVG) sowie für freie Dienstverhältnisse von Vorstandsmitgliedern im Sinne des § 4 Abs. 1 Z 6 ASVG, die auf einem privatrechtlichen Vertrag beruhen mit der Maßgabe, dass

1. an die Stelle der Begriffe „Arbeitgeber“, „Arbeitnehmer“ und „Arbeitsverhältnis“ die Begriffe „Dienstgeber“, „freier Dienstnehmer“ und „freies Dienstverhältnis“ in der richtigen grammatikalischen Form treten,
2. die §§ 6 Abs. 4, 7 Abs. 6 und 6a, 9 Abs. 2 4. bis 6. Satz, Abs. 3 und 4, 10 Abs. 2 und 3, 14 Abs. 2 Z 4 letzter Satz nicht anzuwenden sind,
3. für freie Dienstnehmer, welchen das Entgelt für längere Zeiträume als einen Monat gebührt, das monatliche Entgelt im Hinblick auf die Berechnung der fiktiven Bemessungsgrundlage nach § 7 Abs. 3 oder 4 nach § 44 Abs. 8 ASVG zu berechnen ist.

(2) Ausgenommen sind Arbeitsverhältnisse und freie Dienstverhältnisse

1. zu Ländern, Gemeinden und Gemeindeverbänden;
2. der land- und forstwirtschaftlichen Arbeiter im Sinne des Landarbeitsgesetzes 1984, BGBl. Nr. 287;
3. zum Bund, auf die dienstrechtliche Vorschriften anzuwenden sind, die den Inhalt der Arbeitsverhältnisse zwingend regeln;
4. zu Stiftungen, Anstalten, Fonds oder sonstigen Einrichtungen, auf die das Vertragsbedienstetengesetz 1948 (VBG), BGBl. Nr. 86, gemäß § 1 Abs. 2 VBG oder auf Grund sonstiger gesetzlicher Bestimmungen anzuwenden ist;
5. die dem Kollektivvertrag gemäß § 13 Abs. 6 des Bundesforstegesetzes 1996, BGBl. Nr. 793, unterliegen.

(BGBl I 2007/102)

§ 2. Für Arbeitsverhältnisse, die dem Bauarbeiter-Urlaubs- und Abfertigungsgesetz (BUAG), BGBl. Nr. 414/1972, unterliegen, gelten die Bestimmungen des 1. Teiles sowie §§ 46, 48 und 49 dieses Bundesgesetzes nach Maßgabe der Bestimmungen des BUAG.

Begriffsbestimmungen

§ 3. Im Sinne dieses Bundesgesetzes sind:

1. Altabfertigungsanwartschaft:

   fiktive Abfertigung nach dem Angestelltengesetz, BGBl. Nr. 292/1921, dem Arbeiter-Abfertigungsgesetz, BGBl. Nr. 107/1979, und dem Gutsangestelltengesetz, BGBl. Nr. 538/1923, dem § 32 Abs. 5 und 6 ORF-Gesetz, BGBl. I Nr. 83/2001, fiktive Abfertigungen der Angestellten der Österreichischen Bundesbahnen, auf deren Dienstverhältnisse die allgemeinen Vertragsbedingungen für Dienstverträge bei den Österreichischen Bundesbahnen (AVB) zur Anwendung kommen, sowie fiktives außerordentliches Entgelt nach dem Hausgehilfen- und Hausangestelltengesetz, BGBl. Nr. 235/1962, zum Zeitpunkt des Übertritts nach § 47;
2. Anwartschaftsberechtigter:

   der Arbeitnehmer, für den Beiträge nach §§ 6 oder 7 an die Betriebliche Vorsorgekasse (BV-Kasse) zu leisten sind oder waren oder für den Übertragungsbeträge nach § 47 gezahlt wurden;

   (BGBl I 2007/102)
3. Abfertigungsanwartschaft:

   die in einer BV-Kasse verwalteten Ansprüche eines Anwartschaftsberechtigten; diese setzen sich zusammen aus

   – den in diese BV-Kasse eingezahlten Abfertigungsbeiträgen abzüglich der einbehaltenen Verwaltungskosten und/oder einer allenfalls in diese BV-Kasse übertragenen Altabfertigungsanwartschaft abzüglich der jeweils einbehaltenen Verwaltungskosten zuzüglich
   – allfälliger der BV-Kasse zugeflossener Verzugszinsen für Abfertigungsbeiträge und/oder für eine Altabfertigungsanwartschaft zuzüglich
   – der allenfalls aus einer anderen BV-Kasse in diese BV-Kasse übertragenen Abfertigungsanwartschaft zuzüglich
   – der zugewiesenen Veranlagungsergebnisse.

   (BGBl I 2007/102)

Sprachliche Gleichbehandlung

§ 4. Bei allen personenbezogenen Bezeichnungen gilt die gewählte Form für beide Geschlechter.

Verweisungen

§ 5. Soweit in diesem Bundesgesetz auf andere Bundesgesetze verwiesen wird, sind diese in der jeweils geltenden Fassung anzuwenden.

2. Abschnitt
Beitragsrecht

Beginn und Höhe der Beitragszahlung

§ 6. (1) Der Arbeitgeber hat für den Arbeitnehmer ab dem Beginn des Arbeitsverhältnisses einen laufenden Beitrag in Höhe von 1,53 vH des monatlichen Entgelts sowie allfälliger Sonderzahlungen an den für den Arbeitnehmer zuständigen Träger der Krankenversicherung nach Maßgabe des § 58 Abs. 1 bis 6 des Allgemeinen Sozialversicherungsgesetzes (ASVG), BGBl. Nr. 189/1955, zur Weiterleitung an die BV-Kasse zu überweisen, sofern das Arbeitsverhältnis länger als einen Monat dauert. Der erste Monat ist jedenfalls beitragsfrei. Wird innerhalb eines Zeitraumes von zwölf Monaten ab dem Ende eines Arbeitsverhältnisses mit dem selben Arbeitgeber erneut ein Arbeitsverhältnis geschlossen, setzt die Beitragspflicht mit dem ersten Tag dieses Arbeitsverhältnisses ein.

(1a) Der Arbeitnehmer hat für die Dauer einer mit einem Rechtsträger nach § 8 Abs. 1 des Zivildienstgesetzes 1986 (ZDG), BGBl. Nr. 679/1986, abgeschlossenen Vereinbarung nach § 7a ZDG gegen diesen als Arbeitgeber, allenfalls nach § 7 Abs. 5 und 6 gegen den Familienlastenausgleichsfonds (FLAF) Anspruch auf eine Beitragsleistung nach diesem Bundesgesetz an die vom Rechtsträger ausgewählte BV-Kasse.

(BGBl I 2007/102)

(1b) Die monatliche Bemessungsgrundlage ist mit der monatlichen Beitragsgrundlagenmeldung gemäß § 34 Abs. 2 ASVG vom/von der Arbeitgeber/in an den zuständigen Träger der Krankenversicherung zu melden. Der Beginn der Beitragszahlung ist vom/von der Arbeitgeber/in mit der Anmeldung zur Sozialversicherung gemäß § 33 Abs. 1a ASVG bekanntzugeben, das Ende der Beitragszahlung mit der Abmeldung des Arbeitnehmers/der Arbeitnehmerin von der Sozialversicherung. Für die Meldungen zur Betrieblichen Vorsorge sind die Bestimmungen der §§ 33 und 34 ASVG sinngemäß anzuwenden.

(BGBl I 2015/79)

(2) Für die Eintreibung nicht rechtzeitig entrichteter Beiträge und allfälliger Verzugszinsen sind die §§ 59, 62, 64 und 409 bis 417a ASVG anzuwenden. Weiters sind die §§ 65 bis 68 und 69 ASVG anzuwenden. Der zuständige Träger der Krankenversicherung hat die Einhaltung der Melde- und Beitragspflichten durch den Arbeitgeber im Zuge der Sozialversicherungsprüfung gemäß § 41a ASVG zu prüfen.

(BGBl I 2005/36, BGBl I 2010/92)

(2a) Der/Die Arbeitgeber/in hat abweichend von Abs. 1 die Wahlmöglichkeit, die Abfertigungsbeiträge aus geringfügigen Beschäftigungsverhältnissen gemäß § 5 Abs. 2 ASVG entweder monatlich oder jährlich zu überweisen. Eine Vereinbarung nach § 58 Abs. 8 ASVG gilt automatisch auch als Vereinbarung für die Beiträge zur Betrieblichen Vorsorge. Bei einer jährlichen Zahlungsweise sind zusätzlich 2,5 vH. vom zu leistenden Beitrag gleichzeitig mit diesem Betrag an den zuständigen Träger der Krankenversicherung zu überweisen. Die Fälligkeit der Beiträge ergibt sich aus § 58 ASVG. Abweichend davon sind bei einer jährlichen Zahlungsweise die Abfertigungsbeiträge bei einer Beendigung des Arbeitsverhältnisses bis zum 15. des Folgemonats zu entrichten, in den die Beendigung des Arbeitsverhältnisses fällt. Eine Änderung der Zahlungsweise ist nur zum Ende des Kalenderjahres zulässig. Der/Die Arbeitgeber/in hat eine Änderung der Zahlungsweise dem zuständigen Träger der Krankenversicherung vor dem Beitragszeitraum, für den die Änderung der Zahlungsweise vorgenommen wird, zu melden.

(BGBl I 2005/36, BGBl I 2007/102, BGBl I 2015/79)

(3) Sind nach einer Sozialversicherungsprüfung gemäß § 41a ASVG vom Arbeitgeber noch Beiträge zu leisten, sind diese Beiträge samt Verzugszinsen an die BV-Kasse weiterzuleiten, wobei § 63 ASVG mit der Maßgabe anzuwenden ist, dass an Stelle der Wortfolge „Träger der Unfall- und Pensionsversicherung“ der Begriff „BV-Kasse“ tritt. Sind vom Arbeitgeber (Bund) noch Beiträge nach dem BMSVG für bereits vergangene Beitragszeiträume samt Verzugszinsen aus einem bereits beendeten Arbeitsverhältnis aufgrund eines rechtskräftigen Gerichtsurteils oder eines gerichtlichen Vergleiches (§ 204 der Zivilprozessordnung, RGBl. Nr. 113/1895) zu leisten, sind diese Beiträge samt Verzugszinsen als Abfertigung direkt an den Arbeitnehmer auszuzahlen.

(BGBl I 2002/158, BGBl I 2007/102)

(4) Für die Dauer der Inanspruchnahme der Altersteilzeit nach § 27 des Arbeitslosenversicherungsgesetzes (AlVG), BGBl. Nr. 609/1977, der Teilpension nach § 27a AlVG, der Bildungsteilzeit nach § 11a des Arbeitsvertragsrechts-Anpassungsgesetzes (AVRAG), BGBl. Nr. 459/1993, des Solidaritätsprämienmodells nach § 13 AVRAG, der Wiedereingliederungsteilzeit nach § 13a AVRAG, der Herabsetzung der Normalarbeitszeit nach den §§ 14a, 14b oder 14d AVRAG, sowie die Dauer einer Kurzarbeit oder einer Qualifizierungsmaßnahme nach den §§ 37b oder 37c des Arbeitsmarktservicegesetzes (AMSG), BGBl. Nr. 313/1994, ist als Bemessungsgrundlage für den Beitrag des Arbeitgebers das monatliche Entgelt auf Grundlage der Arbeitszeit vor der Herabsetzung der Normalarbeitszeit heranzuziehen.

(BGBl I 2009/12, BGBl I 2013/67, BGBl I 2013/138, BGBl I 2016/44, BGBl I 2017/30)

(5) Welche Leistungen als Entgelt im Sinne der Abs. 1 bis 4 anzusehen sind, bestimmt sich nach § 49 ASVG unter Außerachtlassung der Geringfügigkeitsgrenze nach § 5 Abs. 2 ASVG und der Höchstbeitragsgrundlage nach § 108 Abs. 3 ASVG.

Beitragsleistung in besonderen Fällen

§ 7. (1) Der Arbeitnehmer hat für die Dauer des jeweiligen Präsenz- oder Ausbildungsdienstes nach den §§ 19, 37 bis 39 des Wehrgesetzes 2001 – WG 2001, BGBl. I Nr. 146, bei weiterhin aufrechtem Arbeitsverhältnis Anspruch auf eine Beitragsleistung durch den Arbeitgeber in Höhe von 1,53 vH der fiktiven Bemessungsgrundlage in Höhe des Kinderbetreuungsgeldes gemäß § 3 Abs. 1 des Kinderbetreuungsgeldgesetzes (KBGG), BGBl. I Nr. 103/2001 in der Fassung vor dem BGBl. I Nr. 53/2016. Dies gilt nicht für den zwölf Monate übersteigenden Teil eines Wehrdienstes als Zeitsoldat gemäß § 19 Abs. 1 Z 5 WG 2001, eines Auslandseinsatzpräsenzdienstes gemäß § 19 Abs. 1 Z 9 WG 2001 oder eines Ausbildungsdienstes. In den Fällen des § 19 Abs. 1 Z 6, 8 und 9 WG 2001 hat der Arbeitnehmer für einen zwölf Monate übersteigenden Teil Anspruch auf eine Beitragsleistung durch den Bund in derselben Höhe; die Beiträge sind vom Bund im Wege der Versicherungsanstalt öffentlicher Bediensteter in die BV-Kasse seines bisherigen Arbeitgebers zu leisten.

(BGBl I 2017/36)

(1)[a] Der Arbeitnehmer hat für die Dauer des jeweiligen Präsenz- oder Ausbildungsdienstes nach den §§ 19, 37 bis 39 des Wehrgesetzes 2001 – WG 2001, BGBl. I Nr. 146, bei weiterhin aufrechtem Arbeitsverhältnis Anspruch auf eine Beitragsleistung durch den Arbeitgeber in Höhe von 1,53 vH der fiktiven Bemessungsgrundlage in Höhe des Kinderbetreuungsgeldes gemäß § 3 Abs. 1 des Kinderbetreuungsgeldgesetzes (KBGG), BGBl. I Nr. 103/2001 in der Fassung vor dem BGBl. I Nr. 53/2016. Dies gilt nicht für den zwölf Monate übersteigenden Teil eines Wehrdienstes als Zeitsoldat gemäß § 19 Abs. 1 Z 5 WG 2001, eines Auslandseinsatzpräsenzdienstes gemäß § 19 Abs. 1 Z 9 WG 2001 oder eines Ausbildungsdienstes. In den Fällen des § 19 Abs. 1 Z 6, 8 und 9 WG 2001 hat der Arbeitnehmer für einen zwölf Monate übersteigenden Teil Anspruch auf eine Beitragsleistung durch den Bund in derselben Höhe; die Beiträge sind vom Bund im Wege der Versicherungsanstalt öffentlich Bediensteter, Eisenbahnen und Bergbau in die BV-Kasse seines bisherigen Arbeitgebers zu leisten.

(BGBl I 2017/36, BGBl I 2018/100)

[a] Tritt mit 1. Jänner 2020 in Kraft.

(2) Der Arbeitnehmer hat für die Dauer des jeweiligen Zivildienstes nach § 6a sowie für die Dauer des Auslandsdienstes nach § 12b ZDG bei weiterhin aufrechtem Arbeitsverhältnis Anspruch auf eine Beitragsleistung durch den Arbeitgeber in Höhe von 1,53 vH der fiktiven Bemessungsgrundlage nach Abs. 1 erster Satz.

(3) Für die Dauer eines Anspruchs auf Krankengeld nach dem ASVG hat der Arbeitnehmer bei weiterhin aufrechtem Arbeitsverhältnis Anspruch auf eine Beitragsleistung durch den Arbeitgeber in Höhe von 1,53 vH einer fiktiven Bemessungsgrundlage. Diese richtet sich nach der Hälfte des für den Kalendermonat vor Eintritt des Versicherungsfalles gebührenden Entgelts. Sonderzahlungen sind bei der Festlegung der fiktiven Bemessungsgrundlage außer Acht zu lassen.

(4) Für die Dauer eines Anspruchs auf Wochengeld nach dem ASVG hat die Arbeitnehmerin bei weiterhin aufrechtem Arbeitsverhältnis Anspruch auf eine Beitragsleistung durch den Arbeitgeber in Höhe von 1,53 vH einer fiktiven Bemessungsgrundlage in Höhe eines Monatsentgeltes, berechnet nach dem in den letzten drei Kalendermonaten vor dem Versicherungsfall der Mutterschaft (§ 120 Abs. 1 Z 3 ASVG) gebührenden Entgelt, einschließlich anteiliger Sonderzahlungen, es sei denn, diese sind für die Dauer des Wochengeldbezuges fortzuzahlen. Bei einem neuerlichen Eintritt eines Beschäftigungsverbotes nach § 3 des Mutterschutzgesetzes 1979 (MSchG), BGBl. Nr. 221,

1. unmittelbar im Anschluss an eine vorherige Karenz nach dem MSchG im selben Arbeitsverhältnis oder
2. nach einer Beschäftigung im selben Arbeitsverhältnis zwischen einer Karenz und dem neuerlichen Beschäftigungsverbot nach dem MSchG, die kürzer als drei Kalendermonate dauert,
3. nach einer Beschäftigung in einem Arbeitsverhältnis, das nach der Beendigung des karenzierten Arbeitsverhältnisses und vor dem neuerlichen Beschäftigungsverbot begründet worden ist, die kürzer als drei Kalendermonate dauert,

ist als Bemessungsgrundlage das für den Kalendermonat vor dem Beschäftigungsverbot, das dieser Karenz unmittelbar vorangegangen ist, gebührende Monatsentgelt (berechnet nach dem ersten Satz), im Fall der Z 3 das für den letzten Kalendermonat vor dem Eintritt des neuerlichen Beschäftigungsverbotes gebührende volle Monatsentgelt heranzuziehen.

(5)[a] Für Zeiten des Kinderbetreuungsgeldbezuges hat der Arbeitnehmer oder der ehemalige Arbeitnehmer, wenn der Zeitraum zwischen dem Beginn des Kinderbetreuungsgeldbezuges und dem Ende des letzten diesem Bundesgesetz (oder gleichartigen österreichischen bundesgesetzlichen Rechtsvorschriften) unterliegenden Arbeitsverhältnis nicht mehr als drei Jahre beträgt, Anspruch auf eine Beitragsleistung zu Lasten des FLAF in Höhe von 1,53 vH des jeweils nach den §§ 3 Abs. 1, 5a Abs. 1, 5b Abs. 1, 5c Abs. 1 oder 24a Abs. 1 KBGG bezogenen Kinderbetreuungsgeldes.

(BGBl I 2009/116)

[a] Gilt für Geburten vor dem 1.3.2017.

(5)[a] Für Zeiten des Kinderbetreuungsgeldbezuges hat der Arbeitnehmer oder der ehemalige Arbeitnehmer, wenn der Zeitraum zwischen dem Beginn des Kinderbetreuungsgeldbezuges und dem Ende des letzten diesem Bundesgesetz (oder gleichartigen österreichischen bundesgesetzlichen Rechtsvorschriften) unterliegenden Arbeitsverhältnis nicht mehr als drei Jahre beträgt, Anspruch auf eine Beitragsleistung zu Lasten des FLAF in Höhe von 1,53 vH des jeweils nach dem KBGG bezogenen Tagesbetrages an Kinderbetreuungsgeld.

(BGBl I 2009/116, BGBl I 2017/36)

[a] Gilt für Geburten nach dem 28.2.2017.

(6) Für die Dauer einer Freistellung gegen Entfall des Entgelts nach den §§ 14a oder 14b AVRAG oder einer Pflegekarenz nach § 14c AVRAG hat der/die Arbeitnehmer/in Anspruch auf eine Beitragsleistung zu Lasten des Bundes in Höhe von 1,53 vH der fiktiven Bemessungsgrundlage in Höhe des Kinderbetreuungsgeldes gemäß § 5b Abs. 1 KBGG in der Fassung vor dem BGBl. I Nr. 53/2016.

(BGBl I 2013/138, BGBl I 2017/36)

(6a) Für die Dauer einer Bildungskarenz nach § 11 AVRAG hat der Arbeitnehmer Anspruch auf eine Beitragsleistung zu Lasten der Mittel aus der Gebarung Arbeitsmarktpolitik (§ 1 des Arbeitsmarktpolitik-Finanzierungsgesetzes – AMPFG, BGBl. Nr. 315/1994) in Höhe von 1,53 vH der Bemessungsgrundlage in Höhe des vom Arbeitnehmer bezogenen Weiterbildungsgeldes gemäß § 26 Abs. 1 des Arbeitslosenversicherungsgesetzes 1977, BGBl. Nr. 609/1977. Das Arbeitsmarktservice (AMS) hat dem zuständigen Träger der Krankenversicherung die für die Beitragsleistung nach dem 1. Satz notwendigen Daten in automationsunterstützter Form zur Verfügung zu stellen.

(7) Der jeweils zuständige Träger der Krankenversicherung hat die Beiträge nach Abs. 5, 6 und 6a ohne gesonderten Antrag des Arbeitnehmers oder des ehemaligen Arbeitnehmers an die BV-Kasse, bei einem ehemaligen Arbeitnehmer an die BV-Kasse seines letzten Arbeitgebers zu leisten. Bei einer Rückforderung von Kinderbetreuungsgeld nach dem KBGG sind für denselben Zeitraum auch die nach Abs. 5 geleisteten Beiträge vom Arbeitnehmer oder vom ehemaligen Arbeitnehmer zurückzufordern und an den FLAF zu überweisen.

(8) Für die Einhebung der Beiträge nach Abs. 1 bis 6a ist § 6 Abs. 1 bis 3 anzuwenden.

(BGBl I 2007/102)

(BGBl I 2007/102)

Verfügungs- und Exekutionsbeschränkungen

§ 8. Die Abtretung oder Verpfändung von Abfertigungsanwartschaften im Sinne des § 3 Z 3 ist rechtsunwirksam, soweit der Anwartschaftsberechtigte darüber nicht als Abfertigungsanspruch verfügen kann. Für die Pfändung gilt die Exekutionsordnung (EO), RGBl. Nr. 79/1896.

3. Abschnitt
Auswahl und Wechsel der BV-Kasse

(BGBl I 2007/102)

Auswahl der BV-Kasse

§ 9. (1) Die Auswahl der BV-Kasse hat durch eine Betriebsvereinbarung nach § 97 Abs. 1 Z 1b ArbVG oder gleichartigen österreichischen Rechtsvorschriften rechtzeitig zu erfolgen, es sei denn, der Arbeitgeber war bereits zu einer Auswahl einer BV-Kasse nach § 53 Abs. 1 verpflichtet oder hat bereits eine BV-Kasse nach § 65 Abs. 1 ausgewählt und einen Beitrittsvertrag abgeschlossen.

(BGBl I 2007/102)

(2) Für Arbeitnehmer, die von keinem Betriebsrat vertreten sind, hat die Auswahl der BV-Kasse durch den Arbeitgeber rechtzeitig zu erfolgen, es sei denn, der Arbeitgeber war bereits zu einer Auswahl einer BV-Kasse nach § 53 Abs. 1 verpflichtet oder hat bereits eine BV-Kasse nach § 65 Abs. 1 ausgewählt und einen Beitrittsvertrag abgeschlossen. Über die beabsichtigte Auswahl der BV-Kasse sind alle Arbeitnehmer binnen einer Woche schriftlich zu informieren. Wenn mindestens ein Drittel der Arbeitnehmer binnen zwei Wochen gegen die beabsichtigte Auswahl schriftlich Einwände erhebt, muss der Arbeitgeber eine andere BV-Kasse vorschlagen. Auf Verlangen dieser Arbeitnehmer ist eine kollektivvertragsfähige freiwillige Interessenvertretung der Arbeitnehmer zu den weiteren Beratungen über diesen Vorschlag bei zu ziehen. Wird trotz Einbeziehung einer kollektivvertragsfähigen freiwilligen Interessenvertretung der Arbeitnehmer binnen zwei Wochen kein Einvernehmen über die Auswahl der BV-Kasse erzielt, hat über Antrag eines der beiden Streitteile die Schlichtungsstelle gemäß § 144 ArbVG oder gleichartigen österreichischen Rechtsvorschriften über die Auswahl der BV-Kasse zu entscheiden. Streitteile im Sinne des § 144 ArbVG oder gleichartiger österreichischer Rechtsvorschriften in einem solchen Verfahren sind der Arbeitgeber einerseits und die kollektivvertragsfähige freiwillige Interessenvertretung der Arbeitnehmer andererseits.

(BGBl I 2007/102)

(3) Der Arbeitgeber hat die Einleitung eines Verfahrens bei der Schlichtungsstelle innerhalb der Frist nach § 10 Abs. 1 dem zuständigen Träger der Krankenversicherung unverzüglich zu melden.

(4) Die Schlichtungsstelle hat die BV-Kasse und den zuständigen Träger der Krankenversicherung über die Entscheidung schriftlich zu informieren.

(BGBl I 2007/102)

(5) Sind bei Beendigung des Arbeitsverhältnisses noch Beiträge nach den §§ 6 und 7 samt Verzugszinsen nach einer Sozialversicherungsprüfung gemäß § 41a ASVG zu leisten, sind diese Beiträge samt Verzugszinsen vom jeweiligen Träger der Krankenversicherung an die BV-Kasse des bisherigen Arbeitgebers weiterzuleiten.

(BGBl I 2007/102)

(6) Beiträge, die mangels Auswahl einer BV-Kasse noch nicht weitergeleitet werden können, sind bis zur Weiterleitung an die BV-Kasse entsprechend § 446 ASVG zu veranlagen.

(BGBl I 2007/102)

(BGBl I 2002/158, BGBl I 2005/36, BGBl I 2007/102)

§ 10. (1) Hat der Arbeitgeber nicht spätestens nach sechs Monaten ab dem Beginn des Arbeitsverhältnisses des Arbeitnehmers, für den der Arbeitgeber erstmalig Beiträge nach den §§ 6 oder 7 zu leisten hat, mit einer BV-Kasse einen Beitrittsvertrag nach § 11 abgeschlossen, ist das Zuweisungsverfahren nach § 27a einzuleiten.

(BGBl I 2007/102)

(2) Wird binnen der Frist nach Abs. 1 ein Antrag nach § 97 Abs. 2 ArbVG, § 9 Abs. 2 oder gleichartigen österreichischen Rechtsvorschriften über die Auswahl der BV-Kasse bei der Schlichtungsstelle nach § 144 ArbVG oder gleichartigen österreichischen Rechtsvorschriften eingebracht, wird der Ablauf dieser Frist für die Dauer des Verfahrens bei der Schlichtungsstelle gehemmt. Die Hemmung beginnt mit dem Tag der Antragstellung.

(BGBl I 2007/102)

(3) Schließt der Arbeitgeber nicht binnen 14 Tagen nach Zugang des Beschlusses der Schlichtungsstelle oder, sofern die verbliebene Frist nach

Abs. 1 länger ist, nicht innerhalb dieser Frist einen Beitrittsvertrag mit der ausgewählten BV-Kasse ab, findet § 27a Abs. 6 und 7 Anwendung.

(BGBl I 2007/102)

(BGBl I 2002/158, BGBl I 2005/36)

Beitrittsvertrag und Kontrahierungszwang

§ 11. (1) Der Beitrittsvertrag ist zwischen der BV-Kasse und dem beitretenden Arbeitgeber abzuschließen.

(BGBl I 2007/102)

(2) Der Beitrittsvertrag hat insbesondere zu enthalten:

1. die ausgewählte BV-Kasse;

   (BGBl I 2007/102)
2. Grundsätze der Veranlagungspolitik;
3. die näheren Voraussetzungen für die Kündigung des Beitrittsvertrages;
4. die Höhe der Verwaltungskosten gemäß § 29 Abs. 2 Z 5;
5. die Meldepflichten des Arbeitgebers gegenüber der BV-Kasse;

   (BGBl I 2007/102)
6. eine allfällige Zinsgarantie gemäß § 24 Abs. 2;
7. alle Dienstgeberkontonummern des beitretenden Arbeitgebers;
8. Art und Berechnungsweise der Barauslagen, die die BV-Kasse gemäß § 26 Abs. 3 Z 1 verrechnen darf.

   (BGBl I 2007/102)

(3) Lehnt die BV-Kasse ein gesetzesgemäßes Anbot eines Arbeitgebers zum Abschluss eines Beitrittvertrages ab, hat sie trotzdem, sofern der Arbeitgeber schriftlich auf einem Vertragsabschluss besteht, das Anbot anzunehmen (Kontrahierungszwang), und zwar zu den gleichen Bedingungen wie für ihre sonst üblicherweise abgeschlossenen Beitrittsverträge mit anderen Arbeitgebern, insbesondere zu den gleichen Verwaltungskosten gemäß § 29 Abs. 2 Z 5.

(BGBl I 2007/102)

(4) Ist die BV-Kasse in einem Fall der Inanspruchnahme des Kontrahierungszwangs durch einen Arbeitgeber gemäß Abs. 3 der Ansicht, dass die Verwaltungskosten gemäß § 29 Abs. 2 Z 5 und/oder sonstige Vertragsbedingungen aus kaufmännischen Gründen bei diesem Arbeitgeber nicht angemessen sind, kann sie innerhalb eines halben Jahres nach erfolgtem Vertragsabschluss die Angemessenheit der Verwaltungskosten oder die sonstigen Vertragsbedingungen im Einzelfall beim örtlich zuständigen Gerichtshof in Arbeits- und Sozialrechtssachen überprüfen lassen. Der Gerichtshof hat im Einzelfall die Verwaltungskosten auf einen von der BV-Kasse nachzuweisenden angemessenen Prozentsatz und/oder angemessene Vertragsbedingungen festzusetzen. Die Differenz zwischen den vom Gerichtshof festgesetzten höheren Verwaltungskosten zu den Verwaltungskosten der BV-Kasse gemäß § 29 Abs. 2 Z 5 ist vom Arbeitgeber zu tragen.

(BGBl I 2007/102)

Beendigung des Beitrittsvertrages und Wechsel der BV-Kasse

§ 12. (1) Eine Kündigung des Beitrittsvertrages durch den Arbeitgeber oder durch die BV-Kasse oder einvernehmliche Beendigung des Beitrittsvertrages ist nur rechtswirksam, wenn die Übertragung der Abfertigungsanwartschaften auf eine andere BV-Kasse sichergestellt ist. Die Kündigung oder einvernehmliche Beendigung des Beitrittsvertrages kann rechtswirksam nur für alle von diesem Beitrittsvertrag erfassten Anwartschaftsberechtigten gemeinsam erfolgen.

(BGBl I 2007/102)

(2) Die Kündigung oder einvernehmliche Beendigung des Beitrittsvertrages darf nur mit Wirksamkeit zum Bilanzstichtag der BV-Kasse ausgesprochen werden. Die Frist für die Kündigung des Beitrittsvertrages beträgt sechs Monate. Die einvernehmliche Beendigung des Beitrittsvertrages wird frühestens zu dem Bilanzstichtag der BV-Kasse wirksam, der zumindest drei Monate nach der Vereinbarung der einvernehmlichen Beendigung des Beitrittsvertrages liegt.

(BGBl I 2007/102)

(3) Die Übertragung der Abfertigungsanwartschaften auf die neue BV-Kasse hat binnen fünf Werktagen nach Ende des zweiten Monats nach dem Bilanzstichtag der BV-Kasse zu erfolgen, wobei zu diesem Monatsende eine Ergebniszuweisung unter Berücksichtigung einer allfälligen Garantieleistung gemäß § 24 vorzunehmen ist. Nach Übertragung hervorkommende, noch zu diesen Abfertigungsanwartschaften gehörige Beträge sind als Nachtragsüberweisung unverzüglich auf die neue BV-Kasse zu übertragen. Ab dem Bilanzstichtag sind die Abfertigungsbeiträge unabhängig davon, ob sie noch vor dem Bilanzstichtag gelegene Monate betreffen, an die neue BV-Kasse zu überweisen.

(BGBl I 2007/102)

(4) § 9 Abs. 1 und 2 ist auf einen Wechsel der BV-Kasse (Abs. 1), der auf Verlangen des Arbeitgebers, des Betriebsrates oder in Betrieben ohne Betriebsrat eines Drittels der Arbeitnehmer erfolgt, anzuwenden.

(BGBl I 2005/36, BGBl I 2007/102)

Mitwirkungsverpflichtung

§ 13. Die Arbeitgeber sowie die Anwartschaftsberechtigten sind verpflichtet, den BV-Kassen über alle für das Vertragsverhältnis und für die Verwaltung der Anwartschaft sowie für die Prüfung von Auszahlungsansprüchen maßgebenden Umstände unverzüglich wahrheitsgemäß Auskunft zu erteilen.

(BGBl I 2007/102)

4. Abschnitt
Leistungsrecht

Anspruch auf Abfertigung

§ 14. (1) Der Anwartschaftsberechtigte hat bei Beendigung des Arbeitsverhältnisses gegen die BVKasse Anspruch auf eine Abfertigung.

(2) Der Anspruch auf eine Verfügung nach § 17 Abs. 1 über die Abfertigung besteht nicht bei Beendigung des Arbeitsverhältnisses

1. durch Kündigung durch den Anwartschaftsberechtigten, ausgenommen bei Kündigung während einer Teilzeitbeschäftigung nach dem MSchG oder dem Väter-Karenzgesetz (VKG), BGBl. Nr. 651/1989,
2. durch verschuldete Entlassung,
3. durch unberechtigten vorzeitigen Austritt, oder
4. sofern noch keine drei Einzahlungsjahre (36 Beitragsmonate) seit der ersten Beitragszahlung gemäß § 6 oder § 7 nach der erstmaligen Aufnahme der Erwerbstätigkeit im Rahmen eines Arbeitsverhältnisses oder der letztmaligen Verfügung (ausgenommen Verfügungen nach § 17 Abs. 1 Z 2 oder Z 3 oder Abs. 2a) über eine Abfertigung vergangen sind. Beitragszeiten nach § 6 oder § 7 sind zusammenzurechnen, unabhängig davon, ob sie bei einem oder mehreren Arbeitgebern zurückgelegt worden sind. Beitragszeiten nach § 6 oder § 7 aus zum Zeitpunkt der Geltendmachung des Anspruchs weiterhin aufrechten Arbeitsverhältnissen sind nicht einzurechnen. Für Abfertigungsbeiträge auf Grund einer Kündigungsentschädigung, einer Ersatzleistung nach dem Urlaubsgesetz, BGBl. Nr. 390/1976, oder auf Grund eines nach § 9 Abs. 1 AngG oder § 5 des Entgeltfortzahlungsgesetzes, BGBl. Nr. 399/1974 fortgezahlten Entgelts sind als Beitragszeiten auch Zeiten nach der Beendigung des Arbeitsverhältnisses in dem sich aus § 11 Abs. 1 oder Abs. 2 ASVG ergebenden Ausmaß anzurechnen.

(3) Die Verfügung über diese Abfertigung (Abs. 2) kann vom Anwartschaftsberechtigten erst bei Anspruch auf Verfügung über eine Abfertigung bei Beendigung eines oder mehrerer darauf folgender Arbeitsverhältnisse verlangt werden.

(4) Die Verfügung über die Abfertigung kann, sofern der Arbeitnehmer in keinem Arbeitsverhältnis steht, jedenfalls verlangt werden

1. ab der Inanspruchnahme einer Eigenpension aus der gesetzlichen Pensionsversicherung oder gleichartigen Rechtsvorschriften der Mitgliedstaaten des Europäischen Wirtschaftsraumes (Zeitpunkt der Zustellung des rechtskräftigen Bescheides), oder
2. nach Vollendung des Anfallsalters für die vorzeitige Alterspension aus der gesetzlichen Pensionsversicherung oder nach Vollendung des 62. Lebensjahres (Korridorpension nach § 4 Abs. 2 des Allgemeinen Pensionsgesetzes – APG, BGBl. I Nr. 142/2004), wenn dieses Anfallsalter zum Zeitpunkt der Beendigung des Arbeitsverhältnisses niedriger ist als das Anfallsalter für die vorzeitige Alterspension aus der gesetzlichen Pensionsversicherung oder gleichartigen Rechtsvorschriften der Mitgliedstaaten des Europäischen Wirtschaftsraumes oder
3. wenn für den Arbeitnehmer seit mindestens fünf Jahren keine Beiträge nach diesem Bundesgesetz oder gleichartigen österreichischen Rechtsvorschriften zu leisten sind.

(4a) Besteht bei Beendigung eines Arbeitsverhältnisses, das nach Inanspruchnahme einer Eigenpension aus einer gesetzlichen Pensionsversicherung oder gleichartigen Rechtsvorschriften der Mitgliedstaaten des Europäischen Wirtschaftsraumes begründet wurde, Anspruch auf eine Abfertigung, kann nur noch eine Verfügung nach § 17 Abs. 1 Z 1 oder 4 über die Abfertigung verlangt werden, ohne dass die in Abs. 2 festgelegten Voraussetzungen für die Verfügung über die Abfertigung vorliegen müssen. Gleiches gilt bei Beendigung eines geringfügigen Beschäftigungsverhältnisses gemäß § 5 Abs. 2 ASVG nach der Inanspruchnahme einer Eigenpension aus einer gesetzlichen Pensionsversicherung oder gleichartigen Rechtsvorschriften der Mitgliedstaaten des Europäischen Wirtschaftsraumes, das vor diesem Zeitpunkt begründet wurde.

(5) Bei Beendigung des Arbeitsverhältnisses durch den Tod des Anwartschaftsberechtigten gebührt die Abfertigung unabhängig vom Vorliegen der Voraussetzungen nach Abs. 2 dem Ehegatten oder dem eingetragenen Partner sowie den Kindern (Wahl-, Pflege- und Stiefkinder) des Anwartschaftsberechtigten zu gleichen Teilen, sofern für diese Kinder zum Zeitpunkt des Todes des Anwartschaftsberechtigten Familienbeihilfe gemäß § 2 des Familienlastenausgleichsgesetzes (FLAG), BGBl. Nr. 376/1967 bezogen wird. Die anspruchsberechtigten Personen können nur die Auszahlung der Abfertigung verlangen. Diese haben den Auszahlungsanspruch innerhalb von drei Monaten ab dem Zeitpunkt des Todes des Anwartschaftsberechtigten gegenüber der BV-Kasse schriftlich geltend zu machen. Die Abfertigung ist binnen fünf Werktagen nach dem nächstfolgenden Monatsletzten nach Ablauf dieser Frist an die von der BV-Kasse festgestellten anspruchsberechtigten Personen mit schuldbefreiender Wirkung für die BV-Kasse auszuzahlen. Anspruchsberechtigte Personen, die ihren Anspruch innerhalb der Frist von drei Monaten gegenüber der BV-Kasse nicht geltend gemacht haben, können diesen Anspruch gegenüber dem Ehegatten oder dem eingetragenen Partner oder den Kindern im Sinne des 1. Satzes, an die eine Abfertigung im Sinne des 3. Satzes bereits ausgezahlt wurde, anteilig geltend machen. Melden sich keine anspruchsberechtigten Personen binnen der dreimonatigen Frist, fällt die Abfertigung in die Verlassenschaft gemäß § 531 des

Allgemeinen Bürgerlichen Gesetzbuches, JGS. Nr. 946/1811.

(BGBl I 2009/135)

(6) Der Anwartschaftsberechtigte hat die von ihm beabsichtigte Verfügung über die Abfertigung der BV-Kasse schriftlich bekannt zu geben. Darin kann der Anwartschaftsberechtigte die BV-Kasse weiters beauftragen, auch die Verfügungen im Sinne des § 17 Abs. 1 über Abfertigungen aus anderen BV-Kassen zu veranlassen.

(7) Die BV-Kasse ist verpflichtet, begründete Einwendungen eines Arbeitnehmers im Zusammenhang mit der Beitragsleistung oder dem Abfertigungsanspruch und Urgenzen hinsichtlich von Kontonachrichten zu prüfen und, sofern die Ursache dafür nicht im eigenen Bereich liegt, unverzüglich dem jeweils zuständigen Träger der Krankenversicherung zur Klärung zu übermitteln.

(8) Hat der/die Anwartschaftsberechtigte insgesamt (bei einem oder mehreren Arbeitgeber/innen) weniger als 36 Beitragsmonate erworben und wurden für diesen/diese seit mindestens zehn Jahren, gerechnet vom Zeitpunkt der letzten Einzahlung eines Beitrages nach diesem Bundesgesetz oder gleichartigen österreichischen Rechtsvorschriften, keine solchen Beiträge geleistet (Zehn-Jahres-Frist) und übersteigen die Anwartschaften zum Zeitpunkt des Ablaufs der Zehn-Jahres-Frist 2,5 vH. der 30-fachen Höchstbeitragsgrundlage gemäß § 108 Abs. 3 ASVG nicht, sind die daraus entstandenen Anwartschaften den Veranlagungserträgen in der jeweiligen BV-Kasse zum letzten Tag des auf den Ablauf der Zehn-Jahres-Frist sechstfolgenden Monats zuzuweisen, falls der/die Anwartschaftsberechtigte nicht vorher eine Auszahlung der Abfertigung als Kapitalbetrag verlangt hat.

(BGBl I 2015/79)

(9) Die Zuweisung der Anwartschaften nach Maßgabe des Abs. 8 setzt voraus, dass der/die Anwartschaftsberechtigte durch die BV-Kasse, bei der die letzte Einzahlung geleistet wurde, nach Ablauf der in § 14 Abs. 4 Z 3 genannten Frist und neuerlich nach Ablauf der in Abs. 8 genannten Zehn-Jahres-Frist in dokumentierbarer Form zur Auszahlung der daraus entstandenen Abfertigungsanwartschaft aufgefordert und zugleich über die in Abs. 8 genannte Rechtsfolge (Zuweisung der betroffenen Anwartschaften nach Ablauf des der 10-Jahres-Frist sechstfolgenden Monats) informiert wurde.

(BGBl I 2015/79)

(BGBl I 2007/102)

Höhe der Abfertigung

§ 15. Die Höhe der Abfertigung ergibt sich aus der Abfertigungsanwartschaft zum Ende jenes Monats, zu dem ein Anspruch gemäß § 16 fällig geworden ist, einschließlich einer allfälligen Garantieleistung gemäß § 17 Abs. 1 Z 1, 3 und 4, Abs. 2a oder Abs. 3.

(BGBl I 2007/102)

Fälligkeit der Abfertigung

§ 16. (1) Die Abfertigung ist am Ende des zweitfolgenden Kalendermonats nach der Geltendmachung des Anspruchs gemäß § 14 Abs. 6 fällig und binnen fünf Werktagen entsprechend der Verfügung des Arbeitnehmers/der Arbeitnehmerin nach § 17 Abs. 1 Z 1, 3 oder 4 zu leisten, wobei die Frist für die Fälligkeit frühestens mit dem Ende des Tages der Beendigung des Arbeitsverhältnisses oder dem sich aus § 14 Abs. 4 oder § 17 Abs. 2a erster Satz ergebenden Zeitpunkt zu laufen beginnt. Nach Verfügungen gemäß § 17 Abs. 1 Z 1, 3 oder 4 oder Auszahlungen nach § 17 Abs. 3 hervorkommende, noch zu dieser Abfertigungsanwartschaft gehörige Beträge sind als Nachtragszahlung unverzüglich fällig. Änderungen der monatlichen Bemessungsgrundlage innerhalb von zwölf Monaten nach Beendigung des Arbeitsverhältnisses begründen bei einer Verfügung gemäß § 17 Abs. 1 Z 1, 3 oder 4 oder nach Auszahlungen nach § 17 Abs. 3 eine Rückzahlungsverpflichtung des/der Anwartschaftsberechtigten, sofern § 69 ASVG nicht zur Anwendung kommt. Rückzahlungen des/der Anwartschaftsberechtigten, die gemäß § 69 ASVG nicht mehr an den/die Arbeitgeber/in zurückzuzahlen sind, sind den Veranlagungserträgen nach § 14 Abs. 8 zuzuweisen.

(BGBl I 2015/79)

(2) Der Anwartschaftsberechtigte kann die BV-Kasse einmalig anweisen, die Durchführung von Verfügungen nach § 17 Abs. 1 Z 1, 3 oder 4 oder Abs. 2a ein bis sechs ganze Monate nach Fälligkeit vorzunehmen. An eine solche Anweisung ist die BV-Kasse nur dann gebunden, wenn sie spätestens 14 Tage vor Fälligkeit gemäß Abs. 1 bei ihr einlangt. Im Aufschubzeitraum ist die Abfertigung im Rahmen der Veranlagungsgemeinschaft weiter zu veranlagen. Mit dem Ende des letzten vollen Monats des Aufschubzeitraumes ist eine ergänzende Ergebniszuweisung vorzunehmen.

(BGBl I 2007/102)

Verfügungsmöglichkeiten des Anwartschaftsberechtigten über die Abfertigung

§ 17. (1) Nach Beendigung des Arbeitsverhältnisses kann der Anwartschaftsberechtigte, ausgenommen in den in § 14 Abs. 2 genannten Fällen,

1. die Auszahlung der gesamten Abfertigung als Kapitalbetrag verlangen;
2. die Weiterveranlagung der gesamten Abfertigung bis zum Vorliegen der Voraussetzungen des Abs. 3 weiterhin in der BV-Kasse verlangen;
3. die Übertragung der gesamten Abfertigung in die BV-Kasse des neuen Arbeitgebers oder in eine für die Selbständigenvorsorge ausgewählte BV-Kasse verlangen;
4. die Überweisung der gesamten Abfertigung
   a) an ein Versicherungsunternehmen, bei dem der Arbeitnehmer bereits Versicherter im Rahmen einer betrieblichen Kollektivversicherung (§ 93 des Versi-

cherungsaufsichtsgesetzes 2016 – VAG 2016, BGBl. I Nr. 34/2015) ist oder an ein Versicherungsunternehmen seiner Wahl als Einmalprämie für eine vom Anwartschaftsberechtigten nachweislich abgeschlossene Pensionszusatzversicherung (§ 108b des Einkommensteuergesetzes 1988 – EStG 1988, BGBl. Nr. 400) oder

(BGBl I 2015/34)

b) an eine Pensionskasse oder an eine Einrichtung im Sinne des § 5 Z 4 des Pensionskassengesetzes (PKG), BGBl. Nr. 281/1990, bei der der Anwartschaftsberechtigte bereits Berechtigter im Sinne des § 5 PKG ist, als Beitrag gemäß § 15 Abs. 3 Z 10 PKG oder an eine Einrichtung der zusätzlichen Pensionsversicherung nach § 479 ASVG, in der der Anwartschaftsberechtige versichert ist,

(BGBl I 2014/42)

verlangen.

(2) Gibt der Anwartschaftsberechtigte die Erklärung über die Verwendung des Abfertigungsbetrages nicht binnen sechs Monaten nach Beendigung des Arbeitsverhältnisses oder nach den sich aus § 14 Abs. 4 Z 2 oder 3 ergebenden Zeitpunkten ab, ist der Abfertigungsbetrag weiter zu veranlagen. Im Falle eines innerhalb der Verfügungsfrist eingeleiteten arbeitsgerichtlichen Verfahrens über abfertigungsrelevante Umstände (etwa Entgeltansprüche oder die Art der Beendigung des Arbeitsverhältnisses) kann der Arbeitnehmer entweder innerhalb der Frist nach dem ersten Satz oder innerhalb von sechs Monaten nach dem Eintritt der Rechtskraft des Gerichtsurteils verfügen.

(2a) Der Anwartschaftsberechtigte kann, auch wenn die Voraussetzungen des § 14 Abs. 2 für eine Verfügung über die Abfertigung nicht vorliegen, sowie nach einer Verfügung im Sinne des Abs. 1 Z 2 (abweichend von Abs. 2) eine Verfügung über die gesamte Abfertigung in der jeweiligen BV-Kasse im Sinne des Abs. 1 Z 3 verlangen, wenn die Abfertigungsanwartschaft seit der Beendigung des Arbeitsverhältnisses mindestens drei Jahre beitragsfrei gestellt ist. Die Verfügung kann frühestens nach dem Ablauf der Dreijahresfrist vorgenommen werden.

(3) Die BV-Kasse hat nach dem Ablauf von drei Monaten ab dem Zeitpunkt der Verständigung nach § 27 Abs. 4 über die Inanspruchnahme einer Eigenpension aus der gesetzlichen Pensionsversicherung oder gleichartigen Rechtsvorschriften der Mitgliedstaaten des Europäischen Wirtschaftsraumes durch den Anwartschaftsberechtigten die Abfertigung als Kapitalbetrag zum Ende des Folgemonats (Fälligkeit der Abfertigung) auszuzahlen, sofern der Anwartschaftsberechtigte nicht vorher über die Abfertigung verfügt hat.

(BGBl I 2007/102)

(BGBl I 2007/102)

2. Teil
Betriebliches Vorsorgekassenrecht

(BGBl I 2007/102)

1. Abschnitt
Organisation der Betrieblichen Vorsorgekasse

(BGBl I 2007/102)

Betriebliche Vorsorgekassen

§ 18. (1) Wer berechtigt ist, Abfertigungsbeiträge und Selbstständigenvorsorgebeiträge hereinzunehmen und zu veranlagen (§ 1 Abs. 1 Z 21 Bankwesengesetz – BWG, BGBl. Nr. 532/1993; Betriebliches Vorsorgekassengeschäft) ist eine Betriebliche Vorsorgekasse (BV-Kasse) und unterliegt den Vorschriften dieses Bundesgesetzes.

(BGBl I 2007/102)

(2) Die der BV-Kasse überwiesenen Abfertigungsbeiträge stehen im Eigentum der BV-Kasse, die diese treuhändig für die Anwartschaftsberechtigten hält und verwaltet (offene Verwaltungstreuhand).

(BGBl I 2007/102)

(3) Die gesetzliche Interessenvertretung der BV-Kassen hat für jede BV-Kasse eine MVK-Leitzahl zu vergeben und diese sowie die Firma der BV-Kasse und allfällige Änderungen dieser Daten dem Hauptverband der Sozialversicherungsträger bekannt zu geben.

(BGBl I 2007/102)

(3)[a] Die gesetzliche Interessenvertretung der BV-Kassen hat für jede BV-Kasse eine MVK-Leitzahl zu vergeben und diese sowie die Firma der BV-Kasse und allfällige Änderungen dieser Daten dem Dachverband bekannt zu geben.

(BGBl I 2007/102, BGBl I 2018/100)

[a] Tritt mit 1. Jänner 2020 in Kraft.

(BGBl I 2007/102)

Rechtsform und Geschäftsbeschränkungen

§ 19. (1) Das Betriebliche Vorsorgekassengeschäft darf nur von Aktiengesellschaften oder von Gesellschaften mit beschränkter Haftung betrieben werden.

(BGBl I 2007/102)

(2) BV-Kassen dürfen nur die in § 1 Abs. 1 Z 21 BWG angeführten Geschäftstätigkeiten ausüben.

(BGBl I 2007/102)

(3) BV-Kassen dürfen keine Beteiligungen an anderen Unternehmen halten, sofern diese Unternehmen nicht operative oder sonstige mit dem Betrieblichen Vorsorgekassengeschäft verbundene Aufgaben wahrnehmen.

(BGBl I 2007/102)

Eigenmittel

§ 20. (1) Eine BV-Kasse muss jederzeit über anrechenbare Eigenmittel gemäß Teil 2 der Verordnung (EU) Nr. 575/2013 in Höhe von 0,25 vH der Gesamtsumme der Abfertigungsanwartschaften verfügen.

(BGBl I 2007/102, BGBl I 2013/184)

(2) Zusätzlich zu Abs. 1 ist ein Betrag in Höhe von mindestens 0,1 vH der Gesamtsumme der Abfertigungsanwartschaften einer besonderen Rücklage zuzuführen, bis 1 vH der Gesamtsumme der Abfertigungsanwartschaften erreicht sind. Diese Rücklage darf nur zur Erfüllung der Kapitalgarantie (§ 24 Abs. 1) herangezogen werden.

(BGBl I 2007/102, BGBl I 2013/4)

(3) Gewährt die BV-Kasse eine zusätzliche Zinsgarantie (§ 24 Abs. 2), so muss die BV-Kasse eine zusätzliche Rücklage in Höhe der mit dem Garantiefaktor multiplizierten Gesamtsumme der Abfertigungsanwartschaften bilden. Der Garantiefaktor wird mit der Hälfte des Garantiezinssatzes festgesetzt.

(BGBl I 2007/102)

(4) Sichert die BV-Kasse die Erfüllung der Kapitalgarantie (§ 24 Abs. 1) und/oder der Zinsgarantie (§ 24 Abs. 2) vollständig durch ein Kreditinstitut gemäß § 1 Abs. 1 oder § 9 Abs. 1 BWG ab, entfällt die Pflicht zur Bildung von Rücklagen gemäß Abs. 2 und/oder Abs. 3. Die Kosten dieser Absicherung dürfen nicht dem einer Veranlagungsgemeinschaft zugeordneten Vermögen angelastet werden. Bei befristeten Absicherungen hat die Absicherung auch sicherzustellen, dass die BV-Kasse zeitgleich mit dem Auslaufen der Absicherung über Rücklagen gemäß Abs. 2 und/oder Abs. 3 verfügt, die nicht geringer sein dürfen, als diese Rücklagen zu diesem Zeitpunkt bei einer gesetzeskonformen Dotierung ohne Inanspruchnahme der Absicherungsmöglichkeit dieses Absatzes wären. Die Vollständigkeit der Absicherung ist vom Bankprüfer der BV-Kasse zu prüfen und im bankaufsichtlichen Prüfungsbericht zu erläutern.

(BGBl I 2005/37, BGBl I 2007/102)

(5) Sofern in der Bilanz der BV-Kasse ein Forderungsbetrag gemäß § 26 Abs. 3 Z 2 ausgewiesen wird, ist eine Ausschüttung nur in jenem Ausmaß zulässig, in dem die Summe aus freier Gewinnrücklage und Bilanzgewinn diesen Forderungsbetrag übersteigt.

(BGBl I 2013/4)

Aufsichtsrat

§ 21. (1) Der Aufsichtsrat einer BV-Kasse besteht aus vier von der General-/Hauptversammlung gewählten Vertretern des Nennkapitals und aus zwei von einer kollektivvertragsfähigen freiwilligen Interessenvertretung der Arbeitnehmer nominierten Arbeitnehmervertreter.

(BGBl I 2007/102)

(2) § 110 ArbVG gilt mit der Maßgabe, dass der Betriebsrat (Betriebsausschuss, Zentralbetriebsrat) der BV-Kasse berechtigt ist, zusätzlich zu den in Abs. 1 festgelegten Aufsichtsratssitzen einen Vertreter in den Aufsichtsrat zu entsenden.

(BGBl I 2007/102)

(3) Neben den in § 95 Abs. 5 AktG geregelten Geschäften bedürfen folgende weitere Geschäfte der Zustimmung des Aufsichtsrates:

1. die Veranlagungsbestimmungen,
2. die Gewährung einer Zinsgarantie (§ 24 Abs. 2),
3. der Abschluss eines Dienstleistungsvertrages (§ 27 Abs. 1).

Die Satzung/Der Gesellschaftsvertrag kann darüber hinaus weitere Geschäfte der Zustimmung des Aufsichtsrates vorbehalten.

(4) Die Arbeitnehmervertreter im Aufsichtsrat der BV-Kassen üben ihre Funktion ehrenamtlich aus. Es darf ihnen daher nur Ersatz ihrer Barauslagen gewährt werden. Den von der General-/Hauptversammlung gewählten Aufsichtsratsmitgliedern in BV-Kassen darf neben dem Ersatz der Barauslagen ein angemessenes Entgelt für ihre Tätigkeit gewährt werden. Die Höhe dieses Entgeltes ist in der General-/Hauptversammlung festzulegen.

(BGBl I 2007/102)

(5) Der Aufsichtsrat hat sich regelmäßig hinsichtlich der die Veranlagungsgemeinschaften betreffenden Geschäfte zu informieren und sich gemeinsam mit dem Vorstand über die Veranlagungspolitik zu beraten.

Schutz von Bezeichnungen

§ 22. (1) Die Bezeichnungen „Betriebliche Vorsorgekasse“, „BV-Kasse“ oder Wortverbindungen, die diese Bezeichnungen enthalten, dürfen im Firmenwortlaut, im Geschäftsverkehr und in der Werbung nur von BV-Kassen oder von an diesen mittelbar oder unmittelbar beteiligten Unternehmen zum Zweck der Vermittlung von Betriebliches Vorsorgekassengeschäft verwendet werden.

(BGBl I 2007/102)

(2) Die Werbung, die in irreführender Weise den Anschein erweckt, dass eine BV-Kasse betrieben wird, ist verboten.

(BGBl I 2007/102)

Erwerbsverbote

§ 23. Geschäftsleiter oder Mitglieder des Aufsichtsrates einer BV-Kasse dürfen weder Vermögenswerte aus dem einer Veranlagungsgemeinschaft zugeordneten Vermögen erwerben, noch der BV-Kasse Vermögenswerte, die dem Vermögen einer Veranlagungsgemeinschaft zugeordnet werden sollen, verkaufen. Gleiches gilt für die Depotbank sowie deren Geschäftsleiter oder Mitglieder des Aufsichtsrates.

(BGBl I 2007/102)

2. Abschnitt
Organisatorische Rahmenbedingungen

Garantie

§ 24. (1) In den Fällen des § 14 Abs. 5 und § 17 Abs. 1 Z 1, 3 und 4, Abs. 2a sowie Abs. 3 beträgt der Mindestanspruch des Anwartschaftsberechtigten gegenüber der BV-Kasse

BMSVG

1. die Summe der dieser BV-Kasse zugeflossenen Abfertigungsbeiträge zuzüglich
2. einer allenfalls übertragenen Altabfertigungsanwartschaft sowie
3. der allenfalls aus einer anderen BV-Kasse übertragenen Abfertigungsanwartschaft.

Bei Übertragung einer Abfertigungsanwartschaft gemäß § 12 Abs. 3 erhöht sich der Mindestanspruch gegenüber der neuen BV-Kasse im Ausmaß der der übertragenden BV-Kasse zugeflossenen Abfertigungsbeiträge.

(BGBl I 2007/102)

(BGBl I 2007/102)

(2) Die BV-Kasse kann eine über das Mindestausmaß gemäß Abs. 1 hinausgehende Zinsgarantie gewähren. Dieser Garantiezinssatz muss für alle Anwartschaftsberechtigten gleich sein und darf nur für ein folgendes Geschäftsjahr geändert werden.

(BGBl I 2007/102)

Konten

§ 25. (1) Die BV-Kasse hat für jeden Anwartschaftsberechtigten ein Konto zu führen. Dieses Konto muss alle wesentlichen Daten enthalten und dient der Berechnung des Abfertigungsanspruches.

(2) Der/Die Anwartschaftsberechtigte ist jährlich spätestens bis zum 31. Juli zum Stand 31. Dezember des vorangegangenen Geschäftsjahres schriftlich über

1. die zum letzten Bilanzstichtag erworbene Abfertigungsanwartschaft,
2. die im Geschäftsjahr auf Grund der bis zum Bilanzstichtag bei der BV-Kasse eingelangten monatlichen Beitragsgrundlagenmeldungen für den Zeitraum 1. November des vorangegangenen Geschäftsjahres bis 31. Oktober des Geschäftsjahres verbuchten Beiträge sowie gegen welchen/welche Arbeitgeber/in Anspruch auf Zahlung dieser Beiträge bestanden hat,

   (BGBl I 2017/107)
3. die vom/von der Anwartschaftsberechtigten zu tragenden Barauslagen und Verwaltungskosten,
4. die zugewiesenen Veranlagungsergebnisse sowie
5. die insgesamt erworbene Abfertigungsanwartschaft

zu informieren. Wesentliche Daten sind neben Namen und Sozialversicherungsnummer des/der Anwartschaftsberechtigten die für die Erfüllung der in den Z 1 bis 5 angeführten Verpflichtungen erforderlichen Daten. Weiters hat die Information die Grundzüge der Veranlagungspolitik sowie die zum Abschlussstichtag gehaltenen Veranlagungen zu enthalten.

(BGBl I 2015/79)

(3) Der/Die Anwartschaftsberechtigte ist nach Beendigung eines Arbeitsverhältnisses, die eine Verfügung nach § 17 Abs. 1 begründet, binnen eines Monats nach der Verständigung über die Beendigungsart des Arbeitsverhältnisses durch den Hauptverband der österreichischen Sozialversicherungsträger von der BV-Kasse schriftlich über die Verfügungsmöglichkeiten gemäß den §§ 14 Abs. 6 und 17 Abs. 1 zu informieren. Die Information hat auch einen Hinweis darauf zu enthalten, dass die Höhe der Abfertigung erst nach Vorliegen sämtlicher Bemessungsgrundlagen bei der BV-Kasse und nach der Gewinnzuweisung ermittelt werden kann. Bei Verfügungen gemäß § 17 Abs. 1 Z 1, 3 und 4 oder Auszahlungen gemäß § 17 Abs. 3 ist dem/der Anwartschaftsberechtigten zeitgleich mit der Auszahlung der Abfertigung eine schriftliche Information mit den Angaben gemäß Abs. 2 Z 1 bis 5 zu übermitteln.

(BGBl I 2015/79)

(3)[a] Der/Die Anwartschaftsberechtigte ist nach Beendigung eines Arbeitsverhältnisses, die eine Verfügung nach § 17 Abs. 1 begründet, binnen eines Monats nach der Verständigung über die Beendigungsart des Arbeitsverhältnisses durch den Dachverband der Sozialversicherungsträger von der BV-Kasse schriftlich über die Verfügungsmöglichkeiten gemäß den §§ 14 Abs. 6 und 17 Abs. 1 zu informieren. Die Information hat auch einen Hinweis darauf zu enthalten, dass die Höhe der Abfertigung erst nach Vorliegen sämtlicher Bemessungsgrundlagen bei der BV-Kasse und nach der Gewinnzuweisung ermittelt werden kann. Bei Verfügungen gemäß § 17 Abs. 1 Z 1, 3 und 4 oder Auszahlungen gemäß § 17 Abs. 3 ist dem/der Anwartschaftsberechtigten zeitgleich mit der Auszahlung der Abfertigung eine schriftliche Information mit den Angaben gemäß Abs. 2 Z 1 bis 5 zu übermitteln.

(BGBl I 2015/79, BGBl I 2018/100)

[a] Tritt mit 1. Jänner 2020 in Kraft.

(4) Nach Maßgabe der vorhandenen technischen Möglichkeiten kann nach Zustimmung des Anwartschaftsberechtigten anstelle der schriftlichen Information gemäß Abs. 2 und Abs. 3 letzter Satz auch eine gesicherte elektronische Zugriffsmöglichkeit auf diese Information bei der BV-Kasse ermöglicht werden. Die Information gemäß Abs. 3 erster und zweiter Satz kann nach Zustimmung des Anwartschaftsberechtigten und Bekanntgabe einer elektronischen Zustelladresse anstelle der schriftlichen Information auch elektronisch zugestellt werden.

(5) Die BV-Kasse haftet für die Richtigkeit der Kontonachrichten auf der Grundlage der von den Sozialversicherungsträgern im Wege des Hauptverbandes der österreichischen Sozialversicherungsträger zu Verfügung gestellten Beitragsgrundlagenmeldungen im Ausmaß der gemäß § 27 Abs. 8 vom jeweils zuständigen Sozialversicherungsträger überwiesenen Beiträge.

(BGBl I 2015/79, BGBl I 2017/107)

(5)[a] Die BV-Kasse haftet für die Richtigkeit der Kontonachrichten auf der Grundlage der von den Sozialversicherungsträgern im Wege des Dachverbandes zu Verfügung gestellten Beitragsgrundlagenmeldungen im Ausmaß der gemäß § 27 Abs. 8 vom jeweils zuständigen Sozialversicherungsträger überwiesenen Beiträge.

(BGBl I 2015/79, BGBl I 2017/107, BGBl I 2018/100)

[a] Tritt mit 1. Jänner 2020 in Kraft.

(6) Werden für eine Abfertigungsanwartschaft nach Beendigung des Arbeitsverhältnisses für einen ununterbrochenen Zeitraum von mindestens zwölf Monaten ab dem Bilanzstichtag, zu dem die letzte Kontonachricht erstellt wurde, keine Beiträge geleistet, ist dem Anwartschaftsberechtigten abweichend von Abs. 2 jeweils nach jedem dritten Bilanzstichtag, gerechnet ab jenem Bilanzstichtag, zu dem die letzte Kontonachricht erstellt wurde, eine Kontonachricht zu übermitteln. Verändert sich die Abfertigungsanwartschaft seit jenem Bilanzstichtag, zu dem die letzte Kontonachricht erstellt wurde, um mehr als 30 €, ist dem Anwartschaftsberechtigten zu diesem Bilanzstichtag eine Kontonachricht zu übermitteln. Im Falle der gesicherten elektronischen Zugriffsmöglichkeit durch den Anwartschaftsberechtigten (Abs. 4) ist jährlich ein Kontoauszug zu erstellen.

(7) Uneinbringliche Forderungen aus unterdeckten Konten in der BV-Kasse sind den Veranlagungserträgen gegenzurechnen.

(BGBl I 2015/79)

(BGBl I 2007/102)

Verwaltungskosten

§ 26. (1) Die BV-Kassen sind berechtigt, von den hereingenommenen Abfertigungsbeiträgen Verwaltungskosten abzuziehen. Diese Verwaltungskosten müssen prozentmäßig für sämtliche Beitragszahler einer BV-Kasse gleich sein und in einer Bandbreite zwischen 1 vH und 3,5 vH der Abfertigungsbeiträge festgesetzt werden.

(BGBl I 2007/102)

(2) Wird eine Altabfertigungsanwartschaft auf eine BV-Kasse übertragen (§ 47 oder gleichartige österreichische Rechtsvorschriften), so ist die BV-Kasse berechtigt, einen einmaligen Kostenbeitrag in Höhe von höchstens 1,5 vH des Übertragungswertes einzubehalten, wobei der Prozentsatz von der BV-Kasse einheitlich festgesetzt werden muss und der Kostenbeitrag den Betrag von 500 Euro je Altabfertigungsanwartschaft nicht übersteigen darf.

(BGBl I 2007/102)

(3) Für die Veranlagung des Abfertigungsvermögens sind BV-Kassen berechtigt,

1. Barauslagen, wie Depotgebühren, Bankspesen usw., weiter zu verrechnen, sofern diese im Beitrittsvertrag (§ 11 Abs. 2 Z 8 oder vergleichbare österreichische Rechtsvorschriften) genannt sind, sowie
2. von den Veranlagungserträgen eine Vergütung für die Vermögensverwaltung einzubehalten, die 1 vH pro Geschäftsjahr und ab 1. Jänner 2005 0,8 vH pro Geschäftsjahr des veranlagten Abfertigungsvermögens nicht übersteigen darf. Soweit die Veranlagungserträge eines Geschäftsjahres für die Vergütung nicht ausreichen, ist im Jahresabschluss der BV-Kasse eine entsprechende Forderung ertragswirksam zu erfassen. Im Rechenschaftsbericht der Veranlagungsgemeinschaft ist in Höhe dieser Forderung unter den sonstigen Aktiva ein „Unterschiedsbetrag gemäß § 26 Abs. 3 Z 2 BMSVG“ und eine Verbindlichkeit auszuweisen und im Formblatt C zu erläutern; eine Belastung des Abfertigungsvermögens ist nicht zulässig.

   (BGBl I 2013/4)

(BGBl I 2007/102)

(4) Die Übertragung der Abfertigungsanwartschaft von einer BV-Kasse auf eine andere BV-Kasse sowie die Auszahlung der Abfertigungsanwartschaft hat durch die übertragende und übernehmende oder auszahlende BV-Kasse verwaltungskostenfrei zu erfolgen. Im Zuge der Überweisung oder Auszahlung anfallende Barauslagen wie Bankspesen, Kosten einer Postanweisung oder Ähnliches dürfen jedoch verrechnet und einbehalten werden.

(BGBl I 2007/102)

(5) Der jeweils zuständige Träger der Krankenversicherung kann für die Einhebung und Weiterleitung der Beiträge eine Vergütung von höchstens 0,3 vH der eingehobenen Beiträge von der jeweiligen BV-Kasse einheben. Die BV-Kasse kann diese Vergütung als Barauslagen gemäß Abs. 3 Z 1 verrechnen.

(BGBl I 2007/102)

(6) Die Sozialversicherungsträger sowie der Hauptverband der österreichischen Sozialversicherungsträger[a] sind berechtigt, Investitionskosten sowie die laufenden Kosten für anfallende Investitionen für die Erstellung und Adaptierung der Software für die Verwaltung der Daten für die einzelnen BV-Kassen den BV-Kassen in Rechnung zu stellen, sofern vor der Erstellung oder Adaptierung im Einvernehmen mit den BV-Kassen die Notwendigkeit gemäß BMSVG, die Zweckmäßigkeit sowie die Kosten festgestellt und festgelegt wurden. Die BV-Kassen sind verpflichtet, diese festgestellten Kosten im Verhältnis ihrer Marktanteile ab Rechnungslegung binnen einem Monat zu ersetzen. Die einzelnen BV-Kassen können für diese Investitionskosten im Innenverhältnis im Wege der von ihnen gebildeten Plattform oder sonstiger gemeinsamer Einrichtungen die Modalitäten der Aufteilung nach den jeweiligen Marktanteilen festlegen, getrennt für Berechtigte nach dem 1. und 4. Teil sowie nach den Berechtigtengruppen gemäß § 62 Abs. 1 Z 1 bis 6 gesondert festlegen. Die Sozialversicherungsträger haben die notwen-

digen Daten der Plattform der Betrieblichen Vorsorgekassen zur Verfügung zu stellen.

(BGBl I 2007/102, BGBl I 2018/100)

[a] Ab 1. Jänner 2020: „Dachverband".

Kooperation

§ 27. (1) Die BV-Kasse ist verpflichtet, mit zumindest einem Versicherungsunternehmen, das zum Betrieb der Lebensversicherung berechtigt ist, einen Dienstleistungsvertrag abzuschließen. Zweck dieses Dienstleistungsvertrages ist es, die Anwartschaftsberechtigten im Wege der BV-Kasse über die Möglichkeit der Überweisung der Abfertigung an ein Versicherungsunternehmen gemäß § 17 Abs. 1 Z 4 oder gleichartigen österreichischen Rechtsvorschriften zu informieren. Weiters sind die BV-Kassen verpflichtet, auf die Möglichkeit der Überweisung der Abfertigung auf eine Pensionskasse in den Fällen einer bestehenden Anwartschaft im Rahmen eines Pensionskassenvertrages hinzuweisen.

(BGBl I 2007/102)

(2) Wenn ein Leistungsfall gemäß § 17 Abs. 1 Z 4 zu erwarten ist, ist die BV-Kasse berechtigt, dem Versicherungsunternehmen gemäß Abs. 1 jene Daten in indirekt personenbezogener Form zur Verfügung zu stellen, die für eine ausreichend konkrete Information erforderlich sind. Die vom Versicherungsunternehmen gemäß Abs. 1 erstellte Information ist von der BV-Kasse an den Anwartschaftsberechtigten rechtzeitig vor Auszahlung der Abfertigung zu übermitteln, wobei auch das die Information erstellende Unternehmen zu bezeichnen ist.

(BGBl I 2007/102)

(3) Der Anwartschaftsberechtigte ist hinsichtlich der Verwendung der Information gemäß Abs. 2 völlig frei.

(4) Die Sozialversicherungsträger sind verpflichtet, die Fälle der Inanspruchnahme einer Pension aus der gesetzlichen Pensionsversicherung durch Anwartschaftsberechtigte sowie die Todesmeldungen, Stammdaten der Anwartschaftsberechtigten (Sozialversicherungsnummer, Name, Anschrift, Geburtsdatum, Geschlecht), Stammdaten des Arbeitgebers (DGNR, Firma, Anschrift), Beginn, Ende und Beendigungsgrund jedes Arbeitsverhältnisses eines Anwartschaftsberechtigten, MVK-Leitzahl pro Arbeitgeber (DGNR) in automationsunterstützter Form im Wege des Hauptverbandes der Sozialversicherungsträger[a] gegen Ersatz der Kosten den jeweils betroffenen BV-Kassen zur Verfügung zu stellen.

(BGBl I 2003/135, BGBl I 2007/102, BGBl I 2016/118, BGBl I 2018/100)

[a] Ab 1. Jänner 2020: „Dachverbandes".

(5) Die Sozialversicherungsträger sind verpflichtet, die monatlichen Bemessungsgrundlagen gemäß § 34 Abs. 2 ASVG in automationsunterstützter Form im Wege des Hauptverbandes der österreichischen Sozialversicherungsträger[a] gegen Ersatz der Kosten den jeweils betroffenen BV-Kassen zur Verfügung zu stellen.

(BGBl I 2007/102, BGBl I 2015/79, BGBl I 2018/100)

[a] Ab 1. Jänner 2020: „Dachverbandes".

(6) BV-Kassen dürfen die in Abs. 4 und 5 genannten Daten auch aus eigenem ausschließlich für Zwecke der Verwaltung der Anwartschaften sowie der Klärung und Abwicklung von Auszahlungstatbeständen von den Sozialversicherungsträgern im Wege des Hauptverbandes der Sozialversicherungsträger[a] ermitteln. Für diese Zwecke darf von den Sozialversicherungsträgern ein Online-Zugriff eingeräumt werden.

(BGBl I 2007/102, BGBl I 2018/100)

[a] Ab 1. Jänner 2020: „Dachverbandes".

(6a) Die Sozialversicherungsträger sind verpflichtet, die BV-Kasse des Präsenzdienstleistenden, für den der Bund Beiträge nach § 7 Abs. 1 leistet, im Wege des Hauptverbandes der Sozialversicherungsträger[a] dem Bundesministerium für Landesverteidigung in automationsunterstützter Form samt den Angaben, die zur Übermittlung der Beiträge an die BV-Kasse des bisherigen Arbeitgebers notwendig sind, mitzuteilen.

(BGBl I 2007/102, BGBl I 2018/100)

[a] Ab 1. Jänner 2020: „Dachverbandes".

(7) Die BV-Kassen sind verpflichtet, dem Hauptverband[a] auf automationsunterstütztem Wege unverzüglich den beitretenden Arbeitgeber und seine dazugehörenden Dienstgeberkontonummern sowie die Übertragung oder Auszahlung der Abfertigung für einen Arbeitnehmer zu melden.

(BGBl I 2007/102, BGBl I 2018/100)

[a] Ab 1. Jänner 2020: „Dachverband".

(8) Die jeweils zuständigen Träger der Krankenversicherung sind verpflichtet, die Beiträge nach den §§ 6 und 7 jeweils am Zehnten des zweitfolgenden Kalendermonats nach deren Fälligkeit (§ 6 Abs. 1 und 2) an die BV-Kasse unabhängig davon, ob der/die Arbeitgeber/in die Beiträge ordnungsgemäß geleistet hat, zur Gänze entsprechend den monatlichen Beitragsgrundlagen gemäß § 34 Abs. 2 ASVG abzuführen.

(BGBl I 2002/158, BGBl I 2007/102, BGBl I 2015/79)

Zuweisungsverfahren bei Nichtauswahl der BV-Kasse durch den Arbeitgeber

§ 27a. (1) Das Zuweisungsverfahren ist hinsichtlich jener Arbeitgeber unverzüglich einzuleiten, die binnen der Frist nach § 10 Abs. 1 oder gleichartigen österreichischen Rechtsvorschriften noch keinen Beitrittsvertrag mit einer BV-Kasse abgeschlossen haben oder für die noch kein Verfahren nach § 97 Abs. 2 ArbVG, § 9 Abs. 2 oder gleichartigen österreichischen Rechtsvorschriften bei der Schlichtungsstelle eingeleitet worden ist. Der zuständige Träger der Krankenversicherung hat den Arbeitgeber schriftlich oder auf elektronischem Weg nach Maßgabe der vorhandenen technischen Möglichkeiten zur Auswahl einer BV-Kasse binnen drei Monaten nach der Zusendung des Schreibens beim Arbeitgeber unter gleichzeitigem Hinweis aufzufordern, dass im Fall der Nichtauswahl einer BV-Kasse binnen dieser Frist der Arbeitgeber einer BV-Kasse zugewiesen wird.

(BGBl I 2007/102)

(2) Wird binnen drei Monaten nach Zusendung des Schreibens nach Abs. 1 durch den Arbeitgeber ein Beitrittsvertrag mit der BV-Kasse abgeschlossen, endet das Zuweisungsverfahren. Wird binnen dieser Frist bei der Schlichtungsstelle ein Antrag über die Auswahl der BV-Kasse eingebracht, wird der Ablauf dieser Frist gehemmt. Der Arbeitgeber hat die Einleitung eines Verfahrens bei der Schlichtungsstelle dem Hauptverband der Sozialversicherungsträger[a)] unverzüglich zu melden.

(BGBl I 2007/102, BGBl I 2018/100)

[a)] Ab 1. Jänner 2020: „Dachverband".

(3) Hat der Arbeitgeber binnen der Frist nach Abs. 1 noch keinen Beitrittsvertrag mit einer BV-Kasse abgeschlossen, hat der Hauptverband der Sozialversicherungsträger[a)] eine Zuweisung des Arbeitgebers zu einer BV-Kasse nach dem Zuweisungsmodus nach Abs. 4 und 5 vorzunehmen.

(BGBl I 2007/102, BGBl I 2018/100)

[a)] Ab 1. Jänner 2020: „Dachverband".

(4) Am Zuweisungsverfahren haben alle konzessionierten BV-Kassen (§ 18 Abs. 1) teilzunehmen, es sei denn, seitens der Wirtschaftskammer Österreich werden dem Hauptverband der Sozialversicherungsträger[a)] jährlich bis spätestens 30. November (Meldezeitpunkt) für das darauf folgende Jahr die am Zuweisungsverfahren teilnehmenden BV-Kassen bekannt gegeben, wobei die Anzahl der für die Teilnahme am Zuweisungsverfahren bekannt gegebenen BV-Kassen mindestens mehr als die Hälfte der konzessionierten BV-Kassen betragen muss. Die BV-Kassen können ihre Teilnahme am Zuweisungsverfahren schriftlich bei der Wirtschaftskammer Österreich jährlich bis spätestens 15. November beantragen, wobei die fristgerecht beantragte Teilnahme von der Wirtschaftskammer Österreich nicht abgelehnt werden darf. Der Antrag auf Teilnahme gilt unwiderruflich für das darauf folgende Jahr. Der Wegfall der Konzession einer BV-Kasse ist hinsichtlich des Erfordernisses der Anzahl der teilnehmenden BV-Kassen nach dem zweiten Satz unbeachtlich.

(BGBl I 2007/102, BGBl I 2018/100)

[a)] Ab 1. Jänner 2020: „Dachverband".

(5) Die Zuweisung der einzelnen Arbeitgeber hat nach dem folgenden Zuweisungsmodus entsprechend den zum Bilanzstichtag des vorangegangenen Geschäftsjahres bestehenden Marktanteilen der am Zuweisungsverfahren teilnehmenden BV-Kassen zu erfolgen, die nach der vom Hauptverband der Sozialversicherungsträger festgestellten Anzahl der einer BV-Kasse zugeordneten Dienstgeberkontonummern zu bemessen sind: Der Hauptverband der Sozialversicherungsträger hat eine Reihung aller zuzuweisenden Arbeitgeber nach dem Tag des jeweiligen Beginns des Arbeitsverhältnisses jenes Arbeitnehmers, für den der Arbeitgeber erstmalig Beiträge nach den §§ 6 oder 7 zu leisten hat, zu erstellen. Innerhalb der Gruppe der Arbeitgeber mit demselben Datum des Beginns des Arbeitsverhältnisses ist zusätzlich eine Reihung nach den Dienstgeberkontonummern der Arbeitgeber vorzunehmen. Die Zuweisung dieser Arbeitgeber zu den am Zuweisungsverfahren teilnehmenden BV-Kassen hat laufend nach der Reihung der Arbeitgeber auf die alphabetisch gereihten BV-Kassen prozentuell nach deren Marktanteilen in fiktiven Schritten zu jeweils 100 Arbeitgebern zu erfolgen. Der Hauptverband der Sozialversicherungsträger hat die BV-Kasse über die Zuweisung des Arbeitgebers zu informieren.

(BGBl I 2007/102)

(5)[a)] Die Zuweisung der einzelnen Arbeitgeber hat nach dem folgenden Zuweisungsmodus entsprechend den zum Bilanzstichtag des vorangegangenen Geschäftsjahres bestehenden Marktanteilen der am Zuweisungsverfahren teilnehmenden BV-Kassen zu erfolgen, die nach der vom Dachverband festgestellten Anzahl der einer BV-Kasse zugeordneten Dienstgeberkontonummern zu bemessen sind: Der Dachverband hat eine Reihung aller zuzuweisenden Arbeitgeber nach dem Tag des jeweiligen Beginns des Arbeitsverhältnisses jenes Arbeitnehmers, für den der Arbeitgeber erstmalig Beiträge nach den §§ 6 oder 7 zu leisten hat, zu erstellen. Innerhalb der Gruppe der Arbeitgeber mit demselben Datum des Beginns des Arbeitsverhältnisses ist zusätzlich eine Reihung nach den Dienstgeberkontonummern der Arbeitgeber vorzunehmen. Die Zuweisung dieser Arbeitgeber zu den am Zuweisungsverfahren teilnehmenden BV-Kassen hat laufend nach der Reihung der Arbeitgeber auf die alphabetisch gereihten BV-Kassen prozentuell nach deren Marktanteilen in fiktiven Schritten zu jeweils 100 Arbeitgebern zu erfolgen. Der Dachverband hat die BV-Kasse über die Zuweisung des Arbeitgebers zu informieren.

(BGBl I 2007/102, BGBl I 2018/100)

[a)] Tritt mit 1. Jänner 2020 in Kraft.

(6) Dem Arbeitgeber ist im Fall der Zuweisung das Anbot der BV-Kasse zu einem Beitrittsvertrag nach § 11 oder gleichartigen österreichischen Rechtsvorschriften zu übermitteln. Der Beitrittsvertrag kommt mit dem Zugang des Anbots der BV-Kasse beim Arbeitgeber zu Stande. Das Anbot der BV-Kasse hat zu den gleichen Bedingungen wie für ihre sonst üblicherweise abgeschlossenen Beitrittsverträge mit anderen Arbeitgebern, insbesondere zu den gleichen Verwaltungskosten gemäß § 29 Abs. 2 Z 5, zu erfolgen.

(BGBl I 2007/102)

(7) (aufgehoben)

(BGBl I 2007/102, BGBl I 2016/118)

(8) Für den Beitrittsvertrag nach Abs. 6 gelten § 12 Abs. 2 oder gleichartige österreichische Rechtsvorschriften mit der Maßgabe, dass die Frist für die Kündigung des Beitrittsvertrags drei Monate beträgt. Dies gilt nur für die Kündigung des Beitrittsvertrags zum nächsten oder übernächsten Bilanzstichtag nach dem zu Stande kommen des Beitrittsvertrags.

(BGBl I 2005/36)

(BGBl I 2005/36, BGBl I 2007/102)

3. Abschnitt
Veranlagung

Veranlagungsgemeinschaft

§ 28. (1) Die BV-Kasse hat für die Veranlagung der Abfertigungsbeiträge eine Veranlagungsgemeinschaft einzurichten.

(BGBl I 2007/102)

(2) Die Finanzmarktaufsichtsbehörde (FMA) kann frühestens drei Jahre nach In-Kraft-Treten dieses Bundesgesetzes und nach Anhörung der Oesterreichischen Nationalbank eine Verordnung erlassen, mit der

1. die Bildung mehrerer Veranlagungsgemeinschaften durch jede BV-Kasse ermöglicht wird, wobei die zulässige Anzahl innerhalb einer Bandbreite von zwei bis vier Veranlagungsgemeinschaften festzusetzen ist, und

   (BGBl I 2007/102)
2. Vorschriften hinsichtlich
   a) der Mindestgröße der Veranlagungsgemeinschaften,
   b) der Auswahl einer Veranlagungsgemeinschaft sowie
   c) des Wechsels zwischen den Veranlagungsgemeinschaften innerhalb einer BV-Kasse

   (BGBl I 2007/102)

erlassen werden.

Verordnungen der FMA nach diesem Absatz bedürfen der Zustimmung des Bundesministers für Finanzen.

(3) Für jede Veranlagungsgemeinschaft sind Veranlagungsbestimmungen (§ 29) zu erstellen.

Veranlagungsbestimmungen

§ 29. (1) Die BV-Kasse hat Veranlagungsbestimmungen aufzustellen, die das Rechtsverhältnis der Anwartschaftsberechtigten zur BV-Kasse sowie zur Depotbank regeln. Die Veranlagungsbestimmungen sowie deren Änderungen sind nach Zustimmung des Aufsichtsrates der BV-Kasse der Depotbank zur Zustimmung vorzulegen. Die Veranlagungsbestimmungen sowie deren Änderungen bedürfen der Bewilligung der FMA. Diese Bewilligung ist zu erteilen, wenn die Veranlagungsbestimmungen den berechtigten Interessen der Anwartschaftsberechtigten nicht widersprechen.

(BGBl I 2007/102, BGBl I 2011/77)

(2) Die Veranlagungsbestimmungen haben außer den sonst in diesem Bundesgesetz vorgeschriebenen Angaben Bestimmungen darüber zu enthalten:

1. nach welchen Grundsätzen die Wertpapiere ausgewählt werden, die für das der Veranlagungsgemeinschaft zugeordnete Vermögen erworben werden;
2. welcher Anteil des der Veranlagungsgemeinschaft zugeordneten Vermögens höchstens in Bankguthaben gehalten werden darf;
3. ob und bejahendenfalls in welcher Höhe ein Mindestanteil des der Veranlagungsgemeinschaft zugeordneten Vermögens in Bankguthaben zu halten ist;
4. welche Vergütung die Depotbank bei Abwicklung des der Veranlagungsgemeinschaft zugeordneten Vermögens erhält;
5. die Höhe der Verwaltungskosten (§§ 26 und 70),

   (BGBl I 2003/80, BGBl I 2007/102)

(3) Legt die BV-Kasse Bedingungen für eine genauere Zuweisung der Erträgnisse fest (§ 33 Abs. 2), so sind diese Bedingungen in die Veranlagungsbestimmungen aufzunehmen.

(BGBl I 2003/135, BGBl I 2007/102)

Veranlagungsvorschriften

§ 30. (1) Die BV-Kasse hat die Betrieblichen Vorsorgekassengeschäfte im Interesse der Anwartschaftsberechtigten zu führen und hiebei insbesondere auf die Sicherheit, Rentabilität und auf den Bedarf an flüssigen Mitteln sowie auf eine angemessene Mischung und Streuung der Vermögenswerte Bedacht zu nehmen.

(BGBl I 2007/102, BGBl I 2013/135)

(2) Die Veranlagung des einer Veranlagungsgemeinschaft zugeordneten Vermögens darf nur in folgenden Vermögensgegenständen erfolgen:

1. Guthaben bei Kreditinstituten und Kassenbestände,

„2. Darlehen und Kredite, die bei Anwendung der Bestimmung des Art. 400 Abs. 1 der Verordnung (EU) Nr. 575/2013 einer Nullgewichtung unterliegen würden,“

   (BGBl I 2010/72, BGBl I 2013/184, BGBl I 2019/62)

3. Forderungswertpapiere, für die kein Tilgungsbetrag geschuldet wird, der um mehr als 2 vH niedriger ist, als der Ausgabekurs,
4. sonstige Forderungswertpapiere sowie Beteiligungswertpapiere,
5. Anteilscheine von Investmentfonds gemäß § 3 Abs. 2 Z 30 Investmentfondsgesetz 2011 – InvFG 2011 (BGBl. I Nr. 77/2011);

   (BGBl I 2011/77)

5a. Anteilscheine von AIF, die materiell einem Spezialfonds gemäß § 163 InvFG 2011 gleichwertig sind und von einem EU-AIFM verwaltet werden, der nicht als Kapitalanlagegesellschaft gemäß § 1 Abs. 1 Z 13 BWG in Verbindung mit § 6 Abs. 2 InvFG 2011 konzessioniert ist;

(BGBl I 2013/4, BGBl I 2013/135)

6. Immobilienfonds gemäß § 1 Immobilien-Investmentfondsgesetz, BGBl. I Nr. 80/2003 (ImmoInvFG) sowie offene Immobilienfonds, die von einem EU-AIFM verwaltet werden, sofern die Fondsbestimmungen des Fonds ausschließlich die Veranlagung des Fondsvermögens in einem EWR-Mitgliedstaat oder OECD-Mitgliedstaat gelegene ertragbringende Grundstücke und Gebäude als auch Grundstücks-Gesellschaften gemäß § 23 ImmoInvFG vorsehen.

(BGBl I 2003/80, BGBl I 2006/134, BGBl I 2007/102, BGBl I 2013/135)

7. AIF, die gemäß §§ 29, 30, 31, 38 oder 47 Alternative Investmentfonds Manager-Gesetz – AIFMG, BGBl. I Nr. 135/2013, in Österreich zum Vertrieb an professionelle Anleger oder gemäß Art. 31, 32, 36 oder 42 der Richtlinie 2011/61/EU über die Verwalter alternativer Investmentfonds und zur Änderung der Richtlinien 2003/41/EG und 2009/65/EG und der Verordnungen (EG) Nr. 1060/2009 und (EU) Nr. 1095/2010 ABl. Nr. L 174 vom 01.07.2011 S. 1, in der Fassung der Berichtigung ABl. Nr. L 155 vom 27.04.2012 S. 35, zum Vertrieb in einem anderen Mitgliedstaat zugelassen sind und nicht zusätzlich unter Abs. 2 Z 5a oder 6 fallen;

(BGBl I 2013/135)

8. sonstige AIF.

(BGBl I 2013/135)

(3) Die Veranlagungen des Abs. 2 dürfen nur unter den folgenden Voraussetzungen und Beschränkungen erfolgen:

1. Vermögensgegenstände gemäß Abs. 2 Z 1 dürfen nur bis zu einer Höhe von 25 vH des der Veranlagungsgemeinschaft zugeordneten Vermögens bei der gleichen Kreditinstitutsgruppe (§ 30 BWG) gehalten werden;

2. Wertpapiere gemäß Abs. 2 Z 3 und 4, ausgenommen Wertpapiere des Bundes, eines Bundeslandes, eines anderen EWR-Mitgliedstaates oder einer sonstigen Regionalregierung eines anderen EWR-Mitgliedstaates,

   a) müssen an einer Wertpapierbörse im Inland, in einem Mitgliedstaat oder sonstigen Vollmitgliedstaat der OECD amtlich notiert oder an einem anderen anerkannten, geregelten, für das Publikum offenen und ordnungsgemäß funktionierenden Wertpapiermarkt in einem dieser Staaten gehandelt werden und

   b) dürfen im ersten Jahr seit Beginn ihrer Ausgabe erworben werden, wenn die Ausgabebedingungen die Verpflichtung enthalten, dass die Zulassung zur amtlichen Notierung oder zum Handel an einem der unter lit. a angeführten Märkte beantragt wird;

3. abweichend von Z 2 dürfen Wertpapiere gemäß Abs. 2 Z 3 und 4, die von Unternehmen mit Sitz im Inland, in einem Mitgliedstaat oder sonstigen Vollmitgliedstaat der OECD begeben werden und deren Wert jederzeit oder zumindest in den in § 57 Abs. 3 InvFG 2011 vorgesehenen Zeitabständen genau bestimmt werden kann, bis höchstens 10 vH des der Veranlagungsgemeinschaft zugeordneten Vermögens erworben werden;

(BGBl I 2011/77)

4. Veranlagungen gemäß Abs. 2 Z 5 und 5a

   a) müssen von einer Verwaltungsgesellschaft begeben werden, die ihren Sitz in einem EWR-Mitgliedstaat oder OECD-Mitgliedstaat hat,

   b) sind entsprechend der tatsächlichen Gestionierung auf die Veranlagungen gemäß Abs. 2 Z 1 bis 8 aufzuteilen,

   c) dürfen derivative Produkte gemäß § 73 InvFG 2011, die nicht zur Absicherung von Kursrisiken erworben wurden, bis zu 5 vH des der Veranlagungsgemeinschaft zugeordneten Vermögens enthalten;

   d) dürfen Anteile an Organismen für gemeinsame Anlagen (OGA) gemäß § 71 Abs. 2 und 3 InvFG 2011 bis zu 30 vH des der Veranlagungsgemeinschaft zugeordneten Vermögens enthalten;

   e) dürfen Veranlagungen gemäß § 166 Abs. 1 Z 3 InvFG 2011 bis zu 5 vH des der Veranlagungsgemeinschaft zugeordneten Vermögens enthalten;

(BGBl I 2006/134, BGBl I 2011/77, BGBl I 2013/4, BGBl I 2013/135)

5. Veranlagungen in Vermögenswerten gemäß Abs. 2 Z 4 sind mit höchstens 40 vH des der Veranlagungsgemeinschaft zugeordneten Vermögens begrenzt;

6. Veranlagungen in auf ausländische Währung lautenden Vermögenswerten gemäß Abs. 2 Z 1 bis 5 sind mit insgesamt höchstens 50 vH des der Veranlagungsgemeinschaft zugeordneten Vermögens begrenzt; unbeschadet dieser Grenze sowie der Grenze gemäß Z 4 sind Veranlagungen in auf ausländische Währung lautenden Vermögenswerten gemäß Abs. 2 Z 4 mit höchstens 25 vH des der Veranlagungsgemeinschaft zugeordneten Vermögens begrenzt;

7. Veranlagungen gemäß Abs. 2 Z 7 sind mit höchstens 5 vH des der Veranlagungsgemeinschaft zugeordneten Vermögens begrenzt;

(BGBl I 2006/134, BGBl I 2011/77, BGBl I 2013/4, BGBl I 2013/135)

7a. Veranlagungen gemäß Abs. 2 Z 8 sind mit höchstens 1 vH des der Veranlagungsgemeinschaft zugeordneten Vermögens begrenzt;

(BGBl I 2013/135)

7b. Veranlagungen gemäß Abs. 2 Z 7 und 8 dürfen gemeinsam nicht mehr als 5 vH des der Veranlagungsgemeinschaft zugeordneten Vermögens betragen;

(BGBl I 2013/135)

8. für Veranlagungen gemäß Abs. 2 Z 3 und 4 sind folgende Beschränkungen anzuwenden:

a) Wertpapiere desselben Ausstellers dürfen nur bis zu 10 vH des der Veranlagungsgemeinschaft zugeordneten Vermögens erworben werden, wobei der Gesamtwert der Wertpapiere von Emittenten, in deren Wertpapieren mehr als 5 vH des der Veranlagungsgemeinschaft zugeordneten Vermögens angelegt sind, 40 vH des der Veranlagungsgemeinschaft zugeordneten Vermögens nicht übersteigen darf. Wertpapiere von zwei Wertpapierausstellern, von denen der eine am Grundkapital des anderen unmittelbar oder mittelbar mit mehr als 50 vH beteiligt ist, gelten als Wertpapiere desselben Ausstellers. Optionsscheine sind dem Aussteller des Wertpapieres zuzurechnen, auf das die Option ausgeübt werden kann. Wertpapiere eines EWR-Mitgliedstaates müssen nicht mit Wertpapieren von Emittenten, an deren Gesellschaftskapital der betreffende EWR-Mitgliedstaat mittelbar oder unmittelbar zu mehr als 50 vH beteiligt ist, zusammengerechnet werden;

(BGBl I 2006/141)

b) Wertpapiere, die von demselben Zentralstaat, der gemäß Teil 3 Titel II Kapitel 2 der Verordnung (EU) Nr. 575/2013 mit einem Risikogewicht von höchstens 20 vH zu versehen wäre, oder die vom Bund oder den Ländern oder von internationalen Organisationen öffentlich-rechtlichen Charakters, denen ein oder mehrere EWR-Mitgliedstaaten angehören, begeben oder garantiert werden, dürfen bis zu 35 vH des der Veranlagungsgemeinschaft zugeordneten Vermögens erworben werden;

(BGBl I 2006/141, BGBl I 2013/184)

c) Schuldverschreibungen, die von einem Kreditinstitut ausgegeben werden, das seinen Sitz in einem EWR-Mitgliedstaat hat und auf Grund gesetzlicher Vorschriften zum Schutz der Inhaber dieser Schuldverschreibungen einer besonderen öffentlichen Aufsicht unterliegt, dürfen bis zu 25 vH des der Veranlagungsgemeinschaft zugeordneten Vermögens erworben werden. Die Erlöse aus der Emission dieser Schuldverschreibungen sind in Vermögenswerten anzulegen, die während der gesamten Laufzeit der Schuldverschreibungen die sich daraus ergebenden Verbindlichkeiten ausreichend decken und vorrangig für die beim Ausfall des Emittenten fällig werdende Rückzahlung des Kapitals und der Zinsen bestimmt sind. Übersteigt die Veranlagung in solchen Schuldverschreibungen desselben Emittenten 5 vH des der Veranlagungsgemeinschaft zugeordneten Vermögens, so darf der Gesamtwert solcher Anlagen 80 vH des der Veranlagungsgemeinschaft zugeordneten Vermögens nicht übersteigen;

d) die in lit. b und c genannten Wertpapiere bleiben bei der Anwendung der in lit. a vorgesehenen Grenze von 40 vH unberücksichtigt. Die Grenzen der lit. a bis c dürfen nicht kumuliert werden;

e) Stammaktien desselben Ausstellers dürfen nur bis zu 7,5 vH des Grundkapitals der ausstellenden Aktiengesellschaft erworben werden; Aktien desselben Ausstellers dürfen nur bis zu 10 vH des Grundkapitals der ausstellenden Aktiengesellschaft erworben werden; Schuldverschreibungen desselben Emittenten dürfen nur bis zu 10 vH des Gesamtemissionsvolumens des Emittenten erworben werden;

f) der Erwerb von nicht voll eingezahlten Aktien und von Bezugsrechten auf solche ist bis zu 10 vH des der Veranlagungsgemeinschaft zugeordneten Vermögens zulässig, wenn die Veranlagungsbestimmungen dies ausdrücklich für zulässig erklären;

(BGBl I 2003/80)

9. Veranlagungen in Vermögenswerten gemäß Abs. 2 Z 6 sind mit höchstens 10 vH des der Veranlagungsgemeinschaft zugeordneten Vermögens begrenzt.

(BGBl I 2003/80)

(4) Mit Ausnahme von Veranlagungen in Vermögenswerten des Bundes und der Länder, Guthaben bei Kreditinstituten mit Sitz in EWR-Mitgliedstaaten sowie in Schuldverschreibungen, die von einem Kreditinstitut mit Sitz in einem EWR-Mitgliedstaat ausgegeben wurden, das in Bezug auf diese Schuldverschreibungen einer besonderen staatlichen Aufsicht unterliegt, ist die Rückveranlagung bei Arbeitgebern, die Beiträge zur Veranlagungsgemeinschaft leisten, nur bei Veranlagungen gemäß Abs. 2 Z 5 zulässig.

(BGBl I 2002/158)

(5) Wird bei Veranlagungen gemäß Abs. 2 Z 3 und 4, die auf ausländische Währung lauten, durch Kurssicherungsgeschäfte das Währungsrisiko beseitigt, so können diese Veranlagungen den auf

Euro lautenden Veranlagungen zugeordnet werden.

(6) Die Höchstsätze des Abs. 3 Z 1 dürfen während des ersten Jahres ab Bildung einer Veranlagungsgemeinschaft und nach Beginn der Abwicklung des der Veranlagungsgemeinschaft zugeordneten Vermögens vorübergehend überschritten werden.

(BGBl I 2002/158)

Bewertungsregeln

§ 31. (1) Die der Veranlagungsgemeinschaft zugeordneten Vermögenswerte sind mit folgenden Werten anzusetzen:

1. auf einen festen Geldbetrag lautende Forderungen dürfen, soweit in Z 3 nichts anderes bestimmt ist, höchstens zum Nennwert angesetzt werden;
2. Aktiva in fremder Währung sind mit dem Devisen-Mittelkurs anzusetzen;
3. Forderungswertpapiere und Beteiligungswertpapiere sind
   a) mit dem jeweiligen Börsenkurs oder dem jeweiligen Preis am anerkannten Wertpapiermarkt anzusetzen oder
   b) mit dem Marktwert zu bewerten; existiert für einen Vermögenswert kein liquider Markt, so kann als Marktwert jener rechnerische Wert herangezogen werden, der sich aus der Zugrundelegung von Marktbedingungen ergibt;

3a. Abweichend von Z 3 sind direkt oder über Spezialfonds gemäß § 163 InvFG 2011 oder vergleichbare ausländische Spezialfonds im Sinne des § 30 Abs. 2 Z 5a, bei denen die BV-Kasse einziger Anteilinhaber ist, veranlagte
   a) Schuldverschreibungen des Bundes, eines Bundeslandes oder eines anderen Staates, der Vertragspartei des Abkommens über den Europäischen Wirtschaftsraum ist (Vertragsstaat), eines Gliedstaates eines anderen Vertragsstaates oder eines sonstigen Vollmitgliedstaates der Organisation für wirtschaftliche Zusammenarbeit und Entwicklung (OECD) und Wertpapiere, für deren Rückzahlung und Verzinsung der Bund, ein Bundesland, ein anderer Vertragsstaat, ein Gliedstaat eines anderen Vertragsstaates oder ein sonstiger Vollmitgliedstaat der OECD haftet, und die Veranlagung gemäß Teil 3 Titel II Kapitel 2 der Verordnung (EU) Nr. 575/2013 mit einem Risikogewicht von höchstens 20 vH zu versehen wäre,

   (BGBl I 2013/184)

   b) Schuldverschreibungen von Kreditinstituten, die gemäß Teil 3 Titel II Kapitel 2 der Verordnung (EU) Nr. 575/2013 mit einem Risikogewicht von höchstens 20 vH zu versehen wären, und Wertpapiere, für deren Rückzahlung und Verzinsung ein Kreditinstitut, das gemäß Teil 3 Titel II Kapitel 2 der Verordnung (EU) Nr. 575/2013 mit einem Risikogewicht von höchstens 20 vH zu versehen wäre, haftet,

   (BGBl I 2013/184)

   c) investment grade corporate bonds,

mit einer festen Laufzeit, wenn sie auf Grund einer gesonderten Widmung dazu bestimmt sind bis zur Endfälligkeit gehalten zu werden, mit ihren fortgeführten Anschaffungskosten oder ihrem fortgeführten Tageswert zum Zeitpunkt der Widmung unter Verwendung der Effektivzinsmethode zu bewerten, wenn dies in den Veranlagungsbestimmungen für zulässig erklärt wurde. Für die direkt oder indirekt über Spezialfonds gewidmeten Wertpapiere ist anhand eines vorsichtigen Liquiditätsplans die Fähigkeit als Daueranlage darzulegen; es dürfen aber höchstens 25 vH gemäß lit. c und insgesamt höchstens 60 vH des einer Veranlagungsgemeinschaft zugeordneten Vermögens gewidmet werden. Die Fondsbestimmungen von Spezialfonds haben Regelungen über die gesonderte Widmung von bestimmten Schuldverschreibungen und über den laufenden Ausweis eines weiteren Rechenwertes unter Berücksichtigung der besonderen Bewertung zu enthalten. Diese Fondsbestimmungen sind der FMA bei Widmung vorzulegen. Über ein von der BV-Kasse als Daueranlage gewidmetes Wertpapier darf vor Endfälligkeit nur bei Vorliegen besonderer Umstände und mit Bewilligung der FMA verfügt werden. Verliert ein corporate bond den Status investment grade, so ist seine Widmung als Daueranlage aufzuheben und gemäß Z 3 zu bewerten. Eine Veräußerung von über Spezialfonds gesondert gewidmeten Schuldverschreibungen ist nur bei Rückgabe von Anteilscheinen durch die BV-Kasse, die nur bei Vorliegen besonderer Umstände und mit Bewilligung der FMA erfolgen darf, zulässig. Die FMA hat in der Verordnung gemäß § 39 Abs. 3 den Ausweis der durch die HTM-Bewertung entstehenden stillen Lasten und stillen Reserven vorzuschreiben;

(BGBl I 2009/152, BGBl I 2011/77, BGBl I 2013/135)

4. Anteilscheine von Investmentfonds sind mit dem Rückgabepreis im Sinne des § 55 Abs. 2 InvFG 2011 oder vergleichbarer Regelungen in den OECD-Mitgliedstaaten anzusetzen;

   (BGBl I 2003/80, BGBl I 2011/77)

5. Anteilscheine von Immobilienfonds gemäß § 1 Abs. 1 und Immobilienspezialfonds gemäß § 1 Abs. 3 ImmoInvFG sowie von Immobilienfonds, die von einer Kapitalanlagegesellschaft mit Sitz im EWR verwaltet wer-

den, sind mit dem Rückgabepreis im Sinne des § 11 Abs. 1 ImmoInvFG anzusetzen.

(BGBl I 2003/80)

(2) Bei Ermittlung des Gesamtwertes der den Veranlagungsgemeinschaften zugeordneten Vermögenswerte zum Abschlussstichtag sind erkennbare Risiken und drohende Verluste, die in dem Geschäftsjahr oder in einem früheren Geschäftsjahr entstanden sind, zu berücksichtigen, selbst wenn diese Umstände erst zwischen dem Abschlussstichtag und dem Tag der Aufstellung des Jahresabschlusses bekannt geworden sind. Notwendige Wertberichtigungen sind bei der Bewertung der einzelnen Vermögensgegenstände selbst zu berücksichtigen.

Depotbank

§ 32. (1) Die BV-Kasse hat mit der Verwahrung der zu der Veranlagungsgemeinschaft gehörigen Wertpapiere und mit der Führung der zur Veranlagungsgemeinschaft gehörigen Konten eine Depotbank zu beauftragen. Als Depotbank kann nur ein Kreditinstitut, das zum Betrieb des Depotgeschäftes (§ 1 Abs. 1 Z 5 BWG) berechtigt ist oder eine gemäß § 9 Abs. 4 BWG errichtete inländische Zweigstelle eines EWR-Kreditinstitutes bestellt werden. Die Bestellung und der Wechsel der Depotbank bedarf der Bewilligung der FMA. Sie darf nur erteilt werden, wenn anzunehmen ist, dass das Kreditinstitut die Erfüllung der Aufgaben einer Depotbank gewährleistet. Die Bestellung und der Wechsel der Depotbank ist zu veröffentlichen, die Veröffentlichung hat den Bewilligungsbescheid anzuführen.

(BGBl I 2007/102)

(2) Der Depotbank ist bei allen für ein Beitragsvermögen abgeschlossenen Geschäften unverzüglich der Gegenwert für die von ihr geführten Depots und Konten der Veranlagungsgemeinschaft zur Verfügung zu stellen. Die Depotbank zahlt die Ansprüche an die Begünstigten aus. Die der BV-Kasse nach den Veranlagungsbestimmungen für die Verwaltung zustehende Vergütung und der Ersatz für die mit der Verwaltung zusammenhängenden Aufwendungen sind von der Depotbank zu Lasten der für die Veranlagungsgemeinschaft geführten Konten zu bezahlen. Die Depotbank darf die ihr für die Verwahrung der Wertpapiere des Beitragsvermögens und für die Kontenführung zustehende Vergütung dem Beitragsvermögen anlasten. Bei diesen Maßnahmen kann die Depotbank nur auf Grund eines Auftrages der BV-Kasse handeln.

(BGBl I 2007/102)

(3) Die Depotbank ist berechtigt und verpflichtet, im eigenen Namen gemäß § 37 EO durch Klage Widerspruch zu erheben, wenn auf einen zu einer Veranlagungsgemeinschaft gehörigen Vermögenswert Exekution geführt wird, sofern es sich nicht um eine gemäß § 34 begründete Forderung gegen die Veranlagungsgemeinschaft handelt.

(4) Die Depotbank hat bei der Wahrnehmung ihrer Aufgaben die Bestimmungen dieses Bundesgesetzes und die Veranlagungsbestimmungen und die Interessen der Begünstigten zu beachten. Die Depotbank haftet gegenüber der BV-Kasse und den Begünstigten für jede Schädigung, die durch ihre schuldhafte Pflichtverletzung verursacht worden ist.

(BGBl I 2007/102)

Ergebniszuweisung

§ 33. (1) Die Zuweisung der Veranlagungsergebnisse auf die Konten der Anwartschaftsberechtigten hat jährlich zum letzten Bilanzstichtag zu erfolgen. Bei Verfügungen nach § 17 Abs. 1 Z 1, 3 und 4, Abs. 2a oder bei Auszahlungen nach § 17 Abs. 3 hat eine gesonderte Zuweisung der Veranlagungsergebnisse zum Ende jenes Monats zu erfolgen, zu dem ein Anspruch nach den §§ 14 Abs. 5, 16 oder 17 Abs. 3 oder gleichartiger österreichischer Rechtsvorschriften fällig geworden ist.

(BGBl I 2007/102)

(2) Die Veranlagungsergebnisse sind auf die Anwartschaftsberechtigten in jenem Ausmaß zuzuteilen, das sich aus dem Verhältnis der Abfertigungsanwartschaft zum Jahresanfang zuzüglich der Abfertigungsbeiträge bis zum Stichtag der Ergebniszuweisung jedes Anwartschaftsberechtigten zur Gesamtsumme der so ermittelten Abfertigungsanwartschaften aller Anwartschaftsberechtigten ergibt. Die BV-Kasse kann Bedingungen für eine genauere Zuweisung der Erträgnisse in den Veranlagungsbestimmungen (§ 29 Abs. 3) festlegen. Dabei ist insbesondere auf den Zeitpunkt des Zahlungseinganges sowie auf die Höhe der Abfertigungsbeiträge, der übertragenen Abfertigungsanwartschaften und der übertragenen Altabfertigungsanwartschaften abzustellen.

(BGBl I 2003/135, BGBl I 2007/102)

4. Abschnitt
Schutzbestimmungen

Haftungsverhältnisse

§ 34. (1) Zur Sicherstellung oder zur Hereinbringung von Verbindlichkeiten, die von der BV-Kasse für das der von ihr verwalteten Veranlagungsgemeinschaft zugeordnete Vermögen wirksam begründet wurden, kann nur auf dieses Exekution geführt werden.

(BGBl I 2007/102)

(2) Zur Sicherstellung oder Hereinbringung von Verbindlichkeiten, die von der BV-Kasse nicht für das der von ihr verwalteten Veranlagungsgemeinschaft zugeordnete Vermögen begründet wurden, kann auf dieses nicht Exekution geführt werden.

(BGBl I 2007/102)

Verfügungsbeschränkungen

§ 35. (1) Die in der Veranlagungsgemeinschaft zusammengefassten Vermögenswerte können rechtswirksam weder verpfändet oder sonst belastet noch zur Sicherung übereignet oder abgetreten werden.

(2) Kurssicherungsgeschäfte sind nur zulässig, wenn sie als Nebengeschäfte im Zusammenhang mit Veranlagungen gemäß § 30 zu deren Absicherung dienen.

(3) Forderungen gegen die BV-Kasse und Forderungen, die zu der Veranlagungsgemeinschaft gehören, können rechtswirksam nicht gegeneinander aufgerechnet werden.

(BGBl I 2007/102)

Insolvenz

§ 36. (1) Die einer Veranlagungsgemeinschaft zugeordneten Vermögenswerte bilden im Konkurs eine Sondermasse (§ 48 Abs. 1 IO).

(2) Durch die Konkurseröffnung enden die Vertragsverhältnisse aus den Beitrittsverträgen.

Kurator

§ 37. (1) Das Konkursgericht hat bei Konkurseröffnung einen Kurator zur Geltendmachung der Ansprüche aus den Beitrittsverträgen gegen die BV-Kasse zu bestellen. Ansprüche aus den Beitrittsverträgen gegen die BV-Kasse können nur vom Kurator geltend gemacht werden. Der Kurator ist verpflichtet, die Begünstigten auf ihr Verlangen vor Anmeldung des Anspruches zu hören. Die aus den Büchern der BV-Kasse feststellbaren Ansprüche gelten als angemeldet.

(BGBl I 2007/102)

(2) Der Masseverwalter hat dem Kurator auf Verlangen der Anwartschaftsberechtigten Einsicht in die Bücher und Aufzeichnungen des Unternehmens zu gewähren.

(3) Der Kurator hat gegen die Konkursmasse Anspruch auf Ersatz seiner Barauslagen und auf eine angemessene Vergütung seiner Mühewaltung. § 125 IO gilt sinngemäß.

Befriedigung der Ansprüche

§ 38. (1) Das Konkursgericht hat eine abschließende Aufstellung der Konten (§ 25) für den Zeitpunkt der Konkurseröffnung zu veranlassen.

(2) Die Anwartschaftsberechtigten haben auf die ihrer Veranlagungsgemeinschaft zugeordneten Vermögenswerte entsprechend dem gemäß Abs. 1 ermittelten Stand ihres Kontos Anspruch.

(3) Soweit die den Anwartschaftsberechtigten aus dem Beitrittsvertrag zustehenden Ansprüche gemäß Abs. 2 nicht zur Gänze befriedigt wurden, gehen sie den übrigen Konkursforderungen vor.

5. Abschnitt
Aufsichtsrechtliche Vorschriften

Meldungen

§ 39. (1) Ergänzend zu den in § 74 BWG vorgesehenen Meldungen haben die BV-Kassen binnen vier Wochen nach Ablauf eines jeden Kalendervierteljahres der FMA und der Oesterreichischen Nationalbank Quartalsausweise, mit denen die Einhaltung der §§ 20, 30 und 31 Abs. 1 Z 3a nachgewiesen wird, entsprechend der in der Verordnung gemäß Abs. 3 vorgesehenen Gliederung zu übermitteln.

(BGBl I 2007/102, BGBl I 2009/152)

(2) Die Oesterreichische Nationalbank hat auf Grund der Quartalsausweise zur Einhaltung der Bestimmungen des § 20 der FMA gutachtliche Äußerungen zu erstatten.

(3) Die FMA hat die Gliederung der Quartalsausweise durch Verordnung festzusetzen; bei Erlassung dieser Verordnung hat sie auf das volkswirtschaftliche Interesse an einem funktionsfähigen BV-Kassenwesen Bedacht zu nehmen. Sie ist ermächtigt, durch Verordnung auf die Übermittlung nach Abs. 1 an sie zu verzichten. Verordnungen der FMA nach diesem Absatz erfordern die Zustimmung des Bundesministers für Finanzen.

(BGBl I 2007/102)

(4) Die Meldungen nach Abs. 1 sind in standardisierter Form mittels elektronischer Übermittlung oder elektronischer Datenträger zu erstatten. Die Übermittlung muss bestimmten, von der FMA nach Anhörung der Oesterreichischen Nationalbank bekannt zu gebenden Mindestanforderungen entsprechen.

(5) Vor Erlassung von Verordnungen gemäß Abs. 3 ist die Oesterreichische Nationalbank anzuhören.

Jahresabschluss und Rechenschaftsbericht

§ 40. (1) Das Geschäftsjahr der BV-Kasse und der Veranlagungsgemeinschaften ist das Kalenderjahr.

(BGBl I 2007/102)

(2) Neben der Bilanz und der Gewinn- und Verlustrechnung der BV-Kasse, in der die Vermögensgegenstände, Schulden, Erträge und Aufwendungen der Veranlagungsgemeinschaft in zusammengefasster Form enthalten sind, ist für jede Veranlagungsgemeinschaft ein Rechenschaftsbericht aufzustellen. Der Rechenschaftsbericht ist vom Bankprüfer der BV-Kasse zu prüfen.

(BGBl I 2007/102)

(3) Die Bilanz sowie die Gewinn- und Verlustrechnung der BV-Kasse sind entsprechend der Gliederung der in der **Anlage 1** enthaltenen Formblätter aufzustellen. Der Rechenschaftsbericht jeder Veranlagungsgemeinschaft ist entsprechend der Gliederung der in der **Anlage 2** enthaltenen Formblätter aufzustellen. Die FMA kann durch Verordnung die Formblätter ändern, sofern geänderte Rechnungslegungsvorschriften dies erfordern.

(BGBl I 2007/102)

(4) Der Bankprüfer hat diejenigen Teile des Prüfungsberichtes über den Jahresabschluss, die sich auf die Posten Aktiva, Pos. D. und Passiva, Pos. F. der Anlage 1, Formblatt A, sowie auf Pos. A. der Anlage 1, Formblatt B, beziehen, gesondert bei den jeweiligen Veranlagungsgemeinschaften zu erläutern. Eine gesonderte Erläuterung der die Veranlagungsgemeinschaften betreffenden Posten hat

im Prüfungsbericht über die Bilanz und die Gewinn- und Verlustrechnung zu unterbleiben.

(5) Sind nach dem abschließenden Ergebnis der Prüfung des Rechenschaftsberichtes der Veranlagungsgemeinschaft keine Einwendungen zu erheben, so hat der Bankprüfer dies durch folgenden Vermerk zu bestätigen: Die Buchführung und der Abschluss entsprechen nach meiner/unserer pflichtgemäßen Prüfung den gesetzlichen Vorschriften. Der Rechenschaftsbericht vermittelt unter Beachtung der Grundsätze ordnungsgemäßer Buchführung ein möglichst getreues Bild der Lage der Veranlagungsgemeinschaft.

(BGBl I 2005/36)

(6) Die geprüften Rechenschaftsberichte der Veranlagungsgemeinschaften und der Prüfungsbericht über die Rechenschaftsberichte der Veranlagungsgemeinschaften sind längstens innerhalb von sechs Monaten nach Abschluss des Geschäftsjahres der FMA vorzulegen.

(BGBl I 2013/135)

(7) Die Rechenschaftsberichte der Veranlagungsgemeinschaften sind den Mitgliedern des Aufsichtsrates der BV-Kasse sowie für die jeweilige Veranlagungsgemeinschaft auf Verlangen den beitragsleistenden Arbeitgebern und den zuständigen Betriebsräten unverzüglich zu übermitteln. Darüber hinaus bestehen keine Verpflichtungen zur Offenlegung oder Veröffentlichung des Rechenschaftsberichtes.

(BGBl I 2007/102)

Übertragung des einer Veranlagungsgemeinschaft zugeordneten Vermögens

§ 41. (1) Die FMA hat das einer Veranlagungsgemeinschaft zugeordnete Vermögen mittels Bescheid auf eine andere BV-Kasse nach Einholung von deren Zustimmung zu übertragen, wenn

1. die Konzession der die Veranlagungsgemeinschaft verwaltenden BV-Kasse zurückgenommen wird oder erlischt;

   (BGBl I 2007/102)

2. der Antrag auf Eröffnung des Konkurses der die Veranlagungsgemeinschaft verwaltenden BV-Kasse gestellt wird;

   (BGBl I 2007/102)

3. von der BV-Kasse die Konzession zurückgelegt wird oder

   (BGBl I 2007/102)

4. ein Antrag auf Auflösung der BV-Kasse bewilligt wird.

   (BGBl I 2007/102)

(BGBl I 2007/102)

(2) Die Zurücklegung der Konzession ist nur dann rechtswirksam möglich, wenn die BV-Kasse hinsichtlich der Übertragung des einer Veranlagungsgemeinschaft zugeordneten Vermögens eine andere BV-Kasse namhaft gemacht hat und deren Zustimmung der FMA nachgewiesen wurde.

(BGBl I 2007/102)

(3) Die Auflösung der BV-Kasse und die Übertragung des der Veranlagungsgemeinschaft zugeordneten Vermögens sind im Amtsblatt zur Wiener Zeitung zu verlautbaren.

(BGBl I 2007/102)

(4) Die Übertragung des einer Veranlagungsgemeinschaft zugeordneten Vermögens auf eine andere BV-Kasse bewirkt deren Eintritt in alle von der früheren BV-Kasse für die Veranlagungsgemeinschaft abgeschlossenen Verträge im Wege der Gesamtrechtsnachfolge. Das einer Veranlagungsgemeinschaft zugeordnete Vermögen kann von der anderen BV-Kasse abweichend von § 28 Abs. 1 und 2 in einer eigenen Veranlagungsgemeinschaft verwaltet werden. Für diese Veranlagungsgemeinschaft ist der Abschluss neuer Beitrittsverträge gemäß § 11 Abs. 1 nicht zulässig; für zum Zeitpunkt der Übertragung bereits abgeschlossene Beitrittsverträge ist die Einbeziehung neuer Anwartschaftsberechtigter jedoch weiterhin zulässig.

(BGBl I 2007/102, BGBl I 2014/42)

(5) Die FMA hat bis zur Durchführung der Übertragung des einer Veranlagungsgemeinschaft zugeordneten Vermögens dessen provisorische Verwaltung durch eine andere BV-Kasse nach Einholung deren Zustimmung anzuordnen.

(BGBl I 2007/102)

Staatskommissär

§ 42. Der Bundesminister für Finanzen hat einen Staatskommissär und dessen Stellvertreter für eine Funktionsperiode von längstens fünf Jahren zu bestellen; die Wiederbestellung ist zulässig. Der Staatskommissär und dessen Stellvertreter handeln als Organe der FMA und sind in dieser Funktion ausschließlich deren Weisungen unterworfen. § 76 Abs. 2 bis 9 BWG ist anzuwenden.

(BGBl I 2005/36)

§ 42a. Der FMA stehen zur Durchsetzung der Einhaltung der Vorschriften der Verordnung (EU) 2015/2365 über die Transparenz von Wertpapierfinanzierungsgeschäften und der Weiterverwendung sowie zur Änderung der Verordnung (EU) Nr. 648/2012, ABl. Nr. L 337 vom 23.12.2015 S. 1, durch Betriebliche Vorsorgekassen die Aufsichtsbefugnisse und –mittel aus dem BWG zur Verfügung.

(BGBl I 2016/73)

Verfahrens- und Strafbestimmungen

§ 43. (1) Die FMA hat den BV-Kassen, ausgenommen bei Aufsichtsmaßnahmen nach § 70 Abs. 2 BWG oder bei Überschuldung der BV-Kasse, für folgende Beträge Zinsen vorzuschreiben:

1. 2 vH der Unterschreitung der erforderlichen Eigenmittel gemäß § 20, gerechnet pro Jahr, für 30 Tage;
2. 5 vH der Überschreitung einer Veranlagungsgrenze gemäß § 30, gerechnet pro Jahr, für 30 Tage.

   (BGBl I 2007/102)

(BGBl I 2007/102)

(2) Die nach Abs. 1 zu zahlenden Zinsen sind an den Bund abzuführen und dürfen nicht dem der Veranlagungsgemeinschaft zugeordneten Vermögen angelastet werden.

(3) Die BV-Kassen haben der FMA

1. Unterschreitungen der erforderlichen Eigenmittel gemäß § 20 sowie
2. Überschreitungen einer Veranlagungsgrenze gemäß § 30

unverzüglich bekannt zu geben.

(BGBl I 2007/102)

(BGBl I 2007/102)

§ 44. (1) Wer als Verantwortlicher (§ 9 Verwaltungsstrafgesetz 1991 – VStG, BGBl. Nr. 52) einer BV-Kasse seinen Meldepflichten gegenüber der FMA und der Oesterreichischen Nationalbank gemäß § 39 nicht nachkommt oder die in § 31 Abs. 1 Z 3a festgelegten Grenzen verletzt, begeht eine Verwaltungsübertretung und ist von der FMA mit Geldstrafe bis zu 60 000 Euro zu bestrafen.

(BGBl I 2006/48, BGBl I 2007/102, BGBl I 2011/77, BGBl I 2012/35, BGBl I 2017/107)

(2) (aufgehoben)

(BGBl I 2013/135, BGBl I 2017/107)

§ 45. (1) Wer den Bestimmungen der §§ 22 und 23 zuwiderhandelt, begeht eine Verwaltungsübertretung und ist von der FMA bei vorsätzlicher Begehung mit einer Geldstrafe bis zu 60 000 Euro, bei fahrlässiger Begehung mit einer Geldstrafe bis zu 30 000 Euro zu bestrafen.

(BGBl I 2006/48, BGBl I 2012/35, BGBl I 2017/107)

(2) Dem Zuwiderhandelnden ist aufzutragen, seine gesetzwidrige Handlung unverzüglich einzustellen.

(3) (aufgehoben)

(BGBl I 2013/135, BGBl I 2017/107)

Kosten

§ 45a. (1) Die Kosten der FMA aus dem Rechnungskreis Wertpapieraufsicht (§ 19 Abs. 1 Z 3 und Abs. 4 FMABG) sind von BV-Kassen gemäß § 18 zu tragen. Die FMA hat zu diesem Zweck einen zusätzlichen gemeinsamen Subrechnungskreis für BV-Kassen, Verwaltungsgesellschaften (InvFG 2011), Kapitalanlagegesellschaften für Immobilien (ImmoInvFG) und AIFM (AIFMG) zu bilden.

(2) Die auf Kostenpflichtige gemäß Abs. 1 entfallenden Beträge sind von der FMA mit Bescheid vorzuschreiben; die Festsetzung von Pauschalbeträgen ist zulässig. Die FMA hat nähere Regelungen über diese Kostenaufteilung und ihre Vorschreibung mit Verordnung festzusetzen. Hierbei sind insbesondere zu regeln:

1. Die Bemessungsgrundlagen der einzelnen Arten von Kostenvorschreibungen;
2. die Termine für die Kostenbescheide und die Fristen für die Zahlungen der Kostenpflichtigen.

Die BV-Kassen haben der FMA alle erforderlichen Auskünfte über die Grundlagen der Kostenbemessung zu erteilen.

(BGBl I 2013/135)

3. Teil
Übergangsrecht

(BGBl I 2007/102)

Zeitlicher Geltungsbereich

§ 46. (1) Dieses Bundesgesetz tritt mit 1. Juli 2002 in Kraft und ist auf Arbeitsverhältnisse anzuwenden, deren vertraglich vereinbarter Beginn nach dem 31. Dezember 2002 liegt. Durch Verordnung des Bundesministers für Wirtschaft und Arbeit und des Bundesministers für Finanzen kann bei Vorliegen der organisatorischen Voraussetzungen bei den BV-Kassen und den Sozialversicherungsträgern die Einbeziehung von Arbeitsverhältnissen in den Anwendungsbereich dieses Bundesgesetzes auch hinsichtlich Abs. 2 bis 4 sowie der §§ 47 und 48 vorverlegt werden.

(BGBl I 2007/102)

(2) Abweichend von Abs. 1 ist dieses Bundesgesetz auf journalistische oder programmgestaltende Arbeitnehmer im Sinne des § 32 Abs. 4 des ORF-Gesetzes, BGBl. I Nr. 83/2001, die bereits vor dem 1. Jänner 2003 erstmalig ein befristetes Arbeitsverhältnis im Sinne des § 32 Abs. 5 ORF-Gesetz mit dem ORF begonnen haben, nicht anzuwenden.

(3) Die Abfertigungsregelungen nach dem Angestelltengesetz, dem Arbeiter-Abfertigungsgesetz, dem Gutsangestelltengesetz, dem Hausgehilfen- und Hausangestelltengesetz, den allgemeinen Vertragsbedingungen für Dienstverträge bei den Österreichischen Bundesbahnen (AVB) sowie kollektivvertragliche Abfertigungsbestimmungen gelten weiter, wenn nach dem 31. Dezember 2002

1. auf Grund von Wiedereinstellungszusagen oder Wiedereinstellungsvereinbarungen unterbrochene Arbeitsverhältnisse unter Anrechnung von Vordienstzeiten bei dem selben Arbeitgeber fortgesetzt werden oder
2. Arbeitnehmer innerhalb eines Konzerns im Sinne des § 15 des Aktiengesetzes 1965, BGBl. Nr. 98, oder des § 115 des Gesetzes über Gesellschaften mit beschränkter Haftung, RGBl. Nr. 58/1906, in ein neues Arbeitsverhältnis wechseln oder
3. unterbrochene Arbeitsverhältnisse unter Anrechnung von Vordienstzeiten bei dem selben Arbeitgeber fortgesetzt werden und durch eine am 1. Juli 2002 anwendbare Bestimmung in einem Kollektivvertrag die Anrechnung von Vordienstzeiten für die Abfertigung festgesetzt wird,

es sei denn, es liegt eine Vereinbarung im Sinne des § 47 Abs. 1 vor.

(4) Wird das Dienstverhältnis eines Dienstnehmers nach dem Parlamentsmitarbeitergesetz, BGBl. Nr. 288/1992, nach dem 31. Dezember

2002 mit dem Ende der Gesetzgebungsperiode beendet und schließt dieser Dienstnehmer in den unmittelbar folgenden Gesetzgebungsperioden neuerlich ein solches Dienstverhältnis zum selben Mitglied des Nationalrates ab, gelten die Abfertigungsregelungen nach dem Angestelltengesetz weiter, es sei denn, es liegt eine Vereinbarung im Sinne des § 47 Abs. 1 vor.

(BGBl I 2007/102)

Übergangsbestimmungen

§ 47. (1) Für zum 31. Dezember 2002 bestehende Arbeitsverhältnisse kann ab 1. Jänner 2003 in einer schriftlichen Vereinbarung zwischen Arbeitgeber und Arbeitnehmer ab einem zu vereinbarenden Stichtag für die weitere Dauer des Arbeitsverhältnisses die Geltung dieses Bundesgesetzes anstelle der Abfertigungsregelungen nach dem Angestelltengesetz, dem Arbeiter-Abfertigungsgesetz, dem Gutsangestelltengesetz, dem ORF-Gesetz, den allgemeinen Vertragsbedingungen für Dienstverträge bei den Österreichischen Bundesbahnen (AVB) und dem Hausgehilfen- und Hausangestelltengesetz festgelegt werden.

(2) Falls in der Vereinbarung nach Abs. 1 keine Übertragung der Altabfertigungsanwartschaft nach Abs. 3 festgelegt wird, finden auf die Altabfertigungsanwartschaft bis zum Stichtag weiterhin die Abfertigungsbestimmungen nach dem Angestelltengesetz, dem Arbeiter-Abfertigungsgesetz und dem Gutsangestelltengesetz, dem ORF-Gesetz, den allgemeinen Vertragsbedingungen für Dienstverträge bei den Österreichischen Bundesbahnen (AVB), die Bestimmungen über das außerordentliche Entgelt nach dem Hausgehilfen- und Hausangestelltengesetz sowie nach Kollektivverträgen mit der Maßgabe Anwendung, dass sich das Ausmaß der Abfertigung aus der Anzahl der zum Zeitpunkt des Stichtags fiktiv erworbenen Monatsentgelte ergibt. Der Berechnung der Abfertigung ist das für den letzten Monat des Arbeitsverhältnisses gebührende Entgelt zu Grunde zu legen.

(3) Die Übertragung von Altabfertigungsanwartschaften auf Grund von zum 31. Dezember 2002 bestehenden Arbeitsverhältnissen auf eine BV-Kasse im Sinne dieses Bundesgesetzes ist unter folgenden Voraussetzungen zulässig:

1. Die Übertragung von Altabfertigungsanwartschaften bedarf einer schriftlichen Einzelvereinbarung zwischen Arbeitgeber und Arbeitnehmer, die von den Abfertigungsbestimmungen nach dem Angestelltengesetz, dem Arbeiter-Abfertigungsgesetz, dem Gutsangestelltengesetz, dem ORF-Gesetz, den allgemeinen Vertragsbedingungen für Dienstverträge bei den Österreichischen Bundesbahnen (AVB), dem Hausgehilfen- und Hausangestelltengesetz sowie nach Kollektivverträgen abweichen kann.
2. Die Überweisung des vereinbarten Übertragungsbetrages an die BV-Kasse hat ab dem Zeitpunkt der Übertragung binnen längstens fünf Jahren zu erfolgen.

   (BGBl I 2007/102)
3. Die Überweisung des vereinbarten Übertragungsbetrages hat jährlich mindestens mit je einem Fünftel zuzüglich der Rechnungszinsen von 6 vH per anno des noch aushaftenden Übertragungsbetrages zu erfolgen, vorzeitige Überweisungen sind zulässig.

   (BGBl I 2007/102)
4. Im Falle der Beendigung des Arbeitsverhältnisses, ausgenommen die in § 14 Abs. 2 genannten Fälle, hat der Arbeitgeber den aushaftenden Teil des vereinbarten Übertragungsbetrages vorzeitig an die BV-Kasse zu überweisen.

   (BGBl I 2007/102)

(4) Auf in die BV-Kasse übertragene Altabfertigungsanwartschaften finden die Bestimmungen des 1. Teiles, 4. Abschnitt (Leistungsrecht), Anwendung.

(BGBl I 2007/102)

(5) Soweit die in Abs. 1 genannten gesetzlichen Abfertigungsregelungen für den Anspruch auf Abfertigung das Erfordernis einer mindestens zehnjährigen ununterbrochenen Dienstzeit vorsehen, sind auch Dienstzeiten im selben Arbeitsverhältnis nach dem Übertritt nach Abs. 1 auf dieses Erfordernis anzurechnen.

(BGBl I 2013/4)

(6) Im Falle eines Übertritts nach Abs. 1 und 3 sind bei der Berechnung der Einzahlungsjahre nach § 14 Abs. 2 Z 4 die bisher in diesem Arbeitsverhältnis zurückgelegten Dienstzeiten zu berücksichtigen.

(BGBl I 2013/4)

§ 47a. § 30 Abs. 3 Z 7a ist auf im Zeitpunkt des Wirksamwerdens des Austritts des Vereinigten Königreichs Großbritannien und Nordirland aus der Europäischen Union einer Veranlagungsgemeinschaft zugeordnete Vermögenswerte gemäß § 30 Abs. 2 Z 5, die von der Kapitalanlagegesellschaft mit Sitz im Vereinigten Königreich begeben wurden, bis 1. Jänner 2021 nicht anzuwenden.

(BGBl I 2019/25)

Unabdingbarkeit

§ 48. (1) Die Rechte, die dem Arbeitnehmer auf Grund dieses Bundesgesetzes zustehen, können durch Arbeitsvertrag oder Normen der kollektiven Rechtsgestaltung weder aufgehoben noch beschränkt werden. Regelungen im Sinne des Abs. 2 werden dadurch nicht berührt.

(2) Im Zeitpunkt des In-Kraft-Tretens dieses Bundesgesetzes bestehende Normen der kollektiven Rechtsgestaltung oder Einzelvereinbarungen, die Abfertigungsansprüche über dem gesetzlich festgelegten Ausmaß vorsehen, werden durch die Regelungen dieses Bundesgesetzes nicht berührt. Solche Regelungen treten für Arbeitsverhältnisse, deren vertraglich vereinbarter Beginn nach dem

31. Dezember 2002, unbeschadet § 46, liegt, oder für Arbeitsverhältnisse, bei denen eine Vereinbarung gemäß § 47 Abs. 1 geschlossen wird, ab dem Zeitpunkt der Wirksamkeit dieser Vereinbarung insoweit außer Kraft, als sie nicht einen die Höhe des gesetzlichen Abfertigungsanspruches unter Anwendung der bis zu diesem Zeitpunkt geltenden gesetzlichen Abfertigungsbestimmungen übersteigenden Anspruch bezogen auf die Anzahl der zustehenden Monatsentgelte vorsehen. Wird bei einer Vereinbarung gemäß § 47 Abs. 1 und 2 dieser übersteigende Anspruch in ausdrücklicher Form berücksichtigt, treten insoweit die vorangeführten Regelungen außer Kraft. Bei Beendigung von Arbeitsverhältnissen, in denen eine Übertrittsvereinbarung gemäß § 47 Abs. 1 abgeschlossen wurde, gebührt ein solcher Mehranspruch nur in jenem Anteil, der über das zum Übertrittszeitpunkt (Stichtag) zu berücksichtigende Ausmaß (§ 47 Abs. 3) hinausgeht.

4. Teil
Selbständigenvorsorge für Personen, die der Pflichtversicherung in der Krankenversicherung nach dem GSVG unterliegen

1. Abschnitt
Allgemeine Bestimmungen

Geltungsbereich

§ 49. (Verfassungsbestimmung) (1) Die Erlassung, Änderung und Aufhebung von Vorschriften, wie sie im 4. Teil dieses Bundesgesetzes enthalten sind, sowie die Vollziehung dieser Vorschriften sind auch in jenen Belangen Bundessache, hinsichtlich deren das B-VG etwas anderes vorsieht. Die in diesen Bestimmungen geregelten Angelegenheiten können unmittelbar von Bundesbehörden vollzogen werden.

(2) Für die Vorsorge von Personen, die der Pflichtversicherung in der Krankenversicherung nach § 2 GSVG (mit Ausnahme der in der Pflichtversicherung in der Krankenversicherung nach den §§ 3 Abs. 1 Z 2, 14a oder 14b GSVG erfassten Personen) unterliegen, gelten die Bestimmungen des 2. Teiles (mit Ausnahme der §§ 18 Abs. 3, 25, 27 Abs. 1 bis 3 und 8) und des 4. Teiles, aufgrund dessen diese Personen zur Beitragsleistung im Rahmen der Selbständigenvorsorge verpflichtet sind.

(BGBl I 2007/102)

§ 50. (1) Auf die Selbständigenvorsorge sind die Bestimmungen des 1. (ausgenommen die §§ 4, 5 und 11 Abs. 3 und 4), 3. und 5. Teiles nicht anzuwenden.

(2) Die Bestimmungen des 2. Teiles sind mit der Maßgabe anzuwenden, dass an die Stelle der Begriffe „Arbeitnehmer“, „Abfertigungsbeiträge“, „Abfertigungsanwartschaft“ und „Abfertigung“ die Begriffe „Selbständiger“, „Selbstständigenvorsorgebeiträge“, „Anwartschaft auf eine Selbständigenvorsorge“ und „Kapitalbetrag“ in der richtigen grammatikalischen Form treten.

(3) § 27 Abs. 4 und 5 ist mit der Maßgabe anzuwenden, dass die Sozialversicherungsanstalt der gewerblichen Wirtschaft die für Anwartschaftsberechtigte im Sinne des § 51 Z 1 nach diesen Bestimmungen relevanten Daten, wie sie nach § 27 Abs. 4 und 5 für Anwartschaftsberechtigte nach § 3 Z 2 vorgesehen sind, den jeweils betroffenen BV-Kassen in automationsunterstützter Form im Wege des Hauptverbandes der österreichischen Sozialversicherungsträger[a] gegen Ersatz der Kosten zur Verfügung zu stellen hat, wobei an die Stelle des jährlichen Beitragsgrundlagennachweises der monatliche Beitragsgrundlagennachweis tritt.

(BGBl I 2018/100)

[a] Ab 1. Jänner 2020: „Dachverbandes“.

(4) § 27a ist mit der Maßgabe anzuwenden, dass jene Bestimmungen, die auf die Schlichtungsstelle verweisen, nicht gelten.

(BGBl I 2007/102)

Begriffsbestimmungen

§ 51. Im Sinne des 4. Teiles ist

1. ein Anwartschaftsberechtigter:
   jene Person im Sinne des § 49 Abs. 2, die Beiträge nach § 52 an die BV-Kasse zu leisten hat;
2. eine Anwartschaft auf eine Selbständigenvorsorge:
   die in einer BV-Kasse verwalteten Ansprüche eines Anwartschaftsberechtigten; diese setzen sich aus den in diese BV-Kasse eingezahlten Beiträgen abzüglich der einbehaltenen Verwaltungskosten, der allenfalls aus einer anderen BV-Kasse in diese BV-Kasse übertragenen Anwartschaft und den zugewiesenen Veranlagungsergebnissen zusammen.

(BGBl I 2007/102)

BMSVG

2. Abschnitt
Beitragsrecht

Beitragsleistung

§ 52. (1) Der Anwartschaftsberechtigte hat für die Dauer der Pflichtversicherung in der Krankenversicherung nach dem GSVG (§§ 6 und 7 GSVG) einen monatlichen Beitrag in der Höhe von 1,53 vH der Beitragsgrundlage (Abs. 3) zu leisten.

(1a) Die Beitragspflicht nach Abs. 1 endet mit dem Tag vor der Inanspruchnahme einer Eigenpension aus einer gesetzlichen Pensionsversicherung, es sei denn, der Anwartschaftsberechtigte verpflichtet sich innerhalb eines Monats ab Verständigung über das Ende der Beitragspflicht schriftlich gegenüber der Sozialversicherungsanstalt der Gewerblichen Wirtschaft, weiterhin Beiträge nach Abs. 1 zu leisten. Endet die Beitragspflicht mit Inanspruchnahme der Eigenpension und fällt die Eigenpension in weiterer Folge weg, tritt die Beitragspflicht für die entsprechenden Zeiträume wieder ein.

(BGBl I 2013/138)

(1a)[a)] Die Beitragspflicht nach Abs. 1 endet mit dem Tag vor der Inanspruchnahme einer Eigenpension aus einer gesetzlichen Pensionsversicherung, es sei denn, der Anwartschaftsberechtigte verpflichtet sich innerhalb eines Monats ab Verständigung über das Ende der Beitragspflicht schriftlich gegenüber der Sozialversicherungsanstalt der Selbständigen, weiterhin Beiträge nach Abs. 1 zu leisten. Endet die Beitragspflicht mit Inanspruchnahme der Eigenpension und fällt die Eigenpension in weiterer Folge weg, tritt die Beitragspflicht für die entsprechenden Zeiträume wieder ein.

(BGBl I 2013/138, BGBl I 2018/100)

a) Tritt mit 1. Jänner 2020 in Kraft.

(2) Die Sozialversicherungsanstalt der gewerblichen Wirtschaft hat die Beiträge (Abs. 1) im übertragenen Wirkungsbereich nach § 35 GSVG vorzuschreiben und an die vom Anwartschaftsberechtigten ausgewählte BV-Kasse (oder BV-Kasse nach § 27a) zu überweisen. Die eingelangten Beiträge nach Abs. 1 sind von der Sozialversicherungsanstalt der gewerblichen Wirtschaft jeweils bis zum Zehnten des zweitfolgenden Kalendermonates nach deren Zahlung, mit der die gesamte Beitragsschuld nach § 35 GSVG für die jeweiligen Monate der Pflichtversicherung beglichen worden ist, an die BV-Kasse abzuführen. Bereits an die BV-Kasse weitergeleitete Beiträge sind insbesondere bei einem rückwirkenden Wegfall der Pflichtversicherung im Sinne des § 49 Abs. 2 oder der Beitragspflicht gemäß Abs. 1a nicht zurückzuerstatten. Hinsichtlich der Meldepflichten des Anwartschaftsberechtigten sind die §§ 18 bis 23 GSVG anzuwenden. Für die Einziehung und Eintreibung dieser Beiträge, gelten die diesbezüglichen Regelungen nach dem GSVG. Die Feststellung der Beitragsverpflichtung dem Grunde und der Höhe nach ist Verwaltungssache nach den §§ 409 bis 417a ASVG in Verbindung mit § 194 GSVG. Weiters hat der Anwartschaftsberechtigte der Sozialversicherungsanstalt der gewerblichen Wirtschaft, falls für die bei ihm beschäftigten Arbeitnehmer bereits eine BV-Kasse ausgewählt wurde (§ 53 Abs. 1), alle ihm zugeordneten Dienstgeberkontonummern zu melden.

(BGBl I 2013/138)

(2)[a)] Die Sozialversicherungsanstalt der Selbständigen hat die Beiträge (Abs. 1) im übertragenen Wirkungsbereich nach § 35 GSVG vorzuschreiben und an die vom Anwartschaftsberechtigten ausgewählte BV-Kasse (oder BV-Kasse nach § 27a) zu überweisen. Die eingelangten Beiträge nach Abs. 1 sind von der Sozialversicherungsanstalt der Selbständigen jeweils bis zum Zehnten des zweitfolgenden Kalendermonates nach deren Zahlung, mit der die gesamte Beitragsschuld nach § 35 GSVG für die jeweiligen Monate der Pflichtversicherung beglichen worden ist, an die BV-Kasse abzuführen. Bereits an die BV-Kasse weitergeleitete Beiträge sind insbesondere bei einem rückwirkenden Wegfall der Pflichtversicherung im Sinne des § 49 Abs. 2 oder der Beitragspflicht gemäß Abs. 1a nicht zurückzuerstatten. Hinsichtlich der Meldepflichten des Anwartschaftsberechtigten sind die §§ 18 bis 23 GSVG anzuwenden. Für die Einziehung und Eintreibung dieser Beiträge, gelten die diesbezüglichen Regelungen nach dem GSVG. Die Feststellung der Beitragsverpflichtung dem Grunde und der Höhe nach ist Verwaltungssache nach den §§ 409 bis 417a ASVG in Verbindung mit § 194 GSVG. Weiters hat der Anwartschaftsberechtigte der Sozialversicherungsanstalt der Selbständigen, falls für die bei ihm beschäftigten Arbeitnehmer bereits eine BV-Kasse ausgewählt wurde (§ 53 Abs. 1), alle ihm zugeordneten Dienstgeberkontonummern zu melden.

(BGBl I 2013/138, BGBl I 2018/100)

a) Tritt mit 1. Jänner 2020 in Kraft.

(3) Als Beitragsgrundlage im Sinne des Abs. 1 ist die in der gesetzlichen Pflichtversicherung in der Krankenversicherung dieser Personen nach den §§ 25, 26 und 35b GSVG geltende Beitragsgrundlage heranzuziehen, wobei für die nach dem GSVG Pflichtversicherten im Falle der Anwendung einer vorläufigen Beitragsgrundlage gemäß § 25a GSVG diese Beitragsgrundlage ohne Nachbemessung maßgeblich ist.

(4) Die Abtretung oder Verpfändung von Anwartschaften im Sinne des § 51 Z 2 ist rechtsunwirksam, soweit der Anwartschaftsberechtigte darüber nicht verfügen kann. Für die Pfändung gilt die EO.

(BGBl I 2007/102)

Beitrittsvertrag

§ 53. (1) Hat der Anwartschaftsberechtigte für die bei ihm beschäftigten Arbeitnehmer oder freien Dienstnehmer bereits eine BV-Kasse ausgewählt und einen Beitrittsvertrag abgeschlossen oder wurde ihm bereits eine BV-Kasse nach § 27a zugewiesen, hat er die Beiträge im Sinne des § 52 Abs. 1 im Wege der Sozialversicherungsanstalt der gewerblichen Wirtschaft[a)] an diese BV-Kasse zu leisten. Hat für den Anwartschaftsberechtigten noch keine Verpflichtung zur Auswahl einer BV-Kasse nach § 9 bestanden, hat der Anwartschaftsberechtigte mit einer von ihm ausgewählten BV-Kasse einen Beitrittsvertrag abzuschließen. Kommt er der Verpflichtung zur Auswahl der BV-Kasse (2. Satz) nicht spätestens nach sechs Monaten ab dem Beginn seiner Pflichtversicherung (§ 49 Abs. 2) nach, ist das Zuweisungsverfahren nach § 27a einzuleiten.

a) Ab 1. Jänner 2020: „Sozialversicherungsanstalt der Selbständigen".

(2) Hat eine Schlichtungsstelle gemäß § 9 Abs. 2 über die Auswahl der BV-Kasse entschieden, hat der Anwartschaftsberechtigte eine BV-Kasse nach Abs. 1 2. Satz auszuwählen.

(3) Der Beitrittsvertrag hat insbesondere zu enthalten:

1. die ausgewählte BV-Kasse;
2. Grundsätze der Veranlagungspolitik;

3. die näheren Voraussetzungen für die Kündigung des Beitrittsvertrages;
4. die Höhe der Verwaltungskosten gemäß § 29 Abs. 2 Z 5;
5. die Meldepflichten des Selbständigen gegenüber der BV-Kasse;
6. eine allfällige Zinsgarantie gemäß § 24 Abs. 2;
7. alle Dienstgeberkontonummern des beitretenden Selbständigen;
8. Art und Berechnungsweise der Barauslagen, die die BV-Kasse gemäß § 26 Abs. 3 Z 1 verrechnen darf.

(4) Für die Kündigung des Beitrittsvertrages durch den Anwartschaftsberechtigten oder die BVKasse oder die einvernehmliche Beendigung des Beitrittsvertrages gilt § 12 Abs. 1 bis 3.

(BGBl I 2007/102, BGBl I 2018/100)

Mitwirkungsverpflichtung

§ 54. Der Anwartschaftsberechtigte ist verpflichtet, der BV-Kasse über alle für das Vertragsverhältnis und für die Verwaltung der Anwartschaft maßgebenden Umstände unverzüglich wahrheitsgemäß Auskunft zu erteilen.

(BGBl I 2007/102)

3. Abschnitt
Leistungsrecht

Anspruch auf eine Leistung aus der Selbständigenvorsorge

§ 55. (1) Der Anwartschaftsberechtigte hat nach mindestens zwei Jahren

1. des Ruhens seiner Gewerbeausübung im Sinne des § 93 der Gewerbeordnung 1994, BGBl. Nr. 194, des Ruhens seiner selbständigen künstlerischen Erwerbstätigkeit nach § 22a des Künstler-Sozialversicherungsfondsgesetzes, BGBl. I Nr. 131/2000, oder nach dem Erlöschen der die Pflichtversicherung in der Krankenversicherung nach dem GSVG begründenden Berechtigung oder

   (BGBl I 2010/92)
2. nach der Beendigung der betrieblichen Tätigkeit im Falle eines nach § 2 Abs. 1 Z 4 GSVG Pflichtversicherten und

bei Vorliegen von drei Einzahlungsjahren (36 Beitragsmonate) seit der ersten Beitragszahlung gemäß § 52 Abs. 1 oder der letztmaligen Verfügung (ausgenommen Verfügungen nach § 58 Abs. 1 Z 2 oder 3 oder Abs. 3) bei einer oder mehreren BV-Kassen Anspruch auf einen Kapitalbetrag aus der Anwartschaft auf eine Selbständigenvorsorge.

(2) Die Verfügung über die Selbständigenvorsorge kann verlangt werden

1. jedenfalls ab der Inanspruchnahme einer Eigenpension aus der gesetzlichen Pensionsversicherung (Zeitpunkt der Zustellung des rechtskräftigen Bescheides) oder gleichartigen Rechtsvorschriften der Mitgliedstaaten des Europäischen Wirtschaftsraumes, oder
2. wenn der Anwartschaftsberechtigte seit mindestens fünf Jahren keine Beiträge nach diesem Bundesgesetz oder gleichartigen österreichischen Rechtsvorschriften zu leisten hat und der Anwartschaftsberechtigte die Voraussetzung nach der Z 1 oder Z 2 des Abs. 1 erfüllt.

(BGBl I 2013/138)

(3) Bei Tod des Anwartschaftsberechtigten gebührt der Kapitalbetrag unabhängig vom Vorliegen der Voraussetzungen nach Abs. 1 dem Ehegatten oder dem eingetragenen Partner sowie den Kindern (Wahl-, Pflege- und Stiefkinder) des Anwartschaftsberechtigten zu gleichen Teilen, sofern für diese Kinder zum Zeitpunkt des Todes des Anwartschaftsberechtigten Familienbeihilfe gemäß § 2 FLAG bezogen wird. Die anspruchsberechtigten Personen können nur die Auszahlung des Kapitalbetrages verlangen. Diese haben den Auszahlungsanspruch innerhalb von drei Monaten ab dem Zeitpunkt des Todes des Anwartschaftsberechtigten gegenüber der BV-Kasse schriftlich geltend zu machen. Der Kapitalbetrag ist binnen fünf Werktagen nach dem nächstfolgenden Monatsletzten nach Ablauf dieser Frist an die von der BV-Kasse festgestellten anspruchsberechtigten Personen mit schuldbefreiender Wirkung für die BV-Kasse auszuzahlen. Anspruchsberechtigte Personen, die ihren Anspruch innerhalb der Frist von drei Monaten gegenüber der BV-Kasse nicht geltend gemacht haben, können diesen Anspruch gegenüber dem Ehegatten oder dem eingetragenen Partner oder den Kindern im Sinne des 1. Satzes, an die ein Kapitalbetrag im Sinne des 3. Satzes bereits ausgezahlt wurde, anteilig geltend machen. Melden sich keine anspruchsberechtigten Personen binnen der dreimonatigen Frist, fällt der Kapitalbetrag in die Verlassenschaft gemäß § 531 des Allgemeinen Bürgerlichen Gesetzbuches, JGS. Nr. 946/1811.

(BGBl I 2009/135)

(4) Der Anwartschaftsberechtigte hat die von ihm beabsichtigte Verfügung über den Kapitalbetrag der BV-Kasse schriftlich bekannt zu geben. Darin kann der Anwartschaftsberechtigte die BV-Kasse weiters beauftragen, auch die Verfügungen im Sinne des § 58 Abs. 1 über Kapitalbeträge aus anderen BV-Kassen zu veranlassen.

(5) Die BV-Kasse ist verpflichtet, begründete Einwendungen eines Anwartschaftsberechtigten im Zusammenhang mit der Beitragsleistung oder dem Anspruch auf den Kapitalbetrag und Urgenzen hinsichtlich von Kontonachrichten zu prüfen und, sofern die Ursache dafür nicht im eigenen Bereich liegt, unverzüglich dem jeweils zuständigen Träger der Sozialversicherung zur Klärung zu übermitteln.

(BGBl I 2007/102)

Höhe des Kapitalbetrages

§ 56. Die Höhe des Kapitalbetrages ergibt sich aus der Anwartschaft zum Ende jenes Monats, zu dem ein Anspruch gemäß § 57 fällig geworden ist, einschließlich einer allfälligen Garantieleistung bei einer Verfügung gemäß § 58 Abs. 1 Z 1, 3 und 4 oder Abs. 4.

(BGBl I 2007/102)

Fälligkeit des Kapitalbetrages

§ 57. (1) Der Kapitalbetrag ist am Ende des zweitfolgenden Kalendermonates nach der Geltendmachung des Anspruchs gemäß § 55 Abs. 4 fällig und binnen fünf Werktagen entsprechend der Verfügung des Anwartschaftsberechtigten nach § 58 zu leisten, wobei die Frist für die Fälligkeit frühestens mit dem Ablauf des Zeitraums nach § 55 Abs. 1 Z 1 oder 2 oder Inanspruchnahme einer Eigenpension aus der gesetzlichen Pensionsversicherung zu laufen beginnt.

(2) Der Anwartschaftsberechtigte kann die BV-Kasse einmalig anweisen, die Durchführung von Verfügungen nach § 58 um ein bis sechs ganze Monate nach Fälligkeit vorzunehmen. An eine solche Anweisung ist die BV-Kasse nur dann gebunden, wenn sie spätestens 14 Tage vor Fälligkeit gemäß Abs. 1 bei ihr einlangt. Im Aufschubzeitraum ist der Kapitalbetrag im Rahmen der Veranlagungsgemeinschaft weiter zu veranlagen. Mit dem Ende des letzten vollen Monats des Aufschubzeitraumes ist eine ergänzende Ergebniszuweisung vorzunehmen.

(BGBl I 2007/102)

Verfügungsmöglichkeiten des Anwartschaftsberechtigten über den Kapitalbetrag

§ 58. (1) Der Anwartschaftsberechtigte kann bei Vorliegen der Anspruchsvoraussetzungen nach § 55 zu den in § 55 Abs. 1 und 2 genannten Zeitpunkten

1. die Auszahlung des gesamten Kapitalbetrages verlangen,
2. die Weiterveranlagung des gesamten Kapitalbetrages bis zum Vorliegen der Voraussetzungen des Abs. 4 in der BV-Kasse verlangen,
3. die Übertragung des gesamten Kapitalbetrages in eine neue BV-Kasse nach der Wiederaufnahme der Gewerbeausübung oder der betrieblichen Tätigkeit oder eine BV-Kasse seines neuen Arbeitgebers verlangen,
4. die Überweisung des gesamten Kapitalbetrages
   a) an ein Versicherungsunternehmen seiner Wahl als Einmalprämie für eine vom Anwartschaftsberechtigten nachweislich abgeschlossene Pensionszusatzversicherung (§ 108b des Einkommensteuergesetzes 1988 – EStG 1988, BGBl. Nr. 400) oder
   b) an eine Pensionskasse, bei der der Anwartschaftsberechtigte bereits Berechtigter im Sinne des § 5 des Pensionskassengesetzes – PKG, BGBl. Nr. 281/1990, ist,

   verlangen.

(2) Gibt der Anwartschaftsberechtigte die Erklärung über die Verwendung der Selbständigenvorsorge nicht binnen sechs Monaten nach den sich aus § 55 Abs. 1 und Abs. 2 Z 2 ergebenden Zeitpunkten ab, ist die Selbständigenvorsorge weiter zu veranlagen.

(3) Der Anwartschaftsberechtigte kann, auch wenn die Voraussetzungen des § 55 Abs. 2 für eine Verfügung über den Kapitalbetrag nicht vorliegen, sowie nach einer Verfügung im Sinne des Abs. 1 Z 2 (abweichend von Abs. 2) eine Verfügung über die gesamte Selbständigenvorsorge in der jeweiligen BV-Kasse im Sinne des Abs. 1 Z 3 verlangen, wenn die Selbständigenanwartschaft seit dem Ruhen der Gewerbeausübung oder Beendigung der betrieblichen Tätigkeit mindestens drei Jahre beitragsfrei gestellt ist. Die Verfügung kann frühestens nach dem Ablauf der Dreijahresfrist vorgenommen werden.

(4) Die BV-Kasse hat nach dem Ablauf von drei Monaten ab dem Zeitpunkt der Verständigung nach § 27 Abs. 4 über die Inanspruchnahme einer Eigenpension aus der gesetzlichen Pensionsversicherung oder gleichartigen Rechtsvorschriften der Mitgliedstaaten des Europäischen Wirtschaftsraumes durch den Anwartschaftsberechtigten den Kapitalbetrag zum Ende des Folgemonats (Fälligkeit der Abfertigung) auszuzahlen, sofern der Anwartschaftsberechtigte nicht vorher über den Kapitalbetrag verfügt hat.

(BGBl I 2007/102)

4. Abschnitt
Verwaltung der Beiträge in der BV-Kasse

BV-Kassen

§ 59. Die BV-Kassen sind auch berechtigt, Beiträge im Sinne des 4. Teiles hereinzunehmen und zu veranlagen.

(BGBl I 2007/102)

Konten

§ 60. (1) Die BV-Kasse hat für jeden Anwartschaftsberechtigten ein Konto zu führen. Dieses Konto muss alle wesentlichen Daten enthalten und dient der Berechnung des Kapitalbetrages aus der Selbständigenvorsorge.

(2) Der Anwartschaftsberechtigte ist jährlich zum Stand 31. Dezember des vorangegangenen Geschäftsjahres binnen drei Monaten, nachdem die Daten der BV-Kasse vom Hauptverband der österreichischen Sozialversicherungsträger[a)] zur Verfügung gestellt wurden, schriftlich über

(BGBl I 2018/100)

1. die zum letzten Bilanzstichtag erworbene Anwartschaft aus der Selbständigenvorsorge,
2. die im Geschäftsjahr veranlagten Beiträge,
   (BGBl I 2015/79)
3. die vom Anwartschaftsberechtigten zu tragenden Barauslagen und Verwaltungskosten,

[a)] Ab 1. Jänner 2020: „Dachverband“.

4. die zugewiesenen Veranlagungsergebnisse sowie
5. die insgesamt erworbene Anwartschaft aus der Selbständigenvorsorge

zu informieren. Wesentliche Daten sind neben Namen und Sozialversicherungsnummer des Anwartschaftsberechtigten die für die Erfüllung der in Z 1 bis 5 angeführten Verpflichtungen erforderlichen Daten. Weiters hat die Information die Grundzüge der Veranlagungspolitik sowie die zum Abschlussstichtag gehaltenen Veranlagungen zu enthalten.

(3) Der Anwartschaftsberechtigte ist zwei Jahre nach der Ruhendstellung der Gewerbeausübung, nach dem Erlöschen der die Pflichtversicherung in der Krankenversicherung nach dem GSVG begründenden Berechtigung oder der Beendigung der betrieblichen Tätigkeit, die eine Verfügung nach § 58 Abs. 1 begründet, binnen eines Monats nach der Verständigung über die Ruhendstellung oder Beendigung durch den Hauptverband der österreichischen Sozialversicherungsträger[a)] von der BV-Kasse schriftlich über die Verfügungsmöglichkeiten gemäß den §§ 55 Abs. 4 und 58 Abs. 1 zu informieren. Bei Verfügungen gemäß § 58 Abs. 1 oder Auszahlungen gemäß § 58 Abs. 4 ist dem Anwartschaftsberechtigten zeitgleich mit der Auszahlung des Kapitalbetrages eine schriftliche Information mit den Angaben gemäß Abs. 2 Z 1 bis 5 zu übermitteln.

(BGBl I 2018/100)

[a)] Ab 1. Jänner 2020: „Dachverband".

(4) Nach Maßgabe der vorhandenen technischen Möglichkeiten kann nach Zustimmung des Anwartschaftsberechtigten anstelle der schriftlichen Information gemäß Abs. 2 und Abs. 3 letzter Satz auch eine gesicherte elektronische Zugriffsmöglichkeit auf diese Information bei der BV-Kasse ermöglicht werden. Die Information gemäß Abs. 3 erster und zweiter Satz kann nach Zustimmung des Anwartschaftsberechtigten und Bekanntgabe einer elektronischen Zustelladresse anstelle der schriftlichen Information auch elektronisch zugestellt werden.

(5) Die BV-Kasse haftet für die Richtigkeit der Kontonachrichten auf der Grundlage der von den Sozialversicherungsträgern im Wege des Hauptverbandes der österreichischen Sozialversicherungsträger zu Verfügung gestellten Daten.

(5)[a)] Die BV-Kasse haftet für die Richtigkeit der Kontonachrichten auf der Grundlage der von den Sozialversicherungsträgern im Wege des Dachverbandes zu Verfügung gestellten Daten.

(BGBl I 2018/100)

[a)] Tritt mit 1. Jänner 2020 in Kraft.

(6) Werden für eine Anwartschaft nach der Ruhendstellung der Gewerbeausübung, nach dem Erlöschen der die Pflichtversicherung in der Krankenversicherung nach dem GSVG begründenden Berechtigung oder der Beendigung der betrieblichen Tätigkeit für einen ununterbrochenen Zeitraum von mindestens zwölf Monaten ab dem Bilanzstichtag, zu dem die letzte Kontonachricht erstellt wurde, keine Beiträge geleistet, ist dem Anwartschaftsberechtigten abweichend von Abs. 2 jeweils nach jedem dritten Bilanzstichtag, gerechnet ab jenem Bilanzstichtag, zu dem die letzte Kontonachricht erstellt wurde, eine Kontonachricht zu übermitteln. Verändert sich die Anwartschaft seit jenem Bilanzstichtag, zu dem die letzte Kontonachricht erstellt wurde, um mehr als 30 €, ist dem Anwartschaftsberechtigten zu diesem Bilanzstichtag eine Kontonachricht zu übermitteln. Im Falle der gesicherten elektronischen Zugriffsmöglichkeit durch den Anwartschaftsberechtigten (Abs. 4) ist jährlich ein Kontoauszug zu erstellen.

(BGBl I 2007/102)

Veranlagungsgemeinschaft

§ 61. Die BV-Kasse hat die Veranlagung der Beiträge nach dem 4. Teil im Rahmen der nach § 28 bereits eingerichteten Veranlagungsgemeinschaft vorzunehmen.

(BGBl I 2007/102)

5. Teil
Selbständigenvorsorge für freiberuflich Selbständige und Land- und Forstwirte

1. Abschnitt
Allgemeine Bestimmungen

Geltungsbereich

§ 62. (1) **(Verfassungsbestimmung)** Die Bestimmungen des 5. Teiles gelten für die Selbständigenvorsorge,

1. von Personen, die in der Pensionsversicherung nach § 2 GSVG pflichtversichert sind, aufgrund einer Ausnahme gemäß § 5 GSVG oder einer Pflichtversicherung in der Krankenversicherung nach dem ASVG aber nicht der Pflichtversicherung in der Krankenversicherung nach § 2 GSVG unterliegen, oder
2. von Personen, die der Pflichtversicherung in der Pensionsversicherung nach § 2 Abs. 1 des Bauern-Sozialversicherungsgesetzes (BSVG), BGBl. Nr. 559/1978, oder
3. von Personen, die der Pflichtversicherung in der Pensionsversicherung nach § 2 des Freiberuflich Selbständigen-Sozialversicherungsgesetzes (FSVG), BGBl. Nr. 624/1978, oder
4. von Notaren, die der Pflichtversicherung in der Pensionsversicherung nach § 1 des Notarversicherungsgesetzes (NVG), BGBl. Nr. 66/1972, unterliegen, oder

4.[a)] von Notaren, die in die Vorsorge nach § 1 des Notarversorgungsgesetzes, BGBl. I Nr. 100/2018, einbezogen sind, oder
(BGBl I 2018/100)

[a)] Tritt mit 1. Jänner 2020 in Kraft.

BMSVG

5. von Personen, die in die Liste der Rechtsanwälte (§ 5 der Rechtsanwaltsordnung – RAO, RGBl. Nr. 96/1868) oder in die Liste der niedergelassenen europäischen Rechtsanwälte (§ 9 des EIRAG, BGBl. I Nr. 27/2000) eingetragen sind, oder
6. von Ziviltechnikern (§ 1 des Ziviltechnikergesetzes 1993 - ZTG, BGBl. Nr. 156/1994).

Der Selbständige kann sich im Rahmen der Selbständigenvorsorge nach diesem Teil durch Abschluss eines Beitrittsvertrages zur Beitragsleistung an eine BV-Kasse verpflichten.

(2) Auf die Selbständigenvorsorge sind die Bestimmungen des 2. Teiles mit Ausnahme folgender Regelungen anzuwenden: §§ 18 Abs. 3, 25, 27 Abs. 1 bis 3 und 8, 27a. § 27 Abs. 4 bis 6 und 7 ist mit der sich aus § 50 Abs. 3 ergebenden Maßgabe anzuwenden, wenn die Beitragseinhebung durch einen Sozialversicherungsträger erfolgt.

(3) Auf die Selbständigenvorsorge sind die Bestimmungen des 1. (ausgenommen die §§ 4 und 5), 3. und 4. Teiles, falls nicht anderes bestimmt ist, nicht anzuwenden.

(4) Die Bestimmungen des 2. Teiles sind mit der Maßgabe anzuwenden, dass an die Stelle der Begriffe „Arbeitnehmer“, „Abfertigungsbeiträge“, „Abfertigungsanwartschaft“ und „Abfertigung“ die Begriffe „Selbständiger“, „Selbstständigenvorsorgebeiträge“, „Anwartschaft auf eine Selbständigenvorsorge“ und „Kapitalbetrag“ in der richtigen grammatikalischen Form treten.

(5) **(Verfassungsbestimmung)** Die Erlassung, Änderung und Aufhebung von Vorschriften, wie sie im 5. Teil dieses Bundesgesetzes enthalten sind, sowie die Vollziehung dieser Vorschriften sind auch in jenen Belangen Bundessache, hinsichtlich deren das B-VG etwas anderes vorsieht. Die in diesen Bestimmungen geregelten Angelegenheiten können unmittelbar von Bundesbehörden vollzogen werden.

(BGBl I 2007/102)

Begriffsbestimmungen

§ 63. Im Sinne des 5. Teiles ist

1. ein Anwartschaftsberechtigter:

   jene Person nach § 62 Abs. 1, die Beiträge nach § 64 an die BV-Kasse leistet;

2. eine Anwartschaft auf eine Selbständigenvorsorge:

   die in einer BV-Kasse verwalteten Ansprüche eines Anwartschaftsberechtigten; diese setzen sich aus den in diese BV-Kasse eingezahlten Beiträgen abzüglich der einbehaltenen Verwaltungskosten, der allenfalls aus einer anderen BV-Kasse in diese BV-Kasse übertragenen Anwartschaft und den zugewiesenen Veranlagungsergebnissen zusammen.

(BGBl I 2007/102)

2. Abschnitt
Beitragsrecht

Beitragsleistung

§ 64. (1) Der Selbständige (§ 62) kann sich bis zum 31. Dezember 2008 durch Abschluss eines Beitrittsvertrages (§ 65) zu einer monatlichen Beitragsleistung für die Dauer der Pflichtversicherung (§ 62 Abs. 1 Z 1, 2, 3 oder 6) oder der Berufsausübung (§ 62 Abs. 1 Z 4 oder 5) in Höhe von 1,53 vH der Beitragsgrundlage nach Abs. 3 an eine von ihm ausgewählte BV-Kasse verpflichten. Ein Selbständiger, dessen Pflichtversicherung oder Berufsausübung nach dem 31. Dezember 2007 beginnt, kann sich innerhalb eines Jahres nach dem erstmaligen Beginn der Pflichtversicherung oder der Berufsausübung zur Beitragsleistung im Sinne des 1. Satzes verpflichten.

(BGBl I 2013/4)

(2) Ein Einstellen, Aussetzen oder Einschränken der Beitragsleistung für die Dauer der Pflichtversicherung oder der Berufsausübung bis zur Inanspruchnahme einer Eigenpension aus der gesetzlichen Pensionsversicherung oder einer Wohlfahrtseinrichtung einer Kammer der freien Berufe ist nicht zulässig.

(3) Beitragsgrundlage im Sinne des Abs. 1 ist:

1. für Selbständige im Sinne des § 62 Abs. 1 Z 1 und 3 die nach den §§ 25, 25a, 26 und 35a GSVG maßgebliche Beitragsgrundlage ohne Nachbemessung;
2. für Selbständige im Sinne des § 62 Abs. 1 Z 2 die nach den §§ 23, 23a und 33a BSVG zum Zeitpunkt der Vorschreibung in der Pensionsversicherung maßgebliche Beitragsgrundlage ohne Nachbemessung;
3. für Selbständige im Sinne des § 62 Abs. 1 Z 4 und Z 5 der sich aus § 48 GSVG ergebende Betrag;
4. für Selbständige im Sinne des § 62 Abs. 1 Z 6 die für die Pflichtversicherung in der gesetzlichen Pensionsversicherung nach dem FSVG maßgebliche Beitragsgrundlage ohne Nachbemessung.

(BGBl I 2013/4)

(4) Für die Beitragseinhebung, Übermittlung der relevanten Daten und Weiterleitung der Beiträge hinsichtlich der in § 62 Abs. 1 Z 1, 3 und 6 genannten Selbständigen gilt § 52 Abs. 2.

(BGBl I 2013/4)

(5) Die Sozialversicherungsanstalt der Bauern hat die Beiträge (Abs. 1) im übertragenen Wirkungsbereich nach § 33 BSVG vorzuschreiben und an die vom Anwartschaftsberechtigten ausgewählte BV-Kasse zu überweisen. Für die Einziehung dieser Beiträge gelten die Regelungen über die Einziehung der Beiträge nach dem BSVG. Hinsichtlich der Meldepflichten des Anwartschaftsberechtigten sind die §§ 16 bis 21 BSVG anzuwenden. Die eingelangten Beiträge nach Abs. 1 sind von der Sozialversicherungsanstalt der Bauern jeweils bis zum 10. des zweitfolgenden Kalender-

monates nach vollständiger Bezahlung eines Beitragsmonates an die BV-Kasse abzuführen. Die Feststellung der Leistungsverpflichtung dem Grunde und der Höhe nach ist Verwaltungssache nach den §§ 409 bis 417a ASVG in Verbindung mit § 182 BSVG.

(5)[a] Die Sozialversicherungsanstalt der Selbständigen hat die Beiträge (Abs. 1) im übertragenen Wirkungsbereich nach § 33 BSVG vorzuschreiben und an die vom Anwartschaftsberechtigten ausgewählte BV-Kasse zu überweisen. Für die Einziehung dieser Beiträge gelten die Regelungen über die Einziehung der Beiträge nach dem BSVG. Hinsichtlich der Meldepflichten des Anwartschaftsberechtigten sind die §§ 16 bis 21 BSVG anzuwenden. Die eingelangten Beiträge nach Abs. 1 sind von der Sozialversicherungsanstalt der Selbständigen jeweils bis zum 10. des zweitfolgenden Kalendermonates nach vollständiger Bezahlung eines Beitragsmonates an die BV-Kasse abzuführen. Die Feststellung der Leistungsverpflichtung dem Grunde und der Höhe nach ist Verwaltungssache nach den §§ 409 bis 417a ASVG in Verbindung mit § 182 BSVG.

(BGBl I 2018/100)

[a] Tritt mit 1. Jänner 2020 in Kraft.

(6) Die Versicherungsanstalt des österreichischen Notariates hat die Beiträge (Abs. 1) im übertragenen Wirkungsbereich vorzuschreiben und an die vom Anwartschaftsberechtigten ausgewählte BV-Kasse zu überweisen. Für diese Beiträge gelten die nach dem NVG anzuwendenden Vorschriften über die Fälligkeit, Einzahlung und Eintreibung der Pflichtbeiträge sowie über die Melde- und Auskunftspflichten mit der Maßgabe, dass an die Stelle der Beiträge zur Krankenversicherung bzw. Pensionsversicherung die Beiträge an die BV-Kassen treten.

(6)[a] Die Versorgungsanstalt des österreichischen Notariates hat die Beiträge (Abs. 1) im übertragenen Wirkungsbereich vorzuschreiben und an die vom Anwartschaftsberechtigten ausgewählte BV-Kasse zu überweisen. Für diese Beiträge gelten die nach dem Notarversorgungsgesetz anzuwendenden Vorschriften über die Fälligkeit, Einzahlung und Eintreibung der Pflichtbeiträge sowie über die Melde- und Auskunftspflichten mit der Maßgabe, dass an die Stelle der Beiträge zur Versorgung die Beiträge an die BV-Kassen treten.

(BGBl I 2018/100)

[a] Tritt mit 1. Jänner 2020 in Kraft.

(7) Die Einhebung der Beiträge (Abs. 1) von Rechtsanwälten (§ 62 Abs. 1 Z 5) erfolgt durch die jeweils ausgewählte BV-Kasse, wobei die Überweisung der Beiträge einmal jährlich erfolgen kann.

(8) (aufgehoben)

(BGBl I 2013/4)

(9) Die Abtretung oder Verpfändung von Anwartschaften im Sinne des § 63 Z 2 ist rechtsunwirksam, soweit der Anwartschaftsberechtigte darüber nicht verfügen kann. Für die Pfändung gilt die EO.

(BGBl I 2007/102)

Beitrittsvertrag

§ 65. (1) Der Anwartschaftsberechtigte hat mit einer von ihm ausgewählten BV-Kasse einen Beitrittsvertrag abzuschließen.

(2) Der Beitrittsvertrag hat insbesondere zu enthalten:

1. die ausgewählte BV-Kasse;
2. Grundsätze der Veranlagungspolitik;
3. die näheren Voraussetzungen für die Kündigung des Beitrittsvertrages;
4. die Höhe der Verwaltungskosten gemäß § 29 Abs. 2 Z 5;
5. die Meldepflichten des Selbständigen gegenüber der BV-Kasse;
6. eine allfällige Zinsgarantie gemäß § 24 Abs. 2;
7. Art und Berechnungsweise der Barauslagen, die die BV-Kasse gemäß § 26 Abs. 3 Z 1 oder § 70 verrechnen darf.

(3) Für die Kündigung des Beitrittsvertrages durch den Anwartschaftsberechtigten oder die BVKasse oder die einvernehmliche Beendigung des Beitrittsvertrages gilt § 12 Abs. 1 bis 3.

(BGBl I 2007/102)

Mitwirkungsverpflichtung

§ 66. Der Anwartschaftsberechtigte ist verpflichtet, der BV-Kasse über alle für das Vertragsverhältnis und für die Verwaltung der Anwartschaft maßgebenden Umstände unverzüglich wahrheitsgemäß Auskunft zu erteilen.

3. Abschnitt
Leistungsrecht

Anspruch auf eine Leistung aus der Selbständigenvorsorge

§ 67. (1) Der Anwartschaftsberechtigte hat nach mindestens zwei Jahren

1. nach dem Ende seiner Pflichtversicherung (§ 62 Abs. 1 Z 1, 3 oder 6) infolge Einstellung der betrieblichen Tätigkeit oder dem Wegfall der berufsrechtlichen Berechtigung oder

   (BGBl I 2013/4)
2. nach dem Ende seiner Pflichtversicherung (§ 62 Abs. 1 Z 2) infolge Einstellung der für die Pensionsversicherung nach § 2 BSVG wesentlichen betrieblichen Tätigkeit oder
3. nach der Beendigung der Berufsausübung (§ 62 Abs. 1 Z 4 oder 5) nach den jeweiligen berufsrechtlichen Regelungen

   (BGBl I 2013/4)

bei Vorliegen von drei Einzahlungsjahren (36 Beitragsmonate) seit der ersten Beitragszahlung gemäß § 64 Abs. 1 oder der letztmaligen Verfügung (ausgenommen Verfügungen im Sinne des § 58

Abs. 1 Z 2 oder 3 oder Abs. 3) bei einer oder mehreren BV-Kassen, Anspruch auf einen Kapitalbetrag aus der Anwartschaft auf eine Selbständigenvorsorge.

(2) Das Leistungsrecht hinsichtlich der Selbständigenvorsorge nach diesem Teil ergibt sich aus den §§ 55 Abs. 2 bis 4, 56, 57 und 58.

(BGBl I 2007/102)

4. Abschnitt
Verwaltung der Beiträge in der BV-Kasse

BV-Kassen

§ 68. Die BV-Kassen sind auch berechtigt, Beiträge im Sinne des 5. Teiles hereinzunehmen und zu veranlagen.

(BGBl I 2007/102)

Konten

§ 69. (1) Die BV-Kasse hat für jeden Anwartschaftsberechtigten ein Konto zu führen. Dieses Konto muss alle wesentlichen Daten enthalten und dient der Berechnung des Kapitalbetrages aus der Selbständigenvorsorge.

(2) Der Anwartschaftsberechtigte ist jährlich zum Stand 31. Dezember des vorangegangenen Geschäftsjahres binnen drei Monaten, nachdem die Daten der BV-Kasse vom Hauptverband der österreichischen Sozialversicherungsträger[a)] oder einer Kammer der freien Berufe, wenn eine Zustimmung des Anwartschaftsberechtigten eingeholt wurde, oder durch den Anwartschaftsberechtigten, zur Verfügung gestellt wurden, schriftlich über

(BGBl I 2018/100)

[a)] Ab 1. Jänner 2020: „Dachverband“.

1. die zum letzten Bilanzstichtag erworbene Anwartschaft aus der Selbständigenvorsorge,
2. die im Geschäftsjahr veranlagten Beiträge,
   (BGBl I 2015/79)
3. die vom Anwartschaftsberechtigten zu tragenden Barauslagen und Verwaltungskosten,
4. die zugewiesenen Veranlagungsergebnisse sowie
5. die insgesamt erworbene Anwartschaft aus der Selbständigenvorsorge

zu informieren. Wesentliche Daten sind neben Namen und Sozialversicherungsnummer des Anwartschaftsberechtigten die für die Erfüllung der in Z 1 bis 5 angeführten Verpflichtungen erforderlichen Daten. Weiters hat die Information die Grundzüge der Veranlagungspolitik sowie die zum Abschlussstichtag gehaltenen Veranlagungen zu enthalten.

(3) Der Anwartschaftsberechtigte ist zwei Jahre nach der Ruhendstellung der Gewerbeausübung, dem Ende seiner Pflichtversicherung infolge Einstellung der für die Pensionsversicherung nach § 2 BSVG wesentlichen betrieblichen Tätigkeit oder der Beendigung der Berufsausübung, die eine Verfügung nach § 67 begründet, binnen eines Monats nach der Verständigung über die Ruhendstellung oder Beendigung der Pflichtversicherung oder Berufsausübung durch den Hauptverband der österreichischen Sozialversicherungsträger[a)] von der BV-Kasse schriftlich über die Verfügungsmöglichkeiten gemäß § 67 zu informieren. Bei Verfügungen gemäß § 67 oder Auszahlungen gemäß § 67 ist dem Anwartschaftsberechtigten zeitgleich mit der Auszahlung des Kapitalbetrages eine schriftliche Information mit den Angaben gemäß Abs. 2 Z 1 bis 5 zu übermitteln.

(BGBl I 2018/100)

[a)] Ab 1. Jänner 2020: „Dachverband“.

(4) Nach Maßgabe der vorhandenen technischen Möglichkeiten kann nach Zustimmung des Anwartschaftsberechtigten anstelle der schriftlichen Information gemäß Abs. 2 und Abs. 3 letzter Satz auch eine gesicherte elektronische Zugriffsmöglichkeit auf diese Information bei der BV-Kasse ermöglicht werden. Die Information gemäß Abs. 3 erster und zweiter Satz kann nach Zustimmung des Anwartschaftsberechtigten und Bekanntgabe einer elektronischen Zustelladresse anstelle der schriftlichen Information auch elektronisch zugestellt werden.

(5) Die BV-Kasse haftet für die Richtigkeit der Kontonachrichten auf der Grundlage der von der Sozialversicherungsträgern im Wege des Hauptverbandes der österreichischen Sozialversicherungsträger[a)] , einer Kammer der freien Berufe oder dem Anwartschaftsberechtigten zu Verfügung gestellten Daten.

(BGBl I 2018/100)

[a)] Ab 1. Jänner 2020: „Dachverbandes“.

(6) Werden für eine Anwartschaft nach der Ruhendstellung der Gewerbeausübung oder der Beendigung der betrieblichen Tätigkeit für einen ununterbrochenen Zeitraum von mindestens zwölf Monaten ab dem Bilanzstichtag, zu dem die letzte Kontonachricht erstellt wurde, keine Beiträge geleistet, ist dem Anwartschaftsberechtigten abweichend von Abs. 2 jeweils nach jedem dritten Bilanzstichtag, gerechnet ab jenem Bilanzstichtag, zu dem die letzte Kontonachricht erstellt wurde, eine Kontonachricht zu übermitteln. Verändert sich die Anwartschaft seit jenem Bilanzstichtag, zu dem die letzte Kontonachricht erstellt wurde, um mehr als 30 €, ist dem Anwartschaftsberechtigten zu diesem Bilanzstichtag eine Kontonachricht zu übermitteln. Im Falle der gesicherten elektronischen Zugriffsmöglichkeit durch den Anwartschaftsberechtigten (Abs. 4) ist jährlich ein Kontoauszug zu erstellen.

(BGBl I 2007/102)

Verwaltungskosten

§ 70. Werden die Beiträge durch einen Sozialversicherungsträger eingehoben (§ 64 Abs. 4 bis 6), so ist § 26 anzuwenden, wobei der in § 26 Abs. 5 geregelte Kostenersatz dem jeweiligen Sozialversicherungsträger (§ 64) zusteht. Abweichend vom ersten Satz sind die Verwaltungskosten hinsichtlich der Beitragseinhebung, Veranlagung und Verwaltung der Beiträge von Rechtsanwälten in einem Rahmenvertrag zwischen dem Österreichischen Rechtsanwaltskammertag und der jeweiligen BV-Kasse festzulegen, wobei die Verwaltungskosten für alle Rechtsanwälte, die vom Rahmenvertrag erfasst werden, prozentmäßig gleich sein müssen.

(BGBl I 2007/102, BGBl I 2013/4)

Veranlagungsgemeinschaft

§ 71. Die BV-Kasse hat die Veranlagung der Beiträge nach dem 5. Teil im Rahmen der nach § 28 bereits eingerichteten Veranlagungsgemeinschaft vorzunehmen.

(BGBl I 2007/102)

6. Teil
Schlussbestimmungen

Weisungsbindung

§ 71a. Die Versicherungsträger und der Hauptverband der österreichischen Sozialversicherungsträger[a)] haben die Aufgaben nach diesem Bundesgesetz im übertragenen Wirkungsbereich nach den Weisungen des Bundesministers für Arbeit, Soziales und Konsumentenschutz zu vollziehen. In den Angelegenheiten des § 27 Abs. 4 bis 6 haben der Bundesminister für Arbeit, Soziales und Konsumentenschutz und der Bundesminister für Finanzen hinsichtlich der Weisung das Einvernehmen herzustellen.

[a)] Ab 1. Jänner 2020: „Dachverband".

(BGBl I 2009/147, BGBl I 2018/100)

Vollziehung

§ 72. Mit der Vollziehung dieses Bundesgesetzes sind hinsichtlich

1. des 1. sowie des 3. Teiles (Übergangsrecht) der Bundesminister für Wirtschaft und Arbeit,
2. des § 11 Abs. 3 und 4, des 2. Teiles sowie des § 47a der Bundesminister für Finanzen,

   (BGBl I 2019/25)
3. des § 6 Abs. 2, 2a und 3 und § 27a der Bundesminister für Wirtschaft und Arbeit und der Bundesminister für Soziales und Konsumentenschutz im Rahmen ihres Wirkungsbereiches,
4. der §§ 7 Abs. 3 bis 8 und 27 Abs. 8 die Bundesministerin für Gesundheit, Frauen und Jugend im Einvernehmen mit dem Bundesminister für Wirtschaft und Arbeit,
5. des § 8 der Bundesminister für Justiz,
6. des § 27 Abs. 4 bis 6 der Bundesminister für Soziales und Konsumentenschutz im Einvernehmen mit dem Bundesminister für Finanzen,
7. des § 27 Abs. 7 der Bundesminister für Soziales und Konsumentenschutz,
8. des 4. und 5. Teiles der Bundesminister für Wirtschaft und Arbeit und der Bundesminister für Finanzen im Rahmen ihres Wirkungsbereiches

betraut.

(BGBl I 2007/102)

Inkrafttreten

§ 73. (1) § 30 Abs. 2 Z 6, § 30 Abs. 3 Z 9, § 31 Abs. 1 Z 5 und die Anlagen 1 und 2 zu § 40 in der Fassung des Bundesgesetzes BGBl. I Nr. 80/2003 treten mit 1. September 2003 in Kraft.

(BGBl I 2003/80)

(2) § 14 Abs. 4 Z 1 und 1a in der Fassung des Bundesgesetzes BGBl. I Nr. 143/2004 tritt mit 1. Jänner 2005 in Kraft.

(BGBl I 2004/143)

(3) § 17 Abs. 1 Z 4 lit. a in der Fassung des Bundesgesetzes BGBl. I Nr. 8/2005 tritt mit 23. September 2005 in Kraft.

(BGBl I 2005/8)

(4) Die §§ 6 Abs. 2 und 2a, 9 samt Überschrift, 10, 12 Abs. 4, 27a samt Überschrift, 42 erster Satz und 49 Z 3 in der Fassung des Bundesgesetzes BGBl. I Nr. 36/2005 treten mit 1. Juli 2005 in Kraft. Eine Änderung der Zahlungsweise nach § 6 Abs. 2a kann erst für Beitragszeiträume nach dem 31. Dezember 2005 wirksam werden. Die §§ 10 und 27a sind auch auf Beitragszeiträume nach den §§ 6 und 7 anzuwenden, die vor dem In-Kraft-Treten dieses Bundesgesetzes begonnen haben. An jene Arbeitgeber, für die der Beginn des Arbeitsverhältnisses des Arbeitnehmers, für den der Arbeitgeber erstmalig Beiträge nach den §§ 6 oder 7 zu leisten hatte, vor dem 1. Jänner 2005 liegt, sind die Aufforderungsschreiben nach § 27a Abs. 1 bis spätestens 31. August 2005 zu versenden. Die Zuweisungen dieser Arbeitgeber zu einer MV-Kasse haben nach Verstreichen der Frist von drei Monaten nach § 27a Abs. 1, spätestens aber beginnend mit 1. Dezember 2005 zu erfolgen. Für das Jahr 2005 ist eine Meldung der Wirtschaftskammer Österreich im Sinne des § 27a Abs. 4 bis spätestens 31. Juli 2005, ein Antrag der MV-Kasse im Sinne des § 27a Abs. 4 bis spätestens 15. Juli 2005, zu übermitteln.

(BGBl I 2005/36)

(5) § 20 Abs. 4 letzter Satz in der Fassung des Bundesgesetzes BGBl. I Nr. 37/2005 tritt mit 1. Juli 2005 in Kraft.

(BGBl I 2005/37)

(6) § 30 Abs. 3 Z 8 lit. b in der Fassung des Bundesgesetzes BGBl. I Nr. 141/2006 tritt mit 1. Jänner 2007 in Kraft.

(BGBl I 2006/141)

(7) Der Titel dieses Bundesgesetzes, die Umbenennung der Mitarbeitervorsorgekasse (MV-Kasse) in Betriebliche Vorsorgekasse (BV-Kasse), das Inhaltsverzeichnis, die §§ 1 samt Überschrift, 6 Abs. 1a und 3, 7 samt Überschrift, § 9 Abs. 1 und Abs. 2 1. Satz, 14 samt Überschrift, 15, 16 samt

Überschrift, 17 samt Überschrift, die Überschrift zum 2. Teil, 20 Abs. 2, 22 Abs. 1, 24 Abs. 1, 25 samt Überschrift, 26 Abs. 6, 27 Abs. 1, 2, 5 und 6a, 29 Abs. 2 Z 5, 30 Abs. 2 Z 6, 33 Abs. 1, die Überschrift zum 3. Teil, 46, 47 Abs. 3 Z 3, sowie die Anlage 2 zu § 40 in der Fassung des Bundesgesetzes BGBl. I Nr. 102/2007 treten mit 1. Jänner 2008 in Kraft. § 7 Abs. 1 gilt nur für Auslandseinsatzpräsenzdienste gemäß § 19 Abs. 1 Z 9 WG 2001, die nach dem 31. Dezember 2007 angetreten werden. § 7 Abs. 6a gilt auch für zum Zeitpunkt des Inkrafttretens dieses Bundesgesetzes laufende Bildungskarenzen. § 47 Abs. 3 Z 3 in der Fassung des Bundesgesetzes BGBl. I Nr. 102/2007 findet nur auf nach dem 31. Dezember 2007 abgeschlossene Vereinbarungen gemäß § 47 Abs. 3 Anwendung. Für zum 31. Dezember 2007 bestehende freie Dienstverhältnisse von Personen im Sinne des § 1 Abs. 1a findet § 6 Abs. 1 2. Satz keine Anwendung. § 1 Abs. 1a findet auf zum 31. Dezember 2007 bestehende freie Dienstverhältnisse mit vertraglich festgelegten Abfertigungsansprüchen sowie auf unmittelbar nachfolgende mit demselben Dienstgeber oder einem Dienstgeber im Konzern (§ 46 Abs. 3 Z 2) abgeschlossene freie Dienstverhältnisse mit solchen Abfertigungsansprüchen keine Anwendung. Die Anlage 2 zu § 40 in der Fassung des Bundesgesetzes BGBl. I Nr. 102/2007 ist auf Geschäftsjahre anzuwenden, die nach dem 31. Dezember 2007 beginnen.

(BGBl I 2007/102)

(8) Der 4., 5. und 6. Teil dieses Bundesgesetzes (ausgenommen die §§ 49 und 62 Abs. 1 und 5) in der Fassung des Bundesgesetzes BGBl. I Nr. 102/2007 treten mit 1. Jänner 2008 in Kraft. Der 4. und 5. Teil gelten für Beitragszeiträume ab dem Inkrafttreten dieses Bundesgesetzes. Abweichend von § 52 Abs. 2 sind die Beiträge für die Monate Jänner bis einschließlich September 2008 gemeinsam mit den Beiträgen zur Pflichtversicherung in der Krankenversicherung nach dem GSVG gemäß § 35 GSVG vorzuschreiben. Abweichend von § 64 Abs. 4 bis 6 sind für Selbständige im Sinne des § 62 Abs. 1 Z 1 bis 4 die Beiträge für die Monate Jänner bis einschließlich September 2008 zusammen mit den Beiträgen für das 4. Quartal 2008 vorzuschreiben. Die auf Grund dieser Vorschreibungen eingelangten Beiträge für die Monate Jänner bis einschließlich Dezember 2008 samt Zinsen sind bis längstens 10. Februar 2009 an die BV-Kassen zu überweisen. Vorzeitige Überweisungen der eingezahlten Beiträge an die BV-Kassen durch die Sozialversicherungsträger sind zulässig. Abweichend von den §§ 50 Abs. 3 und 62 Abs. 2 haben die jeweiligen Sozialversicherungsträger die in diesen Bestimmungen und im § 27 Abs. 4 und 5 genannten Daten der bei ihr pensions- oder krankenversicherten Personen bis längstens 30. November 2008 den jeweils betroffenen BV-Kassen in automationsunterstützter Form im Wege des Hauptverbandes der österreichischen Sozialversicherungsträger gegen Ersatz der Kosten zur Verfügung zu stellen. Diese Beiträge sind bis zur Weiterleitung an die BV-Kasse entsprechend § 218 GSVG, § 206 BSVG oder § 78 NVG zu veranlagen.

(BGBl I 2007/102)

(9) **(Verfassungsbestimmung)** Die §§ 49 und 62 Abs. 1 und 5 in der Fassung des Bundesgesetzes BGBl. I Nr. 102/2007 treten mit 1. Jänner 2008 in Kraft.

(BGBl I 2007/102)

(10) § 6 Abs. 4 in der Fassung des Bundesgesetzes BGBl. I Nr. 12/2009 tritt mit 1. Februar 2009 in Kraft. Auf eine vor dem Zeitpunkt des In-Kraft-Tretens dieses Bundesgesetzes vereinbarte Kurzarbeit nach § 27 Abs. 1 lit. b des Arbeitsmarktförderungsgesetzes, BGBl. Nr. 31/1969, findet § 6 Abs. 4 in der Fassung vor dem Bundesgesetz BGBl. I Nr. 12/2009 weiter Anwendung.

(BGBl I 2009/12)

(11) § 7 Abs. 5 in der Fassung des Bundesgesetzes BGBl. I Nr. 116/2009 tritt mit 1. Jänner 2010 in Kraft.

(BGBl I 2009/116)

(12) Das Inhaltsverzeichnis sowie § 71a samt Überschrift in der Fassung des Bundesgesetzes BGBl. I Nr. 147/2009 treten mit 1. Jänner 2010 in Kraft.

(BGBl I 2009/147)

(13) § 14 Abs. 5 und § 55 Abs. 3 in der Fassung des Bundesgesetzes BGBl. I Nr. 135/2009 treten mit 1. Jänner 2010 in Kraft.

(BGBl I 2009/135)

(14) § 30 Abs. 2 Z 2 in der Fassung des Bundesgesetzes BGBl. I Nr. 72/2010 tritt mit 31. Dezember 2010 in Kraft.

(BGBl I 2010/72)

(15) Die §§ 6 Abs. 2 zweiter Satz und 55 Abs. 1 Z 1 in der Fassung des Bundesgesetzes BGBl. I Nr. 92/2010 treten mit 1. Jänner 2011 in Kraft.

(BGBl I 2010/92)

(16) § 29 Abs. 1, § 30 Abs. 2 Z 5 und Abs. 3 Z 3, 4 und 7 sowie § 31 Abs. 1 Z 3a und 4 und § 44 Abs. 1 in der Fassung des Bundesgesetzes BGBl. I Nr. 77/2011 treten mit 1. September 2011 in Kraft.

(BGBl I 2011/77)

(17) § 44 Abs. 1 und § 45 Abs. 1 in der Fassung des 2. Stabilitätsgesetzes 2012, BGBl. I Nr. 35/2012, treten mit 1. Mai 2012 in Kraft.

(BGBl I 2012/35)

(18) § 20 Abs. 2 erster Satz und Abs. 5, § 26 Abs. 3 Z 2 letzter Satz, § 30 Abs. 2 Z 5a, § 30 Abs. 3 Z 4 und 7 sowie § 47 Abs. 5 und 6 in der Fassung des Bundesgesetzes BGBl. I Nr. 4/2013 treten mit 1. Jänner 2013 in Kraft. § 47 Abs. 5 in der Fassung vor dem Bundesgesetz BGBl. I Nr. 4/2013 tritt mit Ablauf des 31. Dezember 2012 außer Kraft, auf Grundlage dieser Bestimmung abgeschlossene Übertrittsverträge behalten ihre Gültigkeit.

(BGBl I 2013/4)

(19) § 64 Abs. 1 erster Satz, Abs. 3 Z 4 und Abs. 4, § 67 Abs. 1 Z 1 und Z 3 sowie § 70 in der Fassung des Bundesgesetzes BGBl. I Nr. 4/2013 treten mit 1. Jänner 2013 in Kraft. Die §§ 64 Abs. 4 und 70 gelten für Zeiträume der Beitragspflicht ab 1. Jänner 2013 auch für jene Selbständigen gemäß § 62 Abs. 1 Z 6, deren Beitragspflicht gemäß § 64 Abs. 1 in der Fassung vor dem Bundesgesetz BGBl. I Nr. 4/2013 vor dem 1. Jänner 2013 begonnen hat. § 64 Abs. 8 in der Fassung vor dem Bundesgesetz BGBl. I Nr. 4/2013 tritt mit Ablauf des 31. Dezember 2012 außer Kraft; auf Grundlage dieser Bestimmung abgeschlossene Beitrittsverträge behalten ihre Gültigkeit.

(BGBl I 2013/4)

(20) § 6 Abs. 4 in der Fassung des Bundesgesetzes BGBl. I Nr. 67/2013 tritt mit 1. Juli 2013 in Kraft.

(BGBl I 2013/67)

(21) § 30 Abs. 1, § 30 Abs. 2 Z 5a, 6, 7 und 8, § 30 Abs. 3 Z 4, 7, 7a und 7b, § 31Abs. 1 Z 3a, § 44 Abs. 2 und § 45 Abs. 3 in der Fassung des Bundesgesetzes BGBl. I Nr. 135/2013 treten mit dem der Kundmachung folgenden Tag in Kraft. § 40 Abs. 6 und § 45a samt Überschrift in der Fassung des Bundesgesetzes BGBl. I Nr. 135/2013 treten mit 1. Jänner 2014 in Kraft.

(BGBl I 2013/135)

(22) § 20 Abs. 1, § 30 Abs. 2 Z 2 und Abs. 3 Z 8 lit. b sowie § 31 Abs. 1 Z 3a in der Fassung des Bundesgesetzes BGBl. I Nr. 184/2013 treten mit 1. Jänner 2014 in Kraft.

(BGBl I 2013/184)

(23) Die §§ 6 Abs. 4, 7 Abs. 6, 52 Abs. 1a, 52 Abs. 2 dritter Satz und 55 Abs. 2 in der Fassung des Bundesgesetzes BGBl. I Nr. 138/2013 treten mit 1. Jänner 2014 in Kraft. Diese Bestimmungen finden auf Freistellungen gegen Entfall des Entgelts oder Herabsetzungen der Normalarbeitszeit nach den §§ 14a oder 14b AVRAG Anwendung, soweit diese nach dem 31. Dezember 2013 beginnen. Auf zum Zeitpunkt des Inkrafttretens dieses Bundesgesetzes laufende Freistellungen gegen Entfall des Entgelts oder Herabsetzungen der Normalarbeitszeit nach den §§ 14a oder 14b AVRAG kommt § 7 Abs. 6 in der Fassung vor dem In-Kraft-Treten dieses Bundesgesetzes zur Anwendung. Personen, die zum Zeitpunkt des Inkrafttretens dieses Bundesgesetzes eine Eigenpension aus der gesetzlichen Pensionsversicherung beziehen und der Selbständigenvorsorge nach dem 4. Teil unterliegen, können bis zum 31. Dezember 2014 schriftlich gegenüber der Sozialversicherungsanstalt der Gewerblichen Wirtschaft erklären, keine Beiträge nach dem 4. Teil mehr zu leisten. Die Beitragspflicht endet mit Ende des Kalendermonats, in dem diese Erklärung bei der Sozialversicherungsanstalt der Gewerblichen Wirtschaft einlangt. Der Verfügungsanspruch entsteht mit dem auf das Ende der Beitragspflicht folgenden Monatsersten.

(BGBl I 2013/138)

(24) § 41 Abs. 4 in der Fassung des Bundesgesetzes BGBl. I Nr. 42/2014 ist auf Geschäftsjahre anzuwenden, die nach dem 31. Dezember 2013 beginnen.

(BGBl I 2014/42)

(25) § 17 Abs. 1 Z 4 lit. a in der Fassung des Bundesgesetzes BGBl. I Nr. 34/2015 tritt mit 1. Jänner 2016 in Kraft.

(BGBl I 2015/34)

(26) Die §§ 6 Abs. 1b und 2a, 16 Abs. 1, 25 Abs. 2, 3 und 5, 27 Abs. 5 und 8, 60 Abs. 2 Z 2 und 69 Abs. 2 Z 2 in der Fassung des Bundesgesetzes BGBl. I Nr. 79/2015 treten mit 1. Jänner 2019 in Kraft und gelten für Beitragszeiträume nach 31. Dezember 2018. Die §§ 14 Abs. 8 und 9 und 25 Abs. 7 in der Fassung des Bundesgesetzes BGBl. I Nr. 79/2015 treten mit 1. Jänner 2019 in Kraft.

(BGBl I 2015/79, BGBl I 2016/44, BGBl I 2017/107, BGBl I 2018/100)

(27) Das Inhaltsverzeichnis hinsichtlich der §§ 42a bis 45 und § 42a in der Fassung des Bundesgesetzes BGBl. I Nr. 73/2016 treten mit dem der Kundmachung folgenden Tag in Kraft.

(BGBl I 2016/73)

(28) § 6 Abs. 4 in der Fassung des Bundesgesetzes BGBl. I Nr. 44/2016 tritt mit 1. Jänner 2017 in Kraft.

(BGBl I 2016/44, BGBl I 2017/30)

(29) § 27 Abs. 4 in der Fassung des Bundesgesetzes BGBl. I Nr. 118/2016 tritt mit 1. Jänner 2017 in Kraft. § 27a Abs. 7 tritt mit Ablauf des 31. Dezember 2016 außer Kraft.

(BGBl I 2016/118)

(30) § 6 Abs. 4 in der Fassung des Bundesgesetzes BGBl. I Nr. 30/2017 tritt mit 1. Juli 2017 in Kraft.

(BGBl I 2017/30)

(31) § 7 Abs. 1 erster Satz, Abs. 5 und 6 in der Fassung des Bundesgesetzes BGBl. I Nr. 36/2017 tritt mit 1. März 2017 in Kraft. § 7 Abs. 5 in der Fassung vor dem Bundesgesetz BGBl. I Nr. 36/2017 gilt weiter für Beiträge aufgrund von Kinderbetreuungsgeldbezug für Geburten vor dem 1. März 2017. § 7 Abs. 5 in der Fassung des Bundesgesetzes BGBl. I Nr. 36/2017 gilt für Beiträge aufgrund von Kinderbetreuungsgeldbezug für Geburten nach dem 28. Februar 2017.

(BGBl I 2017/36)

(32) § 44 Abs. 1 und § 45 Abs. 1 in der Fassung des Bundesgesetzes BGBl. I Nr. 107/2017 treten mit 3. Jänner 2018 in Kraft. § 25 Abs. 2 Z 2 und Abs. 5 in der Fassung des Bundesgesetzes BGBl. I Nr. 107/2017 tritt mit 1. Jänner 2019 in Kraft und gilt für Beitragszeiträume nach 31. Dezember 2018. § 44 Abs. 2 und § 45 Abs. 3 treten mit Ablauf des 2. Jänner 2018 außer Kraft.

(BGBl I 2017/107)

(33) Die §§ 7 Abs. 1, 18 Abs. 3, 25 Abs. 3 und 5, 26 Abs. 6, 27 Abs. 4, 5, 6, 6a und 7, 27a Abs. 2,

3, 4 und 5, 50 Abs. 3, 52 Abs. 1a, 2 und 3, 53 Abs. 1, 60 Abs. 2, 3 und 5, 62 Abs. 1 Z 4, 64 Abs. 5 und 6, 69 Abs. 2, 3 und 5 sowie § 71a in der Fassung des Bundesgesetzes BGBl. I Nr. 100/2018 treten mit 1. Jänner 2020 in Kraft.

(BGBl I 2018/100)

(34) § 47a und § 72 Z 2 in der Fassung des Brexit-Begleitgesetzes 2019, BGBl. I Nr. 25/2019, treten mit dem Zeitpunkt des Wirksamwerdens des Austritts des Vereinigten Königreichs Großbritannien und Nordirland aus der Europäischen Union unter der Bedingung in Kraft, dass der Austritt ohne Austrittsabkommen gemäß Art. 50 Abs. 2 EUV erfolgt.

(BGBl I 2019/25)

(BGBl I 2007/102)

Anlage 1
zu § 40

Formblatt A – Bilanz der Betrieblichen Vorsorgekasse

AKTIVA

A. Anlagevermögen[1)]
  I. Immaterielle Vermögensgegenstände
  II. Sachanlagen
  III. Finanzanlagen
B. Umlaufvermögen[1)]
  I. Vorräte
  II. Forderungen
  III. Wertpapiere und Anteile
  IV. Kassenbestand, Schecks, Guthaben bei Banken
C. Rechnungsabgrenzungsposten
D. Aktiva der Veranlagungsgemeinschaft
  I. Bargeld und Guthaben auf Euro lautend
  II. Bargeld und Guthaben auf ausländische Währungen lautend
  III. Darlehen und Kredite auf Euro lautend
  IV. Ausleihungen auf ausländische Währungen lautend
  V. Forderungswertpapiere auf Euro lautend
  VI. Forderungswertpapiere auf ausländische Währungen lautend
  VII. Sonstige Forderungswertpapiere und Beteiligungswertpapiere auf Euro lautend
  Sonstige Forderungswertpapiere und Beteiligungswertpapiere auf ausländische Währungen lautend
  IX. Anteilscheine von Immobilienfonds auf Euro lautend
  (BGBl I 2003/80)
  X. Anteilscheine von Immobilienfonds auf ausländische Währung lautend
  (BGBl I 2003/80)
  XI. Forderungen
  (BGBl I 2003/80)
  XII. Aktive Rechnungsabgrenzungsposten
  (BGBl I 2003/80)
  XIII. Sonstige Aktiva
  (BGBl I 2003/80)

PASSIVA

A. Eigenkapital
  I. Grundkapital
  II. Kapitalrücklagen[1)]
  III. Gewinnrücklagen[1)]
  IV. Rücklage für die Erfüllung der Kapitalgarantie
  V. Rücklage für die Erfüllung der Zinsgarantie
  VI. Bilanzgewinn/Bilanzverlust
B. Unversteuerte Rücklagen[1)]
C. Rückstellungen
  (BGBl I 2003/135)
D. Verbindlichkeiten[1)]
E. Rechnungsabgrenzungsposten
F. Passiva der Veranlagungsgemeinschaften
  I. Abfertigungsanwartschaft
  II. Verbindlichkeiten
  III. Passive Rechnungsabgrenzungsposten
  IV. Sonstige Passiva

(BGBl I 2007/102)

1) Die mit Fußnote „1)" gekennzeichneten, mit Buchstaben oder römischen Zahlen bezeichneten Hauptposten sind in die im HGB mit arabischen Zahlen bezeichneten Einzelposten zu untergliedern.

Formblatt B – Gewinn- und Verlustrechnung der Betrieblichen Vorsorgekasse

A. Ergebnis der Veranlagungsgemeinschaft
  I. Veranlagungserträge
  II. Garantie
  III. Beiträge
  IV. Kosten
  V. Auszahlungen von Abfertigungsleistungen
  VI. Ergebnis der Veranlagungsgemeinschaft
  VII. Verwendung des Ergebnisses der Veranlagungsgemeinschaft
B. Erträge und Aufwendungen der BV-Kasse
  1. Verwaltungskosten
  2. Betriebsaufwendungen
    a) Personalaufwand
    – Löhne
    – Gehälter

– Aufwendungen für Abfertigungen und Leistungen an betriebliche Vorsorgekassen
(BGBl I 2004/161, BGBl I 2007/102)
– Aufwendungen für Altersversorgung
– Aufwendungen für gesetzlich vorgeschriebene Sozialabgaben sowie vom Entgelt abhängige Abgaben und Pflichtbeiträge
– Sonstige Sozialaufwendungen
b) Abschreibungen auf das Anlagevermögen
c) Sonstige Betriebs-, Verwaltungs- und Vertriebsaufwendungen
3. Finanzerträge
a) Erträge aus Beteiligungen
b) Zinsenerträge und sonstige laufende Erträge aus der Veranlagung der Eigenmittel und der nicht zu Veranlagungsgemeinschaften zugeordneten Fremdmittel
c) Erträge aus dem Abgang von und der Zuschreibung zu Finanzanlagen, die nicht den Veranlagungsgemeinschaften zugeordnet sind
4. Finanzaufwendungen
a) Aufwendungen aus Beteiligungen
b) Abschreibungen auf sonstige Finanzanlagen, die nicht den Veranlagungsgemeinschaften zugeordnet sind
c) Zinsen und ähnliche Aufwendungen
5. Sonstige Erträge und Aufwendungen
a) Erträge
b) Aufwendungen
6. Ergebnis der gewöhnlichen Geschäftstätigkeit
7. Außerordentliches Ergebnis
a) außerordentliche Erträge
b) außerordentliche Aufwendungen
8. Steuern vom Einkommen und vom Ertrag
9. Jahresüberschuss/Jahresfehlbetrag
10. Veränderung von Rücklagen
a) Zuweisungen
– zu unversteuerten Rücklagen
– zu Gewinnrücklagen
– zur Kapitalgarantierücklage
– zur Zinsgarantierücklage
b) Auflösungen
– unversteuerter Rücklagen
– von Kapitalrücklagen
– von Gewinnrücklagen
– der Kapitalgarantierücklage
– der Zinsgarantierücklage
11. Gewinn-/Verlustvortrag
12. Bilanzgewinn/-verlust
(BGBl I 2007/102)
(BGBl I 2007/102)

Anlage 2
zu § 40

Formblatt A – Vermögensaufstellung der Veranlagungsgemeinschaft

AKTIVA

I. Bargeld und Guthaben auf Euro lautend
1. Bargeld
2. Guthaben bei Kreditinstituten
II. Bargeld und Guthaben auf ausländische Währungen lautend
1. Bargeld
2. Guthaben bei Kreditinstituten
III. Darlehen und Kredite auf Euro lautend
1. Darlehen und Kredite mit Haftung der öffentlichen Hand
2. Darlehen und Kredite mit Haftung eines Kreditinstitutes
3. Hypothekardarlehen
IV. Ausleihungen auf ausländische Währungen lautend
1. Darlehen und Kredite mit Haftung der öffentlichen Hand
2. Darlehen und Kredite mit Haftung eines Kreditinstitutes
3. Hypothekardarlehen
V. Forderungswertpapiere auf Euro lautend
1. börsenotierte Forderungswertpapiere
2. nicht börsenotierte Forderungswertpapiere
3. Anteilscheine von Kapitalanlagefonds
VI. Forderungswertpapiere auf ausländische Währungen lautend
1. börsenotierte Forderungswertpapiere
2. nicht börsenotierte Forderungswertpapiere
3. Anteilscheine von Kapitalanlagefonds
VII. sonstige Forderungswertpapiere und Beteiligungswertpapiere auf Euro lautend
1. börsenotierte Wertpapiere
2. nicht börsenotierte Wertpapiere
3. Anteilscheine von Kapitalanlagefonds

sonstige Forderungswertpapiere und Beteiligungswertpapiere auf ausländische Währungen lautend
1. börsenotierte Wertpapiere
2. nicht börsenotierte Wertpapiere
3. Anteilscheine von Kapitalanlagefonds

BMSVG

IX. Anteilscheine von Immobilienfonds auf Euro lautend
(BGBl I 2003/80)

X. Anteilscheine von Immobilienfonds auf ausländische Währung lautend
(BGBl I 2003/80)

XI. Forderungen
1. für ausstehende Beiträge
   a) laufende Beiträge
   b) Beiträge aus einer Übertragung gemäß § 47
2. für Zinsen
   a) abgegrenzte Zinsen
   b) Zinsforderungen aus einer Übertragung gemäß § 47
3. gegenüber einer anderen Veranlagungsgemeinschaft
4. gegenüber der BV-Kasse AG
5. Sonstige

(BGBl I 2003/80)

XII. Aktive Rechnungsabgrenzungsposten
(BGBl I 2003/80)

XIII. Sonstige Aktiva
(BGBl I 2003/80)

PASSIVA

I. Abfertigungsanwartschaft (§ 3 Z 3)
1. mit laufenden Beiträgen
2. beitragfreigestellt

II. Anwartschaft auf eine Selbstständigenvorsorge (§ 51 Z 2)
1. mit laufenden Beiträgen
2. beitragfreigestellt

III. Anwartschaft auf eine Selbstständigenvorsorge (§ 63 Z 2)
1. mit laufenden Beiträgen
2. beitragfreigestellt

IV. Verbindlichkeiten
1. aus dem Ankauf von Vermögenswerten
2. gegenüber Anwartschaftsberechtigten
3. gegenüber Arbeitgebern
4. gegenüber Kreditinstituten
5. gegenüber einer anderen Veranlagungsgemeinschaft
6. gegenüber der BV-Kasse AG
7. sonstige

V. Passive Rechnungsabgrenzungsposten

VI. Sonstige Passiva

(BGBl I 2007/102)

Formblatt B – Gewinn- und Verlustrechnung der Veranlagungsgemeinschaft

I. Veranlagungserträge
- Zinsenerträge aus Guthaben und Ausleihungen
- Zinsenerträge aus der Übertragung einer Altabfertigungsanwartschaft
- Erträge aus Forderungswertpapieren
- Erträge aus unbesicherten Forderungswertpapieren
- Erträge aus Beteiligungspapieren
- Erträge aus Kapitalanlagefonds
- sonstige laufende Veranlagungserträge
- Zinsenaufwendungen

II. Garantie
- Erfüllung einer Kapitalgarantie
- Erfüllung einer Zinsgarantie

III. Beiträge
- laufende Abfertigungsbeiträge gemäß §§ 6 und 7
- laufende Beiträge gemäß § 52
- laufende Beiträge gemäß § 64
- Übertragung einer Abfertigungsanwartschaft aus einer anderen BV-Kasse
- Übertragung einer Altabfertigungsanwartschaft

  (BGBl I 2007/102)

(BGBl I 2007/102)

IV. Kosten
- laufende Verwaltungskosten
- Kostenbeitrag für die Übertragung einer Altabfertigungsanwartschaft
- Verwaltungskosten der Veranlagung

V. Auszahlungen von Abfertigungsleistungen
- Auszahlung als Kapitalbetrag
- Übertragung in eine andere BV-Kasse
- Überweisung an ein Versicherungsunternehmen
- Überweisung an ein Kreditinstitut zum Erwerb von Anteilen an Pensionsinvestmentfonds
- Überweisung an eine Pensionskasse

  (BGBl I 2002/158)

(BGBl I 2007/102)

VI. Ergebnis der Veranlagungsgemeinschaft

VII. Verwendung des Ergebnisses der Veranlagungsgemeinschaft
- Einstellung in die Abfertigungsanwartschaft
- Entnahme aus der Abfertigungsanwartschaft

Formblatt C – Anhang zur Vermögensaufstellung und Ertragsrechnung einer Veranlagungsgemeinschaft

I. Eckdaten der Veranlagungsgemeinschaft

II. Erläuterungen zur Vermögensaufstellung der Veranlagungsgemeinschaft nach Formblatt A

III. Erläuterungen zur Ertragsrechnung der Veranlagungsgemeinschaft nach Formblatt B

IV. Erläuterungen zur Bewertung

1. Allgemeines
2. Berücksichtigung erkennbarer Risken und drohender Verluste sowie Vornahme notwendiger Wertberichtigungen (§ 31 Abs. 2)

V. Erläuterungen zur Führung der Konten

VI. Erläuterungen zur Internen Kontrolle

VII. Anzahl der
- Anwartschaftsberechtigten mit Beitragsleistung
- beitragsfrei gestellten Anwartschaftsberechtigten

Bestätigung des Bankprüfers

Artikel 1
Umsetzung von Richtlinien der Europäischen Union

Durch dieses Bundesgesetz werden

1. die Richtlinie (EU) 2015/849 zur Verhinderung der Nutzung des Finanzsystems zum Zwecke der Geldwäsche und der Terrorismusfinanzierung, zur Änderung der Verordnung (EU) Nr. 648/2012 und zur Aufhebung der Richtlinie 2005/60/EG und der Richtlinie 2006/70/EG, ABl. Nr. L 141 vom 05.06.2015 S. 73, umgesetzt und
2. die erforderlichen Maßnahmen zur Durchsetzung der Verordnung (EU) 2015/847 über die Übermittlung von Angaben bei Geldtransfers und zur Aufhebung der Verordnung (EU) Nr. 1781/2006, ABl. Nr. L 141 vom 05.06.2015 S. 1, geschaffen.

Artikel 1
Umsetzungshinweis

Mit diesem Bundesgesetz werden folgende Rechtsakte der Europäischen Union umgesetzt:

1. die Richtlinie 2014/65/EU über Märkte für Finanzinstrumente sowie zur Änderung der Richtlinien 2002/92/EG und 2011/61/EU, ABl. Nr. L 173 vom 12.06.2014 S. 349, zuletzt geändert durch die Richtlinie (EU) 2016/1034, ABl. Nr. L 175 vom 23.06.2016 S. 8, in der Fassung der Berichtigung, ABl. Nr. L 64 vom 10.03.2017 S. 116 und
2. die delegierte Richtlinie (EU) 2017/593 zur Ergänzung der Richtlinie 2014/65/EU im Hinblick auf den Schutz der Finanzinstrumente und Gelder von Kunden, Produktüberwachungspflichten und Vorschriften für die Entrichtung beziehungsweise Gewährung oder Entgegennahme von Gebühren, Provisionen oder anderen monetären oder nichtmonetären Vorteilen, ABl. Nr. L 87 S. 500.

Weiters dient dieses Bundesgesetz dem wirksamen Vollzug folgender Rechtsakte der Europäischen Union:

1. der Verordnung (EU) Nr. 600/2014 über Märkte für Finanzinstrumente und zur Änderung der Verordnung (EU) Nr. 648/2012, ABl. Nr. L 173 vom 12.06.2014 S. 84, zuletzt geändert durch die Verordnung (EU) 2016/1033, ABl. Nr. L 175 vom 23.06.2016 S. 1,
2. der delegierten Verordnung (EU) 2017/565 zur Ergänzung der Richtlinie 2014/65/EU in Bezug auf die organisatorischen Anforderungen an Wertpapierfirmen und die Bedingungen für die Ausübung ihrer Tätigkeit sowie in Bezug auf die Definition bestimmter Begriffe für die Zwecke der genannten Richtlinie, ABl. Nr. L 87 S. 1, und
3. der delegierten Verordnung (EU) 2017/567 zur Ergänzung der Verordnung (EU) Nr. 600/2014 im Hinblick auf Begriffsbestimmungen, Transparenz, Portfoliokomprimierung und Aufsichtsmaßnahmen zur Produktintervention und zu den Positionen, ABl. Nr. L 87 S. 90.

Betriebliche Vorsorgekassen-Formblätterverordnung

Betriebliche Vorsorgekassen-Formblätterverordnung, BGBl II 2013/353 idF

1 BGBl II 2016/312

Verordnung der Finanzmarktaufsichtsbehörde (FMA) über Formblätter für die Bilanz und die Gewinn- und Verlustrechnung der Betrieblichen Vorsorgekassen sowie für die Rechenschaftsberichte der Veranlagungsgemeinschaft (Betriebliche Vorsorgekassen-Formblätterverordnung – BVK-FBlV)

(BGBl II 2013/353)

Auf Grund des § 40 Abs. 3 des Betrieblichen Mitarbeiter- und Selbständigenvorsorgegesetzes – BMSVG, BGBl. I Nr. 100/2002, zuletzt geändert durch das Bundesgesetz BGBl. I Nr. 184/2013, wird verordnet:

§ 1. Die Bilanz sowie die Gewinn- und Verlustrechnung der Betriebliche Vorsorgekasse (BV-Kasse) sind entsprechend der Gliederung in der **Anlage 1** zu erstellen.

§ 2. Der Rechenschaftsbericht jeder Veranlagungsgemeinschaft ist entsprechend der Gliederung in der **Anlage 2** zu erstellen.

§ 3. (1) Diese Verordnung ist erstmals auf Geschäftsjahre anzuwenden, die nach dem 30. Dezember 2013 enden.

(BGBl II 2016/312)

(2) Die **Anlage 1** in der Fassung der Verordnung BGBl. II Nr. 312/2016 ist erstmals auf Geschäftsjahre anzuwenden, die nach dem 30. Dezember 2016 enden.

(BGBl II 2016/312)

Anlage 1
zu § 40 BMSVG

Formblatt A – Bilanz der Betrieblichen Vorsorgekasse

AKTIVA

A. Anlagevermögen[1)]
   I. Immaterielle Vermögensgegenstände
   II. Sachanlagen
   III. Finanzanlagen
B. Umlaufvermögen[1)]
   I. Vorräte
   II. Forderungen und sonstige Vermögensgegenstände
      1. Forderung gemäß § 26 Abs. 3 Z 2 BMSVG
      2. Sonstige Forderungen und Vermögensgegenstände
   III. Wertpapiere und Anteile
   IV. Kassenbestand, Schecks, Guthaben bei Banken
C. Rechnungsabgrenzungsposten
D. Aktive latente Steuern
E. Aktiva der Veranlagungsgemeinschaft
   I. Guthaben auf Euro lautend
   II. Guthaben auf ausländische Währungen lautend
   III. Darlehen und Kredite auf Euro lautend
   IV. Darlehen und Kredite auf ausländische Währungen lautend
   V. Forderungswertpapiere auf Euro lautend
   VI. Forderungswertpapiere auf ausländische Währungen lautend
   VII. Beteiligungswertpapiere auf Euro lautend
   VIII. Beteiligungswertpapiere auf ausländische Währungen lautend
   IX. Anteilscheine von Investmentfonds und AIF auf Euro lautend
   X. Anteilscheine von Investmentfonds und AIF auf ausländische Währungen lautend
   XI. Anteilscheine von Immobilienfonds auf Euro lautend
   XII. Anteilscheine von Immobilienfonds auf ausländische Währungen lautend
   XIII. Forderungen
   XIV. Aktive Rechnungsabgrenzungsposten
   XV. Sonstige Aktiva

PASSIVA

A. Eigenkapital
   I. Grundkapital
   II. Kapitalrücklagen[1)]
   III. Gewinnrücklagen[1)]
   IV. Rücklage für die Erfüllung der Kapitalgarantie
   V. Rücklage für die Erfüllung der Zinsgarantie
   VI. Bilanzgewinn/Bilanzverlust
B. Rückstellungen
C. Verbindlichkeiten[1)]
D. Rechnungsabgrenzungsposten
E. Passiva der Veranlagungsgemeinschaften
   I. Abfertigungsanwartschaft
   II. Verbindlichkeiten
   III. Passive Rechnungsabgrenzungsposten
   IV. Sonstige Passiva

Formblatt B – Gewinn- und Verlustrechnung der Betrieblichen Vorsorgekasse

A. Ergebnis der Veranlagungsgemeinschaft
   I. Veranlagungserträge

II. Garantie
III. Beiträge
IV. Kosten
V. Auszahlungen von Abfertigungsleistungen
VI. Ergebnis der Veranlagungsgemeinschaft
VII. Verwendung des Ergebnisses der Veranlagungsgemeinschaft

B. Erträge und Aufwendungen der BV-Kasse
1. Verwaltungskosten
2. Betriebsaufwendungen
a) Personalaufwand
aa) Löhne
bb) Gehälter
cc) Aufwendungen für Abfertigungen und Leistungen an Betriebliche Vorsorgekassen
dd) Aufwendungen für Altersversorgung
ee) Aufwendungen für gesetzlich vorgeschriebene Sozialabgaben sowie vom Entgelt abhängige Abgaben und Pflichtbeiträge
ff) Sonstige Sozialaufwendungen
b) Abschreibungen auf das Anlagevermögen
c) Sonstige Betriebs-, Verwaltungs- und Vertriebsaufwendungen
3. Finanzerträge
a) Erträge aus Beteiligungen
b) Zinsenerträge und sonstige laufende Erträge aus der Veranlagung der Eigenmittel und der nicht zu Veranlagungsgemeinschaften zugeordneten Fremdmittel
c) Erträge aus dem Abgang von und der Zuschreibung zu Finanzanlagen, die nicht den Veranlagungsgemeinschaften zugeordnet sind
4. Finanzaufwendungen
a) Aufwendungen aus Beteiligungen
b) Abschreibungen auf sonstige Finanzanlagen, die nicht den Veranlagungsgemeinschaften zugeordnet sind
c) Zinsen und ähnliche Aufwendungen
5. Sonstige betriebliche Erträge und Aufwendungen
a) betriebliche Erträge
b) betriebliche Aufwendungen
6. Ergebnis vor Steuern
7. Steuern vom Einkommen und vom Ertrag
8. Ergebnis nach Steuern
9. Sonstige Steuern, soweit nicht unter den Posten 1 bis 7 enthalten
10. Jahresüberschuss/Jahresfehlbetrag
11. Veränderung von Rücklagen
a) Zuweisungen
aa) zu Gewinnrücklagen
bb) zur Kapitalgarantierücklage
cc) zur Zinsgarantierücklage
b) Auflösungen
aa) von Kapitalrücklagen
bb) von Gewinnrücklagen
cc) der Kapitalgarantierücklage
dd) der Zinsgarantierücklage
12. Jahresgewinn/-verlust
13. Gewinn-/Verlustvortrag
14. Bilanzgewinn/-verlust

(BGBl II 2016/312)

1) Die mit Fußnote „1)“ gekennzeichneten, mit Buchstaben oder römischen Zahlen bezeichneten Hauptposten sind in die im UGB mit arabischen Zahlen bezeichneten Einzelposten zu untergliedern.

Anlage 2
zu § 40 BMSVG

Formblatt A – Vermögensaufstellung der Veranlagungsgemeinschaft

AKTIVA

I. Guthaben auf Euro lautend
II. Guthaben auf ausländische Währungen lautend
III. Darlehen und Kredite auf Euro lautend
1. Darlehen und Kredite mit Haftung der öffentlichen Hand
2. Darlehen und Kredite mit Haftung eines Kreditinstitutes
3. Hypothekardarlehen
IV. Darlehen und Kredite auf ausländische Währungen lautend
1. Darlehen und Kredite mit Haftung der öffentlichen Hand
2. Darlehen und Kredite mit Haftung eines Kreditinstitutes
3. Hypothekardarlehen
V. Forderungswertpapiere auf Euro lautend
1. börsenotierte Forderungswertpapiere
2. nicht börsenotierte Forderungswertpapiere
VI. Forderungswertpapiere auf ausländische Währungen lautend
1. börsenotierte Forderungswertpapiere
2. nicht börsenotierte Forderungswertpapiere
VII. Beteiligungswertpapiere auf Euro lautend
1. börsenotierte Wertpapiere
2. nicht börsenotierte Wertpapiere

VIII. Beteiligungswertpapiere auf ausländische Währungen lautend
  1. börsenotierte Wertpapiere
  2. nicht börsenotierte Wertpapiere
IX. Anteilscheine von Investmentfonds und AIF auf Euro lautend
X. Anteilscheine von Investmentfonds und AIF auf ausländische Währungen lautend
XI. Anteilscheine von Immobilienfonds auf Euro lautend
XII. Anteilscheine von Immobilienfonds auf ausländische Währungen lautend
XIII. Forderungen
  1. für ausstehende Beiträge
    a) laufende Beiträge
    b) Beiträge aus einer Übertragung gemäß § 47 BMSVG
  2. für Zinsen
    a) abgegrenzte Zinsen
    b) Zinsforderungen aus einer Übertragung gemäß § 47 BMSVG
  3. gegenüber einer anderen Veranlagungsgemeinschaft
  4. gegenüber der BV-Kasse AG
  5. Sonstige
XIV. Aktive Rechnungsabgrenzungsposten
XV. Sonstige Aktiva
  1. Unterschiedsbetrag gemäß § 26 Abs. 3 Z 2 BMSVG
  2. sonstige Aktiva

PASSIVA

I. Abfertigungsanwartschaft (§ 3 Z 3 BMSVG)
  1. mit laufenden Beiträgen
  2. beitragsfreigestellt
II. Anwartschaft auf eine Selbstständigenvorsorge (§ 51 Z 2 BMSVG)
  1. mit laufenden Beiträgen
  2. beitragsfreigestellt
III. Anwartschaft auf eine Selbstständigenvorsorge (§ 63 Z 2 BMSVG)
  1. mit laufenden Beiträgen
  2. beitragsfreigestellt
IV. Verbindlichkeiten
  1. aus dem Ankauf von Vermögenswerten
  2. gegenüber Anwartschaftsberechtigten
  3. gegenüber Arbeitgebern
  4. gegenüber Kreditinstituten
  5. gegenüber einer anderen Veranlagungsgemeinschaft
  6. gegenüber der BV-Kasse AG
  7. sonstige
V. Passive Rechnungsabgrenzungsposten
VI. Sonstige Passiva

Formblatt B – Gewinn- und Verlustrechnung der Veranlagungsgemeinschaft

I. Veranlagungserträge
  1. Zinsenerträge aus Guthaben und Darlehen und Kredite
  2. Zinsenerträge aus der Übertragung einer Altabfertigungsanwartschaft
  3. Erträge aus Forderungswertpapieren
  4. Erträge aus Beteiligungspapieren
  5. Erträge aus Investmentfonds und AIF
  6. Erträge aus Immobilienfonds
  7. sonstige laufende Veranlagungserträge
  8. Zinsenaufwendungen
II. Garantie
  1. Erfüllung einer Kapitalgarantie
  2. Erfüllung einer Zinsgarantie
III. Beiträge
  1. laufende Abfertigungsbeiträge gemäß §§ 6 und 7 BMSVG
  2. laufende Beiträge gemäß § 52 BMSVG
  3. laufende Beiträge gemäß § 64 BMSVG
  4. Übertragung einer Abfertigungsanwartschaft aus einer anderen BV-Kasse
  5. Übertragung einer Altabfertigungsanwartschaft
IV. Kosten
  1. laufende Verwaltungskosten
  2. Kostenbeitrag für die Übertragung einer Altabfertigungsanwartschaft
  3. Verwaltungskosten der Veranlagung
V. Auszahlungen von Abfertigungsleistungen
  1. Auszahlung als Kapitalbetrag
  2. Übertragung in eine andere BV-Kasse
  3. Überweisung an ein Versicherungsunternehmen
  4. Überweisung an ein Kreditinstitut zum Erwerb von Anteilen an Pensionsinvestmentfonds
  5. Überweisung an eine Pensionskasse
VI. Ergebnis der Veranlagungsgemeinschaft
VII. Verwendung des Ergebnisses der Veranlagungsgemeinschaft
  1. Einstellung in die Abfertigungsanwartschaft
  2. Entnahme aus der Abfertigungsanwartschaft

Formblatt C – Anhang zur Vermögensaufstellung und Ertragsrechnung einer Veranlagungsgemeinschaft

I. Eckdaten der Veranlagungsgemeinschaft
II. Erläuterungen zur Vermögensaufstellung der Veranlagungsgemeinschaft nach Formblatt A
III. Erläuterungen zur Ertragsrechnung der Veranlagungsgemeinschaft nach Formblatt B
IV. Erläuterungen zur Bewertung

1. Allgemeines
2. Berücksichtigung erkennbarer Risken und drohender Verluste sowie Vornahme notwendiger Wertberichtigungen (§ 31 Abs. 2 BMSVG)

V. Erläuterungen zur Führung der Konten
VI. Erläuterungen zur Internen Kontrolle
VII. Anzahl der
1. Anwartschaftsberechtigten mit Beitragsleistung
2. beitragsfrei gestellten Anwartschaftsberechtigten

VIII. Bestätigung des Bankprüfers

angepasst. In den Punkten IX. und X. sind Investmentfonds gemäß § 3 Abs. 2 Z 30 InvFG 2011 sowie AIF laut AIFMG umfasst, mit Ausnahme von Immobilienfonds, da diese unter D.XI. und XII. separat auszuweisen sind. In Punkt XV. wird unter „Sonstige Aktiva" ein eigener Ausweis für „den Unterschiedsbetrag gemäß § 26 Abs. 3 Z 2 BMSVG" eingeführt.

In Formblatt B wird in Punkt I. der Posten „Erträge aus unbesicherten Forderungswertpapieren" mangels Anwendungsbereich ersatzlos gestrichen, ein terminologische Anpassung von „Kapitalanlagefonds" auf „Investmentfonds" vorgenommen und ein Unterpunkt „Erträge aus Immobilienfonds" eingefügt, um den Ausweis der Erträge analog zur Gliederung in der Vermögensaufstellung zu ermöglichen.

10. ARBEITSMARKTPOLITIK-FINANZIERUNGSGESETZ

Inhaltsverzeichnis

Arbeitsmarktpolitik-Finanzierungsgesetz

Arbeitsmarktpolitik-Finanzierungsgesetz, BGBl 1994/315 idF

1	BGBl 1995/297	2	BGBl 1996/153	3	BGBl 1996/201
4	BGBl 1996/411	5	BGBl 1996/417	6	BGBl I 1997/47
7	BGBl I 1997/93	8	BGBl I 1997/107	9	BGBl I 1997/139
10	BGBl I 1998/16	11	BGBl I 1998/30	12	BGBl I 1998/148
13	BGBl I 1999/179	14	BGBl I 2000/26	15	BGBl I 2000/92
16	BGBl I 2000/101	17	BGBl I 2000/102 (DFB)	18	BGBl I 2000/142
19	BGBl I 2001/33	20	BGBl I 2001/47	21	BGBl I 2001/103
22	BGBl I 2002/158	23	BGBl I 2003/71	24	BGBl I 2004/77
25	BGBl I 2004/136	26	BGBl I 2004/158	27	BGBl I 2005/45
28	BGBl I 2005/114	29	BGBl I 2007/24	30	BGBl I 2007/104
31	BGBl I 2008/82	32	BGBl I 2008/84	33	BGBl I 2009/12
34	BGBl I 2009/90	35	BGBl I 2009/147	36	BGBl I 2010/111
37	BGBl I 2011/39	38	BGBl I 2012/35	39	BGBl I 2012/75
40	BGBl I 2012/98	41	BGBl I 2013/3	42	BGBl I 2013/67
43	BGBl I 2013/137	44	BGBl I 2013/163	45	BGBl I 2014/30
46	BGBl I 2014/40	47	BGBl I 2014/90	48	BGBl I 2015/75
49	BGBl I 2015/118	50	BGBl I 2015/144	51	BGBl I 2016/62
52	BGBl I 2017/31	53	BGBl I 2017/32	54	BGBl I 2017/75
55	BGBl I 2017/128	56	BGBl I 2017/154	57	BGBl I 2018/14
58	BGBl I 2018/30	59	BGBl I 2018/87	60	BGBl I 2018/100

GLIEDERUNG

AMPFG

315. Bundesgesetz über die Finanzierung der Arbeitsmarktpolitik (Arbeitsmarktpolitik-Finanzierungsgesetz – AMPFG)

(BGBl I 2017/75)

Der Nationalrat hat beschlossen:

Gebarung Arbeitsmarktpolitik

§ 1. (1) Durch die Einnahmen aus

1. den Beiträgen der Dienstgeber und Versicherten gemäß § 2 in Verbindung mit § 3,
2. vom Bundesminister für Arbeit, Soziales und Konsumentenschutz bereitgestellten Mitteln des Europäischen Sozialfonds für Gemeinschaftsinitiativen,

   (BGBl I 2011/39)
3. Abgaben der Dienstgeber gemäß § 2b,

   (BGBl I 2012/35)
4. einem Beitrag der Bauarbeiter-Urlaubs- und Abfertigungskasse gemäß § 13j Abs. 3 des Bauarbeiter-Urlaubs- und Abfertigungsgesetzes (BUAG), BGBl. Nr. 414/1972,
5. Beiträgen der Pensionsversicherung gemäß § 307a Abs. 4 ASVG zur Finanzierung von beruflichen Maßnahmen der Rehabilitation

und sonstigen der Arbeitsmarktintegration dienenden arbeitsmarktpolitischen Maßnahmen des Arbeitsmarktservice für Personen, die Umschulungsgeld oder Rehabilitationsgeld beziehen oder bezogen haben,

(BGBl I 2013/3)

6. sonstigen bundesgesetzlich vorgesehenen Beiträgen und

(BGBl I 2002/158, BGBl I 2013/3)

7. sonstigen zur Verfügung gestellten Mitteln

(BGBl I 2002/158, BGBl I 2004/136, BGBl I 2013/3)

sind die Ausgaben gemäß Abs. 2 zu bestreiten.

(BGBl I 2001/103)

(BGBl I 2001/103)

(2) Die Einnahmen gemäß Abs. 1 sind für folgende Ausgaben zu verwenden:

1. für die Abgeltung der Personal- und Sachausgaben des Arbeitsmarktservice [§ 41 Abs. 1 des Arbeitsmarktservicegesetzes (AMSG)], BGBl. Nr. 313/1994,
2. für finanzielle Leistungen gemäß dem 2. Teil AMSG,

(BGBl I 2005/114, BGBl I 2008/82, BGBl I 2009/12, BGBl I 2011/39, BGBl I 2016/62)

3. für Leistungen nach dem AlVG,
4. für Leistungen nach dem Sonderunterstützungsgesetz (SUG), BGBl. Nr. 642/1973,
5. für Aufwendungen zur Erfüllung der Ausbildungspflicht Jugendlicher nach dem Ausbildungspflichtgesetz (APflG), BGBl. I Nr. 62/2016, sowie gemäß § 10a Abs. 3 des Behinderteneinstellungsgesetzes (BEinstG), BGBl. Nr. 22/1970,

(BGBl I 2016/62)

6. für Kostenersätze für die Durchführung und Auswertung statistischer Erhebungen über Arbeitskräfte,
7. für Leistungen gemäß § 447g Abs. 3 des Allgemeinen Sozialversicherungsgesetzes (ASVG), BGBl. Nr. 189/1955,
8. für Ersatzleistungen an das Arbeitsmarktservice gemäß § 48 Abs. 5 AMSG,

(BGBl I 2004/136)

9. für Aufwendungen des Bundesministers für Arbeit, Soziales und Konsumentenschutz gemäß § 59 AMSG bis zum Höchstausmaß von 0,25 vH der Einnahmen gemäß Abs. 1 Z 1,

(BGBl I 2011/39)

10. für einen Beitrag zu den Aufwendungen nach dem Bauarbeiter-Schlechtwetterentschädigungsgesetz (BSchEG), BGBl. Nr. 129/1957,
11. für Überweisungen des Bundes an das Arbeitsmarktservice gemäß § 6 Abs. 1,

(BGBl I 2004/136)

12. für die Abgeltung der Personal- und Sachaufwendungen der Versicherungsträger und des Hauptverbandes der Sozialversicherungsträger nach dem Dienstleistungsscheckgesetz (DLSG), BGBl. I Nr. 45/2005,

(BGBl I 2004/136, BGBl I 2005/45, BGBl I 2005/114, BGBl I 2007/104)

12.[a] für die Abgeltung der Personal- und Sachaufwendungen der Versicherungsträger und des „Dachverbandes der Sozialversicherungsträger (Dachverbandes)" nach dem Dienstleistungsscheckgesetz (DLSG), BGBl. I Nr. 45/2005,

(BGBl I 2004/136, BGBl I 2005/45, BGBl I 2005/114, BGBl I 2007/104, BGBl I 2018/100)

[a] Tritt mit 1. Jänner 2020 in Kraft.

13. für Beiträge nach § 7 Abs. 6a des Betrieblichen Mitarbeiter- und Selbständigen-Vorsorgegesetzes (BMSVG), BGBl. I Nr. 100/2002, und nach § 39k des Landarbeitsgesetzes 1984, BGBl. Nr. 287, für Bezieher von Weiterbildungsgeld,

(BGBl I 2007/104, BGBl I 2013/3)

14. für Aufwendungen nach dem Arbeit-und-Gesundheit-Gesetz (AGG), BGBl. I Nr. 111/2010,

(BGBl I 2013/3, BGBl I 2013/163)

15. für Beiträge zur Ausbildung von Zivildienstleistenden gemäß § 38a des Zivildienstgesetzes 1986 (ZDG), BGBl. Nr. 679/1986,

(BGBl I 2013/163, BGBl I 2015/144)

16. für Aufwendungen des Bundesministers für Arbeit, Soziales und Konsumentenschutz zur Förderung der Freiwilligendienste nach den Abschnitten 2 und 4 des Freiwilligengesetzes, BGBl. I Nr. 17/2012,

(BGBl I 2015/144, BGBl I 2017/75)

17. für Ausgaben nach dem Integrationsjahrgesetz (IJG), BGBl. I Nr. 75/2017, und

(BGBl I 2017/75)

18. für sonstige in diesem Bundesgesetz vorgesehene Überweisungen.

(BGBl I 2007/104, BGBl I 2013/3, BGBl I 2013/163, BGBl I 2015/144, BGBl I 2017/75)

(BGBl I 2001/47, BGBl I 2002/158, BGBl I 2003/71)

(3) Beihilfen bei Kurzarbeit gemäß § 37b AMSG und Beihilfen bei Kurzarbeit mit Qualifizierung gemäß § 37c AMSG sowie sonstige Beihilfen nach dem AMSG wie insbesondere Aktivierungsbeihilfen und Fachkräftestipendien gemäß § 34b AMSG können aus dem für Leistungen nach dem AlVG vorgesehenen Aufwand bedeckt werden. Insbesondere sind Beihilfen und Maßnahmen für Personen, die das 50. Lebensjahr vollendet haben und länger als 180 Tage beim Arbeitsmarktservice vorgemerkt sind, aus dem für Leistungen nach dem AlVG vorgesehenen Aufwand zu bedecken.

(BGBl I 2010/111, BGBl I 2013/67, BGBl I 2014/30)

(4) Abgänge in der Gebarung Arbeitsmarktpolitik sind vom Bund zu tragen.

(BGBl I 2004/136)

(5) Die Mittel der Gebarung Arbeitsmarktpolitik sind insbesondere auch zur Förderung der Beschäftigung älterer Personen mit dem Ziel, eine dem Anteil älterer Personen an der Bevölkerung im erwerbsfähigen Alter entsprechende Beschäftigungsquote älterer Personen zu erreichen, einzusetzen.

(BGBl I 2015/144)

(BGBl 1995/297, BGBl 1996/153, BGBl 1996/201, BGBl 1996/417, BGBl I 1997/47, BGBl I 1998/30, BGBl I 1998/148, BGBl I 1999/179, BGBl I 2000/26, BGBl I 2000/101, BGBl I 2000/142)

§ 1a. (aufgehoben)

(BGBl I 2018/30)

Arbeitslosenversicherungsbeitrag

§ 2. (1) Zur Finanzierung der Arbeitsmarktpolitik des Bundes wird ein Arbeitslosenversicherungsbeitrag von allen Personen, die der Arbeitslosenversicherungspflicht gemäß § 1 des Arbeitslosenversicherungsgesetzes 1977 (AlVG) oder der Arbeitslosenversicherung gemäß § 3 AlVG unterliegen, und den Dienstgebern pflichtversicherter Personen eingehoben. Der Arbeitslosenversicherungsbeitrag beträgt für Lehrlinge 2,4 vH und für die übrigen Versicherten 6 vH der Beitragsgrundlage. Die Beitragsgrundlage für Pflichtversicherte entspricht der nach dem Allgemeinen Sozialversicherungsgesetz (ASVG), BGBl. Nr. 189/1955, geltenden allgemeinen Beitragsgrundlage bis zur Höhe der gemäß § 45 ASVG festgelegten Höchstbeitragsgrundlage. Beitragsgrundlage für gemäß § 3 Abs. 1 AlVG versicherte Personen ist nach Wahl der versicherten Person ein Viertel, die Hälfte oder drei Viertel der Höchstbeitragsgrundlage gemäß § 48 des Gewerblichen Sozialversicherungsgesetzes (GSVG), BGBl. Nr. 560/1978. Liegt für gemäß § 3 Abs. 8 AlVG versicherte Personen kein Entgelt im Sinne des § 49 ASVG vor, so ist der dreifache Betrag des jeweils gemäß § 44 Abs. 6 lit. c ASVG geltenden Betrages als täglicher Arbeitsverdienst anzunehmen.

(BGBl I 2007/104, BGBl I 2015/118)

(2) Von Sonderzahlungen (§ 49 Abs. 2 ASVG) sind Sonderbeiträge in dem nach Abs. 1 zweiter Satz geltenden Ausmaß der Sonderzahlungen zu entrichten. Hiebei sind die in einem Kalenderjahr fällig werdenden Sonderzahlungen bis zu dem in § 54 Abs. 1 des Allgemeinen Sozialversicherungsgesetzes angeführten Betrag der Höchstbeitragsgrundlage in der Pensionsversicherung zu berücksichtigen.

(BGBl I 2015/118)

(3) Der Arbeitslosenversicherungsbeitrag (Sonderbeitrag) ist vom Versicherten und vom Dienstgeber, soweit in den Abs. 4 bis 6 nichts anderes bestimmt ist, zu gleichen Teilen zu tragen. § 53 Abs. 1 ASVG bleibt hiedurch unberührt; § 53 Abs. 4 ASVG gilt sinngemäß.

(4) Für Versicherte, die nur Anspruch auf Sachbezüge haben oder kein Entgelt erhalten, hat der Dienstgeber auch den auf den Versicherten entfallenden Beitragsteil zu tragen.

(5) Der Arbeitslosenversicherungsbeitrag ist vom selbständig Erwerbstätigen und von sonstigen gemäß § 3 AlVG Versicherten zur Gänze zu tragen. Dem selbständigen Pecher ist die Hälfte des Beitrages von den Besitzern der Wälder zu erstatten, in denen die Harzprodukte gewonnen werden.

(BGBl I 2007/104)

(6) Der Versicherte hat den Arbeitslosenversicherungsbeitrag (Sonderbeitrag) zur Gänze zu entrichten,

a) wenn der Beitrag vom Dienstgeber, der die Vorrechte der Exterritorialität genießt, oder dem im Zusammenhang mit einem zwischenstaatlichen Vertrag oder der Mitgliedschaft Österreichs bei internationalen Organisationen besondere Privilegien oder Immunitäten eingeräumt sind, nicht entrichtet wird,

b) wenn der Dienstgeber im Inland keine Betriebsstätte (Niederlassung, Geschäftsstelle, Niederlage) hat,

c) für die Zeit einer Arbeitsunterbrechung infolge Urlaubs ohne Entgeltzahlung, solange die Arbeitslosenversicherungspflicht weiter besteht.

(7) Für Lehrlinge, die in einer Ausbildungseinrichtung gemäß § 8b Abs. 14, § 30 oder § 30b BAG oder § 2 Abs. 4 des Land- und forstwirtschaftlichen Berufsausbildungsgesetzes, BGBl. Nr. 198/1990, ausgebildet werden, ist der Arbeitslosenversicherungsbeitrag aus Mitteln der Gebarung Arbeitsmarktpolitik zu tragen.

(BGBl I 1998/16, BGBl I 2008/82)

(7)[a] Für Lehrlinge, die in einer Ausbildungseinrichtung gemäß „§ 8b Abs. 13“, § 30 oder § 30b BAG oder § 2 Abs. 4 des Land- und forstwirtschaftlichen Berufsausbildungsgesetzes, BGBl. Nr. 198/1990, ausgebildet werden, ist der Arbeitslosenversicherungsbeitrag aus Mitteln der Gebarung Arbeitsmarktpolitik zu tragen.

(BGBl I 1998/16, BGBl I 2008/82, BGBl I 2018/100)

[a] Tritt mit 1. Jänner 2020 in Kraft.

(8) (aufgehoben)

(BGBl I 2003/71, BGBl I 2008/82, BGBl I 2009/12, BGBl I 2009/90, BGBl I 2011/39, BGBl I 2012/35)

Arbeitslosenversicherungsbeitrag bei geringem Einkommen

§ 2a. (1)[a] Abweichend von § 2 beträgt der vom Arbeitnehmer zu tragende Anteil des Arbeitslosenversicherungsbeitrages bei einer monatlichen Beitragsgrundlage

[a] Die nachfolgenden Wertgrenzen gelten ab der Beitragsperiode Juli 2018.

1. bis 1 648 € ....0 vH,

AMPFG

2. über 1 648 bis 1 798 € .... 1 vH,
3. über 1 798 bis 1 948 € .... 2 vH.

~~Z 3 ist auf Lehrverhältnisse nicht anzuwenden.~~[a)]

(BGBl I 2018/87)

[a)] Ist mit 1. Juli 2018 entfallen und gilt ab der Beitragsperiode Juli 2018.

(BGBl I 2018/14, BGBl I 2018/87)

(2) Die Beträge gemäß Abs. 1 Z 1 bis 3 sind jährlich mit der Aufwertungszahl gemäß § 108a ASVG zu vervielfachen und kaufmännisch auf volle Eurobeträge zu runden.

(3) Der vom Dienstgeber zu tragende Anteil beträgt abweichend von § 2 Abs. 3 die Hälfte des gemäß § 2 Abs. 1 und 2 geltenden Arbeitslosenversicherungsbeitrages (Sonderbeitrages).

(4) Ergibt sich auf Grund von Nachverrechnungen ein höherer Beitragssatz, ist der Differenzbetrag bei der nächsten Beitragsüberweisung abzuführen.

„(5) Abs. 1 und 2 gelten für selbständig Erwerbstätige und sonstige gemäß § 3 AlVG Versicherte mit der Maßgabe, dass bei einer innerhalb der jeweiligen Betragsgrenzen liegenden Beitragsgrundlage an Stelle des vom Arbeitnehmer zu tragenden Anteils die Hälfte des Arbeitslosenversicherungsbeitrages entsprechend vermindert wird.

(6) Abs. 1 Z 3 ist auf Lehrverhältnisse (Lehrlinge) auf Grund von Lehrverträgen, deren Laufzeit nach Ablauf des 31. Dezember 2015 begonnen hat, nicht anzuwenden."

(BGBl I 2018/87)

(BGBl I 2008/84)

Auflösungsabgabe

§ 2b.[*)] (1) Zum Ende jedes arbeitslosenversicherungspflichtigen Dienstverhältnisses oder arbeitslosenversicherungspflichtigen freien Dienstverhältnisses hat der Dienstgeber eine Abgabe in Höhe von 110 € zu entrichten. Der zu entrichtende Betrag ist jährlich, erstmals für das Jahr 2013, mit der Aufwertungszahl gemäß § 108 Abs. 2 ASVG zu vervielfachen und kaufmännisch auf einen Euro zu runden sowie vom Bundesminister für Arbeit, Soziales und Konsumentenschutz im Bundesgesetzblatt kundzumachen.

(2) Die Abgabe gemäß Abs. 1 ist nicht zu entrichten, wenn

1. das Dienstverhältnis oder freie Dienstverhältnis auf längstens sechs Monate befristet war oder
2. die Auflösung des Dienstverhältnisses während des Probemonats erfolgt oder
3. die Dienstnehmerin oder der Dienstnehmer
   a) gekündigt hat oder
   b) ohne wichtigen Grund vorzeitig ausgetreten ist oder
   c) aus gesundheitlichen Gründen vorzeitig ausgetreten ist oder
   d) im Zeitpunkt der Auflösung des Dienstverhältnisses einen Anspruch auf eine Invaliditäts- oder Berufsunfähigkeitspension hat oder
   e) bei einvernehmlicher Auflösung des Dienstverhältnisses das Regelpensionsalter vollendet hat und die Anspruchsvoraussetzungen für eine Alterspension erfüllt oder
   f) bei einvernehmlicher Auflösung des Dienstverhältnisses die Voraussetzungen für die Inanspruchnahme eines Sonderruhegeldes nach Art. X des Nachtschwerarbeitsgesetzes (NSchG), BGBl. Nr. 354/1981, erfüllt oder
   g) gerechtfertigt entlassen wurde oder
4. die freie Dienstnehmerin oder der freie Dienstnehmer
   a) gekündigt hat oder
   b) das freie Dienstverhältnis ohne Vorliegen eines wichtigen Grundes vorzeitig aufgelöst hat oder
   c) einen wichtigen Grund gesetzt hat, der den Dienstgeber veranlasst hat, das freie Dienstverhältnis vorzeitig aufzulösen, oder
   d) im Zeitpunkt der Auflösung des freien Dienstverhältnisses einen Anspruch auf eine Invaliditäts- oder Berufsunfähigkeitspension hat oder
   e) bei einvernehmlicher Auflösung des freien Dienstverhältnisses das Regelpensionsalter vollendet hat und die Anspruchsvoraussetzungen für eine Alterspension erfüllt oder
5. ein Lehrverhältnis aufgelöst wird oder
6. ein verpflichtendes Ferial- oder Berufspraktikum beendet wird oder
7. das Dienstverhältnis oder freie Dienstverhältnis nach § 25 der Insolvenzordnung, RGBl. Nr. 337/1914, gelöst wird oder
8. innerhalb eines Konzerns im unmittelbaren Anschluss an das beendete Dienstverhältnis ein neues Dienstverhältnis begründet wird oder
9. das Dienstverhältnis oder freie Dienstverhältnis durch den Tod der Dienstnehmerin oder freien Dienstnehmerin oder des Dienstnehmers oder freien Dienstnehmers endet.

(3) Die Abgabe gemäß Abs. 1 ist eine ausschließliche Bundesabgabe zugunsten der zweckgebundenen Gebarung Arbeitsmarktpolitik, die von den Krankenversicherungsträgern im übertragenen Wirkungsbereich einzuheben ist. Die Hälfte der Einnahmen aus der Abgabe gemäß Abs. 1 ist der Arbeitsmarktrücklage gemäß § 50 AMSG zuzuführen und für Beihilfen an Unternehmen zur Förderung der Beschäftigung älterer Personen zu verwenden.

(4) Die Einhebung der Abgabe gemäß Abs. 1 und die Prüfung der korrekten Einhaltung der Abgabepflicht obliegt dem zuständigen Krankenver-

sicherungsträger nach dem für die Prüfung und die Abfuhr der Dienstgeberbeiträge zur Krankenversicherung geltenden Verfahren, wobei an die Stelle der Beiträge die Abgabe und an die Stelle des Beitragsschuldners der Abgabepflichtige tritt. § 5 Abs. 3 bis 6 sind mit der Maßgabe anzuwenden, dass an die Stelle der Arbeitslosenversicherungsbeiträge die Abgabe gemäß Abs. 1 tritt.

(5) Die Abgabe gemäß Abs. 1 ist im Monat der Auflösung des Dienstverhältnisses oder freien Dienstverhältnisses gemeinsam mit den Sozialversicherungsbeiträgen fällig und vom Dienstgeber unaufgefordert zu entrichten. Im Falle der Einbringung einer Klage über die Rechtswirksamkeit der Beendigung des Dienstverhältnisses oder freien Dienstverhältnisses ist die Verjährung der Verpflichtung zur Leistung der Abgabe ab der Klagseinbringung bis zur Zustellung der Ausfertigung der rechtskräftigen Entscheidung des Gerichtes oder der Vergleichsausfertigung an den zuständigen Krankenversicherungsträger gehemmt.

(6) Die Auswirkungen der Auflösungsabgabe sind im Jahr 2014 zu evaluieren.

(BGBl I 2012/35, BGBl I 2018/30)

[*)] Tritt mit Ablauf des 31. Dezember 2019 außer Kraft.

Veränderung des Arbeitslosenversicherungsbeitrages

§ 3. (1) Der Arbeitslosenversicherungsbeitrag gemäß § 2 Abs. 1 ist durch Verordnung des Bundesministers für Arbeit, Soziales und Konsumentenschutz im Einvernehmen mit dem Bundesminister für Finanzen

1. zu erhöhen, wenn die voraussichtlichen Beitragseinnahmen den voraussichtlichen Ausgaben, die aus der gebundenen Gebarung gemäß § 1 zu tragen sind, unter Berücksichtigung anderer Einnahmen und der Kreditmöglichkeiten des Arbeitsmarktservice, nicht entsprechen, wobei bei der Festsetzung des Beitrags von der voraussichtlichen Entwicklung des Arbeitsmarktes auszugehen und der Durchschnitt der Ausgaben der vorvergangenen zwei Jahre zu berücksichtigen ist, oder
2. zu senken, wenn die Arbeitsmarktrücklage des Arbeitsmarktservice (§ 50 des Arbeitsmarktservicegesetzes) die Höhe der durchschnittlichen jährlichen Einnahmen aus den Arbeitslosenversicherungsbeiträgen (Sonderbeiträgen) in den letzten fünf Jahren übersteigt.

(BGBl I 2011/39)

(2) Eine Verordnung gemäß Abs. 1 bedarf der Zustimmung des Hauptausschusses des Nationalrates.

Einhebung des Arbeitslosenversicherungsbeitrages

§ 4. (1) Für den Arbeitslosenversicherungsbeitrag (§ 2 Abs. 1) und für den Sonderbeitrag (§ 2 Abs. 2) der pflichtversicherten Personen gelten die Vorschriften der gesetzlichen Krankenversicherung über den Abzug des Versicherungsbeitrages vom Entgelt.

(2) Soweit die Beitragsabfuhr nicht durch den Dienstgeber zu erfolgen hat, haben die Versicherten den Arbeitslosenversicherungsbeitrag (Sonderbeitrag) dem zuständigen Versicherungsträger einzuzahlen. Dem gemäß § 2 Abs. 6 Versicherten hat der Dienstgeber die Hälfte des Arbeitslosenversicherungsbeitrages (Sonderbeitrages) zu ersetzen, wenn der Ersatzanspruch vom Versicherten innerhalb von zwei Monaten nach nachweislicher Zahlung des jeweiligen Entgeltes geltend gemacht wird.

(3) Für die Zeit des Präsenz- oder Ausbildungs- oder Zivildienstes ist kein Beitrag zur Arbeitslosenversicherung zu leisten.

(BGBl I 2007/104)

Durchführung der Einhebung

§ 5. (1) Die Beiträge gemäß § 2 sind durch die zuständigen Sozialversicherungsträger einzuheben, soweit es sich um Beiträge pflichtversicherter Personen handelt, gemeinsam mit dem Beitrag zur Krankenversicherung. Für die Beiträge pflichtversicherter Personen und gemäß § 3 Abs. 8 AlVG versicherter Personen gelten die vom jeweils zuständigen Sozialversicherungsträger anzuwendenden krankenversicherungsrechtlichen Vorschriften über die Berechnung, Fälligkeit, Einzahlung, Eintreibung, Beitragszuschläge, Sicherung, Verjährung und Rückforderung der Pflichtbeiträge mit der Maßgabe, dass an die Stelle der Beiträge zur Krankenversicherung die Beiträge zur Arbeitslosenversicherung treten, soweit sich aus bundesgesetzlichen Vorschriften nicht Abweichendes ergibt.

(2) Für die Beiträge gemäß § 3 AlVG versicherter selbständig erwerbstätiger Personen gelten die von der Sozialversicherungsanstalt der gewerblichen Wirtschaft anzuwendenden pensionsversicherungsrechtlichen Vorschriften über die Berechnung, Fälligkeit, Einzahlung, Eintreibung, Beitragszuschläge, Sicherung, Verjährung und Rückforderung der Pflichtbeiträge mit der Maßgabe, dass an die Stelle der Beiträge zur Pensionsversicherung die Beiträge zur Arbeitslosenversicherung treten, soweit sich aus bundesgesetzlichen Vorschriften nicht Abweichendes ergibt.

(2)[a)] Für die Beiträge gemäß § 3 AlVG versicherter selbständig erwerbstätiger Personen gelten die von der „Sozialversicherungsanstalt der Selbständigen" anzuwendenden pensionsversicherungsrechtlichen Vorschriften über die Berechnung, Fälligkeit, Einzahlung, Eintreibung, Beitragszuschläge, Sicherung, Verjährung und Rückforderung der Pflichtbeiträge mit der Maßgabe, dass an die Stelle der Beiträge zur Pensionsversicherung die Beiträge zur Arbeitslosenversicherung treten, soweit sich aus bundesgesetzlichen Vorschriften nicht Abweichendes ergibt.

(BGBl I 2018/100)

[a)] Tritt mit 1. Jänner 2020 in Kraft.

(3) Die zuständigen Träger der Sozialversicherung haben die Aufgaben nach diesem Bundesgesetz im übertragenen Wirkungsbereich nach den Weisungen des Bundesministers für Arbeit, Soziales und Konsumentenschutz zu vollziehen.

(4) Die Sozialversicherungsträger haben die Beiträge an die vom Bundesminister für Arbeit, Soziales und Konsumentenschutz bestimmte Stelle abzuführen. Die näheren Bestimmungen über das Verfahren bei Verrechnung, Abfuhr und Aufrechnung der Beiträge werden durch Verordnung des Bundesministers für Arbeit, Soziales und Konsumentenschutz getroffen.

(5) Soweit die Sozialversicherungsträger, ausgenommen die Betriebskrankenkassen, an der Einhebung des Arbeitslosenversicherungsbeitrages und des Zuschlages gemäß § 12 Abs. 1 Z 4 des Insolvenz-Entgeltsicherungsgesetzes (IESG), BGBl. Nr. 324/1977, mitwirken, erhalten sie zur Abgeltung der ihnen daraus erwachsenden Kosten eine Vergütung. Der Bundesminister für Arbeit, Soziales und Konsumentenschutz hat die Höhe der Vergütung und die Zahlungsweise nach Anhörung des Hauptverbandes der österreichischen Sozialversicherungsträger unter Berücksichtigung der bisher geleisteten Einhebungsvergütung und der zu erwartenden Kostenentwicklung nach den Grundsätzen der Einfachheit, Zweckmäßigkeit und Sparsamkeit durch Verordnung festzusetzen.

(5)[a] Soweit die Sozialversicherungsträger, ausgenommen die Betriebskrankenkassen, an der Einhebung des Arbeitslosenversicherungsbeitrages und des Zuschlages gemäß § 12 Abs. 1 Z 4 des Insolvenz-Entgeltsicherungsgesetzes (IESG), BGBl. Nr. 324/1977, mitwirken, erhalten sie zur Abgeltung der ihnen daraus erwachsenden Kosten eine Vergütung. Der Bundesminister für Arbeit, Soziales und Konsumentenschutz hat die Höhe der Vergütung und die Zahlungsweise nach Anhörung des „Dachverbandes" unter Berücksichtigung der bisher geleisteten Einhebungsvergütung und der zu erwartenden Kostenentwicklung nach den Grundsätzen der Einfachheit, Zweckmäßigkeit und Sparsamkeit durch Verordnung festzusetzen.

(BGBl I 2018/100)

[a] Tritt mit 1. Jänner 2020 in Kraft.

(6) Der Bundesminister für Arbeit, Soziales und Konsumentenschutz kann durch Beauftragte bei den Sozialversicherungsträgern in alle Aufzeichnungen Einsicht nehmen, die sich auf die Standesführung der Arbeitslosenversicherten und die Gebarung mit den Arbeitslosenversicherungsbeiträgen beziehen.

(BGBl I 2007/104, BGBl I 2009/147)

Sonstige Beiträge und Überweisungen

§ 6. Die Überweisungen an das Arbeitsmarktservice gemäß § 1 Abs. 2 Z 11 sind zum Ausgleich der Gebarung Arbeitsmarktpolitik in der Höhe zu leisten, in der in einem Kalenderjahr die Einnahmen gemäß § 1 Abs. 1 die Ausgaben gemäß § 1 Abs. 2, ausgenommen Z 11, übersteigen.

(BGBl I 2012/35)

(2) (aufgehoben)

(BGBl I 2007/24, BGBl I 2009/12, BGBl I 2012/35)

§ 6a. (1) Der Bund hat dem Sozial- und Weiterbildungsfonds gemäß § 22a des Arbeitskräfteüberlassungsgesetzes (AÜG) im Jahr 2013 drei Mio. €, in den Jahren 2014 und 2015 jeweils vier Mio. €, in den Jahren 2016 und 2017 jeweils 2 Mio. € und ab dem Jahr 2018 jährlich eineinhalb Mio. € für Zwecke der Weiterbildung der (ehemaligen) überlassenen Arbeitnehmer/innen zu überweisen.

(2) Der Bundesminister für Arbeit, Soziales und Konsumentenschutz hat dafür Sorge zu tragen, dass die Auswirkungen der Weiterbildungsmaßnahmen auf die Lage der (ehemaligen) überlassenen Arbeitnehmer/innen am Arbeitsmarkt im Jahr 2018 evaluiert werden.

(BGBl I 2012/98)

Vorschußpflichten und Abrechnung

§ 7. (1) Der Bund bestreitet die Ausgaben gemäß § 1 Abs. 2, ausgenommen Z 11, vorschussweise. Dem Bund fließen die Einnahmen gemäß § 1 Abs. 1 zu.

(2) Die Abgeltung der Personal- und Sachausgaben (§ 1 Abs. 2 Z 1) ist dem Arbeitsmarktservice vorschussweise in monatlichen Teilbeträgen jeweils in Höhe eines Zwölftels des entsprechenden bundesfinanzgesetzlichen Ansatzes jeweils bis zum Fünften des Monats zu überweisen. Am Ende eines Kalenderjahres hat das Arbeitsmarktservice dem Bund unverzüglich eine vorläufige Abrechnung der Personal- und Sachausgaben zu übermitteln, auf deren Grundlage der vorläufige Ausgleich der Verpflichtungen zwischen Bund und Arbeitsmarktservice zu erfolgen hat.

(3) Die Ersatzleistungen des Bundes an das Arbeitsmarktservice gemäß § 1 Abs. 2 Z 8 sind so rechtzeitig anzuweisen, dass der zwischen dem Arbeitsmarktservice und dem jeweiligen Kreditgeber vereinbarte Tilgungsplan erfüllt werden kann.

(4) Der Überweisungsbetrag gemäß § 1 Abs. 2 Z 11 ist am Ende eines Finanzjahres im Zuge der Erstellung des vorläufigen Bundesrechnungsabschlusses der Gebarung Arbeitsmarktpolitik zu bemessen und sodann ist unverzüglich der Gebarungsausgleich durch Tätigung der Überweisungen durchzuführen. Die endgültige Abrechnung der Gebarung Arbeitsmarktpolitik hat auf Grund des Bundesrechnungsabschlusses zu erfolgen. Die Überweisungen sind so rechtzeitig zu leisten, dass sie nach dem Bundeshaushaltsgesetz, BGBl. Nr. 213/1986, noch jenem Finanzjahr zugerechnet werden können, für die sie zu leisten sind.

(BGBl 1995/297, BGBl 1996/153, BGBl I 1997/107, BGBl I 1997/139, BGBl I 2000/142, BGBl I 2001/103, BGBl I 2003/71, BGBl I 2004/77, BGBl I 2004/136)

Verweisungen

§ 8. Soweit in diesem Gesetz auf andere Bundesgesetze verwiesen wird, sind diese in ihrer jeweils geltenden Fassung anzuwenden.

Vollziehung

§ 9. Mit der Vollziehung dieses Bundesgesetzes ist hinsichtlich § 3 Abs. 1 der Bundesminister für Arbeit, Soziales und Konsumentenschutz im Einvernehmen mit dem Bundesminister für Finanzen und hinsichtlich der übrigen Bestimmungen der Bundesminister für Arbeit, Soziales und Konsumentenschutz betraut.

(BGBl I 2011/39)

Inkrafttreten

§ 10. (1) Dieses Bundesgesetz tritt am 1. Jänner 1995 in Kraft.

(BGBl 1995/297)

(2) § 1, § 6 und § 7 Abs. 1 in der Fassung des Bundesgesetzes BGBl. Nr. 297/1995 treten mit 1. Mai 1995 in Kraft.

(BGBl 1995/297)

(3) § 1 Abs. 1, §§ 5a bis 5c und § 7 Abs. 1 in der Fassung des Bundesgesetzes BGBl. Nr. 153/1996 treten mit 1. April 1996 in Kraft. § 5b ist nicht anzuwenden, wenn das Dienstverhältnis vor dem 1. April 1996 gekündigt worden ist und auf Grund von Kündigungsfristen oder auch Kündigungsterminen nach dem 31. März 1996 beendet wird.

(BGBl 1996/153)

(4) § 1 Abs. 2 und § 6 in der Fassung des Bundesgesetzes BGBl. Nr. 201/1996 treten mit 1. Jänner 1996 in Kraft.

(BGBl 1996/201)

(5) § 5a, § 5b Abs. 2 und 3 und § 5c Abs. 1 in der Fassung des Bundesgesetzes BGBl. Nr. 411/1996 treten mit 1. Juli 1996 in Kraft.

(BGBl 1996/411)

(6) § 1 Abs. 1 in der Fassung des Bundesgesetzes BGBl. Nr. 417/1996 tritt mit 1. Juli 1996 in Kraft.

(BGBl 1996/417)

(7) § 1 Abs. 1 Z 5 und Abs. 2 Z 10 sowie § 6 Abs. 5 in der Fassung des Bundesgesetzes BGBl. I Nr. 47/1997 treten mit 1. Juli 1997 in Kraft. Für Ausgaben und Rückflüsse für Ansprüche nach dem Karenzurlaubszuschußgesetz, BGBl. Nr. 297/1995, auf Grund von Geburten vor dem 1. Juli 1997 gilt dieses Bundesgesetz weiterhin in der Fassung des Bundesgesetzes BGBl. Nr. 417/1996.

(BGBl I 1997/47)

(8) § 6 Abs. 6 in der Fassung des Bundesgesetzes BGBl. I Nr. 93/1997 tritt mit 1. Mai 1996 in Kraft und gilt für Berufungen betreffend Abrechnungen nach dem 31. März 1996.

(BGBl I 1997/93, BGBl I 1997/139)

(9) § 6 Abs. 3 und 4 und § 7 Abs. 1 in der Fassung des Bundesgesetzes BGBl. I Nr. 107/1997 treten mit 1. Jänner 1997 in Kraft.

(BGBl I 1997/107)

(10) § 5 Abs. 3, § 6 Abs. 1 und 8 sowie § 7 Abs. 5 in der Fassung des Bundesgesetzes BGBl. I Nr. 139/1997 treten mit 1. Jänner 1998 in Kraft.

(BGBl I 1997/139)

(11) § 1 Abs. 1 und § 4 Abs. 3 in der Fassung des Bundesgesetzes BGBl. I Nr. 30/1998 treten mit 1. Jänner 1998 in Kraft.

(BGBl I 1998/30)

(12) § 1 Abs. 1, § 5b Abs. 4 und § 5d in der Fassung des Bundesgesetzes BGBl. I Nr. 148/1998 treten mit 1. Oktober 1998 in Kraft.

(BGBl I 1998/148)

(13) § 1 Abs. 3 und § 5b Abs. 3 in der Fassung des Bundesgesetzes BGBl. I Nr. 179/1999 treten mit 1. Jänner 2000 in Kraft.

(BGBl I 1999/179)

(14) § 1 Abs. 2 Z 12 bis 14 sowie § 6 Abs. 1, 7 letzter Satz und 8 letzter Satz in der Fassung des Bundesgesetzes BGBl. I Nr. 26/2000 treten mit 1. Juni 2000 in Kraft.

(BGBl I 2000/26)

(15) Die §§ 5a und 5b in der Fassung des Bundesgesetzes BGBl. I Nr. 92/2000 treten mit 1. Oktober 2000 in Kraft und gelten für die Begründung und für die Auflösung von Dienstverhältnissen nach dem 30. September 2000.

(BGBl I 2000/92, BGBl I 2001/33)

(16) § 1 Abs. 1 in der Fassung des Bundesgesetzes BGBl. I Nr. 92/2000 tritt mit 1. Oktober 2000 in Kraft.

(BGBl I 2000/101, BGBl I 2001/33)

(17) Die §§ 1, 6 und 7 in der Fassung des Bundesgesetzes BGBl. I Nr. 142/2000 treten mit 1. Jänner 2001 in Kraft.

(BGBl I 2000/142)

(18) Die §§ 1 und 6 in der Fassung des Bundesgesetzes BGBl. I Nr. 47/2001 treten mit 1. Jänner 2002 in Kraft.

(BGBl I 2001/47)

(19) Die §§ 1, 6 und 7 in der Fassung des Bundesgesetzes BGBl. I Nr. 103/2001 treten mit 1. Jänner 2002 in Kraft.

(BGBl I 2001/103)

(20) § 1 Abs. 1 und 2 sowie § 6 Abs. 4 in der Fassung des Bundesgesetzes BGBl. I Nr. 158/2002 treten rückwirkend mit 1. Jänner 2002 in Kraft.

(BGBl I 2002/158)

(21) § 1 Abs. 2, § 6 und § 7 in der Fassung des Bundesgesetzes BGBl. I Nr. 71/2003 treten mit 1. Jänner 2003 in Kraft.

(BGBl I 2003/71)

(22) § 2 Abs. 8 in der Fassung des Bundesgesetzes BGBl. I Nr. 71/2003 tritt mit 1. Jänner 2004 in Kraft.

(BGBl I 2003/71)

(23) § 5b Abs. 2 und 3 in der Fassung des Bundesgesetzes BGBl. I Nr. 71/2003 tritt mit 1. Jänner 2004 in Kraft und gilt bei Auflösung von Dienstverhältnissen nach dem 31. Dezember 2003.

(BGBl I 2003/71)

(24) § 7 Abs. 1 in der Fassung des Bundesgesetzes BGBl. I Nr. 77/2004 tritt mit 1. Jänner 2004 in Kraft.

(BGBl I 2004/77)

(25) § 5a Abs. 2 Z 1 in der Fassung des Bundesgesetzes BGBl. I Nr. 77/2004 tritt mit 1. August 2004 in Kraft.

(BGBl I 2004/77)

(26) § 1 Abs. 1 Z 6, Abs. 2 Z 8, 11 und 12 und Abs. 4, § 6 und § 7 in der Fassung des Bundesgesetzes BGBl. I Nr. 136/2004 treten mit 1. Jänner 2005 in Kraft.

(BGBl I 2004/136)

(27) § 5b Abs. 2 Z 1 lit. e in der Fassung des Bundesgesetzes BGBl. I Nr. 158/2004 tritt mit 1. Jänner 2005 in Kraft und gilt für die Auflösung von Dienstverhältnissen nach dem Ablauf des 31. Dezember 2004.

(BGBl I 2004/158)

(28) § 1 Abs. 2 Z 12 und § 6 in der Fassung des Bundesgesetzes BGBl. I Nr. 45/2005 treten mit 1. Jänner 2006 in Kraft.

(BGBl I 2005/45)

(29) § 1 Abs. 2 Z 2 und 12 sowie § 6 Abs. 4 in der Fassung des Bundesgesetzes BGBl. I Nr. 114/2005 treten mit 1. Jänner 2006 in Kraft.

(BGBl I 2005/114)

(30) § 6 Abs. 3 in der Fassung des Budgetbegleitgesetzes 2007, BGBl. I Nr. 24, tritt mit 1. Jänner 2007 in Kraft.

(BGBl I 2007/24)

(31) § 1 Abs. 2 Z 12 bis 14 in der Fassung des Bundesgesetzes BGBl. I Nr. 104/2007 treten mit 1. Jänner 2008 in Kraft.

(BGBl I 2007/104)

(32) § 2 Abs. 1, 5 und 7, § 4 und § 5 in der Fassung des Bundesgesetzes BGBl. I Nr. 104/2007 treten mit 1. Jänner 2009 in Kraft.

(BGBl I 2007/104)

(33) § 1 Abs. 2 Z 2 in der Fassung des Bundesgesetzes BGBl. I Nr. 82/2008 tritt mit 28. Juni 2008 in Kraft.

(BGBl I 2008/82)

(34) § 2 Abs. 7 in der Fassung des Bundesgesetzes BGBl. I Nr. 82/2008 tritt mit 1. Juli 2008 in Kraft und gilt ab der Beitragsperiode Juli 2008.

(BGBl I 2008/82)

(35) § 2 Abs. 8 in der Fassung des Bundesgesetzes BGBl. I Nr. 82/2008 tritt mit 1. Juli 2008 in Kraft.

(BGBl I 2008/82)

(36) § 2a in der Fassung des Bundesgesetzes BGBl. I Nr. 84/2008 tritt mit 1. Juli 2008 in Kraft und gilt ab der Beitragsperiode Juli 2008.

(BGBl I 2008/84)

(37) § 2 Abs. 8 und § 6 in der Fassung des Bundesgesetzes BGBl. I Nr. 12/2009 treten rückwirkend mit 1. Jänner 2009 in Kraft.

(BGBl I 2009/12)

(38) §1 Abs. 2 Z 2 in der Fassung des Bundesgesetzes BGBl. I Nr. 12/2009 tritt mit 1. Februar 2009 in Kraft.

(BGBl I 2009/12)

(39) § 2 Abs. 8 in der Fassung des Bundesgesetzes BGBl. I Nr. 90/2009 tritt mit 1. September 2009 in Kraft und mit Ablauf des 30. Juni 2011 außer Kraft.

(BGBl I 2009/90, BGBl I 2011/39)

(40) § 5 in der Fassung des Bundesgesetzes BGBl. I Nr. 147/2009 tritt mit 1. Jänner 2010 in Kraft.

(BGBl I 2009/147)

(41) § 1 Abs. 3 und § 13 samt Überschrift in der Fassung des Budgetbegleitgesetzes 2011, BGBl. I Nr. 111/2010, treten mit 1. Jänner 2011 in Kraft.

(BGBl I 2010/111)

(42) § 1 Abs. 1 Z 2 und Abs. 2 Z 2 und 9, § 2 Abs. 8, § 3 Abs. 1, § 9, § 14 samt Überschrift und § 15 samt Überschrift sowie Abs. 39 in der Fassung des Bundesgesetzes BGBl. I Nr. 39/2011 treten mit 1. Juli 2011 in Kraft.

(BGBl I 2011/39)

(43) § 14 und § 15 in der Fassung des 2. Stabilitätsgesetzes 2012, BGBl. I Nr. 35/2012, treten mit 1. Juli 2012 in Kraft.

(BGBl I 2012/35)

(44) § 1 Abs. 1 Z 3, § 6 und § 13 in der Fassung des 2. Stabilitätsgesetzes 2012, BGBl. I Nr. 35/2012, treten mit 1. Jänner 2013 in Kraft.

(BGBl I 2012/35)

(45) § 2b in der Fassung des 2. Stabilitätsgesetzes 2012, BGBl. I Nr. 35/2012, tritt mit 1. Jänner 2013 in Kraft und gilt, wenn ein arbeitslosenversicherungspflichtiges Dienstverhältnis oder freies Dienstverhältnis nach dem 31. Dezember 2012 endet.

(BGBl I 2012/35)

(46) § 2 in der Fassung des 2. Stabilitätsgesetzes 2012, BGBl. I Nr. 35/2012, tritt mit 1. Jänner 2013 in Kraft und gilt für Personen, die nach dem 1. Juni 1953 geboren wurden. Für Personen, die vor dem 2. Juni 1953 geboren wurden, gilt § 2 weiterhin in der Fassung des Bundesgesetzes BGBl. I Nr. 39/2011.

(BGBl I 2012/35)

(47) § 13 in der Fassung des Bundesgesetzes BGBl. I Nr. 75/2012 tritt mit 1. Juli 2012 in Kraft.

(BGBl I 2012/75)

(48) § 6a in der Fassung des Bundesgesetzes BGBl. I Nr. 98/2012 tritt mit 1. Jänner 2013 in Kraft.

(BGBl I 2012/98)

(49) § 1 Abs. 2 Z 13 bis 15 in der Fassung des Bundesgesetzes BGBl. I Nr. 3/2013 treten mit 1. Jänner 2013 in Kraft.

(BGBl I 2013/3)

(50) § 1 Abs. 1 Z 5 bis 7 und § 16 in der Fassung des Bundesgesetzes BGBl. I Nr. 3/2013 treten mit 1. Jänner 2014 in Kraft.

(BGBl I 2013/3)

(51) § 1 Abs. 3 und § 13 samt Überschrift in der Fassung des Bundesgesetzes BGBl. I Nr. 67/2013 treten mit 1. Juli 2013 in Kraft.

(BGBl I 2013/67)

(52) § 17 samt Überschrift in der Fassung des Bundesgesetzes BGBl. I Nr. 137/2013 tritt mit 1. Juli 2013 in Kraft.

(BGBl I 2013/137)

(53) § 1 Abs. 2 in der Fassung des Bundesgesetzes BGBl. I Nr. 163/2013 tritt mit 1. Oktober 2013 in Kraft.

(BGBl I 2013/163)

(54) § 1 Abs. 3, § 13, § 14 und § 18 in der Fassung des Bundesgesetzes BGBl. I Nr. 30/2014 treten mit 1. Mai 2014 in Kraft.

(BGBl I 2014/30)

(55) § 13 Abs. 1 in der Fassung des Budgetbegleitgesetzes 2014, BGBl. I Nr. 40/2014, tritt mit 1. Jänner 2014 in Kraft. § 13 Abs. 2 und § 19 samt Überschrift in der Fassung des genannten Bundesgesetzes treten mit 1. Juli 2014 in Kraft.

(BGBl I 2014/40)

(56) § 13 Abs. 1 in der Fassung des Bundesgesetzes, BGBl. I Nr. 90/2014, tritt mit 1. Jänner 2015 in Kraft.

(BGBl I 2014/90)

(57) § 2 Abs. 1 und 2 sowie § 2a Abs. 1 in der Fassung des Steuerreformgesetzes 2015/2016, BGBl. I Nr. 118/2015, treten mit 1. Jänner 2016 in Kraft und gelten für Lehrlinge auf Grund von Lehrverträgen, deren Laufzeit nach Ablauf des 31. Dezember 2015 begonnen hat.

(BGBl I 2015/118)

(58) § 13 Abs. 1 erster Satz in der Fassung des Bundesgesetzes BGBl. I Nr. 75/2015 und § 13 Abs. 2 in der Fassung des Budgetbegleitgesetzes 2016, BGBl. I Nr. 144/2015, treten mit 1. Jänner 2016 in Kraft.

(BGBl I 2015/144)

(59) § 1 Abs. 2 Z 15 bis 17 in der Fassung des Budgetbegleitgesetzes 2016, BGBl. I Nr. 144/2015, tritt mit 1. Jänner 2016 in Kraft.

(BGBl I 2015/144)

(60) § 1a in der Fassung des Budgetbegleitgesetzes 2016, BGBl. I Nr. 144/2015, tritt mit 1. Jänner 2017 in Kraft.

(BGBl I 2015/75, BGBl I 2015/144)

(61) § 1 Abs. 2 Z 2 und 5 in der Fassung des Bundesgesetzes BGBl. I Nr. 62/2016 treten mit 1. August 2016 in Kraft.

(BGBl I 2016/62)

(62) § 13 Abs. 1 in der Fassung des Bundesgesetzes BGBl. I Nr. 31/2017 tritt mit 1. Jänner 2017 in Kraft.

(BGBl I 2017/31)

(63) § 17 in der Fassung des Bundesgesetzes BGBl. I Nr. 32/2017 tritt mit 1. Jänner 2017 in Kraft.

(BGBl I 2017/32)

(64) § 1 Abs. 2 und § 13 Abs. 3 in der Fassung des Bundesgesetzes BGBl. I Nr. 75/2017 treten mit 1. September 2017 in Kraft.

(BGBl I 2017/75)

(65) 13 Abs. 4 in der Fassung des Bundesgesetzes BGBl. I Nr. 128/2017 tritt mit 1. Juli 2017 in Kraft.

(BGBl I 2017/128)

„(66) § 2a in der Fassung des Bundesgesetzes BGBl. I Nr. 14/2018 tritt mit 1. Juli 2018 in Kraft und gilt ab der Beitragsperiode Juli 2018."

(BGBl I 2018/14)

(67) § 13, § 14 Abs. 1 und § 15 Abs. 1, 3 und 4 in der Fassung des Bundesgesetzes BGBl. I Nr. 30/2018 treten mit 8. Jänner 2018 in Kraft.

(BGBl I 2018/30)

(68) § 2a in der Fassung des Bundesgesetzes BGBl. I Nr. 87/2018 tritt mit 1. Juli 2018 in Kraft und gilt ab der Beitragsperiode Juli 2018.

(BGBl I 2018/87)

„(69) § 1 Abs. 2 Z 12, § 2 Abs. 7, § 5 Abs. 2 und 5, § 14 Abs. 2 und § 15 Abs. 2 in der Fassung des Bundesgesetzes BGBl. I Nr. 100/2018 treten mit 1. Jänner 2020 in Kraft."

(BGBl I 2018/100)

Außerkrafttreten

§ 11. (1) § 5d in der Fassung des Bundesgesetzes BGBl. I Nr. 148/1998 tritt mit Ablauf des 30. September 2000 außer Kraft.

(BGBl I 2009/90)

(2) Der durch das Bundesgesetz BGBl. I Nr. 90/2009 bestimmte Entfall der §§ 5a bis 5c in der Fassung des Bundesgesetzes BGBl. I Nr. 158/2004 tritt mit 1. September 2009 in Kraft und gilt für Einstellungen und Freisetzungen Älterer nach dem Ablauf des 31. August 2009.

(BGBl I 2009/90)

(3) § 1a samt Überschrift und § 17 Abs. 4 bis 8 treten mit Ablauf des 30. Juni 2018 außer Kraft.

(BGBl I 2018/30)

(4) § 2b samt Überschrift tritt mit Ablauf des 31. Dezember 2019 außer Kraft. § 17 Abs. 1 bis 3 samt Überschrift tritt hinsichtlich der zu leistenden Vorauszahlungen mit Ablauf des 31. Dezember 2019 und hinsichtlich der Abrechnung mit Ablauf des 30. Juni 2020 außer Kraft.

(BGBl I 2018/30)

„(5) § 18 und § 19 treten mit Ablauf des 31. Dezember 2018 außer Kraft."

(BGBl I 2018/100)

(BGBl I 1999/179, BGBl I 2000/92, BGBl I 2001/33)

Übergangsbestimmungen

§ 12. (1) § 1 Abs. 1 Z 3 und § 6 Abs. 2 in der Fassung des Bundesgesetzes BGBl. I Nr. 142/2000 gelten weiterhin für Rückflüsse gemäß § 52 KGG.

(2) § 1 Abs. 1 Z 4 und § 6 Abs. 3 in der Fassung des Bundesgesetzes BGBl. I Nr. 142/2000 gelten weiterhin für die Kostenbeteiligung der Gemeinden zur Sondernotstandshilfe auf Grund von Leistungen an Elternteile, die vor dem 1. Jänner 2002 gemäß § 39 AlVG in der Fassung des Bundesgesetzes BGBl. I Nr. 142/2000 oder ab dem 1. Jänner 2002 gemäß § 80 Abs. 11 AlVG in der Fassung des Bundesgesetzes BGBl. I Nr. 103/2001 in Verbindung mit § 39 AlVG in der Fassung des Bundesgesetzes BGBl. I Nr. 142/2000 erbracht wurden.

(3) § 1 Abs. 2 Z 2 in der Fassung des Bundesgesetzes BGBl. I Nr. 104/2007 gilt hinsichtlich der nach dem Inkrafttreten des Bundesgesetzes BGBl. I Nr. 82/2008 anfallenden Verpflichtungen auf Grund von Vereinbarungen nach dem Jugendausbildungs-Sicherungsgesetz (JASG), BGBl. I Nr. 91/1998, weiter.

(BGBl I 2008/82)

(BGBl I 2001/103)

Finanzielle Bedeckung bestimmter Beihilfen nach dem AMSG

§ 13. (1) Beihilfen bei Kurzarbeit gemäß § 37b AMSG und Beihilfen bei Kurzarbeit mit Qualifizierung gemäß § 37c AMSG sind bis zu einer Obergrenze von 20 Mio. € jährlich wie Ausgaben nach dem AlVG zu behandeln.

(2) Die Obergrenze für die Bedeckung von Beihilfen und Maßnahmen aus dem für Leistungen nach dem AlVG vorgesehenen Aufwand beträgt für Personen, die das 50. Lebensjahr vollendet haben und länger als 90 Tage beim Arbeitsmarktservice vorgemerkt sind oder zwar kürzer als 90 Tage vorgemerkt sind, aber deren Beschäftigungschancen wegen gesundheitlicher Einschränkungen oder langer Abwesenheit vom Arbeitsmarkt (WiedereinsteigerInnen, arbeitsmarktferne Personen) erschwert sind, jährlich bis zu 165 Mio. € und für Personen, die beim Arbeitsmarktservice vorgemerkt sind und deren Arbeitslosigkeit im Geschäftsfall 365 Tage überschreitet, jährlich bis zu 105 Mio. €. Von den Mitteln für diese Personengruppen sind im Bundesdurchschnitt 60 vH für arbeitsplatznahe Qualifizierungen (Programm AQUA, Implacementstiftungen), Eingliederungsbeihilfen und Kombilohn zu verwenden.

(3) Ausgaben zur Eingliederung von arbeitsfähigen Asylberechtigten und subsidiär Schutzberechtigten sowie von Personen, die mit hoher Wahrscheinlichkeit den Status des/der Asylberechtigten oder subsidiär Schutzberechtigten erhalten werden, in den Arbeitsmarkt im Rahmen eines Integrationsjahres nach dem IJG (§ 1 Abs. 2 Z 17) sind im Jahr 2018 bis zu einer Obergrenze von 50 Mio. € wie Ausgaben nach dem AlVG zu behandeln.

(4) Ausgaben für Beihilfen und Maßnahmen im Rahmen der Beschäftigungsaktion 20.000 zur Schaffung und Förderung von Arbeitsplätzen in Gemeinden, über gemeinnützige Trägervereine und Unternehmen für über 50-jährige Langzeitbeschäftigungslose sind ab Juli 2017 bis 30. Juni 2019 bis zu einer Obergrenze von 185 Mio. € wie Ausgaben nach dem AlVG zu behandeln.

(BGBl I 2018/30)

Überweisung an den Insolvenz-Entgelt-Fonds

§ 14. (1) Die Bundesministerin für Arbeit, Soziales, Gesundheit und Konsumentenschutz hat dem Insolvenz-Entgelt-Fonds als Beitrag zur Erfüllung seiner Verpflichtungen ab dem Jahr 2011 Mittel aus der Gebarung Arbeitsmarktpolitik im Ausmaß von jeweils 41 vH der auf Grund der Neuregelung des § 2 Abs. 8 durch das Bundesgesetz BGBl. I Nr. 39/2011 sowie des Entfalls des § 2 Abs. 8 durch das 2. Stabilitätsgesetz 2012, BGBl. I Nr. 35/2012, durch Beitragsleistungen für Personen, die das 60. Lebensjahr noch nicht vollendet haben, erzielten zusätzlichen Mehreinnahmen zur Verfügung zu stellen.

(BGBl I 2018/30)

(2) Die betreffenden Mittel sind jeweils zu akontieren und auf der Grundlage einer gesonderten Berechnung des „Dachverbandes"[a] abzurechnen. Die Abrechnung hat jeweils im September des Folgejahres zu erfolgen. Die Differenz zwischen der Akontierung und den tatsächlichen bei der Abrechnung festgestellten Einnahmen ist mit der jeweils nächstfolgenden Akontierung gegen zu rechnen. Die Akontierung hat auf der Grundlage einer Prognose ausgehend von den bis dahin vorliegenden Daten betreffend die Entwicklung der Beschäftigung und der Einkommen der arbeitslosenversicherungs(beitrags)pflichtigen unselbständig Beschäftigten, die das 58. Lebensjahr vollendet haben, zu erfolgen.

(BGBl I 2018/100)

[a] Bis 31. Dezember 2019: „Hauptverbandes der österreichischen Sozialversicherungsträger".

(3) Die Akontierung der Mittel hat für das Jahr 2011 im Dezember 2011 und ab 2012 jeweils im Oktober des betreffenden Jahres zu erfolgen. Im Jahr 2014 hat im Juni eine Anzahlung auf die in Abs. 2 genannte Akontierung iHv 70 %, ab dem

Jahr 2015 im Februar iHv jeweils 40 %, und im Juni iHv 30 % zu erfolgen.

(BGBl I 2011/39, BGBl I 2012/35, BGBl I 2014/30)

Zuführung an die Arbeitsmarktrücklage

§ 15. (1) Die Bundesministerin für Arbeit, Soziales, Gesundheit und Konsumentenschutz hat zur Sicherstellung der Finanzierung besonderer arbeitsmarktpolitischer Projekte insbesondere für Jugendliche, Frauen und Ältere Mittel im Ausmaß von jeweils 41 vH der auf Grund der Änderung des § 2 Abs. 8 durch das Bundesgesetz BGBl. I Nr. 39/2011 sowie des Entfalls des § 2 Abs. 8 durch das 2. Stabilitätsgesetz 2012, BGBl. I Nr. 35/2012, durch Beitragsleistungen für Personen, die das 60. Lebensjahr noch nicht vollendet haben, erzielten zusätzlichen Mehreinnahmen der Arbeitsmarktrücklage gemäß § 50 AMSG zur Verfügung zu stellen.

(BGBl I 2018/30)

(2) Die betreffenden Mittel sind jeweils zu akontieren und auf der Grundlage einer gesonderten Berechnung des Hauptverbandes der österreichischen Sozialversicherungsträger abzurechnen. Die Abrechnung hat jeweils im September des Folgejahres zu erfolgen. Die Differenz zwischen der Akontierung und den tatsächlichen bei der Abrechnung festgestellten Einnahmen ist mit der jeweils nächstfolgenden Akontierung gegen zu rechnen.

(2)[a] Die betreffenden Mittel sind jeweils zu akontieren und auf der Grundlage einer gesonderten Berechnung des „Dachverbandes" abzurechnen. Die Abrechnung hat jeweils im September des Folgejahres zu erfolgen. Die Differenz zwischen der Akontierung und den tatsächlichen bei der Abrechnung festgestellten Einnahmen ist mit der jeweils nächstfolgenden Akontierung gegen zu rechnen.

(BGBl I 2018/100)

[a] Tritt mit 1. Jänner 2020 in Kraft.

(3) Die Akontierung der Mittel hat jeweils im Oktober des laufenden Jahres auf der Grundlage einer Prognose, die von den bis dahin vorliegenden Daten betreffend die Entwicklung der Beschäftigung und der Einkommen der arbeitslosenversicherungs(beitrags)pflichtigen unselbständig Beschäftigten, die das 58. Lebensjahr vollendet haben, ausgeht zu erfolgen.

(BGBl I 2018/30)

(4) Die gemäß Abs. 2 und 3 für die Jahre 2018 und 2019 ermittelten Beträge sind jeweils um 50 Mio. € zu vermindern.

(BGBl I 2018/30)

(BGBl I 2011/39, BGBl I 2012/35)

Finanzielle Bedeckung von beruflichen Maßnahmen der Rehabilitation

§ 16. Die Beiträge der Pensionsversicherung zur Finanzierung von beruflichen Maßnahmen der Rehabilitation und sonstigen der Arbeitsmarktintegration dienenden arbeitsmarktpolitischen Maßnahmen des Arbeitsmarktservice für Personen, die Umschulungsgeld oder Rehabilitationsgeld beziehen oder bezogen haben, gemäß § 1 Abs. 1 Z 5 sind der Arbeitsmarktrücklage zuzuführen. Die Aufwendungen für berufliche Maßnahmen der Rehabilitation sind jeweils zur Gänze und die Aufwendungen für die sonstigen der Arbeitsmarktintegration dienenden Maßnahmen während des Bezuges von Umschulungsgeld oder Rehabilitationsgeld zur Gänze und in den ersten drei Jahren danach zur Hälfte zu ersetzen. Im Jahr 2014 hat die Pensionsversicherungsanstalt im März eine Akontierung in Höhe von 20 Millionen Euro zu leisten. In den Folgejahren hat die Akontierung durch die betroffenen Pensionsversicherungsträger jeweils im März auf der Grundlage einer Bestandsprognose für das laufende Jahr unter Gegenrechnung der Differenz aus Akontierung und Abrechnung (nachgewiesenem Aufwand) des Vorjahres zu erfolgen. Die Modalitäten der Akontierung und der Abrechnung von beruflichen Maßnahmen der Rehabilitation und sonstigen der Arbeitsmarktintegration dienenden Maßnahmen sind zwischen den Pensionsversicherungsträgern und dem Arbeitsmarktservice mit Zustimmung des Bundesministeriums für Arbeit, Soziales und Konsumentenschutz im Einvernehmen mit dem Bundesministerium für Finanzen zu vereinbaren.

(BGBl I 2013/3)

Sonderregelungen zur Auflösungsabgabe

§ 17. (1)[*] Bei Beendigung eines arbeitslosenversicherungspflichtigen Dienstverhältnisses hat der Arbeitgeber keine Abgabe gemäß § 2b zu leisten, wenn bezüglich des betroffenen Arbeitnehmers der Betrieb (die Unternehmung) gemäß §§ 2 oder 3 BUAG dem Sachbereich der Urlaubsregelung unterliegt und die für diesen Arbeitnehmer gemäß § 21 BUAG festgesetzten Zuschläge gemäß § 21a BUAG entrichtet hat. Die Bauarbeiter-Urlaubs- und Abfertigungskasse hat als Ersatz für die dadurch entgangenen Abgaben jeweils Pauschalabgeltungen an die zweckgebundene Gebarung Arbeitsmarktpolitik zu leisten. Die Verpflichtung zur Leistung der Abgabe gemäß § 2b durch den Arbeitgeber bei Beendigung eines arbeitslosenversicherungspflichtigen Dienstverhältnisses mit anderen Arbeitnehmern bleibt unberührt.

[*] Tritt hinsichtlich der zu leistenden Vorauszahlungen mit Ablauf des 31. Dezember 2019 und hinsichtlich der Abrechnung mit Ablauf des 30. Juni 2020 außer Kraft.

(2)[*] Die Hälfte der Einnahmen aus den Pauschalabgeltungen ist der Arbeitsmarktrücklage gemäß § 50 AMSG zuzuführen und für Beihilfen an Unternehmen zur Förderung der Beschäftigung älterer Personen zu verwenden.

[*] Tritt hinsichtlich der zu leistenden Vorauszahlungen mit Ablauf des 31. Dezember 2019 und hinsichtlich der Abrechnung mit Ablauf des 30. Juni 2020 außer Kraft.

(3)[*] Die Pauschalabgeltung ist in den Monaten März, Juni, September und Oktober als Vorauszahlung jeweils in Höhe eines Viertels des Gesamtbetrages des Vorjahres zu leisten. Die Differenz zwischen der Vorauszahlung und der Abrechnung auf der Grundlage der tatsächlichen abgabepflichtigen Beendigungen ist mit der jeweils nächstfolgenden Vorauszahlung gegen zu rechnen.

*) Tritt hinsichtlich der zu leistenden Vorauszahlungen mit Ablauf des 31. Dezember 2019 und hinsichtlich der Abrechnung mit Ablauf des 30. Juni 2020 außer Kraft.

(4)–(8) (aufgehoben)

(BGBl I 2018/30)

(BGBl I 2013/3, BGBl I 2013/137, BGBl I 2017/32, BGBl I 2018/30)

~~Evaluierung~~

~~**§ 18.** Das Arbeitsmarktservice Österreich hat die Auswirkungen und die Entwicklung der Beihilfen und Maßnahmen für Personen, die das 50. Lebensjahr vollendet haben und länger als 180 Tage beim Arbeitsmarktservice vorgemerkt sind, im Jahr 2016 zu evaluieren und dem Bundesminister für Arbeit, Soziales und Konsumentenschutz über die Ergebnisse zu berichten.~~

~~*(BGBl I 2014/30)*~~

(BGBl I 2014/30, BGBl I 2018/100)

~~Ausgleich von Forderungen mit dem Hauptverband der österreichischen Sozialversicherungsträger~~

~~**§ 19.** Die aus einer Überzahlung des Bundes für Versicherungsbeitragsleistungen für Pensionsvorschussbezieher resultierende Forderung des Bundes an den Hauptverband der österreichischen Sozialversicherungsträger in Höhe von 8 845 783,40 € und die aus der nicht erfolgten Abgeltung von Leistungen der Krankenversicherungsträger für Übergangsgeldbezieher resultierende Forderung des Hauptverbandes der österreichischen Sozialversicherungsträger an den Bund in Höhe von 3 236 345,90 € werden durch eine Zahlung des Hauptverbandes der österreichischen Sozialversicherungsträger an den Bund in Höhe von 5 609 437,50 € ausgeglichen. Damit gelten alle wechselseitigen Forderungen aus dem Vollzug des AlVG für die Jahre 2002 bis 2004 als bereinigt, ungeachtet dessen, ob diese schon geltend gemacht wurden oder nicht. Der Ausgleich erfolgt durch Gegenrechnung im Zuge der Anweisung der Einhebungsvergütung gemäß der Einhebungsverordnung, BGBl. II Nr. 17/1998, in der Fassung der Verordnung BGBl. II Nr. 66/1998, am 1. Oktober 2014.~~

~~*(BGBl I 2014/40)*~~

(BGBl I 2014/30, BGBl I 2018/100)

Verordnung über die Einhebung der Arbeitslosenversicherungsbeiträge von selbständig Erwerbstätigen

Verordnung über die Einhebung der Arbeitslosenversicherungsbeiträge von selbständig Erwerbstätigen, BGBl II 2008/461

Verordnung des Bundesministers für Wirtschaft und Arbeit über die Einhebung der Arbeitslosenversicherungsbeiträge von selbständig Erwerbstätigen

(BGBl II 2008/461)

Auf Grund des § 5 Abs. 2 und 3 des Arbeitsmarktpolitik-Finanzierungsgesetzes, BGBl. Nr. 315/1994, zuletzt geändert durch das Bundesgesetz BGBl. I Nr. 84/2008, wird verordnet:

§ 1. Die von der Sozialversicherungsanstalt der gewerblichen Wirtschaft in einem Kalendermonat eingehobenen Arbeitslosenversicherungsbeiträge gemäß § 2 AMPFG sind vermindert um die Einhebungsvergütung bis zum 20. des nächstfolgenden Monates auf das vom Bundesministerium für Wirtschaft und Arbeit bekannt gegebene Konto zu überweisen.

§ 2. Zur Abgeltung der laufenden Kosten steht der Versicherungsanstalt eine Einhebungsvergütung in der Höhe eines Prozentes der jeweils eingehobenen Arbeitslosenversicherungsbeiträge zu.

§ 3. Die Sozialversicherungsanstalt hat die Abrechnung über die Arbeitslosenversicherungsbeiträge dem Bundesministerium für Wirtschaft und Arbeit jeweils bis zum 20. des Folgemonates vorzulegen.

§ 4. Die der Sozialversicherungsanstalt zur Herstellung der Voraussetzungen für die Einhebung der Arbeitslosenversicherungsbeiträge entstehenden anteiligen Aufwendungen betreffend die Durchführung der Arbeitslosenversicherung gemäß § 3 Abs. 7 des Arbeitslosenversicherungsgesetzes 1977 (AlVG), BGBl. Nr. 609, in der Fassung des Bundesgesetzes BGBl. I Nr. 82/2008, hat der Bund aus der Gebarung Arbeitsmarktpolitik zunächst durch Zahlung eines den voraussichtlich entstehenden Kosten entsprechenden Betrages in Höhe von 228 000 € abzugelten. Ein allfälliger Differenzbetrag ist im Falle höherer Kosten vom Bund und im Falle geringerer Kosten von der Sozialversicherungsanstalt binnen zwei Monaten nach Vorliegen der endgültigen Kostenrechnung auszugleichen.

§ 5. Diese Verordnung tritt mit 1. Jänner 2009 in Kraft.

Auflösungsabgabe 2019

Kundmachung betreffend Höhe der Auflösungsabgabe für das Jahr 2019, BGBl II 2018/339

Kundmachung der Bundesministerin für Arbeit, Soziales, Gesundheit und Konsumentenschutz betreffend die Höhe der Auflösungsabgabe für das Jahr 2019

(BGBl II 2018/339)

Auf Grund des § 2b Abs. 1 des Arbeitsmarktpolitik-Finanzierungsgesetzes, BGBl. Nr. 315/1994, zuletzt geändert durch das Bundesgesetz BGBl. I Nr. 30/2018, beträgt die Höhe der Auflösungsabgabe für das Jahr 2019 131 Euro.

Beschäftigungsquoten älterer Personen zum 30. Juni 2017

Kundmachung betreffend Beschäftigungsquoten älterer Personen zum 30. Juni 2017, BGBl II 2017/278

Kundmachung des Bundesministers für Arbeit, Soziales und Konsumentenschutz betreffend die Beschäftigungsquoten älterer Personen zum 30. Juni 2017

(BGBl II 2017/278)

Die Beschäftigungsquote älterer Personen gemäß § 1a Abs. 1 des Arbeitsmarktpolitik-Finanzierungsgesetzes (AMPFG), BGBl. Nr. 315/1994, zuletzt geändert durch das Bundesgesetzblatt BGBl. I Nr. 75/2017, beträgt zum 30. Juni 2017:

1. für 55- bis 59-jährige Männer 75,4 %,
2. für 60- bis 64-jährige Männer 35,5 %,
3. für 55- bis 59-jährige Frauen 63,2 %.

Der Zielwert gemäß § 1 Abs. 3 AMPFG wird bei der Altersgruppe der 55- bis 59-jährigen Männer um 1,8 Prozentpunkte, bei der Altersgruppe der 60- bis 64-jährigen Männer um 2,4 Prozentpunkte und bei der Altersgruppe der 55- bis 59-jährigen Frauen um 3,1 Prozentpunkte überschritten.

11. Auslandsrenten-Übernahmegesetz

Auslandsrenten-Übernahmegesetz, BGBl 1961/290 idF

1 BGBl 1962/114

GLIEDERUNG

Bundesgesetz vom 22. November 1961 über Leistungsansprüche und Anwartschaften in der Pensions(Renten)versicherung und Unfallversicherung auf Grund von Beschäftigungen im Ausland (Auslandsrenten-Übernahmegesetz – ARÜG)

(BGBl 1961/290)

Der Nationalrat hat beschlossen:

ABSCHNITT I
Gemeinsame Bestimmungen

Sachlicher Geltungsbereich

§ 1. (1) Dieses Bundesgesetz regelt unbeschadet zwischenstaatlicher Vereinbarungen, ob und inwieweit zu berücksichtigen sind

1. in der österreichischen Pensions(Renten)versicherung
   a) Rentenansprüche und Versicherungszeiten, die vor dem 27. November 1961 in Rentenversicherungen anderer Staaten (§ 1 Abs. 3) nach dem Recht dieser Staaten erworben worden sind,
   b) nicht als Versicherungszeiten nach lit. a geltende Zeiten einer Beschäftigung, die vor dem 27. November 1961 in Gebieten anderer Staaten (§ 1 Abs. 3) zurückgelegt worden sind, und vor diesem Zeitpunkt zurückgelegte sonstige Zeiten;
2. in der österreichischen Unfallversicherung Leistungsansprüche aus Arbeitsunfällen (Berufskrankheiten), die vor dem 27. November 1961 in Gebieten anderer Staaten (§ 1 Abs. 3) eingetreten sind.

(2) Rentenansprüche und Zeiten nach Abs. 1 Z 1 sowie Leistungsansprüche aus Arbeitsunfällen (Berufskrankheiten) nach Abs. 1 Z 2 sind in der österreichischen Pensions(Renten)versicherung beziehungsweise in der österreichischen Unfallversicherung nur insoweit zu berücksichtigen, als sie nicht von Versicherungsträgern in der Bundesrepublik Deutschland zu übernehmen sind.

(3) Als Gebiete anderer Staaten nach Abs. 1 gelten Gebiete, die am 31. Dezember 1937 zum Territorium der nachstehenden Staaten gehört haben:

ARÜG

Albanien, Bulgarien, Freie Stadt Danzig, Deutsches Reich, Estland, Jugoslawien, Lettland, Litauen, Polen, Rumänien, Tschechoslowakei, Ungarn, Union der Sozialistischen Sowjetrepubliken.

(4) Als Zeiten nach Abs. 1 Z 1 lit. a gelten auch Zeiten, die im Zusammenhang mit einer Beschäftigung in einem Gebiet im Sinne des Abs. 3, aber außerhalb dieses Gebietes zurückgelegt worden sind, wenn die Beschäftigung einer Rentenversicherung unterlegen ist.

(5) Als Arbeitsunfälle (Berufskrankheiten) nach Abs. 1 Z 2 gelten auch Arbeitsunfälle (Berufskrankheiten), die im Zusammenhang mit einer Beschäftigung in einem Gebiet im Sinne des Abs. 3 außerhalb dieses Gebietes eingetreten sind, wenn die Beschäftigung einer Unfallversicherung unterlegen ist.

Persönlicher Geltungsbereich

§ 2. (1) Die Regelung nach § 1 gilt, soweit nichts anderes bestimmt ist, für Personen,

a) die sich am 11. Juli 1953, am 1. Jänner 1961 oder am 27. November 1961 im Gebiete der Republik Österreich nicht nur vorübergehend aufgehalten haben und an dem danach in Betracht kommenden Tag entweder österreichische oder deutsche Staatsangehörige waren oder als Volksdeutsche (Personen deutscher Sprachzugehörigkeit, die staatenlos sind oder deren Staatsangehörigkeit ungeklärt ist) anzusehen sind,

b) die als deutsche Staatsangehörige oder Volksdeutsche im Sinne der lit. a anzusehen sind, wenn ihnen die Einreise nach Österreich bis zum 27. November 1961 bewilligt wurde, und die nachweislich ohne ihr Verschulden erst später in das Gebiet der Republik Österreich einreisen konnten,

c) die als österreichische Staatsangehörige nachweislich ohne ihr Verschulden ihren Wohnsitz erst nach dem 27. November 1961 in das Gebiet der Republik Österreich verlegen konnten,

d) die als österreichische oder deutsche Staatsangehörige oder als Volksdeutsche im Sinne der lit. a nach dem 27. November 1961 aus der Kriegsgefangenschaft oder Zivilinternierung in die Republik Österreich entlassen wurden.

Eine nur vorübergehende Unterbrechung des Inlandsaufenthaltes bis zur Dauer von neun Monaten hat außer Betracht zu bleiben.

(2) Bei der Anwendung der Bestimmungen des Abs. 1 sind Bestimmungen in zwischenstaatlichen Vereinbarungen der Republik Österreich über die Behandlung als österreichischer Staatsbürger nicht zu berücksichtigen.

Sonderbestimmungen für Umsiedler und gleichgestellte Personen aus Italien

§ 3. Die Bestimmungen der §§ 1 und 2 gelten auch für Personen, die

a) unter das Abkommen vom 21. Oktober 1939 zwischen dem Deutschen Reich und Italien über die wirtschaftliche Durchführung der Umsiedlung von Volksdeutschen und deutschen Reichsangehörigen aus Italien in das Deutsche Reich gefallen sind, oder

b) aus Gründen, die sich aus ihrer nichtitalienischen Sprachzugehörigkeit ergeben haben, aus Italien abgewandert sind,

soweit es sich um Versicherungszeiten, Beschäftigungszeiten oder sonstige Zeiten handelt, die in einem Gebiet zurückgelegt worden sind, das am 31. Dezember 1937 zum Territorium von Italien gehört hat.

Versicherungs(Leistungs)zugehörigkeit, Versicherungs(Leistungs)zuständigkeit

§ 4. (1) Es entspricht

a) der österreichischen Pensions(Renten)versicherung der Angestellten die Rentenversicherung des anderen Staates (§ 1 Abs. 3, § 3), für die Fälle der Berufsunfähigkeit (Invalidität), des Alters oder des Todes, die im wesentlichen nur Angestellte erfaßte,

b) der österreichischen knappschaftlichen Pensions(Renten)versicherung die Rentenversicherung des anderen Staates (§ 1 Abs. 3, § 3) für die Fälle der Invalidität (Berufsunfähigkeit, Dienstunfähigkeit), des Alters oder des Todes, die im wesentlichen nur Beschäftigte im Bergbau erfaßte,

c) der österreichischen Pensions(Renten)versicherung der Arbeiter die Rentenversicherung des anderen Staates (§ 1 Abs. 3, § 3) für die Fälle der Invalidität, des Alters oder des Todes, die nicht unter lit. a und b fällt,

d) der österreichischen Unfallversicherung die Versicherung des anderen Staates (§ 1 Abs. 3, § 3) gegen Arbeitsunfälle (Berufskrankheiten).

(2) Erfaßt eine Rentenversicherung des anderen Staates (§ 1 Abs. 3, § 3) für die Fälle der Invalidität (Berufsunfähigkeit), des Alters oder des Todes gemeinsam Arbeiter und Angestellte, sieht sie jedoch für die Angestellten eine besondere Versicherungsgruppe vor, so entspricht die Versicherung in dieser Gruppe der österreichischen Pensions(Renten)versicherung der Angestellten.

(3) Für die Feststellung der Versicherungs(Leistungs)zuständigkeit ist, wenn dies nicht schon aus der Art der Versicherung (Abs. 1) hervorgeht, die Beschäftigung so zu berücksichtigen, als ob sie im Gebiet der Republik Österreich ausgeübt worden wäre. Dies gilt entsprechend auch für Zeiten eines Rentenbezuges aus dem Versicherungsfall des Alters oder einem Versicherungsfall der geminderten Arbeitsfähigkeit aus der Rentenversicherung anderer Staaten (§ 1 Abs. 3, § 3).

(4) Läßt sich die Versicherungs(Leistungs)zuständigkeit nach Abs. 3 hinsichtlich der Art der maßgebenden Beschäftigung für einen bestimmten Zeitraum nicht mehr feststellen, so werden die auf

dieser Beschäftigung beruhenden Zeiten so berücksichtigt, als ob sie auf einem Versicherungsverhältnis beruht hätten, für das die Pensionsversicherungsanstalt der Arbeiter zuständig gewesen wäre.

ABSCHNITT II
Pensionsversicherung

Berücksichtigung von Rentenansprüchen

§ 5. (1) Ein Rentenanspruch im Sinne des Abschnittes I ist in der österreichischen Pensions(Renten)versicherung zu berücksichtigen, wenn vor dem 27. November 1961 die Rente aus der Versicherung in dem anderen Staate (§ 1 Abs. 3, § 3) zuerkannt war

a) auf Grund des Versicherungsfalles des Alten, jedoch erst von dem Tage an, an dem das Anfallsalter für eine Altersrente aus der österreichischen Pensions(Renten)versicherung vollendet ist,

b) auf Grund eines Versicherungsfalles der geminderten Arbeitsfähigkeit, wenn diese geminderte Arbeitsfähigkeit bis zur Einbringung des Antrages auf Feststellung der auf Grund dieses Leistungsanspruches aus der österreichischen Versicherung zu gewährenden Rente oder bis zu dem vor der Antragstellung eingetretenen Tod des Versicherten gedauert hat,

c) auf Grund des Versicherungsfalles des Todes, wenn anspruchsberechtigte Hinterbliebene nach den Bestimmungen der österreichischen Pensionsversicherung vorhanden sind.

Für die Feststellung der Rente gelten die allgemeinen Voraussetzungen für die entsprechenden Renten der österreichischen Pensionsversicherung als erfüllt.

(2) Für die Bemessung der Rente sind die Zeiten nach § 6 zu berücksichtigen. Erreichen diese Zeiten nicht das Ausmaß der für die Rente in der österreichischen Pensions(Renten)versicherung erforderlichen Wartezeit, so sind der Rentenbemessung Zeiten in diesem Ausmaß zugrunde zu legen.

Berücksichtigung von Zeiten als Versicherungszeiten

§ 6. (1) Versicherungszeiten im Sinne des § 1 Abs. 1 Z 1 lit. a und Abs. 4 sind bei der Feststellung der Rente in der österreichischen Pensions(Renten)versicherung als Beitragszeiten im Sinne der jeweiligen österreichischen Vorschriften zu übernehmen. In der Pensionsversicherung der Arbeiter gelten jedoch solche Versicherungszeiten, wenn sie vor dem 1. Jänner 1939 erworben worden sind, als Ersatzzeiten (Vordienstzeiten) nach Maßgabe der österreichischen Vorschriften.

(2) Zeiten im Sinne des § 1 Abs. 1 Z 1 lit. b sind, soweit im Abs. 3 nichts anderes bestimmt wird, bei der Feststellung der Rente in der österreichischen Pensions(Renten)versicherung nach den jeweiligen österreichischen Vorschriften in der gleichen Weise zu berücksichtigen wie auf österreichischem Gebiet zurückgelegte Zeiten im Sinne des § 1 Abs. 1 Z 1 lit. b, für die nach den jeweils in Geltung gestandenen österreichischen Vorschriften keine Pensions(Renten)versicherung bestanden hat.

(3) Zeiten nach Abs. 2, für welche die Versicherungspflicht in der Rentenversicherung des anderen Staates (§ 1 Abs. 3, § 3) nur aus dem Grunde nicht bestanden hat, weil durch eine dienstrechtliche Versorgungseinrichtung für die Versicherungsfälle der Invalidität (Berufsunfähigkeit), des Alters und des Todes bereits vorgesorgt war, gelten bei der Feststellung der Rentenansprüche in der österreichischen Pensions(Renten)versicherung als Zeiten im Sinne des Abs. 1.

(4) Zeiten nach Abs. 1 bis 3 sind in der österreichischen Pensions(Renten)versicherung so weit nicht zu berücksichtigen, als sie

a) von einer österreichischen Gebietskörperschaft, einem anderen österreichischen öffentlich-rechtlichen Dienstgeber oder von solchen verwalteten Anstalten, Betrieben, Stiftungen oder Fonds beitragsfrei für die Bemessung eines Ruhe(Versorgungs)genusses angerechnet oder bei der Bemessung eines Ruhe(versorgungs)genusses berücksichtigt werden, oder

b) von einem Träger der Sozialversicherung oder einer anderen Stelle eines Staates berücksichtigt werden, mit dem die Republik Österreich eine zwischenstaatliche Vereinbarung über Pensions(Renten)versicherung abgeschlossen hat.

Berücksichtigung von Zeiten als neutrale Zeiten

§ 7. Bei der Feststellung der Anrechenbarkeit von Versicherungszeiten in der österreichischen Pensions(Renten)versicherung sind folgende Zeiten als neutrale Zeiten anzusehen:

a) die nach anderen österreichischen Vorschriften als neutrale Zeiten geltenden Zeiten, auch wenn sie im anderen Staat (§ 1 Abs. 3, § 3) zurückgelegt wurden,

b) Zeiten, die nach dem vollendeten 65. Lebensjahr des Versicherten, bei Frauen nach dem vollendeten 60. Lebensjahr, liegen,

c) Zeiten, während welcher eine Invalidität (Berufsunfähigkeit) vorlag,

d) Zeiten des Aufenthaltes außerhalb des Gebietes der Republik Österreich, während welcher der Versicherte durch behördliche Anordnung von der Aufnahme eines Beschäftigungsverhältnisses ausgeschlossen war,

e) nach dem 31. Dezember 1938 zurückgelegte Zeiten einer Beschäftigung als Dienstnehmer in einem im § 1 Abs. 3 und § 3 bezeichneten Gebiete, für die nach den Vorschriften des in Betracht kommenden Staates in der Rentenversicherung keine Pflichtversicherung bestanden hat, aber bei Zurücklegung im Gebiete der Republik Österreich nach den jeweiligen österreichischen Vorschriften eine Pflichtversicherung in der Pensions(Renten)versicherung bestanden hätte.

Sonderregelung für die Bemessung der Renten, auf welche die Bestimmungen des Vierten Teiles des Allgemeinen Sozialversicherungsgesetzes nicht anzuwenden sind

§ 8. Bei der Bemessung der Renten, auf welche die Bestimmungen des Vierten Teiles des Allgemeinen Sozialversicherungsgesetzes nicht anzuwenden sind, sind die jeweils in Geltung gestandenen oder in Geltung stehenden österreichischen Vorschriften mit der Maßgabe anzuwenden, daß als jährlicher Steigerungsbetrag nach dem Stand der Rechtsvorschriften vom 31. Dezember 1946 gilt

a) bei der Invalidenrente für jede anrechenbare Woche bei Männern 40 g, bei Frauen 25 g,
b) für das Ruhegeld bei Männern 2,70 S, bei Frauen 1,90 S für jeden anrechenbaren Monat,
c) für die Knappschaftsvollrente bei Männern 4,60 S, bei Frauen 3 S für jeden anrechenbaren Monat,
d) für die Knappschaftsrente bei Männern 2,90 S und bei Frauen 1,90 S für jeden anrechenbaren Monat.

Die Sätze der Steigerungsbeträge erhöhen sich für anrechenbare Wochen über 1 560 Wochen und für anrechenbare Monate über 360 Monate um 50 vH.

Sonderregelung für die Bemessung der Renten, auf welche die Bestimmungen des Vierten Teiles des Allgemeinen Sozialversicherungsgesetzes anzuwenden sind

§ 9. (1) Bei der Bemessung der Renten, auf welche die Bestimmungen des Vierten Teiles des Allgemeinen Sozialversicherungsgesetzes anzuwenden sind, gelten für Zeiten, die nach § 6 zu übernehmen oder zu berücksichtigen sind, die nachstehenden Beitragsgrundlagen:

1. in der Pensionsversicherung der Arbeiter mit Ausnahme der Zeiten freiwilliger Versicherung
   a) für gelernte Facharbeiter in Industrie und Handwerk .... 235 S monatlich,
   b) für Arbeiter in der Landwirtschaft .... 120 S monatlich,
   c) für sonstige Arbeiter einschließlich der Arbeiter in der Forstwirtschaft ... 170 S monatlich,
   d) für Hausgehilfen .... 65 S monatlich,
   e) für Hausbesorger .... 30 S monatlich;
2. in der Pensionsversicherung der Angestellten mit Ausnahme der Zeiten freiwilliger Versicherung
   a) für Angestellte mit einfacher oder schematischer Tätigkeit, für die eine besondere Berufsausbildung nicht erforderlich ist (Hilfskräfte), für die Zeit

      bis Juni 1942 .... 160 S monatlich,

      ab Juli 1942 .... 200 S monatlich;
   b) für Angestellte mit einer Tätigkeit, die Fachkenntnisse und Erfahrungen voraussetzt, wie sie in der Regel durch mehrjährige Tätigkeit oder durch eine abgeschlossene Berufsausbildung erworben werden, für die Zeit

      bis Juni 1942 .... 200 S monatlich,

      ab Juli 1942 .... 260 S monatlich;
   c) für Angestellte mit schwieriger und selbständiger Tätigkeit, die umfangreiche Kenntnisse und mehrjährige praktische Erfahrungen, ferner gutes theoretisches Wissen erfordert, für die Zeit

      bis Juni 1927

      für männliche Angestellte ... 281,50 S monatlich,

      für weibliche Angestellte . 225,– S monatlich;

      ab Juli 1927 bis Dezember 1938 . 300,– S monatlich,

      ab Jänner 1939 bis Juni 1942 250,– S monatlich,

      ab Juli 1942 .... 300,– S monatlich;
3. in der knappschaftlichen Pensionsversicherung mit Ausnahme der Zeiten freiwilliger Versicherung
   a) für Vollhauer .... 245 S monatlich,
   b) für sonstige Arbeiter unter Tage . 220 S monatlich,
   c) für männliche Arbeiter über Tage .... 203 S monatlich,
   d) für wesentlich bergmännisch tätige Angestellte .... 300 S monatlich,
   e) für sonstige Dienstnehmer die ihrer Tätigkeit entsprechenden Beitragsgrundlagen nach Z 1 und 2.

Soweit Beitragsgrundlagen nach Z 2 in Betracht kommen, gehören

zu Gruppe a):insbesondere Lohnrechner, einfache Stenotypisten, Hilfszeichner und Pauser;

zu Gruppe b):insbesondere Buchhalter, Rechnungsprüfer, fremdsprachliche Stenotypisten, Expedienten, Werkstattechniker, technische Revisoren, Zeichner, Werkmeister, Platzmeister, Lagermeister;

zu Gruppe c):insbesondere fremdsprachliche Korrespondenten (mehrsprachig), Gruppenführer, erste Einkäufer, Konstrukteure und Werkstattingenieure.

(2) Bei der Ermittlung der gemäß § 238 Abs. 2 ASVG für die Bemessungszeit in Betracht kommenden Versicherungsmonate sind Monate der freiwilligen Versicherung, die nach § 6 Abs. 1 als Beitragszeiten zu übernehmen sind, nicht zu berücksichtigen.

(3) Bei der Anwendung der Aufwertungsfaktoren gemäß § 242 Abs. 3 ASVG (Anlage 5) sind die

Beitragsgrundlagen nach Abs. 1 ungeachtet ihrer zeitlichen Lagerung mit dem für das Jahr 1946 geltenden Faktor aufzuwerten. Die aufgewertete Beitragsgrundlage darf jedoch für die Zeit ab 1. Jänner 1939 nicht höher sein als die jeweils in Geltung gestandene gemäß § 242 Abs. 3 ASVG ihrer zeitlichen Lagerung entsprechend aufgewertete Höchstbeitragsgrundlage.

(4) Sind nach § 6 Zeiten zu übernehmen oder zu berücksichtigen, für welche im Abs. 1 verschiedene Beitragsgrundlagen festgesetzt sind, so ist für diese Zeiten bei der Ermittlung der Bemessungsgrundlage die Beitragsgrundlage anzusetzen, welche für die innerhalb der Bemessungszeit nach der angeführten Bestimmung überwiegende Zeit gilt.

Zusammentreffen von Zeiten

§ 10. Fallen nach § 6 zu übernehmende beziehungsweise zu berücksichtigende Zeiten mit Versicherungszeiten der österreichisch Pensions(Renten)versicherung zusammen, so sind nur die Zeiten zu berücksichtigen, die in der österreichischen Versicherung erworben worden sind.

Besondere Leistungsansprüche

§ 11. Für den Ausstattungsbeitrag, die Abfindung, den Leistungszuschlag, das Bergmannstreuegeld und den Überweisungsbetrag in der österreichischen Pensions(Renten)versicherung sind Zeiten im Sinne des § 6 nicht zu berücksichtigen.

Zwischenstaatliche Vereinbarungen

§ 12. Die in der österreichischen Pensions(Renten)versicherung nach diesem Abschnitt berücksichtigten Rentenansprüche und Zeiten in anderen Staaten (§ 1 Abs. 3, § 3) gelten als solche der österreichischen Pensions(Renten)versicherung auch für zwischenstaatliche Vereinbarungen der Republik Österreich, soweit solche Vereinbarungen sozialversicherungsrechtliche Bestimmungen enthalten und in den Vereinbarungen nichts anderes bestimmt ist.

ABSCHNITT III
Unfallversicherung

Anwendung von österreichischen Rechtsvorschriften

§ 13. (1) Auf die Feststellung von Leistungsansprüchen aus Arbeitsunfällen (Berufskrankheiten) im Sinne des § 1 Abs. 1 Z 2 und Abs. 5 finden, unbeschadet der Bestimmungen des § 14 über die Bemessungsgrundlagen, die jeweiligen österreichischen Vorschriften Anwendung. Die Vorschriften über die Gewährung von Zuschlägen zu Leistungen sowie die §§ 4 und 5 Abs. 2 der Verordnung vom 9. November 1944 (Deutsches Reichsgesetzblatt I S. 324) und die zu deren Durchführung und Ergänzung erlassenen Vorschriften sind nicht anzuwenden.

(2) Abs. 1 gilt auch für Arbeitsunfälle (Berufskrankheiten) im Sinne des § 1 Abs. 1 Z 2 und Abs. 5, die einen Entschädigungsanspruch nach den jeweiligen Vorschriften der österreichischen Unfallversicherung begründen würden, wenn sie im Gebiete der Republik Österreich entstanden wären.

Sonderregelung über die Bemessungsgrundlagen

§ 14. (1) Als Bemessungsgrundlagen gelten, sofern nach der Art der Beschäftigung im Zeitpunkt des Unfalles der Versicherte

a) zur Pensions(Renten)versicherung der Arbeiter zugehörig gewesen wäre, 19 080 S, bei Frauen und bei Beschäftigung als Arbeiter in der Landwirtschaft 12 402 S,
b) zur Pensions(Renten)versicherung der Angestellten zugehörig gewesen wäre, 28 620 S, bei Frauen 19 080 S,
c) zur knappschaftlichen Pensions(Renten)versicherung zugehörig gewesen wäre, 23 850 S, bei Frauen 16 218 S.

(2) Bei selbständiger Erwerbstätigkeit in der Landwirtschaft oder in der Forstwirtschaft im Zeitpunkt des Unfalles gelten als Bemessungsgrundlage 7 200 S, bei sonstiger selbständiger Erwerbstätigkeit in diesem Zeitpunkt 9 000 S.

Zwischenstaatliche Vereinbarungen

§ 15. Die in der österreichischen Unfallversicherung nach diesem Abschnitt berücksichtigten Arbeitsunfälle (Berufskrankheiten) in anderen Staaten (§ 1 Abs. 3, § 3) sowie die Leistungsansprüche aus solchen Unfällen gelten als solche der österreichischen Unfallversicherung auch für zwischenstaatliche Vereinbarungen der Republik Österreich, soweit solche Vereinbarungen sozialversicherungsrechtliche Bestimmungen enthalten und in den Vereinbarungen nichts anderes bestimmt ist.

ABSCHNITT IV
Sonstige Bestimmungen

Ruhen von Leistungen

§ 16. (1) Leistungen der Pensionsversicherung, die unter Berücksichtigung der Bestimmungen dieses Bundesgesetzes gewährt werden, ruhen mit dem Betrag, der von einem Träger der Sozialversicherung oder einer anderen Stelle außerhalb des Gebietes der Republik Österreich an den Leistungsberechtigten gezahlt wird, vorausgesetzt, daß es sich um denselben die Leistung bewirkenden Grund handelt und daß die Leistung nicht auf Grund einer mit der Republik Österreich abgeschlossenen zwischenstaatlichen Vereinbarung über Pensions(Renten)versicherung erbracht wird; hiebei sind die Fälle der geminderten Arbeitsfähigkeit den Fällen des Alters gleichzusetzen.

(2) Leistungen der Unfallversicherung nach diesem Bundesgesetz ruhen mit dem Betrag, der von einem Träger der Sozialversicherung oder einer anderen Stelle außerhalb des Gebietes der Republik Österreich oder von einer im § 6 Abs. 4 lit. a genannten Stelle wegen eines Arbeitsunfalles oder einer Berufskrankheit an den Leistungsberechtig-

ten gezahlt wird, vorausgesetzt, daß es sich um denselben die Leistung bewirkenden Grund handelt.

(3) Der Anspruchsberechtigte hat dem die Leistung nach diesem Bundesgesetz erbringenden Versicherungsträger die Gewährung einer Leistung von einer anderen Stelle im Sinne der Abs. 1 und 2 zu melden.

Neufeststellung von Ansprüchen

§ 17. Werden Zeiten nach § 6 Abs. 1 bis 3, die bereits einer Leistung der Pensionsversicherung zugrunde gelegt sind, bei der Feststellung eines Ruhe(Versorgungs)genusses durch eine der im § 6 Abs. 4 lit. a genannten Stellen beitragsfrei angerechnet oder sonst berücksichtigt, so ist der Anspruch aus der Pensionsversicherung unter Außerachtlassung der im Ruhe(Versorgungs)genuß berücksichtigten Zeiten neu festzustellen. Die Neufeststellung wird mit Ablauf des zweiten auf die Zustellung des Bescheides folgenden Kalendermonates wirksam.

Vorschüsse auf Rentenansprüche aus einer Rentenversicherung und auf Leistungsansprüche aus einer Unfallversicherung

§ 18. (1) Auf Rentenansprüche aus einer ausländischen Rentenversicherung und auf Leistungsansprüche aus einer ausländischen Unfallversicherung können die Versicherungsträger an österreichische Staatsbürger in Fällen einer besonderen sozialen Berücksichtigungswürdigkeit Vorschüsse gewähren, wenn der Berechtigte im Falle seines Wohnsitzes im Gebiete des betreffenden Staates Anspruch auf eine solche Leistung hätte, die Leistung aber mit Rücksicht auf den Wohnsitz des Berechtigten in der Republik Österreich nicht gewährt wird und sich aus der Anwendung dieses Bundesgesetzes kein Leistungsanspruch ergibt.

(2) Vorschüsse nach Abs. 1 dürfen den Betrag nicht überschreiten, der im einzelnen Fall bei Anwendung der Vorschriften über die Gewährung von Ausgleichszulagen als Richtsatz gelten würde.

(3) Die Empfänger von Vorschüssen nach Abs. 1 auf Rentenansprüche aus einer Rentenversicherung im Ausland unterliegen den Bestimmungen über die Krankenversicherung der Rentner; die Empfänger von Vorschüssen auf Rentenansprüche aus einer Unfallversicherung im Ausland unterliegen den Bestimmungen über die Krankenversicherung von Beziehern einer Rente aus der Unfallversicherung.

(4) Die Gewährung von Vorschüssen nach Abs. 1 bedarf der vorherigen Zustimmung des Bundesministeriums für soziale Verwaltung im Einvernehmen mit dem Bundesministerium für Finanzen.

(5) Der Aufwand an Vorschüssen gemäß Abs. 1 und der die Pensions- und die Unfallversicherungsträger belastende Aufwand für die Krankenversicherung der Vorschußempfänger gemäß Abs. 3 ist den Versicherungsträgern vom Bund zu ersetzen.

ABSCHNITT V
Übergangs- und Schlußbestimmungen

Sonderbestimmungen über Beitragsgrundlagen

§ 19. Bei Bemessung von Renten für die Zeit vor dem 1. Jänner 1961, auf welche die Bestimmungen des Vierten Teiles des Allgemeinen Sozialversicherungsgesetzes anzuwenden sind, gilt als Beitragsgrundlage für die nach Art. 10 des Zweiten Abkommens zwischen der Republik Österreich und der Bundesrepublik Deutschland über Sozialversicherung, BGBl. Nr. 250/1954, vorgemerkten Versicherungszeiten das Sechsfache der im § 9 angeführten Beitragsgrundlagen.

Wahrung von Leistungsansprüchen

§ 20. (1) Ist der Anspruch, der sich aus der Anwendung dieses Bundesgesetzes ergeben würde, geringer als der, welcher am 31. Dezember 1960 gegeben ist, so gilt der Anspruch an dem genannten Tage als Anspruch nach diesem Bundesgesetz.

(2) Abs. 1 ist entsprechend anzuwenden, wenn der sich nach den Bestimmungen dieses Bundesgesetzes ergebende Anspruch niedriger ist als die bisher gewährte vorläufige Leistung.

Überleitung von Leistungen in Vorschüsse nach § 18

§ 21. Sind Leistungen für einen vor dem Inkrafttreten dieses Bundesgesetzes gelegenen Zeitraum von den Trägern der Pensionsversicherung und der Unfallversicherung tatsächlich erbracht worden und steht ihnen nach den Bestimmungen dieses Bundesgesetzes kein Anspruch gegenüber, so können auch in solchen Fällen Vorschüsse gemäß § 18 gewährt werden. Bis zur Entscheidung über die Gewährung eines Vorschusses gemäß § 18 ist die bisherige Leistung weiterzugewähren.

Gewährung, Feststellung und Neufeststellung von Leistungen

§ 22. (1) Die Bestimmungen dieses Bundesgesetzes gelten auch für Versicherungsfälle, die vor seinem Inkrafttreten eingetreten sind.

(2) Leistungen, die am Tage des Inkrafttretens des im § 23 bezeichneten Finanz- und Ausgleichsvertrages bereits beantragt, aber noch nicht festgestellt sind, sind nach Maßgabe dieses Bundesgesetzes von dem Zeitpunkt an, in dem die Voraussetzungen erfüllt sind, jedoch spätestens vom 1. Jänner 1961 an, soweit aber Leistungen auf Grund der Bestimmungen des § 19 festzustellen sind, jedenfalls von dem Zeitpunkt an, in dem die Voraussetzungen erfüllt sind, zu gewähren. Leistungen, die am Tage des Inkrafttretens des Finanz- und Ausgleichsvertrages bereits festgestellt sind, sind nach Maßgabe dieses Bundesgesetzes auf Antrag neu festzustellen; sie können auch von Amts wegen neu festgestellt werden. Wird der Antrag auf Neufeststellung binnen einem Jahr nach dem Inkrafttreten des Finanz- und Ausgleichsvertrages gestellt, so ist die Leistung ab dem Tage, an dem die Voraussetzungen erfüllt sind, frühestens ab 1. Jänner 1961 zu gewähren. Wird der Antrag auf

Neufeststellung erst nach Ablauf dieser Frist gestellt, so ist die Leistung mit Wirksamkeit von dem der Antragstellung folgenden Monatsersten an neu festzustellen. Im Falle der Neufeststellung von Amts wegen gilt der Tag, an dem der Versicherungsträger das Verfahren einleitet, als Tag der Antragstellung.

(3) Werden Leistungen binnen einem Jahr nach dem Inkrafttreten des Finanz- und Ausgleichsvertrages beantragt, so werden sie ab dem Zeitpunkt, in dem die Voraussetzungen erfüllt sind, frühestens vom 1. Jänner 1961 an, gewährt, es sei denn, daß ein Anspruch auf die Leistung schon nach den bisherigen Bestimmungen gegeben gewesen wäre.

(4) Der Anwendung der Abs. 2 und 3 sowie des § 17 steht die Rechtskraft früherer Entscheidungen nicht entgegen.

(5) Bei der Durchführung der Abs. 1 bis 4 kann der Ablauf von Verjährungs- oder Ausschlußfristen nicht geltend gemacht werden, wenn die erforderlichen Anträge innerhalb einer Frist von einem Jahr nach dem Inkrafttreten des Finanz- und Ausgleichsvertrages gestellt werden.

(6) Die Bestimmungen der Abs. 1 bis 5 gelten in der Unfallversicherung nur für Renten.

(7) Der Mehrbetrag, der sich in der Pensionsversicherung aus der Anwendung der Bestimmungen dieses Bundesgesetzes gegenüber der Leistung am 31. Dezember 1960 ergibt, jedoch mit Ausnahme des Mehrbetrages aus der Anwendung der Bestimmung des § 19, gebührt zu einem Drittel ab 1. Jänner 1991, zu zwei Dritteln ab 1. Jänner 1962 und ab 1. Jänner 1963 in voller Höhe. Rentenberechtigten der Geburtsjahrgänge 1876 und früher gebührt jedoch schon ab 1. Jänner 1961, Rentenberechtigten des Geburtsjahrganges 1877 ab 1. Jänner 1962 der volle Mehrbetrag. Rentenberechtigten, die vor dem 1. Jänner 1961 noch keine Leistung erhielten, ist die nach diesem Bundesgesetz gebührendc Leistung ab 1. Jänner 1961 in voller Höhe auszuzahlen.

Wirksamkeitsbeginn

§ 23. Dieses Bundesgesetz tritt am Tage des Inkrafttretens des Finanz- und Ausgleichsvertrages zwischen der Republik Österreich und der Bundesrepublik Deutschland rückwirkend in Kraft, und zwar hinsichtlich

a) der Bestimmung des § 19 mit 1. Jänner 1956,

b) der übrigen Bestimmungen mit 1. Jänner 1961.

Vorläufige Leistungen

§ 24. Die Versicherungsträger können schon ab dem Tage der Kundmachung dieses Bundesgesetzes in Fällen einer besonderen sozialen Berücksichtigungswürdigkeit vorläufige Leistungen bis zur Höhe der Leistung gewähren, die nach den Bestimmungen dieses Bundesgesetzes gebühren würde. Diese vorläufigen Leistungen sind auf die gebührenden Leistungen anzurechnen.

Vollziehung

§ 25. Mit der Vollziehung dieses Bundesgesetzes ist das Bundesministerium für soziale Verwaltung, hinsichtlich der Bestimmungen der §§ 18 und 21 das Bundesministerium für soziale Verwaltung im Einvernehmen mit dem Bundesministerium für Finanzen betraut.

12. Sozialversicherungs-Ergänzungsgesetz

Sozialversicherungs-Ergänzungsgesetz, BGBl 1994/154 idF

1	BGBl 1996/602	2	BGBl 1996/764	3	BGBl I 2000/93
4	BGBl I 2001/5	5	BGBl I 2001/67	6	BGBl I 2004/179
7	BGBl I 2006/119	8	BGBl I 2007/101	9	BGBl I 2011/122
10	BGBl I 2013/81	11	BGBl I 2014/32	12	BGBl I 2015/162
13	BGBl I 2018/100				

GLIEDERUNG

„Bundesgesetz betreffend ergänzende Regelungen im Bereich der sozialen Sicherheit im Verhältnis zur Europäischen Union, anderen Vertragsstaaten und internationalen Organisationen (Sozialversicherungs-Ergänzungsgesetz – SV-EG)“

(BGBl I 2015/162)

Begriffsbestimmungen

§ 1. (1) In diesem Bundesgesetz bedeuten die Ausdrücke

1. „Verordnung“
die Verordnung (EG) Nr. 883/2004 des Europäischen Parlaments und des Rates zur Koordinierung der Systeme der sozialen Sicherheit in der für Österreich jeweils geltenden Fassung;
(BGBl I 2011/122)
2. „Durchführungsverordnung“
die Verordnung (EG) Nr. 987/2009 des Europäischen Parlaments und des Rates zur Festlegung der Modalitäten für die Durchführung der Verordnung (EG) Nr. 883/2004 über die Koordinierung der Systeme der sozialen Sicherheit in der für Österreich jeweils geltenden Fassung;
(BGBl I 2011/122)
3. „ASVG“
das Allgemeine Sozialversicherungsgesetz, BGBl. Nr. 189/1955, in der jeweils geltenden Fassung;
4. „GSVG“
das Gewerbliche Sozialversicherungsgesetz, BGBl. Nr. 560/1978, in der jeweils geltenden Fassung;
5. „BSVG“
das Bauern-Sozialversicherungsgesetz, BGBl. Nr. 559/1978, in der jeweils geltenden Fassung;
6. „NVG 1972“
das Notarversicherungsgesetz 1972, BGBl. Nr. 66/1972, in der jeweils geltenden Fassung;
7. „Abkommen“
ein von Österreich geschlossenes Abkommen im Bereich der sozialen Sicherheit;
(BGBl 1996/764, BGBl I 2011/122)
8. „Hauptverband“
der Hauptverband der österreichischen Sozialversicherungsträger;
(BGBl I 2011/122)

„8.[a)] „Dachverband“
der Dachverband der Sozialversicherungsträger;“
(BGBl I 2011/122, BGBl I 2018/100)

[a)] Tritt mit 1. Jänner 2020 in Kraft.

9. „Zugangsstelle“

SV-EG

die Zugangsstelle nach Art. 1 Abs. 2 lit. a der Durchführungsverordnung;

(BGBl I 2011/122)

10. „Verbindungsstelle“

die Verbindungsstelle nach Art. 1 Abs. 2 lit. b der Durchführungsverordnung.

(BGBl I 2011/122)

(2) In diesem Bundesgesetz haben andere Ausdrücke die Bedeutung, die ihnen nach der Verordnung und der Durchführungsverordnung zukommt.

Berücksichtigung einer im Ausland ausgeübten selbständigen Erwerbstätigkeit

§ 2. (1) Führt die Anwendung des Titels II der Verordnung dazu, dass eine Person den österreichischen Rechtsvorschriften unterliegt, die im Gebiet eines anderen Staates, für den die Verordnung gilt, eine selbständige Erwerbstätigkeit ausübt oder deren in Österreich ausgeübte selbständige Erwerbstätigkeit sich auf das Gebiet eines solchen anderen Staates erstreckt, so ist für die Ermittlung der Beitragsgrundlage für diese im Ausland ausgeübte selbständige Erwerbstätigkeit, sofern im Folgenden nichts Anderes bestimmt wird, die jeweilige steuerbehördliche Entscheidung über die Einkünfte aus dieser im Ausland ausgeübten selbständigen Tätigkeit maßgebend. Der in dieser Entscheidung ausgewiesene Betrag gilt

a) für die Anwendung des GSVG oder BSVG als für die Bemessung der Einkommensteuer nach den österreichischen Vorschriften über die Einkommensteuer steuerbare Einkünfte;

b) für die Anwendung des NVG 1972 als nach den Vorschriften über die Einkommensteuer steuerbare Einkünfte.

In Fällen von landwirtschaftlichen Teilflächen eines österreichischen Betriebes, die keine organisatorische Einheit bilden, ist der Bildung des Versicherungswertes nach § 23 Abs. 3 BSVG durch den zuständigen österreichischen Träger der unter Heranziehung der Daten gleichgelagerter Betriebe in Österreich (§§ 29 bis 50 des Bewertungsgesetzes 1955) ermittelte Ertragswert zu Grunde zu legen.

(BGBl I 2011/122)

(2) Wird nach einem Abkommen vorgesehen, dass eine Person, die aufgrund ihrer selbständigen Erwerbstätigkeit den Rechtsvorschriften beider Vertragsstaaten unterliegen würde, nur den Rechtsvorschriften des Vertragsstaates unterliegt, in dem sie sich gewöhnlich aufhält, so ist diese Person bei einer Zuständigkeit Österreichs so zu behandeln, als ob sie ihre gesamte selbständige Erwerbstätigkeit im Gebiet Österreichs ausüben und dort ihre gesamten Einkünfte erzielen würde.

(BGBl I 2011/122)

(BGBl I 2006/119)

Rückwirkende Neufeststellung von Ansprüchen

§ 3. Art. 87 Abs. 6 der Verordnung ist so anzuwenden, dass auch Anträge nach Art. 87 Abs. 5 der Verordnung, die erst nach den in dieser Bestimmung erwähnten zwei Jahren gestellt werden, die rückwirkende Neufeststellung mit dem Beginn der Anwendung dieser Verordnung auslösen.

(BGBl I 2011/122)

Verbindungsstelle

§ 4. (1) Der „Dachverband[a)]“ ist Verbindungsstelle für die Kranken-, Unfall- und Pensionsversicherung, soweit sie von den zum „Dachverband[a)]“ zusammengefassten Sozialversicherungsträgern durchgeführt wird. Er hat in dieser Funktion alle Rechte und Pflichten, die sich aus den Sozialversicherungsgesetzen gegenüber diesen Sozialversicherungsträgern ergeben.

(BGBl I 2018/100)

[a)] Bis 31. Dezember 2019: „Hauptverband“

(2) Der „Dachverband[a)]“ ist auch Verbindungsstelle für die nicht unter Abs. 1 fallenden Systeme der sozialen Sicherheit, sofern sie von Art. 3 Abs. 1 lit. a bis g der Verordnung erfasst werden und durch Bundesgesetz eingerichtet sind. Er besorgt diese Aufgabe im übertragenen Wirkungsbereich und ist dabei an die Weisungen des zuständigen obersten Verwaltungsorgans gebunden.

(BGBl I 2018/100)

[a)] Bis 31. Dezember 2019: „Hauptverband“

(3) Ob und inwieweit der „Dachverband[a)]“ für landesgesetzlich eingerichtete Rechtsträger von Systemen der sozialen Sicherheit, die von Art. 3 Abs. 1 lit. a bis g der Verordnung erfasst werden, als Verbindungsstelle tätig ist, richtet sich nach landesgesetzlichen Bestimmungen.

(BGBl I 2018/100)

[a)] Bis 31. Dezember 2019: „Hauptverband“

(4) Der „Dachverband[a)]“ ist auch Verbindungsstelle für privatrechtlich eingerichtete Rechtsträger von Systemen der sozialen Sicherheit, die von Art. 3 Abs. 1 lit. a bis g der Verordnung erfasst werden. Er besorgt diese Aufgabe im übertragenen Wirkungsbereich und ist dabei an die Weisungen des zuständigen obersten Verwaltungsorgans gebunden.

(BGBl I 2018/100)

[a)] Bis 31. Dezember 2019: „Hauptverband“

(5) Der „Dachverband[a)]“ kann im Rahmen seiner Funktion als Verbindungsstelle ergänzende Vereinbarungen nach Art. 9 der Durchführungsverordnung schließen, verändern oder beenden. Er besorgt diese Aufgabe, soweit Angelegenheiten der Abs. 2 bis 4 betroffen sind, im übertragenen Wirkungsbereich und ist dabei an die Weisungen

des zuständigen obersten Verwaltungsorgans gebunden.

(BGBl I 2018/100)

[a] Bis 31. Dezember 2019: „Hauptverband“

(6) Der „Dachverband[a)] “ hat seine Organisation als Verbindungsstelle nach dem E-Government-Gesetz, BGBl. I Nr. 10/2004, sowie im Rahmen der Bestimmungen über das Bürgerservice- bzw. Unternehmensserviceportal des Bundes nach dem Unternehmensserviceportalgesetz, BGBl. I Nr. 52/2009, so aufzubauen und zu führen, dass unterschiedliche Anforderungen oder Weisungen nach den Abs. 2 bis 5 seine Tätigkeit für die hievon nicht betroffenen Institutionen nicht beeinträchtigen. Er ist im Rahmen seiner Tätigkeit als Verbindungsstelle Dienstleister nach § 4 Z 5 des Datenschutzgesetzes 2000, BGBl. I Nr. 165/1999, für die jeweils sachlich zuständigen Träger und nicht berechtigt, die ihm im Sinne von § 4 Z 11 DSG 2000 überlassenen Daten inhaltlich zu verändern oder Entscheidungen über Ansprüche zu treffen. Er hat Geldbeträge und andere Mittel, die ihm im Rahmen seiner Tätigkeit nach den Abs. 2 bis 5 zur Verrechnung mit anderen Trägern zukommen, getrennt vom sonstigen Vermögen zu verwalten und den jeweils berechtigten Stellen auf deren Anforderung jährlich Rechnung zu legen.

(BGBl I 2018/100)

[a] Bis 31. Dezember 2019: „Hauptverband“

(7) Die Abs. 1 bis 6 gelten auch für die Tätigkeiten bzw. Rechte und Pflichten des „Dachverbandes[a)] “ auf der Grundlage von Abkommen.

(BGBl I 2018/100)

[a] Bis 31. Dezember 2019: „Hauptverbandes“

(BGBl I 2011/122)

Zugangsstelle

§ 5. (1) Der „Dachverband[a)] “ betreibt für die zu ihm zusammengefassten Sozialversicherungsträger die Zugangsstelle zum Zweck des elektronischen Datenaustausches nach Art. 78 der Verordnung und den Art. 2 bis 4 der Durchführungsverordnung.

(BGBl I 2018/100)

[a] Bis 31. Dezember 2019: „Hauptverband“

(2) Der „Dachverband[a)] “ betreibt auch für andere durch Bundesgesetz eingerichtete Rechtsträger die Zugangsstelle. Er besorgt diese Aufgabe im übertragenen Wirkungsbereich und ist dabei an die Weisungen des zuständigen obersten Verwaltungsorgans gebunden.

(BGBl I 2018/100)

[a] Bis 31. Dezember 2019: „Hauptverband“

(3) Ob und inwieweit der „Dachverband[a)] “ auch für landesgesetzlich eingerichtete Rechtsträger von Systemen der sozialen Sicherheit als Betreiber der Zugangsstelle tätig ist, richtet sich nach landesgesetzlichen Bestimmungen.

(BGBl I 2018/100)

[a] Bis 31. Dezember 2019: „Hauptverband“

(4) Der „Dachverband[a)] “ betreibt auch für privatrechtlich eingerichtete Rechtsträger von Systemen der sozialen Sicherheit die Zugangsstelle. Er besorgt diese Aufgabe im übertragenen Wirkungsbereich und ist dabei an die Weisungen des zuständigen obersten Verwaltungsorgans gebunden.

(BGBl I 2018/100)

[a] Bis 31. Dezember 2019: „Hauptverband“

(5) Der „Dachverband[a)] “ ist als Betreiber der Zugangsstelle insbesondere zuständig für:

(BGBl I 2018/100)

[a] Bis 31. Dezember 2019: „Hauptverband“

1. die Einrichtung und den Betrieb der Zugangsstelle (einschließlich der Erstellung allgemeiner Informationsmaterialen und allgemeiner Schulungsunterlagen),
2. die Einrichtung und den Betrieb der Schnittstelle für den zentralen nationalen Datenaustausch,
3. die Einrichtung und den Betrieb der Schnittstelle für den zentralen europäischen Datenaustausch gemäß den Verordnungen,
4. die Betreuung der nationalen Einträge in der öffentlich zugänglichen Datenbank nach Art. 88 Abs. 4 der Durchführungsverordnung (Master Directory),
5. die Vertretung Österreichs gegenüber der Europäischen Union im Rahmen des Elektronischen Datenaustausches von Informationen der sozialen Sicherheit (EESSI).

(6) Datenübermittlungen an die Zugangstelle sind unter Verwendung der entsprechenden strukturierten elektronischen Dokumente (SED) nach Art. 1 Abs. 2 lit. c und d der Durchführungsverordnung ausschließlich elektronisch (Art. 1 Abs. 2 lit. e der Durchführungsverordnung) durchzuführen.

(7) Für den Vollziehungsbereich bundesgesetzlicher Bestimmungen über folgende Leistungen kann der Bundesminister für Arbeit, Soziales und Konsumentenschutz im Einvernehmen mit dem/der jeweils sachlich zuständigen BundesministerIn durch Verordnung Koordinierungsstellen festlegen, über welche die Datenübermittlungen zu oder von der Zugangsstelle erfolgen, sofern andernfalls aufgrund der Unübersichtlichkeit der Struktur dieses Sektors die Gefahr von falschen Adressierungen der SEDs aus den anderen Mitgliedstaaten besteht und damit verbunden ein vermehrter Koordinierungsbedarf für den „Dachverband[a)] “ entstehen kann:

(BGBl I 2018/100)

[a] Bis 31. Dezember 2019: „Hauptverband“

1. Leistungen bei Arbeitslosigkeit,

2. Familienleistungen,
3. Pflegegeld,
4. Leistungen der Sondersysteme für Beamte, die von Art. 3 Abs. 1 lit. c bis e der Verordnung erfasst werden,
5. Leistungen an Berufsgruppen, die nach § 5 GSVG oder einer gleichartigen Bestimmung von der Pflichtversicherung ausgenommen sind.

(8) Ob und inwieweit auch für landesgesetzlich eingerichtete Rechtsträger von Systemen der sozialen Sicherheit Koordinierungsstellen eingerichtet werden, richtet sich nach landesgesetzlichen Bestimmungen.

(9) Der „Dachverband[a)]" hat die technischen Spezifikationen für die elektronische Datenübermittlung über die Zugangsstelle festzulegen und im Internet so zu veröffentlichen, dass Veränderungen auf Dauer nachvollziehbar bleiben und der jeweils aktuelle Stand einfach zu ermitteln ist. Wird er im übertragenen Wirkungsbereich tätig, so ist er bei der Festlegung technischer Spezifikationen an die Weisungen des zuständigen obersten Verwaltungsorgans gebunden. Der „Dachverband[a)] " hat seine Organisation als Zugangsstelle nach dem E-Government-Gesetz sowie im Rahmen der Bestimmungen über das Bürgerservice- bzw. Unternehmensserviceportal des Bundes nach dem Unternehmensserviceportalgesetz so aufzubauen und zu führen, dass unterschiedliche Anforderungen nach den Abs. 1 bis 4 und 8 seine Tätigkeit für die anderen, hievon nicht betroffenen Institutionen nicht beeinträchtigen. Er ist im Rahmen seiner Tätigkeit als Zugangsstelle Dienstleister nach § 4 Z 5 DSG 2000 für die jeweils sachlich zuständigen Träger und nicht berechtigt, die ihm übergebenen Daten inhaltlich zu verändern oder Entscheidungen über Ansprüche zu treffen.

(BGBl I 2018/100)

[a)] Bis 31. Dezember 2019: „Hauptverband"

(10) Sofern nach einem Abkommen die erforderlichen Daten elektronisch auszutauschen sind, gelten die Abs. 1 bis 9 entsprechend.

(BGBl I 2011/122)

Kostenersatz

§ 6. (1) Für die Tätigkeit als Verbindungsstelle oder als Zugangsstelle sind dem „Dachverband[a)] ", soweit sie für den betreffenden Träger nicht bereits im Rahmen des Verbandsbeitrages (§ 454 ASVG) abgegolten wird, kostendeckende Aufwandsersätze zu leisten.

(BGBl I 2018/100)

[a)] Bis 31. Dezember 2019: „Hauptverband"

(2) Die Höhe der Ersätze hat einen angemessenen Anteil an den Bereitstellungskosten zu enthalten (einschließlich einer vollständigen Abgeltung jener Aufwendungen, die durch Anforderungen einzelner Träger ausgelöst werden und nicht auch für die Nutzung durch andere Träger notwendig sind, insbesondere wegen Nichterrichtung von Koordinierungsstellen) und sich für jeweils zwei Kalenderjahre im Voraus nach der Häufigkeit der Nutzung im jeweils letzten Kalenderjahr sowie nach den tatsächlich entstandenen Aufwendungen zu richten; Finanzierungskosten sind einzubeziehen. Zukünftige Veränderungen bei Bereitstellungs- und/oder Nutzungsaufwendungen, die bereits absehbar sind, sind bei der Festsetzung des Kostenersatzes zu berücksichtigen. Es können Pauschalzahlungen nach Art und Ausmaß der Nutzung vorgesehen werden. Wenn Koordinierungsstellen eingerichtet sind, ist die Verrechnung vom „Dachverband[a)] " über die Koordinierungsstelle abzuwickeln. Die Nutzung der Verbindungsstelle und der Zugangsstelle kann von der Entrichtung der Kostenersätze abhängig gemacht werden.

(BGBl I 2018/100)

[a)] Bis 31. Dezember 2019: „Hauptverband"

(3) Für die Tätigkeit als Koordinierungsstelle nach § 5 Abs. 7 sind diesen Stellen von den betreffenden Trägern Aufwandsersätze nach den Grundsätzen des Abs. 2 zu leisten.

(4) Die Höhe der Kostenersätze ist vom Bundesminister für Arbeit, Soziales und Konsumentenschutz im Einvernehmen mit dem/der jeweils fachlich zuständigen BundesministerIn nach Anhörung des „Dachverbandes[a)] " durch Verordnung festzusetzen. In dieser Verordnung sind abweichend von Abs. 2 die Kostenersätze für das erste Kalenderjahr auf Basis von Schätzungen auf Grund der bisherigen Aufwendungen in vergleichbaren Angelegenheiten festzulegen.

(BGBl I 2018/100)

[a)] Bis 31. Dezember 2019: „Hauptverbandes"

(BGBl I 2011/122)

§ 6a. (aufgehoben)

(BGBl I 2000/93, BGBl I 2006/119)

§ 6b. (aufgehoben)

(BGBl I 2000/93, BGBl I 2011/122)

Subsidiär zuständiger Träger

§ 7. (1)[a)] Ist nach der Verordnung oder der Durchführungsverordnung eine Gebietskrankenkasse für eine Versicherung zuständig, kann aber die örtliche Zuständigkeit nach den österreichischen Rechtsvorschriften auf Grundlage der jeweils vorhandenen Daten nicht festgestellt werden, so ist örtlich zuständig:

(BGBl I 2018/100)

1. die Gebietskrankenkasse, die hinsichtlich der letzten Versicherung in Österreich zuständig war (bei mehreren gleichzeitigen Versicherungsverhältnissen, die Gebietskrankenkasse mit der höchsten zum Zeitpunkt des Feststellungsbedarfes vorliegenden Beitragsgrundlage), oder
2. wenn keine Versicherung in Österreich vorhanden war, die Gebietskrankenkasse, die für den letzten Haupt- oder Nebenwohnsitz in Österreich zuständig war (bei mehreren

Wohnsitzen die Gebietskrankenkasse, die für jenen Wohnsitz zuständig war, an dem die betreffende Person den überwiegenden Teil des Jahres verbracht hat), oder

3. sofern unter Heranziehung der beim Hauptverband nach § 31 Abs. 4 Z 3 ASVG gespeicherten Daten ein Haupt- oder Nebenwohnsitz in Österreich auch unter Heranziehung der nach dem Meldegesetz 1991, BGBl. Nr. 9/1992, vorhandenen Daten (§ 360 Abs. 6 ASVG) nicht zu ermitteln ist, die Wiener Gebietskrankenkasse.[a]

---

[a] Tritt mit Ablauf des 31. Dezember 2019 außer Kraft.

(2) Ist nach der Verordnung oder der Durchführungsverordnung ein österreichischer Pensionsversicherungsträger zuständig, kann aber auf Grundlage der jeweils vorhandenen Daten die konkrete Zuständigkeit nach den österreichischen Rechtsvorschriften nicht festgestellt werden, so ist die Pensionsversicherungsanstalt zuständig.

(3) Ist nach der Verordnung oder der Durchführungsverordnung ein österreichischer Unfallversicherungsträger zuständig, kann aber auf Grundlage der jeweils vorhandenen Daten die konkrete Zuständigkeit nach den österreichischen Rechtsvorschriften nicht festgestellt werden, so ist die Allgemeine Unfallversicherungsanstalt zuständig.

(4) Ist nach der Verordnung oder der Durchführungsverordnung ein österreichischer Rechtsträger für die Kostenerstattung von Pflegesachleistungen zuständig, kann aber auf Grundlage der jeweils vorhandenen Daten die konkrete Zuständigkeit nach den österreichischen Rechtsvorschriften nicht festgestellt werden, so ist die Pensionsversicherungsanstalt zuständig.

(5) Der Hauptverband hat durch Richtlinien (§ 31 Abs. 5 Z 25 ASVG) nähere Bestimmungen mit dem Ziel zu treffen, die finanzielle Belastung nach Abs. 1 Z 1 und 2 möglichst auf alle Gebietskrankenkassen zu verteilen. Beiträge und Aufwendungen, die sich aus einer Zuständigkeit nach den Abs. 1 Z 3, Abs. 2 und Abs. 3 ergeben, sind durch den Hauptverband auf alle in Betracht kommenden Versicherungsträger entsprechend der Zahl ihrer Versicherten (einschließlich Angehöriger und sonstiger geschützter Personen) aufzuteilen. Bis zu Beträgen von unter 10 000 € pro Versicherungszweig und Kalenderjahr kann hievon wegen Geringfügigkeit abgesehen werden. Auf Antrag der Wiener Gebietskrankenkasse für Fälle nach Abs. 1 Z 3, der Pensionsversicherungsanstalt für Fälle nach Abs. 2 oder der Allgemeinen Unfallversicherungsanstalt für Fälle nach Abs. 3 kann die Trägerkonferenz (§ 441d ASVG) mit Zustimmung des jeweiligen Sozialversicherungsträgers in den Richtlinien nach § 31 Abs. 5 Z 25 ASVG eine abweichende Verteilung beschließen. Die Trägerkonferenz hat (unter Berücksichtigung der Geringfügigkeitsgrenze nach dem dritten Satz) auf Antrag der betroffenen Gebietskrankenkasse mit deren Zustimmung eine solche abweichende Verteilung zu beschließen, wenn statt oder zusätzlich zu einer Gebietskrankenkasse ein anderer Krankenversicherungsträger zuständig gewesen wäre.

(5)[a] ~~Der Hauptverband hat durch Richtlinien (§ 31 Abs. 5 Z 25 ASVG) nähere Bestimmungen mit dem Ziel zu treffen, die finanzielle Belastung nach Abs. 1 Z 1 und 2 möglichst auf alle Gebietskrankenkassen zu verteilen.~~Beiträge und Aufwendungen, die sich aus einer Zuständigkeit nach den ~~Abs. 1 Z 3,~~Abs. 2 und Abs. 3 ergeben, sind durch den „Dachverband" auf alle in Betracht kommenden Versicherungsträger entsprechend der Zahl ihrer Versicherten (einschließlich Angehöriger und sonstiger geschützter Personen) aufzuteilen. Bis zu Beträgen von unter 10 000 € pro Versicherungszweig und Kalenderjahr kann hievon wegen Geringfügigkeit abgesehen werden. Auf Antrag ~~der Wiener Gebietskrankenkasse für Fälle nach Abs. 1 Z 3,~~der Pensionsversicherungsanstalt für Fälle nach Abs. 2 oder der Allgemeinen Unfallversicherungsanstalt für Fälle nach Abs. 3 kann die Trägerkonferenz (§ 441d ASVG) mit Zustimmung des jeweiligen Sozialversicherungsträgers in den Richtlinien nach § 31 Abs. 5 „Z 27" ASVG eine abweichende Verteilung beschließen. Die Trägerkonferenz hat (unter Berücksichtigung der Geringfügigkeitsgrenze nach dem dritten Satz) auf Antrag der „Österreichischen Gesundheitskasse" mit deren Zustimmung eine solche abweichende Verteilung zu beschließen, wenn statt oder zusätzlich „zur Österreichischen Gesundheitskasse" ein anderer Krankenversicherungsträger zuständig gewesen wäre.

(BGBl I 2018/100)

---

[a] Tritt mit 1. Jänner 2020 in Kraft.

(6) Die Abs. 1 bis 5 gelten auch für die Anwendung der Abkommen.

(BGBl I 2011/122)

Beziehungen der Träger zu den Landesgesundheitsfonds und dem Fonds nach § 149 Abs. 3 zweiter Satz ASVG in zwischenstaatlichen Fällen

(BGBl I 2001/5, BGBl I 2004/179)

§ 7a. (1) Die den Landesgesundheitsfonds auf Grund der Vereinbarung gemäß Art. 15a B-VG über die Organisation und Finanzierung des Gesundheitswesens ab dem Jahr 2008 als Träger des Aufenthalts- oder Wohnortes entstehenden Kosten für eine Behandlung von Personen, die Leistungsansprüche nach der Verordnung oder einem Abkommen haben, werden gegenüber den zuständigen ausländischen Trägern im Wege der örtlich jeweils in Betracht kommenden Gebietskrankenkasse geltend gemacht. Die Gebietskrankenkassen reichen diese Forderungen wie entsprechende eigene zwischenstaatliche Forderungen weiter und überweisen den Landesgesundheitsfonds die von den zuständigen ausländischen Trägern erstatteten Kosten, soweit Abs. 2 nichts anderes bestimmt, sobald diese bei ihnen eingelangt sind.

(BGBl I 2001/5, BGBl I 2004/179, BGBl I 2007/101, BGBl I 2013/81)

(1)[a)] Die den Landesgesundheitsfonds auf Grund der Vereinbarung gemäß Art. 15a B-VG über die Organisation und Finanzierung des Gesundheitswesens ab dem Jahr 2008 als Träger des Aufenthalts- oder Wohnortes entstehenden Kosten für eine Behandlung von Personen, die Leistungsansprüche nach der Verordnung oder einem Abkommen haben, werden gegenüber den zuständigen ausländischen Trägern im Wege der „Österreichischen Gesundheitskasse" geltend gemacht. „Die Österreichische Gesundheitskasse reicht diese Forderungen wie entsprechende eigene zwischenstaatliche Forderungen weiter und überweist den Landesgesundheitsfonds die von den zuständigen ausländischen Trägern erstatteten Kosten, soweit Abs. 2 nichts anderes bestimmt, sobald diese bei ihr eingelangt sind."

(BGBl I 2001/5, BGBl I 2004/179, BGBl I 2007/101, BGBl I 2013/81, BGBl I 2018/100)

[a)] Tritt mit 1. Jänner 2020 in Kraft.

(2) In Fällen einer pauschalen Kostenerstattung oder eines Kostenerstattungsverzichtes „überweist die Österreichische Gesundheitskasse[a)] " den Landesgesundheitsfonds die diesen als Träger des Aufenthalts- oder Wohnortes erwachsenden Kosten mit Ende des Jahres der Geltendmachung, wobei eine generelle Kürzung des Pauschbetrages entsprechend zu berücksichtigen ist.

(BGBl I 2004/179, BGBl I 2018/100)

[a)] Bis 31. Dezember 2019: „überweisen die Gebietskrankenkassen"

(2a) Die Abs. 1 und 2 gelten entsprechend für die dem Fonds nach § 149 Abs. 3 zweiter Satz ASVG als Träger des Aufenthalts- oder Wohnortes entstehenden Kosten für eine Behandlung von Personen, die Leistungsansprüche nach der Verordnung oder einem Abkommen haben.

(BGBl I 2001/5)

(3) Für die Behandlung von aus der österreichischen Sozialversicherung anspruchsberechtigten Personen auf Grund der Verordnung oder eines Abkommens in ausländischen Krankenanstalten gelten die Träger der Sozialversicherung weiterhin als zuständige Träger.

(4) Die Kosten einer Anstaltspflege im Ausland, die die österreichischen Träger der Sozialversicherung auf Grund des innerstaatlichen Rechts oder auf Grund der Verordnung oder eines Abkommens aufzuwenden oder zu erstatten haben, weil die betreffende Person

(BGBl I 2018/100)

1. aus medizinischen Gründen aus einer inländischen in eine ausländische Krankenanstalt verlegt wurde oder
2. die ihrem Zustand angemessene Behandlung im Inland nicht oder nicht in einem Zeitraum erhalten konnte, der für diese Behandlung normalerweise erforderlich ist,

sind den Trägern der Sozialversicherung von der Bundesgesundheitsagentur gemäß Art. 45 Abs. 2 Z 2 der Vereinbarung gemäß Art. 15a B-VG über die Organisation und Finanzierung des Gesundheitswesens in dem Ausmaß zu ersetzen, als diese Kosten einen bestimmten Betrag übersteigen. Die vorläufigen und endgültigen Beträge ergeben sich in analoger Anwendung der Valorisierungsbestimmungen gemäß Art. 21 Abs. 6 Z 2 und 3 der Vereinbarung gemäß Art. 15a B-VG über die Organisation und Finanzierung des Gesundheitswesens. Die Träger der Sozialversicherung haben die Aufwendungen in diesen Fällen jeweils unverzüglich an den „Dachverband" zu melden. Der „Dachverband" hat laufend die Entwicklung der Aufwendungen zu überwachen und halbjährlich aktuell über Art und Umfang der gemäß Abs. 2 für Anstaltspflege im Ausland erbrachten Leistungen der Bundesgesundheitskommission zu berichten. Er hat gegebenenfalls die Erstattung aus den Mitteln der Bundesgesundheitsagentur im Namen der betroffenen Träger geltend zu machen. Die Erstattungen aus den Mitteln der Bundesgesundheitsagentur sind am Ende des Jahres der Geltendmachung an die betroffenen Träger im Verhältnis der insgesamt in diesen Fällen aufgewendeten Beträge zu überweisen.

(BGBl I 2001/5, BGBl I 2001/67, BGBl I 2004/179, BGBl I 2007/101, BGBl I 2011/122)

(BGBl 1996/764)

Kostenerstattung aufgrund der Richtlinie 2011/24/EU bei Behandlung in einem anderen Mitgliedstaat

§ 7b. (1) Durch diesen Paragraphen wird die Richtlinie 2011/24/EU über die Ausübung der Patientenrechte in der grenzüberschreitenden Gesundheitsversorgung, ABl. Nr. L 88 vom 04.04.2011 S. 45 umgesetzt.

(2) Für die Anwendung dieser Bestimmung bedeuten die Begriffe:

1. „Richtlinie"

   die „Richtlinie 2011/24/EU über die Ausübung der Patientenrechte in der grenzüberschreitenden Gesundheitsversorgung";
2. „Anspruchsberechtigte Person"

   jede Person, für die Österreich für die Erteilung einer Vorabgenehmigung für die Inanspruchnahme von Sachleistungen außerhalb ihres Wohnsitzmitgliedstaates nach Artikel 20 der Verordnung zuständig ist, oder in Fällen, in denen diese Verordnung auf die betreffende Person nicht anwendbar ist, eine Person, die Anspruch auf Leistungen der österreichischen Krankenversicherung hat;
3. „Ausland"

   ein Staat außerhalb Österreichs, für den die Richtlinie gilt.

(3) Unbeschadet der Leistungsansprüche nach der Verordnung oder nach den §§ 131 und 150 ASVG, §§ 85 und 98a GSVG, §§ 80 und 93 BSVG sowie den §§ 59 und 68a B-KUVG, die ebenfalls zur Umsetzung der Ansprüche nach der Richtlinie heranzuziehen sind, ist eine anspruchsberechtigte Person berechtigt, Leistungen der grenzüberschreiten-

den Gesundheitsversorgung im Ausland in Fällen des Abs. 4 im Wege der besonderen Kostenerstattung nach Abs. 6 in Anspruch zu nehmen, sofern auch im Inland Anspruch auf diese Leistungen besteht.

(4) Die Inanspruchnahme folgender Behandlungen im Ausland eröffnet einen Anspruch auf besondere Kostenerstattung im Ausmaß des Abs. 6, sofern der zuständige österreichische Krankenversicherungsträger der anspruchsberechtigten Person eine Vorabgenehmigung erteilt hat:

1. stationäre Behandlungen;
2. ambulante Behandlungen (spitalsambulanter und niedergelassener Bereich), die den Einsatz hoch spezialisierter und kostenintensiver medizinischer Infrastruktur oder medizinischer Ausrüstung erfordern;
3. Behandlungen, die mit einem besonderen Risiko für die Patientin/den Patienten oder die Bevölkerung verbunden sind;
4. Behandlungen, die von Gesundheitsdienstleisterinnen/Gesundheitsdienstleistern erbracht werden, die im Einzelfall zu ernsthaften und spezifischen Bedenken hinsichtlich der Qualität oder Sicherheit der Versorgung Anlass geben könnten, mit Ausnahme der Gesundheitsversorgung, die dem Unionsrecht über die Gewährleistung eines Mindestsicherungsniveaus und einer Mindestqualität in der ganzen Union unterliegt.

Die Verpflichtung zur Einholung der Vorabgenehmigung für diese Behandlungen entfällt in medizinischen Notfällen, in denen diese nachweislich nicht oder nicht rechtzeitig eingeholt werden kann.

(5) Eine Vorabgenehmigung nach Abs. 4 ist zu erteilen, wenn diese Behandlung unter Berücksichtigung des gegenwärtigen Gesundheitszustandes und des voraussichtlichen Krankheitsverlaufes nicht innerhalb eines medizinisch vertretbaren Zeitraumes im Inland erbracht werden kann und die anspruchsberechtigte Person Anspruch auf diese Gesundheitsleistung hat. Dies gilt nicht, wenn

1. die Patientin/der Patient gemäß klinischer Bewertung mit hinreichender Sicherheit einem nicht annehmbaren Patientensicherheitsrisiko ausgesetzt wird oder
2. die Öffentlichkeit mit hinreichender Sicherheit einem erheblichen Sicherheitsrisiko durch die grenzüberschreitende Gesundheitsversorgung ausgesetzt wird oder
3. diese Behandlung von einer Gesundheitsdienstleisterin/einem Gesundheitsdienstleister erbracht wird, der/die zu ernsthaften und spezifischen Bedenken im Hinblick auf die Einhaltung der Qualitätsstandards und -leitlinien für die Versorgung und die Patientensicherheit Anlass gibt, einschließlich der Bestimmungen über die Überwachung, ungeachtet der Tatsache, ob diese Standards und Leitlinien in Rechts- und Verwaltungsvorschriften oder durch vom Behandlungsmitgliedstaat eingerichtete Akkreditierungssysteme festgelegt sind.

Näheres zu den Abs. 4 und 5 wird insbesondere durch die Krankenordnung entsprechend den Vorgaben der Musterkrankenordnung des „Dachverbandes[a)]“ (§ 456 Abs. 2 ASVG) festgelegt.

[a)] Bis 31. Dezember 2019: „Hauptverband“.

(BGBl I 2018/100)

(6) Die anspruchsberechtigte Person hat bei der Inanspruchnahme von Leistungen gemäß Abs. 4 Anspruch auf Erstattung jener Kosten, die der zuständige österreichische Sozialversicherungsträger bei einer entsprechenden Behandlung in Österreich mittels Europäischer Krankenversicherungskarte im Rahmen der Verordnung dem zuständigen ausländischen Träger in Rechnung gestellt hätte. Die Erstattung darf die Höhe der tatsächlich durch die Gesundheitsversorgung entstandenen Kosten nicht überschreiten.

(BGBl I 2014/32)

Berechnung der Pension nach einem bilateralen Abkommen

§ 8. (1) Wird nach einem bilateralen Abkommen vorgesehen, dass die österreichische Pension in jenen Fällen, in denen ein Anspruch nur unter Zusammenrechnung der Versicherungszeiten besteht, nach dem dafür vorgesehenen nationalen Recht zu berechnen ist, so hat der zuständige österreichische Träger die Leistung unter Anwendung der Verordnung in der für Österreich am 1. Mai 2010 in Kraft getretenen Fassung zu berechnen, wobei die Versicherungszeiten des jeweiligen anderen Vertragsstaates wie Versicherungszeiten eines anderen Mitgliedstaates der Europäischen Union zu berücksichtigen sind.

(2) Abweichend von Abs. 1 sind Kindererziehungszeiten nur nach Maßgabe der österreichischen Rechtsvorschriften bei der Leistungsberechnung zu berücksichtigen.

(BGBl I 2011/122)

Abfindung

§ 8a. Besteht wegen Nichterfüllung der Wartezeit kein Anspruch auf eine österreichische Pension und werden die österreichischen Versicherungszeiten von einem anderen Staat aufgrund eines Abkommens oder der Verordnung für die Berechnung der Leistung nach dessen Rechtsvorschriften übernommen, besteht kein Anspruch auf Abfindung nach § 269 Abs. 1 Z 1 ASVG, § 148a Abs. 1 Z 1 GSVG, § 139a Abs. 1 Z 1 BSVG oder § 59 NVG.

(BGBl I 2011/122)

Erhöhte Alterspension nach einem Abkommen

§ 8b. Entsteht ein Leistungsanspruch ausschließlich unter Zusammenrechnung der Versicherungszeiten in Anwendung eines Abkommens, so ist die Wartezeit für die Inanspruchnahme der erhöhten Alterspension frühestens mit dem Zeitpunkt des Inkrafttretens dieses Abkommens erfüllt.

(BGBl I 2000/93, BGBl I 2011/122)

„Freiwillige Weiterversicherung trotz Pflichtversicherung in einem anderen Staat

§ 8c. Eine Pflichtversicherung nach den Rechtsvorschriften eines anderen Staates, für den die Verordnung oder ein Abkommen gilt, steht einer Weiterversicherung in der österreichischen Pensionsversicherung nicht entgegen, sofern unmittelbar vor dieser Weiterversicherung zwölf Monate der Pflichtversicherung in der österreichischen Pensionsversicherung auf Grund einer Erwerbstätigkeit vorliegen. Eine Zusammenrechnung mit ausländischen Versicherungszeiten findet hinsichtlich dieser Voraussetzung nicht statt.

(BGBl I 2015/162)

Berücksichtigung von Beschäftigungszeiten bei einer internationalen Organisation bzw. bei EU-Einrichtungen

§ 8d. (1) Hat eine Person Versicherungszeiten in der österreichischen Pensionsversicherung und Beschäftigungszeiten bei einer internationalen Organisation in einem Staat, für den die Verordnung gilt, oder bei einer Einrichtung der Europäischen Union, für die das EUB-SVG gilt, zurückgelegt, so hat der zuständige österreichische Versicherungsträger diese Beschäftigungszeiten wie Versicherungszeiten eines anderen Mitgliedstaates zu berücksichtigen und die österreichische Pension nach der Verordnung festzustellen.

(2) Die Beschäftigungszeiten bei einer internationalen Organisation bzw. bei einer Einrichtung der Europäischen Union sind für die Anwendung des Abs. 1 nur dann wie eine Versicherungszeit zu berücksichtigen, wenn die betreffende Person während einer solchen Beschäftigung dem Pensionsfonds der Organisation oder einer sonstigen Pensionsvorsorge, die für die Bediensteten der Organisation geschaffen wurde, angehört hat. Sofern die internationale Organisation bzw. die Einrichtung der Europäischen Union die Beschäftigungszeiten nicht bekannt gibt, hat die betroffene Person diese nachzuweisen.

(3) Abs. 1 ist nicht anzuwenden, wenn von der in einem Bundesgesetz oder einem von Österreich geschlossenen Abkommen vorgesehenen Möglichkeit des Erwerbs von Versicherungszeiten in der österreichischen Pensionsversicherung für Beschäftigungszeiten bei einer internationalen Organisation bzw. einer Einrichtung der Europäischen Union Gebrauch gemacht wurde oder ein Abkommen für diesen Fall bereits eine Zusammenrechnung von Zeiten vorsieht."

(BGBl I 2015/162)

Schlußbestimmungen

§ 9. Dieses Bundesgesetz tritt an dem Tag in Kraft, an dem die Verordnung für Österreich wirksam wird.

§ 9a. Es treten in Kraft:

1. rückwirkend mit 1. Jänner 1994 § 5 in der Fassung des Bundesgesetzes BGBl. Nr. 602/1996,
2. mit 1. September 1996 § 4 Abs. 2 in der Fassung des Bundesgesetzes BGBl. Nr. 602/1996.

(BGBl 1996/602)

§ 9b. § 1 Abs. 1 Z 7 und § 7a in der Fassung des Bundesgesetzes BGBl. Nr. 764/1996 treten gleichzeitig mit der Vereinbarung gemäß Art. 15a B-VG über die Reform des Gesundheitswesens und der Krankenanstaltenfinanzierung für die Jahre 1997 bis 2000 in Kraft.

(BGBl 1996/764, BGBl I 2001/5)

§ 9c. (1) Die §§ 4 Abs. 2 und 6a mit Ausnahme der lit. b in der Fassung des Bundesgesetzes BGBl. I Nr. 93/2000 treten rückwirkend mit 1. Jänner 2000 in Kraft.

(2) § 6a lit. b in der Fassung des Bundesgesetzes BGBl. I Nr. 93/2000 tritt mit 1. Oktober 2000 in Kraft.

(3) Soweit für die Berechnung der Leistung bei Invalidität die am 31. Dezember 1999 geltenden Rechtsvorschriften weiterhin anzuwenden sind, ist auch dieses Bundesgesetz in der an diesem Tag geltenden Fassung weiterhin anzuwenden.

(4) Wurde eine Leistung, auf die die §§ 4 Abs. 2 und 6a in der Fassung des Bundesgesetzes BGBl. I Nr. 93/2000 anzuwenden sind, bereits vor dem Inkrafttreten dieses Bundesgesetzes bescheidmäßig festgestellt, so ist die Leistung auf Antrag neu festzustellen.

(BGBl I 2000/93)

§ 9d. (1) § 7a in der Fassung des Bundesgesetzes BGBl. I Nr. 5/2001 tritt mit 1. Jänner 2001 in Kraft.

(2) § 9b in der Fassung des Bundesgesetzes BGBl. I Nr. 5/2001 tritt mit 31. Dezember 2000 in Kraft.

(BGBl I 2001/5)

§ 9e. Die Überschrift zu § 7a sowie § 7a Abs. 2a in der Fassung des Bundesgesetzes BGBl. I Nr. 5/2001 treten mit 1. Jänner 2002 in Kraft.

(BGBl I 2001/5)

§ 9f. § 7a Abs. 4 erster Satz in der Fassung des Bundesgesetzes BGBl. I Nr. 67/2001 tritt mit 1. Jänner 2002 in Kraft.

(BGBl I 2001/67)

§ 9g. Die Überschrift zu § 7a sowie § 7a Abs. 1, 2 und 4 in der Fassung des Bundesgesetzes BGBl. I Nr. 179/2004 treten mit 1. Jänner 2005 in Kraft.

(BGBl I 2004/179)

§ 9h. (1) § 5 tritt rückwirkend mit Ablauf des 31. Dezember 2004 außer Kraft.

(2) Die §§ 4 und 6a treten rückwirkend mit Ablauf des 31. Dezember 2003 außer Kraft.

(3) § 5 in der Fassung des Bundesgesetzes BGBl. I Nr. 93/2000 ist weiterhin auf jene Fälle anzuwenden, in denen Kindererziehungszeiten

nach den österreichischen Rechtsvorschriften als Ersatzzeiten gelten und nach Art. 15 Abs. 1 lit. c der Durchführungsverordnung bei Zusammentreffen mit Zeiten einer Pflichtversicherung aus einem anderen Mitgliedstaat verdrängt werden.

(4) §§ 4 und 6a in der Fassung des Bundesgesetzes BGBl. I Nr. 93/2000 sind weiterhin auf Versicherungsfälle mit einem Stichtag vor dem 1. Jänner 2004 anzuwenden.

(BGBl I 2006/119)

§ 9i. § 7a Abs. 1 und 4 in der Fassung des Bundesgesetzes BGBl. I Nr. 101/2007 treten mit 1. Jänner 2008 in Kraft.

(BGBl I 2007/101)

§ 9j. (1) Es treten in Kraft:

1. mit dem Monatsersten nach Kundmachung des Bundesgesetzes BGBl. I Nr. 122/2011 § 1 Abs. 1 Z 8 bis 10 sowie die §§ 2 Abs. 2, 5 bis 7, 7a Abs. 4, 8a, 8b und 10 in der Fassung des Bundesgesetzes BGBl. I Nr. 122/2011, § 5 jedoch nach Maßgabe der Z 2;
2. mit 1. Mai 2012 oder einem allenfalls nach Art. 95 Abs. 1 dritter Unterabsatz der Durchführungsverordnung festgesetzten späteren Inkrafttretenszeitpunkt von EESSI die Pflichten des Hauptverbandes nach § 5 in der Fassung des Bundesgesetzes BGBl. I Nr. 122/2011;
3. rückwirkend mit 1. Mai 2010 § 1 Abs. 1 Z 1 und 2 sowie die §§ 3, 4 und 8 in der Fassung des Bundesgesetzes BGBl. I Nr. 122/2011.

(2) In den Fällen, in denen die Verordnung (EWG) Nr. 1408/71 und die Verordnung (EWG) Nr. 574/72 weiter gelten, ist dieses Bundesgesetz in der am 30. April 2010 geltenden Fassung weiterhin anzuwenden.

(3) § 3 in der am 30. April 2010 geltenden Fassung ist auf jene Personen weiterhin anzuwenden, auf die diese Bestimmung an diesem Tag angewendet wurde, wobei an die Stelle der Verweisungen auf die Art. 28 und 28a der Verordnung (EWG) Nr. 1408/71 die Verweisungen auf die Art. 24 und 25 der Verordnung (EG) Nr. 883/2004 treten.

(4) Der Hauptverband hat dem Bundesminister für Arbeit, Soziales und Konsumentenschutz bis längstens sechs Monate vor Ablauf der Übergangsfrist nach Art. 95 Abs. 1 der Durchführungsverordnung über den Zeitpunkt der technischen Verfügbarkeit und die Einsatzbereitschaft des elektronischen grenzüberschreitenden Datenaustausches zu berichten.

(BGBl I 2011/122)

§ 9k. § 7a Abs. 1 in der Fassung des Bundesgesetzes BGBl. I Nr. 81/2013 tritt rückwirkend mit 1. Jänner 2013 in Kraft und mit dem durch Verordnung des Bundesministers für Gesundheit gemäß § 675 Abs. 3 ASVG festgestellten Zeitpunkt außer Kraft.

(BGBl I 2013/81)

§ 9l. (1) Die §§ 8c und 8d samt Überschriften in der Fassung des Bundesgesetzes BGBl. I Nr. 162/2015 treten mit 1. Jänner 2016 in Kraft.

(2) § 8c ist auch in jenen Fällen anzuwenden, in denen die betreffende Person aus der Pflichtversicherung in der österreichischen Pensionsversicherung bereits vor dem 1. Jänner 2016 ausgeschieden ist, wobei für die Geltendmachung des Rechts auf freiwillige Weiterversicherung der 1. Jänner 2016 als Tag des Ausscheidens aus der Pflichtversicherung gilt und die verlangten zwölf Monate der Pflichtversicherung in der österreichischen Pensionsversicherung auf Grund einer Erwerbstätigkeit nicht unmittelbar vor dem 1. Jänner 2016 liegen müssen.

(3) Auf Antrag der betroffenen Person ist § 8d auch auf Fälle anzuwenden, in denen ein vor dem 1. Jänner 2016 gestellter Antrag mangels Erfüllung der erforderlichen Anzahl der Versicherungszeiten abgewiesen wurde. Die Rechtskraft der früheren Entscheidung steht einer neuerlichen Entscheidung nach § 8d nicht entgegen. Wird der Antrag innerhalb von zwei Jahren nach dem 1. Jänner 2016 gestellt, so werden die Ansprüche mit Wirkung von diesem Zeitpunkt erworben, ohne dass der betreffenden Person Ausschluss- oder Verjährungsfristen entgegengehalten werden können.

(BGBl I 2015/162)

§ 9m. (1) Die §§ 1 Abs. 1 Z 8, 4 Abs. 1 bis 7, 5 Abs. 1 bis 5 sowie 7 und 9, 6 Abs. 1, 2 und 4, 7 Abs. 5, 7a Abs. 1, 2 und 4 sowie 7b Abs. 5 in der Fassung des Bundesgesetzes BGBl. I Nr. 100/2018 treten mit 1. Jänner 2020 in Kraft.

(2) § 7 Abs. 1 tritt mit Ablauf des 31. Dezember 2019 außer Kraft.

(3) Aufgaben, die in Abkommen dem Hauptverband bzw. einer Gebietskrankenkasse zugewiesen sind, werden ab 1. Jänner 2020 vom Dachverband bzw. von der Österreichischen Gesundheitskasse wahrgenommen.

(BGBl I 2018/100)

Vollziehung

§ 10. Mit der Vollziehung dieses Bundesgesetzes sind betraut:

1. hinsichtlich des § 7a der Bundesminister für Gesundheit;

   (BGBl I 2011/122)
2. hinsichtlich aller übrigen Bestimmungen der Bundesminister für Arbeit, Soziales und Konsumentenschutz.

   (BGBl I 2011/122)

(BGBl I 2011/122)

13. VERZEICHNIS DER ABKOMMEN ÜBER SOZIALE SICHERHEIT

Inhaltsverzeichnis

[illegible]

[illegible]

1. EU und EWR

Verordnung (EG) Nr. 883/2004 des Europäischen Parlaments und des Rates vom 29.4.2004 zur Koordinierung der Systeme der sozialen Sicherheit (zuletzt geändert durch VO (EG) Nr. 988/2009, VO (EG) Nr. 1244/2010), VO (EU) Nr. 1224/ 2012, VO (EU) Nr. 517/2013, VO (EU) Nr. 1372/ 2013 und VO (EU) Nr. 492/2017.

Verordnung (EG) Nr. 987/2009 des Europäischen Parlaments und des Rates vom 16.9.2009 zur Festlegung der Modalitäten für die Durchführung der VO (EG) Nr. 883/2004 über die Koordinierung der Systeme der sozialen Sicherheit (zuletzt geändert durch VO (EG) Nr. 1244/2010, VO (EU) Nr. 1224/ 2012), VO (EU) Nr. 1372/2013 und VO (EU) Nr. 492/2017.

Verordnung (EU) Nr. 1231/2010 des Europäischen Parlaments und des Rates vom 24. November 2010 zur Ausdehnung der Verordnung (EG) Nr. 883/ 2004 und der Verordnung (EG) Nr. 987/2009 auf Drittstaatsangehörige, die ausschließlich aufgrund ihrer Staatsangehörigkeit nicht bereits unter diese Verordnungen fallen.

Beschluss Nr. 1/2012 des gemischten Ausschusses v 31.3.2012, ABl L 103 v 13.4.2012, S. 51; Beschluss Nr. 76/2011 des gemeinsamen EWR-Ausschusses v 1.7.2011, ABl L 262 v 6.10.2011, S. 33.

Verordnung (EWG) Nr. 1408/71 des Rates vom 14.6.1971 zur Anwendung der Systeme der sozialen Sicherheit auf Arbeitnehmer, Selbständige und deren Familienangehörige, die innerhalb der Gemeinschaft zu- und abwandern (zuletzt geändert durch VO (EG) Nr. 592/2008) und Verordnung (EWG) Nr. 574/72 des Rates vom 21. März 1972 über die Durchführung der Verordnung (EWG) Nr. 1408/71 (zuletzt geändert durch VO (EG) Nr. 120/2009).

Bundesgesetz betreffend ergänzende Regelungen im Verhältnis zur Europäischen Union und anderen Vertragsstaaten (Sozialversicherungs-Ergänzungsgesetz – SV-EG) im Bereich der sozialen Sicherheit BGBl 1994/154 idF der Bundesgesetze BGBl 1996/602, 1996/764, I 2000/93, I 2001/5, I 2001/67, I 2004/179, I 2006/119, I 2007/101, I 2013/81, I 2014/32 und I 2015/162.

2. Zweiseitige Abkommen

Albanien

Abk vom 25.1.2017 (BGBl III 2018/154) mit Durchführungsvereinbarung vom 25.1.2017 (BGBl III 2018/155), berichtigt durch BGBl III 2018/158.

Australien

Abk vom 12.8.2015 (BGBl III 2017/22) mit Durchführungsvereinbarung vom 2.8.2016 (BGBl III 2017/23).

Belgien

Abk vom 4.4.1977 (BGBl 1978/612) mit Durchführungsvereinbarung vom 1.12.1977 (BGBl 1978/613).

Kostenerstattungsvereinbarung vom 3.12.2001 (BGBl III 2003/92).

Bosnien-Herzegowina

Abk vom 12.2.1999 (BGBl III 2001/229) mit Durchführungsvereinbarung vom 12.2.1999 (BGBl III 2001/230).

Bulgarien

Abk vom 14.4.2005 (BGBl III 2006/61) mit Durchführungsvereinbarung vom 14.4.2005 (BGBl III 2006/62).

Chile

Abk vom 19.6.1997 (BGBl III 1999/200) mit Durchführungsvereinbarung vom 19.6.1997 (BGBl III 1999/224).

Dänemark

Abk vom 16.6.1987 (BGBl 1988/76) mit Durchführungsvereinbarung vom 16.6.1987 (BGBl 1988/77).

Kostenerstattungsvereinbarung vom 13.2.1995 (BGBl 1995/171).

Deutschland

Abk vom 4.10.1995 (BGBl III 1998/138). Abk über Arbeitslosenversicherung vom 19.7.1978 (BGBl 1979/392) mit Durchführungsvereinbarung vom 2.8.1978 (BGBl 1979/393).

Kostenerstattungsvereinbarung vom 21.4.1999 (BGBl III 2000/58).

Finnland

Abk vom 11.12.1985 (BGBl 1987/349) idF des Zusatzabk vom 9.3.1993 (BGBl 1994/15) mit Durchführungsvereinbarung vom 15.6.1987 (BGBl 1987/350).

Kostenerstattungsvereinbarung vom 23.6.1994 (BGBl 1994/898) idF der Zusatzvereinbarung vom 7.6.2006 (BGBl III 2006/132).

Frankreich

Abk vom 28.5.1971 (BGBl 1972/383) idF des Zusatzabk vom 9.6.1980 (BGBl 1983/515) mit Durchführungsvereinbarung vom 1.9.1972 (BGBl 1972/384) idF der Zusatzvereinbarung vom 5.7.1984 (BGBl 1984/383).

Griechenland

Abk vom 14.12.1979 (BGBl 1981/420) idF des Zusatzabk vom 21.5.1986 (BGBl 1987/381) mit Durchführungsvereinbarung vom 17.1.1980 (BGBl 1981/421).

Großbritannien

Abk vom 22.7.1980 (BGBl 1981/117) idF der Zusatzabk vom 9.12.1985 (BGBl 1987/436) und 13.10.1992 (BGBl 1993/50) mit Durchführungsvereinbarung vom 10.11.1980 (BGBl 1981/118) idF der Zusatzvereinbarungen vom 26.3.1986 (BGBl 1987/437) und 4.6.1993 (BGBl 1993/477).

Kostenerstattungsvereinbarung vom 30.11.1994 (BGBl 1995/67).

Indien

Abk vom 4.2.2013 (BGBl III 2015/60) mit Durchführungsvereinbarung vom 4.2.2013 (BGBl III 2015/61).

Irland

Abk vom 30.9.1988 (BGBl 1989/486) mit Durchführungsvereinbarung vom 9.6.1989 (BGBl 1989/487).

Kostenerstattungsvereinbarung vom 25.4.2000 (BGBl III 2000/99).

Island

Abk vom 18.11.1993 (BGBl 1996/62).

Kostenerstattungsvereinbarung vom 21.6.1995 (BGBl 1995/551)

Israel

Abk vom 28.11.1973 (BGBl 1975/6) idF des Zusatzabk vom 13.1.2000 (BGBl III 2002/30) mit Durchführungsvereinbarung vom 28.11.1973 (BGBl 1975/7).

Italien

Abk vom 21.2.1981 (BGBl 1983/307) mit Durchführungsvereinbarung vom 21.1.1981 (BGBl 1983/308).

Jugoslawien

Abk vom 5.6.1998 (BGBl III 2002/100) mit Durchführungsvereinbarung vom 29.8.2001 (BGBl III 2002/130).

Erklärung der Republik Österreich vom 29.8.2012 über die teilweise Suspendierung des Abkommens zwischen der Republik Österreich und der Bundesrepublik Jugoslawien über soziale Sicherheit im Verhältnis zwischen der Republik Österreich und der Republik Kosovo (BGBl III 2012/132)

Kanada

Abk vom 24.2.1987 (BGBl 1987/451) idF des Zusatzabk vom 12.9.1995 (BGBl 1995/570) mit Durchführungsvereinbarung vom 24.2.1987 (BGBl 1987/464).

Vereinbarung mit der Provinz Quebec vom 9.12.1993 (BGBl 1993/551 und 1994/464) idF der Zusatzvereinbarung vom 11.11.1996 (BGBl 1996/333 und BGBl I 1997/28) mit Durchführungsvereinbarung vom 9.12.1993 (BGBl 1994/464).

Korea

Abk vom 23.1.2010 (BGBl III 2010/83). Verwaltungsvereinbarung vom 23.1.2010 (BGBl III 2010/96).

Kosovo siehe auch Jugoslawien

Abk vom 5.6.1998 (BGBl III 2002/100) iVm Kundmachung BGBl III 2010/147.

Kroatien

Abk vom 16.1.1997 (BGBl III 1998/162) mit Durchführungsvereinbarung vom 11.4.1997 (BGBl III 1998/163).

Liechtenstein

Abk vom 8.1.2013 (BGBl III 2014/124).

Kostenerstattungsvereinbarung vom 14.12.1995 (BGBl 1996/61).

Luxemburg

Abk vom 31.7.1997 (BGBl III 1999/156).

Kostenerstattungsvereinbarung vom 22.6.1995 (BGBl 1995/552).

Mazedonien

Abk vom 28.2.1997 (BGBl III 1998/46 und BGBl III 1998/141) mit Durchführungsvereinbarung vom 31.7.1998 (BGBl III 1998/142).

Kostenerstattungsvereinbarung vom 28.6.2002 (BGBl III 2008/174).

Zusatzvereinbarung zur Kostenerstattungsvereinbarung vom 1.10.2008 (BGBl III 2008/175).

Moldau

Abk vom 5.9.2011 (BGBl III 2012/174) mit Durchführungsvereinbarung vom 5.9.2011 (BGBl III 2012/191).

Montenegro

Abk vom 1.6.2010 (BGBl III 2011/51) mit Durchführungsvereinbarung vom 1.6.2010 (BGBl III 2011/52).

Niederlande

Abk vom 9.12.1998 (BGBl III 2000/47). Kostenerstattungsvereinbarung vom 17.11.1993 (BGBl 1994/896).

Norwegen

Abk vom 18.10.1996 (BGBl III 1998/202). Kostenerstattungsvereinbarung vom 17.12.1996 (BGBl III 1997/10).

Philippinen

Abk vom 1.12.1980 (BGBl 1982/116) idF des Zusatzabk vom 15.9.2000 (BGBl III 2004/32) mit Durchführungsvereinbarung vom 14.1.1982 (BGBl 1982/117).

Polen

Abk vom 7.9.1998 (BGBl III 2000/212) mit Durchführungsvereinbarung vom 19.9.2000 (BGBl III 2000/213).

Portugal

Abk vom 16.12.1998 (BGBl III 2000/205).

Rumänien

Abk vom 28.10.2005 (BGBl III 2006/174) mit Durchführungsvereinbarung vom 28.10.2005 (BGBl III 2006/175).

Schweden

Abk vom 5.6.1997 (BGBl III 1997/72). Kostenerstattungsvereinbarung vom 22.12.1993 (BGBl 1994/897).

Schweiz

Abk vom 15.11.1967 (BGBl 1969/4) idF der Zusatzabk vom 17.5.1973 (BGBl 1974/341), 30.11.1977 (BGBl 1979/448), 14.12.1987 (BGBl 1989/545) und 11.12.1996 (BGBl III 1998/203) mit Durchführungsvereinbarung vom 1.10.1968 (BGBl 1969/5) idF der Zusatzvereinbarungen vom 2.5.1974 (BGBl 1974/492), 1.2.1979 (BGBl 1979/449) und 12.12.1989 (BGBl 1990/48).

Abk über die Arbeitslosenversicherung vom 14.12.1978 (BGBl 1979/515) mit Durchführungsvereinbarung vom 5.10.1979 (BGBl 1979/516).

Serbien

Abk vom 26.1.2012 (BGBl III 2012/155) mit Durchführungsvereinbarung vom 26.1.2012 (BGBl III 2012/156).

Slowakische Republik

Abk. vom 21.12.2001 (BGBl III 2003/60) mit Durchführungsvereinbarung vom 21.12.2001 (BGBl III 2003/61).

Slowenien

Abk. vom 10.3.1997 (BGBl III 1998/103) mit Durchführungsvereinbarung vom 23.5.1997 (BGBl III 1998/104).

Spanien

Abk vom 6.11.1981 (BGBl 1983/305) mit Durchführungsvereinbarung vom 8.4.1983 (BGBl 1983/306).

Tschechische Republik

Abk vom 20.7.1999 (BGBl III 2001/95) mit Durchführungsvereinbarung vom 28.6.2001 (BGBl III 2001/144).

Tunesien

Abk vom 23.6.1999 (BGBl III 2000/197) mit Durchführungsvereinbarung vom 9.5.2000 (BGBl III 2000/198).

Türkei

Abk vom 28.10.1999 (BGBl III 2000/219) mit Durchführungsvereinbarung vom 15.11.2000 (BGBl III 2000/220).

Ungarn

Abk vom 31.3.1999 (BGBl III 2000/199) mit Durchführungsvereinbarung vom 31.3.1999 (BGBl III 2000/200).

Uruguay

Abk vom 14.1.2009 (BGBl III 2011/154) mit Durchführungsvereinbarung vom 14.1.2011 (BGBl III 2011/155).

Vereinigte Staaten von Amerika

Abk vom 13.7.1990 (BGBl 1991/511) idF des Zusatzabk vom 5.10.1995 (BGBl 1996/779) mit Durchführungsvereinbarung vom 3.7.1990 (BGBl 1991/512).

Zypern

Abk vom 5.11.1991 (BGBl 1992/670) mit Durchführungsvereinbarung vom 25.9.1992 (BGBl 1992/671).

3. Mehrseitige Abkommen

Europäisches Abkommen über soziale Sicherheit

Abk und Zusatzvereinbarung vom 14.12.1972 (BGBl 1977/428) idF BGBl 1980/564, 1983/281, 1984/51, 1986/666 bis 668, 1988/160, 1990/268 und 658, BGBl III 2001/257 bis 260, BGBl III 2002/67, BGBl III 2013/14, BGBl III 2013/15 und BGBl III 2013/30.

Abkommen zwischen der Europäischen Gemeinschaft und ihren Mitgliedstaaten einerseits und der Schweizerischen Eidgenossenschaft andererseits über die Freizügigkeit, BGBl III 2002/133. Bundesverfassungsgesetz zur Bereinigung des Bundesverfassungsrechts (1. BVRBG, BGBl I 2008/2).

Vierseitiges Übereinkommen

(Deutschland, Liechtenstein, Schweiz)

Übereinkommen vom 9.12.1977 (BGBl 1980/464) idF des Zusatzabk vom 8.10.1982 (BGBl 1984/28) mit Durchführungsvereinbarung vom 28.3.1979 (BGBl 1980/465).

4. Abkommen mit internationalen Organisationen

Alpenkonv – Ständiges Sekretariat des Übereinkommens zum Schutz der Alpen

Abk vom 24.6.2003 (BGBl III 2004/5).

Cern

Abk vom 1.6.1973 (BGBl 1974/217) idF des Zusatzabk vom 13.12.1988 (BGBl 1989/592) und Protokoll vom 18.3.2004 (BGBl III 2007/96).

CTBTO

Abk vom 11.1.2013 (BGBl III 2013/210).

DSÜ – Vorläufiges Sekretariat des Donauschutzübereinkommens

BGBl 1995/501.

Energiegemeinschaft

Abk vom 29.5.2007 (BGBl III 2007/87).

EPO – Europäische Patentorganisation

Abk vom 2.7.1990 (BGBl 1990/672).

ER – Europarat

Abk vom 2.9.1949 (BGBl 1957/127).

Zusatzabk vom 18.2.2011 (BGBl III 2011/67).

Flüchtlingshochkommissär

Abk vom 6.8.1976 (BGBl 1977/355) und Notenwechsel vom 20.12.1985 (BGBl 1986/418).

IACA – Internationale Anti-Korruptionsakademie

Abk vom 10.10.2011 (BGBl III 2012/100).

IAEO

Abk vom 2.12.1999 (BGBl III 2000/187).

IBWE – Internationale Bank für Wiederaufbau und Entwicklung, Internationale Finance-Corporation, Multilaterale Investitions-Garantie Agentur

Abk vom 21.7.2010 (BGBl III 2011/23).

ICMPD – Internationales Zentrum für Migrationspolitikentwicklung

Abk vom 8.9.1999 (BGBl III 2000/145).

IIASA – Internationales Institut für angewandte Systemanalyse

BGBl 1981/219.

INTELSAT – Internationale Fernmeldesatelliten-Organisation

Abk vom 19.5.1978 (BGBl 1988/312).

IOM – Internationale Organisation für Migration

Abk vom 27.12.2013 (BGBl III 2014/115).

JVI – Joint Vienna Institute

BGBl III 1997/187.

König A.B.A. Zentrum

Abk vom 18.12.2012 (BGBl III 2013/209).

OPEC

Abk vom 20.7.1998 (BGBl III 1999/143).

OSZE

BGBl I 2002/157.

UNIDO – Organisation der Vereinten Nationen für Industrielle Entwicklung

Abk vom 23.4.2010 (BGBl III 2010/111).

Vereinte Nationen

Abk vom 23.4.2010 (BGBl III 2010/110).

5. Sonstiges

Kundmachung des Bundesministers für Kunst und Kultur, Verfassung und Medien betreffend den Geltungsbereich des Übereinkommens (Nr. 102) über die Mindestnormen der Sozialen Sicherheit (BGBl III 2017/227)

13/1. Abkommen über Soziale Sicherheit – Österreich/Deutschland

Abkommen zwischen der Republik Österreich und der Bundesrepublik Deutschland über Soziale Sicherheit, BGBl III 1998/138

ABKOMMEN ZWISCHEN DER REPUBLIK ÖSTERREICH UND DER BUNDESREPUBLIK DEUTSCHLAND ÜBER SOZIALE SICHERHEIT

(BGBl III 1998/138)

Der Nationalrat hat beschlossen:

Der Abschluß des nachstehenden Staatsvertrages wird genehmigt.

ABKOMMEN ZWISCHEN DER REPUBLIK ÖSTERREICH UND DER BUNDESREPUBLIK DEUTSCHLAND ÜBER SOZIALE SICHERHEIT

Die Republik Österreich

und

die Bundesrepublik Deutschland

in dem Wunsch, unter Berücksichtigung des Artikels 8 der Verordnung (EWG) Nr. 1408/71 auf dem Gebiet der Sozialen Sicherheit zwischen den beiden Staaten über die Verordnungen (EWG) Nr. 1408/71 und Nr. 574/72 hinausgehend Personen zu schützen, die nach den Rechtsvorschriften eines oder beider Staaten geschützt sind oder waren,

in der Absicht, ein neues Abkommen über Soziale Sicherheit zu schließen, das an die Stelle des Abkommens vom 22. Dezember 1966 in der Fassung des Ersten Zusatzabkommens vom 10. April 1969, des Zweiten Zusatzabkommens vom 29. März 1974 und des Dritten Zusatzabkommens vom 29. August 1980 treten soll, sind wie folgt übereingekommen:

Abschnitt I
Allgemeine Bestimmungen

Artikel 1

(1) In diesem Abkommen bedeuten die Ausdrücke

1. „Verordnung"

   die Verordnung (EWG) Nr. 1408/71 des Rates über die Anwendung der Systeme der sozialen Sicherheit auf Arbeitnehmer und Selbständige sowie deren Familienangehörige, die innerhalb der Gemeinschaft zu- und abwandern, in der zwischen den beiden Vertragsstaaten jeweils geltenden Fassung;

2. „Durchführungsverordnung"

   die Verordnung (EWG) Nr. 574/72 des Rates über die Durchführung der Verordnung (EWG) Nr. 1408/71 über die Anwendung der Systeme der sozialen Sicherheit auf Arbeitnehmer und Selbständige sowie deren Familienangehörige, die innerhalb der Gemeinschaft zu- und abwandern, in der zwischen den beiden Vertragsstaaten jeweils geltenden Fassung.

(2) In diesem Abkommen haben andere Ausdrücke die Bedeutung, die ihnen nach der Verordnung und der Durchführungsverordnung beziehungsweise nach den innerstaatlichen Rechtsvorschriften zukommt.

Artikel 2

(1) Dieses Abkommen gilt für die Rechtsvorschriften, die vom sachlichen Geltungsbereich der Verordnung erfaßt sind, mit Ausnahme der Arbeitslosenversicherung.

(2) Sind außer den Voraussetzungen für die Anwendung des Abkommens auch die Voraussetzungen für die Anwendung eines anderen Abkommens erfüllt, so läßt der deutsche Träger bei Anwendung des Abkommens das andere Abkommen unberücksichtigt.

(3) Absatz 2 findet keine Anwendung, soweit die Rechtsvorschriften, die sich für einen Vertragsstaat aus zwischenstaatlichen Verträgen ergeben oder zu deren Ausführung dienen, Versicherungslastregelungen enthalten.

(4) Dieses Abkommen bezieht sich nicht auf das Erziehungsgeld nach den deutschen Rechtsvorschriften und das Karenzurlaubsgeld nach den österreichischen Rechtsvorschriften.

Artikel 3

(1) Dieses Abkommen gilt für Personen, die vom persönlichen Geltungsbereich der Verordnung erfaßt sind.

(2) Dieses Abkommen gilt ferner für Personen, die nicht vom persönlichen Geltungsbereich der Verordnung erfaßt sind und

a) für die die Rechtsvorschriften eines oder beider Vertragsstaaten gelten oder galten oder

b) die Familienangehörige oder Hinterbliebene der unter Buchstabe a genannten Personen sind.

Int. Abk.

Artikel 4

(1) Die Staatsangehörigen eines Vertragsstaats, die außerhalb des Gebiets eines Staats wohnen, für den die Verordnung gilt, stehen bei Anwendung der Rechtsvorschriften des anderen Vertragsstaats den Staatsangehörigen dieses Vertragsstaats gleich.

(2) Absatz 1 berührt nicht die Rechtsvorschriften der beiden Vertragsstaaten betreffend die Versicherung von Personen, die bei einer amtlichen Vertretung eines der beiden Vertragsstaaten in einem anderen Staat als einem Staat, für den die Ver-

ordnung gilt, oder bei Mitgliedern einer solchen Vertretung beschäftigt sind.

(3) Für das Recht auf freiwillige Versicherung in der deutschen Rentenversicherung gelten die Bestimmungen der Verordnung.

Artikel 5

(1) Für die in Artikel 3 Absatz 2 genannten Personen finden im Verhältnis zwischen beiden Vertragsstaaten die Verordnung, die Durchführungsverordnung und die zu ihrer Durchführung getroffenen Vereinbarungen entsprechend Anwendung, soweit in diesem Abkommen nichts anderes bestimmt ist.

(2) Die Artikel 3 und 10 der Verordnung gelten in bezug auf die in Artikel 3 Absatz 2 genannten Personen nur für die Staatsangehörigen der Vertragsstaaten, für Flüchtlinge und Staatenlose sowie für die Familienangehörigen und Hinterbliebenen dieser Personen.

(3) Absatz 1 findet in bezug auf Familienleistungen nach Titel III Kapitel 7 der Verordnung nur auf Arbeitnehmer und Selbständige Anwendung.

(4) Absatz 1 findet keine Anwendung auf Leistungen nach Titel III Kapitel 8 der Verordnung.

Abschnitt II
Besondere Bestimmungen

Artikel 6

Die Familienangehörigen eines Grenzgängers können Sachleistungen nach Artikel 20 der Verordnung auch im Gebiet des zuständigen Staats in derselben Weise wie der Grenzgänger erhalten.

Artikel 7

In jenen Fällen, in denen die Vertragsstaaten anstelle der nach den Artikeln 93 bis 96 der Durchführungsverordnung vorgesehenen Kostenerstattung eine Erstattung auf der Grundlage eines Pauschbetrags oder einen Verzicht auf eine Erstattung vereinbaren, können die zuständigen Behörden beider Vertragsstaaten folgendes vereinbaren:

a) die Bezeichnung des Trägers des Wohnorts als zuständiger Träger;

b) Maßnahmen zur Vermeidung einer außergewöhnlichen Belastung, die sich für einen Träger oder für eine Verbindungsstelle aus der Erstattung auf der Grundlage eines Pauschbetrags oder aus dem Verzicht auf eine Erstattung ergeben würde.

Artikel 8

Für die in Artikel 3 Absätze 1 und 2 genannten Personen, die außerhalb des Gebiets eines Staats wohnen, für den die Verordnung gilt, und für die in Artikel 3 Absatz 2 genannten Personen, die im Gebiet eines Staats wohnen, für den die Verordnung gilt, findet in bezug auf

a) Kinderzuschüsse zu Alters- und Invaliditätsrenten,

b) Waisenrenten mit Ausnahme von Waisenrenten aus der Versicherung bei Arbeitsunfällen und Berufskrankheiten

– für den deutschen Träger Titel III Kapitel 3 der Verordnung mit der Maßgabe entsprechend Anwendung, daß die Berechnung der Waisenrenten allein nach den innerstaatlichen deutschen Rechtsvorschriften unter Berücksichtigung des Artikels 48 der Verordnung vorgenommen wird,

– für den österreichischen Träger Titel III Kapitel 3 der Verordnung entsprechend Anwendung.

Abschnitt III
Verschiedene Bestimmungen

Artikel 9

Die Regierungen der Vertragsstaaten oder die zuständigen Behörden können die zur Durchführung des Abkommens notwendigen Verwaltungsmaßnahmen vereinbaren.

Artikel 10

(1) Die vollstreckbaren Entscheidungen der Gerichte sowie die vollstreckbaren Bescheide und Rückstandsausweise (Urkunden) der Träger oder der Behörden eines Vertragsstaats über Beiträge und sonstige Forderungen aus der sozialen Sicherheit werden im anderen Vertragsstaat anerkannt.

(2) Die Anerkennung darf nur versagt werden, wenn sie der öffentlichen Ordnung des Vertragsstaats widerspricht, in dem die Entscheidung oder die Urkunde anerkannt werden soll.

(3) Die nach Absatz 1 anerkannten vollstreckbaren Entscheidungen und Urkunden werden im anderen Vertragsstaat vollstreckt. Das Vollstreckungsverfahren richtet sich nach den Rechtsvorschriften, die in dem Vertragsstaat, in dessen Gebiet vollstreckt werden soll, für die Vollstreckung der in diesem Vertragsstaat erlassenen entsprechenden Entscheidungen und Urkunden gelten. Die Ausfertigung der Entscheidung oder der Urkunde muß mit der Bestätigung ihrer Vollstreckbarkeit (Vollstreckungsklausel) versehen sein.

(4) Forderungen von Trägern im Gebiet eines Vertragsstaats aus Beitragsrückständen haben bei der Zwangsvollstreckung sowie im Konkursverfahren im Gebiet des anderen Vertragsstaats die gleichen Vorrechte wie entsprechende Forderungen im Gebiet dieses Vertragsstaats.

(5) Sonstige Forderungen im Sinne des Absatzes 1 sind auch die in Artikel 93 der Verordnung bezeichneten Ersatzansprüche.

Artikel 11

(1) Streitigkeiten zwischen den Vertragsstaaten über die Auslegung oder Anwendung dieses Abkommens werden, soweit möglich, durch die zuständigen Behörden der Vertragsstaaten beigelegt.

(2) Kann eine Streitigkeit auf diese Weise nicht innerhalb von drei Monaten beigelegt werden, so

ist sie auf Verlangen eines Vertragsstaats einem Schiedsgericht zu unterbreiten, das wie folgt zu bilden ist:

a) Jeder Vertragsstaat bestellt binnen einem Monat ab dem Empfang des Verlangens einer schiedsgerichtlichen Entscheidung einen Schiedsrichter. Die beiden so nominierten Schiedsrichter wählen innerhalb von zwei Monaten, nachdem der Vertragsstaat, der seinen Schiedsrichter zuletzt bestellt hat, dies notifiziert hat, einen Staatsangehörigen eines Drittstaats als dritten Schiedsrichter.

b) Wenn ein Vertragsstaat innerhalb der festgesetzten Frist keinen Schiedsrichter bestellt hat, kann der andere Vertragsstaat den Präsidenten des Europäischen Gerichtshofs für Menschenrechte, oder für den Fall, daß dieser Staatsangehöriger eines der beiden Vertragsstaaten ist, den Vizepräsidenten oder nächsten dienstältesten Richter, der nicht die Staatsangehörigkeit eines der beiden Vertragsstaaten hat, ersuchen, einen solchen zu bestellen. Entsprechend ist über Aufforderung eines Vertragsstaats vorzugehen, wenn sich die beiden Schiedsrichter über die Wahl des dritten Schiedsrichters nicht einigen können.

(3) Das Schiedsgericht entscheidet mit Stimmenmehrheit. Seine Entscheidungen sind für die beiden Vertragsstaaten bindend. Jeder Vertragsstaat trägt die Kosten des Schiedsrichters, den er bestellt. Die übrigen Kosten des Schiedsverfahrens werden von den Vertragsstaaten zu gleichen Teilen getragen. Das Schiedsgericht regelt sein Verfahren selbst.

Abschnitt IV
Übergangs- und Schlußbestimmungen

Artikel 12

Für die Feststellung und Neufeststellung von Leistungen nach diesem Abkommen gelten die Artikel 94 und 95 der Verordnung sowie die Artikel 118 und 119 der Durchführungsverordnung mit Inkrafttreten dieses Abkommens entsprechend.

Artikel 13

(1) Dieses Abkommen bedarf der Ratifikation; die Ratifikationsurkunden werden so bald wie möglich in Bonn ausgetauscht.

(2) Dieses Abkommen tritt am ersten Tag des dritten Monats nach Ablauf des Monats in Kraft, in dem die Ratifikationsurkunden ausgetauscht werden.

(3) Dieses Abkommen wird auf unbestimmte Zeit geschlossen. Jeder Vertragsstaat kann es unter Einhaltung einer Frist von drei Monaten schriftlich kündigen.

(4) Im Falle der Kündigung gelten die Bestimmungen dieses Abkommens für erworbene Ansprüche weiter.

Artikel 14

(1) Mit Inkrafttreten dieses Abkommens treten mit Ausnahme der in Absatz 2 aufgeführten Bestimmungen das Abkommen vom 22. Dezember 1966 zwischen der Republik Österreich und der Bundesrepublik Deutschland über Soziale Sicherheit, das Erste Zusatzabkommen vom 10. April 1969, das Zweite Zusatzabkommen vom 29. März 1974 und das Dritte Zusatzabkommen vom 29. August 1980 außer Kraft.

(2) Die folgenden Bestimmungen bleiben weiterhin anwendbar:

a) Artikel 3 Buchstabe a des in Absatz 1 genannten Abkommens in bezug auf Leistungen an Hinterbliebene, die außerhalb des Gebiets eines Staats wohnen, für den die Verordnung gilt, und zwar in Fällen, in denen die Leistungen am Tag des Inkrafttretens dieses Abkommens bereits erbracht werden oder erbracht werden könnten;

b) Artikel 4 Absatz 1 des in Absatz 1 genannten Abkommens in bezug auf die deutschen Rechtsvorschriften, nach denen Unfälle (Berufskrankheiten), die außerhalb des Gebiets der Bundesrepublik Deutschland eingetreten sind, sowie Zeiten, die außerhalb dieses Gebiets zurückgelegt werden, keinen Anspruch auf Leistungen begründen, beziehungsweise einen solchen Anspruch nur unter bestimmten Voraussetzungen begründen, wenn die Berechtigten außerhalb des Gebiets der Bundesrepublik Deutschland ihren Wohnsitz haben, und zwar in Fällen, in denen:

   i) die Leistungen am Tag des Inkrafttretens der Verordnung im Verhältnis zwischen den beiden Vertragsstaaten bereits erbracht werden oder erbracht werden könnten;

   ii) die betreffende Person vor Inkrafttreten der Verordnung im Verhältnis zwischen den beiden Vertragsstaaten ihren gewöhnlichen Aufenthalt in der Republik Österreich genommen hat und die Leistung aus der Renten- und Unfallversicherung innerhalb eines Jahrs ab Inkrafttreten der Verordnung im Verhältnis zwischen den beiden Vertragsstaaten beginnt;

   dies gilt auch für Zeiten eines weiteren Rentenbezugs einschließlich einer Hinterbliebenenrente, wenn sich die Rentenbezugszeiten ununterbrochen aneinander anschließen;

c) Artikel 32 Absatz 2 des in Absatz 1 genannten Abkommens für nicht von der Verordnung erfaßte Personen, die bis zum Inkrafttreten des Abkommens Familienbeihilfe erhalten;

d) Ziffer 3 Buchstabe c des Schlußprotokolls zu dem in Absatz 1 genannten Abkommen in Fällen, in denen Leistungen am Tag des Inkrafttretens dieses Abkommens bereits erbracht werden oder erbracht werden könnten;

dies gilt auch für Zeiten eines weiteren Rentenbezugs einschließlich einer Hinterbliebenenrente, wenn sich die Rentenbezugszeiten ununterbrochen aneinander anschließen;

e) Ziffer 3 Buchstabe d des Schlußprotokolls zu dem in Absatz 1 genannten Abkommen;

f) Ziffer 3 Buchstabe e des Schlußprotokolls zu dem in Absatz 1 genannten Abkommen für österreichische Staatsangehörige, die außerhalb des Gebiets eines Staats wohnen, für den die Verordnung gilt, wenn sie von dem Recht zur freiwilligen Versicherung in der deutschen Rentenversicherung bereits vor dem Tag des Inkrafttretens der Verordnung im Verhältnis zwischen den beiden Vertragsstaaten Gebrauch gemacht haben;

g) Ziffer 19 Buchstabe b des Schlußprotokolls zu dem in Absatz 1 genannten Abkommen, wobei bei der Anwendung der Ziffer 3 Buchstabe c dieser Bestimmung der vom zuständigen Träger anzurechnende Betrag den Betrag nicht übersteigen darf, der auf die von ihm zu entschädigenden entsprechenden Zeiten entfällt;

h) Ziffer 20 Buchstabe a des Schlußprotokolls zu dem in Absatz 1 genannten Abkommen;

i) Ziffer 21 des Schlußprotokolls zu dem in Absatz 1 genannten Abkommen;

j) Artikel 2 des Ersten Zusatzabkommens vom 10. April 1969 zu dem in Absatz 1 genannten Abkommen.

(3) Mit Inkrafttreten dieses Abkommens treten die Vereinbarung vom 22. Dezember 1966 zur Durchführung des in Absatz 1 genannten Abkommens, die Erste Zusatzvereinbarung vom 10. April 1969, die Zweite Zusatzvereinbarung vom 29. März 1974 und die Dritte Zusatzvereinbarung vom 29. August 1980 außer Kraft.

ZU URKUND DESSEN haben die Bevollmächtigten beider Vertragsstaaten dieses Abkommen unterzeichnet.

GESCHEHEN ZU Wien, am 4. Oktober 1995 in zwei Urschriften.

Für die Republik Österreich:

Dr. Benita Ferrero-Waldner

Für die Bundesrepublik Deutschland:

Ursula Seiler-Albring

Die vom Bundespräsidenten unterzeichnete und vom Bundeskanzler gegengezeichnete Ratifikationsurkunde wurde am 8. Juli 1998 ausgetauscht; das Abkommen tritt gemäß seinem Art. 13 Abs. 2 mit 1. Oktober 1998 in Kraft.

13/2. Abkommen über die Arbeitslosenversicherung – Österreich/Deutschland

Abkommen zwischen der Republik Österreich und der Bundesrepublik Deutschland über Arbeitslosenversicherung, BGBl 1979/392

GLIEDERUNG

Int. Abk.

ABKOMMEN ZWISCHEN DER REPUBLIK ÖSTERREICH UND DER BUNDESREPUBLIK DEUTSCHLAND ÜBER ARBEITSLOSENVERSICHERUNG

(BGBl 1979/392)

Der Nationalrat hat beschlossen:

Der Abschluß des nachstehenden Staatsvertrages samt Schlußprotokoll wird genehmigt.

Abkommen zwischen der Republik Österreich und der Bundesrepublik Deutschland über Arbeitslosenversicherung

Der Bundespräsident der Republik Österreich

und

der Präsident der Bundesrepublik Deutschland –

IN DEM WUNSCHE, die Beziehungen der beiden Staaten auf dem Gebiet der Sozialen Sicherheit zu fördern und mit der Rechtsentwicklung in Einklang zu bringen –

sind übereingekommen, ein Abkommen zu schließen, das an die Stelle des Abkommens über Arbeitslosenversicherung vom 19. Mai 1951 treten soll.

Sie haben hierfür zu ihren Bevollmächtigten ernannt:

Der Bundespräsident der Republik Österreich Herrn Dr. Willibald Pahr, Bundesminister für Auswärtige Angelegenheiten der Präsident der Bundesrepublik Deutschland Herrn Horst Grabert, Botschafter der Bundesrepublik Deutschland.

Die Bevollmächtigten haben nach Austausch ihrer in guter und gehöriger Form befundenen Vollmachten folgendes vereinbart:

ABSCHNITT I
Allgemeine Bestimmungen

Artikel 1
Begriffsbestimmungen

In diesem Abkommen bedeuten die Ausdrücke

1. „Gebiet“
   in bezug auf die Republik Österreich
   deren Bundesgebiet,
   in bezug auf die Bundesrepublik Deutschland
   den Geltungsbereich des Grundgesetzes für die Bundesrepublik Deutschland;
2. „Staatsangehöriger“
   in bezug auf die Republik Österreich
   deren Staatsbürger,
   in bezug auf die Bundesrepublik Deutschland
   einen Deutschen im Sinne des Grundgesetzes für die Bundesrepublik Deutschland;
3. „Rechtsvorschriften“
   in bezug auf die Republik Österreich
   die Gesetze und Verordnungen, welche sich auf die in Artikel 2 Absatz 1 bezeichneten Rechtsgebiete beziehen,
   in bezug auf die Bundesrepublik Deutschland
   die Gesetze, Rechtsverordnungen und Anordnungen, welche sich auf die in Artikel 2 Absatz 1 bezeichneten Rechtsgebiete beziehen;
4. „zuständige Behörde“
   in bezug auf die Republik Österreich
   den Bundesminister für soziale Verwaltung,
   in bezug auf die Bundesrepublik Deutschland
   den Bundesminister für Arbeit und Sozialordnung;
5. „Grenzgänger“
   einen Arbeitnehmer, für den aufgrund seiner Beschäftigung im Gebiet eines Vertragsstaates dessen Rechtsvorschriften gelten und der sich im Gebiet des anderen Vertragsstaates gewöhnlich aufhält und dorthin in der Regel mindestens einmal wöchentlich zurückkehrt;
6. „Träger“
   in bezug auf die Republik Österreich
   die Behörde, der die Durchführung der in Artikel 2 Absatz 1 bezeichneten Rechtsvorschriften obliegt,
   in bezug auf die Bundesrepublik Deutschland
   die Bundesanstalt für Arbeit.

Artikel 2
Sachlicher Geltungsbereich

(1) Dieses Abkommen bezieht sich

auf die österreichischen Rechtsvorschriften über

a) das Arbeitslosengeld,
b) die Notstandshilfe,
c) die Bevorschussung von Leistungen aus der Pensionsversicherung,
d) die Kurzarbeitsbeihilfe,
e) die Schlechtwetterentschädigung,
f) das Insolvenz-Ausfallgeld,

auf die deutschen Rechtsvorschriften über

a) das Arbeitslosengeld,
b) die Arbeitslosenhilfe,
c) das Kurzarbeitergeld,
d) das Schlechtwettergeld,
e) das Konkursausfallgeld,

einschließlich der Rechtsvorschriften über die Beiträge und Umlagen.

(2) Bei Anwendung dieses Abkommens finden die Rechtsvorschriften keine Anwendung, die sich für einen Vertragsstaat aus anderen zwischenstaatlichen Verträgen oder aus überstaatlichem Recht ergeben oder zu deren Ausführung dienen.

Artikel 3
Persönlicher Geltungsbereich

Dieses Abkommen gilt

a) für Staatsangehörige der beiden Vertragsstaaten,
b) für Flüchtlinge und Staatenlose, die sich im Gebiet eines der beiden Vertragsstaaten gewöhnlich aufhalten.

Artikel 4
Gleichbehandlung

Ist der Anspruch auf eine in Artikel 2 Absatz 1 festgelegte Leistung nach den Rechtsvorschriften des Vertragsstaates, in dem diese Leistung beantragt wird, von der Staatsangehörigkeit dieses Vertragsstaates abhängig, so sind die Personen, für die diese Abkommen nach Artikel 3 gilt, den Staatsangehörigen dieses Vertragsstaates gleichgestellt.

Artikel 5
Versicherungs- und Beitragspflicht

(1) Die Versicherungs- und Beitragspflicht richtet sich nach den Rechtsvorschriften des Vertragsstaates, in dessen Gebiet der Arbeitnehmer beschäftigt ist, und zwar auch dann, wenn sich der Arbeitgeber im Gebiet des anderen Vertragsstaates befindet.

(2) Werden jedoch aufgrund des zwischen der Republik Österreich und der Bundesrepublik Deutschland abgeschlossenen Abkommens über Soziale Sicherheit nicht die Rechtsvorschriften angewandt, die am Beschäftigungsort gelten, sondern die Rechtsvorschriften des anderen Vertragsstaates, so gilt dies auch für die Versicherungs-

und Beitragspflicht nach den in Artikel 2 Absatz 1 angeführten Rechtsvorschriften.

(3) Dieses Abkommen berührt nicht die im Wiener Übereinkommen über diplomatische Beziehungen und im Wiener Übereinkommen über konsularische Beziehungen enthaltenen Bestimmungen, die sich auf die in Artikel 2 Absatz 1 bezeichneten Rechtsvorschriften beziehen.

ABSCHNITT II

Leistungsrecht

Artikel 6
Allgemeiner Grundsatz

Der Anspruch auf die in Artikel 2 Absatz 1 angeführten Leistungen und das Verfahren richten sich nach den Rechtsvorschriften des Vertragsstaates, in dessen Gebiet der Anspruch geltend gemacht wird, soweit die folgenden Bestimmungen nicht anderes festlegen.

Artikel 7
Berücksichtigung von Zeiten einer beitragspflichtigen Beschäftigung, die nach den Rechtsvorschriften des anderen Vertragsstaates zurückgelegt worden sind

(1) Zeiten einer beitragspflichtigen Beschäftigung, die nach den Rechtsvorschriften des anderen Vertragsstaates zurückgelegt worden sind, werden bei der Beurteilung, ob die Anwartschaftszeit erfüllt ist, und bei der Festsetzung der Bezugsdauer (Anspruchsdauer) berücksichtigt, sofern der Antragsteller die Staatsangehörigkeit des Vertragsstaates besitzt, in dem der Anspruch geltend gemacht wird, und sich im Gebiet dieses Vertragsstaates gewöhnlich aufhält. Das gleiche gilt, wenn der Antragsteller zwecks Familienzusammenführung in den Vertragsstaat, in dem der Anspruch geltend gemacht wird, übersiedelt ist und sein bereits dort lebender Ehegatte die Staatsangehörigkeit dieses Vertragsstaates besitzt.

(2) Bei anderen Arbeitslosen werden Zeiten einer beitragspflichtigen Beschäftigung, die nach den Rechtsvorschriften des anderen Vertragsstaates zurückgelegt worden sind, nur dann berücksichtigt, wenn der Arbeitslose nach seiner letzten Einreise in das Gebiet des Vertragsstaates, in dem er den Anspruch geltend macht, dort mindestens vier Wochen ohne Verletzung der Vorschriften über die Beschäftigung von Ausländern als Arbeitnehmer beschäftigt gewesen ist.

Artikel 8
Sonderregelung für Grenzgänger

(1) Grenzgänger erhalten Arbeitslosengeld in dem Vertragsstaat, in dessen Gebiet sie ihren gewöhnlichen Aufenthalt haben. Bei der Beurteilung, ob die Anwartschaftszeit erfüllt ist, und bei der Festsetzung der Bezugsdauer (Anspruchsdauer) werden Zeiten einer beitragspflichtigen Beschäftigung, die nach den Rechtsvorschriften des anderen Vertragsstaates zurückgelegt worden sind, berücksichtigt.

(2) Arbeitnehmer, die unmittelbar vor Eintritt der Arbeitslosigkeit innerhalb einer Rahmenfrist von sechs Jahren mindestens fünf Jahre im anderen Vertragsstaat beschäftigt waren, davon zuletzt nicht weniger als ein Jahr als Grenzgänger, erhalten Arbeitslosengeld in dem Vertragsstaat, in dessen Gebiet sie beschäftigt waren. Sie können jedoch ihren Anspruch stattdessen im Gebiet des Vertragsstaates, in dem sie ihren gewöhnlichen Aufenthalt haben, geltend machen.

(3) Arbeitnehmern, die als Grenzgänger in der Republik Österreich Kurzarbeit leisten, wird Kurzarbeitsbeihilfe nach österreichischen Rechtsvorschriften gewährt und für Arbeitnehmer, die als Grenzgänger in der Bundesrepublik Deutschland Kurzarbeit leisten, wird Kurzarbeitergeld nach deutschen Rechtsvorschriften gewährt.

(4) Grenzgängern wird Schlechtwetterentschädigung (Schlechtwettergeld) nach den Rechtsvorschriften des Vertragsstaates gewährt, in dem sie einen Lohnausfall wegen Schlechtwetters erleiden.

(5) Arbeitnehmern, die bei Eröffnung des Konkursverfahrens über das Vermögen ihres Arbeitgebers oder einem Tatbestand, der nach den anzuwendenden Rechtsvorschriften gleichgestellt ist, Ansprüche auf Arbeitsentgelt haben, wird – wenn sie als Grenzgänger in der Republik Österreich beschäftigt waren – Insolvenz-Ausfallgeld nach österreichischen Rechtsvorschriften – wenn sie als Grenzgänger in der Bundesrepublik Deutschland beschäftigt waren – Konkursausfallgeld nach deutschen Rechtsvorschriften gewährt.

Artikel 9
Minderung der Bezugsdauer (Anspruchsdauer)

Die Bezugsdauer (Anspruchsdauer) wird um die Zeit gemindert, in der der Arbeitslose im anderen Vertragsstaat innerhalb der letzten 12 Monate vor dem Tag der Antragstellung bereits Arbeitslosengeld bezogen hat. Als eine Zeit, in der der Arbeitslose Leistungen bezogen hat, gilt auch eine Zeit, in der Leistungen wegen eines schuldhaften Verhaltens des Arbeitslosen nicht gewährt wurden.

Artikel 10
Berücksichtigung von Einkünften, die im anderen Vertragsstaat erzielt werden

Einkünfte aus der Sozialen Sicherheit des anderen Vertragsstaates sind in gleicher Weise zu berücksichtigen, wie vergleichbare Leistungen aus der Sozialen Sicherheit des Vertragsstaates, in dessen Gebiet der Anspruch geltend gemacht wird.

ABSCHNITT III
Verschiedene Bestimmungen

Artikel 11
Amtshilfe

Die Träger, Verbände auf dem Gebiet der Sozialen Sicherheit, Behörden und Gerichte der Vertragsstaaten leisten einander bei der Durchführung der in Artikel 2 Absatz 1 bezeichneten Rechtsvorschriften und dieses Abkommens gegenseitige Hilfe, als wendeten sie die für sie geltenden

Rechtsvorschriften an. Die Hilfe ist mit Ausnahme der Barauslagen kostenlos.

Artikel 12
Befreiung von Gebühren sowie vom Beglaubigungszwang

(1) Die nach den Rechtsvorschriften eines Vertragsstaates vorgesehene Befreiung oder Ermäßigung von Steuern oder Gebühren einschließlich Konsulargebühren und Verwaltungsabgaben für Schriftstücke oder Urkunden, die in Anwendung dieser Rechtsvorschriften vorzulegen sind, erstreckt sich auch auf die entsprechenden Schriftstücke und Urkunden, die in Anwendung dieses Abkommens oder der in Artikel 2 Absatz 1 bezeichneten Rechtsvorschriften des anderen Vertragsstaates vorzulegen sind.

(2) Urkunden und Schriftstücke jeglicher Art, die in Durchführung dieses Abkommens oder der in Artikel 2 Absatz 1 bezeichneten Rechtsvorschriften des anderen Vertragsstaates vorgelegt werden müssen, bedürfen nicht der Beglaubigung.

Artikel 13
Unmittelbarer Verkehr

(1) Die in Artikel 11 genannten Stellen der beiden Vertragsstaaten verkehren bei der Durchführung der in Artikel 2 Absatz 1 bezeichneten Rechtsvorschriften und dieses Abkommens miteinander sowie mit den Arbeitgebern und Arbeitnehmern und ihren Vertretern unmittelbar.

(2) Bescheide und sonstige Schriftstücke können einer Person, die sich im Gebiet des anderen Vertragsstaates aufhält, unmittelbar durch eingeschriebenen Brief mit Rückschein zugestellt werden.

Artikel 14
Verwaltungsvereinbarung und gegenseitige Unterrichtung

(1) Die zuständigen Behörden der beiden Vertragsstaaten können unmittelbar miteinander das Nähere über die zur Durchführung dieses Abkommens erforderlichen Maßnahmen vereinbaren, soweit sie ein gegenseitiges Einverständnis bedingen. Sie unterrichten einander über die zur Durchführung des Abkommens getroffenen Maßnahmen sowie über Änderungen und Ergänzungen ihrer Rechtsvorschriften, die seine Durchführung berühren.

(2) Zur Erleichterung der Durchführung dieses Abkommens werden Verbindungsstellen eingerichtet. Verbindungsstellen sind:

in der Republik Österreich

das Landesarbeitsamt Salzburg,

in der Bundesrepublik Deutschland

das Landesarbeitsamt Südbayern in München.

Artikel 15
Erstattung von zu Unrecht gewährten Leistungen sowie von Vorschüssen

(1) Hat der Träger eines Vertragsstaates einer Person zu Unrecht Leistungen gewährt, so kann auf dessen Ersuchen und zu dessen Gunsten der zuständige Träger des anderen Vertragsstaates den zu Unrecht gewährten Betrag von einer Nachzahlung oder den laufenden Zahlungen an den Berechtigten nach Maßgabe der für ihn geltenden innerstaatlichen Rechtsvorschriften einbehalten.

(2) Hat eine Person nach den Rechtsvorschriften eines Vertragsstaates Anspruch auf eine Geldleistung für einen Zeitraum, für den ihr oder ihren Angehörigen von einem Fürsorgeträger des anderen Vertragsstaates Leistungen gewährt worden sind, so ist diese Geldleistung auf Ersuchen und zugunsten des ersatzberechtigten Fürsorgeträgers einzubehalten, als sei dieser ein Fürsorgeträger mit dem Sitz im Gebiet des ersten Vertragsstaates. Hat eine Person nach den Rechtsvorschriften eines Vertragsstaates Anspruch auf eine Geldleistung für einen Zeitraum, für den ihr oder ihren Angehörigen von einem anderen öffentlich-rechtlichen Leistungsträger des anderen Vertragsstaates aus öffentlichen Mitteln Leistungen gewährt worden sind, so ist unbeschadet sonstiger zwischenstaatlicher Regelungen diese Geldleistung auf Ersuchen und zugunsten des ersatzberechtigten Leistungsträgers einzubehalten.

ABSCHNITT IV
Übergangs- und Schlußbestimmungen

Artikel 16
Übergangsregelung

Dieses Abkommen begründet keinen Anspruch auf Zahlung von Leistungen für die Zeit vor seinem Inkrafttreten. Entscheidungen, die vor Inkrafttreten getroffen wurden, werden durch dieses Abkommen nicht berührt.

Artikel 17
Schlußprotokoll

Das beiliegende Schlußprotokoll ist Bestandteil dieses Abkommens.

Artikel 18
Geltung für das Land Berlin

Dieses Abkommen gilt auch für das Land Berlin, sofern nicht die Regierung der Bundesrepublik Deutschland gegenüber der Bundesregierung der Republik Österreich innerhalb von drei Monaten nach Inkrafttreten des Abkommens eine gegenteilige Erklärung abgibt.

Artikel 19
Ratifikation, Inkrafttreten

(1) Dieses Abkommen bedarf der Ratifikation. Die Ratifikationsurkunden werden so bald wie möglich in Bonn ausgetauscht werden.

(2) Dieses Abkommen tritt am ersten Tag des zweiten Monats nach Ablauf des Monats in Kraft, in dem die Ratifikationsurkunden ausgetauscht werden.

Artikel 20
Geltungsdauer, Außerkrafttreten

(1) Das Abkommen wird auf unbestimmte Zeit geschlossen. Jeder Vertragsstaat kann es unter Ein-

haltung einer Frist von drei Monaten zum Ende eines Kalenderjahres kündigen.

(2) Tritt das Abkommen infolge Kündigung außer Kraft, so gelten seine Bestimmungen für die bis dahin erworbenen Leistungsansprüche weiter, jedoch nicht länger als für die Dauer eines Jahres nach dem Außerkrafttreten.

Artikel 21
Außerkrafttreten früherer Abkommen

Mit dem Inkrafttreten dieses Abkommens treten außer Kraft:

das Abkommen vom 19. Mai 1951 zwischen der Republik Österreich und der Bundesrepublik Deutschland über Arbeitslosenversicherung samt Schlußprotokoll*),

*) Kundgemacht in BGBl. Nr. 9/1953

das Zusatzprotokoll vom 23. November 1951 zum Abkommen zwischen der Republik Österreich und der Bundesrepublik Deutschland über Arbeitslosenversicherung*),

*) Kundgemacht in BGBl. Nr. 9/1953

das Zweite Abkommen vom 31. Oktober 1953 zwischen der Republik Österreich und der Bundesrepublik Deutschland über Arbeitslosenversicherung*).

*) Kundgemacht in BGBl. Nr. 248/1955

ZU URKUND DESSEN haben die Bevollmächtigten dieses Abkommen unterzeichnet und mit ihren Siegeln versehen.

GESCHEHEN zu Wien, am 19. Juli 1978 in zwei Urschriften.

Für die
Republik Österreich:
Willibald P. Pahr m. p.

Für die
Bundesrepublik Deutschland:
Horst Grabert m. p.

Schlußprotokoll zu dem Abkommen zwischen der Republik Österreich und der Bundesrepublik Deutschland über Arbeitslosenversicherung

Bei der Unterzeichnung des heute zwischen der Republik Österreich und der Bundesrepublik Deutschland geschlossenen Abkommens über Arbeitslosenversicherung geben die Bevollmächtigten der beiden Vertragsstaaten die übereinstimmende Erklärung ab, daß über folgendes Einverständnis besteht:

1. Zu Artikel 2 Absatz 2

Das Abkommen berührt nicht das Abkommen über die Soziale Sicherheit der Rheinschiffer in seiner jeweiligen Fassung.

2. Zu Artikel 3

Mitglieder des in der Donauschiffahrt beschäftigten fahrenden Personals, die in dieser Eigenschaft insgesamt 5 Jahre beschäftigt waren und weder österreichische noch deutsche Staatsangehörige sind, stehen in den Fällen des Artikels 6 Absatz 5 des österreichisch-deutschen Abkommens über Soziale Sicherheit den Staatsangehörigen des Vertragsstaates gleich, dessen Rechtsvorschriften gelten.

3. Zu Artikel 3

Zu den Flüchtlingen und Staatenlosen im Sinne des Artikels 3 gehören

a) Flüchtlinge im Sinne des Artikels 1 des Abkommens vom 28. Juli 1951 über die Rechtsstellung der Flüchtlinge und des Protokolls vom 31. Januar 1967 zu diesem Abkommen,

b) Staatenlose im Sinne des Artikels 1 des Übereinkommens vom 28. September 1954 über die Rechtsstellung der Staatenlosen.

4. Zu Artikel 5

Bei Arbeitnehmern, die aufgrund des österreichisch-deutschen Doppelbesteuerungsabkommens hinsichtlich ihrer Einkünfte aus nichtselbständiger Arbeit nicht der deutschen Steuerpflicht unterliegen, wird bei Erhebung der Umlage nach § 186a des Arbeitsförderungsgesetzes der Bruttoarbeitslohn zugrunde gelegt, der bei Vorliegen einer Steuerpflicht lohnsteuerpflichtig wäre.

5. Zu Artikel 6

Unter Anspruch auf Leistungen im Sinne des Artikels 6 sind insbesondere die Voraussetzungen, die Höhe, die Dauer, die anspruchsvernichtenden und die anspruchseinschränkenden Umstände sowie Rückforderungen zu verstehen.

6. Zu Artikel 6

Bei der Bemessung von Leistungen nach deutschen Rechtsvorschriften ist erforderlichenfalls die Steuerklasse zugrunde zu legen, die für den Arbeitnehmer maßgebend wäre, wenn er der Steuerpflicht unterläge.

7. Zu Artikel 6 folgende

Das Arbeitslosengeld darf nicht deshalb versagt werden, weil die Befugnis zur erneuten Aufnahme einer Beschäftigung an die Erteilung einer Genehmigung durch die Behörde gebunden ist. Kurzarbeitsbeihilfe (Kurzarbeitergeld) darf nicht deshalb versagt werden, weil die Kurzarbeit durch Entlassung von Arbeitnehmern, die Staatsangehörige des anderen Vertragsstaates sind, hätte vermieden werden können.

8. Zu Artikel 6

Zur Durchführung der österreichischen Arbeitslosenversicherung in den Gemeinden Jungholz (politischer Bezirk Reutte) und Mittelberg (politischer Bezirk Bregenz) kann die zuständige österreichische Behörde durch Verordnung Näheres bestimmen.

9. Zu Artikel 7

Wird ein Antrag auf Arbeitslosengeld in Österreich gestellt, dann verlängern sich die Rahmenfristen nach § 14 Abs. 1 bis 3 Arbeitslosenversicherungsgesetz um Zeiträume, in denen der Arbeitslose in der Bundesrepublik Deutschland

a) einen geregelten Lehrgang zur beruflichen Fortbildung besucht hat, durch den er überwiegend in Anspruch genommen wurde;

b) Wehr- oder Zivildienst geleistet hat, sofern er vorher in Österreich in einem arbeitslosenversicherungspflichtigen Dienstverhältnis stand;

c) Krankengeld oder Wochengeld bezogen hat;

d) infolge Krankheit oder Unfall arbeitsunfähig im Sinne des § 15 Abs. 1 Ziffer 1 lit. k und l war.

10. Zu Artikel 8

Für den Bezug von Notstandshilfe (Arbeitslosenhilfe) gilt in den Fällen des Artikels 8 Absatz 2 Satz 1 der Bezug von Arbeitslosengeld im anderen Vertragsstaat als Vorbezug.

11. Zu Artikel 11

Es besteht Einvernehmen, daß die Portokosten nicht zu den Barauslagen im Sinne des Artikels 11 Satz 2 gehören.

12. Zu Artikel 12

Absatz 2 gilt entsprechend, wenn anstelle der Beglaubigung eine ähnliche Förmlichkeit vorgeschrieben ist.

GESCHEHEN zu Wien, am 19. Juli 1978 in zwei Urschriften.

Für die

Republik Österreich:

Willibald P. Pahr m. p.

Für die

Bundesrepublik Deutschland:

Horst Grabert m. p.

Die vom Bundespräsidenten unterzeichnete und vom Bundeskanzler gegengezeichnete Ratifikationsurkunde wurde am 23. August 1979 ausgetauscht; das Abkommen tritt gemäß seinem Art. 19 Abs. 2 am 1. Oktober 1979 in Kraft.

13/3. Durchführungsvereinbarung zum Arbeitslosenversicherungsabkommen – Österreich/Deutschland

Vereinbarung zur Durchführung des Abkommens zwischen der Republik Österreich und der Bundesrepublik Deutschland über Arbeitslosenversicherung, BGBl 1979/393

GLIEDERUNG

Vereinbarung zur Durchführung des Abkommens zwischen der Republik Österreich und der Bundesrepublik Deutschland über Arbeitslosenversicherung

(BGBl 1979/393)

Auf Grund des Artikels 14 Absatz 1 des Abkommens vom 19. Juli 1978 zwischen der Republik Österreich und der Bundesrepublik Deutschland über Arbeitslosenversicherung haben die zuständigen Behörden, und zwar

für die Republik Österreich:

Der Bundesminister für soziale Verwaltung, vertreten durch

Herrn Ministerialrat Mag. jur. Lothar Ullricht für die Bundesrepublik Deutschland:

Der Bundesminister für Arbeit und Sozialordnung, vertreten durch

Herrn Ministerialrat Dr. Hartmut Leder, zur Durchführung des Abkommens folgendes vereinbart:

Abschnitt I
(Zu Artikel 1 – Begriffsbestimmung)

1. Die in dieser Vereinbarung verwendeten Ausdrücke haben dieselbe Bedeutung wie im Abkommen.
2. Ein Berechtigter hat im Zweifel – etwa weil er in jedem Vertragsstaat eine Unterkunft hat – seinen gewöhnlichen Aufenthalt dort, wo er bei natürlicher Betrachtungsweise seinen Lebensmittelpunkt hat.

Abschnitt II
(Zu Artikel 6 – Allgemeiner Grundsatz)

1. Hat das Arbeitsamt bei der Feststellung des Anspruches auf Leistungen Zeiten einer beitragspflichtigen Beschäftigung oder Leistungszeiten zu berücksichtigen, die nach den Rechtsvorschriften des anderen Vertragsstaates zurückgelegt worden sind, so hat es beim Arbeitsamt im zuletztgenannten Vertragsstaat anzufragen, und zwar

   das deutsche Arbeitsamt beim österreichischen Arbeitsamt, in dessen Bezirk der Arbeitslose zuletzt in Österreich beschäftigt war,

   das österreichische Arbeitsamt bei dem deutschen Arbeitsamt, in dessen Bezirk der Arbeitslose bei Beendigung seiner letzten Beschäftigung in der Bundesrepublik Deutschland gewohnt hat.

   Das Arbeitsamt des Vertragsstaates, das die Anfrage zu beantworten hat, gibt in seiner Antwort, soweit ihm dies möglich ist, an, ob in diesem Vertragsstaat bereits Leistungen wegen Arbeitslosigkeit beantragt worden sind und ob es auch eine Anfrage von einem weiteren Arbeitsamt des anderen Vertragsstaates erhalten hat.

   Die Anfrage kann auch an die Verbindungsstelle des anderen Vertragsstaates gerichtet werden.
2. Sind bei einer Entscheidung Arbeitsentgelte oder andere Einkünfte zu berücksichtigen, die im anderen Vertragsstaat erzielt wurden, so ist bei der Umrechnung von dem letzten vor dem Tage der Entscheidung in Frankfurt/Main (deutscher Träger) bzw. Wien (österreichischer Träger) festgestellten amtlichen Devisenkurs (Geldkurs) auszugehen.
3. Schuldner, die ihren gewöhnlichen Aufenthaltsort in dem einen Vertragsstaat haben und zur Zahlung in der Währung des anderen Vertragsstaates verpflichtet sind, können ihre

Int. Abk.

Zahlung gleichwohl in der Währung des erstgenannten Vertragsstaates bewirken. Zu diesem Zweck gibt der forderungsberechtigte Träger den geschuldeten Betrag in der Währung des anderen Vertragsstaates unter Zugrundelegung des letzten vor dem Tage der Zahlungsaufforderung in Frankfurt/Main bzw. in Wien festgestellten amtlichen Devisenkurs (Geldkurs) an.

Abschnitt III
(Zu Artikel 8 – Sonderregelung für Grenzgänger)

1. Für die Durchführung der Rechtsvorschriften über das Arbeitslosengeld nach Artikel 8 Absatz 2 Satz 1 ist das Arbeitsamt zuständig, in dessen Bezirk der Arbeitslose zuletzt beschäftigt war. Dieses Arbeitsamt kann auf Antrag des Arbeitslosen ein anderes Arbeitsamt im selben Vertragsstaat für zuständig erklären.
2. Arbeitslose, die Arbeitslosengeld nach Artikel 8 Absatz 2 Satz 1 in der Bundesrepublik Deutschland erhalten, sind Mitglieder der Krankenkasse, der sie im Zeitpunkt der Arbeitslosmeldung oder zuletzt vor diesem Zeitpunkt angehört haben. Arbeitslose, die Arbeitslosengeld nach Artikel 8 Absatz 2 Satz 1 in Österreich erhalten, sind während des Leistungsbezuges bei der Gebietskrankenkasse versichert, in deren Bereich das Arbeitsamt seinen Sitz hat, von dem sie Arbeitslosengeld beziehen.
3. Sofern der Arbeitslose nach Artikel 8 Absatz 2 Satz 2 seinen Anspruch in dem Vertragsstaat geltend gemacht hat, in dem er seinen gewöhnlichen Aufenthalt hat, kann er Leistungen im anderen Vertragsstaat nicht mehr beanspruchen.
4. Leistungen sind an Grenzgänger auf ein Konto bei einem Geldinstitut oder an eine Anschrift in dem Vertragsstaat zu überweisen oder zu übermitteln, in dem der Leistungsträger seinen Sitz hat.
5. Bevor ein Arbeitsamt Leistungen wegen Arbeitslosigkeit an einen arbeitslosen Grenzgänger bewilligt, der möglicherweise auch im anderen Vertragsstaat solche Leistungen beanspruchen kann, fragt es beim Arbeitsamt dieses Vertragsstaates an, ob der Arbeitslose dort solche Leistungen beantragt hat.

Abschnitt IV
(Zu Artikel 10 – Berücksichtigung von Einkünften)

Einkünfte aus der sozialen Sicherheit des anderen Vertragsstaates sind zu dem am Beginn des Zeitraumes, für den die Einkünfte zu berücksichtigen sind, in Frankfurt/Main bzw. Wien festgestellten amtlichen Devisenkurs (Geldkurs) umzurechnen.

Abschnitt V
(Zu Artikel 11 – Amtshilfe)

1. Die Arbeitsämter der beiden Vertragsstaaten haben auf Ersuchen sich gegenseitige alle Tatsachen mitzuteilen, die für die Durchführung des Abkommens notwendig sind.
2. Werden personenbezogene Daten oder Betriebs- oder Geschäftsgeheimnisse auf Grund des Abkommens von einem Vertragsstaat in den anderen weitergegeben, so gilt sowohl für ihre Weitergabe als auch für ihre Verwendung das jeweilige innerstaatliche Recht über den Schutz von personenbezogenen Daten und Betriebs- und Geschäftsgeheimnissen.

Abschnitt VI
(Zu Artikel 14 – Verwaltungsvereinbarung und gegenseitige Unterrichtung)

Den nach Artikel 14 Absatz 2 des Abkommens eingerichteten Verbindungsstellen obliegen zur Erleichterung der Durchführung des Abkommens außer den in dieser Vereinbarung festgelegten Aufgaben alle sonstigen Verwaltungsmaßnahmen, insbesondere die Vereinbarung von Vordrucken und die Leistung und Vermittlung von Verwaltungshilfe. Sie unterstützen die Arbeitsämter bei der Durchführung des Abkommens. Artikel 13 des Abkommens wird hiervon nicht berührt.

Abschnitt VII
(Zu Artikel 15 – Erstattung von zu Unrecht gewährten Leistungen sowie von Vorschüssen)

1. Die Überweisung eines einbehaltenen Betrages nach Artikel 15 Absatz 1 des Abkommens erfolgt auf das Konto der Forderungseinzugsstelle, die von dem Arbeitsamt des anderen Vertragsstaates benannt wird, das den Rückforderungsbescheid erlassen hat.
2. Die Überweisung eines einbehaltenen Betrages gemäß Artikel 15 Absatz 2 des Abkommens erfolgt auf das Konto des ersatzberechtigten Fürsorgeträgers bzw. der Forderungseinzugsstelle, die das ersatzberechtigte Arbeitsamt des anderen Vertragsstaates benannt hat.

Abschnitt VIII
(Zu Artikel 16 – Übergangsregelung)

Ein arbeitsloser Grenzgänger, der die Voraussetzungen nach Artikel 8 Absatz 2 Satz 1 des Abkommens erfüllt und dessen Anspruch auf Arbeitslosengeld in dem Vertragsstaat, in dem er seinen gewöhnlichen Aufenthalt hat, vor Inkrafttreten des Abkommens entstanden und bei Inkrafttreten des Abkommens noch nicht erschöpft oder erloschen ist, erhält statt dieses Arbeitslosengeldes auf Antrag Arbeitslosengeld nach den Rechtsvorschriften des Vertragsstaates, in dessen Gebiet er beschäftigt war. Das Arbeitslosengeld wird frühestens ab dem Tage des Inkrafttretens des Abkommens, bei späterer Geltendmachung von dem Tage an gewährt, an dem sich der Arbeitslose persönlich beim Arbeitsamt meldet und Arbeitslosengeld beantragt.

Abschnitt IX
(Geltung für das Land Berlin)

Diese Vereinbarung gilt auch für das Land Berlin, sofern nicht der Bundesminister für Arbeit und Sozialordnung der Bundesrepublik Deutschland gegenüber dem Bundesminister für soziale Verwaltung der Republik Österreich innerhalb von drei Monaten nach Inkrafttreten der Vereinbarung eine gegenteilige Erklärung abgibt.

Abschnitt X

1. Die Vereinbarung tritt gleichzeitig mit dem Abkommen in Kraft.
2. Die Vertragsparteien werden Zweifelsfragen, die die Auslegung des Abkommens und der Vereinbarung betreffen, sofern über sie nicht zwischen den Trägern oder Verbindungsstellen Einigung erzielt wird, im gegenseitigen Einvernehmen zu klären suchen und über eine Änderung des Abkommens und der Vereinbarung verhandeln, wenn eine von ihnen dies wünscht.

Geschehen zu München am 2. August 1979 in zwei Urschriften.

Für den Bundesminister

für soziale Verwaltung:

Ullrich m. p.

Für den Bundesminister

für Arbeit und Sozialordnung:

Leder m. p.

Die vorstehende Vereinbarung tritt gemäß ihrem Abschnitt X am 1. Oktober 1979 in Kraft.

13/4. Abkommen über Soziale Sicherheit – Deutschland/Liechtenstein/Österreich/Schweiz

Übereinkommen zwischen der Bundesrepublik Deutschland, dem Fürstentum Liechtenstein, der Republik Österreich und der Schweizerischen Eidgenossenschaft im Bereich der Sozialen Sicherheit, BGBl 1980/464 idF

1 BGBl 1984/28

GLIEDERUNG

ÜBEREINKOMMEN ZWISCHEN DER BUNDESREPUBLIK DEUTSCHLAND, DEM FÜRSTENTUM LIECHTENSTEIN, DER REPUBLIK ÖSTERREICH UND DER SCHWEIZERISCHEN EIDGENOSSENSCHAFT IM BEREICH DER SOZIALEN SICHERHEIT SAMT ANHÄNGEN UND SCHLUSSPROTOKOLL

(BGBl 1980/464)

Der Nationalrat hat beschlossen:

Der Abschluß des nachstehenden Staatsvertrages samt Anhängen und Schlußprotokoll wird genehmigt.

ÜBEREINKOMMEN zwischen der Bundesrepublik Deutschland, dem Fürstentum Liechtenstein, der Republik Österreich und der Schweizerischen Eidgenossenschaft im Bereich der Sozialen Sicherheit

Die Bundesrepublik Deutschland,

das Fürstentum Liechtenstein,

die Republik Österreich und

die Schweizerische Eidgenossenschaft,

von dem Wunsche geleitet, ihre Zusammenarbeit auf dem Gebiet der Sozialen Sicherheit auszudehnen und die zweiseitigen Beziehungen zwischen den Staaten zusammenzufassen,

sind übereingekommen, folgendes zu vereinbaren:

ABSCHNITT I
ALLGEMEINE BESTIMMUNGEN

Artikel 1

Für die Anwendung dieses Übereinkommens

1. bedeutet der Ausdruck „zweiseitiges Abkommen" jedes der im Anhang 4 angeführten Abkommen im Bereich der Sozialen Sicherheit;
2. hat der Ausdruck „Staatsangehöriger" die im Anhang 1 festgelegte Bedeutung;
3. bedeutet der Ausdruck „Flüchtling" einen Flüchtling im Sinne des Abkommens vom 28. Juli 1951 und des Protokolls vom 31. Januar 1967 über die Rechtsstellung der Flüchtlinge;
4. bedeutet der Ausdruck „Staatenloser" einen Staatenlosen im Sinne des Abkommens vom 28. September 1954 über die Rechtsstellung der Staatenlosen;
5. bedeutet der Ausdruck „Rechtsvorschriften" die Gesetze, Verordnungen und Satzungen, die sich auf im Anhang 2 bezeichnete Systeme der Sozialen Sicherheit der Vertragsstaaten beziehen;
6. bezeichnet der Ausdruck „zuständige Behörde" die im Anhang 3 angeführten Behörden;
7. bedeutet der Ausdruck „Rente" oder „Pension" eine Rente oder Pension einschließlich aller Zuschläge, Zuschüsse und Erhöhungen.

Artikel 2

(1) Dieses Übereinkommen bezieht sich vorbehaltlich des Artikels 5 auf die im Anhang 2 bezeichneten Systeme der Sozialen Sicherheit.

(2) Rechtsvorschriften, die sich aus zwischenstaatlichen Verträgen mit anderen Staaten oder aus überstaatlichem Recht ergeben oder zu deren Ausführung dienen, sind, soweit sie nicht Versicherungslastregelungen enthalten, im Verhältnis zwischen den Vertragsstaaten nicht zu berücksichtigen.

Artikel 3

Dieses Übereinkommen gilt

a) für Staatsangehörige der Vertragsstaaten sowie für ihre Angehörigen und Hinterbliebenen, soweit diese ihre Rechte von einem Staatsangehörigen ableiten,

b) für Flüchtlinge und Staatenlose, wenn sie sich im Gebiet eines Vertragsstaates gewöhnlich aufhalten,

c) für die Angehörigen und Hinterbliebenen der unter Buchstabe b genannten Personen, soweit sie ihre Rechte von diesen Personen ableiten und sich im Gebiet eines Vertragsstaates gewöhnlich aufhalten.

Artikel 4

Dieses Übereinkommen gilt vorbehaltlich des Artikels 5 für Fälle, in denen Versicherungszeiten nach den Rechtsvorschriften von mehr als zwei Vertragsstaaten vorliegen.

Artikel 5

(1) Die Anwendung der im Anhang 4 angeführten Bestimmungen der zweiseitigen Abkommen wird unter den dort vorgesehenen Bedingungen auf die nach Artikel 3 in Betracht kommenden Personen ausgedehnt. Dabei gelten die Artikel 7, 12 bis 15 und 18 entsprechend.

(2) Die im Absatz 1 zweiter Satz bezeichneten Bestimmungen gelten entsprechend auch in Fällen, in denen ohne Berücksichtigung des Absatzes 1 erster Satz ein zweiseitiges Abkommen anzuwenden ist.

ABSCHNITT II
BESONDERE BESTIMMUNGEN

Artikel 6

Sind nach den Rechtsvorschriften mehrerer Vertragsstaaten Versicherungszeiten zurückgelegt, so werden sie für den Erwerb eines Rentenanspruches nach den deutschen Rechtsvorschriften und eines Pensionsanspruches nach den österreichischen Rechtsvorschriften zusammengerechnet, soweit sie nicht auf dieselbe Zeit entfallen. In welchem Ausmaß und in welcher Weise Versicherungszeiten zu berücksichtigen sind, richtet sich nach den Rechtsvorschriften des Vertragsstaates, in dessen Versicherung diese Zeiten zurückgelegt sind.

Artikel 7

Kommen mit oder ohne Berücksichtigung dieses Übereinkommens zwei oder drei zweiseitige Abkommen der Bundesrepublik Deutschland in Betracht, so gilt für den deutschen Träger folgendes:

a) Er errechnet den Betrag, der jeweils bei Berücksichtigung eines in Betracht kommenden zweiseitigen Abkommens als Rente zu zahlen wäre;

b) er stellt den höchsten der nach der Bestimmung unter Buchstabe a errechneten Beträge als die von ihm unter Berücksichtigung des betreffenden zweiseitigen Abkommens zu zahlende Rente fest;

c) die Bestimmungen unter Buchstaben a und b gelten auch für jeden weiteren Versicherungsfall.

Artikel 8

(1) Werden in Fällen des Artikels 6 Leistungen beansprucht, so gilt für die Berechnung der nach den österreichischen Rechtsvorschriften geschuldeten Pension folgendes:

a) Der österreichische Träger stellt nach den von ihm anzuwendenden Rechtsvorschriften fest, ob unter Zusammenrechnung der Versicherungszeiten Anspruch auf Pension besteht;

b) besteht Anspruch auf Pension, so berechnet der österreichische Träger zunächst den theoretischen Betrag der Pension, die zustehen würde, wenn alle nach den Rechtsvorschriften der Vertragsstaaten für die Rentenberechnung zu berücksichtigenden Versicherungszeiten nur nach den von ihm anzuwendenden Rechtsvorschriften zu berücksichtigen wären;

c) sodann berechnet der österreichische Träger die geschuldete Teilpension auf der Grundlage des nach Buchstabe b errechneten Betrages nach dem Verhältnis, das zwischen der Dauer der nach den von ihm anzuwendenden Rechtsvorschriften zu berücksichtigenden Versicherungszeiten und der Gesamtdauer der nach den Rechtsvorschriften aller Vertragsstaaten zu berücksichtigenden Versicherungszeiten besteht.

(2) Erreichen die Versicherungszeiten, die nach den österreichischen Rechtsvorschriften zu berücksichtigen sind, insgesamt nicht zwölf Monate für die Berechnung der Pension, so gewährt der österreichische Träger keine Pension, es sei denn, daß nach den österreichischen Rechtsvorschriften ohne Anwendung des Artikels 6 ein Pensionsanspruch besteht.

(3) Erreichen die nach den deutschen Rechtsvorschriften zu berücksichtigenden Versicherungszeiten insgesamt nicht zwölf Monate für die Berechnung der Rente, so berücksichtigt der österreichische Träger diese Zeiten bei der Anwendung des Absatzes 1 Buchstabe c, als wären es öster-

Int. Abk.

reichische Versicherungszeiten. Dies gilt nicht, wenn nach den deutschen Rechtsvorschriften ohne Anwendung des Artikels 6 ein Rentenanspruch besteht.

Artikel 9

(1) Besteht nach den österreichischen Rechtsvorschriften auch ohne Berücksichtigung des Artikels 6 ein Pensionsanspruch, so wendet der österreichische Träger die Artikel 6 und 8 nicht an, solange ein Leistungsanspruch nach den Rechtsvorschriften der anderen Vertragsstaaten nicht besteht.

(2) Besteht nach den österreichischen Rechtsvorschriften unter Berücksichtigung des Artikels 6 ein Pensionsanspruch, ohne daß Versicherungszeiten eines Vertragsstaates zu berücksichtigen sind, nach dessen Rechtsvorschriften ein Leistungsanspruch nicht besteht, so läßt der österreichische Träger diese Versicherungszeiten bei der Anwendung des Artikels 8 außer Betracht.

(3) In den Fällen der Absätze 1 und 2 wird die bereits festgestellte Pension von Amts wegen jeweils nach Artikel 8 neu festgestellt, wenn ein Leistungsanspruch nach den Rechtsvorschriften eines anderen Vertragsstaates entsteht. Die Neufeststellung erfolgt mit Wirkung vom Tag des Beginns der Leistung nach den Rechtsvorschriften dieses anderen Vertragsstaates. Die Rechtskraft früherer Entscheidungen steht der Neufeststellung nicht entgegen.

Artikel 10

(1) Besteht nach den österreichischen Rechtsvorschriften auch ohne Berücksichtigung des Artikels 6 Anspruch auf Pension und wäre diese höher als die Summe der nach diesem Übereinkommen errechneten Leistungen, so gewährt der österreichische Träger seine so errechnete Leistung, erhöht um den Unterschiedsbetrag zwischen der Summe der nach diesem Übereinkommen errechneten Leistungen und der Leistung, die nach den von ihm anzuwendenden Rechtsvorschriften allein zustünde, als Teilleistung.

(2) Die Teilleistung nach Absatz 1 wird von Amts wegen neu festgestellt, wenn ein Leistungsanspruch nach den Rechtsvorschriften eines anderen Vertragsstaates entsteht. Die Neufeststellung erfolgt mit Wirkung vom Tag des Beginns der Leistung nach den Rechtsvorschriften dieses anderen Vertragsstaates. Die Rechtskraft früherer Entscheidungen steht der Neufeststellung nicht entgegen.

ABSCHNITT III
VERSCHIEDENE BESTIMMUNGEN

Artikel 11

(1) Die zuständigen Behörden regeln die zur Durchführung dieses Übereinkommens notwendigen Verwaltungsmaßnahmen in einer Vereinbarung.

(2) Die zuständigen Behörden errichten, soweit erforderlich, zur Erleichterung der Durchführung dieses Übereinkommens, insbesondere zur Herstellung einer einfachen und raschen Verbindung zwischen den in Betracht kommenden Trägern, Verbindungsstellen.

Artikel 12

Die Bestimmungen der zweiseitigen Abkommen über die Amtshilfe und Rechtshilfe zwischen Trägern, Behörden und Gerichten gelten für die Durchführung dieses Übereinkommens entsprechend.

Artikel 13

Die im Artikel 12 genannten Stellen können bei Durchführung dieses Übereinkommens unmittelbar miteinander und mit den beteiligten Personen und deren Vertretern verkehren.

Artikel 14

(1) Sind Urkunden oder sonstige Schriftstücke, die bei einer im Artikel 12 genannten Stelle eines Vertragsstaates vorzulegen sind, ganz oder teilweise von Steuern oder Gebühren einschließlich Konsulargebühren und Verwaltungsabgaben befreit, so erstreckt sich diese Befreiung auch auf die Urkunden oder sonstigen Schriftstücke, die bei Anwendung dieses Übereinkommens einer entsprechenden Stelle eines anderen Vertragsstaates vorzulegen sind.

(2) Urkunden, die bei Anwendung dieses Übereinkommens bei einer der im Artikel 12 genannten Stellen eines Vertragsstaates vorzulegen sind, bedürfen zur Verwendung gegenüber Stellen eines anderen Vertragsstaates keiner Legalisation, Beglaubigung oder ähnlichen Förmlichkeit.

Artikel 15

(1) Ist der Antrag auf eine Leistung nach den Rechtsvorschriften eines Vertragsstaates in einem anderen Vertragsstaat bei einer Stelle gestellt worden, bei der der Antrag auf eine entsprechende Leistung nach den für sie geltenden Rechtsvorschriften rechtswirksam gestellt werden kann, so gilt der Antrag als bei dem zuständigen Träger gestellt. Dies gilt für sonstige Anträge sowie für Erklärungen und Rechtsbehelfe entsprechend.

(2) Ein bei einer solchen Stelle im Gebiet des einen Vertragsstaates gestellter Antrag auf eine Leistung nach den Rechtsvorschriften dieses Vertragsstaates gilt auch als Antrag auf entsprechende Leistungen nach den Rechtsvorschriften der anderen Vertragsstaaten, die unter Berücksichtigung dieses Übereinkommens in Betracht kommen; dies gilt nicht, wenn der Antragsteller ausdrücklich beantragt, daß die Feststellung einer nach den Rechtsvorschriften eines Vertragsstaates erworbenen Leistung bei Alter aufgeschoben wird.

(3) Anträge, Erklärungen und Rechtsbehelfe werden von der Stelle, bei der sie eingereicht worden sind, unverzüglich an die zuständige Stelle der anderen Vertragsstaaten weitergeleitet.

Artikel 16

(1) Hat ein Träger eines Vertragsstaates einen Vorschuß gezahlt, so kann die auf denselben Zeit-

raum entfallende Nachzahlung einer entsprechenden Leistung, auf die nach den Rechtsvorschriften eines anderen Vertragsstaates Anspruch besteht, einbehalten werden. Hat der Träger eines Vertragsstaates für eine Zeit, für die der Träger eines anderen Vertragsstaates nachträglich eine entsprechende Leistung zu erbringen hat, eine höhere als die gebührende Leistung gezahlt, so gilt der diese Leistung übersteigende Betrag bis zur Höhe des nachzuzahlenden Betrages als Vorschuß im Sinne des ersten Satzes.

(2) Kann die Nachzahlung aufgrund des Absatzes 1 zugunsten von zwei oder mehr Trägern einbehalten werden, so wird die Nachzahlung anteilig im Verhältnis der gezahlten Vorschüsse verrechnet, wenn diese nicht voll gedeckt sind.

Artikel 17

(1) Streitigkeiten zwischen den Vertragsstaaten über die Auslegung oder Anwendung dieses Übereinkommens sollen, soweit möglich, durch die zuständigen Behörden der Vertragsstaaten beigelegt werden.

(2) Kann eine Streitigkeit auf diese Weise nicht beigelegt werden, so wird sie auf Verlangen eines Vertragsstaates einem Schiedsgericht unterbreitet.

(3) Das Schiedsgericht wird von Fall zu Fall gebildet, indem jeder Vertragsstaat ein Mitglied bestellt und die Mitglieder sich auf den Angehörigen eines Nichtvertragsstaates als Obmann einigen, der von den Regierungen der Vertragsstaaten bestellt wird. Die Mitglieder werden innerhalb von zwei Monaten, der Obmann innerhalb von drei Monaten bestellt, nachdem ein Vertragsstaat den anderen mitgeteilt hat, daß er die Streitigkeiten einem Schiedsgericht unterbreiten will.

(4) Werden die im Absatz 3 genannten Fristen nicht eingehalten, so kann jeder Vertragsstaat den Präsidenten des Europäischen Gerichtshofes für Menschenrechte bitten, die erforderlichen Ernennungen vorzunehmen. Ist der Präsident Staatsangehöriger eines Vertragsstaates oder ist er verhindert, so soll der Vizepräsident die Ernennungen vornehmen. Ist auch der Vizepräsident Staatsangehöriger eines Vertragsstaates oder ist auch er verhindert, so soll das im Rang nächstfolgende Mitglied des Gerichtshofes, das nicht Staatsangehöriger eines Vertragsstaates ist, die Ernennungen vornehmen.

(5) Das Schiedsgericht entscheidet mit Stimmenmehrheit. Seine Entscheidungen sind bindend. Jeder Vertragsstaat trägt die Kosten seines Mitgliedes sowie seiner Vertretung in dem Verfahren vor dem Schiedsgericht: die Kosten des Obmannes sowie die sonstigen Kosten werden von den Vertragsstaaten zu gleichen Teilen getragen. Das Schiedsgericht regelt sein Verfahren selbst.

ABSCHNITT IV
ÜBERGANGS- UND SCHLUSSBESTIMMUNGEN

Artikel 18

(1) Dieses Übereinkommen gilt auch für die vor seinem Inkrafttreten eingetretenen Versicherungsfälle. Es gilt ferner für Versicherungszeiten vor seinem Inkrafttreten, die ein Träger eines Vertragsstaates nach den von ihm anzuwendenden Rechtsvorschriften zu berücksichtigen hat.

(2) Absatz 1 begründet keinen Anspruch auf Leistungen für Zeiten vor Inkrafttreten dieses Übereinkommens.

(3) In den Fällen des Absatzes 1 erster Satz werden Renten (Pensionen), die erst aufgrund dieses Übereinkommens gebühren, auf Antrag des Berechtigten nach den Bestimmungen dieses Übereinkommens festgestellt. Wird der Antrag innerhalb von zwei Jahren nach dem Inkrafttreten dieses Übereinkommens eingebracht, so werden die Leistungen vom Inkrafttreten dieses Übereinkommens an gewährt, sonst von dem Tag an, der nach den Rechtsvorschriften jedes der Vertragsstaaten bestimmt ist.

Artikel 19

Die beiliegenden Anhänge und das beiliegende Schlußprotokoll sind Bestandteile dieses Übereinkommens.

Artikel 20

Dieses Übereinkommen gilt auch für das Land Berlin, sofern nicht die Regierung der Bundesrepublik Deutschland gegenüber der Regierung des Fürstentums Liechtenstein, der Bundesregierung, der Republik Österreich und dem Schweizerischen Bundesrat innerhalb von drei Monaten nach Inkrafttreten dieses Übereinkommens eine gegenteilige Erklärung abgibt.

Artikel 21

(1) Dieses Übereinkommen bedarf der Ratifikation. Die Ratifikationsurkunden werden bei der Regierung des Fürstentums Liechtenstein hinterlegt, die den Regierungen der anderen Vertragsstaaten jede Hinterlegung einer Ratifikationsurkunde notifiziert.

(2) Dieses Übereinkommen tritt am ersten Tag des zweiten Monats nach Ablauf des Monats in Kraft, in dem die vierte Ratifikationsurkunde hinterlegt worden ist.

Artikel 22

(1) Dieses Übereinkommen wird auf unbestimmte Zeit geschlossen.

(2) Jeder Vertragsstaat kann dieses Übereinkommen durch eine an die Regierung des Fürstentums Liechtenstein gerichtete Notifikation unter Einhaltung einer Frist von drei Monaten jeweils zum Ende eines Kalenderjahres kündigen. Die Regierung des Fürstentums Liechtenstein notifiziert den Regierungen der anderen Vertragsstaaten jede Kündigung.

(3) Dieses Übereinkommen tritt mit dem Wirksamwerden der zweiten Kündigung für alle Vertragsstaaten außer Kraft.

(4) Tritt dieses Übereinkommen für einen oder für alle Vertragsstaaten außer Kraft, so gelten seine

Bestimmungen für die bis dahin erworbenen Leistungsansprüche weiter; einschränkende Vorschriften über den Ausschluß eines Anspruches oder das Ruhen oder die Entziehungen von Leistungen wegen des Aufenthaltes im Ausland bleiben für diese Ansprüche hinsichtlich des Aufenthaltes im Gebiet der Vertragsstaaten unberücksichtigt.

ZU URKUND DESSEN haben die Bevollmächtigten dieses Übereinkommen unterzeichnet.

GESCHEHEN zu Wien, am 9. Dezember 1977 in vier Urschriften.

Für die Bundesrepublik Deutschland:

Dr. Herbert Ehrenberg m. p.

Für das Fürstentum Liechtenstein:

Hans Gassner m. p.

Für die Republik Österreich:

Dr. Gerhard Weißenberg m. p.

Für die Schweizerische Eidgenossenschaft:

Adelrich Schuler m. p.

ANHÄNGE
zum Übereinkommen zwischen der Bundesrepublik Deutschland, dem Fürstentum Liechtenstein, der Republik Österreich und der Schweizerischen Eidgenossenschaft im Bereich der Sozialen Sicherheit

ANHANG 1
Staatsangehörige der Vertragsstaaten

1. Bundesrepublik Deutschland

   Deutscher im Sinne des Grundgesetzes für die Bundesrepublik Deutschland.

2. Liechtenstein

   Landesbürger des Fürstentums Liechtenstein.

3. Österreich

   Staatsbürger der Republik Österreich.

4. Schweiz

   Schweizer Bürger.

ANHANG 2
Systeme, auf die sich das Übereinkommen bezieht

1. Bundesrepublik Deutschland
   a) Rentenversicherung der Arbeiter,
   b) Rentenversicherung der Angestellten,
   c) knappschaftliche Rentenversicherung.
2. Liechtenstein
   a) Alters- und Hinterlassenenversicherung,
   b) Invalidenversicherung.
3. Österreich
   a) Pensionsversicherung der Arbeiter,
   b) Pensionsversicherung der Angestellten,
   c) knappschaftliche Pensionsversicherung,
   d) Pensionsversicherung der in der gewerblichen Wirtschaft selbständig Erwerbstätigen,
   e) Pensionsversicherung der in der Land- und Forstwirtschaft selbständig Erwerbstätigen.
4. Schweiz
   a) Alters- und Hinterlassenenversicherung,
   b) Invalidenversicherung.

ANHANG 3
Zuständige Behörden

1. Bundesrepublik Deutschland

   Der Bundesminister für Arbeit und Sozialordnung.

2. Liechtenstein

   Die Regierung des Fürstentums Liechtenstein.

3. Österreich

   Der Bundesminister für soziale Verwaltung.

4. Schweiz

   Das Bundesamt für Sozialversicherung.

ANHANG 4
Ausdehnung des Anwendungsbereiches der zweiseitigen Abkommen

1. Bundesrepublik Deutschland – Liechtenstein

   Artikel 1 Ziffer 5, Artikel 3 und Artikel 10 des Abkommens über Soziale Sicherheit vom 7. April 1977 sowie Nummer 3 Buchstabe k und Nummer 9 Absätze 1 und 3 des Schlußprotokolls zu diesem Abkommen mit der Maßgabe, daß

   a) sich die in Verbindung mit Artikel 3 ausgedehnte Bestimmung des Artikels 4 nur auf die deutschen Vorschriften über die Zahlung von Renten bei Aufenthalt im Ausland und die liechtensteinischen Vorschriften über die Rentenberechtigung bei Wohnsitz im Ausland bezieht,
   b) Nummer 3 Buchstabe k des Schlußprotokolls gilt, sofern die in Betracht kommenden Personen
      aa) nicht österreichische Staatsangehörige sind, solange sie im Gebiet eines Vertragsstaates außerhalb des Geltungsbereichs des Übereinkommens für die Bundesrepublik Deutschland wohnen,
      bb) österreichische Staatsangehörige sind, auch dann, wenn sie außerhalb des Gebietes der Vertragsstaaten wohnen.

2. Bundesrepublik Deutschland – Österreich

   Artikel 3 des Abkommens über Soziale Sicherheit vom 22. Dezember 1966 in der Fassung des Ersten Zusatzabkommens vom 10. April 1969, des Zweiten Zusatzabkommens vom 29. März 1974 und des Dritten Zusatzabkommens vom 29. August 1980 mit der Maßgabe, daß

a) sich die Ausdehnung des Artikels 3 nur bezieht auf die deutschen Vorschriften über die Zahlung von Renten bei Aufenthalt im Ausland, wobei die deutschen Vorschriften über die Zahlung von Renten nur bei besonderen Voraussetzungen aufgrund von Arbeitsunfällen (Berufskrankheiten), die außerhalb des Geltungsbereichs des Übereinkommens für die Bundesrepublik Deutschland eingetreten sind, und aufgrund von Zeiten, die außerhalb dieses Gebietes zurückgelegt sind, nur einbezogen sind, solange die in Betracht kommenden Personen im Gebiet eines der Vertragsstaaten außerhalb des Geltungsbereichs des Übereinkommens für die Bundesrepublik Deutschland wohnen,

b) sich die in Verbindung mit Artikel 3 ausgedehnte Bestimmung des Artikels 4 nur bezieht auf die österreichischen Vorschriften über die Gewährung von Leistungen bei Auslandsaufenthalt.

3. Bundesrepublik Deutschland – Schweiz

Artikel 1 Ziffer 4, Artikel 3, Artikel 19 Absatz 1 Buchstabe a und Artikel 28 des Abkommens über Soziale Sicherheit vom 25. Februar 1964 in der Fassung des Zusatzabkommens vom 9. September 1975 sowie die Ziffern 10c, 10f und 10g des Schlußprotokolls zu diesem Abkommen mit der Maßgabe, daß

a) sich die in Verbindung mit Artikel 3 ausgedehnte Bestimmung des Artikels 4 nur auf die deutschen Vorschriften über die Zahlung von Renten bei Aufenthalt im Ausland und die schweizerischen Vorschriften über die Rentenberechtigung bei Wohnsitz im Ausland bezieht,

b) Artikel 28 gilt, sofern die in Betracht kommenden Personen

aa) nicht österreichische Staatsangehörige sind, solange sie im Gebiet eines Vertragsstaates außerhalb des Geltungsbereichs des Übereinkommens für die Bundesrepublik Deutschland wohnen,

bb) österreichische Staatsangehörige sind, auch dann, wenn sie außerhalb des Gebietes der Vertragsstaaten wohnen,

c) Artikel 2 Absatz 2 des Zusatzabkommens unberührt bleibt.

4. Liechtenstein – Österreich

Artikel 1 Ziffer 5, Artikel 3 und Artikel 17 des Abkommens im Bereich der Sozialen Sicherheit vom 26. September 1968 in der Fassung des Zusatzabkommens vom 16. Mai 1977 sowie Ziffer 9 Buchstabe b des Schlußprotokolls zu diesem Abkommen mit der Maßgabe, daß sich die in Verbindung mit Artikel 3 ausgedehnte Bestimmung des Artikels 4 Absatz 1 nur auf die liechtensteinischen Vorschriften über die Rentenberechtigung bei Wohnsitz im Ausland bezieht.

5. Liechtenstein – Schweiz

Artikel 2, Artikel 3, Artikel 4 Buchstabe d, Artikel 5 und Artikel 10 des Abkommens über die Alters-, Hinterlassenen- und Invalidenversicherung vom 3. September 1965 mit der Maßgabe, daß sich die Ausdehnung des Artikels 2 nur auf die liechtensteinischen und schweizerischen Vorschriften über die Rentenberechtigung bei Wohnsitz im Ausland bezieht.

6. Österreich – Schweiz

Artikel 1 Ziffer 5, Artikel 3 und Artikel 23 Buchstabe a des Abkommens über Soziale Sicherheit vom 15. November 1967 in der Fassung des Ersten Zusatzabkommens vom 17. Mai 1973 und des Zweiten Zusatzabkommens vom 30. November 1977 sowie Ziffer 8a und Ziffer 9 Buchstabe c des Schlußprotokolls zu diesem Abkommen mit der Maßgabe, daß sich die in Verbindung mit Artikel 3 ausgedehnte Bestimmung des Artikels 4 Absatz 1 nur auf die schweizerischen Vorschriften über die Rentenberechtigung bei Wohnsitz im Ausland bezieht.

SCHLUSSPROTOKOLL
zum Übereinkommen zwischen der Bundesrepublik Deutschland, dem Fürstentum Liechtenstein, der Republik Österreich und der Schweizerischen Eidgenossenschaft im Bereich der Sozialen Sicherheit

Bei Unterzeichnung des heute zwischen der Bundesrepublik Deutschland, dem Fürstentum Liechtenstein, der Republik Österreich und der Schweizerischen Eidgenossenschaft geschlossenen Übereinkommens im Bereich der Sozialen Sicherheit erklären die Bevollmächtigten der Vertragsstaaten, daß Einverständnis über folgende Bestimmungen besteht:

I. Zu Artikel 2 Absatz 2 des Übereinkommens:

Sind außer den Voraussetzungen für die Anwendung des Übereinkommens auch die Voraussetzungen für die Anwendung eines anderen Abkommens oder einer überstaatlichen Regelung erfüllt, so läßt der deutsche Träger bei Anwendung des Übereinkommens das andere Abkommen oder die überstaatliche Regelung unberücksichtigt, soweit diese nichts anderes bestimmen.

II. Zu Artikel 4 des Übereinkommens:

Für deutsche Staatsangehörige gelten Kriegsdienstzeiten und diesen gleichgehaltenen Zeiten nach Maßgabe des im Anhang 4 angeführten zweiseitigen Abkommens zwischen der Bundesrepublik Deutschland und Österreich als Versicherungszeiten nach den österreichischen Rechtsvorschriften.

III. Zu Artikel 6 des Übereinkommens:

Für den deutschen Träger gilt folgendes:

a) Die Zuordnung der nach den Rechtsvorschriften der anderen Vertragsstaaten zurückgelegten Versicherungszeiten richtet sich jeweils nach den nach Artikel 7 des Übereinkommens in Betracht kommenden zweiseitigen Abkommen.

b) Liechtensteinische Versicherungszeiten werden berücksichtigt, wenn die Voraussetzungen des Artikels 9 Nummern 1 und 6 des im Anhang 4 Nummer 1 bezeichneten zweiseitigen Abkommens und der Nummer 8 Buchstabe d des Schlußprotokolls dazu erfüllt sind. Schweizerische Versicherungszeiten werden berücksichtigt, wenn die Voraussetzungen des Artikels 11 Absatz 1 und des Artikels 13 des im Anhang 4 Nummer 3 bezeichneten zweiseitigen Abkommens und der Nummer 10 des Schlußprotokolls dazu erfüllt sind.

IV. Zu den Artikeln 6 und 8 des Übereinkommens:

Für die österreichischen Träger gilt folgendes:

1. In Fällen, in denen nach den liechtensteinischen oder schweizerischen Rechtsvorschriften an Stelle einer Witwenrente eine Altersrente oder an Stelle einer einfachen Alters(Invaliden)rente eine Ehepaaralters-(Ehepaarinvaliden)rente gebührt, sind die Artikel 6 und 8 so anzuwenden, als ob Anspruch auf die der österreichischen Pension entsprechende Rente nach den liechtensteinischen oder schweizerischen Rechtsvorschriften bestünde.

2. Für die Feststellung der Leistungszugehörigkeit und Leistungszuständigkeit werden ausschließlich österreichische Versicherungszeiten berücksichtigt.

3. Die Bestimmungen der Artikel 6 und 8 gelten nicht für die Anspruchsvoraussetzungen und für die Leistung des Bergmannstreuegeldes aus der knappschaftlichen Pensionsversicherung.

4. Hängt nach den österreichischen Rechtsvorschriften die Gewährung von Leistungen der knappschaftlichen Pensionsversicherung davon ab, daß wesentlich bergmännische Tätigkeiten im Sinne der österreichischen Rechtsvorschriften in bestimmten Betrieben zurückgelegt sind, so werden von den nach den Rechtsvorschriften der anderen Vertragsstaaten zurückgelegten Versicherungszeiten nur jene berücksichtigt, denen eine Beschäftigung in einem gleichartigen Betrieb mit einer gleichartigen Tätigkeit zugrunde liegt.

5. Bei der Durchführung des Artikels 8 Absatz 1 werden die nach den Rechtsvorschriften der anderen Vertragsstaaten zu berücksichtigenden Versicherungszeiten ohne Anwendung der österreichischen Rechtsvorschriften über die Anrechenbarkeit der Versicherungszeiten herangezogen.

6. Bei Durchführung des Artikels 8 Absatz 1 Buchstaben b und c sind die sich deckenden Versicherungszeiten mit ihrem tatsächlichen Ausmaß zu berücksichtigen; Zeiten der liechtensteinischen und schweizerischen freiwilligen Rentenversicherung bleiben hiebei außer Betracht.

7. Bei Durchführung des Artikels 8 Absatz 1 Buchstabe b gilt folgendes:
   a) die Bemessungsgrundlage wird nur aus den österreichischen Versicherungszeiten gebildet.
   b) Beiträge zur Höherversicherung, der knappschaftliche Leistungszuschlag, der Hilflosenzuschuß und die Ausgleichszulage bleiben außer Ansatz.

8. Bei Durchführung des Artikels 8 Absatz 1 Buchstabe c gilt folgendes:
   a) Übersteigt die Gesamtdauer der nach den Rechtsvorschriften der Vertragsstaaten zu berücksichtigenden Versicherungszeiten das nach den österreichischen Rechtsvorschriften für die Bemessung des Steigerungsbetrages festgelegte Höchstausmaß, so ist die geschuldete Leistung nach dem Verhältnis zu berechnen, das zwischen der Dauer der nach den österreichischen Rechtsvorschriften zu berücksichtigenden Versicherungszeiten und dem erwähnten Höchstausmaß von Versicherungsmonaten besteht.
   b) Der Hilflosenzuschuß ist von der österreichischen Leistung innerhalb der anteilmäßig gekürzten Grenzbeträge nach den österreichischen Rechtsvorschriften zu berechnen. Bestünde hingegen allein aufgrund der nach österreichischen Rechtsvorschriften zu berücksichtigenden Versicherungszeiten Anspruch auf Pension, so gebührt der Hilflosenzuschuß in dem dieser Pension entsprechenden Ausmaß, es sei denn, daß nach den Rechtsvorschriften eines anderen Vertragsstaates eine Erhöhung der Leistung wegen Hilflosigkeit gewährt wird.

9. Der nach Artikel 8 Absatz 1 Buchstabe c errechnete Betrag erhöht sich allenfalls um Steigerungsbeträge für Beiträge zur Höherversicherung, den knappschaftlichen Leistungszuschlag, den Hilflosenzuschuß und die Ausgleichszulage.

10. Die Sonderzahlungen gebühren im Ausmaß der österreichischen Teilpension; Artikel 10 des Übereinkommens gilt entsprechend.

11. Die einer Person, die aus politischen oder religiösen Gründen oder aus Gründen der Abstammung in ihren sozialversicherungsrechtlichen Verhältnissen einen Nachteil erlitten

hat, nach den österreichischen Rechtsvorschriften zustehenden Rechte werden nicht berührt.

ZU URKUND DESSEN haben die Bevollmächtigten dieses Schlußprotokoll unterzeichnet.

GESCHEHEN zu Wien, am 9. Dezember 1977 in vier Urschriften.

Für die Bundesrepublik Deutschland:

Dr. Herbert Ehrenberg m. p.

Für das Fürstentum Liechtenstein:

Hans Gassner m. p.

Für die Republik Österreich:

Dr. Gerhard Weißenberg m. p.

Für die Schweizerische Eidgenossenschaft:

Adelrich Schuler m. p.

Die vom Bundespräsidenten unterzeichnete und vom Vizekanzler gegengezeichnete Ratifikationsurkunde wurde am 6. Oktober 1978 hinterlegt; das Vertragswerk tritt gemäß Artikel 21 Absatz 2 des Übereinkommens am 1. November 1980 in Kraft.

13/5. Durchführungsvereinbarung zum Abkommen – Deutschland/Liechtenstein/Österreich/Schweiz

Vereinbarung zur Durchführung des Übereinkommens zwischen der Bundesrepublik Deutschland, dem Fürstentum Liechtenstein, der Republik Österreich und der Schweizerischen Eidgenossenschaft im Bereich der Sozialen Sicherheit, BGBl 1980/465

GLIEDERUNG

VEREINBARUNG zur Durchführung des Übereinkommens zwischen der Bundesrepublik Deutschland, dem Fürstentum Liechtenstein, der Republik Österreich und der Schweizerischen Eidgenossenschaft im Bereich der Sozialen Sicherheit

(BGBl 1980/465)

Auf Grund des Artikels 11 des Übereinkommens zwischen der Bundesrepublik Deutschland, dem Fürstentum Liechtenstein, der Republik Österreich und der Schweizerischen Eidgenossenschaft im Bereich der Sozialen Sicherheit vom 9. Dezember 1977 – im folgenden als Übereinkommen bezeichnet – haben

für die Bundesrepublik Deutschland

die Regierung der Bundesrepublik Deutschland,

für das Fürstentum Liechtenstein

die Regierung des Fürstentums Liechtenstein,

für die Republik Österreich

der Bundesminister für soziale Verwaltung

für die Schweizerische Eidgenossenschaft

das Bundesamt für Sozialversicherung

zur Durchführung des Übereinkommens folgendes vereinbart:

ABSCHNITT I
ALLGEMEINE BESTIMMUNGEN

Artikel 1

In dieser Vereinbarung werden die im Übereinkommen angeführten Ausdrücke in der dort festgelegten Bedeutung verwendet.

Artikel 2

Verbindungsstellen nach Artikel 11 Absatz 2 des Übereinkommens sind

in der Bundesrepublik Deutschland

für die Rentenversicherung der Arbeiter im Verhältnis zu Liechtenstein und der Schweiz

die Landesversicherungsanstalt Baden, Karlsruhe,

im Verhältnis zu Österreich

die Landesversicherungsanstalt Oberbayern, München,

für die Rentenversicherung der Angestellten

die Bundesversicherungsanstalt für Angestellte, Berlin

für die knappschaftliche Rentenversicherung

die Bundesknappschaft, Bochum;

in Liechtenstein

für die Alters- und Hinterlassenenversicherung

die Anstalt „Liechtensteinische Alters- und Hinterlassenenversicherung“, Vaduz,

für die Invalidenversicherung

die Anstalt „Liechtensteinische Invalidenversicherung“, Vaduz;

in Österreich

der Hauptverband der österreichischen Sozialversicherungsträger, Wien;

in der Schweiz

die Schweizerische Ausgleichskasse, Genf.

Artikel 3

Den in Artikel 2 bezeichneten Verbindungsstellen und den deutschen Trägern, deren Zuständigkeit nach den zweiseitigen Abkommen unberührt bleibt, obliegen zur Erleichterung der Durchführung des Übereinkommens außer den in dieser Vereinbarung festgelegten Aufgaben alle sonstigen Verwaltungsmaßnahmen, insbesondere die Leistung und Vermittlung von Amtshilfe und Rechtshilfe sowie die Festlegung von Formblättern.

Artikel 4

Die in Betracht kommenden Träger sollen im Rahmen ihrer Zuständigkeit die vom Übereinkommen erfaßten Personen über ihre Rechte nach dem Übereinkommen allgemein aufklären; innerstaatliche Rechtsvorschriften über die Pflicht zur Aufklärung bleiben unberührt.

ABSCHNITT II
BESONDERE BESTIMMUNGEN

Artikel 5

(1) Die in Betracht kommenden Träger unterrichten einander unverzüglich, gegebenenfalls über die Verbindungsstellen, über Leistungsanträge, auf die Abschnitt II des Übereinkommens anzuwenden ist.

(2) Die Träger teilen in der Folge einander auch die sonstigen für eine Leistungsfeststellung erheblichen Tatsachen, gegebenenfalls unter Beifügung ärztlicher Gutachten, mit.

Artikel 6

Die zuständigen Träger unterrichten einander über das Ergebnis des Feststellungsverfahrens und in der Folge über jede Änderung der Leistungshöhe, soweit die Änderung nicht Folge einer allgemeinen Anpassung ist.

Artikel 7

Leistungen der Renten- oder Pensionsversicherung werden an die Anspruchsberechtigten direkt gezahlt. Nachzahlungen an Renten oder Pensionen können entweder direkt, über die Verbindungsstelle oder den zuständigen Träger des Wohnortstaates des Anspruchsberechtigten gezahlt werden.

Artikel 8

Bescheide eines deutschen Trägers können einer Person, die sich im Gebiet eines anderen Vertragsstaates aufhält, unmittelbar durch Einschreibebrief zugestellt werden, soweit das anzuwendende zweiseitige Abkommen nichts anderes bestimmt. Dies gilt auch in Fällen des Artikels 5 Absatz 2 des Übereinkommens.

ABSCHNITT III
SONSTIGE BESTIMMUNGEN

Artikel 9

Zur Beschleunigung der Leistungsfeststellung stellen die Träger auf Antrag einer nach Artikel 4 des Übereinkommens in Betracht kommenden Person ein Jahr vor Erreichen eines für eine Leistung bei Alter maßgebenden Lebensalters, soweit möglich, die Versicherungslaufbahn zusammen.

ABSCHNITT IV
SCHLUSSBESTIMMUNGEN

Artikel 10

Diese Vereinbarung gilt auch für das Land Berlin, sofern nicht die Regierung der Bundesrepublik Deutschland gegenüber den zuständigen Behörden der anderen Vertragsstaaten innerhalb von drei Monaten nach Inkrafttreten dieser Vereinbarung eine gegenteilige Erklärung abgibt.

Artikel 11

Diese Vereinbarung tritt gleichzeitig mit dem Übereinkommen in Kraft, sobald die Regierung der Bundesrepublik Deutschland den zuständigen Behörden der anderen Vertragsstaaten mitgeteilt hat, daß die nach deutschem Recht erforderlichen Voraussetzungen vorliegen.

Geschehen zu Bern, am 28. März 1979 in vier Urschriften.

Für die Regierung der Bundesrepublik Deutschland:

U. Lebsanft

Für die Regierung des Fürstentums Liechtenstein:

Heinrich Prinz v. Liechtenstein

Für den Bundesminister für soziale Verwaltung:

Hans Thalberg

Für das Bundesamt der Sozialversicherung:

A. Schuler

Die Vereinbarung tritt gemäß ihrem Artikel 11 am 1. November 1980 in Kraft.

14. EU-VO

Inhaltsverzeichnis

Verordnung (EG) Nr. 883/2004 zur Koordinierung der Systeme der sozialen Sicherheit

Verordnung (EG) Nr. 883/2004 zur Koordinierung der Systeme der sozialen Sicherheit, ABl L 2004/166 idF

1	ABl L 2009/284	2	ABl L 2010/338	3	ABl L 2012/149
4	ABl L 2012/349	5	ABl L 2013/158	6	ABl L 2013/346
7	ABl L 2014/366	8	ABl L 2017/76		

GLIEDERUNG

ANHANG II
BESTIMMUNGEN VON ABKOMMEN, DIE WEITER IN KRAFT BLEIBEN UND GEGEBENENFALLS AUF DIE PERSONEN BESCHRÄNKT SIND, FÜR DIE DIESE BESTIMMUNGEN GELTEN
(Artikel 8 Absatz 1)

ANHANG III
BESCHRÄNKUNG DES ANSPRUCHS AUF SACHLEISTUNGEN FÜR FAMILIENANGEHÖRIGE VON GRENZGÄNGERN
(Artikel 18 Absatz 2)

ANHANG IV
Mehr Rechte für Rentner, die in den zuständigen Mitgliedstaat zurückkehren
(Artikel 27 Absatz 2)

ANHANG V
Mehr Rechte für ehemalige Grenzgänger, die in den Mitgliedstaat zurückkehren, in dem sie zuvor eine Beschäftigung oder eine selbständige Erwerbstätigkeit ausgeübt haben (findet nur Anwendung, wenn der Mitgliedstaat, in dem der Träger, der die Kosten der dem Rentner in seinem Wohnmitgliedstaat gewährten Sachleistungen zu tragen hat, seinen Sitz hat, auch aufgeführt ist)
(Artikel 28 Absatz 2)

ANHANG VI
Rechtsvorschriften des Typs A, die der Sonderkoordinierung unterliegen sollten
(Artikel 44 Absatz 1)

ANHANG VII
ÜBEREINSTIMMUNG ZWISCHEN DEN RECHTSVORSCHRIFTEN DER MITGLIEDSTAATEN IN BEZUG AUF DEN GRAD DER INVALIDITÄT
(Artikel 46 Absatz 3 der Verordnung)

ANHANG VIII
FÄLLE, IN DENEN AUF DIE ANTEILIGE BERECHNUNG VERZICHTET WIRD ODER DIESE KEINE ANWENDUNG FINDET
(Artikel 52 Absätze 4 und 5)

ANHANG IX
Leistungen und Abkommen, die es ermöglichen, Artikel 54 anzuwenden

ANHANG X
BESONDERE BEITRAGSUNABHÄNGIGE GELDLEISTUNGEN
(Artikel 70 Absatz 2 Buchstabe c)

ANHANG XI
BESONDERE VORSCHRIFTEN FÜR DIE ANWENDUNG DER RECHTSVORSCHRIFTEN DER MITGLIEDSTAATEN
(Artikel 51 Absatz 3, 56 Absatz 1 und 83)

VERORDNUNG (EG) Nr. 883/2004 DES EUROPÄISCHEN PARLAMENTS UND DES RATES vom 29. April 2004 zur Koordinierung der Systeme der sozialen Sicherheit (Text von Bedeutung für den EWR und die Schweiz)

(ABl L 2004/166)

DAS EUROPÄISCHE PARLAMENT UND DER RAT DER EUROPÄISCHEN UNION –

gestützt auf den Vertrag zur Gründung der Europäischen Gemeinschaft, insbesondere auf die Artikel 42 und 308,

auf Vorschlag der Kommission, vorgelegt nach Anhörung der Sozialpartner und der Verwaltungskommission für die soziale Sicherheit der Wanderarbeitnehmer,

nach Stellungnahme des Europäischen Wirtschafts- und Sozialausschusses,

gemäß dem Verfahren des Artikels 251 des Vertrags,

in Erwägung nachstehender Gründe:

(1) Die Vorschriften zur Koordinierung der nationalen Systeme der sozialen Sicherheit sind Teil des freien Personenverkehrs und sollten zur Verbesserung des Lebensstandards und der Arbeitsbedingungen beitragen.

(2) Für die Annahme geeigneter Maßnahmen im Bereich der sozialen Sicherheit für andere Personen als Arbeitnehmer sieht der Vertrag keine anderen Befugnisse als diejenigen des Artikels 308 vor.

(3) Die Verordnung (EWG) Nr. 1408/71 des Rates vom 14. Juni 1971 über die Anwendung der Systeme der sozialen Sicherheit auf Arbeitnehmer und Selbstständige sowie deren Familienangehörige, die innerhalb der Gemeinschaft zu- und abwandern, ist mehrfach geändert und aktualisiert worden, um nicht nur den Entwicklungen auf Gemeinschaftsebene – einschließlich der Urteile des Gerichtshofes –, sondern auch den Änderungen der Rechtsvorschriften auf nationaler Ebene Rechnung zu tragen. Diese Faktoren haben dazu beigetragen, dass die gemeinschaftlichen Koordinierungsregeln komplex und umfangreich geworden sind. Zur Erreichung des Ziels des freien Personenverkehrs ist es daher von wesentlicher Bedeutung, diese Vorschriften zu ersetzen und dabei gleichzeitig zu aktualisieren und zu vereinfachen.

(4) Es ist notwendig, die Eigenheiten der nationalen Rechtsvorschriften über soziale Sicherheit zu berücksichtigen und nur eine Koordinierungsregelung vorzusehen.

(5) Es ist erforderlich, bei dieser Koordinierung innerhalb der Gemeinschaft sicherzustellen, dass die betreffenden Personen nach den verschiedenen nationalen Rechtsvorschriften gleich behandelt werden.

(6) Die enge Beziehung zwischen den Rechtsvorschriften der sozialen Sicherheit und den tarifvertraglichen Vereinbarungen, die diese Rechtsvorschriften ergänzen oder ersetzen und die durch eine behördliche Entscheidung für allgemein verbindlich erklärt oder in ihrem Geltungsbereich er-

weitert wurden, kann einen Schutz bei der Anwendung dieser Bestimmungen erfordern, der demjenigen vergleichbar ist, der durch diese Verordnung gewährt wird. Als erster Schritt könnten die Erfahrungen der Mitgliedstaaten, die solche Regelungen notifiziert haben, evaluiert werden.

(7) Wegen der großen Unterschiede hinsichtlich des persönlichen Geltungsbereichs der nationalen Rechtsvorschriften ist es vorzuziehen, den Grundsatz festzulegen, dass diese Verordnung auf Staatsangehörige eines Mitgliedstaats, Staatenlose und Flüchtlinge mit Wohnort im Hoheitsgebiet eines Mitgliedstaats, für die die Rechtsvorschriften der sozialen Sicherheit eines oder mehrerer Mitgliedstaaten gelten oder galten, sowie auf ihre Familienangehörigen und Hinterbliebenen Anwendung findet.

(8) Der allgemeine Grundsatz der Gleichbehandlung ist für Arbeitnehmer, die nicht im Beschäftigungsmitgliedstaat wohnen, einschließlich Grenzgängern, von besonderer Bedeutung.

(9) Der Gerichtshof hat mehrfach zur Möglichkeit der Gleichstellung von Leistungen, Einkünften und Sachverhalten Stellung genommen; dieser Grundsatz sollte explizit aufgenommen und ausgeformt werden, wobei Inhalt und Geist der Gerichtsentscheidungen zu beachten sind.

(10) Der Grundsatz, dass bestimmte Sachverhalte oder Ereignisse, die im Hoheitsgebiet eines anderen Mitgliedstaats eingetreten sind, so zu behandeln sind, als ob sie im Hoheitsgebiet des Mitgliedstaats, dessen Rechtsvorschriften Anwendung finden, eingetreten wären, sollte jedoch nicht zu einem Widerspruch mit dem Grundsatz der Zusammenrechnung von Versicherungszeiten, Beschäftigungszeiten, Zeiten einer selbstständigen Erwerbstätigkeit oder Wohnzeiten, die nach den Rechtsvorschriften eines anderen Mitgliedstaats zurückgelegt worden sind, mit Zeiten, die nach den Rechtsvorschriften des zuständigen Mitgliedstaats zurückgelegt worden sind, führen. Zeiten, die nach den Rechtsvorschriften eines anderen Mitgliedstaats zurückgelegt worden sind, sollten deshalb nur durch die Anwendung des Grundsatzes der Zusammenrechnung der Zeiten berücksichtigt werden.

(11) Die Gleichstellung von Sachverhalten oder Ereignissen, die in einem Mitgliedstaat eingetreten sind, kann in keinem Fall bewirken, dass ein anderer Mitgliedstaat zuständig wird oder dessen Rechtsvorschriften anwendbar werden.

(12) Im Lichte der Verhältnismäßigkeit sollte sichergestellt werden, dass der Grundsatz der Gleichstellung von Sachverhalten oder Ereignissen nicht zu sachlich nicht zu rechtfertigenden Ergebnissen oder zum Zusammentreffen von Leistungen gleicher Art für denselben Zeitraum führt.

(13) Die Koordinierungsregeln müssen den Personen, die sich innerhalb der Gemeinschaft bewegen, sowie ihren Angehörigen und Hinterbliebenen die Wahrung erworbener Ansprüche und Vorteile sowie der Anwartschaften ermöglichen.

(14) Diese Ziele müssen insbesondere durch die Zusammenrechnung aller Zeiten, die nach den verschiedenen nationalen Rechtsvorschriften für die Begründung und Aufrechterhaltung des Leistungsanspruchs und für dessen Berechnung zu berücksichtigen sind, sowie durch die Gewährung von Leistungen an die verschiedenen unter diese Verordnung fallenden Personengruppen, erreicht werden.

(15) Es ist erforderlich, Personen, die sich innerhalb der Gemeinschaft bewegen, dem System der sozialen Sicherheit nur eines Mitgliedstaats zu unterwerfen, um eine Kumulierung anzuwendender nationaler Rechtsvorschriften und die sich daraus möglicherweise ergebenden Komplikationen zu vermeiden.

(16) Innerhalb der Gemeinschaft ist es grundsätzlich nicht gerechtfertigt, Ansprüche der sozialen Sicherheit vom Wohnort der betreffenden Person abhängig zu machen; in besonderen Fällen jedoch – vor allem bei besonderen Leistungen, die an das wirtschaftliche und soziale Umfeld der betreffenden Person gebunden sind – könnte der Wohnort berücksichtigt werden.

(17) Um die Gleichbehandlung aller im Hoheitsgebiet eines Mitgliedstaats erwerbstätigen Personen am besten zu gewährleisten, ist es zweckmäßig, als allgemeine Regel die Anwendung der Rechtsvorschriften des Mitgliedstaats vorzusehen, in dem die betreffende Person eine Beschäftigung oder eine selbstständige Erwerbstätigkeit ausübt.

(17a) Sobald Rechtsvorschriften eines Mitgliedstaats für eine Person nach Titel II dieser Verordnung anwendbar werden, sollten die Voraussetzungen für einen Anschluss und den Anspruch auf Leistungen durch die Rechtsvorschriften des zuständigen Mitgliedstaats geregelt werden, wobei das Gemeinschaftsrecht einzuhalten ist.

(ABl L 2009/284)

(18) Von dieser allgemeinen Regel ist in besonderen Fällen, die andere Zugehörigkeitskriterien rechtfertigen, abzuweichen.

(18a) Der Grundsatz, dass nur die Rechtsvorschriften eines einzigen Mitgliedstaats anzuwenden sind, ist von großer Bedeutung und sollte hervorgehoben werden. Dies sollte jedoch nicht bedeuten, dass allein die Gewährung einer Leistung nach dieser Verordnung, einschließlich der Zahlung von Versicherungsbeiträgen oder der Gewährung eines Versicherungsschutzes für den Begünstigten, die Rechtsvorschriften des Mitgliedstaats, dessen Träger diese Leistung erbracht hat, zu den für diese Person geltenden Rechtsvorschriften macht.

(ABl L 2009/284)

(18b) In Anhang III der Verordnung (EWG) Nr. 3922/91 des Rates vom 16. Dezember 1991 zur Harmonisierung der technischen Vorschriften und der Verwaltungsverfahren in der Zivilluftfahrt ist das Konzept der „Heimatbasis" für Mitglieder von Flug- und Kabinenbesatzungen definiert als der vom Luftfahrtunternehmer gegenüber dem Besatzungsmitglied benannte Ort, wo das Besatzungsmitglied normalerweise eine Dienstzeit oder eine Abfolge von Dienstzeiten beginnt und beendet und wo der Luftfahrtunternehmer normalerweise nicht für die Unterbringung des betreffenden Besatzungsmitglieds verantwortlich ist. Um die Anwendung des Titels II dieser Verordnung auf Mitglieder von Flug- und Kabinenbesatzungen zu erleichtern, ist es gerechtfertigt, das Konzept der „Heimatbasis“ als das Kriterium für die Bestimmung der für die Mitglieder von Flug- und Kabinenbesatzungen geltenden Rechtsvorschriften heranzuziehen. Es sollte jedoch für Kontinuität bei den für die Mitglieder von Flug- und Kabinenbesatzungen geltenden Rechtsvorschriften gesorgt werden, und das Prinzip der Heimatbasis sollte nicht zu einem häufigen Wechsel der geltenden Rechtsvorschriften aufgrund der Arbeitsmuster oder des saisonbedingten Bedarfs der Branche führen.

(ABl L 2012/149)

(19) In einigen Fällen können Leistungen bei Mutterschaft und gleichgestellte Leistungen bei Vaterschaft von der Mutter oder dem Vater in Anspruch genommen werden; weil sich für Väter diese Leistungen von Erziehungsleistungen unterscheiden und mit Leistungen bei Mutterschaft im engeren Sinne gleichgesetzt werden können, da sie in den ersten Lebensmonaten eines Neugeborenen gewährt werden, ist es angezeigt, Leistungen bei Mutterschaft und gleichgestellte Leistungen bei Vaterschaft gemeinsam zu regeln.

(20) In Bezug auf Leistungen bei Krankheit, Leistungen bei Mutterschaft und gleichgestellten Leistungen bei Vaterschaft sollte den Versicherten sowie ihren Familienangehörigen, die in einem anderen als dem zuständigen Mitgliedstaat wohnen oder sich dort aufhalten, Schutz gewährt werden.

(21) Die Bestimmungen über Leistungen bei Krankheit, Leistungen bei Mutterschaft und gleichgestellte Leistungen bei Vaterschaft wurden im Lichte der Rechtsprechung des Gerichtshofes erstellt. Die Bestimmungen über die vorherige Genehmigung wurden unter Berücksichtigung der einschlägigen Entscheidungen des Gerichtshofes verbessert.

(22) Die besondere Lage von Rentenantragstellern und Rentenberechtigten sowie ihrer Familienangehörigen erfordert Bestimmungen auf dem Gebiet der Krankenversicherung, die dieser Situation gerecht werden.

(23) In Anbetracht der Unterschiede zwischen den verschiedenen nationalen Systemen ist es angezeigt, dass die Mitgliedstaaten nach Möglichkeit vorsehen, dass Familienangehörigen von Grenzgängern in dem Mitgliedstaat, in dem die Grenzgänger ihre Tätigkeit ausüben, medizinische Behandlung gewährt wird.

(24) Es ist erforderlich, spezifische Bestimmungen vorzusehen, die ein Zusammentreffen von Sachleistungen bei Krankheit mit Geldleistungen bei Krankheit ausschließen, wie sie Gegenstand der Urteile des Gerichtshofes in den Rechtssachen C-215/99 *Jauch* und C-160/96 *Molenaar* waren, sofern diese Leistungen das gleiche Risiko abdecken.

(25) In Bezug auf Leistungen bei Arbeitsunfällen und Berufskrankheiten sollten Regeln erlassen werden, die Personen, die in einem anderen als dem zuständigen Mitgliedstaat wohnen oder sich dort aufhalten, Schutz gewähren.

(26) Für Leistungen bei Invalidität sollten Koordinierungsregeln vorgesehen werden, die die Eigenheiten der nationalen Rechtsvorschriften, insbesondere im Hinblick auf die Anerkennung des Invaliditätszustands und seiner Verschlimmerung, berücksichtigen.

(27) Es ist erforderlich, ein System zur Feststellung der Leistungen bei Alter und an Hinterbliebene für Personen zu erarbeiten, für die die Rechtsvorschriften eines oder mehrerer Mitgliedstaaten galten.

(28) Es ist erforderlich, den Betrag einer Rente festzulegen, die nach der Zusammenrechnungs- und Zeitenverhältnisregelung berechnet und durch das Gemeinschaftsrecht garantiert ist, wenn sich die Anwendung der nationalen Rechtsvorschriften einschließlich ihrer Kürzungs-, Ruhens- und Entziehungsvorschriften als weniger günstig erweist als die genannte Regelung.

(29) Um Wanderarbeitnehmer und ihre Hinterbliebenen gegen eine übermäßig strenge Anwendung der nationalen Kürzungs-, Ruhens- und Entziehungsvorschriften zu schützen, ist es erforderlich, Bestimmungen aufzunehmen, die für die Anwendung dieser Vorschriften strenge Regeln festlegen.

(30) Wie der Gerichtshof stets bekräftigt hat, ist der Rat nicht dafür zuständig, Rechtsvorschriften zu erlassen, mit denen das Zusammentreffen von zwei oder mehr Rentenansprüchen, die in verschiedenen Mitgliedstaaten erworben wurden, dadurch eingeschränkt wird, dass der Betrag einer Rente, deren Anspruch ausschließlich nach nationalen Rechtsvorschriften erworben wurde, gekürzt wird.

(31) Nach Auffassung des Gerichtshofes ist es Sache des nationalen Gesetzgebers, derartige Rechtsvorschriften zu erlassen, wobei der Gemeinschaftsgesetzgeber die Grenzen festlegt, in denen die nationalen Kürzungs-, Ruhens- oder Entziehungsvorschriften anzuwenden sind.

(32) Zur Förderung der Mobilität der Arbeitnehmer ist vor allem ihre Arbeitssuche in den verschiedenen Mitgliedstaaten zu erleichtern; daher ist eine stärkere und wirksamere Koordinierung zwischen den Systemen der Arbeitslosenversicherung und der Arbeitsverwaltung aller Mitgliedstaaten notwendig.

(33) Es ist erforderlich, gesetzliche Vorruhestandsregelungen in den Geltungsbereich dieser Verordnung einzubeziehen und dadurch die Gleichbehandlung und die Möglichkeit des „Exports“ von Vorruhestandsleistungen sowie die Feststellung von Familien- und Gesundheitslei-

stungen für die betreffende Person nach den Bestimmungen dieser Verordnung zu gewährleisten; da es gesetzliche Vorruhestandsregelungen jedoch nur in einer sehr begrenzten Anzahl von Mitgliedstaaten gibt, sollten die Vorschriften über die Zusammenrechnung von Zeiten auf diese Regelungen nicht angewendet werden.

(34) Da die Familienleistungen sehr vielfältig sind und Schutz in Situationen gewähren, die als klassisch beschrieben werden können, sowie in Situationen, die durch ganz spezifische Faktoren gekennzeichnet sind und die Gegenstand der Urteile des Gerichtshofes in den verbundenen Rechtssachen C-245/94 und C-312/94 Hoever und Zachow und in der Rechtssache C-275/96 Kuusijärvi waren, ist es erforderlich, diese Leistungen in ihrer Gesamtheit zu regeln.

(35) Zur Vermeidung ungerechtfertigter Doppelleistungen sind für den Fall des Zusammentreffens von Ansprüchen auf Familienleistungen nach den Rechtsvorschriften des zuständigen Mitgliedstaats mit Ansprüchen auf Familienleistungen nach den Rechtsvorschriften des Wohnmitgliedstaats der Familienangehörigen Prioritätsregeln vorzusehen.

(36) Unterhaltsvorschüsse sind zurückzuzahlende Vorschüsse, mit denen ein Ausgleich dafür geschaffen werden soll, dass ein Elternteil seiner gesetzlichen Verpflichtung zur Leistung von Unterhalt für sein Kind nicht nachkommt; hierbei handelt es sich um eine familienrechtliche Verpflichtung. Daher sollten diese Vorschüsse nicht als direkte Leistungen aufgrund einer kollektiven Unterstützung zu Gunsten der Familien angesehen werden. Aufgrund dieser Besonderheiten sollten die Koordinierungsregeln nicht für solche Unterhaltsvorschüsse gelten.

(37) Der Gerichtshof hat wiederholt festgestellt, dass Vorschriften, mit denen vom Grundsatz der „Exportierbarkeit" der Leistungen der sozialen Sicherheit abgewichen wird, eng ausgelegt werden müssen. Dies bedeutet, dass sie nur auf Leistungen angewendet werden können, die den genau festgelegten Bedingungen entsprechen. Daraus folgt, dass Titel III Kapitel 9 dieser Verordnung nur auf Leistungen angewendet werden kann, die sowohl besonders als auch beitragsunabhängig sind und in Anhang X dieser Verordnung aufgeführt sind.

(38) Es ist erforderlich, eine Verwaltungskommission einzusetzen, der ein Regierungsvertreter jedes Mitgliedstaats angehört und die insbesondere damit beauftragt ist, alle Verwaltungs- und Auslegungsfragen zu behandeln, die sich aus dieser Verordnung ergeben, und die Zusammenarbeit zwischen den Mitgliedstaaten zu fördern.

(39) Es hat sich herausgestellt, dass die Entwicklung und Benutzung von elektronischen Datenverarbeitungsdiensten für den Informationsaustausch die Einsetzung eines Fachausschusses unter der Verantwortung der Verwaltungskommission mit spezifischen Zuständigkeiten in den Bereichen der Datenverarbeitung erforderlich machen.

(40) Die Benutzung von elektronischen Datenverarbeitungsdiensten für den Datenaustausch zwischen Trägern erfordert Bestimmungen, die gewährleisten, dass elektronisch ausgetauschte oder herausgegebene Dokumente genauso anerkannt werden wie Dokumente in Papierform. Ein solcher Austausch hat unter Beachtung der Gemeinschaftsbestimmungen über den Schutz natürlicher Personen bei der Verarbeitung personenbezogener Daten und den freien Datenverkehr zu erfolgen.

(41) Zur Erleichterung der Anwendung der Koordinierungsregeln ist es erforderlich, besondere Bestimmungen vorzusehen, die den jeweiligen Eigenheiten der nationalen Rechtsvorschriften gerecht werden.

(42) Im Einklang mit dem Verhältnismäßigkeitsprinzip und der Absicht, diese Verordnung auf alle Unionsbürger auszudehnen, und mit dem Ziel, eine Lösung zu erreichen, die allen Zwängen Rechnung trägt, die mit den besonderen Merkmalen von auf dem Wohnortkriterium basierenden Systemen verknüpft sein könnten, wurde eine besondere Ausnahmeregelung in Form eines Eintrags für Dänemark in Anhang XI für zweckdienlich erachtet, die ausschließlich auf Sozialrentenansprüche für die neue Kategorie von nicht erwerbstätigen Personen, auf die diese Verordnung ausgeweitet wurde, beschränkt ist; damit wird den besonderen Merkmalen des dänischen Systems sowie der Tatsache Rechnung getragen, dass diese Renten nach dem geltenden dänischen Recht (Rentengesetz) nach einer Wohnzeit von zehn Jahren „exportiert" werden können.

(43) Im Einklang mit dem Grundsatz der Gleichbehandlung wird eine besondere Ausnahmeregelung in Form eines Eintrags für Finnland in Anhang XI für zweckdienlich erachtet, die auf wohnsitzabhängige staatliche Renten beschränkt ist, um den besonderen Merkmalen der finnischen Rechtsvorschriften über die soziale Sicherheit Rechnung zu tragen; dadurch soll sichergestellt werden, dass die staatliche Rente nicht niedriger sein darf als die staatliche Rente, die sich ergäbe, wenn sämtliche Versicherungszeiten, die in anderen Mitgliedstaaten zurückgelegt wurden, in Finnland zurückgelegt worden wären.

(44) Es ist erforderlich, eine neue Verordnung zu erlassen, um die Verordnung (EWG) Nr. 1408/71 aufzuheben. Dabei muss die Verordnung (EWG) Nr. 1408/71 jedoch im Hinblick auf bestimmte Rechtsakte der Gemeinschaft und Abkommen, bei denen die Gemeinschaft Vertragspartei ist, zur Wahrung der Rechtssicherheit in Kraft bleiben und weiterhin Rechtsgültigkeit besitzen.

(45) Da das Ziel der beabsichtigten Maßnahme, nämlich Koordinierungsmaßnahmen zur Sicherstellung, dass das Recht auf Freizügigkeit wirksam ausgeübt werden kann, auf Ebene der Mitgliedstaaten nicht ausreichend erreicht werden kann und daher wegen des Umfangs und der Wirkungen der Maßnahme besser auf Gemeinschaftsebene zu erreichen ist, kann die Gemeinschaft im Einklang

mit dem in Artikel 5 des Vertrags niedergelegten Subsidiaritätsprinzip tätig werden. Entsprechend dem in demselben Artikel genannten Verhältnismäßigkeitsprinzip geht diese Verordnung nicht über das für die Erreichung dieses Ziels erforderliche Maß hinaus –

HABEN FOLGENDE VERORDNUNG ERLASSEN:

TITEL I
ALLGEMEINE BESTIMMUNGEN

Artikel 1
Begriffsbestimmungen

Für die Zwecke dieser Verordnung bezeichnet der Ausdruck

a) „Beschäftigung" jede Tätigkeit oder gleichgestellte Situation, die für die Zwecke der Rechtsvorschriften der sozialen Sicherheit des Mitgliedstaats, in dem die Tätigkeit ausgeübt wird oder die gleichgestellte Situation vorliegt, als solche gilt;

b) „selbstständige Erwerbstätigkeit" jede Tätigkeit oder gleichgestellte Situation, die für die Zwecke der Rechtsvorschriften der sozialen Sicherheit des Mitgliedstaats, in dem die Tätigkeit ausgeübt wird oder die gleichgestellte Situation vorliegt, als solche gilt;

c) „Versicherter" in Bezug auf die von Titel III Kapitel 1 und 3 erfassten Zweige der sozialen Sicherheit jede Person, die unter Berücksichtigung der Bestimmungen dieser Verordnung die für einen Leistungsanspruch nach den Rechtsvorschriften des gemäß Titel II zuständigen Mitgliedstaats vorgesehenen Voraussetzungen erfüllt;

d) „Beamter" jede Person, die in dem Mitgliedstaat, dem die sie beschäftigende Verwaltungseinheit angehört, als Beamter oder diesem gleichgestellte Person gilt;

e) „Sondersystem für Beamte" jedes System der sozialen Sicherheit, das sich von dem allgemeinen System der sozialen Sicherheit, das auf die Arbeitnehmer des betreffenden Mitgliedstaats anwendbar ist, unterscheidet und das für alle oder bestimmte Gruppen von Beamten unmittelbar gilt;

f) „Grenzgänger" eine Person, die in einem Mitgliedstaat eine Beschäftigung oder eine selbstständige Erwerbstätigkeit ausübt und in einem anderen Mitgliedstaat wohnt, in den sie in der Regel täglich, mindestens jedoch einmal wöchentlich zurückkehrt;

g) „Flüchtling" eine Person im Sinne des Artikels 1 des am 28. Juli 1951 in Genf unterzeichneten Abkommens über die Rechtsstellung der Flüchtlinge;

h) „Staatenloser" eine Person im Sinne des Artikels 1 des am 28. September 1954 in New York unterzeichneten Abkommens über die Rechtsstellung der Staatenlosen;

i) „Familienangehöriger"

1. i) jede Person, die in den Rechtsvorschriften, nach denen die Leistungen gewährt werden, als Familienangehöriger bestimmt oder anerkannt oder als Haushaltsangehöriger bezeichnet wird;

   ii) in Bezug auf Sachleistungen nach Titel III Kapitel 1 über Leistungen bei Krankheit sowie Leistungen bei Mutterschaft und gleichgestellte Leistungen bei Vaterschaft jede Person, die in den Rechtsvorschriften des Mitgliedstaats, in dem sie wohnt, als Familienangehöriger bestimmt oder anerkannt wird oder als Haushaltsangehöriger bezeichnet wird;

2. unterscheiden die gemäß Nummer 1 anzuwendenden Rechtsvorschriften eines Mitgliedstaats die Familienangehörigen nicht von anderen Personen, auf die diese Rechtsvorschriften anwendbar sind, so werden der Ehegatte, die minderjährigen Kinder und die unterhaltsberechtigten volljährigen Kinder als Familienangehörige angesehen;

3. wird nach den gemäß Nummern 1 und 2 anzuwendenden Rechtsvorschriften eine Person nur dann als Familien- oder Haushaltsangehöriger angesehen, wenn sie mit dem Versicherten oder dem Rentner in häuslicher Gemeinschaft lebt, so gilt diese Voraussetzung als erfüllt, wenn der Unterhalt der betreffenden Person überwiegend von dem Versicherten oder dem Rentner bestritten wird;

j) „Wohnort" den Ort des gewöhnlichen Aufenthalts einer Person;

k) „Aufenthalt" den vorübergehenden Aufenthalt;

l) „Rechtsvorschriften" für jeden Mitgliedstaat die Gesetze, Verordnungen, Satzungen und alle anderen Durchführungsvorschriften in Bezug auf die in Artikel 3 Absatz 1 genannten Zweige der sozialen Sicherheit.

Dieser Begriff umfasst keine tarifvertraglichen Vereinbarungen, mit Ausnahme derjenigen, durch die eine Versicherungsverpflichtung, die sich aus den in Unterabsatz 1 genannten Gesetzen oder Verordnungen ergibt, erfüllt wird oder die durch eine behördliche Entscheidung für allgemein verbindlich erklärt oder in ihrem Geltungsbereich erweitert wurden, sofern der betreffende Mitgliedstaat in einer einschlägigen Erklärung den Präsidenten des Europäischen Parlaments und den Präsidenten des Rates der Europäischen Union davon unterrichtet. Diese Erklärung wird im Amtsblatt der Europäischen Union veröffentlicht;

m) „zuständige Behörde" in jedem Mitgliedstaat den Minister, die Minister oder eine entsprechende andere Behörde, die im gesamten Gebiet des betreffenden Mitgliedstaates oder einem Teil davon für die Systeme der sozialen Sicherheit zuständig sind;

n) „Verwaltungskommission" die in Artikel 71 genannte Kommission;

o) „Durchführungsverordnung" die in Artikel 89 genannte Verordnung;

p) „Träger" in jedem Mitgliedstaat die Einrichtung oder Behörde, der die Anwendung aller Rechtsvorschriften oder eines Teils hiervon obliegt;

q) „zuständiger Träger"

   i) den Träger, bei dem die betreffende Person zum Zeitpunkt der Stellung des Antrags auf Leistungen versichert ist, oder

   ii) den Träger, gegenüber dem die betreffende Person einen Anspruch auf Leistungen hat oder hätte, wenn sie selbst oder ihr Familienangehöriger bzw. ihre Familienangehörigen in dem Mitgliedstaat wohnen würden, in dem dieser Träger seinen Sitz hat, oder

   iii) den von der zuständigen Behörde des betreffenden Mitgliedstaats bezeichneten Träger oder

   iv) bei einem System, das die Verpflichtungen des Arbeitgebers hinsichtlich der in Artikel 3 Absatz 1 genannten Leistungen betrifft, den Arbeitgeber oder den betreffenden Versicherer oder, falls es einen solchen nicht gibt, die von der zuständigen Behörde des betreffenden Mitgliedstaats bezeichnete Einrichtung oder Behörde;

r) „Träger des Wohnorts" und „Träger des Aufenthaltsorts" den Träger, der nach den Rechtsvorschriften, die für diesen Träger gelten, für die Gewährung der Leistungen an dem Ort zuständig ist, an dem die betreffende Person wohnt oder sich aufhält, oder, wenn es einen solchen Träger nicht gibt, den von der zuständigen Behörde des betreffenden Mitgliedstaats bezeichneten Träger;

s) „zuständiger Mitgliedstaat" den Mitgliedstaat, in dem der zuständige Träger seinen Sitz hat;

t) „Versicherungszeiten" die Beitragszeiten, Beschäftigungszeiten oder Zeiten einer selbstständigen Erwerbstätigkeit, die nach den Rechtsvorschriften, nach denen sie zurückgelegt worden sind oder als zurückgelegt gelten, als Versicherungszeiten bestimmt oder anerkannt sind, sowie alle gleichgestellten Zeiten, soweit sie nach diesen Rechtsvorschriften als den Versicherungszeiten gleichwertig anerkannt sind;

u) „Beschäftigungszeiten" oder „Zeiten einer selbstständigen Erwerbstätigkeit" die Zeiten, die nach den Rechtsvorschriften, nach denen sie zurückgelegt worden sind, als solche bestimmt oder anerkannt sind, sowie alle gleichgestellten Zeiten, soweit sie nach diesen Rechtsvorschriften als den Beschäftigungszeiten oder den Zeiten einer selbstständigen Erwerbstätigkeit gleichwertig anerkannt sind;

v) „Wohnzeiten" die Zeiten, die nach den Rechtsvorschriften, nach denen sie zurückgelegt worden sind oder als zurückgelegt gelten, als solche bestimmt oder anerkannt sind;

va) „Sachleistungen"

   i) für Titel III Kapitel 1 (Leistungen bei Krankheit sowie Leistungen bei Mutterschaft und gleichgestellte Leistungen bei Vaterschaft) Sachleistungen, die nach den Rechtsvorschriften eines Mitgliedstaats vorgesehen sind und die den Zweck verfolgen, die ärztliche Behandlung und die diese Behandlung ergänzenden Produkte und Dienstleistungen zu erbringen bzw. zur Verfügung zu stellen oder direkt zu bezahlen oder die diesbezüglichen Kosten zu erstatten. Dazu gehören auch Sachleistungen bei Pflegebedürftigkeit;

   ii) für Titel III Kapitel 2 (Leistungen bei Arbeitsunfällen

   und Berufskrankheiten) alle Sachleistungen im Zusammenhang mit Arbeitsunfällen und Berufskrankheiten gemäß der Definition nach Ziffer i, die nach den Arbeitsunfall- und Berufskrankheitenregelungen der Mitgliedstaaten vorgesehen sind.

(ABl L 2009/284)

w) „Renten" nicht nur Renten im engeren Sinn, sondern auch Kapitalabfindungen, die an deren Stelle treten können, und Beitragserstattungen sowie, soweit Titel III nichts anderes bestimmt, Anpassungsbeträge und Zulagen;

x) „Vorruhestandsleistungen" alle anderen Geldleistungen als Leistungen bei Arbeitslosigkeit und vorgezogene Leistungen wegen Alters, die ab einem bestimmten Lebensalter Arbeitnehmern, die ihre berufliche Tätigkeit eingeschränkt oder beendet haben oder ihr vorübergehend nicht mehr nachgehen, bis zu dem Lebensalter gewährt werden, in dem sie Anspruch auf Altersrente oder auf vorzeitiges Altersruhegeld geltend machen können, und deren Bezug nicht davon abhängig ist, dass sie der Arbeitsverwaltung des zuständigen Staates zur Verfügung stehen; eine „vorgezogene Leistung wegen Alters" ist eine Leistung, die vor dem Erreichen des Lebensalters, ab dem üblicherweise Anspruch auf Rente entsteht, gewährt und nach Erreichen dieses Lebensalters weiterhin gewährt oder durch eine andere Leistung bei Alter abgelöst wird;

y) „Sterbegeld" jede einmalige Zahlung im Todesfall, mit Ausnahme der unter Buchstabe w genannten Kapitalabfindungen;

z) „Familienleistungen“ alle Sach- oder Geldleistungen zum Ausgleich von Familienlasten, mit Ausnahme von Unterhaltsvorschüssen und besonderen Geburts- und Adoptionsbeihilfen nach Anhang I.

Artikel 2
Persönlicher Geltungsbereich

(1) Diese Verordnung gilt für Staatsangehörige eines Mitgliedstaats, Staatenlose und Flüchtlinge mit Wohnort in einem Mitgliedstaat, für die die Rechtsvorschriften eines oder mehrerer Mitgliedstaaten gelten oder galten, sowie für ihre Familienangehörigen und Hinterbliebenen.

(2) Diese Verordnung gilt auch für Hinterbliebene von Personen, für die die Rechtsvorschriften eines oder mehrerer Mitgliedstaaten galten, und zwar ohne Rücksicht auf die Staatsangehörigkeit dieser Personen, wenn die Hinterbliebenen Staatsangehörige eines Mitgliedstaats sind oder als Staatenlose oder Flüchtlinge in einem Mitgliedstaat wohnen.

Artikel 3
Sachlicher Geltungsbereich

(1) Diese Verordnung gilt für alle Rechtsvorschriften, die folgende Zweige der sozialen Sicherheit betreffen:

a) Leistungen bei Krankheit;
b) Leistungen bei Mutterschaft und gleichgestellte Leistungen bei Vaterschaft;
c) Leistungen bei Invalidität;
d) Leistungen bei Alter;
e) Leistungen an Hinterbliebene;
f) Leistungen bei Arbeitsunfällen und Berufskrankheiten;
g) Sterbegeld;
h) Leistungen bei Arbeitslosigkeit;
i) Vorruhestandsleistungen;
j) Familienleistungen.

(2) Sofern in Anhang XI nichts anderes bestimmt ist, gilt diese Verordnung für die allgemeinen und die besonderen, die auf Beiträgen beruhenden und die beitragsfreien Systeme der sozialen Sicherheit sowie für die Systeme betreffend die Verpflichtungen von Arbeitgebern und Reedern.

(3) Diese Verordnung gilt auch für die besonderen beitragsunabhängigen Geldleistungen gemäß Artikel 70.

(4) Die Rechtsvorschriften der Mitgliedstaaten über die Verpflichtungen von Reedern werden jedoch durch Titel III nicht berührt.

(5) Diese Verordnung gilt nicht für

a) soziale und medizinische Fürsorge oder
b) Leistungen, bei denen ein Mitgliedstaat die Haftung für Personenschäden übernimmt und Entschädigung leistet, beispielsweise für Opfer von Krieg und militärischen Aktionen oder der sich daraus ergebenden Folgen, Opfer von Straftaten, Attentaten oder Terrorakten, Opfer von Schäden, die von Bediensteten eines Mitgliedstaats in Ausübung ihrer Pflichten verursacht wurden, oder für Personen, die aus politischen oder religiösen Gründen oder aufgrund ihrer Abstammung Nachteile erlitten haben.

(ABl L 2009/284)

Artikel 4
Gleichbehandlung

Sofern in dieser Verordnung nichts anderes bestimmt ist, haben Personen, für die diese Verordnung gilt, die gleichen Rechte und Pflichten aufgrund der Rechtsvorschriften eines Mitgliedstaats wie die Staatsangehörigen dieses Staates.

Artikel 5
Gleichstellung von Leistungen, Einkünften, Sachverhalten oder Ereignissen

Sofern in dieser Verordnung nicht anderes bestimmt ist, gilt unter Berücksichtigung der besonderen Durchführungsbestimmungen Folgendes:

a) Hat nach den Rechtsvorschriften des zuständigen Mitgliedstaats der Bezug von Leistungen der sozialen Sicherheit oder sonstiger Einkünfte bestimmte Rechtswirkungen, so sind die entsprechenden Rechtsvorschriften auch bei Bezug von nach den Rechtsvorschriften eines anderen Mitgliedstaats gewährten gleichartigen Leistungen oder bei Bezug von in einem anderen Mitgliedstaat erzielten Einkünften anwendbar.
b) Hat nach den Rechtsvorschriften des zuständigen Mitgliedstaats der Eintritt bestimmter Sachverhalte oder Ereignisse Rechtswirkungen, so berücksichtigt dieser Mitgliedstaat die in einem anderen Mitgliedstaat eingetretenen entsprechenden Sachverhalte oder Ereignisse, als ob sie im eigenen Hoheitsgebiet eingetreten wären.

Artikel 6
Zusammenrechnung der Zeiten

Sofern in dieser Verordnung nichts anderes bestimmt ist, berücksichtigt der zuständige Träger eines Mitgliedstaats, dessen Rechtsvorschriften

– den Erwerb, die Aufrechterhaltung, die Dauer oder das Wiederaufleben des Leistungsanspruchs,
– die Anwendung bestimmter Rechtsvorschriften oder
– den Zugang zu bzw. die Befreiung von der Pflichtversicherung, der freiwilligen Versicherung oder der freiwilligen Weiterversicherung

von der Zurücklegung von Versicherungszeiten, Beschäftigungszeiten, Zeiten einer selbstständigen Erwerbstätigkeit oder Wohnzeiten abhängig machen, soweit erforderlich die nach den Rechtsvorschriften eines anderen Mitgliedstaats zurückgelegten Versicherungszeiten, Beschäftigungszeiten, Zeiten einer selbstständigen Erwerbstätigkeit oder

Wohnzeiten, als ob es sich um Zeiten handeln würde, die nach den für diesen Träger geltenden Rechtsvorschriften zurückgelegt worden sind.

Artikel 7
Aufhebung der Wohnortklauseln

Sofern in dieser Verordnung nichts anderes bestimmt ist, dürfen Geldleistungen, die nach den Rechtsvorschriften eines oder mehrerer Mitgliedstaaten oder nach dieser Verordnung zu zahlen sind, nicht aufgrund der Tatsache gekürzt, geändert, zum Ruhen gebracht, entzogen oder beschlagnahmt werden, dass der Berechtigte oder seine Familienangehörigen in einem anderen als dem Mitgliedstaat wohnt bzw. wohnen, in dem der zur Zahlung verpflichtete Träger seinen Sitz hat.

Artikel 8
Verhältnis zwischen dieser Verordnung und anderen Koordinierungsregelungen

(1) Im Rahmen ihres Geltungsbereichs tritt diese Verordnung an die Stelle aller zwischen den Mitgliedstaaten geltenden Abkommen über soziale Sicherheit. Einzelne Bestimmungen von Abkommen über soziale Sicherheit, die von den Mitgliedstaaten vor dem Beginn der Anwendung dieser Verordnung geschlossen wurden, gelten jedoch fort, sofern sie für die Berechtigten günstiger sind oder sich aus besonderen historischen Umständen ergeben und ihre Geltung zeitlich begrenzt ist. Um weiterhin Anwendung zu finden, müssen diese Bestimmungen in Anhang II aufgeführt sein. Ist es aus objektiven Gründen nicht möglich, einige dieser Bestimmungen auf alle Personen auszudehnen, für die diese Verordnung gilt, so ist dies anzugeben.

(2) Zwei oder mehr Mitgliedstaaten können bei Bedarf nach den Grundsätzen und im Geist dieser Verordnung Abkommen miteinander schließen.

Artikel 9
Erklärungen der Mitgliedstaaten zum Geltungsbereich dieser Verordnung

(1) Die Mitgliedstaaten notifizieren der Europäischen Kommission schriftlich die Erklärungen gemäß Artikel 1 Buchstabe l, die Rechtsvorschriften, Systeme und Regelungen im Sinne des Artikels 3, die Abkommen im Sinne des Artikels 8 Absatz 2, die Mindestleistungen im Sinne des Artikels 58 und das Fehlen eines Versicherungssystems im Sinne des Artikels 65a Absatz 1 sowie wesentliche Änderungen. In diesen Notifizierungen ist das Datum anzugeben, ab dem diese Verordnung auf die von den Mitgliedstaaten darin genannten Regelungen Anwendung findet.

(2) Diese Notifizierungen werden der Europäischen Kommission jährlich übermittelt und im erforderlichen Umfang bekannt gemacht.

(ABl L 2012/149)

Artikel 10
Verbot des Zusammentreffens von Leistungen

Sofern nichts anderes bestimmt ist, wird aufgrund dieser Verordnung ein Anspruch auf mehrere Leistungen gleicher Art aus derselben Pflichtversicherungszeit weder erworben noch aufrechterhalten.

TITEL II
BESTIMMUNG DES ANWENDBAREN RECHTS

Artikel 11
Allgemeine Regelung

(1) Personen, für die diese Verordnung gilt, unterliegen den Rechtsvorschriften nur eines Mitgliedstaats. Welche Rechtsvorschriften dies sind, bestimmt sich nach diesem Titel.

(2) Für die Zwecke dieses Titels wird bei Personen, die aufgrund oder infolge ihrer Beschäftigung oder selbstständigen Erwerbstätigkeit eine Geldleistung beziehen, davon ausgegangen, dass sie diese Beschäftigung oder Tätigkeit ausüben. Dies gilt nicht für Invaliditäts-, Alters- oder Hinterbliebenenrenten oder für Renten bei Arbeitsunfällen oder Berufskrankheiten oder für Geldleistungen bei Krankheit, die eine Behandlung von unbegrenzter Dauer abdecken.

(3) Vorbehaltlich der Artikel 12 bis 16 gilt Folgendes:

a) eine Person, die in einem Mitgliedstaat eine Beschäftigung oder selbstständige Erwerbstätigkeit ausübt, unterliegt den Rechtsvorschriften dieses Mitgliedstaats;

b) ein Beamter unterliegt den Rechtsvorschriften des Mitgliedstaats, dem die ihn beschäftigende Verwaltungseinheit angehört;

c) eine Person, die nach den Rechtsvorschriften des Wohnmitgliedstaats Leistungen bei Arbeitslosigkeit gemäß Artikel 65 erhält, unterliegt den Rechtsvorschriften dieses Mitgliedstaats;

d) eine zum Wehr- oder Zivildienst eines Mitgliedstaats einberufene oder wiedereinberufene Person unterliegt den Rechtsvorschriften dieses Mitgliedstaats;

e) jede andere Person, die nicht unter die Buchstaben a bis d fällt, unterliegt unbeschadet anders lautender Bestimmungen dieser Verordnung, nach denen ihr Leistungen aufgrund der Rechtsvorschriften eines oder mehrerer anderer Mitgliedstaaten zustehen, den Rechtsvorschriften des Wohnmitgliedstaats.

EU-VO

(4) Für die Zwecke dieses Titels gilt eine Beschäftigung oder selbstständige Erwerbstätigkeit, die gewöhnlich an Bord eines unter der Flagge eines Mitgliedstaats fahrenden Schiffes auf See ausgeübt wird, als in diesem Mitgliedstaat ausgeübt. Eine Person, die einer Beschäftigung an Bord eines unter der Flagge eines Mitgliedstaats fahrenden Schiffes nachgeht und ihr Entgelt für diese Tätigkeit von einem Unternehmen oder einer Person mit Sitz oder Wohnsitz in einem anderen Mitgliedstaat erhält, unterliegt jedoch den Rechtsvorschriften des letzteren Mitgliedstaats, sofern sie in diesem Staat wohnt. Das Unternehmen oder die Per-

son, das bzw. die das Entgelt zahlt, gilt für die Zwecke dieser Rechtsvorschriften als Arbeitgeber.

(5) Eine Tätigkeit, die ein Flug- oder Kabinenbesatzungsmitglied in Form von Leistungen im Zusammenhang mit Fluggästen oder Luftfracht ausübt, gilt als in dem Mitgliedstaat ausgeübte Tätigkeit, in dem sich die ‚Heimatbasis' im Sinne von Anhang III der Verordnung (EWG) Nr. 3922/91 befindet.

(ABl L 2012/149)

Artikel 12
Sonderregelung

(1) Eine Person, die in einem Mitgliedstaat für Rechnung eines Arbeitgebers, der gewöhnlich dort tätig ist, eine Beschäftigung ausübt und die von diesem Arbeitgeber in einen anderen Mitgliedstaat entsandt wird, um dort eine Arbeit für dessen Rechnung auszuführen, unterliegt weiterhin den Rechtsvorschriften des ersten Mitgliedstaats, sofern die voraussichtliche Dauer dieser Arbeit 24 Monate nicht überschreitet und diese Person nicht eine andere entsandte Person ablöst.

(ABl L 2012/149)

(2) Eine Person, die gewöhnlich in einem Mitgliedstaat eine selbstständige Erwerbstätigkeit ausübt und die eine ähnliche Tätigkeit in einem anderen Mitgliedstaat ausübt, unterliegt weiterhin den Rechtsvorschriften des ersten Mitgliedstaats, sofern die voraussichtliche Dauer dieser Tätigkeit vierundzwanzig Monate nicht überschreitet.

Artikel 13
Ausübung von Tätigkeiten in zwei oder mehr Mitgliedstaaten

(1) Eine Person, die gewöhnlich in zwei oder mehr Mitgliedstaaten eine Beschäftigung ausübt, unterliegt:

a) den Rechtsvorschriften des Wohnmitgliedstaats, wenn sie dort einen wesentlichen Teil ihrer Tätigkeit ausübt, oder

b) wenn sie im Wohnmitgliedstaat keinen wesentlichen Teil ihrer Tätigkeit ausübt,

   i) den Rechtsvorschriften des Mitgliedstaats, in dem das Unternehmen oder der Arbeitgeber seinen Sitz oder Wohnsitz hat, sofern sie bei einem Unternehmen bzw. einem Arbeitgeber beschäftigt ist, oder

   ii) den Rechtsvorschriften des Mitgliedstaats, in dem die Unternehmen oder Arbeitgeber ihren Sitz oder Wohnsitz haben, wenn sie bei zwei oder mehr Unternehmen oder Arbeitgebern beschäftigt ist, die ihren Sitz oder Wohnsitz in nur einem Mitgliedstaat haben, oder

   iii) den Rechtsvorschriften des Mitgliedstaats, in dem das Unternehmen oder der Arbeitgeber außerhalb des Wohnmitgliedstaats seinen Sitz oder Wohnsitz hat, sofern sie bei zwei oder mehr Unternehmen oder Arbeitgebern beschäftigt ist, die ihre Sitze oder Wohnsitze in zwei Mitgliedstaaten haben, von denen einer der Wohnmitgliedstaat ist, oder

   iv) den Rechtsvorschriften des Wohnmitgliedstaats, sofern sie bei zwei oder mehr Unternehmen oder Arbeitgebern beschäftigt ist, von denen mindestens zwei ihren Sitz oder Wohnsitz in verschiedenen Mitgliedstaaten außerhalb des Wohnmitgliedstaats haben.

(ABl L 2012/149)

(2) Eine Person, die gewöhnlich in zwei oder mehr Mitgliedstaaten eine selbstständige Erwerbstätigkeit ausübt, unterliegt

a) den Rechtsvorschriften des Wohnmitgliedstaats, wenn sie dort einen wesentlichen Teil ihrer Tätigkeit ausübt, oder

b) den Rechtsvorschriften des Mitgliedstaats, in dem sich der Mittelpunkt ihrer Tätigkeiten befindet, wenn sie nicht in einem der Mitgliedstaaten wohnt, in denen sie einen wesentlichen Teil ihrer Tätigkeit ausübt.

(3) Eine Person, die gewöhnlich in verschiedenen Mitgliedstaaten eine Beschäftigung und eine selbstständige Erwerbstätigkeit ausübt, unterliegt den Rechtsvorschriften des Mitgliedstaats, in dem sie eine Beschäftigung ausübt, oder, wenn sie eine solche Beschäftigung in zwei oder mehr Mitgliedstaaten ausübt, den nach Absatz 1 bestimmten Rechtsvorschriften.

(4) Eine Person, die in einem Mitgliedstaat als Beamter beschäftigt ist und die eine Beschäftigung und/oder eine selbstständige Erwerbstätigkeit in einem oder mehreren anderen Mitgliedstaaten ausübt, unterliegt den Rechtsvorschriften des Mitgliedstaats, dem die sie beschäftigende Verwaltungseinheit angehört.

(5) Die in den Absätzen 1 bis 4 genannten Personen werden für die Zwecke der nach diesen Bestimmungen ermittelten Rechtsvorschriften so behandelt, als ob sie ihre gesamte Beschäftigung oder selbstständige Erwerbstätigkeit in dem betreffenden Mitgliedstaat ausüben und dort ihre gesamten Einkünfte erzielen würden.

Artikel 14
Freiwillige Versicherung oder freiwillige Weiterversicherung

(1) Die Artikel 11 bis 13 gelten nicht für die freiwillige Versicherung oder die freiwillige Weiterversicherung, es sei denn, in einem Mitgliedstaat gibt es für einen der in Artikel 3 Absatz 1 genannten Zweige nur ein System der freiwilligen Versicherung.

(2) Unterliegt die betreffende Person nach den Rechtsvorschriften eines Mitgliedstaats der Pflichtversicherung in diesem Mitgliedstaat, so darf sie in einem anderen Mitgliedstaat keiner freiwilligen Versicherung oder freiwilligen Weiterversicherung unterliegen. In allen übrigen Fällen, in denen für einen bestimmten Zweig eine Wahlmög-

lichkeit zwischen mehreren Systemen der freiwilligen Versicherung oder der freiwilligen Weiterversicherung besteht, tritt die betreffende Person nur dem System bei, für das sie sich entschieden hat.

(3) Für Leistungen bei Invalidität, Alter und an Hinterbliebene kann die betreffende Person jedoch auch dann der freiwilligen Versicherung oder der freiwilligen Weiterversicherung eines Mitgliedstaats beitreten, wenn sie nach den Rechtsvorschriften eines anderen Mitgliedstaats pflichtversichert ist, sofern sie in der Vergangenheit zu einem Zeitpunkt ihrer beruflichen Laufbahn aufgrund oder infolge einer Beschäftigung oder selbstständigen Erwerbstätigkeit den Rechtsvorschriften des ersten Mitgliedstaats unterlag und ein solches Zusammentreffen nach den Rechtsvorschriften des ersten Mitgliedstaats ausdrücklich oder stillschweigend zugelassen ist.

(4) Hängt nach den Rechtsvorschriften eines Mitgliedstaats das Recht auf freiwillige Versicherung oder freiwillige Weiterversicherung davon ab, dass der Berechtigte seinen Wohnort in diesem Mitgliedstaat hat oder dass er zuvor beschäftigt bzw. selbstständig erwerbstätig war, so gilt Artikel 5 Buchstabe b ausschließlich für Personen, die zu irgendeinem Zeitpunkt in der Vergangenheit den Rechtsvorschriften dieses Mitgliedstaats unterlagen, weil sie dort eine Beschäftigung oder eine selbstständige Erwerbstätigkeit ausgeübt haben.

(ABl L 2009/284)

Artikel 15

Hilfskräfte der Europäischen Gemeinschaften

Die Hilfskräfte der Europäischen Gemeinschaften können zwischen der Anwendung der Rechtsvorschriften des Mitgliedstaats, in dem sie beschäftigt sind, der Rechtsvorschriften des Mitgliedstaats, denen sie zuletzt unterlagen, oder der Rechtsvorschriften des Mitgliedstaats, dessen Staatsangehörigkeit sie besitzen, wählen; ausgenommen hiervon sind die Vorschriften über Familienbeihilfen, die nach den Beschäftigungsbedingungen für diese Vertragsbediensteten gewährt werden. Dieses Wahlrecht kann nur einmal ausgeübt werden und wird mit dem Tag des Dienstantritts wirksam.

(ABl L 2009/284)

Artikel 16

Ausnahmen von den Artikeln 11 bis 15

(1) Zwei oder mehr Mitgliedstaaten, die zuständigen Behörden dieser Mitgliedstaaten oder die von diesen Behörden bezeichneten Einrichtungen können im gemeinsamen Einvernehmen Ausnahmen von den Artikeln 11 bis 15 im Interesse bestimmter Personen oder Personengruppen vorsehen.

(2) Wohnt eine Person, die eine Rente oder Renten nach den Rechtsvorschriften eines oder mehrerer Mitgliedstaaten erhält, in einem anderen Mitgliedstaat, so kann sie auf Antrag von der Anwendung der Rechtsvorschriften des letzteren Staates freigestellt werden, sofern sie diesen Rechtsvorschriften nicht aufgrund der Ausübung einer Beschäftigung oder selbstständigen Erwerbstätigkeit unterliegt.

TITEL III
BESONDERE BESTIMMUNGEN ÜBER DIE VERSCHIEDENEN ARTEN VON LEISTUNGEN

KAPITEL 1
Leistungen bei Krankheit sowie Leistungen bei Mutterschaft und gleichgestellte Leistungen bei Vaterschaft

Abschnitt 1
Versicherte und ihre Familienangehörigen mit Ausnahme von Rentnern und deren Familienangehörigen

Artikel 17

Wohnort in einem anderen als dem zuständigen Mitgliedstaat

Ein Versicherter oder seine Familienangehörigen, die in einem anderen als dem zuständigen Mitgliedstaat wohnen, erhalten in dem Wohnmitgliedstaat Sachleistungen, die vom Träger des Wohnorts nach den für ihn geltenden Rechtsvorschriften für Rechnung des zuständigen Trägers erbracht werden, als ob sie nach diesen Rechtsvorschriften versichert wären.

Artikel 18

Aufenthalt in dem zuständigen Mitgliedstaat, wenn sich der Wohnort in einem anderen Mitgliedstaat befindet – Besondere Vorschriften für die Familienangehörigen von Grenzgängern

(1) Sofern in Absatz 2 nichts anderes bestimmt ist, haben der in Artikel 17 genannte Versicherte und seine Familienangehörigen auch während des Aufenthalts in dem zuständigen Mitgliedstaat Anspruch auf Sachleistungen. Die Sachleistungen werden vom zuständigen Träger für dessen Rechnung nach den für ihn geltenden Rechtsvorschriften erbracht, als ob die betreffenden Personen in diesem Mitgliedstaat wohnen würden.

(2) Die Familienangehörigen von Grenzgängern haben Anspruch auf Sachleistungen während ihres Aufenthalts im zuständigen Mitgliedstaat.

Ist dieser Mitgliedstaat jedoch in Anhang III aufgeführt, haben die Familienangehörigen von Grenzgängern, die im selben Mitgliedstaat wie der Grenzgänger wohnen, im zuständigen Mitgliedstaat nur unter den Voraussetzungen des Artikels 19 Absatz 1 Anspruch auf Sachleistungen.

(ABl L 2009/284)

Artikel 19

Aufenthalt außerhalb des zuständigen Mitgliedstaats

(1) Sofern in Absatz 2 nichts anderes bestimmt ist, haben ein Versicherter und seine Familienangehörigen, die sich in einem anderen als dem zuständigen Mitgliedstaat aufhalten, Anspruch auf

die Sachleistungen, die sich während ihres Aufenthalts als medizinisch notwendig erweisen, wobei die Art der Leistungen und die voraussichtliche Dauer des Aufenthalts zu berücksichtigen sind. Diese Leistungen werden vom Träger des Aufenthaltsorts nach den für ihn geltenden Rechtsvorschriften für Rechnung des zuständigen Trägers erbracht, als ob die betreffenden Personen nach diesen Rechtsvorschriften versichert wären.

(2) Die Verwaltungskommission erstellt eine Liste der Sachleistungen, für die aus praktischen Gründen eine vorherige Vereinbarung zwischen der betreffenden Person und dem die medizinische Leistung erbringenden Träger erforderlich ist, damit sie während eines Aufenthalts in einem anderen Mitgliedstaat erbracht werden können.

Artikel 20
Reisen zur Inanspruchnahme von Sachleistungen

(1) Sofern in dieser Verordnung nichts anderes bestimmt ist, muss ein Versicherter, der sich zur Inanspruchnahme von Sachleistungen in einen anderen Mitgliedstaat begibt, die Genehmigung des zuständigen Trägers einholen.

(2) Ein Versicherter, der vom zuständigen Träger die Genehmigung erhalten hat, sich in einen anderen Mitgliedstaat zu begeben, um eine seinem Zustand angemessene Behandlung zu erhalten, erhält Sachleistungen, die vom Träger des Aufenthaltsorts nach den für ihn geltenden Rechtsvorschriften für Rechnung des zuständigen Trägers erbracht werden, als ob er nach diesen Rechtsvorschriften versichert wäre. Die Genehmigung wird erteilt, wenn die betreffende Behandlung Teil der Leistungen ist, die nach den Rechtsvorschriften des Wohnmitgliedstaats der betreffenden Person vorgesehen sind, und ihr diese Behandlung nicht innerhalb eines in Anbetracht ihres derzeitigen Gesundheitszustands und des voraussichtlichen Verlaufs ihrer Krankheit medizinisch vertretbaren Zeitraums gewährt werden kann.

(3) Die Absätze 1 und 2 gelten für die Familienangehörigen des Versicherten entsprechend.

(4) Wohnen die Familienangehörigen eines Versicherten in einem anderen Mitgliedstaat als der Versicherte selbst und hat sich dieser Mitgliedstaat für die Erstattung in Form von Pauschalbeträgen entschieden, so werden die Sachleistungen nach Absatz 2 für Rechnung des Trägers des Wohnorts der Familienangehörigen erbracht. In diesem Fall gilt für die Zwecke des Absatzes 1 der Träger des Wohnorts der Familienangehörigen als zuständiger Träger.

Artikel 21
Geldleistungen

(1) Ein Versicherter und seine Familienangehörigen, die in einem anderen als dem zuständigen Mitgliedstaat wohnen oder sich dort aufhalten, haben Anspruch auf Geldleistungen, die vom zuständigen Träger nach den für ihn geltenden Rechtsvorschriften erbracht werden. Im Einvernehmen zwischen dem zuständigen Träger und dem Träger des Wohn- oder Aufenthaltsorts können diese Leistungen jedoch vom Träger des Wohn- oder Aufenthaltsorts nach den Rechtsvorschriften des zuständigen Mitgliedstaats für Rechnung des zuständigen Trägers erbracht werden.

(2) Der zuständige Träger eines Mitgliedstaats, nach dessen Rechtsvorschriften Geldleistungen anhand eines Durchschnittserwerbseinkommens oder einer durchschnittlichen Beitragsgrundlage zu berechnen sind, ermittelt das Durchschnittserwerbseinkommen oder die durchschnittliche Beitragsgrundlage ausschließlich anhand der Erwerbseinkommen oder Beitragsgrundlagen, die für die nach diesen Rechtsvorschriften zurückgelegten Zeiten festgestellt worden sind.

(3) Der zuständige Träger eines Mitgliedstaats, nach dessen Rechtsvorschriften Geldleistungen anhand eines pauschalen Erwerbseinkommens zu berechnen sind, berücksichtigt ausschließlich das pauschale Erwerbseinkommen oder gegebenenfalls den Durchschnitt der pauschalen Erwerbseinkommen für Zeiten, die nach diesen Rechtsvorschriften zurückgelegt worden sind.

(4) Die Absätze 2 und 3 gelten entsprechend, wenn nach den für den zuständigen Träger geltenden Rechtsvorschriften ein bestimmter Bezugszeitraum vorgesehen ist, der in dem betreffenden Fall ganz oder teilweise den Zeiten entspricht, die die betreffende Person nach den Rechtsvorschriften eines oder mehrerer anderer Mitgliedstaaten zurückgelegt hat.

Artikel 22
Rentenantragsteller

(1) Ein Versicherter, der bei der Einreichung eines Rentenantrags oder während dessen Bearbeitung nach den Rechtsvorschriften des letzten zuständigen Mitgliedstaats den Anspruch auf Sachleistungen verliert, hat weiterhin Anspruch auf Sachleistungen nach den Rechtsvorschriften des Mitgliedstaats, in dem er wohnt, sofern der Rentenantragsteller die Versicherungsvoraussetzungen nach den Rechtsvorschriften des in Absatz 2 genannten Mitgliedstaats erfüllt. Der Anspruch auf Sachleistungen in dem Wohnmitgliedstaat besteht auch für die Familienangehörigen des Rentenantragstellers.

(2) Die Sachleistungen werden für Rechnung des Trägers des Mitgliedstaats erbracht, der im Falle der Zuerkennung der Rente nach den Artikeln 23 bis 25 zuständig wäre.

Abschnitt 2
Rentner und ihre Familienangehörigen

Artikel 23
Sachleistungsanspruch nach den Rechtsvorschriften des Wohnmitgliedstaats

Eine Person, die eine Rente oder Renten nach den Rechtsvorschriften von zwei oder mehr Mitgliedstaaten erhält, wovon einer der Wohnmitgliedstaat ist, und die Anspruch auf Sachleistungen nach den Rechtsvorschriften dieses Mitgliedstaats hat, erhält wie auch ihre Familienangehörigen diese Sachleistungen vom Träger des Wohnorts für dessen Rechnung, als ob sie allein nach den Rechtsvorschriften dieses Mitgliedstaats Anspruch auf Rente hätte.

Artikel 24
Nichtvorliegen eines Sachleistungsanspruchs nach den Rechtsvorschriften des Wohnmitgliedstaats

(1) Eine Person, die eine Rente oder Renten nach den Rechtsvorschriften eines oder mehrerer Mitgliedstaaten erhält und die keinen Anspruch auf Sachleistungen nach den Rechtsvorschriften des Wohnmitgliedstaats hat, erhält dennoch Sachleistungen für sich selbst und ihre Familienangehörigen, sofern nach den Rechtsvorschriften des für die Zahlung ihrer Rente zuständigen Mitgliedstaats oder zumindest eines der für die Zahlung ihrer Rente zuständigen Mitgliedstaaten Anspruch auf Sachleistungen bestünde, wenn sie in diesem Mitgliedstaat wohnte. Die Sachleistungen werden vom Träger des Wohnorts für Rechnung des in Absatz 2 genannten Trägers erbracht, als ob die betreffende Person Anspruch auf Rente und Sachleistungen nach den Rechtsvorschriften dieses Mitgliedstaats hätte.

(2) In den in Absatz 1 genannten Fällen werden die Kosten für die Sachleistungen von dem Träger übernommen, der nach folgenden Regeln bestimmt wird:

a) hat der Rentner nur Anspruch auf Sachleistungen nach den Rechtsvorschriften eines einzigen Mitgliedstaats, so übernimmt der zuständige Träger dieses Mitgliedstaats die Kosten;

b) hat der Rentner Anspruch auf Sachleistungen nach den Rechtsvorschriften von zwei oder mehr Mitgliedstaaten, so übernimmt der zuständige Träger des Mitgliedstaats die Kosten, dessen Rechtsvorschriften für die betreffende Person am längsten gegolten haben; sollte die Anwendung dieser Regel dazu führen, dass die Kosten von mehreren Trägern zu übernehmen wären, gehen die Kosten zulasten des Trägers, der für die Anwendung der Rechtsvorschriften zuständig ist, die für den Rentner zuletzt gegolten haben.

Artikel 25
Renten nach den Rechtsvorschriften eines oder mehrerer anderer Mitgliedstaaten als dem Wohnmitgliedstaat, wenn ein Sachleistungsanspruch in diesem Mitgliedstaat besteht

Wohnt eine Person, die eine Rente oder Renten nach den Rechtsvorschriften eines oder mehrerer Mitgliedstaaten erhält, in einem Mitgliedstaat, nach dessen Rechtsvorschriften der Anspruch auf Sachleistungen nicht vom Bestehen einer Versicherung, einer Beschäftigung oder einer selbstständigen Erwerbstätigkeit abhängt und von dem sie keine Rente erhält, so werden die Kosten für die Sachleistungen, die ihr oder ihren Familienangehörigen gewährt werden, von dem Träger eines der für die Zahlung ihrer Rente zuständigen Mitgliedstaaten übernommen, der nach Artikel 24 Absatz 2 bestimmt wird, soweit dieser Rentner und seine Familienangehörigen Anspruch auf diese Leistungen hätten, wenn sie in diesem Mitgliedstaat wohnen würden.

Artikel 26
Familienangehörige, die in einem anderen Mitgliedstaat als dem Wohnmitgliedstaat des Rentners wohnen

Familienangehörige einer Person, die eine Rente oder Renten nach den Rechtsvorschriften eines oder mehrerer Mitgliedstaaten erhält, haben, wenn sie in einem anderen Mitgliedstaat als der Rentner wohnen, Anspruch auf Sachleistungen vom Träger ihres Wohnorts nach den für ihn geltenden Rechtsvorschriften, sofern der Rentner nach den Rechtsvorschriften eines Mitgliedstaats Anspruch auf Sachleistungen hat. Die Kosten übernimmt der zuständige Träger, der auch die Kosten für die dem Rentner in dessen Wohnmitgliedstaat gewährten Sachleistungen zu tragen hat.

Artikel 27
Aufenthalt des Rentners oder seiner Familienangehörigen in einem anderen Mitgliedstaat als ihrem Wohnmitgliedstaat – Aufenthalt im zuständigen Mitgliedstaat – Zulassung zu einer notwendigen Behandlung außerhalb des Wohnmitgliedstaats

(1) Artikel 19 gilt entsprechend für eine Person, die eine Rente oder Renten nach den Rechtsvorschriften eines oder mehrerer Mitgliedstaaten erhält und Anspruch auf Sachleistungen nach den Rechtsvorschriften eines der ihre Rente(n) gewährenden Mitgliedstaaten hat, oder für ihre Familienangehörigen, wenn sie sich in einem anderen Mitgliedstaat als ihrem Wohnmitgliedstaat aufhalten.

(2) Artikel 18 Absatz 1 gilt entsprechend für die in Absatz 1 genannten Personen, wenn sie sich in dem Mitgliedstaat aufhalten, in dem der zuständige Träger seinen Sitz hat, der die Kosten für die dem Rentner in dessen Wohnmitgliedstaat gewährten Sachleistungen zu tragen hat, und wenn dieser Mitgliedstaat sich dafür entschieden hat und in Anhang IV aufgeführt ist.

(3) Artikel 20 gilt entsprechend für einen Rentner und/oder seine Familienangehörigen, die sich in einem anderen Mitgliedstaat als ihrem Wohnmitgliedstaat aufhalten, um dort die ihrem Zustand angemessene Behandlung zu erhalten.

(4) Sofern in Absatz 5 nichts anderes bestimmt ist, übernimmt der zuständige Träger die Kosten für die Sachleistungen nach den Absätzen 1 bis 3, der auch die Kosten für die dem Rentner in dessen Wohnmitgliedstaat gewährten Sachleistungen zu tragen hat.

(5) Die Kosten für die Sachleistungen nach Absatz 3 werden vom Träger des Wohnortes des Rentners oder seiner Familienangehörigen übernommen, wenn diese Personen in einem Mitgliedstaat wohnen, der sich für die Erstattung in Form von Pauschalbeträgen entschieden hat. In diesen Fällen gilt für die Zwecke des Absatzes 3 der Trä-

ger des Wohnorts des Rentners oder seiner Familienangehörigen als zuständiger Träger.

Artikel 28
Besondere Vorschriften für Grenzgänger in Rente

(1) Ein Grenzgänger, der wegen Alters oder Invalidität Rentner wird, hat bei Krankheit weiterhin Anspruch auf Sachleistungen in dem Mitgliedstaat, in dem er zuletzt eine Beschäftigung oder eine selbstständige Erwerbstätigkeit ausgeübt hat, soweit es um die Fortsetzung einer Behandlung geht, die in diesem Mitgliedstaat begonnen wurde. Als „Fortsetzung einer Behandlung" gilt die fortlaufende Untersuchung, Diagnose und Behandlung einer Krankheit während ihrer gesamten Dauer.

Unterabsatz 1 gilt entsprechend für die Familienangehörigen eines ehemaligen Grenzgängers, es sei denn, der Mitgliedstaat, in dem der Grenzgänger seine Erwerbstätigkeit zuletzt ausübte, ist in Anhang III aufgeführt.

(ABl L 2009/284)

(2) Ein Rentner, der in den letzten fünf Jahren vor dem Zeitpunkt des Anfalls einer Alters- oder Invaliditätsrente mindestens zwei Jahre als Grenzgänger eine Beschäftigung oder eine selbstständige Erwerbstätigkeit ausgeübt hat, hat Anspruch auf Sachleistungen in dem Mitgliedstaat, in dem er als Grenzgänger eine solche Beschäftigung oder Tätigkeit ausgeübt hat, wenn dieser Mitgliedstaat und der Mitgliedstaat, in dem der zuständige Träger seinen Sitz hat, der die Kosten für die dem Rentner in dessen Wohnmitgliedstaat gewährten Sachleistungen zu tragen hat, sich dafür entschieden haben und beide in Anhang V aufgeführt sind.

(3) Absatz 2 gilt entsprechend für die Familienangehörigen eines ehemaligen Grenzgängers oder für seine Hinterbliebenen, wenn sie während der in Absatz 2 genannten Zeiträume Anspruch auf Sachleistungen nach Artikel 18 Absatz 2 hatten, und zwar auch dann, wenn der Grenzgänger vor dem Anfall seiner Rente verstorben ist, sofern er in den letzten fünf Jahren vor seinem Tod mindestens zwei Jahre als Grenzgänger eine Beschäftigung oder eine selbstständige Erwerbstätigkeit ausgeübt hat.

(4) Die Absätze 2 und 3 gelten so lange, bis auf die betreffende Person die Rechtsvorschriften eines Mitgliedstaats aufgrund der Ausübung einer Beschäftigung oder einer selbstständigen Erwerbstätigkeit Anwendung finden.

(5) Die Kosten für die Sachleistungen nach den Absätzen 1 bis 3 übernimmt der zuständige Träger, der auch die Kosten für die dem Rentner oder seinen Hinterbliebenen in ihrem jeweiligen Wohnmitgliedstaat gewährten Sachleistungen zu tragen hat.

Artikel 29
Geldleistungen für Rentner

(1) Geldleistungen werden einer Person, die eine Rente oder Renten nach den Rechtsvorschriften eines oder mehrerer Mitgliedstaaten erhält, vom zuständigen Träger des Mitgliedstaats gewährt, in dem der zuständige Träger seinen Sitz hat, der die Kosten für die dem Rentner in dessen Wohnmitgliedstaat gewährten Sachleistungen zu tragen hat. Artikel 21 gilt entsprechend.

(2) Absatz 1 gilt auch für die Familienangehörigen des Rentners.

Artikel 30
Beiträge der Rentner

(1) Der Träger eines Mitgliedstaats, der nach den für ihn geltenden Rechtsvorschriften Beiträge zur Deckung der Leistungen bei Krankheit sowie der Leistungen bei Mutterschaft und der gleichgestellten Leistungen bei Vaterschaft einzubehalten hat, kann diese Beiträge, die nach den für ihn geltenden Rechtsvorschriften berechnet werden, nur verlangen und erheben, soweit die Kosten für die Leistungen nach den Artikeln 23 bis 26 von einem Träger in diesem Mitgliedstaat zu übernehmen sind.

(2) Sind in den in Artikel 25 genannten Fällen nach den Rechtsvorschriften des Mitgliedstaats, in dem der betreffende Rentner wohnt, Beiträge zu entrichten oder ähnliche Zahlungen zu leisten, um Anspruch auf Leistungen bei Krankheit sowie auf Leistungen bei Mutterschaft und gleichgestellte Leistungen bei Vaterschaft zu haben, können solche Beiträge nicht eingefordert werden, weil der Rentner dort wohnt.

Abschnitt 3
Gemeinsame Vorschriften

Artikel 31
Allgemeine Bestimmung

Die Artikel 23 bis 30 finden keine Anwendung auf einen Rentner oder seine Familienangehörigen, die aufgrund einer Beschäftigung oder einer selbstständigen Erwerbstätigkeit Anspruch auf Leistungen nach den Rechtsvorschriften eines Mitgliedstaats haben. In diesem Fall gelten für die Zwecke dieses Kapitels für die betreffende Person die Artikel 17 bis 21.

Artikel 32
Rangfolge der Sachleistungsansprüche – Besondere Vorschrift für den Leistungsanspruch von Familienangehörigen im Wohnmitgliedstaat

(1) Ein eigenständiger Sachleistungsanspruch aufgrund der Rechtsvorschriften eines Mitgliedstaats oder dieses Kapitels hat Vorrang vor einem abgeleiteten Anspruch auf Leistungen für Familienangehörige. Ein abgeleiteter Anspruch auf Sachleistungen hat jedoch Vorrang vor eigenständigen Ansprüchen, wenn der eigenständige Anspruch im Wohnmitgliedstaat unmittelbar und ausschließlich aufgrund des Wohnorts der betreffenden Person in diesem Mitgliedstaat besteht.

(2) Wohnen die Familienangehörigen eines Versicherten in einem Mitgliedstaat, nach dessen Rechtsvorschriften der Anspruch auf Sachleistun-

gen nicht vom Bestehen einer Versicherung, einer Beschäftigung oder einer selbstständigen Erwerbstätigkeit abhängt, so werden die Sachleistungen für Rechnung des zuständigen Trägers in dem Mitgliedstaat erbracht, in dem sie wohnen, sofern der Ehegatte oder die Person, die das Sorgerecht für die Kinder des Versicherten hat, eine Beschäftigung oder eine selbstständige Erwerbstätigkeit in diesem Mitgliedstaat ausübt oder von diesem Mitgliedstaat aufgrund einer Beschäftigung oder einer selbstständigen Erwerbstätigkeit eine Rente erhält.

Artikel 33
Sachleistungen von erheblicher Bedeutung

(1) Hat ein Träger eines Mitgliedstaats einem Versicherten oder einem seiner Familienangehörigen vor dessen Versicherung nach den für einen Träger eines anderen Mitgliedstaats geltenden Rechtsvorschriften den Anspruch auf ein Körperersatzstück, ein größeres Hilfsmittel oder andere Sachleistungen von erheblicher Bedeutung zuerkannt, so werden diese Leistungen auch dann für Rechnung des ersten Trägers gewährt, wenn die betreffende Person zum Zeitpunkt der Gewährung dieser Leistungen bereits nach den für den zweiten Träger geltenden Rechtsvorschriften versichert ist.

(2) Die Verwaltungskommission legt die Liste der von Absatz 1 erfassten Leistungen fest.

Artikel 34
Zusammentreffen von Leistungen bei Pflegebedürftigkeit

(1) Kann der Bezieher von Geldleistungen bei Pflegebedürftigkeit, die als Leistungen bei Krankheit gelten und daher von dem für die Gewährung von Geldleistungen zuständigen Mitgliedstaat nach den Artikeln 21 oder 29 erbracht werden, im Rahmen dieses Kapitels gleichzeitig für denselben Zweck vorgesehene Sachleistungen vom Träger des Wohn- oder Aufenthaltsortes in einem anderen Mitgliedstaat in Anspruch nehmen, für die ebenfalls ein Träger des ersten Mitgliedstaats die Kosten nach Artikel 35 zu erstatten hat, so ist das allgemeine Verbot des Zusammentreffens von Leistungen nach Artikel 10 mit der folgenden Einschränkung anwendbar: Beantragt und erhält die betreffende Person die Sachleistung, so wird die Geldleistung um den Betrag der Sachleistung gemindert, der dem zur Kostenerstattung verpflichteten Träger des ersten Mitgliedstaats in Rechnung gestellt wird oder gestellt werden könnte.

(2) Die Verwaltungskommission legt die Liste der von Absatz 1 erfassten Geldleistungen und Sachleistungen fest.

(3) Zwei oder mehr Mitgliedstaaten oder deren zuständige Behörden können andere oder ergänzende Regelungen vereinbaren, die für die betreffenden Personen nicht ungünstiger als die Grundsätze des Absatzes 1 sein dürfen.

Artikel 35
Erstattungen zwischen Trägern

(1) Die von dem Träger eines Mitgliedstaats für Rechnung des Trägers eines anderen Mitgliedstaats nach diesem Kapitel gewährten Sachleistungen sind in voller Höhe zu erstatten.

(2) Die Erstattungen nach Absatz 1 werden nach Maßgabe der Durchführungsverordnung festgestellt und vorgenommen, und zwar entweder gegen Nachweis der tatsächlichen Aufwendungen oder auf der Grundlage von Pauschalbeträgen für Mitgliedstaaten, bei deren Rechts- und Verwaltungsstruktur eine Erstattung auf der Grundlage der tatsächlichen Aufwendungen nicht zweckmäßig ist.

(3) Zwei oder mehr Mitgliedstaaten und deren zuständige Behörden können andere Erstattungsverfahren vereinbaren oder auf jegliche Erstattung zwischen den in ihre Zuständigkeit fallenden Trägern verzichten.

KAPITEL 2
Leistungen bei Arbeitsunfällen und Berufskrankheiten

Artikel 36
Anspruch auf Sach- und Geldleistungen

(1) Unbeschadet der günstigeren Bestimmungen der Absätze 2 und 2a des vorliegenden Artikels gelten Artikel 17, Artikel 18 Absatz 1, Artikel 19 Absatz 1 und Artikel 20 Absatz 1 auch für Leistungen als Folge eines Arbeitsunfalls oder einer Berufskrankheit.

(ABl L 2009/284)

(2) Eine Person, die einen Arbeitsunfall erlitten oder sich eine Berufskrankheit zugezogen hat und in einem anderen als dem zuständigen Mitgliedstaat wohnt oder sich dort aufhält, hat Anspruch auf, die besonderen Sachleistungen bei Arbeitsunfällen und Berufskrankheiten, die vom Träger des Wohn- oder Aufenthaltsorts nach den für ihn geltenden Rechtsvorschriften für Rechnung des zuständigen Trägers erbracht werden, als ob die betreffende Person nach diesen Rechtsvorschriften versichert wäre.

(2a) Der zuständige Träger kann die in Artikel 20 Absatz 1 vorgesehene Genehmigung einer Person nicht verweigern, die einen Arbeitsunfall erlitten hat oder die an einer Berufskrankheit leidet und die zu Lasten dieses Trägers leistungsberechtigt geworden ist, wenn ihr die ihrem Zustand angemessene Behandlung im Gebiet ihres Wohnmitgliedstaats nicht innerhalb eines in Anbetracht ihres derzeitigen Gesundheitszustands und des voraussichtlichen Verlaufs der Krankheit medizinisch vertretbaren Zeitraums gewährt werden kann.

(ABl L 2009/284, ABl L 2012/149)

(3) Artikel 21 gilt auch für Leistungen nach diesem Kapitel.

Artikel 37
Transportkosten

(1) Der zuständige Träger eines Mitgliedstaats, nach dessen Rechtsvorschriften die Übernahme der Kosten für den Transport einer Person, die ei-

nen Arbeitsunfall erlitten hat oder an einer Berufskrankheit leidet, bis zu ihrem Wohnort oder bis zum Krankenhaus vorgesehen ist, übernimmt die Kosten für den Transport bis zu dem entsprechenden Ort in einem anderen Mitgliedstaat, in dem die Person wohnt, sofern dieser Träger den Transport unter gebührender Berücksichtigung der hierfür sprechenden Gründe zuvor genehmigt hat. Eine solche Genehmigung ist bei Grenzgängern nicht erforderlich.

(2) Der zuständige Träger eines Mitgliedstaats, nach dessen Rechtsvorschriften bei einem tödlichen Arbeitsunfall die Übernahme der Kosten für die Überführung der Leiche bis zur Begräbnisstätte vorgesehen ist, übernimmt nach den für ihn geltenden Rechtsvorschriften die Kosten der Überführung bis zu dem entsprechenden Ort in einem anderen Mitgliedstaat, in dem die betreffende Person zum Zeitpunkt des Unfalls gewohnt hat.

Artikel 38
Leistungen bei Berufskrankheiten, wenn die betreffende Person in mehreren Mitgliedstaaten dem gleichen Risiko ausgesetzt war

Hat eine Person, die sich eine Berufskrankheit zugezogen hat, nach den Rechtsvorschriften von zwei oder mehr Mitgliedstaaten eine Tätigkeit ausgeübt, die ihrer Art nach geeignet ist, eine solche Krankheit zu verursachen, so werden die Leistungen, auf die sie oder ihre Hinterbliebenen Anspruch haben, ausschließlich nach den Rechtsvorschriften des letzten dieser Mitgliedstaaten gewährt, dessen Voraussetzungen erfüllt sind.

Artikel 39
Verschlimmerung einer Berufskrankheit

Bei Verschlimmerung einer Berufskrankheit, für die die betreffende Person nach den Rechtsvorschriften eines Mitgliedstaats Leistungen bezogen hat oder bezieht, gilt Folgendes:

a) Hat die betreffende Person während des Bezugs der Leistungen keine Beschäftigung oder selbstständige Erwerbstätigkeit nach den Rechtsvorschriften eines anderen Mitgliedstaats ausgeübt, die geeignet war, eine solche Krankheit zu verursachen oder zu verschlimmern, so übernimmt der zuständige Träger des ersten Mitgliedstaats die Kosten für die Leistungen nach den für ihn geltenden Rechtsvorschriften unter Berücksichtigung der Verschlimmerung der Krankheit.

b) Hat die betreffende Person während des Bezugs der Leistungen eine solche Tätigkeit nach den Rechtsvorschriften eines anderen Mitgliedstaats ausgeübt, so übernimmt der zuständige Träger des ersten Mitgliedstaats die Kosten für die Leistungen nach den für ihn geltenden Rechtsvorschriften ohne Berücksichtigung der Verschlimmerung der Krankheit. Der zuständige Träger des zweiten Mitgliedstaats gewährt der betreffenden Person eine Zulage in Höhe des Unterschiedsbetrags zwischen dem Betrag der nach der Verschlimmerung geschuldeten Leistungen und dem Betrag, den er vor der Verschlimmerung aufgrund der für ihn geltenden Rechtsvorschriften geschuldet hätte, wenn die betreffende Person sich die Krankheit zugezogen hätte, während die Rechtsvorschriften dieses Mitgliedstaats für sie galten.

c) Die in den Rechtsvorschriften eines Mitgliedstaats vorgesehenen Bestimmungen über die Kürzung, das Ruhen oder die Entziehung sind nicht auf die Empfänger von Leistungen anwendbar, die gemäß Buchstabe b von den Trägern zweier Mitgliedstaaten gewährt werden.

Artikel 40
Regeln zur Berücksichtigung von Besonderheiten bestimmter Rechtsvorschriften

(1) Besteht in dem Mitgliedstaat, in dem die betreffende Person wohnt oder sich aufhält, keine Versicherung gegen Arbeitsunfälle oder Berufskrankheiten oder besteht dort zwar eine derartige Versicherung, ist jedoch kein für die Gewährung von Sachleistungen zuständiger Träger vorgesehen, so werden diese Leistungen von dem Träger des Wohn- oder Aufenthaltsorts gewährt, der für die Gewährung von Sachleistungen bei Krankheit zuständig ist.

(2) Besteht in dem zuständigen Mitgliedstaat keine Versicherung gegen Arbeitsunfälle oder Berufskrankheiten, so finden die Bestimmungen dieses Kapitels über Sachleistungen dennoch auf eine Person Anwendung, die bei Krankheit, Mutterschaft oder gleichgestellter Vaterschaft nach den Rechtsvorschriften dieses Mitgliedstaats Anspruch auf diese Leistungen hat, falls die betreffende Person einen Arbeitsunfall erleidet oder an einer Berufskrankheit leidet, während sie in einem anderen Mitgliedstaat wohnt oder sich dort aufhält. Die Kosten werden von dem Träger übernommen, der nach den Rechtsvorschriften des zuständigen Mitgliedstaats für die Sachleistungen zuständig ist.

(3) Artikel 5 gilt für den zuständigen Träger eines Mitgliedstaats in Bezug auf die Gleichstellung von später nach den Rechtsvorschriften eines anderen Mitgliedstaats eingetretenen oder festgestellten Arbeitsunfällen und Berufskrankheiten bei der Bemessung des Grades der Erwerbsminderung, der Begründung des Leistungsbetrags oder der Festsetzung des Leistungsbetrags, sofern

a) für einen bzw. eine früher nach den für ihn geltenden Rechtsvorschriften eingetretene(n) oder festgestellte(n) Arbeitsunfall oder Berufskrankheit kein Leistungsanspruch bestand und

b) für einen bzw. eine später eingetretene(n) oder festgestellte(n) Arbeitsunfall oder Berufskrankheit kein Leistungsanspruch nach den Rechtsvorschriften des anderen Mitgliedstaats, nach denen der Arbeitsunfall oder die Berufskrankheit eingetreten ist oder festgestellt wurde, besteht.

Artikel 41
Erstattungen zwischen Trägern

(1) Artikel 35 gilt auch für Leistungen nach diesem Kapitel; die Erstattung erfolgt auf der Grundlage der tatsächlichen Aufwendungen.

(2) Zwei oder mehr Mitgliedstaaten oder ihre zuständigen Behörden können andere Erstattungsverfahren vereinbaren oder auf jegliche Erstattung zwischen den in ihre Zuständigkeit fallenden Trägern verzichten.

KAPITEL 3
Sterbegeld

Artikel 42
Anspruch auf Sterbegeld, wenn der Tod in einem anderen als dem zuständigen Mitgliedstaat eintritt oder wenn die berechtigte Person in einem anderen als dem zuständigen Mitgliedstaat wohnt

(1) Tritt der Tod eines Versicherten oder eines seiner Familienangehörigen in einem anderen als dem zuständigen Mitgliedstaat ein, so gilt der Tod als in dem zuständigen Mitgliedstaat eingetreten.

(2) Der zuständige Träger ist zur Gewährung von Sterbegeld nach den für ihn geltenden Rechtsvorschriften auch dann verpflichtet, wenn die berechtigte Person in einem anderen als dem zuständigen Mitgliedstaat wohnt.

(3) Die Absätze 1 und 2 finden auch dann Anwendung, wenn der Tod als Folge eines Arbeitsunfalls oder einer Berufskrankheit eingetreten ist.

Artikel 43
Gewährung von Leistungen bei Tod eines Rentners

(1) Bei Tod eines Rentners, der Anspruch auf eine Rente nach den Rechtsvorschriften eines Mitgliedstaats oder auf Renten nach den Rechtsvorschriften von zwei oder mehr Mitgliedstaaten hatte und in einem anderen als dem Mitgliedstaat wohnte, in dem der für die Übernahme der Kosten für die nach den Artikeln 24 und 25 gewährten Sachleistungen zuständige Träger seinen Sitz hat, so wird das Sterbegeld nach den für diesen Träger geltenden Rechtsvorschriften zu seinen Lasten gewährt, als ob der Rentner zum Zeitpunkt seines Todes in dem Mitgliedstaat gewohnt hätte, in dem dieser Träger seinen Sitz hat.

(2) Absatz 1 gilt für die Familienangehörigen eines Rentners entsprechend.

KAPITEL 4
Leistungen bei Invalidität

Artikel 44
Personen, für die ausschließlich Rechtsvorschriften des Typs A galten

(1) Im Sinne dieses Kapitels bezeichnet der Ausdruck „Rechtsvorschriften des Typs A“ alle Rechtsvorschriften, nach denen die Höhe der Leistungen bei Invalidität von der Dauer der Versicherungs- oder Wohnzeiten unabhängig ist und die durch den zuständigen Mitgliedstaat ausdrücklich in Anhang VI aufgenommen wurden, und der Ausdruck „Rechtsvorschriften des Typs B“ alle anderen Rechtsvorschriften.

(2) Eine Person, für die nacheinander oder abwechselnd die Rechtsvorschriften von zwei oder mehr Mitgliedstaaten galten und die Versicherungs- oder Wohnzeiten ausschließlich unter Rechtsvorschriften des Typs A zurückgelegt hat, hat Anspruch auf Leistungen – gegebenenfalls unter Berücksichtigung des Artikels 45 – nur gegenüber dem Träger des Mitgliedstaats, dessen Rechtsvorschriften bei Eintritt der Arbeitsunfähigkeit mit anschließender Invalidität anzuwenden waren; sie erhält diese Leistungen nach diesen Rechtsvorschriften.

(3) Eine Person, die keinen Leistungsanspruch nach Absatz 2 hat, erhält die Leistungen, auf die sie nach den Rechtsvorschriften eines anderen Mitgliedstaats – gegebenenfalls unter Berücksichtigung des Artikels 45 – noch Anspruch hat.

(4) Sehen die in Absatz 2 oder 3 genannten Rechtsvorschriften bei Zusammentreffen mit anderen Einkünften oder mit Leistungen unterschiedlicher Art im Sinne des Artikels 53 Absatz 2 Bestimmungen über die Kürzung, das Ruhen oder die Entziehung von Leistungen bei Invalidität vor, so gelten die Artikel 53 Absatz 3 und Artikel 55 Absatz 3 entsprechend.

Artikel 45
Besondere Vorschriften für die Zusammenrechnung von Zeiten

Der zuständige Träger eines Mitgliedstaats, nach dessen Rechtsvorschriften der Erwerb, die Aufrechterhaltung oder das Wiederaufleben des Leistungsanspruchs davon abhängig ist, dass Versicherungs- oder Wohnzeiten zurückgelegt wurden, wendet, soweit erforderlich, Artikel 51 Absatz 1 entsprechend an.

Artikel 46
Personen, für die entweder ausschließlich Rechtsvorschriften des Typs B oder sowohl Rechtsvorschriften des Typs A als auch des Typs B galten

(1) Eine Person, für die nacheinander oder abwechselnd die Rechtsvorschriften von zwei oder mehr Mitgliedstaaten galten, erhält, sofern die Rechtsvorschriften mindestens eines dieser Staaten nicht Rechtsvorschriften des Typs A sind, Leistungen nach Kapitel 5, das unter Berücksichtigung von Absatz 3 entsprechend gilt.

EU-VO

(2) Wird jedoch eine Person, für die ursprünglich Rechtsvorschriften des Typs B galten, im Anschluss an eine Arbeitsunfähigkeit invalide, während für sie Rechtsvorschriften des Typs A gelten, so erhält sie Leistungen nach Artikel 44 unter folgenden Voraussetzungen:

– Sie erfüllt – gegebenenfalls unter Berücksichtigung des Artikels 45 – ausschließlich die in diesen oder anderen Rechtsvorschriften gleicher Art vorgesehenen Voraussetzungen, ohne jedoch Versicherungs- oder Wohnzeiten einzubeziehen, die nach Rechtsvorschriften des Typs B zurückgelegt wurden, und

– sie macht keine Ansprüche auf Leistungen bei Alter – unter Berücksichtigung des Artikels 50 Absatz 1 – geltend.

(3) Eine vom Träger eines Mitgliedstaats getroffene Entscheidung über den Grad der Invalidität eines Antragstellers ist für den Träger jedes anderen in Betracht kommenden Mitgliedstaats verbindlich, sofern die in den Rechtsvorschriften dieser Mitgliedstaaten festgelegten Definitionen des Grads der Invalidität in Anhang VII als übereinstimmend anerkannt sind.

Artikel 47
Verschlimmerung des Invaliditätszustands

(1) Bei Verschlimmerung des Invaliditätszustands, für den eine Person nach den Rechtsvorschriften eines oder mehrerer Mitgliedstaaten Leistungen erhält, gilt unter Berücksichtigung dieser Verschlimmerung Folgendes:

a) Die Leistungen werden nach Kapitel 5 gewährt, das entsprechend gilt.

b) Unterlag die betreffende Person jedoch zwei oder mehr Rechtsvorschriften des Typs A und waren die Rechtsvorschriften eines anderen Mitgliedstaats seit dem Bezug der Leistungen auf sie nicht anwendbar, so werden die Leistungen nach Artikel 44 Absatz 2 gewährt.

(2) Ist der nach Absatz 1 geschuldete Gesamtbetrag der Leistung oder Leistungen niedriger als der Betrag der Leistung, den die betreffende Person zulasten des zuvor für die Zahlung zuständigen Trägers erhalten hat, so gewährt ihr dieser Träger eine Zulage in Höhe des Unterschiedsbetrags.

(3) Hat die betreffende Person keinen Anspruch auf Leistungen zulasten des Trägers eines anderen Mitgliedstaats, so hat der zuständige Träger des zuvor zuständigen Mitgliedstaats die Leistungen nach den für ihn geltenden Rechtsvorschriften unter Berücksichtigung der Verschlimmerung und gegebenenfalls des Artikel 45 zu gewähren.

Artikel 48
Umwandlung von Leistungen bei Invalidität in Leistungen bei Alter

(1) Die Leistungen bei Invalidität werden gegebenenfalls nach Maßgabe der Rechtsvorschriften des Staates oder der Staaten, nach denen sie gewährt worden sind und nach Kapitel 5 in Leistungen bei Alter umgewandelt.

(2) Kann eine Person, die Leistungen bei Invalidität erhält, nach den Rechtsvorschriften eines oder mehrerer anderer Mitgliedstaaten nach Artikel 50 Ansprüche auf Leistungen bei Alter geltend machen, so gewährt jeder nach den Rechtsvorschriften eines Mitgliedstaats zur Gewährung der Leistungen bei Invalidität verpflichtete Träger bis zu dem Zeitpunkt, zu dem für diesen Träger Absatz 1 Anwendung findet, die Leistungen bei Invalidität weiter, auf die nach den für diesen Träger geltenden Rechtsvorschriften Anspruch besteht; andernfalls werden die Leistungen gewährt, solange die betreffende Person die Voraussetzungen für ihren Bezug erfüllt.

(3) Werden Leistungen bei Invalidität, die nach den Rechtsvorschriften eines Mitgliedstaats nach Artikel 44 gewährt werden, in Leistungen bei Alter umgewandelt und erfüllt die betreffende Person noch nicht die für den Anspruch auf diese Leistungen nach den Rechtsvorschriften eines oder mehrerer anderer Mitgliedstaaten geltenden Voraussetzungen, so erhält sie von diesem Mitgliedstaat oder diesen Mitgliedstaaten vom Tag der Umwandlung an Leistungen bei Invalidität.

Diese Leistungen werden nach Kapitel 5 gewährt, als ob dieses Kapitel bei Eintritt der Arbeitsunfähigkeit mit nachfolgender Invalidität anwendbar gewesen wäre, und zwar bis die betreffende Person die für den Anspruch auf Leistung bei Alter nach den Rechtsvorschriften des oder der anderen betreffenden Staaten geltenden Voraussetzungen erfüllt, oder, sofern eine solche Umwandlung nicht vorgesehen ist, so lange, wie sie Anspruch auf Leistungen bei Invalidität nach den Rechtsvorschriften des betreffenden Staates oder der betreffenden Staaten hat.

(4) Die nach Artikel 44 gewährten Leistungen bei Invalidität werden nach Kapitel 5 neu berechnet, sobald die berechtigte Person die Voraussetzungen für den Anspruch auf Leistungen bei Invalidität nach den Rechtsvorschriften des Typs B erfüllt oder Leistungen bei Alter nach den Rechtsvorschriften eines anderen Mitgliedstaats erhält.

Artikel 49
Besondere Vorschriften für Beamte

Die Artikel 6, 44, 46, 47, 48 und Artikel 60 Absätze 2 und 3 gelten entsprechend für Personen, die von einem Sondersystem für Beamte erfasst sind.

KAPITEL 5
Alters- und Hinterbliebenenrenten

Artikel 50
Allgemeine Vorschriften

(1) Wird ein Leistungsantrag gestellt, so stellen alle zuständigen Träger die Leistungsansprüche nach den Rechtsvorschriften aller Mitgliedstaaten fest, die für die betreffende Person galten, es sei denn, die betreffende Person beantragt ausdrücklich, die Feststellung der nach den Rechtsvorschriften eines oder mehrerer Mitgliedstaaten erworbenen Ansprüche auf Leistungen bei Alter aufzuschieben.

(2) Erfüllt die betreffende Person zu einem bestimmten Zeitpunkt nicht oder nicht mehr die Voraussetzungen für die Leistungsgewährung nach den Rechtsvorschriften aller Mitgliedstaaten, die für sie galten, so lassen die Träger, nach deren Rechtsvorschriften die Voraussetzungen erfüllt sind, bei der Berechnung nach Artikel 52 Absatz 1 Buchstabe a oder b die Zeiten, die nach den Rechtsvorschriften zurückgelegt wurden, deren

Voraussetzungen nicht oder nicht mehr erfüllt sind, unberücksichtigt, wenn diese Berücksichtigung zu einem niedrigeren Leistungsbetrag führt.

(3) Hat die betreffende Person ausdrücklich beantragt, die Feststellung von Leistungen bei Alter aufzuschieben, so gilt Absatz 2 entsprechend.

(4) Sobald die Voraussetzungen nach den anderen Rechtsvorschriften erfüllt sind oder die betreffende Person die Feststellung einer nach Absatz 1 aufgeschobenen Leistung bei Alter beantragt, werden die Leistungen von Amts wegen neu berechnet, es sei denn, die Zeiten, die nach den anderen Rechtsvorschriften zurückgelegt wurden, sind bereits nach Absatz 2 oder 3 berücksichtigt worden.

Artikel 51
Besondere Vorschriften über die Zusammenrechnung von Zeiten

(1) Ist nach den Rechtsvorschriften eines Mitgliedstaats die Gewährung bestimmter Leistungen davon abhängig, dass die Versicherungszeiten nur in einer bestimmten Beschäftigung oder selbstständigen Erwerbstätigkeit oder einem Beruf zurückgelegt wurden, für die ein Sondersystem für beschäftigte oder selbstständig erwerbstätige Personen gilt, so berücksichtigt der zuständige Träger dieses Mitgliedstaats die nach den Rechtsvorschriften eines anderen Mitgliedstaats zurückgelegten Zeiten nur dann, wenn sie in einem entsprechenden System, oder, falls es ein solches nicht gibt, in dem gleichen Beruf oder gegebenenfalls in der gleichen Beschäftigung oder selbstständigen Erwerbstätigkeit zurückgelegt wurden.

Erfüllt die betreffende Person auch unter Berücksichtigung solcher Zeiten nicht die Anspruchsvoraussetzungen für Leistungen im Rahmen eines Sondersystems, so werden diese Zeiten für die Gewährung von Leistungen des allgemeinen Systems oder, falls es ein solches nicht gibt, des Systems für Arbeiter bzw. Angestellte berücksichtigt, sofern die betreffende Person dem einen oder anderen dieser Systeme angeschlossen war.

(2) Die im Rahmen eines Sondersystems eines Mitgliedstaats zurückgelegten Versicherungszeiten werden für die Gewährung von Leistungen des allgemeinen Systems oder, falls es ein solches nicht gibt, des Systems für Arbeiter bzw. Angestellte eines anderen Mitgliedstaats berücksichtigt, sofern die betreffende Person dem einen oder anderen dieser Systeme angeschlossen war, selbst wenn diese Zeiten bereits in dem letztgenannten Mitgliedstaat im Rahmen eines Sondersystems berücksichtigt wurden.

(3) Machen die Rechtsvorschriften oder ein bestimmtes System eines Mitgliedstaats den Erwerb, die Aufrechterhaltung oder das Wiederaufleben des Leistungsanspruchs davon abhängig, dass die betreffende Person bei Eintritt des Versicherungsfalls versichert ist, gilt diese Voraussetzung als erfüllt, wenn die betreffende Person zuvor nach den Rechtsvorschriften bzw. in dem bestimmten System dieses Mitgliedstaats versichert war und wenn sie beim Eintreten des Versicherungsfalls nach den Rechtsvorschriften eines anderen Mitgliedstaats für denselben Versicherungsfall versichert ist oder wenn ihr in Ermangelung dessen nach den Rechtsvorschriften eines anderen Mitgliedstaats für denselben Versicherungsfall eine Leistung zusteht. Die letztgenannte Voraussetzung gilt jedoch in den in Artikel 57 genannten Fällen als erfüllt.

(ABl L 2009/284)

Artikel 52
Feststellung der Leistungen

(1) Der zuständige Träger berechnet den geschuldeten Leistungsbetrag

a) allein nach den für ihn geltenden Rechtsvorschriften, wenn die Voraussetzungen für den Leistungsanspruch ausschließlich nach nationalem Recht erfüllt wurden (autonome Leistung);

b) indem er einen theoretischen Betrag und im Anschluss daran einen tatsächlichen Betrag (anteilige Leistung) wie folgt berechnet:

   i) Der theoretische Betrag der Leistung entspricht der Leistung, auf die die betreffende Person Anspruch hätte, wenn alle nach den Rechtsvorschriften der anderen Mitgliedstaaten zurückgelegten Versicherungs- und/oder Wohnzeiten nach den für diesen Träger zum Zeitpunkt der Feststellung der Leistung geltenden Rechtsvorschriften zurückgelegt worden wären. Ist nach diesen Rechtsvorschriften die Höhe der Leistung von der Dauer der zurückgelegten Zeiten unabhängig, so gilt dieser Betrag als theoretischer Betrag.

   ii) Der zuständige Träger ermittelt sodann den tatsächlichen Betrag der anteiligen Leistung auf der Grundlage des theoretischen Betrags nach dem Verhältnis zwischen den nach den für ihn geltenden Rechtsvorschriften vor Eintritt des Versicherungsfalls zurückgelegten Zeiten und den gesamten nach den Rechtsvorschriften aller beteiligten Mitgliedstaaten vor Eintritt des Versicherungsfalls zurückgelegten Zeiten.

(2) Der zuständige Träger wendet gegebenenfalls auf den nach Absatz 1 Buchstaben a und b berechneten Betrag innerhalb der Grenzen der Artikel 53 bis 55 alle Bestimmungen über die Kürzung, das Ruhen oder die Entziehung nach den für ihn geltenden Rechtsvorschriften an.

(3) Die betreffende Person hat gegenüber dem zuständigen Träger jedes Mitgliedstaats Anspruch auf den höheren der Leistungsbeträge, die nach Absatz 1 Buchstaben a und b berechnet wurden.

(4) Führt in einem Mitgliedstaat die Berechnung nach Absatz 1 Buchstabe a immer dazu, dass die autonome Leistung gleich hoch oder höher als die anteilige Leistung ist, die nach Absatz 1 Buchstabe b berechnet wird, verzichtet der zuständige

Träger auf die Berechnung der anteiligen Leistung unter der Bedingung, dass

i) dieser Fall in Anhang VIII Teil 1 aufgeführt ist, und

ii) keine Doppelleistungsbestimmungen im Sinne der Artikel 54 und 55 anwendbar sind, es sei denn, die in Artikel 55 Absatz 2 enthaltenen Bedingungen sind erfüllt, und

iii) Artikel 57 in diesem bestimmten Fall nicht auf Zeiten anwendbar ist, die nach den Rechtsvorschriften eines anderen Mitgliedstaats zurückgelegt wurden.

(ABl L 2009/284)

(5) Unbeschadet der Absätze 1, 2 und 3 wird die anteilige Berechnung nicht auf Systeme angewandt, die Leistungen vorsehen, bei denen Zeiträume für die Berechnung keine Rolle spielen, sofern solche Systeme in Anhang VIII Teil 2 aufgeführt sind. In diesen Fällen hat die betroffene Person Anspruch auf die gemäß den Rechtsvorschriften des betreffenden Mitgliedstaats berechnete Leistung.

(ABl L 2009/284)

Artikel 53
Doppelleistungsbestimmungen

(1) Jedes Zusammentreffen von Leistungen bei Invalidität, bei Alter oder an Hinterbliebene, die auf der Grundlage der von derselben Person zurückgelegten Versicherungs- und/oder Wohnzeiten berechnet oder gewährt wurden, gilt als Zusammentreffen von Leistungen gleicher Art.

(2) Das Zusammentreffen von Leistungen, die nicht als Leistungen gleicher Art im Sinne des Absatzes 1 angesehen werden können, gilt als Zusammentreffen von Leistungen unterschiedlicher Art.

(3) Für die Zwecke von Doppelleistungsbestimmungen, die in den Rechtsvorschriften eines Mitgliedstaats für den Fall des Zusammentreffens von Leistungen bei Invalidität, bei Alter oder an Hinterbliebene mit Leistungen gleicher Art oder Leistungen unterschiedlicher Art oder mit sonstigen Einkünften festgelegt sind, gilt Folgendes:

a) Der zuständige Träger berücksichtigt die in einem anderen Mitgliedstaat erworbenen Leistungen oder erzielten Einkünfte nur dann, wenn die für ihn geltenden Rechtsvorschriften die Berücksichtigung von im Ausland erworbenen Leistungen oder erzielten Einkünften vorsehen.

b) Der zuständige Träger berücksichtigt nach den in der Durchführungsverordnung festgelegten Bedingungen und Verfahren den von einem anderen Mitgliedstaat zu zahlenden Leistungsbetrag vor Abzug von Steuern, Sozialversicherungsbeiträgen und anderen individuellen Abgaben oder Abzügen, sofern nicht die für ihn geltenden Rechtsvorschriften vorsehen, dass die Doppelleistungsbestimmungen nach den entsprechenden Abzügen anzuwenden sind.

c) Der zuständige Träger berücksichtigt nicht den Betrag der Leistungen, die nach den Rechtsvorschriften eines anderen Mitgliedstaats auf der Grundlage einer freiwilligen Versicherung oder einer freiwilligen Weiterversicherung erworben wurden.

d) Wendet ein einzelner Mitgliedstaat Doppelleistungsbestimmungen an, weil die betreffende Person Leistungen gleicher oder unterschiedlicher Art nach den Rechtsvorschriften anderer Mitgliedstaaten bezieht oder in anderen Mitgliedstaaten Einkünfte erzielt hat, so kann die geschuldete Leistung nur um den Betrag dieser Leistungen oder Einkünfte gekürzt werden.

Artikel 54
Zusammentreffen von Leistungen gleicher Art

(1) Treffen Leistungen gleicher Art, die nach den Rechtsvorschriften von zwei oder mehr Mitgliedstaaten geschuldet werden, zusammen, so gelten die in den Rechtsvorschriften eines Mitgliedstaats vorgesehenen Doppelleistungsbestimmungen nicht für eine anteilige Leistung.

(2) Doppelleistungsbestimmungen gelten nur dann für eine autonome Leistung, wenn es sich

a) um eine Leistung handelt, deren Höhe von der Dauer der zurückgelegten Versicherungs- oder Wohnzeiten unabhängig ist, oder

b) um eine Leistung handelt, deren Höhe unter Berücksichtigung einer fiktiven Zeit bestimmt wird, die als zwischen dem Eintritt des Versicherungsfalls und einem späteren Zeitpunkt zurückgelegt angesehen wird, und die zusammentrifft

   i) mit einer Leistung gleicher Art, außer wenn zwei oder mehr Mitgliedstaaten ein Abkommen zur Vermeidung einer mehrfachen Berücksichtigung der gleichen fiktiven Zeit geschlossen haben, oder

   ii) mit einer Leistung nach Buchstabe a.

Die unter den Buchstaben a und b genannten Leistungen und Abkommen sind in Anhang IX aufgeführt.

Artikel 55
Zusammentreffen von Leistungen unterschiedlicher Art

(1) Erfordert der Bezug von Leistungen unterschiedlicher Art oder von sonstigen Einkünften die Anwendung der in den Rechtsvorschriften der betreffenden Mitgliedstaaten vorgesehenen Doppelleistungsbestimmungen

a) auf zwei oder mehrere autonome Leistungen, so teilen die zuständigen Träger die Beträge der Leistung oder Leistungen oder sonstigen Einkünfte, die berücksichtigt worden sind, durch die Zahl der Leistungen, auf die diese Bestimmungen anzuwenden sind;

   die Anwendung dieses Buchstabens darf jedoch nicht dazu führen, dass der betreffenden

Person ihr Status als Rentner für die Zwecke der übrigen Kapitel dieses Titels nach den in der Durchführungsverordnung festgelegten Bedingungen und Verfahren aberkannt wird;

b) auf eine oder mehrere anteilige Leistungen, so berücksichtigen die zuständigen Träger die Leistung oder Leistungen oder sonstigen Einkünfte sowie alle für die Anwendung der Doppelleistungsbestimmungen vorgesehenen Bezugsgrößen nach dem Verhältnis zwischen den Versicherungs- und/oder Wohnzeiten, die für die Berechnung nach Artikel 52 Absatz 1 Buchstabe b Ziffer ii berücksichtigt wurden;

c) auf eine oder mehrere autonome Leistungen und eine oder mehrere anteilige Leistungen, so wenden die zuständigen Träger Buchstabe a auf die autonomen Leistungen und Buchstabe b auf die anteiligen Leistungen entsprechend an.

(2) Der zuständige Träger nimmt keine für autonome Leistungen vorgesehene Teilung vor, wenn die für ihn geltenden Rechtsvorschriften die Berücksichtigung von Leistungen unterschiedlicher Art und/oder sonstiger Einkünfte und aller übrigen Bezugsgrößen in Höhe eines Teils ihres Betrags entsprechend dem Verhältnis zwischen den nach Artikel 52 Absatz 1 Buchstabe b Ziffer ii zu berücksichtigenden Versicherungs- und/oder Wohnzeiten vorsehen.

(3) Die Absätze 1 und 2 gelten entsprechend, wenn nach den Rechtsvorschriften eines oder mehrerer Mitgliedstaaten bei Bezug einer Leistung unterschiedlicher Art nach den Rechtsvorschriften eines anderen Mitgliedstaats oder bei sonstigen Einkünften kein Leistungsanspruch entsteht.

Artikel 56
Ergänzende Vorschriften für die Berechnung der Leistungen

(1) Für die Berechnung des theoretischen Betrags und des anteiligen Betrags nach Artikel 52 Absatz 1 Buchstabe b gilt Folgendes:

a) Übersteigt die Gesamtdauer der vor Eintritt des Versicherungsfalls nach den Rechtsvorschriften aller beteiligten Mitgliedstaaten zurückgelegten Versicherungs- und/oder Wohnzeiten die in den Rechtsvorschriften eines dieser Mitgliedstaaten für die Gewährung der vollen Leistung vorgeschriebene Höchstdauer, so berücksichtigt der zuständige Träger dieses Mitgliedstaats diese Höchstdauer anstelle der Gesamtdauer der zurückgelegten Zeiten; diese Berechnungsmethode verpflichtet diesen Träger nicht zur Gewährung einer Leistung, deren Betrag die volle nach den für ihn geltenden Rechtsvorschriften vorgesehene Leistung übersteigt. Diese Bestimmung gilt nicht für Leistungen, deren Höhe nicht von der Versicherungsdauer abhängig ist.

b) Das Verfahren zur Berücksichtigung sich überschneidender Zeiten ist in der Durchführungsverordnung geregelt.

c) Erfolgt nach den Rechtsvorschriften eines Mitgliedstaats die Berechnung von Leistungen auf der Grundlage von Einkünften, Beiträgen, Beitragsgrundlagen, Steigerungsbeträgen, Entgelten, anderen Beträgen oder einer Kombination mehrerer von ihnen (durchschnittlich, anteilig, pauschal oder fiktiv), so verfährt der zuständige Träger gegebenenfalls nach den in Anhang XI für den betreffenden Mitgliedstaat genannten Verfahren wie folgt:

   i) Er ermittelt die Berechnungsgrundlage der Leistungen ausschließlich aufgrund der Versicherungszeiten, die nach den für ihn geltenden Rechtsvorschriften zurückgelegt wurden.

   ii) Er zieht zur Berechnung des Betrags aufgrund von Versicherungs- und/oder Wohnzeiten, die nach den Rechtsvorschriften anderer Mitgliedstaaten zurückgelegt wurden, die gleichen Bezugsgrößen heran, die für die Versicherungszeiten festgestellt oder aufgezeichnet wurden, die nach den für ihn geltenden Rechtsvorschriften zurückgelegt wurden.

   (ABl L 2009/284)

d) Für den Fall, dass Buchstabe c nicht gilt, da die Leistung nach den Rechtsvorschriften eines Mitgliedstaats nicht aufgrund von Versicherungs- oder Wohnzeiten, sondern aufgrund anderer nicht mit Zeit verknüpfter Faktoren berechnet werden muss, berücksichtigt der zuständige Träger für jede nach den Rechtsvorschriften eines anderen Mitgliedstaats zurückgelegte Versicherungs- oder Wohnzeit den Betrag des angesparten Kapitals, das Kapital, das als angespart gilt, und alle anderen Elemente für die Berechnung nach den von ihm angewandten Rechtsvorschriften, geteilt durch die entsprechenden Zeiteinheiten in dem betreffenden Rentensystem.

   (ABl L 2009/284)

(2) Die Rechtsvorschriften eines Mitgliedstaats über die Anpassung der Bezugsgrößen, die für die Berechnung der Leistungen berücksichtigt wurden, gelten gegebenenfalls für die Bezugsgrößen, die der zuständige Träger dieses Mitgliedstaats nach Absatz 1 für Versicherungs- oder Wohnzeiten berücksichtigen muss, die nach den Rechtsvorschriften anderer Mitgliedstaaten zurückgelegt wurden.

Artikel 57
Versicherungs- oder Wohnzeiten von weniger als einem Jahr

(1) Ungeachtet des Artikels 52 Absatz 1 Buchstabe b ist der Träger eines Mitgliedstaats nicht verpflichtet, Leistungen für Zeiten zu gewähren,

die nach den für ihn geltenden Rechtsvorschriften zurückgelegt wurden und bei Eintritt des Versicherungsfalls zu berücksichtigen sind, wenn

– die Dauer dieser Zeiten weniger als ein Jahr beträgt
und
– aufgrund allein dieser Zeiten kein Leistungsanspruch nach diesen Rechtsvorschriften erworben wurde.

Für die Zwecke dieses Artikels bezeichnet der Ausdruck „Zeiten" alle Versicherungszeiten, Beschäftigungszeiten, Zeiten einer selbstständigen Erwerbstätigkeit oder Wohnzeiten, die entweder für den Leistungsanspruch oder unmittelbar für die Leistungshöhe heranzuziehen sind.

(2) Für die Zwecke des Artikels 52 Absatz 1 Buchstabe b Ziffer i werden die in Absatz 1 genannten Zeiten vom zuständigen Träger jedes betroffenen Mitgliedstaats berücksichtigt.

(3) Würde die Anwendung des Absatzes 1 zur Befreiung aller Träger der betreffenden Mitgliedstaaten von der Leistungspflicht führen, so werden die Leistungen ausschließlich nach den Rechtsvorschriften des letzten dieser Mitgliedstaaten gewährt, dessen Voraussetzungen erfüllt sind, als ob alle zurückgelegten und nach Artikel 6 und Artikel 51 Absätze 1 und 2 berücksichtigten Versicherungs- und Wohnzeiten nach den Rechtsvorschriften dieses Mitgliedstaats zurückgelegt worden wären.

(4) Dieser Artikel gilt nicht für die in Teil 2 des Anhangs VIII aufgeführten Systeme.

(ABl L 2009/284)

Artikel 58
Gewährung einer Zulage

(1) Ein Leistungsempfänger, auf den dieses Kapitel Anwendung findet, darf in dem Wohnmitgliedstaat, nach dessen Rechtsvorschriften ihm eine Leistung zusteht, keinen niedrigeren Leistungsbetrag als die Mindestleistung erhalten, die in diesen Rechtsvorschriften für eine Versicherungs- oder Wohnzeit festgelegt ist, die den Zeiten insgesamt entspricht, die bei der Feststellung der Leistung nach diesem Kapitel berücksichtigt wurden.

(2) Der zuständige Träger dieses Mitgliedstaats zahlt der betreffenden Person während der gesamten Zeit, in der sie in dessen Hoheitsgebiet wohnt, eine Zulage in Höhe des Unterschiedsbetrags zwischen der Summe der nach diesem Kapitel geschuldeten Leistungen und dem Betrag der Mindestleistung.

Artikel 59
Neuberechnung und Anpassung der Leistungen

(1) Tritt nach den Rechtsvorschriften eines Mitgliedstaats eine Änderung des Feststellungsverfahrens oder der Berechnungsmethode für die Leistungen ein oder erfährt die persönliche Situation der betreffenden Personen eine erhebliche Veränderung, die nach diesen Rechtsvorschriften zu einer Anpassung des Leistungsbetrags führen würde, so ist eine Neuberechnung nach Artikel 52 vorzunehmen.

(2) Der Prozentsatz oder der Betrag, um den bei einem Anstieg der Lebenshaltungskosten, bei Änderung des Lohnniveaus oder aus anderen Anpassungsgründen die Leistungen des betreffenden Mitgliedstaats geändert werden, gilt unmittelbar für die nach Artikel 52 festgestellten Leistungen, ohne dass eine Neuberechnung vorzunehmen ist.

Artikel 60
Besondere Vorschriften für Beamte

(1) Die Artikel 6, 50, Artikel 51 Absatz 3 und die Artikel 52 bis 59 gelten entsprechend für Personen, die von einem Sondersystem für Beamte erfasst sind.

(2) Ist jedoch nach den Rechtsvorschriften eines zuständigen Mitgliedstaats der Erwerb, die Auszahlung, die Aufrechterhaltung oder das Wiederaufleben des Leistungsanspruchs aufgrund eines Sondersystems für Beamte davon abhängig, dass alle Versicherungszeiten in einem oder mehreren Sondersystemen für Beamte in diesem Mitgliedstaat zurückgelegt wurden oder durch die Rechtsvorschriften dieses Mitgliedstaats solchen Zeiten gleichgestellt sind, so berücksichtigt der zuständige Träger dieses Staates nur die Zeiten, die nach den für ihn geltenden Rechtsvorschriften anerkannt werden können.

Erfüllt die betreffende Person auch unter Berücksichtigung solcher Zeiten nicht die Voraussetzungen für den Bezug dieser Leistungen, so werden diese Zeiten für die Feststellung von Leistungen im allgemeinen System oder, falls es ein solches nicht gibt, im System für Arbeiter bzw. Angestellte berücksichtigt.

(3) Werden nach den Rechtsvorschriften eines Mitgliedstaats die Leistungen eines Sondersystems für Beamte auf der Grundlage des bzw. der in einem Bezugszeitraum zuletzt erzielten Entgelts berechnet, so berücksichtigt der zuständige Träger dieses Staates als Berechnungsgrundlage unter entsprechender Anpassung nur das Entgelt, das in dem Zeitraum bzw. den Zeiträumen bezogen wurden, während dessen bzw. deren die betreffende Person diesen Rechtsvorschriften unterlag.

KAPITEL 6
Leistungen bei Arbeitslosigkeit

Artikel 61
Besondere Vorschriften für die Zusammenrechnung von Versicherungszeiten, Beschäftigungszeiten und Zeiten einer selbstständigen Erwerbstätigkeit

(1) Der zuständige Träger eines Mitgliedstaats, nach dessen Rechtsvorschriften der Erwerb, die Aufrechterhaltung, das Wiederaufleben oder die Dauer des Leistungsanspruchs von der Zurücklegung von Versicherungszeiten, Beschäftigungszeiten oder Zeiten einer selbstständigen Erwerbstätigkeit abhängig ist, berücksichtigt, soweit erforderlich, die Versicherungszeiten, Beschäftigungszeiten oder Zeiten einer selbstständigen Er-

werbstätigkeit, die nach den Rechtsvorschriften eines anderen Mitgliedstaats zurückgelegt wurden, als ob sie nach den für ihn geltenden Rechtsvorschriften zurückgelegt worden wären.

Ist jedoch nach den anzuwendenden Rechtsvorschriften der Leistungsanspruch von der Zurücklegung von Versicherungszeiten abhängig, so werden die nach den Rechtsvorschriften eines anderen Mitgliedstaats zurückgelegten Beschäftigungszeiten oder Zeiten einer selbstständigen Erwerbstätigkeit nicht berücksichtigt, es sei denn, sie hätten als Versicherungszeiten gegolten, wenn sie nach den anzuwendenden Rechtsvorschriften zurückgelegt worden wären.

(2) Außer in den Fällen des Artikels 65 Absatz 5 Buchstabe a gilt Absatz 1 des vorliegenden Artikels nur unter der Voraussetzung, dass die betreffende Person unmittelbar zuvor nach den Rechtsvorschriften, nach denen die Leistungen beantragt werden, folgende Zeiten zurückgelegt hat:

– Versicherungszeiten, sofern diese Rechtsvorschriften Versicherungszeiten verlangen,
– Beschäftigungszeiten, sofern diese Rechtsvorschriften Beschäftigungszeiten verlangen, oder
– Zeiten einer selbstständigen Erwerbstätigkeit, sofern diese Rechtsvorschriften Zeiten einer selbstständigen Erwerbstätigkeit verlangen.

Artikel 62
Berechnung der Leistungen

(1) Der zuständige Träger eines Mitgliedstaats, nach dessen Rechtsvorschriften bei der Berechnung der Leistungen die Höhe des früheren Entgelts oder Erwerbseinkommens zugrunde zu legen ist, berücksichtigt ausschließlich das Entgelt oder Erwerbseinkommen, das die betreffende Person während ihrer letzten Beschäftigung oder selbstständigen Erwerbstätigkeit nach diesen Rechtsvorschriften erhalten hat.

(2) Absatz 1 findet auch Anwendung, wenn nach den für den zuständigen Träger geltenden Rechtsvorschriften ein bestimmter Bezugszeitraum für die Ermittlung des als Berechnungsgrundlage für die Leistungen heranzuziehenden Entgelts vorgesehen ist und die betreffende Person während dieses Zeitraums oder eines Teils davon den Rechtsvorschriften eines anderen Mitgliedstaats unterlag.

(3) Abweichend von den Absätzen 1 und 2 berücksichtigt der Träger des Wohnorts im Falle von Arbeitslosen, auf die Artikel 65 Absatz 5 Buchstabe a anzuwenden ist, nach Maßgabe der Durchführungsverordnung das Entgelt oder Erwerbseinkommen, das die betreffende Person in dem Mitgliedstaat erhalten hat, dessen Rechtsvorschriften für sie während ihrer letzten Beschäftigung oder selbstständigen Erwerbstätigkeit galten.

(ABl L 2009/284)

Artikel 63
Besondere Bestimmungen für die Aufhebung der Wohnortklauseln

Für die Zwecke dieses Kapitels gilt Artikel 7 nur in den in den Artikeln 64, 65 und 65a vorgesehenen Fällen und Grenzen.

(ABl L 2012/149)

Artikel 64
Arbeitslose, die sich in einen anderen Mitgliedstaat begeben

(1) Eine vollarbeitslose Person, die die Voraussetzungen für einen Leistungsanspruch nach den Rechtsvorschriften des zuständigen Mitgliedstaats erfüllt und sich zur Arbeitsuche in einen anderen Mitgliedstaat begibt, behält den Anspruch auf Geldleistungen bei Arbeitslosigkeit unter folgenden Bedingungen und innerhalb der folgenden Grenzen:

a) vor der Abreise muss der Arbeitslose während mindestens vier Wochen nach Beginn der Arbeitslosigkeit bei der Arbeitsverwaltung des zuständigen Mitgliedstaats als Arbeitsuchender gemeldet gewesen sein und zur Verfügung gestanden haben. Die zuständige Arbeitsverwaltung oder der zuständige Träger kann jedoch die Abreise vor Ablauf dieser Frist genehmigen;

b) der Arbeitslose muss sich bei der Arbeitsverwaltung des Mitgliedstaats, in den er sich begibt, als Arbeitsuchender melden, sich dem dortigen Kontrollverfahren unterwerfen und die Voraussetzungen der Rechtsvorschriften dieses Mitgliedstaats erfüllen. Diese Bedingung gilt für den Zeitraum vor der Meldung als erfüllt, wenn sich die betreffende Person innerhalb von sieben Tagen ab dem Zeitpunkt meldet, ab dem sie der Arbeitsverwaltung des Mitgliedstaats, den sie verlassen hat, nicht mehr zur Verfügung gestanden hat. In Ausnahmefällen kann diese Frist von der zuständigen Arbeitsverwaltung oder dem zuständigen Träger verlängert werden;

c) der Leistungsanspruch wird während drei Monaten von dem Zeitpunkt an aufrechterhalten, ab dem der Arbeitslose der Arbeitsverwaltung des Mitgliedstaats, den er verlassen hat, nicht mehr zur Verfügung gestanden hat, vorausgesetzt die Gesamtdauer der Leistungsgewährung überschreitet nicht den Gesamtzeitraum, für den nach den Rechtsvorschriften dieses Mitgliedstaats ein Leistungsanspruch besteht; der Zeitraum von drei Monaten kann von der zuständigen Arbeitsverwaltung oder dem zuständigen Träger auf höchstens sechs Monate verlängert werden;

d) die Leistungen werden vom zuständigen Träger nach den für ihn geltenden Rechtsvorschriften und für seine Rechnung gewährt.

(2) Kehrt die betreffende Person bei Ablauf oder vor Ablauf des Zeitraums, für den sie nach Absatz 1 Buchstabe c einen Leistungsanspruch hat, in den zuständigen Mitgliedstaat zurück, so

hat sie weiterhin einen Leistungsanspruch nach den Rechtsvorschriften dieses Mitgliedstaats. Sie verliert jedoch jeden Leistungsanspruch nach den Rechtsvorschriften des zuständigen Mitgliedstaats, wenn sie nicht bei Ablauf oder vor Ablauf dieses Zeitraums dorthin zurückkehrt, es sei denn, diese Rechtsvorschriften sehen eine günstigere Regelung vor. In Ausnahmefällen kann die zuständige Arbeitsverwaltung oder der zuständige Träger der betreffenden Person gestatten, zu einem späteren Zeitpunkt zurückzukehren, ohne dass sie ihren Anspruch verliert.

(3) Der Höchstzeitraum, für den zwischen zwei Beschäftigungszeiten ein Leistungsanspruch nach Absatz 1 aufrechterhalten werden kann, beträgt drei Monate, es sei denn, die Rechtsvorschriften des zuständigen Mitgliedstaats sehen eine günstigere Regelung vor; dieser Zeitraum kann von der zuständigen Arbeitsverwaltung oder dem zuständigen Träger auf höchstens sechs Monate verlängert werden.

(4) Die Einzelheiten des Informationsaustauschs, der Zusammenarbeit und der gegenseitigen Amtshilfe zwischen den Trägern und Arbeitsverwaltungen des zuständigen Mitgliedstaats und des Mitgliedstaats, in den sich die betreffende Person zur Arbeitssuche begibt, werden in der Durchführungsverordnung geregelt.

Artikel 65
Arbeitslose, die in einem anderen als dem zuständigen Mitgliedstaat gewohnt haben

(1) Eine Person, die während ihrer letzten Beschäftigung oder selbstständigen Erwerbstätigkeit in einem anderen als dem zuständigen Mitgliedstaat gewohnt hat, muss sich bei Kurzarbeit oder sonstigem vorübergehendem Arbeitsausfall ihrem Arbeitgeber oder der Arbeitsverwaltung des zuständigen Mitgliedstaats zur Verfügung stellen. Sie erhält Leistungen nach den Rechtsvorschriften des zuständigen Mitgliedstaats, als ob sie in diesem Mitgliedstaat wohnen würde. Diese Leistungen werden von dem Träger des zuständigen Mitgliedstaats gewährt.

(2) Eine vollarbeitslose Person, die während ihrer letzten Beschäftigung oder selbstständigen Erwerbstätigkeit in einem anderen als dem zuständigen Mitgliedstaat gewohnt hat und weiterhin in diesem Mitgliedstaat wohnt oder in ihn zurückkehrt, muss sich der Arbeitsverwaltung des Wohnmitgliedstaats zur Verfügung stellen. Unbeschadet des Artikels 64 kann sich eine vollarbeitslose Person zusätzlich der Arbeitsverwaltung des Mitgliedstaats zur Verfügung stellen, in dem sie zuletzt eine Beschäftigung oder eine selbstständige Erwerbstätigkeit ausgeübt hat.

Ein Arbeitsloser, der kein Grenzgänger ist und nicht in seinen Wohnmitgliedstaat zurückkehrt, muss sich der Arbeitsverwaltung des Mitgliedstaats zur Verfügung stellen, dessen Rechtsvorschriften zuletzt für ihn gegolten haben.

(3) Der in Absatz 2 Satz 1 genannte Arbeitslose muss sich bei der zuständigen Arbeitsverwaltung des Wohnmitgliedstaats als Arbeitsuchender melden, sich dem dortigen Kontrollverfahren unterwerfen und die Voraussetzungen der Rechtsvorschriften dieses Mitgliedstaats erfüllen. Entscheidet er sich dafür, sich auch in dem Mitgliedstaat, in dem er zuletzt eine Beschäftigung oder eine selbstständige Erwerbstätigkeit ausgeübt hat, als Arbeitsuchender zu melden, so muss er den in diesem Mitgliedstaat geltenden Verpflichtungen nachkommen.

(4) Die Durchführung des Absatzes 2 Satz 2 und des Absatzes 3 Satz 2 sowie die Einzelheiten des Informationsaustauschs, der Zusammenarbeit und der gegenseitigen Amtshilfe zwischen den Trägern und Arbeitsverwaltungen des Wohnmitgliedstaats und des Mitgliedstaats, in dem er zuletzt eine Erwerbstätigkeit ausgeübt hat, werden in der Durchführungsverordnung geregelt.

(5)

a) Der in Absatz 2 Sätze 1 und 2 genannte Arbeitslose erhält Leistungen nach den Rechtsvorschriften des Wohnmitgliedstaats, als ob diese Rechtsvorschriften für ihn während seiner letzten Beschäftigung oder selbstständigen Erwerbstätigkeit gegolten hätten. Diese Leistungen werden von dem Träger des Wohnorts gewährt.

b) Jedoch erhält ein Arbeitnehmer, der kein Grenzgänger war und dem zulasten des zuständigen Trägers des Mitgliedstaats, dessen Rechtsvorschriften zuletzt für ihn gegolten haben, Leistungen gewährt wurden, bei seiner Rückkehr in den Wohnmitgliedstaat zunächst Leistungen nach Artikel 64; der Bezug von Leistungen nach Buchstabe a ist während des Bezugs von Leistungen nach den Rechtsvorschriften, die zuletzt für ihn gegolten haben, ausgesetzt.

(6) Die Leistungen des Trägers des Wohnorts nach Absatz 5 werden zu seinen Lasten erbracht. Vorbehaltlich des Absatzes 7 erstattet der zuständige Träger des Mitgliedstaats, dessen Rechtsvorschriften zuletzt für ihn gegolten haben, dem Träger des Wohnorts den Gesamtbetrag der Leistungen, die dieser Träger während der ersten drei Monate erbracht hat. Der zu erstattende Betrag für diesen Zeitraum darf nicht höher sein als der Betrag, der nach den Rechtsvorschriften des zuständigen Mitgliedstaats bei Arbeitslosigkeit zu zahlen gewesen wäre. In den Fällen des Absatzes 5 Buchstabe b wird der Zeitraum, während dessen Leistungen nach Artikel 64 erbracht werden, von dem in Satz 2 des vorliegenden Absatzes genannten Zeitraum abgezogen. Die Einzelheiten der Erstattung werden in der Durchführungsverordnung geregelt.

(7) Der Zeitraum, für den nach Absatz 6 eine Erstattung erfolgt, wird jedoch auf fünf Monate ausgedehnt, wenn die betreffende Person in den vorausgegangenen 24 Monaten Beschäftigungszeiten oder Zeiten einer selbstständigen Erwerbstätigkeit von mindestens 12 Monaten in dem Mitgliedstaat zurückgelegt hat, dessen Rechtsvor-

schriften zuletzt für sie gegolten haben, sofern diese Zeiten einen Anspruch auf Leistungen bei Arbeitslosigkeit begründen würden.

(8) Für die Zwecke der Absätze 6 und 7 können zwei oder mehr Mitgliedstaaten oder ihre zuständigen Behörden andere Erstattungsverfahren vereinbaren oder auf jegliche Erstattung zwischen den in ihre Zuständigkeit fallenden Trägern verzichten.

Artikel 65a
Besondere Bestimmungen für vollarbeitslose selbständig erwerbstätige Grenzgänger, sofern in dem Wohnmitgliedstaat für selbständig Erwerbstätige kein System der Leistungen bei Arbeitslosigkeit besteht

(1) Abweichend von Artikel 65 hat sich eine vollarbeitslose Person, die als Grenzgänger zuletzt in einem anderen Mitgliedstaat als ihrem Wohnmitgliedstaat Versicherungszeiten als Selbständiger oder Zeiten einer selbständigen Erwerbstätigkeit zurückgelegt hat, die für die Zwecke der Gewährung von Leistungen bei Arbeitslosigkeit anerkannt werden, und deren Wohnmitgliedstaat gemeldet hat, dass für keine Kategorie von Selbständigen ein System der Leistungen bei Arbeitslosigkeit dieses Mitgliedstaats besteht, bei der zuständigen Arbeitsverwaltung in dem Mitgliedstaat, in dem sie zuletzt eine selbständige Erwerbstätigkeit ausgeübt hat, anzumelden und sich zu ihrer Verfügung zu stellen sowie, wenn sie Leistungen beantragt, ununterbrochen die Voraussetzungen der Rechtsvorschriften dieses Mitgliedstaats zu erfüllen. Zusätzlich kann die vollarbeitslose Person sich der Arbeitsverwaltung des Wohnmitgliedstaats zur Verfügung stellen.

(2) Die vollarbeitslose Person nach Absatz 1 erhält Leistungen des Mitgliedstaats, dessen Rechtsvorschriften sie zuletzt unterlag, entsprechend den Rechtsvorschriften, die dieser Mitgliedstaat anwendet.

(3) Sollte die vollarbeitslose Person nach Absatz 1 sich der Arbeitsverwaltung des Mitgliedstaats der letzten Erwerbstätigkeit nicht oder nicht länger zur Verfügung stellen wollen, nachdem sie sich dort gemeldet hat, und in dem Wohnmitgliedstaat nach Arbeit suchen wollen, gilt Artikel 64 mit Ausnahme seines Absatzes 1 Buchstabe a entsprechend. Der zuständige Träger kann den in Artikel 64 Absatz 1 Buchstabe c Satz 1 genannten Zeitraum bis zum Ende des Berechtigungszeitraums verlängern.

(ABl L 2012/149)

KAPITEL 7
Vorruhestandsleistungen

Artikel 66
Leistungen

Sind nach den anzuwendenden Rechtsvorschriften Ansprüche auf Vorruhestandsleistungen von der Zurücklegung von Versicherungszeiten, Beschäftigungszeiten oder Zeiten einer selbstständigen Erwerbstätigkeit abhängig, so findet Artikel 6 keine Anwendung.

KAPITEL 8
Familienleistungen

Artikel 67
Familienangehörige, die in einem anderen Mitgliedstaat wohnen

Eine Person hat auch für Familienangehörige, die in einem anderen Mitgliedstaat wohnen, Anspruch auf Familienleistungen nach den Rechtsvorschriften des zuständigen Mitgliedstaats, als ob die Familienangehörigen in diesem Mitgliedstaat wohnen würden. Ein Rentner hat jedoch Anspruch auf Familienleistungen nach den Rechtsvorschriften des für die Rentengewährung zuständigen Mitgliedstaats.

Artikel 68
Prioritätsregeln bei Zusammentreffen von Ansprüchen

(1) Sind für denselben Zeitraum und für dieselben Familienangehörigen Leistungen nach den Rechtsvorschriften mehrerer Mitgliedstaaten zu gewähren, so gelten folgende Prioritätsregeln:

a) Sind Leistungen von mehreren Mitgliedstaaten aus unterschiedlichen Gründen zu gewähren, so gilt folgende Rangfolge: an erster Stelle stehen die durch eine Beschäftigung oder eine selbstständige Erwerbstätigkeit ausgelösten Ansprüche, darauf folgen die durch den Bezug einer Rente ausgelösten Ansprüche und schließlich die durch den Wohnort ausgelösten Ansprüche.

b) Sind Leistungen von mehreren Mitgliedstaaten aus denselben Gründen zu gewähren, so richtet sich die Rangfolge nach den folgenden subsidiären Kriterien:

   i) bei Ansprüchen, die durch eine Beschäftigung oder eine selbstständige Erwerbstätigkeit ausgelöst werden: der Wohnort der Kinder, unter der Voraussetzung, dass dort eine solche Tätigkeit ausgeübt wird, und subsidiär gegebenenfalls die nach den widerstreitenden Rechtsvorschriften zu gewährende höchste Leistung. Im letztgenannten Fall werden die Kosten für die Leistungen nach in der Durchführungsverordnung festgelegten Kriterien aufgeteilt;

   ii) bei Ansprüchen, die durch den Bezug einer Rente ausgelöst werden: der Wohnort der Kinder, unter der Voraussetzung, dass nach diesen Rechtsvorschriften eine Rente geschuldet wird, und subsidiär gegebenenfalls die längste Dauer der nach den widerstreitenden Rechtsvorschriften zurückgelegten Versicherungs- oder Wohnzeiten;

   iii) bei Ansprüchen, die durch den Wohnort ausgelöst werden: der Wohnort der Kinder.

EU-VO

(2) Bei Zusammentreffen von Ansprüchen werden die Familienleistungen nach den Rechtsvorschriften gewährt, die nach Absatz 1 Vorrang haben. Ansprüche auf Familienleistungen nach anderen widerstreitenden Rechtsvorschriften werden bis zur Höhe des nach den vorrangig geltenden Rechtsvorschriften vorgesehenen Betrags ausgesetzt; erforderlichenfalls ist ein Unterschiedsbetrag in Höhe des darüber hinausgehenden Betrags der Leistungen zu gewähren. Ein derartiger Unterschiedsbetrag muss jedoch nicht für Kinder gewährt werden, die in einem anderen Mitgliedstaat wohnen, wenn der entsprechende Leistungsanspruch ausschließlich durch den Wohnort ausgelöst wird.

(3) Wird nach Artikel 67 beim zuständigen Träger eines Mitgliedstaats, dessen Rechtsvorschriften gelten, aber nach den Prioritätsregeln der Absätze 1 und 2 des vorliegenden Artikels nachrangig sind, ein Antrag auf Familienleistungen gestellt, so gilt Folgendes:

a) Dieser Träger leitet den Antrag unverzüglich an den zuständigen Träger des Mitgliedstaats weiter, dessen Rechtsvorschriften vorrangig gelten, teilt dies der betroffenen Person mit und zahlt unbeschadet der Bestimmungen der Durchführungsverordnung über die vorläufige Gewährung von Leistungen erforderlichenfalls den in Absatz 2 genannten Unterschiedsbetrag;

b) der zuständige Träger des Mitgliedstaats, dessen Rechtsvorschriften vorrangig gelten, bearbeitet den Antrag, als ob er direkt bei ihm gestellt worden wäre; der Tag der Einreichung des Antrags beim ersten Träger gilt als der Tag der Einreichung bei dem Träger, der vorrangig zuständig ist.

Artikel 68a
Gewährung von Leistungen

Verwendet die Person, der die Familienleistungen zu gewähren sind, diese nicht für den Unterhalt der Familienangehörigen, zahlt der zuständige Träger auf Antrag des Trägers im Mitgliedstaat des Wohnorts der Familienangehörigen, des von der zuständigen Behörde im Mitgliedstaat ihres Wohnorts hierfür bezeichneten Trägers oder der von dieser Behörde hierfür bestimmten Stelle die Familienleistungen mit befreiender Wirkung über diesen Träger bzw. über diese Stelle an die natürliche oder juristische Person, die tatsächlich für die Familienangehörigen sorgt.

(ABl L 2009/284)

Artikel 69
Ergänzende Bestimmungen

(1) Besteht nach den gemäß den Artikeln 67 und 68 bestimmten Rechtsvorschriften kein Anspruch auf zusätzliche oder besondere Familienleistungen für Waisen, so werden diese Leistungen grundsätzlich in Ergänzung zu den anderen Familienleistungen, auf die nach den genannten Rechtsvorschriften ein Anspruch besteht, nach den Rechtsvorschriften des Mitgliedstaats gewährt, die für den Verstorbenen die längste Zeit gegolten haben, sofern ein Anspruch nach diesen Rechtsvorschriften besteht. Besteht kein Anspruch nach diesen Rechtsvorschriften, so werden die Anspruchsvoraussetzungen nach den Rechtsvorschriften der anderen Mitgliedstaaten in der Reihenfolge der abnehmenden Dauer der nach den Rechtsvorschriften dieser Mitgliedstaaten zurückgelegten Versicherungs- oder Wohnzeiten geprüft und die Leistungen entsprechend gewährt.

(2) Leistungen in Form von Renten oder Rentenzuschüssen werden nach Kapitel 5 berechnet und gewährt.

KAPITEL 9
BESONDERE BEITRAGSUNABHÄNGIGE GELDLEISTUNGEN

Artikel 70
Allgemeine Vorschrift

(1) Dieser Artikel gilt für besondere beitragsunabhängige Geldleistungen, die nach Rechtsvorschriften gewährt werden, die aufgrund ihres persönlichen Geltungsbereichs, ihrer Ziele und/oder ihrer Anspruchsvoraussetzungen sowohl Merkmale der in Artikel 3 Absatz 1 genannten Rechtsvorschriften der sozialen Sicherheit als auch Merkmale der Sozialhilfe aufweisen.

(2) Für die Zwecke dieses Kapitels bezeichnet der Ausdruck „besondere beitragsunabhängige Geldleistungen" die Leistungen,

a) die dazu bestimmt sind:

   i) einen zusätzlichen, ersatzweisen oder ergänzenden Schutz gegen die Risiken zu gewähren, die von den in Artikel 3 Absatz 1 genannten Zweigen der sozialen Sicherheit gedeckt sind, und den betreffenden Personen ein Mindesteinkommen zur Bestreitung des Lebensunterhalts garantieren, das in Beziehung zu dem wirtschaftlichen und sozialen Umfeld in dem betreffenden Mitgliedstaat steht,

   oder

   ii) allein dem besonderen Schutz des Behinderten zu dienen, der eng mit dem sozialen Umfeld dieser Person in dem betreffenden Mitgliedstaat verknüpft ist,

   und

b) deren Finanzierung ausschließlich durch obligatorische Steuern zur Deckung der allgemeinen öffentlichen Ausgaben erfolgt und deren Gewährung und Berechnung nicht von Beiträgen hinsichtlich der Leistungsempfänger abhängen. Jedoch sind Leistungen, die zusätzlich zu einer beitragsabhängigen Leistung gewährt werden, nicht allein aus diesem Grund als beitragsabhängige Leistungen zu betrachten;

   und

c) die in Anhang X aufgeführt sind.

(3) Artikel 7 und die anderen Kapitel dieses Titels gelten nicht für die in Absatz 2 des vorliegenden Artikels genannten Leistungen.

(4) Die in Absatz 2 genannten Leistungen werden ausschließlich in dem Mitgliedstaat, in dem die betreffenden Personen wohnen, und nach dessen Rechtsvorschriften gewährt. Die Leistungen werden vom Träger des Wohnorts und zu seinen Lasten gewährt.

TITEL IV
VERWALTUNGSKOMMISSION UND BERATENDER AUSSCHUSS

Artikel 71
Zusammensetzung und Arbeitsweise der Verwaltungskommission

(1) Der bei der Kommission der Europäischen Gemeinschaften eingesetzten Verwaltungskommission für die Koordinierung der Systeme der sozialen Sicherheit (im Folgenden „Verwaltungskommission" genannt) gehört je ein Regierungsvertreter jedes Mitgliedstaats an, der erforderlichenfalls von Fachberatern unterstützt wird. Ein Vertreter der Kommission der Europäischen Gemeinschaften nimmt mit beratender Stimme an den Sitzungen der Verwaltungskommission teil.

(2) Die Verwaltungskommission beschließt mit der in den Verträgen festgelegten qualifizierten Mehrheit; dies gilt nicht für die Annahme ihrer Satzung, die von ihren Mitgliedern im gegenseitigen Einvernehmen erstellt wird.

Entscheidungen zu den in Artikel 72 Buchstabe a genannten Auslegungsfragen werden im erforderlichen Umfang bekannt gemacht.

(ABl L 2012/149)

(3) Die Sekretariatsgeschäfte der Verwaltungskommission werden von der Kommission der Europäischen Gemeinschaften wahrgenommen.

Artikel 72
Aufgaben der Verwaltungskommission

Die Verwaltungskommission hat folgende Aufgaben:

a) Sie behandelt alle Verwaltungs- und Auslegungsfragen, die sich aus dieser Verordnung oder der Durchführungsverordnung oder in deren Rahmen geschlossenen Abkommen oder getroffenen Vereinbarungen ergeben; jedoch bleibt das Recht der betreffenden Behörden, Träger und Personen, die Verfahren und Gerichte in Anspruch zu nehmen, die nach den Rechtsvorschriften der Mitgliedstaaten, nach dieser Verordnung sowie nach dem Vertrag vorgesehen sind, unberührt.

b) Sie erleichtert die einheitliche Anwendung des Gemeinschaftsrechts, insbesondere, indem sie den Erfahrungsaustausch und die Verbreitung der besten Verwaltungspraxis fördert.

c) Sie fördert und stärkt die Zusammenarbeit zwischen den Mitgliedstaaten und ihren Trägern im Bereich der sozialen Sicherheit, um u.a. spezifische Fragen in Bezug auf bestimmte Personengruppen zu berücksichtigen; sie erleichtert die Durchführung von Maßnahmen der grenzüberschreitenden Zusammenarbeit auf dem Gebiet der Koordinierung der sozialen Sicherheit.

d) Sie fördert den größtmöglichen Einsatz neuer Technologien, um den freien Personenverkehr zu erleichtern, insbesondere durch die Modernisierung der Verfahren für den Informationsaustausch und durch die Anpassung des Informationsflusses zwischen den Trägern zum Zweck des Austauschs mit elektronischen Mitteln unter Berücksichtigung des Entwicklungsstands der Datenverarbeitung in dem jeweiligen Mitgliedstaat; die Verwaltungskommission erlässt die gemeinsamen strukturellen Regeln für die elektronischen Datenverarbeitungsdienste, insbesondere zu Sicherheit und Normenverwendung, und legt die Einzelheiten für den Betrieb des gemeinsamen Teils dieser Dienste fest.

e) Sie nimmt alle anderen Aufgaben wahr, für die sie nach dieser Verordnung, der Durchführungsverordnung und aller in deren Rahmen geschlossenen Abkommen oder getroffenen Vereinbarungen zuständig ist.

f) Sie unterbreitet der Kommission der Europäischen Gemeinschaften geeignete Vorschläge zur Koordinierung der Systeme der sozialen Sicherheit mit dem Ziel, den gemeinschaftlichen Besitzstand durch die Erarbeitung weiterer Verordnungen oder durch andere im Vertrag vorgesehene Instrumente zu verbessern und zu modernisieren.

g) Sie stellt die Unterlagen zusammen, die für die Rechnungslegung der Träger der Mitgliedstaaten über deren Aufwendungen aufgrund dieser Verordnung zu berücksichtigen sind, und stellt auf der Grundlage eines Berichts des in Artikel 74 genannten Rechnungsausschusses die Jahresabrechnung zwischen diesen Trägern auf.

Artikel 73
Fachausschuss für Datenverarbeitung

(1) Der Verwaltungskommission ist ein Fachausschuss für Datenverarbeitung (im Folgenden „Fachausschuss" genannt) angeschlossen. Der Fachausschuss unterbreitet der Verwaltungskommission Vorschläge für die gemeinsamen Architekturregeln zur Verwaltung der elektronischen Datenverarbeitungsdienste, insbesondere zu Sicherheit und Normenverwendung; er erstellt Berichte und gibt eine mit Gründen versehene Stellungnahme ab, bevor die Verwaltungskommission eine Entscheidung nach Artikel 72 Buchstabe d trifft. Die Zusammensetzung und die Arbeitsweise des Fachausschusses werden von der Verwaltungskommission bestimmt.

(2) Zu diesem Zweck hat der Fachausschuss folgende Aufgaben:

a) Er trägt die einschlägigen fachlichen Unterlagen zusammen und übernimmt die zur Erledigung seiner Aufgaben erforderlichen Untersuchungen und Arbeiten.

b) Er legt der Verwaltungskommission die in Absatz 1 genannten Berichte und mit Gründen versehenen Stellungnahmen vor.

c) Er erledigt alle sonstigen Aufgaben und Untersuchungen zu Fragen, die die Verwaltungskommission an ihn verweist.

d) Er stellt den Betrieb der gemeinschaftlichen Pilotprojekte unter Einsatz elektronischer Datenverarbeitungsdienste und, für den gemeinschaftlichen Teil, der operativen Systeme unter Einsatz elektronischer Datenverarbeitungsdienste sicher.

Artikel 74
Rechnungsausschuss

(1) Der Verwaltungskommission ist ein Rechnungsausschuss angeschlossen. Seine Zusammensetzung und seine Arbeitsweise werden von der Verwaltungskommission bestimmt.

Der Rechnungsausschuss hat folgende Aufgaben:

a) Er prüft die Methode zur Feststellung und Berechnung der von den Mitgliedstaaten vorgelegten durchschnittlichen jährlichen Kosten.

b) Er trägt die erforderlichen Daten zusammen und führt die Berechnungen aus, die erforderlich sind, um den jährlichen Forderungsstand jedes einzelnen Mitgliedstaats festzustellen.

c) Er erstattet der Verwaltungskommission regelmäßig Bericht über die Ergebnisse der Anwendung dieser Verordnung und der Durchführungsverordnung, insbesondere in finanzieller Hinsicht.

d) Er stellt die für die Beschlussfassung der Verwaltungskommission gemäß Artikel 72 Buchstabe g erforderlichen Daten und Berichte zur Verfügung.

e) Er unterbreitet der Verwaltungskommission alle geeigneten Vorschläge im Zusammenhang mit den Buchstaben a, b und c, einschließlich derjenigen, die diese Verordnung betreffen.

f) Er erledigt alle Arbeiten, Untersuchungen und Aufträge zu Fragen, die die Verwaltungskommission an ihn verweist.

Artikel 75
Beratender Ausschuss für die Koordinierung der Systeme der sozialen Sicherheit

(1) Es wird ein Beratender Ausschuss für die Koordinierung der Systeme der sozialen Sicherheit (im Folgenden „Beratender Ausschuss“ genannt) eingesetzt, der sich für jeden Mitgliedstaat wie folgt zusammensetzt:

a) ein Vertreter der Regierung,

b) ein Vertreter der Arbeitnehmerverbände,

c) ein Vertreter der Arbeitgeberverbände.

Für jede der oben aufgeführten Kategorien wird für jeden Mitgliedstaat ein stellvertretendes Mitglied ernannt.

Die Mitglieder und stellvertretenden Mitglieder des Beratenden Ausschusses werden vom Rat ernannt. Den Vorsitz im Beratenden Ausschuss führt ein Vertreter der Kommission der Europäischen Gemeinschaften. Der Beratende Ausschuss gibt sich eine Geschäftsordnung.

(2) Der Beratende Ausschuss ist befugt, auf Antrag der Kommission der Europäischen Gemeinschaften, der Verwaltungskommission oder auf eigene Initiative

a) über allgemeine oder grundsätzliche Fragen und über die Probleme zu beraten, die die Anwendung der gemeinschaftlichen Bestimmungen über die Koordinierung der Systeme der sozialen Sicherheit, insbesondere in Bezug auf bestimmte Personengruppen, aufwirft;

b) Stellungnahmen zu diesen Bereichen für die Verwaltungskommission sowie Vorschläge für eine etwaige Überarbeitung der genannten Bestimmungen zu formulieren.

TITEL V
VERSCHIEDENE BESTIMMUNGEN

Artikel 76
Zusammenarbeit

(1) Die zuständigen Behörden der Mitgliedstaaten unterrichten einander über

a) alle zur Anwendung dieser Verordnung getroffenen Maßnahmen;

b) alle Änderungen ihrer Rechtsvorschriften, die die Anwendung dieser Verordnung berühren können.

(2) Für die Zwecke dieser Verordnung unterstützen sich die Behörden und Träger der Mitgliedstaaten, als handelte es sich um die Anwendung ihrer eigenen Rechtsvorschriften. Die gegenseitige Amtshilfe dieser Behörden und Träger ist grundsätzlich kostenfrei. Die Verwaltungskommission legt jedoch die Art der erstattungsfähigen Ausgaben und die Schwellen für die Erstattung dieser Ausgaben fest.

(3) Die Behörden und Träger der Mitgliedstaaten können für die Zwecke dieser Verordnung miteinander sowie mit den betroffenen Personen oder deren Vertretern unmittelbar in Verbindung treten.

(4) Die Träger und Personen, die in den Geltungsbereich dieser Verordnung fallen, sind zur gegenseitigen Information und Zusammenarbeit verpflichtet, um die ordnungsgemäße Anwendung dieser Verordnung zu gewährleisten.

Die Träger beantworten gemäß dem Grundsatz der guten Verwaltungspraxis alle Anfragen binnen einer angemessenen Frist und übermitteln den betroffenen Personen in diesem Zusammenhang alle erforderlichen Angaben, damit diese die ihnen durch diese Verordnung eingeräumten Rechte ausüben können.

Die betroffenen Personen müssen die Träger des zuständigen Mitgliedstaats und des Wohnmitgliedstaats so bald wie möglich über jede Änderung ihrer persönlichen oder familiären Situation unterrichten, die sich auf ihre Leistungsansprüche nach dieser Verordnung auswirkt.

(5) Die Verletzung der Informationspflicht gemäß Absatz 4 Unterabsatz 3 kann angemessene Maßnahmen nach dem nationalen Recht nach sich ziehen. Diese Maßnahmen müssen jedoch denjenigen entsprechen, die für vergleichbare Tatbestände der nationalen Rechtsordnung gelten, und dürfen die Ausübung der den Antragstellern durch diese Verordnung eingeräumten Rechte nicht praktisch unmöglich machen oder übermäßig erschweren.

(6) Werden durch Schwierigkeiten bei der Auslegung oder Anwendung dieser Verordnung die Rechte einer Person im Geltungsbereich der Verordnung in Frage gestellt, so setzt sich der Träger des zuständigen Mitgliedstaats oder des Wohnmitgliedstaats der betreffenden Person mit dem Träger des anderen betroffenen Mitgliedstaats oder den Trägern der anderen betroffenen Mitgliedstaaten in Verbindung. Wird binnen einer angemessenen Frist keine Lösung gefunden, so können die betreffenden Behörden die Verwaltungskommission befassen.

(7) Die Behörden, Träger und Gerichte eines Mitgliedstaats dürfen die bei ihnen eingereichten Anträge oder sonstigen Schriftstücke nicht deshalb zurückweisen, weil sie in einer Amtssprache eines anderen Mitgliedstaats abgefasst sind, die gemäß Artikel 290 des Vertrags als Amtssprache der Organe der Gemeinschaft anerkannt ist.

Artikel 77
Schutz personenbezogener Daten

(1) Werden personenbezogene Daten aufgrund dieser Verordnung oder der Durchführungsverordnung von den Behörden oder Trägern eines Mitgliedstaats den Behörden oder Trägern eines anderen Mitgliedstaats übermittelt, so gilt für diese Datenübermittlung das Datenschutzrecht des übermittelnden Mitgliedstaats. Für jede Weitergabe durch die Behörde oder den Träger des Empfängermitgliedstaats sowie für die Speicherung, Veränderung oder Löschung der Daten durch diesen Mitgliedstaat gilt das Datenschutzrecht des Empfängermitgliedstaats.

(2) Die für die Anwendung dieser Verordnung und der Durchführungsverordnung erforderlichen Daten werden durch einen Mitgliedstaat an einen anderen Mitgliedstaat unter Beachtung der Gemeinschaftsbestimmungen über den Schutz natürlicher Personen bei der Verarbeitung personenbezogener Daten und den freien Datenverkehr übermittelt.

Artikel 78
Elektronische Datenverarbeitung

(1) Die Mitgliedstaaten verwenden schrittweise die neuen Technologien für den Austausch, den Zugang und die Verarbeitung der für die Anwendung dieser Verordnung und der Durchführungsverordnung erforderlichen Daten. Die Europäische Kommission gewährt bei Aufgaben von gemeinsamem Interesse Unterstützung, sobald die Mitgliedstaaten diese elektronischen Datenverarbeitungsdienste eingerichtet haben.

(ABl L 2012/149)

(2) Jeder Mitgliedstaat betreibt seinen Teil der elektronischen Datenverarbeitungsdienste in eigener Verantwortung unter Beachtung der Gemeinschaftsbestimmungen über den Schutz natürlicher Personen bei der Verarbeitung personenbezogener Daten und den freien Datenverkehr.

(3) Ein von einem Träger nach dieser Verordnung und der Durchführungsverordnung versandtes oder herausgegebenes elektronisches Dokument darf von einer Behörde oder einem Träger eines anderen Mitgliedstaats nicht deshalb abgelehnt werden, weil es elektronisch empfangen wurde, wenn der Empfängerträger zuvor erklärt hat, dass er in der Lage ist, elektronische Dokumente zu empfangen. Bei der Wiedergabe und der Aufzeichnung solcher Dokumente wird davon ausgegangen, dass sie eine korrekte und genaue Wiedergabe des Originaldokuments oder eine Darstellung der Information ist, auf die sich dieses Dokument bezieht, sofern kein gegenteiliger Beweis vorliegt.

(4) Ein elektronisches Dokument wird als gültig angesehen, wenn das EDV-System, in dem dieses Dokument aufgezeichnet wurde, die erforderlichen Sicherheitselemente aufweist, um jede Veränderung, Übermittlung oder jeden unberechtigten Zugang zu dieser Aufzeichnung zu verhindern. Die aufgezeichnete Information muss jederzeit in einer sofort lesbaren Form reproduziert werden können. Wird ein elektronisches Dokument von einem Träger der sozialen Sicherheit an einen anderen Träger übermittelt, so werden geeignete Sicherheitsmaßnahmen gemäß den Gemeinschaftsbestimmungen über den Schutz natürlicher Personen bei der Verarbeitung personenbezogener Daten und den freien Datenverkehr getroffen.

Artikel 79
Finanzierung von Maßnahmen im Bereich der sozialen Sicherheit

Im Zusammenhang mit dieser Verordnung und der Durchführungsverordnung kann die Europäische Kommission folgende Tätigkeiten ganz oder teilweise finanzieren:

a) Tätigkeiten, die der Verbesserung des Informationsaustauschs – insbesondere des elektronischen Datenaustauschs – zwischen Behörden und Trägern der sozialen Sicherheit der Mitgliedstaaten dienen,

b) jede andere Tätigkeit, die dazu dient, den Personen, die in den Geltungsbereich dieser Verordnung fallen, und ihren Vertretern auf dem dazu am besten geeigneten Wege Informationen über die sich aus dieser Verordnung ergebenden Rechte und Pflichten zu vermitteln.

(ABl L 2012/149)

Artikel 80
Befreiungen

(1) Jede in den Rechtsvorschriften eines Mitgliedstaats vorgesehene Befreiung oder Ermäßigung von Steuern, Stempel-, Gerichts- oder Eintragungsgebühren für Schriftstücke oder Urkunden, die gemäß den Rechtsvorschriften dieses Mitgliedstaats vorzulegen sind, findet auch auf die entsprechenden Schriftstücke und Urkunden Anwendung, die gemäß den Rechtsvorschriften eines anderen Mitgliedstaats oder gemäß dieser Verordnung einzureichen sind.

(2) Urkunden, Dokumente und Schriftstücke jeglicher Art, die in Anwendung dieser Verordnung vorzulegen sind, brauchen nicht durch diplomatische oder konsularische Stellen legalisiert zu werden.

Artikel 81
Anträge, Erklärungen oder Rechtsbehelfe

Anträge, Erklärungen oder Rechtsbehelfe, die gemäß den Rechtsvorschriften eines Mitgliedstaats innerhalb einer bestimmten Frist bei einer Behörde, einem Träger oder einem Gericht dieses Mitgliedstaats einzureichen sind, können innerhalb der gleichen Frist bei einer entsprechenden Behörde, einem entsprechenden Träger oder einem entsprechenden Gericht eines anderen Mitgliedstaats eingereicht werden. In diesem Fall übermitteln die in Anspruch genommenen Behörden, Träger oder Gerichte diese Anträge, Erklärungen oder Rechtsbehelfe entweder unmittelbar oder durch Einschaltung der zuständigen Behörden der beteiligten Mitgliedstaaten unverzüglich der zuständigen Behörde, dem zuständigen Träger oder dem zuständigen Gericht des ersten Mitgliedstaats. Der Tag, an dem diese Anträge, Erklärungen oder Rechtsbehelfe bei einer Behörde, einem Träger oder einem Gericht des zweiten Mitgliedstaats eingegangen sind, gilt als Tag des Eingangs bei der zuständigen Behörde, dem zuständigen Träger oder dem zuständigen Gericht.

Artikel 82
Ärztliche Gutachten

Die in den Rechtsvorschriften eines Mitgliedstaats vorgesehenen ärztlichen Gutachten können auf Antrag des zuständigen Trägers in einem anderen Mitgliedstaat vom Träger des Wohn- oder Aufenthaltsorts des Antragstellers oder des Leistungsberechtigten unter den in der Durchführungsverordnung festgelegten Bedingungen oder den von den zuständigen Behörden der beteiligten Mitgliedstaaten vereinbarten Bedingungen angefertigt werden.

Artikel 83
Anwendung von Rechtsvorschriften

Die besonderen Bestimmungen zur Anwendung der Rechtsvorschriften bestimmter Mitgliedstaaten sind in Anhang XI aufgeführt.

Artikel 84
Einziehung von Beiträgen und Rückforderung von Leistungen

(1) Beiträge, die einem Träger eines Mitgliedstaats geschuldet werden, und nichtgeschuldete Leistungen, die von dem Träger eines Mitgliedstaats gewährt wurden, können in einem anderen Mitgliedstaat nach den Verfahren und mit den Sicherungen und Vorrechten eingezogen bzw. zurückgefordert werden, die für die Einziehung der dem entsprechenden Träger des letzteren Mitgliedstaats geschuldeten Beiträge bzw. für die Rückforderung der vom entsprechenden Träger des letzteren Mitgliedstaats nichtgeschuldeten Leistungen gelten.

(2) Vollstreckbare Entscheidungen der Gerichte und Behörden über die Einziehung von Beiträgen, Zinsen und allen sonstigen Kosten oder die Rückforderung nichtgeschuldeter Leistungen gemäß den Rechtsvorschriften eines Mitgliedstaats werden auf Antrag des zuständigen Trägers in einem anderen Mitgliedstaat innerhalb der Grenzen und nach Maßgabe der in diesem Mitgliedstaat für ähnliche Entscheidungen geltenden Rechtsvorschriften und anderen Verfahren anerkannt und vollstreckt. Solche Entscheidungen sind in diesem Mitgliedstaat für vollstreckbar zu erklären, sofern die Rechtsvorschriften und alle anderen Verfahren dieses Mitgliedstaats dies erfordern.

(3) Bei Zwangsvollstreckung, Konkurs oder Vergleich genießen die Forderungen des Trägers eines Mitgliedstaats in einem anderen Mitgliedstaat die gleichen Vorrechte, die die Rechtsvorschriften des letzteren Mitgliedstaats Forderungen gleicher Art einräumen.

(4) Das Verfahren zur Durchführung dieses Artikels, einschließlich der Kostenerstattung, wird durch die Durchführungsverordnung und, soweit erforderlich, durch ergänzende Vereinbarungen zwischen den Mitgliedstaaten geregelt.

Artikel 85
Ansprüche der Träger

(1) Werden einer Person nach den Rechtsvorschriften eines Mitgliedstaats Leistungen für einen Schaden gewährt, der sich aus einem in einem anderen Mitgliedstaat eingetretenen Ereignis ergibt, so gilt für etwaige Ansprüche des zur Leistung verpflichteten Trägers gegenüber einem zum Schadenersatz verpflichteten Dritten folgende Regelung:

a) Sind die Ansprüche, die der Leistungsempfänger gegenüber dem Dritten hat, nach den für den zur Leistung verpflichteten Träger geltenden Rechtsvorschriften auf diesen Träger übergegangen, so erkennt jeder Mitgliedstaat diesen Übergang an.

b) Hat der zur Leistung verpflichtete Träger einen unmittelbaren Anspruch gegen den Dritten, so erkennt jeder Mitgliedstaat diesen Anspruch an.

(2) Werden einer Person nach den Rechtsvorschriften eines Mitgliedstaats Leistungen für einen Schaden gewährt, der sich aus einem in einem anderen Mitgliedstaat eingetretenen Ereignis ergibt, so gelten für die betreffende Person oder den zuständigen Träger die Bestimmungen dieser Rechtsvorschriften, in denen festgelegt ist, in welchen Fällen die Arbeitgeber oder ihre Arbeitnehmer von der Haftung befreit sind.

Absatz 1 gilt auch für etwaige Ansprüche des zur Leistung verpflichteten Trägers gegenüber Arbeitgebern oder ihren Arbeitnehmern, wenn deren Haftung nicht ausgeschlossen ist.

(3) Haben zwei oder mehr Mitgliedstaaten oder ihre zuständigen Behörden gemäß Artikel 35 Absatz 3 und/oder Artikel 41 Absatz 2 eine Vereinbarung über den Verzicht auf Erstattung zwischen Trägern, die in ihre Zuständigkeit fallen, geschlossen oder erfolgt die Erstattung unabhängig von dem Betrag der tatsächlich gewährten Leistungen, so gilt für etwaige Ansprüche gegenüber einem für den Schaden haftenden Dritten folgende Regelung:

a) Gewährt der Träger des Wohn- oder Aufenthaltsmitgliedstaats einer Person Leistungen für einen in seinem Hoheitsgebiet erlittenen Schaden, so übt dieser Träger nach den für ihn geltenden Rechtsvorschriften das Recht auf Forderungsübergang oder direktes Vorgehen gegen den schadenersatzpflichtigen Dritten aus.

b) Für die Anwendung von Buchstabe a gilt
   i) der Leistungsempfänger als beim Träger des Wohn- oder Aufenthaltsorts versichert und
   ii) dieser Träger als zur Leistung verpflichteter Träger.

c) Die Absätze 1 und 2 bleiben für alle Leistungen anwendbar, die nicht unter die Verzichtsvereinbarung fallen oder für die keine Erstattung gilt, die unabhängig von dem Betrag der tatsächlich gewährten Leistungen erfolgt.

Artikel 86
Bilaterale Vereinbarungen

Bezüglich der Beziehungen zwischen Luxemburg einerseits und Frankreich, Deutschland und Belgien andererseits werden über die Anwendung und die Dauer des in Artikel 65 Absatz 7 genannten Zeitraums bilaterale Vereinbarungen geschlossen.

TITEL VI
ÜBERGANGS- UND SCHLUSS-BESTIMMUNGEN

Artikel 87
Übergangsbestimmungen

(1) Diese Verordnung begründet keinen Anspruch für den Zeitraum vor dem Beginn ihrer Anwendung.

(2) Für die Feststellung des Leistungsanspruchs nach dieser Verordnung werden alle Versicherungszeiten sowie gegebenenfalls auch alle Beschäftigungszeiten, Zeiten einer selbstständigen Erwerbstätigkeit oder Wohnzeiten berücksichtigt, die nach den Rechtsvorschriften eines Mitgliedstaats vor dem Beginn der Anwendung dieser Verordnung in dem betreffenden Mitgliedstaat zurückgelegt worden sind.

(3) Vorbehaltlich des Absatzes 1 begründet diese Verordnung einen Leistungsanspruch auch für Ereignisse vor dem Beginn der Anwendung dieser Verordnung in dem betreffenden Mitgliedstaat.

(4) Leistungen jeder Art, die wegen der Staatsangehörigkeit oder des Wohnorts der betreffenden Person nicht festgestellt worden sind oder geruht haben, werden auf Antrag dieser Person ab dem Beginn der Anwendung dieser Verordnung in dem betreffenden Mitgliedstaat gewährt oder wieder gewährt, vorausgesetzt, dass Ansprüche, aufgrund deren früher Leistungen gewährt wurden, nicht durch Kapitalabfindung abgegolten wurden.

(5) Die Ansprüche einer Person, der vor dem Beginn der Anwendung dieser Verordnung in einem Mitgliedstaat eine Rente gewährt wurde, können auf Antrag der betreffenden Person unter Berücksichtigung dieser Verordnung neu festgestellt werden.

(6) Wird ein Antrag nach Absatz 4 oder 5 innerhalb von zwei Jahren nach dem Beginn der Anwendung dieser Verordnung in einem Mitgliedstaat gestellt, so werden die Ansprüche aufgrund dieser Verordnung mit Wirkung von diesem Zeitpunkt an erworben, ohne dass der betreffenden Person Ausschlussfristen oder Verjährungsfristen eines Mitgliedstaats entgegengehalten werden können.

(7) Wird ein Antrag nach Absatz 4 oder 5 erst nach Ablauf von zwei Jahren nach dem Beginn der Anwendung dieser Verordnung in dem betreffenden Mitgliedstaat gestellt, so werden nicht ausgeschlossene oder verjährte Ansprüche – vorbehaltlich etwaiger günstigerer Rechtsvorschriften eines Mitgliedstaats – vom Tag der Antragstellung an erworben.

(8) Gelten für eine Person infolge dieser Verordnung die Rechtsvorschriften eines anderen Mitgliedstaats als desjenigen, der durch Titel II der Verordnung (EWG) Nr. 1408/71 bestimmt wird, bleiben diese Rechtsvorschriften so lange, wie sich der bis dahin vorherrschende Sachverhalt nicht ändert, und auf jeden Fall für einen Zeitraum von höchstens zehn Jahren ab dem Geltungsbeginn dieser Verordnung anwendbar, es sei denn, die betreffende Person beantragt, den nach dieser Verordnung anzuwendenden Rechtsvorschriften unterstellt zu werden. Der Antrag ist innerhalb von drei Monaten nach dem Geltungsbeginn dieser Verordnung bei dem zuständigen Träger des Mitgliedstaats, dessen Rechtsvorschriften nach dieser Verordnung anzuwenden sind, zu stellen, wenn die betreffende Person den Rechtsvorschriften dieses Mitgliedstaats ab dem Beginn der Anwendung dieser Verordnung unterliegen soll. Wird der Antrag nach Ablauf dieser Frist gestellt, gelten diese

Rechtsvorschriften für die betreffende Person ab dem ersten Tag des darauf folgenden Monats.

(ABl L 2009/284)

(9) Artikel 55 dieser Verordnung findet ausschließlich auf Renten Anwendung, für die Artikel 46c der Verordnung (EWG) Nr. 1408/71 bei Beginn der Anwendung dieser Verordnung nicht gilt.

(10) Die Bestimmungen des Artikels 65 Absatz 2 Satz 2 und Absatz 3 Satz 2 gelten in Luxemburg spätestens zwei Jahre nach dem Beginn der Anwendung dieser Verordnung.

(10a) Die auf Estland, Spanien, Italien, Litauen, Ungarn und die Niederlande bezogenen Einträge in Anhang III treten vier Jahre nach dem Geltungsbeginn dieser Verordnung außer Kraft.

(10b) Die Liste in Anhang III wird spätestens bis zum 31. Oktober 2014 auf der Grundlage eines Berichts der Verwaltungskommission überprüft. Dieser Bericht enthält eine Folgenabschätzung sowohl unter absoluten als auch relativen Gesichtspunkten in Bezug auf die Relevanz, die Häufigkeit, den Umfang und die Kosten der Anwendung der Vorschriften des Anhangs III. Der Bericht enthält auch mögliche Auswirkungen einer Aufhebung jener Vorschriften für diejenigen Mitgliedstaaten, die nach dem in Absatz 10a genannten Zeitpunkt weiterhin in jenem Anhang aufgeführt sind. Auf der Grundlage dieses Berichts entscheidet die Kommission über die Vorlage eines Vorschlags zur Überarbeitung dieser Liste, grundsätzlich mit dem Ziel, die Liste aufzuheben, es sei denn der Bericht der Verwaltungskommission enthält zwingende Gründe, die dagegen sprechen.

(ABl L 2009/284)

(11) Die Mitgliedstaaten stellen sicher, dass ausreichende Informationen über die mit dieser Verordnung und der Durchführungsverordnung eingeführten Änderungen der Rechte und Pflichten zur Verfügung gestellt werden.

Artikel 87a
Übergangsvorschrift für die Anwendung der Verordnung (EU) Nr. 465/2012

(1) Gelten für eine Person aufgrund des Inkrafttretens der Verordnung (EU) Nr. 465/2012 nach deren Inkrafttreten die Rechtsvorschriften eines anderen Mitgliedstaats als desjenigen, der durch Titel II dieser Verordnung bestimmt wird, bleiben diese Rechtsvorschriften für einen Übergangszeitraum, der so lange andauert, wie sich der bis dahin vorherrschende Sachverhalt nicht ändert, und in jedem Fall für nicht länger als zehn Jahre ab dem Datum des Inkrafttretens der Verordnung (EU) Nr. 465/2012 anwendbar. Die betreffende Person kann beantragen, dass der Übergangszeitraum auf sie nicht mehr Anwendung findet. Der Antrag ist bei dem von der zuständigen Behörde des Wohnmitgliedstaats bezeichneten Träger zu stellen. Bis zum 29. September 2012 gestellte Anträge gelten ab dem 28. Juni 2012 als wirksam. Nach dem 29. September 2012 gestellte Anträge gelten ab dem ersten Tag des darauf folgenden Monats als wirksam.

(2) Spätestens am 29. Juni 2014 beurteilt die Verwaltungskommission die Umsetzung der Bestimmungen des Artikels 65a dieser Verordnung und legt einen Bericht über deren Anwendung vor. Auf der Grundlage dieses Berichts kann die Kommission gegebenenfalls Vorschläge zur Änderung dieser Bestimmungen vorlegen.

(ABl L 2012/149)

Artikel 88
Aktualisierung der Anhänge

Die Anhänge dieser Verordnung werden regelmäßig überarbeitet.

Artikel 89
Durchführungsverordnung

Die Durchführung dieser Verordnung wird in einer weiteren Verordnung geregelt.

Artikel 90
Aufhebung

(1) Die Verordnung (EWG) Nr. 1408/71 des Rates wird mit dem Beginn der Anwendung dieser Verordnung aufgehoben.

Die Verordnung (EWG) Nr. 1408/71 bleibt jedoch in Kraft und behält ihre Rechtswirkung für die Zwecke

a) der Verordnung (EG) Nr. 859/2003 des Rates vom 14. Mai 2003 zur Ausdehnung der Bestimmungen der Verordnung (EWG) Nr. 1408/71 und der Verordnung (EWG) Nr. 574/72 auf Drittstaatsangehörige, die ausschließlich aufgrund ihrer Staatsangehörigkeit nicht bereits unter diese Bestimmungen fallen, solange jene Verordnung nicht aufgehoben oder geändert ist;

b) der Verordnung (EWG) Nr. 1661/85 des Rates vom 13. Juni 1985 zur Festlegung der technischen Anpassungen der Gemeinschaftsregelung auf dem Gebiet der sozialen Sicherheit der Wanderarbeitnehmer in Bezug auf Grönland, solange jene Verordnung nicht aufgehoben oder geändert ist;

c) des Abkommens über den Europäischen Wirtschaftsraum und des Abkommens zwischen der Europäischen Gemeinschaft und ihren Mitgliedstaaten einerseits und der Schweizerischen Eidgenossenschaft andererseits über die Freizügigkeit sowie anderer Abkommen, die auf die Verordnung (EWG) Nr. 1408/71 Bezug nehmen, solange diese Abkommen nicht infolge der vorliegenden Verordnung geändert worden sind.

(2) Bezugnahmen auf die Verordnung (EWG) Nr. 1408/71 in der Richtlinie 98/49/EG des Rates vom 29. Juni 1998 zur Wahrung ergänzender Rentenansprüche von Arbeitnehmern und Selbstständigen, die innerhalb der Europäischen Gemeinschaft zu- und abwandern, gelten als Bezugnahmen auf die vorliegende Verordnung.

Artikel 91

Diese Verordnung tritt am zwanzigsten Tag nach ihrer Veröffentlichung im Amtsblatt der Europäischen Union in Kraft.

Sie gilt ab dem Tag des Inkrafttretens der Durchführungsverordnung.

Diese Verordnung ist in allen ihren Teilen verbindlich und gilt unmittelbar in jedem Mitgliedstaat.

ANHANG I

(Artikel 1 Buchstabe z)

I. Unterhaltsvorschüsse

BELGIEN

Unterhaltsvorschüsse nach dem Gesetz vom 21. Februar 2003 zur Einrichtung eines Dienstes für Unterhaltsforderungen beim FÖD Finanzen.

BULGARIEN

Unterhaltszahlungen des Staats nach Artikel 92 des Familienrechtsbuchs.

DÄNEMARK

Im Gesetz über Kindergeld vorgesehene Unterhaltsvorschüsse für Kinder.

Unterhaltsvorschüsse für Kinder konsolidiert durch Gesetz Nr. 765 vom 11. September 2002.

DEUTSCHLAND

Unterhaltsvorschüsse nach dem Unterhaltsvorschussgesetz vom 23. Juli 1979.

ESTLAND

Unterhaltszahlungen im Sinne des Gesetzes über Unterhaltshilfe vom 21. Februar 2007;

SPANIEN

Unterhaltsvorschüsse nach der Königlichen Verordnung 1618/2007 vom 7. Dezember 2007.

FRANKREICH

Unterhaltszahlung für ein Kind, wenn ein oder beide Elternteile es versäumt haben oder außerstande sind, ihrer Unterhaltspflicht oder ihrer durch gerichtliche Entscheidung festgelegten Verpflichtung zur Zahlung von Unterhalt nachzukommen.

KROATIEN

Zeitlich begrenzte Vorschüsse, die von Sozialfürsorgezentren aufgrund der Verpflichtung nach dem Familiengesetz (OG 116/03, in der jeweils geltenden Fassung), vorübergehend Unterhalt zu leisten, gezahlt werden.

LITAUEN

Zahlungen aus dem Unterhaltsfonds für Kinder nach dem Gesetz über den Unterhaltsfonds für Kinder.

LUXEMBURG

Unterhaltsvorschüsse und Geltendmachung von Unterhaltsansprüchen im Sinne des Gesetzes vom 26. Juli 1980.

ÖSTERREICH

Unterhaltsvorschüsse nach dem Unterhaltsvorschussgesetz 1985 – UVG.

POLEN

Leistungen aus dem Unterhaltsfonds nach dem Gesetz über Hilfe für Personen mit Anspruch auf Unterhalt.

PORTUGAL

Unterhaltsvorschüsse (Gesetz Nr. 75/98 vom 19. November über die Unterhaltsgarantie für Minderjährige).

SLOWENIEN

Unterhaltsersatz gemäß dem Gesetz der Republik Slowenien über den öffentlichen Garantie- und Unterstützungsfonds vom 25. Juli 2006.

SLOWAKEI

Ersatzunterhalt gemäß Gesetz Nr. 452/2004 Slg. über Ersatzunterhalt in der zuletzt geänderten Fassung.

FINNLAND

Unterhaltsvorschüsse nach dem Gesetz über die Sicherung des Kindesunterhalts (671/1998).

SCHWEDEN

Unterhaltsvorschüsse nach dem Unterhaltsgesetz (1996: 1030).

II. Besondere Geburts- und Adoptionsbeihilfen

BELGIEN

Geburtsbeihilfe und Adoptionsprämie.

BULGARIEN

Pauschale Mutterschaftsbeihilfe (Gesetz über Kinderzulagen).

TSCHECHISCHE REPUBLIK

Geburtsbeihilfe.

ESTLAND

a) Geburtsbeihilfe;

b) Adoptionsbeihilfe.

SPANIEN

Einmalige Geburts- und Adoptionsbeihilfe.

FRANKREICH

Geburts- oder Adoptionsbeihilfe als Teil der Kleinkindbeihilfe, außer wenn sie einer Person gezahlt wird, die nach Artikel 12 oder Artikel 16 weiterhin den französischen Rechtsvorschriften unterliegt.

KROATIEN

Einmalige Geldleistung für ein neugeborenes Kind nach dem Gesetz über Mutterschafts- und Elternschaftsleistungen (OG 85/08, in der jeweils geltenden Fassung);

einmalige Geldleistung für ein adoptiertes Kind nach dem Gesetz über Mutterschafts- und Elternschaftsleistungen (OG 85/08, in der jeweils geltenden Fassung);

einmalige Geldleistungen für ein neugeborenes oder ein adoptiertes Kind, die aufgrund von Verordnungen über die lokale und regionale Selbst-

EU-VO

verwaltung gemäß Artikel 59 des Gesetzes über Mutterschafts- und Elternschaftsleistungen (OG 85/08, in der jeweils geltenden Fassung) vorgesehen sind.

LETTLAND

a) Geburtszulage;

b) Adoptionsbeihilfe.

LITAUEN

Kinderbeihilfe.

LUXEMBURG

Familienbeihilfe

Geburtsbeihilfe

UNGARN

Mutterschaftszulage.

POLEN

Einmalige Zahlung der Geburtsbeihilfe (Gesetz über Familienleistungen).

RUMÄNIEN

a) Geburtsbeihilfe;

b) Babyausstattungen für Neugeborene.

SLOWENIEN

Geburtszulage.

SLOWAKEI

a) Geburtsbeihilfe;

b) Zuschlag zur Geburtsbeihilfe.

FINNLAND

Mutterschaftspaket, Mutterschaftspauschalbeihilfe und Unterstützung in Form eines Pauschalbetrags zur Deckung der bei einer internationalen Adoption anfallenden Kosten gemäß dem Gesetz über Mutterschaftsbeihilfe.

(ABl L 2009/284, ABl L 2013/158)

ANHANG II

(Artikel 8 Absatz 1)

Allgemeine Bemerkungen

Die Bestimmungen bilateraler Abkommen, die nicht in den Anwendungsbereich dieser Verordnung fallen und weiterhin zwischen den Mitgliedstaaten gelten, sind in diesem Anhang nicht enthalten. Dazu gehören Verpflichtungen zwischen Mitgliedstaaten aus Abkommen, die z. B. Bestimmungen über die Zusammenrechnung von in einem Drittland zurückgelegten Versicherungszeiten enthalten.

Bestimmungen aus Abkommen über soziale Sicherheit, die weiterhin gelten

BELGIEN – DEUTSCHLAND

Artikel 3 und 4 des Schlussprotokolls vom 7. Dezember 1957 zum Allgemeinen Abkommen vom gleichen Tag in der Fassung des Zusatzprotokolls vom 10. November 1960 (Anrechnung von Versicherungszeiten, die in bestimmten Grenzregionen vor, während oder nach dem Zweiten Weltkrieg zurückgelegt wurden).

BELGIEN – LUXEMBURG

Abkommen vom 24. März 1994 über soziale Sicherheit für Grenzgänger (im Hinblick auf die ergänzende Pauschalerstattung).

BULGARIEN – DEUTSCHLAND

Artikel 28 Absatz 1 Buchstabe b des Abkommens über soziale Sicherheit vom 17. Dezember 1997 (Weitergeltung von zwischen Bulgarien und der ehemaligen Deutschen Demokratischen Republik geschlossenen Abkommen für Personen, die bereits vor 1996 eine Rente bezogen).

BULGARIEN – KROATIEN

Artikel 35 Absatz 3 des Abkommens über soziale Sicherheit vom 14. Juli 2003 (Anrechnung von bis zum 31. Dezember 1957 zurückgelegten Versicherungszeiten zulasten des Vertragsstaates, in dem die versicherte Person am 31. Dezember 1957 ihren Wohnsitz hatte).

BULGARIEN – ÖSTERREICH

Artikel 38 Absatz 3 des Abkommens über soziale Sicherheit vom 14. April 2005 (Anrechnung von vor dem 27. November 1961 zurückgelegten Versicherungszeiten); die Anwendung dieser Bestimmung bleibt auf die Personen beschränkt, für die dieses Abkommen gilt.

BULGARIEN – SLOWENIEN

Artikel 32 Absatz 2 des Abkommens über soziale Sicherheit vom 18. Dezember 1957 (Anrechnung von vor dem 31. Dezember 1957 zurückgelegten Versicherungszeiten).

TSCHECHISCHE REPUBLIK – DEUTSCHLAND

Artikel 39 Absatz 1 Buchstaben b und c des Abkommens über soziale Sicherheit vom 27. Juli 2001 (Weitergeltung von zwischen der ehemaligen Tschechoslowakischen Republik und der ehemaligen Deutschen Demokratischen Republik geschlossenen Abkommen für Personen, die bereits vor 1996 eine Rente bezogen; Anrechnung der in einem der Vertragsstaaten zurückgelegten Versicherungszeiten für Personen, die am 1. September 2002 bereits eine Rente aus dem anderen Vertragsstaat bezogen, während sie auf dessen Hoheitsgebiet wohnhaft waren).

TSCHECHISCHE REPUBLIK – ZYPERN

Artikel 32 Absatz 4 des Abkommens über soziale Sicherheit vom 19. Januar 1999 (das die Zuständigkeit für die Berechnung von im Rahmen des einschlägigen Abkommens von 1976 zurückgelegten Beschäftigungszeiten festlegt); die Anwendung jener Bestimmung bleibt auf die Personen beschränkt, für die dieses Abkommen gilt.

TSCHECHISCHE REPUBLIK – LUXEMBURG

Artikel 52 Absatz 8 des Abkommens über soziale Sicherheit vom 17. November 2000 (Anrechnung von Rentenversicherungszeiten für politische Flüchtlinge).

TSCHECHISCHE REPUBLIK – ÖSTERREICH

Artikel 32 Absatz 3 des Abkommens vom 20. Juli 1999 über soziale Sicherheit (Anrechnung von vor dem 27. November 1961 zurückgelegten Versicherungszeiten); die Anwendung dieser Bestimmung bleibt auf die Personen beschränkt, für die dieses Abkommen gilt.

TSCHECHISCHE REPUBLIK – SLOWAKEI

Artikel 12, 20 und 33 des Abkommens über soziale Sicherheit vom 29. Oktober 1992 (Artikel 12 legt die Zuständigkeit für die Gewährung von Leistungen für Hinterbliebene fest; Artikel 20 legt die Zuständigkeit für die Berechnung der bis zum Tag der Auflösung der Tschechischen und Slowakischen Föderativen Republik zurückgelegten Versicherungszeiten fest; Artikel 33 legt die Zuständigkeit für die Berechnung der bis zum Tag der Auflösung der Tschechischen und Slowakischen Föderativen Republik zurückgelegten Versicherungszeiten fest.

DÄNEMARK – FINNLAND

Artikel 7 des Nordischen Abkommens über soziale Sicherheit vom 18. August 2003 (betreffend die Deckung zusätzlicher Reisekosten im Falle von Krankheit während eines Aufenthalts in einem anderen nordischen Land, die die Kosten der Rückreise in den Wohnstaat erhöht).

DÄNEMARK – SCHWEDEN

Artikel 7 des Nordischen Abkommens über soziale Sicherheit vom 18. August 2003 (betreffend die Deckung zusätzlicher Reisekosten im Falle von Krankheit während eines Aufenthalts in einem anderen nordischen Land, die die Kostender Rückreise in den Wohnstaat erhöht).

DEUTSCHLAND – SPANIEN

Artikel 45 Absatz 2 des Abkommens über soziale Sicherheit vom 4. Dezember 1973 (Vertretung durch diplomatische und konsularische Stellen).

DEUTSCHLAND – FRANKREICH

a) Vierte Zusatzvereinbarung vom 10. Juli 1950 zum Allgemeinen Abkommen vom gleichen Tag in der Fassung der Zweiten Ergänzungsvereinbarung vom 18. Juni 1955 (Anrechnung von zwischen dem 1. Juli 1940 und dem30. Juni 1950 zurückgelegten Versicherungszeiten);

b) Abschnitt I der Zweiten Ergänzungsvereinbarung (Anrechnung von vor dem 8. Mai 1945 zurückgelegten Versicherungszeiten);

c) Nummern 6, 7 und 8 des Allgemeinen Protokolls vom 10. Juli 1950 zum Allgemeinen Abkommen vom gleichen Tag (Verwaltungsvereinbarungen);

d) Abschnitte II, III und IV der Vereinbarung vom 20. Dezember 1963 (Soziale Sicherheit in Bezug auf das Saarland).

DEUTSCHLAND – KROATIEN

Artikel 41 des Abkommens über soziale Sicherheit vom 24. November 1997 (Regelung der Ansprüche, die vor dem 1. Januar 1956 in der Sozialversicherung des anderen Vertragsstaats erworben worden sind); die Anwendung jener Bestimmung bleibt auf die Personen beschränkt, für die dieses Abkommen gilt.

DEUTSCHLAND – LUXEMBURG

Artikel 4 bis 7 des Vertrags vom 11. Juli 1959 (Anrechnung von zwischen September 1940 und Juni 1946 zurückgelegten Versicherungszeiten).

DEUTSCHLAND – UNGARN

Artikel 40 Absatz 1 Buchstabe b des Abkommens über soziale Sicherheit vom 2. Mai 1998 (Weitergeltung des zwischen Ungarn und der ehemaligen Deutschen Demokratischen Republik geschlossenen Abkommens für Personen, die bereits vor 1996 eine Rente bezogen).

DEUTSCHLAND – NIEDERLANDE

Artikel 2 und 3 der Vierten Zusatzvereinbarung vom 21. Dezember 1956 zum Abkommen vom 29. März 1951 (Regelung der Ansprüche, die von niederländischen Arbeitskräften zwischen dem 13. Mai 1940 und dem 1. September 1945 in der deutschen Sozialversicherung erworben worden sind).

DEUTSCHLAND – ÖSTERREICH

a) Artikel 1 Absatz 5 und Artikel 8 des Abkommens vom 19. Juli 1978 über die Arbeitslosenversicherung sowie Ziffer 10 des Schlussprotokolls zu oben genanntem Abkommen (Gewährung von Leistungen bei Arbeitslosigkeit für Grenzgänger durch den letzten Beschäftigungsstaat) gelten weiter für Personen, die am 1. Januar 2005 oder davor eine Erwerbstätigkeit als Grenzgänger ausgeübt haben und vor dem 1. Januar 2011 arbeitslos werden.

b) Artikel 14 Absatz 2 Buchstaben g, h, i und j des Abkommens über soziale Sicherheit vom 4. Oktober 1995 (Festlegung der Zuständigkeiten zwischen den beiden Ländern für frühere Versicherungsfälle und erworbene Versicherungszeiten); die Anwendung dieser Bestimmung bleibt auf die Personen beschränkt, für die dieses Abkommen gilt.

DEUTSCHLAND – POLEN

a) Abkommen vom 9. Oktober 1975 über Renten- und Unfallversicherung, unter den in Artikel 27 Absätze 2 bis 4 des Abkommens über soziale Sicherheit vom 8. Dezember 1990 festgelegten Bedingungen (Beibehaltung des Rechtsstatus auf der Grundlage des Abkommens von 1975 der Personen, die vor dem 1. Januar 1991 ihren Wohnsitz auf dem Hoheitsgebiet Deutschlands oder Polens genommen hatten und weiterhin dort ansässig sind).

b) Artikel 27 Absatz 5 und Artikel 28 Absatz 2 des Abkommens über soziale Sicherheit vom 8. Dezember 1990 (Beibehaltung der Berechtigung zu einer Rente, die gemäß dem zwischen der ehemaligen Deutschen Demokratischen Republik und Polen 1957 geschlossenen Abkommen ausbezahlt wird; Anrechnung von Versicherungszeiten, die von polnischen Arbeitnehmern im Rahmen des 1988 zwischen der ehemaligen Deutschen Demokratischen Republik und Polen geschlossenen Abkommens zurückgelegt wurden).

DEUTSCHLAND – RUMÄNIEN

Artikel 28 Absatz 1 Buchstabe b des Abkommens über soziale Sicherheit vom 8. April 2005 (Weitergeltung des zwischen der ehemaligen Deutschen Demokratischen Republik und Rumänien geschlossenen Abkommens für Personen, die bereits vor 1996 eine Rente bezogen).

DEUTSCHLAND – SLOWENIEN

Artikel 42 des Abkommens über soziale Sicherheit vom 24. September 1997 (Regelung der Ansprüche, die vor dem 1. Januar 1956 in der Sozialversicherung des anderen Vertragsstaats erworben worden sind); die Anwendung jener Bestimmung bleibt auf die Personen beschränkt, für die dieses Abkommen gilt.

DEUTSCHLAND – SLOWAKEI

Artikel 29 Absatz 1 Unterabsätze 2 und 3 des Abkommens vom 12. September 2002 (Weitergeltung des zwischen der ehemaligen Tschechoslowakischen Republik und der ehemaligen Deutschen Demokratischen Republik geschlossenen Abkommens für Personen, die bereits vor 1996 eine Rente bezogen; Anrechnung der in einem der Vertragsstaaten zurückgelegten Versicherungszeiten für Personen, die am 1. Dezember 2003 bereits eine Rente aus dem anderen Vertragsstaat bezogen, während sie auf dessen Hoheitsgebiet wohnhaft waren).

DEUTSCHLAND – VEREINIGTES KÖNIGREICH

a) Artikel 7 Absätze 5 und 6 des Abkommens über soziale Sicherheit vom 20. April 1960 (Vorschriften für Zivilpersonen, die in den Streitkräften dienen);

b) Artikel 5 Absätze 5 und 6 des Abkommens über Arbeitslosenversicherung vom 20. April 1960 (Vorschriften für Zivilpersonen, die in den Streitkräften dienen).

IRLAND – VEREINIGTES KÖNIGREICH

Artikel 19 Absatz 2 der Vereinbarung über soziale Sicherheit vom 14. Dezember 2004 (betreffend die Übertragung und Anrechnung bestimmter Gutschriften aufgrund von Erwerbsunfähigkeit).

SPANIEN – PORTUGAL

Artikel 22 des Allgemeinen Abkommens vom 11. Juni 1969 (Ausfuhr von Leistungen bei Arbeitslosigkeit). Dieser Eintrag bleibt zwei Jahre ab dem Zeitpunkt der Anwendung dieser Verordnung in Kraft.

KROATIEN – ITALIEN

a) Abkommen zwischen Jugoslawien und Italien über die gegenseitigen Verpflichtungen im Bereich der Sozialversicherung mit Hinweis auf Anhang XIV Nummer 7 des Friedensvertrags (am 5. Februar 1959 durch Notenwechsel geschlossen) (Anrechnung von vor dem 18. Dezember 1954 zurückgelegten Versicherungszeiten); die Anwendung bleibt auf die Personen beschränkt, für die dieses Abkommen gilt.

b) Artikel 44 Absatz 3 des Abkommens über soziale Sicherheit zwischen der Republik Kroatien und der Italienischen Republik vom 27. Juni 1997 betreffend die ehemalige Zone B des Freien Gebiets Triest (Anrechnung von vor dem 5. Oktober 1956 zurückgelegten Versicherungszeiten); die Anwendung jener Bestimmung bleibt auf die Personen beschränkt, für die dieses Abkommen gilt.

KROATIEN – UNGARN

Artikel 43 Absatz 6 des Abkommens über soziale Sicherheit vom 8. Februar 2005 (Anrechnung von bis zum 29. Mai 1956 zurückgelegten Versicherungszeiten zulasten des Vertragsstaates, in dem die versicherte Person am 29. Mai 1956 ihren Wohnsitz hatte).

KROATIEN – ÖSTERREICH

Artikel 35 des Abkommens über soziale Sicherheit vom 16. Januar 1997 (Anrechnung von vor dem 1. Januar 1956 zurückgelegten Versicherungszeiten); die Anwendung jener Bestimmung bleibt auf die Personen beschränkt, für die dieses Abkommen gilt.

KROATIEN – SLOWENIEN

a) Artikel 35 Absatz 3 des Abkommens über soziale Sicherheit vom 28. April 1997 (Anrechnung von Versicherungszeiten mit Bonus nach den Rechtsvorschriften des ehemaligen gemeinsamen Staates);

b) Artikel 36 und 37 des Abkommens über soziale Sicherheit vom 28. April 1997 (für vor dem 8. Oktober 1991 erworbene Ansprüche tritt weiterhin der Vertragsstaat ein, der sie bewilligt hat. Renten, die zwischen dem 8. Oktober 1991 und dem 1. Februar 1998 – dem Tag des Inkrafttretens des genannten Abkommens – für in dem anderen Vertragsstaat bis 31. Januar 1998 zurückgelegte Versicherungszeiten bewilligt wurden, sind neu zu berechnen).

ITALIEN – SLOWENIEN

a) Abkommen über die gegenseitigen Verpflichtungen im Bereich der Sozialversicherung mit Hinweis auf Anhang XIV Nummer 7 des Friedensvertrags (am 5. Februar 1959 durch Notenwechsel geschlossen) (Anrechnung von vor dem 18. Dezember 1954 zurückgelegten Versicherungszeiten); die Anwendung jener Bestimmung bleibt auf die Personen beschränkt, für die dieses Abkommen gilt.

b) Artikel 45 Absatz 3 des Abkommens über soziale Sicherheit vom 7. Juli 1997 betreffend die ehemalige Zone B des Freien Gebiets Triest (Anrechnung von vor dem 5. Oktober 1956 zurückgelegten Versicherungszeiten); die Anwendung jener Bestimmung bleibt auf die Personen beschränkt, für die dieses Abkommen gilt.

LUXEMBURG – PORTUGAL

Abkommen vom 10. März 1997 (über die Anerkennung von Entscheidungen von Institutionen in einem Vertragsstaat betreffend den Grad der Arbeitsunfähigkeit von Rentenanwärtern von Institutionen im anderen Vertragsstaat).

LUXEMBURG – SLOWAKEI

Artikel 50 Absatz 5 des Abkommens über soziale Sicherheit vom 23. Mai 2002 (Anrechnung von Rentenversicherungszeiten für politische Flüchtlinge).

UNGARN – ÖSTERREICH

Artikel 36 Absatz 3 des Abkommens über soziale Sicherheit vom 31. März 1999 (Anrechnung von vor dem27. November 1961 zurückgelegten Versicherungszeiten); die Anwendung jener Bestimmung bleibt auf die Personen beschränkt, für die dieses Abkommen gilt.

UNGARN – SLOWENIEN

Artikel 31 des Abkommens über soziale Sicherheit vom 7.Oktober 1957 (Anrechnung von vor dem 29. Mai 1956 zurückgelegten Versicherungszeiten); die Anwendung jener Bestimmung bleibt auf die Personen beschränkt, für die dieses Abkommen gilt.

UNGARN – SLOWAKEI

Artikel 34 Absatz 1 des Abkommens vom 30. Januar 1959 über soziale Sicherheit (Artikel 34 Absatz 1 jenes Abkommens bestimmt, dass die Versicherungszeiten, die vor dem Tag der Unterzeichnung jenes Abkommens erworben wurden, die Versicherungszeiten des Vertragsstaats sind, auf dessen Hoheitsgebiet die anspruchsberechtigte Person einen Wohnsitz hatte); die Anwendung jener Bestimmung bleibt auf die Personen beschränkt, für die dieses Abkommen gilt.

ÖSTERREICH – POLEN

Artikel 33 Absatz 3 des Abkommens über soziale Sicherheit vom 7. September 1998 (Anrechnung von vor dem 27. November 1961 zurückgelegten Versicherungszeiten); die Anwendung jener Bestimmung bleibt auf die Personen beschränkt, für die dieses Abkommen gilt.

ÖSTERREICH – RUMÄNIEN

Artikel 37 Absatz 3 des Abkommens über soziale Sicherheit vom 28. Oktober 2005 (Anrechnung von vor dem 27. November 1961 zurückgelegten Versicherungszeiten); die Anwendung jener Bestimmung bleibt auf die Personen beschränkt, für die dieses Abkommen gilt.

ÖSTERREICH – SLOWENIEN

Artikel 37 des Abkommens über soziale Sicherheit vom 10. März 1997 (Anrechnung von vor dem 1. Januar 1956 zurückgelegten Versicherungszeiten); die Anwendung jener Bestimmung bleibt auf die Personen beschränkt, für die dieses Abkommen gilt.

ÖSTERREICH – SLOWAKEI

Artikel 34 Absatz 3 des Abkommens über soziale Sicherheit vom 21. Dezember 2001 (Anrechnung von vor dem27. November 1961 zurückgelegten Versicherungszeiten); die Anwendung jener Bestimmung bleibt auf die Personenbeschränkt, für die dieses Abkommen gilt.

FINNLAND – SCHWEDEN

Artikel 7 des Nordischen Abkommens über soziale Sicherheit vom 18. August 2003 (betreffend die Deckung zusätzlicher Reisekosten im Falle von Krankheit während eines Aufenthalts in einem anderen nordischen Land, die die Kostender Rückreise in den Wohnstaat erhöht).

(ABl L 2009/284, ABl L 2013/158)

ANHANG III

(Artikel 18 Absatz 2)

DÄNEMARK

ESTLAND (dieser Eintrag wird während des in Artikel 87 Absatz 10a genannten Zeitraums gelten)

IRLAND

SPANIEN (dieser Eintrag wird während des in Artikel 87 Absatz 10a genannten Zeitraums gelten)

KROATIEN

ITALIEN (dieser Eintrag wird während des in Artikel 87 Absatz 10a genannten Zeitraums gelten)

LITAUEN (dieser Eintrag wird während des in Artikel 87 Absatz 10a genannten Zeitraums gelten)

UNGARN (dieser Eintrag wird während des in Artikel 87 Absatz 10a genannten Zeitraums gelten)

NIEDERLANDE (dieser Eintrag wird während des in Artikel 87 Absatz 10a genannten Zeitraums gelten)

FINNLAND

SCHWEDEN

VEREINIGTES KÖNIGREICH

(ABl L 2009/284, ABl L 2013/158)

ANHANG IV

(Artikel 27 Absatz 2)

BELGIEN

BULGARIEN

TSCHECHISCHE REPUBLIK

DEUTSCHLAND

GRIECHENLAND

SPANIEN

FRANKREICH

ZYPERN

LUXEMBURG

UNGARN

NIEDERLANDE

ÖSTERREICH

POLEN

SLOWENIEN
SCHWEDEN
(ABl L 2009/284)

ANHANG V

(Artikel 28 Absatz 2)

BELGIEN
DEUTSCHLAND
SPANIEN
FRANKREICH
LUXEMBURG
ÖSTERREICH
PORTUGAL

ANHANG VI

(Artikel 44 Absatz 1)

TSCHECHISCHE REPUBLIK

Invaliditätsrente zum vollen Satz für Personen, die vor Vollendung ihres 18. Lebensjahres invalide wurden und die im erforderlichen Zeitraum nicht versichert waren (Abschnitt 42 des Rentenversicherungsgesetzes Nr. 155/1995 Slg.).

ESTLAND

a) Vor dem 1. April 2000 nach dem Gesetz über staatliche Leistungen gewährte und kraft staatlichem Rentenversicherungsgesetz beibehaltene Invaliditätsrenten.

b) Nationale Renten, die bei Invalidität nach dem Gesetz über die staatliche Rentenversicherung gewährt werden.

c) Invaliditätsrenten nach Maßgabe des Streitkräftegesetzes, des Polizeigesetzes, des Staatsanwaltschaftsgesetzes, des Gesetzes über die Stellung der Richter, des Gesetzes über die Gehälter, Renten und sonstigen sozialen Absicherungen der Mitglieder des Riigikogu (estnisches Parlament) und des Gesetzes über die offiziellen Leistungen für den Präsidenten der Republik.

„d) Erwerbsfähigkeitsbeihilfe wird gemäß dem Erwerbsfähigkeitsbeihilfengesetz gewährt."

(ABl L 2017/76)

IRLAND

Teil 2 Kapitel 17 des kodifizierten Sozialschutzgesetzes von 2005 (Social Welfare Consolidation Act).

GRIECHENLAND

Rechtsvorschriften im Zusammenhang mit dem landwirtschaftlichen Versicherungssystem (OGA) nach dem Gesetz Nr. 4169/1961.

KROATIEN

a) Invaliditätsrenten aufgrund von berufsbedingten Verletzungen oder Berufskrankheiten gemäß Artikel 52 Absatz 5 des Rentenversicherungsgesetzes (OG 102/98, in der jeweils geltenden Fassung).

b) Beihilfen bei körperlichen Schäden gemäß Artikel 56 des Rentenversicherungsgesetzes (OG 102/98, in der jeweils geltenden Fassung).

LETTLAND

Invaliditätsrenten (Gruppe 3) nach Artikel 16 Absätze 1 und 2 des Gesetzes über staatliche Renten vom 1. Januar 1996.

(ABl L 2009/284)

UNGARN

Ab dem 1. Januar 2012 gemäß dem Gesetz CXCI von 2011 über die Leistungen für Personen mit beeinträchtigter Arbeitsfähigkeit und zur Änderung bestimmter anderer Gesetze:

a) Rehabilitationsleistungen,

b) Leistungen bei Invalidität.

SLOWAKEI

Die Invaliditätsrente einer Person, bei der der Invaliditätsfall eintrat, als sie ein unterhaltsberechtigtes Kind war oder ein Vollzeit-Promotionsstudium absolvierte und jünger als 26 Jahre alt war, und bei der die erforderliche Versicherungszeit stets als erfüllt angesehen wird (Artikel 70 Absatz 2, Artikel 72 Absatz 3 und Artikel 73 Absätze 3 und 4 des Gesetzes Nr. 461/2003 über Sozialversicherung in der geänderten Fassung).

FINNLAND

Nationale Renten an Personen mit einer angeborenen Behinderung oder einer im Kindesalter erworbenen Behinderung (Finnisches Rentengesetz 568/2007);

Invaliditätsrenten, die nach Übergangsbestimmungen festgesetzt und vor dem 1. Januar 1994 bewilligt wurden(Gesetz über die Durchführung des Finnischen Rentengesetzes 569/2007).

„SCHWEDEN

Einkommensabhängige Ausgleichszahlungen bei Krankheit und einkommensabhängige Ausgleichszahlungen bei verminderter Erwerbsfähigkeit (Kap. 34 Sozialversicherungsgesetz)."

(ABl L 2017/76)

„VEREINIGTES KÖNIGREICH

Beschäftigungs- und Unterstützungsbeihilfe (ESA)

a) Vor dem 1. April 2016 wurden ESA-Leistungen für die ersten 91 Tage in Form von Krankengeld gewährt (Untersuchungsphase). Ab dem 92. Tag (Hauptphase) in Form einer Invaliditätsleistung.

b) Seit dem 1. April 2016 werden ESA-Leistungen für die ersten 365 Tage in Form von Krankengeld gewährt (Untersuchungsphase). Ab dem 366. Tag (Unterstützungsgruppe) in Form einer Invaliditätsleistung.

Großbritannien: Teil 1 des Gesetzes zur Reform der sozialen Sicherheit 2007.

Nordirland: Teil 1 des Gesetzes zur Reform der sozialen Sicherheit (Nordirland) 2007."

(ABl L 2017/76)

(ABl L 2009/284, ABl L 2012/349, ABl L 2013/158)

ANHANG VII
(Artikel 46 Absatz 3 der Verordnung)

BELGIEN

Mitgliedstaat	Systeme, die von den Trägern der Mitgliedstaaten angewandt werden, die eine Entscheidung zur Anerkennung der Invalidität getroffen haben	Systeme, die von den belgischen Trägern, für die die Entscheidung im Falle der Übereinstimmung bindend ist, angewandt werden				
		Allgemeines System	Knappschaftliches System		System der Seeleute	Ossom
			Allgemeine Invalidität	Berufsunfähigkeit		
FRANKREICH	1. Allgemeines System:					
	– Gruppe III (Pflegefälle)	Übereinstimmung	Übereinstimmung	Übereinstimmung	Übereinstimmung	Keine Übereinstimmung
	– Gruppe II	Übereinstimmung	Übereinstimmung	Übereinstimmung	Übereinstimmung	Keine Übereinstimmung
	– Gruppe I	Übereinstimmung	Übereinstimmung	Übereinstimmung	Übereinstimmung	Keine Übereinstimmung
	2. Landwirtschaftliches System					
	– allgemeine Vollinvalidität	Übereinstimmung	Übereinstimmung	Übereinstimmung	Übereinstimmung	Keine Übereinstimmung
	— allgemeine Invalidität von zwei Dritteln	Übereinstimmung	Übereinstimmung	Übereinstimmung	Übereinstimmung	Keine Übereinstimmung
	– Pflegefälle	Übereinstimmung	Übereinstimmung	Übereinstimmung	Übereinstimmung	Keine Übereinstimmung
	3. Knappschaftliches System:					
	– allgemeine Teilinvalidität	Übereinstimmung	Übereinstimmung	Übereinstimmung	Übereinstimmung	Keine Übereinstimmung
	– Pflegefälle	Übereinstimmung	Übereinstimmung	Übereinstimmung	Übereinstimmung	Keine Übereinstimmung
	– Berufsunfähigkeit	Keine Übereinstimmung	Keine Übereinstimmung	Übereinstimmung	Keine Übereinstimmung	Keine Übereinstimmung
	4. System der Seeleute:					
	– allgemeine Invalidität	Übereinstimmung	Übereinstimmung	Übereinstimmung	Übereinstimmung	Keine Übereinstimmung
	- Pflegefälle	Übereinstimmung	Übereinstimmung	Übereinstimmung	Übereinstimmung	Keine Übereinstimmung
	– Berufsunfähigkeit	Keine Übereinstimmung	Keine Übereinstimmung	Keine Übereinstimmung	Keine Übereinstimmung	Keine Übereinstimmung
ITALIEN	1. Allgemeines System:					
	– Invalidität Arbeiter	Keine Übereinstimmung	Übereinstimmung	Übereinstimmung	Übereinstimmung	Keine Übereinstimmung
	– Invalidität Angestellte	Keine Übereinstimmung	Übereinstimmung	Übereinstimmung	Übereinstimmung	Keine Übereinstimmung
	2. System der Seeleute:					
	– seedienstuntauglich	Keine Übereinstimmung	Keine Übereinstimmung	Keine Übereinstimmung	Keine Übereinstimmung	Keine Übereinstimmung
LUXEMBURG (1)	Invalidität Arbeiter	Übereinstimmung	Übereinstimmung	Übereinstimmung	Übereinstimmung	Keine Übereinstimmung
	Invalidität Angestellte	Übereinstimmung	Übereinstimmung	Übereinstimmung	Übereinstimmung	Keine Übereinstimmung

(1) Die Angaben zur Übereinstimmung zwischen den Rechtsvorschriften Luxemburgs einerseits und Frankreichs und Belgiens andererseits werden einer nochmaligen technischen Prüfung unterzogen, bei der den Änderungen der luxemburgischen Rechtsvorschriften Rechnung getragen wird.

FRANKREICH

Mitgliedstaat	Systeme, die von den Trägern der Mitgliedstaaten angewandt werden, die eine Entscheidung zur Anerkennung der Invalidität getroffen haben	Systeme, die von den französischen Trägern, für die die Entscheidung im Falle der Übereinstimmung bindend ist, angewandt werden											
		Allgemeines System			Landwirtschaftliches System			Knappschaftliches System			System der Seeleute		
		Gruppe I	Gruppe II	Gruppe III Pflegefälle	Invalidität von zwei Dritteln	Vollinvalidität	Pflegefälle	Allgemeine Invalidität von zwei Dritteln	Pflegefälle	Berufsunfähigkeit	Allgemeine Invalidität von zwei Dritteln	Volle Berufsunfähigkeit	Pflegefälle
BELGIEN	1. Allgemeines System	Übereinstimmung	Keine Übereinstimmung	Keine Übereinstimmung	Übereinstimmung	Keine Übereinstimmung	Keine Übereinstimmung	Übereinstimmung	Keine Übereinstimmung	Keine Übereinstimmung	Keine Übereinstimmung	Keine Übereinstimmung	Keine Übereinstimmung
	2. Knappschaftliches System												
	– allgemeine Teilinvalidität	Übereinstimmung	Keine Übereinstimmung	Keine Übereinstimmung	Übereinstimmung	Keine Übereinstimmung	Keine Übereinstimmung	Übereinstimmung	Keine Übereinstimmung	Keine Übereinstimmung	Keine Übereinstimmung	Keine Übereinstimmung	Keine Übereinstimmung
	– Berufsunfähigkeit	Keine Übereinstimmung	Keine Übereinstimmung	Keine Übereinstimmung	Keine Übereinstimmung	Keine Übereinstimmung	Keine Übereinstimmung	Keine Übereinstimmung	Keine Übereinstimmung	Übereinstimmung (2)			
	3. System der Seeleute	Übereinstimmung (1)	Keine Übereinstimmung	Keine Übereinstimmung	Übereinstimmung (1)	Keine Übereinstimmung	Keine Übereinstimmung	Übereinstimmung (1)	Keine Übereinstimmung	Keine Übereinstimmung	Keine Übereinstimmung	Keine Übereinstimmung	Keine Übereinstimmung
ITALIEN	1. Allgemeines System												
	– Invalidität Arbeiter	Übereinstimmung	Keine Übereinstimmung	Keine Übereinstimmung	Übereinstimmung	Keine Übereinstimmung	Keine Übereinstimmung	Übereinstimmung	Keine Übereinstimmung	Keine Übereinstimmung	Keine Übereinstimmung	Keine Übereinstimmung	Keine Übereinstimmung
	– Invalidität Angestellte	Übereinstimmung	Keine Übereinstimmung	Keine Übereinstimmung	Übereinstimmung	Keine Übereinstimmung	Keine Übereinstimmung	Übereinstimmung	Keine Übereinstimmung	Keine Übereinstimmung	Keine Übereinstimmung	Keine Übereinstimmung	Keine Übereinstimmung
	2. System der Seeleute												
	– seedienstuntauglich	Keine Übereinstimmung	Keine Übereinstimmung	Keine Übereinstimmung	Keine Übereinstimmung	Keine Übereinstimmung	Keine Übereinstimmung	Keine Übereinstimmung	Keine Übereinstimmung	Keine Übereinstimmung	Keine Übereinstimmung	Keine Übereinstimmung	Keine Übereinstimmung

(1) Sofern es sich bei der vom belgischen Träger anerkannten Invalidität um eine allgemeine Invalidität handelt.
(2) Nur wenn der belgische Träger anerkannt hat, dass der Arbeitnehmer unfähig ist, unter Tage oder über Tage zu arbeiten.

ITALIEN

Mitgliedstaat	Systeme, die von den Trägern der Mitgliedstaaten angewandt werden, die eine Entscheidung zur Anerkennung der Invalidität getroffen haben	Systeme, die von den italienischen Trägern, für die die Entscheidung im Falle der Übereinstimmung bindend ist, angewandt werden		
		Allgemeines System		Seedienstuntaugliche Seeleute
		Arbeiter	Angestellte	
BELGIEN	1. Allgemeines System	Keine Übereinstimmung	Keine Übereinstimmung	Keine Übereinstimmung
	2. Knappschaftliches System			
	– allgemeine Teilinvalidität	Übereinstimmung	Übereinstimmung	Keine Übereinstimmung
	– Berufsunfähigkeit	Keine Übereinstimmung	Keine Übereinstimmung	Keine Übereinstimmung
	3. System der Seeleute	Keine Übereinstimmung	Keine Übereinstimmung	Keine Übereinstimmung
FRANKREICH	1. Allgemeines System			
	– Gruppe III (Pflegefälle)	Übereinstimmung	Übereinstimmung	Keine Übereinstimmung
	– Gruppe II	Übereinstimmung	Übereinstimmung	Keine Übereinstimmung
	– Gruppe I	Übereinstimmung	Übereinstimmung	Keine Übereinstimmung
	2. Landwirtschaftliches System			
	– allgemeine Vollinvalidität	Übereinstimmung	Übereinstimmung	Keine Übereinstimmung
	– allgemeine Teilinvalidität	Übereinstimmung	Übereinstimmung	Keine Übereinstimmung
	– Pflegefälle	Übereinstimmung	Übereinstimmung	Keine Übereinstimmung
	3. Knappschaftliches System			
	– allgemeine Teilinvalidität	Übereinstimmung	Übereinstimmung	Keine Übereinstimmung
	– Pflegefälle	Übereinstimmung	Übereinstimmung	Keine Übereinstimmung
	– Berufsunfähigkeit	Keine Übereinstimmung	Keine Übereinstimmung	Keine Übereinstimmung
	4. System der Seeleute			
	– allgemeine Teilinvalidität	Keine Übereinstimmung	Keine Übereinstimmung	Keine Übereinstimmung
	– Pflegefälle	Keine Übereinstimmung	Keine Übereinstimmung	Keine Übereinstimmung
	– Berufsunfähigkeit			

ANHANG VIII

(Artikel 52 Absätze 4 und 5)

Teil 1: Fälle, in denen nach Artikel 52 Absatz 4 auf die anteilige Berechnung verzichtet wird.

DÄNEMARK

Alle Rentenanträge, auf die im Gesetz über Sozialrenten Bezug genommen wird, mit Ausnahme der in Anhang IX aufgeführten Renten.

IRLAND

Alle Anträge auf staatliche Rente (Übergangsregelung), (beitragsbedingte) staatliche Rente, (beitragsbedingte) Witwenrente und (beitragsbedingte) Witwerrente.

ZYPERN

Alle Anträge auf Alters-, Invaliditäts- und Witwen- bzw. Witwerrenten.

LETTLAND

a) Alle Anträge auf Invaliditätsrenten (Gesetz über die staatlichen Renten vom 1. Januar 1996).

b) Alle Anträge auf Hinterbliebenenrenten (Gesetz über die staatlichen Renten vom 1. Januar 1996; Gesetz über die staatlichen kapitalgedeckten Renten vom 1. Juli 2001).

LITAUEN

Alle Anträge auf Hinterbliebenenrenten im Rahmen der staatlichen Sozialversicherung, die auf der Grundlage des Grundbetrags der Hinterbliebenenrente berechnet werden (Gesetz über die Renten im Rahmen der staatlichen Sozialversicherung).

NIEDERLANDE

Alle Anträge auf Altersrenten auf der Grundlage des Gesetzes über die allgemeine Altersversicherung (AOW).

ÖSTERREICH

a) Alle Anträge auf Leistungen auf der Grundlage des Allgemeinen Sozialversicherungsgesetzes (ASVG) vom 9. September 1955, des gewerblichen Sozialversicherungsgesetzes (GSVG) vom 11. Oktober 1978, des Bauern-Sozialversicherungsgesetz (BSVG) vom 11. Oktober 1978 und des Sozialversicherungsgesetzes freiberuflich selbstständig Erwerbstätiger (FSVG) vom 30. November 1978.

b) Alle Anträge auf Invaliditätspensionen auf der Grundlage eines Pensionskontos nach dem Allgemeinen Pensionsgesetz (APG) vom 18. November 2004.

c) Alle Anträge auf Hinterbliebenenpensionen auf der Grundlage eines Pensionskontos nach dem Allgemeinen Pensionsgesetz (APG) vom 18. November 2004 mit Ausnahme der in Teil 2 genannten Fälle.

d) Alle Anträge auf Invaliditäts- und Hinterbliebenenpensionen der österreichischen Landesärztekammern aus der Grundversorgung (bzw. Grund-, sowie allfällige Ergänzungsleistung, bzw. Grundpension).

e) Alle Anträge auf Unterstützung wegen dauernder Erwerbsunfähigkeit und Hinterbliebenenunterstützung aus dem Versorgungsfonds der Österreichischen Tierärztekammer.

f) Alle Anträge auf Leistungen aus Berufsunfähigkeits-, Witwen- und Waisenpensionen nach den Satzungen der Versorgungseinrichtungen der österreichischen Rechtsanwaltskammern Teil A.

g) Alle Anträge auf Leistungen nach dem Notarversicherungsgesetz vom 3. Februar 1972 – NVG 1972.

„POLEN

Alle Anträge auf Behindertenrenten, Altersrenten auf der Grundlage des Systems mit Leistungszusage und auf Hinterbliebenenrenten, mit Ausnahme der Fälle, in denen die Gesamtlänge der gemäß den Rechtsvorschriften in mehr als einem Mitgliedstaat zurückgelegten Versicherungszeiten mindestens 20 Jahre bei Frauen und 25 Jahre bei Männern beträgt, die zurückgelegten nationalen Zeiten aber darunter (jedoch nicht unter 15 Jahren bei Frauen und 20 Jahren bei Männern) liegen und die Berechnung gemäß den Artikeln 27 und 28 des Gesetzes vom 17. Dezember 1998 (Gesetzblatt 2015, Pos. 748) erfolgt.“

(ABl L 2017/76)

PORTUGAL

Alle Anträge auf Invaliden-, Alters- und Hinterbliebenenrente, außer in Fällen, in denen die nach den Rechtsvorschriften mehrerer Mitgliedstaaten zurückgelegten Versicherungszeiten insgesamt 21 Kalenderjahre oder mehr betragen, die nationalen Versicherungszeiten jedoch 20 Jahre oder weniger betragen und die Berechnung nach den Artikeln 32 und 33 der gesetzesvertretenden Verordnung Nr. 187/2007 vom 10. Mai 2007 vorgenommen wird.

SLOWAKEI

a) Alle Anträge auf Hinterbliebenenrente (Witwen-, Witwer- und Waisenrente), deren Höhe nach den vor dem 1. Januar 2004 geltenden Rechtsvorschriften auf der Grundlage einer zuvor an den Verstorbenen gezahlten Rente berechnet wird.

b) Alle Anträge auf Renten, die nach dem Gesetz Nr. 461/2003 Slg. über die soziale Sicherheit (geänderte Fassung)berechnet werden.

„SCHWEDEN

a) Anträge auf Altersrente in Form einer Garantierente (Kap. 66 und 67 Sozialversicherungsgesetz);

b) Anträge auf Altersrente in Form einer Zusatzrente (Kap. 63 Sozialversicherungsgesetz).“

(ABl L 2017/76)

VEREINIGTES KÖNIGREICH

„Alle Anträge auf Altersrente, staatliche Rente gemäß Teil 1 des Pensions Act (Rentengesetz) 2014, Witwenleistungen und Trauergeld, mit Ausnahme derjenigen, für die in einem am oder nach dem 6. April 1975 beginnenden maßgebenden Einkommenssteuerjahr“

(ABl L 2017/76)

i) die betreffende Person Versicherungs-, Beschäftigungs- oder Wohnzeiten nach den Rechtsvorschriften sowohldes Vereinigten Königreichs als auch eines anderen Mitgliedstaats zurückgelegt hat und eines (oder mehrere)der Steuerjahre kein anspruchswirksames Jahr im Sinne der Rechtsvorschriften des Vereinigten Königreichs ist;

ii) durch die Heranziehung von Versicherungs-, Beschäftigungs- oder Wohnzeiten, die nach den Rechtsvorschriften eines anderen Mitgliedstaats zurückgelegt wurden, Versicherungszeiten des Vereinigten Königreichs, die nach den vor dem 5. Juli 1948 geltenden Rechtsvorschriften zurückgelegt wurden, für die Zwecke des Artikels 52 Absatz 1 Buchstabe b der Verordnung berücksichtigt würden.

Alle Anträge auf Zusatzrenten nach dem Social Security Contributions and Benefits Act (Gesetz über Beiträge und Leistungen der sozialen Sicherheit) 1992, Section 44, und dem Social Security Contributions and Benefits Act (Northern Ireland) (Gesetz über Beiträge und Leistungen der sozialen Sicherheit, Nordirland) 1992, Section 44.

Teil 2: Fälle, in denen Artikel 52 Absatz 5 Anwendung findet.

BULGARIEN

Altersrenten aus der Zusatzrentenpflichtversicherung nach Titel II Teil II Sozialversicherungsgesetzbuch.

TSCHECHISCHE REPUBLIK

Renten aus der zweiten Säule, eingerichtet mit dem Gesetz Nr. 426/2011 Slg. zum privaten Rentensparen.

DÄNEMARK

a) Private Altersvorsorge;

b) Leistungen im Todesfall (erworben auf der Grundlage von Beiträgen zur Arbejdsmarkedets Tillægspension (Arbeitsmarkt-Zusatzrente) bezogen auf die Zeit vor dem 1. Januar 2002);

c) Leistungen im Todesfall (erworben auf der Grundlage von Beiträgen zur Arbejdsmarkedets Tillægspension (Arbeitsmarkt-Zusatzrente) bezogen auf die Zeit nach dem 1. Januar 2002) gemäß dem konsolidierten Gesetz über die dänische Arbeitsmarkt-Zusatzrente 942:2009.

ESTLAND

Auf Pflichtbeiträgen beruhendes Rentenversicherungssystem.

FRANKREICH

Grund- oder Zusatzsysteme, in denen die Altersrenten nach Punkten berechnet werden.

KROATIEN

Auf individuellen Kapitalanlagen beruhende Renten aus dem gesetzlichen Rentenversicherungssystem nach dem Gesetz über obligatorische und freiwillige Pensionsfonds (OG 49/99, in der jeweils geltenden Fassung) und dem Gesetz über Rentenversicherungs-Gesellschaften und über Rentenzahlungen auf der Grundlage von individuellen Kapitalanlagen (OG 106/99, in der jeweils geltenden Fassung), außer in den in den Artikeln 47 und 48 des Gesetzes über obligatorische und freiwillige Pensionsfonds genannten Fällen (Invaliditätsrenten aufgrund allgemeiner Arbeitsunfähigkeit und Hinterbliebenenrenten).

LETTLAND

Altersrenten (Gesetz über die staatlichen Renten vom 1. Januar 1996; Gesetz über die staatlichen kapitalgedeckten Renten vom 1. Juli 2001).

UNGARN

Rentenleistungen auf der Grundlage einer Mitgliedschaft in einem privaten Rentenfonds.

ÖSTERREICH

a) Alterspensionen und sich aus solchen ableitende Hinterbliebenenpensionen auf der Grundlage eines Pensionskontos nach dem Allgemeinen Pensionsgesetz (APG) vom 18. November 2004;

b) Pflichtzuwendungen nach § 41 des Bundesgesetzes vom 28. Dezember 2001, BGBl I Nr. 154 über die Pharmazeutische Gehaltskasse für Österreich;

c) Alters- und vorzeitige Alterspensionen der österreichischen Landesärztekammern aus der Grundversorgung (bzw. Grund-, sowie etwaige Ergänzungsleistung, bzw. Grundpension), sowie alle Rentenleistungen der österreichischen Landesärztekammern aus der Zusatzversorgung (bzw. Zusatzleistung oder Individualpension);

d) Altersunterstützungen aus dem Versorgungsfonds der Österreichischen Tierärztekammer;

e) Leistungen nach den Satzungen der Versorgungseinrichtungen der österreichischen Rechtsanwaltskammern Teil A und B mit Ausnahme der Leistungen auf Berufsunfähigkeits-, Witwen- und Waisenpensionen nach den Satzungen der Versorgungseinrichtungen der österreichischen Rechtsanwaltskammern Teil A;

f) Leistungen der Wohlfahrtseinrichtungen der Bundeskammer der Architekten und Ingenieurkonsulenten nach dem österreichischen Ziviltechnikerkammergesetz 1993 und dem Statut der Wohlfahrtseinrichtungen, mit Ausnahme der Leistungen aus dem Titel der Berufsunfähigkeit und der aus den letztgenannten Leistungen abgeleiteten Leistungen an Hinterbliebene;

g) Leistungen nach dem Statut der Wohlfahrtseinrichtung der Bundeskammer der Wirtschaftstreuhänder nach dem Wirtschaftstreuhandberufsgesetz.

POLEN

Altersrenten auf der Grundlage des Systems mit Beitragszusage.

PORTUGAL

Zusatzrenten gemäß der gesetzesvertretenden Verordnung Nr. 26/2008 vom 22. Februar 2008 (öffentliches kapitalfundiertes System).

SLOWENIEN

Rente aus der Pflichtzusatzrentenversicherung.

SLOWAKEI

Pflichtsparen für die Altersrente.

„SCHWEDEN

Altersrente in Form einer einkommensbezogenen Rente und einer Prämienrente (Kap. 62 und 64 Sozialversicherungsgesetz)."

(ABl L 2017/76)

VEREINIGTES KÖNIGREICH

Gestaffelte Leistungen bei Alter, die nach dem National Insurance Act (nationales Versicherungsgesetz) 1965, Sections 36 und 37, und nach dem National Insurance Act (Northern Ireland) (nationales Versicherungsgesetz, Nordirland) 1966, Sections 35 und 36, gezahlt werden.

(ABl L 2009/284, ABl L 2010/338, ABl L 2012/349, ABl L 2013/158, ABl L 2013/346)

ANHANG IX

Leistungen und Abkommen, die es ermöglichen, Artikel 54 anzuwenden

I. Leistungen im Sinne des Artikels 54 Absatz 2 Buchstabe a der Verordnung, deren Betrag von der Dauer der zurückgelegten Versicherungsoder Wohnzeiten unabhängig ist:

BELGIEN

Leistungen aus der allgemeinen Versicherung für den Fall der Invalidität, aus dem Sondersystem für den Fall der Invalidität der Bergarbeiter und aus dem Sondersystem für Seeleute der Handelsmarine.

Leistungen aus der Arbeitsunfähigkeitsversicherung für Selbstständige.

Leistungen bei Invalidität gemäß dem System der sozialen Sicherheit in Übersee und der Invaliditätsregelung für die ehemaligen Beschäftigten von Belgisch Kongo und Ruanda-Urundi.

DÄNEMARK

Der volle Satz der dänischen Volksaltersrente, auf die Personen nach zehnjähriger Wohnzeit Anspruch haben, denen spätestens ab 1. Oktober 1989 eine Rente gewährt worden ist.

IRLAND

Invaliditätsrente Typ A

GRIECHENLAND

Leistungen nach dem Gesetz Nr. 4169/1961 über das landwirtschaftliche Versicherungssystem (OGA).

SPANIEN

Die nach dem allgemeinen System und Sondersystemen gewährten Hinterbliebenenrenten, mit Ausnahme des Sondersystems für Beamte.

FRANKREICH

Invaliditätsrente nach dem allgemeinen System der sozialen Sicherheit oder dem Versicherungssystem der landwirtschaftlichen Lohnarbeitskräfte.

Die Rente für invalide Witwer oder Witwen nach dem allgemeinen System der sozialen Sicherheit oder dem Versicherungssystem der landwirtschaftlichen Lohnarbeitskräfte, wenn sie auf der Grundlage einer nach Artikel 52 Absatz 1 Buchstabe a festgestellten Invaliditätsrente des verstorbenen Ehegatten berechnet wird.

LETTLAND

Invaliditätsrenten (Gruppe 3) nach Artikel 16 Absätze 1 und 2 des Gesetzes über staatliche Renten vom 1. Januar 1996.

NIEDERLANDE

Gesetz vom 18. Februar 1966 über die Arbeitsunfähigkeitsversicherung in seiner geänderten Fassung (WAO).

Gesetz vom 24. April 1997 über die Arbeitsunfähigkeitsversicherung von Selbstständigen in seiner geänderten Fassung (WAZ).

Gesetz vom 21. Dezember 1995 über die allgemeine Hinterbliebenenversicherung (ANW).

Gesetz vom 10. November 2005 über Arbeit und Einkommen entsprechend der Erwerbsfähigkeit (WIA).

FINNLAND

Nationale Renten an Personen mit einer angeborenen Behinderung oder einer im Kindesalter erworbenen Behinderung (Finnisches Rentengesetz 568/2007);

nationale Renten und Renten des Ehegatten, die nach den Übergangsbestimmungen festgesetzt und vor dem 1. Januar 1994 bewilligt wurden (Gesetz über die Durchführung des Finnischen Rentengesetzes 569/2007);

der zusätzliche Betrag der Kinderrente bei der Berechnung unabhängiger Leistungen nach dem Finnischen Rentengesetz (Finnisches Rentengesetz 568/2007).

„SCHWEDEN

Einkommensabhängige Ausgleichszahlungen bei Krankheit und einkommensabhängige Ausgleichszahlungen bei verminderter Erwerbsfähigkeit (Kap. 34 Sozialversicherungsgesetz)

Garantierente und garantierte Ausgleichszahlungen, die die volle staatliche Rente im Sinne der vor dem 1. Januar 1993 geltenden Vorschriften über die staatliche Rente ersetzt haben, und volle staatliche Rente, die nach den Übergangsbestimmungen der nach diesem Zeitpunkt geltenden Rechtsvorschriften gezahlt wird.“

(ABl L 2017/76)

II. Leistungen im Sinne des Artikels 54 Absatz 2 Buchstabe b der Verordnung, deren Betrag nach Maßgabe einer als zwischen dem Eintritt des Versicherungsfalls und einem späteren Zeitpunkt zurückgelegt betrachteten fiktiven Zeit bestimmt wird:

DEUTSCHLAND

Invaliditäts- und Hinterbliebenenrenten, bei denen eine Zurechnungszeit berücksichtigt wird.

Altersrenten, bei denen eine bereits erworbene Zurechnungszeit berücksichtigt wird.

SPANIEN

Altersrenten oder Renten wegen dauerhafter Behinderung (Invalidität) nach dem Sondersystem für Beamte gemäß Titel I der Neufassung des Gesetzes über die Pensionslasten des Staates, wenn der Berechtigte bei Eintritt des Versicherungsfalls im aktiven öffentlichen Dienst stand oder ihm eine Gleichstellung gewährt wird; Hinterbliebenenrenten (für Witwen/Witwer, Waisen und Angehörige) nach Titel I der Neufassung des Gesetzes über die Pensionslasten des Staates, wenn der Beamte zum Zeitpunkt seines Todes im aktiven Dienst stand oder ihm eine Gleichstellung gewährt wurde.

ITALIEN

Die italienischen Erwerbsunfähigkeitsrenten („inabilità“).

LETTLAND

Hinterbliebenenrente, die auf der Grundlage von vorausgesetzten Versicherungszeiten berechnet wird (Artikel 23 Absatz 8 des Gesetzes über die staatlichen Renten vom 1. Januar 1996).

LITAUEN

a) Arbeitsunfähigkeitsrente der staatlichen Sozialversicherung, die nach dem Gesetz über staatliche Sozialversicherungsrenten gezahlt wird.

b) Hinterbliebenenrente und Waisenrente der staatlichen Sozialversicherung, die auf der Grundlage der Arbeitsunfähigkeitsrente berechnet wird, die der verstorbenen Person nach dem Gesetz über staatliche Sozialversicherungsrenten gezahlt wurde.

LUXEMBURG

Invaliditäts- und Hinterbliebenenrenten.

SLOWAKEI

a) Die slowakische Invaliditätsrente und die daraus abgeleitete Hinterbliebenenrente;

b) (aufgehoben)

FINNLAND

Erwerbsrenten, bei denen nach der finnischen Gesetzgebung auf zukünftige Zeiträume abgestellt wird.

„SCHWEDEN

Ausgleichszahlungen bei Krankheit und Ausgleichszahlungen bei verminderter Erwerbsfähigkeit in Form einer Garantieleistung (Kap. 35 Sozialversicherungsgesetz);

Hinterbliebenenrente, die auf der Grundlage von angerechneten Versicherungszeiten berechnet wird (Kap. 76-85 Sozialversicherungsgesetz).“

(ABl L 2017/76)

III. Abkommen im Sinne des Artikels 54 Absatz 2 Buchstabe b Ziffer i der Verordnung zur Vermeidung der zwei- oder mehrfachen Anrechnung ein und derselben fiktiven Zeit:

Das Abkommen zwischen der Republik Finnland und der Bundesrepublik Deutschland vom 28. April 1997 über soziale Sicherheit.

Das Abkommen zwischen der Republik Finnland und dem Großherzogtum Luxemburg vom 10. November 2000 über soziale Sicherheit.

Nordisches Abkommen über soziale Sicherheit vom 18. August 2003.

(ABl L 2009/284, ABl L 2010/338, ABl L 2012/349)

ANHANG X

(Artikel 70 Absatz 2 Buchstabe c)

BELGIEN

a) Einkommensersatzbeihilfe (Gesetz vom 27. Februar 1987);

b) garantiertes Einkommen für ältere Personen (Gesetz vom 22. März 2001).

BULGARIEN

Sozialaltersrente (Artikel 89 des Sozialversicherungsgesetzbuches).

TSCHECHISCHE REPUBLIK

Sozialzulage (Gesetz Nr. 117/1995 Sb. über die staatliche Sozialhilfe).

DÄNEMARK

Wohngeld für Rentner (Gesetz über die individuelle Hilfe zur Sicherung der Wohnung in der konsolidierten Fassung des Gesetzes Nr. 204 vom 29. März 1995).

DEUTSCHLAND

a) Leistungen der Grundsicherung im Alter und bei Erwerbsminderung nach dem Vierten Kapitel des Zwölften Buches Sozialgesetzbuch.

b) Leistungen zur Sicherung des Lebensunterhalts der Grundsicherung für Arbeitssuchende, soweit für diese Leistungen nicht dem Grunde nach die Voraussetzungen für den befristeten Zuschlag nach Bezug von Arbeitslosengeld(§ 24 Absatz 1 des Zweiten Buches Sozialgesetzbuch) erfüllt sind.

ESTLAND

a) Beihilfe für behinderte Erwachsene (Gesetz vom 27. Januar 1999 über Sozialleistungen für Behinderte);

b) staatliche Arbeitslosenhilfe (Gesetz über Arbeitsmarktdienste und Unterstützung vom 29. September 2005).

IRLAND

a) Zuschuss für Arbeitssuchende (Social Welfare Consolidation Act 2005, Teil 3 Kapitel 2);

b) (beitragsunabhängige) staatliche Rente (Social Welfare Consolidation Act 2005, Teil 3 Kapitel 4);

c) (beitragsunabhängige) Witwen- und Witwerrente (Social Welfare Consolidation Act 2005, Teil 3, Kapitel 6);

d) Invaliditätsbeihilfe (Social Welfare Consolidation Act 2005, Teil 3 Kapitel 10);

e) Mobilitätsbeihilfe (Health Act 1970, Abschnitt 61);

f) Blindenrente (Social Welfare Consolidation Act 2005, Teil 3 Kapitel 5).

GRIECHENLAND

Sonderleistungen für ältere Personen (Gesetz 1296/82).

SPANIEN

a) Garantiertes Mindesteinkommen (Gesetz Nr. 13/82 vom 7. April 1982);

b) Geldleistungen für ältere Personen und arbeitsunfähige Invaliden (Königlicher Erlass Nr. 2620/81 vom 24. Juli 1981);

c) i) beitragsunabhängige Invaliditäts- und Altersrenten nach Artikel 38 Absatz 1 der durch das Königliche Gesetzesdekret Nr. 1/1994 vom 20. Juni 1994 gebilligten konsolidierten Fassung des Allgemeinen Gesetzesüber die soziale Sicherheit; und

ii) die zusätzlich zu den oben genannten Renten gewährten Leistungen nach den Rechtsvorschriften der Comunidades Autónomas, wobei diese Zusatzleistungen ein Mindesteinkommen zur Bestreitung des Lebensunterhalts garantieren, das in Beziehung zu dem wirtschaftlichen und sozialen Umfeld in den betreffenden Comunidades Autónomas steht;

d) Beihilfen zur Förderung der Mobilität und zum Ausgleich von Beförderungskosten (Gesetz Nr. 13/1982 vom 7. April 1982).

FRANKREICH

a) Zusatzbeihilfen:

i) des Invaliditäts-Sonderfonds und

ii) des Solidaritätsfonds für Betagte unter Achtung erworbener Rechte

(Gesetz vom 30. Juni 1956, kodifiziert in Band VIII des Gesetzes über soziale Sicherheit);

b) Beihilfe für erwachsene Behinderte (Gesetz vom 30. Juni 1975, kodifiziert in Band VIII des Gesetzes über soziale Sicherheit);

c) Sonderbeihilfe (Gesetz vom 10. Juli 1952, kodifiziert in Band VIII des Gesetzes über soziale Sicherheit) unter Achtung erworbener Rechte;

d) Alterssolidarbeihilfe (Erlass vom 24. Juni 2004, kodifiziert in Band VIII des Gesetzes über soziale Sicherheit) vom 1. Januar 2006.

ITALIEN

a) Sozialrenten für Personen ohne Einkommen (Gesetz Nr. 153 vom 30. April 1969);

b) Renten und Zulagen für Zivilversehrte oder -invaliden (Gesetze Nr. 118 vom 30. März 1971, Nr. 18 vom 11. Februar 1980 und Nr. 508 vom 23. November 1988);

c) Renten und Zulagen für Taubstumme (Gesetze Nr. 381 vom 26. Mai 1970 und Nr. 508 vom 23. November 1988);

d) Renten und Zulagen für Blinde (Gesetze Nr. 382 vom 27. Mai 1970 und Nr. 508 vom 23. November 1988);

e) Ergänzungsleistungen zur Mindestrente (Gesetze Nr. 218 vom 4. April 1952, Nr. 638 vom 11. November 1983 und Nr. 407 vom 29. Dezember 1990);

f) Ergänzungsleistungen zu den Invaliditätszulagen (Gesetz Nr. 222 vom 12. Juni 1984);

g) Sozialbeihilfe (Gesetz Nr. 335 vom 8. August 1995);

h) Sozialaufschlag (Artikel 1 Absätze 1 und 12 des Gesetzes Nr. 544 vom 29. Dezember 1988 und nachfolgende Änderungen).

ZYPERN

a) Sozialrente (Gesetz über die Sozialrente 25(I)/95 von 1995, geändert);

b) Beihilfe bei schwerer Körperbehinderung (Ministerratsbeschlüsse Nr. 38 210 vom 16. Oktober 1992, Nr. 41 370 vom 1. August 1994, Nr. 46 183 vom 11. Juni 1997 und Nr. 53 675 vom 16. Mai 2001);

c) Sonderzulage für Blinde (Gesetz 77(I)/96 von 1996 über Sonderzulagen, geändert).

LETTLAND

a) Staatliche Sozialversicherungsleistung (Gesetz über staatliche Sozialleistungen vom 1. Januar 2003);

b) Beihilfe zum Ausgleich der Beförderungskosten von Behinderten mit eingeschränkter Mobilität (Gesetz über staatliche Sozialleistungen vom 1. Januar 2003).

LITAUEN

a) Sozialhilferente (Gesetz aus dem Jahr 2005 über staatliche Sozialbeihilfen, Artikel 5);

b) Unterstützungszahlung (Gesetz aus dem Jahr 2005 über staatliche Sozialbeihilfen, Artikel 15);

c) Ausgleichszahlung für die Beförderung von Behinderten mit Mobilitätsproblemen (Gesetz aus dem Jahr 2000 über den Ausgleich von Beförderungskosten, Artikel 7).

LUXEMBURG

Einkommen für Schwerbehinderte (Artikel 1 Absatz 2 des Gesetzes vom 12. September 2003), mit Ausnahme von Personen, die als behinderte

Arbeitnehmer anerkannt und auf dem normalen Arbeitsmarkt oder in einem geschützten Umfeld tätig sind.

UNGARN

a) Invaliditätsrente (Ministerratserlass Nr. 83/1987 (XII 27) über die Invaliditätsrente);

b) beitragsunabhängige Altersbeihilfe (Gesetz III von 1993 über Sozialverwaltung und Sozialleistungen);

c) Beförderungsbeihilfe (Regierungserlass Nr. 164/1995 (XII 27) über Beförderungsbeihilfen für schwer Körperbehinderte).

MALTA

a) Zusatzbeihilfe (Abschnitt 73 des Gesetzes über die soziale Sicherheit von 1987 (Kap. 318));

b) Altersrente (Gesetz über die soziale Sicherheit von 1987 (Kap. 318)).

NIEDERLANDE

a) Gesetz über Arbeits- und Beschäftigungsbeihilfen für junge Menschen mit Behinderungen vom 24. April 1997 (Wet Wajong);

b) Gesetz über Zusatzleistungen vom 6. November 1986 (TW).

ÖSTERREICH

Ausgleichszulage (Bundesgesetz vom 9. September 1955 über die Allgemeine Sozialversicherung – ASVG, Bundesgesetz vom 11. Oktober 1978 über die Sozialversicherung der in der gewerblichen Wirtschaft selbstständig Erwerbstätigen – GSVG und Bundesgesetz vom 11. Oktober 1978 über die Sozialversicherung der in der Land- und Forstwirtschaft selbstständig Erwerbstätigen – BSVG).

POLEN

Sozialrente (Gesetz vom 27. Juni 2003 über die Sozialrente).

PORTUGAL

a) Beitragsunabhängige Alters- und Invaliditätsrente (Gesetzeserlass Nr. 464/80 vom 13. Oktober 1980);

b) beitragsunabhängiges Witwengeld (Durchführungsverordnung Nr. 52/81 vom 11. November 1981);

c) Solidaritätszuschlag für ältere Menschen (Gesetzeserlass Nr. 232/2005 vom 29. Dezember 2005, geändert durch Gesetzeserlass Nr. 236/2006 vom 11. Dezember 2006).

SLOWENIEN

a) Staatliche Rente (Gesetz vom 23. Dezember 1999 über die Renten- und Invaliditätsversicherung);

b) Einkommensbeihilfe für Rentner (Gesetz vom 23. Dezember 1999 über die Renten- und Invaliditätsversicherung);

c) Unterhaltsgeld (Gesetz vom 23. Dezember 1999 über die Renten- und Invaliditätsversicherung).

SLOWAKEI

a) Vor dem 1. Januar 2004 erfolgte Anpassung von Renten als einzige Einkommensquelle;

b) vor dem 1. Januar 2004 bewilligte Sozialrente.

FINNLAND

a) Wohngeld für Rentner (Gesetz über das Wohngeld für Rentner, 571/2007);

b) Unterstützungsleistung des Arbeitsmarkts (Gesetz über die Arbeitslosenunterstützung, 1290/2002);

c) Sonderbeihilfe für Zuwanderer (Gesetz über die Sonderbeihilfe für Zuwanderer, 1192/2002).

SCHWEDEN

a) Wohngeld für Rentner (Gesetz 2001:761);

b) Unterhaltsbeihilfe für ältere Menschen (Gesetz 2001:853).

VEREINIGTES KÖNIGREICH

a) Staatliche Rentenbeihilfe (State Pension Credit Act 2002 und State Pension Credit Act (Northern Ireland) 2002);

b) einkommensbezogene Arbeitslosenunterstützung (Jobseekers Act (Gesetz über die Leistungen bei Arbeitslosigkeit)1995 sowie Jobseekers (Northern Ireland) Order 1995;

c) (aufgehoben)

d) Unterhaltsbeihilfe für Behinderte, Mobilitätskomponente (Social Security Contributions and Benefits Act (Gesetzüber die Beiträge und Leistungen der sozialen Sicherheit) 1992 und Social Security Contributions and Benefits(Northern Ireland) Act 1992).

e) einkommensabhängige Beschäftigungs- und Unterstützungsbeihilfe (Employment and Support Allowance Income-related – Welfare Reform Act 2007 und Welfare Reform Act (Northern Ireland) 2007).

(ABl L 2009/284, ABl L 2012/149)

ANHANG XI

(Artikel 51 Absatz 3, 56 Absatz 1 und 83)

BULGARIEN

Artikel 33 Absatz 1 des bulgarischen Krankenversicherungsgesetzes gilt für alle Personen, für die Bulgarien nach Titel III Kapitel 1 dieser Verordnung der zuständige Mitgliedstaat ist.

TSCHECHISCHE REPUBLIK

Für die Zwecke der Definition der Familienangehörigen nach Artikel 1 Buchstabe i umfasst der Ausdruck Ehegatte auch eingetragene Partner nach der Definition im tschechischen Gesetz Nr. 115/2006 Slg. über die eingetragene Partnerschaft.

DÄNEMARK

1. a) Für die Berechnung der Renten nach dem „lov om social pension" (Gesetz über Sozialrenten) gelten die von einem Grenzgänger oder einem Arbeitnehmer, der sich zur Verrichtung von Saisonar-

beit nach Dänemark begeben hat, nach dänischen Rechtsvorschriften zurückgelegten Beschäftigungszeiten oder Zeiten selbstständiger Tätigkeit als von dem hinterbliebenen Ehegatten in Dänemark zurückgelegte Wohnzeiten, sofern der hinterbliebene Ehegatte während dieser Zeiten mit dem oben erwähnten Arbeitnehmer verheiratet war, und zwar ohne Aufhebung der häuslichen Gemeinschaft oder tatsächliches Getrenntleben wegen Unverträglichkeit, und in einem anderen Mitgliedstaat wohnhaft war. Im Sinne dieses Buchstabens ist unter „Saisonarbeit" jahreszeitlich bedingte Arbeit zu verstehen, die jedes Jahr erneut anfällt.

b) Für die Berechnung der Renten nach dem „lov om social pension" (Gesetz über Sozialrenten) gelten die von einer Person, auf die Nummer 1 Buchstabe a nicht zutrifft, vor 1. Januar 1984 nach dänischen Rechtsvorschriften zurückgelegten Beschäftigungszeiten oder selbstständiger Tätigkeit als von dem hinterbliebenen Ehegatten in Dänemark zurückgelegte Wohnzeiten, sofern der hinterbliebene Ehegatte während dieser Zeiten mit dem Betreffenden verheiratet war, und zwar ohne Aufhebung der häuslichen Gemeinschaft oder tatsächliches Getrenntleben wegen Unverträglichkeit, und in einem anderen Mitgliedstaat wohnhaft war.

c) Nach den Buchstaben a und b zu berücksichtigende Zeiten bleiben jedoch außer Betracht, wenn sie mit Zeiten, die bei der Berechnung der der betreffenden Person nach den Rechtsvorschriften über die Pflichtversicherung eines anderen Mitgliedstaats geschuldeten Rente berücksichtigt werden, oder mit Zeiten zusammentreffen, während deren die betreffende Person eine Rente nach diesen Rechtsvorschriften erhielt. Diese Zeiten sind jedoch zu berücksichtigen, wenn der jährliche Betrag der genannten Rente weniger als die Hälfte des Grundbetrags der Sozialrente ausmacht.

2. a) Ungeachtet der Bestimmungen von Artikel 6 dieser Verordnung haben Personen, die nicht in einem oder mehreren Mitgliedstaaten erwerbstätig waren, nur dann Anspruch auf dänische Sozialrente, wenn sie ihren ständigen Wohnsitz vorbehaltlich der nach den dänischen Rechtsvorschriften geltenden Altersgrenzen seit mindestens drei Jahren in Dänemark haben oder zu einem früheren Zeitpunkt mindestens drei Jahre lang in Dänemark hatten. Vorbehaltlich Artikel 4 dieser Verordnung gilt Artikel 7 nicht für eine dänische Sozialrente, auf die diese Personen einen Anspruch erworben haben.

b) Die vorgenannten Bestimmungen gelten nicht für den Anspruch auf eine dänische Sozialrente von Familienangehörigen von Personen, die in Dänemark erwerbstätig sind oder waren, oder für Studierende und deren Familienangehörige.

3. Die dänische Überbrückungsleistung für Arbeitslose, die zu ledighedsydelse, einer flexiblen Arbeitsmaßnahme, zugelassen worden sind (Gesetz Nr. 455 vom 10. Juni 1997), fällt unter Titel III Kapitel 6 dieser Verordnung. In Bezug auf Arbeitslose, die sich in einen anderen Mitgliedstaat begeben, gelten die Artikel 64 und 65, wenn der betreffende Mitgliedstaat über ähnliche Beschäftigungsprogramme für dieselbe Personengruppe verfügt.

4. Hat der Empfänger einer dänischen Sozialrente ebenfalls Anspruch auf eine Hinterbliebenenrente aus einem anderen Mitgliedstaat, so gelten diese Renten für die Anwendung der dänischen Rechtsvorschriften als Leistungen gleicher Art im Sinne des Artikels 53 Absatz 1 dieser Verordnung, wobei jedoch die Person, deren Versicherungs- oder Wohnzeiten der Berechnung der Hinterbliebenenrente zugrunde liegen, ebenfalls einen Anspruch auf eine dänische Sozialrente erworben haben muss.

DEUTSCHLAND

1. Ungeachtet des Artikels 5 Buchstabe a dieser Verordnung und § 5 Absatz 4 Nummer 1 Sozialgesetzbuch (SGB) VI kann eine Person, die eine Vollrente wegen Alters nach den Rechtsvorschriften eines anderen Mitgliedstaats erhält, beantragen, in der deutschen Rentenversicherung pflichtversichert zu werden.

2. Ungeachtet des Artikels 5 Buchstabe a dieser Verordnung und § 7 SGB VI kann eine Person, die in einem anderen Mitgliedstaat pflichtversichert ist oder eine Altersrente nach den Rechtsvorschriften eines anderen Mitgliedstaats erhält, der freiwilligen Versicherung in Deutschland beitreten.

(ABl L 2012/149)

3. Für die Zwecke der Gewährung von Geldleistungen nach § 47 Absatz 1 SGB V, § 47 Absatz 1 SGB VII und § 200 Absatz 2 Reichsversicherungsordnung an Versicherte, die in einem anderen Mitgliedstaat wohnhaft sind, berechnen die deutschen Sozialversicherungen das Nettoarbeitsentgelt, das zur Berechnung der Leistungen herangezogen wird, als würde die versicherte Person in Deutschland wohnhaft sein, es sei denn, diese beantragt, dass die Leistungen auf der Grundlage ihres tatsächlichen Nettoarbeitsentgelts berechnet werden.

4. Staatsangehörige anderer Mitgliedstaaten, die ihren Wohnort oder gewöhnlichen Aufenthalt außerhalb Deutschlands haben und die allgemeinen Voraussetzungen der deutschen Rentenversicherung erfüllen, können nur dann freiwillig Rentenbeiträge bezahlen, wenn sie zu irgendeinem Zeitpunkt in der Vergangenheit bereits in der deutschen Rentenversicherung freiwillig versichert oder pflichtversichert waren; dies gilt auch für Staatenlose und Flüchtlinge, die ihren Wohnort oder gewöhnlichen Aufenthalt in einem anderen Mitgliedstaat haben.
5. Die pauschale Anrechnungszeit nach § 253 SGB VI wird ausschließlich nach den in Deutschland zurückgelegten Zeiten festgelegt.
6. In den Fällen, in denen für die Neuberechnung einer Rente die am 31. Dezember 1991 geltenden Vorschriften des deutschen Rentenrechts anzuwenden sind, gelten für die Anrechnung deutscher Ersatzzeiten ausschließlich die deutschen Rechtsvorschriften.
7. Die deutschen Rechtsvorschriften über Arbeitsunfälle und Berufskrankheiten, für die nach dem deutschem Fremdrentengesetz eine Entschädigung zu zahlen ist, und über Leistungen für Versicherungszeiten, die nach dem Fremdrentengesetz in den in § 1 Absatz 2 Unterabsatz 3 des Bundesvertriebenengesetzes genannten Gebieten anzurechnen sind, gelten weiterhin im Anwendungsbereich dieser Verordnung ungeachtet des § 2 des Fremdrentengesetzes.
8. Zur Berechnung des theoretischen Betrags nach Artikel 52 Absatz 1 Buchstabe b Ziffer i dieser Verordnung in den berufsständischen Versorgungseinrichtungen für die kammerfähigen Berufe legt der zuständige Träger für jedes Versicherungsjahr, das nach den Rechtsvorschriften anderer Mitgliedstaaten zurückgelegt wurde, die während der Mitgliedschaftszeit bei dem zuständigen Träger pro Jahr durch Beitragszahlung erworbenen durchschnittlichen jährlichen Rentenanwartschaften zugrunde.

ESTLAND

Für die Berechnung des Erziehungsgeldes wird in Bezug auf die Beschäftigungszeiten in einem anderen Mitgliedstaat davon ausgegangen, dass der gleiche durchschnittliche Sozialsteuerbetrag wie für die damit zusammengerechneten Beschäftigungszeiten in Estland gezahlt wurde. Wenn eine Person im Bezugsjahr ausschließlich in anderen Mitgliedstaaten gearbeitet hat, wird als Grundlage für die Berechnung der Leistung die zwischen dem Bezugsjahr und dem Mutterschaftsurlaub in Estland gezahlte durchschnittliche Sozialsteuer herangezogen.

IRLAND

1. Bei der Berechnung des Wochenarbeitsentgelts eines Versicherten für die Gewährung der Leistung bei Krankheit oder bei Arbeitslosigkeit nach den irischen Rechtsvorschriften wird abweichend von Artikel 21 Absatz 2 und Artikel 62 dieser Verordnung diesem Versicherten für jede als Arbeitnehmer nach den Rechtsvorschriften eines anderen Mitgliedstaats während des betreffenden Bezugsjahrs zurückgelegte Beschäftigungswoche ein Betrag in Höhe des in diesem Jahr geltenden durchschnittlichen Wochenarbeitsentgelts eines Beschäftigten angerechnet.
2. Gilt Artikel 46 dieser Verordnung in dem Fall, dass ein Arbeitnehmer, der im Anschluss an eine Arbeitsunfähigkeit invalide wird, während für ihn die Rechtsvorschriften eines anderen Mitgliedstaats gelten, berücksichtigt Irland für die Zwecke von Section 118(1)(a) des Social Welfare Consolidation Act (kodifiziertes Gesetz über soziale Sicherheit und Sozialhilfe) 2005 alle Zeiten, in denen der Betreffende in Bezug auf die der Arbeitsunfähigkeit folgende Invalidität nach den irischen Rechtsvorschriften als arbeitsunfähig gegolten hätte.

GRIECHENLAND

1. Das Gesetz Nr. 1469/84 über die freiwillige Rentenversicherung für griechische Staatsangehörige und Ausländer griechischer Abstammung gilt für Angehörige anderer Mitgliedstaaten, Staatenlose und Flüchtlinge, wenn die Betroffenen ungeachtet ihres Wohn- oder Aufenthaltsorts zu irgendeinem Zeitpunkt in der Vergangenheit in der griechischen Rentenversicherung freiwillig versichert oder pflichtversichert waren.
2. Ungeachtet des Artikels 5 Buchstabe a dieser Verordnung und des Artikels 34 des Gesetzes 1140/1981 können Personen, die nach den Rechtsvorschriften eines anderen Mitgliedstaats eine Rente aufgrund von Arbeitsunfällen oder von Berufskrankheiten beziehen, einen Antrag auf eine Pflichtversicherung nach den vom OGA angewandten Rechtsvorschriften stellen, sofern diese Personen eine unter den Anwendungsbereich dieser Rechtsvorschriften fallende Tätigkeit ausüben.

SPANIEN

1. Für die Durchführung der Bestimmungen des Artikels 52 Absatz 1 Buchstabe b Ziffer i dieser Verordnung werdendie dem Bediensteten zum Erreichen des Pensionsalters oder zur Versetzung in den Ruhestand nach Artikel 31 Nummer 4 der Neufassung des Ley de clases pasivas del Estado (Gesetz über die Pensionslasten des Staats) fehlenden Jahre nur dann als tatsächliche Dienstjahre angerechnet, wenn der Berechtigte bei Eintritt des dem Anspruch auf Invaliden- oder Hinterbliebenenrente zugrunde liegenden Ereignisses dem Sondersystem für Beamte in Spanien angehörte oder einer Tätigkeit nachging, die im Rahmen dieses Systems gleichgestellt wird, oder wenn der Berechtigte bei Eintritt

EU-VO

des dem Rentenanspruch zugrunde liegenden Ereignisses einer Tätigkeit nachging, die erfordert hätte, den Betreffenden in das Sondersystem für Beamte und Angehörige der Streitkräfte oder der Justizbehörden aufzunehmen, wäre die Tätigkeit in Spanien ausgeübt worden.

2. a) Nach Artikel 56 Absatz 1 Buchstabe c dieser Verordnung erfolgt die Berechnung der spanischen theoretischen Leistung auf der Grundlage der tatsächlich entrichteten Beiträge des Versicherten in den Jahren unmittelbar vor Entrichtung des letzten Beitrags zur spanischen sozialen Sicherheit. Sind bei der Berechnung des Rentengrundbetrages die in anderen Mitgliedstaaten zurückgelegten Versicherungs- bzw. Wohnzeiten anzurechnen, wird die dem Referenzzeitraum zeitlich nächstliegende Beitragsgrundlage in Spanien unter Berücksichtigung der Entwicklung des Verbraucherpreisindex auf die vorgenannten Zeiten angewandt.

   b) Der ermittelte Betrag der Rente wird für Renten gleicher Art um die für jedes folgende Jahr errechneten Steigerungs- und Anpassungsbeträge erhöht.

3. In anderen Mitgliedstaaten zurückgelegte Zeiten, die im Sondersystem für Beamte und Angehörige der Streitkräfte oder der Justizbehörden berücksichtigt werden müssen, werden für die Zwecke des Artikels 56 dieser Verordnung genauso behandelt wie die zeitlich nächstliegenden Zeiten, die als Beamter in Spanien zurückgelegt wurden.

4. Die auf dem Alter beruhenden Zusatzbeträge, nach der zweiten Übergangsbestimmung des allgemeinen Gesetzes über soziale Sicherheit, gelten für alle nach der Verordnung Berechtigten, in deren Namen nach spanischem Recht vor dem 1. Januar 1967 Beiträge entrichtet wurden; in einem anderen Mitgliedstaat vor diesem Datum angerechnete Versicherungszeiten können nicht aufgrund des Artikels 5 dieser Verordnung nur zu dem vorliegenden Zweck wie in Spanien entrichtete Beiträge behandelt werden. Dem 1. Januar 1967 entspricht im Sondersystem für Seeleute der 1. August 1970 und im Sondersystem der sozialen Sicherheit für den Bergbau der 1. April 1969.

FRANKREICH

1. (aufgehoben)

   (ABl L 2012/149)

2. Für Personen, die in den französischen Departements Haut-Rhin, Bas-Rhin und Moselle wohnhaft sind und nach den Artikeln 17, 24 oder 26 dieser Verordnung Sachleistungen in Frankreich erhalten, schließen die für den Träger eines anderen Mitgliedstaats, der für die Übernahme der Kosten zuständig ist, gewährten Sachleistungen die Leistungen der allgemeinen Krankenkasse und der gesetzlichen örtlichen Zusatzkrankenversicherung der Region Alsace-Moselle ein.

3. Die für noch oder vormals Beschäftigte oder selbstständig Tätige geltenden französischen Rechtsvorschriften umfassen für die Anwendung von Titel III Kapitel 5 dieser Verordnung die Altersgrundversicherung(en) und die zusätzliche(n) Rentenversicherung(en), die für die betreffende Person gegolten haben.

ZYPERN

Zur Durchführung der Artikel 6, 51 und 61 dieser Verordnung wird für jeden Zeitraum, der am oder nach dem 6. Oktober 1980 beginnt, eine Versicherungswoche nach dem Recht der Republik Zypern bestimmt, indem das versicherbare Gesamteinkommen in dem betreffenden Zeitraum durch den wöchentlichen Betrag des versicherbaren Grundeinkommens in dem betreffenden Beitragsjahr geteilt wird, vorausgesetzt, die auf diese Weise ermittelte Anzahl von Wochen übersteigt nicht die Anzahl der Kalenderwochen dieses Zeitraums.

MALTA

Besondere Vorschriften für Beamte

a) Personen, die nach dem Gesetz über die Streitkräfte (Malta Armed Forces Act; Kapitel 220 der maltesischen Gesetze), dem Gesetz über die Polizei (Police Act; Kapitel 164 der maltesischen Gesetze) und dem Gesetz über die Gefängnisse (Prisons Act; Kapitel 260 der maltesischen Gesetze) beschäftigt sind, werden ausschließlich für die Zwecke der Anwendung der Artikel 49 und 60 dieser Verordnung als Beamte behandelt.

b) Renten, die nach den oben genannten Gesetzen und dem Rentenerlass (Kapitel 93 der maltesischen Gesetze) zuzahlen sind, gelten ausschließlich für die Zwecke von Artikel 1 Buchstabe e der Verordnung als „Sondersysteme für Beamte".

NIEDERLANDE

1. Krankenversicherung

   a) In Bezug auf den Anspruch auf Sachleistungen sind nach den niederländischen Rechtsvorschriften zur Durchführung des Titels III Kapitel 1 und 2 der Verordnung unter Leistungsberechtigten zu verstehen:

      i) Personen, die nach Artikel 2 des Zorgverzekeringswet (Krankenversicherungsgesetz) dazu verpflichtet sind, sich bei einem Krankenversicherungsträger zu versichern, und

      ii) soweit nicht bereits unter Ziffer i erfasst, Familienangehörige des militärischen Personals im aktiven Dienst, die in einem anderen Mitgliedstaat leben, und Personen, die in einem anderen Mitgliedstaat wohnhaft sind und nach dieser Verordnung zu Lasten der Niederlande Anspruch auf medizinische Versorgung in ihrem Wohnstaat haben.

b) Die in Nummer 1 Buchstabe a Ziffer i genannten Personen müssen sich gemäß dem Zorgverzekeringswet (Krankenversicherungsgesetz) bei einem Krankenversicherungsträger versichern, und die in Nummer 1 Buchstabe a Ziffer ii genannten Personen müssen sich beim College voor Zorgverzekeringen (Verband der Krankenversicherungsträger) eintragen lassen.

c) Die Vorschriften des Zorgverzekeringswet (Krankenversicherungsgesetz) und des Algemene Wet Bijzondere Ziektekosten (Allgemeines Gesetz über außergewöhnliche Krankheitskosten) über die Beitragspflicht gelten für die unter Buchstabe a genannten Leistungsberechtigten und ihre Familienangehörigen. Bezüglich der Familienangehörigen werden die Beiträge bei der Person erhoben, von der sich der Krankenversicherungsanspruch ableitet, ausgenommen die Familienangehörigen von militärischem Personal, die in einem anderen Mitgliedstaat leben, von denen die Beiträge direkt erhoben werden.

d) Die Vorschriften des Zorgverzekeringswet (Krankenversicherungsgesetz) über den zu späten Abschluss einer Versicherung gelten entsprechend bei einer zu späten Eintragung der in Nummer 1 Buchstabe a Ziffer ii genannten Personen beim College voor Zorgverzekeringen (Verband der Krankenversicherungsträger).

e) Personen, die aufgrund der Rechtsvorschriften eines anderen Mitgliedstaats als der Niederlande leistungsberechtigt sind und die in den Niederlanden wohnhaft sind oder sich dort vorübergehend aufhalten, haben Anspruch auf Sachleistungen gemäß dem den eigenen Versicherten gebotenen Versicherungsschutz durch den Träger des Wohnorts bzw. des Aufenthaltsorts nach den Artikeln 11 Absätze 1, 2 und 3 und Artikel 19 Absatz 1 des Zorgverzekeringswet (Krankenversicherungsgesetzes) sowie auf Sachleistungen nach dem Algemene Wet Bijzondere Ziektekosten (Allgemeines Gesetz über außergewöhnliche Krankheitskosten).

f) Für die Anwendung der Artikel 23 bis 30 dieser Verordnung werden (neben den Renten nach Titel III Kapitel 4 und 5 dieser Verordnung) folgende Leistungen wie Renten behandelt, die nach den niederländischen Rechtsvorschriften geschuldet werden:

- Versorgungsbezüge nach dem Gesetz vom 6. Januar 1966 über Renten für Beamte und ihre Hinterbliebenen (Algemene burgerlijke pensioenwet) (Allgemeines Beamtenversorgungsgesetz);
- Versorgungsbezüge nach dem Gesetz vom 6. Oktober 1966 über Renten für Angehörige der Streitkräfte und ihre Hinterbliebenen (Algemene militaire pensioenwet) (Allgemeines Soldatenversorgungsgesetz);
- Leistungen bei Arbeitsunfähigkeit nach dem Gesetz vom 7. Juni 1972 über Leistungen bei Arbeitsunfähigkeit für Angehörige der Streitkräfte (Wet arbeidsongeschiktheidsvoorziening militairen) (Gesetz über die Soldatenversorgung bei Arbeitsunfähigkeit);
- Versorgungsbezüge nach dem Gesetz vom 15. Februar 1967 über Renten für Bedienstete der NV Nederlandse Spoorwegen (niederländischen Eisenbahnen) und ihre Hinterbliebenen (Spoorwegpensioenwet) (Eisenbahner-Versorgungsgesetz);
- Versorgungsleistungen nach der Regelung Dienstvoorwaarden Nederlandse Spoorwegen (Regelung über die Arbeitsbedingungen bei den niederländischen Eisenbahnen);
- Leistungen wegen Ruhestands vor Vollendung des 65. Lebensjahres aufgrund einer Ruhestandsregelung, die die Versorgung von ehemaligen Arbeitnehmern im Alter zum Ziel hat, oder Leistungen für ein verfrühtes Ausscheiden aus dem Arbeitsmarkt infolge einer staatlichen oder tarifvertraglichen Regelung für Personen von mindestens 55 Jahren;
- Leistungen, die an Soldaten und Beamte aufgrund einer Regelung bei Entlassung, Versetzung in den Ruhestand und bei vorzeitigem Eintritt in den Ruhestand gezahlt werden.

fa) (aufgehoben)

(ABl L 2013/346, ABl L 2014/366)

g) (aufgehoben)

(ABl L 2012/149)

h) Für die Zwecke von Artikel 18 Absatz 1 dieser Verordnung haben die in Nummer 1 Buchstabe a Ziffer ii dieses Anhangs genannten Personen, die sich vor-

EU-VO

übergehend in den Niederlanden aufhalten, Anspruch auf Sachleistungen gemäß dem den eigenen Versicherten gebotenen Versicherungsschutz durch den Träger des Aufenthaltsorts nach Artikel 11 Absätze 1, 2 und 3 und Artikel 19 Absatz 1 des Zorgverzekeringswet (Krankenversicherungsgesetz) sowie auf Sachleistungen nach dem Algemene Wet Bijzondere Ziektekosten (Allgemeines Gesetz über außergewöhnliche Krankheitskosten).

(ABl L 2012/149)

2. Anwendung des Algemene Ouderdomswet (AOW) (allgemeines Altersrentengesetz)

   a) Die Kürzung nach Artikel 13 Absatz 1 des Algemene Ouderdomswet (AOW) (allgemeines Altersrentengesetz) wird nicht auf Kalenderjahre vor dem 1. Januar 1957 angewandt, in denen der Berechtigte, der die Voraussetzungen für die Anrechnung dieser Jahre als Versicherungszeiten nicht erfüllt,

      – zwischen dem vollendeten 15. und dem vollendeten 65. Lebensjahr in den Niederlanden wohnhaft war oder

      – in denen er zwar in einem anderen Mitgliedstaat wohnhaft war, aber in den Niederlanden eine Beschäftigung im Dienst eines in den Niederlanden ansässigen Arbeitgebers ausübte oder

      – in Zeiten, die als Versicherungszeiten im niederländischen System der sozialen Sicherheit angerechnet werden, in einem anderen Mitgliedstaat erwerbstätig war.

   In Abweichung von Artikel 7 AOW gilt auch jeder, der nur vor dem 1. Januar 1957 in Übereinstimmung mit den oben genannten Bedingungen in den Niederlanden wohnhaft war oder gearbeitet hat, als rentenberechtigt.

   (ABl L 2012/149)

   b) Die Kürzung nach Artikel 13 Absatz 1 AOW wird nicht auf Kalenderjahre vor dem 2. August 1989 angewandt, in denen die verheiratete bzw. die ehemals verheiratete Person zwischen ihrem vollendeten 15. und 65.Lebensjahr nicht nach diesen Rechtsvorschriften versichert war und dabei in einem anderen Mitgliedstaat als den Niederlanden wohnhaft war, soweit diese Kalenderjahre mit Versicherungszeiten, die von ihrem Ehegatten während ihrer gemeinsamen Ehe nach Maßgabe der vorgenannten Rechtsvorschriften zurückgelegt wurden, oder mit Kalenderjahren, die nach Nummer 2 Buchstabe a zu berücksichtigen sind, zusammenfallen.

   In Abweichung von Artikel 7 AOW gilt diese Person als rentenberechtigt.

   (ABl L 2012/149)

   c) Die Kürzung nach Artikel 13 Absatz 2 AOW wird nicht auf Kalenderjahre vor dem 1. Januar 1957 angewandt, in denen der Ehegatte der rentenberechtigten Person, der die Voraussetzungen für die Anrechnung dieser Jahre als Versicherungszeiten nicht erfüllt,

      – zwischen dem vollendeten 15. und dem vollendeten 65. Lebensjahr in den Niederlanden wohnhaft war oder

      – in denen er zwar in einem anderen Mitgliedstaat wohnhaft war, aber in den Niederlanden eine Beschäftigung im Dienst eines in den Niederlanden ansässigen Arbeitgebers ausübte oder

      – in Zeiten, die als Versicherungszeiten im niederländischen System der sozialen Sicherheit angerechnet werden, in einem anderen Mitgliedstaat erwerbstätig war.

   d) Die Kürzung nach Artikel 13 Absatz 2 AOW wird nicht auf Kalenderjahre vor dem 2. August 1989 angewandt, in denen der Ehegatte der rentenberechtigten Person zwischen seinem vollendeten 15. und 65. Lebensjahr in einem anderen Mitgliedstaat als den Niederlanden wohnhaft war und nicht nach den vorgenannten Rechtsvorschriften versichert war, soweit diese Kalenderjahre mit Versicherungszeiten, die von der rentenberechtigten Person nach Maßgabe dieser Rechtsvorschriften während ihrer gemeinsamen Ehe zurückgelegt wurden, oder mit Kalenderjahren, die nach Nummer 2 Buchstabe a zu berücksichtigen sind, zusammenfallen.

   e) Nummer 2 Buchstaben a, b, c und d gilt nicht für Zeiten, die mit folgenden Zeiten zusammenfallen:

      – Zeiten, die bei der Berechnung der Rentenansprüche nach dem Altersversicherungsrecht eines anderen Mitgliedstaats als den Niederlanden berücksichtigt werden können, oder

      – Zeiten, für die die betreffende Person eine Altersrente nach solchen Rechtsvorschriften bezogen hat.

   Zeiten der freiwilligen Versicherung nach dem System eines anderen Mitgliedstaats werden für die Zwecke dieser Vorschrift nicht berücksichtigt.

   f) Nummer 2 Buchstaben a, b, c und d gelten nur, wenn der Betreffende nach dem vollendeten 59. Lebensjahr sechs Jahre in einem oder mehreren Mitgliedstaaten wohnhaft war und nur solange er im Gebiet eines dieser Mitgliedstaaten wohnhaft ist.

g) In Abweichung von Kapitel IV AOW ist jeder Einwohner eines anderen Mitgliedstaats als der Niederlande, dessen Ehegatte nach den dortigen Rechtsvorschriften pflichtversichert ist, berechtigt, sich für die Zeiten, in denen der Ehegatte pflichtversichert ist, nach eben diesen Rechtsvorschriften freiwillig zu versichern.

Diese Berechtigung erlischt nicht, wenn die Pflichtversicherung des Ehegatten wegen dessen Todes beendet wurde und der Hinterbliebene ausschließlich eine Rente nach dem Algemene nabestaandenwet (Gesetz über die allgemeine Hinterbliebenenversicherung) erhält.

Das Recht auf freiwillige Versicherung erlischt in jedem Fall an dem Tag, an dem die betreffende Person das 65. Lebensjahr vollendet.

Der Beitrag für die freiwillige Versicherung wird gemäß den Bestimmungen des AOW über die Festsetzung der Beiträge zur freiwilligen Versicherung festgelegt. Folgt jedoch die freiwillige Versicherung auf eine in Nummer 2 Buchstabe b genannte Versicherungszeit, so wird der Beitrag gemäß den Bestimmungen des AOW über die Festsetzung des Beitrags zur Pflichtversicherung festgelegt, wobei davon ausgegangen wird, dass das zu berücksichtigende Einkommen in den Niederlanden bezogen wurde.

(ABl L 2012/149)

h) Die Berechtigung nach Nummer 2 Buchstabe g besteht nicht, wenn der Betreffende nach den Rechtsvorschriften eines anderen Mitgliedstaats für den Versicherungsfall des Alters oder des Todes versichert ist.

i) Wer sich nach Nummer 2 Buchstabe g freiwillig versichern will, muss innerhalb eines Jahres nach dem Zeitpunkt, zu dem die Beitrittsvoraussetzungen erfüllt sind, bei der Sozialversicherungsanstalt (Sociale Verzekeringsbank) einen entsprechenden Antrag stellen.

(ABl L 2012/149)

3. Anwendung des Algemene nabestaandenwet (ANW) (Gesetz über die allgemeine Hinterbliebenenversicherung)

a) Hat der überlebende Ehegatte nach Artikel 51 Absatz 3 dieser Verordnung Anspruch auf eine Hinterbliebenenrente nach dem Algemene Nabestaandenwet (ANW) (Gesetz über die allgemeine Hinterbliebenenversicherung), wird diese Leistung nach Maßgabe des Artikels 52 Absatz 1 Buchstabe b dieser Verordnung festgestellt.

Für die Anwendung dieser Bestimmungen werden vor dem 1. Oktober 1959 zurückgelegte Versicherungszeiten ebenfalls als nach niederländischen Rechtsvorschriften zurückgelegte Versicherungszeiten betrachtet, wenn der Versicherte in diesen Zeiten nach Vollendung des 15. Lebensjahres:

- in den Niederlanden wohnhaft war oder
- zwar in einem anderen Mitgliedstaat wohnhaft war, aber in den Niederlanden eine Beschäftigung im Dienst eines in den Niederlanden ansässigen Arbeitgebers ausübte oder
- in Zeiten, die als Versicherungszeiten im niederländischen System der sozialen Sicherheit angerechnet werden, in einem anderen Mitgliedstaat erwerbstätig war.

b) Außer Betracht bleiben die nach Nummer 3 Buchstabe a zu berücksichtigenden Zeiten, die mit Zeiten der Pflichtversicherung gegen den Versicherungsfall des Todes nach den Rechtsvorschriften eines anderen Mitgliedstaats zusammenfallen.

c) Für die Zwecke des Artikels 52 Absatz 1 Buchstabe b dieser Verordnung gelten als Versicherungszeiten ausschließlich die Versicherungszeiten, die nach Vollendung des 15. Lebensjahres nach den niederländischen Rechtsvorschriften zurückgelegt wurden.

d) In Abweichung von Artikel 63a Absatz 1 ANW ist ein Einwohner eines anderen Mitgliedstaats als der Niederlande, dessen Ehegatte nach dem ANW pflichtversichert ist, berechtigt, sich nach den vorgenannten Rechtsvorschriften ausschließlich für die Zeit, in der der Ehegatte pflichtversichert ist, freiwillig zu versichern, sofern diese Versicherung am Tag des Beginns der Anwendbarkeit dieser Verordnung bereits begonnen hat.

Diese Berechtigung erlischt an dem Tag, an dem die Pflichtversicherung des Ehegatten nach dem ANW endet, sofern die Pflichtversicherung des Ehegatten nicht infolge seines Todes endet oder der Überlebende ausschließlich eine Rente nach dem ANW erhält.

Das Recht auf freiwillige Versicherung erlischt in jedem Fall an dem Tag, an dem die betreffende Person das 65. Lebensjahr vollendet.

Der Beitrag für die freiwillige Versicherung wird gemäß den Bestimmungen des

ANW über die Festsetzung der Beiträge zur freiwilligen Versicherung festgelegt. Folgt jedoch die freiwillige Versicherung auf eine in Nummer 2 Buchstabe b genannte Versicherungszeit, so wird der Beitrag gemäß den Bestimmungen des ANW über die Festsetzung des Beitrags zur Pflichtversicherung festgelegt, wobei davon ausgegangen wird, dass das zu berücksichtigende Einkommen in den Niederlanden bezogen wurde.

(ABl L 2012/149)

(ABl L 2012/149)

4. Anwendung der niederländischen Rechtsvorschriften über die Arbeitsunfähigkeitsversicherung

   a) Hat die betreffende Person nach Artikel 51 Absatz 3 dieser Verordnung Anspruch auf niederländische Leistungen bei Invalidität, wird der in Artikel 52 Absatz 1 Buchstabe b dieser Verordnung angeführte Betrag zur Berechnung der Leistung wie folgt festgelegt:

      i) wenn die betreffende Person unmittelbar vor Eintritt der Arbeitsunfähigkeit eine Tätigkeit als Arbeitnehmer im Sinne des Artikels 1 Buchstabe a dieser Verordnung ausgeübt hat;

      – entsprechend den Bestimmungen des Wet op arbeidsongeschiktheidsverzekering (WAO) (Gesetz über die Arbeitsunfähigkeitsversicherung), wenn die Arbeitsunfähigkeit vor dem 1. Januar 2004 eingetreten ist oder

      – entsprechend den Bestimmungen des Wet Werk en inkomen naar arbeidsvermogen (WIA) (Gesetz über Arbeit und Einkommen entsprechend der Erwerbsfähigkeit), wenn die Arbeitsunfähigkeit am oder nach dem 1. Januar 2004 eingetreten ist;

      (ABl L 2012/149)

      ii) entsprechend den Bestimmungen des Wet op arbeidsongeschiktheidsverzekering zelfstandigen (WAZ) (Gesetz über die Arbeitsunfähigkeitsversicherung von Selbständigen), wenn die betreffende Person unmittelbar vor Eintritt der Arbeitsunfähigkeit eine Tätigkeit als Selbstständiger im Sinne des Artikels 1 Buchstabe b dieser Verordnung ausgeübt hat und die Arbeitsunfähigkeit vor dem 1. August 2004 eingetreten ist.

      (ABl L 2012/149)

   b) Bei der Berechnung der Leistungen nach dem WAO, dem WIA oder dem WAZ berücksichtigen die niederländischen Träger:

      – vor dem 1. Juli 1967 in den Niederlanden zurückgelegte Beschäftigungszeiten und gleichgestellte Zeiten;

      – nach dem WAO zurückgelegte Versicherungszeiten;

      – nach dem Algemene Arbeidsongeschiktheidswet (AAW) (Allgemeines Arbeitsunfähigkeitsgesetz) von der betreffenden Person nach Vollendung des 15. Lebensjahres zurückgelegte Versicherungszeiten, sofern sie sich nicht mit den nach dem WAO zurückgelegten Versicherungszeiten decken;

      – nach dem WAZ zurückgelegte Versicherungszeiten;

      – nach dem WIA zurückgelegte Versicherungszeiten.

ÖSTERREICH

1. Zum Zweck des Erwerbs von Pensionsversicherungszeiten wird der Besuch einer Schule oder einer vergleichbaren Bildungseinrichtung in einem anderen Mitgliedstaat als gleichwertig mit dem Besuch einer Schule oder einer Bildungseinrichtung nach § 227 Absatz 1 Nummer 1 und § 228 Absatz 1 Nummer 3 des Allgemeinen Sozialversicherungsgesetzes (ASVG), § 116 Absatz 7 des Gewerblichen Sozialversicherungsgesetzes (GSVG) und § 107 Absatz 7 des Bauern-Sozialversicherungsgesetzes (BSVG) anerkannt, wenn die betreffende Person zu irgendeinem Zeitpunkt den österreichischen Rechtsvorschriften aufgrund der Ausübung einer Beschäftigung oder selbstständigen Erwerbstätigkeit unterlag und die nach § 227 Absatz 3 des ASVG, § 116 Absatz 9 des GSVG sowie § 107 Absatz 9 des BSVG vorgesehenen Sonderbeiträge zum Erwerb derartiger Ausbildungszeiten entrichtet werden.

2. Für die Berechnung der anteiligen Leistung nach Artikel 52 Absatz 1 Buchstabe b dieser Verordnung werden besondere Steigerungsbeträge für Beiträge zur Höherversicherung und der knappschaftliche Leistungszuschlag nach den österreichischen Rechtsvorschriften nicht berücksichtigt. In diesen Fällen wird die ohne diese Leistungsteile berechnete anteilige Leistung gegebenenfalls um die ungekürzten besonderen Steigerungsbeträge für Beiträge zur Höherversicherung und um den knappschaftlichen Leistungszuschlag erhöht.

3. Sind nach Artikel 6 dieser Verordnung Ersatzzeiten in der österreichischen Pensionsversicherung entstanden, ohne dass für diese eine Bemessungsgrundlage nach §§ 238 und 239 des Allgemeinen Sozialversicherungsgesetzes (ASVG), §§ 122 und 123 des Gewerblichen Sozialversicherungsgesetzes (GSVG)

und §§ 113 und 114 des Bauern-Sozialversicherungsgesetzes (BSVG) gebildet werden kann, ist für diese Zeiten die Bemessungsgrundlage für Zeiten der Kindererziehung nach § 239 ASVG, § 123 GSVG und § 114 BSVG heranzuziehen.

FINNLAND

1. Zur Feststellung der Anspruchsberechtigung und zur Berechnung der Höhe der staatlichen finnischen Rente nach Artikel 52 bis 54 dieser Verordnung werden Rentenansprüche, die nach den Rechtsvorschriften eines anderen Mitgliedstaats erworben wurden, ebenso behandelt wie Rentenansprüche, die nach finnischen Rechtsvorschriften erworben wurden.
2. Ist Artikel 52 Absatz 1 Buchstabe b Ziffer i dieser Verordnung zur Berechnung des Entgelts für die nach den finnischen Rechtsvorschriften über Erwerbsrenten gutgeschriebene Zeit anzuwenden und hat die betreffende Person während eines Teils des Referenzzeitraums nach den finnischen Rechtsvorschriften in einem anderen Mitgliedstaat Versicherungszeiten aufgrund einer Beschäftigung oder einer selbstständigen Tätigkeit zurückgelegt, entspricht das Entgelt für die gutgeschriebene Zeit der Summe des Entgelts während des in Finnland zurückgelegten Teils des Referenzzeitraums, geteilt durch die Anzahl der im Referenzzeitraum in Finnland zurückgelegten Versicherungsmonate.

SCHWEDEN

1. Wenn nach Artikel 67 dieser Verordnung Elterngeld an einen Familienangehörigen gezahlt wird, der keine Beschäftigung ausübt, wird das Elterngeld in Höhe des Grundbetrags oder des Mindestbetrags gewährt.
2. Für die Berechnung des Elterngelds gemäß Kapitel 4 Absatz 6 des Lag (1962:381) om allmän försäkring (Gesetz über die allgemeine Versicherung) für Personen, die Anspruch auf ein beschäftigungsbezogenes Elterngeld haben, gilt Folgendes:

   Für einen Elternteil, dessen krankenversicherungswirksames Einkommen auf der Grundlage eines Erwerbseinkommens in Schweden berechnet wird, gilt die Voraussetzung, dass er mindestens während 240 aufeinander folgender Tage vor der Geburt des Kindes über dem Mindestsatz krankenversichert sein musste, als erfüllt, wenn der betreffende Elternteil in dem genannten Zeitraum ein Einkommen aus einer Erwerbstätigkeit in einem anderen Mitgliedstaat hatte, das einer Versicherung über dem Mindestsatz entspricht.
3. Die Bestimmungen der Verordnung über die Zusammenrechnung von Versicherungs- und Wohnzeiten gelten nicht für die Übergangsbestimmungen der schwedischen Rechtsvorschriften in Bezug auf den Anspruch auf Mindestrente für Personen, die 1937 und früher geboren wurden und vor dem Rentenantrag eine bestimmte Zeit lang in Schweden wohnhaft waren (Gesetz 2000:798).
4. Für die Berechnung des Einkommens für das einkommensbezogene Krankengeld und das Erwerbsausfallgeld gemäß Kapitel 8 des Lag (1962:381) om allmän försäkring (Gesetz über die allgemeine Versicherung) gilt Folgendes:
   a) Unterlag der Versicherte während des Referenzzeitraums aufgrund einer Beschäftigung oder selbstständigen Erwerbstätigkeit auch den Rechtsvorschriften eines oder mehrerer anderer Mitgliedstaaten, wird für das dortige Einkommen das während des Teils des Referenzzeitraums in Schweden erzielte durchschnittliche Bruttoeinkommen angerechnet, das sich aus dem in Schweden erzielten Entgelt, geteilt durch die Zahl der Jahre, während der dieses Entgelt erzielt wurde, ergibt.
   b) Bei der Berechnung der Leistungen nach Artikel 46 dieser Verordnung für nicht in Schweden versicherte Personen wird der Referenzzeitraum gemäß Kapitel 8 Absätze 2 und 8 des genannten Gesetzes festgelegt, als ob die betreffende Person in Schweden versichert wäre. Wenn die Person während dieses Zeitraums kein rentenwirksames Einkommen nach dem Gesetz (1998:674) über einkommensbezogene Altersrente hat, wird der Referenzzeitraum von einem früheren Zeitpunkt an gerechnet, als der Versicherte ein Erwerbseinkommen in Schweden hatte.
5. a) Bei der Berechnung des angenommenen Rentenkapitals für eine einkommensbezogene Hinterbliebenenrente (Gesetz 2000:461) werden, wenn der nach schwedischem Recht vorausgesetzte Erwerb von Rentenanwartschaften für mindestens drei der fünf Kalenderjahre, die dem Todesfall vorausgehen (Referenzzeitraum), nicht erfolgt ist, auch die in anderen Mitgliedstaaten zurückgelegten Versicherungszeiten berücksichtigt, als wenn sie in Schweden zurückgelegt worden wären. Versicherungszeiten in anderen Mitgliedstaaten werden auf der Grundlage des Durchschnitts der schwedischen Rentenbemessungsgrundlage berücksichtigt. Wenn nur ein Jahr in Schweden mit einer Rentenbemessungsgrundlage vorliegt, werden alle Versicherungszeiten in anderen Mitgliedstaaten mit dem entsprechenden Betrag berücksichtigt.
   b) Zur Berechnung der fiktiven Rentenpunkte für die Hinterbliebenenrenten bei Todesfällen ab dem 1. Januar 2003 werden, wenn die nach den schwedischen Rechtsvorschriften verlangten

Rentenpunkte für mindestens zwei der vier Jahre, die dem Todesfall unmittelbar vorausgehen (Referenzzeitraum), nicht vorliegen, auch die während des Referenzzeitraums in anderen Mitgliedstaaten zurückgelegten Versicherungszeiten berücksichtigt; diese Jahre werden auf der Grundlage der gleichen Rentenpunkte angerechnet wie das Jahr in Schweden.

VEREINIGTES KÖNIGREICH

1. Hat eine Person nach den Rechtsvorschriften des Vereinigten Königreichs gegebenenfalls Anspruch auf eine Altersrente, wenn
   a) die Beiträge eines früheren Ehepartners angerechnet werden, als handelte es sich um die eigenen Beiträge dieser Person, oder
   b) die einschlägigen Beitragsvoraussetzungen durch den Ehepartner oder früheren Ehepartner dieser Person erfüllt sind, gelten die Bestimmungen des Titels III Kapitel 5 der Verordnung für die Feststellung des Anspruchs nach den Rechtsvorschriften des Vereinigten Königreichs jeweils unter der Voraussetzung, dass der Ehegatte oder frühere Ehegatte eine Erwerbstätigkeit als Arbeitnehmer oder Selbstständiger ausübt oder ausgeübt hat und den Rechtsvorschriften von zwei oder mehr Mitgliedstaaten unterliegt oder unterlag; dabei gelten Bezugnahmen auf „Versicherungszeiten" in diesem Kapitel 5 als Bezugnahmen auf die von folgenden Personen zurückgelegte Versicherungszeiten:
      i) von einem Ehegatten oder früheren Ehegatten, wenn ein Anspruch
      – von einer verheirateten Frau oder
      – von einer Person geltend gemacht wird, deren Ehe auf andere Weise als durch den Tod des Ehegatten beendet wurde, oder
      ii) von einem früheren Ehegatten, wenn ein Anspruch geltend gemacht wird
      – von einem Witwer, der unmittelbar vor Erreichen der Altersgrenze keinen Anspruch auf Hinterbliebenengeld für verwitwete Mütter und Väter hat, oder
      – von einer Witwe, die unmittelbar vor Erreichen der Altersgrenze keinen Anspruch auf Witwengeld für verwitwete Mütter oder Hinterbliebenengeld für verwitwete Mütter und Väter oder Witwenrente hat, oder die nur eine nach Artikel 52 Absatz 1 Buchstabe b dieser Verordnung berechnete altersbezogene Witwenrente bezieht; in diesem Sinne ist unter „altersbezogener Witwenrente" eine Witwenrente zu verstehen, die gemäß Section 39 (4) des Social Security Contributions and Benefits Act (Gesetz über Beiträge und Leistungen der sozialen Sicherheit) 1992 zu einem verminderten Satz gezahlt wird.

2. Für die Anwendung des Artikels 6 dieser Verordnung auf die Vorschriften über den Anspruch auf Pflegegeld (attendance allowance), Beihilfe für den Pfleger (carer's allowance) und Unterhaltsbeihilfe für Behinderte (disability living allowance) werden Zeiten der Beschäftigung, der selbstständigen Erwerbstätigkeit oder Wohnzeiten im Gebiet eines anderen Mitgliedstaats als des Vereinigten Königreichs in dem Maße berücksichtigt, wie dies zur Erfüllung der Voraussetzungen betreffend die erforderlichen Anwesenheitszeiten im Vereinigten Königreich vor dem Tag, an dem der Anspruch auf die betreffende Leistung entsteht, erforderlich ist.

3. Für die Zwecke des Artikels 7 dieser Verordnung wird jede Person, die eine Geldleistung bei Invalidität, Alter oder für Hinterbliebene, eine Rente aufgrund von Arbeitsunfällen oder Berufskrankheiten und Sterbegeld nach den Rechtsvorschriften des Vereinigten Königreichs bezieht und die sich im Gebiet eines anderen Mitgliedstaats aufhält, während der Dauer dieses Aufenthalts als Person betrachtet, die in diesem anderen Mitgliedstaat wohnhaft ist.

4. Soweit Artikel 46 dieser Verordnung Anwendung findet, berücksichtigt das Vereinigte Königreich im Falle von Personen, die aufgrund einer Arbeitsunfähigkeit invalide werden, während sie den Rechtsvorschriften eines anderen Mitgliedstaats unterliegen, bei der Anwendung von Section 30A(5) des Social Security Contributions and Benefits Act (Gesetz über die Beiträge und Leistungen der sozialen Sicherheit) 1992 alle Zeiten, in denen die betreffenden Personen für die betreffende Arbeitsunfähigkeit folgende Leistungen erhalten haben:
   i) Geldleistungen bei Krankheit oder an Stelle dieser Leistungen Lohn- oder Gehaltszahlungen oder
   ii) Leistungen im Sinne des Titels III Kapitel 4 und 5 dieser Verordnung für die im Anschluss an diese Arbeitsunfähigkeit eingetretene Invalidität nach den Rechtsvorschriften des anderen Mitgliedstaats und zwar so, als handele es sich um Zeiten, in denen Leistungen wegen kurzfristiger Arbeitsunfähigkeit nach Section 30A (1) bis (4) des Social Security Contributions and Benefits Act (Gesetz über die Beiträge und Leistun-

gen der sozialen Sicherheit) 1992 gezahlt wurden.

Soweit diese Bestimmung Anwendung findet, werden nur Zeiten berücksichtigt, in denen die Person arbeitsunfähig im Sinne der Rechtsvorschriften des Vereinigten Königreichs gewesen wäre.

5. 1. Bei der Berechnung des Entgeltfaktors (earnings factor) zur Feststellung des Leistungsanspruchs nach den Rechtsvorschriften des Vereinigten Königreichs wird für jede nach den Rechtsvorschriften eines anderen Mitgliedstaats zurückgelegte Woche der Erwerbstätigkeit als Arbeitnehmer, die im betreffenden Einkommensteuerjahr im Sinne der Rechtsvorschriften des Vereinigten Königreichs begonnen hat, die betreffende Person so angesehen, als habe sie auf der Grundlage eines Entgelts in Höhe von zwei Dritteln der Entgeltobergrenze für das betreffende Jahr als Arbeitnehmer (employed earner) Beiträge entrichtet oder als habe sie ein entsprechendes Erwerbseinkommen, für das Beiträge gezahlt wurden.

2. Für die Zwecke des Artikels 52 Absatz 1 Buchstabe b Ziffer ii dieser Verordnung gilt:

a) hat eine als Arbeitnehmer beschäftigte Person in einem Einkommensteuerjahr, das am oder nach dem 6. April 1975 beginnt, Versicherungs-, Beschäftigungs- oder Wohnzeiten ausschließlich in einem anderen Mitgliedstaat als dem Vereinigten Königreich zurückgelegt und führt die Anwendung der obigen Nummer 5. 1 dazu, dass dieses Jahr für die Anwendung des Artikels 52 Absatz 1 Buchstabe b Ziffer i dieser Verordnung als anspruchswirksames Jahr im Sinne der Rechtsvorschriften des Vereinigten Königreichs zählt, so wird davon ausgegangen, dass sie in diesem Jahr 52 Wochen lang in dem anderen Mitgliedstaat versichert gewesen ist;

b) zählt ein am oder nach dem 6. April 1975 beginnendes Einkommensteuerjahr für die Anwendung von Artikel 52 Absatz 1 Buchstabe a Ziffer i dieser Verordnung nicht als anspruchwirksames Jahr im Sinne der Rechtsvorschriften des Vereinigten Königreichs, werden in diesem Jahr zurückgelegte Versicherungs-, Beschäftigungs- oder Wohnzeiten außer Acht gelassen.

3. Für die Umrechnung eines Entgeltfaktors in Versicherungszeiten wird der Entgeltfaktor, der während des betreffenden Einkommensteuerjahres im Sinne der Rechtsvorschriften des Vereinigten Königreichs erreicht worden ist, durch die für das betreffende Steuerjahr festgesetzte Entgeltuntergrenze geteilt. Das Ergebnis wird als ganze Zahl ausgedrückt; Stellen hinter dem Komma bleiben unberücksichtigt. Die so errechnete Zahl gilt als Anzahl der nach den Rechtsvorschriften des Vereinigten Königreichs während dieses Steuerjahres zurückgelegten Versicherungswochen; diese Zahl darf jedoch nicht höher als die Anzahl der Wochen sein, während welcher die genannten Rechtsvorschriften in diesem Steuerjahr für die Person gegolten haben.

(ABl L 2009/284)

EU-VO

Verordnung (EG) Nr. 987/2009 zur Festlegung der Modalitäten für die Durchführung der Verordnung (EG) Nr. 883/2004

Verordnung (EG) Nr. 987/2009 zur Festlegung der Modalitäten für die Durchführung der Verordnung (EG) Nr. 883/2004 über die Koordinierung der Systeme der sozialen Sicherheit, ABl L 2009/284 idF

1 ABl L 2010/338	2 ABl L 2012/149	3 ABl L 2012/349
4 ABl L 2013/346	5 ABl L 2014/366	6 ABl L 2017/76

GLIEDERUNG

VERORDNUNG (EG) Nr. 987/2009 DES EUROPÄISCHEN PARLAMENTS UND DES RATES vom 16. September 2009 zur Festlegung der Modalitäten für die Durchführung der Verordnung (EG) Nr. 883/2004 über die Koordinierung der Systeme der sozialen Sicherheit (Text von Bedeutung für den EWR und die Schweiz)

(ABl L 2009/284)

DAS EUROPÄISCHE PARLAMENT UND DER RAT DER EUROPÄISCHEN UNION –

gestützt auf den Vertrag zur Gründung der Europäischen Gemeinschaft, insbesondere auf die Artikel 42 und 308,

gestützt auf die Verordnung (EG) Nr. 883/2004 des Europäischen Parlaments und des Rates vom 29. April 2004 zur Koordinierung der Systeme der sozialen Sicherheit, insbesondere auf den Artikel 89,

auf Vorschlag der Kommission,

nach Stellungnahme des Europäischen Wirtschafts- und Sozialausschusses,

gemäß dem Verfahren des Artikels 251 des Vertrags,

in Erwägung nachstehender Gründe:

(1) Die Verordnung (EG) Nr. 883/2004 modernisiert die Regeln für die Koordinierung der mitgliedstaatlichen Systeme der sozialen Sicherheit, legt dabei die Durchführungsmaßnahmen und -verfahren fest und achtet auf deren Vereinfachung, die allen Beteiligten zugute kommen soll. Hierfür müssen die Durchführungsbestimmungen erlassen werden.

(2) Die Organisation einer wirksameren und engeren Zusammenarbeit zwischen den Trägern der sozialen Sicherheit ist maßgeblich, damit die Personen im Geltungsbereich der Verordnung (EG) Nr. 883/2004 ihre Rechte so rasch und so gut wie möglich in Anspruch nehmen können.

(3) Der Einsatz elektronischer Mittel eignet sich für den schnellen und zuverlässigen Datenaustausch zwischen den Trägern der Mitgliedstaaten. Die elektronische Verarbeitung von Daten soll zur Beschleunigung der Verfahren für die betroffenen Personen beitragen. Dabei sollten diese Personen die vollen Garantien der Gemeinschaftsbestimmungen zum Schutz natürlicher Personen bei der Verarbeitung personenbezogener Daten und zum freien Datenverkehr genießen.

(4) Die Bereitstellung der Kontaktadressen der Stellen in den Mitgliedstaaten, die an der Durchführung der Verordnung (EG) Nr. 883/2004 beteiligt sind, auch der elektronischen Adressen, in einer Form, die ihre Aktualisierung in Realzeit ermöglicht, soll den Austausch zwischen den Trägern der sozialen Sicherheit erleichtern. Dieses Konzept, bei dem die Sachdienlichkeit der rein faktischen Informationen und deren direkte Verfügbarkeit für die Bürger im Vordergrund stehen, ist eine wichtige Vereinfachung, die durch diese Verordnung herbeigeführt werden sollte.

(5) Einen möglichst reibungslosen Ablauf und die effiziente Handhabung der komplexen Verfahren zur Umsetzung der Vorschriften zur Koordinierung der Systeme der sozialen Sicherheit zu erreichen, erfordert einen Mechanismus, der eine sofortige Aktualisierung des Anhangs 4 ermöglicht.

Die Vorbereitung und Anwendung von diesbezüglichen Bestimmungen verlangen eine enge Zusammenarbeit zwischen den Mitgliedstaaten und der Kommission, und ihre Umsetzung sollte im Hinblick auf die Folgen, die Verzögerungen sowohl für die Bürger als auch für die Verwaltungsbehörden haben, rasch erfolgen. Die Kommission sollte daher die Befugnis erhalten, eine Datenbank einzurichten und zu verwalten, und gewährleisten, dass diese zumindest ab dem Zeitpunkt des Inkrafttretens dieser Verordnung betriebsbereit ist. Die Kommission sollte insbesondere die notwendigen Schritte unternehmen, die in Anhang 4 aufgeführten Informationen in diese Datenbank aufzunehmen.

(6) Die Stärkung einiger Verfahren sollte den Anwendern der Verordnung (EG) Nr. 883/2004 mehr Rechtssicherheit und Transparenz bringen. Gemeinsame Fristsetzungen für die Erledigung bestimmter Verpflichtungen oder für bestimmte Verwaltungsabläufe sollten dabei zur Klärung und Strukturierung der Beziehungen zwischen den Versicherten und den Trägern beitragen.

(7) Die Personen, für die diese Verordnung gilt, sollten vom zuständigen Träger eine fristgerechte Antwort auf ihre Ersuchen erhalten. Die Antwort sollte in den Mitgliedstaaten, in deren Sozialgesetzgebung Fristen bestehen, spätestens innerhalb dieser Fristen erfolgen. Es wäre wünschenswert, dass diejenigen Mitgliedstaaten, in deren Sozialgesetzgebung keine solchen Fristen bestehen, den Erlass entsprechender Bestimmungen in Erwägung ziehen und sie erforderlichenfalls den betroffenen Personen zugänglich machen.

(8) Mitgliedstaaten, zuständige Behörden und Träger der sozialen Sicherheit sollten die Möglichkeit haben, sich auf vereinfachte Verfahren und Verwaltungsvereinbarungen zu einigen, die sie für wirksamer und innerhalb ihrer jeweiligen Systeme der sozialen Sicherheit für geeigneter halten. Solche Vereinbarungen sollten die Rechte der Personen im Geltungsbereich der Verordnung (EG) Nr. 883/2004 allerdings nicht beeinträchtigen.

(9) Wegen der dem Bereich der sozialen Sicherheit eigenen Komplexität werden allen Trägern der Mitgliedstaaten besondere Anstrengungen abverlangt, um die Benachteiligung der betroffenen Personen zu vermeiden, die ihren Antrag oder bestimmte Informationen möglicherweise nicht bei dem Träger eingereicht haben, der nach den Verfahren und Regeln der Verordnung (EG) Nr. 883/2004 und der vorliegenden Verordnung zur Bearbeitung dieses Antrags befugt ist.

(10) Zur Ermittlung des zuständigen Trägers – d. h. die für diesen Träger geltenden Rechtsvorschriften sind anwendbar oder ihm obliegt die Gewährung bestimmter Leistungen – muss die objektive Situation des Versicherten oder seiner Familienangehörigen von den Trägern eines oder mehrerer Mitgliedstaaten geprüft werden. Um den Schutz der betreffenden Person während dieses erforderlichen Informationsaustauschs unter den Trägern zu gewährleisten, ist ihr vorläufiger Anschluss an ein System der sozialen Sicherheit vorzusehen.

(11) Die Mitgliedstaaten sollten bei der Feststellung des Wohnorts von Personen, für die diese Verordnung und die Verordnung (EG) Nr. 883/2004 gelten, zusammenarbeiten und bei Beanstandungen alle einschlägigen Kriterien berücksichtigen, um das Problem zu lösen. Letztere dürfen die in den entsprechenden Artikeln dieser Verordnung genannten Kriterien umfassen.

(12) Viele Maßnahmen und Verfahren dieser Verordnung stellen auf mehr Klarheit für die Kriterien ab, die von den Trägern der Mitgliedstaaten im Rahmen der Verordnung (EG) Nr. 883/2004 anzuwenden sind. Solche Maßnahmen und Verfahren ergeben sich aus der Rechtsprechung des Gerichtshofs der Europäischen Gemeinschaften, aus den Beschlüssen der Verwaltungskommission und aus über dreißig Jahren Praxis in der Koordinierung der Systeme der sozialen Sicherheit im Rahmen der im Vertrag verankerten Grundfreiheiten.

(13) Diese Verordnung enthält Maßnahmen und Verfahren, um die Mobilität von Arbeitnehmern und Arbeitslosen zu fördern. Von Vollarbeitslosigkeit betroffene Grenzgänger können sich dem Arbeitsamt sowohl in ihrem Wohnsitzland als auch in dem Mitgliedstaat, in dem sie zuletzt beschäftigt waren, zur Verfügung stellen. Sie sollten jedoch einzig und allein Anspruch auf Leistungen ihres Wohnmitgliedstaats haben.

(14) Bestimmte Regeln und Verfahren sind für die Bestimmung der anwendbaren Rechtsvorschriften für die Anrechnung der Zeiten, die ein Versicherter in verschiedenen Mitgliedstaaten der Kindererziehung gewidmet hat, erforderlich.

(15) Manche Verfahren sollten noch der Forderung nach einer ausgewogenen Lastenverteilung unter den Mitgliedstaaten genügen. Speziell im Zweig Krankheit sollten diese Verfahren einerseits der Situation der Mitgliedstaaten Rechnung tragen, die die Versicherten aufnehmen und diesen ihr Gesundheitssystem zur Verfügung stellen, und andererseits der Situation der Mitgliedstaaten, deren Träger für die Kosten der Sachleistungen aufkommen, die von ihren Versicherten in einem anderen als ihrem Wohnmitgliedstaat in Anspruch genommen werden.

(16) Im besonderen Rahmen der Verordnung (EG) Nr. 883/2004 müssen die Bedingungen für die Übernahme der Sachleistungskosten bei „geplanten Behandlungen" – Behandlungen, die eine Person in einem anderen als dem Versicherungs- oder Wohnmitgliedstaat vornehmen lässt – geklärt werden. Die Pflichten des Versicherten bei Beantragung einer vorherigen Genehmigung sollten präzisiert werden, ebenso die Verpflichtungen der Träger gegenüber den Patienten in Bezug auf die Genehmigungsbedingungen. Auch die Auswirkungen auf die Kostenübernahme bei Sachleistungen, die aufgrund einer Genehmigung in einem anderen Mitgliedstaat in Anspruch genommen wurden, sind genau festzulegen.

(17) Diese Verordnung und namentlich die Bestimmungen über den Aufenthalt außerhalb des zuständigen Mitgliedstaats und über geplante Behandlungen sollten der Anwendung günstigerer innerstaatlicher Vorschriften insbesondere hinsichtlich der Rückerstattung von in einem anderen Mitgliedstaat entstandenen Kosten nicht entgegenstehen.

(18) Verbindlichere Verfahren zur Verkürzung der Erstattungsfristen für diese Forderungen unter den Trägern der Mitgliedstaaten erscheinen wesentlich, um das Vertrauen in den Austausch zu erhalten und der von den Systemen der sozialen Sicherheit geforderten Wirtschaftlichkeit der Haushaltsführung zu genügen. Daher sollten die Verfahren für die Behandlung der Forderungen im Zusammenhang mit Leistungen bei Krankheit und Arbeitslosigkeit gestärkt werden.

(19) Die Verfahren zwischen den Trägern für eine gegenseitige Unterstützung bei der Beitreibung von Forderungen der sozialen Sicherheit sollten verstärkt werden, damit eine wirksamere Beitreibung und ein reibungsloses Funktionieren der Koordinierungsregeln gewährleistet wird. Eine wirksame Beitreibung ist auch ein Mittel zur Verhütung und Bekämpfung von Missbrauch und Betrug sowie eine Möglichkeit, die Nachhaltigkeit der Systeme der sozialen Sicherheit sicherzustellen. Dazu ist es erforderlich, neue Verfahren auf der Grundlage einer Reihe geltender Bestimmungen der Richtlinie 2008/55/EG des Rates vom 26. Mai 2008 über die gegenseitige Unterstützung bei der Beitreibung von Forderungen in Bezug auf bestimmte Abgaben, Zölle, Steuern und sonstige Maßnahmen anzunehmen. Diese neuen Beitreibungsverfahren sollten nach fünf Jahren auf Grundlage der gemachten Erfahrungen überprüft und erforderlichenfalls angepasst werden, insbesondere um sicherzustellen, dass sie uneingeschränkt durchführbar sind.

(20) Für die Zwecke von Vorschriften über die Rückforderung gezahlter, aber nicht geschuldeter Leistungen, die Einziehung vorläufiger Zahlungen und Beiträge, den Ausgleich und die Unterstützung bei der Beitreibung beschränkt sich die Zuständigkeit des ersuchten Mitgliedstaats auf Rechtsbehelfe in Bezug auf Vollstreckungsmaßnahmen. Für alle anderen Rechtsbehelfe ist der ersuchende Mitgliedstaat zuständig.

(21) Die in dem ersuchten Mitgliedstaat ergriffenen Vollstreckungsmaßnahmen bringen nicht mit sich, dass dieser Mitgliedstaat die Begründetheit der Forderung oder deren Grundlage anerkennt.

(22) Die Information der betroffenen Personen über ihre Rechte und Pflichten ist für ein Vertrauensverhältnis zu den zuständigen Behörden und Trägern der Mitgliedstaaten wesentlich. Diese Information sollte Anleitungen in Bezug auf Verwaltungsverfahren beinhalten. Zu den betroffenen Personen können je nach Situation die Versicherten, ihre Familienangehörigen und/oder ihre Hinterbliebenen oder sonstige Personen zählen.

(23) Da das Ziel dieser Verordnung, nämlich die Verabschiedung von Koordinierungsmaßnahmen, damit das Recht auf Freizügigkeit wirksam ausgeübt werden kann, auf der Ebene der Mitgliedstaaten nicht ausreichend verwirklicht werden kann und daher wegen seines Umfangs und seiner Wirkungen besser auf Gemeinschaftsebene zu verwirklichen ist, kann die Gemeinschaft im Einklang mit dem in Artikel 5 des Vertrags niedergelegten Subsidiaritätsprinzip tätig werden. Entsprechend dem in demselben Artikel genannten Grundsatz der Verhältnismäßigkeit geht diese Verordnung nicht über das zur Erreichung dieses Ziels erforderliche Maß hinaus.

(24) Diese Verordnung sollte die Verordnung (EWG) Nr. 574/72 des Rates vom 21. März 1972 über die Durchführung der Verordnung (EWG) Nr. 1408/71 zur Anwendung der Systeme der sozialen Sicherheit auf Arbeitnehmer und deren Familien, die innerhalb der Gemeinschaft zu- und abwandern, ersetzen –

HABEN FOLGENDE VERORDNUNG ERLASSEN:

TITEL I
ALLGEMEINE VORSCHRIFTEN

KAPITEL I
Begriffsbestimmungen

Artikel 1
Begriffsbestimmungen

(1) Im Sinne dieser Verordnung

a) bezeichnet der Ausdruck „Grundverordnung“ die Verordnung (EG) Nr. 883/2004;

b) bezeichnet der Ausdruck „Durchführungsverordnung“ die vorliegende Verordnung; und

c) gelten die Begriffsbestimmungen der Grundverordnung.

(2) Neben den Begriffsbestimmungen des Absatzes 1 bezeichnet der Ausdruck

a) „Zugangsstelle“ eine Stelle, die Folgendes bietet:

   i) eine elektronische Kontaktstelle;

   ii) die automatische Weiterleitung auf der Grundlage der Adresse; und

   iii) die intelligente Weiterleitung von Daten, gestützt auf eine Software, die eine automatische Prüfung und Weiterleitung von Daten (z. B. eine Anwendung künstlicher Intelligenz) und/oder menschliches Eingreifen gestattet;

b) „Verbindungsstelle“ eine von der zuständigen Behörde eines Mitgliedstaats für einen oder mehrere der in Artikel 3 der Grundverordnung genannten Zweige der sozialen Sicherheit bezeichnete Stelle, die Anfragen und Amtshilfeersuchen für die Zwecke der Anwendung der Grundverordnung und der Durchführungsverordnung beantwortet und die die ihr nach Titel IV der Durchführungsverordnung zugewiesenen Aufgaben zu erfüllen hat;

c) „Dokument“ eine von der Art des Datenträgers unabhängige Gesamtheit von Daten, die dergestalt strukturiert sind, dass sie elektronisch ausgetauscht werden können und deren Mitteilung für die Anwendung der Grundverordnung und der Durchführungsverordnung erforderlich ist;

d) „strukturiertes elektronisches Dokument“ ein strukturiertes Dokument in einem Format, das für den elektronischen Austausch von Informationen zwischen den Mitgliedstaaten konzipiert wurde;

e) „elektronische Übermittlung“ die Übermittlung von Daten mittels Geräten für die elektronische Verarbeitung (einschließlich digitaler Kompression) von Daten über Draht, über Funk, auf optischem oder elektromagnetischem Wege;

f) „Rechnungsausschuss“ den in Artikel 74 der Grundverordnung genannten Ausschuss.

KAPITEL II
Vorschriften über die Zusammenarbeit und den Datenaustausch

Artikel 2
Umfang und Modalitäten des Datenaustauschs zwischen den Trägern

(1) Im Sinne der Durchführungsverordnung beruht der Austausch zwischen den Behörden und Trägern der Mitgliedstaaten und den Personen, die der Grundverordnung unterliegen, auf den Grundsätzen öffentlicher Dienstleistungen, Effizienz, aktiver Unterstützung, rascher Bereitstellung und Zugänglichkeit, einschließlich der elektronischen Zugänglichkeit, insbesondere für Menschen mit Behinderungen und für ältere Menschen.

(2) Die Träger stellen unverzüglich all jene Daten, die zur Begründung und Feststellung der Rechte und Pflichten der Personen, für die die Grundverordnung gilt, benötigt werden, zur Verfügung oder tauschen diese ohne Verzug aus. Diese Daten werden zwischen den Mitgliedstaaten entweder unmittelbar von den Trägern selbst oder mittelbar über die Verbindungsstellen übermittelt.

(3) Hat eine Person irrtümlich einem Träger im Hoheitsgebiet eines anderen Mitgliedstaats als dem Mitgliedstaat, in dem sich der in der Durchführungsverordnung bezeichnete Träger befindet, Informationen, Dokumente oder Anträge eingereicht, so hat dieser Träger die betreffenden Informationen, Dokumente oder Anträge ohne Verzug an den nach der Durchführungsverordnung bezeichneten Träger weiterzuleiten und dabei das Datum anzugeben, an dem sie ursprünglich eingereicht wurden. Dieses Datum ist für den letztgenannten Träger maßgeblich. Die Träger eines Mitgliedstaats können jedoch weder haftbar gemacht werden noch kann ihre Untätigkeit, die auf die verspätete Übermittlung der Informationen, Dokumente oder Anträge von Trägern anderer Mitgliedstaaten zurückzuführen ist, als Entscheidung betrachtet werden.

(4) Werden die Daten mittelbar über die Verbindungsstelle des Empfängermitgliedstaats übermittelt, so beginnen die Fristen für die Beantwortung eines Antrags an dem Tag, an dem diese Verbindungsstelle den Antrag erhalten hat, so als hätte der Träger dieses Mitgliedstaats ihn bereits erhalten.

Artikel 3
Umfang und Modalitäten des Datenaustauschs zwischen den betroffenen Personen und den Trägern

(1) Die Mitgliedstaaten stellen sicher, dass den betroffenen Personen die erforderlichen Informationen zur Verfügung gestellt werden, damit sie von der Änderung der Rechtslage aufgrund der Grundverordnung und der Durchführungsverordnung Kenntnis erhalten und ihre Ansprüche geltend machen können. Sie stellen auch benutzerfreundliche Serviceleistungen zur Verfügung.

(2) Personen, für die die Grundverordnung gilt, haben dem maßgeblichen Träger die Informationen, Dokumente oder Belege zu übermitteln, die für die Feststellung ihrer Situation oder der Situation ihrer Familie sowie ihrer Rechte und Pflichten, für die Aufrechterhaltung derselben oder für die Bestimmung der anzuwendenden Rechtsvorschriften und ihrer Pflichten nach diesen Rechtsvorschriften erforderlich sind.

(3) Bei der Erhebung, Übermittlung oder Verarbeitung personenbezogener Daten nach ihren Rechtsvorschriften zur Durchführung der Grundverordnung gewährleisten die Mitgliedstaaten, dass die betreffenden Personen in der Lage sind, ihre Rechte in Bezug auf den Schutz personenbezogener Daten unter Beachtung der Gemeinschaftsbestimmungen über den Schutz natürlicher Personen bei der Verarbeitung personenbezogener Daten und zum freien Datenverkehr umfassend wahrzunehmen.

(4) Soweit es für die Anwendung der Grundverordnung und der Durchführungsverordnung erforderlich ist, übermitteln die maßgeblichen Träger unverzüglich und in jedem Fall innerhalb der in der Sozialgesetzgebung des jeweiligen Mitgliedstaats vorgeschriebenen Fristen den betroffenen Personen die Informationen und stellen ihnen die Dokumente aus.

Der entsprechende Träger hat dem Antragsteller, der seinen Wohnort oder Aufenthalt in einem anderen Mitgliedstaat hat, seine Entscheidung unmittelbar oder über die Verbindungsstelle des Wohn- oder Aufenthaltsmitgliedstaats mitzuteilen. Lehnt er die Leistungen ab, muss er die Gründe für die Ablehnung sowie die Rechtsbehelfe und Rechtsbehelfsfristen angeben. Eine Kopie dieser Entscheidung wird den anderen beteiligten Trägern übermittelt.

Artikel 4
Format und Verfahren des Datenaustauschs

(1) Die Verwaltungskommission legt die Struktur, den Inhalt, das Format und die Verfahren im Einzelnen für den Austausch von Dokumenten und strukturierten elektronischen Dokumenten fest.

(2) Die Datenübermittlung zwischen den Trägern oder Verbindungsstellen erfolgt elektronisch entweder unmittelbar oder mittelbar über die Zugangsstellen in einem gemeinsamen sicheren Rahmen, in dem die Vertraulichkeit und der Schutz der ausgetauschten Daten gewährleistet werden kann.

(3) Bei der Kommunikation mit den betroffenen Personen wenden die maßgeblichen Träger die für den Einzelfall geeigneten Verfahren an und verwenden so weit wie möglich vorzugsweise elektronische Mittel. Die Verwaltungskommission legt die praktischen Modalitäten für die Übermittlung von Informationen, Dokumenten oder Entscheidungen an die betreffende Person durch elektronische Mittel fest.

Artikel 5
Rechtswirkung der in einem anderen Mitgliedstaat ausgestellten Dokumente und Belege

(1) Vom Träger eines Mitgliedstaats ausgestellte Dokumente, in denen der Status einer Person für die Zwecke der Anwendung der Grundverordnung und der Durchführungsverordnung bescheinigt wird, sowie Belege, auf deren Grundlage die Dokumente ausgestellt wurden, sind für die Träger der anderen Mitgliedstaaten so lange verbindlich, wie sie nicht von dem Mitgliedstaat, in dem sie ausgestellt wurden, widerrufen oder für ungültig erklärt werden.

(2) Bei Zweifeln an der Gültigkeit eines Dokuments oder der Richtigkeit des Sachverhalts, der den im Dokument enthaltenen Angaben zugrunde liegt, wendet sich der Träger des Mitgliedstaats, der das Dokument erhält, an den Träger, der das Dokument ausgestellt hat, und ersucht diesen um die notwendige Klarstellung oder gegebenenfalls um den Widerruf dieses Dokuments. Der Träger, der das Dokument ausgestellt hat, überprüft die Gründe für die Ausstellung und widerruft das Dokument gegebenenfalls.

(3) Bei Zweifeln an den Angaben der betreffenden Personen, der Gültigkeit eines Dokuments oder der Belege oder der Richtigkeit des Sachverhalts, der den darin enthaltenen Angaben zugrunde liegt, nimmt der Träger des Aufenthalts- oder Wohnorts, soweit dies möglich ist, nach Absatz 2 auf Verlangen des zuständigen Trägers die nötige Überprüfung dieser Angaben oder dieses Dokuments vor.

(4) Erzielen die betreffenden Träger keine Einigung, so können die zuständigen Behörden frühestens einen Monat nach dem Zeitpunkt, zu dem der Träger, der das Dokument erhalten hat, sein Ersuchen vorgebracht hat, die Verwaltungskommission anrufen. Die Verwaltungskommission bemüht sich binnen sechs Monaten nach ihrer Befassung um eine Annäherung der unterschiedlichen Standpunkte.

Artikel 6
Vorläufige Anwendung der Rechtsvorschriften eines Mitgliedstaats und vorläufige Gewährung von Leistungen

(1) Besteht zwischen den Trägern oder Behörden zweier oder mehrerer Mitgliedstaaten eine Meinungsverschiedenheit darüber, welche Rechtsvorschriften anzuwenden sind, so unterliegt die betreffende Person vorläufig den Rechtsvorschriften eines dieser Mitgliedstaaten, sofern in der Durchführungsverordnung nichts anderes bestimmt ist, wobei die Rangfolge wie folgt festgelegt wird:

a) den Rechtsvorschriften des Mitgliedstaats, in dem die Person ihrer Beschäftigung oder selbständigen Erwerbstätigkeit tatsächlich nachgeht, wenn die Beschäftigung oder selbständige Erwerbstätigkeit in nur einem Mitgliedstaat ausgeübt wird;

b) den Rechtsvorschriften des Wohnmitgliedstaats, sofern die betreffende Person einer Beschäftigung oder selbständigen Erwerbstätigkeit in zwei oder mehr Mitgliedstaaten nachgeht und einen Teil ihrer Tätigkeit(en) in dem Wohnmitgliedstaat ausübt, oder sofern die betreffende Person weder beschäftigt ist noch eine selbständige Erwerbstätigkeit ausübt;

(ABl L 2012/149)

c) in allen anderen Fällen den Rechtsvorschriften des Mitgliedstaats, deren Anwendung zuerst beantragt wurde, wenn die Person eine Erwerbstätigkeit oder mehrere Erwerbstätigkeiten in zwei oder mehr Mitgliedstaaten ausübt.

(ABl L 2012/149)

(2) Besteht zwischen den Trägern oder Behörden zweier oder mehrerer Mitgliedstaaten eine Meinungsverschiedenheit darüber, welcher Träger die Geld- oder Sachleistungen zu gewähren hat, so erhält die betreffende Person, die Anspruch auf diese Leistungen hätte, wenn es diese Meinungsverschiedenheit nicht gäbe, vorläufig Leistungen nach den vom Träger des Wohnorts anzuwendenden Rechtsvorschriften oder – falls die betreffende Person nicht im Hoheitsgebiet eines der betreffenden Mitgliedstaaten wohnt – Leistungen nach den Rechtsvorschriften, die der Träger anwendet, bei dem der Antrag zuerst gestellt wurde.

(3) Erzielen die betreffenden Träger oder Behörden keine Einigung, so können die zuständigen Behörden frühestens einen Monat nach dem Tag, an dem die Meinungsverschiedenheit im Sinne von Absatz 1 oder Absatz 2 aufgetreten ist, die Verwaltungskommission anrufen. Die Verwaltungskommission bemüht sich nach ihrer Befassung binnen sechs Monaten um eine Annäherung der Standpunkte.

(4) Steht entweder fest, dass nicht die Rechtsvorschriften des Mitgliedstaats anzuwenden sind,

die für die betreffende Person vorläufig angewendet worden sind, oder dass der Träger, der die Leistungen vorläufig gewährt hat, nicht der zuständige Träger ist, so gilt der als zuständig ermittelte Träger rückwirkend als zuständig, als hätte die Meinungsverschiedenheit nicht bestanden, und zwar spätestens entweder ab dem Tag der vorläufigen Anwendung oder ab der ersten vorläufigen Gewährung der betreffenden Leistungen.

(5) Falls erforderlich, regeln der als zuständig ermittelte Träger und der Träger, der die Geldleistungen vorläufig gezahlt oder Beiträge vorläufig erhalten hat, die finanzielle Situation der betreffenden Person in Bezug auf vorläufig gezahlte Beiträge und Geldleistungen gegebenenfalls nach Maßgabe von Titel IV Kapitel III der Durchführungsverordnung.

Sachleistungen, die von einem Träger nach Absatz 2 vorläufig gewährt wurden, werden von dem zuständigen Träger nach Titel IV der Durchführungsverordnung erstattet.

Artikel 7
Vorläufige Berechnung von Leistungen und Beiträgen

(1) Steht einer Person nach der Grundverordnung ein Leistungsanspruch zu oder hat sie einen Beitrag zu zahlen, und liegen dem zuständigen Träger nicht alle Angaben über die Situation in einem anderen Mitgliedstaat vor, die zur Berechnung des endgültigen Betrags der Leistung oder des Beitrags erforderlich sind, so gewährt dieser Träger auf Antrag der betreffenden Person die Leistung oder berechnet den Beitrag vorläufig, wenn eine solche Berechnung auf der Grundlage der dem Träger vorliegenden Angaben möglich ist, sofern die Durchführungsverordnung nichts anderes bestimmt.

(2) Sobald dem betreffenden Träger alle erforderlichen Belege oder Dokumente vorliegen, ist eine Neuberechnung der Leistung oder des Beitrags vorzunehmen.

KAPITEL III
Sonstige allgemeine Vorschriften zur Durchführung der Grundverordnung

Artikel 8
Verwaltungsvereinbarungen zwischen zwei oder mehreren Mitgliedstaaten

(1) Die Vorschriften der Durchführungsverordnung treten an die Stelle der Bestimmungen der Vereinbarungen zur Durchführung der in Artikel 8 Absatz 1 der Grundverordnung genannten Abkommen; ausgenommen sind die Bestimmungen betreffend die Vereinbarungen zu den in Anhang II der Grundverordnung genannten Abkommen, sofern die Bestimmungen dieser Vereinbarungen in Anhang 1 der Durchführungsverordnung aufgeführt sind.

(2) Mitgliedstaaten können bei Bedarf untereinander Vereinbarungen zur Anwendung der in Artikel 8 Absatz 2 der Grundverordnung genannten Abkommen schließen, sofern durch diese Vereinbarungen die Ansprüche und die Verpflichtungen der betreffenden Personen nicht beeinträchtigt werden und die Vereinbarungen in Anhang 1 der Durchführungsverordnung aufgeführt sind.

Artikel 9
Sonstige Verfahren zwischen den Behörden und Trägern

(1) Zwei oder mehrere Mitgliedstaaten oder deren zuständige Behörden können andere Verfahren als die in der Durchführungsverordnung vorgesehenen vereinbaren, sofern durch diese Verfahren die Ansprüche oder Verpflichtungen der betreffenden Personen nicht beeinträchtigt werden.

(2) Die entsprechenden Vereinbarungen werden der Verwaltungskommission zur Kenntnis gebracht und sind in Anhang 1 der Durchführungsverordnung aufgeführt.

(3) Bestimmungen in Durchführungsvereinbarungen, die zwischen zwei oder mehr Mitgliedstaaten zu demselben Zweck geschlossen worden sind, oder die den in Absatz 2 genannten Vereinbarungen entsprechen, die am Tag vor Inkrafttreten der Durchführungsverordnung in Kraft sind und in Anhang 5 der Verordnung (EWG) Nr. 574/72 aufgeführt sind, gelten auch weiterhin in den Beziehungen zwischen den betreffenden Mitgliedstaaten, sofern sie auch in Anhang 1 der Durchführungsverordnung enthalten sind.

Artikel 10
Verbot des Zusammentreffens von Leistungen

Ungeachtet anderer Bestimmungen der Grundverordnung werden in Fällen, in denen die nach den Rechtsvorschriften von zwei oder mehr Mitgliedstaaten geschuldeten Leistungen gegenseitig gekürzt, zum Ruhen gebracht oder entzogen werden können, jene Beträge, die bei strenger Anwendung der in den Rechtsvorschriften der betreffenden Mitgliedstaaten vorgesehenen Kürzungs-, Ruhens- oder Entziehungsbestimmungen nicht ausgezahlt würden, durch die Zahl der zu kürzenden, zum Ruhen zu bringenden oder zu entziehenden Leistungen geteilt.

Artikel 11
Bestimmung des Wohnortes

(1) Besteht eine Meinungsverschiedenheit zwischen den Trägern von zwei oder mehreren Mitgliedstaaten über die Feststellung des Wohnortes einer Person, für die die Grundverordnung gilt, so ermitteln diese Träger im gegenseitigen Einvernehmen den Mittelpunkt der Interessen dieser Person und stützen sich dabei auf eine Gesamtbewertung aller vorliegenden Angaben zu den einschlägigen Fakten, wozu gegebenenfalls die Folgenden gehören können:

a) Dauer und Kontinuität des Aufenthalts im Hoheitsgebiet des betreffenden Mitgliedstaats;

b) die Situation der Person, einschließlich

i) der Art und der spezifischen Merkmale jeglicher ausgeübten Tätigkeit, insbesondere des Ortes, an dem eine solche Tätigkeit in der Regel ausgeübt wird, der Dauerhaftigkeit der Tätigkeit und der Dauer jedes Arbeitsvertrags,

ii) ihrer familiären Verhältnisse und familiären Bindungen,

iii) der Ausübung einer nicht bezahlten Tätigkeit,

iv) im Falle von Studierenden ihrer Einkommensquelle,

v) ihrer Wohnsituation, insbesondere deren dauerhafter Charakter,

vi) des Mitgliedstaats, der als der steuerliche Wohnsitz der Person gilt.

(2) Können die betreffenden Träger nach Berücksichtigung der auf die maßgebenden Fakten gestützten verschiedenen Kriterien nach Absatz 1 keine Einigung erzielen, gilt der Wille der Person, wie er sich aus diesen Fakten und Umständen erkennen lässt, unter Einbeziehung insbesondere der Gründe, die die Person zu einem Wohnortwechsel veranlasst haben, bei der Bestimmung des tatsächlichen Wohnortes dieser Person als ausschlaggebend.

Artikel 12
Zusammenrechnung von Zeiten

(1) Bei der Anwendung von Artikel 6 der Grundverordnung wendet sich der zuständige Träger an die Träger der Mitgliedstaaten, deren Rechtsvorschriften für die betroffene Person ebenfalls gegolten haben, um sämtliche Zeiten zu bestimmen, die der Versicherte nach deren Rechtsvorschriften zurückgelegt hat.

(2) Die nach den Rechtsvorschriften eines Mitgliedstaats jeweils zurückgelegten Versicherungszeiten, Beschäftigungszeiten, Zeiten einer selbständigen Erwerbstätigkeit oder Wohnzeiten sind, soweit erforderlich, bei der Anwendung von Artikel 6 der Grundverordnung zu denjenigen Zeiten hinzuzurechnen, die nach den Rechtsvorschriften anderer Mitgliedstaaten zurückgelegt wurden, sofern sich diese Zeiten nicht überschneiden.

(3) Fällt eine nach den Rechtsvorschriften eines Mitgliedstaats auf Grund einer Pflichtversicherung zurückgelegte Versicherungs- oder Wohnzeit mit einer Zeit der freiwilligen Versicherung oder freiwilligen Weiterversicherung zusammen, die nach den Rechtsvorschriften eines anderen Mitgliedstaats zurückgelegt wurde, so wird nur die im Rahmen einer Pflichtversicherung zurückgelegte Zeit berücksichtigt.

(4) Fällt eine nach den Rechtsvorschriften eines Mitgliedstaats zurückgelegte Versicherungs- oder Wohnzeit, die keine gleichgestellte Zeit ist, mit einer gleichgestellten Zeit zusammen, die nach den Rechtsvorschriften eines anderen Mitgliedstaats zurückgelegt wurde, so wird nur die Zeit berücksichtigt, die keine gleichgestellte Zeit ist.

(5) Jede Zeit, die nach den Rechtsvorschriften von zwei oder mehr Mitgliedstaaten als gleichgestellte Zeit gilt, wird nur von dem Träger des Mitgliedstaats berücksichtigt, nach dessen Rechtsvorschriften die betreffende Person vor dieser Zeit zuletzt pflichtversichert war. Ist die betreffende Person vor dieser Zeit nicht nach den Rechtsvorschriften eines Mitgliedstaats pflichtversichert gewesen, so wird die Zeit von dem Träger des Mitgliedstaats berücksichtigt, nach dessen Rechtsvorschriften sie nach der betreffenden Zeit erstmals pflichtversichert war.

(6) Lässt sich der Zeitraum, in dem bestimmte Versicherungs- oder Wohnzeiten nach den Rechtsvorschriften eines Mitgliedstaats zurückgelegt worden sind, nicht genau ermitteln, so wird unterstellt, dass diese Zeiten sich nicht mit Versicherungs- oder Wohnzeiten überschneiden, die nach den Rechtsvorschriften eines anderen Mitgliedstaats zurückgelegt worden sind; sie werden bei der Zusammenrechnung, sofern für die betreffende Person vorteilhaft, berücksichtigt, soweit sie für diesen Zweck in Betracht gezogen werden können.

Artikel 13
Regeln für die Umrechnung von Zeiten

(1) Sind Zeiten, die nach den Rechtsvorschriften eines Mitgliedstaats zurückgelegt worden sind, in Einheiten ausgedrückt, die von den Einheiten abweichen, die in den Rechtsvorschriften eines anderen Mitgliedstaats vorgesehen sind, so werden sie für die Zusammenrechnung nach Artikel 6 der Grundverordnung wie folgt umgerechnet:

a) Die Zeit, die als Grundlage für die Umrechnung zu verwenden ist, ist die Zeit, die vom Träger des Mitgliedstaats mitgeteilt wird, nach dessen Rechtsvorschriften die Zeit zurückgelegt wurde.

b) Im Falle von Systemen, in denen die Zeiten in Tagen ausgedrückt werden, erfolgt die Umrechnung von Tagen in andere Einheiten und umgekehrt sowie die Umrechung zwischen verschiedenen Systemen, denen Tage zugrunde liegen, nach der folgenden Tabelle:

System auf der Grundlage von	1 Tag entspricht	1 Woche entspricht	1 Monat entspricht	1 Vierteljahr entspricht	Höchstzahl von Tagen in einem Kalenderjahr
5 Tagen	9 Stunden	5 Tagen	22 Tagen	66 Tagen	264 Tage
6 Tagen	8 Stunden	6 Tagen	26 Tagen	78 Tagen	312 Tage
7 Tagen	6 Stunden	7 Tagen	30 Tagen	90 Tagen	360 Tage

c) Im Falle von Systemen, in denen die Zeiten in anderen Einheiten als Tagen ausgedrückt werden,
   i) entsprechen drei Monate oder dreizehn Wochen einem Vierteljahr und umgekehrt;
   ii) entspricht ein Jahr vier Vierteljahren, 12 Monaten oder 52 Wochen und umgekehrt;
   iii) für die Umrechnung von Wochen in Monate und umgekehrt werden die Wochen und Monate im Einklang mit den Umrechnungsregeln für die Systeme auf der Grundlage von sechs Tagen in der Tabelle in Buchstabe b in Tage umgerechnet.

d) Im Falle von Zeiten, die in Bruchzahlen ausgedrückt werden, werden diese Zahlen in die nächstkleinere ganze Einheit umgerechnet; dabei werden die unter den Buchstaben b und c aufgeführten Regeln angewandt. Dezimalzahlen von Jahren werden in Monate umgerechnet, es sei denn, das System beruht auf Vierteljahren.

e) Führt die Umrechnung nach diesem Absatz zu einem Bruchteil einer Einheit, so wird die nächsthöhere ganze Einheit als Ergebnis der Umrechnung nach diesem Absatz genommen.

(2) Die Anwendung von Absatz 1 darf nicht dazu führen, dass mit der Gesamtsumme der in einem Kalenderjahr zurückgelegten Zeiten eine Gesamtzahl über der Anzahl von Tagen, die in der letzten Spalte der Tabelle in Absatz 1 Buchstabe b genannt wird, oder über 52 Wochen oder 12 Monaten oder vier Vierteljahren erreicht wird.

Entsprechen die umzurechnenden Zeiten der maximalen Jahresmenge von Zeiten nach den Rechtsvorschriften des Mitgliedstaats, in dem sie zurückgelegt wurden, so darf die Anwendung von Absatz 1 nicht innerhalb eines Kalenderjahres zu Zeiten führen, die kürzer sind als die mögliche maximale Jahresmenge von Zeiten nach den betreffenden Rechtsvorschriften.

(3) Die Umrechnung erfolgt entweder in einem einzigen Rechenschritt für alle Zeiten, die als Ganzes mitgeteilt wurden, oder für jedes einzelne Jahr, wenn die Zeiten nach Jahren mitgeteilt wurden.

(4) Teilt ein Träger Zeiten in Tagen ausgedrückt mit, so gibt er zugleich an, ob das von ihm verwaltete System auf fünf Tagen, sechs Tagen oder sieben Tagen beruht.

TITEL II
BESTIMMUNG DER ANWENDBAREN RECHTSVORSCHRIFTEN

Artikel 14
Nähere Vorschriften zu den Artikeln 12 und 13 der Grundverordnung

(1) Bei der Anwendung von Artikel 12 Absatz 1 der Grundverordnung umfassen die Worte „eine Person, die in einem Mitgliedstaat für Rechnung eines Arbeitgebers, der gewöhnlich dort tätig ist, eine Beschäftigung ausübt und die von diesem Arbeitgeber in einen anderen Mitgliedstaat entsandt wird" auch eine Person, die im Hinblick auf die Entsendung in einen anderen Mitgliedstaat eingestellt wird, vorausgesetzt die betreffende Person unterliegt unmittelbar vor Beginn ihrer Beschäftigung bereits den Rechtsvorschriften des Mitgliedstaats, in dem das Unternehmen, bei dem sie eingestellt wird, seinen Sitz hat.

(2) Bei der Anwendung von Artikel 12 Absatz 1 der Grundverordnung beziehen sich die Worte „der gewöhnlich dort tätig ist" auf einen Arbeitgeber, der gewöhnlich andere nennenswerte Tätigkeiten als reine interne Verwaltungstätigkeiten auf dem Hoheitsgebiet des Mitgliedstaats, in dem das Unternehmen niedergelassen ist, ausübt, unter Berücksichtigung aller Kriterien, die die Tätigkeit des betreffenden Unternehmens kennzeichnen; die maßgebenden Kriterien müssen auf die Besonderheiten eines jeden Arbeitgebers und die Eigenart der ausgeübten Tätigkeiten abgestimmt sein.

(3) Bei der Anwendung von Artikel 12 Absatz 2 der Grundverordnung beziehen sich die Worte „eine Person, die gewöhnlich in einem Mitgliedstaat eine selbständige Erwerbstätigkeit ausübt" auf eine Person, die üblicherweise nennenswerte Tätigkeiten auf dem Hoheitsgebiet des Mitgliedstaats ausübt, in dem sie ansässig ist. Insbesondere muss die Person ihre Tätigkeit bereits einige Zeit vor dem Zeitpunkt, ab dem sie die Bestimmungen des genannten Artikels in Anspruch nehmen will, ausgeübt haben und muss während jeder Zeit ihrer vorübergehenden Tätigkeit in einem anderen Mitgliedstaat in dem Mitgliedstaat, in dem sie ansässig ist, den für die Ausübung ihrer Tätigkeit erforderlichen Anforderungen weiterhin genügen, um die Tätigkeit bei ihrer Rückkehr fortsetzen zu können.

(4) Bei der Anwendung von Artikel 12 Absatz 2 der Grundverordnung kommt es für die Feststellung, ob die Erwerbstätigkeit, die ein Selbständiger in einem anderen Mitgliedstaat ausübt, eine „ähnliche" Tätigkeit wie die gewöhnlich ausgeübte selbständige Erwerbstätigkeit ist, auf die tatsächliche Eigenart der Tätigkeit und nicht darauf an, ob dieser andere Mitgliedstaat diese Tätigkeit als Beschäftigung oder selbständige Erwerbstätigkeit qualifiziert.

(5) Bei der Anwendung von Artikel 13 Absatz 1 der Grundverordnung beziehen sich die Worte „eine Person, die gewöhnlich in zwei oder mehr Mitgliedstaaten eine Beschäftigung ausübt" auf eine Person, die gleichzeitig oder abwechselnd für dasselbe Unternehmen oder denselben Arbeitgeber oder für verschiedene Unternehmen oder Arbeitgeber eine oder mehrere gesonderte Tätigkeiten in zwei oder mehr Mitgliedstaaten ausübt.

(ABl L 2012/149)

(5a) Für die Zwecke der Anwendung des Titels II der Grundverordnung beziehen sich die Worte „Sitz oder Wohnsitz" auf den satzungsmäßigen Sitz oder die Niederlassung, an dem/der die wesentlichen Entscheidungen des Unternehmens getroffen und die Handlungen zu dessen zentraler Verwaltung vorgenommen werden.

Für die Zwecke der Anwendung des Artikels 13 Absatz 1 der Grundverordnung unterliegen Mitglieder von Flug- oder Kabinenbesatzungen, die gewöhnlich Leistungen im Zusammenhang mit Fluggästen oder Luftfracht in zwei oder mehr Mitgliedstaaten erbringen, den Rechtsvorschriften des Mitgliedstaats, in dem sich ihre Heimatbasis gemäß der Definition in Anhang III der Verordnung (EWG) Nr. 3922/91 des Rates vom 16. Dezember 1991 zur Harmonisierung der technischen Vorschriften und der Verwaltungsverfahren in der Zivilluftfahrt befindet.

(ABl L 2012/149)

(5b) Für die Bestimmung der anzuwendenden Rechtsvorschriften nach Artikel 13 der Grundverordnung werden marginale Tätigkeiten nicht berücksichtigt. Artikel 16 der Durchführungsverordnung gilt für alle Fälle gemäß diesem Artikel.

(ABl L 2012/149)

(6) Bei der Anwendung von Artikel 13 Absatz 2 der Grundverordnung beziehen sich die Worte „eine Person, die gewöhnlich in zwei oder mehr Mitgliedstaaten eine selbständige Erwerbstätigkeit ausübt“ insbesondere auf eine Person, die gleichzeitig oder abwechselnd eine oder mehrere gesonderte selbständige Tätigkeiten in zwei oder mehr Mitgliedstaaten ausübt, und zwar unabhängig von der Eigenart dieser Tätigkeiten.

(7) Um die Tätigkeiten nach den Absätzen 5 und 6 von den in Artikel 12 Absätze 1 und 2 der Grundverordnung beschriebenen Situationen zu unterscheiden, ist die Dauer der Tätigkeit in einem oder weiteren Mitgliedstaaten (ob dauerhaft, kurzfristiger oder vorübergehender Art) entscheidend. Zu diesem Zweck erfolgt eine Gesamtbewertung aller maßgebenden Fakten, einschließlich insbesondere, wenn es sich um einen Arbeitnehmer handelt, des Arbeitsortes, wie er im Arbeitsvertrag definiert ist.

(8) Bei der Anwendung von Artikel 13 Absätze 1 und 2 der Grundverordnung bedeutet die Ausübung „eines wesentlichen Teils der Beschäftigung oder selbständigen Erwerbstätigkeit“ in einem Mitgliedstaat, dass der Arbeitnehmer oder Selbständige dort einen quantitativ erheblichen Teil seiner Tätigkeit ausübt, was aber nicht notwendigerweise der größte Teil seiner Tätigkeit sein muss.

Um festzustellen, ob ein wesentlicher Teil der Tätigkeit in einem Mitgliedstaat ausgeübt wird, werden folgende Orientierungskriterien herangezogen:

a) im Falle einer Beschäftigung die Arbeitszeit und/oder das Arbeitsentgelt und

b) im Falle einer selbständigen Erwerbstätigkeit der Umsatz, die Arbeitszeit, die Anzahl der erbrachten Dienstleistungen und/oder das Einkommen.

Wird im Rahmen einer Gesamtbewertung bei den genannten Kriterien ein Anteil von weniger als 25 % erreicht, so ist dies ein Anzeichen dafür, dass ein wesentlicher Teil der Tätigkeit nicht indem entsprechenden Mitgliedstaat ausgeübt wird.

(9) Bei der Anwendung von Artikel 13 Absatz 2 Buchstabe b der Grundverordnung wird bei Selbständigen der „Mittelpunkt ihrer Tätigkeiten“ anhand sämtlicher Merkmale bestimmt, die ihre berufliche Tätigkeit kennzeichnen; hierzu gehören namentlich der Ort, an dem sich die feste und ständige Niederlassung befindet, von dem aus die betreffende Person ihre Tätigkeiten ausübt, die gewöhnliche Art oder die Dauer der ausgeübten Tätigkeiten, die Anzahl der erbrachten Dienstleistungen sowie der sich aus sämtlichen Umständen ergebende Wille der betreffenden Person.

(10) Für die Festlegung der anzuwendenden Rechtsvorschriften nach den Absätzen 8 und 9 berücksichtigen die betroffenen Träger die für die folgenden 12 Kalendermonate angenommene Situation.

(11) Für eine Person, die ihre Beschäftigung in zwei oder mehreren Mitgliedstaaten für einen Arbeitgeber ausübt, der seinen Sitz außerhalb des Hoheitsgebiets der Union hat, gelten die Rechtsvorschriften des Wohnmitgliedstaats, wenn diese Person in einem Mitgliedstaat wohnt, in dem sie keine wesentliche Tätigkeit ausübt.

Artikel 15
Verfahren bei der Anwendung von Artikel 11 Absatz 3 Buchstaben b und d, Artikel 11 Absatz 4 und Artikel 12 der Grundverordnung (über die Unterrichtung der betroffenen Träger)

(1) Sofern nicht in Artikel 16 der Durchführungsverordnung etwas anderes bestimmt ist, unterrichtet der Arbeitgeber einer Person, die ihre Tätigkeit in einem anderen als dem nach Titel II der Grundverordnung zuständigen Mitgliedstaat ausübt, oder die betreffende Person selbst, wenn diese keine Beschäftigung als Arbeitnehmer ausübt, den zuständigen Träger des Mitgliedstaats, dessen Rechtsvorschriften die Person unterliegt, darüber; diese Unterrichtung erfolgt im Voraus, wann immer dies möglich ist. Dieser Träger stellt der betreffenden Person die Bescheinigung nach Artikel 19 Absatz 2 der Durchführungsverordnung aus und macht dem von der zuständigen Behörde des Mitgliedstaats, in dem die Tätigkeit ausgeübt wird, bezeichneten Träger unverzüglich Informationen über die Rechtsvorschriften zugänglich, denen diese Person nach Artikel 11 Absatz 3 Buchstabe b oder Artikel 12 der Grundverordnung unterliegt.

(ABl L 2012/149)

(2) Absatz 1 gilt entsprechend für Personen, die Artikel 11 Absatz 3 Buchstabe d der Grundverordnung unterliegen.

(3) Ein Arbeitgeber im Sinne des Artikels 11 Absatz 4 der Grundverordnung, der einen Arbeitnehmer an Bord eines unter der Flagge eines anderen Mitgliedstaats fahrenden Schiffes hat, unter-

richtet den zuständigen Träger des Mitgliedstaats, dessen Rechtsvorschriften die Person unterliegt, darüber; diese Unterrichtung erfolgt im Voraus, wann immer dies möglich ist. Dieser Träger macht dem Träger, der von der zuständigen Behörde des Mitgliedstaats bezeichnet wurde, unter dessen Flagge das Schiff fährt, auf dem der Arbeitnehmer die Tätigkeit ausübt, unverzüglich Informationen über die Rechtsvorschriften zugänglich, denen der Arbeitnehmer nach Artikel 11 Absatz 4 der Grundverordnung unterliegt.

Artikel 16
Verfahren bei der Anwendung von Artikel 13 der Grundverordnung

(1) Eine Person, die in zwei oder mehreren Mitgliedstaaten eine Tätigkeit ausübt, teilt dies dem von der zuständigen Behörde ihres Wohnmitgliedstaats bezeichneten Träger mit.

(2) Der bezeichnete Träger des Wohnorts legt unter Berücksichtigung von Artikel 13 der Grundverordnung und von Artikel 14 der Durchführungsverordnung unverzüglich fest, welchen Rechtsvorschriften die betreffende Person unterliegt. Diese erste Festlegung erfolgt vorläufig. Der Träger unterrichtet die bezeichneten Träger jedes Mitgliedstaats, in dem die Person eine Tätigkeit ausübt, über seine vorläufige Festlegung.

(3) Die vorläufige Festlegung der anzuwendenden Rechtsvorschriften nach Absatz 2 erhält binnen zwei Monaten, nachdem die von den zuständigen Behörden des betreffenden Mitgliedstaats bezeichneten Träger davon in Kenntnis gesetzt wurden, endgültigen Charakter, es sei denn, die anzuwendenden Rechtsvorschriften wurden bereits auf der Grundlage von Absatz 4 endgültig festgelegt, oder mindestens einer der betreffenden Träger setzt den von der zuständigen Behörde des Wohnmitgliedstaats bezeichneten Träger vor Ablauf dieser zweimonatigen Frist davon in Kenntnis, dass er die Festlegung noch nicht akzeptieren kann oder diesbezüglich eine andere Auffassung vertritt.

(4) Ist aufgrund bestehender Unsicherheit bezüglich der Bestimmung der anzuwendenden Rechtsvorschriften eine Kontaktaufnahme zwischen den Trägern oder Behörden zweier oder mehrerer Mitgliedstaaten erforderlich, so werden auf Ersuchen eines oder mehrerer der von den zuständigen Behörden der betreffenden Mitgliedstaaten bezeichneten Träger oder auf Ersuchen der zuständigen Behörden selbst die geltenden Rechtsvorschriften unter Berücksichtigung von Artikel 13 der Grundverordnung und der einschlägigen Bestimmungen von Artikel 14 der Durchführungsverordnung einvernehmlich festgelegt.

Sind die betreffenden Träger oder zuständigen Behörden unterschiedlicher Auffassung, so bemühen diese sich nach den vorstehenden Bedingungen um Einigung; es gilt Artikel 6 der Durchführungsverordnung.

(5) Der zuständige Träger des Mitgliedstaats, dessen Rechtsvorschriften entweder vorläufig oder endgültig als anwendbar bestimmt werden, teilt dies unverzüglich der betreffenden Person mit.

(6) Unterlässt eine Person die Mitteilung nach Absatz 1, so erfolgt die Anwendung dieses Artikels auf Initiative des Trägers, der von der zuständigen Behörde des Wohnmitgliedstaats bezeichnet wurde, sobald er – möglicherweise durch einen anderen betroffenen Träger – über die Situation der Person unterrichtet wurde.

Artikel 17
Verfahren bei der Anwendung von Artikel 15 der Grundverordnung

Vertragsbedienstete der Europäischen Gemeinschaften üben ihr Wahlrecht nach Artikel 15 der Grundverordnung zum Zeitpunkt des Abschlusses des Anstellungsvertrags aus. Die zum Abschluss des Vertrags bevollmächtigte Behörde unterrichtet den von dem Mitgliedstaat, für dessen Rechtsvorschriften der Vertragsbedienstete der Europäischen Gemeinschaften sich entschieden hat, bezeichneten Träger.

Artikel 18
Verfahren zur Durchführung von Artikel 16 der Grundverordnung

Ein Antrag des Arbeitgebers oder der betreffenden Person auf Ausnahme von den Artikeln 11 bis 15 der Grundverordnung ist bei der zuständigen Behörde oder der Stelle zu stellen, die von der zuständigen Behörde des Mitgliedstaats, dessen Rechtsvorschriften der Arbeitnehmer oder die betreffende Person zu unterliegen wünscht, bezeichnet wurde; solche Anträge sind, wann immer dies möglich ist, im Voraus zu stellen.

Artikel 19
Unterrichtung der betreffenden Personen und der Arbeitgeber

(1) Der zuständige Träger des Mitgliedstaats, dessen Rechtsvorschriften nach Titel II der Grundverordnung anzuwenden sind, unterrichtet die betreffende Person sowie gegebenenfalls deren Arbeitgeber über die Pflichten, die in diesen Rechtsvorschriften festgelegt sind. Er gewährt ihnen die erforderliche Unterstützung bei der Einhaltung der Formvorschriften aufgrund dieser Rechtsvorschriften.

(2) Auf Antrag der betreffenden Person oder ihres Arbeitgebers bescheinigt der zuständige Träger des Mitgliedstaats, dessen Rechtsvorschriften nach Titel II der Grundverordnung anzuwenden sind, dass und gegebenenfalls wie lange und unter welchen Umständen diese Rechtsvorschriften anzuwenden sind.

Artikel 20
Zusammenarbeit zwischen den Trägern

(1) Die maßgeblichen Träger erteilen dem zuständigen Träger des Mitgliedstaats, dessen Rechtsvorschriften nach Titel II der Grundverordnung für eine Person gelten, alle Auskünfte, die notwendig sind für die Festsetzung des Zeitpunkts, ab dem diese Rechtsvorschriften anzuwenden

sind, und der Beiträge, welche die betreffende Person und ihr bzw. ihre Arbeitgeber nach diesen Rechtsvorschriften zu leisten haben.

(2) Der zuständige Träger des Mitgliedstaats, dessen Rechtsvorschriften nach Titel II der Grundverordnung auf eine Person anzuwenden sind, macht Informationen über den Zeitpunkt, ab dem diese Rechtsvorschriften anzuwenden sind, dem Träger zugänglich, der von der zuständigen Behörde des Mitgliedstaats, dessen Rechtsvorschriften diese Person zuletzt unterlag, bezeichnet wurde.

Artikel 21
Pflichten des Arbeitgebers

(1) Hat ein Arbeitgeber seinen eingetragenen Sitz oder seine Niederlassung außerhalb des zuständigen Mitgliedstaats, so hat erden Pflichten nachzukommen, die die auf seine Arbeitnehmer anzuwendenden Rechtsvorschriften vorsehen, namentlich der Pflicht zur Zahlung der nach diesen Rechtsvorschriften vorgeschriebenen Beiträge, als hätte der Arbeitgeber seinen eingetragenen Sitz oder seine Niederlassung in dem zuständigen Mitgliedstaat.

(2) Ein Arbeitgeber, der keine Niederlassung in dem Mitgliedstaat hat, dessen Rechtsvorschriften auf den Arbeitnehmer anzuwenden sind, kann mit dem Arbeitnehmer vereinbaren, dass dieser die Pflichten des Arbeitgebers zur Zahlung der Beiträge wahrnimmt, ohne dass die daneben fortbestehenden Pflichten des Arbeitgebers berührt würden. Der Arbeitgeber übermittelt eine solche Vereinbarung dem zuständigen Träger dieses Mitgliedstaats.

TITEL III
BESONDERE VORSCHRIFTEN ÜBER DIE VERSCHIEDENEN ARTEN VON LEISTUNGEN

KAPITEL I
Leistungen bei Krankheit sowie Leistungen bei Mutterschaft und gleichgestellte Leistungen bei Vaterschaft

Artikel 22
Allgemeine Durchführungsvorschriften

(1) Die zuständigen Behörden oder Träger tragen dafür Sorge, dass den Versicherten alle erforderlichen Informationen über die Verfahren und Voraussetzungen für die Gewährung von Sachleistungen zur Verfügung gestellt werden, wenn sie diese Leistungen im Hoheitsgebiet eines anderen Mitgliedstaats als dem des zuständigen Trägers erhalten.

(2) Ungeachtet des Artikels 5 Buchstabe a der Grundverordnung hat ein Mitgliedstaat die Kosten von Leistungen nach Artikel 22 der Grundverordnung nur dann zu tragen, wenn der Versicherte entweder nach den Rechtsvorschriften dieses Mitgliedstaats einen Antrag auf Rente gestellt hat oder nach den Artikeln 23 bis 30 der Grundverordnung eine Rente nach den Rechtsvorschriften dieses Mitgliedstaats bezieht.

Artikel 23
Regelung bei einem oder mehreren Systemen im Wohn- oder Aufenthaltsmitgliedstaat

Sehen die Rechtsvorschriften des Wohn- oder Aufenthaltsmitgliedstaats mehr als ein Versicherungssystem für den Fall der Krankheit, Mutterschaft oder Vaterschaft für eine oder mehrere Kategorien von Versicherten vor, so finden für Artikel 17, Artikel 19 Absatz 1 und die Artikel 20, 22, 24 und 26 der Grundverordnung die Vorschriften über das allgemeine System für Arbeitnehmer Anwendung.

Artikel 24
Wohnort in einem anderen als dem zuständigen Mitgliedstaat

(1) Bei der Anwendung von Artikel 17 der Grundverordnung müssen sich der Versicherte und/oder seine Familienangehörigen beim Träger ihres Wohnorts eintragen lassen. Ihr Sachleistungsanspruch im Wohnmitgliedstaat wird durch ein Dokument bescheinigt, das vom zuständigen Träger auf Antrag des Versicherten oder auf Antrag des Trägers des Wohnorts ausgestellt wird.

(2) Das in Absatz 1 genannte Dokument gilt solange, bis der zuständige Träger den Träger des Wohnorts über seinen Widerruf informiert.

Der Träger des Wohnorts benachrichtigt den zuständigen Träger von jeder Eintragung nach Absatz 1 und von jeder Änderung oder Streichung dieser Eintragung.

(3) Für die in den Artikeln 22, 24, 25 und 26 der Grundverordnung genannten Personen gilt der vorliegende Artikel entsprechend.

Artikel 25
Aufenthalt in einem anderen als dem zuständigen Mitgliedstaat

A. *Verfahren und Umfang des Anspruchs*

(1) Bei der Anwendung von Artikel 19 der Grundverordnung legt der Versicherte dem Erbringer von Gesundheitsleistungen im Aufenthaltsmitgliedstaat ein von dem zuständigen Träger ausgestelltes Dokument vor, das seinen Sachleistungsanspruch bescheinigt. Verfügt der Versicherte nicht über ein solches Dokument, so fordert der Träger des Aufenthaltsorts auf Antrag oder falls andernfalls erforderlich das Dokument beim zuständigen Träger an.

(2) Dieses Dokument bescheinigt, dass der Versicherte unter den Voraussetzungen des Artikels 19 der Grundverordnung zu denselben Bedingungen wie nach den Rechtsvorschriften des Aufenthaltsmitgliedstaats versicherte Personen Anspruch auf Sachleistungen hat.

(3) Sachleistungen im Sinne von Artikel 19 Absatz 1 der Grundverordnung sind diejenigen, die im Aufenthaltsmitgliedstaat nach dessen Rechtsvorschriften erbracht werden und sich als medizinisch notwendig erweisen, damit der Versicherte nicht vorzeitig in den zuständigen Mitgliedstaat zurückkehren muss, um die erforderlichen medizinischen Leistungen zu erhalten.

B. *Verfahren und Modalitäten der Übernahme und/oder Erstattung von Sachleistungen*

(4) Hat der Versicherte die Kosten aller oder eines Teils der im Rahmen von Artikel 19 der Grundverordnung erbrachten Sachleistungen selbst getragen und ermöglichen die vom Träger des Aufenthaltsorts angewandten Rechtsvorschriften, dass diese Kosten dem Versicherten erstattet werden, so kann er die Erstattung beim Träger des Aufenthaltsorts beantragen. In diesem Fall erstattet ihm dieser direkt den diesen Leistungen entsprechenden Betrag innerhalb der Grenzen und Bedingungen der nach seinen Rechtsvorschriften geltenden Erstattungssätze.

(5) Wurde die Erstattung dieser Kosten nicht unmittelbar beim Träger des Aufenthaltsorts beantragt, so werden sie der betreffenden Person vom zuständigen Träger nach den für den Träger des Aufenthaltsorts geltenden Erstattungssätzen oder den Beträgen erstattet, die dem Träger des Aufenthaltsortes im Fall der Anwendung von Artikel 62 der Durchführungsverordnung in dem betreffenden Fall erstattet worden wären.

Der Träger des Aufenthaltsorts erteilt dem zuständigen Träger auf dessen Ersuchen die erforderlichen Auskünfte über diese Erstattungssätze oder Beträge.

(6) Abweichend von Absatz 5 kann der zuständige Träger die entstandenen Kosten innerhalb der Grenzen und nach Maßgabe der in seinen Rechtvorschriften niedergelegten Erstattungssätze erstatten, sofern sich der Versicherte mit der Anwendung dieser Bestimmung einverstanden erklärt hat.

(7) Sehen die Rechtsvorschriften des Aufenthaltsmitgliedstaats in dem betreffenden Fall keine Erstattung nach den Absätzen 4 und 5 vor, so kann der zuständige Träger die Kosten innerhalb der Grenzen und nach Maßgabe der in seinen Rechtvorschriften festgelegten Erstattungssätze erstatten, ohne dass das Einverständnis des Versicherten erforderlich wäre.

(8) Die Erstattung an den Versicherten überschreitet in keinem Fall den Betrag der ihm tatsächlich entstandenen Kosten.

(9) Im Fall erheblicher Ausgaben kann der zuständige Träger dem Versicherten einen angemessenen Vorschuss zahlen, nachdem dieser den Erstattungsantrag bei ihm eingereicht hat.

C. *Familienangehörige*

(10) Die Absätze 1 bis 9 gelten entsprechend für die Familienangehörigen des Versicherten.

Artikel 26
Geplante Behandlungen

A. *Genehmigungsverfahren*

(1) Bei der Anwendung von Artikel 20 Absatz 1 der Grundverordnung legt der Versicherte dem Träger des Aufenthaltsort sein vom zuständigen Träger ausgestelltes Dokument vor. Für die Zwecke des vorliegenden Artikels bezeichnet der Ausdruck„zuständiger Träger" den Träger, der die Kosten der geplanten Behandlung zu tragen hat; in den Fällen nach Artikel 20 Absatz 4 und Artikel 27 Absatz 5 der Grundverordnung, in denen die im Wohnmitgliedstaat erbrachten Sachleistungen auf der Grundlage von Pauschalbeträgen erstattet werden, bezeichnet der Ausdruck „zuständiger Träger" den Träger des Wohnorts.

(2) Wohnt der Versicherte nicht in dem zuständigen Mitgliedstaat, so muss er die Genehmigung beim Träger des Wohnorts beantragen, der den Antrag unverzüglich an den zuständigen Träger weiterleitet.

In diesem Fall bescheinigt der Träger des Wohnorts, ob die Bedingungen des Artikels 20 Absatz 2 Satz 2 der Grundverordnung indem Wohnmitgliedstaat erfüllt sind.

Der zuständige Träger kann die beantragte Genehmigung nur verweigern, wenn nach Einschätzung des Trägers des Wohnorts die Bedingungen des Artikels 20 Absatz 2 Satz 2 der Grundverordnung in dem Wohnmitgliedstaat des Versicherten nicht erfüllt sind oder wenn die gleiche Behandlung im zuständigen Mitgliedstaat selbst innerhalb eines in Anbetracht des derzeitigen Gesundheitszustands und des voraussichtlichen Verlaufs der Krankheit der betroffenen Person medizinisch vertretbaren Zeitraums gewährt werden kann.

Der zuständige Träger teilt dem Träger des Wohnortes seine Entscheidung mit.

Geht innerhalb der nach innerstaatlichem Recht des betreffenden Mitgliedstaats geltenden Fristen keine Antwort ein, so gilt die Genehmigung als durch den zuständigen Träger erteilt.

(3) Benötigt eine versicherte Person, die nicht in dem zuständigen Mitgliedstaat wohnt, eine dringende und lebensnotwendige Behandlung und darf die Genehmigung nach Artikel 20 Absatz 2 Satz 2 der Grundverordnung nicht verweigert werden, so erteilt der Träger des Wohnorts die Genehmigung für Rechnung des zuständigen Trägers und unterrichtet den zuständigen Träger unverzüglich hiervon.

Der zuständige Träger akzeptiert die Befunde und therapeutischen Entscheidungen der von dem Träger des Wohnorts, der die Genehmigung erteilt, autorisierten Ärzte in Bezug auf die Erforderlichkeit einer dringenden lebensnotwendigen Behandlung.

(4) Der zuständige Träger behält das Recht, den Versicherten jederzeit im Verlauf des Genehmigungsverfahrens von einem Arzt seiner Wahl im Aufenthalts- oder Wohnmitgliedstaat untersuchen lassen.

(5) Unbeschadet einer etwaigen Entscheidung über eine Genehmigung unterrichtet der Träger des Aufenthaltsorts den zuständigen Träger, wenn eine Ergänzung der durch die vorhandene Genehmigung abgedeckten Behandlung aus medizinischen Gründen angezeigt erscheint.

B. *Übernahme der dem Versicherten entstandenen Kosten von Sachleistungen*

(6) Unbeschadet der Bestimmungen von Absatz 7 gilt Artikel 25 Absätze 4 und 5 der Durchführungsverordnung entsprechend.

(7) Hat der Versicherte einen Teil oder die gesamten Kosten der genehmigten ärztlichen Behandlung tatsächlich selbst getragen und sind die vom zuständigen Träger dem Träger des Aufenthaltsorts oder nach Absatz 6 dem Versicherten zu erstattenden Kosten (tatsächliche Kosten) geringer als die Kosten, die er für die gleiche Behandlung im zuständigen Mitgliedstaat hätte übernehmen müssen (angenommene Kosten), so erstattet der zuständige Träger auf Antrag die dem Versicherten entstandenen Behandlungskosten bis zur Höhe des Betrags, um den die angenommenen Kosten die tatsächlichen Kosten überschreiten. Der Erstattungsbetrag darf jedoch die dem Versicherten tatsächlich entstandenen Kosten nicht überschreiten; der Betrag, den der Versicherte bei einer Behandlung im zuständigen Mitgliedstaat selbst hätte bezahlen müssen, kann dabei berücksichtigt werden.

C. *Übernahme der Reise- und Aufenthaltskosten bei geplanten Behandlungen*

(8) Wenn die nationalen Rechtsvorschriften des zuständigen Trägers die Erstattung der mit der Behandlung des Versicherten untrennbar verbundenen Reise- und Aufenthaltskosten vorsehen, so übernimmt dieser Träger diese Kosten der betreffenden Person und erforderlichenfalls diejenigen einer Begleitperson, sofern eine entsprechende Genehmigung für eine Behandlung in einem anderen Mitgliedstaat erteilt wird.

D. *Familienangehörige*

(9) Die Absätze 1 bis 8 gelten entsprechend für die Familienangehörigen des Versicherten.

Artikel 27
Geldleistungen wegen Arbeitsunfähigkeit bei Aufenthalt oder Wohnort in einem anderen als dem zuständigen Mitgliedstaat

A. *Verfahrensvorschriften für den Versicherten*

(1) Verlangen die Rechtsvorschriften des zuständigen Mitgliedstaats vom Versicherten die Vorlage einer Bescheinigung für den Bezug von Geldleistungen bei Arbeitsunfähigkeit nach Artikel 21 Absatz 1 der Grundverordnung, so lässt sich der Versicherte eine Arbeitsunfähigkeitsbescheinigung, in der auch die voraussichtliche Dauer der Arbeitsunfähigkeit anzugeben ist, von dem Arzt ausstellen, der in seinem Wohnmitgliedstaat seinen Gesundheitszustand festgestellt hat.

(2) Der Versicherte übermittelt die Bescheinigung innerhalb der in den Rechtsvorschriften des zuständigen Mitgliedstaats festgesetzten Frist dem zuständigen Träger.

(3) Stellen die behandelnden Ärzte des Wohnmitgliedstaats keine Arbeitsunfähigkeitsbescheinigungen aus, und werden diese nach den Rechtsvorschriften des zuständigen Mitgliedstaats verlangt, so wendet sich die betreffende Person unmittelbar an den Träger des Wohnorts. Dieser veranlasst sofort die ärztliche Beurteilung der Arbeitsunfähigkeit der betreffenden Person und die Ausstellung der in Absatz 1 genannten Bescheinigung. Die Bescheinigung muss dem zuständigen Träger unverzüglich übermittelt werden.

(4) Die Übermittlung des in den Absätzen 1, 2 und 3 genannten Dokuments enthebt den Versicherten nicht der Pflichten, die ihn aufgrund der geltenden Rechtsvorschriften insbesondere seinem Arbeitgeber gegenüber treffen. Der Arbeitgeber und/oder der zuständige Träger kann den Arbeitnehmer gegebenenfalls zur Teilnahme an Tätigkeiten auffordern, die die Wiederaufnahme der Arbeit durch den Versicherten fördern und unterstützen sollen.

B. *Verfahrensvorschriften für den Träger des Wohnmitgliedstaats*

(5) Auf Verlangen des zuständigen Trägers führt der Träger des Wohnorts die erforderlichen verwaltungsmäßigen Kontrollen oder eine ärztliche Kontrolluntersuchung der betreffenden Person nach den von diesem letztgenannten Träger angewandten Rechtsvorschriften durch. Den Bericht des Arztes, der die Kontrolluntersuchung durchgeführt hat, betreffend insbesondere die Angaben zur voraussichtlichen Dauer der Arbeitsunfähigkeit, übermittelt der Träger des Wohnorts unverzüglich dem zuständigen Träger.

C. *Verfahrensvorschriften für den zuständigen Träger*

(6) Dem zuständigen Träger steht es frei, den Versichertendurch einen Arzt seiner Wahl untersuchen zu lassen.

(7) Unbeschadet des Artikels 21 Absatz 1 Satz 2 der Grundverordnung zahlt der zuständige Träger die Geldleistungen unmittelbar an die betreffende Person und unterrichtet erforderlichenfalls den Träger des Wohnorts hiervon.

(8) Bei der Anwendung von Artikel 21 Absatz 1 der Grundverordnung besitzen die auf dem ärztlichen Befund des untersuchenden Arztes oder Trägers beruhenden Angaben in einer in einem anderen Mitgliedstaat ausgestellten Bescheinigung über die Arbeitsunfähigkeit eines Versicherten die gleiche Rechtsgültigkeit wie eine im zuständigen Mitgliedstaat ausgestellte Bescheinigung.

(9) Versagt der zuständige Träger die Geldleistungen, so teilt er dem Versicherten seine Entscheidung mit und unterrichtet gleichzeitig den Träger des Wohnorts.

D. *Verfahren bei Aufenthalt in einem anderen als dem zuständigen Mitgliedstaat*

(10) Die Absätze 1 bis 9 gelten entsprechend, wenn sich der Versicherte in einem anderen als dem zuständigen Mitgliedstaat aufhält.

Artikel 28
Geldleistungen bei Pflegebedürftigkeit bei Aufenthalt oder Wohnort in einem anderen als dem zuständigen Mitgliedstaat

A. *Verfahrensvorschriften für den Versicherten*

(1) Für den Bezug von Geldleistungen bei Pflegebedürftigkeit nach Artikel 21 Absatz 1 der Grundverordnung wendet sich der Versicherte an

den zuständigen Träger. Der zuständige Träger unterrichtet erforderlichenfalls den Träger des Wohnorts.

B. *Verfahrensvorschriften für den Träger des Wohnorts*

(2) Auf Verlangen des zuständigen Trägers untersucht der Träger des Wohnorts den Zustand des Versicherten im Hinblick auf seine Pflegebedürftigkeit. Der zuständige Träger übermittelt dem Träger des Wohnorts alle erforderlichen Informationen für eine solche Untersuchung.

C. *Verfahrensvorschriften für den zuständigen Träger*

(3) Um den Grad der Pflegebedürftigkeit zu bestimmen, kann der zuständige Träger den Versicherten von einem Arzt oder einem anderen Experten seiner Wahl untersuchen lassen.

(4) Artikel 27 Absatz 7 der Durchführungsverordnung gilt entsprechend.

D. *Verfahren bei Aufenthalt in einem anderen als dem zuständigen Mitgliedstaat*

(5) Die Absätze 1 bis 4 gelten entsprechend, wenn sich der Versicherte in einem anderen als dem zuständigen Mitgliedstaat aufhält.

E. *Familienangehörige*

(6) Die Absätze 1 bis 5 gelten entsprechend für die Familienangehörigen des Versicherten.

Artikel 29
Anwendung von Artikel 28 der Grundverordnung

Ist der Mitgliedstaat, in dem der ehemalige Grenzgänger zuletzt eine Erwerbstätigkeit ausgeübt hat, nicht mehr der zuständige Mitgliedstaat und begibt sich der ehemalige Grenzgänger oder ein Familienangehöriger dorthin, um Sachleistungen nach Artikel 28 der Grundverordnung zu erlangen, so legt er dem Träger des Aufenthaltsorts ein vom zuständigen Träger ausgestelltes Dokument vor.

Artikel 30
Beiträge der Rentner

Erhält eine Person Renten aus mehr als einem Mitgliedstaat, so darf der auf alle gezahlten Renten erhobene Betrag an Beiträgen keinesfalls den Betrag übersteigen, der bei einer Person erhoben wird, die denselben Betrag an Renten in dem zuständigen Mitgliedstaat erhält.

Artikel 31
Anwendung von Artikel 34 der Grundverordnung

A. *Verfahrensvorschriften für den zuständigen Träger*

(1) Der zuständige Träger informiert die betreffende Person über die Regelung des Artikels 34 der Grundverordnung betreffend das Verbot des Zusammentreffens von Leistungen. Bei der Anwendung solcher Vorschriften muss gewährleistet sein, dass eine Person, die nicht im zuständigen Mitgliedstaat wohnt, Anspruch auf Leistungen in zumindest dem Gesamtumfang oder -wert hat, den sie beanspruchen könnte, wenn sie in diesem Mitgliedstaat wohnen würde.

(2) Der zuständige Träger informiert ferner den Träger des Wohn- oder Aufenthaltsortes über die Zahlung der Geldleistungen bei Pflegebedürftigkeit, wenn die von dem letztgenannten Träger angewendeten Rechtsvorschriften Sachleistungen bei Pflegebedürftigkeit, die in der Liste nach Artikel 34 Absatz 2 der Grundverordnung aufgeführt sind, vorsehen.

B. *Verfahrensvorschriften für den Träger des Wohn- oder Aufenthaltsortes*

(3) Nachdem der Träger des Wohn- oder Aufenthaltsorts die Informationen gemäß Absatz 2 erhalten hat, unterrichtet er unverzüglich den zuständigen Träger über jegliche Sachleistungen bei Pflegebedürftigkeit, die er der betreffenden Person für denselben Zweck nach seinen Rechtsvorschriften gewährt, sowie über den hierfür geltenden Erstattungssatz.

(4) Die Verwaltungskommission trifft gegebenenfalls Maßnahmen zur Durchführung dieses Artikels.

Artikel 32
Besondere Durchführungsvorschriften

(1) Werden Einzelpersonen oder Personengruppen auf Antrag von der Krankenversicherungspflicht freigestellt und sind diese Personen damit nicht durch ein Krankenversicherungssystem abgedeckt, auf das die Grundverordnung Anwendung findet, so kann der Träger eines anderen Mitgliedstaats nicht allein aufgrund dieser Freistellung zur Übernahme der Kosten der diesen Personen oder ihren Familienangehörigen gewährten Sach- oder Geldleistungen nach Titel III Kapitel I der Grundverordnung verpflichtet werden.

(2) Für die Mitgliedstaaten nach Anhang 2 gelten die Vorschriften des Titels III Kapitel I der Grundverordnung, die sich auf Sachleistungen beziehen, für Personen, die ausschließlich aufgrund eines Sondersystems für Beamte Anspruch auf Sachleistungen haben, nur in dem dort genannten Umfang.

Der Träger eines anderen Mitgliedstaats darf nicht allein aus diesen Gründen zur Übernahme der Kosten der diesen Personen oder ihren Familienangehörigen gewährten Sach- oder Geldleistungen verpflichtet werden.

(3) Wohnen die in den Absätzen 1 und 2 genannten Personen und ihre Familienangehörigen in einem Mitgliedstaat, in welchem Sachleistungsansprüche nicht von Versicherungsbedingungen oder von der Ausübung einer Beschäftigung oder selbständigen Erwerbstätigkeit abhängen, so sind sie verpflichtet, die Kosten der ihnen in ihrem Wohnstaat gewährten Sachleistungen in voller Höhe zu tragen.

KAPITEL II
Leistungen bei Arbeitsunfällen und Berufskrankheiten

Artikel 33
Anspruch auf Sach- und Geldleistungen bei Wohnort oder Aufenthalt in einem anderen Mitgliedstaat als dem zuständigen Mitgliedstaat

(1) Die in den Artikeln 24 bis 27 der Durchführungsverordnung vorgesehenen Verfahren gelten bei der Anwendung von Artikel 36 der Grundverordnung entsprechend.

(2) Gewährt ein Träger des Aufenthalts- oder Wohnmitgliedstaats besondere Sachleistungen als Folge eines Arbeitsunfalls oder einer Berufskrankheit nach den innerstaatlichen Rechtsvorschriften dieses Mitgliedstaats, so teilt er dies unverzüglich dem zuständigen Träger mit.

Artikel 34
Verfahren bei Arbeitsunfällen oder Berufskrankheiten, die in einem anderen Mitgliedstaat als dem zuständigen Mitgliedstaat eintreten

(1) Ein Arbeitsunfall, der in einem anderen Mitgliedstaat als dem zuständigen Mitgliedstaat eintritt, oder eine Berufskrankheit, die dort erstmals ärztlich festgestellt wird, ist nach den Rechtsvorschriften des zuständigen Mitgliedstaats zu melden oder anzuzeigen, wenn die Meldung oder Anzeige nach den einzelstaatlichen Rechtsvorschriften vorgesehen ist; etwaige andere gesetzliche Bestimmungen, die im Gebiet des Mitgliedstaats gelten, in dem der Arbeitsunfall eintrat oder die Berufskrankheit erstmals ärztlich festgestellt wurde, und die in einem solchen Fall weiterhin anzuwenden sind, werden hierdurch nicht berührt. Die Meldung oder Anzeige ist an den zuständigen Träger zu richten.

(2) Der Träger des Mitgliedstaats, in dessen Hoheitsgebiet der Arbeitsunfall eingetreten ist oder die Berufskrankheit erstmals ärztlich festgestellt wurde, übermittelt dem zuständigen Träger die im Hoheitsgebiet dieses Mitgliedstaats ausgestellten ärztlichen Bescheinigungen.

(3) Sind bei einem Unfall auf dem Weg zu oder von der Arbeit im Hoheitsgebiet eines anderen Mitgliedstaats als des zuständigen Mitgliedstaats Nachforschungen im Hoheitsgebiet des erstgenannten Mitgliedstaats erforderlich, um einen Anspruch auf entsprechende Leistungen festzustellen, so kann der zuständige Träger zu diesem Zweck eine Person benennen, wovon er die Behörden des betreffenden Mitgliedstaats unterrichtet. Die Träger arbeiten zusammen, um alle einschlägigen Informationen zu bewerten und in die Protokolle und alle sonstigen Unterlagen über den Unfall Einsicht zu nehmen.

(4) Nach Beendigung der Behandlung wird auf Anfrage des zuständigen Trägers ein ausführlicher Bericht mit den ärztlichen Bescheinigungen über die Dauerfolgen des Unfalls oder der Krankheit, insbesondere über den derzeitigen Zustand der verletzten Person sowie über die Heilung oder die Konsolidierung der Schäden, übersandt. Die Honorare hierfür werden vom Träger des Wohn- oder Aufenthaltsorts nach dem Tarif dieses Trägers zu Lasten des zuständigen Trägers gezahlt.

(5) Auf Ersuchen des Trägers des Wohn- oder Aufenthaltsorts unterrichtet der zuständige Träger diesen gegebenenfalls von der Entscheidung, in der der Tag der Heilung oder der Konsolidierung der Schäden festgelegt wird, sowie gegebenenfalls von der Entscheidung über die Gewährung einer Rente.

Artikel 35
Streitigkeiten hinsichtlich des beruflichen Charakters eines Unfalls oder einer Krankheit

(1) Bestreitet der zuständige Träger nach Artikel 36 Absatz 2 der Grundverordnung, dass die Rechtsvorschriften über Arbeitsunfälle oder Berufskrankheiten anzuwenden sind, so teilt er dies unverzüglich dem Träger des Wohn- oder Aufenthaltsorts mit, der die Sachleistungen gewährt hat; diese Sachleistungen gelten sodann als Leistungen der Krankenversicherung.

(2) Ist zu dieser Frage eine endgültige Entscheidung ergangen, so teilt der zuständige Träger dies unverzüglich dem Träger des Wohn- oder Aufenthaltsorts mit, der die Sachleistungen gewährt hat.

Wird kein Arbeitsunfall bzw. keine Berufskrankheit festgestellt, so werden die Sachleistungen weiterhin als Leistungen der Krankenversicherung gewährt, sofern die betreffende Person Anspruch darauf hat.

Wird ein Arbeitsunfall oder eine Berufskrankheit festgestellt, so gelten die der betreffenden Person gewährten Sachleistungen der Krankenversicherung als Leistungen aufgrund eines Arbeitsunfalls oder einer Berufskrankheit ab dem Tag, an dem der Arbeitsunfall eingetreten ist oder die Berufskrankheit erstmals ärztlich festgestellt wurde.

(3) Artikel 6 Absatz 5 Unterabsatz 2 der Durchführungsverordnung gilt entsprechend.

Artikel 36
Verfahren bei einer in mehr als einem Mitgliedstaat ausgeübten Tätigkeit, die eine Berufskrankheit verursachen kann

(1) Im Fall des Artikels 38 der Grundverordnung wird die Meldung oder Anzeige der Berufskrankheit dem für Berufskrankheiten zuständigen Träger des Mitgliedstaats übermittelt, nach dessen Rechtsvorschriften der Betroffene zuletzt eine Tätigkeit ausgeübt hat, die die betreffende Krankheit verursachen kann.

Stellt der Träger, an den die Meldung oder Anzeige übermittelt wurde, fest, dass zuletzt nach den Rechtsvorschriften eines anderen Mitgliedstaats eine Tätigkeit ausgeübt worden ist, die die betreffende Berufskrankheit verursachen kann, so übermittelt er die Meldung oder Anzeige und alle beigefügten Unterlagen dementsprechenden Träger dieses Mitgliedstaats.

(2) Stellt der Träger des Mitgliedstaats, nach dessen Rechtsvorschriften der Betroffene zuletzt eine Tätigkeit ausgeübt hat, die die betreffende Berufskrankheit verursachen kann, fest, dass der

Betroffene oder seine Hinterbliebenen die Voraussetzungen dieser Rechtsvorschriften nicht erfüllen, z. B. weil der Betroffene in diesem Mitgliedstaat nie eine Tätigkeit ausgeübt hat, die die Berufskrankheit verursacht hat, oder weil dieser Mitgliedstaat nicht anerkennt, dass es sich um eine Berufskrankheit handelt, so übermittelt dieser Träger die Meldung oder Anzeige und alle beigefügten Unterlagen, einschließlich der ärztlichen Feststellungen und Gutachten, die der erste Träger veranlasst hat, unverzüglich dem Träger des Mitgliedstaats, nach dessen Rechtsvorschriften der Betroffene zuvor eine Tätigkeit ausgeübt hat, die die betreffende Berufskrankheit verursachen kann.

(3) Gegebenenfalls wiederholen die Träger das in Absatz 2 beschriebene Verfahren für die Vergangenheit, bis dies zu dementsprechenden Träger des Mitgliedstaats zurückführt, nach dessen Rechtsvorschriften der Betroffene zuerst eine Tätigkeit ausgeübt hat, die die betreffende Berufskrankheit verursachen kann.

Artikel 37
Informationsaustausch zwischen Trägern und Zahlung von Vorschüssen bei Einlegung eines Rechtsbehelfs gegen eine ablehnende Entscheidung

(1) Im Fall eines Rechtsbehelfs gegen eine ablehnende Entscheidung des Trägers eines Mitgliedstaats, nach dessen Rechtsvorschriften der Betroffene eine Tätigkeit ausgeübt hat, die die betreffende Berufskrankheit verursachen kann, hat dieser Träger den Träger, dem die Meldung oder Anzeige nach dem Verfahrendes Artikels 36 Absatz 2 der Durchführungsverordnung übermittelt wurde, hiervon zu unterrichten und ihn später, wenn eine endgültige Entscheidung ergangen ist, entsprechend zu informieren.

(2) Besteht ein Leistungsanspruch nach den Rechtsvorschriften, die der Träger, dem die Meldung oder Anzeige übermittelt wurde, anwendet, so zahlt dieser Träger Vorschüsse, deren Höhe gegebenenfalls nach Anhörung des Trägers, gegen dessen Entscheidung der Rechtsbehelf eingelegt wurde, festgelegt wird, wobei darauf zu achten ist, dass zu viel gezahlte Beträge vermieden werden. Der letztgenannte Träger erstattet die gezahlten Vorschüsse, wenn er aufgrund der Entscheidung über den Rechtsbehelf die Leistungen zu gewähren hat. Die Vorschüsse werden dann nach dem Verfahren der Artikel 72 und 73 der Durchführungsverordnung von den Leistungen einbehalten, auf die die betreffende Person Anspruch hat.

(3) Artikel 6 Absatz 5 Unterabsatz 2 der Durchführungsverordnung gilt entsprechend.

Artikel 38
Verschlimmerung einer Berufskrankheit

In den in Artikel 39 der Grundverordnung genannten Fällen hat der Antragsteller dem Träger des Mitgliedstaats, bei dem er Leistungsansprüche geltend macht, Informationen über die früher wegen der betreffenden Berufskrankheit gewährten Leistungen zu erteilen. Dieser Träger kann bei jedem Träger, der früher zuständig gewesen ist, die Informationen einholen, die er für erforderlich hält.

Artikel 39
Bemessung des Grades der Erwerbsminderung im Fall früherer oder späterer Arbeitsunfälle oder Berufskrankheiten

Wurde eine früher oder später eingetretene Erwerbsminderung durch einen Unfall verursacht, der eintrat, als für die betreffende Person die Rechtsvorschriften eines Mitgliedstaats galten, die nicht nach dem Ursprung der Erwerbsminderung unterscheiden, so hat der zuständige Träger oder die von der zuständigen Behörde des betreffenden Mitgliedstaats bezeichnete Stelle:

a) auf Verlangen des zuständigen Trägers eines anderen Mitgliedstaats Angaben über den Grad der früher oder später eingetretenen Erwerbsminderung zu machen sowie nach Möglichkeit Auskünfte zu erteilen, anhand deren festgestellt werden kann, ob die Erwerbsminderung Folge eines Arbeitsunfalls im Sinne der vom Träger des anderen Mitgliedstaats anzuwendenden Rechtsvorschriften ist;

b) für die Begründung des Anspruchs und die Festsetzung des Leistungsbetrags nach den von ihm anzuwendenden Rechtsvorschriften den durch diese früheren oder späteren Fälle verursachten Grad der Erwerbsminderung zu berücksichtigen.

Artikel 40
Einreichung und Bearbeitung von Anträgen auf Renten oder Zulagen zu Renten

Betroffene oder deren Hinterbliebene haben für den Bezug einer Rente oder einer Zulage zu einer Rente nach den Rechtsvorschriften eines anderen Mitgliedstaats als dem, in dem sie wohnen, gegebenenfalls einen Antrag entweder beim zuständigen Träger zu stellen oder beim Träger des Wohnorts, der ihn sodann an den zuständigen Träger weiterleitet.

Der Antrag muss die Informationen enthalten, die nach den vom zuständigen Träger anzuwendenden Rechtsvorschriften erforderlich sind.

Artikel 41
Besondere Durchführungsvorschriften

(1) Im Hinblick auf die in Anhang 2 genannten Mitgliedstaaten gelten die Vorschriften des Titels III Kapitel 2 der Grundverordnung, die sich auf Sachleistungen beziehen, für Personen, die ausschließlich aufgrund eines Sondersystems für Beamte Anspruch auf Sachleistungen haben, nur in dem dort genannten Umfang.

(2) Artikel 32 Absatz 2 Unterabsatz 2 und Artikel 32 Absatz 3 der Durchführungsverordnung gilt entsprechend.

KAPITEL III
Sterbegeld

Artikel 42
Antrag auf Sterbegeld

Bei der Anwendung von Artikel 42 und 43 der Grundverordnung ist der Antrag auf Sterbegeld entweder beim zuständigen Träger zu stellen oder beim Träger des Wohnorts des Antragstellers, der ihn an den zuständigen Träger weiterleitet.

Der Antrag muss die Informationen enthalten, die gemäß den vom zuständigen Träger anzuwendenden Rechtsvorschriften erforderlich sind.

KAPITEL IV
Leistungen bei Invalidität, Alters- und Hinterbliebenenrenten

Artikel 43
Ergänzende Vorschriften für die Berechnung der Leistungen

(1) Für die Berechnung des theoretischen und des tatsächlichen Leistungsbetrags nach Artikel 52 Absatz 1 Buchstabe b der Grundverordnung gilt Artikel 12 Absätze 3, 4, 5 und 6 der Durchführungsverordnung.

(2) Wenn Zeiten der freiwilligen Versicherung oder freiwilligen Weiterversicherung nach Artikel 12 Absatz 3 der Durchführungsverordnung nicht berücksichtigt worden sind, berechnet der Träger des Mitgliedstaats, nach dessen Rechtsvorschriften diese Zeiten zurückgelegt worden sind, den diesen Zeiten entsprechenden Betrag nach den von ihm anzuwendenden Rechtsvorschriften. Der nach Artikel 52 Absatz 1 Buchstabe b der Grundverordnung berechnete tatsächliche Leistungsbetrag wird um den Betrag erhöht, der den Zeiten der freiwilligen Versicherung oder freiwilligen Weiterversicherung entspricht.

(3) Der Träger eines jeden Mitgliedstaats berechnet nach den von ihm anzuwendenden Rechtsvorschriften den Betrag, der für Zeiten der freiwilligen Versicherung oder freiwilligen Weiterversicherung zu entrichten ist und nach Artikel 53 Absatz 3 Buchstabe c der Grundverordnung nicht den Kürzungs-, Ruhens- oder Entziehungsbestimmungen eines anderen Mitgliedstaats unterliegt.

Ist es dem zuständigen Träger aufgrund der von ihm anzuwendenden Rechtsvorschriften nicht möglich, diesen Betrag direkt zu bestimmen, weil die betreffenden Rechtsvorschriften den Versicherungszeiten unterschiedliche Werte zuordnen, so kann ein fiktiver Betrag festgelegt werden. Die Verwaltungskommission legt die Verfahren im Einzelnen für die Bestimmung dieses fiktiven Betrags fest.

Artikel 44
Berücksichtigung von Kindererziehungszeiten

(1) Im Sinne dieses Artikels bezeichnet der Ausdruck „Kindererziehungszeit" jeden Zeitraum, der im Rahmen des Rentenrechts eines Mitgliedstaats ausdrücklich aus dem Grund angerechnet wird oder Anrecht auf eine Zulage zu einer Rente gibt, dass eine Person ein Kind aufgezogen hat, unabhängig davon, nach welcher Methode diese Zeiträume berechnet werden und unabhängig davon, ob sie während der Erziehungszeit anfallen oder rückwirkend anerkannt werden.

(2) Wird nach den Rechtsvorschriften des gemäß Titel II der Grundverordnung zuständigen Mitgliedstaats keine Kindererziehungszeit berücksichtigt, so bleibt der Träger des Mitgliedstaats, dessen Rechtsvorschriften nach Titel II der Grundverordnung auf die betreffende Person anwendbar waren, weil diese Person zu dem Zeitpunkt, zu dem die Berücksichtigung der Kindererziehungszeit für das betreffende Kind nach diesen Rechtsvorschriften begann, eine Beschäftigung oder eine selbständige Erwerbstätigkeit ausgeübt hat, zuständig für die Berücksichtigung dieser Zeit als Kindererziehungszeit nach seinen eigenen Rechtsvorschriften, so als hätte diese Kindererziehung in seinem eigenen Hoheitsgebiet stattgefunden.

(3) Absatz 2 findet keine Anwendung, wenn für die betreffende Person die Rechtsvorschriften eines anderen Mitgliedstaats aufgrund der Ausübung einer Beschäftigung oder einer selbständigen Erwerbstätigkeit anwendbar sind oder anwendbar werden.

Artikel 45
Beantragung von Leistungen

A. *Beantragung von Leistungen aufgrund von Rechtsvorschriften des Typs A nach Artikel 44 Absatz 2 der Grundverordnung*

(1) Der Antragsteller stellt für den Bezug von Leistungen aufgrund von Rechtsvorschriften des Typs A nach Artikel 44 Absatz 2 der Grundverordnung einen Antrag beim Träger des Mitgliedstaats, dessen Rechtsvorschriften bei Eintritt der Arbeitsunfähigkeit mit anschließender Invalidität oder bei der Verschlimmerung des Invaliditätszustands für ihn galten, oder bei dem Träger seines Wohnorts, der den Antrag an den erstgenannten Träger weiterleitet.

(2) Wurden Geldleistungen bei Krankheit gewährt, so gilt der Tag, an dem der Zeitraum endet, für den diese Leistungen gewährt wurden, gegebenenfalls als Tag der Stellung des Rentenantrags.

(3) In dem in Artikel 47 Absatz 1 der Grundverordnung genannten Fall teilt der Träger, bei dem die betreffende Person zuletzt versichert war, dem ursprünglich leistungspflichtigen Träger mit, in welcher Höhe und ab wann die Leistungen nach den von ihm anzuwendenden Rechtsvorschriften geschuldet werden. Von diesem Zeitpunkt an entfallen die vor der Verschlimmerung des Invaliditätszustands geschuldeten Leistungen oder werden bis auf die Zulage nach Artikel 47 Absatz 2 der Grundverordnung gekürzt.

B. *Beantragung von Leistungen in sonstigen Fällen*

(4) In anderen als den in Absatz 1 genannten Fällen stellt der Antragsteller einen entsprechenden Antrag beim Träger seines Wohnorts oder beim Träger des Mitgliedstaats, dessen Rechtsvor-

schriften zuletzt für ihn galten. Galten für die betreffende Person zu keinem Zeitpunkt die Rechtsvorschriften, die der Träger ihres Wohnorts anwendet, so leitet dieser Träger den Antrag an den Träger des Mitgliedstaats weiter, dessen Rechtsvorschriften zuletzt für sie galten.

(5) Der Zeitpunkt der Antragstellung ist für alle beteiligten Träger verbindlich.

(6) In Abweichung von Absatz 5 gilt Folgendes: Gibt der Antragsteller trotz Aufforderung nicht an, dass er in anderen Mitgliedstaaten beschäftigt war oder gewohnt hat, so gilt der Zeitpunkt, zu dem er seinen Antrag vervollständigt oder zu dem er einen neuen Antrag bezüglich seiner fehlenden Beschäftigungszeiten und/oder Wohnzeiten in einem Mitgliedstaat einreicht, für den Träger, der die betreffenden Rechtsvorschriften anwendet, als Zeitpunkt der Antragstellung, sofern diese Rechtsvorschriften keine günstigeren Bestimmungen enthalten.

Artikel 46
Angaben und Unterlagen zu Leistungsanträgen

(1) Der Antrag ist gemäß den Rechtsvorschriften, die der in Artikel 45 Absatz 1 oder 4 der Durchführungsverordnung genannte Träger anwendet, und unter Beifügung der in diesen Rechtsvorschriften geforderten Nachweise zu stellen. Der Antragsteller hat insbesondere alle verfügbaren einschlägigen Informationen und Nachweise über Zeiten einer Versicherung (Träger, Versicherungsnummern), einer Beschäftigung (Arbeitgeber) oder einer selbständigen Erwerbstätigkeit (Art und Ort der Tätigkeit)und eines Wohnorts (Adressen) einzureichen, die gegebenenfalls nach anderen Rechtsvorschriften zurückgelegt wurden, sowie die Dauer dieser Zeiten anzugeben.

(2) Beantragt der Antragsteller nach Artikel 50 Absatz 1 der Grundverordnung, dass die Feststellung der nach den Rechtsvorschriften eines oder mehrerer Mitgliedstaaten erworbenen Altersrenten aufgeschoben wird, so hat er dies in seinem Antrag zu erklären und anzugeben, nach welchen Rechtsvorschriften er den Aufschub beantragt. Um dem Antragsteller die Ausübung dieses Rechts zu ermöglichen, teilen die beteiligten Träger ihm auf Verlangen alle ihnen vorliegenden Informationen mit, damit er die Folgen von gleichzeitigen oder nachfolgenden Feststellungen der ihm zustehenden Leistungen abschätzen kann.

(3) Zieht der Antragsteller einen Antrag auf Leistungen zurück, die nach den Rechtsvorschriften eines einzelnen Mitgliedstaats vorgesehen sind, so gilt diese Rücknahme nicht als gleichzeitige Rücknahme von Anträgen auf Leistungen nach den Rechtsvorschriften anderer Mitgliedstaaten.

Artikel 47
Bearbeitung der Anträge durch die beteiligten Träger

A. *Kontakt-Träger*

(1) Der Träger, an den der Leistungsantrag nach Artikel 45 Absatz 1 oder 4 der Durchführungsverordnung gerichtet oder weitergeleitet wird, wird nachstehend als „Kontakt-Träger“ bezeichnet. Der Träger des Wohnorts wird nicht als Kontakt-Träger bezeichnet, wenn für die betreffende Person zu keinem Zeitpunkt die von diesem Träger angewandten Rechtsvorschriften galten.

Zusätzlich zur Bearbeitung des Leistungsantrags nach den von ihm angewandten Rechtsvorschriften fördert dieser Träger in seiner Eigenschaft als Kontakt-Träger den Austausch von Daten, die Mitteilung von Entscheidungen und die für die Bearbeitung des Antrags durch die beteiligten Träger erforderlichen Vorgänge und übermittelt dem Antragsteller auf Verlangen alle die Gemeinschaftsaspekte der Bearbeitung betreffenden Angaben und hält ihn über den Stand der Bearbeitung seines Antrags auf dem Laufenden.

B. *Bearbeitung von Anträgen auf Leistungen aufgrund von Rechtsvorschriften des Typs A nach Artikel 44 der Grundverordnung*

(2) In dem in Artikel 44 Absatz 3 der Grundverordnung genannten Fall übermittelt der Kontakt-Träger sämtliche den Antragsteller betreffenden Dokumente an den Träger, bei dem dieser zuvor versichert war, der seinerseits den Antrag bearbeitet.

(3) Die Artikel 48 bis 52 der Durchführungsverordnung gelten nicht für die Bearbeitung von Anträgen nach Artikel 44 der Grundverordnung.

C. *Bearbeitung sonstiger Leistungsanträge*

(4) In anderen als den in Absatz 2 genannten Fällen übermittelt der Kontakt-Träger die Leistungsanträge und alle ihm vorliegenden Dokumente sowie gegebenenfalls die vom Antragsteller vorgelegten einschlägigen Dokumente unverzüglich allen beteiligten Trägern, damit diese gleichzeitig mit der Bearbeitung dieses Antrags beginnen können. Der Kontakt-Träger teilt den anderen Trägern die Versicherungs- oder Wohnzeiten mit, die nach den von ihm anzuwendenden Rechtsvorschriften zurückgelegt worden sind. Er gibt ferner an, welche Dokumente zu einem späteren Zeitpunkt einzureichen sind, und ergänzt den Antrag so bald wie möglich.

(5) Jeder beteiligte Träger teilt dem Kontakt-Träger und den anderen beteiligten Trägern so bald wie möglich die Versicherungs- oder Wohnzeiten mit, die nach den von ihm anzuwendenden Rechtsvorschriften zurückgelegt worden sind.

(6) Jeder beteiligte Träger berechnet den Leistungsbetrag nach Artikel 52 der Grundverordnung und teilt dem Kontakt-Träger und den anderen betroffenen Trägern seine Entscheidung, den Leistungsbetrag und alle nach den Artikeln 53 bis 55 der Grundverordnung erforderlichen Angaben mit.

(7) Stellt ein Träger auf der Grundlage der Angaben nach den Absätzen 4 und 5 fest, dass Artikel 46 Absatz 2 oder Artikel 57 Absatz 2 oder 3 der Grundverordnung anzuwenden ist, so unterrichtet er hiervon den Kontakt-Träger und die anderen betroffenen Träger.

Artikel 48
Mitteilung der Entscheidungen an den Antragsteller

(1) Jeder Träger teilt dem Antragsteller die von ihm nach den von ihm anzuwendenden Rechtsvorschriften getroffene Entscheidung mit. In jeder Entscheidung werden die zur Verfügung stehenden Rechtsbehelfe und Rechtsbehelfsfristen angegeben. Sobald der Kontakt-Träger über alle Entscheidungen jedes Trägers unterrichtet worden ist, übermittelt er dem Antragsteller und den anderen betroffenen Trägern eine Zusammenfassung dieser Entscheidungen. Die Verwaltungskommission erstellt das Muster für die Zusammenfassung. Die Zusammenfassung wird dem Antragsteller in der Sprache des Trägers oder – auf Verlangen des Antragstellers – in der von ihm gewählten Sprache übermittelt, sofern diese als Amtssprache der Organe der Gemeinschaft gemäß Artikel 290 des Vertrags anerkannt ist.

(2) Stellt sich für den Antragsteller nach Empfang der Zusammenfassung heraus, dass seine Rechte durch das Zusammenwirken der Entscheidungen von zwei oder mehr Trägern möglicherweise beeinträchtigt worden sind, so hat er Anspruch auf eine Überprüfung der Entscheidungen durch die beteiligten Träger innerhalb der in den einschlägigen einzelstaatlichen Rechtsvorschriften vorgesehenen Fristen. Die Fristen beginnen am Tag des Empfangs der Zusammenfassung. Der Antragsteller wird schriftlich über das Ergebnis der Überprüfung unterrichtet.

Artikel 49
Bemessung des Grades der Invalidität

(1) Findet Artikel 46 Absatz 3 der Grundverordnung Anwendung, so ist allein der Kontakt-Träger befugt, eine Entscheidung über die Invalidität des Antragstellers zu treffen, sofern die von diesem Träger angewandten Rechtsvorschriften in Anhang VII der Grundverordnung enthalten sind, oder, wenn dies nicht der Fallist, der Träger, dessen Rechtsvorschriften in Anhang VII der Grundverordnung enthalten sind und denen der Antragsteller zuletzt unterlag. Er trifft diese Entscheidung, sobald für ihn erkennbar ist, dass die Anspruchsvoraussetzungen nach den von ihm anzuwendenden Rechtsvorschriften, gegebenenfalls unter Berücksichtigung der Artikel 6 und 51 der Grundverordnung, erfüllt sind. Er teilt diese Entscheidung den anderen beteiligten Trägern unverzüglich mit.

Sind unter Berücksichtigung der Artikel 6 und 51 der Grundverordnung bestimmte, nicht den Grad der Invalidität betreffende Voraussetzungen, die nach den anzuwendenden Rechtsvorschriften für den Anspruch bestehen, nicht erfüllt, so teilt der Kontakt-Träger dies dem zuständigen Träger des Mitgliedstaats, dessen Rechtsvorschriften für den Antragsteller zuletzt galten, unverzüglich mit. Der letztgenannte Träger ist befugt, die Entscheidung über den Grad der Invalidität des Antragstellers zu treffen, wenn die Voraussetzungen für den Anspruch nach den von ihm anzuwendenden Rechtsvorschriften erfüllt sind. Er teilt diese Entscheidung den anderen beteiligten Trägern unverzüglich mit.

Zur Bestimmung der Anspruchsvoraussetzungen ist gegebenenfalls unter den gleichen Bedingungen bis zu dem für Invalidität zuständigen Träger des Mitgliedstaats zurückzugehen, dessen Rechtsvorschriften für den Antragsteller zuerst galten.

(2) Für den Fall, dass Artikel 46 Absatz 3 der Grundverordnung für die Feststellung des Grades der Invalidität nicht anwendbar ist, kann jeder Träger entsprechend seinen Rechtsvorschriften den Antragsteller von einem Arzt oder einem anderen Experten seiner Wahl untersuchen lassen. Der Träger eines Mitgliedstaats berücksichtigt jedoch die von den Trägern aller anderen Mitgliedstaaten erhaltenen ärztlichen Unterlagen und Berichte sowie die verwaltungsmäßigen Auskünfte ebenso, als wären sie in seinem eigenen Mitgliedstaat erstellt worden.

Artikel 50
Vorläufige Zahlungen und Vorschüsse

(1) Stellt ein Träger bei der Bearbeitung eines Leistungsantrags fest, dass der Antragsteller nach den von ihm anzuwendenden Rechtsvorschriften Anspruch auf eine autonome Leistung nach Artikel 52 Absatz 1 Buchstabe a der Grundverordnung hat, so zahlt er diese Leistung ungeachtet des Artikels 7 der Durchführungsverordnung unverzüglich aus. Diese Zahlung ist als vorläufige Zahlung anzusehen, wenn sich das Ergebnis der Bearbeitung des Antrags auf den gewährten Betrag auswirken könnte.

(2) Geht aus den verfügbaren Angaben hervor, dass der Antragsteller Anspruch auf eine Zahlung eines Trägers nach Artikel 52 Absatz 1 Buchstabe b der Grundverordnung hat, so zahlt dieser Träger ihm einen Vorschuss, dessen Höhe weitestgehend dem Betrag entspricht, der aufgrund des Artikels 52 Absatz 1 Buchstabe b der Grundverordnung wahrscheinlich festgestellt wird.

(3) Jeder nach Absatz 1 oder 2 zur Zahlung der vorläufigen Leistungen oder eines Vorschusses verpflichtete Träger unterrichtet hiervon unverzüglich den Antragsteller, wobei er diesen ausdrücklich auf den vorläufigen Charakter dieser Maßnahme und auf alle verfügbaren Rechtsbehelfe nach seinen Rechtsvorschriften aufmerksam macht.

Artikel 51
Neuberechnung der Leistungen

(1) Bei einer Neuberechnung der Leistungen nach Artikel 48 Absätze 3 und 4, Artikel 50 Absatz 4 und Artikel 59 Absatz 1 der Grundverordnung gilt Artikel 50 der Durchführungsverordnung entsprechend.

(2) Bei Neuberechnung, Entzug oder Ruhen der Leistung informiert der Träger, der die entsprechende Entscheidung getroffen hat, unverzüglich

die betreffende Person und unterrichtet jeden Träger, dem gegenüber die betreffende Person einen Anspruch hat.

Artikel 52
Maßnahmen zur beschleunigten Berechnung der Rente

(1) Um die Bearbeitung von Anträgen und die Zahlung von Leistungen zu erleichtern und zu beschleunigen, müssen die Träger, deren Rechtsvorschriften eine Person unterlegen hat,

a) die Elemente zur Identifizierung von Personen, die von einer anwendbaren einzelstaatlichen Rechtsordnung zu einer anderen wechseln, mit den Trägern anderer Mitgliedstaaten austauschen oder diesen zur Verfügung stellen und gemeinsam dafür Sorge tragen, dass diese Identifizierungselemente aufbewahrt werden und miteinander übereinstimmen, oder – in Ermangelung dessen – den betreffenden Personen die Mittel für einen direkten Zugang zu ihren Identifizierungselementen zur Verfügung stellen;

b) rechtzeitig vor Eintreten des Mindestalters für den Beginn eines Rentenanspruchs oder vor einem durch nationale Rechtsvorschriften festzulegenden Alter Informationen(zurückgelegte Zeiten oder sonstige wichtige Elemente) über die Rentenansprüche von Personen, die von einer anwendbaren Rechtsordnung zu einer anderen gewechselt haben, mit der betreffenden Person und den Trägern anderer Mitgliedstaaten austauschen oder diesen zur Verfügung stellen oder – in Ermangelung dessen – diesen Personen mitteilen, wie sie sich über ihre künftigen Leistungsansprüche informieren können, oder ihnen entsprechende Mittel zur Verfügung stellen.

(2) Für die Anwendung von Absatz 1 bestimmt die Verwaltungskommission die Informationen, die auszutauschen oder zur Verfügung zu stellen sind, und legt die geeigneten Verfahren und Mechanismen fest; dabei berücksichtigt sie die Merkmale, die administrative und technische Organisation und die technischen Mittel, die den einzelstaatlichen Rentensystemen zur Verfügung stehen. Die Verwaltungskommission gewährleistet die Umsetzung dieser Rentensysteme, indem sie eine Überwachung der ergriffenen Maßnahmen und ihrer Anwendung organisiert.

(3) Für die Anwendung des Absatzes 1 sollte der Träger im ersten Mitgliedstaat, in dem einer Person eine Persönliche Identifikationsnummer (PIN) für Verwaltungszwecke der sozialen Sicherheit zugewiesen wird, die in diesem Artikel genannten Informationen erhalten.

Artikel 53
Koordinierungsmaßnahmen in den Mitgliedstaaten

(1) Unbeschadet des Artikels 51 der Grundverordnung gilt Folgendes: Enthalten die nationalen Rechtsvorschriften Regeln zur Bestimmung des zuständigen Trägers oder des anzuwendenden Systems oder zur Zuordnung von Versicherungszeiten zu einem spezifischen System, so sind bei der Anwendung dieser Regeln nur die nach den Rechtsvorschriften dieses Mitgliedstaats zurückgelegten Versicherungszeiten zu berücksichtigen.

(2) Enthalten die nationalen Rechtsvorschriften Regeln für die Koordinierung der Sondersysteme für Beamte und des allgemeinen Systems für Arbeitnehmer, so werden diese Regeln von den Bestimmungen der Grundverordnung und der Durchführungsverordnung nicht berührt.

KAPITEL V
Leistungen bei Arbeitslosigkeit

Artikel 54
Zusammenrechnung der Zeiten und Berechnung der Leistungen

(1) Artikel 12 Absatz 1 der Durchführungsverordnung gilt entsprechend für Artikel 61 der Grundverordnung. Unbeschadet der daneben fortbestehenden Pflichten der beteiligten Träger kann die betroffene Person dem zuständigen Träger ein Dokument vorlegen, das von dem Träger des Mitgliedstaats ausgestellt wurde, dessen Rechtsvorschriften die betroffene Person während ihrer letzten Beschäftigung oder selbständigen Erwerbstätigkeit unterlag, und in dem die Zeiten bescheinigt sind, die nach diesen Rechtsvorschriften zurückgelegt wurden.

(2) Bei der Anwendung von Artikel 62 Absatz 3 der Grundverordnung übermittelt der zuständige Träger des Mitgliedstaats, dessen Rechtsvorschriften die betreffende Person während ihrer letzten Beschäftigung oder selbständigen Erwerbstätigkeit unterlag, dem Träger des Wohnorts auf dessen Antrag hin unverzüglich alle Angaben, die für die Berechnung der Leistungen bei Arbeitslosigkeit, die in dem Mitgliedstaat erlangt werden können, in dem er seinen Sitz hat, erforderlich sind, insbesondere die Höhe des erzielten Entgelts oder Erwerbseinkommens.

(ABl L 2012/149)

(3) Bei der Anwendung von Artikel 62 der Grundverordnung berücksichtigt der zuständige Träger eines Mitgliedstaats, nach dessen Rechtsvorschriften sich die Höhe der Leistungen nach der Zahl der Familienangehörigen richtet, ungeachtet des Artikels 63 der genannten Verordnung auch die Familienangehörigen des Betroffenen, die im Hoheitsgebiet eines anderen Mitgliedstaats wohnen, als ob sie im Hoheitsgebiet des zuständigen Staates wohnten. Dies gilt jedoch nicht, wenn in dem Mitgliedstaat, indem die Familienangehörigen wohnen, eine andere Person Anspruch auf Leistungen bei Arbeitslosigkeit hat, bei deren Berechnung die Familienangehörigen berücksichtigt werden.

Artikel 55
Bedingungen und Grenzen für die Aufrechterhaltung des Leistungsanspruchs eines Arbeitslosen, der sich in einen anderen Mitgliedstaat begibt

(1) Der Anspruch nach Artikel 64 oder Artikel 65a der Grundverordnung besteht nur, wenn der Arbeitslose, der sich in einen anderen Mitgliedstaat begibt, vor seiner Abreise den zuständigen Träger informiert und bei diesem eine Bescheinigung beantragt, dass er unter den Bedingungen des Artikels 64 Absatz 1 Buchstabe b der Grundverordnung weiterhin Anspruch auf Leistungen hat.

Dieser Träger informiert ihn über die ihm obliegenden Pflichten und übermittelt ihm das genannte Dokument, aus dem sich insbesondere Folgendes ergibt:

a) der Tag, von dem an der Arbeitslose der Arbeitsverwaltung des zuständigen Staates nicht mehr zur Verfügung stand;
b) die Frist, die nach Artikel 64 Absatz 1 Buchstabe b der Grundverordnung für die Eintragung als Arbeitsuchender indem Mitgliedstaat, in den der Arbeitslose sich begeben hat, eingeräumt wird;
c) die Höchstdauer für die Aufrechterhaltung des Leistungsanspruchs nach Artikel 64 Absatz 1 Buchstabe c der Grundverordnung;
d) die Umstände, die sich auf den Leistungsanspruch auswirken können.

(ABl L 2012/149)

(2) Der Arbeitslose meldet sich nach Artikel 64 Absatz 1 Buchstabe b der Grundverordnung bei der Arbeitsverwaltung des Mitgliedstaats, in den er sich begibt, als Arbeitsuchender und legt dem Träger dieses Mitgliedstaats das in Absatz 1 genannte Dokument vor. Hat er den zuständigen Träger nach Absatz 1 informiert, aber nicht dieses Dokument vorgelegt, so fordert der Träger des Mitgliedstaats, in den sich der Arbeitslose begeben hat, die erforderlichen Angaben beim zuständigen Träger an.

(3) Die Arbeitsverwaltung des Mitgliedstaats, in den sich der Arbeitslose zur Arbeitsuche begeben hat, unterrichtet diesen von seinen Pflichten.

(4) Der Träger des Mitgliedstaats, in den der Arbeitslose sich begeben hat, sendet dem zuständigen Träger unverzüglich ein Dokument zu, das den Zeitpunkt der Anmeldung des Arbeitslosen bei der Arbeitsverwaltung und seine neue Anschrift enthält.

Falls während des Zeitraums, in dem der Arbeitslose den Anspruch auf Leistungen behält, Umstände eintreten, die sich auf den Leistungsanspruch auswirken könnten, so sendet der Träger des Mitgliedstaats, in den sich der Arbeitslose begeben hat, dem zuständigen Träger und der betroffenen Person unverzüglich ein Dokument mit den maßgeblichen Informationen zu.

Auf Ersuchen des zuständigen Trägers übermittelt der Träger des Mitgliedstaats, in den der Arbeitslose sich begeben hat, jeden Monat die maßgeblichen Informationen über die Entwicklung der Situation des Arbeitslosen, insbesondere, ob dieser weiterhin beider Arbeitsverwaltung gemeldet ist und ob er sich den vorgesehenen Kontrollverfahren unterzieht.

(5) Der Träger des Mitgliedstaats, in den der Arbeitslose sich begeben hat, führt die Kontrolle durch oder lässt sie durchführen wie bei einem Arbeitslosen, der Leistungen nach den von ihm anzuwendenden Rechtsvorschriften bezieht. Gegebenenfalls unterrichtet er sofort den zuständigen Träger, falls einer der in Absatz 1 Buchstabe d genannten Umstände eintritt.

(6) Die zuständigen Behörden oder Träger von zwei oder mehr Mitgliedstaaten können sich hinsichtlich der Entwicklung der Situation des Arbeitslosen auf spezielle Verfahren und Fristen sowie auf weitere Maßnahmen verständigen, um die Arbeitssuche von Arbeitslosen zu erleichtern, die sich nach Artikel 64 der Grundverordnung in einen dieser Mitgliedstaaten begeben.

(7) Die Absätze 2 bis 6 gelten entsprechend für die unter Artikel 65a Absatz 3 der Grundverordnung fallenden Sachverhalte.

(ABl L 2012/149)

Artikel 56
Arbeitslose, die in einem anderen als dem zuständigen Mitgliedstaat gewohnt haben

(1) Beschließt ein Arbeitsloser, sich nach Artikel 65 Absatz 2 oder Artikel 65a Absatz 1 der Grundverordnung auch der Arbeitsverwaltung in dem Mitgliedstaat zur Verfügung zu stellen, der keine Leistung gewährt, indem er sich dort als Arbeitsuchender meldet, so teilt er dies dem Träger und der Arbeitsverwaltung des leistungsgewährenden Mitgliedstaats mit.

Auf Ersuchen der Arbeitsverwaltung des Mitgliedstaats, der keine Leistung gewährt, übermittelt die Arbeitsverwaltung des leistungsgewährenden Mitgliedstaats dieser die maßgeblichen Informationen zur Meldung und zur Arbeitsuche des Arbeitslosen.

(ABl L 2012/149)

(2) Sehen die geltenden Rechtsvorschriften in den betreffenden Mitgliedstaaten vor, dass der Arbeitslose bestimmte Pflichten erfüllt und/oder bestimmte Schritte zur Arbeitsuche unternimmt, so haben die Pflichten des Arbeitslosen in dem Mitgliedstaat, der die Leistungen gewährt, und/oder seine dort zur Arbeitsuche zu unternehmenden Schritte Vorrang.

Falls ein Arbeitsloser in dem Mitgliedstaat, der ihm keine Leistungen gewährt, nicht allen Pflichten nachkommt und/oder dort nicht alle Schritte zur Arbeitsuche unternimmt, so hat dies keine Auswirkungen auf die Leistungen, die in dem anderen Mitgliedstaat gewährt werden.

(ABl L 2012/149)

(3) Bei der Anwendung von Artikel 65 Absatz 5 Buchstabe b der Grundverordnung teilt der Träger des Mitgliedstaats, dessen Rechtsvorschriften zu-

letzt für den Arbeitslosen galten, dem Träger des Wohnorts auf dessen Ersuchen hin mit, ob der Arbeitslose einen Leistungsanspruch nach Artikel 64 der Grundverordnung hat.

Artikel 57
Vorschriften für die Anwendung der Artikel 61, 62, 64 und 65 der Grundverordnung auf von einem Sondersystem für Beamte erfasste Personen

(1) Die Artikel 54 und 55 der Durchführungsverordnung gelten entsprechend für Personen, die von einem Arbeitslosensondersystem für Beamte erfasst sind.

(2) Artikel 56 der Durchführungsverordnung gilt nicht für die von einem Arbeitslosensondersystem für Beamte erfassten Personen. Von einem Arbeitslosensondersystem für Beamte erfasste Arbeitslose, die teil- oder vollarbeitslos sind und während ihrer letzten Beschäftigung im Hoheitsgebiet eines anderen Mitgliedstaats als dem zuständigen Staat wohnten, erhalten Leistungen aus dem Arbeitslosensondersystem für Beamte nach den Rechtsvorschriften des zuständigen Mitgliedstaats, als wohnten sie im Hoheitsgebiet des zuständigen Mitgliedstaats. Diese Leistungen werden vom zuständigen Träger erbracht und gehen zu seinen Lasten.

KAPITEL VI
Familienleistungen

Artikel 58
Prioritätsregeln bei Zusammentreffen von Ansprüchen

Ermöglicht der Wohnort der Kinder bei Anwendung des Artikels 68 Absatz 1 Buchstabe b Ziffern i und ii der Grundverordnung keine Bestimmung der Rangfolge, so berechnet jeder betroffene Mitgliedstaat den Leistungsbetrag unter Einschluss der Kinder, die nicht in seinem Hoheitsgebiet wohnen. Im Falle der Anwendung von Artikel 68 Absatz 1 Buchstabe b Ziffer i zahlt der zuständige Träger des Mitgliedstaats, dessen Rechtsvorschriften den höheren Leistungsbetrag vorsehen, diesen ganzen Betrag aus. Der zuständige Träger des anderen Mitgliedstaats erstattet ihm die Hälfte dieses Betrags, wobei der nach den Rechtsvorschriften des letzteren Mitgliedstaats vorgesehene Leistungssatz die obere Grenze bildet.

Artikel 59
Regelungen für den Fall, in dem sich die anzuwendenden Rechtsvorschriften und/oder die Zuständigkeit für die Gewährung von Familienleistungen ändern

(1) Ändern sich zwischen den Mitgliedstaaten während eines Kalendermonats die Rechtsvorschriften und/oder die Zuständigkeit für die Gewährung von Familienleistungen, so setzt der Träger, der die Familienleistungen nach den Rechtsvorschriften gezahlt hat, nach denen die Leistungen zu Beginn dieses Monats gewährt wurden, unabhängig von den in den Rechtsvorschriften dieser Mitgliedstaaten für die Gewährung von Familienleistungen vorgesehenen Zahlungsfristen die Zahlungen bis zum Ende des laufenden Monats fort.

(2) Er unterrichtet den Träger des anderen betroffenen Mitgliedstaats oder die anderen betroffenen Mitgliedstaaten von dem Zeitpunkt, zu dem er die Zahlung dieser Familienleistungen einstellt. Ab diesem Zeitpunkt übernehmen der andere betroffene Mitgliedstaat oder die anderen betroffenen Mitgliedstaaten die Zahlung der Leistungen.

Artikel 60
Verfahren bei der Anwendung von Artikel 67 und 68 der Grundverordnung

(1) Die Familienleistungen werden bei dem zuständigen Träger beantragt. Bei der Anwendung von Artikel 67 und 68 der Grundverordnung ist, insbesondere was das Recht einer Person zur Erhebung eines Leistungsanspruchs anbelangt, die Situation der gesamten Familie in einer Weise zu berücksichtigen, als würden alle beteiligten Personen unter die Rechtsvorschriften des betreffenden Mitgliedstaats fallen und dort wohnen. Nimmt eine Person, die berechtigt ist, Anspruch auf die Leistungen zu erheben, dieses Recht nicht wahr, berücksichtigt der zuständige Träger des Mitgliedstaats, dessen Rechtsvorschriften anzuwenden sind, einen Antrag auf Familienleistungen, der von dem anderen Elternteil, einer als Elternteil behandelten Person oder von der Person oder Institution, die als Vormund des Kindes oder der Kinder handelt, gestellt wird.

(2) Der nach Absatz 1 in Anspruch genommene Träger prüft den Antrag anhand der detaillierten Angaben des Antragstellers und berücksichtigt dabei die gesamten tatsächlichen und rechtlichen Umstände, die die familiäre Situation des Antragstellers ausmachen.

Kommt dieser Träger zu dem Schluss, dass seine Rechtsvorschriften nach Artikel 68 Absätze 1 und 2 der Grundverordnung prioritär anzuwenden sind, so zahlt er die Familienleistungen nach den von ihm angewandten Rechtsvorschriften.

Ist dieser Träger der Meinung, dass aufgrund der Rechtsvorschriften eines anderen Mitgliedstaats ein Anspruch auf einen Unterschiedsbetrag nach Artikel 68 Absatz 2 der Grundverordnung bestehen könnte, so übermittelt er den Antrag unverzüglich dem zuständigen Träger des anderen Mitgliedstaats und informiert die betreffende Person; außerdem unterrichtet er den Träger des anderen Mitgliedstaats darüber, wie er über den Antrag entschieden hat und in welcher Höhe Familienleistungen gezahlt wurden.

(3) Kommt der Träger, bei dem der Antrag gestellt wurde, zudem Schluss, dass seine Rechtsvorschriften zwar anwendbar, aber nach Artikel 68 Absätze 1 und 2 der Grundverordnung nicht prioritär anwendbar sind, so trifft er unverzüglich eine vorläufige Entscheidung über die anzuwendenden Prioritätsregeln, leitet den Antrag nach Artikel 68 Absatz 3 der Grundverordnung an den Träger des anderen Mitgliedstaats weiter und informiert auch

den Antragsteller darüber. Dieser Träger nimmt innerhalb einer Frist von zwei Monaten zu der vorläufigen Entscheidung Stellung.

Falls der Träger, an den der Antrag weitergeleitet wurde, nicht innerhalb von zwei Monaten nach Eingang des Antrags Stellung nimmt, wird die oben genannte vorläufige Entscheidung anwendbar und zahlt dieser Träger die in seinen Rechtsvorschriften vorgesehenen Leistungen und informiert den Träger, an den der Antrag gerichtet war, über die Höhe der gezahlten Leistungen.

(4) Sind sich die betreffenden Träger nicht einig, welche Rechtsvorschriften prioritär anwendbar sind, so gilt Artikel 6 Absätze 2 bis 5 der Durchführungsverordnung. Zu diesem Zweck ist der in Artikel 6 Absatz 2 der Durchführungsverordnung genannte Träger des Wohnorts der Träger des Wohnorts des Kindes oder der Kinder.

(5) Der Träger, der eine vorläufige Leistungszahlung vorgenommen hat, die höher ist als der letztlich zu seinen Lasten gehende Betrag, kann den zu viel gezahlten Betrag nach dem Verfahren des Artikels 73 der Durchführungsverordnung vom vorrangig zuständigen Träger zurückfordern.

Artikel 61
Verfahren bei der Anwendung von Artikel 69 der Grundverordnung

Bei der Anwendung von Artikel 69 der Grundverordnung erstellt die Verwaltungskommission eine Liste der zusätzlichen oder besonderen Familienleistungen für Waisen, die unter den genannten Artikel fallen. Falls die von dem prioritär zuständigen Träger anzuwendenden Rechtsvorschriften nicht vorsehen, solche zusätzlichen oder besonderen Familienleistungen für Waisen zuzahlen, leitet er Anträge auf Familienleistungen mit allen entsprechenden Unterlagen und Angaben unverzüglich an den Träger des Mitgliedstaats weiter, dessen Rechtsvorschriften die längste Zeit für den Betroffenen gegolten haben und solche zusätzlichen oder besonderen Familienleistungen für Waisen vorsehen. In einigen Fällen ist nach dem gleichen Verfahren gegebenenfalls bis zudem Träger des Mitgliedstaats zurückzugehen, nach dessen Rechtsvorschriften die betreffende Person die kürzeste ihrer Versicherungs- oder Wohnzeiten zurückgelegt hat.

TITEL IV
FINANZVORSCHRIFTEN

KAPITEL I
Kostenerstattung für Leistungen bei der Anwendung von Artikel 35 und Artikel 41 der Grundverordnung

Abschnitt 1
Erstattung auf der Grundlage tatsächlicher Aufwendungen

Artikel 62
Grundsätze

(1) Bei der Anwendung von Artikel 35 und 41 der Grundverordnung erstattet der zuständige Träger dem Träger, der die Sachleistungen gewährt hat, diese in Höhe der tatsächlichen Ausgaben, die sich aus der Rechnungsführung dieses Trägers ergeben, außer bei Anwendung des Artikels 63 der Durchführungsverordnung.

(2) Geht der tatsächliche Betrag der in Absatz 1 genannten Ausgaben für Sachleistungen nicht oder teilweise nicht aus der Rechnungsführung des Trägers, der sie gewährt hat, hervor, so wird der zu erstattende Betrag auf der Grundlage aller geeigneten Bezugsgrößen, die den verfügbaren Daten entnommen werden, pauschal berechnet. Die Verwaltungskommission beurteilt die Grundlagen für die Berechnung der Pauschalbeträge und stellt deren Höhe fest.

(3) Für die Erstattung können keine höheren Sätze berücksichtigt werden als diejenigen, die für Sachleistungen an Versicherte maßgeblich sind, die den Rechtsvorschriften unterliegen, die für den Träger, der die in Absatz 1 genannten Sachleistungen gewährt hat, gelten.

Abschnitt 2
Erstattung auf der Grundlage von Pauschalbeträgen

Artikel 63
Bestimmung der betroffenen Mitgliedstaaten

(1) Die unter Artikel 35 Absatz 2 der Grundverordnung fallenden Mitgliedstaaten, deren Rechts- und Verwaltungsstruktur eine Erstattung auf der Grundlage der tatsächlichen Aufwendungen nicht zweckmäßig macht, sind in Anhang 3 der Durchführungsverordnung aufgeführt.

(2) Für die in Anhang 3 der Durchführungsverordnung aufgeführten Mitgliedstaaten wird der Betrag der Sachleistungen,

a) die nach Artikel 17 der Grundverordnung Familienangehörigen gewährt wurden, die in einem anderen Mitgliedstaat als der Versicherte wohnen, und

b) die nach Artikel 24 Absatz 1 und den Artikeln 25 und 26 der Grundverordnung Rentnern und ihren Familienangehörigen gewährt wurden,

den Trägern, die diese Sachleistungen gewährt haben, von den zuständigen Trägern auf der Grundlage eines Pauschalbetrags, dessen Höhe für jedes Kalenderjahr ermittelt wird, erstattet. Die Höhe dieses Pauschalbetrags muss den tatsächlichen Ausgaben möglichst nahe kommen.

Artikel 64
Methode zur Berechnung der monatlichen Pauschalbeträge und des gesamten Pauschalbetrags

(1) Für jeden forderungsberechtigten Mitgliedstaat wird der monatliche Pauschalbetrag pro Person (F_i) für ein Kalenderjahr ermittelt, indem man entsprechend der folgenden Formel die Jahresdurchschnittskosten pro Person (Y_i) nach Altersklasse (i) durch 12 teilt und das Ergebnis um einen Faktor (X) kürzt:

$$F_i = Y_i*1/12*(1-X)$$

Dabei steht

- der Index (i = 1, 2 oder 3) für die drei bei der Berechnung des Pauschalbetrags berücksichtigten Altersklassen:

  i = 1: Personen unter 20 Jahren,

  i = 2: Personen von 20 bis 64 Jahren,

  i = 3: Personen ab 65 Jahren,
- Y_i für die Jahresdurchschnittskosten pro Person der Altersklasse i nach Absatz 2,
- der Koeffizient X (0,20 oder 0,15) für die Kürzung nach Absatz 3.

(2) Die Jahresdurchschnittskosten pro Person (Y_i) der Altersklasse i werden ermittelt, indem man die Jahresausgaben für sämtliche Sachleistungen, die von Trägern des forderungsberechtigten Mitgliedstaats allen seinen Rechtsvorschriften unterliegenden und in seinem Hoheitsgebiet wohnenden Personen der betreffenden Altersklasse gewährt wurden, durch die durchschnittliche Zahl der betroffenen Personen dieser Altersklasse in dem betreffenden Kalenderjahr teilt. Die Berechnung beruht auf den Aufwendungen im Rahmen der Systeme nach Artikel 23 der Durchführungsverordnung.

(3) Die auf den monatlichen Pauschalbetrag anzuwendende Kürzung beträgt grundsätzlich 20 % (X = 0,20). Ist der zuständige Mitgliedstaat nicht in Anhang IV der Grundverordnung aufgeführt, so beträgt sie für Rentner und ihre Familienangehörigen 15 % (X = 0,15).

(4) Für jeden leistungspflichtigen Mitgliedstaat wird der gesamte Pauschalbetrag für ein Kalenderjahr ermittelt, indem man den festgelegten monatlichen Pauschalbetrag pro Person für jede Altersklasse i mit der Zahl der Monate multipliziert, die die betreffenden Personen der jeweiligen Altersgruppe in dem forderungsberechtigten Mitgliedstaat zurückgelegt haben, und die Ergebnisse addiert.

Die Zahl der von den betreffenden Personen in dem forderungsberechtigten Mitgliedstaat zurückgelegten Monate entspricht der Summe der Kalendermonate in einem Kalenderjahr, in denen die betreffenden Personen aufgrund ihres Wohnorts im Hoheitsgebiet des forderungsberechtigten Mitgliedstaats in eben diesem Hoheitsgebiet für Rechnung des leistungspflichtigen Mitgliedstaats für Sachleistungen in Betracht kamen. Diese Monate werden mit Hilfe eines Verzeichnisses ermittelt, das der Träger des Wohnorts zu diesem Zweck anhand von Nachweisen, die der zuständige Träger zur Verfügung stellt, über die Ansprüche der betreffenden Personen führt.

(5) Die Verwaltungskommission legt spätestens bis zum 1. Mai 2015 einen gesonderten Bericht über die Anwendung dieses Artikels und insbesondere über die Kürzungen nach Absatz 3 vor. Auf der Grundlage dieses Berichts kann die Verwaltungskommission einen Vorschlag mit Änderungen vorlegen, die sich gegebenenfalls als notwendig erweisen, um sicherzustellen, dass die Berechnung der Pauschalbeträge den tatsächlichen Aufwendungen so nahe wie möglich kommt und dass die Kürzungen nach Absatz 3 für die Mitgliedstaaten nicht zu unausgewogenen Zahlungen oder zu Doppelzahlungen führen.

(6) Die Verwaltungskommission bestimmt die Verfahren und Modalitäten, nach denen die in den Absätzen 1 bis 5 genannten Berechnungsfaktoren für die Pauschalbeträge festgelegt werden.

(7) Ungeachtet der Absätze 1 bis 4 können die Mitgliedstaaten für die Berechnung des Pauschalbetrags bis 1. Mai 2015 weiterhin Artikel 94 und 95 der Verordnung (EWG) Nr. 574/72 anwenden, unter der Voraussetzung, dass auch die Kürzung nach Absatz 3 angewandt wird.

Artikel 65
Mitteilung der Jahresdurchschnittskosten

(1) Für ein bestimmtes Jahr wird die Höhe der Jahresdurchschnittskosten pro Person in den einzelnen Altersklassen spätestens bis zum Ende des zweiten Jahres, das auf dieses Jahr folgt, dem Rechnungsausschuss mitgeteilt. Erfolgt die Mitteilung nicht bis zu diesem Zeitpunkt, so werden die Jahresdurchschnittskosten pro Person, die die Verwaltungskommission zuletzt für ein Jahr davor festgelegt hat, zugrunde gelegt.

(2) Die nach Absatz 1 festgelegten Jahresdurchschnittskosten werden jährlich im Amtsblatt der Europäischen Union veröffentlicht.

Abschnitt 3
Gemeinsame Vorschriften

Artikel 66
Erstattungsverfahren zwischen Trägern

(1) Die Erstattungen zwischen den betroffenen Mitgliedstaaten werden so rasch wie möglich vorgenommen. Der betreffende Träger ist verpflichtet, die Forderungen vor Ablauf der in diesem Abschnitt genannten Fristen zu erstatten, sobald er dazu in der Lage ist. Eine Beanstandung einer einzelnen Forderung verhindert nicht die Erstattung einer anderen Forderung oder anderer Forderungen.

(2) Erstattungen zwischen den Trägern der Mitgliedstaaten nach den Artikeln 35 und 41 der Grundverordnung werden über die Verbindungsstelle abgewickelt. Erstattungen nach den Artikeln 35 und 41 der Grundverordnung können jeweils über eine gesonderte Verbindungsstelle abgewickelt werden.

Artikel 67
Fristen für die Einreichung und Zahlung der Forderungen

(1) Forderungen auf der Grundlage von tatsächlichen Aufwendungen werden bei der Verbindungsstelle des leistungspflichtigen Mitgliedstaats binnen zwölf Monaten nach Ablauf des Kalenderhalbjahres eingereicht, in dem die Forderungen in die Rechnungsführung des forderungsberechtigten Trägers aufgenommen wurden.

(2) Forderungen auf der Grundlage von Pauschalbeträgen für ein Kalenderjahr werden bei der Verbindungsstelle des leistungspflichtigen Mitgliedstaats binnen zwölf Monaten nach dem Monat eingereicht, in dem die Durchschnittskosten des betreffenden Jahres im Amtsblatt der Europäischen Union veröffentlicht wurden. Die in Artikel 64 Absatz 4 der Durchführungsverordnung genannten Verzeichnisse werden bis zum Ende des Jahres, das dem Bezugsjahr folgt, vorgelegt.

(3) In dem in Artikel 6 Absatz 5 Unterabsatz 2 der Durchführungsverordnung genannten Fall beginnt die Frist nach den Absätzen 1 und 2 des vorliegenden Artikels erst mit dem Zeitpunkt der Ermittlung des zuständigen Trägers zu laufen.

(4) Forderungen, die nach Ablauf der in den Absätzen 1 und 2 genannten Fristen eingereicht werden, bleiben unberücksichtigt.

(5) Die Forderungen werden binnen 18 Monaten nach Ablauf des Monats, in dem sie bei der Verbindungsstelle des leistungspflichtigen Mitgliedstaats eingereicht wurden, an die in Artikel 66 der Durchführungsverordnung genannte Verbindungsstelle des forderungsberechtigten Mitgliedstaats gezahlt. Dies gilt nicht für Forderungen, die innerhalb dieses Zeitraums aus einem berechtigten Grund vom leistungspflichtigen Träger zurückgewiesen wurden.

(6) Beanstandungen einer Forderung müssen binnen 36 Monaten nach Ablauf des Monats geklärt sein, in dem die Forderung eingereicht wurde.

(7) Der Rechnungsausschuss erleichtert den Abschluss der Rechnungsführung in Fällen, in denen eine Einigung nicht innerhalb des in Absatz 6 genannten Zeitraums erzielt werden kann, und nimmt auf begründeten Antrag einer der Parteien innerhalb von sechs Monaten, gerechnet ab dem Monat, in dem er mit der Angelegenheit befasst worden ist, zu Beanstandungen Stellung.

Artikel 68
Verzugszinsen und Anzahlungen

(1) Nach Ablauf der Frist von 18 Monaten nach Artikel 67 Absatz 5 der Durchführungsverordnung kann der forderungsberechtigte Träger Zinsen auf ausstehende Forderungen erheben, es sei denn, der leistungspflichtige Träger hat innerhalb von sechs Monaten nach Ablauf des Monats, in dem die Forderung eingereicht wurde, eine Anzahlung in Höhe von mindestens 90 % der gesamten nach Artikel 67 Absätze 1 oder 2 der Durchführungsverordnung eingereichten Forderung geleistet. Für die Teile der Forderung, die nicht durch die Anzahlung abgedeckt sind, können Zinsen erst nach Ablauf der Frist von 36 Monaten nach Artikel 67 Absatz 6 der Durchführungsverordnung erhoben werden.

(2) Die Zinsen werden zu dem Referenzzinssatz berechnet, den die Europäische Zentralbank bei ihren Hauptrefinanzierungsgeschäften zugrunde legt. Maßgeblich ist der Referenzzinssatz, der am ersten Tag des Monats gilt, in dem die Zahlung fällig ist.

(3) Keine Verbindungsstelle ist verpflichtet, Anzahlungen nach Absatz 1 anzunehmen. Lehnt eine Verbindungsstelle jedoch ein entsprechendes Angebot ab, so ist der forderungsberechtigte Träger nicht mehr berechtigt, andere Verzugszinsen als nach Absatz 1 Satz 2 auf die betreffenden Forderungen zu erheben.

Artikel 69
Jahresabschlussbericht

(1) Auf der Grundlage des Berichts des Rechnungsausschusses erstellt die Verwaltungskommission nach Artikel 72 Buchstabe g der Grundverordnung für jedes Kalenderjahr eine Übersicht über die Forderungen. Zu diesem Zweck teilen die Verbindungsstellen dem Rechnungsausschuss unter Einhaltung der von diesem festgelegten Fristen und Modalitäten einerseits die Höhe der eingereichten, beglichenen oder beanstandeten Forderungen (Gläubigerposition) und andererseits die Höhe der eingegangenen, beglichenen oder beanstandeten Forderungen (Schuldnerposition) mit.

(2) Die Verwaltungskommission kann alle zweckdienlichen Prüfungen zur Kontrolle der statistischen Angaben und Rechnungsführungsdaten, auf deren Grundlage die Jahresübersicht über die Forderungen nach Absatz 1 erstellt wurde, vornehmen, insbesondere um sich zu vergewissern, dass diese Daten mit den in diesem Titel festgesetzten Regeln übereinstimmen.

KAPITEL II
Erstattung der Leistungen bei Arbeitslosigkeit nach Artikel 65 der Grundverordnung

Artikel 70
Erstattung der Leistungen bei Arbeitslosigkeit

Falls keine Vereinbarung nach Artikel 65 Absatz 8 der Grundverordnung getroffen wurde, beantragt der Träger des Wohnorts die Erstattung von Leistungen bei Arbeitslosigkeit nach Artikel 65 Absätze 6 und 7 der Grundverordnung von dem Träger des Mitgliedstaats, dessen Rechtsvorschriften zuletzt für den Leistungsberechtigten gegolten haben. Die Antragstellung erfolgt binnen sechs Monaten nach Ende des Kalenderhalbjahrs, in dem die letzte Zahlung von Leistungen bei Arbeitslosigkeit, deren Erstattung beantragt wird, geleistet wurde. Aus dem Antrag gehen die Höhe der Leistungen, die nach Artikel 65 Absätze 6 oder 7 der Grundverordnung drei oder fünf Monate lang gezahlt wurden, die Zeit der Leistungszahlung und die Angaben zur Person des Arbeitslosen hervor. Die Forderungen werden über die Verbindungsstellen der betroffenen Mitgliedstaaten eingereicht und bezahlt.

Es ist nicht erforderlich, Anträge, die nach der in Absatz 1 genannten Frist eingereicht werden, zu berücksichtigen.

Artikel 66 Absatz 1 und Artikel 67 Absätze 5 bis 7 der Durchführungsverordnung gelten entsprechend.

Nach Ablauf der in Artikel 67 Absatz 5 der Durchführungsverordnung genannten Achtzehnmonatsfrist kann der forderungsberechtigte Träger Zinsen auf die nicht beglichenen Forderungen erheben. Die Zinsen werden nach Artikel 68 Absatz 2 der Durchführungsverordnung berechnet.

Als Höchstbetrag der Erstattung nach Artikel 65 Absatz 6 Satz 3 der Grundverordnung gilt in jedem Einzelfall der Leistungsbetrag, auf den eine betroffene Person nach den Rechtsvorschriften des Mitgliedstaats, die zuletzt für sie gegolten haben, Anspruch hätte, sofern sie bei der Arbeitsverwaltung dieses Mitgliedstaats gemeldet wäre. In den Beziehungen zwischen den in Anhang 5 der Durchführungsverordnung aufgelisteten Mitgliedstaaten bestimmen jedoch die zuständigen Träger eines dieser Mitgliedstaaten, dessen Rechtsvorschriften zuletzt für die betroffene Person gegolten haben, in jedem Einzelfall den Höchstbetrag auf der Grundlage des Durchschnittsbetrags der Leistungen bei Arbeitslosigkeit, die nach den Rechtsvorschriften dieses Mitgliedstaats im vorangegangenen Kalenderjahr zu zahlen waren.

KAPITEL III
Rückforderung gezahlter, aber nicht geschuldeter Leistungen, Einziehung vorläufiger Zahlungen und Beiträge, Ausgleich und Unterstützung bei der Beitreibung

Abschnitt 1
Grundsätze

Artikel 71
Gemeinsame Bestimmungen

Zur Durchführung des Artikels 84 der Grundverordnung und in dem darin abgesteckten Rahmen wird die Beitreibung von Forderungen soweit möglich auf dem Wege des Ausgleichs nach den Artikeln 72 bis 74 der Durchführungsverordnung vorgenommen, entweder zwischen den betreffenden Trägern oder Mitgliedstaaten oder gegenüber der betreffenden natürlichen oder juristischen Person. Kann eine Forderung im Wege dieses Ausgleichs ganz oder teilweise nicht beigetrieben werden, so wird der noch geschuldete Betrag nach den Artikeln 75 bis 85 der Durchführungsverordnung beigetrieben.

Abschnitt 2
Ausgleich

Artikel 72
Nicht geschuldete Leistungen

(1) Hat der Träger eines Mitgliedstaats einer Person nicht geschuldete Leistungen ausgezahlt, so kann dieser Träger unter den Bedingungen und in den Grenzen der von ihm anzuwendenden Rechtsvorschriften den Träger jedes anderen Mitgliedstaats, der gegenüber der betreffenden Person zu Leistungen verpflichtet ist, um Einbehaltung des nicht geschuldeten Betrags von nachzuzahlenden Beträgen oder laufenden Zahlungen, die der betreffenden Person geschuldet sind, ersuchen, und zwar ungeachtet des Zweigs der sozialen Sicherheit, in dem die Leistung gezahlt wird. Der Träger des letztgenannten Mitgliedstaats behält den entsprechenden Betrag unter den Bedingungen und in den Grenzen ein, die nach den von ihm anzuwendenden Rechtsvorschriften für einen solchen Ausgleich vorgesehen sind, als ob es sich um von ihm selbst zu viel gezahlte Beträge handelte; den einbehaltenen Betrag überweist er dem Träger, der die nicht geschuldeten Leistungen ausgezahlt hat.

(2) Abweichend von Absatz 1 gilt Folgendes: Hat der Träger eines Mitgliedstaats bei der Feststellung oder Neufeststellung von Invaliditätsleistungen, Alters- und Hinterbliebenenrenten in Anwendung des Titels III Kapitel 4 und 5 der Grundverordnung einer Person Leistungen in nicht geschuldeter Höhe ausgezahlt, so kann dieser Träger vom Träger jedes anderen Mitgliedstaats, der gegenüber der betreffenden Person zu entsprechenden Leistungen verpflichtet ist, verlangen, den zuviel gezahlten Betrag von den nachzuzahlenden Beträgen einzubehalten, die der betreffenden Person zu zahlen sind. Nachdem der letztgenannte Träger den Träger, der den nicht geschuldeten Betrag gezahlt hat, über diese nachzuzahlenden Beträge unterrichtet hat, muss der Träger, der den nicht geschuldeten Betrag gezahlt hat, die Summe des nicht geschuldeten Betrags innerhalb von zwei Monaten mitteilen. Erhält der Träger, der die nachzuzahlenden Beträge zu zahlen hat, diese Mitteilung innerhalb der Frist, so überweist er den einbehaltenen Betrag an den Träger, der den nicht geschuldeten Betrag ausgezahlt hat. Ist die Frist abgelaufen, so muss der genannte Träger der betreffenden Person die nachzuzahlenden Beträge unverzüglich auszahlen.

(3) Hat eine Person während eines Zeitraums, in dem sie nach den Rechtsvorschriften eines Mitgliedstaats Anspruch auf Leistungen hatte, in einem anderen Mitgliedstaat Sozialhilfe bezogen, so kann die Stelle, die Sozialhilfe gewährt hat, falls sie einen gesetzlich zulässigen Regressanspruch auf der betreffenden Person geschuldete Leistungen hat, vom Träger jedes anderen Mitgliedstaats, der gegenüber der betreffenden Person zu Leistungen verpflichtet ist, verlangen, dass er den für Sozialhilfe verauslagten Betrag von den Beträgen einbehält, die dieser Mitgliedstaat der betreffenden Person zahlt.

Diese Bestimmung gilt entsprechend, wenn ein Familienangehöriger einer betroffenen Person während eines Zeitraums, in dem die versicherte Person für diesen Familienangehörigen nach den Rechtsvorschriften eines anderen Mitgliedstaats Anspruch auf Leistungen hatte, im Gebiet eines Mitgliedstaats Sozialhilfe bezogen hat.

Der Träger eines Mitgliedstaats, der einen nicht geschuldeten Betrag als Sozialhilfe ausgezahlt hat, übermittelt dem Träger des anderen Mitgliedstaats eine Abrechnung über den geschuldeten Betrag; dieser behält den entsprechenden Betrag unter den Bedingungen und in den Grenzen ein, die nach den von ihm anzuwendenden Rechtsvorschriften für einen solchen Ausgleich vorgesehen sind; den einbehaltenen Betrag überweist er unverzüglich dem Träger, der den nicht geschuldeten Betrag ausgezahlt hat.

Artikel 73
Vorläufig gezahlte Geldleistungen oder Beiträge

(1) Bei der Anwendung von Artikel 6 der Durchführungsverordnung erstellt der Träger, der die Geldleistungen vorläufig gezahlt hat, spätestens drei Monate nach Bestimmung der anzuwendenden Rechtsvorschriften oder Ermittlung des für die Zahlung der Leistungen verantwortlichen Trägers eine Abrechnung über den vorläufig gezahlten Betrag und übermittelt diese dem als zuständig ermittelten Träger.

Der für die Zahlung der Leistungen als zuständig ermittelte Träger behält im Hinblick auf diese vorläufige Zahlung den geschuldeten Betrag von den nachzuzahlenden Beträgen der entsprechenden Leistungen, die er der betreffenden Person schuldet, ein und überweist den einbehaltenen Betrag unverzüglich dem Träger, der die Geldleistungen vorläufig gezahlt hat.

Geht der Betrag der vorläufig gezahlten Leistungen über den nachzuzahlenden Betrag hinaus, oder sind keine nachzuzahlenden Beträge vorhanden, so behält der als zuständig ermittelte Träger diesen Betrag unter den Bedingungen und in den Grenzen, die nach den von ihm anzuwendenden Rechtsvorschriften für einen solchen Ausgleich vorgesehen sind, von laufenden Zahlungen ein und überweist den einbehaltenen Betrag unverzüglich dem Träger, der die Geldleistungen vorläufig gezahlt hat.

(2) Der Träger, der von einer juristischen und/oder natürlichen Person vorläufig Beiträge erhalten hat, erstattet die entsprechenden Beträge erst dann der Person, die diese Beiträge gezahlt hat, wenn er bei dem als zuständig ermittelten Träger angefragt hat, welche Summen diesem nach Artikel 6 Absatz 4 der Durchführungsverordnung zustehen.

Auf Antrag des als zuständig ermittelten Trägers, der spätestens drei Monate nach Bestimmung der anzuwendenden Rechtsvorschriften gestellt werden muss, überweist der Träger, der Beiträge vorläufig erhalten hat, diese dem als zuständig ermittelten Träger zur Bereinigung der Situation hinsichtlich der Beiträge, die die juristische und/oder natürliche Person diesem Träger schuldet. Die überwiesenen Beiträge gelten rückwirkend als an den als zuständig ermittelten Träger gezahlt.

Übersteigt der Betrag der vorläufig gezahlten Beiträge den Betrag, den die juristische und/oder natürliche Person dem als zuständig ermittelten Träger schuldet, so erstattet der Träger, der die Beiträge vorläufig erhalten hat, den überschüssigen Betrag an die betreffende juristische und/oder natürliche Person.

Artikel 74
Mit dem Ausgleich verbundene Kosten

Erfolgt die Einziehung auf dem Wege des Ausgleichs nach den Artikeln 72 und 73 der Durchführungsverordnung, fallen keinerlei Kosten an.

Abschnitt 3
Beitreibung

Artikel 75
Begriffsbestimmungen und gemeinsame Bestimmungen

(1) In diesem Abschnitt bezeichnet der Ausdruck

– „Forderung“ alle Forderungen im Zusammenhang mit nicht geschuldet geleisteten Beiträgen oder gezahlten Leistungen, einschließlich Zinsen, Geldbußen, Verwaltungsstrafen und alle anderen Gebühren und Kosten, die nach den Rechtsvorschriften des Mitgliedstaats, der die Forderung geltend macht, mit der Forderung verbunden sind;
– „ersuchende Partei“ in Bezug auf jeden Mitgliedstaat jeden Träger, der ein Ersuchen um Auskunft, Zustellung oder Beitreibung bezüglich einer Forderung im Sinne der vorstehenden Definition einreicht;
– „ersuchte Partei“ in Bezug auf jeden Mitgliedstaat jeden Träger, bei dem ein Ersuchen um Auskunft, Zustellung oder Beitreibung eingereicht werden kann.

(2) Ersuchen und alle damit zusammenhängenden Mitteilungen zwischen den Mitgliedstaaten werden grundsätzlich über bezeichnete Träger übermittelt.

(3) Praktische Durchführungsmaßnahmen, einschließlich u. a. der Maßnahmen in Bezug auf Artikel 4 der Durchführungsverordnung und in Bezug auf die Festlegung einer Mindestschwelle für Beträge, für die ein Beitreibungsersuchen gestellt werden kann, werden von der Verwaltungskommission getroffen.

Artikel 76
Auskunftsverlangen

(1) Auf Antrag der ersuchenden Partei erteilt die ersuchte Partei dieser alle Auskünfte, die ihr bei der Beitreibung einer Forderung von Nutzen sind.

Zur Beschaffung dieser Auskünfte übt die ersuchte Partei die Befugnisse aus, die ihr nach den Rechts- und Verwaltungsvorschriften für die Beitreibung entsprechender Forderungen zustehen, die in ihrem eigenen Mitgliedstaat entstanden sind.

(2) Das Auskunftsersuchen enthält den Namen, die letzte bekannte Anschrift und alle sonstigen relevanten Angaben für die Identifizierung der betreffenden juristischen oder natürlichen Person, auf die sich die zu erteilenden Auskünfte beziehen, sowie Angaben über Art und Höhe der dem Ersuchen zugrunde liegenden Forderung.

(3) Die ersuchte Partei ist nicht gehalten, Auskünfte zu übermitteln,

a) die sie sich für die Beitreibung derartiger, in ihrem eigenen Mitgliedstaat entstandener Forderungen nicht beschaffen könnte,
b) mit denen ein Handels-, Gewerbe- oder Berufsgeheimnis preisgegeben würde und
c) deren Mitteilung die Sicherheit oder die öffentliche Ordnung des betreffenden Mitgliedstaats verletzen würde.

(4) Die ersuchte Partei teilt der ersuchenden Partei mit, aus welchen Gründen dem Auskunftsersuchen nicht stattgegeben werden kann.

Artikel 77
Zustellung

(1) Auf Antrag der ersuchenden Partei nimmt die ersuchte Partei nach Maßgabe der Rechtsvorschriften für die Zustellung entsprechender Schriftstücke oder Entscheidungen in ihrem eigenen Mitgliedstaat die Zustellung aller mit einer Forderung und/oder mit deren Beitreibung zusammenhängenden und von dem Mitgliedstaat der ersuchenden Partei ausgehenden Verfügungen und Entscheidungen, einschließlich der gerichtlichen, an den Empfänger vor.

(2) Das Zustellungsersuchen enthält den Namen, die Anschrift und alle sonstigen für die Identifizierung des betreffenden Empfängers relevanten Angaben, die der ersuchenden Stelle normalerweise zugänglich sind, Angaben über Art und Gegenstand der zuzustellenden Verfügung oder Entscheidung und erforderlichenfalls den Namen, die Anschrift und alle sonstigen der ersuchenden Stelle normalerweise zugänglichen für die Identifizierung relevanten Angaben zum Schuldner und zu der Forderung, auf die sich die Verfügung oder Entscheidung bezieht, sowie alle sonstigen sachdienlichen Angaben.

(3) Die ersuchte Partei teilt der ersuchenden Partei unverzüglich mit, was aufgrund dieses Zustellungsersuchens veranlasst worden ist und insbesondere, an welchem Tag dem Empfänger die Entscheidung oder Verfügung übermittelt worden ist.

Artikel 78
Beitreibungsersuchen

(1) Dem Ersuchen um Beitreibung einer Forderung, das die ersuchende Partei an die ersuchte Partei richtet, sind eine amtliche Ausfertigung oder eine beglaubigte Kopie des in dem Mitgliedstaat, in dem die ersuchende Partei ihren Sitz hat, ausgestellten Vollstreckungstitels und gegebenenfalls das Original oder eine beglaubigte Kopie etwaiger für die Beitreibung sonst erforderlicher Dokumente beizufügen.

(2) Die ersuchende Partei kann ein Beitreibungsersuchen nur dann stellen,

a) wenn die Forderung und/oder der Vollstreckungstitel in ihrem Mitgliedstaat nicht angefochten wurden, außer für den Fall, dass Artikel 81 Absatz 2 Unterabsatz 2 der Durchführungsverordnung angewandt wird;
b) wenn sie in ihrem Mitgliedstaat bereits geeignete Beitreibungsverfahren durchgeführt hat, wie sie aufgrund des in Absatz 1 genannten Titels durchgeführt werden können, und die getroffenen Maßnahmen nicht zur vollständigen Befriedigung der Forderung führen werden;
c) wenn die Verjährungsfrist nach innerstaatlichem Recht noch nicht abgelaufen ist.

(3) Das Beitreibungsersuchen enthält:

a) Namen, Anschrift und sonstige sachdienliche Angaben zur Identifizierung der betreffenden natürlichen oder juristischen Person bzw. des Dritten, in dessen Besitz sich ihre Vermögenswerte befinden;
b) Namen, Anschrift und sonstige sachdienliche Angaben zur Identifizierung der ersuchenden Partei;
c) eine Bezugnahme auf den im Mitgliedstaat der ersuchenden Partei ausgestellten Vollstreckungstitel;
d) Art und Höhe der Forderung, einschließlich der Hauptforderung, Zinsen, Geldbußen, Verwaltungsstrafen und alle anderen Gebühren und Kosten in den Währungen des Mitgliedstaats der ersuchenden und der ersuchten Partei;
e) Datum des Tages, an dem die ersuchende Partei bzw. die ersuchte Partei den Vollstreckungstitel dem Empfänger zugestellt haben;
f) Datum des Tages, ab dem und Frist während der die Beitreibung nach dem Recht des Mitgliedstaats der ersuchenden Partei ausgeführt werden kann;
g) alle sonstigen sachdienlichen Informationen.

(4) Das Beitreibungsersuchen muss ferner eine Erklärung der ersuchenden Partei enthalten, in der diese bestätigt, dass die in Absatz 2 genannten Voraussetzungen erfüllt sind.

(5) Die ersuchende Partei übermittelt der ersuchten Partei alle maßgebenden Informationen in der Sache, die dem Beitreibungsersuchen zugrunde liegt, sobald diese zu ihrer Kenntnis gelangen.

Artikel 79
Vollstreckungstitel

(1) Nach Artikel 84 Absatz 2 der Grundverordnung wird der Vollstreckungstitel für die Beitreibung der Forderung unmittelbar anerkannt und automatisch wie ein Titel für die Vollstreckung einer Forderung des Mitgliedstaats der ersuchten Partei behandelt.

(2) Ungeachtet des Absatzes 1 kann der Vollstreckungstitel gegebenenfalls nach dem Recht des Mitgliedstaats der ersuchten Partei als Titel angenommen oder anerkannt oder durch einen Titel ergänzt oder ersetzt werden, der die Vollstreckung im Hoheitsgebiet dieses Mitgliedstaats ermöglicht.

Die Mitgliedstaaten bemühen sich, die Annahme, Anerkennung, Ergänzung bzw. Ersetzung des Titels binnen drei Monaten nach Eingang des Beitreibungsersuchens abzuschließen, außer in den Fällen, in denen Unterabsatz 3 dieses Absatzes Anwendung findet. Mitgliedstaaten können die Durchführung dieser Handlungen nicht verweigern, wenn der Titel ordnungsgemäß abgefasst ist. Überschreitet die ersuchte Partei die Dreimonatsfrist, teilt sie der ersuchenden Partei die Gründe dieser Überschreitung mit.

Entsteht im Zusammenhang mit einer dieser Forderungen und/oder dem von der ersuchenden Partei ausgestellten Vollstreckungstitel wegen einer dieser Handlungen eine Streitigkeit, so findet Artikel 81 der Durchführungsverordnung Anwendung.

Artikel 80
Zahlungsmodalitäten und -fristen

(1) Die Beitreibung erfolgt in der Währung des Mitgliedstaats der ersuchten Partei. Die ersuchte Partei überweist den gesamten von ihr beigetriebenen Betrag der Forderung an die ersuchende Partei.

(2) Sofern dies nach dem Recht und der Verwaltungspraxis ihres Mitgliedstaats zulässig ist, kann die ersuchte Partei dem Schuldner nach Konsultation der ersuchenden Partei eine Zahlungsfrist oder Ratenzahlung einräumen. Die von der ersuchten Partei angesichts dieser Zahlungsfrist berechneten Zinsen werden ebenfalls an die ersuchende Partei überwiesen.

Ab dem Zeitpunkt der unmittelbaren Anerkennung des Vollstreckungstitels nach Artikel 79 Absatz 1 der Durchführungsverordnung oder der Bestätigung, Ergänzung oder Ersetzung des Vollstreckungstitels nach Artikel 79 Absatz 2 der Durchführungsverordnung werden nach den Rechts- und Verwaltungsvorschriften und der Verwaltungspraxis des Mitgliedstaats der ersuchten Partei Verzugszinsen berechnet und an die ersuchende Partei überwiesen.

Artikel 81
Anfechtung der Forderung oder des Vollstreckungstitels und Anfechtung der Vollstreckungsmaßnahmen

(1) Wird im Verlauf der Beitreibung die Forderung oder der im Mitgliedstaat der ersuchenden Partei ausgestellte Vollstreckungstitel von einem Betroffenen angefochten, so wird der Rechtsbehelf von diesem bei den zuständigen Behörden des Mitgliedstaats der ersuchenden Partei nach dem in diesem Mitgliedstaat geltenden Recht eingelegt. Über die Einleitung dieses Verfahrens hat die ersuchende Partei der ersuchten Partei unverzüglich Mitteilung zu machen. Ferner kann der Betroffene die ersuchte Partei über die Einleitung dieses Verfahrens informieren.

(2) Sobald die ersuchte Partei die Mitteilung oder Information nach Absatz 1 seitens der ersuchenden Partei oder des Betroffenen erhalten hat, setzt sie das Vollstreckungsverfahren in der Erwartung einer Entscheidung der zuständigen Behörde aus, es sei denn, die ersuchende Partei wünscht ein anderes Vorgehen in Übereinstimmung mit Unterabsatz 2 dieses Absatzes. Sofern sie dies für notwendig erachtet, kann die ersuchte Partei unbeschadet des Artikels 84 der Durchführungsverordnung Sicherungsmaßnahmen treffen, um die Beitreibung sicherzustellen, soweit die Rechts- und Verwaltungsvorschriften ihres Mitgliedstaats dies für derartige Forderungen zulassen.

Ungeachtet des Unterabsatzes 1 kann die ersuchende Partei nach den Rechts- und Verwaltungsvorschriften und der Verwaltungspraxis ihres Mitgliedstaats die ersuchte Partei um Beitreibung einer angefochtenen Forderung ersuchen, sofern dies nach den Rechts- und Verwaltungsvorschriften und der Verwaltungspraxis des Mitgliedstaats der ersuchten Partei zulässig ist. Wird der Anfechtung später stattgegeben, haftet die ersuchende Partei für die Erstattung bereits beigetriebener Beträge samt etwaiger geschuldeter Entschädigungsleistungen nach dem Recht des Mitgliedstaats der ersuchten Partei.

(3) Betrifft die Anfechtung die Vollstreckungsmaßnahmen im Mitgliedstaat der ersuchten Partei, so ist sie nach den dort geltenden Rechts- und Verwaltungsvorschriften bei der zuständigen Behörde dieses Mitgliedstaats einzulegen.

(4) Wenn die zuständige Behörde, bei der der Rechtsbehelf nach Absatz 1 eingelegt wurde, ein ordentliches Gericht oder ein Verwaltungsgericht ist, so gilt die Entscheidung dieses Gerichts, sofern sie zugunsten der ersuchenden Partei ausfällt und die Beitreibung der Forderung in dem Mitgliedstaat, in dem die ersuchende Partei ihren Sitz hat, ermöglicht, als „Vollstreckungstitel" im Sinne der Artikel 78 und 79 der Durchführungsverordnung, und die Beitreibung der Forderung wird aufgrund dieser Entscheidung vorgenommen.

Artikel 82
Grenzen der Unterstützung

(1) Die ersuchte Partei ist nicht verpflichtet,

a) die in den Artikeln 78 bis 81 der Durchführungsverordnung vorgesehene Unterstützung zu gewähren, wenn die Beitreibung der Forderung wegen der Situation des Schuldners zu ernsten wirtschaftlichen oder sozialen Schwierigkeiten im Mitgliedstaat der ersuchten Partei führen würde, sofern dies nach den geltenden Rechts- und Verwaltungsvorschriften des Mitgliedstaats der ersuchten Partei oder der dort üblichen Verwaltungspraxis für gleichartige inländische Forderungen zulässig ist;

b) die in den Artikeln 76 bis 81 der Durchführungsverordnung vorgesehene Unterstützung zu gewähren, wenn sich das erste Ersuchen nach den Artikeln 76 bis 78 der Durchführungsverordnung auf mehr als fünf Jahre alte Forderungen bezieht, das heißt, wenn zwischen der Ausstellung des Vollstreckungstitels nach den geltenden Rechts- und Verwaltungsvorschriften des Mitgliedstaats der ersuchenden Partei und der dort üblichen Verwaltungspraxis und dem Datum des Ersuchens mehr als fünf Jahre vergangen sind. Bei einer etwaigen Anfechtung der Forderung oder des Titels beginnt die Frist jedoch erst ab dem Zeitpunkt, zu dem der Mitgliedstaat der ersuchenden Partei feststellt, dass die Forderung oder der Vollstreckungstitel unanfechtbar geworden sind.

(2) Die ersuchte Partei teilt der ersuchenden Partei mit, aus welchen Gründen dem Unterstützungsersuchen nicht stattgegeben werden kann.

Artikel 83
Verjährungsfrist

(1) Verjährungsfragen werden wie folgt geregelt:

a) nach dem geltenden Recht des Mitgliedstaats der ersuchenden Partei, soweit es die Forderung und oder den Vollstreckungstitel betrifft, und

b) nach dem geltenden Recht des Mitgliedstaats der ersuchten Partei, soweit es Vollstreckungsmaßnahmen im ersuchten Mitgliedstaat betrifft.

Die Verjährungsfristen nach dem im Mitgliedstaat der ersuchten Partei geltenden Recht beginnen ab dem Zeitpunkt der unmittelbaren Anerkennung oder ab dem Zeitpunkt der Zustimmung, Anerkennung, Ergänzung oder Ersetzung nach Artikel 79 der Durchführungsverordnung.

(2) Die von der ersuchten Partei auf Grund des Unterstützungsersuchens durchgeführten Beitreibungsmaßnahmen, die im Falle der Durchführung durch die ersuchende Partei eine Aussetzung oder eine Unterbrechung der Verjährung nach dem geltenden Recht des Mitgliedstaats der ersuchenden Partei bewirkt hätten, gelten insoweit als von diesem letztgenannten Staat vorgenommen.

Artikel 84
Vorsorgemaßnahmen

Auf einen mit Gründen versehenen Antrag der ersuchenden Partei trifft die ersuchte Partei die erforderlichen Sicherungsmaßnahmen, um die Beitreibung einer Forderung zu gewährleisten, sofern dies nach dem Recht des Mitgliedstaats der ersuchten Partei zulässig ist.

Für die Durchführung des Absatzes 1 gelten die Bestimmungen und Verfahren der Artikel 78, 79, 81 und 82 der Durchführungsverordnung entsprechend.

Artikel 85
Beitreibungskosten

(1) Die ersuchte Partei zieht bei der natürlichen oder juristischen Person sämtliche Kosten ein, die ihr im Zusammenhang mit der Beitreibung entstehen; sie verfährt dabei nach den für vergleichbare Forderungen geltenden Rechts- und Verwaltungsvorschriften des Mitgliedstaats der ersuchten Partei.

(2) Die im Rahmen dieses Abschnitts geleistete Amtshilfe wird in der Regel unentgeltlich gewährt. Bereitet die Beitreibung jedoch besondere Probleme oder führt sie zu sehr hohen Kosten, so können die ersuchende und die ersuchte Partei im Einzelfall spezielle Erstattungsmodalitäten vereinbaren.

(3) Der Mitgliedstaat der ersuchenden Partei bleibt gegenüber dem Mitgliedstaat der ersuchten Partei für jegliche Kosten und Verluste haftbar, die durch Maßnahmen entstehen, die hinsichtlich der Begründetheit der Forderung oder der Gültigkeit des von der ersuchenden Partei ausgestellten Titels als nicht gerechtfertigt befunden werden.

Artikel 86
Überprüfungsklausel

(1) Spätestens bis zum vierten vollen Kalenderjahr nach dem Inkrafttreten der Durchführungsverordnung legt die Verwaltungskommission einen vergleichenden Bericht über die in Artikel 67 Absätze 2, 5 und 6 der Durchführungsverordnung genannten Fristen vor.

Auf der Grundlage dieses Berichts kann die Kommission gegebenenfalls Vorschläge zur Überprüfung dieser Fristen mit dem Ziel vorlegen, diese Fristen wesentlich zu verkürzen.

(2) Spätestens bis zu dem in Absatz 1 genannten Zeitpunkt bewertet die Verwaltungskommission auch die in Artikel 13 vorgesehenen Regeln für die Umrechnung von Zeiten im Hinblick auf eine Vereinfachung dieser Regeln, falls dies möglich ist.

(3) Spätestens bis zum 1. Mai 2015 legt die Verwaltungskommission einen Sonderbericht zur Bewertung der Anwendung des Titels IV Kapitel I und Kapitel III der Durchführungsverordnung insbesondere hinsichtlich der Verfahren und Fristen nach Artikel 67 Absätze 2, 5 und 6 der Durchführungsverordnung und der Beitreibungsverfahren nach den Artikeln 75 bis 85 der Durchführungsverordnung vor.

Im Lichte dieses Berichts kann die Europäische Kommission erforderlichenfalls geeignete Vorschläge für eine effizientere und ausgewogene Gestaltung dieser Verfahren unterbreiten.

TITEL V
SONSTIGE VORSCHRIFTEN, ÜBERGANGS- UND SCHLUSSBESTIMMUNGEN

Artikel 87
Ärztliche Gutachten und verwaltungsmäßige Kontrollen

(1) Unbeschadet sonstiger Vorschriften gilt Folgendes: Hält sich ein Antragsteller oder ein Leistungsempfänger oder ein Familienangehöriger vorübergehend im Hoheitsgebiet eines anderen als des Mitgliedstaats auf, in dem sich der leistungspflichtige Träger befindet, oder wohnt er dort, so wird eine ärztliche Untersuchung auf Ersuchen dieses Trägers durch den Träger des Aufenthalts- oder Wohnorts des Berechtigten entsprechend dem von diesem Träger anzuwendenden gesetzlich vorgeschriebenen Verfahren vorgenommen.

Der leistungspflichtige Träger teilt dem Träger des Aufenthalts- oder Wohnorts mit, welche besonderen Voraussetzungen erforderlichenfalls zu erfüllen und welche Aspekte in dem ärztlichen Gutachten zu berücksichtigen sind.

(2) Der Träger des Aufenthalts- oder Wohnorts erstattet dem leistungspflichtigen Träger, der um das ärztliche Gutachten ersucht hat, Bericht. Der leistungspflichtige Träger ist an die Feststellungen des Trägers des Aufenthalts- oder Wohnorts gebunden. Dem leistungspflichtigen Träger steht es frei, den Leistungsberechtigten durch einen Arzt seiner Wahl untersuchen zu lassen. Allerdings kann der Berechtigte nur dann aufgefordert werden, sich in den Mitgliedstaat des leistungspflichtigen Trägers zu begeben, wenn er reisen kann, ohne dass dies seine Gesundheit gefährdet, und wenn die damit verbundenen Reise- und Aufenthaltskosten von dem leistungspflichtigen Träger übernommen werden.

(3) Hält sich ein Antragsteller oder Leistungsempfänger oder ein Familienangehöriger im Hoheitsgebiet eines anderen als des Mitgliedstaats auf, in dem sich der leistungspflichtige Träger befindet, oder wohnt er dort, so wird die verwaltungsmäßige Kontrolle auf Ersuchen dieses Trägers vom Träger des Aufenthalts- oder Wohnorts des Berechtigten durchgeführt.

Absatz 2 gilt auch in diesem Fall.

(4) Die Absätze 2 und 3 finden auch Anwendung, um den Grad der Pflegebedürftigkeit des Antragstellers oder des Empfängers der in Artikel 34 der Grundverordnung genannten Leistungen bei Pflegebedürftigkeit festzustellen oder zu kontrollieren.

(5) Die zuständigen Behörden bzw. zuständigen Träger von zwei oder mehr Mitgliedstaaten können spezifische Vorschriften und Verfahren vereinbaren, um die Voraussetzungen für eine teilweise oder vollständige Wiederaufnahme der Arbeit durch Antragsteller und Leistungsempfänger und ihre Teilnahme an Systemen oder Programmen, die im Aufenthalts- oder Wohnmitgliedstaat zu diesem Zweck zur Verfügung stehen, zu verbessern.

(6) In Abweichung vom Grundsatz der kostenfreien gegenseitigen Amtshilfe nach Artikel 76 Absatz 2 der Grundverordnung werden die Kosten, die im Zusammenhang mit den in den Absätzen 1 bis 5 aufgeführten Kontrollen tatsächlich entstanden sind, dem Träger, der mit der Durchführung der Kontrolle beauftragt wurde, vom leistungspflichtigen Träger, der diese Kontrollen angefordert hatte, erstattet.

Artikel 88
Mitteilungen

(1) Die Mitgliedstaaten teilen der Europäischen Kommission die Kontaktadressen der in Artikel 1 Buchstaben m, q und r der Grundverordnung und in Artikel 1 Absatz 2 Buchstaben a und b der Durchführungsverordnung genannten Stellen und der nach der Durchführungsverordnung bezeichneten Träger mit.

(2) Die Stellen nach Absatz 1 müssen über eine elektronische Identität in Form eines Identifizierungscodes und über eine elektronische Anschrift verfügen.

(3) Die Verwaltungskommission legt Aufbau, Inhalt und Verfahren im Einzelnen einschließlich des gemeinsamen Formats und des Musters für die Mitteilung der Kontaktadressen nach Absatz 1 fest.

(4) In Anhang 4 der Durchführungsverordnung ist die öffentlich zugängliche Datenbank bezeichnet, in der die Informationen nach Absatz 1 zusammengestellt sind. Diese Datenbank wird von der Europäischen Kommission aufgebaut und verwaltet. Die Mitgliedstaaten sind jedoch dafür verantwortlich, ihre eigenen nationalen Kontaktadressen in diese Datenbank einzugeben. Darüber hinaus sorgen die Mitgliedstaaten für die Richtigkeit der Eingabedaten der nach Absatz 1 erforderlichen nationalen Kontaktadressen.

(5) Die Mitgliedstaaten gewährleisten die ständige Aktualisierung der Informationen nach Absatz 1.

Artikel 89
Informationen

(1) Die Verwaltungskommission stellt die erforderlichen Informationen bereit, damit die betreffenden Personen von ihren Rechten und den bei deren Geltendmachung zu beachtenden Formvorschriften Kenntnis nehmen können. Die Informationen werden nach Möglichkeit auf elektronischem Wege verbreitet und zu diesem Zweck auf allgemein zugänglichen Internetseiten zur Verfügung gestellt. Die Verwaltungskommission stellt sicher, dass die Informationen regelmäßig aktualisiert werden, und überwacht die Qualität der für die Kunden erbrachten Dienstleistungen.

(2) Der in Artikel 75 der Grundverordnung genannte Beratende Ausschuss kann zur Verbesserung der Informationen und ihrer Verbreitung Stellungnahmen und Empfehlungen abgeben.

(3) Die zuständigen Behörden stellen sicher, dass ihre Träger über sämtliche Rechts- und Verwaltungsvorschriften der Gemeinschaft, einschließlich der Beschlüsse der Verwaltungskommission, informiert sind und diese in den Bereichen, die unter die Grundverordnung und die Durchführungsverordnung fallen, unter Beachtung der dort festgelegten Bedingungen anwenden.

Artikel 90
Währungsumrechnung

Bei der Anwendung der Grundverordnung und der Durchführungsverordnung gilt als Wechselkurs zweier Währungen der von der Europäischen Zentralbank veröffentlichte Referenzwechselkurs. Die Verwaltungskommission bestimmt den Bezugszeitpunkt für die Festlegung des Wechselkurses.

Artikel 91
Statistiken

Die zuständigen Behörden erstellen Statistiken zur Durchführung der Grundverordnung und der Durchführungsverordnung und übermitteln sie dem Sekretariat der Verwaltungskommission. Der Plan und die Methode für die Erhebung und Zusammenstellung dieser Daten werden von der Verwaltungskommission festgelegt. Die Europäische Kommission sorgt für die Verbreitung dieser Informationen.

Artikel 92
Änderung der Anhänge

Die Anhänge 1, 2, 3, 4 und 5 der Durchführungsverordnung sowie die Anhänge VI, VII, VIII und IX der Grundverordnung können auf Antrag der Verwaltungskommission durch eine Verordnung der Kommission geändert werden.

Artikel 93
Übergangsbestimmungen

Artikel 87 der Grundverordnung gilt für die Sachverhalte im Anwendungsbereich der Durchführungsverordnung.

Artikel 94
Übergangsvorschriften für Renten

(1) Ist der Versicherungsfall vor dem Datum des Inkrafttretens der Durchführungsverordnung im Hoheitsgebiet des betreffenden Mitgliedstaats eingetreten, ohne dass vor diesem Zeitpunkt für den Rentenantrag eine Feststellung erfolgt ist, und sind aufgrund dieses Versicherungsfalls Leistungen für eine Zeitspanne vor diesem Zeitpunkt zu gewähren, so hat dieser Antrag eine doppelte Feststellung zur Folge, und zwar

a) für die Zeit vor dem Datum des Inkrafttretens der Durchführungsverordnung im Hoheitsgebiet des betreffenden Mitgliedstaats nach der Verordnung (EWG) Nr. 1408/71 beziehungsweise nach Vereinbarungen zwischen den betreffenden Mitgliedstaaten sowie
b) für die Zeit ab dem Datum des Inkrafttretens der Durchführungsverordnung im Hoheitsgebiet des betreffenden Mitgliedstaats nach der Grundverordnung.

Ergibt sich jedoch bei der Berechnung nach Buchstabe a ein höherer Betrag als bei der Berechnung nach Buchstabe b, so erhält die betreffende Person weiterhin den Betrag, der sich bei der Berechnung nach Buchstabe a ergibt.

(2) Wird ab dem Datum des Inkrafttretens der Durchführungsverordnung im Hoheitsgebiet des betreffenden Mitgliedstaats ein Antrag auf Leistungen bei Invalidität, bei Alter oder an Hinterbliebene bei einem Träger eines Mitgliedstaats gestellt, so werden die Leistungen, die vor diesem Zeitpunkt für denselben Versicherungsfall durch den oder die Träger eines oder mehrerer anderer Mitgliedstaaten festgestellt wurden, von Amts wegen nach der Verordnung neu festgestellt; die Neufeststellung darf nicht zu einem geringeren Leistungsbetrag führen.

Artikel 95
Übergangszeit für den elektronischen Datenaustausch

(1) Jedem Mitgliedstaat kann eine Übergangszeit für den elektronischen Datenaustausch nach Artikel 4 Absatz 2 der Durchführungsverordnung eingeräumt werden.

Diese Übergangszeiten enden spätestens 24 Monate nach dem Datum des Inkrafttretens der Durchführungsverordnung.

Verspätet sich jedoch die Bereitstellung der erforderlichen gemeinschaftlichen Infrastruktur (Elektronischer Austausch von Information der sozialen Sicherheit – EESSI) bezogen auf das Inkrafttreten der Durchführungsverordnung wesentlich, so kann die Verwaltungskommission eine angemessene Verlängerung der Übergangszeiten beschließen.

(2) Die praktischen Verfahren für erforderliche Übergangszeiten nach Absatz 1 werden von der Verwaltungskommission so festgelegt, dass der für die Anwendung der Grundverordnung und der Durchführungsverordnung erforderliche Datenaustausch sichergestellt ist.

Artikel 96
Aufhebung

(1) Die Verordnung (EWG) Nr. 574/72 wird mit Wirkung vom 1. Mai 2010 aufgehoben.

Die Verordnung (EWG) Nr. 574/72 bleibt jedoch in Kraft und behält ihre Rechtswirkung für die Zwecke

a) der Verordnung (EG) Nr. 859/2003 des Rates vom 14. Mai 2003 zur Ausdehnung der Bestimmungen der Verordnung (EWG) Nr. 1408/71 und der Verordnung (EWG) Nr. 574/72 auf Drittstaatsangehörige, die ausschließlich aufgrund ihrer Staatsangehörigkeit nicht bereits unter diese Bestimmungen fallen, solange die genannte Verordnung nicht aufgehoben oder geändert ist;
b) der Verordnung (EWG) Nr. 1661/85 des Rates vom 13. Juni 1985 zur Festlegung der technischen Anpassungen der Gemeinschaftsregelung auf dem Gebiet der sozialen Sicherheit der Wanderarbeitnehmer in Bezug auf Grönland, solange die genannte Verordnung nicht aufgehoben oder geändert ist;
c) des Abkommens über den Europäischen Wirtschaftsraum, des Abkommens zwischen der Europäischen Gemeinschaft und ihren Mitgliedstaaten einerseits und der Schweizerischen Eidgenossenschaft andererseits über die Freizügigkeit sowie anderer Abkommen, die eine Verweisung auf die Verordnung (EWG) Nr. 574/72 enthalten, solange die genannten Abkommen nicht infolge der Durchführungsverordnung geändert worden sind.

(2) In der Richtlinie 98/49/EG des Rates vom 29. Juni 1998 zur Wahrung ergänzender Rentenan-

sprüche von Arbeitnehmern und Selbständigen, die innerhalb der Europäischen Gemeinschaft zu- und abwandern, und generell in allen anderen Rechtsakten der Gemeinschaft gelten Verweisungen auf die Verordnung (EWG) Nr. 574/72 als Verweisungen auf die Durchführungsverordnung.

Artikel 97
Veröffentlichung und Inkrafttreten

Diese Verordnung wird im *Amtsblatt der Europäischen Union* veröffentlicht. Sie tritt am 1. Mai 2010 in Kraft.

Diese Verordnung ist in allen ihren Teilen verbindlich und gilt unmittelbar in jedem Mitgliedstaat.

Geschehen zu Straßburg am 16. September 2009.

ANHANG 1
Durchführungsbestimmungen zu bilateralen Abkommen, die weiter in Kraft bleiben, und neue bilaterale Durchführungsvereinbarungen

(nach Artikel 8 Absatz 1 und Artikel 9 Absatz 2 der Durchführungsverordnung)

BELGIEN – DÄNEMARK

Briefwechsel vom 8. Mai 2006 und 21. Juni 2006 betreffend das Abkommen über die Erstattung von Kosten in ihrer tatsächlichen Höhe für Leistungen an Familienmitglieder von in Belgien versicherten Beschäftigten oder Selbständigen, deren Familienmitglieder in Dänemark wohnen, und an Rentner und/oder ihre Familienangehörige, die in Belgien versichert sind, aber in Dänemark wohnen

BELGIEN – DEUTSCHLAND

Vereinbarung vom 29. Januar 1969 über die Einziehung und Beitreibung von Beiträgen der sozialen Sicherheit

BELGIEN – IRLAND

Briefwechsel vom 19. Mai 1981 und 28. Juli 1981 zu Artikel 36 Absatz 3 und Artikel 70 Absatz 3 der Verordnung (EWG) Nr. 1408/71 (gegenseitiger Erstattungsverzicht bei den Kosten für Sachleistungen und Leistungen für Arbeitslosigkeit im Rahmen des Titels III Kapitel 1 und 6 der Verordnung (EWG) Nr. 1408/71) und zu Artikel 105 Absatz 2 der Verordnung (EWG) Nr. 574/72 (gegenseitiger Erstattungsverzicht bei den Kosten für verwaltungsmäßige und ärztliche Kontrollen)

BELGIEN – SPANIEN

Vereinbarung vom 25. Mai 1999 über die Erstattung der Ausgaben für Sachleistungen nach den Verordnungen (EWG) Nr. 1408/71 und (EWG) Nr. 574/72

BELGIEN – FRANKREICH

a) Vereinbarung vom 4. Juli 1984 über die ärztliche Kontrolle der Grenzgänger, die in einem Land wohnen und im anderen beschäftigt sind
b) Vereinbarung vom 14. Mai 1976 über den Verzicht auf Erstattung der Kosten der verwaltungsmäßigen und ärztlichen Kontrollen nach Artikel 105 Absatz 2 der Verordnung (EWG) Nr. 574/72
c) Vereinbarung vom 3. Oktober 1977 zur Durchführung des Artikels 92 der Verordnung (EWG) Nr. 1408/71 (Einziehung von Beiträgen der sozialen Sicherheit)
d) Abkommen vom 29. Juni 1979 über den gegenseitigen Erstattungsverzicht nach Artikel 70 Absatz 3 der Verordnung (EWG) Nr. 1408/71 (Kosten für Leistungen bei Arbeitslosigkeit)
e) Verwaltungsvereinbarung vom 6. März 1979 über die Verfahren zur Durchführung des Zusatzabkommens vom 12. Oktober 1978 zum Abkommen über soziale Sicherheit zwischen Belgien und Frankreich in Bezug auf dessen Bestimmungen für Selbständige
f) Briefwechsel vom 21. November 1994 und 8. Februar 1995 über die Verrechnungsmodalitäten bei gegenseitigen Forderungen nach den Artikeln 93, 94, 95 und 96 der Verordnung (EWG) Nr. 574/72

BELGIEN – ITALIEN

a) Vereinbarung vom 12. Januar 1974 in Anwendung des Artikels 105 Absatz 2 der Verordnung (EWG) Nr. 574/72
b) Vereinbarung vom 31. Oktober 1979 nach Artikel 18 Absatz 9 der Verordnung (EWG) Nr. 574/72
c) Briefwechsel vom 10. Dezember 1991 und vom 10. Februar 1992 über die Erstattung gegenseitiger Forderungen nach Artikel 93 der Verordnung (EWG) Nr. 574/72
d) Vereinbarung vom 21. November 2003 über die Modalitäten zur Begleitung der gegenseitigen Forderungen nach den Artikeln 94 und 95 der Verordnung (EWG) Nr. 574/72 des Rates

BELGIEN – LUXEMBURG

a) Vereinbarung vom 28. Januar 1961 über die Einziehung und Beitreibung von Beiträgen der sozialen Sicherheit
b) Vereinbarung vom 16. April 1976 über den Verzicht auf Erstattung der Kosten der verwaltungsmäßigen Kontrolle und der ärztlichen Untersuchung nach Artikel 105 Absatz 2 der Verordnung (EWG) Nr. 574/72

BELGIEN – NIEDERLANDE

a) (aufgehoben)
(ABl L 2010/338)
b) Vereinbarung vom 13. März 2006 über die Krankenversicherung
c) Vereinbarung vom 12. August 1982 über Versicherung bei Krankheit, Mutterschaft und Invalidität

BELGIEN – VEREINIGTES KÖNIGREICH

a) Briefwechsel vom 4. Mai 1976 und 14. Juni 1976 zu Artikel 105 Absatz 2 der Verordnung (EWG) Nr. 574/72 (Verzicht auf Erstattung der Kosten der ärztlichen und verwaltungsmäßigen Kontrolle)

b) Briefwechsel vom 18. Januar 1977 und 14. März 1977 zu Artikel 36 Absatz 3 der Verordnung (EWG) Nr. 1408/71 (Vereinbarung über die Erstattung oder den Verzicht auf Aufwendungen für nach Titel III Kapitel 1 der Verordnung (EWG) Nr. 1408/71 gewährte Sachleistungen) in der Fassung des Schriftwechsels vom 4. Mai 1982 und 23. Juli 1982 (Vereinbarung über die Erstattung der Aufwendungen nach Artikel 22 Absatz 1 Buchstabe a der Verordnung (EWG) Nr. 1408/71)

BULGARIEN – TSCHECHISCHE REPUBLIK

Artikel 29 Absätze 1 und 3 der Vereinbarung vom 25. November 1998 und Artikel 5 Absatz 4 der Verwaltungsvereinbarung vom 30. November 1999 über den Verzicht auf Erstattung der Kosten für administrative und ärztliche Kontrollen

BULGARIEN – DEUTSCHLAND

Artikel 8 und 9 der Verwaltungsvereinbarung zur Durchführung des Abkommens vom 17. Dezember 1997 über soziale Sicherheit auf dem Gebiet der Renten

TSCHECHISCHE REPUBLIK – SLOWAKEI

Artikel 15 und Artikel 16 der Verwaltungsvereinbarung vom 8. Januar 1993 über die Spezifizierung des Sitzes eines Arbeitgebers und des Wohnorts zur Anwendung von Artikel 20 des Abkommens über soziale Sicherheit vom 29. Oktober 1992

DÄNEMARK – IRLAND

Briefwechsel vom 22. Dezember 1980 und 11. Februar 1981 über den gegenseitigen Verzicht auf Erstattung der Sachleistungen der Kranken-, Mutterschafts-, Arbeitsunfall- und Berufskrankheitenversicherung sowie der Leistungen bei Arbeitslosigkeit und der Kosten der verwaltungsmäßigen und ärztlichen Kontrollen (Artikel 36 Absatz 3 und Artikel 63 Absatz 3 der Verordnung (EWG) Nr. 1408/71 sowie Artikel 105 Absatz 2 der Verordnung (EWG) Nr. 574/72)

DÄNEMARK – GRIECHENLAND

Abkommen vom 8. Mai 1986 über den teilweisen gegenseitigen Verzicht auf Erstattung der Kosten für Sachleistungen wegen Krankheit, Mutterschaft, Arbeitsunfall und Berufskrankheit sowie Verzicht auf Erstattung der Kosten für verwaltungsmäßige und ärztliche Kontrolle

DÄNEMARK – SPANIEN

Abkommen vom 11. Dezember 2006 über Vorschüsse, Fristen und die Erstattung von Kosten in ihrer tatsächlichen Höhe für Leistungen an Familienmitglieder von in Spanien versicherten Beschäftigten oder Selbständigen, deren Familienmitglieder in Dänemark wohnen, und an Rentner und/oder ihre Familienangehörigen, die in Spanien versichert sind, aber in Dänemark wohnen

DÄNEMARK – FRANKREICH

(aufgehoben)

(ABl L 2013/346)

DÄNEMARK – ITALIEN

(aufgehoben)

(ABl L 2014/366)

DÄNEMARK – LUXEMBURG

(aufgehoben)

(ABl L 2010/338)

DÄNEMARK – NIEDERLANDE

(aufgehoben)

(ABl L 2013/346)

DÄNEMARK – PORTUGAL

Vereinbarung vom 17. April 1998 über den teilweisen Verzicht auf Kostenerstattung für Sachleistungen im Rahmen einer Versicherung für Krankheit, Mutterschaft, Arbeitsunfälle und Berufskrankheiten und für verwaltungsmäßige Kontrollen und ärztliche Untersuchungen

DÄNEMARK – FINNLAND

Artikel 15 des Nordischen Abkommens vom 18. August 2003 über soziale Sicherheit: Vereinbarung über den gegenseitigen Verzicht auf Erstattungen nach den Artikeln 36, 63 und 70 der Verordnung (EWG) Nr. 1408/71 (Aufwendungen für Sachleistungen bei Krankheit und Mutterschaft, Arbeitsunfällen und Berufskrankheiten sowie Leistungen bei Arbeitslosigkeit) und Artikel 105 der Verordnung (EWG) Nr. 574/72 (Kosten der verwaltungsmäßigen und ärztlichen Kontrollen)

DÄNEMARK – SCHWEDEN

Artikel 15 des Nordischen Abkommens vom 18. August 2003 über soziale Sicherheit: Vereinbarung über den gegenseitigen Verzicht auf Erstattungen nach den Artikeln 36, 63 und 70 der Verordnung (EWG) Nr. 1408/71 (Aufwendungen für Sachleistungen bei Krankheit und Mutterschaft, Arbeitsunfällen und Berufskrankheiten sowie Leistungen bei Arbeitslosigkeit) und Artikel 105 der Verordnung (EWG) Nr. 574/72 (Kosten der verwaltungsmäßigen und ärztlichen Kontrollen)

DÄNEMARK – VEREINIGTES KÖNIGREICH

Briefwechsel vom 30. März 1977 und vom 19. April 1977 in der Fassung des Briefwechsels vom 8. November 1989 und vom 10. Januar 1990 bezüglich der Vereinbarung über den Verzicht auf Erstattung der Aufwendungen für Sachleistungen und der Kosten der verwaltungsmäßigen und ärztlichen Kontrollen

DEUTSCHLAND – FRANKREICH

Abkommen vom 26. Mai 1981 nach Artikel 92 der Verordnung (EWG) Nr. 1408/71 (Einziehung und Beitreibung von Sozialversicherungsbeiträgen)

DEUTSCHLAND – ITALIEN

Abkommen vom 3. April 2000 über die Einziehung und Beitreibung von Beiträgen der sozialen Sicherheit

DEUTSCHLAND – LUXEMBURG

a) Abkommen vom 14. Oktober 1975 über den Verzicht auf Erstattung der Kosten der verwaltungsmäßigen und ärztlichen Kontrolle nach Artikel 105 Absatz 2 der Verordnung (EWG) Nr. 574/72

b) Abkommen vom 14. Oktober 1975 über die Einziehung und Beitreibung der Beiträge der sozialen Sicherheit

c) Vereinbarung vom 25. Januar 1990 über die Durchführung der Artikel 20 und 22 Absatz 1 Buchstaben b und c der Verordnung (EWG) Nr. 1408/71

DEUTSCHLAND – NIEDERLANDE

(aufgehoben)

(ABl L 2013/346)

DEUTSCHLAND – ÖSTERREICH

Abschnitt II Nummer 1 und Abschnitt III der Vereinbarung vom 2. August 1979 über die Durchführung des Abkommens vom 19. Juli 1978 über die Arbeitslosenversicherung gelten auch weiterhin für Personen, die am oder vor dem 1. Januar 2005 eine Erwerbstätigkeit als Grenzgänger ausgeübt haben und vor dem 1. Januar 2011 arbeitslos werden.

DEUTSCHLAND – POLEN

Vereinbarung vom 11. Januar 1977 zur Durchführung des Abkommens vom 9. Oktober 1975 über Renten- und Unfallversicherung

ESTLAND – VEREINIGTES KÖNIGREICH

Vereinbarung betreffend die Artikel 36 Absatz 3 und 63 Absatz 3 der Verordnung (EWG) Nr. 1408/71 zur Festlegung anderer Verfahren für die Erstattung der Kosten der von beiden Staaten nach dieser Verordnung erbrachten Sachleistungen mit Wirkung vom 1. Mai 2004, geschlossen zwischen den zuständigen Behörden der Republik Estland und des Vereinigten Königreichs am 29. März 2006

IRLAND – FRANKREICH

Briefwechsel vom 30. Juli 1980 und vom 26. September 1980 zu Artikel 36 Absatz 3 und 63 Absatz 3 der Verordnung (EWG) Nr. 1408/71 (gegenseitiger Verzicht auf Erstattung der Ausgaben für Sachleistungen) und Artikel 105(2) der Verordnung (EWG) Nr. 574/72 (gegenseitiger Verzicht auf Erstattung der Kosten der verwaltungsmäßigen und ärztlichen Kontrolle)

IRLAND – LUXEMBURG

Briefwechsel vom 26. September 1975 und vom 5. August 1976 zu Artikel 36 Absatz 3 und Artikel 63 Absatz 3 der Verordnung (EWG) Nr. 1408/71 und Artikel 105 Absatz 2 der Verordnung (EWG) Nr. 574/72 (Verzicht auf Erstattung der Aufwendungen für nach Titel III Kapitel 1 oder 4 der Verordnung (EWG) Nr. 1408/71 gewährte Sachleistungen und der Kosten der verwaltungsmäßigen und ärztlichen Kontrollen nach Artikel 105 der Verordnung (EWG) Nr. 574/72)

IRLAND – NIEDERLANDE

Briefwechsel vom 22. April 1987 und vom 27. Juli 1987 zu Artikel 70 Absatz 3 der Verordnung (EWG) Nr. 1408/71 (Erstattungsverzicht bei Leistungen nach Artikel 69 der Verordnung (EWG) Nr. 1408/71) und Artikel 105 Absatz 2 der Verordnung (EWG) Nr. 574/72 (Erstattungsverzicht bei Kosten für verwaltungsmäßige und ärztliche Kontrollen nach Artikel 105 der Verordnung (EWG) Nr. 574/72)

IRLAND – SCHWEDEN

Vereinbarung vom 8. November 2000 über den Verzicht auf die Erstattung von Aufwendungen für Sachleistungen bei Krankheit, Mutterschaft, Arbeitsunfällen und Berufskrankheiten sowie der Kosten für verwaltungsmäßige und ärztliche Kontrollen

IRLAND – VEREINIGTES KÖNIGREICH

Briefwechsel vom 9. Juli 1975 zu Artikel 36 Absatz 3 und Artikel 63 Absatz 3 der Verordnung (EWG) Nr. 1408/71 (Vereinbarung über die Erstattung oder den Verzicht auf Erstattung der Aufwendungen für nach Titel III Kapitel 1 oder 4 der Verordnung (EWG) Nr. 1408/71 gewährte Sachleistungen) und Artikel 105 Absatz 2 der Verordnung (EWG) Nr. 574/72 (Verzicht auf Erstattung der Kosten der verwaltungsmäßigen und ärztlichen Kontrollen)

GRIECHENLAND – NIEDERLANDE

(aufgehoben)

(ABl L 2013/346)

SPANIEN – FRANKREICH

Vereinbarung vom 17. Mai 2005 zur Festlegung der Modalitäten für die Verwaltung und Begleichung gegenseitiger Forderungen für Sachleistungen bei Krankheit nach den Verordnungen (EWG) Nr. 1408/71 und (EWG) Nr. 574/72

SPANIEN – ITALIEN

Abkommen über ein neues Verfahren für die Verbesserung und Vereinfachung der Erstattung von Ausgaben für die Gesundheitsfürsorge vom 21. November 1997 betreffend Artikel 36 Absatz 3 der Verordnung (EWG) Nr. 1408/71 (Erstattung der Aufwendungen für Sachleistungen der Kranken-/Mutterschaftsversicherung) und die Artikel 93, 94, 95, 100 und 102 Absatz 5 der Verordnung (EWG) Nr. 574/72 (Verfahren bei Erstattung von Leistungen der Kranken/Mutterschaftsversicherung und bei Forderungsrückständen)

SPANIEN – NIEDERLANDE

(aufgehoben)

(ABl L 2013/346)

SPANIEN – PORTUGAL

a) (aufgehoben)

(ABl L 2012/349)

b) Vereinbarung vom 2. Oktober 2002 zur Festlegung der Modalitäten für Verwaltung und Begleichung gegenseitiger Forderungen für Gesundheitsleistungen zur Erleichterung und

Beschleunigung der Begleichung dieser Forderungen

SPANIEN – SCHWEDEN

Vereinbarung vom 1. Dezember 2004 über die Erstattung von Kosten für Sachleistungen, die nach den Bestimmungen der Verordnungen (EWG) Nr. 1408/71 und (EWG) Nr. 574/72 gewährt werden

SPANIEN – VEREINIGTES KÖNIGREICH

Vereinbarung vom 18. Juni 1999 über die Erstattung von Kosten für Sachleistungen, die nach den Bestimmungen der Verordnungen (EWG) Nr. 1408/71 und (EWG) Nr. 574/72 gewährt werden

FRANKREICH – ITALIEN

a) Briefwechsel vom 14. Mai 1991 und 2. August 1991 betreffend die Verrechnungsmodalitäten bei gegenseitigen Forderungen nach Artikel 93 der Verordnung (EWG) Nr. 574/72
b) Ergänzende Briefwechsel vom 22. März und 15. April 1994 über die Verrechnungsmodalitäten bei gegenseitigen Forderungen nach den Artikeln 93, 94, 95 und 96 der Verordnung (EWG) Nr. 574/72
c) Schriftverkehr vom 2. April 1997 und vom 20. Oktober 1998 zur Änderung des unter den Buchstaben a und b erwähnten Schriftverkehrs betreffend die Verfahren für die Regelung gegenseitiger Forderungen nach den Artikeln 93, 94, 95 und 96 der Verordnung (EWG) Nr. 574/72
d) Vereinbarung vom 28. Juni 2000 über den Verzicht der Kostenerstattung nach Artikel 105 Absatz 1 der Verordnung (EWG) Nr. 574/72 für verwaltungsmäßige und ärztliche Kontrollen, gefordert unter Artikel 51 der oben genannten Verordnung

FRANKREICH – LUXEMBURG

a) Vereinbarung vom 2. Juli 1976 über den Verzicht auf Erstattung der Kosten der verwaltungsmäßigen und ärztlichen Kontrollen nach Artikel 105 Absatz 2 der Verordnung (EWG) Nr. 574/72 des Rates vom 21. März 1972

   (ABl L 2013/346)

b) Briefwechsel vom 17. Juli und 20. September 1995 betreffend die Bedingungen für den Abschluss der gegenseitigen Forderungen nach den Artikeln 93, 95 und 96 der Verordnung (EWG) Nr. 574/72 und Briefwechsel vom 10. Juli und 30. August 2013.

   (ABl L 2013/346, ABl L 2014/366)

FRANKREICH – NIEDERLANDE

Vereinbarung vom 28. April 1997 über den Verzicht auf Kostenerstattung für verwaltungsmäßige Kontrollen und ärztliche Untersuchungen nach Artikel 105 der Verordnung (EWG) Nr. 574/72

(ABl L 2013/346)

FRANKREICH – PORTUGAL

Vereinbarung vom 28. April 1999 zur Festlegung der ausführlichen Sonderregelungen für Verwaltung und Regelung gegenseitiger Forderungen für ärztliche Behandlung nach den Verordnungen (EWG) Nr. 1408/71 und (EWG) Nr. 574/72

FRANKREICH – VEREINIGTES KÖNIGREICH

a) Schriftwechsel vom 25. März und vom 28. April 1997 betreffend Artikel 105 Absatz 2 der Verordnung (EWG) Nr. 574/72 (Verzicht auf Kostenerstattung für verwaltungsmäßige Kontrollen und ärztliche Untersuchungen)
b) Vereinbarung vom 8. Dezember 1998 über bestimmte Verfahren zur Ermittlung der für Sachleistungen zu erstattenden Beträge nach den Verordnungen (EWG) Nr. 1408/71 und (EWG) Nr. 574/72

ITALIEN – LUXEMBURG

Artikel 4 Absätze 5 und 6 der Verwaltungsvereinbarung vom 19. Januar 1955 über die Einzelheiten der Durchführung des Allgemeinen Abkommens über die soziale Sicherheit (Krankenversicherung der Arbeitnehmer in der Landwirtschaft)

ITALIEN – NIEDERLANDE

(aufgehoben)

(ABl L 2013/346)

ITALIEN – VEREINIGTES KÖNIGREICH

Vereinbarung zwischen den zuständigen Behörden der Italienischen Republik und des Vereinigten Königreichs betreffend die Artikel 36 Absatz 3 und 63 Absatz 3 der Verordnung (EWG) Nr. 1408/71 zur Festlegung anderer Verfahren für die Erstattung der Kosten der von beiden Staaten nach dieser Verordnung erbrachten Sachleistungen mit Wirkung vom 1. Januar 2005, unterzeichnet am 15. Dezember 2005

LUXEMBURG – NIEDERLANDE

Vereinbarung vom 1. November 1976 über den Verzicht auf Erstattung der Kosten der verwaltungsmäßigen und ärztlichen Kontrolle nach Artikel 105 Absatz 2 der Verordnung (EWG) Nr. 574/72

LUXEMBURG – SCHWEDEN

Vereinbarung vom 27. November 1996 über die Erstattung der Aufwendungen im Bereich der sozialen Sicherheit

LUXEMBURG – VEREINIGTES KÖNIGREICH

Briefwechsel vom 18. Dezember 1975 und vom 20. Januar 1976 zu Artikel 105 Absatz 2 der Verordnung (EWG) Nr. 574/72 (Verzicht auf Erstattung der Kosten für die verwaltungsmäßige und ärztliche Kontrolle nach Artikel 105 der Verordnung (EWG) Nr. 574/72)

UNGARN – VEREINIGTES KÖNIGREICH

Vereinbarung betreffend die Artikel 35 Absatz 3 und 41 Absatz 2 der Verordnung (EG) Nr. 883/2004 zur Festlegung anderer Verfahren für die Erstattung der Kosten der von beiden Staaten nach jener Verordnung erbrachten Sachleistungen mit Wirkung vom 1. Mai 2004, geschlossen zwischen den zuständigen Behörden der Republik Ungarn und des Vereinigten Königreichs am 1. November 2005

MALTA – VEREINIGTES KÖNIGREICH

Vereinbarung betreffend die Artikel 35 Absatz 3 und 41 Absatz 2 der Verordnung (EG) Nr. 883/2004 zur Festlegung anderer Verfahren für die Erstattung der Kosten der von beiden Staaten nach dieser Verordnung erbrachten Sachleistungen mit Wirkung vom 1. Mai 2004, geschlossen zwischen den zuständigen Behörden Maltas und des Vereinigten Königreichs am 17. Januar 2007

NIEDERLANDE – PORTUGAL

(aufgehoben)

(ABl L 2010/338)

NIEDERLANDE – VEREINIGTES KÖNIGREICH

Artikel 3 Satz 2 der Verwaltungsvereinbarung vom 12. Juni 1956 über die Durchführung des Abkommens vom 11. August 1954

(ABl L 2013/346)

PORTUGAL – VEREINIGTES KÖNIGREICH

Vereinbarung vom 8. Juni 2004 zur Festlegung anderer Verfahren für die Erstattung der Kosten der von beiden Staaten erbrachten Sachleistungen mit Wirkung vom 1. Januar 2003

FINNLAND – SCHWEDEN

Artikel 15 des Nordischen Abkommens vom 18. August 2003 über soziale Sicherheit: Vereinbarung über den gegenseitigen Verzicht auf Erstattungen nach den Artikeln 36, 63 und 70 der Verordnung (EWG) Nr. 1408/71 (Aufwendungen für Sachleistungen bei Krankheit und Mutterschaft, Arbeitsunfällen und Berufskrankheiten sowie Leistungen bei Arbeitslosigkeit) und Artikel 105 der Verordnung (EWG) Nr. 574/72 (Kosten der verwaltungsmäßigen und ärztlichen Kontrolle)

FINNLAND – VEREINIGTES KÖNIGREICH

Briefwechsel vom 1. Juni 1995 und 20. Juni 1995 betreffend Artikel 36 Absatz 3 und Artikel 63 Absatz 3 der Verordnung (EWG) Nr. 1408/71 (Erstattung oder Verzicht auf Erstattung der Ausgaben für Sachleistungen) und Artikel 105 Absatz 2 der Verordnung (EWG) Nr. 574/72 (Verzicht auf Erstattung der Kosten für verwaltungsmäßige und ärztliche Kontrolle)

SCHWEDEN – VEREINIGTES KÖNIGREICH

Vereinbarung vom 15. April 1997 betreffend Artikel 36 Absatz 3 und Artikel 63 Absatz 3 der Verordnung (EWG) Nr. 1408/71 (Erstattung oder Verzicht auf die Erstattung der Aufwendungen für Sachleistungen) sowie Artikel 105 Absatz 2 der Verordnung (EWG) Nr. 574/72 (Verzicht auf die Kosten der verwaltungsmäßigen und ärztlichen Kontrolle)

ANHANG 2

Sondersysteme für Beamte

(nach den Artikeln 32 Absatz 2 und 41 Absatz 1 der Durchführungsverordnung)

A. Sondersysteme für Beamte, für die Titel III Kapitel 1 der Verordnung (EG) Nr. 883/2004 über Sachleistungen nicht gilt

Deutschland

Versorgungssystem für Beamte

B. Sondersysteme für Beamte, für die Titel III Kapitel 1 der Verordnung (EG) Nr. 883/2004 über Sachleistungen mit Ausnahme von Artikel 19, Artikel 27 Absatz 1 und Artikel 35 nicht gilt

Spanien

Sondersystem der sozialen Sicherheit für Beamte

Sondersystem der sozialen Sicherheit für die Streitkräfte

Sondersystem der sozialen Sicherheit für Justiz- und Verwaltungsbedienstete

C. Sondersysteme für Beamte, für die Titel III Kapitel 2 der Verordnung (EG) Nr. 883/2004 über Sachleistungen nicht gilt

Deutschland

Unfallfürsorge für Beamte

(ABl L 2010/338)

ANHANG 3

Mitgliedstaaten, die die Erstattung der Ausgaben für Sachleistungen auf der Grundlage von Pauschalbeträgen verlangen

(nach Artikel 63 Absatz 1 der Durchführungsverordnung)

IRLAND

SPANIEN

ZYPERN

NIEDERLANDE[a)]

PORTUGAL

FINNLAND[a)]

a) Die Streichung gilt ab 1. Jänner 2018.

SCHWEDEN

VEREINIGTES KÖNIGREICH

(ABl L 2012/349, ABl L 2017/76)

ANHANG 4

Einzelheiten der in Artikel 88 Absatz 4 der Durchführungsverordnung genannten Datenbank

1. *Inhalt der Datenbank*

   In einem elektronischen Verzeichnis (URL) der betreffenden Stellen ist Folgendes aufgeführt:

   a) die Bezeichnung der Stellen in der/den Amtsprache(n) des Mitgliedstaats sowie in Englisch;

b) der Identifizierungscode und die elektronische Anschrift im Rahmen des EESSI-Systems;

c) ihre Funktion in Bezug auf die Begriffsbestimmungen in Artikel 1 Buchstaben m, q und r der Grundverordnung und Artikel 1 Buchstaben a und b der Durchführungsverordnung;

d) ihre Zuständigkeit in Bezug auf die verschiedenen Risiken, Arten von Leistungen, Systeme und den geografischen Geltungsbereich;

e) Angaben, welchen Teil der Grundverordnung die Stellen anwenden;

f) die folgenden Kontaktangaben: Postanschrift, Telefonnummer, Faxnummer, E-Mail-Adresse und die entsprechende URL-Adresse;

g) alle sonstigen Informationen, die zur Anwendung der Grundverordnung oder der Durchführungsverordnung erforderlich sind.

2. *Verwaltung der Datenbank*

a) Das elektronische Verzeichnis befindet sich im EESSI-System auf Ebene der Europäischen Kommission.

b) Die Mitgliedstaaten sind dafür verantwortlich, dass die erforderlichen Daten der Stellen gesammelt und überprüft werden und die Europäische Kommission rechtzeitig über Einträge oder Änderungen von Einträgen, die in ihre Zuständigkeit fallen, unterrichtet wird.

3. *Zugang*

Daten, die für operationelle und verwaltungsmäßige Zwecke verwendet werden, sind der Öffentlichkeit nicht zugänglich.

4. *Sicherheit*

Alle Änderungen der Datenbank (Einfügen, Ändern, Löschen) werden protokolliert. Bevor der Benutzer Zugang zu dem Verzeichnis zwecks Änderungen von Einträgen erhält, wird er identifiziert und authentisiert. Vor jeder Änderung eines Eintrags wird die Berechtigung des Benutzers für diesen Vorgang überprüft. Jeder nicht erlaubte Vorgang wird abgelehnt und protokolliert.

5. *Sprachenregelung*

Die allgemeine Sprache der Datenbank ist Englisch. Die Bezeichnungen der Stellen und ihre Kontaktangaben sollten auch in der/den Amtssprache(n) des Mitgliedstaats angeben werden.

ANHANG 5

Mitgliedstaaten, die den Höchstbetrag der Erstattung nach Artikel 65 Absatz 6 Satz 3 der Grundverordnung auf der Grundlage des Durchschnittsbetrags der Leistungen bei Arbeitslosigkeit, die im vorangegangenen Kalenderjahr nach ihren Rechtsvorschriften zu zahlen waren, auf Basis der Gegenseitigkeit bestimmen

(nach Artikel 70 der Durchführungsverordnung)

BELGIEN
TSCHECHISCHE REPUBLIK
DÄNEMARK
DEUTSCHLAND
NIEDERLANDE
ÖSTERREICH
SLOWAKEI
FINNLAND

(ABl L 2012/349, ABl L 2013/346)

Verordnung (EU) Nr. 1231/2010 zur Ausdehnung der Verordnung (EG) Nr. 883/2004 und der Verordnung (EG) Nr. 987/2009 auf Drittstaatsangehörige

Verordnung (EU) Nr. 1231/2010 des Europäischen Parlaments und des Rates vom 24. November 2010 zur Ausdehnung der Verordnung (EG) Nr. 883/2004 und der Verordnung (EG) Nr. 987/2009 auf Drittstaatsangehörige, die ausschließlich aufgrund ihrer Staatsangehörigkeit nicht bereits unter diese Verordnungen fallen, ABl L 2010/344

Verordnung (EU) Nr. 1231/2010 des Europäischen Parlaments und des Rates vom 24. November 2010 zur Ausdehnung der Verordnung (EG) Nr. 883/2004 und der Verordnung (EG) Nr. 987/2009 auf Drittstaatsangehörige, die ausschließlich aufgrund ihrer Staatsangehörigkeit nicht bereits unter diese Verordnungen fallen

(ABl L 2010/344)

DAS EUROPÄISCHE PARLAMENT UND DER RAT DER EUROPÄISCHEN UNION –

gestützt auf den Vertrag über die Arbeitsweise der Europäischen Union, insbesondere auf Artikel 79 Absatz 2 Buchstabe b,

auf Vorschlag der Europäischen Kommission,

nach Stellungnahme des Europäischen Wirtschafts- und Sozialausschusses,

gemäß dem ordentlichen Gesetzgebungsverfahren,

in Erwägung nachstehender Gründe:

(1) Das Europäische Parlament, der Rat und der Europäische Wirtschafts- und Sozialausschuss haben sich dafür ausgesprochen, Staatsangehörige von Drittstaaten, die sich rechtmäßig im Hoheitsgebiet der Mitgliedstaaten aufhalten, durch die Zuerkennung einheitlicher Rechte, die so weit wie möglich den Rechten der Unionsbürger entsprechen, besser zu integrieren.

(2) Der Rat (Justiz und Inneres) vom 1. Dezember 2005 hat unterstrichen, dass die Union eine gerechte Behandlung von Drittstaatsangehörigen, die sich rechtmäßig im Hoheitsgebiet der Mitgliedstaaten aufhalten, sicherstellen muss und dass eine energischere Integrationspolitik darauf gerichtet sein sollte, ihnen Rechte und Pflichten zuzuerkennen, die mit denen der Unionsbürger vergleichbar sind.

(3) Mit der Verordnung (EG) Nr. 859/2003 des Rates wurde die Verordnung (EWG) Nr. 1408/71 und die Verordnung (EWG) Nr. 574/72 zur Koordinierung der Systeme der sozialen Sicherheit der Mitgliedstaaten auf Drittstaatsangehörige ausgedehnt, die ausschließlich aufgrund ihrer Staatsangehörigkeit nicht bereits unter diese Verordnungen fielen.

(4) Die vorliegende Verordnung achtet die Grundrechte und wahrt die Grundsätze, die insbesondere mit der Charta der Grundrechte der Europäischen Union anerkannt wurden, insbesondere deren Artikel 34 Absatz 2.

(5) Die Verordnung (EG) Nr. 883/2004 des Europäischen Parlaments und des Rates vom 29. April 2004 zur Koordinierung der Systeme der sozialen Sicherheit tritt nunmehr an die Stelle der Verordnung (EWG) Nr. 1408/71. Die Verordnung (EG) Nr. 987/2009 des Europäischen Parlaments und des Rates vom 16. September 2009 zur Festlegung der Modalitäten für die Durchführung der Verordnung (EG) Nr. 883/2004 ersetzt die Verordnung (EWG) Nr. 574/72. Die Verordnungen (EWG) Nr. 1408/71 und (EWG) Nr. 574/72 werden mit dem Beginn der Anwendung der Verordnung (EG) Nr. 883/2004 und der Verordnung (EG) Nr. 987/2009 aufgehoben.

(6) Die Verordnung (EG) Nr. 883/2004 und die Verordnung (EG) Nr. 987/2009 bringen sowohl für die Versicherten als auch für die Träger der sozialen Sicherheit eine beträchtliche Aktualisierung und Vereinfachung der Koordinierungsregelungen mit sich. Den Trägern sollen die aktualisierten Koordinierungsregelungen die schnellere und einfachere Verarbeitung der Daten ermöglichen, die sich auf die Ansprüche der Versicherten beziehen; ferner sollen sie die entsprechenden Verwaltungskosten senken.

(7) Die Förderung eines hohen Maßes an sozialem Schutz und die Hebung des Lebensstandards und der Lebensqualität in den Mitgliedstaaten zählen zu den Zielen der Union.

(8) Um zu vermeiden, dass Arbeitgeber und staatliche Träger der sozialen Sicherheit mit rechtlich und verwaltungstechnisch komplexen Sachverhalten konfrontiert werden, die nur eine kleine Gruppe von Personen betreffen, ist es wichtig, dass die Vorteile der Modernisierung und Vereinfachung im Bereich der sozialen Sicherheit uneingeschränkt genutzt werden können, indem nur ein einziges Rechtsinstrument angewendet wird, das die Verordnung (EG) Nr. 883/2004 und die Verordnung (EG) Nr. 987/2009 miteinander kombiniert.

(9) Es ist deshalb erforderlich, ein Rechtsinstrument zu erlassen, das die Verordnung (EG) Nr. 859/2003 ersetzt und im Wesentlichen darauf abzielt, die Verordnung (EWG) Nr. 1408/71 und die Verordnung (EWG) Nr. 574/72 durch die Verordnung (EG) Nr. 883/2004 bzw. durch die Verordnung (EG) Nr. 987/2009 zu ersetzen.

(10) Die Anwendung der Verordnung (EG) Nr. 883/2004 und der Verordnung (EG) Nr. 987/2009 auf Drittstaatsangehörige, die ausschließlich auf-

grund ihrer Staatsangehörigkeit nicht bereits unter diese Verordnungen fallen, darf diese Personen in keiner Weise dazu berechtigen, in einen Mitgliedstaat einzureisen, sich dort aufzuhalten oder ihren Wohnsitz zu nehmen bzw. dort eine Arbeit aufzunehmen. Entsprechend sollte die Anwendung der Verordnung (EG) Nr. 883/2004 und der Verordnung (EG) Nr. 987/2009 das Recht der Mitgliedstaaten, die Erteilung einer Einreise-, Aufenthalts-, Niederlassungs- oder Arbeitserlaubnis für den betreffenden Mitgliedstaat gemäß dem Unionsrecht zu verweigern, eine solche zurückzuziehen oder deren Verlängerung zu verweigern, unberührt lassen.

(11) Die Verordnung (EG) Nr. 883/2004 und die Verordnung (EG) Nr. 987/2009 sollten kraft der vorliegenden Verordnung nur Anwendung finden, wenn die betreffende Person bereits ihren rechtmäßigen Wohnsitz im Hoheitsgebiet eines Mitgliedstaats hat. Die Rechtmäßigkeit des Wohnsitzes sollte somit eine Voraussetzung für die Anwendung der genannten Verordnungen sein.

(12) Die Verordnung (EG) Nr. 883/2004 und die Verordnung (EG) Nr. 987/2009 sollten keine Anwendung auf Sachverhalte finden, die nur einen einzigen Mitgliedstaat betreffen. Dies gilt insbesondere für Drittstaatsangehörige, die ausschließlich Verbindungen zu einem Drittstaat und einem einzigen Mitgliedstaat haben.

(13) Die Bedingung, über einen rechtmäßigen Wohnsitz im Hoheitsgebiet eines Mitgliedstaats verfügen zu müssen, sollte nicht die Rechte berühren, die sich aus der Anwendung der Verordnung (EG) Nr. 883/2004 betreffend Leistungen bei Invalidität, bei Alter oder an Hinterbliebene in einem oder mehreren Mitgliedstaaten für einen Drittstaatsangehörigen ergeben, der zuvor die Voraussetzungen der vorliegenden Verordnung erfüllt hat, oder für die Hinterbliebenen eines solchen Drittstaatsangehörigen, sofern diese ihre Rechte von einem Arbeitnehmer ableiten, wenn sie in einem Drittland wohnhaft sind.

(14) Die Wahrung des Anspruchs auf Leistungen bei Arbeitslosigkeit gemäß Artikel 64 der Verordnung (EG) Nr. 883/2004 setzt voraus, dass sich der Betreffende bei der Arbeitsverwaltung eines jeden Mitgliedstaats, in den er sich begibt, als Arbeitsloser meldet. Die genannte Bestimmung sollte daher nur dann auf einen Drittstaatsangehörigen Anwendung finden, wenn diese Person – gegebenenfalls aufgrund ihres Aufenthaltstitels oder ihres langfristigen Aufenthaltsrechts – dazu berechtigt ist, sich bei der Arbeitsverwaltung des Mitgliedstaats, in den sie sich begibt, als arbeitslos zu melden und dort rechtmäßig eine Beschäftigung auszuüben.

(15) Die vorliegende Verordnung sollte nicht die Rechte und Pflichten aus den mit Drittstaaten geschlossenen internationalen Übereinkünften berühren, bei denen die Union Vertragspartei ist und in denen Leistungen der sozialen Sicherheit vorgesehen sind.

(16) Da die Ziele dieser Verordnung wegen der grenzübergreifenden Sachverhalte auf Ebene der Mitgliedstaaten nicht ausreichend verwirklicht werden können und daher wegen des unionsweiten Umfangs der vorgeschlagenen Maßnahme besser auf Ebene der Union zu verwirklichen sind, kann die Union im Einklang mit dem in Artikel 5 des Vertrags über die Europäische Union niedergelegten Subsidiaritätsprinzip tätig werden. Entsprechend dem in demselben Artikel genannten Grundsatz der Verhältnismäßigkeit geht diese Verordnung nicht über das zur Erreichung dieser Ziele erforderliche Maß hinaus.

(17) Gemäß Artikel 3 des dem Vertrag über die Europäische Union und dem Vertrag über die Arbeitsweise der Europäischen Union beigefügten Protokolls (Nr. 21) über die Position des Vereinigten Königreichs und Irlands hinsichtlich des Raums der Freiheit, der Sicherheit und des Rechts hat Irland mit Schreiben vom 24. Oktober 2007 mitgeteilt, dass es sich an der Annahme und Anwendung der vorliegenden Verordnung beteiligen möchte.

(18) Gemäß den Artikeln 1 und 2 und unbeschadet des Artikels 4 des dem Vertrag über die Europäische Union und dem Vertrag über die Arbeitsweise der Europäischen Union beigefügten Protokolls (Nr. 21) über die Position des Vereinigten Königreichs und Irlands hinsichtlich des Raums der Freiheit, der Sicherheit und des Rechts beteiligt sich das Vereinigte Königreich nicht an der Annahme der vorliegenden Verordnung und ist weder durch diese gebunden noch zu ihrer Anwendung verpflichtet.

(19) Gemäß den Artikeln 1 und 2 des dem Vertrag über die Europäische Union und dem Vertrag über die Arbeitsweise der Europäischen Union beigefügten Protokolls (Nr. 22) über die Position Dänemarks beteiligt sich Dänemark nicht an der Annahme dieser Verordnung und ist weder durch diese gebunden noch zu ihrer Anwendung verpflichtet –

HABEN FOLGENDE VERORDNUNG ERLASSEN:

Artikel 1

Die Verordnung (EG) Nr. 883/2004 und die Verordnung (EG) Nr. 987/2009 gelten für Drittstaatsangehörige, die ausschließlich aufgrund ihrer Staatsangehörigkeit nicht bereits unter die genannten Verordnungen fallen, sowie für ihre Familienangehörigen und ihre Hinterbliebenen, wenn sie ihren rechtmäßigen Wohnsitz im Hoheitsgebiet eines Mitgliedstaats haben und sich in einer Lage befinden, die nicht ausschließlich einen einzigen Mitgliedstaat betrifft.

Artikel 2

Die Verordnung (EG) Nr. 859/2003 wird für die Mitgliedstaaten aufgehoben, die durch die vorliegende Verordnung gebunden sind.

Artikel 3

Diese Verordnung tritt am dritten Tag nach ihrer Veröffentlichung im Amtsblatt der Europäischen Union in Kraft.

Diese Verordnung ist in allen ihren Teilen verbindlich und gilt gemäß den Verträgen unmittelbar in jedem Mitgliedstaat.

15. Sozialhilfe-Grundsatzgesetz

Bundesgesetz betreffend Grundsätze für die Sozialhilfe (Sozialhilfe-Grundsatzgesetz), BGBl 2019/41

GLIEDERUNG

Der Nationalrat hat beschlossen:

Bundesgesetz betreffend Grundsätze für die Sozialhilfe (Sozialhilfe-Grundsatzgesetz)

(BGBl 2019/41)

Für die Landesgesetzgebung werden gemäß Artikel 12 Abs. 1 Z 1 des Bundes-Verfassungsgesetzes (B-VG) folgende Grundsätze aufgestellt:

Ziele

§ 1. Leistungen der Sozialhilfe aus öffentlichen Mitteln sollen

1. zur Unterstützung des allgemeinen Lebensunterhalts und zur Befriedigung des Wohnbedarfs der Bezugsberechtigten beitragen,
2. integrationspolitische und fremdenpolizeiliche Ziele berücksichtigen und
3. insbesondere die (Wieder-)Eingliederung von Bezugsberechtigten in das Erwerbsleben und die optimale Funktionsfähigkeit des Arbeitsmarktes weitest möglich fördern.

Bedarfsbereiche

§ 2. (1) Sozialhilfe im Sinne dieses Bundesgesetzes umfasst Geld- oder Sachleistungen, die zur Unterstützung des allgemeinen Lebensunterhalts und zur Befriedigung des Wohnbedarfs gewährt werden.

(2) Der allgemeine Lebensunterhalt umfasst den regelmäßig wiederkehrenden Aufwand für Nahrung, Bekleidung, Körperpflege sowie sonstige persönliche Bedürfnisse wie die angemessene soziale und kulturelle Teilhabe.

(3) Der Wohnbedarf umfasst den für die Gewährleistung einer angemessenen Wohnsituation erforderlichen regelmäßig wiederkehrenden Aufwand für Miete, Hausrat, Heizung und Strom, sonstige allgemeine Betriebskosten und Abgaben.

(4) Dieses Bundesgesetz berührt nicht sonstige Leistungen der Sozialhilfe, die zum Schutz bei Alter, Schwangerschaft, Krankheit und Entbindung oder zur Deckung eines Sonderbedarfs bei Pflege oder Behinderung erbracht werden. Gleiches gilt für besondere landesgesetzliche Vorschriften, aufgrund derer Leistungen infolge eines Pflegebedarfs oder einer Behinderung gewährt werden.

(5) Landesgesetzliche Vorschriften, die ausschließlich der Minderung eines Wohnaufwandes gewidmet sind und an eine soziale Bedürftigkeit anknüpfen, unterliegen nicht den Bestimmungen dieses Bundesgesetzes. Die Landesgesetzgebung hat sicherzustellen, dass ein gleichzeitiger Bezug dieser Leistungen (mit Ausnahme von Heizkostenzuschüssen) und monatlicher Leistungen gemäß § 5 ausgeschlossen ist.

Allgemeine Grundsätze

§ 3. (1) Die Landesgesetzgebung hat sicherzustellen, dass Leistungen der Sozialhilfe nur nach Maßgabe dieses Bundesgesetzes und aufgrund der entsprechenden Ausführungsgesetze gewährt werden.

(2) Leistungen der Sozialhilfe sind nur Personen zu gewähren, die von einer sozialen Notlage betroffen und bereit sind, sich in angemessener und zumutbarer Weise um die Abwendung, Milderung oder Überwindung dieser Notlage zu bemühen.

(3) Leistungen der Sozialhilfe sind subsidiär und nur insoweit zu gewähren, als der Bedarf nicht durch eigene Mittel des Bezugsberechtigten oder durch diesem zustehende und einbringliche Leistungen Dritter abgedeckt werden kann.

(4) Leistungen der Sozialhilfe sind von der dauerhaften Bereitschaft zum Einsatz der eigenen Arbeitskraft und von aktiven, arbeitsmarktbezogenen Leistungen der Bezugsberechtigten abhängig zu machen, soweit dieses Bundesgesetz keine Ausnahmen vorsieht.

(5) Leistungen der Sozialhilfe sind vorrangig als Sachleistungen vorzusehen, soweit dadurch eine höhere Effizienz der Erfüllung der Leistungsziele zu erwarten ist. Leistungen für den Wohnbedarf sind, sofern dies nicht unwirtschaftlich oder unzweckmäßig ist, in Form von Sachleistungen zu gewähren. Als Sachleistung gilt auch die unmittelbare Entgeltzahlung an eine Person, die eine Sachleistung zugunsten eines Bezugsberechtigten erbringt.

(6) Bedarfszeitraum ist der tatsächliche und rechtmäßige Aufenthalt im Inland, frühestens je-

doch ab dem Zeitpunkt der erstmaligen Antragstellung. Die Landesgesetzgebung hat Leistungen der Sozialhilfe mit längstens zwölf Monaten zu befristen. Ausnahmen können für dauerhaft erwerbsunfähige Bezugsberechtigte vorgesehen werden. Eine neuerliche Zuerkennung befristeter Leistungen der Sozialhilfe ist zulässig, wenn die Anspruchsvoraussetzungen weiterhin vorliegen.

(7) Zuständig für die Gewährung von Sozialhilfe ist jenes Land, in dem die Person, die Leistungen der Sozialhilfe geltend macht, ihren Hauptwohnsitz (Art. 6 Abs. 3 B-VG) und ihren tatsächlichen dauernden Aufenthalt hat.

Ausschluss von der Bezugsberechtigung

§ 4. (1) Leistungen der Sozialhilfe sind unbeschadet zwingender völkerrechtlicher oder unionsrechtlicher Verpflichtungen ausschließlich österreichischen Staatsbürgern und Asylberechtigten, im Übrigen nur dauerhaft niedergelassenen Fremden zu gewähren, die sich seit mindestens fünf Jahren dauerhaft tatsächlich und rechtmäßig im Bundesgebiet aufhalten. Vor Ablauf dieser Frist sind aufenthaltsberechtigte EU-/EWR-Bürger, Schweizer Bürger und Drittstaatsangehörige österreichischen Staatsbürgern nur insoweit gleichzustellen, als eine Gewährung von Leistungen der Sozialhilfe aufgrund völkerrechtlicher oder unionsrechtlicher Vorschriften zwingend geboten ist und dies im Einzelfall nach Anhörung der zuständigen Fremdenbehörde (§ 3 NAG) festgestellt wurde. Subsidiär Schutzberechtigten sind ausschließlich Kernleistungen der Sozialhilfe zu gewähren, die das Niveau der Grundversorgung (BGBl. I Nr. 80/2004) nicht übersteigen.

(2) Von Leistungen der Sozialhilfe auszuschließen sind

1. Personen ohne tatsächlichen Aufenthalt im Bundesgebiet;
2. Asylwerber;
3. ausreisepflichtige Fremde;
4. Personen, die wegen einer oder mehrerer mit Vorsatz begangener gerichtlich strafbarer Handlungen zu einer unbedingten Freiheitsstrafe von zumindest sechs Monaten verurteilt wurden, für den Zeitraum der Verbüßung ihrer Strafhaft in einer Anstalt (§ 8 StVG).

(3) Die Landesgesetzgebung kann ergänzende Regelungen über einen temporären oder dauerhaften Ausschluss von der Bezugsberechtigung treffen.

Monatliche Leistungen der Sozialhilfe

§ 5. (1) Die Landesgesetzgebung hat Leistungen der Sozialhilfe in Form von Sachleistungen oder monatlicher, zwölf Mal im Jahr gebührender pauschaler Geldleistungen zur Unterstützung des Lebensunterhalts sowie zur Befriedigung eines ausreichenden und zweckmäßigen, das Maß des Notwendigen aber nicht überschreitenden Wohnbedarfs vorzusehen.

(2) Die Landesgesetzgebung hat Leistungen gemäß Abs. 1 im Rahmen von Haushaltsgemeinschaften degressiv abgestuft festzulegen. Eine Haushaltsgemeinschaft bilden mehrere in einer Wohneinheit oder Wohngemeinschaft lebende Personen, soweit eine gänzliche oder teilweise gemeinsame Wirtschaftsführung nicht aufgrund besonderer Umstände ausgeschlossen werden kann. Die Summe der Geld- und Sachleistungen gemäß Abs. 1 darf die in Abs. 2 Z 1 bis 4 festgelegten Höchstsätze pro Person und Monat auf Basis des Netto-Ausgleichszulagenrichtsatzes für Alleinstehende nicht übersteigen:

1. für eine alleinstehende oder alleinerziehende Person 100%
2. für in Haushaltsgemeinschaft lebende volljährige Personen
   a) pro leistungsberechtigter Person 70%
   b) ab der dritten leistungsberechtigten volljährigen Person 45%
3. für in Haushaltsgemeinschaft lebende unterhaltsberechtigte minderjährige Personen, für die ein Anspruch auf Familienbeihilfe besteht
   a) für die erste minderjährige Person . 25%
   b) für die zweite minderjährige Person 15%
   c) ab der dritten minderjährigen Person 5%
4. Zuschläge, die alleinerziehenden Personen zur weiteren Unterstützung des Lebensunterhalts gewährt werden können:
   a) für die erste minderjährige Person . 12%
   b) für die zweite minderjährige Person 9%
   c) für die dritte minderjährige Person .. 6%
   d) für jede weitere minderjährige Person 3%
5. Zuschläge, die volljährigen und minderjährigen Personen mit Behinderung (§ 40 Abs. 1 und 2 BBG) zur weiteren Unterstützung des Lebensunterhalts zu gewähren sind, sofern nicht besondere landesgesetzliche Bestimmungen, die an eine Behinderung anknüpfen, höhere Leistungen vorsehen:

   pro Person 18%

(3) Die Landesgesetzgebung hat sicherzustellen, dass die Summe aller Geldleistungen der Sozialhilfe, die unterhaltsberechtigten minderjährigen Personen einer bestimmten Haushaltsgemeinschaft aufgrund einer Berechnung gemäß § 5 zur Verfügung stehen soll, rechnerisch gleichmäßig – mit Ausnahme von Leistungen gemäß § 5 Abs. 2 Z 5 – auf alle unterhaltsberechtigten minderjährigen Personen aufgeteilt wird.

(4) Die Landesgesetzgebung hat sicherzustellen, dass die Summe aller Geldleistungen der Sozialhilfe, die volljährigen Bezugsberechtigten innerhalb einer Haushaltsgemeinschaft aufgrund einer Berechnung gemäß § 5 zur Verfügung stehen soll, pro Haushaltsgemeinschaft mit 175% des Netto-Ausgleichszulagenrichtsatzes für Alleinstehende begrenzt wird. Bei Überschreitung der Grenze sind

die Geldleistungen pro volljährigem Bezugsberechtigten in dem zur Vermeidung der Grenzüberschreitung erforderlichen Ausmaß anteilig zu kürzen. Geldleistungen zur Unterstützung des allgemeinen Lebensunterhalts im Ausmaß von bis zu 20% des Netto-Ausgleichszulagenrichtsatzes für Alleinstehende pro Person sowie Geldleistungen an Bezugsberechtigte gemäß Abs. 6 Z 1 bis 8 können von der anteiligen Kürzung ausgenommen werden.

(5) Sachleistungen sind im Ausmaß ihrer angemessenen Bewertung auf Geldleistungen anzurechnen. Die Landesgesetzgebung kann vorsehen, dass auf Antrag des Bezugsberechtigten oder von Amts wegen Leistungen zur Befriedigung des gesamten Wohnbedarfs anstelle von Geldleistungen in Form von Sachleistungen erbracht werden. Diesfalls können bis zu 70% der Bemessungsgrundlage gemäß Abs. 2 und Abs. 6 ausschließlich in Form von Sachleistungen zur Befriedigung des Wohnbedarfs erbracht und pauschal mit 40% bewertet werden, sodass 60% der Bemessungsgrundlage in Form von Geld- oder Sachleistungen zur Unterstützung des allgemeinen Lebensunterhalts zur Verfügung verbleiben (Wohnkostenpauschale).

(6) Die Landesgesetzgebung hat sicherzustellen, dass ein monatlicher Mindestanteil in Höhe von 35% der Leistung gemäß Abs. 2 Z 1 und 2 von der Voraussetzung der Vermittelbarkeit am österreichischen Arbeitsmarkt im Sinne der Abs. 7 bis 9 abhängig gemacht wird (Arbeitsqualifizierungsbonus). Von der Vermittelbarkeit am österreichischen Arbeitsmarkt und von der dauerhaften Bereitschaft zum Einsatz ihrer Arbeitskraft (§ 3 Abs. 4) ist für Personen abzusehen, die

1. das Regelpensionsalter nach dem ASVG erreicht haben;
2. Betreuungspflichten gegenüber Kindern haben, welche das dritte Lebensjahr noch nicht vollendet haben, und keiner Beschäftigung nachgehen können, weil keine geeigneten Betreuungsmöglichkeiten bestehen;
3. pflegebedürftige Angehörige (§ 123 ASVG), welche ein Pflegegeld mindestens der Stufe 3, bei nachweislich demenziell erkrankten oder minderjährigen pflegebedürftigen Personen mindestens ein Pflegegeld der Stufe 1 (§ 5 BPGG) beziehen, überwiegend betreuen;
4. Sterbebegleitung oder Begleitung von schwersterkrankten Kindern (§§ 14a, 14b AVRAG) leisten;
5. in einer zielstrebig verfolgten Erwerbs- oder Schulausbildung stehen, die bereits vor Vollendung des 18. Lebensjahres begonnen wurde oder den erstmaligen Abschluss einer Lehre zum Ziel hat;
6. Grundwehrdienst oder Zivildienst leisten;
7. von Invalidität (§ 255 Abs. 3 ASVG) betroffen oder
8. aus vergleichbar gewichtigen, besonders berücksichtigungswürdigen Gründen am Einsatz ihrer Arbeitskraft gehindert sind.

(7) Eine Vermittelbarkeit am österreichischen Arbeitsmarkt im Sinne dieses Bundesgesetzes ist anzunehmen, wenn

1. zumindest das Sprachniveau B1 (Deutsch) oder C1 (Englisch) gemäß dem Gemeinsamen Europäischen Referenzrahmen für Sprachen und
2. die Erfüllung der integrationsrechtlichen Verpflichtungen (§ 16c Abs. 1 IntG) oder hilfsweise, sofern dies aufgrund einer österreichischen Staatsbürgerschaft oder Unionsbürgerschaft des Bezugsberechtigten nicht in Betracht kommt, der Abschluss einer geeigneten beruflichen Qualifizierungsmaßnahme

nachgewiesen werden. Der Nachweis der ausreichenden Sprachkenntnisse ist durch einen österreichischen oder gleichwertigen Pflichtschulabschluss mit Deutsch als primärer Unterrichtssprache, ein aktuelles Zertifikat des Österreichischen Integrationsfonds (ÖIF) oder eine aktuelle Spracheinstufungsbestätigung des ÖIF oder, sofern ausreichende Sprachkenntnisse angesichts der Erstsprache des Bezugsberechtigten offenkundig sind, durch persönliche Vorsprache vor der Behörde zu erbringen.

(8) Vom Erfordernis der Vermittelbarkeit am österreichischen Arbeitsmarkt sind solche Bezugsberechtigte auszunehmen,

1. deren Behinderung einen erfolgreichen Spracherwerb gemäß Abs. 7 Z 1 ausschließt;
2. die über einen Pflichtschulabschluss mit Deutsch als primärer Unterrichtssprache verfügen oder
3. die ein monatliches Nettoeinkommen aus selbständiger oder unselbständiger Tätigkeit in Höhe von mindestens 100% des Netto-Ausgleichszulagenrichtsatzes für Alleinstehende erzielen.

(9) Die Landesgesetzgebung hat sicherzustellen, dass Personen, deren Vermittelbarkeit am österreichischen Arbeitsmarkt aus nicht in Abs. 6 genannten, in der Person des Bezugsberechtigten gelegenen Gründen, insbesondere aufgrund tatsächlich mangelhafter Sprachkenntnisse oder aufgrund einer mangelhaften Schul- oder Ausbildung eingeschränkt ist, Leistungen der Sozialhilfe gemäß Abs. 2 nur abzüglich des Arbeitsqualifizierungsbonus gemäß Abs. 6 gewährt werden. Die Landesgesetzgebung hat als Ersatz für den Differenzbetrag sprachqualifizierende Sachleistungen bei vom ÖIF-zertifizierten Kursträgern oder sonst, sofern bereits ausreichende Sprachkenntnisse bestehen (Abs. 7 Z 1), geeignete berufsqualifizierende Sachleistungen vorzusehen, die jeweils eine Überwindung der eingeschränkten Vermittelbarkeit bezwecken. Der Wert der Ersatzleistung darf die Höhe des Differenzbetrages bzw. des Arbeitsqualifizierungsbonus gemäß Abs. 6 nicht unterschreiten.

Zusatzleistungen zur Vermeidung besonderer Härtefälle

§ 6. Sofern es im Einzelfall zur Vermeidung besonderer Härtefalle notwendig ist, können durch die Landesgesetzgebung zusätzliche Leistungen zur Unterstützung des allgemeinen Lebensunterhalts oder zur Abdeckung außerordentlicher Kosten des Wohnbedarfs in Form zusätzlicher Sachleistungen gewährt werden, soweit der tatsächliche Bedarf durch pauschalierte Leistungen nach § 5 nicht abgedeckt ist und dies im Einzelnen nachgewiesen wird.

Berücksichtigung von Leistungen Dritter und eigenen Mitteln

§ 7. (1) Die Landesgesetzgebung hat sicherzustellen, dass bei der Bemessung von Leistungen der Sozialhilfe alle zur Deckung der eigenen Bedarfe zur Verfügung stehenden Leistungen Dritter, sonstige Einkünfte und verwertbares Vermögen – auch im Ausland – angerechnet werden. Zu den Leistungen Dritter zählen auch sämtliche öffentlichen Mittel zur Unterstützung des allgemeinen Lebensunterhalts und des Wohnbedarfs sowie jener Teil des Einkommens des im gemeinsamen Haushalt lebenden unterhaltspflichtigen Angehörigen bzw. des Lebensgefährten, der eine für diese Person gemäß § 5 vorgesehene Bemessungsgrundlage übersteigt. Leistungen, die einer Person aufgrund der Bemessungsgrundlage gemäß § 5 zur Verfügung stehen sollen, sind in einem der Anrechnung entsprechenden Ausmaß zu reduzieren.

(2) Leistungen der Sozialhilfe sind davon abhängig zu machen, dass die diese Leistungen geltend machende Person bedarfsdeckende Ansprüche gegen Dritte verfolgt, soweit dies nicht offenbar aussichtslos oder unzumutbar ist. Die Zulässigkeit einer unmittelbar erforderlichen Unterstützung bleibt unberührt. Die Ansprüche können auch zu deren Rechtsverfolgung an den zuständigen Träger übertragen werden.

(3) Leistungen, die aufgrund des AlVG erbracht werden, sind auf Leistungen der Sozialhilfe anzurechnen. Ansprüche, die dem Bezugsberechtigten aufgrund des AlVG grundsätzlich zustehen, aber aufgrund eines zurechenbaren Fehlverhaltens des Bezugsberechtigten verloren gehen, dürfen nur bis zum Höchstausmaß von 50 % des Differenzbetrages durch Leistungen der Sozialhilfe ausgeglichen werden.

(4) Die Familienbeihilfe (§ 8 FLAG), der Kinderabsetzbetrag (§ 33 Abs. 3 EStG) und die Absetzbeträge gemäß § 33 Abs. 4 EStG sind nicht anzurechnen. Keiner Anrechnung unterliegen auch freiwillige Geldleistungen der freien Wohlfahrtspflege oder Leistungen von Dritten, die ohne rechtliche Verpflichtung erbracht werden, es sei denn, diese Leistungen werden bereits für einen ununterbrochenen Zeitraum von vier Monaten gewährt oder erreichen ein Ausmaß, sodass keine Leistungen der Sozialhilfe mehr erforderlich wären. Darüber hinaus können Heizkostenzuschüsse, die aus öffentlichen Mitteln gewährt werden, von der Anrechnung ausgenommen werden.

(5) Eine Anrechnung von öffentlichen Mitteln hat insoweit zu unterbleiben, als diese der Deckung eines Sonderbedarfs dienen, der nicht durch Leistungen der Sozialhilfe im Sinne dieses Bundesgesetzes berücksichtigt wird. Dies gilt insbesondere für Leistungen, die aufgrund von Behinderung oder eines Pflegebedarfs des Bezugsberechtigten gewährt werden. Die Landesgesetzgebung hat diese Leistungen im Einzelnen zu bezeichnen.

(6) Personen, die während des Bezuges von Leistungen der Sozialhilfe eine Erwerbstätigkeit aufnehmen, ist ein anrechnungsfreier Freibetrag von bis zu 35 % des hieraus erzielten monatlichen Nettoeinkommens und für eine Dauer von höchstens zwölf Monaten einzuräumen.

(7) Bezugsberechtigte sind zur Abgabe eines Einkommens- und Vermögensverzeichnisses, zur Vorlage geeigneter Urkunden zum Nachweis ihrer wirtschaftlichen Situation sowie zur unverzüglichen Bekanntgabe nachträglicher Änderungen, längstens binnen eines Monats zu verpflichten.

(8) Die Landesgesetzgebung hat sicherzustellen, dass das Vermögen des Bezugsberechtigten keiner Anrechnung oder Verwertung unterliegt,

1. wenn dadurch eine Notlage erst ausgelöst, verlängert oder deren Überwindung gefährdet werden könnte;
2. wenn dieses der Deckung des unmittelbaren Wohnbedarfes der Person, die Leistungen der Sozialhilfe geltend macht oder ihrer unterhaltsberechtigten Angehörigen dient (Wohnvermögen); insoweit kann die Landesgesetzgebung hinsichtlich solcher Leistungen, die nach drei unmittelbar aufeinander folgenden Jahren eines Leistungsbezugs weiterhin zu gewähren sind, die grundbücherliche Sicherstellung einer entsprechenden Ersatzforderung gegenüber dem Bezugsberechtigten vorsehen;
3. soweit das verwertbare Vermögen einen Wert von 600 % des Netto-Ausgleichszulagenrichtsatzes für Alleinstehende nicht übersteigt (Schonvermögen).

Datenverarbeitung und Statistik

§ 8. (1) Die Landesgesetzgebung hat Ermächtigungen zur Erhebung und zur Verarbeitung sämtlicher Daten vorzusehen, die zu Zwecken der Aufrechterhaltung des österreichischen Sozialhilfewesens und zwar zur Feststellung der Voraussetzungen und der Höhe einer Leistung der Sozialhilfe, für Kostenerstattungs- und Rückersatzverfahren, zu Zwecken der Kontrolle eines rechtmäßigen Leistungsbezugs sowie zur Vollziehung des Bundesgesetzes betreffend die bundesweite Gesamtstatistik über Leistungen der Sozialhilfe (Sozialhilfe-Statistikgesetz) benötigt werden.

(2) Die Landesgesetzgebung hat zu Zwecken der Einrichtung und Aufrechterhaltung eines wirksamen Kontrollsystems (§ 9 Abs. 1) einen wech-

selseitigen Austausch sowie einen zeitnahen periodischen Abruf bezugsrelevanter Daten gemäß Abs. 1 zwischen den Sozialbehörden, den Meldebehörden, dem Bundesministerium für Inneres, dem Arbeitsmarktservice sowie dem Österreichischen Integrationsfonds (ÖIF) sicherzustellen.

Wirksames Kontrollsystem und Sanktionen

§ 9. (1) Die Landesgesetzgebung hat wirksame Kontrollsysteme einzurichten, um die gesamten tatsächlichen Einkommens- und Vermögensverhältnisse von Bezugsberechtigten periodisch zu überprüfen und die Rechtmäßigkeit des Bezugs von Leistungen der Sozialhilfe sowie deren widmungskonforme Verwendung nach Maßgabe dieses Bundesgesetzes und der Ausführungsgesetze sicherzustellen.

(2) Die Landesgesetzgebung hat für Pflichtverletzungen im Zusammenhang mit der Bereitschaft zum Einsatz der Arbeitskraft oder der Überwindung einer eingeschränkten Vermittelbarkeit am österreichischen Arbeitsmarkt, für den unrechtmäßigen Bezug, insbesondere aufgrund des Verschweigens von Einkünften bzw. sonstiger anrechnungspflichtiger Leistungen oder aufgrund einer fehlerhaften oder unvollständigen Angabe der eigenen Einkommens- und Vermögensverhältnisse, sowie für eine zweckwidrige Verwendung von Leistungen der Sozialhilfe wirksame und abschreckende Sanktionen vorzusehen, insbesondere Reduktionen bis zur gänzlichen Einstellung sowie Rückforderungen von Leistungen.

(3) Für eine schuldhafte Verletzung der Pflichten gemäß § 16c Abs. 1 IntG sind Leistungskürzungen im Ausmaß von zumindest 25 % über einen Zeitraum von mindestens drei Monaten vorzusehen.

Schluss- und Übergangsbestimmungen

§ 10. (1) Mit der Wahrnehmung der Rechte des Bundes gemäß Art. 15 Abs. 8 des Bundes-Verfassungsgesetzes ist die Bundesministerin für Arbeit, Soziales, Gesundheit und Konsumentenschutz im Einvernehmen mit dem Bundeskanzler betraut.

(2) Dieses Bundesgesetz tritt mit 1. Juni 2019 in Kraft. Ausführungsgesetze sind innerhalb von sieben Monaten nach Inkrafttreten dieses Bundesgesetzes zu erlassen und in Kraft zu setzen.

(3) Ausführungsgesetze haben angemessene Übergangsbestimmungen vorzusehen, um eine allgemeine Überführung sämtlicher Ansprüche von Personen, die Leistungen aus einer bedarfsorientierten Mindestsicherung oder sonstiger Leistungen der Sozialhilfe aufgrund früherer landesgesetzlicher Bestimmungen bezogen haben, in den neuen Rechtsrahmen innerhalb eines Übergangszeitraums, der spätestens mit 1. Juni 2021 endet, zu gewährleisten. Durch gesetzliche Übergangsbestimmungen ist sicherzustellen, dass bestehende behördliche Rechtsakte oder privatrechtliche Vereinbarungen über die Zuerkennung von Leistungen einer bedarfsorientierten Mindestsicherung oder sonstiger Leistungen der Sozialhilfe im Sinne dieses Bundesgesetzes, die aufgrund der früheren Rechtslage erlassen wurden, außer Kraft treten und die Anspruchsvoraussetzungen gegenüber bisherigen Leistungsempfängern nach Maßgabe der neuen Rechtslage geprüft werden, um sämtliche Leistungen bis zum Ablauf des Übergangszeitraums an den Rahmen dieses Bundesgesetzes und der Ausführungsgesetze anzupassen.

16. MINDESTSICHERUNGSGESETZE UND -VERORDNUNGEN

Inhaltsverzeichnis

Burgenländisches Mindestsicherungsgesetz

Burgenländisches Mindestsicherungsgesetz, LGBl Bgld 2010/76 idF

1 LGBl Bgld 2012/44 2 LGBl Bgld 2013/79 3 LGBl Bgld 2017/20
4 LGBl Bgld 2018/40 5 LGBl Bgld 2018/82 (VfGH)

GLIEDERUNG

Gesetz vom 28. Oktober 2010 über die Bedarfsorientierte Mindestsicherung im Burgenland (Burgenländisches Mindestsicherungsgesetz – Bgld. MSG)

(LGBl Bgld 2010/76)

Der Landtag hat beschlossen:

1. Abschnitt
Allgemeine Bestimmungen

Aufgaben und Ziele

§ 1. (1) Zur verstärkten Bekämpfung und Vermeidung von Armut und sozialer Ausschließung oder anderer sozialer Notlagen sowie zur weitest gehenden Förderung einer dauerhaften Eingliederung oder Wiedereingliederung von Personen in das Erwerbsleben wird eine Bedarfsorientierte Mindestsicherung geschaffen.

(2) Die Bedarfsorientierte Mindestsicherung hat allen gemäß § 4 anspruchsberechtigten Personen die Sicherung des Lebensunterhalts und des Wohnbedarfs sowie den Erhalt der bei Krankheit, Schwangerschaft und Entbindung erforderlichen Leistungen zu gewährleisten.

(3) Auf Personen, die in stationären Einrichtungen untergebracht sind, findet dieses Gesetz keine Anwendung.

MSG

Grundsätze

§ 2. (1) Bei Leistungen der Bedarfsorientierten Mindestsicherung nach diesem Gesetz ist auf die Eigenart und Ursache der drohenden, bestehenden oder noch nicht dauerhaft überwundenen sozialen

Notlage sowie auf die persönlichen Verhältnisse der Hilfe suchenden Person Bedacht zu nehmen. Dazu gehören insbesondere ihr körperlicher, geistiger und psychischer Zustand sowie ihre Fähigkeiten, Beeinträchtigungen und das Ausmaß ihrer sozialen Integration.

(2) Bedarfsorientierte Mindestsicherung ist nicht nur zur Beseitigung einer bestehenden Notlage, sondern auch vorbeugend zu gewähren, wenn dadurch einer drohenden Notlage entgegengewirkt werden kann. Sie hat rechtzeitig einzusetzen und ist auch ohne Antrag anzubieten, wenn Umstände bekannt werden, die eine Leistung erforderlich machen. Die Gewährung der Bedarfsorientierten Mindestsicherung ist auch nach Beseitigung der Notlage fortzusetzen, wenn dies notwendig ist, um die Wirksamkeit der geleisteten Hilfe zu sichern oder Rückschläge zu vermeiden.

(3) Art und Umfang der Leistung der Bedarfsorientierten Mindestsicherung nach diesem Gesetz sind so zu wählen, dass die Stellung der Hilfe suchenden Person innerhalb ihrer Familie und ihres sonstigen unmittelbaren sozialen Umfelds nach Möglichkeit erhalten und gefestigt wird und dass eine dauerhafte (Wieder-)Eingliederung der Hilfe suchenden Person in das Erwerbsleben weitest möglich gefördert wird.

(4) Die Bedarfsorientierte Mindestsicherung ist durch Sachleistungen oder pauschalierte Geldleistungen zu gewähren. Auf Leistungen der Bedarfsorientierten Mindestsicherung besteht ein Rechtsanspruch, sofern in diesem Gesetz nicht Anderes bestimmt ist.

(5) Die Leistungen der Bedarfsorientierten Mindestsicherung sind subsidiär. Soweit im Folgenden nicht Anderes bestimmt ist, sind die Leistungen vom Fehlen einer ausreichenden Deckung des jeweiligen Bedarfs durch eigenes Einkommen oder Vermögen oder durch Leistungen Dritter einschließlich des Bundes oder anderer Staaten sowie von der Bereitschaft zum Einsatz der eigenen Arbeitskraft abhängig.

(6) Die Erbringung von Leistungen der Bedarfsorientierten Mindestsicherung nach diesem Gesetz umschließt auch die jeweils erforderliche Beratung und Betreuung zur Vermeidung und Überwindung von sozialen Notlagen sowie zur nachhaltigen sozialen Stabilisierung. Bei arbeitsfähigen Personen gehören dazu auch die jeweils erforderlichen Maßnahmen, die zu einer weitest möglichen und dauerhaften Eingliederung oder Wiedereingliederung in das Erwerbsleben führen.

Leistungen der Bedarfsorientierten Mindestsicherung

§ 3. (1) Die Bedarfsorientierte Mindestsicherung umfasst:

1. Leistungen zur Sicherung des Lebensunterhalts;
2. Leistungen zur Sicherung des Wohnbedarfs;
3. Leistungen zum Schutz bei Krankheit, Schwangerschaft und Entbindung.

(2) Der Lebensunterhalt umfasst den regelmäßig wiederkehrenden Aufwand für Nahrung, Bekleidung, Körperpflege, Hausrat, Heizung und Energie sowie andere persönliche Bedürfnisse wie die angemessene soziale und kulturelle Teilhabe.

(3) Der Wohnbedarf umfasst den für die Gewährleistung einer angemessenen Wohnsituation erforderlichen regelmäßig wiederkehrenden Aufwand für Miete, allgemeine Betriebskosten und wohnbezogene Abgaben.

(4) Der Schutz bei Krankheit, Schwangerschaft und Entbindung umfasst alle Sachleistungen und Vergünstigungen wie sie Bezieherinnen und Bezieher einer Ausgleichszulage aus der Pensionsversicherung bei der Burgenländischen Gebietskrankenkasse zukommen.

2. Abschnitt
Voraussetzungen für die Leistung Bedarfsorientierter Mindestsicherung

Personenkreis

§ 4. (1) Einen Rechtsanspruch auf Leistungen der Bedarfsorientierten Mindestsicherung haben alle Personen, die – mit Ausnahme von Z 5 – zu einem dauernden Aufenthalt im Inland berechtigt sind und ihren Hauptwohnsitz oder mangels eines solchen, ihren gewöhnlichen Aufenthalt im Burgenland haben soweit sie ihren Lebensmittelpunkt im Burgenland haben und ihren Lebensunterhalt im Burgenland bestreiten müssen. Diese sind:

1. österreichische Staatsbürgerinnen und Staatsbürger;
2. Personen, die über ein unionsrechtliches Aufenthaltsrecht gemäß den §§ 15a und 15b FPG oder gemäß den §§ 51 bis 54a und 57 NAG verfügen,
3. Personen, die über einen Aufenthaltstitel
   a) „Daueraufenthalt-EU“ gemäß § 45 NAG,
   b) „Familienangehöriger“ gemäß § 47 Abs. 2 NAG oder
   c) gemäß § 49 NAG

   verfügen;
4. Asylberechtigte (§ 3 AsylG 2005);
5. subsidiär Schutzberechtigte (§ 8 AsylG 2005), sofern diese Personen nicht Leistungen im Rahmen der vorübergehenden Grundversorgung oder auf der Grundlage des Bgld. SHG 2000, LGBl. Nr. 5, erhalten. Der Anspruch von subsidiär Schutzberechtigten auf die Gewährung von Leistungen der Bedarfsorientierten Mindestsicherung ist mit der Höhe der Leistungen aus der vorübergehenden Grundversorgung begrenzt.

(2) Keinen Anspruch auf Leistungen der Bedarfsorientierten Mindestsicherung des Landes haben:

1. nicht erwerbstätige Bürgerinnen und Bürger einer Vertragspartei des Abkommens über den Europäischen Wirtschaftsraum oder der Schweizer Eidgenossenschaft und deren Fa-

milienangehörige, jeweils in den ersten drei Monaten ihres Aufenthalts;
2. schutzbedürftige Fremde;
3. Personen während ihres sichtvermerksfreien oder sichtvermerkspflichtigen Aufenthalts im Inland, soweit nicht Z 1 anwendbar ist.

(3) An andere als die in Abs. 1 genannten Personen können Leistungen der Bedarfsorientierten Mindestsicherung vom Land als Träger von Privatrechten erbracht werden, wenn dies aufgrund der persönlichen, familiären oder wirtschaftlichen Verhältnisse dieser Personen zur Vermeidung einer sozialen Härte geboten erscheint.

Berücksichtigung von Leistungen Dritter

§ 5. (1) Leistungen der Bedarfsorientierten Mindestsicherung sind nur soweit zu gewähren, als der Bedarf der Hilfe suchenden Person für den Lebensunterhalt, den Wohnbedarf und den Bedarf bei Krankheit, Schwangerschaft und Entbindung nicht durch Geld- oder Sachleistungen Dritter gedeckt ist. Dabei haben freiwillige Zuwendungen der freien Wohlfahrtspflege oder Leistungen Dritter, die ohne rechtliche Verpflichtung erbracht werden, außer Betracht zu bleiben, es sei denn, sie sind nach Abs. 2 anzurechnen oder erreichen ein Ausmaß oder eine Dauer, dass keine Leistungen nach diesem Gesetz mehr erforderlich sind.

(2) Zu den Leistungen Dritter zählt auch das Einkommen der im gemeinsamen Haushalt lebenden Ehegattinnen oder Ehegatten, eingetragenen Partnerinnen oder Partnern und Lebensgefährtinnen oder Lebensgefährten, soweit es den für diese Personen nach diesem Gesetz maßgeblichen Bedarf übersteigt.

(3) Hilfe suchende Personen haben Ansprüche, bei deren Erfüllung Leistungen der Bedarfsorientierten Mindestsicherung nach diesem Gesetz nicht oder nicht im erhaltenen Ausmaß erforderlich wären, zu verfolgen, soweit dies nicht offensichtlich unmöglich oder unzumutbar ist. Solange die Hilfe suchende Person alle gebotenen Handlungen zur Durchsetzung solcher Ansprüche unternimmt, dürfen ihr die zur unmittelbaren Bedarfsdeckung erforderlichen Leistungen weder verwehrt noch gekürzt oder entzogen werden.

(4) Bei Personen, die das 25. Lebensjahr vollendet haben, gilt die widerlegliche Vermutung der Selbsterhaltungsfähigkeit und darf eine Rechtsverfolgung gemäß Abs. 3 im Hinblick auf Unterhaltsansprüche nicht verlangt werden, wenn nicht die fehlende Selbsterhaltungsfähigkeit festgestellt ist. Die Verfolgung von Unterhaltsansprüchen gegenüber (ehemaligen) EhegattInnen bzw. (ehemaligen) eingetragenen PartnerInnen oder von titulierten Unterhaltsansprüchen ist grundsätzlich zumutbar.

Einsatz der eigenen Mittel

§ 6. (1) Bei der Bemessung von Leistungen der Bedarfsorientierten Mindestsicherung des Landes ist das Einkommen und das verwertbare Vermögen der Hilfe suchenden Person nach Maßgabe der folgenden Absätze zu berücksichtigen. Zum Einkommen zählen alle Einkünfte, die der Hilfe suchenden Person tatsächlich zufließen.

(2) Als Einkommen zählen nicht:
1. Leistungen nach dem Familienlastenausgleichsgesetz 1967 mit Ausnahme von Zuwendungen aus dem Familienhospizkarenz-Härteausgleich (§ 38j FLAG 1967);
2. Kinderabsetzbeträge (§ 33 Abs. 4 Z 3 EStG 1988);
3. Pflegegeld nach bundes- oder landesrechtlichen Vorschriften und andere pflegebezogene Geldleistungen;
4. Förderungen nach dem Bgld. Familienförderungsgesetz, LGBl. Nr. 20/1992;
5. nicht pauschalierte Abgeltungen durch das Arbeitsmarktservice für einen tatsächlichen Mehraufwand, der aus der Teilnahme an einer Qualifizierungsmaßnahme resultiert.

(3) Bei der Ermittlung des zu berücksichtigenden Einkommens sind Zahlungen Hilfe suchender Personen in dem Ausmaß in Abzug zu bringen, das erforderlich ist, um eine drohende soziale Notlage der Hilfe suchenden oder eine ihr gegenüber gesetzlich unterhaltsberechtigte Person zu verhindern, eine soziale Notlage leichter zu bewältigen oder deren dauerhafte Überwindung zu erleichtern. Das gilt insbesondere für:
1. Zahlungen aufgrund einer gesetzlichen Unterhaltsverpflichtung;
2. Zahlungen im Rahmen der gesetzlichen Krankenversicherung (insbesondere Selbstbehalte) oder zur Sicherung einer angemessenen Altersvorsorge für die Hilfe suchende Person;
3. Zahlungen im Rahmen eines von einer geeigneten Einrichtung begleiteten Schuldenregulierungsverfahrens.

(4) Die Verwertung von Vermögen darf nicht verlangt werden, wenn dadurch eine soziale Notlage erst ausgelöst, verlängert oder deren Überwindung gefährdet werden könnte. Das ist jedenfalls anzunehmen bei:
1. Gegenständen, die zur Fortsetzung oder zur Aufnahme einer Erwerbstätigkeit oder der Befriedigung angemessener geistig-kultureller Bedürfnisse der Hilfe suchenden Person dienen;
2. Gegenständen, die als angemessener Hausrat anzusehen sind;
3. Kraftfahrzeugen, die berufsbedingt oder aufgrund besonderer Umstände (insbesondere Behinderung, unzureichende Infrastruktur) erforderlich sind;
4. Ersparnissen bis zu einem Freibetrag in Höhe des Fünffachen des Mindeststandards nach § 9 Abs. 1 Z 1;
5. sonstigen Vermögenswerten ausgenommen unbewegliches Vermögen, soweit sie den Freibetrag nach Z 4 nicht übersteigen und so-

lange Leistungen nach §§ 9 oder 10 nicht länger als sechs Monate bezogen werden.

(5) Von der Verwertung von unbeweglichem Vermögen ist vorerst abzusehen, wenn dieses der Deckung des unmittelbaren Wohnbedarfs der Person, die Leistungen nach den §§ 9 oder 10 geltend macht, und der ihr gegenüber gesetzlich unterhaltsberechtigten oder in Lebensgemeinschaft lebenden Personen dient. Werden Leistungen länger als sechs Monate bezogen, kann eine grundbücherliche Sicherstellung der Ersatzforderung vorgenommen werden.

(6) Bei der Bemessung der Frist nach Abs. 4 Z 5 und Abs. 5 sind auch frühere ununterbrochene Zeiten des Bezugs von Leistungen nach §§ 9 oder 10 von jeweils mindestens zwei Monaten zu berücksichtigen, wenn sie nicht länger als zwei Jahre vor dem neuerlichen Bezugsbeginn liegen.

Einsatz der Arbeitskraft

§ 7. (1) Arbeitsfähige Hilfe suchende Personen haben ihre Arbeitskraft im Rahmen ihrer Möglichkeiten einzusetzen und sich um entsprechende Erwerbstätigkeiten zu bemühen. Dies umfasst auch die Bereitschaft zur Mitwirkung an der Begutachtung der Arbeitsfähigkeit sowie zur Teilhabe an Maßnahmen, die der Steigerung der Arbeitsfähigkeit oder der Vermittelbarkeit dienen.

(2) Bei der Beurteilung der Möglichkeiten nach Abs. 1 ist auf die persönliche und familiäre Situation der Hilfe suchenden Person Rücksicht zu nehmen. Die Arbeitsfähigkeit sowie die Zumutbarkeit einer Beschäftigung sind unter sinngemäßer Anwendung der arbeitslosenversicherungsrechtlichen Bestimmungen über die Gewährung von Notstandshilfe und bei Bezug von Arbeitslosengeld nach diesen zu beurteilen.

(3) Bestehen Zweifel an der Arbeitsfähigkeit, haben sich die Hilfe suchenden Personen auf Anordnung der Behörde einer diesbezüglichen Begutachtung zu unterziehen. Die Begutachtung kann erforderlichenfalls auch eine ganzheitliche Beurteilung des Status der betreffenden Person durch die Erhebung von Potenzialen und Perspektiven umfassen, um abzuklären, durch welche Maßnahmen die Arbeitsfähigkeit und Vermittelbarkeit bestmöglich gesteigert werden können.

(4) Der Einsatz der Arbeitskraft darf jedenfalls nicht verlangt werden von Personen, die

1. das Regelpensionsalter nach dem ASVG erreicht haben;
2. eine Invaliditäts-, Berufsunfähigkeits- oder Erwerbsunfähigkeitspension nach sozialversicherungsrechtlichen Vorschriften beziehen;
3. Betreuungspflichten gegenüber Kindern haben, welche das dritte Lebensjahr noch nicht vollendet haben, und keiner Beschäftigung nachgehen können, weil keine geeigneten Betreuungsmöglichkeiten zur Verfügung stehen;
4. pflegebedürftige Angehörige (§ 123 ASVG), welche ein Pflegegeld mindestens der Stufe 3 beziehen, überwiegend betreuen;
5. Sterbebegleitung oder Begleitung von schwersterkrankten Kindern leisten;
6. in einer bereits vor Vollendung des 18. Lebensjahres begonnenen und zielstrebig verfolgten Erwerbs- oder Schulausbildung stehen.

(4a) Als nicht bereit ihre Arbeitskraft im Rahmen ihrer Möglichkeiten einzusetzen gelten jedenfalls Personen,

1. deren Dienstverhältnis in Folge eigenen Verschuldens beendet worden ist oder die ihr Dienst-verhältnis freiwillig gelöst haben, jeweils für die ersten vier Wochen nach Beendigung des Dienstverhältnisses,
2. deren Anspruch auf Leistungen des Arbeitsmarktservice insbesondere nach § 10 AlVG gekürzt oder (vorübergehend) eingestellt wurde, für die Dauer der durch das AMS verfügten Kürzung oder Einstellung.

(5) Hilfe suchenden Personen, die ihren Pflichten nach Abs. 1 nicht nachkommen, können die Leistungen nach §§ 9 oder 10a um bis zu 50% gekürzt werden. Soweit das Arbeitsmarktservice eine Maßnahme nach § 10 AlVG verhängt hat, ist die Kürzung zumindestens für einen Zeitraum zu verfügen, der der Gesamtdauer der Maßnahme des Arbeitsmarktservice entspricht. Eine weitergehende Kürzung ist nur bei beharrlicher Verweigerung des Einsatzes der Arbeitskraft oder beharrlicher Verweigerung des Besuchs von Kursmaßnahmen zulässig.

(6) Durch Kürzungen nach Abs. 5 dürfen nicht beeinträchtigt werden:

1. der Wohnbedarf der Hilfe suchenden Person;
2. der Wohnbedarf der mit der Hilfe suchenden Person im gemeinsamen Haushalt lebenden Ehegattinnen oder Ehegatten, eingetragene Partnerinnen oder Partner, Lebensgefährtinnen oder Lebensgefährten sowie der Wohnbedarf von mit ihren Eltern oder einem Elternteil lebenden unterhaltsberechtigten minderjährigen oder noch in Ausbildung befindlichen volljährigen Kindern einschließlich Adoptiv- oder Stiefkinder;
3. der Lebensunterhalt der Personen gemäß Z 2.

(7) Hilfe suchenden Personen, die nach sechsmonatigem Bezug von Leistungen nach diesem Gesetz oder gleichartigen Leistungen nach dem Bgld. SHG 2000, Einkommen aus einer Erwerbstätigkeit erzielen, ist ein Freibetrag für maximal 18 Monate in Höhe von 15% des monatlichen Nettoeinkommens (ohne Sonderzahlungen), mindestens aber 7% und höchstens 17% des Mindeststandards nach § 9 Abs. 1 Z 1 einzuräumen.

(8) Unabhängig von einer Kürzung oder Einstellung von Leistungen der Bedarfsorientierten Mindestsicherung sind bei Personen, deren Anspruch auf Leistungen des Arbeitsmarktservice, insbesondere nach § 10 AlVG, vorübergehend ein-

gestellt oder sonst gekürzt oder eingestellt wurde und bei denen auch keine Umstände nach Abs. 4 vorliegen, die Leistungen der Bedarfsorientierten Mindestsicherung für die Dauer der Einstellung oder der Kürzung der Leistungen des Arbeitsmarktservice nur in jenem Ausmaß zu erbringen, das ohne diese Einstellung oder die Kürzung gebühren würde.

Maßnahmen zur Integration

§ 7a. (1) Hilfe suchende volljährige Personen, die sich innerhalb der letzten sechs Jahre weniger als fünf Jahre in Österreich aufgehalten haben, haben mögliche und zumutbare Maßnahmen zur besseren Integration zu ergreifen, welche mittels Auflage im Rahmen der Leistungsgewährung vorzuschreiben sind.

(2) Maßnahmen zur besseren Integration im Sinne des Abs. 1 sind insbesondere:

1. der erfolgreiche Besuch eines zumindest achtstündigen Werte- und Orientierungskurses,
2. der Erwerb von Kenntnissen der Deutschen Sprache bis inklusive der Niveaustufe A2 nach dem Gemeinsamen Europäischen Referenzrahmen für Sprachen.
3. der Besuch von Qualifizierungskursen, Arbeits- und Bewerbungstrainings

(3) Die Behörde kann Hilfe suchenden Personen, die Österreich nachweislich zu Ausbildungszwecken oder aus beruflichen Gründen verlassen haben, die Verpflichtung nach Abs. 1 erlassen.

Integrationsvereinbarung

§ 7b. (1) Alle Personen nach § 7a Abs. 1 haben sich im Rahmen einer Integrationsvereinbarung (**Anlage – Integrationsvereinbarung**) zur Umsetzung der Maßnahmen nach § 7a zu verpflichten, sofern diese nicht bereits eine Integrationsvereinbarung mit gleichwertigen Inhalt nach dem Integrationsgesetz abgeschlossen haben.

(2) Die Integrationsvereinbarung ist bei Antragstellung oder im Rahmen des Ermittlungsverfahrens zur Gewährung der Leistung vor der Behörde von jeder Person nach Abs. 1 persönlich zu unterschreiben. Eine Vertretung ist, mit Ausnahme der Unterschrift durch gesetzliche Vertreter, nicht zulässig.

(3) Die Hilfe suchende Person ist nachweislich über den Inhalt der Integrationsvereinbarung zu belehren. Der Hilfe suchenden Person ist eine Kopie der unterschriebenen Integrationsvereinbarung auszufolgen.

Erfüllung der Integrationsvereinbarung

§ 7c. (1) Die Erfüllung der Maßnahmen nach § 7a ist mittels entsprechender Zeugnisse, Zertifikate oder Bestätigungen nachzuweisen.

(2) Für den Nachweis der erfolgreichen Teilnahme an einem Werte- und Orientierungskurs hat die Behörde eine Frist von maximal sechs Monaten zu setzen.

(3) Für den Nachweis von Deutschkenntnissen im Umfang des Sprachniveaus A0, A1 bzw. A2 nach dem Gemeinsamen Europäischen Referenzrahmen für Sprachen hat die Behörde eine Frist von jeweils maximal sechs Monaten zu setzen.

(4) Ist der Hilfe suchenden Person die Erfüllung der Maßnahmen nach § 7a nachweislich aus nicht von ihr zu vertretenden Gründen nicht möglich oder zumutbar, kann die Behörde auf Antrag die gesetzte Frist erstrecken oder von der Erfüllung der Auflage endgültig absehen.

(5) Kommt die Hilfe suchende Person den angeordneten Auflagen nach § 7a nicht nach, ist die Leistung für den Lebensunterhalt der Bedarfsorientierten Mindestsicherung – Integration (§ 10a Abs. 2) um den Intergrationsbonus im Ausmaß von 30% (§ 10a Abs. 6) zu kürzen. Mit dem auf den Nachweis der Erfüllung der Auflage folgenden Monat ist die Kürzung aufzuheben. Eine weitergehende Kürzung oder gänzliche Einstellung von Leistungen ist bei weitergehenden Pflichtverletzungen zulässig.

(6) § 7 Abs. 6 gilt sinngemäß.

3. Abschnitt
Leistungen

Leistungsarten und allgemeine Richtlinien

§ 8. (1) Leistungen der Bedarfsorientierten Mindestsicherung zur Sicherung des Lebensunterhalts bzw. des Wohnbedarfs werden auf Antrag oder von Amts wegen als Sachleistungen oder als pauschalierte Geldleistungen erbracht. Sie können auch befristet zuerkannt werden.

(2) Die Leistungen der Bedarfsorientierten Mindestsicherung sind jedenfalls als Sachleistungen zu gewähren, wenn die zweckmäßige, wirtschaftliche und sparsame Verwendung von Geldleistungen nicht gewährleistet ist.

(2a) Sachleistungen können insbesondere durch Direktzahlung von Miete und Betriebskosten oder Teilen davon, durch Ausgabe von Gutscheinen oder durch die Zurverfügungstellung von Wohnraum durch die Behörde erbracht werden.

(3) Geldleistungen nach Abs. 1 können an Dritte ausbezahlt werden, wenn dadurch eine dem Ziel oder den Grundsätzen dieses Gesetzes dienende Bedarfsdeckung besser erreicht werden kann.

(4) Müssen Geldleistungen nach Abs. 1 oder 3 zugestellt oder überwiesen werden, trägt die Kosten dafür der Träger nach § 20.

(5) Geldleistungen nach Abs. 1 können weder gepfändet noch verpfändet werden. Die rechtswirksame Übertragung von Ansprüchen nach diesem Gesetz ist nur mit Zustimmung der zuständigen Behörde möglich. Diese darf nur erteilt werden, wenn die Übertragung im Interesse der Hilfe suchenden Person liegt.

(6) Für die Dauer eines Aufenthalts in Kranken- oder Kuranstalten ist die Hilfe zur Sicherung des Lebensunterhalts und des Wohnbedarfs auf 37,5% der nach § 9 Abs. 2 und 3 maßgeblichen Mindeststandards zu reduzieren. Dies gilt nicht für den

Aufnahme- und den Entlassungsmonat. Zusätzliche Leistungen zur Deckung des Wohnbedarfs gemäß § 9 Abs. 4 bleiben davon unberührt. Zuviel ausbezahlte Leistungen sind einzubehalten oder mit zukünftig auszuzahlenden Leistungen gegenzurechnen.

(7) Bei einem länger als eine Woche dauernden Aufenthalt im Ausland ruhen für diese Zeit Leistungen der nach § 9 Abs. 2 und 3 maßgeblichen Mindeststandards. Zusätzliche Leistungen zur Deckung des Wohnbedarfs gemäß § 9 Abs. 4 bleiben davon unberührt. Zuviel ausbezahlte Leistungen sind einzubehalten oder mit künftig auszuzahlenden Leistungen gegenzurechnen.

Mindeststandards für den Lebensunterhalt und den Wohnbedarf

§ 9. (1) Ausgangswert für die Leistungen der Bedarfsorientierten Mindestsicherung nach diesem Gesetz ist der für alleinstehende Ausgleichszulagenbezieherinnen oder Ausgleichszulagenbezieher (§ 293 Abs. 1 lit. a sublit. bb ASVG) monatlich vorgesehene Betrag abzüglich des davon einzubehaltenden Beitrags zur Krankenversicherung.

(2) Für den monatlichen Mindeststandard für Leistungen der Bedarfsorientierten Mindestsicherung nach diesem Gesetz gelten folgende Prozentsätze des Ausgangswerts nach Abs. 1:

1. für Alleinstehende, Alleinerzieherinnen oder Alleinerzieher, die nur mit ihnen gegenüber unterhaltsberechtigten minderjährigen oder volljährigen Kindern im gemeinsamen Haushalt leben:
   pro Person 100%;
2. für Ehegattinnen oder Ehegatten, eingetragene Partnerinnen oder Partner, Lebensgefährtinnen oder Lebensgefährten oder volljährige Personen, die mit anderen Volljährigen im gemeinsamen Haushalt leben:
   a) pro Person 75%;
   b) ab der dritten leistungsberechtigten volljährigen Person, wenn diese einer anderen Person im gemeinsamen Haushalt gegenüber unterhaltsberechtigt ist 50%;
3. für volljährige Personen, für die ein Anspruch auf Familienbeihilfe besteht und die mit zumindest einer oder einem Volljährigen oder einer Person, der gegenüber sie unterhaltsberechtigt sind, im gemeinsamen Haushalt leben:
   pro Person 30%;
4. für minderjährige Personen, für die ein Anspruch auf Familienbeihilfe besteht und die mit zumindest einer oder einem Volljährigen oder einer Person, der gegenüber sie unterhaltsberechtigt sind, im gemeinsamen Haushalt leben:
   pro Person .... 19,2%.

(3) Die Mindeststandards nach Abs. 2 Z 1 bis 3 enthalten einen Grundbetrag zur Deckung des Wohnbedarfs im Ausmaß von 25%. Kann der Wohnbedarf mit diesem Grundbetrag nicht gedeckt werden, können zusätzliche Geldleistungen vom Land als Träger von Privatrechten dafür gewährt werden. Besteht kein oder ein geringerer Wohnbedarf oder ist dieser anderweitig gedeckt, so sind die jeweiligen Mindeststandards, die einen Grundbetrag zur Deckung des Wohnbedarfs enthalten, um diesen Anteil höchstens jedoch um 25% zu kürzen.

(3a) Bei Personen, die miteinander im gemeinsamen Haushalt leben, ohne dass zwischen ihnen Unterhaltsansprüche bestehen, wird das Vorliegen einer Bedarfsgemeinschaft vermutet. Die Vermutung kann von der Hilfe suchenden Person im Ermittlungsverfahren widerlegt werden.

(4) Reichen die eigenen Mittel zur Beschaffung von notwendigem Wohnraum nicht aus, können zusätzliche Geldleistungen vom Land als Träger von Privatrechten dafür gewährt werden.

(5) Die Mindeststandards nach Abs. 2 gebühren zwölfmal pro Jahr, wobei alle Monate mit 30 Tagen berechnet werden. Sie sind auf volle Eurobeträge kaufmännisch zu runden.

(6) Der Mindeststandard nach Abs. 1 erhöht sich mit dem gleichen Prozentsatz wie der Ausgleichszulagenrichtsatz nach § 293 Abs. 1 lit. a sublit. bb ASVG. Die Beträge der Mindeststandards werden durch Verordnung der Landesregierung kundgemacht.

Mindeststandards für Krankheit, Schwangerschaft und Entbindung

§ 10. (1) Die Bedarfsorientierte Mindestsicherung des Landes umfasst auch alle Sachleistungen und Begünstigungen bei Krankheit (einschließlich Zahnbehandlung und Zahnersatz), Schwangerschaft und Entbindung, wie sie Bezieherinnen und Beziehern einer Ausgleichszulage aus der Pensionsversicherung bei der Burgenländischen Gebietskrankenkasse zukommen.

(2) Leistungen nach Abs. 1 sind durch Übernahme der Beiträge zur gesetzlichen Krankenversicherung nach § 9 ASVG sicherzustellen.

~~Mindeststandards – Integration und Integrationsbonus~~

~~**§ 10a.**~~[a)] ~~(1) Für Hilfe suchende Personen, die sich innerhalb der letzten sechs Jahre weniger als fünf Jahre in Österreich aufgehalten haben, gelten abweichend von § 9 die Mindeststandards nach Abs. 2.~~

~~(2) Die Mindeststandards – Integration zur Deckung des notwendigen Lebensunterhaltes betragen für~~

1. ~~Alleinerzieherinnen oder Alleinerzieher, die nur mit ihnen gegenüber unterhaltsberechtigten minderjährigen oder volljährigen Kindern im gemeinsamen Haushalt leben:~~
   ~~pro Person .. 72% des Ausgangswerts gemäß § 9 Abs. 1;~~

~~2. Volljährige Personen, die alleine oder mit anderen volljährigen Personen im gemeinsamen Haushalt leben:~~

~~a) pro Person ...... 75% des Wertes gemäß § 10a Abs. 2 Z 1;~~

~~b) ab der dritten leistungsberechtigten volljährigen Person, wenn diese einer anderen Person im gemeinsamen Haushalt gegenüber unterhaltsberechtigt ist - 50 % des Wertes gemäß § 10a Abs. 2 Z 1;~~

~~3. für volljährige Personen, für die ein Anspruch auf Familienbeihilfe besteht und die mit zumindest einer oder einem Volljährigen oder einer Person, der gegenüber sie unterhaltsberechtigt sind, im gemeinsamen Haushalt leben:~~

~~pro Person ..... 30% des Wertes gemäß § 10a Abs. 2 Z 1;~~

~~4. für minderjährige Personen, für die ein Anspruch auf Familienbeihilfe besteht und die mit zumindest einer oder einem Volljährigen oder einer Person, der gegenüber sie unterhaltsberechtigt sind, im gemeinsamen Haushalt leben:~~

~~pro Person .. 19,2% des Wertes gemäß § 10a Abs. 2 Z 1.~~

~~(3) Die Mindeststandards – Integration zur Deckung des Wohnbedarfes betragen für~~

~~1. alleinerziehende Personen gemäß § 10a Abs. 2 Z 1, pro Person .... 256 Euro;~~

~~2. für volljährige Personen, pro Person .... 128 Euro.~~

~~(4) Besteht kein oder ein geringerer Aufwand zur Deckung des Wohnbedarfes oder erhält die Hilfe suchende Person bedarfsdeckende Leistungen, sind die jeweiligen Mindeststandards – Integration zur Deckung des Wohnbedarfs um diese Anteile entsprechend zu reduzieren.~~

~~(5) Die Mindeststandards – Integration nach Abs. 2 und 3 sind auf volle Eurobeträge kaufmännisch zu runden und zwölf Mal pro Jahr zu gewähren. Alle Monate werden mit 30 Tagen berechnet.~~

~~(6) Die Mindeststandards zur Deckung des notwendigen Lebensunterhaltes enthalten für alleinerziehende und volljährige Personen (Abs. 2 Z 1, 2 und 3) einen Integrationsbonus im Ausmaß von 30%.~~

~~(7) Der Mindeststandard nach Abs. 3 Z 2 steht nur zwei Personen pro gemeinsamen Haushalt zu, wobei Personen, für die ein Mindeststandard nach § 9 Abs. 2 anzuwenden ist, zu berücksichtigen sind.~~

---

[a] Aufgehoben durch Spruch des Verfassungsgerichtshofes vom 1. Dezember 2018, G 308/2018-8.

~~Deckelung der Mindeststandards~~

~~**§ 10b.**~~[a] ~~(1) Die Summe der Mindeststandards (§§ 9 und 10a) aller Personen, die gemeinsam in einem Haushalt leben, ist mit dem monatlichen Betrag von 1 500 Euro begrenzt, sofern die im Haushalt lebenden volljährigen Personen arbeitsfähig sind, der Einsatz der Arbeitskraft von diesen verlangt werden darf (§ 7 Abs. 4) und für diese keine Anrechnung von Einkommen (§ 6 Abs. 1) stattfindet.~~

~~(2) Im Falle einer Überschreitung des Betrages nach Abs. 1 sind die Mindeststandards der einzelnen Personen gleichmäßig prozentuell zu kürzen, sodass ihre Summe genau 1 500 Euro beträgt.~~

---

[a] Aufgehoben durch Spruch des Verfassungsgerichtshofes vom 1. Dezember 2018, G 308/2018-8.

4. Abschnitt
Verfahrensbestimmungen

Einbringung von Anträgen

§ 11. (1) Anträge auf Leistungen der Bedarfsorientierten Mindestsicherung nach diesem Gesetz können bei der Bezirksverwaltungsbehörde, der Gemeinde oder der regionalen Geschäftsstelle des Arbeitsmarktservice, in deren Wirkungsbereich sich die Hilfe suchende Person aufhält, eingebracht werden. Wird der Antrag bei der Gemeinde, einer anderen unzuständigen Behörde oder der regionalen Geschäftsstelle des Arbeitsmarktservice eingebracht, sind deren Organe zur unverzüglichen Weiterleitung an die zuständige Behörde verpflichtet, und der Antrag gilt als ursprünglich richtig eingebracht.

(2) Anträge auf Leistungen der Bedarfsorientierten Mindestsicherung können gestellt werden:

1. durch die Hilfe suchende Person, soweit sie eigenberechtigt ist;
2. für die Hilfe suchende Person
   a) durch ihre gesetzliche oder bevollmächtigte Vertreterin oder ihren gesetzlichen oder bevollmächtigten Vertreter;
   b) durch mit ihr im gemeinsamen Haushalt lebende Familienmitglieder oder sonstige Haushaltsangehörige, jeweils auch ohne Nachweis der Bevollmächtigung, wenn keine Zweifel über Bestand und Umfang der Vertretungsbefugnis bestehen;
   c) durch ihre Sachwalterin oder ihren Sachwalter, wenn die Antragstellung zu deren oder dessen Aufgabenbereich gehört.

Zuständigkeit

§ 12. (1) Für die Entscheidung über Leistungen der Bedarfsorientierten Mindestsicherung ist die Bezirksverwaltungsbehörde zuständig.

(2) Die örtliche Zuständigkeit der Bezirksverwaltungsbehörde richtet sich nach dem Hauptwohnsitz der Hilfe suchenden Person, in Ermangelung eines solchen nach deren gewöhnlichem Aufenthalt. Kann danach keine Zuständigkeit ermittelt werden, ist jene Bezirksverwaltungsbehörde örtlich zuständig, in deren Zuständigkeitsbereich sich die Hilfe suchende Person tatsächlich aufhält.

(3) Ist die Zuständigkeit einer Bezirksverwaltungsbehörde zur Gewährung einer Leistung gemäß §§ 9 oder 10 gegeben, so bleibt diese auch für weitere Maßnahmen, die aus der gewährten Leistung resultieren, zuständig.

Informations- und Mitwirkungspflichten

§ 13. (1) Die Behörde im Sinne des § 12 Abs. 1 hat die Hilfe suchende Person und die sonstigen antragsberechtigten Personen gemäß § 11 Abs. 2 Z 2 lit. a bis c entsprechend der jeweils festgestellten Sachlage zu informieren, zu beraten und anzuleiten, soweit dies zur Erreichung der Ziele und nach den Grundsätzen dieses Gesetzes notwendig ist.

(2) Die Hilfe suchende Person und die sonstigen antragsberechtigten Personen gemäß § 11 Abs. 2 Z 2 lit. a oder c sind verpflichtet, an der Feststellung des maßgeblichen Sachverhalts im Rahmen der ihr von der Behörde erteilten Aufträge mitzuwirken. Dabei sind die zur Durchführung des Verfahrens unerlässlichen Angaben zu machen sowie die dafür erforderlichen Urkunden und Unterlagen beizubringen. Die Hilfe suchende Person hat sich auch den für die Entscheidungsfindung unerlässlichen Untersuchungen zu unterziehen.

(3) Kommt eine Hilfe suchende Person und die sonstigen antragsberechtigten Personen gemäß § 11 Abs. 2 Z 2 lit. a oder c ihrer Mitwirkungspflicht nach Abs. 2 ohne triftigen Grund nicht nach, kann die Behörde der Entscheidung über den Leistungsanspruch den Sachverhalt zu Grunde legen, soweit er festgestellt wurde. Bei mangelnder Entscheidungsgrundlage kann die Behörde den Antrag zurückweisen. Voraussetzung dafür ist, dass die Hilfe suchende Person oder im Falle eines Antrags nach § 11 Abs. 2 Z 2 lit. a oder c die den Antrag stellende Person nachweislich auf die Folgen einer unterlassenen Mitwirkung hingewiesen worden ist.

Beurteilung von Vorfragen

§ 14. Bei der Beurteilung von Vorfragen (§ 38 AVG) ist die Behörde

1. auch an gültige, vor einem ordentlichen Gericht geschlossene Vergleiche gebunden und
2. zur Aussetzung eines Verfahrens bis zur rechtskräftigen Entscheidung der Vorfrage nur berechtigt, wenn dadurch die Rechtzeitigkeit von Leistungen der Bedarfsorientierter Mindestsicherung nach diesem Gesetz nicht gefährdet wird.

Bescheide, Entscheidungspflicht

§ 15. (1) Leistungen der Bedarfsorientierten Mindestsicherung nach diesem Gesetz sind ab dem nachzuweisenden Zeitpunkt des Eintritts der Hilfsbedürftigkeit im Sinne des § 2 Abs. 1 und 2 zu gewähren, jedenfalls aber ab Einbringung des Antrags bei der zuständigen Behörde für die Dauer der Hilfsbedürftigkeit.

(2) Über Leistungen Bedarfsorientierter Mindestsicherung nach diesem Gesetz, auf die ein Rechtsanspruch besteht, ist ohne unnötigen Aufschub längstens binnen drei Monaten ab Einbringung des Antrags bei der zuständigen Behörde durch die Bezirksverwaltungsbehörden zu entscheiden.

(3) Wenn Umstände bekannt werden, die eine sofortige Leistung zur Vermeidung oder Überwindung einer unmittelbar drohenden oder bereits bestehenden sozialen Notlage erforderlich machen, sind Leistungen der Bedarfsorientierten Mindestsicherung nach diesem Gesetz vor Abschluss des Ermittlungsverfahrens zu gewähren. Diese Leistungen sind auf die tatsächlich nach Abschluss des Ermittlungsverfahrens zugesprochenen Leistungen anzurechnen.

(4) Die Leistung ist von Amts wegen neu zu bemessen, wenn hinsichtlich der Voraussetzungen für die Gewährung eine Änderung eintritt; fällt eine Voraussetzung weg, ist die Leistung einzustellen.

(5) Über die Zuerkennung und Nichtgewährung von Leistungen Bedarfsorientierter Mindestsicherung nach diesem Gesetz, auf die ein Rechtsanspruch besteht, und deren Ersatz durch Sachleistungen, über Rückerstattungs- und Ersatzpflichten der Person, die Leistungen in Anspruch genommen hat, ist vorbehaltlich des Abs. 6 mit schriftlichem Bescheid zu entscheiden.

(6) Die Verpflichtung zur Erlassung eines Bescheides bei

1. einmaligen Leistungen, durch die der jeweilige Bedarf eindeutig gedeckt ist,
2. Erhöhung, Verringerung, Kürzung und Einstellung von Leistungen nach diesem Gesetz

besteht nur, wenn es die Hilfe suchende Person, ihre gesetzliche Vertreterin oder ihr gesetzlicher Vertreter oder ihre Sachwalterin oder ihr Sachwalter innerhalb von zwei Monaten ab Leistungserbringung, in den Fällen nach Z 2 ab deren Erhöhung, Verringerung, Kürzung oder Einstellung, ausdrücklich verlangt.

(7) Bei der Ermittlung der Hilfsbedürftigkeit haben die Gemeinden mitzuwirken.

Beschwerdeverfahren, Zuständigkeit

§ 16. (1) Im Verfahren über die Zuerkennung von Leistungen der Bedarfsorientierten Mindestsicherung nach diesem Gesetz kann ein Beschwerdeverzicht nicht wirksam abgegeben werden.

(2) Beschwerden können innerhalb von vier Wochen bei den Bezirksverwaltungsbehörden eingebracht werden. Beschwerden gegen Bescheide über die Zuerkennung von Leistungen nach diesem Gesetz haben keine aufschiebende Wirkung.

(3) Über Beschwerden gegen Bescheide einer Bezirksverwaltungsbehörde entscheidet das Landesverwaltungsgericht; eine Ausfertigung der Entscheidung des Landesverwaltungsgerichtes ist der Landesregierung zu übermitteln.

5. Abschnitt
Rückerstattung und Ersatz

Anzeige- und Rückerstattungspflicht

§ 17. (1) Die Person, die Leistungen der Bedarfsorientierten Mindestsicherung nach diesem Gesetz erhält, ihre gesetzliche Vertreterin oder ihr gesetzlicher Vertreter, ihre Sachwalterin oder ihr Sachwalter hat jede ihr oder ihm bekannte Änderung der für die Leistung maßgeblichen Umstände, insbesondere der Vermögens-, Einkommens-, Familien- oder Wohnverhältnisse, Aufenthalte in Kranken- oder Kuranstalten sowie länger als eine Woche dauernde Aufenthalte im Ausland, unverzüglich bei der örtlich zuständigen Bezirksverwaltungsbehörde anzuzeigen.

(2) Personen, die wegen Verletzung der Anzeigepflicht nach Abs. 1 oder wegen bewusst unwahrer Angaben oder bewusster Verschweigung wesentlicher Tatsachen zu Unrecht Leistungen nach diesem Gesetz in Anspruch genommen haben, haben diese rückzuerstatten. Gleiches gilt, wenn die Hilfe suchende Person, ihre Vertreterin oder ihr Vertreter, ihre Sachwalterin oder ihr Sachwalter wusste oder hätte erkennen müssen, dass die Hilfeleistung nicht oder nicht in dieser Höhe gebührt.

(3) Die Rückerstattung kann in angemessenen Teilbeträgen bewilligt werden, wenn sie auf andere Weise nicht möglich oder der rückerstattungspflichtigen Person nicht zumutbar ist. Sie kann auch in der Form erfolgen, dass die laufenden Leistungen der Bedarfsorientierten Mindestsicherung im Ausmaß von zumindest 10% höchstens jedoch 50% gekürzt werden. Durch die Kürzungen dürfen nicht beeinträchtigt werden:

1. der Wohnbedarf der oder des Rückerstattungspflichtigen;
2. der Wohnbedarf der mit dem Rückerstattungspflichtigen im gemeinsamen Haushalt lebenden Ehegattinnen oder Ehegatten, eingetragene Partnerinnen oder Partner, Lebensgefährtinnen oder Lebensgefährten sowie der Wohnbedarf von mit ihren Eltern oder einem Elternteil lebenden unterhaltsberechtigten minderjährigen oder noch in Ausbildung befindlichen volljährigen Kindern einschließlich Adoptiv- oder Stiefkinder;
3. der Lebensunterhalt der Personen gemäß Z 2.

(4) Die Rückerstattung kann teilweise oder zur Gänze nachgesehen werden, wenn

1. durch sie der Erfolg der Hilfeleistung gefährdet wäre oder
2. sie zu besonderen Härten für die rückerstattungspflichtige Person führen würde oder
3. das Verfahren der Rückforderung mit einem Aufwand verbunden wäre, der in keinem Verhältnis zu der zu Unrecht in Anspruch genommenen Leistung steht.

(5) Die in Abs. 1 genannten Personen sind anlässlich der Zuerkennung der Leistung nachweislich auf die Pflichten nach Abs. 1 und 2 hinzuweisen.

Ersatzansprüche, Anspruchsübergang

§ 18. (1) Für Leistungen nach diesem Gesetz, die aufgrund eines Rechtsanspruchs geleistet wurden, ist nach den Bestimmungen dieses Abschnitts Ersatz zu leisten von:

1. der Person, die diese Leistungen in Anspruch genommen haben, wenn sie nachträglich zu einem nicht durch eigene Erwerbstätigkeit erwirtschafteten, verwertbaren Vermögen gelangt ist oder die Ersatzforderung nach § 6 Abs. 5 sichergestellt wurde;
2. den Erbinnen oder Erben dieser Person bis zur Höhe des Werts des Nachlasses, da die Verbindlichkeit zum Ersatz der Kosten nach Abs. 1 gleich einer anderen Schuld auf den Nachlass dieser Person übergeht;
3. dieser Person gegenüber gesetzlich unterhaltspflichtigen (geschiedenen) Ehegattinnen oder Ehegatten oder eingetragene Partnerinnen oder Partner nach Auflösung der eingetragenen Partnerschaft und soweit die Leistungen von einer minderjährigen Person in Anspruch genommen wurden, ihren Eltern;
4. sonstigen Personen, denen gegenüber die Person nach Z 1 Rechtsansprüche besitzt, bei deren Erfüllung Leistungen nach diesem Gesetz nicht oder in diesem Maße erforderlich gewesen wären. Dies gilt auch für Schadenersatzansprüche, die aufgrund eines Unfalls oder eines vergleichbaren Ereignisses zustehen, soweit es sich dabei nicht um Schmerzengeld handelt.

(2) Gesetzliche Unterhaltsansprüche gegen (geschiedene) Ehegattinnen oder Ehegatten oder eingetragene Partnerinnen oder Partner nach Auflösung der eingetragenen Partnerschaft und, sofern eine minderjährige Person Leistungen der Bedarfsorientierten Mindestsicherung in Anspruch genommen hat oder in Anspruch nimmt, auch gegenüber deren Eltern, sowie Rechtsansprüche und Schadenersatzansprüche gegenüber sonstigen Personen im Sinne des Abs. 1 Z 4 gehen für die Dauer der Leistung auf den Träger der Bedarfsorientierten Mindestsicherung über, sobald dies der gesetzlich unterhaltspflichtigen Person schriftlich angezeigt wird. Mit Zustellung der schriftlichen Anzeige an die gesetzlich unterhaltspflichtige Person kann der Anspruch auch ohne Zutun der Hilfe suchenden Person geltend gemacht werden.

(3) Ein Anspruchsübergang nach Abs. 2 darf nicht geltend gemacht werden, wenn dies wegen des Verhaltens der Person, die Leistungen der Bedarfsorientierten Mindestsicherung in Anspruch genommen hat oder in Anspruch nimmt, gegenüber der gesetzlich unterhaltspflichtigen Person sittlich nicht gerechtfertigt wäre, oder wenn durch den Ersatz der Erfolg der Bedarfsorientierten Mindestsicherung, insbesondere im Hinblick auf die nach § 2 zu beachtenden Grundsätze, gefährdet wäre.

Ersatz durch den Geschenknehmer

§ 18a. (1) Hat ein Hilfeempfänger innerhalb von fünf Jahren vor Beginn der Hilfeleistung, während oder drei Jahre nach der Hilfeleistung Vermögen verschenkt oder sonst ohne entsprechende Gegenleistung an andere Personen übertragen, so ist der Geschenknehmer (Erwerber) zum Kostenersatz verpflichtet, soweit der Wert des Vermögens das Fünffache des Mindeststandards nach § 9 Abs. 2 Z 1 übersteigt.

(2) Die Ersatzpflicht ist mit der Höhe des Geschenkwertes (Wert des ohne entsprechende Gegenleistung übernommenen Vermögens) begrenzt.

Geltendmachung von Ersatzansprüchen

§ 19. (1) Ersatzansprüche nach diesem Abschnitt können nicht mehr geltend gemacht werden, wenn seit dem Ablauf des Kalenderjahres, in dem Leistungen der Bedarfsorientierten Mindestsicherung nach diesem Gesetz in Anspruch genommen wurden, drei Jahre verstrichen sind. Der Ablauf dieser Frist wird für die Dauer von Ermittlungen der Behörde zur Geltendmachung des Ersatzanspruchs gehemmt. Die Aufnahme von Ermittlungen ist den Ersatzpflichtigen mitzuteilen.

(2) Die Geltendmachung von Ersatzansprüchen und die Verwertung eines nach § 6 Abs. 5 sichergestellten Vermögens dürfen die wirtschaftliche Existenz der ersatzpflichtigen Person und den Unterhalt ihrer Angehörigen und der mit ihr in Lebensgemeinschaft lebenden Person nicht gefährden.

(3) Von der Geltendmachung von Ersatzansprüchen und der Verwertung eines nach § 6 Abs. 5 sichergestellten Vermögens kann abgesehen werden, wenn dadurch unverhältnismäßig hohe Kosten oder ein unverhältnismäßig hoher Verwaltungsaufwand vermieden wird.

(4) Die zuständige Behörde kann mit der ersatzpflichtigen Person einen Vergleich über Höhe und Modalitäten des Ersatzes abschließen. Einem solchen Vergleich kommt, wenn er von der Behörde beurkundet wird, die Wirkung eines vor einem ordentlichen Gericht geschlossenen Vergleichs zu.

(5) Kommt ein Vergleich im Sinne des Abs. 4 nicht zustande, hat die Behörde mit Bescheid zu entscheiden.

6. Abschnitt
Trägerschaft, Kostentragung

Träger der Bedarfsorientierten Mindestsicherung

§ 20. Träger der Bedarfsorientierten Mindestsicherung ist das Land.

Kostentragung durch Land und Gemeinden

§ 21. (1) Die Kosten der Bedarfsorientierten Mindestsicherung sind nach Maßgabe der folgenden Bestimmungen vom Land und von den Gemeinden zu tragen.

(2) Zu den Kosten der Bedarfsorientierten Mindestsicherung gehört der gesamte sich aus der Besorgung der in diesem Gesetz geregelten Aufgaben ergebende Aufwand.

(3) Das Land hat die Kosten der Bedarfsorientierten Mindestsicherung, soweit diese nicht durch Ersatzleistungen nach diesem Gesetz gedeckt sind, zu tragen.

(4) Die Gemeinden haben dem Land einen Beitrag von 50% der vom Land gemäß Abs. 3 zu tragenden Kosten zu leisten.

(5) Der Beitrag der Gemeinden gemäß Abs. 3 ist auf die einzelnen Gemeinden nach Maßgabe ihrer Steuerkraft aufzuteilen. Die Steuerkraft wird aus dem Gesamtaufkommen an Ertragsanteilen an den gemeinschaftlichen Bundesabgaben, der Grundsteuer, der Kommunalsteuer, der Lustbarkeitsabgabe und der Abgabe für das Halten von Tieren des dem Beitragsjahr zweitvorangegangenen Jahres ermittelt.

(6) Die Gemeinden haben dem Land auf Verlangen vierteljährlich Vorschüsse in der Höhe je eines Sechstels des zu erwartenden Beitragsanteils gegen Verrechnung im folgenden Kalenderjahr zu leisten. Die Vorschüsse sind unter Zugrundelegung der im Landesvoranschlag für Bedarfsorientierte Mindestsicherung vorgesehenen Einnahmen und Ausgaben zu ermitteln.

7. Abschnitt
Schlussbestimmungen

Eigener Wirkungsbereich der Gemeinden

§ 22. Die Besorgung der Angelegenheiten der Gemeinden nach diesem Gesetz fällt in deren eigenen Wirkungsbereich.

Befreiung von Verwaltungsabgaben

§ 23. Alle Amtshandlungen, Eingaben, Vollmachten und sonstigen Urkunden über Rechtsgeschäfte sowie Zeugnisse in Angelegenheiten dieses Gesetzes sind von den durch Landesgesetz vorgesehenen Verwaltungsabgaben befreit.

Strafbestimmungen

§ 24. (1) Eine Verwaltungsübertretung begeht, wer

1. der Anzeige- und Rückerstattungspflicht nach § 17 nicht oder nicht rechtzeitig nachkommt;
2. durch falsche Angaben oder durch Verschweigung wesentlicher Tatsachen Leistungen der Bedarfsorientierten Mindestsicherung nach diesem Gesetz erhält oder erhalten hat, die ansonsten nicht zustehen bzw. zugestanden wären;
3. einer Auskunftspflicht gemäß § 25 nicht nachkommt;
4. Leistungen der Bedarfsorientierten Mindestsicherung verpfändet.

(2) Personen, die eine Verwaltungsübertretung gemäß Abs. 1 Z 1, 2 und 4 begangen haben, sind mit einer Geldstrafe bis zu 3 500 Euro, im Falle der Uneinbringlichkeit mit einer Ersatzfreiheitsstrafe von zehn Tagen, zu bestrafen, wenn das Ver-

halten nicht den Tatbestand einer in die Zuständigkeit der ordentlichen Gerichte fallenden strafbaren Handlung bildet.

(3) Personen, die eine Verwaltungsübertretung gemäß Abs. 1 Z 3 begehen, sind mit einer Geldstrafe bis zu 2 000 Euro, im Falle der Uneinbringlichkeit mit einer Ersatzfreiheitsstrafe von einer Woche, zu bestrafen, wenn das Verhalten nicht den Tatbestand einer in die Zuständigkeit der ordentlichen Gerichte fallenden strafbaren Handlung bildet.

(4) Der Versuch der Begehung einer Verwaltungsübertretung nach Abs. 1 Z 2 ist strafbar.

Amtshilfe und Auskunftspflicht

§ 25. (1) Die Organe des Bundes, der Länder, der Gemeinden und Gemeindeverbände sowie Träger der Sozialversicherung, der Hauptverband der österreichischen Sozialversicherungsträger und die Geschäftsstellen des Arbeitsmarktservice haben auf Ersuchen einer Bezirksverwaltungsbehörde, der Landesregierung oder des Landesverwaltungsgerichtes die zur Feststellung der Voraussetzungen und der Höhe einer Leistung der Bedarfsorientierten Mindestsicherung sowie für Kostenerstattungs- und Rückersatzverfahren erforderlichen Auskünfte zu erteilen. Die Landesregierung, die Bezirksverwaltungsbehörden sowie das Landesverwaltungsgericht sind zu diesem Zweck auch berechtigt, eine Verknüpfungsabfrage im Zentralen Melderegister nach dem Kriterium Wohnsitz durchzuführen.

(2) Das Arbeitsmarktservice hat darüber hinaus zum Zweck des Abs. 1 folgende Daten für einen Zeitraum von drei Monaten, bei Bürgerinnen und Bürgern einer Vertragspartei des Abkommens über den Europäischen Wirtschaftsraum oder der Schweizer Eidgenossenschaft für einen Zeitraum von sechs Monaten, jeweils rückwirkend vom Anfragedatum auf elektronischem Weg zu übermitteln oder in elektronischer Form zur Verfügung zu stellen:

1. Art und Höhe der vom Arbeitsmarktservice erbrachten Leistungen;
2. Beginn dieser Leistungen und voraussichtlicher Gewährungszeitraum;
3. Auszahlungszeitpunkt und Auszahlungshöhe dieser Leistungen;
4. Beginn und Ende der Arbeitssuche (Vormerkzeit);
5. Datum und Grund der Einstellung dieser Leistungen bzw. des Endes der Vormerkung der Arbeitssuche;
6. Beginn und Ende sowie Art der Sanktion (§§ 10, 11 oder 49 AlVG);
7. Gutachten und sonstige Angaben zur Arbeitsfähigkeit.

(3) Die Finanzbehörden haben auf Ersuchen der Landesregierung, einer Bezirksverwaltungsbehörde oder des Landesverwaltungsgerichtes zum Zweck des Abs. 1 die Einkommens- und Vermögensverhältnisse einer Hilfe suchenden Person, ersatzpflichtigen und mit ihr in einem gemeinsamen Haushalt lebenden Person Auskunft zu geben.

(4) Die Dienstgeber einer Hilfe suchenden, ersatzpflichtigen oder im gemeinsamen Haushalt lebenden Person haben auf Ersuchen der Landesregierung, einer Bezirksverwaltungsbehörde oder des Landesverwaltungsgerichtes zum Zweck des Abs. 1 innerhalb einer angemessenen Frist über alle Tatsachen Auskunft zu erteilen, die das Beschäftigungsverhältnis dieser Person betreffen und für die Ermittlung des maßgeblichen Sachverhalts unerlässlich sind. In solchen Ersuchen sind jene Tatsachen, über die Auskunft verlangt wird, genau zu bezeichnen.

(5) Die begutachtenden Stellen gemäß § 7 Abs. 3 haben ihre Gutachten den Bezirksverwaltungsbehörden und der Landesregierung auf elektronischem Weg unter Einhaltung der datenschutzrechtlichen Anforderungen zu übermitteln oder in elektronischer Form zugänglich zu machen.

Datenverwendung, Datenaustausch

§ 26. (1) Die zur Besorgung der Aufgaben nach diesem Gesetz erforderlichen personenbezogenen Daten der Hilfe suchenden Person, ihrer Vertreterin oder ihres Vertreters, ihrer Sachwalterin oder ihres Sachwalters und der zum Unterhalt verpflichteten Familienangehörigen sowie der mit ihr im gemeinsamen Haushalt lebenden Personen wie Name, Titel, Geschlecht, Geburtsdatum, Familienstand, Adresse, Staatsbürgerschaft, Sozialversicherungsnummer, Art und Ausmaß der gewährten Leistung, Beruf oder Tätigkeit, Einkommens- und Vermögensverhältnisse, Arbeitsfähigkeit sowie sonstige in den persönlichen Umständen gelegene Tatsachen, die für die Aufgabenbesorgung wesentlich sind, dürfen automationsunterstützt verarbeitet werden. Die Verarbeitung von personenbezogenen Daten ist ausschließlich auf den mit diesem Gesetz verbundenen Zweck der Feststellung der Voraussetzungen oder der Höhe einer Leistung der Bedarfsorientierten Mindestsicherung oder von Rückerstattungs- oder Ersatzpflichten beschränkt.

(2) Die Landesregierung, die Bezirksverwaltungsbehörden und das Landesverwaltungsgericht sind zur Besorgung ihrer Aufgaben nach diesem Gesetz ermächtigt, die für die Vollziehung dieses Gesetzes erforderlichen personenbezogenen Daten gemeinsam zu verarbeiten. In diesem Fall obliegt die Erfüllung von Informations-, Auskunfts-, Berichtigungs-, Löschungs- und sonstigen Pflichten nach der Verordnung (EU) 2016/679 zum Schutz natürlicher Personen bei der Verarbeitung personenbezogener Daten, zum freien Datenverkehr und zur Aufhebung der Richtlinie 95/46/EG (Datenschutz-Grundverordnung), ABl. Nr. L 119 vom 04.05.2016 S. 1, in der Fassung der Berichtigung ABl. Nr. L 314 vom 22.11.2016 S. 72, jedem Verantwortlichen hinsichtlich jener personenbezogenen Daten, die im Zusammenhang mit den von ihm wahrgenommenen Aufgaben verarbeitet werden. Nimmt eine betroffene Person ein Recht nach der Datenschutz-Grundverordnung gegenüber einem gemäß dem zweiten Satz unzuständigen Ver-

antwortlichen wahr, ist sie an den zuständigen Verantwortlichen zu verweisen.

(3) Eine Übermittlung von personenbezogenen Daten an Organe des Bundes, der Länder, der Gemeinden und Gemeindeverbände sowie an die Träger der Sozialversicherung, den Hauptverband der österreichischen Sozialversicherungsträger und die Geschäftsstellen des Arbeitsmarktservice ist, wenn nicht weitergehende Übermittlungsmöglichkeiten gesetzlich vorgesehen sind, nur zulässig, soweit diese zur Wahrnehmung der den Empfängerinnen oder Empfängern gesetzlich übertragenen Aufgaben benötigt werden.

Kostenersatz an andere Länder

§ 27. (1) Das Land Burgenland hat bei Gegenseitigkeit den Trägern der Bedarfsorientierten Mindestsicherung anderer Länder die für die Bedarfsorientierte Mindestsicherung aufgewendeten Kosten nach Maßgabe folgender Bestimmungen zu ersetzen, wenn

1. die Leistungen, wie sie dem Kostenanspruch zugrunde liegen, zu den Kosten der Bedarfsorientierten Mindestsicherung nach diesem Gesetz gehören; dazu zählen auch die einem Träger der Bedarfsorientierten Mindestsicherung nach den jeweiligen landesrechtlichen Vorschriften über die Jugendwohlfahrtspflege und nach dem Geschlechtskrankheitengesetz erwachsenden Kosten;
2. die Kosten für eine Hilfe suchende Person, die sich während der letzten sechs Monate vor Gewährung von Leistungen mindestens fünf Monate im Landesgebiet aufgehalten hat, entstanden sind.

(2) Bei der Berechnung der Fristen nach Abs. 1 Z 2 haben außer Betracht zu bleiben:

1. ein Aufenthalt im Ausland bis zur Dauer von zwei Jahren;
2. der Aufenthalt in einer Anstalt oder einem Heim, das nicht in erster Linie Wohnzwecken dient;
3. die Zeit der Unterbringung einer minderjährigen Person unter 16 Jahren in fremder Pflege;
4. die Zeit, während der Leistungen der Bedarfsorientierten Mindestsicherung, öffentliche Jugendwohlfahrtspflege oder Behindertenhilfe gewährt wird, sofern eine derartige Maßnahme einen den örtlichen Zuständigkeitsbereich eines Trägers überschreitenden Aufenthaltswechsel bedingt hat;
5. bei Frauen ein Zeitraum von 302 Tagen vor der Entbindung.

Wenn sich auf diese Weise für eine aus dem Ausland kommende Hilfe suchende Person ein zum Kostenersatz verpflichteter Träger nicht ermitteln lässt, obliegt die Verpflichtung zum Kostenersatz dem Land Burgenland, wenn die Hilfe suchende Person im Land geboren ist. Wurde die Hilfe suchende Person im Ausland geboren, ist der Geburtsort des Vaters, bei unehelichen Kindern und bei Hilfe suchenden Personen, deren Vater im Ausland geboren ist, der Geburtsort der Mutter maßgebend. Wird einem unehelichen Kind bei der Geburt oder innerhalb von sechs Monaten nach der Geburt Hilfe geleistet, ist das Land Burgenland zum Kostenersatz verpflichtet, wenn es die Kosten einer Hilfe für die Mutter im Zeitpunkt der Entbindung zu ersetzen hat oder zu ersetzen hätte.

(3) Die Verpflichtung zum Kostenersatz dauert, solange die Hilfe suchende Person Anspruch auf Leistungen der Bedarfsorientierten Mindestsicherung hat oder solche Leistungen erhält, ohne Rücksicht auf einen nach dem Einsatz der Hilfe erfolgten Aufenthaltswechsel. Die Verpflichtung zum Kostenersatz endet, wenn mindestens drei Monate keine Hilfeleistung erbracht wurde.

(4) Das Land Burgenland als zum Kostenersatz verpflichteter Träger hat soweit im Folgenden nicht Anderes bestimmt ist, alle einem Träger im Sinne des Abs. 1 erwachsenden Kosten zu ersetzen.

Nicht zu ersetzen sind:

1. die Kosten für Leistungen, die im Rahmen der Privatwirtschaftsverwaltung gewährt werden, sofern es sich nicht um Kosten im Sinne des Abs. 1 Z 1 handelt;
2. die Kosten für Aufwendungen im Einzelfall, die insgesamt die Höhe des Mindeststandards gemäß § 9 Abs. 2 und 3 nicht übersteigen;
3. die Kosten für Leistungen, die in diesem Gesetz der Art nach nicht vorgesehen sind;
4. allgemeine Verwaltungskosten;
5. die Kosten, die fünf Monate vor einer Anzeige nach Abs. 5 entstanden sind;
6. die Kosten, die nicht innerhalb von drei Jahren ab dem Ende des Kalenderjahres, in dem die Hilfeleistung erbracht worden ist, anerkannt oder nach Abs. 5 geltend gemacht werden;
7. die Kosten, die der Träger, dem die Kosten erwachsen, von der Hilfe suchenden Person oder von Dritten ersetzt erhält.

(5) Das Land Burgenland, dem im Sinne des Abs. 1 Kosten erwachsen, hat dem voraussichtlich zum Kostenersatz verpflichteten Träger die Hilfeleistung unverzüglich längstens aber innerhalb von sechs Monaten ab Beginn der Hilfeleistung anzuzeigen und diesem hierbei alle für die Beurteilung der Kostenersatzpflicht maßgebenden Umstände mitzuteilen. Desgleichen ist jede Änderung dieser Umstände längstens innerhalb von sechs Monaten mitzuteilen.

(6) Über die Verpflichtung des Landes Burgenland zum Kostenersatz hat im Streitfall die Landesregierung im Verwaltungsweg zu entscheiden.

Verweise

§ 28. (1) Soweit in diesem Gesetz auf Bundesgesetze verwiesen wird und nicht ausdrücklich anderes bestimmt ist, sind diese in nachstehender Fassung zu verstehen:

1. Allgemeines Sozialversicherungsgesetz – ASVG, BGBl. Nr. 189/1955, in der Fassung des Gesetzes BGBl. I Nr. 75/2016;
2. Arbeitslosenversicherungsgesetz 1977 – AlVG, BGBl. Nr. 609/1977, in der Fassung des Gesetzes BGBl. I Nr. 53/2016;
3. Asylgesetz 2005 – AsylG 2005, BGBl. I Nr. 100/2005, in der Fassung des Gesetzes BGBl. I Nr. 24/2016;
4. (entfallen)
5. Einkommenssteuergesetz 1988 – EStG 1988, BGBl. Nr. 400/1988, in der Fassung des Gesetzes BGBl. I Nr. 77/2016;
6. Familienlastenausgleichsgesetz 1967 – FLAG, BGBl. Nr. 376/1967, in der Fassung des Gesetzes BGBl. I Nr. 53/2016;
7. Fremdenpolizeigesetz 2005 – FPG, BGBl. I Nr. 100/2005, in der Fassung des Gesetzes BGBl. I Nr. 24/2016;
8. Geschlechtskrankheitengesetz, StGB Nr. 153/1945, in der Fassung des Gesetzes BGBl. I Nr. 98/2001;
9. Niederlassungs- und Aufenthaltsgesetz 2005 – NAG, BGBl. I Nr. 100/2005, in der Fassung des Gesetzes BGBl. I Nr. 122/2015.

(2) Verweise in diesem Gesetz auf landesrechtliche Regelungen sind – sofern keine besonderen Anordnungen getroffen wurden – als Verweise auf die jeweils geltende Fassung zu verstehen.

Umsetzungshinweise

§ 29. (1) Durch dieses Gesetz werden folgende Rechtsakte der Europäischen Union umgesetzt:

1. Richtlinie 2003/109/EG betreffend die Rechtsstellung der langfristig aufenthaltsberechtigten Drittstaatsangehörigen, ABl. Nr. L 16 vom 23.01.2004 S. 44;
2. Richtlinie 2004/38/EG über das Recht der Unionsbürger und ihrer Familienangehörigen, sich im Hoheitsgebiet der Mitgliedstaaten frei zu bewegen und aufzuhalten, ABl. Nr. L 158 vom 30.04.2004 S. 77;
3. Richtlinie 2004/83/EG über Mindestnormen für die Anerkennung und den Status von Drittstaatsangehörigen oder Staatenlosen als Flüchtlinge oder als Personen, die anderweitig internationalen Schutz benötigen, und über den Inhalt des zu gewährenden Schutzes, ABl. Nr. L 304 vom 30.09.2004 S. 12.

(2) Mit dem Gesetz LGBl. Nr. 44/2012 wird die Richtlinie 2009/50/EG über die Bedingungen für die Einreise und den Aufenthalt von Drittstaatsangehörigen zur Ausübung einer hochqualifizierten Beschäftigung, ABl. Nr. L 155 vom 18.06.2009 S. 17, umgesetzt.

Übergangsbestimmungen

§ 30. (1) Personen, die bis zum Inkrafttreten des Gesetzes LGBl. Nr. 76/2010, Leistungen zum Lebensunterhalt nach dem Bgld. SHG 2000 bezogen haben, haben innerhalb von vier Monaten ab dem Zeitpunkt der Kundmachung des Gesetzes LGBl. Nr. 76/2010, einen Antrag auf Gewährung von Leistungen der Bedarfsorientierten Mindestsicherung nach diesem Gesetz einzubringen; die Entscheidung über solche Anbringen hat längstens innerhalb von drei Monaten ab tatsächlicher Einbringung zu erfolgen.

(2) Unabhängig davon, ob Personen im Sinne des Abs. 1 einen Antrag auf Gewährung von Leistungen der Bedarfsorientierten Mindestsicherung nach diesem Gesetz einbringen, hat die Behörde binnen vier Monaten nach Kundmachung des Gesetzes LGBl. Nr. 76/2010, die diesen Personen auf der Grundlage des Bgld. SHG 2000 gewährten Leistungen zum Lebensunterhalt auf der Grundlage des Gesetzes LGBl. Nr. 76/2010, neu zu bemessen.

(3) Die zum Zeitpunkt des Inkrafttretens der Novelle LGBl. Nr. 20/2017 anhängigen Verfahren sind nach den nach Inkrafttreten dieser Novelle geltenden Bestimmungen zu Ende zu führen.

(4) Zum Zeitpunkt des Inkrafttretens der Novelle LGBl. Nr. 20/2017 gewährte Leistungen auf Grund der bisher geltenden Vorschriften werden bis längstens 31. Dezember 2017 weitergewährt.

(5) Auf Ersatzansprüche und Ansprüche auf Rückerstattung für Leistungen, die für die Zeit vor dem Inkrafttreten dieses Gesetzes LGBl. Nr. 20/2017, gewährt, wurden, ist das Burgenländische Mindestsicherungsgesetz, LGBl. Nr. 76/2010, in der Fassung des Gesetzes LGBl. Nr. 79/2013, anzuwenden.

Inkrafttreten

§ 31. (1) Dieses Gesetz tritt mit 1. September 2010 in Kraft.

(2) Verordnungen aufgrund dieses Gesetzes dürfen auch rückwirkend, frühestens jedoch mit dem Zeitpunkt des Inkrafttretens des Gesetzes LGBl. Nr. 76/2010, in Kraft gesetzt werden.

(3) Die Änderung des § 4 Abs. 1 Z 2 und 3, § 24 Abs. 1 Z 1, § 28 Abs. 1 Z 7 und 9 und § 29 treten mit dem auf die Kundmachung folgenden Tag in Kraft.

(4) Das Inhaltsverzeichnis, § 4 Abs. 1, § 14 Z 1, § 15 Abs. 2, §§ 16 und 19 Abs. 4, § 24 Abs. 2 und 3, § 25 Abs. 1, 3, 4 und 5, § 26 Abs. 2 und § 28 Abs. 1 in der Fassung des Gesetzes LGBl. Nr. 79/2013 treten mit 1. Jänner 2014 in Kraft.

(5) Das Inhaltsverzeichnis, § 2 Abs. 4, § 3 Abs. 2, § 4 Abs. 1, § 5 Abs. 4, § 6 Abs. 2, § 7 Abs. 4a, 5, 6, und 8, §§ 7a, 7b, 7c, 8 Abs. 1, 2 und 2a, § 9 Abs. 3a und 5, §§ 10a, 10b, 13 Abs. 3, § 15 Abs. 5 und 6, §§ 18a, 27 Abs. 1, 28 Abs. 1, § 30 Abs. 3, 4 und 5 und die Anlage in der Fassung des Gesetzes LGBl. Nr. 20/2017 treten mit 1. Juli 2017 in Kraft.

(6) § 26 Abs. 1 und 2 in der Fassung des Gesetzes LGBl. Nr. 40/2018 tritt mit 25. Mai 2018 in Kraft; gleichzeitig entfällt § 28 Abs. 1 Z 4.

Anlage

Familienname:
Vorname:
Geburtsdatum:
Staatsangehörigkeit:

INTEGRATIONSVEREINBARUNG

Sie haben als Antragsteller bzw. mitunterstütze Person Leistungen der Bedarfsorientierten Mindestsicherung beantragt. Wir erwarten daher von Ihnen die aktive Mitarbeit im Rahmen der Integration. In Österreich leben Menschen mit unterschiedlicher Herkunft und Geschichte seit Jahrhunderten friedlich zusammen. Das ist durch Gesetz gesichert und den Menschen wichtig. Das Land Burgenland möchte Sie über diese Grundregeln des Zusammenlebens informieren. Weiters möchten wir Ihnen vermitteln, welche Integrationsmaßnahmen von Menschen in Österreich erwartet werden, um soziale Sicherheit und ein positives Zusammenleben zu sichern.

Wichtige Grundregeln des Zusammenlebens:

- Österreich ist eine Demokratie. Die Gesetze entstehen durch Diskussion und Abstimmung auf Basis von Regeln. Sie werden von Vertreterinnen und Vertretern des Volkes gemacht.
- Das Gesetz verbietet jegliche körperliche und psychische Gewalt insbesondere gegen Kinder und Frauen. Das gilt im öffentlichen und im privaten Bereich und gegenüber allen Menschen.
- Der Staat handelt nach den demokratisch vereinbarten Gesetzen, welche auch von allen Religionen einzuhalten sind.
- Jeder Mensch kann in Österreich das eigene Leben (Glauben, Tradition, Interessen, Sexualität) selbst gestalten. Er darf dabei aber nicht gegen die Gesetze verstoßen und auch nicht in das Recht auf Gestaltungsfreiheit des eigenen Lebens der anderen Menschen eingreifen.
- Frauen und Männer haben in Österreich die gleichen Rechte; beide bestimmen selbst über alle Aspekte ihres Lebens.
- Es bestehen Kindergarten- und Schulpflicht für Mädchen und Buben.

Integration:

Integrationsmaßnahmen sind die Basis dafür, dass Menschen in Österreich für sich und ihre Familie sorgen sowie aktiv am gesellschaftlichen Leben teilhaben können. Alle Menschen, die in Österreich bleiben können, haben folgende Integrationsleistungen zu erfüllen:

- Erlernen der Deutschen Sprache – Verpflichtender Besuch von Deutschkursen.
- Aneignen von Kenntnissen über die Grundwerte unserer Gesellschaft durch Besuch von Werte- und Orientierungskursen.
- Ergreifung aller Maßnahmen, die geeignet sind, die soziale Stabilisierung zu verbessern (Arbeitstraining, Bewerbungstraining, usw..)
- Erwerb von Qualifikationen, die auf eine Erwerbstätigkeit abzielen sowie Bereitschaft zur Aufnahme einer Arbeit.

Der Verstoß gegen Gesetze sowie die Verweigerung von Integrationsmaßnahmen ziehen Sanktionen nach sich. Diese können Leistungskürzungen oder Strafen sein.

Ich nehme die Information über die grundlegenden Regeln des Zusammenlebens in Österreich zur Kenntnis und akzeptiere diese Regeln.

____

Datum Eigenhändige Unterschrift
des Antragstellers

Burgenländische Mindeststandardverordnung

Burgenländische Mindeststandardverordnung, LGBl Bgld 2010/80 idF

1 LGBl Bgld 2011/15	2 LGBl Bgld 2012/13	3 LGBl Bgld 2013/2
4 LGBl Bgld 2013/84	5 LGBl Bgld 2015/8	6 LGBl Bgld 2016/39
7 LGBl Bgld 2017/45	8 LGBl Bgld 2018/32	9 LGBl Bgld 2019/52

Verordnung der Burgenländischen Landesregierung vom 21. Dezember 2010 über die Mindeststandards zur Deckung des notwendigen Lebensunterhalts und des Wohnbedarfs (Burgenländische Mindeststandardverordnung – Bgld. MSV)

(LGBl Bgld 2018/32)

Gemäß § 9 Abs. 6 des Burgenländischen Mindestsicherungsgesetzes – Bgld. MSG, LGBl. Nr. 76/2010, wird verordnet:

„**§ 1.** (1) Der monatliche Mindeststandard für Leistungen der Bedarfsorientierten Mindestsicherung beträgt

1. für Alleinstehende, Alleinerzieherinnen oder Alleinerzieher, die nur mit ihnen gegenüber unterhaltsberechtigten minderjährigen oder volljährigen Kindern im gemeinsamen Haushalt leben:

   pro Person .... 885 Euro;

2. für Ehegattinnen oder Ehegatten, cingetragene Partnerinnen oder Partner, Lebensgefährtinnen oder Lebensgefährten oder volljährige Personen, die mit anderen Volljährigen im gemeinsamen Haushalt leben:“

   a) pro Person ....664 Euro,

   b) ab der dritten leistungsberechtigten volljährigen Person, wenn diese einer anderen Person im gemeinsamen Haushalt gegenüber unterhaltsberechtigt ist .... 443 Euro;

3. für volljährige Personen, für die ein Anspruch auf Familienbeihilfe besteht und die mit zumindest einer oder einem Volljährigen oder einer Person, der gegenüber sie unterhaltsberechtigt sind, im gemeinsamen Haushalt leben:

   pro Person .... 266 Euro;

4. für minderjährige Personen, für die ein Anspruch auf Familienbeihilfe besteht und die mit zumindest einer oder einem Volljährigen oder einer Person, der gegenüber sie unterhaltsberechtigt sind, im gemeinsamen Haushalt leben:

   pro Person ....170 Euro.

(2) Die Mindeststandards nach Abs. 1 Z 1 bis 3 beinhalten einen Grundbetrag zur Deckung des Wohnbedarfs im Ausmaß von 25%.“

(LGBl Bgld 2019/52)

Leistungsausmaß

§ 2. Die Geldleistungen nach § 1 Abs. 1 sind monatlich zu gewähren.

Erhöhung

§ 3. Der Mindeststandard nach § 1 Abs. 1 Z 1 erhöht sich mit dem gleichen Prozentsatz wie der Ausgleichszulagenrichtsatz nach § 293 Abs. 1 lit. a sublit. bb ASVG, BGBl. Nr. 189/1955, in der Fassung des Gesetzes BGBl. II Nr. 417/2015. Dadurch bedingt erhöhen sich die Mindeststandards nach § 1 Abs. 1 Z 2 bis 4.

Inkrafttreten

§ 4. (1) Die Verordnung tritt mit 1. September 2010 in Kraft.

(2) Die Änderung des § 1 in der Fassung der Verordnung LGBl. Nr. 15/2011, tritt mit 1. Jänner 2011 in Kraft.

(3) Die Änderung des § 1 in der Fassung der Verordnung LGBl. Nr. 13/2012 tritt mit 1. Jänner 2012 in Kraft.

(4) Die Änderungen der §§ 1 und 3 in der Fassung der Verordnung, LGBl. Nr. 2/2013, treten mit 1. Jänner 2013 in Kraft.

(5) Die Änderungen der §§ 1 und 3 in der Fassung der Verordnung LGBl. Nr. 84/2013 treten mit 1. Jänner 2014 in Kraft.

(6) Die Änderungen der §§ 1 und 3 in der Fassung der Verordnung LGBl. Nr. 8/2015 treten mit 1. Jänner 2015 in Kraft.

(7) Die Änderungen der §§ 1 und 3 in der Fassung der Verordnung LGBl. Nr. 39/2016 treten mit 1. Jänner 2016 in Kraft.

(8) Die Änderung des § 1 in der Fassung der Verordnung LGBl. Nr. 45/2017 tritt mit 1. Jänner 2017 in Kraft.

(9) Die Änderung des § 1 in der Fassung der Verordnung LGBl. Nr. 32/2018 tritt mit 1. Jänner 2018 in Kraft.

„(10) Die Änderung des § 1 in der Fassung der Verordnung LGBl. Nr. 52/2019 tritt mit 1. Jänner 2019 in Kraft.“

(LGBl Bgld 2019/52)

Kärntner Mindestsicherungsgesetz

Kärntner Mindestsicherungsgesetz, LGBl Ktn 2007/15 idF

1	LGBl Ktn 2007/84	2	LGBl Ktn 2008/52	3	LGBl Ktn 2010/8
4	LGBl Ktn 2010/97	5	LGBl Ktn 2012/16	6	LGBl Ktn 2012/112 (VfGH)
7	LGBl Ktn 2013/17	8	LGBl Ktn 2013/56	9	LGBl Ktn 2013/85
10	LGBl Ktn 2015/14	11	LGBl Ktn 2018/10	12	LGBl Ktn 2018/59
13	LGBl Ktn 2018/71				

GLIEDERUNG

Gesetz vom 14. Dezember 2006 über die soziale Mindestsicherung in Kärnten (Kärntner Mindestsicherungsgesetz – K-MSG)

(LGBl Ktn 2007/15)

Der Landtag hat beschlossen:

1. Abschnitt
Allgemeine Bestimmungen

Aufgaben und Ziele der sozialen Mindestsicherung

§ 1. (1) Die soziale Mindestsicherung ist die Hilfe des Landes Kärnten für ein möglichst selbst bestimmtes Leben und eine soziale Teilhabe.

(2) Durch soziale Mindestsicherung sollen

a) soziale Notlagen und dadurch bedingte soziale Ausgrenzungen vermieden werden,

b) Personen befähigt werden, soziale Notlagen möglichst aus eigener Kraft abzuwenden und dauerhaft zu überwinden,

c) die notwendigen Bedürfnisse von Personen gedeckt werden, die sich in sozialen Notlagen befinden und von einer dadurch bedingten sozialen Ausgrenzung bedroht sind.

Grundsätze für die Leistung sozialer Mindestsicherung

§ 2. (1) Die Leistung sozialer Mindestsicherung hat sich nach der Besonderheit des Einzelfalles zu richten, wie insbesondere Eigenart und Ursache der sozialen Notlage sowie die persönlichen Verhältnisse der Hilfe suchenden Person.

(2) Art und Umfang der Leistungen sozialer Mindestsicherung sind so zu wählen, dass die Stellung der Hilfe suchenden Person innerhalb ihres unmittelbaren sozialen Umfeldes nach Möglichkeit erhalten und gefestigt wird.

(3) Soziale Mindestsicherung ist in jener Form zu leisten, welche zur Überwindung der sozialen Notlage am besten geeignet ist. Dabei ist auf angemessene Wünsche der Hilfe suchenden Person so weit wie möglich Bedacht zu nehmen.

(4) Soziale Mindestsicherung ist rechtzeitig zu leisten. Soziale Mindestsicherung ist auch nach Überwindung einer sozialen Notlage zu leisten, so weit dies notwendig ist, um die Wirksamkeit der Leistung zu sichern.

(5) Soziale Mindestsicherung beinhaltet die erforderliche Beratung in sozialen Angelegenheiten.

Grundlagen und Rahmenbedingungen für soziale Mindestsicherung

§ 3. (1) Soziale Mindestsicherung ist fachgerecht zu leisten. Die mit der Durchführung von Aufgaben nach diesem Landesgesetz betrauten Personen müssen dafür persönlich und fachlich geeignet sein. Das Land Kärnten hat solchen Personen eine Supervision durch hiezu befähigte und ausgebildete Personen anzubieten. Es darf sich dabei Dritter als Anbieter bedienen.

(2) Die Träger der sozialen Mindestsicherung haben die allgemeinen Maßnahmen zu planen, die zur Erreichung der Ziele der sozialen Mindestsicherung erforderlich sind (Sozialplanung). Dabei sind insbesondere die Ergebnisse der Forschung in den Fachbereichen, welche die soziale Mindestsicherung berühren, zu berücksichtigen. Erforderlichenfalls haben die Träger der sozialen Mindestsicherung diese Forschung anzuregen, zu fördern oder selbst durchzuführen.

(3) Die Träger der sozialen Mindestsicherung haben bei der Erfüllung der Aufgaben nach diesem Gesetz mit allen in Betracht kommenden Trägern anderer Sozialleistungen, erforderlichenfalls auch länderübergreifend, sowie mit den Trägern der freien Wohlfahrt zusammenzuarbeiten, wenn da-

durch den Zielen sozialer Mindestsicherung sowie den Grundsätzen der Zweckmäßigkeit, Sparsamkeit und Wirtschaftlichkeit besser entsprochen werden kann. Der Nachrang sozialer Mindestsicherung wird dadurch nicht berührt.

2. Abschnitt
Voraussetzungen für die Leistung sozialer Mindestsicherung

Persönliche Voraussetzungen

§ 4. (1) Soziale Mindestsicherung ist vorbehaltlich des Abs. 2 nur Personen zu leisten, die ihren Hauptwohnsitz, bei Fehlen eines solchen ihren tatsächlichen Aufenthalt, in Kärnten haben und zu einem mehr als viermonatigen Aufenthalt im Bundesgebiet berechtigt sind.

(2) Soziale Mindestsicherung darf im Rahmen des Privatrechts auch an andere Personen geleistet werden, wenn dies auf Grund der persönlichen, sozialen oder wirtschaftlichen Verhältnisse dieser Personen zur Vermeidung einer sozialen Härte oder zur Verhinderung von Gewaltbedrohung (§ 18) geboten erscheint.

(3) Personen, die Leistungen aufgrund des Kärntner Grundversorgungsgesetzes, LGBl Nr 43/2006, oder des Grundversorgungsgesetzes – Bund 2005 geltend machen können, darf keine Mindestsicherung gewährt werden, sofern ihnen nicht die Flüchtlingseigenschaft oder der subsidiäre Schutzstatus zuerkannt wurde. Der Nachrang sozialer Mindestsicherung wird dadurch nicht berührt.

(4) Personen, denen der subsidiäre Schutzstatus zuerkannt wurde, haben Anspruch auf Leistungen nach §§ 12, 13 und 14.

(5) Personen, die bereits eine für Erwerbszwecke geeignete abgeschlossene Ausbildung oder eine Schulausbildung auf Maturaniveau haben und ihre Arbeitskraft allein deshalb nicht voll einsetzen können, weil sie eine weiterführende Ausbildung absolvieren, steht ein Anspruch auf Leistungen nach §§ 12, 12a oder 14 nicht zu.

Subsidiarität, Leistungen Dritter

§ 5. (1) Soziale Mindestsicherung darf nur soweit geleistet werden, als der jeweilige Bedarf nicht oder nicht ausreichend durch den Einsatz eigener Mittel und Kräfte gedeckt werden kann und auch nicht oder nicht ausreichend durch Leistungen Dritter gedeckt ist. Zu den Leistungen Dritter zählen auch

a) jener Teil des Einkommens des im gemeinsamen Haushalt lebenden unterhaltspflichtigen Ehegatten, eingetragenen Partners oder Lebensgefährten, der den für diese Personen vorgesehenen Mindeststandard gemäß § 12 Abs. 3 lit. a Z 1 übersteigt, sowie

b) jener Teil des Einkommens eines im gemeinsamen Haushalt lebenden unterhaltspflichtigen Elternteils eines Hilfe Suchenden mit Anspruch auf Familienbeihilfe, der den für diese Person vorgesehenen Mindeststandard gemäß § 12 Abs. 2 oder Abs. 3 lit. a Z 1 übersteigt.

(2) Als Leistungen Dritter nicht zu berücksichtigen sind freiwillige Leistungen, wenn diese sonst eingestellt würden, außer diese Leistungen erreichen ein Ausmaß oder eine Dauer, so dass keine Leistungen nach den §§ 12 bis 13 erforderlich wären.

(3) Hilfe suchende Personen haben Ansprüche gegen Dritte, bei deren Erfüllung soziale Mindestsicherung nicht oder nicht in diesem Ausmaß zu leisten wäre, zu verfolgen, soweit dies nicht offenbar aussichtslos oder unzumutbar ist und kein Fall des § 48 Abs. 1a vorliegt. Die Landesregierung darf durch Verordnung das Ausmaß der zu verfolgenden Unterhaltsleistungen in jenen Fällen prozentuell einschränken, in denen der Hilfe Suchende vor Bezug von Leistungen der sozialen Mindestsicherung selbsterhaltungsfähig war. Die prozentuelle Einschränkung hat unter Berücksichtigung des Einkommens und sonstiger Unterhaltsverpflichtungen sowie erhöhter Aufwendungen im Falle einer eigenen Pflegebedürftigkeit oder Behinderung der verpflichteten Person sowie der Art der gewährten Leistung zu erfolgen. Soweit dies zweckmäßig erscheint, ist ein Anspruchsübergang im Sinne des § 48 Abs. 4 zu bewirken.

Einsatz der eigenen Mittel, Kostenbeitrag

§ 6. (1) Die eigenen Mittel umfassen das gesamte Einkommen (Abs. 2 bis 5) und das verwertbare Vermögen (Abs. 7) der Hilfe suchenden Person.

(2) Als Einkommen gelten, soweit dieses Gesetz nicht anderes bestimmt, alle Einkünfte, die der Hilfe suchenden Person zufließen.

(2a) Nicht als Einkommen gelten:

a) Leistungen nach dem Familienlastenausgleichsgesetz 1967, mit Ausnahme der Zuwendungen aus dem Familienhospizkarenz-Härteausgleich;

b) Familienbeihilfe einschließlich des Erhöhungsbetrages, ausgenommen die Hilfe suchende Person, für die Anspruch auf Familienbeihilfe besteht, bezieht Leistungen nach §§ 11 oder 14 Abs. 4 lit. a; bei Leistungen nach § 15 gilt nur der Erhöhungsbetrag als Einkommen;

c) Kinderabsetzbeträge gemäß § 33 Abs. 3 des Einkommensteuergesetzes 1988;

d) Pflegegeld nach dem Bundespflegegeldgesetz oder nach gleichartigen gesetzlichen Bestimmungen oder andere pflegebezogene Geldleistungen, ausgenommen die Hilfe suchende Person bezieht Leistungen nach §§ 11, 14 Abs. 4 lit. a oder 15;

e) bei Bezug von Leistungen nach §§ 12 und 12a Wohnbeihilfen gemäß dem VIII. Abschnitt des Kärntner Wohnbauförderungsgesetzes 1997, welche den angemessenen Wohnbedarf gemäß § 12 Abs. 4 übersteigen.

(3) Erhält eine Hilfe suchende Person auf Kosten oder unter Kostenbeteiligung des Landes regelmäßig teilstationäre Leistungen, ist das Pflegegeld entsprechend der durchschnittlichen Dauer der Leistung als Einkommen zu berücksichtigen. Die Landesregierung darf durch Verordnung die prozentuelle Höhe des zu berücksichtigenden Pflegegeldes, abhängig von der durchschnittlichen Unterbringungsdauer unter Berücksichtigung allfälliger Schließzeiten, festsetzen.

(4) Bei der Ermittlung des zu berücksichtigenden Einkommens sind Zahlungen Hilfe Suchender in einem Ausmaß in Abzug zu bringen, das zur Überwindung der sozialen Notlage erforderlich ist.

(5) Hilfe Suchenden, die während des Bezuges von Leistungen nach §§ 12 und 12a, nach längerer Erwerbslosigkeit oder erstmalig eine Erwerbstätigkeit aufnehmen, ist ein angemessener Freibetrag aus dem daraus erzielten Einkommen einzuräumen. Der Freibetrag ist unter Berücksichtigung der Dauer des Bezuges von Leistungen und des erzielten Einkommens im Einzelfall im Ausmaß von mindestens 7 vH und maximal 20 vH des Mindeststandards nach § 12 Abs. 2 zu gewähren. Dieser Freibetrag hat nach sechsmonatigem Bezug von Leistungen nach §§ 12 und 12a mindestens 15 vH des monatlichen Nettoeinkommens, maximal jedoch 20 vH des Mindeststandards nach § 12 Abs. 2, zu umfassen und ist mindestens für die ersten 18 Monate der Erwerbstätigkeit zu gewähren.

(6) Bei sozialer Mindestsicherung in stationären Einrichtungen (§ 11) sind 20vH des Einkommens einschließlich der Sonderzahlung nicht als Einkommen zu berücksichtigen (Taschengeld). Bei teilstationärer Unterbringung darf das Einkommen insoweit berücksichtigt werden, als durch die Unterbringung der Bedarf nach § 12 Abs. 1 gedeckt und der Lebensunterhalt des Hilfe Suchenden nicht gefährdet ist.

(7) Nicht zum verwertbaren Vermögen gehören Gegenstände, deren Verwertung eine soziale Notlage erst auslösen, verlängern oder deren Überwindung gefährden würde. Dies ist insbesondere anzunehmen bei

a) Gegenständen, die zur Erwerbsausübung oder Befriedigung angemessener geistig-kultureller Bedürfnisse erforderlich sind;

b) Gegenständen, die als angemessener Hausrat anzusehen sind;

c) Kraftfahrzeugen, die berufsbedingt oder aufgrund besonderer Umstände, etwa aufgrund einer Behinderung oder unzureichender Infrastruktur erforderlich sind;

d) Ersparnissen bis zu einem Freibetrag
   1. bei Alleinstehenden oder Alleinerziehern in der Höhe von 500% des Mindeststandards nach § 12 Abs. 2;
   2. bei Personen in Haushaltsgemeinschaft jeweils in der Höhe von 375% des Mindeststandards nach § 12 Abs. 2;

e) sonstigen Vermögenswerten ausgenommen Immobilien, soweit sie den Freibetrag nach lit. d nicht übersteigen und solange Leistungen nach §§ 12 bis 14 nicht länger als sechs unmittelbar aufeinanderfolgende Monate bezogen werden. Für diese Frist sind auch frühere ununterbrochene Bezugszeiten von mindestens zwei Monaten zu berücksichtigen, wenn diese nicht länger als zwei Jahre vor dem neuerlichen Bezugsbeginn liegen.

(8) Hat die Hilfe suchende Person Vermögen, dessen Verwertung ihr vorerst nicht möglich oder nicht zumutbar ist, so können Dauerleistungen der sozialen Mindestsicherung von der Sicherstellung des Ersatzanspruches abhängig gemacht werden. Bei Leistungen nach §§ 12, 12a und 14 darf erst sichergestellt werden, wenn die Leistungen länger als sechs unmittelbar aufeinanderfolgende Monate bezogen werden, wobei für diese Frist auch frühere ununterbrochene Bezugszeiten von jeweils mindestens zwei Monaten zu berücksichtigen sind, die innerhalb der letzten zwei Jahre vor dem neuerlichen Bezug sozialer Mindestsicherung liegen. In diesen Fällen umfasst die Sicherstellung auch die Ersatzansprüche für jene Leistungen, die für die Berechnung der Frist maßgeblich sind und gemäß § 49 Abs. 1 geltend gemacht werden dürfen.

(9) Der Hilfe Suchende hat zu den Kosten für folgende Leistungen entsprechend seiner finanziellen Leistungskraft beizutragen:

a) soziale Mindestsicherung in stationären Einrichtungen und Unterbringung zu Wohnzwecken gemäß § 11 Abs. 1;

b) Unterbringung in einer Einrichtung für Suchtkranke einschließlich der Nachbetreuung zur Wiederherstellung oder Besserung der Gesundheit gemäß § 14 Abs. 4 lit. a.

(10) Soziale Mindestsicherung in Form von persönlicher Hilfe (§ 9 Abs. 2), ausgenommen in den Fällen des § 9 Abs. 2 lit. c, d, e, g und h, ist von der Leistung eines Selbstbehaltes abhängig zu machen.

(11) Die Landesregierung darf durch Verordnung nähere Vorschriften über den Einsatz der eigenen Mittel erlassen. Diese Verordnung hat insbesondere zu regeln, inwieweit Einkommen (Abs. 2 bis 5) oder verwertbares Vermögen (Abs. 7) Hilfe Suchender nicht zu berücksichtigen ist, sowie unter welchen Voraussetzungen und in welchem Ausmaß Kostenbeiträge (Abs. 9) zu leisten sind. Bei der Erlassung der Verordnung ist auf die Lebenshaltungskosten in Kärnten für durchschnittliche Lebensverhältnisse, die eigenen Mittel des Hilfe Suchenden und dessen Unterhaltspflichten, auf lebens- und existenznotwendige Ausgaben des Hilfe Suchenden sowie Aufwendungen, die der Sicherung und Aufrechterhaltung seiner wirtschaftlichen Existenzgrundlage dienen, Bedacht zu nehmen.

Einsatz der Arbeitskraft

§ 7. (1) Die Leistung sozialer Mindestsicherung hat unter Berücksichtigung der Bereitschaft zum zumutbaren Einsatz der Arbeitskraft der Hilfe suchenden Person zu erfolgen. Die Beurteilung der

Arbeitsfähigkeit und der Zumutbarkeit einer Beschäftigung hat auf Grundlage der Kriterien für die Gewährung von Notstandshilfe, bei dem Bezug von Arbeitslosengeld nach den für dieses geltenden Kriterien, gemäß dem Arbeitslosenversicherungsgesetz 1977 zu erfolgen. Bei der Beurteilung der Zumutbarkeit ist auf den Gesundheitszustand und das Alter der Hilfe suchenden Person sowie auf ihre Betreuungsverpflichtungen Bedacht zu nehmen. Bei der Beurteilung der Bereitschaft zum zumutbaren Einsatz der Arbeitskraft ist die Bereitschaft zur Mitwirkung an der Vermittlung von Arbeitsplätzen sowie zur Teilnahme an Maßnahmen des Arbeitsmarktservices, die der Steigerung der Arbeitsfähigkeit oder der Vermittelbarkeit dienen, zu berücksichtigen.

(2) Der Einsatz der eigenen Kräfte darf insbesondere nicht verlangt werden von Personen,

a) die erwerbsunfähig sind;

b) das Regelpensionsalter nach § 253 des Allgemeinen Sozialversicherungsgesetzes erreicht haben;

c) in einer bereits vor Vollendung des 18. Lebensjahres begonnenen und zielstrebig verfolgten Schul- oder Erwerbsausbildung stehen;

d) Betreuungspflichten gegenüber im gemeinsamen Haushalt lebenden Kindern unter drei Jahren haben und keiner Beschäftigung nachgehen können, weil keine geeigneten Betreuungsmöglichkeiten bestehen;

e) pflegebedürftige Angehörige im Sinne des § 123 des Allgemeinen Sozialversicherungsgesetzes, welche ein Pflegegeld zumindest der Stufe 3 beziehen, überwiegend betreuen;

f) Sterbebegleitung oder Begleitung von schwersterkrankten Kinder im Sinne der §§ 14a und 14b des Arbeitsvertragsrechts-Anpassungsgesetzes oder gleichartiger Landes- oder Bundesgesetze leisten.

Kürzung von Leistungen

§ 7a. (1) Leistungen sozialer Mindestsicherung nach §§ 12 und 12a dürfen auf das für die unmittelbare Bedarfsdeckung unerlässliche Ausmaß beschränkt werden, wenn die Hilfe suchende Person

a) die Notlage vorsätzlich oder grob fahrlässig selbst herbeigeführt hat, oder

b) mit den eigenen oder ihr zur Verfügung gestellten Mitteln nicht sparsam umgeht und die Gewährung von Sachleistungen nach § 9 Abs. 4 nicht zielführend ist, oder

c) nicht alle gebotenen Handlungen zur Durchsetzung von Ansprüchen nach § 5 Abs. 3 unternimmt, oder

d) nicht zum zumutbaren Einsatz der Arbeitskraft gemäß § 7 bereit ist.

(2) Im Fall der Kürzung von Leistungen sozialer Mindestsicherung ist auf die Sicherung des dringenden Wohnbedarfs des Hilfe Suchenden sowie die Sicherung des Lebensunterhalts und dringenden Wohnbedarfs der unterhaltsberechtigten Angehörigen durch geeignete Vorkehrungen Bedacht zu nehmen.

(3) Der Kürzung gemäß Abs. 1 lit. b bis d hat eine schriftliche Ermahnung voranzugehen.

(4) Die Kürzung gemäß Abs. 1 hat stufenweise um maximal 50 vH zu erfolgen. Eine weitergehende Kürzung der Leistungen ist nur in Ausnahmefällen aufgrund besonderer Umstände zulässig, in den Fällen des Abs. 1 lit. d insbesondere, wenn trotz dreimaliger schriftlicher Ermahnung keine Bereitschaft zum zumutbaren Einsatz der Arbeitskraft besteht.

(5) Hat die Hilfe suchende Person ihre soziale Notlage selbst herbeigeführt, indem sie innerhalb der letzten drei Jahre vor Bezug von Leistungen nach §§ 12 oder 12a Vermögen verschenkt oder ein Erbe nicht angetreten hat, oder wird während des Bezugs von Leistungen nach §§ 12 oder 12a Vermögen verschenkt oder ein Erbe nicht angetreten und hierdurch die soziale Notlage verstärkt oder verlängert, dürfen die Leistungen nach §§ 12 oder 12a um maximal 25 vH gekürzt werden, bis der Wert des verschenkten oder entgangenen Vermögens, abzüglich des Freibetrages nach § 6 Abs. 7 lit. d, erreicht wird, höchstens jedoch für zehn Jahre. Diese Kürzungsmöglichkeit entfällt, wenn der Hilfe Suchende glaubhaft macht, dass die Schenkung oder der Nichtantritt nicht erfolgt ist, um einen Anspruch auf soziale Mindestsicherung herbeizuführen oder zu erhöhen, oder wenn sie für den Hilfe Suchenden eine soziale Härte bedeuten würde.

3. Abschnitt
Bereiche und Leistungen sozialer Mindestsicherung

Allgemeines

§ 8. (1) Soziale Mindestsicherung wird in folgenden Bereichen geleistet:

a) soziale Mindestsicherung zum Lebensunterhalt (§§ 12, 12a, 13, 10 und 11),

b) soziale Mindestsicherung bei Krankheit, Schwangerschaft und Entbindung (§ 14),

c) soziale Mindestsicherung durch Pflege (§ 15),

d) soziale Mindestsicherung zur Schaffung und Sicherung einer Lebensgrundlage (§ 16),

e) soziale Mindestsicherung für Menschen in besonderen Lebensverhältnissen (§ 17),

f) soziale Mindestsicherung bei Gewaltbedrohung (§ 18),

g) soziale Mindestsicherung bei Schuldenproblemen (§ 19),

h) soziale Mindestsicherung bei Wohnungslosigkeit und anderen außerordentlichen sozialen Schwierigkeiten (§ 20),

i) soziale Mindestsicherung in sonstigen Fällen (§§ 34 bis 35).

(2) Ein Rechtsanspruch besteht auf Leistungen der sozialen Mindestsicherung nach §§ 11 Abs. 2,

12 Abs. 2 bis 4, 12a, 14 Abs. 1 und 2 und 16 Abs. 1.

(3) Ansprüche auf Leistungen sozialer Mindestsicherung dürfen weder gepfändet noch verpfändet werden. Die rechtswirksame Übertragung von Ansprüchen nach diesem Gesetz ist bei sonstiger Unwirksamkeit nur mit Zustimmung der für die Entscheidung über den jeweiligen Anspruch zuständigen Behörde möglich. Die Zustimmung ist zu erteilen, wenn und solange die Übertragung im Interesse der Hilfe suchenden Person liegt und der Erfolg der Leistungen sozialer Mindestsicherung nicht gefährdet wird.

(4) Leistungen sind an Dritte zu erbringen, wenn durch die Leistung an die anspruchsberechtigte Person die widmungsgemäße Verwendung nicht gewährleistet erscheint und dies mit dem Zweck der Leistung vereinbar ist, soweit in diesem Gesetz nicht anderes bestimmt wird.

(5) Ein Anspruch auf Leistungen gemäß §§ 12 und 12a besteht ab einem errechneten Mindestbetrag von zehn Euro monatlich.

Leistungsformen

§ 9. (1) Als Leistungen sozialer Mindestsicherung kommen persönliche Hilfe, Geldleistungen und Sachleistungen in Betracht.

(2) Zu persönlicher Hilfe zählen:

a) Hauskrankenpflege,
b) Hilfe zur Weiterführung des Haushaltes,
c) allgemeine und spezielle Beratungsdienste,
d) Erholungsangebote für Familien, einschließlich der Lebensgefährten und eingetragenen Partner sowie der Verwandten in gerader Linie und der Wahl- und Pflegekinder sowie Wahl- und Pflegeeltern des Hilfe Suchenden, und für ältere Menschen,
e) Dienste zur Förderung gesellschaftlicher und kultureller Teilhabe für ältere Menschen,
f) Kurzzeitpflege,
g) Maßnahmen zur Schulung und sonstigen Unterstützung von Personen aus dem sozialen Umfeld der Hilfe suchenden Person, die an deren Betreuung mitwirken oder mitwirken wollen (Pflegepersonen),
h) Dienste zur Begleitung Sterbender und ihrer Angehörigen, soweit sie nicht in den Aufgabenbereich der Krankenanstalten nach der Kärntner Krankenanstaltenordnung 1999, LGBl Nr 26, fallen.

(3) Als Geld- oder Sachleistungen zur sozialen Mindestsicherung kommen einmalige oder laufende Leistungen (Dauerleistungen) in Betracht. Dauerleistungen sind zu erbringen, wenn der Bedarf voraussichtlich für mehr als drei Monate besteht.

(4) Soziale Mindestsicherung in Form von Sachleistungen, die als Alternative zur Geldleistung gewährt werden, kommt nur in Betracht, wenn

a) der jeweilige Bedarf durch einmalige Leistungen gedeckt werden kann oder
b) dadurch den Zielen und Grundsätzen sozialer Mindestsicherung besser entsprochen werden kann als durch andere Leistungsformen. Dies gilt insbesondere, wenn die zweckmäßige, wirtschaftliche und sparsame Verwendung von Geldleistungen nicht gewährleistet ist und auch nicht durch Auszahlung in Teilbeträgen sichergestellt werden kann.

(5) Als Leistung sozialer Mindestsicherung gilt auch die Vorsorge für die Schaffung von Einrichtungen zur Durchführung von Krankentransporten.

Soziale Mindestsicherung durch Arbeit

§ 10. (1) Hilfe Suchenden, die trotz entsprechender Bemühungen keine Erwerbsmöglichkeit finden, darf an Stelle laufender Geldleistungen oder Sachleistungen nach § 9 Abs. 4 lit. b soziale Mindestsicherung durch Arbeit angeboten werden, sofern damit den Zielen und Grundsätzen dieses Gesetzes besser entsprochen und eine (Wieder-)Eingliederung der Hilfe suchenden Person in das Arbeitsleben erleichtert wird.

(2) Arbeitsmöglichkeiten nach Abs. 1 dürfen Hilfe Suchenden höchstens für 24 Monate zu Verfügung gestellt werden. Die Beschäftigung hat im Rahmen eines Arbeitsverhältnisses zu erfolgen. Das Ausmaß der täglichen und wöchentlichen Arbeitszeit ist nach Maßgabe der persönlichen Situation des Hilfe Suchenden und der Dauer der Erwerbslosigkeit innerhalb der Grenzen des § 3 des Arbeitszeitgesetzes festzulegen.

Soziale Mindestsicherung in stationären Einrichtungen und Unterbringung zu Wohnzwecken

§ 11. (1) Soziale Mindestsicherung kann mit Zustimmung der Hilfe suchenden Person durch Unterbringung, Verpflegung sowie Betreuung und Hilfe in stationären oder teilstationären Einrichtungen, soweit es sich nicht um Anstalten im Sinne der Kärntner Krankenanstaltenordnung 1999 handelt, sowie in Einrichtungen zur Unterbringung von nicht mehr als sechs Personen, die nicht überwiegend der Betreuung und Hilfe bedürfen und nicht Angehörige des Bewilligungswerbers sind, zu Wohnzwecken geleistet werden, wenn andere Formen sozialer Mindestsicherung nicht möglich sind oder mit einem unangemessenen Mehraufwand verbunden wären. Diese Leistung darf nur in Einrichtungen erbracht werden, die nach dem Kärntner Heimgesetz bewilligt sind und mit denen entweder Vereinbarungen nach § 61 Abs 5 und 7 getroffen worden sind oder die von einem Sozialhilfeverband errichtet und betrieben werden.

(2) Hilfe Suchende, die soziale Mindestsicherung nach Abs. 1 in einer stationären Einrichtung erhalten, haben Anspruch auf ein Taschengeld in Höhe von 18 vH des Mindeststandards nach § 12 Abs. 2, soweit ihnen nicht nach § 6 Abs. 6 ein Betrag ihres Einkommens verbleibt und wenn es sich nicht um die Unterbringung von Pflegekindern im Sinne des § 13 des Kärntner Jugendwohlfahrtsgesetzes handelt.

(3) Zu den Aufwendungen im Sinne des Abs. 1 gehören auch die Kosten einer einfachen ortsüblichen Bestattung einschließlich der Überführung zu einem Friedhof in Kärnten, soweit hiefür nicht anderweitig vorgesorgt ist oder diese Kosten nicht von einem Dritten getragen werden; die Bestimmungen des § 14 Abs. 4 des Gesetzes über das Leichen- und Bestattungswesen, LGBl Nr 61/1971, sind hierbei nicht anzuwenden.

(4) In den Fällen des Abs. 1 obliegt die Unterbringung Hilfe Suchender der Aufsicht der Landesregierung. Die Aufsichtsbehörde hat in regelmäßigen Abständen, mindestens jedoch jedes zweite Jahr an Ort und Stelle zu überprüfen, ob eine ordnungsgemäße Betreuung und Versorgung (fachgerechte Pflege) eines Hilfe Suchenden gewährleistet ist. Den Organen der Aufsichtsbehörde ist hiezu der Zutritt zu gewähren, die hiezu erforderliche Einsicht in schriftliche Unterlagen zu ermöglichen sowie die hiezu nötigen Auskünfte zu erteilen. Über den Zeitpunkt der Durchführung von Überprüfungen sind Termine zu vereinbaren, es sei denn,

a) es besteht Gefahr im Verzug,
b) es handelt sich um Überprüfungen der Betreuung der Hilfe Suchenden oder
c) es wird durch vier Wochen kein Termin ermöglicht.

(5) Die Aufsichtsbehörde (Abs. 4) hat die Unterbringung eines Hilfe Suchenden in Einrichtungen nach Abs. 1 durch Bescheid zu untersagen, wenn die fachgerechte Pflege nicht mehr gewährleistet ist oder mehr als zweimal gegen Abs. 4 dritter Satz verstoßen worden ist.

(6) Die Wahrnehmung der Aufsicht nach Abs. 4 ist tunlichst mit jener nach dem Kärntner Heimgesetz, LGBl Nr 7/1996, zu koordinieren.

Soziale Mindestsicherung zum Lebensunterhalt, Mindeststandards

§ 12. (1) Soziale Mindestsicherung zum Lebensunterhalt gewährleistet die Deckung des Lebensbedarfs und des angemessenen Wohnbedarfs. Der Lebensbedarf umfasst den regelmäßig wiederkehrenden Aufwand für Nahrung, Bekleidung, Körperpflege, Hausrat, Heizung und Strom sowie andere persönliche Bedürfnisse wie die angemessene soziale und kulturelle Teilhabe. Der Wohnbedarf umfasst den für die Gewährleistung einer angemessenen Wohnsituation erforderlichen regelmäßig wiederkehrenden Aufwand für Miete, allgemeine Betriebskosten und Abgaben.

(2) Der Lebensunterhalt ist durch einmalige Geldleistungen bei kurzdauernder Hilfsbedürftigkeit oder laufende monatliche Geldleistungen (§ 9 Abs. 3) zu decken, sofern nicht persönliche Hilfe oder Sachleistungen zur Deckung des Lebensunterhaltes in Betracht kommen. Die Landesregierung hat jährlich für das nächstfolgende Kalenderjahr den für die Deckung der regelmäßig gegebenen Bedürfnisse nach Abs. 1 erforderlichen Mindeststandard pro Monat für Personen, die nicht in Haushaltsgemeinschaft leben (Alleinstehende) durch Verordnung festzusetzen. Dieser Mindeststandard gilt auch für Alleinerzieher mit mindestens einem mit ihnen im gemeinsamen Haushalt lebenden minderjährigen Kind. Die Festsetzung des Mindeststandards hat nach Maßgabe der Lebenshaltungskosten in Kärnten für durchschnittliche Lebensverhältnisse unter Berücksichtigung des jeweiligen Ausgleichszulagenrichtsatzes für Alleinstehende nach § 293 Abs 1 des Allgemeinen Sozialversicherungsgesetzes abzüglich des davon einzubehaltenden Betrages zur Krankenversicherung gemäß der Vereinbarung zwischen den Bund und den Ländern über eine bundesweite Bedarfsorientierte Mindestsicherung zu erfolgen. Die Verordnung hat spätestens am 1. Jänner jenes Kalenderjahres, für welches sie gilt, in Kraft zu treten; eine Rückwirkung ist zulässig, wenn der Mindeststandard nicht verringert wird.

(3) Als Mindeststandard für andere als in Abs. 2 genannte Personen gilt folgender Prozentsatz von dem nach Abs. 2 festgesetzten Betrag:

a) für volljährige Personen, die mit anderen volljährigen Personen im gemeinsamen Haushalt leben:
   1. pro Person 75 vH,
   2. ab der dritten Hilfe suchenden Person, wenn diese einer anderen Person im gemeinsamen Haushalt gegenüber unterhaltsberechtigt ist, 50 vH;
b) für Personen, für die ein Anspruch auf Familienbeihilfe besteht, wenn diese alleinstehend oder alleinerziehend sind, 80 vH;
c) für volljährige Personen, für die ein Anspruch auf Familienbeihilfe besteht und die mit mindestens einer volljährigen Person im gemeinsamen Haushalt leben, 50 vH;
d) für minderjährige Personen, für die ein Anspruch auf Familienbeihilfe besteht und die mit mindestens einer volljährigen Person im gemeinsamen Haushalt leben:
   1. für die älteste, die zweit- und drittälteste Person: 18 vH,
   2. ab der viertältesten Person: 15 vH.

(4) Der angemessene Wohnbedarf im Sinne des Abs. 1 entspricht 25 vH des jeweiligen Mindeststandards nach Abs. 2 oder 3. Wird Wohnbeihilfe nach dem VIII. Abschnitt des Kärntner Wohnbauförderungsgesetzes 1997 gewährt, welche den angemessenen Wohnbedarf einer Hilfe suchenden Person deckt, so ist der jeweilige Mindeststandard einer Person um 25 vH zu reduzieren. Dient die Wohnbeihilfe zur Deckung eines dringenden Wohnbedürfnisses mehrerer Personen, ist zu prüfen, ob die Wohnbeihilfe den angemessenen Wohnbedarf dieser Personen, welcher der Summe aus 25 vH des jeweiligen für eine Person nach Abs. 2 oder 3 zu gewährenden Mindeststandards entspricht, deckt. Wird der angemessene Wohnbedarf gedeckt, ist der jeweilige Mindeststandard dieser Personen nach Abs. 2 oder 3 um 25 vH zu reduzieren. Liegt der angemessene Wohnbedarf einer Person oder mehrerer Personen über der je-

weils gewährten Wohnbeihilfe, ist der Differenzbetrag den anspruchsberechtigten Hilfe suchenden Personen aliquot auszuzahlen.

(5) Die Zuerkennung von Leistungen nach Abs. 2 bis 4 schließt zusätzliche Leistungen zur sozialen Mindestsicherung bei außergewöhnlichem Bedarf im Einzelfall nicht aus.

(6) Soziale Mindestsicherung zum Lebensunterhalt darf auch durch Übernahme von Kosten geleistet werden, die erforderlich sind, um der Hilfe suchenden Person Anspruch auf eine angemessene Alterssicherung zu verschaffen, wenn dadurch eine dauerhafte soziale Mindestsicherung erreicht werden kann.

(7) (entfallen)

Soziale Mindestsicherung der älteren Generation

§ 12a. Der Mindeststandard nach § 12 Abs. 2 oder Abs. 3 lit. a erhöht sich um 10 vH des nach § 12 Abs. 2 festgesetzten Betrages bei Personen,

a) die das 60. Lebensjahr vollendet haben,

b) für die Pflege und Erziehung mindestens eines Kindes zu sorgen haben oder hatten,

c) die keinen Anspruch auf Pension, Ruhegenuss oder eine vergleichbare Leistung aufgrund eigener Erwerbstätigkeit haben, und

d) die vom Land als Träger von Privatrechten aufgrund der Erfüllung der Voraussetzungen der lit. a bis c keine Leistungen erhalten, die der vorgesehenen Erhöhung entsprechen oder sie übersteigen; soweit die Leistung vom Land als Träger von Privatrechten niedriger ist als die hier vorgesehene Erhöhung, so erhöht sich der Mindeststandard nach § 12 Abs. 2 oder Abs. 3 lit. a um den Differenzbetrag.

§ 12b. (entfallen)

Soziale Mindestsicherung zum Wohnbedarf

§ 13. (1) Die Erbringung von Leistungen zur Deckung des Wohnbedarfs, um drohende soziale Notlagen hintanzuhalten, kann bei außergewöhnlichem Bedarf durch

a) Mietvorauszahlungen,

b) die Übernahme von Mietrückständen,

c) sonstige zur Beschaffung oder Beibehaltung von Wohnraum erforderliche Zahlungen erfolgen.

(2) Die Auszahlung von Leistungen gemäß § 12 Abs. 4 und dieser Bestimmung kann an den Vermieter erfolgen, wenn sich dieser verpflichtet, die an ihn ausbezahlten Leistungen auf die vorgeschriebene Miete einschließlich der Betriebskosten anzurechnen.

Soziale Mindestsicherung bei Krankheit, Schwangerschaft und Entbindung

§ 14. (1) Das Land hat für Personen, für welche auf Grundlage der Verordnung über die Durchführung der Krankenversicherung für die gemäß § 9 ASVG in die Krankenversicherung einbezogenen Personen ein Versicherungsverhältnis besteht, gemäß der Vereinbarung zwischen dem Bund und den Ländern über eine bundesweite Bedarfsorientierte Mindestsicherung, LGBl. Nr. 93/2010, Krankenversicherungsbeiträge zu leisten.

(2) Anderen als in Abs. 1 genannten Personen ist soziale Mindestsicherung bei Krankheit, Schwangerschaft und Entbindung in jenem Ausmaß zu leisten, wie sie Bezieher einer Ausgleichszulage aus der Pensionsversicherung in der gesetzlichen Krankenversicherung erhalten.

(3) Wenn dadurch den Zielen sozialer Mindestsicherung sowie den Grundsätzen der Zweckmäßigkeit, Sparsamkeit und Wirtschaftlichkeit besser entsprochen werden kann, darf soziale Mindestsicherung nach Abs. 2 auch durch gänzliche oder teilweise Übernahme der Beiträge für eine freiwillige Selbstversicherung der Hilfe suchenden Person in der gesetzlichen Krankenversicherung geleistet werden. Dies ist beispielsweise bei Hilfe Suchenden anzunehmen, von denen der Einsatz der Arbeitskraft nicht verlangt werden darf (§ 7 Abs. 2).

(4) Als soziale Mindestsicherung bei Krankheit, Schwangerschaft und Entbindung kommen weiters in Betracht:

a) die Unterbringung in einer Einrichtung für Suchtkranke einschließlich der Nachbetreuung zur Wiederherstellung oder Besserung der Gesundheit;

b) Geld- oder Sachleistungen an Schwangere oder Wöchnerinnen, insbesondere zur Beschaffung von Schwangerenbekleidung und Säuglingsbedarf;

c) Versorgung mit Heilmitteln, Heilbehelfen und Hilfsmitteln, soweit sie nicht schon von Abs. 1 erfasst sind und ein besonderer Bedarf besteht.

Soziale Mindestsicherung durch Pflege

§ 15. (1) Soziale Mindestsicherung durch Pflege umfasst alle erforderlichen Maßnahmen persönlicher Hilfe für Personen, die auf Grund ihres körperlichen, geistigen oder psychischen Zustandes ständiger Betreuung und Hilfe bedürfen. Kann der Bedarf auf diese Weise nicht gedeckt werden, kann auch soziale Mindestsicherung in stationären Einrichtungen (§ 11) geleistet werden.

(2) Als Maßnahmen nach Abs. 1 kommen insbesondere in Betracht:

a) Hauskrankenpflege,

b) Hilfe zur Weiterführung des Haushalts,

c) allgemeine und spezielle Beratungsdienste,

d) Kurzzeitpflege.

(3) Zur sozialen Mindestsicherung durch Pflege gehört auch die geeignete Beratung, Schulung und sonstige Unterstützung von Personen aus dem sozialen Umfeld der Hilfe suchenden Person, die an deren Betreuung mitwirken oder mitwirken wollen (Pflegepersonen).

Soziale Mindestsicherung zur Schaffung und Sicherung einer Lebensgrundlage

§ 16. (1) Soziale Mindestsicherung zur Schaffung einer Lebensgrundlage umfasst alle erforderlichen Maßnahmen, um minderjährigen Hilfe Suchenden

a) die erforderliche Erziehung zu gewähren sowie
b) die ihren Fähigkeiten und Neigungen entsprechende Schul- und Berufsausbildung zu ermöglichen. Solche Ausbildungen dürfen auch nach Erreichen der Volljährigkeit fortgesetzt und abgeschlossen werden.

(2) Soziale Mindestsicherung zur Sicherung einer Lebensgrundlage darf auch anderen Hilfe Suchenden in geeigneter Weise geleistet werden, um ihre Eingliederung in das Erwerbsleben zu erleichtern oder zu sichern.

Soziale Mindestsicherung für Menschen in besonderen Lebensverhältnissen

§ 17. Soziale Mindestsicherung für Menschen in besonderen Lebensverhältnissen dient vor allem Familien, einschließlich der Lebensgefährten und eingetragenen Partner sowie der Verwandten in gerader Linie und der Wahl- und Pflegekinder sowie Wahl- und Pflegeeltern des Hilfe Suchenden, und älteren Menschen. Bei Leistungen an Familien ist besonders auf die Erhaltung des familiären Zusammenhalts Bedacht zu nehmen.

Folgende Maßnahmen kommen insbesondere in Betracht:

a) Hilfe zur Weiterführung des Haushaltes,
b) Dienste zur Förderung gesellschaftlicher und kultureller Teilhabe für ältere Menschen,
c) Erholungsangebote für Familien und ältere Menschen,
d) spezielle Beratungsdienste für Familien und ältere Menschen,
e) Dienste zur Begleitung Sterbender und ihrer Angehörigen, soweit sie nicht in den Aufgabenbereich der Krankenanstalten nach der Kärntner Krankenanstaltenordnung 1999, LGBl Nr 26, fallen.

Soziale Mindestsicherung bei Gewaltbedrohung

§ 18. (1) Soziale Mindestsicherung für Personen, die der Gewalt durch Angehörige oder Lebensgefährten ausgesetzt sind, umfasst die Zurverfügungstellung besonderer vorübergehender Wohnmöglichkeiten für Hilfe Suchende und, soweit keine Maßnahmen nach dem Kärntner Jugendwohlfahrtsgesetz, LGBl Nr 139/1991, in Betracht kommen, ihre minderjährigen Kinder sowie die zur Bewältigung der Gewalterfahrungen und zur Erarbeitung neuer Lebensperspektiven erforderliche Betreuung und Beratung.

(2) Bei Maßnahmen nach Abs. 1 sind geeignete Vorkehrungen zu treffen, um den Schutz Hilfe Suchender zur Wahrung der Anonymität insbesondere vor den Gewalt ausübenden Personen zu gewährleisten.

Soziale Mindestsicherung bei Schuldenproblemen

§ 19. Soziale Mindestsicherung für Personen, die von Schuldenproblemen betroffen sind, erfolgt durch Beratung, um die gesellschaftliche Integration und die wirtschaftliche Selbständigkeit der Hilfe suchenden Person zu erhalten oder wiederherzustellen.

Soziale Mindestsicherung bei Wohnungslosigkeit und anderen außerordentlichen sozialen Schwierigkeiten

§ 20. (1) Soziale Mindestsicherung zur Überwindung von Wohnungslosigkeit umfasst insbesondere im städtischen Bereich die Vorsorge für besondere vorübergehende Wohnmöglichkeiten.

(2) Soziale Mindestsicherung zur Überbrückung anderer außerordentlicher sozialer Schwierigkeiten darf in Form von Darlehen oder nichtrückzahlbaren Aushilfen geleistet werden.

(3) Die soziale Mindestsicherung bei anderen außerordentlichen sozialen Schwierigkeiten umfasst auch die zur Erarbeitung neuer Lebensperspektiven erforderliche Beratung.

4. Abschnitt

§§ 21. bis 33. (entfallen)

5. Abschnitt

Sonstige Leistungen der sozialen Mindestsicherung

Förderung zur Deckung außerordentlicher Belastungen

§ 34. (1) Hilfe Suchenden darf einmal jährlich auf Antrag eine Förderung zur Deckung außerordentlicher Belastungen vom Land als Träger von Privatrechten gewährt werden.

(2) Die Förderung hat dabei außerordentliche Belastungen von Hilfe Suchenden, welche insbesondere aufgrund besonderer Kostensteigerungen oder finanziell belastender Situationen, wie insbesondere bei Schulbeginn ihrer unterhaltsberechtigten Kinder, entstehen, pauschal abzudecken.

(3) Die Landesregierung hat durch Verordnung zu regeln:

a) den Zweck der Förderung;
b) die Höhe der Förderung, wobei auch einkommensabhängig unterschiedliche Förderungshöhen vorgesehen werden können;
c) die Höhe des Einkommens, bis zu welchem Förderung gewährt werden kann; dabei können auch unterschiedliche Grenzbeträge für den Erhalt der Förderung (lit. b) festgesetzt werden;
d) Bestimmungen über den Zeitraum der Antragstellung sowie die bei Antragstellung vorzulegenden Unterlagen;
e) die Abwicklung der Förderung.

Heizzuschuss

§ 34a. (1) Hilfe Suchenden darf auf Antrag einmal jährlich ein Zuschuss für die folgende Heizperiode gewährt werden. Die Landesregierung hat bis 30. Juni eines jeden Jahres für die kommende Heizperiode durch Verordnung zu regeln:

a) die Höhe des zu gewährenden Heizzuschusses, wobei einkommensabhängig unterschiedliche Höhen vorgesehen werden können;

b) die Höhe des Einkommens, bis zu welchem Heizzuschuss gewährt werden kann; dabei können unterschiedliche Grenzbeträge für den Erhalt des Heizzuschusses vorgesehen werden;

c) welche Einkünfte abweichend von § 6 Abs. 2 bis 5 nicht als Einkommen zu berücksichtigen sind;

d) den Zeitraum der Antragstellung und die bei Antragstellung vorzulegenden Unterlagen;

e) die Abwicklung der Förderung.

(2) Zur Beratung der Landesregierung bei Erlassung der Verordnung gemäß Abs. 1 ist von der Landesregierung ein Beirat für die Dauer der Gesetzgebungsperiode des Landtages zu bestellen. Der Beirat hat aus drei Mitgliedern zu bestehen, wobei jeweils ein Mitglied vom Kärntner Gemeindebund und vom Österreichischen Städtebund, Landesgruppe Kärnten, vorzuschlagen ist. Als weiteres Mitglied ist ein auf dem Gebiet der sozialen Mindestsicherung sachkundiger Bediensteter des Amtes der Kärntner Landesregierung zu bestellen. Für jedes Mitglied ist auf die selbe Weise ein Ersatzmitglied zu bestellen. Nach Ablauf der Funktionsperiode hat der Beirat die Geschäfte bis zum Zusammentritt des neu bestellten Beirates weiterzuführen.

(3) Scheidet ein Mitglied (Ersatzmitglied) vor Ablauf der Funktionsperiode aus seinem Amt aus, hat die Landesregierung unverzüglich unter sinngemäßer Anwendung des Abs. 2 für die restliche Dauer der Funktionsperiode ein neues Mitglied (Ersatzmitglied) zu bestellen.

(4) Die Mitgliedschaft (Ersatzmitgliedschaft) im Beirat ist ein unbesoldetes Ehrenamt.

(5) Der Beirat ist vor Erlassung einer Verordnung gemäß Abs. 1 anzuhören.

(6) Die Landesregierung hat den Beirat zu seiner konstituierenden Sitzung einzuberufen. In der konstituierenden Sitzung hat der Beirat aus seiner Mitte einen Vorsitzenden zu wählen und sich eine Geschäftsordnung zu geben.

(7) Für Wahlen und Beschlüsse des Beirates sind die Anwesenheit aller Mitglieder und die Zustimmung der Mehrheit der Mitglieder erforderlich.

Zuschuss zu kieferorthopädischen Behandlungen

§ 35. (1) Minderjährigen Hilfe Suchenden darf auf Antrag ein Zuschuss zu den Kosten einer kieferorthopädischen Behandlung gewährt werden.

(2) Der Kostenzuschuss nach Abs. 1 ist unter Berücksichtigung der finanziellen Leistungskraft des Hilfe Suchenden und der unterhaltspflichtigen Eltern zu gewähren.

(3) Der Antrag auf Kostenzuschuss ist längstens bis sechs Monate nach Ablauf des Jahres, in dem die kieferorthopädische Behandlung erfolgte, zu stellen.

(4) Die Landesregierung hat durch Verordnung nähere Vorschriften über den Kostenzuschuss gemäß Abs. 1 zu erlassen und unter Berücksichtigung der Lebenshaltungskosten in Kärnten für durchschnittliche Lebensverhältnisse die Grenzbeträge des monatlichen Einkommens des Hilfe Suchenden und der unterhaltspflichtigen Eltern festzulegen, bis zu denen ein Kostenzuschuss gewährt wird. Die Landesregierung darf durch Verordnung nähere Vorschriften über die Ermittlung des Einkommens des Hilfe Suchenden und der unterhaltspflichtigen Eltern erlassen.

6. Abschnitt
Sozial- und Gesundheitssprengel

Zweck der Sozial- und Gesundheitssprengel

§ 36. Durch die Bildung von Sozial- und Gesundheitssprengeln soll eine flächendeckende, koordinierte und am Bedarf orientierte Betreuung mit Leistungen der sozialen Mindestsicherung und der Leistungen nach dem Kärntner Chancengleichheitsgesetz gewährleistet, Transparenz beim Leistungsangebot geschaffen und ein rascher Zugang zu den Leistungen der sozialen Mindestsicherung und der Chancengleichheit ermöglicht werden. Durch die Koordinierung von Leistungen der sozialen Mindestsicherung und der Chancengleichheit soll unter besonderer Bedachtnahme auf die Gesundheitsvorsorge und die Gesundheitsförderung auch sichergestellt werden, dass die betreuten Personen so lange als möglich in ihrer gewohnten Umgebung ein selbstbestimmtes Leben führen können.

Bildung

§ 37. (1) Die Städte Klagenfurt am Wörthersee und Villach und der Bereich der weiteren politischen Bezirke bilden je einen Sozial- und Gesundheitssprengel. Der Sitz des Sozial- und Gesundheitssprengels ist jeweils am Sitz der Bezirksverwaltungsbehörde.

(2) Träger der Sozial- und Gesundheitssprengel sind jeweils für ihren Bereich die Städte Klagenfurt am Wörthersee und Villach und hinsichtlich der weiteren Sozial- und Gesundheitssprengel das Land.

(3) Die Träger der Sozial- und Gesundheitssprengel können in einem Sozial- und Gesundheitssprengel eine oder mehrere Außenstellen (Sozialzentren) bilden, wenn dies zur besseren Erfüllung der Aufgaben im Hinblick auf die Größe des Sprengels und die Verkehrssituation zweckmäßig erscheint. Vor der Festlegung von Außenstellen ist der Fachtag (§ 40) zu hören. Die Festlegung des

Bereiches von Außenstellen und ihr Sitz sind in der Kärntner Landeszeitung kundzumachen.

(4) Die Träger der Sozial- und Gesundheitssprengel können sich zur Bildung von Sozialzentren auch privater Träger bedienen, sofern diese nicht selbst Anbieter von Sachleistungen sind und wenn diese auf Grund ihrer Statuten und ihrer Organisationsform hiezu bereit, nach ihren Zielen und ihrer Ausstattung sowie nach der Zahl und Ausbildung ihrer Mitarbeiter in der Lage sind und wenn ihre Heranziehung der Erreichung des damit angestrebten Zweckes dient.

Aufgaben der Sozial- und Gesundheitssprengel

§ 38. (1) Den Sozial- und Gesundheitssprengeln obliegt die Koordination der in ihrem Bereich angebotenen ambulanten, stationären oder teilstationären Leistungen der sozialen Mindestsicherung – ausgenommen der Leistungen nach § 9 Abs. 5 – und der Chancengleichheit, sowie die Information über diese im Sprengel angebotenen Leistungen und die Hilfe bei ihrer Inanspruchnahme.

(2) Eine Koordination hat insbesondere bei nachstehenden Leistungen zu erfolgen:

a) Hauskrankenpflege (§ 15 Abs. 2 lit. a);
b) Hilfe zur Weiterführung des Haushaltes (§§ 15 Abs. 2 lit. b und 17 lit. a);
c) allgemeine und spezielle Beratungsdienste, Beratung über neue Lebensperspektiven und von Pflegepersonen sowie allgemeine und besondere Beratungs- und Informationsdienste für Menschen mit Hilfs- und Pflegebedarf oder Behinderung (§§ 15 Abs. 2 lit. c und Abs. 3 sowie 17 lit. d);
d) stationäre Einrichtungen wie insbesondere Wohnheime einschließlich Tagesstätten für ältere Menschen und für Menschen mit Behinderung und Pflegeheime einschließlich Pflegestationen und Tagesstätten.

(3) Die Koordination hat unabhängig davon zu erfolgen, ob das Land, die Gemeinden, die Sozialhilfeverbände oder die Städte Klagenfurt am Wörthersee und Villach selbst Leistungen der sozialen Mindestsicherung oder der Chancengleichheit als Träger von Privatrechten anbieten oder ob sie Träger der freien Wohlfahrtspflege zur Besorgung heranziehen. Leistungen der sozialen Mindestsicherung und der Chancengleichheit, die von sonstigen Trägern (Anbietern) angeboten werden, sind in die Koordination einzubeziehen, wenn der Träger einverstanden ist und die erforderliche Eignung zur Erbringung der Leistungen der sozialen Mindestsicherung und der Chancengleichheit gegeben ist.

(4) Soweit eine Koordination des Leistungsangebotes der niedergelassenen Ärzte mit den angebotenen Leistungen der sozialen Mindestsicherung und der Chancengleichheit zweckmäßig ist und niedergelassene Ärzte eine derartige Koordination wünschen, hat eine Koordination auch in diesem Bereich zu erfolgen.

(5) Die Koordination nach Abs. 1 umfasst insbesondere:

a) die Mitarbeit am Bedarfs- und Entwicklungsplan gemäß § 43;
b) die Hilfestellung bei der Inanspruchnahme sozialer Dienste im Sprengel;
c) die Schaffung von Möglichkeiten zum Erfahrungsaustausch;
d) die Förderung der Zusammenarbeit und die wechselseitige Information hinsichtlich aller Träger von Leistungen der sozialen Mindestsicherung und der Chancengleichheit;
e) die Vorlage von Kosten- und Leistungsvergleichen für Leistungen der sozialen Mindestsicherung und der Chancengleichheit von einzelnen Anbietern, soweit diese einverstanden sind.

Organe der Sozial- und Gesundheitssprengel

§ 39. Organe eines Sozial- und Gesundheitssprengels sind:

a) der Fachtag (§ 40);
b) der Koordinator (§ 41).

Fachtag

§ 40. (1) Dem Fachtag obliegt es,

a) die Grundsätze für die Besorgung der Aufgaben des Sozial- und Gesundheitssprengels festzulegen;
b) Ziele für die Entwicklung des Sozial- und Gesundheitssprengels vorzugeben;
c) gegenüber dem Koordinator Empfehlungen für die Erfüllung seiner Aufgaben abzugeben;
d) die Träger der Sozial- und Gesundheitssprengel bei der Festlegung von Sozialzentren zu beraten (§ 37 Abs. 3);
e) mindestens einmal jährlich einen Erfahrungsaustausch (§ 46) im Sozial- und Gesundheitssprengel zu ermöglichen;
f) die Landesregierung in den Angelegenheiten der Leistungen der sozialen Mindestsicherung und der Chancengleichheit zu beraten.

(2) Dem Fachtag gehören als Mitglieder an:

a) je ein von den Anbietern der Leistungen der sozialen Mindestsicherung und der Chancengleichheit, die in die Koordination durch den Sozial- und Gesundheitssprengel einbezogen sind und die vertraglich zur Besorgung einzelner Aufgaben herangezogen werden könnten, entsendeter Vertreter;
b) der Vorsitzende des Sozialhilfeverbandes und sein Stellvertreter, in den Städten Klagenfurt am Wörthersee und Villach der Bürgermeister und sein Stellvertreter;
c) ein von der Ärztekammer für Kärnten entsendetes Mitglied;
d) ein von einer im Sozial- und Gesundheitssprengel gelegenen Krankenanstalt entsende-

ter Vertreter aus dem Sozialdienst oder aus dem Pflegebereich der Krankenanstalt;

e) der Koordinator (§ 41 Abs. 1) des Sozial- und Gesundheitssprengels, wenn er diese Aufgaben selbst erfüllt, oder sonst die von ihm zur Besorgung dieser Aufgaben herangezogene Person (§ 41 Abs. 2 oder 3);

f) ein vom Hauptverband der Sozialversicherungsträger entsendeter Vertreter einer Sozialversicherung.

(3) Liegt in einem Sozial- und Gesundheitssprengel mehr als eine Krankenanstalt, so hat die Landesregierung diese Krankenanstalten aufzufordern, einen gemeinsamen Vorschlag für das Mitglied nach Abs. 2 lit. d zu erstatten. Der gemeinsame Vorschlag muss jedenfalls von mehr als der Hälfte der Krankenanstalten unterstützt sein; die vorgeschlagene Person muss bereit sein, dem Fachtag als Mitglied anzugehören. Die Landesregierung hat in diesem Fall das Mitglied nach Abs. 2 lit. d unter Bedachtnahme auf den gemeinsamen Vorschlag zu bestellen. Langt kein gemeinsamer Vorschlag ein oder ist das vorgeschlagene Mitglied nicht bereit, eine Mitgliedschaft im Fachtag anzunehmen, so erfolgt eine Bestellung dieses Mitgliedes ohne Bedachtnahme auf einen Vorschlag.

(4) Liegt in einem Sozial- und Gesundheitssprengel keine Krankenanstalt, so hat die Landesregierung das Mitglied nach Abs. 2 lit. d aus dem Sozialdienst oder aus dem Pflegebereich der dem Sitz der Bezirksverwaltungsbehörde nächstgelegenen Krankenanstalt zu bestellen.

(5) Die Bestellung durch die Landesregierung nach Abs. 3 und 4 und Entsendungen nach Abs. 2 lit. a, c, d und f haben auf die Dauer von drei Jahren zu erfolgen. Wiederholte Bestellungen oder Entsendungen sind zulässig. Scheidet ein von der Landesregierung bestelltes Mitglied vor Ablauf der dreijährigen Bestellungsdauer aus, so hat die Landesregierung für die restliche Bestellungsdauer ein neues Mitglied zu bestellen. Scheidet ein nach Abs. 2 lit. a, c, d oder f entsendetes Mitglied vor Ablauf der dreijährigen Entsendungsdauer aus, so ist für die restliche Entsendungsdauer ein neues Mitglied zu entsenden.

(6) Für jedes Mitglied nach Abs. 2 lit. a, c, d und f ist in gleicher Weise ein Ersatzmitglied zu bestimmen.

(7) Der Fachtag hat aus seiner Mitte für die Dauer von drei Jahren in geheimer Wahl einen Vorsitzenden und dessen Stellvertreter zu wählen.

(8) Der Fachtag ist beschlussfähig, wenn mit dem Vorsitzenden mehr als die Hälfte seiner Mitglieder anwesend ist. Er fasst seine Beschlüsse mit einfacher Mehrheit der abgegebenen Stimmen. Der Vorsitzende stimmt zuletzt ab und gibt bei gleichgeteilten Stimmen mit seiner Stimme den Ausschlag. Dies gilt in gleicher Weise für Wahlen.

(9) Der Fachtag ist vom Vorsitzenden nach Bedarf, mindestens aber zweimal jährlich, einzuberufen. Er ist jedenfalls einzuberufen, wenn dies ein Drittel seiner Mitglieder unter Vorschlag einer Tagesordnung verlangt. Die konstituierende Sitzung des Fachtages ist vom Koordinator einzuberufen.

(10) Der Fachtag hat das Recht, seinen Sitzungen fachkundige Personen beizuziehen.

(11) Die Mitgliedschaft im Fachtag ist ein Ehrenamt. Die Mitglieder sind verpflichtet, die Amtsverschwiegenheit zu wahren und ihr Amt nach objektiven Gesichtspunkten und nach bestem Wissen und Gewissen auszuüben.

(12) Jene Mitglieder der Fachtage, die befristet bestellt (entsendet) wurden, haben ihr Amt bis zur Bestellung (Entsendung) der neuen Mitglieder weiterzuführen.

(13) Der Fachtag hat die näheren Bestimmungen über die Beratung (Vorberatung) von Angelegenheiten, die Einladung zu Sitzungen und deren Verlauf in einer Geschäftsordnung zu regeln. Die Geschäftsordnung ist der Landesregierung zur Kenntnis zu bringen und in der Kärntner Landeszeitung kundzumachen.

(14) Geschäftsstelle des Fachtages ist in den Städten Klagenfurt am Wörthersee und Villach der Magistrat und im Übrigen die Bezirkshauptmannschaft.

Koordinator, Kostentragung

§ 41. (1) Zur Besorgung der Aufgaben nach § 38 ist in den Städten Klagenfurt am Wörthersee und Villach der Bürgermeister und im Übrigen der Bezirkshauptmann als Koordinator berufen.

(2) Der Bezirkshauptmann als Koordinator darf sich zur Besorgung seiner Aufgaben eines hiefür geeigneten, bei der Bezirkshauptmannschaft verwendeten Bediensteten bedienen.

(3) Der Bürgermeister als Koordinator darf sich zur Besorgung seiner Aufgaben einer hiefür geeigneten natürlichen oder juristischen Person bedienen; ausgenommen sind Anbieter von Leistungen der sozialen Mindestsicherung und der Chancengleichheit.

(4) Der Koordinator hat bei der Erfüllung seiner Aufgaben die Grundsätze und Ziele nach § 40 Abs. 1 lit. a und b zu berücksichtigen. Empfehlungen des Fachtages nach § 40 Abs. 1 lit. c sind tunlichst zu berücksichtigen.

(5) Der sich aus der Erfüllung der Aufgaben in den Sozial- und Gesundheitssprengeln ergebende Aufwand ist vom Land zu tragen.

(6) Wurden Sozialzentren gebildet, hat sich der Koordinator eines geeigneten Leiters zu bedienen. Abs. 2 und 3 gelten sinngemäß.

(7) Der Koordinator hat dem Fachtag über seine Tätigkeit vierteljährlich zu berichten. Dem Fachtag ist jedenfalls zu berichten, ob und welche Maßnahmen auf Grund von Empfehlungen des Fachtages getroffen wurden oder aus welchen Gründen Empfehlungen allenfalls nicht entsprochen werden konnte.

Mindeststandard der Leistungen

§ 42. Der Mindeststandard bei ambulanten, stationären und teilstationären Leistungen der sozialen Mindestsicherung und der Chancengleichheit muss der Anlage A der Vereinbarung über gemeinsame Maßnahmen des Bundes und der Länder für pflegebedürftige Personen, LGBl. Nr. 1/1994, entsprechen; Abweichungen von diesem Mindeststandard sind zulässig, wenn auf Grund der örtlichen und regionalen Strukturen ein Bedarf nicht gegeben ist.

Bedarfs- und Entwicklungsplan

§ 43. Zur langfristigen Deckung der Mindeststandards (§ 42) hat die Landesregierung einen Bedarfs- und Entwicklungsplan entsprechend der Anlage B der Vereinbarung über gemeinsame Maßnahmen des Bundes und der Länder für pflegebedürftige Personen, LGBl Nr 1/1994, zu erlassen.

Tätigkeitsbericht

§ 44. Der Koordinator des Sozial- und Gesundheitssprengels ist verpflichtet, der Landesregierung einmal jährlich einen Tätigkeitsbericht vorzulegen.

Förderung anerkannter freier Wohlfahrtsträger

§ 45. (1) Beabsichtigt ein Träger der freien Wohlfahrtspflege eine oder mehrere Sachleistungen anzubieten, so kann das Land als Träger von Privatrechten nach Maßgabe des Voranschlages diesen Träger Förderungen gewähren, wenn die Voraussetzungen für den Abschluss einer Vereinbarung nach § 61 Abs. 5 und 7 vorliegen.

(2) Auf die Gewährung einer Förderung nach Abs. 1 besteht kein Rechtsanspruch. Der Weiterbestand der Voraussetzungen für die Gewährung der Förderung gemäß Abs. 1 und das Ausmaß der Landesförderung kann in angemessenen Abständen geprüft werden. Den Organen des Landes sind die zur Prüfung erforderlichen Unterlagen zu übermitteln und die nötigen Auskünfte zu erteilen.

Erfahrungsaustausch

§ 46. Der Vorsitzende des Fachtages ist verpflichtet, mindestens einmal jährlich zu einem Erfahrungsaustausch einzuladen. Zu diesem Erfahrungsaustausch sind jedenfalls die Mitglieder des Fachtages, alle Anbieter von Sachleistungen im Sozial- und Gesundheitssprengel, die im Sprengel liegenden Krankenanstalten und die Gemeinden einzuladen.

7. Abschnitt
Kostenersatz

Ersatz durch ehemalige Empfänger sozialer Mindestsicherung

§ 47. (1) Ehemalige Empfänger von Dauerleistungen (§ 9 Abs. 3) sind zum Ersatz der für sie aufgewendeten Kosten verpflichtet, wenn und insoweit

a) verwertbares Vermögen vor oder während der Inanspruchnahme der Leistung sichergestellt wurde, oder

b) sie ein solches innerhalb von drei Jahren nach Ende der Leistung erworben haben und dieses nicht aus eigener Erwerbstätigkeit stammt, oder

c) nachträglich bekannt wird, dass sie zur Zeit der Leistung hinreichendes Einkommen oder verwertbares Vermögen hatten oder nach wie vor haben.

(2) Die Pflicht zum Kostenersatz für Dauerleistungen geht gleich einer anderen Schuld auf den Nachlass des Empfängers sozialer Mindestsicherung über, wenn ein Vermögenswert nicht sichergestellt oder vom Empfänger der Leistung innerhalb der Frist nach Abs. 1 lit. b erworben wurde oder Einkommen oder verwertbares Vermögen erst im Nachhinein bekannt wurde (Abs. 1 lit. c). Die Erben haften für den Ersatz nur bis zum Wert des nicht sichergestellten oder vom Empfänger der Leistung innerhalb der Frist nach Abs. 1 lit. b erworbenen Vermögens, sofern für sie nicht § 48 zur Anwendung gelangt, und nur bis zur Höhe des Nachlasses. Die Pflicht zum Kostenersatz eines Erbens besteht nicht, wenn dadurch die wirtschaftliche Existenz des Erbens, seiner unterhaltsberechtigten Kinder, seines Ehegatten oder eingetragenen Partners oder seiner Eltern gefährdet wäre.

Ersatz durch Dritte

§ 48. (1) Personen, die gesetzlich zum Unterhalt des Mindestsicherungsempfängers verpflichtet sind, sowie sonstige Personen, gegen die der Mindestsicherungsempfänger Ansprüche hat, bei deren Erfüllung soziale Mindestsicherung nicht oder nicht in der erhaltenen Höhe zu leisten wäre, haben die Kosten für Leistungen der sozialen Mindestsicherung im Rahmen der sie treffenden Verpflichtungen zu ersetzen.

(1a) Eine Verpflichtung zum Kostenersatz besteht nicht:

a) wenn dieser wegen des Verhaltens des Mindestsicherungsempfängers gegenüber dem Ersatzpflichtigen sittlich nicht gerechtfertigt wäre;

b) wenn dieser eine soziale Härte bedeuten würde;

c) für Enkel oder Großeltern von Mindestsicherungsempfängern;

d) bei einmaligen Leistungen (§ 9 Abs. 3);

e) bei Leistungen nach §§ 11, 14 Abs. 4 lit. a, 15, 17 bis 20 und 35.

(2) Die Landesregierung hat das prozentuelle Ausmaß der Ersatzpflicht von Eltern oder Kindern eines Mindestsicherungsempfängers durch Verordnung festzulegen. Bei der Festlegung der Höhe der Ersatzpflicht ist auf die finanzielle Leistungskraft und sonstige Unterhaltsverpflichtungen der ersatzpflichtigen Person sowie auf erhöhte Aufwendungen im Falle einer eigenen Pflegebedürftigkeit oder Behinderung und die Art der gewähr-

ten Leistung Bedacht zu nehmen. Die Ersatzpflicht ist mit der Höhe der Unterhaltsverpflichtung begrenzt.

(3) Ein Unterhaltsverzicht des Hilfe Suchenden im Rahmen eines gerichtlichen Vergleichs bindet die Behörde nach § 60 oder den Träger nach § 61 nur, wenn der Hilfe Suchende glaubhaft macht, dass der Verzicht nicht erfolgt ist, um einen Anspruch auf soziale Mindestsicherung herbeizuführen oder zu erhöhen.

(4) Hat ein Mindestsicherungsempfänger für die Zeit, für die Mindestsicherung gewährt wird, Rechtsansprüche zur Deckung eines Bedarfes nach dem 3. Abschnitt gegen einen Dritten, so kann die Behörde (§ 60) oder der Träger (§ 61) – sofern sich aus § 80 nicht anderes ergibt – durch schriftliche Anzeige an den Dritten bewirken, dass der Anspruch bis zur Höhe der Aufwendungen auf das Land übergeht.

(5) Der Übergang des Anspruches darf nur insoweit bewirkt werden, als bei rechtzeitiger Leistung des Verpflichteten die Mindestsicherung nicht oder nicht im geleisteten Umfang gewährt worden wäre.

(6) Die schriftliche Anzeige bewirkt mit ihrem Einlangen beim Dritten einen Übergang des Anspruches für die Aufwendungen, die in der Zeit zwischen dem Einsatz der Mindestsicherung, höchstens aber sechs Monate vor Erstattung der Anzeige und der Beendigung der Mindestsicherung entstanden sind oder entstehen.

(7) Zum Ersatz der Kosten nach § 47 sind, ausgenommen bei Leistungen nach §§ 12, 12a und 14, auch Personen verpflichtet, denen die Person, die Leistungen in Anspruch genommen hat oder in Anspruch nimmt, innerhalb von drei Jahren vor Beginn, während oder innerhalb von drei Jahren nach deren Inanspruchnahme Vermögen geschenkt oder solches nur für eine in einem groben Missverhältnis zum Wert des Vermögens stehende Gegenleistung übertragen hat. Dies gilt auch für Schenkungen auf den Todesfall.

(8) Die Ersatzpflicht nach Abs. 7 besteht nur, wenn der vorhandene Wert des übertragenen Vermögens 500 vH des nach § 12 Abs. 2 festgesetzten Betrages übersteigt. Sie entfällt, wenn glaubhaft gemacht wird, dass die Schenkung oder die Übertragung ohne entsprechende Gegenleistung nicht erfolgt ist, um einen Anspruch auf soziale Mindestsicherung herbeizuführen oder zu erhöhen, oder wenn sie für den Ersatzpflichtigen eine soziale Härte bedeuten würde.

Geltendmachung von Ersatzansprüchen

§ 49. (1) Ersatzansprüche gemäß §§ 47 Abs. 1 lit. b und c sowie Abs. 2 und 48 Abs. 1, 4 und 7 können nicht mehr gestellt werden, wenn mehr als drei Jahre seit Ablauf des Jahres verstrichen sind, in dem soziale Mindestsicherung geleistet wurde; wurde verwertbares Vermögen verschenkt oder ohne entsprechende Gegenleistung übertragen, so endet die Frist drei Jahre nach der Schenkung oder Übertragung. Für die Wahrung der Frist gelten die Bestimmungen über die Unterbrechung der Verjährung (§ 1497 des Allgemeinen Bürgerlichen Gesetzbuches) sinngemäß. Ersatzansprüche, die gemäß § 6 Abs. 8 sichergestellt sind, unterliegen nicht der Verjährung.

(2) Bei der Geltendmachung von Ersatzansprüchen gegenüber Unterhaltpflichtigen ist auf deren wirtschaftliche Verhältnisse und ihre sonstigen Sorgepflichten Bedacht zu nehmen.

(3) Die Verwertung eines gemäß § 6 Abs. 8 sichergestellten Vermögens darf nur insoweit erfolgen, als dadurch die wirtschaftliche Existenz des Mindestsicherungsempfängers oder seiner erbberechtigten Kinder, seines Ehegatten, seines eingetragenen Partners oder seiner Eltern nicht gefährdet wird.

(4) Über Ersatzansprüche nach §§ 47 und 48 kann das Land mit dem Ersatzpflichtigen einen Vergleich abschließen, dem die Wirkung eines gerichtlichen Vergleiches (§ 1 Z 15 Exekutionsordnung) zukommt.

(5) Ersatzansprüche nach §§ 47 und 48 sind, wenn kein Vergleich zustande kommt, im Zivilrechtsweg geltend zu machen.

Ersatzansprüche Dritter

§ 50. (1) Musste einem Hilfe Suchenden so dringend eine der Mindestsicherung entsprechende Hilfe gewährt werden, dass die Behörde nicht vorher benachrichtigt werden konnte, so sind demjenigen, der die Mindestsicherung geleistet hat, die Kosten zu ersetzen.

(2) Ersetzbar sind nur die Kosten, die innerhalb von drei Monaten, wenn jedoch die Mindestsicherung in einer Krankenanstalt geleistet wurde, innerhalb von fünf Monaten vor ihrer Geltendmachung entstanden sind. Nach diesem Zeitpunkt entstandene Kosten sind nur insoweit ersetzbar, als sie noch vor der Entscheidung über die Gewährung der Mindestsicherung aufgewendet wurden.

(3) Kosten nach Abs. 2 sind nur bis zur Höhe jenes Betrages zu ersetzen, der aufgelaufen wäre, wenn der Träger der sozialen Mindestsicherung die Hilfe selbst geleistet hätte.

(4) Über den Kostenersatz ist im Verwaltungswege zu entscheiden.

(5) Die Ersatzansprüche für Leistungen, die der sozialen Mindestsicherung nach § 14 Abs. 2 entsprechen, einschließlich des Aufenthaltskostenbeitrages nach § 57 Kärntner Krankenanstaltenordnung 1999, LGBl. Nr. 26, und die in einer Krankenanstalt erbracht wurden, die Mittel aus dem Kärntner Gesundheitsfonds erhält, sind durch Einzelverrechnung oder einen Pauschalbetrag abzugelten. Erfolgt die Abgeltung durch einen Pauschalbetrag, ist durch schriftliche Vereinbarung zwischen dem Land als Träger der sozialen Mindestsicherung und dem Kärntner Gesundheitsfonds unter Bezugnahme auf die Beitragseinnahmen der Träger der Krankenversicherung die Höhe dieses Pauschalbetrages und dessen Entrichtung einschließlich allfälliger Vorschüsse festzulegen.

§ 51. (entfallen)

8. Abschnitt
Verfahrensbestimmungen

Anträge

§ 52. (1) Leistungen der sozialen Mindestsicherung setzen einen Antrag voraus, sind aber auch ohne einen solchen anzubieten, wenn Umstände bekannt werden, die eine Leistung erforderlich machen.

(2) Anträge auf Leistungen sozialer Mindestsicherung dürfen bei der Gemeinde, der Bezirksverwaltungsbehörde oder dem Sozialzentrum, in dessen Wirkungsbereich sich die Hilfe suchende Person aufhält, oder bei der Landesregierung eingebracht werden. Wird der Antrag bei einer der oben angeführten Stellen eingebracht und ist diese unzuständig, ist sie zur unverzüglichen Weiterleitung an die zuständige Behörde verpflichtet.

(3) Anträge auf Leistungen gemäß §§ 34 und 34a Abs. 1 sind bei der Wohnsitzgemeinde zu stellen und von dieser zu prüfen. Bei Vorliegen der Voraussetzungen ist der Antrag unverzüglich dem zuständigen Träger weiterzuleiten (§ 61 Abs. 1).

Anwendbarkeit des AVG

§ 53. Auf das Verfahren über die Leistung sozialer Mindestsicherung finden die Vorschriften des Allgemeinen Verwaltungsverfahrensgesetzes 1991 Anwendung, soweit dieses Gesetz nicht anderes bestimmt.

Informations- und Mitwirkungspflicht

§ 54. (1) Die Behörde hat die Hilfe suchende Person über die Leistungen der Mindestsicherung, die in Anspruch genommen werden können, zu informieren, zu beraten und hinsichtlich ihrer Rechte, einschließlich der Rechtsfolgen allfälliger Handlungen und Unterlassungen, entsprechend anzuleiten.

(2) Die Hilfe suchende Person ist verpflichtet, an der Feststellung des maßgeblichen Sachverhaltes im Rahmen der ihr von der Behörde erteilten Aufträge mitzuwirken. Dabei sind die zur Durchführung des Verfahrens unerlässlichen Angaben zu machen sowie die dafür erforderlichen Urkunden und Unterlagen beizubringen. Die Hilfe suchende Person hat sich auch den für die Entscheidungsfindung unerlässlichen Untersuchungen zu unterziehen.

(3) Kommt eine Hilfe suchende Person ihrer Mitwirkungspflicht ohne triftigen Grund nicht nach, darf die Behörde der Entscheidung über den Leistungsanspruch den Sachverhalt zu Grunde legen, soweit er festgestellt wurde. Voraussetzung dafür ist, dass die Hilfe suchende Person nachweislich auf die Folgen einer unterlassenen Mitwirkung hingewiesen worden ist. Nachzahlungen finden nicht statt.

(4) Gegenüber dem Hilfe Suchenden unterhaltspflichtige Personen und der mit dem Hilfe Suchenden im gemeinsamen Haushalt lebende Lebensgefährte sind zur Bekanntgabe ihrer für die Vollziehung dieses Gesetzen maßgeblichen Einkommensverhältnisse verpflichtet.

Auskunftspflicht

§ 55. (1) Die Bundes- und Landesbehörden, die Gemeinden, das Arbeitsmarktservice sowie die Träger der Sozialversicherung haben den zur Entscheidung nach diesem Gesetz berufenen Behörden Amtshilfe zu leisten. Die Träger der Sozialversicherung haben im Rahmen ihres gesetzlichen Wirkungsbereiches gegen Kostenersatz Auskunft über Versicherungsverhältnisse des Hilfe Suchenden und der zu seinem Unterhalt verpflichteten Personen zu erteilen.

(2) Die Finanzämter haben den zur Entscheidung nach diesem Gesetz berufenen Behörden Auskunft hinsichtlich solcher Verhältnisse der Hilfe Suchenden und der zu ihrem Unterhalt verpflichteten Personen zu erteilen, die unmittelbar die Abgabenfestsetzung beeinflusst haben, sofern diese „Daten und personenbezogenen Daten" nicht aus einer Abgabenfestsetzung, die diesen Behörden zugänglich ist, entnommen werden können.

(LGBl Ktn 2018/71)

(3) Die Dienstgeber sind verpflichtet, den zur Entscheidung nach diesem Gesetz berufenen Behörden über alle Umstände, die das Beschäftigungsverhältnis der Hilfe Suchenden und der zu deren Unterhalt verpflichteten Personen betreffen, Auskunft zu erteilen.

(4) Die öffentlichen und privaten Krankenanstalten, die Krankenfürsorgeanstalten sowie die Träger der freien Wohlfahrtspflege und die Rechtsträger der für die Unterbringung der Mindestsicherungsempfänger bestimmten Unterbringungsmöglichkeiten sind verpflichtet, auf Ersuchen der zuständigen Behörde bei der Durchführung dieses Gesetzes mitzuwirken, wenn dies im Interesse der Einfachheit, Zweckmäßigkeit und Kostenersparnis gelegen ist.

Sachverständige

§ 56. (1) Vor der Entscheidung über die Gewährung von Leistungen nach diesem Gesetz sind, soweit dies Art und Umfang der Leistung bedingen, Sachverständige zu hören, die je nach Bedarf aus dem Kreis der Ärzte, Psychologen, Sozialarbeiter, Berufsberater und anderer Fachkräfte, allenfalls auch zur Erstattung eines gemeinschaftlichen Gutachtens, beizuziehen sind.

(2) Sind der Behörde keine geeigneten Sachverständigen im Sinne des Abs. 1 beigegeben oder stehen ihr solche gemäß Abs. 5 nicht zur Verfügung, darf die Behörde Sachverständige bestellen, welche die in Abs. 1 genannte oder eine andere, zur Beurteilung erforderliche, fachliche Eignung aufweisen.

(3) Ist absehbar, dass für bestimmte regelmäßig erforderliche Beurteilungen kein geeigneter Sachverständiger der Behörde beigegeben sein oder zur Verfügung stehen wird, darf die Behörde einen fachlich geeigneten Sachverständigen für diese Beurteilungen innerhalb eines genau bestimmten

Zeitraumes bestellen, wenn dies den Grundsätzen der Sparsamkeit, Zweckmäßigkeit und Wirtschaftlichkeit entspricht.

(4) Sachverständige, die keine Bediensteten einer Gebietskörperschaft sind, sind von der Landesregierung auf die gewissenhafte und unparteiische Erfüllung ihrer Pflichten sowie auf die Einhaltung der Amtsverschwiegenheit anzugeloben. § 7 des Allgemeinen Verwaltungsverfahrensgesetzes gilt sinngemäß für Sachverständige.

(5) Die Landesgeschäftsstelle des Arbeitsmarktservice Kärnten, die regionalen Geschäftsstellen des Arbeitsmarktservice in Kärnten, die Arbeitsinspektorate, deren örtlicher Wirkungsbereich in Kärnten liegt, und das Bundesamt für Soziales und Behindertenwesen Kärnten sowie die gesetzlichen beruflichen Vertretungen in Kärnten sind verpflichtet, an der Vollziehung dieses Gesetzes durch die Beistellung von Sachverständigen mitzuwirken.

(6) Abs. 2 bis 4 gelten sinngemäß, soweit für sonstige Beurteilungen und Entscheidungen im Rahmen dieses Gesetzes fachlich geeignete Personen heranzuziehen sind.

Bescheide, Entscheidungspflicht

§ 57. (1) Wenn und insoweit eine Gefährdung des Lebensunterhaltes der Hilfe suchenden Person besteht, ist die unmittelbar erforderliche Soforthilfe mit Mandatsbescheid (§ 57 Allgemeines Verwaltungsverfahrensgesetz) zu leisten.

(2) In allen anderen Fällen ist über Leistungen sozialer Mindestsicherung, auf die ein Rechtsanspruch besteht, durch die Verwaltungsbehörde ohne unnötigen Aufschub binnen drei Monaten ab Einlangen des Antrages (§ 52 Abs. 2) zu entscheiden.

(3) Leistungen sozialer Mindestsicherung, auf die ein Rechtsanspruch besteht, sind ab Antragstellung zu gewähren. Soweit dies aufgrund der Besonderheiten des Einzelfalls oder zur Gewährleistung der Subsidiarität der Leistungen erforderlich ist, kann die Behörde Auflagen oder Befristungen vorsehen.

(3a) Im Monat der Antragstellung gebührt der jeweilige Mindeststandard nach §§ 12 und 12a anteilig ab dem Tag der Antragstellung gemäß § 52 Abs. 2. Der Kalendermonat ist einheitlich mit 30 Tagen anzunehmen.

(4) Über Leistungen sozialer Mindestsicherung, auf die ein Rechtsanspruch besteht (§ 8 Abs. 2), über die für diese einzusetzenden eigenen Mittel sowie über Rückerstattungspflichten (§ 59 Abs. 3) und die Einstellung der Leistungen (§ 59 Abs. 5) ist, soweit Abs. 5 und 6 nicht anderes bestimmen, mit schriftlichem Bescheid abzusprechen.

(5) Die Verpflichtung zur Erlassung eines Bescheides bei der Neubemessung von Dauerleistungen oder für solche zu entrichtende Kostenbeiträge

a) aufgrund von Änderungen dieses Gesetzes,

b) darauf gestützter Verordnungen oder

c) auf Grund der Anpassung sonstiger regelmäßiger gesetzlicher Leistungen, die als Einkommen des Mindestsicherungsempfängers anzusehen sind,

jeweils soweit daraus keine Minderung der bisher bezogenen Leistung oder keine Einstellung der Leistung resultiert, besteht nur, wenn der Hilfe Suchende dies innerhalb von zwei Monaten ab der Mitteilung über die Neubemessung ausdrücklich verlangt.

Vergleiche

§ 57a. Über die Höhe von Unterhaltsansprüchen, die gemäß § 5 Abs. 3 in Verbindung mit § 48 Abs. 4 auf das Land übergegangen sind, kann das Land mit dem Unterhaltspflichtigen im Rahmen der Vorgaben des § 5 Abs. 3 und des § 6 Abs. 9 und 11 einen Vergleich abschließen, dem die Wirkung eines gerichtlichen Vergleiches (§ 1 Z 15 Exekutionsordnung) zukommt.

Beschwerde

§ 58. (1) Im Verfahren über die Zuerkennung, Minderung oder Einstellung von Leistungen sozialer Mindestsicherung kann ein Verzicht auf die Beschwerde im Sinne des § 7 Abs. 2 des Verwaltungsgerichtsverfahrensgesetzes nicht wirksam abgegeben werden.

(2) Die Frist für die Erhebung einer Beschwerde beträgt sechs Wochen.

(3) Beschwerden sowie Vorlageanträge in Verfahren, in denen Leistungen der sozialen Mindestsicherung zuerkannt werden, haben keine aufschiebende Wirkung. Das Verwaltungsgericht kann im Einzelfall den Ausschluss der aufschiebenden Wirkung im Verfahren aufheben, wenn nach Abwägung der berührten öffentlichen Interessen und Interessen anderer Parteien der vorzeitige Vollzug des angefochtenen Bescheides wegen Gefahr im Verzug nicht geboten ist.

Neubemessung, Anzeige- und Rückerstattungspflicht, Einstellung

§ 59. (1) Bei Änderung der maßgeblichen Umstände hat eine Neubemessung der Leistungen der sozialen Mindestsicherung zu erfolgen.

(2) Die Person, der soziale Mindestsicherung geleistet wird, hat jede ihr bekannte Änderung der für die Leistung maßgeblichen Umstände, insbesondere der Vermögens-, Einkommens- oder Wohnverhältnisse oder des Personenstands sowie Aufenthalte in Kranken- oder Kuranstalten oder sonstige, länger als zwei Wochen dauernde Abwesenheiten, binnen vier Wochen der Behörde oder dem zuständigen Träger von Privatrechten anzuzeigen.

(3) Personen, die Leistungen der sozialen Mindestsicherung wegen Verletzung der Anzeigepflicht nach Abs. 2 oder wegen bewusst unwahrer Angaben oder bewusster Verschweigung wesentlicher Tatsachen zu Unrecht in Anspruch genommen haben, haben diese rückzuerstatten oder dafür angemessenen Ersatz zu leisten. Darüber hat die

Verwaltungsbehörde zu entscheiden, die zur Entscheidung über die Leistung der Mindestsicherung zuständig gewesen ist.

(4) Die Rückerstattung darf in angemessenen Teilbeträgen bewilligt werden, wenn sie auf andere Weise nicht möglich oder der rückerstattungspflichtigen Person nicht zumutbar ist. Die Rückerstattung darf gestundet oder ganz oder teilweise nachgesehen werden, wenn durch sie der Erfolg sozialer Mindestsicherung gefährdet wäre, wenn sie zu besonderen Härten für die rückerstattungspflichtige Person führen würde oder wenn das Verfahren der Rückforderung mit einem Aufwand verbunden wäre, der in keinem Verhältnis zu der zu Unrecht in Anspruch genommenen Leistung steht.

(5) Wenn eine der Voraussetzungen für den Anspruch auf soziale Mindestsicherung wegfällt oder die Hilfe suchende Person ihrem Hauptwohnsitz, bei Fehlen eines solchen ihren tatsächlichen Aufenthalt, in den örtlichen Zuständigkeitsbereich einer anderen Bezirksverwaltungsbehörde verlegt, ist die Leistung einzustellen. Wird eine Leistung endgültig nicht mehr in Anspruch genommen, gilt sie als eingestellt.

(6) Die Person, der soziale Mindestsicherung geleistet wird, ist anlässlich der Zuerkennung der Leistung nachweislich auf die Pflichten und Folgen nach Abs. 2 und 3 hinzuweisen.

9. Abschnitt
Zuständigkeit und Kostentragung

Behördliche Aufgaben

§ 60. (1) Der Landesregierung obliegt:

a) die Erlassung von Verordnungen nach § 5 Abs. 3, § 6 Abs. 3 und 11, § 12 Abs. 2 , § 34 Abs. 3, § 34a Abs. 1, § 35 Abs. 4, § 48 Abs. 2 und § 61 Abs. 8;

b) die Unterbringung von Hilfe Suchenden in psychiatrischen Krankenanstalten (Abteilungen) sowie in geriatrischen Krankenanstalten (Abteilungen) im Rahmen der sozialen Mindestsicherung bei Krankheit gemäß § 14 Abs. 2;

c) in den Fällen der lit. b, des § 61 Abs. 1 lit. y, des § 43 Abs. 1 lit. d des Kärntner Chancengleichheitsgesetzes sowie bei der Unterbringung suchtkranker Hilfe Suchender nach § 14 Abs. 4 lit. a die Entscheidung über sonstige erforderliche Maßnahmen des 3. Abschnittes, soweit darauf ein Rechtsanspruch besteht.

(2) Den Bezirksverwaltungsbehörden obliegt:

a) die Gewährung von Leistungen nach dem 3. Abschnitt, soweit ein Rechtsanspruch besteht (§ 8 Abs. 2) und soweit nicht durch Abs. 1 lit. b,c und d anderes bestimmt ist;

b) alle behördlichen Maßnahmen, soweit sie nicht unter Abs. 1 fallen und soweit durch dieses Gesetz nicht anderes bestimmt ist.

(3) (entfallen)

(4) Die örtliche Zuständigkeit der Bezirksverwaltungsbehörde richtet sich zunächst nach dem Hauptwohnsitz oder mangels eines solchen nach dem Aufenthalt des Hilfe Suchenden. Lässt sich im Falle einer Mindestsicherung durch eine Krankenanstalt im Sinne des § 50 Abs. 2 die Zuständigkeit hierdurch nicht feststellen, so ist jene Bezirksverwaltungsbehörde zuständig, aus deren Bereich der Eintritt in die Krankenanstalt erfolgte; ergibt sich auch hieraus keine Zuständigkeit, so ist jene Bezirksverwaltungsbehörde zuständig, in deren Bereich die Krankenanstalt liegt.

(5) In den Fällen des 3. Abschnittes hat bei Gefahr im Verzug jede Bezirksverwaltungsbehörde in ihrem Amtsbereich die notwendigen und unaufschiebbaren Maßnahmen unter gleichzeitiger Verständigung der zuständigen Bezirksverwaltungsbehörde zu treffen.

(6) Kommt nach Vereinbarungen gemäß § 79 eine Leistung an Personen in Betracht, für die sich aus Abs. 4 keine örtliche Zuständigkeit ergibt, so richtet sich die örtliche Zuständigkeit nach dem letzten Hauptwohnsitz oder mangels eines solchen nach dem letzten Aufenthalt in Kärnten; ergibt sich auch hieraus keine Zuständigkeit, so ist jene Bezirksverwaltungsbehörde zuständig, in deren Bereich der Hilfe Suchende geboren ist. Wurde der Hilfe Suchende im Ausland geboren, so ist der Geburtsort des Vaters, bei unehelichen Kindern und bei Hilfe Suchenden, deren Vater im Ausland geboren wurde, der Geburtsort der Mutter maßgebend.

Nichtbehördliche Aufgaben

§ 61. (1) Als Träger von Privatrechten ist das Land Träger nachstehender Maßnahmen:

a) die Vorsorge für die Errichtung und den Betrieb von stationären und teilstationären Einrichtungen gemäß § 11, mit Ausnahme von Wohnheimen für ältere Menschen;

b) die Vorsorge für allgemeine und spezielle Beratungsdienste gemäß §§ 15 Abs. 2 lit. c und Abs. 3, 17 lit. d, 18 Abs. 1 und 19;

c) die Vorsorge für Erholungsangebote für Familien und ältere Menschen gemäß § 17 lit. c;

d) die Vorsorge für Arbeitsmöglichkeiten nach § 10, soweit solche nicht bereits nach Abs. 3 in ausreichendem Maße zur Verfügung stehen;

e) die Vorsorge für besondere Wohnmöglichkeiten mit entsprechender fachgerechter Betreuung, insbesondere für Frauen und Kinder zur vorübergehenden Unterbringung und zur Bewältigung von Gewalterfahrungen und zur Erarbeitung neuer Lebensperspektiven (Frauenhäuser) gemäß § 18 Abs. 1;

f) die Vorsorge für die Schulung und sonstige Unterstützung der Pflegepersonen gemäß § 15 Abs. 3;

g) die Vorsorge der Mindestsicherung zur Sicherung einer Lebensgrundlage gemäß § 16 Abs. 2;

h) die Vorsorge für die Errichtung von Diensten zur Begleitung Sterbender und ihrer Angehörigen gemäß § 17 lit. e;

i) die Übernahme von Mindestsicherung bei außergewöhnlichem Bedarf und zur Verschaffung einer angemessenen Alterssicherung gemäß § 12 Abs. 5 und 6;

j) die Beiträge zur freiwilligen Selbstversicherung in die gesetzliche Krankenversicherung gemäß § 14 Abs. 3;

k) die Geld- und Sachleistungen an Schwangere und Wöchnerinnen gemäß § 14 Abs. 4 lit. b;

l) die Übernahme der Kosten des Aufenthalts in Kuranstalten, Heilbädern oder vergleichbaren Einrichtungen gemäß § 14 Abs. 4 lit. a und die Versorgung mit Heilmitteln, Heilbehelfen und Hilfsmitteln gemäß § 14 Abs. 4 lit. c;

m) die Vorsorge für die Durchführung der Hauskrankenpflege gemäß § 15 Abs. 2 lit. a;

n) die Vorsorge für die Hilfe zur Weiterführung des Haushaltes gemäß §§ 15 Abs. 2 lit. b und 17 lit. a;

o) die Vorsorge für die Durchführung der Kurzzeitpflege gemäß § 15 Abs. 2 lit. d;

p) die Übernahme von Leistungen zur Deckung des Unterkunftsbedarfs gemäß § 13 Abs. 1 sowie die Leistung von Darlehen und nichtrückzahlbaren Aushilfen gemäß § 20 Abs. 2;

q) die Vorsorge für die Schaffung von Einrichtungen zur Durchführung von Krankentransporten in der im Abs. 5 angeführten Weise;

r) die Trägerschaft der für den Bereich der Bezirkshauptmannschaften eingerichteten Sozial- und Gesundheitssprengel;

s) die Vorsorge für Maßnahmen bei Wohnungslosigkeit gemäß § 20 Abs. 1;

t) die Vorsorge für die Beratung bei anderen außerordentlichen sozialen Schwierigkeiten gemäß § 20 Abs. 3;

u) die Förderung zur Deckung außerordentlicher Belastungen gemäß § 34;

v) der Heizzuschuss gemäß § 34a Abs. 1;

w) die Zuschüsse zu kieferorthopädischen Behandlungen gemäß § 35;

x) Leistungen nach § 15 Abs. 1, soweit sie nicht in lit. a bis u ausdrücklich genannt werden;

y) die Unterbringung von Hilfe Suchenden in Einrichtungen gemäß § 11.

(2) Das Land hat sich bei der Abwicklung folgender Leistungen, ausgenommen in Fällen des § 60 Abs. 1 lit. c, der Bezirkshauptmannschaften und Magistrate zu bedienen:

a) soziale Mindestsicherung bei außergewöhnlichem Bedarf im Einzelfall (§ 12 Abs. 5);

b) Übernahme von Kosten, die erforderlich sind, um der Hilfe suchenden Person Anspruch auf eine angemessene Alterssicherung zu verschaffen (§ 12 Abs. 6);

c) Mietvorauszahlungen gemäß § 13 Abs. 1 lit. a;

d) die Beiträge zur freiwilligen Selbstversicherung in die gesetzliche Krankenversicherung gemäß § 14 Abs. 3;

e) die Geld- und Sachleistungen an Schwangere und Wöchnerinnen gemäß § 14 Abs. 4 lit. b;

f) die Übernahme der Kosten des Aufenthalts in Kuranstalten, Heilbädern oder vergleichbaren Einrichtungen gemäß § 14 Abs. 4 lit. a, ausgenommen die Unterbringung in einer Einrichtung für Suchtkranke, einschließlich der Nachbetreuung zur Wiederherstellung oder Besserung der Gesundheit;

g) soziale Mindestsicherung zur Sicherung einer Lebensgrundlage gemäß § 16 Abs. 2.

(3) Als Träger von Privatrechten sind die Gemeinden Träger der Vorsorge für Arbeitsmöglichkeiten nach § 10 sowie für Einrichtungen nach § 17 lit. b. Sie haben in angemessenem Ausmaß für geeignete Arbeitsmöglichkeiten im Sinne des § 10 Abs. 1 vorzusorgen oder solche zu fördern.

(4) Als Träger von Privatrechten sind die Sozialhilfeverbände (§ 70) und die Städte mit eigenem Statut Träger der Vorsorge für die Errichtung und den Betrieb von Wohnheimen für ältere Menschen.

(4a) Unbeschadet der Bestimmung des Abs. 1 lit. a dürfen die Sozialhilfeverbände als Träger von Privatrechten Pflegeheime, einschließlich Einrichtungen für die Unterbringung von Menschen mit Behinderung sowie süchtigen oder chronisch kranken Hilfe Suchenden, errichten und betreiben. In diesem Fall gelten Sozialhilfeverbände als Träger der freien Wohlfahrtspflege gemäß Abs. 7 und 8.

(5) Die Träger von Privatrechten nach Abs. 1, 3 und 4 dürfen für einzelne der nichtbehördlichen Aufgaben Träger der freien Wohlfahrtspflege zur Besorgung heranziehen, wenn diese auf Grund ihrer Statuten und ihrer Organisationsform hiezu bereit und nach ihren Zielen und ihrer Ausstattung sowie nach der Zahl und Ausbildung ihrer Mitarbeiter in der Lage sind und wenn ihre Heranziehung der Erreichung des damit angestrebten Zweckes dient. Eine Heranziehung darf jedoch nur erfolgen, wenn sich der Träger der freien Wohlfahrtspflege in der Vereinbarung nach Abs. 7 verpflichtet,

a) die arbeits- und sozialversicherungsrechtlichen Vorschriften einzuhalten,

b) bei der Erbringung von Leistungen nach Abs. 1, 3 und 4 qualifizierte Mitarbeiter in ausreichender Zahl heranzuziehen,

c) für die notwendige Fortbildung der Mitarbeiter zu sorgen und erforderlichenfalls Supervision sowie andere der Sicherheit der Fachlichkeit dienende Maßnahmen zu ermöglichen.

(5a) Das Land als Träger von Privatrechten darf überdies nur dann Träger der freien Wohlfahrtspflege für die Errichtung und den Betrieb von stationären Einrichtungen heranziehen, wenn die Beiziehung des Trägers der freien Wohlfahrtspflege zur Erfüllung der Vorsorgepflichten des Landes erforderlich ist. Ob und inwieweit die Beiziehung erforderlich ist, hat die Landesregierung vor Baubeginn mit Bescheid festzustellen.

(6) Träger der freien Wohlfahrtspflege, die vom Land zur Besorgung von Aufgaben (Abs. 5) herangezogen werden, unterliegen der Fachaufsicht der Landesregierung. Die Landesregierung hat die Eignung für die Heranziehung regelmäßig zu überprüfen. Den Organen der Landesregierung sind im erforderlichen Umfang der Zutritt zu den Einrichtungen zu gewähren, die erforderliche Einsicht in Unterlagen zu ermöglichen und die nötigen Auskünfte zu erteilen. Die Träger der freien Wohlfahrtspflege haben die von der Landesregierung festgestellten Missstände unverzüglich zu beheben.

(7) Die Beziehungen zwischen den Trägern von Privatrechten (Abs. 1, 3 und 4) und den Trägern der freien Wohlfahrtspflege sind durch schriftliche Vereinbarungen zu regeln. In diesen ist – soweit die Verordnung nach Abs. 8 nicht zur Anwendung kommt – darauf Bedacht zu nehmen, dass die durch die Träger von Privatrechten (Abs. 1, 3 und 4) zu leistenden Kosten nach den Grundsätzen der Sparsamkeit und Zweckmäßigkeit festgesetzt werden. In diese Kosten sind die Kosten für erbrachte Leistungen, die nicht durch Kostenersätze auf Grund gesetzlicher oder vertraglicher Verpflichtungen oder durch sonstige Beiträge für Leistungen abgedeckt sind, und ein angemessener Beitrag zu dem im Zusammenhang mit den übrigen Aufgaben stehenden und hierfür erforderlichen Verwaltungsaufwand des Trägers der freien Wohlfahrtspflege – soweit der Verwaltungsaufwand nicht durch Kostenersätze für Leistungen und sonstige Beiträge abgedeckt ist – miteinzubeziehen. Diese Kostenersätze können nach Maßgabe der nach den Grundsätzen der Sparsamkeit und Zweckmäßigkeit festgesetzen durchschnittlichen Aufwendungen pauschaliert vereinbart werden, wenn dies im Interesse einer Verwaltungsvereinfachung zweckmäßig erscheint.

(8) Die für die Erfüllung von Aufgaben nach Abs. 1 lit. a den Trägern der freien Wohlfahrtspflege zu erstattenden Kosten sind jedenfalls pauschaliert zu leisten. Die Landesregierung hat durch Verordnung die Höhe der Kostenersätze nach Maßgabe des Abs. 7 zu bestimmen, wobei auf die Art, den Zweck und die Größe der stationären Einrichtung Bedacht zu nehmen ist. Bestehen besondere gesetzliche Vorgaben für Sozialhilfeverbände, sind diese in der Verordnung zu berücksichtigen und Differenzierungen bei der Festsetzung der Kostenersätze zu treffen. Die Landesregierung hat die Kostenersätze durch Verordnung jährlich für das folgende Kalenderjahr neu festzusetzen, wobei die jährliche Valorisierung der den Kostenersätzen zugrundeliegenden Aufwendungen zu berücksichtigen ist. Über das Ausmaß der in der Verordnung genannten Kostenersätze hinausgehende Kosten eines Trägers der freien Wohlfahrtspflege werden nicht ersetzt.

(8a) Kostenersätze gemäß Abs. 7 und 8 an Sozialhilfeverbände sind um die Einnahmen des Sozialhilfeverbandes nach § 15 des Verwaltungsstrafgesetzes 1991 zu mindern.

(9) Das Land, die Gemeinden und die Gemeindeverbände haben Vereinbarungen nach Abs. 7 aufzulösen, wenn die Eignungsvoraussetzungen nicht mehr vorliegen, schwerwiegende Mängel trotz Aufforderung nicht behoben werden oder den überprüfenden Organen der Zutritt zu den Einrichtungen wiederholt verwehrt wurde.

Kostentragung

§ 62. (1) Die Kosten für Maßnahmen der Mindestsicherung gemäß § 60 Abs. 1 und 2 und § 61 Abs. 1 sind vom Land zu tragen. Die Gemeinden haben dem Land den Kostenaufwand

a) für Leistungen nach § 60 Abs. 1 lit. b und c und Abs. 2 sowie § 61 Abs. 1 lit. a bis q, v und y in der Höhe von 50 vH und

b) für Leistungen nach § 61 Abs. 1 lit. s in der Höhe von 100 vH

zu erstatten.

(2) Der Kostenanteil der Gemeinden gemäß Abs. 1 ist auf die einzelnen Gemeinden nach Maßgabe ihrer gewichteten Volkszahl aufzuteilen. Zur Berechnung der gewichteten Volkszahl ist die durchschnittliche Finanzkraft der Gemeinden in Kärnten pro Einwohner, dargestellt durch den Faktor eins, der Finanzkraft einer Gemeinde pro Einwohner (Finanzkraftfaktor) gegenüberzustellen. Der Mittelwert zwischen dem Faktor eins und dem Finanzkraftfaktor einer Gemeinde ist mit der Volkszahl gemäß § 9 Abs. 9 des Finanzausgleichsgesetzes 2008 der jeweiligen Gemeinde zu multiplizieren (gewichtete Volkszahl).

(3) Die Finanzkraft einer Gemeinde nach Abs. 2 ist gemäß § 21 Abs. 5 des Finanzausgleichsgesetzes 2008 zu berechnen.

(4) Die gemäß Abs. 2 von einer Gemeinde zu erstattenden Kosten verringern sich um 10 vH des Mindeststandards nach § 12 Abs. 2 für jede Arbeitsmöglichkeit, für die sie Vorsorge getroffen hat, wenn hierdurch ein Hilfe Suchender ununterbrochen mindestens drei Monate Leistungen nach § 10 erhält.

(5) Hat das Land Kostenersätze für Maßnahmen gemäß Abs. 1 lit. a erhalten, so sind diese von den von Land und Gemeinden gemeinschaftlich getragenen Kosten gemäß Abs. 1 abzuziehen.

(6) Die Gemeinden haben dem Land monatliche Vorschüsse auf die von ihnen gemäß Abs. 2 zu erstattenden Kosten zu leisten. Die Landesregierung hat die Höhe dieser Vorschüsse unter Bedachtnahme auf die zu erwartenden jährlichen Kostenanteile festzusetzen. Der zu leistende monatliche Vorschuss ist vom Land von den Ertragsanteilen der Gemeinden einzubehalten.

(7) Liegt der im vorangegangenen Kalenderjahr gemäß Abs. 6 geleistete Vorschuss unter dem von der Gemeinde im vorangegangenen Kalenderjahr gemäß Abs. 2 iVm Abs. 4 und 5 zu erstattenden Kostenanteil, ist der Differenzbetrag vom Land von den Ertragsanteilen der Gemeinden einzubehalten.

10. Abschnitt
Mindestsicherungsbeirat und Arbeitsgruppe

(LGBl Ktn 2018/59)

Mindestsicherungsbeirat

§ 63. Zur Beratung der Landesregierung in den Angelegenheiten der Mindestsicherung wird ein Beirat eingerichtet. Er führt die Bezeichnung „Mindestsicherungsbeirat" und hat seinen Sitz in Klagenfurt am Wörthersee. Geschäftsstelle des Mindestsicherungsbeirates ist die mit den Angelegenheiten der Mindestsicherung betraute Abteilung des Amtes der Kärntner Landesregierung.

(LGBl Ktn 2018/59)

Aufgaben des Mindestsicherungsbeirates

§ 64. Aufgabe des Mindestsicherungsbeirates ist die Beratung der Landesregierung in den Angelegenheiten der Mindestsicherung. Die Beratung erstreckt sich insbesondere auf

a) die Entscheidung von Fragen der tariflichen Gestaltung sozialer Dienstleistungen für Hilfe Suchende;

b) die Erlassung von Verordnungen und die Ausarbeitung von Gesetzentwürfen;

c) die Erlassung von Richtlinien für die Gewährung von Förderungen und sonstigen Zuschüssen;

d) die Festlegung von Mindeststandards bei den Leistungen der sozialen Mindestsicherung und der Chancengleichheit für ambulante, stationäre und teilstationäre Dienste entsprechend der Anlage A der Vereinbarung über die gemeinsamen Maßnahmen des Bundes und der Länder für pflegebedürftige Personen, LGBl. Nr 1/1994, und die Festlegung von zulässigen Abweichungen davon;

e) die Erlassung eines Bedarfs- und Entwicklungsplanes entsprechend der Anlage B der Vereinbarung über die gemeinsamen Maßnahmen des Bundes und der Länder für pflegebedürftige Personen, LGBl Nr 1/1994, und die Festlegung von zulässigen Abweichungen davon;

f) die Erarbeitung von Vorgaben für die Tätigkeiten der Sozial- und Gesundheitssprengel;

g) die Entscheidung von Maßnahmen im Rahmen der Mindestsicherung, die im Einzelfall mehr als 364.000 Euro jährlich erfordern.

(LGBl Ktn 2018/59)

Zusammensetzung des Mindestsicherungsbeirates

§ 65. (1) Der Mindestsicherungsbeirat besteht aus einem Vorsitzenden (Abs. 8) und fünf weiteren von der Landesregierung zu bestellenden Mitgliedern mit beschließender Stimme.

(2) Die Landesregierung hat drei Mitglieder des Mindestsicherungsbeirates auf Vorschlag der im Landtag vertretenen Parteien entsprechend ihrem Stärkeverhältnis zu bestellen. Weitere zwei Mitglieder hat die Landesregierung auf Vorschlag des Kärntner Gemeindebundes zu bestellen; die vorgeschlagenen Mitglieder des Mindestsicherungsbeirates müssen Mitglieder im Gemeindevorstand (Stadtsenat) einer Kärntner Gemeinde oder Organ eines Sozialhilfeverbandes sein.

(3) Dem Mindestsicherungsbeirat gehören weiters fünf fachlich besonders befähigte Mitglieder aus dem Kreis der Träger der freien Wohlfahrtspflege und der Träger der freien Jugendwohlfahrt an. Der Mindestsicherungsbeirat hat diese Mitglieder zu bestellen, wobei darauf Bedacht zu nehmen ist, dass Anbieter von verschiedenen Leistungen der sozialen Mindestsicherung vertreten sind. Die Abs. 4 bis 7 sind für die beratenden Mitglieder sinngemäß anzuwenden.

(4) Die Bestellung der Mitglieder des Mindestsicherungsbeirates mit beschließender Stimme erfolgt auf die Dauer der Gesetzgebungsperiode des Landtages. Die Mitglieder bleiben bis zum Zusammentritt des neu bestellten Mindestsicherungsbeirates in ihrer Funktion. Eine wiederholte Bestellung ist zulässig. Die Landesregierung hat bei Erlöschen der Mitgliedschaft eines Mitgliedes zum Mindestsicherungsbeirat für die restliche Funktionsdauer über Vorschlag der vorschlagsberechtigten Stelle ein neues Mitglied zu bestellen.

(5) Die Landesregierung hat die Vorschlagsberechtigten innerhalb einer angemessen festzusetzenden Frist, welche nicht kürzer als ein Monat sein darf, einzuladen, der Landesregierung einen Vorschlag vorzulegen. Langt innerhalb dieser Frist kein entsprechender Vorschlag bei der Landesregierung ein, hat die Landesregierung die Bestellung ohne weitere Bedachtnahme auf das Vorschlagsrecht durchzuführen. Die im Landtag vertretenen Parteien sind im Wege ihres jeweiligen Klubs oder ihrer jeweiligen Interessengemeinschaft von Abgeordneten einzuladen, Vorschläge gemäß Abs. 2 erster Satz zu erstatten, wenn alle Mitglieder des Landtages, die auf Vorschlag derselben Partei gewählt wurden, diesem Klub oder dieser Interessengemeinschaft angehören; ansonsten ist eine im Landtag vertretene Partei im Wege ihres zustellungsbevollmächtigten Vertreters zur Erstattung eines Vorschlags einzuladen.

(6) Für jedes Mitglied des Mindestsicherungsbeirates mit beschließender Stimme ist auf die gleiche Weise ein Ersatzmitglied zu bestellen. Das Ersatzmitglied hat für den Fall der Verhinderung, der Befangenheit oder des vorzeitigen Ausscheidens des Mitgliedes bis zu einer Neubestellung dessen Aufgaben wahrzunehmen.

MSG

~~(7) Vor Ablauf der Funktionsperiode erlischt die Mitgliedschaft (Ersatzmitgliedschaft) zum Mindestsicherungsbeirat durch Verzicht, Tod sowie auf Grund der Abberufung durch die Landesregierung. Ein Mitglied (Ersatzmitglied) ist von der Landesregierung abzuberufen, wenn die Voraussetzungen für die Bestellung nicht mehr vorliegen. Der Verzicht eines Mitgliedes des Mindestsicherungsbeirates ist schriftlich gegenüber der Landesregierung zu erklären.~~

~~(8) Vorsitzender des Mindestsicherungsbeirates ist das mit den Angelegenheiten der Mindestsicherung betraute Mitglied der Landesregierung. Der Vorsitzende wird im Falle seiner Verhinderung vom Leiter der mit den Angelegenheiten der Mindestsicherung betrauten Abteilung des Amtes der Landesregierung vertreten.~~

~~(9) Alle Beratungsgegenstände sind vor ihrer Abstimmung im Mindestsicherungsbeirat vorzuberaten, wobei den beratenden Mitgliedern Gelegenheit zur Äußerung ihrer Standpunkte zu geben ist. Eine Vorberatung darf nur durchgeführt werden, wenn zumindest zwei Mitglieder mit beratender Stimme anwesend sind.~~

~~(10) Nach der Vorberatung ist die Beschlussfassung durchzuführen. Die Beschlussfähigkeit ist gegeben, wenn die Einladung ordnungsgemäß erfolgt und mit dem Vorsitzenden mindestens die Hälfte der stimmberechtigten Mitglieder anwesend ist. Zu einem gültigen Beschluss ist die einfache Mehrheit der Stimmen erforderlich. Stimmenthaltung ist nicht zulässig. Der Vorsitzende übt sein Stimmrecht als Letzter aus. Bei Stimmengleichheit entscheidet die Stimme des Vorsitzenden.~~

(LGBl Ktn 2018/59)

~~Aufgaben des Vorsitzenden~~

~~**§ 66.** (1) Dem Vorsitzenden obliegen~~

~~a) die Vertretung des Mindestsicherungsbeirates nach außen,~~

~~b) die Einberufung des Mindestsicherungsbeirates,~~

~~c) die Führung des Vorsitzes im Mindestsicherungsbeirat.~~

~~(2) Der Vorsitzende hat den Mindestsicherungsbeirat nach Bedarf einzuberufen. Eine Einberufung hat binnen drei Wochen zu erfolgen, wenn dies mindestens drei stimmberechtigte Mitglieder unter gleichzeitiger Angabe des Grundes schriftlich verlangen.~~

~~(3) Der Vorsitzende kann zu den Vorberatungen erforderlichenfalls weitere Fachleute beiziehen.~~

~~(4) Der Mindestsicherungsbeirat kann in Durchführung der Abs. 1 lit. b und c, 2 und 3 sowie des § 65 Abs. 9 und 10 eine Geschäftsordnung beschließen.~~

~~(5) Die Mitglieder des Mindestsicherungsbeirates, die nicht Mitglieder der Landesregierung oder des Kärntner Landtages oder Bedienstete des Landes sind, haben gegenüber dem Land Anspruch~~

~~a) bei Benützung eines öffentlichen Verkehrsmittels auf eine Fahrtkostenvergütung nach den Bestimmungen der §§ 190 und 191 des Kärntner Dienstrechtsgesetzes 1994, LGBl. Nr. 71, oder~~

~~b) bei Fahrten mit dem eigenen Kraftfahrzeug auf ein Kilometergeld im Sinne des § 194 Abs. 3 des Kärntner Dienstrechtsgesetzes 1994, wenn nur durch die Benützung des eigenen Kraftfahrzeuges der Ort einer Sitzung des Mindestsicherungsbeirates rechtzeitig erreicht werden kann, oder~~

~~c) bei Fahrten mit dem eigenen Kraftfahrzeug, wenn die Voraussetzungen nach lit. b nicht gegeben sind, auf einen Reisekostenersatz in der sich aus § 190 Abs. 3 des Kärntner Dienstrechtsgesetzes 1994 ergebenden Höhe.~~

(LGBl Ktn 2018/59)

~~Verschwiegenheitspflicht~~

~~**§ 67.** Soweit nicht nach anderen Gesetzen oder nach dienstrechtlichen Vorschriften bereits eine Verschwiegenheitspflicht besteht, sind die Mitglieder und Ersatzmitglieder des Mindestsicherungsbeirates sowie Personen, die an Sitzungen des Mindestsicherungsbeirates teilnehmen, zur Wahrung der Amtsverschwiegenheit sowie des Bank-, Betriebs- und Geschäftsgeheimnisses verpflichtet. Diese Verpflichtung bleibt auch nach dem Ausscheiden aus dem Mindestsicherungsbeirat oder der Beendigung der Tätigkeit für den Mindestsicherungsbeirat bestehen.~~

(LGBl Ktn 2018/59)

~~Aufwand des Mindestsicherungsbeirates~~

~~**§ 68.** Das Land hat den Aufwand zu tragen, der sich aus der Abhaltung der Sitzungen des Mindestsicherungsbeirates ergibt.~~

(LGBl Ktn 2018/59)

~~Arbeitsgruppen~~

~~**§ 69.** Die Landesregierung darf sich zur Beratung über Sachthemen im Zusammenhang mit der Mindestsicherung Arbeitsgruppen bedienen.~~

(LGBl Ktn 2018/59)

11. Abschnitt
Sozialhilfeverbände

Bildung

§ 70. (1) Die Gemeinden jedes politischen Bezirkes bilden einen Sozialhilfeverband. Die Städte mit eigenem Statut sind von dieser Regelung ausgenommen.

(2) Der Sozialhilfeverband besitzt Rechtspersönlichkeit und hat seinen Sitz bei der jeweiligen Bezirkshauptmannschaft; er führt die Bezeichnung Sozialhilfeverband unter Beifügung des Namens der Bezirkshauptmannschaft, bei der er seinen Sitz hat.

Organe

§ 71. (1) Zur Erfüllung der Aufgaben des Sozialhilfeverbandes sind berufen:

a) der Verbandsrat (die Verbandsversammlung),

b) der Vorstand,

c) der Vorsitzende,

d) der Kontrollausschuss.

(2) Die Amtsperiode der Organe des Sozialhilfeverbandes fällt mit dem Wahlabschnitt des Gemeinderates zusammen. Sie dauert jedenfalls beim Verbandsrat bis zum Zusammentritt des neuen Verbandsrates, bei den übrigen Organen bis zur Bestellung oder Wahl der neuen Organe.

(3) Abweichend von Abs. 2 enden das Amt des Vorsitzenden sowie das Amt eines Mitgliedes (Ersatzmitgliedes) des Vorstandes und des Kontrollausschusses ferner mit dem Enden des Mandates als Mitglied des Gemeinderates und durch eine an den Sozialhilfeverband gerichtete schriftliche Verzichtserklärung.

(4) Die Organe des Sozialhilfeverbandes sind nach jeder allgemeinen Gemeinderatswahl binnen drei Monaten nach der Wahl der neuen Gemeinderäte zu bilden. Der bisherige Vorsitzende hat den neuen Verbandsrat zu seiner konstituierenden Sitzung einzuberufen und den Vorsitz bis zur Übernahme des Vorsitzes durch den neu gewählten Vorsitzenden zu führen.

Verbandsrat

§ 72. (1) Der Verbandsrat besteht aus den Bürgermeistern der verbandsangehörigen Gemeinden.

(2) Dem Verbandsrat obliegt die Wahl des Vorstandes, die Erlassung der Geschäftsordnung, die Feststellung des jährlichen Voranschlages und die Genehmigung des Rechnungsabschlusses.

(3) Für die Stellung der Mitglieder des Verbandsrates und die Einberufung und Abhaltung der Sitzungen des Verbandsrates gelten sinngemäß die Bestimmungen der Kärntner Allgemeinen Gemeindeordnung, LGBl Nr 66/1998, bezüglich der Mitglieder des Gemeinderates.

Vorstand

§ 73. (1) Der Vorstand besteht aus sieben Mitgliedern, die vom Verbandsrat aus der Mitte der Gemeinderatsmitglieder der verbandsangehörigen Gemeinden zu wählen sind.

(2) Die Wahl der Mitglieder des Vorstandes hat nach dem Verhältniswahlrecht aus der Mitte der Gemeinderatsmitglieder der verbandsangehörigen Gemeinden nach Maßgabe folgender Grundsätze zu erfolgen:

a) soweit Mitglieder einer Gemeinderatspartei angehören, die dieselbe Bezeichnung hat, bilden sie von Gesetzes wegen eine Gemeindeverbandspartei; die übrigen Gemeinderatsmitglieder der verbandsangehörigen Gemeinden sind vom Vorsitzenden aufzufordern, vor der konstituierenden Sitzung des Verbandsrates Gemeindeverbandsparteien zu bilden oder mitzuteilen, welcher von Gesetzes wegen gebildeten Gemeindeverbandspartei sie sich anschließen wollen; für den Anschluss an eine von Gesetzes wegen gebildete Gemeindeverbandspartei ist die Zustimmung von mehr als der Hälfte ihrer Mitglieder erforderlich;

b) jede gemäß lit. a gebildete Gemeindeverbandspartei hat dem Vorsitzenden spätestens zwei Wochen vor der konstituierenden Sitzung des Verbandsrates einen Wahlvorschlag zu übermitteln; der Wahlvorschlag muss den Namen der nominierten Gemeinderatsmitglieder, deren schriftliche Zustimmung sowie die Unterschrift von mindestens der Hälfte der Gemeindeverbandspartei angehörenden Gemeinderatsmitglieder enthalten;

c) macht eine Gemeindeverbandspartei von ihrem Anspruch, nach Maßgabe ihrer Stärke im Vorstand vertreten zu sein, nicht Gebrauch oder teilt eine Gemeinderatspartei dem Vorsitzenden nicht spätestens eine Woche vor der konstituierenden Sitzung des Verbandsrates mit, welche Gemeindeverbandspartei sie gebildet hat oder welcher Gemeindeverbandpartei sich die Gemeinderatsmitglieder anschließen, oder übermittelt eine Gemeindeverbandspartei nicht spätestens eine Woche vor der konstituierenden Sitzung einen Wahlvorschlag gemäß lit. b, gilt § 24 Abs. 7a der Kärntner Allgemeinen Gemeindeordnung sinngemäß;

d) als Parteisumme sind jeweils die Zahl der im jeweiligen Bezirk für die Gemeindeverbandparteien bei der letzten allgemeinen Gemeinderatswahl in den verbandsangehörigen Gemeinden abgegebenen gültigen Stimmen heranzuziehen;

e) § 80 Abs. 3 der Kärntner Gemeinderats- und Bürgermeisterwahlordnung 2002, LGBl. Nr. 85/2013, ist für die Berechnung der auf die einzelnen Gemeindeverbandsparteien entfallenden Mandate sinngemäß anzuwenden;

f) der Vorsitzende hat die auf die Gemeindeverbandsparteien entfallende Anzahl der Mitglieder des Vorstandes festzustellen.

(3) Für jedes Mitglied des Vorstandes ist in gleicherweise ein Ersatzmitglied zu wählen.

(4) Hört ein Mitglied des Vorstandes auf, Mitglied eines Gemeinderates einer verbandsangehörigen Gemeinde zu sein oder verzichtet es schriftlich auf die Mitgliedschaft (§ 6 Abs. 3), sind Nachwahlen unter sinngemäßer Anwendung des Abs. 1 und 2 vorzunehmen.

(5) Dem Vorstand obliegen neben der Wahl des Vorsitzenden alle Aufgaben des Sozialhilfeverbandes, die nicht durch Gesetz einem anderen Organ übertragen sind.

(6) Im Übrigen gelten die Bestimmungen der Kärntner Allgemeinen Gemeindeordnung, LGBl. Nr. 66/1998, über die Sitzungen des Gemeindevorstandes sinngemäß.

Kontrollausschuss

§ 74. (1) Für die Kontrolle der Gebarung wird ein Kontrollausschuss vorgesehen. Der Verbandsrat hat die Zahl der Mitglieder des Kontrollausschusses festzusetzen. Der Kontrollausschuss muss mindestens drei Mitglieder haben. § 26 Abs. 1 letzter Satz der Kärntner Allgemeinen Gemeindeordnung, LGBl Nr 66/1998, gilt sinngemäß.

(2) Der Vorsitzende und die sonstigen Mitglieder des Kontrollausschusses sind vom Verbandsrat aus der Mitte der Gemeinderatsmitglieder der verbandsangehörigen Gemeinden nach Maßgabe des § 73 Abs. 1 und 2 für die Dauer der Funktionsperiode des Verbandsrates (§ 71 Abs. 2) zu wählen. Hinsichtlich des Vorsitzenden des Kontrollausschusses steht das Recht zur Einbringung des Wahlvorschlages der stärksten im Verbandsvorstand nicht vertretenen Gemeindeverbandspartei zu. Hat auf diese Weise mehr als eine Gemeindeverbandspartei Anspruch auf Erstattung des Wahlvorschlages, so entscheidet das Los. Sind alle Gemeindeverbandsparteien (§ 73 Abs. 2) im Verbandsvorstand vertreten, so steht das Recht auf Erstattung des Wahlvorschlages jener Gemeindeverbandspartei zu, die im Vorstand mit der geringsten Zahl von Mitgliedern vertreten ist und der auch nicht der Vorsitzende angehört. Hat auf diese Weise mehr als eine Gemeindeverbandspartei Anspruch auf die Erstattung des Wahlvorschlages, entscheidet das Los.

(3) Im Übrigen gelten für den Kontrollausschuss die Bestimmungen des § 26 Abs. 6, 8, 11 und 12 bis 14 der Kärntner Allgemeinen Gemeindeordnung, LGBl Nr 66/1998, sinngemäß.

Vorsitzender

§ 75. (1) Der Vorsitzende ist vom Vorstand aus dessen Mitte mit einfacher Mehrheit der abgegebenen Stimmen zu wählen. In gleicher Weise ist ein Stellvertreter des Vorsitzenden zu wählen; er tritt im Falle der Verhinderung des Vorsitzenden an seine Stelle.

(2) Dem Vorsitzenden obliegt die Vertretung des Sozialhilfeverbandes nach außen; ihm obliegen weiters die laufende Verwaltung und die Durchführung der Beschlüsse des Verbandsrates und des Vorstandes.

(3) Dem Vorsitzenden gebührt für seine Tätigkeit eine der Bedeutung dieses Amtes entsprechende Aufwandsentschädigung; sie darf monatlich 50 vH des Gehaltes eines Gemeindebediensteten der Verwendungsgruppe B, Dienstklasse III, Gehaltsstufe 2, nicht übersteigen. Die Aufwandsentschädigung ist durch Verordnung des Vorstandes des Sozialhilfeverbandes festzusetzen. Diese Verordnung ist in der Kärntner Landeszeitung kundzumachen.

(4) Im Übrigen gelten die Bestimmungen der Kärntner Allgemeinen Gemeindeordnung, LGBl Nr 66/1998, über den Bürgermeister, wie insbesondere die Bestimmungen des § 23a für den Fall des vorzeitigen Ausscheidens des Vorsitzenden, die Einberufung von Sitzungen und deren Leitung, sinngemäß.

Geschäftsführung und Geschäftsordnung

§ 76. (1) Der Verbandsrat hat in der konstituierenden Sitzung für die Amtsperiode der Organe des Sozialhilfeverbandes den Sitz und die Geschäftsstelle des Sozialhilfeverbandes festzulegen sowie einen Geschäftsführer, der die laufenden Geschäfte des Sozialhilfeverbandes zu besorgen hat, zu bestellen. Für den Beschluss des Verbandsrates ist eine Mehrheit von zwei Dritteln der abgegebenen Stimmen erforderlich. Als Sitz und Geschäftsstelle des Sozialhilfeverbandes kommt nur eine dem Sozialhilfeverband angehörende Gemeinde in Betracht. Bei den Sozialhilfeverbänden Klagenfurt-Land und Villach-Land kann auch der jeweilige Sitz der Bezirkshauptmannschaft Sitz des Verbandes sein. Bis zur Festlegung des Sitzes des Sozialhilfeverbandes ist der jeweils letzte Sitz des Sozialhilfeverbandes maßgeblich. Bis zur Bestellung eines neuen Geschäftsführers hat der zuletzt bestellte Geschäftsführer die Geschäfte des Sozialhilfeverbandes weiterzuführen.

(2) Der Verbandsrat hat die Bestimmungen des Abs. 1 sowie der §§ 72 Abs. 3, 73 Abs. 4, 74 Abs. 3 und 75 Abs. 6 mit einer Geschäftsordnung durchzuführen. In der Geschäftsordnung des Sozialhilfeverbandes sind auch Regelungen über die Tragung der aus der Besorgung der Geschäfte des Sozialhilfeverbandes erwachsenden Kosten zu treffen.

(3) Durch die Geschäftsordnung sind die Bestimmungen der Kärntner Allgemeinen Gemeindeordnung, LGBl Nr 66/1998, über den Haushalt der Gemeinde sowie über die Kontrolle und Gebarung sinngemäß durchzuführen.

Kostentragung

§ 77. (1) Der dem Sozialhilfeverband aus der Erfüllung seiner Aufgaben erwachsende Aufwand ist von den verbandsangehörigen Gemeinden nach Maßgabe ihrer Volkszahl gemäß § 9 Abs. 9 des Finanzausgleichsgesetzes 2008 zu tragen.

(2) Die verbandsangehörigen Gemeinden haben monatlich Vorauszahlungen auf den nach Abs. 1 zu erbringenden Beitrag in der Höhe eines Zwölftels des voraussichtlichen Bedarfes zu leisten.

Aufsicht

§ 78. Der Landesregierung obliegt die Aufsicht über die Sozialhilfeverbände. Die Bestimmungen der §§ 96 bis 105 der Kärntner Allgemeinen Gemeindeordnung, LGBl Nr 66/1998, gelten sinngemäß.

12. Abschnitt
Schluss- und Strafbestimmungen

§ 79. (entfallen)

Ersatz durch die Träger der Sozialversicherung

§ 80. Für die Ersatzansprüche gegen die Träger der Sozialversicherung gelten die sozialversicherungsrechtlichen Bestimmungen über die Beziehungen der Sozialversicherungsträger zu den Trägern der Mindestsicherung und der Chancengleichheit einschließlich der darauf bezugnehmenden Verfahrensvorschriften.

Abgabenfreiheit

§ 81. In den Angelegenheiten dieses Gesetzes sowie für die Ausstellung von Zeugnissen, sonstigen Bestätigungen, Beglaubigungen und Überbeglaubigungen, soweit sie in einem Verfahren auf Gewährung von Mindestsicherung verwendet werden sollen, sind keine Landes- und Gemeindeverwaltungsabgaben zu entrichten.

Eigener Wirkungsbereich der Gemeinden

§ 82. Die den Gemeinden nach diesem Gesetz obliegenden Aufgaben, ausgenommen Aufgaben nach §§ 37 Abs. 2 und 52 Abs. 3, sind solche des eigenen Wirkungsbereiches.

„Datenverarbeitung“

§ 83. (1) Die Landesregierung und die Bezirksverwaltungsbehörden dürfen, soweit dies für die Vollziehung von Aufgaben nach diesem Gesetz erforderlich ist, folgende „Daten und personenbezogenen Daten“ verarbeiten:

a) zum Zweck der Prüfung der Hilfsbedürftigkeit des Hilfe Suchenden, der Gewährung der Mindestsicherung und der Durchführung des Kostenbeitrages und -ersatzes:
   1. vom Hilfe Suchenden: Namen, Adressdaten, Erreichbarkeitsdaten, Unterkunftsdaten, Daten zu Sozialversicherungsverhältnissen, Personenstand, Daten zu den wirtschaftlichen Verhältnissen, Bankverbindungen, Angaben über eine bestehende Sachwalterschaft, Gesundheitsdaten, Daten über die Arbeitsfähigkeit sowie Daten, die die Integration des Einzelnen am Arbeitsmarkt betreffen;
   2. von gegenüber dem Hilfesuchenden Unterhaltspflichtigen und Unterhaltsberechtigten sowie anderen neben dem Hilfesuchenden unterhaltsberechtigten Personen und dem im gemeinsamen Haushalt lebenden Lebensgefährten: Namen, Adressdaten, Erreichbarkeitsdaten, Personenstand, Daten zu den wirtschaftlichen Verhältnissen, Angaben über eine bestehende Sachwalterschaft und Daten über das Bestehen einer Sozialversicherung;
   3. von Dienstgebern der in Z 1 und 2 genannten Personen: Namen oder Firma und Adressdaten;
   4. von Unterkunftsgebern oder den Hausverwaltungen der in Z 1 und 2 genannten Personen: Namen oder Firma, Adressdaten, Unterkunftsdaten, Erreichbarkeitsdaten und Bankverbindung;

b) zum Zweck der Leistungsabrechnung:
   1. von Personen oder von Einrichtungen der freien Wohlfahrtspflege und anderen Einrichtungen, die Leistungen der Mindestsicherung erbringen: Namen oder Firma, Adressdaten, Erreichbarkeitsdaten, Leistungsdaten, Vertragsdaten und Bankverbindungen;
   2. von den Ansprechpersonen nach Z 1: Namen, Adressdaten und Erreichbarkeitsdaten.

(2) Die Gemeinden dürfen, soweit dies für die Vollziehung von Aufgaben nach diesem Gesetz erforderlich ist, Daten nach Abs. 1 lit. a Z 1 und 2 verarbeiten und der Landesregierung übermitteln.

(3) Die Landesregierung und die Bezirksverwaltungsbehörden dürfen „personenbezogene Daten nach Abs. 1 lit. a Z 1 und 2“ sowie Daten über Art und Ausmaß der Mindestsicherung sowohl in elektronischer wie auch jeder anderen Form an das Arbeitsmarktservice, die Sozialversicherungsträger, die für die Besorgung der Aufgaben der öffentlichen Jugendwohlfahrt zuständigen Organe, die Finanzbehörden sowie die Fremdenbehörden übermitteln, sofern die Kenntnis dieser Daten für die Erfüllung der Aufgaben dieser Einrichtung erforderlich ist.

(LGBl Ktn 2018/71)

(4) Die Landesregierung und die Bezirksverwaltungsbehörden dürfen folgende „personenbezogenen Daten“ des Hilfe Suchenden an Träger der freien Wohlfahrt gemäß § 61 Abs. 5 übermitteln, sofern dies eine wesentliche Voraussetzung für die Besorgung der diesen Einrichtungen übertragenen Aufgaben ist: Namen, Adressdaten, Erreichbarkeitsdaten, Personenstand, Angaben über eine bestehende Sachwalterschaft, Gesundheitsdaten und Daten über die Berufsausbildung und -ausübung.

(LGBl Ktn 2018/71)

„(5) Die Landesregierung, die Bezirksverwaltungsbehörden und die Gemeinden haben zum Schutz der Geheimhaltungsinteressen der betroffenen Personen die erforderlichen Datensicherheitsmaßnahmen im Sinne der datenschutzrechtlichen Bestimmungen zu treffen.“

(LGBl Ktn 2018/71)

(6) „Daten und personenbezogenen Daten“ nach Abs. 1 lit. a Z 1, 2 und 3 sind längstens vier Jahre nach Beendigung der Mindestsicherung zu löschen, soweit sie nicht in anhängigen Verfahren benötigt werden. „Daten und personenbezogenen Daten“ nach Abs. 1 lit. a Z 4 sowie Abs. 1 lit. b sind unmittelbar nach dem Abschluss des Verfahrens zu löschen.

(LGBl Ktn 2018/71)

(7) „Die Landesregierung ist verpflichtet, folgende Daten und personenbezogenen Daten zur automationsunterstützten Besorgung der Statistik zu verarbeiten:“

a) Anzahl der Bezieher der Mindestsicherung aufgegliedert nach Geschlecht und Haushaltskonstellation,

b) Dauer des Bezuges der Mindestsicherung,

c) Häufigkeit des Wechsels zwischen den Leistungen,
d) Anzahl der Bezieher von Leistungen unterteilt nach der Art der gewährten Leistung und der Art des sonstigen Einkommens bei Geldleistungen sowie die Summe der aufgewendeten finanziellen Mittel;
e) Anzahl der antragstellenden Personen mit Anspruch auf Leistungen der Mindestsicherung,
f) Zahl der Anbieter und die Art ihrer angebotenen Leistungen in der freien Wohlfahrtspflege,
g) Leistungen der öffentlichen Wohlfahrtspflege,
h) Aufwendungen für Krankenversicherungsbeiträge.

„(8) Die Landesregierung und die Bezirksverwaltungsbehörden sind als datenschutzrechtlich gemeinsam Verantwortliche ermächtigt, zum Zweck einer effizienten und effektiven, die Richtigkeit und Vollständigkeit der Daten sichernden und einheitlichen Gewährleistung von Leistungen nach diesem Gesetz die für die Vollziehung dieses Gesetzes erforderlichen personenbezogenen Daten nach Abs. 1 lit. a Z 1 und 2 gemeinsam zu verarbeiten.“

(LGBl Ktn 2018/71)

(LGBl Ktn 2018/71)

Strafbestimmungen

§ 84. (1) Eine Verwaltungsübertretung begeht, wer

a) Organen in Vollziehung des § 11 Abs. 4 das Betreten fremder Grundstücke und Räume verwehrt, die Einsicht in Unterlagen nicht ermöglicht oder Auskünfte nicht erteilt;
b) der Anzeigepflicht nach § 59 Abs. 2 oder der Auskunftspflicht nach § 55 Abs. 3 nicht oder nicht rechtzeitig nachkommt;
c) vorsätzlich durch unwahre Angaben oder durch Verschweigen wesentlicher Umstände die Mindestsicherung in Anspruch nimmt.

(2) Der Versuch ist strafbar.

(3) Verwaltungsübertretungen nach Abs. 1 lit. a sind mit einer Geldstrafe bis zu 8.000 Euro oder mit einer Ersatzfreiheitsstrafe bis zu sechs Wochen zu ahnden. Verwaltungsübertretungen nach Abs. 1 lit. b und c sind mit einer Geldstrafe bis zu 800 Euro oder mit einer Ersatzfreiheitsstrafe bis zu einer Woche zu ahnden.

Verweisungen

§ 85. (1) Soweit in diesem Gesetz auf Landesgesetze verwiesen wird, sind sie in ihrer jeweils geltenden Fassung anzuwenden.

(2) Soweit in diesem Gesetz auf Bundesgesetze oder -verordnungen verwiesen und nicht anderes bestimmt wird, sind sie in der nachstehend angeführten Fassung anzuwenden:

a) Allgemeines Bürgerliches Gesetzbuch, JGS Nr. 946/1811, in der Fassung des Gesetzes BGBl. I Nr. 179/2013;
b) Allgemeines Sozialversicherungsgesetz, BGBl. Nr. 189/1955, in der Fassung des Gesetzes BGBl. I Nr. 187/2013;
c) Arbeitslosenversicherungsgesetz 1977, BGBl. Nr. 609/1977, in der Fassung des Gesetzes BGBl. I Nr. 139/2013;
d) Arbeitsvertragsrechts-Anpassungsgesetz, BGBl. Nr. 459/1993, in der Fassung des Gesetzes BGBl. I Nr. 138/2013;
e) Arbeitszeitgesetz, BGBl. Nr. 461/1969, in der Fassung des Gesetzes BGBl. I Nr. 71/2013;
f) Bundespflegegeldgesetz, BGBl. Nr. 110/1993, in der Fassung des Gesetzes BGBl. I Nr. 71/2013;
~~g) Datenschutzgesetz 2000, BGBl. I Nr. 165/1999, in der Fassung des Gesetzes BGBl. I Nr. 57/2013;~~

(LGBl Ktn 2018/71)

h) Einkommensteuergesetz 1988, BGBl. Nr. 400/1988, in der Fassung des Gesetzes BGBl. I Nr. 156/2013;
i) Exekutionsordnung, RGBl. Nr. 79/1896, in der Fassung des Gesetzes BGBl. I Nr. 33/2013;
j) Familienlastenausgleichsgesetz 1967, BGBl. Nr. 376/1967, in der Fassung des Gesetzes BGBl. I Nr. 163/2013;
k) Finanzausgleichsgesetz 2008, BGBl. I Nr. 103/2007, in der Fassung des Gesetzes BGBl. I Nr. 165/2013;
l) Grundversorgungsgesetz – Bund 2005, BGBl. Nr. 405/1991, in der Fassung des Gesetzes BGBl. I Nr. 68/2013;
m) Verordnung über die Durchführung der Krankenversicherung für die gemäß § 9 ASVG in die Krankenversicherung einbezogenen Personen, BGBl. Nr. 420/1969, in der Fassung der Verordnung BGBl. II Nr. 262/2010.

Umsetzung von Gemeinschaftsrecht

§ 86. Mit diesem Gesetz werden folgende Richtlinien umgesetzt:

a) Richtlinie 2003/109/EG des Rates vom 25. November 2003 betreffend die Rechtsstellung der langfristig aufenthaltsberechtigten Drittstaatsangehörigen, ABl Nr. L 016 vom 23. Jänner 2004, S 44;
b) Richtlinie 2004/38/EG des Europäischen Parlamentes und des Rates vom 29. April 2004 über das Recht der Unionsbürger und ihrer Familienangehörigen, sich im Hoheitsgebiet der Mitgliedstaaten frei zu bewegen und aufzuhalten, zur Änderung der Verordnung (EWG) Nr 1612/68 und zur Aufhebung der Richtlinien 64/221/EWG, 68/360/EWG, 72/194/EWG, 73/148/EWG, 75/34/EWG, 75/35/EWG, 90/364/EWG, 90/365/EWG und

93/96/EWG, in der Fassung der Berichtigung ABl Nr L 229 vom 29. Juni 2004, S 35;

c) Richtlinie 2004/81/EG des Rates vom 29. April 2004 über die Erteilung von Aufenthaltstiteln für Drittstaatsangehörige, die Opfer des Menschenhandels sind oder denen Beihilfe zur illegalen Einwanderung geleistet wurde und die mit den zuständigen Behörden kooperieren, ABl Nr L 261 vom 6. August 2004, S 19;

d) Richtlinie 2004/83/EG des Rates vom 29. April 2004 über Mindestnormen für die Anerkennung und den Status von Drittstaatsangehörigen oder Staatenlosen als Flüchtlinge oder als Personen, die anderweitig internationalen Schutz benötigen, und über den Inhalt des zu gewährenden Schutzes, ABl Nr L 304 vom 30. September 2004, S 12.

Übergangsbestimmungen

§ 87. (1) Dieses Gesetz tritt am 1. Juli 2007 in Kraft. Mit dem Inkrafttreten dieses Gesetzes tritt das Kärntner Sozialhilfegesetz 1996, LGBl Nr 30, zuletzt in der Fassung LGBl. Nr 44/2006, außer Kraft.

(2) Hilfe Suchenden, denen vor Inkrafttreten dieses Gesetzes nach dem Kärntner Sozialhilfegesetz 1996, LGBl Nr 30, Sozialhilfe gewährt wurde, sind diese Leistungen weiterhin zu gewähren, bis eine Neubemessung aufgrund dieses Gesetzes erfolgt ist. Ergibt sich aufgrund der Neubemessung, dass ein höherer Anspruch auf Geldleistung mit dem Inkrafttreten dieses Gesetzes gebührt hätte, so ist der Differenzbetrag nachzuzahlen. Eine Neubemessung aller Dauerleistungen, die mit Bescheid nach dem Kärntner Sozialhilfegesetz 1996, LGBl Nr 30, gewährt wurden, hat innerhalb von sechs Monaten nach Inkrafttreten dieses Gesetzes zu erfolgen.

(3) Die Sozial- und Gesundheitssprengel, die aufgrund des Kärntner Sozialhilfegesetzes 1996, LGBl Nr 30, gebildet wurden, gelten als Sozial- und Gesundheitssprengel im Sinne dieses Gesetzes. Die Organe der Sozial- und Gesundheitssprengel, die nach dem Sozialhilfegesetz 1996, LGBl Nr 30, gebildet wurden, gelten als Organe der Sozial- und Gesundheitssprengel nach diesem Gesetz.

(4) Der Sozialfonds, der nach dem Kärntner Sozialhilfegesetz 1996, LGBl Nr 30, eingerichtet wurde, gilt als Mindestsicherungsbeirat im Sinne dieses Gesetzes. Das Kuratorium des Sozialfonds, das nach dem Sozialhilfegesetz 1996, LGBl Nr 30, gebildet wurde, gilt als Mindestsicherungsbeirat nach diesem Gesetz.

(5) Die Sozialhilfeverbände, die aufgrund des Kärntner Sozialhilfegesetzes 1996, LGBl Nr 30, eingerichtet wurden, gelten als Sozialhilfeverbände im Sinne dieses Gesetzes. Die Organe der Sozialhilfeverbände, die nach dem Sozialhilfegesetz 1996, LGBl Nr 30, gebildet wurden, gelten als Organe der Sozialhilfeverbände nach diesem Gesetz.

(6) Verträge, die nach § 56 Abs. 4 und 5 Kärntner Sozialhilfegesetz 1996, LGBl Nr 30, abgeschlossen wurden, gelten als Verträge nach § 61 Abs. 5 und 7 dieses Gesetzes.

(7) Verordnungen aufgrund dieses Gesetzes dürfen bereits ab dem der Kundmachung folgenden Tag erlassen werden; sie dürfen jedoch frühestens gleichzeitig mit dem Inkrafttreten dieses Gesetzes in Kraft gesetzt werden.

(8) Das im Bedarfs- und Entwicklungsplan festgestellte Versorgungsdefizit (Anlage B Z 6 zur Vereinbarung über gemeinsame Maßnahmen des Bundes und der Länder für pflegebedürftige Personen, LGBl Nr 1/1994) ist in allen Bereichen möglichst gleichmäßig abzudecken; dies hat in der Weise zu erfolgen, dass bis zum Jahr 2010 das gesamte Defizit abgedeckt wird.

(9) Im § 62 Abs. 1 und Abs. 6 lit. b wird der Hundertsatz „55 vH“

a) für die Zeit vom 1. Juli 2007 bis zum 31. Dezember 2007 durch den Hundertsatz „58 vH“ und

b) für die Zeit vom 1. Jänner 2008 bis zum 31. Dezember 2008 durch den Hundertsatz „56 vH“ ersetzt.

(10) Der Mindeststandard nach § 12 Abs. 2 beträgt vom 1. Juli 2007 bis zum 31. Dezember 2007 480 Euro.

Artikel II
(LGBl Nr 84/2007)

(1) Art. I und Abs. 2 treten am 1. Oktober 2007 in Kraft. Wurde bereits ein Heizkostenzuschuss für die Heizperiode 2007/2008 nach dem Kärntner Mindestsicherungsgesetz, LGBl Nr 15/2007, in der Stammfassung, ausbezahlt, so gebührt dem Anspruchsberechtigten eine Nachzahlung über einen bestehenden Differenzbetrag.

(2) Die Grenzbeträge des § 34 Abs. 2 Kärntner Mindestsicherungsgesetz in der Fassung des Art. I dieses Gesetzes betragen für die Heizperiode 2007/2008

a) für die Gewährung des Heizkostenzuschusses in Höhe von 35 vH des nach § 12 Abs. 2 des Kärntner Mindestsicherungsgesetzes, LGBl Nr 15/2007, festgesetzten Betrages
   1. bei Alleinstehenden und Alleinerziehern 700,- Euro,
   2. bei Haushaltsgemeinschaften von zwei Personen 1040,- Euro,

b) für die Gewährung des Heizkostenzuschusses in Höhe von 20 vH des nach § 12 Abs. 2 des Kärntner Mindestsicherungsgesetzes, LGBl Nr 15/2007, festgesetzten Betrages
   1. bei Alleinstehenden und Alleinerziehern 1010,- Euro,
   2. bei Haushaltsgemeinschaften von zwei Personen 1392,- Euro. Für jede weitere im gemeinsamen Haushalt lebende Person erhöhen sich die Grenzbeträge nach

lit. a Z 2 und lit. b Z 2 jeweils um 96,- Euro.

Artikel IV
(LGBl Nr 8/2010)

(1) Art. II und III dieses Gesetzes treten an dem der Kundmachung im Landesgesetzblatt folgenden Monatsersten in Kraft.(1.3.2010)

(2) Verordnungen aufgrund dieses Gesetzes dürfen bereits ab dem der Kundmachung folgenden Tag erlassen werden; sie dürfen jedoch frühestens gleichzeitig mit dem Inkrafttreten dieses Gesetzes (Abs. 1) in Kraft gesetzt werden.

(3) Auf im Zeitpunkt des Inkrafttretens dieses Gesetzes (Abs. 1) anhängige Verfahren auf Zuerkennung von Mindestsicherung ist § 2 Abs. 3 lit. f des Kärntner Grundversorgungsgesetzes, LGBl. Nr. 43/2006 und § 4 Abs. 3 des Kärntner Mindestsicherungsgesetzes, LGBl. Nr. 15/2007, in der Fassung des Gesetzes LGBl. Nr. 52/2008, anzuwenden.

(4) Hilfe Suchende, die bis zum Inkrafttreten dieses Gesetzes nach dem 3. Abschnitt des Kärntner Mindestsicherungsgesetzes, LGBl. Nr. 15/2007, in der Fassung des Gesetzes LGBl. Nr. 52/2008, Dauerleistungen oder unmittelbar vor Inkrafttreten (Abs. 1) dieses Gesetzes mehr als drei unmittelbar aufeinanderfolgende Monate Einmalleistungen erhalten haben, sind diese Leistungen weiterzugewähren, bis eine Neubemessung der Leistungen im Hinblick auf Artikel III erfolgt. Eine Neubemessung aller Dauerleistungen sowie jener Einmalleistungen, die unmittelbar vor Inkrafttreten dieses Gesetzes mehr als drei unmittelbar aufeinanderfolgende Monate geleistet wurden, hat innerhalb eines Monats nach Inkrafttreten dieses Gesetzes (Abs. 1) zu erfolgen. Ergibt die Neubemessung, dass nach diesem Gesetz geringere oder keine Kostenbeiträge einzuheben sind, so ist der nicht diesem Gesetz entsprechend bemessene Anteil des Kostenbeitrages zurückzuzahlen. Führt die Neubemessung zu einer Minderung der bisher erhaltenen Leistungen oder zu einer sonstigen Schlechterstellung eines Hilfesuchenden oder von Personen, die ihm gesetzlich zur Unterstützung oder zum Unterhalt verpflichtet sind, darf die Neubemessung frühestens an dem dem Inkrafttreten des Gesetzes (Abs. 1) folgenden vierten Monatsersten in Geltung gesetzt werden.

(5) Im § 62 Abs. 1 und Abs. 6 lit. b des Kärntner Mindestsicherungsgesetzes, LGBl. Nr. 15/2007, in der Fassung des Artikel III, tritt ab Inkrafttreten des Art. III (Abs. 1) bis zum 31. Dezember 2010 an die Stelle des Hundertsatzes „50 vH" der Hundersatz „52 vH".

(6) Der Mindeststandard nach § 12 Abs. 2 des Kärntner Mindestsicherungsgesetzes, LGBl. Nr. 15/2007, in der Fassung des Artikels III, beträgt ab Inkrafttreten dieses Gesetzes für das Jahr 2010 632,50 Euro.

Artikel III
(LGBl Nr 97/2010)

(1) Dieses Gesetz tritt am 1. Jänner 2011 in Kraft.

(2) Verordnungen aufgrund dieses Gesetzes dürfen bereits ab dem der Kundmachung folgenden Tag erlassen werden; sie dürfen jedoch frühestens gleichzeitig mit dem Inkrafttreten dieses Gesetzes in Kraft gesetzt werden.

(3) Menschen mit Behinderung und Hilfe Suchenden, die bis zum Inkrafttreten dieses Gesetzes Dauerleistungen nach § 8 des Kärntner Chancengleichheitsgesetzes, LGBl. Nr. 8/2010, oder §§ 12 und 12a des Kärntner Mindestsicherungsgesetzes, LGBl. Nr. 15/2007, zuletzt geändert durch LGBl. Nr. 8/2010, erhalten haben, sind diese Leistungen weiterzugewähren, bis eine Neubemessung aufgrund Artikel I oder Artikel II erfolgt. Eine Neubemessung aller Dauerleistungen hat innerhalb von drei Monaten ab Inkrafttreten dieses Gesetzes zu erfolgen. Ergibt eine Neubemessung, dass einer Person ein höherer Mindeststandard als der tatsächlich ausbezahlte zu gewähren ist, ist der Differenzbetrag unverzüglich nachzuzahlen. Ergibt die Neubemessung, dass nach diesem Gesetz geringere oder keine Kostenbeiträge einzuheben sind, so ist der nicht diesem Gesetz entsprechend bemessene Anteil des Kostenbeitrages zurückzuzahlen. Führt die Neubemessung zu einer Minderung der bisher erhaltenen Leistungen oder zu einer sonstigen Schlechterstellung eines Hilfesuchenden oder von Personen, die ihm gesetzlich zur Unterstützung oder zum Unterhalt verpflichtet sind, darf die Neubemessung frühestens an dem dem Inkrafttreten des Gesetzes (Abs. 1) folgenden sechsten Monatsersten in Geltung gesetzt werden.

(4) Der Kostenersatz nach § 19 des Kärntner Chancengleichheitsgesetzes, LGBl. Nr. 8/2010, in der Fassung des Artikel I, oder §§ 47 oder 48 des Kärntner Mindestsicherungsgesetzes, LGBl. Nr. 15/2007, in der Fassung des Artikel II, darf, soweit er vor Inkrafttreten dieses Gesetzes nicht vorgesehen war, nur für ab Inkrafttreten des Gesetzes gewährte Leistungen verlangt werden.

(5) In die Frist von sechs Monaten gemäß § 6 Abs. 9 des Kärntner Chancengleichheitsgesetzes, LGBl. Nr. 8/2010, in der Fassung des Art. I, oder § 6 Abs. 8 des Kärntner Mindestsicherungsgesetzes, LGBl. Nr. 15/2007, in der Fassung des Art. II, sind nur jene Zeiträume einzurechnen, in denen Leistungen nach Inkrafttreten dieses Gesetzes gewährt wurden.

(6) Vereinbarungen gemäß § 46 Abs. 1 des Kärntner Chancengleichheitsgesetzes, LGBl. Nr. 8/2010, oder § 61 Abs. 7 des Kärntner Mindestsicherungsgesetzes, LGBl. Nr. 15/2007, zuletzt geändert durch LGBl. Nr. 8/2010, bleiben durch Art. I und II unberührt. Die Verordnungen gemäß § 46 Abs. 1a des Kärntner Chancengleichheitsgesetzes, LGBl. Nr. 8/2010, in der Fassung des Art. I, oder § 61 Abs. 8 des Kärntner Mindestsicherungsgesetzes, in der Fassung des Art. II, sind auf zum Zeitpunkt des Inkrafttretens dieses Geset-

zes geltende Vereinbarungen nicht anzuwenden, bis eine entsprechende Anpassung der Vereinbarung erfolgt.

(7) Eine im Zeitpunkt des Inkrafttretens dieses Gesetzes geltende Verordnung gemäß § 8 Abs. 2 des Kärntner Chancengleichheitsgesetzes, LGBl. Nr. 8/2010, gilt als Verordnung im Sinne des § 8 Abs. 2 des Kärntner Chancengleichheitsgesetzes, LGBl. Nr. 8/2010, in der Fassung des Art. I. Eine im Zeitpunkt des Inkrafttretens dieses Gesetzes geltende Verordnung gemäß § 12 Abs. 2 des Kärntner Mindestsicherungsgesetzes, LGBl. Nr. 15/2007, zuletzt geändert durch LGBl. Nr. 8/2010, gilt als Verordnung im Sinne des § 12 Abs. 2 des Kärntner Mindestsicherungsgesetzes, LGBl. Nr. 15/2007, in der Fassung des Art. II.

(8) Der Beirat gemäß § 34a Abs. 2 des Kärntner Mindestsicherungsgesetzes, LGBl. Nr. 15/2007, in der Fassung des Art. II, ist innerhalb von acht Wochen ab Inkrafttreten dieses Gesetzes für die Dauer der laufenden Gesetzgebungsperiode des Landtages zu bestellen.

Artikel IV
(LGBl Nr 16/2012)

(1) Dieses Gesetz tritt – soweit Abs. 2 nicht anderes bestimmt – am 1. März 2012 in Kraft.

(2) Art I Z 21, Art. II Z 29 und 31 sowie Art. III treten am 1. Jänner 2012 in Kraft.

(3) Verordnungen aufgrund dieses Gesetzes dürfen bereits ab dem der Kundmachung folgenden Tag erlassen werden; sie dürfen jedoch frühestens gleichzeitig mit dem Inkrafttreten dieses Gesetzes gemäß Abs. 1 in Kraft gesetzt werden.

(4) § 79 des Kärntner Mindestsicherungsgesetzes, LGBl. Nr. 15/2007, in der Fassung vor Inkrafttreten des Art. II Z 31, und § 45 des Kärntner Jugendwohlfahrtsgesetzes, LGBl. Nr. 139/1991, in der Fassung vor Inkrafttreten des Art. III Z 2, sind weiterhin auf bis zum Ablauf des 31. Dezember 2011 entstehende Kosten anzuwenden.

(5) Vorschüsse der Gemeinden gemäß § 47 Abs. 4 des Kärntner Chancengleichheitsgesetzes, LGBl. Nr. 8/2010, in der Fassung des Art. I, und § 61 Abs. 6 des Kärntner Mindestsicherungsgesetzes, LGBl. Nr. 15/2007, in der Fassung des Art. II, sind in den Monaten April bis Juni 2012 so festzusetzen, dass die Differenz zwischen dem in den Monaten Jänner und Feber tatsächlich geleisteten Vorschuss zu dem gemäß § 47 Abs. 2a des Kärntner Chancengleichheitsgesetzes, LGBl. Nr. 8/2010, in der Fassung des Art. I, und gemäß § 62 Abs. 2 des Kärntner Mindestsicherungsgesetzes, LGBl. Nr. 15/2007, in der Fassung des Art. II, zu leistenden Vorschuss ausgeglichen wird.

(6) Für Leistungen, die vor Inkrafttreten dieses Gesetzes gemäß Abs. 1 bezogen wurden, einschließlich des Kostenersatzes für diese Leistungen, gelten anstelle der Art. I oder II die Bestimmungen des Kärntner Chancengleichheitsgesetzes und des Kärntner Mindestsicherungsgesetzes, jeweils in der Fassung vor Inkrafttreten dieses Gesetzes gemäß Abs. 1.

(7) Dauerleistungen sowie innerhalb der letzten drei Monate vor Inkrafttreten dieses Gesetzes gemäß Abs. 1 jeden Monat gewährte Einmalleistungen nach dem Kärntner Chancengleichheitsgesetz und dem Kärntner Mindestsicherungsgesetz sind innerhalb von zwei Monaten nach Inkrafttreten dieses Gesetzes gemäß Abs. 1 neu zu bemessen, wenn durch Art. I oder II die Voraussetzungen für die Gewährung dieser Leistungen geändert werden. Die Verpflichtung zur Erlassung eines schriftlichen Bescheides über die Neubemessung besteht, wenn aus der Neubemessung eine Minderung oder Einstellung der bisher bezogenen Leistung oder sonstige Schlechterstellung des Menschen mit Behinderung oder des Hilfe Suchenden resultiert oder der Mensch mit Behinderung oder der Hilfe Suchende einen solchen innerhalb von zwei Monaten ab der schriftlichen Mitteilung über die Neubemessung ausdrücklich verlangt.

(8) Menschen mit Behinderung und Hilfe Suchende, die im Zeitpunkt des Inkrafttretens dieses Gesetzes gemäß Abs. 1 Dauerleistungen oder innerhalb der letzten drei Monate vor Inkrafttreten dieses Gesetzes gemäß Abs. 1 jeden Monat gewährte Einmalleistungen erhalten haben, sind diese Leistungen weiterzugewähren, bis eine Neubemessung der Leistung im Hinblick auf Art. I oder II erfolgt (Abs. 7). Führt die Neubemessung zu einer Minderung der Leistung oder zu einer sonstigen Schlechterstellung eines Menschen mit Behinderung oder Hilfe Suchenden oder entfällt aufgrund der Art. I oder II der Anspruch auf eine Leistung, tritt die Neubemessung oder die Einstellung am 1. Juli 2012 in Kraft. Wird die Neubemessung nicht innerhalb der Frist gemäß Abs. 7 mitgeteilt, ist die Neubemessung oder Einstellung erst ab dem der Mitteilung folgenden dritten Monatsersten in Geltung zu setzen.

(9) Abweichend von Abs. 8 zweiter Satz tritt § 12 Abs. 3 lit. b und c des Kärntner Mindestsicherungsgesetzes, LGBl. Nr. 15/2007, in der Fassung des Art. II, für Personen, die im Zeitpunkt des Inkrafttretens dieses Gesetzes gemäß Abs. 1 Dauerleistungen oder innerhalb der letzten drei Monate vor Inkrafttreten dieses Gesetzes gemäß Abs. 1 jeden Monat gewährte Einmalleistungen erhalten haben, am 1. Oktober 2012 in Kraft. Wird die Neubemessung nicht innerhalb der Frist gemäß Abs. 7 mitgeteilt, ist die Neubemessung oder Einstellung erst ab dem der Mitteilung folgenden sechsten Monatsersten in Geltung zu setzen.

(10) Wird eine einem Menschen mit Behinderung oder einem Hilfe Suchenden zum Unterhalt verpflichtete Person aufgrund der Änderungen der Art. I oder II für Leistungen, die in dieser Art im Zeitpunkt des Inkrafttretens dieses Gesetzes gemäß Abs. 1 bereits gewährt werden, zu einer Kostenbeteiligung (Kostenbeitrag oder Kostenersatz) verpflichtet, die vor Inkrafttreten dieses Gesetzes gemäß Abs. 1 nicht oder nicht in diesem Ausmaß vorgesehen war, entsteht die Verpflichtung zur Kostenbeteiligung bzw. die Verpflichtung zur Leistung des die bisherige Kostenbeteiligung über-

steigenden Ausmaßes erst für ab 1. Juli 2012 gewährte Leistungen.

(11) Verordnungen gemäß § 46 Abs. 1a des Kärntner Chancengleichheitsgesetzes, LGBl. Nr. 8/2010, in der Fassung des Art. I, oder § 61 Abs. 8 des Kärntner Mindestsicherungsgesetzes, LGBl. Nr. 15/2007, in der Fassung des Art. II, dürfen im Jahr 2012 auch für das laufende Jahr erlassen werden. Der Geltungszeitraum ist in der Verordnung zu nennen.

(12) Abweichend von § 61 Abs. 2 des Kärntner Mindestsicherungsgesetzes, LGBl. Nr. 15/2007, in der Fassung des Art. II, hat sich das Land zur Abwicklung der Unterbringung von Hilfe Suchenden gemäß § 11 des Kärntner Mindestsicherungsgesetzes, LGBl. Nr. 15/2007, in der jeweils geltenden Fassung, der Bezirkshauptmannschaften und Magistrate zu bedienen, wenn die Unterbringung vor dem 1. Februar 2010 erstmalig zuerkannt wurde. Diese Regelung tritt mit Ablauf des 31. Dezember 2019 außer Kraft.

(13) Abweichend von Art. I bis III gilt:

a) Von 1. Jänner 2012 bis 31. Dezember 2012 werden § 47 Abs. 2a 3. Satz des Kärntner Chancengleichheitsgesetzes, LGBl. Nr. 8/2010, in der Fassung des Art. I, § 62 Abs. 2 3. Satz des Kärntner Mindestsicherungsgesetzes, LGBl. Nr. 15/2007, in der Fassung des Art. II, sowie § 44 Abs. 3 3. Satz des Kärntner Jugendwohlfahrtsgesetzes, LGBl. Nr. 139/1999, in der Fassung des Art. III, jeweils durch folgende Sätze ersetzt: „20 % der Differenz zwischen dem Faktor eins und dem Finanzkraftfaktor einer Gemeinde sind bei einem Finanzkraftfaktor der Gemeinde unter eins vom Faktor eins abzuziehen oder bei einem Finanzkraftfaktor der Gemeinde über eins dem Faktor eins hinzuzurechnen. Die sich daraus ergebende Zahl ist in Folge mit der Volkszahl gemäß § 9 Abs. 9 des Finanzausgleichsgesetzes zu multiplizieren (gewichtete Volkszahl)."

b) Von 1. Jänner 2013 bis 31. Dezember 2013 werden § 47 Abs. 2a 3. Satz des Kärntner Chancengleichheitsgesetzes, LGBl. Nr. 8/2010, in der Fassung des Art. I, § 62 Abs. 2 3. Satz des Kärntner Mindestsicherungsgesetzes, LGBl. Nr. 15/2007, in der Fassung des Art. II, sowie § 44 Abs. 3 3. Satz des Kärntner Jugendwohlfahrtsgesetzes, LGBl. Nr. 139/1999, in der Fassung des Art. III, jeweils durch folgende Sätze ersetzt: „30 % der Differenz zwischen dem Faktor eins und dem Finanzkraftfaktor einer Gemeinde sind bei einem Finanzkraftfaktor der Gemeinde unter eins vom Faktor eins abzuziehen oder bei einem Finanzkraftfaktor der Gemeinde über eins dem Faktor eins hinzuzurechnen. Die sich daraus ergebende Zahl ist in Folge mit der Volkszahl gemäß § 9 Abs. 9 des Finanzausgleichsgesetzes zu multiplizieren (gewichtete Volkszahl)."

Artikel VI
(LGBl Nr 56/2013)

(1) Dieses Gesetz tritt rückwirkend am 1. Mai 2013 in Kraft.

(2) Verordnungen aufgrund dieses Gesetzes dürfen rückwirkend bis zum Inkrafttreten dieses Gesetzes in Kraft gesetzt werden.

(3) Für bis zum Zeitpunkt des Inkrafttretens dieses Gesetzes gewährte Leistungen gelten die Regelungen des Kärntner Chancengleichheitsgesetzes, LGBl. Nr. 8/2010, zuletzt in der Fassung des Gesetzes LGBl. Nr. 16/2012, sowie des Kärntner Mindestsicherungsgesetzes, LGBl. Nr. 15/2007, zuletzt in der Fassung des Landesgesetzes LGBl. Nr. 16/2012.

(4) Kostenbeteiligungen von unterhaltsverpflichteten Angehörigen, über die auf Grundlage des Kärntner Chancengleichheitsgesetzes, LGBl. Nr. 8/2010, zuletzt in der Fassung des Gesetzes LGBl. Nr. 16/2012, oder des Kärntner Mindestsicherungsgesetzes, LGBl. Nr. 15/2007, zuletzt in der Fassung des Landesgesetzes LGBl. Nr. 16/2012, mit Bescheid abgesprochen wurde, und die gemäß dem Kärntner Chancengleichheitsgesetz, LGBl. Nr. 8/2010, in der Fassung des Art. I, oder dem Kärntner Mindestsicherungsgesetz, LGBl. Nr. 15/2007, in der Fassung des Art. II, nicht weiter einzuheben sind, sind mit Bescheid rückwirkend für Leistungen ab 1. Mai 2013 einzustellen. Zu Unrecht bezahlte Beträge sind unverzüglich rückzuerstatten.

(5) Kostenbeteiligungen von unterhaltsverpflichteten Angehörigen, über die auf Grundlage des Kärntner Chancengleichheitsgesetzes, LGBl. Nr. 8/2010, zuletzt in der Fassung des Gesetzes LGBl. Nr. 16/2012, oder des Kärntner Mindestsicherungsgesetzes, LGBl. Nr. 15/2007, zuletzt in der Fassung des Landesgesetzes LGBl. Nr. 16/2012, vorgeschrieben wurden, und die gemäß dem Kärntner Chancengleichheitsgesetz, LGBl. Nr. 8/2010, in der Fassung des Art. I, oder dem Kärntner Mindestsicherungsgesetz, LGBl. Nr. 15/2007, in der Fassung des Art. II, nicht weiter einzuheben sind, sind rückwirkend für Leistungen ab 1. Mai 2013 einzustellen. Zu Unrecht bezahlte Beträge sind unverzüglich rückzuerstatten.

Artikel VII
(LGBl Nr 14/2015)

(1) Dieses Gesetz tritt am 28. Februar 2015 in Kraft.

(2) Die Amtsperiode der im Zeitpunkt des Inkrafttreten dieses Gesetzes (Abs. 1) bestehenden Organe der Sozialhilfeverbände und der Schulgemeindeverbände enden beim jeweiligen Verbandsrat mit dem Zusammentritt des neuen Verbandsrates, bei den übrigen Organen jeweils mit der Bestellung oder Wahl der neuen Organe.

(3) Die neu gebildeten Verbandsräte der Sozialhilfeverbände und der Schulgemeindeverbände haben die Geschäftsordnungen der Sozialhilfeverbände und der Schulgemeindeverbände ehestmöglich, längstens jedoch binnen fünf Monaten nach

Inkrafttreten dieses Gesetzes (Abs. 1), an die Bestimmungen dieses Gesetzes anzupassen.

Artikel XVI
(LGBl Nr 10/2018)

Die Artikel I bis XV treten mit Beginn der XXXII. Gesetzgebungsperiode des Landtages in Kraft.

Kärntner Mindeststandard-Verordnung 2019

Kärntner Mindeststandard-Verordnung 2019, LGBl Ktn 2018/89

Verordnung der Landesregierung vom 18. Dezember 2018, Zl. 04-SOMI-30/38-2018, mit welcher die Mindeststandards nach dem Kärntner Chancengleichheitsgesetz und dem Kärntner Mindestsicherungsgesetz festgesetzt werden (Kärntner Mindeststandard-Verordnung 2019 – K-MSV 2019)

(LGBl Ktn 2018/89)

Aufgrund des § 8 Abs. 2 des Kärntner Chancengleichheitsgesetzes, LGBl. Nr. 8/2010, zuletzt in der Fassung des Gesetzes LGBl. Nr. 85/2013, sowie des § 12 Abs. 2 des Kärntner Mindestsicherungsgesetzes, LGBl. Nr. 15/2007, zuletzt in der Fassung des Gesetzes LGBl. Nr. 10/2018, wird verordnet:

Mindeststandard

§ 1. Der Mindeststandard für die Deckung der regelmäßig gegebenen Bedürfnisse wird für Personen, die nicht in Haushaltsgemeinschaft leben (Alleinstehende), mit 885,47 Euro festgesetzt.

Inkrafttreten

§ 2. (1) Diese Verordnung tritt am 1. Jänner 2019 in Kraft.

(2) Mit Inkrafttreten dieser Verordnung tritt die Verordnung der Kärntner Landesregierung vom 25. September 2018, Zl. 04-SOMI-30/28-2017, mit welcher die Mindeststandards nach dem Kärntner Chancengleichheitsgesetz und dem Kärntner Mindestsicherungsgesetz festgesetzt werden (Kärntner Mindeststandard-Verordnung 2018 – K-MSV 2018), LGBl. Nr. 52/2018, außer Kraft.

NÖ Mindestsicherungsgesetz

NÖ Mindestsicherungsgesetz, LGBl NÖ 2010/59 idF

1	LGBl NÖ 2011/92	2	LGBl NÖ 2013/113	3	LGBl NÖ 2014/21
4	LGBl NÖ 2015/71	5	LGBl NÖ 2015/96	6	LGBl NÖ 2016/24
7	LGBl NÖ 2016/103	8	LGBl NÖ 2017/63	9	LGBl NÖ 2018/12
10	LGBl NÖ 2018/19 (VfGH)	11	LGBl NÖ 2018/23		

GLIEDERUNG

NÖ Mindestsicherungsgesetz (NÖ MSG)

(LGBl NÖ 2010/59)

Der Landtag von Niederösterreich hat am 17. Mai 2018 beschlossen:

1. Abschnitt
Allgemeine Bestimmungen

Ziele

§ 1. (1) Ziel der Bedarfsorientierten Mindestsicherung ist die Vermeidung und Bekämpfung von Armut und sozialer Ausschließung oder von anderen sozialen Notlagen bei hilfsbedürftigen Personen.

(2) Die Bedarfsorientierte Mindestsicherung soll hilfsbedürftigen Personen, solange als sie dazu Hilfe benötigen, ein menschenwürdiges Leben ermöglichen.

(3) Durch die Bedarfsorientierte Mindestsicherung sollen

- soziale Notlagen nach Möglichkeit vermieden werden,
- Personen weitest möglich befähigt werden, soziale Notlagen aus eigener Kraft abzuwenden und dauerhaft zu überwinden und
- der notwendige Bedarf von Personen, die sich in sozialen Notlagen befinden, gedeckt werden.

Leistungsgrundsätze

§ 2. (1) Bedarfsorientierte Mindestsicherung ist Hilfe suchenden Personen nur soweit zu gewähren, als Bereitschaft zum Einsatz der eigenen Arbeitskraft besteht, die Hilfe suchende Person darüber hinaus bereit ist alle zumutbaren Maßnahmen zu ergreifen, die geeignet sind die Notlage zu verbessern oder zu beenden und der jeweilige Bedarf nicht durch eigene Mittel oder durch Leistungen Dritter tatsächlich gedeckt wird (Subsidiaritätsprinzip).

(2) Bedarfsorientierte Mindestsicherung ist nicht nur zur Beseitigung einer bestehenden sozialen Notlage sondern auch vorbeugend zu gewähren, um dadurch einer drohenden sozialen Notlage entgegenzuwirken (Präventionsprinzip). Sie ist auch nach Überwindung einer sozialen Notlage zu leisten, wenn dies notwendig ist, um die Wirksamkeit der Leistung zu sichern oder um Rückschläge zu vermeiden (Nachsorgeprinzip).

(3) Die Stellung der Hilfe suchenden Person innerhalb ihrer Familie und ihres sonstigen unmittelbaren sozialen Umfeldes ist nach Möglichkeit zu erhalten und zu festigen (Integrationsprinzip).

(4) Art und Umfang der Leistung Bedarfsorientierter Mindestsicherung sind so zu wählen, dass

1. unter Berücksichtigung der Eigenart und Ursache der sozialen Notlage und
2. unter Berücksichtigung der persönlichen Verhältnisse der Hilfe suchenden Person, insbesondere des körperlichen, geistigen und psychischen Zustandes sowie der Fähigkeiten, Beeinträchtigungen und das Ausmaß ihrer sozialen Integration sowie
3. bei zweckmäßigem, wirtschaftlichem und sparsamem Aufwand die Hilfe suchende Person, so weit es möglich ist, zur Selbsthilfe befähigt wird (Hilfe zur Selbsthilfe).

(5) Auf Leistungen der Bedarfsorientierten Mindestsicherung des Landes besteht ein Rechtsanspruch, soweit dieses Gesetz nicht anderes bestimmt.

Rahmenbedingungen

§ 3. (1) Die mit der Durchführung von Aufgaben nach diesem Gesetz betrauten Personen müssen dafür persönlich und fachlich geeignet sein. Das Land sowie die im Sozialbereich tätigen Träger haben für die notwendige Fortbildung ihres Fachpersonals zu sorgen und erforderlichenfalls Supervision zu ermöglichen.

(2) Das Land hat die allgemeinen Maßnahmen zu planen, die zur Erreichung der Ziele der Bedarfsorientierten Mindestsicherung erforderlich sind (Sozialplanung). Dabei sind insbesondere die Ergebnisse der Forschung in den Fachbereichen, welche die Bedarfsorientierte Mindestsicherung berühren, zu berücksichtigen.

Begriffsbestimmungen und Verweisungen

§ 4. (1) Im Sinne dieses Gesetzes

1. ist hilfsbedürftig, wer seinen Lebensunterhalt, Wohnbedarf oder den bei Krankheit, Schwangerschaft und Entbindung auftretenden Bedarf nach §§ 10 bis 12 für sich und für die mit ihm oder ihr im gemeinsamen Haushalt lebenden, ihm oder ihr gegenüber unterhaltsberechtigten oder mit ihm oder ihr in Lebensgemeinschaft lebenden Personen nicht oder nicht ausreichend aus eigenen Kräften und Mitteln decken kann und diesen auch nicht von anderen Personen oder Einrichtungen erhält;
2. sind Drittstaatsangehörige jene Personen, die nicht Staatsangehörige eines Vertragsstaates des Europäischen Wirtschaftsraumes oder der Schweiz sind;
3. sind Alleinstehende jene Personen, die mit anderen Personen nicht in Haushalts- oder Wohngemeinschaft leben;
4. sind Alleinerziehende jene Personen, die nur mit ihnen gegenüber unterhaltsberechtigten minderjährigen Kindern in Haushalts- oder Wohngemeinschaft leben.

(2) Dieses Gesetz verweist auf die nachfolgenden Rechtsvorschriften, die in der angeführten Fassung anzuwenden sind:

1. Allgemeines Bürgerliches Gesetzbuch – ABGB, JGS Nr. 946/1811, in der Fassung BGBl. I Nr. 179/2013,
2. Arbeitslosenversicherungsgesetz 1977 – AlVG, BGBl.Nr. 609/1977 in der Fassung BGBl. I Nr. 139/2013,

3. Arbeitsmarktförderungsgesetz – AMFG, BGBl. Nr. 31/1969 in der Fassung BGBl. I Nr. 71/2013,
4. Allgemeines Sozialversicherungsgesetz – ASVG, BGBl.Nr. 189/1955 in der Fassung BGBl. I Nr. 187/2013,
5. Asylgesetz 2005 – AsylG 2005, BGBl. I Nr. 100/2005 in der Fassung BGBl. I Nr. 144/2013,
6. Arbeitsvertragsrechts-Anpassungsgesetz – AVRAG, BGBl.Nr. 459/1993 in der Fassung BGBl. I Nr. 138/2013,
7. Bundespflegegeldgesetz – BPGG, BGBl. Nr. 110/1993, in der Fassung BGBl. I Nr. 138/2013,
8. (entfallen)
9. Fremdenpolizeigesetz 2005 – FPG, BGBl. I Nr. 100/2005 in der Fassung BGBl. I Nr. 144/2013,
10. Niederlassungs- und Aufenthaltsgesetz – NAG, BGBl. I Nr. 100/2005, in der Fassung BGBl. I Nr. 144/2013,
11. Einkommensteuergesetz 1988 – EStG 1988, BGBl.Nr. 400/1988 in der Fassung BGBl. I Nr. 156/2013,
12. Familienlastenausgleichsgesetz 1967, BGBl. Nr. 376/1967 in der Fassung BGBl. I Nr. 163/2013,
13. Integrationsgesetz – IntG, BGBl. I Nr. 68/2017, in der Fassung BGBl. I Nr. 68/2017,
14. Heimopferrentengesetz – HOG, BGBl. I Nr. 69/2017 in der Fassung BGBl. I Nr. 69/2017.

2. Abschnitt
Voraussetzungen für die Leistungen der Bedarfsorientierten Mindestsicherung

Anspruchsberechtigte Personen

§ 5. (1) Anspruch auf Leistungen der Bedarfsorientierten Mindestsicherung haben nach Maßgabe dieses Abschnittes Personen, die

1. hilfsbedürftig sind,
2. ihren Hauptwohnsitz oder mangels eines solchen ihren Aufenthalt in Niederösterreich haben und
3. zu einem dauernden Aufenthalt im Inland berechtigt sind.

(2) Zum Personenkreis nach Abs. 1 Z 3 gehören jedenfalls:

1. österreichische Staatsbürger und Staatsbürgerinnen sowie deren Familienangehörige, die über einen Aufenthaltstitel „Familienangehöriger“ gemäß § 47 Abs. 2 NAG verfügen;
2. Staatsangehörige eines anderen Vertragsstaates des Europäischen Wirtschaftsraumes oder der Schweiz sowie deren Familienangehörige im Sinne der Richtlinie 2004/38/EG, jeweils soweit sie durch den Bezug dieser Leistungen nicht ihr Aufenthaltsrecht verlieren würden oder die Einreise nicht zum Zweck des Bezuges von Leistungen der Bedarfsorientierten Mindestsicherung erfolgt ist;
3. Asylberechtigte gemäß § 3 AsylG 2005;
4. Drittstaatsangehörige mit einem Aufenthaltstitel
   a) „Daueraufenthalt-EU“ gemäß § 45 NAG oder
   b) „Daueraufenthalt-EU“ eines anderen Mitgliedstaates und einem Aufenthaltstitel gemäß § 49 NAG.

(3) Keinen Anspruch auf Leistungen der Bedarfsorientierten Mindestsicherung des Landes haben insbesondere:

1. Personen nach Abs. 2 Z 2 während der ersten drei Monate ihres Aufenthaltes im Inland und auch danach, wenn ihnen keine Arbeitnehmer- oder Selbständigeneigenschaft zukommt;
2. Personen während ihres sichtvermerksfreien oder sichtvermerkspflichtigen Aufenthaltes im Inland, soweit nicht Z 1 anwendbar ist;
3. Asylwerber gemäß § 13 AsylG 2005;
4. Subsidiär Schutzberechtigte gemäß § 8 AsylG 2005.

(4) Bedarfsorientierte Mindestsicherung kann auf Grundlage des Privatrechts auch an andere als die in Abs. 2 genannte Personen, die sich für einen Zeitraum von mehr als drei Monaten rechtmäßig in Niederösterreich aufhalten, geleistet werden, wenn dies auf Grund der persönlichen, familiären oder wirtschaftlichen Verhältnisse zur Vermeidung einer sozialen Härte geboten ist und eine vergleichbare Leistung nicht auf Grund einer anderen Rechtsgrundlage geltend gemacht werden kann.

Einsatz der eigenen Mittel

§ 6. (1) Die Bemessung von Leistungen der Bedarfsorientierten Mindestsicherung nach dem 3. Abschnitt hat unter Berücksichtigung des Einkommens und des verwertbaren Vermögens der Hilfe suchenden Person zu erfolgen.

(2) Als Einkommen gelten alle Einkünfte, die der Hilfe suchenden Person tatsächlich zufließen.

(2a) Vom Einkommen haben jedenfalls unberücksichtigt zu bleiben:

1. Leistungen nach dem Familienlastenausgleichsgesetz 1967, mit Ausnahme von Zuwendungen aus dem Familienhospizkarenz-Härteausgleich;
2. Kinderabsetzbeträge nach dem EStG 1988;
3. Einkünfte oder Anerkennungsbeträge, die der Hilfe suchenden Person im Rahmen einer Maßnahme zur Heranführung an den Arbeitsprozess durch eine regionale Geschäftsstelle des Arbeitsmarktservices oder einen vom Arbeitsmarktservice beauftragten Dienstleister als Leistungsanreiz zufließen, jedoch nur bis zu einem Betrag in Höhe von 20 % des Mindeststandards gemäß § 11 Abs. 1 Z 1;

4. Einkünfte oder Anerkennungsbeträge aus Tätigkeiten von Menschen mit besonderen Bedürfnissen im Sinne des § 24 NÖ Sozialhilfegesetz 2000, LGBl. 9200, im Rahmen einer stationären oder teilstationären Betreuung, jedoch nur bis zu einem Betrag in Höhe von 20 % des Mindeststandards gemäß § 11 Abs. 1 Z 1;
5. Renten nach dem Heimopferrentengesetz.

(2b) Im Falle der Gewährung eines Wiedereinsteigerbonus (§ 13a) darf dieser bei der Bemessung der Leistungen der Bedarfsorientierten Mindestsicherung nicht berücksichtigt werden.

(3) Die Verwertung von Vermögen darf nicht verlangt werden, wenn dadurch eine soziale Notlage erst ausgelöst, verschärft oder vorläufig verschlimmert würde. Dies ist jedenfalls anzunehmen bei Gegenständen, die zur persönlichen Berufsausübung oder zur Fortsetzung (Aufnahme) einer Erwerbstätigkeit oder zur Vermeidung, Bewältigung oder Überwindung einer Notlage dienen.

(4) Von der Verwertung von unbeweglichem Vermögen ist solange abzusehen, als dieses der Deckung des notwendigen Wohnbedarfes der Hilfe suchenden Person und der ihr gegenüber gesetzlich unterhaltsberechtigten oder in Lebensgemeinschaft lebenden Personen dient. Werden Leistungen nach diesem Gesetz oder wurden Leistungen nach § 9 NÖ Sozialhilfegesetz, LGBl. 9200–7, länger als sechs unmittelbar aufeinander folgende Monate bezogen, kann allerdings eine grundbücherliche Sicherstellung der Ersatzforderung vorgenommen werden.

(5) Bei der Bemessung der Frist nach Abs. 4 sind auch frühere ununterbrochene Zeiten des Bezuges von Leistungen von jeweils mindestens zwei Monaten zu berücksichtigen, wenn sie nicht länger als zwei Jahre vor dem neuerlichen Bezugsbeginn liegen.

(6) Die Landesregierung hat durch Verordnung nähere Vorschriften über den Einsatz der eigenen Mittel zu erlassen, insbesondere inwieweit Einkommen und Vermögenswerte der hilfsbedürftigen Person und seiner unterhaltspflichtigen Angehörigen zu berücksichtigen sind oder anrechenfrei zu bleiben haben.

Einsatz der Arbeitskraft

§ 7. (1) Arbeitsfähige Personen, die zur Aufnahme und Ausübung einer Beschäftigung berechtigt sind, müssen bereit sein, ihre Arbeitskraft für eine zumutbare Beschäftigung einzusetzen. Dabei ist hinsichtlich der Arbeitsfähigkeit sowie der Zumutbarkeit einer Beschäftigung grundsätzlich von denselben Kriterien wie bei der Notstandshilfe (bzw. bei Bezug von Arbeitslosengeld von den bei diesem vorgesehenen Kriterien) auszugehen.

(2) Eine Hilfe suchende Person ist arbeitsfähig, wenn sie nicht invalid beziehungsweise nicht berufsunfähig im Sinne der für sie in Betracht kommenden Vorschriften der §§ 255, 273 beziehungsweise 280 ASVG ist. Die Hilfe suchende Person ist, wenn sich Zweifel über die Arbeitsfähigkeit ergeben, verpflichtet, sich auf Anordnung der Behörde ärztlich untersuchen zu lassen.

(3) Bereit zum Einsatz der Arbeitskraft ist, wer bereit ist,

1. eine durch die regionale Geschäftsstelle des Arbeitsmarktservices oder einen vom Arbeitsmarktservice beauftragten, die Arbeitsvermittlung im Einklang mit den Vorschriften der §§ 2 bis 7 AMFG durchführenden Dienstleister vermittelte zumutbare Beschäftigung in einem Arbeitsverhältnis als Dienstnehmer im Sinn des § 4 Abs. 2 ASVG anzunehmen,
2. sich zum Zwecke beruflicher Ausbildung nach- oder umschulen zu lassen,
3. an einer Maßnahme zur Wiedereingliederung in den Arbeitsmarkt teilzunehmen,
4. von einer sonst sich bietenden Arbeitsmöglichkeit Gebrauch zu machen und
5. von sich aus alle gebotenen Anstrengungen zur Erlangung einer Beschäftigung zu unternehmen, soweit dies entsprechend den persönlichen Fähigkeiten zumutbar ist.

(4) Als nicht bereit ihre Arbeitskraft in zumutbarer Weise einzusetzen gelten jedenfalls Personen,

1. deren Dienstverhältnis in Folge eigenen Verschuldens beendet worden ist oder die ihr Dienstverhältnis freiwillig gelöst haben jeweils für die ersten vier Wochen nach Beendigung des Dienstverhältnisses,
2. deren Anspruch auf Leistungen des Arbeitsmarktservice insbesondere nach § 10 AlVG gekürzt oder (vorübergehend) eingestellt wurde, für die Dauer der durch das AMS verfügten Kürzung oder Einstellung.

(5) Eine Beschäftigung ist zumutbar, wenn sie den körperlichen Fähigkeiten der Hilfe suchenden Person angemessen ist, ihre Gesundheit und Sittlichkeit nicht gefährdet, angemessen entlohnt ist, in einem nicht von Streik oder Aussperrung betroffenen Betrieb erfolgen soll, in angemessener Zeit erreichbar ist oder eine entsprechende Unterkunft am Arbeitsort zur Verfügung steht sowie gesetzliche Betreuungsverpflichtungen eingehalten werden können. Als angemessene Entlohnung gilt grundsätzlich eine zumindest den jeweils anzuwendenden Normen der kollektiven Rechtsgestaltung entsprechende Entlohnung. Die zumutbare tägliche Wegzeit für Hin- und Rückweg beträgt jedenfalls eineinhalb Stunden und bei einer Vollzeitbeschäftigung jedenfalls zwei Stunden. Wesentlich darüber liegende Wegzeiten sind nur unter besonderen Umständen, insbesondere wenn am Wohnort lebende Personen üblicher Weise eine längere Wegzeit zum Arbeitsplatz zurückzulegen haben oder besonders günstige Arbeitsbedingungen geboten werden, zumutbar.

(6) Bei der Beurteilung der Abs. 1 bis 5 ist auf die persönliche und familiäre Situation der Hilfe suchenden Person Rücksicht zu nehmen. Der Ein-

satz der Arbeitskraft darf insbesondere nicht verlangt werden bei Personen, die

1. das Regelpensionsalter nach dem ASVG erreicht haben;
2. Betreuungspflichten gegenüber Kindern haben, welche das dritte Lebensjahr noch nicht vollendet haben, und keiner Beschäftigung nachgehen können, weil keine geeigneten Betreuungsmöglichkeiten zur Verfügung stehen;
3. pflegebedürftige Angehörige (§ 123 ASVG), welche ein Pflegegeld mindestens der Stufe 3 beziehen, überwiegend betreuen;
4. Sterbebegleitung oder Begleitung von schwersterkrankten Kindern (§§ 14a und 14b AVRAG) oder Pflege eines nahen Angehörigen (§§ 14c und 14d AVRAG) leisten;
5. in einer zielstrebig verfolgten Erwerbs- oder Schulausbildung stehen,
   a) die bereits vor Vollendung des 18. Lebensjahres begonnen wurde, oder
   b) die bereits vor Vollendung des 25. Lebensjahres begonnen wurde und den Pflichtschulabschluss zum Ziel hat, oder
   c) den erstmaligen Abschluss einer Lehre (auch in Form einer Facharbeiter-Intensivausbildung) zum Ziel hat und dadurch die (Wieder-)Eingliederung in das Erwerbsleben erleichtert werden kann;
6. eine Invaliditäts-, Berufsunfähigkeits- oder Erwerbsunfähigkeitspension nach sozialversicherungsrechtlichen Vorschriften beziehen.

(7) Hilfe suchenden Personen, die nach Gewährung einer Leistung ihre Arbeitskraft nicht in zumutbarer Weise einsetzen, sind die Leistungen der Bedarfsorientierten Mindestsicherung um 50% zu kürzen. Die Kürzung erfolgt jedenfalls auf die Dauer von vier Wochen. Soweit das Arbeitsmarktservice eine Maßnahme nach § 10 AlVG verhängt hat, ist die Kürzung für den Zeitraum zu verfügen, der der Gesamtdauer der Maßnahme des Arbeitsmarktservice entspricht. Eine weitergehende Kürzung oder gänzliche Einstellung von Leistungen ist ausnahmsweise und in besonderen Fällen, insbesondere bei wiederholter Verweigerung des Einsatzes der Arbeitskraft zulässig.

(8) Durch Kürzungen oder Einstellungen von Leistungen der Bedarfsorientieren Mindestsicherung wegen mangelndem Einsatz der eigenen Arbeitskraft nach Abs. 7 darf der Wohnbedarf der Hilfe suchenden Person sowie der Lebensunterhalt und der Wohnbedarf der im gemeinsamen Haushalt lebenden, der Hilfe suchenden Person gegenüber unterhaltsberechtigten oder mit ihr in Lebensgemeinschaft lebenden Personen nicht beeinträchtigt werden.

(9) Unabhängig von einer Kürzung oder Einstellung von Leistungen der Bedarfsorientierten Mindestsicherung sind bei Personen, deren Anspruch auf Leistungen des Arbeitsmarktservice, insbesondere nach § 10 AlVG, vorübergehend eingestellt oder sonst gekürzt oder eingestellt wurde und bei denen auch keine Umstände nach Abs. 6 vorliegen, die Leistungen der Bedarfsorientierten Mindestsicherung für die Dauer der Einstellung oder der Kürzung der Leistungen des Arbeitsmarktservice nur in jenem Ausmaß zu erbringen, das ohne die Einstellung oder die Kürzung gebühren würde.

Vermittelbarkeit am Arbeitsmarkt

§ 7a. (1) Unbeschadet des § 7 müssen Hilfe suchende Personen alle Maßnahmen ergreifen, die geeignet sind, die Vermittelbarkeit (z.B. Deutschkurse) am Arbeitsmarkt, die Arbeitsfähigkeit oder die soziale Stabilisierung zu verbessern.

(2) Als Maßnahmen im Sinne des Abs. 1 können den Hilfe suchenden Personen befristete gemeinnützige Hilfstätigkeiten vom Land oder den Gemeinden angeboten werden, sofern nicht zeitgleich das Arbeitsmarktservice Maßnahmen angeordnet hat oder anordnet.

(3) Kommt die Hilfe suchende Person nach Gewährung einer Leistung ihrer Verpflichtung nach Abs. 1 nicht nach oder lehnt sie wiederholt eine zumutbare angebotene gemeinnützige Hilfstätigkeit nach Abs. 2 ab oder beendet sie diese wiederholt grundlos vorzeitig, ist nach § 7 Abs. 7 und 8 vorzugehen.

Maßnahmen zur Integration

§ 7b. (1) Hilfe suchende Personen ab dem vollendeten 15. Lebensjahr, die sich innerhalb der letzten sechs Jahre weniger als fünf Jahre in Österreich aufgehalten haben, haben mögliche und zumutbare Maßnahmen zur besseren Integration zu ergreifen, welche mittels Auflage vorzuschreiben sind. Von dieser Verpflichtung sind jene Personen ausgenommen, die zur Unterzeichnung der Integrationserklärung und Erfüllung von Integrationsmaßnahmen nach dem Integrationsgesetz verpflichtet sind.

(2) Maßnahmen zur besseren Integration im Sinne des Abs. 1 sind:

1. der erfolgreiche Besuch eines zumindest achtstündigen Werte- und Orientierungskurses,
2. der Erwerb von Kenntnissen der Deutschen Sprache bis inklusive der Niveaustufe A2 nach dem Gemeinsamen Europäischen Referenzrahmen für Sprachen.

(3) Die Behörde kann Hilfe suchenden Personen, die Österreich nachweislich zu Ausbildungszwecken oder aus beruflichen Gründen verlassen haben, die Verpflichtung nach Abs. 1 erlassen.

Integrationserklärung

§ 7c. (1) Alle Personen nach § 7b Abs. 1 haben sich im Rahmen einer Integrationserklärung (Anlage A) zur Umsetzung der Maßnahmen nach § 7b zu verpflichten.

(2) Die Integrationserklärung ist bei Antragstellung oder im Rahmen des Ermittlungsverfahrens

zur Gewährung der Leistung vor der Behörde von jeder Person nach Abs. 1 persönlich zu unterschreiben. Eine Vertretung ist, mit Ausnahme der Unterschrift durch gesetzliche Vertreter, nicht zulässig.

(3) Die Hilfe suchende Person ist nachweislich, erforderlichenfalls unter Beiziehung eines Dolmetschers, über den Inhalt der Integrationserklärung zu belehren. Der Hilfe suchenden Person ist eine Kopie der unterschriebenen Integrationserklärung auszufolgen.

Erfüllung der Integrationserklärung

§ 7d. (1) Die Erfüllung der Maßnahmen nach § 7b ist mittels entsprechender Zeugnisse, Zertifikate oder Bestätigungen nachzuweisen.

(2) Für den Nachweis der erfolgreichen Teilnahme an einem Werte- und Orientierungskurs hat die Behörde eine Frist von sechs Monaten zu setzen.

(3) Für den Nachweis von Deutschkenntnissen im Umfang des Sprachniveaus A0, A1 bzw. A2 nach dem Gemeinsamen Europäischen Referenzrahmen für Sprachen hat die Behörde eine Frist von jeweils sechs Monaten zu setzen.

(4) Ist der Hilfe suchenden Person die Erfüllung der Maßnahmen nach § 7b nachweislich nicht möglich oder zumutbar, kann die Behörde auf Antrag die im Bescheid gesetzte Frist erstrecken oder von der Erfüllung der Auflage endgültig absehen.

(5) Kommt die Hilfe suchende Person den angeordneten Verpflichtungen nach § 7b nicht innerhalb der von der Behörde gesetzten Frist nach, sind die Leistungen der Bedarfsorientierten Mindestsicherung – Integration um 50% zu kürzen und hat die Behörde eine Nachfrist für die Erfüllung dieser Verpflichtungen zu setzen. Mit dem auf den Nachweis der Erfüllung der Auflage folgenden Monat ist die Kürzung aufzuheben. Eine weitergehende Kürzung oder gänzliche Einstellung von Leistungen ist bei wiederholter Pflichtverletzung zulässig.

(6) § 7 Abs. 8 gilt sinngemäß.

(7) Bei Verstößen gegen die Pflichten nach § 6 Abs. 1 Integrationsgesetz sind die Abs. 5 und 6 anzuwenden.

Berücksichtigung von Leistungen Dritter

§ 8. (1) Leistungen der Bedarfsorientierten Mindestsicherung sind nur soweit zu erbringen, als der jeweilige Bedarf nicht durch Geld- oder Sachleistungen Dritter gedeckt ist.

(2) Das Einkommen eines mit der Hilfe suchenden Person im gemeinsamen Haushalt lebenden Ehegatten bzw. einer Ehegattin, eines eingetragenen Partners bzw. einer eingetragenen Partnerin oder einer sonst unterhaltsverpflichteten Person sowie eines Lebensgefährten bzw. einer Lebensgefährtin ist bei der Bemessung der Mindestsicherung insoweit zu berücksichtigen, als es den für diese Personen nach § 11 Abs. 1 maßgebenden Mindeststandard übersteigt.

(2a) Im Falle der Gewährung eines Wiedereinsteigerbonus (§ 13a) findet für diesen Abs. 2 keine Anwendung.

(3) Kann die Hilfe suchende Person glaubhaft machen, von den in Abs. 2 genannten Personen keine Leistungen oder nur in einem geringeren Ausmaß zu erhalten und kommt auch eine Rechtsverfolgung nach Abs. 5 nicht in Betracht, ist ihr der entsprechende Mindeststandard für eine volljährige Person in Haushaltsgemeinschaft (§ 11 Abs. 1) bzw. der entsprechende Differenzbetrag auf diesen Mindeststandard zu gewähren.

(4) Das Einkommen eines unterhaltsverpflichteten Kindes ist nicht zu berücksichtigen.

(5) Eine Hilfe suchende Person hat Ansprüche gegen Dritte, bei deren Erfüllung Leistungen der Bedarfsorientierten Mindestsicherung nicht oder nicht in diesem Ausmaß zu leisten wären, zu verfolgen, soweit dies nicht offenbar aussichtslos oder unzumutbar ist. Solange sie alle gebotenen Handlungen zur Durchsetzung solcher Ansprüche unternimmt, dürfen ihr die zur unmittelbaren Bedarfsdeckung erforderlichen Leistungen nicht verwehrt, gekürzt oder entzogen werden.

3. Abschnitt
Leistungen der Bedarfsorientierten Mindestsicherung

Allgemeines

§ 9. (1) Die Bedarfsorientierte Mindestsicherung umfasst folgende Leistungen:

1. Leistungen zur Deckung des notwendigen Lebensunterhaltes,
2. Leistungen zur Deckung des Wohnbedarfes,
3. Leistungen bei Krankheit, Schwangerschaft und Entbindung,
4. Zusatzleistungen,
5. Wiedereinsteigerbonus,
6. Übernahme der Bestattungskosten.

(2) Leistungen der Bedarfsorientierten Mindestsicherung zur Deckung des notwendigen Lebensunterhaltes (Abs. 1 Z 1) oder zur Deckung des Wohnbedarfes (Abs. 1 Z 2) werden grundsätzlich durch einmalige oder laufende Geldleistungen (Mindeststandards) erbracht. Laufende Geldleistungen werden jeweils am Monatsletzten im Nachhinein fällig. Zur Vermeidung von Härtefällen kann bei der erstmaligen Auszahlung ein Vorschuss gewährt werden.

(2a) Geldleistungen nach Abs. 2 gebühren aliquot ab Antragstellung, wobei der Kalendermonat einheitlich mit 30 Tagen anzunehmen ist.

(3) Anstelle von Geldleistungen nach Abs. 2 kann Bedarfsorientierte Mindestsicherung ausnahmsweise auch in Form von Sachleistungen oder in Form stationärer Hilfe gewährt werden, wenn dadurch eine den Zielen und Grundsätzen der Bedarfsorientierten Mindestsicherung dienende Deckung des Lebensunterhaltes besser erreicht werden kann. Dies ist insbesondere anzunehmen, wenn im Rahmen einer Kontrolle (§ 24) festge-

stellt wird, dass die zweckmäßige, wirtschaftliche und sparsame Verwendung von Geldleistungen nicht gewährleistet ist und auch nicht durch Auszahlung in Teilbeträgen sichergestellt werden kann. Bei Vorliegen der vorgenannten Voraussetzungen hat die Behörde anlässlich der dritten Antragstellung in Folge auf Sachleistungen umzustellen oder nach Abs. 5 vorzugehen.

(4) Laufende Geldleistungen nach Abs. 2 und Sachleistungen oder stationäre Hilfe nach Abs. 3 sind entsprechend der konkreten Notlage angemessen zu befristen, bei erstmaliger Gewährung mit maximal sechs Monaten, bei jeder weiteren Gewährung mit maximal zwölf Monaten. Bei dauernder Arbeitsunfähigkeit oder Erreichung des Regelpensionsalters kann die weitere Befristung entfallen.

(4a) Ein Antrag auf eine weitere Gewährung ist rechtzeitig vor Ende der befristeten Leistung zu stellen. Erfolgt eine Antragstellung nicht rechtzeitig aber noch innerhalb von 6 Wochen nach dem Ende der befristeten Leistung, ist bei Vorliegen der Anspruchsvoraussetzungen die Bedarfsorientierte Mindestsicherung ohne Unterbrechung der Leistung weiter zu gewähren, es sei denn die Nichteinhaltung der rechtzeitigen Antragstellung ist vorwerfbar.

(5) Geldleistungen nach Abs. 2 können an Dritte ausbezahlt werden, wenn dadurch eine den Zielen der Bedarfsorientierten Mindestsicherung dienende Bedarfsdeckung besser erreicht werden kann.

(6) Die Gebühr für die Überweisung von Geldleistungen nach Abs. 2 und Abs. 5 trägt das Land.

(7) Geldleistungen nach Abs. 2 können weder gepfändet noch verpfändet werden. Die rechtswirksame Übertragung von Ansprüchen nach diesem Gesetz ist nur mit Zustimmung der zuständigen Behörde möglich. Diese darf nur erteilt werden, wenn die Übertragung im Interesse der hilfsbedürftigen Person liegt.

(8) Leistungen der Bedarfsorientierten Mindestsicherung beinhalten auch die Beratung und Betreuung, die zur Vermeidung und Überwindung von sozialen Notlagen sowie zur nachhaltigen sozialen Stabilisierung der Hilfe suchenden Person erforderlich ist.

Leistungen zur Deckung des notwendigen Lebensunterhaltes, Leistungen zur Deckung des Wohnbedarfes

§ 10. (1) Leistungen zur Deckung des notwendigen Lebensunterhaltes umfassen den Aufwand für die regelmäßig gegebenen Bedürfnisse zur Führung eines menschenwürdigen Lebens, insbesondere für Nahrung, Bekleidung, Körperpflege, Hausrat, Energie sowie andere persönliche Bedürfnisse wie die angemessene soziale und kulturelle Teilhabe.

(2) Zur Sicherung des notwendigen Lebensunterhaltes können auf Grundlage des Privatrechts auch jene Kosten übernommen werden, die zur Begründung eines Anspruches auf eine angemessene Alterssicherung erforderlich sind.

(3) Leistungen zur Deckung des Wohnbedarfes umfassen den für die Gewährleistung einer angemessenen Wohnsituation erforderlichen regelmäßig wiederkehrenden Aufwand für Miete, allgemeine Betriebskosten und wohnbezogene Abgaben.

(4) (entfallen)

Mindeststandards

§ 11. (1) Die Landesregierung hat ausgehend vom Ausgleichszulagenrichtsatz nach § 293 Abs. 1 lit.a bb) ASVG abzüglich des Beitrages zur gesetzlichen Krankenversicherung durch Verordnung die Höhe der Mindeststandards zur Deckung des notwendigen Lebensunterhaltes und des Wohnbedarfes insbesondere für folgende hilfsbedürftige Personen entsprechend den folgenden Prozentsätzen festzulegen:

1. für alleinstehende und alleinerziehende Personen 100%,
2. für volljährige Personen, die mit anderen volljährigen Personen in Haushalts- oder Wohngemeinschaft leben 75%,
3. für leistungsberechtigte volljährige Personen ab der drittältesten Person, wenn diese einer anderen Person im gemeinsamen Haushalt gegenüber unterhaltsberechtigt ist 50%,
4. für minderjährige Personen, für die ein Anspruch auf Familienbeihilfe besteht und die mit zumindest einer ihnen gegenüber unterhaltspflichtigen oder volljährigen Person im gemeinsamen Haushalt leben .... 23%.

(2) In der Verordnung ist ein Betrag zur Deckung persönlicher Bedürfnisse hilfsbedürftiger Personen, die Bedarfsorientierte Mindestsicherung oder Sozialhilfe in stationären Einrichtungen erhalten, festzusetzen.

(3) Mindeststandards zur Sicherung des notwendigen Lebensunterhaltes nach Abs. 1 beinhalten grundsätzlich einen Geldbetrag zur Deckung des Wohnbedarfes im Ausmaß von 25% bzw. bei hilfsbedürftigen Personen, die eine Eigentumswohnung oder ein Eigenheim bewohnen, einen Geldbetrag im Ausmaß von 12,5%. Besteht kein oder ein geringerer Aufwand zur Deckung des Wohnbedarfes oder erhält die hilfebedürftige Person bedarfsdeckende Leistungen (z.B. eine Wohnbeihilfe oder einen Wohnzuschuss), sind die jeweiligen Mindeststandards um diese Anteile entsprechend zu reduzieren, höchstens jedoch um 25% bzw. 12,5%.

(4) Die Mindeststandards nach Abs. 1 sind zwölf Mal pro Jahr zu gewähren.

(5) Der Mindeststandard nach Abs. 1 Z 1 ist zu Beginn eines jeden Kalenderjahres mit dem gleichen Prozentsatz wie der Ausgleichszulagenrichtsatz nach § 293 Abs. 1 lit.a bb) ASVG neu zu bemessen. Daran anknüpfend werden die übrigen Mindeststandards nach Abs. 1 Z 2 bis Z 4 ebenfalls jährlich neu bemessen.

Leistungen bei Krankheit, Schwangerschaft und Entbindung

§ 12. (1) Leistungen zum Schutz bei Krankheit (einschließlich Zahnbehandlung und Zahnersatz), Schwangerschaft und Entbindung umfassen jene Sachleistungen und Vergünstigungen, wie sie Bezieherinnen oder Bezieher einer Ausgleichszulage aus der Pensionsversicherung von der NÖ Gebietskrankenkasse beanspruchen können.

(2) Das Land stellt die Leistungen nach Abs. 1 durch Übernahme der Beiträge zur gesetzlichen Krankenversicherung für die nach § 9 ASVG in die gesetzliche Krankenversicherung einbezogenen Bezieherinnen und Bezieher von Leistungen der Bedarfsorientierten Mindestsicherung sicher. Die vom Land zu entrichtenden Krankenversicherungsbeiträge entsprechen der Höhe, wie sie von und für Ausgleichszulagenbezieherinnen und Ausgleichszulagenbeziehern im ASVG vorgesehen sind.

(3) Das Land hat die Krankenversicherungsbeiträge für die Dauer des Bezuges von Leistungen der Bedarfsorientierten Mindestsicherung nach diesem Gesetz zu entrichten.

(4) Soweit eine Einbeziehung der hilfsbedürftigen Person in die gesetzliche Krankenversicherung nicht möglich ist, weil sie keine Leistungen der Bedarfsorientierten Mindestsicherung nach diesem Gesetz bezieht, sind die Kosten für einen nach Abs. 1 auftretenden Bedarf für alle erforderlichen Leistungen, wie sie Versicherte der NÖ Gebietskrankenkasse nach dem ASVG für Sachleistungen und Begünstigungen bei Krankheit (einschließlich Zahnbehandlung und Zahnersatz), Schwangerschaft und Entbindung beanspruchen können, zu übernehmen.

(5) Zu den Kosten für Leistungen nach Abs. 4 können auf Grundlage des Privatrechts auch die Beiträge für eine freiwillige Selbstversicherung der hilfsbedürftigen Person in der gesetzlichen Krankenversicherung übernommen werden.

Zusatzleistungen

§ 13. Für Sonderbedarfe, die durch die Leistungen nach §§ 10 bis 12 nicht gedeckt sind, können im unbedingt erforderlichen Ausmaß Zusatzleistungen im Rahmen des Privatrechts erbracht werden, wenn dies auf Grund der persönlichen oder familiären Verhältnisse der Hilfe suchenden Person oder der ihr gegenüber unterhaltsberechtigten oder mit ihr in Lebensgemeinschaft lebenden Personen zur Vermeidung einer sozialen Härte geboten erscheint.

Wiedereinsteigerbonus

§ 13a. (1) Hat eine Hilfe suchende Person, die ein Einkommen aus einer Erwerbstätigkeit erzielt, vor Aufnahme der Erwerbstätigkeit zumindest sechs Monate durchgehend Leistungen der Bedarfsorientierten Mindestsicherung gemäß §§ 10 und 11 bezogen, ist der Hilfe suchenden Person ein Wiedereinsteigerbonus im Ausmaß von einem Drittel des monatlichen Nettoeinkommens zu gewähren, sofern es sich bei der Erwerbstätigkeit um keine gemeinnützige Hilfstätigkeit im Sinne des § 7a Abs. 2 handelt.

(2) Übersteigt das Nettoeinkommen inklusive dem Wiedereinsteigerbonus 140 % des Mindeststandards gemäß § 11 Abs. 1 Z 1, so ist der Wiedereinsteigerbonus in der Höhe von 140 % des Mindeststandards gemäß § 11 Abs. 1 Z 1 abzüglich des Nettoeinkommens zu gewähren.

(3) Der Wiedereinsteigerbonus ist ab dem auf die Meldung des Beginns der Erwerbstätigkeit bei der Behörde folgenden Monat für höchstens 12 Monate der Erwerbstätigkeit und nur auf Antrag zu gewähren. Anträge sind bei sonstigem Anspruchsverlust binnen einem Monat ab der Aufnahme der Erwerbstätigkeit bei der zuständigen Behörde zu stellen.

(4) Im Falle der Verletzung der Anzeigepflicht nach § 23 Abs. 1 hat die Behörde den Antrag auf den Wiedereinsteigerbonus abzuweisen oder die mit Bescheid zuerkannten Bonusleistungen mit Beginn des Monats, in dem die Meldung bei der Behörde hätte erfolgen sollen, einzustellen.

(5) Der Wiedereinsteigerbonus kann erst nach Ablauf von 5 Jahren ab dem Ende der Bezugsdauer erneut gewährt werden, auch wenn dieser nicht für 12 Monate bezogen wurde. Der Wiedereinsteigerbonus kann vor Ablauf von 5 Jahren dennoch gewährt werden, wenn die Beendigung der Erwerbstätigkeit aus besonders berücksichtigungswürdigen Gründen, insbesondere aus familiären Zwängen oder wegen Gefahren für die Gesundheit oder die Beendigung eines befristeten Dienstverhältnisses von weniger als 12 Monaten erfolgte. Ist bei der vorangegangenen Gewährung aufgrund eines befristeten Dienstverhältnisses der Wiedereinsteigerbonus nicht für 12 Monate gewährt worden, so kann der Wiedereinsteigerbonus auch vor Ablauf von 5 Jahren für die nicht ausgeschöpfte Höchstbezugsdauer gem. Abs. 3 gewährt werden.

(6) Der Wiedereinsteigerbonus gelangt für Hilfe suchende Personen im Sinne des § 6 Abs. 2a Z 3 und Z 4 nicht zur Anwendung.

Bestattungskosten

§ 14. (1) Das Land trägt die erforderlichen Kosten einer einfachen Bestattung eines verstorbenen Menschen, soweit diese nicht aus dem Vermögen der verstorbenen Person bestritten werden können oder Dritte zur Tragung der Kosten verpflichtet sind.

(2) Als Teil der Bestattungskosten können die Kosten einer Überführung innerhalb des Landes oder aus grenznahen Gebieten übernommen werden, soweit dies aus wichtigen, insbesondere aus familiären Gründen, erforderlich ist.

(3) Die Bestattungskosten werden im Rahmen des Privatrechts übernommen.

4. Abschnitt
Verfahren

Antragstellung

§ 15. (1) Leistungen der Bedarfsorientierten Mindestsicherung werden auf Antrag oder, wenn der Behörde Umstände bekannt werden, die eine Leistung erforderlich machen, von Amts wegen gewährt.

(2) Anträge auf Leistungen der Bedarfsorientierten Mindestsicherung können gestellt werden:

1. durch die Hilfe suchende Person, soweit sie eigenberechtigt ist,
2. für die Hilfe suchende Person
   a) gesetzliche oder bevollmächtigte Vertreter,
   b) im gemeinsamen Haushalt lebende Familienmitglieder oder Angehörige, jeweils auch ohne Nachweis der Bevollmächtigung, wenn keine Zweifel über Bestand und Umfang der Vertretungsbefugnis bestehen,
   c) durch ihre Sachwalterin oder ihren Sachwalter, wenn die Antragstellung zu deren oder dessen Aufgabenbereich gehört,
   d) Vertreter oder Vertreterinnen von Einrichtungen, in denen die Hilfe suchende Person Leistungen erhält.

(3) Anträge können bei der Gemeinde oder der Bezirksverwaltungsbehörde eingebracht werden.

(4) Im Antrag sind Angaben zu

1. Person und Personenstand,
2. den Wohnverhältnissen,
3. den Einkommensverhältnissen,
4. den Vermögensverhältnissen und
5. dem Betreuungsverhältnis mit dem Arbeitsmarktservice

des Antragstellers und aller im gemeinsamen Haushalt lebenden Personen zu machen und durch entsprechende Nachweise zu belegen.

(5) Als Nachweis im Sinne des Abs. 4 kann die Behörde insbesondere folgende Unterlagen verlangen:

1. zur Person und Personenstand: Geburtsurkunde, Staatsbürgerschaftsnachweis, Heiratsurkunde, Scheidungsurteil bzw. Vergleichsausfertigung, Nachweis über die Begründung bzw. Auflösung einer eingetragenen Partnerschaft,
2. zu den Wohnverhältnissen: Mietvertrag, Nachweis über einen Wohnzuschuss,
3. zu den Einkommensverhältnissen: Lohnbestätigung, Einkommenssteuerbescheid, Leistungsbezugsbestätigung des Arbeitsmarktservice, Nachweise über Pensions-/Rentenleistungen, Bestätigung der Krankenkasse über Krankengeld oder Kinderbetreuungsgeld, Nachweise über die Höhe der Unterhaltsleistung, Einheitswertbescheide über land- und forstwirtschaftlichen Besitz, Pachtverträge,
4. zu den Vermögensverhältnissen: Sparbücher, Bausparverträge, Lebensversicherungen, Aktien, Wertpapiere und Kontoauszüge,
5. zum Betreuungsverhältnis mit dem Arbeitsmarktservice: Bestätigung der Vormerkung zur Arbeitssuche und die Betreuungsvereinbarung.

(6) Die Vorlage von Urkunden und sonstigen Unterlagen nach Abs. 4 entfällt bzw. darf deren Vorlage nach Abs. 5 nicht verlangt werden, wenn die zu beweisenden Tatsachen und Rechtsverhältnisse durch Einsicht in die der Behörde zur Verfügung stehenden Register, insbesondere im Zentralen Personenstandsregister (ZPR, § 44 des Personenstandsgesetzes 2013 – PStG 2013, BGBl. I Nr. 16/2013), im Zentralen Melderegister (ZMR, § 16 des Meldegesetzes 1991 – MeldeG, BGBl. Nr. 9/1992) oder im Zentralen Staatsbürgerschaftsregister (ZSR, § 56a des Staatsbürgerschaftsgesetzes 1985 – StbG, BGBl. Nr. 311/1985) oder durch Abfrage des Grundbuchs (§ 6 des Grundbuchsumstellungsgesetzes – GUG, BGBl. Nr. 550/1980), festgestellt werden können.

Stellungnahme der Gemeinde

§ 16. (1) Die Gemeinde, in der die Hilfe suchende Person ihren Hauptwohnsitz oder Aufenthalt hat, ist über einen Antrag auf eine Leistung der Bedarfsorientierten Mindestsicherung nach § 10 zu informieren. Die Gemeinde kann zum Vorliegen der Voraussetzungen für die Gewährung einer Leistung der Bedarfsorientierten Mindestsicherung eine Stellungnahme abgeben.

(2) Die Stellungnahme ist bei der Entscheidung der Behörde zu berücksichtigen. Die Gemeinde ist über den Ausgang des Verfahrens sowie über jede nachträgliche Leistungseinstellung zu informieren.

Informationspflicht der Behörde, Mitwirkungspflichten der Hilfe suchenden Person

§ 17. (1) Die Behörde hat die Hilfe suchende Person (ihr gesetzlicher oder bevollmächtigter Vertreter bzw. ihr Sachwalter, zu dessen Wirkungsbereich die Antragstellung auf Gewährung oder die Empfangnahme von Leistungen der Bedarfsorientierten Mindestsicherung gehört) über die Rechtslage entsprechend zu informieren, so weit dies zur Erreichung der Ziele und nach den Grundsätzen der Bedarfsorientierten Mindestsicherung des Landes notwendig ist.

(2) Die Hilfe suchende Person (ihr gesetzlicher oder bevollmächtigter Vertreter bzw. ihr Sachwalter, zu dessen Wirkungsbereich die Antragstellung auf Gewährung oder die Empfangnahme von Leistungen der Bedarfsorientierten Mindestsicherung gehört) ist verpflichtet, an der Feststellung des maßgeblichen Sachverhaltes im Rahmen der ihr von der Behörde erteilten Aufträge mitzuwirken. Im Rahmen der Mitwirkungspflicht sind die zur Durchführung des Verfahrens unerlässlichen Angaben zu machen und Auskünfte zu erteilen sowie die dafür erforderlichen Urkunden, Unterlagen

und Nachweise beizubringen. Weiters hat sich die Hilfe suchende Person auch den für die Entscheidungsfindung unerlässlichen Untersuchungen (etwa Untersuchung der Arbeitsfähigkeit) zu unterziehen.

Mitwirkungspflichten von öffentlichen Stellen und Privaten

§ 18. (1) Das Arbeitsmarktservice hat auf Ersuchen der Behörde die zur Feststellung der Voraussetzungen oder der Höhe einer Leistung der Bedarfsorientierten Mindestsicherung und zur Beurteilung der Arbeitsfähigkeit für die Entscheidung erforderlichen Auskünfte zu erteilen und folgende für die Entscheidung erforderlichen personenbezogenen Daten zu übermitteln:

1. Art und Höhe der vom Arbeitsmarktservice erbrachten Leistungen,
2. Beginn des Bezuges von Leistungen durch das Arbeitsmarktservice und voraussichtlicher Gewährungszeitraum,
3. Auszahlungszeitpunkt und Auszahlungshöhe,
4. Beginn und Ende der Arbeitsuche (Vormerkzeit),
5. Datum und Grund der Einstellung des Leistungsbezuges bzw. des Endes der Vormerkung der Arbeitsuche,
6. Beginn und Ende sowie Art einer Sanktion (§§ 10, 11 oder 49 AlVG),
7. Gutachten und sonstige Angaben zur Arbeitsfähigkeit.

(2) Folgende Behörden, Gerichte und Einrichtungen haben auf Ersuchen der Behörde die zur Feststellung der Voraussetzungen oder der Höhe einer Leistung der Bedarfsorientierten Mindestsicherung erforderlichen Auskünfte zu erteilen und folgende für die Entscheidung erforderlichen personenbezogenen Daten zu übermitteln:

1. Fremdenbehörden über Daten aus dem fremdenpolizeilichen oder niederlassungsrechtlichen Verfahren,
2. Landesbehörden über Leistungen der Grundversorgung, der Jugendwohlfahrt der Wohnbeihilfe oder sonstige Leistungen zur Deckung des Wohnbedarfes,
3. Bürgermeister als Meldebehörden über Meldedaten,
4. Sozialversicherungsträger und der Hauptverband der österreichischen Sozialversicherungsträger im Rahmen ihres gesetzlichen Wirkungsbereiches über alle Tatsachen, die Ansprüche aus der Sozialversicherung oder nach dem BPGG, ein Versicherungsverhältnis oder ein Beschäftigungsverhältnis betreffen,
5. Bundesamt für Soziales und Behindertenwesen (Bundessozialamt) über Art und Höhe von Geld- oder Sachleistungen,
6. Gerichte über anhängige Verfahren in Arbeits- und Sozialrechtsangelegenheiten, in Mietrechtsangelegenheiten sowie in Verfahren zur Geltendmachung von Unterhaltsansprüchen und sonstigen vermögensrechtlichen Ansprüchen, ausgenommen Auskünfte aus Pflegschaftsakten,
7. Finanzbehörden über Ansprüche und Leistungen sowie alle Tatsachen, die für die Berechnung der Leistung, von Kostenersatzansprüchen, von Rückersatzansprüchen sowie zur (verwaltungs-) strafrechtlichen Verfolgung notwendig sind,
8. Krankenanstaltenträger über Ansprüche und Leistungen,
9. Versicherungen über Ansprüche und Leistungen.

(2a) Der Bürgermeister hat die Behörde über jede Aufnahme, Ablehnung oder Beendigung einer gemeinnützigen Hilfstätigkeit im Sinne des § 7a Abs. 2 zu informieren.

(3) Dienstgeber und Bestandgeber einer Hilfe suchenden Person sowie Dienstgeber einer ersatzpflichtigen Person haben zur Feststellung der Voraussetzungen oder der Höhe einer Leistung der Bedarfsorientierten Mindestsicherung auf schriftliches Ersuchen der Behörde innerhalb einer angemessenen, mindestens einwöchigen Frist über alle Tatsachen, die das Dienst- oder Bestandverhältnis betreffen, die erforderlichen Auskünfte zu erteilen. Die Behörde hat im Ersuchen jene Tatsachen, über die Auskunft verlangt wird, im Einzelnen zu bezeichnen.

(4) Personen, deren Einkommen für die Leistung Bedarfsorientierter Mindestsicherung oder für einen Kostenersatz maßgeblich ist, haben zur Feststellung der Voraussetzungen oder der Höhe einer Leistung der Bedarfsorientierten Mindestsicherung oder zum Zweck der Prüfung eines Kostenersatzes auf schriftliches Ersuchen der Behörde die erforderlichen Erklärungen und Nachweise innerhalb einer angemessenen Frist, die mindestens eine Woche betragen muss, abzugeben bzw. vorzulegen, sofern nicht § 17 zur Anwendung gelangt.

(5) Die Behörde ist zur Feststellung von Ansprüchen nach diesem Gesetz und zur Überprüfung der Angaben der Antragsteller berechtigt, eine Verknüpfungsabfrage im Zentralen Melderegister nach dem Kriterium des Wohnsitzes durchzuführen.

(6) Der Österreichische Integrationsfonds hat auf Ersuchen der Behörde die zur Feststellung einer Pflichtverletzung nach § 6 Abs. 1 Integrationsgesetz erforderlichen Auskünfte und personenbezogenen Daten zu übermitteln.

(7) Die Behörde hat auf Ersuchen der Gemeinde für das Anbieten gemeinnütziger Hilfstätigkeiten (§ 7a Abs. 2) folgende erforderlichen personenbezogenen Daten des Zahlungsempfängers einer Bedarfsgemeinschaft, das sind alle Personen einer Haushalts- oder Wohngemeinschaft, für die gemeinsame Leistungen gewährt werden, zu übermitteln:

1. Identifikationsdaten (Name und Geburtsdatum),
2. Adressdaten,
3. Haushaltsstruktur (Alleinstehend),
4. Staatsbürgerschaft,
5. Höhe der Leistungen einer Bedarfsgemeinschaft.

Entscheidungsfrist und Bescheid

§ 19. (1) Über einen Antrag ist ohne unnötigen Aufschub, in erster Instanz aber spätestens drei Monate nach dessen Einlangen ein schriftlicher Bescheid zu erlassen.

(2) Wenn und insoweit eine Gefährdung des Lebensunterhaltes oder kein Schutz bei Krankheit, Schwangerschaft und Entbindung der Hilfe suchenden Person besteht, ist die unmittelbar erforderliche Soforthilfe mit Mandatsbescheid (§ 57 AVG) zu gewähren.

(3) Keine Verpflichtung zur Erlassung eines Bescheides besteht im Fall der Änderung oder Neubemessung von Dauerleistungen auf Grund von Änderungen dieses Gesetzes, darauf gestützter Verordnungen oder auf Grund von Anpassungen sonstiger regelmäßiger gesetzlicher Leistungen, die als Einkommen der hilfsbedürftigen Person anzusehen sind.

Abweisung, Kürzung oder Einstellung

§ 20. (1) Anträge auf Leistungen der Bedarfsorientierten Mindestsicherung sind abzuweisen, wenn die Hilfe suchende Person ihre Mitwirkungspflichten nach § 17 Abs. 2 trotz Hinweis auf die Rechtsfolgen nicht erfüllt.

(2) Bereits zuerkannte Leistungen der Bedarfsorientierten Mindestsicherung sind mit Bescheid nach Maßgabe der Abs. 3 und 4 zu kürzen oder einzustellen, wenn die Hilfe suchende Person

1. gewährte Geldleistungen nach diesem Gesetz trotz Ermahnung zweckwidrig verwendet und Sachleistungen oder stationäre Hilfe gemäß § 9 Abs. 3 nicht in Betracht kommen,
2. die Mitwirkungspflicht nach § 17 Abs. 2, die Anzeigepflicht oder Rückerstattungspflicht nach § 23, die Auskunftspflicht nach § 24 Abs. 2 oder die Kostenersatzpflicht nach § 26 nicht erfüllt, nachdem die Hilfe suchende Person auf diese Rechtsfolge nachweislich aufmerksam gemacht wurde.

Kürzungen oder Einstellungen von zuerkannten Leistungen der Bedarfsorientierten Mindestsicherung nach § 5 Abs. 4 erfolgen ohne Bescheid.

(3) Kürzungen oder Einstellungen von Leistungen der Bedarfsorientierten Mindestsicherung nach Abs. 2 haben verhältnismäßig zu erfolgen.

(4) Durch Kürzungen oder Einstellungen von Leistungen darf der Wohnbedarf der Hilfe suchenden Person sowie der Lebensunterhalt und der Wohnbedarf der im gemeinsamen Haushalt lebenden, der Hilfe suchenden Person gegenüber unterhaltsberechtigten oder mit ihr in Lebensgemeinschaft lebenden Personen nicht beeinträchtigt werden.

Neubemessung und Einstellung von Leistungen

§ 21. (1) Die Leistung ist von Amts wegen mit schriftlichem Bescheid rückwirkend neu zu bemessen, wenn Änderungen der Voraussetzungen eintreten; fallen Voraussetzungen weg, ist die Leistung mit schriftlichem Bescheid rückwirkend einzustellen.

(2) Stellt eine bislang mitversorgte Person einen Antrag im eigenen Namen auf Bedarfsorientierte Mindestsicherung zur Sicherung des Lebensunterhaltes oder des Wohnbedarfes, ist bei Entscheidung über diesen Antrag von Amts wegen auch die Leistung für den im gemeinsamen Haushalt lebenden bisherigen Vertreter oder die bisherige Vertreterin neu zu bemessen.

Ruhen des Anspruchs

§ 22. (1) Der Anspruch auf Leistungen der Bedarfsorientierten Mindestsicherung nach § 10 ruht:

1. während eines stationären Aufenthaltes in einer Krankenanstalt oder in einer Sozialhilfeeinrichtung, für dessen Kosten ein Sozialversicherungsträger, der Bund oder ein Sozialhilfeträger aufkommt, das Ruhen gilt jedoch nicht für den Eintritts- und Austrittsmonat,
2. für die Dauer der Verbüßung einer Freiheitsstrafe oder für die Dauer des Vollzugs einer mit Freiheitsentziehung verbundenen vorbeugenden Maßnahme,
3. für die Dauer des Aufenthaltes der hilfsbedürftigen Person im Ausland. Ruhen tritt nicht ein, wenn sich die hilfsbedürftige Person im Kalenderjahr nicht länger als einen Monat im Ausland aufhält. Darüber hinaus kann Bedarfsorientierte Mindestsicherung gewährt werden, wenn der Aufenthalt im Ausland besonders im Interesse der Gesundheit oder der familiären Beziehungen der hilfsbedürftigen Person gelegen ist.

(2) Für die Dauer des Aufenthaltes in einer unter Abs. 1 Z 1 fallenden Einrichtung tritt kein Ruhen von Leistungen zur Deckung des Wohnbedarfes in den Fällen ein, in welchen in absehbarer Zeit wieder ein Wohnbedarf in der konkreten Unterkunft besteht oder die Erhaltung dieser Unterkunft wirtschaftlich sinnvoll erscheint.

(3) Eine Verpflichtung zur Erlassung eines schriftlichen Bescheides über das Ruhen des Anspruchs auf Bedarfsorientierte Mindestsicherung nach Abs. 1 besteht nur, wenn dies die hilfsbedürftige Person innerhalb einer Frist von zwei Monaten ab dem Wegfall des Ruhensgrundes beantragt.

5. Abschnitt
Pflichten der Hilfe suchenden Person nach Abschluss des Verfahrens, Kontrolle

Anzeigepflicht, Rückerstattungspflicht

§ 23. (1) Die Person, der Bedarfsorientierte Mindestsicherung gewährt wird (ihr gesetzlicher oder bevollmächtigter Vertreter bzw. ihr Sachwalter, zu dessen Wirkungsbereich die Antragstellung auf Gewährung oder die Empfangnahme von Leistungen der Bedarfsorientierten Mindestsicherung gehört), ist verpflichtet, jede ihr bekannte Änderung der für die Leistung maßgeblichen Umstände, insbesondere Änderungen der Einkommens- und Vermögens-, der Wohn- oder Familienverhältnisse, des rechtmäßigen Aufenthaltes im Inland, die Aufnahme einer Erwerbstätigkeit, Aufenthalte in Kranken- oder Kuranstalten oder sonstige, länger als zwei Wochen dauernde Abwesenheiten binnen zwei Wochen ab Eintritt der Änderung der Behörde anzuzeigen.

(2) Personen, die Leistungen der Bedarfsorientierten Mindestsicherung insbesondere wegen Verletzung der Anzeigepflicht nach Abs. 1 oder auf Grund falscher Angaben sowie durch Verschweigen oder Verheimlichen von Tatsachen zu Unrecht in Anspruch genommen haben, haben diese rückzuerstatten oder dafür angemessenen Ersatz zu leisten. Die Verpflichtung zum Rückersatz besteht auch hinsichtlich jener Leistungen, die gemäß § 33 Abs. 3 weitergewährt wurden, wenn das Beschwerdeverfahren mit der Entscheidung geendet hat, dass die Leistungen nicht oder nicht in diesem Umfang gebührten. Darüber hat jene Bezirksverwaltungsbehörde mit Bescheid zu entscheiden, die zur Entscheidung über die Leistung der Bedarfsorientierten Mindestsicherung zuständig war. Besteht die Bezirkshauptmannschaft Wien-Umgebung nicht mehr, ist jene Bezirksverwaltungsbehörde zuständig, welcher der Bescheid über die rückzuerstattende Leistung der Bedarfsorientierten Mindestsicherung der nicht mehr bestehenden Bezirkshauptmannschaft Wien-Umgebung zuzurechnen ist.

(3) Die Rückerstattung in angemessenen Teilbeträgen ist zulässig, wenn sie auf andere Weise nicht möglich oder nicht zumutbar ist. Die Rückerstattung darf gestundet oder ganz oder teilweise nachgesehen werden, wenn durch sie der Erfolg der Bedarfsorientierten Mindestsicherung gefährdet wäre, wenn sie zu besonderen Härten für die rückerstattungspflichtige Person führen würde oder wenn das Verfahren der Rückforderung mit einem Aufwand verbunden wäre, der in keinem Verhältnis zu der zu Unrecht in Anspruch genommenen Leistung steht.

(4) Die Person, der Bedarfsorientierte Mindestsicherung gewährt wird (ihr gesetzlicher oder bevollmächtigter Vertreter bzw. ihr Sachwalter) ist anlässlich der Zuerkennung der Leistung nachweislich über die Pflichten und Folgen nach Abs. 1 und Abs. 2 zu belehren.

(5) Die in § 18 geregelten Mitwirkungspflichten gelten auch in Rückerstattungsverfahren.

Kontrolle

§ 24. (1) Die Behörde ist berechtigt, das Vorliegen der Voraussetzungen für die Gewährung einer Leistung der Bedarfsorientierten Mindestsicherung jederzeit von Amts wegen zu überprüfen. Dabei sind insbesondere die Arbeitsfähigkeit, der Personenstand, die Wohnverhältnisse sowie die Fähigkeit, die finanziellen Mittel entsprechend den wirtschaftlichen Prioritäten einzusetzen, zu beachten.

(2) Die leistungsempfangende Person hat das Vorliegen der Voraussetzungen für eine Leistung der Bedarfsorientierten Mindestsicherung nachzuweisen und die dazu erforderlichen Auskünfte innerhalb einer von der Behörde festzusetzenden angemessenen Frist zu erteilen. § 17 Abs. 2 gilt sinngemäß.

(3) Die in § 18 geregelten Mitwirkungspflichten sowie die in § 21 geregelte Neubemessung und Einstellung von Leistungen gelten auch für Kontrollen.

6. Abschnitt
Kostenersatz und Ersatzansprüche Dritter

Kostenersatzverpflichtete

§ 25. (1) Für Leistungen der Bedarfsorientierten Mindestsicherung, die auf Grund eines Rechtsanspruches geleistet wurden, ist Ersatz zu leisten:

1. von der leistungsempfangenden Person oder deren Erben (§ 26),
2. von Personen, denen der Hilfeempfänger Vermögen geschenkt oder sonst ohne entsprechende Gegenleistung übertragen hat (§ 26a),
3. von Personen aufgrund vertraglicher Verpflichtung (§ 27),
4. von Personen, denen gegenüber die leistungsempfangende Person Rechtsansprüche zur Deckung jenes Bedarfes hat, der die Leistung Bedarfsorientierter Mindestsicherung erforderlich gemacht hat (§ 29).

(2) Die in § 18 geregelten Mitwirkungspflichten gelten auch in Verfahren nach diesem Abschnitt.

Ersatz durch die leistungsempfangende Person oder deren Erben

§ 26. (1) Die Person, der Leistungen der Bedarfsorientierten Mindestsicherung gewährt worden sind, ist zum Ersatz der dafür aufgewendeten Kosten verpflichtet, wenn und insoweit

1. sie nachträglich zu einem verwertbaren Vermögen (§ 6 Abs. 3 und 4) gelangt, es sei denn, dieses wurde durch eigene Erwerbstätigkeit erwirtschaftet,
2. nachträglich bekannt wird, dass sie zur Zeit der Leistung verwertbares Vermögen hatte,
3. im Fall des § 6 Abs. 3 und 4 die Verwertung von Vermögen nachträglich möglich und zumutbar wird.

(2) Von der Ersatzpflicht nach Abs. 1 sind ausgenommen:

1. Kosten für Leistungen der Bedarfsorientierten Mindestsicherung, die vor Erreichen der Volljährigkeit gewährt wurden,
2. Kosten für Leistungen nach § 12 bei Schwangerschaft und Entbindung.

(3) Die Verbindlichkeit zum Ersatz der Kosten nach Abs. 1 geht gleich einer anderen Schuld auf den Nachlass der Person, die Leistungen der Bedarfsorientierten Mindestsicherung in Anspruch genommen hat, über. Die Erben haften jedoch für den Ersatz der Kosten der Bedarfsorientierten Mindestsicherung nur bis zur Höhe des Wertes des Nachlasses. Sie können gegen Ersatzforderungen nicht einwenden, dass von der leistungsempfangenden Person nach § 28 Abs. 3 der Ersatz nicht verlangt hätte werden dürfen.

Ersatz durch den Geschenknehmer

§ 26a. (1) Hat ein Hilfeempfänger innerhalb des letzten Jahres vor Beginn der Hilfeleistung, während oder drei Jahre nach der Hilfeleistung Vermögen verschenkt oder sonst ohne entsprechende Gegenleistung an andere Personen übertragen, so ist der Geschenknehmer (Erwerber) zum Kostenersatz verpflichtet, so weit der Wert des Vermögens das Fünffache des Mindeststandards für eine alleinstehende Person gemäß der NÖ Mindeststandardverordnung, LGBl. 9205/1, übersteigt.

(2) Die Ersatzpflicht ist mit der Höhe des Geschenkwertes (Wert des ohne entsprechende Gegenleistung übernommenen Vermögens) begrenzt.

Ersatz durch Personen aufgrund vertraglicher Verpflichtung

§ 27. (1) Personen, die vertraglich zum Unterhalt der leistungsempfangenden Person verpflichtet sind, haben im Rahmen ihrer Unterhaltspflicht die Kosten für gewährte Leistungen der Bedarfsorientierten Mindestsicherung einschließlich der Kosten im Sinne des § 30 Abs. 3 zu ersetzen.

(2) Eine Verpflichtung zum Kostenersatz besteht nicht, wenn dieser wegen des Verhaltens der leistungsempfangenden Person gegenüber der ersatzpflichtigen Person sittlich nicht gerechtfertigt wäre.

Geltendmachung von Ersatzansprüchen

§ 28. (1) Ersatzansprüche nach diesem Abschnitt können nicht mehr geltend gemacht werden, wenn seit dem Ablauf des Kalenderjahres, in dem Leistungen der Bedarfsorientierten Mindestsicherung in Anspruch genommen wurde, mehr als drei Jahre verstrichen sind. Für die Wahrung der Frist gelten sinngemäß die Regeln über die Unterbrechung der Verjährung (§ 1497 ABGB).

(2) Ersatzansprüche für Leistungen der Bedarfsorientierten Mindestsicherung, die grundbücherlich sichergestellt sind, unterliegen nicht der Verjährung.

(3) Von der Geltendmachung von Ersatzansprüchen und der Verwertung eines nach § 6 Abs. 4 sichergestellten Vermögens ist teilweise oder ganz abzusehen, wenn dies für die verpflichtete Person eine soziale Härte bedeuten oder den Erfolg der Leistung gefährden würde. Vertraglich zum Unterhalt verpflichtete Personen dürfen durch die Heranziehung zum Kostenersatz in ihrer wirtschaftlichen Existenz nicht gefährdet sein.

(4) Von der Geltendmachung von Ersatzansprüchen und der Verwertung eines nach § 6 Abs. 4 sichergestellten Vermögens kann abgesehen werden, wenn dadurch unverhältnismäßig hohe Kosten oder ein unverhältnismäßig hoher Verwaltungsaufwand vermieden wird.

(5) Rückerstattungsansprüche des Trägers der Bedarfsorientierten Mindestsicherung gegenüber einer leistungsempfangenden Person nach § 23 Abs. 2 wegen unrechtmäßigen Bezuges von Leistungen, insbesondere wegen Erschleichung, Verheimlichung von Einkommen oder Vermögen oder Verletzung von Anzeigepflichten, bleiben von Abs. 1 und § 26 Abs. 1 unberührt.

(6) Die Landesregierung hat durch Verordnung nähere Bestimmungen zu erlassen, inwieweit Einkommen und Vermögenswerte der hilfsbedürftigen Person und seiner vertraglich zum Unterhalt verpflichteten Angehörigen für die Geltendmachung von Ersatzansprüchen nach dem 6. Abschnitt zu berücksichtigen sind oder anrechenfrei zu bleiben haben.

Übergang von Rechtsansprüchen, Ersatzanspruch

§ 29. (1) Rechtsansprüche der leistungsempfangenden Person gegen einen Dritten, die der Deckung jenes Bedarfes dienen, der die Leistung der Bedarfsorientierten Mindestsicherung, auf die ein Rechtsanspruch besteht, erforderlich gemacht hat, gehen für den Zeitraum, in dem die Bedarfsorientierte Mindestsicherung geleistet wurde, bis zur Höhe der aufgewendeten Kosten auf den Träger der Bedarfsorientierten Mindestsicherung über, sobald dieser dem Dritten hievon schriftlich Anzeige erstattet hat.

(2) Abs. 1 gilt auch für Schadenersatzansprüche, die der leistungsempfangenden Person auf Grund eines Unfalles oder eines sonstigen Ereignisses zustehen. Dies gilt nicht für den Anspruch auf Schmerzengeld.

(3) Für die Ersatzansprüche gegen die Träger der Sozialversicherung gelten die sozialversicherungsrechtlichen Bestimmungen über die Beziehungen der Versicherungsträger zu den Trägern der Bedarfsorientierten Mindestsicherung einschließlich der darauf bezugnehmenden Verfahrensvorschriften.

Ersatzansprüche Dritter

§ 30. (1) War einer hilfsbedürftigen Person so dringend eine der Bedarfsorientierten Mindestsicherung entsprechende Hilfe zu leisten, dass die Behörde nicht rechtzeitig benachrichtigt werden konnte, sind der Hilfe leistenden Person oder Einrichtung auf ihren Antrag die Kosten zu ersetzen.

(2) Kosten werden nur dann ersetzt, wenn

1. der Antrag auf Kostenersatz innerhalb von drei Monaten ab Beginn der Hilfeleistung bei der Behörde, die über den Kostenersatzanspruch zu entscheiden hat, gestellt wurde,
2. die Person oder Einrichtung, die Hilfe nach Abs. 1 geleistet hat, den Ersatz der aufge-

wendeten Kosten nach anderen gesetzlichen Grundlagen trotz angemessener Rechtsverfolgung nicht erhält.

(3) Die Kosten einer Hilfe nach Abs. 1 sind nur bis zu jenem Betrag zu ersetzen, der aufgelaufen wäre, wenn Bedarfsorientierte Mindestsicherung geleistet worden wäre.

(4) Die Frist gemäß Abs. 2 verlängert sich bei Krankenanstaltenträgern um zwei Wochen nach Einlangen einer ablehnenden Stellungnahme eines Trägers der Sozialversicherung, längstens jedoch bis zum Ablauf eines Jahres nach Aufnahme der hilfsbedürftigen Person in der Krankenanstalt.

7. Abschnitt
Behörden und Rechtsschutz

Sachliche Zuständigkeit

§ 31. (1) Soweit in diesem Gesetz nicht anderes bestimmt wird, ist die Bezirksverwaltungsbehörde sachlich zuständig.

(2) Die Landesregierung ist zuständig für die Entscheidung über Streitigkeiten zwischen Land und Gemeinde über die Leistung von Beiträgen zu den Kosten der Bedarfsorientierten Mindestsicherung.

(3) Die Landesregierung kann, wenn dies im Interesse der Einfachheit, Zweckmäßigkeit, Raschheit oder Sparsamkeit der Verwaltung gelegen ist, die Aufgaben im Rahmen der Privatwirtschaftsverwaltung nach diesem Gesetz den Bezirksverwaltungsbehörden übertragen.

Örtliche Zuständigkeit

§ 32. (1) Die örtliche Zuständigkeit der Bezirksverwaltungsbehörde richtet sich nach dem Hauptwohnsitz der Hilfe suchenden Person, in Ermangelung eines solchen nach deren Aufenthalt. Im Falle der Leistungserbringung in einer Krankenanstalt an eine Person ohne Hauptwohnsitz ist jene Bezirksverwaltungsbehörde zuständig, aus deren Zuständigkeitsbereich die Einlieferung in die Krankenanstalt erfolgte. Kann danach keine Zuständigkeit bestimmt werden, ist jene Bezirksverwaltungsbehörde zuständig, in deren Bereich die Krankenanstalt liegt.

(2) Bei Gefahr im Verzug hat jede Bezirksverwaltungsbehörde die in ihrem örtlichen Wirkungsbereich notwendigen und unaufschiebbaren Maßnahmen nach dem 3. Abschnitt unter gleichzeitiger Verständigung der zuständigen Bezirksverwaltungsbehörde zu treffen.

(3) Für die Erlassung von Bescheiden über den Kostenersatz ist jene Bezirksverwaltungsbehörde zuständig, in deren örtlichem Wirkungsbereich die hilfebedürftige Person den Hauptwohnsitz, in Ermangelung eines solchen den Aufenthalt hat. Kann danach die Zuständigkeit nicht ermittelt werden, ist jene Bezirksverwaltungsbehörde zuständig, in deren örtlichem Wirkungsbereich der hilfebedürftigen Person Leistungen der Bedarfsorientierten Mindestsicherung gewährt werden.

Beschwerde

§ 33. (1) Im Verfahren über die Zuerkennung von Leistungen der Bedarfsorientierten Mindestsicherung kann ein Beschwerdeverzicht nicht wirksam abgegeben werden.

(2) Beschwerden gegen Bescheide über die Zuerkennung von Leistungen der Bedarfsorientierten Mindestsicherung haben keine aufschiebende Wirkung.

(3) Die Mitwirkungspflicht der Hilfe suchenden Person nach § 17 Abs. 2 gilt auch im Beschwerdeverfahren.

Revision

§ 34. Gegen Entscheidungen des Landesverwaltungsgerichtes steht der Landesregierung das Recht zu, binnen sechs Wochen ab Zustellung beim Verwaltungsgerichtshof Revision zu erheben.

8. Abschnitt
Kostentragung

Kostenträger

§ 35. (1) Die Kosten der Bedarfsorientierten Mindestsicherung hat zunächst das Land zu tragen.

(2) Zu den Kosten der Bedarfsorientierten Mindestsicherung gehört der gesamte sich aus der Erfüllung der in diesem Gesetz geregelten Aufgaben ergebende Aufwand.

Aufteilung und Vorschüsse

§ 36. (1) Die Gemeinden, in welchen die hilfebedürftigen Personen ihren Hauptwohnsitz haben, haben dem Land 50 % des Aufwandes an Leistungen der Bedarfsorientierten Mindestsicherung zur Sicherung des Lebensunterhaltes und des Wohnbedarfes (§§ 10 und 11) nach dem 3. Abschnitt zu entrichten. Durch Aufenthalt in einer stationären Einrichtung wird jedoch eine derartige Kostenbeitragspflicht nicht begründet. Eine Kostenbeitragspflicht nach diesem Absatz besteht weiters nicht für die im § 5 Abs. 2 Z 2 bis Z 4 und Abs. 4 genannten Personen und für Menschen mit besonderen Bedürfnissen, die eine Maßnahme nach § 26 des NÖ Sozialhilfegesetzes erhalten.

(2) Beantragt eine zur Kostentragung nach Abs. 1 verpflichtete Gemeinde im Einzelfall die Erlassung eines Bescheides, dann hat die Bezirksverwaltungsbehörde ihr die Kosten auf Grund der für die Verpflichtung maßgeblichen Umstände mittels Mandatsbescheid (Kostenbescheid gemäß § 57 AVG) vorzuschreiben. Der Antrag auf Erlassung eines Kostenbescheides ist binnen sechs Monaten nach Bekanntgabe der Verpflichtung zur Kostentragung zu stellen.

(3) Die Gemeinden haben dem Land jährlich einen Beitrag in der Höhe des Unterschiedsbetrages zwischen den gemäß Abs. 1 zu entrichtenden Beiträgen und dem Leistungsanteil der Kosten der Bedarfsorientierten Mindestsicherung zu leisten, die nicht durch Kostenbeitrags- und Ersatzleistungen

oder durch sonstige für Zwecke der Bedarfsorientierten Mindestsicherung bestimmte Zuschüsse gedeckt sind.

(4) Der Leistungsanteil der Gemeinden (Beitrag) für die Kosten der Bedarfsorientierten Mindestsicherung beträgt 50 %. Dieser Beitrag ist von der Landesregierung auf die einzelnen Gemeinden nach Maßgabe ihrer Finanzkraft aufzuteilen. Die Finanzkraft einer Gemeinde wird aus dem für die Gemeinde im laufenden Jahr zu erwartenden

1. Erträgen der ausschließlichen Gemeindeabgaben ohne die Gebühren für die Benützung von Gemeindeeinrichtungen und -anlagen und ohne die Interessentenbeiträge von Grundstückseigentümern und Anrainern und
2. Ertragsanteilen an den gemeinschaftlichen Bundesabgaben ohne Spielbankenabgabe ermittelt.

Als Berechnungsgrundlage für die Ermittlung der Finanzkraft sind vorläufig geschätzte Beträge zugrunde zu legen. Dabei sind alle Umstände zu berücksichtigen, die für die Schätzung von Bedeutung sind (z.B. Erträge an ausschließlichen Gemeindeabgaben in den Vorjahren, Prognosen über künftige Entwicklung der Gemeindeertragsanteile).

(5) Die Gemeinden haben monatlich Vorschüsse in der Höhe des zu erwartenden Beitragsanteiles zu entrichten. Diese monatlichen Beiträge werden von den der Gemeinde gebührenden monatlichen Vorschüsse auf die Ertragsanteile an den gemeinschaftlichen Bundesabgaben einbehalten. Die endgültige Abrechnung und Ermittlung der Finanzkraft hat auf Grund und nach Vorliegen der Rechnungsergebnisse der Gemeinden zu erfolgen. Die endgültig abgerechneten Beiträge können Fehlbeträge oder Guthaben ergeben, die im Wege der Ertragsanteilevorschüsse hereinzubringen oder gutzuschreiben sind.

9. Abschnitt
Straf- und Schlussbestimmungen

Strafbestimmungen

§ 37. (1) Eine Verwaltungsübertretung begeht, sofern die Tat nicht den Tatbestand einer in die Zuständigkeit der Gerichte fallenden strafbaren Handlung darstellt, wer

1. durch falsche Angaben oder durch Verschweigen oder Verheimlichen entscheidungsrelevanter Tatsachen Leistungen der Bedarfsorientierten Mindestsicherung erlangt hat,
2. der Auskunftspflicht nach § 18 Abs. 3 oder 4 nicht oder nicht rechtzeitig nachkommt,
3. der Anzeigepflicht nach § 23 Abs. 1 nicht oder nicht rechtzeitig nachkommt,
4. der Auskunftspflicht nach § 24 Abs. 2 nicht oder nicht rechtzeitig nachkommt.

(2) Der Versuch nach Abs. 1 Z 1 ist strafbar.

(3) Von den Bezirksverwaltungsbehörden sind Verwaltungsübertretungen mit einer Geldstrafe bis zu 2 500 Euro zu ahnden.

Gebühren- und Abgabenfreiheit

§ 38. Alle Eingaben, Amtshandlungen und schriftlichen Ausfertigungen in Angelegenheiten dieses Gesetzes sind von den durch landesrechtliche Vorschriften vorgesehenen Gebühren und Verwaltungsabgaben befreit.

Eigener Wirkungsbereich der Gemeinden

§ 39. Die nach diesem Gesetz den Gemeinden zukommenden Aufgaben und die Wahrnehmung der sonstigen damit in Zusammenhang stehenden, die Gemeinde treffenden Rechte und Pflichten sind Angelegenheiten des eigenen Wirkungsbereiches.

§ 40. (entfallen)

Automatisierte Verarbeitung personenbezogener Daten

§ 41. (1) Die Landesregierung und die Bezirksverwaltungsbehörden sind als datenschutzrechtlich gemeinsam Verantwortliche ermächtigt, zum Zweck der Prüfung der Hilfsbedürftigkeit des Hilfe Suchenden, der Gewährung, Ablehnung, Kürzung und Einstellung von Mindestsicherungsleistungen und der Durchführung des Kostenersatzes von folgenden Betroffenen insbesondere die angeführten personenbezogenen Datenarten automatisiert gemeinsam zu verarbeiten:

1. die Hilfe Suchende und leistungsempfangende Person: Identifikationsdaten, Adressdaten, Erreichbarkeitsdaten, Unterkunftsdaten, Daten zu Sozialversicherungsverhältnissen, Personenstand, Daten zu den wirtschaftlichen Verhältnissen, Bankverbindungen, Gesundheitsdaten, Staatsbürgerschaft, Geschlecht, Verwandtschaftsdaten und Leistungsdaten,
2. von gegenüber der Hilfe suchenden oder leistungsempfangenden Person Unterhaltspflichtigen und Unterhaltsberechtigten sowie anderen neben der Hilfe Suchenden oder leistungsempfangenden Person unterhaltsberechtigten Personen: Identifikationsdaten, Adressdaten, Erreichbarkeitsdaten, Personenstand, Daten zu den wirtschaftlichen Verhältnissen und Angaben über eine bestehende Sachwalterschaft oder gesetzliche Vertretung,
3. von Dienstgebern der in Z 1 und Z 2 genannten Personen: Identifikationsdaten, Adressdaten und Erreichbarkeitsdaten,
4. von Unterkunftsgebern bzw. den Hausverwaltungen der in Z 1 und Z 2 genannten Personen: Identifikationsdaten, Adressdaten, Unterkunftsdaten, Erreichbarkeitsdaten und Bankverbindung.

(2) Weiters sind die Landesregierung und die Bezirksverwaltungsbehörden als datenschutzrechtlich gemeinsam Verantwortliche ermächtigt, zum Zweck der Leistungsabrechnung von folgen-

den Betroffenen insbesondere die angeführten personenbezogenen Datenarten automatisiert gemeinsam zu verarbeiten:

1. von Personen oder von Einrichtungen, die Leistungen der Bedarfsorientierten Mindestsicherung nach diesem Gesetz erbringen: Identifikationsdaten, Adressdaten, Erreichbarkeitsdaten, Leistungsdaten, Vertragsdaten, Daten zur Leistungsabrechnung und Bankverbindung,
2. von den Ansprechpersonen nach Z 1: Identifikationsdaten, Adressdaten und Erreichbarkeitsdaten.

(3) Die Erfüllung von Informations-, Auskunfts-, Berichtigungs-, Löschungs- und sonstigen Pflichten nach der Verordnung (EU) 2016/679 zum Schutz natürlicher Personen bei der Verarbeitung personenbezogener Daten, zum freien Datenverkehr und zur Aufhebung der Richtlinie 95/46/EG (Datenschutz-Grundverordnung), ABl.Nr. L 119 vom 4. Mai 2016, S. 1, obliegt jedem Verantwortlichen gemäß Abs. 1 und 2 hinsichtlich jener personenbezogenen Daten, die im Zusammenhang mit den von ihm wahrgenommenen Aufgaben verarbeitet werden. Nimmt eine betroffene Person ein Recht nach der Datenschutz-Grundverordnung gegenüber einem gemäß dem ersten Satz unzuständigen Verantwortlichen wahr, ist sie an den zuständigen Verantwortlichen zu verweisen.

(3a) Das Amt der Landesregierung übt die Funktion des datenschutzrechtlichen Auftragsverarbeiters aus und hat in dieser Funktion die Datenschutzpflichten gemäß Art. 28 Abs. 3 lit. a bis h der Datenschutz-Grundverordnung wahrzunehmen.

(4) Die Landesregierung und die Bezirksverwaltungsbehörden dürfen personenbezogene Daten im Sinne der Abs. 1 und 2 zum Zweck und aus Anlass der Gewährung und Abrechnung von Leistungen der Bedarfsorientierten Mindestsicherung an Personen und Landesdienststellen, die Leistungen nach diesem Gesetz erbringen, übermitteln.

(5) Die Landesregierung und in deren Auftrag die Bezirksverwaltungsbehörden sind im Rahmen ihrer Zuständigkeit nach diesem Landesgesetz berechtigt, sämtliche personenbezogenen Daten, die für die sonstige Vollziehung dieses Landesgesetzes erforderlich sind, zum Zweck einer effizienten, effektiven und einheitlichen, die Richtigkeit und Vollständigkeit der personenbezogenen Daten sichernden Vollziehung automatisiert zu verarbeiten. Die Verarbeitung erfolgt ausschließlich zu den im Unionsrecht oder dem nationalen Recht festgelegten Zwecken.

Umsetzung von Unionsrecht

§ 42. Durch dieses Gesetz werden folgende Richtlinien der Europäischen Union umgesetzt:

1. Richtlinie 2003/109/EG des Rates vom 25. November 2003 betreffend die Rechtsstellung der langfristig aufenthaltsberechtigten Drittstaatsangehörigen, ABl.Nr. L 16 vom 23. Jänner 2004, S. 44,
2. Richtlinie 2004/38/EG des Rates vom 29. April 2004 über das Recht der Unionsbürger und ihrer Familienangehörigen, sich im Hoheitsgebiet der Mitgliedsstaaten frei zu bewegen und aufzuhalten, zur Änderung der Verordnung (EWG) Nr. 1612/68 und zur Aufhebung der Richtlinien 64/221/EWG, 68/360/EWG, 72/194/EWG, 73/148/EWG, 75/34/EWG, 75/35/EWG, 90/364/EWG, 90/365/EWG und 93/96/EWG, ABl. Nr. L 158 vom 30. April 2004, S. 77,
3. Richtlinie 2004/83/EG des Rates vom 29. April 2004 über Mindestnormen für die Anerkennung und den Status von Drittstaatsangehörigen oder Staatenlosen als Flüchtlinge oder als Personen, die anderweitig internationalen Schutz benötigen, und über den Inhalt des zu gewährenden Schutzes, ABl.Nr. L 304 vom 30. September 2004, S. 12.
4. Richtlinie 2011/51/EU des Rates vom 11. Mai 2011 zur Änderung der Richtlinie 2003/109/EG des Rates zur Erweiterung ihres Anwendungsbereichs auf Personen, die internationalen Schutz genießen, ABl.Nr. L 132 vom 19. Mai 2011, S. 1.
5. Richtlinie 2011/95/EU des Rates vom 13. Dezember 2011 über Normen für die Anerkennung von Drittstaatsangehörigen oder Staatenlosen als Personen mit Anspruch auf internationalen Schutz, für einen einheitlichen Status für Flüchtlinge oder für Personen mit Anrecht auf subsidiären Schutz und für den Inhalt des zu gewährenden Schutzes, ABl.Nr. L 337 vom 20. Dezember 2011, S. 9.

Übergangsbestimmungen

§ 43. (1) Die Bezirksverwaltungsbehörden haben eine Neubemessung aller Dauerleistungen, die mit Bescheid nach dem NÖ Sozialhilfegesetz, LGBl. 9200, gewährt wurden, von Amts wegen mit Bescheid durchzuführen. Diese Bescheide sind innerhalb von vier Monaten nach In-Kraft-Treten dieses Gesetzes zu erlassen und angemessen, maximal jedoch mit 12 Monaten zu befristen. Bei dauernder Arbeitsunfähigkeit kann die Befristung entfallen. In diesen Bescheiden ist die ab In-Kraft-Treten dieses Gesetzes zustehende Höhe der Geldleistung festzusetzen sowie gegebenenfalls über den Schutz bei Krankheit, Schwangerschaft und Entbindung durch Übernahme der Beiträge zur gesetzlichen Krankenversicherung abzusprechen. Die Umstellung der Fälligkeit laufender Geldleistungen (§ 9 Abs. 2) ist sozial verträglich zu gestalten.

(2) Ergibt sich auf Grund der Neubemessung, dass ein niedrigerer haushaltsbezogener Anspruch auf Geldleistung mit dem In-Kraft-Treten dieses Gesetzes gebühren würde, so ist die bisherige nach den Ansätzen der NÖ Richtsatzverordnung, LGBl. 9200/1–10, gebührende Geldleistung solange weiter zu gewähren, bis der Anspruch auf die haushaltsbezogene Geldleistung nach diesem Gesetz gleich hoch ist wie die bisherige Geldleistung.

(3) Alleinstehende Personen, die nach dem 31. August 2010 erstmals einen Anspruch auf Geldleistungen zur Deckung des notwendigen Lebensunterhaltes (§§ 10 Abs. 1 und 11) nach diesem Gesetz haben, erhalten zum Mindeststandard nach § 11 Abs. 1 Z 1 eine befristete monatliche Zusatzleistung in folgender Höhe:

1. von 1. September 2010 bis 31. Dezember 2010 20 Euro monatlich,
2. von 1. Jänner 2011 bis 31. Dezember 2011 10 Euro monatlich.

(4) Über Rechtsansprüche auf Leistung von Hilfe zum Lebensunterhalt oder Hilfe bei Krankheit, Schwangerschaft und Entbindung, die bis zum Inkrafttreten dieses Gesetzes zustehen, ist auf Grund der Rechtslage des NÖ Sozialhilfegesetzes 2000, LGBl. 9200–7, abzusprechen.

(5) Auf Ersatzansprüche und Ansprüche auf Rückerstattung für Leistungen, die für die Zeit vor dem Inkrafttreten dieses Gesetzes gewährt wurden, ist das NÖ Sozialhilfegesetz 2000, LGBl. 9200–7, anzuwenden.

(6) Die auf der Grundlage des NÖ Sozialhilfegesetzes 2000, LGBl. 9200, erlassene Verordnung über die Berücksichtigung von Eigenmitteln, LGBl. 9200/2-1, gilt als Verordnung aufgrund dieses Gesetzes.

(7) Die Bezirksverwaltungsbehörden haben eine Neubemessung jener Geldleistungen zur Deckung des notwendigen Lebensunterhaltes und Wohnbedarfes (§ 10 Abs. 1 und Abs. 3), die volljähren Personen mit Anspruch auf Familienbeihilfe mit Bescheid nach diesem Gesetz gewährt wurden, von Amts wegen mit Bescheid durchzuführen. Diese Bescheide sind innerhalb von vier Monaten nach In-Kraft-Treten der Änderung dieses Gesetzes zu erlassen und angemessen, maximal jedoch mit 12 Monaten zu befristen. Bei dauernder Arbeitsunfähigkeit kann die Befristung entfallen. In diesen Bescheiden ist die ab In-Kraft-Treten der Änderung dieses Gesetzes zustehende Höhe der Geldleistung festzusetzen.

(8) Aus Anlass der Neubemessung gemäß Abs. 8 ist eine Reduzierung einer rechtskräftig zuerkannten Geldleistung zur Deckung des Lebensunterhaltes und Wohnbedarfes bei unveränderten Anspruchsvoraussetzungen nicht zulässig.

(9) Allen am 1. Jänner 2014 noch nicht rechtskräftig abgeschlossenen Verfahren auf Zuerkennung, Weitergewährung oder Erhöhung von Leistungen der Bedarfsorientierten Mindestsicherung zur Deckung des notwendigen Lebensunterhaltes und Wohnbedarfes (§ 10 Abs. 1 und Abs. 3) sind für die Zeit bis zum 31. Dezember 2013 die bis zu diesem Zeitpunkt jeweils für die Beurteilung des Anspruches geltenden Bestimmungen des NÖ Mindestsicherungsgesetzes, LGBl. 9205–1, der NÖ Mindeststandardverordnung, LGBl. 9205/1–3, und der Verordnung über die Berücksichtigung von Eigenmitteln, LGBl. 9200/2–3, zugrunde zu legen.

(10) Abs. 10 gilt auch für Beschwerdeverfahren.

(11) Auf alle am 1. Jänner 2017 noch nicht rechtskräftig abgeschlossenen Verfahren auf Zuerkennung, Weitergewährung, Erhöhung oder Kürzung von Leistungen der Bedarfsorientierten Mindestsicherung zur Deckung des notwendigen Lebensbedarfes und Wohnbedarfes sind die geltenden Bestimmungen des NÖ Mindestsicherungsgesetzes, LGBl. 9205 in der Fassung LGBl. Nr. 24/2016, der NÖ Mindeststandardverordnung, LGBl. 9205/1 in der Fassung LGBl. Nr. 120/2015 und der Verordnung über die Berücksichtigung von Eigenmitteln, LGBl. 9200/2-4, anzuwenden.

(12) Abs. 12 gilt auch für Beschwerdeverfahren.

(13) Auf Ersatzansprüche und Ansprüche auf Rückerstattung für Leistungen, die für die Zeit vor dem Inkrafttreten dieses Gesetzes, LGBl. 103/2016, gewährt wurden, ist das NÖ Mindestsicherungsgesetz, LGBl. 9205 in der Fassung LGBl. Nr. 24/2016 anzuwenden.

In-Kraft-Treten

§ 44. (1) Dieses Gesetz tritt am 1. September 2010 in Kraft.

(2) Verordnungen auf Grund dieses Gesetzes können bereits ab dem auf seine Kundmachung folgenden Tag erlassen werden. Sie treten jedoch frühestens gemeinsam mit diesem Gesetz in Kraft.

(3) Der den § 13a betreffende Eintrag im Inhaltsverzeichnis, § 6 Abs. 2a Z 2 bis Z 4 und Abs. 2b, § 8 Abs. 2a, § 9 Abs. 1 Z 5 und Z 6 und Abs. 3, § 13a, § 18 Abs. 2 Z 7 und § 24 Abs. 1 in der Fassung des Landesgesetzes, LGBl. Nr. 71/2015 treten mit dem der Kundmachung folgenden Monatsersten in Kraft.

(4) § 23 Abs. 2 in der Fassung des Landesgesetzes LGBl. Nr. 96/2015 tritt am 1. Jänner 2017 in Kraft.

(5) Der die §§ 7b bis 7d, 11a, 11b und 26a betreffende Eintrag im Inhaltsverzeichnis, § 7 Abs. 4 bis 9, § 7a Abs. 2 und 3, §§ 7b bis 7d, § 10 Abs. 1 und 4, § 11 Abs. 1, §§ 11a und 11b, § 13a Abs. 1, § 15 Abs. 3 bis 5, § 23 Abs. 2, § 18 Abs. 2a, § 25 Abs. 1, § 26a sowie die Anlage A in der Fassung des Landesgesetzes LGBl. Nr. 103/2016 treten am 1. Jänner 2017 in Kraft.

(6) § 31 Abs. 2 und § 43 Abs. 6 bis 13 in der Fassung des Landesgesetzes LGBl. Nr. 63/2017 treten am 1. Jänner 2018 in Kraft. Der den § 40 betreffende Eintrag im Inhaltsverzeichnis, § 40 sowie § 43 Abs. 6 in der Fassung des Landesgesetzes LGBl. Nr. 103/2016 treten mit Ablauf des 31. Dezember 2017 außer Kraft.

(7) Das Inhaltsverzeichnis, § 18 Abs. 1, 2, 6 und 7, die Überschrift des § 41 und § 41 in der Fassung des Landesgesetzes LGBl. Nr. 23/2018 treten am 25. Mai 2018 in Kraft. Gleichzeitig tritt § 4 Abs. 2 Z 8 außer Kraft.

Anlage A
Integrationserklärung

Familienname ______________________________

Vorname ___________________________________

Geburtsdatum ______________________________

Staatsangehörigkeit _________________________

Präambel

Sie haben einen Antrag auf Leistungen der Bedarfsorientierten Mindestsicherung gestellt. Wir erwarten daher von Ihnen die aktive Mitarbeit im Rahmen der Integration. In Österreich leben Menschen mit unterschiedlicher Herkunft und Geschichte friedlich zusammen. Das ist durch Gesetz gesichert und den Menschen wichtig. Das Land Niederösterreich möchte Sie über diese Grundregeln des Zusammenlebens informieren. Weiters möchten wir Ihnen vermitteln, welche Integrationsmaßnahmen von Menschen in Österreich erwartet werden, um soziale Sicherheit und ein positives Zusammenleben zu sichern.

Grundlegende Werte des Zusammenlebens in Österreich

Das gesellschaftliche Zusammenleben basiert auf den folgenden grundlegenden Werten der Rechts- und Gesellschaftsordnung, die für alle Menschen in Österreich gelten und die im Rahmen des Werte- und Orientierungskurses des Österreichischen Integrationsfonds (ÖIF) vertiefend vermittelt werden:

- Österreich ist ein liberaler Staat, der der Menschenwürde, Freiheit und Gleichheit verpflichtet ist. In Österreich gelten die individuelle Freiheit und Selbstbestimmung im Rahmen der Gesetze. Unbedingt gilt in Österreich die Gleichberechtigung von Mann und Frau per Gesetz und in allen Lebensbereichen.
- Österreich ist ein Rechtsstaat, dessen Verwaltung und Gerichte allein auf Grundlage der Gesetze tätig sind. Daher handelt auch die Polizei ausschließlich nach den Gesetzen, ebenso wie alle Menschen in Österreich verpflichtet sind, die Gesetze zu befolgen. Der Staat schützt die Religionsfreiheit, solange sie im Rahmen der Gesetze ausgeübt wird. Religiöse Vorschriften stehen in Österreich nicht über den Gesetzen. Der Staat handelt nicht nach Regeln oder Schriften einer Religion, sondern nur aufgrund von Gesetzen.
- Österreich ist eine Demokratie, deren Gesetze vom Volk ausgehen. VolksvertreterInnen, die in freien Wahlen gewählt werden, verhandeln und beschließen diese Gesetze. Bildung ist eine wesentliche Voraussetzung dafür, dass man selbstbestimmt an politischen Diskussionen und damit auch an der öffentlichen Willensbildung aktiv teilnehmen kann. Für Mädchen und Buben besteht eine Kindergarten- und Schulpflicht.
- Österreich ist eine Republik, deren Grundlage die gesellschaftliche Solidarität ist. Sie beruht auf der Leistung und dem Einsatz jedes Einzelnen und hat das Gemeinwohl zum Ziel. Im Sinne einer solidarischen Gesellschaft hat jeder Mensch in Österreich seinen Beitrag zum raschen Erreichen der Selbsterhaltungsfähigkeit zu leisten. Ein Missbrauch staatlicher Leistungen wird streng geahndet.
- Österreich ist ein föderaler Bundesstaat. Seine Verfassung und die daraus abgeleiteten Werte der Rechts- und Gesellschaftsordnung bilden den Rahmen für die kulturelle Vielfalt in Österreich.
- Österreich ist ein gewaltentrennender Staat, dessen Macht auf verschiedene Organe und Institutionen verteilt ist, die sich wechselseitig kontrollieren. Daher ist es in Österreich ausgeschlossen, dass eine Person alle Staatsmacht auf sich vereinigt.

Verstöße gegen diese Grundwerte können rechtliche Sanktionen nach sich ziehen. Diese reichen von Geld- und Gefängnisstrafen bis hin zur Aberkennung des Aufenthaltsrechts.

Integrationsmaßnahmen

Integrationsmaßnahmen sind die Basis dafür, dass Menschen in Österreich für sich und ihre Familie sorgen sowie am gesellschaftlichen Leben teilhaben können. Alle Menschen, die in Österreich bleiben können, haben folgende Integrationsleistungen zu erfüllen:

- Erlernen der Deutschen Sprache – Verpflichtender Besuch von Deutschkursen.
- Aneignen von Kenntnissen über die Grundwerte unserer Gesellschaft durch Besuch von Werte- und Orientierungskursen.
- Ergreifung aller Maßnahmen, die geeignet sind, die soziale Stabilisierung zu verbessern (Arbeitstraining, gemeinnützige Hilfstätigkeit, usw..)
- Erwerb von Qualifikationen, die auf eine Erwerbstätigkeit abzielen sowie Bereitschaft zur Aufnahme einer Arbeit.

Der Verstoß gegen Gesetze sowie die Verweigerung von Integrationsmaßnahmen ziehen Sanktionen nach sich. Diese können Leistungskürzungen oder Strafen sein.

Hiermit erkläre ich, die grundlegenden Werte des Zusammenlebens in Österreich vollinhaltlich anzuerkennen und einzuhalten sowie den Inhalt der Integrations-erklärung gänzlich zur Kenntnis zu nehmen und verstanden zu haben. Ich werde die darin enthaltenen Integrationsverpflichtungen zu meinem individuellen und zum gesamtgesellschaftlichen Wohl erfüllen und eigenverantwortlich an meinem Integrationsprozess mitwirken.

____

Eigenhändige Unterschrift
des Antragstellers oder des gesetzlichen Vertreters

____

Ort, Datum

NÖ Mindeststandardverordnung

NÖ Mindeststandardverordnung, LGBl NÖ 2010/78 idF

1	LGBl NÖ 2010/110	2	LGBl NÖ 2011/136	3	LGBl NÖ 2012/149
4	LGBl NÖ 2013/166	5	LGBl NÖ 2014/125	6	LGBl NÖ 2015/120
7	LGBl NÖ 2016/104	8	LGBl NÖ 2017/104	9	LGBl NÖ 2019/3

GLIEDERUNG

NÖ Mindeststandardverordnung (NÖ MSV)
(LGBl NÖ 2019/3)

Die NÖ Landesregierung hat am 19. Dezember 2017 aufgrund des § 11 und 11a des NÖ Mindestsicherungsgesetzes, LGBl. 9205 in der Fassung LGBl. Nr. 63/2017, verordnet:

Geldleistungen zur Deckung des Lebensunterhaltes und Wohnbedarfes nach § 11 NÖ MSG

§ 1. (1) Der **Mindeststandard** an monatlichen Geldleistungen zur **Deckung des notwendigen Lebensunterhaltes** beträgt für:

1. Alleinstehende oder Alleinerziehende: .... 664,10 Euro;
2. volljährige Personen, die mit anderen volljährigen Personen im gemeinsamen Haushalt leben:
   a) je Person .... 498,08 Euro;
   b) ab der dritten leistungsberechtigten volljährigen Person, wenn diese gegenüber einer anderen Person im gemeinsamen Haushalt unterhaltsberechtigt ist: .. 332,06 Euro;
3. minderjährige Personen, die mit zumindest einer ihnen gegenüber unterhaltspflichtigen oder volljährigen Person im gemeinsamen Haushalt leben und für die ein Anspruch auf Familienbeihilfe besteht: .... 152,75 Euro.

(2) Der **Mindeststandard** an monatlichen Geldleistungen zur **Deckung des Wohnbedarfes** beträgt für Personen, mit Ausnahme solcher, die eine Eigentumswohnung oder ein Eigenheim bewohnen:

1. Alleinstehende oder Alleinerziehende: . bis zu 221,37 Euro;
2. volljährige Personen, die mit anderen volljährigen Personen im gemeinsamen Haushalt leben:
   a) je Person .... bis zu 166,02 Euro;
   b) ab der dritten leistungsberechtigten volljährigen Person, wenn diese gegenüber einer anderen Person im gemeinsamen Haushalt unterhaltsberechtigt ist: .. bis zu 110,68 Euro;
3. minderjährige Personen, die mit zumindest einer ihnen gegenüber unterhaltspflichtigen oder volljährigen Person im gemeinsamen Haushalt leben und für die ein Anspruch auf Familienbeihilfe besteht: .. bis zu 50,91 Euro;

(3) Für **Personen**, die eine **Eigentumswohnung oder ein Eigenheim bewohnen**, verringern sich die jeweiligen **Mindeststandards** an monatlichen Geldleistungen zur **Deckung des Wohnbedarfes** nach Abs. 2 um 50%.

§ 1a. (aufgehoben)

Betrag zur Deckung persönlicher Bedürfnisse hilfsbedürftiger Menschen in stationären Einrichtungen

§ 2. Der monatliche Geldbetrag für hilfsbedürftige, in stationären Einrichtungen untergebrachte Menschen wird mit einem Betrag in Höhe von 71,16 Euro festgesetzt.

Leistungsausmaß, Neubemessung

§ 3. (1) Die Geldleistungen nach §§ 1 und 2 sind 12 Mal pro Jahr zu gewähren. Der Geldbetrag nach § 2 verdoppelt sich darüber hinaus im Auszahlungsmonat Dezember eines jeden Jahres.

(2) Die Mindeststandards nach § 1 Abs. 1 Z 1 und Abs. 2 Z 1 sowie der Betrag nach § 2 sind zu Beginn eines jeden Kalenderjahres mit dem gleichen Prozentsatz wie der Ausgleichszulagenrichtsatz nach § 293 Abs. 1 lit.a bb) ASVG neu zu bemessen. Daran anknüpfend werden die übrigen Mindeststandards nach § 1 ebenfalls jährlich neu bemessen.

Zusatzleistung

§ 4. Alleinstehende, die nach dem 31. August 2010 erstmals einen Anspruch auf Geldleistungen zur Deckung des notwendigen Lebensunterhaltes nach §§ 10 Abs. 1 und 11 des NÖ Mindestsicherungsgesetzes (NÖ MSG), LGBl. 9205, haben, erhalten zusätzlich zum Mindeststandard nach § 1

Abs. 1 Z 1 eine befristete monatliche Zusatzleistung in folgender Höhe:

1. von 1. September 2010 bis 31. Dezember 2010 .... 20 Euro monatlich,
2. von 1. Jänner 2011 bis 31. Dezember 2011 10 Euro monatlich.

In-Kraft-Treten

§ 5. (1) Diese Verordnung tritt am 1. September 2010 in Kraft.

(2) § 1 Abs. 1 und Abs. 2 sowie § 2 in der Fassung LGBl. Nr. 120/2015 treten am 1. Jänner 2016 in Kraft.

(3) § 1 Abs. 1 und Abs. 2 sowie § 2 in der Fassung der Verordnung LGBl. Nr. 104/2016 treten am 1. Jänner 2017 in Kraft.

(4) §§ 1, 1a, 2 sowie § 3 Abs. 1 in der Fassung der Verordnung LGBl. Nr. 104/2017 treten am 1. Jänner 2018 in Kraft.

(5) § 1 Abs. 1 und Abs. 2 sowie § 2 in der Fassung der Verordnung LGBl. Nr. 3/2019 treten am 1. Jänner 2019 in Kraft.

Oö. Mindestsicherungsgesetz

Oö. Mindestsicherungsgesetz, LGBl OÖ 2011/74 idF

1	LGBl OÖ 2013/18	2	LGBl OÖ 2013/90	3	LGBl OÖ 2014/55
4	LGBl OÖ 2016/36	5	LGBl OÖ 2017/24	6	LGBl OÖ 2017/41
7	LGBl OÖ 2017/52	8	LGBl OÖ 2018/55	9	LGBl OÖ 2018/136

GLIEDERUNG

Landesgesetz, mit dem das Gesetz über die bedarfsorientierte Mindestsicherung in Oberösterreich (Oö. Mindestsicherungsgesetz – Oö. BMSG) erlassen wird

(LGBl OÖ 2011/74)

Der Landtag hat beschlossen:

1. HAUPTSTÜCK
ALLGEMEINE BESTIMMUNGEN

Aufgabe und Ziele bedarfsorientierter Mindestsicherung

§ 1. (1) Aufgabe bedarfsorientierter Mindestsicherung ist die Ermöglichung und Sicherstellung eines menschenwürdigen Lebens sowie die damit verbundene dauerhafte Einbeziehung in die Gesellschaft für jene, die dazu der Hilfe der Gemeinschaft bedürfen.

(2) Durch bedarfsorientierte Mindestsicherung soll(en)

1. soziale Notlagen vermieden werden (präventive Hilfe),
2. Personen befähigt werden, soziale Notlagen aus eigener Kraft abzuwenden und dauerhaft zu überwinden (Hilfe zur Selbsthilfe),
3. die notwendigen Bedürfnisse von Personen, die sich in sozialen Notlagen befinden, gedeckt werden (Hilfe zur Bedarfsdeckung),
4. eine nachhaltige soziale Stabilisierung angestrebt werden.

Grundsätze für die Leistung bedarfsorientierter Mindestsicherung

§ 2. (1) Bei der Leistung bedarfsorientierter Mindestsicherung ist auf die besonderen Umstände des Einzelfalls Bedacht zu nehmen. Dazu gehören insbesondere Eigenart und Ursache der drohenden, bestehenden oder noch nicht dauerhaft überwundenen sozialen Notlage, weiters der körperliche, geistige und psychische Zustand der hilfebedürftigen Person sowie deren Fähigkeiten, Beeinträchtigungen und das Ausmaß ihrer sozialen Integration. (Individualitätsprinzip)

(2) Bedarfsorientierte Mindestsicherung hat rechtzeitig einzusetzen. (Rechtzeitigkeitsprinzip)

(3) Form und Umfang bedarfsorientierter Mindestsicherung sind so zu wählen, dass die Stellung der hilfebedürftigen Person innerhalb ihrer Familie und ihrer sonstigen sozialen Umgebung nach Möglichkeit erhalten und gefestigt wird. (Integrationsprinzip)

(4) Die bedarfsorientierte Mindestsicherung umfasst auch die erforderliche Beratung und Betreuung in sozialen Angelegenheiten. Sie soll eine dauerhafte (Wieder-)Eingliederung ihrer Bezieherinnen und Bezieher in das Erwerbsleben fördern. (Prinzip der persönlichen Hilfe)

(5) Die Leistungen bedarfsorientierter Mindestsicherung sind subsidiär. (Subsidiaritätsprinzip)

(6) Ein Rechtsanspruch auf bedarfsorientierte Mindestsicherung oder eine bestimmte Form bedarfsorientierter Mindestsicherung besteht nur, wenn es dieses Landesgesetz ausdrücklich bestimmt. (Prinzip der eingeschränkten Rechtsansprüche)

(7) Leistungen bedarfsorientierter Mindestsicherung können weder gepfändet noch verpfändet werden. Die rechtswirksame Übertragung von Rechtsansprüchen auf bedarfsorientierte Mindestsicherung ist nur mit Zustimmung der für die Bescheiderlassung zuständigen Behörde möglich, wenn die Übertragung im Interesse der hilfebedürftigen Person gelegen ist. (Prinzip der eingeschränkten Übertragbarkeit)

(8) Kindern, die in Haushaltsgemeinschaft mit Bezieherinnen oder Beziehern bedarfsorientierter Mindestsicherung leben, soll eine altersgerechte Beteiligung am gesellschaftlichen Leben ermöglicht werden. (Prinzip der Chancengleichheit für Kinder)

Grundsätze für die Erbringung bedarfsorientierter Mindestsicherung

§ 3. (1) Die Erbringung von Leistungen der bedarfsorientierten Mindestsicherung hat in fachgerechter Weise zu erfolgen. Dabei sind einschlägige wissenschaftliche Erkenntnisse und daraus entwickelte Lösungsansätze zu berücksichtigen.

(2) Die mit der Durchführung von Aufgaben nach diesem Landesgesetz betrauten Personen

müssen für diese Aufgaben fachlich und persönlich geeignet sein. Die im Rahmen der Leistung bedarfsorientierter Mindestsicherung tätigen Behörden und Träger haben für die notwendige Fortbildung zu sorgen.

(3) Den mit der unmittelbaren Leistungserbringung betrauten Personen sind lösungsorientierte methodisch-fachliche Reflexionen anzubieten und im erforderlichen Ausmaß zu ermöglichen. Davon sind jedenfalls jene Personen nicht erfasst, die lediglich mit der administrativen Umsetzung der Leistung betraut sind.

(4) Die Träger bedarfsorientierter Mindestsicherung und die mit der Vollziehung betrauten Behörden sollen bei der Erfüllung der Aufgaben nach diesem Landesgesetz mit allen in Betracht kommenden Trägern anderer Sozialleistungen, erforderlichenfalls auch länderübergreifend, sowie mit den Trägern der freien Wohlfahrt zusammenarbeiten.

2. HAUPTSTÜCK
VORAUSSETZUNGEN FÜR DIE LEISTUNG BEDARFSORIENTIERTER MINDESTSICHERUNG

Persönliche Voraussetzungen für die Leistung bedarfsorientierter Mindestsicherung

§ 4. (1) Bedarfsorientierte Mindestsicherung kann, sofern dieses Landesgesetz nicht anderes bestimmt, nur Personen geleistet werden, die

1. ihren gewöhnlichen Aufenthalt im Land Oberösterreich haben und die Voraussetzungen des § 19 oder des § 19a Meldegesetz, BGBl. Nr. 9/1992, in der Fassung des Bundesgesetzes BGBl. I Nr. 135/2009, erfüllen und
2. a) österreichische Staatsbürgerinnen und -bürger oder deren Familienangehörige,
   b) Asylberechtigte oder subsidiär Schutzberechtigte,
   c) EU-/EWR-Bürgerinnen oder -Bürger, Schweizer Staatsangehörige oder deren Familienangehörige, jeweils soweit sie durch den Bezug dieser Leistungen nicht ihr Aufenthaltsrecht verlieren würden,
   d) Personen mit einem Aufenthaltstitel „Daueraufenthalt – EG“ oder „Daueraufenthalt – Familienangehörige“ oder mit einem Niederlassungsnachweis oder einer unbefristeten Niederlassungsbewilligung,
   e) Personen mit einem sonstigen dauernden Aufenthaltsrecht im Inland, soweit sie durch den Bezug dieser Leistungen nicht ihr Aufenthaltsrecht verlieren würden,

   sind.

(2) Bedarfsorientierte Mindestsicherung kann im Einzelfall – abweichend von Abs. 1 – auf der Grundlage des Privatrechts geleistet werden, soweit

1. der Lebensunterhalt nicht anderweitig gesichert ist oder gesichert werden kann und
2. dies zur Vermeidung besonderer Härten unerlässlich ist.

(3) Abweichend von Abs. 1 erhalten erwachsene sowie begleitete minderjährige Personen nach Abs. 1 Z 2 lit. b, denen kein dauerndes Aufenthaltsrecht im Inland nach der Konvention über die Rechtsstellung der Flüchtlinge, BGBl. Nr. 55/1955, sowie auf diese Bezug nehmende verpflichtende unionsrechtliche oder diese umsetzende bundesrechtliche Vorschriften zukommt, insbesondere Asylberechtigte mit befristeter Aufenthaltsberechtigung (§ 3 Abs. 4 Asylgesetz 2005, BGBl. I Nr. 100/2005, in der Fassung des Bundesgesetzes BGBl. I Nr. 24/2016) und subsidiär Schutzberechtigte, zur Deckung des Lebensunterhalts und Wohnbedarfs eine Basisleistung sowie einen vorläufigen Steigerungsbetrag nach Maßgabe des § 13.

Sachliche Voraussetzungen für die Leistung bedarfsorientierter Mindestsicherung

§ 5. Voraussetzung für die Leistung bedarfsorientierter Mindestsicherung ist, dass eine Person im Sinn des § 4

1. von einer sozialen Notlage (§ 6) betroffen ist und
2. bereit ist, sich um die Abwendung, Milderung bzw. Überwindung der sozialen Notlage zu bemühen (§ 7).

Soziale Notlage

§ 6. (1) Eine soziale Notlage liegt bei Personen vor,

1. die ihren eigenen Lebensunterhalt und Wohnbedarf oder
2. den Lebensunterhalt und Wohnbedarf von unterhaltsberechtigten Angehörigen, die mit ihnen in Haushaltsgemeinschaft leben,

nicht decken oder im Zusammenhang damit den erforderlichen Schutz bei Krankheit, Schwangerschaft und Entbindung nicht gewährleisten können.

(2) Der Lebensunterhalt im Sinn des Abs. 1 umfasst den Aufwand für die regelmäßig wiederkehrenden Bedürfnisse zur Führung eines menschenwürdigen Lebens, insbesondere für Nahrung, Bekleidung, Körperpflege, Hausrat, Beheizung und Strom sowie andere persönliche Bedürfnisse, wie die angemessene soziale und kulturelle Teilhabe.

(3) Der Wohnbedarf nach Abs. 1 umfasst den für die Gewährleistung einer angemessenen Wohnsituation erforderlichen regelmäßig wiederkehrenden Aufwand für Miete, allgemeine Betriebskosten und Abgaben.

(4) Eine soziale Notlage liegt auch bei Personen vor, die

1. von Gewalt durch Angehörige betroffen sind,

2. von Wohnungslosigkeit betroffen sind,
3. von Schuldenproblemen betroffen sind,
4. auf Grund ihrer besonderen persönlichen, familiären oder wirtschaftlichen Verhältnisse oder infolge außergewöhnlicher Ereignisse einer sozialen Gefährdung ausgesetzt sind, die nur durch Gewährung einmaliger Leistungen der bedarfsorientierten Mindestsicherung behoben werden kann.

(5) Nicht als soziale Notlage gelten Situationen, für die bereits auf der Basis anderer gesetzlicher Grundlagen ausreichend Vorsorge getroffen wurde oder durch andere Gesetze zur Sicherung von Interessen Dritter Zugriffe unter das Mindestsicherungsniveau zugelassen sind.

Bemühungspflicht

§ 7. (1) Die Leistung bedarfsorientierter Mindestsicherung setzt die Bereitschaft der hilfebedürftigen Person voraus, in angemessener, ihr möglicher und zumutbarer Weise zur Abwendung, Milderung bzw. Überwindung der sozialen Notlage sowie gegebenenfalls zur Integration beizutragen. Eine Bemühung ist jedenfalls dann nicht angemessen, wenn sie offenbar aussichtslos wäre.

(2) Als Beitrag der hilfebedürftigen Person im Sinn des Abs. 1 gelten insbesondere:

1. der Einsatz der eigenen Mittel nach Maßgabe der §§ 8 bis 10;
2. der Einsatz der Arbeitskraft nach Maßgabe des § 11;
3. die Verfolgung von Ansprüchen gegen Dritte, bei deren Erfüllung die Leistung bedarfsorientierter Mindestsicherung nicht oder nicht in diesem Ausmaß erforderlich wäre;
3a. die erforderlichen Maßnahmen zur Integration nach Maßgabe des § 11a sowie
4. die Umsetzung ihr von einem Träger bedarfsorientierter Mindestsicherung oder einer Behörde nach diesem Landesgesetz aufgetragener Maßnahmen zur Abwendung, Milderung bzw. Überwindung der sozialen Notlage.

(3) Sofern Ansprüche gemäß Abs. 2 Z 3 nicht ausreichend verfolgt werden, ist – unbeschadet des § 8 Abs. 4 – die unmittelbar erforderliche Bedarfsdeckung sicherzustellen.

Einsatz der eigenen Mittel

§ 8. (1) Die Leistung bedarfsorientierter Mindestsicherung hat unter Berücksichtigung

1. des Einkommens und des verwertbaren Vermögens der hilfebedürftigen Person sowie
2. tatsächlich zur Verfügung stehender Leistungen Dritter

zu erfolgen.

(2) Bei der Leistung bedarfsorientierter Mindestsicherung wird das Einkommen der (des) im gemeinsamen Haushalt lebenden Ehegattin oder Ehegatten, Lebensgefährtin oder Lebensgefährten bzw. Lebenspartnerin oder Lebenspartners insoweit als Einkommen der hilfebedürftigen Person betrachtet, als es jenen Betrag übersteigt, der ihr oder ihm zustünde, wenn sie oder er selbst auf bedarfsorientierte Mindestsicherung angewiesen wäre.

(2a) Im Fall der Gewährung eines Beschäftigungs-Einstiegsbonus (§ 18a) darf dieser bei der Bemessung der Leistungen der bedarfsorientierten Mindestsicherung nicht berücksichtigt werden.

(3) Das Einkommen in Haushaltsgemeinschaft mit hilfebedürftigen Personen lebender Kinder ist bis zur Erreichung der Volljährigkeit ausschließlich zur eigenen Bedarfsdeckung zu berücksichtigen.

(4) Ansprüche hilfebedürftiger Personen, die zur zumindest teilweisen Bedarfsdeckung nach diesem Landesgesetz geeignet sind, sind auf Verlangen des zuständigen Trägers der bedarfsorientierten Mindestsicherung diesem zur Rechtsverfolgung zu übertragen.

Ausnahmen vom Einsatz des eigenen Einkommens

§ 9. (1) Beim Einsatz der eigenen Mittel dürfen folgende Einkünfte nicht berücksichtigt werden:

1. freiwillige Zuwendungen der freien Wohlfahrtsträger oder Leistungen, die von Dritten ohne rechtliche Verpflichtung erbracht werden, außer diese erreichen ein Ausmaß oder eine Dauer, dass keine Leistungen bedarfsorientierter Mindestsicherung mehr erforderlich wären – es sei denn, es handelt sich bei der Empfängerin oder dem Empfänger dieser Leistungen um eine Person im Sinn des § 4 Abs. 2;
2. Leistungen nach dem Familienlastenausgleichsgesetz 1967 (mit Ausnahme von Zuwendungen aus dem Familienhospizkarenz-Härteausgleich) und die im Zusammenhang mit der Familienbeihilfe zuerkannten Kinderabsetzbeträge;
3. Pflegegeld nach bundes- oder landesrechtlichen Vorschriften oder andere pflegebezogene Geldleistungen, die zur Deckung von Aufwendungen für den eigenen Pflegebedarf zuerkannt wurden.

(2) Durch Verordnung der Landesregierung ist festzulegen, dass beim Einsatz des eigenen Einkommens von Hilfebedürftigen, die nach längerer Erwerbslosigkeit oder bei erstmaliger Aufnahme einer Erwerbstätigkeit Einkommen aus einer Erwerbstätigkeit erzielen oder in vergleichbarer Weise zur Milderung der sozialen Notlage beitragen, ein angemessener Freibetrag nicht zu berücksichtigen ist.

(3) Durch Verordnung der Landesregierung können nähere Bestimmungen hinsichtlich der Anrechnung einzelner Einkommensarten, insbesondere solche, die nicht monatlich zur Auszahlung gelangen, sowie weitere Ausnahmen vom Einsatz des eigenen Einkommens festgelegt werden. Dabei ist auf die Aufgaben, Ziele und Grundsätze dieses Landesgesetzes Bedacht zu nehmen.

(4) Für persönliche Hilfe in Form von Beratung, Begleitung oder Betreuung darf kein Einsatz eigenen Einkommens verlangt werden.

Ausnahmen vom Einsatz des eigenen Vermögens

§ 10. (1) Die Verwertung von Vermögen darf nicht verlangt werden, wenn dadurch eine Notlage erst ausgelöst, verlängert oder deren Überwindung gefährdet wird. Dies ist insbesondere anzunehmen bei:

1. Gegenständen, die zur Erwerbsausübung oder Befriedigung angemessener geistigkultureller Bedürfnisse erforderlich sind;
2. Gegenständen, die als angemessener Hausrat anzusehen sind;
3. Kraftfahrzeugen, die berufsbedingt oder auf Grund besonderer Umstände (insbesondere einer Beeinträchtigung oder unzureichender Infrastruktur am Wohnort) erforderlich sind;
4. Ersparnissen bis zu einem Freibetrag in Höhe des Fünffachen des Netto-Ausgleichszulagen-Richtsatzes für Alleinstehende;
5. sonstigen Vermögenswerten ausgenommen Immobilien, soweit sie den Freibetrag nach Z. 4 nicht übersteigen und solange Leistungen der bedarfsorientierten Mindestsicherung, auf die ein Rechtsanspruch besteht, nicht länger als sechs unmittelbar aufeinander folgende Monate bezogen werden.

Die Ausnahmen in Z 4 und 5 sind jedenfalls nur einmal pro Haushalt zu berücksichtigen.

(2) Von der Verwertung von unbeweglichem Vermögen ist vorerst abzusehen, wenn dieses der Deckung des unmittelbaren Wohnbedarfs der Person, die Leistungen der bedarfsorientierten Mindestsicherung geltend macht und der mit ihr in Haushaltsgemeinschaft lebenden Personen dient. Werden Leistungen länger als sechs unmittelbar aufeinander folgende Monate bezogen, kann eine grundbücherliche Sicherstellung der Ersatzforderung vorgenommen werden.

(3) Für die Sechsmonatsfrist des Abs. 1 Z 5 und Abs. 2 sind auch frühere ununterbrochene Bezugszeiten von jeweils mindestens zwei Monaten zu berücksichtigen, wenn sie nicht länger als zwei Jahre vor dem neuerlichen Bezugsbeginn liegen.

(4) Für persönliche Hilfe in Form von Beratung, Begleitung oder Betreuung darf kein Einsatz eigenen Vermögens verlangt werden.

Einsatz der Arbeitskraft

§ 11. (1) Hilfebedürftige haben ihre Arbeitskraft in zumutbarer Weise einzusetzen und sich um entsprechende Erwerbsmöglichkeiten zu bemühen.

(2) Bei der Beurteilung der Zumutbarkeit ist auf die persönliche und familiäre Situation der hilfesuchenden Person sowie auf die Eigenart und Ursache der sozialen Notlage Bedacht zu nehmen.

(3) Der Einsatz der Arbeitskraft darf insbesondere nicht verlangt werden von

1. arbeitsunfähigen Personen,
2. Personen, die das 60. Lebensjahr vollendet haben,
3. jenem Elternteil, der das im gemeinsamen Haushalt lebende, unterhaltsberechtigte Kind bis zur Vollendung des 3. Lebensjahres überwiegend selbst pflegt und erzieht, sofern auf Grund mangelnder geeigneter Unterbringungsmöglichkeiten (wie Kinderbetreuungseinrichtungen, Tagesmütter oder Tagesväter) keine Beschäftigung aufgenommen werden kann. Bis zur Vollendung des 2. Lebensjahres eines Kindes kann dieser Elternteil auch bei verfügbaren geeigneten Unterbringungsmöglichkeiten vom Einsatz der Arbeitskraft absehen, es sei denn, er hätte bereits bei der Entscheidung zum Bezug des Kinderbetreuungsgeldes eine abweichende Wahl für eine kürzere Bezugsvariante getroffen,
4. Personen, die
   a) nahe Angehörige, eine Lebensgefährtin oder einen Lebensgefährten bzw. eine Lebenspartnerin oder einen Lebenspartner, welche bzw. welcher ein Pflegegeld mindestens der Stufe 3 beziehen bzw. bezieht, überwiegend betreuen, sofern mangels zumutbarer alternativer Betreuungsmöglichkeiten keine Beschäftigung aufgenommen werden kann oder
   b) Sterbebegleitung oder Begleitung von schwersterkrankten Kindern leisten,
5. Schülerinnen und Schüler, die in einer bereits vor Vollendung des 18. Lebensjahres begonnenen und zielstrebig verfolgten Erwerbs- oder Schulausbildung stehen,
6. Personen, die im Einvernehmen mit dem regionalen Träger der bedarfsorientierten Mindestsicherung an einem freiwilligen Integrationsjahr teilnehmen,
7. Personen, die nicht unter die Z 5 fallen und die im Einvernehmen mit dem regionalen Träger der bedarfsorientierten Mindestsicherung
   a) in einer zielstrebig verfolgten Ausbildung zur Erlangung des Pflichtschulabschlusses oder einer Erwerbsausbildung, die den erstmaligen Abschluss einer Lehre zum Ziel hat, stehen oder
   b) an einer mindestens dreimonatigen beruflichen Qualifizierungsmaßnahme oder sonstigen beschäftigungsfördernden Maßnahme teilnehmen, die eine langfristige (Wieder-)Eingliederung in den Arbeitsmarkt maßgeblich erleichtert,

   und eine im Zusammenhang mit dieser Maßnahme zuerkannte regelmäßige Geldleistung des Bundes beziehen.

(3a) Nicht von Abs. 3 Z 7 lit. a erfasst sind Personen, die bereits nach Abschluss der Pflichtschule eine weiterführende allgemeinbildende oder berufsbildende Ausbildung absolviert haben, sofern deren vorhandene Ausbildung am Arbeitsmarkt verwertbar ist.

(3b) Hilfebedürftige fallen nicht unter Abs. 3 Z 7, wenn ihr letztes Arbeitsverhältnis in den letzten sechs Monaten von ihnen oder im Einvernehmen gelöst wurde.

(4) Leistungen der bedarfsorientierten Mindestsicherung, auf die ein Rechtsanspruch besteht, können stufenweise und maximal um die Hälfte gekürzt werden, wenn trotz nachweislicher vorheriger Ermahnung durch die zuständige Behörde keine Bereitschaft zu einem zumutbaren Einsatz der Arbeitskraft besteht. Bei der Entscheidung über das Ausmaß der Reduktion der Leistungen sind die Gründe und die Dauer der Verweigerung zu berücksichtigen.

(5) Leistungen der bedarfsorientierten Mindestsicherung, auf die ein Rechtsanspruch besteht, können im Einzelfall über Abs. 4 hinaus gekürzt werden oder von vornherein nicht gewährt werden. Dies gilt insbesondere dann, wenn die betreffende Person ausdrücklich die Aufnahme einer zumutbaren Beschäftigung verweigert.

(6) Abs. 4 und Abs. 5 gelten sinngemäß, wenn Maßnahmen nach § 19 und § 20 abgelehnt oder nicht zielstrebig verfolgt werden. Entsprechendes gilt, wenn Terminvereinbarungen im Zusammenhang mit diesen Maßnahmen trotz Ermahnung unbegründet nicht eingehalten werden.

(7) Die Deckung des Wohnbedarfs der arbeits- oder unterstützungsunwilligen Person sowie des Lebensunterhalts und des Wohnbedarfs der mit ihr in Haushaltsgemeinschaft lebenden unterhaltsberechtigten Personen, Lebensgefährtinnen oder -gefährten bzw. eingetragene Partnerinnen und Partner darf durch Einschränkungen nach den Abs. 4, 5 und 6 nicht gefährdet werden. Die Bedarfsdeckung im unerlässlichen Ausmaß soll vorzugsweise in Form von Sachleistungen erfolgen.

Integration

§ 11a. (1) Hilfsbedürftige haben sich um die erforderliche Integration mit dem Ziel eines im öffentlichen Interesse gelegenen geordneten und positiven Zusammenlebens in der Gesellschaft zu bemühen. Dies umfasst insbesondere die Umsetzung der gegenüber der Behörde abgegebenen Integrationserklärung.

(2) Die Landesregierung hat durch Verordnung eine verpflichtend zu verwendende Mustererklärung sowie die näheren Vorschriften über das Zustandekommen und die Abgabe der Erklärung festzulegen.

(3) Wenn Hilfsbedürftige trotz nachweislicher vorheriger Ermahnung durch die Behörde die Integrationserklärung nicht einhalten, sonstige erforderliche Maßnahmen zur Integration nach § 7 Abs. 2 Z 3a nicht setzen oder nicht zielstrebig verfolgen, ist der Steigerungsbetrag nach § 13 Abs. 3c stufenweise zu kürzen oder ganz einzustellen.

(4) Leistungen der Gemeinden im Rahmen der Integration können von der Abgabe der Integrationserklärung abhängig gemacht werden.

3. HAUPTSTÜCK
LEISTUNGEN DER BEDARFSORIENTIERTEN MINDESTSICHERUNG

Einteilung und Gegenstand der Leistungen

§ 12. (1) Leistungen der bedarfsorientierten Mindestsicherung werden

1. mit Rechtsanspruch, oder
2. im Rahmen des Privatrechts
   a) für einzelne Hilfesuchende sowie
   b) für Einrichtungen, die zur Verwirklichung der Aufgaben und Ziele der bedarfsorientierten Mindestsicherung beitragen,

erbracht.

(2) Leistungen der bedarfsorientierten Mindestsicherung mit Rechtsanspruch sind:

1. Hilfe zur Sicherung des Lebensunterhalts und des Wohnbedarfs;
2. Hilfe durch Einbeziehung in die Krankenversicherung;
3. Hilfe zur Unterstützung bei der Erziehung und zur Erwerbsbefähigung;
4. der Beschäftigungs-Einstiegsbonus.

(3) Leistungen der bedarfsorientierten Mindestsicherung im Rahmen des Privatrechts für einzelne Hilfesuchende sind insbesondere

1. persönliche Hilfen
   a) durch Beratung, Begleitung oder Betreuung,
   b) durch Hilfe zur Arbeit,
2. Beihilfen zu den Bestattungskosten,
3. einmalige Hilfen in besonderen sozialen Lagen,
4. Hilfe zur Verschaffung einer angemessenen Alterssicherung.

(4) Leistungen der bedarfsorientierten Mindestsicherung im Rahmen des Privatrechts für Einrichtungen sind insbesondere:

1. Sicherstellung von Einrichtungen, die Personen unterstützen, die von Gewalt durch Angehörige betroffen sind;
2. Sicherstellung von Einrichtungen, die Personen unterstützen, die von Wohnungslosigkeit betroffen sind;
3. Sicherstellung von Einrichtungen, die Personen unterstützen, die von Schuldenproblemen betroffen sind.

1. ABSCHNITT
LEISTUNGEN MIT RECHTSANSPRUCH

Monatliche Leistungen im Rahmen der Hilfe zur Sicherung des Lebensunterhalts und des Wohnbedarfs

§ 13. (1) Hilfe zur Sicherung des Lebensunterhalts und des Wohnbedarfs erfolgt durch laufende monatliche Geldleistungen (Mindeststandards), soweit keine Hilfe in Form von Sachleistungen in Betracht kommt und auch keine Bedarfsdeckung durch die Inanspruchnahme von Hilfe zur Arbeit besteht.

(2) Die Landesregierung hat durch Verordnung

1. jährlich zum 1. Jänner die Höhe der Mindeststandards gemäß Abs. 1 und
2. die näheren Kriterien zur Zuordnung zu einzelnen Mindeststandardkategorien gemäß Abs. 3 festzusetzen: sie hat dabei auf die Höhe der um die Beiträge für die gesetzliche Krankenversicherung reduzierte Ausgleichszulage nach den pensionsversicherungsrechtlichen Bestimmungen Bedacht zu nehmen.

(2a) Die Landesregierung kann durch Verordnung jene Sachleistungen und deren anrechenbaren Wert in absoluten Beträgen oder Prozentsätzen des Mindeststandards, die jedenfalls vorrangig vor monatlichen Geldleistungen im Sinn der Anlage in Betracht kommen, sowie nähere Vorschriften über die Anrechnung solcher Sachleistungen einschließlich Gutscheinen festlegen.

(3) Mindeststandards nach Abs. 2 sind in folgenden Relationen bezogen auf den Netto-Ausgleichszulagen-Richtsatz für Alleinstehende jedenfalls festzusetzen für

1. alleinstehende und alleinerziehende hilfebedürftige Personen mindestens 100 %
2. für in Haushaltsgemeinschaft lebende volljährige Personen
   a) pro Person mindestens 75 %
   b) ab der dritten leistungsberechtigten volljährigen Person, wenn diese einer anderen Person im gemeinsamen Haushalt gegenüber unterhaltsberechtigt ist oder sein könnte mindestens 50 %
3. in Haushaltsgemeinschaft lebende unterhaltsberechtigte minderjährige Personen, für die ein Anspruch auf Familienbeihilfe besteht
   a) für die ersten drei minderjährigen Kinder mindestens 18 %
   b) ab dem vierten minderjährigen Kind mindestens 15 %
4. die Deckung persönlicher Bedürfnisse von in stationären Einrichtungen untergebrachten Personen mindestens 16 %

(3a) Gesonderte Mindeststandards sind für volljährige Personen festzusetzen, für die ein Anspruch auf Familienbeihilfe besteht, die als Kind unterhaltsberechtigt sind oder sein könnten und nicht unter § 11 Abs. 3 Z 5 fallen.

(3b) Personen gemäß § 4 Abs. 3 erhalten aus der bedarfsorientierten Mindestsicherung die sich aus der Anlage ergebenden Sach- oder Geldleistungen. Ein Anspruch auf diese Leistungen besteht nur insoweit, als deren Lebensunterhalt und Wohnbedarf nicht im Rahmen der Grundversorgung oder auf der Grundlage des Oö. Sozialhilfegesetzes 1998 oder des Oö. Chancengleichheitsgesetzes gedeckt werden.

(3c) Zusätzlich zur Leistung nach Abs. 3b wird diesen Personen ein vorläufiger Steigerungsbetrag zuerkannt, wenn sie gegenüber der Behörde eine Integrationserklärung abgeben.

(4) Sofern bei hilfesuchenden Personen keine Aufwendungen für den Wohnbedarf zu tätigen sind, ist die Summe der für den Haushalt festgesetzten Mindeststandards um 18 % des Netto-Ausgleichszulagen- Richtsatzes für Alleinstehende zu verringern. Sofern die von der hilfesuchenden Person nach Abzug der Wohnbeihilfe nach dem Oö. Wohnbauförderungsgesetz 1993 und sonstiger unterkunftsbezogener Beihilfen zu tragenden Aufwendungen für den Wohnbedarf 18 % des Netto-Ausgleichszulagen-Richtsatzes für Alleinstehende unterschreiten, ist der Mindeststandard gleichfalls um diesen Betrag zu verringern und der tatsächliche Wohnungsaufwand zuzuschlagen.

(5) Bei der Berechnung der Hilfe zur Sicherung des Lebensunterhalts und des Wohnbedarfs ist grundsätzlich situationsbezogen auf die aktuelle Notlage im Monat der Hilfeleistung abzustellen. Im ersten und letzten Monat der Hilfeleistung ist eine tageweise Aliquotierung vorzunehmen.

(6) Bei wechselnden Einkommen bzw. Anspruchszeiten sowie bei Vorschussleistungen kann zum Ausgleich von allfälligen monatlichen Überbezügen eine Aufrollung vorgenommen werden. Dabei darf im Rahmen der monatlichen Auszahlungen maximal ein Betrag in Höhe von 15 % der zuerkannten Mindeststandards einbehalten werden. Davon unberührt bleiben Rückerstattungs- bzw. Kostenersatzansprüche.

Deckelung der Mindeststandards

§ 13a. (1) Die Summe der Mindeststandards gemäß der Anlage oder der Verordnung im Sinn des § 13 Abs. 2 aller Personen, die in einer Haushaltsgemeinschaft leben, ist mit dem Betrag von 1.500 Euro begrenzt. ~~Bei der Berechnung dieser Summe sind auch jene Personen mit einem fiktiven Mindeststandard zu berücksichtigen, die keinen Antrag gestellt haben oder keinen Leistungsanspruch haben oder haben werden.~~[a]

(LGBl OÖ 2018/136)

[a] Aufgehoben durch Spruch des Verfassungsgerichtshofes vom 11. Dezember 2018, GZ G 156/2018-28.

(2) Im Fall einer Überschreitung des Betrags nach Abs. 1 sind die Mindeststandards aller Personen einer Haushaltsgemeinschaft gleichmäßig prozentuell so zu kürzen, dass ihre Summe den Betrag gemäß Abs. 1 ergibt.

(3) Die Differenz zu den Mindeststandards gemäß der Anlage oder der Verordnung im Sinn des § 13 Abs. 2 der nachstehend genannten Personen wird nach der prozentuellen Kürzung nach Abs. 2 dem Deckel zugeschlagen:

1. arbeitsunfähige Personen;
2. jener Elternteil, der das im gemeinsamen Haushalt lebende, unterhaltsberechtigte Kind bis zur Vollendung des 3. Lebensjahres überwiegend selbst pflegt und erzieht, sofern auf

Grund mangelnder geeigneter Unterbringungsmöglichkeiten (wie Kinderbetreuungseinrichtungen, Tagesmütter oder Tagesväter) keine Beschäftigung aufgenommen werden kann;

3. Personen, die
   a) nahe Angehörige, eine Lebensgefährtin oder einen Lebensgefährten bzw. eine Lebenspartnerin oder einen Lebenspartner, welche bzw. welcher ein Pflegegeld mindestens der Stufe 3 beziehen bzw. bezieht, überwiegend betreuen, sofern mangels zumutbarer alternativer Betreuungsmöglichkeiten keine Beschäftigung aufgenommen werden kann oder
   b) Sterbebegleitung oder Begleitung von schwersterkrankten Kindern leisten;
4. Personen, die erhöhte Familienbeihilfe beziehen oder
5. Personen, die eine Leistung im Sinn des § 8 Oö. Chancengleichheitsgesetz beziehen oder auf Grund einer Minderung der Erwerbsfähigkeit eine vergleichbare Leistung des Bundes erhalten.

(4) Personen, die Einkünfte aus Erwerbstätigkeit erzielen oder unterhaltsrechtliche Leistungen erhalten, wird die Differenz zwischen diesen Einkünften und dem gekürzten Betrag dem Deckel nach Abs. 2 insoweit zugeschlagen, als damit die Summe der Mindeststandards gemäß der Anlage oder der Verordnung im Sinn des § 13 Abs. 2 nicht überschritten würde.

(5) Abweichend von Abs. 4 wird bei Personen, die in keiner unterhaltsrechtlichen Beziehung stehen oder stehen könnten, der Zuschlag zu den Mindeststandards nicht dem Deckel aller Personen, sondern ihrem eigenen gemäß Abs. 2 gekürzten Mindeststandard zugeschlagen.

(6) Die Mindeststandards von unterhaltsberechtigten minderjährigen Personen,

1. die Leistungen nach der Verordnung im Sinn des § 13 Abs. 2 erhalten, sind von der prozentuellen Kürzung nach Abs. 2 insoweit ausgenommen, als deren Mindeststandard eine Höhe von 12 % des Netto-Ausgleichszulagen-Richtsatzes unterschreiten würde;
2. die Leistungen nach der Anlage erhalten, sind von der prozentuellen Kürzung nach Abs. 2 insoweit ausgenommen, als deren Mindeststandard den Betrag gemäß § 1 Abschnitt B Abs. 1 Z 1 lit. b und Z 3 der Anlage unterschreiten würde.

(7) Die Mindeststandards von volljährigen Personen, die Leistungen nach der Anlage oder nach der Verordnung im Sinn des § 13 Abs. 2 erhalten, sind von der prozentuellen Kürzung nach Abs. 2 insoweit ausgenommen, als deren Mindeststandard eine Höhe von 30 % des Netto-Ausgleichszulagen-Richtsatzes unterschreiten würde.

(8) Der Betrag gemäß Abs. 1 stellt den Ausgangsbetrag für das Jahr 2016 dar und erhöht sich nach Maßgabe des § 13 Abs. 2.

Andere Leistungen im Rahmen der Hilfe zur Sicherung des Lebensunterhalts und des Wohnbedarfs

§ 14. (1) Die Zuerkennung von laufenden monatlichen Leistungen gemäß § 13 schließt andere Leistungen bedarfsorientierter Mindestsicherung im Einzelfall nicht aus. Die Landesregierung hat durch Verordnung näher zu bestimmen, welche Leistungen in welchem Ausmaß in einem solchen Fall erbracht werden können. Darüber hinaus können durch Verordnung betragsmäßige Obergrenzen festgelegt werden, die in einem Haushalt innerhalb eines Jahres nicht überschritten werden dürfen.

(2) Leistungen nach Abs. 1 können nicht gewährt werden, wenn dadurch das Leistungsniveau der Netto-Ausgleichszulage nach den pensionsversicherungsrechtlichen Bestimmungen innerhalb eines Jahres überschritten würde.

Erbringung der Leistungen im Rahmen der Hilfe zur Sicherung des Lebensunterhalts und des Wohnbedarfs

§ 15. (1) Geldleistungen gemäß § 13 sollen vorzugsweise an Hilfebedürftige zum Monatsersten zugestellt oder überwiesen werden. Die dafür anfallenden Gebühren sind vom zuständigen Träger der bedarfsorientierten Mindestsicherung zu übernehmen.

(2) Werden Geldleistungen gemäß § 13 von der hilfebedürftigen Person trotz wiederholter Information über die Rechtsfolgen nicht zweckmäßig, wirtschaftlich und sparsam verwendet, können diese Leistungen auch in Teilbeträgen ausbezahlt werden.

(3) Würde auch bei einer Auszahlung in Teilbeträgen die Deckung des Lebensunterhalts oder des Wohnbedarfs gefährdet, können Geldleistungen gemäß § 13 bescheidmäßig durch Sachleistungen ersetzt werden, wenn dadurch eine den Zielen, Aufgaben und Grundsätzen der bedarfsorientierten Mindestsicherung entsprechende Deckung des Lebensunterhalts oder des Wohnbedarfs besser erreicht werden kann.

(4) Ungeachtet der Abs. 2 und 3 können bis zu einem Viertel der Mindeststandards als Leistungen zur Deckung des Wohnbedarfs dann an Dritte ausbezahlt werden, wenn dadurch eine drohende Delogierung verhindert wird oder eine den Zielen, Aufgaben und Grundsätzen der bedarfsorientierten Mindestsicherung entsprechende Deckung des Wohnbedarfs besser erreicht werden kann. Mit Zustimmung der hilfebedürftigen Person können darüber hinausgehende Zahlungen an Dritte erfolgen.

(5) Der Träger der bedarfsorientierten Mindestsicherung kann die im § 12 Abs. 4 Z 1 und 2 genannten Einrichtungen sowie die Erbringer von Maßnahmen gemäß § 20 Abs. 2 mit der Auszahlung der Geldleistungen für den von ihnen unterstützten Personenkreis betrauen.

Ruhensbestimmungen

§ 16. (1) Der Anspruch auf Hilfe zur Sicherung

des Lebensunterhalts und des Wohnbedarfs gemäß § 13 Abs. 3 Z 1 bis 3 ruht, sofern nicht eine Einstellung gemäß § 34 zu erfolgen hat,

1. für die Dauer eines stationären Aufenthalts in einer Krankenanstalt oder in einer stationären Einrichtung im Sinn des Oö. Sozialhilfegesetzes 1998, für dessen Kosten ein Sozialversicherungsträger, der Bund oder ein Sozialhilfeträger aufkommt, das Ruhen gilt jedoch nicht für den Eintritts- und Austrittsmonat,
2. für die Dauer einer Freiheitsstrafe oder für die Dauer des Vollzugs einer mit Freiheitsentziehung verbundenen vorbeugenden Maßnahme; nicht jedoch wenn die Freiheitsstrafe durch Anhaltung im elektronisch überwachten Hausarrest nach den §§ 156b ff. des Strafvollzugsgesetzes, BGBl. Nr. 144/1969, in der Fassung des Bundesgesetzes, BGBl. I Nr. 111/2010, vollzogen wird und
3. für die Dauer eines Aufenthalts außerhalb von Oberösterreich; es sei denn, dass der Aufenthalt im Interesse der Gesundheit, zur Erlangung einer Erwerbstätigkeit oder aus sonstigen berücksichtigungswürdigen Gründen nachweislich notwendig ist und pro Jahr vier Wochen nicht übersteigt.

(2) Für den Zeitraum von mindestens zwei Monaten sind zweckgebundene Leistungen wie Mietkosten und notwendige Betriebskosten weiterzugewähren.

(3) Der Lebensunterhalt und Wohnbedarf unterhaltsberechtigter Angehöriger sowie in Lebensgemeinschaft oder Lebenspartnerschaft lebender Personen darf hierdurch nicht beeinträchtigt werden.

Hilfe durch Einbeziehung in die Krankenversicherung

§ 17. (1) Bei leistungsbeziehenden Personen nach § 13, die über keine gesetzliche Krankenversicherung verfügen, ist für die Dauer der Leistungszuerkennung vom Träger der bedarfsorientierten Mindestsicherung bei der Oberösterreichischen Gebietskrankenkasse für die Versicherung Sorge zu tragen.

(2) Leistungen nach Abs. 1 sind durch die Übernahme der Beiträge für die gesetzliche Krankenversicherung nach § 9 ASVG sicherzustellen.

(3) Soweit eine Einbeziehung der hilfesuchenden Person in die gesetzliche Krankenversicherung im Einzelfall nicht möglich ist, sind die Kosten für alle erforderlichen Leistungen, wie sie Versicherte der Oberösterreichischen Gebietskrankenkasse für Sachleistungen und Begünstigungen bei Krankheit (einschließlich Zahnbehandlung und Zahnersatz), Schwangerschaft und Entbindung beanspruchen können, zu übernehmen.

(4) Erforderlichenfalls sind auch Selbstbehalte, Kostenanteile oder Zuzahlungen, die im Rahmen einer gesetzlichen Krankenversicherung zu tragen sind, zu übernehmen. Davon nicht umfasst sind die bundes- oder landesgesetzlich geregelten Eigenleistungen bei Aufenthalten oder Behandlungen in Krankenanstalten.

Hilfe zur Unterstützung bei der Erziehung und zur Erwerbsbefähigung

§ 18. (1) Die Hilfe zur Unterstützung bei der Erziehung und zur Erwerbsbefähigung ist für minderjährige Kinder von Eltern oder zumindest einem Elternteil, die oder der Leistungen der bedarfsorientierten Mindestsicherung beziehen, zu leisten, sofern keine vergleichbare Maßnahme nach den Bestimmungen des Oö. Jugendwohlfahrtsgesetzes 1991 in Frage kommt.

(2) Die Leistung nach Abs. 1 umfasst die Übernahme der Kosten für alle erforderlichen Maßnahmen für eine Erziehung sowie Schul- und Erwerbsausbildung, die dieses Kind befähigen, sich in die soziale Umwelt und das Erwerbsleben einzugliedern. Bei der Festlegung dieser Maßnahmen ist auf die Fähigkeiten und Neigungen des Kindes entsprechend Bedacht zu nehmen.

(3) Wenn es die Fähigkeiten und Leistungen des Kindes rechtfertigen, ist auch Volljährigen die Beendigung der Erwerbs- oder Schulausbildung zu ermöglichen, wenn sie in einer bereits vor Vollendung des 18. Lebensjahres begonnenen und zielstrebig verfolgten Erwerbs- oder Schulausbildung stehen.

(4) Die Landesregierung hat durch Verordnung Maßnahmen der Hilfe zur Unterstützung bei der Erziehung und zur Erwerbsbefähigung und die maximale Höhe der jeweiligen Leistungen so festzusetzen, dass sich das Kind in einem vergleichbaren Ausmaß wie andere Kinder, insbesondere an schulischen Aktivitäten, beteiligen kann.

Beschäftigungs-Einstiegsbonus

§ 18a. (1) Hat eine Person, die ein Einkommen aus einer Erwerbstätigkeit erzielt, vor Aufnahme der Erwerbstätigkeit zumindest sechs Monate durchgehend Leistungen der bedarfsorientierten Mindestsicherung nach § 13 oder nach der Anlage bezogen, ist ihr ein Beschäftigungs-Einstiegsbonus im Ausmaß von höchstens einem Drittel des monatlichen Nettoeinkommens zu gewähren. Übersteigt das Nettoeinkommen inklusive dem Beschäftigungs-Einstiegsbonus 140 % des Mindeststandards gemäß § 13 Abs. 3 bzw. des gesonderten Mindeststandards gemäß der Anlage, so ist dieser Beschäftigungs- Einstiegsbonus in der Höhe mit 140 % des Mindeststandards gemäß § 13 Abs. 3 bzw. des gesonderten Mindeststandards gemäß der Anlage abzüglich des Nettoeinkommens begrenzt.

(2) Der Beschäftigungs-Einstiegsbonus ist ab dem auf die Meldung des Beginns der Erwerbstätigkeit bei der Behörde folgenden Monat für höchstens zwölf Monate der Erwerbstätigkeit und nur auf Antrag zu gewähren. Der Beschäftigungs-Einstiegsbonus ist zu widerrufen bzw. einzustellen, wenn die Erwerbstätigkeit nicht aufgenommen bzw. während des Bezugs des Beschäftigungs-Einstiegsbonus beendet wurde. Anträge sind bei sonstigem Anspruchsverlust binnen einem Monat ab

der Aufnahme der Erwerbstätigkeit bei der zuständigen Behörde zu stellen.

(3) Im Fall der Verletzung der Anzeigepflicht nach § 35 Abs. 1 hat die Behörde den Antrag auf den Beschäftigungs-Einstiegsbonus abzuweisen oder die mit Bescheid zuerkannten Bonusleistungen mit Beginn des Monats, in dem die Meldung bei der Behörde hätte erfolgen sollen, einzustellen.

(4) Der Beschäftigungs-Einstiegsbonus kann erst nach Ablauf von fünf Jahren ab dem Ende der Bezugsdauer erneut gewährt werden, auch wenn dieser nicht für zwölf Monate bezogen wurde. Der Beschäftigungs-Einstiegsbonus kann vor Ablauf von fünf Jahren dennoch gewährt werden, wenn die Beendigung der Erwerbstätigkeit aus besonders berücksichtigungswürdigen Gründen, insbesondere aus familiären Zwängen oder wegen Gefahren für die Gesundheit oder die Beendigung eines befristeten Dienstverhältnisses von weniger als zwölf Monaten erfolgte. Ist bei der vorangegangenen Gewährung auf Grund eines befristeten Dienstverhältnisses der Beschäftigungs-Einstiegsbonus nicht für zwölf Monate gewährt worden, so kann der Beschäftigungs-Einstiegsbonus auch vor Ablauf von fünf Jahren für die nicht ausgeschöpfte Höchstbezugsdauer gemäß Abs. 2 gewährt werden.

(5) Die Landesregierung kann durch Verordnung nähere Regelungen über den Beschäftigungs-Einstiegsbonus treffen.

2. ABSCHNITT
LEISTUNGEN IM RAHMEN DES PRIVATRECHTS FÜR EINZELNE HILFESUCHENDE

Persönliche Hilfe

§ 19. (1) Persönliche Hilfe ist – ungeachtet der Erfordernisse der Informationspflicht nach § 29 im behördlichen Verfahren – durch die Zurverfügungstellung der notwendigen Beratung, Begleitung oder Betreuung an Hilfebedürftige, erforderlichenfalls auch an ihre Angehörigen (oder die in Lebensgemeinschaft oder Lebenspartnerschaft Lebenden), zu leisten, soweit dies im Hinblick auf die Verwirklichung von Rechtsansprüchen oder zur Geltendmachung von Leistungen im Rahmen des Privatrechts geboten ist.

(2) Hilfebedürftigen, die zur Erlangung oder Erhaltung von Leistungen der bedarfsorientierten Mindestsicherung auf die Beratung oder Anleitung Dritter angewiesen sind, soll die Inanspruchnahme von persönlicher Hilfe bei einer Sozialberatungsstelle aufgetragen werden.

(3) Hilfebedürftigen, die sich in schwierigen sozialen Situationen befinden, kann zur Abwendung, Milderung oder Überwindung dieser Situation, insbesondere die Inanspruchnahme einer Begleitung durch Fachkräfte oder leistungserbringende Organisationen oder Einrichtungen, aufgetragen werden.

(4) Gegen einen Auftrag im Sinn des Abs. 2 oder 3 ist ein abgesondertes Rechtsmittel nicht zulässig.

Hilfe zur Arbeit

§ 20. (1) Arbeitsfähigen Hilfebedürftigen, die trotz entsprechender Bemühungen (§ 11) keine Erwerbsmöglichkeit finden, kann an Stelle bedarfsorientierter Mindestsicherung in Form laufender Geldleistungen oder Sachleistungen Hilfe zur Arbeit angeboten werden, sofern keine Maßnahmen des Arbeitsmarktservice in Frage kommen.

(2) Als Maßnahmen der Hilfe zur Arbeit kommen insbesondere in Frage:

1. Heranführung an den Arbeitsprozess, zB durch stundenweise Integration in einen Arbeitsprozess oder durch Organisation von befristeten Arbeitsverhältnissen mit dem Ziel, grundlegende Fertigkeiten zu erlernen oder wiederzuerlernen, die am Arbeitsmarkt für Hilfesuchende von Vorteil sind;
2. Hilfe zur Arbeit, zB befristete Arbeitsverhältnisse, die höchstens im Ausmaß von zwei Dritteln der gesetzlichen Normalarbeitszeit in Anspruch genommen werden, mit dem Ziel einen Einstieg in das Erwerbsleben zu ermöglichen.

(3) Hilfebedürftige nach Abs. 1 sind von fachlich qualifizierten Personen oder Einrichtungen zu begleiten.

(4) Einzelne Maßnahmen der Hilfe zur Arbeit sind dann zu beenden, wenn

1. das Ziel der Maßnahme erreicht wurde,
2. das Ziel der Maßnahme nicht erreicht werden kann oder
3. das Ziel der Maßnahme nicht erreicht wird.

Weitere Maßnahmen der Hilfe zur Arbeit können dann angeboten werden, wenn weiterhin die Voraussetzungen des Abs. 1 vorliegen.

(5) Die regionalen Träger bedarfsorientierter Mindestsicherung haben als Träger von Privatrechten in angemessenem Ausmaß für geeignete, den besonderen Bedürfnissen und Fähigkeiten Hilfebedürftiger im Sinn des Abs. 1 Rechnung tragende Maßnahmen vorzusorgen oder solche zu fördern. Die Festlegungen über Ausmaß und die regionale Verteilung von Maßnahmen gemäß Abs. 2 sind im Rahmen der regionalen Sozialplanung zu treffen.

(6) Die Beschäftigung im Rahmen der Hilfe zur Arbeit nach Abs. 2 Z 3 hat im Rahmen von Arbeitsverhältnissen zu erfolgen. Bestehen für die Entlohnung einer bestimmten Arbeitsleistung keine zwingenden Vorschriften, ist das für vergleichbare Tätigkeiten gebührende Mindestentgelt zu bezahlen. Die einschlägigen arbeits- und sozialrechtlichen Vorschriften bleiben unberührt.

(7) Ein Beschäftigungs-Einstiegsbonus gemäß § 18a kann eingeräumt werden. Unterschreitet die anrechenbare Entlohnung die Leistungen gemäß § 13, so besteht ein Rechtsanspruch auf den Diffe-

renzbetrag. Entsprechendes gilt für Leistungen nach § 14.

(8) § 11 Abs. 4 und 5 sind für Beschäftigte im Rahmen der Hilfe zur Arbeit nicht anwendbar.

Beihilfen zu den Bestattungskosten

§ 21. (1) Zur bedarfsorientierten Mindestsicherung gehört auch die Übernahme der Kosten einer einfachen Bestattung einer Empfängerin oder eines Empfängers von Leistungen der bedarfsorientierten Mindestsicherung, soweit sie nicht aus dessen Nachlass getragen werden können oder andere Personen oder Einrichtungen zu deren Tragung verpflichtet sind.

(2) Zu den Bestattungskosten zählen auch die Kosten einer Überführung innerhalb des Landes oder aus grenznahen Gebieten, wenn diese aus familiären oder gleichgelagerten Interessen begründet ist.

Einmalige Hilfen in besonderen sozialen Lagen

§ 22. (1) Hilfe in besonderen sozialen Lagen kann Personen gewährt werden, die

1. auf Grund ihrer besonderen persönlichen, familiären oder wirtschaftlichen Verhältnisse oder
2. infolge außergewöhnlicher Ereignisse

einer sozialen Gefährdung ausgesetzt sind und der Hilfe der Gemeinschaft bedürfen.

(2) Die Hilfe in besonderen sozialen Lagen kann unabhängig von der Inanspruchnahme sonstiger Leistungen der bedarfsorientierten Mindestsicherung gewährt werden.

(3) Die Hilfe in besonderen Lebenslagen kann in Form von Geld- oder Sachleistungen erbracht werden. Geld- oder Sachleistungen können von Bedingungen abhängig gemacht oder unter Auflagen gewährt werden, welche die oder der Hilfesuchende zu erfüllen hat.

(4) Insbesondere im Zusammenhang mit der Schaffung oder Erhaltung des notwendigen Wohnraums können Geldleistungen sowohl an Dritte ausbezahlt als auch Kostenübernahmeerklärungen abgeben werden.

(5) Die Leistungen dürfen nur unter der Voraussetzung gewährt werden, dass sich die hilfesuchende Person gegenüber dem Träger der bedarfsorientierten Mindestsicherung zur Rückerstattung der Leistungen für den Fall verpflichtet, dass sie diese durch bewusst unwahre Angaben oder durch bewusstes Verschweigen maßgebender Tatsachen erwirkt hat.

Hilfe zur Verschaffung einer angemessenen Alterssicherung

§ 23. Als Hilfe bedarfsorientierter Mindestsicherung können auch Kosten übernommen werden, die erforderlich sind, um der hilfebedürftigen Person Anspruch auf eine angemessene Alterssicherung zu verschaffen und sie von der Leistung bedarfsorientierter Mindestsicherung unabhängig zu machen.

3. ABSCHNITT
LEISTUNGEN IM RAHMEN DES PRIVATRECHTS FÜR EINRICHTUNGEN

Sicherstellung von Einrichtungen, die Personen unterstützen, die von Gewalt durch Angehörige betroffen sind

§ 24. (1) Das Land hat nach Maßgabe der zur Verfügung stehenden Haushaltsmittel für Personen, die der Gewalt durch Angehörige (Lebensgefährten) ausgesetzt sind, besondere vorübergehende Wohnmöglichkeiten sowie die zur Bewältigung der Gewalterfahrungen und zur Erarbeitung neuer Lebensperspektiven erforderliche Betreuung und Beratung zur Verfügung zu stellen.

(2) Bei Maßnahmen nach Abs. 1 sind geeignete Vorkehrungen zu treffen, um den Schutz Hilfebedürftiger zur Wahrung der Anonymität, insbesondere vor den gewaltausübenden Personen, zu gewährleisten.

(3) Zur Besorgung der Aufgaben nach Abs. 1 hat das Land

1. entweder die Einrichtungen und Leistungen selbst anzubieten oder
2. durch andere Träger sicherzustellen. Bei der Heranziehung anderer Träger zur Besorgung der Aufgaben gelten die §§ 59 und 60 Oö. Sozialhilfegesetz 1998 sinngemäß.

Sicherstellung von Einrichtungen, die Personen unterstützen, die von Wohnungslosigkeit betroffen sind

§ 25. (1) Das Land hat nach Maßgabe der zur Verfügung stehenden Haushaltsmittel für Personen, die von Wohnungslosigkeit bedroht oder betroffen sind, Leistungen wie insbesondere

1. präventive Leistungen zur Verhinderung von Wohnungslosigkeit (Delogierungsprävention),
2. Akuthilfe (Notschlafstellen und Tageszentren),
3. weiterführende und nachgehende Hilfestellungen (zur Reintegration und zur Stabilisierung der Wohnsituation),

zur Verfügung zu stellen.

(2) Die präventiven Leistungen umfassen vor allem

1. Hilfestellungen zur Verhinderung von Delogierungen und zur Sicherung eines Wohnraums (einschließlich der Nachbetreuung),
2. Öffentlichkeitsarbeit.

(3) Die Akuthilfe umfasst Leistungen zur unmittelbaren Deckung von existentiellen Grundbedürfnissen, welche in Notschlafstellen und/oder Tageszentren oder durch Streetwork erbracht werden.

(4) Leistungen für weiterführende und nachgehende Hilfestellungen beinhalten Maßnahmen im Bereich des Wohnens, wie mobile Wohnbetreuung, Übergangswohnen, Betreuung in Wohnhei-

men, Maßnahmen in der Tagesstruktur und der Hilfe zur Arbeit.

(5) Zur Besorgung der Aufgaben nach Abs. 1 hat das Land

1. entweder die Einrichtungen und Leistungen selbst anzubieten oder
2. durch andere Träger sicherzustellen. Bei der Heranziehung anderer Träger zur Besorgung der Aufgaben gelten die §§ 59 und 60 Oö. Sozialhilfegesetz 1998 sinngemäß.

Organisierte Quartiere

§ 25a. (1) Das Land kann nach Maßgabe der zur Verfügung stehenden Haushaltsmittel für Personen gemäß § 4 Abs. 3 bis zu zwölf Monaten eine Unterbringung, Verpflegung und Betreuung in organisierten Quartieren zur Verfügung stellen.

(2) Die Unterbringung in einer organisierten Unterkunft ist nur für Personen zulässig, die die Integrationserklärung abgegeben haben und diese erfüllen.

(3) Zur Besorgung der Aufgabe nach Abs. 1 kann das Land

1. die Einrichtungen und Leistungen selbst anbieten oder
2. humanitäre, kirchliche oder private Einrichtungen im Sinn des § 1 Abs. 3 Oö. Grundversorgungsgesetz 2006 beauftragen oder
3. andere Träger heranziehen. Bei der Heranziehung anderer Träger zur Besorgung der Aufgaben gelten die §§ 59 und 60 Oö. Sozialhilfegesetz 1998 sinngemäß.

Sicherstellung von Einrichtungen, die Personen unterstützen, die von Schuldenproblemen betroffen sind

§ 26. (1) Das Land hat nach Maßgabe der zur Verfügung stehenden Haushaltsmittel für Personen, die von Schuldenproblemen betroffen sind, geeignete Beratungsstellen zur Verfügung zu stellen, um die gesellschaftliche Integration und die wirtschaftliche Selbständigkeit der hilfebedürftigen Person zu erhalten oder wiederherzustellen. Zum Aufgabenbereich gehört auch die erforderliche präventive Öffentlichkeits- und Aufklärungsarbeit.

(2) Die Beratung nach Abs. 1 darf nur durch geeignete Einrichtungen geleistet werden. Als geeignet sind insbesondere Schuldnerberatungsstellen gemäß § 267 Insolvenzordnung, RGBl. Nr. 337/1914, in der Fassung des Bundesgesetzes BGBl. I Nr. 111/2010, anzusehen.

(3) Zur Besorgung der Aufgaben nach Abs. 1 hat das Land

1. entweder die Einrichtungen und Leistungen selbst anzubieten oder
2. durch andere Träger sicherzustellen. Bei der Heranziehung anderer Träger zur Besorgung der Aufgaben gelten die §§ 59 und 60 Oö. Sozialhilfegesetz 1998 sinngemäß.

4. HAUPTSTÜCK
ZUGANG ZU BEDARFSORIENTIERTER MINDESTSICHERUNG, VERFAHREN UND RÜCKERSTATTUNG

Anwendbarkeit des AVG

§ 27. Auf das behördliche Verfahren finden die Vorschriften des Allgemeinen Verwaltungsverfahrensgesetzes 1991 (AVG) Anwendung, soweit in diesem Landesgesetz nicht anderes bestimmt ist.

Anträge

§ 28. (1) Die Leistung bedarfsorientierter Mindestsicherung setzt einen vorherigen Antrag voraus. Sie ist auch ohne Antrag anzubieten, wenn Umstände bekannt werden, die eine Hilfeleistung erforderlich machen.

(2) Die Antragstellung setzt die volle Geschäftsfähigkeit voraus und kann auch die im selben Haushalt lebenden hilfebedürftigen Angehörigen umfassen.

(3) Unter Angehörigen im Sinn des Abs. 2 sind die Ehegattin oder der Ehegatte, die Lebensgefährtin oder der Lebensgefährte bzw. die Lebenspartnerin oder der Lebenspartner, Kinder und Enkelkinder sowie Stief- und Wahlkinder zu verstehen.

(4) Anträge auf Leistung bedarfsorientierter Mindestsicherung können bei

1. der Bezirksverwaltungsbehörde,
2. der Sozialberatungsstelle,
3. der regionalen Geschäftsstelle des Arbeitsmarktservice,
4. der Gemeinde oder
5. der Landesregierung,

in deren Bereich sich die hilfesuchende Person aufhält, eingebracht werden. Wohnungslose Menschen können den Antrag auf bedarfsorientierte Mindestsicherung auch bei einer Kontaktstelle im Sinn des § 19a Meldegesetz 1991, BGBl. Nr. 9/1992, in der Fassung des Bundesgesetzes BGBl. I Nr. 135/2009, einbringen, sofern es sich dabei um eine Notschlafstelle, ein Tageszentrum, ein Streetwork-Büro oder eine Wohneinrichtung handelt. Ist diese Stelle sachlich unzuständig, sind deren Organe zur unverzüglichen Weiterleitung an die zuständige Behörde verpflichtet, die den Anspruch auf bedarfsorientierte Mindestsicherung ab dem Tag des Einlangens bei einer Stelle im Sinn der Z 1 bis 5 zu prüfen hat.

(5) Im Antrag auf bedarfsorientierte Mindestsicherung sind folgende Angaben zu machen und durch entsprechende Nachweise zu belegen:

1. zur Person und Familien- bzw. Haushaltssituation;
2. aktuelle Einkommens- und Vermögenssituation;
3. Wohnsituation;
4. zum Daueraufenthalt gemäß § 4 Abs. 1 Z 2, soweit die fremdenrechtlichen Vorschriften Dokumente zu dessen Nachweis vorsehen.

Sofern diesbezüglich erforderliche Unterlagen nicht vorgelegt werden, kommt § 13 Abs. 3 Allgemeines Verwaltungsverfahrensgesetz 1991 (AVG) zur Anwendung.

(6) Wohnungslose Personen müssen anlässlich der Antragstellung eine Hauptwohnsitzbestätigung gemäß § 19a Meldegesetz 1991, BGBl. Nr. 9/1992, in der Fassung des Bundesgesetzes BGBl. I Nr. 135/2009, vorlegen. Der Bürgermeister der Gemeinde, in deren Gebiet der Antrag gestellt wird, ist gemäß § 19a Abs. 1 Z 1 und 2 Meldegesetz 1991 zur Ausstellung einer Hauptwohnsitzbestätigung an den wohnungslosen Antragsteller verpflichtet. Gemeinden, Sozialberatungsstellen, Notschlafstellen, Tageszentren, Streetwork-Büros und Wohneinrichtungen im Sinn des Abs. 4 sind bei Vorliegen der Voraussetzungen des § 19a Abs. 1 Z 1 und 2 Meldegesetz verpflichtet, als Kontaktstelle zur Verfügung zu stehen.

Informationspflicht

§ 29. Die Behörde hat die hilfesuchende Person (ihren gesetzlichen Vertreter) der jeweiligen Sachlage entsprechend zu informieren, zu beraten und anzuleiten, soweit dies zur Erreichung der Ziele bedarfsorientierter Mindestsicherung notwendig ist.

Mitwirkungspflicht; Ermittlungsverfahren

§ 30. (1) Die hilfesuchende Person (ihr gesetzlicher Vertreter) ist verpflichtet, an der Feststellung des maßgeblichen Sachverhalts mitzuwirken. Im Rahmen der Mitwirkungspflicht sind insbesondere die zur Durchführung des Verfahrens

1. erforderlichen Angaben zu machen,
2. erforderlichen Urkunden oder Unterlagen beizubringen und
3. erforderlichen Untersuchungen zu ermöglichen.

(2) Kommt eine hilfesuchende Person (ihr gesetzlicher Vertreter) ihrer Mitwirkungspflicht innerhalb angemessener Frist nicht nach, kann die Behörde der Entscheidung über den Leistungsanspruch den Sachverhalt, soweit er festgestellt wurde, zugrunde legen oder bei mangelnder Entscheidungsgrundlage den Antrag zurückweisen. Voraussetzung dafür ist, dass die hilfesuchende Person oder ihr Vertreter nachweislich auf die Folgen einer unterlassenen Mitwirkung hingewiesen worden ist.

(3) Die Arbeitgeberin oder der Arbeitgeber einer hilfesuchenden, hilfebedürftigen oder ersatzpflichtigen Person oder einer Person nach § 8 Abs. 2 hat auf Ersuchen einer Bezirksverwaltungsbehörde, der Landesregierung oder des Landesverwaltungsgerichts oder eines Trägers bedarfsorientierter Mindestsicherung über alle für die Durchführung des Verfahrens erforderlichen Tatsachen, die das Dienstverhältnis betreffen, Auskunft zu erteilen.

(4) Personen, deren Einkommen oder Vermögen für die Leistung bedarfsorientierter Mindestsicherung, für einen Kostenbeitrag oder Ersatz maßgeblich ist, haben auf Ersuchen einer Bezirksverwaltungsbehörde, der Landesregierung oder des Landesverwaltungsgerichts oder eines Trägers bedarfsorientierter Mindestsicherung die erforderlichen Erklärungen und Nachweise abzugeben bzw. vorzulegen.

(5) Für die Mitwirkung ist eine angemessene Frist, die mindestens eine Woche betragen muss, zu setzen. Im Mitwirkungsersuchen sind jene Tatsachen, über die Auskunft verlangt wird, im Einzelnen zu bezeichnen.

(6) Im Ermittlungsverfahren kann die Behörde abweichend von § 52 AVG grundsätzlich für die ärztliche Begutachtung von hilfesuchenden bzw. leistungsbeziehenden Personen auch nicht amtliche Sachverständige beauftragen.

Bescheide über die Leistung bedarfsorientierter Mindestsicherung

§ 31. (1) Über die Leistung bedarfsorientierter Mindestsicherung, auf die ein Rechtsanspruch nach § 12 Abs. 2 Z 1 oder 3 besteht, und der dabei einzusetzenden eigenen Mittel ist mit schriftlichem Bescheid abzusprechen.

(2) Sofern der Antrag auf bedarfsorientierte Mindestsicherung über eine Hilfe zur Sicherung des Lebensunterhalts und des Wohnbedarfs gemäß § 13 nicht zurück- oder abzuweisen ist, sind im Spruch des Bescheids ungeachtet allfälliger weiterer Bestimmungen jedenfalls

1. die Höhe des Mindestsicherungsanspruchs durch Angabe der jeweiligen Mindeststandards in einem Spruchpunkt und
2. die einzusetzenden eigenen Mittel sowie allfällige Freibeträge in einem gesonderten Spruchpunkt dem Grunde nach zu bezeichnen.

(3) In einem Berechnungsblatt ist zumindest der Anspruch auf eine Hilfe zur Sicherung des Lebensunterhalts und des Wohnbedarfs gemäß § 13 für den Monat der Antragstellung und den ersten vollen Monat, für den bedarfsorientierte Mindestsicherung zuerkannt wird, konkret darzustellen. Das Berechnungsblatt bildet einen Teil der Begründung des Bescheids.

(4) Ergeben sich im Zuge der Auszahlung von Leistungen der bedarfsorientierten Mindestsicherung gemäß § 13 Zweifel über die Höhe der zu erbringenden Leistung, so hat die hilfebedürftige Person das Recht, binnen 14 Tagen nach Empfang der Leistung der bedarfsorientierten Mindestsicherung einen Feststellungsbescheid über die Höhe der zu erbringenden Leistung zu beantragen.

Entscheidungspflicht im Leistungsverfahren

§ 32. (1) Die Behörde ist verpflichtet, ohne unnötigen Aufschub, spätestens aber drei Monate nach der Einbringung des Antrags gemäß § 28 Abs. 4, einen Bescheid zu erlassen.

(2) Wird der Bescheid nicht innerhalb der Entscheidungsfrist erlassen, so hat auf Grund einer Säumnisbeschwerde der Partei das Landesverwaltungsgericht der Behörde binnen einer Woche auf-

zutragen, innerhalb von bis zu vier Wochen den Bescheid zu erlassen und eine Abschrift des Bescheids dem Landesverwaltungsgericht vorzulegen oder anzugeben, warum eine Verletzung der Entscheidungspflicht nicht vorliegt.

(3) Sofern dem Landesverwaltungsgericht binnen der Fristen nach Abs. 2 der Bescheid nicht vorgelegt wird, geht die Zuständigkeit zur Entscheidung auf das Landesverwaltungsgericht über; für seine Entscheidung gilt die Frist gemäß Abs. 1.

(4) Ungeachtet der Entscheidungspflicht gemäß Abs. 1 ist der regionale Träger bedarfsorientierter Mindestsicherung verpflichtet, wenn und insoweit eine unmittelbare Gefährdung des Lebensunterhalts oder des Wohnbedarfs der hilfesuchenden Person glaubhaft gemacht werden kann, die erforderliche Soforthilfe vorzugsweise in Form von Sachleistungen als Vorleistung zur Verfügung zu stellen.

Beschwerdeverfahren

§ 33. (1) Im Verfahren über die Leistung, Einstellung und Neubemessung bedarfsorientierter Mindestsicherung kann ein Beschwerdeverzicht (§ 7 Abs. 2 VwGVG) nicht wirksam abgegeben werden. Die Zurückziehung diesbezüglicher Rechtsmittel ist jedoch zulässig.

(2) Beschwerden gegen Bescheide über die Leistung bedarfsorientierter Mindestsicherung haben keine aufschiebende Wirkung.

(3) Kommt die Beschwerdeführerin oder der Beschwerdeführer ihrer oder seiner Mitwirkungspflicht gemäß § 30 erst im Beschwerdeverfahren nach, hat das Landesverwaltungsgericht bei der Beurteilung des bis zu diesem Zeitpunkt bestehenden Leistungsanspruchs der Entscheidung den Sachverhalt, soweit er im Ermittlungsverfahren festgestellt wurde, zugrunde zu legen oder bei mangelnder Entscheidungsgrundlage die Beschwerde insoweit zurückzuweisen. Voraussetzung dafür ist, dass die hilfesuchende Person oder ihre Vertreterin bzw. ihr Vertreter nachweislich auf die Folgen einer unterlassenen Mitwirkung hingewiesen worden ist.

(4) Erkenntnisse und Beschlüsse des Landesverwaltungsgerichts ergehen schriftlich.

Einstellung und Neubemessung

§ 34. (1) Wenn eine der Voraussetzungen für den Anspruch auf bedarfsorientierte Mindestsicherung wegfällt, ist die Leistung mit schriftlichem Bescheid einzustellen. Dies gilt auch dann, wenn der Hilfebedürftige seinen Hauptwohnsitz, in Ermangelung eines solchen seinen Aufenthalt, in den örtlichen Zuständigkeitsbereich einer anderen Bezirksverwaltungsbehörde verlegt.

(2) Wird eine Leistung von einer hilfebedürftigen Person von sich aus mehr als drei Monate nicht in Anspruch genommen, gilt sie, sofern keine Entscheidung nach Abs. 1 getroffen wird, und unbeschadet einer allfälligen Rückerstattung jedenfalls ab diesem Zeitpunkt von Gesetzes wegen als eingestellt.

(3) Mit dem Tod der hilfebedürftigen Person gelten Leistungen der bedarfsorientierten Mindestsicherung als eingestellt – Ansprüche von haushaltsangehörigen Empfängerinnen und Empfängern bedarfsorientierter Mindestsicherung bleiben allerdings unberührt. In anhängigen Verfahren ist über den Leistungsanspruch bis zum Todestag abzusprechen, sofern innerhalb von drei Monaten ein berechtigtes Interesse an einer Sachentscheidung geltend gemacht wird.

(4) Wenn sich eine für das Ausmaß bedarfsorientierter Mindestsicherung maßgebende Voraussetzung ändert, ist die Leistung mit Bescheid neu zu bemessen. Wechselt lediglich die Höhe der im § 31 Abs. 2 Z 2 angeführten eigenen Mittel, ist keine gesonderte Bescheiderlassung erforderlich, es sei denn, der Mindeststandard wird voraussichtlich mehrmals oder erheblich überschritten.

Anzeige- und Rückerstattungspflicht

§ 35. (1) Hilfeempfänger (deren gesetzliche Vertreter) haben jede ihnen bekannte Änderung der für die Hilfeleistung maßgeblichen Umstände, insbesondere Änderungen der Vermögens-, Einkommens-, Familien- oder Wohnverhältnisse, Aufenthalte in Kranken- oder Kuranstalten sowie maßgebliche Umstände im Sinn des § 16, unverzüglich nach deren Eintritt oder Bekanntwerden, längstens aber binnen zwei Wochen bei jener Bezirksverwaltungsbehörde anzuzeigen, in deren Zuständigkeitsbereich sie ihren Hauptwohnsitz, in Ermangelung eines solchen ihren Aufenthalt, haben.

(2) Hilfebedürftige oder deren gesetzliche Vertreter, denen bedarfsorientierte Mindestsicherung

1. gemäß § 22 Abs. 5 oder
2. wegen Verletzung der Anzeigepflicht nach Abs. 1 oder
3. wegen bewusst unwahrer Angaben oder bewusster Verschweigung wesentlicher Tatsachen zu Unrecht zugekommen ist, haben diese rückzuerstatten oder dafür angemessenen Ersatz zu leisten.

Rückerstattungspflichten wegen bewusst unwahrer Angaben oder bewusster Verschweigung wesentlicher Tatsachen unterliegen nicht der Verjährung.

(3) Der Träger bedarfsorientierter Mindestsicherung, der Hilfe geleistet hat, kann – sofern sein Anspruch nicht ohnehin anerkannt wird – über die Rückerstattung einen Vergleichsversuch mit der oder dem Ersatzpflichtigen vornehmen. Einem Vergleich über die Rückerstattung kommt, wenn er von der Behörde beurkundet wird, die Wirkung eines gerichtlichen Vergleichs (§ 1 Z 15 Exekutionsordnung) zu.

(4) Wird ein Vergleichsversuch nicht unternommen oder kommt ein Vergleich im Sinn des Abs. 3 nicht zustande, ist auf Antrag des Trägers der bedarfsorientierten Mindestsicherung über die Rückerstattung von der Behörde mit schriftlichem Bescheid abzusprechen. Dabei kann auch ausgesprochen werden, dass die Rückerstattung in Form

einer Kürzung der laufenden Leistungen der bedarfsorientierten Mindestsicherung im Ausmaß von bis zu 50 % erfolgt, wobei die Deckung des Wohnbedarfs der rückerstattungspflichtigen Person sowie des Lebensunterhalts und des Wohnbedarfs der mit ihr in Haushaltsgemeinschaft lebenden unterhaltsberechtigten Personen nicht gefährdet werden darf.

(5) Die Rückerstattung kann in angemessenen Teilbeträgen bewilligt werden, wenn sie auf andere Weise nicht möglich oder der rückerstattungspflichtigen Person nicht zumutbar ist.

(6) Die Rückerstattung kann teilweise oder gänzlich nachgesehen werden, wenn

1. durch sie der Erfolg bedarfsorientierter Mindestsicherung gefährdet wird,
2. sie zu besonderen Härten für die rückerstattungspflichtige Person führt oder
3. das Verfahren mit einem Aufwand verbunden ist, der in keinem Verhältnis zu der zu Unrecht in Anspruch genommenen bedarfsorientierten Mindestsicherung steht.

(7) Empfängerinnen und Empfänger bedarfsorientierter Mindestsicherung (deren gesetzliche Vertreter) sind anlässlich der Hilfeleistung nachweislich auf die Pflichten nach Abs. 1 und 2 hinzuweisen.

(8) Eine Rückerstattungspflicht besteht auch für Überbezüge im Sinn des § 13 Abs. 6, deren Abrechnung auf Grund der Einstellung der Leistung oder auf Grund der Wertgrenze nicht durch Einbehaltung von Leistungsbestandteilen durchgeführt werden kann.

5. HAUPTSTÜCK KOSTENERSATZ FÜR LEISTUNGEN DER BEDARFSORIENTIERTEN MINDESTSICHERUNG UND KOSTENERSATZANSPRÜCHE DRITTER

Allgemeine Bestimmungen

§ 36. Für die Kosten von Leistungen bedarfsorientierter Mindestsicherung, auf die ein Rechtsanspruch besteht, haben Ersatz zu leisten:

1. Empfängerinnen und Empfänger bedarfsorientierter Mindestsicherung, deren Nachlass und deren Erben nach Maßgabe des § 37;
2. unterhaltspflichtige Angehörige nach Maßgabe des § 38;
3. sonstige Personen nach Maßgabe des § 39.

Ersatz durch Empfängerinnen und Empfänger bedarfsorientierter Mindestsicherung, den Nachlass und die Erben

§ 37. (1) Empfängerinnen und Empfänger bedarfsorientierter Mindestsicherung sind zum Ersatz der für sie aufgewendeten Kosten verpflichtet, wenn sie zu einem nicht aus eigener Erwerbstätigkeit erwirtschafteten, verwertbaren Vermögen gelangen oder sichergestelltes Vermögen verwertbar wird.

(2) Ein Ersatz darf gegenüber Empfängerinnen und Empfängern bedarfsorientierter Mindestsicherung nicht geltend gemacht werden, wenn es sich um

1. Kosten für die Hilfe durch Einbeziehung in die Krankenversicherung,
2. Kosten für die Hilfe durch Erziehung und Erwerbsbefähigung,
3. Kosten für bedarfsorientierte Mindestsicherung, die für die Zeit vor Erreichung der Volljährigkeit geleistet wurde,
4. Kosten für bedarfsorientierte Mindestsicherung, deren Wert im Kalenderjahr in Summe das Fünffache des Netto-Ausgleichszulagen-Richtsatzes für Alleinstehende nicht übersteigt,
5. Kosten für Leistungen, die während einer Tätigkeit im Rahmen der Hilfe zur Arbeit geleistet wurden,

handelt.

(3) Die Verbindlichkeit zum Ersatz der Kosten bedarfsorientierter Mindestsicherung nach Abs. 1 geht gleich einer anderen Schuld auf den Nachlass der Empfängerin oder des Empfängers bedarfsorientierter Mindestsicherung über. Erbinnen und Erben haften für den Ersatz der Kosten bedarfsorientierter Mindestsicherung nur bis zur Höhe des Wertes des Nachlasses. Sie können gegen Ersatzforderungen nicht einwenden, dass der Ersatz von der Hilfeempfängerin oder vom Hilfeempfänger gemäß Abs. 2 oder § 41 Abs. 2 oder 5 nicht hätte verlangt werden dürfen.

Ersatz durch unterhaltspflichtige Angehörige

§ 38. (1) Zum Unterhalt verpflichtete Angehörige der Empfängerin oder des Empfängers bedarfsorientierter Mindestsicherung haben im Rahmen ihrer Unterhaltspflicht Kostenersatz zu leisten. Eine Ersatzpflicht besteht nicht, wenn der Kostenersatz wegen des Verhaltens der Hilfeempfängerin oder des Hilfeempfängers gegenüber der unterhaltspflichtigen Person sittlich nicht gerechtfertigt wäre oder wenn durch den Kostenersatz der Erfolg der Hilfe, insbesondere im Hinblick auf die nach dem 1. Hauptstück zu beachtenden Aufgaben, Ziele und Grundsätze, gefährdet würde.

(2) Nicht zum Ersatz nach Abs. 1 herangezogen werden dürfen:

1. Großeltern, Kinder und Enkelkinder der Hilfeempfängerin oder des Hilfeempfängers;
2. Eltern von Personen, welche nach Erreichen der Volljährigkeit Leistungen bezogen haben.

Sonstige Ersatzpflichtige

§ 39. (1) Zum Ersatz der Kosten für bedarfsorientierte Mindestsicherung sind auch Personen oder Organisationen verpflichtet, denen gegenüber die Empfängerin oder der Empfänger bedarfsorientierter Mindestsicherung Rechtsansprüche besitzt oder Leistungsrechte hat, die zur zumindest teilweisen Bedarfsdeckung dienen hätten können.

(2) Abs. 1 gilt auch für Schadenersatzansprüche, die der Hilfeempfängerin oder dem Hilfeempfänger auf Grund eines Unfalls oder eines sonstigen Ereignisses zustehen. Dies gilt nicht für den Anspruch auf Schmerzengeld.

Verjährung

§ 40. (1) Ersatzansprüche nach §§ 37 bis 39 verjähren, wenn seit dem Ablauf des Kalenderjahres, in dem die Hilfe geleistet worden ist, mehr als drei Jahre verstrichen sind. Die Verjährung wird unterbrochen, wenn die Geltendmachung des Kostenersatzes dem Ersatzpflichtigen zugegangen ist.

(2) Gemäß § 10 Abs. 2 sichergestellte Ersatzansprüche unterliegen nicht der Verjährung.

Geltendmachung von Ansprüchen

§ 41. (1) Ansprüche gemäß §§ 37 bis 39 dürfen nicht geltend gemacht werden, wenn dadurch die wirtschaftliche Existenz der leistungspflichtigen Person und der ihr gegenüber unterhaltsberechtigten Angehörigen sowie der Lebensgefährtin oder des Lebensgefährten bzw. der Lebenspartnerin oder des Lebenspartners gefährdet wird. Die Landesregierung kann nach Maßgabe der Aufgaben und Ziele dieses Landesgesetzes durch Verordnung nähere Bestimmungen über die Gefährdung der wirtschaftlichen Existenz erlassen.

(2) Der Träger bedarfsorientierter Mindestsicherung, der Hilfe geleistet hat, kann über den Kostenersatz – sofern sein Anspruch nicht ohnehin anerkannt wird – einen Vergleichsversuch mit der oder dem Ersatzpflichtigen vornehmen. Einem Vergleich über den Kostenersatz kommt, wenn er von der Behörde beurkundet wird, die Wirkung eines gerichtlichen Vergleichs (§ 1 Z 15 Exekutionsordnung) zu.

(3) Wird ein Vergleichsversuch nicht unternommen oder kommt ein Anerkenntnis bzw. Vergleich im Sinn des Abs. 2 nicht zustande, ist auf Antrag des Trägers der bedarfsorientierten Mindestsicherung über den Kostenersatz von der Behörde mit schriftlichem Bescheid abzusprechen.

(4) Der Kostenersatz kann in angemessenen Teilbeträgen bewilligt werden, wenn er auf andere Weise nicht möglich oder der kostenersatzpflichtigen Person nicht zumutbar ist.

(5) Der Kostenersatz ist teilweise oder gänzlich nachzusehen, wenn

1. durch ihn der Erfolg bedarfsorientierter Mindestsicherung gefährdet wird,
2. er zu besonderen Härten für die kostenersatzpflichtige Person führt oder
3. das Verfahren mit einem Aufwand verbunden ist, der in keinem Verhältnis zu den Kosten der in Anspruch genommenen bedarfsorientierten Mindestsicherung steht.

(6) Empfängerinnen und Empfänger bedarfsorientierter Mindestsicherung (deren gesetzliche Vertreter) sind anlässlich der Hilfeleistung nachweislich auf die Pflichten aus dem Kostenersatz hinzuweisen.

Kostenersatzansprüche Dritter

§ 42. (1) Musste eine Leistung bedarfsorientierter Mindestsicherung auf die ein Rechtsanspruch besteht, so dringend erbracht werden, dass die Behörde nicht rechtzeitig benachrichtigt werden konnte, sind der Person oder Einrichtung, die diese Hilfe geleistet hat, auf ihren Antrag die Kosten zu ersetzen.

(2) Ein Anspruch nach Abs. 1 besteht jedoch nur, wenn

1. der Antrag auf Kostenersatz innerhalb von vier Monaten ab Beginn der Hilfeleistung bei der zuständigen Behörde eingebracht wurde,
2. die Person oder Einrichtung, die Hilfe nach Abs. 1 geleistet hat, Ersatz der aufgewendeten Kosten nach keiner anderen gesetzlichen Grundlage trotz angemessener Rechtsverfolgung erhält.

(3) Kosten einer Hilfe nach Abs. 1 sind nur bis zu jenem Betrag zu ersetzen, der aufgelaufen wäre, wenn bedarfsorientierte Mindestsicherung geleistet worden wäre.

6. HAUPTSTÜCK
TRÄGER DER BEDARFSORIENTIERTEN MINDESTSICHERUNG, KOSTENTRAGUNG UND SOZIALPLANUNG

Träger der bedarfsorientierten Mindestsicherung

§ 43. Träger der bedarfsorientierten Mindestsicherung sind:

1. das Land;
2. die Sozialhilfeverbände und Städte mit eigenem Statut nach dem Oö. Sozialhilfegesetz 1998 (regionale Träger).

Aufgaben der Träger der bedarfsorientierten Mindestsicherung

§ 44. (1) Aufgabe des Landes als Träger der bedarfsorientierten Mindestsicherung ist die Vorsorge für und die Erbringung von Leistungen der bedarfsorientierten Mindestsicherung

1. gemäß § 12 Abs. 2 und § 12 Abs. 3 Z 1 bis 3, sofern diese in Einrichtungen im Sinn des § 12 Abs. 4 Z 1 und 2 erbracht werden,
2. gemäß § 12 Abs. 4 Z 1 und 2,
3. gemäß § 12 Abs. 3 Z 3 und § 12 Abs. 4 Z 3,
4. an Personen gemäß § 13 Abs. 3a.

(2) Aufgabe der regionalen Träger ist die Vorsorge für und die Erbringung von Leistungen der bedarfsorientierten Mindestsicherung, die nicht von Abs. 1 erfasst sind.

Kostentragung

§ 45. (1) Die nicht durch Beiträge der hilfebedürftigen oder sonstiger leistungspflichtiger Personen oder Einrichtungen, Rückerstattungen oder Kostenersätze gedeckten Kosten für bedarfsorientierte Mindestsicherung sind von den Trägern der bedarfsorientierten Mindestsicherung zu tragen. Jeder Träger der bedarfsorientierten Mindestsicherung hat die nicht gedeckten Kosten für die von ihm geleistete bedarfsorientierte Mindestsicherung zu tragen, sofern in diesem Abschnitt nicht anderes bestimmt ist.

(2) Die regionalen Träger haben insgesamt 40 % der nicht gedeckten Kosten bedarfsorientierter Mindestsicherung nach § 44 Abs. 1 Z 1 und 2 zu übernehmen und auf diesen Anteil Vorauszahlungen gegen Abrechnung zu erbringen. Die anfallenden Vorauszahlungs- und Abrechnungsbeträge sind auf die einzelnen regionalen Träger zur Hälfte nach der Einwohnerzahl der politischen Bezirke und zur Hälfte nach der Finanzkraft der regionalen Träger umzulegen und von der Landesregierung mit Bescheid zum 1. Februar eines jeden Jahres vorzuschreiben. Die Einwohnerzahl bestimmt sich gemäß der von der Bundesanstalt Statistik Österreich kundgemachten Statistik des Bevölkerungsstands zum Stichtag 31. Oktober des dem abzurechnenden Kalenderjahr zweitvorangegangenen Kalenderjahres. Die Finanzkraft ist in gleicher Weise zu berechnen wie die Grundlage für die Vorschreibung der Bezirksumlage (Bezirksumlagegesetz 1960).

(3) Die Beträge der Vorauszahlungen nach Abs. 2 sind aus den bezüglichen Ansätzen des Landesvoranschlags für das laufende Verwaltungsjahr zu errechnen; sie sind in vier gleich hohen Teilbeträgen am 1. März, 1. Juni, 1. September und 1. Dezember fällig. Die Abrechnungsbeträge sind aus den bezüglichen Ansätzen des Rechnungsabschlusses des Landes für das betreffende Verwaltungsjahr zu errechnen. Die sich gegenüber den bezüglichen Vorauszahlungsbeträgen ergebenden Unterschiedsbeträge sind im zweitfolgenden Verwaltungsjahr zu berücksichtigen. Sind die Abrechnungsbeträge größer als die bezüglichen Vorauszahlungsbeträge, sind die Unterschiedsbeträge am 1. März dieses Jahres fällig; sind die Abrechnungsbeträge kleiner als die bezüglichen Vorauszahlungsbeträge, sind die Unterschiedsbeträge gegen die fälligen Vorauszahlungsbeträge aufzurechnen.

(4) Das Land hat den regionalen Trägern die Kosten zu ersetzen, die bei der Gewährung bedarfsorientierter Mindestsicherung an anerkannte Flüchtlinge entstehen. Dieser Ersatz ist auf die Kosten für jene Leistungen beschränkt, auf die ein Rechtsanspruch besteht und die innerhalb der ersten drei Jahre nach der Anerkennung als Flüchtling gewährt werden.

(5) Die regionalen Träger haben insgesamt 40 % der nicht gedeckten Kosten bedarfsorientierter Mindestsicherung nach Abs. 4 zu übernehmen. Der zu übernehmende Betrag ist auf die einzelnen regionalen Träger zur Hälfte nach der Einwohnerzahl der politischen Bezirke und zur Hälfte nach der Finanzkraft der regionalen Träger umzulegen und von der Landesregierung im 2. Quartal des Folgejahres mit Bescheid vorzuschreiben. Die Einwohnerzahl bestimmt sich gemäß der von der Bundesanstalt Statistik Österreich kundgemachten Statistik des Bevölkerungsstands zum Stichtag 31. Oktober des dem abzurechnenden Kalenderjahr zweitvorangegangenen Kalenderjahres. Die Finanzkraft ist in gleicher Weise zu berechnen wie die Grundlage für die Vorschreibung der Bezirksumlage (Bezirksumlagegesetz 1960).

(5a) Abs. 4 und 5 gelten auch für Asylberechtigte gemäß § 4 Abs. 3, die ab dem fünften Monat in organisierten Quartieren gemäß § 25a untergebracht werden.

(6) Die Geltendmachung von Kostenersatzansprüchen für Personen gemäß dem 5. Hauptstück für das Land als Träger der bedarfsorientierten Mindestsicherung obliegt bei Personen im Sinn des § 13 Abs. 3a den Bezirksverwaltungsbehörden.

Vereinbarungen mit anderen Bundesländern

§ 46. § 62 Oö. Sozialhilfegesetz 1998 gilt sinngemäß.

Sozialplanung, Statistik

§ 47. (1) Die bedarfsorientierte Mindestsicherung ist ein Planungsfeld der Sozialplanung im Sinn des Oö. Sozialhilfegesetzes 1998.

(2) Die Landesregierung hat mit Verordnung jene Parameter festzulegen, die für die Statistik und als Planungsgrößen jedenfalls jährlich zu erheben sind.

(3) Die Landesregierung ist verpflichtet, dem Bundesminister für Arbeit, Soziales und Konsumentenschutz sowie der Statistik Austria die in der Anlage zur Vereinbarung zwischen dem Bund und den Ländern gemäß Art. 15a B-VG über eine bundesweite bedarfsorientierte Mindestsicherung festgelegten statistischen Daten über die Bezieherinnen und Bezieher von landesrechtlichen Leistungen zur bedarfsorientierten Mindestsicherung zur Verfügung zu stellen. Die Bezirksverwaltungsbehörden haben der Landesregierung die dafür erforderlichen Daten elektronisch zur Verfügung zu stellen.

7. HAUPTSTÜCK
SONSTIGE BESTIMMUNGEN

Strafbestimmung

§ 48. (1) Eine Verwaltungsübertretung begeht, wer einer Auskunftspflicht gemäß § 30 Abs. 3 oder 4 nicht oder nicht rechtzeitig nachkommt.

(2) Verwaltungsübertretungen sind mit einer Geldstrafe bis zu 220 Euro zu bestrafen.

Behörden

§ 49. (1) Zuständig für die Erlassung von Bescheiden ist die Bezirksverwaltungsbehörde, soweit nicht anderes bestimmt ist.

(2) Die Zuständigkeit der Bezirksverwaltungsbehörde richtet sich bei Bescheiden über die Leistung bedarfsorientierter Mindestsicherung nach dem Hauptwohnsitz, in Ermangelung eines solchen nach dem gewöhnlichen Aufenthalt der oder des Hilfebedürftigen. Hält sich die hilfesuchende Person zwar im Land Oberösterreich auf, ist je-

doch ein gewöhnlicher Aufenthalt in mehr als einem Bezirk gegeben, so ist jene Bezirksverwaltungsbehörde zuständig, für deren Sprengel eine Hauptwohnsitzbestätigung im Sinn des § 19a Meldegesetz 1991, BGBl. Nr. 9/1992, in der Fassung des Bundesgesetzes BGBl. I Nr. 135/2009, vorliegt. Ansonsten ist jene Bezirksverwaltungsbehörde zuständig, bei der die zumindest teilweise in deren Sprengel aufhältige hilfebedürftige Person den Antrag auf bedarfsorientierte Mindestsicherung einbringt.

(3) Für die Erlassung von Bescheiden über die Einstellung und Neubemessung gemäß § 34 ist jene Bezirksverwaltungsbehörde zuständig, die über die Leistung bedarfsorientierter Mindestsicherung abgesprochen hat.

(4) Für die Erlassung von Bescheiden über die Rückerstattung gemäß § 35 und den Kostenersatz gemäß § 41 ist jene Bezirksverwaltungsbehörde zuständig, deren örtlicher Wirkungsbereich sich mit dem Bereich des Trägers dieser bedarfsorientierten Mindestsicherung deckt.

(5) Für die Erlassung von Bescheiden über den Kostenersatz gemäß § 42 ist jene Bezirksverwaltungsbehörde zuständig, in deren örtlichen Wirkungsbereich die Hilfeempfängerin oder der Hilfeempfänger den Hauptwohnsitz, in Ermangelung eines solchen den gewöhnlichen Aufenthalt, hat. Kann danach die Zuständigkeit nicht ermittelt werden, so ist jene Bezirksverwaltungsbehörde zuständig, in deren örtlichen Wirkungsbereich die Hilfe geleistet wurde.

(6) Die Landesregierung entscheidet über die Rückerstattung gemäß § 35 und den Kostenersatz gemäß § 41, wenn Träger der bedarfsorientierten Mindestsicherung das Land ist.

Verarbeitung personenbezogener Daten und Auskunftspflicht

§ 50. (1) Die zur Vollziehung dieses Landesgesetzes berufenen Behörden und Träger der bedarfsorientierten Mindestsicherung sind zur Verarbeitung von personenbezogenen Daten insoweit ermächtigt als diese zur Erfüllung der gesetzlichen Aufgaben, insbesondere zum Zweck der Leistung bedarfsorientierter Mindestsicherung, eine wesentliche Voraussetzung sind. Dabei handelt es sich um

1. Stammdaten
   a) der hilfesuchenden bzw. leistungsbeziehenden Personen sowie aller im gemeinsamen Haushalt lebenden Personen, für die bedarfsorientierte Mindestsicherung bezogen wird oder werden soll,
   b) der unterhaltsberechtigten oder -pflichtigen Personen von hilfesuchenden bzw. leistungsbeziehenden Personen sowie aller im gemeinsamen Haushalt lebenden Personen, für die bedarfsorientierte Mindestsicherung bezogen wird oder werden soll sowie Personen im Sinn des § 8 Abs. 2, wie insbesondere Name, Geschlecht, Geburtsdatum und -ort, Adress- und Kontaktdaten, Beruf, Ausbildungen, Sozialversicherungsverhältnisse, Sozialversicherungsnummer, bereichsspezifisches Personenkennzeichen, Familienstand (Lebensgemeinschaft, Lebenspartnerschaft), Staatsbürgerschaft, Aufenthaltsund Arbeitsberechtigungen, Bankverbindung und Kontonummer,
   c) der Arbeitgeber von hilfesuchenden bzw. leistungsbeziehenden Personen sowie aller im gemeinsamen Haushalt lebenden Personen, für die bedarfsorientierte Mindestsicherung bezogen wird oder werden soll sowie Personen im Sinn des § 8 Abs. 2, wie insbesondere Name, Adress- und Kontaktdaten, Betriebsgegenstand, Branchenzugehörigkeit,
2. Wirtschafts- bzw. Einkommensdaten der hilfesuchenden bzw. leistungsbeziehenden Personen sowie aller im gemeinsamen Haushalt lebenden Personen, für die bedarfsorientierte Mindestsicherung bezogen wurde, wird oder werden soll oder die beitrags-, rückerstattungs- oder kostenersatzpflichtig sind sowie Personen im Sinn des § 8 Abs. 2, wie insbesondere Einkommensverhältnisse (Höhe, Art und Herkunft von Einkommen sowie sämtliche Zuflüsse in Geld oder Sachwert), Vermögensverhältnisse, Art und Umfang von Sorgepflichten, außerordentliche Aufwendungen, Versicherungszeiten, Bemessungsgrundlagen, Höhe und Bezugszeiten von Leistungen und Beihilfen bzw. Förderungen,
3. Beschäftigungsdaten der hilfesuchenden bzw. leistungsbeziehenden Personen sowie aller im gemeinsamen Haushalt lebenden Personen, für die bedarfsorientierte Mindestsicherung bezogen wird oder werden soll sowie Personen im Sinn des § 8 Abs. 2, wie insbesondere bisherige Beschäftigungen, Umstände der Auflösung von Arbeitsverhältnissen, Pläne und Ergebnisse der Arbeitsuche, Beratungs-, Begleitungs- oder Betreuungsverläufe, Umstände des Nichtzustandekommens von Arbeitsverhältnissen, Sanktionen wegen Fehlverhaltens,
4. Gesundheitsdaten und Daten über soziale Rahmenbedingungen der hilfesuchenden bzw. leistungsbeziehenden Personen sowie aller im gemeinsamen Haushalt lebenden Personen, für die bedarfsorientierte Mindestsicherung bezogen wird oder werden soll, wie insbesondere Arbeitsfähigkeit, gesundheitliche Einschränkungen, die die Arbeitsfähigkeit oder die Verfügbarkeit in Frage stellen oder die berufliche Verwendung berühren, Pflegegeldeinstufungen, spezifischer Hilfebedarf, Familien- und Haushaltskonstellation, sonstiges soziales Umfeld.

(2) Die insoweit verarbeiteten personenbezogene Daten (Abs. 1) dürfen im elektronischen Weg an die Träger der bedarfsorientierten Mindestsicherung, an Kooperationspartner im Sinn des § 19, Beteiligte des jeweiligen Verfahrens, an zu diesem Verfahren beigezogene Sachverständige sowie an ersuchte oder beauftragte Behörden, an die Sozialversicherungsträger, die Geschäftsstellen des Arbeitsmarktservice, die Finanzbehörden und die Fremdenbehörden übermittelt werden, als dies jeweils zur Feststellung der Voraussetzungen und Höhe einer Leistung der bedarfsorientierten Mindestsicherung sowie deren Erbringung, der Krankenversicherungspflicht, der Integration auf dem Arbeitsmarkt sowie für die Kostenersatz-, Beitrags- oder Rückerstattungspflicht erforderlich ist.

(3) Die Bezirksverwaltungsbehörden, die Landesregierung und die Träger bedarfsorientierter Mindestsicherung im Rahmen ihrer Zuständigkeit nach diesem Landesgesetz sind als datenschutzrechtlich gemeinsam Verantwortliche ermächtigt, zum Zweck einer effizienten und effektiven, die Richtigkeit und Vollständigkeit der Daten sichernden und im Land Oberösterreich einheitlichen Gewährleistung von Leistungen nach diesem Landesgesetz die zur Wahrnehmung der ihnen gesetzlich übertragenen Aufgaben erforderlichen personenbezogenen Daten (Abs. 1) gemeinsam zu verarbeiten.

(3a) Die Erfüllung von datenschutzrechtlichen Informations-, Auskunfts-, Berichtigungs-, Löschungs- und sonstigen Pflichten obliegt jedem Verantwortlichen hinsichtlich jener personenbezogenen Daten, die im Zusammenhang mit den von ihm wahrgenommenen Aufgaben verarbeitet werden.

(3b) Die Landesregierung übt die Funktion des datenschutzrechtlichen Auftragsverarbeiters aus. Sie hat in dieser Funktion die Datenschutzpflichten gemäß Art. 28 Abs. 3 lit. a bis h der Verordnung (EU) 2016/679 (Datenschutz-Grundverordnung) wahrzunehmen.

(3c) Bei der Verarbeitung personenbezogener Daten, insbesondere von besonderen Kategorien personenbezogener Daten, sind zur Wahrung der Grundrechte und Interessen der betroffenen Personen die nach den datenschutzrechtlichen Bestimmungen vorgeschriebenen technischen und organisatorischen Maßnahmen zum Zweck der Sicherheit der Verarbeitung zu treffen.

(4) Die Gerichte, Bundessozialämter, Träger der Sozialversicherung sowie die sonstigen Entscheidungsträger nach den Pflegegeldgesetzen, der Hauptverband der Österreichischen Sozialversicherungsträger, die Geschäftsstellen des Arbeitsmarktservice, die Finanzbehörden und die Fremdenbehörden haben im Rahmen ihres gesetzmäßigen Wirkungsbereichs der Bezirksverwaltungsbehörde, der Landesregierung oder dem Landesverwaltungsgericht oder einem Träger bedarfsorientierter Mindestsicherung über alle zur Feststellung der Voraussetzungen und der Höhe einer Leistung der bedarfsorientierten Mindestsicherung, deren Erbringung sowie für Kostenersatz-, Beitrags- und Rückerstattungsverfahren erforderlichen Daten Auskunft zu erteilen und unter Wahrung der datenschutzrechtlichen Bestimmungen tunlichst elektronisch zur Verfügung zu stellen. Dies gilt nicht für Auskünfte aus Pflegschaftsakten. Die näheren Modalitäten können von der Landesregierung in einem Verwaltungsübereinkommen geregelt werden. Die Bezirksverwaltungsbehörden, die Landesregierung und das Landesverwaltungsgericht sind zu diesem Zweck auch berechtigt, eine Verknüpfungsabfrage im Zentralen Melderegister nach dem Kriterium des Wohnsitzes durchzuführen.

(5) Die Gemeinden sind über Ersuchen einer Bezirksverwaltungsbehörde, der Landesregierung, des Landesverwaltungsgerichts oder eines Trägers bedarfsorientierter Mindestsicherung zur Durchführung von einzelnen Erhebungen und zur Mitwirkung bei der Leistung bedarfsorientierter Mindestsicherung verpflichtet. Ist die Gemeinde mit der Führung der Sozialberatungsstelle beauftragt, dürfen in dieser Sozialberatungsstelle tätige Bedienstete nicht für die Durchführung von einzelnen Erhebungen oder zur Mitwirkung bei der Leistung bedarfsorientierter Mindestsicherung herangezogen werden. Die Aufgaben der Städte mit eigenem Statut als Träger bedarfsorientierter Mindestsicherung werden dadurch nicht berührt.

Gebühren- und Abgabenbefreiung

§ 51. Alle Eingaben, Amtshandlungen und schriftlichen Ausfertigungen in Angelegenheiten dieses Landesgesetzes sind von den durch landesrechtliche Vorschriften vorgesehenen Gebühren und Verwaltungsabgaben befreit.

Eigener Wirkungsbereich

§ 52. Die nach diesem Landesgesetz die Sozialhilfeverbände oder Gemeinden treffenden Rechte und Pflichten sowie die Mitwirkung der Gemeinden bei der Leistung bedarfsorientierter Mindestsicherung gemäß § 28 Abs. 4 Z 4 und § 50 Abs. 5 sind Angelegenheiten des eigenen Wirkungsbereichs der Gemeinde.

Schluss- und Übergangsbestimmungen

§ 53. (1) Bescheide, welche auf Grund des Oö. Sozialhilfegesetzes 1998, LGBl. Nr. 82, erlassen wurden, werden wie folgt übergeleitet:

1. anstelle von Bescheiden nach § 18 des Oö. Sozialhilfegesetzes 1998 hat der Träger bedarfsorientierter Mindestsicherung Hilfe durch Einbeziehung in die Krankenversicherung zu leisten;
2. Bescheide nach § 19 des Oö. Sozialhilfegesetzes 1998 gelten als Bescheide nach § 18 dieses Landesgesetzes;
3. Bescheide nach § 40 des Oö. Sozialhilfegesetzes 1998 gelten als Bescheide nach § 45 dieses Landesgesetzes;
4. Bescheide nach den §§ 45 ff und 61 des Oö. Sozialhilfegesetzes 1998 werden durch das

Inkrafttreten dieses Landesgesetzes nicht berührt, es sei denn, der Kostenersatz wäre nach diesem Landesesetz ausgeschlossen. In diesem Fall ist der Kostenersatz mit dem Tag des Inkrafttretens der entsprechenden Bestimmungen dieses Landesgesetzes zu beenden.

(2) Erforderliche Anpassungen an die neue Rechtslage sind unverzüglich, spätestens jedoch innerhalb eines halben Jahres nach dem Inkrafttreten dieses Landesgesetzes vorzunehmen. Dabei ist über den gesamten Zeitraum ab dem Inkrafttreten gemäß § 54 abzusprechen.

(3) Über Rechtsansprüche auf Leistungen bedarfsorientierter Mindestsicherung, die bis zum Inkrafttreten dieses Landesgesetzes zustehen, ist auf Grund der Rechtslage des Oö. Sozialhilfegesetzes 1998, abzusprechen.

(4) Bei Entscheidungen über Kostenersatzansprüche und Ansprüche auf Rückerstattung für Leistungen, die für die Zeit vor dem Inkrafttreten dieses Landesgesetzes gewährt wurden, ist dieses Landesgesetz anzuwenden, sofern nicht das Oö. Sozialhilfegesetz 1998 eine günstigere Regelung für den Verpflichteten enthält.

(5) Der Wegfall des Kostenersatzes zwischen den regionalen Trägern der bedarfsorientierten Mindestsicherung tritt nur hinsichtlich jener Leistungen ein, die nach dem 1. Jänner 2011 zuerkannt wurden. Für Leistungen, die bereits vor dem 1. Jänner 2011 zuerkannt wurden, gelten die §§ 41 bis 44 Oö. Sozialhilfegesetz 1998 weiter.

(6) Die Kostentragungsregelung des § 45 Abs. 4 und 5 ist für jene Leistungen anzuwenden, die ab dem 1. Jänner 2011 erbracht werden.

Inkrafttreten

§ 54. (1) Dieses Landesgesetz tritt mit 1. Oktober 2011 in Kraft.

(2) Die §§ 9, 10 und 17 sowie 36 bis 42 treten rückwirkend mit 1. September 2010 in Kraft. § 50 tritt mit 1. Jänner 2011 in Kraft. Vor der Kundmachung dieses Landesgesetzes anhängig gemachten Verfahren gemäß § 41 sind auf der Grundlage des Oö. Sozialhilfegesetzes 1998, in der Fassung des Landesgesetzes LGBl. Nr. 41/2008, abzuschließen.

(3) Verordnungen auf Grund dieses Landesgesetzes können bereits ab dem auf seine Kundmachung folgenden Tag an erlassen werden. Sie treten jedoch frühestens gemeinsam mit diesem Landesgesetz in Kraft.

Anlage
zum Oö. Mindestsicherungsgesetz

§ 1.

Die Leistungen nach § 4 Abs. 3 betragen:

A. Leistungen in organisierten Quartieren:

Unterbringung, Verpflegung und Betreuung pro Person und Tag an die Unterkunftgeberin bzw. den Unterkunftgeber .... 21 Euro

a) wovon pro Person und Tag für die persönliche Verpflegung an die erwachsene Unterkunftnehmerin bzw. den Unterkunftnehmer weiterzugeben sind. 6 Euro

b) wovon pro minderjähriger Person je Monat weiterzugeben sind .... 132 Euro

B. Leistungen außerhalb von organisierten Quartieren:

(1) Die laufenden monatlichen Geldleistungen (Mindeststandards) zur Sicherung des Lebensunterhalts und des Wohnbedarfs betragen:

1. für die Verpflegung pro Person und Monat
   a) für Erwachsene .... 215 Euro
   b) für Minderjährige................... 100 Euro
2. für die Miete pro Monat
   a) für eine Einzelperson .... 150 Euro
   b) für Haushaltsgemeinschaften (ab 2 Personen) gesamt .... 300 Euro
3. zusätzlich zur Basisleistung bei alleinerziehenden Personen für Minderjährige, die in Haushaltsgemeinschaft leben pro Monat
   a) für das erste minderjährige Kind .... 100 Euro
   b) für das zweite minderjährige Kind .... 75 Euro
   c) für das dritte minderjährige Kind .... 50 Euro
   d) für jedes weitere minderjährige Kind .. 25 Euro

(2) Für erwachsene Personen beträgt der vorläufige Steigerungsbetrag nach § 13 Abs. 3c .... 155 Euro

C. Weitere Leistungen:

(1) Schulbedarf pro Schülerin und Schüler im Sinn des § 11 Abs. 3 Z 5 sowie für kindergartenpflichtige Kinder pro Jahr .... 200 Euro

(2) Bekleidungsbeihilfe pro Person und Jahr ... 150 Euro

(3) Übernahme Fahrtkosten für unerlässliche Behördenwege mit öffentlichen Verkehrsmitteln ro Person und Jahr........................ bis zu 100 Euro

(4) für die zum Schulbesuch erforderlichen Fahrtkosten – bis zu einer Kostentragung nach dem Familienlastenausgleichsgesetz (FLAG) – die Tarifsätze der jeweiligen Verkehrsunternehmen

(5) Taschengeld pro erwachsener Person und Monat .... 40 Euro

(6) Freizeitaktivitäten in organisierten Quartieren pro Person und Monat .... 10 Euro

§ 2.

Die Landesregierung kann durch Verordnung die im § 1 genannten Beträge unter Bedachtnahme auf die Änderung der Lebenshaltungskosten anpassen.

Artikel III
(LGBl. Nr. 41/2017)

(1) Die Inkrafttretensbestimmungen des Art. II Abs. 1 der Oö. Mindestsicherungsgesetz-Novelle 2016, LGBl. Nr. 36/2016, und des Art. II Oö. Mindestsicherungsgesetz-Novelle 2017, LGBl. Nr. 24/2017, werden gemäß § 8 ABGB dahingehend authentisch ausgelegt, dass – entsprechend dem allgemeinen Grundsatz, wonach bei der Entscheidung in der Sache jeweils die zum Zeitpunkt der Erlassung des Bescheids geltende Rechtslage anzuwenden ist – die jeweiligen Neuregelungen auf alle Fälle Anwendung finden, die nach dem Inkrafttretenszeitpunkt, aus welchem Grund auch immer, neu entschieden wurden oder werden, also in denen ein Erstbescheid, aber auch ein – nach einer bisherigen Befristung oder einem sonstigen Auslaufen eines Bescheids notwendiger – Folgebescheid zu erlassen ist.

(2) Abs. 1 ist im Sinn von § 8 ABGB von den Behörden und Gerichten in allen laufenden und künftigen Verfahren anzuwenden.

Artikel IV
Inkrafttreten und Übergangsbestimmungen
(LGBl. Nr. 18/2013)

(1) Dieses Landesgesetz tritt mit dem auf den Tag seiner Kundmachung im Landesgesetzblatt für Oberösterreich folgenden Monatsersten in Kraft. Artikel II Z 5 tritt mit 1. Jänner 2013 in Kraft. Artikel II Z 3, 4 und 6 treten mit 17. August 2012 in Kraft.

(2) Noch nicht rechtskräftig entschiedene Anträge auf eine Leistung nach § 16 Abs. 1 Oö. ChG gelten als Anträge gemäß § 28 Oö. BMSG auf eine Leistung nach § 13 Oö. BMSG.

(3) Bescheide und Leistungen, welche auf Grund des Oö. ChG, LGBl. Nr. 41/2008, in der Fassung des Landesgesetzes LGBl. Nr. 74/2011, rechtskräftig erlassen bzw. erbracht wurden, werden wie folgt übergeleitet:

1. Bescheide nach § 16 Oö. ChG gelten als Bescheide nach § 13 Oö. BMSG,
2. anstelle von Leistungen nach § 18 Oö. ChG hat der Träger der bedarfsorientierten Mindestsicherung Hilfe durch Einbeziehung in die Krankenversicherung zu leisten.

(4) Für leistungsbeziehende Personen nach § 13 Oö. BMSG, die bis zum Inkrafttreten dieses Landesgesetzes eine Leistung nach § 16 Oö. ChG bezogen haben, gilt:

1. abweichend von der Regelung des § 10 Abs. 1 Z 4 Oö. BMSG werden bis 31. Oktober 2019 folgende nicht zu berücksichtigende Beträge aus dem Vermögen festgelegt:
   a) bei Leistungen gemäß § 12 Oö. ChG ein Betrag von 12.000 Euro;
   b) bei Leistungen gemäß §§ 11, 13 oder 14 Oö. ChG ein Betrag von 40.000 Euro;
2. die Höhe der zuletzt zuerkannten Richtsätze gemäß § 16 Abs. 6 und 7 Oö. ChG darf nicht unterschritten werden;
3. die Bestimmungen des 5. Teils, 1. Abschnitt Oö. ChG, LGBl. Nr. 41/2008, in der Fassung des Landesgesetzes LGBl. Nr. 74/2011, gelten weiter, sofern nicht das Oö. BMSG eine günstigere Regelung enthält. Dies gilt auch für Ersatzpflichtige gemäß §§ 41 und 42 Oö. ChG.

(5) Für leistungsbeziehende Personen gemäß § 13 Abs. 3a Oö. BMSG, welche vor Inkrafttreten dieses Landesgesetzes Leistungen gemäß § 13 Oö. BMSG iVm. § 1 Oö. BMSV bescheidmäßig zuerkannt bekommen haben, gilt, dass das am 16. August 2012 bestehende Leistungsniveau auf Grund dieses Landesgesetzes nicht unterschritten werden darf. Diese Regelung gilt vorbehaltlich einer Änderung der für die Leistungszuerkennung bzw. -bemessung relevanten Umstände.

(6) Für Schenkungen, die vor Inkrafttreten dieses Landesgesetzes getätigt wurden, gilt bis zum 31. Dezember 2017 anstelle der Regelung, dass der achtfache Richtsatz des Ausgleichszulagen-Richtsatzes für Alleinstehende gemäß § 42 Abs. 1 Oö. ChG gilt, ein Betrag von 8.535 Euro.

(7) Verordnungen auf Grund dieses Landesgesetzes können bereits ab dem auf seine Kundmachung folgenden Tag erlassen werden. Sie treten jedoch frühestens gemeinsam mit diesem Landesgesetz in Kraft.

(8) Die Landesregierung hat dem Landtag bis längstens 31. März 2014 einen Bericht über die durch dieses Landesgesetz bewirkten Änderungen, insbesondere die finanziellen Auswirkungen auf die verschiedenen Gruppen von leistungsbeziehenden Personen, vorzulegen.

(9) Die Regelungen über die Mindestsicherung für leistungsbeziehende Personen nach Artikel II Z 3 (§ 13 Abs. 3a Oö. BMSG) treten mit 31. Juli 2014 außer Kraft.

Artikel II
(LGBl. Nr. 36/2016)

(1) Dieses Landesgesetz tritt mit dem seiner Kundmachung im Landesgesetzblatt für Oberösterreich folgenden Monatsersten in Kraft.

(2) Mit dem Inkrafttreten dieses Landesgesetzes tritt § 4 Abs. 1 Z 1 der Oö. Mindestsicherungsverordnung, LGBl. Nr. 75/2011, in der Fassung der Verordnung LGBl. Nr. 152/2015, außer Kraft.

(3) Verordnungen auf Grund dieses Landesgesetzes können bereits von dem der Kundmachung dieses Landesgesetzes folgenden Tag an erlassen werden; sie treten jedoch frühestens mit diesem Landesgesetz in Kraft.

(4) Die Landesregierung hat dem Landtag alle zwei Jahre, beginnend mit dem Ablauf des Jahres 2018 einen Bericht über die durch dieses Landesgesetz bewirkten Änderungen, insbesondere die finanziellen Auswirkungen auf die verschiedenen Gruppen von leistungsbeziehenden Personen, vorzulegen. Bei Änderungen des Asylgesetzes 2005, mit denen die Regelungen über Asylberechtigte mit befristeter Aufenthaltsberechtigung (§ 3 Abs. 4 Asylgesetz 2005, BGBl. I Nr. 100/2005, in

der Fassung des Bundesgesetzes BGBl. I Nr. 24/2016) wesentlich abgeändert oder aufgehoben werden, hat die Landesregierung dem Oö. Landtag unverzüglich eine Regierungsvorlage zur Änderung des Oö. Mindestsicherungsgesetzes oder einen Bericht über die sich aus der Änderung des Asylgesetzes 2005 ergebenden Änderung in der Vollziehung des Oö. Mindestsicherungsgesetzes vorzulegen.

Artikel II
(LGBl. Nr. 41/2017)

(1) Dieses Landesgesetz tritt mit 1. Oktober 2017 in Kraft und mit Ablauf des 30. September 2022 außer Kraft.

(2) Bescheide, mit denen die Bedarfsorientierte Mindestsicherung unbefristet oder mit einer Bewilligungsdauer von mehr als zwölf Monaten gerechnet ab Inkrafttreten dieses Landesgesetzes zuerkannt wurde, sind von Amts wegen mit dem Ablauf jenes Tages an die neue Rechtslage anzupassen, der zwölf Monate auf das Inkrafttreten dieses Landesgesetzes folgt.

Artikel 39
(LGBl. Nr. 55/2018)

(1) Dieses Landesgesetz tritt – soweit nicht Abs. 2 anzuwenden ist – mit 25. Mai 2018 in Kraft.

(2) (Verfassungsbestimmung) Artikel 1 Z 5 tritt mit 25. Mai 2018 in Kraft.

Oö. Mindestsicherungsverordnung

Oö. Mindestsicherungsverordnung, LGBl OÖ 2011/75 idF

1	LGBl OÖ 2011/121	2	LGBl OÖ 2012/127	3	LGBl OÖ 2013/24
4	LGBl OÖ 2013/107	5	LGBl OÖ 2014/123	6	LGBl OÖ 2015/9 (VfGH)
7	LGBl OÖ 2015/115	8	LGBl OÖ 2015/152	9	LGBl OÖ 2016/36
10	LGBl OÖ 2016/89	11	LGBl OÖ 2019/2		

GLIEDERUNG

Verordnung der Oö. Landesregierung, über die Leistungen der bedarfsorientierten Mindestsicherung und den Einsatz der eigenen Mittel (Oö. Mindestsicherungsverordnung – Oö. BMSV)

(LGBl OÖ 2019/2)

Hilfe zur Sicherung des Lebensunterhalts und des Wohnbedarfs

§ 1. (1) Die laufenden monatlichen Geldleistungen (Mindeststandards) zur Sicherung des Lebensunterhalts und des Wohnbedarfs betragen für

1. alleinstehende oder alleinerziehende Personen .... 921,30 Euro
2. alleinstehende oder alleinerziehende volljährige Personen, für die ein Anspruch auf Familienbeihilfe besteht und die als Kind „unterhaltsberechtigt sind oder sein könnten" und nicht unter § 11 Abs. 3 Z 5 Oö. BMSG fallen .... 682,70 Euro

   (LGBl OÖ 2019/2)
3. volljährige Personen, die in Haushaltsgemeinschaft leben
   a) pro Person .... 649,10 Euro
   b) ab der dritten leistungsberechtigten volljährigen Person, wenn diese einer anderen Person im gemeinsamen Haushalt gegenüber unterhaltsberechtigt ist oder sein könnte .... 450,70 Euro
   c) ungeachtet der lit. a) und b) pro familienbeihilfebeziehender Person gemäß § 11 Abs. 3. Z 5 Oö. BMSG, wenn diese als Kind „unterhaltsberechtigt ist oder sein könnte" und mit zumindest einem Elternteil im gemeinsamen Haushalt lebt.................................... 212,00 Euro

   (LGBl OÖ 2019/2)
4. volljährige Personen, die in Haushaltsgemeinschaft leben, für die ein Anspruch auf Familienbeihilfe besteht, die als Kind „unterhaltsberechtigt sind oder sein könnten" und nicht unter § 11 Abs. 3 Z 5 Oö. BMSG fallen
   a) pro Person, wenn diese mit keinem Elternteil im gemeinsamen Haushalt lebt. 410,50 Euro
   b) pro Person, wenn diese mit zumindest einem Elternteil im gemeinsamen Haushalt lebt .... 212,00 Euro

   (LGBl OÖ 2019/2)
5. unterhaltsberechtigte minderjährige Personen, die in Haushaltsgemeinschaft leben,
   a) für die ein Anspruch auf Familienbeihilfe besteht für die ersten drei minderjährigen Kinder ....„216,20 Euro"
   b) für die ein Anspruch auf Familienbeihilfe besteht ab dem vierten minderjährigen Kind .... 184,00 Euro
   c) für die kein Anspruch auf Familienbeihilfe besteht....................... 450,70 Euro
6. (entfallen)
7. die Deckung persönlicher Bedürfnisse von in Einrichtungen gemäß §§ 63 und 64 Oö. SHG 1998 und § 12 Abs. 2 Z 2 Oö. ChG untergebrachten volljährigen Hilfeempfängerinnen und Hilfeempfängern................ 156,60 Euro

(2) Unter Alleinerziehenden im Sinn des Abs. 1 Z 1 und 2 werden Personen verstanden, die nur mit ihnen gegenüber unterhaltsberechtigten minderjährigen Kindern oder familienbeihilfebeziehenden volljährigen Kindern im gemeinsamen Haushalt leben.

(3) Leben mehr als zwei leistungsberechtigte volljährige Personen nach § 13 Abs. 3 Oö. BMSG in Haushaltsgemeinschaft, ist für die beiden ältesten Personen der Mindeststandard gemäß Abs. 1 Z 3 lit. a heranzuziehen, soweit die leistungsberechtigten volljährigen Personen keine davon abweichende Vereinbarung getroffen haben.

(4) (entfallen)

(5) Sofern eine Person gemäß § 13 Abs. 4 Oö. BMSG

1. alleinstehend oder alleinerziehend ist, ist ihr Mindeststandard um bis zu 152 Euro zu verringern,

2. volljährig im Sinn des Abs. 1 Z 3 lit. a oder Z 4 lit. a ist, ist ihr Mindeststandard um bis zu 76 Euro zu verringern.

Bei anderen Personen ist kein Abzug im Sinn des § 13 Abs. 4 Oö. BMSG vorzunehmen.

(6) Sofern bei einer leistungsberechtigten Person nach § 13 Abs. 3a Oö. BMSG die Differenz zwischen dem Mindeststandard gemäß Abs. 1 Z 2 oder Z 4 lit. a und dem jeweiligen für nicht familienbeihilfebeziehende Personen anzuwendenden Mindeststandard größer ist als die Summe aus dem Grundbetrag der Familienbeihilfe und dem Kinderabsetzbetrag, besteht in diesem Ausmaß ein Rechtsanspruch auf eine Ausgleichszahlung.

Weitere Leistungen

§ 2. Weitere Leistungen gemäß § 14 Abs. 1 Oö. BMSG sind insbesondere:

1. Beihilfen zu den vertretbaren Kosten einer notwendigen Übersiedlung bis zur tatsächlichen Höhe;
2. Beihilfen zur Adaptierung der Unterkunft, zur Herstellung von Installationen und zur Bezahlung von Anschlussgebühren, soweit diese Maßnahmen unabweisbar sind, und zwar bis zur tatsächlichen Höhe, jedoch höchstens bis zu 2.402 Euro;
3. Beihilfen zur Anschaffung oder Instandhaltung des insgesamt erforderlichen Hausrats, wie Öfen, sonstige Heizgeräte, große Haushaltsgeräte wie Boiler, Herd, Kühlschrank und Waschmaschine sowie Mobiliar bis zur tatsächlichen Höhe, jedoch bis höchstens 2.402 Euro; anstelle von Beihilfen können nach Maßgabe des § 15 Abs. 3 Oö. BMSG Gutscheine gegeben oder kann Hausrat beigestellt werden;
4. Beihilfen zur Anschaffung der aus gesundheitlichen Gründen erforderlichen Bekleidung bis zum Betrag von jährlich 436 Euro;
5. Beihilfen für fallweise Fahrten mit dem billigsten in Betracht kommenden Beförderungsmittel über vertretbare Entfernungen zum Zweck eines begründeten Besuchs naher Angehöriger oder bei Todesfällen solcher Personen bis zur tatsächlichen Höhe der Kosten;
6. Beihilfen zur Beschaffung von Schwangerenbekleidung, eines Kinderwagens, von Säuglingswäsche sowie eines Kinderbetts im erforderlichen Ausmaß, jedoch insgesamt höchstens bis zum Betrag von 436 Euro. Anstelle von Beihilfen können nach Maßgabe des § 15 Abs. 3 Oö. BMSG auch Gutscheine gegeben oder Gegenstände beigestellt werden.

Leistungen für die Hilfe zur Unterstützung bei der Erziehung und zur Erwerbsbefähigung

§ 3. (1) Leistungen gemäß § 18 Abs. 4 Oö. BMSG sind insbesondere:

1. (entfallen)
2. Beihilfen zur Beschaffung von erforderlichen Lern- und Arbeitsmitteln bis zur Höhe der tatsächlichen Kosten; anstelle der Beihilfen können nach Maßgabe des § 15 Abs. 3 Oö. BMSG auch Gutscheine gegeben oder die erforderlichen Lern- und Arbeitsmittel beigestellt werden;
3. Beihilfen für die Teilnahme an Schulveranstaltungen, wie Schullandwochen und Schikursen, ausgenommen die Ausrüstung, bis zur tatsächlichen Höhe;
4. Beihilfe zu den Kosten einer internatsmäßigen Unterbringung.

(2) Für Beihilfen nach Abs. 1 Z 2 und 3 darf jährlich in Summe höchstens ein Betrag von 1.130 Euro zuerkannt werden.

(3) Für die Beihilfe nach Abs. 1 Z 4 darf jährlich höchstens ein Betrag von 1.380 Euro zuzüglich einer allfälligen Fahrtkostenbeihilfe von höchstens 105 Euro jährlich zuerkannt werden.

(4) Sofern eine andere Schulbeihilfe, eine Heimbeihilfe oder eine Fahrtkostenbeihilfe zuerkannt wurde, entfällt in diesem Ausmaß der Anspruch auf Leistungen nach Abs. 1 Z 2 bis 4.

Einsatz der eigenen Mittel, Freibeträge

§ 4. (1) Bei Festsetzung des Ausmaßes von Leistungen der bedarfsorientierten Mindestsicherung mit Rechtsanspruch (§ 12 Abs. 2 Oö. BMSG) sind außer den in anderen Rechtsvorschriften als anrechnungsfrei hinsichtlich der bedarfsorientierten Mindestsicherung bestimmten Einkommen insbesondere folgende Einkommen nicht zu berücksichtigen:

1. (entfallen)
2. bei Bezug einer Lehrlingsentschädigung
   a) für das 1. Lehrjahr monatlich 182,60 Euro,
   b) für das 2. Lehrjahr monatlich 198,70 Euro und
   c) ab dem 3. Lehrjahr monatlich 214,80 Euro;
3. 25 % der Einnahmen aus einem Untermietverhältnis;
4. (entfallen)
5. Schmerzengeld gemäß § 1325 ABGB und daraus nachweislich angeschaffte Vermögenswerte einschließlich deren Erträgnisse;
6. bei Einkünften aus einer Tätigkeit durch eine Maßnahme der Arbeit und fähigkeitsorientierten Aktivität gemäß § 11 Abs. 2 Z 1 bis 4 Oö. ChG ein Freibetrag im Ausmaß von monatlich 13 % des Netto-Ausgleichszulagen-Richtsatzes für Alleinstehende nach dem Allgemeinen Sozialversicherungsgesetz, jedoch höchstens bis zur Höhe der tatsächlichen Einkünfte;
7. bei volljährigen Personen, für die ein Anspruch auf Familienbeihilfe besteht und die

als Kind Unterhalt beziehen, weil sie auf Dauer nicht selbsterhaltungsfähig sind und mit keinem Elternteil im gemeinsamen Haushalt leben, ein Freibetrag im Ausmaß der Hälfte des Freibetrags nach Z 6, jedoch höchstens bis zur Höhe des tatsächlichen Unterhalts.

(2) Freibeträge nach Abs. 1 Z 6 und 7 können monatlich höchstens in dem Ausmaß zuerkannt werden, als sie in Summe 17 % des Netto-Ausgleichszulagen-Richtsatzes für Alleinstehende nach dem Allgemeinen Sozialversicherungsgesetz nicht übersteigen.

Kostenbeiträge in Einrichtungen

§ 5. Für Leistungen der bedarfsorientierten Mindestsicherung in Einrichtungen gemäß § 12 Abs. 4 Z 1 und 2 Oö. BMSG sind der Lebensunterhalt und der Wohnbedarf direkt zu leisten. Bei Bezug von Pflegegeld ist dieses bis auf einen Betrag von 10 % der Stufe 3 zusätzlich als Kostenbeitrag für die in der Einrichtung geleistete Betreuung und Hilfe zu leisten.

Übergangsbestimmungen

§ 6. (1) Sofern sich durch diese Verordnung das zum 31. August 2010 nach der Oö. Sozialhilfeverordnung 1998, LGBl. Nr. 118, in der Fassung der Verordnung LGBl. Nr. 52/2010, bestehende Leistungsniveau verschlechtern würde, ist dieses beizubehalten.

(2) Sofern durch diese Verordnung das durch Artikel 10 und 11 der Vereinbarung zwischen dem Bund und den Ländern gemäß Art. 15a B-VG über eine bundesweite Bedarfsorientierte Mindestsicherung, BGBl. I Nr. 96/2010, zum 1. September 2010 festgelegte haushaltsbezogene Leistungsniveau für Lebensunterhalt und Wohnbedarf bei einer Jahresbetrachtung nicht erreicht wird, ist die Differenz anteilig mit den laufenden monatlichen Geldleistungen auszuzahlen.

(3) Sofern sich durch diese Verordnung für leistungsbeziehende Personen gemäß § 13 Abs. 3a Oö. BMSG, welche vor Inkrafttreten dieser Verordnung Leistungen gemäß § 13 Abs. 3 Oö. BMSG bescheidmäßig zuerkannt bekommen haben, das zum 16. August 2012 nach der Oö. Mindestsicherungsverordnung, LGBl. Nr. 75/2011 in der Fassung der Verordnung LGBl. Nr. 121/2011, bestehende Leistungsniveau verschlechtern würde, ist dieses beizubehalten.

Artikel II

Diese Verordnung tritt mit 1. Jänner 2019 in Kraft. Die dadurch außer Kraft getretenen Bestimmungen sind jedoch weiterhin auf Sachverhalte anzuwenden, die sich vor dem 1. Jänner 2019 ereignet haben.

Salzburger Mindestsicherungsgesetz

Salzburger Mindestsicherungsgesetz, LGBl Sbg 2010/63 idF

1	LGBl Sbg 2012/57	2	LGBl Sbg 2012/97	3	LGBl Sbg 2012/107
4	LGBl Sbg 2013/105	5	LGBl Sbg 2013/106	6	LGBl Sbg 2014/90
7	LGBl Sbg 2016/5 (VfGH)	8	LGBl Sbg 2016/100	9	LGBl Sbg 2017/123
10	LGBl Sbg 2017/124	11	LGBl Sbg 2018/82	12	LGBl Sbg 2018/101
13	LGBl Sbg 2019/14				

GLIEDERUNG

Gesetz vom 7. Juli 2010 über die Bedarfsorientierte Mindestsicherung im Bundesland Salzburg (Salzburger Mindestsicherungsgesetz – MSG)

(LGBl Sbg 2010/63)

Der Salzburger Landtag hat beschlossen:

1. Abschnitt
Allgemeine Bestimmungen

Ziel und Aufgabe der Bedarfsorientierten Mindestsicherung

§ 1. (1) Ziel dieses Gesetzes ist die Vermeidung und Bekämpfung von Armut und sozialer Ausschließung von Menschen, die dazu der Hilfe der Gemeinschaft bedürfen, unter Förderung einer dauerhaften (Wieder-)Eingliederung dieser Personen in das Erwerbsleben.

(2) Die Bedarfsorientierte Mindestsicherung hat allen Personen, die sich im Land Salzburg aufhalten und zum dauernden Aufenthalt im Inland berechtigt sind, die Sicherung des Lebensunterhalts und des Wohnbedarfs sowie den Erhalt der bei Krankheit, Schwangerschaft und Entbindung erforderlichen Leistungen zu gewährleisten.

(3) Auf Personen, die in stationären Einrichtungen untergebracht sind, findet dieses Gesetz keine Anwendung.

Grundsätze

§ 2. (1) Auf Leistungen der Bedarfsorientierten Mindestsicherung besteht ein Rechtsanspruch, soweit im 3. Abschnitt nicht Anderes bestimmt ist; auf die Zusatzleistungen nach dem 4. Abschnitt besteht kein solcher Anspruch.

(2) Die Leistungen der Bedarfsorientierten Mindestsicherung sind subsidiär. Soweit im Folgenden nicht Anderes bestimmt ist, sind die Leistungen vom Fehlen einer ausreichenden Deckung des jeweiligen Bedarfs durch eigenes Einkommen oder Vermögen oder durch Leistungen Dritter einschließlich des Bundes oder anderer Staaten sowie von der Bereitschaft zum Einsatz der eigenen Arbeitskraft abhängig.

(3) Die Leistungen der Bedarfsorientierten Mindestsicherung sind in der Form zu erbringen, die die zu erzielende Wirkung auf die kostengünstigste, wirtschaftlichste und zweckmäßigste Weise erreichen lässt.

(4) Die Leistungen der Bedarfsorientierten Mindestsicherung sind so zu wählen, dass sie den Hilfesuchenden so weit wie möglich befähigen, von weiterer Hilfe unabhängig zu werden oder zumindest zur Beseitigung seiner Armut oder sozialen Ausschließung beizutragen.

(5) Bei der Planung von Maßnahmen nach diesem Gesetz sind die gesellschaftlichen Entwicklungen und örtlichen Gegebenheiten sowie die unterschiedlichen Bedürfnisse von Frauen und Männern zu berücksichtigen.

Begriffsbestimmungen

§ 3. Im Sinn dieses Gesetzes bedeuten die Begriffe:

1. Alleinstehende: Personen, deren Haushalt keine anderen Personen angehören;
2. Alleinerziehende: Personen, die nur mit ihnen gegenüber unterhaltsberechtigten minderjährigen Kindern im gemeinsamen Haushalt leben, sowie mit diesen vergleichbare Personen;
3. Bedarfsgemeinschaft:
   a) im gemeinsamen Haushalt lebende Ehegatten, eingetragene Partner oder Lebensgefährten,
   b) im gemeinsamen Haushalt mit ihren Eltern, einem Elternteil oder einer vergleichbaren Person lebende minderjährige oder noch in Ausbildung befindliche volljährige Kinder einschließlich Adoptiv- oder Stiefkinder;
4. Hilfesuchende: eine Person oder eine aus mehreren Personen bestehende Bedarfsgemeinschaft, die ohne Hilfe der Gemeinschaft nicht in der Lage ist, den Lebensunterhalt, den Wohnbedarf oder den bei Krankheit, Schwangerschaft und Entbindung auftretenden Bedarf zu decken;
5. Lebensunterhalt: der regelmäßig wiederkehrende Aufwand für Nahrung, Bekleidung, Körperpflege, Hausrat, Heizung und Strom sowie für andere persönliche Bedürfnisse wie eine angemessene soziale und kulturelle Teilhabe;
6. Wohnbedarf: der für die Gewährleistung einer angemessenen Wohnsituation erforderliche regelmäßig wiederkehrende Aufwand für:
   a) Miete oder Tilgung und Verzinsung von zur Finanzierung des Erwerbs oder der Errichtung des Eigenheims aufgenommener Hypothekardarlehen,
   b) allgemeine Betriebskosten und
   c) Abgaben;
7. Bedarf bei Krankheit, Schwangerschaft und Entbindung: alle Sachleistungen und Begünstigungen bei Krankheit (einschließlich einer Zahnbehandlung oder eines Zahnersatzes), Schwangerschaft und Entbindung, wie sie Bezieherinnen oder Beziehern einer Ausgleichszulage aus der Pensionsversicherung in der gesetzlichen Krankenversicherung zukommen;

7a. Stationäre Einrichtungen: Senioren- oder Seniorenpflegeheime, Einrichtungen der Kinder- und Jugendhilfe oder der Behindertenhilfe, Einrichtungen zum Vollzug gerichtlich angeordneter Freiheitsentziehungen oder andere Einrichtungen, in denen eine Vollversorgung gewährleistet ist, mit Ausnahme von Kranken- und Kuranstalten und anderen vergleichbaren Einrichtungen;

8. Volljährige noch in Ausbildung befindliche Kinder: Volljährige Kinder, die in einer bereits vor Vollendung des 18. Lebensjahres begonnenen Erwerbs- oder Schulausbildung stehen;
9. Wirtschaftsgemeinschaft: Personen, die gemeinsam wirtschaften, indem sie einander wirtschaftlichen Beistand oder Dienste (zB Haushaltsführung) leisten und an den zur Bestreitung des Lebensunterhalts und des Wohnbedarfs zur Verfügung stehenden Mitteln und Gütern teilhaben lassen.

2. Abschnitt
Voraussetzungen für Leistungen der Bedarfsorientierten Mindestsicherung

Persönliche Voraussetzungen

§ 4. (1) Anspruch auf Leistungen nach diesem Gesetz haben vorbehaltlich Abs 3 nur Personen, die ihren Hauptwohnsitz oder mangels eines solchen ihren gewöhnlichen Aufenthalt im Land Salzburg haben und zu einem dauernden Aufenthalt im Inland berechtigt sind.

(2) Zum Personenkreis, die zu einem dauernden Aufenthalt im Inland berechtigt sind, gehören:

1. österreichische Staatsbürgerinnen und Staatsbürger;
2. Personen, die über ein unionsrechtliches Aufenthaltsrecht gemäß den §§ 15a und 15b FPG oder gemäß den §§ 51 bis 54a und 57 NAG verfügen;
3. Personen, mit einem Aufenthaltstitel
   a) ‚Daueraufenthalt – EU‘ gemäß § 45 NAG,
   b) ‚Familienangehöriger‘ gemäß § 47 Abs 2 NAG,
   c) ‚Daueraufenthalt – EU‘ eines anderen Mitgliedsstaates und einer Niederlassungsbewilligung gemäß § 49 NAG;
4. Personen, denen der Status des Asylberechtigten nach asylrechtlichen Bestimmungen zuerkannt worden ist.

(3) Keinen Anspruch auf Leistungen nach diesem Gesetz haben insbesondere:

1. nicht erwerbstätige Bürgerinnen und Bürger einer Vertragspartei des Abkommens über den Europäischen Wirtschaftsraum oder der Schweizer Eidgenossenschaft und deren Familienangehörige, jeweils in den ersten drei Monaten ihres Aufenthalts im Inland;
2. Personen, die auf Grund eines Reisevisums oder visumsfrei einreisen durften (§ 30 FPG 2005) und nicht die Voraussetzungen des Abs 2 erfüllen;
3. schutzbedürftige Fremde gemäß § 5 des Salzburger Grundversorgungsgesetzes.

(4) An andere Personen als nach Abs 2 und Abs 3 Z 3, die sich durchgehend mehr als sechs Monate erlaubterweise im Inland aufhalten, kann der Träger der Mindestsicherung als Träger von Privatrechten Leistungen der Bedarfsorientierten Mindestsicherung erbringen, soweit dies auf Grund der persönlichen, familiären oder wirtschaftlichen Verhältnisse dieser Personen zur Vermeidung einer sozialen Härte geboten erscheint. Das Erfordernis der Mindestaufenthaltsdauer gilt nicht für im Inland geborene drittstaatsangehörige Kinder, die seit ihrer Geburt im Inland aufhältig sind und nicht dem Personenkreis des Abs 2 und Abs 3 Z 3 angehören, wenn ihre Mütter die persönlichen Leistungsvoraussetzungen nach dem ersten Satz dieses Absatzes oder nach Abs 2 erfüllen; wachsen die Kinder nicht bei ihren Müttern auf, ist auf das Erfüllen der persönlichen Leistungsvoraussetzungen nach dem ersten Satz dieses Absatzes oder nach Abs 2 durch die Obsorgeberechtigten abzustellen. Bei sonstiger Nichterfüllung der Mindestaufenthaltsdauer kann nur in besonderen Ausnahmefällen eine solche Hilfeleistung gewährt werden. Die Landesregierung hat die näheren Festlegungen dazu durch Verordnung zu treffen.

Berücksichtigung von Leistungen Dritter

§ 5. (1) Leistungen der Bedarfsorientierten Mindestsicherung sind nur soweit zu erbringen, als der Bedarf der Hilfe suchenden Personen für den Lebensunterhalt, den Wohnbedarf und den Bedarf bei Krankheit, Schwangerschaft und Entbindung nicht durch Geld- oder Sachleistungen Dritter gedeckt ist. Dabei haben freiwillige Zuwendungen der freien Wohlfahrtspflege oder Leistungen, die von Dritten ohne rechtliche Verpflichtung erbracht werden, außer Betracht zu bleiben; dies gilt nicht für Leistungen, die

1. nach Abs 2 anzurechnen sind,
2. regelmäßig erbracht werden, sodass nur reduzierte Leistungen nach diesem Gesetz erforderlich sind, oder
3. ein Ausmaß erreichen, das keine Leistungen nach diesem Gesetz erforderlich macht.

(2) Zu den Leistungen Dritter zählt auch das Einkommen der Personen, die mit der Hilfe suchenden Person in Bedarfsgemeinschaft leben, ausgenommen Kinder, soweit es den für diese Personen nach diesem Gesetz maßgeblichen Bedarf übersteigt. Bei Hilfesuchenden, die mit anderen Personen im gemeinsamen Haushalt leben, wird das Vorliegen einer Wirtschaftsgemeinschaft vermutet; das Nicht-Vorliegen einer solchen ist von der Hilfe suchenden Person glaubhaft zu machen.

(3) Hilfesuchende haben Ansprüche, bei deren Erfüllung Leistungen nach diesem Gesetz nicht oder nicht im erhaltenen Ausmaß erforderlich wären, zu verfolgen, soweit dies nicht offensichtlich unmöglich oder unzumutbar ist. Die Leistungen der Bedarfsorientierten Mindestsicherung sind abzulehnen, zu kürzen oder einzustellen, wenn die Hilfe suchende Person nicht alle gebotenen Handlungen zur Durchsetzung solcher Ansprüche unternimmt.

(4) Personen, die einen Anspruch auf Leistungen nach dem Arbeitslosenversicherungsgesetz 1977 verwirken, ist die Hilfeleistung für die Dauer

des Anspruchsverlustes nur in jener Höhe zu gewähren, welche ohne diesen Anspruchsverlust gebühren würde.

Einsatz des Einkommens

§ 6. (1) Bei der Bemessung von Leistungen der Bedarfsorientierten Mindestsicherung ist das Einkommen der Hilfesuchenden nach Maßgabe der folgenden Absätze zu berücksichtigen. Zum Einkommen zählen alle Einkünfte in Geld oder Geldeswert sowie eine allfällig gewährte (erweiterte) Wohnbeihilfe gemäß den Salzburger Wohnbauförderungsgesetzen.

(2) Nicht zum Einkommen zählen:

1. Leistungen nach dem Familienlastenausgleichsgesetz 1967, außer es handelt sich um Zuwendungen aus dem Familienhospizkarenz-Härteausgleich (§ 38j FLAG 1967);
2. Kinderabsetzbeträge (§ 33 Abs 3 EStG 1988);
3. Pflegegelder nach bundesrechtlichen Vorschriften und andere pflegebezogene Geldleistungen für die Hilfe suchende Person;
4. Einkünfte aus Ferialbeschäftigungen;
5. nicht pauschalierte Abgeltungen des Arbeitsmarktservice für einen tatsächlichen Mehraufwand, der aus der Teilnahme an einer Qualifizierungsmaßnahme resultiert;
6. Sonderzahlungen, die Arbeitnehmerinnen oder Arbeitnehmer als 13. und 14. Monatsbezug, gegebenenfalls in Teilzahlungen davon, neben dem laufenden Arbeitslohn erhalten;
7. Sonderzahlungen, die Pensionistinnen oder Pensionisten als 13. und 14. Monatsbezug, gegebenenfalls in Teilzahlungen davon, neben dem laufenden Pensionsbezug erhalten;
8. sach- und zweckbezogene Leistungen des Landes, welche anlassfallbezogen gewährt werden und der Abdeckung eines echten Mehraufwands dienen (wie insbesondere Förderungen aus dem Kinderbetreuungsfonds, einmalige Hilfen für werdende Mütter, Förderungen für Mehrlingsgeburten, Förderungen für Schulveranstaltungen sowie Heizkostenzuschüsse);
9. Leistungen des Sozialentschädigungsrechts nach bundesrechtlichen Vorschriften, soweit es sich dabei nicht um einkommensabhängige Leistungen mit Mindestsicherungscharakter handelt.

(3) Auf Grund einer Unterhaltsverpflichtung zu leistende Zahlungen sind bei der Bemessung des Einkommens der Hilfe suchenden Person bis zur Grenze des Unterhaltsexistenzminimums gemäß § 291b EO in Abzug zu bringen.

(4) Hilfesuchenden, die Einkünfte aus einer Erwerbstätigkeit oder der Absolvierung einer Lehrausbildung erzielen, ist ein Freibetrag einzuräumen. Eine Erwerbstätigkeit liegt vor, wenn eine Tätigkeit zum Zweck der Erzielung eines Entgelts am allgemeinen Arbeitsmarkt ausgeübt wird. Die Höhe des Freibetrags beträgt je nach Ausmaß der Beschäftigung in Prozent des Mindeststandards gemäß § 10 Abs 1 Z 1:

1. bei einer Beschäftigung bis zu 20 Wochenstunden .... 9 %,
2. bei einer Beschäftigung über 20 Wochenstunden .... 18 %.

Die Landesregierung hat die sich danach ergebenden Beträge gemeinsam mit den jeweiligen Mindeststandards der Bedarfsorientierten Mindestsicherung gemäß § 10 Abs 4 im Landesgesetzblatt kundzumachen.

Einsatz des Vermögens

§ 7. (1) Bei der Bemessung von Leistungen der Bedarfsorientierten Mindestsicherung ist das verwertbare Vermögen der Hilfesuchenden einzusetzen. Davon ausgenommen sind:

1. Gegenstände, die zur Erwerbsausübung oder der Befriedigung angemessener kultureller Bedürfnisse der Hilfe suchenden Person dienen;
2. Gegenstände, die als angemessener Hausrat anzusehen sind;
3. Kraftfahrzeuge, die berufsbedingt oder auf Grund besonderer Umstände (zB einer Behinderung, unzureichende Infrastruktur) erforderlich und angemessen sind;
4. Ersparnisse und sonstiges Vermögen bis zu einem Freibetrag in Höhe des Fünffachen des Mindeststandards für Alleinstehende oder -erziehende (§ 10 Abs. 1 Z 1), ausgenommen unbewegliches Vermögen (Abs. 2).

(2) Haben Hilfesuchende unbewegliches Vermögen, ist von dessen Verwertung vorerst abzusehen, wenn dieses der Deckung des unmittelbaren Wohnbedarfs der Hilfesuchenden oder der mit ihnen in Bedarfsgemeinschaft lebenden Personen dient. Werden Leistungen länger als sechs unmittelbar aufeinander folgende Monate bezogen, ist die weitere Leistungsgewährung von der pfandrechtlichen Sicherstellung der bis dahin bezogenen und künftigen Leistungen der Bedarfsorientierten Mindestsicherung im Grundbuch abhängig zu machen. In die Sechsmonatsfrist sind auch frühere ununterbrochene Zeiten des Bezuges von Leistungen von jeweils mindestens zwei Monaten einzurechnen, wenn sie nicht länger als zwei Jahre vor dem neuerlichen Bezugsbeginn liegen.

Abgrenzung von Einkommen und Vermögen

§ 7a. (1) Einkünfte in Geld oder Geldeswert, die den Hilfesuchenden in einem Kalendermonat zufließen, gelten als Einkommen (§ 6). Der im Zuflussmonat nicht verbrauchte Teil der Einkünfte wächst dem Vermögen (§ 7) zu.

(2) Abweichend von Abs 1 sind Einkünfte in Geld oder Geldeswert, welche innerhalb des Zuflussmonats nach Bescheidausfertigung ausbezahlt werden, im Folgemonat als Einkommen zur Anrechnung zu bringen. Liegt im Folgemonat keine Hilfsbedürftigkeit vor, findet § 30 Anwendung.

Einsatz der Arbeitskraft

§ 8. (1) Leistungen der Bedarfsorientierten Mindestsicherung sind bei arbeitsfähigen Hilfesuchenden von der Bereitschaft abhängig zu machen, ihre Arbeitskraft im Rahmen ihrer Möglichkeiten einzusetzen und sich um eine entsprechende Erwerbstätigkeit zu bemühen. Dies umfasst auch die Bereitschaft zur Mitwirkung an der Begutachtung der Arbeitsfähigkeit sowie zur Teilnahme an Maßnahmen, die der Steigerung der Arbeitsfähigkeit oder der Vermittelbarkeit dienen.

(2) Bei der Beurteilung nach Abs 1 ist auf die persönliche und familiäre Situation der Hilfe suchenden Person Rücksicht zu nehmen. Die Arbeitsfähigkeit sowie die Zumutbarkeit einer Beschäftigung sind unter sinngemäßer Anwendung der arbeitslosenversicherungsrechtlichen Bestimmungen über die Gewährung von Notstandshilfe und bei Bezug von Arbeitslosengeld nach diesen zu beurteilen.

(3) Bestehen Zweifel an der Arbeitsfähigkeit, haben sich die Hilfesuchenden auf Anordnung der Behörde einer diesbezüglichen Begutachtung zu unterziehen. Die Begutachtung kann erforderlichenfalls auch eine ganzheitliche Beurteilung des Status der betreffenden Person durch die Erhebung von Potenzialen und Perspektiven sowie die Durchführung einer Sozialanamnese umfassen, um abzuklären, durch welche Maßnahmen die Arbeitsfähigkeit und Vermittelbarkeit bestmöglich gesteigert werden können. Zu diesem Zweck kann damit auch eine arbeitspraktische Erprobung in der Dauer bis zu vier Wochen verbunden werden. Mit der Begutachtung können auch mit dem Arbeitsmarktservice im Rahmen eines Verwaltungsübereinkommens gemeinsam eingerichtete Stellen beauftragt werden.

(4) Der Einsatz der Arbeitskraft darf jedenfalls nicht verlangt werden von Hilfesuchenden,

1. die das Regelpensionsalter nach dem ASVG bereits erreicht haben;
2. die Betreuungspflichten gegenüber Kindern haben, welche das dritte Lebensjahr noch nicht vollendet haben und keiner Beschäftigung nachgehen können, weil geeignete Betreuungsmöglichkeiten fehlen;
3. die pflegebedürftige Angehörige (§ 123 ASVG), welche ein Pflegegeld ab der Stufe 3 beziehen, überwiegend betreuen;
4. die Sterbebegleitung oder Begleitung von schwersterkrankten Kindern (§§ 14a und 14b AVRÄG) leisten;
5. die
   a) dem Ausbildungspflichtgesetz unterliegen;
   b) nicht mehr dem Ausbildungspflichtgesetz unterliegen, jedoch vor Vollendung des 18. Lebensjahres mit einer Erwerbs- oder Schulausbildung begonnen haben und diese zielstrebig verfolgen;
   c) den Asylberechtigtenstatus nach Vollendung des 18. Lebensjahres zuerkannt bekommen haben und im Zeitpunkt der Antragstellung auf Leistungen nach diesem Gesetz in einer Erwerbs- oder Schulausbildung stehen, welche sie bereits vor Abschluss des Asylverfahrens und vor Vollendung des 25. Lebensjahres begonnen haben und zielstrebig verfolgen;
6. die eine Invaliditäts-, Berufsunfähigkeits- oder Erwerbsunfähigkeitspension nach sozialversicherungsrechtlichen Vorschriften beziehen.

(5) Die Hilfe für den Lebensunterhalt ist stufenweise auf bis zu 50 % zu kürzen, wenn trotz schriftlicher Belehrung:

1. asylberechtigte Hilfesuchende keine Integrationserklärung gemäß § 6 Abs 1 des Integrationsgesetzes unterzeichnen oder gegen diese verstoßen;
2. Hilfesuchende, die dem Ausbildungspflichtgesetz unterliegen, ihre Schul- oder Erwerbsausbildung nicht zielstrebig verfolgen; oder
3. Hilfesuchende ihre Arbeitskraft nicht in zumutbarer Weise einsetzen oder ihre Teilnahme verweigern:
   a) an einer Begutachtung oder arbeitspraktischen Erprobung im Sinn des Abs 3,
   b) an einer von der Behörde oder dem Arbeitsmarktservice vermittelten Maßnahme der aktiven Arbeitsmarktpolitik oder
   c) an einer sonstigen Maßnahme zur Verbesserung der Arbeitsfähigkeit, Vermittelbarkeit oder sozialen Stabilisierung.

Eine darüber hinausgehende Kürzung oder ein gänzlicher Entfall der Hilfe für den Lebensunterhalt ist nur bei besonders schweren Verstößen gegen die Pflicht zum Einsatz der Arbeitskraft, zur Unterzeichnung und Einhaltung der Integrationserklärung sowie zur zielstrebigen Verfolgung der Schul- oder Erwerbsausbildung zulässig. Eine grundsätzlich fehlende Bereitschaft zum Einsatz der Arbeitskraft, zur Unterzeichnung und Einhaltung der Integrationserklärung sowie zur Schul- oder Erwerbsausbildung führt zum gänzlichen Entfall der Leistungen nach diesem Gesetz.“

(6) Personen, die bereits eine für Erwerbszwecke geeignete abgeschlossene Ausbildung oder eine Schulausbildung auf Maturaniveau haben und ihre Arbeitskraft allein deshalb nicht voll einsetzen können, weil sie eine weiterführende Ausbildung absolvieren, steht ein Anspruch auf Leistungen aus der Bedarfsorientierten Mindestsicherung nicht zu.

3. Abschnitt
Leistungen der Bedarfsorientierten Mindestsicherung

Leistungen

§ 9. (1) Die Bedarfsorientierte Mindestsicherung besteht aus:

1. Hilfe für den Lebensunterhalt;
2. Hilfe für den Wohnbedarf;
3. Hilfe für den Bedarf bei Krankheit, Schwangerschaft und Entbindung.

(2) Die Hilfen für den Lebensunterhalt und den Wohnbedarf werden als pauschalierte Geldleistungen erbracht. Sie dürfen durch Sachleistungen nur ersetzt werden, wenn dadurch im Einzelfall eine dem Ziel oder den Grundsätzen dieses Gesetzes dienende Bedarfsdeckung besser erreicht werden kann. Das ist insbesondere anzunehmen, wenn die kostengünstige, wirtschaftliche und zweckmäßige Verwendung von Geldleistungen nicht gewährleistet ist und auch nicht durch Auszahlung in Teilbeträgen sichergestellt werden kann. Die Festlegung als Sachleistung hat durch Bescheid zu erfolgen.

(3) Geldleistungen der Bedarfsorientierten Mindestsicherung können an Dritte ausbezahlt werden, wenn dadurch eine dem Ziel oder den Grundsätzen dieses Gesetzes dienende Bedarfsdeckung besser erreicht werden kann. Die Gebühren für die Auszahlung von Geldleistungen sind vom Träger der Bedarfsorientierten Mindestsicherung zu tragen.

(4) Ansprüche auf Leistungen der Bedarfsorientierten Mindestsicherung können weder übertragen noch gepfändet oder verpfändet werden.

Hilfe für den Lebensunterhalt und den Wohnbedarf

§ 10. (1) Der monatliche Mindeststandard für die Hilfe zur Sicherung des Lebensunterhalts und des Wohnbedarfs beträgt:

1. für Alleinstehende oder Alleinerziehende ..... 744,01 €;
2. für Ehegatten, eingetragene Partner, in Lebensgemeinschaft lebende Personen oder volljährige Personen, die mit anderen Volljährigen im gemeinsamen Haushalt leben, je Person .... 75 % des Betrages gemäß Z 1;
3. für minderjährige Personen, die mit zumindest einer ihnen gegenüber unterhaltspflichtigen oder volljährigen Person im gemeinsamen Haushalt leben und für die ein Anspruch auf Familienbeihilfe besteht 21 % des Betrages gemäß Z 1.

(2) Die Mindeststandards nach Abs 1 gebühren zwölfmal pro Jahr. Zusätzlich ist für minderjährige Personen gemäß Abs 1 Z 3 in den Monaten März, Juni, September und Dezember eine Sonderzahlung in Höhe von 50 % des Mindeststandards gemäß Abs 1 Z 3 zu gewähren, soweit diese am Stichtag der Sonderzahlung bereits seit mindestens drei Monaten Leistungen der Bedarfsorientierten Mindestsicherung bezogen haben; eine Unterbrechung des Bezugs der Leistungen der Bedarfsorientierten Mindestsicherung zufolge Erhalt von Sonderzahlungen bleibt dabei außer Betracht. Allfällige 13. und 14. Monatsbezüge minderjähriger Personen sind auf diese Sonderzahlung anzurechnen.

(3) Von den Mindeststandards gemäß Abs 1 Z 1 und 2 beträgt der Anteil zur Deckung des Wohnbedarfs grundsätzlich 25 % (Wohngrundbetrag). Besteht kein oder ein geringerer Wohnbedarf, ist dieser anderweitig gedeckt oder übersteigt der Wohngrundbetrag den höchstzulässigen Wohnungsaufwand (§ 11 Abs 2), sind die jeweiligen Mindeststandards um diese Anteile entsprechend zu reduzieren, höchstens jedoch um 25 %. Hinsichtlich der Bemessung des Wohnbedarfs sind alle im gemeinsamen Haushalt lebenden Personen unabhängig von deren Hilfsbedürftigkeit anteilsmäßig zu berücksichtigen. Keine Hilfe für den Wohnbedarf gebührt für Hilfesuchende, die im gemeinsamen Haushalt mit zumindest einem Elternteil leben, wenn dieser Eigentümer oder Mieter der Unterkunft ist, selbst keine Leistungen nach dem 3. Abschnitt dieses Gesetzes bezieht und ein Anspruch auf Familienbeihilfe für die Hilfe suchende Person besteht.

(4) Der Mindeststandard nach Abs 1 Z 1 verändert sich jährlich um den gleichen Prozentsatz wie der Ausgleichszulagenrichtsatz für Alleinstehende nach § 293 Abs 1 ASVG. Die jährlichen Anpassungen erfolgen auf der Grundlage des Betrages, der sich aus der Anpassung für den Vorzeitraum ergeben hat, und werden zum selben Termin vorgenommen wie die Anpassungen der Ausgleichszulagenrichtsätze. Geringfügige Betragsanpassungen bis zu 50 Cent zur Gewährleistung österreichweit einheitlicher Mindeststandards sind zulässig. Die Landesregierung hat die sich daraus ergebenden Mindeststandards gemäß Abs 1 im Landesgesetzblatt kundzumachen.

Ergänzende Wohnbedarfshilfe

§ 11. (1) Kann mit dem Wohngrundbetrag gemäß § 10 Abs. 3 der tatsächliche Wohnbedarf nicht gedeckt werden, kann der Träger der Bedarfsorientierten Mindestsicherung als Träger von Privatrechten zusätzliche Geldleistungen dafür gewähren. Diese sind nach den Erfordernissen des Einzelfalles zu bemessen und dürfen je Haushalt den höchstzulässigen Wohnungsaufwand gemäß Abs. 2 nicht überschreiten.

(2) Der höchstzulässige Wohnungsaufwand ist von der Landesregierung unter Bedachtnahme auf die durchschnittlichen regionalen statistischen Daten des Mindestsicherungsträgers für Wohnungen mit zweckentsprechender Ausstattung durch Verordnung festzulegen.

Hilfe für den Bedarf bei Krankheit, Schwangerschaft und Entbindung

§ 12. Die Hilfe zur Deckung des Bedarfs bei Krankheit, Schwangerschaft und Entbindung ist durch die Übernahme der Beiträge zur gesetzlichen Krankenversicherung zu gewährleisten.

Aufenthalt in einer Kranken- oder Kuranstalt

§ 13. (1) Für die Dauer eines Aufenthalts in einer Kranken- oder Kuranstalt oder einer vergleichbaren stationären Einrichtung beträgt die Hilfe für den Lebensunterhalt in Prozent des Mindeststandards gemäß § 10 Abs 1 Z 1:

1. bei volljährigen Personen .... 20 %,

2. bei minderjährigen Personen .... 13 %.

Die Landesregierung hat die sich danach ergebenden Beträge gemeinsam mit den jeweiligen Mindeststandards der Bedarfsorientierten Mindestsicherung gemäß § 10 Abs 4 im Landesgesetzblatt kundzumachen.

(2) Die Hilfe für den Wohnbedarf ruht für die Dauer eines Aufenthaltes in einer unter Abs 1 fallenden Einrichtung, ausgenommen in den Fällen, in welchen in absehbarer Zeit wieder ein Wohnbedarf in der konkreten Unterkunft besteht oder die Erhaltung dieser Unterkunft wirtschaftlich sinnvoll erscheint.

(3) Die Abs 1 und 2 gelten nicht für den Aufnahme- und den Entlassungsmonat.

Aufenthalt im Ausland

§ 14. Für die Dauer eines Aufenthaltes im Ausland ruht der Anspruch auf die Leistungen der Bedarfsorientierten Mindestsicherung.

Dies gilt nicht für Aufenthalte:

1. in einer Dauer von nicht mehr als drei Tagen;
2. zu Urlaubszwecken bei erwerbstätigen Personen, höchstens jedoch vier Wochen im Kalenderjahr;
3. im Interesse der familiären Beziehungen der Hilfe suchenden Person oder zur Aufnahme oder Ausübung einer Erwerbstätigkeit, höchstens jedoch zwei Wochen im Kalenderjahr;
4. im zwingenden Interesse der Gesundheit der Hilfe suchenden Person.

4. Abschnitt
Zusatzleistungen

Hilfe für Sonderbedarfe

§ 15. (1) Soweit die Leistungen der Bedarfsorientierten Mindestsicherung gemäß dem 3. Abschnitt im Einzelfall aus besonderen Gründen nicht ausreichen, um das Ziel dieses Gesetzes zu erreichen, können vom Träger der Bedarfsorientierten Mindestsicherung als Träger von Privatrechten im unbedingt erforderlichen Ausmaß zusätzliche Leistungen (Geldleistungen, Sachleistungen, Haftungen udgl) insbesondere für folgende Sonderbedarfe gewährt werden:

1. Beschaffung und Ausstattung von Wohnraum;
2. Deckung gesundheitsbedingt erhöhter Lebensunterhaltskosten;
3. Abdeckung eines erhöhten Bedarfs bei Familien mit Kindern.

(2) Bei der Beurteilung eines Sonderbedarfs gemäß Abs. 1 ist auf die Eigenart und Ursache der drohenden, bestehenden oder noch nicht dauerhaft überwundenen sozialen Notlage sowie auf die persönlichen, familiären und wirtschaftlichen Verhältnisse der Hilfesuchenden Bedacht zu nehmen.

(3) Die Landesregierung kann durch Verordnung nähere Festlegungen für die Gewährung von zusätzlichen Leistungen für Sonderbedarfe insbesondere über die Art, die Höhe und die Leistungserbringung treffen.

Hilfe zur Arbeit

§ 16. (1) Personen, die Anspruch auf Leistungen der Bedarfsorientierten Mindestsicherung haben und trotz entsprechender Bemühungen nicht in den Arbeitsmarkt eingegliedert werden können, kann ergänzend oder anstelle von Leistungen nach dem 3. Abschnitt eine befristete Arbeitsmöglichkeit im Rahmen eines sozialversicherungspflichtigen Beschäftigungsverhältnisses zur Verfügung gestellt werden, soweit dadurch dem Ziel und den Grundsätzen dieses Gesetzes besser entsprochen wird.

(2) Der Träger der Bedarfsorientierten Mindestsicherung kann in Zusammenarbeit mit freien Trägern oder Gemeinden für die Bereitstellung von geeigneten sozialversicherungspflichtigen Beschäftigungsmöglichkeiten Sorge tragen und Kostenbeiträge dafür leisten.

(3) Arbeitsmöglichkeiten gemäß Abs. 2 dürfen höchstens für die Dauer von 18 Monaten zur Verfügung gestellt werden.

Koordinierte Hilfeplanung

§ 17. (1) Zur Überwindung von sozialen Notlagen sowie zur nachhaltigen sozialen Stabilisierung kann eine koordinierte Hilfeplanung vorgesehen werden. Ziel der koordinierten Hilfeplanung ist die Wiederherstellung oder Steigerung der Arbeitsfähigkeit unter Anwendung sozialarbeiterischer Methoden und Instrumente.

(2) Die Personen, für die ein Hilfeplan erstellt wird, sind in den Planungsprozess entsprechend einzubinden und zur Teilnahme an den im Hilfeplan festgelegten Maßnahmen verpflichtet. Im Fall der Verweigerung ist § 8 Abs. 5 sinngemäß anzuwenden.

Beratung und Betreuung

§ 18. (1) Zur Befriedigung gleichartiger, regelmäßig auftretender persönlicher, familiärer oder sozialer Bedürfnisse von Hilfesuchenden können unter Bedachtnahme auf die regionalen Bedürfnisse und nach Maßgabe der zur Verfügung stehenden Mittel Beratungs- und Betreuungsdienste zur Vermeidung und Überwindung von sozialen Notlagen und zur nachhaltigen sozialen Stabilisierung erbracht werden. Der Träger der Bedarfsorientierten Mindestsicherung kann diese Dienste selbst erbringen oder, soweit dies für ihn kostengünstiger ist, in Zusammenarbeit mit freien Trägern dafür Sorge tragen und nach Maßgabe der folgenden Bestimmungen Kostenersätze leisten.

(2) Betreuungsdienste im Sinn des Abs. 1 sind:

1. sozialarbeiterische Angebote;
2. tagesstrukturierende Angebote, soweit dies zur sozialen Stabilisierung erforderlich ist;
3. Wohnangebote für akut von Obdachlosigkeit bedrohte Personen oder für Personen, die ohne spezifische Betreuung nicht selbstständig wohnfähig wären;

4. Angebote zur Verbesserung der Arbeitsfähigkeit und Vermittelbarkeit, Angebote auf Grundlage des § 32 AMSG jedoch nur dann, wenn durch ein Verwaltungsübereinkommen mit dem Arbeitsmarktservice sichergestellt ist, dass Personen, die Anspruch auf Bedarfsorientierte Mindestsicherung haben und über keine Leistungsansprüche nach dem Arbeitslosenversicherungsgesetz verfügen, direkten Zugang zum entsprechenden Angebot haben und im Bedarfsfall unmittelbar von der Bezirksverwaltungsbehörde vermittelt werden können.

(3) Die Angebote gemäß Abs. 2 (Produkte) müssen den von der Landesregierung festgelegten Leistungsbeschreibungen entsprechen. Ziel ist die Aktivierung des Selbsthilfepotenzials der Hilfesuchenden und die Verringerung oder Vermeidung der Abhängigkeit von Leistungen der Bedarfsorientierten Mindestsicherung. Die Leistungsbeschreibungen müssen zumindest enthalten: Ziele, Zielgruppen, Zugang, Leistungsumfang, Personal, Infrastruktur und Kennzahlen. Sie sind in regelmäßigen Abständen im Rahmen partizipativer Sozialplanungsprozesse gemeinsam mit allen Betroffenen (Leistungserbringer, Leistungsempfänger und Kostenträger) in geeigneter Weise zu evaluieren und gegebenenfalls weiterzuentwickeln.

(4) Die Leistung von Kostenersätzen setzt voraus, dass

1. ein objektivierter regionaler Bedarf für die Dienste besteht;
2. der freie Träger über geeignete Anlagen und die erforderliche sachliche und personelle Ausstattung für die Dienste verfügt;
3. sichergestellt ist, dass der freie Träger die Leistungserbringung während der gesamten Vertragsdauer wirtschaftlich gewährleisten kann; und
4. der freie Träger einer Überprüfung seiner Gebarung durch die Landesregierung, durch von der Landesregierung beauftragte Dritte oder durch den Salzburger Landesrechnungshof zustimmt.

(5) Die Höhe der Kostenersätze darf die notwendigen Aufwendungen für die Dienste nicht übersteigen. Jährliche Anpassungsklauseln sind für den Sachaufwand auf Basis der Entwicklung des Verbraucherpreisindex 2000 oder eines an seine Stelle tretenden Index und für den Personalaufwand auf Basis der Entwicklung des Entlohnungsschemas I für Landesvertragsbedienstete, zuzüglich höchstens 0,8 % für Vorrückungen, festzulegen. Zur Sicherung der Dienste sind Verträge mit dreijähriger Laufzeit abzuschließen; bei neuen Angeboten und mit neuen freien Trägern sind einjährige Verträge abzuschließen und Verlängerungen von einer vorangehenden Evaluierung abhängig zu machen.

(6) Freie Träger, denen Kostenersätze für die Erbringung von Beratungs- und Betreuungsdiensten gewährt worden sind, unterliegen bei der Erbringung dieser Dienste der Aufsicht der Landesregierung. Sie haben der Landesregierung auf Verlangen alle Daten zu übermitteln und Auskünfte zu erteilen, die dafür sowie für die Evaluierung des jeweiligen Angebotes im Hinblick auf die Erreichung der vereinbarten Produktziele erforderlich sind.

Hilfe in besonderen Lebenslagen, Bestattungskosten

§ 19. (1) Hilfe in besonderen Lebenslagen kann Personen gewährt werden, die auf Grund ihrer besonderen persönlichen, familiären oder wirtschaftlichen Verhältnisse oder in Folge außergewöhnlicher Ereignisse einer sozialen Gefährdung ausgesetzt sind, die nur durch Gewährung einer solchen Hilfe behoben werden kann. Als Hilfen kommen insbesondere in Betracht:

1. Hilfen zur Beschaffung und Ausstattung von Wohnraum, soweit kein Anspruch auf Leistungen der Bedarfsorientierten Mindestsicherung gemäß dem 3. Abschnitt besteht;
2. Hilfen zur Beibehaltung von Wohnraum;
3. Hilfen zur langfristigen Sicherung der wirtschaftlichen Lebensgrundlagen.

Hilfe in besonderen Lebenslagen wird vom Träger der Bedarfsorientierten Mindestsicherung als Träger von Privatrechten gewährt. Die Landesregierung hat die näheren Voraussetzungen für die Gewährung von solchen Hilfen durch Verordnung festzulegen.

(2) Soweit dafür nicht anderweitig vorgesorgt ist oder die Kosten nicht von Dritten getragen werden, können vom Träger der Bedarfsorientierten Mindestsicherung als Träger von Privatrechten die Kosten einer angemessenen Bestattung übernommen werden.

5. Abschnitt
Zugang zu den Leistungen und Verfahrensbestimmungen

Anträge

§ 20. (1) Antragsberechtigt sind:

1. die Hilfe suchende Person selbst, soweit sie eigenberechtigt ist;
2. für die Hilfe suchende Person:
   a) ihre gesetzlichen oder bevollmächtigten Vertreter;
   b) ihre Haushaltsangehörigen, auch ohne Nachweis der Bevollmächtigung, wenn keine Zweifel über Bestand und Umfang der Vertretungsbefugnis bestehen;
   c) ihr Sachwalter oder ihre Sachwalterin, wenn die Antragstellung zu dessen bzw deren Aufgabenbereich gehört.

(2) Anträge auf Leistungen nach diesem Gesetz sind bei der Bezirksverwaltungsbehörde einzubringen. Für Bedarfsgemeinschaften genügt die Einbringung eines gemeinsamen Antrags.

(3) Bei den Gemeinden eingebrachte Anträge sind von diesen unverzüglich an die Bezirksverwaltungsbehörde weiterzuleiten.

(4) Im Antrag auf Gewährung von Leistungen der Bedarfsorientierten Mindestsicherung sind folgende Angaben zu machen und durch entsprechende Nachweise zu belegen:

1. zur Person und Familien- bzw Haushaltssituation;
2. gegebenenfalls zum gesetzlichen oder bevollmächtigten Vertreter;
3. zur aktuellen Einkommenssituation;
4. zur aktuellen Vermögenssituation einschließlich Kontoauszüge aller bestehenden Konten zumindest der letzten drei Monate vor Antragstellung;
5. zur Wohnsituation;
6. gegebenenfalls Einkommens-, Vermögens- bzw Wohnkostennachweise der Personen gemäß § 3 Z 3;
7. gegebenenfalls zum rechtmäßigen Daueraufenthalt gemäß § 4 Abs 1 und Abs 2.

Sofern diesbezüglich erforderliche Unterlagen nicht vorgelegt werden, ist nach § 13 Abs 3 AVG vorzugehen."

Sachliche Zuständigkeit

§ 21. Für die Entscheidung über Leistungen nach diesem Gesetz, auf die ein Rechtsanspruch besteht, sowie die Entscheidung in allen anderen Leistungsangelegenheiten ist die Bezirksverwaltungsbehörde zuständig.

Örtliche Zuständigkeit

§ 22. (1) Die örtliche Zuständigkeit der Bezirksverwaltungsbehörde richtet sich nach dem Hauptwohnsitz der Hilfe suchenden Person, in Ermangelung eines solchen nach deren gewöhnlichen Aufenthalt.

(2) Jede Bezirksverwaltungsbehörde hat die in ihrem Bereich notwendigen und unaufschiebbaren Maßnahmen zu treffen und sodann das Verfahren zur Weiterführung der nach Abs. 1 zuständigen Behörde abzutreten oder, wenn das Verfahren bereits abgeschlossen ist, dieser die getroffenen Maßnahmen mitzuteilen.

Informations- und Mitwirkungspflicht, Bedingungen

§ 23. (1) Die Behörde hat die Hilfe suchende Person sowie die sonstigen zur Antragstellung berechtigten Personen der jeweils festgestellten Sachlage entsprechend zu informieren, zu beraten und anzuleiten, soweit dies zur Erreichung der Ziele und nach den Grundsätzen dieses Gesetzes notwendig ist.

(2) Die Hilfe suchenden Personen sowie deren zur Vertretung berechtigten Personen sind verpflichtet, an der Feststellung des maßgeblichen Sachverhaltes im Rahmen der behördlichen Aufträge mitzuwirken. Insbesondere sind die zur Durchführung des Verfahrens unerlässlichen Angaben zu machen sowie die dafür erforderlichen Urkunden und Unterlagen beizubringen. Die Hilfe suchende Person hat sich auch den für die Entscheidungsfindung unerlässlichen Untersuchungen zu unterziehen.

(3) Kommen Personen gemäß Abs. 2 ihrer Mitwirkungspflicht ohne triftigen Grund nicht nach, kann die Behörde der Entscheidung über den Leistungsanspruch jenen Sachverhalt zugrunde legen, der bisher festgestellt worden ist, wenn auf die Folgen einer unterlassenen Mitwirkung hingewiesen worden ist.

(4) Die Gewährung von Leistungen nach diesem Gesetz kann auch von Bedingungen und Befristungen abhängig gemacht werden, die Hilfe suchende Personen sowie deren Vertreter und Sachwalter zu erfüllen haben.

Soforthilfe, Beurteilung von Vorfragen

§ 24. (1) Leistungen der Bedarfsorientierten Mindestsicherung haben rechtzeitig einzusetzen. Sie sind vor Abschluss des Ermittlungsverfahrens mit vorläufigem Bescheid zu gewähren, wenn Umstände bekannt werden, die eine sofortige Leistung zur Vermeidung oder Überwindung einer unmittelbar drohenden bzw bestehenden sozialen Notlage erforderlich machen. Gegen diese Bescheide ist keine abgesonderte Beschwerde zulässig. Sie treten nach Abschluss des Ermittlungsverfahrens und Erlassung eines Bescheides nach § 25 außer Kraft.

(2) Bei der Beurteilung von Vorfragen (§ 38 AVG) ist die Behörde zur Aussetzung eines Verfahrens bis zur rechtskräftigen Entscheidung der Vorfrage nur berechtigt, wenn dadurch die Rechtzeitigkeit der Leistung nicht gefährdet wird.

Bescheide, Entscheidungspflicht

§ 25. (1) Die Entscheidung über Leistungen mit Rechtsanspruch hat ohne unnötigen Aufschub und längstens binnen drei Monaten ab Einlangen des Antrags zu erfolgen.

(2) Über die Zuerkennung, Kürzung oder Einstellung von Leistungen der Bedarfsorientierten Mindestsicherung zur Sicherung des Lebensunterhalts und des Wohnbedarfs, auf die ein Rechtsanspruch besteht, und deren Ersatz durch Sachleistungen (§ 9 Abs 2) ist mit schriftlichem Bescheid zu entscheiden.

(3) Bescheide, mit denen entgegen den Bestimmungen dieses Gesetzes Leistungen gewährt werden, leiden an einem mit Nichtigkeit bedrohten Fehler (§ 68 Abs 4 Z 4 AVG).

Beschwerdeverfahren

§ 26. (1) Im Verfahren über die Zuerkennung von Leistungen nach diesem Gesetz, auf die ein Rechtsanspruch besteht, kann ein Beschwerdeverzicht (§ 7 Abs 2 VwGVG) nicht wirksam abgegeben werden.

(2) Beschwerden gegen Bescheide über die Zuerkennung von Leistungen nach diesem Gesetz haben keine aufschiebende Wirkung.

6. Abschnitt
Rückerstattung und Ersatz

Anzeigepflicht

§ 27. (1) Hilfesuchende, die Leistungen nach diesem Gesetz erhalten, sowie ihre Vertreter haben jede ihnen bekannte Änderung der für die Leistung maßgeblichen Umstände, insbesondere der Vermögens-, Einkommens-, Familien- oder Wohnverhältnisse, Aufenthalte in Kranken-, Kuranstalten oder vergleichbaren stationären Einrichtungen sowie länger als drei Tage dauernde Aufenthalte im Ausland unverzüglich bei der örtlich zuständigen Bezirksverwaltungsbehörde anzuzeigen. Im Fall des § 14 Z 4 sind der Anzeige entsprechende Nachweise (ärztliche Verordnungen odgl) anzuschließen.

(2) Hilfesuchende, die Leistungen nach diesem Gesetz in Anspruch nehmen, sowie ihre Vertreter sind anlässlich der erstmaligen Zuerkennung der Leistung auf die Pflichten nach Abs. 1 sowie die Rechtsfolgen ihrer Nichtbeachtung hinzuweisen.

Rückerstattungspflicht

§ 28. (1) Hilfesuchende, die wegen falscher Angaben, Verschweigung von wesentlichen Tatsachen oder Verletzung der Anzeigepflicht gemäß § 27 Leistungen nach diesem Gesetz zu Unrecht erhalten haben, haben diese zurückzuerstatten. Gleiches gilt, wenn die Hilfe suchende Person oder ihr Vertreter wusste oder hätte erkennen müssen, dass die Hilfeleistung nicht oder nicht in dieser Höhe gebührt.

(2) Die Rückerstattung kann in angemessenen Teilbeträgen bewilligt werden, wenn sie auf andere Weise nicht möglich oder der rückerstattungspflichtigen Person nicht zumutbar ist. Sie kann auch in der Form erfolgen, dass die laufenden Leistungen der Bedarfsorientierten Mindestsicherung im Ausmaß von zumindest 10 % und höchstens 50 % gekürzt werden. Durch die Kürzungen dürfen nicht beeinträchtigt werden:

1. der Wohnbedarf des oder der Rückerstattungspflichtigen;
2. der Wohnbedarf der in Bedarfsgemeinschaft lebenden Personen;
3. der Lebensunterhalt der Personen gemäß der Z 2.

(3) Die Rückerstattung kann teilweise oder zur Gänze nachgesehen werden, soweit durch sie der Erfolg der Hilfeleistung gefährdet wäre oder sie zu besonderen Härten für die rückerstattungspflichtige Person führen würde oder wenn das Verfahren der Rückforderung einen Aufwand verursachen würde, der gemessen an der zu Unrecht in Anspruch genommenen Leistung unverhältnismäßig wäre.

(4) Die Rückerstattungspflicht gemäß Abs. 1 unterliegt nicht der Verjährung.

Ersatzansprüche

§ 29. (1) Für Leistungen nach diesem Gesetz haben Ersatz zu leisten:

1. die Hilfe suchende Person selbst und ihre Erben (§ 30);
2. unterhaltspflichtige Angehörige und Dritte, gegen die die Hilfe suchende Person Ansprüche hat (§ 31).

(2) Hilfesuchende Personen, die als Bedarfsgemeinschaft Leistungen nach diesem Gesetz erhalten haben, sind solidarisch zum Ersatz verpflichtet.

(3) Durch Abs 1 werden die Rechte des Trägers der Bedarfsorientierten Mindestsicherung als Pfandgläubiger sichergestellter Forderungen nach § 7 Abs 2 nicht beschränkt.

Ersatz durch Hilfe suchende Personen selbst und ihre Erben

§ 30. (1) Hilfesuchende sind zum Ersatz der für sie aufgewendeten Kosten verpflichtet, wenn:

1. die Ersatzforderung nach § 7 Abs. 2 sichergestellt worden ist;
2. nachträglich bekannt wird, dass sie zur Zeit der Hilfeleistung hinreichendes Einkommen oder Vermögen hatten;
3. sie nachträglich zu verwertbarem Vermögen gelangen, es sei denn, dieses wurde durch eigene Erwerbstätigkeit erwirtschaftet; oder
4. sich auf Grund einer rechtskräftigen verwaltungsgerichtlichen Entscheidung ergibt, dass diese Leistungen zu Unrecht bezogen wurden.

(2) Die Verpflichtung zum Ersatz der Kosten gemäß Abs. 1 geht gleich einer anderen Schuld auf den Nachlass der Hilfe suchenden Person über. Die Erben haften jedoch nur bis zur Höhe des Wertes des Nachlasses. Sie können gegenüber Ersatzforderungen nicht einwenden, dass die Hilfe suchende Person zu Lebzeiten den Ersatz hätte verweigern können.

(3) Schadenersatzansprüche des Trägers der Bedarfsorientierten Mindestsicherung wegen unrechtmäßigen Bezugs von Leistungen nach diesem Gesetz werden durch die Abs. 1 und 2 nicht berührt.

(4) Im Fall des Abs 1 Z 2 bis 4 ist § 28 Abs 2 und 3 sinngemäß anzuwenden.

Ersatz durch unterhaltspflichtige Angehörige und Dritte

§ 31. (1) Unterhaltsansprüche gegen Angehörige und sonstige Ansprüche, ausgenommen solche auf Schmerzensgeld, der Hilfe suchenden Person gegenüber Dritten, bei deren Erfüllung Leistungen nach diesem Gesetz nicht oder nicht in der erhaltenen Höhe erforderlich gewesen wären, gehen für die Dauer der Hilfeleistung bis zur Höhe der Kosten auf den Träger der Bedarfsorientierten Mindestsicherung über, sobald dies dem oder der unterhaltspflichtigen Angehörigen oder dem oder der Dritten schriftlich angezeigt wird. Mit Zustellung der Anzeige sind vom Schuldner zu leistende Zahlungen an den Träger der Bedarfsorientierten Mindestsicherung zu leisten; sonst geleistete Zahlungen befreien nicht von der Schuld.

(2) Ein Ersatz nach Abs 1 darf nicht verlangt werden von:

1. Kindern, Enkelkindern oder Großeltern von (früheren) Hilfesuchenden;
2. Eltern von Hilfesuchenden, die nach Erreichen der Volljährigkeit Leistungen bezogen haben.

(3) Ersatzansprüche nach § 1042 ABGB sowie Ersatzansprüche, die nach anderen bundes-gesetzlichen Vorschriften auf den Träger der Bedarfsorientierten Mindestsicherung übergehen, werden durch die Abs 1 und 2 nicht berührt.

Geltendmachung von Ersatzansprüchen

§ 32. (1) Ersatzansprüche gemäß den §§ 29 bis 31 können nicht mehr geltend gemacht werden, wenn seit dem Ablauf des Kalenderjahres, in dem Leistungen nach diesem Gesetz in Anspruch genommen worden sind, drei Jahre verstrichen sind. Der Ablauf dieser Frist wird für die Dauer von Ermittlungen der Behörde zur Geltendmachung des Ersatzanspruchs gehemmt. Die Aufnahme von Ermittlungen ist den Ersatzpflichtigen mitzuteilen. Ersatzforderungen, die nach § 7 Abs. 2 sichergestellt sind, unterliegen nicht der Verjährung.

(2) Die Geltendmachung von Ersatzansprüchen und die Verwertung eines nach § 7 Abs. 2 sichergestellten Vermögens dürfen die wirtschaftliche Existenz der ersatzpflichtigen Person und den Unterhalt ihrer Familienangehörigen und der mit ihr in Lebensgemeinschaft lebenden Person nicht gefährden.

(3) Von der Geltendmachung von Ersatzansprüchen und der Verwertung eines nach § 7 Abs. 2 sichergestellten Vermögens kann abgesehen werden, wenn dadurch unverhältnismäßig hohe Kosten oder ein unverhältnismäßig hoher Verwaltungsaufwand vermieden wird.

Zuständigkeit

§ 33. Über die Rückerstattung gemäß § 28, die Ersatzansprüche gemäß den §§ 29 bis 31 und die Verwertung eines nach § 7 Abs 2 sichergestellten Vermögens ist von der Bezirksverwaltungsbehörde zu entscheiden, die über die Leistung entschieden hat. Die Entscheidung hat durch schriftlichen Bescheid zu erfolgen.

7. Abschnitt
Trägerschaft, Kostentragung

Träger der Bedarfsorientierten Mindestsicherung

§ 34. Rechtsträger der Bedarfsorientierten Mindestsicherung ist das Land Salzburg.

Kostentragung

§ 35. (1) Die Kosten der Bedarfsorientierten Mindestsicherung sind nach Maßgabe der folgenden Bestimmungen vom Land und den Gemeinden zu tragen.

(2) Zu den Kosten der Bedarfsorientierten Mindestsicherung gehört der gesamte sich aus der Besorgung der in diesem Gesetz geregelten Aufgaben ergebende Aufwand einschließlich des Aufwandes für den Kostenersatz an andere Länder gemäß § 36 und der Kosten, die auf Grund anderer Rechtsvorschriften von der öffentlichen Fürsorge zu tragen sind.

(3) Zur Deckung der Kosten der Bedarfsorientierten Mindestsicherung sind, soweit ihnen keine Ersatzleistungen gemäß dem 6. Abschnitt dieses Gesetzes gegenüber stehen, die vom Land eingenommenen Strafgelder und Erlöse verfallener Gegenstände (§ 15 VStG) sowie sonstige Einnahmen, soweit sie mit Leistungen nach diesem Gesetz in Zusammenhang stehen, zu verwenden.

(4) Zu den nicht gemäß Abs. 3 gedeckten Kosten der Bedarfsorientierten Mindestsicherung haben die Gemeinden des politischen Bezirkes, in dem die Kosten anfallen, dem Land jährlich einen Beitrag in Höhe von 50 % zu leisten. Zu diesen Kosten zählt auch der Aufwand für das bei der jeweiligen Bezirkshauptmannschaft mit der Bedarfsorientierten Mindestsicherung befasste Personal. Erstreckt sich der räumliche Wirkungsbereich einer Einrichtung gemäß § 18 auf mehrere politische Bezirke, sind die Kosten auf die einzelnen, zum betreffenden räumlichen Wirkungsbereich gehörigen Bezirke nach deren Bevölkerungszahl aufzuteilen, die sich nach der jeweiligen Volkszahl gemäß § 10 Abs 7 FAG 2017 bestimmt.

(5) Der Kostenbeitrag ist für die einzelnen Gemeinden eines politischen Bezirkes mit Ausnahme der Stadt Salzburg nach dem abgestuften Bevölkerungsschlüssel gemäß § 10 Abs 8 FAG 2017 zu ermitteln.

(6) Das Land hat zum Aufwand für das bei der Stadt Salzburg mit der Bedarfsorientierten Mindestsicherung befasste Personal einen jährlichen Beitrag zu leisten. Zur Berechnung dieses Beitrags sind die gesamten Personalkosten des Landes für seine bei den Bezirkshauptmannschaften mit der Bedarfsorientierten Mindestsicherung befassten Bediensteten mit dem Faktor 0,525 zu vervielfachen.

(7) Die Landesregierung hat jährlich im Nachhinein die Beiträge gemäß Abs. 4 und 5 den Gemeinden zur Zahlung vorzuschreiben und der Stadt Salzburg die Höhe des Anspruchs gemäß Abs. 6 mitzuteilen. Die betreffende Gemeinde bzw die Stadt Salzburg kann binnen sechs Wochen, vom Tag der Zustellung der Vorschreibung oder Mitteilung an gerechnet, schriftlich die bescheidmäßige Vorschreibung bzw Zuerkennung des Beitrags verlangen. In diesem Fall hat die Landesregierung über die Höhe des Beitrags der Gemeinde bzw des Anspruchs der Stadt Salzburg mit schriftlichem Bescheid zu entscheiden.

(8) Die Beiträge gemäß den Abs. 4 und 5 werden nach Ablauf von sechs Wochen, vom Tag der Zustellung der schriftlichen Vorschreibung oder Mitteilung (Abs. 7) an gerechnet, fällig. Dies gilt für 75 % des vorgeschriebenen bzw mitgeteilten

Beitrags auch dann, wenn die bescheidmäßige Entscheidung verlangt wird. Ab dem Fälligkeitstag sind Verzugszinsen in der Höhe von 4 % zu entrichten.

Vorschüsse und Information der Gemeinden

§ 36. (1) Die Gemeinden haben dem Land auf Verlangen der Landesregierung jeweils zum 15. Februar, 15. Mai, 15. August und 15. November Vorschüsse von je 22,5 % der für das laufende Kalenderjahr zu erwartenden Beitragsanteile zu leisten. Die Vorschüsse sind unter Zugrundelegung der im Landesvoranschlag für die Bedarfsorientierte Mindestsicherung vorgesehenen Einnahmen und Ausgaben zu ermitteln. § 35 Abs. 8 letzter Satz findet sinngemäß Anwendung.

(2) Die auf Grund des Rechnungsabschlusses sich ergebenden Differenzen zwischen den endgültigen Beiträgen und den geleisteten Vorschüssen sind den Gemeinden bis spätestens 31. Mai zur Kenntnis zu bringen und zum 15. Februar des darauffolgenden Jahres mit der ersten Vorschussrate zu verrechnen.

(3) Den Gemeinden ist von der Landesregierung jährlich bis zum 15. September eine Hochrechnung über die für das laufende Kalenderjahr zu erwartenden Beitragsanteile zu übermitteln.

(4) Die Gemeinden sind von der Landesregierung zweimal jährlich über die Anzahl der Hilfesuchenden in ihrer Gemeinde zu informieren. Erhebungsstichtage sind der 30. Juni und der 31. Dezember. Die Übermittlung der Daten hat bis spätestens drei Monate nach diesen Stichtagen zu erfolgen.

Kostenersatz an andere Länder

§ 37. (entfallen)

8. Abschnitt
Amtshilfe, Auskunftspflicht und Datenschutz

Amtshilfe- und Auskunftspflichten

„**§ 38.** (1) Der Landesregierung, den Bezirksverwaltungsbehörden und dem Landesverwaltungsgericht sind zur Erfüllung ihrer gesetzlichen Aufgaben im Einzelfall auf Ersuchen zur Auskunft verpflichtet und von sich aus zur Mitteilung berechtigt:

1. die Organe des Bundes, der Länder, Gemeinden und Gemeindeverbände im Rahmen ihres gesetzmäßigen Wirkungsbereiches;
2. die Träger der Sozialversicherung und der Hauptverband der österreichischen Sozialversicherungsträger;
3. das Arbeitsmarktservice und Sozialministeriumservice;
4. Personen, die der Hilfe suchenden Person zum Unterhalt verpflichtet sind;
5. Einrichtungen, die von Hilfe suchenden Personen im Rahmen der Verpflichtung zum Einsatz der Arbeitskraft aufgesucht werden;
6. die Dienstgeber einer Hilfe suchenden Person;
7. die Finanzämter;
8. der Österreichische Integrationsfonds;
9. Zustellorgane im Sinn des Zustellgesetzes;
10. Begutachtende Stellen, welche die Arbeitsfähigkeit der Hilfe suchenden Person beurteilen;
11. die vom Träger der Bedarfsorientierten Mindestsicherung herangezogenen freien Träger für die Erbringung von Beratungs- und Betreuungsdiensten gemäß § 18.“

(LGBl Sbg 2018/82)

(2) Das Arbeitsmarktservice hat darüber hinaus zum Zweck des Abs 1 folgende „personenbezogene“ Daten für einen Zeitraum von drei Monaten, bei EWR-Staatsangehörigen oder Staatsangehörigen der Schweizer Eidgenossenschaft für einen Zeitraum von sechs Monaten, jeweils rückwirkend vom Anfragedatum auf elektronischem Weg zu übermitteln oder in elektronischer Form zugänglich zu machen:

1. Art und Höhe der vom Arbeitsmarktservice erbrachten Leistungen;
2. Beginn dieser Leistungen und voraussichtlicher Gewährungszeitraum;
3. Auszahlungszeitpunkt und Auszahlungshöhe dieser Leistungen;
4. Beginn und Ende der Arbeitsuche (Vormerkzeit);
5. Datum und Grund der Einstellung dieser Leistungen bzw des Endes der Vormerkung der Arbeitsuche;
6. Beginn und Ende sowie Art einer Sanktion (§§ 10, 11 oder 49 AlVG);
7. Gutachten und sonstige Angaben zur Arbeitsfähigkeit.

(LGBl Sbg 2018/82)

(3) Die Finanzämter haben auf Ersuchen einer Bezirksverwaltungsbehörde, der Landesregierung oder des Landesverwaltungsgerichts zum Zweck des Abs 1 die Einkommens- und Vermögensverhältnisse einer Hilfe suchenden, ersatzpflichtigen und mit ihr in einer Bedarfsgemeinschaft lebenden Person Auskunft zu geben.

(LGBl Sbg 2018/82)

(4) Die Dienstgeber einer Hilfe suchenden, ersatzpflichtigen oder in Bedarfsgemeinschaft lebenden Person haben auf Ersuchen einer Bezirksverwaltungsbehörde, der Landesregierung oder des Landesverwaltungsgerichts zum Zweck des Abs 1 innerhalb einer angemessenen Frist über alle Tatsachen Auskunft zu erteilen, die das Beschäftigungsverhältnis dieser Person betreffen und für die Ermittlung des maßgeblichen Sachverhalts unerlässlich sind. In solchen Ersuchen sind jene Tatsachen, über die Auskunft verlangt wird, im Einzelnen genau zu bezeichnen.

(4a) Abs 4 gilt sinngemäß für alle Einrichtungen, die von Hilfe suchenden Personen im Rahmen der Verpflichtung zum Einsatz der Arbeitskraft aufgesucht werden.

(5) Die begutachtenden Stellen gemäß § 8 Abs 3 haben ihre Gutachten den Bezirksverwaltungsbehörden und der Landesregierung auf elektronischem Weg unter Einhaltung der datenschutzrechtlichen Anforderungen zu übermitteln oder in elektronischer Form zugänglich zu machen.

(6) Zustellorgane im Sinn des Zustellgesetzes haben auf Ersuchen einer Bezirksverwaltungsbehörde, der Landesregierung oder des Landesverwaltungsgerichts zum Zweck des Abs 1 innerhalb einer angemessenen Frist über alle Tatsachen Auskunft zu erteilen, die den Zustellvorgang betreffen und für die Ermittlung des maßgeblichen Sachverhalts unerlässlich sind. In solchen Ersuchen sind jene Tatsachen, über die Auskunft verlangt wird, im Einzelnen genau zu bezeichnen.

„(7) Die Landesregierung, die Bezirksverwaltungsbehörden und das Landesverwaltungsgericht sind im Sinn des Abs 1 berechtigt, im Zentralen Melderegister eine Verknüpfungsanfrage im Sinn des § 16a Abs 3 Meldegesetz 1991 nach dem Kriterium des Wohnsitzes durchzuführen.

(8) Die Landesregierung, die Bezirksverwaltungsbehörden und das Landesverwaltungsgericht sind im Sinn des Abs 1 berechtigt, beim Hauptverband der österreichischen Sozialversicherungsträger Abfragen nach dem Kriterium der Versicherungsdaten durchzuführen.

(9) Die gemäß § 39 verarbeiteten personenbezogenen Daten dürfen folgenden Empfängern übermittelt werden, soweit sie diese zur Erfüllung der ihnen übertragenen Aufgaben benötigen:

1. an Organe des Bundes, der Länder, der Gemeinden und Gemeindeverbände;
2. an die Träger der Sozialversicherung und den Hauptverband der österreichischen Sozialversicherungsträger;
3. an das Landesverwaltungsgericht;
4. an die Finanzämter;
5. an den Österreichischen Integrationsfonds;
6. an das Arbeitsmarktservice;
7. an das Sozialministeriumservice;
8. an freie Träger, die vom Träger der Bedarfsorientierten Mindestsicherung für die Erbringung von Beratungs- und Betreuungsdiensten gemäß § 18 herangezogenen werden;
9. an begutachtende Stellen gemäß § 8 Abs 3;
10. an Einrichtungen, die von Hilfe suchenden Personen im Rahmen der Verpflichtung zum Einsatz der Arbeitskraft aufgesucht werden."

(LGBl Sbg 2018/82)

Verarbeitung personenbezogener Daten

§ 39. (1) Die Landesregierung und die Bezirksverwaltungsbehörden dürfen im Rahmen der Vollziehung dieses Gesetzes personenbezogene Daten für folgende Zwecke verarbeiten:

1. die Gewährung, Weitergewährung, Erbringung und Einstellung von Hilfeleistungen;
2. die Einhebung von Kostenersätzen sowie die Rückerstattung von zu Unrecht empfangenen Leistungen;
3. die Erbringung von Beratungs- und Betreuungsdiensten zur Vermeidung und Überwindung von sozialen Notlagen und zur nachhaltigen sozialen Stabilisierung.

(2) In den Angelegenheiten des Abs 1 dürfen von der Landesregierung und den Bezirksverwaltungsbehörden folgende personenbezogenen Daten verarbeitet werden:

1. von Hilfe suchenden Personen für Zwecke des Abs 1 Z 1 und 2: Personalien, Daten zur Rechtmäßigkeit des Aufenthaltes, Daten zum Beruf und den Beschäftigungsverhältnissen, Daten zu den Einkommens- und Vermögensverhältnissen, Daten zu den Sozialversicherungsverhältnissen einschließlich Sozialversicherungsnummer, Daten über Unterhaltsansprüche und -pflichten, Bestehen eines Vertretungsverhältnisses, Gesundheitsdaten, Daten betreffend die Arbeitsvermittlung und die Bereitschaft zum Einsatz der Arbeitskraft, Daten von Einrichtungen, die von Hilfe suchenden Personen im Rahmen der Verpflichtung zum Einsatz der Arbeitskraft aufgesucht werden, Daten von Zustellorganen im Sinn des Zustellgesetzes betreffend die Hilfe suchende Person, Daten über Anwesenheitszeiten;
2. von Hilfe suchenden Personen für Zwecke des Abs 1 Z 3: Name, ehemalige Namen, Geburtsdatum, Kontaktdaten, Gesundheitsdaten, Angaben zum Beratungs- bzw Betreuungsbedarf;
3. von Personen, die der Hilfe suchenden Person zum Unterhalt verpflichtet sind, für Zwecke des Abs 1 Z 1 und 2: Personalien, Daten über Angehörige im Zusammenhang mit (sonstigen) Unterhaltspflichten, Einkommens- und Vermögensverhältnisse, Daten zum geleisteten Unterhalt;
4. von Personen, welche die Hilfe suchende Person vertreten, für Zwecke des Abs 1 Z 1 und 2: Personalien, Art des Vertretungsverhältnisses und Verhältnis zur Hilfe suchenden Person;
5. von Ehegatten, eingetragenen Partnern, Lebensgefährten, Eltern und Kindern von Hilfe suchenden Personen für Zwecke des Abs 1 Z 1 und 2: Personalien und Art der Angehörigeneigenschaft;
6. vom durch den Träger der Bedarfsorientierten Mindestsicherung herangezogenen freien Träger für die Zwecke des Abs 1 Z 3: Daten zur Einrichtung, Daten zur Leistungserbringung, Daten zur Auslastung, Daten im Zusammenhang mit der Aufsicht, Daten zur Leistungsabrechnung, Daten betreffend die betreute Person;
7. von Einrichtungen, die von der Hilfe suchenden Person im Rahmen der Verpflichtung

zum Einsatz der Arbeitskraft aufgesucht werden, für die Zwecke des Abs 1 Z 1 und Z 2: Daten betreffend die betreute Person.

(LGBl Sbg 2018/82)

Verarbeitung in gemeinsamer Verantwortung

§ 39a. (1) Die Landesregierung und die Bezirksverwaltungsbehörden sind im Rahmen der Vollziehung dieses Gesetzes unter Beachtung der Verarbeitungszwecke des § 39 Abs 1 ermächtigt, personenbezogene Daten im Sinn des § 39 Abs 2 als gemeinsam Verantwortliche gemäß Art 4 Z 7 iVm Art 26 Abs 1 Datenschutz-Grundverordnung gemeinsam zu verarbeiten (Soziales Informationssystem).

(2) Im Rahmen der Vollziehung dieses Gesetzes sind unter Beachtung der gesetzlich normierten Verarbeitungszwecke die Bezirksverwaltungsbehörden als gemeinsam Verantwortliche gemäß Art 4 Z 7 iVm Art 26 Abs 1 Datenschutz-Grundverordnung ermächtigt, folgende personenbezogene Daten von Antragstellern und Leistungsempfängern einschließlich der mitbegünstigten Personen, soweit sie zur Leistungszuerkennung nötig sind, gemeinsam zu verarbeiten (Soziales Informationssystem Bezirksverwaltungsbehörden): Name, Geburtsdatum, Geburtsort, Staatsbürgerschaft, Rechtmäßigkeit des Aufenthaltes bzw Aufenthaltstitel, Geschlecht, Familienstand, Sozialversicherungsnummer und ergänzende Daten zur Krankenversicherung, Adress- und Kontaktdaten, ZMR-Auskünfte, Daten zum Einkommen und Vermögen einschließlich Rechtsansprüche gegen Dritte.

(3) Die Erfüllung der Auskunfts-, Informations-, Berichtigungs-, Löschungs- und sonstigen Pflichten nach den Bestimmungen der Datenschutz-Grundverordnung gegenüber den Betroffenen obliegt jedem Verantwortlichen nur hinsichtlich jener personenbezogener Daten, die im Zusammenhang mit den von ihm geführten Verfahren oder den von ihm gesetzten Maßnahmen verarbeitet werden. Nimmt ein Betroffener unter Nachweis seiner Identität ein Recht nach der Datenschutz-Grundverordnung gegenüber einem gemäß dem ersten Satz unzuständigen Verantwortlichen wahr, ist er an den zuständigen Verantwortlichen zu verweisen.

(4) Die Landesregierung und die Bezirksverwaltungsbehörden haben gemeinsam organisatorische Vorkehrungen und geeignete Datensicherungsmaßnahmen im Sinn der Art 24 und 32 Datenschutz-Grundverordnung zu treffen, die den Schutz der Geheimhaltungsinteressen der Betroffenen gewährleisten. Die Verantwortung für den Datenschutz durch Technikgestaltung und durch datenschutzfreundliche Voreinstellungen gemäß Art 25 Datenschutz-Grundverordnung in Form von geeigneten technischen Maßnahmen trifft die Landesregierung.

(LGBl Sbg 2018/82)

Datenverarbeitung durch freie Träger

§ 39b. Einrichtungen gemäß § 18, die vom Träger der Bedarfsorientierten Mindestsicherung zur Leistungserbringung herangezogen werden, sowie Einrichtungen, die von der Hilfe suchenden Person im Rahmen der Verpflichtung zum Einsatz der Arbeitskraft aufgesucht werden, sind zur Verarbeitung der für die Leistungserbringung im Einzelfall benötigten personenbezogenen Daten wie Personalien, Daten zum Beruf und den Beschäftigungsverhältnissen, Daten zu den Einkommens- und Vermögensverhältnissen, Daten zu den Sozialversicherungsverhältnissen einschließlich Sozialversicherungsnummer, Daten über Unterhaltsansprüche und -pflichten, Bestehen eines Vertretungsverhältnisses, Gesundheitsdaten, Daten betreffend die Arbeitsvermittlung, Daten von Einrichtungen, die von Hilfe suchenden Personen im Rahmen der Verpflichtung zum Einsatz der Arbeitskraft aufgesucht werden, berechtigt. Sie sind hinsichtlich der Datenverarbeitung Verantwortliche im Sinn des Art 4 Z 7 Datenschutz-Grundverordnung.

(LGBl Sbg 2018/82)

Einschränkung der Betroffenenrechte

§ 39c. (1) Personenbezogene Daten gemäß §§ 39 Abs 2, 39a Abs 2 und 39b, die zu Zwecken des § 39 Abs 1 verarbeitet werden, gelten im Sinn des Art 23 Abs 1 lit e Datenschutz-Grundverordnung als im allgemeinen öffentlichen Interesse verarbeitet und unterliegen daher nicht dem Widerspruchsrecht gemäß Art 21 Datenschutz-Grundverordnung. Darüber sind die betroffenen Personen in geeigneter Weise zu informieren.

(2) Hinsichtlich personenbezogener Daten gemäß §§ 39 Abs 2, 39a Abs 2 und 39b, die zu Zwecken des § 39 Abs 1 verarbeitet werden, ist die Informationspflicht gemäß Art 14 Datenschutz-Grundverordnung ausgeschlossen und die Informationspflicht gemäß Art 13 Datenschutz-Grundverordnung nur eingeschränkt zu gewährleisten. Über die Kontaktdaten des allenfalls bestellten Datenschutzbeauftragten, das Bestehen eines Beschwerderechtes bei der Datenschutzbehörde und das im Abs 3 geregelte Auskunftsrecht ist in jedem Fall zu informieren.

(3) Das Auskunftsrecht gemäß Art 15 Datenschutz-Grundverordnung besteht, soweit die Kenntnis der in Frage stehenden Daten der betroffenen Person auf Grund ihres Alters, ihres Entwicklungsstandes und ihrer psychischen Verfassung zumutbar ist, dadurch nicht überwiegende, berücksichtigungswürdige persönliche Interessen Dritter verletzt würden oder die Erfüllung des mit dem Gesetz verfolgten überwiegenden öffentlichen Interesses gefährdet würde. Im Fall einer Nichterteilung der Auskunft hat der Verantwortliche den Betroffenen auf dessen Verlangen schriftlich über die dafür maßgeblichen Gründe zu informieren, es sei denn, die Erteilung selbst dieser Information würde den genannten Einschränkungsgründen zuwiderlaufen.

(4) Soweit die Verarbeitung personenbezogener Daten zu statistischen Zwecken erfolgt, kommen der betroffenen Person die Rechte gemäß Art 15,

16, 18 und 21 Datenschutz-Grundverordnung nicht zu.

(LGBl Sbg 2018/82)

Löschung von Daten

§ 39d. Die verarbeiteten personenbezogenen Daten sind nach Ablauf der längsten gesetzlichen Frist zur Geltendmachung oder Abwehr von aus dem Akt erschließbaren möglichen Rechtsansprüchen zu löschen.“

(LGBl Sbg 2018/82)

9. Abschnitt
Schlussbestimmungen

Eigener Wirkungsbereich der Gemeinden

§ 40. Die Besorgung der Angelegenheiten der Gemeinden nach den §§ 35 und 36 fällt in deren eigenen Wirkungsbereich.

Ermächtigung der Bezirksverwaltungsbehörden zum Haushaltsvollzug

§ 40a. (1) Die Landesregierung kann die Bewirtschaftung eines ihr zugewiesenen Haushaltsansatzes oder mehrerer ihr zugewiesenen Haushaltsansätze zum Teil oder zur Gänze auf den Bürgermeister bzw die Bürgermeisterin der Stadt Salzburg und/oder an eine oder mehrere Bezirkshauptmannschaften übertragen, wenn zwischen der Bewirtschaftung des Haushaltsansatzes oder der Haushaltsansätze und dem Zuständigkeitsbereich der Bezirksverwaltungsbehörden nach diesem Gesetz ein sachlicher Zusammenhang besteht. Eine solche Übertragung ist in geeigneter Weise und nachvollziehbar zu dokumentieren.

(2) Eine Übertragung gemäß Abs 1 schließt auch den Vollzug des mit der Bewirtschaftung der übertragenen Haushaltsansätze verbundenen Zahlungsverkehrs mit ein. § 11 Abs 1 ALHG 2018 gilt sinngemäß.

(3) Mit einer Übertragung gemäß Abs 1 auf eine Bezirkshauptmannschaft geht die Verantwortlichkeit gemäß § 4 Abs 1 ALHG 2018 auf den Bezirkshauptmann bzw die Bezirkshauptfrau über. Die Dienststellenleitung der im jeweiligen Landesvoranschlag bei dem übertragenen Haushaltsansatz ausgewiesenen bewirtschaftenden Dienststelle (Finanzstelle, anweisenden Stelle) bleibt für eine effektive Kontrolle verantwortlich.

(4) Im Fall einer Übertragung gemäß Abs 1 auf den Bürgermeister bzw die Bürgermeisterin der Stadt Salzburg gilt Abs 3 sinngemäß.

Befreiung von Verwaltungsabgaben, Kommissionsgebühren und Barauslagen

§ 41. Alle Amtshandlungen, Eingaben, Vollmachten und sonstige Urkunden über Rechtsgeschäfte sowie Zeugnisse in Angelegenheiten dieses Gesetzes sind von den durch Landesgesetz vorgesehenen Verwaltungsabgaben und Kommissionsgebühren befreit. Barauslagen sind nicht zu ersetzen.

Strafbestimmungen

§ 42. (1) Soweit das Verhalten nicht den Tatbestand einer in die Zuständigkeit der Gerichte fallenden strafbaren Handlung erfüllt, begeht eine Verwaltungsübertretung, wer

1. durch falsche Angaben oder durch Verschweigung wesentlicher Tatsachen Leistungen der Bedarfsorientierten Mindestsicherung erhält oder erhalten hat, die ansonsten nicht zustehen bzw zugestanden wären;
2. seiner Anzeigepflicht gemäß § 27 Abs. 1 nicht nachkommt;
3. der Auskunftspflicht nach § 38 Abs. 4 nicht nachkommt.

(2) Der Versuch nach Abs. 1 Z 1 ist strafbar.

(3) Verwaltungsübertretungen nach Abs. 1 sind mit Geldstrafe bis zu 3.000 € und für den Fall der Uneinbringlichkeit mit Ersatzfreiheitsstrafe bis zu einer Woche zu ahnden.

(4) Zuständig ist in den Fällen des Abs. 1 Z 1 und 2 die Bezirksverwaltungsbehörde, die über die Leistung entschieden hat oder zu entscheiden gehabt hätte, in den Fällen des Abs. 1 Z 3 die Bezirksverwaltungsbehörde, die um die Auskunft ersucht hat.

„Verweisungen auf Bundes- und Unionsrecht“

(LGBl Sbg 2018/82)

§ 43. (1) Die in diesem Gesetz enthaltenen Verweisungen auf bundesrechtliche Vorschriften gelten, soweit nicht ausdrücklich anderes bestimmt wird, als Verweisungen auf die letztzitierte Fassung:

1. Allgemeines bürgerliches Gesetzbuch – ABGB, JGS Nr 946/1811; Gesetz BGBl I Nr 153/2017;
2. Allgemeines Sozialversicherungsgesetz – ASVG, BGBl Nr 189/1955; Gesetz BGBl I Nr 151/2017;
3. Arbeitslosenversicherungsgesetz 1977 – AlVG, BGBl Nr 609; Gesetz BGBl I Nr 38/2017;
4. Arbeitsmarktservicegesetz – AMSG, BGBl Nr 313/1994; Gesetz BGBl I Nr 31/2017;
5. Arbeitsvertragsrechts-Anpassungsgesetz – AVRAG, BGBl Nr 459/1993; Gesetz BGBl I Nr 30/2017;
6. Asylgesetz 2005 – AsylG 2005, BGBl I Nr 100; Gesetz BGBl I Nr 145/2017;
7. Ausbildungspflichtgesetz – APflG, BGBl I Nr 62/2016; Gesetz BGBl I Nr 120/2016;
8. Einkommensteuergesetz 1988 – EStG 1988, BGBl Nr 400; Gesetz BGBl I Nr 142/2017;
9. Exekutionsordnung – EO, RGBl Nr 79/1896; Gesetz BGBl I Nr 122/2017;
10. Familienlastenausgleichsgesetz 1967 – FLAG, BGBl Nr 376; Gesetz BGBl I Nr 156/2017;

11. Finanzausgleichsgesetz 2017 – FAG 2017, BGBl I Nr 116/2016; Gesetz BGBl I Nr 144/2017;
12. Fremdenpolizeigesetz 2005 – FPG, BGBl I Nr 100; Gesetz BGBl I Nr 145/2017;
13. Integrationsgesetz – IntG, BGBl I Nr 68/2017; Gesetz BGBl Nr 86/2017;

„13a.Meldegesetz 1991 – MeldeG, BGBl Nr 9/1992; Gesetz BGBl I Nr 32/2018;1“

(LGBl Sbg 2018/82)

14. Niederlassungs- und Aufenthaltsgesetz – NAG, BGBl I Nr 100/2005; Gesetz BGBl I Nr 145/2017.

(LGBl Sbg 2018/82)

„(2) Dieses Gesetz verweist auf die Verordnung (EU) 2016/679 des Europäischen Parlaments und des Rates vom 27. April 2016 zum Schutz natürlicher Personen bei der Verarbeitung personenbezogener Daten, zum freien Datenverkehr und zur Aufhebung der Richtlinie 95/46/EG (Datenschutz-Grundverordnung), ABl L 119 vom 4. Mai 2016.“

(LGBl Sbg 2018/82)

Umsetzungshinweis

§ 44. Dieses Gesetz dient der Umsetzung folgender Richtlinien:

1. Richtlinie 2003/109/EG des Rates vom 25. November 2003 betreffend die Rechtsstellung der langfristig aufenthaltsberechtigten Drittstaatsangehörigen, ABl Nr L 16 vom 23. Jänner 2004;
2. Richtlinie 2004/38/EG des Rates vom 29. April 2004 über das Recht der Unionsbürger und ihrer Familienangehörigen, sich im Hoheitsgebiet der Mitgliedsstaaten frei zu bewegen und aufzuhalten, ABl Nr L 158 vom 30. April 2004;
3. Richtlinie 2004/83/EG des Rates vom 29. April 2004 über Mindestnormen für die Anerkennung und den Status von Drittstaatsangehörigen oder Staatenlosen als Flüchtlinge oder als Personen, die anderweitig internationalen Schutz benötigen, und über den Inhalt des zu gewährenden Schutzes, ABl Nr L 304 vom 30. September 2004.

Inkrafttreten

§ 45. (1) Dieses Gesetz tritt mit 1. September 2010 in Kraft.

(2) Bei Personen, die bis zu dem im Abs 1 bestimmten Zeitpunkt Leistungen zur Sicherung des Lebensbedarfs nach dem Salzburger Sozialhilfegesetz bezogen haben und innerhalb von vier Monaten ab diesem Zeitpunkt einen Antrag auf Bedarfsorientierte Mindestsicherung einbringen, gilt der Antrag als mit diesem Zeitpunkt eingebracht; die Entscheidung über solche Anbringen hat längstens innerhalb von drei Monaten ab tatsächlicher Einbringung zu erfolgen.

(3) Bis „1. Jänner 2020“ ist § 6 Abs 1 zweiter Satz mit der Maßgabe anzuwenden, dass eine allfällig gewährte (erweiterte) Wohnbeihilfe gemäß den Salzburger Wohnbauförderungsgesetzen nicht zum Einkommen zählt; sie mindert jedoch den Wohnbedarf.

(LGBl Sbg 2018/101)

Inkrafttreten novellierter Bestimmungen und Übergangsbestimmungen dazu

§ 46. (1) Die §§ 1 Abs 3, 3, 4 Abs 2 und 3, 5 Abs 2 und 3, 6 Abs 1, 2 und 4, 8 Abs 5, 10 Abs 2 bis 4, 13, 24 Abs 1, 29, 31 Abs 3 sowie 43 in der Fassung des Gesetzes LGBl Nr 57/2012 und der Entfall des § 8 Abs 6 treten mit 1. August 2012 in Kraft. Die Kundmachungen gemäß den §§ 6 Abs 4 letzter Satz und 13 Abs 1 zweiter Satz haben erstmals für das Kalenderjahr 2013 zu erfolgen.

(2) Im Zeitpunkt des Abs 1 aufrechte Leistungsbescheide für Leistungen nach dem 3. Abschnitt für Pensionistinnen und Pensionisten können von Amts wegen rückwirkend auf diesen Zeitpunkt abgeändert werden, soweit innerhalb des Zeitraums der Leistungsgewährung nach den pensionsrechtlichen Bestimmungen Sonderzahlungen im Sinn des § 6 Abs 2 Z 7 anfallen und die Neubemessung zu einer ergänzenden Hilfeleistung führt. Eine amtswegige Anpassung ist bis zum Ende des Zeitraums der Leistungsgewährung zulässig.

(3) Arbeitnehmerinnen und Arbeitnehmer, die zu dem im Abs 1 bestimmten Zeitpunkt über einen aufrechten Leistungsbescheid für Leistungen nach dem 3. Abschnitt verfügen, sowie, unbeschadet Abs 2, ebensolche Pensionistinnen und Pensionisten können eine Neubemessung der Hilfe beantragen, wenn bei ihnen innerhalb des Zeitraums der Leistungsgewährung Sonderzahlungen im Sinn des § 6 Abs 2 Z 6 bzw 7 anfallen. Anträge, die Arbeitnehmerinnen und Arbeitnehmer bis vier Monate nach dem im Abs 1 bestimmten Zeitpunkt sowie Pensionistinnen und Pensionisten bis zwei Monate nach dem Ende des Zeitraums der Leistungsgewährung einbringen, gelten als mit dem im Abs 1 bestimmten Zeitpunkt eingebracht.

(4) § 45 Abs 3 in der Fassung des Gesetzes LGBl Nr 97/2012 tritt mit 1. Jänner 2013 in Kraft.

(5) § 21 Abs 1 und 2 in der Fassung des Gesetzes LGBl Nr 107/2012 tritt mit 1. Jänner 2013 in Kraft. In diesem Zeitpunkt bei der Landesregierung anhängige Berufungsverfahren sind von dieser fortzuführen.

(6) Abs 4 sowie die §§ 6 Abs 2 und 43 in der Fassung des Gesetzes LGBl Nr 105/2013 treten mit 1. Jänner 2014 in Kraft.

(7) Die §§ 21, 24 Abs 1, 25 Abs 1, 26, 33 und 38 Abs 1, 3 und 4 in der Fassung des Gesetzes LGBl Nr 106/2013 treten mit 1. Jänner 2014 in Kraft.

(8) § 45 Abs 3 in der Fassung des Gesetzes LGBl Nr 90/2014 tritt mit 1. Jänner 2015 in Kraft.

(9) Die §§ 3, 4 Abs 2, 3 und 4, 6 Abs 2, 8 Abs 6, 10 Abs 4, 43 und 45 Abs 3 in der Fassung des Gesetzes LGBl Nr 100/2016 sowie der Entfall des § 18 Abs 7 treten mit 1. Jänner 2017 in Kraft. § 35 Abs 4 und Abs 5 in der Fassung des Gesetzes LG-

Bl Nr 100/2016 tritt rückwirkend mit 1. September 2010 und § 41 in der Fassung des Gesetzes LGBl Nr 100/2016 tritt rückwirkend mit 9. August 2016 in Kraft. Verordnungen auf der Grundlage des § 10 Abs 4 in der Fassung des Gesetzes LGBl Nr 100/ 2016 können bereits vor dem Inkrafttreten des Gesetzes LGBl Nr 100/2016 erlassen werden, sie dürfen jedoch frühestens mit 1. Jänner 2017 in Kraft treten.

(10) Das Inhaltsverzeichnis sowie § 40a in der Fassung des Gesetzes LGBl Nr 123/2017 treten mit 1. Jänner 2018 in Kraft.

(11) Die §§ 4 Abs 2, 5 Abs 1 und 4, 6 Abs 2 und 4, 7a, 8 Abs 4 und 5, 10 Abs 3, 11 Abs 1, 13 Abs 1, 17 Abs 2, 20 Abs 3 und 4, 28 Abs 3, 30 Abs 1 und 4, 35 Abs 4 und 5, 36 Abs 3, 38 Abs 4a und 6, 43 und 45 Abs 3 in der Fassung des Gesetzes LGBl Nr 124/2017 treten mit 1. Jänner 2018 in Kraft; gleichzeitig tritt § 37 außer Kraft.

(12) Auf jene Hilfesuchenden, die nur auf Grund des Zeitpunkts des Inkrafttretens des Ausbildungspflichtgesetzes nicht Zielgruppe desselben waren, findet § 8 Abs 4 Z 5 in der Fassung bis zum Inkrafttreten des Gesetzes LGBl Nr 124/2017 weiterhin Anwendung.

(13) Auf Sachverhalte nach der Art 15a B-VG Vereinbarung über den Kostenersatz in den Angelegenheiten der Sozialhilfe, LGBl Nr 95/1975, die bis einschließlich 31. Dezember 2017 verwirklicht wurden, findet § 37 in der Fassung bis zum Inkrafttreten des Gesetzes LGBl Nr 124/2017 weiterhin Anwendung.

(LGBl Sbg 2019/14)

„(14) Die §§ 38 Abs 1, 2, 7, 8 und 9, (§) 39, 39a, 39b, 39c, 39d und 43 in der Fassung des Gesetzes LGBl Nr 82/2018 treten mit dem auf die Kundmachung folgenden Tag in Kraft. Gleichzeitig tritt § 38 Abs 3 außer Kraft."

(LGBl Sbg 2018/82)

„(15) § 45 Abs 3 in der Fassung des Gesetzes LGBl Nr 101/2018 tritt mit 1. Jänner 2019 in Kraft."

(LGBl Sbg 2018/101)

„(16) § 46 Abs 13 in der Fassung des Gesetzes LGBl Nr 124/2017 tritt mit 1. April 2018 außer Kraft."

(LGBl Sbg 2019/14)

Kundmachung über die Höhe der Mindeststandards der Bedarfsorientierten Mindestsicherung und von prozentuellen Beträgen davon im Jahr 2019

Höhe der Mindeststandards der Bedarfsorientierten Mindestsicherung und von prozentuellen Beträgen davon im Jahr 2019, LGBl Sbg 2018/111

Kundmachung der Salzburger Landesregierung vom 21. Dezember 2018 über die Höhe der Mindeststandards der Bedarfsorientierten Mindestsicherung und von prozentuellen Beträgen davon im Jahr 2019

(LGBl Sbg 2018/111)

Auf Grund der §§ 6 Abs 4, 10 Abs 4 und 13 Abs 1 des Salzburger Mindestsicherungsgesetzes (MSG), LGBl Nr 63/2010, sowie des § 17 Abs 2a des Salzburger Sozialhilfegesetzes (SSHG), LGBl Nr 19/1975, jeweils in der geltenden Fassung wird kundgemacht:

§ 1. Der monatliche Mindeststandard für die Hilfe zur Sicherung des Lebensunterhalts und des Wohnbedarfs beträgt im Jahr 2019:

1. für Alleinstehende oder Alleinerziehende ..... € 885,47;
2. für Ehegatten, eingetragene Partner, in Lebensgemeinschaft lebende Personen oder volljährige Personen, die mit anderen Personen im gemeinsamen Haushalt leben, je Person .... € 664,10;
3. für minderjährigen Personen, die mit zumindest einer ihnen gegenüber unterhaltspflichtigen oder volljährigen Person im gemeinsamen Haushalt leben und für die ein Anspruch auf Familienbeihilfe besteht .... € 185,95.

§ 2. Der Freibetrag für Hilfesuchende, die ein Einkommen aus einer Erwerbstätigkeit erzielen, beträgt im Jahr 2019:

1. bei einer Beschäftigung bis zu 20 Wochenstunden.......................... € 79,69;
2. bei einer Beschäftigung über 20 Wochenstunden .... € 159,38.

§ 3. Die Hilfe für den Lebensunterhalt für die Dauer eines Aufenthalts in einer Kranken- oder Kuranstalt oder einer vergleichbaren stationären Einrichtung beträgt im Jahr 2019:

1. bei volljährigen Personen .... € 177,09;
2. bei minderjährigen Personen .... € 115,11.

§ 4. Das Taschengeld, das Personen, die in Anstalten oder Heimen untergebracht sind und das 15. Lebensjahr vollendet haben, zu gewähren ist, soweit ihnen nicht auf Grund des § 8 Abs 5 des Salzburger Sozialhilfegesetzes ein solcher Betrag ihres Einkommens verbleibt, beträgt im Jahr 2019 € 177,09.

Steiermärkisches Mindestsicherungsgesetz

Steiermärkisches Mindestsicherungsgesetz, LGBl Stmk 2011/14 idF

1	LGBl Stmk 2012/9	2	LGBl Stmk 2013/87	3	LGBl Stmk 2014/63
4	LGBl Stmk 2015/7	5	LGBl Stmk 2016/106	6	LGBl Stmk 2017/79
7	LGBl Stmk 2018/12	8	LGBl Stmk 2018/63		

GLIEDERUNG

Gesetz vom 14. Dezember 2010 über die Bedarfsorientierte Mindestsicherung (Steiermärkisches Mindestsicherungsgesetz – StMSG)
(LGBl Stmk 2011/14)

Der Landtag hat beschlossen:

1. Abschnitt
Allgemeine Bestimmungen

Ziele

§ 1. Zur verstärkten Bekämpfung und Vermeidung von Armut und sozialer Ausschließung wird eine Bedarfsorientierte Mindestsicherung (im Folgenden „Mindestsicherung") geschaffen. Die Mindestsicherung soll eine dauerhafte (Wieder-)Eingliederung ihrer Bezieherinnen/Bezieher in das Erwerbsleben weitestmöglich fördern.

Grundsätze für die Leistung

§ 2. (1) Bei der Erbringung von Leistungen der Mindestsicherung ist auf die Eigenart und Ursache der drohenden, bestehenden oder noch nicht dauerhaft überwundenen sozialen Notlage sowie auf die persönlichen Verhältnisse, insbesondere auf den körperlichen, geistigen und psychischen Zustand, sowie die Fähigkeiten, Beeinträchtigungen und das Ausmaß der sozialen Integration der Hilfe suchenden Person durch die jeweils erforderliche Beratung und Betreuung Bedacht zu nehmen.

(2) Art und Umfang der Leistung der Mindestsicherung sind so zu wählen, dass die Stellung der Hilfe suchenden Person innerhalb ihrer Familie und ihres sonstigen unmittelbaren sozialen Umfeldes nach Möglichkeit erhalten und gefestigt wird.

Erfasste Bedarfsbereiche

§ 3. (1) Die Mindestsicherung wird durch pauschalierte Geldleistungen zur Sicherung des Lebensunterhaltes und des Wohnbedarfes, jeweils außerhalb von stationären Einrichtungen gemäß dem Stmk. Pflegeheimgesetz 2003 sowie § 18

Steiermärkisches Behindertengesetz sowie durch die bei Krankheit, Schwangerschaft und Entbindung erforderlichen Leistungen erbracht.

(2) Der Lebensunterhalt umfasst den regelmäßig wiederkehrenden Aufwand für Nahrung, Bekleidung, Körperpflege, Hausrat sowie andere persönliche Bedürfnisse wie die angemessene soziale und kulturelle Teilhabe.

(3) Der Wohnbedarf umfasst den für die Gewährleistung einer angemessenen Wohnsituation erforderlichen regelmäßig wiederkehrenden Aufwand für Miete, Strom, Heizung, allgemeine Betriebskosten und Abgaben.

(4) Der Schutz bei Krankheit, Schwangerschaft und Entbindung umfasst alle Sachleistungen und Vergünstigungen, die Bezieherinnen/Beziehern einer Ausgleichszulage aus der Pensionsversicherung in der gesetzlichen Krankenversicherung zukommen.

2. Abschnitt
Voraussetzungen für die Leistung

Persönliche Voraussetzungen

§ 4. (1) Anspruch auf Leistungen der Mindestsicherung haben Personen, die

1. hilfebedürftig sind,
2. ihren Hauptwohnsitz oder in Ermangelung eines solchen ihren gewöhnlichen Aufenthalt im Land Steiermark haben und
3. zu einem dauernden Aufenthalt im Inland berechtigt sind.

(2) Zum Personenkreis nach Abs. 1 Z. 3 gehören jedenfalls:

1. österreichische Staatsbürgerinnen/Staatsbürger und deren Familienangehörige, die über einen Aufenthaltstitel „Familienangehöriger" gemäß § 47 Abs. 2 des Niederlassungs- und Aufenthaltsgesetzes (NAG) verfügen;
2. Personen, die über ein unionsrechtliches Aufenthaltsrecht gemäß §§ 51 bis 54a und 57 NAG verfügen;
3. Asylberechtigte gemäß § 3 Asylgesetz 2005;
4. subsidiär Schutzberechtigte gemäß § 8 Asylgesetz 2005;
5. Personen
   a) mit einem Aufenthaltstitel „Daueraufenthalt – EU", denen dieser Aufenthaltstitel gemäß § 45 NAG erteilt wurde oder
   b) deren vor dem 1. Jänner 2014 ausgestellter Aufenthaltstitel „Daueraufenthalt – EG" oder „Daueraufenthalt – Familienangehöriger" als solcher gemäß § 81 Abs. 29 NAG als „Daueraufenthalt – EU" weiter gilt oder
   c) deren vor Inkrafttreten des NAG erteilte Aufenthalts- und Niederlassungsberechtigung als solche gemäß § 81 Abs. 2 NAG in Verbindung mit der Verordnung der Bundesministerin für Inneres zur Durchführung des Niederlassungs- und Aufenthaltsgesetzes (Niederlassungs- und Aufenthaltsgesetz-Durchführungsverordnung – NAG-DV) weiter gilt;
6. Personen mit einem Aufenthaltstitel gemäß § 49 Abs. 2 bis 4 NAG.

(3) Keinen Anspruch auf Leistungen der Mindestsicherung haben insbesondere:

1. EWR-Bürgerinnen/-Bürger und Schweizer Bürgerinnen/Bürger und deren Angehörige
   a) in den ersten drei Monaten ihres jeweiligen Aufenthaltes im Inland, außer es handelt sich um Arbeitnehmerinnen/Arbeitnehmer oder Selbständige;
   b) über den Zeitraum gemäß lit. a hinaus, solange ihnen keine Arbeitnehmerinnen-/Arbeitnehmer- oder Selbständigeneigenschaft zukommt und sie nicht zum dauernden Aufenthalt berechtigt sind;
2. Personen während ihres visumsfreien oder visumspflichtigen Aufenthaltes im Inland, soweit nicht Z 1 anwendbar ist;
3. Personen, die nur ein vorübergehendes Aufenthaltsrecht gemäß § 13 Asylgesetz 2005 haben;
4. Personen, die Leistungen nach dem Steiermärkischen Grundversorgungsgesetz geltend machen können.

Subsidiarität

§ 5. (1) Ansprüche auf Leistungen nach diesem Gesetz bestehen nur, soweit kein gleichartiger Anspruch nach den diesbezüglichen bundesgesetzlichen Bestimmungen oder nach dem Steiermärkischen Behindertengesetz besteht oder dieser Anspruch die Höhe des jeweiligen Mindeststandards gemäß § 10 nicht erreicht.

(2) Leistungen nach diesem Gesetz sind überdies nur so weit zu erbringen, als der jeweilige Bedarf (§ 3) nicht durch den Einsatz der eigenen Mittel, den Einsatz der Arbeitskraft oder durch Geld- oder Sachleistungen Dritter gedeckt ist.

Einsatz der eigenen Mittel

§ 6. (1) Bei der Bemessung von Leistungen der Mindestsicherung sind das Einkommen und das verwertbare Vermögen der Hilfe suchenden Person nach Maßgabe der folgenden Absätze zu berücksichtigen.

(2) Als Einkommen im Sinne dieses Gesetzes gelten alle der Hilfe suchenden Person zufließenden Einkünfte. Die Landesregierung hat nähere Bestimmungen durch Verordnung zu erlassen. Nicht als Einkommen gelten:

1. Leistungen nach dem Familienlastenausgleichsgesetz 1967, mit Ausnahme von Zuwendungen aus dem Familienhospizkarenz-Härteausgleich;
2. Kinderabsetzbeträge;

3. Pflegegeld und andere pflegebezogene Geldleistungen;
4. Einkünfte von Schülerinnen und Schülern aus Ferialbeschäftigung und Pflichtpraktika;
5. Förderungen nach dem Steiermärkischen Wohnunterstützungsgesetz;
6. Rentenleistungen nach dem Heimopferrentengesetz

(2a) Als Einkommen von nicht alleinstehenden minderjährigen Personen gelten vorbehaltlich des Abs. 3 alle zufließenden Einkünfte bis zur Höhe des abstrakten Mindeststandards gemäß § 10 Abs. 1 Z 3.

(3) Zum Einkommen zählt auch jener Teil des Einkommens der im gemeinsamen Haushalt mit der Hilfe suchenden Person lebenden – zum Adressatenkreis des § 4 Abs. 1 Z 3 zählenden – Personen, der den Mindeststandard gemäß § 10 Abs. 1 Z 2 lit. a jeweils übersteigt. Das Nichtvorliegen einer Wirtschaftsgemeinschaft ist von den Hilfe suchenden Personen nachzuweisen.

(3a) Nicht zu einer Wirtschaftsgemeinschaft zählen jedenfalls Personen, die Betreuungsleistungen im Rahmen der 24-Stunden-Betreuung gemäß § 21b BPGG durchführen, für die Dauer der Arbeitsperiode, in der sie in die Haushaltsgemeinschaft der zu betreuenden Personen aufgenommen werden sowie Personen, die sich in einer Frauenschutzeinrichtung nach dem Steiermärkischen Gewaltschutzeinrichtungsgesetz oder in einer stationären Therapie- oder Wohneinrichtung aufhalten.

(3b) Erbringt eine Hilfe suchende Person auf Kosten ihrer sonst bestehenden Verdienstmöglichkeiten gerade jene Pflegeleistungen, zu deren Abdeckung (zweckgebunden) das Pflegegeld oder eine andere pflegebezogene Geldleistung eines pflegebedürftigen Angehörigen (§ 123 ASVG) dient, gebührt ein Freibetrag in Höhe des Pflegegeldes der Stufe 3. Weist die Hilfe suchende Person nach, dass jene Teile des Pflegegeldes, die für den Zukauf pflegebezogener Leistungen oder Waren aufzuwenden waren und die gesetzlich ausdrücklich dem Verbrauch durch den Pflegebedürftigen gewidmet sind (Taschengeld), diesen Freibetrag übersteigen, ist der höhere Betrag nicht als Einkommen zu berücksichtigen.

(4) Die Verwertung von Vermögen darf nicht verlangt werden, wenn dadurch eine Notlage erst ausgelöst, verlängert oder deren Überwindung gefährdet werden könnte. Dies ist insbesondere anzunehmen bei:

1. Gegenständen, die der Erwerbsausübung oder der Befriedigung angemessener geistigkultureller Bedürfnisse dienen;
2. Gegenständen, die als angemessener Hausrat anzusehen sind;
3. Kraftfahrzeugen, die berufsbedingt oder auf Grund besonderer Umstände (insbesondere Behinderung, unzureichende Infrastruktur) erforderlich sind;
4. Ersparnissen bis zu einem Freibetrag in Höhe des Fünffachen des jeweiligen Mindeststandards gemäß § 10 Abs. 1;
5. sonstigen Vermögenswerten, ausgenommen unbewegliches Vermögen, soweit sie den Freibetrag nach Z 4 nicht übersteigen und solange Leistungen gemäß § 10 nicht länger als sechs Monate bezogen werden.

(5) Von der Verwertung von unbeweglichem Vermögen ist vorerst abzusehen, wenn dieses der Deckung des unmittelbaren Wohnbedarfes der Hilfe suchenden Person und der mit ihr im gemeinsamen Haushalt lebenden, ihr gegenüber gesetzlich unterhaltsberechtigten oder in Lebensgemeinschaft lebenden Personen dient. Werden Leistungen länger als sechs Monate bezogen, kann eine grundbücherliche Sicherstellung der Ersatzansprüche (§ 17) vorgenommen werden.

(6) Bei der Bemessung der Frist nach Abs. 4 Z 5 und Abs. 5 sind auch frühere Zeiten des Bezuges von Leistungen gemäß § 10 von jeweils ununterbrochen mindestens zwei Monaten zu berücksichtigen, wenn sie nicht länger als zwei Jahre vor dem neuerlichen Bezugsbeginn liegen.

Einsatz der Arbeitskraft

§ 7. (1) Die Gewährung der Leistungen gemäß § 10 ist bei arbeitsfähigen Hilfe suchenden Personen von der Bereitschaft zum Einsatz ihrer Arbeitskraft – soweit sie aufgrund gesetzlicher Regelungen zur Aufnahme und Ausübung einer unselbständigen Beschäftigung berechtigt sind – und vom Bemühen um eine entsprechende Erwerbstätigkeit abhängig.

(2) Dabei ist auf die persönliche und familiäre Situation der Hilfe suchenden Person Rücksicht zu nehmen und hinsichtlich der Arbeitsfähigkeit und der Zumutbarkeit einer Beschäftigung grundsätzlich auf dieselben Kriterien wie bei der Notstandshilfe Bedacht zu nehmen. Bezieht die Hilfe suchende Person Arbeitslosengeld, sind die hiefür vorgesehenen Kriterien für die Zumutbarkeit einer Beschäftigung maßgebend.

(3) Der Einsatz der Arbeitskraft darf jedenfalls nicht verlangt werden von Personen, die

1. das Regelpensionsalter nach dem Allgemeinen Sozialversicherungsgesetz erreicht haben;
2. nach den pensionsversicherungsrechtlichen Vorschriften erwerbsunfähig sind;
3. Betreuungspflichten gegenüber Kindern haben, welche das dritte Lebensjahr noch nicht vollendet haben, und keiner Beschäftigung nachgehen können, weil keine geeigneten und zumutbaren Betreuungsmöglichkeiten zur Verfügung stehen;
4. pflegebedürftige Angehörige (§ 123 ASVG), welche ein Pflegegeld mindestens der Stufe 3 beziehen, überwiegend betreuen;
5. Sterbebegleitung oder Begleitung von schwersterkrankten Kindern leisten;

6. in einer bereits vor Vollendung des 18. Lebensjahres begonnenen und zielstrebig verfolgten Erwerbs- oder Schulausbildung stehen.

(4) Durch Verordnung der Landesregierung kann festgelegt werden, dass von Personen, die sich unabhängig vom Alter in einer zielstrebig verfolgten Aus- oder Weiterbildung befinden, welche nach Abschluss der Ausbildung eine nachhaltige Integration in den Arbeitsmarkt erwarten lässt, die Arbeitskraft nicht verlangt werden darf.

(5) Bestehen Zweifel hinsichtlich der Arbeitsfähigkeit der Hilfe suchenden Personen, können auch Dritte, insbesondere geeignete Fachärzte, Pensionsversicherungsträger oder eigens dafür eingerichtete Stellen mit der Begutachtung beauftragt werden. Der Begutachtungsauftrag kann erforderlichenfalls auch eine ganzheitliche Beurteilung des Status der betreffenden Person durch die Erhebung von Potentialen und Perspektiven sowie die Durchführung einer Sozialanamnese umfassen, um abzuklären, durch welche Maßnahmen Arbeitsfähigkeit und Vermittelbarkeit bestmöglich gesteigert werden können.

(6) Hilfe suchenden Personen, die ihren Anspruch auf Arbeitslosengeld oder Notstandshilfe gemäß § 10 AlVG verloren haben und bei denen keine Umstände nach Abs. 3 vorliegen, ist für die Dauer des Anspruchsverlustes nur jene Leistung zu gewähren, die ohne diesen Anspruchsverlust gebühren würde.

(6a) Unbeschadet des Abs. 6 können Leistungen gemäß § 10 Abs. 1 um bis zu 25% gekürzt werden. Diese Kürzung ist zulässig für einen Zeitraum von höchstens drei Monaten ab dem Zeitpunkt ab dem die Hilfe suchende Person

1. ihre Arbeitskraft nicht in zumutbarer Weise einsetzt oder
2. nicht teilnimmt
   a) an einer Begutachtung gemäß Abs. 5 oder
   b) an einer von der Behörde oder dem Arbeitsmarktservice vermittelten Maßnahme der aktiven Arbeitsmarktpolitik oder
   c) an einer von der Behörde beauftragten sonstigen Maßnahme zur Verbesserung der Arbeitsfähigkeit, Vermittelbarkeit oder sozialen Stabilisierung.

(6b) Im Anschluss an eine Kürzung gemäß Abs. 6a kann nach schriftlicher Ermahnung eine weitergehende Kürzung der Leistung stufenweise erfolgen.

(6c) Die Abs. 6a und 6b gelten bei Verstößen gegen die Pflichten gemäß § 6 Abs. 1 IntG mit der Maßgabe, dass die Leistungen gemäß § 10 Abs. 1 zu kürzen sind.

(7) Durch Maßnahmen nach Abs. 6, 6a, 6b und/oder 6c darf die Deckung des Wohnbedarfes im Ausmaß von 25 % des jeweiligen abstrakten Mindeststandards gemäß § 10 Abs. 1 des/der Arbeitsunwilligen sowie der Lebensunterhalt und der Wohnbedarf der mit dieser Person im gemeinsamen Haushalt lebenden unterhaltsberechtigten oder in Lebensgemeinschaft lebenden Personen nicht gefährdet werden.

(8) Personen, die nach sechsmonatigem Bezug von Leistungen der Mindestsicherung erstmalig oder nach einer längeren Erwerbslosigkeit eine Erwerbstätigkeit aufnehmen, wird ein Freibetrag im Ausmaß von 15 % des monatlichen Nettoeinkommens eingeräumt und für die ersten 18 Monate der Erwerbstätigkeit gewährt; dieser beträgt mindestens 7 %, höchstens jedoch 17 % des Ausgangswertes gemäß § 10 Abs. 1 Z 1.

Leistungen Dritter

§ 8. (1) Hilfe suchende Personen haben Ansprüche, bei deren Erfüllung Leistungen der Mindestsicherung nicht oder nur in geringerem Ausmaß erforderlich wären, zu verfolgen, soweit dies nicht offenbar aussichtslos oder unzumutbar oder mit einem unverhältnismäßigen Kostenrisiko verbunden ist. Keine Rechtsverfolgungspflicht besteht bei Ansprüchen gemäß § 947 ABGB, bei Schmerzengeldansprüchen sowie bei nichttitulierten Unterhaltsansprüchen der Hilfe suchenden Person. Eine unmittelbar erforderliche Bedarfsdeckung ist in jedem Fall zu gewährleisten.

(2) Freiwillige Zuwendungen der freien Wohlfahrtspflege oder Leistungen, die von Dritten ohne rechtliche Verpflichtung erbracht werden, haben außer Betracht zu bleiben, es sei denn, diese erreichen ein Ausmaß oder eine Dauer, dass keine Leistungen nach diesem Gesetz mehr erforderlich wären.

3. Abschnitt
Leistungen

Allgemeine Bestimmungen

§ 9. (1) Leistungen der Mindestsicherung zur Sicherung des Lebensunterhaltes und des Wohnbedarfes werden vorbehaltlich des Abs. 2 als pauschalierte Geldleistungen erbracht.

(2) Geldleistungen dürfen durch Sachleistungen nur ersetzt werden, wenn dadurch eine den Zielen und Grundsätzen der Mindestsicherung dienende Bedarfsdeckung besser erreicht werden kann.

(3) Geldleistungen nach Abs. 1 können an Dritte ausbezahlt werden, wenn keine Zweifel über deren zweckentsprechende Verwendung bestehen.

(4) Geldleistungen können weder gepfändet noch verpfändet werden. Die Übertragung des Leistungsanspruches ist nur mit Zustimmung der Behörde möglich. Diese darf nur erteilt werden, wenn die Übertragung im Interesse der Hilfe suchenden Person liegt.

Mindeststandard für den Lebensunterhalt und den Wohnbedarf

§ 10. (1) Der monatliche Mindeststandard für die Hilfe zur Sicherung des Lebensunterhalts und des Wohnbedarfs beträgt:

1. für alleinstehende volljährige Personen, alleinstehende minderjährige Personen bei besonderen sozialen Härten sowie Alleinerzieherinnen/Alleinerzieher .... 773,26 Euro;
2. für volljährige Personen, die mit anderen Volljährigen im gemeinsamen Haushalt leben
   a) pro Person
   .... 75 % des Betrages nach Z 1;
   b) ab der dritten volljährigen Person, wenn diese einer anderen Person im gemeinsamen Haushalt gegenüber unterhaltsberechtigt ist
   .... 50 % des Betrages nach Z 1,
   wobei sich die Reihung dieser Personen nach dem Lebensalter richtet;
3. für minderjährige Personen, für die ein Anspruch auf Familienbeihilfe besteht und die mit zumindest einem Volljährigen im gemeinsamen Haushalt leben
   a) für das älteste, zweit- und drittälteste dieser Kinder
   .... 18% des Betrages nach Z 1;
   b) ab dem viertältesten Kind
   .... 15% des Betrages nach Z 1.

(1a) Vom Mindeststandard gemäß Abs. 1 beträgt der Anteil zur Deckung des Wohnbedarfs 25 % (Wohnbedarf). Besteht kein oder ein geringerer Wohnbedarf oder ist dieser anderweitig gedeckt, ist der jeweilige Mindeststandard gemäß Abs. 1 Z 1 und 2 entsprechend zu reduzieren, höchstens jedoch um 25 %.

(2) Die Mindeststandards nach Abs. 1 gebühren zwölfmal pro Jahr, wobei alle Monate mit 30 Tagen berechnet werden. Minderjährigen Personen gebührt in den Monaten März, Juni, September und Dezember zusätzlich eine Sonderzahlung in Höhe von 50 % des ihnen gemäß Abs. 1 Z 3 gewährten Mindeststandards. Der Anspruch auf Sonderzahlung besteht erst ab einem mindestens dreimonatigen Bezug des Mindeststandards gemäß Abs. 1 Z 3. Einkünfte, die minderjährigen Personen öfter als zwölfmal pro Jahr zufließen, sind auf die Sonderzahlungen anzurechnen.

(3) Der Mindeststandard nach Abs. 1 Z 1 ist zu Beginn eines jeden Kalenderjahres unter Bedachtnahme auf den Ausgleichszulagenrichtsatz gemäß § 293 Abs. 1 lit. a bb) ASVG anzupassen. Die Beträge der Mindeststandards sind durch Verordnung der Landesregierung kundzumachen.

(4) Für die zwei Wochen übersteigende Dauer eines Aufenthaltes
1. in einer Kranken-, Kuranstalt oder vergleichbaren stationären Einrichtung gebühren 37,5 % des der Hilfe suchenden Person gemäß Abs. 1 gewährten Mindeststandards;
2. im Ausland ruht der Anspruch auf Leistungen nach diesem Gesetz.

(4a) Für die Dauer des Aufenthaltes in einer Frauenschutzeinrichtung nach dem Steiermärkischen Gewaltschutzeinrichtungsgesetz wird Hilfe zur Sicherung des Lebensunterhaltes in der Höhe von 37,5 % des jeweiligen abstrakten Mindeststandards gemäß Abs. 1 gewährt.

(4b) Für die Dauer des Aufenthaltes in einer stationären Therapie- oder Wohneinrichtung wird Hilfe zur Sicherung des Lebensunterhaltes in der Höhe von 20 % des abstrakten Mindeststandards gemäß Abs. 1 Z. 1 gewährt

(5) (entfallen)

(6) (entfallen)

Krankheit, Schwangerschaft und Entbindung

§ 11. Zum Schutz bei Krankheit, Schwangerschaft und Entbindung wird für Bezieherinnen/Bezieher der Mindestsicherung der Beitrag für die gesetzliche Krankenversicherung entrichtet.

Beratungs- und Betreuungsleistungen

§ 12. Leistungen der Mindestsicherung beinhalten als Aufgabe des Landes auch die Beratungs- und Betreuungsleistungen, die zur Vermeidung und Überwindung von sozialen Notlagen, zur nachhaltigen sozialen Stabilisierung, zur Verbesserung der Arbeitsfähigkeit oder Vermittelbarkeit der Hilfe suchenden Person erforderlich sind. Die Hilfe suchende Person ist verpflichtet, die angebotenen Beratungs- und Betreuungsleistungen in Anspruch zu nehmen.

4. Abschnitt
Zugang zu den Leistungen, Verfahren

Anträge, Informationspflicht

§ 13. (1) Jede Hilfe suchende Person kann in ihrem Namen Mindestsicherung beantragen. Die allgemeinen Regelungen über die Vertretung bleiben unberührt. Für Wirtschaftsgemeinschaften genügt die Einbringung eines gemeinsamen Antrages. Unterbleibt im gemeinsamen Antrag die Nennung einer zustellungsbevollmächtigten Person, gilt die an erster Stelle genannte Person als gemeinsame zustellungsbevollmächtigte Person.

(2) Anträge auf Leistungen der Mindestsicherung können bei der Gemeinde, der Bezirksverwaltungsbehörde oder bei der Landesregierung eingebracht werden.

(3) Die in Abs. 2 genannten Stellen haben die Antragsteller der jeweiligen Sachlage entsprechend zu informieren und anzuleiten und die Anträge unverzüglich an die Behörde (§ 21) weiterzuleiten.

Überbrückungshilfe

§ 14. (1) Leistungen der Mindestsicherung haben rechtzeitig einzusetzen. Sie sind vor Abschluss des Ermittlungsverfahrens zu gewähren, wenn Umstände bekannt werden, die eine Leistung unmittelbar erforderlich machen.

(2) Die Überbrückungshilfe ist in der Entscheidung über die Zuerkennung der Leistung zu berücksichtigen und gegenzuverrechnen. Falls das Ermittlungsverfahren ergibt, dass kein Anspruch auf Leistungen der Mindestsicherung besteht, sind be-

reits als Überbrückungshilfe geleistete Zahlungen rückzuerstatten. Von einer Rückerstattung kann nur unter den Voraussetzungen des § 16 Abs. 4 abgesehen werden.

Verfahren

§ 15. (1) Die Antragsteller sind verpflichtet, an der Feststellung des maßgeblichen Sachverhaltes im Rahmen der ihr von der Behörde erteilten Aufträge mitzuwirken. Dabei sind die zur Durchführung des Verfahrens unerlässlichen Angaben zu machen und die dafür erforderlichen Urkunden und Unterlagen beizubringen. Die Hilfe suchende Person hat sich auch den für die Entscheidungsfindung unerlässlichen Untersuchungen zu unterziehen.

(2) Bei der Ermittlung des Hilfebedarfs haben die Gemeinden mitzuwirken.

(3) Die Behörde hat über Anträge ohne unnötigen Aufschub längstens binnen drei Monaten ab Einlangen des Antrages bei einer in § 13 Abs. 2 genannten Stelle durch schriftlichen Bescheid zu entscheiden.

(4) Bei Neubemessung von zuerkannten Leistungen auf Grund von Änderungen dieses Gesetzes, darauf gestützter Verordnungen oder auf Grund der Anpassung sonstiger regelmäßiger gesetzlicher Leistungen, die als Einkommen der Hilfe suchenden Person anzusehen sind (insbesondere Pension, Rente, Ruhe- oder Versorgungsgenuss), ist ein Bescheid nur zu erlassen, wenn es der Antragsteller innerhalb von zwei Monaten ab deren Neubemessung ausdrücklich verlangt.

(5) Leistungen sind ab dem Eintritt der Hilfsbedürftigkeit, frühestens jedoch ab Antragstellung zuzuerkennen.

(6) Die Gewährung von Leistungen nach diesem Gesetz kann auch von Auflagen, Bedingungen und Befristungen abhängig gemacht werden.

(7) Die Leistungen der Mindestsicherung sind einzustellen, wenn eine Voraussetzung für die Gewährung wegfällt. Sie sind herabzusetzen, wenn sie aufgrund geänderter Umstände zu hoch bemessen sind.

(8) Im Verfahren über die Zuerkennung von Leistungen der Mindestsicherung kann auf ein Rechtsmittel nicht wirksam verzichtet werden.

(9) Beschwerden gegen Bescheide, mit denen Leistungen der Mindestsicherung zuerkannt werden, haben keine aufschiebende Wirkung.

5. Abschnitt
Rückerstattung, Ersatz, Übergang von Ansprüchen

Anzeige- und Rückerstattungspflicht

§ 16. (1) Die Bezieherinnen/Bezieher der Mindestsicherung haben jede ihnen bekannte Änderung der für die Leistung maßgeblichen Umstände, insbesondere der Vermögens-, Einkommens-, Familien- oder Wohnverhältnisse und länger als zwei Wochen dauernde Aufenthalte in Kranken- oder Kuranstalten oder sonstige Abwesenheiten, unverzüglich der Behörde anzuzeigen.

(2) Leistungen, die wegen Verletzung der Anzeigepflicht nach Abs. 1 oder wegen bewusst unwahrer Angaben oder bewusster Verschweigung wesentlicher Tatsachen zu Unrecht in Anspruch genommen wurden, sind von den Leistungsbeziehern rückzuerstatten.

(3) Die Rückerstattung kann in angemessenen Teilbeträgen bewilligt werden, wenn sie auf andere Weise nicht möglich oder der rückerstattungspflichtigen Person nicht zumutbar ist.

(4) Die Rückerstattung kann gänzlich nachgesehen werden, wenn

1. durch sie der Erfolg der Mindestsicherung gefährdet wäre oder
2. sie zu besonderen Härten für die rückerstattungspflichtige Person führen würde oder
3. das Verfahren der Rückerstattung mit einem Aufwand verbunden wäre, der in keinem Verhältnis zu der zu Unrecht in Anspruch genommenen Leistung steht.

(5) Die Antragsteller sind anlässlich der Antragstellung nachweislich auf die Pflichten nach Abs. 1 und 2 hinzuweisen.

(6) Rückerstattungsansprüche unterliegen nicht der Verjährung.

Einbehalt

§ 16a. Bereits gewährte Leistungen der Mindestsicherung sind in sinngemäßer Anwendung des § 16 Abs. 3 und 4 einzubehalten, soweit sie die auf Grund einer Entscheidung über die Kürzung gemäß § 7 Abs. 6a, 6b und 6c zuerkannte Höhe überschritten haben.

Ersatzansprüche, Anspruchsübergang

§ 17. (1) Für die gewährten Leistungen der Mindestsicherung ist Ersatz zu leisten von

1. den Bezieherinnen/Beziehern der Mindestsicherung, soweit sie später zu einem nicht aus eigener Erwerbstätigkeit erwirtschafteten, im Sinne des § 6 Abs. 4 verwertbaren Vermögen gelangt sind oder die Ersatzforderung gemäß § 6 Abs. 5 sichergestellt wurde;
2. (entfallen)
3. den Erben der Bezieherinnen/Bezieher der Mindestsicherung im Umfang der Ersatzpflicht gemäß Z 1 höchstens bis zum Wert des Nachlasses.

(2) (entfallen)

(3) (entfallen)

(4) Ansprüche oder Forderungen der Bezieherinnen/Bezieher der Mindestsicherung gegenüber Dritten – ausgenommen solche gemäß § 947 ABGB, Schmerzengeldansprüche sowie Unterhaltsansprüche nach bürgerlichem Recht – gehen im Ausmaß der Leistungen der Mindestsicherung auf den Träger der Mindestsicherung über, wenn der Träger der Mindestsicherung die Abtretung in

Anspruch nimmt. Der Übergang erfolgt mit Verständigung des verpflichteten Dritten.

(5) Ersatzansprüche können nicht mehr geltend gemacht werden, wenn seit dem Ablauf des Kalenderjahres, in dem Leistungen der Mindestsicherung in Anspruch genommen wurden, drei Jahre verstrichen sind. § 1497 ABGB gilt sinngemäß. Ersatzansprüche, die gemäß § 6 Abs. 5 sichergestellt sind, unterliegen nicht der Verjährung.

(6) Die Geltendmachung von Ersatzansprüchen und die Verwertung eines gemäß § 6 Abs. 5 sichergestellten Vermögens dürfen die wirtschaftliche Existenz der ersatzpflichtigen Person und den Unterhalt ihrer Angehörigen und der mit ihr in Lebensgemeinschaft lebenden Person nicht gefährden.

(7) Von der Geltendmachung von Ersatzansprüchen und der Verwertung eines gemäß § 6 Abs. 5 sichergestellten Vermögens kann abgesehen werden, wenn dadurch unverhältnismäßig hohe Kosten oder ein unverhältnismäßig hoher Verwaltungsaufwand vermieden werden.

(8) Über die Ersatzpflicht gemäß Abs. 1 hat die Behörde mit Bescheid zu entscheiden.

(9) Der Träger der Mindestsicherung kann mit der gemäß Abs. 4 ersatzpflichtigen Person einen Vergleich über Höhe und Modalitäten des Ersatzes abschließen. Einem solchen Vergleich kommt, wenn er von der Behörde beurkundet wird, die Wirkung eines vor einem ordentlichen Gericht geschlossenen Vergleiches zu. Kommt ein Vergleich nicht zustande, so hat auf Antrag des Trägers der Mindestsicherung die Behörde mit Bescheid zu entscheiden.

6. Abschnitt
Trägerschaft, Kostentragung

Träger

§ 18. Träger der Mindestsicherung nach diesem Landesgesetz sind das Land, die Sozialhilfeverbände, die Stadt Graz als Stadt mit eigenem Statut und die Gemeinden.

Kostentragung

§ 19. Hinsichtlich der Tragung der Kosten der Mindestsicherung gelten die §§ 18 Abs. 1 und 22 bis 26 des Steiermärkischen Sozialhilfegesetzes sinngemäß.

7. Abschnitt
Schlussbestimmungen

Datenverarbeitung und Auskunftspflicht

§ 20. (1) Die Behörde ist ermächtigt, zur Wahrnehmung der nach diesem Gesetz übertragenen Aufgaben die angeführten personenbezogenen Daten automationsunterstützt zu verarbeiten:

1. Stammdaten der Hilfe suchenden oder der den Antrag stellenden Person sowie aller in derselben Wohnung gemeldeter und/oder tatsächlich dort wohnender Personen:
   a) Namen (Vor- und Familiennamen);
   b) Sozialversicherungsnummer, Geburtsdatum und Geburtsort;
   c) Geschlecht;
   d) Staatsangehörigkeit, Aufenthalts- und Arbeitsberechtigungen;
   e) Adresse des Wohnsitzes oder Aufenthaltsortes;
   f) Telefonnummer, E-Mail-Adresse und sonstige Kontaktmöglichkeiten;
   g) Bankverbindung.
2. Daten über wirtschaftliche und soziale Rahmenbedingungen:
   a) Personenstand, Lebensgemeinschaft;
   b) gegenüber dem Antragsteller unterhaltsberechtigte Personen (Kinder, Eltern, Ehegattin/Ehegatte, eingetragene Partnerin/eingetragener Partner) sämtlicher in dieser Wohnung gemeldeter und/oder tatsächlich dort wohnender Personen, für die Mindestsicherung bezogen werden soll;
   c) (Unterhalts-)forderungen des Antragstellers sowie aller in dieser Wohnung gemeldeter und/oder tatsächlich dort wohnender Personen, für die Mindestsicherung bezogen werden soll, gegen Dritte;
   d) Einkommen sowie sämtliche Zuflüsse in Geld oder in Sachwert aller in dieser Wohnung gemeldeter und/oder tatsächlich dort wohnender Personen;
   e) Art und Umfang von Sorgepflichten, die die Verfügbarkeit am Arbeitsmarkt berühren;
   f) sonstige Umstände, die die Verfügbarkeit am Arbeitsmarkt berühren;
   g) ausgeübte (geringfügige) Erwerbstätigkeiten;
   h) Einkommen (eigenes Einkommen, Partnereinkommen);
   i) außerordentliche Aufwendungen;
   j) Versicherungszeiten;
   k) Bemessungsgrundlagen;
   l) Höhe und Bezugszeiten von Leistungen und Beihilfen;
   m) Angaben über vorhandenes Vermögen einschließlich Kontostand;
   n) Angaben über den Wohnbedarf.
3. Gesundheitsdaten:
   a) gesundheitliche Einschränkungen, die die Arbeitsfähigkeit oder die Verfügbarkeit in Frage stellen oder die berufliche Verwendung berühren;
   b) gesundheitliche Einschränkungen der Arbeitssuchenden und ihrer Angehörigen (einschließlich Lebensgefährten), die einen finanziellen Mehraufwand erfordern.

4. Daten über Beschäftigungsverläufe, Arbeitssuche und Betreuungsverläufe:
   a) Ausbildung und bisherige Beschäftigungen;
   b) Umstände der Auflösung von Arbeitsverhältnissen;
   c) Pläne und Ergebnisse der Arbeitssuche und Betreuung;
   d) Umstände des Nichtzustandekommens von Arbeitsverhältnissen;
   e) Betroffenheit von Streik oder Aussperrung;
   f) Zeiten der Arbeitssuche;
   g) Leistungsbezugsdaten (Beginn, Einstellung und Sperren des Leistungsbezugs);
   h) Nachweis über den Einsatz der Arbeitskraft und die Teilnahme an arbeitsmarktpolitischen Maßnahmen.
5. Stammdaten der Arbeitgeber:
   a) Firmennamen und Betriebsnamen;
   b) Firmensitz und Betriebssitz;
   c) Ansprechpartner;
   d) Telefonnummer, E-Mail-Adresse und sonstige Kontaktmöglichkeiten.
6. Stammdaten der Vermieter:
   a) Namen (Vor- und Familiennamen);
   b) Adresse;
   c) Bankverbindung.
7. Daten über Integrationsmaßnahmen:
   a) Nachweis der unterzeichneten Integrationserklärung;
   b) Nachweis über die Absolvierung von Kursmaßnahmen.

(1a) Die von den Behörden verarbeiteten Daten gemäß Abs. 1 dürfen den Sozialversicherungsträgern, dem Hauptverband der österreichischen Sozialversicherungsträger, dem Österreichischen Integrationsfonds sowie den Organen des Bundes, insbesondere den Geschäftsstellen des Arbeitsmarktservice elektronisch übermittelt werden, soweit die entsprechenden Daten für die Vollziehung der jeweiligen gesetzlich übertragenen Aufgaben eine wesentliche Voraussetzung bilden.

(2) Die Sozialversicherungsträger, der Hauptverband der österreichischen Sozialversicherungsträger, der Österreichische Integrationsfonds sowie die Organe des Bundes, insbesondere die Geschäftsstellen des Arbeitsmarktservice, die Finanzbehörden und die Fremdenbehörden, sind verpflichtet, der Behörde die für die Vollziehung dieses Gesetzes erforderlichen Daten unter Einhaltung der datenschutzrechtlichen Anforderungen elektronisch zu übermitteln.

(2a) Die Bundesministerin für Inneres/Der Bundesminister für Inneres ist verpflichtet, den Ländern zur Feststellung von Ansprüchen und zur Überprüfung der Angaben der Anspruchswerber/Anspruchswerberinnen und Anspruchsberechtigten eine Möglichkeit zu Verknüpfungsabfragen im Zentralen Melderegister nach dem Kriterium Wohnsitz zu eröffnen.

(3) Die Geschäftsstellen des Arbeitsmarktservice sind verpflichtet, personenbezogene Daten und Gutachten, die für die Feststellung der Arbeitsfähigkeit oder für die Aufrechterhaltung der Leistungen der Mindestsicherung erforderlich sind, den Behörden zu übermitteln. Soweit die Behörde entsprechende personenbezogene Daten und Gutachten besitzt, stellt sie diese den Geschäftsstellen des Arbeitsmarktservice elektronisch zur Verfügung. Es dürfen ausschließlich solche personenbezogenen Daten verarbeitet werden, die eine unabdingbare Voraussetzung für die Beurteilung der Arbeitsfähigkeit, zur Feststellung der Voraussetzungen und der Höhe einer Leistung der Bedarfsorientierten Mindestsicherung sowie für Kostenerstattungs- und Rückersatzverfahren erforderlich sind. Jede Übermittlung dieser Daten ist zu protokollieren und insbesondere der Schutz dieser Daten vor unbefugtem Zugriff vorzusehen.

(4) Die Arbeitgeber einer Hilfe suchenden Person oder einer ersatzpflichtigen Person haben auf Ersuchen der Behörde über alle Umstände, die das Beschäftigungsverhältnis des Dienstnehmers oder die zu seinem Unterhalt verpflichteten Personen betreffen, Auskunft zu erteilen.

(5) Die Landesregierung kann der/dem Bundesministerin/Bundesminister für Arbeit, Soziales, Gesundheit und Konsumentenschutz und der Bundesanstalt Statistik Österreich statistische oder anonymisierte personenbezogene Daten über die Bezieherinnen/Bezieher der landesrechtlichen Leistungen zur Bedarfsorientierten Mindestsicherung zur Verfügung stellen.

Behörde

§ 21. (1) Für die Entscheidung über Leistungen der Mindestsicherung ist die Bezirksverwaltungsbehörde zuständig.

(2) Die örtliche Zuständigkeit der Bezirksverwaltungsbehörde richtet sich nach dem Hauptwohnsitz der Hilfe suchenden Person, in Ermangelung eines solchen nach deren gewöhnlichem Aufenthalt.

(3) Für die Gewährung von Überbrückungshilfe ist die Gemeinde oder die Bezirksverwaltungsbehörde zuständig, in der die Hilfe suchende Person ihren Hauptwohnsitz, in Ermangelung eines solchen ihren gewöhnlichen Aufenthalt hat.

(4) (entfallen)

(5) Über die Rückerstattung gemäß § 16, den Einbehalt gemäß § 16a sowie die Geltendmachung von Ersatzansprüchen gemäß § 17 hat jene Bezirksverwaltungsbehörde zu entscheiden, die über die Leistung entschieden hat.

Befreiung von Verwaltungsabgaben

§ 22. Alle Bescheide und Amtshandlungen, insbesondere auch die Aufnahme von Niederschriften über Anbringen, sind von den landesgesetzlich geregelten Verwaltungsabgaben befreit.

Strafbestimmungen

§ 23. (1) Eine Verwaltungsübertretung begeht, wer

1. der Anzeige- und Rückerstattungspflicht (§ 16) nicht oder nicht rechtzeitig nachkommt;
2. durch unwahre Angaben oder durch Verschweigen wesentlicher Umstände Leistungen der Mindestsicherung in Anspruch nimmt;
3. der Auskunftspflicht gemäß § 20 Abs. 4 nicht oder nicht rechtzeitig nachkommt.

(2) Verwaltungsübertretungen

1. gemäß Abs. 1 Z 1 und 2 sind mit einer Geldstrafe bis zu 4.000,– Euro zu bestrafen;
2. gemäß Abs. 1 Z 3 sind mit einer Geldstrafe bis zu 400,– Euro zu bestrafen.

EU-Recht

§ 23a. Mit diesem Gesetz werden folgende Rechtsakte der Europäischen Union umgesetzt:

1. Richtlinie 2003/109/EG des Rates vom 25. November 2003 betreffend die Rechtsstellung der langfristig aufenthaltsberechtigten Drittstaatsangehörigen, ABl. Nr. L 16 vom 23.01.2004, S. 44;
2. Richtlinie 2004/38/EG des europäischen Parlaments und des Rates vom 29. April 2004 über das Recht der Unionsbürger und ihrer Familienangehörigen, sich im Hoheitsgebiet der Mitgliedstaaten frei zu bewegen und aufzuhalten, ABl. Nr. L 158 vom 30.04.2004, S. 77;
3. Richtlinie 2004/83/EG des Rates vom 29. April 2004 über Mindestnormen für die Anerkennung und den Status von Drittstaatsangehörigen oder Staatenlosen als Flüchtlinge oder als Personen, die anderweitig internationalen Schutz benötigen, und über den Inhalt des zu gewährenden Schutzes, ABl. Nr. L 304 vom 30.09.2004, S. 12.

Übergangsbestimmungen

§ 24. Personen gemäß § 4 Abs. 2, denen im Zeitpunkt des Inkrafttretens dieses Gesetzes Hilfe zum Lebensunterhalt gemäß § 8 des Steiermärkischen Sozialhilfegesetzes gewährt wird, ist diese Hilfe bis zum 31. März 2011, wenn sie jedoch innerhalb dieser Frist einen Antrag auf Gewährung von Mindestsicherung gestellt haben, bis zur Entscheidung in erster Instanz weiter zu gewähren.

Übergangsbestimmungen zur Novelle LGBl. Nr. 63/2014

§ 24a. (1) Der Entscheidung über Ersatzansprüche gemäß § 17 Abs. 1 Z. 2 und Abs. 3 in der Fassung vor Inkrafttreten der Novelle LGBl. Nr. 63/2014 für Leistungen der Mindestsicherung, die bis 30. Juni 2014 erbracht werden, sind die vor Inkrafttreten der Novelle LGBl. Nr. 63/2014 jeweils maßgeblichen gesetzlichen Bestimmungen zu Grunde zu legen.

(2) Für Personen, die rechtskräftig gemäß § 17 Abs. 1 Z. 2 iVm Abs. 8 in der Fassung vor Inkrafttreten der Novelle LGBl. Nr. 63/2014 oder die aufgrund eines Vergleiches gemäß § 17 Abs. 3 iVm Abs. 9 in der Fassung vor Inkrafttreten der Novelle LGBl. Nr. 63/2014 zum Aufwandersatz verpflichtet sind, entfällt der Ersatz für Leistungen der Mindestsicherung, die ab 1. Juli 2014 gewährt werden.

Übergangsbestimmungen zur Novelle LGBl. Nr. 106/2016

§ 24b. (1) Die zum Zeitpunkt des Inkrafttretens der Novelle LGBl. Nr. 106/2016 anhängigen Verfahren sind nach den nach Inkrafttreten dieser Novelle geltenden Bestimmungen zu Ende zu führen.

(2) Zum Zeitpunkt des Inkrafttretens der Novelle LGBl. Nr. 106/2016 gewährte Leistungen auf Grund der bisher geltenden Vorschriften werden bis längstens 28. Februar 2017 weitergewährt.

Übergangsbestimmung zur Novelle LGBl. Nr. 12/2018

§ 24c. Auf Personen, denen der Status des Asylberechtigten gemäß § 3 AsylG 2005 oder subsidiär Schutzberechtigten gemäß § 8 AsylG 2005 vor dem 1. Jänner 2015 zuerkannt wurde, ist § 7 Abs. 6c nicht anzuwenden.

Inkrafttreten

§ 25. (1) Dieses Gesetz tritt mit 1. März 2011 in Kraft.

(2) Verordnungen auf Grund dieses Gesetzes können ab dem der Kundmachung folgenden Tag erlassen werden; sie dürfen jedoch frühestens mit dem in Abs. 1 genannten Zeitpunkt in Kraft gesetzt werden.

Inkrafttreten von Novellen

§ 26. (1) Die Änderungen des Inhaltsverzeichnisses, des § 3 Abs. 2 und 3, des § 4 Abs. 3 Z 2, des § 5 Abs. 1, des § 6 Abs. 2, 3 und 4 Z 4, des § 10 Abs. 1, Z 2 lit. b, Abs. 2 und 5, des § 13 Abs. 1 und des § 17 Abs. 3 sowie die Einfügung des § 6 Abs. 2a und 3a und des § 23a durch die Novelle LGBl. Nr. 9/2012 treten mit dem der Kundmachung folgenden Monatsersten, das ist der 1. März 2012, in Kraft.

(2) Verordnungen auf Grund dieses Gesetzes können ab dem der Kundmachung folgenden Tag erlassen werden; sie dürfen jedoch frühestens mit dem in Abs. 1 genannten Zeitpunkt in Kraft gesetzt werden.

(3) Die Änderung des Inhaltsverzeichnisses, des § 14 Abs. 2, des § 15 Abs. 3, 8 und 9, des § 17 Abs. 1 Z 2 und Abs. 9 zweiter Satz, des § 20 Abs. 4, der Überschrift des § 21, des § 21 Abs. 5 sowie der Entfall des § 21 Abs. 4 durch die Novelle LGBl. Nr. 87/2013 treten mit 1. Jänner 2014 in Kraft.

(4) Das Inhaltsverzeichnis, § 8 Abs. 1, § 17 Abs. 4 und 9 und § 24a in der Fassung der Novelle LGBl. Nr. 63/2014 treten mit 1. Juli 2014 in Kraft;

gleichzeitig treten § 17 Abs. 1 Z. 2, Abs. 2 und 3 außer Kraft.

(5) In der Fassung des Gesetzes LGBl. Nr. 7/2015 treten das Inhaltsverzeichnis, § 3 Abs. 1, § 4 Abs. 2, § 5 Abs. 1, § 6 Abs. 2, 3a und 3b, § 8 Abs. 1 und 1a, § 10 Abs. 4, 4a und 4b, § 16 Abs. 4, § 16a, § 20 Abs. 2 und § 21 Abs. 5 mit dem der Kundmachung folgenden Monatsersten, das ist der 1. März 2015, in Kraft.

(6) In der Fassung des Gesetzes LGBl. Nr. 106/2016 treten das Inhaltsverzeichnis, § 6 Abs. 2, § 7 Abs. 6, 6a, 6b und 7, § 10 Abs. 1, § 15 Abs. 6, § 16a und § 24b mit 1. September 2016 in Kraft; gleichzeitig treten § 8 Abs. 1a und § 10 Abs. 5 und 6 außer Kraft. Verordnungen auf Grund der Novelle LGBl. Nr. 106/2016 können ab dem der Kundmachung folgenden Tag erlassen werden; sie dürfen jedoch frühestens mit 1. September 2016 in Kraft gesetzt werden.

(7) In der Fassung des Gesetzes LGBl. Nr. 79/2017 tritt § 20 Abs. 1 Z 1 lit. a mit dem der Kundmachung folgenden Tag, das ist der 1. September 2017, in Kraft.

(8) In der Fassung des Gesetzes LGBl. Nr. 12/2018 treten in Kraft:

1. die Änderung des Inhaltsverzeichnisses, § 4 Abs. 3, § 6 Abs. 2, die Überschrift des § 10, § 10 Abs. 1 und 1a, § 13 Abs. 1, § 20 Abs. 1 Z 2 lit. n sowie § 20 Abs. 5 mit dem der Kundmachung folgenden Tag, das ist der 31. Jänner 2018;
2. § 7 Abs. 6, 6a, 6c und 7, § 16a sowie § 24c mit 9. Dezember 2017;
3. § 19 mit 1. Jänner 2018.

(9) In der Fassung des Gesetzes LGBl. Nr. 63/2018 treten das Inhaltsverzeichnis und § 20 mit dem der Kundmachung folgenden Tag, das ist der 10. Juli 2018, in Kraft.

Stmk. Mindestsicherungsgesetz-Durchführungsverordnung 2016

Stmk. Mindestsicherungsgesetz-Durchführungsverordnung 2016, LGBl Stmk 2016/109 idF

1 LGBl Stmk 2016/146 2 LGBl Stmk 2017/101 3 LGBl Stmk 2018/101

GLIEDERUNG

Verordnung der Steiermärkischen Landesregierung vom 22. August 2016, mit der das Steiermärkische Mindestsicherungsgesetz durchgeführt wird (Stmk. Mindestsicherungsgesetz-Durchführungsverordnung 2016 – StMSG-DVO 2016)

(LGBl Stmk 2016/109)

Auf Grund des § 6 Abs. 2, des § 10 Abs. 3 und des § 15 Abs. 1 des Steiermärkischen Mindestsicherungsgesetzes, LGBl. Nr. 14/2011, zuletzt in der Fassung LGBl. Nr. 106/2016, wird verordnet:

Einkommen

§ 1. Zum Einkommen zählen insbesondere:

1. folgende Einkünfte im Sinne des § 2 Abs. 2 Einkommensteuergesetzes 1988, BGBl. Nr. 400/1988, in der Fassung BGBl. I 53/2016 (im Folgenden: EStG 1988):
   a) Einkünfte aus Land- und Forstwirtschaft (§ 21 EStG 1988);
   b) Einkünfte aus selbständiger Arbeit (§ 22 EStG 1988);
   c) Einkünfte aus Gewerbebetrieb (§ 23 EStG 1988);
   d) Einkünfte aus nicht selbständiger Arbeit (§ 25 EStG 1988);
   e) Einkünfte aus Kapitalvermögen(§ 27 EStG 1988);
   f) Einkünfte aus Vermietung und Verpachtung (§ 28 EStG 1988);
   g) sonstige Einkünfte im Sinne des § 29 EStG 1988;
2. Wochengeld;
3. Kinderbetreuungsgeld;
4. Arbeitslosengeld;
5. Notstandshilfe;
6. Pensionsvorschuss;
7. erhaltene Unterhaltszahlungen;
8. Sonderzahlungen.

Einkommensermittlung, Nachweise

§ 2. (1) Von den Einkünften gemäß § 1 Z 1 sind die gemäß § 33 Abs. 1 EStG 1988 entfallende Einkommensteuer abzüglich der einkommensteuerrechtlichen Begünstigungen (Sonderausgaben, außergewöhnliche Belastungen, Freibeträge nach §§ 105 und 106a EStG 1988) vor Abzug der Absetzbeträge sowie die Sozialversicherungsbeiträge abzuziehen.

(2) Das für die Berechnung der Mindestsicherung maßgebliche monatliche Einkommen errechnet sich bei regelmäßig anfallenden Einkommen aus dem Jahresnettoeinkommen unter Berücksichtigung allfälliger Sonderzahlungen, bei unregelmäßig anfallenden Einkommen aus dem tatsächlich zufließenden Jahreseinkommen jeweils durch 12 dividiert.

(3) Zur Ermittlung der Berechnungsgrundlage für Einkünfte gemäß § 1 Z 1 lit. a ist vom Durchschnitt der letzten drei Wirtschaftsjahre auszugehen, wobei der Gewinn, der nach Durchschnittssätzen (§ 17 EStG 1988) ermittelt wird, um 10 % zu erhöhen ist. Hiefür sind die Einkommensteuerbescheide dieser Jahre vorzulegen. Liegen die Einkommensteuerbescheide nicht vor, ist vom letztgültigen Einheitswertbescheid auszugehen. Als Einkünfte sind 45 % des Einheitswertes anzusetzen. Ist ein Teil oder die ganze Land- und Forstwirtschaft gepachtet, so wird der jährliche Pachtzins in Abzug gebracht. Ist ein Teil oder die ganze Land- und Forstwirtschaft verpachtet, so sind die erhaltenen Pachtzinse einkommenserhöhend zu berücksichtigen. EU-Förderungen sind den Einkünften zuzurechnen

(4) Zur Ermittlung der Berechnungsgrundlage für Einkünfte gemäß § 1 Z 1 lit. b, c und f ist vom Durchschnitt der letzten drei Wirtschaftsjahre auszugehen, wobei der Gewinn, der nach Durchschnittssätzen (§ 17 EStG 1988) ermittelt wird, um 10 % zu erhöhen ist. Hiefür sind die Einkommensteuerbescheide dieser Jahre vorzulegen.

(5) Zur Ermittlung der Berechnungsgrundlage für Einkünfte gemäß § 1 Z 1 lit. d sind die Lohnzettel, Gehaltszettel bzw. die Pensionsnachweise der letzten drei Kalendermonate vorzulegen.

(6) Zur Ermittlung der Berechnungsgrundlage für Einkünfte gemäß § 1 Z 1 lit. e und g, die regelmäßig anfallen, ist, der Einkommensteuerbescheid des vorangegangenen Kalenderjahres vorzulegen.

(7) Bei Einkommen gemäß § 1 Z 2 bis 8 sind die entsprechenden Nachweise bzw. Bestätigungen der letzten drei Kalendermonate vorzulegen.

(8) Kann glaubhaft gemacht werden, dass die gemäß Abs. 4 und 5 erforderlichen Einkommensteuerbescheide nicht vorgelegt werden können oder ist gemäß Abs. 2 das tatsächlich zufließende Einkommen zu berücksichtigen, sind jene Unterlagen vorzulegen, die geeignet sind, dieses Einkommen nachzuweisen.

(9) Nachweise über Einkommen aus der Vergangenheit sind bei der Ermittlung des Einkommens nur dann heranzuziehen, wenn zu erwarten ist, dass diese Einkommen auch in Zukunft anfallen.

Mindeststandard

§ 3. Zur Deckung des Lebensunterhaltes werden gemäß § 10 Abs. 1 Z 1 StMSG monatliche pauschalierte Geldleistungen in Höhe von „885,48 Euro" gewährt.

(LGBl Stmk 2018/101)

Inkrafttreten

§ 4. Diese Verordnung tritt mit 1. September 2016 in Kraft.

Inkrafttreten von Novellen

§ 4a. (1) In der Fassung der Verordnung LGBl. Nr. 146/2016 tritt § 3 mit 1. Jänner 2017 in Kraft.

(2) In der Fassung der Verordnung LGBl. Nr. 101/2017 tritt § 3 mit 1. Jänner 2018 in Kraft.

„(3) In der Fassung der Verordnung LGBl. Nr. 101/2018 tritt § 3 mit **1. Jänner 2019** in Kraft."

(LGBl Stmk 2018/101)

Außerkrafttreten

§ 5. Mit Inkrafttreten dieser Verordnung tritt die Stmk. Mindestsicherungsgesetz-Durchführungsverordnung, LGBl. Nr. 19/2012, in der Fassung LGBl. Nr. 122/2015, außer Kraft.

Tiroler Mindestsicherungsgesetz

Tiroler Mindestsicherungsgesetz, LGBl T 2010/99 idF

1	LGBl T 2011/110	2	LGBl T 2012/150	3	LGBl T 2013/13
4	LGBl T 2013/130	5	LGBl T 2017/26	6	LGBl T 2017/32
7	LGBl T 2017/52	8	LGBl T 2018/18	9	LGBl T 2018/144
10	LGBl T 2019/15				

GLIEDERUNG

Gesetz vom 17. November 2010, mit dem die Mindestsicherung in Tirol geregelt wird (Tiroler Mindestsicherungsgesetz – TMSG)

(LGBl T 2010/99)

Der Landtag hat beschlossen:

1. Abschnitt
Allgemeine Bestimmungen

Ziel, Grundsätze

§ 1. (1) Ziel der Mindestsicherung ist die Bekämpfung von Armut und sozialer Ausgrenzung. Sie bezweckt, den Mindestsicherungsbeziehern das Führen eines menschenwürdigen Lebens zu ermöglichen und ihre dauerhafte Eingliederung bzw. Wiedereingliederung in das Erwerbsleben weitest möglich zu fördern.

(2) Mindestsicherung ist Personen zu gewähren,

a) die sich in einer Notlage befinden,

b) denen eine Notlage droht, wenn der Eintritt der Notlage dadurch abgewendet werden kann,

c) die eine Notlage überwunden haben, wenn dies erforderlich ist, um die Wirksamkeit der bereits gewährten Leistungen der Mindestsicherung bestmöglich zu sichern.

(3) Mindestsicherung ist auf Antrag oder, wenn den zuständigen Organen (§ 27) Umstände bekannt werden, die eine Hilfeleistung erfordern, auch von Amts wegen zu gewähren.

(4) Leistungen der Mindestsicherung sind so weit zu gewähren, als der jeweilige Bedarf nicht durch den Einsatz eigener Mittel und Kräfte sowie durch Leistungen Dritter gedeckt werden kann. Dabei sind auch Hilfeleistungen, die nach anderen landesrechtlichen oder nach bundesrechtlichen oder ausländischen Vorschriften in Anspruch genommen werden können, zu berücksichtigen.

(5) Mindestsicherung ist unter möglichst geringer Einflussnahme auf die Lebensverhältnisse des Mindestsicherungsbeziehers und seiner Familienangehörigen zu gewähren. Sie soll den Mindestsicherungsbezieher zur Selbsthilfe befähigen und so eine nachhaltige Beseitigung der Notlage ermöglichen.

(6) Mindestsicherung ist fachgerecht unter Bedachtnahme auf die anerkannten sozialmedizinischen, sozialpädagogischen und sozialarbeiterischen Standards sowie auf den jeweiligen Stand der wissenschaftlichen Erkenntnisse und die daraus entwickelten Methoden zu gewähren.

(7) Bei der Erbringung von Leistungen der Mindestsicherung ist auch die jeweils erforderliche Beratung und Betreuung zur Vermeidung und Überwindung einer Notlage sowie zur nachhaltigen sozialen Stabilisierung zu gewährleisten.

(8) Mindestsicherung ist unter Berücksichtigung der Grundsätze der Sparsamkeit, Wirtschaftlichkeit und Zweckmäßigkeit zu gewähren.

(9) Ansprüche auf Leistungen der Mindestsicherung dürfen weder gepfändet noch verpfändet werden.

Begriffsbestimmungen

§ 2. (1) In einer Notlage befindet sich, wer

a) seinen Lebensunterhalt, seinen Wohnbedarf oder den bei Krankheit, Schwangerschaft und Entbindung sowie für ein einfaches Begräbnis auftretenden Bedarf (Grundbedürfnisse) nicht oder nicht in ausreichendem Ausmaß aus eigenen Kräften und Mitteln oder mit Hilfe Dritter decken kann oder

b) außergewöhnliche Schwierigkeiten in seinen persönlichen, familiären oder sozialen Verhältnissen nicht oder nicht in ausreichendem Ausmaß selbst oder mit Hilfe Dritter bewältigen kann.

(2) Betreuungsbedürftig ist, wer insbesondere infolge altersbedingter Beeinträchtigungen, die mit dem im Alter fortschreitenden Abbau der körperlichen Funktionen und geistigen Fähigkeiten zusammenhängen, der Betreuung bedarf und Pflegegeld höchstens der Stufe zwei nach den bundesrechtlichen Vorschriften bezieht. Bei einem voraussichtlich weniger als sechs Monate andauernden Betreuungsbedarf entfällt die Voraussetzung des Pflegegeldbezuges.

(3) Pflegebedürftig ist, wer infolge einer Krankheit oder eines Gebrechens der Pflege bedarf und Pflegegeld zumindest der Stufe drei nach den bundesrechtlichen Vorschriften bezieht. Bei einem voraussichtlich weniger als sechs Monate andauernden Pflegebedarf entfällt die Voraussetzung des Pflegegeldbezuges.

(4) Alleinstehend ist, wer weder in einer Bedarfsgemeinschaft noch in einer Wohngemeinschaft lebt.

(5) Alleinerzieher ist, wer mit keiner anderen Person als den ihm gegenüber unterhaltsberechtigten Minderjährigen in einem gemeinsamen Haushalt lebt und wirtschaftet. Zusammen bilden diese Personen eine Bedarfsgemeinschaft.

(6) Bedarfsgemeinschaft ist eine Gemeinschaft von Personen, die in einem gemeinsamen Haushalt leben und wirtschaften, wobei zwischen diesen Personen eine Beziehung bestehen muss, bei der eine wechselseitige Unterstützung in einem dem familiären Zusammenhalt vergleichbaren Ausmaß angenommen werden kann.

(7) Wohngemeinschaft ist eine Gemeinschaft von Personen ohne wirtschaftliche Verbindungen oder familienähnliche Beziehungen, die in einer Wohnung, einem Haus oder einer sonstigen Einrichtung gemeinsam leben, jedoch nicht gemeinsam wirtschaften, wobei für jede dieser Personen oder für mehrere dieser Personen gemeinsam jeweils ein persönlicher Wohnbereich zur Verfügung stehen muss und Räume, wie Küche, Bad, WC und dergleichen, gemeinsam benützt werden können. Der Eigenschaft einer Gemeinschaft von Personen insgesamt als Wohngemeinschaft steht nicht entgegen, wenn bestimmte darin lebende Personen für sich eine Bedarfsgemeinschaft bilden.

(8) Die Hilfe zur Sicherung des Lebensunterhaltes umfasst den regelmäßig wiederkehrenden Auf-

wand für Nahrung, Bekleidung, Körper- und Gesundheitspflege, Benützung von Verkehrsmitteln, Reinigung, Hausrat und Energie mit Ausnahme der Heizenergie sowie für andere persönliche Bedürfnisse, die eine angemessene soziale und kulturelle Teilhabe ermöglichen.

(9) Die Hilfe zur Sicherung des Wohnbedarfes umfasst den für die Gewährleistung einer bedarfsgerechten Wohnsituation tatsächlich regelmäßig wiederkehrenden Aufwand für Miete, Betriebskosten, Heizkosten und Abgaben.

(10) Die Nutzfläche einer Wohnung ist die Gesamtbodenfläche abzüglich der Wandstärken und der im Verlauf der Wände befindlichen Durchbrechungen (Ausnehmungen). Auf die Nutzfläche sind insbesondere auch Küchen, Garderoben, Bäder und sonstige Anlagen innerhalb der Wohnung, Vorzimmer, Dielen und Nischen anzurechnen. Nicht zu berücksichtigen sind Stiegenhäuser, Treppen, offene Balkone und Terrassen sowie Keller und Dachbodenräume, die nicht Wohnzwecken dienen.

(11) Der Schutz bei Krankheit, Schwangerschaft und Entbindung umfasst alle Sachleistungen und Vergünstigungen, die Beziehern einer Ausgleichszulage aus der Pensionsversicherung in der gesetzlichen Krankenversicherung zukommen.

(12) Die Hilfe zur Erziehung und Erwerbsbefähigung umfasst Maßnahmen, die erforderlich sind, um dem Hilfesuchenden die seiner Persönlichkeit, seinen Fähigkeiten und seinen Neigungen entsprechende Erziehung, Schulbildung und Berufsausbildung zu sichern und die Eingliederung in das Erwerbsleben zu ermöglichen.

(13) Die Hilfe zur Arbeit umfasst Maßnahmen zur Unterstützung der Erlangung eines sozialversicherungspflichtigen Beschäftigungsverhältnisses.

(14) Ein Hilfeplan umfasst zur zielorientierten Unterstützung des Mindestsicherungsbeziehers erforderliche Maßnahmen, wie Beratungs- und Betreuungsdienstleistungen sowie Zahlungs-, Entwicklungs-, Behandlungs- und Therapiepläne.

(15) Die Hilfe zur Betreuung umfasst zur Deckung des Betreuungsbedarfes erforderliche Maßnahmen, wozu insbesondere solche zur Überwindung altersbedingter Schwierigkeiten zählen.

(16) Die Hilfe zur Pflege umfasst zur Deckung des Pflegebedarfes erforderliche Maßnahmen.

(17) Die stationäre Pflege umfasst die stationäre Unterbringung, Betreuung und Pflege in Anstalten, Heimen oder auf Pflegeplätzen.

(18) Die mobile Pflege umfasst die häusliche Betreuung und Pflege durch Pflegedienste und Maßnahmen zur Erhaltung der Selbstständigkeit bei altersbedingten Beeinträchtigungen. Sie umfasst weiters die teilweise Übernahme der Kosten für Hilfsmittel für die häusliche Betreuung und Pflege sowie für die Erhaltung der Selbstständigkeit bei altersbedingten Beeinträchtigungen.

(19) Die Kurzzeitpflege für pflegebedürftige Personen umfasst die zeitlich befristete stationäre oder mobile Pflege im Fall der Verhinderung der Hauptpflegeperson oder im Fall einer akuten Notsituation nach einem unerwarteten Krankenhausaufenthalt.

(20) Die qualifizierte Kurzzeitpflege (Übergangspflege) umfasst eine rehabilitative Pflege und Betreuung im Ausmaß von bis zu maximal 90 Tagen pro Kalenderjahr, die ausschließlich in speziellen Übergangspflegeeinrichtungen erbracht wird, mit denen das Land Tirol eine Leistungsvereinbarung abgeschlossen hat.

(21) Die Tagespflege zur Entlastung pflegender Angehöriger umfasst die tageweise bzw. halbtageweise Unterbringung, Betreuung und Pflege in von Leistungserbringern betriebenen Einrichtungen. Sie umfasst weiters die teilweise Übernahme der Kosten für damit im Zusammenhang stehende entgeltliche Fahrtdienste.

(22) Das Einkommen umfasst alle Einkünfte, die dem Hilfesuchenden zufließen.

Persönlicher Anwendungsbereich

§ 3. (1) Anspruch auf Mindestsicherung haben österreichische Staatsbürger, die in Tirol ihren Hauptwohnsitz oder, in Ermangelung eines solchen, ihren Aufenthalt haben.

(2) Österreichischen Staatsbürgern sind folgende Personen gleichgestellt, sofern sie nach den fremdenrechtlichen Vorschriften zum Aufenthalt im Inland berechtigt sind:

a) Unionsbürger und Staatsangehörige anderer Vertragsstaaten des EWR-Abkommens und der Schweiz sowie deren Familienangehörige; zu den Familienangehörigen zählen:
   1. ihre Ehegatten,
   2. ihre eingetragenen Partner,
   3. ihre Verwandten und die Verwandten ihrer Ehegatten oder eingetragenen Partner in gerade absteigender Linie bis zur Vollendung des 21. Lebensjahres und, sofern sie ihnen Unterhalt gewähren, darüber hinaus, und
   4. ihre Verwandten und die Verwandten ihres Ehegatten oder eingetragenen Partners in gerade aufsteigender Linie, sofern sie ihnen Unterhalt gewähren,

b) Fremde, soweit sie aufgrund von sonstigen Verträgen im Rahmen der europäischen Integration Unionsbürgern hinsichtlich der Arbeitsbedingungen oder der Bedingungen der Niederlassung gleichgestellt sind,

c) Fremde, soweit sie aufgrund von anderen Staatsverträgen österreichischen Staatsbürgern gleichgestellt sind,

d) Fremde, die Familienangehörige im Sinn der lit. a Z 1 bis 4 von österreichischen Staatsbürgern sind,

e) Personen, denen der Status des Asylberechtigten nach dem Asylgesetz 2005 oder nach früheren asylrechtlichen Vorschriften zuerkannt wurde,

f) Fremde, denen der Status des subsidiär Schutzberechtigten nach § 8 des Asylgesetzes 2005 zuerkannt wurde,

g) Fremde mit
   1. einem Aufenthaltstitel Blaue Karte EU nach § 42 NAG oder Daueraufenthalt – EU nach § 45 NAG oder
   2. einer nach früheren bundesgesetzlichen Bestimmungen erteilten Aufenthalts- oder Niederlassungsberechtigung, die als Aufenthaltstitel im Sinn der Z. 1 weiter gilt (§ 81 Abs. 2 NAG in Verbindung mit § 11 Abs. 3 der Niederlassungs- und Aufenthaltsgesetz-Durchführungsverordnung – NAG-DV, BGBl. II Nr. 451/2005, zuletzt geändert durch die Verordnung BGBl. II Nr. 229/2018), oder
   3. einem Aufenthaltstitel Daueraufenthalt – EU eines anderen Mitgliedstaates der Europäischen Union und einer Rot-Weiß-Rot – Karte nach § 49 Abs. 2 NAG, einer Rot-Weiß-Rot – Karte plus nach § 41a NAG oder einer Niederlassungsbewilligung nach § 49 Abs. 4 NAG.

(3) Personen, die sich in Tirol aufhalten und nicht nach Abs. 2 österreichischen Staatsbürgern gleichgestellt sind, können Grundleistungen gewährt werden, sofern auf sie nicht das Tiroler Grundversorgungsgesetz, LGBl. Nr. 21/2006, anzuwenden ist.

(4) Keinen Anspruch auf Mindestsicherung haben jedenfalls:

a) Personen, deren Einreise zum Zweck des Bezuges von Leistungen der Mindestsicherung erfolgt ist,

b) Personen nach Abs. 2 lit. a und b, denen keine Arbeitnehmer- oder Selbstständigeneigenschaft zukommt, und weiters Personen nach Abs. 3, jeweils in den ersten drei Monaten ihres Aufenthaltes,

c) Personen nach Abs. 2 lit. a und b, denen keine Arbeitnehmer- oder Selbstständigeneigenschaft zukommt und deren drei Monate übersteigendes Aufenthaltsrecht sich allein aus dem Zweck der Arbeitssuche ergibt oder

d) sonstige Personen nach Abs. 2 lit. a, denen keine Arbeitnehmer- oder Selbstständigeneigenschaft zukommt und die nicht zum Daueraufenthalt im Inland berechtigt sind,

e) Fremde, auf die das Tiroler Grundversorgungsgesetz anzuwenden ist,

f) Personen, die aufgrund eines Visums oder visumsfrei einreisen durften (Touristen),

g) volljährige Studierende, die keiner sozialversicherungspflichtigen Erwerbstätigkeit nachkommen, sofern sie nicht nach dem Arbeitslosenversicherungsgesetz 1977 Arbeitslosengeld oder Notstandshilfe beziehen.

Form und Arten der Mindestsicherung

§ 4. (1) Mindestsicherung wird in Form von Geldleistungen oder Sachleistungen gewährt. Sie umfasst Leistungen zur Sicherung der Grundbedürfnisse (Grundleistungen) und Leistungen zur Bewältigung außergewöhnlicher Schwierigkeiten in den persönlichen, familiären oder sozialen Verhältnissen (sonstige Leistungen).

(2) Zu den Grundleistungen zählen:

a) die Hilfe zur Sicherung des Lebensunterhaltes,

b) die Hilfe zur Sicherung des Wohnbedarfes,

c) der Schutz bei Krankheit, Schwangerschaft und Entbindung und

d) die Übernahme der Bestattungskosten.

(3) Zu den sonstigen Leistungen zählen insbesondere:

a) die Hilfe zur Erziehung und Erwerbsbefähigung,

b) die Hilfe zur Arbeit,

c) der Hilfeplan,

d) die Hilfe zur Betreuung,

e) die Hilfe zur Pflege und

f) die Zusatzleistungen.

(4) Die Gemeinden gewähren die Hilfe zur Betreuung in Form der stationären Pflege als Träger von Privatrechten. Die übrigen Leistungen der Mindestsicherung gewährt das Land Tirol als Träger von Privatrechten, soweit im § 27 Abs. 2 nichts anderes bestimmt ist.

2. Abschnitt
Grundleistungen

Hilfe zur Sicherung des Lebensunterhaltes

§ 5. (1) Die Hilfe zur Sicherung des Lebensunterhaltes besteht in der Gewährung pauschalierter, monatlicher Geldleistungen (Mindestsätze).

(2) Der Mindestsatz beträgt den jeweils folgenden Hundertsatz des Ausgangsbetrages nach § 9:

a) für volljährige Alleinstehende und Alleinerzieher .... 75 v.H.;

b) für mündige Minderjährige, die Alleinstehende oder Alleinerzieher sind,
   1. bis zum Bezug der Familienbeihilfe 75 v.H.,
   2. ab dem Bezug der Familienbeihilfe ..... 56,25 v.H.;

c) für Personen, die in Wohngemeinschaften von Opferschutz-, Krisenbetreuungs- oder betreuten Wohnungsloseneinrichtungen oder in Wohngemeinschaften von Einrichtungen der Rehabilitation leben und Leistungen nach dem Tiroler Rehabilitationsgesetz beziehen, sofern ihr Lebensunterhalt nicht zumindest überwiegend im Rahmen der Wohngemeinschaft gedeckt wird .... 75 v.H.;

d) für Personen, die mit anderen Personen in einer Wohngemeinschaft, die nicht unter die lit. c fällt, leben .... 56,25 v.H.;

e) für Personen, die mit anderen Personen in einer Bedarfsgemeinschaft leben,
   1. für jede volljährige Person, die nicht unter die Z 2 fällt, ... 56,25 v.H.,
   2. ab der dritten volljährigen Person, sofern diese einer leistungsbeziehenden Person in der Bedarfsgemeinschaft gegenüber unterhaltsberechtigt ist . 37,50 v.H.,
   3. für leistungsberechtigte minderjährige Personen
      aa) für die älteste und zweitälteste Person .... 24,75 v.H.,
      bb) für die drittälteste Person ... 22,75 v.H.,
      cc) für die viertälteste bis sechstälteste Person .... 15,00 v.H.,
      dd) ab der siebtältesten Person 12,00 v.H.

(3) Folgenden Personen ist zusätzlich zum jeweiligen Mindestsatz nach Abs. 2 in den Monaten März, Juni, September und Dezember jeden Jahres eine Sonderzahlung in der Höhe von 9 v.H. des Ausgangsbetrages nach § 9 zu gewähren, soweit sie zum Stichtag bereits seit mindestens drei Monaten laufend Leistungen zur Sicherung des Lebensunterhaltes oder des Wohnbedarfes bezogen haben:

a) Alleinerziehern,
b) minderjährigen Personen,
c) Personen, die eine Ausgleichszulage gemäß § 293 ASVG beziehen,
d) Personen mit einem Grad der Behinderung von mindestens 50 v.H. nach dem Behinderteneinstellungsgesetz sowie Personen, die über einen Behindertenausweis nach § 40 des Bundesbehindertengesetzes verfügen,
e) Personen, die das Regelpensionsalter nach ASVG erreicht, jedoch keinen Anspruch auf Pensionsleistungen haben,
f) Personen nach Abs. 4 sowie
g) Personen mit dauerhaften und wesentlichen schwerwiegenden psychischen Erkrankungen, die Leistungen nach dem Tiroler Rehabilitationsgesetz beziehen.

Als Stichtag gilt der Erste des jeweiligen Monats.

(4) Im Fall eines Aufenthaltes in einer Krankenanstalt, in einer stationären Therapieeinrichtung, in einem Heim, in einer stationären Einrichtung der Rehabilitation nach dem Tiroler Rehabilitationsgesetz oder in einer vergleichbaren Einrichtung wird die Hilfe zur Sicherung des Lebensunterhaltes durch ein monatliches Taschengeld in der Höhe von 16 v.H. des Ausgangsbetrages nach § 9 gewährt, soweit ein solches nicht durch andere Einkünfte oder Ansprüche gesichert ist.

Hilfe zur Sicherung des Wohnbedarfes

§ 6. (1) Die Hilfe zur Sicherung des Wohnbedarfes erfolgt durch die Gewährung von Geldleistungen für tatsächlich nachgewiesene Mietkosten, Betriebskosten, Heizkosten und Abgaben. Geldleistungen sind jedoch höchstens im Ausmaß der in einer Verordnung nach Abs. 3 festgelegten Sätze zu gewähren.

(2) Hilfe zur Sicherung des Wohnbedarfes darf nur gewährt werden, wenn das Ausmaß der zur Verfügung stehenden Wohnnutzfläche ausreicht, um den Wohnbedarf des Hilfesuchenden und gegebenenfalls auch den seiner Mitbewohner unter Zugrundelegung einfacher Wohnverhältnisse angemessen abdecken zu können.

(3) Die Landesregierung hat durch Verordnung die Höchstsätze für Geldleistungen nach Abs. 1 jährlich auf der Grundlage der durchschnittlichen Kosten für Wohnungen mittlerer Qualität regional gestaffelt festzulegen. Dabei ist auf relevante statistische Daten, wie den Immobilienpreisspiegel der Wirtschaftskammer Österreich, Bedacht zu nehmen.

(4) Verordnungen nach Abs. 3 sind im dritten Quartal des Jahres in Kraft zu setzen.

(5) Geldleistungen zur Sicherung des Wohnbedarfes dürfen direkt an Dritte ausbezahlt werden.

Sicherung des Wohnbedarfes als Sachleistung

§ 6a. (1) Die Hilfe zur Sicherung des Wohnbedarfes kann auch in Form einer Sachleistung durch Zuweisung einer Wohnung oder sonstigen Unterkunft an den Hilfesuchenden gewährt werden, sofern sich dieser im Zeitpunkt der Antragsstellung nicht bereits drei Monate hindurch ununterbrochen in einem aufrechten Mietverhältnis befindet. Hat in diesem Zeitpunkt ein aufrechtes Mietverhältnis nur einen kürzeren Zeitraum hindurch bestanden, so darf eine Wohnung oder sonstige Unterkunft dennoch nicht zugewiesen werden, wenn besonders berücksichtigungswürdige Gründe für die Beibehaltung der bestehenden Wohnsituation sprechen. Bei alledem ist jedenfalls auf die soziale und familiäre Situation des Hilfesuchenden, insbesondere auch auf das Kindeswohl, Bedacht zu nehmen. Eine Zuweisung ist jedenfalls zulässig, wenn der Hilfesuchende dieser ausdrücklich zustimmt. § 6 Abs. 2 ist sinngemäß anzuwenden; dies gilt nach Maßgabe der räumlichen Voraussetzungen auch für die Zuweisung von Übergangsunterkünften, die heimähnliche Strukturen aufweisen.

(2) Das Land Tirol kann zum Zweck der Gewährung von Sachleistungen nach Abs. 1 selbst Wohnungen oder sonstigen Unterkünfte bereithalten oder hierzu schriftliche Vereinbarungen mit natürlichen oder juristischen Personen abschließen.

(3) Nimmt ein Hilfesuchender, dem eine Wohnung oder sonstige Unterkunft zugewiesen wurde, diese binnen vier Wochen ab der Zuweisung nicht an, so erlischt die Zuweisung. Eine weitere Hilfe zur Sicherung des Wohnbedarfes darf in diesem Fall für die Dauer von sechs Monaten nicht mehr gewährt werden.

(4) Beschwerden gegen Bescheide, mit denen eine Wohnung oder sonstige Unterkunft zugewiesen wurde, haben keine aufschiebende Wirkung.

(5) Übersteigt das Einkommen des Hilfesuchenden, dem eine Wohnung oder sonstige Unterkunft zugewiesen wurde, den für ihn maßgebenden Mindestsatz nach § 5 Abs. 2, so ist ihm hierfür ein Selbstbehalt vorzuschreiben. Wird der Selbstbehalt nicht geleistet, so kann dieser auf laufende Leistungen zur Sicherung des Lebensunterhaltes angerechnet werden. Die Landesregierung hat als Grundlage für die Bemessung dieses Selbstbehaltes durch Verordnung Pauschalbeträge, die einem Hundertsatz der in der Verordnung nach § 6 Abs. 3 festgelegten Höchstätze entsprechen müssen, festzulegen.

(6) Die Zuweisung einer Wohnung oder sonstigen Unterkunft ist zu widerrufen, wenn

a) die zugewiesene Wohnung oder sonstige Unterkunft vom Hilfesuchenden nicht mehr benötigt wird oder

b) ein wichtiger Grund hierfür vorliegt, insbesondere weil der Hilfesuchende von der Wohnung oder sonstigen Unterkunft erheblich nachteiligen Gebrauch macht.

Schutz bei Krankheit, Schwangerschaft und Entbindung

§ 7. (1) Der Schutz bei Krankheit, Schwangerschaft und Entbindung besteht

a) während der Dauer des Bezuges von Leistungen nach § 5 oder § 6 in der Übernahme der Beiträge zur gesetzlichen Krankenversicherung,

b) bei Nichtvorliegen der Voraussetzungen für eine Einbeziehung in die gesetzliche Krankenversicherung

   1. in der Übernahme der Beiträge zur freiwilligen Krankenversicherung oder

   2. in der Übernahme der für eine Krankenbehandlung tatsächlich nachgewiesenen Kosten im nach den Vorschriften über die allgemeine gesetzliche Krankenversicherung vorgesehenen Leistungsumfang.

(2) Unabhängig vom Bezug von Leistungen nach Abs. 1 sind allfällige Selbstbehalte und Rezeptgebühren für Pflichtleistungen der allgemeinen gesetzlichen Krankenversicherung zu übernehmen.

Bestattungskosten

§ 8. (1) Tatsächlich nachgewiesene Bestattungskosten sind, soweit sie nicht aus dem Vermögen des Verstorbenen gedeckt werden können oder von Dritten getragen werden, im Ausmaß der Kosten für ein einfaches Begräbnis zu übernehmen.

(2) Ist eine Überführung erforderlich, so sind die dafür anfallenden Kosten bis zur Höhe der für ein einfaches Begräbnis anfallenden Kosten zu übernehmen.

Ausgangsbetrag

§ 9. (1) Der Ausgangsbetrag für die Bemessung der Mindestsätze nach § 5 beträgt für das Kalenderjahr 2010 744,01 Euro.

(2) Die Landesregierung hat für jedes folgende Kalenderjahr unter Bedachtnahme auf die Erhöhung des Ausgleichszulagenrichtsatzes nach § 293 Abs. 1 ASVG durch Verordnung einen Anpassungsfaktor festzusetzen (Anpassungsverordnung). Der Ausgangsbetrag für die Bemessung der Mindestsätze nach § 5 für dieses Kalenderjahr ergibt sich jeweils durch Multiplikation des Ausgangsbetrages für das vorangegangene Kalenderjahr mit dem Anpassungsfaktor. Die sich aus dem Ausgangsbetrag ergebenden Mindestsätze sind als Anlage zur Verordnung kundzumachen.

(3) Verordnungen nach Abs. 2 können rückwirkend, in einem solchen Fall jedoch frühestens mit dem 1. Jänner jenes Kalenderjahres, für das die Anpassung erfolgt, in Kraft gesetzt werden.

3. Abschnitt
Sonstige Leistungen

Hilfe zur Erziehung und Erwerbsbefähigung

§ 10. (1) Die Hilfe zur Erziehung und Erwerbsbefähigung besteht in der Übernahme der Kosten für Erziehung, Schul- und Berufsausbildung einschließlich allfälliger Unterbringungs- und Fahrtkosten.

(2) Leistungen nach dem Tiroler Kinder- und Jugendhilfegesetz, LGBl. Nr. 150/2013, gehen Leistungen nach Abs. 1 vor.

Hilfe zur Arbeit

§ 11. (1) Die Hilfe zur Arbeit besteht in

a) der Gewährung finanzieller Zuschüsse an den Arbeitgeber in der Höhe von 20 v.H. der Lohnkosten einschließlich der Arbeitgeberbeiträge zur Sozialversicherung,

b) der Übernahme der Kosten für vom Arbeitsmarktservice oder von einer Behörde vorgeschriebene Fortbildungs-, Ausbildungs- oder Qualifizierungsmaßnahmen, soweit diese nicht von Dritten getragen werden,

c) der Übernahme der nachgewiesenen Fahrtkosten, höchstens jedoch den Tarif des kostengünstigsten öffentlichen Verkehrsmittels, vom Wohnort zum Kursort zum Zweck der Teilnahme an einer vom Arbeitsmarktservice oder von einer Behörde vorgeschriebenen

   1. Integrationsmaßnahme, wie einem Deutsch-, Orientierungs- oder Wertekurs, oder

   2. Fortbildungs-, Ausbildungs-, oder Qualifizierungsmaßnahme,

d) der Übernahme der Prüfungskosten für vom Arbeitsmarktservice oder von einer Behörde vorgeschriebene Deutschkurse mit der Niveaustufe A 2 oder B 1 nach dem Gemeinsamen Europäischen Referenzrahmen für Sprachen, soweit diese nicht von Dritten getragen werden.

Zuschüsse nach lit. a dürfen höchstens 75 v.H. des Ausgangsbetrages nach § 9 betragen. Sie dürfen höchstens für die Dauer von zwölf Monaten gewährt werden.

(2) Hilfe zur Arbeit darf nur arbeitsfähigen und arbeitswilligen Personen, die eine Grundleistung beziehen, bis zur Erreichung des Regelpensionsalters gewährt werden.

Hilfeplan

§ 12. (1) Ein Hilfeplan soll dem Mindestsicherungsbezieher durch die Festlegung konkreter Lösungsschritte ermöglichen, aus der Situation der Hilfsbedürftigkeit zu gelangen und ein von der Mindestsicherung weitgehend unabhängiges Leben zu führen.

(2) Ein Hilfeplan kann erstellt werden, wenn die Mindestsicherung bereits über einen Zeitraum von zumindest sechs Monaten gewährt wurde und ein Zusammenwirken des Landes mit anderen Hilfesystemen zur Erreichung der Ziele nach Abs. 1 erforderlich ist.

(3) Zur Erstellung des Hilfeplans können Sachverständige, wie Psychologen, Ärzte und Sozialarbeiter, beigezogen werden. Erforderlichenfalls ist die Mitwirkung von Vertretern anderer Hilfesysteme und Einrichtungen anzustreben.

(4) Die beigezogenen Sachverständigen und Vertreter anderer Hilfesysteme und Einrichtungen können Vorschläge über die zu gewährenden Hilfeleistungen, deren Reihenfolge, die Einbindung Dritter und über den Ablauf der vorgesehenen Maßnahmen erstatten. Diese Vorschläge sind bei der Erstellung des Hilfeplans entsprechend zu berücksichtigen.

(5) Der Mindestsicherungsbezieher ist bei der Erstellung des Hilfeplans bestmöglich einzubeziehen, insbesondere jedoch in dem Ausmaß, das von den beteiligten Personen bzw. Institutionen als notwendig und förderlich erachtet wird.

(6) Zur Umsetzung eines Hilfeplans kann mit dem Mindestsicherungsbezieher eine Betreuungsvereinbarung über Art, Ort, Zeit und andere Rahmenbedingungen der Hilfeleistung, über die Mitwirkung des Mindestsicherungsbeziehers sowie über die Zusammenarbeit zwischen dem Land Tirol und anderen Hilfesystemen abgeschlossen werden.

Hilfe zur Betreuung und Hilfe zur Pflege

§ 13. Die Hilfe zur Betreuung und die Hilfe zur Pflege bestehen jeweils insbesondere in

a) der stationären Pflege (§ 2 Abs. 17),
b) der mobilen Pflege (§ 2 Abs. 18),
c) der Kurzzeitpflege für pflegebedürftige Personen einschließlich der qualifizierten Kurzzeitpflege (§ 2 Abs. 19 und 20) und
d) der Tagespflege zur Entlastung pflegender Angehöriger (§ 2 Abs. 21).

Zusatzleistungen

§ 14. (1) Zur Vermeidung besonderer Härtefälle können zusätzlich zu Grundleistungen gewährt werden:

a) Sachleistungen oder Geldleistungen, letztere entweder
   1. im Ausmaß von monatlich höchstens 15 v. H. des Ausgangsbetrages nach § 9 oder
   2. bei einmaliger Unterstützung im Ausmaß von höchstens 180 v. H. des Ausgangsbetrages nach § 9 pro Jahr,
b) Hilfe zur Arbeit
   1. durch finanzielle Zuschüsse an den Arbeitgeber auch über zwölf Monate hinaus und im Ausmaß von mehr als 75 v. H. des Ausgangsbetrages nach § 9,
   2. durch finanzielle Zuschüsse auch für notwendige, mit der Arbeitsaufnahme im Zusammenhang stehende Aufwendungen direkt an den Hilfesuchenden.

(2) Zur Vermeidung besonderer Härtefälle kann unabhängig von der Gewährung von Grundleistungen Hilfe zur Sicherung des Wohnbedarfes auch über die in der Verordnung nach § 6 Abs. 3 festgelegten Höchstsätze hinaus gewährt werden.

(3) Zur Vermeidung besonderer Härtefälle sind unabhängig von der Gewährung von Grundleistungen Geld- und Sachleistungen zur Sicherung des Wohnbedarfes zum Zweck der Deckung folgender Kosten zu gewähren:

a) der Kosten der notwendigen Erstausstattung einer Wohnung mit Möbeln, wie Bett, Kleiderkasten, Tisch, Stühle, Küchenmobiliar und dergleichen,
b) der Kosten der erstmaligen Anschaffung von notwendigen Haushaltsgeräten, wie Herd, Kühlschrank, Waschmaschine und dergleichen,
c) der Kosten der erstmaligen Anschaffung von Hausrat,
d) der Kosten einer Kaution sowie der Kosten für die Errichtung des Bestandsvertrages einschließlich der dabei anfallenden Abgaben; übersteigt die Miete der Wohnung den maßgebenden in der Verordnung nach § 6 Abs. 3 festgelegten Höchstsatz, so dürfen diese Kosten nur anteilsmäßig entsprechend dem jeweiligen Höchstsatz übernommen werden.

(4) Die Landesregierung hat durch Verordnung als Höchstsätze für Geldleistungen nach Abs. 3 lit. a, b und c Pauschalbeträge festzulegen. Hierbei ist auf die durchschnittlichen Anschaffungskosten der betreffenden Gegenstände bzw. Geräte Bedacht zu nehmen.

Hilfe zur Überbrückung außergewöhnlicher Notstände

§ 14a. (1) Zur Überbrückung außergewöhnlicher Notstände kann Hilfe als Sach- oder Geldleistung gewährt werden.

(2) Die Landesregierung hat unter Bedachtnahme auf das Ziel und die Grundsätze der Mindestsicherung nach § 1 Richtlinien über die Gewährung der Hilfe zur Überbrückung außergewöhnlicher Notstände nach Abs. 1 zu erlassen. In diese Richtlinien sind insbesondere nähere Bestimmungen aufzunehmen über:

a) die Art, den Umfang und die Qualität der im Rahmen der Hilfe zu gewährenden Leistungen,
b) die Voraussetzungen für die Gewährung der Hilfe,
c) das Ausmaß der Hilfe,
d) den Einsatz der eigenen Mittel des Hilfesuchenden,
e) das Verfahren zur Gewährung der Hilfe.

4. Abschnitt
Anspruchsvoraussetzungen

Einsatz der eigenen Mittel

§ 15. (1) Vor der Gewährung von Mindestsicherung hat der Hilfesuchende seine eigenen Mittel, zu denen sein gesamtes Einkommen und sein Vermögen gehören, einzusetzen.

(2) Bei der Berechnung der Höhe des Einkommens sind außer Ansatz zu lassen:

a) Leistungen nach dem Familienlastenausgleichsgesetz 1967, ausgenommen Zuwendungen aus dem Familienhospizkarenz-Härteausgleich nach dessen § 38j, soweit sich aus diesem Gesetz nichts anderes ergibt,
b) Kinderabsetzbeträge nach § 33 Abs. 3 des Einkommensteuergesetzes 1988,
c) Förderungen im Rahmen des Programmes Tiroler Kindergeld Plus oder vergleichbarer Familienförderungen des Landes Tirol,
d) Förderungen im Rahmen der Schulstarthilfe Tirol oder vergleichbarer Förderungen des Landes Tirol,
e) Ausbildungsbeihilfen für Lehrlinge im Rahmen der Lehrlingsförderung des Landes Tirol,
f) Pflegegeld nach bundesrechtlichen oder ausländischen Vorschriften oder andere pflegebezogene Geldleistungen und
g) Zuwendungen, welche der Hilfesuchende für die Pflege eines nahen Angehörigen zu Hause von diesem aus dessen Pflegegeld erhält; als nahe Angehörige gelten der Ehegatte bzw. eingetragene Partner, die Eltern, Großeltern, Kinder, Enkelkinder und Geschwister des Hilfesuchenden.

(3) Erzielt der Hilfesuchende ein Einkommen aus einer Erwerbstätigkeit, so sind für die damit verbundenen Aufwendungen darüber hinaus folgende Freibeträge in Abzug zu bringen:

a) 30 v. H. des Ausgangsbetrages nach § 9, wenn er trotz vorgerückten Alters oder starker Beschränkung seiner Erwerbsfähigkeit einem Erwerb nachgeht oder wenn er als Alleinerzieher einem Erwerb nachgeht und zumindest ein Kind im Vor- bzw. Pflichtschulalter betreut,
b) 30 v.H. des Ausgangsbetrages nach § 9, wenn er seit mehr als sechs Monaten Grundleistungen bezieht und erstmalig oder nach mehr als neunmonatiger Arbeitslosigkeit eine sozialversicherungspflichtige Erwerbstätigkeit von mehr als 50 v.H. einer Vollbeschäftigung oder erstmalig ein Lehrverhältnis aufnimmt; der Freibetrag verringert sich nach sechs Monaten für weitere zwölf Monate auf 22, 5 v.H. des Ausgangsbetrages nach § 9; bei der Bestimmung des Zeitraumes der Arbeitslosigkeit bleiben Zeiten einer sozialversicherungspflichtigen Erwerbstätigkeit im Ausmaß von insgesamt höchstens drei Monaten unberücksichtigt,
c) 15 v.H. des Ausgangsbetrages nach § 9, wenn er seit mehr als sechs Monaten Grundleistungen bezieht und erstmalig oder nach mehr als neunmonatiger Arbeitslosigkeit eine sozialversicherungspflichtige Erwerbstätigkeit von mindestens 25 v.H. und höchstens 50 v.H. einer Vollbeschäftigung aufnimmt; der Freibetrag verringert sich nach sechs Monaten für weitere zwölf Monate auf 11,75 v.H. des Ausgangsbetrages nach § 9; bei der Bestimmung des Zeitraumes der Arbeitslosigkeit bleiben Zeiten einer sozialversicherungspflichtigen Erwerbstätigkeit im Ausmaß von insgesamt höchstens drei Monaten unberücksichtigt,
d) ein Freibetrag in der Höhe der zur Erzielung des Einkommens aus Erwerbstätigkeit tatsächlich nachgewiesenen Ausgaben.

(4) Hätte der Hilfesuchende bzw. Mindestsicherungsbezieher Anspruch auf mehrere Freibeträge nach Abs. 3, so gebührt ihm nur der jeweils höchste Freibetrag.

(5) Von der Verpflichtung zur Verwertung von beweglichem Vermögen ist jedenfalls abzusehen, wenn dadurch eine Notlage erst ausgelöst, verlängert oder deren Überwindung gefährdet werden könnte; dies ist insbesondere anzunehmen bei:

a) Gegenständen, die zur Aufnahme oder Fortführung einer Erwerbstätigkeit oder einer Berufsausbildung erforderlich sind,
b) Gegenständen, die zur Befriedigung angemessener geistig-kultureller Bedürfnisse erforderlich sind,
c) Gegenständen, die zum angemessenen Hausrat zählen,
d) Kraftfahrzeugen, die berufsbedingt oder aufgrund besonderer Umstände, dazu zählen insbesondere eine Behinderung oder unzureichende Infrastruktur, erforderlich sind, und
e) Ersparnissen bis zu einem Freibetrag in der Höhe des Fünffachen des Ausgangsbetrages nach § 9 im Fall der Gewährung von Grundleistungen und des Zweifachen dieses Aus-

gangsbetrages im Fall der Gewährung von Zusatzleistungen.

(6) Von der Verpflichtung zur Verwertung von beweglichem Vermögen, das nicht unter Abs. 5 lit. a bis d fällt, ist vorerst abzusehen, wenn dessen Wert den Freibetrag nach Abs. 5 lit. e nicht übersteigt und nicht länger als sechs unmittelbar aufeinander folgende Monate Mindestsicherung bezogen wird.

(7) Von der Verpflichtung zur Verwertung von unbeweglichem Vermögen ist vorerst abzusehen, wenn dieses der Deckung des unmittelbaren Wohnbedarfes des Mindestsicherungsbeziehers und der mit ihm in einer Bedarfsgemeinschaft lebenden Personen dient. Wird im Fall der Unzulässigkeit der Verwertung von unbeweglichem Vermögen länger als sechs unmittelbar aufeinander folgende Monate Mindestsicherung bezogen, so hat sich der Mindestsicherungsbezieher zum Ersatz der für ihn aufgewendeten Kosten nach Beseitigung der Notlage zu verpflichten und dafür eine Sicherstellung anzubieten.

(8) Bei der Berechnung der Sechsmonatsfrist nach den Abs. 6 und 7 sind auch frühere ununterbrochene Bezugszeiten von jeweils mindestens zwei Monaten zu berücksichtigen, wenn sie nicht länger als zwei Jahre vor dem neuerlichen Bezugsbeginn liegen.

Einsatz der Arbeitskraft

§ 16. (1) Vor der Gewährung von Mindestsicherung ist der arbeitsfähige Hilfesuchende verpflichtet, die Bereitschaft zum Einsatz seiner Arbeitskraft zu zeigen oder sich um eine ihm zumutbare Erwerbstätigkeit zu bemühen.

(2) Dabei ist hinsichtlich der Arbeitsfähigkeit und der Zumutbarkeit einer Beschäftigung von denselben Kriterien wie bei der Notstandshilfe oder, sofern ein solches bezogen wird, wie beim Arbeitslosengeld auszugehen.

(3) Der Einsatz der Arbeitskraft darf aus Rücksicht auf die persönliche und familiäre Situation des Hilfesuchenden insbesondere nicht verlangt werden, wenn er

a) das Regelpensionsalter nach dem ASVG erreicht hat,

b) Betreuungspflichten gegenüber Kindern hat, die das dritte Lebensjahr noch nicht vollendet haben, und keiner Beschäftigung nachgehen kann, weil keine geeigneten Betreuungsmöglichkeiten bestehen, wobei diese Betreuungspflichten nur jeweils ein Elternteil haben kann,

c) Angehörige im Sinn des § 123 ASVG, die ein Pflegegeld mindestens der Stufe drei beziehen, überwiegend betreut,

d) Sterbebegleitung im Sinn des § 14a AVRAG oder Begleitung von schwersterkrankten Kindern im Sinn des § 14b AVRAG leistet,

e) in einer bereits vor Vollendung seines 18. Lebensjahres begonnenen und zielstrebig verfolgten Erwerbs- oder Schulausbildung steht,

f) in einer nach Vollendung des 18. Lebensjahres begonnenen und zielstrebig verfolgten Ausbildung steht, die den Pflichtschulabschluss oder darauf aufbauend den erstmaligen Abschluss einer Lehre zum Ziel hat,

g) an einer ihm vom Arbeitsmarktservice oder von einer Behörde vorgeschriebenen Fortbildungs- Ausbildungs- oder Qualifizierungsmaßnahme teilnimmt oder

h) an einer ihm vom Arbeitsmarktservice oder von einer Behörde vorgeschriebenen Integrationsmaßnahme, wie einem Deutsch-, Orientierungs- oder Wertekurs, teilnimmt.

Maßnahmen zur Integration

§ 16a. (1) Hilfesuchenden im Sinn des § 3 Abs. 2 lit. e und f sind bei der Gewährung von Grundleistungen an Maßnahmen für eine bessere Integration

a) der Erwerb von Kenntnissen der deutschen Sprache bis einschließlich der Niveaustufe A2 nach dem Gemeinsamen Europäischen Referenzrahmen für Sprachen sowie

b) der erfolgreiche Besuch eines mindestens achtstündigen Werte- und Orientierungskurses

binnen einer bestimmten Frist vorzuschreiben, soweit sie diese Voraussetzungen im Zeitpunkt der Antragstellung nicht bereits erfüllt haben. Die Erfüllung dieser Voraussetzungen ist durch entsprechende Zeugnisse, Zertifikate oder Bestätigungen nachzuweisen.

(2) Von der Vorschreibung von Maßnahmen im Sinn des Abs. 1 ist abzusehen, wenn entsprechende Maßnahmen bereits aufgrund von bundesrechtlichen Vorschriften vorgeschrieben wurden oder der Hilfesuchende bereits einen diesen Maßnahmen entsprechenden Integrationsstandard aufweist.

Verfolgung von Ansprüchen gegenüber Dritten

§ 17. (1) Vor der Gewährung von Mindestsicherung hat der Hilfesuchende öffentlich-rechtliche oder privatrechtliche Ansprüche auf bedarfsdeckende oder bedarfsmindernde Leistungen gegen Dritte zu verfolgen, soweit dies nicht offensichtlich aussichtslos oder unzumutbar ist.

(2) Mindestsicherung ist unbeschadet der Verpflichtung nach Abs. 1 als Vorausleistung zu gewähren, wenn der Hilfesuchende bis zur tatsächlichen Durchsetzung seiner Ansprüche anspruchsberechtigt im Sinn dieses Gesetzes ist. Die unmittelbar erforderliche Bedarfsdeckung ist jedenfalls zu gewährleisten.

Ausmaß der Mindestsicherung

§ 18. (1) Das Ausmaß der Leistungen der Mindestsicherung ist im Einzelfall unter Berücksichtigung des Einsatzes der eigenen Mittel und der Bereitschaft des Hilfesuchenden zum Einsatz seiner Arbeitskraft sowie der bedarfsdeckenden oder bedarfsmindernden Leistungen Dritter zu bestimmen.

(2) Zu den bedarfsdeckenden oder bedarfsmindernden Leistungen Dritter zählt neben den Leistungen, auf die der Hilfesuchende einen Anspruch nach § 17 Abs. 1 hat, auch das Einkommen der mit ihm in einer Bedarfsgemeinschaft lebenden Personen, soweit dieses den Mindestsatz nach § 5 Abs. 2 lit. e zuzüglich des auf diese Person entfallenden Wohnkostenanteiles übersteigt. Von diesem Einkommen sind allfällige Unterhaltsverpflichtungen gegenüber Dritten in Abzug zu bringen.

(3) Hat der Hilfesuchende auf eine bedarfsdeckende oder bedarfsmindernde Leistung keinen Anspruch nach § 17 Abs. 1, so ist diese bei der Bestimmung des Ausmaßes der Mindestsicherung nur zu berücksichtigen, soweit sie

a) regelmäßig in einem Ausmaß erbracht wird, das wesentlich zur Deckung der Grundbedürfnisse des Hilfesuchenden beiträgt, oder

b) in einem Ausmaß erbracht wird, das wesentlich zur Bewältigung außergewöhnlicher Schwierigkeiten des Hilfesuchenden beiträgt.

(4) Verliert ein Hilfesuchender, der nach dem Arbeitslosenversicherungsgesetz 1977 Arbeitslosengeld oder Notstandshilfe bezieht, diesen Anspruch ganz oder teilweise, so sind die Leistungen der Mindestsicherung für die Dauer dieses Anspruchsverlustes nur in jenem Ausmaß zu gewähren, in dem sie ihm unter Einbeziehung des Arbeitslosengeldes bzw. der Notstandshilfe in jeweils voller Höhe gebührt hätten.

Kürzung von Leistungen

§ 19. (1) Die Hilfe zur Sicherung des Lebensunterhaltes nach § 5 kann gekürzt werden, wenn der Mindestsicherungsbezieher

a) seine Notlage vorsätzlich oder grob fahrlässig herbeigeführt hat,

b) mit den eigenen oder den ihm zur Verfügung gestellten Mitteln trotz Belehrung und Ermahnung nicht sparsam umgeht,

c) seine Ansprüche gegenüber Dritten nicht in zumutbarer Weise verfolgt,

d) trotz schriftlicher Ermahnung keine Bereitschaft zum Einsatz seiner Arbeitskraft zeigt oder sich nicht um eine ihm zumutbare Beschäftigung bemüht,

e) an einer Begutachtung zur Feststellung der Arbeitsfähigkeit nicht mitwirkt,

f) an einer ihm vom Arbeitsmarktservice oder von einer Behörde vorgeschriebenen Fortbildungs-, Ausbildungs- oder Qualifizierungsmaßnahme nicht oder nicht im vorgeschriebenen Ausmaß teilnimmt oder, sofern ein Erfolgsnachweis vorgesehen ist, diesen nicht erbringt,

g) an einer ihm vom Arbeitsmarktservice oder von einer Behörde vorgeschriebenen Integrationsmaßnahme, wie einem Deutsch-, Orientierungs- oder Wertekurs, nicht oder nicht im vorgeschriebenen Ausmaß teilnimmt oder, sofern ein Erfolgsnachweis vorgesehen ist, diesen nicht erbringt oder

h) die Erfüllung einer zur besseren Integration vorgeschriebenen Maßnahme nicht oder nicht fristgerecht nachweist.

Die Kürzung ist der Höhe nach mit 66 v. H. des jeweiligen Mindestsatzes nach § 5 begrenzt; sie darf nur stufenweise vorgenommen werden. Eine Kürzung aufgrund der Nichterbringung eines Erfolgsnachweises nach lit. f oder g darf nicht erfolgen, wenn dem Mindestsicherungsbezieher die Erbringung dieses Nachweises insbesondere aufgrund seines Alters, seines physischen oder psychischen Gesundheitszustandes oder seines Bildungsstandes nicht möglich oder zumutbar ist.

(2) Durch die Kürzung darf die Hilfe zur Sicherung des Lebensunterhaltes der mit dem Mindestsicherungsbezieher in einer Bedarfsgemeinschaft lebenden Person nicht beeinträchtigt werden.

Ruhen und Erlöschen von Grundleistungen

§ 19a. (1) Der Anspruch auf Grundleistungen ruht, wenn sich der Mindestsicherungsbezieher innerhalb eines Jahres mehr als zwei Wochen hindurch im Ausland aufhält. Die Jahresfrist beginnt erstmalig mit der Gewährung von Grundleistungen und, sofern im Zeitpunkt des Fristablaufs Grundleistungen weiter gewährt werden, in weiterer Folge jeweils mit dem dem Ablauf der Frist folgenden Tag.

(2) Das Ruhen tritt mit dem ersten dem Zeitraum von zwei Wochen nach Abs. 1 erster Satz folgenden Tag ein und endet mit dem auf die Rückkehr nach Österreich folgenden Tag. Hierbei sind mehrere Auslandsaufenthalte zusammenzuzählen. Der Mindestsicherungsbezieher hat jeden die Dauer von einer Woche übersteigenden Auslandsaufenthalt der Bezirksverwaltungsbehörde im Vorhinein unter Angabe der voraussichtlichen Aufenthaltsdauer mitzuteilen.

(3) Der Zeitraum nach Abs. 1 erster Satz kann auf bis zu sechs Wochen erstreckt werden, wenn sich der Mindestsicherungsbezieher aus besonders berücksichtigungswürdigen Gründen, insbesondere zum Zweck der Arbeitssuche oder aus wichtigen familiären oder gesundheitlichen Gründen, im Ausland aufhält. Für die Dauer einer nach den sozialversicherungsrechtlichen Vorschriften genehmigten Krankenbehandlung im Ausland ruht der Anspruch auf Grundleistungen nicht.

(4) Übersteigt die Dauer des Ruhens den Zeitraum von sechs Wochen, so erlischt der Anspruch auf Grundleistungen.

(5) Das Ruhen und Erlöschen des Anspruchs auf Grundleistungen berührt nicht die Leistungen der Mindestsicherung von Personen, die mit dem betreffenden Mindestsicherungsbezieher in einer Bedarfsgemeinschaft leben.

Rückerstattung von Leistungen

§ 20. (1) Wurde die Gewährung von Leistungen der Mindestsicherung vom Mindestsicherungsbezieher durch

a) unwahre Angaben über die Anspruchsvoraussetzungen, insbesondere hinsichtlich der Einkommens- und Vermögensverhältnisse,

b) Verschweigen entscheidungswesentlicher Tatsachen oder

c) Verletzung der Anzeigepflicht nach § 32

herbeigeführt oder wurden Grundleistungen ungeachtet ihres Ruhens oder Erlöschens gewährt, so hat dieser zu Unrecht bezogene Geldleistungen bzw. den Aufwand für zu Unrecht bezogene Sachleistungen zurückzuerstatten. Im Fall der Zuweisung einer Wohnung oder sonstigen Unterkunft nach § 6a ist bei der Bemessung der Rückerstattung von den in der Verordnung nach § 6a Abs. 5 dritter Satz festgelegten Pauschalbeträgen auszugehen.

(2) Ist dem Verpflichteten eine andere Art der Rückerstattung nicht zumutbar, so kann diese in angemessenen Teilbeträgen bewilligt werden. Die Rückerstattung kann auch durch Anrechnung auf laufende Leistungen erfolgen. In besonders begründeten Fällen kann die Rückerstattung auch zur Gänze nachgesehen werden, wenn durch sie der Erfolg der Mindestsicherung gefährdet wäre.

5. Abschnitt
Kostentragung, Kostenersatz

Kostentragung

§ 21. (1) Die Kosten der Mindestsicherung sind nach Maßgabe der folgenden Absätze vom Land Tirol und von den Gemeinden zu tragen.

(2) Zu den Kosten der Mindestsicherung gehören der gesamte sich aus der Besorgung der in diesem Gesetz vorgesehenen Aufgaben ergebende Zweckaufwand und, soweit Vereinbarungen nach Art. 15a B-VG auf dem Gebiet der Mindestsicherung bestehen, der vom Land Tirol aufgrund dieser Vereinbarungen zu tragende Aufwand. Zu den Kosten der Mindestsicherung gehören auch die Kosten, die aufgrund anderer Rechtsvorschriften nach den Vorschriften über die öffentliche Fürsorge zu tragen sind.

(3) Das Land Tirol hat unbeschadet der Abs. 5, 7 und 8 die Kosten der Mindestsicherung, die nicht durch Leistungen aufgrund der §§ 20, 22, 23 und 24 oder der Vorschriften im Sinn des § 42 oder durch sonstige für Zwecke der Mindestsicherung oder der öffentlichen Fürsorge bestimmte Zuflüsse gedeckt sind, zu tragen.

(4) Die Gemeinden haben die Kosten der Errichtung, der Erweiterung, der Generalsanierung und des Umbaues ihrer Pflege-, Wohn- oder Altenheime, Anstalten oder gleichartigen Einrichtungen, die Kosten der Förderung solcher Einrichtungen und die Kosten ihrer Förderungstätigkeit nach § 41 Abs. 4 selbst zu tragen.

(5) Die Gemeinden haben weiters dem Land Tirol jährlich 35 v. H. der von diesem nach Abs. 3 zu tragenden Kosten, ausgenommen die Kosten aufgrund von Vereinbarungen nach § 41 Abs. 2, zu ersetzen, wobei dieser Betrag von der Landesregierung auf die Gemeinden aufzuteilen ist. Hierzu sind zunächst die auf die einzelnen politischen Bezirke entfallenden Kosten zu ermitteln. Der Beitrag der einzelnen Gemeinden eines politischen Bezirkes ist sodann von der Landesregierung nach der Finanzkraft festzusetzen. Diese wird für jede Gemeinde ermittelt durch die Bildung der Summe aus:

a) dem Aufkommen an Grundsteuer von den land- und forstwirtschaftlichen Betrieben unter Zugrundelegung eines Hebesatzes von 360 v. H.,

b) dem Aufkommen an Grundsteuer von den Grundstücken unter Zugrundelegung eines Hebesatzes von 360 v. H.,

c) 39 v. H. der Erträge der Kommunalsteuer,

d) dem Aufkommen an Abgabenertragsteilen mit Ausnahme des Vorausanteiles nach § 12 Abs. 6 des Finanzausgleichsgesetzes 2017 sowie des Nächtigungsanteiles nach § 12 Abs. 8 des Finanzausgleichsgesetzes 2017 und

e) der Hälfte des Vorausanteiles nach § 12 Abs. 6 des Finanzausgleichsgesetzes 2017 sowie der Hälfte des Nächtigungsanteiles nach § 12 Abs. 8 des Finanzausgleichsgesetzes 2017,

jeweils des zweitvorangegangenen Jahres.

(6) Die Kosten der an Personen nach § 3 Abs. 2 lit. e gewährten Mindestsicherung sind zunächst zur Gänze vom Land Tirol zu tragen. Die Gemeinden haben dem Land Tirol jährlich 35 v. H. dieser Kosten zu ersetzen, wobei dieser Betrag von der Landesregierung auf alle Gemeinden des Landes aufzuteilen ist. Der Beitrag der einzelnen Gemeinden ist nach ihrer Finanzkraft nach Abs. 5 vierter Satz von der Landesregierung festzusetzen.

(7) Die Gemeinden haben dem Land Tirol auf Verlangen vierteljährlich Vorschüsse in der Höhe je eines Viertels des zu erwartenden Beitragsanteiles gegen nachträgliche Verrechnung zu überweisen. Die Vorschüsse sind unter Zugrundelegung der im Landesvoranschlag für die Mindestsicherung vorgesehenen Einnahmen und Ausgaben zu ermitteln.

(8) Die Kosten der Hilfe zur Betreuung in Form der stationären Pflege in einer Einrichtung nach Abs. 4 hat, wenn Träger dieser Einrichtung eine Gemeinde oder ein Gemeindeverband ist, zunächst zur Gänze die Gemeinde zu tragen, in deren Gebiet sich die Einrichtung befindet (Standortgemeinde). Für Personen, deren Notlage (§ 2 Abs. 1) aufgrund eines nach diesem Gesetz durchgeführten Verfahrens feststeht, sind der Standortgemeinde die Kosten in der Weise zu ersetzen, dass davon die Gemeinde, in der der Hilfesuchende vor der Unterbringung in der betreffenden Einrichtung seinen Hauptwohnsitz hatte, 35 v. H. und das Land Tirol 65 v. H. zu leisten hat.

(9) Das Land Tirol hat die Kosten der Hilfe zur Überbrückung außergewöhnlicher Notstände zu tragen.

Kostenersatz durch den Mindestsicherungsbezieher

§ 22. (1) Der Mindestsicherungsbezieher ist zum Ersatz der für ihn aufgewendeten Kosten verpflichtet, wenn bzw. soweit

a) er nach dem Bezug der Mindestsicherung zu Vermögen gelangt, das nicht aus eigener Erwerbstätigkeit erwirtschaftet wurde,

b) nachträglich bekannt wird, dass er zur Zeit der Gewährung der Mindestsicherung Vermögen hatte,

c) er sich aufgrund eines Absehens von der Verwertung von unbeweglichem Vermögen zum Ersatz der für ihn aufgewendeten Kosten nach Beseitigung der Notlage verpflichtet hat (§ 15 Abs. 7),

d) ihm eine nach § 31 Abs. 2 vorläufig erbrachte Leistung nach rechtskräftigem Abschluss des Verfahrens nicht oder nur in einem geringeren Ausmaß zuerkannt wird.

(2) Vom Mindestsicherungsbezieher nicht zu ersetzen sind:

a) zum Schutz bei einer Erkrankung an einer ansteckenden Krankheit im Sinn des Epidemiegesetzes 1950 gewährte Leistungen,

b) zum Schutz bei Schwangerschaft und Entbindung gewährte Leistungen,

c) im Rahmen der Hilfe zur Erziehung und Erwerbsbefähigung gewährte Leistungen,

d) im Rahmen der Hilfe zur Arbeit gewährte Leistungen und

e) vor dem Erreichen der Volljährigkeit erbrachte Leistungen.

(3) Durch die Erfüllung der Ersatzpflicht darf der Erfolg der Mindestsicherung nicht gefährdet werden. Die Festsetzung von Raten und die Hereinbringung durch Anrechnung auf laufende Geldleistungen sind zulässig.

(4) Die Verbindlichkeit zum Ersatz der Kosten nach Abs. 1 geht gleich einer anderen Schuld auf den Nachlass des Mindestsicherungsbeziehers über.

Kostenersatz durch Dritte

§ 23. (1) Dritte sind zum Ersatz der für den Mindestsicherungsbezieher aufgewendeten Kosten verpflichtet, wenn dieser ihnen gegenüber im Bezugszeitraum Ansprüche auf Leistungen nach § 17 Abs. 1 hatte.

(2) Ist der Dritte gegenüber dem Mindestsicherungsbezieher gesetzlich zum Unterhalt verpflichtet, so bemisst sich der Kostenersatz nach den Unterhaltsverpflichtungen der §§ 94 und 140 ABGB bzw. des § 12 EPG.

(3) Nicht zum Kostenersatz verpflichtet sind:

a) die Kinder, Enkelkinder und Großeltern des (früheren) Mindestsicherungsbeziehers und

b) die Eltern des (früheren) Mindestsicherungsbeziehers hinsichtlich jener Leistungen, die dieser nach dem Erreichen seiner Volljährigkeit bezogen hat.

Übergang von Rechtsansprüchen

§ 24. (1) Hat der Mindestsicherungsbezieher gegenüber einem Dritten im Bezugszeitraum Ansprüche auf Leistungen nach § 17 Abs. 1, so kann das für die Gewährung der betreffenden Leistung zuständige Organ (§ 27), sofern sich aus § 42 nichts anderes ergibt, durch schriftliche Anzeige an den Dritten bewirken, dass dieser Anspruch bis zur Höhe der Aufwendungen für die Mindestsicherung auf den Rechtsträger der Mindestsicherung übergeht.

(2) Die schriftliche Anzeige bewirkt mit ihrem Einlangen beim Dritten den Übergang des Anspruches für die Aufwendungen, die in der Zeit zwischen dem Beginn des Bezuges von Leistungen der Mindestsicherung und dessen Beendigung entstanden sind bzw. entstehen.

Geltendmachung von Ersatzansprüchen

§ 25. (1) Nicht grundbücherlich sichergestellte Ersatzansprüche nach den §§ 22 und 23 verjähren drei Jahre nach dem Ablauf des Kalenderjahres, in dem die betreffenden Leistungen erbracht wurden.

(2) Für die Hemmung und die Unterbrechung der Verjährung gelten die Bestimmungen des bürgerlichen Rechts. Ist der Anspruch im Verwaltungsweg geltend zu machen, so ist die Einleitung des Verwaltungsverfahrens zur Rückforderung einer Klage gleichzuhalten.

Ersatzansprüche Dritter

§ 26. (1) Musste einem Hilfesuchenden eine Leistungen der Mindestsicherung entsprechende Hilfe so dringend gewährt werden, dass das für die Gewährung der betreffenden Leistung zuständige Organ (§ 27) nicht vorher benachrichtigt werden konnte, so sind demjenigen, der die Hilfe geleistet hat, die Kosten hierfür zu ersetzen.

(2) Zu ersetzen sind nur jene Kosten nach Abs. 1, die innerhalb von sechs Monaten vor der Geltendmachung des Ersatzanspruches entstanden sind.

(3) Der Ersatzanspruch nach Abs. 1 ist zudem der Höhe nach begrenzt:

a) bei niedergelassenen Ärzten und bei privaten Krankenanstalten mit jenen Kosten, die in diesem Fall von der allgemeinen Krankenversicherung bezahlt worden wären,

b) bei öffentlichen Krankenanstalten mit jenen Kosten, die den für sie geltenden Gebühren nach den krankenanstaltenrechtlichen Vorschriften entsprechen.

Im Übrigen sind die Kosten nach Abs. 1 nur bis zur Höhe jenes Betrages zu ersetzen, der aufgelaufen wäre, wenn dem Hilfesuchenden vor der Inanspruchnahme der Hilfe durch den Dritten Leistungen der Mindestsicherung gewährt worden wären.

6. Abschnitt
Verfahren

Zuständigkeit

§ 27. (1) Den Bezirksverwaltungsbehörden obliegt, soweit diese nicht in die Zuständigkeit der Landesregierung (Abs. 3 erster Satz) oder der Gemeinden fällt (Abs. 4), die Entscheidung über:

a) die Gewährung, Kürzung und Einstellung von Grundleistungen sowie die Feststellung des Ruhens und Erlöschens des Anspruchs auf Grundleistungen,

b) die Gewährung von sonstigen Leistungen,

c) den Kostenersatz durch den Mindestsicherungsbezieher oder durch Dritte,

d) die Rückerstattung zu Unrecht bezogener Leistungen und

e) die Ersatzansprüche Dritter.

(2) Die Bezirksverwaltungsbehörden haben im Verwaltungsweg zu entscheiden:

a) in den Angelegenheiten nach Abs. 1 lit. a, ausgenommen jedoch die Gewährung, Kürzung und Einstellung von Grundleistungen für Fremde nach § 3 Abs. 3,

b) in den Angelegenheiten nach Abs. 1 lit. b, wenn es sich dabei um Leistungen nach § 10 und Zusatzleistungen nach § 14 Abs. 3 handelt,

c) in den Angelegenheiten nach Abs. 1 lit. c und d, wenn sich der Kostenersatz oder die Rückerstattung auf im Verwaltungsweg zu gewährende Leistungen bezieht, und

d) in den Angelegenheiten nach Abs. 1 lit. e.

(3) Der Landesregierung obliegt die Entscheidung über die Gewährung der Hilfe zur Pflege (§ 2 Abs. 16) sowie über den dafür gebührenden Kostenersatz und die Rückerstattung dabei zu Unrecht erbrachter Leistungen. Weiters obliegt der Landesregierung der Abschluss von Vereinbarungen nach § 41 Abs. 2.

(4) Den Gemeinden obliegt die Entscheidung über die Gewährung der Hilfe zur Betreuung in Form der stationären Pflege (§ 2 Abs. 15 in Verbindung mit § 2 Abs. 17) sowie über den dafür gebührenden Kostenersatz und die Rückerstattung dabei zu Unrecht erbrachter Leistungen.

(5) Dem für die Gewährung von Rehabilitationsmaßnahmen nach dem Tiroler Rehabilitationsgesetz, LGBl. Nr. 58/1983, zuständigen Organ obliegt für die Dauer der Gewährung dieser Maßnahmen auch die Entscheidung in den Angelegenheiten des Abs. 1, wenn diese den Bezieher von Rehabilitationsmaßnahmen und die mit ihm im gemeinsamen Haushalt lebenden gesetzlich unterhaltsberechtigten Angehörigen betreffen.

(6) Die örtliche Zuständigkeit der Bezirksverwaltungsbehörden richtet sich

a) in den Angelegenheiten der Ersatzansprüche nach § 26 nach dem Ort, an dem die Notwendigkeit zur Hilfeleistung eingetreten ist,

b) in den übrigen Angelegenheiten nach dem Hauptwohnsitz des Hilfesuchenden oder Mindestsicherungsbeziehers, mangels eines Hauptwohnsitzes in Tirol nach seinem Aufenthalt und mangels eines Aufenthaltes in Tirol nach dem letzten Hauptwohnsitz oder Aufenthalt in Tirol, wenn aber keiner dieser Zuständigkeitsgründe in Betracht kommt oder Gefahr im Verzug ist, nach dem Anlass zum Einschreiten.

Information, Beratung

§ 28. (1) Das Land Tirol hat durch geeignete Maßnahmen die Information und Beratung von Hilfesuchenden über die Möglichkeiten und die Voraussetzungen der Inanspruchnahme von Leistungen der Mindestsicherung sicherzustellen.

(2) Die für die Gewährung von Leistungen der Mindestsicherung zuständigen Organe haben den Hilfesuchenden über jene Leistungen, die in Anspruch genommen werden können, zu informieren, zu beraten und hinsichtlich seiner Rechte, einschließlich der Rechtsfolgen allfälliger Handlungen und Unterlassungen, entsprechend anzuleiten.

Anträge

§ 29. (1) Anträge auf Gewährung von Leistungen der Mindestsicherung sind beim nach § 27 zuständigen Organ einzubringen.

(2) Anträge können auch bei der Gemeinde, in der der Hilfesuchende seinen Hauptwohnsitz hat, oder mangels eines solchen bei der Gemeinde, in der sich der Hilfesuchende aufhält, eingebracht werden. Diese Stellen haben bei ihnen einlangende Anträge ohne unnötigen Aufschub an das nach § 27 zuständige Organ weiterzuleiten; in diesem Fall gilt der Antrag als ursprünglich richtig eingebracht.

(3) Werden Anträge unmittelbar beim nach § 27 zuständigen Organ eingebracht, so ist der Gemeinde, in der der Hilfesuchende seinen Hauptwohnsitz bzw. seinen Aufenthalt hat, Gelegenheit zur Abgabe einer Stellungnahme längstens binnen einer Woche zu geben.

(4) Jeder Hilfesuchende kann in seinem Namen Mindestsicherung beantragen. Die allgemeinen Regelungen über die Vertretung bleiben unberührt.

(5) Mündige Minderjährige, die nicht im gemeinsamen Haushalt mit einem Erziehungsberechtigten leben, können abweichend von Abs. 4 zweiter Satz Mindestsicherung im eigenen Namen beantragen, sofern die Obsorge nicht bereits dem Kinder- und Jugendhilfeträger übertragen ist.

Bescheide, Erledigungen

§ 30. (1) Über Anträge auf Gewährung von Mindestsicherung ist schriftlich zu entscheiden. In den Angelegenheiten nach § 27 Abs. 2 lit. a und b hat die Entscheidung ohne unnötigen Aufschub, längstens jedoch binnen drei Monaten nach Einlangen des Antrages zu erfolgen.

(2) Ist über die Gewährung von Leistungen der Mindestsicherung im Verwaltungsweg zu ent-

scheiden, so ist ein Bescheid jedenfalls zu erlassen, wenn

a) die Leistung nicht oder nicht vollständig gewährt wird oder
b) der Antragsteller dies begehrt.

Andernfalls kann die Behörde von der Erlassung eines Bescheides absehen. In diesem Fall kann die Erlassung eines Bescheides innerhalb eines Jahres vom Tag der Mitteilung der Entscheidung an verlangt werden. Bescheide sind schriftlich zu erlassen. Bescheide können befristet, mit Auflagen oder unter Bedingungen erlassen werden, soweit dies zur Erreichung des Zieles und zur Durchsetzung der Grundsätze der Mindestsicherung (§ 1) erforderlich ist.

(3) Ändert sich eine für die Bestimmung des Ausmaßes einer Leistung der Mindestsicherung maßgebliche Voraussetzung, so ist dieses neu zu bestimmen.

(4) Ist das Ausmaß einer Leistung der Mindestsicherung aufgrund der Erlassung einer Anpassungsverordnung nach § 9 Abs. 2 neu zu bestimmen, so ist ein Bescheid nur zu erlassen, wenn es der Mindestsicherungsbezieher ausdrücklich verlangt.

(5) Über die Feststellung des Ruhens von Grundleistungen nach § 19a ist ein Bescheid nur zu erlassen, wenn der Mindestsicherungsbezieher dies begehrt. Abs. 2 zweiter, dritter und vierter Satz gilt sinngemäß. Über die Feststellung des Erlöschens von Grundleistungen nach § 19a ist ein Bescheid jedenfalls zu erlassen.

Beschwerde

§ 31. (1) In Verfahren über die Gewährung von Leistungen der Mindestsicherung ist ein Beschwerdeverzicht nicht zulässig.

(2) Auch im Fall der Erhebung einer Beschwerde durch den Antragsteller ist die bescheidmäßig zuerkannte Leistung vorläufig zu erbringen.

Anzeigepflicht

§ 32. Der Mindestsicherungsbezieher hat jede Änderung der für die Gewährung und die Bestimmung des Ausmaßes von Leistungen der Mindestsicherung maßgeblichen Voraussetzungen binnen zwei Wochen dem für die Gewährung der betreffenden Leistung zuständigen Organ (§ 27) anzuzeigen.

Mitwirkung des Hilfesuchenden

§ 33. Der Hilfesuchende hat an der Feststellung des für die Zuerkennung von Leistungen der Mindestsicherung maßgebenden Sachverhaltes mitzuwirken. Er hat die hierfür erforderlichen Angaben zu machen und die entsprechenden Urkunden und Unterlagen beizubringen sowie sich den allenfalls erforderlichen Untersuchungen zu unterziehen. Nachweise und Unterlagen, die über standardisierte Abfragemöglichkeiten erhoben werden können, sind davon ausgenommen.

Mitwirkung der Gemeinden

§ 34. Die Gemeinden sind zur Entgegennahme von Anträgen, zur Durchführung von Erhebungen und zur Mitwirkung in Verfahren für die Gewährung von Leistungen der Mindestsicherung verpflichtet.

Auskunftspflicht, Datenaustausch

§ 35. (1) Die Arbeitgeber haben den für die Gewährung von Leistungen der Mindestsicherung zuständigen Organen über alle Umstände, die das Beschäftigungsverhältnis des Hilfesuchenden und der zu seinem Unterhalt verpflichteten Personen betreffen, Auskunft zu erteilen.

(2) Die Sozialversicherungsträger, der Hauptverband der österreichischen Sozialversicherungsträger, die Träger der dienstrechtlichen Kranken- und Unfallfürsorgeeinrichtungen, die Geschäftsstellen des Arbeitsmarktservice, die Leistungserbringer nach § 41, die Finanzbehörden und die Fremdenbehörden haben den für die Gewährung von Leistungen der Mindestsicherung zuständigen Organen zum Zweck der Feststellung der Voraussetzungen für die Gewährung der Mindestsicherung und der Bestimmung des Ausmaßes der Mindestsicherung sowie für Kostenersatzverfahren folgende Daten des Hilfesuchenden zur Verfügung zu stellen:

a) Vorname, „Familienname“, Geburtsdatum und -ort, Sozialversicherungsnummer, Staatsangehörigkeit, Aufenthaltsort, Familienstand, Ausbildung, Beruf und die letzte berufliche Verwendung,

(LGBl T 2018/144)

b) Beschäftigungsdaten wie Arbeitgeber, Verdienst oder berufliche Verwendung,
c) Leistungsbezugsdaten, wie Beginn, Einstellungen und Sperren des Leistungsbezuges nach den §§ 10, 11, 49 und 50 des Arbeitslosenversicherungsgesetzes 1977, Beginn und Ende, Art und Höhe von finanziellen Leistungen, wie insbesondere Tagsätze, Anzahl der Familienzuschläge, Beihilfen zu Kurskosten sowie Informationen über die Teilnahme an Maßnahmen zur Wiedereingliederung, Beginn und Ende des Beschäftigungsverhältnisses oder Pensionsverfahrens und
d) Daten und Gutachten betreffend die Feststellung und Beurteilung der Arbeitsfähigkeit, soweit diese unabdingbare Voraussetzung hierfür sind.

„(3) Natürliche Personen oder juristische Personen, die aufgrund einer Vereinbarung nach § 41 Abs. 2 oder nach § 16 des Tiroler Heimgesetzes 2005 bei der Gewährung von Mindestsicherung mitwirken, haben den für die Gewährung von Leistungen der Mindestsicherung zuständigen Organen auf Verlangen zum Zweck der Tarifkalkulation die Daten nach § 50 Abs. 4 lit. j zur Verfügung zu stellen.“

(LGBl T 2018/144)

„(4)“ Der Bundesminister für Inneres ist verpflichtet, den für die Gewährung von Leistungen der Mindestsicherung zuständigen Organen (§ 27) zum Zweck der Feststellung von Ansprüchen und zur Überprüfung der Angaben von Hilfesuchenden eine Möglichkeit zu Verknüpfungsabfragen im Zentralen Melderegister nach dem Kriterium Wohnsitz zu eröffnen.

(LGBl T 2018/144)

„(5)“ Die Landesregierung hat dem Bundesministerium für Arbeit, Soziales und Konsumentenschutz sowie der Bundesanstalt Statistik Austria die in der Anlage zur Vereinbarung gemäß Art. 15a B-VG über eine bundesweite Bedarfsorientierte Mindestsicherung, LGBl. Nr. 84/2010, festgelegten statistischen Daten über die Bezieher von Leistungen nach den §§ 5, 6, 6a und 7 zur Verfügung zu stellen.

(LGBl T 2018/144)

8. Abschnitt
Planung und Organisation

Sozialplanung, Sozialbericht

§ 39. (1) Die Landesregierung hat zur Erreichung der Ziele nach Abs. 3 Strategien und Empfehlungen auf dem Gebiet der Mindestsicherung im Sinn einer Sozialplanung auszuarbeiten. Wesentliche Schwerpunkte im Rahmen der Sozialplanung sind die Bedarfserhebung für die jeweiligen Leistungsbereiche sowie die damit verbundenen Untersuchungen und Analysen, die laufende Evaluation der Leistungsangebote sowie die Ausarbeitung von Empfehlungen und die Erstellung von Umsetzungsplänen.

(2) Bei der Durchführung der Sozialplanung sind insbesondere die Ergebnisse der Forschung in jenen Fachbereichen, die die Mindestsicherung berühren, zu berücksichtigen. Weiters ist auf die sozialplanerischen Maßnahmen des Bundes und der anderen Länder Bedacht zu nehmen.

(3) Ziele der Sozialplanung sind:

a) die Verbesserung und langfristige Sicherstellung der Versorgung der Bevölkerung mit bedarfs- und fachgerechten Leistungen,

b) die Gewährleistung von landesweit einheitlichen qualitativen und quantitativen Mindeststandards in allen Bereichen der Mindestsicherung unter Berücksichtigung der regionalen und örtlichen Besonderheiten,

c) die Förderung der Zusammenarbeit des Landes Tirol und der Gemeinden mit Trägern der freien Wohlfahrt und sonstigen Einrichtungen.

(4) Die Verfahren und die Ergebnisse der Sozialplanung sind regelmäßig zu überprüfen und zu evaluieren.

(5) Die Landesregierung hat die Ergebnisse der Sozialplanung jeweils für einen Zeitraum von fünf Jahren in einem Bedarfs- und Entwicklungsplan darzustellen.

(6) Die Landesregierung hat die Leistungs- und Verlaufsentwicklung jeweils für einen Zeitraum von zwei Jahren in einem Sozialbericht zusammenzufassen und diesen dem Landtag vorzulegen. Dieser hat weiters zu enthalten:

a) die Arten, das Ausmaß und die Dauer der Hilfsbedürftigkeit, gegliedert nach der Anzahl an Beziehern und Haushaltskonstellationen,

b) die Zusammensetzung der im Rahmen der Mindestsicherung unterstützten Personen nach Alter, Geschlecht, Familienstand, Größe und Zusammensetzung des Haushalts, Staatsbürgerschaft, Wohnort, Ausbildungsstand, Erwerbsstatus, Einkommen, Vermögen und Wohnsituation (Mindestsicherungsstatistik).

Mindestsicherungsbeirat

§ 40. (1) Beim Amt der Landesregierung ist ein Mindestsicherungsbeirat einzurichten.

(2) Der Mindestsicherungsbeirat hat die Landesregierung bei der Erlassung von Verordnungen aufgrund dieses Gesetzes und in grundsätzlichen Fragen der Mindestsicherung zu beraten.

(3) Dem Mindestsicherungsbeirat gehören an:

a) das nach der Geschäftsverteilung der Landesregierung für die Angelegenheiten der Mindestsicherung zuständige Mitglied der Landesregierung, das für die Angelegenheiten der Landesfinanzen zuständige Mitglied der Landesregierung und das für die Angelegenheiten der Gemeinden zuständige Mitglied der Landesregierung,

b) der Leiter der nach der Geschäftseinteilung des Amtes der Tiroler Landesregierung für die Angelegenheiten der Mindestsicherung zuständigen Organisationseinheit,

c) drei auf Vorschlag des Tiroler Gemeindeverbandes zu bestellende Mitglieder,

d) ein auf Vorschlag der Stadt Innsbruck zu bestellendes Mitglied,

e) drei aus dem Kreis der in der freien Wohlfahrtspflege tätigen fachlich besonders befähigten Personen zu bestellende Mitglieder,

f) jeweils ein auf Vorschlag der Kammer für Arbeiter und Angestellte für Tirol, der Wirtschaftskammer Tirol und der Universität Innsbruck zu bestellendes Mitglied und

g) ein auf Vorschlag des Arbeitsmarktservice Tirol zu bestellendes Mitglied.

(4) Die Mitglieder nach Abs. 3 lit. c bis g sind von der Landesregierung für die Dauer der Gesetzgebungsperiode des Landtages zu bestellen. Für jedes dieser Mitglieder ist in gleicher Weise ein Ersatzmitglied zu bestellen. Die Mitglieder und die Ersatzmitglieder haben auch nach dem Ablauf ihrer Funktionsdauer die Geschäfte bis zur Bestellung der neuen Mitglieder und Ersatzmitglieder weiterzuführen.

(5) Im Fall ihrer Verhinderung werden das nach der Geschäftsverteilung der Landesregierung für die Angelegenheiten der Landesfinanzen zuständige Mitglied der Landesregierung durch den Leiter der nach der Geschäftseinteilung des Amtes der Tiroler Landesregierung für die Angelegenheiten der Landesfinanzen zuständigen Organisationseinheit und das nach der Geschäftsverteilung der Landesregierung für die Angelegenheiten der Gemeinden zuständige Mitglied der Landesregierung durch den Leiter der nach der Geschäftseinteilung des Amtes der Tiroler Landesregierung für die Angelegenheiten der Gemeinden zuständigen Organisationseinheit vertreten.

(6) Vorsitzender des Mindestsicherungsbeirates ist das nach der Geschäftsverteilung der Landesregierung für die Angelegenheiten der Mindestsicherung zuständige Mitglied der Landesregierung. Der Vorsitzende wird im Fall seiner Verhinderung durch das vom Tiroler Gemeindeverband in seinem Vorschlag nach Abs. 3 lit. c an erster Stelle genannte Mitglied und bei dessen Verhinderung durch das im Abs. 3 lit. b genannte Mitglied vertreten.

(7) Ein Mitglied oder Ersatzmitglied des Mindestsicherungsbeirates nach Abs. 3 lit. c bis g scheidet vorzeitig aus dem Amt durch:

a) Widerruf der Bestellung oder
b) Verzicht auf die Mitgliedschaft.

Die Landesregierung hat die Bestellung zu widerrufen, wenn ein Mitglied oder Ersatzmitglied drei aufeinander folgenden Sitzungen unentschuldigt ferngeblieben ist. Der Verzicht auf die Mitgliedschaft ist schriftlich zu erklären. Er wird mit dem Einlangen der Verzichtserklärung beim Amt der Landesregierung unwiderruflich und, wenn in der Verzichtserklärung nicht ein späterer Zeitpunkt für das Wirksamwerden angegeben ist, wirksam. Scheidet ein Mitglied oder Ersatzmitglied vorzeitig aus dem Amt, so ist für den Rest der Amtsdauer ein neues Mitglied bzw. Ersatzmitglied zu bestellen.

(8) Der Mindestsicherungsbeirat ist vom Vorsitzenden nach Bedarf einzuberufen. Der Vorsitzende hat den Mindestsicherungsbeirat einzuberufen, wenn dies fünf Mitglieder unter Angabe des zu behandelnden Gegenstandes verlangen. Der Vorsitzende kann den Sitzungen Sachverständige und Auskunftspersonen beiziehen.

(9) Der Mindestsicherungsbeirat ist beschlussfähig, wenn alle Mitglieder ordnungsgemäß eingeladen wurden und der Vorsitzende oder einer seiner Stellvertreter und mindestens die Hälfte der Mitglieder anwesend sind. Zu einem Beschluss ist die Mehrheit der Stimmen der Anwesenden erforderlich. Bei Stimmengleichheit gilt jedoch die Anschauung als zum Beschluss erhoben, für die der Vorsitzende stimmt.

(10) Die Mitglieder nach Abs. 3 lit. c bis g haben gegenüber dem Land Tirol Anspruch auf Ersatz der notwendigen Barauslagen und der Reisegebühren in sinngemäßer Anwendung der für Landesbedienstete geltenden Vorschriften.

(11) Die Kanzleigeschäfte des Mindestsicherungsbeirates sind vom Amt der Landesregierung zu besorgen.

(12) Die Landesregierung hat durch Verordnung eine Geschäftsordnung des Mindestsicherungsbeirates zu erlassen, die insbesondere nähere Bestimmungen über die Einberufung zu den Sitzungen und deren Durchführung sowie über die Aufnahme von Niederschriften über den Gang und das Ergebnis der Beratungen zu enthalten hat.

Vereinbarungen mit Leistungserbringern

§ 41. (1) Das Land Tirol und die Gemeinden sind Träger der Mindestsicherung. Sie haben die Gewährung der Leistungen der Mindestsicherung nach diesem Gesetz sicherzustellen.

(2) Das Land Tirol kann mit natürlichen und juristischen Personen, insbesondere mit Trägern der freien Wohlfahrtspflege, zur Sicherstellung ihrer Mitwirkung bei der Gewährung von Leistungen der Mindestsicherung schriftliche Vereinbarungen abschließen. Solche Vereinbarungen sind zu befristen.

(3) Vereinbarungen nach Abs. 2 haben jedenfalls zu enthalten:

a) die Art und den Umfang der zu erbringenden Leistungen,
b) die einzuhaltenden Leistungsstandards,
c) das für die vereinbarten Leistungen gebührende Entgelt sowie die Art und Weise der Rechnungslegung und Saldierung,
d) das Verfahren der Qualitätssicherung,
e) das erforderliche Dokumentations- und Berichtswesen sowie geeignete Evaluierungs- und Controllingmaßnahmen,
f) die Mitwirkung an Maßnahmen der Evaluation und Koordination im Rahmen der Sozialplanung des Landes Tirol und an der Erstellung des Sozialberichtes,
g) die Befugnisse der Organe des Landes Tirol zur Kontrolle der Einhaltung der Leistungsstandards,
h) die Kündigungsgründe und -fristen,
i) die Befugnis des Landesrechnungshofes zur Gebarungsprüfung.

(4) Das Land Tirol und die Gemeinden können Einrichtungen der freien Wohlfahrtspflege nach Maßgabe der im Voranschlag jeweils hierfür zur Verfügung stehenden Mittel fördern.

Beziehungen zu den Trägern der Sozialversicherung

§ 42. Für die Beziehungen des Landes Tirol zu den Trägern der Sozialversicherung gelten die sozialversicherungsrechtlichen Vorschriften über die Beziehungen der Versicherungsträger zu den Trägern der Sozialhilfe einschließlich der darauf Bezug nehmenden Verfahrensvorschriften.

9. Abschnitt
Sonderbestimmungen für die Hilfe zur Betreuung und die Hilfe zur Pflege

Stationäre Pflege

§ 43. (1) Für die stationäre Pflege gelten die Bestimmungen dieses Gesetzes mit den folgenden Abweichungen:

a) die §§ 15 Abs. 2 bis 8, 16, 16a, 17 Abs. 2, 18 Abs. 2, 19, 19a, 22 Abs. 1, 2 und 4, 23 Abs. 3 lit. b, 26, 29 Abs. 2, 3 und 5, 30 Abs. 1, 2, 4 und 5, 31 und 41 Abs. 3 gelten nicht;

b) § 1 Abs. 2 gilt mit der Maßgabe, dass für die Leistungsgewährung zusätzlich zur Notlage eine Betreuungs- oder Pflegebedürftigkeit gegeben sein muss;

c) § 15 Abs. 1 gilt mit der Maßgabe, dass der Hilfesuchende vor Gewährung von Mindestsicherung sein gesamtes Einkommen einzusetzen hat;

d) an die Stelle des § 15 Abs. 2 tritt die folgende Regelung: bei der Berechnung der Höhe des Einkommens sind außer Ansatz zu lassen:

   1. 20 v. H. der Rente, der Pension, des Ruhe- oder Versorgungsgenusses zuzüglich allfälliger Sonderzahlungen, jeweils vermindert um die davon zu leistenden gesetzlichen Abgaben und sonstigen gesetzlichen Abzüge, und

   2. Pflegegeld nach bundesrechtlichen Vorschriften oder eine dem Pflegegeld gleichartige Leistung nach ausländischen Vorschriften, jeweils im Ausmaß von 10 v. H. des Pflegegeldes der Stufe drei, sowie die von den Pflegegeldträgern einbehaltenen Ruhensbeträge;

e) § 18 Abs. 1 gilt mit der Maßgabe, dass das Vermögen und die Bereitschaft zum Einsatz der Arbeitskraft bei der Bestimmung des Ausmaßes der Leistung nicht zu berücksichtigen sind;

f) an die Stelle des § 18 Abs. 2 tritt die folgende Regelung: zu den bedarfsdeckenden oder bedarfsmindernden Leistungen Dritter zählen nur solche Leistungen, auf die der Hilfesuchende einen Anspruch nach § 17 Abs. 1 hat;

g) an die Stelle des § 22 Abs. 1 lit. b tritt die folgende Regelung: der Mindestsicherungsbezieher ist zum Ersatz der für ihn aufgewendeten Kosten verpflichtet, wenn nachträglich bekannt wird, dass er während der Zeit der Gewährung von Mindestsicherung ein Einkommen hatte;

h) § 41 Abs. 2 gilt mit der Maßgabe, dass das Land Tirol zur Sicherstellung der Mitwirkung an der stationären Pflege anstatt der dort genannten Vereinbarungen Leistungsvereinbarungen nach § 16 des Tiroler Heimgesetzes 2005, LGBl. Nr. 23, abschließen kann.

(2) Das Land Tirol hat mit Leistungserbringern, mit denen Leistungsvereinbarungen nach § 16 des Tiroler Heimgesetzes 2005 abgeschlossen wurden, gesondert nach dem Pflegebedarf abgestufte Tagsätze für die stationäre Pflege zu vereinbaren.

(3) Die stationäre Pflege kann versagt werden, wenn der Hilfesuchende zu einem Zeitpunkt, in dem er bereits betreuungs- oder pflegebedürftig war, auf Einkommensansprüche jeglicher Art verzichtet hat.

(4) Im Fall des Abs. 3 ist die Versagung der stationären Pflege zeitlich auf fünf Jahre, gerechnet ab dem Zeitpunkt des Verzichts, befristet und mit dem Wert der betreffenden Einkommensansprüche begrenzt.

Mobile Pflege, Kurzzeitpflege, Tagespflege

§ 44. (1) Für die mobile Pflege, die Kurzzeitpflege und die Tagespflege gelten die Bestimmungen dieses Gesetzes mit folgenden Abweichungen:

a) die Bestimmungen des 4. Abschnitts und die §§ 22, 23, 24, 25, 26, 29 Abs. 2 und 3, § 30 und 31 gelten nicht;

b) § 1 Abs. 2 gilt mit der Maßgabe, dass nicht das Vorliegen einer Notlage, sondern die Betreuungs- und Pflegebedürftigkeit Voraussetzung für die Leistungsgewährung ist;

c) § 41 Abs. 2 gilt mit der Maßgabe, dass das Land Tirol zur Sicherstellung der Mitwirkung an der Tagespflege neben den dort genannten Vereinbarungen auch Leistungsvereinbarungen nach § 16 des Tiroler Heimgesetzes 2005 abschließen kann.

(2) Das Land Tirol hat mit Leistungserbringern, mit denen Vereinbarungen nach Abs. 1 lit. c abgeschlossen wurden, gesondert landesweit einheitliche Stundensätze und Selbstbehalte für die mobile Pflege, nach dem Pflegebedarf abgestufte Tagsätze für die Kurzzeitpflege und nach dem Pflegebedarf abgestufte landeseinheitliche Tagsätze für die Tagespflege zu vereinbaren.

Richtlinien

§ 45. Die Landesregierung hat unter Bedachtnahme auf das Ziel und die Grundsätze der Mindestsicherung nach § 1 Richtlinien über die Gewährung der Hilfe zur Pflege zu erlassen. In diese Richtlinien sind insbesondere nähere Bestimmungen aufzunehmen über:

a) die Art, den Umfang und die Qualität der im Rahmen der Hilfe zur Pflege zu gewährenden Leistungen,

b) die Voraussetzungen für die Gewährung der Hilfe zur Pflege,

c) das Ausmaß der Hilfe zur Pflege,

d) den Einsatz der eigenen Mittel des Hilfesuchenden,

e) das Verfahren zur Gewährung der Hilfe zur Pflege.

10. Abschnitt
Übergangs-, Straf- und Schlussbestimmungen

Übergangsbestimmungen

§ 46. (1) Am 30. Juni 2017 beim Mindestsicherungsfonds anhängige Verfahren zur Gewährung der Hilfe zur Überbrückung außergewöhnlicher Notstände sind weiter von der Landesregierung abzuwickeln.

(2) Entscheidungen, die nach diesem Gesetz in der Fassung des Gesetzes LGBl. Nr. 32/2017 erlassen worden sind, bleiben aufrecht. Ergibt sich aufgrund dieses Gesetzes in der Fassung des Gesetzes LGBl. Nr. 52/2017 Anspruch auf eine entsprechende Leistung der Mindestsicherung in einem höheren Ausmaß als aufgrund einer solchen Entscheidung, so ist diese nur auf Antrag hin zu gewähren.

(3) Am 30. Juni 2017 anhängige Verfahren sind nach diesem Gesetz in der Fassung des Gesetzes LGBl. Nr. 52/2017 weiterzuführen. Davon abweichend sind zu diesem Zeitpunkt anhängige Verfahren über Anträge auf Gewährung von Leistungen nach § 5 oder § 6 dieses Gesetzes in der Fassung des Gesetzes LGBl. Nr. 32/2017 nach diesen Bestimmungen weiterzuführen, insoweit über Leistungen für die Zeit bis zum Ablauf des 31. Oktober 2017 entschieden wird; insoweit über Leistungen für die Zeit danach entschieden wird, sind sie nach § 5 bzw. § 6 dieses Gesetzes in der Fassung des Gesetzes LGBl. Nr. 52/2017 weiterzuführen.

(4) Hilfe zur Sicherung des Lebensunterhaltes und des Wohnbedarfes ist für die Zeit bis zum Ablauf des 31. Oktober 2017 weiterhin nach § 5 bzw. § 6 dieses Gesetzes in der Fassung des Gesetzes LGBl. Nr. 32/2017 zu gewähren, wenn

a) eine entsprechende Leistung der Mindestsicherung mit einer Entscheidung im Sinn des Abs. 2 erster Satz befristet gewährt wurde und die Frist noch innerhalb dieses Zeitraumes abläuft,

b) der Hilfesuchende um die Weitergewährung dieser Leistung ansucht und in seiner Person die Anspruchsvoraussetzungen weiter vorliegen und

c) die entsprechende Leistung nach § 5 bzw. § 6 dieses Gesetzes in der Fassung des Gesetzes LGBl. Nr. 52/2017 nicht mehr oder nur in einem geringeren Ausmaß zu gewähren wäre.

Strafbestimmungen

§ 47. (1) Wer

a) der Anzeigepflicht nach § 19a Abs. 2 dritter Satz oder § 32 oder der Auskunftspflicht nach § 35 Abs. 1 nicht oder nicht rechtzeitig nachkommt oder

b) vorsätzlich durch unwahre Angaben oder durch Verschweigen wesentlicher Umstände Leistungen der Mindestsicherung zu Unrecht in Anspruch nimmt,

begeht eine Verwaltungsübertretung und ist von der Bezirksverwaltungsbehörde mit einer Geldstrafe bis zu 500,– Euro zu bestrafen.

(2) Der Versuch ist strafbar.

Abgabenfreiheit

§ 48. (1) Alle Amtshandlungen in Angelegenheiten dieses Gesetzes sind von den durch Landesgesetz vorgesehenen Verwaltungsabgaben befreit.

(2) Barauslagen nach § 76 AVG für die Beiziehung nichtamtlicher Dolmetscher sind von Amts wegen zu tragen.

Eigener Wirkungsbereich

§ 49. Die in den §§ 21 Abs. 4, 27 Abs. 4, 40 Abs. 3 lit. c und d und 41 Abs. 4 geregelten Aufgaben der Gemeinden sind solche des eigenen Wirkungsbereiches.

Verarbeitung personenbezogener Daten

§ 50. (1) Die Gemeinden und der Stadtmagistrat Innsbruck sind Verantwortliche nach Art. 4 Z 7 der Verordnung (EU) 2016/679 des Europäischen Parlaments und des Rates zum Schutz natürlicher Personen bei der Verarbeitung personenbezogener Daten, zum freien Datenverkehr und zur Aufhebung der Richtlinie 95/46/EG (Datenschutz-Grundverordnung), ABl. 2016 Nr. L 119, S. 1, in den nach § 27 in die Zuständigkeit des Bürgermeisters oder des Stadtmagistrats fallenden Angelegenheiten.

(2) Das Amt der Tiroler Landesregierung ist Verantwortlicher nach Art. 4 Z 7 der Datenschutz-Grundverordnung in den nach § 27 in die Zuständigkeit der Landesregierung fallenden Angelegenheiten.

(3) Das Amt der Tiroler Landesregierung und die Bezirksverwaltungsbehörden sind gemeinsam Verantwortliche nach Art. 26 der Datenschutz-Grundverordnung in den nach § 27 in die Zuständigkeit der Bezirksverwaltungsbehörde fallenden Angelegenheiten.

(4) Die nach den Abs. 1, 2 und 3 Verantwortlichen dürfen folgende Daten verarbeiten, sofern diese Daten für die Prüfung der Anspruchsvoraussetzungen für die Gewährung von Leistungen der Mindestsicherung, die Durchführung dieser Maßnahmen, die Einhebung von Kostenbeiträgen, Kostenersätzen, Rückerstattungen und Selbstbehalten, die Bewirkung des Übergangs von Rechtsansprüchen des Mindestsicherungsbeziehers gegenüber Dritten auf das Land Tirol, die Prüfung und die Überwachung der Eignung von Leistungserbringern, die Überwachung der Einhaltung von mit Leistungserbringern abgeschlossenen Vereinbarungen, die Tarifkalkulation, die Abrechnung von Leistungen mit Leistungserbringern, die Sozialplanung sowie die Erhebungen für die Pflegedienstleistungsstatistik jeweils erforderlich sind:

a) vom Hilfesuchenden: Identifikationsdaten, Erreichbarkeitsdaten, Unterkunftsdaten, Staatsangehörigkeit, Daten zu den wirtschaftlichen Verhältnissen, insbesondere über die

Einkommens- und Vermögensverhältnisse, Daten über Unterhaltsansprüche und Unterhaltspflichten, Bankverbindungen, Sozialversicherungsverhältnisse einschließlich Sozialversicherungsnummer, Familienstand und Kinder, Daten über eine Eigenschaft als Familienangehöriger im Sinn des § 3 Abs. 2 lit. a Z 1 bis 4, Gesundheitsdaten, insbesondere in Bezug auf die Beurteilung der Betreuungs- und Pflegebedürftigkeit, des Grades der Behinderung und der Arbeitsfähigkeit, Daten über das Bestehen einer Erwachsenenvertretung und eine allfällige Regelung der Obsorge, Daten über Angehörige, Obsorgeberechtigte, Lebensgefährten und in einer Bedarfsgemeinschaft oder Wohngemeinschaft lebende Personen, Daten über den individuellen Hilfebedarf, die konkrete Betreuungssituation und die Unterbringung, Daten über Aufenthalte in einer Krankenanstalt, in einer Therapieeinrichtung im Sinn des Tiroler Teilhabegesetzes oder in einer vergleichbaren stationären Einrichtung, Daten über Auslandsaufenthalte, Daten über Schulbildung, Daten über Maßnahmen zur Integration, Berufswunsch, Berufsausbildung und Berufsausübung, Daten über sonstige für die Gewährung von Leistungen nach diesem Gesetz maßgeblichen Tatsachen, Verhältnisse und Dokumentationen, Daten über nach § 1 Abs. 4 zu berücksichtigende Leistungen und über Ansprüche nach § 17 und § 20, Daten über Ausmaß, Höhe und Dauer von nach diesem Gesetz gewährten Leistungen, Daten über ausbezahlte Geldleistungen und deren Verwendung, Daten über Eigenbeiträge und Kostenersätze und Daten über vermögensrechtliche Ansprüche nach § 24,

b) vom Ehegatten, eingetragenen Partner oder Lebensgefährten des Hilfesuchenden und von mit diesem in einer Bedarfsgemeinschaft lebenden und ihm gegenüber zum Unterhalt berechtigten oder verpflichteten Personen: Daten nach lit. a,

c) von dem Hilfesuchenden gegenüber zum Unterhalt berechtigten oder verpflichteten Personen: Identifikationsdaten, Erreichbarkeitsdaten, Familienstand, Daten zu den wirtschaftlichen Verhältnissen, insbesondere über weitere Unterhaltspflichten, Sozialversicherungsverhältnisse einschließlich Sozialversicherungsnummer,

d) von mit dem Hilfesuchenden in einer Bedarfsgemeinschaft oder Wohngemeinschaft lebenden Personen, die nicht unter die lit. b und c fallen: Identifikationsdaten, Erreichbarkeitsdaten,

e) vom Erwachsenenvertreter der in den lit. a und b genannten Personen: Daten nach lit. d,

f) vom Obsorgeberechtigten des Hilfesuchenden: Daten nach lit. d,

g) von Arbeitgebern der in den lit. a, b und c genannten Personen: Identifikationsdaten, Erreichbarkeitsdaten und Daten über den Entgeltanspruch dieser Personen,

h) von Dritten im Sinn des § 6 Abs. 5 sowie von aus Ansprüchen nach § 23 und § 24 Verpflichteten: Daten nach lit. d und Bankverbindungen,

i) von natürlichen oder juristischen Personen, die aufgrund einer Vereinbarung nach § 41 Abs. 2 oder nach § 16 des Tiroler Heimgesetzes 2005 bei der Gewährung von Mindestsicherung mitwirken, deren Trägern und den dortigen Ansprechpersonen: Identifikationsdaten, Erreichbarkeitsdaten, Daten über Art und Ausmaß der angebotenen und erbrachten Leistungen, Vertragsdaten und Bankverbindungen,

j) von natürlichen oder juristischen Personen, die aufgrund einer Vereinbarung nach § 41 Abs. 2 oder nach § 16 des Tiroler Heimgesetzes 2005 bei der Gewährung von Mindestsicherung mitwirken, jeweils bezogen auf den Berichtszeitraum:
   1. die Anzahl der Verrechnungstage und der Plätze,
   2. die Anzahl der Klienten, gegliedert nach Altersgruppen und Pflegegeldstufen sowie getrennt nach dem Geschlecht,
   3. die Beiträge und Kostenersätze sowie die Anzahl der Selbstzahler und die von ihnen zu tragenden Kosten,
   4. folgende Daten von Dienstnehmern: Daten über die Anzahl der Dienstnehmer getrennt nach dem Geschlecht, Daten über die Qualifikation, Daten über den Tätigkeitsbereich, Daten über das Ausmaß, die Dauer und das Verhältnis der Beschäftigung, sowie Daten über das Entgelt.

(5) Die nach den Abs. 1, 2 und 3 Verantwortlichen dürfen auf begründetes Ersuchen Daten nach Abs. 4 an

a) die Behörden des Bundes, der Länder, der Gemeinden und der Gemeindeverbände sowie an die Gerichte,

b) die Träger der dienstrechtlichen Kranken- und Unfallfürsorgeeinrichtungen, den jeweils zuständigen Sozialversicherungsträger und an den Hauptverband der österreichischen Sozialversicherungsträger,

c) die regionale Geschäftsstelle des Arbeitsmarktservice,

d) die für die Besorgung der Aufgaben der öffentlichen Kinder- und Jugendhilfe zuständigen Organe,

e) die Träger der Mindestsicherung und

f) den zur Erstellung eines Hilfeplans nach § 12 herangezogenen Personen

übermitteln, sofern diese Daten jeweils für die Erfüllung der diesen Einrichtungen bzw. Organen obliegenden Aufgaben oder für deren Mitwirkung an der Erstellung des Hilfeplans erforderlich sind.

(6) Die nach den Abs. 2 und 3 Verantwortlichen dürfen Daten an Arbeitgeber der in Abs. 4 lit. a, b und c genannten Personen übermitteln, die für die Erteilung von Auskünften nach § 35 Abs. 1 erforderlich sind.

(7) Die nach den Abs. 2 und 3 Verantwortlichen dürfen folgende personenbezogene Daten des Hilfesuchenden an natürliche oder juristische Personen, mit denen eine Vereinbarung nach § 41 Abs. 2 oder nach § 16 des Tiroler Heimgesetzes 2005 abgeschlossen wurde, übermitteln, sofern diese Daten jeweils für die Erfüllung der sich aus dieser Vereinbarung ergebenden Pflichten erforderlich sind: Identifikationsdaten, Erreichbarkeitsdaten, Daten über den Familienstand, Angaben über eine bestehende Erwachsenenvertretung, Gesundheitsdaten, insbesondere in Bezug auf die Beurteilung der Betreuungs- und Pflegebedürftigkeit sowie der Arbeitsfähigkeit, und Daten über die Berufsausbildung und Berufsausübung.

(8) Im Tiroler Informationssystem Sozialverwaltung (TISO) dürfen vom Amt der Landesregierung und den gesetzlich für die Gewährung von Leistungen der Mindestsicherung jeweils zuständigen Organen Daten nach § 53 Abs. 4 des Tiroler Teilhabegesetzes und § 18 Abs. 2 des Tiroler Grundversorgungsgesetzes zu den im Folgenden genannten Zwecken gemeinsam mit Daten nach Abs. 4 verarbeitet werden:

a) Vermeidung der missbräuchlichen Inanspruchnahme gleichartiger Leistungen,
b) Durchführung der gesetzlich vorgesehenen Anrechnung bestimmter Leistungen,
c) Geltendmachung des gesetzlich vorgesehenen Übergangs von Rechtsansprüchen auf bestimmte Leistungen,
d) Kontrolle der Zweckmäßigkeit, Sparsamkeit und Wirtschaftlichkeit der Leistungsgewährung,
e) Kontrolle der Treffsicherheit und Feststellung von Versorgungslücken.

(9) Der nach Abs. 2 Verantwortliche hat als Betreiber des Tiroler Informationssystems Sozialverwaltung (TISO) sicherzustellen, dass

a) der Zugriff auf jene Daten eingeschränkt wird, die zur Erfüllung der Aufgaben der Organe mit Zugriffsrecht und zur Erreichung der Zwecke nach Abs. 6 lit. a bis e jeweils erforderlich sind, und
b) von Organen mit Zugriffsrecht nur auf einen für sie eingerichteten Bereich zugegriffen werden kann.

(10) Personenbezogene Daten nach Abs. 4 lit. a bis h sind längstens sieben Jahre nach dem Ende der Gewährung von Leistungen der Mindestsicherung zu löschen, soweit sie nicht in anhängigen Verfahren weiter benötigt werden. Personenbezogene Daten nach Abs. 4 lit. i sind längstens sieben Jahre nach dem Auslaufen einer Vereinbarung nach § 41 Abs. 2 zu löschen, soweit sie nicht zur Abrechnung erbrachter Leistungen, zum Abschluss bzw. zur Verlängerung von Leistungsvereinbarungen oder zur Festlegung von Kostensätzen weiter benötigt werden.

(11) Als Identifikationsdaten gelten:

a) bei natürlichen Personen der Familien- und der Vorname, das Geschlecht, das Geburtsdatum, allfällige akademische Grade, Standesbezeichnungen und Titel,
b) bei juristischen Personen und Personengesellschaften die gesetzliche, satzungsmäßige oder firmenmäßige Bezeichnung und hinsichtlich der vertretungsbefugten Organe die Daten nach lit. a sowie die Firmenbuchnummer, die Vereinsregisterzahl, die Umsatzsteuer-Identifikationsnummer und die Ordnungsnummer im Ergänzungsregister.

(12) Als Erreichbarkeitsdaten gelten Wohnsitzdaten und sonstige Adressdaten, die Telefonnummer, elektronische Kontaktdaten, wie insbesondere die E-Mail-Adresse und Telefax-Nummer, oder Verfügbarkeitsdaten.“

(LGBl T 2018/144)

Verweisungen

§ 51. (1) Soweit in diesem Gesetz nichts anderes bestimmt ist, beziehen sich Verweisungen auf Landesgesetze auf die jeweils geltende Fassung.

(2) Soweit in diesem Gesetz nichts anderes bestimmt ist, beziehen sich Verweisungen auf Bundesgesetze auf die im Folgenden jeweils angeführte Fassung:

1. Allgemeines bürgerliches Gesetzbuch – ABGB, JGS. Nr. 946/1811, zuletzt geändert durch das Gesetz BGBl. I Nr. 58/2018,
2. Allgemeines Sozialversicherungsgesetz – ASVG, BGBl. Nr. 189/1955, zuletzt geändert durch das Gesetz BGBl. I Nr. 59/2018,
3. Arbeitslosenversicherungsgesetz 1977 (AlVG), BGBl. Nr. 609/1977, zuletzt geändert durch das Gesetz BGBl. I Nr. 30/2018,
4. Arbeitsvertragsrechts-Anpassungsgesetz – AVRAG, BGBl. Nr. 459/1993, zuletzt geändert durch das Gesetz BGBl. I Nr. 54/2018,
5. Asylgesetz 2005 – AsylG 2005, BGBl. I Nr. 100/2005, zuletzt geändert durch das Gesetz BGBl. I Nr. 56/2018,
6. Behinderteneinstellungsgesetz (BEinstG), BGBl. Nr. 22/1970, zuletzt geändert durch das Gesetz BGBl. I Nr. 32/2018,
7. Bundesbehindertengesetz, BGBl. Nr. 283/1990, zuletzt geändert durch das Gesetz BGBl. I Nr. 59/2018,
8. Bundespflegegeldgesetz – BPGG, BGBl. Nr. 110/1993, zuletzt geändert durch das Gesetz BGBl. I Nr. 59/2018,
9. Datenschutzgesetz – DSG, BGBl. I Nr. 165/1999, zuletzt geändert durch das Gesetz BGBl. I Nr. 83/2013 und die Kundmachung BGBl. I Nr. 24/2018,

10. Eingetragene Partnerschaft-Gesetz – EPG, BGBl. I Nr. 135/2009, zuletzt geändert durch das Gesetz BGBl. I Nr. 59/2017 und die Kundmachung BGBl. I Nr. 161/2017,
11. Einkommensteuergesetz 1988 – EStG 1988, BGBl. Nr. 400/1988, zuletzt geändert durch das Gesetz BGBl. I Nr. 16/2018,
12. Familienlastenausgleichsgesetz 1967, BGBl. Nr. 376/1967, zuletzt geändert durch das Gesetz BGBl. I Nr. 32/2018,
13. Niederlassungs- und Aufenthaltsgesetz – NAG, BGBl. I Nr. 100/2005, zuletzt geändert durch das Gesetz BGBl. I Nr. 56/2018,
14. Finanzausgleichsgesetz 2017 – FAG 2017, BGBl. I Nr. 116/2016, zuletzt geändert durch das Gesetz BGBl. I Nr. 30/2018.

Umsetzung von Unionsrecht

§ 52. Durch dieses Gesetz werden folgende Richtlinien umgesetzt:

1. Richtlinie 2003/109/EG des Rates betreffend die Rechtsstellung der langfristig aufenthaltsberechtigten Drittstaatsangehörigen, ABl. 2004 Nr. L 16, S. 44, in der Fassung der Richtlinie 2011/51/EU, ABl. 2011 Nr. L 132, S. 1,
2. Richtlinie 2004/38/EG des Europäischen Parlaments und des Rates über das Recht der Unionsbürger und ihrer Familienangehörigen, sich im Hoheitsgebiet der Mitgliedstaaten frei zu bewegen und aufzuhalten, ABl. 2004 Nr. L 229, S. 35,
3. Richtlinie 2009/50/EG des Rates über die Bedingungen für die Einreise und den Aufenthalt von Drittstaatsangehörigen zur Ausübung einer hochqualifizierten Beschäftigung, ABl. 2009 Nr. L 155, S. 17,
4. Richtlinie 2011/95/EU des Europäischen Parlaments und des Rates über Normen für die Anerkennung von Drittstaatsangehörigen oder Staatenlosen als Personen mit Anspruch auf internationalen Schutz, für einen einheitlichen Status für Flüchtlinge oder für Personen mit Anrecht auf subsidiären Schutz und für den Inhalt des zu gewährenden Schutzes, ABl. 2011 Nr. L 337, S. 9.

Inkrafttreten, Außerkrafttreten

§ 53. (1) Dieses Gesetz tritt mit dem Ablauf des Tages der Kundmachung in Kraft, soweit im Abs. 2 nichts anderes bestimmt ist. Gleichzeitig treten das Tiroler Grundsicherungsgesetz, LGBl. Nr. 20/2006, zuletzt geändert durch das Gesetz LGBl. Nr. 9/2010, und die Tiroler Grundsicherungsverordnung, LGBl. Nr. 28/2006, zuletzt geändert durch die Verordnung LGBl. Nr. 121/2009, außer Kraft, soweit im Abs. 2 nichts anderes bestimmt ist.

(2) Die §§ 5 und 7 treten mit 1. September 2010 in Kraft. Gleichzeitig treten die §§ 6 und 7 Abs. 2 und 3 des Tiroler Grundsicherungsgesetzes, LGBl. Nr. 20/2006, zuletzt geändert durch das Gesetz LGBl. Nr. 9/2010, außer Kraft.

(3) § 27 Abs. 5 tritt mit 1. Juli 2011 in Kraft.

(4) § 21 tritt mit dem Ablauf des 31. Dezember 2022 außer Kraft.

Verordnung, mit der der Anpassungsfaktor für das Jahr 2019 festgesetzt wird

Verordnung, mit der der Anpassungsfaktor für das Jahr 2019 festgesetzt wird, LGBl T 2019/2

Verordnung der Landesregierung vom 17. Dezember 2018, mit der der Anpassungsfaktor für das Jahr 2019 festgesetzt wird
(LGBl T 2019/2)

Anpassungsfaktor

§ 1. Der Anpassungsfaktor für das Jahr 2019 wird mit 1,026 festgesetzt. Der für dieses Jahr geltende Ausgangsbetrag nach § 9 Abs. 1 des Tiroler Mindestsicherungsgesetzes beträgt sohin 885,48 Euro.

Inkrafttreten

§ 2. Diese Verordnung tritt mit 1. Jänner 2019 in Kraft.

Anlage

Mindestsätze und sonstige Beträge ab 1. Jänner 2019, die sich aus dem für das Jahr 2019 geltenden Ausgangsbetrag nach § 9 Tiroler Mindestsicherungsgesetz ergeben:

1. Mindestsatz nach § 5 Abs. 2 lit. a TMSG ...... 664,11 Euro;
2. Mindestsatz nach § 5 Abs. 2 lit. b Z 1 TMSG 664,11 Euro;
3. Mindestsatz nach § 5 Abs. 2 lit. b Z 2 TMSG 498,08 Euro;
4. Mindestsatz nach § 5 Abs. 2 lit. c TMSG ...... 664,11 Euro;
5. Mindestsatz nach § 5 Abs. 2 lit. d TMSG ...... 498,08 Euro;
6. Mindestsatz nach § 5 Abs. 2 lit. e Z 1 TMSG 498,08 Euro;
7. Mindestsatz nach § 5 Abs. 2 lit. e Z 2 TMSG 332,06 Euro;
8. Mindestsatz nach § 5 Abs. 2 lit. e Z 3 aa TMSG .... 219,16 Euro;
9. Mindestsatz nach § 5 Abs. 2 lit. e Z 3 bb TMSG .... 201,45 Euro;
10. Mindestsatz nach § 5 Abs. 2 lit. e Z 3 cc TMSG .... 132,82 Euro;
11. Mindestsatz nach § 5 Abs. 2 lit. e Z 3 dd TMSG .... 106,26 Euro;
12. Sonderzahlung nach § 5 Abs. 3 TMSG .... 79,69 Euro;
13. Taschengeld nach § 5 Abs. 4 TMSG .... 141,68 Euro;
14. Maximaler Zuschuss nach § 11 Abs. 1 TMSG .... 664,11 Euro;
15. Maximale monatliche Zusatzleistung nach § 14 Abs. 1 lit. a Z 1 TMSG ..... 132,82 Euro;
16. Maximale einmalige jährliche Zusatzleistung nach § 14 Abs. 1 lit. a Z 2 TMSG .... 1.593,86 Euro;
17. Freibetrag nach § 15 Abs. 3 lit. a TMSG .... 265,64 Euro;
18. Freibetrag nach § 15 Abs. 3 lit. b TMSG .... 265,64 Euro;
19. Verringerter Freibetrag nach § 15 Abs. 3 lit. b TMSG .... 199,23 Euro;
20. Freibetrag nach § 15 Abs. 3 lit. c TMSG .... 132,82 Euro;
21. Verringerter Freibetrag nach § 15 Abs. 3 lit. c TMSG .... 104,04 Euro;
22. Freibetrag nach § 15 Abs. 5 lit. e TMSG für Grundleistungen .... 4.427,40 Euro;
23. Freibetrag nach § 15 Abs. 5 lit. e TMSG für Zusatzleistungen .... 1.770,96 Euro.

Mindestsicherungsgesetz (Vorarlberg)

Mindestsicherungsgesetz, LGBl Vbg 2010/64 idF

1	LGBl Vbg 2012/34	2	LGBl Vbg 2013/44	3	LGBl Vbg 2015/118
4	LGBl Vbg 2017/37	5	LGBl Vbg 2018/17	6	LGBl Vbg 2018/37
7	LGBl Vbg 2018/39				

GLIEDERUNG

Gesetz über die Mindestsicherung (Mindestsicherungsgesetz – MSG)
(LGBl Vbg 2010/64)

Der Landtag hat beschlossen:

1. Abschnitt Allgemeine Bestimmungen

Allgemeines

§ 1. (1) Mindestsicherung ist Hilfsbedürftigen nach den Bestimmungen dieses Gesetzes zu gewähren.

(2) Mindestsicherung ist die staatliche Hilfe zur Führung eines menschenwürdigen Lebens.

(3) Hilfsbedürftig ist,

a) wer den Bedarf für Lebensunterhalt, Wohnung, den Schutz bei Krankheit, Schwangerschaft und Entbindung oder den Aufwand für die Bestattung nicht oder nicht ausreichend selbst decken kann und dieser auch nicht von anderen Personen oder Einrichtungen gedeckt wird;

b) wer außergewöhnliche Schwierigkeiten in seinen persönlichen, familiären oder sozialen Verhältnissen – im Folgenden besondere Lebenslage genannt – nicht selbst oder mit Hilfe anderer Personen oder Einrichtungen bewältigen kann.

(4) Bei der Prüfung der Hilfsbedürftigkeit nach Abs. 3 sind Leistungen nach dem Familienlastenausgleichsgesetz 1967 (ausgenommen Zuwendungen aus dem Familienhospizkarenz-Härteausgleich) und Kinderabsetzbeträge nicht zu berücksichtigen. Dasselbe gilt für Pflegegeld oder andere pflegebezogene Geldleistungen, soweit es sich nicht um Hilfsbedürftige handelt, die nach § 5 Abs. 3 in stationären Einrichtungen untergebracht sind.

(5) Durch dieses Gesetz werden das Kinder- und Jugendhilfegesetz, das Chancengesetz sowie Staatsverträge nicht berührt.

Grundsätze für die Gewährung der Mindestsicherung

§ 2. (1) Mindestsicherung ist auf Antrag oder von Amts wegen zu gewähren.

(2) Mindestsicherung ist vor Eintritt der Hilfsbedürftigkeit zu gewähren, wenn diese dadurch abgewendet werden kann.

(3) Mindestsicherung ist auch nach Beendigung der Hilfsbedürftigkeit zu gewähren, wenn dies notwendig ist, um die Wirksamkeit der zuvor geleisteten Mindestsicherung zu sichern.

(4) Bei der Gewährung der Mindestsicherung ist nach Maßgabe des Einzelfalles darauf Bedacht zu nehmen, dass bei möglichst geringer Einflussnahme auf die Lebensverhältnisse des Hilfsbedürftigen und seiner Familie sowie bei möglichst zweckmäßigem, wirtschaftlichem und sparsamem Aufwand der Hilfsbedürftige zur Selbsthilfe befähigt wird und eine gründliche und dauernde Beseitigung der Hilfsbedürftigkeit zu erwarten ist.

(5) Ansprüche auf Leistungen der Mindestsicherung dürfen weder gepfändet noch verpfändet werden.

Personenkreis und Umfang der Mindestsicherung

§ 3. (1) Mindestsicherung ist hilfsbedürftigen Inländern in vollem Umfang zu gewähren. Den Inländern gleichgestellt sind:

a) deren Familienangehörige, die über einen Aufenthaltstitel „Familienangehöriger" gemäß § 47 Abs. 2 des Niederlassungs- und Aufenthaltsgesetzes (NAG) verfügen;

b) Asylberechtigte und subsidiär Schutzberechtigte;

c) Personen, die als Opfer von Menschenhandel oder grenzüberschreitendem Prostitutionshandel bzw. als Opfer von Gewalt über eine „Aufenthaltsberechtigung besonderer Schutz" gemäß dem Asylgesetz 2005 verfügen;

d) EU-/EWR-Bürger, Schweizer Staatsangehörige und deren Familienangehörige, soweit sie nicht nach Abs. 2 lit. a ausgenommen sind;

e) Personen mit einem Aufenthaltstitel „Daueraufenthalt – EU";

f) sonstige zum dauernden Aufenthalt im Inland berechtigte Personen;

g) sonstige Personen, die aufgrund des Rechts der Europäischen Union oder aufgrund staatsvertraglicher Verpflichtungen gleichzustellen sind.

(2) Nicht als gleichgestellt im Sinne des Abs. 1 gelten – unbeschadet des Abs. 1 lit. g – insbesondere:

a) EU-/EWR-Bürger und Schweizer Staatsangehörige (einschließlich ihrer Familienangehörigen), denen keine Arbeitnehmer- oder Selbständigeneigenschaft zukommt, in den ersten drei Monaten ihres Aufenthaltes oder während eines darüber hinausgehenden Zeitraums der Arbeitssuche, sofern sie nicht bereits zum dauernden Aufenthalt im Inland berechtigt sind; weiters EU-/EWR-Bürger und Schweizer Staatsangehörige und deren Familienangehörige, soweit sie durch den Bezug der Mindestsicherung ihr Aufenthaltsrecht verlieren würden;

b) Asylwerber;

c) Personen, die auf Grund eines Visums oder visumsfrei einreisen durften (Touristen).

(3) Einem Hilfsbedürftigen ist, ausgenommen im Falle des Abs. 6, nur so lange Mindestsicherung zu gewähren, als er seinen Hauptwohnsitz in Vorarlberg hat oder mangels eines solchen sich in Vorarlberg aufhält, es sei denn, dass die Verlegung des Hauptwohnsitzes oder die Änderung des Aufenthaltes durch die Gewährung der Mindestsicherung bedingt ist.

(4) Hilfs- und schutzbedürftigen Fremden, die zur Zielgruppe der Grundversorgungsvereinbarung zählen und nicht nach Abs. 1 gleichgestellt sind, sind für die Dauer ihres Aufenthaltes in Vorarlberg Leistungen nach § 7 zu gewähren.

(5) Hilfsbedürftigen Ausländern, die nicht unter die Abs. 1 und 4 fallen, können Kernleistungen und zusätzliche Hilfen zur Deckung von Sonderbedarfen gewährt werden, soweit dies aufgrund der persönlichen, familiären oder wirtschaftlichen Verhältnisse dieser Personen zur Vermeidung einer sozialen Härte erforderlich ist.

(6) Einem Inländer, der im Ausland wohnt, kann Mindestsicherung gewährt werden, wenn er vor der Ausreise ins Ausland durch sechs Monate hindurch seinen Hauptwohnsitz in Vorarlberg gehabt hat, ihm aus dem Grunde der Hilfsbedürftigkeit die Abschiebung droht und infolge der Abschiebung dem Land voraussichtlich höhere Kosten erwachsen würden, als sie zu erwarten sind, wenn dem im Ausland wohnenden Inländer Mindestsicherung gewährt wird. Sofern die Abschiebung eine Härte bedeutet, kann Mindestsicherung auch dann gewährt werden, wenn die hiefür erforderlichen Aufwendungen nicht erheblich höher sind als die dem Land im Falle der Abschiebung voraussichtlich erwachsenden Kosten.

(7) Der Abs. 6 gilt sinngemäß auch für Familienangehörige, die gemäß Abs. 1 über einen Aufenthaltstitel „Familienangehöriger" gemäß § 47 Abs. 2 NAG verfügen.

2. Abschnitt
Arten, Form und Ausmaß der Mindestsicherung

Arten der Mindestsicherung

§ 4. (1) Mindestsicherung umfasst folgende Leistungen:

a) Sicherung des ausreichenden Lebensunterhaltes,
b) Sicherung des Wohnbedarfes,
c) Schutz bei Krankheit, Schwangerschaft und Entbindung,
d) Bestattungskosten und
e) Sonderleistungen (Hilfe in besonderen Lebenslagen, Sonderbedarfe).

(2) Über die Gewährung von Leistungen nach § 5, ausgenommen an Personen gemäß § 3 Abs. 5, ist im Verwaltungsweg zu entscheiden; im Übrigen obliegt die Gewährung von Mindestsicherung dem Land als Träger von Privatrechten. Für die Gewährung von Mindestsicherung an Personen nach § 3 Abs. 4 gilt § 7 Abs. 6.

Kernleistungen (Lebensunterhalt, Wohnbedarf, Schutz bei Krankheit, Schwangerschaft und Entbindung sowie Bestattungskosten)

§ 5. (1) Der ausreichende Lebensunterhalt umfasst den Aufwand für Nahrung, Bekleidung, Körperpflege, Hausrat, Energie und andere persönliche Bedürfnisse wie die angemessene soziale und kulturelle Teilhabe; weiters umfasst er den Aufwand für den Wohnbedarf (Abs. 2), soweit dieser einen mit Verordnung nach § 8 Abs. 8 zweiter Satz pauschalierten Höchstsatz für den Wohnbedarf übersteigt.

(2) Der Wohnbedarf umfasst den für die Gewährleistung einer angemessenen Wohnsituation erforderlichen regelmäßig wiederkehrenden Aufwand für Miete, allgemeine Betriebskosten und Abgaben.

(3) Bei Hilfsbedürftigen, die in einer stationären Einrichtung untergebracht sind, weil sie nur dort ihre Bedürfnisse nach Abs. 1 und 2 stillen können, umfassen der Lebensunterhalt und der Wohnbedarf jedenfalls auch den Aufwand für die dort anfallenden Unterkunfts- und Verpflegskosten.

(4) Der Schutz bei Krankheit, Schwangerschaft und Entbindung umfasst für Empfänger von Mindestsicherungsleistungen gemäß Abs. 1 bis 3 den Beitrag für die gesetzliche Krankenversicherung; im Übrigen sind die Kosten für Maßnahmen zur Feststellung und Heilung von Krankheiten sowie für die im Zusammenhang mit einer Schwangerschaft und der Entbindung stehenden notwendigen medizinischen Maßnahmen zu tragen.

(5) Bestattungskosten umfassen die Kosten einer einfachen Bestattung. Anstelle und bis zur Höhe der Kosten einer einfachen Bestattung sind die Kosten für eine allfällige Rückführung zu übernehmen. Der Verstorbene gilt als Empfänger der Mindestsicherung.

Sonderleistungen (Hilfe in besonderen Lebenslagen, Sonderbedarfe)

§ 6. (1) Die Hilfe in besonderen Lebenslagen umfasst Maßnahmen zur Bewältigung von außergewöhnlichen Schwierigkeiten in den persönlichen, familiären oder sozialen Verhältnissen eines Menschen. Hiezu gehören insbesondere

a) die Hilfe zur Schaffung einer wirtschaftlichen Lebensgrundlage,
b) die Familienhilfe,
c) die Hilfe für pflegebedürftige und betagte Menschen.

(2) Die Hilfe für Familien umfasst Maßnahmen zur Unterstützung anlässlich der Geburt eines Kindes sowie solche, die der Weiterführung des Haushaltes, der Erhaltung eines geordneten Familienlebens und der sozialen Eingliederung von Familien dienen.

(3) Die Hilfe für pflegebedürftige Menschen umfasst Maßnahmen, die aufgrund ihrer Pflegebedürftigkeit notwendig sind. Als pflegebedürftig ist anzusehen, wer aufgrund einer körperlichen, geistigen oder psychischen Behinderung einschließlich einer Sinnesbehinderung der Betreuung und Hilfe bedarf. Die Hilfe für betagte Menschen umfasst Maßnahmen zur Überwindung altersbedingter Schwierigkeiten.

(4) In Ergänzung zu Kernleistungen können zusätzliche Hilfen zur Deckung von Sonderbedarfen, wie insbesondere Mehrkosten für eine medizinisch indizierte Diätnahrung oder die unbedingt erfor-

derlichen Kosten für eine Wohnraumbeschaffung sowie eine wirtschaftlich gebotene Wohnraumerhaltung, gewährt werden.

(5) Sonderleistungen können nebeneinander gewährt werden.

Leistungen für hilfs- und schutzbedürftige Fremde

§ 7. (1) Hilfs- und schutzbedürftige Fremde nach § 3 Abs. 4 haben Anspruch auf die in den Art. 6 und 7 der Grundversorgungsvereinbarung vorgesehenen Leistungen. Für die Dauer einer Anhaltung ruht der Anspruch.

(2) Im Falle einer Massenfluchtbewegung ist eine Beschränkung der Leistungen nach Abs. 1 insoweit zulässig, als die Befriedigung der Grundbedürfnisse nicht gefährdet ist und auf Art. 8 EMRK Bedacht genommen wird.

(3) Bei der Versorgung, vor allem der medizinischen, ist auf ethnische Besonderheiten und individuelle Bedürfnisse der Betreuten sowie die spezielle Situation von schutzbedürftigen Personen und deren besonderen Bedürfnissen – soweit als möglich – Bedacht zu nehmen. Als schutzbedürftig gelten insbesondere allein stehende Frauen und Minderjährige, Alleinerziehende mit Kindern, betagte Menschen, Menschen mit Behinderung, Opfer des Menschenhandels, Personen mit schweren körperlichen Erkrankungen oder psychischen Störungen oder solche, die Folter, Vergewaltigung oder sonstige schwere Formen psychischer, physischer oder sexueller Gewalt erlitten haben.

(4) Sofern die Unterbringung als Sachleistung gewährt wird, sind etwaige besondere Bedürfnisse von schutzbedürftigen Personen – soweit als möglich – zu berücksichtigen und das Privat- und Familienleben sowie die Einheit der Familie zu schützen. Vor allem sind Minderjährige nach Möglichkeit und unter Berücksichtigung des Kindeswohls zusammen mit ihren Eltern, anderen Angehörigen oder sonst mit der Obsorge betrauten Personen unterzubringen; abhängige erwachsene Personen mit besonderen Bedürfnissen sind nach Möglichkeit zusammen mit nahen volljährigen Verwandten unterzubringen. Ein Anspruch auf Unterbringung in einer bestimmten Unterbringungseinrichtung besteht nicht.

(5) Personen in Unterbringungseinrichtungen ist der Kontakt zu Verwandten, Rechtsbeiständen oder Beratern, Vertretern des Amtes des Hohen Flüchtlingskommissars der Vereinten Nationen (UNHCR) und anderen einschlägig tätigen nationalen und internationalen Organisationen sowie Nichtregierungsorganisationen, die sich um Fremde, insbesondere Asylwerber, kümmern, zu ermöglichen. Insbesondere darf den genannten Personen bzw. den Vertretern der genannten Organisationen der Zugang zu den Unterbringungseinrichtungen nicht verwehrt werden, ausgenommen dies wäre ausnahmsweise aus Gründen der Sicherheit der betreffenden Räumlichkeiten oder der Personen in den Unterbringungseinrichtungen erforderlich.

(6) Die Gewährung von Leistungen für Personen nach Abs. 1 obliegt dem Land als Träger von Privatrechten; das Land kann sich dabei einer Einrichtung nach § 18 Abs. 1 bedienen. Im Verwaltungsweg ist nur dann zu entscheiden, wenn

a) Leistungen nicht oder nicht in vollem Umfang gewährt werden, weil eine Hilfs- oder Schutzbedürftigkeit nicht oder nicht in vollem Umfang gegeben ist,
b) Leistungen nach § 38 Abs. 4 abgelehnt, herabgesetzt oder unter Auflagen oder Bedingungen gewährt werden,
c) Leistungen nach § 40 Abs. 2 und 3 eingestellt oder herabgesetzt werden, oder
d) dies von der betreffenden Person beantragt wird.

(7) Im Falle einer Beschwerde gegen Bescheide gemäß § 7 Abs. 6 lit. a bis c kann von Asylwerbern unentgeltliche Rechtsberatung und -vertretung in Anspruch genommen werden. Diese Rechtsberatung und -vertretung erfolgt durch unabhängige Organisationen, Personengruppen oder Personen, die von der Landesregierung mit diesen Aufgaben betraut werden.

Form und Ausmaß der Mindestsicherung

§ 8. (1) Mindestsicherung wird grundsätzlich in Form von Geldleistungen gewährt. Eine Geldleistung an einen Hilfsbedürftigen kann auch durch Zahlung an diejenige Person erbracht werden, der gegenüber der Hilfsbedürftige zwecks Bedarfsdeckung eine Leistung in Anspruch nimmt oder nehmen kann, wenn dadurch der Erfolg der Mindestsicherung besser gewährleistet erscheint; weiters kann eine Geldleistung an einen Hilfsbedürftigen, der nach § 5 Abs. 3 in einer stationären Einrichtung untergebracht ist, durch Zahlung an den Rechtsträger der stationären Einrichtung erbracht werden. Geldleistungen können im Falle des § 6 und des Abs. 4 auch als Darlehen gewährt werden. Anstelle von Geldleistungen können Sachleistungen gewährt werden, wenn dadurch der Erfolg der Mindestsicherung besser gewährleistet erscheint. Das Ausmaß der Mindestsicherungsleistung ist im Einzelfall unter Berücksichtigung eines zumutbaren Einsatzes der eigenen Kräfte, insbesondere der eigenen Arbeitskraft, und Mittel zu bestimmen.

(2) Beim Einsatz der eigenen Kräfte ist auf die persönliche und familiäre Situation des Hilfsbedürftigen, insbesondere auf den Gesundheitszustand, das Lebensalter, die Arbeitsfähigkeit, die Zumutbarkeit einer Beschäftigung, die geordnete Erziehung der Kinder, die Führung eines Haushaltes und die Pflege von Angehörigen Bedacht zu nehmen.

(3) Die eigenen Mittel, wozu das gesamte Vermögen und Einkommen gehört, dürfen bei der Bemessung der Mindestsicherung insoweit nicht berücksichtigt werden, als dies mit der Aufgabe der Mindestsicherung unvereinbar wäre oder für den Hilfsbedürftigen oder dessen Angehörige eine besondere Härte bedeuten würde. Kleinere Einkommen und Vermögen, insbesondere solche, die der

Berufsausübung dienen, sind nicht zu berücksichtigen. Bei der Gewährung von Sonderleistungen (Hilfe in besonderen Lebenslagen) ist überdies darauf Bedacht zu nehmen, dass eine angemessene Lebensführung und die Aufrechterhaltung einer angemessenen Alterssicherung nicht wesentlich erschwert werden. Bei Personen, die in stationären Pflegeeinrichtungen untergebracht sind, ist das Vermögen überhaupt nicht zu berücksichtigen.

(4) Nach Abs. 3 zu berücksichtigendes Vermögen ist einer unmittelbaren Verwertung dann nicht zuzuführen, wenn dies für den Hilfsbedürftigen oder dessen Angehörige eine besondere Härte bedeuten würde oder die Verwertung des Vermögens unwirtschaftlich wäre oder nicht möglich ist.

(5) Das Einkommen eines im gemeinsamen Haushalt lebenden Ehegatten, eingetragenen Partners oder Lebensgefährten ist bei der Bemessung der Mindestsicherung insoweit zu berücksichtigen, als es dessen eigenen Bedarf nach Kernleistungen sowie allfällige Unterhaltsverpflichtungen gegenüber Dritten übersteigt. Das Einkommen eines unterhaltsverpflichteten Kindes ist nicht zu berücksichtigen.

(6) Wenn ein Hilfsbedürftiger trotz schriftlicher Ermahnung keine Bereitschaft zu einem zumutbaren Einsatz der Arbeitskraft oder zur zumutbaren Teilnahme an von der Bezirkshauptmannschaft angebotenen integrationsfördernden Maßnahmen zeigt, ist die Mindestsicherung stufenweise um bis zu 50 % einzuschränken; eine weitergehende Kürzung oder der Entfall sind nur ausnahmsweise und in besonders gravierenden Fällen zulässig. Durch die Kürzung oder den Entfall darf aber weder die Deckung seines Wohnbedarfes noch die Deckung des Lebensunterhaltes und des Wohnbedarfes unterhaltsberechtigter Angehöriger beeinträchtigt werden.

(6a) Bei einer Sperre nach § 10 des Arbeitslosenversicherungsgesetzes 1977 kann die Mindestsicherung auch ohne vorhergehende Ermahnung nach Abs. 6 eingeschränkt werden.

(6b) Von einer mangelnden Bereitschaft im Sinne des Abs. 6 ist auch dann auszugehen, wenn der Hilfsbedürftige eine ihm von der Bezirkshauptmannschaft vorgelegte Integrationsvereinbarung nicht unterzeichnet.

(7) Die Landesregierung hat durch Verordnung nähere Vorschriften über die Arten, die Form und das Ausmaß der Mindestsicherung zu erlassen; weiters darüber, inwieweit das Vermögen und das Einkommen nicht zu berücksichtigen sind. Schließlich sind nähere Vorschriften über die Arten der in Betracht kommenden integrationsfördernden Maßnahmen sowie über die Inhalte der Integrationsvereinbarung zu treffen.

(8) In der Verordnung nach Abs. 7 sind für die Bemessung des Aufwandes im Rahmen des ausreichenden Lebensunterhaltes pauschale Sätze festzusetzen. Weiters können für die Bemessung des Aufwandes im Rahmen des Wohnbedarfs pauschale Höchstsätze festgesetzt werden; der darüber hinausgehende Aufwand für den Wohnbedarf ist aus den Mitteln für den Lebensunterhalt zu bestreiten; bei der Festsetzung der pauschalen Höchstsätze für den Wohnbedarf ist insbesondere die Haushaltsgröße zu berücksichtigen; für den Fall der ungerechtfertigten Verweigerung der Inanspruchnahme einer zur Verfügung stehenden Unterkunft kann ein eigener, niedrigerer pauschaler Höchstsatz für den Wohnbedarf festgesetzt werden.

3. Abschnitt
Ersatzansprüche

Ersatz durch den Empfänger der Mindestsicherung

§ 9. (1) Der Empfänger von Mindestsicherung hat die hiefür aufgewendeten Kosten einschließlich der Kosten im Sinne des § 13 Abs. 3 zu ersetzen, wenn

a) er später zu einem nicht aus eigener Erwerbstätigkeit erwirtschafteten Vermögen gelangt,

b) er ein Einkommen oder Vermögen besitzt, das zum Zeitpunkt der Gewährung der Mindestsicherung zu berücksichtigen gewesen wäre, der zuständigen Stelle (§ 16) aber nicht bekannt war,

c) er geänderte Umstände entgegen § 40 Abs. 1 nicht angezeigt hat und aufgrund dessen eine zu hoch bemessene Leistung bezogen hat oder

d) die Mindestsicherung als Darlehen gewährt wurde und das Darlehen zurückzubezahlen ist.

(2) Der Ersatz der Kosten nach Abs. 1 darf insoweit nicht verlangt werden, als dadurch der Erfolg der Mindestsicherung gefährdet würde. Ist dem Verpflichteten eine andere Art des Ersatzes der Kosten nach Abs. 1 nicht zumutbar, so kann dieser in angemessenen Teilbeträgen vorgeschrieben werden. Der Ersatz kann auch unter sinngemäßer Anwendung der Grundsätze des § 38 Abs. 4 durch Gegenverrechnung mit laufenden Mindestsicherungsleistungen erfolgen. Bei einer Gegenverrechnung mit laufenden Leistungen wird eine Gefährdung des Erfolgs der Mindestsicherung widerlegbar dann nicht gegeben sein, wenn das Ausmaß der Anrechnung weniger als 20 % des für den Lebensunterhalt gewährten Betrages ausmacht.

(3) Die Verbindlichkeit zum Ersatz der Kosten nach Abs. 1 und 2 geht gleich einer anderen Schuld auf den Nachlass des Empfängers der Mindestsicherung über.

(4) Personen nach § 3 Abs. 4, denen Leistungen gemäß § 7 gewährt wurden, aber die zum Zeitpunkt der Versorgung ihren Lebensunterhalt aus eigenen Mitteln hätten bestreiten können, ist von der Behörde der Ersatz der entstandenen Kosten ganz oder teilweise vorzuschreiben.

Ersatz durch Dritte

§ 10. (1) Die zum Unterhalt verpflichteten Angehörigen, ausgenommen Eltern von volljährigen Kindern, Kinder, Großeltern und Enkelkinder, haben im Rahmen ihrer Unterhaltspflicht die Kosten der Mindestsicherung einschließlich der Kosten im Sinne des § 13 Abs. 3 zu ersetzen.

(2) Die Landesregierung kann das Ausmaß des Ersatzes nach Abs. 1 durch Verordnung herabsetzen, soweit dies erforderlich ist, um mit der Aufgabe der Mindestsicherung unvereinbare Ergebnisse oder besondere Härten zu vermeiden.

Geltendmachung von Ersatzansprüchen

§ 11. (1) Ersatzansprüche nach den §§ 9 und 10 können nicht mehr gestellt werden, wenn seit dem Ablauf des Kalenderjahres, in dem die Mindestsicherung gewährt worden ist, in den Fällen des § 9 mehr als zehn Jahre und im Falle des § 10 mehr als drei Jahre verstrichen sind, wobei für die Wahrung der Frist sinngemäß die Regeln über die Unterbrechung der Verjährung (§ 1497 des Allgemeinen bürgerlichen Gesetzbuches) gelten. Ausgenommen hievon sind grundbücherlich sichergestellte Ersatzansprüche.

(2) Über den Kostenersatz nach § 10 können mit den Ersatzpflichtigen Vergleiche abgeschlossen werden. Solchen Vergleichen kommt, wenn sie von der Bezirkshauptmannschaft beurkundet werden, die Wirkung gerichtlicher Vergleiche (§ 1 Z. 15 der Exekutionsordnung) zu.

(3) Über den Kostenersatz nach § 9 und, wenn kein Vergleich zustande kommt, über den Kostenersatz nach § 10 ist im Verwaltungsweg zu entscheiden.

Übergang von Rechtsansprüchen

§ 12. (1) Hat ein Empfänger der Mindestsicherung für die Zeit, für die ihm Mindestsicherung gewährt wird, gegen einen Dritten einen öffentlichrechtlichen oder privatrechtlichen vermögensrechtlichen Anspruch zur Deckung von Bedürfnissen, wie sie durch Leistungen der Mindestsicherung befriedigt werden, so kann die Bezirkshauptmannschaft (§ 16), sofern sich aus den Vorschriften im Sinne des § 36 nichts anderes ergibt, durch schriftliche Anzeige an den Dritten bewirken, dass der Anspruch bis zur Höhe ihrer Aufwendungen für Mindestsicherung auf das Land übergeht.

(2) Die schriftliche Anzeige bewirkt mit ihrem Einlangen beim Dritten den Übergang des Anspruches für die Aufwendungen, die in der Zeit zwischen dem Einsatz der Mindestsicherung und der Beendigung der Mindestsicherung entstanden sind bzw. entstehen.

Ersatzansprüche Dritter

§ 13. (1) Musste einem Hilfsbedürftigen so dringend Hilfe gewährt werden, dass die Bezirkshauptmannschaft (§ 16) nicht vorher benachrichtigt werden konnte, so sind demjenigen, der die Hilfe geleistet hat, die Kosten zu ersetzen.

(2) Ersatzfähig sind nur die Kosten, die innerhalb von fünf Monaten vor ihrer Geltendmachung entstanden sind. Nach diesem Zeitpunkt aufgewendete Kosten sind nur insoweit ersatzfähig, als sie noch vor der Entscheidung über die Gewährung der Mindestsicherung aufgewendet wurden.

(3) Kosten nach Abs. 2 sind nur bis zu jenem Betrag zu ersetzen, der aufgelaufen wäre, wenn die Bezirkshauptmannschaft (§ 16) Mindestsicherung hätte leisten müssen oder den die Bezirkshauptmannschaft in Fällen des § 3 Abs. 5 geleistet hätte.

(4) Über den Kostenersatz ist im Verwaltungsweg zu entscheiden.

Fortsetzung des Verfahrens bei Tod des Hilfsbedürftigen

§ 14. (1) Ist ein Verfahren zur Gewährung von Mindestsicherung im Zeitpunkt des Todes des Hilfsbedürftigen noch nicht abgeschlossen, so ist derjenige Rechtsträger einer stationären Einrichtung, in der der Hilfsbedürftige untergebracht war, auf Antrag zur Fortsetzung des Verfahrens berechtigt. Der Antrag ist binnen drei Monaten nach dem Tod des Hilfsbedürftigen bzw. nach dem Ende des Verlassenschaftsverfahrens zu stellen.

(2) Voraussetzung für die Antragstellung ist, dass ein allfällig durchzuführendes Verlassenschaftsverfahren bereits abgeschlossen und eine Befriedigung der Ansprüche in diesem Rahmen zumindest teilweise erfolglos geblieben ist.

(3) Im fortgesetzten Verfahren sind höchstens jene Kosten zu ersetzen, die dem Rechtsträger, der Hilfe geleistet hat, entstanden sind. Der Ersatz der Kosten ist weiters insofern beschränkt, als Mindestsicherung nur in dem Umfang geleistet werden darf, in dem sie der verstorbenen Person gebührt hätte oder den die Bezirkshauptmannschaft in Fällen des § 3 Abs. 5 geleistet hätte.

4. Abschnitt
Organisation der Mindestsicherung

Träger der Mindestsicherung

§ 15. Das Land ist Träger der Mindestsicherung und hat die Aufgaben nach diesem Gesetz, soweit sie nicht ausdrücklich den Gemeinden oder dem Sozialfonds übertragen sind, zu besorgen.

Bezirkshauptmannschaft, Landesregierung

§ 16. (1) Die zur Durchführung dieses Gesetzes erforderlichen Verordnungen sind von der Landesregierung nach Anhörung des Sozialfonds zu erlassen. Im Übrigen ist für behördliche Maßnahmen aufgrund dieses Gesetzes, soweit nichts anderes bestimmt ist, die Bezirkshauptmannschaft sachlich zuständig.

(2) Für andere als behördliche Maßnahmen des Landes ist, soweit es sich um die Gewährung von Kernleistungen an Personen gemäß § 3 Abs. 5, Sonderleistungen (ausgenommen jene für Personen nach § 3 Abs. 4), den Abschluss von Vergleichen nach § 11 Abs. 3, die Geltendmachung der nach § 12 auf das Land übergegangenen Rechtsansprüche, die Geltendmachung der Rechte des Landes nach den Vorschriften im Sinne des § 36 und die Geltendmachung von Kostenersatzansprüchen aufgrund von staatsrechtlichen Vereinbarungen mit anderen Ländern handelt, die Bezirks-

hauptmannschaft, ansonsten die Landesregierung sachlich zuständig.

(3) Die örtliche Zuständigkeit der Bezirkshauptmannschaft richtet sich

a) in den Angelegenheiten der Ersatzansprüche nach § 13 nach dem Ort, an dem die Notwendigkeit zur Gewährung von Hilfe eingetreten ist,

b) in den übrigen Angelegenheiten zunächst nach dem Hauptwohnsitz des Hilfsbedürftigen oder Empfängers der Mindestsicherung, dann nach seinem Aufenthalt, schließlich nach seinem letzten Hauptwohnsitz, mangels eines solchen nach dem letzten Aufenthalt, in Vorarlberg.

(4) Die nach Abs. 3 lit. a zuständige Bezirkshauptmannschaft kann, wenn dies im Interesse der Zweckmäßigkeit, Raschheit und Einfachheit gelegen ist, ihre Zuständigkeit im Einzelfall der nach Abs. 3 lit. b zuständigen Bezirkshauptmannschaft übertragen.

(5) Bei Gefahr im Verzug hat jede Bezirkshauptmannschaft die in ihrem Bereich notwendigen und unaufschiebbaren Maßnahmen zu treffen und sodann das Verfahren zur Weiterführung der nach Abs. 3 zuständigen Bezirkshauptmannschaft abzutreten, wenn das Verfahren aber bereits abgeschlossen ist, die getroffenen Maßnahmen mitzuteilen.

(6) Die Landesregierung kann durch Verordnung alle oder einzelne Gemeinden damit betrauen, nach Abs. 1 und 2 in die Zuständigkeit der Bezirkshauptmannschaft fallende Angelegenheiten, ausgenommen die Geltendmachung von Kostenersatzansprüchen aufgrund von staatsrechtlichen Vereinbarungen mit anderen Ländern, im Namen der Bezirkshauptmannschaft zu besorgen, wenn dies im Interesse der Zweckmäßigkeit, Raschheit, Einfachheit und Kostenersparnis gelegen ist. Die Betrauung einer Gemeinde ist überdies nur zulässig, wenn sie zur Besorgung der betreffenden Angelegenheiten bereit ist und über fachlich geeignetes Personal in der erforderlichen Anzahl und die erforderliche sachliche Ausstattung verfügt.

(7) Die Bestimmungen des Verwaltungsstrafgesetzes 1991 über die örtliche Zuständigkeit werden durch die Abs. 3 bis 5 nicht berührt.

Schiedskommission

§ 17. (1) Die Schiedskommission entscheidet auf Antrag des Sozialfonds oder einer Gemeinde über den Ersatz des Zweckaufwandes (§ 23 Abs. 2) und auf Antrag des Sozialfonds, des Landes oder einer Gemeinde über die Leistung der Beiträge und Vorschüsse (§ 25). Der Antrag ist spätestens sechs Monate nach Entstehung des Zweckaufwandes bzw. nach Einlangen der Mitteilung über die Aufteilung der Beiträge und Vorschüsse auf das Land und die einzelnen Gemeinden zu stellen.

(2) Die Schiedskommission besteht aus einem Richter eines ordentlichen Gerichtes des Sprengels des Landesgerichtes Feldkirch oder des Landesverwaltungsgerichtes als Vorsitzendem und zwei weiteren Mitgliedern. Alle Mitglieder müssen zum Landtag wählbar sein. Der Richter ist von der Landesregierung nach Anhörung des Präsidenten des Landesgerichtes bzw. des Landesverwaltungsgerichtes auf fünf Jahre zu bestellen. Je ein weiteres Mitglied ist von der Landesregierung und vom Vorarlberger Gemeindeverband auf fünf Jahre zu bestellen. Wenn der Vorarlberger Gemeindeverband das Mitglied nicht innerhalb von zwei Monaten nach Aufforderung durch die Landesregierung bestellt, so ist die Bestellung von der Landesregierung vorzunehmen. Für jedes Mitglied der Kommission ist in gleicher Weise ein Ersatzmitglied zu bestellen, welches das Mitglied im Verhinderungsfall zu vertreten hat. Vor Ablauf der Funktionsperiode erlischt die Mitgliedschaft (Ersatzmitgliedschaft) durch Verzicht, Tod oder Abberufung.

(3) Die Schiedskommission hat ihren Sitz beim Amt der Landesregierung, das auch die Geschäfte der Schiedskommission zu besorgen hat. Zu einem gültigen Beschluss ist die Anwesenheit aller Mitglieder bzw. deren Ersatzmitglieder und die einfache Mehrheit der abgegebenen Stimmen erforderlich. Die Schiedskommission entscheidet mit Bescheid.

(4) Die Mitglieder und Ersatzmitglieder der Schiedskommission sind in Ausübung ihrer Funktion an keine Weisungen gebunden. Die Kommission muss die Landesregierung auf Verlangen über alle Gegenstände ihrer Geschäftsführung informieren. Die Landesregierung kann ein Mitglied oder Ersatzmitglied der Kommission aus wichtigem Grund abberufen, insbesondere wenn es seine Funktion nicht mehr ausüben kann oder die Voraussetzungen für seine Bestellung nachträglich weggefallen sind. Das abberufene Mitglied oder Ersatzmitglied ist für den Rest der Funktionsdauer durch ein neues zu ersetzen.

(5) Den Mitgliedern und Ersatzmitgliedern der Kommission gebührt der Ersatz der notwendigen Fahrtauslagen und für Zeitversäumnis eine Entschädigung. Die Höhe der Entschädigung ist von der Landesregierung unter Bedachtnahme auf die durchschnittliche Dauer der Sitzungen durch Verordnung festzusetzen.

(6) Über Beschwerden gegen Bescheide der Schiedskommission entscheidet das Landesverwaltungsgericht durch Senat.

Einrichtungen der freien Wohlfahrtspflege

§ 18. (1) Das Land als Träger von Privatrechten hat die Einrichtungen der freien Wohlfahrtspflege und andere Einrichtungen zur Mitarbeit in der Mindestsicherung heranzuziehen, soweit sie dazu geeignet und bereit sind und ihre Heranziehung der Erreichung des damit angestrebten Zweckes förderlich erscheint.

(2) Die nach Abs. 1 herangezogenen Einrichtungen haben sich bei ihrer Tätigkeit entsprechend geeigneter Personen zu bedienen und diese vertraglich zur Verschwiegenheit zu verpflichten. § 20 Abs. 3 gilt sinngemäß.

(3) Das Land und die Gemeinden als Träger von Privatrechten und der Sozialfonds können Einrichtungen der freien Wohlfahrtspflege, die regelmäßig zur Mitarbeit herangezogen werden, nach Maßgabe der zur Verfügung stehenden Haushaltsmittel fördern.

(4) Falls bei Einrichtungen der freien Wohlfahrtspflege Missstände auftreten, hat die Landesregierung für deren Beseitigung zu sorgen und erforderlichenfalls den Betrieb einzustellen. Bei Einrichtungen der freien Wohlfahrtspflege, die regelmäßig zur Mitarbeit herangezogen werden, hat die Landesregierung überdies die zweckentsprechende Verwendung der Förderungsmittel (Abs. 3) zu prüfen und sich in geeigneten Abständen davon zu überzeugen, ob die Einrichtungen fachgerechte Leistungen erbringen. Die Organe der Behörde sind berechtigt, fremde Grundstücke und Räume zu betreten. Die Anwendung unmittelbaren Zwanges ohne vorausgegangenes Verfahren ist zulässig.

(5) Die Landesregierung kann durch Verordnung für Personen, die in Einrichtungen der freien Wohlfahrtspflege tätig sind, Berufsabzeichen und Berufsbezeichnungen schaffen. Die Landesregierung hat das Recht zum Tragen eines solchen Berufsabzeichens bzw. zur Führung einer solchen Berufsbezeichnung zu verleihen, wenn die besondere Eignung für den Dienst in Einrichtungen der freien Wohlfahrtspflege durch eine entsprechende Ausbildung oder eine längere praktische Tätigkeit nachgewiesen wird. Die Landesregierung hat durch Verordnung zu bestimmen, durch welche Ausbildung oder praktische Tätigkeit die erforderliche Eignung insbesondere nachgewiesen werden kann.

Gemeinden, eigener Wirkungsbereich

§ 19. (1) Den Gemeinden obliegt die örtliche Planung von Maßnahmen zur Vermeidung und Beseitigung von Hilfsbedürftigkeit, insbesondere auch die örtliche Planung von integrationsfördernden Maßnahmen. Dabei haben sie auf Planungen des Landes und benachbarter Gemeinden Bedacht zu nehmen. Die Planung der Gemeinden muss den Bestimmungen dieses Gesetzes, insbesondere den §§ 1, 2 und 8, entsprechen.

(2) Die Gemeinden haben auf eine zweckmäßige Zusammenarbeit jener Einrichtungen und Personen in der Gemeinde hinzuwirken, die soziale Dienstleistungen für Hilfsbedürftige erbringen.

(3) Die in diesem Gesetz geregelten Aufgaben der Gemeinde, ausgenommen jene der §§ 16 Abs. 6 und 35 Abs. 1, sind solche des eigenen Wirkungsbereiches. Die im § 35 Abs. 2 bis 5 und 8 geregelten Aufgaben sind vom Bürgermeister zu besorgen.

Mitwirkung von Bundesorganen und Dienststellen des Landes

§ 20. (1) Die österreichischen Vertretungsbehörden haben im Falle des § 3 Abs. 6 und 7 Anträge entgegenzunehmen sowie auf Ersuchen der Behörde (§ 16) insbesonders bei der Durchführung von Erhebungen und bei der Gewährung von Mindestsicherungsleistungen mitzuwirken.

(2) Die Gerichte haben auf Ersuchen der Behörde (§ 16) Auskünfte aus Akten zu erteilen, die einen Hilfsbedürftigen oder Ersatzpflichtigen betreffen, oder Einsicht in solche Akten zu gewähren, soweit dies zur Feststellung der Voraussetzungen und der Höhe einer Leistung oder für Kostenersatzverfahren erforderlich ist.

(3) Die Sozialversicherungsträger, der Hauptverband der österreichischen Sozialversicherungsträger, das Sozialministeriumservice, der Österreichische Integrationsfonds, die Geschäftsstellen des Arbeitsmarktservice, die Finanz-, Fremden- und Asylbehörden haben auf Ersuchen der Behörde (§ 16) die zur Feststellung der Voraussetzungen und der Höhe einer Leistung sowie für Kostenersatzverfahren erforderlichen personenbezogenen Daten zu übermitteln. Erforderlich sind personenbezogene Daten der Hilfsbedürftigen betreffend

a) Name, Geburtsdatum und -ort, Sozialversicherungsnummer, Staatsangehörigkeit, Adresse, Aufenthaltsort, Personenstand, Ausbildung und Beruf;
b) berufliche Verwendung, Arbeitgeber, Verdienst, sowie Beginn und Ende des Beschäftigungsverhältnisses;
c) Art und Höhe der vom Arbeitsmarktservice erbrachten Leistungen, Beginn des Bezuges von Leistungen durch das Arbeitsmarktservice und voraussichtlicher Gewährungszeitraum, Auszahlungszeitpunkt und Auszahlungshöhe, Beginn und Ende der Arbeitsuche (Vormerkzeit), Datum und Grund der Einstellung des Leistungsbezuges bzw. des Endes der Vormerkung der Arbeitsuche sowie Beginn, Ende und Art einer Sanktion (§§ 10, 11 oder 49 Arbeitslosenversicherungsgesetz 1977);
d) andere finanzielle Leistungen, insbesondere Tagsätze, Familienzuschläge, Beihilfen zu Kurskosten, Maßnahmen zur Wiedereingliederung oder Pensionsbezüge und
e) sonstige personenbezogene Daten, soweit diese unabdingbare Voraussetzung für die Feststellung der Arbeitsfähigkeit, des Integrationsförderbedarfs und der Teilnahme an integrationsfördernden Maßnahmen sind.

(4) Der zuständige Bundesminister hat der Behörde (§ 16) zur Feststellung der Voraussetzungen und der Höhe einer Leistung eine Möglichkeit zu Verknüpfungsabfragen im Zentralen Melderegister nach dem Kriterium Wohnsitz zu eröffnen.

(5) Der Abs. 3 gilt sinngemäß für Dienststellen des Landes, denen einschlägige personenbezogene Daten aufgrund des Vollzugs anderer landesrechtlicher Vorschriften zur Verfügung stehen.

5. Abschnitt
Sozialfonds

Errichtung und Zweck des Sozialfonds

§ 21. (1) Zur gemeinschaftlichen Finanzierung

der Kosten der Mindestsicherung durch das Land und die Gemeinden sowie zur Steuerung der Entwicklung dieser Kosten wird ein Fonds eingerichtet. Er führt die Bezeichnung „Sozialfonds".

(2) Der Sozialfonds besitzt Rechtspersönlichkeit und hat seinen Sitz in Bregenz.

Aufgaben des Sozialfonds

§ 22. (1) Aufgaben des Sozialfonds sind

a) die Tragung der Kosten der Mindestsicherung,
b) die Erlassung von Richtlinien zur Einhaltung des Voranschlags des Fonds bei der Gewährung von Mindestsicherung,
c) die Entscheidung von Fragen der tariflichen Gestaltung sozialer Dienstleistungen für Hilfsbedürftige,
d) die Beratung sonstiger Fragen, die für die Gestaltung der Mindestsicherung von allgemeiner Bedeutung sind,
e) die Stellungnahme zu Verordnungsentwürfen der Landesregierung, insoweit dem Fonds ein Anhörungsrecht zukommt,
f) die Erlassung von Richtlinien für die Gewährung von Förderungen und sonstigen Zuschüssen nach lit. g und
g) die Gewährung von Förderungen und sonstigen Zuschüssen an Einrichtungen der freien Wohlfahrtspflege und Gemeinden.

(2) Der Sozialfonds hat weiters die Kosten der Förderung der 24-Stunden-Betreuung zu tragen.

Kostentragung

§ 23. (1) Zu den Kosten der Mindestsicherung gehört der gesamte sich aus der Besorgung der in diesem Gesetz geregelten Aufgaben ergebende Zweckaufwand einschließlich der Förderungen nach § 18 Abs. 3 und des Aufwandes, der aufgrund von Verordnungen nach § 34 zu tragen ist. Zu den Kosten der Mindestsicherung gehören auch die Kosten, die aufgrund der Grundversorgungsvereinbarung zu tragen sind.

(2) Der Sozialfonds hat, soweit im Abs. 4 nichts anderes bestimmt ist, die Kosten der Mindestsicherung, die nicht durch Einnahmen nach Abs. 3 gedeckt sind, zu tragen. Er hat den Gemeinden im Falle der Mitwirkung bei der Gewährung der Mindestsicherungsleistungen (§§ 16 Abs. 6 und 35 Abs. 1) den hiedurch entstandenen Zweckaufwand vierteljährlich im Nachhinein zu ersetzen. Diese Kostenersätze können mit den nach § 25 Abs. 5 zu leistenden Vorschüssen verrechnet werden.

(3) Leistungen, die das Land aufgrund der §§ 9, 10 und 12, der Vorschriften im Sinne des § 36, aufgrund von staatsrechtlichen Vereinbarungen im Sinne des § 34 oder aufgrund der Grundversorgungsvereinbarung erhalten hat, sowie sonstige für Zwecke der Mindestsicherung oder der öffentlichen Fürsorge bestimmte Einnahmen des Landes sind in der durchlaufenden Gebarung dem Sozialfonds zu überweisen.

(4) Das Land und die Gemeinden haben die Kosten ihrer Förderungstätigkeit (§ 18 Abs. 3) zu tragen. Die Gemeinden haben außerdem, soweit nicht Förderungen des Sozialfonds geleistet werden, die sich aus der Besorgung der in § 19 Abs. 1 und 2 geregelten Aufgaben ergebenden Kosten zu tragen.

(5) Zu den Kosten der Förderung der 24-Stunden-Betreuung gehören die Kosten, die das Land aufgrund der staatsrechtlichen Vereinbarung über die gemeinsame Förderung der 24-Stunden-Betreuung zu tragen hat. Diese Kosten hat der Sozialfonds zu tragen.

Mittel des Sozialfonds

§ 24. (1) Der Sozialfonds erhält seine Mittel aus

a) Beiträgen des Landes,
b) Beiträgen der Gemeinden,
c) Erträgnissen aus dem Fondsvermögen und
d) sonstigen Einnahmen.

(2) Die Mittel des Sozialfonds sind unter Beachtung der Grundsätze der Zweckmäßigkeit, Wirtschaftlichkeit und Sparsamkeit zu verwalten.

Beiträge des Landes und der Gemeinden

§ 25. (1) Zu den vom Sozialfonds nach § 23 Abs. 2 und 5 zu tragenden oder zu ersetzenden Kosten, die nicht durch andere Einnahmen gedeckt sind, haben jährlich das Land einen Beitrag in Höhe von 60 % und die Gemeinden einen Beitrag in Höhe von 40 % zu leisten.

(1a) 50 % des Beitrages der Gemeinden nach Abs. 1 sind auf die einzelnen Gemeinden nach dem prozentualen Anteil aufzuteilen, den die einzelne Gemeinde an der Summe der von allen Gemeinden geleisteten Beiträgen innerhalb des Zeitraums von zehn Jahren, der mit dem dem Beitragsjahr zweitvorangegangenen Jahr endet, durchschnittlich pro Jahr als Beitrag geleistet hat, soweit die Aufteilung nicht in Form von Einzelfallbeiträgen (Abs. 3) zu erfolgen hat.

(2) 50 % des Beitrages der Gemeinden nach Abs. 1 sind auf die einzelnen Gemeinden nach deren Finanzkraft aufzuteilen, soweit die Aufteilung nicht in Form von Einzelfallbeiträgen (Abs. 3) zu erfolgen hat. Die Finanzkraft ist unter Heranziehung der Beträge des dem Beitragsjahr zweitvorangegangenen Jahres zu berechnen. Folgende Beträge nach lit. a bis e sind zusammenzuzählen:

a) Ertragsanteile an den gemeinschaftlichen Bundesabgaben nach Abzug der Bedarfszuweisungen, jedoch vor Abzug der Landesumlage;
b) 100 % der Ertragsanteile an der Spielbankabgabe;
c) Grundsteuer von Steuergegenständen gemäß § 1 Abs. 2 des Grundsteuergesetzes 1955 unter Zugrundelegung eines Hebelsatzes von 500 %;
d) 100 % des Aufkommens an Kommunalsteuer;

e) Beträge, welche die Gemeinde von anderen Gemeinden aufgrund von Betriebsansiedelungen oder -erweiterungen zum Ausgleich für dadurch erlangte Vorteile oder dadurch geschaffene Belastungen erhält; die Zahlungen bedürfen einer schriftlichen Grundlage, aus der die Höhe und der Zweck hervorgehen.

Von den Beträgen nach lit. a bis e sind Beträge im Sinne der lit. e, welche die Gemeinde zugunsten anderer Gemeinden entrichtet, abzuziehen.

(2a) Für das Beitragsjahr 2018 sind die Bestimmungen des Abs. 2 mit der Maßgabe anzuwenden, dass

a) die Ertragsanteile, die die Stadt Dornbirn als Ausgleich für den Entfall der Selbstträgerschaft für das Krankenhaus der Stadt Dornbirn erhält, nicht zu den Ertragsanteilen an den gemeinschaftlichen Bundesabgaben gehören;

b) der von der Gemeinde zum Pflegegeld geleistete Beitrag von den Ertragsanteilen an den gemeinschaftlichen Bundesabgaben abzuziehen ist.

(3) Die Landesregierung kann durch Verordnung bestimmen, dass die einzelnen Gemeinden als Teil des Beitrages nach Abs. 1 einzelfallbezogene Beiträge nach Maßgabe der ihnen zuzurechnenden Hilfsbedürftigen (Abs. 4) zu leisten haben (Einzelfallbeiträge). Einzelfallbeiträge dürfen nur hinsichtlich der vom Sozialfonds zu tragenden Kosten für Unterkunft im Rahmen der Gewährung des ausreichenden Lebensunterhaltes und für die Unterbringung in Anstalten, Heimen und anderen Einrichtungen im Rahmen einer Hilfe für betagte und pflegebedürftige Menschen vorgesehen werden. Die Höhe des Einzelfallbeitrages ist in einem Prozentsatz dieser Kosten, der 10 % nicht übersteigen darf, festzulegen. Einzelfallbeiträge sind nicht zu leisten, wenn der Einsatz der Mindestsicherung vor dem Inkrafttreten der Verordnung erfolgt ist. Einzelfallbeiträge sind von den in einem Beitragsjahr anfallenden Kosten zu ermitteln.

(4) Einer Gemeinde sind jene Hilfsbedürftigen zuzurechnen, die dort den Hauptwohnsitz haben. Abweichend davon sind Hilfsbedürftige, die nur aufgrund ihres Aufenthaltes in einer der im Abs. 3 genannten Einrichtungen ihren Hauptwohnsitz in einer Gemeinde haben, jener Gemeinde des Landes zuzurechnen, in der sie unmittelbar vor ihrem Aufenthalt in dieser Einrichtung ihren Hauptwohnsitz hatten. Wenn sich Hilfsbedürftige unmittelbar vor ihrem Aufenthalt in dieser Einrichtung in weiteren derartigen Einrichtungen aufgehalten haben, so sind sie jener Gemeinde des Landes zuzurechnen, in der sie unmittelbar vor ihrem Aufenthalt in diesen Einrichtungen ihren Hauptwohnsitz hatten. Diese abweichende Regelung gilt nicht für Hilfsbedürftige, die bereits seit dem Stichtag einer Registerzählung in einer der im Abs. 3 genannten Einrichtungen untergebracht sind, hinsichtlich der Zeit ab dem 1. Jänner des diesem Stichtag folgenden Kalenderjahres sowie für Hilfsbedürftige, die sich in diesen Einrichtungen vor Eintritt der Hilfsbedürftigkeit bereits seit mehr als zwei Jahren aufgehalten haben. Hilfsbedürftige, die nur aufgrund ihres Aufenthaltes in einer der im Abs. 3 genannten Einrichtungen ihren Hauptwohnsitz in einer Gemeinde haben und unmittelbar vor ihrem Aufenthalt in dieser Einrichtung ihren Hauptwohnsitz außerhalb des Landes hatten, sind dieser Gemeinde ab dem 1. Jänner des auf den Stichtag einer Registerzählung folgenden Kalenderjahres zuzurechnen.

(5) Der Beitrag des Landes (Abs. 1) und die Beitragsanteile der Gemeinden (Abs. 1a bis 3) werden mit Ablauf von zwei Monaten nach dem Einlangen der Mitteilung über die Aufteilung der Beiträge auf das Land und die einzelnen Gemeinden fällig. Das Land hat dem Sozialfonds jeweils bis zum 1. jeden Monats des Beitragsjahres Vorschüsse in der Höhe je eines Zwölftels des zu erwartenden Beitrages gegen nachträgliche Verrechnung zu überweisen. Die Gemeinden haben dem Fonds jeweils bis 31. März, 30. Juni, 30. September und 31. Dezember des Beitragsjahres Vorschüsse in der Höhe je eines Sechstels des zu erwartenden Beitragsanteiles gegen nachträgliche Verrechnung zu überweisen. Bei der Berechnung der Vorschüsse ist vom Voranschlag des Fonds auszugehen.

(6) Soweit dem Sozialfonds die finanzielle Bedeckung fehlt, hat das Land vorübergehend gegen nachträgliche Verrechnung mit seinen Vorschüssen und Beiträgen die erforderlichen Mittel zur Verfügung zu stellen.

§ 26. (aufgehoben)

Organe des Sozialfonds

§ 27. Organe des Sozialfonds sind

a) das Kuratorium,

b) der Vorsitzende des Kuratoriums und

c) das zuständige Mitglied der Landesregierung.

Kuratorium

§ 28. (1) Dem Kuratorium gehören mit beschließender Stimme an:

a) die für die Angelegenheiten der Mindestsicherung, der Grundversorgung für hilfs- und schutzbedürftige Fremde, der Kinder- und Jugendhilfe, der Integrationshilfe und der Pflegesicherung zuständigen Mitglieder der Landesregierung,

b) bis zu drei weitere von der Landesregierung entsandte Mitglieder, wobei die Mitglieder unter Einrechnung jener nach lit. a nicht mehr als vier betragen dürfen und

c) vier von der Landesregierung nach Einholung eines Vorschlages des Vorarlberger Gemeindeverbandes bestellte Mitglieder.

(2) Dem Kuratorium gehören weiters vier Mitglieder aus dem Kreise der in Einrichtungen der freien Wohlfahrtspflege tätigen, fachlich besonders befähigten Personen mit beratender Stimme

an. Sie sind von der Landesregierung auf fünf Jahre zu bestellen.

(3) Die Mitglieder nach Abs. 1 lit. b sind für die Dauer der Landtagsperiode, die Mitglieder nach Abs. 1 lit. c für die Dauer der durch die allgemeinen Gemeindevertretungswahlen bestimmten Periode zu entsenden bzw. zu bestellen. Sie führen ihre Geschäfte bis zur Entsendung bzw. Bestellung der neuen Mitglieder weiter.

(4) Für jedes Mitglied nach Abs. 1 lit. b und c und Abs. 2 ist in gleicher Weise ein Ersatzmitglied zu bestellen, welches das Mitglied im Fall der Verhinderung oder Befangenheit vertritt. Die Vertretung der Mitglieder nach Abs. 1 lit. a richtet sich nach der Geschäftsverteilung der Landesregierung.

(5) Vor Ablauf der Funktionsperiode erlischt die Mitgliedschaft (Ersatzmitgliedschaft) nach Abs. 1 lit. b und c und Abs. 2 durch Verzicht, Tod oder Abberufung durch die Landesregierung. Ein Mitglied (Ersatzmitglied) nach Abs. 2 ist von der Landesregierung abzuberufen, wenn die Voraussetzungen für die Bestellung nicht mehr vorliegen.

(6) Dem Kuratorium obliegt die Verwaltung des Sozialfonds, soweit nicht für einzelne Aufgaben etwas anderes bestimmt ist. In den Wirkungsbereich des Kuratoriums fallen insbesondere

a) die Festlegung der Fondsstrategie,
b) die Erstattung eines Vorschlages für die Festsetzung des Fondsbeitrages des Landes im Landesvoranschlag,
c) die Beschlussfassung über den Voranschlag einschließlich allfälliger Nachträge,
d) die Beschlussfassung über den Rechnungsabschluss und den Tätigkeitsbericht,
e) die Aufteilung der Fondsbeiträge und -beitragsanteile auf das Land und die einzelnen Gemeinden,
f) die Berechnung der an den Sozialfonds abzuführenden Vorschüsse,
g) die Antragstellung auf Entscheidung der Schiedskommission (§ 17 Abs. 1),
h) die Beschlussfassung über die Bewilligung von Förderungen (§ 32 Abs. 2) und sonstigen Zuschüssen, soweit die Entscheidung hierüber nicht dem Vorsitzenden übertragen ist und
i) die Bedeckung der Kosten, die aufgrund der staatsrechtlichen Vereinbarung über die gemeinsame Förderung der 24-Stunden-Betreuung vom Land zu tragen sind.

(7) Alle Beratungsgegenstände sind einer Vorberatung zu unterziehen, in der den beratenden Mitgliedern Gelegenheit zur Äußerung ihrer Standpunkte zu geben ist. Eine Vorberatung kann nur durchgeführt werden, wenn die Einladung ordnungs-gemäß erfolgt und mindestens die Hälfte der Mitglieder anwesend ist.

(8) Nach der Vorberatung ist in Anwesenheit der stimmberechtigten Mitglieder, wenn erforderlich nach einer weiteren Beratung, die Beschlussfassung durchzuführen. Die Beschlussfähigkeit ist gegeben, wenn die Einladung ordnungsgemäß erfolgt und mindestens die Hälfte der stimmberechtigten Mitglieder anwesend ist. Zu einem gültigen Beschluss ist die einfache Mehrheit der Stimmen erforderlich. Stimmenthaltung ist nicht zulässig. Bei Stimmengleichheit entscheidet die Stimme des Vorsitzenden.

(LGBl Vbg 2018/39)

Vorsitzender

§ 29. (1) Vorsitzender des Kuratoriums ist jenes Mitglied der Landesregierung (§ 28 Abs. 1 lit. a), das durch die Landesregierung bestimmt wird.

(2) Dem Vorsitzenden obliegen

a) die Vertretung des Sozialfonds nach außen,
b) die Führung des Vorsitzes im Kuratorium,
c) die Leitung der Geschäftsführung, soweit sie nicht dem zuständigen Mitglied der Landesregierung vorbehalten ist (§ 30 lit. a), und
d) die Erstattung von Berichten an das Kuratorium, soweit dies nicht dem zuständigen Mitglied der Landesregierung vorbehalten ist (§ 30 lit. b).

(3) Der Vorsitzende hat das Kuratorium nach Bedarf, mindestens jedoch zweimal jährlich, zu Sitzungen einzuberufen. Eine Einberufung hat auch binnen drei Wochen zu erfolgen, wenn dies mindestens drei stimmberechtigte Mitglieder unter gleichzeitiger Angabe des Grundes schriftlich verlangen.

(4) Der Vorsitzende kann zu den Vorberatungen (§ 28 Abs. 7) erforderlichenfalls weitere Fachleute, insbesondere auch Vertreter von Einrichtungen der freien Wohlfahrtspflege, beiziehen.

(5) Kann in dringenden Fällen der Beschluss des Kuratoriums nicht ohne Nachteil für die Sache oder ohne Gefahr eines Schadens für den Sozialfonds abgewartet werden, so ist der Vorsitzende berechtigt, namens des Kuratoriums tätig zu werden.

(6) Verfügungen gemäß Abs. 5 sind unter ausdrücklicher Berufung auf diese Bestimmung zu treffen und vom Vorsitzenden dem Kuratorium in der nächstfolgenden Sitzung unter einem eigenen Tagesordnungspunkt zur Kenntnis zu bringen.

Zuständiges Mitglied der Landesregierung

§ 30. Dem für die Angelegenheiten der Mindestsicherung bzw. der Grundversorgung für hilfs- und schutzbedürftige Fremde zuständigen Mitglied der Landesregierung obliegen in ihrem Bereich

a) die Vorbereitung und Durchführung der vom Kuratorium zu fassenden Beschlüsse,
b) die Erstattung von Berichten an das Kuratorium und
c) die Entscheidung über Ausgaben nach § 22 lit. g, wenn sie im Einzelfall den Betrag nicht übersteigen, für den in sinngemäßer Anwendung der Geschäftsordnung der Landesregie-

rung eine kollegiale Beschlussfassung notwendig ist. Bei wiederkehrenden Leistungen an den gleichen Empfänger obliegt dem genannten Mitglied der Landesregierung die Entscheidung, wenn die Ausgaben in ihrer Gesamtheit diesen Betrag im Jahr nicht übersteigen.

(LGBl Vbg 2018/39)

Geschäftsführung, Geschäftsordnung

§ 31. (1) Die Geschäftsführung des Sozialfonds obliegt dem Amt der Landesregierung.

(2) Die Landesregierung hat durch Verordnung eine Geschäftsordnung für den Sozialfonds zu erlassen, die insbesondere nähere Bestimmungen zu enthalten hat über

(LGBl Vbg 2018/39)

a) die allfällige Möglichkeit des Kuratoriums, zur Vorbereitung seiner Entscheidungen nach Bedarf auf Dauer oder fallweise Ausschüsse einzurichten,

b) die Einberufung der Sitzungen des Kuratoriums,

c) die Geschäftsbehandlung,

d) Art, Form und Inhalt der Berichtspflichten gegenüber dem Kuratorium,

e) Form und Inhalt der Fondsstrategie, des Voranschlages, des Rechnungsabschlusses und des Tätigkeitsberichtes sowie allenfalls weiterer, zur Wahrnehmung des Aufsichtsrechtes (§ 33) erforderlicher Unterlagen, und

f) die Entschädigung für Zeitversäumnis und Fahrtkosten der Mitglieder (Ersatzmitglieder) des Kuratoriums nach § 28 Abs. 1 lit. c und Abs. 2 und, soweit sie weder Mitglieder der Landesregierung noch Landesbedienstete sind, nach § 28 Abs. 1 lit. b.

(3) Beschlüsse des Kuratoriums sind vom Vorsitzenden zu veröffentlichen, soweit ihr Inhalt für die Öffentlichkeit von Bedeutung ist und nicht der Amtsverschwiegenheit unterliegt. Das Kuratorium kann beschließen, dass bestimmte Beschlüsse aus öffentlichen Rücksichten nicht verlautbart werden dürfen.

Förderungsverfahren

§ 32. (1) Die Förderungswerber haben dem Sozialfonds oder von ihm beauftragten Personen zur Beurteilung der Förderungswürdigkeit auf Verlangen nähere Auskünfte zu erteilen und die erforderlichen Nachweise zu erbringen.

(2) Förderungen durch den Sozialfonds sind in Form von Förderungszusagen zu erteilen. Die Förderungszusagen haben die Verpflichtung des Förderungsempfängers zu enthalten, dem Sozialfonds auf Verlangen Rechenschaft über die Verwendung der Förderung zu geben sowie im Einzelfall eine Prüfung an Ort und Stelle durch den Fonds oder von ihm beauftragte Personen zu dulden.

Aufsicht über den Sozialfonds

§ 33. (1) Der Sozialfonds steht unter der Aufsicht der Landesregierung.

(2) Die Landesregierung hat das Recht, die Gebarung des Sozialfonds auf ihre Wirtschaftlichkeit, Sparsamkeit und Zweckmäßigkeit sowie auf die ziffernmäßige Richtigkeit und die Übereinstimmung mit den bestehenden Vorschriften sowie der Fondsstrategie zu überprüfen.

(3) Der Sozialfonds hat der Landesregierung auf Verlangen alle zur Ausübung der Gebarungskontrolle erforderlichen Auskünfte zu erteilen, Bücher, Belege und sonstige Behelfe vorzulegen und Einschauhandlungen zu ermöglichen.

(4) Die Fondsstrategie und deren Änderungen sind der Landesregierung ohne unnötigen Aufschub vorzulegen. Spätestens fünf Monate nach Ablauf eines jeden Geschäftsjahres hat der Sozialfonds der Landesregierung den Rechnungsabschluss und einen Tätigkeitsbericht vorzulegen.

(5) Die Fondsstrategie und deren Änderungen, der Voranschlag, der Rechnungsabschluss und der Tätigkeitsbericht des Sozialfonds bedürfen der Genehmigung der Landesregierung.

(6) Die Landesregierung hat dem Landtag jährlich den Rechnungsabschluss und den Tätigkeitsbericht des Sozialfonds zur Kenntnis zu bringen. Eine Ausfertigung des Rechnungsabschlusses und des Tätigkeitsberichtes ist dem Vorarlberger Gemeindeverband zu übermitteln.

6. Abschnitt
Verfahrens-, Straf- und Schlussbestimmungen

Vereinbarungen mit anderen Ländern

§ 34. Die Landesregierung hat die in staatsrechtlichen Vereinbarungen mit anderen Ländern über einen Kostenersatz zwischen dem Land und Mindestsicherungsträgern anderer Länder sowie über den Umfang der zu leistenden Amtshilfe festgelegten Verpflichtungen des Landes durch Verordnung in Kraft zu setzen, sofern nach diesen Vereinbarungen

a) über den vom Land zu leistenden Kostenersatz die Landesregierung zu entscheiden hat,

b) die Verpflichtung des Landes zum Kostenersatz vom Hauptwohnsitz oder Aufenthalt des Hilfsbedürftigen, seiner Eltern oder Angehörigen in Vorarlberg vor oder bei Eintritt der Hilfsbedürftigkeit oder vom Geburtsort des Hilfsbedürftigen, seiner Eltern oder Angehörigen in Vorarlberg abhängt,

c) die Verpflichtung des Landes zum Kostenersatz nur insoweit besteht, als die Leistung, deren Kosten ersetzt werden sollen, nach den für den Mindestsicherungsträger geltenden Vorschriften zu gewähren war und die Leistung hinsichtlich ihrer Art auch in diesem Gesetz vorgesehen ist bzw. in dem durch dieses Gesetz außer Kraft gesetzten Vorschriften vorgesehen war,

d) der Umfang der vom Land zu leistenden Amtshilfe mit dem durch dieses Gesetz festgelegten Wirkungsbereich begrenzt ist,

e) Gegenseitigkeit gewährleistet ist.

Mitwirkung der Gemeinden in Verfahren

§ 35. (1) Die Gemeinden sind unbeschadet der Bestimmung des § 19 Abs. 2 des Gemeindegesetzes verpflichtet, Anträge entgegenzunehmen und unverzüglich an die zuständige Bezirkshauptmannschaft weiterzuleiten, Erhebungen durchzuführen und bei der Gewährung der Mindestsicherungsleistungen mitzuwirken.

(2) Die Gemeinden können den nach Abs. 1 weiterzuleitenden Anträgen eine Stellungnahme anschließen, in der auch ein begründeter Lösungsvorschlag enthalten sein kann.

(3) Wenn anzunehmen ist, dass im Falle der Gewährung von Mindestsicherung Einzelfallbeiträge (§ 25 Abs. 3) zu leisten sind, hat die Bezirkshauptmannschaft der voraussichtlich zur Leistung verpflichteten Gemeinde unverzüglich nach Einleitung des Verfahrens unter Setzung einer angemessenen Frist Gelegenheit zur Stellungnahme im Sinne des Abs. 2 zu geben, wenn

a) ein Antrag bei der Bezirkshauptmannschaft einlangt, ohne dass die Gemeinde Gelegenheit zur Stellungnahme hatte, oder

b) eine amtswegige Gewährung der Mindestsicherung beabsichtigt ist.

(4) Wenn die Gemeinde, die voraussichtlich zur Leistung von Einzelfallbeiträgen verpflichtet ist, eine Stellungnahme mit einem begründeten Lösungsvorschlag abgibt, kann sie zugleich verlangen, dass sie vor einer abweichenden Entscheidung noch einmal gehört wird.

(5) Weicht die Entscheidung in der Sache von der fristgerecht abgegebenen, mit einem begründeten Lösungsvorschlag verbundenen Stellungnahme der voraussichtlich zur Leistung von Einzelfallbeiträgen verpflichteten Gemeinde ab oder wurde diese entgegen Abs. 3 und 7 nicht gehört, so kann sie dagegen Beschwerde beim Landesverwaltungsgericht erheben (Art. 132 B-VG).

(6) Wird aufgrund einer Beschwerde nach Abs. 5 der angefochtene Bescheid aufgehoben oder abgeändert, so sind bereits erbrachte Mindestsicherungsleistungen nicht zu ersetzen.

(7) Im Falle der Unaufschiebbarkeit kann die Bezirkshauptmannschaft abweichend von Abs. 3 ohne Anhörung der Gemeinde entscheiden. Diesfalls ist die Gewährung von Mindestsicherung auf die unbedingt notwendige Dauer zu begrenzen.

(8) Wenn dies für die Ermittlung der zu gewährenden Mindestsicherung zweckmäßig und im Interesse eines möglichst wirtschaftlichen und sparsamen Aufwandes gelegen ist, kann die Landesregierung durch Verordnung festlegen, in welchen weiteren Fällen die Gemeinden nach Maßgabe der Abs. 3 und 7 mitwirken.

Beziehungen zu den Trägern der Sozialversicherung

§ 36. Für die Beziehungen des Landes zu den Trägern der Sozialversicherung gelten die sozialversicherungsrechtlichen Bestimmungen über die Beziehungen der Versicherungsträger zu den Trägern der Mindestsicherung einschließlich der darauf Bezug nehmenden Verfahrensvorschriften.

Antragsrecht

§ 37. (1) Jeder Hilfsbedürftige kann in seinem Namen Mindestsicherung beantragen. Die allgemeinen Regelungen über die Vertretung bleiben unberührt.

(2) Volljährige Hilfsbedürftige können Mindestsicherung auch im Namen der mit ihnen im gemeinsamen Haushalt lebenden, ihnen gegenüber unterhaltsberechtigten oder mit ihnen in einer Ehe oder eheähnlichen Gemeinschaft lebenden Personen beantragen.

Informationspflicht, Mitwirkungspflicht

§ 38. (1) Die Bezirkshauptmannschaft (§ 16) hat die antragstellende Person der jeweiligen Sachlage entsprechend über mögliche Leistungen nach dem 2. Abschnitt sowie über Möglichkeiten zur Überwindung der sozialen Notlage bzw. zur nachhaltigen sozialen Stabilisierung zu informieren, zu beraten und anzuleiten.

(2) Personen nach § 3 Abs. 4 sind bei ihrer Übernahme in die Betreuung über die ihnen zustehenden Leistungen sowie die sie treffenden Verpflichtungen zu informieren; es ist ihnen mitzuteilen, wo sie betreut werden, medizinische Versorgung in Anspruch nehmen können und welche Organisationen oder Personengruppen eine einschlägige Rechtsberatung leisten oder ihnen sonst behilflich sind. Nach Möglichkeit haben alle Informationen schriftlich und in einer der betreffenden Person verständlichen Sprache zu erfolgen.

(3) Der Hilfsbedürftige ist verpflichtet, an der Feststellung des maßgeblichen Sachverhaltes mitzuwirken. Im Rahmen der Mitwirkungspflicht sind die zur Durchführung des Verfahrens unerlässlichen Angaben zu machen und die dafür erforderlichen Urkunden oder Unterlagen beizubringen. Weiters hat sich der Hilfsbedürftige den für die Entscheidungsfindung unerlässlichen Untersuchungen zu unterziehen.

(4) Kommt der Hilfsbedürftige seiner Mitwirkungspflicht ohne triftigen Grund nicht nach, können unter Berücksichtigung des Grundsatzes der Verhältnismäßigkeit die Leistungen der Mindestsicherung, ausgenommen der Schutz bei Krankheit, Schwangerschaft und Entbindung (gesetzliche Krankenversicherung), abgelehnt, herabgesetzt oder unter Auflagen oder Bedingungen gewährt werden, nachdem er auf die Folgen seines Verhaltens nachweislich aufmerksam gemacht worden ist.

Entscheidungsfrist, Beschwerde, Unwirksamkeit des Beschwerdeverzichts

§ 39. (1) Über den Antrag auf Gewährung von Mindestsicherung ist ohne unnötigen Aufschub zu entscheiden; ausgenommen in den Fällen des § 5 Abs. 3 ist von der Bezirkshauptmannschaft (§ 16) spätestens innerhalb von drei Monaten zu entscheiden. Über einen Antrag auf eine unmittelbar erforderliche Bedarfsdeckung einer Kernleistung ist sofort zu entscheiden.

(2) Bescheide nach diesem Gesetz sind schriftlich zu erlassen. Bescheide über die Gewährung der Mindestsicherung können unter Vorschreibung von Auflagen, Bedingungen und Befristungen erlassen werden, soweit dies zur Sicherstellung der gesetzlichen Voraussetzung des zumutbaren Einsatzes der eigenen Kräfte und Mittel (§ 8 Abs. 1 bis 3) erforderlich ist.

(3) Der Hilfsbedürftige kann auf das Recht zur Einbringung einer Beschwerde an das Landesverwaltungsgericht nicht verzichten. Eine Beschwerde des Hilfsbedürftigen hat keine aufschiebende Wirkung, soweit eine solche Wirkung zu seinem Nachteile wäre; dies gilt nicht in Verfahren betreffend § 5 Abs. 3.

Nachträgliche Änderungen

§ 40. (1) Der Empfänger von Mindestsicherung ist verpflichtet, jede Änderung in den für die Weitergewährung der Mindestsicherung maßgebenden Verhältnissen der Bezirkshauptmannschaft (§ 16) binnen zwei Wochen anzuzeigen.

(2) Die Mindestsicherungsleistung ist einzustellen, wenn eine Voraussetzung für die Gewährung wegfällt. Sie ist herabzusetzen, wenn sie aufgrund geänderter Umstände, insbesondere auch bei Vorliegen der Voraussetzungen nach § 8 Abs. 6 oder einer rückwirkenden Gewährung von anrechenbaren Einkünften, zu hoch bemessen ist. § 38 Abs. 3 und 4 gelten sinngemäß.

(3) Einer Person nach § 3 Abs. 4 kann unter Berücksichtigung des Grundsatzes der Verhältnismäßigkeit eine Leistung, ausgenommen der Schutz bei Krankheit, Schwangerschaft und Entbindung (gesetzliche Krankenversicherung), auch dann eingestellt oder herabgesetzt werden, wenn diese

a) die Aufrechterhaltung der Ordnung oder das Zusammenleben in einer Unterbringungseinrichtung fortgesetzt und nachhaltig gefährdet oder gegen diese eine Wegweisung wegen Gewalt in Wohnungen ausgesprochen wurde,

b) innerhalb der Unterbringungseinrichtung einen gefährlichen Angriff gegen Leben, Gesundheit oder Freiheit begangen hat und aufgrund bestimmter Tatsachen anzunehmen ist, sie werde einen weiteren solchen begehen, oder

c) wegen einer in Art. 2 Abs. 4 Grundversorgungsvereinbarung angeführten strafbaren Handlung von einem ordentlichen Gericht verurteilt wurde.

Auskunftspflicht des Arbeitgebers

§ 41. Der Arbeitgeber eines Hilfsbedürftigen oder eines Ersatzpflichtigen hat der Behörde (§ 16) auf Ersuchen innerhalb angemessener Frist über alle Tatsachen, die das Beschäftigungsverhältnis eines Hilfsbedürftigen oder eines Ersatzpflichtigen betreffen, Auskunft zu erteilen, soweit diese Information unabdingbare Voraussetzung zur Feststellung der Höhe einer Leistung oder eines Kostenersatzes ist.

Verarbeiten von personenbezogenen Daten

§ 42. (1) Die Landesregierung, die Bezirkshauptmannschaften und die Organe der Gemeinden sind ermächtigt, bei der Vollziehung dieses Gesetzes personenbezogene Daten der Hilfsbedürftigen, der mit ihnen im gemeinsamen Haushalt lebenden Personen und der ihnen gegenüber zum Unterhalt verpflichteten Angehörigen betreffend Personalien, Versicherungsnummer, Arbeitsfähigkeit sowie sonstige in den persönlichen Umständen gelegene Tatsachen, die für die ihnen gesetzlich übertragenen Aufgaben wesentlich sind, automationsunterstützt zu verwenden.

(2) Die Landesregierung, die Bezirkshauptmannschaften und die Organe der Gemeinden sind ermächtigt, die von ihnen ermittelten personenbezogenen Daten nach Abs. 1 gemeinsam zu verarbeiten. In diesem Fall nimmt die Landesregierung, sofern nichts anderes vereinbart ist, die sich aus der Datenschutz-Grundverordnung (EU) 2016/679 ergebenden Pflichten wahr, insbesondere was die Rechte der von der Verarbeitung betroffenen Personen betrifft.

(3) Die Übermittlung von gemäß Abs. 1 und 2 verarbeiteten personenbezogenen Daten an den Bund, die Sozialversicherungsträger, die Geschäftsstellen des Arbeitsmarktservice sowie Einrichtungen der freien Wohlfahrtspflege und an andere Einrichtungen, die zur Mitarbeit in der Mindestsicherung herangezogen werden, ist zulässig, soweit die personenbezogenen Daten unabdingbare Voraussetzung für die Erfüllung der diesen übertragenen Aufgaben, insbesondere für die Feststellung der Arbeitsfähigkeit, zur Feststellung der Voraussetzungen einer Leistung sowie für Kostenerstattungs- und Rückersatzverfahren, sind.

Strafbestimmungen

§ 43. (1) Eine Verwaltungsübertretung begeht, wer

a) Organen des Landes in Vollziehung des § 18 Abs. 4 das Betreten fremder Grundstücke und Räume verweigert,

b) vorsätzlich durch unwahre Angaben oder durch Verschweigen wesentlicher Umstände Mindestsicherung in Anspruch nimmt,

c) gegen Auflagen verstößt, die in einem Bescheid gemäß §§ 7 Abs. 6 lit. b, 38 Abs. 4 oder 39 Abs. 2 vorgeschrieben wurden, oder

d) der Pflicht zur Anzeige nachträglicher Änderungen (§ 40 Abs. 1) oder der Auskunftspflicht (§ 41) nicht oder nicht rechtzeitig nachkommt.

(2) Der Versuch ist strafbar.

(3) Verwaltungsübertretungen sind mit einer Geldstrafe bis zu 700 Euro oder mit Freiheitsstrafe bis zu zwei Wochen zu ahnden.

Abgabenfreiheit

§ 44. In den Angelegenheiten dieses Gesetzes sowie für die Ausstellung von Zeugnissen, sonstigen Bestätigungen, Beglaubigungen und Überbeglaubigungen, soweit sie in einem Verfahren auf Gewährung von Mindestsicherung verwendet werden sollen, sind keine Landes- und Gemeindeverwaltungsabgaben zu entrichten.

Übergangsbestimmungen

§ 45. Für den Ersatz von Kosten der Sozialhilfe, die vor dem 1. Jänner 2008 entstanden sind, gilt § 10 des Sozialhilfegesetzes, LGBl.Nr. 1/1998, in der Fassung LGBl.Nr. 3/2006.

Inkrafttretensbestimmungen zur Novelle LGBl.Nr. 37/2017

§ 46. (1) Das Gesetz über eine Änderung des Mindestsicherungsgesetzes, LGBl.Nr. 37/2017, tritt am 1. Juli 2017 in Kraft. Abweichend von § 1 Abs. 4 in der Fassung LGBl.Nr. 37/2017 ist der Familienzuschuss für Kinder, für die ein solcher bereits vor dem 1. Juli 2017 gewährt wurde, weiterhin nicht zu berücksichtigen.

(2) Eine Verordnung auf der Grundlage des § 8 Abs. 7 und 8 in der Fassung des Gesetzes über eine Änderung des Mindestsicherungsgesetzes, LGBl.Nr. 37/2017, kann bereits vor Inkrafttreten dieses Gesetzes erlassen werden, sie tritt jedoch frühestens zu dem in Abs. 1 genannten Zeitpunkt in Kraft.

(3) Sofern die Bundesregierung die Zustimmung nach Art. 97 Abs. 2 B-VG zur Änderung des § 20 verweigert, ist die Novelle ohne diese Änderung kundzumachen.

Inkrafttretens- und Außerkrafttretensbestimmungen zur Novelle LGBl.Nr. 17/2018

§ 47. (1) Die Bestimmung des § 8 Abs. 3 in der Fassung LGBl.Nr. 17/2018 tritt am 1. Jänner 2018 in Kraft.

(2) Die Bestimmungen des § 25 Abs. 1a bis 2a in der Fassung LGBl.Nr. 17/2018 sind erstmalig für das Beitragsjahr 2018 anzuwenden.

(3) § 25 Abs. 2a in der Fassung LGBl.Nr. 17/2018 tritt am 31. Dezember 2019 außer Kraft.

Inkrafttretensbestimmungen zur Novelle LGBl.Nr. 39/2018

§ 48. (1) Artikel IV des Gesetzes über Landesfonds – Sammelnovelle, LGBl.Nr. 39/2018, tritt am 1. Jänner 2019 in Kraft.

(2) Die Geschäftsordnung für den Sozialfonds aufgrund des § 31 Abs. 2 in der Fassung LGBl.Nr. 39/2018 kann von dem der Kundmachung dieses Gesetzes folgenden Tag an erlassen werden. Sie darf jedoch frühestens am 1. Jänner 2019 in Kraft treten.

Mindestsicherungsverordnung

Mindestsicherungsverordnung, LGBl Vbg 2010/71 idF

1	LGBl Vbg 2011/69	2	LGBl Vbg 2012/103	3	LGBl Vbg 2013/32
4	LGBl Vbg 2013/70	5	LGBl Vbg 2014/89	6	LGBl Vbg 2015/134
7	LGBl Vbg 2016/117	8	LGBl Vbg 2017/40	9	LGBl Vbg 2017/105
10	LGBl Vbg 2018/1	11	LGBl Vbg 2018/89	12	LGBl Vbg 2019/22

GLIEDERUNG

Verordnung der Landesregierung über die Gewährung von Mindestsicherung (Mindestsicherungsverordnung – MSV)

(LGBl Vbg 2010/71)

Auf Grund der §§ 8 Abs. 7, 10 Abs. 2, 11 Abs. 2 und 16 Abs. 1 des Mindestsicherungsgesetzes, LGBl.Nr. 64/2010, wird verordnet:

1. Abschnitt
Arten der Mindestsicherung

Lebensunterhalt und Wohnbedarf

§ 1. (1) Der Lebensunterhalt außerhalb einer stationären Einrichtung (offene Mindestsicherung) umfasst den regelmäßigen Aufwand für Nahrung, Bekleidung, Körperpflege, Hausrat, Energie sowie andere persönliche Bedürfnisse wie die angemessene soziale und kulturelle Teilhabe; weiters umfasst er den Aufwand für den Wohnbedarf (Abs. 2), soweit dieser einen nach § 7 Abs. 1 festgelegten pauschalierten Höchstsatz für den Wohnbedarf übersteigt.

(2) Der Wohnbedarf außerhalb einer stationären Einrichtung umfasst den für die Gewährung einer angemessenen Wohnsituation erforderlichen regelmäßig wiederkehrenden Aufwand für Miete, allgemeine Betriebskosten und Abgaben. Mit dem Aufwand für Miete gleichzusetzen sind Raten, die für Wohnraumbeschaffungsdarlehen zu entrichten sind.

(3) Zum Lebensunterhalt und Wohnbedarf in einer stationären Einrichtung (stationäre Mindestsicherung) zählen neben dem Taschengeld (§ 6 Abs. 3) jedenfalls auch der Aufwand für die dort anfallenden Unterkunfts- und Verpflegskosten.

Schutz bei Krankheit, Schwangerschaft und Entbindung

§ 2. Der Schutz bei Krankheit, Schwangerschaft und Entbindung umfasst

a) den Beitrag für die gesetzliche Krankenversicherung oder die direkte Übernahme der Kosten, die bei Vorliegen einer Krankenversicherung gedeckt wären,

b) die Übernahme der Kosten bei Kostenbeteiligungspflichten und Selbstbehalten, die im Rahmen von Leistungen gemäß lit. a anfallen.

Bestattungskosten

§ 3. Die Kosten für eine Bestattung umfassen die Kosten eines einfachen ortsüblichen Begräbnisses einschließlich der Kosten einer Überführung innerhalb des Landes oder aus grenznahen Gebieten des In- und Auslandes, sofern eine Überführung aus familiären oder öffentlichen Interessen geboten ist. An Stelle und bis zur Höhe dieser Kosten sind die Kosten für eine allfällige Rückführung zu übernehmen.

Sonderleistungen

§ 4. Zu den Sonderleistungen zählen insbesondere

a) Hilfen zur Schaffung einer wirtschaftlichen Lebensgrundlage wie Unterstützungen zur

1. Erlangung einer den Fähigkeiten und Neigungen der hilfsbedürftigen Person angemessenen Schulbildung,
2. Berufsausbildung, Um- und Nachschulung in Schulen, Betrieben, Lehrwerkstätten oder ähnlichen Einrichtungen,
3. Beschaffung oder Sicherung eines Arbeitsplatzes,

b) Familienhilfen wie

1. Beistellung einer Haushaltshilfe,
2. Familien- und Eheberatung sowie Familienbetreuung,

c) Hilfen für pflegebedürftige Menschen wie

1. Unterstützungen der häuslichen Pflege,
2. Unterstützungen für Hilfsmittel zur Erleichterung der Pflege,

d) Hilfe für betagte Menschen wie

1. Unterstützungen für die Betreuung im häuslichen Bereich,
2. Unterstützungen für die Unterbringung auf Pflegeplätzen,

e) (psycho)soziale Beratung,

f) Hilfen zur Deckung von Sonderbedarfen wie

1. Mehrkosten für eine medizinisch indizierte Diätnahrung,
2. Kosten für die Erstausstattung einer Wohnung mit Möbeln, wie Bett, Kleiderkasten, Tisch, Stühlen und für die Küche,
3. Kosten für große Haushaltsgeräte wie Boiler, Herd und Waschmaschine,
4. eine allfällige Kaution für eine Wohnung,
5. unbedingt erforderliche Kosten für eine Wohnraumbeschaffung sowie eine wirtschaftlich gebotene Wohnraumerhaltung,
6. eine einmalige Unterstützung im Zusammenhang mit einer Geburt im Zeitraum von zwei Monaten vor dem voraussichtlichen Geburtstermin bis zwei Monate nach einer Geburt in Höhe von 80 v.H. des Mindestsicherungssatzes gemäß § 6 Abs. 1 lit. a Z. 1, soweit nicht ein begründeter Mehrbedarf nachgewiesen wird.

2. Abschnitt
Form und Ausmaß der Mindestsicherung

Form der Mindestsicherung

§ 5. (1) Die Übernahme der Unterkunfts- und Verpflegskosten in einer stationären Einrichtung hat nur dann zu erfolgen, wenn diese Form der Hilfe aufgrund des körperlichen oder geistigen Zustandes der hilfsbedürftigen Person erforderlich ist oder dadurch eine Verwahrlosung verhindert werden kann.

(2) Geldleistungen sind als einmalige Leistungen zu gewähren, es sei denn, es ist eine wiederkehrende Unterstützung in regelmäßigen Abständen geboten.

(3) Geldleistungen dürfen als Darlehen nur gewährt werden

a) bei vorübergehender Not,

b) in Fällen vorbeugender Mindestsicherung,

c) wenn die unmittelbare Verwertung des Vermögens für die hilfsbedürftige Person oder deren Familienangehörige oder in Fällen der Mindestsicherung in stationären Einrichtungen ihre vom § 9 Abs. 4 lit. f Z. 2 nicht erfassten Angehörigen eine besondere Härte darstellen würde oder die unmittelbare Verwertung des Vermögens unwirtschaftlich wäre oder nicht möglich ist, oder

d) wenn im Falle einer Sonderleistung gemäß § 4 lit. a Z. 1 durch eine einmalige größere Aufwendung die wirtschaftliche Selbständigkeit der hilfsbedürftigen Person hergestellt oder gesichert werden kann.

(4) Geldleistungen können durch Sachleistungen ersetzt sowie durch Zahlungen an Dritte ausbezahlt werden, wenn dadurch der Erfolg der Mindestsicherung besser gewährleistet erscheint. Eine solche Vorgangsweise ist insbesondere dann zweckmäßig, wenn die hilfsbedürftige Person ihr Einkommen und Vermögen nicht zur Deckung ihres Lebens-unterhalts und Wohnbedarfs oder bisherige Leistungen der Mindestsicherung nicht zweckentsprechend eingesetzt hat. An eine hilfsbedürftige Person, die in einer stationären Einrichtung untergebracht ist, kann die Geldleistung auch durch Zahlung an den Rechtsträger der stationären Einrichtung erbracht werden.

Deckung des Lebensunterhalts

„**§ 6.** (1) Zur Deckung des Lebensunterhalts gemäß § 1 Abs. 1 sind unter Anrechnung der gemäß § 8 des Mindestsicherungsgesetzes einzusetzenden eigenen Kräfte und Mittel monatlich Geldleistungen in Form von pauschalen Sätzen (Mindestsicherungssätze) zu gewähren. Der Mindestsicherungssatz beträgt für

a) Alleinstehende, die nicht in einer Wohngemeinschaft wohnen, oder Alleinerziehende sowie Personen in therapeutischen Wohngemeinschaften, deren Wohnplatz im Rahmen der Integrationshilfe finanziert wird, und Personen in Krisenbetreuungs- oder betreuten Wohnungsloseneinrichtungen,

   1. pro Person .... Euro 658,87,
   2. pro Person, für die ein Anspruch auf Familienbeihilfe besteht, ... Euro 492,22,

b) Personen, die mit anderen Personen in einer Bedarfsgemeinschaft leben, ausgenommen Alleinerziehende,

   1. pro volljähriger Person ..... Euro 492,22,
   2. pro volljähriger Person, für die ein Anspruch auf Familienbeihilfe besteht, Euro 328,16,
   3. ab der dritten leistungsberechtigten volljährigen Person, wenn diese einer anderen leistungsbeziehenden Person in

MSG

der Bedarfsgemeinschaft gegenüber unterhaltsberechtigt ist, ... Euro 328,16,

4. ab der dritten leistungsberechtigten volljährigen Person, wenn für diese ein Anspruch auf Familienbeihilfe besteht und diese einer anderen leistungsbeziehenden Person in der Bedarfsgemeinschaft gegenüber unterhaltsberechtigt ist, ... Euro 191,25,
5. pro minderjähriger Person, für die ein Anspruch auf Familienbeihilfe besteht, für die älteste bis drittälteste Person Euro 191,25,
6. pro minderjähriger Person, für die ein Anspruch auf Familienbeihilfe besteht, für die viertälteste bis sechstälteste Person .... Euro 131,59,
7. pro minderjähriger Person, für die ein Anspruch auf Familienbeihilfe besteht, ab der siebtältesten Person Euro 105,29,
8. pro minderjähriger Person, für die kein Anspruch auf Familienbeihilfe besteht, Euro 328,16,

c) Personen, die mit anderen Personen in einer Wohngemeinschaft wohnen,
   1. pro Person .... Euro 492,22,
   2. pro Person, für die ein Anspruch auf Familienbeihilfe besteht, ...Euro 328,16.“

(LGBl Vbg 2018/89)

(1a) (entfällt)

(LGBl Vbg 2018/89)

(2) Hilfsbedürftigen Personen, die trotz schriftlicher Ermahnung keine Bereitschaft zu einem zumutbaren Einsatz der Arbeitskraft oder zur zumutbaren Teilnahme an von der Bezirkshauptmannschaft angebotenen integrationsfördernden Maßnahmen zeigen, ist der jeweilige Mindestsicherungssatz (Abs. 1) stufenweise bis zur Hälfte zu kürzen, wobei monatlich jeweils eine Kürzung um höchstens 25 v.H. vorgenommen werden darf. Eine weitergehende Kürzung oder der Entfall der Mindestsicherung ist nur ausnahmsweise und in besonders gravierenden Fällen zulässig. Bei einer Sperre nach § 10 des Arbeitslosenversicherungsgesetzes 1977 ist die Mindestsicherung auch ohne vorherige Ermahnung einzuschränken. Von einer mangelnden Bereitschaft im Sinne des § 8 Abs. 6 des Mindestsicherungsgesetzes ist auch dann auszugehen, wenn die hilfsbedürftige Person eine ihr von der Bezirkshauptmannschaft vorgelegte Integrationsvereinbarung (§ 10 Abs. 4) nicht unterzeichnet.

(3) Im Falle eines Aufenthaltes in einer Kranken- oder Kuranstalt, in einer stationären Therapieeinrichtung, in einem Heim oder in einer vergleichbaren Einrichtung, wird die Hilfe zur Sicherung des Lebensunterhaltes zur Abdeckung kleinerer persönlicher Bedürfnisse durch ein monatliches Taschengeld für volljährige Personen in Höhe von 22 v.H. des gemäß Abs. 1 lit. a Z. 1 vorgesehenen Mindestsicherungssatzes, für mündige Minderjährige in Höhe von 60 v.H. und für unmündige Minderjährige in Höhe von 30 v.H. des Taschengeldbetrages für volljährige Personen gewährt, soweit ein solches nicht durch andere Einkünfte oder Ansprüche gesichert ist.

(4) Unter Alleinerziehende im Sinne des Abs. 1 lit. a wird eine Person verstanden, die ohne Ehepartner, eingetragenen Partner oder Lebensgefährten jedoch zumindest mit einer ihr gegenüber unterhaltsberechtigten minderjährigen Person in einer Bedarfsgemeinschaft lebt.

(5) Unter einer Bedarfsgemeinschaft ist eine Gemeinschaft von Personen zu verstehen, die in einer gemeinsamen Wohnung oder einem Haus leben und im selben Haushalt wirtschaften, wobei zwischen den Personen eine Beziehung bestehen muss, bei der eine wechselseitige Unterstützung in einem dem familiären Zusammenhalt vergleichbaren Ausmaß angenommen werden kann.

(6) Unter einer Wohngemeinschaft ist eine Gemeinschaft von Personen zu verstehen, die in einer Wohnung, einem Haus oder einer sonstigen Unterkunft gemeinsam wohnen, soweit es sich nicht um eine Bedarfsgemeinschaft handelt.

Deckung des Wohnbedarfs außerhalb einer stationären Einrichtung

§ 7. (1) Im Rahmen der Deckung des angemessenen Wohnbedarfs sind die dafür entstehenden Kosten für Miete sowie ausgewiesene allgemeine Betriebskosten und Abgaben monatlich in der tatsächlichen Höhe zu gewähren, wobei folgender pauschaler Höchstsatz je Haushaltsgröße nicht überschritten werden darf:

a) für eine Person höchstens Euro 503,--,
b) für zwei Personen höchstens Euro 595,--,
c) für drei Personen höchstens Euro 682,--,
d) für vier Personen höchstens Euro 712,--,
e) für fünf Personen höchstens Euro 742,-- und
f) ab sechs Personen höchstens Euro 772,--.

Im Falle einer ungerechtfertigten Verweigerung der Inanspruchnahme einer zur Verfügung stehenden Unterkunft wird zur Deckung eines anderweitigen tatsächlichen Wohnbedarfs pro Person ein pauschaler Höchstbetrag von Euro 280,-- gewährt; der pauschale Höchstsatz je Haushaltsgröße darf jedoch nicht überschritten werden. Ungerechtfertigt ist die Verweigerung jedenfalls dann, wenn die hilfsbedürftige Person seit Erlangung des Status als asylberechtigte oder subsidiär schutzberechtigte Person noch nicht mehr als zwei Jahre in einer ihr zur Verfügung stehenden Einrichtung der Grundversorgung verbracht hat.

(2) Wenn der Aufwand für allgemeine Betriebskosten und Abgaben in der Betriebskostenvorschreibung nicht gesondert ausgewiesen ist, sind dafür pro Quadratmeter angemessener Wohnfläche pauschal monatlich Euro 1,43 anzurechnen, wobei bei solchen Vorschreibungen für Heizkosten pro Quadratmeter tatsächlicher Wohnfläche jedenfalls Euro 0,72 anzunehmen sind. Ein allfälliger Mehr-

bedarf für allgemeine Betriebskosten und Abgaben ist nachzuweisen.

(3) Ist die hilfsbedürftige Person Eigentümerin des Hauses oder der Wohnung und hat sie dafür

a) Raten für Wohnraumbeschaffungsdarlehen zu entrichten, so ist die Mindestsicherung monatlich bis zur angemessenen Höhe dieser Raten und sind für allgemeine Betriebskosten und Abgaben pro Quadratmeter angemessener Wohnfläche pauschal monatlich Euro 1,43 zu gewähren, sofern nicht mehr nachgewiesen wird,
b) keine Raten für Wohnraumbeschaffungsdarlehen mehr zu entrichten, so sind für allgemeine Betriebskosten und Abgaben pro Quadratmeter angemessener Wohnfläche pauschal monatlich Euro 1,43 zu gewähren, sofern nicht mehr nachgewiesen wird.

(4) Die Anrechnung bzw. Gewährung nach den Abs. 2 und 3 darf keinesfalls dazu führen, dass der pauschale Höchstsatz je Haushaltsgröße nach Abs. 1 überschritten wird.

(5) Von der Anwendung des pauschalen Höchstsatzes je Haushaltsgröße nach Abs. 1 kann bei besonders berücksichtigungswürdigen Umständen insbesondere dann abgesehen werden, wenn eine ansonsten erforderliche Änderung der Wohnsituation nicht erwartet werden kann.

Deckung der Kosten bei Krankheit, Schwangerschaft und Entbindung

§ 8. (1) Hilfsbedürftige Personen, die in die gesetzliche Krankenversicherung gemäß § 9 ASVG einbezogen sind, sind zur Krankenversicherung anzumelden und sind für diese die Krankenversicherungsbeiträge zu übernehmen. Die Höhe dieser Beiträge entspricht jenen, wie sie von und für Personen vorgesehen sind, die eine Ausgleichszulage nach dem ASVG beziehen.

(2) Ist eine hilfsbedürftige Person nicht krankenversichert und nicht in die gesetzliche Krankenversicherung gemäß § 9 ASVG einbezogen, wird für diese die Deckung der Kosten bei Krankheit so lange gewährt, als der regelwidrige Körper- oder Geisteszustand durch ärztliche oder sonstige Hilfe gebessert oder gelindert oder eine Verschlimmerung des Zustandes verhindert wird, sowie bei Schwangerschaft und Entbindung (§ 2). Wenn die hilfsbedürftige Person die Hilfe eines Arztes (Dentisten) in Anspruch nimmt, werden jene Kosten übernommen, die bei Inanspruchnahme eines Arztes (Dentisten), der mit einem Krankenversicherungsträger einen Vertrag abgeschlossen hat, anfallen würden, sofern nicht die Besonderheit des Falles die Übernahme der gesamten Kosten rechtfertigt. Im Einzelfall können auch die Beiträge für eine freiwillige Krankenversicherung übernommen werden.

„Hilfe für betagte Menschen für die Betreuung im häuslichen Bereich

§ 8a. (1) Betagten Menschen kann zur Unterstützung für die Betreuung im häuslichen Bereich (§ 4 lit. d Z. 1) auf Antrag eine Sonderleistung gemäß § 6 des Mindestsicherungsgesetzes gewährt werden.

(2) Voraussetzungen für die Gewährung einer Sonderleistung nach Abs. 1 sind:

a) ein Anspruch auf Pflegegeld zumindest in Höhe der Stufe 4 nach dem Bundespflegegeldgesetz und“
b) die Gewährung einer Zuwendung gemäß § 21b des Bundespflegegeldgesetzes.“

(3) Die maximale Höhe einer Sonderleistung nach Abs. 1 beträgt monatlich bei zwei Betreuungskräften Euro 600,--, bei einer Betreuungskraft Euro 300,--. Diese Beträge reduzieren sich in dem Ausmaß, in dem das monatliche Einkommen der zu betreuenden Person den Betrag von Euro 1.600,--, bei einer Bedarfsgemeinschaft von Euro 1.900,-- übersteigt. Nicht zum Einkommen zählen allfällige Sonderzahlungen und Leistungen nach Abs. 2. Beträge unter Euro 50,-- gelangen nicht zur Auszahlung.

(4) Bei Vorliegen besonders berücksichtigungswürdiger Umstände gelten die Abs. 1 bis 3 sinngemäß auch für Personen, die ein Pflegegeld der Stufe 3 nach dem Bundespflegegeldgesetz erhalten, wobei die Notwendigkeit einer 24-Stunden-Betreuung durch eine Bestätigung des regionalen Casemanagements nachzuweisen ist.

(5) Von der Anwendung der Abs. 2 bis 4 kann unter besonders berücksichtigungswürdigen Umständen abgesehen „und erforderlichenfalls eine höhere als die in Abs. 3 festgelegte Sonderleistung gewährt“ werden, wenn dies für die zu betreuende Person oder ihre Angehörigen eine besondere Härte bedeuten würde „und das regionale Casemanagement bestätigt, dass eine stationäre Betreuung in einer stationären Pflegeeinrichtung notwendig wäre“. „Die Höhe dieser Sonderleistung darf jedoch den Aufwand einer vergleichbaren stationären Aufnahme in einer stationären Pflegeeinrichtung nicht übersteigen.“

(LGBl Vbg 2019/22)

„(6) Erfolgt die Betreuung im häuslichen Bereich durch andere ambulante Dienste, können diese unter denselben Voraussetzungen wie in Abs. 5 unterstützt werden.““

(LGBl Vbg 2019/22)

(LGBl Vbg 2018/89)

Berücksichtigung von eigenen Mitteln sowie Leistungen Dritter

§ 9. (1) Nach Maßgabe der Abs. 2 bis 6 sind bei der Ermittlung des Anspruchs auf Leistungen der Mindestsicherung

a) außerhalb von stationären Einrichtungen bei Bedarfsgemeinschaften die Einkünfte und das Vermögen sämtlicher einer Bedarfsgemeinschaft zugehörenden Personen sowie diesen zur Verfügung stehenden Leistungen Dritter,
b) außerhalb von stationären Einrichtungen in einer Wohngemeinschaft sowie in einer sta-

MSG

tionären Einrichtung die Einkünfte und das Vermögen der hilfsbedürftigen Person sowie die ihr zur Verfügung stehenden Leistungen Dritter,

c) in einer stationären Pflegeeinrichtung die Einkünfte der hilfsbedürftigen Person sowie die ihr zur Verfügung stehenden Leistungen Dritter

zu berücksichtigen.

(2) Bei der Ermittlung des Anspruchs gemäß Abs. 1 dürfen folgende Einkünfte nicht berücksichtigt werden:

a) Leistungen nach dem Familienlastenausgleichsgesetz 1967 (mit Ausnahme von Zuwendungen aus dem Familienhospizkarenz-Härteausgleich) und Kinderabsetzbeträge es sei denn, es handelt sich jeweils um Maßnahmen zugunsten des Kindes in einer stationären Einrichtung,

b) Einkünfte, die nachweislich für Ausgaben verwendet werden, die zur Erzielung des Einkommens aus Erwerbstätigkeit erforderlich sind,

c) bei Personen, die trotz vorgerückten Alters oder trotz starker Beschränkung ihrer Erwerbsfähigkeit unter Aufwendung besonderer Tatkraft einem Erwerb nachgehen, ein angemessener Betrag dieses Arbeitsverdienstes, höchstens jedoch insgesamt 17 v.H. des für alleinstehende Ausgleichzulagenbeziehende monatlich vorgesehenen Betrages abzüglich des davon einzubehaltenden Beitrages zur Krankenversicherung,

d) ein Pflegegeld oder andere pflegebezogene Geldleistungen, es sei denn, es handelt sich um eine Hilfe für pflegebedürftige Menschen; handelt es sich um eine Hilfe zur Deckung des Pflegeaufwands in einer stationären Einrichtung bleibt jedenfalls ein Betrag im Ausmaß von 10 v.H. des Pflegegeldes der Stufe 3 außer Ansatz,

e) bei hilfsbedürftigen Personen, die in einer stationären Einrichtung unterstützt werden und die eine Rente, eine Pension oder ein Rehabilitationsgeld bzw. ein Umschulungsgeld bei vorübergehender Invalidität bzw. Berufungsunfähigkeit beziehen, 20 v.H. der Rente, der Pension, des Ruhe- oder Versorgungsgenusses, des Rehabilitationsgeldes bzw. des Umschulungsgeldes, mindestens jedoch monatlich ein Betrag in Höhe des Taschengeldes gemäß § 6 Abs. 3 zuzüglich allfälliger Sonderzahlungen; der außer Ansatz bleibende Betrag ist auf ein Taschengeld und andere Leistungen anzurechnen,

f) die Opferrenten nach dem Opferfürsorgegesetz, Grundrenten für Beschädigte nach dem Kriegsopferversorgungs- und Heeresversorgungsgesetz, Entschädigungen nach dem Kriegsgefangenenentschädigungsgesetz und Rentenleistungen nach dem Heimopferrentengesetz,

g) freiwillige Zuwendungen der freien Wohlfahrtspflege oder Leistungen, die von Dritten ohne rechtliche Verpflichtung erbracht werden, außer diese erreichen ein Ausmaß oder eine Dauer, dass keine Leistungen aufgrund der Mindestsicherung mehr erforderlich wären,

h) bei hilfsbedürftigen Personen, die nach einem mindestens sechsmonatigen Bezug von Kernleistungen nicht mehr erwerbslos sind oder erstmals eine voll sozialversicherungspflichtige Erwerbstätigkeit aufnehmen oder ein Lehrverhältnis beginnen, für die Dauer der ersten zwölf Monate der Erwerbstätigkeit grundsätzlich 25 v.H. des monatlichen Nettoeinkommens, mindestens jedoch 7 v.H. und höchstens 30 v.H. des für alleinstehende Ausgleichzulagenbeziehende monatlich vorgesehenen Betrages abzüglich des davon einzubehaltenden Beitrages zur Krankenversicherung.

(3) Bei der Gewährung von Sonderleistungen gemäß § 4 lit. a, b und e ist zusätzlich zu den im Abs. 2 aufgezählten Einkommen der Aufwand für den Wohnbedarf gemäß § 7 sowie ein Betrag in Höhe von 200 v.H. der Mindestsicherungssätze gemäß § 6 Abs. 1 außer Ansatz zu lassen.

(4) Bei der Ermittlung des Anspruchs gemäß Abs. 1 dürfen Vermögen nicht berücksichtigt werden, wenn durch deren Verwertung eine Notlage erst ausgelöst, verlängert oder deren Überwindung gefährdet werden könnte. Dies gilt für

a) Gegenstände, die zur Erwerbsausübung oder Befriedigung angemessener geistigkultureller Bedürfnisse erforderlich sind,

b) Gegenstände, die als angemessener Hausrat anzusehen sind,

c) Kraftfahrzeuge, die berufsbedingt oder aufgrund besonderer Umstände (insbesondere Behinderung, unzureichende Infrastruktur) erforderlich sind,

d) Ersparnisse bis zum Betrag von Euro 4.200 im Rahmen der Deckung des Lebensunterhalts (§ 6 Abs. 1 und 2) oder Wohnbedarfs (§ 7) außerhalb einer stationären Einrichtung, dies jedoch nur dann, wenn es sich nicht um die Gewährung von Sonderbedarfen handelt,

e) sonstige Vermögenswerte ausgenommen Immobilien, soweit sie den Freibetrag nach lit. d nicht übersteigen und solange Kernleistungen der Mindestsicherung nicht länger als sechs unmittelbar aufeinander folgende Monate bezogen werden, wobei für die Sechsmonatsfrist auch frühere ununterbrochene Bezugszeiten von jeweils mindestens zwei Monaten zu berücksichtigen sind, wenn sie nicht länger als zwei Jahre vor dem neuerlichen Bezugsbeginn liegen,

f) ein kleines Eigenheim (Eigentumswohnung), das

1. im Rahmen der offenen Mindestsicherung der Deckung des unmittelbaren Wohnbedarfs der
   aa) hilfsbedürftigen Person,
   bb) mit der hilfsbedürftigen Person in oder außerhalb der Bedarfsgemeinschaft lebenden, ihr gegenüber unterhaltsberechtigten Personen oder
   cc) mit der hilfsbedürftigen Person in Lebensgemeinschaft lebenden Person

   dient während des Bezugs von Leistungen für die Dauer von längstens sechs unmittelbar aufeinander folgende Monate; nach diesem Zeitraum kann die Leistung als Darlehen gewährt und eine grundbücherliche Sicherstellung der Ersatzforderung vorgenommen werden, sofern dies nicht eine besondere Härte darstellen würde, oder
2. dem Ehepartner, eingetragenen Partner oder einem Kind der hilfsbedürftigen Person, der im Rahmen der stationären Mindestsicherung Leistungen gewährt werden, zur Deckung des unmittelbaren Wohnbedarfs dient und wenn nach dem Tod des Ehepartners, eingetragenen Partners oder dieses Kindes noch Kinder der hilfsbedürftigen Person vorhanden sind und soweit, als der gemäß § 12 festgesetzte Kostenersatz geleistet wird,

g) Vermögen, das für Zwecke der Pensionsvorsorge angespart wurde, in dem Ausmaß, in dem der Ehepartner unterhaltsrechtliche Ansprüche auf laufendes Einkommen hat,

h) einen Betrag bis Euro 10.000 im Rahmen der stationären Mindestsicherung; dieser Freibetrag gilt im Falle des Todes nur insoweit, als er zur Bestreitung der Todfallkosten verwendet wird,

i) Vermögen von Personen, die in einer stationären Pflegeeinrichtung untergebracht sind.

(5) Bei der Übernahme der Kosten einer sozialen Betreuung im Rahmen einer Hilfe zur Schaffung einer wirtschaftlichen Lebensgrundlage (§ 4 lit. a) ist an Stelle des im Abs. 4 angeführten Vermögens ein Vermögen, das den Wert eines kleinen Eigenheimes (Eigentumswohnung) nicht erheblich übersteigt, außer Ansatz zu lassen.

(6) Hinsichtlich der Bedarfsdeckung durch Dritte ist das Einkommen eines Haushaltsangehörigen bei der Bemessung des Bedarfs des Hilfsbedürftigen grundsätzlich nicht zu berücksichtigen. Abweichend davon ist bei der Ermittlung des Bedarfs eines Ehegatten, eingetragenen Partners oder Lebensgefährten das Einkommen des in der Bedarfsgemeinschaft lebenden Ehegatten, eingetragenen Partners oder Lebensgefährten insoweit zu berücksichtigen, als dieses dessen eigenen Bedarf nach Kernleistungen sowie allfälligen Unterhaltsverpflichtungen gegenüber Dritten übersteigt. Die Gewährung von Kernleistungen kann davon abhängig gemacht werden, dass die Person, der bedarfsdeckende Ansprüche gegen Dritte zustehen, diese verfolgt, soweit dies nicht offenbar aussichtslos oder unzumutbar ist. Bei Personen, die das 25. Lebensjahr vollendet haben, kann in der Regel vom Vorliegen der Selbsterhaltungsfähigkeit ausgegangen werden und darf eine Rechtsverfolgung im Hinblick auf Unterhaltsansprüche grundsätzlich nicht verlangt werden.

Einsatz der Arbeitskraft und Teilnahme an integrationsfördernden Maßnahmen

§ 10. (1) Die Gewährung von Leistungen gemäß den §§ 6 und 7 hängt davon ab, in wie weit die arbeitsfähige hilfsbedürftige Person bereit ist, ihre Arbeitskraft einzusetzen. Die Arbeitsfähigkeit und die Zumutbarkeit des Einsatzes der Arbeitskraft sind unter sinngemäßer Anwendung der arbeitslosenversicherungsrechtlichen Bestimmungen über die Gewährung von Notstandshilfe und bei Bezug von Arbeitslosengeld nach diesen zu beurteilen.

(2) Der Einsatz der Arbeitskraft darf insbesondere nicht verlangt werden von Personen, die

a) das Regelpensionsalter nach dem ASVG erreicht haben,

b) Betreuungspflichten gegenüber Kindern haben, die das dritte Lebensjahr noch nicht vollendet haben und keiner Beschäftigung nachgehen können, weil keine geeigneten Betreuungsmöglichkeiten bestehen,

c) pflegebedürftige Angehörige, die ein Pflegegeld mindestens der Stufe 3 beziehen, überwiegend betreuen,

d) Sterbebegleitung oder Begleitung von schwerstkranken Kindern leisten,

e) in einer bereits vor Vollendung des 18. Lebensjahres begonnenen und zielstrebig verfolgten Erwerbs- oder Schulausbildung stehen,

f) in einer nach Vollendung des 18. Lebensjahres begonnenen und zielstrebig verfolgten Ausbildung, die den Pflichtschulabschluss oder den erstmaligen Abschluss einer Lehre zum Ziel hat, stehen, oder

g) an einem freiwilligen Integrationsjahr nach Abschnitt 4a des Freiwilligengesetzes teilnehmen.

(3) Die Gewährung von Leistungen nach den §§ 6 und 7 an Personen, bei denen ein Integrationsförderbedarf besteht, hängt auch davon ab, inwieweit die hilfsbedürftige Person bereit ist, an von der Bezirkshauptmannschaft angebotenen integrationsfördernden Maßnahmen teilzunehmen. Zu den integrationsfördernden Maßnahmen zählen insbesondere

a) Deutschkurse,

b) Werte- und Orientierungskurse oder

c) sonstige Maßnahmen zur besseren Integration.

(4) Je nach Integrationsförderbedarf ist grundsätzlich bereits vor der Gewährung von Mindestsicherung die Integrationsvereinbarung abzuschließen. Inhalte der Integrationsvereinbarung sind insbesondere

a) die Verpflichtung zum Besuch von Deutschkursen zum Erlernen der deutschen Sprache,
b) die Verpflichtung zum Besuch von Werte- und Orientierungskursen zur Aneignung von Kenntnissen über die Grundwerte unserer Gesellschaft,
c) die Verpflichtung zum Erwerb von Qualifikationen, die auf eine Erwerbstätigkeit abzielen sowie die Bereitschaft zur Aufnahme einer Arbeit.

3. Abschnitt
Ersatz der Mindestsicherung

Allgemeines zum Kostenersatz durch Dritte

§ 11. (1) Soweit in den §§ 12 und 13 für unterhaltspflichtige Angehörige nicht günstigere Kostenersatzregelungen festgelegt sind, gelten die allgemeinen zivilrechtlichen Regelungen.

(2) Bei der Vorschreibung des Kostenersatzes ist darauf zu achten, dass der Ersatz nur jenen Zeitraum umfasst, in dem die leistungsbeziehende Person Ansprüche gegenüber der unterhaltsverpflichteten Person hatte, keine unbillige Härte für diese Person entsteht und dass die Höhe des Kostenersatzes dieser Person zumutbar ist.

(3) Bei der Ermittlung des Kostenersatzes von unterhaltspflichtigen Angehörigen, die im Ausland wohnen, ist das zum jeweiligen Land bestehende Kaufkraftverhältnis zu berücksichtigen.

(4) Eine neuerliche Prüfung der Leistungsfähigkeit einer unterhaltspflichtigen Person hat bei einer wesentlichen Änderung der für die Festsetzung des Kostenersatzes maßgebenden Kriterien (§§ 12 und 13), spätestens jedoch wieder nach drei Jahren zu erfolgen.

Kostenersatz bei Ehe oder eingetragener Partnerschaft

§ 12. (1) Bei der Ermittlung des Kostenersatzes bei einer Ehe oder eingetragenen Partnerschaft ist vom monatlichen Nettoeinkommen (§ 9) der unterhaltspflichtigen Person deren Bedarf (Abs. 2) in Abzug zu bringen. Die unterhaltspflichtige Person hat von einem verbleibenden Rest 40 v.H. als Kostenbeitrag zu leisten.

(2) Der Bedarf der unterhaltspflichtigen Person ergibt sich aus

a) dem jeweils eineinhalbfachen Mindestsicherungssatz gemäß § 6 Abs. 1 (alleinstehend oder in einer Bedarfsgemeinschaft mit unterhaltsberechtigten Angehörigen), wobei der jeweils einfache Mindestsicherungssatz mit 13 zu vervielfachen, dann durch zwölf zu teilen und dem Ergebnis der jeweils halbe Mindestsicherungssatz hinzuzuzählen ist,
b) dem monatlichen Wohnungsaufwand (Miete oder Rückzahlungsraten für Wohnraumbeschaffungsdarlehen) in der tatsächlichen Höhe,
c) den Betriebskosten pauschal in Höhe von monatlich 110 Euro bei einer Wohnung oder 200 Euro bei einem Wohnhaus, sofern nicht ein begründeter Mehrbedarf nachgewiesen wird oder die Betriebskosten bereits im Mietzins enthalten sind und
d) Sonderausgaben, die insbesondere aufgrund anderer unterhaltsrechtlicher Verpflichtungen, zur Sicherung des Lebensunterhalts oder aus gesundheitlichen Gründen berücksichtigungswürdig sind, wie z.B. die Zahlung gesetzlicher Zinsen gemäß § 947 ABGB, Kosten für die Ausbildung eines Kindes oder für Diätnahrung.

Kostenersatz von Eltern

§ 13. (1) Bei der Ermittlung des Kostenersatzes von Eltern für ihre nicht volljährigen Kinder ist vom monatlichen Nettoeinkommen (§ 9) der unterhaltspflichtigen Person deren Bedarf (Abs. 2) in Abzug zu bringen. Von einem verbleibenden Rest sind von ihr 28 v.H. als Kostenbeitrag zu leisten.

(2) Der Bedarf der unterhaltspflichtigen Person ergibt sich aus

a) den doppelten Mindestsicherungssätzen gemäß § 6 Abs. 1 lit. a, wenn diese alleinstehend oder alleinerziehend ist, den doppelten Mindestsicherungssätzen gemäß § 6 Abs. 1 lit. b, wenn sie in einer Bedarfsgemeinschaft mit unterhaltsberechtigten Angehörigen lebt, oder den doppelten Mindestsicherungssätzen gemäß § 6 Abs. 1 lit. c, wenn sie in einer Wohngemeinschaft lebt, wobei der jeweils einfache Mindestsicherungssatz mit 13 zu vervielfachen, dann durch zwölf zu teilen und dem Ergebnis der jeweils ganze Mindestsicherungssatz hinzuzuzählen ist,
b) einem Ergänzungsanspruch gemäß § 94 ABGB,
c) dem monatlichen Wohnungsaufwand (Miete oder Rückzahlungsraten für Wohnraumbeschaffungsdarlehen) in der tatsächlichen Höhe,
d) den Betriebskosten pauschal in Höhe von monatlich 110 Euro bei einer Wohnung oder 200 Euro bei einem Wohnhaus, sofern nicht ein begründeter Mehrbedarf nachgewiesen wird oder die Betriebskosten bereits im Mietzins enthalten sind und
e) Sonderausgaben, die insbesondere aufgrund anderer unterhaltsrechtlicher Verpflichtungen, zur Sicherung des Lebensunterhalts oder aus gesundheitlichen Gründen berücksichtigungswürdig sind, wie z.B. die Zahlung gesetzlicher Zinsen gemäß § 947 ABGB, Kosten für die Ausbildung eines Kindes, für einen berufsbedingten Zweitwohnsitz oder für Diätnahrung.

4. Abschnitt

Inkrafttretens-, Außerkrafttretens- und Übergangsbestimmungen

§ 14. (1) Mit dem Inkrafttreten dieser Verordnung tritt die Sozialhilfeverordnung, LGBl.Nr. 14/2006, in der Fassung LGBl.Nr. 65/2006, Nr. 61/2007, Nr. 79/2007, Nr. 84/2008 und Nr. 90/2009, außer Kraft. Bis einschließlich 31. August 2010 entstandene Ansprüche sind nach den bis dahin geltenden Regelungen zu beenden. Leistungen, die aufgrund der bisherigen Sozialhilfeverordnung für Zeiträume ab dem 1. September 2010 bis 7. Dezember 2010 gewährt wurden, sind auf die gemäß § 45 Abs. 3 des Mindestsicherungsgesetzes zu gewährenden Leistungen anzurechnen.

(2) Abweichend von § 9 Abs. 2 lit. e ist bei Gewährung der Mindestsicherung in einer stationären Einrichtung bei Personen, die nach pflegegeldgesetzlichen Regelungen ein Taschengeld im Ausmaß von 20 v.H. des Pflegegeldes der Stufe 3 erhalten, ein Betrag in diesem Ausmaß außer Ansatz zu lassen.

(3) Die Regelungen der §§ 11 bis 13 sind auch in Verfahren anzuwenden, die sich auf Zeiträume beziehen, die vor Inkrafttreten der Sozialhilfeverordnung, LGBl.Nr. 14/2006, liegen.

(4) Mit Wirkung vom 1. Jänner 2011 werden im § 6 Abs. 1 die Ausdrücke „Euro 560,20“, „Euro 418,50“, „Euro 279“ und „Euro 162,50“ in der angeführten Reihenfolge durch die Ausdrücke „Euro 566,90“, „Euro 423,52“, „Euro 282,34“ und „Euro 164,50“ und wird im § 9 Abs. 4 lit. d der Ausdruck „Euro 3.720“ durch den Ausdruck „Euro 3.765“ ersetzt und sind diese Beträge sodann für Leistungen anzuwenden, die Zeiträume ab dem 1. Jänner 2011 betreffen.

(5) Die Verordnung über eine Änderung der Mindestsicherungsverordnung, LGBl.Nr. 69/2011, tritt am 1. Jänner 2012 in Kraft; die dann geltenden Beträge sind für Leistungen anzuwenden, die Zeiträume ab diesem Zeitpunkt betreffen.

(6) Die Verordnung über eine Änderung der Mindestsicherungsverordnung, LGBl.Nr. 103/2012, tritt am 1. Jänner 2013 in Kraft; die dann geltenden Beträge sind für Leistungen anzuwenden, die Zeiträume ab diesem Zeitpunkt betreffen.

(7) Die Verordnung über eine Änderung der Mindestsicherungsverordnung, LGBl.Nr. 32/2013, tritt am 1. August 2013 in Kraft. Für bis dahin im Rahmen der stationären Mindestsicherung frei gelassene Beträge gilt § 9 Abs. 4 lit. h in der Fassung LGBl.Nr. 32/2013 sinngemäß.

(8) Die Verordnung über eine Änderung der Mindestsicherungsverordnung, LGBl.Nr. 70/2013, tritt am 1. Jänner 2014 in Kraft; die dann geltenden Beträge sind für Leistungen anzuwenden, die Zeiträume ab diesem Zeitpunkt betreffen.

(9) Die Verordnung über eine Änderung der Mindestsicherungsverordnung, LGBl.Nr. 89/2014, tritt am 1. Jänner 2015 in Kraft; die dann geltenden Beträge sind für Leistungen anzuwenden, die Zeiträume ab diesem Zeitpunkt betreffen.

(10) Die Verordnung über eine Änderung der Mindestsicherungsverordnung, LGBl.Nr. 134/2015, tritt am 1. Jänner 2016 in Kraft; die dann geltenden Beträge sind für Leistungen anzuwenden, die Zeiträume ab diesem Zeitpunkt betreffen.

(11) Die Verordnung über eine Änderung der Mindestsicherungsverordnung, LGBl.Nr. 117/2016, tritt am 1. Jänner 2017 in Kraft; die dann geltenden Beträge sind für Leistungen anzuwenden, die Zeiträume ab diesem Zeitpunkt betreffen.

(12) Die Verordnung über eine Änderung der Mindestsicherungsverordnung, LGBl.Nr. 40/2017, tritt am 1. Juli 2017 in Kraft, die dann geltenden Beträge sind für Leistungen anzuwenden, die Zeiträume ab diesem Zeitpunkt betreffen. Bis einschließlich 30. Juni 2017 entstandene Ansprüche sind nach den bis dahin geltenden Regelungen zu beenden. Abweichend von § 9 Abs. 2 in der Fassung LGBl.Nr. 40/2017 ist der Familienzuschuss für Kinder, für die ein solcher bereits vor dem 1. Juli 2017 gewährt wurde, weiterhin nicht zu berücksichtigen.

(13) Die Verordnung über eine Änderung der Mindestsicherungsverordnung, LGBl.Nr. 105/2017, tritt am 1. Jänner 2018 in Kraft; die dann geltenden Beträge sind für Leistungen anzuwenden, die Zeiträume ab diesem Zeitpunkt betreffen.

„(14) Die Verordnung über eine Änderung der Mindestsicherungsverordnung, LGBl.Nr. 89/2018, tritt am 1. Jänner 2019 in Kraft; die dann geltenden Beträge sind für Leistungen anzuwenden, die Zeiträume ab diesem Zeitpunkt betreffen.

(15) Die Bestimmungen des § 8a in der Fassung LGBl.Nr. 89/2018 sind auf Leistungen anzuwenden, die erstmals nach dem 31. Dezember 2018 beantragt werden. Auf bis zum 31. Dezember 2018 beantragte Leistungen sind die bisher geltenden Regelungen weiterhin anzuwenden, es sein denn, die Bestimmungen des § 8a in der Fassung LGBl.Nr. 89/2018 sind für den jeweiligen Einzelfall günstiger. Für Leistungen der Mindestsicherung als Hilfe für betagte Menschen, die bis zum 31.12.2018 gewährt wurden, gelten die Bestimmungen vor LGBl.Nr. 89/2018.“

(LGBl Vbg 2018/89)

„(16) Die Bestimmungen des § 8a Abs. 5 und 6 in der Fassung LGBl.Nr. 22/2019 sind auf Leistungen anzuwenden, die Zeiträume ab dem 1. Jänner 2019 betreffen.“

(LGBl Vbg 2019/22)

Wiener Mindestsicherungsgesetz

Wiener Mindestsicherungsgesetz, LGBl W 2010/38 idF

1 LGBl W 2011/2 2 LGBl W 2011/6 3 LGBl W 2013/16
4 LGBl W 2013/29 5 LGBl W 2018/2 6 LGBl W 2018/45
7 LGBl W 2018/49

GLIEDERUNG

Wiener Mindestsicherungsgesetz (WMG)
(LGBl W 2010/38)

Der Wiener Landtag hat beschlossen:

1. Abschnitt
Allgemeines

Ziele und Grundsätze

§ 1. (1) Die Wiener Mindestsicherung hat zum Ziel, Armut und soziale Ausschließung verstärkt zu bekämpfen und zu vermeiden, die Existenz von alleinstehenden und in Familien lebenden Personen zu sichern, die dauerhafte Eingliederung oder Wiedereingliederung, insbesondere von volljährigen Personen bis zur Vollendung des 25. Lebensjahres, in das Erwerbsleben sowie die soziale Inklusion weitest möglich zu fördern. Die Gleichstellung von Männern und Frauen ist als durchgängiges Prinzip zu verfolgen.

(2) Die Wiener Mindestsicherung erfolgt durch Zuerkennung von pauschalierten Geldleistungen zur Sicherung des Lebensunterhalts und Wohnbedarfs sowie von den bei Krankheit, Schwangerschaft und Entbindung erforderlichen Leistungen. Auf diese Leistungen besteht ein Rechtsanspruch.

(3) Die Zuerkennung von Leistungen der Wiener Mindestsicherung ist subsidiär. Sie erfolgt nur, wenn der Mindestbedarf nicht durch Einsatz eigener Arbeitskraft, eigener Mittel oder Leistungen Dritter gedeckt werden kann.

(4) Die Wiener Mindestsicherung dient der Beseitigung einer bestehenden Notlage. Sie erfolgt auch vorbeugend, wenn dadurch einer drohenden Notlage entgegengewirkt werden kann. Eine Fortsetzung ist solange möglich, als dies notwendig ist, um die Wirksamkeit und Nachhaltigkeit der Hilfeleistung zu sichern. Die Mindestsicherung hat rechtzeitig einzusetzen. Eine Zuerkennung von Leistungen für die Vergangenheit ist nicht möglich.

(5) Die Zuerkennung von Leistungen der Wiener Mindestsicherung erfolgt im Zusammenhang mit individueller Beratung und Betreuung, soweit diese zur Vermeidung und Überwindung von sozialen Notlagen, zur Verbesserung der Arbeitsfähigkeit oder Vermittelbarkeit und sozialen Inklusion sowie zur nachhaltigen sozialen Stabilisierung erforderlich sind. Dabei ist auf die Eigenart und Ursache der Notlage Rücksicht zu nehmen. Weiters ist darauf Bedacht zu nehmen, dass die familiären Beziehungen erhalten und gefestigt werden, die Kräfte zur Selbsthilfe angeregt und gefördert werden und Nachteilen bei der Geltendmachung von Rechten im Verfahren, insbesondere geschlechtsspezifischen und solchen, die sich aus familienspezifischen Lebensverhältnissen ergeben, entgegengewirkt wird. Es ist besonders darauf hinzuwirken, dass die Hilfe suchenden oder empfangenden Personen zur Beseitigung der Notlage beitragen und ihren Bedarf unabhängig von der Mindestsicherung decken können.

(6) Die mit der Durchführung von Aufgaben des Case Managements, der Sozialarbeit und der psychosozialen Beratung und Betreuung betrauten Personen müssen dafür fachlich und persönlich geeignet sein.

(7) Das Land Wien gewährt im Rahmen der Privatwirtschaftsverwaltung Förderungen als Hilfen in besonderen Lebenslagen.

Maßnahmen zur Existenzsicherung

§ 2. Zur Erreichung der in § 1 genannten und im Rahmen der Sozialplanung entwickelten Ziele implementieren das Land und die Gemeinde Wien als Träger von Privatrechten Maßnahmen, Projekte und Programme, welche die Existenzsicherung gewährleisten sowie die Eingliederung und Wiedereingliederung in das soziale Leben fördern.

Hilfe zur Arbeit, Ausbildung und Inklusion

§ 2a. (1) Hilfe zur Arbeit, Ausbildung und Inklusion hat zum Ziel, die dauerhafte soziale, kulturelle und arbeitsmarktbezogene Eingliederung oder Wiedereingliederung zu fördern und zu erleichtern.

(2) Hilfe zur Arbeit, Ausbildung und Inklusion erfolgt durch die Entwicklung, Bereitstellung und Finanzierung zielgruppenspezifischer Projekte und Angebote in Kooperation und Abstimmung mit dem Arbeitsmarktservice sowie anderen Einrichtungen, wozu insbesondere Beratung, Betreuung und Coaching, Basisbildung, Vorbereitung auf die Absolvierung einer weiterführenden Schule oder beruflichen Ausbildung und Beschäftigungsmaßnahmen zählen.

(3) Die Hilfe zur Arbeit, Ausbildung und Inklusion wird im Rahmen der Privatwirtschaftsverwaltung des Landes und der Gemeinde Wien geleistet.

(4) Hilfe suchende und empfangende Personen haben an den Projekten und Angeboten zur Eingliederung oder Wiedereingliederung mitzuwirken

Wohnungssicherung

§ 2b. Das Land Wien trifft insbesondere im Bereich der Wohnungssicherung Vorsorge für das Bestehen niederschwelliger und bedarfsgerechter Beratungs- und Betreuungsangebote.

2. Abschnitt
Leistungen der Wiener Mindestsicherung

Erfasste Bedarfsbereiche

§ 3. (1) Die Wiener Mindestsicherung deckt den Mindeststandard in den Bedarfsbereichen Lebensunterhalt, Wohnen, Krankheit, Schwangerschaft und Entbindung ab.

(2) Der Lebensunterhalt umfasst den Bedarf an Nahrung, Bekleidung, Körperpflege, Hausrat, Heizung und Energie sowie andere persönliche Bedürfnisse, zu denen auch die soziale und kulturelle Teilhabe zählt.

(3) Der Wohnbedarf umfasst den für die Gewährleistung einer angemessenen Wohnsituation

erforderlichen Aufwand an Miete, Abgaben und allgemeinen Betriebskosten.

(4) Der Bedarf bei Krankheit, Schwangerschaft und Entbindung umfasst den Aufwand, der bei Bezieherinnen und Beziehern einer Ausgleichszulage aus der Pensionsversicherung durch die gesetzliche Krankenversicherung im Rahmen der Wiener Gebietskrankenkasse abgedeckt ist.

Allgemeine Anspruchsvoraussetzungen

§ 4. (1) Anspruch auf Leistungen der Wiener Mindestsicherung hat, wer

1. zum anspruchsberechtigten Personenkreis (§ 5 Abs. 1 und 2) gehört,
2. seinen Lebensmittelpunkt in Wien hat, sich tatsächlich in Wien aufhält und seinen Lebensunterhalt in Wien bestreiten muss,
3. die in § 3 definierten Bedarfe nicht durch den Einsatz seiner Arbeitskraft, mit eigenen Mitteln oder durch Leistungen Dritter abdecken kann,
4. einen Antrag stellt und am Verfahren und während des Bezuges von Leistungen der Bedarfsorientierten Mindestsicherung entsprechend mitwirkt.

(2) Ein Anspruch auf Mindestsicherung des Lebensunterhalts und Wohnbedarfs einschließlich Mietbeihilfe besteht ab einem errechneten Mindestbetrag von fünf Euro monatlich.

(3) Personen, die bereits eine für Erwerbszwecke geeignete abgeschlossene Ausbildung oder eine Schulausbildung auf Maturaniveau haben und ihre Arbeitskraft allein deshalb nicht voll einsetzen können, weil sie eine weiterführende Ausbildung absolvieren, steht ein Anspruch auf Leistungen aus der Wiener Mindestsicherung nicht zu.

Personenkreis

§ 5. (1) Leistungen nach diesem Gesetz stehen grundsätzlich nur volljährigen österreichischen Staatsbürgerinnen und Staatsbürgern zu.

(2) Den österreichischen Staatsbürgerinnen und Staatsbürgern sind folgende Personen gleichgestellt, wenn sie volljährig sind, sich rechtmäßig im Inland aufhalten und die Einreise nicht zum Zweck des Sozialhilfebezuges erfolgt ist:

1. Asylberechtigte und subsidiär Schutzberechtigte, denen dieser Status nach den Bestimmungen des Bundesgesetzes über die Gewährung von Asyl (Asylgesetz 2005 – AsylG 2005) zuerkannt wurde sowie Personen, die Staatsangehörige eines EU- oder EWR-Staates oder der Schweiz und Opfer von Menschenhandel, grenzüberschreitenden Prostitutionshandel oder Opfer von Gewalt sind oder die über eine Aufenthaltsberechtigung als Opfer von Menschenhandel oder grenzüberschreitendem Prostitutionshandel oder als Opfer von Gewalt verfügen (§ 57 Abs. 1 Z 2 und 3 AsylG 2005);
2. Staatsangehörige eines EU- oder EWR-Staates oder der Schweiz, wenn sie erwerbstätig sind oder die Erwerbstätigeneigenschaft nach § 51 Abs. 2 Bundesgesetz über die Niederlassung und den Aufenthalt in Österreich (Niederlassungs- und Aufenthaltsgesetz – NAG) erhalten bleibt oder sie das Recht auf Daueraufenthalt nach § 53a NAG erworben haben und deren Familienangehörige;
3. Personen mit einem Aufenthaltstitel „Daueraufenthalt – EU“ oder deren vor Inkrafttreten des NAG erteilte Aufenthalts- und Niederlassungsberechtigung als solche gemäß § 81 Abs. 2 NAG in Verbindung mit der NAG-DV weiter gilt, sowie Personen mit einem vor dem 1.1.2014 ausgestellten Aufenthaltstitel „Daueraufenthalt – Familienangehöriger“ oder „Daueraufenthalt – EG“, welche gemäß § 81 Abs. 29 NAG als Aufenthaltstitel „Daueraufenthalt – EU“ weiter gelten;
4. Personen mit einem Aufenthaltstitel „Daueraufenthalt – EU“ eines anderen Mitgliedstaates, denen ein Aufenthaltstitel nach § 49 Abs. 1, Abs. 2 oder Abs. 4 NAG erteilt wurde,
5. Ehegattinnen und Ehegatten, eingetragene Partnerinnen und eingetragene Partner von Personen gemäß Abs. 1 oder Abs. 2 Z 1 bis 4, die mit diesen in einem gemeinsamen Haushalt leben und sich rechtmäßig in Österreich aufhalten.

(3) Personen, die nach den Bestimmungen des AsylG 2005 einen Asylantrag gestellt haben, steht bis zum rechtskräftigen Abschluss des Verfahrens kein Anspruch auf Leistungen der Wiener Mindestsicherung zu.

Pflichten der Hilfe suchenden oder empfangenden Personen

§ 6. Hilfe suchende oder empfangende Personen haben nach Maßgabe der gesetzlichen Bestimmungen

1. zur Abwendung und Beseitigung der Notlage ihre Arbeitskraft einzusetzen,
2. an allen Angeboten zur Feststellung von Kompetenzen und Eignungen, zur Steigerung der Arbeitsfähigkeit oder Vermittelbarkeit und zur Eingliederung oder Wiedereingliederung in das Erwerbsleben teilzunehmen,
3. eigene Mittel vorsorglich und zweckmäßig einzusetzen,
4. Ansprüche, die der Deckung der Bedarfe nach diesem Gesetz dienen, nachhaltig zu verfolgen, soweit dies nicht offensichtlich aussichtslos, unzumutbar oder mit unverhältnismäßigem Kostenrisiko verbunden ist,
5. zuerkannte Leistungen zweckentsprechend, das heißt zur Abdeckung der Bedarfe für die sie zuerkannt wurden, zu verwenden und
6. ihre Mitwirkungspflichten im Verfahren und während des Bezuges von Leistungen zu erfüllen,
7. ihre Integrationspflichten nach § 6 Abs. 1 IntG zu erfüllen, sofern nicht eine Teilnahme

an Integrationsmaßnahmen aufgrund berücksichtigungswürdiger Hindernisse, deren Beseitigung nicht in der Sphäre der verpflichteten Person liegt, unzumutbar oder unmöglich ist,

8. Aufforderungen zur Teilnahme an Gesprächen im Rahmen der Sozialarbeit und psychosozialen Beratung und Betreuung sowie des Case Managements nachzukommen.

Rechte der Hilfe suchenden oder empfangenden Personen

§ 6a. Soweit dies in bundes- oder landesgesetzlichen Bestimmungen vorgesehen ist, haben Hilfe suchende oder empfangende Personen:

1. einen Rechtsanspruch auf Mindestsicherung des Lebensunterhalts und Wohnbedarfs, über den mit Bescheid zu entscheiden ist,
2. ein Recht auf Information über Rechte und Pflichten und den Gang des Verfahrens sowie auf geschlechtsspezifische Unterstützung im Verfahren nach § 33,
3. ein Recht auf Erhebung einer Beschwerde an das Verwaltungsgericht Wien,
4. ein Recht auf individuelle Beratung und Betreuung nach § 14a.

Anspruch auf Mindestsicherung des Lebensunterhalts und Wohnbedarfs

§ 7. (1) Anspruch auf Mindestsicherung des Lebensunterhalts und Wohnbedarfs haben volljährige Personen bei Erfüllung der Voraussetzungen nach § 4 Abs. 1 und 2. Der Anspruch auf Mindestsicherung des Lebensunterhalts und Wohnbedarfs kann nur gemeinsam geltend gemacht werden und steht volljährigen Personen der Bedarfsgemeinschaft solidarisch zu. Die Abdeckung des Bedarfs von zur Bedarfsgemeinschaft gehörenden minderjährigen Personen erfolgt durch Zuerkennung des maßgeblichen Mindeststandards an die anspruchberechtigten Personen der Bedarfsgemeinschaft, der sie angehören.

(2) Die Zurechnung zu einer Bedarfsgemeinschaft erfolgt nach folgenden Kriterien:

1. Volljährige Personen, zwischen denen keine unterhaltsrechtliche Beziehung oder Lebensgemeinschaft besteht, bilden jeweils eine eigene Bedarfsgemeinschaft, auch wenn sie mit anderen Personen in der Wohnung leben (Wohngemeinschaft), sofern nicht Z 2, 4 oder 5 anzuwenden ist.
2. Volljährige Personen, zwischen denen eine Ehe besteht oder volljährige Personen, zwischen denen eine eingetragene Partnerschaft oder Lebensgemeinschaft besteht und die im gemeinsamen Haushalt leben, bilden eine eigene Bedarfsgemeinschaft, auch wenn sie mit einem Eltern- oder Großelternteil in der Wohnung leben.
3. Minderjährige Personen im gemeinsamen Haushalt mit zumindest einem Eltern- oder Großelternteil oder mit einer zur Obsorge berechtigten Person bilden mit diesem oder dieser eine Bedarfsgemeinschaft.
4. Volljährige Personen bis zum vollendeten 25. Lebensjahr im gemeinsamen Haushalt mit zumindest einem Eltern- oder Großelternteil bilden mit diesem eine Bedarfsgemeinschaft.
5. Volljährige Personen ab dem vollendeten 25. Lebensjahr und volljährige auf Dauer arbeitsunfähige Personen bilden eine eigene Bedarfsgemeinschaft, auch wenn sie mit einem Eltern- oder Großelternteil in der Wohnung leben.

(3) Bezieht eine zur Bedarfsgemeinschaft gehörende minderjährige oder volljährige Person bis zum vollendeten 25. Lebensjahr eine Unterhaltsleistung von einer nicht zur Bedarfsgemeinschaft gehörenden Person, eine Lehrlingsentschädigung oder ein sonstiges Einkommen, die bzw. das die Höhe des für diese Person maßgeblichen Mindeststandards übersteigt, so ist diese Person bei der Bemessung nicht zu berücksichtigen.

(4) Ist die Verfolgung von Unterhaltsansprüchen einer minderjährigen Person nicht offenbar aussichtslos oder unzumutbar und ist die Höhe des Anspruchs nicht gerichtlich festgestellt oder nur frei vereinbart, so ist diese Person bei der Bemessung nicht zu berücksichtigen.

(5) (entfallen)

Mindeststandards

§ 8. (1) Die Bemessung der Leistungen zur Deckung des Lebensunterhalts und Wohnbedarfs erfolgt auf Grund der Mindeststandards gemäß Abs. 2, die bei volljährigen Personen auch einen Grundbetrag zur Deckung des Wohnbedarfs im Ausmaß von 25 vH des jeweiligen Mindeststandards enthalten.

(2) Die Mindeststandards für den Bemessungszeitraum von einem Monat betragen:

1. 100 vH des Ausgleichszulagenrichtsatzes nach § 293 Abs. 1 lit. a sublit. bb ASVG abzüglich des Betrages für die Krankenversicherung
   a) für volljährige Personen ab dem vollendeten 25. Lebensjahr, die in einer Bedarfsgemeinschaft gemäß § 7 Abs. 2 Z 1 leben (Alleinstehende);
   b) für volljährige Personen ab dem vollendeten 25. Lebensjahr (Alleinerzieherinnen und Alleinerzieher), die ausschließlich mit nachfolgend genannten Personen eine Bedarfsgemeinschaft bilden:
      ba) volljährige Kinder oder volljährige Enkelkinder bis zum vollendeten 25.Lebensjahr oder
      bb) minderjährige Kinder, minderjährige Enkelkinder oder minderjährige Kinder in Obsorge.
2. 75 vH des Wertes nach Z 1 für volljährige Personen ab dem vollendeten 25. Lebensjahr, die mit anderen Personen in einer Ehe, eingetragenen Partnerschaft oder Lebensgemein-

schaft (Bedarfsgemeinschaft gemäß § 7 Abs. 2 Z 2) leben.

3. 75 vH des Wertes nach Z 1 für volljährige Personen bis zum vollendeten 25. Lebensjahr, sofern sie allein, in Ehe, eingetragener Partnerschaft oder Lebensgemeinschaft (Bedarfsgemeinschaft § 7 Abs. 2 Z 2) und im gemeinsamen Haushalt mit zumindest einem Eltern- oder Großelternteil oder einer zur Obsorge berechtigten Person leben,
   a) unter der Voraussetzung, dass sich diese Personen in diesem Monat in einer Schul- oder Erwerbsausbildung, in einem Beschäftigungsverhältnis, in einer Schulungsmaßnahme im Auftrag des AMS mit dem Status „SC" (Schulung) befinden oder befunden haben oder in diesem Monat an Integrationsmaßnahmen nach § 6 Abs. 1 IntG teilnehmen oder teilgenommen haben, denen sie nach Maßgabe bundesgesetzlicher Vorgaben zugewiesen wurden und
   b) bei Nichtvorliegen der Voraussetzungen nach lit. a. bis zu einem Gesamtausmaß von vier Monaten. Das Gesamtausmaß von vier Monaten erhöht sich um Zeiten, in denen Anspruchsberechtigten kein Angebot nach lit. a unterbreitet wurde.
4. 50 vH des Wertes nach Z 1 für volljährige Personen bis zum vollendeten 25. Lebensjahr, sofern sie allein, in Ehe, eingetragener Partnerschaft oder Lebensgemeinschaft (Bedarfsgemeinschaft § 7 Abs. 2 Z 2) und im gemeinsamen Haushalt mit zumindest einem Eltern- oder Großelternteil oder einer zur Obsorge berechtigten Person leben, wenn sich diese Personen in diesem Monat zu keiner Zeit in einer Schul- oder Erwerbsausbildung, in einem Beschäftigungsverhältnis, in einer Schulungsmaßnahme im Auftrag des AMS mit dem Status „SC" (Schulung) befinden oder befunden haben und in diesem Monat zu keiner Zeit Integrationsmaßnahmen nach § 6 Abs. 1 IntG teilnehmen oder teilgenommen haben, denen sie nach Maßgabe bundesgesetzlicher Vorgaben zugewiesen wurden und keine der Ausnahmen gemäß § 14 Abs. 4 für die Dauer des gesamten Bemessungszeitraums für sie zur Anwendung kommt.
5. 100 vH des Wertes nach Z 1 für alleinstehende volljährige Personen bis zum vollendeten 25. Lebensjahr, sofern sie nicht im gemeinsamen Haushalt mit zumindest einem Eltern- oder Großelternteil leben
   a) unter der Voraussetzung, dass sich diese Personen in diesem Monat in einer Schul- oder Erwerbsausbildung, in einem Beschäftigungsverhältnis, in einer Schulungsmaßnahme im Auftrag des AMS mit dem Status „SC" (Schulung) befinden oder befunden haben oder in diesem Monat an Integrationsmaßnahmen nach § 6 Abs. 1 IntG teilnehmen oder teilgenommen haben, denen sie nach Maßgabe bundesgesetzlicher Vorgaben zugewiesen wurden und
   b) bei Nichtvorliegen der Voraussetzungen nach lit. a. bis zu einem Gesamtausmaß von vier Monaten. Das Gesamtausmaß von vier Monaten erhöht sich um Zeiten, in denen Anspruchsberechtigten kein Angebot nach lit. a unterbreitet wurde.
6. 75 vH des Wertes nach Z 1 für volljährige Personen bis zum vollendeten 25. Lebensjahr, sofern sie nicht im gemeinsamen Haushalt mit zumindest einem Eltern- oder Großelternteil oder einer zur Obsorge berechtigten Person leben, sondern in einer Ehe, eingetragenen Partnerschaft oder Lebensgemeinschaft (Bedarfsgemeinschaft gemäß § 7 Abs. 2 Z 2) leben
   a) unter der Voraussetzung, dass sich diese Personen in diesem Monat in einer Schul- oder Erwerbsausbildung, in einem Beschäftigungsverhältnis, in einer Schulungsmaßnahme im Auftrag des AMS mit dem Status „SC" (Schulung) befinden oder befunden haben oder in diesem Monat an Integrationsmaßnahmen nach § 6 Abs. 1 IntG teilnehmen oder teilgenommen haben, denen sie nach Maßgabe bundesgesetzlicher Vorgaben zugewiesen wurden und
   b) bei Nichtvorliegen der Voraussetzungen nach lit. a. bis zu einem Gesamtausmaß von vier Monaten. Das Gesamtausmaß von vier Monaten erhöht sich um Zeiten, in denen Anspruchsberechtigten kein Angebot nach lit. a unterbreitet wurde.
7. 75 vH des Wertes nach Z 1 für alleinstehende volljährige Personen bis zum vollendeten 25. Lebensjahr, sofern sie nicht im gemeinsamen Haushalt mit zumindest einem Eltern- oder Großelternteil oder einer zur Obsorge berechtigten Person leben, wenn sich diese Personen in diesem Monat zu keiner Zeit in einer Schul- oder Erwerbsausbildung, in einem Beschäftigungsverhältnis, in einer Schulungsmaßnahme im Auftrag des AMS mit dem Status „SC" (Schulung) befinden oder befunden haben oder in diesem Monat zu keiner Zeit an Integrationsmaßnahmen nach § 6 Abs. 1 IntG, teilnehmen oder teilgenommen haben, denen sie nach Maßgabe bundesgesetzlicher Vorgaben zugewiesen wurden und keine der Ausnahmen gemäß § 14 Abs. 4 für die Dauer des gesamten Bemessungszeitraums für sie zur Anwendung kommt.
8. 50 vH des Wertes nach Z 1 für volljährige Personen bis zum vollendeten 25. Lebensjahr, sofern sie nicht im gemeinsamen Haushalt mit zumindest einem Eltern- oder Großelternteil oder einer zur Obsorge berechtigten

Person leben, sondern in einer Ehe, eingetragenen Partnerschaft oder Lebensgemeinschaft (Bedarfsgemeinschaft gemäß § 7 Abs. 2 Z 2) leben, wenn sich diese Personen in diesem Monat zu keiner Zeit in einer Schul- oder Erwerbsausbildung, in einem Beschäftigungsverhältnis, in einer Schulungsmaßnahme im Auftrag des AMS mit dem Status „SC" (Schulung) befinden oder befunden haben und in diesem Monat zu keiner Zeit an Integrationsmaßnahmen nach § 6 Abs. 1 IntG teilnehmen oder teilgenommen haben, denen sie nach Maßgabe bundesgesetzlicher Vorgaben zugewiesen wurden und keine der Ausnahmen gemäß § 14 Abs. 4 für die Dauer des gesamten Bemessungszeitraums für sie zur Anwendung kommt.

9. 27 vH des Wertes nach Z 1 für minderjährige Personen in einer Bedarfsgemeinschaft gemäß § 7 Abs. 2 Z 3.

(3) Bei folgenden Personen erfolgt die Bemessung auf Grund der Mindeststandards gemäß Abs. 2 Z 1 und 2:

1. Personen, die das 18. Lebensjahr vollendet haben und auf Dauer arbeitsunfähig sind,
2. Personen, die am 1. Jänner 2014 das 50. Lebensjahr vollendet haben und für die Dauer von mindestens einem halben Jahr arbeitsunfähig sind,
3. Personen, die das Regelpensionsalter nach dem ASVG erreicht haben.

Der Grundbetrag zur Deckung des Wohnbedarfs beträgt 13,5 vH der Mindeststandards, wenn sie alleinstehend sind oder mit Personen, die diese Voraussetzungen nicht erfüllen, in der Bedarfsgemeinschaft leben. Liegen bei mehr als einer Person in der Bedarfsgemeinschaft diese Voraussetzungen vor, beträgt der Grundbetrag zur Deckung des Wohnbedarfs 9 vH der Mindeststandards.

(4) Personen, die am 1. Jänner 2014 das 50. Lebensjahr vollendet haben und für die Dauer von mindestens einem halben Jahr arbeitsunfähig sind, Personen, die das Regelpensionsalter nach dem ASVG erreicht haben, und volljährigen, auf Dauer arbeitsunfähigen Personen ist zum monatlich wiederkehrenden Mindeststandard jährlich in den Monaten „April" und Oktober je eine Sonderzahlung in der Höhe des Mindeststandards zuzuerkennen. Ein 13. oder 14. Monatsbezug, den die Person von anderer Seite erhält, ist auf diese Sonderzahlungen anzurechnen. Die erstmalige Sonderzahlung fällt nur anteilsmäßig an, wenn die Leistung gemäß § 8 Abs. 3 im jeweiligen Sonderzahlungsmonat und den letzten fünf Kalendermonaten davor nicht durchgehend bezogen wurde. Die Höhe der Sonderzahlung verringert sich dabei je Kalendermonat ohne diese Leistung um ein Sechstel.

(LGBl W 2018/49)

(5) Der Mindeststandard nach Abs. 2 Z 1 erhöht sich mit dem gleichen Prozentsatz wie der Ausgleichszulagenrichtsatz nach § 293 Abs. 1 lit. a sublit. bb ASVG. Die Beträge der Mindeststandards werden durch Verordnung der Landesregierung, allenfalls auch rückwirkend, kundgemacht.

Mietbeihilfe

§ 9. (1) Ein über den Grundbetrag zur Deckung des Wohnbedarfs nach § 8 Abs. 1 hinausgehender Bedarf wird an die anspruchsberechtigten Personen als Bedarfsgemeinschaft in Form einer monatlichen Geldleistung (Mietbeihilfe) zuerkannt, wenn dieser nachweislich weder durch eigene Mittel noch durch Leistungen Dritter gedeckt werden kann. Die Mietbeihilfe gebührt ab dem auf die Antragstellung folgenden Monat.

(2) Die Mietbeihilfe ist, bei durch unbedenkliche Urkunden nachgewiesenen tatsächlich höheren Kosten der Abdeckung des Wohnbedarfs, bis zur Höhe der Bruttomiete zuzuerkennen und wird wie folgt berechnet:

1. Den Ausgangswert bilden die nach Abzug sonstiger Leistungen tatsächlich verbleibenden Wohnkosten bis zu den Mietbeihilfenobergrenzen nach Abs. 3.
2. Dieser Ausgangswert wird durch die Anzahl der in der Wohnung lebenden volljährigen Personen geteilt und mit der Anzahl der volljährigen Personen der Bedarfsgemeinschaft multipliziert.
3. Von dem für die Bedarfsgemeinschaft ermittelten Wert wird ein Betrag in folgender Höhe vom jeweiligen Mindeststandard nach § 8 Abs. 2 abgezogen:
   a) für jede volljährige Hilfe suchende oder empfangende Person ein Betrag in der Höhe von 25 vH;
   b) für jede Hilfe suchende oder empfangende Person, die am 1. Jänner 2014 das 50. Lebensjahr vollendet hat und für die Dauer von mindestens einem halben Jahr arbeitsunfähig ist, für jede Person, die das Regelpensionsalter nach dem ASVG erreicht hat und für jede volljährige auf Dauer arbeitsunfähige Person, wenn sie alleinstehend ist oder mit Personen, die diese Voraussetzungen nicht erfüllen, in der Bedarfsgemeinschaft lebt, ein Betrag in der Höhe von 13,5 vH;
   c) für jede Hilfe suchende oder empfangende Person, die am 1. Jänner 2014 das 50. Lebensjahr vollendet hat und für die Dauer von mindestens einem halben Jahr arbeitsunfähig ist, für jede Person, die das Regelpensionsalter nach dem ASVG erreicht hat und für jede volljährige auf Dauer arbeitsunfähige Person, wenn bei mehr als einer Person der Bedarfsgemeinschaft diese Voraussetzungen vorliegen, ein Betrag von 9 vH.

(3) Die Mietbeihilfenobergrenzen werden pauschal nach Maßgabe der in der Wohnung lebenden Personen und der angemessenen Wohnkosten unter Berücksichtigung weiterer Beihilfen durch Verordnung der Landesregierung festgesetzt.

Anrechnung von Einkommen und sonstigen Ansprüchen

§ 10. (1) Auf den Mindeststandard ist das Einkommen der Person, für die der jeweilige Mindeststandard gilt, anzurechnen. Bei der Berechnung der Mindestsicherung des Lebensunterhalts und Wohnbedarfs von mehreren Personen, die eine Bedarfsgemeinschaft bilden, erfolgt die Bemessung für die Bedarfsgemeinschaft. Dabei ist auf die Summe der heranzuziehenden Mindeststandards die Summe der Einkommen aller anspruchsberechtigten Personen der Bedarfsgemeinschaft anzurechnen, sofern nicht § 7 Abs. 3 anzuwenden ist. Das Einkommen eines Elternteils, einer Ehegattin, eines Ehegatten, einer eingetragenen Partnerin, eines eingetragenen Partners, einer Lebensgefährtin oder eines Lebensgefährten, die nicht anspruchsberechtigt sind, ist jeweils in dem Maß anzurechnen, das 75 vH des Ausgleichszulagenrichtsatzes nach § 293 Abs. 1 lit. a sublit. bb ASVG abzüglich des Beitrages für die Krankenversicherung übersteigt.

(2) Als einkommensmindernd zu berücksichtigen sind Kranken- und Pensionsversicherungsbeiträge, die im Rahmen der gesetzlichen Pflichtversicherung oder bei geringfügiger Beschäftigung geleistet werden.

(3) Nicht als einkommensmindernd zu berücksichtigen sind Zahlungsverpflichtungen, insbesondere in Zusammenhang mit unterhaltsrechtlichen Beziehungen, der zwangsweisen Eintreibung von Schulden (Exekutionen) oder einem Schuldenregulierungsverfahren.

(4) Gesetzliche oder vertragliche und der Höhe nach bestimmte Ansprüche der Hilfe suchenden Person auf Leistungen, die der zumindest teilweisen Deckung der Bedarfe nach § 3 dienen, sind auch dann anzurechnen, wenn die Hilfe suchende Person diese nicht nachhaltig, auch behördlich (gerichtlich) verfolgt, sofern die Geltendmachung weder offenbar aussichtslos noch unzumutbar ist. Dies ist von der unterhaltsberechtigten Person oder ihrer gesetzlichen Vertretung glaubhaft zu machen.

(5) Gesetzliche oder vertragliche und der Höhe nach bestimmte Ansprüche der Hilfe suchenden Person auf Leistungen, die der zumindest teilweisen Deckung der Bedarfe nach § 3 dienen, sind ohne Berücksichtigung eines allfälligen Ruhens oder subjektiven Anspruchsverlusts nach vertraglichen oder gesetzlichen Bestimmungen fiktiv anzurechnen, wenn dies auf ein Verhalten der Hilfe suchenden oder empfangenden Person zurückzuführen ist. Die Bestimmungen des § 15 bleiben davon unberührt.

(6) Von der Anrechnung ausgenommen sind:

1. Leistungen nach dem Familienlastenausgleichsgesetz 1967 mit Ausnahme von Zuwendungen aus dem Familienhospizkarenz-Härteausgleich und Kinderabsetzbeträge nach § 33 Abs. 3 EStG 1988,
2. Schmerzensgeld, Entschädigungsleistungen für Opfer, Leistungen des Sozialentschädigungsrechts (Kriegsopferversorgungsgesetz 1957, Kriegsgefangenenentschädigungsgesetz, Opferfürsorgegesetz, Heeresentschädigungsgesetz, Verbrechensopfergesetz, Impfschadengesetz, Conterganhilfeleistungsgesetz, Heimopferrentengesetz), sofern es sich nicht um „eine" einkommensabhängige Rentenleistung mit Mindestsicherungscharakter handelt,

   (LGBl W 2018/49)
3. Pflegegeld nach bundesrechtlichen Vorschriften und andere pflegebezogene Geldleistungen, auch bei Dritten, denen diese Geldleistungen als Entgelt für deren Pflegetätigkeit zufließen, sofern die Pflegetätigkeit durch Ehegatte/Ehegattin und deren Kinder, die Eltern, Großeltern, Adoptiv- und Pflegeeltern, Kinder, Enkelkinder, Stiefkinder, Adoptiv- und Pflegekinder, den/die Lebensgefährten/Lebensgefährtin und dessen/deren Kinder, den/die eingetragene/n Partner/in und dessen/deren Kinder sowie Geschwister, Schwiegereltern und Schwiegerkinder und nicht zu Erwerbszwecken, erfolgt,
4. freiwillige Geldleistungen der freien Wohlfahrtspflege oder Leistungen von Dritten, die ohne rechtliche Verpflichtung erbracht werden, es sei denn diese Leistungen werden bereits für einen ununterbrochenen Zeitraum von vier Monaten gewährt oder erreichen ein Ausmaß, sodass keine Leistungen nach diesem Gesetz mehr erforderlich wären,
5. Einkünfte, die der Hilfe suchenden Person im Rahmen einer Tagesstruktur oder einer sonstigen therapeutischen Betreuungsmaßnahme als Leistungsanreiz zufließen (therapeutisches Taschengeld), es sei denn, diese überschreiten die Höhe des Taschengeldes gemäß § 17 Abs. 3.

Beschäftigungsbonus und Freibetrag

§ 11. Sonderzahlungen (Urlaubs- und Weihnachtsgeld) aus eigener Erwerbstätigkeit sind bei der Bemessung von Leistungen zur Deckung des Lebensunterhalts und Wohnbedarfs von der Anrechnung ausgenommen.

Anrechnung von Vermögen

§ 12. (1) Auf die Summe der Mindeststandards ist das verwertbare Vermögen von anspruchsberechtigten Personen der Bedarfsgemeinschaft anzurechnen.

(2) Soweit keine Ausnahmeregelung nach Abs. 3 anzuwenden ist, gelten als verwertbar:

1. unbewegliches Vermögen;
2. Ersparnisse und sonstige Vermögenswerte.

(3) Als nicht verwertbar gelten:

1. Gegenstände, die zu einer Erwerbsausübung oder der Befriedigung angemessener kultu-

reller Bedürfnisse der Hilfe suchenden Person dienen;

2. Gegenstände, die als angemessener Hausrat anzusehen sind;
3. Kraftfahrzeuge, die berufsbedingt oder auf Grund besonderer Umstände (insbesondere Behinderung, unzureichende Infrastruktur) erforderlich sind;
4. unbewegliches Vermögen, wenn dieses zur Deckung des angemessenen Wohnbedarfs der Bedarfsgemeinschaft dient;
5. verwertbares Vermögen nach Abs. 2 bis zu einem Freibetrag in Höhe des Fünffachen des Mindeststandards nach § 8 Abs. 2 Z 1 (Vermögensfreibetrag);
6. sonstige Vermögenswerte, solange Leistungen der Wiener Mindestsicherung nicht länger als für eine Dauer von sechs Monaten bezogen wurden. Dabei sind alle ununterbrochenen Bezugszeiträume im Ausmaß von mindestens zwei Monaten innerhalb von zwei Jahren vor der letzten Antragstellung zu berücksichtigen.

Zuerkennung gegen Sicherstellung

§ 13. Ist nicht verwertbares unbewegliches Vermögen vorhanden, ist die Zuerkennung weiterer Leistungen von der Sicherstellung eines allfälligen Ersatzanspruches abhängig zu machen, sobald Leistungen zur Sicherung des Lebensunterhalts und Wohnbedarfs für eine Dauer von sechs Monaten bezogen wurden. Dabei sind alle ununterbrochenen Bezugszeiträume im Ausmaß von mindestens zwei Monaten innerhalb von zwei Jahren vor der letzten Antragstellung zu berücksichtigen.

Einsatz der Arbeitskraft und Mitwirkung an arbeitsmarktbezogenen sowie die Arbeitsfähigkeit oder Vermittelbarkeit fördernden Maßnahmen

§ 14. (1) Arbeitsfähige Hilfe suchende und empfangende Personen sind verpflichtet, ihre Arbeitskraft einzusetzen, insbesondere von sich aus alle zumutbaren Anstrengungen zur Erlangung einer Beschäftigung zu unternehmen bis Lebensunterhalt und Wohnbedarf der Bedarfsgemeinschaft aus eigenen Mitteln – unabhängig von Leistungen der Mindestsicherung – gedeckt sind. Diese Pflichten bestehen insbesondere auch dann, wenn mit einer ausgeübten Beschäftigung der Lebensunterhalt und Wohnbedarf nicht gedeckt werden kann oder das volle Beschäftigungsausmaß nicht erreicht wird. Das Vorliegen von Arbeitsfähigkeit (§ 8 AlVG) und Zumutbarkeit (§ 9 AlVG) wird von den zuständigen Stellen, insbesondere jenen für die Gewährung von Arbeitslosengeld, beurteilt.

(2) Arbeitsfähige Hilfe suchende und empfangende Personen sind verpflichtet, sich bei den regionalen Geschäftsstellen des Arbeitsmarktservice zur Arbeitsvermittlung zur Verfügung zu stellen, eine durch die regionale Geschäftsstelle oder einen vom Arbeitsmarktservice beauftragten, die Arbeitsvermittlung durchführenden Dienstleister vermittelte zumutbare Beschäftigung anzunehmen und an allen Angeboten zur Feststellung von Kompetenzen und Eignungen, zur Steigerung der Arbeitsfähigkeit oder Vermittelbarkeit und zur Eingliederung oder Wiedereingliederung in das Erwerbsleben mitzuwirken. Dazu zählen – abhängig vom Einzelfall – insbesondere:

1. Kompetenzchecks,
2. Nach- und Umschulungen,
3. Beschäftigungsmaßnahmen,
4. Orientierungs- und Aktivierungsmaßnahmen,
5. Beratung, Betreuung und Coaching,
6. Integrationsmaßnahmen.

(3) Fehlt eine abgeschlossene Berufsausbildung, sind insbesondere bei Personen bis zur Vollendung des 25. Lebensjahrs vorrangig die Möglichkeiten zur Vermittlung in eine Ausbildung zu nutzen.

(4) Der Einsatz der Arbeitskraft und die Mitwirkung an arbeitsmarktbezogenen sowie die Arbeitsfähigkeit oder Vermittelbarkeit fördernden Maßnahmen darf nicht verlangt werden von Personen, die

1. das Regelpensionsalter nach dem ASVG erreicht haben,
2. arbeitsunfähig sind,
3. Betreuungspflichten gegenüber Kindern haben, welche das dritte Lebensjahr noch nicht vollendet haben oder das vierte Lebensjahr noch nicht vollendet haben und Pflegegeld mindestens der Stufe 1 beziehen, und keiner Beschäftigung nachgehen können, weil keine geeigneten Betreuungsmöglichkeiten zur Verfügung stehen,
4. pflegebedürftige Personen betreuen, welche ein Pflegegeld mindestens der Stufe 3 beziehen, sofern es sich dabei um Ehegatten/Ehegattin und deren Kinder, die Eltern, Großeltern, Adoptiv- und Pflegeeltern, Kinder, Enkelkinder, Stiefkinder, Adoptiv- und Pflegekinder, den/die Lebensgefährten/Lebensgefährtin und dessen/deren Kinder, den/die eingetragene/n Partner/in und dessen/deren Kinder sowie Geschwister, Schwiegereltern und Schwiegerkinder handelt,
5. Sterbebegleitung oder Begleitung von schwersterkrankten Kindern nach §§ 14a, 14b AVRAG leisten,
6. in einer zielstrebig verfolgten Erwerbs- oder Schulausbildung stehen, die
   a) bereits vor Vollendung des 18. Lebensjahres begonnen wurde, sofern noch keine abgeschlossene Erwerbsausbildung oder Schulausbildung auf Maturaniveau vorliegt,
   b) einen Pflichtschulabschluss oder erstmaligen Abschluss einer Lehre oder Facharbeiter-Intensivausbildung zum Ziel hat, sofern dadurch voraussichtlich

die Eingliederung oder Wiedereingliederung in das Erwerbsleben erleichtert wird,

7. an einem Freiwilligen Integrationsjahr nach Abschnitt 4a des FreiwG teilnehmen.

Teilnahme an Gesprächen im Rahmen des Case Managements zur gesundheitlichen und beruflichen Rehabilitation sowie im Rahmen der Sozialarbeit und psychosozialen Beratung und Betreuung

§ 14a. (1) Wenn dies in Hinblick auf die Ziele des Gesetzes (§ 1) zweckmäßig und aufgrund der persönlichen Lebensumstände nicht unzumutbar ist, haben

1. für die Dauer von mindestens einem halben Jahr befristet arbeitsunfähige anspruchsberechtigte Hilfe suchende oder empfangende Personen, die nicht zur Personengruppe des § 8 Abs. 3 Z 2 gehören, an Gesprächen im Rahmen des Case Managements zur gesundheitlichen und beruflichen Rehabilitation und
2. anspruchsberechtigte Hilfe suchende oder empfangende volljährige Personen bis zum vollendeten 25. Lebensjahr sowie Personen, bei denen eine Arbeitsmarktintegration im Wege der Sozialarbeit und psychosozialen Beratung und Betreuung förderbar ist, an Gesprächen im Rahmen der Sozialarbeit und psychosozialen Beratung und Betreuung,

teilzunehmen.

Kürzung der Leistungen

§ 15. (1) Wenn eine arbeitsfähige Hilfe suchende oder empfangende Person ihre Arbeitskraft nicht in zumutbarer Weise oder nicht so gut wie möglich einsetzt, sich der Arbeitsvermittlung nicht zur Verfügung stellt, vermittelte zumutbare Beschäftigung nicht annimmt, an Angeboten zur Feststellung von Kompetenzen und Eignungen, zur Steigerung der Arbeitsfähigkeit oder Vermittelbarkeit und zur Eingliederung in das Erwerbsleben nicht entsprechend mitwirkt oder ihren Pflichten nach § 6 Abs. 1 IntG nicht nachkommt, ist im Rahmen der Bemessung nur der auf diese Person entfallende Mindeststandard zur Deckung des Lebensunterhalts (ausgenommen Grundbetrag zur Deckung des Wohnbedarfes) stufenweise zunächst auf die Dauer eines Monats um 25 vH, bei einer weiteren Verweigerung für die Dauer von zwei Monaten um 50 vH und bei fortgesetzter beharrlicher Weigerung um 100 vH zu kürzen.

(2) Wenn eine Hilfe suchende oder empfangende Person ihre Mittellosigkeit während oder innerhalb der letzten drei Jahre vor der Hilfeleistung selbst verursacht hat, weil sie Vermögen verschenkt oder ein Erbe nicht angetreten hat, ist im Rahmen der Bemessung der auf sie entfallende Mindeststandard zur Deckung des Lebensunterhalts um 25 vH zu kürzen, bis die Summe der Kürzungen den Wert des verschenkten oder nicht erlangten Vermögens unter Berücksichtigung des Vermögensfreibetrages erreicht hat. Stichtag für die Berechnung der Frist ist der letzte Tag des Jahres vor dem Leistungen zur Mindestsicherung des Lebensunterhalts beantragt werden.

(3) Wenn eine Hilfe suchende oder empfangende Person der Aufforderung zur Teilnahme an einem Gespräch im Rahmen des Case Managements zur gesundheitlichen und beruflichen Rehabilitation sowie im Rahmen der Sozialarbeit und psychosozialen Beratung und Betreuung nicht nachkommt, ist nur der auf diese Person entfallende Mindeststandard zur Deckung des Lebensunterhalts (ausgenommen Grundbetrag zur Deckung des Wohnbedarfes) auf die Dauer eines Monats um 25 vH zu kürzen. Das Gesamtausmaß der Kürzungen darf jedoch das Ausmaß der nach § 15 Abs. 1 möglichen Kürzungen nicht übersteigen.

Ablehnung und Einstellung der Leistungen

§ 16. (1) Wenn eine Hilfe suchende oder empfangende Person trotz Aufforderung unter Setzung einer angemessenen Frist und nachweislichem Hinweis auf die Rechtsfolgen ohne triftigen Grund nicht rechtzeitig mitwirkt, indem sie

1. die zur Durchführung des Verfahrens von der Behörde verlangten Angaben nicht macht oder
2. die von der Behörde verlangten Unterlagen nicht vorlegt oder
3. gesetzliche oder vertragliche Ansprüche, die der zumindest teilweisen Deckung der Bedarfe nach § 3 dienen, nicht nachhaltig, auch verwaltungsbehördlich oder gerichtlich verfolgt, wobei eine offenbar aussichtslose unzumutbare oder mit unverhältnismäßigem Kostenrisiko verbundene Geltendmachung von Ansprüchen nicht verlangt werden kann,

ist die Leistung einzustellen oder abzulehnen. Eine Nachzahlung für die Zeit der Einstellung oder Ablehnung unterbleibt. Ein triftiger Verhinderungsgrund ist von der Hilfe suchenden oder empfangenden Person glaubhaft zu machen und entsprechend zu bescheinigen.

(2) Die im Rahmen der Bemessung auf eine Hilfe suchende oder empfangende Person entfallende Leistung ist einzustellen oder abzulehnen, wenn sie unter den in Abs. 1, erster Halbsatz genannten Voraussetzungen nicht mitwirkt, indem sie der Aufforderung zu einer ärztlichen Untersuchung nicht nachkommt.

(3) Bei einer Einstellung oder Ablehnung nach Abs. 2 ändert sich der auf die übrigen Mitglieder der Bedarfsgemeinschaft anzuwendende Mindeststandard nicht.

Ruhen und Erlöschen von Ansprüchen

§ 17. (1) Ansprüche auf Mindestsicherung des Lebensunterhalts und des Grundbetrags zur Deckung des Wohnbedarfs ruhen ex lege soweit und solange der Bedarf für längere Zeit anderweitig auf Kosten des Bundes, eines Landes oder eines Sozialhilfeträgers oder Trägers der Wiener Mindestsicherung abgedeckt ist.

(2) Vom Ruhen ausgenommen ist der zur Deckung des Wohnbedarfs vorgesehene Grundbetrag, soweit dieser nachweislich zur Abdeckung von Wohnkosten erforderlich ist, in absehbarer Zeit wieder ein Wohnbedarf bestehen wird und die Erhaltung der konkreten Wohnmöglichkeit wirtschaftlich sinnvoll ist.

(3) Während eines Aufenthaltes in einer Krankenanstalt, einem Wohn- oder Pflegeheim oder einer Therapieeinrichtung ist zur Deckung kleinerer persönlicher Bedürfnisse darüber hinaus ein angemessener Betrag (Taschengeld) vom Ruhen ausgeschlossen, soweit diese Bedürfnisse nicht anderweitig abgedeckt sind. Dieser Betrag ist durch Verordnung der Landesregierung festzusetzen.

(4) Die Hilfe suchende oder empfangende Person ist verpflichtet, der Behörde unverzüglich den Eintritt von Umständen mitzuteilen, die ein Ruhen im Sinne dieser Bestimmung nach sich ziehen können. Geldleistungen, die trotz Ruhen des Anspruchs ausbezahlt wurden, sind zurückzufordern. Der Träger der Mindestsicherung ist berechtigt, Rückforderungsansprüche gegen Ansprüche auf Leistungen der Wiener Mindestsicherung aufzurechnen.

(5) Besteht die Bedarfsgemeinschaft aus nur einer anspruchsberechtigten Person, erlischt der Anspruch auf Mindestsicherung des Lebensunterhalts, Wohnbedarfs sowie auf Leistungen bei Krankheit, Schwangerschaft und Entbindung ex lege mit dem Tod.

Sachleistungen

§ 18. (1) Als Sachleistungen gelten alle vermögenswerten Leistungen sowie Geldleistungen, die nach Abs. 2 an dritte Personen ausgezahlt werden.

(2) Wenn die zuerkannte Geldleistung nicht zweckentsprechend verwendet wird oder dies aufgrund der Besonderheit des Falles erforderlich ist, können Leistungen der Wiener Mindestsicherung an Dritte, die sich zur Erbringung der Sachleistung zur Abdeckung der Bedarfe verpflichten oder verpflichtet haben, ausgezahlt werden. Über die Auszahlung an Dritte ist mit Bescheid zu entscheiden.

(3) Als Leistungen gemäß Abs. 2 gelten:

1. Leistungen zur Deckung der Wohnkosten,
2. Leistungen zur Deckung des Energiebedarfs.

(4) Werden dem Magistrat der Stadt Wien nach Rechtskraft des Bescheides Tatsachen bekannt, aus denen sich ergibt, dass die zuerkannten Leistungen nicht zweckentsprechend verwendet werden, kann die Entscheidung auch nach Rechtskraft im Sinne des Abs. 2 abgeändert werden.

Verbot der Übertragung, Verpfändung und Pfändung von Ansprüchen

§ 19. Ansprüche auf Leistungen der Wiener Mindestsicherung können weder übertragen, noch ver- oder gepfändet werden.

Leistungen bei Krankheit, Schwangerschaft und Entbindung

§ 20. (1) Anspruch auf Leistungen bei Krankheit, Schwangerschaft und Entbindung haben alle Personen, die Anspruch auf Mindestsicherung des Lebensunterhalts und Wohnbedarfs haben, sofern sie nicht in der gesetzlichen Krankenversicherung pflichtversichert sind oder eine Mitversicherung bei einer anderen Person möglich ist.

(2) Die Leistungen werden durch Übernahme der Beiträge zur gesetzlichen Krankenversicherung erbracht.

(3) Die Mindestsicherung bei Krankheit, Schwangerschaft und Entbindung umfasst alle Sachleistungen und Begünstigungen wie sie Bezieherinnen und Bezieher einer Ausgleichszulage aus der Pensionsversicherung bei der Wiener Gebietskrankenkasse zustehen.

3. Abschnitt
Rückforderung und Ersatz

Anzeigepflicht und Rückforderungsanspruch

§ 21. (1) Hilfe empfangende Personen haben jede Änderung der für die Bemessung der Leistung maßgeblichen Umstände unverzüglich dem Magistrat der Stadt Wien anzuzeigen. Anzuzeigen sind insbesondere folgende Ereignisse oder Änderungen:

1. Familienverhältnisse;
2. Einkommens- und Vermögensverhältnisse, Lohn- und Einkommensteuerrückzahlungen;
3. Staatsangehörigkeit, Aufenthaltsstatus nach dem Niederlassungs- und Aufenthaltsgesetz (Aufenthaltstitel, unionsrechtliches Aufenthaltsrecht), Asylstatus, subsidiärer Schutz;
4. Schul- und Erwerbsausbildung, Beschäftigungsverhältnis, Schulungsmaßnahme im Auftrag des AMS, Integrationsmaßnahmen im Auftrag des Österreichischen Integrationsfonds;
5. Wohnverhältnisse;
6. Aufenthalte in Kranken- oder Kuranstalten, länger als zwei Wochen dauernde Abwesenheiten vom Wohn- oder Aufenthaltsort sowie die Aufgabe des Wohnortes in Wien oder die Beendigung des gewöhnlichen Aufenthalts in Wien.

(2) Leistungen, die auf Grund einer Verletzung der Anzeigepflicht gemäß Abs. 1 zu Unrecht empfangen wurden, sind mit Bescheid zurückzufordern. Die Behörde ist berechtigt, die Aufrechnung gegen Ansprüche auf Leistungen der Wiener Mindestsicherung zu verfügen.

(3) Die Rückforderung kann in Teilbeträgen erfolgen oder unterbleiben, wenn die anzeigepflichtige Person glaubhaft macht, dass die Verletzung der Anzeigepflicht auf einem geringfügigen Verschulden beruht, die Rückforderung eine Notlage herbeiführen würde, der Anspruch voraussichtlich uneinbringlich wäre oder der Betrag unbedeutend ist.

Rückforderungsanspruch nach Wiederaufnahme und Aufhebung oder Abänderung des Bescheides im Beschwerdeverfahren

§ 22. (1) Wird ein Verfahren wiederaufgenommen und ergibt sich im wiederaufgenommenen Verfahren, dass die Leistung nicht oder nicht in dem Ausmaß zuzuerkennen war, in dem diese bereits erbracht wurde, so ist die Leistung, soweit der Rechtsgrund weggefallen ist, mit Bescheid zurückzufordern.

(2) Wird im Beschwerdeverfahren (§ 31 Abs. 3) der Antrag auf Mindestsicherung abgewiesen oder die Entscheidung dahingehend abgeändert, dass die Leistung nicht oder nicht in dem Ausmaß zuerkannt wird, in dem diese bereits erbracht wurde, so ist die Leistung im entsprechenden Ausmaß zurückzufordern.

(3) Die Behörde ist berechtigt, die Aufrechnung gegen Ansprüche auf Leistungen der Wiener Mindestsicherung zu verfügen. § 21 Abs. 3 ist sinngemäß anzuwenden.

Kostenersatz durch Dritte

§ 23. Hat die Hilfe empfangende Person gesetzliche oder vertragliche Ansprüche gegen Dritte auf Leistungen, die der zumindest teilweisen Deckung der Bedarfe nach § 3 dienen, so gehen diese Ansprüche für die Dauer der Hilfeleistung bis zur Höhe der entstandenen Kosten auf den Träger der Wiener Mindestsicherung über, sobald dem Dritten die Hilfeleistung angezeigt wird.

Kostenersatz bei Vermögen oder Einkommen, das nicht aus eigener Erwerbstätigkeit stammt

§ 24. (1) Für Kosten, die dem Land Wien als Träger der Mindestsicherung durch die Zuerkennung von Leistungen zur Mindestsicherung entstehen, ist dem Land Wien als Träger der Mindestsicherung nach Maßgabe der folgenden Bestimmungen Ersatz zu leisten. Ein Anspruch auf Mindestsicherung schließt dabei einen Kostenersatzanspruch des Trägers der Wiener Mindestsicherung nicht aus.

(2) Ersatzpflichtig sind alle Personen, die Leistungen der Mindestsicherung bezogen haben, soweit sie nach Zuerkennung der Leistung zu Vermögen oder Einkommen, das nicht aus eigener Erwerbstätigkeit stammt, gelangen, unabhängig davon, ob sie Hilfe empfangen oder das Vermögen noch vorhanden ist. Es sind jene Kosten zu ersetzen, die dem Träger der Mindestsicherung durch Hilfegewährungen in den letzten drei Jahren der Hilfeleistung entstanden sind. Stichtag für die Berechnung der Frist ist der letzte Tag des Monats, in dem Leistungen an die Ersatzpflichtige oder den Ersatzpflichtigen geflossen sind.

(3) Über die Verpflichtung zum Kostenersatz ist mit Bescheid zu entscheiden. Die Behörde ist berechtigt, die Aufrechnung gegen Ansprüche auf Leistungen der Wiener Mindestsicherung zu verfügen.

(4) Ersatzpflichtig sind darüber hinaus die erbserklärten Erbinnen und Erben nach dem Tod der in Abs. 2 genannten Personen. Die Ersatzforderung wird mit dem Tag des Todes fällig. Soweit eine Zahlung aus dem Nachlass nicht erlangt werden kann, erlischt die Forderung. Weitere Ersatzforderungen gegen Erbinnen und Erben nach Einantwortung sind nicht zulässig. Es sind jene Kosten zu ersetzen, die dem Träger der Wiener Mindestsicherung durch Hilfegewährungen in den letzten zehn Jahren der Hilfeleistung entstanden sind. Stichtag für die Berechnung der Frist ist der letzte Tag des Jahres, in dem Leistungen an die Ersatzpflichtigen geflossen sind.

(5) Ersatz ist im Umfang der durch die Hilfegewährung an die Bedarfsgemeinschaft entstandenen Kosten zu leisten. Alle anspruchsberechtigten Personen, denen als Bedarfsgemeinschaft Hilfe zuerkannt wurde, sind solidarisch zum Ersatz der Kosten verpflichtet.

(6) Der Kostenersatzanspruch des Trägers der Wiener Mindestsicherung verjährt drei Jahre nach Kenntnis der Umstände, die die Ersatzpflicht begründen.

Kostenersatz bei rückwirkender Zuerkennung von Ansprüchen

§ 24a. „Unterstützt das Land Wien als Träger der Mindestsicherung eine Bedarfsgemeinschaft für eine Zeit, in der eine oder mehrere Personen einen Anspruch auf Versicherungsleistungen nach dem ASVG oder dem AlVG oder auf Leistungen nach dem KBGG oder dem UVG oder einen Anspruch auf Unterhalt oder auf Wohnbeihilfe nach dem WWFSG 1989 haben, so sind alle anspruchsberechtigten Personen der Bedarfsgemeinschaft solidarisch zum Ersatz der Kosten verpflichtet, die durch die Gewährung von Leistungen nach diesem Gesetz in dieser Zeit entstanden sind.“ Der Kostenersatzanspruch besteht in voller Höhe der entstandenen Kosten, ohne Berücksichtigung eines Vermögensfreibetrages und unabhängig davon, ob Einkommen oder Vermögen vorhanden ist oder weiterhin eine Notlage besteht. Die Bestimmung des § 24 Abs. 3 ist sinngemäß anzuwenden.

(LGBl W 2018/49)

Kostenersatz bei erfolgter Sicherstellung

§ 25. (1) Wurde die Zuerkennung der Mindestsicherung des Lebensunterhalts und Wohnbedarfs von der Sicherstellung eines allfälligen Ersatzanspruches abhängig gemacht, ist die Hilfe empfangende Person, die Eigentümerin des sichergestellten Gutes ist oder war, ersatzpflichtig.

(2) Die Kostenersatzpflicht entsteht mit dem Zeitpunkt der Verwertbarkeit des Vermögens. Über den Kostenersatzanspruch ist mit Bescheid zu entscheiden.

Kostenersatz an Dritte

§ 26. (1) Wer einer Hilfe suchenden Person so dringende Hilfe geleistet hat, dass der Magistrat nicht vorher benachrichtigt werden konnte, hat Anspruch auf Ersatz der Kosten.

(2) Ersatzfähig sind nur Kosten, die innerhalb von sechs Monaten vor der Anzeige entstanden sind. Nach der Anzeige entstandene Kosten sind nur insoweit ersatzfähig, als sie entstanden sind, bevor der Magistrat über die Zuerkennung von Leistungen entschieden hat.

(3) Kosten nach Abs. 2 sind nur in jenem Ausmaß zu ersetzen, das auch bei Hilfeleistung durch den Träger der Wiener Mindestsicherung entstanden wäre.

(4) Über den Kostenersatz ist mit Bescheid zu entscheiden.

Kostenersatz durch Träger der Sozialversicherung

§ 27. Für Kostenersatzansprüche gegen die Träger der Sozialversicherung gelten die sozialversicherungsrechtlichen Bestimmungen über die Beziehungen der Versicherungsträger zu den Trägern der Wiener Mindestsicherung einschließlich der darauf Bezug nehmenden Verfahrensvorschriften. Die Abdeckung eines Kostenersatzanspruches gemäß § 24a hat vorrangig nach Maßgabe der Bestimmungen des § 324 Abs. 1 ASVG zu erfolgen.

4. Abschnitt
Amtshilfe und Datenschutz

Amtshilfe

§ 28. (1) Die Organe der Gerichte, der Träger der Sozialversicherung, des Arbeitsmarktservices, des Sozialministeriumservices, des Österreichischen Integrationsfonds, des Wiener Stadtschulrates, der Landespolizeidirektion Wien – Verkehrsamt, der mit Einwanderung, Aufenthalt und Staatsbürgerschaft sowie mit Angelegenheiten des Gewerbes nach Art. 10 Abs. 1 Z 8 B-VG befassten Bundes- und Landesbehörden, der mit Studienbeihilfen befassten Behörden, der für Wohnbeihilfe in Wien zuständigen Landesbehörde, und der Finanzämter haben dem Magistrat auf Ersuchen Auskünfte über

(LGBl W 2018/49)

1. Hilfe suchende oder empfangende Personen,
2. ihnen gegenüber unterhaltspflichtigen und -berechtigten Personen sowie
3. mit ihnen in Haushaltsgemeinschaft lebenden Ehegattinnen und Ehegatten, eingetragenen Partnerinnen und eingetragenen Partner oder Lebensgefährtinnen und Lebensgefährten

zu erteilen, wenn diese

1. im Verfahren zur Entscheidung über die Hilfsbedürftigkeit,
2. im Verfahren zur Entscheidung über die Rückerstattungspflicht,
3. im Verfahren zur Entscheidung über die Ersatzpflicht von Hilfe empfangenden Personen, von Erbinnen und Erben, von Dritten und von Trägern der Sozialversicherung,
4. im Verfahren zur Entscheidung über Kostenersatzpflichten zwischen den Trägern der Wiener Mindestsicherung,
5. zur sozialen und beruflichen Integration von Hilfe suchenden und empfangenden Personen sowie
6. zur Durchführung der strategischen Sozialplanung, des Berichtswesens und der Leistungsplanung gemäß § 41

erforderlich sind.

(2) Die Auskunftserteilung hat, soweit möglich, auf elektronischem Weg zu erfolgen.

(3) Nach Abs. 1 haben die Organe der Träger der Sozialversicherung folgende Auskünfte zu erteilen:

1. Sozialversicherungsnummer;
2. Zeitraum der bisherigen und aktuellen Beschäftigungsverhältnisse und Versicherungszeiten;
3. Name und Anschrift der Dienstgeberin oder des Dienstgebers oder der meldenden Stelle.

(4) Nach Abs. 1 haben die Organe der gesetzlichen Krankenversicherungsträger folgende Auskünfte zu erteilen:

1. Vor- und Familienname sowie Geburtsdatum der mitversicherten Personen;
2. Art und Höhe der von der Krankenkasse erbrachten Leistungen;
3. Beginn des Bezuges der von der Krankenkasse erbrachten Leistungen und voraussichtlicher Gewährungszeitraum.

(5) Nach Abs. 1 haben die Organe der gesetzlichen Pensionsversicherungsträger folgende Auskünfte zu erteilen:

1. anhängiges Pensionsverfahren;
2. Art und Höhe der von der Pensionsversicherungsanstalt erbrachten Leistungen;
3. Beginn und Ende des Leistungsbezuges;
4. Vor- und Familienname sowie Geburtsdatum der bei der Leistungshöhe mitberücksichtigten Personen;
5. Grund und Höhe von einbehaltenen Leistungen;
6. „personenbezogene Daten“ betreffend Arbeitsfähigkeit und Arbeitsunfähigkeit (Ergebnisse einer Begutachtung).

(LGBl W 2018/49)

(6) Nach Abs. 1 haben die Organe des Arbeitsmarktservices folgende Auskünfte zu erteilen:

1. Art und Höhe von Leistungen und Beihilfen sowie Anzahl von Familienzuschlägen;
2. Beginn und voraussichtlicher Gewährungszeitraum des Bezuges von Leistungen und Beihilfen;
3. Auszahlungszeitpunkt und Auszahlungshöhe von Leistungen und Beihilfen;
4. Beginn und Ende der Arbeitssuche sowie Vormerkstatus inkl. Vormerkzeiten;
5. Datum und Grund der Einstellung des Leistungsbezuges oder des Endes der Vormerkung der Arbeitssuche;

6. Beginn und Ende, Art einer Sanktion (§§ 10, 11 oder 49 AlVG) sowie Grund der Sanktion;
7. „personenbezogene Daten“ betreffend Arbeitsfähigkeit und Arbeitsunfähigkeit (Ergebnisse einer Begutachtung).

(LGBl W 2018/49)

(7) Der Magistrat der Stadt Wien ist ermächtigt, im Wege der Amtshilfe folgende „personenbezogene Daten“ der Hilfe suchenden oder empfangenden Personen zum Zweck der Ermöglichung des Einsatzes der Arbeitskraft sowie zur Eingliederung der Hilfe suchenden oder empfangenden Person in das Erwerbsleben an das Arbeitsmarktservice zu übermitteln:

(LGBl W 2018/49)

1. Vor- und Familienname;
2. Wohnadresse;
3. Sozialversicherungsnummer;
4. Daten betreffend Arbeitsfähigkeit und Arbeitsunfähigkeit (Ergebnisse einer Begutachtung);
5. Daten über die Vermittelbarkeit;
6. Daten über Leistungen und Maßnahmen zum Zwecke der dauerhaften Eingliederung oder Wiedereingliederung in das Erwerbsleben;
7. Sanktionen gemäß § 15.

(8) Nach Abs. 1 haben die Organe der Landespolizeidirektion Wien – Verkehrsamt folgende Auskünfte zu erteilen:

1. Zulassung eines Kraftfahrzeuges;
2. behördliches Kennzeichen.

(9) Nach Abs. 1 haben die mit Einwanderung, Aufenthalt und Staatsbürgerschaft befassten Organe der Bundes- und Landesbehörden folgende Auskünfte zu erteilen:

1. Österreichische Staatsbürgerschaft;
2. Art des Aufenthaltstitels;
3. Grundlage für die Erteilung des Aufenthaltstitels oder der Dokumentation des erlaubten Aufenthaltes;
4. Aufenthaltsverbote.

(10) Nach Abs. 1 haben die mit Angelegenheiten des Gewerbes betrauten Organe darüber Auskunft zu erteilen, ob und welcher Eintrag im Gewerbeinformationssystem Austria (GISA) aufscheint.

(11) Nach Abs. 1 haben die Organe der Finanzämter über die Einkommens- und Vermögensverhältnisse Auskunft zu erteilen, sofern die maßgebenden Tatsachen nicht aus Steuerbescheiden, die dem Magistrat zugänglich sind, entnommen werden können.

(12) Nach Abs. 1 haben die Organe des Österreichischen Integrationsfonds insbesondere Auskunft über Namen, Geschlecht, Geburtsdatum und -ort, Wohnanschriften, Staatsangehörigkeit, Einreisedatum, Sozialversicherungsnummer, Aufenthaltsstatus, Gültigkeitsdauer der Aufenthaltsberechtigung bzw. des Aufenthaltstitels, Ausstellungsbehörden, Sprachniveau sowie die Teilnahme an angebotenen und zumutbaren Integrationsmaßnahmen, deren erfolgreichen Abschluss und über Pflichtverletzungen nach § 6 Abs. 1 IntG zu erteilen.

(13) Nach Abs. 1 haben die Organe des Wiener Stadtschulrates Auskünfte in Zusammenhang mit dem Schulbesuch oder Hausunterricht im In- und Ausland zu erteilen.

„(14) Nach Abs. 1 haben die Organe der mit Studienbeihilfen befassten Behörden Auskünfte über Art, Höhe und Dauer des Bezuges des Stipendiums oder der Studienbeihilfe zu erteilen.“

(LGBl W 2018/49)

„(15) Nach Abs. 1 haben die Organe der Gerichte Auskünfte über den Stand des Verfahrens in Erbschaftsangelegenheiten, Scheidungs- und Unterhaltssachen zu erteilen.“

(LGBl W 2018/49)

„(16) Nach Abs. 1 haben die Organe der für Wohnbeihilfe in Wien zuständigen Landesbehörde Auskünfte über eine erfolgte Antragstellung, Höhe und Dauer des Bezugs der Wohnbeihilfe und den Grund für die Ablehnung des Antrags oder die Einstellung der Wohnbeihilfe zu erteilen.“

(LGBl W 2018/49)

Mitwirkung Dritter

§ 29. (1) Ist eine Überprüfung der Angaben der Partei zu den Einkommensverhältnissen erforderlich, wirkt eine Partei an der Ermittlung der Einkommensverhältnisse nicht ausreichend mit oder ist die Mitwirkung nicht möglich, so haben Dienstgeberinnen und Dienstgeber auf Ersuchen der Behörde folgende Auskünfte zu erteilen

1. Höhe des Lohnes oder Gehaltes;
2. Nettobeträge der Sonderzahlungen (Urlaubs- und Weihnachtsgeld)
3. Wert der Naturalbezüge;
4. Höhe und Art der Zulagen;
5. Höhe des durchschnittlichen Überstundenverdienstes;
6. Höhe und Art der Beihilfen;
7. Höhe der gesetzlichen Abzüge;
8. Höhe und Laufzeit der vorgemerkten Exekutionen sowie der sonstigen Belastungen;
9. Anzahl der Monatsbezüge;
10. Beginn, Ende und Stundenausmaß des Beschäftigungsverhältnisses.

(2) Ist eine Überprüfung der Angaben der Partei zu den Wohnkosten erforderlich, wirkt eine Partei an der Ermittlung der Wohnkosten nicht ausreichend mit oder ist die Mitwirkung nicht möglich, so haben Vermieterinnen und Vermieter von Wohnungen, Unterkünften oder Häusern auf Ersuchen der Behörde folgende Auskünfte zu erteilen

1. Vor- und Familienname der Mieterin oder des Mieters;
2. Höhe des Mietzinses und dessen Aufschlüsselung;

3. Höhe der Betriebskosten sowie deren Aufschlüsselung;
4. Höhe des Mietzinsrückstandes und dessen Aufschlüsselung;
5. Beginn und Ende des Mietverhältnisses.

(3) Ist ein Unterhaltsvorschuss geltend zu machen oder ein Verfahren zur Gewährung von Unterhaltsvorschuss anhängig und der Kinder- und Jugendhilfeträger mit der Rechtsvertretung beauftragt, hat dieser auf Ersuchen der Behörde folgende Auskünfte zu erteilen:

1. Stand des Verfahrens;
2. Höhe des laufenden Unterhaltsvorschusses;
3. Höhe des Nachzahlungsbetrages bei rückwirkender Zuereknnung eines Unterhaltsvorschusses.

(4) Wohnt eine Partei in einer vom Fonds Soziales Wien anerkannten oder geförderten Einrichtung (voll- oder teilbetreute Wohnformen, Wohn- und Pflegeheime, Einrichtungen der Wohnungslosenhilfe), hat der Fonds Soziales Wien auf Ersuchen der Behörde folgende Auskünfte zu erteilen:

1. Aufnahme- und Entlassungsdatum;
2. Aufenthaltsdauer;
3. Höhe des zu entrichtenden Kostenbeitrags.

(5) Ist in einem Verfahren zur Auszahlung an Dritte (§ 18) eine Überprüfung der Angaben der Partei zu den Energiekosten erforderlich, wirkt eine Partei an der Ermittlung der Energiekosten nicht ausreichend mit oder ist die Mitwirkung nicht möglich, so haben Energielieferanten auf Ersuchen der Behörde folgende Auskünfte zu erteilen:

1. Höhe der Teilbeträge;
2. Rückstände, Ratenvereinbarung.

(6) Wirkt eine Partei an Angeboten zur Feststellung von Kompetenzen und Eignungen, zur Steigerung der Arbeitsfähigkeit oder Vermittelbarkeit und zur Eingliederung oder Wiedereingliederung in das Erwerbsleben gemäß § 31 Abs. 4 nicht mit, so hat die Trägerin oder der Träger der Projekte und Angebote auf Ersuchen der Behörde folgende Auskünfte zu erteilen:

1. Beginn und (voraussichtliches) Ende der Teilnahme;
2. Nichterscheinen oder Abbrüche sowie Gründe für die Beendigung der Teilnahme.“

(LGBl W 2018/49)

Datenschutz

§ 30. (1) Der Magistrat der Stadt Wien und der Träger der Wiener Mindestsicherung sind ermächtigt, zum Zweck der Zuerkennung und Auszahlung von Leistungen der Wiener Mindestsicherung und der Geltendmachung von Rückforderungs- und Kostenersatzansprüchen sowie zur sozialen und beruflichen Integration von Hilfe empfangenden Personen folgende „personenbezogene Daten“ der Hilfe suchenden oder empfangenden Personen sowie der mit ihr eine Bedarfsgemeinschaft bildenden Personen zu „verarbeiten“:

(LGBl W 2018/49)

1. bereichsspezifische Personenkennzeichen GS – Gesundheit und Soziales sowie AS – Amtliche Statistik;
2. Familienname, Vorname und Titel;
3. Geburtsname;
4. Geschlecht;
5. Geburtsdatum und Sterbedatum;
6. Geburtsort und Geburtsland;
7. Familienstand und Personenstand;
8. aktuelle und frühere Staatsangehörigkeiten, Aufenthaltsstatus;
9. Adresse, aktuelle Hauptwohnsitze, weitere Wohnsitze oder sonstige Aufenthalte sowie Daten der An- und Abmeldungen;
10. Unterkunftsdaten (Wohnverhältnisse, Wohnungsart, Wohnungskosten, Rückstände und Verbindlichkeiten im Zusammenhang mit dem Wohnen, Daten betreffend Eigentümerin oder Eigentümer, Vermieterin oder Vermieter, Hauptmieterin oder Hauptmieter, Mietverhältnis, Anzahl der Mitbewohnerinnen und Mitbewohner), Stand eines Verfahrens betreffend Mietrechtsangelegenheiten, Daten betreffend Obdachlosigkeit;
11. Sozialversicherungsträger;
12. Sozialversicherungsnummer;
13. Versicherungszeiten, Zeitraum der bisherigen und aktuellen Beschäftigungsverhältnisse, Art und (Stunden-)Ausmaß der Beschäftigungsverhältnisse, Name und Anschrift der Dienstgeberin oder des Dienstgebers oder der meldenden Stelle, Art und Höhe der von der Krankenkasse erbrachten Leistungen, Beginn und Ende bzw. voraussichtlicher Gewährungszeitraum des Bezuges der von der Krankenversicherungsträger erbrachten Leistungen; anhängiges Pensionsverfahren; Art und Höhe der vom Pensionsversicherungsträger erbrachten Leistungen; Beginn und Ende des Leistungsbezuges; Grund und Höhe von einbehaltenen Leistungen;
14. Daten betreffend Ausbildung und Beruf sowie ausgeübter selbstständiger Tätigkeiten;
15. Art, Höhe, Beginn und Ende oder voraussichtlicher Gewährungszeitraum sowie Auszahlungszeitpunkt der vom Arbeitsmarktservice erbrachten Leistungen und Beihilfen, Art, Beginn und Ende sowie Grund der Beendigung des Vormerkstatus, Datum und Grund der Einstellung des Leistungsbezuges, Art, Beginn und Ende einer Sanktion (§§ 10, 11 oder 49 AlVG), Arbeitsberechtigungen;
16. Daten betreffend Arbeitsfähigkeit und Arbeitsunfähigkeit (Ergebnisse einer Begutachtung), einschließlich der damit in Zusammenhang stehenden medizinischen Daten und dem Bestehen einer Schwangerschaft;

17. Daten über das Vorliegen oder Nichtvorliegen einer Notlage im Sinne dieses Gesetzes, Daten zur Beurteilung der Hilfsbedürftigkeit und Problemlagen;
18. Daten über Einkommens- und Vermögensverhältnisse, Daten über den Bezug der Familienbeihilfe, Pflegegeldstufe;
19. Daten betreffend Haft, Bewährungs- und Haftentlassungshilfe;
20. zuerkannte und zuzuerkennende Leistungen sowie Sanktionen der Mindestsicherung, Art der Bedarfsgemeinschaft und Rolle der Personen in der Bedarfsgemeinschaft;
21. erbrachte und zu erbringende Eigenleistungen;
22. Bankverbindungen;
23. Kommunikationsdaten.

(2) Der Magistrat der Stadt Wien und der Träger der Wiener Mindestsicherung sind ermächtigt, zum Zweck der Zuerkennung und Auszahlung der Wiener Mindestsicherung und der Geltendmachung von Rückforderungs- und Kostenersatzansprüchen folgende „personenbezogene Daten" der obsorgeberechtigten oder vertretungsbefugten Personen und Sachwalterinnen und Sachwalter der hilfesuchenden Personen zum Zweck der Durchführung des Verfahrens zu „verarbeiten":

(LGBl W 2018/49)

1. Familienname, Vorname und Titel;
2. Geschlecht;
3. Geburtsdatum und Sterbedatum;
4. Grundlage, Beginn, Ende und Umfang der Vertretungsbefugnis;
5. Adresse;
6. Bankverbindung;
7. Kommunikationsdaten.

(3) Der Magistrat der Stadt Wien und der Träger der Wiener Mindestsicherung sind ermächtigt, zum Zweck der Zuerkennung und Auszahlung der Wiener Mindestsicherung und der Geltendmachung von Rückforderungs- und Kostenersatzansprüchen folgende „personenbezogene Daten" von nicht unterstützen Angehörigen der Hilfe suchenden Personen und der ihnen gegenüber unterhaltspflichtigen und -berechtigten Personen zu „verarbeiten":

(LGBl W 2018/49)

1. Familienname, Vorname und Titel;
2. Geschlecht;
3. Geburtsdatum;
4. Beginn, Ende und Umfang der Vertretungsbefugnis;
5. Sozialversicherungsdaten;
6 Daten über Einkommens- und Vermögensverhältnisse;
7. Adresse;
8. Kommunikationsdaten.

(4) Der Magistrat der Stadt Wien ist zum Zweck des Abs. 1„, zum Zweck der eindeutigen Identifizierung einer Person sowie zur Ermittlung einer Abgabestelle im Sinne des Zustellgesetzes berechtigt, Meldedaten aus dem zentralen Melderegister (ZMR) abzufragen und" berechtigt, Angaben der Hilfe suchenden Personen zum Vornamen, Familiennamen und Geburtsdatum aller mit ihnen im gemeinsamen Haushalt lebenden unterhaltsberechtigten Angehörigen, Ehegattinnen oder Ehegatten, eingetragenen Partnerinnen oder Partner und Lebensgefährtinnen oder Lebensgefährten im Zentralen Melderegister im Wege einer Verknüpfungsanfrage im Sinne des § 16a Abs. 3 Bundesgesetz über das polizeiliche Meldewesen (Meldegesetz 1991 – MeldeG) über das zusätzliche Kriterium Wohnsitz zu prüfen. Die Anfrage ist auf die Ermittlung der Anzahl der Mitbewohnerinnen und Mitbewohner zu beschränken, außer es besteht ein begründeter Anlass, die Angaben der Hilfe suchenden Personen in Zweifel zu ziehen.

(LGBl W 2018/49)

„(5) Der Magistrat der Stadt Wien und der Träger der Wiener Mindestsicherung haben Vorkehrungen zu treffen, die den Schutz der Geheimhaltungsinteressen der betroffenen Personen im Sinne des § 1 Abs. 2 Datenschutzgesetz – DSG sicherstellen."

(LGBl W 2018/49)

1. Schutz der Daten vor unbefugtem Zugriff;
2. Protokollierung der Zugriffe auf die Daten.

(6) Insoweit andere gesetzliche Verpflichtungen dem nicht entgegenstehen und die Hilfeleistung nicht von der Sicherstellung des Ersatzanspruches abhängig gemacht wurde, sind vom Magistrat der Stadt Wien und vom Träger der Wiener Mindestsicherung Daten gemäß Abs. 1 bis Abs. 3 spätestens 30 Jahre nach dem Ablauf des Kalenderjahres, in dem die Hilfe zuerkannt worden ist, zu löschen.

5. Abschnitt
Besondere Verfahrensbestimmungen

Trägerschaft, Zuständigkeit, Rechtsmittel

§ 31. (1) Träger der Wiener Mindestsicherung ist das Land Wien.

(2) Für die behördlichen Angelegenheiten ist der Magistrat der Stadt Wien zuständig, wenn die Hilfe suchende oder empfangende Person ihren Hauptwohnsitz oder in Ermangelung eines solchen ihren gewöhnlichen Aufenthalt in Wien hat.

(3) Gegen Bescheide des Magistrats der Stadt Wien kann Beschwerde an das Verwaltungsgericht Wien erhoben werden.

„(4) Der Träger der Wiener Mindestsicherung kann für die Entwicklung, Erbringung und Beschaffung von Angeboten zur Feststellung von Kompetenzen und Eignungen, zur Steigerung der Arbeitsfähigkeit oder Vermittelbarkeit und zur Eingliederung oder Wiedereingliederung in das Erwerbsleben nach § 14 Abs. 2 eine Zusammenarbeit mit dem Wiener ArbeitnehmerInnen Förderungsfonds (WAFF) auf Grundlage eines Kooperationsvertrages vereinbaren. Die Angebote müssen geeignet sein, die soziale Integration, das Selbsthilfepotenzial, die Arbeitsfähigkeit und Vermittelbarkeit sowie die Eingliederung und Wiedereingliederung in das Erwerbsleben von Hilfe suchenden und empfangenden Personen zu fördern. Die Zusammenarbeit kann auch die Koordination mit anderen arbeitsmarktpolitischen Einrichtungen des Bundes und des Landes sowie die Nutzung von Mitteln des Europäischen Sozialfonds (ESF) umfassen. Der Kooperationsvertrag hat insbesondere den konkreten Gegenstand der Kooperation, die für eine koordinierte Vorgangsweise erforderlichen Abstimmungsprozesse, die Finanzierung zu beschaffender arbeitsmarktpolitischer Maßnahmen, die Zahlungs- und Abrechnungsmodalitäten sowie die wechselseitigen Berichtspflichten zu regeln."

(LGBl W 2018/49)

Antragstellung

§ 32. (1) Antragsberechtigt sind volljährige Personen. Besteht die Bedarfsgemeinschaft aus mehreren anspruchsberechtigten Personen muss der Antrag gemeinsam gestellt werden und eine gemeinsame zustellungsbevollmächtigte Person namhaft gemacht werden. Unterbleibt die Nennung einer zustellungsbevollmächtigten Person, gilt die an erster Stelle genannte Person als gemeinsame zustellungsbevollmächtigte Person.

(2) Der Antrag muss von allen anspruchsberechtigten oder zu deren Vertretung befugten Personen unterfertigt sein. „Dem Antrag ist ein Nachweis über die Identität aller Antrag stellenden und ihnen gegenüber unterhaltsberechtigten oder -verpflichteten Personen anzuschließen."

(LGBl W 2018/49)

1. ein Nachweis über die Identität;
2. ein Nachweis über das Einkommen.

(3) Mängel im Sinne des Abs. 2 ermächtigen die Behörde nicht zur Zurückweisung. Die Behörde hat vielmehr von Amts wegen unverzüglich deren Behebung zu veranlassen und kann den Antrag stellenden Personen die Behebung der Mängel innerhalb angemessener Frist mit der Wirkung auftragen, dass der Antrag nach fruchtlosem Ablauf dieser Frist als zurückgezogen gilt. Die Antrag stellenden Personen sind auf diese Rechtsfolge nachweislich hinzuweisen. Bei rechtzeitiger Behebung beginnt die Entscheidungsfrist mit dem Zeitpunkt des Einlangens des verbesserten Antrages zu laufen. Wird der Mangel verspätet vollständig behoben, ist dies als neuer Antrag zu werten.

Information und geschlechtsspezifische Unterstützung im Verfahren

§ 33. Die Behörde hat Antrag stellende Personen über ihre Rechte und Pflichten (§ 6 und § 6a) und den Gang des Verfahrens zu informieren. Die Information hat insbesondere eine Belehrung über die Pflichten gemäß § 14 und Rechtsfolgen bei einer Pflichtverletzung gemäß § 15 zu enthalten.

(2) Zur Förderung der Geschlechtergleichstellung und zur Verhinderung von Diskriminierungen und Gewalt aus geschlechtsspezifischen Gründen oder aufgrund anderer (familien-)spezifischer Lebensverhältnisse, ist ein sensibles Vorgehen zu gewährleisten. Es ist auch sicherzustellen, dass sich betroffene Personen aktiv an Verfahren beteiligen können. Die Behörde hat im begründeten Anlassfall betroffene Personen sowie auch andere Mitglieder der Bedarfsgemeinschaft, persönlich zu laden und diese niederschriftlich über ihre Rechte und Pflichten im Verfahren sowie insbesondere die Möglichkeiten der Auszahlung von Leistungen der Mindestsicherung zu informieren.

(3) Bei Vorliegen der Umstände des Abs. 2 hat die Behörde darüber hinaus den Beteiligten die Möglichkeit für ein sozialarbeiterisches Beratungsgespräch einzuräumen. Im Rahmen der sozialarbeiterischen Beratungen ist insbesondere darauf hinzuwirken, dass allfällige Benachteiligungen Einzelner verhindert werden und die aktive Beteiligung aller gefördert wird.

Verfahren bei Zuerkennung gegen Sicherstellung

§ 34. (1) Kommt eine Zuerkennung von Leistungen gegen Sicherstellung in Betracht, so ist die Eigentümerin oder der Eigentümer des nicht verwertbaren Vermögens, das für die Sicherstellung in Betracht kommt, über die erforderlichen Verfahrensschritte und die von ihr oder ihm zu erfüllende Bedingung zu belehren.

(2) Die Einverleibung der Höchstbetragshypothek im Grundbuch erfolgt nach Rechtskraft des Bescheides oder des Erkenntnisses.

(3) Hilfe gegen Sicherstellung kann auch ohne aktuelle Notlage zuerkannt werden, wenn dadurch einer drohenden Notlage entgegengewirkt werden kann. Beschwerden gegen diese Bescheide (§ 31 Abs. 3) haben grundsätzlich aufschiebende Wirkung. Bei erstmaliger Zuerkennung gegen Sicherstellung ist die aufschiebende Wirkung der Beschwerde auszuschließen, wenn dies auf Grund der Art oder des Ausmaßes der Notlage erforderlich ist.

Entscheidungsfrist

§ 35. Der Magistrat der Stadt Wien ist verpflichtet, über Anträge von Parteien ohne unnötigen Aufschub und, ausgenommen in den Fällen des § 9, spätestens drei Monate nach deren Einlangen zu entscheiden.

Beschwerde

§ 36. (1) Sind in einer Bedarfsgemeinschaft zwei oder mehrere anspruchsberechtigte Personen, denen die Leistungen gemeinsam zuerkannt worden sind, so gilt die Beschwerde (§ 31 Abs. 3) einer dieser Personen für alle.

(2) Beschwerden gegen Bescheide, mit denen Leistungen der Wiener Mindestsicherung zuerkannt oder mit denen Leistungen der Bedarfsorientierten Mindestsicherung gekürzt oder eingestellt wurden sowie gegen Bescheide, mit denen

die Auszahlung an Dritte verfügt wird, haben keine aufschiebende Wirkung.

Verzicht auf das Beschwerderecht

§ 37. Auf das Recht der Beschwerde (§ 31 Abs. 3) kann nicht verzichtet werden. Die Zurückziehung der Beschwerde ist zulässig.

Befreiung von Verwaltungsabgaben, Kommissionsgebühren und Barauslagen

§ 38. Alle Amtshandlungen, Anbringen und Beilagen sind von den durch Landesgesetz vorgesehenen Verwaltungsabgaben und Kommissionsgebühren befreit. Barauslagen sind nicht zu ersetzen.

6. Abschnitt
Förderungen

Vertragliche Leistungen

§ 39. (1) Personen, die auf Grund ihrer besonderen persönlichen, familiären oder wirtschaftlichen Verhältnisse oder infolge außergewöhnlicher Ereignisse von Armut oder sozialer Ausschließung betroffen oder bedroht sind, können Förderungen als Hilfen in besonderen Lebenslagen zugesagt werden. Eine Hilfe in besonderen Lebenslagen kommt nur in Betracht, wenn die Notlage trotz Einsatz eigener Mittel und Kräfte nicht überwunden werden kann und die Förderung eine nachhaltige Überwindung der Notlage erwarten lässt. Eine besondere Lebenslage wird insbesondere vermutet bei

1. einmaligen, unvorhergesehenen, nicht selbst verschuldeten Aufwendungen,
2. Mietrückständen, die bei Nichtzahlung unmittelbar zur Delogierung führen (Delogierungsprävention).

(2) Personen, die nicht den österreichischen Staatsbürgerinnen und Staatsbürgern gleichgestellt sind und die sich für einen Zeitraum von mehr als drei Monaten rechtmäßig in Österreich aufhalten, können Leistungen der Wiener Mindestsicherung als Förderung zugesagt werden, wenn dies auf Grund ihrer persönlichen, familiären oder wirtschaftlichen Verhältnisse zur Vermeidung einer sozialen Härte geboten erscheint.

(3) Hilfen in besonderen Lebenslagen und Leistungen nach Abs. 2 erbringt das Land Wien als Träger der Wiener Mindestsicherung im Rahmen der Privatwirtschaftsverwaltung.

(4) Förderwerberinnen und Förderwerber haben zur Überwindung der besonderen Lebenslage durch Einsatz ihrer Kräfte und Mittel entsprechend beizutragen und am Verfahren entsprechend mitzuwirken. Unterbleibt die erforderliche Mitwirkung, kann die Förderung eingestellt oder abgelehnt werden.

(5) Förderungen werden in Form von zweckgebundenen Geldleistungen zugesagt. Die Zusage kann von Bedingungen, insbesondere der Erbringung von Eigenleistungen, der Auszahlung an Dritte und der Verpflichtung zur Rückzahlung abhängig gemacht werden.

(6) Wurde die Zusage von der Verpflichtung zur Rückzahlung abhängig gemacht und treten später besonders berücksichtigungswürdige Umstände ein, kann auf die Rückforderung verzichtet werden.

(7) Eine Förderung ist zurückzuzahlen, wenn diese durch bewusst unwahre Angaben oder durch bewusstes Verschweigen maßgebender Tatsachen erwirkt oder die Förderung nicht entsprechend der Zweckbindung verwendet wurde.

Beschäftigungsbonus plus

§ 39a. (1) Wenn während des Bezugs von Leistungen zur Deckung des Lebensunterhalts und Wohnbedarfs eigene Erwerbstätigkeit aufgenommen und ein Einkommen über der Geringfügigkeitsgrenze nach § 5 Abs. 2 ASVG erzielt wird, wird folgenden Personen einmalig als Förderung ein Beschäftigungsbonus plus zugesagt:

1. volljährige Personen bis zur Vollendung des 25. Lebensjahrs, nach ununterbrochener mindestens sechsmonatiger Erwerbstätigkeit,
2. Personen nach Vollendung des 25. Lebensjahrs nach ununterbrochener mindestens einjähriger Erwerbstätigkeit.

(2) Die Höhe des Beschäftigungsbonus beträgt 8 vH des 12-fachen Mindeststandards gemäß § 8 Abs. 2 Z 1.

(3) Der Beschäftigungsbonus plus ist eine Leistung des Landes Wien als Träger der Wiener Mindestsicherung im Rahmen der Privatwirtschaftsverwaltung und muss binnen drei Monaten nach Erfüllung der Voraussetzungen gemäß Abs. 1 mit Ansuchen geltend gemacht werden.

(4) Die Geringfügigkeitsgrenze wird unter Berücksichtigung der Bezug habenden bundesgesetzlichen Bestimmungen im ASVG durch Verordnung der Landesregierung festgelegt.

Förderansuchen und Zusage

§ 40. (1) Die Zusage erfolgt nur auf Grund eines Ansuchens und unter den in § 39 und § 39a genannten Voraussetzungen und Bedingungen sowie auf Grund der Förderbestimmungen. Die Förderbestimmungen können dem Formblatt zur Stellung des Ansuchens entnommen werden.

(2) Unvollständige Ansuchen werden der Förderwerberin oder dem Förderwerber mit der Aufforderung zur Ergänzung der Unterlagen binnen angemessener Frist zurückgestellt. Wird der Aufforderung nicht fristgerecht entsprochen, wird das Ansuchen nicht weiterbearbeitet.

7. Abschnitt
Strategische Sozialplanung, Berichtswesen und Leistungsplanung

§ 41. (1) Das Land Wien als Träger der Mindestsicherung plant die allgemeinen Maßnahmen zur Erreichung der Ziele der Wiener Mindestsicherung unter Berücksichtigung der Leistungsentwicklung, der gesellschaftlichen und rechtlichen Entwicklungen und der aktuellen Erkenntnisse aus Wissenschaft und Forschung.

(2) Die strategische Sozialplanung hat insbesondere folgende Zielsetzungen:

1. die soziale Situation zu verbessern sowie die Versorgung der Bevölkerung mit bedarfs- und fachgerechten Leistungen langfristig zu sichern;
2. die unterschiedlichen sozialen Leistungen aufeinander abzustimmen;
3. die wirksame und sparsame Verwendung der Mittel zu gewährleisten;

(3) Die Planung erfolgt evidenzbasiert und revolvierend.

(4) Das Land Wien als Träger der Mindestsicherung ist zum Zweck der Sozialplanung, der Leistungsplanung und des Berichtswesens berechtigt, die „personenbezogenen Daten" des § 30 Abs. 1 mit Ausnahme folgender „personenbezogener Daten" zu „verarbeiten":

(LGBl W 2018/49)

1. anhängiges Pensionsverfahren;
2. Daten betreffend Haft, Bewährungs- und Haftentlassungshilfe;
3. erbrachte und zu erbringende Eigenleistungen;
4. Bankverbindungen;
5. Kommunikationsdaten.

(5) Eine umfassende Analyse der Entwicklungen in der Wiener Mindestsicherung hat außerdem periodisch in einem Sozialbericht im Rahmen der strategischen Sozialplanung zu erfolgen und folgende Inhalte zu umfassen:

1. Analyse der unterstützten Personen bzw. Bedarfsgemeinschaften nach Leistungsmerkmalen (Leistungsart, Leistungshöhe, Rolle in der Bedarfsgemeinschaft, Bezugsdauer und Bezugsverlauf, Sanktion und Inanspruchnahme der Wiener Beschäftigungsförderung),
2. Analyse der unterstützten Personen und Bedarfsgemeinschaften nach soziodemografischen Merkmalen (Alter, Geschlecht, Haushaltskonstellation, Staatsangehörigkeit, Aufenthaltsstatus, Erwerbsstatus, Einkommensart und -höhe, Wohnsituation),
3. Darstellung und Analyse ergänzender Maßnahmen im Rahmen der Wiener Mindestsicherung,
4. Analyse der Zielerreichung und Wirkungen sowie der Ursachen und Hintergründe von Entwicklungen.

(6) Das Berichtswesen hat die Leistungs- und Verlaufsentwicklung in der Wiener Mindestsicherung sowohl unterjährig als auch jährlich darzustellen.

(7) Die Leistungsplanung in der Wiener Mindestsicherung hat die Maßnahmen der Arbeitsmarktintegration und Existenzsicherung zu evaluieren und in Abstimmung mit anderen Trägern weiter zu entwickeln.

(8) Das Land Wien hat der Statistik Austria zur Erstellung einer bundesländerweiten, vergleichbaren, zuverlässigen und aktuellen Statistik der Wiener Mindestsicherung sowie eines Kennzahlenberichtes jährlich Daten in Form eines Monatseinzeldatensatzes und unter Verwendung des bereichsspezifischen Personenkennzeichens bis spätestens 30. April des Folgejahres zu übermitteln.

8. Abschnitt
Verweisungen, Umsetzungshinweis, In-Kraft-Treten

Verweisungen

§ 42. Soweit in diesem Gesetz auf bundesrechtliche Vorschriften verwiesen wird, sind diese in folgender Fassung anzuwenden:

1. Arbeitslosenversicherungsgesetz 1977 – AlVG, BGBl. Nr. 609/1977 in der Fassung BGBl. I Nr. 38/2017;
2. Bundesgesetz, mit dem arbeitsvertragsrechtliche Bestimmungen an das EG-Recht angepasst (Arbeitsvertragsrechts-Anpassungsgesetz – AVRAG) und das Angestelltengesetz, das Gutsangestelltengesetz und das Hausgehilfen- und Hausangestelltengesetz geändert werden, BGBl. Nr. 459/1993 in der Fassung BGBl. I Nr. 44/2016;
3. Bundesgesetz über das polizeiliche Meldewesen (Meldegesetz 1991 – MeldeG), BGBl. Nr. 9/1992 in der Fassung BGBl. I Nr. 52/2015;

„4. Bundesgesetz über den Schutz personenbezogener Daten (Datenschutzgesetz – DSG), BGBl. I Nr. 165/1999 in der Fassung BGBl. I Nr. 120/2017;1"

(LGBl W 2018/49)

5. Bundesgesetz über die Gewährung von Asyl (Asylgesetz 2005 – AsylG 2005), BGBl. I Nr. 100/2005 in der Fassung BGBl. I Nr. 84/2017;
6. Bundesgesetz über die Niederlassung und den Aufenthalt in Österreich (Niederlassungs- und Aufenthaltsgesetz – NAG), BGBl. I Nr. 100/2005 in der Fassung BGBl. I Nr. 84/2017;
7. Bundesgesetz vom 7. Juli 1988 über die Besteuerung des Einkommens natürlicher Personen (Einkommensteuergesetz 1988 – EStG 1988), BGBl. Nr. 400/1988 in der Fassung BGBl. I Nr. 77/2016;
8. Bundesgesetz vom 9. September 1955 über die Allgemeine Sozialversicherung (Allgemeines Sozialversicherungsgesetz – ASVG), BGBl. Nr. 189/1955 in der Fassung BGBl. I Nr. 131/2017;
9. Bundesgesetz vom 24. Oktober 1967 betreffend den Familienlastenausgleich durch Beihilfen (Familienlastenausgleichsgesetz 1967), BGBl. Nr. 376/1967 in der Fassung BGBl. I Nr. 53/2016;
10. Verordnung der Bundesministerin für Inneres

zur Durchführung des Niederlassungs- und Aufenthaltsgesetzes (Niederlassungs- und Aufenthaltsgesetz-Durchführungsverordnung – NAG-DV), BGBl. II Nr. 451/2005 in der Fassung BGBl. II Nr. 231/2017;

11. Kinderbetreuungsgesetz (KBGG), BGBl. Nr. 103/2001 in der Fassung BGBl. Nr. 53/2016;
12. Arbeitsvertragsrechts-Anpassungsgesetz (AVRAG), BGBl. Nr. 459/1993 in der Fassung BGBl. I Nr. 107/2013;
13. Bundesgesetz zur Förderung von freiwilligem Engagement (Freiwilligengesetz – FreiwG, BGBl. I Nr. 17/2012 in der Fassung BGBl. I Nr. 144/2015;
14. Bundesgesetz zur Integration rechtmäßig in Österreich aufhältiger Personen ohne österreichische Staatsbürgerschaft (Integrationsgesetz – IntG), BGBl. I Nr. 68/2017;
15. Bundesgesetz zur Arbeitsmarktintegration von arbeitsfähigen Asylberechtigten und subsidiär Schutzberechtigten sowie AsylwerberInnen, bei denen die Zuerkennung des internationalen Schutzes wahrscheinlich ist, im Rahmen eines Integrationsjahres (Integrationsjahrgesetz – IJG), BGBl. I Nr. 75/2017.

„16. Bundesgesetz über die Gewährung von Vorschüssen auf den Unterhalt von Kindern (Unterhaltsvorschußgesetz 1985 – UVG), BGBl. Nr. 451/1985 (WV) in der Fassung BGBl. I Nr. 156/2015;

(LGBl W 2018/49)

17. Gesetz über die Förderung des Wohnungsneubaus und der Wohnhaussanierung und die Gewährung von Wohnbeihilfe (Wiener Wohnbauförderungs- und Wohnhaussanierungsgesetz – WWFSG 1989), LGBl. für Wien Nr. 18/1989 in der jeweils geltenden Fassung;

(LGBl W 2018/49)

18. Bundesgesetz über die Zustellung behördlicher Dokumente (Zustellgesetz – ZustG), BGBl. Nr. 200/1982 in der Fassung BGBl. I Nr. 40/2017.“

(LGBl W 2018/49)

Umsetzungshinweis

§ 43. Mit diesem Gesetz werden folgende Richtlinien umgesetzt:

1. Richtlinie 2003/109/EG des Rates vom 25. November 2003 betreffend die Rechtsstellung der langfristig aufenthaltsberechtigten Drittstaatsangehörigen, ABl. Nr. 16 vom 23. Jänner 2004, S. 44;
2. Richtlinie 2004/38/EG des Europäischen Parlaments und des Rates vom 29. April 2004 über das Recht der Unionsbürger und ihrer Familienangehörigen, sich im Hoheitsgebiet der Mitgliedstaaten frei zu bewegen und aufzuhalten, zur Änderung der Verordnung (EWG) Nr. 1612/68 und zur Aufhebung der Richtlinien 64/221/EWG, 68/360/EWG, 72/194/EWG, 73/148/EWG, 75/34/EWG, 75/35/EWG, 90/364/EWG, 90/365/EWG und 93/96/EWG, ABl. Nr. L 158 vom 30. April 2004, S. 77, in der Fassung ABl. Nr. L 229 vom 29. Juni 2004, S. 35;
3. Richtlinie 2004/83/EG des Rates vom 29. April 2004 über Mindestnormen für die Anerkennung und den Status von Drittstaatsangehörigen oder Staatenlosen als Flüchtlinge oder als Personen, die anderweitig internationalen Schutz benötigen, und über den Inhalt des zu gewährenden Schutzes, ABl. Nr. L 304 vom 30. September 2004, S. 12;
4. Richtlinie 2011/95/EU über Normen für die Anerkennung von Drittstaatsangehörigen oder Staatenlosen als Personen mit Anspruch auf internationalen Schutz, für einen einheitlichen Status für Flüchtlinge oder für Personen mit Anrecht auf subsidiären Schutz und für den Inhalt des zu gewährenden Schutzes, Richtlinie 2011/95/EU , S. 9, in der Fassung der Berichtigung ABl. Nr. L 167 vom 30.6.2017 S. 58;
5. Richtlinie 2011/98/EU über ein einheitliches Verfahren zur Beantragung einer kombinierten Erlaubnis für Drittstaatsangehörige, sich im Hoheitsgebiet eines Mitgliedstaats aufzuhalten und zu arbeiten, sowie über ein gemeinsames Bündel von Rechten für Drittstaatsarbeitnehmer, die sich rechtmäßig in einem Mitgliedstaat aufhalten, ABl. Nr. L. 343 vom 23.12.2011 S. 1;
6. Richtlinie 2011/51/EU zur Änderung der Richtlinie 2003/109/EG zur Erweiterung ihres Anwendungsbereichs auf Personen, die internationalen Schutz genießen, ABl. Nr. L 132 vom 19.05.2011 S. 1.

Inkrafttreten und Übergangsbestimmungen

§ 44. (1) Dieses Gesetz tritt mit 1. September 2010 in Kraft.

(2) Die Bestimmungen des Gesetzes über die Regelung der Sozialhilfe (Wiener Sozialhilfegesetz – WSHG), Landesgesetzblatt für Wien Nr. 11/1973 in der geltenden Fassung, sind nicht mehr anzuwenden, soweit Regelungen in diesem Gesetz erfolgen. § 16 WSHG tritt mit In-Kraft-Treten dieses Gesetzes außer Kraft.

(3) Die Änderungen in § 28 Abs. 1 und 7 in der Fassung des LGBl. für Wien Nr. 16/2013 treten mit 1. September 2012 in Kraft.

(4) Die Änderung in der Überschrift des 2. Abschnittes und die folgenden §§ oder Änderungen und Streichungen in folgenden §§ samt Überschriften in der Fassung Landesgesetzblatt für Wien Nr. 2/2018 treten mit 1. Februar 2018 in Kraft: § 1, § 2, § 2a, § 2b, § 3 Abs. 1, § 4 Abs. 1 und Abs. 3, § 5, § 6 Z 2 und Z 7 bis 9, § 6a, § 7 Abs. 2, 3 und 5, § 8, § 9 Abs. 2 Z 3 lit. b und c, § 10, § 11, § 13 Satz 1, § 12 Abs. 3, § 14, § 14a, § 15, § 16 Abs. 1 Z 3, § 17 Abs. 1, 4 und 5, § 18, § 19, § 21 Abs. 1 und 2, § 22 Abs. 3, § 23, § 24 Abs. 1 bis 6, § 24a, § 26 Abs. 3, § 27, § 28, § 29,

§ 30, § 31 Abs. 1, § 33, § 36 Abs. 2, § 39 Abs. 2 und 3, § 39a, § 41, § 42, § 43 Z 4 bis 6 und § 44.

(5) Auf Sachverhalte und Bemessungszeiträume bis zum 31. Jänner 2018 sind die Bestimmungen des Wiener Mindestsicherungsgesetzes (WMG), Landesgesetzblatt für Wien Nr. 38/2010 in der Fassung Landesgesetzblatt für Wien Nr. 29/2013 anzuwenden.

(6) Bescheide, die in Rechtskraft erwachsen sind und sich auf Sachverhalte oder Bemessungszeiträume nach dem 1. Februar 2018 beziehen, bleiben unberührt. Wird jedoch ein Antrag gestellt oder eine Änderung im Sinn des § 21 Abs. 1 angezeigt oder von amtswegen festgestellt, gilt Folgendes:

1. Laufende Leistungen sind mit Bescheid einzustellen.
2. Die Berechnung der Rückforderungsansprüche, die sich auf Bescheide beziehen, die nach den Bestimmungen des Wiener Mindestsicherungsgesetzes (WMG), Landesgesetzblatt für Wien Nr. 38/2010 in der Fassung Landesgesetzblatt für Wien Nr. 29/2013 erlassen wurden, erfolgt nach den Bestimmungen des Wiener Mindestsicherungsgesetzes (WMG), Landesgesetzblatt für Wien Nr. 38/2010 in der Fassung Landesgesetzblatt für Wien Nr. 29/2013.
3. Die Behörde ist berechtigt, die Aufrechnung gegen Ansprüche auf Leistungen der Wiener Mindestsicherung, die nach den Bestimmungen des Wiener Mindestsicherungsgesetzes (WMG), Landesgesetzblatt für Wien Nr. 38/2010 in der Fassung Landesgesetzblatt für Wien Nr. 2/2018 zuerkannt wurden, zu verfügen.
4. Die Zuerkennung und Bemessung der Leistungen der Mindestsicherung und die Zurück- oder Abweisung des Antrags erfolgt nach den Bestimmungen des Wiener Mindestsicherungsgesetzes (WMG), Landesgesetzblatt für Wien Nr. 38/2010 in der Fassung Landesgesetzblatt für Wien Nr. 2/2018.

(7) Im Falle von Kostenersatzansprüchen des Trägers der Wiener Mindestsicherung sind die Bestimmungen des Wiener Mindestsicherungsgesetzes (WMG), Landesgesetzblatt für Wien Nr. 38/2010 in der Fassung Landesgesetzblatt für Wien Nr. 2/2018 anzuwenden, unabhängig davon in welchem Zeitraum die Kosten entstanden sind.

Verordnung zum Wiener Mindestsicherungsgesetz

Verordnung der Wiener Landesregierung zum Wiener Mindestsicherungsgesetz 2019, LGBl W 2019/5

Verordnung der Wiener Landesregierung zum Wiener Mindestsicherungsgesetz 2019 (WMG-VO 2019)

(LGBl W 2019/5)

Auf Grund der §§ 8 Abs. 5, 9 Abs. 3, 17 Abs. 3 und § 39a Abs. 4 des Wiener Mindestsicherungsgesetzes (WMG), LGBl. für Wien Nr. 38/2010, zuletzt geändert durch das Gesetz LGBl. für Wien Nr. 49/2018, wird verordnet:

Artikel I

Mindeststandards, Grundbeträge zur Deckung des Wohnbedarfs und Geringfügigkeitsgrenze

§ 1. (1) Für volljährige Personen ab dem vollendeten 25. Lebensjahr, die in einer Bedarfsgemeinschaft gemäß § 7 Abs. 2 Z 1 WMG leben (Alleinstehende), beträgt der Mindeststandard.......... EUR 885,47.

Dieser enthält folgenden Grundbetrag zur Deckung des Wohnbedarfs:

a) für volljährige Personen, soweit sie nicht unter lit. b fallen.......................... EUR 221,36;

b) für jede Hilfe suchende oder empfangende Person, die am 1. Jänner 2014 das 50. Lebensjahr vollendet hat und für die Dauer von mindestens einem halben Jahr arbeitsunfähig ist, für jede Person, die das Regelpensionsalter nach dem Allgemeinen Sozialversicherungsgesetz – ASVG, BGBl. Nr. 189/1955 in der Fassung BGBl. I Nr. 131/2017, erreicht hat und für jede volljährige auf Dauer arbeitsunfähige Person, wenn sie alleinstehend ist oder mit Personen, die diese Voraussetzungen nicht erfüllen, in der Bedarfsgemeinschaft lebt................................ EUR 119,54.

(2) Für volljährige Personen ab dem vollendeten 25. Lebensjahr (Alleinerzieherinnen und Alleinerzieher), die ausschließlich mit nachfolgend genannten Personen eine Bedarfsgemeinschaft bilden:

a) volljährige Kinder oder volljährige Enkelkinder bis zum vollendeten 25. Lebensjahr oder

b) minderjährige Kinder, minderjährige Enkelkinder oder minderjährige Kinder in Obsorge

beträgt der Mindeststandard ..... EUR 885,47.

Dieser enthält folgenden Grundbetrag zur Deckung des Wohnbedarfs:

aa) für volljährige Personen, soweit sie nicht unter lit. bb fallen......................... EUR 221,36;

bb) für jede Hilfe suchende oder empfangende Person, die am 1. Jänner 2014 das 50. Lebensjahr vollendet hat und für die Dauer von mindestens einem halben Jahr arbeitsunfähig ist, für jede Person, die das Regelpensionsalter nach dem Allgemeinen Sozialversicherungsgesetz – ASVG, BGBl. Nr. 189/1955 in der Fassung BGBl. I Nr. 131/2017, erreicht hat und für jede volljährige auf Dauer arbeitsunfähige Person, wenn sie alleinstehend ist oder mit Personen, die diese Voraussetzungen nicht erfüllen, in der Bedarfsgemeinschaft lebt................................ EUR 119,54.

(3) Für volljährige Personen ab dem vollendeten 25. Lebensjahr, die mit anderen Personen in einer Ehe, eingetragenen Partnerschaft oder Lebensgemeinschaft (Bedarfsgemeinschaft gemäß § 7 Abs. 2 Z 2 WMG) leben, beträgt der Mindeststandard.. EUR 664,10.

Dieser enthält folgenden Grundbetrag zur Deckung des Wohnbedarfs:

a) für volljährige Personen, soweit sie nicht unter lit. b oder c fallen............... EUR 166,02;

b) für jede Hilfe suchende oder empfangende Person, die am 1. Jänner 2014 das 50. Lebensjahr vollendet hat und für die Dauer von mindestens einem halben Jahr arbeitsunfähig ist, für jede Person, die das Regelpensionsalter nach dem Allgemeinen Sozialversicherungsgesetz – ASVG, BGBl. Nr. 189/1955 in der Fassung BGBl. I Nr. 131/2017, erreicht hat und für jede volljährige auf Dauer arbeitsunfähige Person, wenn sie mit Personen, die diese Voraussetzungen nicht erfüllen, in der Bedarfsgemeinschaft lebt ..... EUR 89,65;

c) für jede Hilfe suchende oder empfangende Person, die am 1. Jänner 2014 das 50. Lebensjahr vollendet hat und für die Dauer von mindestens einem halben Jahr arbeitsunfähig ist, für jede Person, die das Regelpensionsalter nach dem Allgemeinen Sozialversicherungsgesetz – ASVG, BGBl. Nr. 189/1955 in der Fassung BGBl. I Nr. 131/2017, erreicht hat und für jede volljährige auf Dauer arbeitsunfähige Person, wenn bei mehr als einer Person der Bedarfsgemeinschaft diese Voraussetzungen vorliegen......... EUR 59,77.

(4) Für volljährige Personen bis zum vollendeten 25. Lebensjahr, sofern sie allein, in Ehe, eingetragener Partnerschaft oder Lebensgemeinschaft (Bedarfsgemeinschaft gemäß § 7 Abs. 2 Z 2 WMG) und im gemeinsamen Haushalt mit zumindest einem Eltern- oder Großelternteil oder einer zur Obsorge berechtigten Person leben, beträgt der Mindeststandard

a) unter der Voraussetzung, dass sich diese Personen in diesem Monat in einer Schul- oder Erwerbsausbildung, in einem Beschäftigungsverhältnis, in einer Schulungsmaßnahme im Auftrag des AMS mit dem Status „SC“ (Schulung) befinden oder befunden haben oder in diesem Monat an Integrationsmaßnahmen nach § 6 Abs. 1 Integrationsgesetz – IntG, BGBl. I Nr. 68/2017 in der Fassung BGBl. I Nr. 86/2017, teilnehmen oder teilgenommen haben, denen sie nach Maßgabe bundesgesetzlicher Vorgaben zugewiesen wurden .... EUR 664,10;

b) bei Nichtvorliegen der Voraussetzungen nach lit. a bis zu einem Gesamtausmaß von vier Monaten, wobei sich dieses Gesamtausmaß um Zeiten, in denen Anspruchsberechtigten kein Angebot nach lit. a unterbreitet wurde, erhöht,..................................... EUR 664,10.

Dieser enthält einen Grundbetrag zur Deckung des Wohnbedarfs in der Höhe von .... EUR 166,02.

(5) Für volljährige Personen bis zum vollendeten 25. Lebensjahr, sofern sie allein, in Ehe, eingetragener Partnerschaft oder Lebensgemeinschaft (Bedarfsgemeinschaft gemäß § 7 Abs. 2 Z 2 WMG) und im gemeinsamen Haushalt mit zumindest einem Eltern- oder Großelternteil oder einer zur Obsorge berechtigten Person leben, wenn sich diese Personen in diesem Monat zu keiner Zeit in einer Schul- oder Erwerbsausbildung, in einem Beschäftigungsverhältnis, in einer Schulungsmaßnahme im Auftrag des AMS mit dem Status „SC" (Schulung) befinden oder befunden haben und in diesem Monat zu keiner Zeit an Integrationsmaßnahmen nach § 6 Abs. 1 Integrationsgesetz – IntG, BGBl. I Nr. 68/2017 in der Fassung BGBl. I Nr. 86/2017, teilnehmen oder teilgenommen haben, denen sie nach Maßgabe bundesgesetzlicher Vorgaben zugewiesen wurden und keine der Ausnahmen gemäß § 14 Abs. 4 WMG für die Dauer des gesamten Bemessungszeitraums für sie zur Anwendung kommt, beträgt der Mindeststandard...... EUR 442,74.

Dieser enthält einen Grundbetrag zur Deckung des Wohnbedarfs in der Höhe von .... EUR 110,68.

(6) Für alleinstehende volljährige Personen bis zum vollendeten 25. Lebensjahr, sofern sie nicht im gemeinsamen Haushalt mit zumindest einem Eltern- oder Großelternteil leben, beträgt der Mindeststandard

a) unter der Voraussetzung, dass sich diese Personen in diesem Monat in einer Schul- oder Erwerbsausbildung, in einem Beschäftigungsverhältnis, in einer Schulungsmaßnahme im Auftrag des AMS mit dem Status „SC" (Schulung) befinden oder befunden haben oder in diesem Monat an Integrationsmaßnahmen nach § 6 Abs. 1 Integrationsgesetz – IntG, BGBl. I Nr. 68/2017 in der Fassung BGBl. I Nr. 86/2017, teilnehmen oder teilgenommen haben, denen sie nach Maßgabe bundesgesetzlicher Vorgaben zugewiesen wurden .... EUR 885,47;

b) bei Nichtvorliegen der Voraussetzungen nach lit. a bis zu einem Gesamtausmaß von vier Monaten, wobei sich dieses Gesamtausmaß um Zeiten, in denen Anspruchsberechtigten kein Angebot nach lit. a unterbreitet wurde, erhöht,..................................... EUR 885,47.

Dieser enthält einen Grundbetrag zur Deckung des Wohnbedarfs in der Höhe von .... EUR 221,36.

Für volljährige Personen bis zum vollendeten 25. Lebensjahr, sofern sie nicht im gemeinsamen Haushalt mit zumindest einem Eltern- oder Großelternteil oder einer zur Obsorge berechtigten Person leben, sondern in einer Ehe, eingetragenen Partnerschaft oder Lebensgemeinschaft (Bedarfsgemeinschaft gemäß § 7 Abs. 2 Z 2 WMG) leben, beträgt der Mindeststandard

a) unter der Voraussetzung, dass sich diese Personen in diesem Monat in einer Schul- oder Erwerbsausbildung, in einem Beschäftigungsverhältnis, in einer Schulungsmaßnahme im Auftrag des AMS mit dem Status „SC" (Schulung) befinden oder befunden haben oder in diesem Monat an Integrationsmaßnahmen nach § 6 Abs. 1 Integrationsgesetz – IntG, BGBl. I Nr. 68/2017 in der Fassung BGBl. I Nr. 86/2017, teilnehmen oder teilgenommen haben, denen sie nach Maßgabe bundesgesetzlicher Vorgaben zugewiesen wurden .... EUR 664,10;

b) bei Nichtvorliegen der Voraussetzungen nach lit. a bis zu einem Gesamtausmaß von vier Monaten, wobei sich dieses Gesamtausmaß um Zeiten, in denen Anspruchsberechtigten kein Angebot nach lit. a unterbreitet wurde, erhöht,..................................... EUR 664,10.

Dieser enthält einen Grundbetrag zur Deckung des Wohnbedarfs in der Höhe von .... EUR 166,02.

(8) Für alleinstehende volljährige Personen bis zum vollendeten 25. Lebensjahr, sofern sie nicht im gemeinsamen Haushalt mit zumindest einem Eltern- oder Großelternteil oder einer zur Obsorge berechtigten Person leben, wenn sich diese Personen in diesem Monat zu keiner Zeit in einer Schul- oder Erwerbsausbildung, in einem Beschäftigungsverhältnis, in einer Schulungsmaßnahme im Auftrag des AMS mit dem Status „SC" (Schulung) befinden oder befunden haben oder in diesem Monat zu keiner Zeit an Integrationsmaßnahmen nach § 6 Abs. 1 Integrationsgesetz – IntG, BGBl. I Nr. 68/2017 in der Fassung BGBl. I Nr. 86/2017, teilnehmen oder teilgenommen haben, denen sie nach Maßgabe bundesgesetzlicher Vorgaben zugewiesen wurden und keine der Ausnahmen gemäß § 14 Abs. 4 WMG für die Dauer des gesamten Bemessungszeitraums für sie zur Anwendung kommt, beträgt der Mindeststandard.............. EUR 664,10.

Dieser enthält einen Grundbetrag zur Deckung des Wohnbedarfs in der Höhe von .... EUR 166,02.

(9) Für volljährige Personen bis zum vollendeten 25. Lebensjahr, sofern sie nicht im gemeinsamen Haushalt mit zumindest einem Eltern- oder Großelternteil oder einer zur Obsorge berechtigten Person leben, sondern in einer Ehe, eingetragenen Partnerschaft oder Lebensgemeinschaft (Bedarfsgemeinschaft gemäß § 7 Abs. 2 Z 2 WMG) leben, wenn sich diese Personen in diesem Monat zu keiner Zeit in einer Schul- oder Erwerbsausbildung, in einem Beschäftigungsverhältnis, in einer Schulungsmaßnahme im Auftrag des AMS mit dem

Status „SC“ (Schulung) befinden oder befunden haben und in diesem Monat zu keiner Zeit an Integrationsmaßnahmen nach § 6 Abs. 1 Integrationsgesetz – IntG, BGBl. I Nr. 68/2017 in der Fassung BGBl. I Nr. 86/2017, teilnehmen oder teilgenommen haben, denen sie nach Maßgabe bundesgesetzlicher Vorgaben zugewiesen wurden und keine der Ausnahmen gemäß § 14 Abs. 4 WMG für die Dauer des gesamten Bemessungszeitraums für sie zur Anwendung kommt, beträgt der Mindeststandard .... EUR 442,74.

Dieser enthält einen Grundbetrag zur Deckung des Wohnbedarfs in der Höhe von.......... EUR 110,68.

(10) Für Personen, die das 18. Lebensjahr vollendet haben, auf Dauer arbeitsunfähig sind und in einer Bedarfsgemeinschaft gemäß § 7 Abs. 2 Z 1 WMG leben (Alleinstehende), beträgt der Mindeststandard .... EUR 885,47.

Dieser enthält einen Grundbetrag zur Deckung des Wohnbedarfs in der Höhe von.......... EUR 119,54.

(11) Für Personen, die das 18. Lebensjahr vollendet haben, auf Dauer arbeitsunfähig sind und mit anderen Personen in einer Ehe, eingetragenen Partnerschaft oder Lebensgemeinschaft leben (Bedarfsgemeinschaft gemäß § 7 Abs. 2 Z 2 WMG) beträgt der Mindeststandard............ EUR 664,10.

Dieser enthält einen Grundbetrag zur Deckung des Wohnbedarfs in der Höhe von

aa) für jede Hilfe suchende oder empfangende Person, die am 1. Jänner 2014 das 50. Lebensjahr vollendet hat und für die Dauer von mindestens einem halben Jahr arbeitsunfähig ist, für jede Person, die das Regelpensionsalter nach dem Allgemeinen Sozialversicherungsgesetz – ASVG, BGBl. Nr. 189/1955 in der Fassung BGBl. I Nr. 131/2017, erreicht hat und für jede volljährige auf Dauer arbeitsunfähige Person, wenn sie mit Personen, die diese Voraussetzungen nicht erfüllen, in der Bedarfsgemeinschaft lebt ..... EUR 89,65.

bb) für jede Hilfe suchende oder empfangende Person, die am 1. Jänner 2014 das 50. Lebensjahr vollendet hat und für die Dauer von mindestens einem halben Jahr arbeitsunfähig ist, für jede Person, die das Regelpensionsalter nach dem Allgemeinen Sozialversicherungsgesetz – ASVG, BGBl. Nr. 189/1955 in der Fassung BGBl. I Nr. 131/2017, erreicht hat und für jede volljährige auf Dauer arbeitsunfähige Person, wenn bei mehr als einer Person der Bedarfsgemeinschaft diese Voraussetzungen vorliegen......... EUR 59,77.

(12) Für minderjährige Personen gemäß § 7 Abs. 2 Z 3 WMG beträgt der Mindeststandard...... EUR 239,08.

(13) Die Geringfügigkeitsgrenze beträgt ... EUR 446,81.

Mietbeihilfenobergrenzen

§ 2. (1) Die Mietbeihilfenobergrenzen betragen:

1. bei 1 bis 2 Bewohnerinnen oder Bewohnern. EUR 330,93;
2. bei 3 bis 4 Bewohnerinnen oder Bewohnern. EUR 346,97;
3. bei 5 bis 6 Bewohnerinnen oder Bewohnern. EUR 367,57;
4. ab 7 Bewohnerinnen oder Bewohnern .. EUR 387,05.

(2) Die Mietbeihilfenobergrenzen beinhalten den jeweiligen Grundbetrag zur Deckung des Wohnbedarfs.

Vermögensfreibetrag

§ 3. Als Vermögensfreibetrag sind EUR 4.427,35 zu berücksichtigen.

§ 4. Das Taschengeld gemäß § 17 Abs. 3 WMG beträgt EUR 132,82.

Artikel II

Diese Verordnung tritt mit 1. Jänner 2019 in Kraft. Sie ist auf Sachverhalte anzuwenden, die sich nach dem 31. Dezember 2018 ereignen.

Die Verordnung der Wiener Landesregierung zum Gesetz zur Bedarfsorientierten Mindestsicherung in Wien 2017 (WMG-VO 2017), LGBl. für Wien Nr. 32/2017, ist auf Sachverhalte weiterhin anzuwenden, die sich nach dem 31. Dezember 2016 und vor dem 1. Jänner 2018 ereignet haben.

Die Verordnung der Wiener Landesregierung zum Gesetz zur Bedarfsorientierten Mindestsicherung in Wien 2018 (WMG-VO 2018), LGBl. für Wien Nr. 3/2018, ist auf Sachverhalte weiterhin anzuwenden, die sich nach dem 31. Dezember 2017 und vor dem 1. Februar 2018 ereignet haben.

Die Verordnung der Wiener Landesregierung zum Wiener Mindestsicherungsgesetz (WMG-VO), LGBl. für Wien Nr. 4/2018, ist auf Sachverhalte weiterhin anzuwenden, die sich nach dem 31. Jänner 2018 und vor dem 1. Jänner 2019 ereignet haben.

17. AUSZÜGE

Inhaltsverzeichnis

Auszug GSVG

ERSTER TEIL
Allgemeine Bestimmungen

ABSCHNITT I
Geltungsbereich

§ 1. Dieses Bundesgesetz regelt die Kranken- und die Pensionsversicherung der im Inland in der gewerblichen Wirtschaft selbständig Erwerbstätigen, der sonstigen im Inland selbständig erwerbstätigen Personen, soweit sie nicht auf Grund dieser Erwerbstätigkeit nach einem anderen Bundesgesetz pflichtversichert sind sowie die Krankenversicherung der Bezieher einer Pension (Übergangspension) aus der Pensionsversicherung nach diesem Bundesgesetz.

(BGBl I 1997/139)

Umfang des Leistungsrechtes der Pensionsversicherung

§ 1a. (1) Auf Personen, die erstmals nach dem 31. Dezember 2004 in der Pensionsversicherung nach diesem oder einem anderen Bundesgesetz pflichtversichert sind, ist Abschnitt III des Zweiten Teiles nur so weit anzuwenden, als das Allgemeine Pensionsgesetz (APG), BGBl. I Nr. 142/2004, nichts anderes bestimmt.

(2) Auf Personen, die nach dem 31. Dezember 1954 geboren sind und bis zum Ablauf des 31. Dezember 2004 mindestens einen Versicherungsmonat nach diesem oder einem anderen Bundesgesetz erworben haben, sind die Bestimmungen des Abschnittes III des Zweiten Teiles und des Abschnittes II des Fünften Teiles nur so weit anzuwenden, als das APG nichts anderes bestimmt.

(BGBl 1994/21, BGBl I 2004/142)

Sprachliche Gleichbehandlung

§ 1b. Soweit im folgenden personenbezogene Bezeichnungen nur in männlicher Form angeführt sind, beziehen sie sich auf Frauen und Männer in gleicher Weise. Bei der Anwendung auf bestimmte Personen ist die jeweils geschlechtsspezifische Form zu verwenden.

(BGBl 1994/21, BGBl I 2004/142)

Umsetzung von Unionsrecht

§ 1c. Durch dieses Bundesgesetz werden umgesetzt:

1. die Richtlinie 89/105/EWG betreffend die Transparenz von Maßnahmen zur Regelung der Preisfestsetzung bei Arzneimitteln für den menschlichen Gebrauch und ihre Einbeziehung in die staatlichen Krankenversicherungssysteme, ABl. Nr. L 40 vom 11.02.1989 S. 8;
   (BGBl I 2015/162)
2. die Richtlinie 2005/36/EG über die Anerkennung von Berufsqualifikationen, ABl. Nr. L 255 vom 30.09.2005 S. 22, zuletzt geändert durch die Richtlinie 2013/25/EU, ABl. Nr. L 158 vom 10.06.2013 S. 368;
   (BGBl I 2015/162)
3. die Richtlinie 2011/24/EU über die Ausübung der Patientenrechte in der grenzüberschreitenden Gesundheitsversorgung, ABl. Nr. L 88 vom 04.04.2011 S. 45;
   (BGBl I 2015/162)
4. die Richtlinie 2010/41/EU zur Verwirklichung des Grundsatzes der Gleichbehandlung von Männern und Frauen, die eine selbständige Erwerbstätigkeit ausüben, und zur Aufhebung der Richtlinie 86/613/EWG, ABl. Nr. L 180 vom 15.07.2010 S. 1;
   (BGBl I 2015/162)
5. die anderen im § 3b ASVG genannten Richtlinien, sofern sie auch auf den Geltungsbereich dieses Bundesgesetzes anwendbar sind.
   (BGBl I 2015/162)

(BGBl I 2014/32)

ABSCHNITT II
Umfang der Versicherung

1. Unterabschnitt
Pflichtversicherung

Pflichtversicherung in der Krankenversicherung und in der Pensionsversicherung

§ 2. (1) Auf Grund dieses Bundesgesetzes sind, soweit es sich um natürliche Personen handelt, in der Krankenversicherung und in der Pensionsversicherung nach Maßgabe der folgenden Bestimmungen pflichtversichert:

1. die Mitglieder der Kammern der gewerblichen Wirtschaft;
2. die Gesellschafter/Gesellschafterinnen einer offenen Gesellschaft und die unbeschränkt haftenden Gesellschafter/Gesellschafterinnen einer Kommanditgesellschaft, sofern diese Gesellschaften Mitglieder einer der in Z 1 bezeichneten Kammern sind;
   (BGBl 1990/741, BGBl I 2006/131)
3. die zu Geschäftsführern bestellten Gesellschafter einer Gesellschaft mit beschränkter Haftung, sofern diese Gesellschaft Mitglied einer der in Z 1 bezeichneten Kammern ist und diese Personen nicht bereits auf Grund ihrer Beschäftigung (§ 4 Abs. 1 Z 1 in Verbindung mit § 4 Abs. 2 des Allgemeinen Sozialversicherungsgesetzes) als Geschäftsführer der Teilversicherung in der Unfallversicherung oder der Pflichtversicherung in der Pensionsversicherung nach dem Allgemeinen Sozialversicherungsgesetz unterliegen oder auf Grund dieser Pflichtversicherung Anspruch auf Kranken- oder Wochengeld aus der Krankenversicherung nach dem Allgemeinen Sozialversicherungsgesetz haben, auch wenn dieser Anspruch ruht, oder auf

Rechnung eines Versicherungsträgers Anstaltspflege erhalten oder in einem Kurheim oder in einer Sonderkrankenanstalt untergebracht sind oder Anspruch auf Ersatz der Pflegegebühren gemäß § 131 oder § 150 des Allgemeinen Sozialversicherungsgesetzes einem Versicherungsträger gegenüber haben;

(BGBl 1996/600, BGBl I 2015/162)

4. selbständig erwerbstätige Personen, die auf Grund einer betrieblichen Tätigkeit Einkünfte im Sinne der §§ 22 Z 1 bis 3 und 5 und (oder) 23 des Einkommensteuergesetzes 1988 (EStG 1988), BGBl. Nr. 400, erzielen, wenn auf Grund dieser betrieblichen Tätigkeit nicht bereits Pflichtversicherung nach diesem Bundesgesetz oder einem anderen Bundesgesetz in dem (den) entsprechenden Versicherungszweig(en) eingetreten ist. Solange ein rechtskräftiger Einkommensteuerbescheid oder ein sonstiger maßgeblicher Einkommensnachweis nicht vorliegt, ist die Pflichtversicherung nur dann festzustellen, wenn der Versicherte erklärt, daß seine Einkünfte aus sämtlichen der Pflichtversicherung nach diesem Bundesgesetz unterliegenden Tätigkeiten im Kalenderjahr die Versicherungsgrenze übersteigen werden. In allen anderen Fällen ist der Eintritt der Pflichtversicherung erst nach Vorliegen des rechtskräftigen Einkommensteuerbescheides oder eines sonstigen maßgeblichen Einkommensnachweises im nachhinein festzustellen.

(BGBl I 1997/139, BGBl I 1998/139, BGBl I 2015/118)

(2) Die Pflichtversicherung in der Pensionsversicherung besteht für die im Abs. 1 genannten Personen nur, wenn sie das 15. Lebensjahr vollendet haben.

(3) Üben die Pflichtversicherten eine Erwerbstätigkeit durch

a) den Verschleiß von Zeitungen und Zeitschriften,

b) den Verschleiß von Postwertzeichen, Stempelmarken und Gerichtskostenmarken,

c) den Verschleiß von Fahrscheinen öffentlicher Verkehrseinrichtungen,

d) den Vertrieb von Spielanteilen der Lotterien oder durch

e) den Betrieb von Lotto-Toto-Annahmestellen

(BGBl 1993/336)

aus, so erstreckt sich ihre Pflichtversicherung in der Kranken- und Pensionsversicherung auf jede dieser Tätigkeiten.

Teilversicherung in der Kranken- bzw. Pensionsversicherung

§ 3. (1) Pflichtversichert in der Krankenversicherung sind

1. die Bezieher einer Pension (Übergangspension) und die Bezieher von Übergangsgeld gemäß § 164, wenn sie nicht gemäß Abs. 2 oder gemäß § 4 Abs. 1 Z 8 des Allgemeinen Sozialversicherungsgesetzes versichert sind, solange sich diese Personen ständig im Inland aufhalten;

2. Personen im Sinne des § 2 Abs. 1 Z 4 dritter Satz, wenn sie die Pflichtversicherung in der Krankenversicherung ausdrücklich beantragen;

(BGBl I 1998/139, BGBl I 2001/103)

3. BezieherInnen von Kinderbetreuungsgeld nach dem Kinderbetreuungsgeldgesetz (KBGG), BGBl. I Nr. 103/2001, wenn nach § 28 KBGG die Sozialversicherungsanstalt der gewerblichen Wirtschaft[a] zuständig ist;

(BGBl I 2001/103, BGBl I 2018/100)

[a] Ab 1. Jänner 2020: „Sozialversicherungsanstalt der Selbständigen“

4. Bezieher von Familienzeitbonus nach dem Familienzeitbonusgesetz (FamZeitbG), BGBl. I Nr. 53/2016, wenn nach § 4 FamZeitbG die Sozialversicherungsanstalt der gewerblichen Wirtschaft[a] zuständig ist.

(BGBl I 2016/53, BGBl I 2018/100)

[a] Ab 1. Jänner 2020: „Sozialversicherungsanstalt der Selbständigen“

(BGBl 1993/336, BGBl I 1997/139)

(2) Soweit es sich nicht um einen Pflichtversicherten im Sinne des § 2 Abs. 1 und 2 bzw. um einen Pflichtversicherten gemäß § 8 Abs. 1 Z 1 lit. d und Z 4 lit. a bis c des Allgemeinen Sozialversicherungsgesetzes handelt, stehen den Pflichtversicherten in der Krankenversicherung gemäß § 2 Abs. 1 Personen gleich, denen im Rahmen beruflicher Maßnahmen der Rehabilitation gemäß § 161 berufliche Ausbildung gewährt wird, wenn die Ausbildung nicht auf Grund eines Dienst- oder Lehrverhältnisses erfolgt.

(3) Pflichtversichert in der Pensionsversicherung sind:

1. Personen, die nach dem Wehrgesetz 2001
   a) Präsenz- oder Ausbildungsdienst leisten, ausgenommen die in lit. b genannten Personen,
   b) Ausbildungsdienst leisten, ab dem 13. Monat des Ausbildungsdienstes,

   wenn sie zuletzt nach dem GSVG oder FSVG, nicht jedoch nach dem ASVG pensionsversichert waren;

   (BGBl I 2010/111)

2. Personen, die auf Grund des Zivildienstgesetzes ordentlichen oder außerordentlichen Zivildienst leisten, wenn sie zuletzt nach dem GSVG oder FSVG, nicht jedoch nach dem ASVG, pensionsversichert waren;

   (BGBl I 2015/144)

3. Personen, die Übergangsgeld aus der Pensionsversicherung nach diesem Bundesgesetz beziehen, wenn sie nicht nach § 3 Abs. 5 pflichtversichert sind;

3a. Personen, die Wochengeld nach diesem Bundesgesetz beziehen, soweit sie nicht nach Z 4 oder § 2 pflichtversichert sind;

(BGBl I 2013/86)

4. Personen, die ihr Kind (§ 116a Abs. 2) in den ersten 48 Kalendermonaten nach der Geburt oder im Fall einer Mehrlingsgeburt ihre Kinder in den ersten 60 Kalendermonaten nach der Geburt tatsächlich und überwiegend im Sinne des § 116a Abs. 4 bis 7 im Inland erziehen, wenn sie zuletzt nach dem GSVG oder FSVG, nicht jedoch nach dem ASVG, pensionsversichert waren;

5. Bezieher des Familienzeitbonus, wenn sie zuletzt nach dem GSVG oder FSVG, nicht jedoch nach dem ASVG, pensionsversichert waren.

(BGBl I 2016/53)

(BGBl 1990/295, BGBl 1990/741, BGBl I 1997/139, BGBl I 2004/142)

(4) Abs. 3 Z 1, 2 und 4 ist nicht auf Personen in einem pensionsversicherungsfreien Dienstverhältnis (§ 308 Abs. 2 ASVG) anzuwenden, die

1. nach dem 31. Dezember 1954 geboren sind und vor dem 1. Jänner 2005 in das pensionsversicherungsfreie Dienstverhältnis aufgenommen wurden;

2. nach dem 31. Dezember 2004 oder nach § 136b des Beamten-Dienstrechtsgesetzes 1979 in das pensionsversicherungsfreie Dienstverhältnis aufgenommen wurden.

(BGBl I 2010/62)

(BGBl I 1997/139, BGBl I 2009/83)

(5) Soweit es sich nicht um einen Pflichtversicherten im Sinne des § 2 Abs. 1 und 2 handelt, stehen den Pflichtversicherten in der Pensionsversicherung gemäß § 2 Abs. 1 Personen gleich, denen im Rahmen beruflicher Maßnahmen der Rehabilitation gemäß § 161 berufliche Ausbildung gewährt wird, wenn die Ausbildung nicht auf Grund eines Dienst- oder Lehrverhältnisses erfolgt.

Ausnahmen von der Pflichtversicherung

§ 4. (1) Von der Pflichtversicherung in der Kranken- und Pensionsversicherung sind ausgenommen:

1. Personen, die das Ruhen ihres Gewerbebetriebes bzw. ihrer Befugnis zur Ausübung der die Pflichtversicherung in der Pensionsversicherung begründenden Erwerbstätigkeit angezeigt haben, für die Dauer des Ruhens; die Ausnahme von der Pflichtversicherung in der Krankenversicherung oder Pensionsversicherung wirkt auch in die vor der Anzeige liegende Zeit des Ruhens, längstens jedoch bis zu 18 Monaten vor der Anzeige, zurück, wenn der Versicherte in dieser Zeit keine Leistungen aus dem jeweiligen Zweig der Pflichtversicherung in Anspruch genommen hat;

(BGBl 1996/412)

2. Angehörige der Orden und Kongregationen der Katholischen Kirche sowie der Anstalten der Evangelischen Diakonie;

3. Verpächter von Betrieben, wenn die Kammermitgliedschaft ausschließlich auf der verpachteten Gewerbeberechtigung oder Befugnis zur Ausübung der die Pflichtversicherung begründenden Erwerbstätigkeit beruht, für die Dauer der Verpachtung;

4. Personen, welche die Berechtigung zur Ausübung der die Pflichtversicherung begründenden selbständigen Erwerbstätigkeit bedingt zurücklegen und auf Grund dieser Berechtigung keine selbständige Erwerbstätigkeit mehr ausüben, sofern die Fortsetzung des Betriebes dem Betriebsnachfolger von der zuständigen Behörde gestattet wird;

(BGBl 1990/295)

5. Personen hinsichtlich ihrer selbständigen Erwerbstätigkeit im Sinne des § 2 Abs. 1 Z 4, deren Einkünfte (§ 25) aus sämtlichen der Pflichtversicherung nach diesem Bundesgesetz unterliegenden Tätigkeiten im Kalenderjahr das Zwölffache des Betrages nach § 25 Abs. 4 nicht übersteigen; dies gilt nicht für Personen, die eine Erklärung nach § 2 Abs. 1 Z 4 zweiter Satz abgegeben haben;

(BGBl I 1997/139, BGBl I 2015/118, BGBl I 2015/162)

6. (aufgehoben)

(BGBl I 1997/139, BGBl I 1998/139, BGBl I 2001/103, BGBl I 2010/62, BGBl I 2015/118)

7. auf Antrag Personen gemäß § 2 Abs. 1 Z 1 oder § 2 Abs. 2 FSVG, die glaubhaft machen, daß ihre Umsätze aus sämtlichen unternehmerischen Tätigkeiten die Umsatzgrenze des § 6 Abs. 1 Z 27 des Umsatzsteuergesetzes 1994, BGBl. Nr. 663, und ihre Einkünfte aus dieser Tätigkeit jährlich das Zwölffache des Betrages nach § 25 Abs. 4 nicht übersteigen. Treffen diese Voraussetzungen nach Ablauf des Kalenderjahres, für das sie glaubhaft gemacht wurden, tatsächlich nicht zu, ist der Wegfall der Ausnahme von der Pflichtversicherung im nachhinein festzustellen. Ein Antrag kann nur von einer Person gestellt werden,

   a) die innerhalb der letzten 60 Kalendermonate nicht mehr als zwölf Kalendermonate nach diesem Bundesgesetz pflichtversichert war oder

   b) die das Regelpensionsalter (§ 130 Abs. 1) erreicht hat oder

   (BGBl I 2004/105)

   c) die das 57. Lebensjahr vollendet und innerhalb der letzten fünf Kalenderjahre vor der Antragstellung die im ersten Satz genannten Voraussetzungen erfüllt hat.

Die Ausnahme tritt frühestens mit Beginn des Kalenderjahres, in dem der Antrag gestellt und die Voraussetzungen glaubhaft gemacht werden, ein. Wird die Ausnahme im Kalenderjahr rückwirkend geltend gemacht, so beginnt sie mit dem Ersten des Kalendermonates, der auf die Antragstellung folgt, sofern im Kalenderjahr bereits Leistungen aus der Kranken- oder Pensionsversicherung bezogen wurden. Für die Dauer eines Kinderbetreuungsgeldbezuges oder der Kindererziehung nach § 3 Abs. 3 Z 4 ist unabhängig von den Voraussetzungen der lit. a, b und c die Antragstellung möglich; der erste Satz ist so anzuwenden, dass an die Stelle des Kalenderjahres lediglich jene Kalendermonate treten, für die die Ausnahme festgestellt wird; entsprechend dieser Zahl an Kalendermonaten sind die Umsatz- und Einkünftegrenze herabzusetzen und diesen Grenzbeträgen nur die in diesen Monaten erzielten Einkünfte und Umsätze gegenüberzustellen; die Ausnahme kann nur für jene Monate festgestellt werden, in denen zumindest für einen Tag Kinderbetreuungsgeld bezogen wird oder eine Kindererziehungszeit vorliegt; im Übrigen gilt für den Beginn der Ausnahme der vierte Satz sinngemäß;

(BGBl I 2010/62, BGBl I 2013/86, BGBl I 2013/139, BGBl I 2015/118)

8. Personen hinsichtlich ihrer Pflichtversicherung nach § 2 Abs. 1 Z 1 bis 3 sowie Personen hinsichtlich der nach § 2 Abs. 1 Z 4 festgestellten Pflichtversicherung, wenn für sie weder eine Abgabestelle im Sinne des Zustellgesetzes vorliegt noch eine zustellbevollmächtigte Person bestellt ist und seit dem Zeitpunkt, in dem der Versicherungsträger von der Aufgabe der zuletzt bekannten Abgabestelle Kenntnis erhielt, sechs Monate abgelaufen sind, für die weitere Dauer des unbekannten Aufenthaltes;

   (BGBl I 1998/139, BGBl I 2000/92, BGBl I 2001/33, BGBl I 2001/100, BGBl I 2009/83, BGBl I 2010/92)

9. KünstlerInnen nach § 2 Abs. 1 des Künstler-Sozialversicherungsfondsgesetzes (K-SVFG), BGBl. I Nr. 131/2000, die das Ruhen ihrer selbständigen künstlerischen Erwerbstätigkeit nach § 22a K-SVFG gemeldet haben, für die Dauer der Wirksamkeit des Ruhens nach § 22a Abs. 4 K-SVFG;

   (BGBl I 2010/92, BGBl I 2013/86)

10. Personen nach § 2 Abs. 1 Z 4, die im Zeitraum nach § 102a Abs. 1 die selbständige Erwerbstätigkeit unterbrechen; die Ausnahme tritt mit der Anzeige der Unterbrechung beim Versicherungsträger ein, frühestens jedoch mit Beginn des Zeitraumes nach § 102a Abs. 1; sie fällt mit der Wiederaufnahme der selbständigen Erwerbstätigkeit weg, spätestens jedoch mit dem Ende des Zeitraumes nach § 102a Abs. 1;

11. Personen nach § 2 Abs. 1 Z 4, die nach § 3 Abs. 2 Familienzeitbonusgesetz, BGBl. I Nr. 53/2016, die Ausübung ihrer selbständigen Erwerbstätigkeit für die Dauer der Familienzeit unterbrechen; die Ausnahme tritt mit der Anzeige der Unterbrechung beim Versicherungsträger ein und fällt mit der Wiederaufnahme der selbständigen Erwerbstätigkeit weg.

    (BGBl I 2016/53)

(2) Von der Pflichtversicherung in der Krankenversicherung sind überdies ausgenommen:

1. (aufgehoben)

   (BGBl I 1997/139, BGBl I 2000/92, BGBl I 2001/33, BGBl I 2012/123)

2. die Bezieher einer Pension nach diesem Bundesgesetz,
   a) wenn der Pensionsbezug im wesentlichen auf eine Erwerbstätigkeit – bei Hinterbliebenen auf eine Erwerbstätigkeit des Verstorbenen – zurückgeht, die nicht die Pflichtversicherung in einer Krankenversicherung begründet hat;
   b) wenn und sobald für die Personengruppe, der der Pensionist auf Grund seiner früheren Erwerbstätigkeit angehört hat, auf Grund eines Antrages nach § 5 keine Pflichtversicherung in der Krankenversicherung besteht.

   (BGBl I 1997/139, BGBl I 2000/92, BGBl I 2001/33)

3. bis 8. (aufgehoben)

   (BGBl I 1997/139, BGBl I 1998/30)

(3) Von der Pflichtversicherung in der Pensionsversicherung sind überdies ausgenommen:

1. (aufgehoben);
2. Personen, die auf Grund der die Pflichtversicherung nach diesem Bundesgesetz begründenden Erwerbstätigkeit der Pflichtversicherung in der Pensionsversicherung nach dem Allgemeinen Sozialversicherungsgesetz unterliegen, für die Dauer dieser Pflichtversicherung, Personen, die auf Grund einer solchen Pflichtversicherung Anspruch auf Kranken- oder Wochengeld aus der Krankenversicherung nach dem Allgemeinen Sozialversicherungsgesetz haben, auch wenn dieser Anspruch ruht, oder auf Rechnung eines Versicherungsträgers Anstaltspflege erhalten oder in einem Kurheim oder in einer Sonderkrankenanstalt untergebracht sind oder Anspruch auf Ersatz der Pflegegebühren gemäß § 131 oder § 150 des Allgemeinen Sozialversicherungsgesetzes einem Versicherungsträger gegenüber haben, ferner Personen, die der Pflichtversicherung in der Pensionsversicherung nach dem Notarversicherungsgesetz 1972 unterliegen, für die Dauer der Pflichtversicherung;

2.[a)] Personen, die auf Grund der die Pflichtversicherung nach diesem Bundesgesetz begrün-

denden Erwerbstätigkeit der Pflichtversicherung in der Pensionsversicherung nach dem Allgemeinen Sozialversicherungsgesetz unterliegen, für die Dauer dieser Pflichtversicherung, Personen, die auf Grund einer solchen Pflichtversicherung Anspruch auf Kranken- oder Wochengeld aus der Krankenversicherung nach dem Allgemeinen Sozialversicherungsgesetz haben, auch wenn dieser Anspruch ruht, oder auf Rechnung eines Versicherungsträgers Anstaltspflege erhalten oder in einem Kurheim oder in einer Sonderkrankenanstalt untergebracht sind oder Anspruch auf Ersatz der Pflegegebühren gemäß § 131 oder § 150 des Allgemeinen Sozialversicherungsgesetzes einem Versicherungsträger gegenüber haben, ferner Personen, die der Pflichtversicherung in der Pensionsversicherung nach dem Notarversicherungsgesetz 1972 in der am 31. Dezember 2019 geltenden Fassung unterliegen oder die in die Vorsorge nach dem Notarversorgungsgesetz einbezogen sind, für die Dauer dieser Pflichtversicherung oder Einbeziehung;
(BGBl I 2018/100)

[a] Tritt mit 1. Jänner 2020 in Kraft.

3. (aufgehoben);
(BGBl 1990/295)
4. Personen, die gemäß Z 2 von der Pflichtversicherung nach diesem Bundesgesetz bei Antritt des Präsenz- oder Ausbildungsdienstes bzw. Zivildienstes ausgenommen waren, für die Dauer des Präsenz- oder Ausbildungsdienstes bzw. Zivildienstes.

(BGBl I 1998/30)

(4)–(5) (aufgehoben)

(BGBl I 2012/123)

Ausnahmen von der Pflichtversicherung für einzelne Berufsgruppen

§ 5. (1)[a] Von der Pflichtversicherung in der Kranken- und Pensionsversicherung oder in der Kranken- oder Pensionsversicherung sind Personen ausgenommen, wenn diese Personen auf Grund ihrer Zugehörigkeit zu einer gesetzlichen beruflichen Vertretung (Kammer) und auf Grund der Ausübung einer selbständigen Erwerbstätigkeit im Sinne des § 2 Abs. 1 Z 4 Anspruch auf Leistungen haben, die den Leistungen nach diesem Bundesgesetz gleichartig oder zumindest annähernd gleichwertig sind, und zwar

[a] Diesbezügliche Bescheide ergingen für Mitglieder der Österreichischen Notariatskammer, GZ 21.130/40-2/99; Bundeskammer der Architekten und Ingenieurkonsulenten, GZ 21.130/35-2/99 sowie GZ 21.130/52-2/99; Tierärztekammer, GZ 21.130/51-2/99; Patentanwaltskammer, GZ 21.130/45-2/99; Apothekerkammer, GZ 21.130/53-2/99; Kammer der Wirtschaftstreuhänder, GZ 21.130/46-2/99; Österreichischen Ärztekammer, GZ 130/21-2/99; Kammer der Rechtsanwälte, GZ 21.130/42-2/99, GZ 21.130/23-2/99.

1. für die Kranken- und/oder Pensionsversicherung gegenüber einer Einrichtung dieser gesetzlichen beruflichen Vertretung oder
(BGBl I 1999/86)
2. für die Krankenversicherung aus einer verpflichtend abgeschlossenen Selbstversicherung in der Krankenversicherung nach dem Allgemeinen Sozialversicherungsgesetz oder diesem Bundesgesetz
(BGBl I 1998/139, BGBl I 1999/86)

und die für das Bundesgebiet jeweils in Betracht kommende gesetzliche berufliche Vertretung (falls die gesetzliche berufliche Vertretung auf Grund eines Landesgesetzes eingerichtet ist, diese Vertretung) die Ausnahme von der Pflichtversicherung beantragt. Hinsichtlich der Pensionsversicherung gilt dies nur dann, wenn die Berufsgruppe am 1. Jänner 1998 nicht in die Pflichtversicherung in der Pensionsversicherung einbezogen war. Die Feststellung der Gleichartigkeit oder annähernden Gleichwertigkeit obliegt dem Bundesminister für Arbeit, Gesundheit und Soziales.

(BGBl I 1999/86)

(2) Der Antrag im Sinne des Abs. 1 ist bis zum 1. Oktober 1999 zu stellen. Verordnungen auf Grund dieses Antrages können rückwirkend mit 1. Jänner 2000 erlassen werden.[a]

(BGBl I 1999/86, BGBl I 2004/105)

[a] Siehe VO im Anhang.

(3) Die Gleichwertigkeit im Sinne des Abs. 1 Z 1 ist jedenfalls dann als gegeben anzunehmen, wenn die Leistungsansprüche (Anwartschaften) auf einer bundesgesetzlichen oder einer der bundesgesetzlichen Regelung gleichartigen landesgesetzlichen Regelung über die kranken- oder pensionsrechtliche Versorgung beruhen.

(BGBl I 1997/139)

(4) Die Sozialversicherungsträger haben auf Ersuchen jener gesetzlichen beruflichen Vertretungen (Kammern), deren Mitglieder nach den Abs. 1 bis 3 von der Pflichtversicherung in der Krankenversicherung nach diesem Bundesgesetz ausgenommen sind, Auskünfte auf automationsunterstütztem Weg über den Hauptverband[a] (§ 183) darüber zu erteilen, ob und bei welchem Versicherungsträger nach Abs. 1 Z 2 ein Kammermitglied in der Krankenversicherung nach § 14b pflichtversichert bzw. nach § 14a oder nach dem ASVG verpflichtend selbstversichert ist. Kosten, die dem Hauptverband[a] dadurch erwachsen, sind diesem von der ersuchenden Stelle zur Gänze zu erstatten.

(BGBl I 2003/145, BGBl I 2018/100)

[a] Ab 1. Jänner 2020: „Dachverband“.

Beginn der Pflichtversicherung

§ 6. (1) Die Pflichtversicherung in der Krankenversicherung beginnt

1. bei den im § 2 Abs. 1 Z 1 genannten Pflichtversicherten mit dem Tag der Erlangung einer die Pflichtversicherung begründenden Berechtigung;

2. bei den im § 2 Abs. 1 Z 2 genannten Gesellschaftern mit dem Tag der Erlangung einer die Pflichtversicherung begründenden Berechtigung durch die Gesellschaft, beim Eintritt des Gesellschafters in die Gesellschaft mit dem Tag der Antragstellung auf Eintragung des Gesellschafters in das Firmenbuch;

   (BGBl 1996/412)

3. bei den im § 2 Abs. 1 Z 3 genannten Gesellschaftern mit dem Tag der Erlangung einer die Pflichtversicherung begründenden Berechtigung durch die Gesellschaft, bei Bestellung des Gesellschafters einer Gesellschaft mit beschränkter Haftung zum Geschäftsführer mit dem Tag der Antragstellung auf Eintragung des Geschäftsführers in das Firmenbuch, bei Eintritt eines Geschäftsführers in die Gesellschaft mit dem Tag des Eintrittes;

   (BGBl 1996/412)

4. bei den im § 3 Abs. 2 genannten Pflichtversicherten mit dem Tag des Beginnes der Ausbildung;

5. mit dem Tag nach Wegfall eines Ausnahmegrundes; bei Wegfall der Ausnahme nach § 4 Abs. 1 Z 1 auf Grund einer spätestens ab Ende des Wochengeldbezuges wirksamen Meldung der Wiederaufnahme der selbständigen Tätigkeit mit dem Ersten des Kalendermonates, in dem die selbständige Tätigkeit wieder aufgenommen wird; wird das Wochengeld für den in § 102a Abs. 1 erster Halbsatz genannten Zeitraum bezogen, so beginnt die Pflichtversicherung frühestens vier Kalendermonate nach dem Ende der Pflichtversicherung nach § 7 Abs. 1 Z 7;

   (BGBl 1996/412, BGBl I 1997/139, BGBl I 2010/92, BGBl I 2013/86)

6. bei den im § 3 Abs. 1 Z 1 genannten Personen mit dem Tage des Anfalls der Pension oder mit dem Tage, ab dem das Übergangsgeld gebührt;

   (BGBl I 1997/139, BGBl I 2001/103)

7. bei den im § 3 Abs. 1 Z 3 genannten Pflichtversicherten mit dem Tag, ab dem das Kinderbetreuungsgeld gebührt oder nur deshalb nicht gebührt, weil der Anspruch nach § 6 Abs. 1 Z 1 KBGG ruht;

   (BGBl I 2001/103)

8. bei den in § 3 Abs. 1 Z 4 genannten Pflichtversicherten mit dem Tag, ab dem der Familienzeitbonus gebührt.

   (BGBl I 2016/53)

(2) Wurde ein Antrag auf Zuerkennung einer Pension (Übergangspension) gestellt, deren Bezug die Krankenversicherung nach § 3 Abs. 1 begründet, und liegt kein Ausnahmegrund vor, so hat der Versicherungsträger zu prüfen, ob die Zuerkennung der Pension wahrscheinlich ist. Trifft dies zu, so hat er eine Bescheinigung darüber auszustellen, daß die Krankenversicherung vorläufig mit dem Tage des voraussichtlichen Pensionsanfalles beginnt. Eine solche Bescheinigung ist mit der gleichen Rechtswirkung und unter den gleichen Voraussetzungen auch auszustellen, wenn der Pensionswerber im Leistungsstreitverfahren eine Klage beim Schiedsgericht bzw. eine Berufung beim Oberlandesgericht Wien eingebracht hat. Eine solche Bescheinigung ist mit der gleichen Rechtswirkung und unter der gleichen Voraussetzung auch auszustellen, wenn der Pensionswerber ein Verfahren in Sozialrechtssachen anhängig gemacht hat. Die Ausstellung oder die Ablehnung der Bescheinigung kann durch ein Rechtsmittel nicht angefochten werden.

(3) Die Pflichtversicherung in der Pensionsversicherung beginnt

1. bei den im § 2 Abs. 1 Z 1 genannten pflichtversicherten Kammermitgliedern mit dem Tag der Erlangung einer die Pflichtversicherung begründenden Berechtigung;

   (BGBl I 1997/139)

2. bei den im § 2 Abs. 1 Z 2 genannten Gesellschaftern mit dem Tag der Erlangung einer die Pflichtversicherung begründenden Berechtigung durch die Gesellschaft, beim Eintritt des Gesellschafters in die Gesellschaft mit dem Tag der Antragstellung auf Eintragung des Gesellschafters in das Firmenbuch;

   (BGBl 1996/412, BGBl I 1997/139)

3. bei den im § 2 Abs. 1 Z 3 genannten Gesellschaftern mit dem Tag der Erlangung einer die Pflichtversicherung begründenden Berechtigung durch die Gesellschaft, bei Bestellung des Gesellschafters einer Gesellschaft mit beschränkter Haftung zum Geschäftsführer mit dem Tag der Antragstellung auf Eintragung des Geschäftsführers in das Firmenbuch, bei Eintritt eines Geschäftsführers in die Gesellschaft mit dem Tag des Eintrittes;

   (BGBl 1996/412)

4. a) bei den im § 3 Abs. 3 Z 1 genannten Personen mit dem Tag, an dem der Präsenz- oder Ausbildungsdienst angetreten wird;

   b) bei den im § 3 Abs. 3 Z 2 genannten Personen mit dem Tag, an dem der Zivildienst angetreten wird;

      (BGBl I 2015/144)

   c) bei den im § 3 Abs. 3 Z 3 genannten Personen mit dem Tag, ab dem Übergangsgeld bezogen wird;

   d) bei den im § 3 Abs. 3 Z 3a genannten Personen mit dem Ersten des Kalendermonates, in dem der Bezug des Wochengeldes beginnt;

      (BGBl I 2013/86)

   e) bei den im § 3 Abs. 3 Z 4 genannten Personen

      – mit dem der Geburt des Kindes folgenden Kalendermonat,

– mit dem Kalendermonat, in dem die Annahme an Kindes Statt oder die Übernahme der unentgeltlichen Pflege erfolgt;

(BGBl I 2013/86)

f) bei den im § 3 Abs. 3 Z 5 genannten Personen mit dem Tag, ab dem der Familienzeitbonus bezogen wird;

(BGBl I 2016/53)

(BGBl I 1997/139, BGBl I 2004/142)

5. bei den im § 3 Abs. 5 genannten Pflichtversicherten mit dem Tag des Beginnes der Ausbildung;

6. mit dem Tag nach Wegfall eines Ausnahmegrundes; bei Wegfall der Ausnahme nach § 4 Abs. 1 Z 1 auf Grund einer spätestens ab Ende des Wochengeldbezuges wirksamen Meldung der Wiederaufnahme der selbständigen Tätigkeit mit dem Ersten des Kalendermonates, in dem die selbständige Tätigkeit wieder aufgenommen wird; wird das Wochengeld für den in § 102a Abs. 1 erster Halbsatz genannten Zeitraum bezogen, so beginnt die Pflichtversicherung frühestens vier Kalendermonate nach dem Ende der Pflichtversicherung nach § 7 Abs. 2 Z 6.

(BGBl I 2013/86)

(4) Bei den im § 2 Abs. 1 Z 4 genannten Personen beginnt die Pflichtversicherung in der Kranken- und Pensionsversicherung

1. mit dem Tag der Aufnahme der betrieblichen Tätigkeit; hat jedoch der Versicherte die Meldung nicht innerhalb der Frist gemäß § 18 erstattet, mit Beginn des Kalenderjahres, in dem die Einkünfte die Grenzen des § 25 Abs. 4 übersteigen, es sei denn, der Versicherte macht glaubhaft, daß er die betriebliche Tätigkeit zu einem späteren Zeitpunkt begonnen hat;

(BGBl I 2015/118, BGBl I 2015/162)

2. bei Personen, bei denen die Ausübung der betrieblichen Tätigkeit von einer berufsrechtlichen Berechtigung abhängt, mit dem Tag der Erlangung der maßgeblichen Berechtigung;

(BGBl I 1998/139, BGBl I 2010/92)

3. mit dem Tag nach Wegfall eines Ausnahmegrundes; bei Wegfall der Ausnahme nach § 4 Abs. 1 Z 10 auf Grund einer spätestens ab Ende des Wochengeldbezuges wirksamen Anzeige der Wiederaufnahme der selbständigen Tätigkeit mit dem Ersten des Kalendermonates, in dem die selbständige Tätigkeit wieder aufgenommen wird; wird das Wochengeld für den in § 102a Abs. 1 erster Halbsatz genannten Zeitraum bezogen, so beginnt die Pflichtversicherung frühestens vier Kalendermonate nach dem Ende der Pflichtversicherung nach § 7 Abs. 4 Z 4;

(BGBl I 2010/92, BGBl I 2013/86, BGBl I 2015/162)

4. nach Beendigung der Pflichtversicherung nach § 7 Abs. 4 Z 5 frühestens mit dem ersten Tag nach Ablauf des Zeitraumes, in dem in der Insolvenzdatei nach § 256 der Insolvenzordnung Einsicht in den betreffenden Insolvenzfall gewährt wird.

(BGBl I 2015/162)

(5) Bei den in § 3 Abs. 1 Z 2 genannten Personen beginnt die Pflichtversicherung in der Krankenversicherung mit dem Einlangen der Meldung beim Versicherungsträger , frühestens jedoch mit dem ersten Tag nach Ablauf des Zeitraumes, in dem in der Insolvenzdatei nach § 256 der Insolvenzordnung Einsicht in den betreffenden Insolvenzfall gewährt wird.

(BGBl I 1997/139, BGBl I 2015/162)

Ende der Pflichtversicherung

§ 7. (1) Die Pflichtversicherung in der Krankenversicherung endet

1. bei den im § 2 Abs. 1 Z 1 genannten Pflichtversicherten mit dem Letzten des Kalendermonates, in dem die die Pflichtversicherung begründende Berechtigung erloschen ist;

2. bei den im § 2 Abs. 1 Z 2 genannten Gesellschaftern nach Maßgabe des Abs. 3 mit dem Letzten des Kalendermonates, in dem die die Pflichtversicherung begründende Berechtigung der Gesellschaft erloschen ist, beim Ausscheiden des Gesellschafters aus der Gesellschaft mit dem Letzten des Kalendermonates, in dem die Löschung der Eintragung des Gesellschafters im Firmenbuch beantragt worden ist;

(BGBl 1996/412)

3. bei den im § 2 Abs. 1 Z 3 genannten Gesellschaftern nach Maßgabe des Abs. 3 mit dem Letzten des Kalendermonates, in dem die die Pflichtversicherung begründende Berechtigung der Gesellschaft erloschen ist bzw. in dem die Eintragung des Widerrufes der Bestellung zum Geschäftsführer im Firmenbuch beantragt worden ist bzw. in dem der Geschäftsführer als Gesellschafter aus der Gesellschaft ausgeschieden ist;

(BGBl 1996/412)

4. bei den im § 3 Abs. 2 genannten Pflichtversicherten mit dem Tag der Beendigung der Ausbildung;

5. bei den im § 3 Abs. 1 Z 3 genannten Pflichtversicherten mit Ablauf des Kalendertages, für den letztmalig Kinderbetreuungsgeld gebührt;

(BGBl I 2001/103, BGBl I 2005/71)

6. bei den im § 3 Abs. 1 Z 1 genannten Personen mit dem Ablauf des Kalendermonates, für den letztmalig die Pension ausgezahlt wird bzw. in dem die Voraussetzung gemäß § 3 Abs. 1 Z 1 letzter Halbsatz weggefallen ist. Die vorläufige Krankenversicherung (§ 6 Abs. 2) endet spätestens mit der Zustellung des abweisenden Pensionsbescheides bzw.

mit der rechtskräftigen Beendigung des Leistungsstreitverfahrens;

(BGBl I 1997/139)

7. bei Eintritt eines Ausnahmegrundes mit dem Letzten des Kalendermonates, in dem der Ausnahmegrund eintritt; bei Eintritt der Ausnahme nach § 4 Abs. 1 Z 1 auf Grund einer frühestens ab Eintritt des Versicherungsfalles der Mutterschaft wirksamen Ruhendmeldung mit dem letzten Tag des Kalendermonates, der dem Eintritt des Ausnahmegrundes vorangeht;

   (BGBl I 2013/86)

8. bei den in § 3 Abs. 1 Z 4 genannten Pflichtversicherten mit Ablauf des Kalendertages, für den letztmalig der Familienzeitbonus gebührt.

   (BGBl I 2016/53)

(2) Die Pflichtversicherung in der Pensionsversicherung endet

1. bei den im § 2 Abs. 1 Z 1 genannten pflichtversicherten Kammermitgliedern mit dem Letzten des Kalendermonates, in dem die die Pflichtversicherung begründende Berechtigung erloschen ist;

   (BGBl I 1997/139)

2. bei den im § 2 Abs. 1 Z 2 genannten Gesellschaftern nach Maßgabe des Abs. 3 mit dem Letzten des Kalendermonates, in dem die die Pflichtversicherung begründende Berechtigung der Gesellschaft erloschen ist, beim Ausscheiden des Gesellschafters aus der Gesellschaft mit dem Letzten des Kalendermonates, in dem die Löschung der Eintragung des Gesellschafters im Firmenbuch beantragt worden ist;

   (BGBl 1996/412, BGBl I 1997/139)

3. bei den im § 2 Abs. 1 Z 3 genannten Gesellschaftern nach Maßgabe des Abs. 3 mit dem Letzten des Kalendermonates, in dem die die Pflichtversicherung begründende Berechtigung der Gesellschaft erloschen ist bzw. in dem die Eintragung des Widerrufes der Bestellung zum Geschäftsführer im Firmenbuch beantragt worden ist bzw. in dem der Geschäftsführer als Gesellschafter aus der Gesellschaft ausgeschieden ist;

   (BGBl 1996/412)

4. bei den im § 6 Abs. 3 Z 4 genannten Personen mit dem Wegfall des für die Versicherung maßgeblichen Tatbestandes, wobei sich das Ende der Pensionsversicherung nach § 3 Abs. 3 Z 4 nach den Bestimmungen des § 116a Abs. 3 richtet. Bei den im § 3 Abs. 3 Z 3a genannten Personen endet die Pflichtversicherung mit dem letzten Tag des Kalendermonates, der dem Ende des Wochengeldbezuges vorangeht; tritt während des Bezuges von Wochengeld eine Pflichtversicherung nach § 3 Abs. 3 Z 4 oder nach § 2 ein, so endet die Pflichtversicherung mit dem letzten Tag des Kalendermonates vor Eintritt dieser Pflichtversicherung.

   (BGBl I 1997/139, BGBl I 2004/142, BGBl I 2013/86, BGBl I 2015/144)

5. bei den im § 3 Abs. 5 genannten Pflichtversicherten mit dem Tag der Beendigung der Ausbildung;

6. bei Eintritt eines Ausnahmegrundes mit dem Letzten des Kalendermonates, in dem der Ausnahmegrund eintritt; bei Eintritt der Ausnahme nach § 4 Abs. 1 Z 1 auf Grund einer frühestens ab Eintritt des Versicherungsfalles der Mutterschaft wirksamen Ruhendmeldung mit dem letzten Tag des Kalendermonates, der dem Eintritt des Ausnahmegrundes vorangeht.

   (BGBl I 2013/86)

(3) In den Fällen des Abs. 1 Z 2 und 3 und des Abs. 2 Z 2 und 3 endet die Pflichtversicherung unter der Voraussetzung, daß am Stichtag für die Feststellung eines Pensionsanspruches nach diesem oder einem anderen Bundesgesetz das Gesellschaftsverhältnis bzw. die Geschäftsführungsbefugnis erloschen ist, spätestens mit dem Tag vor diesem Stichtag; fällt die Pension vor dem Stichtag an, endet die Pflichtversicherung mit dem Tag vor dem Anfall der Pension.

(BGBl 1993/336)

(4) Bei den im § 2 Abs. 1 Z 4 genannten Personen endet die Pflichtversicherung mit dem Letzten des Kalendermonates,

1. in dem die Beendigung der betrieblichen Tätigkeiten erfolgt; hat der Versicherte die Abmeldung nicht innerhalb der Frist gemäß § 18 erstattet, mit dem Ende des Kalenderjahres, in dem die Beendigung der betrieblichen Tätigkeiten erfolgt, es sei denn, der Versicherte macht glaubhaft, daß er die betrieblichen Tätigkeiten zu einem früheren Zeitpunkt beendet hat;

2. in dem die berufsrechtliche Berechtigung wegfällt;

3. in dem der Versicherte erklärt, daß seine Einkünfte entgegen der Erklärung im Sinne des § 2 Abs. 1 Z 4 zweiter Satz die in Betracht kommende Versicherungsgrenze (§ 4 Abs. 1 Z 5) nicht übersteigen werden;

   (BGBl I 1998/139, BGBl I 2010/92, BGBl I 2015/118)

4. in dem ein Ausnahmegrund eintritt; bei Eintritt der Ausnahme nach § 4 Abs. 1 Z 10 auf Grund einer frühestens ab Eintritt des Versicherungsfalles der Mutterschaft wirksamen Anzeige der Unterbrechung der selbständigen Erwerbstätigkeit mit dem letzten Tag des Kalendermonates, der dem Eintritt des Ausnahmegrundes vorangeht;

   (BGBl I 2010/92, BGBl I 2013/86, BGBl I 2015/162)

5. in dem ein Insolvenzverfahren über das Vermögen der versicherten Person mangels Ko-

stendeckung rechtskräftig nicht eröffnet oder aufgehoben wurde. Dies gilt auch sinngemäß für Insolvenzen im Ausland.

(BGBl I 2015/162)

Die Pflichtversicherung endet jedenfalls mit dem Tod des Versicherten.

(BGBl I 1998/139)

(5) Bei den in § 3 Abs. 1 Z 2 genannten Personen endet die Pflichtversicherung in der Krankenversicherung

1. mit dem Letzten des Kalendermonates, in dem die Abmeldung beim Versicherungsträger erfolgt ist oder
2. mit Ablauf des dritten Monates, wenn die Beiträge nicht binnen drei Monaten nach Fälligkeit eingezahlt werden;

   (BGBl I 2015/162)
3. mit dem Letzten des Kalendermonates, in dem ein Insolvenzverfahren über das Vermögen der versicherten Person mangels Kostendeckung rechtskräftig nicht eröffnet oder aufgehoben wurde. Dies gilt auch sinngemäß für Insolvenzen im Ausland.

   (BGBl I 2015/162)

Die Pflichtversicherung endet jedenfalls mit dem Tod des Versicherten.

(BGBl I 1997/139)

Beitragsgrundlage

§ 25. (1) Für die Ermittlung der Beitragsgrundlage für Pflichtversicherte gemäß § 2 Abs. 1 sind, soweit im folgenden nichts anderes bestimmt wird, die im jeweiligen Kalenderjahr auf einen Kalendermonat der Erwerbstätigkeit im Durchschnitt entfallenden Einkünfte aus einer oder mehreren Erwerbstätigkeiten, die der Pflichtversicherung nach diesem Bundesgesetz, unbeschadet einer Ausnahme gemäß § 4 Abs. 1 Z 5, unterliegen, heranzuziehen; als Einkünfte gelten die Einkünfte im Sinne des Einkommensteuergesetzes 1988. Als Einkünfte aus einer die Pflichtversicherung begründenden Erwerbstätigkeit gelten auch die Einkünfte als Geschäftsführer und die Einkünfte des zu einem Geschäftsführer bestellten Gesellschafters der Gesellschaft mit beschränkter Haftung.

(BGBl 1996/412, BGBl I 1997/139, BGBl I 1998/139, BGBl I 2015/118)

(2) Beitragsgrundlage ist der gemäß Abs. 1 ermittelte Betrag,

1. (aufgehoben)

   (BGBl I 1998/139, BGBl I 2015/162)
2. zuzüglich der vom Versicherungsträger im Beitragsjahr im Durchschnitt der Monate der Erwerbstätigkeit vorgeschriebenen Beiträge zur Kranken-, Arbeitslosen- und Pensionsversicherung nach diesem oder einem anderen Bundesgesetz; letztere nur soweit sie als Betriebsausgaben im Sinne des § 4 Abs. 4 Z 1 lit. a EStG 1988 gelten;

   (BGBl I 1998/139, BGBl I 2009/52)
3. vermindert um die auf einen Sanierungsgewinn oder auf Veräußerungsgewinne nach den Vorschriften des EStG 1988 entfallenden Beträge im Durchschnitt der Monate der Erwerbstätigkeit; diese Minderung tritt jedoch nur dann ein, wenn der Versicherte es beantragt und bezüglich der Berücksichtigung von Veräußerungsgewinnen überdies nur soweit, als der auf derartige Gewinne entfallende Betrag dem Sachanlagevermögen eines Betriebes des Versicherten oder einer Gesellschaft mit beschränkter Haftung, an der der Versicherte mit mehr als 25% beteiligt ist, zugeführt worden ist; diese Minderung ist bei der Feststellung der Ausnahme von der Pflichtversicherung gemäß § 4 Abs. 1 Z 5 nicht zu berücksichtigen; ein Antrag auf Minderung ist binnen einem Jahr ab dem Zeitpunkt des Eintritts der Fälligkeit des ersten Teilbetrags (§ 35 Abs. 3) der endgültigen Beiträge für jenen Zeitraum, für den eine Verminderung um den Veräußerungsgewinn oder Sanierungsgewinn begehrt wird, zu stellen.

   (BGBl I 1998/139, BGBl I 2003/145, BGBl I 2015/162)

(BGBl 1993/336, BGBl 1995/297, BGBl 1996/412, BGBl I 1997/139)

(3) Hat der Pflichtversicherte Einkünfte aus mehreren die Pflichtversicherung nach diesem Bundesgesetz begründenden Erwerbstätigkeiten, so ist die Summe der Einkünfte aus diesen Erwerbstätigkeiten für die Ermittlung der Beitragsgrundlage heranzuziehen.

(BGBl I 1997/139)

(4) Die Beitragsgrundlage nach Abs. 2 beträgt für jeden Beitragsmonat mindestens den für das jeweilige Beitragsjahr geltenden Betrag nach § 5 Abs. 2 ASVG (Mindestbeitragsgrundlage).

(BGBl I 1997/139, BGBl I 1998/139, BGBl I 1999/175, BGBl I 2000/92, BGBl I 2001/33, BGBl I 2001/67, BGBl I 2001/100, BGBl I 2002/141, BGBl I 2012/35, BGBl I 2015/118, BGBl I 2017/29)

(4a) (aufgehoben)

(BGBl I 2004/142, BGBl I 2010/62, BGBl I 2012/35, BGBl I 2015/162)

(5) Die Beitragsgrundlage darf die Höchstbeitragsgrundlage nicht überschreiten. Höchstbeitragsgrundlage für den Beitragsmonat ist der gemäß § 48 jeweils festgesetzte Betrag[a)].

(BGBl 1995/297, BGBl I 1997/139)

[a)] Betrag siehe VO über veränderliche Werte.

(6) Die endgültige Beitragsgrundlage tritt an die Stelle der vorläufigen Beitragsgrundlage, sobald die hiefür notwendigen Nachweise vorliegen.

(BGBl I 1997/139)

(6a) Auf Antrag sind die Beitragsgrundlagen in der Pensionsversicherung im Kalenderjahr des erstmaligen Eintrittes einer Pflichtversicherung nach § 2 Abs. 1 Z 1 bis 4 und den darauf folgenden zwei Kalenderjahren auf die für diese Kalenderjahre geltenden Höchstbeitragsgrundlagen zu erhöhen (Höchstbeitragsgrundlagen aus Anlass von Betriebsgründungsinvestitionen). Ein solcher Antrag ist vom/von der Versicherten bzw. Hinterbliebenen spätestens gleichzeitig mit dem Pensionsantrag bzw. innerhalb einer vom Versicherungsträger eingeräumten längeren Frist zu stellen, wobei eine der zeitlichen Lagerung der Beitragszahlung entsprechende Aufwertung (§ 108c ASVG) zu erfolgen hat.

(BGBl I 2003/71, BGBl I 2003/145, BGBl I 2004/105)

(7) Vorläufige Beitragsgrundlagen gemäß § 25a, die gemäß Abs. 6 zum Stichtag (§ 113 Abs. 2) noch nicht nachbemessen sind, gelten als Beitragsgrundlagen gemäß Abs. 2.

(BGBl 1991/677, BGBl I 1998/139)

(8) (aufgehoben)

(BGBl I 1997/139, BGBl I 1998/139)

(9) Beitragsgrundlage für die gemäß § 3 Abs. 2 und 5 Pflichtversicherten ist das Dreißigfache des Betrages gemäß § 44 Abs. 6 lit. a des Allgemeinen Sozialversicherungsgesetzes.

(10) Als Beitragsmonat gilt jeweils der Kalendermonat, für den Beiträge zu entrichten sind.

Vorläufige Beitragsgrundlage

§ 25a. (1) Die vorläufige monatliche Beitragsgrundlage ist, ausgenommen in den Fällen des Abs. 4,

1. wenn eine Pflichtversicherung nach diesem Bundesgesetz im drittvorangegangenen Kalenderjahr nicht bestanden hat, die monatliche Beitragsgrundlage nach § 25 Abs. 4. Bestehen in einem Kalendermonat Pflichtversicherungen nach § 2 Abs. 1 Z 1 bis 3 sowie nach § 2 Abs. 1 Z 4, so ist § 359 Abs. 3a anzuwenden.

   (BGBl I 1997/139, BGBl I 2001/100, BGBl I 2015/118, BGBl I 2015/162)

2. in allen anderen Fällen die Summe der gemäß § 25 Abs. 2 für das drittvorangegangene Kalenderjahr festgestellten Beitragsgrundlagen, geteilt durch die Zahl der Beitragsmonate der Pflichtversicherung in diesem Kalenderjahr, vervielfacht mit dem Produkt aus der Aufwertungszahl (§ 47) des Kalenderjahres, in das der Beitragsmonat (§ 25 Abs. 10) fällt, und aus den Aufwertungszahlen der beiden vorangegangenen Kalenderjahre. Dieser Betrag ist auf Cent zu runden. Konnte die Beitragsgrundlage gemäß § 25 für das drittvorangegangene Kalenderjahr noch nicht festgestellt werden, weil der für die Beitragsbemessung maßgebende Einkommensteuerbescheid oder Einkommensnachweis noch nicht vorliegt, sind die Beitragsgrundlagen des Kalenderjahres heranzuziehen, in dem die Beitragsbemessung gemäß § 25 Abs. 6 erfolgt ist. Bei der Vervielfachung ist das Produkt der Aufwertungszahlen entsprechend zu ergänzen.

   (BGBl I 2001/67)

Die vorläufige Beitragsgrundlage darf die in § 25 Abs. 4 und 5 genannten Beträge nicht unter- oder überschreiten.

(BGBl I 1998/139, BGBl I 2002/141)

(2) (aufgehoben)

(BGBl I 1998/139, BGBl I 2001/67, BGBl I 2004/142)

(3) Die vorläufige Beitragsgrundlage ist, sofern nichts anderes bestimmt ist, in Anwendung der Bestimmungen dieses Bundesgesetzes der Beitragsgrundlage gemäß § 25 gleichzuhalten.

(BGBl I 1998/139)

(4) Für die ersten beiden Kalenderjahre einer Pflichtversicherung in der Krankenversicherung nach § 2 Abs. 1 Z 1 bis 3 gilt der Betrag nach § 25 Abs. 4 als vorläufige und endgültige Beitragsgrundlage (Neuzugangsgrundlage in der Krankenversicherung), wenn innerhalb der letzten 120 Kalendermonate vor Beginn dieser Pflichtversicherung keine solche in der Pensions- und/oder Krankenversicherung nach diesem Bundesgesetz bestanden hat. § 25 Abs. 6 ist nicht anzuwenden.

(BGBl I 2002/141, BGBl I 2015/118, BGBl I 2015/162)

(5) Die vorläufige Beitragsgrundlage ist auf Antrag der versicherten Person zu ändern (Herab- oder Hinaufsetzung), wenn sie glaubhaft macht, dass ihre Einkünfte im laufenden Kalenderjahr wesentlich von den Einkünften im drittvorangegangenen Kalenderjahr abweichen. Eine Herabsetzung ist nur so weit zulässig, als dies nach den wirtschaftlichen Verhältnissen der versicherten Person gerechtfertigt erscheint. Die herabgesetzte Beitragsgrundlage darf die jeweils anzuwendende Mindestbeitragsgrundlage nach den §§ 25 Abs. 4 und 359 Abs. 3a nicht unterschreiten, die hinaufgesetzte Beitragsgrundlage darf die Höchstbeitragsgrundlage nach § 48 nicht überschreiten. Der Antrag auf Änderung der vorläufigen Beitragsgrundlage kann bis zum Ablauf des jeweiligen Beitragsjahres gestellt werden. Eine neuerliche Antragstellung ist zulässig, wenn sich die Einschätzung der Höhe der Einkünfte ändert.

(BGBl I 1998/139, BGBl I 2002/141, BGBl I 2009/147, BGBl I 2015/2, BGBl I 2015/162)

(BGBl 1995/297, BGBl 1996/412, BGBl I 1997/139)

Beiträge zur Pflichtversicherung

§ 27. (1) Die Pflichtversicherten nach § 2 Abs. 1 haben für die Dauer der Pflichtversicherung

1. als Beitrag zur Krankenversicherung 7,65%,

   (BGBl I 2004/156, BGBl I 2007/101, BGBl I 2015/118)

1.[a] als Beitrag zur Krankenversicherung 7,55%,

[a] Zum In-Kraft-Treten siehe § 358 (1) Z 3.

2. als Beitrag zur Pensionsversicherung 22,8 %

der Beitragsgrundlage zu leisten. Zahlungen, die von einer Einrichtung zur wirtschaftlichen Selbsthilfe auf Grund einer Vereinbarung mit dem Versicherungsträger oder aus Mitteln des Künstler-Sozialversicherungsfonds geleistet werden, sind auf den Beitrag anzurechnen.

(BGBl 1991/677, BGBl 1993/110, BGBl 1996/201, BGBl I 1997/139, BGBl I 1998/139, BGBl I 2000/65, BGBl I 2000/92, BGBl I 2001/33, BGBl I 2001/100, BGBl I 2004/142)

(2) Der Beitrag zur Pensionsversicherung nach Abs. 1 Z 2 wird aufgebracht

1. durch Leistungen der Pflichtversicherten in der Höhe von 18,5 % der Beitragsgrundlage;
2. durch eine Leistung aus dem Steueraufkommen der Pflichtversicherten in der Höhe von 4,3 % der Beitragsgrundlage.

Die Partnerleistung nach Z 2 trägt der Bund; er hat diese dem Versicherungsträger monatlich im erforderlichen Ausmaß unter Bedachtnahme auf die Kassenlage des Bundes zu bevorschussen.

(BGBl I 2004/142, BGBl I 2010/111, BGBl I 2012/35)

(3) Für den Kalendermonat, in dem die Pflichtversicherung beginnt, ist der volle Beitrag zu leisten. Ist jedoch in einem Kalendermonat auf Grund einer vorangegangenen Beitragspflicht bereits ein Beitrag in der Kranken- oder Pensionsversicherung nach diesem Bundesgesetz zu entrichten, so beginnt die Beitragspflicht in der Kranken- oder Pensionsversicherung erst mit dem nächsten Monatsersten.

(BGBl I 2004/142)

(4) Beginnt in den Fällen der Fortführung des Betriebes durch die Witwe (den Witwer) die Berechtigung zur Fortführung der Erwerbstätigkeit des verstorbenen Ehegatten (der verstorbenen Ehegattin) oder das Gesellschaftsverhältnis der Witwe (des Witwers) bereits im Monat des Ablebens des Ehegatten (der Ehegattin), so beginnt die Beitragspflicht in der Pensionsversicherung mit dem auf das Ableben des versicherten Ehegatten (der versicherten Ehegattin) folgenden Monatsersten, sofern für den verstorbenen Ehegatten (die verstorbene Ehegattin) im Monat des Ablebens Beitragspflicht bestanden hat. Dies gilt entsprechend für die Fälle des § 115 Abs. 4. Die Beitragspflicht in der Kranken- und Pensionsversicherung endet mit dem Ende der Pflichtversicherung gemäß § 7.

(BGBl I 2004/142)

(4a) Abs. 4 ist sinngemäß auch auf eingetragene PartnerInnen nach dem EPG anzuwenden.

(BGBl I 2009/135)

(5) Kommt der Pflichtversicherte seiner Auskunftspflicht gemäß § 22 nicht rechtzeitig nach, so hat er, solange er dieser Pflicht nicht nachkommt, einen von der Höchstbeitragsgrundlage (§ 25 Abs. 5) bemessenen Beitrag zu leisten. Bei nachträglicher Erfüllung der Auskunftspflicht ändert sich der Beitrag auf jenen Betrag, der bei ihrer rechtzeitigen Erfüllung anzuwenden gewesen wäre.

(BGBl I 1998/139, BGBl I 2004/142)

(6) Abweichend von Abs. 2 ist für Personen, deren Alterspension sich wegen Aufschubes der Geltendmachung des Anspruches erhöht (§ 143a, § 5 Abs. 4 APG), für jeden für diese Erhöhung zu berücksichtigenden Monat die Hälfte des auf die pflichtversicherte Person entfallenden Beitragsteiles aus Mitteln der Pensionsversicherung zu zahlen.

(BGBl I 2017/29)

Auszug BSVG

ERSTER TEIL
Allgemeine Bestimmungen

ABSCHNITT I

Geltungsbereich

§ 1. Dieses Bundesgesetz regelt die Kranken- und die Pensionsversicherung sowie die Unfallversicherung der im Inland in der Land- und Forstwirtschaft selbständig Erwerbstätigen und ihrer mittätigen Angehörigen, sowie die Krankenversicherung der Bezieher einer Pension (Übergangspension) aus der Pensionsversicherung nach diesem Bundesgesetz.

Umfang des Leistungsrechtes der Pensionsversicherung

§ 1a. (1) Auf Personen, die erstmals nach dem 31. Dezember 2004 in der Pensionsversicherung nach diesem oder einem anderen Bundesgesetz pflichtversichert sind, ist Abschnitt III des Zweiten Teiles nur so weit anzuwenden, als das Allgemeine Pensionsgesetz (APG), BGBl. I Nr. 142/2004, nichts anderes bestimmt.

(2) Auf Personen, die nach dem 31. Dezember 1954 geboren sind und bis zum Ablauf des 31. Dezember 2004 mindestens einen Versicherungsmonat nach diesem oder einem anderen Bundesgesetz erworben haben, sind die Bestimmungen des Abschnittes III des Zweiten Teiles und des Abschnittes II des Fünften Teiles nur so weit anzuwenden, als das APG nichts anderes bestimmt.

(BGBl I 2004/142)

Sprachliche Gleichbehandlung

§ 1b. Soweit im folgenden personenbezogene Bezeichnungen nur in männlicher Form angeführt sind, beziehen sie sich auf Frauen und Männer in gleicher Weise. Bei der Anwendung auf bestimmte Personen ist die jeweils geschlechtsspezifische Form zu verwenden.

(BGBl 1994/22, BGBl I 2004/142)

Umsetzung von Unionsrecht

§ 1c. Durch dieses Bundesgesetz werden umgesetzt:

1. die Richtlinie 89/105/EWG betreffend die Transparenz von Maßnahmen zur Regelung der Preisfestsetzung bei Arzneimitteln für den menschlichen Gebrauch und ihre Einbeziehung in die staatlichen Krankenversicherungssysteme, ABl. Nr. L 40 vom 11.02.1989 S. 8;

   (BGBl I 2015/162)
2. die Richtlinie 2005/36/EG über die Anerkennung von Berufsqualifikationen, ABl. Nr. L 255 vom 30.09.2005 S. 22, zuletzt geändert durch die Richtlinie 2013/25/EU, ABl. Nr. L 158 vom 10.06.2013 S. 368;

   (BGBl I 2015/162)
3. die Richtlinie 2011/24/EU über die Ausübung der Patientenrechte in der grenzüberschreitenden Gesundheitsversorgung, ABl. Nr. L 88 vom 04.04.2011 S. 45;

   (BGBl I 2015/162)
4. die Richtlinie 2010/41/EU zur Verwirklichung des Grundsatzes der Gleichbehandlung von Männern und Frauen, die eine selbständige Erwerbstätigkeit ausüben, und zur Aufhebung der Richtlinie 86/613/EWG, ABl. Nr. L 180 vom 15.07.2010 S. 1;

   (BGBl I 2015/162)
5. die anderen im § 3b ASVG genannten Richtlinien, sofern sie auch auf den Geltungsbereich dieses Bundesgesetzes anwendbar sind.

   (BGBl I 2015/162)

(BGBl I 2014/32)

ABSCHNITT II
Umfang der Versicherung

1. Unterabschnitt
Pflichtversicherung

Pflichtversicherung in der Krankenversicherung und in der Pensionsversicherung

§ 2. (1) Auf Grund dieses Bundesgesetzes sind, soweit es sich um natürliche Personen handelt, in der Krankenversicherung und in der Pensionsversicherung nach Maßgabe der folgenden Bestimmungen pflichtversichert:

1. Personen, die auf ihre Rechnung und Gefahr einen land(forst)wirtschaftlichen Betrieb im Sinne der Bestimmungen des Landarbeitsgesetzes 1984, BGBl. Nr. 287, führen oder auf deren Rechnung und Gefahr ein solcher Betrieb geführt wird. Dabei wird vermutet, daß Grundstücke, die als forstwirtschaftliches Vermögen nach dem Bewertungsgesetz 1955, BGBl. Nr. 148, bewertet sind oder Teil einer als solches bewerteten wirtschaftlichen Einheit sind, in der einem forstwirtschaftlichen Betrieb entsprechenden Weise auf Rechnung und Gefahr der dazu im eigenen Namen Berechtigten bewirtschaftet werden. Der Gegenbeweis ist für Zeiten, die länger als einen Monat von der Meldung (§ 16) des der Vermutung widersprechenden Sachverhaltes zurückliegen, unzulässig. Die Pflichtversicherung erstreckt sich nach Maßgabe der Anlage 2 auch auf
   a) land(forst)wirtschaftliche Nebengewerbe gemäß § 2 Abs. 1 Z 2 der Gewerbeordnung 1994, BGBl. Nr. 194,
   b) den Buschenschank gemäß § 2 Abs. 1 Z 5 GewO 1994,

      (BGBl I 2009/83)
   c) Tätigkeiten gemäß § 2 Abs. 1 Z 7 bis 9 GewO 1994, die nach ihrer wirtschaftlichen Zweckbestimmung in einem sach-

lichen Naheverhältnis zum land(forst)wirtschaftlichen Betrieb erfolgen, und

(BGBl I 2009/83)

d) Tätigkeiten nach § 5 Abs. 5 lit. g des Landarbeitsgesetzes 1984,

(BGBl I 2009/83)

e) das Einstellen von Einstellpferden im Sinne des § 2 Abs. 3 Z 4 GewO 1994

(BGBl I 2018/7)

soweit diese neben einer die Pflichtversicherung begründenden Betriebsführung ausgeübt werden;

(BGBl 1991/678, BGBl I 1997/139, BGBl I 1999/176, BGBl I 2009/83)

1a. die GesellschafterInnen einer offenen Gesellschaft und die unbeschränkt haftenden GesellschafterInnen einer Kommanditgesellschaft, sofern die Führung eines land(forst)wirtschaftlichen Betriebes im Sinne des Landarbeitsgesetzes 1984 zum Unternehmensgegenstand der Gesellschaft zählt; Z 1 zweiter bis vierter Satz sind entsprechend anzuwenden;

(BGBl I 2009/83)

2. die Kinder, Enkel, Wahl- und Stiefkinder sowie die Schwiegerkinder einer in Z 1 genannten Person, alle diese, wenn sie hauptberuflich in diesem Betrieb beschäftigt sind (Abs. 7);

(BGBl I 2015/2)

3. der/die im land(forst)wirtschaftlichen Betrieb seiner Ehegattin/ihres Ehegatten oder seines eingetragenen Partners/ihrer eingetragenen Partnerin hauptberuflich beschäftigte Ehegatte/Ehegattin oder eingetragener Partner/eingetragene Partnerin, sofern keine Betriebsführung auf gemeinsame Rechnung und Gefahr der Eheleute oder eingetragenen PartnerInnen vorliegt und er/sie nicht auf Grund dieser Beschäftigung nach § 4 ASVG pflichtversichert ist;

(BGBl 1991/678, BGBl I 2009/135)

4. die (der) nach erfolgter Übergabe im land(forst-)wirtschaftlichen Betrieb des Betriebsführers verbleibenden (verbleibende) Eltern(teil), Großeltern(teil), Wahl-, Stief- und Schwiegereltern(teil), wenn sie (er) hauptberuflich in diesem Betrieb beschäftigt sind (ist) und nicht bereits auf Grund dieser oder einer anderen Tätigkeit der Pflichtversicherung in der Pensionsversicherung nach diesem oder einem anderen Bundesgesetz unterliegen (unterliegt); für Zwecke der Sozialversicherung nach diesem Bundesgesetz bleibt das Verhältnis der Schwägerschaft auch nach dem Tod jener Person, die dieses Verhältnis begründet hat, bestehen.

(BGBl I 2000/92, BGBl I 2001/33, BGBl I 2015/2)

(2) Die Pflichtversicherung besteht für die im Abs. 1 Z 1 genannten Personen nur, wenn der nach dem Bewertungsgesetz 1955 festgestellte Einheitswert des land(forst)wirtschaftlichen Betriebes den Betrag von 1 500 € erreicht oder übersteigt. Handelt es sich jedoch um einen land(forst)wirtschaftlichen Betrieb, dessen Einheitswert den Betrag von 1 500 € nicht erreicht oder für den von den Finanzbehörden ein Einheitswert des land(forst)wirtschaftlichen Vermögens gemäß den §§ 29 bis 50 BewG 1955 nicht festgestellt wird, so besteht die Pflichtversicherung für die betreffenden Personen, vorausgesetzt, dass sie aus dem Ertrag des Betriebes überwiegend ihren Lebensunterhalt bestreiten. § 23 Abs. 3, 3a und 5 ist entsprechend anzuwenden. Für die Pflichtversicherung der in den §§ 2a und 2b angeführten Eheleute oder eingetragenen PartnerInnen ist jeweils der gesamte Einheitswert des Betriebes maßgeblich.

(BGBl 1991/678, BGBl I 1997/139, BGBl I 2001/67, BGBl I 2009/135, BGBl I 2015/162)

(3) (aufgehoben)

(BGBl 1995/297, BGBl I 1997/139)

(4) Die Pflichtversicherung besteht

a) in der Krankenversicherung für die im Abs. 1 Z 2,

b) in der Pensionsversicherung für die im Abs. 1 Z 1, 1a und 2

(BGBl I 2010/62)

genannten Personen nur, wenn sie das 15. Lebensjahr vollendet haben.

(5) Im Falle des Todes einer gemäß Abs. 1 Z 1 pflichtversicherten Person gelten für die Dauer des Verlassenschaftsverfahrens

1. in der Kranken- und Pensionsversicherung

   a) die im Zeitpunkt des Todes im Sinne des Abs. 1 Z 2, 3 oder 4 vorhandenen Pflichtversicherten weiter als nach dieser Bestimmung pflichtversichert;

   (BGBl 1993/337, BGBl I 2015/2)

   b) Personen, bei denen die Voraussetzungen für die Pflichtversicherung gemäß Abs. 1 Z 2, 3 oder 4 erst während des Verlassenschaftsverfahrens eintreten, als nach dieser Bestimmung pflichtversichert, und zwar ab Erfüllung der Voraussetzungen hiefür;

   (BGBl 1993/337, BGBl I 2015/2)

2. in der Krankenversicherung überdies die im Zeitpunkt des Todes vorhandenen Angehörigen im Sinne des § 78 als gemäß Abs. 1 Z 1 pflichtversichert.

(6) Soweit es sich nicht um einen Pflichtversicherten im Sinne der Abs. 1 bis 5 handelt, stehen diesen in der Krankenversicherung bzw. Pensionsversicherung Pflichtversicherten Personen gleich, denen im Rahmen beruflicher Maßnahmen der Rehabilitation gemäß § 153 berufliche Ausbildung gewährt wird, wenn die Ausbildung nicht auf Grund eines Dienst- oder Lehrverhältnisses erfolgt.

(7) Ob eine Beschäftigung hauptberuflich ausgeübt wird, hängt von ihrem wirtschaftlichen und zeitlichen Umfang ab; sie wird als hauptberuflich ausgeübt vermutet, wenn sie

1. der Bestreitung des Lebensunterhaltes dient oder
2. länger als 20 Stunden pro Woche erfolgt oder
3. mehr Zeitaufwand erfordert als eine weitere gleichzeitig ausgeübte Beschäftigung.

Für die Dauer einer Schul- oder Berufsausbildung – mit Ausnahme einer land(forst)wirtschaftlichen Heimpraxis und Heimlehre – ist die Hauptberuflichkeit jedenfalls ausgeschlossen.

(BGBl I 2015/2)

Pflichtversicherung in der Pensionsversicherung von Ehegatten oder eingetragenen Partnern/Partnerinnen bei gemeinsamer Betriebsführung oder hauptberuflicher Beschäftigung

§ 2a. (1) Wird ein land(forst)wirtschaftlicher Betrieb auf die gemeinsame Rechnung und Gefahr von Eheleuten oder eingetragenen Partnern/Partnerinnen geführt oder ist ein Ehegatte/eine Ehegattin oder ein eingetragener Partner/eine eingetragene Partnerin im land(forst)wirtschaftlichen Betrieb des/der anderen hauptberuflich beschäftigt, so sind beide Eheleute oder eingetragene PartnerInnen in der Pensionsversicherung im Sinne des § 2 pflichtversichert.

(BGBl I 1997/139, BGBl I 2009/135)

(2) Sind beide Eheleute oder eingetragene PartnerInnen als Kind bzw. Schwiegerkind im selben land(forst)wirtschaftlichen Betrieb hauptberuflich beschäftigt, so sind beide nach § 2 Abs. 1 Z 2 in der Pensionsversicherung pflichtversichert.

(BGBl I 1997/47, BGBl I 1997/139, BGBl I 1998/30, BGBl I 2009/135)

(3) (aufgehoben)

(BGBl 1993/337, BGBl I 1997/139)

(BGBl 1991/678, BGBl I 2009/135)

Pflichtversicherung in der Krankenversicherung von Ehegatten oder eingetragenen Partnern/Partnerinnen bei gemeinsamer Betriebsführung oder hauptberuflicher Beschäftigung

§ 2b. (1) Wird ein land(forst)wirtschaftlicher Betrieb auf die gemeinsame Rechnung und Gefahr von Ehegatten oder eingetragenen Partnern/Partnerinnen geführt, oder ist ein Ehegatte oder eine/ein eingetragene/r Partnerin/Partner im land(forst)wirtschaftlichen Betrieb des anderen hauptberuflich beschäftigt, so sind beide Ehegatten oder eingetragene Partner/Partnerinnen in der Krankenversicherung im Sinne des § 2 pflichtversichert.

(BGBl I 2009/135)

(2) Sind beide Ehegatten oder eingetragene Partner/Partnerinnen als Kind bzw. Schwiegerkind im selben land(forst)wirtschaftlichen Betrieb hauptberuflich beschäftigt, so sind beide nach § 2 Abs. 1 Z 2 in der Krankenversicherung pflichtversichert.

(BGBl I 2009/135)

(BGBl 1991/678, BGBl I 1997/139, BGBl I 2009/135)

Pflichtversicherung in der Unfallversicherung

§ 3. (1) In der Unfallversicherung sind auf Grund dieses Bundesgesetzes, soweit es sich um natürliche Personen handelt, pflichtversichert:

1. die im § 2 Abs. 1 Z 1 und 1a bezeichneten Personen;

   (BGBl I 2009/83)

2. die nachstehend bezeichneten Familienangehörigen einer in Z 1 bezeichneten Person, wenn sie in diesem land(forst)wirtschaftlichen Betrieb tätig sind: der/die Ehegatte/Ehegattin oder der/die eingetragene Partner/Partnerin, die Kinder, Enkel, Wahl-, Stief- und Schwiegerkinder und die Eltern, Großeltern, Wahl-, Stief- und Schwiegereltern sowie die Geschwister, sofern diese nicht auf Grund der Beschäftigung im Betrieb einer Pflichtversicherung nach dem Allgemeinen Sozialversicherungsgesetz oder dem Gewerblichen Sozialversicherungsgesetz unterliegen.

   (BGBl I 1998/140, BGBl I 2009/135)

(2) Die Pflichtversicherung gemäß Abs. 1, mit Ausnahme der im § 2 Abs. 1 Z 1a bezeichneten Personen, besteht nur, wenn es sich um einen land(forst)wirtschaftlichen Betrieb handelt, dessen zuletzt im Sinne des § 25 des Bewertungsgesetzes festgestellter Einheitswert den Betrag von 150 € erreicht oder übersteigt oder für den ein Einheitswert aus anderen als den Gründen des § 25 Z 1 des Bewertungsgesetzes nicht festgestellt wird. Handelt es sich um einen land(forst)wirtschaftlichen Betrieb, dessen Einheitswert den Betrag von 150 € nicht erreicht, so besteht die Pflichtversicherung für die betreffenden Personen, vorausgesetzt, daß sie aus dem Ertrag des Betriebes überwiegend ihren Lebensunterhalt bestreiten. Der Ermittlung des Einheitswertes ist zugrunde zu legen:

a) bei Verpachtung einer land(forst)wirtschaftlichen Fläche ein um den anteilsmäßigen Ertragswert der verpachteten Fläche verminderter Einheitswert;
b) bei Zupachtung einer land(forst)wirtschaftlichen Fläche in den Fällen des § 23 Abs. 3 dritter Satz ein um den anteiligen Ertragswert der gepachteten Fläche erhöhter Einheitswert, in allen übrigen Fällen ein um zwei Drittel des anteiligen Ertragswertes der gepachteten Flächen erhöhter Einheitswert;
c) bei Erwerb oder Veräußerung einer land(forst)wirtschaftlichen Fläche (Übertragung von Eigentumsanteilen an einer solchen), wenn gemäß § 21 Abs. 1 Z 1 lit. a des Bewertungsgesetzes der Einheitswert nicht neu festgestellt wird, ein um den anteilsmäßigen Ertragswert dieser Flächen (des Eigentum-

santeiles) erhöhter bzw. verminderter Einheitswert;

(BGBl 1991/678)

d) im Falle der gesetzlichen Vermutung gemäß § 2 Abs. 1 Z 1 der anteilsmäßige Ertragswert der Waldfläche.

(BGBl 1991/678)

Änderungen des Einheitswertes gemäß lit. a, b und c sowie durch sonstige Flächenänderungen werden mit dem ersten Tag des Kalendermonates wirksam, der der Änderung folgt. Sonstige Änderungen des Einheitswertes werden mit dem ersten Tag des Kalendervierteljahres wirksam, das der Zustellung des Bescheides der Finanzbehörde erster Instanz folgt.

(BGBl 1990/296, BGBl I 2001/67, BGBl I 2010/62)

(3) Die im Zeitpunkt des Todes eines im Abs. 1 Z 1 bezeichneten Betriebsführers in der Unfallversicherung pflichtversicherten Angehörigen gelten für die Dauer des Verlassenschaftsverfahrens weiter als nach dieser Bestimmung pflichtversichert; dies gilt auch für Personen, bei denen die Voraussetzungen für die Pflichtversicherung erst während des Verlassenschaftsverfahrens eintreten.

(BGBl 1991/678)

Teilversicherung in der Krankenversicherung

§ 4. In der Krankenversicherung sind überdies auf Grund dieses Bundesgesetzes pflichtversichert:

1. die Bezieher einer Pension (Übergangspension) und die Bezieher von Übergangsgeld gemäß § 156, wenn sie nicht gemäß § 2 Abs. 6 dieses Bundesgesetzes oder gemäß § 4 Abs. 1 Z 8 des Allgemeinen Sozialversicherungsgesetzes oder gemäß § 3 Abs. 2 des Gewerblichen Sozialversicherungsgesetzes versichert sind, solange sich diese Personen ständig im Inland aufhalten;

   (BGBl 1993/337, BGBl I 1997/139)

2. die im § 2 Abs. 1 Z 2 genannten Personen mit Ausnahme der nach § 8 Abs. 1 Z 1 lit. e ASVG Teilversicherten für die Dauer des Präsenz- oder Ausbildungsdienstes nach dem Wehrgesetz 2001, BGBl. I Nr. 146, sofern nicht im Zeitpunkt des Antrittes des Präsenz- oder Ausbildungsdienstes ein Ausnahmegrund nach § 5 gegeben war;

   (BGBl 1996/413, BGBl I 1998/30, BGBl I 2001/103, BGBl I 2009/83, BGBl I 2010/111)

3. BezieherInnen von Kinderbetreuungsgeld nach dem Kinderbetreuungsgeldgesetz (KBGG), BGBl. I Nr. 103/2001, wenn nach § 28 KBGG die Sozialversicherungsanstalt der Bauern[a)] zuständig ist;

   (BGBl I 2001/103, BGBl I 2018/100)

[a)] Ab 1. Jänner 2020: „Sozialversicherungsanstalt der Selbständigen".

4. Bezieher von Familienzeitbonus nach dem Familienzeitbonusgesetz (FamZeitbG), BGBl. I Nr. 53/2016, wenn nach § 4 FamZeitbG die Sozialversicherungsanstalt der Bauern[a)] zuständig ist.

   (BGBl I 2016/53, BGBl I 2018/100)

[a)] Ab 1. Jänner 2020: „Sozialversicherungsanstalt der Selbständigen".

Teilversicherung in der Pensionsversicherung

§ 4a. (1) In der Pensionsversicherung sind überdies pflichtversichert:

1. Personen, die nach dem Wehrgesetz 2001
   a) Präsenz- oder Ausbildungsdienst leisten, ausgenommen die in lit. b genannten Personen,
   b) Ausbildungsdienst leisten, ab dem 13. Monat des Ausbildungsdienstes,

   wenn sie zuletzt nach diesem Bundesgesetz, nicht jedoch nach dem ASVG, GSVG oder FSVG pensionsversichert waren;

   (BGBl I 2010/111)

2. Personen, die auf Grund des Zivildienstgesetzes ordentlichen oder außerordentlichen Zivildienst leisten, wenn sie zuletzt nach diesem Bundesgesetz, nicht jedoch nach dem ASVG, GSVG oder FSVG pensionsversichert waren;

   (BGBl I 2015/144)

3. Personen, die Übergangsgeld nach diesem Bundesgesetz beziehen, wenn sie nicht nach § 2 Abs. 6 pflichtversichert sind;

4. Personen, die ihr Kind (§ 107a Abs. 2) in den ersten 48 Kalendermonaten nach der Geburt oder im Fall einer Mehrlingsgeburt ihre Kinder in den ersten 60 Kalendermonaten nach der Geburt tatsächlich und überwiegend im Sinne des § 107a Abs. 4 bis 7 im Inland erziehen, wenn sie zuletzt nach diesem Bundesgesetz, nicht jedoch nach dem ASVG, GSVG oder FSVG pensionsversichert waren;

5. die Bezieher des Familienzeitbonus nach dem Familienzeitbonusgesetz (FamZeitbG), BGBl. I Nr. 53/2016, wenn sie zuletzt nach diesem Bundesgesetz, nicht jedoch nach dem ASVG, GSVG oder FSVG, pensionsversichert waren.

   (BGBl I 2016/53)

(BGBl I 2009/83)

(2) Abs. 1 Z 1, 2 und 4 ist nicht auf Personen in einem pensionsversicherungsfreien Dienstverhältnis (§ 308 Abs. 2 ASVG) anzuwenden, die

1. nach dem 31. Dezember 1954 geboren sind und vor dem 1. Jänner 2005 in das pensionsversicherungsfreie Dienstverhältnis aufgenommen wurden;
2. nach dem 31. Dezember 2004 oder nach § 136b des Beamten-Dienstrechtsgesetzes

1979 in das pensionsversicherungsfreie Dienstverhältnis aufgenommen wurden.

(BGBl I 2010/62)

(BGBl I 2009/83)

(BGBl I 2004/142)

Ausnahmen von der Pflichtversicherung

§ 5. (1) Von der Pflichtversicherung in der Kranken- und Pensionsversicherung sind ausgenommen:

1. Personen, deren land(forst)wirtschaftliche Tätigkeit lediglich in der Ausübung der sich aus einer Jagd- oder Fischereipachtung ergebenden Berechtigung besteht, sofern sie nicht aus dem Ertrag dieser Tätigkeit überwiegend ihren Lebensunterhalt bestreiten;
2. Angehörige der Orden und Kongregationen der Katholischen Kirche sowie der Anstalten der Evangelischen Diakonie;
3. (aufgehoben)

(BGBl 1993/337)

(2) Von der Pflichtversicherung in der Krankenversicherung sind überdies die Kinder, Enkel, Wahl- und Stiefkinder, die das 15. Lebensjahr noch nicht vollendet haben, ausgenommen, sofern diese mit einem der Pflichtversicherung gemäß § 2 Abs. 1 Z 1 unterliegenden Elternteil ein und denselben land(forst)wirtschaftlichen Betrieb auf gemeinsame Rechnung und Gefahr führen.

(BGBl 1991/678, BGBl 1993/337, BGBl I 1997/139)

(3) Von der Pflichtversicherung in der Pensionsversicherung sind überdies Personen ausgenommen, die der Pflichtversicherung in der Pensionsversicherung nach dem Notarversicherungsgesetz 1972 unterliegen, für die Dauer dieser Pflichtversicherung.

(3)[a)] Von der Pflichtversicherung in der Pensionsversicherung sind überdies Personen ausgenommen, die der Pflichtversicherung in der Pensionsversicherung nach dem Notarversicherungsgesetz 1972 in der am 31. Dezember 2019 geltenden Fassung unterliegen oder die in die Vorsorge nach dem Notarversorgungsgesetz einbezogen sind, für die Dauer dieser Pflichtversicherung oder Einbeziehung.

(BGBl I 2018/100)

[a)] Tritt mit 1. Jänner 2020 in Kraft.

Beginn der Pflichtversicherung

§ 6. (1) Die Pflichtversicherung in der Krankenversicherung beginnt:

1. bei den gemäß § 2 Abs. 1 und § 4 Z 2 pflichtversicherten Personen mit dem Tag, an dem die Voraussetzungen für die Pflichtversicherung eintreten;

   (BGBl I 2000/92, BGBl I 2001/33)
2. bei den gemäß § 4 Z 1 pflichtversicherten Personen mit dem Tage des Anfalls der Pension oder mit dem Tage, ab dem das Übergangsgeld gebührt;

   (BGBl I 1997/139)
3. bei den gemäß § 2 Abs. 5 als Pflichtversicherte geltenden Personen mit dem Tod des gemäß § 2 Abs. 1 Z 1 Pflichtversicherten;
4. bei den gemäß § 2 Abs. 6 pflichtversicherten Personen mit dem Tag des Beginnes der Ausbildung;
5. nach Wegfall eines Ausnahmegrundes gemäß § 5 mit dem dem Wegfall des Ausnahmegrundes folgenden Tag;

   (BGBl I 2001/103)
6. bei den im § 4 Z 3 genannten Pflichtversicherten mit dem Tag, ab dem das Kinderbetreuungsgeld gebührt oder nur deshalb nicht gebührt, weil der Anspruch nach § 6 Abs. 1 Z 1 KBGG ruht;

   (BGBl I 2001/103)
7. bei den in § 4 Z 4 genannten Pflichtversicherten mit dem Tag, ab dem der Familienzeitbonus gebührt.

   (BGBl I 2016/53)

(2) Wurde ein Antrag auf Zuerkennung einer Pension (Übergangspension) gestellt, deren Bezug die Krankenversicherung nach § 4 Z 1 begründet, und liegt kein Ausnahmegrund vor, so hat der Versicherungsträger zu prüfen, ob die Zuerkennung der Pension wahrscheinlich ist. Trifft dies zu, so hat er eine Bescheinigung darüber auszustellen, daß die Krankenversicherung vorläufig mit dem Tage des voraussichtlichen Pensionsanfalles beginnt. Eine solche Bescheinigung ist mit der gleichen Rechtswirkung und unter der gleichen Voraussetzung auch auszustellen, wenn der Pensionswerber ein Verfahren in Sozialrechtssachen anhängig gemacht hat. Die Bescheinigung ist dem Pensionswerber zuzustellen. Die Ausstellung oder die Ablehnung der Bescheinigung kann durch ein Rechtsmittel nicht angefochten werden.

(3) Die Pflichtversicherung in der Pensionsversicherung beginnt mit dem Ersten eines Kalendermonates, wenn die Voraussetzungen für die Pflichtversicherung bis einschließlich zum 15. dieses Monates eintreten, sonst mit dem folgenden Monatsersten. Das gleiche gilt entsprechend für den Wegfall eines Ausnahmegrundes gemäß § 5.

(3a) Abweichend von Abs. 3 beginnt die Pensionsversicherung nach § 4a

1. bei den im § 4a Abs. 1 Z 1 genannten Personen mit dem Tag, an dem der Präsenz- oder Ausbildungsdienst angetreten wird;

   (BGBl I 2015/144)
2. bei den im § 4a Abs. 1 Z 2 genannten Personen mit dem Tag, an dem der Zivildienst angetreten wird;

   (BGBl I 2015/144)

3. bei den im § 4a Abs. 1 Z 3 genannten Personen mit dem Tag, ab dem Übergangsgeld bezogen wird;

   (BGBl I 2015/144)

4. bei den im § 4a Abs. 1 Z 4 genannten Personen
   - mit dem der Geburt des Kindes folgenden Kalendermonat,
   - mit dem Kalendermonat, in dem die Annahme an Kindes Statt oder die Übernahme der unentgeltlichen Pflege erfolgt;

   (BGBl I 2015/144)

5. bei den im § 4a Abs. 1 Z 5 genannten Personen mit dem Tag, ab dem der Familienzeitbonus bezogen wird.

   (BGBl I 2016/53)

(BGBl I 2004/142)

(4) Die Pflichtversicherung in der Unfallversicherung beginnt mit dem Tag der Aufnahme der versicherungspflichtigen Tätigkeit.

Ende der Pflichtversicherung

§ 7. (1) Die Pflichtversicherung in der Krankenversicherung endet:

1. bei den gemäß § 2 Abs. 1 und § 4 Z 2 Pflichtversicherten mit dem Tag des Wegfalles der Voraussetzungen;

   (BGBl I 2000/92, BGBl I 2001/33)

2. bei den gemäß § 2 Abs. 6 Pflichtversicherten mit dem Tag der Beendigung der Ausbildung;
3. bei den gemäß § 4 Z 1 Pflichtversicherten mit dem Ablauf des Kalendermonates, für den letztmalig die Pension oder das Übergangsgeld ausgezahlt wird bzw. in dem die Voraussetzung gemäß § 4 Z 1 letzter Halbsatz weggefallen ist;

   (BGBl I 1997/139)

4. bei Eintritt eines Ausnahmegrundes gemäß § 5 mit dem Tag des Eintrittes des Ausnahmegrundes;

   (BGBl I 2001/103)

5. bei den im § 4 Z 3 genannten Pflichtversicherten mit Ablauf des Kalendertages, für den letztmalig Kinderbetreuungsgeld gebührt;

   (BGBl I 2001/103, BGBl I 2005/71)

6. bei den in § 4 Z 4 genannten Pflichtversicherten mit Ablauf des Kalendertages, für den letztmalig der Familienzeitbonus gebührt.

   (BGBl I 2016/53)

(2) Die vorläufige Krankenversicherung (§ 6 Abs. 2) endet spätestens mit der Zustellung des abweisenden Pensionsbescheides bzw. mit der rechtskräftigen Beendigung des Leistungsstreitverfahrens.

(3) Die Pflichtversicherung in der Pensionsversicherung endet mit dem Ersten eines Kalendermonates, wenn die Voraussetzungen für die Pflichtversicherung bis einschließlich 15. dieses Monates wegfallen, sonst mit dem folgenden Monatsersten. Das gleiche gilt entsprechend für den Eintritt eines Ausnahmegrundes gemäß § 5.

(3a) Abweichend von Abs. 3 endet die Pensionsversicherung der im § 6 Abs. 3a genannten Personen mit dem Wegfall des für die Versicherung maßgeblichen Tatbestandes, wobei sich das Ende der Pensionsversicherung nach § 4a Abs. 1 Z 4 nach den Bestimmungen des § 107a Abs. 3 richtet.

(BGBl I 2004/142, BGBl I 2015/144)

(4) Die Pflichtversicherung in der Unfallversicherung endet mit dem Ende der die Pflichtversicherung begründenden Tätigkeit.

Beitragsgrundlage

§ 23. (1) Grundlage für die Bemessung der Beiträge in der Kranken- und Pensionsversicherung ist für die gemäß § 2 Abs. 1 Z 1 und 1a Pflichtversicherten nach Maßgabe der folgenden Bestimmungen

1. bei einem land(forst)wirtschaftlichen Betrieb, für den ein Einheitswert des land(forst)wirtschaftlichen Vermögens gemäß den §§ 29 bis 50 BewG 1955 festgestellt wird, der Versicherungswert nach Abs. 2,
2. bei einem land(forst)wirtschaftlichen Betrieb, für den ein Einheitswert des land(forst)wirtschaftlichen Vermögens gemäß den §§ 29 bis 50 BewG 1955 nicht festgestellt wird, die gemäß Abs. 4 ermittelte Beitragsgrundlage,
3. bei Ausübung von betrieblichen Tätigkeiten nach § 2 Abs. 1 Z 1 letzter Satz die nach Abs. 4b ermittelte Beitragsgrundlage, wenn ein Antrag nach Abs. 1b vorliegt, die nach den Abs. 4c bis 4e ermittelte Beitragsgrundlage. Werden diese Tätigkeiten im Falle einer Beitragsgrundlagenoption nach Abs. 1a ausgeübt, so ist für solche betrieblichen Tätigkeiten die Beitragsgrundlage nach den Abs. 4 und 4a zu ermitteln,

   (BGBl I 2002/142, BGBl I 2010/62)

4. bei Gesellschaftern und Gesellschafterinnen einer offenen Gesellschaft und bei unbeschränkt haftenden Gesellschaftern und Gesellschafterinnen einer Kommanditgesellschaft die nach Abs. 4 oder Abs. 4a Z 1 ermittelte Beitragsgrundlage.

   (BGBl I 2010/62)

Treffen mehrere dieser Beitragsgrundlagen zusammen, so ist deren Summe – unter der Voraussetzung der Identität der beitragsschuldenden Person – für die Ermittlung der Beitragsgrundlage der

Pflichtversicherung maßgebend (monatliche Beitragsgrundlage).

(BGBl 1991/678, BGBl I 1997/139, BGBl I 1999/176, BGBl I 2000/92, BGBl I 2000/142, BGBl I 2001/33, BGBl I 2009/83, BGBl I 2015/2)

(1a) Wird bei einem land(forst)wirtschaftlichen Betrieb ein Einheitswert des land(forst)wirtschaftlichen Vermögens nach den §§ 29 bis 50 BewG 1955 festgestellt, so kann der Betriebsführer (§ 2 Abs. 1 Z 1) beantragen, dass an Stelle des Versicherungswertes (Abs. 2) als Beitragsgrundlage die im Einkommensteuerbescheid ausgewiesenen Einkünfte heranzuziehen sind (Beitragsgrundlagenoption). Der Antrag ist bis zum 30. April des dem Beitragsjahr folgenden Jahres zu stellen, ab dem die Beitragsgrundlagenoption wirksam werden soll. Ein solcher Antrag kann nur widerrufen werden, wenn eine Änderung in der Führung des land(forst)wirtschaftlichen Betriebes eintritt. Der Widerruf ist bis längstens 30. April des der Änderung folgenden Beitragsjahres zu stellen. Führen mehrere Personen ein und denselben land(forst)wirtschaftlichen Betrieb auf gemeinsame Rechnung und Gefahr, bedarf der Optionsantrag der Zustimmung aller Betriebsführer.

(BGBl I 2000/142, BGBl I 2009/83, BGBl I 2013/3)

(1b) Werden Einkünfte auf Grund von betrieblichen Tätigkeiten nach § 2 Abs. 1 Z 1 letzter Satz erzielt, so sind auf Antrag des Betriebsführers (§ 2 Abs. 1 Z 1) für mindestens ein Beitragsjahr an Stelle der Beitragsgrundlage nach Abs. 4b als Beitragsgrundlage die im Einkommensteuerbescheid enthaltenen Einkünfte heranzuziehen. Der Antrag ist bis zum 30. April des dem Beitragsjahr folgenden Jahres zu stellen, ab dem diese Beitragsgrundlage wirksam werden soll. Der Widerruf eines solchen Antrages ist bis zum 30. April des dem Beitragsjahr folgenden Jahres zu stellen, ab dem er wirksam werden soll. Führen mehrere Personen ein und denselben land(forst)wirtschaftlichen Betrieb auf gemeinsame Rechnung und Gefahr, bedürfen sowohl der Antrag als auch der Widerruf der Zustimmung aller Betriebsführer.

(BGBl I 2002/142, BGBl I 2009/83)

(2) Der Versicherungswert ist ein Hundertsatz des Einheitswertes des land(forst)wirtschaftlichen Betriebes. Hiebei ist von dem zuletzt im Sinne des § 25 des Bewertungsgesetzes festgestellten Einheitswert des land(forst)wirtschaftlichen Betriebes auszugehen. Der Versicherungswert ist jeweils zum 1. Jänner eines jeden Kalenderjahres neu festzustellen und auf Cent zu runden. Der Hundertsatz beträgt:

1. bei Einheitswerten bis zu 5 000 € 13,34110[a)];
2. für je weitere 100 € Einheitswert
   bei Einheitswerten
   von 5 100 € bis 8 700 € 14,82346[a)]
   von 8 800 € bis 10 900 € 12,04405[a)]
   von 11 000 € bis 14 500 € 8,33822[a)]
   von 14 600 € bis 21 800 € 6,76321[a)]
   von 21 900 € bis 29 000 € 5,00291[a)]
   von 29 100 € bis 36 300 € 3,70588[a)]
   von 36 400 € bis 43 600 € 2,77940[a)]
   ab 43 700 € 2,13087[a)].

[a)] Prozentsätze siehe VO im Anhang.

Diese Hundertsätze sind mit Wirksamkeit ab 1. Jänner eines jeden Jahres, mit Ausnahme der Jahre 2000 und 2001, unter Bedachtnahme auf § 47 mit der jeweiligen Aufwertungszahl (§ 45) mit der Maßgabe zu vervielfachen, daß die sich ergebenden Hundertsätze auf fünf Dezimalstellen zu runden sind.

(BGBl 1990/296, BGBl I 1999/176, BGBl I 2001/67, BGBl I 2002/142, BGBl I 2015/2)

(3) Bei Bildung des Versicherungswertes gemäß Abs. 2 sind in den nachstehenden Fällen unter Berücksichtigung des § 23c folgende Werte als Einheitswerte zugrunde zu legen:

a) wenn der Pflichtversicherte mehrere land(forst)wirtschaftliche Betriebe führt, die Summe der Einheitswerte aller Betriebe;
b) wenn der Pflichtversicherte Miteigentümer eines auf gemeinsame Rechnung und Gefahr geführten land(forst)wirtschaftlichen Betriebes ist, der im Verhältnis seines Eigentumsanteiles geteilte Einheitswert;
c) bei Verpachtung einer land(forst)wirtschaftlichen Fläche ein um den anteilsmäßigen Ertragswert der verpachteten Fläche verminderter Einheitswert;
d) bei Zupachtung einer land(forst)wirtschaftlichen Fläche ein um zwei Drittel des anteilsmäßigen Ertragswertes der gepachteten Fläche erhöhter Einheitswert;
e) wenn der land(forst)wirtschaftliche Betrieb zur Gänze gepachtet ist, ein um ein Drittel verminderter Einheitswert; ist ein solcher Betrieb von mehreren Personen anteilsmäßig gepachtet, so ist lit. b sinngemäß anzuwenden;
f) bei Erwerb oder Veräußerung einer land(forst)wirtschaftlichen Fläche (Übertragung von Eigentumsanteilen an einer solchen), wenn gemäß § 21 Abs. 1 Z 1 lit. a des Bewertungsgesetzes der Einheitswert nicht neu festgestellt wird, ein um den anteilsmäßigen Ertragswert dieser Flächen (des Eigentumsanteiles) erhöhter bzw. verminderter Einheitswert;
g) im Falle der gesetzlichen Vermutung gemäß § 2 Abs. 1 Z 1 der anteilsmäßige Ertragswert der Waldfläche;

(BGBl 1991/678, BGBl I 2013/3)

h) wenn der land(forst)wirtschaftliche Betrieb in der Betriebsform einer Gesellschaft bürgerlichen Rechts geführt wird und nicht alle GesellschafterInnen MiteigentümerInnen des auf gemeinsame Rechnung und Gefahr geführten land(forst)wirtschaftlichen Betriebes (lit. b) sind, der im Verhältnis der GesellschafterInnen geteilte Einheitswert.

(BGBl I 2013/3)

Eine Teilung des Einheitswertes gemäß lit. b und e findet jedoch nicht statt, wenn Ehegatten ein und denselben land(forst)wirtschaftlichen Betrieb auf gemeinsame Rechnung und Gefahr führen. Wenn ein Ehegatte vom anderen Ehegatten oder wenn Kinder (§ 2 Abs. 1 Z 2) und Eltern (Großeltern, Wahleltern, Stiefeltern, Schwiegereltern) voneinander land(forst)wirtschaftliche Flächen bzw. land(forst)wirtschaftliche Betriebe gepachtet haben, ist dem Pächter, abweichend von lit. d und e, der volle Ertragswert der gepachteten Flächen (des gepachteten Betriebes) anzurechnen. Die sich gemäß lit. a bis f ergebenden Einheitswerte (Summe der Einheitswerte) sind auf volle hundert Euro abzurunden.

(BGBl I 2001/67, BGBl I 2013/3, BGBl I 2015/162)

(3a) Werden dem Versicherungsträger (Teil)-Flächen eines land(forst)wirtschaftlichen Betriebes im Rahmen der Datenübermittlung nach § 217 Abs. 2c bekannt, so besteht bei Verletzung der Melde- oder Auskunftspflicht die Vermutung, dass diese ab dem Ersten des Kalendermonates, in dem der Antrag bei der „Agrarmarkt Austria" gestellt wurde, auf eigene Rechnung und Gefahr bewirtschaftet werden. In diesem Fall ist der Versicherungsträger berechtigt, den anteiligen Ertragswert der (Teil)Flächen nach Maßgabe des § 20 Abs. 5 unter Anwendung des eigenen Hektarsatzes der betriebsführenden (förderungswerbenden) Person für die Bildung des Versicherungswertes zu berechnen. Diese Vermutung gilt bis zum Ersten des Kalendermonates, in dem die förderungswerbende Person nachweist, dass die Flächen auf Rechnung und Gefahr einer anderen Person bewirtschaftet werden.

(BGBl I 2015/162)

(3b) Abs. 3 ist sinngemäß auch auf eingetragene PartnerInnen nach dem EPG anzuwenden.

(BGBl I 2009/135, BGBl I 2015/162)

(4) Kann ein Versicherungswert im Sinne des Abs. 2 – gegebenenfalls unter Anwendung des § 20 Abs. 5 – nicht ermittelt werden oder handelt es sich um Personen nach § 2 Abs. 1 Z 1a oder ist eine Beitragsgrundlagenoption gemäß Abs. 1a oder eine Antragstellung nach Abs. 1b erfolgt, so sind für die Ermittlung der Beitragsgrundlage die im jeweiligen Kalenderjahr auf einen Kalendermonat im Durchschnitt entfallenden Einkünfte aus einer Erwerbstätigkeit, die die Pflichtversicherung nach diesem Bundesgesetz begründet, heranzuziehen; als Einkünfte gelten die Einkünfte im Sinne des Einkommensteuergesetzes 1988. Im Falle einer Beitragsgrundlagenoption nach Abs. 1a ist dem Vorliegen eines Einkommensteuerbescheides die Mitteilung der Abgabenbehörde gleichzuhalten, dass keine für die Einkommensteuer maßgeblichen Einkünfte aus einer Erwerbstätigkeit, die die Pflichtversicherung nach diesem Bundesgesetz begründet, vorliegen. Umfasst der Einkommensteuerbescheid auch Zeiträume, denen eine Vollpauschalierung zu Grunde liegt, so sind diese bei der Durchschnittsbetrachtung nicht zu berücksichtigen. Beitragsgrundlage ist der ermittelte Betrag,

1. zuzüglich der vom Versicherungsträger im Beitragsjahr im Durchschnitt der Monate der Erwerbstätigkeit vorgeschriebenen Beiträge zur Kranken- und Pensionsversicherung nach diesem oder einem anderen Bundesgesetz; letztere nur so weit sie als Betriebsausgaben im Sinne des § 4 Abs. 4 Z 1 lit. a EStG 1988 gelten;
2. vermindert um die auf Veräußerungsgewinne nach den Vorschriften des EStG 1988 entfallenden Beträge im Durchschnitt der Monate der Erwerbstätigkeit.

(BGBl 1990/296, BGBl 1996/413, BGBl I 1997/139, BGBl I 1999/176, BGBl I 2000/142, BGBl I 2001/101, BGBl I 2002/142, BGBl I 2010/62, BGBl I 2015/162)

(4a) Bis zur endgültigen Feststellung der Beitragsgrundlage gilt als vorläufige Beitragsgrundlage im Falle

1. des Abs. 1 Z 2 und 4
   a) bis zum erstmaligen Vorliegen eines Einkommensteuerbescheides die Mindestbeitragsgrundlage nach Abs. 10 lit. a erster Fall,
   b) bei Vorliegen eines rechtskräftigen Einkommensteuerbescheides für ein vorangegangenes Kalenderjahr die nach Abs. 4 maßgebliche Beitragsgrundlage;

   wird kein Einkommensteuerbescheid erlassen, so gilt die vorläufige Beitragsgrundlage als endgültige;

   (BGBl I 2010/62)
2. einer Beitragsgrundlagenoption nach Abs. 1a
   a) bis zum erstmaligen Vorliegen eines rechtskräftigen Einkommensteuerbescheides für das jeweilige Beitragsjahr die nach Abs. 2 ermittelte Beitragsgrundlage unter Beachtung der Mindestbeitragsgrundlage nach Abs. 10 lit. a zweiter Fall;
   b) bei Vorliegen eines rechtskräftigen Einkommensteuerbescheides für ein vorangegangenes Kalenderjahr die nach Abs. 4 maßgebliche Beitragsgrundlage.

   Im Falle einer Beitragsgrundlagenoption nach Abs. 1a ist dem Vorliegen eines Einkommensteuerbescheides die Mitteilung der Abgabenbehörde gleichzuhalten, dass in einem derartigen Fall kein Einkommensteuerbescheid ergangen ist. Liegt eine solche Mitteilung der Abgabenbehörde vor, so ist im Falle der Beitragsgrundlagenoption nach Abs. 1a bis zum Vorliegen eines neuerlichen Einkommensteuerbescheides die Beitragsgrundlage nach Abs. 10 lit. a zweiter Fall maßgeblich.

(BGBl I 2002/142)

(BGBl I 2000/142, BGBl I 2001/101)

(4b) Werden Einkünfte auf Grund von Tätigkeiten gemäß § 2 Abs. 1 Z 1 letzter Satz, für die die Beitragsgrundlage nach Abs. 1 Z 3 zu bilden ist, erzielt, so ist die Beitragsgrundlage auf Basis von 30% der sich aus den Aufzeichnungen nach § 20a ergebenden Einnahmen (inklusive Umsatzsteuer) aus diesen Tätigkeiten zu ermitteln. Jeweils ein Zwölftel hievon gilt als monatliche Beitragsgrundlage; werden hingegen Tätigkeiten gemäß § 2 Abs. 1 Z 1 letzter Satz unterjährig begonnen oder eingestellt, so sind die maßgeblichen Einnahmen auf die Monate der tatsächlichen Ausübung umzulegen.

(BGBl I 1999/176, BGBl I 2000/142, BGBl I 2001/101)

(4c) Werden Einkünfte auf Grund von betrieblichen Tätigkeiten nach § 2 Abs. 1 Z 1 letzter Satz erzielt und wurde ein Antrag im Sinne des Abs. 1b gestellt, so gilt als endgültige Beitragsgrundlage jener Teil der Beitragsgrundlage nach Abs. 4, der sich auf diese Tätigkeit bezieht, mindestens jedoch die Beitragsgrundlage nach Abs. 10a.

(BGBl I 2002/142)

(4d) Werden Einkünfte auf Grund von betrieblichen Tätigkeiten nach § 2 Abs. 1 Z 1 letzter Satz erzielt und wurde ein Antrag im Sinne des Abs. 1b gestellt, so gilt bis zur endgültigen Feststellung der Beitragsgrundlage als vorläufige Beitragsgrundlage

a) bis zum erstmaligen Vorliegen eines rechtskräftigen Einkommensteuerbescheides für das jeweilige Beitragsjahr die Beitragsgrundlage nach Abs. 10a;

b) bei Vorliegen eines rechtskräftigen Einkommensteuerbescheides für ein vorangegangenes Kalenderjahr jener Teil der Beitragsgrundlage nach Abs. 4, der sich auf diese Tätigkeit bezieht, mindestens jedoch die Beitragsgrundlage nach Abs. 10a.

Die Mitteilung der Abgabenbehörde, dass kein Einkommensteuerbescheid ergangen ist, ist dem Vorliegen eines Einkommensteuerbescheides gleichzuhalten. Diesfalls gilt die vorläufige Beitragsgrundlage als endgültige.

(BGBl I 2002/142)

(4e) Im Falle einer Mitteilung der Abgabenbehörde im Sinne des Abs. 4d vorletzter Satz ist bei Antragstellung nach Abs. 1b bis zum Vorliegen eines neuerlichen Einkommensteuerbescheides die Beitragsgrundlage nach Abs. 10a maßgeblich.

(BGBl I 2002/142)

(5) Änderungen des Einheitswertes gemäß Abs. 3 lit. b, c, d und f sowie durch sonstige Flächenänderungen werden mit dem ersten Tag des Kalendermonates wirksam, der der Änderung folgt. Eine entgegen § 16 Abs. 2 nicht gemeldete Flächenänderung ist für die Dauer ihrer Nichtmeldung einer sonstigen Änderung gleichzuhalten. Im übrigen ist Abs. 3 entsprechend anzuwenden. Sonstige Änderungen des Einheitswertes werden mit dem ersten Tag des Kalendervierteljahres wirksam, das der Zustellung des Bescheides der Finanzbehörde erster Instanz folgt.

(BGBl I 2002/142, BGBl I 2015/162)

(6) Beitragsgrundlage ist

1. für die gemäß § 2 Abs. 1 Z 2 Pflichtversicherten ein Drittel der gemäß Abs. 1 ermittelten Beitragsgrundlage, die für den von den Eltern bzw. Groß-, Wahl-, Stief- oder Schwiegereltern des Pflichtversicherten geführten land(forst)wirtschaftlichen Betrieb, in dem diese Pflichtversicherten hauptberuflich beschäftigt sind, ermittelt wird,

2. für Ehegatten oder eingetragene PartnerInnen, von denen beide nach § 2a Abs. 2 bzw. § 2b Abs. 2 als Kind bzw. Schwiegerkind auf Grund einer Beschäftigung im selben land(forst)wirtschaftlichen Betrieb pflichtversichert sind, jeweils ein Sechstel der Beitragsgrundlage, die für den land (forst)wirtschaftlichen Betrieb ermittelt wird, zuzüglich der Einkünfte nach Abs. 4, 4a und 4b,

   (BGBl I 1999/176, BGBl I 2000/92, BGBl I 2000/142, BGBl I 2001/33, BGBl I 2009/135)

3. für Ehegatten oder eingetragene PartnerInnen, von denen beide nach § 2a Abs. 1 bzw. § 2b Abs. 1 pflichtversichert sind, die Hälfte der Beitragsgrundlage, die für den land(forst)wirtschaftlichen Betrieb ermittelt wird, zuzüglich die Hälfte der Einkünfte nach Abs. 4, 4a und 4b;

   (BGBl I 2000/142, BGBl I 2009/135)

4. für eine gemäß § 2 Abs. 1 Z 4 pflichtversicherte Person die Hälfte der gemäß Abs. 1 für den Betriebsführer ermittelten Beitragsgrundlage jenes Betriebes, in dem diese Person hauptberuflich beschäftigt ist.

   (BGBl I 2000/92, BGBl I 2001/33)

Liegt für eine der in den Z 1 bis 4 genannten Personen ein rechtsgültiger Antrag auf eine Zurechnung von Beitragsgrundlagenteilen nach § 23b vor, so ist ihre Beitragsgrundlage – unter entsprechender Verringerung der Beitragsgrundlage der betriebsführenden Person(en) – im Sinne des Antrages zu erhöhen; die Beitragsgrundlage ist jeweils auf Cent zu runden.

(BGBl 1993/337, BGBl I 1997/139, BGBl I 1999/176, BGBl I 2001/67, BGBl I 2005/132)

(7) Beitragsgrundlage für die gemäß § 2 Abs. 5 als Pflichtversicherte geltenden Personen ist die letzte Beitragsgrundlage vor dem Tod des gemäß § 2 Abs. 1 Z 1 Pflichtversicherten.

(8) Beitragsgrundlage für die gemäß § 2 Abs. 6 Pflichtversicherten ist das Dreißigfache des Betrages gemäß § 44 Abs. 6 lit. a des Allgemeinen Sozialversicherungsgesetzes.

(9) Die Beitragsgrundlage darf die Höchstbeitragsgrundlage nicht überschreiten. Höchstbeitragsgrundlage ist

a) für die gemäß § 2 Abs. 1 Z 1 und 1a und § 2 Abs. 1 Z 3 Pflichtversicherten der gemäß § 48 und § 53a des Gewerblichen Sozialversicherungsgesetzes jeweils festgesetztem Betrag;

(BGBl 1993/337, BGBl I 2009/83)

b) für die gemäß § 2 Abs. 1 Z 2 Pflichtversicherten ein Drittel des in lit. a genannten Betrages, gerundet auf Cent;

(BGBl I 2001/67)

c) für die gemäß § 2 Abs. 1 Z 4 Pflichtversicherten die Hälfte des in lit. a genannten Betrages, gerundet auf Cent.

(BGBl I 2000/92, BGBl I 2001/33, BGBl I 2001/67)

Weist eine nach § 2 Abs. 1 Z 2 oder 3 pflichtversicherte Person auch Beitragsgrundlagen aus einer oder mehreren die Pflichtversicherung nach § 2 Abs. 1 Z 1 oder 1a begründenden Erwerbstätigkeiten auf, so ist bei der Bemessung der Beiträge die Höchstbeitragsgrundlage für das Beschäftigungsverhältnis (§ 2 Abs. 1 Z 2 oder 3) sowie für die Erwerbstätigkeit(en) nach § 2 Abs. 1 Z 1 oder 1a gesondert in Ansatz zu bringen.

(BGBl I 2015/2)

(10) Die Beitragsgrundlage beträgt mindestens

a) für die nach § 2 Abs. 1 Z 1 und 1a oder 3 Pflichtversicherten mit Ausnahme der in lit. c genannten Versicherten monatlich

aa) in der Pensionsversicherung den Betrag nach § 5 Abs. 2 ASVG (Mindestbeitragsgrundlage),

(BGBl I 2015/79)

ab) in der Kranken- und Unfallversicherung 583,48 €[a)] (Mindestbeitragsgrundlage);

[a)] Beträge siehe VO im Anhang.

im Fall der Option nach Abs. 1a für die Beitragsgrundlage nach Abs. 4

ba) in der Pensionsversicherung 694,33 €[a)] (Mindestbeitragsgrundlage),

(BGBl I 2012/35)

[a)] Beträge siehe VO im Anhang.

bb) in der Kranken- und Unfallversicherung 1 096,42 €[a)] (Mindestbeitragsgrundlage).

[a)] Beträge siehe VO im Anhang.

An die Stelle der in den sublit. aa und ba genannten Beträge treten ab 1. Jänner 2006 die mit den für die Jahre 2005 und 2006 geltenden Aufwertungszahlen (§ 45) vervielfachten Beträge sowie ab 1. Jänner eines jeden weiteren Jahres die unter Bedachtnahme auf § 47 mit der jeweiligen Aufwertungszahl (§ 45) vervielfachten Beträge. An die Stelle der in den sublit. ab und bb genannten Beträge treten ab 1. Jänner eines jeden Jahres die unter Bedachtnahme auf § 47 mit der jeweiligen Aufwertungszahl (§ 45) vervielfachten Beträge.

(BGBl I 1997/139)

b) für die gemäß § 2 Abs. 1 Z 2 Pflichtversicherten mit Ausnahme der in lit. d genannten Versicherten den Betrag nach § 5 Abs. 2 ASVG (Mindestbeitragsgrundlage);

(BGBl I 2000/92, BGBl I 2001/33, BGBl I 2015/79)

c) für die gemäß §§ 2a Abs. 1 und 2b Abs. 1 gemeinsam mit ihrem/ihrer Ehegatten/Ehegattin oder ihrem/ihrer eingetragene PartnerIn Pflichtversicherten in der Pensionsversicherung und Krankenversicherung jeweils die Hälfte des in lit. a genannten Betrages gerundet auf Cent;

(BGBl I 1997/139, BGBl I 2001/67, BGBl I 2009/135)

d) für die gemäß §§ 2a Abs. 2 und 2b Abs. 2 gemeinsam als Ehegatten oder eingetragene PartnerInnen auf Grund einer Beschäftigung im selben land(forst)wirtschaftlichen Betrieb Pflichtversicherten in der Pensionsversicherung und Krankenversicherung jeweils die Hälfte des in lit. b genannten Betrages gerundet auf Cent;

(BGBl I 1997/139, BGBl I 2000/92, BGBl I 2001/33, BGBl I 2001/67, BGBl I 2009/135)

e) für die gemäß § 2 Abs. 1 Z 4 Pflichtversicherten die Hälfte des in lit. a genannten Betrages, gerundet auf Cent (Mindestbeitragsgrundlage).

(BGBl I 2000/92, BGBl I 2001/33, BGBl I 2001/67)

Weist eine pflichtversicherte Person mit Beitragsgrundlagenoption nach Abs. 1a weitere Beitragsgrundlagen im Sinne des Abs. 1 auf, so ist die höhere der in Betracht kommenden Mindestbeitragsgrundlagen maßgeblich. Besteht für einen Beitragsmonat Pflichtversicherung nach § 2 Abs. 1 Z 1 oder 1a und nach § 2 Abs. 1 Z 2 oder 3, so ist die Mindestbeitragsgrundlage für die Pflichtversicherung nach § 2 Abs. 1 Z 1 oder 1a und für das Beschäftigungsverhältnis nach § 2 Abs. 1 Z 2 oder 3 gesondert in Ansatz zu bringen.

(BGBl I 2015/2)

(BGBl 1991/678)

(10a) Für Einkünfte auf Grund von betrieblichen Tätigkeiten nach § 2 Abs. 1 Z 1 letzter Satz, für die die Beitragsgrundlage nach den Abs. 4c bis 4e zu bilden ist, ist der jeweiligen Beitragsgrundlage nach § 23 Abs. 1 Z 1 oder 2 mindestens ein Betrag von € 556,45[a)] monatlich hinzuzurechnen. An die Stelle dieses Betrages tritt ab 1. Jänner eines jeden Jahres der unter Bedachtnahme auf § 47 mit der jeweiligen Aufwertungszahl (§ 45) vervielfachte Betrag.

(BGBl I 2002/142)

---

a) Beträge siehe VO im Anhang.

(11) Als Beitragsmonat gilt jeweils der Kalendermonat, für den Beiträge zu entrichten sind.

(12) Die vorläufigen Beitragsgrundlagen nach den Abs. 4a und 4d, die zum Stichtag (§ 104 Abs. 2) noch nicht nachbemessen sind, gelten als endgültig.

(BGBl I 1999/176, BGBl I 2001/101, BGBl I 2013/3)

Auszug B-KUVG

ERSTER TEIL
Allgemeine Bestimmungen

ABSCHNITT I
Umfang der Versicherung

Versicherungspflicht in der Kranken- und Unfallversicherung

§ 1. (1) In der Kranken- und Unfallversicherung sind, sofern nicht eine Ausnahme nach den §§ 2 oder 3 gegeben ist, versichert:

1. die in einem öffentlich-rechtlichen Dienstverhältnis zum Bund, einem Bundesland, einem Gemeindeverband oder einer Gemeinde stehenden Dienstnehmer, soweit nicht nach ihren dienstrechtlichen Vorschriften der Entfall ihrer Dienstbezüge wegen Übernahme einer Funktion nach dem Bundesbezügegesetz, BGBl. I Nr. 64/1997, oder einem bezügerechtlichen Landesgesetz oder als Mitglied der Kommission der Europäischen Union oder wegen Ernennung zum Mitglied des Verfassungsgerichtshofes vorgesehen ist;

   (BGBl 1995/297, BGBl 1996/414, BGBl I 1998/142)

2. die Dienstnehmer von öffentlichen Fonds, Stiftungen, Anstalten und Betrieben, die von einer der in Z 1 angeführten Körperschaften verwaltet werden, ferner die Dienstnehmer des Dorotheums, alle diese, wenn
   a) sie in einem öffentlich-rechtlichen oder in einem unkündbaren privatrechtlichen Dienstverhältnis oder im Vorbereitungsdienst für ein unkündbares privatrechtliches Dienstverhältnis stehen, der bei Erfüllung der vorgeschriebenen Voraussetzungen den Anspruch auf Übernahme in das unkündbare Dienstverhältnis begründet, und
   b) ihnen aus diesem Dienstverhältnis die Anwartschaft auf Ruhe(Versorgungs)bezüge – im Falle des Vorbereitungsdienstes spätestens mit Ablauf dieses Dienstes – zusteht;

3. die Dienstnehmer, auf deren Dienstverhältnis das Bundestheaterpensionsgesetz, BGBl. Nr. 159/1958, Anwendung findet;

   (BGBl I 1998/142)

4. die Dienstnehmer, denen auf Grund ihres Dienstverhältnisses zur Oesterreichischen Nationalbank ausschließlich gegen diese Anwartschaftsrechte auf Ruhe- und Hinterbliebenenversorgung (Pension) zustehen;

5. die unkündbaren Dienstnehmer der Versicherungsanstalt öffentlich Bediensteter[a)];

   (BGBl I 2018/100)

[a)] Ab 1. Jänner 2020: „Versicherungsanstalt öffentlich Bediensteter, Eisenbahnen und Bergbau".

6. die Versicherungsvertreter in den Verwaltungskörpern der Versicherungsanstalt öffentlich Bediensteter sowie die Mitglieder des Beirates gemäß den §§ 149a ff.;

   (BGBl 1996/414)

„6.[a)] die Versicherungsvertreter in den Verwaltungskörpern der Versicherungsanstalt öffentlich Bediensteter, Eisenbahnen und Bergbau;"

   (BGBl 1996/414, BGBl I 2018/100)

[a)] Tritt mit 1. Jänner 2020 in Kraft.

7. solange sie ihren Wohnsitz im Inland haben,
   a) Personen, die auf Grund eines der in Z 1 bis 5 bezeichneten Dienstverhältnisse einen Ruhe- oder Versorgungsbezug, einen Übergangsbeitrag, ein Versorgungsgeld oder einen Unterhaltsbezug im Sinne der Bestimmungen des Pensionsgesetzes 1965, BGBl. Nr. 340/1965, oder gleichartiger Bestimmungen erhalten,
   b) Personen, die von einem der in Z 1 bis 5 genannten Dienstgeber einen außerordentlichen Versorgungsgenuß beziehen;

   (BGBl 1994/505, BGBl 1996/414)

8. die Mitglieder des Nationalrates, des Bundesrates und die von Österreich entsandten Mitglieder des Europäischen Parlaments;

   (BGBl 1995/43)

9. der Bundespräsident, die Mitglieder der Bundesregierung, die Staatssekretäre, der Präsident sowie der Vizepräsident des Rechnungshofes und die Mitglieder der Volksanwaltschaft;

10. a) die Mitglieder der Landtage und der Landesregierungen, die Landesrechnungshofdirektoren und ihre Stellvertreter sowie

    (BGBl I 1998/142)

    b) die Bürgermeister/Bürgermeisterinnen und die übrigen Mitglieder der Gemeindevertretungen sowie die Ortsvorsteher/-vorsteherinnen (Ortsvertreter/-vertreterinnen), sofern sie nicht Mitglieder der Gemeindevertretung sind sowie die Bezirksvorsteher/-vorsteherinnen und die Bezirksräte und Bezirksrätinnen;

    (BGBl I 2003/145)

11. der Präsident, der Vizepräsident und die übrigen Mitglieder des Verfassungsgerichtshofes;

12. Personen, die auf Grund einer der in Z 8 bis 11 angeführten Funktionen einen Ruhe(Versorgungs)bezug, eine laufende Zuwendung oder nach landesgesetzlicher Regelung einen außerordentlichen Versorgungsgenuß beziehen, solange sie ihren Wohnsitz im Inland haben;

    (BGBl 1994/505, BGBl 1996/414)

13. die ehrenamtlich tätigen Bewährungshelfer/innen im Sinne des Bewährungshilfegesetzes, BGBl. Nr. 146/1969, sowie die ehrenamtlich tätigen gerichtlichen Erwachsenenvertreter/innen im Sinne des Bundesgesetzes über Erwachsenenschutzvereine (Erwachsenenschutzvereinsgesetz – ErwSchVG), BGBl. Nr. 156/1990;

(BGBl I 2001/102, BGBl I 2018/59)

14. a) die Arbeiter des Bundes, die der Österreichischen Salinen Aktiengesellschaft zur Dienstleistung zugewiesen sind und
    b) Personen, die Anspruch auf eine Pensionsleistung nach der Salinenarbeiter-Pensionsordnung 1967, BGBl. Nr. 5/1968, haben;
15. Mitglieder der Vollzugskommissionen nach § 18 des Strafvollzugsgesetzes, BGBl. Nr. 144/1969;
16. der Amtsführende Präsident eines Landesschulrates oder des Stadtschulrates für Wien;

(BGBl I 1997/61, BGBl I 1997/64)

17. a) Bedienstete des Bundes,
    aa) deren Dienstverhältnis nach dem Vertragsbedienstetengesetz 1948, BGBl. Nr. 86, nach Ablauf des 31. Dezember 1998 begründet wird oder
    bb) auf deren öffentlich-rechtliches Dienstverhältnis nach § 136b Abs. 4 BDG 1979 die für Vertragsbedienstete des Bundes geltenden besoldungs- und sozialversicherungsrechtlichen Vorschriften anzuwenden sind;
    b) Bedienstete der Länder, Gemeindeverbände und Gemeinden,
    aa) deren Dienstverhältnis auf einer dem Vertragsbedienstetengesetz 1948 gleichartigen landesgesetzlichen Regelung beruht und nach Ablauf des 31. Dezember 2000 begründet wird oder
    bb) auf deren öffentlich-rechtliches Dienstverhältnis nach einer dem § 136b Abs. 4 BDG 1979 gleichartigen landesgesetzlichen Regelung die für Vertragsbedienstete geltenden besoldungs- und sozialversicherungsrechtlichen Vorschriften anzuwenden sind;
    cc) deren Dienstverhältnis auf dem Landesvertragslehrergesetz 1966, BGBl. Nr. 172, oder Land- und forstwirtschaftlichen Landesvertragslehrergesetz, BGBl. Nr. 244/1969, beruht und nach Ablauf des 31. Dezember 2000 begründet wird;

    (BGBl I 2004/171, BGBl I 2005/71)

(BGBl I 1999/10, BGBl I 2001/102)

18. Personen, die ihren Wohnsitz im Inland haben und
    a) eine Pension nach dem Allgemeinen Sozialversicherungsgesetz (ASVG), BGBl. Nr. 189/1955, beziehen oder
    b) Übergangsgeld nach § 306 ASVG beziehen, ohne dass die Pension nach § 86 Abs. 3 Z 2 letzter Satz ASVG angefallen ist, und die auch nicht nach § 4 Abs. 1 Z 8 ASVG versichert sind,

    wenn sie auf Grund ihrer letzten Beschäftigung vor dem Anfall der Pension oder vor dem Tag, ab dem das Übergangsgeld gebührt, nach Z 17, 19, 21, 22 oder 23 in der Krankenversicherung pflichtversichert waren;

(BGBl I 1999/10, BGBl I 2001/102, BGBl I 2002/4, BGBl I 2002/144, BGBl I 2003/145, BGBl I 2009/83, BGBl I 2013/86)

19. Wissenschaftliche (Künstlerische) MitarbeiterInnen (in Ausbildung) nach § 6 des Bundesgesetzes über die Abgeltung von wissenschaftlichen und künstlerischen Tätigkeiten an Universitäten und Universitäten der Künste, BGBl. Nr. 463/1974;

(BGBl I 2001/102, BGBl I 2002/4, BGBl I 2002/144)

20. BezieherInnen von Kinderbetreuungsgeld nach dem Kinderbetreuungsgeldgesetz (KBGG), BGBl. I Nr. 103/2001, wenn nach § 28 KBGG die Versicherungsanstalt öffentlich Bediensteter[a)] zuständig ist;

(BGBl I 2001/102, BGBl I 2001/103, BGBl I 2002/4, BGBl I 2002/144, BGBl I 2018/100)

[a)] Ab 1. Jänner 2020: „Versicherungsanstalt öffentlich Bediensteter, Eisenbahnen und Bergbau".

21. ArbeitnehmerInnen der Universitäten nach dem Universitätsgesetz 2002, BGBl. I Nr. 120/2002;

(BGBl I 2002/144, BGBl I 2003/145)

22. Dienstnehmer und Dienstnehmerinnen der Versicherungsanstalt öffentlich Bediensteter[a)], soweit sie nicht schon nach Z 5 versichert sind;

(BGBl I 2003/145, BGBl I 2009/83, BGBl I 2018/100)

[a)] Ab 1. Jänner 2020: „Versicherungsanstalt öffentlich Bediensteter, Eisenbahnen und Bergbau".

23. die zur Fremdsprachenassistenz nach § 3a des Lehrbeauftragtengesetzes, BGBl. Nr. 656/1987, bestellten Personen;

(BGBl I 2009/83)

24. Bezieher von Familienzeitbonus nach dem Familienzeitbonusgesetz (FamZeitbG), BGBl. I Nr. 53/2016, wenn nach § 4 FamZeitbG die Versicherungsanstalt öffentlich Bediensteter zuständig ist.

(BGBl I 2016/53)

24.[a)] Bezieher von Familienzeitbonus nach dem Familienzeitbonusgesetz (FamZeitbG), BGBl. I Nr. 53/2016, wenn nach § 4 FamZeitbG die „Versicherungsanstalt öffentlich

Bediensteter, Eisenbahnen und Bergbau“ zuständig ist„;“
(BGBl I 2016/53, BGBl I 2018/100)

[a] Tritt mit 1. Jänner 2020 in Kraft.

„25.[a] die bei Eisenbahnen im Sinne des 1. Teiles des Eisenbahngesetzes 1957, BGBl. Nr. 60, Beschäftigten, soweit diese Eisenbahnen – unabhängig von der Rechtsform des Betriebes bzw. Unternehmens – dem öffentlichen Verkehr dienen und Personen oder Sachgüter befördern;
(BGBl I 2018/100)

[a] Tritt mit 1. Jänner 2020 in Kraft.

26.[a] Beschäftigte von Schlaf- und Speisewagenbetrieben;
(BGBl I 2018/100)

[a] Tritt mit 1. Jänner 2020 in Kraft.

27.[a] Beschäftigte in einem Betrieb, an dem ein Unternehmen im Sinne der Z 25 oder Z 26 zu mehr als 25% beteiligt ist oder auf maßgebliche Aufgaben der Geschäftsführung wesentlichen Einfluss hat, und zwar unabhängig von der Rechtsform dieses Betriebes; umfasst sind sowohl Eigenbetriebe als auch solche Hilfseinrichtungen, die dem Bau, Betrieb und Verkehr dienen und in einer organisatorischen oder rechtlichen sowie funktionalen Verbindung zum Eisenbahnunternehmen stehen;
(BGBl I 2018/100)

[a] Tritt mit 1. Jänner 2020 in Kraft.

28.[a] am 31. Dezember 2003 bei den Österreichischen Bundesbahnen beschäftigte Dienstnehmer/innen, auch wenn ihre Dienstverhältnisse nach dem 31. Dezember 2003 infolge eines (auch mehrmaligen) Betriebsüberganges auf ein anderes Unternehmen übergehen oder solange sie bei einem der in Art. I des Bundesbahnstrukturgesetzes 2003 genannten Unternehmen oder einer Rechtsnachfolgerin eines dieser Unternehmen oder bei einem Unternehmen, das durch Maßnahmen der Umgründung im Rahmen des bestehenden Gesellschaftsrechts aus einer der Gesellschaften hervorgegangen ist, beschäftigt sind;
(BGBl I 2018/100)

[a] Tritt mit 1. Jänner 2020 in Kraft.

29.[a] Bezieher/innen einer Pension aus einer Pensionsversicherung nach dem ASVG, wenn die Pension von der Versicherungsanstalt öffentlich Bediensteter, Eisenbahnen und Bergbau ausgezahlt wird, sowie für jene Personen, denen von der Versicherungsanstalt öffentlich Bediensteter, Eisenbahnen und Bergbau ein Rehabilitationsgeld zuerkannt wird und für Bezieher/innen einer laufenden Geldleistung aus der zusätzlichen Pensionsversicherung bei einem der im § 479 ASVG genannten Institute;
(BGBl I 2018/100)

[a] Tritt mit 1. Jänner 2020 in Kraft.

30.[a] Bezieher/innen einer Pension aus der Pensionsversicherung der Angestellten, wenn die Versicherungsanstalt öffentlich Bediensteter, Eisenbahnen und Bergbau auf Grund der letzten Beschäftigung vor dem Entstehen des Pensionsanspruches nach Z 25 bis 28, 31 oder 32 für die Krankenversicherung zuständig war oder gewesen wäre, sowie jene Personen, denen auf Grund vorübergehender Berufsunfähigkeit ein Rehabilitationsgeld von der Pensionsversicherungsanstalt zuerkannt wird, wenn die Versicherungsanstalt öffentlich Bediensteter, Eisenbahnen und Bergbau für die Krankenversicherung in der letzten Beschäftigung vor dem Entstehen des Rehabilitationsgeldanspruches zuständig war oder gewesen wäre;
(BGBl I 2018/100)

[a] Tritt mit 1. Jänner 2020 in Kraft.

31.[a] Beschäftigte in knappschaftlichen Betrieben nach § 15 Abs. 2 und 3 ASVG;
(BGBl I 2018/100)

[a] Tritt mit 1. Jänner 2020 in Kraft.

32.[a] Personen, die nach § 15 Abs. 4 ASVG der knappschaftlichen Pensionsversicherung angehören;
(BGBl I 2018/100)

[a] Tritt mit 1. Jänner 2020 in Kraft.

33.[a] Beschäftigte jener Betriebe, für deren Beschäftigte die Betriebskrankenkasse Pengg am 31. Dezember 2001 die Pflichtversicherung in der Krankenversicherung durchgeführt hat;
(BGBl I 2018/100)

[a] Tritt mit 1. Jänner 2020 in Kraft.

34.[a] am 31. Dezember 2003 bei den Österreichischen Bundesbahnen beschäftigte
   a) Dienstnehmer/innen mit Anwartschaft auf Ruhe- und Versorgungsgenuss nach dem Bundesbahn-Pensionsgesetz, BGBl. I Nr. 86/2001,
   b) Dienstnehmer/innen, denen von den Österreichischen Bundesbahnen ein besonderer Kündigungsschutz gewährt wurde, auch wenn ihre Dienstverhältnisse nach dem 31. Dezember 2003 infolge eines (auch mehrmaligen) Betriebsüberganges auf ein anderes Unternehmen übergehen oder solange sie bei einem der in Art. I des Bundesbahnstrukturgesetzes 2003 genannten Unternehmen, einer Rechtsnachfolgerin eines dieser Unternehmen oder einem Unternehmen, das durch Maßnahmen der

Umgründung im Rahmen des bestehenden Gesellschaftsrechts aus einer der Gesellschaften hervorgegangen ist, beschäftigt sind, sowie

c) Personen, die von den Österreichischen Bundesbahnen, einem der in Art. I des Bundesbahnstrukturgesetzes 2003 genannten Unternehmen, einer Rechtsnachfolgerin eines dieser Unternehmen oder einem Unternehmen, das durch Maßnahmen der Umgründung im Rahmen des bestehenden Gesellschaftsrechts aus einer der Gesellschaften hervorgegangen ist, eine Pensionsleistung nach dem Bundesbahn-Pensionsgesetz oder eine gleichartige Pensionsleistung erhalten;

(BGBl I 2018/100)

[a] Tritt mit 1. Jänner 2020 in Kraft.

35.[a] die am 31. Dezember 2003 bei den Österreichischen Bundesbahnen beschäftigten Sondervertragsangestellten, die im Erkrankungsfall Anspruch auf Weiterzahlung ihrer Dienstbezüge durch mindestens sechs Monate haben und denen aus ihrem Dienstverhältnis die Anwartschaft auf eine Pensionsleistung zusteht, auch wenn ihre Dienstverhältnisse nach dem 31. Dezember 2003 infolge eines (auch mehrmaligen) Betriebsüberganges auf ein anderes Unternehmen übergehen oder solange sie bei einem der in Art. I des Bundesbahnstrukturgesetzes 2003 genannten Unternehmen, einer Rechtsnachfolgerin eines dieser Unternehmen oder einem Unternehmen, das durch Maßnahmen der Umgründung im Rahmen des bestehenden Gesellschaftsrechts aus einer der Gesellschaften hervorgegangen ist, beschäftigt sind;

(BGBl I 2018/100)

[a] Tritt mit 1. Jänner 2020 in Kraft.

36.[a] Personen, die am 31. Dezember 2003 einen außerordentlichen Versorgungsgenuss von den Österreichischen Bundesbahnen bezogen haben, solange sie von den Österreichischen Bundesbahnen, einem der in Art. I des Bundesbahnstrukturgesetzes 2003 genannten Unternehmen, einer Rechtsnachfolgerin eines dieser Unternehmen oder einem Unternehmen, das durch Maßnahmen der Umgründung im Rahmen des bestehenden Gesellschaftsrechts aus einer der Gesellschaften hervorgegangen ist, einen außerordentlichen Versorgungsgenuss beziehen;

(BGBl I 2018/100)

[a] Tritt mit 1. Jänner 2020 in Kraft.

37.[a] die Bediensteten der WIENER LINIEN GmbH & Co KG sowie die dieser Gesellschaft zur Dienstleistung zugewiesenen, in einem bis 31. Dezember 2000 durch Vertrag begründeten Dienstverhältnis zur Gemeinde Wien stehenden Beschäftigten;

(BGBl I 2018/100)

[a] Tritt mit 1. Jänner 2020 in Kraft.

38.[a] die in einem Lehrverhältnis stehenden Personen (Lehrlinge), sofern sie als Dienstnehmer der Pflichtversicherung nach diesem Bundesgesetz unterliegen würden."

(BGBl I 2018/100)

[a] Tritt mit 1. Jänner 2020 in Kraft.

(BGBl I 2018/100)

(2) Die Unfallversicherung erstreckt sich bei Personen

1. nach Abs. 1 Z 1 bis 5, 17 und 22 auf ihr Dienstverhältnis zu den dort bezeichneten Dienstgebern,

1.[a] nach „Abs. 1 Z 1 bis 5, 17, 22, 25 bis 28, 31 bis 33, 34 lit. a und b, 35 und 37" auf ihr Dienstverhältnis zu den dort bezeichneten Dienstgebern,

(BGBl I 2018/100)

[a] Tritt mit 1. Jänner 2020 in Kraft.

2. nach Abs. 1 Z 6, 8 bis 11, 13, 15, 19 und 23 auf die Tätigkeiten, die sie auf Grund der dort bezeichneten Funktionen ausüben,

(BGBl I 2009/83)

3. nach Abs. 1 Z 14 lit. a auf ihre Dienstleistung bei dem dort bezeichneten Betrieb und

4. nach Abs. 1 Z 21 auf ihr Arbeitsverhältnis zur Universität„;"

(BGBl I 2018/100)

„5.[a] nach Abs. 1 Z 38 auf ihr Lehrverhältnis."

(BGBl I 2018/100)

[a] Tritt mit 1. Jänner 2020 in Kraft.

(BGBl I 1999/10, BGBl I 2002/4, BGBl I 2002/144, BGBl I 2003/145)

(3) Durch das Ruhen der in Abs. 1 Z 7, 14 lit. b und 18 angeführten Pensionsleistungen bzw. durch das Ruhen des Übergangsgeldes gemäß Abs. 1 Z 18 lit. b wird die Versicherung in der Krankenversicherung nicht berührt.

(BGBl I 1999/10)

(4) Der Wohnsitz in Grenzorten der benachbarten Staaten ist dem Wohnsitz im Inland gleichzuhalten. Als Grenzort gilt ein im Ausland gelegener Ort, wenn die Ortsgrenze von der österreichischen Staatsgrenze nicht mehr als zehn Kilometer in der Luftlinie entfernt ist.

„(4a)[a] Der Wohnsitz eines Ruhegenussempfängers nach § 1 Abs. 1 Z 36 im Ausland ist dem Wohnsitz im Inland gleichzusetzen, wenn er mit einer früheren Verwendung des Versicherten auf Anschlussstrecken oder in Grenzbahnhöfen des Auslandes in Zusammenhang steht; das gleiche gilt auch für Empfänger von Versorgungsgenüssen, Unterhaltsbeiträgen und gleichartigen Leistungen, wenn der Wohnort im Ausland mit einer früheren Verwendung jener Personen, von denen der Versorgungsgenuss, der Unterhaltsbeitrag oder die gleichartige Leistung abgeleitet wird, auf Anschlussstrecken oder Grenzbahnhöfen des Auslandes in Zusammenhang steht."

(BGBl I 2018/100)

[a] Tritt mit 1. Jänner 2020 in Kraft.

(5) § 1 Abs. 1 Z 24 ist nicht auf Personen anzuwenden, deren Pflichtversicherung nach § 7 Abs. 2 Z 2 weiter besteht.

(BGBl I 2016/53)

„(6)[a] Den Dienstnehmern im Sinne dieses Bundesgesetzes sind Personen gleichgestellt, die sich auf Grund freier Dienstverträge auf bestimmte oder unbestimmte Zeit zur Erbringung von Dienstleistungen verpflichten, wenn sie aus dieser Tätigkeit ein Entgelt beziehen, die Dienstleistungen im Wesentlichen persönlich erbringen und über keine wesentlichen eigenen Betriebsmittel verfügen; es sei denn,

1. dass sie auf Grund dieser Tätigkeit bereits nach § 2 Abs. 1 Z 1 bis 3 GSVG oder § 2 Abs. 1 BSVG oder nach § 2 Abs. 1 und 2 FSVG versichert sind oder
2. dass es sich bei dieser Tätigkeit um eine (Neben)Tätigkeit nach § 19 Abs. 1 Z 1 lit. f handelt oder
3. dass eine selbständige Tätigkeit, die die Zugehörigkeit zu einer der Kammern der freien Berufe begründet, ausgeübt wird oder
4. dass es sich um eine Tätigkeit als Kunstschaffender, insbesondere als Künstler im Sinne des § 2 Abs. 1 des Künstler-Sozialversicherungsfondsgesetzes, handelt."

(BGBl I 2018/100)

[a] Tritt mit 1. Jänner 2020 in Kraft.

Ausnahmen von der Krankenversicherung

§ 2. (1) Von der Krankenversicherung sind – unbeschadet Abs. 2 – jeweils nur hinsichtlich der, von den folgenden Ausnahmetatbeständen umfassten Tätigkeiten ausgenommen:

1.[a] Personen, die auf Grund der Vorschriften
   a) der §§ 472 und 473 des Allgemeinen Sozialversicherungsgesetzes, BGBl. Nr. 189/1955, bei der Versicherungsanstalt der österreichischen Eisenbahnen oder
   b) der §§ 479a bis 479e des Allgemeinen Sozialversicherungsgesetzes bei der Betriebskrankenkasse der Wiener Verkehrsbetriebe in der Krankenversicherung pflichtversichert sind;

   (BGBl I 2018/100)

   [a] Tritt mit Ablauf des 31. Dezember 2019 außer Kraft.

2. Personen, denen im Erkrankungsfall Anspruch auf Leistungen zusteht, die den Leistungen der Krankenversicherung nach diesem Bundesgesetz mindestens gleichwertig sind, sofern dieser Anspruch auf einem der in § 1 bezeichneten Dienstverhältnisse[a], auf einer der dort bezeichneten Funktionen oder auf einem Anspruch auf eine Pensionsleistung der in § 1 Abs. 1 Z 7, 12 oder 18 bezeichneten Art beruht. Die Gleichwertigkeit ist als gegeben anzunehmen, wenn die Leistungsansprüche auf einer landesgesetzlichen Regelung über Krankenfürsorge beruhen. Andernfalls entscheidet das Bundesministerium für soziale Verwaltung über die Gleichwertigkeit, wobei die Gesamtansprüche mit Rücksicht auf den besonderen Personenkreis nach Billigkeit zu veranschlagen sind. Die Gleichwertigkeit ist jedenfalls gegeben, wenn die Leistungsansprüche gegenüber einer der im folgenden angeführten Krankenfürsorgeeinrichtungen bestehen:

   Krankenfürsorgeanstalt der Bediensteten der Stadt Wien,

   Krankenfürsorge der Beamten der Stadtgemeinde Baden,

   Krankenfürsorge für die Beamten der Landeshauptstadt Linz,

   Krankenfürsorge für oberösterreichische Gemeinden,

   Krankenfürsorge für oberösterreichische Landesbeamte,

   O.ö. Lehrer-, Kranken- und Unfallfürsorge,

   Krankenfürsorgeanstalt für Beamte des Magistrates Steyr,

   Krankenfürsorge für die Beamten der Stadt Wels,

   Krankenfürsorgeanstalt für die Beamten der Landeshauptstadt Graz,

   Krankenfürsorgeanstalt der Beamten der Stadt Villach,

   Krankenfürsorgeanstalt der Magistratsbediensteten der Landeshauptstadt Salzburg,

   Kranken- und Unfallfürsorge der Tiroler Landeslehrer,

   Kranken- und Unfallfürsorge der Tiroler Landesbeamten,

   Kranken- und Unfallfürsorge der Tiroler Gemeindebeamten,

   Krankenfürsorgeeinrichtung der Beamten der Stadtgemeinde Hallein;

   (BGBl 1991/679, BGBl I 2003/145, BGBl I 2004/171, BGBl I 2005/132, BGBl I 2012/123, BGBl I 2018/100)

   [a] Ab 1. Jänner 2020: „§ 1 Z 1 bis 23 bezeichneten Dienstverhältnisse".

3. (aufgehoben)

   (BGBl 1996/414)

4. die Versicherungsvertreter in den Verwaltungskörpern der Versicherungsanstalt öffentlich Bediensteter sowie die Mitglieder des Beirates gemäß den §§ 149a ff.;

   (BGBl 1996/414)

„4.[a] die Versicherungsvertreter/innen in den Verwaltungskörpern der Versicherungsanstalt öffentlich Bediensteter, Eisenbahnen und Bergbau;“

(BGBl 1996/414, BGBl I 2018/100)

[a] Tritt mit 1. Jänner 2020 in Kraft.

5. die in § 1 Abs. 1 Z 1 bis 5, 8 bis 11, 14a, 16, 17, 21 und 22 bezeichneten Personen, wenn ihre Beitragsgrundlage oder die Summe ihrer Beitragsgrundlagen nach § 19 den im § 5 Abs. 2 ASVG genannten Betrag nicht übersteigen würden;

(BGBl I 1997/139, BGBl I 1998/123, BGBl I 2005/71, BGBl I 2015/79)

5.[a] die in „§ 1 Abs. 1 Z 1 bis 5, 8 bis 11, 14 lit. a, 16, 17, 21, 22, 25 bis 28, 31 bis 33, 34 lit. a und b, 35 und 37“ bezeichneten Personen, wenn ihre Beitragsgrundlage oder die Summe ihrer Beitragsgrundlagen nach § 19 den im § 5 Abs. 2 ASVG genannten Betrag nicht übersteigen würden;

(BGBl I 1997/139, BGBl I 1998/123, BGBl I 2005/71, BGBl I 2015/79, BGBl I 2018/100)

[a] Tritt mit 1. Jänner 2020 in Kraft.

6. die ehrenamtlich tätigen Bewährungshelfer/innen im Sinne des Bewährungshilfegesetzes sowie die ehrenamtlich tätigen gerichtlichen Erwachsenenvertreter/innen im Sinne des Erwachsenenschutzvereinsgesetz;

(BGBl I 2001/102, BGBl I 2018/59)

7. die Mitglieder der Vollzugskommissionen nach § 18 des Strafvollzugsgesetzes;
8. die im § 1 Abs. 1 bezeichneten Personen, die Zivildienst im Sinne des Zivildienstgesetzes 1986, BGBl. Nr. 679, leisten.

(BGBl 1990/297)

(BGBl I 2004/171)

(2) Die Versicherung der Lehrer des Bundeslandes Wien und der Bezieher einer im Zusammenhang mit einem solchen Dienstverhältnis gewährten Pensionsleistung der in § 1 Abs. 1 Z 7 bezeichneten Art wird durch die Bestimmung des Abs. 1 Z 2 nicht berührt. Ebenso werden durch § 1 Abs. 1 Z 17 lit. b sublit. cc nicht berührt die Lehrer/innen des Bundeslandes Wien nach dem Landesvertragslehrergesetz 1966 einschließlich der Bezieher/innen einer aus dieser Tätigkeit herrührenden Pension oder eines aus dieser Tätigkeit herrührenden Übergangsgeldes.

(BGBl I 2004/171, BGBl I 2005/71)

„(3)[a] Kein geringfügiges Beschäftigungsverhältnis nach Abs. 1 Z 5 liegt vor, wenn das im Kalendermonat gebührende Entgelt den in § 5 Abs. 2 ASVG genannten Betrag nur deshalb nicht übersteigt, weil infolge Arbeitsmangels im Betrieb die sonst übliche Zahl von Arbeitsstunden nicht erreicht wird (Kurzarbeit) oder die für mindestens einen Monat oder auf unbestimmte Zeit vereinbarte Beschäftigung im Lauf des betreffenden Kalendermonates begonnen oder geendet hat oder unterbrochen wurde.“

(BGBl I 2018/100)

[a] Tritt mit 1. Jänner 2020 in Kraft.

Ausnahmen von der Unfallversicherung

§ 3. Von der Unfallversicherung sind ausgenommen:

1.[a] Dienstnehmer, die auf Grund der die Unfallversicherung nach diesem Bundesgesetz begründenden Beschäftigung der Pflichtversicherung in der Unfallversicherung nach dem Allgemeinen Sozialversicherungsgesetz unterliegen, für die Dauer dieser Versicherung;

(BGBl I 2018/100)

[a] Tritt mit Ablauf des 31. Dezember 2019 außer Kraft.

2. Personen, denen bei einem Dienstunfall oder einer Berufskrankheit Anspruch auf Leistungen zusteht, die den Leistungen der Unfallversicherung nach diesem Bundesgesetz mindestens gleichwertig sind, sofern dieser Anspruch auf einem der in § 1 bezeichneten Dienstverhältnisse oder auf einer der dort bezeichneten Funktionen beruht. Die Gleichwertigkeit ist als gegeben anzunehmen, wenn die Leistungsansprüche auf einer landesgesetzlichen Regelung über Unfallfürsorge beruhen. Andernfalls entscheidet das Bundesministerium für soziale Verwaltung über die Gleichwertigkeit, wobei die Gesamtansprüche mit Rücksicht auf den besonderen Personenkreis nach Billigkeit zu veranschlagen sind.
3. Personen, die Anspruch auf eine Pensionsleistung bzw. auf Übergangsgeld der in § 1 Abs. 1 Z 7, 12, 14 lit. b oder 18 bezeichneten Art haben, es sei denn, daß sie gleichzeitig eine der in § 1 Abs. 1 Z 8 bis 11 angeführten Funktionen ausüben sowie die im § 2 Abs. 1 Z 8 bezeichneten Personen;

(BGBl 1990/297, BGBl I 1999/10, BGBl I 2001/102)

„3.[a] Personen, die Anspruch auf eine Pensionsleistung bzw. auf Übergangsgeld der in § 1 Abs. 1 Z 7, 12, 14 lit. b, 18, 29, 30, 33, 34 lit. c und 36 bezeichneten Art haben, sowie die im § 2 Abs. 1 Z 8 bezeichneten Personen;“

(BGBl 1990/297, BGBl I 1999/10, BGBl I 2001/102, BGBl I 2018/100)

[a] Tritt mit 1. Jänner 2020 in Kraft.

4. Personen, die Anspruch auf einen Emeritierungsbezug haben;

(BGBl I 2001/102, BGBl I 2002/4)

5. Personen, die Kinderbetreuungsgeld nach dem Kinderbetreuungsgeldgesetz beziehen;

(BGBl I 2001/102, BGBl I 2001/103, BGBl I 2002/4)

6. Personen, die Familienzeitbonus nach dem Familienzeitbonusgesetz beziehen.
(BGBl I 2016/53)

Einbeziehung im Verordnungsweg

§ 4. Die Dienstnehmer einer gesetzlichen beruflichen Vertretung, der Präsidentenkonferenz der Landwirtschaftskammern Österreichs sowie der Wiener Börsekammer und der Kammer der Börse für landwirtschaftliche Produkte in Wien, auf die die in § 1 Abs. 1 Z 2 lit. a und b genannten Voraussetzungen zutreffen und bei denen nicht ein Ausnahmegrund nach § 2 Abs. 1 Z 2 bzw. § 3 Z 2 gegeben ist, sind auf Antrag des Dienstgebers durch Verordnung des Bundesministers für soziale Verwaltung in die Kranken- bzw.Unfallversicherung nach diesem Bundesgesetz einzubeziehen, wenn der Einbeziehung nicht öffentliche Rücksichten vom Gesichtspunkt der Sozialversicherung entgegenstehen. Im Falle der Einbeziehung der Dienstnehmer einer gesetzlichen beruflichen Vertretung, der Präsidentenkonferenz der Landwirtschaftskammern Österreichs sowie der Wiener Börsekammer und der Kammer der Börse für landwirtschaftliche Produkte in Wien in die Krankenversicherung sind auch diejenigen Personen versichert, die auf Grund eines früheren Dienstverhältnisses von dieser gesetzlichen beruflichen Vertretung (der Präsidentenkonferenz der Landwirtschaftskammern Österreichs, der Wiener Börsekammer bzw. der Kammer der Börse für landwirtschaftliche Produkte in Wien) Ruhe(Versorgungs)bezüge erhalten, sofern sie ihren Wohnsitz im Inland haben.[a)]

[a)] Siehe dazu die VO BGBl 1968/422 und 1975/615 im Anhang.

(BGBl 1990/297, BGBl 1994/505, BGBl 1996/414)

Beginn der Versicherung

§ 5. (1) Die Versicherung beginnt, unabhängig von der Erstattung der Anmeldung,

1. bei den in § 1 Abs. 1 Z 1 bis 4, 17 und 22 genannten Versicherten, sofern sich nach Abs. 2 nichts anderes ergibt, mit dem Tag der Aufnahme in das Dienstverhältnis, bei den in § 1 Abs. 1 Z 14 lit. a genannten Versicherten mit dem Tag der Zuweisung zur Dienstleistung bei dem dort bezeichneten Betrieb, bei den in § 1 Abs. 1 Z 21 genannten Versicherten mit dem Tag der Begründung des Arbeitsverhältnisses;
(BGBl I 1999/10, BGBl I 2002/144, BGBl I 2003/145)

1.[a)] bei den in „§ 1 Abs. 1 Z 1 bis 4, 17, 22, 25 bis 28, 31 bis 33, 34 lit. a und b, 35 und 37“ genannten Versicherten, sofern sich nach Abs. 2 nichts anderes ergibt, mit dem Tag der Aufnahme in das Dienstverhältnis, bei den in § 1 Abs. 1 Z 14 lit. a genannten Versicherten mit dem Tag der Zuweisung zur Dienstleistung bei dem dort bezeichneten Betrieb, bei den in § 1 Abs. 1 Z 21 genannten Versicherten mit dem Tag der Begründung des Arbeitsverhältnisses;
(BGBl I 1999/10, BGBl I 2002/144, BGBl I 2003/145, BGBl I 2018/100)

[a)] Tritt mit 1. Jänner 2020 in Kraft.

2. bei den in § 1 Abs. 1 Z 5 genannten Versicherten mit dem Tage des Eintrittes der Unkündbarkeit;
3. bei den in § 1 Abs. 1 Z 7, 12, 14 lit. b und 18 genannten Versicherten mit dem Tag des Entstehens des Anspruches auf die dort bezeichneten Pensionsleistungen bzw. auf Übergangsgeld;
(BGBl I 1999/10)

„3.[a)] bei den in § 1 Abs. 1 Z 7, 12, 14 lit. b, 18, 29, 30, 34 lit. c und 36 genannten Versicherten mit dem Tag des Entstehens des Anspruches auf die dort bezeichneten Pensionsleistungen, auf Übergangsgeld bzw. auf Rehabilitationsgeld;“
(BGBl I 1999/10, BGBl I 2018/100)

[a)] Tritt mit 1. Jänner 2020 in Kraft.

4. bei den in § 1 Abs. 1 Z 6, 8 bis 11, 13, 15, 16, 19 und 23 genannten Versicherten mit dem Tag der Wirksamkeit der Bestellung;
(BGBl I 1997/64, BGBl I 2001/102, BGBl I 2009/83)
5. bei den nach § 4 durch Verordnung einbezogenen Versicherten mit dem Tag der Aufnahme in das Dienstverhältnis beziehungsweise mit dem Tag des Entstehens des Anspruches auf Ruhe(Versorgungs)-bezug, frühestens mit dem Tag des Wirksamkeitsbeginnes der Verordnung;
(BGBl I 2001/103)
6. bei den im § 1 Abs. 1 Z 20 genannten Pflichtversicherten mit dem Tag, ab dem das Kinderbetreuungsgeld gebührt oder nur deshalb nicht gebührt, weil der Anspruch nach § 6 Abs. 1 Z 1 KBGG ruht;
(BGBl I 2001/103, BGBl I 2002/4)
7. bei den im § 1 Abs. 1 Z 24 genannten Pflichtversicherten mit dem Tag, ab dem der Familienzeitbonus gebührt„;“
(BGBl I 2016/53, BGBl I 2018/100)

„8.[a)] bei den in § 1 Abs. 1 Z 38 genannten Versicherten mit dem Tag des Beginnes des Lehrverhältnisses;
(BGBl I 2018/100)

[a)] Tritt mit 1. Jänner 2020 in Kraft.

9.[a)] bei den in § 1 Abs. 6 genannten Versicherten mit dem Tag des Beginnes der Beschäftigung bzw. im Fall der Erlassung eines Bescheides nach § 410 Abs. 1 Z 8 ASVG mit dem Tag der Erlassung dieses Bescheides.“

[a)] Tritt mit 1. Jänner 2020 in Kraft.

(BGBl I 2018/100)

(2) Die Aufnahme in ein öffentlich-rechtliches

Dienstverhältnis im Anschluß an eine Pflichtversicherung nach dem Allgemeinen Sozialversicherungsgesetz wird hinsichtlich der Kranken- und Unfallversicherung mit dem Tag des Dienstantrittes wirksam.

(3) Nach Wegfall eines Ausnahmegrundes nach den §§ 2 und 3 beziehungsweise nach dem Ende des Urlaubes gegen Einstellung der Bezüge, der die Unterbrechung der Krankenversicherung bewirkt (§ 7), beginnt die Versicherung mit dem dem Wegfall des Ausnahme(Unterbrechungs)grundes folgenden Tag. Abweichend davon beginnt die Versicherung nach Wegfall des Ausnahmegrundes nach § 2 Abs. 1 Z 5 mit dem Tag des Wegfalles dieses Ausnahmegrundes.

(BGBl 1996/414, BGBl I 2005/71)

Ende der Versicherung

§ 6. (1) Die Versicherung endet

1. bei den in § 1 Abs. 1 Z 1 bis 5, 17 und 22 genannten Versicherten mit dem Tag der Beendigung des die Versicherung begründenden Dienstverhältnisses, bei den in § 1 Abs. 1 Z 14 lit. a genannten Versicherten mit dem Tag der Beendigung der die Versicherung begründenden Dienstleistung, bei den in § 1 Abs. 1 Z 21 genannten Versicherten mit dem Tag der Beendigung des die Versicherung begründenden Arbeitsverhältnisses;

   (BGBl I 1999/10, BGBl I 2002/144, BGBl I 2003/145)

1.[a] bei den in „§ 1 Abs. 1 Z 1 bis 5, 17, 22, 25 bis 28, 31 bis 33, 34 lit. a und b, 35 und 37" genannten Versicherten mit dem Tag der Beendigung des die Versicherung begründenden Dienstverhältnisses, bei den in § 1 Abs. 1 Z 14 lit. a genannten Versicherten mit dem Tag der Beendigung der die Versicherung begründenden Dienstleistung, bei den in § 1 Abs. 1 Z 21 genannten Versicherten mit dem Tag der Beendigung des die Versicherung begründenden Arbeitsverhältnisses;

   (BGBl I 1999/10, BGBl I 2002/144, BGBl I 2003/145, BGBl I 2018/100)

   [a] Tritt mit 1. Jänner 2020 in Kraft.

2. bei den in § 1 Abs. 1 Z 7, 12, 14 lit. b und 18 genannten Versicherten mit dem Ablauf des Kalendermonates, für den letztmalig die dort bezeichneten Pensionsleistungen ausgezahlt werden bzw. das Übergangsgeld ausgezahlt wird;

   (BGBl I 1999/10)

„2.[a] bei den in § 1 Abs. 1 Z 7, 12, 14 lit. b, 18, 29, 30, 34 lit. c und 36 genannten Versicherten mit dem Ablauf des Kalendermonates, für den letztmalig die dort bezeichneten Pensionsleistungen ausgezahlt werden bzw. das Übergangsgeld bzw. das Rehabilitationsgeld ausgezahlt wird;"

   (BGBl I 1999/10, BGBl I 2018/100)

   [a] Tritt mit 1. Jänner 2020 in Kraft.

3. bei den in § 1 Abs. 1 Z 6, 8 bis 11, 13, 15, 16, 19 und 23 genannten Versicherten, sofern im Abs. 3 nichts anderes bestimmt wird, mit dem Ende der die Versicherung begründenden Tätigkeit;

   (BGBl I 1997/64, BGBl I 2001/102, BGBl I 2009/83)

4. bei den nach § 4 durch Verordnung einbezogenen Versicherten mit dem Tag der Beendigung des Dienstverhältnisses beziehungsweise mit dem Ablauf des Kalendermonates, für den letztmalig der Ruhe(Versorgungs)bezug ausgezahlt wird;

   (BGBl I 2001/103)

5. bei den im § 1 Abs. 1 Z 20 genannten Pflichtversicherten mit Ablauf des Kalendertages, für den letztmalig Kinderbetreuungsgeld gebührt;

   (BGBl I 2001/103, BGBl I 2002/4, BGBl I 2005/71)

6. bei den in § 1 Abs. 1 Z 24 genannten Pflichtversicherten mit Ablauf des Kalendertages, für den letztmalig der Familienzeitbonus gebührt„;"

   (BGBl I 2016/53, BGBl I 2018/100)

„7.[a] bei den in § 1 Abs. 1 Z 38 genannten Versicherten mit dem Ende des Lehrverhältnisses;

   (BGBl I 2018/100)

   [a] Tritt mit 1. Jänner 2020 in Kraft.

8.[a] bei den in § 1 Abs. 6 genannten Versicherten mit dem Ende des Beschäftigungsverhältnisses."

   [a] Tritt mit 1. Jänner 2020 in Kraft.

   (BGBl I 2018/100)

(2) Die Unfallversicherung endet bei den in § 1 Abs. 1 Z 1 und 2 genannten Versicherten überdies mit dem Tag des Wirksamwerdens der Versetzung oder des Übertrittes in den Ruhestand.

(3) Bei den in § 1 Abs. 1 Z 8 bis 11 genannten Versicherten bleibt die Versicherung auch nach Beendigung der die Versicherung begründenden Tätigkeit für die Zeit weiterbestehen, für die auf Grund dieser Tätigkeit eine Entschädigung weiter gewährt wird. Bei den in § 1 Abs. 1 Z 8 und 9 genannten Versicherten bleibt die Versicherung auch nach der Beendigung der die Versicherung begründenden Tätigkeit bis zum Ende des betreffenden Monats dann weiterbestehen, wenn ihnen oder ihren Hinterbliebenen ab Beginn des folgenden Monats auf Grund dieser Tätigkeit Ruhe- oder Versorgungsbezüge gebühren.

(BGBl 1990/731)

(4) Abweichend von Abs. 1 Z 1 endet die Versicherung bei den in § 1 Abs. 1 Z 17 genannten Versicherten erst mit dem Ende des Entgeltanspruches, wenn der Zeitpunkt, in dem der Anspruch auf Entgelt endet, nicht mit dem Zeitpunkt des Endes des Dienstverhältnisses zusammenfällt.

(BGBl I 1999/174)

(5) Bei Eintritt des Ausnahmegrundes nach § 2 Abs. 1 Z 5 endet die Krankenversicherung mit Ablauf des Kalendermonates, in dem dieser Ausnahmegrund eingetreten ist. Tritt der Ausnahmegrund am ersten eines Kalendermonates ein, endet die Krankenversicherung mit Ablauf des vorhergehenden Kalendermonates.

(BGBl I 2005/71)

Dienstgeber

§ 13. (1) Als Dienstgeber im Sinne dieses Bundesgesetzes gilt

1. bei den in § 1 Abs. 1 Z 1 und 17 genannten Versicherten die Körperschaft, die den Bediensteten angestellt hat;

   (BGBl I 1999/10)

2. bei den in § 1 Abs. 1 Z 2, 4, 5 und 22 genannten Versicherten die Einrichtung, die mit dem Versicherten den Dienstvertrag abgeschlossen hat, bei den in § 1 Abs. 1 Z 14 lit. a genannten Versicherten die Österreichische Salinen Aktiengesellschaft;

   (BGBl I 2003/145)

„2a.[a] bei den in § 1 Abs. 1 Z 25 bis 28, 31 bis 33, 34 lit. a und b, 35, 37 und 38 sowie in § 1 Abs. 6 genannten Versicherten derjenige, für dessen Rechnung der Betrieb geführt wird, in dem der Dienstnehmer (Lehrling) in einem Beschäftigungsverhältnis (Lehrverhältnis) steht, auch wenn der Dienstgeber den Dienstnehmer (Lehrling) durch Mittelspersonen in Dienst genommen hat oder ihn ganz oder teilweise auf Leistungen Dritter an Stelle des Entgeltes verweist;“

   (BGBl I 2018/100)

[a] Tritt mit 1. Jänner 2020 in Kraft.

3. bei den in § 1 Abs. 1 Z 3 genannten Versicherten der Bund;

4. bei den in § 1 Abs. 1 Z 7, 12 und 14 lit. b genannten Versicherten die Körperschaft beziehungsweise die Einrichtung, die die dort bezeichneten Pensionsleistungen gewährt;

4.[a] bei den in „§ 1 Abs. 1 Z 7, 12, 14 lit. b, 34 lit. c und 36“ genannten Versicherten die Körperschaft beziehungsweise die Einrichtung, die die dort bezeichneten Pensionsleistungen gewährt;

   (BGBl I 2018/100)

[a] Tritt mit 1. Jänner 2020 in Kraft.

5. bei den nach § 4 durch Verordnung einbezogenen Versicherten die Einrichtung, die mit dem Versicherten den Dienstvertrag abgeschlossen hat, beziehungsweise die Einrichtung, die den Ruhe(Versorgungs)-bezug gewährt, soweit es sich jedoch um einen Pensionsbestandteil gemäß § 19 Abs. 2 Z 2 handelt, der Versicherungsträger, der die Pension auszahlt;

   (BGBl I 1999/174)

6. bei den im § 1 Abs. 1 Z 18 genannten Versicherten der die jeweilige Pension auszahlende Versicherungsträger;

   (BGBl I 1999/10, BGBl I 2001/102)

6.[a] bei den im „§ 1 Abs. 1 Z 18, 29 und 30“ genannten Versicherten der die jeweilige Pension auszahlende Versicherungsträger;

   (BGBl I 1999/10, BGBl I 2001/102, BGBl I 2018/100)

[a] Tritt mit 1. Jänner 2020 in Kraft.

7. bei den in § 1 Abs. 1 Z 19 und 21 genannten Versicherten die Universität (Universität der Künste) der der (die) Versicherte angehört.

   (BGBl I 2001/102, BGBl I 2002/144)

(2) Die Erfüllung der Pflichten des Dienstgebers obliegt

1. bezüglich der in § 1 Abs. 1 Z 8, 9, 10 lit. a, 11, 15 und 16 genannten Versicherten dem Bund bzw. dem Land, dessen Landtag, Landesregierung oder Landes-(Stadt-)-Schulrat der Versicherte angehört;

2. bezüglich der in § 1 Abs. 1 Z 10 lit. b genannten Versicherten der Gemeinde, deren Gemeindevertretung der Versicherte angehört bzw. in der er als Ortsvorsteher (Ortsvertreter) tätig ist;

3. bezüglich der in § 1 Abs. 1 Z 13 genannten Versicherten der in Betracht kommenden Dienststelle für Bewährungshilfe bzw. der in Betracht kommenden privaten Vereinigung, der die Führung der Bewährungshilfe übertragen ist bzw. die den/die ehrenamtlich tätige/n gerichtlichen Erwachsenenvertreter/in namhaft gemacht hat;

   (BGBl I 2009/83, BGBl I 2018/59)

4. bezüglich der in § 1 Abs. 1 Z 23 genannten Versicherten dem Bundesministerium für Unterricht, Kunst und Kultur.

   (BGBl I 2009/83)

(BGBl I 1997/64, BGBl I 2001/102)

(3) Abweichend von Abs. 1 hat die dem Dienstgeber obliegenden Pflichten bezüglich der im § 19 Abs. 1 Z 1 lit. g und § 26 Abs. 1 Z 1 lit. e genannten Zuschläge die jeweilige ausgegliederte Einrichtung zu erfüllen.

(BGBl I 1999/174)

ABSCHNITT IV
Aufbringung der Mittel

1. UNTERABSCHNITT
Mittel der Krankenversicherung

Beitragspflicht

§ 18. Die Mittel zur Bestreitung der Aufwendungen in der Krankenversicherung nach diesem Bundesgesetz werden, soweit sie nicht durch sonstige Einnahmen gedeckt sind, durch Beiträge der Dienstgeber und der Dienstnehmer aufgebracht.

Beitragsgrundlage

§ 19. (1) Grundlage für die Bemessung der allgemeinen Beiträge ist

1. für die in § 1 Abs. 1 Z 1 bis 5 und 14 lit. a genannten Versicherten
   a) das Gehalt oder der sonstige monatliche Bezug,
   b) die Haushaltszulage sowie Kinderzulage und Kinderzuschuss,
   (BGBl 1996/414, BGBl I 2012/123)
   c) die ruhegenußfähigen (pensionsfähigen) Zulagen,
   d) die Zulagen, die Anspruch auf eine Zulage zum Ruhegenuß (zur Pension) begründen, ausgenommen die anspruchsbegründenden Nebengebühren im Sinne des Pensionsgesetzes 1965,
   (BGBl I 2010/61)
   e) allfällige Teuerungszulagen,
   f) Vergütungen auf Grund einer Nebentätigkeit nach § 25 des Gehaltsgesetzes 1956 oder einer vergleichbaren landesgesetzlichen Regelung und Vergütungen für andere Tätigkeiten, zu denen der Versicherte durch den Dienstgeber oder dessen Beauftragten herangezogen wurde,
   (BGBl 1996/764)
   g) finanzielle Zuwendungen, die eine (ausgegliederte) Einrichtung ihr zur Dienstleistung zugewiesenen Bundes-(Landes-, Gemeinde-)Bediensteten gewährt;
   (BGBl I 1999/174, BGBl I 2002/4)
2. für die in § 1 Abs. 1 Z 7 und 14 lit. b genannten Versicherten die dort bezeichneten Pensionsleistungen, ausgenommen die Nebengebührenzulage im Sinne des Pensionsgesetzes 1965;
   (BGBl 1993/110, BGBl I 2010/61)

2.[a)] für die in „§ 1 Abs. 1 Z 7, 14 lit. b, 34 lit. c und 36“ genannten Versicherten die dort bezeichneten Pensionsleistungen, ausgenommen die Nebengebührenzulage im Sinne des Pensionsgesetzes 1965;
   (BGBl 1993/110, BGBl I 2010/61, BGBl I 2018/100)

[a)] Tritt mit 1. Jänner 2020 in Kraft.

3. für die in § 1 Abs. 1 Z 8 bis 11 und 16 genannten Versicherten der auf den Kalendermonat entfallende Teil der Entschädigung, die auf Grund der in Betracht kommenden gesetzlichen Vorschrift gebührt; außer Betracht bleiben Beiträge, die der Dienstgeber für die Versicherten im Sinne des § 15 Bundesbezügegesetz, BGBl. I Nr. 64/1997, oder gleichartiger landesgesetzlicher Regelungen an eine Pensionskasse leistet, soweit sie nach § 26 Z 7 Einkommensteuergesetz 1988 nicht der Einkommen(Lohn)steuerpflicht unterliegen;
   (BGBl I 1997/64, BGBl I 2004/171)
4. für die in § 1 Abs. 1 Z 12 genannten Versicherten die dort bezeichneten Leistungen;
   (BGBl 1994/23)
5. für die im § 1 Abs. 1 Z 17 genannten Versicherten das Entgelt im Sinne des § 49 ASVG sowie Vergütungen für sonstige Tätigkeiten, zu denen der Versicherte durch den Dienstgeber oder dessen Beauftragten herangezogen wurde;
   (BGBl I 1999/10, BGBl I 2001/102)
6. für die im § 1 Abs. 1 Z 19 genannten Versicherten der Ausbildungsbeitrag nach § 6f des Bundesgesetzes über die Abgeltung von wissenschaftlichen und künstlerischen Tätigkeiten an Universitäten und Universitäten der Künste einschließlich einer gesonderten Abgeltung für die Mitwirkung an der Durchführung der Aufgaben der Universität (Universität der Künste) im Rahmen der Teilrechtsfähigkeit;
   (BGBl I 2001/102, BGBl I 2002/144)
7. für die in § 1 Abs. 1 Z 21 und 22 genannten Versicherten das Entgelt im Sinne des § 49 ASVG;
   (BGBl I 2002/144, BGBl I 2003/145, BGBl I 2009/83)

7.[a)] für die in „§ 1 Abs. 1 Z 21, 22, 25 bis 28, 31 bis 33, 34 lit. a und b, 35, 37 und 38 sowie § 1 Abs. 6“ genannten Versicherten das Entgelt im Sinne des § 49 ASVG;
   (BGBl I 2002/144, BGBl I 2003/145, BGBl I 2009/83, BGBl I 2018/100)

[a)] Tritt mit 1. Jänner 2020 in Kraft.

8. für die in § 1 Abs. 1 Z 23 genannten Versicherten der Beitrag nach § 3a Abs. 5 des Lehrbeauftragtengesetzes.
   (BGBl I 2009/83)

(2) Für die nach § 4 durch Verordnung einbezogenen Versicherten gelten, soweit es sich um Dienstnehmer handelt, die Bestimmungen des Abs. 1 Z 1 entsprechend. Soweit es sich um Empfänger von Pensionsleistungen handelt, ist für die Bemessung der Beiträge

1. Abs. 1 Z 2 sinngemäß anzuwenden, wobei Bestandteile der Pensionsleistung gemäß Z 2 außer Betracht bleiben;
2. § 73 ASVG auf die Pension nach dem ASVG anzuwenden, die einen Bestandteil des von einer im § 4 zweiter Satz genannten Einrichtung gewährten Ruhe(Versorgungs)bezuges bildet.

(BGBl I 1999/174)

(3) Für Versicherte, deren Gehalt nicht in Monatsbeträgen festgesetzt ist, gilt als Beitragsgrundlage ein Zwölftel des Jahresbezuges.

(4) Grundlage für die Bemessung der Beiträge bildet in den Fällen des § 7 Abs. 2 Z 1 bis 3 die letzte unmittelbar vor der Beurlaubung bestandene Beitragsgrundlage, wobei sich diese jeweils um den auf eine Dezimalstelle gerundeten Hundertsatz erhöht, um den sich der Referenzbetrag gemäß § 3 Abs. 4 des Gehaltsgesetzes 1956 ändert.

(BGBl 1996/414, BGBl I 2010/111, BGBl I 2015/162)

(5) Grundlage für die Bemessung der Beiträge bei Kürzung, teilweisem oder gänzlichem Entfall der Bezüge sowie teilweisem oder gänzlichem Verzicht auf die Bezüge bildet die letzte vor der Herabsetzung der Bezüge bestandene Beitragsgrundlage im Sinne des Abs. 1.

(BGBl 1994/23, BGBl 1996/414)

(6) Die Beitragsgrundlage darf die Höchstbeitragsgrundlage nicht überschreiten. Als monatliche Höchstbeitragsgrundlage gilt das 30fache des nach § 108 Abs. 3 ASVG festgesetzten Betrages. Der sich hienach ergebende Betrag[a)] ist kundzumachen.

(BGBl 1996/414, BGBl I 1998/142, BGBl I 2005/71, BGBl I 2015/162)

[a)] Betrag siehe VO über veränderliche Werte.

„(6)[a)] Die allgemeine Beitragsgrundlage, die im Durchschnitt des Beitragszeitraumes oder des Teiles des Beitragszeitraumes, in dem Beitragspflicht bestanden hat, auf den Kalendertag entfällt, darf die Höchstbeitragsgrundlage nicht überschreiten. Als Höchstbeitragsgrundlage gilt der gemäß § 108 Abs. 1 und 3 ASVG festgestellte Betrag. Beitragszeitraum ist der Kalendermonat, der einheitlich mit 30 Tagen anzunehmen ist."

(BGBl 1996/414, BGBl I 1998/142, BGBl I 2005/71, BGBl I 2015/162, BGBl I 2018/100)

[a)] Tritt mit 1. Jänner 2020 in Kraft.

(7) Ist ein Versicherter in der Krankenversicherung nach diesem Bundesgesetz mehrfach versichert, so ist für die Bemessung der allgemeinen Beiträge jede der jeweils nach den Abs. 1 bis 5 in Frage kommenden Beitragsgrundlagen gesondert und bis zur Höchstbeitragsgrundlage zu berücksichtigen.

(BGBl 1996/414, BGBl I 2000/2, BGBl I 2005/71)

(8) Monatliche Beitragsgrundlage für die in der Krankenversicherung nach § 7a Selbstversicherten ist der Betrag gemäß § 5 Abs. 2 ASVG.

(BGBl I 2000/2, BGBl I 2005/71, BGBl I 2015/79)

Allgemeine monatliche Beitragsgrundlage für eine geringfügige Tätigkeit

§ 19a. (1) Übt ein Versicherter/eine Versicherte in einem Kalenderjahr auch eine nach § 2 Abs. 1 Z 5 geringfügige Tätigkeit aus, so ist für diese eine Jahresbeitragsgrundlage zu bilden. Jahresbeitragsgrundlage ist das im jeweiligen Kalenderjahr aus der geringfügigen Tätigkeit gebührende Gesamtentgelt mit Ausnahme der Sonderzahlungen.

(2) Zur Ermittlung der allgemeinen monatlichen Beitragsgrundlage ist die Jahresbeitragsgrundlage gemäß Abs. 1 durch die Anzahl der Monate, in denen die geringfügige Tätigkeit ausgeübt wurde, zu teilen. Der auf Grund dieser Teilung auf einen Kalendermonat entfallende Teil der Jahresbeitragsgrundlage gilt als allgemeine monatliche Beitragsgrundlage.

(3) Weist der Versicherte/die Versicherte für die geringfügige Tätigkeit bis zum 30. Juni des Kalenderjahres, das dem Jahr der Beitragsgrundlagenbildung gemäß den Abs. 1 und 2 folgt, die tatsächlichen allgemeinen monatlichen Beitragsgrundlagen für die einzelnen Kalendermonate nach, so sind diese für die Feststellung der Vollversicherungspflicht und für die Bemessung der Beiträge maßgeblich.

(BGBl I 2005/71)

Allgemeine Beiträge

§ 20. (1) Als allgemeiner Beitrag sind, sofern sich nicht aus Abs. 2 etwas anderes ergibt, 7,635% der Beitragsgrundlage (§ 19) zu leisten.

(BGBl 1991/679, BGBl I 2003/71, BGBl I 2004/156, BGBl I 2007/101, BGBl I 2012/35, BGBl I 2014/32, BGBl I 2015/118)

(1)[a)] Als allgemeiner Beitrag sind, sofern sich nicht aus „den Abs. 1a bis 1d, 2 und 2a" etwas anderes ergibt, 7,635% der Beitragsgrundlage (§ 19) zu leisten.

(BGBl 1991/679, BGBl I 2003/71, BGBl I 2004/156, BGBl I 2007/101, BGBl I 2012/35, BGBl I 2014/32, BGBl I 2015/118, BGBl I 2018/100)

[a)] Tritt mit 1. Jänner 2020 in Kraft.

~~(1)[a)] Als allgemeiner Beitrag sind, sofern sich nicht aus Abs. 2 etwas anderes ergibt, 7,55% der Beitragsgrundlage (§ 19) zu leisten.~~

(BGBl 1991/679, BGBl I 2003/71, BGBl I 2004/156, BGBl I 2007/101, BGBl I 2012/35, BGBl I 2014/32, BGBl I 2015/118)

[a)] Zum In-Kraft-Treten siehe § 242 (1) Z 4. Die dort avisierte Verordnung ist bis dato nicht in Kraft getreten.

„(1a)[a)] Versicherte nach § 1 Abs. 1 Z 22, sofern es sich um Personen handelt, die am 31. Dezember 2019 Bedienstete der Versicherungsanstalt für Eisenbahnen und Bergbau waren, sowie Versicherte nach § 1 Abs. 1 Z 25 bis 28 und 31 bis 33 und 37 haben als allgemeinen Beitrag 7,65% der Beitragsgrundlage (§ 19) zu leisten.

(BGBl I 2018/100)

[a)] Tritt mit 1. Jänner 2020 in Kraft.

(1b)[a)] Versicherte nach § 1 Abs. 1 Z 5, sofern es sich um Personen handelt, die am 31. Dezember 2019 Bedienstete der Versicherungsanstalt für Eisenbahnen und Bergbau waren, sowie Versicherte nach § 1 Abs. 1 Z 34 bis 36 haben als allgemeinen Beitrag 9,05% der Beitragsgrundlage (§ 19) zu leisten.

(BGBl I 2018/100)

[a)] Tritt mit 1. Jänner 2020 in Kraft.

(1c)[a] Versicherte nach § 1 Abs. 1 Z 38 haben als allgemeinen Beitrag 3,35% der Beitragsgrundlage (§ 19) zu leisten.

(BGBl I 2018/100)

[a] Tritt mit 1. Jänner 2020 in Kraft.

(1d)[a] Für Versicherte nach § 1 Abs. 6 richtet sich der allgemeine Beitrag nach dem jeweils von den entsprechenden Dienstnehmern zu leistenden allgemeinen Beitrag."

[a] Tritt mit 1. Jänner 2020 in Kraft.

(BGBl I 2018/100)

(2) Versicherte gemäß § 1 Abs. 1 Z 7, 12 und 14 lit. b haben zusätzlich 0,8 % der Beitragsgrundlage (Abs. 1) als Beitrag zu leisten.

(BGBl 1994/923, BGBl I 2003/71)

„(2a)[a] Versicherte gemäß § 1 Abs. 1 Z 34 lit. c und 36 haben zusätzlich 0,15% der Beitragsgrundlage (§ 19 Abs. 1 Z 2) zu leisten."

(BGBl I 2018/100)

[a] Tritt mit 1. Jänner 2020 in Kraft.

(3) Der monatliche Beitrag für Selbstversicherte nach § 7a beträgt hinsichtlich der Krankenversicherung 16,24 Euro[a]. An die Stelle dieses Betrages tritt ab 1. Jänner eines jeden Jahres, erstmals ab 1. Jänner 2016, der unter Bedachtnahme auf § 108 Abs. 6 ASVG mit der jeweiligen Aufwertungszahl (§ 108a Abs. 1 ASVG) vervielfachte Betrag.

(BGBl I 2005/71, BGBl I 2015/118)

[a] Betrag siehe VO über veränderliche Werte.

§ 20a. (aufgehoben)

(BGBl 1991/679, BGBl I 2015/118)

Zusatzbeitrag für Angehörige

§ 20b. (1) Für Angehörige (§ 56) ist ein Zusatzbeitrag im Ausmaß von 3,4% der für den Versicherten (die Versicherte) heranzuziehenden Beitragsgrundlage (des Ruhegenusses) zu leisten, für deren Ermittlung § 21 AlVG sinngemäß anzuwenden ist. Der Zusatzbeitrag entfällt zur Gänze auf den (die) Versicherte(n).

(1)[a] „Für Angehörige (§ 56) ist ein Zusatzbeitrag im Ausmaß von 3,4% der für den Versicherten (die Versicherte) heranzuziehenden Beitragsgrundlage (des Ruhegenusses bzw. der Pension) zu leisten." Der Zusatzbeitrag entfällt zur Gänze auf den (die) Versicherte(n).

(BGBl I 2018/100)

[a] Tritt mit 1. Jänner 2020 in Kraft.

(2) Alle für die Beiträge zur Pflichtversicherung in der Krankenversicherung geltenden Rechtsvorschriften sind, sofern nichts anderes bestimmt wird, auf den Zusatzbeitrag nach Abs. 1 anzuwenden. Der (die) Versicherte schuldet jedoch den Zusatzbeitrag selbst und hat ihn auf seine (ihre) Gefahr und Kosten selbst einzuzahlen. Für das Verfahren zur Eintreibung des Zusatzbeitrages gilt § 64 ASVG sinngemäß. Davon abweichend ist bei Versicherten nach § 1 Abs. 1 Z 1, Z 2, Z 7 bis 12, Z 14 lit. b, Z 17 und Z 18 auf Antrag der Zusatzbeitrag vom jeweiligen Bezug, vom jeweiligen Ruhe(Versorgungs)bezug bzw. von der jeweiligen Pension (Pensionssonderzahlung) einzubehalten und von der zuständigen Körperschaft/Einrichtung oder vom zuständigen Pensionsversicherungsträger an die Versicherungsanstalt zu überweisen.

(BGBl I 2001/102, BGBl I 2002/4, BGBl I 2002/144)

(3) Kein Zusatzbeitrag nach Abs. 1 ist einzuheben

1. für Personen nach § 56 Abs. 2 Z 2 bis 6 sowie Abs. 3 und 6b;

   (BGBl I 2009/84)

2. wenn und solange sich der (die) Angehörige der Erziehung eines oder mehrerer im gemeinsamen Haushalt lebender Kinder nach § 56 Abs. 3 erster Satz widmet oder durch mindestens vier Jahre hindurch der Kindererziehung gewidmet hat;

   (BGBl I 2006/131)

3. wenn und solange der (die) Angehörige Anspruch auf Pflegegeld zumindest in Höhe der Stufe 3 nach § 5 des Bundespflegegeldgesetzes oder nach den Bestimmungen der Landespflegegeldgesetze hat.

   (BGBl I 2009/84)

4. (aufgehoben)

   (BGBl I 2009/84)

(4) Die Versicherungsanstalt hat bei Vorliegen einer besonderen sozialen Schutzbedürftigkeit des (der) Versicherten nach Maßgabe der vom Hauptverband hiezu erlassenen Richtlinien (§ 31 Abs. 5 Z 16a ASVG) von der Einhebung des Zusatzbeitrages nach Abs. 1 abzusehen oder diesen herabzusetzen. Eine besondere soziale Schutzbedürftigkeit liegt jedenfalls dann vor, wenn das Nettoeinkommen im Sinne des § 292 ASVG des (der) Versicherten den Richtsatz nach § 293 Abs. 1 lit. a aa ASVG nicht übersteigt.

(4)[a] Die Versicherungsanstalt hat bei Vorliegen einer besonderen sozialen Schutzbedürftigkeit des (der) Versicherten nach Maßgabe der vom „Dachverband" hiezu erlassenen Richtlinien „(§ 30a Abs. 1 Z 16 ASVG)" von der Einhebung des Zusatzbeitrages nach Abs. 1 abzusehen oder diesen herabzusetzen. Eine besondere soziale Schutzbedürftigkeit liegt jedenfalls dann vor, wenn das Nettoeinkommen im Sinne des § 292 ASVG des (der) Versicherten den Richtsatz nach § 293 Abs. 1 lit. a aa ASVG nicht übersteigt.

(BGBl I 2018/100)

[a] Tritt mit 1. Jänner 2020 in Kraft.

(BGBl I 2000/142)

Aufteilung der Beitragslast

§ 22. (1) Von den nach den §§ 20 Abs. 1 und 21 festgesetzten Beiträgen entfallen auf den Versicherten 4,1% der Beitragsgrundlage und auf den Dienstgeber 3,535% der Beitragsgrundlage; ist die

Beitragsgrundlage ein Waisenversorgungsgenuss, so hat der Dienstgeber den Beitrag zur Gänze allein zu tragen.

(BGBl 1993/110, BGBl I 2003/71, BGBl I 2004/156, BGBl I 2007/101, BGBl I 2012/35, BGBl I 2014/32, BGBl I 2015/118)

„(1)[a] Von den nach den §§ 20 Abs. 1 und 21 festgesetzten Beiträgen entfallen, sofern in den Abs. 1a bis 1d nichts anderes bestimmt ist, auf den Versicherten 4,1% der Beitragsgrundlage und auf den Dienstgeber 3,535% der Beitragsgrundlage; ist die Beitragsgrundlage ein Waisenversorgungsgenuss, so hat der Dienstgeber den Beitrag zur Gänze allein zu tragen.

(BGBl 1993/110, BGBl I 2003/71, BGBl I 2004/156, BGBl I 2007/101, BGBl I 2012/35, BGBl I 2014/32, BGBl I 2015/118, BGBl I 2018/100)

(1a)[a] Bei den nach § 1 Abs. 1 Z 22 Versicherten, sofern es sich um Personen handelt, die am 31. Dezember 2019 Bedienstete der Versicherungsanstalt für Eisenbahnen und Bergbau waren, sowie den nach § 1 Abs. 1 Z 25 bis 28 und 31 bis 33 und 37 Versicherten entfallen auf den Versicherten 3,87% der Beitragsgrundlage und auf den Dienstgeber 3,78% der Beitragsgrundlage.

(BGBl I 2018/100)

(1b)[a] Bei den nach § 1 Abs. 1 Z 5 Versicherten, sofern es sich um Personen handelt, die am 31. Dezember 2019 Bedienstete der Versicherungsanstalt für Eisenbahnen und Bergbau waren, sowie den nach § 1 Abs. 1 Z 34 bis 36 Versicherten entfallen auf den Versicherten 4,75% der Beitragsgrundlage und auf den Dienstgeber 4,30% der Beitragsgrundlage.

(BGBl I 2018/100)

(1c)[a] Bei den nach § 1 Abs. 1 Z 38 Versicherten entfallen auf den Versicherten 1,67% der Beitragsgrundlage und auf den Dienstgeber 1,68% der Beitragsgrundlage.

(BGBl I 2018/100)

(1d)[a] Bei den nach § 1 Abs. 6 Versicherten richtet sich die Aufteilung der Beitragslast nach der jeweils für die entsprechenden Dienstnehmer geltenden Aufteilung.“

[a] Tritt mit 1. Jänner 2020 in Kraft.

(BGBl I 2018/100)

(2) In den Fällen des § 7 Abs. 2 Z 1 und 3 sind die Beiträge zur Gänze vom Versicherten, in den Fällen des § 7 Abs. 2 Z 2 zur Gänze vom Dienstgeber zu tragen.

(3) (aufgehoben)

(BGBl 1993/335, BGBl I 2007/101)

(4) Bei Kürzung oder teilweisem oder gänzlichem Entfall der Bezüge – mit Ausnahme einer Verminderung der Bezüge auf Grund einer Herabsetzung der Dienstzeit (Teilzeitbeschäftigung) – hat der Dienstgeber den Beitrag, der auf den Unterschiedsbetrag zwischen dem Bezug des Versicherten und der letzten unmittelbar vor der Herabsetzung der Bezüge bestandenen Beitragsgrundlage (§ 19 Abs. 5) entfällt, zur Gänze allein zu tragen. Dies gilt auch bei teilweisem oder gänzlichem Verzicht auf die Bezüge.

(BGBl 1996/414)

(5) (aufgehoben)

(BGBl I 1999/174, BGBl I 2005/71)

(6) Die auf die Versicherten und deren Dienstgeber entfallenden Beitragsteile sind auf Cent zu runden.

(BGBl I 1999/174, BGBl I 2001/67, BGBl I 2007/101)

Auszug NVG

ERSTER TEIL
ALLGEMEINE BESTIMMUNGEN

Abschnitt I

Geltungsbereich

Umfang der Versicherung

§ 1. (1) Dieses Bundesgesetz regelt die Pensionsversicherung der Notare und Notariatskandidaten.

(2) Die Pensionsversicherung trifft Vorsorge für die Versicherungsfälle des Alters, der Berufsunfähigkeit und des Todes.

Bedeutung der Begriffe

§ 2. Im Sinne dieses Bundesgesetzes bedeutet

1. Pensionsversicherung: die durch dieses Bundesgesetz geregelte Pensionsversicherung.
   (BGBl I 2015/16)
2. Notar: eine Person, die nach den Vorschriften der Notariatsordnung, RGBl. Nr. 75/1871, als Notar anzusehen ist und das Amt angetreten hat.
3. Notariatskandidat: eine Person, die
   a) nach den Vorschriften der Notariatsordnung als Notariatskandidat anzusehen ist, oder
   b) im Sinne der Notariatsordnung bei einem Notar tätig und zur Eintragung in die Verzeichnis der Notariatskandidat/inn/en angemeldet ist in der Zeit ab dem Beginn der Tätigkeit bis zur Entscheidung über den Antrag; die Zurückziehung des Antrages ist der ablehnenden Entscheidung gleichzuhalten, oder
   (BGBl I 2015/16)
   c) zum Notar neuernannt ist und das Amt noch nicht angetreten hat.
4. Versicherter: ein Notar oder ein Notariatskandidat (§ 3).
   (BGBl I 2015/16)
5. Ehemaliger Notar: ein Notar, dessen Amt erloschen ist und der eine (vorzeitige) Alters(Berufsunfähigkeits)pension (§§ 47, 51 und 51a) bezieht oder darauf Anspruch hat.
   (BGBl 1994/24, BGBl I 2000/139, BGBl I 2015/16)
6. Tätigkeit im Notariat: die berufliche Tätigkeit eines Notars oder eines Notariatskandidaten.
7. Versicherungsanstalt: die Versicherungsanstalt des österreichischen Notariates (§ 4).
   (BGBl I 2015/16)
8. Leistung: eine laufende Leistung und eine einmalige Leistung nach diesem Bundesgesetz.
   (BGBl I 2015/16)
9. Laufende Leistung: eine Pension, ein Zuschuss nach diesem Bundesgesetz und das Berufsunfähigkeitsgeld (§ 49).
   (BGBl I 2015/16)
10. Einmalige Leistungen: die Abfertigung einer Witwen(Witwer)pension (§ 56), die Abfindung (§ 59) und der Bestattungskostenbeitrag (§ 60).
    (BGBl I 2015/16)
11. Pension: die Berufsunfähigkeitspension (§ 47), die Alterspension (§ 51), die vorzeitige Alterspension (§ 51a), die Witwen(Witwer)pension (§ 54), die Pension für hinterbliebene eingetragene PartnerInnen (§ 54a), die Waisenpension (§ 57) und die Pension bei Haft (§ 25 Abs. 3).
    (BGBl 1994/24, BGBl I 2006/98, BGBl I 2010/62, BGBl I 2015/16)
12. Zuschuß: der Kinderzuschuß (§ 61)
    (BGBl 1993/110, BGBl I 2015/16)
13. Berufsunfähigkeit: die Folge eines körperlichen oder geistigen Gebrechens, durch das ein nach diesem Bundesgesetz Versicherter zur Ausübung seines Berufes unfähig ist.
    (BGBl I 2015/16)
14. Dienstunfall: ein Unfall eines nach diesem Bundesgesetz Versicherten, der sich im örtlichen, zeitlichen und ursächlichen Zusammenhang mit seiner Tätigkeit im Notariat ereignet; auch der Unfall, der sich auf einem mit der Tätigkeit im Notariat zusammenhängenden Weg zur oder von der Kanzlei ereignet.
    (BGBl I 2015/16)
15. Pensionsversicherungsfreies Dienstverhältnis: ein Dienstverhältnis der im § 308 Abs. 2 des Allgemeinen Sozialversicherungsgesetzes bezeichneten Art.
16. Kanzleiablöse: Leistungen jedweder Art, die für die Übertragung der Notariatskanzlei, wie zB deren Räumlichkeiten, Einrichtung – auch technische Einrichtung –, der verwahrten Urkunden, des Mandant/inn/enstockes sowie Handakten, oder die für die Aufgabe/Abtretung einer Beteiligung an einer Notar-Partnerschaft im Sinne der §§ 22 und 29 der Notariatsordnung erbracht werden. Dazu zählen auch Leib-/Zeitrenten.
    (BGBl I 2000/139, BGBl I 2009/83)
17. Pensionsprozentsatz: jener Prozentsatz, der für die Bemessung der Zusatzpension (§ 48 Abs. 2 Z 1) auf das durchschnittliche Monatseinkommen während des Durchrechnungszeitraumes anzuwenden ist.
    (BGBl I 2006/98, BGBl I 2015/16)
18. Durchrechnungszeitraum: jener Zeitraum, aus dem das durchschnittliche Monatsein-

kommen für die Bemessung der Zusatzpension (§ 48 Abs. 2 Z 1) errechnet wird.

(BGBl I 2006/98, BGBl I 2015/16)

19. Fremdleistungen: Leistungen jedweder Art, wie zB die Überlassung der Einrichtung – auch der technischen Einrichtung – und sonstiger Büroinfrastruktur sowie des Personals, die Durchführung von Anderkontobuchhaltungs-, Schreib- und sonstigen Büroarbeiten, deren sich die versicherte Person oder die Notar-Partnerschaft, der die versicherte Person angehört, zur Durchführung der Tätigkeit im Notariat (§ 2 Z 6) bedient und die vom Unternehmen eines/einer Dritten, wie zB von einer Besitz-, Betriebs- oder Managementgesellschaft, erbracht werden.

   (BGBl I 2006/98, BGBl I 2009/83)

20. Naher Angehöriger/nahe Angehörige: eine Person im Sinne des § 25 der Bundesabgabenordnung (BAO), BGBl. Nr. 194/1961, in der jeweils geltenden Fassung. Eine Privatstiftung gilt als nahe Angehörige einer versicherten Person, wenn
   a) die versicherte Person selbst oder
   b) einer/eine ihrer nahen Angehörigen nach dieser Bestimmung oder
   c) die Notar-Partnerschaft, der die versicherte Person angehört, oder
   d) eine Gesellschaft oder ein anderer Rechtsträger, an deren oder dessen Vermögen oder Gewinn die versicherte Person oder einer/eine ihrer nahen Angehörigen nach dieser Bestimmung wirtschaftlich betrachtet (§ 65a) insgesamt mit mehr als 10% unmittelbar oder mittelbar beteiligt ist,

   Stifter/Stifterin, Begünstigter/Begünstigte oder Letztbegünstigter/Letztbegünstigte dieser Privatstiftung ist.

   (BGBl I 2015/162)

Sprachliche Gleichbehandlung

§ 2a. Soweit in diesem Bundesgesetz personenbezogene Bezeichnungen nur in männlicher Form angeführt sind, beziehen sie sich auf Frauen und Männer in gleicher Weise. Bei der Anwendung auf bestimmte Personen ist die jeweils geschlechtsspezifische Form zu verwenden.

(BGBl I 2009/83, BGBl I 2015/162)

Versicherungspflicht

§ 3. Versicherungspflichtig sind die Notare und die Notariatskandidaten.

Versicherungsträger

§ 4. (1) Träger der Pensionsversicherung für das gesamte Bundesgebiet ist die Versicherungsanstalt des österreichischen Notariates mit dem Sitz in Wien. Sie gehört dem Hauptverband der österreichischen Sozialversicherungsträger an.

(2) Die Versicherungsanstalt ist eine Körperschaft des öffentlichen Rechtes und hat Rechtspersönlichkeit. Sie ist berechtigt, das Wappen der Republik Österreich in Siegeln, Drucksorten und Aufschriften zu verwenden.

(3) Der ordentliche Gerichtsstand der Versicherungsanstalt ist das sachlich zuständige Gericht ihres Sitzes.

Abschnitt II

Meldungen und Auskunftspflicht

Meldungen der Versicherten

§ 5. (1) Die Versicherten haben sich bei der Versicherungsanstalt binnen zwei Wochen nach dem Zeitpunkt, zu dem sie als Notare oder als Notariatskandidaten anzusehen sind, anzumelden und binnen zwei Wochen, nachdem sie diese Eigenschaft verloren haben, abzumelden.

(2) Die Versicherten haben der Versicherungsanstalt jede für den Bestand der Versicherung bedeutsame Änderung in ihren Verhältnissen binnen zwei Wochen zu melden.

(2a) Bedient sich eine versicherte Person oder eine Notar-Partnerschaft, der die versicherte Person angehört, einer Fremdleistung (§ 2 Z 19) und wird diese unmittelbar oder mittelbar durch ein oder mehrere Unternehmen erbracht, an dessen/deren Vermögen oder Gewinn die versicherte Person oder einer/eine ihrer nahen Angehörigen (§ 2 Z 20) wirtschaftlich betrachtet (§ 65a) insgesamt mit mehr als 10% unmittelbar oder mittelbar beteiligt ist, so haben die versicherte Person oder die an der Notar-Partnerschaft beteiligten Versicherten dies der Versicherungsanstalt unverzüglich zu melden.

(BGBl I 2009/83, BGBl I 2015/162)

(3) Die Meldungen nach den Abs. 1, 2 und 2a haben alle wesentlichen Angaben zu enthalten, die für die Durchführung der Versicherung notwendig sind. Die Satzung der Versicherungsanstalt kann, wenn dies aus Gründen der Verwaltungsvereinfachung angezeigt erscheint, vorsehen, daß für die Erstattung von Meldungen von der Versicherungsanstalt aufzulegende Vordrucke zu verwenden sind.

(BGBl I 2009/83)

Meldungen einer Kanzleiablöse

§ 5a. Versicherte und ehemalige Versicherte haben Leistungsverpflichtungen und Empfangsansprüche aus einer Kanzleiablöse (§ 2 Z 16) binnen zwei Wochen nach deren Vereinbarung der Versicherungsanstalt zu melden und dieser sämtliche für die Feststellung der daraus resultierenden Beitragspflicht wesentlichen Unterlagen und Informationen zu übermitteln.

(BGBl I 2000/139, BGBl I 2009/83)

Meldungen der Zahlungsempfänger

§ 6. Die Empfänger einer laufenden Leistung sind verpflichtet, jede Änderung in den für den Fortbestand oder das Ausmaß ihrer Bezugsberechtigung maßgebenden Verhältnissen sowie jede Änderung ihres Wohnsitzes binnen zwei Wochen der Versicherungsanstalt zu melden.

Auskunftspflicht der Versicherten und der Zahlungsempfänger

§ 7. (1) Die Versicherten und ehemaligen Versicherten sowie die ZahlungsempfängerInnen haben der Versicherungsanstalt auf Verlangen längstens binnen zwei Wochen alle für das Versicherungsverhältnis maßgebenden Umstände mitzuteilen und alle Urkunden und Belege vorzulegen, die für das Versicherungsverhältnis von Bedeutung sind. Insbesondere haben sie alle für die Feststellung der Grundlage für die Berechnung der Beiträge und der Leistungen erforderlichen Auskünfte zu erteilen und die Unterlagen vorzulegen, die als Grundlage für die Ermittlung der Veranlagungsdaten im Zuge der Einkommensteuerveranlagung dienten. Überdies haben die Versicherten und ehemaligen Versicherten der Versicherungsanstalt auf Verlangen längstens binnen zwei Wochen die Umsätze aus ihrer Tätigkeit im Sinne des § 10 Abs. 1 Z 2 sowie gegebenenfalls die von der Notar-Partnerschaft, der sie angehören bzw. angehörten, erzielten Umsätze und die hievon auf sie entfallenden Anteile bekannt zu geben und die Umsatzsteuerbescheide vorzulegen.

(2) Zur Feststellung der Grundlage für die Berechnung der Beiträge aus selbständiger Tätigkeit (§ 10 Abs. 1 Z 2) kann die Versicherungsanstalt bei Versicherten und ehemaligen Versicherten auch Bucheinsicht nehmen und sich hiezu auf deren Kosten eines/einer Buchsachverständigen bedienen.

(BGBl 1994/24, BGBl 1996/416, BGBl I 2000/139, BGBl I 2009/83)

Verstöße gegen die Melde- und Auskunftspflicht

§ 8. Über Personen, die der ihnen auf Grund dieses Bundesgesetzes obliegenden Verpflichtung zur Erstattung von Meldungen nicht oder nicht rechtzeitig nachkommen, die Erfüllung der Auskunftspflicht, die Gewährung der Bucheinsicht oder die Vorlage von Urkunden und Belegen verweigern oder in den ihnen obliegenden Meldungen und Auskünften schuldhaft unwahre Angaben machen, hat über Antrag der Versicherungsanstalt die für sie örtlich zuständige Notariatskammer eine Geldstrafe bis zum Zehnfachen des jeweils geltenden Mindestbeitrages nach § 9 Abs. 2 zu verhängen. Wenn aber Schädigungsabsicht vorliegt, so begehen diese Personen, wenn die Handlung nicht nach den Strafgesetzen zu beurteilen ist, ein Standesvergehen, das der disziplinären Ahndung unterliegt.

Abschnitt III

Aufbringung der Mittel

Beitragspflicht

§ 9. (1) Die Mittel zur Bestreitung der Aufwendungen der Pensionsversicherung werden durch Beiträge der Versicherten gemäß Abs. 2 und durch sonstige Einnahmen aufgebracht.

(2) Die Versicherten haben monatlich einen Beitrag in der Höhe des jeweils als Beitragssatz festgesetzten Hundertsatzes der Beitragsgrundlage, mindestens jedoch 218,02 €, zu entrichten. Überschreitet der Beitragssatz 10 vH, so ist für jeden vollen Prozentpunkt darüber der jeweilige Mindestbeitrag um 21,80 € zu erhöhen. An die Stelle der genannten Beträge treten ab 1. Jänner eines jeden Jahres die unter Bedachtnahme auf § 21 mit dem jeweiligen Anpassungsfaktor (§ 20) vervielfachten Beträge.

(BGBl I 2000/139, BGBl I 2001/67)

(3) Der Beitragssatz ist von der Hauptversammlung unter Berücksichtigung einer mindestens 20-jährigen Prognose der finanziellen Entwicklung der Versicherungsanstalt alljährlich für das folgende Jahr so festzusetzen, dass die dauerhafte Deckung der Ausgaben gewährleistet ist. Dabei darf die liquide Rücklage (§ 78a) am Ende jedes Geschäftsjahres ein Drittel der Ausgaben dieses Jahres nicht unterschreiten. Überdies ist auf die beabsichtigte Verwendung oder Erhöhung der allgemeinen Rücklage und auf sonstige Mittel der Versicherungsanstalt Bedacht zu nehmen.

(BGBl I 2006/98)

(4) Die Beitragspflicht beginnt mit dem Kalendermonat, in dem die Voraussetzung für die Versicherungspflicht eintritt, sie endet mit dem Kalendermonat, in dem diese Voraussetzung wegfällt.

(4a) Empfänge und Erlöse aus einer Kanzleiablöse (§ 2 Z 16) gelten auch dann als Einkünfte der versicherten Person im letzten Beitragsmonat und sind daher Teil der Beitragsgrundlage (§§ 10 Abs. 1 Z 2 und 14 Abs. 2), wenn die Versicherungspflicht zum Zeitpunkt der Vereinbarung der Kanzleiablöse durch die ehemalige versicherte Person bereits weggefallen ist (§ 9 Abs. 4).

(BGBl I 2009/83)

(5) Die Beitragspflicht ruht:

1. bei einem Notar für Zeiten der als Disziplinarstrafe verhängten Suspension vom Amt,
2. bei einem Notariatskandidaten für die Dauer eines einen Kalendermonat übersteigenden Urlaubes gegen Einstellung der Bezüge.

Beitragsgrundlage

§ 10. (1) Beitragsgrundlage sind die Monatseinkünfte der versicherten Person aus ihrer Tätigkeit im Notariat. Als Monatseinkünfte gelten:

1. bei Einkünften aus nichtselbständiger Tätigkeit alle Geld- und Sachbezüge im Beitragsmonat aus der Tätigkeit im Notariat wie das Gehalt, Zuschläge und Zulagen zum Gehalt (zB 13., 14. Gehalt, Urlaubs- und Weihnachtszulagen, Überstundenentlohnung), Substitutionshonorare, Belohnungen und Remunerationen; ausgenommen sind hiebei Abfertigungen, auf die ein gesetzlicher Anspruch besteht, und nicht steuerpflichtige Auslagenersätze (zB Fahrtkostenvergütun-

gen, Tages- und Nächtigungsgelder) sowie von den Finanzbehörden anerkannte Werbungskosten (einschließlich der Beiträge zur Krankenversicherung), soweit diese in unmittelbarem Zusammenhang mit der Tätigkeit im Notariat stehen. Die Bewertung der Sachbezüge richtet sich nach der auf Grund des Allgemeinen Sozialversicherungsgesetzes geltenden Bewertung;

2. bei Einkünften aus selbständiger Tätigkeit sämtliche nach den Vorschriften über die Einkommensteuer steuerpflichtigen Einkünfte des Beitragsmonates. Zu den Einkünften aus selbständiger Tätigkeit im Notariat zählen auch Einkünfte aus Substitutionen, Kuratelen, ~~Sachwalterschaften~~„Erwachsenenvertretungen", Masse-, Ausgleichs- und Zwangsverwaltungen, Verteidigungen in Strafsachen, Dolmetsch- und Übersetzungstätigkeiten, Testamentsvollstreckungen, Vermögens- insbesondere Hausverwaltungen, Tätigkeiten als MediatorIn und als SchlichterIn, als Stiftungsvorstand und in Aufsichts-, Verwaltungs- und Beiratsgremien, als Vortragende/r und AutorIn sowie Funktionsgebühren im Sinne des § 29 Z 4 EStG 1988 und Empfänge bzw. Erlöse aus einer Kanzleiablöse (§ 2 Z 16). Kanzleiablösen sind mit dem Wert ihrer zivilrechtlich vereinbarten Gegenleistung exklusive Umsatzsteuer abzüglich der einkommensteuerlichen Buchwerte des übertragenen Anlagevermögens zu erfassen.

(BGBl I 2018/59)

(2) Bedient sich eine versicherte Person oder eine Notar-Partnerschaft, der die versicherte Person angehört, einer Fremdleistung (§ 2 Z 19) und wird diese unmittelbar oder mittelbar durch ein oder mehrere Unternehmen im Sinne des § 5 Abs. 2a erbracht, so kann die versicherte Person nur 75% des hiefür von ihr geleisteten oder auf sie entfallenden, von den Finanzbehörden als Betriebsausgabe anerkannten Betrages unter Ausschluss der Umsatzsteuer als Minderung der Beitragsgrundlage geltend machen. Weist die versicherte Person nach, dass die dem/der ErbringerIn der Fremdleistung zu deren Erbringung entstandenen Aufwendungen, ausgenommen die an die versicherte Person bezahlten Geschäftsführungsvergütungen exklusive Umsatzsteuer höher als 75 % der von der versicherten Person oder der Notar-Partnerschaft für diese Fremdleistung an den/die ErbringerIn bezahlten Gegenleistung exklusive Umsatzsteuer sind, so kann die versicherte Person hiefür einen entsprechend höheren Betrag als Minderung der Beitragsgrundlage geltend machen, höchstens aber den von den Finanzbehörden als Betriebsausgabe anerkannten Betrag.

(BGBl I 2015/162)

(3) Werden in einem Kalenderjahr Einkünfte aus unselbständiger und aus selbständiger Tätigkeit erzielt, so ist für die Ermittlung der Beitragsgrundlage Abs. 1 Z 1 neben Abs. 1 Z 2 anzuwenden.

(4) Kommt die versicherte Person ihrer Beitragspflicht nicht ordnungsgemäß oder nicht rechtzeitig nach, so hat die Versicherungsanstalt die Beitragsgrundlage festzusetzen. Hiezu kann sie ein Gutachten der zuständigen Notariatskammer einholen.

(5) Als Beitragsmonat gilt jeweils der Kalendermonat, für den die Beiträge zu entrichten sind.

(BGBl I 2000/139, BGBl I 2006/98, BGBl I 2009/83)

NÖ Sozialhilfe-Ausführungsgesetz

NÖ Sozialhilfe-Ausführungsgesetz (NÖ SAG), LGBl 2019/70

Inhaltsverzeichnis

1. Abschnitt

Allgemeine Bestimmungen

Ziele

§ 1. Leistungen der Sozialhilfe aus öffentlichen Mitteln sollen

1. zur Unterstützung des allgemeinen Lebensunterhalts und zur Befriedigung des Wohnbedarfs der Bezugsberechtigten beitragen,
2. Armut und soziale Ausschließung vermeiden und bekämpfen,
3. integrationspolitische und fremdenpolizeiliche Ziele berücksichtigen und
4. insbesondere die (Wieder-)Eingliederung von Bezugsberechtigten in das Erwerbsleben und die optimale Funktionsfähigkeit des Arbeitsmarktes weitest möglich fördern.

Anwendungsbereich

§ 2. (1) Leistungen der offenen Sozialhilfe sind nur nach den Bestimmungen dieses Gesetzes zu gewähren.

(2) Dieses Gesetz berührt nicht sonstige Leistungen, welche zum Schutz bei Alter oder zur Deckung eines Sonderbedarfs bei Pflege oder Behinderung nach dem NÖ Sozialhilfegesetz 2000 (NÖ SHG), LGBl. 9200, erbracht werden.

(3) Der gleichzeitige Bezug von Leistungen gemäß § 14 und Hilfen in besonderen Lebenslagen gemäß §§ 18 und 19 NÖ SHG, mit Ausnahme von Heizkostenzuschüssen, ist ausgeschlossen.

Leistungsgrundsätze

§ 3. (1) Leistungen der Sozialhilfe sind nur Personen zu gewähren, die von einer sozialen Notlage betroffen und bereit sind, sich in angemessener und zumutbarer Weise um die Abwendung, Milderung oder Überwindung dieser Notlage zu bemühen.

(2) Leistungen der Sozialhilfe sind subsidiär und nur insoweit zu gewähren, als der Bedarf nicht durch eigene Mittel des Bezugsberechtigten oder durch diesem zustehende und einbringliche Leistungen Dritter abgedeckt werden kann.

(3) Leistungen der Sozialhilfe sind von der dauerhaften Bereitschaft zum Einsatz der eigenen Arbeitskraft und von aktiven, arbeitsmarktbezogenen Leistungen der Bezugsberechtigten abhängig zu machen, soweit dieses Gesetz keine Ausnahmen vorsieht.

(4) Auf Leistungen der Sozialhilfe des Landes besteht ein Rechtsanspruch, soweit dieses Gesetz nichts anderes bestimmt.

Begriffsbestimmungen und Verweisungen

§ 4. (1) Im Sinne dieses Gesetzes

1. liegt eine soziale Notlage vor, wenn eine Hilfe suchende Person ihren Lebensunterhalt, Wohnbedarf oder den bei Krankheit, Schwangerschaft und Entbindung auftretenden Bedarf nach §§ 14 bis 18 für sich und für die mit ihm oder ihr im gemeinsamen Haushalt lebenden, ihm oder ihr gegenüber unterhaltsberechtigten oder mit ihm oder ihr in Lebensgemeinschaft lebenden Personen nicht oder nicht ausreichend aus eigenen Kräften und Mitteln decken kann und diesen auch nicht von anderen Personen oder Einrichtungen erhält;
2. sind Drittstaatsangehörige jene Personen, die nicht Staatsangehörige eines Vertragsstaates des Europäischen Wirtschaftsraumes oder der Schweiz sind;
3. sind Alleinstehende jene Personen, die mit anderen Personen nicht in Haushaltsgemeinschaft leben;
4. bilden eine Haushaltsgemeinschaft, mehrere in einer Wohneinheit oder Wohngemeinschaft lebende Personen, soweit eine gänzliche oder teilweise gemeinsame Wirtschaftsführung nicht aufgrund besonderer Umstände ausgeschlossen werden kann.

(2) Dieses Gesetz verweist auf die nachfolgenden Rechtsvorschriften, die in der angeführten Fassung anzuwenden sind:

1. Allgemeines Bürgerliches Gesetzbuch – ABGB, JGS Nr. 946/1811 in der Fassung BGBl. I Nr. 100/2018,
2. Arbeitslosenversicherungsgesetz 1977 – AlVG, BGBl. Nr. 609/1977 in der Fassung BGBl. I Nr. 100/2018,
3. Arbeitsmarktförderungsgesetz – AMFG, BGBl. Nr. 31/1969 in der Fassung BGBl. I Nr. 71/2013,
4. Allgemeines Sozialversicherungsgesetz – ASVG, BGBl. Nr. 189/1955 in der Fassung BGBl. I Nr. 23/2019,
5. Asylgesetz 2005 – AsylG 2005, BGBl. I Nr. 100/2005 in der Fassung BGBl. I Nr. 56/2018,
6. Arbeitsvertragsrechts-Anpassungsgesetz – AVRAG, BGBl. Nr. 459/1993 in der Fassung BGBl. I Nr. 100/2018,
7. Bundespflegegeldgesetz – BPGG, BGBl. Nr. 110/1993 in der Fassung BGBl. I Nr. 59/2018,
8. Niederlassungs- und Aufenthaltsgesetz – NAG, BGBl. I Nr. 100/2005 in der Fassung BGBl. I Nr. 25/2019,
9. Integrationsgesetz – IntG, BGBl. I Nr. 68/2017 in der Fassung BGBl. I Nr. 41/2019,
10. Bundesbehindertengesetz - BBG, BGBl. 283/1990 in der Fassung BGBl. I Nr. 59/2018,
11. Kinderbetreuungsgeldgesetz – KBGG, BGBl. I Nr. 103/2001 in der Fassung BGBl. I Nr. 24/2019,
12. Unterhaltsvorschußgesetz 1985 – UVG, BGBl. Nr. 451/1985 in der Fassung BGBl. I Nr. 61/2018,
13. Strafvollzugsgesetz – StVG, BGBl. Nr. 144/1969 in der Fassung BGBl. I Nr. 32/2018,
14. Allgemeines Verwaltungsverfahrensgesetz 1991 – AVG, BGBl. Nr. 51/1991 in der Fassung BGBl. I Nr. 58/2018.

2. Abschnitt

Voraussetzungen für die Leistungen der Sozialhilfe

Anspruchsberechtigte Personen

§ 5. (1) Anspruch auf Leistungen der Sozialhilfe haben nach Maßgabe dieses Abschnittes Personen, die

1. von einer sozialen Notlage betroffen sind,
2. ihren Hauptwohnsitz und ihren tatsächlichen dauernden Aufenthalt in Niederösterreich haben und
3. zu einem dauernden Aufenthalt im Inland berechtigt sind.

(2) Zum Personenkreis nach Abs. 1 Z 3 gehören:

1. österreichische Staatsbürger und Staatsbürgerinnen sowie deren Familienangehörige, die über einen Aufenthaltstitel "Familienangehöriger" gemäß § 47 Abs. 2 NAG verfügen und seit 5 Jahren rechtmäßig im Bundesgebiet aufhältig sind;
2. Staatsangehörige eines anderen Vertragsstaates des Europäischen Wirtschaftsraumes oder der Schweiz sowie deren Familienangehörige im Sinne der Richtlinie 2004/38/EG, jeweils soweit sie durch den Bezug dieser Leistungen nicht ihr Aufenthaltsrecht verlieren würden oder die Einreise nicht zum Zweck des Bezuges von Leistungen der Sozialhilfe erfolgt ist;
3. Asylberechtigte gemäß § 3 AsylG 2005;
4. Drittstaatsangehörige mit einem Aufenthaltstitel
   a) "Daueraufenthalt-EU" gemäß § 45 NAG oder
   b) "Daueraufenthalt-EU" eines anderen Mitgliedstaates und einem Aufenthaltstitel gemäß § 49 NAG.

(3) Bei Personen nach Abs. 2 Z 2 ist die Zugehörigkeit zum anspruchsberechtigten Personenkreis nach Anhörung der Fremdenbehörde festzustellen.

(4) Keinen Anspruch auf Leistungen der Sozialhilfe des Landes haben insbesondere:

1. Personen nach Abs. 2 Z 2 während der ersten drei Monate ihres Aufenthaltes im Inland und auch danach, wenn ihnen in den genannten Fällen keine Arbeitnehmer- oder Selbständigeneigenschaft zukommt;
2. Personen während ihres sichtvermerksfreien oder sichtvermerkspflichtigen Aufenthaltes im Inland, soweit nicht Z 1 anwendbar ist;
3. Asylwerber gemäß § 13 AsylG 2005;
4. Subsidiär Schutzberechtigte gemäß § 8 AsylG 2005, da diese Leistungen auf dem Niveau der Grundversorgung nach dem NÖ Grundversorgungsgesetz, LGBl. 9240, erhalten;
5. Personen, die wegen einer oder mehrerer mit Vorsatz begangener gerichtlich strafbarer Handlungen zu einer unbedingten Freiheitsstrafe von zumindest sechs Monaten verurteilt wurden, für den Zeitraum der Verbüßung ihrer Straftat in einer Anstalt (§ 8 StVG).

Einsatz des Einkommens

§ 6. (1) Bei der Bemessung der Leistungen nach dem 3. Abschnitt ist das Einkommen, auch jenes, welches sich im Ausland befindet, der Hilfe suchenden Person zu berücksichtigen.

(2) Zum Einkommen zählen alle Einkünfte in Geld oder Geldeswert, die der Hilfe suchenden Person in einem Kalendermonat tatsächlich zufließen. Der im Zuflußmonat nicht verbrauchte Teil der Einkünfte wächst im Folgemonat dem Vermögen (§ 7) zu.

(3) Die Landesregierung hat durch Verordnung nähere Vorschriften über den Einsatz des Einkommens zu erlassen, insbesondere inwieweit Einkommen der hilfsbedürftigen Person und seiner unterhaltspflichtigen Angehörigen zu berücksichtigen sind oder anrechenfrei zu bleiben haben. Diese Verordnung kann auch rückwirkend in Kraft gesetzt werden.

Einsatz des Vermögens

§ 7. (1) Die Bemessung der Leistungen nach dem 3. Abschnitt hat unter Berücksichtigung des verwertbaren Vermögens, auch jenes, welches sich im Ausland befindet, der Hilfe suchenden Person zu erfolgen. Vermögen, welches der Verwertung unterliegt, ist von der Hilfe suchenden Person einzusetzen.

(2) Die Verwertung von Vermögen darf nicht verlangt werden, wenn dadurch eine Notlage erst ausgelöst, verlängert oder deren Überwindung gefährdet werden könnte. Dies ist insbesondere anzunehmen bei:

1. Gegenständen, die zur Erwerbsausübung oder Befriedigung angemessener geistig-kultureller Bedürfnisse erforderlich sind;
2. Gegenständen, die als angemessener Hausrat anzusehen sind;
3. Kraftfahrzeugen, die berufsbedingt oder auf Grund besonderer Umstände, insbesondere Behinderung oder unzureichender Infrastruktur erforderlich sind;
4. verwertbaren Vermögen nach Abs. 1 bis zu einem Freibetrag in Höhe von 600 % des Netto-Ausgleichszulagenrichtsatzes für Alleinstehende (Schonvermögen).

(3) Von der Verwertung von unbeweglichem Vermögen ist solange abzusehen, als dieses der Deckung des unmittelbaren Wohnbedarfs der Person, die Leistungen der Sozialhilfe geltend macht oder ihrer unterhaltsberechtigten Angehörigen dient (Wohnvermögen). Für Leistungen, die nach drei unmittelbar aufeinander folgenden Jahren weiterhin zu gewähren sind, ist die grundbücherliche Sicherstellung der Ersatzforderung vorzunehmen.

Berücksichtigung von Leistungen Dritter

§ 8. (1) Leistungen der Sozialhilfe sind nur soweit zu erbringen, als der jeweilige Bedarf nicht durch Geld- oder Sachleistungen Dritter gedeckt ist.

(2) Das Einkommen eines mit der Hilfe suchenden Person im gemeinsamen Haushalt lebenden unterhaltspflichtigen Angehörigen sowie eines Lebensgefährten bzw. einer Lebensgefährtin ist bei der Bemessung der Sozialhilfe insoweit zu berücksichtigen, als es den für diese Personen nach §§ 14 bis 17 maßgebenden Richtsatz übersteigt.

(3) Eine Hilfe suchende Person hat Ansprüche gegen Dritte, bei deren Erfüllung Leistungen der

Sozialhilfe nicht oder nicht in diesem Ausmaß zu leisten wären, zu verfolgen, soweit dies nicht offenbar aussichtslos oder unzumutbar ist. Solange sie alle gebotenen Handlungen zur Durchsetzung solcher Ansprüche unternimmt, dürfen ihr die zur unmittelbaren Bedarfsdeckung erforderlichen Leistungen nicht verwehrt, gekürzt oder entzogen werden.

Einsatz der Arbeitskraft

§ 9. (1) Arbeitsfähige Personen, die zur Aufnahme und Ausübung einer Beschäftigung berechtigt sind, sind verpflichtet, ihre Arbeitskraft für eine zumutbare Beschäftigung einzusetzen und sich um eine entsprechende Erwerbstätigkeit zu bemühen. Insbesondere hat die arbeitsfähige Person von sich aus alle zumutbaren Anstrengungen zur Erlangung einer Beschäftigung zu unternehmen, um den Lebensunterhalt und Wohnbedarf von ihr und den unterhaltsberechtigen Personen der Haushaltsgemeinschaft zu decken. Dies umfasst auch die Bereitschaft zur Teilnahme an Maßnahmen, die der Steigerung der Arbeitsfähigkeit oder der Vermittelbarkeit dienen.

(2) Die Pflichten nach Abs. 1 bestehen insbesondere auch dann, wenn mit einer ausgeübten Beschäftigung der Lebensunterhalt und Wohnbedarf nicht gedeckt werden kann oder das volle Beschäftigungsausmaß nicht erreicht werden kann.

(3) Die Hilfe suchende Person ist, wenn sich Zweifel über die Arbeitsfähigkeit ergeben, verpflichtet, sich auf Anordnung der Behörde ärztlich untersuchen zu lassen.

(4) Die Arbeitsfähigkeit sowie die Zumutbarkeit einer Beschäftigung sind unter sinngemäßer Anwendung der arbeitslosenversicherungsrechtlichen Bestimmungen über die Gewährung von Notstandshilfe bzw. bei Bezug von Arbeitslosengeld nach diesen zu beurteilen.

(5) Bereit zum Einsatz der Arbeitskraft ist, wer bereit ist, eine durch die regionale Geschäftsstelle des Arbeitsmarktservices oder einen vom Arbeitsmarktservice beauftragten, die Arbeitsvermittlung im Einklang mit den Vorschriften der §§ 2 bis 7 AMFG durchführenden Dienstleister vermittelte zumutbare Beschäftigung in einem Arbeitsverhältnis als Dienstnehmer im Sinn des § 4 Abs. 2 ASVG anzunehmen.

(6) Als nicht bereit ihre Arbeitskraft in zumutbarer Weise einzusetzen gelten jedenfalls Personen,

1. deren Dienstverhältnis in Folge eigenen Verschuldens beendet worden ist oder die ihr Dienstverhältnis freiwillig gelöst haben jeweils für die ersten vier Wochen nach Beendigung des Dienstverhältnisses,
2. deren Anspruch auf Leistungen des Arbeitsmarktservice insbesondere nach § 10 AlVG gekürzt oder (vorübergehend) eingestellt wurde, für die Dauer der durch das Arbeitsmarktservice verfügten Kürzung oder Einstellung.

(7) Der Einsatz der Arbeitskraft darf nicht verlangt werden bei Personen, die

1. das Regelpensionsalter nach dem ASVG erreicht haben;
2. Betreuungspflichten gegenüber Kindern haben, welche das dritte Lebensjahr noch nicht vollendet haben, und keiner Beschäftigung nachgehen können, weil keine geeigneten Betreuungsmöglichkeiten bestehen;
3. pflegebedürftige Angehörige (§ 123 ASVG), welche ein Pflegegeld mindestens der Stufe 3, bei nachweislich demenziell erkrankten oder minderjährigen pflegebedürftigen Personen mindestens ein Pflegegeld der Stufe 1 (§ 5 BPGG) beziehen, überwiegend betreuen;
4. Sterbebegleitung oder Begleitung von schwersterkrankten Kindern (§§ 14a und 14b AVRAG) leisten;
5. in einer zielstrebig verfolgten Erwerbs- oder Schulausbildung stehen, die bereits vor Vollendung des 18. Lebensjahres begonnen wurde oder den erstmaligen Abschluss einer Lehre zum Ziel hat;
6. Grundwehrdienst oder Zivildienst leisten;
7. von Invalidität (§ 255 Abs. 3 ASVG) betroffen oder
8. aus vergleichbar gewichtigen, besonders berücksichtigungswürdigen Gründen am Einsatz ihrer Arbeitskraft gehindert sind.

Vermittelbarkeit am Arbeitsmarkt

§ 10. (1) Unbeschadet des § 9 müssen Hilfe suchende Personen alle Maßnahmen ergreifen, die geeignet sind, die Vermittelbarkeit (z. B. Deutschkurse) am Arbeitsmarkt, die Arbeitsfähigkeit oder die soziale Stabilisierung zu verbessern.

(2) Als Maßnahmen im Sinne des Abs. 1 können den Hilfe suchenden Personen befristete gemeinnützige Hilfstätigkeiten vom Land oder den Gemeinden angeboten werden, sofern nicht zeitgleich das Arbeitsmarktservice Maßnahmen angeordnet hat oder anordnet bzw. zeitgleich Maßnahmen im Rahmen des Arbeitsqualifizierungsbonus (§ 15) zu absolvieren sind.

Kürzung der Leistungen

§ 11. (1) Wenn arbeitsfähige Personen nach Gewährung einer Leistung ihre Arbeitskraft nicht in zumutbarer Weise einsetzen, sind die Leistungen der Sozialhilfe um 50 % zu kürzen. Die Kürzung erfolgt für die Dauer der Weigerung mindestens jedoch auf die Dauer von vier Wochen. Die Mindestdauer der Kürzung erhöht sich mit jeder weiteren Pflichtverletzung um zwei Wochen, sofern seit der letzten Pflichtverletzung nicht zumindest sechs Monate vergangen sind. Soweit das Arbeitsmarktservice eine Maßnahme nach § 10 AlVG verhängt hat, ist die Kürzung für den Zeitraum zu verfügen, der der Gesamtdauer der Maßnahme des Arbeitsmarktservice entspricht. Eine weitergehende Kürzung oder gänzliche Einstellung von Leistungen ist ausnahmsweise und in besonderen Fällen, insbesondere bei wiederholter Verweigerung des Einsatzes der Arbeitskraft zulässig.

(2) Unabhängig von einer Kürzung oder Einstellung von Leistungen der Sozialhilfe sind bei Personen, deren Anspruch auf Leistungen des Arbeitsmarktservice, insbesondere nach § 10 AlVG, vorübergehend eingestellt oder sonst gekürzt oder eingestellt wurde und bei denen auch keine Umstände nach § 9 Abs. 7 vorliegen, die Leistungen der Sozialhilfe für die Dauer der Einstellung oder der Kürzung der Leistungen des Arbeitsmarktservice nur in jenem Ausmaß zu erbringen, das ohne die Einstellung oder die Kürzung gebühren würde.

(3) Kommt die Hilfe suchende Person nach Gewährung einer Leistung ihrer Verpflichtung nach § 10 Abs. 1 nicht nach oder lehnt sie wiederholt eine zumutbare angebotene gemeinnützige Hilfstätigkeit nach § 10 Abs. 2 ab oder beendet sie diese wiederholt grundlos vorzeitig, ist nach Abs. 1 vorzugehen.

(4) Bei schuldhafter Verletzung der Pflichten nach § 16c Abs. 1 IntG sind die Leistungen um 25 % zu kürzen. Die Kürzung erfolgt für die Dauer der Pflichtverletzung mindestens jedoch für drei Monate. Die Mindestdauer der Kürzung erhöht sich mit jeder weiteren Pflichtverletzung um einen Monat, sofern seit der letzten Pflichtverletzung nicht zumindest sechs Monate vergangen sind.

3. Abschnitt

Leistungen der Sozialhilfe

Allgemeines

§ 12. (1) Die Sozialhilfe umfasst folgende Leistungen:

1. Leistungen zur Unterstützung des allgemeinen Lebensunterhalts;
2. Leistungen zur Befriedigung des Wohnbedarfs;
3. Leistungen bei Krankheit, Schwangerschaft und Entbindung;
4. Zusatzleistungen zur Vermeidung besonderer Härtefälle;
5. Übernahme der Bestattungskosten;

(2) Die Sozialhilfe umfasst Geld- oder Sachleistungen, die zur Unterstützung des allgemeinen Lebensunterhalts und zur Befriedigung des Wohnbedarfs gewährt werden. Bei Personen, bei welchen die Arbeitsvermittlung nach § 15 Abs. 1 eingeschränkt ist, umfasst die Sozialhilfe auch einen Arbeitsqualifizierungsbonus in Höhe von 35 %.

(3) Ein Anspruch auf Sozialhilfe zur Unterstützung des allgemeinen Lebensunterhalts und zur Befriedigung des Wohnbedarfs besteht ab einem errechneten monatlichen Mindestbetrag von € 5,-- pro bezugsberechtigter Person.

(4) Leistungen der Sozialhilfe sind vorrangig als Sachleistungen zu gewähren, soweit dadurch eine höhere Effizienz der Erfüllung der Leistungsziele zu erwarten ist. Leistungen für den Wohnbedarf sind, sofern dies nicht unwirtschaftlich oder unzweckmäßig ist, in Form von Sachleistungen zu gewähren. Als Sachleistung gilt auch die unmittelbare Entgeltzahlung an eine Person, die eine Sachleistung zugunsten eines Bezugsberechtigten erbringt.

(5) Leistungen der Sozialhilfe zur Unterstützung des allgemeinen Lebensunterhalts (Abs. 1 Z 1) oder zur Befriedigung des Wohnbedarfs (Abs. 1 Z 2) werden grundsätzlich durch einmalige oder laufende Leistungen (Richtsätze) erbracht. Laufende Leistungen werden jeweils am Monatsletzten im Nachhinein fällig. Zur Vermeidung von Härtefällen kann bei der erstmaligen Auszahlung ein Vorschuss gewährt werden.

(6) Leistungen nach Abs. 5 gebühren aliquot ab Antragstellung, wobei der Kalendermonat einheitlich mit 30 Tagen anzunehmen ist.

(7) Die Gebühr für die Überweisung von Geldleistungen nach Abs. 4 und Abs. 5 trägt das Land.

(8) Laufende Leistungen nach Abs. 5 sind entsprechend der konkreten Notlage angemessen zu befristen, bei erstmaliger Gewährung mit maximal sechs Monaten, bei jeder weiteren Gewährung mit maximal zwölf Monaten. Bei dauernder Erwerbsunfähigkeit kann die weitere Befristung entfallen.

(9) Ein Antrag auf eine weitere Gewährung ist rechtzeitig vor Ende der befristeten Leistung zu stellen. Erfolgt eine Antragstellung nicht rechtzeitig aber noch innerhalb von 6 Wochen nach dem Ende der befristeten Leistung, ist bei Vorliegen der Anspruchsvoraussetzungen die Sozialhilfe ohne Unterbrechung der Leistung weiter zu gewähren, es sei denn die Nichteinhaltung der rechtzeitigen Antragstellung ist vorwerfbar.

(10) Geldleistungen nach Abs. 5 können weder gepfändet noch verpfändet werden. Die rechtswirksame Übertragung von Ansprüchen nach diesem Gesetz ist nur mit Zustimmung der zuständigen Behörde möglich. Diese darf nur erteilt werden, wenn die Übertragung im Interesse der hilfsbedürftigen Person liegt.

(11) Leistungen der Sozialhilfe beinhalten auch die Beratung und Betreuung, die zur Vermeidung und Überwindung von sozialen Notlagen sowie zur nachhaltigen sozialen Stabilisierung der Hilfe suchenden Person erforderlich ist.

Leistungen zur Unterstützung des allgemeinen Lebensunterhalts, Leistungen zur Befriedigung des Wohnbedarfs

§ 13. (1) Leistungen zur Unterstützung des allgemeinen Lebensunterhalts umfassen den regelmäßig wiederkehrenden Aufwand für Nahrung, Bekleidung, Körperpflege sowie sonstige persönliche Bedürfnisse wie die angemessene soziale und kulturelle Teilhabe.

(2) Leistungen zur Befriedigung des Wohnbedarfs umfassen den für die Gewährleistung einer angemessenen Wohnsituation erforderlichen regelmäßig wiederkehrenden Aufwand für Miete, Hausrat, Heizung und Strom sowie sonstige allgemeine Betriebskosten und Abgaben.

Monatliche Leistungen der Sozialhilfe

§ 14. (1) Die Landesregierung hat ausgehend vom Ausgleichszulagenrichtsatz nach § 293 Abs. 1 lit. a bb) ASVG abzüglich des Beitrages zur gesetzlichen Krankenversicherung durch Verordnung die Höhe der monatlichen Leistungen zur Unterstützung des allgemeinen Lebensunterhalts und zur Befriedigung des Wohnbedarfs festzulegen. Diese Verordnung kann auch rückwirkend in Kraft gesetzt werden. Die Summe der monatlichen Geld- und Sachleistungen (Richtsätze) wird für folgende hilfsbedürftige Personen entsprechend den folgenden Prozentsätzen festgelegt:

1. für eine alleinstehende oder alleinerziehende Person 100 %
2. für in Haushaltsgemeinschaft lebende volljährige Personen
   a) pro leistungsberechtigter Person 70 %
   b) ab der drittältesten leistungsberechtigten Person 45 %
3. für in Haushaltsgemeinschaft lebende unterhaltsberechtigte minderjährige Personen, für die ein Anspruch auf Familienbeihilfe besteht
   a) für die erste Person 25 %
   b) für die zweite Person 15 %
   c) ab der dritten Person 5 %
4. Zuschläge, für eine alleinerziehende Person zur weiteren Unterstützung des Lebensunterhalts
   a) für die erste minderjährige Person 12 %
   b) für die zweite minderjährige Person 9 %
   c) für die dritte minderjährige Person 6 %
   d) für jede weitere minderjährige Person 3 %
5. Zuschlag, für eine volljährige oder minderjährige Person mit Behinderung zur weiteren Unterstützung des Lebensunterhalts 18 %

(2) Leistungen nach Abs. 1 Z 1 und Z 2 beinhalten eine Geldleistung zur Unterstützung des allgemeinen Lebensunterhalts in Höhe von 60 % und eine Leistung zur Befriedigung des Wohnbedarfs im Ausmaß von 40 %. Wohnt eine Hilfe suchende Person in einer Eigentumswohnung oder in einem Eigenheim wird die Leistung zur Befriedigung des Wohnbedarfs nur im halben Ausmaß (20 %) gewährt. Besteht kein oder ein geringerer Aufwand zur Befriedigung des Wohnbedarfs oder erhält die hilfebedürftige Person bedarfsdeckende Leistungen (z. B. eine Wohnbeihilfe oder einen Wohnzuschuss), sind die jeweiligen Leistungen zur Befriedigung des Wohnbedarfs um diese Anteile entsprechend zu reduzieren.

(3) Die Summe der Geldleistungen (Prozentsätze) nach Abs. 1 Z 3 sind auf alle minderjährigen Personen einer Haushaltsgemeinschaft solidarisch aufzuteilen.

(4) Ein Zuschlag nach Abs. 1 Z 5 gebührt Inhabern eines Behindertenpasses des Sozialministeriumsservice gemäß § 40 Abs. 1 und 2 des BBG.

(5) Die Leistungen nach Abs. 1 sind zwölf Mal pro Jahr zu gewähren.

(6) Sachleistungen (Direktzahlungen) sind im Ausmaß ihrer angemessenen Bewertung auf Geldleistungen anzurechnen.

(7) In der Verordnung ist ein Betrag zur Deckung persönlicher Bedürfnisse hilfebedürftiger Personen, die Sozialhilfe in stationären Einrichtungen erhalten, festzusetzen.

(8) Die Leistung nach Abs. 1 Z 1 ist zu Beginn eines jeden Kalenderjahres mit dem gleichen Prozentsatz wie der Ausgleichszulagenrichtsatz nach § 293 Abs. 1 lit. a bb) ASVG neu zu bemessen. Daran anknüpfend werden die übrigen Richtsätze nach Abs. 1 Z 2 bis Z 5 sowie der Betrag nach Abs. 7 ebenfalls jährlich neu bemessen.

Arbeitsqualifizierungsbonus

§ 15. (1) Volljährigen Bezugsberechtigten, deren Vermittelbarkeit am österreichischen Arbeitsmarkt eingeschränkt ist und die auch nicht von der Bereitschaft zum Einsatz der Arbeitskraft gemäß § 9 Abs. 7 ausgenommen sind, sind Leistungen nach § 14 Abs. 1 Z 1 und 2 abzüglich eines Arbeitsqualifizierungsbonus in Höhe von 35 % zu gewähren. Der Differenzbetrag bzw. die tatsächlichen Kurskosten sind als Sachleistungen für Maßnahmen, welche der Erreichung der Vermittelbarkeit nach Abs. 2 dienen, zu gewähren.

(2) Eine Vermittelbarkeit am österreichischen Arbeitsmarkt ist anzunehmen, wenn

1. zumindest das Sprachniveau B1 (Deutsch) oder C1 (Englisch) gemäß dem Gemeinsamen Europäischen Referenzrahmen für Sprachen und
2. die Erfüllung der integrationsrechtlichen Verpflichtungen (§ 16c Abs. 1 IntG) oder hilfsweise, sofern dies aufgrund einer österreichischen Staatsbürgerschaft, Staatsangehörigkeit eines EWR-Staates oder der Schweiz des Bezugsberechtigten nicht in Betracht kommt, der Abschluss einer geeigneten beruflichen Qualifizierungsmaßnahme beim Arbeitsmarktservice nachgewiesen werden.

(3) Abs. 2 Z 1 gilt durch

a) ein aktuelles Zertifikat des Österreichischen Integrationsfonds (ÖIF) oder
b) eine aktuelle Spracheinstufungsbestätigung des ÖIF als erfüllt. Sind ausreichende Sprachkenntnisse angesichts der Erstsprache des Bezugsberechtigten offenkundig, kann der Nachweis durch persönliche Vorsprache bei der Behörde erfolgen.

(4) Vom Erfordernis der Vermittelbarkeit am österreichischen Arbeitsmarkt sind solche Bezugsberechtigte ausgenommen,

1. deren Behinderung einen erfolgreichen Spracherwerb gemäß Abs. 2 Z 1 ausschließt;
2. die über einen Pflichtschulabschluss mit Deutsch als primäre Unterrichtssprache verfügen oder

3. die ein monatliches Nettoeinkommen aus selbständiger oder unselbständiger Tätigkeit in Höhe von mindestens 100 % des Netto-Ausgleichszulagenrichtsatzes für Alleinstehende erzielen.

Begrenzung von Geldleistungen

§ 16. (1) Die Summe aller monatlichen Geldleistungen gemäß § 14 Abs. 1 in Verbindung mit § 15 an volljährige Bezugsberechtigte, die in einer Haushaltsgemeinschaft leben, ist mit 175 % des Netto-Ausgleichszulagenrichtsatzes für Alleinstehende begrenzt.

(2) Im Falle einer Überschreitung des Prozentsatzes nach Abs. 1 sind die Geldleistungen aller volljährigen Personen einer Haushaltsgemeinschaft gleichmäßig prozentuell so zu kürzen, dass ihre Summe den Prozentsatz gemäß Abs. 1 ergibt.

(3) Die Geldleistungen an volljährige Personen, die gemäß § 9 Abs. 7 von der Vermittelbarkeit am österreichischen Arbeitsmarkt und von der dauernden Bereitschaft zum Einsatz ihrer Arbeitskraft ausgenommen sind, sind bei der Ermittlung des Prozentsatzes nach Abs. 1 zu berücksichtigen, jedoch sind deren Geldleistungen nicht nach Abs. 2 zu kürzen.

(4) Geldleistungen zur Unterstützung des allgemeinen Lebensunterhalts an volljährige Personen sind von der prozentuellen Kürzung nach Abs. 2 insoweit ausgenommen, als diese Leistung eine Höhe von 20 % des Netto-Ausgleichszulagenrichtsatzes für Alleinstehende unterschreiten würde.

Freibetrag für Erwerbstätigkeit

§ 17. (1) Hat eine Hilfe suchende Person, die ein Einkommen aus einer Erwerbstätigkeit erzielt, vor Aufnahme der Erwerbstätigkeit zumindest seit einem Monat durchgehend Leistungen der Sozialhilfe gemäß § 14 bezogen, ist der Hilfe suchenden Person ein Freibetrag im Ausmaß von 35 % des monatlichen Nettoeinkommens zu gewähren, sofern es sich bei der Erwerbstätigkeit um keine gemeinnützige Hilfstätigkeit im Sinne des § 10 Abs. 2 handelt.

(2) Der Freibetrag ist für höchstens 12 Monate zu gewähren.

(3) Der Freibetrag kann erst nach Ablauf von 5 Jahren ab dem Ende der Bezugsdauer erneut gewährt werden. Ist bei der vorangegangenen Gewährung der Freibetrag nicht für 12 Monate gewährt worden, so kann der Freibetrag auch vor Ablauf von 5 Jahren für die nicht ausgeschöpfte Höchstbezugsdauer gem. Abs. 2 gewährt werden.

Leistungen bei Krankheit, Schwangerschaft und Entbindung

§ 18. (1) Leistungen zum Schutz bei Krankheit (einschließlich Zahnbehandlung und Zahnersatz), Schwangerschaft und Entbindung umfassen jene Sachleistungen und Vergünstigungen, wie sie Bezieherinnen oder Bezieher einer Ausgleichszulage aus der Pensionsversicherung von der Österreichischen Gesundheitskasse beanspruchen können.

(2) Das Land stellt die Leistungen nach Abs. 1 durch Übernahme der Beiträge zur gesetzlichen Krankenversicherung für die nach § 9 ASVG in die gesetzliche Krankenversicherung einbezogenen Bezieherinnen und Bezieher von Leistungen der Sozialhilfe sicher. Die vom Land zu entrichtenden Krankenversicherungsbeiträge entsprechen der Höhe, wie sie von und für Ausgleichszulagenbezieherinnen und Ausgleichszulagenbeziehern im ASVG vorgesehen sind.

(3) Das Land hat die Krankenversicherungsbeiträge für die Dauer des Bezuges von Leistungen der Sozialhilfe nach diesem Gesetz zu entrichten.

(4) Soweit eine Einbeziehung der hilfsbedürftigen Person in die gesetzliche Krankenversicherung nicht möglich ist, weil sie keine Leistungen der Sozialhilfe nach diesem Gesetz bezieht, sind die Kosten für einen nach Abs. 1 auftretenden Bedarf für alle erforderlichen Leistungen, wie sie Versicherte der Österreichischen Gesundheitskasse nach dem ASVG für Sachleistungen und Begünstigungen bei Krankheit (einschließlich Zahnbehandlung und Zahnersatz), Schwangerschaft und Entbindung beanspruchen können, zu übernehmen.

(5) Zu den Kosten für Leistungen nach Abs. 4 können auf Grundlage des Privatrechts auch die Beiträge für eine freiwillige Selbstversicherung der hilfsbedürftigen Person in der gesetzlichen Krankenversicherung übernommen werden.

Zusatzleistungen zur Vermeidung besonderer Härtefälle

§ 19. (1) Zur Vermeidung besonderer Härtefälle können im unbedingt erforderlichen Ausmaß für Sonderbedarfe zusätzliche Sachleistungen zur Unterstützung des allgemeinen Lebensunterhalts oder zur Abdeckung außerordentlicher Kosten des Wohnbedarfs gewährt werden.

(2) Die Hilfe suchende Person hat im Einzelfall nachzuweisen, dass es sich um einen Sonderbedarf handelt, der nicht durch eine Leistung nach § 14 abgedeckt ist.

(3) Die Zusatzleistungen werden im Rahmen des Privatrechts gewährt.

Bestattungskosten

§ 20. (1) Das Land trägt die erforderlichen Kosten einer einfachen Bestattung eines verstorbenen Menschen, soweit diese nicht aus dem Vermögen der verstorbenen Person bestritten werden können oder Dritte zur Tragung der Kosten verpflichtet sind.

(2) Als Teil der Bestattungskosten können die Kosten einer Überführung innerhalb des Landes oder aus grenznahen Gebieten übernommen werden, soweit dies aus wichtigen, insbesondere aus familiären Gründen, erforderlich ist.

(3) Die Bestattungskosten werden im Rahmen des Privatrechts übernommen.

4. Abschnitt

Verfahren

Antragstellung

§ 21. (1) Leistungen der Sozialhilfe werden auf Antrag oder, wenn der Behörde Umstände bekannt werden, die eine Leistung erforderlich machen, von Amts wegen gewährt.

(2) Anträge auf Leistungen der Sozialhilfe können gestellt werden:

1. durch die Hilfe suchende Person, soweit sie eigenberechtigt ist,
2. für die Hilfe suchende Person
   a) gesetzliche oder bevollmächtigte Vertreter,
   b) im gemeinsamen Haushalt lebende Familienmitglieder oder Angehörige, jeweils auch ohne Nachweis der Bevollmächtigung, wenn keine Zweifel über Bestand und Umfang der Vertretungsbefugnis bestehen,
   c) durch ihre Erwachsenenvertreterin oder ihren Erwachsenenvertreter, wenn die Antragstellung zu deren oder dessen Aufgabenbereich gehört.

(3) Unterbleibt in einem gemeinsamen Antrag die Nennung einer zustellungsbemächtigten Person, gilt die an erster Stelle genannte Person als gemeinsame zustellungsbevollmächtigte Person.

(4) Anträge können bei der Gemeinde oder der Bezirksverwaltungsbehörde eingebracht werden.

(5) Im Antrag sind Angaben zu

1. Person und Personenstand,
2. der Staatsangehörigkeit und dem Geburtsort der Eltern,
3. den Wohnverhältnissen,
4. den Einkommensverhältnissen,
5. den Vermögensverhältnissen und
6. dem Betreuungsverhältnis mit dem Arbeitsmarktservice
7. dem Arbeitsqualifizierungsbonus

des Antragstellers und aller im gemeinsamen Haushalt lebenden Personen zu machen und durch entsprechende Nachweise zu belegen. Angaben zu Z 2 und Z 6 und Z 7 sind nur für Personen, welche eine Leistung der Sozialhilfe beantragen, zu machen und zu belegen.

(6) Als Nachweis im Sinne des Abs. 5 kann die Behörde insbesondere folgende Unterlagen verlangen:

1. zur Person und Personenstand: Geburtsurkunde, Staatsbürgerschaftsnachweis, Aufenthaltstitel oder Aufenthaltsbescheinigung, Heiratsurkunde, Scheidungsurteil bzw. Vergleichsausfertigung, Nachweis über die Begründung bzw. Auflösung einer eingetragenen Partnerschaft, Strafregisterauszug
2. zu der Staatsangehörigkeit und Geburtsort der Eltern: Geburtsurkunde der Eltern, Staatsbürgerschaftsnachweis der Eltern
3. zu den Wohnverhältnissen: Mietvertrag, Grundbuchsauszug, Nachweis über einen Wohnzuschuss,
4. zu den Einkommensverhältnissen: Lohnbestätigung, Einkommensteuerbescheid, Leistungsbezugsbestätigung des Arbeitsmarktservice, Nachweise über Pensions-/Rentenleistungen, Bestätigung der Krankenkasse über Krankengeld oder Kinderbetreuungsgeld, Nachweise über die Höhe der Unterhaltsleistung, Einheitswertbescheide über land- und forstwirtschaftlichen Besitz, Pachtverträge,
5. zu den Vermögensverhältnissen: Sparbücher, Bausparverträge, Lebensversicherungen, Aktien, Wertpapiere und Kontoauszüge, Auflistung bestehender Konten,
6. zum Betreuungsverhältnis mit dem Arbeitsmarktservice: Bestätigung der Vormerkung zur Arbeitssuche und die Betreuungsvereinbarung,
7. zum Arbeitsqualifizierungsbonus: Nachweise bzgl. Sprachkenntnisse, Integrationserklärung, Integrationsprüfung B1, Werte- und Orientierungskurse, berufliche Qualifizierungsmaßnahmen.

(7) Die Vorlage von Urkunden und sonstigen Unterlagen nach Abs. 5 entfällt bzw. darf deren Vorlage nach Abs. 6 nicht verlangt werden, wenn die zu beweisenden Tatsachen und Rechtsverhältnisse durch Einsicht in die der Behörde zur Verfügung stehenden Register, insbesondere im Zentralen Personenstandsregister (ZPR, § 44 des Personenstandsgesetzes 2013 – PStG 2013, BGBl. I Nr. 16/2013), im Zentralen Melderegister (ZMR, § 16 des Meldegesetzes 1991 – MeldeG, BGBl. Nr. 9/1992), im Strafregister (§ 9 Abs. 1 Z 1 des Strafregistergesetzes 1968, BGBl. Nr. 277/1968) oder im Zentralen Staatsbürgerschaftsregister (ZSR, § 56a des Staatsbürgerschaftsgesetzes 1985 – StbG, BGBl. Nr. 311/1985) oder durch Abfrage des Grundbuchs (§ 6 des Grundbuchsumstellungsgesetzes – GUG, BGBl. Nr. 550/1980), festgestellt werden können.

Stellungnahme der Gemeinde

§ 22. (1) Die Gemeinde, in der die Hilfe suchende Person ihren Hauptwohnsitz oder Aufenthalt hat, ist über einen Antrag auf eine Leistung der Sozialhilfe nach § 14 zu informieren. Die Gemeinde kann zum Vorliegen der Voraussetzungen für die Gewährung einer Leistung der Sozialhilfe eine Stellungnahme abgeben.

(2) Die Stellungnahme ist bei der Entscheidung der Behörde zu berücksichtigen. Die Gemeinde ist über den Ausgang des Verfahrens sowie über jede nachträgliche Leistungseinstellung zu informieren.

Mitwirkungspflichten der Hilfe suchenden Person

§ 23. (1) Die Behörde hat die Hilfe suchende Person über die Rechtslage entsprechend zu informieren, soweit dies zur Erreichung der Ziele und den allgemeinen Grundsätzen dieses Gesetzes notwendig ist.

(2) Die Hilfe suchende Person ist verpflichtet, an der Feststellung des maßgeblichen Sachverhaltes im Rahmen der ihr von der Behörde erteilten Aufträge mitzuwirken. Im Rahmen der Mitwirkungspflicht sind die zur Durchführung des Verfahrens unerlässlichen Angaben zu machen und Auskünfte zu erteilen sowie die dafür erforderlichen Urkunden, Unterlagen und Nachweise beizubringen. Weiters hat sich die Hilfe suchende Person auch den für die Entscheidungsfindung unerlässlichen Untersuchungen (etwa Untersuchung der Arbeitsfähigkeit) zu unterziehen.

Mitwirkungspflichten von öffentlichen Stellen und Privaten

§ 24. (1) Das Arbeitsmarktservice hat auf Ersuchen der Behörde die zur Feststellung der Voraussetzungen oder der Höhe einer Leistung der Sozialhilfe und zur Beurteilung der Arbeitsfähigkeit für die Entscheidung erforderlichen Auskünfte zu erteilen und folgende für die Entscheidung erforderlichen personenbezogenen Daten zu übermitteln:

1. Art und Höhe der vom Arbeitsmarktservice erbrachten Leistungen,
2. Beginn des Bezuges von Leistungen durch das Arbeitsmarktservice und voraussichtlicher Gewährungszeitraum,
3. Auszahlungszeitpunkt und Auszahlungshöhe,
4. Beginn und Ende der Arbeitsuche (Vormerkzeit),
5. Datum und Grund der Einstellung des Leistungsbezuges bzw. des Endes der Vormerkung der Arbeitsuche,
6. Beginn und Ende sowie Art einer Sanktion (§§ 10, 11 oder 49 AlVG),
7. Gutachten und sonstige Angaben zur Arbeitsfähigkeit.

(2) Folgende Behörden, Gerichte und Einrichtungen haben auf Ersuchen der Behörde die zur Feststellung der Voraussetzungen oder der Höhe einer Leistung der Sozialhilfe erforderlichen Auskünfte zu erteilen und folgende für die Entscheidung erforderlichen personenbezogenen Daten zu übermitteln:

1. Fremdenbehörden über Daten aus dem fremdenpolizeilichen oder niederlassungsrechtlichen Verfahren,
2. Landesbehörden über Leistungen der Grundversorgung, der Kinder- und Jugendhilfe, der Wohnbeihilfe oder sonstige Leistungen zur Deckung des Wohnbedarfs,
3. Bürgermeister als Meldebehörden über Meldedaten,
4. Sozialversicherungsträger und der Dachverband der österreichischen Sozialversicherungsträger im Rahmen ihres gesetzlichen Wirkungsbereiches über alle Tatsachen, die Ansprüche aus der Sozialversicherung oder nach dem BPGG, ein Versicherungsverhältnis oder ein Beschäftigungsverhältnis betreffen,
5. Sozialministeriumservice über Art und Höhe von Geld- oder Sachleistungen,
6. Gerichte über anhängige Verfahren in Arbeits- und Sozialrechtsangelegenheiten, in Mietrechtsangelegenheiten sowie in Verfahren zur Geltendmachung von Unterhaltsansprüchen und sonstigen vermögensrechtlichen Ansprüchen, ausgenommen Auskünfte aus Pflegschaftsakten,
7. Finanzbehörden über Ansprüche und Leistungen und alle Tatsachen, die für die Berechnung der Leistung, von Kostenersatzansprüchen, von Rückersatzansprüchen sowie zur (verwaltungs-) strafrechtlichen Verfolgung notwendig sind,
8. die Landespolizeidirektion Wien (Strafregisteramt) über Eintragungen von rechtskräftigen Verurteilungen im Strafregister,
9. Krankenanstaltenträger über Ansprüche und Leistungen,
10. Versicherungen über Ansprüche und Leistungen,
11. die mit der Studienbeihilfe befassten Behörden über Art, Höhe und Dauer des Bezuges einer Studienbeihilfe oder eines Stipendiums.

(3) Der Bürgermeister hat die Behörde über jede Aufnahme, Ablehnung oder Beendigung einer gemeinnützigen Hilfstätigkeit im Sinne des § 10 Abs. 2 zu informieren.

(4) Dienstgeber und Bestandgeber einer Hilfe suchenden Person sowie Dienstgeber einer ersatzpflichtigen Person haben zur Feststellung der Voraussetzungen oder der Höhe einer Leistung der Sozialhilfe auf schriftliches Ersuchen der Behörde innerhalb einer angemessenen, mindestens einwöchigen Frist über alle Tatsachen, die das Dienst- oder Bestandverhältnis betreffen, die erforderlichen Auskünfte zu erteilen. Die Behörde hat im Ersuchen jene Tatsachen, über die Auskunft verlangt wird, im Einzelnen zu bezeichnen.

(5) Personen, deren Einkommen für eine Sozialhilfeleistung oder für einen Kostenersatz maßgeblich ist, haben zur Feststellung der Voraussetzungen oder der Höhe einer Leistung oder zum Zweck der Prüfung eines Kostenersatzes auf schriftliches Ersuchen der Behörde die erforderlichen Erklärungen und Nachweise innerhalb einer angemessenen Frist, die mindestens eine Woche betragen muss, abzugeben bzw. vorzulegen, sofern nicht § 23 zur Anwendung gelangt.

(6) Die Behörde ist zur Feststellung von Ansprüchen nach diesem Gesetz und zur Überprü-

fung der Angaben der Antragsteller berechtigt, eine Verknüpfungsabfrage im Zentralen Melderegister nach dem Kriterium des Wohnsitzes durchzuführen.

(7) Der Österreichische Integrationsfonds hat auf Ersuchen der Behörde die zur Feststellung der Vermittelbarkeit am österreichischen Arbeitsmarkt bzw. einer Pflichtverletzung nach § 16c Abs. 1 IntG erforderlichen Auskünfte und personenbezogenen Daten zu übermitteln.

(8) Die Behörde hat auf Ersuchen der Gemeinde für das Anbieten gemeinnütziger Hilfstätigkeiten (§ 10 Abs. 2) folgende erforderlichen personenbezogenen Daten eines Hilfeempfängers zu übermitteln:

1. Identifikationsdaten (Name und Geburtsdatum),
2. Adressdaten,
3. Staatsbürgerschaft,
4. Höhe der monatlichen Geld- und Sachleistungen.

Entscheidungsfrist und Bescheid

§ 25. (1) Über einen Antrag ist ohne unnötigen Aufschub, aber spätestens drei Monate nach dessen Einlangen ein schriftlicher Bescheid zu erlassen.

(2) Wenn und insoweit eine Gefährdung des Lebensunterhalts oder kein Schutz bei Krankheit, Schwangerschaft und Entbindung der Hilfe suchenden Person besteht, ist die unmittelbar erforderliche Soforthilfe mit Mandatsbescheid (§ 57 AVG) zu gewähren.

(3) Keine Verpflichtung zur Erlassung eines Bescheides besteht im Fall der Änderung oder Neubemessung von Dauerleistungen auf Grund von Änderungen dieses Gesetzes, darauf gestützter Verordnungen oder auf Grund von Anpassungen sonstiger regelmäßiger gesetzlicher Leistungen, die als Einkommen der hilfsbedürftigen Person anzusehen sind.

Abweisung, Kürzung oder Einstellung

§ 26. (1) Anträge auf Leistungen der Sozialhilfe sind abzuweisen, wenn die Hilfe suchende Person ihre Mitwirkungspflichten nach § 23 Abs. 2 trotz Hinweis auf die Rechtsfolgen nicht erfüllt.

(2) Bereits zuerkannte Leistungen der Sozialhilfe sind mit Bescheid nach Maßgabe des Abs. 3 zu kürzen oder einzustellen, wenn die Hilfe suchende Person

1. gewährte Geldleistungen nach diesem Gesetz trotz Ermahnung zweckwidrig verwendet und Sachleistungen gemäß § 12 Abs. 4 nicht in Betracht kommen,
2. die Mitwirkungspflicht nach § 23 Abs. 2, die Anzeigepflicht oder Rückerstattungspflicht nach § 29, die Auskunftspflicht nach § 30 Abs. 2 oder die Kostenersatzpflicht nach § 32 nicht erfüllt, nachdem die Hilfe suchende Person auf diese Rechtsfolge nachweislich aufmerksam gemacht wurde.

(3) Kürzungen oder Einstellungen von Leistungen der Sozialhilfe nach Abs. 2 haben verhältnismäßig zu erfolgen.

Neubemessung und Einstellung von Leistungen

§ 27. (1) Die Leistung ist von Amts wegen mit schriftlichem Bescheid rückwirkend neu zu bemessen, wenn Änderungen der Voraussetzungen eintreten; fallen Voraussetzungen weg, ist die Leistung mit schriftlichem Bescheid rückwirkend einzustellen.

(2) Die Leistungen aller Personen in einer Haushaltsgemeinschaft sind neu zu bemessen, wenn sich die Anzahl der Personen einer Haushaltsgemeinschaft ändert.

Ruhen des Anspruches

§ 28. (1) Der Anspruch auf Leistungen der Sozialhilfe nach § 14 ruht:

1. während eines stationären Aufenthaltes in einer Krankenanstalt oder in einer Sozialhilfeeinrichtung, für dessen Kosten ein Sozialversicherungsträger, der Bund oder ein Sozialhilfeträger aufkommt, das Ruhen gilt jedoch nicht für den Eintritts- und Austrittsmonat,
2. für die Dauer der Verbüßung einer Freiheitsstrafe, einer Untersuchungshaft oder für die Dauer des Vollzugs einer mit Freiheitsentziehung verbundenen vorbeugenden Maßnahme, sofern nicht eine Einstellung gemäß § 27 Abs. 1 zu erfolgen hat,
3. für die Dauer des Aufenthaltes der hilfsbedürftigen Person im Ausland. Ruhen tritt nicht ein, wenn sich die hilfsbedürftige Person im Kalenderjahr nicht länger als zwei Wochen im Ausland aufhält.

(2) Für die Dauer des Aufenthaltes in einer unter Abs. 1 Z 1 fallenden Einrichtung tritt kein Ruhen von Leistungen zur Befriedigung des Wohnbedarfs in den Fällen ein, in welchen in absehbarer Zeit wieder ein Wohnbedarf in der konkreten Unterkunft besteht oder die Erhaltung dieser Unterkunft wirtschaftlich sinnvoll erscheint.

(3) Eine Verpflichtung zur Erlassung eines schriftlichen Bescheides über das Ruhen des Anspruchs auf Sozialhilfe nach Abs. 1 besteht nur, wenn dies die hilfsbedürftige Person innerhalb einer Frist von zwei Monaten ab dem Wegfall des Ruhensgrundes beantragt.

5. Abschnitt

Pflichten der Hilfe suchenden Person nach Abschluss des Verfahrens, Kontrolle

Anzeigepflicht, Rückerstattungspflicht

§ 29. (1) Die Person, der Sozialhilfe gewährt wird, ist verpflichtet, jede ihr bekannte Änderung der für die Leistung maßgeblichen Umstände, insbesondere Änderungen der Einkommens- und Vermögens-, der Wohn- oder Familienverhältnisse, des rechtmäßigen Aufenthaltes im Inland, die Aufnahme einer Erwerbstätigkeit, Aufenthalte in Kranken- oder Kuranstalten oder sonstige, länger als zwei Wochen dauernde Abwesenheiten unverzüglich nach deren Eintritt oder Bekanntwerden, längstens aber binnen zwei Wochen der Behörde anzuzeigen.

(2) Personen, die Leistungen der Sozialhilfe insbesondere wegen Verletzung der Anzeigepflicht nach Abs. 1 oder auf Grund falscher Angaben sowie durch Verschweigen oder Verheimlichen von Tatsachen zu Unrecht in Anspruch genommen haben, haben diese rückzuerstatten oder dafür angemessenen Ersatz zu leisten. Die Verpflichtung zum Rückersatz besteht auch hinsichtlich jener Leistungen, die gemäß § 41 Abs. 2 weitergewährt wurden, wenn das Beschwerdeverfahren mit der Entscheidung geendet hat, dass die Leistungen nicht oder nicht in diesem Umfang gebührten.

(3) Die Rückerstattung kann in angemessenen Teilbeträgen bewilligt werden, wenn sie auf andere Weise nicht möglich oder nicht zumutbar ist. Sie kann auch in der Form erfolgen, dass sie auf die laufende Geldleistung der Sozialhilfe im Ausmaß von zumindest 10 % und höchstens 50 % angerechnet wird.

(4) Die Rückerstattung darf gestundet oder ganz oder teilweise nachgesehen werden, wenn durch sie der Erfolg der Sozialhilfe gefährdet wäre, wenn sie zu besonderen Härten für die rückerstattungspflichtige Person führen würde oder wenn das Verfahren der Rückforderung mit einem Aufwand verbunden wäre, der in keinem Verhältnis zu der zu Unrecht in Anspruch genommenen Leistung steht.

(5) Die Person, der Sozialhilfe gewährt wird, ist anlässlich der Zuerkennung der Leistung nachweislich über die Pflichten und Folgen nach Abs. 1 und Abs. 2 zu belehren.

(6) Die in § 24 geregelten Mitwirkungspflichten gelten auch in Rückerstattungsverfahren.

Kontrolle

§ 30. (1) Die Behörde ist berechtigt, das Vorliegen der Voraussetzungen für die Gewährung einer Leistung der Sozialhilfe jederzeit von Amts wegen zu überprüfen. Dabei sind insbesondere die Arbeitsfähigkeit, der Personenstand, die Wohnverhältnisse sowie die Fähigkeit, die finanziellen Mittel entsprechend den wirtschaftlichen Prioritäten einzusetzen, zu beachten.

(2) Die leistungsempfangende Person hat das Vorliegen der Voraussetzungen für eine Leistung der Sozialhilfe nachzuweisen und die dazu erforderlichen Auskünfte innerhalb einer von der Behörde festzusetzenden angemessenen Frist zu erteilen. § 23 Abs. 2 gilt sinngemäß.

(3) Die Behörde hat ein wirksames Kontrollsystem einzurichten, um die Rechtmäßigkeit des Bezugs von Leistungen periodisch zu überprüfen und deren widmungskonformen Verwendung sicherzustellen.

(4) Die in § 24 geregelten Mitwirkungspflichten sowie die in § 27 geregelte Neubemessung und Einstellung von Leistungen gelten auch für Kontrollen.

6. Abschnitt

Kostenersatz und Ersatzansprüche Dritter

Kostenersatzverpflichtete

§ 31. (1) Für Leistungen der Sozialhilfe, die auf Grund eines Rechtsanspruches geleistet wurden, ist Ersatz zu leisten:

1. von der leistungsempfangenden Person oder deren Erben (§§ 32 und § 37),
2. von Personen, denen der Hilfeempfänger Vermögen geschenkt oder sonst ohne entsprechende Gegenleistung übertragen hat (§ 33),
3. von Personen aufgrund vertraglicher Verpflichtung (§ 34),
4. von Personen, denen gegenüber die leistungsempfangende Person Rechtsansprüche zur Deckung jenes Bedarfes hat, der die Sozialhilfeleistung erforderlich gemacht hat (§ 36).

(2) Die in § 24 geregelten Mitwirkungspflichten gelten auch in Verfahren nach diesem Abschnitt.

Ersatz durch die leistungsempfangende Person oder deren Erben

§ 32. (1) Die Person, der Sozialhilfeleistungen gewährt worden sind, ist zum Ersatz der dafür aufgewendeten Kosten verpflichtet, wenn und insoweit

1. sie nachträglich zu einem verwertbaren Vermögen (§ 7 Abs. 2 und 3) gelangt, es sei denn, dieses wurde durch eigene Erwerbstätigkeit erwirtschaftet,
2. nachträglich bekannt wird, dass sie zur Zeit der Leistung verwertbares Vermögen hatte,
3. im Fall des § 7 Abs. 2 und 3 die Verwertung von Vermögen nachträglich möglich und zumutbar wird.

(2) Von der Ersatzpflicht nach Abs. 1 sind Kosten für Leistungen bei Schwangerschaft und Entbindung nach § 18 ausgenommen.

(3) Die Verbindlichkeit zum Ersatz der Kosten nach Abs. 1 geht gleich einer anderen Schuld auf den Nachlass der Person, die Sozialhilfeleistungen in Anspruch genommen hat, über. Die Erben haften jedoch für den Ersatz der Kosten der Sozialhilfe nur bis zur Höhe des Wertes des Nachlasses.

Ersatz durch den Geschenknehmer

§ 33. (1) Hat ein Hilfeempfänger innerhalb des letzten Jahres vor Beginn der Hilfeleistung, während oder drei Jahre nach der Hilfeleistung Vermögen verschenkt oder sonst ohne entsprechende Gegenleistung an andere Personen übertragen, so ist der Geschenknehmer (Erwerber) zum Kostenersatz verpflichtet. Eine Kostenersatzpflicht des Geschenknehmers besteht dann nicht, wenn das übertragene Vermögen beim Hilfeempfänger gemäß

§ 7 Abs. 2 Z 4 von der Verpflichtung zur Verwertung ausgenommen war.

(2) Die Ersatzpflicht ist mit der Höhe des Geschenkwertes (Wert des ohne entsprechende Gegenleistung übernommenen Vermögens) begrenzt.

Ersatz durch Personen aufgrund vertraglicher Verpflichtung

§ 34. (1) Personen, die vertraglich zum Unterhalt der leistungsempfangenden Person verpflichtet sind, haben im Rahmen ihrer Unterhaltspflicht die Kosten für gewährte Sozialhilfeleistungen einschließlich der Kosten im Sinne des § 38 Abs. 3 zu ersetzen.

(2) Eine Verpflichtung zum Kostenersatz besteht nicht, wenn dieser wegen des Verhaltens der leistungsempfangenden Person gegenüber der ersatzpflichtigen Person sittlich nicht gerechtfertigt wäre.

Geltendmachung von Ersatzansprüchen

§ 35. (1) Ersatzansprüche nach diesem Abschnitt können nicht mehr geltend gemacht werden, wenn seit dem Ablauf des Kalenderjahres, in dem Sozialhilfeleistungen in Anspruch genommen wurden, mehr als drei Jahre verstrichen sind. Für die Wahrung der Frist gelten sinngemäß die Regeln über die Unterbrechung der Verjährung (§ 1497 ABGB).

(2) Ersatzansprüche für Sozialhilfeleistungen, die grundbücherlich sichergestellt sind, unterliegen nicht der Verjährung.

(3) Von der Geltendmachung von Ersatzansprüchen und der Verwertung eines nach § 7 Abs. 3 sichergestellten Vermögens kann abgesehen werden, wenn dadurch unverhältnismäßig hohe Kosten oder ein unverhältnismäßig hoher Verwaltungsaufwand vermieden wird.

(4) Rückerstattungsansprüche des Trägers der Sozialhilfe gegenüber einer leistungsempfangenden Person nach § 29 Abs. 2 wegen unrechtmäßigen Bezuges von Leistungen, insbesondere wegen Erschleichung, Verheimlichung von Einkommen oder Vermögen oder Verletzung von Anzeigepflichten, bleiben von Abs. 1 und § 32 Abs. 1 unberührt.

(5) Die Landesregierung hat durch Verordnung nähere Bestimmungen zu erlassen, inwieweit Einkommen und Vermögenswerte der hilfsbedürftigen Person und seiner vertraglich zum Unterhalt verpflichteten Angehörigen für die Geltendmachung von Ersatzansprüchen nach dem 6. Abschnitt zu berücksichtigen sind oder anrechenfrei zu bleiben haben. Die Verordnung kann auch rückwirkend in Kraft gesetzt werden.

Übergang von Rechtsansprüchen, Ersatzanspruch

§ 36. (1) Rechtsansprüche der leistungsempfangenden Person gegen einen Dritten, die der Deckung jenes Bedarfes dienen, der die Sozialhilfeleistung, auf die ein Rechtsanspruch besteht, erforderlich gemacht hat, gehen für den Zeitraum, in dem Hilfe geleistet wurde, bis zur Höhe der aufgewendeten Kosten auf den Träger der Sozialhilfe über, sobald dieser dem Dritten hievon schriftlich Anzeige erstattet hat.

(2) Abs. 1 gilt auch für Schadenersatzansprüche, die der leistungsempfangenden Person auf Grund eines Unfalles oder eines sonstigen Ereignisses zustehen.

(3) Für die Ersatzansprüche gegen die Träger der Sozialversicherung gelten die sozialversicherungsrechtlichen Bestimmungen über die Beziehungen der Versicherungsträger zu den Trägern der Sozialhilfe einschließlich der darauf bezugnehmenden Verfahrensvorschriften.

Kostenersatz bei rückwirkender Zuerkennung von Ansprüchen

§ 37. (1) Unterstützt das Land als Träger der Sozialhilfe eine hilfsbedürftige Person für eine Zeit, in der ein Anspruch auf Versicherungsleistungen nach dem ASVG oder dem AlVG oder auf Leistungen nach dem KBGG oder dem UVG oder einen Anspruch auf Unterhalt oder auf eine Förderung (Wohnzuschuss) nach dem NÖ Wohnungsförderungsgesetz 2005, LGBl 8304, besteht, so ist die leistungsempfangende Person zum Ersatz der Kosten verpflichtet, die durch die Gewährung von Leistungen nach diesem Gesetz in dieser Zeit entstanden sind. Der Kostenersatzanspruch besteht in voller Höhe der entstandenen Kosten, ohne Berücksichtigung eines Vermögensfreibetrages und unabhängig davon, ob Einkommen oder Vermögen vorhanden ist oder weiterhin eine Notlage besteht.

(2) Über die Verpflichtung zum Kostenersatz ist mit Bescheid zu entscheiden. Die Behörde ist berechtigt, die Aufrechnung gegen Ansprüche auf Leistungen der Sozialhilfe zu verfügen. § 29 Abs. 3 und 4 gelten sinngemäß.

Ersatzansprüche Dritter

§ 38. (1) War einer hilfsbedürftigen Person so dringend eine der Sozialhilfeleistung entsprechende Hilfe zu leisten, dass die Behörde nicht rechtzeitig benachrichtigt werden konnte, sind der Hilfe leistenden Person oder Einrichtung auf ihren Antrag die Kosten zu ersetzen.

(2) Kosten werden nur dann ersetzt, wenn

1. der Antrag auf Kostenersatz innerhalb von drei Monaten ab Beginn der Hilfeleistung bei der Behörde, die über den Kostenersatzanspruch zu entscheiden hat, gestellt wurde,
2. die Person, die Hilfe nach Abs. 1 geleistet hat, den Ersatz der aufgewendeten Kosten nach anderen gesetzlichen Grundlagen trotz angemessener Rechtsverfolgung nicht erhält.

(3) Die Kosten einer Hilfe nach Abs. 1 sind nur bis zu jenem Betrag zu ersetzen, der aufgelaufen wäre, wenn Sozialhilfe geleistet worden wäre.

(4) Die Frist gemäß Abs. 2 verlängert sich bei Krankenanstaltenträgern um zwei Wochen nach Einlangen einer ablehnenden Stellungnahme eines Trägers der Sozialversicherung, längstens jedoch

bis zum Ablauf eines Jahres nach Aufnahme der hilfsbedürftigen Person in der Krankenanstalt.

7. Abschnitt

Behörden und Rechtsschutz

Sachliche Zuständigkeit

§ 39. (1) Soweit in diesem Gesetz nicht anderes bestimmt wird, ist die Bezirksverwaltungsbehörde sachlich zuständig.

(2) Die Landesregierung ist zuständig für die Entscheidung über Streitigkeiten zwischen Land und Gemeinde über die Leistung von Beiträgen zu den Kosten der Sozialhilfe.

Örtliche Zuständigkeit

§ 40. (1) Die örtliche Zuständigkeit der Bezirksverwaltungsbehörde richtet sich nach dem Hauptwohnsitz und dem tatsächlichen dauernden Aufenthalt der Hilfe suchenden Person.

(2) Bei Gefahr im Verzug hat jede Bezirksverwaltungsbehörde die in ihrem örtlichen Wirkungsbereich notwendigen und unaufschiebbaren Maßnahmen nach dem 3. Abschnitt unter gleichzeitiger Verständigung der zuständigen Bezirksverwaltungsbehörde zu treffen.

(3) Für die Erlassung von Bescheiden über den Kostenersatz ist jene Bezirksverwaltungsbehörde zuständig, in deren örtlichem Wirkungsbereich die hilfebedürftige Person den Hauptwohnsitz, in Ermangelung eines solchen den Aufenthalt hat. Kann danach die Zuständigkeit nicht ermittelt werden, ist jene Bezirksverwaltungsbehörde zuständig, in deren örtlichem Wirkungsbereich der hilfebedürftigen Person Leistungen der Sozialhilfe gewährt werden oder wurden.

Beschwerde

§ 41. (1) Im Verfahren über die Zuerkennung von Leistungen der Sozialhilfe kann ein Beschwerdeverzicht nicht wirksam abgegeben werden.

(2) Beschwerden gegen Bescheide über die Zuerkennung von Leistungen der Sozialhilfe haben keine aufschiebende Wirkung.

(3) Die Mitwirkungspflicht der Hilfe suchenden Person nach § 23 Abs. 2 gilt auch im Beschwerdeverfahren.

Revision

§ 42. Gegen Entscheidungen des Landesverwaltungsgerichtes steht der Landesregierung das Recht zu, binnen sechs Wochen ab Zustellung beim Verwaltungsgerichtshof Revision zu erheben.

8. Abschnitt

Kostentragung

Kostenträger

§ 43. (1) Die Kosten der Sozialhilfe hat zunächst das Land zu tragen.

(2) Zu den Kosten der Sozialhilfe gehört der gesamte sich aus der Erfüllung der in diesem Gesetz geregelten Aufgaben ergebende Aufwand.

Aufteilung und Vorschüsse

§ 44. (1) Die Gemeinden, in welchen die hilfebedürftigen Personen ihren Hauptwohnsitz haben, haben dem Land 50 % des Aufwandes an Leistungen der Sozialhilfe zur Sicherung des Lebensunterhalts und des Wohnbedarfs (§§ 13 und 14) nach dem 3. Abschnitt zu entrichten. Durch Aufenthalt in einer stationären Einrichtung wird jedoch eine derartige Kostenbeitragspflicht nicht begründet. Eine Kostenbeitragspflicht nach diesem Absatz besteht weiters nicht für die im § 5 Abs. 2 Z 2 bis Z 4 genannten Personen und für Menschen mit besonderen Bedürfnissen, die eine Maßnahme nach § 26 des NÖ SHG erhalten.

(2) Beantragt eine zur Kostentragung nach Abs. 1 verpflichtete Gemeinde im Einzelfall die Erlassung eines Bescheides, dann hat die Bezirksverwaltungsbehörde ihr die Kosten auf Grund der für die Verpflichtung maßgeblichen Umstände mittels Mandatsbescheid (Kostenbescheid gemäß § 57 AVG) vorzuschreiben. Der Antrag auf Erlassung eines Kostenbescheides ist binnen sechs Monaten nach Bekanntgabe der Verpflichtung zur Kostentragung zu stellen.

(3) Die Gemeinden haben dem Land jährlich einen Beitrag in der Höhe des Unterschiedsbetrages zwischen den gemäß Abs. 1 zu entrichtenden Beiträgen und dem Leistungsanteil der Kosten der Sozialhilfe zu leisten, die nicht durch Kostenbeitrags- und Ersatzleistungen oder durch sonstige für Zwecke der Sozialhilfe bestimmte Zuschüsse gedeckt sind.

(4) Der Leistungsanteil der Gemeinden (Beitrag) für die Kosten der Sozialhilfe beträgt 50 %. Dieser Beitrag ist von der Landesregierung auf die einzelnen Gemeinden nach Maßgabe ihrer Finanzkraft aufzuteilen. Die Finanzkraft einer Gemeinde wird aus dem für die Gemeinde im laufenden Jahr zu erwartenden

1. Erträgen der ausschließlichen Gemeindeabgaben ohne die Gebühren für die Benützung von Gemeindeeinrichtungen und -anlagen und ohne die Interessentenbeiträge von Grundstückseigentümern und Anrainern und
2. Ertragsanteilen an den gemeinschaftlichen Bundesabgaben ohne Spielbankenabgabe ermittelt. Als Berechnungsgrundlage für die Ermittlung der Finanzkraft sind vorläufig geschätzte Beträge zugrunde zu legen. Dabei sind alle Umstände zu berücksichtigen, die für die Schätzung von Bedeutung sind (z. B. Erträge an ausschließlichen Gemeindeabgaben in den Vorjahren, Prognosen über künftige Entwicklung der Gemeindeertragsanteile).

(5) Die Gemeinden haben monatlich Vorschüsse in der Höhe des zu erwartenden Beitragsanteiles zu entrichten. Diese monatlichen Beiträge werden von den der Gemeinde gebührenden monatlichen Vorschüsse auf die Ertragsanteile an den gemein-

schaftlichen Bundesabgaben einbehalten. Die endgültige Abrechnung und Ermittlung der Finanzkraft hat auf Grund und nach Vorliegen der Rechnungsergebnisse der Gemeinden zu erfolgen. Die endgültig abgerechneten Beiträge können Fehlbeträge oder Guthaben ergeben, die im Wege der Ertragsanteilevorschüsse hereinzubringen oder gutzuschreiben sind.

9. Abschnitt

Straf- und Schlussbestimmungen

Strafbestimmungen

§ 45. (1) Eine Verwaltungsübertretung begeht, sofern die Tat nicht den Tatbestand einer in die Zuständigkeit der Gerichte fallenden strafbaren Handlung darstellt, wer

1. durch falsche Angaben oder durch Verschweigen oder Verheimlichen entscheidungsrelevanter Tatsachen Sozialhilfeleistungen erlangt hat,
2. der Auskunftspflicht nach § 24 Abs. 4 oder 5 nicht oder nicht rechtzeitig nachkommt,
3. der Anzeigepflicht nach § 29 Abs. 1 nicht oder nicht rechtzeitig nachkommt,
4. der Auskunftspflicht nach § 30 Abs. 2 nicht oder nicht rechtzeitig nachkommt.

(2) Der Versuch nach Abs. 1 Z 1 ist strafbar.

(3) Von den Bezirksverwaltungsbehörden sind Verwaltungsübertretungen mit einer Geldstrafe bis zu 2 500 Euro zu ahnden.

Gebühren- und Abgabenfreiheit

§ 46. Alle Eingaben, Amtshandlungen und schriftlichen Ausfertigungen in Angelegenheiten dieses Gesetzes sind von den durch landesrechtliche Vorschriften vorgesehenen Gebühren und Verwaltungsabgaben befreit.

Eigener Wirkungsbereich der Gemeinden

§ 47. Die nach diesem Gesetz den Gemeinden zukommenden Aufgaben und die Wahrnehmung der sonstigen damit in Zusammenhang stehenden, die Gemeinde treffenden Rechte und Pflichten sind Angelegenheiten des eigenen Wirkungsbereiches.

Automatisierte Verarbeitung personenbezogener Daten

§ 48. (1) Die Landesregierung und die Bezirksverwaltungsbehörden sind als datenschutzrechtlich gemeinsam Verantwortliche ermächtigt, zum Zweck der Prüfung der Hilfsbedürftigkeit des Hilfe Suchenden, der Gewährung, Ablehnung, Kürzung und Einstellung von Sozialhilfeleistungen und der Durchführung des Kostenersatzes von folgenden Betroffenen insbesondere die angeführten personenbezogenen Datenarten automatisiert gemeinsam zu verarbeiten:

1. die Hilfe Suchende und leistungsempfangende Person: Identifikationsdaten, Geschlecht, Personenstand, Gesundheitsdaten, Staatsbürgerschaft, aufenthaltsrechtlicher Status, Staatsangehörigkeit und Geburtsort der leiblichen Eltern, Sprachkenntnisse, Integrationsverpflichtungen, berufliche Qualifizierungsmaßnahmen, gerichtliche Vorstrafen, Grundwehrdienst, Zivildienst, Adressdaten, Erreichbarkeitsdaten, Unterkunftsdaten, Daten zu Sozialversicherungsverhältnissen, Daten zu den wirtschaftlichen Verhältnissen, Bankverbindungen, Verwandtschaftsdaten und Leistungsdaten,
2. von gegenüber der Hilfe suchenden oder leistungsempfangenden Person Unterhaltspflichtigen und Unterhaltsberechtigten sowie anderen neben der Hilfe Suchenden oder leistungsempfangenden Person unterhaltsberechtigten Personen: Identifikationsdaten, Adressdaten, Erreichbarkeitsdaten, Personenstand, Daten zu den wirtschaftlichen Verhältnissen und Angaben über eine bestehende Erwachsenenvertretung,
3. von Dienstgebern der in Z 1 und Z 2 genannten Personen:
   Identifikationsdaten, Adressdaten und Erreichbarkeitsdaten,
4. von Unterkunftsgebern bzw. den Hausverwaltungen der in Z 1 und Z 2 genannten Personen: Identifikationsdaten, Adressdaten, Unterkunftsdaten, Erreichbarkeitsdaten und Bankverbindung.

(2) Weiters sind die Landesregierung und die Bezirksverwaltungsbehörden als datenschutzrechtlich gemeinsam Verantwortliche ermächtigt, zum Zweck der Leistungsabrechnung von folgenden Betroffenen insbesondere die angeführten personenbezogenen Datenarten automatisiert gemeinsam zu verarbeiten:

1. von Personen oder von Einrichtungen, die Leistungen der Sozialhilfe nach diesem Gesetz erbringen: Identifikationsdaten, Adressdaten, Erreichbarkeitsdaten, Leistungsdaten, Vertragsdaten, Daten zur Leistungsabrechnung und Bankverbindung.
2. von den Ansprechpersonen nach Z 1: Identifikationsdaten, Adressdaten und Erreichbarkeitsdaten.

(3) Die Erfüllung von Informations-, Auskunfts-, Berichtigungs-, Löschungs- und sonstigen Pflichten nach der Verordnung (EU) 2016/679 zum Schutz natürlicher Personen bei der Verarbeitung personenbezogener Daten, zum freien Datenverkehr und zur Aufhebung der Richtlinie 95/46/EG (Datenschutz-Grundverordnung), ABl Nr. L 119 vom 4. Mai 2016, S. 1, obliegt jedem Verantwortlichen gemäß Abs. 1 und 2 hinsichtlich jener personenbezogenen Daten, die im Zusammenhang mit den von ihm wahrgenommenen Aufgaben verarbeitet werden. Nimmt eine betroffene Person ein Recht nach der Datenschutz-Grundverordnung gegenüber einem gemäß dem ersten Satz unzuständigen Verantwortlichen wahr, ist sie an den zuständigen Verantwortlichen zu verweisen.

(4) Das Amt der Landesregierung übt die Funktion des datenschutzrechtlichen Auftragsverarbeiters aus und hat in dieser Funktion die Datenschutzpflichten gemäß Art. 28 Abs. 3 lit. a bis h der Datenschutz-Grundverordnung wahrzunehmen.

(5) Die Landesregierung und die Bezirksverwaltungsbehörden dürfen personenbezogene Daten im Sinne der Abs. 1 und 2 zum Zweck und aus Anlass der Gewährung und Abrechnung von Leistungen der Sozialhilfe an Personen und Landesdienststellen, die Leistungen nach diesem Gesetz erbringen, übermitteln.

(6) Die Landesregierung und in deren Auftrag die Bezirksverwaltungsbehörden sind im Rahmen ihrer Zuständigkeit nach diesem Landesgesetz berechtigt, sämtliche personenbezogenen Daten, die für die sonstige Vollziehung dieses Landesgesetzes erforderlich sind, zum Zweck einer effizienten, effektiven und einheitlichen, die Richtigkeit und Vollständigkeit der personenbezogenen Daten sichernden Vollziehung automatisiert zu verarbeiten. Die Verarbeitung erfolgt ausschließlich zu den im Unionsrecht oder dem nationalen Recht festgelegten Zwecken.

Umsetzung von Unionsrecht

§ 49. Durch dieses Gesetz werden folgende Richtlinien der Europäischen Union umgesetzt:

1. Richtlinie 2003/109/EG des Rates vom 25. November 2003 betreffend die Rechtsstellung der langfristig aufenthaltsberechtigten Drittstaatsangehörigen, ABl. Nr. L 16 vom 23. Jänner 2004, S. 44,
2. Richtlinie 2004/38/EG des Europäischen Parlaments und des Rates vom 29. April 2004 über das Recht der Unionsbürger und ihrer Familienangehörigen, sich im Hoheitsgebiet der Mitgliedsstaaten frei zu bewegen und aufzuhalten, zur Änderung der Verordnung (EWG) Nr. 1612/68 und zur Aufhebung der Richtlinien 64/221/EWG, 68/360/EWG, 72/194/EWG, 73/148/EWG, 75/34/EWG, 75/35/EWG, 90/364/EWG, 90/365/EWG und 93/96/EWG, ABl. Nr. L 158 vom 30. April 2004, S. 77, in der Fassung ABl. Nr. L 229 vom 29. Juni 2004, S. 35,
3. Richtlinie 2011/51/EU des Europäischen Parlaments und des Rates vom 11. Mai 2011 zur Änderung der Richtlinie 2003/109/EG des Rates zur Erweiterung ihres Anwendungsbereichs auf Personen, die internationalen Schutz genießen, ABl. Nr. L 132 vom 19. Mai 2011, S. 1,
4. Richtlinie 2011/95/EU des Europäischen Parlaments und des Rates vom 13. Dezember 2011 über Normen für die Anerkennung von Drittstaatsangehörigen oder Staatenlosen als Personen mit Anspruch auf internationalen Schutz, für einen einheitlichen Status für Flüchtlinge oder für Personen mit Anrecht auf subsidiären Schutz und für den Inhalt des zu gewährenden Schutzes, ABl. Nr. L 337 vom 20. Dezember 2011, S. 9.

Übergangsbestimmungen

§ 50. (1) Die auf der Grundlage des NÖ Mindestsicherungsgesetzes, LGBl. 9205, erlassene NÖ Mindeststandardverordnung, LGBl. 9205/1 in der Fassung LGBl. Nr. 3/2019, gilt als Verordnung aufgrund dieses Gesetzes.

(2) Der § 11 Abs. 5 des NÖ Mindestsicherungsgesetzes, LGBl. 9205 in der Fassung LGBl. Nr. 23/2018, ist auch nach dem 31. Dezember 2019 für die Valorisierung der Mindeststandards der NÖ Mindeststandardverordnung, LGBl. 9205/1 in der Fassung LGBl. Nr. 3/2019, für das Jahr 2020 anzuwenden.

(3) Allen am 1. Jänner 2020 noch nicht rechtskräftig abgeschlossenen Verfahren auf Zuerkennung, Weitergewährung, Erhöhung oder Kürzung der Leistungen zur Deckung des notwendigen Lebensunterhalts und Wohnbedarfs sind für die Zeit bis zum 31. Dezember 2019 die bis zu diesem Zeitpunkt jeweils für die Beurteilung des Anspruches geltenden Bestimmungen des NÖ Mindestsicherungsgesetzes, LGBl. 9205 in der Fassung LGBl. Nr. 23/2018, der NÖ Mindeststandardverordnung, LGBl. 9205/1 in der Fassung LGBl. Nr. 3/2019, und der Verordnung über die Berücksichtigung von Eigenmitteln, LGBl. 9200/2 in der Fassung LGBl. Nr. 45/2018, zugrunde zu legen.

(4) Im Kostenersatz- und Rückerstattungsverfahren ist für Leistungen, welche für die Zeit vor dem Inkrafttreten dieses Gesetzes gewährt wurden, das NÖ Mindestsicherungsgesetz, LGBl. 9205 in der Fassung LGBl. Nr. 23/2018, anzuwenden.

(5) Abs. 3 und Abs. 4 gelten auch für Beschwerdeverfahren.

(6) Die Bezirksverwaltungsbehörden haben eine Neubemessung aller Dauerleistungen, die mit Bescheid nach dem NÖ Mindestsicherungsgesetz, LGBl. 9205, gewährt wurden, von Amts wegen mit Bescheid ab 1. Jänner 2021 durchzuführen, sofern nicht bereits eine Neubemessung erfolgte. Die Bescheide sind innerhalb von 4 Monaten zu erlassen und angemessen, maximal jedoch mit 12 Monaten zu befristen. Bei dauernder Erwerbsunfähigkeit kann die Befristung entfallen. In diesen Bescheiden ist die ab 1. Jänner 2021 zustehende Höhe der Geldleistung festzusetzen und gegebenenfalls über den Schutz bei Krankheit, Schwangerschaft und Entbindung abzusprechen.

(7) Dauerleistungen, die im Rahmen des Privatrechts nach § 5 Abs. 4 des NÖ Mindestsicherungsgesetzes, LGBl. 9205, gewährt wurden, sind mit Ablauf des 31. Dezember 2020 einzustellen.

In-Kraft-Treten

§ 51. (1) Dieses Gesetz tritt am 1. Jänner 2020 in Kraft.

(2) Verordnungen auf Grund dieses Gesetzes können bereits ab dem auf seine Kundmachung

folgenden Tag erlassen werden. Sie treten jedoch frühestens gemeinsam mit diesem Gesetz in Kraft.

(3) Mit Inkrafttreten dieses Gesetzes tritt das NÖ Mindestsicherungsgesetz, LGBl. 9205, außer Kraft.

(4) § 50 Abs. 2 in der Fassung des Landesgesetzes LGBl. Nr. 70/2019 tritt mit Ablauf des 31. Dezember 2020 außer Kraft.